书名题签：韩启德

中華科學技術大詞典

工程技术卷（中）

全国科学技术名词审定委员会　编

名誉总主编　路甬祥
总　主　编　白春礼

2019年·北京

图书在版编目(CIP)数据

中华科学技术大词典. 工程技术卷. 中/全国科学技术名词审定委员会编. —北京:商务印书馆,2019
ISBN 978 - 7 - 100 - 17333 - 9

Ⅰ. ①中… Ⅱ. ①全… Ⅲ. ①科学名词—名词术语—中国—词典②工程技术—科学名词—名词术语—中国—词典 Ⅳ. ①H03②TB - 61

中国版本图书馆 CIP 数据核字(2019)第 070498 号

中华科学技术大词典

工程技术卷(中)

全国科学技术名词审定委员会 编

商 务 印 书 馆 出 版
(北京王府井大街 36 号 邮政编码 100710)
商 务 印 书 馆 发 行
北 京 中 科 有 限 公 司 印 刷
ISBN 978 - 7 - 100 - 17333 - 9

2019 年 6 月第 1 版 开本 787×1092 1/16
2019 年 6 月北京第 1 次印刷 印张 68

定价:205.00 元

《中华科学技术大词典》

编辑委员会

《中华科学技术大词典·工程技术卷(中)》

(冶金、机电、电子与信息工程卷)

编辑委员会

《中华科学技术大词典》项目部

路甬祥序

全国科学技术名词审定委员会(以下简称“全国科技名词委”)在其成立30多年来工作的基础上,对科学技术名词审定工作和海峡两岸科技名词对照工作的成果进行系统梳理,编纂出版《中华科学技术大词典》,有利于发挥其规范科学技术名词和加强海峡两岸各领域交流的重要作用。同时,也是全国科技名词委工作成果的重要展示。

科学技术名词作为科学技术概念的语言表达,产生于科技领域,应用于社会各个方面,是科技和经济社会融合发展的结晶。通过科学技术名词的规范表述,促进科技理论、知识和思想的传播交流,这是科学技术名词工作的根本宗旨。科学技术名词也是中华文化宝库的重要组成部分,它凝结着人类智慧和中华民族的创造,映射出科学技术和人类文明进步的轨迹。做好科学技术名词审定、公布、推广等各方面工作,有利于传承弘扬中华优秀科学文化,提高全民族科学文化素养,促进社会文明和谐发展,促进国际经济政治、科技文化的交流与合作。依托全国科技名词委30多年来的工作成果,在会聚数千位科技专家和学术精英的智慧结晶、融合现代科学和中华文化的新理念之基础上,编纂出版《中华科学技术大词典》,必将在普及现代科学技术和传承中华优秀文化中发挥积极作用,也具有宝贵的历史价值。

编纂一部集科技名词规范成果之大成的大型工具书,是当前科技名词规范化工作发展的需要。我国科技名词审定工作从全国科技名词委成立伊始,已经在基础科学、工程技术、农业、医学、人文社会科学等领域审定公布了130多种、40多万条的学科规范名词,出版了近30个学科的海峡两岸科技名词对照本,为我国科技发展和两岸科教文化交流发挥了重要的基础性作用。但是,以往的公布和出版工作都是分学科进行的,其优势是有利于开展审定工作,方便单个学科或行业领域的使用,而不足之处在于次序分散,不利于跨学科,以及综合性、交叉性学科领域的使用,也不利于科技名词的系统认知和社会普及。将这些名词系统分类和编纂集成,有利于学科向综合性、交叉性、系统性方向发展和创新。因而,编纂一部综合性的科学技术名词工具书,既是审定公布工作的深化与延伸,也是响应社会各界规范使用科技名词的基本诉求,必将在促进科技文化交流和实现协同创新方面发挥十分重要的作用。

科学技术名词也是海峡两岸科教文化交流的重要载体。由于历史的原因,海峡两岸分隔近70年,其间正是现代科技大发展时期,新名词术语层出不穷,两岸专家分别定名,形成大量名词术语之间的差异。台湾大学一位气象学教授曾举例说,两岸用同一种语言,但对于同样的气象探测设备,大陆称“无线电探空气球”,台湾称“雷保”;对于同样的云层气象条件,台湾称“逸入”,大陆称“夹卷”,造成学术交流的障碍。凡此种种概念相同而称谓不同的情况,约占科技名词术语三分之一以上,严重影响到两岸科技、文化、教育、经贸等各领域的交流和发展。海峡两岸各界对名词术语差异所造成的语言障碍都普遍有相似的经历和深刻的认识。1993年4月,两岸第一次“汪辜会谈”顺乎民意，把探讨“海峡两岸科技名词统一”列入了共同协议之中。随之全国科技名词委制定了《关于开展海峡两岸科学技术名词统一工作的意见》，决定加强与台湾地区学者和有关机构的交流合作，促进两岸科技名词的交流对照与统一工作。此后 20 多年来，两岸科技名词工作成绩斐然，已先后出版了近 30 种分学科的“海峡两岸名词对照本”。本次编纂出版《中华科学技术大词典》，广泛收集审选了各学科名词，成为囊括近百个学科、约 50 万条科技名词的综合性大词典。它的问世，将面向海峡两岸民众，释疑解惑，互动交流，协同科学认知，增进文化认同，为两岸科学文化等各领域的交流合作架起桥梁。它是促进科技创新发展，促进中华文化传承，促进两岸交流与祖国统一的科学文化工程，也是两岸专家学者的共同愿望，意义重大、影响深远。

《中华科学技术大词典》的出版，是两岸专家相互配合、共同努力的结果。双方专家也在这次合作中加深了相互了解，取得了广泛共识。大词典的问世是两岸学术界和专家合作的成果，是海峡所不能阻断的科教文化交流的缩影。我相信在两岸专家共同努力下，两岸科教文化的交流会呈现更加良好的局面。

《中华科学技术大词典》的出版，是我国科学技术名词规范化事业不断发展的重要见证，也是两岸科技文化交流中具有重要意义的盛事。故为序，以示衷心祝贺！

路甬祥

2018 年 8 月 28 日

白春礼序

历经两岸专家学者多年来的共同努力,《中华科学技术大词典》即将问世了,这是两岸科技名词交流对照工作的一件盛事,也是两岸科教文化、经济社会等各个领域交流合作的一项基础工作,我感到由衷的欣慰。

中华文字是历史渊源的载体、民族精神的血脉,是人类文化的瑰丽成果。它不同于西方拼音文字,构成了中国人独有的思维方式和文化传统,使海峡两岸及中华文化圈内所有人民引为自豪。

科学技术名词是中华文化的重要组成部分,许多科学技术名词的定名都折射出中华文化艰辛的发展历程。特别是近代以来,中华民族历经苦难,举步维艰,大批先辈科学家肩负着沉重的历史责任,化解万难,在引进消化西方先进科技概念的基础上,结合中国的文化传统,创制了一大批具有中华文化品位和特点的名词术语,为我国近代科技跟上世界科技的发展创造了条件。

尽管经过了近70年的两岸分隔,但共同的历史传统和语言文化,无时无刻不在提醒着人们,海峡两岸同根同源、同文同宗,都是中华文明的继承者、弘扬者。但是,由于两岸社会长期处于相互隔绝的状态,其间正是全球科学技术飞速发展的历史时期,对于人类社会在相互学习、共同发展中产生的科学技术概念,两岸使用同样的文字却分别定名,其表达科学技术概念的词素词义,悄然发生了不同的演变,给两岸人民带来了交流的障碍,影响了两岸科教文化、经济贸易、人文社会等领域的交流合作。早在30年前恢复交流后不久,就有大陆学者关注到两岸科技名词的不同发展路径,意识到两岸科技名词的差异是造成两岸认知差距的原因之一,因而呼吁从促进计算机信息处理的角度出发,积极研究并推进海峡两岸科技名词的统一,消除语言障碍。

科技名词交流是海峡两岸专家学者的共同呼声。1993年首轮"汪辜会谈"达成的协议中就有探讨两岸科技名词统一的内容。全国科学技术名词审定委员会始终积极、稳妥地推动此项工作,这一举措也逐步得到两岸科技界的广泛认同。多年来两岸合作增加,交往频繁,文化上水乳交融,大陆和台湾地区科技名词交流互鉴,不少过去为一方独有的名词术语,已经逐步从分歧趋于一致。在此形势下,两岸合作编纂一部涵盖科学与技术各领域名词术语的科学技术大词典正逢其时。

2010年7月,两岸科学技术领域专家学者议定,在前期合作的基础上,合编《中华科学技术大词典》等辞书;同时双方协商决定利用信息技术,采用云计算平台开展数据库建设。在两岸专家学者多轮协商并形成共识的基础上,大词典编纂工作得以全面展开。

《中华科学技术大词典》的编纂突出了基础性、通用性、实用性,以广泛收录全球通用的现代科技概念为主,适当收录一些双方各自特有的名词术语,反映两岸科学技术名词差异,以方便两岸科技交流和一般民众使用,并为学习汉语的外国人提供帮助。同时为便于两岸读者使用,对于两岸不同的通用字形采取了分别呈现的形式。这种安排不仅便于双方大众阅读,同时也有助于双方逐步了解对方用字用词的现实情况,以达到化异为同的目的。几年来两岸专家学者实事求是、相互尊重、学风严谨、科学务实，奉献了各自的学识和心智，在两岸文化交流合作中又迈出坚实的一步。我们这次编纂出版《中华科学技术大词典》，既是过去两岸科技名词工作的延续，也为今后在更大的领域开展两岸学术交往，为科技文化、经济社会的进一步交流合作创造了基础条件。多年来的两岸科技名词交流实践充分说明，罔顾历史，无论是对传统文化的否定与切割，还是出于政治私利操控的“去中国化”，都经不住历史长河的冲刷，终将因得不到公众的支持而烟消云散。维护两岸和平发展是两岸同胞的民意主流，本次编纂工作一直得到台湾方面有关机构和广大专家学者的协助与支持，编纂成果也将为两岸各界共享，成为促进两岸关系和平发展的一件鲜活的、生动的实例。

《中华科学技术大词典》集科学与技术领域名词术语之大成，汇聚了两岸无数专家学者的智慧，必将发挥传承与弘扬中华文化的历史和现实作用。经过两岸专家学者的不懈努力，《中华科学技术大词典》即将出版，借此机会，我谨向30多年来支持和参与科技名词工作的两岸专家学者致以诚挚的敬意！向参与此次词典编纂工作的所有专家学者，向全国科学技术名词审定委员会事务中心和词典项目部的同仁们，向支持本词典出版的国家出版基金规划管理办公室和投入精干队伍保障出版质量的商务印书馆，表示由衷的感谢！

白春礼

2019年夏

前　言

2009年7月，以“推进和深化两岸文化教育交流合作”为主题的第五届两岸经贸文化论坛在长沙举行，倡议两岸民间合作编纂中华语文工具书。2010年7月，两岸合编中华语文工具书第二轮会谈决定，两岸合编的工具书由语言文字领域拓展到科学技术领域，以全国科学技术名词审定委员会（以下简称“全国科技名词委”）和台湾教育研究院为实施者，组织两岸专家合作编纂《中华科学技术大词典》。2011年3月，两岸专家共同提出编纂出版《中华科学技术大词典》的总体方案。2013年12月，《中华科学技术大词典》正式纳入《2013－2025年国家辞书编纂出版规划》，2016年6月《中华科学技术大词典》获得国家出版基金项目支持。

《中华科学技术大词典》成立编辑委员会，由白春礼院士担任总主编，路甬祥院士为名誉总主编。同时设立词典项目部，负责编纂的日常组织工作。各领域先后共有500多位专家学者参加了本词典的编纂和审定。

《中华科学技术大词典》在全国科技名词委审定公布的130多种学科名词和已出版的近30种海峡两岸科技名词对照本的基础上，参考台湾方面公布的名词数据库资料编纂而成。全书共收录96个学科，约50万条科技名词；并实现大陆名与台湾名，中文名和英文名的对照功能。全书按照学科领域和学科特点，共分为10卷，即数理化卷、地学卷、生物学卷、工程技术卷（上、中、下）、农业卷、医学卷、社会科学卷、人文科学卷。

本词典收录的各学科名词具有以下特点：一是在全国科技名词委公布名词的基础上，参照台湾方面的收词范围扩展而来，基本上反映出海峡两岸科学技术发展现状；二是体现了规范性，充分利用科技名词规范化工作的成果；三是注重科学文化的传承，既收录了当代科学技术领域的科技名词，也适当收录了反映中国近代以来科学和文化发展脉络的科技名词。本词典是两岸专家学者对多年来科技名词领域交流、对照和统一工作成果的一次大规模整理和总结，是两岸合作编写工具书的最新成果，是两岸专家学者的智慧结晶，是两岸共同弘扬中华文化的一次重要实践。

本词典作为两岸专家共同参与编纂的工具书，契合了两岸科学技术发展的现实需求，为两岸在科技、教育、文化、经贸等方面的交流合作提供了必不可少的对照性词汇，可成为两岸各领域交流的参考和依据。同时，可用作全球华语地区科技界人士的参考读物。

本词典编纂期间，编审专家以严肃的科学态度，认真工作，持之以恒，默默奉献。台湾教育研究院及台湾各学科的部分专家学者参与了词目编选，特别是对台湾名、英文名等进行了仔细审读。在此，我们向他们表示衷心的感谢。

《中华科学技术大词典》涉及学科广泛，尤其是进行如此大规模的两岸科技名词梳理、遴选、编纂及全面对照，没有先例，难度巨大，编纂中难免会有疏漏错误之处，欢迎广大专家学者和读者批评指正。

《中华科学技术大词典》编辑委员会

2019年3月1日

《中华科学技术大词典·工程技术卷(中)》编纂说明

《中华科学技术大词典·工程技术卷(中)》(以下简称《工程技术卷(中)》)是《中华科学技术大词典》的第5卷,主要包括机械工程、冶金学、铸造学、计量学、仪器仪表、电子学、电气工程、通信科学技术、自动化科学技术、计算机科学技术等10个分支。共收录词条约78 000条。全部词条按照大陆名音序排序,以便查检。

《工程技术卷(中)》收词以全国科学技术名词审定委员会审定、公布的学科名词和已经出版的海峡两岸对照名词为基础。在初稿的基础上组织专家进行了初审,主要工作包括三方面:一是对存在的格式、书写、拼写、翻译不准确等问题进行校正;二是对大陆和台湾名词概念不对应、词条内涵发生变化以及不适合作为科技名词的词汇,进行了调整、替代和删除;三是对初稿中没有却特别基础、重要、常用的词予以收录。分卷编辑据此加以校核,形成一审稿。之后由《中华科学技术大词典》项目部进行数据处理,重点进行各学科词条合库查重筛选,形成二审稿。针对二审稿,第二次组织专家深入细致地审查,解决初审遗留问题,检查处理编辑加工过程中的疏漏,形成三审稿。随后,分卷主编第三次组织专家审查,形成终审稿。终审稿由分卷主编和副主编再次把关,形成报批稿,报送《中华科学技术大词典》编辑委员会审查批准后,交由商务印书馆出版。

本卷词典所涉及的10个学科中,机械工程、冶金学、计量学、仪器仪表、电子学、电气工程、通信科学技术、自动化科学技术、计算机科学技术均已出版过名词书,电子学、通信科学技术、计算机科学技术出版过海峡两岸名词对照本,具有良好的前期工作基础,词条质量较高,为本卷词典的顺利出版打下了坚实的基础。

我们邀请了43位相关领域专家学者参加了本卷词典的编纂和审定工作。编审专家学者严谨认真的工作态度和默默奉献的工作精神,保证了本书的高质量出版。台湾同仁对相关学科的两岸名词对照工作给予了很大帮助,体现了两岸专家密切合作的精神风范。

《中华科学技术大词典》项目部和全国科学技术名词审定委员会事务中心各审定室的同志们对词典的编纂出版给予了大力的支持。从组建分卷编辑委员会开始,他们就积极参与,协助联系专家,承担了提供稿件资料、协助组织召开编委会、开展专项检查、誊录与复核编校意见等多项繁杂工作。

值此词典出版之际,我们向所有为词典编纂出版工作做出贡献的专家、学者和同仁们表示衷心的感谢。

由于时间仓促,编者水平有限,难免有各种不足和差错,诚望读者批评指正。

《中华科学技术大词典·工程技术卷(中)》编辑委员会

2018年10月15日

目　录

凡例 …… 2
词目首字音序索引 …… 4
词目首字笔画索引 …… 11
词典正文 …… 1—1050

附录 …… 1051
国际单位制 …… 1053
希腊字母表 …… 1056
地质年代表 …… 1057
元素周期表 …… 1058

词目英文索引

（二维码）

凡　例

1. 词条收录

1.1 本词典所收词条涵盖基础科学、工程技术、农业科学、医学、社会科学、人文及其他领域共计96个学科，例如数学、物理学、化学、天文学、地质学、测绘学、动物学、植物学、航天科学技术、建筑学、机械工程、电子学、材料科学技术、资源科学技术、农学、土壤学、医学、中医药学、经济学、法学、语言学、教育学等。

1.2 本词典收录的词条包括海峡两岸通用的，以及海峡两岸有差异的科学技术名词共约50万条。

1.3 本词典收录的词条按照科学技术相关学科领域归类，共分为10卷。依次为数理化卷、地学卷、生物学卷、工程技术卷（上、中、下）、农业卷、医学卷、社会科学卷、人文科学卷。

2. 词条构成

2.1 本词典所收词条由词目（中文）及其对应的英文构成。

2.2 词目采用两岸名称对照的形式，大陆名列前，台湾名列后，中间以“ / ”分隔。例如：

电灼式印刷机/放電式列印機

拉克斯-密格拉蒙定理/拉克斯-米爾格雷定理

2.3 词目的字形，分别采用两岸各自通用的字形。例如：

自然循环/自然循環

作业控制中心/作業控制中心

2.4 词目中的大陆名有两条（或以上）同义词时，分别以两条（或以上）词目列出。例如：

背景/背景

本底/背景

2.5 词目中的大陆名对应两条（或以上）台湾同义词时，台湾名在词目中并行排列，中间以逗号隔开。例如：

出口融资/出口融資，籌集出口資金

横节理/横節理，交錯劈理，Q節理

2.6 词目中的大陆名对应两个（或两个以上）台湾名概念时，对应的台湾名分别以①② ……列出。例如：

质量/ ①質量，②品質

槽轮/ ①間歇工作輪，星形輪，日內瓦輪，②有槽帶輪

2.7 词目中大陆名和台湾名中“[ ]”内的字为可省略部分。例如：

等离[子]体动力学/電漿動力學

2.8 词目中大陆名和台湾名中“( )”内的汉字、西文字母、阿拉伯数字、罗马数字为该词的特殊标注（如天体名的备注、化合物结构标示、数学概念的符号标识等）。例如：

虹神星(小行星7号)/虹神星(7號小行星)

聚(β-氨基丙酸)/聚(β-胺基丙酸)

广义(g,k)特征标/廣義(g,k)特徵[標]

2.9 本词典收录的词条不单独标出所属学科。

3. 词目排序

3.1 词目按大陆名的首字汉语拼音字母次序排列,首字同音的按笔画排列,笔画少的在前,多的在后;笔画相同的按起笔笔形(横、竖、撇、点、折)的次序排列,起笔笔形相同的按第二起笔笔形的次序排列,以此类推。首字相同的按第二字的汉语拼音字母次序排列,以此类推。

3.2 词目中含有西文字母或阿拉伯数字、罗马数字时,按词目中的汉字汉语拼音排序;词首或词中的西文字母或阿拉伯数字、罗马数字一律不参加排序。

4. 词目对应的英文(或其他外文)

4.1 词目对应的外文主要为英文,也有极少量的其他文种词语或字母。例如拉丁文、法文、德文及希腊字母等。遇有其他外文时,遵从其特殊形式。

4.2 词目对应的英文,在词目之后列出。例如:

计算机辅助设计/電腦輔助設計 computer-aided design

4.3 词义相同的英文并行排列,中间以逗号隔开。例如:

粗钢/粗鋼 crude steel, raw steel

4.4 英文名词一般采用单数形式,必须或习惯采用复数形式的英文名词除外。

4.5 以人名、地名等命名的专有名词,其对应的英文,首字母为大写。

4.6 英文如有英美拼法差异时,一般采用美式拼法。

4.7 英文中出现拉丁文词时,一般遵从各学科领域的格式惯例。例如:

肠产毒性大肠杆菌/腸產毒性大腸桿菌 enterotoxigenic *Escherichia coli*(生物学卷)

南方古猿/南[方古]猿 *Australopithecus*(地学卷)

奥斯特线虫属/牛胃絲蟲屬 Ostertagia(农业卷)

尺头/尺頭 caput ulnare(拉)(医学卷)

4.8 英文中出现汉语拼音转写词语时,一般遵从汉语拼音分词习惯。例如:

芎菊上清丸 xiongju shangqing pills

5. 附录

本词典后附有国际单位制、希腊字母表、地质年代表、元素周期表。

6. 索引

6.1 本词典列有词目首字音序索引和词目首字笔画索引。

6.2 本词典附有词目英文索引(扫描二维码查取)。

词目首字音序索引

（字右边的号码指词典正文的页码）

A

a

阿 1

ai

埃 2
矮 2
艾 2
爱 2

an

安 3
氨 4
鞍 5
岸 5
按 5
案 5
暗 5

ang

昂 6
盎 6

ao

凹 6
螯 6
奥 6
澳 6

B

ba

八 7
巴 7
扒 7
拔 7
把 7
钯 7
靶 7
坝 8

bai

白 8
百 9
柏 9
摆 9
拜 10

ban

扳 10
班 10
斑 10
搬 10
板 10
版 12
办 12
半 12
伴 15
瓣 15

bang

邦 15
帮 15
绑 15
棒 15
磅 15

bao

包 16
胞 16
薄 16
饱 17
宝 18
保 18
堡 20
报 20
刨 20
抱 20
鲍 20
暴 20
曝 20
爆 20

bei

杯 21
背 21
悲 21
北 21
贝 21
备 22
背 22
钡 23
倍 23
被 23
焙 24

ben

本 24
苯 25

beng

崩 25
泵 25

bi

逼 26
比 26
彼 28
笔 28
必 29
毕 29
闭 29
铋 30
壁 30
避 30
臂 30

bian

边 30
编 31
蝙 32
鞭 32
扁 32
变 32
便 35
遍 35
辨 35

biao

标 35
表 39

bie

别 42

bin

宾 42
殡 42

bing

冰 42
丙 42
饼 42
并 42
病 44

bo

拨 44
波 44
玻 47
钵 48
剥 48
播 48
伯 48
泊 48
勃 48
铂 48
博 48
箔 49
薄 49
簸 49

bu

补 49
捕 51
不 51
布 54
步 55
钚 55
部 55

C

ca

擦 57

cai

猜 57
材 57
裁 57
采 57
彩 58
菜 58
蔡 58

can

参 58
餐 60
残 60
蚕 60

cang

仓 60
舱 61

cao

操 61
槽 61
草 62

ce

厕 62
侧 62
测 63
策 68

cen

参 68

ceng

层 68

cha

叉 69
差 69
插 71
茶 72
查 72
岔 72

chai

拆 72
柴 72

chan

觇 72
掺 72
缠 73
产 73
铲 73
颤 73

chang

长 73
尝 75
常 75
厂 75
场 76
敞 76
唱 76

chao

抄 76
超 76
潮 81
炒 81

che

车 81
扯 83
彻 83
掣 83
撤 83

chen

尘 83
辰 83
沉 83
陈 84
衬 84

cheng

称 84
撑 85
成 85
承 86
城 86
乘 86
盛 86
程 86
秤 87

chi

吃 87
池 87
弛 87
迟 88
持 88
匙 88
尺 88
齿 88
赤 90
炽 90
翅 90

chong

冲 90
充 92
虫 93
重 93
冲 95

chou

抽 95
畴 96
稠 96
丑 96
臭 96

chu

出 96
初 97
除 98
处 99
储 99
楚 99
畜 99
触 99

chuan

氚 100
穿 100
传 101
船 103
喘 104
串 104

chuang

窗 105
床 105
闯 105
创 105

chui

吹 105
垂 106
锤 107

chun

纯 107
唇 107
醇 107

chuo

绰 107

ci

词 107
瓷 107
磁 107
次 114
伺 115
刺 115

cong

枞 115
从 115
丛 115

cu

粗 115
促 116
猝 116
醋 116
簇 116

cuan

篡 117

cui

催 117
脆 117
萃 117
淬 117

cun

存 118

cuo

搓 120
锉 120
错 120

D

da

搭 121
达 121
答 121
打 121
大 121

dai

呆 123
代 123
带 124
待 127
怠 127
袋 127
戴 127

dan

丹 127
单 127
胆 135
旦 135
淡 135
弹 135
蛋 136
氮 136

dang

当 136
挡 137
档 137

dao

刀 137
氘 137

导 137
岛 139
捣 139
倒 140
到 140
倒 140
道 140

de

锝 141
德 141

deng

灯 141
登 141
等 141
澄 145

di

低 145
堤 149
滴 149
狄 149
迪 149
敌 149
涤 149
笛 149
抵 149
底 149
地 150
递 153
第 153
碲 154

dian

颠 154
典 154
点 154
碘 155
电 155
垫 183
淀 183

diao

雕 183
吊 183
调 184
掉 184

die

跌 184
迭 184
叠 184
碟 185
蝶 185

ding

丁 185
顶 185
订 186
钉 186
定 186
锭 190

diu

丢 190
铥 190

dong

冬 190
氡 190
动 190
冻 194
洞 194
硐 194

dou

斗 194
抖 194
陡 194

du

毒 194
独 194
读 195
堵 196
杜 196
度 196
渡 196
镀 196

duan

端 196
短 197
段 199
断 199
煅 200
锻 200

dui

堆 200
队 201
对 201
兑 204

dun

吨 204
镦 204
钝 204
盾 204
顿 204

duo

多 204
垛 216
躲 216
惰 216

E

e

俄 217
锇 217
鹅 217
额 217
厄 218
扼 218
轭 218
恶 218
遏 218
颚 218
鳄 218

en

恩 218
蒽 218

er

儿 218
耳 218
铒 218
二 218

F

fa

发 223
乏 225
罚 225
阀 225
法 225
砝 226
发 226
珐 226

fan

帆 226
翻 226
矾 227
钒 227
反 227
返 232
泛 232
范 233

fang

方 233
芳 234
防 234
房 236
仿 236
访 237
放 237

fei

飞 239
非 240
菲 247
斐 247
肺 247
废 247
沸 247
费 248

fen

分 248
芬 257
酚 257
焚 257
粉 257
份 258

feng

丰 258
风 258
封 261
峰 262
锋 263
蜂 263
冯 263
缝 263

fou

否 263

fu

夫 263
呋 263
敷 263
弗 263
伏 264
扶 264
服 264
氟 265
俘 265
浮 265
符 266
幅 267
辐 267
福 269
俯 269
辅 270
腐 270
付 271
负 271
附 272
复 273
副 276
赋 276
傅 276
富 277
腹 277
覆 277

G

ga

伽 278
钆 278

gai

改 278
钙 278
盖 278
概 278

gan

干 279
甘 281
坩 281
杆 282
感 282
橄 283
擀 283
干 283

gang

冈 283
刚 283
钢 284
缸 286
港 286
杠 286

gao

高 287
膏 296
镐 296
告 296
锆 296

ge

戈 296
哥 296
搁 296
割 296
格 297
蛤 297
隔 297
镉 298
个 298
各 299
铬 299

gei

给 300

gen

根 300
跟 300

geng

更 300
耿 301

gong

工 301
弓 303
公 303
功 305
攻 306
供 307
汞 307
拱 307
共 307
贡 309

gou

沟 309
钩 309
构 309
购 310

gu

估 310
孤 310
箍 310
古 310
谷 310
骨 310
钴 310
鼓 310
固 311
故 314

gua

刮 315
挂 316

guai

拐 316

guan

关 316
观 317
冠 317
管 317
贯 319
惯 319
灌 319
罐 319

guang

光 319
广 331

gui

归 332
龟 332
规 332
硅 333
轨 334
鬼 335
柜 335
贵 335

gun

辊 335
滚 336

guo

郭 337
锅 337
国 338
果 339
裹 339
过 339

H

ha

哈 342
铪 342

hai

海 342
亥 343
骇 343
氦 343

han

蚶 343
含 343
函 344
焓 344
涵 344
汉 344
焊 346

hang

夯 347
行 347
航 347
巷 348

hao

毫 349
豪 349
号 349
好 349
耗 349

he

合 349
何 351
和 351
河 351
荷 351
核 351
盒 352
颌 352
荷 352
赫 352
褐 352

hei

黑 352

hen

痕 353

heng

亨 353
哼 353
恒 353
珩 354
桁 354
横 354
衡 356

hong

轰 356
烘 356
红 356
宏 357
虹 358

hou

喉 358
后 358
厚 359
候 360

hu

呼 360
弧 360
胡 361
葫 361
湖 361
蝴 361
糊 361
琥 361
互 361
户 362
护 362
戽 363

hua

花 363
划 363
华 363
滑 363
化 364
划 366
画 366
话 366

huai
坏 366
huan
欢 366
还 366
环 367
缓 369
幻 369
换 369
唤 370
huang
荒 370
黄 370
簧 371
谎 371
hui
灰 371
挥 371
恢 371
辉 371
回 372
毁 375
汇 375
会 375
绘 376
彗 376
惠 376
hun
浑 376
混 376
huo
锪 379
活 379
火 381
伙 382
钬 382
或 382
货 382
获 382
霍 382

J

ji
击 384
机 384
肌 389
鸡 389
奇 389
积 389
基 390
畸 395
箕 395
激 395
吉 398
汲 398
级 398
极 399
即 401
急 401
棘 401
集 401
嵴 403
几 403
挤 404
给 404
脊 404
计 404
记 408
技 409
季 409
剂 409
迹 409
继 409
寄 409
寂 410
蓟 410
jia
加 410
夹 413
伽 414
迦 414
家 414
镓 414
甲 414
贾 414
钾 414
假 414
价 415
驾 415
架 415
jian
尖 415
坚 416
间 416
监 416
兼 416
拣 416
检 416
减 418
剪 418
简 419
碱 420
件 420
间 420
建 422
剑 422
健 422
舰 422
渐 422
腱 423
溅 423
鉴 423
键 423
jiang
江 423
浆 423
僵 423
讲 423
桨 423
降 424
jiao
交 424
浇 427
胶 428
焦 429
礁 430
角 430
绞 431
铰 431
矫 431
脚 432
搅 432
叫 432
校 432
轿 433
较 433
教 433
jie
阶 433
接 434
揭 436
节 436
洁 437
结 437
捷 439
截 439
解 439
介 440
界 440
借 441
jin
金 441
筋 444
紧 444
堇 444
锦 444
谨 444
尽 444
进 444
近 445
劲 446
浸 446
禁 447
jing
经 447
晶 448
精 449
井 451
阱 451
肼 452
颈 452
景 452
警 452
径 452
净 453
竞 453
静 453
境 456
镜 456
jiu
纠 457
鸠 457
酒 457
旧 457
救 457
就 457
ju
拘 457
居 457
局 457
菊 459
橘 459
矩 459
举 459
巨 459
句 459
拒 460
具 460
距 460
锯 460
聚 460
juan
卷 461
jue
决 462
角 462
绝 462
掘 464
jun
军 464
均 464
龟 465
菌 465
竣 465

K

ka
卡 466
kai
开 466
凯 469
铠 469
楷 469
kan
勘 469
坎 470
看 470
kang
康 470
糠 470
抗 470
钪 471
kao
考 471
拷 471
烤 471
靠 471
ke
苛 471
柯 471
科 471
颗 471
壳 472
可 472
克 479
刻 480
客 480
课 480
氪 480
ken
肯 480
keng
坑 480
kong
空 480
孔 485
空 486
控 486
kou
口 488
扣 488
ku
枯 488
苦 488
库 488
kua
跨 488
kuai
会 488
块 488
快 489
kuan
宽 490
kuang
筐 491
矿 491
框 492
kui
亏 492
窥 492
馈 492
溃 492
kun
昆 492
醌 492
捆 492
困 492
kuo
扩 492
括 494
阔 494

L

la
垃 495
拉 495
喇 496
蜡 496
lai
来 496
莱 496
铼 497
赖 497
lan
兰 497
拦 497
栏 497
蓝 497
篮 497
镧 497
缆 497
烂 497
滥 497
lang
郎 497
朗 497
浪 498
lao
劳 498
老 498
铑 498
烙 498
le
乐 498
勒 498
lei
雷 498
镭 499
累 499
肋 499
类 499
leng
棱 500
楞 500
冷 500
li
厘 503
离 503
犁 507
篱 507
李 507
里 507
理 508
锂 508
力 509
历 509
立 509
励 511
利 511
沥 511
例 512
砾 512
粒 512
lian
连 512
帘 516
涟 516
联 516
脸 517
炼 517
链 518
liang
良 519
凉 519
梁 519
量 519
两 520
亮 520
凉 521
量 521
liao
聊 522
钌 522
料 523
lie
列 523
劣 523
裂 523
lin
邻 524
林 524
临 524
淋 525
磷 525
鳞 526
ling
灵 526
铃 526
菱 526
零 526
领 528
令 528
liu
溜 528
浏 528
留 528
流 528
硫 531
馏 532
瘤 532
柳 532
锍 532
六 532
long
龙 532
笼 533
隆 533
lou
楼 533
漏 533

lu
卢 533
炉 533
颅 535
卤 535
鲁 535
镥 535
陆 535
录 536
路 536
露 537

lü
吕 537
旅 537
铝 537
履 538
律 538
率 538
绿 538
氯 538
滤 539

luan
孪 540
卵 540
乱 540

lüe
掠 540
略 540

lun
伦 540
轮 540
论 541

luo
罗 541
逻 542
螺 543
裸 545
洛 546
络 546
落 546

— M —

ma
麻 547
马 547
玛 547
码 547

mai
埋 548
迈 548
麦 548
脉 549

man
蛮 552
满 552
曼 552
漫 552
慢 553
镘 553

mang
芒 553
忙 553
盲 553

mao
猫 553
毛 553
矛 554
锚 554
铆 554
冒 554
帽 554

mei
没 554
玫 554
枚 554
梅 554
媒 555
煤 555
酶 555
霉 555
每 555
镁 556

men
门 556
闷 557

meng
蒙 557
朦 557
锰 557
孟 557

mi
弥 557
迷 557
醚 557
米 557
秘 557
密 557
幂 559
蜜 559

mian
棉 559
免 559
冕 559
面 559

miao
描 561
瞄 561
秒 561

mie
灭 561

min
民 561
皿 561
敏 561

ming
名 562
明 562
铭 562
命 562

miu
缪 562

mo
模 562
膜 565
摩 566
磨 567
蘑 568
魔 568
抹 568
末 568
莫 568
墨 568
默 569

mu
模 569
母 569
姆 569
木 569
目 570
钼 571
幕 571
穆 571

— N —

na
纳 572
钠 572

nai
奶 572
氖 572
奈 572
耐 573

nan
南 574
难 574

nang
囊 574

nao
挠 574
脑 575
闹 575

nei
内 575

neng
能 578

ni
尼 579
泥 579
铌 580
霓 580
拟 580
逆 580
匿 581

nian
年 581
黏 581
捻 582
辗 582
碾 582

niang
酿 582

niao
鸟 582
尿 582
脲 582

nie
捏 582
啮 582
镍 582

ning
凝 583

niu
牛 584
扭 584
纽 585

nong
农 585
浓 585

nu
努 586

nü
钕 586

nuan
暖 586

nuo
诺 586

— O —

ou
欧 587
偶 587
耦 587

— P —

pa
爬 589
耙 589
帕 589

pai
拍 589
排 589
牌 591
派 591

pan
潘 591
盘 591
判 591

pang
庞 591
旁 591
膀 592
胖 592

pao
抛 592
跑 592
泡 592
炮 593

pei
陪 593
培 593
佩 593
配 593

pen
喷 594
盆 596

peng
彭 596
硼 596
篷 596
膨 596
碰 597

pi
批 597
坯 597
披 597
劈 597
皮 597
铍 598
疲 598
匹 598

pian
偏 599
片 601

piao
漂 601
飘 601
漂 601
票 601

pie
撇 601

pin
拼 601
贫 601
频 601
品 604

ping
乒 604
平 604
评 611
坪 611
凭 611
屏 611

po
坡 611
颇 611
破 611

pou
剖 612

pu
铺 612
朴 612
普 612
谱 613
错 613
蹼 613
瀑 613
曝 613

— Q —

qi
七 614
栖 614
桤 614
期 614
欺 614
漆 614
齐 614
其 614
奇 614
歧 614
骑 614
棋 614
旗 614
鳍 614
企 614
启 615
起 615
气 617
汽 624
契 627
砌 627

qia
卡 627
恰 627

qian
千 627
迁 627
钎 627
牵 627
铅 628
签 628
前 628
钱 630
钳 630
潜 630
浅 630
欠 630
堑 631
嵌 631

qiang
枪 631
腔 631
强 631
墙 632
抢 632
羟 632
强 632

qiao
锹 633
敲 633
乔 633
桥 633
翘 633
撬 633

qie
切 633
窃 634

qin
侵 634
亲 634
琴 635
擒 635

qing
青 635
轻 635
氢 635
倾 636
清 636
情 637
晴 637
氰 637
擎 637
请 637

qiong
穷 638
穹 638
琼 638

qiu
丘 638
囚 638
求 638
球 638

qu
区 639
曲 640
驱 641
屈 642
趋 642
取 642
去 642

quan
圈 643
权 643
全 643

que
缺 646
确 646

qun
裙 647
群 647

— R —

ran
燃 648

染 650
rang
壤 650
让 650
rao
扰 650
绕 650
re
热 650
ren
人 659
刃 660
认 660
任 661
韧 661
轫 661
ri
日 661
rong
绒 662
容 662
溶 663
熔 663
融 665
冗 665
rou
柔 665
揉 666
ru
铷 666
儒 666
蠕 666
乳 666
入 666
ruan
软 667
rui
锐 669
瑞 669
run
闰 670
润 670
ruo
弱 670

— S —

sa
撒 671
洒 671
撒 671
萨 671
sai
塞 671
赛 671
san
三 671
伞 674
散 674
sao
骚 675
扫 675
se
色 676
铯 678
sen
森 678
sha
杀 678
沙 678
刹 678
纱 678
砂 678
傻 679
shai
筛 679
晒 680
shan
删 680
钐 680
栅 680
扇 680
闪 680
扇 681
嬗 681
shang
伤 681
商 681
熵 681
上 682
shao
烧 683
少 684
邵 684
she
舌 684
蛇 684
舍 684
设 684
社 685
射 685
涉 689
摄 689
shen
申 690
伸 690
身 690
砷 690
深 690
神 691
审 691
肾 691
甚 691
渗 691
慎 692
sheng
升 692
生 693
声 695
绳 697
省 697
剩 697
shi
失 698
施 699
湿 699
十 700
什 701
石 701
时 703
识 706
实 706
拾 708
食 708
蚀 708
史 708
矢 708
使 709
始 709
驶 709
示 709
世 709
市 709
式 709
势 709
事 709
试 710
视 711
适 712
室 712
铈 713
释 713
噬 713
shou
收 713
手 713
守 715
首 715
寿 715
受 715
授 716
售 716
瘦 716
shu
书 716
枢 716
梳 716
舒 716
疏 716
输 716
熟 718
属 719
署 719
鼠 719
术 719
束 719
树 719
竖 720
数 720
shua
刷 728
shuai
衰 728
摔 729
甩 729
shuan
闩 729
shuang
双 729
霜 738
shui
水 738
shun
顺 743
瞬 743
shuo
说 745
烁 745
si
司 745
丝 745
私 745
思 745
斯 745
撕 745
死 745
四 746
似 747
song
松 747
嵩 747
宋 747
送 747
sou
搜 747
su
苏 748
素 748
速 748
宿 749
塑 749
溯 749
suan
酸 749
算 750
sui
随 751
岁 752
碎 752
隧 753
燧 753
sun
孙 753
损 753
榫 753
suo
梭 753
羧 753
缩 753
所 754
索 754
锁 754

— T —

ta
他 755
铊 755
塔 755
踏 755
tai
胎 755
台 755
抬 756
太 756
态 757
钛 757
泰 757
tan
贪 757
摊 757
谈 757
弹 757
钽 759
炭 759
探 759
碳 760
tang
汤 761
羰 761
搪 762
镗 762
糖 762
淌 762
tao
掏 762
逃 762
陶 762
淘 762
讨 762
套 762
te
特 763
铽 764
ti
梯 764
锑 765
提 765
蹄 765
体 765
剃 766
替 766
tian
天 766
添 769
填 769
tiao
挑 769
条 769
调 770
挑 773
跳 773
tie
贴 774
帖 774
铁 774
ting
听 775
廷 776
停 776
挺 776
tong
通 776
同 779
桐 782
铜 782
酮 783
瞳 783
统 783
捅 784
桶 784
筒 784
痛 784
tou
头 784
投 784
透 785
tu
凸 786
突 787
图 787
涂 790
土 790
吐 790
钍 790
tuan
湍 790
团 790
tui
推 790
退 792
蜕 792
tun
褪 792
吞 792
tuo
托 792
拖 792
脱 793
陀 794
椭 794
拓 795

— W —

wa
挖 796
蛙 796
瓦 796
wai
歪 796
外 796
wan
弯 799
丸 800
完 800
玩 800
顽 800
碗 800
万 800
wang
网 802
往 805
望 805
wei
危 805
威 806
微 806
韦 811
违 811
围 811
桅 811
唯 811
维 811
伪 812
尾 812
纬 813
委 813
卫 813
未 813
位 814
胃 815
谓 815
喂 816
魏 816
wen
温 816
文 818
纹 819
吻 819
紊 819
稳 819
问 820
wo
涡 820
窝 821
蜗 821
沃 822
卧 822
握 823
渥 823
wu
乌 823

污 823
钨 823
屋 824
无 824
吴 832
五 832
伍 832
舞 832
戊 832
坞 832
物 832
误 833
雾 834

— X —

xi

西 835
吸 835
希 837
析 837
牺 837
硒 837
烯 837
稀 837
锡 838
熙 838
熄 838
膝 838
洗 838
铣 838
徙 838
系 838
细 841
隙 841

xia

匣 841
狭 841
瑕 841
下 841
夏 843

xian

先 843
纤 843
氙 843
酰 843
鲜 843
闲 843
弦 843
衔 843
显 844
现 845
限 845
线 845
陷 849
霰 849

xiang

相 849
香 852
厢 852
箱 852
镶 852
详 852
响 852
向 852
项 853
相 853
象 855
像 855
橡 856

xiao

肖 856
消 856
硝 858
销 858
小 858
校 859
效 859

xie

楔 859
歇 860
协 860
胁 861
斜 861
谐 862
携 863
鞋 863
写 863
泄 863
泻 863
卸 863
谢 864
蟹 864

xin

心 864
芯 864
辛 864
锌 864
新 865
信 865

xing

兴 868
星 868
行 869
形 870
型 871
性 873

xiong

兄 873
胸 873

xiu

休 873
修 873
袖 874
锈 874
嗅 874
溴 874

xu

虚 874
需 876
许 876
旭 876
序 876
叙 877
续 877
絮 877
蓄 877

xuan

宣 878
玄 878
悬 878
旋 879
漩 882
选 882
炫 882
眩 883
旋 883

xue

削 883
薛 883
穴 883
学 883
雪 883
鳕 883
血 883

xun

熏 884
寻 884
巡 884
询 884
循 884
训 885
讯 885
驯 885
殉 885

— Y —

ya

压 886
鸭 891
牙 891
雅 892
轧 892
亚 892
氩 892

yan

咽 893
烟 893
淹 893
湮 893
延 893
严 894
言 894
岩 894
沿 894
研 894
盐 894
颜 895
檐 895
衍 895
掩 895
眼 895
演 895
厌 895
验 895
堰 896
焰 896
燕 896

yang

扬 896
羊 896
阳 896
杨 896
仰 896
养 897
氧 897
样 898

yao

腰 898
姚 898
摇 898
遥 899
咬 900
舀 900
药 900

ye

冶 900
野 900
业 900
叶 901
页 902
曳 902
夜 903
液 903

yi

一 908
伊 909
衣 909
医 909
依 909
铱 910
仪 910
移 910
遗 913
疑 913
乙 913
已 913
以 913
钇 913
蚁 913
义 913
异 913
抑 915
役 915
译 915
易 915
逸 916
意 916
溢 916
翼 916

yin

因 916
阴 917
荫 918
音 918
铟 919
银 919
引 919
饮 920
隐 920
印 920

ying

英 920
缨 920
迎 920
荧 920
盈 921
萤 921
营 921
赢 921
影 921
应 921
映 923
硬 923

yong

拥 924
壅 924
永 924
涌 925
用 925

you

优 926
尤 926
邮 926
油 926
铀 928
游 928
友 928
有 928
酉 933
右 933
诱 933

yu

迂 933
淤 933
余 933
鱼 934
娱 934
逾 934
榆 934
与 934
宇 934
羽 934
雨 934
俣 934
语 934
浴 936
预 936
域 937
阈 937
谕 938
遇 938
裕 938

yuan

元 938
原 938
圆 940
源 943
远 943

yue

约 944
月 945
阅 945
跃 945
越 945

yun

云 945
匀 945
允 945
陨 946
孕 946
运 946
晕 947
韵 947
蕴 947
熨 947

— Z —

za

扎 948
匝 948
杂 948
砸 948

zai

灾 948
再 948
在 949
载 950

zan

暂 951

zang

脏 951

zao

凿 951
早 951
皂 951
造 951
噪 952

ze

责 953
择 953
泽 953

zeng

增 953
甑 955

zha

扎 955
渣 955
轧 955
闸 956
栅 957
炸 957
榨 957

zhai

窄 957

zhan

沾 957
毡 957
粘 957
詹 957
斩 957
展 957
占 957
栈 958
战 958
站 958

zhang

张 958
章 959
长 959
涨 959
掌 959
胀 959
障 959

zhao

招 959
着 959
爪 959
沼 959
召 959
兆 959
赵 959
照 959
罩 960

zhe

遮 960
折 960
锗 961
褶 961

zhen

针 961
侦 962
帧 962
真 962
砧 966
甄 966
诊 966
枕 966
阵 966
振 966
震 969

镇 969

zheng

争 969
征 969
筝 969
蒸 969
整 971
正 972
证 975
政 976
症 976

zhi

支 976
枝 976
知 977
织 977
脂 977
执 977
直 978
值 983
职 983
植 983
止 983
只 984
纸 984
指 984
酯 986
制 986
质 988
治 989
致 989
掷 990
蛭 990
智 990
滞 991
置 991

zhong

中 991
终 997
钟 998
种 998
中 998
仲 998
重 998

zhou

周 1000
洲 1000
轴 1000
肘 1002
帚 1002
昼 1002
皱 1003

zhu

珠 1003
蛛 1003
竹 1003
逐 1003
烛 1003
主 1003
煮 1007
助 1007
住 1007
贮 1007
注 1007
驻 1008
柱 1008
著 1009
铸 1009

zhua

抓 1010

zhuan

专 1010
砖 1011
转 1011

zhuang

桩 1016
装 1016
状 1017
撞 1018

zhui

追 1018
锥 1018

zhun

准 1019

zhuo

桌 1020
灼 1020
浊 1020
着 1020

zi

咨 1020
姿 1020
资 1020
子 1021
籽 1021
紫 1021
自 1022
字 1036

zong

综 1037
棕 1037
总 1037
纵 1039

zou

走 1039

zu

租 1039
族 1039
阻 1039
组 1041

zuan

钻 1042

zui

最 1043

zuo

左 1049
作 1049
坐 1050
座 1050

词目首字笔画索引

（字右边的号码指词典正文的页码）

一画

一 908
乙 913

二画

二 218
十 700
丁 185
厂 75
七 614
八 7
人 659
入 666
儿 218
几 403
刀 137
力 509

三画

三 671
干 279
283
亏 492
工 301
土 790
下 841
大 121
与 934
万 800
上 682
小 858
口 488
千 627
个 298
丸 800
广 331
门 556
义 913
已 913
弓 303
子 1021
卫 813
刃 660
飞 239
叉 69
马 547

四画

丰 258
开 466
井 451
天 766
夫 263
元 938
无 824
韦 811
云 945
专 1010
扎 948
955
木 569
五 832
支 976
不 51
太 756
区 639
历 509
友 928
尤 926
厄 218
匹 598
车 81
巨 459
牙 891
戈 296
比 26
互 361
切 633
瓦 796
止 983
少 684
日 661
中 991
998
贝 21
冈 283
内 575
水 738
牛 584
手 713
气 617
毛 553
升 692
长 73
959
什 701
片 601
化 364
爪 959
反 227
介 440
从 115
分 248
乏 225
公 303
仓 60
月 945
欠 630
风 258
丹 127
匀 945
乌 823
六 532
文 818
方 233
闩 729
火 381
斗 194
计 404
订 186
户 362
认 660
冗 665
心 864
尺 88
引 919
丑 96
巴 7
孔 485
队 201
办 12
以 913
允 945
双 729
书 716
幻 369

五画

未 813
末 568
示 709
击 384
打 121
正 972
扒 7
功 305
去 642
甘 281
世 709
艾 2
古 310
节 436
本 24
术 719
可 472
匝 948
丙 42
左 1049
石 701
右 933
布 54
夯 347
戊 832
龙 532
平 604
灭 561
轧 892
955
卡 466
627
北 21
占 957
凸 786
卢 533
业 900
旧 457
归 332
旦 135
目 570
叶 901
甲 414
申 690
电 155
号 349
只 984
史 708
兄 873
叫 432
皿 561
凹 6
囚 638
四 746
生 693
矢 708
失 698
丘 638
付 271
代 123
仪 910
白 8
他 755
从 115
令 528
用 925
甩 729
印 920
乐 498
句 459
外 796
处 99
冬 190
鸟 582
包 16
主 1003
市 709
立 509
冯 263
玄 878
闪 680
兰 497
半 12
汇 375
头 784
汉 344
穴 883
讨 762
写 863
让 650
训 885
必 29
讯 885
记 408
永 924
司 745
尼 579
民 561
弗 263
出 96
奶 572
召 959
加 410
皮 597
边 30
孕 946
发 223
226
对 201
台 755
矛 554
纠 457
母 569
丝 745

六画

邦 15
式 709
迂 933
动 190
吉 398
扣 488
考 471
托 792
老 498
执 977
扩 492
扫 675
地 150
场 76
扬 896
耳 218
共 307
芒 553
亚 892
朴 612
机 384
权 643
过 339
再 948
协 860
西 835
压 886
厌 895
在 949
百 9
有 928
存 118
页 902
灰 371
达 121
列 523
死 745
成 85
夹 413
轨 334
划 363
366
迈 548
毕 29
尘 83
尖 415
劣 523
光 319
当 136
早 951
吐 790
曳 902
虫 93
曲 640
团 790
吕 537
同 779
吊 183
吃 87
因 916
吸 835
岁 752
帆 226
回 372
刚 283
网 802
钆 278
钇 913
年 581
氘 137
氖 572
先 843
丢 190
廷 776
舌 684
竹 1003
迁 627
乔 633
传 101
乒 604
休 873
伍 832
伏 264
优 926
延 893
仲 998
件 420
任 661
伤 681
价 415
伦 540
份 258
华 363
仰 896
仿 236
伙 382
伪 812
自 1022
伊 909
血 883
向 852
似 747
后 358
行 347
869
全 643
会 375
488
杀 678
合 349
兆 959

企 614
伞 674
创 105
肌 389
肋 499
杂 948
危 805
旭 876
负 271
名 562
各 299
多 204
争 969
色 676
冲 90
95
冰 42
齐 614
交 424
衣 909
次 114
产 73
决 462
亥 343
充 92
闭 29
问 820
闯 105
羊 896
并 42
关 316
米 557
灯 141
污 823
江 423
汲 398
池 87
汤 761
忙 553
兴 868
宇 934
守 715
字 1036
安 3
讲 423
军 464
许 876
论 541
农 585
设 684
访 237
寻 884
尽 444
导 137
异 913
弛 87
阱 451
孙 753
阵 966
阳 896
收 713
阶 433
阴 917
防 234
好 349
羽 934
观 317
欢 366
红 356
纤 843
驯 885
约 944
级 398
巡 884

七画

寿 715
麦 548
玛 547
形 870
进 444
吞 792
远 943
违 811
韧 661
运 946
扶 264
技 409
坏 366
扰 650
扼 218
拒 460
批 597
扯 83
走 1039
抄 76
贡 309
汞 307
坝 8
攻 306
赤 90
折 960
抓 1010
扳 10
抢 632
坎 470
均 464
坞 832
抑 915
抛 592
投 784
坑 480
抗 470
抖 194
护 362
壳 472
块 488
扭 584
声 695
把 7
报 20
拟 580
花 363
芬 257
芳 234
严 894
芯 864
劳 498
克 479
苏 748
杆 282
杠 286
杜 196
材 57
极 399
李 507
杨 896
求 638
匣 841
更 300
束 719
两 520
酉 933
医 909
辰 83
励 511
否 263
还 366
来 496
连 512
轫 661
步 55
卤 535
坚 416
肖 856
时 703
吴 832
呋 263
助 1007
里 507
呆 123
围 811
吨 204
邮 926
困 492
串 104
听 775
吻 819
吹 105
别 42
针 961
钉 186
钌 522
氙 843
氚 100
告 296
乱 540
利 511
私 745
每 555
估 310
体 765
何 351
伸 690
作 1049
伯 48
低 145
住 1007
位 814
伴 15
身 690
皂 951
伺 115
伽 278
414
近 445
彻 83
役 915
返 232
余 933
希 837
坐 1050
谷 310
含 343
邻 524
岔 72
肘 1002
龟 332
465
免 559
狄 149
角 430
462
删 680
鸠 457
条 769
卵 540
岛 139
刨 20
迎 920
饮 920
系 838
言 894
冻 194
状 1017
亨 353
床 105
库 488
应 921
冷 500
序 876
辛 864
冶 900
闰 670
闲 843
间 416
420
闷 557
判 591
兑 204
灼 1020
沥 511
沙 678
汽 624
沃 822
泛 232
没 554
沟 309
沉 83
快 489
完 800
宋 747
宏 357
穷 638
灾 948
良 519
证 975
启 615
评 611
补 49
初 97
社 685
识 706
诊 966
词 107
译 915
灵 526
即 401
层 68
尿 582
尾 812
迟 88
局 457
改 278
张 958
陆 535
阿 1
陈 84
阻 1039
附 272
陀 794
努 586
邵 684
劲 446
鸡 389
纬 813
驱 641
纯 107
纱 678
纳 572
纵 1039
纸 984
纹 819
纽 585

八画

玩 800
环 367
青 635
责 953
现 845
玫 554
表 39
规 332
抹 568
坩 281
坯 597
拓 795
拔 7
坪 611
拣 416
抽 95
拐 316
拖 792
拍 589
顶 185
拆 72
拥 924
抵 149
拘 457
势 709
抱 20
垃 495
拉 495
拦 497
招 959
坡 611
披 597
拨 44
择 953
抬 756
其 614
取 642
苦 488
苯 25
苛 471
英 920
范 233
直 978
林 524
枝 976
杯 21
枢 716
柜 335
枚 554
析 837
板 10
枞 115
松 747
枪 631
构 309
枕 966
或 382
画 366
卧 822
事 709
刺 115
雨 934
矾 227
矿 491
码 547
厕 62
奈 572
奇 389
614
态 757
欧 587
轰 356
转 1011
轭 218
斩 957
轮 540
软 667
到 140
非 240
歧 614
肯 480
齿 88
肾 691
具 460
果 339
昆 492
国 338
明 562
易 915
昂 6
迪 149
典 154
固 311
呼 360
岸 5
岩 894
帖 774
罗 541
帕 589
凯 469
购 310
贮 1007
图 787
钍 790
钎 627
钐 680
钒 227
钕 586
制 986
知 977
迭 184
垂 106
物 832
刮 315
和 351
季 409
委 813
供 307
使 709
例 512
版 12
侦 962

侧 62
凭 611
佩 593
货 382
依 909
质 988
征 969
往 805
爬 589
彼 28
径 452
所 754
舍 684
金 441
刹 678
命 562
采 57
受 715
乳 666
贪 757
贫 601
肼 452
肺 247
胀 959
服 264
胁 861
周 1000
鱼 934
备 22
饱 17
变 32
庞 591
夜 903
底 149
剂 409
废 247
净 453
盲 553
放 237
刻 480
闸 956
闹 575
卷 461
单 127
炒 81
炉 533
浅 630
法 225
泄 863
河 351
沾 957
油 926
泊 48
沿 894
泡 592
注 1007
泻 863
泥 579
沸 247
沼 959
波 44
泽 953
治 989
性 873
学 883
宝 18
定 186
审 691
空 480
486
帘 516
穹 638
实 706
试 710
郎 497
房 236
戽 363
衬 84
视 711
话 366
询 884
详 852
建 422
录 536
帚 1002
居 457
刷 728
屈 642
弧 360
弥 557
弦 843
承 86
孟 557
孤 310
降 424
函 344
限 845
始 709
姆 569
迦 414
驾 415
参 58
68
线 845
组 1041
细 841
驶 709
织 977
终 997
驻 1008
经 447
贯 319

九画

契 627
帮 15
珐 226
玻 47
毒 194
型 871
挂 316
封 261
持 88
拷 471
拱 307
项 853
城 86
挠 574
政 976
赵 959
挡 137
挺 776
括 494
拾 708
挑 769
773
垛 216
指 984
垫 183
挤 404
拼 601
挖 796
按 5
挥 371
甚 691
巷 348
带 124
草 62
茶 72
荒 370
茨 920
故 314
胡 361
荫 918
南 574
药 900
标 35
栈 958
枯 488
柯 471
相 849
853
查 72
柏 9
栅 680
957
柳 532
柱 1008
栏 497
树 719
勃 48
威 806
歪 796
研 894
砖 1011
厘 503
厚 359
砌 627
砂 678
泵 25
面 559
耐 573
牵 627
残 60
轴 1000
轻 635
背 21
22
战 958
觇 72
点 154
临 524
竖 720
省 697
削 883
尝 75
显 844
冒 554
映 923
星 868
胃 815
贵 335
界 440
虹 358
蚁 913
思 745
品 604
咽 893
响 852
哈 342
咬 900
炭 759
帧 962
罚 225
贴 774
骨 310
钙 278
钚 55
钛 757
钝 204
钟 998
钡 23
钢 284
钠 572
钨 823
钩 309
钪 471
钬 382
钯 7
卸 863
缸 286
拜 10
看 470
矩 459
毡 957
氡 190
氟 265
氢 635
选 882
适 712
秒 561
香 852
种 998
科 471
重 93
998
复 273
段 199
便 35
顺 743
修 873
俣 934
保 18
促 116
俄 217
俘 265
信 865
鬼 335
侵 634
追 1018
盾 204
待 127
衍 895
律 538
叙 877
剑 422
逃 762
食 708
盆 596
胆 135
胞 16
胖 592
脉 549
胎 755
狭 841
独 194
急 401
蚀 708
饼 42
弯 799
孪 540
亮 520
度 196
迹 409
咨 1020
姿 1020
亲 634
音 918
施 699
阀 225
差 69
养 897
送 747
类 409
迷 557
籽 1021
前 628
首 715
逆 580
总 1037
炼 517
炽 90
炸 957
烁 745
炮 593
炫 882
烂 497
剃 766
洁 437
洒 671
浇 427
浊 1020
洞 194
测 63
洗 838
活 379
派 591
染 650
洛 546
浏 528
洲 1000
浑 376
浓 585
恒 353
恢 371
恰 627
举 459
宣 878
室 712
突 787
穿 100
窃 634
客 480
冠 317
语 934
扁 32
神 691
误 833
诱 933
说 745
退 792
屋 824
昼 1002
屏 611
费 248
陡 194
陨 946
除 98
姚 898
架 415
盈 921
怠 127
柔 665
绑 15
绒 662
结 437
绕 650
绘 376
给 300
404
络 546
绝 462
绞 431
骇 343
统 783

十画

耗 349
耙 589
泰 757
珠 1003
珩 354
班 10
素 748
匿 581
蚕 60
顽 800
捕 51
振 966
载 950
起 615
盐 894
捏 582
埋 548
捆 492
损 753
换 369
热 650
捣 139
捅 784
埃 2
耿 301
莱 496
莫 568
荷 351
352
获 382
恶 218
真 962
框 492
栖 614
档 137
桐 782
桤 614
桥 633
桁 354
桅 811
格 297
桩 1016
校 432
859
核 351
样 898
根 300
索 754
哥 296

速 748
贾 414
配 593
翅 90
唇 107
夏 843
砝 226
砸 948
砧 966
砷 690
砾 512
破 611
原 938
套 762
逐 1003
殉 885
轿 433
较 433
顿 204
致 989
柴 72
桌 1020
监 416
紧 444
晒 680
眩 883
鸭 891
晕 947
恩 218
盎 6
唤 370
哼 353
峰 262
圆 940
钱 630
钳 630
钴 310
钵 48
钻 1042
钽 759
钼 571
钾 414
铀 928
铁 774
铂 48
铃 526
铅 628
铆 554
铈 713
铊 755
铋 30
铌 580
铍 598
缺 646
氩 892
氦 343
氧 897
氨 4
特 763
牺 837
造 951
乘 86
敌 149
秤 87
租 1039
积 389
称 84
秘 557
透 785
笔 28
借 441
值 983
倾 636
倒 140
候 360
俯 269
倍 23
健 422
臭 96
射 685
舰 422
舱 61
航 347
舀 900
爱 2
脆 117
脂 977
胸 873
脏 951
胶 428
脑 575
留 528
皱 1003
桨 423
浆 423
衰 728
高 287
郭 337
准 1019
座 1050
症 976
病 44
疲 598
脊 404
效 859
离 503
紊 819
瓷 107
资 1020
凉 519
521
站 958
剖 612
竞 453
部 55
旁 591
旅 537
畜 99
阅 945
粉 257
料 523
兼 416
烤 471
烘 356
烧 683
烛 1003
烟 893
烙 498
递 153
酒 457
涟 516
涉 689
消 856
涡 820
海 342
涂 790
浴 936
浮 265
涤 149
流 528
润 670
浪 498
浸 446
涨 959
涌 925
宽 490
家 414
宾 42
窄 957
容 662
案 5
请 637
朗 497
诺 586
读 195
扇 680
681
袖 874
被 23
课 480
调 184
770
谈 757
剥 48
展 957
弱 670
陶 762
陷 849
陪 593
娱 934
通 776
能 578
难 574
预 936
验 895
继 409

十一画

彗 376
球 638
理 508
堵 196
描 561
域 937
掩 895
捷 439
排 589
掉 184
堆 200
推 790
授 716
捻 582
教 433
掏 762
掠 540
培 593
接 434
掷 990
控 486
探 759
掘 464
掺 72
职 983
基 390
勘 469
聊 522
著 1009
菱 526
堇 444
勒 498
黄 370
菲 247
菌 465
菜 58
菊 459
萃 117
萤 921
营 921
萨 671
梅 554
检 416
梳 716
梯 764
桶 784
梭 753
救 457
副 276
票 601
酚 257
厢 852
硅 333
硒 837
硐 194
盛 86
雪 883
辅 270
堑 631
颅 535
虚 874
常 75
匙 88
眼 895
悬 878
野 900
曼 552
冕 559
距 460
跃 945
啮 582
略 540
蚶 343
蛇 684
累 499
唱 76
唯 811
逻 542
崩 25
圈 643
铑 498
铒 218
铝 537
铜 782
铟 919
铠 469
铣 838
铥 190
铪 342
铭 562
铬 299
铯 678
铰 431
铱 910
铲 73
银 919
铷 666
矫 431
氪 480
犁 507
移 910
笼 533
笛 149
符 266
第 153
敏 561
袋 127
偶 587
售 716
停 776
偏 599
假 414
徙 838
衔 843
盘 591
船 103
斜 861
盒 352
彩 58
领 528
脚 432
脸 517
脱 793
脲 582
象 855
逸 916
猜 57
猫 553
猝 116
减 418
毫 349
麻 547
痕 353
康 470
章 959
商 681
族 1039
旋 879
883
望 805
率 538
阈 937
着 959
1020
羟 632
盖 278
粘 957
粗 115
粒 512
断 199
剪 418
焊 346
烯 837
焓 344
清 636
添 769
淋 525
淹 893
渐 422
淌 762
混 376
淘 762
液 903
淬 117
淤 933
淡 135
淀 183
深 690
涵 344
梁 519
渗 691
情 637
惯 319
寄 409
寂 410
宿 749
密 557
谎 371
谐 862
谓 815
谕 938
弹 135
757
随 751
蛋 136
隆 533
隐 920
颇 611
颈 452
续 877
骑 614
绰 107
绳 697
维 811
综 1037
绿 538

十二画

琴 635
琥 361
琼 638
斑 10
替 766
塔 755
搭 121
堰 896
越 945
趋 642
超 76
堤 149
提 765
博 48
揭 436
彭 596
插 71
搜 747
煮 1007
裁 57
搁 296
搓 120
搅 432
握 823
揉 666
斯 745
期 614
欺 614
联 516
葫 361
散 674
落 546
棒 15
棱 500
棋 614
植 983
森 678
焚 257
棉 559
棕 1037
椭 794
惠 376

逼 26
棘 401
硬 923
硝 858
确 646
硫 531
裂 523
辊 335
皙 951
雅 892
翘 633
斐 247
悲 21
紫 1021
凿 951
辉 371
敞 76
掌 959
晴 637
最 1043
量 519
521
喷 594
晶 448
喇 496
遇 938
遏 218
景 452
畴 96
跌 184
跑 592
遗 913
蛙 796
蛭 990
蛛 1003
蛤 297
喂 816
喘 104
喉 358
嵌 631
幅 267
帽 554
赋 276
黑 352
铸 1009
铺 612
铼 497
铽 764
链 518
销 858
锁 754
锂 508
锅 337
锆 296
锇 217
锈 874
锉 120
锋 263
锌 864
锍 532
锐 669
锑 765
掣 83
短 197
智 990
氰 637
氮 136
氯 538
鹅 217
剩 697
程 86
稀 837
筐 491
等 141
策 68
筛 679
筒 784
答 121
筋 444
筝 969
傅 276
牌 591
堡 20
集 401
焦 429
储 99
奥 6
循 884
舒 716
逾 934
颌 352
释 713
腔 631
腱 423
鲁 535
馈 492
装 1016
蛮 552
就 457
痛 784
竣 465
阔 494
普 612
道 140
焰 896
焙 24
港 286
滞 991
湖 361
渣 955
湮 893
湿 699
温 816
溃 492
湍 790
溅 423
滑 363
渡 196
游 928
渥 823
惰 216
割 296
富 277
窝 821
窗 105
遍 35
裕 938
裙 647
幂 559
谢 864
属 719
强 631
632
疏 716
隔 297
隙 841
媒 555
絮 877
登 141
缆 497
缓 369
编 31
骚 675
十三画
瑞 669
瑕 841
摄 689
填 769
鼓 310
摆 9
携 863
搬 10
摇 898
搪 762
摊 757
靶 7
蓝 497
幕 571
蒽 218
蓟 410
蓄 877
蒙 557
蒸 969
楔 859
禁 447
楚 99
楷 469
楞 500
榆 934
楼 533
概 278
赖 497
甄 966
酮 783
酰 843
酯 986
感 282
碘 155
硼 596
碎 752
碰 597
碗 800
雷 498
零 526
雾 834
辐 267
输 716
频 601
鉴 423
瞄 561
暖 586
歇 860
暗 5
照 959
畸 395
跨 488
跳 773
路 536
跟 300
蜗 821
蜂 263
蜕 792
嗅 874
署 719
置 991
罩 960
嵩 747
嵴 403
锗 961
错 120
锚 554
锝 141
锡 838
锤 107
锥 1018
锦 444
锪 379
锭 190
键 423
锯 460
锰 557
矮 2
稠 96
签 628
简 419
毁 375
鼠 719
催 117
傻 679
像 855
躲 216
微 806
遥 899
腰 898
腹 277
詹 957
鲍 20
触 99
解 439
馏 532
新 865
韵 947
意 916
羧 753
数 720
塑 749
煤 555
煅 200
满 552
源 943
滤 539
滥 497
溴 874
溜 528
滚 336
溢 916
溯 749
溶 663
慎 692
塞 671
窥 492
谨 444
裸 545
福 269
群 647
障 959
叠 184
缝 263
缠 73
十四画
静 453
墙 632
赫 352
截 439
境 456
摔 729
撇 601
聚 460
蔡 58
熙 838
模 562
569
榫 753
榨 957
酶 555
酿 582
酸 749
碟 185
碱 420
碳 760
碲 154
磁 107
殡 42
需 876
辗 582
颗 471
蜡 496
锹 633
锻 200
镀 196
镁 556
舞 832
稳 819
熏 884
箍 310
箕 395
算 750
箔 49
管 317
膜 565
膀 592
鲜 843
疑 913
裹 339
敲 633
豪 349
膏 296
遮 960
腐 270
瘦 716
端 196
旗 614
精 449
熄 838
熔 663
漆 614
漂 601
漫 552
滴 149
漩 882
演 895
漏 533
慢 553
赛 671
蜜 559
褐 352
褪 792
谱 613
隧 753
缨 920
缩 753
缪 562
十五画
耦 587
撕 745
撒 671
撑 85
撬 633
播 48
擒 635
撞 1018
撤 83
增 953
鞋 863
鞍 5
蕴 947
横 354
槽 61
橡 856
橄 283
敷 263
飘 601
醋 116
醌 492
醇 107
磅 15
碾 582
震 969
霉 555
暴 20
影 921
踏 755
蝶 185
蝴 361
蝙 32
颚 218
墨 568
镇 969
镉 298
镍 582
镐 296
镓 414
靠 471
箱 852
僵 423
德 141
膝 838
熟 718
摩 566
瘤 532
颜 895
羰 761
糊 361
熵 681
潜 630
潮 81
澳 6
潘 591
澄 145
额 217
熨 947
劈 597
履 538
十六画
螯 6
擀 283
操 61
燕 896
薛 883
擎 637
薄 16
49
颠 154
橘 459
整 971
融 665

醚 557
霓 580
霍 382
餐 60
蹄 765
噪 952
噬 713
默 569
镗 762
镘 553
镜 456
穆 571
篮 497
篡 117
篷 596
篱 507
儒 666
衡 356
膨 596
雕 183
磨 567
凝 583
辨 35
壅 924
糖 762
甑 955
燃 648
燧 753
激 395
褶 961
壁 30
避 30
嬗 681

十七画

戴 127
擦 57
檐 895
礁 430
磷 525
霜 738
瞬 743
瞳 783
螺 543
镥 535
镦 204
镧 497
镨 613
黏 581
魏 816
簧 371
簇 116
朦 557
鳄 218
羸 921
糠 470
臂 30
翼 916

十八画

鞭 32
覆 277
镭 499
翻 226
鳍 614
瀑 613

十九画

警 452
蘑 568
曝 20
613
蹼 613
簸 49
鳕 883
蟹 864
颤 73
瓣 15
爆 20

二十画及以上

壤 650
霰 849
蠕 666
鳞 526
魔 568
灌 319
露 537
囊 574
镶 852
罐 319

A

阿贝比长仪/阿貝比對儀 Abbe comparator
阿贝不变量/阿貝不變量 Abbe invariant
阿贝成像理论/阿貝成像理論 Abbe theory of image formation
阿贝成像原理/阿貝成像理論 Abbe theory of image formation
阿贝尔试验器/阿貝爾測試儀 Able tester
阿贝聚光镜/阿貝聚光鏡 Abbe condenser
阿贝棱镜/阿貝棱鏡 Abbe prism
阿贝试验板/阿貝試驗板 Abbe test plate
阿贝数/阿貝數 Abbe number
阿贝原则/阿貝原理 Abbe principle
阿贝折射计/阿貝折射計,阿貝折射儀 Abbe refractometer
阿贝折射仪/阿貝折射計,阿貝折射儀 Abbe refractometer
阿贝准则/阿貝準則,阿貝判據 Abbe criterion
阿布罗斯镍铬锰耐蚀合金/亞比樂合金 Abros alloy
阿布尼定律/阿布尼定律 Abney law
阿布尼现象/阿布尼現象 Abney phenomenon
阿达马变换/哈德瑪得轉換 Hadamard transform
阿达马矩阵/哈德瑪得矩陣 Hadamard matrix
阿达马码/哈德瑪得碼 Hadamard code
阿达马门/哈德瑪得門 Hadamard gate
阿达迈镍铬耐磨铸铁/水砷鋅石 Adamite
阿达曼特耐磨铬钼钢/阿達麥耐磨鉻鉬鋼 Adamant steel
阿达曼特镍铬耐磨铸铁轧辊/阿達麥輥 Adamant roll
阿德科克阵列[天线]/亞德克陣列[天線] Adcock array
阿尔迪科高强度低合金钢/阿爾迪科高強度低合金鋼 Aldecor steel
阿尔法奥米伽[系统]/阿伐亞米茄[系統] Alpha Omega
阿尔法辐射/阿伐輻射 Alpha radiation
阿尔法节律/阿伐[腦波]韻律 Alpha rhythm
阿尔法粒子/阿伐粒子 Alpha particle
阿尔法铁素体/α肥粒鐵[體] Alpha ferrite
阿尔贡三辊式冷轧管机/阿爾貢三輥式冷軋管機 Argonne three-roll pipe cold rolling mill
阿尔尼科合金/鋁鎳鈷合金 alnico alloy
阿尔文波/阿耳芬波,亞耳芬波 Alfven wave
阿尔文波速[率]/阿耳芬波速[率] Alfven speed
阿伏伽德罗常量/亞佛加厥常數 Avogadro number, Avogadro constant
阿伏伽德罗常数/亞佛加厥常數 Avogadro number, Avogadro constant
阿伏伽德罗定律/亞佛加厥定律 Avogadro law
阿基米德法/阿基米德法 Archimedean method
阿基米德螺线[形]天线/阿基米德蝸線天線 Archimedean spiral antenna
阿基米德螺旋面/阿基米德螺旋面 Archimedean screw, Archimedes screw
阿基米德螺[旋]线/Archimedes 蝸線 Archimedean spiral
阿基米德蜗杆/阿基米德圓柱蝸桿,軸向直廓蝸桿 Archimedes worm, straight sided axial worm
阿基泰尔浮选机/阿基泰爾浮選機 Agitar flotation machine
阿卡尔法/阿卡爾法 ACCAR process
阿克曼函数/阿可曼函數 Ackermann function
阿克曼转向角/阿可曼轉向角 Ackermann steering angle
阿拉斯塔式研磨/阿賴斯塔式研磨 Arrastra
阿雷西沃反射器/厄瑞西柏反射器 Arecibo reflector
阿里龙耐蚀高硅铸铁/阿里龍耐蝕高矽鑄鐵 Ariron
阿里士图/阿里士[波]圖 Allis diagram
阿卢弗尔包铝钢板/阿盧弗爾包鋁鋼板 Alufer
阿伦标准偏差/阿倫標準偏差 Allan standard deviation
阿伦方差/Allan 變異數,艾倫方差 Allan variance
阿马伽单位/阿馬蓋特單位 Amagat units
阿马伽密度单位/阿馬蓋特密度單位 Amagat density unit
阿马伽制/阿馬蓋特單位制 Amagat system
阿蒙东定律/阿蒙東定律 Amonton laws
阿姆达尔定律/Amdahl 定律 Amdahl law
阿姆柯换热式均热炉/阿姆柯換熱式均熱爐 Armco soaking pit
阿姆柯渗铝钢/阿姆柯滲鋁鋼 Armco aluminized steel

阿姆柯铁/阿姆柯鐵，工業級純鐵 Armco iron
阿姆柯稳定化钢/阿姆柯穩定化鋼 Armco stabilized steel
阿姆柯直接还原法/阿姆柯直接還原法 Armco direct reduction process
阿姆斯特朗公理/阿姆斯壯公理 Armstrong axioms
阿普拉特尔热镀锌法/阿普拉特爾熱鍍鋅法 Aplataer process
阿普熙提/阿[普]熙提 apostilb, asb
阿萨科连续铸造法/阿薩科連續鑄造法 Asarco method
阿塞尔辗轧机/阿塞爾輾軋機 Assel elongator
阿塞尔轧管机/阿塞爾軋管機 Assel pipe rolling mill, Assel tube mill
阿塞姆电阻炉/阿塞姆電阻爐 Arsem resistance furnace
阿瑟无磁性耐热耐蚀钢/亞瑟無磁性耐熱耐蝕鋼 Atha alloy
阿斯顿熟铁炼制法/艾士通製程 Aston process
阿斯卡尼亚显微镜/阿斯卡尼亞顯微鏡 Askania microscope
阿斯曼通风干湿表/阿斯曼通風乾濕計 Assmann ventilated psychrometer
阿苏尔杆组/Assur 群，亞蘇群 Assur group
阿特伯极限/亞特堡限度 Atterberg limit
埃/埃 angstrom, international angstrom unit
埃伯斯-莫尔模型/衣伯-莫耳模型 Ebers-Moll model
埃德蒙兹-卡普算法/Edmonds-Karp 演算法 Edmonds-Karp algorithm
埃尔布朗基/埃爾布朗基 Herbrand base
埃尔哈特制管法/埃爾哈特製管法 Ehrhardt process, push bench process
埃尔米特函数/埃爾米特函數 Hermite function
埃尔米特矩阵/埃爾米特矩陣 Hermitian matrix
埃尔米特算子/埃爾米特算子 Hermitian operator
埃尔莫尔连续离心机/艾耳莫連續離心機 Elmore continuous centrifuge
埃里克森杯突试验/依契遜試驗 Erichsen test
埃里克森深拉试验/依契遜深拉試驗 Erichsen deep-drawing test
埃力斯界限/埃力斯界限，埃力斯上限 Elias bound
埃利奥特测定试验器/艾略特測試儀 Elliot tester
埃林厄姆-理查森图/埃林厄姆-理查森圖 Ellingham-Richardson diagram
埃林瓦效应/埃林瓦效應 Elinvar effect
埃林瓦型合金/埃林瓦型合金 Elinvar alloy
埃洛石/多水高嶺土，禾樂石 halloysite
埃曼/艾曼 eman
埃米螺纹/愛克米螺紋，梯形螺紋 Acme thread
埃姆尔铸铁/恩美爾鑄鐵 Emmel cast iron
埃塞俄比亚假金/亞伯遜金，阿比西尼亞金 Abyssinian gold
矮高炉/矮高爐 low shaft blast furnace
矮竖炉/矮爐 low shaft furnace
矮竖炉熔炼/矮豎爐熔煉 low shaft furnace smelting
矮体式风机盘管机组/矮體式風機盤管機組 low body fan-coil unit
矮烟罩电炉/矮煙罩電爐 low hood electric furnace
艾布拉姆森式管材矫直机/艾布拉姆森式管材矯直機 Abramsen machine
艾尔顿分流器/通用分流器，艾爾通分流器 universal shunt, Ayrton shunt
艾福斯堡反射器/艾福斯堡反射器 Effelsberg reflector
艾吉法/艾吉法 I.G. process
艾吉镁电解槽/艾吉鎂電解槽 I.G. cell
艾克曼冰点降低计/厄克曼凝固點抑制計 Eykman depressimeter
艾里点/艾利點 Airy points
艾伦的区间代数/阿倫的區間代數 Allen interval algebra
艾奇逊法/亞契遜法 Acheson process
艾奇逊石墨化炉/亞契遜石墨化爐 Acheson furnace
艾瑞克斯型轴流式扇风机/軸流式扇風機 Aerex fan
艾萨熔炼法/艾薩熔煉法 Isa melt process
艾萨[铜精炼]法/艾薩法 Isa process
艾氏冲击试验/愛曹特氏衝擊試驗 Izod test
艾氏冲击试验机/愛曹特氏衝擊試驗機 Izod impact testing machine
艾素丘法/艾素丘法 Isocure process
艾廷豪森效应/愛汀豪生效應 Ettinghausen effect
艾因托电流计/艾因托電流計 Einthoven galvanometer
爱德考克天线/亞可克天線 Adcock antenna
爱迪生电池/愛迪生電池 Edison cell
爱迪生电桥/愛迪生電橋 Edison bridge
爱迪生拉兰电池/愛迪生-拉郎得電池 Edison-Lalande cell
爱迪生螺丝灯头/愛迪生螺絲燈頭 Edison screw cap
爱迪生蓄电池/愛迪生蓄電池組，鐵鎳蓄電池組 Edison accumulator, iron-nickel accumulator
爱尔莫真空泵/愛爾莫真空泵 Elmo pump
爱玛炉/愛瑪爐，碳化矽電阻爐 Elema furnace

爱默生打浆机/艾默生打漿機 Emerson beater
爱默生量热器/艾默生熱量計 Emerson calorimeter
爱泼斯坦测试框架/愛普斯坦測試框 Epstein test frame
爱泼斯坦方圈/愛普斯坦磁鐵方 Epstein square
爱泼斯坦检测架/愛普斯坦測試器 Epstein tester
爱因斯坦单位/愛因斯坦單位 Einstein unit
爱因斯坦他激系数/愛因斯坦他勵係數 Einstein B coefficient
爱因斯坦系数/愛因斯坦係數 Einstein coefficient
爱因斯坦自激系数/愛因斯坦自勵係數 Einstein A coefficient
安保事务处理/安保交易處理 secure transaction processing
安瓿封口机/安鲍封口機 ampul sealing machine
安瓿检漏仪/安鲍測漏儀 ampul leakage tester
安定剂/碳化物安定劑 stabilizers
安诺石/黑鈦石 anosovite
安[培]/安培 ampere, A, amp
安培表/安培計,電流計 ammeter
安培秤/電流天平 ampere balance
安培导体/安培導線 ampere conductor
安培电路定律/安培電路定律 ampere circuit law
安培定律/安培定律 ampere law
安培计/安培計,電流計 ammeter
安培每米/安培匝數 ampere per meter
安培平衡/電流天平 ampere balance
安培-匝数/安培匝數 ampere turns
安全/安全,保全 safety, safe, security
安全标号/安全標號 security label
安全标签/安全標號 security label
安全标志/安全標志 safety sign
安全玻璃/安全玻璃 safety glass
安全布置/安全布置 safety layout
安全参数索引/安全參數指標 security parameter index
安全操作系统/安全作業系統 secure operating system
安全测试/安全測試 security testing
安全策略/保全政策 security policy
安全超文本传输协议/安全超本文傳輸協定 secure HTTP
安全窗用玻璃材料/安全窗用玻璃材料 safety glazing material
安全措施/安全措施 security measure
安全带/安全帶 safety belt, seat belt
安全带固定点/安全帶固定點 safety belt anchor point, seat belt anchor point
安全等级/保全等級 security level
安全电路/安全電路 safety circuit
安全电压/安全電壓 safety voltage
安全电子交易/安全電子交易 secure electronic transaction, SET
安全电子交易协议/安全電子交易協定 secure electronic transactions protocol, SET protocol
安全垫/安全墊 safety pad
安全动作/安全動作 safety action
安全断路器/安全斷流器 safety cut-out
安全断言置标语言/安全判定標示語言 security assertion markup language, SAML
安全对地工作电压/對地安全工作電壓 safe working voltage to ground
安全阀/安全閥 relief valve, safety valve
安全阀开启压力/安全閥最小開啟壓力 minimum opening pressure of safety valve
安全阀排汽量/安全閥排汽量 discharge capacity of safety valve
安全阀调定压力/安全閥最小設定壓力 minimum setting pressure of safety valve
安全范围/安全邊際 margin of safety
安全分离钩/安全卸鉤 safety detaching hook
安全分析/安全分析 safety analysis
安全风速/安全風速 survival wind speed
安全风险管理/安全風險管理 security risk management
安全隔离/保全隔離 security isolation
安全功能评估/安全功能評估 secure function evaluation
安全钩/安全鈎 safety hook
安全关联/安全相聯 security association
安全关联数据库/安全相聯資料庫 security association database
安全管理/保全管理 security management
安全过负荷/安全過負荷 safe overload
安全过滤器/保全過濾器 security filter
安全继电器/安全繼電器 safety relay
安全夹/安全夾 safety gripper
安全驾驶室/安全駕駛室 safety cab
安全检测器/安全檢知器 safety detector
安全检查/安全檢驗 security inspection
安全距离/安全距離 safe distance
安全开关/安全開關 safety switch
安全空间/安全空間 safety space
安全控制/保全控制 security control
安全类/安全類 security class
安全离合器/安全離合器 safety clutch

安全联锁装置/安全聯鎖 safety interlock
安全漏洞/安全性漏洞 security vulnerabilities
安全路由器/安全路由器 secure router
安全门/太平門 emergency door
安全密封装置/安全密封裝置 safety sealing device
安全模型/安全模型 security model
安全内核/保全核心 secure kernel
安全气囊/安全氣囊 safety airbag
安全气囊安装点/安全氣囊安裝點 safety airbag mounting point
安全钳/安全鉗 safety gear
安全认证机构/安全認證機構 safety certification authority
安全认证授权/安全認證授權 safety certification authoriation
安全容限/安全容限,安全餘裕 safety margin
安全塞/安全插頭 safety plug
安全审计/安全稽核 security audit
安全识别/安全識别 secure identification
安全事件/安全事件 security incident
安全寿命/安全壽命 safe life
安全数据视图/安全資料視圖 SEA view
安全隧道技术/安全隧道技術 secure tunneling technology
安全套接层/安全套接層 secure sockets layer, SSL
安全套接层协议/安全套接層協議 secure socket layer protocol, SSL protocol
安全套接字层/安全插座層 secure socket layer
安全停机/安全停機 safe shut down
安全外壳/安全殼 secure shell
安全网/安全網 safe net
安全网关/安全閘道 secure gateway
安全网系统/安全網系統 safe net system
安全微灯/安全微燈 micro safety burner
安全伪随机数生成器/安全僞亂數産生器 secure pseudorandom generators
安全系数/安全係數 coefficient of safety
安全系统/安全系統 safety system
安全销/安全銷 safety pin
安全楔/安全楔 safety wedge
IP 安全协议/網際網路安全協定 IPSec
安全泄放阀/安全洩放閥 safety relief valve
安全信号/安全信號 safety signal
安全性/安全性 security, safeness
安全性公理/安全公理 security axiom
安全性模型/安全模型 security model
安全许可/安全許可 security clearance
安全遥控/安全遥控 safety remote control
安全因数/安全因數,安全因子 safety factor, factor of safety
安全应力/安全限應力 proof stress
安全域/安全領域 security domain
安全运行模式/安全運行模式 security operating mode
安全照明/安全照明 safety lighting
安全罩/防護衣 protective clothing
安全指令/安全指令 safety command
安全制动器/安全制動器,安全剎車 fail-safe brake, safety brake
安全中间件/安全中介軟體 security middleware
安全装置/安全裝置 safety device
安全阻抗/安全阻抗 safety impedance
安全组件/安全成件 safety member
安山岩/安山岩 andesite
安时计/安[培小]時計 ampere hour meter
安时效率/安培時效率 ampere hour efficiency
安匝/安培匝 ampere-turn, AT
安装/掛載 mounting
安装板/夾模板 clamping plate
安装处理控制/安裝處理控制 installation processing control
安装吊杆/吊臂附件 jib attachment
安装高程/設定高度 setting elevation
安装共振频率/安裝共振頻率 mounted resonance frequency
安装和检验阶段/安裝和檢驗階段 installation and check-out phase
安装技术/安裝技術 mounting technique
安装角/交錯角 stagger angle
安装距/裝配距離 mounting distance
安装力矩灵敏度/安裝力矩靈敏度 mounting torque sensitivity
安装流量特性/安裝流量特性 installed flow characteristic
安装面/基座,機座,底座 base
安装条件/安裝條件 installation condition
安装图/裝置圖 installation drawing
安装误差/安裝誤差 installation error
安装线/安裝線 hook-up wire
氨饱和器/氨飽和器 ammonia saturator
氨氮化/氨氮化 ammonia nitriding
氨电极/氨電極 ammonia electrode
氨分解滴定管/氨解離滴定管 ammonia dissociation buret
氨分解炉/氨分解爐 ammonia decomposition furnace

氨合成器/氨合成器 ammonia converter
氨基甲酸乙酯/胺基甲酸乙脂 urethane
氨基酸自动分析仪/胺基酸自動分析儀 amino acid autoanalyzer
氨浸/氨水浸濾,氨水浸洗 ammonia leaching
氨浸渣/氨浸渣 slag from ammonia leaching
氨空气燃料电池/氨空氣燃料電池 ammonia-air fuel cell
氨类/胺類 amine
氨气/胺氣 amine gas
[氨气]发生器/[氨氣]產生器 ammonia generator
氨气塔/氨蒸餾器 ammonia still
氨射束脉塞/氨射束邁射 ammonia beam maser
氨水吸收式制冷机/氨水吸收式冷凍機 ammonia-water absorption refrigerating machine
氨吸收器/氨吸收器 ammonia absorber
氨吸收式空气调节机组/氨吸收式空氣調節機組 ammonia air-conditioning unit
氨吸收式热泵机组/氨吸收式熱泵機組 ammonia absorption heat pump unit
氨洗涤塔/氨洗滌塔 ammonia scrubber
氨压力表/氨壓力表 ammonia pressure gage
氨压缩机/氨壓縮機 ammonia compressor
氨蒸馏器/氨蒸餾器 ammonia distiller
氨制冷机/氨冷凍機 ammonia refrigerating machine
鞍式抱索器/鞍式手柄 automatic grip, saddle-type grip
鞍形键/鞍形鍵 saddle key
鞍形弹性垫圈/鞍形彈性墊圈 curved spring washer
岸边集装箱起重机/岸邊貨櫃起重機 quayside container crane
岸边抓斗卸船机/船卸載機 ship unloader
岸砂/細砂,河海丘砂 bank sand
按比例缩小/按比例縮小 scaling-down
按股权比例摊分的用户/按股權比例攤分的用户 proportionate subscribers
按键喀哒声/按鍵喀噠 key-click
按键[式]电话机/按鍵式電話機 touch-tone telephone
按键音拨号/按鍵音撥號盤 touch-tone dial
按键音脉冲/按鍵音脈波制 touch-tone pulsing
按例查询/實例查詢 query by example
按名调用/傳名稱呼叫 call by name
按内容存取存储器/按内容存取記憶體 content accessible memory
按钮/按鈕 push button, button
按钮操纵起重机/吊墜操作起重機 pendant-operated crane
按钮开关/按鈕開關 push button switch, button switch
按钮控制器/按鈕控制器 push button controller
按钮启动器/按鈕起動器 push-on starter
按钮起动器/按鈕起動器 push-on starter
按钮型控制板/按鈕控制板 button panel
按钮选择/按鈕選擇 push button selection
按钮转换/按鈕交換 push button switching
[按]位开关/位元交换 bit switch
按需调用/按需調用 call-by-need
按需分配/按需分發 demand assignment
按需分配带宽/隨選頻寬 bandwidth on demand
按需分配多址卫星系统/按需指配多重接取衛星系統 demand assigned multiple access satellite system, DAMA
按需分配时分多址/按需指配時分多重接取 demand-assignment time-division multiple-access, DA-TDMA
按需收视/隨選視訊 video on demand, VOD
按需随选/隨選 on-demand
按需调页/需求分頁 demand paging
按需知密/需知道 need-to-know
按序/按序 in-sequence
按序检测/順序檢測 sequential detection
按序提交/順序提交 in-order commit
按序执行/順序執行 in-order execution
按值调用/傳值呼叫 call by value
按[逐]位运算符/位元運算子 bitwise operator
案例/案例 case
暗场像/暗[視]場像 dark field image
暗淡的/昏暗的 dim
暗点计/目測濁度計 scotometer
暗电导/暗電導 dark conduction
暗电流/暗[電]流,無光電流 dark current
暗电平/暗電平 black level
暗电阻/暗電阻 dark resistance
暗度计/暗度計,濁度計,不透明度計 opacimeter
暗放电/暗放電 dark discharge
暗杆闸阀/非昇桿式閘閥 non-rising-stem gate valve
暗光纤/暗光纖 dark fiber
暗迹管/投映管 skiatron
暗冒口/[防縮]暗冒口 blind riser, closed riser
暗腔灯/暗腔燈 darkroom lamp
暗伤/暗傷 dark burn
暗视场照明器/暗場照明器 dark field illuminator
暗视觉/暗視覺,夜間視覺,微光視覺 scotopic vision
暗视野聚光器/暗場聚光鏡 dark field condenser
暗视野显微镜/暗場顯微鏡 dark field microscope

暗适应/[黑]暗適應 dark adaptation
暗影/暗影,蔭影 shading
暗装风机盘管机组/暗裝風機盤管機組 concealed fan-coil unit
暗钻/盲鑽 blind drilling
昂萨格倒易关系/昂薩格倒易關係 Onsager reciprocal relation
盎司/盎司,唡 ounce, oz
凹半圆铣刀/凹半圓銑刀 concave milling cutter
凹边/凹邊 concave edge
凹槽型天线罩壁/凹槽型天線罩壁 grooved radome wall
凹槽载片/凹槽載片 concave slide
凹多边形/凹多邊形 concave polygon
凹割/底割 under cut
凹弧面凸轮/凹弧面凸輪 concave globoid cam
凹镜/凹面鏡 concave mirror
凹坑/凹坑 pit
凹口/凹口,缺口 notch
凹口波发生器/槽口式波產生器 notch generator
凹口试片/凹口試片 notch bar, notched bar
凹口作用/凹口作用 notch effect
凹面/凹面 concave side
凹面光栅/凹面光柵 concave grating
凹面光栅光谱仪/凹面光柵頻譜儀 concave grating spectrometer
凹面光栅摄谱仪/凹面光柵頻譜圖儀 concave grating spectrograph
凹面镜/凹面鏡 concave mirror
凹面聚焦光栅/無像散凹面光柵 stigmatic concave grating
凹面衍射光栅/凹面繞射光柵 concave diffraction grating
凹面轧辊/凹面軋輥 concave roll
凹模/凹模 female die
凹体/凹體 concave volume
凹透镜/凹透鏡,負透鏡 concave lens
凹凸板式蒸发器/凹凸板式蒸發器 embossed-plate evaporator
凹凸面法兰/凹凸面凸緣 male and female flange
凹凸映射/凹凸映射 bump-normal mapping
凹陷/凹陷 sink
凹陷包层光纤/凹陷包層光纖 depressed cladding fiber, depressed clad fiber
凹陷露天矿/凹陷露天礦 deep-trough open pit
凹陷型振痕/凹陷型振痕 depression-type mark
凹形变形/碟形變形 dishing
螯合激光器/螯合物雷射 chelate laser
螯合剂/螯合劑,鉗合劑 chelating agent
奥尔福德天线阵/奧爾福德天線陣 antenna array of Alford loops
奥辐德顶底炼镍法/銅鎳分層法 top and bottom process
奥卡姆简化论/奧坎簡化論 Occam razor
奥利弗过滤器/奧立夫濾機 Oliver filter
奥罗管/奧羅管 orotron
奥米伽段同步/亞米茄段同步 Omega segment synchronization
奥米伽匹配/亞米茄阻抗匹配電路 Omega match
奥米伽器/高頻質譜儀,回旋質譜儀 omegatron
奥米伽[系统]/亞米茄[系統] Omega system
奥萨特气体分析器/奧氏氣體器具 Orsat gas apparatus
奥氏黏度计/奧士瓦黏度計 Ostwald viscometer
奥氏体/沃斯田鐵,沃斯田體 austenite
奥氏体-贝氏体球铁/沃斯田體-貝氏體球鐵 austenitic-bainitic nodular cast iron
奥氏体本质晶粒度/固有沃斯田鐵顆粒度 inherent austenitic grain size
奥氏体不锈钢/沃斯田體不銹鋼 austenitic stainless steel
奥氏体钢/沃斯田[體]鋼 austenite steel, austenitic steel
奥氏体化处理/沃斯田體化 austenitizing
奥氏体晶粒度/沃斯田鐵晶粒度 austenitic grain size
奥氏体锰钢/沃斯田錳鋼 austenitic manganese steel
奥氏体耐热钢/沃斯田體耐熱鋼 austenitic heat-resistant steel
奥氏体耐蚀铸钢/沃斯田體耐蝕鑄鋼 austenitic corrosion resistant
奥氏体热模具钢/沃斯田體熱模具鋼 austenitic got die steel
奥氏体-铁素体相变/沃斯田體-肥粒體相變 austenite-ferrite transformation
奥氏体铸铁/沃斯田[體]鑄鐵 austenite cast iron, austenitic cast iron
奥氏烟气分析仪/奧氏煙氣分析儀,歐氏氣體分析器 Orsat gas apparatus, Orsat flue-gas analyzer
奥斯特/奧斯特,厄斯特 oersted, oe
奥斯特计/奧斯特計,磁場強度計 oerstedmeter
奥梯林冻结凿井法/埃特林冰凍法 Oetling freezing method
奥托昆普闪速熔炼/奧托昆普閃速熔煉 Outokumpu flash smelting
奥托昆普烧结工艺/奧托昆普燒結工藝 Outokumpu process
奥托[循环]发动机/奧圖式引擎 Otto engine
澳斯麦特熔炼法/澳斯麥特熔煉法 Ausmelt process

B

八比特组/八位元組 octet
八叉树/八叉樹 octree
八皇后问题/八皇后問題 eight queens problem
八极管/八極管 octode
八角螺母/八角形螺帽 octagon nut
八角头螺栓/八角形螺栓 octagon bolt
八角型钢/八角型鋼 octagon bar
八进制/八進制 octal system
八进制[的]/八進制的,八進位的 octal
八进制数/八進位數字 octal number
八进制数字/八進數位 octal digit
八面体间隙/八面體間隙 octahedral interstice
八木天线/八木天線 Yagi antenna
八位[位]组/八位元組 octet
巴比涅补偿器/巴比內補償器,巴比內調節器 Babinet compensator
巴比涅-布克原理/巴比內-布克原理 Babinet-Booker principle
巴比涅原理/巴比內原理 Babinet principle
巴比[特]合金/巴比[軸承]合金 Babbitt alloy
巴迪希转化器/巴迪希轉化器 Badisch converter
巴尔-巴德格蠕变试验/巴爾-巴德格潛變試驗 Barr-Bardgett creep test
巴尔默/巴耳末 Balmer
巴尔默系/巴耳末系 Balmer series
巴耳曼发光涂料/巴耳曼發光塗料 Balmain paint
巴克豪森-库次振荡器/巴克豪森-庫次振盪器 Barkhausen-Kurtz oscillator
巴克豪森跳跃/巴克豪森跳變 Barkhausen jumps
巴克码/巴克碼 Banker code
巴克斯-诺尔范式/巴克斯-諾爾範式 Backus-Naur form, Backus normal form
巴克序列/巴克序列 Barker sequence
巴勒斯方程/巴勒斯方程 Barus equation
巴利管/巴利管 Baly tube
巴林比重计/巴林比重計 Balling hydrometer
巴林秤/巴林比重計 Balling scale
巴林度/巴林度 Balling degree
巴氏合金/巴氏合金,軸承合金 Babbitt metal, bearing metal
巴氏灭[杀]菌器/巴斯德滅菌器,低温殺菌器 Pasteurizer
巴氏消毒器/巴斯德滅菌器,低温殺菌器 Pasteurizer
巴氏硬度试验/巴克爾硬度試驗 Barcol hardness test
巴斯德滤[菌]器/巴斯德濾[菌]器 Pasteur filter
巴斯德烧瓶/巴斯德[培養]燒瓶 Pasteur flask
巴塔克跳汰机/巴塔克跳汰機 Batac jig
巴特勒-福尔默方程/巴特勒-福爾默方程式 Butler-Volmer equation
巴特沃思近似方法/巴特沃斯趨近法 Butterworth approximation method
巴特沃思滤波器/巴特沃斯濾波器 Butterworth filter
巴特沃思响应/巴特沃斯響應 Butterworth response
巴歇尔槽/巴歇爾水槽 Parshall flume
扒矿机/耙礦機 slusher
扒炉/扒爐 raking out
扒炉渣/扒爐渣 raking out the slag
扒渣/扒渣,放渣 deslagging, slagging off
扒渣机/扒渣機 mucking loader
扒渣口/除渣口 skimming gate
拔长/拔長 drawing out, drawing
拔出力/拔出力 withdrawal force
拔顶蒸馏/直餾 topping
拔钉锤/拔釘錘 claw hammer
拔杆 /立杆 gin pole
拔管机/油管機 tube draw bench
拔模/起模型 pattern drawing
拔模斜度/起模斜度 draft, pattern draft
拔[软木]塞器/起[軟木]塞器 cork extractor
拔销器/拔銷器 pin puller
拔轧/拔軋 drawing-rolling
把关定时器/監視器 watchdog
把手/把手 knob
钯/鈀 palladium
钯金/鈀金 palladium gold
靶/靶[標] target
靶电极/靶電極 target electrode
靶[恩]/靶恩 barn, b
靶核/靶核 target nucleus

靶距/靶距 standoff distance
靶式流量变送器/靶式流量變送器 target flow transmitter
靶式流量计/靶式流量計 target flowmeter, target-type flowmeter
坝/擋渣壩 dam
白斑/白斑 white spot
白板服务/白板服務 whiteboard service
白车身/白車身 body in white
白炽/白熾,白熱 incandescence
白炽灯/白熾燈,白熱電燈 incandescent lamp, filament lamp
白炽灯丝管/白熾發射體,白熱發射體 bright emitter
白炽[灯]显示器件/白熾燈顯示裝置 incandescent lamp display device
白炽显示/白熾顯示 incandescent display
白蛋白定量器/白蛋白計 albuminimeter
白点/銀點 fish eye
白度/白[色]度 whiteness
白度计/白度計 whiteness meter
白度指数/白度指數 index of whiteness
白垩/白堊 chalk
白刚玉/白色熔凝氧化鋁 white fused alumina
白光条纹/白光條紋 white light fringe
白盒测试/白箱測試 white-box testing
白[花]岗岩/白花崗岩 alaskite
白化法/白化法 whitening method
白化滤波器/白光濾波器 whitening filter
白金/白色飾金 white gold
K-白金/白色 K 金 K-white gold
白金耳/鉑圈 platinum loop
白金坩埚/鉑坩堝 platinum crucible
白金管/鉑管 platinum tube
白金汉 π 定理/白金漢 π 定理 Buckingham π-theorem
白金环/鉑圈 platinum loop
白金加热器/鉑加熱器 platinum heater
白金皿/鉑皿 platinum dish
白金蒸馏釜/鉑蒸餾器 platinum still
白[口]生铁/白[口]生鐵 white pig iron
白[口]铸铁/白鑄鐵 white cast iron
白镴/白鑞,錫鑞 pewter
白利比重计/布里克士比重計,布里糖度比重計 Brix hydrometer, Brix scale hydrometer
白利糖度计/布里糖度比重計 Brix scale hydrometer
白亮带/白冰帶 white band
白领犯罪/白領犯罪 white-collar crime
白榴石/白榴子石 leucite
白铳/白金屬,白合金 white metal
白名单/白名單 white list
白膜/白膜 white membrane
白泥贮槽/貯泥罐 mud storage tank
白频噪声/白頻雜訊 white frequency noise
白平衡/白平衡 white balance
白铅矿/白鉛礦 cerussite
白青铜/白青銅 white bronze
白热/白熾 candescence, incandescence
白瑞纳克等级/苯環白瑞納克標度 Beranek scale
白色传输/白色傳輸 white transmission
白色反射标准/白[度]反射比標準 white reflectance standard
白色高斯噪声/高斯白雜訊 white Gaussian noise
白色记录法/白色記録法 white recording
白色信号基准电平/基白位準 reference white level
白砂/白砂 white sands
白陶土/白黏土 white clay
白体/白體 white body
白铁管/鍍鋅管 galvanized pipe
白铁矿/白鐵礦 marcasite
白铜/白銅,德國銀 copper-nickel, German silver, copper-nickel alloys
白外同步信号/超白同步訊號 ultra-white synchronizing signal
白钨矿/白鎢礦 scheelite
白锡/白錫 white tin
白箱/白箱 white box
白箱测试/白箱測試 white box testing
白箱测试法/白箱測試法 white box testing approach
白箱法/白箱法 white box method
白相噪声/白相位雜訊 white phase noise
白消耗周期/白消耗週期 wasted cycle
白心可锻铸铁/白心可鍛鑄鐵,白心展性鑄鐵 white heart malleable cast iron
白信号/白訊號 white signal
白烟/白色煙 white smoke
白杨木/白楊木 poplar
白页/白頁 white pages
白银炼铜法/白銀煉銅法 Baiyin copper smelting process
白缘/白緣 white edge, pearlite rim
白云石/白雲石 dolomite
白云石化[作用]/白雲石化[作用] dolomitization
白云石熟料/白雲石熟料 doloma, dolomite clinker
白云石造渣/白雲石造渣 slagging with dolomite

addition
白云石质耐火材料/白雲石質耐火材料 doloma refractory
白云石砖/白雲石磚 dolomite brick
白噪声/白噪音,白[色]雜訊 white noise, flat noise
白噪声发生器/白噪音發射器 white noise emitter
白渣/白渣 white slag
百磅/百磅 cental
百吨公里燃料消耗量/百噸公里燃料消耗量 fuel consumption per 100 t·km
百分比变化/百分比變化 fractional variation
百分表/百分表,針盤指示器,度盤規 dial gage, dial indicator
百分度/百分度,攝氏 centigrade, centesimal graduation, degree centigrade
百分回收率/百分回收率 percentage recovery
百分精密度/百分率精密度 percentage precision
百分率/百分率 percent
百分率天平/百分率天平,百分比天平 percentage balance
百分深度剂量/百分比深度劑量 percentage depth dose
百分温标/攝氏標度 Celsius scale, centigrade temperature scale
百分温标热单位/百分度熱量單位 centigrade thermal unit
百分温度表/攝氏溫度計 centigrade thermometer
百分误差/百分率誤差 percentage error
百米/百公尺,公引 hectometer, hm
百升/百[公]升,公擔 hectoliter, hl
百万/百萬 million
百万安培/百萬安培 megampere
百万次浮点运算每秒/每秒百萬次浮點運算 million floating point operations per second
百万次逻辑推理每秒/每秒百萬次邏輯推理 million logical inferences per second
百万次事务处理每秒/每秒百萬次交易處理 million transaction per second
百万次运算每秒/每秒百萬次運算 million operations per second
百万吨/百萬噸[級] megaton
百万分率碳/百萬分率碳 parts per million carbon
百万条指令每秒/每秒百萬條指令 million instructions per second
百万瓦[特]/百萬瓦 megawatt
百万位/百萬位元 megabit
百万字节/百萬位元組,百萬拜 megabyte
百叶窗/百葉窗 louver
百叶窗分离器/百葉窗分離器 corrugated plate separator, corrugated separator
柏木/檜木 cypress
柏油/焦油 tar
摆臂/搖臂 oscillating arm
摆臂缸/擺臂缸 swing boom cylinder
摆臂式垃圾车/後翻式垃圾收集車 swept-body refuse collector
摆臂式自装卸车/後翻式傾卸車 swept-body tipper
摆锤/擺錘 pendulum
摆锤空击/擺錘空擊 free swing of pendulum
摆锤力矩/擺錘力矩 moment of pendulum
摆锤黏度计/擺錘黏度計,擺式黏度計 pendulum viscometer
摆锤破碎机/擺錘軋碎機 swing-hammer crusher
摆锤铅垂位置/擺錘鉛垂位置 free position of pendulum
摆锤式冲击标准机/擺錘式衝擊標準機 pendulum impact standard machine
摆锤式冲击基准机/擺錘式衝擊原級標準機 pendulum impact primary standard machine
摆锤式冲击试验机/擺錘式衝擊試驗機 pendulum impact testing machine
摆锤式湿拉强度试验仪/擺錘式濕拉強度試驗儀 pendulum type wet tensile strength tester
摆锤式调节机/懸錘調節機 swing-hammer regulator
摆动/擺動,振盪 oscillating, swing
摆动泵/擺動泵 oscillating pump
摆动从动件/搖擺從動件,振盪從動件,振盪隨動器 oscillating follower
摆动导杆滑块机构/擺動導桿滑塊機構 slider and swing guide-bar mechanism
摆动缸式回转机构/擺動缸式旋轉機構 swing-cylinder rotation mechanism
摆动检流计/週期型電流計 periodic galvanometer
摆动流嘴/擺動流嘴 swinging spuot, tilting trough
摆动黏度计/擺動黏度計 oscillating viscometer
摆动碾压法/擺動碾壓法 swinging die method
摆动气缸角/擺動氣缸角 oscillating cylinder angle
摆动气缸连杆/擺動氣缸連桿組 oscillating cylinder linkage
摆动筛/擺動篩,脈衝式篩 pulsating screen
摆动式磨轮机/擺動式磨輪機 pendulum grinder
摆动式燃烧器/擺動式燃燒器 tilting burner
摆动凸轮从动件/搖擺從動件 oscillating cam follower
摆动载荷/振盪負載 oscillating load

摆动支架/振盪支架 oscillating mast
摆动锥齿轮/擺動斜齒輪 swing bevel gear
摆杆/擺桿 rocker
摆轮/平衡輪 balance wheel
摆轮混砂机/擺輪混砂機 speed-muller
摆辗机/旋轉壓鍛機 rotary forging press
摆频振荡器/擺頻式信號産生器 wobbulator
摆式插入振动器/擺型浸入式振動器 pendulum-type immersion vibrator
摆式风速表/擺錘式風速計 pendulum anemometer
摆式积分陀螺加速度计/擺錘陀螺積分式加速計 pendulum-gyro integrating accelerometer
摆式给矿机/擺式給礦機 oscillating feeder
摆式加速度表/擺盪式加速度計 pendulous accelerometer
摆式加速度计/擺錘式加速度計 pendulum accelerometer
摆式剪/擺式剪 pendulum shear
摆式剪板机/擺式剪板機 pivot blade shear, swing beam shear
摆式空气润滑活塞压力计/傾斜式空氣潤滑活塞壓力計 tilting air-lubricated piston gage
摆式破碎机/擺錘碎礦機 pendulum crusher
摆式气锯/擺式氣鋸 pneumatic oscillating saw
摆式倾斜仪/擺錘式傾斜儀 pendulum inclinometer
摆式热锯/搖擺式熱鋸 rocking-type hot saw
摆式输料机/垂擺式輸送機 pendulum conveyer
摆式压力计/擺錘式壓力計 pendulum manometer
摆式重力仪/擺錘式重力儀 pendulum gravimeter
摆式转速计/擺盪式轉速計 pendulum-type tachometer
摆式钻臂/擺式鑽臂 swing drill boom
摆线/擺線 cycloid
摆线齿廓/擺線齒廓 cycloidal profile
摆线齿轮/擺線齒輪 cycloidal gear
摆线齿锥齿轮/擺線斜齒輪 epicycloid bevel gear
摆线齿锥齿轮铣刀/擺線斜齒輪銑刀 epicycloid bevel gear cutter
摆线少齿差齿轮副/擺線少齒差齒輪對 cycloidal gear pair with small teeth difference
摆线少齿差传动/擺線少齒差傳動 cycloidal drive with small teeth difference
摆线[圆柱]齿轮/擺線[圓柱]齒輪 cycloidal cylindrical gear
摆线运动/擺線運動 cycloidal motion
摆线针轮减速机/擺線插銷齒輪減速器 cycloidal-pin gear speed reducer
摆线针轮行星传动机构/擺線針輪行星傳動機構 cycloidal-pin wheel planetary gearing mechanism
摆线质谱仪/螺線[式]質譜儀 cycloidal mass spectrometer
摆旋泵/螺線式泵 cycloidal pump
摆旋鼓风机/擺線鼓風機 cycloidal blower
摆振/[車輪]擺振 shimmy
摆[振]动式搅拌器/振盪式攪拌器 oscillating agitator
摆振阻尼器/擺振阻尼器,減擺器 shimmy damper
摆置线/擺置線 storing line
摆轴/擺軸 axle of rotation
拜耳法/拜耳法,貝爾法 Bayer process
拜耳-烧结联合法/拜耳-燒結聯合法 Bayer and sintering combined process
拜占庭弹回/拜占庭彈回 Byzantine resilience
扳手/扳手 spanner, wrench
扳手力矩/扳手扭矩 wrench torque
扳轴/扳軸 anvil spindle
班伯里混炼机/班布瑞密閉式混煉機 Banbury mixer
a 斑点/a 斑點 a-spot
斑点试验/滴點試驗 spot test
斑点效应/光斑效應 speckle effect
斑诺克斯法/班諾克斯法 Banox process
斑铜矿/斑銅礦 bornite
斑纹带/麻口區,斑口區 mottled zone
斑岩/斑岩 porphyry
斑岩铜矿/斑岩銅礦 porphyry copper
搬运机器人/搬運機器人 transfer robot
搬运式标准/搬運式標準 traveling standard
搬运式测量标准/搬運式測量標準 traveling measurement standard
板/板 plate
板边插头/板邊插頭 edge board contacts
板波法/板波法 plate wave technique
板材/板材 product of flat rolling, plate
板材几何偏差/板材幾何偏差 geometric deviation of sheet and plate
板材平面形状控制/板材平面形狀控制 plane shape control of plate
板材弯曲试验/板材彎曲試驗 sheet-bend test
板翅式换热器/板翅式熱交換器 plate-fin heat exchanger
板翅式[紧凑]换热器/精巧型熱交換器 compact heat exchanger
板带式速冻装置/板帶式速凍裝置 plated belt tunnel freezer
板的挠度/板之撓曲,板之變位 deflection of plate

板的翘曲/板之皺曲　buckling of plate
板管比/板管比　portion of plate and tube to hot rolled products
[板管带材的]平整/[板管帶材的]平整　temper polling
板规/輪廓規　contour gage
板簧/帶型彈簧　band spring
板极电阻/屏極電阻　plate resistance
板极检波伏特计/屏極檢波伏特計　plate detection voltmeter
板极旁路电容/平板式旁路電容器　plate bypass capacitor
板间连接器/板間連接器　mother-daughter board connector
板静电计/板極靜電計　plate electrometer
板卷/板卷　coiled sheet, sheet in coil
板卷轧机/板卷軋機　strip sheet mill
板块会聚/板塊聚合　plate convergence
板块接合带/板塊接合帶　plate juncture
板块离散/板塊分離　plate divergence
板框滤机/板框濾機　frame and plate filter
板框式压滤机/板框壓濾機　plate-and-frame filter press
板框式压滤器/板框壓濾機　plate-and-frame filter press
板料/板料　sheet, sheet metal
板料成形/板料成形,薄板成形　sheet forming
板料折弯机/板料折彎機　panel bender
板料自动压力机/板料自動壓力機　automatic feed press
板内时钟分配/板內時鐘分配　on-card clock distribution
板坯/板坯　slab
板坯搬运起重机/板坯搬運起重機　slab-handling crane
板坯初轧机/軋板機　slabbing mill
板坯翻转起重机/板坯翻轉起重機　slab turn crane
板坯横裂纹/板坯横裂紋　transverse crack of slab, transverse slab crack
板坯夹钳/板坯夾鉗　slab clamp
ASM 板坯结晶器/ASM 扁錠結晶器　ASM slab mould
板坯连铸机/板坯連鑄機　continuous slab caster, continuous slab casting machine
板坯翘曲/板坯翹曲　slab buckling
板坯在线调宽/板坯線上調寬　on-line variable width of slab mould
板坯轧制/板坯軋製　slabbing, slab rolling
板坯纵切技术/板坯縱切技術　slitting technology of slab
板上电源分配/板上電源分配　on-card power distribution
板式安装的轴流式通风机/板式安裝的軸流式通風機　plate-mounted axial-flow fan
板式冲击除尘器/衝板式洗滌機　impingement plate scrubber
板式电选机/板式電選機　plate electrostatic separator
板式过滤器/板式過濾器　plate filter
板式回热器/盤式複熱器　plate-type recuperator
板式给料机/板式給料機,裙飼機,裙式進料器　slat feeder, apron feeder
板式冷凝器/板式冷凝器　plate-type condenser
板式链/板式鏈　leaf chain
板式平焊法兰/板式平焊凸緣　slip-on-welding plate flange
板式热回收器/板式熱交換器　plate heat exchanger
板式输送机/板條運送機,托板輸送機　slat conveyor, apron conveyer
板式套筒滚子链/板式套筒滾子鏈　plate-type bushed roller chain
板式新边松套法兰/板式新邊鬆套凸緣　loose plate flange with lapped pipe end
板钛矿/板鈦礦　brookite
板弹簧/板片彈簧　leaf spring
板条/夾板,撐條　batten
板条结构模型/板條結構模型　grounds and lags
板条马氏体/板條馬氏體,板條狀麻田散鐵　lath martensite
板条输送机/板條輸送機　slat conveyor
板凸度/板凸度　plate convexity, sheet crown
板外时钟分配/板外時鐘分配　off-card clock distribution
板形/板形,剖面　profile, shape
板形测量仪/板形測量儀　sheet shape gage
板形反馈控制/板形反饋控制　feed back ASC
板形方程/板形方程　shape equation
板形控制/板形控制　shape profile control
板形前馈控制/板形前饋控制　feed forward ASC
板形自动控制/板形自動控制　automatic shape control, ASC
板牙/螺紋模　threading die
板牙架/螺模手柄　die handle
板牙头/螺模頭　die head
板岩/板岩　slate
板[阳]极电池/平板式電池[組]　plate battery

板装连接器/板裝連接器,電路板黏著連接器 board mounted connector
板状矿体/板狀礦體 tabular orebody
板状脉/横臥脈,平伏脈 blanket vein
板状芯/棒狀砂心 slab core
板阻电桥/板-阻電橋 plate-resistance bridge
版本/版本 version
N 版本编程/N 版本程式設計 N-version programming
版本管理/版本管理 version management
版本号/版本號碼,版次 version number
版本控制/版本控制 version control
版本升级/版本昇級 version upgrade
版本数据/版本資料 version data
版面分析/版面分析 layout analysis
办公过程/辦公過程 office process
办公活动/辦公室活動 office activity
办公流程/辦公室程序 office procedure
办公信息系统/辦公室資訊系統 office information system, OIS
办公自动化/辦公室自動化 office automation, OA
办公自动化会议/辦公室自動化會議 office automation conference
办公自动化模型/辦公室自動化模型 office automation model
办公自动化系统/辦公室自動化系統 office automation system, OAS
半闭口孔型/半閉口孔型 half-closed pass
半闭式循环/半閉式循環 semiclosed cycle
半波长均衡器/半波長貝楞 half-wavelength balun
半波长偶极子/半波長雙極 half-wavelength dipole
半波长准则/半波長準則 half-wavelength criterion
半波电机/半波電動機 half-wave motor
半波电位/半波電位 half-wave potential
半波检波器/半波偵測器 half-wave detector
半波开槽/半波開槽 half-wave slot
半波[偏振]片/半波片 half-wave plate
半波整流器/半波整流器 half-wave rectifier
半沉头铆钉/橢圓埋頭鉚釘 oval countersunk head rivet
半成品/半成品 semifinished product
半承载式车身/半承載式車身 semi-integral body
半导电漆/半導體漆 semiconductive varnish
半导体/半導體 semiconductor
半导体表面势垒探测器/表面勢壘半導體偵測器 surface-barrier semiconductor detector
半导体玻璃/半導體玻璃 semiconducting glass
半导体存储器/半導體記憶[體] semiconductor memory
半导体二极管/半導體二極體 semiconductor diode
半导体[发光]数码管/半導體發光字顯示管 semiconductor luminescent character display tube
半导体放大器/半導體放大器 semiconductor amplifier
半导体辐射热测量器/半導體輻射熱計 semiconductor bolometer
半导体辐射探测器/半導體輻射偵測器 semiconductor radiation detector
半导体辅助点火系/半導體輔助點火系統 semiconductor-assisted ignition system
半导体光放大器/半導體光放大器 semiconductor optical amplifier, SOA
半导体激光电光容纳度/半導體雷射電光容納度 electrical and optical containment of semiconductor laser
半导体激光器/半導體雷射 semiconductor laser
半导体可变电阻器/正溫度係數電阻器,矽電阻器 silistor
半导体可控整流器/半導體控制整流器 semiconductor controlled rectifier, SCR
半导体控制整流器/半導體控制整流器 semiconductor controlled rectifier, SCR
半导体敏感器/半導體感測器 semiconductor sensor
半导体器件/半導體元件 semiconductor device
半导体热电偶/半導體熱電偶 semiconductor thermocouple
半导体探测器/半導體探測器,半導體偵檢器 semiconductor detector
半导体陶瓷/半導體陶瓷 semiconductive ceramic
半导体温差制冷电堆/半導體熱電冷却模組 semiconductor thermoelectric cooling module
半导体应变计/半導體應變計 semiconductor strain gage
半导体制冷/半導體製冷 semiconductor refrigeration
半地下沥青储仓/半地下瀝青儲倉 semi-underground asphalt storage
半电波暗室/半電波暗室,半無響室 semi-anechoic chamber
半电池/半電池 half-cell
半电路[式]/半線路[式] half-circuit
半顶切滚刀/半頂滾齒刀 semi-topping hob
半定量数据/半定量資料 semi-quantitative data
半独立式动力输出轴/半獨立式動力輸出軸 semi-detached PTO
半镀银反射镜/半塗銀面鏡 partially silvered mirror

半分置式液压悬挂系/半分置式液壓懸掛系統 hydraulic hitch system with partial separated units
半封闭电炉/半封閉電爐 semi-closed electric furnace
半封闭式灯光组/半封閉式燈光組 semi-sealed beam unit
半封闭式浇注系统/半封閉式澆注系統 enlarged running system
半封闭式前照灯/半封閉式前照燈 semi-sealed headlamp
半封闭数据库/半封閉資料庫 semi-closed database
半封闭制冷压缩机/半封閉冷媒壓縮機 semi-hermetic refrigerant compressor
半峰宽度/半峰寬度 half peak width
半峰值时间/半值虛擬時間 time to half value
半浮式半轴/半浮式車軸 semi-floating axle shaft
半辐射式过热器/半輻射式過熱器 semi-radiant super-heater
半复消色差透镜/半複消色差透鏡 semi-apochromat
半刚性悬架/半剛性懸架 semi-rigid suspension
半钢/半鋼 semisteel
半钢轧辊/阿達麥輥 Adamite roll
半高磁盘机/半高磁碟機 half-height drive
半高峰宽/半高峰寬 peak width at half height
半功率波束宽度/半功率射束寬度 half-power beam width
半功率点/半功率點 half-power point
半功率束宽/半功率束寬 half-power beamwidth
半共焦谐振腔/半共焦共振器 half confocal resonator, half confocal resonator
半共心谐振腔/半共心共振器 half concentric resonator, half concentric resonator
半固态成形/半固態成形 semi-solid forming
半固态挤压/半固態擠製 semi-solid extrusion
半固态加工/半固態加工 semi-solid process
半挂车/半搭拖車 semi-trailer
半挂车长度/半搭拖車長度 semi-trailer length
半挂车间隙半径/半搭拖車間隙半徑 clearance radius of semi-trailer
半挂车前回转半径/半搭拖車前回轉半徑 front fitting radius of semi-trailer
半挂车轴距/半搭拖車輪軸距 semi-trailer wheel base
半挂牵引车/半搭拖車 semi-trailer towing vehicle
半挂牵引车后回转半径/半搭拖車後回轉半徑 rear fitting radius of semi-trailer towing vehicle
半硅砖/半矽磚 semi-silica brick
半合成模砂/半合成模砂 semi-compounded molding sand
半基本负荷额定输出功率/半基本負荷額定輸出功率 semi-base-load rated output
半集中式空气调节系统/半集中式空氣調節系統 semi-central air-conditioning system
半加法器/半加法器 half adder
半夹卡箍/接箍夾 collar clamp
半价层/半值層 half-value layer
半架/半架 semi-frame
半监督学习/半監督學習 semi-supervised learning
半减器/半減器 half subtracter
半间接照明/半間接照明 semi-indirect lighting
半交叉传动/半交叉帶傳動,直角回轉帶驅動 quarter-twist belt drive
半胶束浓度/半膠束濃度 semi-micelle concentration
半胶束吸附/半膠束吸附 semi-micelle adsorption
半焦/半焦 semi-coke, partially carbonized coal
半节网络/半節網路 half-section network
半结构化数据/半結構化資料 semi-structured data
半结构模型/半結構模型 semi-structured model
半结晶水氯化镁/半結晶水氯化鎂 semi-hydrate of magnesium chloride
半金属/類金屬 metalloid
半金属摩擦材料/半金屬摩擦材料 semi-metalic friction material
半径/半徑 radius
半径[量]规/半徑規 radius gage
半径样板/半徑樣板 radius template
半开式液态排渣炉膛/半開式液態排渣爐膛 semi-open wet-bottom furnace
半可锻铸铁/半可鍛鑄鐵 semi-malleable cast iron
半可计算性/半可算性 semi-computability
半空心铆钉/半空心鉚釘 semi-tubular rivet
半宽 V 带/半寬三角皮帶 half wide V-belt
半宽度/半寬度 half-width
半离心铸造/半離心鑄造[法] semi-centrifugal casting
半立方体算法/半立方體演算法 hemi-cube method
半连接/半聯結 semijoin
半连续镀膜设备/半連續鍍膜設備 semi-continuous coating plant
半连续浇铸法/半連續澆鑄法 semi-continuous method of casting
半连续熔炼法/半連續熔煉法 semi-continuous method of melting
半连续式炉/半連續爐 semi-continuous furnace
半连续轧机/半連續軋機 semi-continuous rolling mill

半连续轧制/半連續軋製 semi-continuous rolling
半连续制动系/半連續制動系統 semi-continuous braking system
半连续铸造/半連續鑄造 semi-continuous casting
半连轧/半連軋 semi-continuous rolling, semi-tandemrolling
半路径/半路徑 semi-path
半履带拖拉机/半履帶拖拉機 semi-crawler tractor
半门式起重机/半門式起重機 semi-gantry crane, semi-portal bridge crane
半门座起重机/半門座回轉起重機 semi-portal slewing crane
半逆流型圆筒磁选机/半逆流型圓筒磁選機 semi-countercurrent drum magnetic separator
半黏结性煤/半黏性煤 semi-caking coal
半批式反应器/半批式反應器 semi-batch reactor
半潜式/半沈式 semi-submersible
半桥测量法/半橋量測法 half bridge measurement method
半切顶齿廓/半頂齒形 semi-topping tooth profile
半球发射率/半球發射率 hemispherical emissivity
半球光强/半球光強 hemispherical candlepower
半球体空腔/半球體空腔 hemispherical cavity
半球形磨头/半球形磨頭 semi-spherical mounted point
半球型透镜/半球型透鏡 hemispherical lens
半圈补足口/半圈補給口 half-feeder
半缺顶尖/半錐頂尖 half-conical center
半软钢/半軟鋼 semi-mild steel
半色调/半色調 halftone
半色调图像/半色調圖像 halftone image
半绳索小车集装箱起重机/半繩索小車貨櫃起重機 container crane with semi-rope trolley
半石墨质阴极炭块/半石墨質陰極炭塊 semi-graphitic cathode carbon block
半实物仿真/半物理模擬 semi-physical simulation, hard-ware-in-the-loop simulation
半数有效量/半有效劑量 median effective dose
半[数]致死量/半數致死劑量 median lethal dose
半[数]致死时间/平均致命時間 median lethal time
半衰期/半衰期,半生期 radioactive half-life, half life
半衰期/半衰期 half-life
半双工/半雙工 semi-duplex, half duplex, HDX
半双工操作/半雙工操作 semi-duplex operation
半双工传输/半雙工傳輸 half-duplex transmission
半双工电路/半雙工電路 half-duplex circuit
半双工信道/半雙工通道 half-duplex channel
半速/半速 half rate, HR
半速率业务信道/半速率業務通道 half-rate traffic channel
半透明/半透明 translucency
半透明光阴极/半透明光陰極 semi-transparent photocathode
半透明介质/半透明介質 translucent medium
半透明体/半透明體 translucent body
半透膜/半透膜 semi-permeable membrane
半透射镜/半透射鏡 semi-transparent mirror
半透射镜分流器/半透明[式]分光鏡 semi-transparent mirror splitter
半图厄系统/半圖厄系統 semi-thue system
半万能分度头/半萬能分度頭 semi-universal dividing head
半微量定性分析/半微量定性分析 semi-micro qualitative analysis
半微量分析/半微量分析 semi-micro analysis
半微量热量计/半微量熱量計 semi-micro calorimeter
半无限斜线逼近/半無限斜線近似法 approximation by semi-infinite slopes
半无源射频识别标签/半無源射頻識別標簽 semi-passive radio frequency identification tag
半线性/半線性 semi-linear
半线性集/半線性集 semi-linear set
半消声室/半消聲室,半無響室 semi-anechoic room
半液体润滑/半液體潤滑 semi-liquid lubricants
半影/半影 penumbra
半永磁材料/半永磁材料,半永久磁性材料 semi-permanent magnetic material
半永久连接/半永久連接 semi-permanent connection
半永久性真空封接/半永久性真空封接 semi-permanent seal
半永久铸模/半永久鑄模 semi-permanent mold
半有源制导/半有源制導 semi-active guidance
半圆锉/半圓銼 pitsaw file
半圆键/半圓鍵 woodruff key
半圆头铆钉/半圓頭鉚釘 button head rivet, semi-round head rivet
半圆形油石/半圓形油石 semi-round stone
半振幅注流/半幅射束 half-amplitude beam
半[镇]静钢/半静鋼 semi-killed steel
半镇静钢钢锭/半鎮靜鋼鋼錠 semi-killed ingot
半整体式动力转向器/半整體式動力轉向器 semi-integral power steering gear
半正弦冲击脉冲/半正弦衝擊脈衝 half-sine shock

pulse
半直吹式制粉系统/半直吹式製粉系統 semi-direct fired pulverizing system
半直接法硫酸盐/半直接法硫酸鹽 semi-direct sulfate process
半直驱永磁同步风力发电机组/半直驅永磁同步風力發電機組 semi-direct drive permanent magnet synchronous wind turbine generator set
半值层/半值層 half-value layer, HVL
半值厚度/半值厚度 half-value thickness
半周期/半週期 half-period, semi-period
半轴/車輪軸 axle shaft
半主动悬架/半主動懸架 semi-active suspension
半自动操作/半自動操作 semi-automatic operation
半自动化/半自動化 semi-automation
半自动换档机械式变速器/半自動換檔機械式變速器 semi-automatic mechanical transmission
半自动混凝土砌块生产成套设备/半自動混凝土砌塊生産成套設備 complete set of semi-automatic equipment for block making
半自动机床/半自動機床,半自動工具機 semi-automatic machine tool
半自动纠正仪/半自動糾正儀 semi-automatic rectifier
半自动开关/自動手控開關 automanual switch
半自动量热仪/半自動熱量計 semi-automatic calorimeter
半自动试验机/半自動試驗機 semi-automatic testing machine
半自动循环/半自動循環 semi-automatic cycle
半自动整流器/半自動整流器 semi-automatic rectifier
半自动专用[小]交换机/半自動專用交換機 semi-automatic private branch exchange
半自行指示衡器/半自行指示衡器 semi-self-indicating instrument
半自磨机/半自磨機 semi-autogenous mill
半自热熔炼/半自熱熔煉 semi-autogenous smelting
半字界/半字界 half-word boundary
半峰全宽/半峰全幅值 full width at half maximum, FWHM
伴热垫/加熱墊 heating pad
伴生气体/聯産氣 associated gas
伴随辐射/伴隨輻射 collateral radiation, concomitant radiation
伴随粒子法/伴隨粒子法 associated particle method
伴随模型/伴隨模型 companion model
伴随算子/伴隨[運]算子 adjoint operator
伴随条件/旁側條件 side condition
伴随调制/伴隨調制,伴隨調變 accompanied modulation
伴随系统/伴隨系統 adjoint system
伴随信源/伴隨源 adjoint source
伴音发射机/聲訊發射機 aural transmitter
伴音陷波器/伴音陷波器 accompanying sound trap
伴音信道/聲音通道 sound channel
伴音载波/音頻訊號載波,聲音載波 sound carrier
瓣阀/翼門止回閥 clack valve
邦德磨矿功指数/邦德磨礦功指數 Bond grinding work index
邦德破碎功指数/邦德破碎功指數 Bond crushing work index
帮助主体/幫助主體,幫手主體 help agent
绑定/連結 binding, bundling
绑定更新列表/綁定更新列表 binding update list
绑定管理密钥/綁定管理金鑰 binding management key
绑定缓存/綁定緩存 binding cache
绑箍/綁帶 binding band
棒/棒,桿,條 rods, bar
棒材/棒鋼,條鋼 bar steel, steel bar
棒材拔制/條鋼拉製 bar drawing
棒材挤压/棒鋼擠壓 bar extrusion
棒材剪切机/剪條機 bar shearing machine
棒材矫直机/桿條矯直機 rod straightener
棒材连轧/棒鋼連軋 continuous bar rolling
棒材轧机/棒鋼軋機 bar mill
棒料/棒料 bar
棒料剪切机/棒料剪切機 billet shearing machine
棒料进给/桿料補給 rod feeding
棒料送进/桿料補給 rod feeding
棒磨机/棒磨機 rod mill, pin crusher
棒式玻璃温度计/棒式玻璃溫度計 solid-stem liquid-in-glass thermometer
棒式电流互感器/棒式電流互感器,條形比流器 bar-type current transformer, bar primary current transformer
棒条筛/條篩 bar screen
棒形套管式电流互感器/棒形套管式電流互感器 bar primary bushing type current transformer
棒形透镜/柱狀透鏡 rod lens
棒之细长比/棒之細長比 slenderness ratio of bar
棒状冷铁/冷硬棒 chill rod
g 磅/斯勒格 geepound, slug
磅秤/臺秤 platform scale
磅达/磅達 poundal

包/包 package, packet
包边/包邊 board edge iron
包层金属/包層金屬 clad metal
包层模/披覆層模態 cladding mode
包层模消除器/包層模消除器 cladding mode stripper
包封/包封 envelope
包封延迟失真/包封延遲失真 envelope delay distortion
包封字段/封頭區 envelope field
包覆/護套 cladding
包覆粉/包覆粉 coated powder
包覆焊条/被覆電焊條 covered electrode
包覆线/包覆線 cored wire
包镉探测器/蓋鎘檢知器 cadmium covered detector
包过滤/封包濾波 packet filtering
包过滤器/封包濾波器 packet filter
包含/包含 inclusion
包含概率/涵蓋機率 coverage probability
包含区间/涵蓋區間 coverage interval
包含因子/涵蓋因子 coverage factor
包迹法/包絡線法 envelope method
包加密/封包加密 packet encryption
包交换/分封交換,分組接轉 packet switching, packet-switching
包交换公用数据网/分封交换式公用資料網路 packet switched public data network
包交换数据网/分封交换資料網路 packet switched data network
包交换总线/封包交換匯流排 packet switched bus
包角/接觸角 angle of contact
包晶点/包晶點 peritectic temperature
包晶反应/包晶反應 peritectic reaction
包晶体/包晶 peritectic
包晶转变/包晶變態 peritectic transformation
包晶组织/包晶組織 peritectic structure
包壳/包層 cladding
包壳防渗法/造殼注漿法 shell-perm process
包壳温度计算机/護套温度計算機 cladding temperature computer
包铝厚板/包鋁厚板 alclad plate
包络/封包 envelope
包络法/包絡線法 envelope method
包络方程/包絡線方程式 envelope equation
包络检波/封包檢波 envelope detection
包络检测/封包檢波 envelope detection
包络解调/包絡解調 envelope demodulation
包络曲线/包絡曲線 envelope curve
包络时延/包封延遲 envelope delay
包络示波器/包絡示波器 envelope oscilloscope
包络调制/包絡線調變 envelope modulation
包络线峰值功率/尖[波]封功率 peak envelope power
包络线机构/包絡線機構 envelope mechanism
包络阈检定器/包絡低限檢知器 envelope threshold detector
包模涂料/包模塗料 precoating material
包内球化/夾層處理法 sandwich method
包内取样/澆桶取樣 ladle sampling
包内孕育/澆桶接種法,澆斗接種法,取煱接種法 ladle inoculation
包墙管过热器/包牆管過熱器 wall-enclosed surperheater
包容谓词/包容謂詞 inclusive predicates
包式终端/分封模式終端機,分封型終端機 packet mode terminal
包套挤压/包套擠壓 capsule extrusion
包贴/包貼 en-casement
包铁电缆/鎧裝[的]電纜,裝甲的電纜 armored cable
包铜钢/銅包鋼 copper-clad steel
包图/包圖 package diagram
包围齿数/包圍齒數 enveloping teeth
包围盒/邊界框 bounding box
包围盒测试/包圍盒測試 bounding box test
包析反应/包析反應 peritectoid reaction
包析[体]/包析,固相包晶 metatectic, peritectoid
包析相变/包析轉變 peritectoid phase transformation
包芯线/包芯線 cored wire
包辛格效应/包辛格效應,鮑辛古現象 Bauschinger effect
包嗅探/側録封包 packet sniffing
包装/包装 package, packing
包装钢带/包裝鋼帶 package steel strip
包装机/打包機 baling press
包装器生成系统/包裝器生成系統 wrapper induction
包装压榨机/碎片壓機 cabbaging press
胞状结构/[細]胞狀結構,束管狀結構 cellular structure
胞状晶/胞狀晶 cellular crystal
薄板/薄板 thin plate, sheet
薄板棒材/片條 sheet bar
薄板叠/板片綑 sheet pack
薄板剪切机/薄板剪切機 sheet-iron shears

薄板模/疊層模　laminated die
薄板坯/薄扁坯　thin slab
薄板坯连铸机/薄扁坯連鑄機　thin slab caster
薄板坯连铸连轧/薄扁坯連鑄及輥軋　thin slab casting and rolling
薄板坯水平连铸机/薄扁坯水平連鑄機　horizontal thin slab caster
薄板坯轧机/片條機　sheet bar mill
薄板坯直接轧制/薄扁坯直接軋製　direct thin slab rolling
薄板坯铸轧技术/薄扁坯鑄軋技術　thin-slab casting and rolling technology, casting and rolling technology for thin slab
薄板平整/薄板平整　sheet levelling
薄板轧辊/薄板軋輥　sheeting roll
薄板轧机/薄板軋機　sheet mill
薄板轧制/薄板軋製　sheet rolling
薄壁高炉/薄壁高爐　thin-walled blast furnace
薄壁管/薄壁管　thin-wall pipe
薄壁计数器/薄壁計數器　thin-wall counter
薄壁缺口堰/薄壁缺口堰　thin-plate notch weir
薄壁容器/薄壁容器　thin-walled vessel
薄壁堰/薄壁堰　thin-plate weir
薄壁轴瓦/薄壁軸瓦　thin walled half bearing, thin walled half liner
薄壁铸件/薄壁鑄件　thin section castings, thin-wall castings
薄层电阻/片電阻　sheet resistance
薄层镀金/薄層鍍金　fine gilt
薄层检测器/薄層檢知器　thin-layer detector
薄层扫描仪/薄層掃描器　thin-layer scanner
薄层色谱法/薄層色譜法,薄層層析法　thin layer chromatography
薄层[色谱]扫描仪/薄層[色譜]掃描儀　thin layer chromatography scanner
薄层砂岩/薄層砂岩,板狀薄砂岩　flagstone
薄窗膜计数管/薄窗計數器　thin-window counter
薄带/薄帶　thin strip
薄带钢连铸机/薄帶鋼連鑄機　continuous steel strip caster
薄带连铸/薄帶連鑄　thin strip casting
薄镀层/薄鍍層　thin coating, curtain coating, flash coating
薄放射源/薄源　thin source
薄钢板热浸镀锌/薄鋼板熱浸鍍鋅　hot dip sheet galvanizing
薄件轧制/薄件軋製　rolling of thin rolled-piece
薄片/薄片　thin section
薄片介质/疊片電介質　laminated dielectric
薄片砂轮/薄片砂輪　thin grinding wheel
薄栅氧化层/薄閘極氧化層　thin gate oxide
薄铁板/薄鐵板　sheet iron
薄透镜/薄透鏡　thin lens
薄涂层/薄塗層　thin coating, light coating
薄雾衰减/薄霧衰減　haze attenuation
薄型平键/薄型平鍵　thin flat key
薄型气缸/薄壁圓筒　thin circular cylinder
薄型砖/薄型磚　split brick
饱和/飽和　saturation
饱和比热容/飽和比熱容　specific heat capacity at saturation
饱和标度/[色]飽和標度　saturation scale
饱和彩度/[飽和]彩度　saturation color
饱和参量/飽和參數　saturation parameter
饱和磁感应强度/飽和磁感應,飽和磁密　saturation magnetic induction
饱和磁化[强度]/飽和磁化[強度]　saturation magnetization
饱和磁极化/飽和磁極化　saturation magnetic polarization
饱和磁记录/飽和磁記録　saturation magnetic recording
饱和磁通/飽和磁通　saturation magnetic flux
饱和磁通密度/飽和磁通密度　saturation flux density
饱和磁滞回线/飽和遲滯回路　saturation hysteresis loop
饱和电抗器/飽和電抗器,飽和扼流圈　saturable reactor, transductor
饱和电流/飽和電流　saturation current
饱和度/飽和[度],彰度　degree of saturation, saturation
饱和法/飽和法　saturation method
饱和干扰光谱学/飽和干擾光譜學　saturable interference spectroscopy
饱和固溶体/飽和固溶體　saturated solid solution
饱和光谱学/[色]飽和光譜學　saturation spectroscopy
饱和积分器/遞增積分器　incremental integrator
饱和空气/飽和空氣　saturated air
饱和面/飽和面　plane of saturation
饱和器/飽和器　saturator
饱和曲线/飽和曲線　saturation curve
饱和溶液/飽和溶液　saturated solution
饱和式磁力计/通量閘磁強計　flux-gate magnetometer

饱和特性/飽和特性 saturation characteristic
饱和吸收峰/飽和吸收峰 saturated absorption peak
饱和延迟/飽和延遲 saturation delay
饱和盐水泥浆/飽和鹽水泥漿 saturated salt water mud
饱和因数/飽和因數 saturation factor
饱和蒸气/飽和蒸氣 saturated vapor
饱和蒸气压/飽和蒸氣壓 saturation vapor pressure, saturated vapor pressure
饱和蒸汽汽轮机/飽和蒸汽渦輪機 saturated steam turbine
宝石轴承/寶石軸承 jewel bearing
保安矿柱/保安礦柱 safety pillar
保持/停駐 hold
保持电路/保持電路 hold circuit
保持电容器/存儲電容器 holding capacitor
保持电压/持續電壓 sustaining voltage
保持架/護架 cage
保持时间/保持時間,持住時間 holding time, hold time
保持依赖分解/保持分解 dependency reserving decomposition
保持周期/保持期間 retention period
保持作用/保持作用 holding action
保存点/錯誤校正保留點 save point
保存区/保存區 save area
保存文件/保存檔案 save file
保舵力/保持控制之轉向力 steering force for keeping a given control
保舵力矩/保持控制之轉向力矩 steering moment for keeping a given control
保管期/保管期 maintaining period
保护/保護 protection
1∶n 保护/1∶n 保護 1∶n protection
1+1 保护/1+1 保護 1+1 protection
保护比/保護比 protective ratio
保护部件/保護塊 guard block
保护衬/保護襯 protective lining
保护带频率/保護帶頻率,保護頻帶 guard band frequency
保护导体/保護導體 protective conductor
保护倒换/保護切換 protection switching, PS
保护灯/警示燈 guard lamp
保护地/保護地 protected ground
保护电弧焊/遮罩電弧熔接,遮蔽電弧熔接 shielded arc welding
保护电极/保護電極 guard electrode
保护电流互感器/保護電流互感器 protective current transformer
保护电流密度/保護電流密度 protective current density
保护电位/保護電位 protection potential
保护电位范围/保護電位範圍 protective potential range
保护电位区/保護電位範圍 protective potential range
保护电压互感器/保護電壓互感器,保護比壓器 protective voltage transformer
保护电阻器/保護電阻器 protective resistor
保护断路器/保護斷路器 protective circuit breaker
保护队列区/保護隊列區域 protected queue area
保护方式/保護模態 protected mode
保护放电管/保護放電管,TR 管 TR tube
保护封装/保護性包裝 protective packaging
保护功能/保護功能 protective function
保护管/保護管 protective tube
保护环/保護環 guard ring
保护环结构/保護環結構 guard ring structure
保护继电器/保護繼電器 protective relay
保护检测响应/保護檢測響應 protection detection response, PDR
保护浇注/保護澆注 shrouded pouring, protective casting
保护角/遮光角,屏蔽角 shielding angle
保护接地/保護接地 protective earthing
保护接头/加護接頭,防損接頭 saver sub
保护浸入温度计/保護浸入溫度計 protected dipping thermometer
保护空间/保護區間 guard space
保护[频]带/保護帶,防護帶 guard band
保护气氛浇注/保護氣氛澆注 pouring under protective atmosphere
保护气氛退火炉/特種蒙氣退火爐 special atmosphere annealing furnace
保护气体/遮護氣體 shielding gas
保护器/保護器,防護器 protector
保护器件/保護裝置 protective device
保护设备试验/保護設備試驗 protective device test
保护 X 射线管/安全 X 射線管 protective X-ray tube
保护时间/保護時間,保護時段 guard time
保护输入/保護輸入 guarded input
保护套/保護套[管] protecting jacket, protective sleeve
[保护]停堆放大器/跳脱放大器 trip amplifier
保护位/防護位元 guard bit

保护系统/保護系統,防護系統 protection system, protective system
保护信道/保護通道 protection channel
保护性气氛/保護性氣氛 protective atmosphere
保护性渣皮/保護渣皮 protective slag coating
保护压力/保護壓力 protection pressure
保护压力装置/保護壓力裝置 protection pressure device
保护眼镜/防護眼鏡 protective spectacles
保护因数/防護因數 protection factor
保护渣结团/保護渣結團 mould flux crust
保护渣凝固温度/保護渣凝固溫度 freezing temperature of mould flux
保护渣圈/保護渣渣圈 flux rim in mould
保护渣熔化过程/保護渣熔化過程 melting process of mould powder
保护渣熔化速度/保護渣熔化速度 melting rate of mould powder
保护渣熔化温度/保護渣熔化溫度 melting temperature of mould powder
保护渣烧结层/保護渣燒結層 partial fused layer of mould powder
保护渣析晶温度/保護渣析晶溫度 crystallization temperature of mould flux
保护渣消耗量/保護渣消耗量 specific consumption of mould powder
保护渣液渣层/保護渣液渣層 fused layer of mould powder
保护渣原渣层/保護渣原渣層 original layer of mould powder
保护装置/保護裝置,保護器,防護器 protective device, protector
保活/保活 keep alive
保健信息学/保健資訊學 healthcare informatics
保留/保留 reservation
保留进位加法器/節省進位之加法器 carry-save adder
保留卷/保留容量 reserved volume
保留内存/保留記憶體 reserved memory
保留时间/滯留時間 retention time
保留体积/保留體積,保留容量,滯留體積 retention volume
保留样品/保留樣品 retention sample
保留页选项/保留頁任選 reserved page option
保留站/保留站 reservation station
保留字/保留字 reserved word
保密电话通信系统/守密電話通訊系統 secure voice communication system
保密量/守密量 amount of secrecy
保密容量/守密容量 secrecy capacity
保密体制/守密體制,守密系統 secrecy system
保密通信/守密通訊,安全通訊,秘密通訊 secure communication, secret communication
保密系统/守密體制,守密系統 secrecy system
保密增强邮件/隱私增強郵件 privacy enhanced mail
保密指令/守密指令 secret command
保守估计/保守估計,審慎估計 conservative estimate
保守力/保守力,守恆力 conservative force
保梯电抗/保梯電抗 Potier reactance
保卫/保衛 safeguard
保温/保溫,隔熱 holding, heat preservation
保温层/包層 lagging
保温车/隔熱車 insulated van
保温阀/隔熱閥 insulating valve
保温[隔热]材料/隔熱材料 heat insulation material
保温辊道/保溫輥道 heat insulating roll table
保温列车/隔熱列車 insulated rail-car
保温炉/保溫爐,中間爐 holding furnace, receiving furnace
保温冒口套/隔熱冒口套 insulating feeder sleeve
保温帽/熱冒口,冒口覆蓋 hot top
保温能力/蓄熱能量 heat-retaining capacity
保温汽车/隔熱車輛 insulated vehicle
保温时间/隔熱時間,保持時間 holding time, soaking time
保温套/絕緣冒口套 insulating sleeve
保温温度/保持溫度 holding temperature
保险垫/安全墊 safety pad
保险杠/保險槓 bumper
保险杠外罩/保險槓外罩 bumper cover
保险杠吸能装置/保險槓吸能裝置 bumper damper
保险杠支架/緩衝器臂,緩衝架 bumper arm, bumper bracket
保险期/保險期 insurance period
保险丝/保險絲 safety fuse
保险丝盒/熔線盒,保險絲套 fuse box
保险箱/保險箱 coffer
保形插值/保形内插法 conforming interpolation
保压阀/保壓閥 pressure retaining valve
保 F 映射/保留 F 對映 F-preserve mapping
保 P 映射/保留 P 對映 P-preserve mapping
保障等级/保證等級 assurance level
保真度/保真度,逼真度 fidelity
保证数据验收试验/保證試驗 guarantee test

堡垒主机/堡壘主機 bastion host
报表/報表 report
报表程序生成器/報表編製程式 report program generator, RPG
报表生成程序/報表產生器 report generator
报表书写程序/報表撰寫器 report writer
报酬分析/報酬分析 reward analysis
报复性雇员/報復性員工 vindictive employee
报告数据/報告資料 reported data
报警保护系统/報警保護系統 alarm and protection system
报警处理器/報警處理器 alarm processor
报警电路/告警電路,警報電路 alarm circuit
报警监测/警報偵檢 alarm monitoring
报警开关/警報開關 alarm switch
报警频率/警報頻率 alert frequency
报警器/警報[器] alarm
报警温度计/警報溫度計 alarm thermometer
报警系统/警報系統 alarm system
报警显示/警報顯示 alarm display
报警消息/告警信息 alerting message, ALERT
报警[信号]/警報信號,告警信號,警鈴 alarm, alarm signal, ALM signal
报警压力/警告壓力 warning pressure
报警装置/告警裝置,警報裝置 alarm device
报警[字]符/振鈴符元 bell character
报类标识/報類標識 class indication
报头差错控制/標頭錯誤控制 header error control, HEC
报头信息/欄頭訊息 header information
报头字段/訊頭欄區 header field
报文/信文,電文 message
报文编码/信文編碼,電文編碼 message coding
报文标识符/訊息識別符 message identifier
报文差错记录/訊息錯誤記錄 message error record
报文重传单元/訊息再傳輸單元 message retransmission unit
报文处理系统/訊息處理系統 message processing system
报文传输规程/訊息傳輸程序 message transmitting procedure
报文传送/訊息傳送 message transfer
报文分组/訊息小包 message packet
报文格式/訊息格式 message format
报文加密/訊息加密 message passwording
报文鉴别/訊息鑑别 message authentication
报文交换/信文交换,電文交換 message switching
报文交换网络/訊息交換網路 message switching network
ATM 报文块传送/ATM 訊息塊傳送 ATM block transfer, ABT
报文类型码/訊息型式碼 message type code
报文流/訊息流 message flow
报文认证码/訊息鑑别碼 message authentication code
报文信宿/訊息槽 message sink, message slot
报文源/訊息源 message source
报文再同步/訊息再同步程序 message resynchronization
报文摘要/訊息摘要 message digest
报文转发队列/訊息轉接佇列 message forwarding queue
刨边机/斜邊機 beveling machine
刨槽/刨槽 slot shaping, slot planing
刨成形面/刨成形面 form shaping
刨齿/刨齒 gear planing
刨齿机/刨齒機 gear shaper
刨床/龍門刨床 planing machine, planer
刨床夹具/刨床夾具 fixture for planing machine
刨花/刨屑 shavings
刨平面/刨平面 surface planing
刨削/刨削 planing
抱索器/緊線器 grip
鲍尔点/Ball 點 Ball point
鲍曼试验/包曼試驗 Baumann test
暴力式聚焦/暴力式聚焦 brute force focusing
暴露/暴露 exposure
暴露极限/曝光極限 exposure limit
暴露声级/聲音暴露位準 sound exposure level
暴露终端/暴露終端 exposed terminal
曝光/曝光,照射 light exposing, exposure
曝光表/曝露計,曝光計 exposure meter
曝光计/曝光計,曝露計,光度計 exposure meter
曝光量/曝光量 light exposure, luminous exposure
曝光时间/曝光時間,照射時間 exposure time
曝光特性曲线/赫特耳-德瑞菲爾德曲線 Hurter-Driffield curve
曝光图表/曝光圖表 exposure chart
曝光子量/光子曝光量 photon exposure
爆堆通风/爆堆通風 blasted pile ventilation
爆发/猝發 burst
爆发率/猝發率 burst rate
爆轰特性/震爆特徵 detonation characteristic
爆裂/爆裂 bursting
爆裂温度/爆裂溫度 cracking temperature
爆裂压力/脹裂壓力,拼裂壓力 burst pressure

爆破出铁/出鐵口炸開法 jet tapping
爆破落矿/爆破落礦 ore break by blasting
爆破器材运输车/爆破器材運輸車 explosives transport van
爆破强度安全系数/強度安全因數 safety factor of strength
爆破试验机/爆裂試驗儀 bursting test machine
爆破性喷溅/爆破性噴濺 explosive slopping
爆破压力/脹裂壓力,拼裂壓力 burst pressure
爆破针/引爆撞針 blasting needle
爆燃/爆震,燃爆 detonation, deflagration
爆燃比/爆炸比 explosion ratio
爆速/爆速 detonation velocity
爆腾/爆騰,暴沸 bumping
爆锑/爆炸銻 explosive antimony
爆炸/爆炸,爆裂 explosion, burst
爆炸波/爆炸波,衝擊波 blast wave, explosion wave
爆炸不稳定性/爆炸不穩定性 explosive instability
爆炸成形/爆炸成形 explosive forming
爆炸杆/裝藥桿 loading pole
爆炸焊/爆炸焊 explosion welding
爆炸焊接/爆炸熔接 explosive welding
爆炸界限/爆炸界限 explosion mixture limit
爆炸喷涂/爆炸火焰噴塗 detonation flame spraying
爆炸破裂/爆炸破裂 explosive failure
爆炸气管/爆炸球管 explosion pipet
爆炸热/爆炸熱 heat of explosion
爆炸危险/爆炸危險 explosion hazard
爆炸性环境/爆炸性環境 explosive atmosphere
爆炸性混合物/爆炸性混合物 explosive mixture
爆炸源/爆炸源 explosive source
爆炸状石墨/爆炸狀石墨 exploded graphite
爆震/爆震 detonation
爆震闭环控制/爆震閉回路控制 closed-loop knock control
爆震测量[指示]仪/爆震指示器 knock indicator
爆震除石/石縫放炮 bulling
爆震传感器/爆震感測器 knock sensor
爆震窗/爆震窗 knock window
爆震分缸控制/爆震分離控制 individual cylinder knock control
爆震分级控制/爆震分級控制 knock classification control
爆震率/震爆率,[爆]震度 knock rating
爆震模糊控制/爆震模糊控制 knock fuzzy control
爆震试验/爆震試驗 knock testing
爆震仪/爆震計 knockmeter
杯球黏度计/杯球黏度計 cup-and-ball viscometer
杯式电流表/旋杯式流速計 cup type current meter
杯式给药机/杯式給藥機 cup reagent feeder
杯式气压计/杯式氣壓計 cup barometer
杯式[水银]气压计/槽式氣壓計 cistern barometer
杯突试验机/杯突試驗機 cupping testing machine
杯形风力计/轉杯風速計 cup-cross anemometer
杯形柔轮/杯形柔輪 cup-shape flexspline
杯形砂轮/杯形磨輪 cup wheel, cup grinding wheel
杯形液体压力计/杯形液體壓力計 one-tube liquid manometer
杯锥断口/杯錐斷口 cup-cone fracture surface
背包问题/背包問題 knapsack problem
背负[便携]式发射机/背負式發射機,可携式發射機 backpack transmitter
背负式无线电台/背負式無線電臺 manpacked radio set
背罐车/背罐車 demountable tanker carrier
悲观误差/悲觀誤差,最壞誤差 pessimistic error
悲观值/悲觀值 pessimistic value
北斗卫星导航系统/北斗衛星導航系統 Beidou satellite navigation system
北极光/北極光 aurora borealis
北桥[控制芯片]/北橋[晶片組] northbridge
北向参考脉冲/北向參考脈波 north reference pulse
贝茨[粗铅电解精炼]法/貝滋法 Betts process
贝措尔德-布鲁克现象/貝措爾德-布吕現象 Bezold-Brucke phenomenon
贝尔/貝[耳] bel, B
贝尔俾层/貝而必層 Beilby layer
贝尔-拉帕杜拉模型/Bell-Lapadula 模型 Bell-Lapadula model
贝尔流量计/鐘式流量計 bell flowmeter
贝尔麦特管/磁控閘流管 permatron
贝尔曼-福特算法/Bellman-Ford 單起點最短路徑演算法 Bellman-Ford algorithm
贝尔态/貝爾態 Bell states
贝弗里奇天线/貝佛瑞奇天線 Beverage antenna
贝济埃曲面/貝齊爾表面 Bezier surface
贝济埃曲线/貝齊爾曲線 Bezier curve
贝壳状断口/貝殼狀斷口 conchoidal fracture surface
贝可[勒尔]/貝克 becquerel, Bq
贝克比重计/貝克比重計 Beck hydrometer
贝克来雨量计/貝克萊雨量計 Beekley gage
贝克曼氏温度计/貝克曼溫度計 Beckmann thermometer
贝克曼塔/白克門塔 Backman tower
贝克曼温度计/貝克曼溫度計,貝克門溫度計 Beckman thermometer, Beckmann thermometer

贝克珀金式搅拌机/貝克爾-柏金混合機 Baker-Perkin type mixer
贝克线/貝克線 Becke line
贝里斯分布/貝里斯分布 Bayliss distribution
贝利炭粒炉/貝力電爐 Baily furnace
贝切尔比较器/Batcher 比較器 Batcher comparator
贝塞尔点/貝塞耳支撐點 Bessel point
贝塞尔方程/貝塞耳方程式 Bessel equation
贝塞尔函数/貝索函數 Bessel function
贝塞麦炼钢法/貝塞麥煉鋼法 Bessemer steel-making process
贝氏体/變韌體,變韌體鐵,變韌鐵 bainite
[贝氏体]等温淬火/沃斯回火,恆温淬火 austempering
[贝氏体]等温淬火介质/[貝氏體]等温淬火介質 austempering medium
贝氏体钢/變韌體鋼 bainitic steel
贝氏体相变/變韌體相變 bainitic transformation
贝氏体铸铁/變韌體鑄鐵 bainitic cast iron
贝氏转炉钢/酸性柏思麥鋼 acid Bessemer steel
贝式转炉/酸性柏思麥轉爐 acid Bessemer converter
[贝索函数之]相加定理/相加定理 addition theorem
贝塔辐射/貝他輻射,β輻射 beta radiation
贝特孔耦合器/倍茲孔耦合器 Bethe-hole coupler
贝亚德-阿尔佩特真空计/B-A 型真空計,B-A 型真空規 Bayard-Alpert gage
贝叶斯定理/貝斯定理 Bayesian theorem
贝叶斯分类器/貝斯分類器,貝氏分類器 Bayesian classifier, Bayes classifier
贝叶斯分析/貝斯分析 Bayes analysis
贝叶斯估计/貝士估計 Bayesian estimation
贝叶斯规则/貝士規定 Bayes rule
贝叶斯决策方法/貝斯決策方法 Bayesian decision method
贝叶斯决策规则/貝斯決策規則 Bayesian decision rule
贝叶斯逻辑/貝斯邏輯 Bayesian logic
贝叶斯推理/貝斯推理 Bayes inference
贝叶斯推理网络/貝斯推理網路 Bayesian inference network
贝叶斯网络/貝斯網路 Bayesian network
贝叶斯网络学习/貝斯網路學習 Bayesian network learning
贝叶斯信息准则/貝氏訊息準則 Bayesian information criterion
贝叶斯学习/貝氏學習 Bayesian learning
贝叶斯因果网/貝斯因果網 Bayesian causal network
备份/備份,後備,備用 backup
备份窗口/備份窗口 backup window
备份存储器/輔助儲存器 backing storage
备份管理器/備用管理器 backup manager
备份过程/備用程序 backup procedure
备份文件/備份檔案,備用檔 backup file
备份[用]/備用[設備] back-up
备份与恢复/備份與復原 backup and recovery
备件/備[份]件 spare part
备忘录模式/備忘録模式 memento pattern
备忘录算法/備忘録演算法 memorandum algorithm
备选方案/替代,選擇方案 alternative
备用/備用,後備 standby
备用泵/備用泵 standby pump
备用编码键/换用碼鍵 alternate coding key
备用储蓄器/輔助貯存器 auxiliary reservoir
备用的/備用的 spare
备用电路/備用電路 reserved circuit, back up circuit, spare circuit
备用尖峰负荷额定输出功率/備用尖峰負荷額定輸出功率 reserve peak load output
备用路由/備用路由 reserve route
备用冗余/待用冗餘 standby redundancy
备用替代冗余/待用替換冗餘 standby replacement redundancy
备用通路/備用通路 alternative path
备用通信设施/替用通信設備 alternate communications facility
备用卫星/備用衛星 spare satellite
备用系统/待用系統 standby system
备用小时数/備用小時數 reserve shutdown hours
备用信道/備用通道 alternate channel
备用油箱/副燃料箱,副油箱 auxiliary fuel tank
备用状态/備用停機狀態 reserve shutdown state
背板/背板,底板 back plate
背层泥浆/背層泥漿 back-up coating slurry
背场背反射太阳电池/背場背反射太陽電池 back surface reflection and back surface field solar cell
背场太阳电池/背場太陽電池 back surface field solar cell, BSF solar cell
背吃刀量/背吃刀量 back engagement of the cutting edge
背对背配置/背向排列 back-to-back arrangement
背反射/背向反射 back reflection
背反射太阳电池/背反射太陽電池 back surface reflection solar cell, BSR solar cell
背景仿真器/背景模擬器 background simulator
背景放映/反向投影 back-projection
背景辐射/背景輻射 background emission

背景亮度/背景亮度,背景耀度 background luminance
背景起伏/背景起伏 background fluctuation
背景色/背景色,底色 background color
背景信号/背景信號,本底信號 background signal
背景杂斑/背景雜斑 background clutter
背景噪声/背景雜訊,背景噪音 background noise
背面衬光/背光照明,逆向照明 back lighting
背面照明/背光照明,逆向照明 back lighting
背平面/刀具背平面 tool back plane
背散射/背向散射,後向散射 backscatter
背散射电子像/背散射電子像 backscatter electron image
背散射系数/背向散射係數 backscattering coefficient
背砂/背砂 backing sand
背射天线/逆火式天線 backfire antenna
背向力/背向力 back force
背压/背壓 back pressure
背压阀/背壓閥,止回閥 back pressure valve
背压式汽轮机/背壓式汽輪機,背壓[蒸汽]渦輪機 back pressure steam turbine, back pressure turbine
背压调节器/背壓調整器 back pressure regulator
背圆锥半径/背圓錐半徑 back cone radius
背圆锥距离/背圓錐距離 back component
背锥齿廓/背錐齒廓 back cone tooth profile
背锥角/背圓錐角 back cone angle
背锥距/背圓錐距離 back cone distance
背锥[面]/背圓錐 back cone
钡/鋇 barium
钡长石瓷/鋇長石瓷 celsian ceramic
钡镭渣/鋇鐳渣 barium radium-bearing slag
钡硬锰矿/鋇硬錳礦 romanechite
倍幅/雙振幅 double amplitude
倍减器/倍減器 demultiplier
倍率计/放大率計 dynameter
倍密度软盘/雙倍密度軟碟 double-density diskette
倍频/倍頻 frequency multiplication
倍频程/倍頻程,倍頻帶 octave
倍频程滤波器/倍頻程濾波器 octave band filter
倍频带分析仪/倍頻程帶分析器,八音度帶分析器 octave band analyzer
倍频链/倍頻鏈 frequency multiplier chain
倍频器/倍頻器,頻率倍增器 frequency multiplier, frequency doubler
倍频振动/倍頻振動 multiple-frequency vibration
倍示压力计/倍數壓力計 multiplying manometer
倍数单位/單位之倍數 multiple of a unit
倍数光度计/倍增管光度計 multiplier photometer
倍速器/擴速器 speed multiplier
倍压电路/電壓倍增電路 voltage-multiplying circuit
倍压器/倍壓器,電壓倍增器 voltage multiplier
倍压装置/倍壓配置 voltage-doubling arrangement
倍增/倍增 multiplication
倍增极/倍增極,代納倍極,二次射極 dynode
倍增技术/倍增技術 doubling technique
倍增器/倍增器,乘法器 multiplier, duplicator
倍增系统/倍增系統 dynode system, multiplier system
倍增因子/倍增因子,乘積因數 multiplication factor
被测变量/被測變數,測量變數 measured variable
被测量/被測量 measurand, measured quantity
被调用方/受話人 callee
被动补偿/被動補償 passive accommodation
被动测量/被動測量,静態度量 passive measurement
被动测量仪/被動式量測儀器,無源式量測儀器 passive measuring instrument
被动查询/被動查詢 passive query
被动带状焊接校准/帶狀熔接被動校準 passive ribbon splicing alignment
被动对象/被動對象 passive object
被动阀配气机构/被動閥配氣機構 compressed-air distributing mechanism of unpowered valve
被动管理/被動管理 passive management
被动 Q 开关/被動 Q 開關 passive Q-switch
被动冷轧带肋钢筋成型机/被動冷軋帶肋鋼筋成型機 powerless driven cold rolling steel wire and bar making machine
被动路由/被動路由 passive routing
被动锁模/被動鎖模 passive mode locking
被动威胁/被動威脅 passive threat
被动系统/被動系統 passive system
被动显示/被動顯示 passive display
被动型原子频标/被動式原子頻率標準 passive atomic frequency standard
被动再生/被動再生 passive regeneration
被动站/被動站,從站 passive station
被动姿态稳定/被動式姿態穩定 passive attitude stabilization
被访移动交换中心/被訪移動交换中心 visited mobile switching center, visted MSC, VMSC
被管理对象/管理目標 managed object
被管实体/被管實體 managed entity
被叫电话局/被叫電話局 called exchange
被叫端/被叫端 called terminal

被叫方/被叫方,受話方,被呼用户 called party
被叫方付费/收話方付費 receiving party pays, RPP
被叫方付费电话/受話人付費通話 collect call
被叫号码/被叫號碼,被呼號碼,受話號碼 called number
被叫话机/被叫臺,被叫站 called station
被叫集中付费业务/被叫集中付費業務 800 service
被叫局/被叫局 called office
被叫用户/被叫用户 called subscriber
被叫用户单方拆线/被叫用户拆線 called subscriber release
被控系统/受控系統 controlled system
被密封介质/被密封介質 sealed medium
被屏蔽的子网/被遮罩的子網 screened sub-network
被知觉的光/[知覺的]光 perceived light
焙砂浸出/焙砂浸出 calcine leaching
焙砂冷却器/焙砂冷却器 calcine cooler
焙砂熔炼/焙砂熔煉 calcine smelting
焙砂溢流/焙砂溢流 calcine overflow
焙烧/焙燒,煅燒 roasting
焙烧鼓风炉/焙燒鼓風爐 roasting blast furnace
焙烧还原法/焙燒還原法 roasting and reduction process
焙烧炉/焙燒爐,煅燒爐 roasting furnace, roster, calcining kiln
焙烧炉床能率/焙燒爐床能率 roaster specific capacity
焙烧熔炼/焙燒熔煉 roasting smelting
焙烧炭制品/焙燒炭製品 baking carbon body
焙烧填充料/焙燒填充料 packing material for baking
焙烧氧化法/焙燒氧化法 roasting oxidation method
焙烧窑/焙燒窯 roasting kiln
焙烧渣/焙燒渣 roasted residue
焙烧蒸馏/焙燒蒸餾 roasting distillation
本底辐射/本底輻射,背景輻射 background radiation
本底计数/本底計數,背景計數 background count
本底计数率/本底計數率 background counting rate
本底噪声/背景雜訊,背景噪音 background noise
本地绑定更新/本地綁定更新 local binding update
本地代理/本地代理者 home agent
本地地址/起始位址 home address
本地地址管理/本地位址管理,局部位址管理 local address administration
本地电报/市内電報 local telegram
本地电话/市内電話 local call
本地电话服务区/市内電話營業區 local telephone service area
本地电话公司/市話業務經營者 local exchange carrier, LEC
本地电话交换局/市内電話交換局 local telephone exchange
本地电话网/市内電話網 local telephone network
本地电话业务/市内電話營業 local telephone service
本地多点分配业务/區域多點分配服務 local multipoint distribution service, LMDS
本地分配网/區域放送網路 local distribution network
本地公用陆地移动网/本地公用陸地移動網 home public land mobile network
本地光注入/本地光注入 local light injection
本地过程调用/局部的程序呼叫 local procedure call
本地环路/本地回路 local loop
本地加电/本地電力開啟 local power on
本地交换机/用户交換臺,本地交換臺 local switch, LS
本地[交换]局/本地交換局 local office, local exchange
本地接入传送区/局部存取與傳送區 local access and transport area
本地时钟/本地時鐘 local clock
本地损耗/本地損失 local loss
本地网/本地網 local network, home network
本地网接入协议/地區網路擷取協定,區域網路進接協定 local network access protocol
本地微波分配系统/本地微波分配系統 local microwave distribution system
本地拥塞/本地壅塞 local congestion
本地振荡器/本地振盪器 local oscillator
本地终端/局部終端機 local terminal
本戈-斯图尔特法/本司二氏法 Bengough-Stuart process
本机记录/局部紀録 local record
本机模式/本機模式 native mode
本机语言/本機語言 native language
本机振荡器/本機振盪器,本地振盪器 local oscillator, LO
本尼威特/辨士砝碼 pennyweight
本身夹渣/本身夾渣 endogenous slag inclusion
本生冰量热器/本生冰卡計 Bunsen ice calorimeter
本生灯/本生燈,噴燈 Bunsen lamp, Bunsen burner
本生电池/本生電池 Bunsen cell
本生电量计/本生電量計 Bunsen voltameter, Bunsen voltameter

本生阀/本生閥 Bunsen valve
本生漏斗/本生漏斗 Bunsen funnel
本生烧瓶/本生燒瓶 Bunsen flask
本生[式]光度计/本生光度計 Bunsen photometer
本生-西林扩散计/本生西林擴散計,本生西林流出計 Bunsen-Schilling effusiometer
本生-西林流出计/本生西林流出計,本生西林擴散計 Bunsen-Schilling effusiometer
本体/本體 ontology
本体编辑器/本體編輯器 ontology editor
本体对齐/本體對齊 ontology alignment
本体工程/本體工程 ontology engineering
本体构建/本體構建 ontology building
本体合并/本體合并 ontology merging
本体库/本體庫 ontology base
本体论/本體論 ontology
本体匹配/本體匹配 ontology matching
本体维护工程/本體維護工程 ontology maintaining engineering
本体修正/本體修正 ontology revision
本体学习/本體學習 ontology learning
本体演化/本體演化 ontology evolution
本体映射/本體映射 ontology mapping
本体语言/本體語言 ontology language
本影区/本影區 umbra
本原码/基元碼 primitive code
本原演绎/基元演繹 primitive deduction
本征半导体/本徵半導體 intrinsic semiconductor
本征标准/本徵標準 intrinsic standard
本征测量标准/固有量測標準 intrinsic measurement standard
本征导电/本質電導,内稟傳導 intrinsic conduction
本征电致发光/本徵電致發光 intrinsic electroluminescence
本征费米能级/本質費米能階 Intrinsic Fermi level
本征函数/本徵函數,特徵函數 eigenfunction
本征连接损耗/本徵連接損耗 intrinsic joint loss
本征亮度/固有亮度 intrinsic brightness
本征模/固有模態 eigen-mode
本征能/固有能 intrinsic energy
本征耦合损耗/本質耦合損失 intrinsic coupling loss
本征频率/本徵頻率,固有頻率,特徵頻率 eigenfrequency, eigen frequencies
本征衰减/固有衰減 intrinsic attenuation
本征突发容限/本質突發容忍度 intrinsic burst tolerance, IBT
本征吸收/本質吸收 intrinsic absorption
本征吸杂工艺/本徵吸雜工藝 intrinsic gettering technology
本征向量/特徵向量,特性向量 eigenvector
本征向量空间/特徵向量空間 eigenspace
本征载流子/本徵載子 intrinsic carrier
本征载流子浓度/本質載子濃度 intrinsic carrier concentration
本征值/本徵值,特徵值,特性值 eigenvalue
本质失效/本質失效 inherent weakness failure, inherent failure
苯并芘/苯并芘 benzopyrene
苯环/苯環 benzene ring
崩溃/當機,系統故障 crash, breakdown
崩料/崩料 slipping, slip
崩落[采矿]法/陷落採礦法 caving method, caving mining method, stope caving method
崩越二极管/崩渡二極體,碰撞累增過渡時間二極體 impact avalanche transit time diode, IMPATT diode
泵/泵 pump
泵的额定流量/額定泵容量 rated pump capacity
泵激光器/泵雷射 pump laser
泵壳/泵殼體 pump case
泵流量/泵能量 pump capacity
泵轮/[動]葉輪 impeller
泵轮液力转矩/葉輪液力扭矩 hydraulic torque of impeller
泵轮转矩/葉輪轉矩 impeller torque
泵能率/泵能率 duty of pump
泵喷嘴/泵噴嘴 unit injector
泵喷嘴体/泵噴嘴體 unit injector body
泵频/泵頻[率] pump frequency
泵浦/抽出,泵取,泵作用 pumping
泵浦灯/泵用燈 pumping lamp
泵浦辐射/泵激輻射 pumping radiation
泵浦功率/泵功率 pump power
泵浦频率/泵激頻率,抽氣頻率 pumping frequency
泵浦速率/幫浦速率 pumping rate
泵浦速率分布/幫浦速率分布 pump rate distribution
泵浦消防车/泵消防車 pumper
泵浦效率/幫浦效率 pumping efficiency
泵输出功率/泵輸出功率 pump output power
泵送混凝土/泵送混凝土 pumping concrete
泵送混凝土压力/泵送混凝土壓力 pumping concrete pressure
泵送机构/泵送機構 pumping mechanism
泵送能力指数/泵送能力指數,泵作用能力因數 pumping ability factor

泵桶/抽油吸筒　working barrel
泵吸/抽出,泵取,泵作用　pumping
泵效率/泵效率　pump efficiency
泵扬程/泵揚程,泵水頭　pump head
泵液/幫浦工作液,泵流體　pump fluid
泵引理/泵作用引理　pumping Lemma
泵油偶件/泵[作業]元件　pumping element
泵油系/泵作業裝配　pumping assembly
泵噪声/抽運噪音　pump noise
泵轴功率/泵軸功率　pump shaft power
泵转速/泵旋轉速率　pump revolution speed
逼近/近似　approximation
逼近函数/近似函數　approximation function
比饱和磁化强度/比飽和磁化強度　specific saturation magnetization
比表面/比表面　specific surface
比长仪/檯式比測儀　bench comparator
比冲/比衝　specific impulse
比磁化率/比磁化率,質量磁化率　specific susceptibility, mass susceptibility
比磁化强度/比磁化強度　specific magnetization
比[单位]熵/比熵　specific entropy
比电导/比電導　specific electrical conductance
比电导率/比電導率　specific conductivity
比电容/比電容　specific capacitance
比电压/電壓梯度　voltage gradient
比电阻/電阻率　specific resistance
比对/比對　comparison
比尔-朗伯定律/比耳-朗伯定律　Beer-Lambert law
比幅单脉冲/比幅單脈波　amplitude comparison monopulse
比功率/比功率,功率比度,比馬力　specific power
比焓/比熱焓　specific enthalpy
比滑/滑率　specific sliding
比活度/比活度,比活性　specific activity
比吉布斯函数/比吉布斯函數　specific Gibbs function
比吉布斯自由能/比吉布斯自由能　specific Gibbs free energy
比降-面积法/坡度面積法　slope-area method
比校准器/比例校正器　ratio calibrator
比较编码器/比較編碼器　comparison coder
比较标准器/比較標準器　comparison standard
比较并交换/比較交換　compare and swap
比较测定法/比較量測　comparative measurement
比较测角仪/比較測角儀　comparison goniometer
比较测量/比較量測　comparative measurement
比较单元/比較單元,比較器　comparing unit
比较灯/比較燈,參照燈,比測燈　comparison lamp
比较电势计/比測電位計　comparison potentiometer
比较法/比較法,相對法　comparative method, relative method
比较[法]校准/比對校正,比較校正　comparison calibration
比较放大器/比較放大器　comparison amplifier
比较基因组学/比較基因組學　comparative genomics
比较-交换/比較-交換　compare-exchange
比较棱镜/比較稜鏡,比譜稜鏡　comparison prism
比较器/比較器,比較儀　comparator
比较器网络/比較器網路　comparator network
比较示波器/比較示波器　comparison oscilloscope
比较式测量仪器/比較式量測儀器　comparison measuring instrument
比较式光度计/對比光度計　contrast photometer
比较试验/比較試驗,比對試驗　comparison test
比较试验机/比較試驗機　comparison tester
比较显微镜/比較顯微鏡,比測顯微鏡　comparison microscope
比较仪/比較儀,比較器　comparator
比较语言学/比較語言學　comparative linguistics
比较元件/比較元件　comparing element
比较振荡器/比較用振盪器　comparison oscillator
比较值/比較值　comparison value
比较指令/比較指令　compare instruction
比较指示器/比較指示器　comparison indicator
比较准确度/比較準確度,比對準確度　comparison accuracy
比克莫尔-斯佩尔迈尔[孔径]分布/畢克摩-史培邁分布　Bickmore-Spellmire distribution
比例泵/比例泵　proportional pump
比例变换/比例變換　scaling transformation
比例变压器电桥/比例變壓器電橋　ratio transformer bridge
比例标尺/比例標尺　ratio scale
比例常数/比例常數　constant of proportionality
比例称量法/比例稱量法　proportional weighing
比例乘法器/係數乘法器　coefficient multiplier
比例尺/比例尺,刻度尺,尺規　scale
比例重合计数器/符合正比計數器　coincidence proportional counter
比例带/比例帶　proportional band
比例阀/比例閥　proportional valve
比例放大器/比例放大器　proportional amplifier
比例符合计算器/符合正比計數器　coincidence proportional counter
比例复位控制器/比例-重設控制器　proportional-

reset controller
比例复位微分控制器/比例-重設微分控制器 proportional-reset-derivative controller
比例感应分压器/比例感應分壓器 ratio inductive voltage divider
比例绘图仪/縮放儀 pantograph
比例活塞/比例活塞 proportional piston
比例机构/比例機構 proportional mechanism
比例积分控制/比例積分控制 proportional integral control, PI control
比例积分控制器/比例積分控制器 proportional-integral controller, PI controller, proportional plus integral controller
比例积分调节器/比例積分控制器 proportional-integral controller, PI controller, proportional plus integral controller
比例积分调速器/比例積分調速器 proportional-integral governor, PI governor
比例积分微分控制/比例積分微分控制,PID控制 proportional-integral-derivative control, PID control
比例积分微分控制器/比例積分微分控制器 proportional-integral-derivative controller, PID controller
比例积分微分调速器/比例積分微分調速器 proportional-integral-derivative governor, proportional integral differential governor, PID governor
比例极限/比例極限,比例限度 proportional limit
比例计数管/正比計數管 proportional counter tube
比例计数器/比[例]計數器,正比計算器 proportional counter
比例控制/比例控制 proportional control
比例控制阀/比例控制閥 proportional control valve
比例控制器/比例控制器 proportional controller, P controller
比例控制器/比例控制器 proportional controller
比例流量阀/比例流量[控制]閥 proportional flow control valve
比例[配合]泵/定量泵 proportioning pump
比例谱仪/比例譜儀 proportional spectrometer
比例取样/比例取樣 proportional sampling
比例取样器/比例取樣器 proportional sampler
比例式电动执行机构/比例電致動器 proportional electric actuator
比例式排气再循环系统/比例式排氣再循環系統 proportional exhaust gas recirculation system
比例式旋转变压器/比例式旋轉器 proportional revolver
比例调节器/比例調節器 proportional regulator
比例调速器/比例調速器 proportional governor, P governor
比例微分控制/比例微分控制 proportional-derivative control, PD control
比例微分控制器/比例微分控制器 proportional-derivative controller, PD controller
比例误差/比例誤差 proportional error
比例堰/比例堰 proportional weir
比例遥测/比例遥測 ratio telemetering
比例液体采样器/比例液體取樣器 proportional liquid sampler
比例因子/比例因子,比例因數 scale factor
比例油缸/比例油缸 proportional cylinder
比例增益/比例增益 proportional gain
比例指令/比例指令 proportional command
比例作用/比例動作 proportional action
比例作用控制器/比例動作控制器 proportional action controller
比率/比率,比值 ratio
比率变压器/比例變壓器 ratio transformer
比率表/比率表 ratio-meter
比率计法/比例量測法 ratiometric method
比率记录控制器/比率記録控制器 ratio recording controller
比率记录器/比率記録器 ratio recorder
比率检测器/比率檢測器 ratio detector
比率检频器/比率檢頻器 F-M discriminator
比率鉴频器/比率鑒頻器 ratio discriminator
比率控制计/比例控制計 ratio control meter
比率时间/比率時間 rate time
比率调整器/比率調整器 ratio adjuster
比率误差/比率誤差 ratio error
比面积热强度/比面積熱強度 specific area heat release rate
比内能/比内能 specific internal energy
比能[量]/比能[量] specific energy
比黏[度]/比黏度 specific viscosity
比黏计/莱普黏度計 Leptometer
比浓对数黏度/比濃對數黏度 logarithmic viscosity number
比浓黏度/比濃黏度,黏度數 reduced viscosity
比排放量/比排放量 specific emission
比谱分光镜/比較[式頻譜]分光鏡 comparison spectroscope
比谱棱镜/比譜棱鏡,比較棱鏡 comparison prism
比汽化热/比汽化熱 specific vaporization heat
比强度/比強度 specific strength

比燃耗/燃耗比度 specific burn-up
比燃烧值/比燃燒值,比熱值 specific heat of combustion
比热/比熱 specific heat
比热比/比熱容比 ratio of specific heat capacities
比热流/比熱流 specific heat flow
比热容/比熱容 specific heat capacity
比热值/比熱值,比燃燒值 specific heat of combustion
比容/比容 specific volume
比容积热强度/比容積熱釋放率 specific-volume heat release rate
比容量/比容量 specific capacity
比色测定/比色試金 colorimetric assay
比色测温法/比色測温法 two-color thermometry
比色法/比色法,色度學 colorimetry, colorimetric method
比色分析/色度分析 colorimetric analysis
比色高温计/比色高温計 colorimetric pyrometer
比色管/比色管 color comparator tube
比色计/比色計 colorimeter
比色剂量计/比色劑量計 colorimetric dosimeter
比色盘/比色盤 colorimetric disc
比色试验/色度試驗 color test
比色温度计/比色温度計 ratio thermometer, two-color radiation thermometer
比声计/比聲計 acoustical meter
比声欧姆/比聲歐姆 specific acoustical ohm
比湿度/比濕度 specific humidity
比释动能/比釋動能,克馬 kerma
比释动能率/比釋動能率,克馬率 kerma rate
比授能/比授能 specific imparted energy
比损耗因数/相對損失因子 relative loss factor
比损耗因子/相對損失因子 relative loss factor
比特/比[特],位元 bit, binary digit
比特差错/位元錯誤 bit error
比特差错率/位元錯誤率,誤碼率 bit error rate, BER
比特储存器/位元累積 bit reservoir
比特错/位元錯誤 bit error
比特滑动/位元滑動 bit slip
比特间隔/二進位碼脈衝時間,[二]位元時寬,位元區間 bit interval
8 比特交错奇偶性/8 位元交插同位元碼 bit interleaved parity-8, BIP-8
比特交织/位元交錯 bit interleaving
比特劫取/位元搶奪 bit robbing
比特流/位元流 bit stream
比特率/位元率 bit rate
比特率层次/位元率階層 bit rate hierarchies
比特每秒/每秒位元數 bits per second, BPS
比特填充/位元填塞,位元填充 bit stuffing
比特同步/位元同步 bit synchronization
比特图案/位元組合型態,位元樣型 bit pattern
比特压缩技术/位元減少技術 bit reduction technique
比吸附/比吸附 specific adsorption
比吸收率/比吸收率 specific absorption rate, SAR
比相单脉冲/比相單脈波 phase comparison monopulse
比相定位/比相定位 phase comparison positioning
比旋光/比旋光[度],比旋 specific rotation
比压/比壓力 specific pressure
比压表/壓力計 pressure manometer
比影光度计/比影光度計,陰影光度計 shadow photometer
比值变送器/比例傳輸器 proportional transmitter
比值操作器/比值操作器 ratio station
比值计/比值計 ratio meter
比值控制/比率控制 ratio control
比值控制器/比率控制器 ratio controller
比值控制系统/比率控制系統 ratio control system
比重/比重[力] specific gravity
比重秤/重力秤,重力天平 gravity balance
比重电池/比重電池 specific gravity cell
比重分离器/重力分離器 gravity separator
API 比重计/API 比重計 API hydrometer, air pollution index hydrometer
API 比重计标度/API 標度 API scale, air pollution index hydrometer scale
比重瓶/比重瓶,密度瓶 pycnometer, specific gravity bottle, gravity bottle
比重瓶[计]/比重瓶 pycnometer
比重试验/比重試驗 specific gravity test
比重天平/比重天平 specific gravity balance
比转速/比速率 specific speed
比浊分析/濁度分析 turbidimetric analysis
比自由焓/比自由焓 specific free enthalpy
比总损耗/比總損失 specific total loss
彼得罗夫方程/彼得羅夫方程 Petroff equation
彼德森法/彼德森法 Pedersen process
笔管形气泡/筆管形氣泡 pencil pipe blister
笔画编码/筆劃編碼 stroke coding
笔画码/筆劃碼 stroke code
笔画数/筆劃數 stroke number
笔画显示/筆劃顯示 stroke display

笔记本计算机/筆記型電腦 notebook computer
笔录示波器/筆録示波器 pen record oscillograph, pen record oscilloscope
笔式喷油器/筆式噴油器 pencil injector
笔输入计算机/筆式輸入電腦 pen computer
笔数/筆數 stroke count
笔顺/筆順 stroke order
笔顺无关/筆順無關 stroke-order free
笔形波束天线/鉛筆尖形波束天線 pencil-beam antenna
笔形测针/筆形探針 pencil-type probe
笔形剂量计/筆形劑量計 pen-type dosimeter
必备服务/強制服務 mandatory service
必然性测度/必然性測度 necessity measure
必需频带宽度/必需頻帶寬度 necessary bandwidth
毕阿兹连续处理装置/比亞吉連續器 Biazzi continuous process unit
毕奥/畢奥 biot, bi
毕奥-萨瓦特定律/畢歐沙瓦定律 Biot-Savart law
闭表达式/閉運算式 closed expression
闭槽电枢/閉槽電樞 closed-slot armature
闭场制度/閉場制度 closed store system
闭磁路装置/閉磁路裝置 closed-flux device
闭管真空扩散/閉管真空擴散 closed ampoule vacuum diffusion
闭合/閉合,圈合 closure
闭[合电]路/閉[合電]路 closed circuit
闭合回路/閉回路 closed-loop
闭合回路控制/閉回路控制 closed loop control
闭合角控制/閉合角控制 dwell angle control
闭合力/閉合力 closing force
闭合模/密閉模具 closed die
闭合时间/閉合時間 closing time
闭合式/閉合形式 closed form
闭合式[轧机]机架/閉合式機架 close-top mill housing
闭合位置/閉合位置,閉路位置 closed position
闭合系统/封閉性系統 closed system
闭合循环级联氦冷冻器/閉合循環級聯氦冷凍器 closed-cycle cascade helium refrigerator
闭合用户群/閉合用户群 closed user group, CUG
闭合子程序/閉合子程式,閉合次常式,閉合副常式 closed subroutine
闭环/閉[合]環 closed loop, closure ring
闭环传递函数/閉環轉移函數 closed loop transfer function
闭环低温冷却/閉環酷冷冷却 closed loop cryogenic
闭环电波探测器/閉環雷達 closed loop radar
闭环跟踪/閉環追蹤 closed loop tracking
闭环过程控制/閉環過程控制 closed loop process control
闭环极点/閉路極[點] closed loop pole
闭环控制/閉環控制,閉回路控制 closed loop control, feedback control
闭环控制系统/閉環控制系統,閉回路控制系統,回饋控制系統 feedback control system, closed loop control system
闭环零点/閉環零點 closed loop zero
闭环频率响应/閉環頻率附應 closed loop frequency response
闭环稳定性/閉環穩定性 closed loop stability
闭环遥测系统/閉環遥測系統 closed loop telemetering system
闭环遥控系统/閉環遥控系統 closed loop remote control system
闭环增益/閉環增益 closed loop gain
闭回路谐波响应/閉回路諧波回應 closed loop harmonic response
闭孔/閉合孔 closed pore
闭孔孔隙度/閉細孔率 closed porosity
闭口扳手/閉口扳手 closed-end spanner
闭口孔型/閉口孔型 closed pass
闭口铁心变压器/閉鐵心變壓器 closed core transformer
闭链/[封]閉鏈 closed chain
闭路/閉路 closed path
闭路电视/閉路[式]電視 close-circuit television
闭路呼吸器/閉路呼吸器 cot chamber
闭路激光器/閉路雷射 closed circuit laser
闭路破碎/閉路破碎 closed circuit crushing
闭路器/閉路器 circuit closer
闭路试验/閉路試驗 closed circuit test
闭路循环破碎机/閉路壓碎機 closed circuit crusher
闭气孔/閉合孔 closed pores
闭气孔率/閉細孔率 closed porosity
闭气试验/閉氣試驗 capped inflation test
闭腔/密閉槽 closed cell
闭曲线/閉曲線,閉合曲線,封閉曲線 closed curve
闭圈电枢/閉圈電樞 closed coil armature
闭圈螺旋弹簧/閉圈彈簧 closed coil spring
闭塞/阻塞 blocking
闭塞锻模/閉塞鍛模 enclosed forging die
闭塞区间/阻塞區段 block section
闭塞指示器/閉塞指示器 block indicator
闭式常规/閉式常規,閉式常式 closed routine
闭式车身/閉式車身 closed body

闭式锻模/密閉鍛模 closed forging die
闭式缓冲筒/閉式緩衝箱,封閉式緩衝筒 closed buffer shell
闭式缓冲箱/緩衝箱,減震器 buffer case
闭式模/閉鎖型模具 closed-type die
闭式模锻/閉式模鍛 closed die forging
闭式容器/密閉容器 closed vessel
闭式循环/閉合循環 closed cycle
闭式循环燃气轮机/閉回路循環渦輪機 closed-cycle turbine
闭式循环液压系统/閉式循環液壓系統 closed-circuit hydraulic system
闭式循环制冷机/閉回路循環冷凍器 closed-cycle refrigerator
闭式压力机/直側邊型壓力機 straight side press
闭式液态排渣炉膛/閉式液態排渣燃燒室 closed wet-bottom furnace
闭式运动链/閉運動鏈 closed kinematic chain
闭锁继电器/閉鎖繼電器,阻隔電驛 blocking relay
闭锁式液力耦合器/閉鎖式液力耦合器 locking fluid coupling
闭锁液力变矩器/鎖定變矩器 locking torque converter
闭锁装置/閉鎖裝置,閉塞裝置 lock-out device, blocking device
闭箱渗碳/閉箱滲碳 box carburizing
闭心式液压系统/閉心式液壓系統 closed-center hydraulic system
闭型轴承/閉型軸承 capped bearing
铋/鉍 bismuth
铋渣/鉍渣 bismuth dross
壁灯灯具/壁燈燈具 bulkhead luminaire
壁钩/管鉤,打撈鉤 wall hook
壁挂电视/壁掛電視 wall hung TV
壁挂式锅炉/壁掛式鍋爐 wall hung boiler
壁挂式空气调节器/壁掛式空調器 wall-mounting-type air conditioner
壁厚/鑄壁厚度 wall thickness
壁厚千分尺/壁厚分釐卡 tube micrometer
壁式悬臂起重机/牆裝起重機 wall crane
壁稳氩弧/壁穩氬弧 wall-stabilized argon arc
壁效应/壁效應 wall effect
壁岩样/井壁採岩樣 side wall sample
壁纸准备装置/壁紙準備裝置 wallpaper preparation device
避错/故障避免 fault avoidance
避雷板/避雷板 lightning protector plate
避雷管/避雷管 protecting tube
避雷器/避雷器 lightning arrester
避雷器脱离装置/避雷器隔離開關 arrester disconnector
避雷线/接地線 ground wire
避雷针/避雷針 lightning rod
臂/臂 arm
臂杆/臂桿 arm lever
臂架/臂架 boom, jib
臂架变幅限位器/臂架限幅器 derricking limiter
臂架平车/臂架平車 auxiliary truck
臂架平衡系统/臂架平衡系統 boom balancing system
臂架伸缩/臂架伸縮 boom telescope
臂架型起重机/臂架型起重機 jib-type crane
臂架折叠机构/臂架折疊機構 jib fold mechanism
臂头最小转弯半径/臂頭最小轉彎半徑 minimum turning radius of jib nose
边材/邊材 sapwood
边带/旁帶 sideband
边带倒转/旁帶倒轉 sideband inversion
边带放大器/旁帶放大器 marginal amplifier, sideband amplifier
边带调幅/旁帶調幅 sideband amplitude modulation
边发射发光二极管/邊射型發光二極體 edge-emitting LED, eLED
边覆盖/邊覆蓋 edge cover
边际品位/最低可採品位 cut-off grade
边际效益/邊際效益 marginal effectiveness
边界/邊界 boundary
PN 边界/PN 邊界 PN boundary
边界表示/邊界表示法 boundary representation
边界层/邊界層 boundary layer
边界差错/邊際錯誤 marginal error
边界错误/邊界誤差 boundary error
边界断层/邊界斷層,介面斷層 boundary fault
边界跟踪/邊界追蹤 boundary tracking
边界回声/邊界回波 boundary echo
边界检测/邊界檢測 boundary detection
边界建模/邊界建模 boundary modeling
边界控制/邊界控制 margin control, boundary control
边界路由器/邊界選路器 border router
边界模型/邊界模型 boundary model
边界摩擦/邊際摩擦 boundary friction
边界频率/邊界頻率,臨界頻率 boundary frequency
边界品位/邊界品位 marginal grade, cut-off grade
边界润滑/邊際潤滑,介面潤滑 boundary lubrication
边界扫描/邊界掃描 boundary scan

边界条件/邊界條件,介面條件 boundary condition
边界网关协议/邊界閘道協定 border gateway protocol, BGP
边界稳定性/邊際穩定性 marginal stability
边界像素/邊界像素 boundary pixel
边界效应/邊界效應,端面效應 boundary effect, end effect, marginal effect
边界元法/邊界元素法 boundary element method
边界值/邊際值 marginal value
边界值分析/邊際值分析 boundary value analysis
边孔卡/邊孔卡 border-punched card
边控制/側面控制 side control
边宽/版邊 margin
边框/邊框 border
边梁式车架/邊梁式車架 side-rail frame
边模抑制比/側模壓抑比 side mode suppression ratio
边频放大器/邊頻放大器,邊帶放大器 marginal amplifier
边搜索边跟踪/邊搜索邊跟蹤 track-while-scan, TWS
边图/邊圖 edge graph
边写边读/邊寫邊讀 read while write
边沿触发/邊緣觸發 edge triggering
边沿速率/邊緣速率 edge rate
边缘/邊緣 edge
边缘布料/邊緣布料 peripheral burden distributing
边缘操作/邊際操作 marginal operation
边缘测试/邊緣測試,邊際測試 marginal test
边缘插座连接器/邊緣插座連接器 edge-socket connector
边缘触发时钟/邊緣觸發計時 edge-triggered clocking
边[缘]穿孔卡/邊[界打]孔卡 card border-punched
边缘错觉/邊緣錯覺 edge illusory
边缘读数式仪表/邊緣讀數式儀器 edgewise instrument
边缘对齐/整邊 justified margin
边缘发光器/邊緣發光器 edge emitter
边缘泛化/邊緣概括 edge generalization
边缘分布函数/邊限分布函數 marginal distribution function
边缘分割/邊緣分段 edge segmentation
边缘检测/邊緣檢測 edge detection
边缘检验/邊緣檢驗,邊際核對,邊界查核 marginal checking, marginal check
边缘井/邊緣井,邊際井 edge well
边缘聚焦/邊緣聚焦 edge focusing
边缘开槽/邊緣開槽 edge slot
边缘连接/邊緣連接 edge linking
边缘连接器/邊緣連接器 edge connector
边缘路由器/邊選路器 edge router
边缘拟合/邊緣配適 edge fitting
边缘匹配/邊緣匹配 edge matching
边缘频率/邊緣頻率 marginal frequency
边缘清晰度/邊際定義 marginal definition
边缘散射/邊緣散射 edge scattering
边缘算子/邊緣運算子 edge operator
边缘提取/邊緣擷取 edge extracting
边缘条件/邊緣條件 edge condition
边缘调整/整邊 justified margin
边缘图像/邊緣圖像 edge image
边缘吸收/邊緣吸收 edge absorption
边缘像素/邊緣像素 edge pixel
边缘效应/邊緣效應,邊緣效果 edge effect, side effect
边缘压实切割机/邊緣壓實切割機 edge tamping and cutting machine
边缘增强/邊緣增強 edge enhancement
编程/程式設計,程式規劃 programming
编程语言/程式設計語言,程式規劃語言 programming language
编号/編號 numbering
编号方案/號碼安排方案,號碼編排方式 numbering scheme
编辑/編校 editing
编辑程序/編輯程式 editor
编辑距离/編輯距離 edit distance
编辑器/編輯器 editor
编解码器/編解碼器 codec
编路标号/路由標簽 routing label
编码/編碼,寫碼 coding, encoding
CMI 编码/CMI 編碼,標記反轉編碼 coded mark inversion coding, CMI coding
EPC 编码/EPC 編碼 EPC code
READ 编码/相對元素位元址指定編碼 relative element address designate coding, REAO coding
编码变换/資料格式轉換 transcoding, coding transform
编码表示/[編]碼表示 coded representation
编码差错/碼錯誤 code error
编码串/編碼串 coded string
编码定理/編碼定理 coding theorem
编码发射机/編碼發射機 coded transmitter
编码方案/編碼方案 encoding scheme
编码方法/編碼方法 encoding, coding, encoding

method
编码过程/編碼過程 encoding process
编码律/編碼定律 encoding law
编码器/編碼器 encoder, coder
编码器状态图/編碼器狀態圖 encoder state diagram
编码违例/編碼違例 coded violation, CV
编码系统/編碼系統 encoding system
编码效率/編碼效率 coding efficiency
编码增益/編碼增益 coding gain
编码帧/碼化圖框 coded frame
编码字/編碼字 coded word
编码字符/編碼字元 coded character
编排/編排 choreograph
编配/編配 orchestration
编译/編譯 compile
编译程序/編譯程式 compiler program, compiler
Java 编译程序/Java 編譯程式 Java compiler
编译程序的编译程序/編譯程式的編譯程式 compiler-compiler
编译程序的生成程序/編譯[器]產生器 compiler generator
编译程序规约语言/編譯程式規格語言 compiler specification language
编译码器/編碼器 coder
GNU 编译器/GNU 編譯器集合 GNU compiler
编译时/編譯時間 compiler-time
编译指导/編譯程式指令 compiler directive
编译指示/編譯指示 pragma
编织/編織 braiding
编织层/編織層,編織物 braid
编织电缆/編織電纜 braided, cable
编织机/編織機,編包機 braiding machine
编织平带/編織帶 cotton belt
编织软管/編織軟管 braided hose
编织形式/編織型式 type of weave
编址/定址 addressing
蝙蝠翼[式]天线/蝙蝠翼形天線 batwing antenna
鞭状天线/鞭狀天線 whip antenna
扁钢/扁鋼 flat steel
扁钢坯轧机/扁鋼坯軋機 slabber
扁环螺母/扁環螺母 flat nut
扁挤压筒/扁擠壓筒 flat container
扁挤压筒挤压/扁擠壓筒擠壓 flat container extrusion
扁平材/扁平材 flat product
扁平封装/扁平封裝 flat packaging
扁平复合曳引钢带/扁平複合驅動鋼帶 flat covered steel belt for drive
扁平内模口/扁形進模口 flat gate
扁平软线连接器/扁平軟線連接器 flat flexible wire connector
扁平[式]阴极射线管/扁平[式]陰極射線管 flat type cathode-ray tube, flat type CRT
扁平头半空心铆钉/扁頭半空心鉚釘 thin head semi-tubular rivet
扁平头铆钉/扁頭鉚釘 thin head rivet
扁形电池/扁形電池,扣式電池 button cell
扁焰喷烧器/扁焰燃燒器 slot burner
扁圆头半空心铆钉/扁圓頭半空心鉚釘 oval head semi-tubular rivet
扁圆头固定螺栓/蕈形頭錨定螺栓 mushroom head anchor bolt
扁圆头铆钉/扁圓頭鉚釘 flat round head rivet
扁錾/扁鏨 plain chisel, flat chisel
扁凿/扁鑿 flat chisel, plain chisel
扁钻/扁鑽 flat drill
变薄翻边/變薄翻邊 flange with reduction
变薄拉深/變薄拉深 ironing
变薄拉深模/變簿拉深模 ironing die
变薄旋压/動力旋壓[法] power spinning, spinning with reduction, flow turning
变倍立体判读仪/變焦立體判讀儀 zoom stereo interpretoscope
变比校正因数/變比校正因數,比例校正因數 ratio correction factor
变比例综合控制/可變比例的複合控制 variable-proportion composite control
变比流动/變比流動 perturbated flow
变比率取样/可變率取樣 variable rate sampling
变参信道/變參通道 parametric variation channel
变长码/變長碼 variable length code
变磁性/變磁性 metamagnetism
变导程螺杆/變導程螺桿 variable lead screw
变导程圆柱凸轮/變導程圓柱凸輪 variable lead cylindrical cam
变电抗调制器/電抗調制器 reactance modulator
变电站信息规划/變電站資訊規劃 substation information planning
变电站自动化/變電站自動化 substation automation
变动载荷/變動負載 fluctuating load
变度/變異數 variance
变断面挤压/變斷面擠壓 tapering extrusion
变断面轧制/變斷面軋製 rolling with varying section
变风量空气调节机组/變風量空調機組 variable air

volume conditioning unit
变风量末端装置/可變空氣量終端裝置 variable air volume terminal device
变风量系统/變風量系統 variable air volume system
变幅/變幅 luffing
变幅机构/變幅機構 amplitude changing mechanism, derricking mechanism
变幅系数/半徑變動比 radius variation ratio
变幅载荷/可變振幅負載 variable amplitude loading
变感换能器/可變電感換能器 variable-inductance transducer
变感器/變感器,可變電感器 variometer
变感元件/變抗振盪器,變抗[放大]管 parametron
变刚度弓形板弹簧/可變率半橢圓形彈簧 variable rate semi-elliptic spring
变刚度椭圆形板弹簧/可變率全橢圓形彈簧 variable rate full-elliptic spring
变刚度轧机/變剛度軋機 variable rigidity mill
变高度喷嘴调节/變化高度噴嘴控制 control by changing height of nozzle
变更控制/變更控制 change control
变更转储/變更傾印,交換傾印 change dump
变工况/非設計條件 off-design condition
变工制/變工制 varioplex
变辊距型材矫直机/變輥距型材矯直機 variable roll spacing section straightening machine
变化检测/變更檢測 change detection
变化率/變化速率 rate of variation
变换/變換 alternation, transform
KL 变换/KL 轉換 Karhunen-Loeve transform, KLT
Z 变换/Z 變換,Z 轉換 Z-transform
变换编码/轉換編碼 transform coding
变换处理/變換處理 transformation processing
Z[变换]传递函数/Z 轉移函數 Z-transfer function
变换传感器/變換換能器 transformative transducer
变换分析/變換分析 transform analysis
变换规则/變換規則 transformation rule
变换矩阵/變換矩陣 transformation matrix
变换旁查缓冲器/變換旁查緩衝器,[位址]轉換後援緩衝器 translation lookaside buffer
变换器/[訊號]轉換器,轉化器 converter, convertor, transducer
变换算法/轉換演算法 translation algorithm
变换损耗/變換損耗,變頻損耗 conversion loss
变换系统/變換系統 transformation system
变换先行缓冲器/轉換預看緩衝器 translation look-ahead buffer
变换语义/變換語意 transformation semantics
变换增益/變換增益,變頻增益 conversion gain
变换值/轉換值 transformed value
变换中心/變換中心 transform center
变极式感应电动机/換極電動機,換極馬達 pole-changing motor
变极调速/變極調速 pole changing speed control
变几何燃气轮机/可變幾何形狀燃氣輪機 variable-geometry gas turbine
变桨距角速度/變槳距角速度 pitch angular velocity
变桨距调节机构/變節距調節機構 regulating mechanism for pitch adjustment
变焦/調焦 zooming
变焦距系统/變焦系統 zoom system
变焦透镜/可變焦距透鏡 zoom lens
变角反射计/變角反射計 variable angle reflectometer
变角辐射计/變角輻射計 variable angle radiometer
变角光度计/變角光度計 variable angle photometer
变结构控制系统/可變結構控制系統 variable structure control system
变截面流量计/可變截面流量計 variable-area flowmeter, variable area flowmeter
变截面叶片/可變弦葉片 variable chord blade
变径套/變徑套 reduction center
变径弯头/漸縮彎頭 reducing elbow
变矩系数/扭矩比 torque ratio
变距阵/變距陣列 space-tapered array
变抗管/變抗振盪器,變抗[放大]管 parametron
变抗器/可變電抗器 varactor
变量/變量,變數 variable
变量泵/變量泵 variable pump
变量化设计/變數化設計 variational design
变量计/可變電感記錄器 variograph
变量器/變量器,轉換器,變換器 transformer
变流量取样/可變率取樣 variable rate sampling
变流器/變流器,換流器,變頻器 convertor, converter, current transformer
变螺距螺旋/變螺距螺旋 variable pitch screw
变码/轉換碼 transcode
变频/變頻 frequency conversion
变频电气传动/變頻電氣傳動,變頻電力驅動 variable frequency electric drive
变频发讯/變頻發訊 frequency-change signalling
变频管/變頻管 converter tube
变频机/頻率轉換器 frequency converter
变频空气调节器/變頻空氣調節器 variable frequency air conditioner

变频器/變頻器,頻率轉換器,變頻機 frequency converter, frequency translator
变频损耗/變頻損耗,變換損耗 conversion loss
变频增益/變頻增益,變换增益 conversion gain
变频振荡器/可調頻率振盪器 variable-frequency oscillator
变频振动试验/變頻振動試驗 variable frequency vibration test
变迁/變遷 transition
变迁发生速率/變遷實施速率 transition firing rate
变迁规则/變遷規則 transition rule
变迁实施速率/變遷實施速率 transition firing rate
变迁序列/變遷順序 transition sequence
变迁约束/變遷約束 transition constraint
变迁子网/變遷子網 subnet of transition
变容泵/正排量泵 positive-displacement pump
变容二极管/可變電容二極體,變容二極體 variable capacitance diode, varactor diode, varactor
变容真空泵/變容真空泵,變容真空幫浦 positive displacement pump, positive displacement vacuum pump
变送器/發送器,傳送器 transmitter
变速/速率改變 speed changing
变速泵/變速泵 variable-speed pump
变速比/齒數比,齒輪比 gear ratio
变速比修形蜗杆传动/變速比修形蝸桿傳動 worm gearing modified with varying of transmission ratio
变速齿轮/變速齒輪,變换齒輪 change-speed gear
变速电动机/變速電動機,調速馬達,調速電動機 varying speed motor, adjustable speed motor
变速机/變速電動機 variable-speed motor
变速器/變速器,齒輪箱 gear box, transmission, speed changer
变速驱动器/傳動軸 transaxle
变速三角皮带传动/變速三角皮帶傳動 variable speed V belt drive
变速箱/變速箱 gear box, transmission, gear shifting box
变速箱点火控制阀/變速箱點火控制閥 transmission spark control valve
变速圆锥/變速圓錐 variable speed cone
变态温度/變態溫度 transformation temperature
变位齿轮/變位齒輪 gear with addendum modification
变位齿轮副/變位齒輪對 modified gear pair, X-gear pair
变位图/位移線圖 displacement diagram
变位圆柱蜗杆传动/圓柱蝸桿齒輪外形移位 profile shifted gears for cylindrical worm gear
变温误差/溫度靈敏度 temperature sensitivity
变稀释度取样/可變稀釋取樣 variable dilution sampling
变相机/换相機 phase converter
变相器/换相機 phase converter
变像管/變像管 image converter tube
变形病毒/多形態病毒 polymorphic virus
变形测定器/變形測定器 deformeter
变形测量器/應變計,應變規 strain gage
变形碟式反射器/變形碟式反射器 shaped dish reflector
变形功/變形功 deformation work
变形光学系统/變形光學系統 anamorphotic optical system
变形机理/變形機理 deformation mechanism
变形角/變形角 angle of deformation
变形抗力/變形抗力,變形應力 deformation stress, resistance to deformation
变形力/變形力 deformation force, forming force, deformation load force
变形量/變形量,偏轉值 deflection, deformation amount
变形铝合金/鍛軋鋁合金 wrought aluminum alloy
变形率/變形率,偏轉率 deformation rate, deflection ratio
变形镁合金/鍛軋鎂合金 wrought magnesium alloy
变形镍基高温合金/鍛軋鎳基超合金 wrought nickel based superalloy
变形区/變形帶 deformation zone
变形曲线/變形曲線 deformation curve
变形示值/偏轉示值 indication of deflection
变形速度/變形速度 deformation speed
变形速率/變形速率 rate of deformation
变形钛合金/鍛軋鈦合金 wrought titanium alloy
变形图示/變形圖示 deformation diagram, strain diagram
变形温度/變形溫度 deformation temperature
变形效率/變形效率 deformation efficiency
变形[压缩]比/變形[壓縮]比 forming ratio
变形指数/變形指數 deformation index
变形铸件/變形鑄件 strained castings
变型拖拉机/衍生型曳引機 derivative tractor
变性燃料乙醇/變性燃料乙醇 denatured fuel ethanol
变压比/變壓比 transformation ratio
变压比电桥/變壓器式比例電橋 transformer ratio bridge

变压表/變壓器 variometer
变压计/可變電感記録器 variograph
变压毛细管黏度计/變壓毛細管黏度計 variable-pressure capillary viscometer
变压器/變壓器 transformer, converter
变压器比较仪/變壓器比較儀 voltage transformer comparator
变压器比较仪电桥/變壓器比較電橋 transformer comparator bridge
变压器电桥/變壓器電橋 transformer bridge
变压器耦合放大器/變壓器耦合放大器 transformer coupling amplifier
变压器热转换器伏特计/變壓器熱轉換器伏特計 transformer-thermal converter voltmeter
变压头变面积流量计/可變水頭可變面積流量計 variable-head variable-area flowmeter
变异/變種 mutation
变异点/變構點 change point
变载荷/變動負載 fluctuating load
变直径螺旋/可變直徑螺旋 variable diameter screw
变址/變址 index
变址寄存器/變址暫存器 index register
变址寻址/變址尋址 indexed addressing
变质机油/變質機油 degraded oil
变质矿床/變質礦床 metamorphic ore deposit
变质冷却剂/變質冷却劑 degraded coolant
变质量系统/變質量系統 variable mass system
变种/變體 variant
变阻起动器/可變電阻起動器 rheostatic starter
变阻器/變阻器,可變電阻器 rheostat, variable resistance, varistor
便笺式存储器/暫用記憶體 scratchpad memory
便携操作系统/可攜作業系統 portable operating system
便携电话/攜帶式電話,手提電話 portable telephone
便携式测试仪器/便攜式儀器,可攜式儀器 portable instrument
便携式多用表/攜帶式萬用表,攜帶式多用表 portable multimeter
便携式激光器/輕便[型]雷射 portable laser
便携式 pH 计/輕便[型]pH 計,輕便[型]酸度計 portable pH meter
便携式计算机/可攜電腦 portable computer
便携[式]计算器/袖珍式計算器 pocket calculator
便携式矿井用灯具/手提礦坑照明器具 portable mine luminaire
便携式起重机/移動式起重機 portable crane
便携式摄影机/外景攝影機 field camera
便携式仪表/攜帶式器具 portable apparatus
便携式终端/可攜式終端 portable terminal
便移发射机/便移發射機 transportable transmitter
遍历/遍歷 traverse
遍历二叉树/遊歷二元樹遞回程序 traversing binary tree
遍历过程/遍歷[性]程式,各態歷經過程 ergodic process
遍历假说/[方差]標信假說 ergodic hypothesis
遍历顺序/遍歷順序 traversal sequence
遍历信源/遍歷源 ergodic source
遍历性/遍歷性,各態歷經性 ergodicity
辨识/辨識 identification
辨向天线/感測天線 sense antenna
标本瓶/標示瓶 specimen bottle
标称[冲击]脉冲/標稱衝擊脈衝 nominal shock pulse
标称带宽/標稱頻寬 nominal bandwidth
标称电流密度/標稱電流密度 nominal current density
标称电容/標稱電容 normal capacitance
标称电压/標稱電壓,標準電壓 nominal voltage
标称电阻值/標稱電阻值 normal resistance
标称范围/標稱範圍 nominal range
标称分辨度/標稱分解度 nominal resolution
标称绝对功率电平/標稱絶對功率位準 nominal absolute power level
标称量值/標稱量值 nominal quantity value
标称流量/標稱流率 nominal flow rate
标称脉冲标称值/衝擊脈衝標稱值 nominal value of shock pulse
标称能量/標稱能量 nominal energy
标称区间/標稱區間 nominal interval
标称容量/標稱容量,標準容量 nominal capacity
标称容限/標稱邊線 nominal margin
标称 X 射线管电压/標稱 X 射線管電壓 X-ray tube nominal voltage
标称示值区间/標稱示值區間 nominal indication interval
标称示值区间的量程/標稱示值區間的量程 range of a nominal indication interval, span of a nominal indication interval
标称特性/標稱性質 nominal property
标称线宽/標稱線寬 nominal line width
标称眼睛受害距离/標稱眼睛危害距離 nominal ocular hazard distance
标称眼睛受害区域/標稱眼睛危害區域 nominal ocular hazard area

标称应力/標稱應力 nominal stress
标称值/標稱值 nominal value
标尺长度/標尺長度 scale length
标尺分度数/尺規分度數 number of scale division
标尺间隔/標尺間隔,刻度間隔 scale interval
标尺间距/標尺間距,標度間距 scale spacing
标尺数码/標度計數,標尺計數 scale numbering
标灯/指示燈 pilot light
标定的沥青罐装载量/標稱儲槽裝載量 nominal loading of tank
标定的洒布量/標稱撒布率 nominal application rate
标定电桥/標定電橋 calibration bridge
标定工况/標定作業條件 declared operating condition
标定功率/額定功率 declared power, rated power
标定空载转速/標定空載速率 declared no-load speed
标定气/校準氣體 calibration gas
标定牵引力/額定拖桿拉力 rated drawbar pull
标定数据/額定數據 rating data
标定应变/標定應變 calibration strain
标定质量/標定質量 calibration mass
标定转矩/額定轉矩 rated torque
标定转速/額定速率,額定轉速 declared speed, rated speed
标度/標度 scale
API 标度/API 標度 API scale
pH 标度/pH 標度 pH scale
标度放大器/刻度投影機 scale projector
标度盘/標度盤,標度板,刻度盤 dial, scale, graduated dial
标度线/分度線,刻度線 graduation line
标度因数/標度因子,比例因子 scale factor
标方/標準立方英尺 standard cubic feet
标高/標高 elevation
标高投影/標高投影 indexed projection
标号/標號,標簽,識别標記 label, identification mark
标号持有站/符記持有者 token holder
标号传递/符記傳遞 token passing
标号化安全/有標安全 labeled security
标号可达树/有標可達樹 labeled reachable tree
标号轮转时间/符記旋轉時間 token rotation time
标号佩特里网/有標 Petri 網 labeled Petri net
标号循环/標號循環,加標循環 marked cycle
标号总线网/符記匯流排網路 token-bus network
标记/標記,標志,符號 mark, tag, marking
标记保持/標示保持 mark-hold
标记变量/符記變數 token variable
标记分配协议/標號分配協定 Label Distribution Protocol
标记感测/標示感測 mark sensing
标记环/訊標環 token ring
标记环网/符記環[形]網路 token-ring network
标记恢复/符記復原 token restore
标记交换路由器/符記交換路由器 label switching router
标记类型/符記型式 token type
标记流路/符記流路徑 token flow path
标记匹配/標示匹配 mark matching
标记信标/指點信標 marker beacon
标记语言/標記語言 markup language
标距[长度]/量規長度 gage length
标量/標量,純量 scalar, scalar quantity
标量场/標量場,無向量場 scalar field
标量处理器/純量處理機 scalar processor
标[量]积/純量積 scalar product
标量计算机/純量計算機 scalar computer
标量李雅普诺夫函数/純量李亞普諾夫函數 scalar Lyapunov function
标量流水线/純量管線 scalar pipeline
标量数据流分析/純量資料流分析 scalar data flow analysis
标量网络分析仪/標量網路分析儀 scalar network analyzer, SNA
标[量位]势/標量電位,標量電勢 scalar potential
标码/訊標,符記 token
标牌/標牌 emblem and name plate
标牌铆钉/標牌鉚釘 rivets for name plate
标签分发协议/標號分配協定 label distribution protocol, LDP
标签化安全/有標安全 labeled security
标签集/結算集 tally set
标识/標誌,記號 marking
标识变量/標示變數 marking variable
标识符/識别符,標識符號 identifier
标识鉴别/身份鑒别 identity authentication
标识权标/識别符記,身份符記 identity token
标识确认/身份確認 identity validation
标识证明/標誌證明 proof of identity
标示值/指示值 indication
标题/標題 banner
标题栏/標題欄 title block
标头化管理讯息/標頭化管理訊息 EMM
标图板/標圖板 plotting tablet
标位/標量電位,標量電勢 scalar potential
标位器/標位器 space-marking machine

标信集体/標信集體 ergodic ensemble
标志/標誌,標記,標簽 sign, tag, marker
标志符/指定符 designator
标志杆/標示桿 marker post
标志器/信標器,標誌 marker
标志线清除车/標誌線清除車 stripe-removal vehicle
标志序列/旗標序列 flag sequence
标志字符/標誌字元 flag character
标注/註[解],詮釋 annotation
标注尺寸/定尺寸,定量綱 dimensioning
标准/標準 standards
H.323 标准/H.323 多媒體通信標準 H.323
IP-X 标准/IP-X 標準 IP-X standard
标准白/標準白 standard white
标准白炽灯/標準白熾燈 standard incandescent lamp
标准比色图表/標準比色圖表 color reference charts
标准表法/標準表法 master meter method
标准波长计/標準波長計 standard wavemeter
标准玻璃量器/標準玻璃量器 standard glass container
标准玻璃滤光器/標準玻璃濾光器 spectrophotometric standard of glass filters
标准铂电阻温度计/標準白金電阻温度計 standard platinum resistance thermometer
标准铂铑热电偶/標準鉑銠熱電偶,10%-鉑熱電偶 standard platinum rhodium thermocouple
标准不确定度/標準不確定度 standard uncertainty
标准参考数据/標準參考數據 standard reference data
标准参考条件/標準參考條件 standard reference condition
标准操作冲击/標準開關衝擊 standard switching impulse
标准测力仪/標準測力計 standard dynamometer
标准测量不确定度/標準量測不確定度 standard measurement uncertainty
标准程序法/標準程式法 standard program approach
标准秤/主標準秤 master scale
标准齿轮/標準齒輪 standard gear
标准处理方式/標準處理方式 standard processing mode
标准传播/標準傳播 standard propagation
标准传感器/標準換能器 standard transducer
标准传声器/標準傳聲器,標準麥克風 standard microphone
标准大气/標準大氣 standard atmosphere
标准大气压/標準大氣壓力 standard atmospheric pressure
标准单元/標準單元,標準單位 standard cell, standard unit
标准单元法/標準單元法 standard cell method
标准单元库/標準單元庫 standard cell library
标准单元设计/標準單元設計 standard cell design
标准的建立/標準建立 establishment of standard
标准滴定管/校準用滴定管 calibrating buret
B 标准地球站/B 標準地面站 standard B earth station
C 标准地球站/C 標準地面站 standard C earth station
标准电池/標準電池,校準電池 standard cell, calibration battery
标准电池比较仪/標準電池比較儀 standard cell comparator
标准电池组/標準電池組 standard battery pack
标准电度表/標準瓦時計 standard watt-hour meter
标准电极/標準電極 standard electrode
标准电极电位/標準電極電位 standard electrode potential
标准电容[器]/標準電容[器],參考電容[器] standard capacitor, reference capacitor, standard condenser
标准电压表/標準伏特計 standard voltmeter
标准电阻[器]/標準電阻[器] standard resistor
标准对象/標準物件 standard object
标准额定输出功率/標準額定輸出 standard rated output
标准耳机/標準耳機 standard earphone
标准发射器/標準發射器 standard projector
标准砝码/標準砝碼 standard test weight, standard weight
标准方法/標準方法 standard method
标准放射源/標準源 standard source
标准沸点/標準沸點 normal boiling point
标准分析/標準分析法 standard analysis
标准风速/標準化風速 standardized wind speed
标准伏特计/標準伏特計 standard voltmeter
标准浮计/標準浮計 standard hydrometer
标准幅度带/主輸出帶 master output tape
标准辐射源/標準輻射源 standard radiant source
标准甘汞电极/標準甘汞電極 normal calomel electrode
标准公差/標準公差 fundamental tolerance, standard tolerance

标准功率/参考功率　reference power
标准功率计/参考功率計　reference power meter
标准贯入试验/標準穿入試驗　standard penetration test
CIE 标准光度观测者/CIE 標準測光觀測者　CIE standard photometric observer
标准规/試驗規　standard gage
标准规格/標稱額定　standard specifications
标准硅球/標準矽晶球　standard silicon sphere
标准互感器/標準互感器　standard mutual inductor
标准化/標準化　standardization
标准环规/標準環規,校對環規　ring standard gage
标准环境条件/標準環境條件　standard ambient condition
标准基线/標準基線　standard base line
标准计数管/標準計數器　standard counter
标准加速度/標準加速度　standard acceleration
标准加速度传感器/標準加速度傳感器,標準加速度感測器　standard acceleration transducer
标准夹具/標準夾具　standard fixture
标准节/標準塔節　standard section
标准金属容器/標準金屬容器　standard metal tank
标准绝缘水平/標準絕緣水準　standard insulation level
标准卡/標準卡　standard card
标准刻度/標準刻度　standard scale
标准空气/標準空氣　normal air
标准空气漏率/標準空氣漏率　standard air leak rate
标准空气线/標準空氣線　standard air-line
标准铑铁电阻温度计/標準銠鐵電阻溫度計　standard rhodium-iron resistance thermometer
标准雷电冲击截波/標準雷電衝擊截波　standard chopped lightning impulse
标准量规/標準量規,參考量規　standard gage, reference gage
标准量具/標準[量]具,基準器　standard measure, etalon
标准灵敏度/正常靈敏度　normal sensitivity
标准流速计/標準流速計　standard current meter
标准漏孔/標準漏孔,參考漏孔　reference leak
标准罗兰/標準羅蘭　standard Loran
标准煤/煤當量　coal equivalent
标准米[尺]/公尺原器　standard meter ruler
标准密度/標準密度　standard density
标准模式/標準模型　standard pattern
标准黏度计/標準黏度計　master viscometer
标准扭矩仪/標準扭矩儀,標準轉矩計,標準扭矩計　standard torquemeter
标准扭斜带/主偏斜帶　master skew tape
标准浓度/標準濃度,當量濃度　normal concentration
标准配色函数/標準配色函數　standard color match function
标准偏差/標準偏差,標準離差　standard deviation
标准偏析/正常偏析　normal segregation
标准频率电台/標準頻率電臺　standard frequency station
标准频率业务/標準頻率業務　standard frequency service
标准平衡常数/標準平衡常數　standard equilibrium constant
标准气体配制法/標準氣體配製法　preparing method of standard gas mixture
标准气体状态/標準氣體狀態　standard reference condition for gas
标准气压计/標準氣壓計,標準晴雨計　standard barograph
标准氢电极/標準氫電極　standard hydrogen electrode
CIE 标准晴天/CIE 標準晴天空　CIE standard clear sky
标准曲线/標準曲線　standard curve
标准燃料/比較燃料,基準燃料　reference fuel
标准热电偶/標準熱電偶　standard thermocouple
标准容积段/標準容積段　verified volume section
标准容积量具/標準容積量具　standard capacity measure
标准溶液/標準溶液　standard solution
标准塞规/標準塞規　standard plug gage
CIE 1931 标准色度观测者/CIE[1931]測色標準觀測者　CIE 1931 standard colorimetric observer
CIE 标准色度系统/國際照明委員會標準色度系統　CIE standard colorimetric system
CIE 1931 标准色度系统/國際照明委員會 1931 標準色度系統　CIE 1931 standard colorimetric system
标准砂/標準砂　standard sand
标准筛/標準篩　standard sieve
标准渗透管/標準滲透管　standard permeation tube
标准声源/參考音源　reference sound source
标准失配器/標準失配器　standard mismatch kit
CIE 标准施照体/CIE 標準光源　CIE standard illuminant
标准湿度计/標準濕度計　standard hygrometer
标准实施器/標準執行器　standard enforcer
标准试件/參考試件　reference piece
标准试验环境/標準試驗環境　standard test environment

标准试验频率/標準試驗頻率 standard test frequency
标准试验筛/標準試驗篩 standard testing sieve
标准试样筒/標準試樣筒 standard specimen tube
标准输出文件/標準輸出檔 standard output file
标准输入文件/標準輸入檔 standard input file
标准速度带/主速率帶 master speed tape
标准太阳电池/標準太陽電池 standard solar cell
标准套管铂电阻温度计/標準套管鉑電阻溫度計 standard capsule platinum resistance thermometer
标准体积管/標準體積管,檢管器,管形驗證器 pipe prover
标准天平/標準天平 standard balance
标准听力计/標準聽力計 standard audiometer
标准温度计/標準溫度計 standard thermometer
标准文件/標準檔案 standard file
标准物质/參考物質 reference material, RM
标准物质标准值/參考物質驗證值 certified value of RM
标准物质定值/參考物質定值 characterization of RM
标准物质互换性/參考物質互換性 commutability of RM, commutability of a reference material
标准物质均匀性/參考物質均勻性 homogeneity of RM
标准物质认定值/參考物質驗證值 certified value of RM
标准物质稳定性/參考物質穩定性 stability of RM
标准物质有效期/參考物質有效期 expiration date of RM
标准误差/標準誤差 standard error
标准吸[量]管/[已]校準吸管 calibrated pipe
标准线规/標準線規 standard wire gage
标准信号/標準信號 standard signal
标准信号发生器/標準信號發生器 standard signal generator
标准信号控制器/標準信號控制器 standard signal controller
标准形式下推自动机/標準形式下推自動機 standard form PDA
标准型/標準模型 standard pattern
标准型耐火砖/標準型耐火磚 standard size refractory brick
标准型热量计/標準熱量計 standard calorimeter
标准样品/標準試樣 standard sample
标准液/參考液體 reference liquid
标准仪表/主[標準]表 master meter
标准移相器/標準移相器 standard phase shifter
CIE 标准阴天/CIE 標準陰天空 CIE standard overcast sky
标准音调/標準音高 standard musical pitch
标准银沉积伏特计/標準銀沈積伏特計 standard silver-depositing voltameter
标准硬度机/硬度標準機 hardness standard machine
标准硬度计/標準硬度計 standard hardness tester
标准硬度块/標準硬度塊 standard hardness block
标准语言/標準語言 standard language
标准 ML 语言/標準標示語言 standard ML
标准预测值/標準預測值 normal expected value
标准圆盘规/標準圓盤規 standard disk gage
标准圆柱/基準柱面 reference cylinder
标准圆柱蜗杆传动/標準圓柱蝸桿傳動 standard gears for cylindrical worm gear
标准噪声温度/標準噪聲溫度 standard noise temperature
标准噪声源/標準噪音源 standard noise source
标准照度计/標準照度計 standard illuminance meter
标准折射/標準折射 standard refraction
标准真空计/基準規 reference gage, reference vacuum gage
标准振动台/標準振動機,標準振動器 standard vibration machine, standard vibrator
标准值/標準值 standard value
标准中断/標準中斷 standard interrupt
标准中心距/基準中心距 reference center distance
标准重力/標準重力 standard gravity
标准轴针式喷油嘴/標準軸針式噴嘴 standard pintle nozzle
标准铸件/試作鑄件 pilot castings
标准砖/標準磚 standard square brick
标准转速下的动力输出轴功率/標準速率 PTO 功率 power take-off shaft power at standard speed, PTO power at standard speed
标准锥度规/標準錐度規 standard taper gage
标准自感器/標準自感器 standard self inductor
标准自由落体加速度/自由落體標準加速度 standard acceleration of free fall
标准阻抗/正常阻抗 normal impedance
标准阻止截面/標準阻止截面 standard stopping cross section
M 表/馬赫[數]表,M 數表 Mach meter
Q 表/Q 表 Q meter
表层浮选/皮膜浮選 skin flotation
表层格/表層格 surface case

表层套管/表層套管 surface casing, surface string
表处理/列表處理 list processing
表处理语言/列表處理語言 list processing language
表达式/表式,陳式 expression
表单/表單 sheet
表调度/列表排程 list scheduling
表定速度/表定速率,規定速率 schedule speed
表格/表[格] table
表格驱动法/表格驅動技術 table-driven technique
表格驱动模拟/表格驅動模擬 table-driven simulation
表格图/表格圖 tabular drawing
表格显示/表格顯示 tabular display
表观比重/視在比重,虚表比重 apparent specific gravity
表观磁导率/表觀導磁率,視在磁導率 apparent permeability
表观电荷/表觀電荷,視在電荷 apparent charge
表观功率/視在功率 apparent power
表观活化能/表觀活化能,視活化能 apparent activation energy
表观亮度/表觀亮度,視亮度 apparent brightness
表观密度/視密度 apparent density
表观黏度/表觀黏度 apparent viscosity
表观品质因数/表觀品性因數,視在品質因子 apparent quality factor
表观容积/視容積,虚表容積,表觀體積 apparent volume
表观视角/表觀視角 apparent visual angle
表观温度/視在温度,虚表温度 apparent temperature
表观遗传学/表觀遺傳學 epigenetics
表观硬度/表觀硬度 apparent hardness
表观质量/表觀質量,視質量 apparent mass
表观重量/表觀重量 apparent weight
表观烛光/視燭光 apparent candle power
表观阻抗/表觀阻抗,視在阻抗 apparent impedance
表决电路/表決電路 voting circuit
表决器/表決器 voter
表决系统/表決系統,投票系統 k-out-of-n system, voting system
表面/表面 surface
表面安装电感器/表面黏著電感 surface mounting inductor
表面安装焊接/表面安裝焊接 surface mount solder
表面安装技术/表面安裝技術 surface mounting technology, SMT
表面安装器件/表面安裝裝置 surface mounted device
表面保护/表面保護 surface protection
表面波/表面波 surface wave
表面波导/表面波導 surface waveguide
表面波法/表面波法 surface wave method
表面波探头/表面波探頭 surface wave probe
表面波天线/表面波天線 surface wave antenna
表面波行波天线/表面波行波天線 surface wave traveling wave antenna
表面铂热电阻温度计/表面鉑電阻温度計 surface platinum resistance thermometer
表面不平度/表面平坦度 surface flatness
表面测功器/表面測功計 surface dynamometer
表面测温计/表面温度計 surface thermometer
表面处理/表面處理 surface treatment
表面传感器/表面感測器 surface sensor
表面粗糙度/表面粗[糙]度 surface roughness, roughness of surface
表面粗糙度比较样块/粗糙度比較試樣 roughness comparison specimen
表面粗糙度测量/表面粗度量測 surface roughness measurement
表面粗糙度测量仪/表面粗糙度量測儀 surface roughness measuring instrument
表面粗糙度测试仪/表面粗度試驗儀器 surface roughness tester
表面粗糙度传感器/表面粗糙度傳感器,表面粗糙度感測器 surface roughness transducer
表面淬火/表面淬火 surface hardening, surface quenching
表面淬硬/表面硬化 case-hardening
表面导波/表面導波 surface guided waves
表面电荷/表面電荷 surface charge
表面电离/表面電離,表面游離 surface ionization
表面电势检测器/表面電位檢知器 surface potential detector
表面钝化/表面鈍化 surface passivation
表面发射离子源/表面發射離子源 surface emission ion source
表面发纹/表面髮紋 shallow seam
表面反射/表面反射 surface reflection
表面反射器/表面反射鏡 surface reflector
表面反型层/表面反轉層 surface inversion layer
表面反应控制/表面回應控制 surface reaction control
表面防腐/表面防腐蝕 surface corrosion protection
表面放电/表面放電,沿面放電 surface discharge
表面分析/表面分析 surface analysis

表面浮松/表面浮鬆 scum defect
表面辐射通量密度/輻射通率面密度 radiant flux surface density
表面复合/表面複合 surface recombination
表面复合速度/表面複合速度 surface recombination velocity
表面改性/表面改質 surface modification
表面高温计/表面高溫計 surface pyrometer
表面更新理论/表面更新理論 surface renewal theory
表面工程/表面工程 surface engineering
表面沟道/表面通道 surface channel
表面光度记录仪/表面波紋記録儀 surface waviness recording instrument
表面光滑度/表面平坦度 surface flatness
表面光洁度计/表面精度量規 surface finish gage
表面光洁度检查仪/表面精度指示器 surface finish indicator
表面光谱反射率/光譜反射比,反射比譜 surface spectral reflectance
表面焊接硬化法/熔接硬面法,加焊硬面法 hard facing
表面耗尽层/表面空乏層 surface depletion layer
表面横裂/表面横裂 transverse facial crack
表面烘干/表面烘乾 skin drying
表面烘干砂模/表面烘乾砂模 flared mold, roast sand mold
表面烘干型/表皮乾燥鑄模,表面烘乾模 skin dried mold
表面活度响应/表面活度響應 surface activity response
表面活性/表面活性 surface activity
表面活性剂/表面活化劑 surface active agent, surfactant
表面积累层/表面累積層 surface accumulation layer
表面计量学/表面計量學 surface metrology
表面剂量/表面劑量 surface dose
表面加工系数/表面加工係數,表面加工因子 surface machining factor
表面夹渣/表面夾渣 surface slag inclusions
表面精度/表面準確度 surface accuracy
表面扩散/表面擴散 surface diffusion
表面累积层/表面累積層 surface accumulation layer
表面冷却反应堆/表面冷却反應器 surface cooled reactor
表面冷却器/表面冷却器 surface cooler
表面力/表面力 surface force
表面裂纹/表面裂痕,表面龜裂 surface crack
表面裂纹探测器/表面裂縫偵測器 surface-crack detector
表面轮廓/表面輪廓 surface profile
表面密度/表面密度 surface density
表面能/表面能 surface energy
表面黏度/表面黏度 surface viscosity
表面黏度计/表面黏度計 surface viscometer
表面浓度/表面濃度 surface concentration
表面抛光/表面精製,表面光製 surface finish
表面偏差/表面偏差 surface deviation
表面平均线/表面平均線 surface mean line
表面气泡/表面氣泡 skin blowholes
表面强化系数/表面強化係數 surface strengthening factor
表面清理/表面清理 surface-conditioning
表面缺陷/表面缺陷,表面瑕疵 surface defect
表面热处理/表面熱處理 surface heat treatment
表面热电偶/表面熱電偶 surface thermocouple
表面散射/表面散射 surface scattering
表面色/表面色 surface color
表面渗铝/滲鋁防銹法 calorising
表面声波/表面聲波 surface acoustic wave, SAW
表面声波触摸屏/表面聲波觸控式螢幕 surface acoustic wave touch screen
表面声波式压力传感器/表面聲波式壓力換能器 surface acoustic wave pressure transducer
表面失真/表面失真 surface distortion
表面式回热器/複熱器 recuperator
表面式加热器/表面式加熱器 surface heater
表面式间接干式冷却系统/表面冷凝器間接乾式冷却系統 indirect dry cooling system of surface condenser
表面式凝汽器/表面冷凝器 surface condenser
表面势/表面位能 surface potential
表面势垒探测器/面障偵檢器,表面勢壘偵測器 surface barrier detector
表面收缩/外縮孔 surface shrinkage
表面速度/表面速度 surface velocity
表面损伤/表面損壞 surface damage
表面态/表面態 surface state
表面调整/表面調整 surface condition
表面万维网/表面萬維網 surface web
表面温度/表面溫度 surface temperature
表面温度计/表面溫度計,貼附溫度計 surface thermometer, surface thermometer
表面污染测量仪/表面汙染測定計 surface contamination meter
表面吸收/表面吸收 surface absorption

表面吸收器/表面吸收器　surface absorber
表面陷阱/表面陷井　surface trap
表面效应/表面效應　surface effect
表面行波/表面行進波　surface traveling wave
表面形貌/表面形貌　surface topography
表面压力/地面壓力,井口壓力　surface pressure
表面氧化/皮下氧化　surface oxidation
表面应力/表面應力　surface stress
表面硬化/表面硬化　surface hardening, case hardening
表面硬化金属/表面硬化金屬　hard facing metal
表面预处理/表面預處理　surface pretreatment
表面张力/表面張力　surface tension
[表面张力]滴定计/滴數計　stalagmometer
表面张力计/表面張力計　surface tension meter
表面张力天平/表面張力天平　surface tension balance
表面张力误差/表面張力誤差　surface tension error
表面张力修正/表面張力修正　surface tension correction
表面针孔/表面針孔　surface pinhole
表面知识/表面知識　surface knowledge
表面纵裂/表面縱裂　longitudinal facial crack
表面阻挡层晶体管/表面位障電晶體　surface barrier transistor
表盘读数/度盤讀值　dial reading
表盘式厚度规/針盤式厚度規　dial thickness gage
表皮系数/膚表因數　skin factor
表驱动模拟/表格驅動模擬　table-driven simulation
表生矿床/出露礦床,地面礦床　superficial deposit
表示/表示法　representation
表示层/表示層　presentation layer
表示层协议数据单元/展示層協定資料單元　presentation protocol data unit, PPDU
Kraus 表示定理/Kraus 表示定理　Kraus theorem
λ 表示法/λ 記法　λ notation
表头/表頭　list head
表头标度范围/儀表範圍　meter range
表头显示/儀表顯示　meter display
表图/圖,表,圖表　chart
表压传感器/表壓感測器　gage pressure transducer
表压[力]/表壓[力]　gage pressure
表意符号/表意文字　ideogram
表约束/表約束　table constraint
别名/别名　alias
别名分析/别名分析　alias analysis
宾厄姆固体/賓厄姆固體　Bingham solid
宾主效应/賓主效應　guest host effect, GH effect
殡仪车/殯儀車　hearse
冰棒机/冰棒機　ice lolly maker
冰雹/[冰]雹　hail
冰雹衰减/冰雹衰減　hail attenuation
冰川仪/冰川儀　glaciometer
冰点测定器/[溶液]凝固點測定計　cryoscope
冰点常数/凝固點常數　cryoscopic constant
冰点法/凝固點法　cryoscopic method
冰点计/[溶液]凝固點測定計　cryoscope
冰点降低计/凝固點下降計　depressimeter
冰点试验/冰點試驗,凝固點試驗　freezing-point test
冰点下降度/凝固點下降　freezing point depression
冰套/冰點罩　ice mantle
冰晶石/冰晶石　cryolite
冰库/冰庫　ice storage room
冰冷凝器/冰冷凝器　ice condenser
冰量热计/冰量熱計,冰卡計　ice calorimeter
冰凝器/蒸凝顯示器　cryophorus
冰淇淋冻结器/霜淇淋冷凍箱　ice cream freezer
冰淇淋机/霜淇淋機　ice cream maker
冰山查询/冰山查詢　iceberg query
冰温贮藏/受控凝固點儲藏　controlled freezing-point storage
冰箱/冰箱,冷凍機　refrigerator
冰蓄冷/冰蓄冷　ice cold storage
冰洲石/冰洲石　iceland spar
丙类放大器/C 類放大器　class C amplifier
丙烯酸酯树脂/丙烯酸酯樹脂　acrylate resin
饼式线圈/碟形線圈　disc coil
饼形管座/餅形插座　wafer socket
饼形图/圓形圖,圓餅圖　pie chart
并串变换/并串變換　parallel-to-serial conversion, serialization
并串转换/并串轉換　parallel-serial conversion
并定理/合并定理　union theorem
并发变迁/并行變遷　concurrent transition
并发操作系统/并行作業系統　concurrent operating system
并发程序设计/并行規劃　concurrent programming
并发处理/并行處理,同作處理　concurrent processing
并发读并发写/并行讀并行寫　concurrent read and concurrent write, CRCW
并发仿真/并行模擬,同作模擬　concurrent simulation
并发公理/并行公理　concurrency axiom
并发故障检测/同作故障檢測　concurrent fault detection

并发关系/同作關係 concurrency relation
并发计算/并行計算 concurrent computing
并发进程/同作處理 concurrent process
并发控制/并行控制 concurrency control
并发控制机制/同作控制機制 concurrent control mechanism
并发控制调优/并行控制調優 tuning concurrency control
并发控制系统/同作控制系統 concurrent control system
并发模型/并行模型 concurrency model
并发信息系统/并行資訊系統 concurrent information system
并发性/同作,并行 concurrency
并接/跨接 in-bridge
并馈天线/并饋天線 shunt-fed antenna
并励电动机/分激電動機,并激電動機 shunt excited motor
并励绕组/并聯繞組,并激繞組,分繞組 shunt winding
并联/并聯[接法] parallel connection
并联电抗器/并聯電抗器,分路電抗器 shunt reactor
并联电容/并聯電容器 shunt capacitor
并联电容器/并聯電容器,橋接電容器 shunt capacitor, bridging condenser
并联电阻/并聯電阻 parallel resistance
并联电阻系数/并聯電阻係數 parallel resistance coefficient
并联端接[传输]线/平行終止線 parallel terminated line
并联匹配/平行匹配 parallel match
并联冗余系统/并聯冗餘系統 parallel redundant system
并联式混合动力汽车/并聯式混合動力電動汽車 parallel hybrid electric vehicle
并联式机油滤清器/雙工潤滑油篩檢器 duplex lubricating oil filter
并联线圈/分流線圈,橋接線圈 bridging coil
并联烟道/并聯煙道 parallel gas pass
并列连杆/并列連桿 side-by-side connecting-rod
并流/并流 parallel flow
并流注水冷凝器/并流注水冷凝器 parallel-current jet condenser
并汽/并汽 bringing a boiler onto the line
并矢/雙連桿 dyad
并算子/并運算元 join operator
并网型风力发电机组/并網型風力發電機組 on-grid wind turbine generator set
并行编程语言/平行程式語言 parallel programming language
并行编译/平行編譯 parallel compilation
并行编译程序/平行編譯程序 parallelizing compiler
并行编译优化/平行編譯優化 parallel compiling optimization
并行操作/平行運算 parallel operation
并行操作系统/平行作業系統 parallel operating system
并行查找存储器/平行搜尋記憶體 parallel search memory
并行程序设计/平行程式設計 parallel programming
并行程序设计语言/平行程式語言 parallel programming language
并行处理/平行處理 parallel processing
并行处理机操作系统/平行處理機作業系統 parallel processor operating system
并行传输/平行傳輸 parallel transmission
并行存储器/平行記憶體 parallel memory
并行度/平行度 degree of parallelism
并行端口/平行埠 parallel port
并行多元连接/平行多路結合 parallel multiway join
并行二元连接/平行雙向結合 parallel two-way join
并行仿真/平行模擬 parallel simulation
并行分布式存储系统/平行分散式存儲系統 parallel and distributed storage system
并行分配/平行分配 parallel allocation
并行感染/平行感染 parallel infection
并行工程/并行工程 concurrent engineering
并行化/平行化 parallelization
并行化编译/平行化編譯 parallelizing compilation
并行[化]编译程序/平行化編譯程序 parallelizing compiler
并行机/并聯機 parallel machine
并行计算/平行計算 parallel computation
并行计算机/平行計算機 parallel computer
并行计算论题/平行計算理論 parallel computation thesis
并行计算问题/平行計算問題 parallel computation problem
并行寄存器/平行暫存器 parallel register
并行加法器/平行加法器 parallel adder
并行架构/平行架構 parallel architecture
并行建模/平行模型化 parallel modeling
并行连接/平行聯合 parallel join
并行模拟/平行模擬 parallel simulation
并行排序算法/平行排序演算法 parallel sorting algorithm

并行任务/平行任務 parallel task
并行任务派生/平行任務衍生 parallel task spawning
并行实时处理/平行即時處理 parallel real time processing
并行数据库/平行資料庫 parallel database
并行搜索/平行搜尋 parallel search
并行算法/平行演算法 parallel algorithm
VLSI 并行算法/VLSI 平行演算法 VLSI parallel algorithm
并行算法的成本/平行算法的成本 cost of the parallel algorithm
并行随机存储器/平行隨機存取機 parallel random access machine
并行调试/平行調試 parallel debugging
并行图论算法/平行圖演算法 parallel graph algorithm
并行图形算法/平行圖形算法 parallel graphics algorithm
并行推理机/平行推理機 parallel inference machine
并行外排序/平行外部排序 parallel external sorting
并行向量处理/并行向量處理 parallel vector processing
并行性/平行性 parallelism
并行虚拟机/平行虛擬機 parallel virtual machine, PVM
并行选择算法/平行選擇演算法 parallel selection algorithm
并行优化/平行優化 parallel optimization
并行运行/平行運行 parallel run
并行指令队列/平行指令隊列 parallel instruction queue
病床电梯/病床電梯 bed elevator, hospital elevator
病毒/病毒 virus
病毒隔离/病毒隔離 virus isolation
病毒攻击/病毒攻擊 virus attack
病毒签名/病毒簽署 virus signature
病毒扫描程序/病毒掃描程式 virus scanning program
病毒宿主/病毒宿主 virus host
病毒营销/病毒行銷 viral marketing
病患监护仪/病患監護儀 patient monitor
病理光学/光病理學 photopathology
病人监护仪/病患監護儀 patient monitor
病态/病態情況 ill condition
拨叉/撥叉 shift fork
拨叉杆/撥叉桿 arrestment bearing
拨出/撥出 dialing-out
拨动开关/捺跳開關,撥鈕開關 toggle switch
拨动孔/清渣孔 poking hole
拨号/撥號 dial, dialing
拨号单元/撥號單元,撥號器 dialing unit
拨号呼叫/撥號呼叫 dialing call
IP 拨号接入/IP 撥接存取 IP dial-up access
拨号连接/撥號接續 dial up connection
拨号脉冲/撥號脈波 dial pulse
拨号盘式开关/撥號[盤]式開關 dial switch
拨号器/撥號器 dialer
拨号上网/撥接存取 dial-up access
拨号通信/撥號通信 dialcom
拨号因特网接入/撥號網際網路接入 dial-up internet access
拨号音/撥號音 dialing tone
拨号终端/撥號終端 dial-up terminal
拨入/撥入,撥進 dialing-in
拨入暂存器/撥入暫存器 in-dial register
波/波 wave
TEM 波/横[向]電磁波 transverse electromagnetic wave
波瓣/波瓣 lobe
波参数/波參數 wave parameter
波长/波長 wave length
波长标度/波長標度 wavelength scale
波长表/波長計 wavelength meter
波长重复性/波長重複性 wavelength repeatability
波长读数分光计/波長讀值分光計 wavelength reading spectrometer
波长范围/波長範圍 wavelength range
波长分辨力/波長解析度 wavelength resolution
波长分光计/波長分光計 wavelength spectrometer
波长计/波長計,波頻計 wavemeter, cymometer
波长交换/波長交换 wavelength switching
波长解复用/波長解多工 wavelength demultiplexing
波长滤波器移频器/波長濾波器移頻器 frequency shifter wavelength filter
波长扫描/波長掃描 wavelength scanning
波长扫描光度计/波長掃描光度計,波長掃描照度計 wavelength scanning photometer
波长调制/波長調制 wavelength modulation, WM
波长调制光谱学/波長調制光譜學 wavelength modulation spectroscopy
波长移动器/波長移相器,波長變換器 wavelength shifter
波长转换/波長轉换 wavelength conversion
波长准确度/波長準確度 wavelength accuracy
波带板/波帶片 zone plate

波带片干涉仪/波帶片干涉計　zone-plate interferometer
波导/波導[管],導波[管]　waveguide, wave guide
波导壁测辐射热计/波導壁測輻射熱計　waveguide wall bolometer
波导波长/波導波長　guide wavelength, waveguide wavelength
波导薄膜辐射热计/波導薄膜輻射熱計　waveguide film bolometer
波导窗/波導窗　waveguide window
波导磁塞/波導栓　waveguide plunger
波导二极管/波導二極體　waveguide diode
波导法兰[盘]/導波凸緣　waveguide flange
波导反射器/波導反射器　waveguide reflector
波导辐射器/波導輻射器　waveguide radiator
波导负载/波導負載　waveguide load
波导管辐射器/波導輻射器　waveguide radiator
波导管功率分配器/波導功率分配器　waveguide power divider
波导管谐振器/波導共振器　waveguide resonator
波导管支架/波導支架　waveguide mount
波导激光器/波導雷射　waveguide laser
波导截止频率/波導截止頻率　waveguide cutoff frequency
波导开关/波導開關　waveguide switch
波导流体量热计/波導流體量熱計　waveguide flow calorimeter
波导滤波器/波導濾波器　waveguide filter
波导膜片/波導膜片　waveguide iris
波导色散/波導色散　waveguide dispersion
波导式气体激光器/波導式氣體雷射　waveguide gas laser
波导衰减器/波導衰減器　waveguide attenuator
波导损耗/波導損耗　waveguide loss
波导调配器/波導調整器　waveguide tuner
波导元器件/波導元器件　waveguide component and device
波导噪声源/波導噪音源,波導雜訊源　waveguide noise sources
波导阻抗/波導阻抗　waveguide impedance
波导阻抗测量仪/波導阻抗計　waneguide impedometer
波登管/布頓試管,布當管　Bourdon tube
波登管黏度计/巴登管黏度計　Bourdon tube viscometer
波登管式压力计/巴登管量規　Bourdon tube gage
波巅限幅器/峰值限幅器　peak chopper
波动比/波動比　fluctuate ratio
波动度/變動,波動　fluctuation
波[动]方程式/波[動]方程式　wave equation
波动负载/變動負載　fluctuating load
波动功率/波動功率　fluctuating power
波动开关/波動開關　seesaw switch
波动器/波紋機集　undulator
波段/頻段　band
A 波段/A 頻帶　A band
B 波段/B 頻帶　B band
C 波段/C 頻帶　C band
D 波段/D 頻帶　D band
E 波段/E 頻帶　E band
F 波段/F 頻帶　F band
G 波段/G 頻帶　G band
H 波段/H 頻帶　H band
I 波段/I 頻帶　I band
IEEE 波段/IEEE 頻帶　IEEE frequency band
J 波段/J 頻帶　J band
K 波段/K 頻帶　K band
Ka 波段/Ka 頻帶　Ka band
Ku 波段/Ku 頻帶　Ku band
L 波段/L 頻帶　L band
M 波段/M 頻帶　M band
N 波段/N 頻帶　N band
P 波段/P 頻帶　P band
Q 波段/Q 頻帶　Q band
S 波段/S 頻帶　S band
V 波段/V 頻帶　V band
W 波段/W 頻帶　W band
X 波段/X 頻帶　X band
波段开关/頻帶開關　band switch
波段展开/頻帶擴展　bandspreading
波尔东真空计/波頓真空計　Bourdon vacuum gage
波尔兹曼常量/波茲曼常數　Boltzmann constant
波尔兹曼常数/波茲曼常數　Boltzman constant, Boltzmann constant
波发生器/造波機　wave generator
波发生器长轴/波發生器長軸　major axis of wave generator
波发生器短轴/波發生器短軸　minor axis of wave generator
波分多路复用/波長劃分多工　wavelength division multiplexing
波分多址/波分多址　wavelength-division multiple access, WDMA
波分复用/波分多工　wavelength division multiplexing, WDM, wave-division multiplexing
波分复用器/波長多工器　wavelength division

multiplexer
波封包/波封包 wave packet
波峰/波峰,峰值 peak
波峰焊/波峰焊 wave-soldering
波峰因数/波峰因子 crest factor
波腹/波腹 antinode
波干扰/電波干擾,光波干涉 wave interference
波高/波高 wave height
波高系数/波高係數 coefficient of wave height
波函数/波函數 wave function
波尖漏过能量/波尖漏過能量 spike leakage energy
波角/波角 wave angle
波距/波距 pitch of convolution
波粒二象性/波粒二象論 wave-particle dualism
波粒子/波粒子 wavicle
波罗[全反射]棱镜/波若棱鏡 Porro prism
波美比重表/比重標度 Baumé specific-gravity scale
波美比重计/波美比重計 Baumé hydrometer
波美度/波美[比重]度 Baumé degree
波美计/波美計 Baumé meter
波美液体比重计/波美液體比重計 Baumé hydrometer
波模漂移/模態轉移 mode shift
波片/波片 wave plate
波谱法/波譜法 wave spectroscopy
波谱图/波譜圖 wave spectrogram
波谱仪器/波譜儀 wave spectrometer
波前/波前,波鋒 wave front
波前分割干涉仪/波前分割干涉儀 wave front division interferometer
波前算法/波前演算法 wave front algorithm
波前再现/波前重建 wave front reconstruction
波前阵列/波前陣列 wave front array
波倾斜/波面傾斜 wave tilt
波绕组/波形繞組 wave winding
波深/卷積深度 depth of convolution
波束/波束,[電子]束 beam
波束波导/波束波導 beam waveguide
波束抖动/射束抖動,射束跳動 beam jitter
波束发散/波束分集,多波束重複 beam diversity
波束角/波束角 beam angle
波束宽度/射束寬度 beam width
V 波束雷达/V 波束雷達 V-beam radar
波束立体角/波束固態角 beam solid angle
波束天线/波束天線 beam antenna
波束调向/波束控制,波束操縱 beam steering
波束图/波束圖形 beam pattern
波束形状因数/波束形狀因數 beam shape factor
波束压缩因子/波束壓縮因數 beam compression factor
波数/波數 wave number, number of convolution
波数字滤波器/波數字濾波器 wave digital filter
波塔密码/波塔密碼 Porta cipher
波特/波特,鮑 baud
波特兰水泥/波特蘭水泥 Portland cement
波特率/鮑率,符碼率 baud rate
波天线/行波天線 wave antenna
波尾/波尾 wave tail
波纹/波紋,漣波 ripple
波纹板/波形板,浪板,瓦楞板 corrugated plate
波纹板式冷却器/浪板冷却器 corrugated cooler
波纹度轮廓/波紋度剖面 waviness profile
波纹钢板/鋼浪板 corrugated steel sheet
波纹管阀/波紋管閥 bellows valve
波纹管计量泵/波紋管計量泵 bellows metering pump
波纹管联轴器/波紋管聯軸器 coupling with corrugated pipe
波纹管内径/波紋管内徑 inside diameter of bellows
波纹管平衡式安全阀/波紋管平衡式安全閥 bellows seal balance safety valve
波纹管式减压阀/波紋管式減壓閥 bellows seal reducing valve
波纹管式流量计/伸縮管流量計 bellows type flowmeter
波纹管式压力计/波紋管,伸縮式壓力計 bellows manometer
波纹管式应变计/伸縮管應變計 bellows type strain gage
波纹管外径/波紋管外徑 outside diameter of bellows
波纹管压力表/波紋管壓力表 bellows pressure gage
波纹管压力计/膜盒式壓力計 bellows type manometer
波纹管座/波紋管座 bellows seal adaptor
波纹机/波紋機集 undulator
波纹喇叭/波紋喇叭,波狀板面號角 corrugated horn
[波纹]滤波器/漣波濾器 ripple filter
波纹膜片/波紋膜片 convolution diaphragm
波纹手轮/波紋手輪 sinuate handwheel
波纹型肋片换热器/波紋翅片管熱交換器 corrugated finned tube exchanger
波纹圆弧半径/波紋圓弧半徑 arc radius of convolution
波纹圆轮缘手轮/波紋圓盤手輪 sinuate disc

handwheel
波纹纸板/瓦楞板,浪板 corrugated board
波像差/波像差 wave aberration
波像差函数/波前像差函數 wavefront aberration function
波形/波形 waveform
波形板/波形板,浪板,瓦楞板 corrugated plate
波形编码/波形編碼 waveform coding
波形变换器/波形轉換機 wave converter
波形分析/波形分析 waveform analysis
波形分析器/波[形]分析器,波譜分析器 wave analyzer, wave-form analyzer
波形合成器/波形合成器 waveform synthesizer
波形畸变/振幅失真 amplitude distortion
波形记录器/波形記録器,記録鼓,曲線描繪器 kymograph, curve tracer
波形控制器/波成形器 wave shaper
波形流水线/波形管線 wave pipeline
波形滤波器/濾波器 wave filter
波形生成器/波形生成器,波形產生器 waveform generator
波形失真率/波形失真率 waveform distortion factor
波形松弛法/波形鬆弛法 waveform relaxation method
波形弹性垫圈/波形彈簧墊圈 wave spring washer
波形选择器/波形選擇器 waveshape selector
波形因数/波形因數,形狀因子 form factor
波形综合器/波形合成器 waveform synthesizer
波旋转隔离器/波旋轉式隔離器 wave rotation isolator
波旋转式环行器/波旋轉式環行器 wave rotation circulator
波域片望远镜/波帶片望遠鏡 zone-plate telescope
波阵面/波前,波鋒 wave front, wavefront
波转换/波轉换 wave transformation
波状变形/屈曲,皺曲 buckling
波状挡边带式输送机/有邊帶式運送機 walled belt conveyor
波阻抗/波阻抗 wave impedance
玻尔半径/波耳半徑 Bohr radius
玻尔磁子/波耳磁元 Bohr magneton
玻尔理论/波耳理論 Bohr theory
玻尔学说/波耳理論 Bohr theory
玻尔兹曼方程/波茲曼方程式 Boltzmann equation
玻尔兹曼机/波茲曼機 Boltzmann machine
玻封合金/玻封合金 glass sealing alloy
玻壳/玻殼 glass bulb, glass envelope
玻璃/玻璃 glass
玻璃半导体/玻璃半導體 glass semiconductor
玻璃比重计/玻璃比重計,玻璃浮計 glass hydrometer
玻璃称量瓶/玻璃稱量瓶 glass weighing bottle
玻璃电极/玻璃電極 glass electrode
玻璃电子管/玻璃管 glass tube
玻璃分级过渡封接/玻璃分級密封 glass graded seal
玻璃封装/玻璃封裝 glass packaging
玻璃干燥器/玻璃乾燥器 glass desiccator
玻璃割刀/切玻璃器 glass cutter
玻璃管/玻璃管 glass tube
玻璃管割刀/玻璃切刀 glass tube cutter
玻璃管切割机/玻璃切刀 glass tube cutter
玻璃管整流器/玻璃管整流器 glass tube rectifier
玻璃管转子流量计/玻璃管轉子流量計 glass tube rotameter
玻璃光纤光导/玻璃光纖光導 glass fiber lightguide
玻璃化/玻璃化 vitrification
玻璃化温度/玻璃躍遷温度 glass transition temperature
玻璃环氧板/玻璃環氧板 glass epoxy board
玻璃激光器/玻璃性雷射 glass laser
玻璃集液器/玻璃集液器 glass collector
玻璃剂量计/玻璃劑量計 glass dosimeter
玻璃减光器/玻璃減光器 glass dimmer
玻璃接头/玻璃應接器 glass adapter
玻璃介质电容器/玻璃介電電容器 glass capacitor
玻璃酒精温度计/玻璃酒精温度計 spirit-in-glass thermometer
玻璃绝缘子/玻璃絶緣器,玻璃絶緣體,玻璃絶緣礙子 glass insulator
玻璃拉制机/玻璃拉製機 glass drawing machine
玻璃冷凝器/玻璃冷凝器 glass condenser
玻璃量具/容量玻璃器皿 volumetric glassware
玻璃量器/玻璃量杯 volumetric glass
玻璃毛细管气相色谱仪/玻璃毛細管氣相層析儀 GCGC
玻璃棉过滤器/玻璃絨濾器 glass wool filter
玻璃皿/玻璃皿 glass dish
玻璃容器/玻璃容器 glass container
玻璃烧杯/玻璃燒杯 glass beaker
玻璃蛇形管/玻璃旋管 glass coil
玻璃升降器/玻璃昇降器 glass lifter, glass regulator
玻璃态/玻璃態 metallic glassy state
玻璃套管/玻璃套管 glass bushing
玻璃体温计/臨床温度計,體温計 clinical thermometer

玻璃雾化器/玻璃霧化器　glass atomizer
玻璃纤维/玻璃纖維,玻璃絲　glass fiber
玻璃纤维过滤器/玻璃纖維過濾器　glass fabric filter
玻璃纤维卷尺/玻璃纖維卷尺　glass fiber tape
玻璃纤维织物/玻璃纖維布　glass cloth
玻璃旋塞/玻璃旋塞　glass cock
玻璃[液体]温度计/玻管液體温度計,玻璃管温度計　liquid-in-glass thermometer, glass-stem thermometer
玻璃液位计/玻璃液位計　glass level gage
玻璃应接器/玻璃應接器　glass adapter
玻璃钻/玻璃鑽　glass drill
玻特喇叭/波特喇叭　Potter horn
玻意耳查理定律/波以耳查理定律　Boyle-Charles law
玻意耳定律/波以耳定律　Boyle law
钵/手提澆斗　bowl
剥采比/剥採比　stripping ratio
剥采总量/剥採總量　overall output of ore and waste
剥离/剥離　stripping
剥离技术/剥離技術,浮脱工藝　lift-off technology
剥离强度/剥離強度　peel strength
剥离侵蚀/剥離侵蝕　breakaway corrosion
剥裂/破裂　breakaway
剥落/剥落,剥皮　spalling, peeling, gaffing
剥模器/模態去除器　mode stripper
剥谱/剥譜　spectrum stripping
剥蚀/剥[離腐]蝕　chipping, pitting, exfoliation corrosion
剥蚀[作用]/剥蝕作用,侵蝕作用　denudation
剥线钳/剥線器　wire stripper
播音室/播音室　broadcast studio
伯德图/伯德圖,柏德圖　Bode diagram
伯格斯回路/伯格斯回路　Burgers circuit
伯格斯矢量/伯格斯向量　Burgers vector
伯格算法/柏格演繹法,伯格氏演算法　Burg algorithm
伯勒斯型发光二极管/巴瑞斯型發光二極體　Burrus type LED
伯利坎普算法/伯力肯演算法　Berlekamp aigorithm
伯马布赖特合金/鎂鋁鍛造合金　birmabright
伯梅塔尔铝铜锌镁合金/波美合金　birmetal
伯明翰铂合金/假白金　Birmingham platinum
伯努利定理/白努利定理　Bernoulli theorem
伯努利定律/白努利定律　Bernoulli law
伯努利方程/白努利方程式　Bernoulli equation
伯努利盘/白努利磁碟　Bernoulli disk
伯努利试验/白努利試驗　Bernoulli trials
伯努利数/白努利數　Bernoulli number
泊/泊　poise
泊管/泊管,磁控放大管　platinotron
泊松比/帕松比　Poisson ratio
泊松定律/帕松定律　Poisson law
泊松方程/帕松方程　Poisson equation
泊松分布/帕松分布　Poisson distribution
泊松数/帕松數　Poisson number
勃朗德尔/布朗德爾　Blondel
铂/鉑,白金　platinum
铂-钯热电偶/鉑-鈀熱電偶　platinum-palladium thermocouple, Pt-Pd thermocouple
铂-铂铑热电偶/鉑-鉑銠熱電偶　platinum platinum-rhodium thermocouple
铂测辐射热计/鉑輻射熱計　platinum bolometer
铂纯度/鉑純度　platinum purity
铂电阻测温[法]/鉑電阻温度計測温術　platinum resistance thermometry
铂电阻敏感器/鉑電阻感測器　platinum resistance sensor
铂电阻探头/鉑電阻探頭　platinum resistance probe
铂电阻温度计/鉑電阻温度計　platinum resistance thermometer
铂电阻温度计刻度/鉑電阻温度計温標　platinum resistance thermometer scale
铂坩埚/鉑坩堝　platinum crucible
铂钴合金/鉑鈷合金　Pt-Co alloy
铂光电元件/鉑光電管　platinum photocell
铂黑/鉑黑　platinum black
铂环/鉑圈　platinum loop
铂铑合金/鉑銠合金　Pt-Rh alloy
铂热电偶/鉑熱敏元件　platinum thermoelement
铂[热]电阻温度计/鉑電阻温度計　platinum resistance thermometer
铂丝电极/鉑絲電極　platinum-wire electrode
铂丝圈/鉑絲環　platinum-wire ring
铂丝温度传感器/鉑絲温度感測器　platinum-wire temperature sensor
铂温度/鉑温度　platinum temperature
铂族金属/鉑族金屬　platinum group metal
铂族金属氯络合物/鉑族金屬氯絡合物　chloro-complex of platinum group metal
铂族金属特征氧化态/鉑族金屬特徵氧化態　characteristic oxidation state of platinum group metal
博尔扎诺法/波匝諾法　Bolzano process
博客/博客　Web blog
博斯-乔赫里-霍克文黑姆[纠错码]/BCH 碼　Bose-

Chaudhuri-Hochquenghem code, BCH code
博斯-乔赫里码/博斯-喬赫里碼,BC 碼 Bose-Chaudhuri code
博弈/博弈,競賽 game
博弈机/競賽機 game machine
博弈计算机/競賽計算機 game player
博弈论/博奕論,競賽理論 game theory
博弈树/競賽樹 game tree
博弈树搜索/競賽樹搜尋 game tree search
博弈图/競賽圖 game graph
箔材/箔材 foil
箔材轧机/箔材軋機 foil mill
箔材轧制/箔材軋製 foil rolling
箔[片]静电计/金箔静電計 leaf electrometer
箔式线圈/箔線圈 foil coil
箔式应变计/箔式應變計 foil strain gage
箔探测器/箔式檢知器 foil detector
箔条包/箔條包 chaff bundle
箔条[丝]/箔條[絲] chaff
箔条云/箔條雲 chaff cloud
箔条走廊/箔條走廊 chaff corridor
箔线/箔線 tinsel conductor, foil tinsel
箔阻应变片/箔阻應變規 foil resistance strain gage
薄膜/薄膜 thin film, membrane
薄膜唱片/薄膜唱片 film disk
薄膜程序/薄膜程序 thin film process
薄膜磁头/薄膜磁頭 thin film magnetic head
薄膜存储器/薄膜記憶器 film memory
薄膜低温管/薄膜低温管 thin film cryotron
薄膜低温开关/薄膜低温開關 thin film low temperature switch
薄膜电感器/薄膜電感 film inductor
薄膜电路/薄膜電路 thin film circuit
薄膜电容[器]/薄膜電容器 film capacitor
薄膜电致发光/薄膜電致發光 thin film electroluminescence, TFEL
薄膜电阻/薄膜電阻器 thin film resistor
薄膜电阻测试仪/薄膜電阻計 film resistance meter
薄膜电阻[器]/薄膜電阻器 thin film resistor
薄膜淀积/薄膜澱積 thin film deposition
薄膜断流器/薄膜切斷器 film cutout
薄膜阀/隔膜閥 diaphragm valve, diaphragm van
薄膜负压铸造/真空造模法,V 造模法 vacuum-sealed process, V-process
薄膜干燥机/薄膜乾燥器 film drier
薄膜光波导/薄膜光波導 thin film optical waveguide
薄膜光导管/薄膜光導管 thin film light guide
薄膜盒/隔膜腔 diaphragm chamber
薄膜红外探测器/薄膜紅外探測器 thin film infrared detector
薄膜混合集成电路/薄膜混合積體電路 thin film hybrid integrated circuit
薄膜激光器/薄膜雷射 thin film laser
薄膜[集成]电路/薄膜積體電路 thin film integrated circuit
薄膜剂量计/薄膜劑量計 thin film dosimeter
薄膜键盘/薄膜鍵盤 membrane keyboard
薄膜晶体管/薄膜電晶體 thin film transistor, TFT
薄膜漏孔/薄膜漏洩 membrane leak
薄膜润滑/薄膜潤滑 thin film lubrication
薄膜扫描机/薄膜掃描器 thin film scanner
薄膜式减压阀/隔膜減壓閥 diaphragm reducing valve
薄膜太阳电池/薄膜太陽電池 thin film solar cell
薄膜探测器/薄膜偵測器 thin film detector
薄膜温度计/薄膜温度計 thin film thermometer
薄膜阴极/薄膜陰極 film cathode
薄膜应变计/薄膜式應變計 thin film strain gage
薄膜蒸发器/薄膜蒸發器 spray film evaporator, film evaporator
薄膜整流器/薄膜整流器 thin film rectifier
薄膜执行机构/隔膜致動器,膜盒式致動器 diaphragm actuator
薄膜柱/薄膜柱 thin film column
簸动筛/簸選篩 jigging sieve
补偿/補償 compensation
补偿安匝/補償安培匝 compensation ampere-turns
补偿摆/補償片 compensated pendulum
补偿半导体/補償半導體 compensated semiconductor
补偿棒/粗控桿,粗控棒 shim rod
补偿导线/補償導線,補償引線 compensating wire, compensating lead wire
补偿点/補償點 compensation point
补偿电动机/補償式電動機 compensated motor
补偿电感/補償電感 compensating inductance
补偿电缆/補償導線 compensating cables
补偿电离腔/補償游離腔 compensated ionization chamber
补偿电离室/補償電離室,補償電離腔,補償游離室 compensated ionization chamber, ionization chamber with compensation
补偿电路/平衡電路 balanced circuit
补偿电桥/補償電橋 compensated bridge
补偿电容/附加電容器 building-out capacitor

补偿电容器/補償電容器 compensating condenser
补偿电阻[器]/補償電阻[器] compensating resistor
补偿定理/補償理論 compensation theory, compensation theorem
补偿发电机/補償發電機 compensated dynamo
补偿阀/補償閥 compensation valve
补偿法/補償法 compensation method
补偿砝码/補償砝碼 compensation weight
补偿反射器/補償反射器 compensated reflector
补偿放大器/補償放大器 compensated amplifier
补偿伏特表/補償伏特計 compensated voltmeter
补偿感应电动机/補償感應電動機,補償感應馬達 compensated induction motor
补偿感应发电机/補償感應發電機 compensated induction generator
补偿管/脹縮管 compensating pipe
补偿光纤/色散補償光纖 dispersion compensating fiber, DCF
补偿环/補償環 compensated ring
补偿环组件/補償環組件 compensated ring seal head
补偿环座/補償環座 compensating ring adaptor
补偿缓冲器/補償緩衝器 compensating buffer
补偿镜/補償鏡 compensating mirror
补偿空气温度计/補償空氣溫度計 compensated air thermometer
补偿累加器/補償累積器 compensating accumulator
补偿链装置/補償鏈裝置 compensating chain device
补偿率/補償比例 compensation ratio
补偿滤色镜/補償濾光片 compensating filter
补偿目镜/補償目鏡 compensating eyepiece, compensating ocular
补偿气阀/補償空氣閥 compensating air valve
补偿器/補償器,補正器,補償裝置 compensator, compensation device
补偿绕组/補償繞組 compensating winding
补偿绳防跳装置/補償繩防彈跳裝置 anti-rebound device of compensation rope
补偿绳装置/補償繩裝置 compensating rope device
补偿式电离箱/補償游離腔 compensated ionization chamber
补偿式电桥/補償電橋 compensated bridge
补偿式分流器/補償分流器 compensating shunt
补偿式伏特计/補償伏特計 compensated voltmeter
补偿式微压计/補償微壓計 compensated micro-manometer
补偿式应变仪/補償應變計 dummy strain gage
补偿事务/補償交易 compensating transaction
补偿衰减器/補償衰減器 compensated attenuator
补偿推斥电动机/補償推斥電動機,補償推斥馬達 compensated repulsion motor
补偿网络/補償網路 compensating network
补偿微压计/補償微壓計 compensated micromanometer
补偿误差/補償誤差 compensating errors
补偿系统/補償系統 compensating system
补偿线圈/補償線圈,反[去]磁線圈 bucking coil
补偿型半导体探测器/補償半導體偵測器 compensated semiconductor detector
补偿压力/充填壓力 charging pressure
补偿因数/補償因數,補償因子 compensation factor
补偿运算放大器/補償運算放大器 compensated operational amplifier
补偿轴环/補整軸環 compensating collar
补偿装置/補償裝置,補整機構,均力裝置 compensation device, compensating gear
CIE 1964 补充标准色度观测者/CIE[1964]測色輔助標準觀測者 CIE 1964 supplementary standard colorimetric observer
补充光线/補充光 fill light
补充焦/補充焦 coke booster
补充焦炭/補充焦炭,補充煤焦 extra coke
补充空气阀/補償空氣閥 compensating air valve
补充煤焦/補充煤焦,補充焦炭 extra coke
补充统计/補充統計 supplementary peg count
补充业务/補充業務,附加業務 supplementary service
补充钻井/移距鑽井 off set drilling
补吹/補吹 reblow
补定理/補定理 complementation theorem
补焊/補焊 repair welding
补给距离/補給距離 feeding distance
补给口发热剂/補給口發熱劑 exothermic feeding compound, feeding compound
补给口套/補給口套 feeder bush
补给水/補給水 make-up water
补给头/補給[冒]頭,冒口 feeder head, feed head
补给用冒口/補給用冒口 feed riser
补浇/補澆 back feeding, repouring
补零/補零,零填充,填零 zero fill
补码/補數,互補色,補角 complement
补码键控/互補碼鍵控 complementary code keying
补码器/互補器 complementer
补气阀/吸氣閥 gulp valve
补气试验/補氣試驗 air admission test
补燃的余热锅炉型联合循环/具熱回收蒸汽産生器

之補燃複合循環 supplementary fired combined cycle with heat recovery steam generator
补色/補色 complementary color
补色刺激/補色刺激 complementary color stimuli
补砂芯/加裝砂心 embedded core
补收/補收 subsequent collection
补数/補數,互補色,補角 complement
补数器/互補器 complementer
补缩捣杆/補給[口]搗棒,冒口搗棒 feeding rod
补整管/脹縮管 compensating pipe
补助浇口/緩衝冒口 relief sprue
捕获/獲取,擷取 acquisition
捕集器/捕捉器 trap
捕集器旁通阀/捕捉器旁通閥 trap bypass valve
捕集器氧化装置/捕捉器氧化器 trap oxidizer
捕集器再生循环/捕捉器再生循環 trap regeneration cycle
捕集氧化系统/捕捉氧化系統 trap oxidation system
捕集真空泵/捕集真空泵 capture vacuum pump, entrapment vacuum pump
捕渣率/捕渣率 ash-retention rate
捕捉/捕捉 pull-in
捕捉带/捕捉帶 pull-in range
捕捉器/捕獲器,承接器,接收器 catcher
不摆电流计/不擺電流計,無週期檢流計,不擺檢流計 aperiodic galvanometer, dead beat galvanometer
不饱和/不飽和 unsaturation
不饱和度/不飽和度 degree of unsaturation
不变代码移出/不變代碼移動 invariant code motion
不变光信号/固定燈,不動燈 fixed light
S-不变量/S 不變量 S-invariant
T-不变量/T 不變量 T-invariant
不变码/不變動碼 invariant codes
不变嵌入原理/不變嵌入原理,不變包埋原理 invariant embedding principle
不变式/不變性 invariant
不变系/不變系統 invariant system
不变信号/不變訊號 invariant signal
不变蕴藏/不變蘊藏 invariance imbedding
不变指针/固定指針 fixed pointer
不变质心平衡原理/不變質心平衡原理 fixed center of mass for jib balance
不产生无线电干扰的/不產生無線電干擾的 radio-free
不带布料杆的混凝土泵/不帶布料桿混凝土泵 concrete pump without a placing boom
不等臂秤/不等臂秤 unequal-arm scale
不等臂误差/不等臂誤差,槓桿誤差,臂長誤差 arm error, lever error
不等边角钢/[不等邊]角鋼,L 型鋼 angle with not equal legs, L-bar
不等长编码/不等長編碼 unfixed-length coding
不等分标尺/非均勻標度 non-uniform scale
不等节距圆柱螺旋弹簧/可變螺距圓柱形螺旋彈簧 variable pitch cylindrical helical spring
不等速万向节/不等速萬向接頭 non-constant velocity universal joint
不等速运动系数/不等速運動係數 coefficient of non-uniformity of motion
不等性奇偶校验码/成對不均等性[電]碼 paired-disparity code
不定构形/不定構形 uncertainty configuration
不定期检查/不定期檢驗,臨時檢驗 casual inspection
不定误差/不明誤差,含混誤差 ambiguity error
不定形耐火材料/不定形耐火材料 unshaped refractory, monolithic refractory
不定性函数/不定性函數 uncertainty function
不定性椭圆/不定性橢圓 uncertainty ellipse
不动点/固定點,定點 fixed point
不动点归纳法/不動點歸納法 fixed-point induction
不动作值/不動作值 non-operating value
不镀膜激光器/無鍍層雷射 uncoated laser
不对称边带传输/不對稱邊帶傳輸,不對稱邊帶傳送 asymmetrical sideband transmission
不对称电池/不對稱電池 asymmetric cell
不对称多谐振荡器/不對稱複振器,不對稱多諧振動器 asymmetric multivibrator
不对称管制/不對稱管制 asymmetrical regulation
不对称交流充电/不對稱交流充電 asymmetric alternating current charge
不对称模电压/不對稱模電壓 unsymmetrical mode voltage
不对称失真/不對稱失真,不對稱畸變 asymmetrical distortion
不对称数字用户线/非對稱數位用戶線 asymmetric digital subscriber line, ADSL
不对称双角铣刀/不對稱雙角銑刀 double unequalangle cutter
不对称信道/不對稱通道 asymmetrical channel
不对称虚拟化/不對稱虛擬化 asymmetric virtualization
不对称循环/不對稱循環 asymmetry cycle
不对称轧制/不對稱軋製 asymmetrical rolling
不对准/誤對準 malalignment

不分光红外线分析仪/非彌散紅外線分析儀 nondispersive infra-red analyzer
不分明量子逻辑/不分明量子邏輯 unsharp quantum logic
不工作区/静空間,静區 dead space
不归零/不歸零[信號] nonreturn to zero, NRZ
不归零码/不歸零碼,非回復零碼 nonreturn-to-zero code
不规则波动/不規則跳動 irregular fluctuations
不规则合模面/不規則合模面 irregular joint
不规则畸变/意外失真,不規則失真,偶然失真 fortuitous distortion
不规则停机/不規則停機 disorderly close-down
不规则误差/反常誤差 erratic errors
不规则整步/隨機同步 random synchronizing
不规则状粉/不規則狀粉 irregular powder
不合格炉次/失敗爐次 off heat
不合格品/不合格品 defective item
不合格品率/不合格品率 fraction defective
不合格区/不合格區 non-conformance zone
不合格通知书/拒收通知書 rejection notice
不合逻辑/不合邏輯 illogicality
不互溶流体/非互溶流體 immiscible fluid
不活跃/不活動 inactive
不极化电极/無極化電極 unpolarizable electrode
不间断工作制/不間斷工作制度,不間斷工作方式 uninterrupted duty
不间断供电系统/不斷電系統 uninterruptible power system, UPS
不兼容性/不相容性 incompatibility
不交付项/不交付項 nondeliverable item
不接地型电压互感器/不接地電壓互感器,不接地型比壓器 unearthed voltage transformer
不进位/不進位 NOT-carry
不精密度/不精密度 imprecision
不精确推理/不確切推理 inexact reasoning
不精确中断/不精確中斷 imprecise interrupt
不均匀变形/不均勻變形 nonhomogenous deformation
不均匀布料/不均勻布料 unregulated feed
不均匀场/非均勻場 nonuniform field
不均匀体/非均質體 heterogeneous body
不可擦存储器/不可抹除儲存器 non-erasable storage
不可测[量]性/不可量測性 immeasurability
不可重复读/不可重複讀取 non-repeatable read
不可达目的地/不可及目的地 unreachable destination
不可抵赖性/不可否認性 non-repudiation
不可分页动态区/不可分頁動態區 non-pageable dynamic area
不可否认性/不可否認性 non-repudiation
不可计算性/不可計算性 incomputability
不可见光/不可見光,黑光 black light
不可解串音/不可解串音 un-intelligible crosstalk
不可近似性/不可近似性 inapproximability
不可靠度/不可靠度 unreliability
不可靠进程/不可靠過程 unreliable process
不可控联结/不可控連接 non-controllable connection
不可耐限度/不可耐極限 intolerable limit
不可逆电气传动/不可逆電[氣]驅動 nonreversible electric drive
不可逆反应/不可逆反應 irreversible reaction
不可逆过程/不可逆過程 irreversible process
不可逆极谱波/不可逆極譜波 irreversible polarographic wave
不可逆加密/不可逆加密 irreversible encryption
不可逆式八辊轧机/不可逆式八輥軋機 E-MKW mill
不可逆式轧机/不可逆式軋機 nonreversing rolling mill
不可判定问题/不可決策問題 undecidable problem
不可屏蔽中断/不可遮罩中斷 nonmaskable interrupt
不可视区/不可視區 invisible range
不可调式水力机械/非可調式水力機械 non-regulated hydraulic machinery
不可通约量/不可通約量 incommensurable quantities
不可行/不可行 infeasibility
不可压缩流体/不可壓縮流體 incompressible fluid
不可用时间/不可用時間 unavailable time
不可用小时数/不可用時數 unavailable hours
不可用性/不可利用性,無用性 unavailability
不可用状态/不可用狀態,按下狀態,停機狀態 unavailable state, down state
不可预知性/不可預測性 unpredictability
不可预知性隐涵伪随机性/不可預知性隱涵僞隨機性 unpredictability implies pseudorandomness
不利因子/不利因數 disadvantage factor
不连续沉淀/不連續析出 discontinuous precipitation
不连续[的]/不連續[的] discontinuous
不连续控制/不連續控制 discontinuous control
不连续控制系统/不連續控制系統 discontinuous control system

不连续谱/不連續譜 discrete spectrum
不连续屈服/不規則降伏 discontinuous yielding
不连续相变/不連續相變 discontinuous transformation
不良件数/不良件數,退件數 rejection number
不良接地/接地不良 imperfect earth
不良铸造/不良鑄造 faulty casting
不列颠合金/不列顛合金 Britain alloy
不漏失概率/無漏機率 non-leakage probability
不能工作状态/不能工作狀態 disabled state
不凝性气体分离器/不凝性氣體分離器 non-condensable gas separator
不平分型面/階梯形接面 stepped joint
不平衡/不平衡,失衡,失配 unbalance
不平衡补偿器/不平衡補償器 unbalance compensator
不平衡电动机驱动振动筛/不平衡馬達驅動振動篩 vibrating screen driven by out-of-balance motor
不平衡电桥/不平衡電橋 unbalanced bridge
不平衡度/失衡比 specific unbalance
不平衡分量测量装置/不平衡分量測量裝置 unbalance component measuring device
不平衡力/不平衡力 unbalance force
不平衡力矩/不平衡力矩 unbalance moment
不平衡力偶/不平衡力偶 unbalance couple
不平衡量/不平衡量 amount of unbalance
不平衡量指示器/不平衡量指示器 unbalance amount indicator
不平衡灵敏度/不平衡靈敏度 sensitivity to unbalance
不平衡矢量/不平衡向量 unbalance vector
不平衡矢量测量装置/不平衡向量測量裝置 unbalance vector measuring device
不平衡衰减器/不平衡衰減器 unbalanced attenuator
不平衡线/不平衡傳輸線 unbalanced line
不平衡相角/不平衡相角 angle of unbalance
不平衡相位指示器/不平衡相位指示器 unbalance phase indicator
不平衡质量/不平衡質量 unbalance mass
不破坏检查/非破壞檢驗 non-destructive inspection
不全位错/部分錯位 partial dislocation
不确定度报告/不確定度估算 uncertainty budget
不确定度范围/不確定度範圍 uncertainty range
不确定数据/不確定資料 uncertain data
不确定数据库/不確定資料庫 uncertain database
不确定推理/不確定推理 uncertain reasoning
不确定性/不確定性,不確定度 uncertainty
不确定性控制系统/不確定性控制系統 non-deterministic control system
不确定性量化/不確定性量化 uncertainty quantification
不确定性数据/不確定性資料 uncertainty data
不确定性推理/不確定性推理 uncertainty reasoning
不确定证据/不確定證據 uncertain evidence
不确定知识/不確定知識 uncertain knowledge
不确认的无连接方式传输/未確認的無連接方式傳輸 unacknowledged connectionless mode transmission
不烧砖/不燒磚 unfired brick
不释放值/不釋放值 non-releasing value
不舒适眩光/不[舒]適眩光 discomfort glare
不碎玻璃/安全玻璃 safety glass
不调频叶片/不調頻葉片 untuned blade
不调谐放大器/未調諧放大器 untuned amplifier
不调谐天线/未調諧天線 untuned antenna
不同步[的]/非同步的,異步的,不同期的 non-synchronous
不同相/不同相 out-of-phase
不透明度/不透明性,暗度 opacity
不透明光阴极/不透明光陰極 opaque photocathode
不透明媒质/不透光介質 opaque medium
不透明体/不透明體 opaque body
不透气性/不透氣性 impermeability
不透水层/不透水層 impervious bed
不透性石墨/不浸透性石墨 impervious graphite
不涂膜激光器/無鍍層雷射 uncoated laser
不完全齿轮机构/不完全齒輪機構 incomplete gear mechanism
不完全解码/非完全解碼 incomplete decoding
不完全排错/不完全除錯 imperfect debugging
不完全数据/不完全資料 incomplete data
不完全替代法/不完全替代法 semi-substitution method of measurement
不完全退火/局部退火 partial annealing
不完全脱氧钢/未静鋼 unkilled steel
不完全信息/不完全資訊 incomplete information
不完全性/不完全性 incompleteness
不完全性理论/不完全性理論 incompleteness theory
不完全约束/不可積分拘束 non-holonomic constraint
不完全运动副/不完全運動對 incomplete pair
不完整螺纹/不完全螺紋 incomplete thread
不稳定流/不穩定流 unsteady flow
不稳定平衡/不穩定平衡 unstable equilibrium
不稳定平衡图/不穩定平衡圖 unstable equilibrium

diagram
不稳定区/不穩區 unstable region
不稳定系统/不穩系統 unstable system
不稳定性/不穩定性 instability
不稳定状态/不穩定狀態 unstable state
不相容原理/不相容原理 incompatibility principle
不泄漏概率/無漏機率 non-leakage probability
不修理的产品/不修理物品 non-repaired item
不锈钢/不銹鋼 stainless steel
18-8 不锈钢/18-8[不銹]鋼 eighteen-eight steel, 18-8 stainless steel
不锈钢管/不銹鋼管 stainless steel pipe
不锈钢毛细管/不銹鋼毛細管 stainless steel capillary
不一致性/不一致[性],不相容[性] inconsistency
不印字间隔/不印字間隔 unshift-on-space
不影响功能性维护/不影響功能性維護 function-permitting maintenance
不沾水性/不沾水性 hydrophobias
不整合褶皱/不整合褶皺 discordant folding
不正确动作/不正確動作,誤動作,誤操作 incorrect operation
不自旋卫星/不自旋衛星 nonspinning satellite
不足转向/不足轉向 understeer
不足转向度/轉向不足度 degree of understeer
布-邦式气击试验/布班式噴射試驗 Brownsdon-Bannister jet test
布袋除尘器/布袋除塵器,袋式收塵器 bag process, bag filter
布袋过滤器/布袋過濾器,布篩 cloth filter, cloth screen
布袋室/濾袋間,袋集塵室 baghouse
布袋收尘器/布袋集塵器 cloth envelop collector
布德克尔加速器/布德克爾加速器 Budker accelerator
布尔查找/布林搜尋 Boolean search
布尔代数/布林代數,邏輯代數 Boolean algebra
布尔公式/布林公式 Boolean formula
布尔过程/布林程序 Boolean process
布尔函数/布林函數 Boolean function
布尔逻辑/布林邏輯 Boolean logic
布尔梅斯特点/Burmester[圓週]點 Burmester point
布尔梅斯特曲线/Burmester 曲線 Burmester curves
布尔梅斯特圆心点/Burmester 圓心點 Burmester center
布尔搜索/布林搜尋 Boolean search
布尔线路/布林線路 Boolean circuit
布尔运算/布耳運算,布林運算 Boolean operation
布风板/空氣分配器 air distributor
布局/布局,布置圖 placement layout
布局策略/布局策略 placement strategy
布局规划/布局規劃 floorplaning
布局规则/布局規則 layout rule
布局接地规则/布局接地規則 layout ground rule
布拉格定律/布勒格定律 Bragg law
布拉格-戈瑞空腔/布勒格-格雷腔 Bragg-Gray cavity
布拉格-戈瑞空腔电离室/布勒格-格雷空穴游離腔,布勒格-格雷腔游離室,布勒格-格雷腔電離室 Bragg-Gray cavity ionization chamber
布拉格-戈瑞空腔原理/布-格氏腔原理 Bragg-Gray cavity principle
布拉格角/布雷格角 Bragg angle
布拉格条件/布勒格條件 Bragg condition
布拉格信元/布勒格胞子 Bragg cell
布拉格衍射/布勒格繞射,布勒格折射 Bragg diffraction
布拉格衍射声成像/布拉格繞射聲成像 acoustic imaging by Bragg diffraction
布拉维点阵/布拉維斯晶格 Bravais lattices
布莱克颚式破碎机/顎碎機 Blake breaker
布莱克颚式压碎机/布雷克顎[式壓]碎機 Blake jaw crusher
布莱克曼窗口/布雷克門視窗 Blackman window
布兰特冷轧压力公式/布蘭特冷軋壓力公式 Bland pressure equation for cold rolling
布缆/敷設纜線 cabling
布朗-夏普锥度规/布朗沙普錐度規 Brown and Sharpe taper gage
布朗运动/布朗運動 Brownian movement
布劳奈铁/布龍耐鐵 braunite
布雷顿循环/布雷登循環 Brayton cycle
布里格斯对数/布里格斯對數 Briggs logarithm
布里奇曼方法/布里奇曼方法 Bridgman method
布里渊区/布里元區 Brillouin zone
布里渊散射/布里元散射 Brillouin scattering
布里渊图/布里元圖 Brillouin diagram
布料动画/布料動畫 cloth animation
布料杆/布料桿 placing boom
布洛赫壁/布洛赫壁 Bloch wall
布洛赫球/布洛赫球 Bloch sphere
布儒斯特窗/布如士特窗 Brewster window
布儒斯特角/布如士特角,無反射角 Brewster angle
布儒斯特角窗/布如士特角窗 Brewster angle window
布筛/布篩 cloth screen

布氏漏斗/布赫納漏斗 Büchner funnel
布氏硬度/布氏硬度,勃氏硬度 Brinell hardness
布氏硬度标尺/布氏硬度標尺 Brinell hardness scale
布氏硬度计/布氏硬度計,勃氏硬度計 Brinell hardness tester
布氏硬度试验/布氏硬度試驗,勃氏硬度試驗 Brinell hardness test
布氏硬度值/布氏硬度數 Brinell hardness number, Ball indentation test
布思乘法器/Booth 乘法器 Booth multiplier
布思算法/Booth 演算法 Booth algorithm
布图规则检查/布局規則檢查 layout rule check, LRC
布线/布線 arrangement of wires
布线表/布線表 wiring list
布线规则/布線規則 wiring rule
布质色带/布質色帶 cloth ribbon
布置图/布局計劃,配置計劃 layout plan
L 步大数逻辑解码/L 步驟多數邏輯解碼 L-step majority-logic decoding
步降计数器/步降計數器 step-down counter
L 步解码/L 步驟解碼 L-step decoding
步进/步進 stepping
步进电[动]机/步進馬達 stepping motor, step motor
步进电机执行机构/步進馬達致動器 stepmotor actuator
步进电气传动/步進電氣傳動 step motion electric drive
步进动作/間歇運動 step motion
步进缝焊/步進縫焊,逐步縫焊 step-by-step seam welding
步进计数器/步進計數器 step counter
步进继电器/步進繼電器 stepping relay
步进角/步進角 step angle
步进控制/步進控制 step-by-step control
步进控制器/步進控制器 step controller
步进控制系统/步進控制系統 step-by-step control system
步进梁/步進梁 walking beam
步进频率/步進頻率 step frequency
步进起止制/步進起止制 stepped start-stop system
步进式加热炉/步進式加熱爐,走動梁加熱爐 walking beam furnace
步进式冷床/步進式冷床 walking beam cooling bed
步进式频率[调变]波形/步進式頻率[調變]波形 frequency-stepped waveform
步进衰减器/步進衰減器 step attenuator
步进调节器/步進調節器 step regulator
步进应力试验/逐步應力試驗 step stress test
步进运动机构/間歇機構 step mechanism
步进制交换/步進制交換 step-by-step switch
步进制自动电话[交换]系统/步進制自動電話系統 step-by-step automatic telephone system
步进自动制/步進自動制 step-by-step automatic system
步进阻抗变换器/步階阻抗變換器 stepped-impedance transformer
步距/步距 step pitch
步距规/步距規,階規 step gage
步可达性/步驟可達性 reachability by step
步履式挖掘机/行走式挖掘機 walking excavator
步态分析系统/步態分析系統 gait analysis system
步态识别/步態識別 gait recognition
步行操纵式挖沟机/步行操縱式挖溝機 pedestrian-operated trencher
步行机/步行機 walking machine
步序列/步序列 step sequence
钚[反应]堆/鈽反應器 plutonium reactor
部分焙烧/部分焙燒 partial roasting, partial oxidizing roasting
部分车载充电器/部分車載充電器 partially on-board charger
部分沉降/部分地陷量 partial subsidence
部分沉浸式虚拟现实/部分沈浸式虛擬實境 partial immersive VR
部分带宽/部分頻寬 fractional bandwidth
部分递归函数/部分遞回函數 partial recursive function
部分反转/部分反轉 partial inversion
部分辐射高温计/部分輻射高溫計 partial radiation pyrometer
部分工作状态/部分作業 part-unit operation
部分故障/部分故障 partial fault
部分函数依赖/部分函數相依 partial functional dependency
部分合金化粉/部分合金粉 partially alloyed powder
部分和/部分和,小計 partial sum
部分奇次谐波电流/部分奇次諧波電流 partial odd harmonic current
部分加电/部分電力開啟 partial power on
部分结晶/分化結晶作用 fractional crystallization
部分进汽/部分進汽 partial-arc admission
部分进汽度/部分進汽度 partial-arc admission degree
部分句法分析/部分句法分析 partial parsing
部分可计算函数/部分可計算函數 partial

computable function
部分冷凝/部分冷凝,分凝 partial condensation
部分冷凝器/部分冷凝器 partial condenser
部分流取样法/部分流取樣法 partial-flow sampling
部分流式烟度计/部分流式煙度計 partial-flow smoke-meter
部分偏转电位计/部分偏轉電位計 partial deflection potentiometer
部分频带干扰/部分頻帶干擾 partial-band interference
部分色调颠倒/部分色調顛倒 partial tone reversal
部分失效/部分故障,局部失效 partial failure
部分时段干扰/部分時段干擾 partial-time jamming
部分碳化/部分碳化 partial carbonization
部分稳定的氧化锆/部分穩定的氧化鋯 partially stabilized zirconia
部分误差/部分誤差 partial error, fractional error
部分响应编码/部分回應編碼 partial response coding
部分油门开度换档/部分油門換擋 part throttle shift
部分再结晶/部分再結晶 partial recrystallization
部分占有带/部分占用帶 partially occupied band
部分真值指派/部分真值指派 partial truth assignment
部分正确性/部分正確性 partial correctness
部件/組件,副件 assembly unit, subassembly
部件编码/組件編碼 component coding
部件拆分/組件分解 component disassembly
部件码/組件碼 component code
部件使用频度/組件應用頻率 utility frequency of component
部件组字频度/組件之組合率 compositive frequency of component
部首/部首 indexing component
部署图/部署圖 deployment diagram

C

擦除/擦除,抹除 erasure
擦除[磁]头/抹除頭 erase head
擦除器/抹除器 eraser
擦除周期/擦除週期 erase cycle
擦窗机/擦窗機 window cleaning unit
擦地入射/掠入射 grazing incidence
擦光辊/擦光輥,抛光輥 buffing roll
擦光机/擦光機,抛光機 buffing machine
擦后写/擦後寫 write after erase
擦胶机/上膠機 cementing machine
擦伤/劃痕 scratching
擦拭焊料/拭焊劑 wiping solder
擦碎角砾岩/擦碎角礫石 friction breccia
擦帚/水刷 swab
猜想/推測,猜測 conjecture
材料标准/材料標準,實物標準 material standard
材料交流特性/材料交流特性 alternating-current properties of material
材料切除率/材料切除率 material removal rate
材料曲率/材料曲度 material buckling
材料色散/材料色散 material dispersion
材料色散参数/材料色散參數 material chromatic dispersion parameter
材料试验/材料試驗 material test, material testing
材料试验机/材料試驗機 material testing machine
材料体视学/材料科學體視學,材料科學立體測量學 stereology in material science
材料体系/材料系統 material system
材料吸收损耗/材料吸收損失 material absorption loss
裁剪/截割,限幅 clipping
裁剪曲面/裁剪曲面 trimmed surface
采剥剖面图/採剝剖面圖 cross section view of mining and stripping
采剥验收测量/採剝驗收測量 check and acceptance by survey on mining and stripping
采场/採礦區 mining area
采购部/採購部 purchase department
采购价/採購價,原價 purchase price
采光/照明 lighting
采集/獲取,擷取 acquisition
采掘比/採掘比 development mining
采掘面/採礦面,工作面 face
采掘面灯具/坑用頭燈 face luminaire
采掘台/盛接臺 stull
采空区/採掘跡,已採區 mined area
采空区充填/採掘跡充填 gob stowing
采矿/採礦 mining
采矿场凿岩台/工作面鑽機臺 stope board
VCR 采矿法/VCR 採礦法 vertical crater retreat stoping, VCR stoping
采矿方法/採礦[方]法 mining method
采矿工艺/採礦工藝 mining technology
采矿钻臂/採礦鑽臂 mining drill boom
采煤机械/採煤機械 coal machinery
采暖通风系统/加熱與通風系統 heating and ventilation system
采区斜坡道/採區斜坡道 mining area ramp
采砂线/剥砂痕,剥砂線 sand line
采收率/採收率 recovery factor
采血车/捐血車 bloodmobile
采样/採樣,取樣,抽樣 sampling
采样保持/取樣保值 sample-and-hold
采样保持电路/抽樣保持電路,取樣保持電路 sample-and-hold circuit
采样保持器/取樣控制器 sampling holder
采样插件/抽樣插件 sampling plug-in
采样点间的纹波/抽樣點間的紋波 inter-sample ripple
采样方式/抽樣模式 sample mode
采样分布/抽樣分布 sampling distribution
采样管/取樣管 sampling tube
采样间隔/抽樣間隔 sampling interval
采样控制/採樣控制,取樣控制,抽樣控制 sampling control, sampled data control
采样控制器/抽樣控制器 sampling controller
采样控制系统/採樣控制系統,取樣控制系統 sampling control system, sampled data control system
采样脉冲/抽樣脈波 sampling pulse
采样频率/抽樣頻率 sampling frequency
采样器/取樣器,抽樣器,試樣採取器 sampler,

sampling apparatus
采样数据/抽樣資料 sampled data
采样速率/抽樣率 sampling rate
采样探头/取樣探針 sampling probe
采样误差/抽樣誤差 sampling error
采样系统/抽樣系統,取樣系統 sampling system, sampled-data system
采样信号/採樣信號,抽樣信號 sampled signal
采样元件/抽樣元件 sampling element
采样噪声/抽樣雜訊 sampling noise
采样值/抽樣值 sampling value
采样周期/抽樣週期,取樣週期 sampling period
采样作用/取樣作用 sampling action
采用简化握手过程的介质访问协议/採用簡化握手過程的介質訪問協議 media access with reduced handshake, MARCH
彩度/色度,色品 chroma
彩光折射率计/驗色器 chromoscope
彩虹光圈/可變光闌,可變光圈 iris diaphragm
彩色边界/色緣 color edge
彩色编码器/彩色[信號]編碼器 color coder
彩色传真机/彩色傳真機 color facsimile apparatus
彩色刺激/具彩色刺激 chromatic stimulus
彩色打印机/彩色印表機 color printer
彩色灯泡/色燈泡 colored bulb
彩色等化磁体/彩色等化磁體 color equalizing magnet
彩色等化器/彩色等化器 color equalizer
彩色电视/彩色電視 color television, color TV
彩色电子分色机/電子彩色掃描器 electronic color scanner
彩色动态边纹/彩色動態邊紋 colored action fringe
彩色发送序列/色序,彩色次序 color sequence
彩色分析计/色度儀 color analyzer
彩色分析仪/色度儀 color analyzer
彩色副载波/彩色副載波 color subcarrier
彩色副载波基准/彩色副載波基準 color-subcarrier reference
彩色积分密度/彩色積分密度 color integrating density
彩色接收器/彩色接收器 polychrome receiver
彩色解码器/彩色[信號]解碼器 color decoder
彩色均衡器/彩色等化器 color equalizer
彩色密度计/比色密度計 color densitometer
彩色配准/色品 color registration
彩色入码器/彩色編碼器 color encoder
彩色闪烁/彩度閃爍 chromaticity flicker
彩色摄影术/彩色攝影術 color photography
彩色石印纸板/彩[色石]印紙板 chrome board
彩色同步信号/彩色同步訊號 color synchronizing signal
彩色图像/彩色影像 color image
彩色图像传输/彩色電視訊號播送 color transmission, color picture transmission
彩色图像合成仪/彩色圖像合成儀 color image combination device
彩色图像信号/彩色像訊 color picture signal
彩色图形阵列/多色圖形陣列 multicolor graphics array MCGA
彩色涂层钢板/彩色塗層鋼板 color coated steel sheet
彩色涂层生产线/彩色塗層生產線 color coated production
彩色显示/彩色顯示 color display
彩色显像管/彩色顯像管 color picture tube, color kinescope, Lawrence tube
彩色[信号]解调器/色訊解調器 chrominance demodulator
彩色信号调制器/色訊調變器 chrominance modulator
彩色映像管/彩色映像管,三色電子管 tricolor tube
彩色坐标系/色坐標系統 color-coordinate system
彩条信号/彩條訊號 color bar signal
彩涂钢带/彩塗鋼帶 color-painted steel strip
彩衣膜镜头/塗層透鏡,鍍膜透鏡 coated lens
菜单/菜單,選項單,功能表 menu
菜单驱动/選單驅動 menu driven
菜花头钢锭/花菜頭鋼錠 cauliflower top
蔡司量块干涉仪/蔡司塊規干涉儀 Zeiss gage block interferometer
蔡司心形反射器/蔡司心形反射器 Zeiss-cardioid reflector
参比[变]量/基準變量 reference variable
参比池/参考池 reference cell
参比电极/参比電極,參考電極 reference electrode
参比辐射[光]通量/参考通量 reference flux
参比接点/参考結,基準結 reference junction
参比刻度/参考標尺 reference scale
参比面/基準面,参考面 reference surface
参比频率/参考頻率,基準頻率 reference frequency
参比色刺激/参比色刺激,原色刺激 reference color stimuli
参比施照体/参考照明體 reference illuminant
参比室/基準室 reference cell
参比线/基準線,参考線 reference line
参比压力/参考壓力 reference pressure

参比值/参考值,基準值 reference value
参考/参考 reference
参考白/参考白 reference white
参考标记/参考標記 reference mark
参考标准电池/参考標準電池 reference standard cell
参考标准[器]/参考標準[器] reference standard
参考波束/参考波束 reference wave beam
参考操作条件/参考操作條件 reference operating conditions
参考测量标准/参考量測標準 reference measurement standard
参考测量程序/参考量測程序 reference measurement procedure
参考测量方法/参考測量方法 reference method of measurement
参考场/参考場 reference field
参考成分/参考成分 reference component
参考尺/参考標尺 reference scale
参考磁平/参考磁平 reference magnetic level
参考当量/参考當量 reference equivalent
参考导频/引示波 reference pilot
参考点/参考點,基準點,參照點 reference point
参考电感器/参考電感器 reference inductor
参考电流表/参考電流表 reference current meter
参考电路/参考電路 reference circuit
参考电源/参考電源 reference power supply
参考电阻率/参考電阻率,参考電阻係數 reference resistivity
参考分析/参考分析 reference analysis
参考风速/参考風速 reference wind speed
参考辐射/参考輻射 reference radiation
参考辐射场/参考輻射場 reference radiation field
参考工作条件/参考操作條件 reference operating condition
参考功率/参考功率 reference power
参考功率计/参考功率計 reference power meter
参考光束/参考射束 reference beam
参考级仪器/参考級儀器 reference class instrumentation
参考计数/参考計數 reference count
参考监控/参考監視器 reference monitor
参考角/参考角,基準角 reference angle
参考量化器/参考量化器 reference quantizer
参考量值/参考量值 reference quantity value
参考灵敏度/参考靈敏度 reference sensitivity
参考码/参考碼 reference code
参考面/参考面,基準面 reference plane
参考模型/参考模型 reference model
OSI 参考模型/開放系統互連参考模型 OSI reference model
参考配置/参考配置 reference configuration
参考谱/参考譜 reference spectrum
参考栅/参考光柵 reference grating
参考声/参考聲 reference sound
参考声功率/参考聲功率 reference sound power
参考声强/参考音響強度,基準聲強 reference sound intensity
参考声束/参考波 reference wave
参考声压/参考聲壓 reference sound pressure
参考试样/参考樣品 reference specimen
参考数据/参考數據,参考資料 reference data
参考说明/参考説明 advice
参考天线/参考天線 reference antenna
参考图像/参考畫面 reference picture
参考温度/参考温度 reference temperature
参考物质/参考物質,参考材料 reference material
参考系[统]/参考系統 reference system
参考信号/参考信號 reference signal
参考压强/参考壓力 reference pressure
参考源/参考源 reference source
参考载波/参考載波 reference carrier
参考噪声/参考雜訊 reference noise
参考帧/参考框 reference frame
参考振幅/参考振幅 reference amplitude
参考证实机制/参考驗證機制 reference validation mechanism
参考值标尺/参考值標度 reference value scale
参考值标准/参考值標準 reference value standard
参量/参數 parameter
参量放大器/参量放大器,参數放大器,變抗放大器 parametric amplifier
参量估计/参數估計 parameter estimation
参量混频器/参量混頻器 parametric mixer
参量型检测/参量型檢測 parametric detection
参数/参數 parameter
S 参数/散射参數 scattering parameter
参数变化/参數變化 parametric variation
参数测试/参數測試 parameter testing
参数传递/参數傳遞 parameter passing
参数定理/参數定理 parameter theorem
参数放大器/参數放大器 parametric amplifier, PA
参数复杂性/参數複雜性 parameterized complexity
参数估计/参數估計 parameter estimation
参数故障/参數故障 parameter fault
参数[化]曲线/参數曲線 parametric curve

参数化设计/參數化設計 parametric design
参数化元素/參數化元素 parameterized element
参数几何/參數幾何 parametric geometry
参数检验/參數檢驗 parametric test
参数空间/參數空間 parametric space
参数曲面/參數曲面 parametric surface
参数曲面拟合/參數曲面配適 parametric surface fitting
参数曲线/參數曲線 parametric curve
参数识别/參數識別 parameter identification
参数调整/參數調整 parameter adjustment
参数相互作用/參變性作用 parametric interaction
参数振荡器/參數振盪器 paraphase oscillator
参数振动/參數激勵振動 vibration of parametric excitation
参与介质/參與介質 participating media
参与者/參與者 participant
参照点/參照點,參考點,基準點 reference point
参照间期/參考間隔,參考週期 reference interval
参照水平面/參考位準,基準水平 reference level
参照完整性/參考完整性 referential integrity
参照系/參考坐標系,參考系統 frame of reference, reference system
参照组/參考套件 reference set
餐车/餐車 mobile canteen
残边带调幅/殘邊帶調幅 vestigial sideband amplitude modulation, VSB-AM
残边带抑止载波/殘邊帶抑止載波 vestigial sideband suppressed carrier
残磁/殘磁 residual magnetism
残错率/殘餘錯誤率 residual error rate
残段调谐器/短截線調諧器 stub tuner
残积矿床/殘留礦床 residual deposit
残积砾石/静積礫石 eluvial gravel
残积物 /静積層,殘積層 eluvium
残极/殘極 residual anode
残极率/殘極率 residual anode ratio
残矿开采/殘礦開採 residual deposit mining
残留边带/殘邊帶 residual sideband, vestigial sideband, VSB
残留边带传输/殘邊帶傳輸 vestigial sideband transmission
残留边带调幅/殘邊帶調幅 amplitude modulation with vestigial sideband
残留点/殘留點 remanent point
残留金属液/殘留金屬液,餘留鐵水 remaining melt
残留量/殘留量 remaining liquid, residue dust
残留强度/殘留強度 retained strength
残留数据/殘餘資料 residual data
残留碳颗粒/殘留碳微粒 residual carbon particulate, RCP
残留物/殘留物,篩留物 residue
残留误差率/殘餘誤差率 residual error-rate
残留压力单向阀/殘餘壓力止迴閥 residual pressure check valve
残留应力/殘留應力 residual stress
残留元素/殘留元素 residual elements
残硫/殘硫 residual sulphur
残缺/殘缺 mutilation
残缺件/殘廢品 crippleware
残碳焦化球管/殘碳焦化球管 carbon residue coking bulb
残碳试验/殘碳試驗 carbon residue test
残瓦破片/剥落瓦片 spall
残压/剩餘電壓,殘餘電壓,殘存電壓 residual voltage
残液放出孔/排殘液孔 weep hole
残余奥氏体/殘留沃斯田體,殘留沃斯田鐵[體] retained austenite
残余饱和度/殘餘飽和度 residual saturation
残余边带/殘留邊帶 residual sideband
残余磁化/殘餘磁化 residual magnetization
残余电感/殘餘電感 residual inductance
残余电流/殘餘電流,剩餘電流 residual current
残余感应/殘餘感應 residual induction
残余平均/平均殘差 mean residual
残余气体/殘留氣,殘餘氣 residual gas
残余气体分析仪/殘餘氣體分析器 residual-gas analyzer
残余热电动势/殘餘熱電勢 residual thermal electromotive force
残余渗碳体/殘留雪明碳鐵 residual cementite
残余声强/殘餘聲強 residual intensity
残余调幅/殘餘幅調 residual amplitude modulation
残余调频/殘餘頻調 residual frequency modulation
残[余误]差/殘餘誤差 residual error
残余压力/殘餘壓力 residual pressure
残余应变/殘留應變 residual strain
残余应力/殘留應力 residual stress
残余杂波/殘餘雜波,殘留雜波 residue clutter
残余珠光体/殘留波來鐵 residual pearlite
残渣/殘渣,剩餘 residue, residual slag, remains
蚕茧干燥机/蠶繭乾燥機 cocoon drying machine
仓背式乘用车/斜背式的汽車 hatchback
仓壁冲击振动器/貯倉壁衝擊振動器 impact vibration on bin wall

仓库/倉儲 storage, magazine
仓库交货/庫品交貨 delivery ex-warehouse
仓栅式专用运输汽车/倉柵式專用運輸貨車 special goods box truck, special goods stake truck
仓栅式专用作业汽车/倉柵式專用運輸貨車 special purpose box truck, special purpose stake truck
舱壁灯[具]/艙壁[電燈]裝置 bulkhead fitting
舱底泵/艙底泵,汙水泵 burr pump
舱盖铰链/艙蓋鉸鏈 compartment lid hinge
舱盖锁/艙蓋鎖 compartment lid lock
舱口/艙口 compartment opening
操动机构/操作機構,策動機構 operating mechanism
操舵力/操舵力 steering force
操舵力的向心加速度影响系数/操舵力的向心加速度影響係數 coefficient of centripetal acceleration effect on steering force
操纵[变]量/操縱變量,操縱變數,受控變數 manipulated variable
操纵杆/操縱桿,動作桿,操作桿 operating rod, joy stick
操纵管路/操縱管路 pilot line
操纵柜/操縱檯,控制檯 console, console cabinet
操纵离合器/控制離合器 controlled clutch
操纵轮/操縱輪 control wheel
操纵器/操縱器,調處器 manipulator
操纵台/儀器檯,控制儀表板 instrumentation console, control board
操纵问题/操縱問題 maneuvering problem
操纵性/可調遣性 manoeuvrability
操纵语言/調處語言 manipulation language
操作/操作,運行 operation
SPOOL 操作/SPOOL 操作 simultaneous peripheral operations on line, SPOOL
操作按钮/操作鈕 operating knob
操作包/作業封包 operation packet
操作表/操作表,運算表 operation table
操作测试/操作測試 operational testing
操作方式/操作方式,作業模式 mode of operation
操作符重载/運算子重載 operator overloading
操作过程/操作過程 operation process
操作机构/操作機構,策動機構 operating mechanism
操作计数器/動作計數器 operation counter
操作寄存器/作業暫存器 operation register
操作架/操作架 crosshead
操作开关/操作開關 joy switch
操作可行性/作業可行性 operational feasibility
操作控制/作業控制 operational control
操作控制台/操作控制檯 operation control console
操作码/作業碼 operation code
操作每秒/操作每秒,運算每秒 operations per second
操作命令/操作命令 operating command
操作模式/作業模態 operating mode
操作人员误差/人員誤差,個人誤差 personal error
操作授权/操作授權 authorization to operate
操作数/運算元 operand
操作顺序/操作順序 operating sequence
操作台/控制檯 console
操作台可升降车辆/可昇降操作臺卡車 truck with elevatable operation position
操作系统/作業系統 operating system, OS
Java 操作系统/Java 作業系統 Java OS
Linux 操作系统/Linux 作業系統 Linux OS
UNIX 操作系统/UNIX 作業系統 UNIX OS
Windows 操作系统/視窗作業系統 Windows
操作系统病毒/作業系統病毒 operating system virus
操作系统处理器/作業系統處理器 operating system processor
操作系统功能/作業系統功能 operating system function
操作系统构件/作業系統成分,作業系統組成部分 operating system component
操作系统管理程序/作業系統監督器 operating system supervisor
操作系统监控程序/作業系統監視器 operating system monitor
操作线圈/動作線圈,工作線圈 operating coil
操作箱/控制箱 control box
操作型数据仓储/作業資料儲存庫 operational data store
操作应力/使用應力 operating stress
操作语义/作業語意學 operational semantics
操作员/操作員,操作者 operator
操作员命令/操作員命令 operator command
操作员手册/操作手冊 operator manual
操作员质量控制/操作員品質管制 operator quality control
操作指导控制系统/操作指導控制系統 operating and conducting control system
槽/槽 slot
槽帮/槽幫 ledge
槽车空载行驶试验/槽車空載運轉試驗 no-load running test of tanker
槽车满载行驶试验/槽車滿載運載試驗 full-load

running test of tanker
[槽的]梯度误差/槽梯度誤差 gradient error of bath
槽底电压降/槽底電壓降 bottom voltage drop
槽电流/槽電流 cell current
槽电压/槽電壓 cell voltage
槽法炭黑/槽製炭煙 channel black
E槽飞机天线/E槽飛機天線 E-slot aircraft antenna
槽钢/槽梁 beam channel
槽号/擴充槽編號 slot number
槽角/槽角 angle of pulley groove
槽浸法/槽浸法 tank leaching process
槽宽半角/槽寬半形 space width half angle
槽梁/槽梁 channel beam, beam channel
槽轮/①間歇工作輪,星形輪,日内瓦輪,②有槽帶輪 ①geneva wheel, ②grooved pulley
槽轮机构/日内瓦機構,馬耳他機構 geneva mechanism, maltese mechanism
槽面卷筒/槽面圓筒 fluted drum
槽磨机/槽磨機 slot grinder
槽排序/擴充槽排序 slot sorting
槽群/擴充槽群 slot group
槽式反射器/槽式反射器 trough reflector
槽式给料机/斜槽進料器 chute feeder
槽式气压计/槽式氣壓計 cistern barometer
槽式洗矿机/轉葉去土洗礦機 log washer
槽探/槽探 trench prospecting
槽纹不稳定性/槽紋不穩定性,笛型不穩定 flute instability
槽销/槽銷 grooved pin
槽楔/槽楔,縫楔 slot wedge
槽形宝石轴承/槽形寶石軸承 recessed jewel bearing
槽形矿层/倒立狀礦脈 reverse saddle
槽形天线/槽形天線,縫隙天線 slot antenna
槽形托辊/槽帶惰輪 troughing idler
槽型分离器/U型槽分離器 U-beam separator
槽型谐振器/槽型共振器 slot-type resonator
草稿质量/草稿品質 draft quality
草坪和园艺拖拉机/草坪和花園拖拉機 lawn and garden tractor
草绳/草繩 braided straw, straw rope
草酸盐沉淀法/草酸鹽沈澱法 oxalate precipitation method
草图/草圖 sketch, sketching
厕所车/流動廁所 mobile lavatory
侧壁斜度/側壁斜度 inclination of side-wall
侧柄式定扭矩气扳机/側柄式定扭矩氣扳機 side-handle torque-controlled pneumatic wrench
侧柄式气扳机/側柄式氣扳機 side-handle pneumatic wrench
侧插式自焙槽/側插式自焙槽 horizontal stud soderberg
侧插阳极镁电解槽/側插陽極鎂電解槽 magnesium electrolytic cell with sidemounted anodes
侧吃刀量/側吃刀量 working engagement of the cutting edge
侧窗/側窗 side window
侧窗计数器/側窗計數器 side-window counter
侧吹/側吹 side blowing
侧翻卸料式自卸车/側面傾卸自卸車 side dump tipper
侧风敏感性/側風敏感性 crosswind sensitivity
侧管/支管 side tube
侧后窗柱/側後窗柱 side window pillar
侧滑/側滑,滑動移位 skid, skiding
侧滑转向/側滑轉向 skid steering
侧镜/側鏡 side mirror
侧开式吊卡/側開吊卡 side-door elevator
侧拉床/側拉床 side broaching machine
侧栏板/側閘門 side gate
侧流道/側流道 side runner
侧流汽提器/側流汽提塔 side stripper
侧冒口/側冒口 side riser
侧门架净空/側門架淨空 clearance of side portal
侧门框净空尺寸/側門框淨空尺寸 clearance of seaside gantry frame
侧面安装式喷油泵/側面安裝式噴油泵 side-mounted fuel injection pump
侧面带孔圆螺母/側面具固定銷孔圓螺帽 round nut with set pin holes in side
侧面堆垛式叉车/側面堆疊式堆高車 lateral stacking truck
侧面开槽圆螺母/開槽圓螺帽 for hook-spanner, slotted round nut
侧面式叉车/側載堆高車 side-loading truck
侧偏刚度/側偏剛度 cornering stiffness
侧偏刚度系数/側偏剛度係數 cornering stiffness coefficient
侧偏尖叫声/側偏尖叫聲 cornering squeal
侧偏角差/側偏角差 difference of sideslip angle
侧偏阻力/側偏阻力 cornering drag
侧倾/側傾 roll
侧倾刚度/側傾勁度 roll stiffness
侧倾角速度/側傾速度 roll velocity
侧倾力臂/側傾力臂 rolling moment arm
侧倾响应/側傾回應 roll response

侧倾中心/側傾中心 roll center
侧倾轴/側傾軸 roll axis
侧倾转向/側傾轉向 roll steer
侧式装载机/側裝機 side loader
侧视雷达/側視雷達 side-looking radar
侧弯链/側彎滚子鏈 side bow roller chain
侧围骨架/側圍骨架 side wall skeleton
侧围蒙皮/側圍蒙皮 side wall outer panel, side wall skin
侧围内护板/側圍內護板 side wall inner shield
侧稳继电器/側穩替續器 side-stable relay
侧线回流/側出回流 side reflux
侧线[馏分]汽提塔/側流汽提塔 side-stream stripper, side stripper
侧向尺寸偏差/横向跳動偏差 lateral run-out
侧向单端输出型齿轮齿条式转向器/側向單端輸出型齒輪齒條轉向器 rack and pinion steering gear with lateral one-end output
侧向放电/側擊雷,側面放電 sideflash
侧向负荷/側面負載,横向負載 lateral load
侧向供水机构/側向供水機構 side water-supply mechanism
侧向挤压/側向擠壓 lateral extrusion
侧向力/側向力,側面負載 side load
侧向力波动/側向力變動 lateral force variation
侧向力偏移/側向力偏移 lateral force deviation
侧向两端输出型齿轮齿条式转向器/側向兩端輸出型齒輪齒條轉向器 rack and pinion steering gear with lateral two-end output
侧向渗透率/横向滲透率 lateral permeability
侧向速度/側向速度 side velocity
侧向速度变化/横向速度變化 lateral velocity change
侧向探孔/安全探水孔 flank hole
侧向位移/横向偏移 lateral shift
侧向稳定性/横向穩定性 lateral stability
侧向烟道/側向煙道 sideward flue
侧向运移/横向移棲 lateral migration
侧卸铲斗/側傾卸斗 side dump bucket
侧卸铲斗装载机/側傾卸斗裝載機 side tipping bucket loader
侧卸式[矿车]/側卸[式]礦車 side-discharging car, side-dumper
侧悬挂装置/側懸掛裝置 side-mounted linkage
侧压进装置/側壓進裝置 side compression device
侧压力/側壓力 lateral pressure
侧压下/側壓下 edging draught
侧移机构/側移機構 side-shift actuator
侧抑制/横向禁止 lateral inhibition
侧抑制网络/横向禁止網路 lateral inhibition network
侧翼/側翼 side vane
侧音/側音 sidetone
侧音测距/側音測距 sidetones ranging
[侧影]轮廓线/[側影]輪廓線 silhouette curve, profile curve
侧置驾驶室/偏置駕駛室 offset cab
侧置气门发动机/側閥發動機 side-valve engine
侧钻/側鑽 sidetracking
测爆仪/測爆計 explosimeter
测冰仪/冰川儀 glaciometer
测长机/測長機,測長儀 length measuring machine
测长仪/測長儀,測長機 length measuring machine
测尘器/測塵器 dust measuring apparatus
测程计/計程器 perambulator
测磁学/測磁強術 magnetometry
测氮管/量氮計 nitrometer
测得的量值/已測量值 measured quantity value, measured value of a quantity
测得值群体/測定值群體 population of measured values
测地距离/大圓距離 geodesic distance
测地曲率/測地曲率 geodetic curvature
测地型全球导航卫星系统接收机/測地型全球導航衛星系統接收機 geodetic GNSS receiver
测电计/測電計 electrometer
测定/測定 measuration
测定量/被測量 measured quantity
测定期/試驗週期,測試週期 test period
测氡仪/測氡儀 emanometer
测风气球/測風氣球 pilot balloon
测风塔/測風塔 wind measurement mast
测风站/測風站 air velocity measuring station
测辐射热计/輻射熱量測計 measuring bolometer
测辐射热式功率计/輻射熱功率計 bolometric power meter
测杆/量測棒 measuring bar
测高计/測高計,測高儀,高差計 altimeter, height gage, cathetometer
测高雷达/測高雷達 height-finding radar, height finding radar
[测]高温学/測高温學,高温量測術 pyrometry
测高仪/高度表,高度指示器 altitude meter, height indicator
测功机/測功機 machine of measuring power
测功机试验/測功機試驗 dynamometer test

测功计/测功計,測功器,功率計 dynamometer, ergometer
测功器/示功器,測力計,功率計 ergograph, force gage
测光常数/光度常數 photometric constant
测光导轨/光度導軌 photometric bench
测光电路/光度[計]電路 photometric circuit
测光用标准光源/光度標準 photometric standard
测[光]轴计/測[光]軸計 axonometer
测厚计/測隙規,厚度規 pachymeter, thickness gage
测厚仪/測厚儀 thickness indicator
测绘仪器/測量儀器 surveying instrument
测畸变电桥/測畸變電橋,量測失真的電橋 distortion bridge
测焦距准直仪/焦距準直儀,測焦距準直[光]管 foco-collimator
测角辐射计/測角輻射計 gonioradiometer
测角光度计/測角光度計 goniophotometer
测角器/測角器,量角器 angle meter, bevel gage
测角仪/測角器,測角計 goniometer
测井/測井,録井 gage well, well logging
测井车/測井車 logging truck
测径尺/測徑角尺 caliber square
测径规/測徑規,卡規 caliber gage
测径仪/直徑規 diameter gage
测距[方法]/測距 range finding
测距计/測距計 range finder
测距[技术]/測距 range finding
测距镜/測距計 range finder
测距码/測距碼 ranging code
测距器/測距器 distance measuring equipment, DME
测距系统/測距系統 ranging system
测距仪/測距儀 distance meter, distance measuring instrument
测孔规/塞規 plug gage
测孔计/孔隙儀 poroscope
测力传感器/測力元件 force cell
测力法/測力術 dynamometry
测力环/測力環,檢力環 proving ring
测力计/測力儀,動力計 dynamometer
测力计式仪器/測力計式儀器 dynamometer-type instrument
测力系统/測力系統 dynamometric system, force-measuring system
测力仪/測力儀,動力計 dynamometer
测链/測鏈 land chain
测量/測量,量測,測定 measurement
[测量]变送器/[量測]傳輸器 measuring transmitter
测量变压器/量測變壓器 measuring transformer
测量标尺/量測標尺,測量尺度 measurement scale
测量标准/量測標準 measurement standard, etalon
[测量]标准器/量測標準器 measurement standard
测量不确定度/量測不確定度 measurement uncertainty
测量不确定度 A 类评定/A 類量測不確定度評估 type A evaluation of measurement uncertainty
测量不确定度 B 类评定/B 類量測不確定度評估 type B evaluation of measurement uncertainty
测量不确定性/量測不確定度 uncertainty of measurement
测量程序/量測[例行]程序,量測常式 measuring procedure, measurement routine
测量齿条/主齒條 master rack
测量传感器/量測換能器,量規配件 measuring transducer, measurement sensor
测量传声器/量測麥克風 measuring microphone
测量重复性/量測重現性,量測重複性 repeatability of measurement, measurement repeatability
测量带宽/量測帶寬 measurement bandwidth
测量带轮/量測滑輪 measuring pulley
测量带轮的齿侧间隙/量測滑輪齒側間隙 measuring pulley tooth clearance
测量单位/量測單位 measurement unit, unit of measurement
测量单元/測定單位 measuring unit
测量的功率曲线/量測功率曲線 measured power curve
测量的准确度/量測精度 accuracy of measurement
测量点/量測點 measuring point, measurement point, MP
测量电极/量測電極 measuring electrode
测量电流/量測電流 measuring current
测量电路/量測電路 measuring circuit
[测量]电桥/量測電橋 measuring bridge
[测量]电位差计/[量測]電位計 measuring potentiometer
测量端/量測端點 measuring terminal
测量段/量測區 measuring section
测量范围/測定範圍,量測範圍 measuring range, measurement range
测量范围的最小载荷/量測範圍的最小載荷 minimum load of the measuring range
测量方法/量測方法 method of measurement, measurement method

测量放大器/量測放大器 measuring amplifier
测量负电阻电桥/負電阻電橋 negative-resistance bridge
测量复现性/量測再現性 measurement reproducibility
测量杆/量測桿 measuring rod
测量高出度/量測高出度 crush, nip
测量工具/量測工具,量測方式 measuring tool, measuring means
测量管理体系/量測管理體系 measurement management system
测量光栅法/量測光柵法 measurement grating
测量辊/量測輥 measuring roll
测量过程/量測過程 measurement process
测量函数/量測函數 measurement function
测量环路/量測環路,量測回路 measuring loop
测量机/測長機,量測機 measuring machine
测量基站/量測基站 survey base station
β-γ测量计/β-γ量測儀器 beta-gamma survey instrument
γ测量计/γ量測計 gamma survey meter
测量技术/量測技巧 measurement technique, measurement technology
测量继电器/量測用電驛 measuring relay
[测量]兼容性/[量測]相容性 measurement compatibility
测量结果/量測結果 result of a measurement, measurement result
测量结果的计量兼容性/量測結果的計量相容性 metrological compatibility of measurement results
测量结果的计量可比性/量測結果的計量可比性 metrological comparability of measurement results
测量经纬仪/量測經緯儀 surveyor transit
测量精密度/量測精密度 precision of measurement
测量空间/量測容積 measuring volume
测量孔板/量測膜片 measuring orifice
测量雷达/量測雷達 instrumentation radar
测量力/量測力 measuring force
测量链/量測鏈 measuring chain
测量量程/量程 measuring span
测量模型/量測模型 model of measurement
测量模型输出量/量測模式輸出量 output quantity in a measurement model
测量模型输入量/量測模式輸入量 input quantity in a measurement model
测量膜片/量測膜片 measuring diaphragm
测量能力/量測能量 measurement capability
测量偏移/量測偏差 measurement bias
测量平面/量測平面 measuring plane
测量器具/量器 measuring apparatus
测量器具的检定/量測儀器檢定 verification of a measuring instrument
测量区间/量測區間 measuring interval
测量扇区/量測方位分區 measurement sector
测量设备/量測設備,計量設備 measuring equipment, metering equipment
测量设施/量測設施 measurement facility
测量深度/鑽深,測深 measured depth
测量时间/量測時間 measurement time
测量手段/量測方式 measuring means
测量数据/測定數據 measured data
测量水平仪/量測水平儀 surveyor level
测量顺序/量測順序 measuring sequence
测量损耗/量測損失 measurement loss
测量通道/量測通道 measuring channel
测量头/量規配件,量測頭 gage outfit, measuring head
测量投影仪/測定投影器 measuring projector
测量蜗杆/主蝸桿 master worm
测量误差/測定誤差,量測誤差 measurement error
测量系统/量測系統,計量系統 measuring system, metering system
测量系统的灵敏度/量測系統靈敏度 sensitivity of a measuring system
测量系统的零位调整/量測系統的零位調整 zero adjustment of a measuring system
测量系统的调整/量測系統的調整 adjustment of a measuring system
测量系统的选择性/量測系統的選擇性 selectivity of a measurement system
测量显微镜/量測顯微鏡 measuring microscope
测量线/量測線 measuring line
测量信号/量測信號 measurement signal
测量学/量測科學 measurement science
测量压力/量測壓力 measuring pressure
测量演算/量測演算 measurement calculus
β测量仪/β量測計,貝他量測計 beta survey meter
测量仪表/量測儀器,計量設備 measuring instrument, metering equipment, survey meter
测量仪器的标尺/量測儀器的標尺 scale of a measuring instrument
测量仪器的常数/量測儀器常數 constant of a measuring instrument
测量仪器的法制控制/度量衡器之法定管理,量測儀器法定管制 legal control of measuring instrument
测量仪器的合格评定/量測儀器的符合性評鑒

conformity assessment of a measuring instrument
测量仪器的监督检查/量測儀器的監督檢查 inspection of a measuring instrument
测量仪器的检定/量測儀器檢定 verification of a measuring instrument
测量仪器的禁用/量測儀器的禁用 rejection of a measuring instrument
[测量仪器的]示值/量測儀器示值 indication of a measuring instrument
测量仪器的稳定性/量測儀器穩定性 stability of a measuring instrument
[测量仪器的]准确度等级/量測儀器精密度 accuracy class of a measuring instrument
测量用电流互感器/量測用比流器,量測用變流器 measuring current transformer
测量用电压互感器/量測用比壓器,量測用變壓器 measuring volage transformer
测量用滑线电阻/量測滑線 measuring slide wire
测量元件/量測元件,量測單元 measuring element, sensor, measuring cell
测量元件控制调节器/自動調整器,自致動調節器 self-actuated regulator
测量原理/量測原理 measurement principle
测量再现性/量測再現性 reproducibility of measurement
测量正确度/量測真實度 measurement trueness
测量指示器/量測指示器 measuring indicator
测量滞后/量測滯後 measuring lag
测量装置/量測套件,量測裝置,量器 measuring set, measuring apparatus, measuring device
测量准确度/量測準確度 measuring accuracy, accuracy of measurement
测流槽/渡水槽 flume
测流杆/涉水桿 wading rod
测流规/流量計 flow gage
测流喷嘴/流動噴嘴 flow nozzle
测流堰/壩,堰 weir
测面法/面積量測術 planimetry
测面积学/面積量測術 planimetry
测面器/面積儀,求積儀 planimeter
测凝计/凝固計 coagulometer
测扭干涉仪/測扭力干涉計 torsion interferometer
测膨胀器/膨脹計 expansion gage
测偏仪/測偏儀 derivometer
测偏振干涉仪/極化干涉計 polarization interferometer
测平器/平面規,測平儀 planometer
测坡度计/測斜儀 slope level
测热辐射器/高溫測量鏡 pyroscope
测热熔锥/熔錐 melting cone
测深杆/涉水桿 wading rod
测深规/測深規 depth gage
测渗计/測滲計 lysimeter
测声计/噪音計,聲級計,噪聲計 phonmeter, sound meter
测声器/聲偵測器,聲級計,噪聲計 sound detector, sound meter
测声术/聲強[度]量測術 phonometry
测声仪/聲強計 acoustimeter
测湿法/測濕術 hygrometry
测湿计/恆濕器 hygrostat
测试/測試 test, testing
α测试/α測試 alpha test
β测试/貝他測試 beta test
测试板/測試板 test board
测试棒/測試棒,試驗棒 test bar
测试报告/測試報告 test report
测试唱片/測試唱片 test record
测试程序/測試程式 testing program, test program
测试传声器/試驗麥克風 test microphone
测试存取端口/測試存取埠 test access port
测试带/測試帶 test tape
测试点/測試點,試驗點 test point
测试电流/量測電流 test current
测试电压/試驗電壓 testing voltage
测试覆盖[率]/測試覆蓋 test coverage
测试杆/試驗棒,測試棒 test bar
测试规格/測試規格 test specification
测试过程/測試程序 test procedure
测试环路/測試回路 test loop
测试回路/測試回路 test loop
测试集/資料傳輸測試裝置 testing set
测试计划/測試計劃 test plan
测试技术/儀表技術 testing technique
测试检测功能/測試檢測功能 test detect function
测试阶段/測試階段 test phase
测试接收机/測試接收機 test receiver
测试井架车/塔架車 derrick truck
测试卡/測試卡 test card
测试可重复性/測試可重複性 test repeatability
测试例程/測試常式 test routine
测试[码]模式/測試型樣 test pattern
测试码生成程序/測試產生器 test generator
测试模式/測試模式 testing pattern
测试区/測試段 test section
测试驱动程序/測試驅動器 test driver

测试驱动的开发/測試驅動的開發 test driven development, TDD
测试驱动器/測試驅動器 test driver
测试任务/測試任務 test task
测试日志/測試日誌 test log
测试设备/測試設備 test equipment
测试生成/測試產生 test generation
测试时间/測試時間,試驗時間 test time, testing time
测试数据生成程序/測試資料產生器 test data generator
测试顺序/測試順序 test sequence
测试速率/測試速率 test rate
测试台/測試檯,測試桌 test desktest bench
测试探头/測試探頭,測試探針 test probe
测试探针/測試探針,測試探頭 test probe
测试套具/測試套件 test suite
测试条件/測試條件 test condition
测试图/檢驗圖 test chart, test pattern
测试温度/測試溫度,試驗溫度 test temperature
测试文本/測試本文 test text
测试文档/測試文檔 test documentation
测试线圈/探測線圈,探查線圈 search coil
测试响应/測試響應 test response
测试向量/測試向量 test vector
测试信号/試驗信號 test signal
测试信号峰偏差/測試信號峰偏差 test tone peak deviation
测试信号偏差/測試信號偏差 test tone deviation
测试样品/測試樣品 test sample
测试仪器/測試儀器 test instrument
测试用例/測試案例,測試匯例 test case
测试用例生成程序/測試用例產生器 test case generator
测试用振荡器/測驗用振盪器 test oscillator
测试有效性/測試驗證 test validity
测试语言/測試語言 test language
测试谕示/測試啟示 test oracle
测试运行/測試運行 test run
测试诊断/測試診斷 test diagnosis
测试症候/測試徵候群 test syndrome
测试指示符/測試指示器 test indicator
测试指示器/測試指示器 test indicator
测试周期/測試週期,試驗週期 test period
测试转换器/測試轉譯器 test translator
测试综合/測試綜合 test synthesis
测视井/偵測井 monitoring well
测水器/檢水儀 water finder
测速带/測速帶 speed check tape
测速发电机/測速發電機,轉速計產生器,伺服積分器 tachogenerator, tachometer generator, servointegrator
测速仪/速率計,測速計 rate meter, veloci meter
测酸仪/酸量計 acidimeter
测梯度仪/傾斜計 gradienter
测听[法]/測聽術,聽力量測術 audiometry
测头/量測頭 measuring head
测图卫星/地圖測繪衛星 map-making satellite
测弯器/撓度計,偏航指示器 deflection indicator
测望镜/測望鏡 protectoscope
测微表/測微器,測微計 micrometer
测微光度计/測微光度計,測微光度器 microphotometer
测微光度计比较仪/顯微光度計比較儀 microphotometer comparator
测微规/測微規 micrometer gage
测微滑动卡尺/測微滑軌卡尺 micrometer slide calipers
测微计时器/微計時器,微測時計 microchronometer
测微目镜/測微目鏡 micrometer eyepiece
测微偏振计/測微偏振計,測微偏光計 micropolarimeter
测微偏振镜/測微偏光鏡 micropolariscope
测微头/測微頭 micrometer head
测微显微镜/測微顯微鏡 micrometer microscope
测微压力计/微壓力計 micromanometer
测微液压计/微壓計 micropressure gage
测微仪/測微壓力計 micrometric gage
测微指示器/微量指示器 microindicator
[测微]准直望远镜/校準望遠鏡,對準望遠鏡 alignment telescope
测温/溫度量測 temperature measurement
测温比重计/測溫比重計,溫標比重計 thermometric hydrometer
测温传感器/溫度感測器 temperature sensor, temperature senser
测温电桥/測溫電橋 bridge for measuring temperature
测温接点/測量結,熱接點,高溫接點 measuring junction
测温器/驗溫器 thermoscope
测温热电偶/高溫計熱電偶 pyrometer thermocouple
测温三角锥/熔錐 fusible cone
测温探头/測溫探頭 temperature sensor for metal bath
测温探针/熱探頭,熱探針 thermal probe

测温学/測溫學 thermometry
测温锥/測高溫錐,示溫錐 pyrometric cone
测温锥当量/示溫熔錐當量 pyrometric cone equivalent
测误器/測誤器 error-measuring device
测隙规/測隙規,厚薄規 clearance gage, feeler gage
测隙极限/間隙極限 clearance limit
测向/測向,方位測定 direction finding, DF
测向测距系统/測向測距系統,ρ-θ 系統 direction-range measurement system
测向器/測向器,探向器 direction finder, DF
测向系统/測向系統 direction-finding system
测斜器/測斜計 clinometer
测形仪/測形儀 shapometer
测序/定序 sequencing
测压计/[流體]壓力計,流體壓強儀 manometer
测压液/壓力計流體 manometric fluid
测压仪/測壓儀,測力器 load gage, load-measuring device, load cell
测盐计/測鹽計,鹽分指示器 salinity indicator
测眼仪/驗光計 optometer
测银比重计/銀鹽比重計 argentometer
测远[距]仪/測距儀 distance gage
测站基面/量規基準面 gage datum
测张器/張力指示器,張力計 tension indicator
测爪/測爪,測顎夾 measuring jaw
测针/測量探頭 survey probe
测振计[仪]/振動計 vibration meter
测振装置/振動監視系統 vibration monitoring system
测阻力仪/電阻測功計 resistance dynamometer
策动点阻抗/驅動點阻抗 driving point impedance
策略/策略 strategy
策略函数/策略函數 strategic function
策略模式/策略模式 strategy pattern
策略树/策略樹 tree of strategies
参差调谐/參差調諧,交錯調諧 stagger tuning
参差调谐式电路/錯調電路 stagger circuit
层/層,片 layer, lamella
F1 层/F1 層 F1 layer
F2 层/F2 層 F2 layer
层次/階層 hierarchy
层次编址/階層編址 hierarchical addressing
层次遍历/階層遍歷 level traversal
层次存储系统/階層式儲存系統 hierarchical storage system
层次分解/階層式分解 hierarchical decomposition
层次建模/階層建模 hierarchical modeling
层次结构/階層式結構 hierarchical structure
层次结构图/階層式圖 hierarchical chart
层次聚类方法/階層聚類方法 hierarchical clustering method
层次模型/階層式模型 hierarchical model
层次式文件系统/階層式檔案系統 hierarchical file system
层次数据库/階層式資料庫 hierarchical database
层次数据模型/階層式資料模型 hierarchical data model
层次网/分級網,等級網 hierarchical network
层次序列键码/階層式順序鍵 hierarchical sequence key
层错/層錯位 fault
层错能/疊差能 stacking fault energy
层错硬化/疊差硬化 stacking hardening
层叠铁心/疊層鐵片 laminated iron core
层管理/[網路]層管理 layer management
层管理实体/層管理實體 layer management entity
层间窜流/層間流動,交叉流 cross flow
层间腐蚀/層狀腐蝕 layer corrosion
层间距离/層間距離 floor-to-floor distance, inter-floor distance
层间绝缘/層間絕緣,層際絕緣 layer insulation
3 层交换/第三層交換 layer-3 switch
层焦/層焦,追補焦 coke split, split coke
层理/層理 stratification
层裂/層裂 moulding interlayer crack
层流/層流 laminar flow
层流电子枪/層流電子槍 laminar gun
层流电子束/層流電子束 laminar electron beam
层流流量计/層流流量計 laminar flow meter
层门/層門 landing gate
层面 /層面 bedding plane
层面滑动/層滑 bedding glide
层燃锅炉/爐篦鍋爐 grate-fired boiler, stoker-fired biler
层位/層位 horizon
层析成像/斷層掃描 tomography
层析 X 射线照相术/斷層掃描 tomography
层压板/層[壓]板 laminated sheet, laminate
层站/層站 landing
层站栏杆/層站欄桿 landing bar
层站入口/層站入口 landing entrance
层状储集层/夾層貯層 layered reservoir
层状断口/層狀斷口 lamination fracture surface
层状腐蚀/層狀腐蝕 lamellar corrosion
层状结构/夾層,分層結構 sandwich, layer structure

层状矿床/層狀礦 bedded ores
层状燃烧/固定床燃燒 grate firing
层状撕裂/層狀撕裂 lamellar tearing, lamellar tear
层状橡胶弹簧/層狀橡膠彈簧 laminated rubber spring
层状珠光体/層狀波來鐵 laminar pearlite
层状组织/層狀組織 lamellar structure
叉车/堆高車 fork lift truck
叉管/支管 branch pipe
叉规/叉規 fork gage
叉簧/聽筒架 cradle
叉积/交叉乘積 cross product
n 叉树/n 元樹 n-ary tree
叉形管/Y 形管 Y-tube
叉形结构/叉組態 fork configuration
叉形连杆/叉形連桿 fork-and-blade connecting rod
叉音调制/叉音調變 fork-tone modulation
差/差[别],差異 difference
差奥米伽[系统]/差亞米茄[系統] differential Omega
差波束/差波束 difference beam
差波束分离角/差波束分離角 separated angle of difference beam
差波束零深/差波束零深 null depth of difference beam
差层谱/差層譜 difference hierarchy
差错/錯誤,誤差 error
差错保护/錯誤保護 error protection
差错比特/錯誤位元 error bit
差错表/錯誤列表 error list
差错范围/誤差範圍,錯誤範圍 error range
差错恢复/錯誤復原 error recovery
差错检验/錯誤檢查 error check
差错校验系统/錯誤檢查與校正系統 error checking and correcting system
差错控制编码/錯誤控制編碼 error control coding, ECC
差错扩散/差錯擴散 error spread
差错率/錯誤率 error rate
差错潜伏期/錯誤潛時 error latency
差错区段/錯誤區段 error block
差错指示电路/錯誤指示電路 error indication circuit
差动安培计/差動安培計 differential ammeter
差动泵/差動泵 differential pump
差动变压器式位移传感器/差動變壓器式位移感測器 differential transformer displacement transducer
差动称量法/微差稱量法 differential weighing
差动齿轮/差速齒輪 differential gear
差动磁强计/差動磁強計 differential magnetometer
差动电流计/差動電流計,差繞電流計 differential galvanometer
差动电容器/差動電容 differential capacitor
差动放大器/差動放大器 differential amplifier
差动滑车/差動絞盤,差動滑車組 differential windlass, differential
差动换能器/差分轉換器 differential transducer
差动活塞/差動式活塞 differential piston
差动活塞泵/差動活塞泵 differential piston pump
差动机构/差動機構 differential mechanism
差动继电器/差動繼電器,差動電驛 differential relay
差动间隙控制器/微間隙控制器 differential-gap controller
差动鉴频器/微分鑒別器 differential discriminator
差动接法/差動連接 differential connection
差动静电计/差動靜電計,差示靜電計 differential electrometer
差动连接/差動連接 differential connection
差动辘轳/差動絞盤 differential windlass
差动螺钉/差動螺釘 differential screw
差动螺旋/差動螺旋 differential screw
差动螺旋机构/差動螺旋機構 differential screw mechanism
差动热电偶/差動熱電偶,差示熱電偶 differential thermocouple
差动升压机/差動昇壓器 differential booster
差动式测力计/差動式測力計 differential dynamometer
差动式测量仪器/差動量測儀器 differential measuring instrument
差动式传声器/差動式麥克風 differential microphone
差动式电压表/差動伏特計 differential voltmeter
差动式伏特计/差動伏特計 differential voltmeter
差动式压力计/微差壓力計,差壓計 differential manometer
差动式自动同步发电机/同步差繞發電機 synchro differential generator
差动式钻头/差動鑽頭 differential bit
差动双工制/差接雙工[制] differential duplex system
差动温度计/差動溫度計,差示溫度計,雙金屬溫度計 differential thermometer
差动信号/差分信號方式,微分式傳訊 differential

signaling
差动信号驱动器/差動訊號驅動器 differential signal driver
差动压力调节器/差壓調節器 differential pressure regulator
差动振荡器/差動振盪器 differential oscillator
差动装置/差動機構 differential attachment
差分编码/差分編碼 differential encoding
差分编码相移键控/微分編碼式相移鍵控 differentially coded phase shift keying, DCPSK
差分电压信号/差分電壓信號 differential voltage signal
差分二相相移键控/微分二元相移鍵控 differential binary phase shift keying, DBPSK
差分法/差分法 difference method
差分方程模型/差分方程模型 difference equation model
差分方式/微分模式 differential mode
差分放大器/差動放大器 differential amplifier, difference amplifier
差分干涉测量技术/差分干涉術 differential interferometry
差分进化/差分進化 differential evolution
差分脉码调制/差動式博碼調變 differential pulsecode modulation, DPCM
差分曼彻斯特编码/差分曼徹斯特編碼 differential Manchester coding
差分密码分析/差分密碼分析 differential cryptanalysis
差分偏序集/差分偏序集 difference poset
差分全球定位系统/差分全球定位系統,差分 GPS 系統 differential global positioning system
差分群时延/差分群時延 differential group delay, DGD
差分双绞线/差分雙絞線 differential twisted pair
差分调制/微分調變 differential modulation
差分吸气泵/差動式吸氣泵 differential getter pump
差分线性/微分線性 differential linearity
差分相干相移键控/差分同調相移鍵控 differentially coherent PSK
差分相移/差分相移 difference phase shift
差分相移键控/微分相移鍵控 differential phase shift keying, DPSK
差分相移键控调制/差分相移鍵控調變 DPSK modulation
差分相移键控信号/微分相移鍵控訊號 DPSK signal
差分信令/差分信號方式,微分式傳訊 differential signaling
差分增量备份/微分增量備份 differential incremental backup
差集码/差集碼 difference set code
差接变量器/差動轉換器 differential transformer
差接变压器式换能器/差動變壓器式壓力換能器 differential transformer energy transducer
差接增压机/差動昇壓器 differential booster
差模电流/差模電流 differential mode current
差模电压/差模電壓 differential mode voltage
差拍[频]波长/拍波長 beat wavelength
差拍[频]接收/拍接收 beat reception
差频长度/拍長 beat length
差频频率计/拍頻計 beat frequency meter
差频载波/差頻載波 beat carrier
差绕电动机/差繞電動機,差繞馬達 differentially-wound motor
差热滴定[法]/微差測温滴定 differential thermometric titration
差热分析/[微]差熱分析 differential thermal analysis, DTA
差热分析器/微熱差分析儀,微差熱分析儀 differential thermal analyzer, DTA
差热[分析]仪/微熱差分析儀,微差熱分析儀 differential thermal analyzer, DTA
差热曲线/差熱曲線 differential thermal analysis curve
差示测微计/差動測微計 differential micrometer
差示滴定/微分滴定 differential titration
差示量热计/差示量熱計,差示卡計 differential calorimeter
差示热重分析法/差示熱重分析法 differential thermogravimetric analysis
差示扫描量热法/微差掃描熱量法 differential scanning calorimetry
差示扫描量热仪/微差掃描熱量儀 differential scanning calorimeter, DSC
差示色谱法/差示色譜法 differential chromatography
差示折射计/差動式折射計 differential refractometer
差示指示器/差示指示器 differential indicator
差速齿轮/差速齒輪 differential gear
差速离心法/差速離心法 differential centrifugation
差速器/差速器,補整機構,均力裝置 differential, compensating gear
差速器锁紧系数/差速器鎖緊因數 differential locking factor

差速器锁止系数/差速器鎖止係數 differential locking coefficient
差速锁/差速鎖,差動裝置鎖 differential lock
差温加热/選擇加熱 differential heating
差压泵/差動泵 differential pump
差压变送器/差壓傳送器 differential pressure transmitter
差压传感器/差壓轉换器 differential pressure transducer, differential pressure sensor
差压电池/差壓電池 differential pressure cell
差压阀/差壓閥 differential valve
差压放大器/差壓放大器 differential pressure amplifier
差压开关/差壓開關 differential pressure switch
差压控制器/差壓控制器 differential pressure controller
差压膜盒/差壓膜盒 differential diaphragm capsule
差压式流量计/壓差式流量計,壓力差動計 pressure differential meter, differential pressure flowmeter
差压[式]流量计/壓差式流量計,壓差流量表 differential pressure type flowmeter
差压通风计/差壓通風計 differential, draught gage
差压压力表/差壓表,差壓計 differential pressure gage
差压液位计/差壓液位計 differential pressure levelmeter
差压液压计/差動式液壓計 differential pressure hydraulic gage
差压指示计/壓差指示器 differential pressure indicator
差压铸造/差壓鑄造 counter-pressure casting
差异充气电池/差異充氣電池 differential aeration cell
差异化服务/差分服務 differentiated services
差胀计/示差膨脹計,微差膨脹器 differential dilatometer
差胀指示器/差示膨脹指示器 differential expansion indicator
差值检流计/差值檢流計 difference galvanometer
插板/插板 board plug
插补程序/内插器 interpolator
插补器/内插器 interpolator
插齿刀/刨齒刀 gear shaper cutter, shaper cutter
插齿机/齒輪刨製機 gear shaping machine
插床/插床 slotting machine, vertical shaping machine
插床夹具/插床夾具 fixture for slotting machine
插电式混合动力汽车/插電式混合動力車輛 plug-in hybrid electric vehicle, PHEV
插分复用/加減多工法 add-drop multiplexing, ADM
插件式逻辑元件/插入式邏輯元件 plug-in logic element
插接板/插接板,插線板,插腳板 pin board
插接兼容计算机/插接相容計算機 plug-compatible computer
插接器/插接器,插頭 connector
插接套管/嵌入式接頭套管 inserted joint casing
插孔板/孔面板 jack panel
插口/插口,插座,插孔 jack
插木还原/插木提煉法 poling
插入/插入 plug-in, break-in
插入测试信号/插入測試信號 insertion test signal, ITS
插入单元/插入式單元,插换元件 plug-in unit
插入力/插入力 insertion force
插入排序/插入分類 insertion sort
插入扫描/插入掃描 incorporated scan
插入深度/插入深度 immersion depth
插入式保险丝/插頭熔線 plug fuse
插入式放大器/插入式放大器 plug-in amplifier
插入式放电管/插入式放電管 plug-in discharge tube
插入式计量棒/探針式量油桿 bayonet gage stick
插入式注水泥/插管式下水泥 stab-in cementing
插入式组合变速器/插入式組合變速器 splitter change gearbox, splitter change transmission
插入损耗/插入損耗 insertion loss
插入损失/插入損耗 insertion loss
插入相移/介入相移 insertion phase shift
插入信道/植入通道 implanted channel
插入型层错/插入型疊差 extrinsic stacking fault
插入延迟时间/插入延遲時間 break-in hangover time
插入异常/插入異常 insertion anomaly
插入增益/介入增益 insertion gain
插入针/插入針 bayonet pin
插塞/插塞,插頭 plug, telephone plug
插塞接头/插塞接頭 bullet connector
插塞式熔丝/插頭熔線 plug fuse
插塞装置/插入式裝置 plug-in device
插套/套管,套筒,管接頭 sleeve
插头/插頭,插塞 plug
插头[塞]/插頭板 plugboard
插头座/連接器組合 connector assembly
插腿式叉车/跨載車 straddle truck

插线架/插線架 patch bay
插削/插削,開槽 slotting
插销/插銷,接腳 pin
插销接合/插旋接合 bayonet joint
插销节/插旋接頭 bayonet joint
插针/插針 pin
插针板/插線板,插接板,插腳板 pin board
插针压力/插針壓力 pin force
插值/内插 interpolation
插值法/内插法 interpolation method
插值公式/内插公式 interpolation formula
插装泵/插裝泵 cartridge pump
插装阀/插裝閥 cartridge valve
插座/插座 socket
茶壶包/茶壺式澆桶 teapot ladle
茶壶式浇包/茶壺嘴式澆斗 tea pot spout ladle
查表算法/查表演算法 lookup table algorithm
查号台/查號臺 directory information desk
查普曼氰化法/嘉布孟氏氰化法 Chapmanizing
查讫符号/查訖符號 checking off symbol
查询/查詢,詢問 query
Top-K 查询/Top-K 查詢 Top-k query
查询包含/查詢包含 query containment
查询重写/查詢重寫 query rewriting
XML 查询代数/XML 查詢代數 XML query algebra
查询复杂度/查詢複雜性 query complexity
查询间并行机制/查詢間并行機制 inter-query parallelism
查询控制/查詢控制 query control
查询扩展/查詢擴展 query expansion
查询内并行机制/查詢内并行機制 intra-query parallelism
查询松弛/查詢鬆弛 query relaxation
查询调优/查詢調優 query tuning
查询隐私/查詢隱私 query privacy
查询映射/查詢映射 query mapping
查询优化/查詢最佳化 query optimization
RDF 查询语言/RDF 查詢語言 RDF query language
XML 查询语言/XML 查詢語言,可延伸標示語言查詢語言 XML query language
查询源/查詢源 query source
查询运送/查詢運送 query shipping
查询增强/查詢增強 query enhancement
查询转换/查詢轉換 query translation
查验/查驗 ping
查验扫描/ping 拂掠 ping sweep
查找/查找 searching
查找表/查找表 search table
查找时间/尋覓時間 seek time
查准率/查準率 precision rate
岔线/自動迴車道 back shunt
拆包/拆包 depacketize
拆包机/拆包機 bale breaker
拆除/拆卸 dismantling
拆垛/拆垛 unstacking
拆分/分裂 split
拆卷机/拔線圈機 decoiler, reeler, unwinder
拆捆机/拆包機 bale breaker
拆线/拆接 disconnecting, disconnect
柴油车加载减速污染物排放检测/柴油車載入減速汙染物排放檢測 exhaust smoke detection for diesel vehicle under lug-down
柴油车排气后处理装置/柴油車排氣後處理裝置 diesel aftertreatment device
柴油锤/柴油動力衝擊錘 diesel-powered impact hammer
柴油发电机组/柴油發電機組 diesel generator set
柴油机/柴油機,柴油引擎 diesel engine
柴油机工作粗爆/柴油機爆震 diesel knock
柴油机颗粒/柴油機顆粒 diesel particulate
柴油机颗粒物/柴油機顆粒物質 diesel particulate matter
柴油机排烟/柴油機排煙 diesel smoke
柴油机喷油量控制基本 MAP 图/柴油機噴油量控制基本圖 basic control MAP of injected fuel quantity of diesel engine
柴油机敲缸/柴油機爆震 diesel knock
柴油机燃油系统/柴油機燃油系統 diesel fuel system
柴油机用整体式颗粒过滤器/整體式柴油顆粒過濾器 monolithic diesel particulate filter
柴油滤清器/柴油濾清器 diesel fuel filter
柴油燃气发动机/柴油-瓦斯引擎 diesel-gas engine
柴油指数/柴油指數 diesel index
觇孔照准仪/覘孔照準儀 peep-sight alidade
掺铒氟化钇锂激光器/摻鉺氟化釔鋰雷射器 erbium-doped yttrium lithium fluoride laser, Er:YLF laser
掺铒光纤放大器/摻鉺光纖放大器 erbium-doped fiber amplifier, EDFA
掺合槽/摻合槽 blending tank
掺合锅/摻合鍋 blending kettle
掺混区/摻混區 dilution zone
掺钬氟化钇锂激光器/摻鈥氟化釔鋰雷射器 holmium-doped yttrium lithium fluoride laser, Ho:YLF laser

掺加料/配料,攙合料 admixture
[掺]钕钇铝石榴子石激光器/[掺]釹釔鋁石榴子石雷射 neodymium-doped yttrium aluminium garnet laser
掺杂/摻雜 doping, dope
掺杂多晶硅扩散/摻雜多晶矽擴散 doped polycrystalline silicon iffusion
掺杂分布/摻雜分布 doping distribution
掺杂剂/摻雜劑,摻染劑,摻質 dopant
掺杂钼粉/摻雜鉬粉 doped molybdenum powder
掺杂钨/摻雜鎢 doped tungsten
掺杂钨粉/摻雜鎢粉 doped tungsten powder
掺杂氧化物扩散/摻雜氧化物擴散 doped oxide diffusion
缠辊/纏輥 curling round the roll
缠锚/被纏錨 foul anchor
缠绕式提升机/纏繞式提昇機 winding hoister
产层厚度/砂層厚度 sand thickness
产量/產量,成品量 output
产品安全/產品安全 product security
产品标准/產品標準 product standard
产品测试/產品測試 product test
产品成本/產品成本 product cost
产品分析/產品分析 product analysis
产品工程/產品工程 product engineering
产品管理/產品管理 product management
产品规格说明/產品規格說明 product specification
产品基线/產品基線 product baseline
产品建模/產品建模 product modeling
产品库/產品庫 product library
产品矿仓/產品礦倉 product bin
产品气储罐/產品氣體儲槽 product gas tank
产品气纯化装置/產品氣體淨化裝置 product gas purifying device
产品认证/產品認證 product certification
产品生命周期管理/產品生命週期管理 product lifecycle management
产品数据管理/產品資料管理 product data management
产品线构架/產品線構架 product line architecture
产生集/產生集 productive set
产生率/產生率 generation rate
产生式/生產,生成 production
产生式规则/生產規則 production rule
产生式系统/生產系統 production system
产生式语言知识/生產語言知識 production language knowledge
产形齿轮/產形齒輪 generating gear of a gear
产形齿面/產形齒面 generating flank
产形齿条/產形齒條 counterpart rack
铲板/鏟板 insertion board
铲齿车床/鏟齒車床 relieving lathe
铲齿铣刀/鏟齒銑刀 milling cutter with form relieved teeth
铲除渣子/清砂 fettle
铲斗/鏟斗,箕斗 scoop
铲斗臂/斗柄 bucket arm
铲斗车/箕斗車 bucket car
铲斗链挖掘机/箕鏈挖掘機 bucket chain excavator
铲斗装载机/鏟斗裝載機 loader with digging bucket
铲头/負載頭,鏨,鑿 chisel, loading head
铲土机/鏟土機 earth scraper, giant shovel
铲削/鏟削 relieving
铲运机/鏟運機 scraper, carry scraper
铲装机构/鏟裝機構 bucketing mechanism
颤动信号/顫動訊號 dither signal
颤噪效应/顫抖效應,顫抖聲,麥克風效應 microphonism, microphonic effect
颤噪噪声/微音噪音 microphonic noise
颤振/顫振,顫動,飄動 flutter
长臂规/梁規 beam compass
长柄导杆/長柄導桿 long shaft pendulum tool
长柄漏斗/長頸漏斗 long-stemmed funnel
长柄钳/長柄鉗 lazy tongs
长波/長波 long wave, LW
长波长检光器/長波長檢光器 long wavelength optical detector
长波纹管/長波紋管 lengthy bellows
长材/長材 long products
长程挤注/長程擠注法 long squeeze
长程有序/長程序化 long-range order
长程有序参数/長程階次參數 long range order parameter
长窗口/長視窗 long window
长存储单元/長儲存場所 long storage location
长担/長擔 long hundredweight
长底堰/長底堰 long-base weir
长度/長度 length, footage
长度规/長度[量]規,長度計 length gage
长度缓存器/長度暫存器 length register
长度计/長度計,長度[量]規 length gage
长度计量仪器/長度計量儀器,長度量測儀器 length measuring instrument
长度计算用牵引座前置距离/長度計算用牽引座前置距離 fifth-wheel lead for calculation of length
长短齿顶高齿轮系/長短齒冠制 long and short

addendum system
长吨/長噸,英噸 long ton
长方珩磨油石/矩形磨油石 rectangular honing stone
长方形井筒/長方形直井 rectangular shaft
长方油石/矩形油石 rectangular stone
长肥网络/長肥網路 long fat network
长幅摆线/長幅擺線 prolate cycloid
长幅内摆线/長幅内擺線 prolate hypocycloid
长幅外摆线/長幅外擺線 prolate epicycloid
长幅外摆线的等距曲线/長幅外擺線等距曲線 equidistant curve of prolate epicycloid
长幅系数/長幅係數 prolate ratio
长梗漏斗/薊頭漏斗 thistle funnel
长管蒸发器/長管蒸發器 long-tube evaporator
长光程干涉仪/長[光]程干涉儀,大距離干涉儀 long path interferometer
长弧灯/長弧光燈 long arc lamp
长弧泡沫渣操作/長弧泡沫渣操作 operation with long arc and foamy slag
长话中继/長途電話中繼幹線 intertoll trunk
长计数器/長計數器,全波計數器 long counter
长焦镜头/遠距照相鏡 telephoto lens
长焦距/長焦距 long focus
长浸入式水口/長浸没水口 long submerged entry nozzle
长颈叶根/長頸葉根 long shank blade root
长距离网络/長距離網路 long-haul network
长距离依存/長距離依存 long distance dependency
长距离依存关系/長距離依存關係 long distance dependent relation
长孔钻机/長孔鑿岩機 long-hole drill
长螺纹/長絲扣 long thread
长螺旋钻孔机/連續螺旋鑽孔機 rig for rotary drilling with a continuous flight auger
长浪/長浪 swell
长期变化/長期變化 secular variation
长期波动/長期起伏 secular fluctuation
长期规划/長期規劃,長期計劃 long term planning
长期漂移/長期漂移 long-term drift
长期频率稳定度/長期頻率穩定性 long-term frequency stability
长期平衡/長期平衡 secular equilibrium
长期稳定性/長期穩定性 long time stability, long term stability
长期相关性/長期相關性 long-range dependence
长期演进技术/長期演進技術 long term evolution
长期运行的查询/長期運行的查詢 long-running query
长石/長石 feldspar
长时程协调/長時程協調 long time horizon coordination
长时间波形失真/長時波形失真 long-time waveform distortion
长事务/遠距交易 long transaction
长事务管理/遠距交易管理 long transaction management
长手柄套/長手柄套 long sleeve knob
长寿高炉/長壽命高爐 blast furnace with long service
长筒手套/長統手套 gauntlet glove
长头驾驶室/長頭駕駛室 conventional cab
长途/長途[電話] long haul
长途出局中继线/長途出局中繼線 toll outgoing trunk
长途电话/長途電話 long distance call, toll telephone, toll
长途电话公司/長途交换公司 inter-exchange carrier, IEC
长途电话交换机/長途電話機 toll switch, TS
长途电话[交换]局/長途電話局 toll telephone exchange, toll center
长途电话网/長途電話網 toll telephone network
长途电话业务/長途電話業務 long distance telephone service
长途呼叫/長途電話 toll call
长途话务/長途話務 toll traffic
长途交换/長途交换,長途轉接 toll switching
长途交换干线/長途交换中繼線 toll switching trunk
长途交换台/長途交换臺 long distance switchboard, LDSWBD
长途局/長途局 toll office
长途客车/長途客車,城市間客車 interurban coach
长途入局中继线/長途入局中繼線 toll incoming trunk
长途外呼席/長途去話席,長途傳話席 toll outward position
长途网/長途網路 toll network, long haul network
长途系统/長距離系統 long-haul system
长途线路/長途線路 long distance line
长途直拨/直接長途撥號 direct distance dialing, D. D. D
长途中继线/長途中繼線 toll trunk
长线/長線 long line
长线天线/長線天線 log-wire antenna

长芯杆拉伸/長心桿拉製 mandrel drawing
长形倾斜淘金槽/淘金槽 long tom
长焰煤/長焰煤 long flame coal
长阳极管/長陽極管 long anode tube
长叶片颤振/長葉片顫振 long blade flutter
长余辉荧光屏/長餘輝螢光幕 slow screen
长凿/長鑿 long chisel
长周期地震计/長週期地震計 long-period seismometer
长轴/長軸 major axis
长轴半径/長軸半徑 major semi-axis
尝试法/嘗試法 trial method
常闭触点/斷開接點 break contact
常闭触头/斷開接點 break contact
常闭式阀/常閉閥 normally-closed valve
常闭制动器/常閉制動器 normally engaged brake
常磁性/順磁性 paramagnetism
常规充电/常規充電 normal charge
常规穿孔完井/普通穿孔完井法 conventional perforated completion
常规机械采矿/傳統式機械採礦 conventional machine mining
常规检测/約定試驗 conventional test
常规密码体制/慣用密碼系統 conventional cryptosystem
常规喷油器/常規燃油噴射器 conventional fuel injector
常规试验/定期試驗,例行試驗 routine test
常规试验筛组/常規試驗篩組 regular set of test sieves
常规信息系统/慣用資訊系統 conventional information system
常规应力/習用應力 conventional stress
常函数/常數函數 constant function
常合离合器/常合離合器 normally engaged clutch
常衡/英制常衡 avoirdupois
常衡盎司/英制常衡唡 avoirdupois ounce
常衡打兰/英制常衡打蘭 avoirdupois dram
常衡[制]测量法/英制常衡量測法 avoirdupois measure
常见漏钢类型/常見漏鋼類型 common breakout type
常开离合器/常開離合器 normally disengaged clutch
常开式阀/常開式閥 normally-open valve
常开制动器/常開制動器 normally disengaged brake
常量/常數 constant
常量分析/常量分析 macro-analysis
常量说明/常數宣告 constant declaration
常流电池/常流電池 closed circuit cell
常啮式变速器/常嚙合變速箱 constant mesh gearbox, constant mesh transmission
常识/常識 commonsense knowledge
常识推理/常識推理 commonsense reasoning
常数/常數 constant
常数传播/恆定傳播 constant propagation
常数合并/常數合并 constant folding
常速试验/定速試驗 constant speed test
常微分方程数值解/常微分方程數值解 numerical solution for ordinary differential equation
常温裹贴法/常温裹貼法 cold coated process
常温耐压强度/常温耐壓強度 cold compressive strength
常温凝固法/常温自硬法 air set process
常温试验/常温試驗 cold test
常温自硬/常温自硬 air setting
常温自硬树脂黏结剂/常温自硬樹脂黏接劑 airbond
常温自硬[性]黏结剂/常温自硬[性]黏接劑 cold-hardening synthetic resin, cold-setting binder, air setting binder
常温自硬铸造砂型/常温自硬鑄模 air setting mold
常系数/常係數 constant coefficient
常压高炉/常壓高爐 normal pressure blast furnace
常压流化床锅炉/常壓流化床鍋爐 atmospheric fluidized bed boiler
常压流化床联合循环/常壓流化床聯合循環 atmospheric pressure fluidized bed combined cycle, AFBC
常压热水锅炉/常壓熱水鍋爐 atmospheric hot water boiler
常压羰基法镍精炼/常壓羰基法鎳精煉 nickel carbonyl atmospheric pressure process
常用玻璃量器/工作玻璃容器 working glass container
常用词/常用字 high-frequency word
常用对数/布里格斯對數 Briggs logarithm
常驻操作系统/常駐作業系統 resident operating system
常驻磁盘操作系统/常駐磁碟作業系統 resident disk operating system
常驻轨道/常駐軌道,停泊軌道,駐留軌道 parking orbit
常驻控制程序/常駐控制程式 resident control program
厂感测/廠感測 plant sensing

厂用电率/廠用輔助電功率 station auxiliary power rate
厂用电系统/廠用輔助電力系統 station auxiliary power system
场/場 field
场标志/欄標 field mark
场磁体/場磁體,場磁鐵 field magnet
场磁铁/場磁鐵,場磁體 field magnet
场电离/場游離 field ionization
场电源/場電源 field ionization source
场发射电子显微术/場發射電子顯微術 field emission electron microscopy, FEEM
场发射显微镜/場發射顯微鏡,場致發射電子顯微鏡 field emission microscope
场发射显微镜法/場發射顯微鏡法 method of field emission microscope
场放电开关/磁場放電開關 field discharge switch
场感应结/場感應接面 field induced junction
场管/場管 field tube
场函数/[電]場函數 field function
场结构图/場結構圖 field structure picture
场解吸/場脱附 field desorption
场解吸显微镜/場脱附顯微鏡 field desorption microscope
场景/場景 scene
场离子发射显微镜/場離子發射顯微鏡 field ion emission microscope
场离子显微镜/場離子顯微鏡 field ion microscope
场离子显微术/場離子顯微術 field-ion microscopy
场量/場量 field quantity
场面检测雷达/場面檢測雷達 airport surface detection radar
场模型/域模式 field model
场内焊/場内熔接 store weld
场频/場頻 field frequency, field repetition rate
场强/場強,[電磁]場之強度 field strength, field intensity
场强测量仪/場強測量儀 field strength meter
场强[度]计/場強度計 field intensity meter, field strength meter
场强[度]仪/場強度計 field intensity meter, field strength meter
场区/場區 field region
场扫描/場掃掠 field sweeping
场时间波形失真/場時波形失真 field-time waveform distortion
场所监视/區域監視 area monitoring
场调管/場調電晶體 technetron
场图/場圖 field picture
场[弯]曲/場曲率 curvature of field
场线/場力線 field line
MOS场效晶体管/MOS場效電晶體,金屬-氧化物-半導體場效電晶體 metal-oxide-semiconductor field effect transistor, MOSFET
场效失真/場時失真 field-effect distortion
场效应/場效應 field effect
场效应管[式]气体传感器/場效氣體轉換器 field effect gas transducer
场效应管[式]湿度传感器/場效電晶體式濕度轉換器 field effect transistor type humidity transducer
场效应晶体管/場效[應]電晶體 field-effect transistor, FET
场序制彩色电视/場序彩色電視 field sequential color television
场氧化层/場氧化層 field oxide
场移式隔离器/場移隔離器 field-displacement isolator
场致发光/電發光,場發光,電螢光 electroluminescence
场致发光板/電發光盤 electroluminescent panel
场致发光光源/電發光源 electroluminescent source
场致发射/場[致]發射 field emission
场致发射显微镜[学]/場致發射顯微鏡[學] field emission microscopy, FEM
场致离子质谱[学]/場致離子質譜[學] field ion mass spectroscopy, FIMS
场中和线圈/磁場中和線圈 field neutralizing coil
场助扩散/場助擴散 field-aided diffusion
场坐标/場坐標 field coordinates
敞槽法/開槽式木料防腐法 open-tank process
敞开环式焙烧炉/敞開環式焙燒爐 open type ring baking furnace
敞开连铸/無保護渣連鑄 continuous casting without flux
敞开式鼓风炉/敞開式鼓風爐 open-top blast furnace
敞口浇铸/敞模鑄造 open sand casting
敞模/敞模,露天模 open mold
敞喷测试/全開噴流試驗 open flow test
敞篷车/敞篷車 convertible
敞砂模法/敞砂模法 open sand molding
敞式车身/敞篷車體 convertible body, open-top body
唱片/唱片 record
唱针/唱針 stylus
抄件/副本 courtesy copy
超薄带钢/超薄帶鋼 ultrathin steel strip

超标量/超純量 superscalar
超标量结构/超純量架構 superscalar architecture
超表/超表 hypertableaux
超测微计/超微計 ultra micrometer
超差/超差 out of tolerance
超长波/超長波 myriametric wave
超长波通信/超長波通訊 myriametric wave communication
超长文本/超長文本,超長正文 supertext
超长指令字处理器/超長指令文書處理器 very long instruction word processor, VLIW processor
超常试验/超額定試驗 exaggerated test
超超临界汽轮机/超超臨界壓力汽輪機 ultra-supercritical pressure steam turbine
超车加速时间/超車加速時間 overtaking accelerating time
超驰控制/越權控制 override control
超纯水/超純水 ultrapure water
超大规模集成电路/超大型積體電路 very large scale integrated circuit, VLSI
超导参量振荡器/超導參數振盪器 superconducting parametric oscillator
超导测辐射[热]计/超導輻射熱計 superconducting bolometer
超导磁合金/超導磁率合金 supermumetal
超导磁力仪/超導磁強計 superconducting magnetometer
超导磁强计/超導磁強計 superconducting magnetometer
超导磁体/超導磁鐵 superconducting magnet
超导磁铁/超導磁鐵 superconducting magnet
超导磁铁系统/超導磁鐵系統 superconducting magnet system
超导磁选/超導磁選 superconducting magnetic separation
超导存储器/超導記憶體 superconducting memory
超导[电]性/超導[電]性 superconductivity
超导电子学/超導電子學 superconducting electronics
超导固定点/超導固定點 superconductive fixed point
超导合金/超導合金 superconducting alloy
超导核磁共振[波谱]仪/超導核磁共振[波譜]儀 NMR spectrometer with superconducting magnet
超导计算机/超導電腦 superconducting computer
超导量子磁强计/超導量子磁強計 superconducting quantum magnetometer
超导量子干涉器件/超導量子干涉儀,磁規 superconducting quantum interference device, SQUID
超导量子干涉仪/超導量子干涉儀,磁規 superconducting quantum interference device, SQUID
超导量子衍射效应/超導量子繞射效應 superconducting quantum diffraction effect
超导临界磁场/超導臨界磁場 superconducting critical magnetic field
超导临界温度/超導臨界溫度 superconducting transition temperature
超导生物磁强计/超導生物磁強計 superconducting biomagnetometer
超导探测器/超導探測器 superconductor detector
超导体/超導體 superconductor
超导体能隙参数/超導體能隙參數 superconductor energy gap parameter
超导陀螺仪/超導陀螺儀 superconducting gyroscope
超导转变宽度/超導躍遷寬度 superconductivity transition width
超导转变温度/超導躍遷溫度 superconductivity transition temperature
超低比特率编码/超低位元速率編碼 very low bit-rate coding
超低排放车/超低排放車輛 ultralow emission vehicle
超低频通信/超低頻通訊 superlow frequency communication, SLF communication
超低水泥浇注料/超低水泥澆注料 ultralow cement castable
超低损失光纤/超低損失光纖 ultralow loss fiber
超低碳不锈钢/超低碳不銹鋼 extralow carbon stainless steel
超低温阀门/低溫閥門 cryogenic valve
超低温因瓦合金/超低溫因瓦合金 ultralow temperature invar alloy
超点阵/超晶格 superlattice
超定方程组/超[設]定方程組 overdetermined set of equations
超动态应变仪/超高動態應變儀 ultrahigh dynamic strainometer
超短波/超短波 ultrashort wave, USW
超短波辐射/超短波輻射 ultrashort wave radiation
超短光脉冲/超短光脈波 ultrashort light pulse
超钝性/超鈍態 transpassivity
超多项式/超多項式 superpolynomial
超额突发量/超額突發量 excess burst size
超辐射/超輻射 superradiance

超负荷转速/超負荷轉速 overload speed
超高功率电[弧]炉/超高功率電[弧]爐 ultrahigh power electric arc furnace, UHPEAF
超高精度机床/超高精度機床 ultraprecision machine tool
超高频/超高頻 superhigh frequency, SHF
超高频波段/極高頻帶 superhigh frequency band, SHF band
超高频通信/超高頻通信,厘米波通信 superhigh frequency communication, SHF communication
超高频镇流器/超高頻鎮流器 superhigh frequency ballast, SHF ballast
超高强度钢/超高強度鋼 ultrahigh strength steel
超高速电梯/超高速電梯 ultrahigh speed elevator
超高速集成电路/高速積體電路 very high speed integrated circuit, VHSIC
超高速集成电路硬件描述语言/高速積體電路硬體描述語言 VHSIC hardware description language
超高速扫描照相机/快速照相機 streak camera
超高效空气过滤器/超低滲透空氣過濾器 ultralow penetration air filter
超高压泵/超高壓泵 ultrapressure pump
超高压阀门/超高壓閥門 ultrahigh pressure valve
超高压汞灯/超高壓汞燈 superhigh pressure mercury lamp
超高压锅炉/超高壓鍋爐 superhigh pressure boiler
超高压汽轮机/超高壓汽輪機 superhigh pressure steam turbine
超高压水切割机/超高壓水切割機 ultrahigh pressure waterjet cutting unit
超高压水射流/超高壓水射流 ultrahigh pressure waterjet
超高压压缩机/超高壓壓縮機 ultrahigh pressure compressor
超高压液压机/超高壓液壓床 superhigh pressure hydraulic press
超高真空/超高真空 ultrahigh vacuum
超高真空泵/超高真空泵 ultrahigh vacuum pump
超高真空测量/超高真空計量 ultrahigh vacuum measurement
超高真空阀/超高真空閥 ultrahigh vacuum valve
超高真空计/超高真空計 ultrahigh vacuum gage
超镉中子/超鎘中子 epicadmium neutron
超工作故障/超工作故障 hyperactive fault
超功率激光器/超功率雷射 superpower laser
超固相线烧结/超固相線燒結 supersolidus sintering
超光电摄像管/影像光電顯像管 image iconoscope
超光度计/超光度計 ultraphotometer
超归结/超解析 hyperresolution
超过滤/超過濾 ultrafiltration
超黑/超黑 superblack
超痕量分析/超痕量分析 ultratrace analysis
超级编译程序/超級編譯程式 supercompiler
超级操作/超級操作 superoperation
超级测微仪/超測微計 supermicrometer
超级大功率电子显微镜/超顯微鏡 supermicroscope
超级电容/超級電容 supercapacitor
超级服务器/超級伺服器 superserver
超级计算/超級計算 supercomputing
超级计算机/超級電腦 supercomputer
超级守护程序/超級守護程式 superdaemon
超级小型计算机/超級小型計算機 super minicomputer
超级硬铝/超剛鋁,超柱拉鋁 superduralumin
超极化/加極化 hyperpolarization
超集线器/超集線器 hyperconcentrator
超洁净钢/超潔淨鋼,超清淨鋼 superclean steel
超晶格/超晶格 superlattice
超晶格磁性材料/超晶格磁性材料 superlattice magnetic material
超β晶体管/超β電晶體 super β transistor
超精加工/超級光製 superfinishing
超精加工外圆/超級光製外圓 cylindrical superfinishing
超精细分裂/超精細分裂 hyperfine splitting
超精细结构/超精細結構 hyperfine structure
超静定体系/静不定力系 hyperstatic system
超快光电子学/極速光電子學 ultrafast opto electronics
超宽带/超寬頻 ultrawide band, UWB
超类/超類 superclass
超立方体/超立方體 hypercube
超立方体链接/超立方體連結 hypercube interconnection
超立方体网络/超立方網路 hypercube network
超链接/超連接 hyperlink
超量电能表/超量電能表 excess energy meter
超量均方误差/超量均方誤差 excess mean square error
超临界反应堆/超臨界反應器 supercritical reactor
超临界流体色谱法/超臨界流體層析法 supercritical fluid chromatography
超临界流体色谱仪/超臨界流體層析儀 supercritical fluid chromatograph
超临界压力锅炉/超臨界壓力鍋爐 supercritical pressure boiler

超临界压力汽轮机/超臨界壓力汽輪機 supercritical pressure steam turbine
超灵敏氢检测器/超靈敏氫偵測器 ultrasensitive hydrogen detector
超流水线/超級管線 superpipeline
超流水线结构/超級管線結構 superpipelined architecture
超滤器/超過濾器 ultrafilter
超码/超碼 supercode
超媒体/超媒體 hypermedia
超密编码/超密編碼 superdense coding
超密集波分复用/超密集波分複用 ultradense wavelength-division multiplexer, UDWDM
超敏感/超敏感,超敏化 hypersensitization
超敏化/超敏化,超敏感 hypersensitization
超模激光器/超模雷射 supermode laser
超扭曲双折射效应/超扭曲雙折射效應 supertwisted birefringent effect, SBE effect
超平面/超平面 hyperplane
超前/超前,越前 lead
超前补偿/超前補償,前置補償 lead compensation
超前补偿器/領前補償器 lead compensator
超前负载/超前負載 leading load
超前角/超前角 lead angle
超前控制/超前控制,移前控制 lead control
超前网络/超前網路,領前網路 lead network
超前-滞后控制/超前-滯後控制 lead-lag control
超轻合金/超輕合金 ultralight alloy
超群/超群 supergroup
超群排/超群排 supergroup bank
超群转译/超群轉譯 supergroup translation
超热钍反应堆/超熱能釷反應器 epithermal thorium reactor
超热中子/超熱中子 epithermal neutron
超热中子[反应]堆/超熱中子反應器 epithermal reactor
超三极管/超三極管 ultraaudion
超三极管振荡器/超三極管振盪器 ultraaudion oscillator
超扇区/超扇區 supersector
超声波/超音波 ultrasonic
超声波测厚器/超音波厚度指示器 ultrasonic thickness indicator
超声波测厚仪/超音波厚度計 ultrasonic thickness measuring instrument
超声波测距仪/超音波測距儀 ultrasonic distance measuring instrument
超声波测脑仪/超音波測腦儀 sono-encephalograph
超声波测深器/回波聲納 echo depth sounding sonar
超声波测深仪/回音測深儀,水深計 fathometer
超声波测试/超音波檢驗 ultra-sonic testing
超声波穿孔/超音波穿孔 ultrasonic perforation
超声波传感器/超音波感測器 ultrasonic sensor
超声波发生器/超音波產生器 ultra sonator, ultrasonic generator
超声波反射[探伤]仪/超音波反射[探傷]儀 supersonic reflectoscope
超声波分离器/超音波分離器 ultrasonic separator
超声波干扰仪/超音波干涉計 ultrasonic interferometer
超声波焊/超音波焊接 ultrasonic welding
超声波厚度计/超音波厚度計 ultrasonic thickness meter, ultrasonic thickness gage
超声波加湿器/超音波加濕器 ultrasonic humidifier
超声波检漏仪/超音波偵漏器 ultrasonic leak detector
超声波流量计/超音波流量計 ultrasonic flow meter
超声波频闪观测器/超音波頻閃觀測器 ultrasonic stroboscope
超声波谱仪/超音波譜儀 ultrasonic spectrometer
超声波清洗/超音波清洗 ultrasonic cleaning
超声波清洗器/超音波清潔器 supersonic cleaner
超声波清洗仪/超音波清洗器 ultrasonic cleaner
超声波软钎焊/超音波軟焊,超音波焊接 ultrasonic soldering
超声波酸洗/超音波酸洗 ultrasonic pickling
超声波探测器/超音波檢知器 ultrasonic detector
超声波探伤/超音波探傷 ultrasonic flaw detection, ultrasonic inspection
超声波探伤器/超音波探傷器,超音波探傷儀 supersonic crack detector, ultrasonic detectoscope
超声波温度计/超音波溫度計 ultrasonic thermometer
超声波显微镜/超音波顯微鏡 ultrasonic microscope
超声[波]学/超音[波]學 ultrasonics
超声波液位计/聲波液位計 sonic liquid level meter
超声波照射/超音波照射 ultrasonic exposure
超声波照相机/超音波照相機 ultrasonic camera
超声波振动器/超音波振動器 ultrasonic vibrator
超声波自动调平器/超音波自動調平器 ultrasonic auto-leveling device
超声测厚仪/超音測厚儀 ultrasonic thickness gage
超声成形/超音速成形 supersonic forming, ultrasonic forming
超声穿孔机/超聲穿孔機 ultrasonic perforating machine

超声导盲器/超音波導盲器 ultrasonic guides for the blind
超声电子学/聲音電子學 acoustoelectronics
超声多普勒检测系统/超音波都卜勒檢測系統 ultrasonic Doppler method testing system
超声多普勒血流成像/超音波都卜勒血流成像 ultrasonic Doppler blood flow imaging
超声多普勒血流仪/超音波都卜勒血流儀 ultrasonic Doppler blood flowmeter
超声多普勒血压传感器/超音波多卜勒血壓感測器，超音波多卜勒血壓傳感器 ultrasonic Doppler blood pressure transducer
超声粉碎器/超音波分解器 ultrasonic disintegrator
超声功率/超音波功率 ultrasonic power
超声功率计/超音波功率計 ultrasonic power meter
超声光栅/超音波光柵 ultrasonic grating
超声厚度规/超音波測厚儀 ultrasonic thickness gage
超声厚度计/超音波厚度計，超音波測厚儀 ultrasonic thickness gage, ultrasonic thickness meter
超声换能器/超音波換能器，超音波轉換器 ultrasonic transducer
超声计算机断层成像[术]/超音波電腦斷層成像 ultrasonic computerized tomography, UCT
超声加工/超音波切削 ultrasonic machining
超声加工机床/超音波加工機床 ultrasonic machine tool
超声检测/超音波偵測 ultrasonic detection and measurement
超声检测分辨力/超音波檢測分辨力 resolution of ultrasonic detection
超声检验器/超音波試驗器 ultrasonic tester
超声键合/超音波鍵合 ultrasonic bonding
超声流量计/超音波流量計 ultrasonic flowmeter
超声漫射器/超音速擴散器 supersonic diffuser
超声黏度计/超音波黏度計 ultrasonic viscometer
超声凝聚/超音波沈澱 ultrasonic precipitation
超声频率/超音速頻[率] supersonic frequency
超声频谱/超音波頻譜 ultrasonic spectrum
超声气体雾化/超音波氣體霧化 ultrasonic gas-atomizing
超声清洗/超音波清洗 ultrasonic cleaning
超声人体组织仿真模块/超音波人體組織假體 ultrasonic tissue phantom
超声设备/超音波裝備 ultrasonic equipment
超声速火焰喷涂/超音速火焰噴射 supersonic flame spraying
超声速扩压器/超音速擴散器 supersonic diffuser
超声速喷管/超音速噴嘴 supersonic nozzle
超声速喷嘴/超音速噴嘴 supersonic nozzle
超声速射流/超音速噴流 supersonic jet
超声速压缩机/超音速壓縮機 supersonic compressor
超声探伤/超音波檢測 ultrasonic flaw detection
超声探伤器/超音波試驗器 ultrasonic tester
超声探伤仪/超聲探傷儀，超音波探傷儀 ultrasonic flaw detector, reflectoscope
超声探头/超音波探頭 ultrasonic probe
超声调光器/超音波調光器，超音波光調制器 ultrasonic light modulator
超声透镜/超音波透鏡 ultrasonic lens
超声脱脂/超音波脫脂 ultrasonic degreasing
超声温度计/超音波溫度計 ultrasonic thermometer
超声物位计/超音波液位計 ultrasonic levelmeter
超声心动图显像/超音波心動圖顯像 echo cardiography
超声压气机/超音速壓縮機 supersonic compressor
超声仪器/超音波儀器 ultrasonic instrument
超声硬度计/超音波硬度試驗器 ultrasonic hardness tester
超声源/超音波源 ultrasonic source
超声诊断法/超音波診斷 ultrasonic diagnosis
超声振动器/超音波振動器 ultrasonic vibrator
超时/逾時 time over, time-out
超时控制/逾時控制 time-out control
超实时仿真/快速即時模擬 faster-than-real-time simulation
超试验力/超試驗力 overtest force
超视距/超視距，視距外，超越地平線 over-the-horizon, OTH
超视距传播/超視距傳播 transhorizon propagation
超视距雷达/超視距雷達，超越地平線雷達 over-the-horizon radar, OTH radar
超视距通信/超視距通訊 beyond-the-horizon communication
超视距无线电通信/超越地平線無線電通訊 radio communication beyond-the-horizon
超视频/超視頻 hypervideo
超顺磁性/超順磁性 superparamagnetism
超速保护装置/超速保護器，超速脫扣停機裝置 overspeed protector, overspeed tripping device
超速档/超速驅動 over drive
超速控制装置/超速控制裝置 overspeed control device
超速离心机/超[速]離心機 overspeed centrifuge,

ultracentrifuge
超速试验/超速試驗 overspeed test
超速脱扣停机/超速脱扣停機 overspeed tripping
超速限制装置/超速限制裝置 overspeed limiting device
超速制动/自動剎車 automatic brake
超塑成形/超塑成形 superplastic forming
超塑性/超塑性 superplasticity
超塑性成形/超塑性成形 super plastic forming
超算子/超運算元 superoperator
超弹性/超彈性 superelasticity
超调量/超越量,過衝 overshoot
超同步串级电气传动/超同步舍比烏斯[電氣]傳動 supersynchronous Scherbius electric drive
超图/超圖 hypergraph
超图数据结构/超圖資料結構 hypergraphic based data structure
超外差接收机/超外差接收機 superheterodyne receiver
超外差式接收/超外差接收 superheterodyne reception
超网/超網 supernet
超微波/超微波 ultra microwaves, UMW
[超]微电极/超微電極 ultramicroelectrode
超微粒干版/超微粒干版 plate for ultra-microminiaturization
超微量分析/超微量分析 ultramicro analysis
超微量天平/超微量天平 ultramicro balance
超微量吸管/超微量吸管 ultramicro pipet
超位错/超差排 superdislocation
超温/超温,過熱[温度] overtemperature
超温检测器/超温檢測器 overtemperature detector
超温控制装置/超温控制裝置 overtemperature control device
超文本/超文件 hypertext
超文本标记语言/超文字標記語言 hypertext markup language
超文本传输安全协议/超文件傳送協定安全 hypertext transfer protocol secure
超文本传送协议/超文件傳送協定 hypertext transport protocol, HTTP
超文本置标语言/超文件標示語言 hypertext markup language
超稳定性/超穩定性 hyperstability
超吸附 /超吸附法 hypersorption
超细分级机/超微分級機,超細類析器 superfine classifier
超细粉/超細粉 subsieve powder
超细碎/超細碎 ultrafine crushing
超限换档/超限換擋 overrun shift
超线性/超線性收斂 superlinear
超小型化/微小型化 microminiaturization
超小型照相机/超小型照相機 subminiature camera
超谐波/超諧波 ultraharmonic
超谐振动/超調和振動 superharmonic vibration
超循环理论/超循環理論 hypercycle theory
超压/超壓,剩餘壓力 excessive pressure
超压保护装置/超壓保護裝置 overpressure protection device
超压特性/超壓特性 overpressure characteristic
超演绎/超演繹 hyperdeduction
超因瓦合金/超因瓦合金 super Invar alloy
超音频/超音頻,超音速頻[率] superaudio frequency, supersonic frequency
超硬铝合金/超硬鋁合金 superhard aluminum alloy
超铀元素/超鈾元素 trans-uranic element
超预解式/超消解式 hyperresolvent
超越控制/越權控制 override control
超越离合器/超速離合器 overrunning clutch
超载制动销/超載制動銷 overload lock pin
超再生接收/超再生接收 superregenerative reception
超再生接收机/超再生接收機 superregeneration receiver
超再生振荡器/超三極管振盪器 ultraaudion oscillator
超噪比/超噪比,過量雜訊比 excess noise ratio
超折射/超折射 superrefraction
超帧/超碼框 superframe
超正交天线/超正交天線 superturnstile antenna
超主群/超主群 supermaster group
超子/超介子 hyperon
超字/超字 superword
潮解/潮解 deliquesce, deliquescence
潮流图/潮流圖 tidal current diagram
炒炼法/炒煉法 ancient puddling
车槽/車槽 slot turning
车铲比/車鏟比 truck to shovel ratio
车成形面/車成形面 form turning
车窗玻璃/車窗玻璃 window glass
车窗玻璃导轨/車窗玻璃導軌 window guide
车窗玻璃滑槽/車窗玻璃滑槽 window guide channel
车窗玻璃密封条/車窗玻璃密封條 window strip
车窗框/車窗框 window frame, window surround
车床/車床 lathe, turing machine

车床夹具/車床夾具 lathe fixture
车床螺旋常数/車床螺旋常數 lathe screw constant
车刀/車削刀具 turning tool
车刀条/車床刀具 lathe tool bit
车底式炉/車底式爐 bogie furnace
车顶/車頂 body roof
车顶板/車頂板 roof panel
车顶骨架/車頂框架 roof frame, roof skeleton
车顶横梁/車頂横梁 roof cross member
车顶流水槽/車頂排水槽 roof drain
车顶蒙皮/車頂外蒙皮,車頂外板 roof outer panel, roof outer skin
车顶内护板/車頂内護板,車頂内蒙皮 roof inner shield, roof inner skin
车顶梯/車頂梯 roof ladder
车顶通风装置/車頂通風裝置 roof ventilator
车顶行李架/車頂行李架 roof baggage rack
车高/車高 vehicle height
车高可调悬架/車高可調懸架 height adjustable suspension
车钩间距/車鉤間距 length between couples
车架高度/底盤地面高度 height of chassis above ground
车间用显微镜/工廠顯微鏡 workstore microscope
车颈/車頸 cowl
车颈上盖板/車頸上蓋板 cowl top
车孔/車孔 hole turning
车宽/車寬 vehicle width
车辆通讯/車輛通訊 vehicular communication
车辆型式/車輛型式 vehicle type
车辆运输车/車輛運輸車 car carrier
车辆总质量/車輛總重 gross vehicle mass
车轮定位/車輪對準 wheel alignment
车轮动行程/車輪的垂直間距 vertical clearance of wheel
车轮固结坐标系/車輪固定軸系統 wheel-fixed axis system
车轮力矩/[車]輪扭矩 wheel torque
车轮轮箍轧机/車輪輪箍軋機 wheel and tyre mill, railroad-wheel-and-tyre mill
车轮抬起/車輪抬起 wheel lift
车轮提升高度/車輪提昇高度 lift of wheel
车轮外倾角/外傾角 camber angle
车轮圆坯/車輪圓坯 wheel blank
车轮中心/車輪中心 wheel center
车轮中心面/車輪中心平面 median plane of wheel
车轮转向/[車]輪轉向 wheel steering
车螺纹/車螺紋 thread turning
车门/車門 door
车门衬里/車門襯裡 door lining
车门窗/車門窗 door window
车门防撞杆/車門防撞梁 door impact beam
车门扶手/車門扶手 door arm rest
车门开闭装置/車門致動裝置 door actuating device
车门开度限制器/門擋 door arrester, door stop
车门内板/車門内板 door inner panel, door inner skin
车门内护板/車門内護板 door inner shield
车门内手柄/車門内手柄 inside door handle
车门通风窗/車門通氣窗 door vent window
车门外板/車門外板 door outer panel, door outer skin
车门外手柄/車門外手柄 outside door handle
车平面/車平面 surface turning
车前板制件/前車身外殼 front body shell, front sheet metal
车桥/車軸,輪軸 axle
车身/車身 body
车身本体/耐壓殻體 main body
车身侧板/車身側板 bodywork
车身侧部/車身側部 side body
车身侧门/車身側門 side door
车身侧倾度/車身側傾率 roll rate of autobody
车身侧倾角/車身側傾角 vehicle roll angle
车身侧围/車身側圍 body side wall
车身长度/車身長度 bodywork length
车身底部/車身底部 body bottom
车身地板/車身地板 body floor
车身顶部/車身頂部 body top
车身附件/車身附件 body accessories
车身覆盖件/車身覆蓋件 body covering, body cover panel
车身骨架/車身骨架 body skeleton
车身后部/車體後部 rear body
车身后围/車身後圍 body rear wall
车身机构/車身機構 body mechanism
车身结构件/車身結構件 body structural member
车身举升点/車身舉昇點 body jacking point
车身蒙皮/車身蒙皮 body skin
车身内部/車身内部 body interior
车身前部/車身前部 body front, body nose
车身前围/車身前圍 body front wall
车身裙部/車身裙部 body skirt
车身外部/車身外部 body exterior
车身尾部/車身尾部 body rear end, body tail
车身修复/車身修復 body repair

车身悬置/車身懸置 body mounting
车身纵倾角/車輛俯仰角 vehicle pitch angle
车速控制式点火装置/車速控制式點火裝置 speed-controlled spark
车速里程表/車速里程表,速率計,速度表 speedometer, speed and mileage meter
车外圆/車外圓 cylindrical turning
车厢可卸式垃圾车/車艙可拆式垃圾車 detachable container garbage collector
车厢可卸式汽车/車斗可傾卸式卡車 swept-body dump truck
车厢内部最大尺寸/車廂內部最大尺寸 maximum internal dimensions of body
车削/車削 turning
车用气瓶/車用氣瓶 cylinder for vehicle
车用压缩天然气气瓶/車用壓縮天然氣氣瓶 cylinder for CNG vehicle
车用液化石油气气瓶/車用液化石油氣氣瓶 cylinder for LPG vehicle
车载充电器/車載充電器 on-board charger
车载加油蒸气回收/車載加油蒸氣回收 on-board refueling vapor recovery
车载加油蒸气回收装置/車載加油蒸氣回收裝置 on-board refueling vapor recovery device
车载式混凝土泵/車載式混凝土泵 transported concrete pump
车载式石屑撒布机/車載式石屑撒布機 transported chippings spreader
车载网/車載網 vehicle network
车载移动式升降工作平台/車載移動式昇降工作平臺 vehicle-mounted mobile elevating work platform
车载诊断/車載診斷 on-board diagnostics, OBD
车制砂芯/旋刮砂心 sweeping core
车轴/車軸,輪軸 axle
车轴电路/車軸電路 axle circuit
车铸/車鑄 truck teeming, car casting
车装钻机/車裝鑽機 wagon drill
车组式运载工具/群組式運載工具 group of carriers
扯裂试验机/撕裂試驗器 tear tester
[彻]体力/物體力 body force
掣子/掣子 click, detent, latch
撤除/撤消 stripping
撤销/取消,廢除 undo
撤销原语/撤消基元 destroy primitive
撤柱器/支架回收機 sylvester
尘度计/計塵表,空氣塵量計 konimeter
尘肺病/肺塵埃沈著病 pneumoconiosis
尘封/防塵密封,防塵圈 dust seal
尘粒计数器/塵量計 dust counter
尘粒镜/塵粒鏡 koniscope
尘量测定器/塵量測定器 dust extraction device
尘量分析仪/塵量分析儀 dust analyzer
尘末结合/煤塵凝結 dust consolidation
辰砂/辰砂 cinnabar
沉拔桩作业装置/沈拔樁作業裝置 pile installation and extraction equipment
沉淀/沈澱 precipitation, sediment
沉淀槽/沈降槽 settling tank
沉淀池/沈澱槽,沈積槽,沈降池 sedimentation tank, settling basin
沉淀滴定[法]/沈澱滴定[法] precipitation titration
沉淀粉/沈澱粉 precipitated powder
沉淀剂/沈澱劑 precipitant
沉淀阱/沈積物捕集器 sediment trap
沉淀器/沈澱器,集塵器 precipitator
沉淀强化高温合金/沈澱強化超合金 precipitation strengthened superalloy
沉淀熔炼/沈澱熔煉 precipitation smelting
沉淀式离心机/沈積離心機 sedimentation centrifuge
沉淀脱氧/沈澱去氧 deoxidation by precipitation
沉淀物/沈澱物 precipitate
沉淀物捕集器/沈積物捕集器 sediment trap
沉淀硬化/沈澱硬化 precipitation hardening
沉淀硬化不锈钢/沈澱硬化不銹鋼 precipitation hardening stainless steel
沉淀硬化处理/析出熱處理 precipitation heat treatment
沉淀值/沈澱值 precipitation value
沉淀重量法/沈澱重量分析 precipitation gravimetry
沉浮分析/沈浮分析,重液分析 sink-float analysis
沉积/沈積,黏集 aggradation
沉积波纹管/沈積伸縮囊 electro-formed bellows
沉积槽/沈積槽 deposit tank, subsider
沉积电位/沈積電位 deposition potential
沉积断层/沈積斷層 sedimentary fault
沉积腐蚀/沈積侵蝕 deposit attack
沉积计/沈澱計 sedimentometer
沉积矿床/沈積礦床 sedimentary ore deposit
沉积速率/沈積率,澱積率 deposition rate
沉积物/沈澱物 sediment
沉积物腐蚀/沈積腐蝕 deposit corrosion
沉积岩/沈積岩 sedimentary rock
沉寂室/沈寂室 dead room
沉降/沈積 sedimentation
沉降槽/沈積槽 subsider

沉降池/沈降池,沈降槽　settling basin
沉降分析/沈積試驗　sedimentation test
沉降分析法/沈降分析法　sedimentation analysis
沉降灰/沈積灰　sedimentation ash, settled ash
沉降曲线/沈降曲線　subsidence curve
沉降时间/沈降時間　sedimentation time
沉降式离心机/沈降離心機　settling centrifuger
沉降试验/沈降試驗,凝結試驗　settling test
沉降速度计/沈澱計　sedimentometer
沉降速率/沈澱率　sedimentation rate
沉降天平/沈降天平　sedimentation balance
沉降物测定仪/落塵[劑量]計　fallout meter
沉降物探测器/落塵檢知器　fallout detector
沉浸感/浸[漬]　immersion
沉浸式发生器/沈浸式産生器　submerged generator
沉浸式冷凝器/沈浸螺管式冷凝器　submerged-coil condenser
沉浸式冷却器/浸入式冷却器　diving cooler
沉浸式虚拟现实/沈浸式虛擬實境　immersive VR
沉浸式蒸发器/沈浸式蒸發器　submerged evaporator
沉井/沈箱　caisson
沉井掘井法/沈井掘井法　caisson shaft sinking
沉没式泵/沈水泵,沈式泵　sinking pump
沉铜装置/沈銅裝置　copper precipitation unit
沉头半空心铆钉/沈頭半空心鉚釘　countersunk head semi-tubular rivet
沉头槽销/沈頭槽銷　countersunk grooved pin
沉头带榫螺栓/沈頭帶榫螺栓　flat countersunk nib bolt
沉头铆钉/埋頭鉚釘　countersunk head rivet
沉箱式海上风力发电机组基础/沈箱式離岸風力發電機組基礎　caisson-type foundation of off-shore wind turbine generator set
沉阴极电池/沈陰極電池　submerged cathode cell
沉渣/渣窩　slag pocket
陈化/老化,熟化　aging
陈述性知识/宣告性知識　declarative knowledge
衬板/[加]襯板　liner plate, lining board
衬比度/襯比度,對比度　contrast
衬底/襯底,基體　substrate
衬底馈电逻辑/基板饋電邏輯　substrate fed logic, SFL
衬底偏置/基板偏壓　substrate bias
衬垫焊/襯墊焊法　welding with backing
衬管封隔器/襯管填塞器　liner packer
衬管悬挂器/襯管掛　liner hanger
衬环法兰/襯層凸緣　lined flange
衬垫/墊片　pad
衬里/内襯　inner lining
衬硼电离室/襯硼游離腔　boron-lined ionization chamber
MOSFET 衬偏效应/MOSFET 本體效應　substrate bias effect of MOSFET
衬片轮廓/襯片輪廓　lining profile
衬片磨合/襯片磨合　lining bedding, lining burnishing
衬片磨损试验/襯片磨耗試驗　lining wear test
衬套/襯套　chuck bushing
衬套式橡胶弹簧/襯套式橡膠彈簧　sleeve-shape rubber spring
衬套压入机/套筒壓機　bushing press
衬套轴承/套筒軸承　bush bearing
衬砖/襯磚　lining brick
衬砖热风总管/襯磚熱風總管　brick-lined hot blast main
称量传送带/輸送帶秤,皮帶秤　weighing conveyor belt
称量船/稱量船　balance weigh-boat
称量管/稱[量]管　weighing tube
称量漏斗/稱量漏斗　weighing hopper, hopper weigher
称量皿/稱[量]皿　weighing dish
称量瓶/稱[量]瓶　weighing bottle
称量勺/稱[量]勺　weighing scoop
称量吸管/稱量吸管　weighing pipet
称量因子/稱量因子　weighing factor
称量装置/稱量配料器　weighing batcher
称气瓶/稱氣瓶　gas weighing balloon
称重/稱量　weighing
称重传感器/測力傳感器,荷重元　load cell, weighing cell
称重传感器分度值/測力傳感器分度值　load cell interval
称重传感器检定分度值/測力傳感器檢定分度值　load cell verification interval
称重传感器检定间隔/測力傳感器檢定週期　weighing cell verification interval
称重传感器最大检定分度数/測力傳感器最大檢定分度數　maximum number of load cell verification intervals
称重传感器最小检定分度值/測力傳感器最小檢定分度值　minimum verification interval of load cell
称重传送机/稱量傳送機　weighing conveyer
称重滴定管/稱量滴定管　weighing buret
称重计/稱重計,稱量計　weightometer

称重气压计/测重氣壓計 weight barometer
撑/支桿 stay
撑杆/撐木 brace
撑杆式门座/支桿式門座 portal with prop bar
撑环/撐開環 pushing out ring
撑角/撐角 strut angle
撑条/撐條,插條 gagger, batten
撑压模/撐壓模 bulging dies
成本/成本 cost
成本风险分析/成本風險分析 cost-risk analysis
成本函数/成本函數 cost function
成本价格比/成本績效 cost performance
成本控制/成本控制 cost control
成本效益分析/成本效益分析 cast-benefit analysis
成材率/成材率 finished product ratio, yield ratio
成层/分層 lamination
成对安装/成對安裝 paired mounting
成对不等性码/成對不均等性[電]碼 paired-disparity code
成对交叉辊轧机/成對交叉輥軋機 paired crossed roll mill, PCR mill
成对约束/成對約束 pairwise constraint
成分过冷/成分過冷 constitutional supercooling
成分命中率/成分命中率 percentage of composition hit
成核/成核,孕核 nucleation
成卷带材/成卷帶材 coiled strip, strip coil
成卷轧制/成卷軋製 coil rolling
成列直插封装开关/成列直插封裝開關 in-line package switch
成模/多模現象 moding
成模台/成模臺 holding block
成批数据处理/批次資料處理 batch data processing
成品/成品 final product
成品钢板/成品鋼板 finished steel sheet and plate
成品检验/成品檢驗 product inspection
成品率/成品率 yield rate
成品铸件区/成品鑄件區 finished castings department
成球过程/成球過程 balling process
成球性指数/成球性指數 balling index
成熟度/成熟度 maturity, degree of normality
成熟度等级/成熟度等級 maturity level
成双变质作用/成雙變質作用 pair metamorphism
成套齿轮/齒輪組 gear set
成套触点/觸點組 contact set
成套量具/成套量具 complete set of measuring tool
成像/成像,影像形成 image formation
成像处理/成像處理 imagery processing
成像雷达/成像雷達 imaging radar
成像位移/像位移 image displacement
成形/成形,造形 forming, shaping
成形波束天线/整型波束天線 shaped-beam antenna
成形车刀/複製車削工具 copying turning tool
成形冲头/成形衝頭 forming punch
成形淬火压力机/成形淬火衝床 forming and quenching press
成形电路/成形電路 forming circuit
成形法/成形法 forming method
成形辊锻/成形輥鍛 finish roll forging
成形极限/成形極限 forming limit
成形极限图/成形極限圖 forming limit diagram
成形加工/成形,定型 forming
成形模/成形模 forming die
成形时间常数/成形時間常數 shaping time constant
成形铣刀/成形銑刀 formed milling cutter
成形性/[可]成形性 formability
成形性能/成形性能 forming property
成型薄板/成型薄板 profiled sheet
成型芯型撑/順形心型撐,順型砂心撐 contoured chaplet
成型性/造模性 moldability
成型压板/順形壓擠板 contoured squeeze plate
成岩圈闭/沈積封閉,成岩封閉 diagenetic trap
成盐蒸发器/鹽結晶器 salt grainer
成音输出/成音輸出,聲頻輸出 audio output
成音输入/成音輸入,聲頻輸入 audio input
成员/成員 member
成员问题/隸屬問題,資格問題 membership problem
成帧/成框,定框,尋框 framing
成帧比特/定框位元,碼框位元 framing bit
成帧差错/框[同步]錯誤,定框誤差 framing error
成帧速率/成框速率 framing rate
成帧图案/成框型樣 framing pattern
成桩设备/成樁設備 pile forming rig
成字部件/字元形成元件 character formation component
成组传送/成組傳送,塊傳送 block transfer
成组存取/群組存取 group access
成组地址/群組位址 group address
成组分类码/群組分類碼 group classification code
成组分页/塊調頁 block paging
成组浮点/成組浮點 block floating point
成组技术/成組工藝,群組技術 group technology
成组夹具/模組夾具 modular fixture

[成]组进位/成組進位 group carry
[成]组码/群碼 group code
成组试验法/群組試驗方法 group test method
成组数据处理/成組資料處理 set-at-a-time processing
承诺/承諾 commitment
承诺突发量/承諾突發量 committed burst size, BC
承诺信息速率/保證資訊率 committed information rate, CIR
承物台测微尺/檯式測微計,檯上分釐卡 stage micrometer
承压盘/止推軸承盤 bearing disc
承载比/承壓比 bearing ratio
承载轨/空閑軌 free track
承载架/托架 carrier
承载率/加載速率 loading rate
承载面积/承載面積 load area
承载能力/載送能力,裝載能力 bearer capability, loading capacity
承载器/承載器 load receptor
承载式车身/承載式車身 integral body, unit body
承载索/承載索,重索,軌纜 carrying cable, track rope, headrope
承载索接头/軌纜接頭 track cable joint
承载托辊/承載托輥 carrying idler
承载信道/承載信道 bearer channel
承载业务/承載業務 bearer service
承重刀座/支承重刀座 supporting knife-plane
城市传输网/城市傳輸網路 metropolitan transmission network
城市规划/都市規劃 urban planning
城市客车/城市巴士 city-bus
城市宽带网/城市寬頻網路 metropolitan broadband network
城市噪声等效声级/社區雜訊等效位準 community noise equivalent level, CNEL
城域网/都會區域網路 metropolitan area network, MAN
乘法/乘法 multiplication
乘法比较器/乘法比較器 multiplication comparator
乘法器/乘法器 multiplier
乘积检波器/乘積檢波器 product detector
乘积密码/乘積加密 product cipher
乘积曲面/乘積曲面 product surface
乘积调制器/乘積調變器 product modulator
乘客电梯/載客昇降機 passenger elevator
乘客区/乘客區 passenger zone
乘商寄存器/乘數商數暫存器 multiplier-quotient register
乘数电阻率/乘法器電阻率 multiplier resistivity
乘用车/客車 passenger car
乘用车列车/客車拖車組合 passenger car trailer combination
乘坐舒适性/乘車舒適感 riding comfort
盛钢桶/盛桶 teeming ladle
盛钢桶桶耳/盛桶吊耳 bailing block
盛渣器/集渣器 cinder catcher
程间温度/銜接溫度 interpass temperature
程控/程式[存儲式]控制 stored program control, SPC
程控计数器/可程式計數器 programmable counter
程控加药机/程式控制加藥機 program controlled reagent feeder
程控交换机/程控交換機 stored-program control exchange, SPC exchange
程控开关/程式化開關 program-controlled switch
程控数字交换机/程式控制數位交換機 SPC digital switch
程控衰减器/程控衰減器 programmable attenuator
程控信号发生器/程控信號發生器,可程式信號產生器 programmable signal generator
程控仪器/程控儀器 programmable instrument
程序/程式 program
程序包/程式包 program package
程序保护/程式保護 program protection
程序编辑器/程式編輯器 program editor
程序编码/程式編碼 program coding
程序变异/程式變遷 program mutation
程序补丁/程式修補 program patch
程序参数/程式參數 program parameter
程序重定位/程式再定位 program relocation
程序重试/程式再試 program retry
程序存储计算机/内儲程式計算機 stored-program computer
程序代码/程式碼 program code
程序代数/程式代數 program algebra
程序调度程序/程式排程器 program scheduler
程序段/程式段 program segment
程序段表/程式段表 program segment table
程序对换/程式調換 program swapping
程序分页功能/程式分頁功能 program paging function
程序复杂度/程式複雜性 program complexity
程序高手/駭客 hacker
程序格式/程式格式 program format
程序隔离/程式隔離 program isolation

程序跟踪/程式追蹤 program tracking
程序攻击/程式攻擊 program attack
程序规约/程式規格 program specification
程序划分/程式劃分 program partitioning
程序寄存器/程式暫存器 program register
程序加载程序/程式載入器 program loader
程序检测/程式檢測 program checking
程序界面/程式介面 program interface
程序界限监控/程式極限監控 program limit monitoring
程序局部性/程式局部性 program locality
程序开发/程式開發 program development
程序控制/程式控制 program control
程序控制器/程式控制器 procedure controller
程序控制时序计算机/程式控制順序計算機 program-controlled sequential computer
程序控制试验机/程式控制試驗機 program-controlled testing machine
程序控制系统/程式控制系統 programmed control system
程序控制仪/程式化控制器 programmed controller
程序库/程式館 program library
程序块/程式塊 program block
[程序]块结构/區塊結構,分組結構 block structure
程序框图/程式方塊圖 block flow diagram
程序扩展/程式擴充 program extension
程序理解/程式理解 program understanding
程序链接/程式鏈接 program linkage
程序流程图/程式流程圖 program flow chart
程序逻辑单元/程式邏輯單元 program logical unit
程序敏感故障/程式有感故障,程式有感錯失 program-sensitive fault
程序模拟器/程式模擬器 process simulator
程序确认/程式確認 program validation
程序设定操作器/程式設定操作器 program set station
程序设计/程式設計,程式規劃 programming
程序设计方法学/程式設計方法論 programming methodology
程序设计环境/程式設計環境 programming environment
程序设计技术/程式設計技術 programming techniques
程序设计逻辑/程式設計邏輯 programming logic
程序设计语言/程式設計語言,程式規劃語言 programming language
程序设计支持环境/程式設計支援環境 programming support environment
程序生成/程式產生 program generation
程序生成器/程式產生器 program generator
程序探测/程式探測 program instrumentation
程序体系结构/程式架構 program architecture
程序通道/程式通道 program channel
程序图/程式圖 routing diagram
程序修改/程式修改 program modification
程序验证/程式驗證 program verification
程序验证器/程式驗證器 program verifier
程序优先级/程式優先級 program priority
程序员/程式員,程式設計師 programmer
程序员作业/程式設計師工作 programmer job
程序暂停/程式暫停 program halt
程序摘要/電腦程式摘要 program abstract
程序正确性/程式正確性 program correctness
程序正确性证明/程式正確性證明 proof of program correctness
程序支持库/程式支援館 program support library
程序指令/程式指令 program command, program instruction
程序制作方式/程式作業方式 program mode
程序质量/程式品質 program quality
程序转换/程式轉換 program conversion
程序转换方法/程式變換方法 program transformation method
程序装入/程式載入 program load
程序装入操作/程式載入操作 program loading operation
程序装入程序/程式載入器 program loader
程序状态/程式狀態 program state
程序综合/程式合成 program synthesis
秤/秤,天平 balance
秤杆/秤桿,天平臂 weight beam, balance arm
秤盘/秤盤,標度盤 scale pan
秤支座/秤支座,秤臺 weigh carriage
吃刀量/側吃刀量 engagement of the cutting edge
吃砂量/型砂厚度 mold thickness
池/池 pool
池式[反应]堆/水池[核]反應器 pool reactor, swimming pool reactor
弛垂/鬆垂 sag
弛力退火/應力釋放退火 stress-relief annealing
弛豫过程/鬆弛法 relaxation process
弛豫时间/鬆弛時間 relaxation time
弛豫试剂/鬆弛試劑 relaxation reagent
弛豫试验/鬆弛試驗 relaxation test
弛豫振荡/弛緩振盪,張弛振盪 relaxation oscillation
弛豫振荡器/張弛振盪器 relaxation oscillator

弛振/弛振 galloping
迟爆/遲爆 delayed explosion
迟电位/遲電位 late potential
迟发雷管/遲發雷管 delay detonator
迟延装置/遲延裝置 delay release
迟滞回线/磁滯回路 hysteresis loop
持夹器/持夾器 clamp holder
持久对象/持續目標 persistent object
持久故障/持久故障,持續性故障 persistent fault
持久极限/持久限界 endurance limit
持久磷光体/持久磷光體,持久燐光體 long persistance phosphor
持久强度/持久強度 stress-rupture strength, creep rupture strength
持久强度试验机/潛變破制強度試驗機 creep rupture strength testing machine
持久显示器/持久顯示管 persistron
持久性/持續性 persistence
持久准确度/持久準確度 lasting accuracy
持续电流/連續電流 continuous current
持续定额/連續額定,工作週定額,定額荷週比 continuous rating, duty-cycle rating
持续趋近转换器/逐次近似轉換器 successive-approximation converter
持续时间/歷時 duration
持续输出功率/連續輸出功率 continuous output power
持续数据保护/連續資料保護 continuous data protection
持续信元速率/持續單元速率 sustained cell rate, SCR
持续性能/持續性能 sustained performance
持续压力/持續壓力 sustained pressure
持续振荡/持續振盪 sustained oscillation
持续准确度/持續準確度 sustained accuracy
匙形刮刀/匙形抹刀 slicker spoon
尺寸/尺寸 dimension
尺寸测量/尺寸量測 dimensional measurement
尺寸公差/尺寸公差,尺寸許可差 dimension tolerance, size tolerance
尺寸公差带/尺寸公差帶,尺寸許可差區 tolerance zone of size, size tolerance zone
尺寸共振/尺寸共振 dimensional resonance
尺寸极限/尺寸極限 dimension limit
尺寸检验/尺寸檢驗 dimensional inspection
尺寸精度/尺寸精度,尺寸準確度 dimensional accuracy
尺寸链/尺寸鏈 dimensional chain
尺寸偏差/偏差,尺寸[離]差 deviation, size deviation
尺寸驱动/尺寸驅動 dimension driven
尺寸稳定性/尺寸穩定性,尺寸安定性 dimensional stability
尺寸系列/尺寸系列 dimension series
尺寸系数/尺度因數 size factor
尺度传感器/尺度感測器,尺度轉換器 dimension transducer
尺度合成/尺度合成 dimensional synthesis
尺度空间/標度空間 scale space
尺度因子/比例因子,換算因子 scaling factor
尺码/呎數 size, footage
齿板聚磁介质/齒板聚磁介質 grooved plate matrix
齿槽/齒間 tooth space
齿槽底宽/齒槽底寬 width at tooth space root
齿槽底面/齒間底面,齒底 bottom land
齿槽角/齒槽角 tooth space angle
齿槽深/齒槽深 tooth space depth
齿槽转矩/齒槽效應轉矩 cogging torque
齿顶/齒輪齒頂 crest
齿顶高/齒頂高 addendum
齿顶角/齒冠角 addendum angle
齿顶宽/齒頂寬 width at tooth tip
齿顶面/齒頂面 top land
齿顶曲面/齒頂曲面 tip surface
齿顶线/齒頂線 tip line
齿顶圆/齒冠圓 addendum circle
齿顶圆角半径/齒頂圓角半徑 radius at tooth tip
齿顶圆直径/齒頂圓直徑 tip diameter
齿顶圆柱面/齒頂圓柱面 tip cylinder
齿顶圆锥面/齒頂圓錐面 tip cone
齿端修薄/齒端修薄 end relief
齿杆/齒桿 toothed bar
齿高/齒深 tooth depth
齿根/齒根,螺紋根 root
齿根高/齒根高 dedendum
齿根过渡曲面/齒根過渡曲面 fillet
齿根厚/齒根厚 width at tooth root
齿根角/齒根角 dedendum angle, root angle
齿根曲面/齒根曲面 root surface
齿根线/齒根線 root line
齿根圆/齒根圓 dedendum circle, root circle
[齿]根圆直径/齒根圓直徑 root diameter
齿根圆柱面/齒根圓柱面 root cylinder
齿根圆锥面/齒根圓錐 root cone
齿厚/齒厚 tooth thickness
齿厚半角/齒厚半形 tooth thickness half angle

齿厚规/齒厚規 gear thickness gage
齿厚卡尺/齒厚卡尺 gear tooth calliper
齿厚游标卡尺/齒厚游標卡尺,齒輪游標卡尺 gear tooth vernier calliper, gear tooth vernier calliper
齿间隔/齒間 tooth space
齿角/齒角 tooth angle
齿距/節[距] pitch
齿距偏差/節距離差 pitch deviation
齿宽/齒寬 face width
齿宽角/齒寬角 width angle
齿宽系数/齒寬係數 coefficient of face width
齿廓/齒形 tooth profile
齿廓重叠干涉/齒廓重疊干涉 profile overlap interference
齿廓啮合基本定律/齒廓嚙合基本定律 fundamental law of gearing
齿廓偏差/齒廓偏差 form deviation of gear tooth
齿廓修形/輪廓修改 profile modification
齿廓移位系数/齒廓移位係數 coefficient of profile shifting
齿棱/齒端 tip
齿轮/齒輪 gear
齿轮泵/齒輪泵 gear pump
齿轮测量线/齒輪量測線 gear measuring wires
齿轮测量圆柱/齒輪量測圓柱 gear measuring cylinder
齿轮测量中心/齒輪測量中心 gear measuring center
齿轮承载能力/齒輪承載能力 load capacity of gears
[齿轮]齿面/齒面 tooth face
齿轮齿条式施工升降机/齒輪齒條吊機 rack and pinion hoist
齿轮齿条式转向器/齒條齒輪操舵裝置 rack and pinion steering gear
齿轮传动/齒輪傳動 gear drive, gear transmission
齿轮[传动]比/齒輪比,齒數比 gear ratio
齿轮传动级数/齒輪傳動級數 gear-driven steps
齿轮单面啮合整体误差测量仪/齒輪單面嚙合整體誤差測量儀 gear single-flank meshing integrated error measuring instrument
[齿轮]单向啮合检查仪/單面齒輪測試器 one flank gear rolling tester
齿轮导程检查仪/齒輪導程檢查儀 gear lead tester
齿轮倒角机/齒輪倒角機 gear chamfering machine
齿轮吊车浇包/齒輪吊車澆桶 geared crane ladle
齿轮副/齒輪對 gear pair
齿轮钢/齒輪鋼 gear steel
齿轮滚刀/滾齒刀 gear hob
齿轮厚度/齒輪厚度 face width of gear
齿轮机构/齒輪機構 gear mechanism
齿轮加工机床/齒輪切割機 gear cutting machine
齿轮加工机床夹具/齒輪切割機夾具 fixture for gear cutting machine
齿轮渐开线样板/齒輪漸伸線標準件 gear involute master
[齿轮]节圆半径/節半徑 pitch radius
齿轮连杆[组]/齒輪連桿組 geared linkage
[齿轮]轮齿的工作高度/齒的工作深度 working depth of tooth
齿轮螺旋角测量仪/齒輪螺旋角量測儀 gear helix angle measuring instrument
齿轮螺旋线样板/齒輪螺旋線標準件 gear helix master, gear lead master
齿轮毛坯/齒輪毛坯 gear blank
齿轮啮合/齒輪嚙合 gearing
齿轮坯料/齒輪毛坯 gear blank
齿轮切割/齒輪切製 gear cutting
[齿轮]全齿深/總齒深 whole depth
齿轮式差速器/齒輪式差速器 gear differential
齿轮式气动电动机/齒輪式氣動馬達 pneumatic gear motor
齿轮试验机/測齒器,齒輪試驗器 gear tester, gear testing machine
齿轮双面啮合检查仪/雙齒腹齒輪嚙合檢驗儀 double flank gear rolling tester
齿轮跳动测量仪/齒輪偏轉量測儀 gear run-out measuring instrument
齿轮五连杆组/齒輪五連桿組 geared five-bar linkage
齿轮系/齒輪系 train of gears
齿轮箱/齒輪箱 gear case
[齿轮]圆周齿距/週節 circular pitch
齿轮缘/齒輪緣 gear rim
齿轮轧机/齒輪軋機 gear rolling mill
齿轮组/齒輪組 gear set, gear train, cluster gear
[齿轮]作用弧/作用弧 arc of action
齿面/齒腹 tooth flank
齿面角/齒面角 face angle
齿啮式联接/齒嚙式結合 dynamic coupling
齿圈/齒輪緣 gear rim
齿圈径向跳动检查仪/齒輪緣徑向跳動檢查儀 gear radial runout tester
齿全高/總齒深 whole depth
齿升量/齒切量 cut per tooth, rise per tooth, step per tooth
齿式联轴器/齒式聯軸器 gear coupling

齿数/齒數 number of teeth
齿条/齒條 rack
齿条齿轮式回转机构/齒輪齒條旋轉機構 rack and pinion rotation mechanism
齿条杠千斤顶/齒桿千斤頂 rack-and-lever jack
齿条千斤顶/齒條千斤頂 rack-pinion jack
齿条式冷床/齒條式冷床 rack-type cooling bed
齿隙/齒間 tooth space
齿线/齒交線 tooth trace
齿线偏移量/齒跡偏移量 offset of tooth trace
齿向误差/齒向誤差 tooth directional error
齿向修形/齒向修形 axial modification
齿形/齒形 tooth profile
齿形 V 带/齒形 V 帶 cogged V-belt
齿形角/標稱齒形角 nominal pressure angle
齿形离合器/齒形離合器 toothed clutch
齿形链/倒齒鏈 inverted tooth chain
齿形误差/齒形輪廓誤差 tooth profile error
齿形琢型/齒輪輪廓切削 profile cut
赤道平面/赤道平面 equatorial plane
赤道曲线/赤道曲線 equatorial curve
赤道仪/赤道儀 equatorial instrument
赤铁矿/赤鐵礦 hematite, red ore
赤铁矿法/赤鐵礦法 hematite process
赤铁矿生铁/赤鐵礦生鐵 hematite pig iron
赤铜矿/赤銅礦 cuprite, ruby copper
炽热/白熾 candescence, incandescence
翅片管/凸片管 finned tube
翅片管换热器/鰭管換熱器 finned tube exchanger
翅片管省煤器/螺旋鰭片管省煤器 extended-tube economizer, helically finned tube economizer
翅片管轧机/鰭片管軋機 finned tube rolling mill
翅片式冷却器/鰭片冷却器 finned cooler
冲波损失/震波損失 shock loss
冲淡比/冲淡比 collapsing ratio
冲动级/衝動輪級 impulse stage
冲动式汽轮机/衝動式渦輪機 impulse steam turbine
冲动式透平膨胀机/衝動膨脹式渦輪機 impulse expansion turbine
冲断层圈闭/逆斷層封閉 thrust fault trap
冲顿法/冲頓法,冲噴起斜法 jetting and spudding method
冲管/冲洗管 flushing, wash pipe
冲击/衝擊 impulse, impact, shock
冲击摆/衝擊擺 shock pendulum, ballistic pendulum
冲击摆锤/衝擊擺錘 impact pendulum
冲击板/耐衝式底板 impingement plate
冲击比/衝擊比,脈衝比 impulse ratio
冲击波/衝擊波 shock wave
冲击测量仪/衝擊量測儀 shock measuring instrument
冲击穿透试验计/衝擊穿透試驗計 impact penetration tester
冲击传感器/衝擊轉換器,衝擊換能器 shock transducer
冲击锤/衝擊錘 impact hammer
冲击锤磨机/衝擊磨機 impact mill
冲击淬火/衝擊淬火 impulse hardening
冲击刀刃/衝擊刀刃 striking edge
冲击地压/衝擊地壓 ground pressure of shock bump
冲击电动扳手/衝擊電動扳手 electric impact wrench
冲击电流/衝擊電流 impulse current
冲击电流发生器/衝擊電流產生器,脈衝電流產生器 impulse current generator
冲击电流计/衝擊電流計,衝擊檢流計 ballistic galvanometer
冲击电流试验/衝擊電流試驗 impulse current test
冲击电压发生器/脈衝電壓發生器,脈衝電壓產生器 impulse voltage generator
冲击电压试验/衝擊電壓試驗 impulse voltage test
冲击镀/衝擊電鍍,擊噴鍍 strike plating
冲击发生器/衝擊產生器 surge generator
冲击法/衝擊法 shock method
冲击方波/矩形衝擊波,矩形脈衝 rectangular impulse
冲击放电电压/衝擊閃絡電壓 impulse sparkover voltage
冲击腐蚀/衝擊腐蝕 impinging corrosion
冲击负载/衝擊負載 impact load
冲击功/衝擊功 impact work
冲击惯性/衝擊慣性 impulse inertia
冲击活塞/衝擊活塞 blow piston, impact piston
冲击机/衝擊[試驗]機 shock machine
冲击激励/衝擊激勵,衝擊激發 shock excitation
冲击挤压/衝製法,衝擠法 impact extrusion
冲击加速度比较校准法/衝擊加速度比較校準法 method for shock acceleration comparison calibration
冲击加速度变化量/衝擊加速度之速度變化量 velocity change quantity for shock acceleration
冲击加速度传感器/衝擊加速度感測器 jerk acceleration transducer
冲击加速度计/衝擊加速度計 impact accelerometer
冲击检流计/衝擊檢流計,衝擊電流計 ballistic

galvanometer
[冲击]截波/截尾脈衝 chopped impulse
冲击静电计/衝擊静電計 ballistic electrometer
冲击冷却/衝擊冷却 impingement cooling
冲击力/衝[擊]力 impact force
冲击力法/衝擊力法 method with shock force
冲击脉冲/衝擊脈衝,衝擊脈波 shock pulse
冲击脉冲波形再现/衝擊脈衝波形再現 reproduction of shock pulse
冲击脉冲持续时间/衝擊脈衝持續時間 duration of shock pulse
冲击脉冲的标称值/衝擊脈衝標稱值 nominal value of shock pulse
冲击脉冲上升时间/衝擊脈衝上昇時間 shock pulse rise time
冲击脉冲下降时间/衝擊脈衝下降時間 shock pulse drop-off time
冲击面积/衝擊面積 area of impingement
冲击磨耗/衝擊磨耗 pounding wear
冲击耐受电压/耐衝擊電壓 impulse withstand voltage
冲击疲劳试验/反復衝擊試驗 repeated impact test
冲击谱/衝擊頻譜 shock spectrum
冲击谱法校准/衝擊頻譜法校準 shock spectrum method calibration
冲击器部件/衝擊器零件 impacter part
冲击强度/[抗]衝擊強度,衝擊韌性係數 impact strength
冲击侵蚀/衝擊腐蝕 impact erosion, impingement erosion
冲击韧性/衝擊韌性 impact toughness
冲击闪络电压/衝擊閃絡電壓 impulse flashover voltage
冲击设备/衝擊設備 impact equipment
冲击式拔桩器/衝擊式拔樁器 impact extractor
冲击式沉拔桩设备/衝擊式沈拔樁錘 impact extractor-hammer
冲击式除尘器/衝射式集塵器 impingement dust collector
冲击式顶把/衝擊式頂把 percussive holder-on
冲击式多头气动除锈器/多活塞氣動除銹錘 multi-piston pneumatic scaling hammer
冲击式分离器/衝射分離器 impingement separator
冲击[式]检流计/衝擊電流計,衝擊檢流計 ballistic galvanometer
冲击式截煤机/風鎬 coal puncher
冲击式磨碎机/衝擊粉碎機 impact pulverizer
冲击式碾磨机/衝擊磨機 impact mill
冲击[式]破碎机/衝擊軋碎機 impact breaker, impact crusher
冲击式气扳机/氣動衝擊扳手 pneumatic impact wrench
冲击式气动除锈器/衝擊式氣動除銹器 pneumatic scaling hammer
冲击式气动雕刻机/衝擊式氣動雕刻機 percussive pneumatic engraving tool
冲击式气动工具/衝擊式氣動工具 percussive pneumatic tool
冲击式气动振动器/衝擊式氣動振動器 pneumatic vibrating hammer
冲击式水轮机/衝擊式渦輪機 impulse turbine
冲击式松土器/衝擊式鬆土器 impact ripper
冲击式凿岩/衝擊式鑿岩 percussion drilling
冲击试验/衝擊試驗,震擊試驗,陡震試驗 shock test, impact test
冲击试验机/衝擊試驗機,撞擊試驗機 impact testing machine
冲击试验机再现/衝擊試驗機再現 reproduction with shock machine
冲击试验台/衝擊試驗檯 shock testing table
冲击试验仪/撞擊試驗儀 impact tester
冲击试样/鎖孔試驗片 keyhole specimen
冲击速度/衝擊速度 impact velocity
冲击损失/衝擊損失 shock losses
冲击台/衝擊機 shock testing machine
冲击头/衝擊頭 impact head
冲击响应/脈衝響應 impulse response
冲击响应谱/衝擊響應譜,衝擊回應頻譜 shock response spectrum, shock spectrum
冲击响应谱再现/衝擊響應譜再現 reproduction of shock response spectrum
冲击压力/衝擊壓力 surge pressure, impact pressure
冲击压路机/衝擊壓路機 impact roller
冲击抑制器/減震器 shock suppressor
冲击应力/衝擊應力 impact stress
冲击硬度/衝擊硬度 impact hardness
冲击硬度试验机/衝擊式硬度試驗機 impact hardness testing machine
冲击运动/衝擊運動 shock motion
冲击造型机/衝擊造型機 impact molding machine
冲击值/衝擊值 impact value
冲击阻力值/耐衝擊值 impact resistance value
冲击钻探/頓鑽法 percussive boring
冲击钻[机]/頓鑽機,淺井鑽機 percussive drill, spudder

冲击钻头/鋼珠鑽頭 shot bit
冲积矿床/沖積礦床 alluvial deposit
冲积砂金/沖積砂金 alluvial gold placer
冲积砂矿/沖積礦床 alluvial deposits
冲激/脈衝 impulse
冲激不变法/脈衝不變法 impulse invariance
冲激附应/脈衝響應 impulse response
冲激函数/脈衝函數 impulse function
冲激雷达/脈衝雷達 impulse radar
冲激脉冲/脈衝 impulse
冲激响应/脈衝響應 impulse response
冲激响应矩阵/脈衝響應矩陣 impulse response matrix
冲角/衝角 attack angle, incidence
冲角损失/衝角損失 incidence loss
冲浪/泡網,網路漫游 surf
冲力/衝力 impulsive force
冲量/脈衝 impulse
冲排模式/沖排模式 flooding pattern
冲砂/沖砂,沖蝕清洗 erosion wash, cuts and washed, sand washing
冲蚀/沖蝕,噴蝕 erosion
冲蚀腐蚀/沖蝕腐蝕 erosion corrosion
冲蚀结疤/沖蝕結疤 erosion scab
冲刷找矿法/沖流探礦 hushing
冲水试验装置/沖水試驗裝置 flush test equipment
冲天炉/熔鐵爐 cupola, cupola furnace
冲天炉出铁槽/熔鐵爐出鐵槽 cupola runner trough
冲天炉捣衬/熔鐵爐搗襯 cupola stamping lining
冲天炉底焦高度测试仪/熔鐵爐底焦高度測試器 tester for bed coke height of cupola
冲天炉点火器/熔鐵爐點火器 cupola lighter, cupola torch
冲天炉风量定值仪/熔鐵爐風量定值儀 blast amount tester of cupola
冲天炉风量风压测试仪/熔鐵爐風量風壓測試儀 blast quantity and blast pressure tester of cupola
冲天炉工/熔鐵爐工 cupola tender
冲天炉鼓风机/熔鐵爐鼓風機 cupola blower
冲天炉加料/熔鐵爐加料 cupola charge
冲天炉加料机/熔鐵爐加料機 cupola charging machine
冲天炉可锻铸铁/熔鐵爐展性鑄鐵 cupola malleable iron
冲天炉控制装置/熔鐵爐控制設備 cupola control equipment
冲天炉炉衬/熔鐵爐襯 cupola lining
冲天炉炉缸/熔鐵爐坩鍋 cupola crucible
冲天炉炉壳/熔鐵爐爐殼 cupola shell
冲天炉炉体/熔鐵爐爐體 cupola body, cupola shaft
冲天炉炉砖/熔鐵爐爐磚 cupola brick
冲天炉灭火集尘器/熔鐵爐集塵器,熔鐵爐火星罩 cupola dust arrester, cupola spark arrester
冲天炉烟囱/熔鐵爐煙囪 cupola stack
冲天炉珠滴/熔鐵爐珠滴 cupola drop
冲天炉综合性能测试仪/熔鐵爐綜合性能測試器 tester for combined property of cupola
冲突/衝突 conflict
冲突避免/碰撞避免 collision avoidance
冲突检测/碰撞檢測 collision detection
冲突鉴别/衝突辨别 conflict discriminate
冲突结构/衝突結構 conflict structure
冲突数据集成/衝突資料集成 integrating conflicting data
冲突调解/衝突調解 conflict reconcile
冲突向量/碰撞向量 collision vector
冲突消解/衝突分解,衝突解決 conflict resolution
冲洗/沖洗 flush, flushing
冲洗槽/沖洗槽 rinse bath
冲洗器/沖洗器 rinser
冲洗色谱法/沖洗色譜法,溶液萃取色譜學 elution chromatography
冲撞/衝撞,接觸 contact
充磁/磁化 magnetizing
充氮/充氮 nitrogen charge
充氮封存/充氮封存 preserved in nitrogen
充电/充電 electric charging, charge
充电保持能力/充電保持能力 charge retention
充电电流/充電電流 charging current
充电电阻器/充電電阻器 charging resistor
充电二极管/充電二極體 charging diode
充电发电机/充電發電機 charging generator
充电管/充電管 charging tube
充电接口/充電介面 charging inlet
充电接收能力/充電接收能力 charge acceptance
充电率/充電率 charge rate
充电器/充電器 charger
充电时间/充電時間 charge time
充电效率/充電效率 charge efficiency
充电指示灯/充電指示器 charging indicator
充电指示继电器/充電指示繼電器 charge indicator relay
充电装置/充電裝置 charging device
充分发展的速度分布/充分發展的速度分布 fully developed velocity distribution
充灌式感温系统/充填式熱温系統 filled thermal

system
充气保险杠/氣動減震器 pneumatic bumper
充气槽/通氣槽,曝氣槽 aeration tank
充气单筒式减振器/充氣單筒式減振器 gas-pressurized monotube shock absorber
充气电池/充氣電池,通氣電池 aeration cell
充气电容器/充氣電容器 gas-filled capacitor
充气电涌放电器/充氣電湧放電器 gas-filled surge arrester
充气二极管/充氣二極管,充氣二極體 gas diode
充气阀/充氣閥 charge valve, gas controller, charging valve
充气放电器/充氣放電器,氣體放電器 gas-filled gap
充气管/充氣管 gas filled tube, gaseous tube, gas tube
充气管[离子]整流器/氣管整流器 gas tube rectifier, gaseous rectifier
充气管稳定器/充氣管穩定器 gas-filled stabilizer
充气光电管/充電光電管 gas-filled photocell
充气黄色灯泡/鮮黄色燈泡 canary lamp
充气计数管/充氣計數器 gas-filled counter
充气继电器/充氣繼電器 gas-filled relay
充气检测器/充氣檢知器 gas-filled detector
充气流量/充氣流量 charge flow
充气轮胎/充氣輪胎,氣胎 pneumatic tire, air tire
充气泥浆/泡沫泥漿 aerated mud
充气碰垫/氣墊 pneumatic fender
充气腔/充氣腔 plenum chamber
充气氰化试验/充氣氰化試驗 aeration cyanide test
充气三极管/充氣三極管,氣體三極管 gas-filled triode
充气 X 射线管/充氣 X 射線管 gas-filled X-ray tube
充气式浮选槽/吹氣浮選機 pneumatic flotation cell
充气式浮选机/充氣式浮選機 pneumatic flotation machine
充气双筒式减振器/充氣雙筒式減振器 gas-pressurized twin-tube shock absorber
充气温度计/充氣溫度計 gas-filled thermometer
充气稳压管/充氣管穩定器 gas-filled stabilizer
充气效率/充氣效率 charging efficiency
充气闸流管/充氣閘流管 gas-filled thyratron
充气整流管/充氣整流管 gas-filled rectifier tube, gas-filled tube rectifier
充气整流器/充氣整流器 gas-filled rectifier
充填/充填 filling
充填倍线/充填倍線 multiple ratio pipe length-to-column in filling
充填材料/充填材料 filling material
充填井/充填井 filling raise
充填开采法/充填開採法,切填開採法 cut-and-fill method
充填料可泵性/充填料可泵性 pumpability of filling material
充填料塌落度/充填料塌落度 slump of filling material
充填式温度计/充填式溫度計 filled-system thermometer
充填体作用/充填體作用 function of fill mass
充型能力/充型能力 mold-filling capacity
充氧器/充氧器,加氧器 oxygenator
充氧压铸/充氧壓鑄 pore-free die casting
充液阀/充液閥 charging valve
充液隔膜压力计/充液薄膜壓力計 liquid-filled membrance pressure gage
充液量/充液量 filling amount
充液率/充液因數 filling factor
充液式温度计/液體溫度計 liquid-filled thermometer
充液压力表/充液壓力表 liquid-filled pressure gage
充油电缆/充油電纜 oil filled cable
充油套管/充油套管,油浸套管 oil filled bushing
虫胶/蟲膠 shellac
虫孔路由/蟲洞路由 wormhole routing
虫孔寻径/蟲洞路由 wormhole routing
虫蚀状痕迹/蠕狀型樣 vermiculated pattern
虫脂/蟲脂 lac
虫蛀试验/蟲蛀試驗 moth bite test
重[闭]合继电器/復閉繼電器,重合閘繼電器 reclosing relay
重[闭]合时间/重合時間,再閉路時間,復閉時間 reclosing time
重编/重編 reassemble
重编码/重編碼 recoding
重编译/重新編譯,再編譯 recompile
重播/[無線電]重播 rebroadcasting
重采样/重取樣 resampling
重衬/換襯 relining
重传/重傳,再傳輸 retransmission, retransmit
重传缓冲器/重傳緩衝器 retransmission buffer
重地址检验/重地址檢驗 duplicate address check
重叠/重疊 overlap, overlapping
重叠处理/重疊處理 overlap processing
重叠电路/重疊電路 superposed circuit
重叠辅助通风/雨風扇補助通風[法] overlap auxiliary ventilation
重叠积分/重疊積分 overlap integral

重叠寄存器窗口/重疊寄存器窗口 overlapping register window
重叠角/重疊角,疊弧角 angle of overlap
重叠区/重疊區 overlapping region
重叠网/覆蓋網路 overlay network
重叠载重/重疊負載 superimposed load
重定时/重定時 retiming
重定时变换/重定時變换 retiming transformation
重定位加载程序/再定位載入器 relocating loader
重定向操作符/重定向運算符 redirection operator
重定义/重定義 redefine
重读/重讀 reread
重发/重發 retransmission, resend
重放/重放 reproduction, replay, playback
重放攻击/重放攻擊 replay attack
重放头/重放頭 reproducing head
重分配/再分配 reallocation
重复标识/重複標識 duplicate marking
重复测量/重複量測 repetitive measurement
重复次数计数器/重複計數器 repeat counter
重复荷载/再負載 reloading
重复计数器/重複計數器 repeat counter
重复检测/重複檢測 duplication detection
重复检验/重複核對 duplication check
重复率/重複率 repetition rate
重复脉冲/重複脈波 repetitive pulses
重复频率/重複頻[率],覆送頻率 repetition frequency
重复频率激光器/複發脈衝雷射,重複頻率雷射 repetitive frequency laser, repetition frequency laser
重复数据删除/重複資料刪除 deduplication
重复信号/重複訊號 repetitive signal
重复性/重複性,再現性 repeatability, repetitiveness
重复性参数/重複性參數 repeatability parameter
重复性测量条件/量測重複性條件 repeatability condition of measurement
重复性曲线/重複性曲線 repeatability curve
重复性条件/重複性條件 repeatability condition
重复性误差/重複性誤差,重現性誤差 repeatability error
重复选择排序/重複選擇排序 repeated selection sort
重复循环泵/循環泵 recirculation pump
重复循环定时器/重複循環計時器 repeat-cycle timer
重复周期/重複週期,重複區間 repetition period, repetition interval
重复铸件/續製鑄件 repetition castings
重铬酸处理/二鉻酸處理 dichromate treatment
重铬酸盐处理法/二鉻酸處理 dichromate treatment
重铬酸[盐]电池/重鉻酸[鹽]電池 dichromate cell
重构/重建 refactor
重构型相变/重構型相變 reconstructive transformation
重合法/重合法 coincidence method
重合轮压机/重合壓延機,重合研光機 doubling calender
重合器/自動電路重合閘裝置 automatic circuit recloser
重合熔断器/重合熔絲,復閉熔斷器 reclosing fuse
重汇聚扇出/再匯聚扇出,重收斂扇出 reconvergent fan-out
重击穿/重擊穿 restrike
重建/重建 reconstruction
重建滤波器/重建濾波器 reconstruction filter
重建帧/重建圖框 reconstructed frame
重叫/重呼叫,再呼叫,二次呼叫 recall
重结晶/再結晶[作用] recrystallization
重紧/重緊 retightening
重卷机组/重卷機組 recoiling line, recoiling train
重码/重碼 coincident code
重码字词数/重碼字詞數 amount of words in coincident code
重磨环形系统/重磨環迴系統 circuit regrinding
重排序/重排序 reranking
重排序缓冲器/重排序緩衝器 reorder buffer
重配置/重組態 reconfiguration
重皮/夾層 double skin
重评级/重評級 reranking
重热系数/再熱因數,重熱因數 reheat factor
重熔/重熔,再熔 remolten, remelting
重熔车间/重熔工場 secondary smelter
重入监督码/重入監督碼 reentrant supervisory code
重入式谐振腔/重入式諧振腔 reentrant cavity
重试/再試 retry
重网格化/重網格化 remeshing
重现机器人/重現型機器人,重現式機器人 playback robot
重现速率/重現速率 reproduction speed
重像/雙影像 double image
重写/重寫 rewrite, regeneration
重写规则/重寫規則 rewriting rule
重写规则系统/重寫規則系統 rewriting rule system
重写状态/重寫狀態 dirty state
重新安装/重新安裝 reinstallation
重新编号/重新編號,重[行]編號 renumbering

重新连接/重接,重聯 reconnection
重新排序/重新排序 reordering
重新启动/重新啟動,再啟動 restart
重新运行/重作 rerun
重选路由/重選路由,重編路由 re-route
重言式/同義反複 tautology
重言式规则/同義反複規則 tautology rule
重演/重演 replay
重影/重影,重像 ghost
重影信号/重影訊號,重像訊號 ghost signal
重邮器/重郵器 remailer
重运行点/重作點 rerun point
重运行例程/重作常式 rerun routine
重整/重調,再調整 readjustment
重置载波/重置載波 reinserted carrier
重装/重裝 reinstallation
重组/重組[合] reassembly
重做/重作 redo
冲裁/衝裁,切料 blanking
冲裁间隙/衝裁間隙 blanking clearance, die clearance
冲裁模/下料衝模 blanking die, punching die
冲挤/衝擠法,衝製法 extrusion impact
冲剪边角料/衝孔廢料 punched scrap
冲孔/衝孔 piercing, punching
冲孔废料/衝屑 punchings
冲孔机/衝孔機 puncher
冲孔连皮/衝孔連皮 punching wad
冲孔面/衝孔機面 punch side
冲孔模/穿孔模 piercing die
冲头/衝頭 punch
冲头扩孔/衝頭擴孔 expanding with a punch
冲压/衝壓 stamping
冲压方螺母/無倒角方螺帽 square nut without chamfer
冲压废料/衝屑 stampings
冲压机/衝壓機 stamping press, ram press
冲压件/衝壓件 pressing, stamping
冲压[孔]机/衝孔機,打孔機,衝床 punching machine
冲压模具/衝壓模型,整緣模具 stamping die
[冲压]切断/切斷 cut-out
冲压[式]喷气发动机/衝壓噴射發動機 ramjet
冲压式压气机/衝擊壓縮機 ram compressor
冲压制品/衝壓產品 stampings
冲压自动线/衝壓自動線 automatic press line
抽出式通风/吸引式通風 exhaust ventilation
抽出型层错/抽出型疊差 intrinsic stacking fault
抽风环式冷却机/抽風環式冷卻機 downdraught circular cooler
抽风机/抽風機 drawing fan
抽风[排气]机/排氣機 exhauster
抽汲井/抽油井 swabbing well
抽空时间/抽空時間 pump-down time
抽[拉]丝衰减效应/抽絲衰減效應 attenuation drawing effect
抽气/抽氣 bleed air, extraction air
抽气泵/抽氣泵,抽氣機,吸氣泵 air pump, getter pump
抽气回收装置/抽氣回收裝置 purge recovery unit
抽气机/抽氣機 air extractor
抽气加热器/分供加熱管 bleeder heater
抽气滤泵/抽氣濾泵 aspirator filter pump
抽气器/空氣抽射器 air ejector
抽气时间/抽氣時間 pump-down time
抽气式热电偶/吸入高溫計 suction pyrometer
抽气水喷射器/抽氣水噴射器 air-sucking water ejector
抽气速率/抽氣速率 gas flow rate of vacuum-pumping
抽气真空泵/抽氣真空泵 aspirator vacuum pump
抽气装置的抽气量/泵浦單元的流量 throughput of pumping unit
抽气装置的抽速/泵浦裝置的容積流量率 volume flow rate of pumping unit
抽汽/抽汽 extraction steam
抽汽参数/抽汽參數 extraction steam conditions
抽汽逆止阀/抽汽逆止閥 extraction check valve
抽汽式汽轮机/抽汽式渦輪機 extraction steam turbine
抽汽压力表/分供汽壓計 bleed steam pressure meter
抽汽压力调节器/抽汽壓力調節器 extraction pressure regulator
抽取用皮带输送机/抽取用皮帶輸送機 draw off belt conveyor
抽丝感应缺陷/抽絲引致缺陷 draw-induced defect
抽丝直径控制/抽絲直徑控制 drawing diameter control
抽速系数/速率因數 speed factor
抽提套管/萃取套筒 extraction thimble
抽头/分接頭 tap
抽头变换器/分接頭變換器 tap changer
抽头变压器/中心抽頭變壓器,多接頭變壓器 center-tapped transformer, tapped transformer
抽头线圈/多接頭線圈 tapped coil

抽头转换开关/分接頭變換器　tap changer
抽吸式浓缩机/氣動增濃器　pneumatic thickener
抽吸效应/抽刷作用　swabbing effect
抽吸罩/抽吸罩　suction hood
抽吸装置/抽吸裝置　sucking-off plant
抽象/抽象　abstraction
λ抽象/λ抽象　lambda abstraction
抽象编码/抽象編碼　abstract coding
抽象层次/抽象層次　level of abstraction
抽象[代]码/抽象碼　abstract code
抽象方法/抽象方法　abstract method
抽象符号/抽象符號　abstract symbol
抽象工厂模式/抽象工廠模式　abstract factory pattern
抽象机/抽象機　abstract machine
抽象句法记法/抽象語法記法　abstract syntax notation, ASN
抽象类/抽象類　abstract class
抽象码/抽象碼　abstract code
抽象模型/抽象模型　abstract model
抽象系统/抽象系統　abstract system
抽象语法/抽象語法　abstract syntax
抽象语法树/抽象語法樹　abstract syntax tree
抽象语言族/抽象語言系列　abstract family of languages
抽象元类/抽象元類　abstract metaclass
抽烟风机/煙道氣風扇,煙道氣抽風機　flue gas fan
抽烟气设备/抽煙氣設備　fume extraction equipment
抽样/抽樣,採樣,取樣　sampling
抽样保持/取樣保值　sample-and-hold
抽样长度/抽樣長度　sampling length
抽样定理/取樣定理　sampling theorem
抽样断面/抽樣截面　sampling cross-section
抽样方案/抽樣方案,抽樣體系　sampling plan, sampling scheme
抽样规则/抽樣規則　sampling prescription
抽样计划/抽樣方案,抽樣體系　sampling scheme
抽样检定/取樣檢定　verification by sampling
抽样检验/抽樣檢驗　sampling inspection
抽样间隔/抽樣間隔　sampling interval
抽样理论/抽樣理論　sampling theory
抽样率/抽樣率　sampling rate
抽样时间/抽樣時間　sampling time
抽样示波器/抽樣示波器　sampling oscilloscope, samploscope
抽样试验/抽樣試驗,樣品試驗　sampling test
抽样数据控制/取樣資料控制　sampled-data control
抽样头/抽樣頭　sampling head
抽样误差/抽樣誤差　sampling error
抽样仪/抽樣規　sampling gage
抽油泵运输车/泵卡車　pump truck
抽运辐射/泵激輻射　pumping radiation
抽运功率/抽油功率　pumping power
畴壁/疇壁,域壁　domain wall
畴壁共振/磁牆共振　domain wall resonance
稠度/稠度　consistency
稠度计/稠度計　consistency meter, consistometer
稠度调节器/稠度調節器　consistency regulator
稠度仪/稠度儀　consistency measurer
稠度指示器/稠度指示器　consistency indicator
稠化装置/稠化裝置　thickening device
稠密等离子体/稠密電漿　dense plasma
K稠密性/K稠密性　K-dense
N稠密性/N稠密性　N-dense
稠液比重计/稠液比重瓶　areopycnometer
稠油转子泵/重油旋轉泵　heavy oil rotary pump
稠渣/稠渣　sluggish slag
丑恶报文/醜惡報文　nastygram
臭味/臭味　odor
臭氧发生器/臭氧產生器　ozonizer
臭氧分析仪/臭氧分析儀　ozone analyzer
臭氧腐蚀试验箱/臭氧腐蝕試驗箱　ozone corrosion test chamber
臭氧计/臭氧計　ozonometer
出厂试验/出廠試驗,例行試驗　routine test, delivery test
出车台/出車臺　shaft landing
出错处理/錯誤處置　error handling
出错处理例程/錯誤常式　error routine
出错登记程序/錯誤登入器　error logger
出错封锁/錯誤鎖定　error lock
出错概率/錯誤機率　error probability
出错率/錯誤率　error rate
出错事件/誤差事件　error event
出错文件/錯誤檔案　error file
出错中断/錯誤中斷　error interrupt
出错中断处理/錯誤中斷處理　error interrupt processing
出点/輸出點　out-point
出度/外度數　out-degree
出风道/排氣坑　outtake
出风筒/喇叭形氣囪,擴張形氣囪　evasee chimney
出钢/出鋼　tapping
出钢持续时间/出鋼持續時間　duration of metal tapping
出钢口/出鋼口　taphole, steel taphole

出灰门/清渣門 clean-out door
出焦除尘/出焦除塵 pusher dedusting
出焦烟尘捕集率/出焦煙塵捕集率 dust collection for pushing coke
出境链路/出境鏈路 outbound link
出局/外送,寄出信件 outgoing
出口/出口 exit, outlet
出口补偿器/出口補償器 outlet compensator
出口导叶/出口導葉 outlet guide vanes
出口几何角/出口幾何角 outlet geometric angle
出口面积/出口面積 outlet area
出口温度/出口温度 outlet temperature
出口压力/出口壓力 outlet pressure
出库检验/出庫檢驗 warehouse-out inspection
出矿品位/出礦品位 grade of withdrawal of ore
出料叶片/出料葉片 discharge blade
出炉口/流出孔,出鐵口 tap hole
出炉温度/出爐温度 tapping temperature
出模机构/出模機構 knock-out gear
出气/出氣 outgassing
出气管/出氣管 exit pipe
出气角/出氣角 flow outlet angle
出气孔/通氣孔 whistler
出汽角/出口流量角 outlet flow angle
出入沟/出入溝 main access
出入寄存器/出入暫存器 in-out register
出射波/出射波 emergent wave
出射度/出射度 exitance
出射功率/出射功率 outcoming power
出[射光]瞳/出[射光]瞳 exit pupil
出射剂量/出射劑量 exit dose
出射狭缝/出射縫 exit slit
出事件/輸出事件 outgoing event
出铁槽/出鐵槽 spout
出铁杆/出鐵桿 tap out bar
出铁口/出鐵口 hot metal taphole, iron notch
出铁口泥套/出鐵口泥套 tapping breast
出铁口钎/出鐵桿 tapping bar
出铁口熔渣/出鐵口熔渣 flush slag
出铁口塞杆/出鐵口塞桿 tap hole plug stick
出通气孔道/氣門 air gate
出现/出現 occurrence
出现电势谱[学]/出現電勢譜[學] appearance potential spectroscopy, APS
出现电势谱仪/出現電勢譜儀 appearance potential spectrometer
出现网/出現網 occurrence net
出现序列/出現序列 occurrence sequence
出线盒/出線盒,出線匣 outlet box
出油阀/輸油閥 delivery valve
出油阀紧座/輸送閥座 delivery valve holder
出油阀组件/輸送閥組件 delivery valve assembly
出油岩心/出油岩心,滲油岩心 bleeding core
出渣/出渣,扒渣 slag tapping, flushing, slag-out
出渣槽/出渣槽 slagging spout, slag notch
出渣孔/出渣孔 scum hole, slag hole
出渣口/出渣孔 scum hole, slag hole, slag notch
出租汽车计价器/里程計價表 taximeter
初步比较/初步比較 preliminary comparison
初步测量/初步量測 preliminary measurement
初步结果/初步結果 preliminary result
初步勘验/初步檢驗 preliminary inspection
初步清理台/初步清理檯 rough dressing table
初步烧结/初步燒結 preliminary sintering
初步试验/初步試驗 preliminary test
初步蒸发器/預蒸發器 pre-evaporator
初充电/初始充電 initial charge
初次成形加工/一次金屬加工 primary metal working
初次结果/初次結果 first-order result
初次试验/初次試驗 initial test
初等等价的/初等等價的 elementary equivalent
初镦冲头冲床/預鑄鍛頭衝床 preform heading punch
初发故障/早期錯誤 incipient error
初沸点/初沸點 initial boiling point
初级变压器/初級變壓器 primary transformer
初级补偿器/初級補償器 primary compensator
初级测量仪/原級量測儀表 primary meter
初级抽气泵/初步泵,後援泵 backing pump
初级电路/初級電路,一次電路 primary circuit
初级辐射/原始輻射 primary radiation
初级辐射器/主輻射器 primary radiator
初级工业/原料工業 primary industry
初级结晶体/初晶 primary crystal
初级冷却介质/主冷却劑,一次冷却劑 primary coolant
初级滤清器/初級過濾器 primary filter
初级破碎机/初碎機 primary breaker
初级绕组/初級繞組,一次繞組 primary winding
初级输出/主輸出 primary output
初级输入/主輸入 primary input
初级输油泵/燃料供給泵 fuel feed pump
初级线圈/初級線圈,原線圈,主線圈 primary coil
初检/一次檢驗 primary inspection
初拉力/初拉力 initial tension

初冷器/初冷器 primary gas cooler
初裂/初裂 incipient crack
初磨机/初磨機 primary mill
初凝/初凝[結],始凝 initial setting, initial condensation
初期失效/早期失效 infant mortality
初期微震/初期微震 preliminary tremor
初启程序/啟動器 initiator
初启序列/初始化序列 initializing sequence
初生晶体/初晶 primary crystal
初生空化系数/起始空化係數 incipient cavitation coefficient
初生屈氏体/初生吐粒散鐵 primary troostite
初生石墨/初生石墨,初晶石墨 primary graphite
初生轴/位置軸線,主軸線 primary axes
初始/初始 initial
初始标识/初始標示 initial marking
初始剥蚀/初始點蝕 initial pitting
初始不平衡/初始不平衡 initial unbalance
初始冲击响应谱/初始衝擊響應頻譜 initial shock response spectrum
初始触合变形量/初始觸合偏轉 deflection of first bottoming
初始触合载荷/初始觸合載荷 load at first bottoming
初始代数语义/初始代數語義 initial algebra semantics
初始地址拒绝信息/起始位元址拒絕信息 initial address reject message
初始地址确认信息/起始位元址回應信息 initial address acknowledgment message
初始地址信息/起始位元址信息 initial address message
初始电压/初始電壓 initial voltage
初始符/開始符號 start symbol
初始格局/初始組態 initial configuration
初始化/初始化 initialization
初始化值/初值 initialization value
初始获取/初始獲取 initial acquisition
初始检查/初始檢查,初檢 initial inspection
初始裂变产额/原始分裂產率 primary fission yield
初始模型/初始模型 initial model
初始偏差/初期偏差,起始離差 initial deviation
初始瞬态电抗/次暫態電抗 subtransient reactance
初始损伤尺寸/初始損傷尺寸 original damage size
初始条件/初始條件,起始條件 initial condition
初始位能/初始位能 initial potential energy
初始温度/初温,起始溫度 initial temperature
初始序列/啟動序列 initiation sequence
初始压力/初壓力 initial pressure
初始扬角/下落角 angle of fall
初始样品/原始檢體 primary sample
初始引液泵/初始泵 primary pump
初始域标识/原始域識別元 initial domain identifier, IDI
初始载荷/初負載 initial load
初始振动/初始振動 initial vibration
初始值/初始值 initial value
初始转速/起始速率 initial speed
初[始状]态/初[始狀]態 initial condition, initial state
初试验力/初試驗力 initial test force
初速度/起始速度 initial velocity
初碎机/粗碎機,初級壓碎機 primary breaker, primary crusher
初缩/初縮 first minification
初相[位]/起始相位 original phase, initial phase
初轧/初軋 blooming
初轧板坯/初軋板坯 bloom slab
初轧大方坯剪切机/初軋大方坯剪切機 bloom shears
初轧机/大[鋼]坯軋機,粗軋機 blooming mill, cogging mill
初值/初值 initialization value
初值定理/初值定理 initial-value theorem
初至波/初達波 first arrival
初装/初始裝配 initial assembly
除尘/除塵 dedusting, dust extraction, dust removal
除尘器/除塵器,捕塵器,收塵器 dust precipatator, dust separator, dust collector
除尘腔/集塵腔 dust chamber
除尘设备/除塵設備 dust removal plant
除尘效率/集塵效率,收集效率,收聚效率 collection efficiency
除尘装煤车/除塵裝煤車 charging car with dedusting device
除尘装置/除塵裝置 dust separation plant
除错/除錯 debug
除错法/除錯法 antibugging
除法/除法 division
除法回路/除法回路 divide loop
除法器/除法器 divider
除镉塔/除鎘塔,脱鎘塔 cadmium eliminator column, column cadmium eliminator
除锅垢器/除鍋垢器 boiler scaling tool
除灰/除粉塵 dusting

除灰器/排灰器 ash expeller
除焦泵/除焦泵 decoking pump
除旧漆/除漆 depainting
除鳞泵/除垢泵 descaling pump
除鳞机/除垢器 scale breaker
除铝剂/除鋁劑 aluminum removal
除泥器 /除泥機 desilter
除频器/除頻器 frequency eliminator
除气/除氣 degassing
除气过滤复合净化法/除氣過濾複合淨化法 double degassing and filtration process
除气熔剂/除氣熔劑 degassing flux
除气退火/除氣退火 degassing anneal
除氢/除氫,脱氫 degassing of hydrogen
除砂器/除砂器 grit catcher
除砂筛/除砂篩 desanding screen
除湿/除濕 dehumidification
除湿器/除濕器,減濕器,去濕器 dehumidifier
除水器/脱水器,乾燥機,乾燥器 dehydrator
除铁器/除鐵器 scrap picker
除雾器/除霧器,除濕器 demister
除芯/除心型,砂心清砂 decoring
除芯机/碎心機 core breaker
除锈/除銹 derusting, removal of rust
除雪车/除雪車 snow blower
除雪机/除雪機 snow remover
除氧剂/祛氧劑 oxygen scavenger
除氧器/除氣器 deaerator
除氧器安全门/除氧器安全閥 safety valve of deaerator
除氧器给水泵/除氣器給水泵 deaerator feed water pump
除氧器喷嘴/除氧器噴嘴 deaerator nozzle
除氧器贮水箱/除氣器儲水槽 water storage tank of deaerator
除氧头/除氣頭 deaeration head
除油器/除油器 oil eliminator
除油装置/除油裝置 degreasing unit
除渣/除渣,扒渣 drossing, slag-off
除渣锅/除渣鍋 drossing kettle
除渣冒口/撇渣冒口 skim riser
除渣设备/除渣設備 slag removal equipment
处理程序/處理程式 processor
处理机/處理機 processing unit, processor
处理机对/處理器對 processor pair
处理机利用率/處理器利用率 processor utilization
处理计划/處理計劃 processing plan
处理控制器/處理控制器 processing controller
处理器/處理器 processor
处理器存储器/處理器記憶體 processor memory
处理器调度/處理器排程 processor scheduling
处理器分配/處理器分配 processor allocation
处理器管理/處理器管理 processor management
处理器寄存器/處理器暫存器 processor register
处理器上下文/處理器上下文 processor context
处理器一致性模型/處理器一致性模型 processor consistency model
处理器元件/處理器元件 processor element
处理器中断/處理器中斷 processor interrupt
处理时间/處理時間 process time
处理图像/處理影像 process image
处理楔值/處理楔值 processed wedge value
处理用浇桶/處理用澆桶 treatment ladle
处理[置]池/處置池 disposal pond
储备电池/儲備電池 reserve cell
储备溶液/儲備溶液 stock solution
储备式阴极/儲備式陰極 dispenser cathode
储存库/儲存庫 repository
储存寿命/儲存壽命,貯存壽命 storage life
储存温度/儲存溫度 storage temperature
储量/蘊藏量 reserve
储量剥采比/儲量剥採比 stripping to reserve ratio
储量计/儲量計 finimeter
储料仓/儲倉 storage bin
储能操作机构/儲能操作機構 stored energy operating mechanism
储能电容器/蓄能電容器,儲能電容 energy storage capacitor
储能装置/能量貯存裝置 energy storage device
储频行波管/儲頻行波管 storage traveling wave tube
储气罐/貯氣箱 air receiver
储气库/儲氣槽,儲氣窖 gas storage
储气筒/儲氣筒 air drum, air storage reservoir
储氢材料/儲氫材料 hydrogen storage material
储氧筒/氧氣鋼瓶 oxygen cylinder
储油罐/儲油槽 storage tank
储油柜/貯油器 oil conservator
楚兰德/特羅蘭 Troland
畜禽运输车/畜禽運輸車 livestock and poultry carrier
触变变形/觸變變形 thixoforming
触变材料/流變材料 rheopectic material
触变性/觸變性,静凝性,黏變性 thixotropy
触变作用/觸變作用 thixotropy, rheopexy
触点/觸點 contact point

触点插拔力/接頭插入與分離力 contact engaging and separating force
触点超行程/觸點跟蹤,觸點超程 contact follow
触点电流/觸點電流 contact current
触点电压/觸點電壓,接觸電壓 contact voltage
触点抖动/觸點抖動,觸點震顫 contact chatter
触点负载/觸點負載,接觸負載 contact load
触点跟随/觸點跟蹤,觸點超程 contact follow
触点滑动/觸點滑動 contact wipe
[触点]回跳/[觸點]回跳 contact bouncing
触点间距/接觸開距 contact spacing
触点间隙/觸點間隙 contact gap, point gap
触点黏结/接觸黏結 contact adhesion
触点熔接/接觸熔接 contact weld
触点行程/觸點行程,觸頭行程 contact travel
触点噪声/接觸噪音 contact noise
触发/觸發,激發 triggering
触发[电]极/觸發[電]極 trigger electrode
触发电路/觸發電路 trigger circuit
触发电平/觸發電平,觸發位準 trigger level
触发二极管/觸發二極體 trigger diode
触发管/觸發[放電]管 trigger tube
触发脉冲放大器/觸發放大器 trigger amplifier
触发脉冲鉴别器/觸發鑒別器 trigger discriminator
触发脉冲[信号]发生器/觸發脈衝産生器 trigger generator
触发器/觸發器,電花點火器 ignitor, flip-flop
触发扫描示波器/觸發掃掠示波器 triggered-sweep oscilloscope
触发时基/觸發時間度標 triggered time base
触发误差/觸發誤差 trig error
触发信号放大器/觸發放大器 trigger amplifier
触觉/觸感 tactile sense
触觉绘制/觸覺繪製 haptic rendering
触轮/滑接輪 trolley wheel
触摸屏/觸控螢幕 touch screen
触片/接觸片 wafer
触头/觸頭,接點 contact, prod
a触头/閉合接點,閉路接點 a contact
b触头/斷開接點 b contact
触头机械磨损/觸點磨損 contact wear
触头开距/觸頭間距 clearance between open contacts
触靴/觸靴 contact shoe
氚核/氚核 triton
穿层石门/横[開拓]巷 cross-measure drift
穿晶/穿晶 transcrystalline
穿晶断裂/穿晶破斷,晶體内破壞 transgranular fracture
穿晶裂纹/晶粒内破壞 transcrystalline fracture
穿晶破裂/穿晶破裂 transgranular cracking
穿井作业/穿井作業 bore down into charge
穿卡机/孔卡處理機 punched card machine
穿孔/穿孔,打孔 punch
穿孔板/多孔板,篩板 perforated plate
穿孔带/打孔[紙]帶 perforated tape, punched tape
穿孔带读出器/穿孔帶閱讀機 perforated tape reader
穿孔带阅读器/穿孔帶閱讀機 perforated tape reader
穿孔带转报机/打孔帶轉發機 perforated-tape retransmitter
穿孔机/打孔機 key-punch, perforator, perforating machine
穿孔挤压/穿孔擠壓 piercing extrusion
穿孔卡/打孔卡,孔卡 punched card
穿孔卡对照机/對卡機 card collator
穿孔卡机/孔卡處理機 punched card machine
穿孔卡片/孔徑卡,打孔卡片 aperture card
穿孔卡片机/孔卡記録器,孔卡分類機,孔卡處理機 punched card sorter
穿孔卡[片]输入器/孔卡閱讀機 punched card reader
穿孔卡[片]阅读机/孔卡閱讀機,讀卡機 punch-card reader
穿孔芯棒/穿孔芯棒 piercet bar
穿孔针/穿孔針 piercing mandrel, piercer
穿孔纸带机/孔帶處理機 punched tape machine
穿孔纸带记录器/穿孔紙帶記録器 perforated tape recorder
穿流道/溢流道 flow through
穿脉平巷/穿脈平巷 crosscut
穿模/穿模 threading-up
穿墙式连接器/穿牆式連接器 bulkhead connector
穿墙型空气调节器/穿牆型空氣調節器 through-the-wall air conditioner
穿梭式矿车/梭子機煤車 shuttle car
穿梭轧制/穿梭軋製 shuttle rolling
穿通/擊穿,透穿 break through, reach-through
穿透/穿透,貫穿 penetration
穿透法/穿透法 penetrating method
穿透力/穿透能力 penetrating power
穿透深度/穿透深度,透入深度 depth of penetration
穿透式半导体探测器/透射式半導體偵測器 transmission semiconductor detector
穿透型焊接/穿透型焊接 keyhole welding

穿线二叉树/引線二元樹 tread binary tree
穿心电容器/穿越電容 feed-through capacitor
穿越辐射探测器/穿越輻射探測器 transition radiation detector
穿越频率/交越頻率 cross-over frequency
穿越序列/交叉序列 crossing sequence
穿针引线法/穿線 threading
传播/傳播 propagation
传播差错/傳播錯誤 propagation error
传播常数/傳播常數,傳遞常數 propagation constant
传播方式/傳波模態 mode of propagation
传播方向/傳播方向 direction of propagation
传播路径/傳播路徑 propagation path
传播媒介/傳播媒介 propagation medium
传播时间/傳播時間 propagation time
传播时延/傳播延遲 propagation delay
传播衰减/傳播衰減 propagation attenuation
传播速度/傳遞速度 propagation velocity
传播损耗/傳播損耗 propagation loss
传播条件/傳播條件 propagation condition
传播误差/傳播誤差 propagated error
传播系数/傳遞係數,傳播常數 propagation coefficient, propagation constant
传播延迟/傳播延遲 propagation delay
传导/傳導 conduction
传导电流/傳導電流 conduction current
传导电子/傳導電子 conduction electron
传导干扰/傳導干擾 conducted interference
传导机理/傳導機理 conduction mechanism
传导冷却/傳導冷却 conduction cooling
传导系统/傳導系統 conductive system
传导性/傳導度 conductivity
传导噪声/傳導雜訊 conducted noise
传递/傳遞,轉移,傳送 transfer
传递闭包/遞移閉包 transitive closure
传递测量装置/傳遞量測裝置 transfer measurement device
传递分流器/傳遞分流器 transfer shunt
传递函数/轉移函數 transfer function
传递函数矩阵/轉移函數矩陣 transfer function matrix
传递函数模型/轉移函數模式 transfer function model
传递函数依赖/轉移函數相依 transitive functional dependency
传递简约/傳遞縮減 transitive reduction
传递率/傳遞率,可傳[動]性 transmissibility
传递模/傳送模 transfer mould
传递迁移率/傳遞遷移率,傳遞移動率 transfer mobility
传递特性/傳輸特性 transfer characteristic
传递相关性/遞移相依 transitive dependency
传递性/傳遞性 transitivity
传递液/傳遞液 carrier fluid
传递因数/轉移因數 transfer factor
传递滞后/傳遞滯後 transfer lag
传递装置/傳送裝置 transfer device
传递准确度/傳遞準確度 transfer accuracy
传递阻抗/傳遞阻抗,轉移阻抗 transfer impedance
传动比/速比,齒數比,齒輪比 gear ratio, speed ratio, transmission ratio
传动测力计/傳動測力計,傳動測功計 transmission dynamometer
传动齿轮/驅動齒輪 drive gear
传动带/驅動皮帶 driving belt
传动端/驅動端 driving end
传动钢丝绳/聯動繩 shackle line
传动功率计/傳動測力計,傳動測功計 transmission dynamometer
传动滚筒表面摩擦系数/驅動滾筒表面摩擦係數 surface friction coefficient of driving pulley
传动滚珠丝杠副/傳動滚珠螺桿 transport ball screw
传动角/傳動角,傳力角 transmission angle
传动精度/傳動準確度 transmission accuracy
传动力矩/驅動轉矩 driving torque
传动链/傳動鏈,鏈帶 transmission chain, chain belt
传动链轮/驅動鏈輪 driving sprocket
传动螺杆/動力螺桿 power screw
传动皮带秤/皮帶運輸秤 conveyor belt weigher
传动器/傳動器 driver
传动误差/傳動誤差 transmission error
传动系/傳動系統 transmission system
传动效率/傳動效率 transmission efficiency
传动指数/傳動指數,傳力指數 transmission index
传动轴/主動軸,驅動軸 drive shaft, propeller shaft
传动[装置]/傳動[裝置],變速箱 driving, transmission
传动座/傳動座 retainer
传感膜/傳感膜 transduction membrane
传感器/傳感器,感測器 sensor
pH 传感器/pH 感測器 pH transducer
传感器检定分度数/感測器檢定分度數 number of load cell verification intervals
传感器结点/感測節點 sensor node
传感器灵敏度/换能器靈敏度 transducer sensitivity

传感器瞬变温度灵敏度/感測器瞬變溫度靈敏度 transducer transient temperature sensitivity
传感器网络/感測網路 sensor network
传感器网络内部数据集成/感測器網路内部資料集成 in-network sensor data integration
传感器网络数据库/感測器網路資料庫 sensor network database
传感器温度响应/感測器溫度響應 transducer temperature response
传感器信息协商协议/感測器資訊協商協定 sensor protocols for information via negotiation
传感网/感測網路 sensor network
传搁时间/傳擱時間 track time
传号/傳號 mark
传号百分率/傳號百分率 marking percentage
传号传输/傳號傳輸 mark transmission
传号电流/傳號電流,符號電流 marking current
传号和空号脉冲/傳號和空號脈衝 mark and space impulse
传号交替变换线路编码/AMI 線編碼 AMI line encoding
传号-空号比/傳號-空號比,傳號對空號比 mark-to-space ratio
传号码元/傳號碼元 marking element
传号偏移/傳號偏移,傳號偏壓 marking bias
传号条件/傳號條件 marking condition
传号信号/傳號訊號,標記訊號 mark signal
传力角/傳力角,傳動角 transmission angle
传能装置/傳動裝置 transmission device
传热/熱傳遞,熱傳送 heat transfer
传热媒介/熱傳媒介 heat-transfer agent
传热面积/熱傳面積 heat transfer area
传热系数/傳熱係數,熱傳係數,熱傳因子 heat transfer coefficient, heat transfer factor
传声器/傳聲器 microphone
传声器保护罩/傳聲器保護罩 protection grid of microphone
传声器测试/麥克風試驗 microphone test
传声器等效体积/麥克風等效體積 equivalent volume of microphone
传声器动态范围/傳聲器動態範圍 dynamic range of microphone
传声器固有噪声/傳聲器固有雜訊 inherent noise of microphone
传声器架/麥克風架 microphone boom
传声器校准仪/傳聲器校準儀,麥克風校正器具 microphone calibration apparatus
传声器灵敏度/麥克風靈敏度 sensitivity of microphone
传声器频率响应/麥克風頻率回應 frequency response of microphone
传声器输出阻抗/麥克風輸出阻抗 output impedance of microphone
传声器温度系数/麥克風溫度係數 temperature coefficient of microphone
传声器响应/麥克風響應 microphone response
传声器效应/麥克風效應 microphonic effect
传声器噪声/麥克風噪音,麥克風雜訊 microphone noise
传声器指向性图案/有向型樣麥克風 directional pattern of microphone
传声器最高声压级/麥克風最高聲壓級 maximum sound pressure level of microphone
传声损失/聲音穿透損失 sound transmission loss
传输/傳輸 transmission
传输参量/傳輸參數 transmission parameter
传输层/運輸層 transport layer
OSI 传输层/OSI 傳輸層 OSI transport layer
传输层安全/傳送層保全 transport layer security
传输差错/傳輸錯誤 transmission errors, error of transmission
传输方式/傳送模式 transport mode
传输概率/傳輸機率 transmission probability
传输函数/傳動函數,轉換函數 transmission function, transfer function
传输介质/傳輸介質,傳輸媒介 transmission media
传输矩阵/傳輸矩陣 transmission matrix
传输控制/傳輸控制 transmission control
传输控制协议/傳輸控制協定 transmission control protocol, TCP
传输链路/傳輸鏈 transmission link
传输路径损耗/傳輸路徑損耗 transmission path loss
传输路径终端/傳輸路徑終端 transmission path termination
传输媒介/傳輸媒體,傳輸媒質 transmission medium
传输媒体/傳輸媒體,傳輸媒質 transmission medium
传输模式/傳輸模式,傳送樣式 transmission mode
传输曲线/透射曲線 transmission curve
传输式功率计/傳輸[式]功率計 transmission power meter
传输式厚度计/穿透式厚度計 transmission thickness meter
传输数据/傳輸數據 transfer data

传输速率/傳輸速率　transmission rate
传输损害/傳輸損害　transmission impairment
传输损耗/傳輸損失　transmission loss
传输通风机/輸送風機　conveying fan, transport fan
传输通路延迟/傳輸路徑延遲　transmission path delay
传输网/傳輸網路　transmission network
传输系数/傳輸係數,透射係數　transmission coefficient
传输系统/傳輸系統　transmission system
传输线/傳輸線　transmission line
传输线放大器/傳輸線放大器　transmission-line amplifier
传输线路/傳輸線　transmission line
传输信道/傳輸通道　transmission channel
传输性能/傳輸性能,傳輸效能　transmission performance
传输选择器/傳輸選擇器　transport selector
传输延迟/傳輸延遲　transport lag
传输因数/傳輸因數　transmission factor
传输帧/傳輸框　transmission frame
传输滞后/傳輸滯後　transportation lag
传输中断/傳輸中斷　transmit interrupts
传送/遞送　delivery, transport
传送泵/輸送泵　transfer pump
传送层/運輸層　transport layer
传送层实体/傳輸層實體,傳送點　transport entity
传送称量装置/輸送帶秤,皮帶秤　conveying weighing apparatus
传送带/輸送帶　conveyer belt
传送带工作面/輸送機工作面　conveyor face
传送带式炉/輸[送]帶爐　conveyor furnace
传送服务接入点/傳輸服務進接點　transport service access point, TSAP
传送率/通過量,流通量　throughput
传送模式/傳送樣式　transmission pattern
ATM 传送能力/ATM 傳送能力　ATM transfer capability, ATC
传送网/運輸網路　transport network
传送线/輸送線　conveyor line
传送协议/傳送協定　transport protocol, TP
传统点火系统/傳統點火系統　conventional ignition system
传统点火系统分电器/傳統點火系統分電器　distributor of conventional ignition system
传统电炉炼钢/傳統電爐煉鋼　classical EAF steelmaking
传统语法/傳統文法　traditional grammar
传统运营商/傳統運營商　Incumbent
传真/傳真　facsimile, fax
IP 传真/IP 傳真　fax over IP, FoIP
传真传输时间/傳真傳輸時間　facsimile transmission time
传真存储转发/傳真存儲轉發　facsimile storage and forwarding
传真带宽/傳真頻寬　facsimile bandwidth
传真电报/傳真電報,真跡電報,照相電報　facsimile telegram, phototelegram
传真电报机/電寫器　tele-autograph
传真电报术/照相電報術　phototelegraphy
传真发送/傳真發送　facsimile transmission
传真发送变换器/傳真發送變換器　facsimile transmitting converter
传真发送机/傳真發送機　facsimile transmitter
传真服务/傳真服務　facsimile service
传真机/傳真儀器　facsimile apparatus
传真记录/傳真記錄　facsimile recording
传真记录器/傳真記錄器　facsimile recorder
传真接收变换器/傳真接收變換器　facsimile receiving converter
传真接收机/傳真接收機　facsimile receiver
传真通信/傳真通信,傳真通訊　fax communication, facsimile communication
传真系统/傳真系統　facsimile system
传真信号/傳真訊號　facsimile signal
传真信号电平/傳真訊號位準　facsimile-signal level
传真业务/傳真服務　fax service, facsimile service
传值/傳值呼叫　call by value
传质努塞尔数/質量轉移那塞特數　Nusselt number for mass transfer
传质速率/質量轉移率　mass transfer rate
传质系数/傳質係數,質傳係數　mass transfer coefficient
船板/船板　ship plate, hull plate, ship building plate
船舶电台/船舶電臺　ship station
船厂门座起重机/造船廠龍門起重機　shipyard portal crane
船架/船架　cradle
船式拖拉机/船式拖拉機　ship-type tractor
船形焊/船形焊　fillet welding in the flat position
船用泵/船用泵　marine pump
船用电话/船用電話　marine telephone
船用电梯/船用電梯　elevator on ships
船用钢/船用鋼　ship building steel
船用检流计/船用檢流計　marine galvanometer
船用雷达/航海雷達　marine radar

船用连杆/船用連桿 marine-type connecting rod
船用汽轮机/船用渦輪機 marine steam turbine
船用压缩机/船用壓縮機 marine compressor
船用仪器仪表/船用儀表 marine instrument
船载雷达/船載雷達 shipborne radar
船载式混凝土搅拌站/船載式混凝土攪拌站 boat-mounted concrete mixing plant
喘振/喘振 surge
喘振边界/喘振限界 surge limit
喘振点/喘振點 surge point
喘振线/喘振線,顫動線 surge line
喘振裕度/喘振裕度 surge margin
串/串 string
串并变换/串聯至并聯轉換 serial-to-parallel conversion, deserialization
串并联/串并聯 series-parallel
串并联比/串并聯比 series-parallel ratio
串并联比较器/串并聯比較儀 series-parallel comparator
串并联转换/串并聯轉換 serial-parallel conversion
串并联转换器/串并聯轉換器 serial-parallel converter, serial-to-parallel converter
串长/串長 length of a string
串车提升/串車提昇 train hoisting
串归约机/字串歸約機 string reduction machine
串行/串列,串聯 serial
串行传输/串列傳輸 serial transmission
串行打印机/串列列印機 serial printer
串行调度/串列排程 serial scheduling
串行端口/串行端口,串行出入口,串聯埠 serial port
串行计算机/順序計算機,連序計算機 sequential computer
串行加法/串列加法 serial addition
串行加法器/串列加法器 serial adder
串行排序/串列分類 serial sort
串行任务/串列任務,順序任務 serial task
串行鼠标器/串聯滑鼠 serial mouse
串行数模转换/串列式數位類比轉換 serial DA conversion
串化器/串聯器 serializer
串级电池组/串級電池[組],級聯電池[組] cascade battery
串级电气传动/謝爾必斯電力驅動,級聯電氣傳動 electric drive with cascade, Scherbius electric drive, cascaded electric drive
串级断路器/串級斷路器,級聯斷路器 cascade breaker
串级加速器/串級加速器,級聯加速器 cascade accelerator
串级校正/串級校正 cascade compensation
串级聚束器/串級聚束器,級聯聚束器 cascade buncher
串级控制/串級控制 cascade control
串级控制系统/串級控制系統 cascade control system
串级冷凝器/串級冷凝器,級聯冷凝器 cascade condenser
串级冷却器/串級冷却器,級聯冷却器 cascade cooler
串级浓缩器/串級濃縮器,級聯濃縮器 cascade concentrator
串级起动器/串級起動器,級聯起動器 cascade starter
串级调速系统/克雷莫調速系統 Kraemer system
串级系统/串接系統 cascade system
串级译码器/串級解碼器,級聯解碼器 cascade decoder
串接变压器/串聯變壓器 series transformer
串接光纤/串接光纖 concatenated fiber
串接石墨化/串接石墨化 lengthwise graphitization
串接石墨化炉/串接石墨化爐 lengthwise graphitization furnace
串接质谱法/質譜-質譜法 mass spectrometry-mass spectrometry
串口鼠标器/串聯滑鼠 serial mouse
串馈天线/串饋天線 series-fed antenna
串励/串激 series
串励电动机/串激電動機 series motor
串励绕组/串聯繞組,串激繞法 series winding
串联/串聯 series connection, cascode, series
串联半桥整流器/串聯半橋式整流器 series half-bridge rectifier
串联变压器/串級變壓器 cascade transformer
串联补偿/串級補償,級聯補償 cascade compensation
串联重复识别/串聯重複識別 identification of tandem repeat
串联灯/串聯燈 series lamp
串联电感/串聯電感 series inductance
串联电容器/串聯電容器 series capacitor
串联电位器/串聯電位計 tandem potentiometer
串联电阻损失/串聯電阻損失 series resistance loss
串联端接/串聯終止 series termination
串联端接线/串聯端接線 series terminated line
串联放电间隙/串聯火花間隙 series spark gap

串联峰化/串聯尖幅 series peaking
串联机械密封/串接機械軸封 tandem mechanical seal
串联接力提升/串聯卷揚 tandem hoisting
串联晶体管/串聯電晶體,匯接電晶體 tandem transistor
串联馈电竖直天线/串饋垂直天線 series-fed vertical antenna
串联配置/串聯裝置 tandem arrangement
串联匹配/串聯匹配 series match
串联绕组/串聯繞組,串激繞法 series winding
串联升压器/串聯昇壓器 series booster
串联式混合动力汽车/串聯式混合電動車 serial hybrid electric vehicle
串联调变/串聯調變 series modulation
串联通风/串聯通風法 series ventilation
串联系统/串聯系統,串聯制 series system
串联线圈/串聯線圈 series coil
串联谐振/串聯諧振 series resonance
串联谐振试验设备/串聯諧振試驗裝置 series resonant testing equipment
串联样式表/級聯式樣表單 cascading style sheets
串联运行/串聯運行 series operation
串联阻尼/串聯阻尼 series damped
串联阻尼传输线/串聯阻尼傳輸線 series damped line
串联阻尼电阻器/串聯阻尼電阻器 series damping resistor
串联组合/串聯結合 series combination
串列式加速器/串聯加速器,級聯加速器 tandem accelerator
串列式轧机/串列軋機 tandem mill
串流/串流,單向流 streaming
串模电压/串模電壓 series mode voltage
串模干扰/串模干擾 series mode interference
串模抑制比/串模抑制比 series mode rejection ratio, SMRR
串排复缸蒸汽机/串列複式引擎,串列複式動力機 tandem compound engine
串扰/串擾,串音 crosstalk
串扰测试仪/串音計 crosstalk meter
串扰幅度/串音幅度 crosstalk amplitude
串色/串色 cross color
串文法/[字]串文法 string grammar
串音/串音,串擾 crosstalk
串语言/串語言 string language
串阵列/字串陣列 string array
窗/窗 window
窗插销/窗插銷 window latch
窗放大器/窗形放大器 window amplifier
窗钩扣/窗鉤扣 window catch
窗函数/窗函數 window function
窗计数管/窗形計數管 window counter tube
窗孔/窗孔 aperture
窗口/窗口,視窗 window opening, window
窗口大小/視窗大小,視窗尺寸 window size
窗口函数/窗函數 window function
窗口式虚拟现实/視窗式虛擬實境 through-the-window VR
X 窗口系统/X 視窗系統 X-window system
窗口选单/視窗選項單 window menu
窗帘/窗簾 window blinds, window shade
窗式空气调节器/窗式空調器 window air conditioner
窗形鉴别器/窗形鑒別器 window discriminator
床鞍/床鞍,鞍臺,支座 saddle
床层/床層 bed
床旁监护仪/床旁監護儀 bedside monitor
床身/床體 bed
床身式铣床/床式銑床 bed type milling machine
床温/床温 bed temperature
闯入根/破解安全系統 crack root
创成圆/創成圓,演生圓 generating circle
创建日期/建立日期 creation date
创建原语/建立基元 create primitive
创造集/創造集 creative set
创作语言/創作語言 authoring language
吹板/吹板 blowing plate
吹玻璃机/吹玻璃機 glass blower
吹除/吹洩 blow-off
吹风机/吹風機,鼓風機,鼓風扇 blowing machine, blowing fan, blower
吹风炉/吹風爐 blowing furnace
吹刮/旋刮 sweep
吹管/吹管,鼓風管 blow pipe, blast pipe
吹管试金/吹管試金 blowpipe assay
吹弧线圈/熄弧線圈 blow out coil
吹灰/吹灰 lancig, soot-blowing
吹灰器/吹灰器 soot blower
吹净用空气/吹淨用空氣 scavening air
吹壳机/模具鼓風機 mold blower
吹炼/吹煉 converting
吹炼金属/吹成金屬 blown metal
吹气法/吹製 blowing
吹气精炼/吹氣精煉 gassing refining
吹气磨粉机/充氣粉碎機,通氣粉壓機

aeropulverizer
吹气箱/吹氣箱 blow case
吹枪/吹槍 blow gun
吹扫/冲洗,排淨 purge
吹砂板/吹板 blow plate
吹砂机/吹砂機 blowing machine
吹蚀 /吹蝕,風蝕 deflation
吹损/吹損 metal loss by blowing operation of converter
吹芯机/砂心吹製機 core blower
吹氩处理/吹氬處理 argon bubbling treatment
吹氧/氧氣吹煉 oxygen blowing, oxygen lancing
吹氧钢/氧氣法鋼 oxygen steel
吹氧炼钢法/吹氧煉鋼法 oxygen steel making
吹氧提温 CAS 法/鋼包調温 CAS 操作 CAS-OB process, composition adjustment by sealed argon bubbling-oxygen blowing process
吹胀式蒸发器/吹脹式蒸發器 roll-bond evaporator
吹制/吹製 blowing
吹制玻璃机/吹玻璃機 glass blower
吹制砂芯/吹製砂心 blow a core
吹制用砂芯盒/吹製用砂心盒 core box for blowing
垂灯/垂燈 plummet lamp
垂滴法/懸滴法 pendant drop method
垂面排列/垂面排列 homeotropic alignment
垂熔玻璃滤器/燒結玻璃過濾器 sintered glass filter
垂射阵列/垂射陣列,側面陣列 broadside array
垂线流速分布曲线/縱向流速曲線 vertical velocity curve
垂向地震仪/垂直[分量]地震儀 vertical component seismograph
垂直板式蝶阀/垂直板式蝶閥 vertical-disk-type butterfly valve
垂直测量机/立式量測儀 vertical measuring machine
垂直测量轴/垂直量測軸 vertical measurement axis
垂直处理/垂直處理 vertical processing
垂直磁化/垂直磁化 perpendicular magnetization
垂直磁力仪/垂直磁場天平 vertical field balance
垂直发散度/垂直發散度 vertical divergence
垂直分片/垂直片段 vertical fragmentation
垂直工作力/垂直工作力 working perpendicular force
垂直汇聚距离/垂直收斂距離 vertical convergence distance
垂直极化/垂直極化 perpendicular polarization, vertical polarization
垂直极化波/垂直極化波 vertically polarized wave
垂直加速度/法線加速度,法向加速度 normal acceleration
垂直结太阳电池/垂直接面太陽電池 vertical junction solar cell
垂直进给力/垂直進給力 feed perpendicular force
垂直刻度指示器/垂直刻度指示器 vertical-scale indicator
垂直螺旋输送机/垂直螺旋運送機 vertical screw conveyor
垂直排列相畸变模式/垂直排列相畸變模式 deformation of vertically aligned phase mode
垂直偏移/垂直偏移 vertical shift
垂直平分线/中垂線 perpendicular bisector
垂直切削力/垂直切削力 cutting perpendicular force
垂直燃烧器/垂直燃燒器 calmet burner
垂直冗余[码]检验/垂直冗餘核對 vertical redundancy check, VRC
垂直上升管屏/垂直昇管面板 vertical riser tube panel
垂直式电流计/垂直式檢流計 upright galvanometer
垂直式照明器/垂直照明器 vertical illuminator
垂直式振动输送机/垂直振動運送機 vertical vibrating conveyor
垂直搜索/垂直搜索 vertical search
垂直速度/垂直速度 vertical velocity
垂直提升机/垂直昇降機 vertical elevator
垂直天线/垂直天線 vertical antenna
垂直同步/垂直同步 vertical synchronization
垂直同步信号/垂直同步訊號 vertical synchronizing signal
垂直陀螺仪/垂直陀螺儀,垂直回轉儀,直立陀螺儀 vertical gyroscope, gyroscope vertical
垂直线水听器/垂直線水聽器 vertical line hydrophone
垂直消隐信号/垂直遮没訊號 vertical blanking signal
垂直照明器/垂直照明器 vertical illuminator
垂直照明装置/垂直照明器 vertical illuminator
垂直指示器/垂直指示器 vertical indicator
垂直制动/垂直制動 vertical braking
垂直轴/縱軸 vertical axis
垂直轴风力机/縱軸風力機 vertical axis wind turbine
垂直注入逻辑/垂直注入邏輯 vertical injection logic, VIL
垂直转头/垂直管轉子 vertical tube rotor
垂轴色差/横向色差 chromatic lateral aberration
垂准等高仪/垂擺等高儀 pendulum astrolabe

垂准镜/垂準鏡 plumbing mirror
垂准器/垂直準直儀 vertical collimator
垂准仪/鉛錘儀 plumb instrument
锤顶头[尖]/錘頭尖 peen
锤锻/錘鍛 hammer forging
锤锻模/錘鍛模 hammer forging die, hammering die
锤击/錘擊,搗製 hammer blow, peening
锤击磨煤机/錘碎機,衝擊式磨粉機 hammer mill, impact mill
锤击磨损/錘擊磨損 peening wear
锤式粉碎机/錘磨機,錘碎機 hammer mill
锤碎机/錘碎機 hammer crusher
锤体/錘[體],鎯頭 hammer
锤头/錘頭,字錘 hammer, peen
锤头行程/錘頭行程 hammer stroke
锤锥/斜面錘 bevel faced hammer
纯阿罗哈/純阿羅哈 pure ALOHA
纯氮/純氮 pure nitrogen
纯氮液化器/純氮液化器 pure nitrogen liquefier
纯电动汽车/純電動車 battery electric vehicle
纯度/純度 purity, degree of purity
纯二进制/純二進制 pure binary
纯氦/純氦 pure helium
纯化器/淨化器,清潔器 purifier
纯金/純金 fine gold
纯氪/純氪 pure krypton
纯氪塔/純氪塔 pure krypton column
纯量/純量 scalar quantity
纯氖/純氖 pure neon
纯扭式气扳机/氣扳機,氣動螺帽鎖緊機 pneumatic nutrunner
纯扭式气动螺丝刀/非撞擊式氣動螺絲起子 non-impact pneumatic screwdriver
纯溶剂/純溶劑 pure solvent
纯 XML 数据库系统/純 XML 資料庫系統 native XML database systems
纯随机激励/純隨機激振 pure random excitation
纯态/純態 pure state
纯铁/純鐵 pure iron
纯网/純網 pure net
纯氙/純氙 pure xenon
纯氙塔/純氙塔 pure xenon column
纯氩/純氬 pure argon
纯氩冷凝器/純氬冷凝器 pure argon condenser
纯氩塔/純氬塔 pure argon column
纯氩蒸发器/純氬蒸發器 pure argon evaporator
纯氧顶吹/純氧頂吹 oxygen top-blowing
纯音/純音 pure tone
纯音听力计/純音聽力計 pure-tone audiometer
纯音听力图/純音聽力圖 pure-tone audiogram
纯银/純銀 fine silver
纯正可归约性/純正可約性 honest reducibility
纯质量/純質量 pure mass
唇式传声器/唇用麥克風 lip microphone
醇酸树脂/酸醇樹脂 alkyd resin
绰号/别名,昵稱 nickname
词表/相關字串列 word list
词袋模型/詞袋模型 bag of words model
词袋语义/詞袋語義 bag semantic
词的使用度/字組使用率 word usage
词典序/詞典編纂次序 lexicographical order
词典学/詞典學 lexicography
词对齐/詞對齊 word alignment
词法分析/詞法分析 lexical analysis
词法分析器/詞法分析器 lexical analyzer
词干提取程序/詞幹提取程序 stemmer
词汇功能文法/詞彙功能文法 lexical functional grammar
词汇化句法分析/詞彙化句法分析 lexicalized parsing
词汇化模型/詞彙化模型 lexicalized model
词类/詞性 parts of speech
词码表/詞碼表 code list of words
词性/詞性 part of speech
词性标注/詞性標註 part of speech tagging
瓷/陶瓷[的] ceramic
瓷衬球磨机/瓷磨機 porcelain mill
瓷电容器/瓷電容器 porcelain condenser
瓷坩埚/[陶]瓷坩鍋 porcelain crucible
瓷管/瓷管 porcelain tube
瓷夹板/瓷夾板 porcelain cleat
瓷绝缘子/陶瓷礙子,瓷絕緣體 porcelain insulator
瓷漏斗/瓷漏斗 porcelain funnel
瓷滤器/瓷[過]濾器 porcelain filter
瓷磨机/瓷磨機 porcelain mill
瓷配件/瓷配件 porcelain fitting
瓷漆/瓷漆,琺瑯 enamel
瓷球磨机/瓷球磨機 porcelain ball mill
瓷套管/瓷套管 porcelain bushing
瓷土/瓷土,高嶺土 china clay
瓷研钵/瓷研鉢 porcelain mortar
瓷釉/釉 glaze
瓷质阳极氧化/瓷質陽極氧化 enamel anodizing
磁摆/磁[鐘]擺 magnetic pendulum
磁摆动器/磁擺動器 magnetic wiggler
磁棒/磁棒,條形磁鐵 magnetic bar, bar magnet

磁饱和/磁[性]飽和 magnetic saturation
磁保持继电器/磁保持繼電器 magnetic latching relay
磁暴/磁暴 magnetic storm
磁暴记录器/磁暴監測器 magnetic storm monitor
磁北/磁北 magnetic north
磁倍频器/磁性倍頻器 magnetic frequency multiplier
磁变/磁性變態 magnetic transformation
磁变计/磁變計,磁變記録儀 magnetic variometer
磁变性/磁變性 magnetic degeneration
磁变异性/磁變異性 magnetic variability
磁变阻头/磁電阻頭 magnetoresistive head, MR head
磁表面记录/磁表面記録 magnetic surface recording
磁捕集器/磁籠,磁[陷]阱 magnetic trap
磁测/磁場量測 magnetic field measurement
磁测定/磁量測 magnetic measurement
磁测量/磁量測 magnetic measurement
磁层/磁塗層 magnetic coating
磁常数/磁[性]常數 magnetic constant
磁场/磁場 magnetic field
磁场测量/磁場量測 magnetic-field measurement
磁场分流/磁場分流 field shunting
磁[场]极/場磁極 field pole
磁场计/磁場計 magnetic field meter
磁场记录仪/地磁記録儀 magnetograph
磁场继电器/磁場繼電器 field relay
磁场减弱/磁場減弱,磁場削弱 field weakening
[磁场]减弱比/[磁場]減弱比 field weakening ratio
磁场均衡器/磁場平衡器 magnetic field equalizer
磁场可控型电动机/磁場控制電動機,磁場控制馬達 field control motor
磁场控制/磁場控制 field control
磁场控制管/磁控閘流管 permatron
磁场强度/磁場強[度] magnetic field strength, magnetic intensity, magnetic field intensity
磁场强度传感器/磁場強度訊號轉換器 magnetic field strength transducer
磁场强度计/磁場強度計,奥斯特計 magnetic field intensity meter, oersted meter
磁场强度量具/磁場強度量具 magnetic field strength measure
磁场丘克拉斯基法/磁場丘克拉斯基法,磁場直拉法 magnetic field Czochralski method
磁场绕组/磁場繞組,磁極繞組 field winding
磁场热处理/磁場熱處理 magnetic heat treatment, thermomagnetic treatment
磁场扫描/磁場掃描 magnetic field scanning
磁场线/場力線 magnetic field line
磁场线圈常数/磁場線圈常數 magnetic field coil constant
磁场直拉法/磁場直拉法,磁場丘克拉斯基法 magnetic field Czochralski method
磁场指数/場指標 field index
磁秤/磁秤,磁天平 magnetic balance
磁尺/磁尺 magnescale
磁畴/磁疇,磁域 magnetic domain, domain
磁畴壁/域壁,疇壁,磁壁 magnetic domain wall, domain wall
磁储存器/磁儲存裝置,磁存元件 magnetic storage device
磁传感器/磁换能器 magnetic transducer
磁吹断路器/磁衝斷路器 magnetic blast breaker
磁吹线圈/熄弧線圈 blowout coil
磁存储器/磁性記憶體 magnetic memory
磁带/卡帶 magnetic tape
磁带备份/磁帶備份 backup to tape, B2T
磁带备份系统/磁帶備份系統 magnetic tape back-up system
磁带标号/磁帶標號 magnetic tape label
磁带传送机构/磁帶傳送機構 magnetic tape transport mechanism
磁带存储器/磁帶儲存[器] magnetic tape storage, magnetic tape storage drive
磁带格式/磁帶格式 magnetic tape format
磁带机/磁帶機 tape unit
磁带奇偶检验/磁帶奇偶 magnetic tape parity
磁带记录仪/磁帶記録器 tape recorder
磁带控制器/磁帶控制器 magnetic tape controller
磁带库/磁帶庫,帶程式館 magnetic tape library
磁带驱动器/磁帶驅動機 magnetic tape drive
磁带驱动系统/磁帶驅動系統 magnetic tape driving system
磁带头标/磁帶開始標志 beginning-of-tape marker
磁带尾标/帶尾標志,磁帶結束標志 end-of-tape marker
磁带相对灵敏度/相對磁帶靈敏度 relative tape sensitivity
磁导/磁導[性] permeance
磁导计/磁導計,導磁儀 permeameter
磁导率/磁導率,導磁係數 magnetic permeability
磁导率电桥/磁導率電橋,磁性電橋 magnetic permeability bridge, permeability bridge
磁导率上升因子/磁導率上昇因子 permeability rise factor

磁道/磁軌 magnetic track
磁道格式/磁軌格式 track format
磁道跟踪伺服系统/軌隨從伺服系統 track following servo system
磁道畸变/磁軌畸變 track distortion
磁道宽度/磁軌寬度 track width
磁道中心距/磁軌中心間距 track center-to-center spacing
磁[的]/磁[的],磁性[的] magnetic
磁电风速表/永磁電機式風速計 magneto-anemometer
磁电式安培计/動圈式電流計 moving-coil ammeter
磁电式继电器/磁電式繼電器 magneto-electric relay
磁电式曲轴位置传感器/磁電式曲軸位置感測器 magnetic crankshaft position sensor
磁电式速度测量仪/磁電式速度測量儀 magneto-electric velocity measuring instrument
磁电式转速表/磁電式轉速表,磁電式轉速計 magneto-electric tachometer
磁电式转速传感器/磁電式轉速傳感器 magneto-electric tachometric transducer
磁电式自动同步机/磁自動同步機 magnesyn
磁电系检流计/移動線圈式電流計 moving-coil galvanometer
磁电相位差式转矩测量仪/磁電相位差式轉矩測量儀 magneto-electric phase difference torque measuring instrument
磁电子透镜/磁電子透鏡 magnetic electron lens
磁电阻效应/磁[電]阻效應 magneto resistance effect
磁垫带式输送机/磁墊帶式輸送機 magnetic belt conveyor
磁动势/磁動勢 magneto motive force, MMF
磁轭/磁軛,軛[鐵] yoke, magnet yoke, magnetic yoke
磁轭法/磁軛法 yoke method
磁法勘探/磁力測勘 magnetic prospecting
磁放大器/磁[性]放大器 magnetic amplifier
磁放大器电源/磁放大器電源 magnetic amplifier power supply
磁分离/磁分離 magnetic separation
磁分路/磁分路 magnetic shunt
磁分析[法]/磁力分析 magnetic analysis
磁分析器/磁分析器 magnetic analyzer
磁粉/磁粉 magnetic powder
磁粉离合器/磁粉離合器 magnetic powder clutch
磁粉探伤/磁粉探傷,磁粒檢驗 magnetic particle flaw detection, magnetic particle inspection
磁粉探伤机/磁粉探傷機 magnetic particle flaw detector
磁粉心材料/磁粉心材料 magnetic powder core material
磁粉制动器/磁粉制動器 magnetic powder brake
磁浮轴承/磁[浮]軸承 magnetic bearing
磁负荷/磁性負載 magnetic loading
磁感应/磁感應 magnetic induction
磁感应各向异性/感應磁異向性 induced magnetic anisotropy
磁感应加速器/磁感應加速器 magnetic induction accelerator
磁感应强度/磁感應強度 magnetic induction
磁感应式车速里程表/磁感應式速率計 magnetic inductive speedometer
磁感应式转速表/磁感應式轉速表 magnetic inductive tachometer, magnet inductor type tachometer
磁刚度/磁剛性 magnetic rigidity
磁钢/磁石用鋼 magnet steel
磁高温计/磁高温計 magnetic pyrometer
磁各向异性/磁各向異性,磁異方性 magnetic anisotropy
磁各向异性常数/磁異向性常數 magnetic anisotropy constant
磁共振/磁共振,磁諧振 magnetic resonance
磁共振成像/磁共振成像 magnetic resonance imaging
磁共振加速器/磁共振加速器 magnetic resonance accelerator
磁鼓/磁鼓,磁力筒 magnetic drum
磁鼓存储器/磁鼓儲存器,磁鼓記憶體 magnetic-drum storage, magnetic-drum memory
磁鼓控制器/鼓形控制器 drum controller
磁光存储器/磁光記憶體 magneto-optical memory
磁光碟/磁光碟 magneto-optical disc
磁光盘/磁光碟 magneto-optical disk
磁光器件/磁光元件 magneto-optical device
磁光调制器/磁光調制器 magneto-optical modulator
磁光显示/磁光顯示 magneto-optical display
磁光效应/磁光效應 magneto-optical effect
磁痕/磁粉指示法 magnetic particle indication
磁后效应/磁後效應,剩磁效應 magnetic after-effect
磁滑轮/磁滑輪 magnetic pulley
磁化/磁化,起磁 magnetization, magnetizing
磁化焙烧/磁化焙燒 magnetizing roasting

磁化场/磁化[磁]場 magnetizing field
磁化电流/磁化電流 magnetizing current
磁化电源/磁化電源 excitation supply
磁化力/磁化力 magnetizing force
磁化率/磁化率,磁化係數 magnetic susceptibility
磁化率计/磁導率計 susceptometer
磁化器/磁化器 magnetizer
磁化强度/磁化[強度],起磁 magnetization, magnetization intensity
磁化曲线/磁化曲線 magnetization curve
磁化绕组/磁化線圈 magnetizing winding
磁化时间/磁化時間 magnetizing time
磁化线圈/磁化線圈 magnetizing coil
磁化装置/磁化器具 magnetizing apparatus
磁黄铁矿/磁黄鐵礦 pyrrhotite
磁极/磁極 magnetic pole
磁极化率/磁極化率 magnetic polarizability
磁极化[强度]/磁極化 magnetic polarization
磁极间距/磁極間距 magnetic pole distance
磁极面/磁極面 magnetic pole face
磁极铁心/[磁]極心 pole core
磁极线圈/磁極線圈,磁場線圈,勵磁線圈 field coil, pole coil
磁极线圈框架/激磁線圈架,磁場絡管 field spool
磁记录/磁[性]記録,磁化記録 magnetic recording, magnetic record
磁记录介质/磁媒體 magnetic recording medium
磁记录媒体/磁媒體 magnetic recording medium
磁记录器/磁記録機,磁答録器 magnetic recorder
磁记录设备/磁記録設備 magnetic recording device
磁迹/磁軌 magnetic track
磁搅拌器/磁攪拌器 magnetic stirrer
磁介质/磁[性]介質 magnetic medium
磁晶各向异性/磁晶異向性 magnetocrystalline anisotropy
磁镜/磁[束]鏡 magnetic mirror
磁镜不稳定性/磁束鏡不穩性 mirror instability
磁镜热核装置/磁束鏡熱核裝置 pyrotron
磁矩/磁矩 magnetic moment
磁矩量具/磁矩量具 magnetic moment measure
磁聚焦/磁聚焦 magnetic focusing
磁卡/磁卡,磁性卡片 magnetic card
磁卡[片]机/磁卡機 magnetic card machine
磁卡阅读器/磁卡閱讀機 magnetic card reader
磁开关/磁開關 magnetic switch
磁壳/磁殻 magnetic shell
磁控电阻/磁電阻體 magnetoresistor
磁控管/磁控管 magnetron
磁控管振荡器/磁控管振盪器 magnetron oscillator
磁控溅射/磁控濺射 magnetron sputtering
磁控形状记忆合金/磁控形狀記憶合金 magnetic shape memory alloy
磁控注入电子枪/磁控注入電子槍 magnetic injection gun, MIG
磁老化/磁老化 magnetic ageing, magnetic aging
磁雷诺数/磁雷諾數 magnetic Reynolds number
磁力/磁力 magnetic force
磁力泵/磁力驅動泵 magnetic drive pump
磁力测定/測磁強術 magnetometry
磁力测厚仪/磁力測厚儀 magnetic thickness tester
磁力成形/磁力成型 magnetic forming
磁力法/磁力法 magnetic method
磁力分离滚筒/磁筒 magnetic drum, magnetic pulley
磁力分析[法]/磁力分析 magnetic analysis
磁力混合器/磁混合器 magnetic mixer
磁力机械密封/磁力機械密封 magnetic mechanical seal
磁力夹具/磁力夾具 magnetic fixture
磁力搅拌机/磁攪拌器 magnetic stirrer
磁[力]疗法/磁療法 magnetotherapy
磁力探伤/磁粉探傷 magnetic particle inspection
磁力探伤检验/磁力探傷檢驗 magnaflux inspection
磁力探伤器/磁探傷器 magnetic crack detector
磁力探伤仪/磁力探傷儀 magnetic flaw detector, magnetic crack detector
磁力图/地磁自記圖 magnetogram
磁力脱水槽/磁力脱水槽 magnetic dewater cone
磁力选矿/磁力富集法 magnetic concentration
磁力扬声器/磁擴音器 magnetic loudspeaker
磁力造模法/磁力造模法 magnet molding process
磁链/磁鏈 magnetic flux linkage
磁[量]传感器/磁量訊號轉換器 magnetic quantity transducer
磁量子数/磁量子數 magnetic quantum number
磁灵敏度/磁靈敏度 magnetic sensitivity
磁流/磁流 magnetic current
磁流变/磁流變 magnetorheological
磁流变磨粒流抛光/磁流變磨粒流抛光 magnetorheological abrasive flow finishing, MRAFF
磁流变抛光/磁流變抛光 magnetorheological finishing, MRF
磁流变液/磁流變[流]體 magnetorheological fluid
磁流力学不稳定性/磁流體不穩定性 magneto hydrodynamic instability, NHD instability

磁流量计/磁[感應]流量計 magnetic induction flowmeter
磁流体/磁流體 magnetic fluid
磁流[体]波/磁流波 hydromagnetic wave
磁流体动力波/磁流波 hydromagnetic wave
磁流体动力不稳定性/磁流體動力學不穩定性 magneto hydro dynamic instability
磁流体动力发电机/磁流體動力産生器 magneto hydro dynamic generator, MHD generator
磁流体动力润滑/磁流體動力潤滑 magneto hydro dynamic lubrication, MHD lubrication
磁流体动力学/磁流體動力學波 magnetofluid dynamics
磁流体分选/磁流體分選 magnetofluid separation
磁流体分选机/磁流體分選機 magnetofluid separator
磁路/磁路 magnetic circuit
磁罗盘/磁羅盤 magnetic compass
磁敏电位器/磁敏電位計 magneto potentiometer
磁敏电阻合金/磁敏電阻合金 magneto resistor alloy
磁敏电阻器/磁敏電阻器 magneto resistor
磁敏二极管/磁敏二極體 magneto diode
磁敏感器/磁感測器 magnetic sensor
磁敏晶体管/磁敏電晶體 magneto transistor
磁敏元件/磁敏元件 magneto sensitive element
磁膜/磁膜 magnetic film
磁墨水字符阅读机/磁墨字元閱讀機 magnetic-ink character reader
磁能/磁能 magnetic energy
磁能积/磁能[乘]積 magnetic energy product
磁能积曲线/磁能積曲線 magnetic energy product curve
磁黏滞性/磁黏[滯]性 magnetic viscosity
磁偶极矩/磁偶極矩 magnetic dipole moment
磁偶极子/磁偶極[子] magnetic dipole
磁耦合/磁耦合 magnetic coupling
磁盘/磁碟 magnetic disk
磁盘存储设备/磁碟機 disk storage drive
磁盘存贮器/盤式記憶體 disk memory
磁盘分配表/磁碟配置表 disk allocation table
磁盘高速缓存/磁碟高速緩衝記憶體 disk cache
磁盘格式/磁碟格式 disk format
磁盘攻击/磁片攻擊 disk attack
磁盘划伤/磁碟刮傷 disk crash
磁盘记录块/儲存片,片段儲存 fragmentation
磁盘记录器/盤式記録器 disk recorder
磁盘镜像备份/磁片鏡像備份 disk image backup
磁盘控制器/磁碟控制器 magnetic disk controller, disk controller
磁盘清理/磁片清理 disk scrubbing
磁盘扇区/磁碟扇區 disk sector
磁盘适配器/磁碟配接器 magnetic disk adapter
磁盘双工/磁碟雙工 disk duplexing
磁盘碎片/儲存殘片 fragmentation
磁盘索引孔/磁碟索引孔 disk index hole
磁盘体/磁碟體 diskware
磁盘阵列/磁碟陣列 disk array
磁泡/磁泡 magnetic bubble
磁偏吹/磁吹 magnetic blow
磁偏转/磁偏轉 magnetic deflection
磁偏转器/磁致偏器 magnetic deflector
磁偏转质谱仪/磁偏轉光譜儀 magnetic deflection mass spectrometer
[磁]品质因数/[磁]品質因數 magnetic quality factor
磁平/磁平 magnetic level
磁屏/磁屏 magnetic screen
磁屏蔽/磁屏蔽 magnetic shielding
磁屏蔽电子枪/磁屏蔽電子槍 magnetic shielded gun
磁屏蔽因数/磁遮蔽因子 magnetic shielding factor
磁谱/磁譜 magnetic spectrum
磁谱计/磁譜計,磁譜儀,磁分光計 magnetic spectrometer
磁谱仪/磁攝譜儀 magnetic spectrograph
磁铅石型铁氧体/磁鉛石型鐵氧體 magneto plumbite type ferrite
磁强计/磁強[力]計,高斯計 magnetometer, Gauss meter
SQUID 磁强计/超導量子干涉磁強計 superconducting quantum inteference magnetometer, SQUID magnetometer
磁强记录图/地磁自記圖 magnetogram
磁桥/磁性電橋 magnetic bridge
磁倾计/磁傾計 inclinometer
磁倾角/磁傾角 magnetic inclination
磁倾仪/地磁俯角儀 dip circle
磁趋肤效应/磁趨膚效應 magnetic skin-effect
磁扰动/磁擾[動] magnetic disturbance
磁热板/磁熱板 magnetic hot plate
磁热力学/磁性熱力學 magneto thermodynamics
磁热效应/磁熱效應 magneto caloric effect
磁栅式宽度计/磁柵式寬度計 magnetic scale width meter
磁射流抛光/磁射流抛光 magneto-rheological jet

polishing, MJP
磁生物效应/磁生物效應 magneto-biology effect
磁声波/磁聲波 mangneto-sonic wave
磁石/磁石 magnetite
磁[石发]电机/永磁電機 magneto-generator
磁石式电话机/磁石式電話機 magneto-telephone set
磁石温度计/磁溫度計 magnetic thermometer
磁式电子显微镜/磁顯微鏡 magnetic microscope
磁式动态仪器/磁式動態儀器 magnet dynamic instrument
磁式氧传感器/磁式氧訊號轉換器 magnetic oxygen transducer
磁势/磁位 magnetic potential
磁势差/磁勢差,磁位差 magnetic potential difference
磁势差计/磁位[差]計 magnetic potentiometer
磁损耗电阻/磁損耗電阻 magnetic loss resistance
[磁]损耗角/[磁]損耗角 magnetic loss angle
[磁]损耗因数/[磁]損耗因數 magnetic loss ractor
磁弹性传感器/磁彈性换能器 magneto-elastic transducer
磁弹性式称重传感器/磁彈性負載器 magnetoelastic weighing cell
磁弹性式力传感器/磁彈性式力轉換器 magnetoelastic force transducer
磁弹性式轧制力测量仪/磁彈性式軋製力測量儀 magnetoelastic rolling force measuring instrument
磁弹性式张力计/磁彈性式張力計 magneto-elastic tensiometer
磁弹性式转矩测量仪/磁彈性式轉矩測量儀 magnetoelastic torque measuring instrument
磁弹性效应/磁彈性效應 magneto-elastic effect
磁探伤仪/磁探瑕儀 magnetic flaw detector
磁体/磁鐵 magnet
磁条/磁條 magnetic stripe
磁条阅读机/磁條閲讀機 magnetic stripe reader
磁调制器/磁調制器 magnetic modulator
磁铁/磁鐵 magnet
磁铁电铃/磁鐵電鈴 magneto-bell
磁[铁]粉心/壓粉磁心,磁性鐵粉心 magnetic powder core
磁铁矿/磁鐵礦 magnetic iron ore
磁铁氧体/磁性鐵氧體,磁性肥粒鐵 magnetic ferrite
磁通表/通量計,磁通計 flux meter
磁通常数/磁通常數 magnetic flux constant
磁通重合磁存储器/符通儲存器 coincident-flux magnetic storage
磁通传感器/磁通訊號轉換器 magnetic flux transducer
磁通计/磁通計,馬克士威計 fluxmeter, Maxwellmeter, magnetic flowmeter
磁通计数器/通量計數器 flux counter
磁通[量]/磁通量 magnetic flux, magnaflux
磁通量计/通量計,磁通計 fluxmeter
磁通量具/磁通量具 magnetic flux measure
磁通[量]密度/磁通密度 magnetic flux density
磁通量子/磁通量子 magnetic flux quantum, fluxon
磁通门磁强计/通量閘磁力計,磁通閘磁力儀 fluxgate magnetometer
磁通密度/磁通密度,通量密度 magnetic flux density, flux density
磁通势/磁動勢 magneto motive force, MMF
磁通转移器/磁通轉移器 transfluxor
磁头/磁頭 magnetic head
磁头材料/磁[性記録]頭材料 magnetic recording-head material, magnetic head material
磁头定位机构/磁頭機製定位 head positioning mechanism
磁头读写槽/磁頭槽 head slot
磁头缝隙/磁頭縫隙 magnetic head gap, head gap
磁头加载机构/磁頭載入機構 head loading mechanism
磁头加载区/磁頭載入區 head loading zone
磁头起落区/磁頭定位區 head landing zone
磁头小车/磁頭托架 head carriage
磁头卸载区/磁頭卸載區 head unloading zone
磁头组/磁頭組 head stack
磁透镜/磁透鏡 magnetic lens
磁透镜谱仪/磁透鏡分光計,磁鏡能譜儀,磁透鏡頻譜計 magnetic lens spectrometer
磁涂层/磁塗層 magnetic coating
磁团聚/磁團聚 magnetic coagulation, magnetic agglomeration
磁退火/磁退火 magnetic anneal
磁位/磁位 magnetic potential
磁位差/磁位差,磁勢差 magnetic potential difference
磁位差计/磁位[差]計 magnetic potentiometer
磁位移/磁位移 magnetic displacement
磁温度补偿合金/磁溫度補償合金 thermomagnetic compensation alloy
磁温度计/磁溫度計 magnetic thermometer
磁稳定/磁穩定 magnetic stabilization
磁吸引/磁引力 magnetic attraction
磁隙/磁間隙 magnetic gap

磁显微镜/磁顯微鏡 magnetic microscope
磁像仪/地磁記録儀 magnetograph
磁卸载/磁傾卸 magnetic dumping
磁心/磁心 magnetic core
磁心存储器/磁心記憶體 magnetic core memory
磁心带/磁心帶 core tape
磁心线存储器/[磁心]線儲存器 rope storage
磁心-线[圈]存储器/磁心線記憶體 core-rope memory
磁心有效尺寸/磁心有效尺寸 effective dimension of a core
磁型铸造/磁力造模法 magnetic molding process
磁性半导体/磁性半導體 magnetic semiconductor
磁性薄膜/磁[性薄]膜 magnetic thin-film, magnetic film
磁性材料/磁性材料 magnetic material
磁性材料标准样品/磁性材料標準樣品 standard specimen of magnetic material
磁性弛豫/磁弛豫 magnetic relaxation
磁性电离压力计/磁游離壓力計 magnetic ionized manometer
磁性放大器/磁放大器 magnetic transductor
磁性放大调节器/磁放大調節器 magnetic amplifier regulator
磁性钢/磁性鋼 magnetic steel
磁性合金/磁性合金 magnetic alloy
磁性检波器/磁檢知器 magnetic detector
磁[性]离合器/磁性離合器 magnetic clutch
磁性裂缝检验器/磁裂探傷器 magnetic crack detector
磁性录制/磁性録製,磁化記録 magnetic recording
磁性磨粒加工/磁性磨粒加工 magnetic abrasive finishing, MAF
磁性随机存取存储器/磁性隨機存取記憶體 magnetic RAM, MRAM
磁性探测器/磁檢知器 magnetic detector
磁性探矿[法]/磁力探勘 magnetic exploration
磁性探伤/磁力探傷檢驗 magnetic crack detection
磁性体/磁質,磁性材料 magnetic substance
磁性调制器/磁調制器 magnetic modulator
磁性退火/磁力退火 magnetic annealing
磁性位移传感器/磁性位移换能器 magnetic displacement transducer
磁性悬浮滑台/磁性懸浮滑檯 magnetic floating slide table
磁性氧化铁/四氧化三鐵 ferrosoferric oxide
磁性氧化铁层积/磁鐵敷層 magnetite coating
磁性液位探测器/磁液位檢知器 magnetic level detector
磁性转变/磁性變態 magnetic transformation
磁悬浮/磁懸浮 magnetic suspension
磁悬浮熔炼/懸浮熔融 levitation melting
磁悬浮转子真空计/磁懸浮轉子真空計 magnetic suspension spinning rotor vacuum gage
磁悬式离心机/磁懸式離心機 magnetic suspension centrifuge
磁悬液/磁懸液,磁性油墨 magnetic ink
磁旋管/多極電子管 trochotron
磁选/磁分離 magnetic separation
磁选机/磁選機,磁分離器 magnetic separator
磁选塔/磁選塔 magnetic column
磁学 /磁學 magnetism
磁压/磁壓 magnetic pressure
磁移位寄存器/磁移位暫存器 magnetic shift register
磁引力/磁引力 magnetic pull
磁应变/磁應變 magnetic strain
磁约束/磁性約束 magnetic confinement
磁针电流计/磁針電流計 needle galvanometer
磁针罗盘/磁針羅盤 magnetic needle compass
磁正常状态化/磁狀態化 magnetic conditioning
磁织构/磁織物 magnetic texture
磁制冷/磁製冷 magnetic refrigeration
磁[致电]阻率/磁阻率 magnetoresistivity
磁致冷/磁致冷 magnetic cooling
磁致冷材料/磁致冷材料 magnetic refrigerant material
磁致热效应/磁卡路里效應 magnetocaloric effect
磁致伸缩/磁致伸縮,磁[效]伸縮 magnetostriction
磁致伸缩材料/磁致伸縮材料 magnetostrictive material
磁致伸缩测量/磁致伸縮量測 magnetostriction measurement
磁致伸缩传感器/磁致伸縮换能器 magnetostrictive transducer
磁致伸缩合金/磁致伸縮合金 magnetostriction alloy
磁致伸缩滤波器/磁致伸縮濾波器 magnetostrictive filter
磁致伸缩式收发机/磁致伸縮式收發機 magnetostrictive transceiver
磁致伸缩效应/磁致伸縮效應 magnetostrictive effect
磁致伸缩振动发生器/磁致伸縮振動發生器 magnetostrictive vibration generator
磁致伸缩振动台/磁致伸縮振動發生器系統

magnetostrictive vibration generator system
磁滞/磁滯[後] magnetic hysteresis
磁滞材料/磁滯材料 hysteresis material
磁滞测定仪/磁滯計 hysteressis meter
磁滞常数/磁滯常數 hysteresis constant
磁滞电动机/磁滯電動機 hysteresis motor
磁滞合金/磁滯合金 hysteresis alloy
磁滞环/磁滯回路 magnetic hysteresis loop
磁滞回线/磁滯迴線,遲滯曲線 hysteresis loop, magnetic hysteresis loop, hysteresis curve
磁滞回线测量仪/遲滯計 hysteresis measuring instrument
磁滞计/遲滯計 hysteresis meter
磁滞曲线/遲滯曲線 hysteresis curve
磁滞损耗/磁滯損耗,磁滯損[失] hysteresis loss, magnetic hysteresis loss
磁滞损失/磁滯損失 hysteresis loss
磁滞铁心常数/遲滯磁芯常數 hysteresis core constant
磁滞同步电动机/磁滯同步電動機,磁滯同步馬達 hysteresis synchronous motor
磁滞误差/磁滯誤差 hysteresis error
磁滞仪/磁滯計,遲滯儀,滯後儀 hysteresis meter
磁滞制动器/磁滯制動器 magnetic remanence brake
磁轴/磁軸[線] magnetic axis
磁转电流计/磁轉電流計 moving magnet galvanometer
磁转速表/磁轉速表,磁轉速計 magnetic tachometer
磁子/磁元 magneton
磁子数/磁元數 magneton number
[磁]总谐波失真/[磁]總諧波失真 magnetic total harmonic distortion
[磁]总谐波失真因数/[磁]總諧波失真因數 magnetic total harmonic distortion factor
磁阻/磁阻 reluctance, magneto resistance
磁阻传声器/可變磁阻麥克風 variable reluctance microphone
磁阻电动机/磁阻電動機,磁阻馬達 reluctance motor
磁阻电机/磁阻電機 reluctance machine
磁阻发生器/轉速脈波器 speed pulser
磁阻率/磁阻率,磁阻係數 reluctivity
磁阻尼/磁阻尼 magnetic damping
磁阻尼器/磁阻尼器 magnetic damper
磁阻式传感器/磁阻式感測器,磁阻式換能器 reluctive transducer
磁阻系数/磁阻係數 reluctance coefficient
磁阻效应/磁阻效應 magneto resistance effect, magnetoresistive effect
磁阻整步/磁阻同步化 reluctance synchronizing
磁阻转矩/磁阻轉矩 reluctance torque
磁座钻/磁性鑽孔機 magnetic drill
[次]摆线/次擺線 trochoid
次摆线分析器/次擺線分析儀 trochoidal analyzer
次摆线质谱仪/次擺線質量分析儀 trochoidal mass analyzer
次递归性/次遞回性 subrecursiveness
次动作函数/下次動作函數 next move function
次[分]谐波/次諧波 subharmonic
次级变压器/次級變壓器 secondary transformer
次级标准/次級標準,二次標準,二級標準 secondary standard
次级测量标准/次級量測標準 secondary measurement standard
次级电压上升时间/次級電壓上昇時間 secondary voltage rise time
次级电子/次級電子,二次電子 secondary electron
次级电子倍增/次級電子倍增 multipacting
次级电子导电/次級電子導電 secondary electron conduction, SEC
次级电子发射/次級電子發射,二次電子發射 secondary electron emission
次级电子计数器/次級電子計數管 secondary electron counter
次级发射/二次發射 secondary emission
次级发射光电管/二次發射光電管 secondary emission cell
次级辐射/二次輻射 secondary radiation
次级辐射器/次級輻射器 secondary radiator
次级光度标准器/二次測光標準器 secondary photometric standard
次级光谱/次級光譜 secondary spectrum
次级冷却介质/二次冷却劑,次級冷却劑 secondary coolant
次级绕组/次級繞組,二次繞組 secondary winding
次级输出电压/次級輸出電壓 secondary output voltage
次级线圈/二次線圈,副線圈 secondary coil
次级仪表/二次儀器 secondary instrument
次级有效电压/輔助可用電壓 secondary available voltage
次加速度/次加速度,急跳度 second acceleration
次角加速度/次角加速度,角急跳度 second angular acceleration
次临界反应堆/次臨界反應器 subcritical reactor
[次临界]增殖/[次臨界]增殖 subcritical

multiplication
次品/次品 degraded product
次品率[控制]图/微量不良率圖 fraction-defective chart
次平面/次平面 secondary flat
次生赤铁矿/次生赤鐵礦 secondary hematite
次生富集/次生富集，二次富集 secondary enrichment, downward enrichment
次生夹杂物/次生夾雜物 secondary nonmetallic inclusion
次生孔隙度/誘導孔隙率，次生孔隙率 secondary porosity, induced porosity
次声频声呐/次音速聲納 subsonic sonar
次同步层/次同步層 sub-synchronous layer
次线性函数/次線性函數 sub-linear function
次协调逻辑/仿相容邏輯 paraconsistent logic
次谐波频率/次諧波頻率 subharmonic frequency
次谐波响应/次諧波響應 subharmonic response
次优控制/次最佳控制 suboptimal control
次优系统/次最佳系統 suboptimal system
次优性/次最適性 suboptimality
次站/輔助站，次要站 secondary station
伺服泵/伺服泵 servopump
伺服乘法器/伺服乘法器，電位計乘器 servo multiplier, potentiometer multiplier
伺服磁头/伺服頭 servo head
伺服电动机/伺服電動機，伺服馬達，控制馬達 servomotor, servo motor, pilot motor
伺服电机/伺服馬達 servomotor, SM
伺服电机执行器/伺服馬達驅動器 servomotor actuator
伺服电位计/伺服電位計 servo potentiometer
伺服电源/伺服功率 servo power
伺服阀/伺服閥 servo valve
伺服放大器/伺服放大器 servo amplifier
伺服分压器/伺服電位計 servo potentiometer
伺服函数发生器/伺服函數産生器 servo function generator
伺服环路/伺服回路 servo loop
伺服机构/伺服機構 servomechanism
伺服积分器/伺服積分器，速度積分器 velodyne
伺服记录器/伺服記録器 servo recorder
伺服加速度表/伺服加速度計 servo accelerometer
伺服加速度计/伺服加速度計 servo accelerometer
伺服控制/伺服控制 servo control
伺服控制器/伺服機械手 servo manipulator
伺服控制系统/伺服控制系統 servo control system
伺服式传感器/伺服轉換器，伺服換能器 servo transducer
伺服式喷油泵/伺服噴油泵 servo fuel injection pump
伺服系统/伺服系統 servosystem
伺服系统修正/伺服系統修正 servosystem correction
刺点仪/刺點儀 point transfer device
刺激/刺激 stimulus
刺激电极/刺激電極 stimulating electrode
刺激阈/靈敏度閾 sensitivity threshold
枞木/樅木 fir
从处理机/從處理機 slave processor
从动摆臂/從動擺臂 side pivoted rocker
从动摆臂销轴/從動擺臂銷軸 side pivoted rocker pin
从动摆臂支座/從動擺臂支座 side pivoted rocker bracket
从动部件/從動件 driven part
从动齿轮/從動齒輪 driven gear
从动带轮/從動帶輪 driven pulley
从动件/從動件 driven link
从动链轮/從動鏈輪 driven chain wheel
从动轮/從動輪 driven wheel
从动盘/從動盤，離合盤 clutch plate, driven plate
从动盘摩擦衬片/離合盤摩擦襯片 clutch plate lining, driven plate lining
从动盘内扭转减振器/離合盤内扭轉阻尼器 torsional damper in clutch disk
从动振荡器/從動振盪器 slave oscillator
从属计算机/從屬計算機 slave computer
从属量具/從屬量具 dependent measuring tool
从蹄/後塊 trailing shoe
从蹄制动器/後塊式制動器 trailing shoe brake
从站/副臺，從屬臺 slave station
丛/叢，群集 constellation
粗操纵杆/粗[調]控制棒 coarse control rod
粗糙表面/粗糙表面 rough surface
粗糙长度/粗糙長度 roughness length
粗糙度/粗[糙]度 roughness
粗糙度测量仪/粗糙度計 roughometer
粗糙度轮廓/粗糙度輪廓 roughness profile
粗糙关系模型/粗糙關係模型 rough relational model
粗糙集/粗集合 rough set
粗糙结构/粗鬆組織 coarse structure
粗齿锉/粗銼 coarse file
粗齿锯片铣刀/粗齒金屬開縫鋸銑刀 metal slitting saw with coarse teeth

粗齿铣刀/粗齒銑刀 coarse tooth cutter
粗抽时间/粗抽時間 roughing time
粗抽真空泵/粗抽真空泵 roughing vacuum pump
粗[大误]差/總誤差 gross error
粗定位/粗定位 coarse positioning
粗粉分离器/粗粉分離器 coarse pulverized coal classifier
粗钢/粗鋼 crude steel, raw steel
粗金属锭/粗金屬錠 bullion
粗晶结构/粗鬆組織 open-grain structure
粗晶面/粗晶面 facet fracture
粗-精控制/粗-精控制 coarse-fine control
粗颗粒/粗粒子 coarse particle
粗氪/粗氪 crude krypton
粗氪冷凝器/粗氪冷凝器 crude krypton condenser
粗氪塔/粗氪塔 crude krypton column
粗氪蒸发器/粗氪蒸發器 crude krypton evaporator
粗控制棒/粗控桿,粗控棒 shim rod
粗粒/粗粒 coarse grain
粗粒磁选/粗粒磁選 magnetic cobbing
粗粒浮选/粗粒浮選 coarse flotation
粗粒级/粗粒級 coarse fraction
粗粒溜槽/粗粒溜槽 sluice for coarse particle
粗滤片筒/粗濾筒 strainer cartridge
粗滤器/粗濾器,初濾機 strainer, preliminary filter
粗滤油网/粗濾油網 coarse oil screen
粗[螺]距/粗齒[螺紋]徑節 coarse pitch
粗略传感器/粗感測器 coarse sensor
粗镁/粗鎂 crude magnesium
粗面凝固/粗面凝固 rough wall solidification
粗面岩/粗面岩 trachyte
粗磨/粗磨 coarse grinding
粗磨边/粗磨邊 coarsely ground edge
粗磨床/粗磨機 rough grinding machine
粗氖氦除氮器/粗氖氦除氮器 nitrogen remover for crude Ne-He
粗氖氦冷凝器/粗氖氦冷凝器 crude Ne-He condenser
粗氖氦气/粗氖氦氣 crude Ne-He
粗氖氦塔/粗氖氦塔 crude Ne-He column
粗泥浆砂/粗泥漿砂 roughing loam
粗配合/粗配合 coarse fit
粗平衡/粗平衡 coarse balancing
粗切机/粗切機 coarse cutter
粗砂/粗砂,粗粒塵 grit, coarse sand
粗砂轮/粗砂輪 coarse wheel
粗砂锥辗硅砂/粗砂錐輾矽砂 concial sand from coarse sand
粗丝锥/粗螺絲攻 coarse screw tap
粗碎/原生壓碎 primary crushing
粗碎机/粗碎機,初級壓碎機 coarse crusher, primary crusher
粗碎圆锥破碎机/粗碎圓錐破碎機 primary cone crusher
粗体/粗體 face bold
粗调/粗平衡 coarse adjustment
粗调变阻器/粗平衡變阻器 coarse-adjusting rheostat
粗调整棒/粗控桿,粗控棒 shim rod
粗铜/粗銅 blister copper
粗网滤清器/粗網濾器 coarse mesh filter
粗纹螺钉/粗紋螺釘 coarse thread screw
粗误差/寄生誤差 parasitic error
粗效空气过滤器/粗篩過濾器 rough air cleaning
粗锌/粗鋅,商業鋅,鋅鑄品 spelter
粗型浸蚀/目視浸蝕 macroetching
粗选/粗選 roughing
粗牙螺纹/粗牙螺紋 coarse thread
粗氩/粗氬 crude argon
粗氩冷凝器/粗氬冷凝器 crude argon condenser
粗氩塔/粗氬塔 crude argon column
粗[油]滤器/粗濾油網 coarse oil screen
粗轧/粗軋 rough rolling, roughing roll
粗轧机/粗軋機 roughing mill, cogging mill
粗轧机座/粗軋機架 roughing stand
粗针马氏体/粗針馬氏體 coarse martensite
粗真空/粗真空 rough vacuum
粗真空泵/粗真空泵 rough vacuum pump
粗整步/粗同步 coarse synchronizing
粗制螺栓/粗製螺栓,黑皮螺栓 black bolt
粗制丝锥/斜絲錐 taper tap
粗珠光体铁/粗糙波來鐵 coarse pearlite
粗铸锑/粗銻 bowl metal
粗锥柄麻花钻/粗錐柄螺旋鑽 twist drill with oversize taper shank
促进剂/促進劑 promoter
猝发声/猝發聲 tone burst
猝灭电路/猝滅電路,消弧電路,淬熄電路 quenching circuit
醋化器/醋化器 acetifier
醋酸[比重]计/乙酸[比重]計 acetimeter
醋酸制造器/醋化器 acetifier
簇射单元/射叢裝置 shower unit
簇射计数器/簇射計數器 shower counter
簇形晶体/簇形晶體 cluster crystal
簇状夹杂物/簇狀夾雜物 inclusion cluster

篡改信道信息/主動篡改線路訊息 active wiretapping
催化/催化[作用],觸媒作用 catalysis
催化捕集器/催化捕集器 catalytic trap
催化产物/催化産物 catalysate
催化重整装置/催化重組器,觸媒重組器 catalytic reformer
催化反应/催化反應 catalytical reaction
催化剂/催化劑,觸媒[劑] catalyst, catalytic agent, catalyzer
催化剂材料/觸媒材料 catalyst material
催化[剂]残渣/催化殘渣 catalytic residue
催化剂重整/觸媒重整 catalytic reforming
催化剂床/觸媒床 catalyst bed
催化剂底座/觸媒床 catalyst bed
催化剂耗损/催化劑磨耗 catalyst attrition
催化剂老化/催化劑老化 catalyst aging
催化剂炉/催化劑爐,接觸爐 contact oven
催化剂收缩/催化劑收縮 catalyst shrinkage
催化剂再生/催化劑再生,觸媒再生 catalyst regeneration
催化剂中毒/催化劑中毒,觸媒中毒 catalyst poisoning
催化聚合干燥/催化聚合乾燥 catalysis polymerization drying
催化裂化/觸媒裂解,催化裂煉 catalytic cracking
催化裂化装置/催化裂解器,觸媒裂解器 catalytic cracker
催化器总成/催化器總成 catalyst assembly
催化燃烧/催化燃燒[作用],觸媒燃燒[作用] catalytic combustion
催化燃烧分析仪/催化燃燒分析儀 catalytic combustion analyzer
催化燃烧系统/催化燃燒裝置 catalytic combustion system
催化色谱法/催化層析法,催化層析術 catalytic chromatography
催化石墨化/催化石墨化 catalytic graphitization
催化式气体传感器/催化式氣體感測器 catalytic gas transducer
催化箱/催化箱 catalytic purifier
催化效率/催化效率 catalytic efficiency
催化型颗粒过滤器/催化型顆粒篩檢程式 catalyzed diesel particulate filter, CDPF
催化型颗粒过滤器平衡点温度/催化型顆粒篩檢程式平衡點温度 CDPF balance point temperature
催化元件/催化元件 catalysis element
催化转化器/催化轉化器,觸媒轉化器 catalyst converter, catalytic converter
催化转化器转化效率/催化轉化器轉化效率 catalytic converter efficiency
催渗剂/促滲劑 energizer
脆化/脆化 embrittlement
脆化温度/脆化温度 brittle temperature
脆硫锑铅矿/脆硫銻鉛礦 jamesonite
脆弱点/脆弱點 vulnerabilities
脆弱度/脆弱度,脆弱性 vulnerability
脆弱性评估/弱點評估 vulnerability assessment
脆性/脆性 brittleness
脆性断口/脆性斷口 brittle fracture surface
脆性断裂/脆斷面 brittle fracture
脆性损坏/脆性損毀 brittle failure
脆银矿/脆銀礦 stephanite
萃合物/萃合物 extracted specie
萃取/萃取,提取 extraction
萃取分离系数/萃取分離因子 extraction separation factor
萃取分离因子/萃取分離因子 extraction separation factor
萃取剂/萃取劑 extractant
萃取平衡常数/萃取平衡常數 extraction equilibrium constant
萃取器/萃取器 extractor
萃取器组/萃取器組 extraction battery
萃取容量/萃取容量 extraction capacity
萃取溶剂/萃取溶劑 extraction solvent
萃取色层分离法/萃取色層分離法 extraction chromatography
萃取物/萃取物 extract
萃取印模/萃取印模 extraction replica
萃取蒸馏/萃取蒸餾 extraction distillation
萃余液/萃餘液 raffinate
淬火/淬火[硬化],淬冷硬化 quenching, hardening quench
淬火变压器/感應淬火變壓器 induction hardening transformer
淬火槽/淬火槽 quenching bath, quenching tank
淬火分配钢/淬火分配鋼 quenching-partitioning steel, Q-P steel
淬火钢/淬火鋼 quenching steel
淬火机/淬火機 hardening machine
淬火碱浴/淬火鹼浴 alkali bath
淬火介质/淬火劑 quenchant, quenching medium
淬火冷却槽/淬火池,淬火槽 quenching tank
淬火冷却畸变/淬火畸變 quenching distortion
淬火裂缝/淬裂,淬火裂縫 hardening crack, quench

crack
淬火裂痕/淬火裂痕 quenching crack
淬火裂纹/淬火裂痕 quenching crack
淬火炉/淬火爐,硬化爐 hardening furnace
淬火起重机/淬火起重機 quenching crane
淬火强度/淬火能力 quenching intensity
淬火时间/淬火時間 quenching time
淬火时效/淬火老化 quench aging
淬火温度/淬火温度 quenching temperature
淬火压床/加壓淬火機 quenching press
淬火应力/淬火應力 quenching stress
淬火硬化/淬火硬化 quench hardening
淬冷时效/淬火老化 quench aging
淬冷水槽/淬火水槽 water quenching tank
淬冷油槽/淬冷油槽 quenching oil groove
淬灭/猝滅,猝熄,猝火 quench
淬灭校正/淬滅校正 quench correction
淬灭效应/淬滅效應,猝滅效應 quenching effect
淬透性/可硬化性,硬化能,淬火性 hardenability
淬透性带/硬化能範圍 hardenability band
淬透性曲线/硬化性曲線,硬化能曲線 hardenability curve
淬硬/淬火硬化 quench hardening
淬硬层/淬硬層 quench-hardened case
淬硬深度/硬化深度 hardness penetration
淬硬[有效]深度/硬化有效深度 effective depth of hardening
存储/儲存 storage
IP 存储/IP 儲存 IP storage
存储安全/儲存安全 storage security
存储板/記憶板 memory board
存储程序控制/儲存格控制,記憶格控制 stored-program control, SPC
存储带宽/記憶頻寬 memory bandwidth
存储单元/儲存單元,儲存格,記憶格 memory unit, memory cell
存储电容/儲存電容 storage capacitance
存储电容器/記憶電容器 memory capacitor
存储分配/儲存[體]配置 storage allocation
存储服务/儲存器服務 storage service
存储覆盖/儲存覆蓋 storage overlay
存储覆盖区/儲存覆蓋區 storage overlay area
存储干扰/儲存干擾 storage interference
存储管/儲存管 storage tube
存储管理/儲存管理,記憶體管理 storage management
存储管理策略/儲存管理策略 storage management strategy
存储管理服务/儲存器管理服務 storage management service
存储管理接口标准/存儲管理介面標準 storage management initiative specification, SMIS
存储过程/儲存程序 stored procedure
存储互操作性/儲存互通性 storage Interoperability
存储互联协议/儲存互聯協定 storage interconnect protocol
存储级内存/儲存級記憶體 storage class memory
存储寄存器/記憶註録器 memory register
存储键盘/儲存鍵盤 storage keyboard
存储矩阵/記憶體矩陣 memory matrix
存储空间/儲存空間 storage space
存储量/記憶體容量 memory capacity
存储媒体/儲存媒體 storage media
存储密度/記憶密度 storage density, memory density
存储模块/記憶體模組 memory module
存储模块驱动器接口/儲存模組驅動介面 storage module drive interface
存储配置/儲存器組態 storage configuration
存储器/儲存器,記憶體 memory
AMOS 存储器/AMOS 記憶體,突崩注入型金氧半導體記憶體 AMOS memory
MOS 存储器/MOS 儲存器,MOS 記憶體,金屬氧化物半導體儲存器 metal-oxide-semiconductor memory, MOS memory
存储器层次/記憶體階層 memory hierarchy
存储器冲突/記憶體衝突 memory conflict
存储器重定位/記憶體再定位 memory relocation
存储器存取冲突/儲存器存取衝突 storage access conflict
存储器存取管理/儲存器存取管理 storage access administration
存储器存取模式/儲存器存取方案 storage access scheme
存储器带宽/記憶體頻寬 bandwidth of memory
存储器[单元]/記憶體單元 memory unit
存储器地址寄存器/記憶體位址暫存器 memory address register
存储器地址空间/記憶體位址空間 memory address space
存储器地址总线/記憶體位址匯流排 memory address bus, MAB
存储器对换/記憶體調換 memory swapping
存储器访问冲突/儲存器存取衝突 storage access conflict
存储器分段/記憶體分段 memory segmentation

存储器分配/儲存[體]配置 storage allocation
存储器分配表/記憶體分配表 memory allocation table
存储器分配程序/儲存器配置 storage allocator
存储器分配例程/儲存器配置常式 storage allocation routine
存储器分配链/記憶體配置鏈 memory allocation chain
存储器共享系统/記憶體分享系統 memory share system
存储器互锁/記憶體互鎖 memory interlock
存储器缓冲寄存器/記憶體緩衝暫存器 memory buffer register
存储器交叉存取/記憶體交叉存取 memory interleaving
存储器控制表/記憶體控制表 memory control table
存储器内嵌处理器/記憶體内嵌處理器 processor-in-memory, PIM
存储器配制/記憶體組態 memory configuration
存储器平均访问时间/平均記憶體存取時間 memory average access time
存储器墙/記憶體牆 memory wall
存储器属性表/記憶體屬性表 memory attribute list
存储器数据寄存器/記憶體資料暫存器 memory data register
存储器停顿/記憶體停頓 memory stall
存储器无冲突存取/記憶體無衝突存取 memory conflict-free access
存储器寻址/記憶體定址 memory addressing
存储器压缩/儲存器壓縮 storage compaction
存储器延迟时间/記憶體潛伏時間 memory latency time
存储器一致性/記憶體一致性 memory consistency
存储器影像/記憶體影像 memory image
存储器影像文件/記憶體影像檔案 memory image file
存储器映射/記憶體映像 memory mapping
存储[器]域网/儲存器區域網路 storage area network, SAN
存储器诊断/記憶體診斷 memory diagnostic
存储器滞后写入/記憶體延遲寫入 posted memory write
存储器周期重叠/記憶體週期重疊 memory cycle overlap
存储器周期窃用/記憶體週期竊用 memory cycle stealing
存储器转储/記憶體傾印 memory dump
存储器组态/記憶體組態 memory configuration
存储容量/儲存器容量 memory capacity, storage capacity
存储设备/記憶裝置,儲存裝置 memory device, storage device
存储设备接口/外存放裝置介面 storage device interface
存储设备虚拟化/存放裝置虛擬化 storage device virtualization
存储时间/儲存時間,記憶時間 memory time
存储示波器/儲存示波器 storage oscilloscope
存储碎片/儲存段 storage fragmentation
存储体/記憶庫 memory bank
存储体冲突/記憶庫衝突 bank conflict
存储网络/儲存網路 storage networks
存储位置/儲存位置 storage location
存储系统/儲存系統,記憶系統 memory system
存储芯片/記憶體晶片 memory chip
存储虚拟化/儲存虛擬化 storage virtualization
存储域/儲存域 storage domain
存储元件/記憶體元件 memory element
存储再配置/儲存器重組態 storage reconfiguration
存储栈/儲存堆疊 storage stack
存储阵列/記憶體陣列 memory array
存储正析像管/儲存正析像管 storage orthicon
存储周期/記憶體週期 memory cycle
存储转发/存轉 store-and-forward
存储转发交换/儲存轉發交換 store and forward switching
存储转发网/儲存及正向網路 store-and-forward network
存储资源管理/儲存資源管理 storage resource management
存档数据库/歸檔資料庫 archival database
存档网点/歸檔地點 archive site
存放/存放 deposit
存放区/存放區 garage
存根/存根 stub
存活路径/存活路徑 survivor path
存活曲线/幸存曲線,殘存曲線 survival curve
存活时间/存活時間 time to live
存取/存取,讀取,擷取 access
存取保护/存取保護 access protection
存取臂/存取臂 access arm
存取表/存取串列 access list
存取操作/存取操作 access operation
存取冲突/存取衝突 access conflict
存取点/進接點 access point
存取电路/存取電路 access circuit

存取队列/存取隊列 access queue
存取范畴/存取種類 access category
存取方法/存取方法 access method
存取[访问]开关/存取切换器,進接交换機 access switch
存取[访问]码/存取碼 access code, AC
存取[访问]速度/存取速率,進接速率 access speed
存取管理程序/存取管理器 access manager
存取规范/存取規格 access specification
存取机构/存取機構 access mechanism
存取级别/存取等級 access level
存取键/存取鍵 access key
存取矩阵/存取矩陣 access matrix
存取拒绝/存取拒絶 access denial
存取控制/存取控制 access control
存取控制机制/存取控制機制 access control mechanism
存取宽度/存取寬度 access width
存取类型/存取型式 access type
存取路径/存取路徑 access path
存取模型/存取模型 access model
存取权/存取權 access right
存取失败/存取失敗 access failure
存取时间/存取時間 access time
存取属性/存取屬性 access attribute
存取特权/存取特權 access privilege
存取通道/存取通道 access channel
存取透明性/存取透明性 access transparency
存取网络/存取網路 access network
存取违例/存取違規 access violation
存取协议/接入規約 access protocol
存取许可/存取許可,存取允許 access permission
存取优先级/存取優先權 access priority
存取中断/存取中斷 access interrupt
存取周期/存取週期 access cycle, AC
存油器/貯油器 oil conservator
存在量词/存在量詞 existential quantifier
存在约束/存在約束 existing constraint
搓绳机/纜繩機 cabling machine
搓丝板/滚螺紋平模 flat die roll
搓涂/搓塗 tompoming
锉刀/銼 file
错齿式阶梯麻花钻/錯齒式階梯麻花鑽 subland drill
错接/錯接 misconnect
错开曲柄销式曲轴/錯開曲柄銷式曲軸 split-pin crankshaft
错列接触件连接器/錯列接觸件連接器 staggered-contact connector
错流式换热器/交叉流動熱交換器 crossflow heat exchanger
错乱密码/换位密碼法 transposition cipher
错乱消息/錯亂訊息 garbled message
错调级/錯調級 stagger-tuned stage
错误捕获例程/錯誤設陷常式 error trapping routine
错误传播受限码/錯誤傳播限制碼 error propagation limiting code
错误代码/錯誤碼 error code
错误定位子/錯誤定位子 error locator
错误分析/誤差分析 error analysis
错误封锁/錯誤鎖定 error lock
错误估计/錯誤估計 erroneous estimate
错误恢复过程/錯誤恢復程序 error recovery procedure
错误假定/錯誤假定 erroneous assumption
错误检测码/誤差偵測碼 error-detecting code
错误检验码/錯誤檢查碼,檢錯碼 error-checking code
错误校正码/誤差修正碼 error-correcting code
错误控制/錯誤控制 error control
错误控制码/錯誤控制碼 error control code
错误跨度/誤差跨距,誤差差距 error span
错误扩散/錯誤擴散 error extension
错误类别/錯誤種類 error category
错误模式/錯誤型[樣] error pattern
错误模型/錯誤模型 error model
错误撒播/錯誤播種 error seeding
错误数据/錯誤資料 error data
错误条件/錯誤條件 error condition
错误型/錯誤型[樣] error pattern
错误修正/錯誤修正 false correction
错误预测/錯誤預測 error prediction
错误预测模型/錯誤預測模型 error prediction model
错误侦查/站誤差偵察 error detection
错误诊断/錯誤診斷 error diagnosis
错误转储/錯誤傾印 error dump
错误状态/錯誤條件 error condition
错误状态字/錯誤狀態字 error status word
错型/移位,砂模偏移 shift, mold shift
错移/偏距,偏位,錯置 offset, mismatch
错油门/錯油閥 pilot valve

D

搭焊套管/搭焊套管　lap-welded casing
搭接高/重疊高度　overlap height
搭接焊管/搭焊焊管　lap-welded pipe
搭接接头/搭接接頭,疊接接頭　lap joint
搭铁电缆/接地電纜　earthed cable
搭铁电刷/接地電刷　earthing brush
搭线/搭線　wire tapping
搭载攻击/搭載攻擊　piggy back attack
达夫棱镜/多菲棱鏡　Dove prism
达里厄型垂直轴风力机/打蛋形風力機　Darrieus wind turbine
达林顿功率管/達靈頓功率電晶體　Darlington power transistor
达林顿组态/達靈頓組織　Darlington configuration
达西定律/達西定律　Darcy law
达因/達因　dyne, dyn
达因计/達因計　dynemeter
答案抽取/回答擷取　answer extraction
打包/打包　bagging
打包安全/囊封安全　encapsulating security
打底焊道/打底焊道,背墊熔接焊道　backing bead
打击/打擊　blow
打击点/打擊點,衝擊點　striking point, point of impact
打击能量/打擊能量　blow energy
打击速度/打擊速度　blow speed
打击效率/打擊效率　blow efficiency
打浇冒口/開澆道　spruing
打结炉衬/搗成爐襯　rammed lining
打开的文件/已開檔案　opened file
打开连接器/拖出連接器　pull-off connector
打壳/打殼　crust breaking
打孔/打孔,衝孔　punch
打孔带/打孔紙帶　punch tape
打孔卡片/打孔卡片　punch card
打捆机/包裝機　packing machine
打捞震击器/打撈活環　fishing jar
打炉底材料/煉爐底襯料　bulldog
打磨/打磨　fettle shagging
打磨滚筒/打磨滚筒　rattler
打气灯/打氣燈　compressed air burner
打碎筛选机/打散篩孔機　breaker screen
打芯机/砂心清砂機　core knockout-machine
打眼机/穿孔機　perforating machine
打印服务器/列印伺服器　print server
打印绘图机/列印繪圖機　printer plotter
打印机/列印機,印字機　printer
打印机机芯/印表機引擎　printer engine
打印计算器/列表計算器　printing calculator
打印式记录仪/列印式記録器　printing recorder
打印头/列印頭　print head
打印元件/列印裝置　printing device
打印质量/列印品質　print quality
打桩机/打樁錘　pile driver
打桩设备/打樁設備　piling equipment
打字电报/印字電報術　printing telegraphy
大板坯/板坯　large slab
大板坯连铸机/大板坯連鑄機　large slab caster
大扁圆头半空心铆钉/扁圓頭半空心鉚釘　truss head semi-tubular rivet
大扁圆头铆钉/扁圓頂埋頭鉚釘　truss head rivet
大步语义/大步語義　big-step semantics
大尺度涡流/大規模擾動　large scale eddy current
大尺计量学/大尺寸計量學　large-scale metrology
大齿轮/大[齒]輪　bull wheel, gear
大冲击参数碰撞/遠距碰撞　large impact parameter collision
大词表语音识别/大詞彙語音識別　large vocabulary speech recognition
大道原理/大道定理　principle of turnpike
大地/大地　earth ground
大地测量/大地測量　geodetic survey
大地测量地球轨道卫星/大地測量地球軌道衛星　geodetic earth orbiting satellite, GEOS
大地测量卫星/大地測量衛星　geodetic satellite
大地测量学/大地測量學　geodesy
大地电磁/大地電磁　magnetotelluric
大地电流/大地電流,接地電流　earth current
大地电流测量计/大地電流計　earth-current meter
大地基准/大地基準點　geodetic datum
大地水准测量/大地水準量測　geodetic leveling
大地杂波/大地雜波,地面雜波　ground clutter,

terrestrial clutter
大地噪声/大地雜訊 ground noise
大地重力测量学/大地重力測量學 geodetic gravimetry
大地子午线/大地子午線 geodetic meridian
大端螺栓/大端螺栓 big end bolt
大端螺旋角/外端蝸線角 outer spiral angle
大端字节序/大在前排列法 big-endian
大方坯/方坯 bloom, cogged bloom, square bloom
大方坯连铸机/大方坯連鑄機 bloom caster, continuous bloom caster
大功率传送机/大功率發射機 powerful transmitter
大功率放大器/高功率放大器 high power amplifier, HPA
大功率接收机/大功率接收機 powerful receiver
大功率连接器/大功率連接器 high-power connector
大功率脉冲发生器/高功率脈波産生器 power pulser
大钩游车组合/大鉤游車組件 hook block assembly
大光腔激光器/大光學[共振]腔雷射 large optical cavity laser
大规模并行人工智能/大規模平行人工智慧 massive parallel artificial intelligence
大规模并行网络/大規模平行網路 massively parallel network
大规模集成/大型積體 large scale integration, LSI
大规模集成电路/大型積體電路 large scale integrated circuit, LSI circuit
大规模计算/大量計算 massive calculation
大规模空闲磁盘存储/大規模空閑磁片儲存 massive array of idle disks, MAID
大规模生产/大量生産 mass production
大规模应用重用/大規模應用重用 application reuse-in-the-large
大滚子/大滾子 large roller
大活塞/大活塞 large piston
大浇斗/大澆桶 bulbs
大径/大徑,外徑 major diameter
大径间隙/大徑間隙 major clearance
大卡/大卡路里,千卡路里 large calorie, major calorie, cal
大孔径反射器/大孔徑反射器 large-aperture reflector
大孔径干涉仪/大孔徑干涉儀 large-aperture interferometer
大口径光学放大镜/大孔徑放大鏡 wide-aperture optical magnifier
大块废料/實體廢料 heavy scrap
大量程百分表/大量程千分表 long range dial gage
大量程指示表/大量程指示表 large range indicator
大六角螺母/重型系列六角螺母 heavy series hexagon nut
大楼综合定时供给/大樓綜合定時供給 building-integrated timing supply, BITS
大陆架矿床开采/大陸架礦床開採 mining of continental shelf deposit
大陆隆起/大陸隆起,大陸緣積 continental rise
大陆坡 /大陸坡 continental slope
大螺距/粗牙[螺紋],粗齒[齒輪]徑節 coarse pitch, coarse thread
大螺距螺钉/大螺距螺釘 coarse-pitch screw
大批量生产/大量生産 mass production
大屏幕显示器/大型顯示器 large scale display
大气/大氣,蒙氣 atmosphere
大气暴露试验/大氣曝露試驗,曝露試驗 exposure test, atmospheric exposure test
大气波导/大氣波導 atmospheric duct
大气层的光厚度/大氣光厚度 optical thickness of the atmosphere
大气成分[研究]卫星/大氣成分[研究]衛星 atmospheric composition satellite
大气放射/大氣放射,大氣輻射 atmospheric emission
大气放射性污染监测器/大氣汙染監測器 air activity monitor
大气腐蚀/大氣腐蝕 atmospheric corrosion
大气光学/大氣光學 atmospheric optics
大气后向散射/大氣反向散射 atmospheric backscatter
大气激光通信/大氣雷射通訊 atmospheric laser communication
大气剂量/空氣劑量 air dose
大气冷凝器/氣壓冷凝器,氣壓凝結器 barometric condenser
大气路径损耗/大氣路徑損失 atmospheric path loss
大气泡/大氣泡 gross blowhole
大气扰动/大氣擾動 atmospheric disturbance
大气散射/大氣散射 atmospheric scattering
大气色散/大氣色散 atmospheric dispersion
大气式除氧器/大氣式除氧器 atmospheric deaerator
大气式预混燃烧/大氣式預混燃燒 atmosphere premixed combustion
大气衰减/大氣衰減 air attenuation, atmospheric attenuation
大气损耗/大氣損耗 atmospheric loss
大气条件修正因数/大氣條件修正因數 atmospheric

correction factor
[大气]透射表/透射計 transmissometer
大气温度计/大氣温度計 free air thermometer
大气吸收/大氣吸收 atmospheric absorption
大气压/大氣壓力 atmospheric pressure
大气压电子束焊接设备/大氣壓電子束焊接設備 electron beam welding plant under atmosphere
大气压激光器/大氣壓雷射 atmospheric pressure laser
大气压[力]/大氣壓[力] atmosphere pressure
大气压喷射冷凝器/氣壓噴射冷凝器 barometric jet condenser
大气杂波/大氣雜波 atmospheric clutter
大气噪声/大氣雜訊 atmospheric noise
大气折射/大氣折射 atmospheric refraction
大钳扭矩量测仪/大鉗扭力表 tong torque gage
大倾角带式输送机/大傾角帶式運送機 steeply inclined belt conveyor
大区中心局/區域中心局 regional center
大容量磁心存贮器/大容量磁心記憶體 bulk core memory
大容量存储器/大容量記憶體,大容量儲存器 bulk storage, bulk memory
大容量事务/大容量事務 high-volume transaction
大绳滚筒/套管繩輪 calf wheel
大数存储单元/長儲存場所 long storage location
大数定律/巨數定律 law of large number
大数据/大數據 big data
大数判决译码/大數判決譯碼,擇多譯碼 majority decoding
大水矿床开采/大水礦床開採 mining of heavy-water deposit
大通路卫星地球站/大通道衛星地面站,主路徑衛星地面站 major path satellite earth station
大桶/拱桶 hogshead
大吞吐量应用/大輸送量應用 throughput-intensive application
大外径千分尺/大型測微計 large micrometer
大五码/大五碼 big 5 code
大系统/大系統 large scale system
大系统控制论/大系統理論 large scale system cybernetics
大楔角 V 带/大楔角 V 帶 wide angle V-belt
大信号分析/大訊號分析 large-signal analysis
大型风力发电机组/大型風力發電機組 large wind turbine generator set
大型计算机/大型計算機 large-scale computer, mainframe
大型空气分离设备/大型空氣分離設備 large-scale air separation plant
大型天平/重載天平 heavy duty balance
大型拖拉机/大型拖拉機 large tractor
大型型材轧机/大型型材軋機 heavy section mill
大型型钢/大型型材 heavy section
大型压裂/大規模液裂 massive hydraulic fracturing, MHF
大型铸件/大型鑄件,厚壁鑄件 heavy castings, large castings
大修/大[翻]修 major overhaul
大循环/大循環 major cycle
大压下量/大壓下量 heavy reduction, heavy draught
大洋板块/大洋板塊,海洋板塊 oceanic plate
大油缸/大油缸 large cylinder
大于搜索/大於搜尋 great-than search
大语种/多數語言 majority language
大圆/大圓 great circle
大圆航线/大圓航線 course line of great circle
大圆极心/大圓之極心 pole of a great circle
大圆距/大圓距 great circle distance
大圆坯/大圓坯 round bloom
大直径/大口徑 big inch
大直径无缝钢管/大直徑無縫鋼管 large-sized seamless steel pipe
大众分类/俗民分類學 folksonomy
呆链/呆鏈 locked chain
代换法/替代法,置換法 substitution method
代价函数/成本函數 cost function
代价敏感学习/代價敏感學習 cost-sensitive learning
代理/代理 proxy
代理地址解析/代理位址解析協定 proxy address resolution
代理对象/代理物件 object deputy
代理防火墙/代理防火牆 proxy firewall
代理服务/代理服務 proxy service
代理服务器/代理伺服器 proxy server
代理攻击/代理攻擊 proxy attack
代理模式/代理模式 proxy pattern
代码/[编]碼 code
P-代码/P 碼 P-code
代码表/碼表 code table
代码重构/代碼重構 code refactoring
代码调度/代碼調度 code scheduling
代码光信号/電碼燈訊號 code light
代码扩充/碼延伸 code extension
代码审查/碼檢驗 code inspection
代码审计/碼稽核 code audit

代码生成/碼産生 code generation
代码生成阶段中间表示/代碼生成階段中間表示 code generation intermediate representation, code generation IR
代码生成器/代碼生成器 code generator
代码移动/碼動 code motion
代码优化/碼最佳化 code optimization
代码转换/碼轉換 code conversion
代码转换器/碼轉換器,換碼器 code converter
代码走查/碼走查 code walk-through
代入/替代 substitution
代入法/替代法,置換法 substitution method
代入复合/替代式的合成 composition of substitution
代时间/代間時間 generation time
MV 代数/MV 代數,多值代數 many-valued algebra
代数的完全偏序集/代數的完全偏序集 algebraic complete partial order, algebraic CPO
代数复杂性/代數複雜性 algebraic complexity
代数格/代數格 algebraic lattice
代数攻击/代數攻擊 algebraic attack
代数规约/代數規格 algebraic specification
代数和/代數和 algebraic sum
代数计算树/代數計算樹 algebraic computation tree
代数计算树复杂性/代數計算樹複雜性 algebraic computation complexity of tree
代数简化/代數簡化 algebraic simplification
代数逻辑/代數邏輯 algebraic logic
代数码/代數碼 algebraic code
代数数据类型/代數資料型態 algebraic data type
代数线路/代數線路 algebraic circuit
代数性质检测/代數性質檢測 algebraic property test
代数优化/代數最佳化 algebraic optimization
代数语言/代數語言 algebraic language
代数语义/代數語意 algebraic semantics
代替法/替代法,置換法 substitution method
代位固溶体/置換式固溶體 substitutional solid solution
代谢成像/代謝成像 metabolic imaging
代谢率/代謝率 metabolic rate
代谢途径/代謝途徑 metabolic pathway
代谢网络/代謝網路 metabolic network
代谢组学/代謝組學 metabolomics
代用燃料/代用燃料 alternative fuel
带/帶 tape
V 带/三角皮帶 V-belt
带臂架起重机的门式起重机/帶臂架起重機的高架起重機 gantry crane with jib crane
带边滚子/帶邊滾子 flange roller
带标号复用/有標多工 labeled multiplexing
带标号信道/有標通道 labeled channel
带表卡尺/撥號卡鉗 dail calliper
带补充载荷的安全阀/補助載荷安全閥 supplementary-loaded safety valve
带布料杆的混凝土泵/帶分配器的混凝土泵 concrete pump with distributor
带材/帶材 strip, band, ribbon
带材板形/帶材板形 strip shape
带材粗轧机/帶材粗軋機 strip roughing mill
带参数的递归定理/帶參數的遞回定理 recursion theorem with parameters
带长/帶長 belt length
带齿/同步帶齒 tooth of synchronous belt
[带]齿顶圆/齒頂圓 tip circle
[带]齿根圆/齒根圓 root circle
带冲突避免的多路访问/具避免碰撞的載波感測多重存取網路 multiple access with collision avoidance
带冲突避免的载波感应多路访问/具避免碰撞的載波感測多重存取網路 carrier sense multiple access with collision avoidance
带冲突检测的载波监听多路访问/具檢測碰撞的載波感測多重存取網路 carrier sense multiple access with collision detection
带触点的仪表/帶觸點的儀表 instrument with contact
带传动/皮帶驅動 belt drive
V 带传动/三角皮帶驅動,三角皮帶傳動 V-belt drive
带传动辊子输送机/帶傳動輥子運送機 belt-driven live roller conveyor
带-带转换器/卡帶資料變換器 tape-to-tape converter
带导向架的桥式起重机/帶導向架的橋式起重機 overhead crane with guided beam
带电部分/帶電部分 live part
带电[的]/帶電[的],有電[的] live
带电电压检示器/帶電電壓檢測器 live voltage detector
带电粒子/帶電粒子 charged particle
带电粒子平衡/帶電粒子平衡 charged particle equilibrium, CPE
带电粒子探测器/帶電粒子探測器,帶電粒子偵測器 charged particle detector
带电探测器/起電檢知器 electrification detector

带电线路/有源電路,帶電電路 alive circuit
带电箱壳断路器/活[油]槽斷路器 live tank circuit breaker
带动力辅助装置的安全阀/動力致動安全閥 power-actuated safety valve
带斗门座起重机/帶斗門座起重機 kangaroo
带斗式提升机/斗式提昇機 belt bucket elevator
带浮动间隔环的机械密封/帶浮動間隔環的機械密封,帶浮動間隔環的機械軸封 mechanical seal with flouting inter-mediute ring
带符号/帶符號 tape symbol
带符号指数/帶符號指數 signed exponent
带辅助水箱的蒸发冷却/帶輔助水箱的蒸發冷却 evaporative cooling with additional tank
带负荷试验/負載試驗 load test
带附加质量的椭圆形振动筛/帶附加質量的橢圓形振動篩 elliptically vibrating screen with additional mass
带附件的滚子链/具附件之滾子鏈 roller chain with attachments
带钢/帶鋼 strip steel
带钢卷取机/帶鋼卷取機 steel strip coiler
带钢连铸/帶鋼連鑄 continuous steel strip casting, continuous casting of steel strip
CSP 带钢生产法/CSP 帶鋼生産法 compact strip production process, CSP process
ISP 带钢生产法/ISP 帶鋼生産法 inline strip production process, ISP process
带钢退火炉/帶鋼退火爐 strip annealing furnace
带高/帶高 belt height
带隔热装置的喷洒机/熱絶緣噴灑機 heat-insulated spreader
带鼓/皮帶圓筒 belt drum
带固定臂架的门式起重机/固定臂架橋式起重機 gantry crane with fixed jib
带环立方体网络/帶環立方體網路 cube connected-cycle network
带缓冲器的压力计/阻尼壓力計 damped pressure gage
带回转臂架的桥式起重机/帶回轉臂架的橋式起重機 bridge crane with slewing jib
带回转司机室小车的门式起重机/回轉載人吊運車橋型起重機 gantry crane with slewing man-trolley
带回转小车的桥式起重机/回轉吊運車橋式起重機 overhead crane with slewing crab
带混凝土泵的搅拌运输车/具混凝土泵的攪拌車 truck mixer with concrete pump
带基/帶基 tape base
带极堆焊/帶極堆焊 strip surfacing
带极堆焊机/帶極堆焊機 strip surfacing machine
带际电报技术/帶際電報術 interband telegraphy
带架养护混凝土砌块生产成套设备/帶架養護混凝土砌塊生産成套設備 complete set of rack-curing block making equipment
带间传输/帶間傳輸 interband transmission
带间复合/能帶間複合 band-to-band recombination
带间跃迁/能帶間過渡,帶際過渡 band-to-band transition, interband transition
带肩销轴/帶肩銷軸 shouldered
带减少/帶縮減 tape reduction
带浇口模型/附澆口模型 gated pattern
带节距/帶節距 belt pitch
带颈承焊法兰/帶頸承焊凸緣 hubbed socked welding flange
带颈平焊法兰/帶頸平焊凸緣 hubbed clip-on-welding flange
带静压补偿的干支撑滑台/帶静壓補償的乾支撐滑檯 static press compensated dry supporting slide table
带锯/帶鋸[機] belt saw, band saw
带锯床/帶鋸床 band sawing machine
带卷/帶卷 strip coil, coiled strip
带绝缘电缆/帶紮電纜 belted cable
带卡片转换器/帶式卡式資料轉換器 tape-to-card converter
带空心销轴的滚子链/具空心銷之滾子鏈 roller chain with hollow pins
带空转换的不确定有限自动机/帶空轉換的不確定有限自動機 non-deterministic finite automaton with-move
带孔销/帶孔銷 pin with split pin hole
带宽/帶寬,頻寬 bandwidth, BW
Tl 带宽/Tl 頻寬 Tl bandwidth
带宽距离积/頻寬距離積 bandwidth-distance product
带宽消耗攻击/頻寬消耗攻擊 bandwidth consumption attack
带宽压缩/頻寬壓縮 bandwidth compression
带框滤板/帶框濾板 recessed plate
带肋板/帶肋板 rib plate
带冷凝器的蒸发冷却/帶冷凝器的蒸發冷却 evaporative cooling with condenser
带沥青泵的洒布机/排量泵瀝青撒播器 displacement pump asphalt spreader
带料/帶狀物料 strip

V带轮/三角皮帶輪 V-grooved pulley
带轮毂链轮/帶輪轂鏈輪 sprocket with hub
带帽钢锭/帶帽鋼錠 capped steel
带帽钢锭模/瓶口鋼錠模 capped ingot mould
带内/帶内 in-band, intraband
带内波动度/帶内漣波 in-band ripple
带内传输/帶内傳輸 in-band transmission, intraband transmission
带内带外加速度总方均根值比/帶内帶外加速度總方均根值比 acceleration root-mean-square value ratio of band-in to band-out
带内电报术/帶内電報術 intraband telegraphy
带内信令/帶内信令 in-band signaling
带内虚拟化/帶内虛擬化 in-band virtualization
带内跃迁/帶内過渡 intraband transition
带内噪声/帶内雜訊 in-band noise
带能辐射/帶能輻射 band energy radiation
带扭斜/帶偏斜 tape skew
带碰撞避免的载波侦听多址访问网络/具避免碰撞的載波感測多重存取網路 carrier sense multiple access with collision avoidance network
带皮带输送机的混凝土搅拌输送车/具皮帶輸送機的混凝土攪拌車 truck concrete mixer with belt conveyor
带偏心弹簧室的喷油器体/偏心彈簧噴嘴座 nozzle holder with eccentric spring chamber
带气泡水准扇形测角仪/氣泡式測角儀 bubble quadrant
带塞棒的钢水包/塞頭澆池 stoppered pouring basin
带式焙烧机/帶式焙燒機 pellet grate
带式传声机/帶式麥克風 ribbon microphone
带式磁力分离机/帶式磁力分離機 belt-type magnetic separator
带式磁选机/帶式磁選機 magnetic belt separator
带式电缆/帶式電纜 belt type cable
带式干燥机/帶式乾燥機 band drier
带式过滤机/帶型過濾器 band filter, belt filter
带式滑车/皮帶式小車 belt pulley
带式给矿机/帶式進料機 belt feeder
带式给料机/帶式進料機 belt feeder
带式浇铸机/帶式鑄造機 band casting machine
带式离合器/帶式離合器 band clutch
带式连铸机/帶式連鑄機 belt caster
带式磨床/帶磨機,砂帶打磨機 belt grinder
带式磨光机/帶式磨光機 belt grinding machine
带式黏度计/帶[狀]黏度計 band viscometer
带式抛光机/帶式拋光機 band polishing machine, belt polishing machine
带式抛料机/帶式拋料機 belt thrower
带式起重机/帶式起重機 belt lifter
带式气锯/帶式氣鋸 belt air saw
带式烧结机/帶式燒結機 straight-line sintering machine
带式升降机/帶式昇降機 belt elevator
带式输送机/帶式運送機 belt conveyor, band conveyor
带式松砂机/帶式鬆砂機 belt-type aerator
[带式]运输机/裙式輸送機 apron conveyor
带式制动器/帶式刹車 band brake
带式自动键合/帶式自動鍵合 tape automated bonding, TAB
带式自动键合封装/帶式自動鍵合封裝 tape automated bond package, TAB package
带束层/帶束層 belt
带束斜交轮胎/帶束斜交輪胎 bias tire
带司机室小车/載人吊運車 man trolley
带速/帶速 belt speed
带隧道脱水机/隧帶脫水機 belt tunnel dehydrator
带套温度计/帶套溫度計 armored thermometer
带调谐短截线天线/調諧短柱天線 tuning-stub antenna
带铁/帶鐵 fillet iron
带通/帶通 band pass
带通放大器/帶通放大器 band-pass amplifier
带通滤波器/帶通濾波器,通帶濾波器,帶型濾波器 band-pass filter, band filter
带头/磁帶頭 tape head
带退刀槽的螺柱/帶退刀槽的螺柱 stud with undercut groove
带外传输/帶外傳輸 out-of-band transmission
带外[的]/帶外 out of band
带外分集/帶外分集 out-of-band diversity
带外信令/帶外信令 out-of-band signaling
带外虚拟化/帶外虛擬化 out-of-band virtualization
带外噪声/帶外雜訊 out-of-band noise
带卧铺驾驶室/具臥鋪駕駛室 sleeper cab
带隙/能帶[間]隙 band gap
带形轨条/護軌條 belt rail
带形绝缘/帶型絕緣 belt insulation
带形联结器/帶聯結器 band coupling
带形螺旋/帶狀螺旋 ribbon screw
带形纸记录仪/卷條線圖記錄器,紙帶記錄器 strip chart recorder
带压缩/帶壓縮 tape compression
带邀请的 MACA 协议/帶邀請的 MACA 協議 MACA by invitation, MACA-BI

带业务监测/帶業務監測 in-service monitoring, ISM
带液芯铸轧/帶液芯鑄軋 casting and rolling with liquid core
带液柱平衡活塞式压力真空计/帶液柱平衡活塞式壓力真空計 piston pressure vacuum gage with liquid column equilibration
带抑止弧的 Petri 网/具抑止弧的 Petri 網 Petri net with inhibitor arc
带用螺栓/帶用螺栓 belting bolt
带有过流阀的供给阀/具過流閥之供給閥 supply valve with over flow valve
带有锁定装置的仪表/具鎖定裝置的儀表 instrument with locking device
带有贮藏室的他助式柜台柜/具整合儲存他助式櫃檯櫃 serve-over counter with integrated storage
带缘导销/帶緣導銷 collared pin
带罩通风器/帶罩通風器 cowl ventilator
带中/頻帶中心,中頻[帶] midband
[带]中心距/[帶]中心距 band center distance
带注释的图像交换/註記式影像交換 annotated image exchange
带状电缆/帶狀電纜,帶狀纜線,扁平電纜 flat cable, ribbon cable
带状电缆连接器/帶狀纜線連接器 flat-cable connector
带状电阻器/帶狀電阻器 ribbon resistor
带[状]光谱/帶譜 band spectrum
带状硅太阳电池/帶狀矽太陽電池 ribbon silicon solar cell
带状矿脉/條狀礦脈 banded vein
带状谱/帶譜 band spectrum
带状熔接/帶狀熔接 ribbon splicing
带状熔接被动校准/帶狀熔接被動校準 passive ribbon splicing alignment
带状天线/帶狀天線,條片天線 strip antenna
带状线/帶[狀]線,條狀線 strip line
带状组织/條狀組織 banded structure
带字母表/帶字母表 tape alphabet
带阻/帶阻 band elimination
带阻滤波器/帶阻濾波器,除帶濾波器 band stop filter, band rejection filter, band-elimination filter
待机时间/待用時間,備用時間 standby time
待命时间/待用時間,備用時間 standby time
待命中断/待命中斷 armed interrupt
待命状态/待命狀態 armed state
待热/待熱 rolling mill interrupt by reheating
待续数据标记/待續資料標示 more data mark
待用[的]/不活動 inactive
待用文件/不活動檔案 inactive file
待轧/待軋 reheating interrupt by rolling mill
待装名单/等待表,等候表 waiting list
怠速/怠速,空轉速度 idling speed
怠速排放标准/怠速排放標準 idle speed emission standard
怠速弹簧/怠速彈簧 idle spring
怠速限制器/怠速限制器 idle limiter
怠速油系/怠速燃料系統 idle fuel system
怠速执行器/怠速致動器 idle speed actuator
袋滤室/袋濾室 bag house
袋[式过]滤器/袋式篩檢器,袋濾器 bag filter
袋式空气过滤器/袋式空氣過濾器 bag-type air filter
袋式提升机/袋式提昇機 bag elevator
袋输送器/袋輸送機,送袋機 bag conveyor
袋形支撑端/袋形端承 pocket print
戴纳钻具/代納側鑽具 Dyna-drill
戴维南定理/戴維寧定理 Thevenin theorem
丹倍效应/丹倍效應 Dember effect
丹尼尔电池/丹尼耳電池 Daniell cell
丹齐格-沃尔夫算法/Dantzig-Wolfe 算法 Dantzig-Wolfe algorithm
单摆/單擺 simple pendulum
单摆动振荡器/單擺振盪器 single swing oscillator
单板传送混凝土砌块生产成套设备/單板傳送混凝土砌塊生産成套設備 complete set of single-plate-conveying block making equipment
单板计算机/單板計算機 single-board computer
单曝[光]干涉量度学/單曝光干涉術 single exposure interferometry
单闭环[式]运动链/單回路運動鏈 simple closed kinematic chain
单臂测量法/單臂測量法 single arm measurement method
单臂电桥/惠斯登電橋,惠斯頓電橋 Wheatstone bridge
单臂堆料机/單臂堆料機 single-boom stacker
单臂架系统/單臂架系統 single-boom system
单臂路由器/單臂選路器 one-armed router
单臂谱仪/單臂譜儀 single-arm spectrometer
单臂式液压机/單臂式液壓機 C-frame hydraulic press
单边 Z 变换/單邊 Z 轉換 one-side z-transform
单边错误/單邊錯誤 one-sided error
单边带/單邊帶,單旁帶 single sideband, SSB
单边带调制/單邊帶調變 single-sideband

modulation, SSB modulation
单边带通信/單邊帶通信 SSB communication
单边频谱/單邊頻譜 one-sided spectrum
单边砂芯头/單邊砂心頭,單邊心型端承 single core print
单边突变结/單邊陡峭接面 single side abrupt junction
单边网络/單邊網路 one side network
单边序列/單邊序列 one side sequence
单变量控制系统/單變數控制系統 single variable control system
单柄对重手柄/單柄對重手柄 ball-crank handle
单波/單波 single wave
单波段选择器/單波長選擇器 single wavelength selector
单播/單播 unicast
单播接入终端标志/單播接入終端標志 unicast access terminal identifier, UATI
单步操作/單步作業 one-step operation
单步法/單步方法 one-step method
单槽浮选/單元浮選機 unit flotation cell
单侧犁式卸料器/單側犁式卸料器 side plow tripper
单侧面厚度计/單側面厚度計 unilateral thickness gage
单侧往复式架空索道/單側往復式架空索道 single reversible tramway, single to-and-fro ropeway
单侧烟道焦炉/單側煙道煉焦爐 single waste flue coke oven
单侧约束/單向拘束 unilateral constraint
单层崩落法/單層崩落法 single layer caving method
单层波纹管/單層波紋管 single-ply bellows
单层滑动轴承/單層滑動軸承 monolayer plain bearing
单层绕组/單層繞組 single layer winding
单层事务/單層事務 flat transaction
单层岩心筒/單管岩心筒 single-tube core barrel
单层轴套/單層軸套 solid bearing bush
单层轴瓦/單層軸瓦 solid bearing liner
单产生式/單位生成式 unit production
单车/單車 single trolley carrier
单冲多谐振荡器/單穩多諧振動器,單擊複振器 single-shot multivibrator
单处理/單一處理 uniprocessing
单处理器/單一處理機 uniprocessor
单串电压分压器/單弦分壓器 single-string voltage divider
单床式转化器/單床式轉化器 single-bed converter
单纯词/簡單字 simple word
单纯形/單工 simplex
单纯优化/單純最適化,簡單最佳化 simplex optimization
单带量子图灵机/單帶量子杜林機 one-tape quantum Turing machines
单刀开关/單極開關 single-pole switch
单导程圆柱蜗杆/單導程圓柱蝸桿 single lead cylindrical worm
单导轨架式升降机/單導軌架式吊車 mono-mast hoist
单导叶接力器/單導葉接力器 individual guide vane servomotor
单道分析器/單道分析器,單頻道分析器,單波道分析器 single-channel analyzer
单道焊/單道焊法 single-pass welding
单地址计算机/單址計算機 single-address computer
单点故障/單點故障 single point of failure
单点记录器/單點記録器 single-point recorder
单点记录仪/單點記録器 single-point recorder
单点金刚石车削/單點金剛石車削 single-point diamond turning, SPDT
单点控制/單點控制 single-point of control
单点喷射/單點噴射 single-point injection
单点试验法/單點試驗法 one-point testing method
单点压力机/單點壓床 one-point press
单点钥控/單點鑰控 single-point keying
单电极电位/單電極電位 single electrode potential
单电位静电透镜/單電位[差]静電透鏡 unipotential electrostatic lens
单电压透镜/單電壓透鏡 univoltage lens
单电子隧道效应/單電子隧道效應 single electron tunnel effect
单吊卡/單銀吊卡,輕硬吊卡 single elevator
单调函数/單調函數 monotonic function
单调曲率螺线/單調曲率螺線 monotone curvature spiral
单调推理/單調推理 monotonic reasoning
单调线路/單調線路 monotone circuit
单叠绕组/單疊繞組 simplex lap winding
单动泵/單動泵 single acting pump
单动卡盘/單動夾頭 independent chuck
单动压力机/單動式壓機 single action press
单动液压机/單動液壓機 single action hydraulic press
单动油压挤压机/單動油壓擠壓機 single action hydraulic extrusion press
单斗挖掘机/單斗挖掘機 single-bucket excavator
单独控制/個别控制 individual control

单独驱动/單獨驅動,單獨傳動 individual drive
单独式称量装置/單獨式稱量裝置 single batcher
单独完成/單獨完成 single completion
单独助力式电动转向系/單獨助力式電動轉向系 electric power steering system solely assisted by steering rack
单端端接/單端終端 single end termination
单端方式/單端模式 single ended mode
单端换能器/單端換能器 single ended transducer
单端口放大器/單端輸出放大器 one-port amplifier
单端面机械密封/單端面機械密封 single mechanical seal
单端输出/接地輸出電路 earthed output circuit, grounded output circuit
单端输入/接地輸入電路 grounded input circuit
单端同步/單端同步 single-ended synchronization
单端型/單端型 single-ended
单耳止动垫圈/長耳鎖片墊圈 tab washer with long tab
单反射测角仪/單反射測角計 simple reflection goniometer
单方向/單方向性 unidirectional
单分度/單分度 individual division
单分子层吸附/單分子吸附 monomolecular adsorption
单峰值/單峰值 single peak value
单浮筒/單浮筒 monobuoy
单杆架/單柱井架 single mast
单缸泵/單缸泵 single-cylinder pump, simplex pump
单缸喷油泵/單缸噴油泵 single-cylinder fuel injection pump
单缸往复[式]泵/單缸往復泵 simplex reciprocating pump
单个错误/單一誤差 single error
单[个]地址/個體位址 individual address
单工/單工 simplex
单工传输/單工傳輸 simplex transmission
单工通信/單工通訊 simplex communication
单工信号/單工訊號 simplex signal
单工序模/單工序模 single die
单工中继器/單工轉發器 simplex repeater
单功能[测量]仪表/單功能量測儀表 single function measuring instrument
单共振/單諧振 single resonance
单股钢丝绳芯/鋼心鋼繩,IWRC 型索芯 independent wire rope core, IWRC
单故障/單故障 single fault
单管单元存储器/單電晶體記憶體 single transistor memory
单管路制动系/單管路制動系統 single-line braking system
单管喷射器/單管噴射器 single tube injector
单管[式]压力计/單管壓力計 single-tube manometer, single-column manometer
单管水银压力表/單管水銀壓力表 single tube mercury manometer
单管液体压力计/單管液體壓力計 one-tube liquid manometer
单罐气动混凝土布料装置/單罐氣動混凝土布料裝置 single-chamber pneumatic concrete placing device
单光束仪器/單束儀器 single-beam instrument
单光纤连接器/單光纖連接器 single fiber connector
单光子发射[型]计算机断层成像/單光子發射電腦斷層掃描攝影術 single photon emission computerized tomography, SPECT
单轨小车悬挂输送机/單軌系統 automated monorail, monorail system
单辊摆锤破碎机/單輥擺錘壓碎機 single-rotor swing-hammer crusher
单辊滑板破碎机/單輥滑板壓碎機 single-roll sledging crusher
单辊式连铸机/單輥式連鑄機 single roll caster
单夯锤/單夯錘 single tamper
单横臂式悬架/單橫臂式懸架 single-swing-arm-type suspension
单弧炉/單弧爐 single arc furnace
单环机构/單環機構 single-loop mechanism
单环三脚架/單環三腳架 single ring tripod
单环协调策略/單環協調策略 single loop coordination strategy
单回路控制/單回路控制 single loop control
单回路控制器/單回路控制器 single loop controller
单回路控制系统/單回路控制系統 single loop control system
单回路数字控制器/單回路數位控制器 single loop digital controller
单回路调节/單回路調整 single loop regulation
单回路制动系/單回路制動系統 single-circuit braking system
单击/鍵擊,點選 click
单击镦锻/單擊頭鍛 single-blow heading
单机/單計算機 unicomputer
单机电话防火墙/單機電話防火牆 telephone firewall

单机双级压缩机/單機雙級壓縮機　compound double-stage compressor
单机双级制冷压缩机/單機雙級製冷壓縮機　compound refrigerant compressor
单机运行/輕載運行　light running
单基地雷达/單基地雷達　monostatic radar
单级氨水吸收式制冷机/單級氨水吸收式冷凍機　single-stage ammonia-water absorption refrigerating machine
单级泵/單級泵　single-stage pump
单级单元/單級單元　single-level cell
单级电磁振动式调节器/單級電壓調整器　single-stage voltage regulator
单级反应器/單級反應器　single-stage reactor
单级放大器/單級放大器　single-stage amplifier
单级贯通式主减速器/單級貫通式減速器　single-reduction thru-drive
单级过程/單級過程　single-level process
单级机油滤清器/單級潤滑油過濾器　single-stage lubricating oil filter
单级精馏塔/單級精餾塔　single rectification column
单级离心泵/單級離心泵　single-stage centrifugal pump
单级设备/單級裝置　single-level device
单级水泵水轮机/單級水泵渦輪機　single-stage pump-turbine
单级同轴水轮泵/單級同軸渦輪泵　single-stage coaxial water-turbine pump
单级透平膨胀机/單級膨脹式渦輪機　single-stage expansion turbine
单级谐波齿轮传动/單級諧波齒輪驅動　single-stage harmonic gear drive
单级行星齿轮系/單級行星齒輪系　single planetary gear train
单级压缩机/單級壓縮機　single-stage compressor
单级制冷压缩机/單級冷媒壓縮機　single-stage refrigerant compressor
单级主减速器/單級最終減速器　single-reduction final drive
单极电机/單極電機　acyclic machine
单极发电机/單極發電機,非週期性發電機　acyclic generator, homopolar generator
单极分光计/單極分光計　monopole spectrometer
单极接触器/單極接觸器　single-pole contactor
单极晶体管/單極電晶體　unipolar transistor
单极开关/單極開關　single-pole switch
单极式调速器/單極式調速器　single-speed governor
单极受话器/單極接受器　single-pole receiver
单极天线/單極天線　monopole antenna
单极性信号/單極性訊號　unipolar signal
单极质谱计/單極質譜儀　monopole mass spectrometer
单极质谱仪/單極質譜儀　monopole mass spectrometer
单极子/單極天線　monopole
单计数模式/單次計數模態　single-count mode
单计算机/單計算機　unicomputer
单计算机系统/單計算機系統　unicomputer system
单继承/單繼承　single inheritance
单件模式/單件模式　singleton pattern
单键拨号/單鍵撥號　one-touch dialing
单角铣刀/單角銑刀　single angle cutter
单校双检/單錯誤校正-雙錯誤檢測　single error correction-double error detection
单节点网/單一節點網路　one-node network
单结晶体管/單接面電晶體　unijunction transistor
单结真空热电堆/單接頭真空熱電堆　single-junction vacuum thermopile
单晶/單晶[體]　single crystal, monocrystal
单晶刚玉/單晶剛玉　monocrystalline fused alumina
单晶光[电]导体/單晶光電導體,單晶光敏電阻　single-crystal photoconductor
单晶拉制/單晶拉製法　crystal pulling
单晶拉制电子控制器/拉晶控制器　pulling controller
单晶 γ 能谱仪/單晶迦碼射線頻譜儀　single-crystal gamma spectrometer
单晶镍基高温合金/單晶鎳基超合金　single crystal nickel based superalloy
单晶 X 射线衍射/單晶 X 射線繞射　single crystal X-ray diffraction
单晶生长/單晶生長　single crystal growing
单晶生长器/晶體生長器,長晶器　crystal grower
单镜头/單透鏡　single lens
单聚焦质谱计/單聚焦質譜儀　single-focusing mass spectrometer
单聚焦质谱仪/單聚焦質譜儀　single focusing mass spectrometer
单卷筒卷扬机/單卷筒卷揚機　mono-drum winch, single-drum winch
单刻度仪表/單刻度計　single-scale meter
单控制杆/單控制桿　single control bar
单块式挤压机/單塊式擠壓機　single-blocking extruder
单块式拉模机/單塊式拉模機　single-blocking mould dragger

单缆分布/單纜分布 single cable distribution
单缆宽带局域网/單電纜寬頻區域網路 single cable broadband local area network, single-cable broad band LAN
单类学习/單類學習 one class learning
单离合器/單離合器 single clutch
单立柱桅杆起重机/單立柱桅桿起重機 mono-mast crane
单连线/單連線 hook-up wire
单联泵/單缸泵 simplex pump
单链板式输送机/單鏈板式輸送機 single-chain slat conveyor
单链表/單一鏈接串列 single linked list
单链斗式提升机/單鏈斗式提昇機 single-chain bucket elevator
单链埋刮板输送机/單鏈埋刮板輸送機 single-chain en masse conveyor
单链式拉伸机/單鏈式拉伸機 single-chain drawing machine
单量程仪器/單量程儀器 single-range instrument
单量限[测量]仪表/單量限[測量]儀表 single-range measuring instrument
单列级/單列級 single-row stage
单列压缩机/單列壓縮機 single-row compressor
单列轴承/單列軸承 single-row bearing
单流连铸机/單條[連續]鑄造機 single-strand casting machine
单流式凝汽器/單程冷凝器 single pass condenser
单流束水表/單一噴嘴水表 single-jet water meter
单炉热重/爐次重量 heat weight
单路/單通道 single-channel, SC
单路传真机/單路傳真機 mono-channel facsimile
单路单载波/單路單載波 single-channel per carrier, SCPC
单滤波接收法/單濾波接收法 single filter reception
单轮控制/單輪控制 individual wheel control
单螺杆泵/單螺桿泵 single-screw pump
单螺杆挤出机/單螺桿擠壓機 single-screw extruder
单螺杆压缩机/單螺桿壓縮機 single-screw compressor
单螺杆制冷压缩机/單螺桿冷媒壓縮機 monorotor screw refrigerant compressor
单螺纹/單螺紋 single thread
单码/單代碼 monocode
单脉冲/單脈波 monopulse
单脉冲比较器/單脈波比較器 monopulse comparator
单脉冲伏特计/單脈波伏特計 single-pulse voltmeter
单脉冲跟踪/單脈波追蹤 monopulse tracking
单脉冲激光器/單脈衝雷射 single-pulse laser, single-pulse laser
单脉冲雷达/單脈波雷達 monopulse radar
单脉冲振荡/單脈衝振盪 single-pulse oscillation
单面凹带锥砂轮/同側外凸及内凹砂輪 single side concave cone grinding wheel
单面凹砂轮/單面凹砂輪 single side concave grinding wheel
单面板/單面板 single sided board
单面倒角平垫圈/單面倒角平墊圈 single chamfer plain washer
单面焊/單面焊 welding by one side
单面[静]平衡/單面[静]平衡 single-plane static balancing
单面模板/單面模板 single face pattern plate
单面模型板/單面模型板 single sided pattern plate
单面平衡机/單面平衡機 single-plane balancing machine
单面坡口/單面坡口 single groove
单面凸砂轮/單面凸砂輪 hubbed wheel
单面压印模/單面壓印模 coining die with single-sided
单模工作/單模工作 single mode operation
单模光纤/單模光纖 monomode fiber, single-mode optical fiber
单模激光二极管/單模態雷射二極體 single-mode laser diode
单模激光器/單模雷射 single-mode laser, unimodal laser
单模激光振荡/單模雷射振盪 single-mode laser oscillation
单模拉线/單模拉線 single die wire drawing
单模拉线机/單模拉線機 single block wire-drawing machine
单目标反应器/單目標反應器 single purpose reactor
单目测距仪/單目測距儀 monocular range finder
单目视觉/單目視覺 monocular vision
单目显微镜/單目顯微鏡 monocular microscope
单内核/單内核 monolithic kernel
单能辐射/單能輻射 monoenergetic radiation
单能源/單能源 monoenergetic source
单能中子/單能中子 monoenergetic neutron
单排滚子链/單工滚子鏈 simplex roller chain
单排链轮/單鏈鏈輪 sprocket for simplex chain
单排座驾驶室/單排座駕駛室 single-row seat cab
单盘管风机盘管机组/單盤管風機盤管機組 fan-

coil unit with single coil
单盘离合器/單盤離合器 single-plate clutch
单盘天平/單盤天平 single pan balance
单片存储器/單石記憶體 monolithic memory
单片弧高/單片弧高 camber of a leaf
单片机/單片式計算機 computer on slice
单片集成电路/單晶積體電路 monolithic integrated circuit
单片计算机/單晶計算機 monolithic computer
单片计算器/單晶計算機 monolithic computer
单片微波集成电路/單石微波積體電路 monolithic microwave integrated circuit
单片微波集成放大器/單晶微波積體放大器 monolithic microwave intergrated amplifier
单片眼镜/眼鏡,[接]目鏡 eyeglass
单频激光器/單頻雷射 single frequency laser, single-frequency laser
单频率激光振荡/單頻雷射振盪 single frequency laser oscillation
单频码/單頻碼 single frequency code
单频信号发生器/單頻信號產生器 single frequency signal generator
单频噪声/單頻雜訊 single frequency noise
单腔液力耦合器/單空間流體耦合器 single-space fluid coupling
单桥法/單橋法 single bridge method
单曲面玻璃/單曲面玻璃 cylindrically curved glass, single curved glass
单驱辊道/單獨驅動輥道 individually driven roller table
单燃料汽车/單燃料車輛 mono-fuel vehicle
单入口点/單入口點 single entry point
单散射/單向散射 single scattering
单色刺激/單色刺激 monochromatic stimulus
单色辐射/單色輻射 monochromatic radiation
单色高温计/單色[光]高溫計 monochromatic pyrometer
单色光/單色光 monochromatic light
单色光学高温计/單色光學高溫計 monochromatic optical pyrometer
单色晶体谱仪/單色晶體分光計 monochromating crystal spectrometer
单色滤光片/單色光濾片 monochromatic filter
单色图形适配器/單色圖形配接器 monochrome graphics adapter, MGA
单色显示/單色顯示 monochrome display
单色信道/單色道 monochrome channel
单色信号/單色訊號 monochrome signal
单色仪/單色儀,單色器 monochromator
单声/單聲 monophone
单声道/單音道 monophonic channel
单声道录音机/單軌録音機 single track recorder
单绳抓斗/單繩抓斗 single-rope grab
单式车轮/單式車輪 single wheel
单式显微镜/簡單顯微鏡 simple microscope
单手钻孔/單獨人力鑽孔 single-hand drilling
[单]丝/[單]絲 mono filament
单丝静电计/單絲靜電計 unifilar electrometer
单速无定位控制器/單速浮動控制器 single-speed floating controller
单索缆索起重机/單索纜索起重機 mono-cable crane
单台工作状态/單臺工作狀態,單臺作業 one-unit operation
单弹簧式机械密封/單彈簧式機械密封 single-spring mechanical seal
单探头法/單探針法 single probe method
单蹄制动器/單蹄制動器 one shoe brake
[单体电池]电极/[單體電池]電極 cell electrode
单体模/鬆件模型 loose pattern
单体式喷油泵/單體式噴油泵 individual fuel injection pump
单调关联系统/同調系統 coherent system
单调谐放大器/單調[諧]放大器 single tuned amplifier
单跳/單躍繼 single hop
单铁口高炉/單鐵口高爐 single-taphole blast furnace
单铁心型电流互感器/單鐵心型電流換能器 single-core type current transformer
单停歇运动/單停歇運動 one-dwell motion
单通道/單通道 unichannel
单通道斗式提升机/單通道箕斗昇運機 single-passage bucket elevator
单通道记录仪/單通道記録儀 single channel recorder
单通道示波器/單頻道示波器,單波道示波器 single-channel oscilloscope
单通路/單通路 unipath
单筒溴化锂吸收式制冷机/單筒溴化鋰吸收式製冷機 one-shell lithiumbromide-absorption refrigerating machine
单头螺旋/單頭螺旋 single screw
单透镜/單透鏡 einzel lens, simple lens, single lens
单透目镜/單目鏡 simple ocular
单推进式推进器/單推進式推進裝置

monopropellant propulsion device
单托辊电子皮带秤/單托輥電子皮帶秤 single-idler electronic belt conveyor scale
单瓦特计法/單瓦特計法 one-wattmeter method
单往复式缆车/單往復式纜車 single-car to-and-fro funiculars
单位/單位 unit
pH 单位/pH 單位 pH unit
SI 单位/國際單位制單位 SI units
单位长度电阻/單位長度電阻 resistance per unit length
单位冲激/單位脈衝 unit impulse
单位冲激函数/單位脈衝函數 unit impulse function
单位反馈/單位回饋 unit feedback
单位方程/單位方程式 unit equation
单位飞逸转速/單位飛逸轉速 unit runaway speed
单位符号/單位符號 symbol of a unit
单位负荷/單位負載 unit load
单位功率/單位輸出功率,比功率 unit output power, specific power
单位挤压力/單位擠壓力 extrusion pressure
单位记录机/單位記録機 unit record machine
单位阶跃函数/單位步階函數,單位步進函數 unit step function
单位阶跃响应/單位階躍附應,單位步級響應 unit step response
单位矩阵/單位矩陣 unit matrix
单位流量/單位流出量 unit discharge
单位脉冲响应函数/單位脈衝響應函數 unit impulse response function
单位摩擦功/單位摩擦功 unit friction work
单位摩擦功率/單位摩擦功率 unit friction power
单位取样序列/單位取樣序列 unit sample sequence
单位容积制冷量/單位容積製冷量 refrigerating capacity per unit of swept volume
单位矢量/單位向量 unit vector
单位元[素]/識别元 identity element
单位圆/單位圓 unit circle
单位制/單位制 system of units
单位制冷量/單位製冷量 refrigerating capacity per weighing
单位轴功率制冷量/單位軸功率製冷量 refrigerating effect per shaft power
单位转速/單位轉速 unit speed
单稳[触发]电路/單穩觸發電路 monostable trigger-action circuit
单稳触发器/單穩觸發器 monostable trigger
单稳多谐振荡器/單穩多諧振動器,單定態複振器,單發多諧振動器 monostable multivibrator, single-shot multivibrator
单稳态电路/單穩[態]電路,單定態電路 monostable circuit
单卧轴式混凝土搅拌机/單臥軸式混凝土攪拌機 single-horizontal-shaft concrete mixer
单吸泵/單吸泵 single-suction pump
单线程/單引線 single thread
单线地面小车输送机/單線地面卡車輸送機 single-strand floor-mounted truck conveyor
单线电路/單線電路 single wire circuit
单线对高比特率数字用户线/單線對高位元速率數位用户線路 single-pair high-bit-rate digital subscriber loop, SHDSL
单线滚珠丝杠副/單線滚珠螺桿 single-start ball screw
单线架空索道/單線架空索道 mono-cable ropeway
单线螺纹/單線螺紋 single-start thread
单线往复式架空索道/單線往復式架空索道 mono-cable to-and-fro ropeway
单线循环式固定抱索器架空索道/固定手柄單線索道 fixed grip mono-cable ropeway
单线循环式架空索道/單索連續循環式索道 mono-cable continuously circulating ropeway
单线循环式脱挂抱索器架空索道/單線脱掛抱索器架空索道 detached grip mono-cable ropeway
单箱式集装箱起重机/單箱式貨櫃起重機 single-lift container crane
单向/單向,單路 one way
单向半双工电路/單向半雙工電路 one-way half-duplex circuit
单向传播时间/單向傳播時間 one-way propagation time
单向传感器/單向換能器 unilateral transducer
单向传声器/單向傳聲器 unidirectional microphone
单向传输/單向傳輸 unidirectional transmission
单向[的]/單向,單路 one way
单向电流/單向電流 unidirectional current
单向阀[门]/單向閥[門] check valve, non-return valve, unidirectional valve
单向反射器/鏡面反射鏡 specular reflector
单向工作/單向工作 one-way only operation
单向公差/單向公差 unilateral tolerance
单向故障/單向故障 unidirectional fault
单向函数/單向函數 one-way function
单向函数猜想/單向函數猜想 one-way function conjecture
单向环/單向環 unidirectional ring

单向鉴别/單向鑒別 unilateral authentication
单向校准曲线/單向校正曲線 single calibration curve
单向节流阀/單向節流閥 one-way restrictor
单向晶体管/單向電晶體 unidirectional transistor
单向雷达截面/單向雷達截面積 monostatic radar cross section, monostatic RCS
单向离合器/單向離合器 one-way clutch
单向量子计算/單向量子計算 one-way quantum computation
单向量子有限自动机/單向量子有限自動機 one-way quantum finite automata
单向脉冲/單向脈衝 unidirectional pulse
单向密码/單向密碼 one-way cipher
单向凝固/單向凝固 unidirectional solidification
单向气动螺丝刀/單向氣動螺絲起子 nonreversible pneumatic screwdriver
单向权衡/單向權衡 unilateral weighting
单向式/單程,單向 one-way
单向栓/單向栓 single way stop-cock
单向天线/單向天線,指向性天線 unidirectional antenna
单向通信/單向通訊 one-way communication
单向推力轴承/單向推力軸承 single direction thrust bearing
单向陷门函数/陷阱門單向函數 trapdoor one-way function
单向信道/單向通道 one-way channel
单向信号/單向訊號 one-way signal
单向[性]/單向[性] unilateral
单向压缩变形/單向壓縮變形 uniaxial compression deformation
单向压制/單向壓製 single action pressing
单向增益/單向增益 unilateral gain
单向栈自动机/單向棧自動機 one-way stack automaton
单向执行器/單向致動器 unidirectional actuator
单向制动器/單向制動器 unidirectional brake
单向中继器/單向中繼器 one-way repeater
单向总线/單向匯流排 unidirectional bus
单项测量/單項量測 analytical measurement, single element messurement
单项式/單項式 monomial
单相/單相 uniphase
单相变压器/單相變壓器 monophase transformer
单相电动机/單相電動機 single-phase motor
单相电机/單相電機 single-phase machine
单相交流发电机/單相交流發電機，單向馬達 single phase alternator
单相系统/單相制 single phase system
单相整流器/單相整流器 single phase rectifier
单相组织/單相結構 homogeneous structure, single-phase structure
单像管/單一静像管 monoscope
单效溴化锂吸收式制冷机/單效應溴化鋰吸收式冷凍機 single-effect lithiumbromide-absorption refrigerating machine
单效蒸发器/單效蒸發器 single effect evaporator
单斜/單斜褶皺,單斜層 monocline
单斜臂式悬架/單斜臂式懸架 single-oblique-arm-type suspension
单斜晶体/單斜晶體 monoclinic crystal
单斜砂轮/錐形砂輪 tapered wheel
单信道辐射计/單頻道[熱]輻射計,單波道[熱]輻射計 single-channel radiometer
单型槽模/單型槽模 single impression die
单悬臂门式起重机/單懸臂高架起重機 gantry crane with cantilever
单选按钮/無線電鈕 radio button
单循环强制冷却/單循環強制冷却 force-feed cooling in a single-circuit system
单压兰金循环的联合循环/單壓蘭金循環的聯合循環 combined cycle with single pressure level Rankine cycle
单压凝汽器/單壓冷凝器 single-pressure condenser
单眼立体/單眼立體 one-eyed stereo
单钥密码系统/單鍵密碼系統 one-key cryptosystem
单叶片衰减器/單片衰減器 single vane attenuator
单页纸/單張紙 cut-sheet paper
单液电池/單液電池 single-fluid voltaic cell
单一编址空间/單一定址空間 single addressing space
单一故障准则/單一故障準則 single failure criterion
单一开拓[采矿]系统/單一開拓[採礦]系統 single development system
单一砂/單元砂,整體砂 unit sand
单一生成式/單位生成式 unit production
单一稳定/單一穩定 monotonic stability
单义/單義 monosemy
单异质结激光器/單異質接面雷射,單異質接合雷射 single hetero junction laser
单音/[單]音,純音 tone
单音喇叭/單音喇叭 monotone horn
单音调制/單音調變 tone modulation
单音信号/單音訊號,蜂鳴訊號 tone signal

单音振铃器/單音振鈴器,音調振鈴 tone ringer
单音指令/單音指令 single tone command
单用户操作系统/單用户作業系統 single-user operating system
单用户计算机/單用户計算機 single user computer
单语言电子商务/單語言電子商務 single-language E-business
单元/單元 unit, cell
单元编码/細胞編碼 cell encoding
单元测试/單元測試,單位測試 unit testing
单元尺寸/單元尺寸 cell size
单元电光缆段/單元電光纜段 elementary cable section
单元归结/單元分解 unit resolution
单元过程/單元操作 unit process
单元生产/單元生産 cell production
单元式空气调节机/單元式空調機 unitary air conditioner
单元系/單元系 single-component system
单元相图/單元相圖 single-component phase diagram
单圆弧齿轮/單圓弧齒輪 single-circular-arc gear
单渣操作/單渣操作 single-slag operation
单闸板/單閘板 single gate disk
单针制/單針制 single needle system
单值/個别值 individual value
单值非线性/單值非線性 single value nonlinearity
单值化定理/單值化定理 uniformization theorem
单值量具/單值量具 single-value measuring tool
单址/單一存取 single access
单指令[流]单数据流系统/單指令單資料流系統 single instruction single data stream system
单指令[流]多数据流系统/單指令多資料流系統 single instruction multiple data stream system
单掷开关/單投開關,單向開關 single throw switch
单中间轴变速器/單中間軸變速器 single countershaft gearbox, single countershaft transmission
单轴加速度计/單軸加速度計 uniaxial accelerometer
单轴联合循环/單軸複合循環 single-shaft-type combined cycle
单轴汽轮机/串列複合汽輪機 tandem compound steam turbine
单轴燃气轮机/單軸燃氣輪機 single-shaft gas turbine
单轴型铁氧体/單軸鐵氧體,單軸肥粒鐵 uniaxial ferrite
单轴压制/單軸壓製 uniaxial pressing
单轴转台/單軸檯 single axle table
单轴自动车床/單軸自動車床 single spindle automatic lathe
单肘板颚式破碎机/單肘顎破碎機,單肘顎軋機 single-toggle jaw crusher
单主梁门式起重机/單主梁高架起重機 single-girder gantry crane
单主梁桥式起重机/單主梁高架起重機 single-girder overhead crane
单柱式锤/單柱式錘 single frame hammer
单柱式钻架/單柱式鑽架 single-column drill rig
单转向发动机/單轉向發動機 unidirectional engine
单转子冲击破碎机/單轉子衝擊破碎機 single-rotor impact breaker
单桩式海上风力发电机组基础/單樁式離岸風力發電機組基礎 single-pile foundation of off-shore wind turbine generator set
单子/單子,一元 monad
单子语义/單子語義 monadic semantics
单子转换器/單子轉換器 monad transformer
单自由度机构/單自由度機構 mechanism with single degree of freedom
单自由度陀螺/單自由度陀螺儀 single degree of freedom gyro
单自由度系统/單自由度系統 single degree-of-freedom system
单字母密码/單字母密碼 mono-alphabetic cipher
单总线/統一匯流排 unibus
单纵臂式悬架/單縱臂式懸架 single-trailing-arm-type suspension
单作用泵/單動泵 single-acting pump
单作用锤/落錘 drop hammer
单作用发动机/單作用發動機 single-acting engine
单作用压缩机/單作用壓縮機 single-acting compressor
单作用油缸/單動式液壓缸 single-acting cylinder
单作用制冷压缩机/單作用冷凍壓縮機 single-acting refrigerant compressor
胆甾相液晶/膽甾相液晶 cholesteric liquid crystal
旦[尼尔]/丹尼 Denier
旦尼尔天平/丹尼天平 Denier balance
淡出/淡出 fade out
淡红银矿/淡紅銀礦 proustite
淡入/淡入 fade in
淡水泥浆/清水泥漿 fresh water mud
淡水油藏/淡水儲油層 fresh water reservoirs
弹道摆/衝擊擺 ballistic pendulum

弹道导弹预警系统/彈道飛彈早期警報系統 ballistic missile early warning system, BMEWS
弹道晶体管/彈道電晶體 ballistic transistor
弹道离子泵/彈道離子泵 orb-ion pump
弹道型真空计/彈道型電離真空計 orbitron gage
弹壳黄铜/彈殼黄銅 cartridge brass
弹式量热器/卡計彈 calorimetric bomb
弹式消化器/彈式消化器 acid digestion bomb
弹体-目标相对运动仿真器/彈體-目標相對運動模擬器 missile-target relative movement simulator
蛋白结构域/蛋白結構域 protein domain
蛋白结构域预测/蛋白結構域預測 prediction of domain region
蛋白质/蛋白質 protein
蛋白质-蛋白质相互作用/蛋白質-蛋白質相互作用 protein-protein interaction
蛋白质二级结构预测/蛋白質二級結構預測 protein secondary structure prediction
蛋白质家族划分/蛋白質家族劃分 protein family classification
蛋白质三级结构预测/蛋白質三級結構預測 protein tertiary structure prediction
蛋白质三维结构叠印/蛋白質三維結構疊印 superimposition of 3D-structure of protein
蛋白质折叠/蛋白折疊 protein folding
蛋白质组学/蛋白[質]體學 proteomics
蛋篓式透镜/蛋簍式透鏡 egg-crate lens
蛋形升酸器/蛋形昇酸器 acid egg
氮/氮 nitrogen
氮分子激光器/氮分子雷射 nitrogen molecular laser
氮-15 核磁共振波谱法/氮-15 核磁共振波譜法 ^{15}N nuclear magnetic resonance spectroscopy
氮化钢/氮化鋼 nitralloy steel
氮化铬铁/含氮鉻鐵 nitrogen containing ferrochromium
氮化过程/氮化法 nitriding process
氮化金属锰/氮化金屬錳 nitrogen containing manganese metal
氮化铝瓷/氮化陶瓷 aluminium nitride ceramic
氮化锰铁/含氮錳鐵 nitrogen containing ferromanganese
氮化物/氮化物 nitride
氮化物夹杂/氮化物夾雜 nitride inclusions
氮化物容量/氮化物容量 nitride capacity
氮激光器/氮氣雷射 nitrogen laser
氮量计/氮量計,量氮計 nitrometer
氮量计管/測氮管 nitrometer tube
氮磷检测器/氮磷檢測器 nitrogen phosphorus detector, NPD
氮气发生车/氮氣產生車 nitrogen generating truck
氮三相点/氮三相點 triple point of nitrogen
氮势/氮勢 nitrogen potential
氮水预冷系统/氮水預冷系統 precooling system with water and impure nitrogen
氮塔/氮塔 nitrogen column
氮碳共渗/氮碳共滲 nitrocarburizing
氮碳共渗剂/氮碳共滲劑 nitrocarburizing medium
氮氧化硅/氮氧化矽 silicon oxynitride
氮氧化物/氮氧化物 oxides of nitrogen, NO_x
氮氧化物分析仪/氮氧化物分析儀 nitrogen-oxide analyzer
氮氧化物选择催化还原/氮氧化物選擇催化還原 nitrogen oxide selective catalytic reduction
当地重力加速度/當地重力加速度 local acceleration of gravity
当量/當量 equivalent weight
当量比/當量比 equivalence ratio
当量齿轮/虛擬齒輪 virtual gear
当量齿数/虛擬齒數 virtual number of teeth
当量点/當量點 equivalence point
当量电导/當量電導,等效電導 equivalent conductance
当量甘汞电极/標準甘汞電極 normal calomel electrode
当量摩擦半径/當量摩擦半徑 equivalent friction radius
当量摩擦系数/當量摩擦係數 equivalent coefficient of friction
当量浓度/等效濃度 equivalent concentration
当量循环密度 /循環相當密度 equivalent circulating density
当量圆柱齿轮副/當量圓柱齒輪對 virtual cylindrical gear pair
当量载荷/等效負載,相當負載,等值負載 equivalent load
当前窗口/現用視窗 active window
当前故障/現行故障 current fault
当前行指针/現行行指標 current line pointer
当前活动栈/現行活動堆疊 current activity stack
当前默认目录/現行預設目録 current default directory
当前目录/現行目録 current directory
当前日期/當日 current date
当前页[面]寄存器/現行頁暫存器 current page register
当前优先级/現行優先級 current priority

挡板/擋板,緩衝板　baffle, bumper, baffle plate
挡板阀/擋板閥　baffle valve
挡板塔/擋板塔　baffle plate tower
挡边板式输送机/擋邊板式輸送機　skirted slat conveyor
挡风器/擋風器　draught deflector
挡风圈/風扇罩　fan shroud
挡块/觸止塊　stop
挡料销/阻銷　stop pin
挡泥板/擋泥板　fender, mudguard
挡圈/扣環　circlip, retaining ring
挡圈装卸钳/彈簧裝卸鉗　spring plier for mounting
挡热板/擋熱板　hot baffle
挡水板墙/擋牆　baffle wall
挡土墙/胸牆　breast wall
挡渣出钢/擋渣出鋼　tapping by slag skimming
挡渣浇口/撇渣口　skim gate
挡渣口浇包/擋渣口澆桶　dam type lip ladle
挡渣帽/擋渣帽　skimming cone
挡渣球/擋渣球　skimming ball
挡渣塞/浮塞　floating plug
档案文件/歸檔檔案　archive file
刀柄/刀柄　shank
刀架/夾刀柱　tool post
刀尖/刀尖　corner
刀尖角/刀尖角　tool included angle
刀尖圆弧半径/刀尖圓弧半徑　corner radius
刀具/刀具,切削工具　cutting tool, cutter
刀具表面/刀具表面　tool surface
刀具补偿/刀具徑補償　cutter compensation
刀具尺寸/刀具尺度　tool dimension
刀具功率计/刀具測力計　tool dynamometer
刀具功能/刀具功能　tool function
刀具角度/切削角　tool angle
刀具接头/刀具接頭　cutter adapter
刀具廓形/刀具輪廓　tool profile
刀具偏置/刀具偏置　tool offset
刀具破损/刀具損壞　tool failure
刀具寿命/刀具壽命　tool life
刀具寿命判据/刀具磨耗準則　tool wear criterion
刀具轴线/刀具軸線　tool axis
刀具转向角/刀具轉向角　blade steer angle
刀具总扭矩/刀具總扭矩　total torque exerted by the tool
刀具总切削力/刀具總切削力　total force exerted by the tool
刀开关/閘刀開關,刀形開關　knife switch
刀孔/刀具孔　tool bore
刀口/刀緣,刀刃　knife-edge
刀口腐蚀/刀線腐蝕　knife-line corrosion
刀口扫描/刀緣掃描　knife-edge scan
刀口形直尺/刀口形直尺,刀刃式直規　knife straight edge
刀口仪/刀口測試器　knife edge tester
刀口增宽/刀口增寬　knife broadening
刀库/刀具庫　tool magazine
刀盘装备扭矩/切刀驅動扭矩　cutter driving torque
刀片/刀片　blade, tip, fly
刀片背板/刀片背板　blade backplane
刀片服务器/刀鋒型伺服器　blade server
刀片管理模块/刀片管理模組　blade management module
刀片交换模块/刀片交換模組　blade switch module
刀片箱/刀片箱　blade chassis
刀刃/刀刃,刀緣　knife-edge
刀刃检验/刀緣測試　knife-edge test
刀刃绕射/刀刃繞射　knife-edge diffraction
刀体/刀體　body
刀形夹头/刀片夾　blade clip
刀形接触件/刀形接觸件　blade contact
刀形随动件/刃狀從動件　knife edge follower
刀形天线/刀型天線　blade antenna
刀形油石/刀形油石　oil stone with knife
刀子/刀子　knife
氘灯/氘燈　deuterium lamp
氘核/氘核　deuteron
导板/導板　guideway
导板模/導板模　guide plate die
导波/導波　guided wave
导波管相移器/導波管相移器　waveguide phase shifter
导波器/波導[管]　wave guide
导程/導程　lead
导程角/導程角,前置角　lead angle, angle of lead
导程累积误差/導程累積誤差　cumulative error in lead
导程偏差/前置偏差　deviation in lead
导程数/導程數,車床螺旋常數　lead number
导出包络/導出包絡　derived envelope
导出表/導出表　derived table
导出单位/匯出單位　derived unit
SI 导出单位/SI 匯出單位　SI derived unit
导出符号/可衍生符號　derivable symbol
导出关系/導出關係　derived relation
导[出]管/導管,引出管　eduction tube
导出规则/導出規則　derived rule

导出量/導出量 derived quantity
导出量纲/導出量綱 derived dimension
导出属性/衍生屬性 derived attribute
导出树/導出樹 derivation tree
导出水平分片/導出水平片段 derived horizontal fragmentation
导出图/導出圖 derivation graph
导[出]型滤波器/導型濾波器 derived type filter
导出语言/導出語言 derivation language
导出元素/匯出元素 derived element
导磁性温度系数/磁導率温度係數 temperature coefficient of permeability
导带/[傳]導帶 conduction band
导带器/導帶器 belt guide
导弹发射卫星/飛彈發射衛星 missile-launching satellite
导弹寻的器/飛彈尋標器 missile seeker
导弹制导/飛彈導引 missile guidance
导弹制导雷达/飛彈導引雷達 missile guidance radar
导电箔/導電箔 conductive foil
导电材料/導電材料,導電物質 conducting material
导电[的]/導電的 conductive
导电轨/導電軌 conductor rail
导电滑环/集滑環 slip-ring
导电计/電導試驗器 conductivity tester
导电接头/導電接頭 conductive contact
导电炉底/導電爐底,傳導敞爐 conducting hearth
导电母线/導電板,匯流排 bus bar
导电漆/導電清漆 conducting varnish
导电图形/導電圖形 conductive pattern
导电涂层/導電敷層 conducting coating
导电纹面/導電紋面 conductive mosaic
导电橡胶连接器/導電彈性體連接器 conductive elastomer connector
导电型/導電型 conductivity type
导电性/導電性,電導率 electrical conductivity
导洞/導坑,導井 pilot tunnel
导风板/擋風板 air deflector
导杆/導桿 guide bar, guide link
导杆机构/導桿機構 guide-bar mechanism
导管/導管,管道,導線管 conduit, scoop tube, vessel
导管接头/管接頭 pipe coupling
导管开度/導管跨變 scoop tube span
导管损失/導管損失 scoop tube losses
导管系统/暗管系統 conduit system
导光灯/導光燈 pilot light burner
导轨/導軌 guideway, slideway
导轨架/門型架 mast
导轨磨床/滑道[平面]磨床 slideway grinding machine, surface grinding machine for slideway
导轨式电动凿岩机/電動鑿岩機 electric drifter
导轨式独立回转凿岩机/獨立回轉鑿岩機 drifter with independent rotation
导轨式高频凿岩机/高頻鑿岩機 high-frequency drifter
导轨式液压凿岩机/液壓鑿岩機 hydraulic drifter
导轨式凿岩机/鑿岩機 drifter
导航/導航 navigation
导航标灯/引導燈 leading lights
[导航]标志/[導航]標志 navigation mark
导航传感器/導航感測器 navigation sensor
导航代理/導航代理 navigation agent
导航雷达/導航雷達 navigation radar
导航区/領航區 navigation area
导航望远镜/導航望遠鏡 navigation telescope
导航卫星/導航衛星 navigation satellite
导航信标/導航信標,領航信標 navigation beacon
导航型全球导航卫星系统接收机/導航型全球導航衛星系統接收機 navigational GNSS receiver
导航仪表/領航儀表 navigation instrument
导航引擎/導航引擎 navigation engine
导航终端/導航終端 navigation terminal
导架爬升式工作平台/導架爬昇式工作平臺 mast-climbing work platform
导抗/導抗,阻納 immittance, adpedance
导抗电桥/導抗電橋 immittance bridge
导块/導塊 guide block
导缆器/導索器 fair leader
导联系统/導聯系統 lead system
导流板/導流板,擋板 deflector, baffle
导流槽/導流槽 drained cell
导流轮/導流片 inducer
导流系数/導流係數 perveance
导流阴极/導流陰極 drained cathode
导轮/導輪 guide wheel, idler pulley, reactor
导轮液力转矩/導輪液力轉矩 hydraulic torque of reactor
导[螺]杆/導螺桿 lead screw
导脉/指示脈,指示層 leader
导纳/導納 admittance
导纳电桥/導納電橋 admittance bridge
导纳函数/導納函數 admittance function
导纳计/導納計 admittance meter
导纳矩阵/導納矩陣 admittance matrix

导纳圆图/導納圖 admittance chart
导内波长/波導[管]波長 guide wavelength
导频传感器/引頻感測器 pilot sensor
导频信道/導頻通道 pilot channel
导频信道设备/導頻通道設備 pilot channel equipment
导频信道系统/導頻通道系統 pilot channel system
导频信号/導頻信號 pilot signal
导频载波/導頻載波,指引載波 pilot carrier
导频振荡器/導頻振盪器 pilot frequency oscillator
导气管/導氣管 gas tube, air duct
导前角/導程角 angle of lead
导燃气烧嘴/引火氣體燃燒器 pilot gas burner
导热率/熱導率,導熱率 heat conductivity
导热析气计/熱導氣體分析儀 katharometer
导热性/導熱性,熱傳導性 heat conductance
导热性传播/導熱率傳遞 thermal conductivity propagation
导热仪/熱導率儀器 thermal-conductivity instrument
导热油加热式沥青储仓/導熱油加熱式瀝青儲倉 hot oil heating asphalt storage
导热油加热式沥青熔化加热装置/導熱油加熱式瀝青熔化加熱裝置 hot oil heating asphalt melting and heating unit
导入规约/導入規約,移入規約 imported specification
导数测定/導出量測 derivative measurement
导数估计/導出估計 derivative estimation
导数曲率四次曲线/導數曲率四次曲線 quartic of derivative curvature
导数作用/微分作用 derivative action
导体/導體 conductor
导体绝缘/導體絶緣,導線絶緣 conductor insulation
导体屏蔽/導體屏蔽,導體遮罩 conductor screen
导通方向/導通方向,傳導方向 conducting direction
导通间隔/導通期間 conduction interval
导卫装置/導衛裝置 guides and guard
导线/導線,導體,引線 conductor, lead
导线测量/導線測量 traverse survey
导线束/導線束,絞合線,成束導線 strand, bundle conductor
导向测量装置/導向量測系統 guidance measuring system
导向阀/導引閥,引示閥 pilot valve
导向活塞/導引活塞 guide piston
导向基座 /導盤 guide base
导向架/導架 guide frame
导向件/導向件 guiding element
导向结构/導架 guide structure
导向轮/導向輪 guide pulley, guide wheel, steering wheel
导向平键/活鍵 dive key, feather key
导向套/氣缸導引套 cylinder guide
导向套管/導套 guide bushing
导向托辊/導引惰輪 guide idler
导向脱模/引導頂出 guided ejection
导向叶片/導向輪葉片 guide blade
导向翼板/導向翼板 aligning arm
导向翼板翻转机构/臂旋轉機構 rotative mechanism for arm
导向支架/導軌托架 guide bracket
导[向中]心/導旋中心 guiding center
导向柱/導柱 guide post
导向装置/導向裝置,導流片 guiding device
导向钻头/導孔鑽頭,引導鑽頭 pilot bit
导销/導銷 leader pin, guide pin
导销衬套/導銷襯套 leader pin bushing
导叶/導葉 guide vane, wicket gate
导叶泵/擴散泵 diffuser pump
导叶臂/導葉臂 guide vane lever
导叶端面密封/導葉端面密封 guide vane end seal
导叶分布圆/導葉圓 guide vane circle
导叶高度/導葉高度 guide vane height
导叶环/導葉環 guide blade ring
导叶接力器/導葉伺服馬達 guide vane servomotor
导叶开口/導葉開口 guide vane opening
导叶力特性/導葉力特性 guide vane force character
导叶立面密封/導葉密封 guide vane seal
导叶连杆/導葉連桿 guide vane link
导叶限位块/導葉終端擋板 guide vane stop block
导叶止推轴承/導葉止推軸承,導葉推力軸承 guide vane thrust bearing
导叶轴承/導葉軸承 guide vane bearing
导叶轴流式通风机/葉片式軸流風扇 vane axial fan
导叶轴密封/導葉軸密封 guide vane stem seal
导液管/導管 guide pipe
导引电缆/導引電纜 pilot cable
导引机构/導引機構 guidance mechanism
导轴承/導軸承 guide bearing
导柱/導銷 leader pin, guide pin
导柱模/導柱模 guide pillar type die
岛状饱和度/孤立飽和率 insular saturation
捣打成型/搗打成型 ramming process
捣打料/搗打料 ram mix
捣打炉衬/搗成爐襯 rammed lining

捣固杆/尖底搗錘 tamping rod
捣固机/打壓機 stamping machine
捣固焦炉/搗固煉焦爐 stamp-charging coke oven
捣固料/搗成用料 ramming compound
捣固装煤推焦机/搗固裝煤推焦機 stamping charging-pusher machine, SCP machine
捣结炉衬/搗成爐襯 rammed lining
捣紧度/搗緊度,捶緊度 degree of ramming
捣矿机/搗礦機 stamper
捣炉机/搗爐機 stoking machine
捣冒口/攪動口 churning
捣冒口棒/冒口搗棒,補給口搗棒 feeder rod
捣砂锤/搗砂錘 bench rammer
捣砂走样/搗砂走樣 ram away
捣实/搗緊,填塞劑 tamping
捣碎机/搗礦機,平底搗錘 stamp mill
捣碎物/衝屑 stampings
捣头/搗頭 tamping butt
捣制砂芯/搗製砂心 ram up core
倒包/澆桶轉澆 ladle-to-ladle, reladling
倒堆采矿法/剝坂投露天開採法 overcasting mining method
倒角/倒角,邊緣修整 edge rounding, chamfering
倒角刀尖/倒角刀尖 chamfered corner
倒角刀尖长度/倒角刀尖長度 chamfered corner length
倒棱/倒棱 chamfering
倒棱宽/倒棱寬 land width of the face
倒圆/倒圓 profied edge
倒圆角/製外圓角 rounding
倒圆切削刃/圓弧切削刃 rounded cutting edge
倒锥式铜沉淀器/倒錐式銅沈澱器 inverted cone copper precipitator
到达/到達 reach
到达波/來波 arrival wave
到达操作/到達作業 arrival operation
到达函数/到達函數 arrival function
到达角/到達角 angle of arrival
到达率/到達率 arrival rate
到达事件/到達事件 arrival event
倒车报警器/倒車報警器 back-up buzzer
倒车齿面/倒車齒面 coast side
倒车灯/倒車燈 back-up lamp
倒车皮带/倒行皮帶 back belt
倒车声音影像系统/倒車雷達系統 automobile reversing radar system
倒齿链/倒齒鏈 inverted tooth chain
倒带/回卷 rewind
倒焊/倒裝焊接 face-down bonding
倒换/轉换 changeover
倒回/倒回 changeback
倒介电常数/倒介電常數,介電常數的倒數 elastivity
倒晶格/倒晶格,逆晶格,反晶格 reciprocal lattice
倒立式盘式拉伸/倒立式盤式拉伸 inverted block drawing
倒立式圆盘拉伸机/倒立式圓盤拉伸機 inverted block type drawing machine
倒流休风/倒流休風 back-drafting
倒牛角浇口/反喇叭形澆口 reverse horn gate
倒排索引/反向索引 inverted index
倒谱/倒譜 cepstrum
倒乳化泥浆/水油乳泥漿 inverted emulsion mud
倒数/倒數 reciprocal
倒向场聚焦/倒向場聚焦 reversed field focusing
倒向天线/倒向天線 retrodirective antenna
倒相/相轉變 phase inversion
倒相[放大]器/倒相放大器,變相放大器,反相放大器 inverted amplifier, phase-inverting amplifier, reversing amplifier
倒相调制/反相調變 phase-inversion modulation
倒相振荡器/参數振盪器 paraphase oscillator
倒像/倒像 inverted image
倒像棱镜/倒像棱鏡 inverting prism
倒V形天线/倒V形天線 inverted V antenna
倒序/倒序 bit-reversed order
倒焰窑/下風窯 down draft kiln
倒影[式]测距仪/倒像測距儀 invert range finder
倒置磁控管/倒置磁控管 inverted magnetron
倒置的曲柄滑块/倒置之滑件曲柄機構 inverted slider-crank
倒置放大器/反相放大器 inverted amplifier
倒置器/倒置器 inversor
倒置式发动机/倒缸發動機,倒缸引擎 inverted engine
倒置显微镜/倒置顯微鏡 inverted microscope
倒置运动/倒置運動,反運動 inverse motion
倒置真空管/倒用真空管 inverted vacuum tube
倒转法/反向法,反轉法 method of reversals
倒转温度计/可倒温度計 reversing thermometer
倒转岩层/顛倒地層 inverted strata
倒装/倒裝 reverse filling
倒装焊/倒裝晶片法 flip chip
倒锥形天线/倒錐形天線 inverted-cone antenna
道比/道比 channel ratio
道槽/道槽 channel slot

道岔/道岔 track switch
道岔舌/道岔桿,轉轍桿 switch tongue
道次/道次 pass
道迪型支柱/道特氏油柱 Dowty prop
道尔顿定律/道爾頓定律 Dalton law
道尔顿易熔合金/道爾頓合金 Dalton alloy
道尔科[内鼓式]真空过滤器/到可濾機 Dorrco filter
道济颚式破碎机/道奇顎碎機 Dodge jaw crusher
道间串扰/軌間串音 inter-track crosstalk
道宽/道寬 channel width
道路标志/路面標示 road marking
道路画线车/道路劃線車 road lineation vehicle
道路试验法/道路試驗法 road test method
道路行驶/道路行駛 road teaveling, transport traveling
道每英寸/每英吋磁軌數 tracks per inch
道密度/軌密度 track density
道群排/道群排 group bank
道群自动增益调整/道群自動增益調整 group automatic gain regulation
道氏电解槽/陶氏電解槽 Dow cell
道氏[镁铝]合金/陶氏合金 Dow metal
道义逻辑/道義邏輯 deontic logic
道碴/碴,碎石 ballast
锝/鎝 technetium
德拜/德拜 Debye
德拜长度/德拜長度 Debye length
德拜频率/德拜頻率 Debye frequency
德拜屏蔽/德拜遮蔽 Debye shielding
德拜-瓦洛因数/德拜-瓦勒因子 Debye-Waller factor
德拜温度/德拜溫度 Debye temperature
德拜-休克尔-昂萨格电导理论/德拜-休克爾-昂薩格電導理論 Debye-Hückel-Onsager theory of electrical conductance
德拜-休克尔强电解质溶液理论/德拜-休克爾強電解質溶液理論 Debye-Hüeckel theory of strong electrolyte solution
德波洛里定律/狄布洛格里定律 De Broglie law
德迪翁式悬架/德迪翁式懸架 De-Dion-type suspension
德国式井壁/德國式直井圓筒襯壁 German tubbing
德拉瓦尔离心机/德拉瓦離心機 De Laval centrifuge
德银/德銀,白銅 German silver
灯/燈 lamp
[灯的]光通维持率/光束維持因數 lumen maintenance of a lamp
[灯的]连接器/[燈的]連接器 lamp connector
灯浮标/燈浮標 lighted buoy
灯具防护罩/照明器具防護罩 luminaire guard
灯具效率/燈具效率,發光效率,照明器效率 luminaire efficiency
灯壳/燈殼 lamp housing
灯轮/燈輪 lantern wheel
灯泡式水轮机/燈泡式渦輪機 bulb turbine
灯泡体/燈泡體 bulb
灯泡体支柱/燈泡體支柱 bulb support
灯丝/燈絲,絲極 filament
灯丝变压器/燈絲變壓器 filament transformer
灯丝电池/燈絲電池組 filament battery
灯丝电流/線電流 filament current
灯丝伏特计/燈絲伏特計 filament voltmeter
灯丝[丝极]变阻器/燈絲變阻器 filament rheostat
灯丝显示器件/燈絲顯示裝置 filament display device
灯塔/燈塔 lighthouse
灯罩/燈罩,遮光物,遮光體 shade
登高平台消防车/登高平臺消防車 elevating platform fire truck
登记/登記 enrol
登录/登入 log-in
登录脚本/登入腳本 log-in script
登月飞行器/登月飛行器 lunar craft
等臂电桥/等臂電橋 equal-arm bridge
等臂天平/等臂天平 equal-arm balance, equal beam balance
等边角钢/等邊角鋼 angle with equal legs
等波纹逼近/等波紋近似 equal ripple approximation
等长编码/等長編碼 fixed-length coding
等长电码/等長碼 equal-length code
等磁力线图/等磁力線圖 isogam map
等磁倾线/等傾線 isoclinic line
等待避免/等待避免 latency avoidance
等待表/等待串列 wait list
等待队列/等待隊列 waiting queue
等待时间/等待時間 waiting time, latency
等待图/等待圖形 wait-for graph
等待状态/等待狀態 waiting state
等电 pH/等電點 isoelectric point
等电点/等電點 isoelectric point
等电聚焦电泳/等電聚焦電泳 isoelectric focusing electrophoresis
等电位机架/等電位機架 equipotential frame
等电位屏蔽/等電位屏蔽 equipotential screen

等电子中心/等電子中心 isoelectronic center
等对比光度计/等對比光度計,等對比測光器 equality of contrast photometer
等多普勒频移线/等多普勒頻移線 line of constant Doppler shift
等分分度头/直接分度頭 direct dividing head
等分梁/等分梁 bisection beam
等分盘/等分盤 equi-index plate
等风冲天炉/等吹熔鐵爐 equi-blast cupola
等幅波测距仪/連續波測距儀 continuous wave distance finder
等幅传输/等幅傳輸 flat transmission
等幅面/等幅面 equiamplitude surface
等幅振荡磁控管/連續波磁控管 continuous wave magnetron, CW magnetron
等辐透线/等輻透線 isophot
等腐蚀线/等腐蝕線 iso-corrosion line
等刚度弓形板弹簧/等剛度弓形板彈簧 constant stiffness semi-elliptic spring
等刚度椭圆形板弹簧/等剛度橢圓形板彈簧 constant rate full-elliptic spring
等高齿弧齿锥齿轮/等高齒弧齒錐齒輪 spiral bevel gear with constant teeth depth
等高显示器/等高顯示器 constant altitude indicator, CAI
等高线/等高線,等值線 contour, contour line
等高线地图/等高線地圖 contour map
等光度计/等光度計 isophotometer
等光强曲线/等光強曲線 isocandela curve
等厚干涉/等厚干涉 interference of equal thickness
等厚干涉条纹/等厚條紋 fringe of equal thickness
等积孔/等積孔 equivalent orifice
等级/等級,類別,品級 grade
等剂量/等劑量 isodose
等剂量面/等劑量面 isodose surface
等剂量曲线/等劑量曲線 isodose curve
等剂量图/等劑量圖 isodose diagram
等加速等减速运动轨迹/等加速等減速運動軌跡 constant acceleration and deceleration motion curve
等价标识/等效標示 equivalent marking
等价标识变量/等效標示變數 equivalent marking variable
等价操作/等值操作 equivalence operation
等价关系/等價關係 equivalence relation
等价划分/等價劃分 equivalence partitioning
等价类/等效類 equivalent class
等价类划分/等價劃分 equivalence partitioning
等价问题/等價問題 equivalence problem
等价系数/等價係數,當量 coefficient of equivalent
等价运算/等值運算 equivalence operation
等间距线图/等間距線圖,等厚圖 isochore map
等焦透镜/等焦透鏡 equivalent lens
等角螺线天线/等角螺線天線 equiangular spiral antenna
等截面叶片/等截面葉片 constant chord blade
等精度曲线/等精度曲線 contours of constant geometric accuracy
等径伞齿轮/斜方齒輪 miter gear
等径凸轮/定徑凸輪 constant diameter cam, yoke radial cam with roller follower
等静压/等靜壓,等均壓 isostatic pressing
等距[离]/等距[離] equidistance
等距曲线/等距曲線 equidistant curve
等距修形/等距修形 modification of equidistance
等可浮浮选/等可浮浮選 iso-flotability flotation
等可浮性/等可浮性 iso-floatability
等宽凸轮/定寬[確動]凸輪,具平行隨動器星形凸輪 constant breadth cam, yoke radial cam with flat-faced follower
等离体子/電漿子 plasmon
等离子泵激光器/電漿激昇雷射 plasma-pump laser
等离子电弧/電漿電弧 plasma arc
等离子电弧重熔/電漿電弧重熔 plasma arc remelting
等离子电弧敷层/電漿電弧塗布 plasma arc coating
等离子电弧炉/電漿電弧爐,離子體電弧爐 plasma arc furnace
等离子堆焊/電漿堆焊 plasma surfacing
等离子发生器/電漿發生器 plasma generator
等离子感应炉/電漿感應爐 plasma induction furnace
等离子管/電漿調變器 plasmatron
[等离子]光学干涉量度法/光[學]干涉術 optical interferometry
等离子[焊]炬/電漿[焊]炬 plasma torch
等离子[焊]枪/電漿[焊]槍 plasma gun
等离子黑体/電漿黑體 plasma blackbody
等离子[轰击]热处理/電漿熱處理 plasma heat treatment
等离子弧堆焊/電漿[電]弧堆焊 plasma arc surfacing
等离子弧焊机/電漿[電]弧焊機 plasma arc welding machine
等离子弧切割/電漿[電]弧切割 plasma arc cutting
等离子加工/電漿加工 plasma machining
等离子加热/電漿加熱 plasma heating

等离子炉/電漿電弧爐 plasma arc furnace
等离子喷射加工/電漿噴射加工 plasma jet maching, PJM
等离子喷涂/電漿噴塗 plasma spraying
等离子气/電漿氣體 plasma gas
等离子切割机/電漿切割機 plasma cutting machine
等离子熔炼/電漿熔煉 plasma melting
等离子熔融还原/電漿熔融還原 plasma smelting reduction process
等离子色谱-质谱[联用]仪/電漿色譜-質譜分光計 plasma chromatograph-mass spectrometer
等离子束/射束電漿 beam plasma
等离子体/電漿 plasma
等离[子]体波/電漿波 plasma wave
等离子体不稳定性/電漿不穩定性 plasma instability
等离子体二极管/電漿二極體 plasma diode
等离子体发动机/電漿引擎 plasma engine
等离子体反应器/電漿反應器 plasma reactor
等离子体箍缩/電漿自束 plasma pinch
等离子体化学气相沉积/電漿化學氣相沈積 plasma chemistry vapor deposition, PCVD
等离子体化学蒸发加工/電漿化學蒸發加工 plasma chemical vaporization machining, PCVM
等离子体火箭发动机/電漿火箭引擎 plasma rocket engine
等离子体激光器/電漿雷射 plasma laser
等离子体加速度/電漿加速度 plasma acceleration, plasma accelerator
等离[子]体加速器/電漿加速器 plasma accelerator
等离子[体]溅射/電漿濺射 plasma sputtering
等离子[体]刻蚀/電漿刻蝕 plasma etching
等离子体耦合器件/電漿耦合元件 plasma-coupled device, PCD
等离子体频率/電漿頻率 plasma frequency
等离[子]体鞘/電漿鞘 plasma sheath
等离子体球/電漿球 plasma ball
等离子[体]去胶/電漿去膠 removing of photoresist by plasma
等离子体热处理/電漿熱處理 plasma heat treatment
等离子体色谱法/電漿色譜法,電漿層析法 plasma chromatography
等离子体射流/電漿噴射 plasma jet
等离子体推进/電漿推進 plasma propulsion
等离子[体]显示/電漿顯示 plasma display, PD
等离子[体]显示板/電漿顯示板 plasma display panel, PDP
等离子体显示屏/電漿顯示幕 plasma display panel
等离子[体]氧化/電漿氧化 plasma oxidation
等离子体阴极/電漿陰極 plasma cathode
等离[子]体约束/電漿圍束 plasma confinement
等离子[体]增强 CVD/電漿增強 plasma-enhanced CVD, PECVD
等离子体诊断/電漿診斷 plasma diagnostic
等离子体振荡器/電漿振盪器 plasma oscillator
等离子体直线加速器/電漿直線加速器 plasma linac
等离子体注入器/電漿注射器 plasma injector
等离子冶金/電漿冶金 plasma metallurgy
等涟漪逼近法/等漣漪近似 equirriple approximation
等联结/等結合,等接 equijoin
等量图/等量顯示 isometric display
等密度面/等密度面 isopycnal
等密度区带离心法/等密度區帶離心法 isopycnic zone centrifugation
等密度线/等密度線 isopycnal
等挠曲线/等撓曲 isowarping
等能光谱/等能頻譜,等能白色光 equi-energy spectrum, equal energy spectrum
等能源/等[量]能源 equal-energy source
等黏温度/等黏滯溫度 equiviscous temperature
等平面隔离/等平面隔離 isoplanar isolation
等平面工艺/等平面工藝 isoplanar process
等平面集成注入逻辑/等平面積體注入邏輯 isoplanar integrated injection logic, IIIL
等倾干涉/等傾干涉 interference of equal inclination
等倾干涉条纹/等傾條紋 fringe of equal inclination
等曲柄连杆组/等曲柄連桿組 equal crank linkage
等容出油阀/等容出油閥 constant-volume delivery valve
等熵功率/等熵功率 isentropic power
等熵焓降/等熵焓降 isentropic enthalpy drop
等熵效率/等熵效率 isentropic efficiency
等熵指数/等熵指數 isentropic exponent
等时性/等時性 isochronism
等时性回旋加速器/等時回旋加速器 isochronous cyclotron
等时振荡/等時振盪 isochronous oscillations
等式类型构子/等式類型構子 equality type constructor
等式逻辑/方程式邏輯 equational logic
等式系统/方程式系統 equational system
等势线/等勢線 isopotential
等视亮度光度计/等亮度測光器,等輝度測光器,等亮度光度計 equality of brightness photometer

等寿命曲线/等壽命曲線 equilife curve
等速百公里燃料消耗量/等速百公里燃料消耗量 constant speed fuel consumption per 100km
等速电泳/等速電泳 isotachophoresis
等速取样/等速取樣 isokinetical sampling
等速万向节/等速萬向接頭 constant velocity universal joint
等速运动/等速運動 uniform motion
等速运动轨迹/等速運動曲線 constant velocity motion curve
等速注入法/等速注入法 constant rate injection method
等听觉响应等级/等聽者響應標度 equal listener response scale, ELR scale
等外金属/規格外合金 off grade metal
等位面/等位面 equipotential surface
等位线/等位線,等勢線 equipotential line
等温逼近/等温近似 isothermal approximation
等温闭合罩/等温罩,等温箱 isothermal enclosure
等温淬火/沃斯田回火,等温硬化 austempering, isothermal hardening
等温锻/等温鍛造,恆温鍛造 isothermal forging
等温过程/恆温過程 isothermal process
等温挤压/等温擠壓,恆温擠製 isothermal extrusion
等温面/等温面 isothermal surface
等温模锻/等温模鍛 isothermal die forging
等温曲线/等温曲線 isothermal curve
等温熔炼/等温熔煉 isothermal melting
等温图/等温線圖 isothermal diagram
等温退火/等温退火,恆温退火 isothermal annealing
等温线/等温線 isotherm
等温压缩/等温壓縮 isothermal compression
等温转变/恆温變態 isothermal transformation
等温转变图/恆温轉變圖 isothermal transformation diagram
等响[度曲]线/等響線,響度輪廓線 equal-loudness contour
等相灯光/等相位燈光 isophase light
等相面/等相面 equiphase surface
等相面天线/等相面天線 constant-phase surface antenna
等效比特率/等效位元率 equivalent bit rate
等效传输线/等效傳輸線 equivalent transmission line
等效串联电阻/等效串連電阻 equivalent series resistance
等效低通脉冲响应/等效低通脈衝回應 equivalent low-pass impulse response
等效低通信号/等效低通訊號 equivalent low-pass signal
等效电池/電池組代用器 battery eliminator
等效电导/等效電導,等值電導 equivalent conductance
等效电路/等效電路 equivalent circuit
等效电路图/等值電路圖 equivalent circuit diagram
等效电源定理/等效電源定理 equivalent source theorem
等效电子管/等效電子管 equivalent valve
等效电阻/等效電阻,等值電阻 equivalent resistance
等效独立取样/等效獨立取樣 equivalent independent sampling
等效二进制数/等效二進數 binary equivalent
等效峰荷累计停电持续时间/累計等效尖載停電持續時間 aggregate equivalent peak interruption duration
等效峰荷停电持续时间/等效尖載停電持續時間,等效峰載停電持續時間 equivalent peak interruption duration
等效辐射温度/等效輻射温度 equivalent radiant temperature
等效负载/仿真負載 dummy load
等效构件/等效構件 equivalent link
等效光亮度/等效光亮度 equivalent luminance
等效核/等值核 equivalent nuclei
等效机构/等效機構 equivalent mechanism
等效记忆等级/等效記憶等級 equivalent memory order
等效剪应变/等效剪應變 equivalent shear strain
等效焦距/等效焦距 equivalent focal length
等效力/等效力 equivalent force
等效力矩/等效力矩 equivalent moment
等效力系/等效力系 equivalent force system
等效连杆组/等效連桿組 equivalent linkage
等效连续 A 计权声压级/等效連續 A 計權聲壓級,時間平均聲級 equivalent continuous A-weighting sound pressure level
等效[连续 A]声级/等效[連續 A]聲級 equivalent continuous A-weighted sound pressure level
等效码/等效碼 equivalent code
等效黏性阻尼/等值黏性阻尼 equivalent viscous damping
等效全向辐射功率/等效均元性輻射功率,等效等向輻射功率 equivalent isotropic radiated power, EIRP
[等效]热网络/等值熱網路 equivalent thermal network

等效声级/等效聲音位準 equivalent sound level
等效输出噪声温度/等效輸出雜訊溫度 equivalent output noise temperature
等效输入噪声温度/等效輸入雜訊溫度 equivalent input noise temperature
等效调幅/等效調幅 equivalent amplitude modulation
等效网络/等效網路 equivalent network
等效温度/等效溫度 equivalent temperature
等效吸声面积/等效吸音面積 equivalent absorption area
等效系统/等效系統 equivalent system
等效隙缝/等效隙縫 equivalent gap
等效因数/等價因數 equivalence factor
等效应变/等值應變 equivalent strain
等效应变速率/等效應變速率 equivalent strain rate
等效原理/等效原理 equivalence principle
等效载荷/等效負載,相當負載,等值負載 equivalent load
等效噪声带宽/等效雜訊頻寬 equivalent noise bandwidth
等效噪声电导/等效雜訊傳導 equivalent noise conductance
等效噪声反射率/等效雜訊反射率 noise equivalent reflectance
等效噪声输入/等效雜訊輸入 equivalent noise input
等效噪声温差/等效雜訊溫差 noise equivalent temperature difference, NETD
等效噪声温度/等效雜訊溫度 equivalent noise temperature
等效质量/等效質量 equivalent mass
等效转动惯量/等效慣性矩 equivalent moment of inertia
等斜断层/等傾斷層 isoclinal fault
等斜条纹/等傾條紋 isoclinic fringe
等斜褶皱/等傾褶皺 isoclinal fold
等压出油阀/等壓輸出閥 constant-pressure delivery valve
等压平衡/等壓平衡 isopiestic equilibrium
等压线/等壓線 isobar
等腰回转块连杆组/等腰回轉塊連桿組 isosceles turning block linkage
等腰连杆组/等腰連桿組 isosceles linkage
等腰双曲柄连杆组/等腰雙曲柄連桿組 isosceles double crank linkage
等应力/等應力 isostress
等晕区/等暈區 isoplanatic region
等增益合并器/等增益合并器 equal gain combiner
等张比容/等張比容 parachor
等照度曲线/等照度曲線 isolux curve
等照度线/等照度線 isolux line
等值附盐密度/等值鹽沈積密度 equivalent salt deposit density
等值连接/等結合,等接 equijoin
等值面抽取/等值面抽取 isosurface extraction
等值线/等值線 isoline, isopleth
M 等值线/M 量等值線 M contour
等轴测投影/等角投影 isometric projection
等轴晶/等軸晶 equiaxed crystal
等轴晶区/等軸晶區 equiaxial crystal zone
等轴状铁素体/等軸狀肥粒鐵體 equiaxed ferrite, polygonal ferrite
澄清过滤器/重力[過]濾器 gravitation filter
澄清器/澄清槽 clarifying tank
澄清絮凝器/澄清絮凝器 clariflocculator
低爆速炸药/低力炸藥,黑火藥 low explosive
低背压式机械密封/低背壓式機械密封,低背壓式機械軸封 mechanical seal with low back pressure
低倍夹杂/低倍夾雜 macroscopic inclusion
低倍显微镜/低倍顯微鏡 low-power microscope
低本底计数器/低背景計數器 low-background counter
低层级标准/低層級標準 lower echelon standard
低层兼容性/低層相容性 low layer compatibility
低层信息/低層資訊 low layer information
低尘低毒焊条/低塵低毒焊條 low fume and toxic electrode
低成本自动化/低成本自動化 low cost automation
低次多项式检测/低次多項式檢測 low degree test
低淬透性钢/低硬化能鋼 low hardenability steel
低带宽/低帶寬 low bandwidth
低地板客车/低底盤公車 low-floor bus
低地球轨道/低地面軌道 low earth orbit
低电动势电位差计/低電動勢電位計 low e.m.f. potentiometer
低电平/低電平 low level
低电平有效/低態有效 active low
低电平状态特性/低狀態特性 low-state characteristic
低[电]压/低[電]壓 low voltage
低电压差动信号/低電壓差動信號 low voltage differential signal
低电压正电源射极耦合逻辑/低電壓正射極耦合邏輯 low voltage positive ECL
低电阻/低電阻 low resistance
低度扩散/低度擴散 underspread

低分辨力/低解析度 coarse resolution
低副/低對 lower pair
低副机构/低對機構 lower pair mechanism
低高度卫星/低高度衛星,低空衛星 low-altitude satellite
低功耗处理器/低功耗處理器 low power processor
低功耗设计/低功耗設計 design for low power
低功率反应堆/低功率反應器 low-power reactor
低功率继电器/欠功繼電器 underpower relay
低功率调压器/低功率電壓調整器 low power voltage regulator
低共熔混合物/低共熔混合物 low eutectic mixture
低固相泥浆/低固粒泥漿 low solid mud
低惯量电机/低慣性馬達 low-inertia motor
低硅生铁/低矽生鐵 low silicon pig iron
低硅铁水/低矽鐵水 low silicon hot metal
低轨道/低軌道 low orbit
低轨道地球卫星/低軌衛星 low earth orbit satellite, LEO satellite
低轨道空间站/低軌道太空站 low orbit space station
低合金钢/低合金鋼 low alloy steel
低合金铸钢/低合金鋼鑄件 low alloy steel castings
低级格式化/低階格式化 low level formatting
低级互斥/低階互斥 low level exclusive
低级语言/低階語言 low level language
低碱瓷/低鹼陶瓷 low alkali ceramic
低角跟踪/低角[度]追蹤 low angle tracking
低阶模/低階模 low order mode
低截获率雷达/低截獲率雷達 low probability of intercept radar, LPI radar
低空检测/低空偵測 low altitude detection
低空搜索雷达/低空搜索雷達 low altitude surveillance radar, LASR
低拦截概率/低攔截機率 low-probability of intercept, LPI
低临界磁场/低臨界磁場 lower critical magnetic field
低磷生铁/赤鐵礦生鐵 hematite pig iron
低磷铸铁/低磷鑄鐵 low phosphorus cast iron
低密度/低密度 low density
低能电子衍射/低能電子繞射 low energy electron diffraction, LEED
低能电子衍射仪/低能電子繞射儀 low electron energy diffractometer
低能耗自适应聚类层次协议/低能耗自我調整聚類層次協定 low energy adaptive clustering hierarchy
低能离子散射/低能離子散射 low energy ion scattering, LEIS
低能滤波器/低通濾波器 low-pass filter
低黏天然砂/低黏天然砂 meager sand
低黏性硅砂/[低黏性]矽砂 unbonded silica sand
低黏性砂/低黏性砂 weak sand
低排放车/低排放車 low emission vehicle, LEV
低膨胀合金/低膨脹合金 low expansion alloy
低频/低頻[率] low frequency, LF
低频变压器/低頻變壓器 low-frequency transformer
低频电弧炉/低頻電弧爐 low frequency electric arc furnace
低频发电机/低頻發電機 low-frequency generator
低频发生器/低頻產生器 low-frequency generator
低频放大器/低頻放大器 low frequency amplifier, audio amplifier
低频感应电炉/低頻感應電爐,低週波感應電爐 low-frequency electric induction furnace
低频连接器/低頻連接器 low-frequency connector
低频疲劳试验机/低頻疲勞試驗機 low-frequency fatigue testing machine
低频通信/低頻通信,長波通信 low-frequency communication, LF communication
低频信号发生器/低頻信號產生器 low-frequency signal generator
低频扬声器/低頻揚聲器 woofer loudspeaker
低频振荡器/低頻振盪器 low-frequency oscillator
低频阻抗分析仪/低頻阻抗分析儀 low-frequency impedance analyzer
低品位矿石/低品位礦 low-grade ore, poor ore
低气压试验/低氣壓試驗 low atmospheric pressure test, low air pressure test
低气压试验箱/低氣壓試驗箱 low air pressure test chamber
低氢钾型焊条/低氫鉀型焊條 low hydrogen potassium electrode
低氢钠型焊条/低氫鈉型焊條 low hydrogen sodium electrode
低清晰度电视/低精度電視 low definition television
低屈服点钢/低降伏點鋼 low yield point steel
低屈强比钢/低降伏比鋼 low yield ratio steel
低 NOx 燃烧/低 NOx 燃燒 low NOx combustion
低 NOx 燃烧器/低 NOx 燃燒器 low NOx burner
低热值/低發熱值 lower calorific value
低熔点/低熔點 low-melting point
低熔点合金模/低熔點合金模 die made with low-melting point alloy
低蠕变耐火材料/低潛變耐火材料 low creep refractory

低散热发动机/低散熱引擎 low heat rejection engine
低射频/低射頻 low radio frequency
低失水泥浆/低脱水泥漿 low-water-loss mud
低水平辐射测量装置/低水平輻射測量裝置 low level radiation measuring assembly
低水头混流式水轮泵/低水頭混流式水輪泵 low head mixed-flow water-turbine pump
低水头轴流式水轮泵/低水頭軸流式水輪泵 low head axial-flow water-turbine pump
低速泵/低速泵 low speed pump
低速大容量离心机/低速大容量離心機 low speed large capacity centrifuge
低速电梯/低速電梯 low speed elevator
低速风力机/低速風力機 low speed wind turbine
低速鼓风机/低速鼓風機 low speed blower
低速回正性能试验/低速迴正性試驗 low speed returnability test
低速接口/低速介面 low speed interface
低速冷冻离心机/低速冷凍離心機 low speed refrigerated centrifuge
低速离心机/低速離心機 low speed centrifuge
低速模拟计算机/慢速式類比電腦 slow type analog computer
低速平衡机/低速均衡測驗機 low speed balancing machine
低速扫描/低速掃描 low velocity scanning
低速稳定性/低速穩定性 low speed stability
低损耗波导管/低損耗波導管,低損耗導波管 low loss waveguide
低损耗线/低損耗線 low-loss line
低台货箱/低貨體 low-deck body
低碳贝氏体钢/低碳變韌體鋼 low carbon bainitic steel
低碳钢/低碳鋼,軟鋼 low carbon steel, mild steel
低碳铬铁/低碳鉻鐵 low carbon ferrochromium
低碳镁炭砖/低碳鎂碳磚 low carbon magnesia carbon brick
低碳锰铁/低碳錳鐵 low carbon ferromanganese
低碳生铁/低碳生鐵 low carbon pig iron
低通/低通 low pass, LP
低通滤波器/低通濾波器 low pass filter, LPF
低位拖牵索道/低位拖曳索道 low-surface lift
低温泵/低溫泵,低溫幫浦,冷凝幫浦 cryopump
低温测辐射热计/低溫測輻射熱計 cryogenic bolometer
低温测量/低溫量測 cryogenic measurement
低温脆性/低溫脆性 cold shortness
低温等离子体/冷電漿 cold plasma
低温电子学/低溫電子學 cryoelectronics
低温冻结器/急速冷凍器 sharp freezer
低温度器系数调整/低溫度器係數調整 low temperature coefficient regulator
低温度系数钕铁硼磁体/低溫度係數釹鐵硼磁體 low temperature coefficient Nd-Fe-B magnet
低温发生器/低溫產生器 cryogenerator
低温阀门/低溫閥 low temperature valve
低温分离器/低溫分離器 low temperature separator
低温辐照损伤恢复/低溫輻照損傷復原 recovery of low temperature irradiation damage
低温管/低溫管 cryotron
低温恒温器/低溫恆溫器,低溫控制器,恆冷器 cryostat
低温还原粉化率/低溫還原粉化率 low temperature reducting degradation
低温回火/低溫回火 low temperature tempering, first stage tempering
低温计/低溫計 cryometer
低温技术/低溫技術 cryogenics
低温精馏塔/低溫精餾塔 cryogenic rectification column
低温空气调节器/低溫空氣調節器 low-temperature air conditioner
低温冷却器/過冷冷凝器 subcooling condenser
低温连接器/低溫連接器 cryogenic connector
低温流体/低溫液 cryogenic fluid
低温流体泵/低溫流體泵 cryogenic fluid pump
低温耦合器/低溫聯結器 cryogenic coupler
低温疲劳/低溫疲勞 low-temperature fatigue
低温器件/低溫裝置 cryogenic device
低温燃油滤清器堵塞/低溫燃油濾清器堵塞 cold fuel filter clogging, cold fuel filter plugging
低温热电偶测温法/低溫熱電偶測溫術 low temperature thermocouple thermometry
低温容器/低溫容器 cryogenic vessel
低温设备/酷冷設備 cryogenic equipment
低温实验法/低溫實驗法 cryogenics
低温试验/低溫試驗 low temperature test
低温试验机/低溫試驗機 low temperature testing machine
低温试验箱/低溫試驗箱 low temperature test chamber
低温输液管/低溫輸液管 cryogenic delivery pipe
低温水热矿床/淺熱水礦床,淺成熱液礦床,低溫熱流礦床 epithermal deposit
低温速冻库/急速冷凍庫 sharp freezer

低温碳化/低溫碳化 low temperature carbonization
低温退火/低溫退火 low temperature annealing
低温温度/低溫溫度 cryogenic temperature
低温温度计/低溫溫度計 low temperature thermometer, cryometer
低温吸气泵/低溫吸氣泵 cryogetter pump
低温系统/低溫系統 cryogenic system
低温箱/低溫箱 cryogenic box
低温学/低溫學 cryogenics
低温压缩机/酷冷壓縮機 cryogenic compressor
低温液/低溫液 cryogenic fluid
低温液体泵/低溫液體泵 cryogenic liquid pump
低温液体容器/低溫液體容器 cryogenic liquid vessel
低温液体运输车/低溫液體運輸車 low temperature liquid tanker
低温液体贮槽/低溫液體貯槽 cryogenic liquid tank
低温用钢/低溫用鋼 cryogenic steel
低温蒸馏/低溫蒸餾 low temperature distillation
低温制冷机/低溫冷凍機 cryogenic refrigerating machine, low temperature refrigerator
低锌黄铜/鋅銅 low brass
低选/低選 low-select
低压泵/低壓泵 low-pressure pump
低压测试器/低壓檢知器 low-pressure detector
低压等离子[体]淀积/低壓電漿沈積 low-pressure plasma deposition
低压电弧/低壓[電]弧 low-voltage arc
低压电子显微镜/低電壓電子顯微鏡 low-voltage electron microscope
低压冻干器/[低壓]凍乾器 lyophil apparatus
低压发生器/低壓發生器 low-voltage generator
低压阀门/低壓閥 low-pressure valve
低压放电检测器/低壓放電檢知器 low-pressure electric discharge detector
低压风扇/低壓風扇 low-pressure fan
低压缸喷水装置/低壓殼噴霧 low-pressure casing spray
低压汞灯/低壓汞燈 low-pressure mercury lamp
低压锅炉/低壓鍋爐 low-pressure boiler
低压化学气相沉积/低壓 CVD low-pressure chemical vapor deposition, LPCVD
低压计/低壓計 low-pressure gage
低压加热器/低壓給水加熱器 low-pressure feed water heater
低压沥青喷洒机/低壓瀝青噴灑機 low-pressure binder spreader
低压钠灯/低壓鈉燈 low-pressure sodium lamp
低压旁路系统/低壓旁路系統 low-pressure bypass system
低压旁路系统容量/低壓旁路系統容量 capacity of low-pressure bypass system
低压喷漆装置/低壓噴漆單元 low-pressure painting unit
低压气动喷射设备/低壓氣動噴射設備 low-pressure pneumatic spraying equipment
低压汽轮机/低壓汽輪機,低壓蒸汽渦輪機 low-pressure steam turbine
低压绕组/低壓繞組,低壓線圈 low-voltage winding
低压水射流/低壓水射流 low-pressure waterjet
低压透平/低壓輪機 low-pressure turbine
低压透平膨胀机/低壓膨脹式渦輪機 low-pressure expansion turbine
低压涡轮增压器/低壓渦輪增壓器 low-pressure turbocharger
低压循环贮液器/低壓側接收器 low-pressure side receiver
低压压气机/低壓壓縮機 low-pressure compressor
低压压缩机/低壓壓縮機 low-pressure compressor
低压诱导器/低壓誘導器 low-pressure induction unit
低压云腔/低壓霧腔 low-pressure cloud chamber
低压铸造/低壓鑄造 low-pressure die casting
低压铸造机/低壓鑄造機 low-pressure casting machine
低延时交易/低延時交易 low-latency trading
低堰螺旋分级机/低堰式螺旋分級機 low weir spiral classifier
低氧燃烧/低氧燃燒 low oxygen combustion
低液位铸造法/低液位鑄造法 low head composite casting process, LHC
低优先级业务/優先等級低的業務,優先等級低的訊務 low-priority traffic
低噪声电动机/安靜馬達 quiet motor
低噪声电路/低雜訊電路 low noise circuit
低噪声放大器/低雜訊放大器,低噪音放大器 low noise amplifier, LNA
低噪声接收机/低雜訊接收機 low noise receiver, LNR
低噪声前置放大器/低雜訊前置放大器 low noise preamplifier
低真空/低真空 low vacuum
低真空保护装置/真空跳脱裝置 vacuum trip device
低真空电子束焊接设备/低真空電子束焊接設備 low vacuum electron beam welding plant
低真空阀/低真空閥 low vacuum valve

低[中子]通量反应堆/低通率反應器 low-flux reactor
低周疲劳/低週疲勞 low cycle fatigue
低周疲劳断裂/低週疲勞斷裂 low-cycle fatigue fracture
低注入条件/低注入情況 low-injection condition
低准确度/低準確度 low accuracy
低阻测温[法]/低阻測温術 low-resistance thermometry
堤坝建设塔式起重机/壩堤建造塔式起重機 tower crane for dam construction
滴定/滴定 titration
滴定常数/滴定常數 titration constant
滴定电量计/滴定電量計,滴定庫倫計 titration coulombmeter, titration coulometer
滴定度/最小滴定度 titer
滴定分析[法]/滴定分析 titrimetric analysis
滴定管尖/滴定管尖 buret
滴定计/滴定計 titrameter, titrimeter
滴定剂/滴定劑 titrant
滴定器/滴定器 titrator
滴定曲线/滴定曲線 titration curve
滴定误差/滴定誤差 titration error
滴定仪/滴定器 titrator
滴定终点/滴定終點 titration end point
滴干板/滴乾板 dropping board
滴管/滴管 eye dropper
滴量计/滴量計 drop meter
滴流床反应器/滴流床反應器 trickle-bed reactor
滴流冷却器/滴流冷却器 trickle cooler
滴落带/滴落帶 dropping zone
滴落试验器/落下試驗機 drop tester
滴瓶/滴瓶 dropping bottle
滴熔/滴熔 drip melting
滴数计/滴數計 stalagmometer
滴水[腐蚀]试验/水滴腐蝕試驗 water drip test
滴水试验装置/滴水試驗裝置 dribble test equipment
滴液电极/液滴電極 dropping electrode
滴油排放物/滴油排放物 dripped fuel emission
滴油润滑/滴注潤滑 drip feed lubrication, drop feed lubrication
滴油[润滑]器/滴油器 drop lubricator
滴注渗碳剂/滴注滲碳劑 drip feed carburizer
滴注式渗碳/滴注式滲碳 drip feed carburizing
狄霍太打竖井法/第荷泰鑿井法 Dehottay process
狄利克雷问题/杜立克問題 Dirichlet problem
迪尔-格罗夫模型/迪爾-格羅夫模型 Deal-Grove model
迪杰斯特拉算法/Dijkstra 演算法 Dijkstra algorithm
迪开石/狄克石 dickite
迪克辐射计/迪克輻射計 Dicke radiometer
迪沙式自动造型机/迪沙式自動造模機 Disamatic molding machine
敌我识别/敵我識别 identification of friend or foe, IFF
涤纶膜片/滌綸膜片 polyester fiber diaphragm
笛卡儿积/笛卡爾乘積 Cartesian product
笛卡儿空间/直角坐標空間 Cartesian space
笛卡儿坐标/直角坐標 Cartesian coordinates
抵赖/否認 repudiation
底板/底板,後面板 base plate, back plane
底板边梁/地軸承架 floor frame
底板接线/底板布線 backplane wiring
底板连接器/背板連接器,背面連接器 backplane connector
底板隆起/底磐脹起,底臌 floor lift, floor heave
底板面板/底板,面板 floor board
底板压条/底板壓條 floor strip
底波/底部反射信號 bottom echo
底部境界线/底部境界線 floor boundary line
底部皮带输送机/底帶輸送機 bottom belt conveyor
底部收缩/底收縮 bottom contraction
底部掏槽/底切,底割眼列 bottom cut
底部卸料式自卸车/底部卸料式自卸車 bottom dump tipper
底部真空浇注/底部真空澆注 bottom vacuum pouring
底层端站/底層端站 bottom terminal landing
底层焊条/底層焊條 backing welding electrode
底层金属/母金屬 parent metal
底场/下圖場 bottom field
底沉积物/底部沈積,井底埋没 bottom sediment
底吹/底吹 bottom blowing
底吹供气强度/底吹供氣強度 bottom-blown gas intensity
底吹供气元件/底吹供氣元件 bottom-stirring gas permeable element
底吹碱性转炉钢/鹼性柏思麥轉爐鋼 basic Bessemer steel
底吹炉氧枪/底吹爐氧槍 oxygen bottom-blowing lance
底吹气体流量比/底吹氣體流量比 specific flow rate of bottom-blown gas
底带输送机/底帶輸送機 bottom-loading belt
底动离心机/底動離心機 under-driven centrifuge

底阀/底閥 foot valve
底拱/仰拱 inverted arch
底辊/托底滚筒 bottom roller
底环/底環 bottom ring
底架/底架，底框 base frame, chassis frame, underframe
底架千斤顶/底架千斤頂 undercarriage jack
底浇包/底澆式澆桶 bottom pour ladle
底浇法/底澆法 bottom casting
底浇注口/底端門巷，底進模口 bottom gate, bottom gating
底焦/底焦，底炭 coke bed
底焦高度/底炭高度 bed coke height
底开式车/落底礦車 drop bottom car
底开式炉/底開式爐 drop bottom furnace
底料/底層裝料 bed charge
底流/底流 underflow
底流泵/底流泵 underflow pump
底面混向/底面混向 bottom surface mixing
底盘/底盤 graduaded disk, undercarriage, base plate
底盘测功机/底盤測力計 chassis dynamometer
底盘抵抗线/底盤抵抗線 toe burden
底盘锁紧机构/底盤鎖緊機構 lock mechanism of chassis
底平面/底面 basal plane
底热锅/底熱鍋 bottom heat pan
底色/底色，背景色 background color
底事件/底事件 bottom event
底数/底數 radix
底水/底水 bottom water
底特律电炉/底特律式電弧爐 Detroit electric furnace
底图/底圖，描繪圖，基本圖 traced drawing, base map
底涂层/底塗[料]層 priming coat
底箱/下砂箱，下模箱 drag flask
底卸式料斗离地间隙/底卸式料斗離地間隙 ground clearance of bottom dump body
底重式活塞压力计/重錘式活塞壓力計 deadweight piston pressure gage
底轴承/底軸承，主軸承 base bearing
底注/底澆法，虹吸流道 bottom pouring, syphon runner
底注包/底澆盛桶，塞頭式澆桶 bottom pouring ladle
底注浇注机/底注澆注機 bottom pouring unit
底注式浇注系统/底注式澆注系統 bottom gating system
底柱/底柱 sill pillar
底柱结构/底柱結構 construction of sill pillar
底铸锭模/底澆鑄模 bottom pour mold
底铸浇口/底澆進模口 bottom gate
底座/底座 base, bed
底座螺母/底座螺帽 back nut
地/[接]地 ground
地板锯/地板鋸 floor saw
地板面板/地板面板 floor panel
地板磨光机/地板磨光機 floor grinder
地板抛光机/地板拋光機 floor polisher
地板施工机械/地板施工機械 machinery for floor work
地板通道/地板通道 floor tunnel
地板砖切割机/地板磚切割機 floor tile cutter
地磅/平臺天平，臺秤 platform balance
地背斜 /地背斜，大背斜 geoanticline
地表路由选择/地表路由選擇 directory routing
地波/地[面]波 ground wave
地层运动/地面移動 ground movement
地秤/地秤，臺秤 built-in platform scale, platform scale
地磁场/地磁場 geomagnetic field
地磁感应罗盘/地磁感應羅盤 earth induction compass
地磁感应器/地磁感應器 earth inductor
地磁感应线圈/地磁[感應]線圈 earth coil
地磁力矩/地磁扭矩 geomagnetic torque
地磁图/地磁圖 geomagnetic chart
地磁效应/地磁效應 geomagnetic effect
地磁仪/地磁記録儀 magnetograph
地磁异常/磁異常 magnetic anomaly
地磁指数/地磁指數 geomagnetic index
地道灯具/搬運坑道用照明器具 haulageway luminaire
地动/地面移動 ground movement
地方标准时/地方平時 local mean time
地方民用时/本地民用時 local civil time
地方时/地方時 local time
地方真时/地方真時 local true time
地化勘探/地化探勘 geochemical prospecting
地回幻路/地回幻路 earth-return phanton circuit
地回双幻线电路/地回雙幻路 earth-return double phantom circuit
地脚螺母/基座螺帽 foundation nut
地脚螺栓/底腳螺栓，基礎螺栓，基座螺栓 foundation bolt, anchor bolt

地窖/儲倉 silo
地坑造型/地坑造模[法] pit molding
地理标记语言/地理標記語言 geographic markup language
地理经度/地理經度 geographic longitude
地理纬度/地理緯度 geographic latitude
地理位置路由/地理位置路由 geographical routing
地理子午线/地理子午線 geographic meridian
地面波/表面波 surface wave
地面操纵单轨系统/地面操縱單軌系統 floor-controlled monorail system
地面操纵起重机/地面操控起重機 floor-operated crane
地面操纵桥式起重机/地面操控高架起重機 floor-controlled overhead crane
地面测量摄影机/地面量測照相機 terrestrial camera
地面传播/地面傳播 ground propagation
地面导航设备/地面導航設備 ground-based navigation aid
地面电路/地面電路 terrestrial circuit
地面电台/陸地電臺 land station
地面发射机/地面發送器 ground transmitter
地面反射杂波/地面反射雜波 ground return clutter
地面防护围栏/地面防護圍欄 base level enclosure
地面辐射强度计/地面輻射強度計 pyrgeometer
地面固定坐标系/地面固定坐標系 earth-fixed axis system
地面轨迹/地面軌跡 ground track
地面环境/地面環境 ground environment
地面绘图/地面繪圖 ground mapping
地面机器人/地面機器人 ground robot
地面加料起重机/地面加料起重機 ground charging crane
地面交换中心/地面交換中心 ground switching center
地面抹光机/地面抹光機 trowelling machine
地面砂/地面砂,背砂 floor sand
地面摄影测量/地面攝影測繪,地面攝影測量 ground photogrammetry
地面天线/地面天線 ground antenna
地面通信设备/地面通訊設備 ground communication equipment
地面通信线路/地面通訊線路 terrestrial communication link
地面望远镜/地上望遠鏡,正像望遠鏡 terrestrial telescope
地面微波链路/地面微波鏈路 terrestrial microwave link
地面无线电/地面無線電 ground radio
地面系统/地面系統 terrestrial system
地面小车输送机/落地式卡車運送機 floor-mounted truck conveyor
地面效应/地面效應 ground effect
地面修整机械/地面修整機 floor finishing machine
地面业务/地面業務 terrestrial service
地面移动电台/陸地行動電臺 land mobile station
地面移动通信业务/陸地行動通訊業務 land mobile service
地面造型/地模法,地面造模法 floor molding
地面站/地面站 terrestrial station, ground station
地面指挥进近系统/地面指揮進近系統 ground controlled approach system
地面最大作业载荷/地面最大作業載荷 maximum pavement load in working conditions
地模/地模 floor mold
地平线/地平線 skyline
地平线摄影机/地平線攝影機 horizon camera
地倾仪/傾斜計 tiltmeter
地球磁场/地磁場 earth magnetic field
[地球的]反照波/反照波 albedowave
地球地/大地 earth ground
地球仿真器/地球模擬器 earth simulator
地球观测系统/地球觀測系統 earth observing system, EOS
地球静止卫星/地球静止衛星,地球同步衛星 geostationary satellite, geosynchronous satellite, GSS
地球同步卫星/地球同步衛星,地球静止衛星 geostationary satellite, geosynchronous satellite, GSS
地球外的太阳辐射/大氣外日射 extraterrestrial solar radiation
地球卫星/地球衛星 terrestrial satellite
地球仪/地球儀 terrestrial globe
地球有效半径/地球有效半徑 effective radius of earth
地球站/地球站,地面站 earth station, terrestrial station
地球转速单位/地球角速度單位 earth rate unit
地区关照地址/地區關照位址 regional care-of address
地区控制中心/地區控制中心 area control center
地区散射/地面散射 area scattering
地区信号中心/地區訊號中心,地區通訊中心 area signal center
地区与邮政[编]码/區域碼 area and zip code

地热汽轮机/地熱渦輪機　geothermal steam turbine
地上沥青储仓/地面瀝青儲倉　ground asphalt storage
地上线/地上線　wire over ground
地鼠损害/地鼠損害　gopher damage
地速/地速　ground speed
地速计/地速計,地速表　ground-speed meter
地毯/地毯　carpet
地图测绘雷达/地圖測繪雷達　mapping radar
地图绘制雷达/地圖測繪雷達　mapping radar
地图匹配/地圖對照　map matching
地图匹配导航/地圖對照導航　navigation by map-matching
地网/地網　ground screen
地温表/地中溫度計　earth thermometer
地温计/地[下測]溫計,地熱溫度計　geothermometer
地物光谱辐射仪/地物光譜輻射儀　ground-object spectroradiometer
地下[的]/地下的,在地下　underground
地下电缆/地下電纜　underground cable
地下管道/地下管路　underground conduit
地下井喷/井内噴井　underground blowout
地下开采/坑内作業　underground working
地下沥青储仓/地下瀝青儲倉　underground asphalt storage
地下连续采矿机/地下連續採礦機　continuous underground miner
地下煤气化联合循环电厂/地下煤氣化聯合循環電廠　combined cycle power plant with underground coal gasification
地下内燃铲运机/地下内燃鏟運機　diesel-powered load-haul-dump unit, diesel LHD unit
地下气化/地下氣化　underground gasification
地下铅包电缆/地下鉛包纜線　buried lead coverd cable
地下潜蚀/地下沖蝕　subsurface erosion
地下燃烧/地下燃燒法　underground combustion
地下设备/地下設備　underground plant
地下疏干/地下疏乾　underground dewatering
地下斜坡道开拓/地下斜坡道開拓　underground ramp development system
地下压力/地下壓力　subsurface pressure
地线/接地線　ground wire
地心坐标系/地心坐標系　geocentric coordinate system
地形测绘/地形測繪　topographic mapping
地形测绘雷达/地面測繪雷達,地面繪圖雷達　ground mapping radar
地形测量/地形量測　topographic survey
地形跟踪雷达/地形跟蹤雷達　terrain-following radar
地形跟踪系统/地形跟蹤系統　terrain-following system
地形回避雷达/地形回避雷達　terrain-avoidance radar
地震/地震　earthquake
地震波示波仪/驗[地]震器　seismoscope
地震层析成像/地震斷層掃描　seismic tomography
地震检波器/地震計,聽地器　geophone
地震烈度/地震強度　intensity of earthquake
地震烈度表/地震強度標度　earthquake intensity scale
地震仪/地震儀,地震計　seismograph
地震震级/地震標度　earthquake scale
地震装线车/地震探測布線車　wire arraying vehicle for seismic exploration
地址/位址　address
IP 地址/IP 位址,網際網路協定位址　IP address
地址变换/位址變換　address translation
地址标识符/位址識別字　address identifier
地址不完全信号/位址不完全訊號　address-incomplete signal
地址存取时间/位址存取時間　address access time
地址代换/位址替代　address substitution
地址格式/位址格式　address format
地址管理/位址管理　address administration
地址计数器/位址計數器　address counter
地址计算/位址計算　address calculation
地址寄存器/位址暫存器　address register
地址加法器/位址加法器　address adder
地址解析/位址解析　address resolution
地址解析协议/位址解析協定　address resolution protocol, ARP
地址聚合/位址聚合　address aggregation
地址空间/位址空間　address space
地址流/位址流　address stream
地址码/位址碼　address code
IP 地址欺骗/IP 位址欺騙　IP address spoofing
地址欺骗攻击/位址欺騙攻擊　false address attack
地址收全消息/位址完全信息　address complete message, ACM
地址完全信号/位址完全訊號　address complete signal
地址修改/位址修改　address modify
地址修改量/位址改數　address modifier

地址掩码/位址遮罩　address mask
地址映射/位址對映　address mapping
地址预约/位址預約　address subscription
地址转换后援缓冲器/位址轉換後援緩衝器,變換旁查緩衝器　translation lookaside buffer
地址字段/位址欄　address field
地址总线/位址匯流排　address bus
地质罗盘仪/地質羅盤　geologic compass
递变波导器/遞變波導器　tappered waveguide
递代法/逐次置换　successive substitution
递归查询/遞回查詢　recursive query
递归程序/遞回程式　recursive program
递归调用/遞回呼叫　recursive call
递归定理/遞回定理　recursion theorem
递归估计/遞回估計　recursive estimation
递归关系/遞回關係　recursive relation
递归规则/遞回規則　recursive rule
递归函数/遞回函數　recursive function
递归集/遞回集　recursive set
递归计算/遞回計算　recursive computation
递归可枚举语言/遞回可枚舉語言　recursively enumerable language
递归块编码/遞回區段編碼　recursive block coding
递归例程/遞回常式　recursive routine
递归适应性演算法/遞回式適應性演算法　recursive adaptation algorithm
递归算法/遞回演算法　recursive algorithm
递归谓词/遞回述詞　recursive predicate
递归文法/遞回文法　recursive grammar
递归下降语法分析/遞回下降語法分析　recursive-descent parsing
递归向量指令/遞回向量指令　recursive vector instruction
递归语言/遞回語言　recursive language
递归置换/遞回置換　recursive permutation
递归转移网络/遞回變遷網路　recursive transition network
递归最小二乘法/遞回最小平方演算法　recursive least-squares
递减色/遞降色　degraded color
递阶参数估计/階層參數估計　hierarchical parameter estimation
递阶规划/階層式規劃　hierarchical planning
递阶结构/階層式結構　hierarchical structure
递阶控制/階層[式]控制　hierarchical control
递阶系统/階層式系統　hierarchical system
递推估计/遞回估計　recursive estimation
递推关系/遞回關係　recurrence relation
第 6 版因特网控制报文协议/第 6 版網際網路控制訊息協定　Internet Control Message Protocol Version 6
第 4 版因特网协议/網際網路協定第 4 版　Internet Protocol Version 4
第 6 版因特网协议/網際網路協定第 6 版　Internet Protocol Version 6
第二波峰/次級峰值,副峰　secondary peak
第二代测序技术/第二代測序技術　second generation sequencing techniques
第二代车载诊断标准/第二代車載診斷標準　on-board diagnostics-Ⅱ, OBD-Ⅱ
第二代计算机/第二代計算機　second generation computer
第二辐射常数/二次輻射常數　second radiation constant
第二后面/第二後面　second flank
第二阶段退火/兩段退火　second stage annealing
第二类回火脆性/第二型回火脆性　type Ⅱ temper brittleness
第二类宽带网终端/寬頻網路終端 2　broadband network termination 2, B-NT2
第二前面/第二前面　second face
第二者虚拟现实/第二者虛擬實境　second-person virtual reality, second-person VR
第二制冷剂量热器法/第二流體熱量計法　secondary fluid calorimeter method
第七号共路信令系统/第七號共同通道傳信系統　common channel signaling system No.7, SS7
第三代测序技术/第三代測序技術　third generation sequencing techniques
第三代计算机/第三代電腦　third generation computer
第三代系统/第三代系統　third generation system
第三代移动通信系统/第三代移動通訊系統　third-generation mobile system, 3G
第三方/第三團體　third party
第三方服务提供商/協力廠商服務提供者　third party service provider
第三方拷贝/協力廠商拷貝　third party copying
第三方支付/第三方支付　third-party payment
第三角画法/第三角法　third angle method
第四代计算机/第四代計算機　fourth generation computer
第四代移动通信系统/第四代移動通訊系統　fourth generation mobile system, 4G
第四代语言/第四代語言　fourth generation language
第五代计算机/第五代計算機　fifth generation

computer
第五代移动通信系统/第五代移動通訊系統 fifth generation mobile system, 5G
第一代测序技术/第一代測序技術 first generation sequencing techniques
第一代计算机/第一代計算機 first generation computer
第一后面/第一刀腹 first flank
第一级光谱/原級光譜,初級光譜 primary spectrum
第一级加热器/主加熱器 primary heater
第一检波器/第一檢波器 first detector
第一角画法/第一角畫法 first angle method
第一类回火脆性/第一類迴火脆性 type Ⅰ temper brittleness
第一类宽带网终端/寬頻網路終端 1 broadband network termination 1, B-NT1
第一前面/第一刀面 first face
第一闪烁体/第一閃爍體 primary scintillator
第一轴/一次軸 primary shaft
碲/碲 tellurium
碲化物/碲化物 telluride
碲金矿/碲金礦 calaverite
碲银矿/碲銀礦 hessite
颠倒温度表/可倒溫度計 reversing thermometer
颠倒温度计/可倒溫度計 reversing thermometer
典型轧制变形/典型軋製變形 typical rolling deformation
点/點,尖端 point
Md 点/麻田散體變形溫度 Martensite deformation temperature, Md-point
λ 点/λ 點,拉目達點 Lambda point
点波束/點波束 spot beam
点波束天线/點波束天線 spot beam antenna
点承桩/支承樁 end bearing pile
点到点/點對點 point-to-point
点到点控制系统/點對點控制系統 point-to-point control system
点到点连接/點對點連接 point-to-point connection
点到点隧道协议/點對點穿隧協定 point-to-point tunneling protocol, PPTP
点到点协议/點對點協定 point-to-point protocol, PPP
点到点业务/點對點服務 point-to-point service, PTP
点到多点连接/點對多點連接 point-to-multipoint connection
点到多点群呼业务/點對多點群呼業務 point-to-multipoint group call, PTM-G
点滴腐蚀试验/點滴腐蝕試驗 dropping corrosion test
点滴试验/滴點試驗 spot test
点动/點動,寸動 inching
点端式计数管/尖端式計數器 point counter
点对点/點對點 point-to-point
点对点连接/點對點連接 point-to-point connection
点对点通信/點對點通訊 point-to-point communication
点对点线路/點對點線路 point-to-point line
点对多点传递/點對多點遞送 point-to-multipoint delivery
点对多点通信/點對多點通訊 point-to-multipoint communication
点分地址/點地址 dot address
点分十进制表示/點十進記法 dotted decimal notation
点腐蚀/點蝕 pitting corrosion
点光栅法/圓點光柵法 Polka-dot method
点光源/點光源,點源燈 point light source, pointolite
点焊/點焊 spot welding
点焊机/點焊機,點熔接器 spot welding machine, spot welder
点焊机器人/點焊機器人 spot welding robot
点弧装置/點弧裝置 arc ignitor
点火/點火 ignition, light-off, light up
点火电位/激發電壓 firing potential
点火电线/點火線 ignition wire
点火电压储备/點火電壓儲備 ignition voltage reserve
点火定时/點火定時 ignition timing
点火负压/點火負壓 ignition vacuum
点火孔/點火孔 breast door
点火控制/點火控制 ignition control
点火炉/點火爐 ignition furnace
点火能量/點火能 ignition energy
点火器/點火器[具] igniter, ignition apparatus, flame ignitor
点火水位/點火水位 ignition water level
点火提前角/點火提前角 ignition advance angle
点火提前角控制/點火提前角控制 ignition advance angle control
点火系统最低工作转速/點火系統最低工作轉速 minimum operating speed of ignition system
点火线圈/點火感應圈 ignition coil
点火线圈初级供电电压/點火線圈一次供電電壓 primary supply voltage of ignition coil

点火延迟装置/點火延遲裝置 spark delay device
点火油枪/點火油槍 torch oil gun
点火真空口/點火真空口 spark port
点火正时/點火定時 ignition timing
点火正时控制系统/點火定時控制系統 ignition timing control system
点火转速/點火轉速 ignition speed
点火装置/點火裝置 ignition equipment, flame ignitor, igniter
点火姿态/點火姿態 firing attitude
点击拨号/點擊撥號 click to dial-up
点击次数/點選次數 hit count
点击流数据/點選流資料 clickstream data
点击设备/點擊裝置 pointing device
点集/點集 point set
点间互信息/點間互信息 pointwise mutual information
点检索/點檢索 point retrieval
点焦单色器/點焦單色儀 point-focusing monochromator
点接触/點接觸 point contact
点接触二极管/點接觸二極體 point contact diode
点接触太阳电池/點接觸太陽電池 point contact solar cell
点接触型晶体管/點觸電晶體 point contact transistor
点可见性/點可見性 visibility of a point
点扩散函数/點散布函數 point spread function, PSF
点扩展函数/點散布函數 point spread function, PSF
点冒口/補澆注 teeming
点每秒/每秒點數 dots per second
点每英寸/每英吋點數 dots per inch
点目标/點目標 point target
点频率/點頻 dot frequency
点缺陷/點缺陷 point defect
点群/點群 point group
点燃/[火花]點火 spark ignition, lighting up
点燃式发动机/火花點火引擎,火星點燃引擎 spark ignition engine
点燃式燃气发动机/火花點火式燃氣發動機 spark ignition gas engine
点实时拷贝/點即時拷貝 point-in-time copy
点蚀/點蝕,斑蝕 corrosive pitting, pitting attack, pitting corrosion
点蚀电位/點蝕電位 pitting potential
点蚀系数/點蝕因數,坑蝕因素 pitting factor
点式下料器/點式下料器 point feeder
点式下料预焙槽/點式下料預焙槽 point feed prebake
点视觉/點視覺[狀態] point vision
点速度/點速 spot speed
点特征函数/點特徵函數 point characteristic function
点图/點圖 point graph
点位控制/點對點控制,逐點控制 point-to-point control
点位置缩减法/點位置縮減法 point-position reduction method
点协调功能/點協調功能 point coordination function
点序彩色电视/點序彩色電視 dot sequential color television
点烟器/點煙器 cigar lighter
点样品/點樣品 spot sample
点耀度/點耀度,輝點照度,光耀度 point brilliance
点源/點[光]源,點射源 point source
点云/濁點,霧點 point cloud
点云模型/點雲模型 point cloud model
点运动/點運動 motion of a point
点运算/點演算法 point operation
点阵/點矩陣 dot matrix
点阵参数/晶格參數 lattice parameter, lattice constant
点阵打印机/點矩陣列印機 dot matrix printer
点阵间隔/晶格間距 lattice spacing
点阵精度/點矩陣大小 dot matrix size
点阵曲率/晶格曲率 lattice curvature
点阵缺陷/晶格缺陷 lattice defect
点阵振动/晶格振動 lattice vibration
点阵字模/點矩陣字型 dot matrix font
点柱充填法/點柱充填法 pointed prop fill stoping
碘/碘 iodine
碘化钠晶体计数器/碘化鈉晶體計數器 sodium iodide counter
碘化提纯法/凡奧科法 Van Arkel process
碘极电量计/碘電量計 iodine coulometer
碘酸锂晶体/碘酸鋰晶體 lithium iodate, LI
碘稳频激光器/碘穩頻雷射 iodine stabilized laser
碘值/碘值 iodine value
碘值烧瓶/碘值燒瓶 iodine number flask
电/電[學] electricity
电按摩/電按摩 electromassage
电白炽灯/白熾電燈 incandescent electric lamp
电报/電報 telegraph, telegram
电报保密/電報保密 secrecy of telegram

电报电磁体/電報電磁體 telegraph electro-magnet
电报电路/電報電路 telegraph circuit
电报挂号/電報掛號 cable address
电报海里/電報浬 telegraph nautical mile
电报继电器/電報繼電器,電報替續器 telegraph relay
电报扩大器/電報擴大器 telegraph magnifier
电报联络线/電報聯絡線 telegraph orderwire
电报码/電報碼 telegraph code, telegram code
电报失真/電報失真 telegraph distortion
电报收妥通知/電報收妥通知,清欠收據 acquittance
电报调制/電報調變 telegraph modulation
电报投递员/電報投遞員 cable messenger
电报网/電報網 telegraph network
电报信道/電報波道 telegraph channel
电报信号元件/電報訊號元件 telegraph signal element
电报学/電報學 telegraphy
电报振动继电器/電報振動替續器 telegraph vibrating relay
电报字母/電報字母 telegram alphabet
电表/電量計數器,瓦[特]時計,電度表 electric meter, watt-hour meter
[电]冰箱/[電]冰箱 electric refrigerator
电波暗室/電波暗室,無響室,無回音室 anechoic chamber
电波传播/無線電波傳播 radio-wave propagation
电剥蚀/電剥蝕 electrical pitting
电捕焦油器/電捕焦油器 electrostatic tar precipitator
电测法/電探法 electrical measurement method
电测高度计/電測高度計 electric altimeter
电测高温计/電測高溫計 electric pyrometer
[电测量]传感器/[電量測]變送器 electrical measuring transducer
电测湿度计/電濕度計 electropsychrometer
电测温度表/電溫度計 electric thermometer
电插头/分插座,分接頭 current tap
电常数/電常數 electric constant
电场/電場 electric field
电场分布模态/電場分布模態 electric field distribution mode
电场平面扇形号角/電場平面扇形號角 E-plane sectoral horn
电场强度/電場強度 electric field strength, electric field intensity
电场强度传感器/電場強度感測器 electric field strength transducer
电场扫描/電場掃描 electric field scanning
电场线/場力線 field line
电唱盘/電唱盤 turntable
电沉积/電沈積 electrodeposition
电成型/電成型 electro-forming
电池/[原]電池 cell, electric cell, battery
电池常数/電池常數 cell constant
电池承载装置/電池架 battery carrier
电池充电器/[蓄]電池充電器 battery charger
电池电源/電池電源 battery supply
电池管理系统/電池管理系統 battery management system
电池荷电状态/充電狀態 state of charge
电池盒/電池箱 battery box
[电池]源电压/[電池]源電壓 cell source voltage
电池组架/電池架 battery rack
电冲剪/電切片機 electric nibbler
电除尘器/電集塵器 electric dust collector
电触式比较仪/電觸式比較儀 electric contact comparator
电触式测微表/電觸式指示測微表 tolimetron
电触头/電接頭 electrical contact
电穿孔/擊穿,穿孔 puncture
电传/電傳,用户電報 telex
电传[打印]机/電傳[列印]機 teleprinter
电传打字电路/電傳打字電路 teletype circuit, teleprinter circuit
电传打字机/電傳打字機 teletypewriter, flexowriter
电传打字机码/電傳打字機碼 flexowriter code
[电]传感器/[電]感測器 electric transducer
电传绘迹器/電傳繪圖器 teleplotter
电传排字机/電傳排字機,遥排字機 teletypesetter
电磁泵/電磁泵,電磁幫浦 electromagnetic pump
电磁泵浇注装置/電磁泵澆注裝置 electromagnetic pouring unit
电磁波/電磁波 electromagnetic wave
电磁波测距仪/電磁波測距儀,EDM 儀器 electromagnetic distance measuring instrument, EDM instrument
电磁波传播/電磁波傳播 electromagnetic wave propagation
电磁测渣器/電磁測渣器 electromagnetic slag detector
电磁场/電磁場 electromagnetic field
电磁场伤害/電磁場傷害 injury due to electromagnetic field
电磁成形/電磁成形 electromagnetic forming

电磁秤/電磁天平 electromagnetic balance
电磁传声器/磁[阻]麥克風 magnetic microphone
电磁磁选机/電磁分離器 electromagnetic separator
电磁脆弱度/電磁脆弱度 electromagnetic vulnerability, EMV
电磁单位/電磁單位 electromagnetic unit
电磁单位制/電磁單位制 system of electromagnetic units
电磁单元/電磁單位 electromagnetic unit
电磁导弹/電磁飛彈 electromagnetic missile
电磁[的]/電磁的 electromagnetic
电磁地震仪/電磁地震儀 electromagnetic seismograph
电磁电子透镜/電磁電子透鏡 electromagnetic electron lens
电磁动量/電磁動量 electromagnetic momentum
电磁断续器/電磁振動器 electromagnetic vibrator
电磁发射/電磁發射 electromagnetic emission
电磁阀/[電]磁閥 magnet valve, electromagnetic valve, solenoid valve
电磁阀关闭响应时间/電磁閥關閉響應時間 solenoid valve responsive time
电磁阀式喷油器/電磁閥式噴油器 solenoid-valve-type fuel injector
电磁法/電磁法 electromagnetic method
电磁反射镜/電磁鏡 electromagnetic mirror
电磁分离器/電磁分離器 electromagnetic separator
电磁辐射/電磁輻射 electromagnetic radiation
电磁干扰/電磁干擾 electromagnetic interference, EMI
电磁干扰测量仪/電磁干擾測量儀 electromagnetic interference test receiver, EMI test receiver
电磁感应/電磁感應 electromagnetic induction
电磁感应圈/電磁感應圈 electromagnetic coil
电磁感应热效应/電磁感應熱效應 thermal effect of induced current
电磁缓速器/電磁緩速器 electromagnetic retarder
电磁换向阀/電磁換向閥 solenoid operated directional valve
电磁计数器/電磁計數器 electromagnetic counter
电磁继电器/電磁繼電器 electromagnetic relay
电磁兼容/電磁兼容 electromagnetic compatibility
[电磁]兼容电平/[電磁]相容位準 eletromagnetic compatibility level
电磁兼容性/電磁兼容[性] electromagnetic compatibility, EMC
[电磁]兼容性电平/[電磁]相容性電平 electromagnetic compatibility level, EMC level
电磁兼容性天线/電磁兼容性天線 electromagnetic compatibility antenna, EMC antenna
电磁兼容性裕量/電磁相容性裕度 electromagnetic compatibility margin
电磁交流继电器/電磁交流繼電器 electromagnetic AC relay
电磁搅拌/電磁攪拌 electromagnetic stirring, electromagnetic agitation
电磁接触器/電磁接觸器 electromagnetic contactor
电磁控制光阀/電磁光閥 electromagnetic light valve
电磁离合器/電磁離合器 electromagnetic clutch
电磁理论/電磁理論 electromagnetic theory
电磁料箱起重机/電磁料箱起重機 box-handling crane with magnet
电磁流量传感器/電磁式流量計 electromagnetic flow transducer
电磁流量计/電磁流量計 electromagnetic flow meter
电磁门式起重机/電磁高架起重機 magnet gantry crane
电磁敏感度/電磁敏感度 electromagnetic susceptibility, EMS
电磁模态理论/電磁模態理論 electromagnetic mode theory
电磁能/電磁能 electromagnetic energy
电磁能冲击装置/電磁能衝擊裝置 shock equipment by electromagnetic energy
电磁黏度计/電磁黏度計 electromagnetic viscometer
电磁啮合式起动机/預嚙合式起動機 pre-engaged drive starter
电磁耦合器/電磁耦合器 electromagnetic coupler
电磁频谱/電磁頻譜 electromagnetic spectrum
电磁屏蔽/電磁屏蔽,電磁遮蔽 electromagnetic screen, electromagnetic shielding
电磁屏蔽室/電磁屏蔽室 electromagnetic shielded room
电磁谱/電磁頻譜 electromagnetic spectrum
电磁起重机/電磁起重機,磁力起重機 electromagnetic crane
电磁气门驱动机构/電磁氣門驅動機構 electromagnetic valve actuating mechanism
电磁钳/電磁夾鉗 electromagnetic clamp
电磁桥式起重机/電磁橋式起重機 overhead crane with magnet
电磁驱动活塞压缩机/電磁致動活塞壓縮機 compressor with electromagnetically actuated piston
电磁驱动筛分机/電磁驅動篩分機 screening machine with electromagnetic drive

电磁熔炼/電磁熔煉 electromagnetic melting
电磁骚扰/電磁擾動 electromagnetic disturbance
[电磁]骚扰电平/[電磁]擾動電平 electromagnetic disturbance level
电磁示波器/電磁式示波器,電磁示波儀 electromagnetic oscillograph
电磁式安培计/電磁安培計 electromagnetic ammeter
电磁式波发生器/電磁波發生器 electromagnetic wave generator
电磁式传感器/電磁式轉換器 electromagnetic transducer
电磁式打印头/電磁列印頭 electromagnetic print head
电磁式燃油表指示器/電磁式燃油指示計 electromagnetic fuel indicator
电磁式温度表指示器/電磁式温度表指示器 electromagnetic temperature indicator
电磁式油压表指示器/電磁式油壓指示器 electromagnetic oil pressure indicator
电磁双极式宽带天线/電磁雙極式寬頻天線 electromagnetic dipole broadband antenna
电磁双极天线/電磁雙極天線 electromagnetic dipoles antenna
电磁探伤法/磁束探傷法 magnaflux
电磁体/電磁體,電磁鐵 electromagnet
电磁铁/電磁鐵,電磁體 electromagnet
电磁透镜/電磁透鏡 electromagnetic lens
电磁脱扣停机/電磁脱扣停機 solenoid tripping
电磁涡流制动器/電磁渦流制動器 electromagnetic whirlpool brake
电磁吸盘/電磁夾頭 electromagnetic chuck
电磁熄弧器/電磁熄弧器 electromagnetic blowout
电磁系统/電磁系統 electromagnetic system
电磁系仪表/電磁儀器 electromagnetic instrument
电磁选矿/電磁選礦 electromagnetic separation
电磁循环/電磁循環 electromagnetic circulation
电磁扬声器/磁擴音器 magnetic loudspeaker
电磁冶金/電磁冶金 electromagnetic metallurgy
电磁噪声/電磁雜訊,電磁噪音 electromagnetic noise
电磁振动发生器/電磁振動產生器 electromagnetic vibration generator
电磁振动给料机/電磁振動給料機 electromagnetic vibrating feeder
电磁振动器/電磁振動器 electromagnetic vibrator
电磁振动式调节器/電磁振動式調節器 electromagnetic vibrating-type regulator
电磁振动输送机/電磁振動輸送機 electromagnetic vibrating conveyor
电磁振动台/電磁振動檯 electromagnetic vibration generator system, electromagnetic vibration bench
电磁整流器/電磁整流器 electromagnetic rectifier
电磁制动/電磁制動 electromagnetic braking
电磁制动器/電磁刹車 electromagnetic brake
电磁铸造/電磁鑄造 electromagnetic casting
电磁阻尼/電磁阻尼 electromagnetic damping
电磁阻尼器/電磁阻尼器 electromagnetic damper
电刺激/電刺激 electrostimulation
电单位/電單位,電單元 electrical unit
电导/電導 conductance, electric conductance
电导测定法/電導量測術 conductometry
电导池/導電性電池,電導率電池 conductivity cell, conductance cell
电导电桥/電導[電]橋 conductivity bridge
电导分析法/電導分析法 method of conductometric analysis
电导检测器/電導檢知器 electric conductivity detector
电导率/電導率,傳導率 conductivity, specific conductance, electrical conductivity
电导率测量/電導率量測 conductivity measurement
电导率调制/電導調變 conductivity modulation
电导桥式比重计/電導橋式比重計 conductance bridge hydrometer
电导[式]分析器/電導分析儀 conductometric analyzer
电导式气体传感器/電導式氣體感測器 conductive gas transducer
电导式湿度传感器/電導式濕度感測器 conductive humidity transducer
电导液位计/電導液位計 electrical conductance levelmeter
电导仪/電導計 conductometer
电动扳手/電動扳手 electric wrench
电动报时器/電控報時器 chronopher
电动泵/電動泵 motor pump
电动变桨机构/電動節距控制機構 electric pitch control mechanism
电[动]测功计/電功率計 electrodynamometer
电[动]测力计/電測力計 electric dynamometer
电动测量仪/電動測微計 electric micrometer
电动铲运机/電動鏟運機 electric coad-haul-dump machine, electric LHD
电动车辆/電動車輛 electric motor vehicle
电动车组/電動車組 electric motor train unit

电动传声器/電動麥克風,動態麥克風 electrodynamic microphone, moving conductor microphone, dynamic microphone
电动打字机/電動打字機 electric typewriter
电动刀锯/電動刀鋸 electric saber saw
电动倒角机/電動熔接頭倒角機 electric weld joint beveller
电动耳机/電動耳機 electrodynamic earphone, moving coil earphone
电动发电机转速计/發電轉速計 electric-generator tachometer
电动发电机组/馬達發電機組 motor generator set
电动阀/電[氣操]動閥 valve with electrically motorized operation, electrically operated valve
电动分度头/電動分度頭 electric dividing head
电动风扇/電扇 electric fan
电动浮式起重机/電力浮式起重機 electric floating crane
电动钢筋切断机/電動補強桿切斷機 reinforcing bar electric-cutting machine
电动工具/電動工具 electric tool
电动工作台/電動工作檯 electric table
电动攻丝机/電動攻螺絲機 electric tapper
电动刮刀/電動刮刀 electric scraper
电动滚筒/電動滾筒 motorized pulley
电动葫芦门式起重机/電動吊車門型起重機 gantry crane with electric hoist
电动葫芦桥式起重机/電動吊車高架起重機 overhead crane with electric hoist
电动虎钳/電動虎鉗 electric vice
电动机/電動機,[電動]馬達 motor, electromotor
电动机定时器/電動機驅動計時器,電動機驅動定時裝置 motor timer
电动机功率计/馬達測功計 motor dynamometer
电动机减速装置/電動機減速裝置 retarder by electric traction motor
电动机控制器/電動機控制器 electric motor controller
电动机式振动器/電動機式振動器 motor-in vibrator
[电动机]组合调速/[電動機]組合調速 motor combination
电动夹具/電動夾具 electric fixture
电动键盘/電動鍵盤 motorized keyboard
电动搅拌器/電動攪拌器,電動混合器 electric agitator
电动锯管机/電動鋸管機 electric pipe cutter
电动咖啡磨/電動咖啡磨碎機 electric coffee grinder
电动咖啡碾/電動咖啡碾 electric coffee mill
电动客车/電動客車 electric motor coach
电动控制/電控[制] electric control
电动拉铆枪/電動拉鉚槍 electric blind-riveting tool gun
电动冷镦机/電動冷鍛機 electric cold header
电动力换能器/電動力轉換器 electrokinetic transducer
电动力学/電動力學 electrodynamics
[电动]列车单元/[電動]列車單元 motor train-unit
电动螺丝刀/電動螺絲起子 electric screw driver
电动抛光机/電動抛光機 electric polisher
电动喷油器/電動噴油器 electric fuel injector
电动起重车/電動推高機 electric lift truck
电动起重机/電動起重機,電動吊車 electric crane, electric hoist
电动气动开关/電-氣動開關 electropneumatic switch
电动气动转换器/電-氣動轉換器 electropneumatic converter
电动汽车/電動汽車 electric vehicle, EV
电动汽车试验质量/電動汽車試驗質量 test mass of electric vehicle
电动汽车整车整备质量/電動汽車整車整備質量 complete electric vehicle curb mass
电动卡盘/電動夾頭 electric chuck
电动桥式起重机/電動高架起重機 electric overhead crane
电动曲线锯/電動鋼絲鋸 electric jig saw
电动燃油泵/電動燃油泵 electric fuel pump
电动热空气泵/電動熱空氣泵 electric thermactor air pump, ETA pump
电动砂光机/電動砂光機 electric sander
电动砂轮机/電動磨機 electric grinder
电动式安培计/電動[式]安培計 electrodynamic ammeter
电动式传声器/電動式麥克風 dynamic microphone, electrodynamic microphone
电动式地震仪/電動地震儀 electrodynamic seismograph
电动式电度表/電動式電度表 electrodynamic meter
电动式伏特计/電動伏特計 electrodynamic voltmeter
电动式钢筋弯曲机/電動鋼筋彎曲機 electric reinforcing bar bender
电动式话筒/電動式麥克風 dynamic microphone, electrodynamic microphone
电动式振动桩锤/電動式振動樁錘 electric vibrator

for piling equipment
电动势/電動勢 electromotive force, EMF
电动势参考标准/電動勢參考標準 reference standard of electromotive force
电动试压泵/馬達試驗用泵 motor test pump
电动套丝机/電動攻牙機 electric threading machine
电动天平/電動天平,電流秤,電流天平 electrobalance
电动铁路起重机/電動鐵路起重機 motor-driven railroad crane
电动往复锯/電動往復鋸 electric reciprocating saw
电动微量天平/電動微量天平 electric microbalance
电动吸尘器/電集塵器 electric dust collector
电动系电能表/電動式能量計 electrodynamic energy meter
电动系仪表/電動式儀表 electrodynamic instrument
电动小车/電動小車 motor-driven carrier
电动行李车/電動行李車 electric motor luggage car
电动型材切割机/電動切割機 electric cut-off machine
电动扬声器/電動揚聲器 electrodynamic loudspeaker, moving coil loudspeaker
电动液压控制器/電動液壓控制器 electric-hydraulic controller
电动液压助力转向/電-液動力轉向 electro-hydraulic power steering
电动凿岩机/電動鑿岩機 electric rock drill
电动造模机/電動造模機 electric molding machine
电动胀管机/電動擴管器 electric tube expander
电动振动发生器/電動振動産生器 electrodynamic vibration generator
电动振动给料机/電動振動給料機 electrodynamic vibrating feeder
电动振动器/電振動器 electric vibrator
电动振动输送机/電動振動輸送機 electrodynamic vibrating conveyor
电动振动台/電動振動檯 electrodynamic vibration bench
电动执行机构/電致動器,電引動器 electric actuator
电动抓斗/電動抓斗 electric grab, motor grab
电动转向系/電動轉向系 electric power steering system
电动转向系转向力特性/電動轉向系轉向力特性 steering force characteristic of electric power steering system
电动转向装置/電動轉向裝置 electric power steering gear
电动自爬式锯管机/電動管銑床 electric pipe milling machine
电度/電度 electrical degree
电度表/電度表,瓦[特]時計 inductance meter, watt-hour meter
电镀/電鍍 electroplating
电镀薄膜磁盘/電鍍薄膜磁碟 electroplated film disk
电镀槽/電鍍槽,電鍍浴 electroplating bath, plating bath, plating tank
电镀层/電鍍層 electroplating layer
电镀马口铁/電鍍馬口鐵 ferrostan
电镀膜盘/電鍍薄膜磁碟 electroplated film disk
电镀锌/電解鍍鋅 electrolytic galvanizing
电堆/電堆 galvanic pile
电法勘探/電探法 electrical prospecting method
[电]分流器/[電]分流器 electric shunt
电[风]扇/電扇 electric fan
[电风扇]风量/[電扇]風量 fan air delivery
电浮选/電浮選 electroflotation
电负荷/電負載 electric loading
电负性/負電性 electronegativity
电感/電感 inductance
电感表/電感表 inductance meter
电感测微仪/電感測微儀 inductive gage
电感磁导率/電感磁導率 inductance permeability
电感电桥/電感電橋 inductance bridge
电感-电容-电阻/電感-電容-電阻 inductance-capacitance-resistance, ICR
电感反馈振荡器/回饋線圈振盪器 tickler-coil oscillator
电感计/電感計 inductometer, secohmmeter, henrymeter
电感耦合等离子体电离/感應耦合電漿游離 inductively coupled plasma ionization
电感耦合等离子体原子发射光谱仪/感應耦合電漿原子發射分光計 inductively coupled plasma atomic emission spectrometer, ICP-AES
电感器/電感器 inductor
电感式测微计/電感式測微計 inductive micrometer
电感式传感器/電感式感測器 inductive transducer
电感式电压调节器/電感應調整器 induction regulator
电感式力传感器/電感式力轉換器 inductive force transducer
电感式位移测量仪/電感式位移測量儀 inductive displacement measuring instrument
电感式位移传感器/電感式位移換能器 inductive

displacement transducer
电感式压力传感器/電感式壓力換能器 inductance pressure transducer
电感式张力计/電感式張力計 inductive tensiometer
电感调节器/感應調整器 induction regulator
电感线圈/感應線圈 inductive coil
电感箱/電感箱 inductance box
[电]感性电流/電感性電流,感應電流 inductive current
电感性耦合/電感性耦合 inductive coupling
电感因数/電感因子 inductance factor
电感应/電感應 electric induction
电感应式空气过滤器/電感應式空氣篩檢程式 electroinduction air filter
电干湿球温度计/電乾濕球溫度計 electric dry and wet bulb thermometer
电干燥度仪/[電]乾燥度儀 electric hydrocel
电干燥箱/電烘箱 electric oven
电工测量仪表/電量測儀器,電測定儀器 electrical measuring instrument
电工钢/電用鋼,電氣鋼 electrical steel
电工钢板带/電工鋼板帶 electric steel sheets and strips
电工硅钢片/矽鋼 silicon steel
电工技术[的]/電工技術的,電工的,電工學的 electrotechnical
电工用焊料/電工焊錫,電用錫鉛焊料 electrician solder
电功率/電功率 electrical power, electric power
电功率计/電功率計,電測力計 electrodynamometer
电共沉积/電共沈積 electro-codeposition
电光晶体/電光晶體 electrooptic crystal
电光晶体光阀/電光晶體光閥 electrooptic crystal light valve
电光Q开关/電光Q開關 electrooptic Q switching, electrooptic Q-switch
电光偏转器/電光偏轉器 electrooptical deflector
电光器件/電光元件,電光裝置 electro-optic device
电光陶瓷/電光陶瓷 electrooptic ceramic
电光调制/電光調制 electrooptic modulation
电光调制器/電光調變器 electrooptic modulator
电光系数/電光係數 electro-optic coefficient
电光相位调制器/電光相位調變器,光電相位調變器 electrooptic phase modulator
电光效应/電光效應 electrooptic effect
电光学/電光學 electrooptics
电光学检测器/電光檢知器 electrooptical detector
电光源/電光源 electric light source
电光转换器/電光轉換器 electronic-to-optical transducer
电硅热法/電矽熱法 electro-silicothermic process
[电]过滤器/電濾波器 electric wave filter
电焊机/電焊機,電熔接器 electric welding machine, arc welding machine
电焊条/電焊條,電熔接條 electrode
电荷/電荷 electric charge, charge
电荷泵/電荷幫浦 charge pump
电荷表面密度/電荷表面密度 surface density of charge
电荷存储二极管/電荷存儲二極體 charge storage diode
电荷放大器/電荷放大器 charge amplifier
电荷[量]/電荷量 electric charge quantity
电荷灵敏度/電荷靈敏度 charge sensitivity
电荷灵敏前置放大器/電荷靈敏前置放大器 charge sensitive preamplifier
电荷密度/電荷密度 charge density
电荷耦合成像器件/電荷耦合成像元件 charge coupled imaging device
电荷耦合存储器/電荷耦合記憶體 charge coupled memory
电荷耦合器件/電荷耦合元件 charge coupled device, CCD
电荷耦合器件存储器/電荷耦合元件記憶體 charge coupled device memory, CCD memory
电荷耦合器件延迟线/電荷耦合元件延遲線 charge coupled device delay line, CCD delay line
电荷引发器件/電荷引發元件 charge priming device, CPD
电荷载流子/電荷載體 charge carrier
电荷质量比/電荷質量比 charge-mass ratio
电荷注入器件/電荷注入元件 charge injection device, CID
电荷转移器件/電荷轉移元件 charge transfer device, CTD
电烘箱/電烘箱 electric oven
电呼吸描记术/電呼吸描記術 electropneumography
电弧/[伏特]電弧 arc, voltaic arc, electric arc
电弧触发器/電弧觸發器 arc striking mechanism
电弧灯/電弧燈 electric arc lamp
电弧点焊/電弧點焊 arc spot welding
电弧电流/電弧電流,弧流 arc current
[电弧]电流零区/[電弧]電流零區 arc current zero period
电弧电压/電弧電壓,弧壓 arc voltage
电弧动特性/電弧動態特性 dynamic characteristic

of arc
电弧发射机/弧式發送器 arc transmitter
电弧放电/電弧放電 arc discharge
电弧光谱分析/弧光譜分析 arc spectrum analysis
电弧焊/[電]弧焊,電弧熔接 arc welding, electric arc welding, electrode welding
电弧焊机/電[弧]焊機 arc welding machine
电弧焊枪/電弧焊槍 arc welding gun, arc welding torch
电弧焊条/電弧焊條,電弧熔接條 arc welding electrode
电弧加热/電弧加熱 arc heating
电弧检验器/電弧檢驗器 arc detector
电弧静特性/電弧静特性 static characteristic of arc
电弧距离/弧距,放電距離 arcing distance
电弧离子镀/電弧離子鍍 arc discharge deposition, arc ion plating
电弧联锁继电器/連鎖電弧繼電器 arc interlocking relay
电弧炉/電弧爐 arc furnace, electric arc furnace
电弧炉变压器/電弧爐變壓器 arc furnace transformer
电弧炉炼钢法/電弧爐煉鋼法 electric arc furnace steelmaking, EAF steelmaking
电弧喷涂/電弧噴塗 arc spraying
电弧偏转器/電弧偏轉器 arc deflector
电弧气割/電弧氣切割 air arc cutting
电弧腔/[電]弧箱,放電腔 arc chamber
电弧切割/電弧切割,電弧截割 arc cutting
电弧熔炼/電弧熔煉 arc melting
电弧稳定器/電弧穩定器 arc stabilizer
电弧稳定性/電弧穩定性 arc stability
电弧箱/[電]弧箱,放電腔 arc chamber
电弧硬钎焊/電弧硬焊 arc brazing
电弧罩/電弧遮屏,電弧筒 arc shield
电弧整流器/電弧整流器 arc rectifier
电葫芦/電動葫蘆,電動吊車 electric hoist
电花发送机/電弧傳送器 spark transmitter
电化记录[法]/電化記録[法] electrochemical recording
电化石墨电刷/電化石墨刷 electrographite brush
电化学/電化學 electrochemistry
电化学保护/電化學防蝕,電解防蝕 electrochemical protection
电化学传递系数/電化學傳遞係數 transfer coefficient of electrochemistry
电化学当量/電化學當量 electrochemical equivalent
电化学电池/電化電池 electrochemical cell
[电化学]钝态/[電化學]鈍態 electrochemical passivity
电化学反应/電化學反應 electrochemical reaction
电化学分析法/電化學分析法 method of electrochemical analysis
电化学腐蚀/電化[學]腐蝕 electrochemical corrosion
[电化学]隔板/[電化學]隔板 electrochemical separator
[电化学]活性物质/[電化學]活性物質 electrochemically active material
电化学极化/活性極化 activation polarization
电化学加工/電化學加工 electrochemical machining
电化学检测器/電化檢知器 electrochemical detector
[电化学]免疫/[電化學]免疫 electrochemical immunity
电化学平衡/電化學平衡 electrochemical equilibrium
[电化学]迁移/[電化學]遷移 electrochemical migration
电化学清砂/電化清砂 electrochemical cleaning
电化学清砂室/電化清砂室 electrochemical cleaning plant
电化学石英晶体微天平/電化學石英晶體微量天平 electrochemical quartz crystal microbalance
电化学式传感器/電化學式感測器 electrochemical transducer
电化学[式]分析仪器/電化學分析儀 electrochemical analyzer
电化学脱脂/電化學脱脂 electrochemical degreasing
电化学冶金/電化學冶金 electrochemical metallurgy
电化学预处理/電化學預處理 electrochemical pretreatment
电化致变色/電化致變色 electrochemichromism
电话/電話 telephone, telephony
IP 电话/網路電話,網際網路協定上的語音 voice over internet protocol, VoIP, IP telephony
电话按键/電話按鍵 telephone key
电话编号/電話號碼編號 telephone numbering
电话的混合线圈/電話的混合線圈,電話二線對四線轉換電路 telephone hybird coil
电话电路/電話電路 telephone circuit
电话电声测试仪/電話電聲測試儀 telephone electroacoustic testing instrument
电话电视/電話電視 phonevision
电话耳机/電話耳機,電話收聽器,電話聽筒 telephone earphone
电话发话器/電話發話器 telephone transmitter

电话费/電話費 telephone charges
电话费率/電話費率 telephone rate
电话分机/[電話]分機 telephone, extension
[电话]分铃/[電話]分鈴 extension ringer
电话附件/電話附件 supplemental facilities
电话号码/電話號碼 telephone number
电话号码簿/電話號碼簿 telephone directory
电话呼叫/電話呼叫 telephone call
电话回音消除/電話回音消除 telephone echo cancellation
电话会议/會議電話,遠程會議 conference call, teleconference
电话机/電話機 telephone set
[电话机的]蜂鸣器/[電話機的]蜂鳴器 buzzer in a telephone set
电话机钩键/電話機鉤鍵 telephone hook
电话间/電話亭 telephone booth, telephone stall
电话交换机/電話交換機 telephone exchange
电话卡/電話卡 phonecard
电话卡业务/電話卡業務 calling card service
电话铃/電話鈴 telephone ringer
电话留言/電話留言 telephone message
电话区号/電話區域碼 area code of telephone
电话手机/電話手機 telephone handset
电话授时/電話授時服務 telephone time service
电话送话器/電話發話器 telephone transmitter
电话亭/電話亭 telephone booth, telephone stall
电话通信/電話通訊 telephone communication
电话投票/電話投票 vote over telephony
电话网/電話網 telephone network
电话网编号计划/電話網編號計劃 telephone network numbering plan
电话网防火墙/電話網防火牆 telephone network firewall
电话线路/電話線[路] telephone line
电话信道/電話通道,話路,電話聲道 telephone channel
电话学/電話學 telephony
电话扬声器/電話揚聲器 telephone loudspeaker
电话银行/電話銀行 telephone banking
电话应答记录器/電話應答記録器 telephone answering and recording set
电话应答器/電話應答器 telephone answering set
电话支付/電話語音轉賬服務 telephone payment
电话主线普及率/電話主線普及率 teledensity
电话总配线架/電話總配線架 telephone main frame
电火花/電火花 electric spark
电火花成形/電火花成形 spark-erosion sinking
电火花成形机/電火花成形機 spark-erosion sinking machine
电火花穿孔/電火花穿孔 spark-erosion perforation
电火花穿孔机/電火花穿孔機 spark-erosion perforating machine
电火花计时器/電弧計時器 spark timer
电火花加工/電火花加工 electro-discharge machining, EDM, spark-erosion machining
电火花加工机床/電火花加工機床 electro-discharge machine, spark-erosion machine tool
电火花磨床/電火花磨床 spark-erosion grinding machine
电火花磨削/電火花磨削 spark-erosion grinding
电火花线切割/電火花線切割 spark-erosion wire cutting
电火花线切割机/電火花線切割機 wire cut electric discharge machine
电火花线圈/電花線圈 spark coil
电击/電擊,電震 electric shock
电击穿/電擊穿 electrical breakdown
电击电流/電擊電流 shock current
电机/電機[器] electric machine
电机制动/電機制動 brake by generator
电积分仪/電積分儀,電積分器 electrical integrator, electric integrator
电积金属/電積金屬 electrodeposition metal
电极/電極 electrode
pH 电极/pH 電極 pH electrode
电极棒起重机/電極棒起重機 electrode-handling crane
电极臂/電極臂 horn
电极电位/電極電位 electrode potential
电极过烧/電極過燒 over baking of electrode
电极耗用量/電極耗用量 electrode consumption
电极糊/電極糊 electrode paste
电极滑降装置/電極滑降裝置 electrode slipping system
电极化率/電極化率 electric susceptibility
电极化曲线/電極化曲線 electric polarization curve
电极[极]化/電極[極]化 electrode polarization
电极壳/電極殼 casing of electrode
电极控制系统/電極控制系統 electrode control system
电极立柱/電極立柱 electrode mast
电极炉/電極爐 electrode furnace
电极清洁法/電極清潔法 electrode cleaning
电极式加湿器/電極式加濕器 electrode humidifier
电极台板/電極臺板 platen

电极探头/電極探頭 electrode probe
电极盐浴炉/鹽浴電極爐 salt bath electrode furnace
电集尘器/電集塵器 electric dust precipitator
电加工/放電加工法 electromachining
电加工成形面/電加工成形面 form electro-discharge machining
电加热/電熱 electric heating
电加热催化器/電熱觸媒 electrically heated catalyst, EHC
电加热锅炉/電熱鍋爐 electric boiler
电加热器/電熱器 electric heater
电加热式沥青储仓/電熱式瀝青儲倉 electric heating asphalt storage
电剪刀/電動剪 electric shears
电接触/電接觸 electric contact
电接点/電接頭 electrical contact
电接点玻璃温度计/電接點玻璃溫度計 electric contact liquid-in-glass thermometer
电接点压力表/電接點壓力表 pressure gage with electric contact
电结晶/電結晶 electrocrystallization
电解/電解 electrolysis
电解保护/電解防護 electrolytic protection
电解避雷器/電解避雷器 electrolytic surge-arrester
电解槽/電解槽,電解池 electrolytic bath, electrolytic tank
电解车刀刃磨床/電解車刀磨床 electrolytic turning tool grinder
电解成形/電解成形 electrolytic sinking
电解成形机/電解成形機 electrolytic sinking machine
电解电离/電解分離 electrolytic dissociation
电解电量计/電解電量計 electrolytic voltmeter
电解电流/電解電流,法拉第電流 Faradaic current, electrolytic current
电解电容器/電解電容 electrolytic capacitor
电解法/電解法 electrolytic process
电[解]分析/電分析 electroanalysis
电解粉/電解粉末,電解[金屬]粉 electrolytic powder
电解腐蚀/電[解腐]蝕 electrolytic corrosion
电解工具磨床/電解工具磨床 electrolytic tool grinder
电解光电池/電解[質]光電池 electrolytic photocell
电解还原槽/電解還原槽 electrolytic reduction cell
电解加工/電解加工 electrolytic machining
电解加工机床/電解加工機床 electrochemical machine tool, electrolytic machine tool
电解检波器/電解[質]檢知器 electrolytic detector
电解浸蚀/電解腐蝕 electrolytic etching
电解晶体/電解晶體 electrolytic crystal
电解精炼/電[解]精煉 electrorefining, electrolytic refining
电解刻印/電解刻印 electrolytic marking
电解刻印机/電解刻印機 electrolytic marking machine
电解磨床/電解磨床 electrolytic grinding machine
电解磨削/電解研磨 electrolytic grinding
电解器/電解槽 electrolyzer
电解清洗/電解淨化,電解去汙 electrolytic cleaning
电解去毛刺/電解去毛刺 electrolytic deburring
电解去毛刺机/電解去毛刺機 electrolytic deburring machine
电解溶解器/電溶解器 electrodissolver
电解渗硼/電解滲硼 electrolytic boriding
电解渗碳/電解滲碳 electrolytic carburizing
电解湿度计/電解濕度計 electrolytic hygrometer
电解式电量计/電解電量計 electrolytic meter
电解式湿度传感器/電解濕度轉換器 electrolysis humidity transducer
电解式整流器/電解[質]整流器 electrolytic rectifier
电解铜箔/電解銅箔 electrodeposited copper foil
电解外圆磨床/電解圓筒磨床 electrolytic cylindrical grinder
电解氧化法/電解氧化法 electrolytic oxidation method
电解液/電解液,電解質 electrolyte, electrolytic solution
电解液比重计/電解液比重計 electrolyte hydrometer
电解[液]淬火/電解淬火 electrolytic hardening
电解液净化/電解液淨化 electrolyte purification
电解造液/電解造液 electrolysis dissolution
电解整流器/電解整流計 liquid rectifier
电解质/電解質,電解液 electrolyte, electrolyic solution
电解质电容器/電解[質]電容器,電化電容器 electrolytic condenser
电解质溶液渗浸法/電解質溶液滲浸法 impregnation process with electrolyte solution
电解着色/電解著色 electrolytic coloring
电介质/電介質,介電質,介電體 dielectric
电介质测试仪/電介質測試器 dielectrometer
电介质常数/電介質常數 inductivity
电介质透镜/介電透鏡 dielectric lens
电精炼/電解精煉 electrolytic refining

电矩/電矩 electric moment
电绝缘/電氣絶緣,電性絶緣 electrical insulation
电咖啡壶/電咖啡壺 electric coffee maker
电开关/電開關裝置 electric switchgear
电抗/電抗 reactance
电抗测定计/電抗計 reactance meter
电抗电压/電抗電壓 reactance voltage
电抗定理/電抗定理 reactance theorem
电抗管/電抗管 reactance tube
电抗继电器/電抗繼電器,電抗電驛[器] reactance relay
电抗[耦合]放大器/電抗放大器 reactance amplifier
电抗器/電抗器,反應器,電抗線圈 reactor
电抗式倍频器/電抗頻率倍增器 reactance frequency multiplier
电抗调制器/電抗調制器 reactance modulator
电抗网络/電抗網路 reactance network
电抗谐振指示器/電抗共振指示器 reactance resonance indicator
电抗性[的]/電抗性的,無功的 reactive
电抗性电流/電抗性電流,無功電流,虚部電流 reactive current
电可擦编程只读存储器/電性可抹程式化唯讀記憶體 electrically-erasable-programmable read only memory
电空阀/電空閥 electro-pneumatic valve
电控报时器/電控報時器 chronopher
电控泵喷油嘴/電控泵噴油嘴 electronically controlled nozzle
电控单体泵/電控單體泵 electronically controlled unit pump
电控电动汽油泵/電控電動汽油泵 electronically controlled electric fuel pump
电控分配泵/電控分配泵 electronically controlled distributor pump
电控化油器/電控化油器 electronically controlled carburetor
电控计量泵/電控計量泵 metering pump with electric stroke actuator
电控节温器/電控節温器 electronically controlled thermostat
电控气喇叭/電控氣喇叭 electrically controlled air horn
电控燃油喷射系统/電子燃油噴射系統 electronic fuel injection system
电控式喷油泵/電控式噴油泵 electrical fuel injection pump
电控双折射模式/電控雙折射模式 electrically controlled birefrin gencemode, ECB mode
电控液压式泵喷油嘴/電控液壓噴嘴 electronically controlled hydraulic nozzle
电控直列泵/電控直列泵 electronically controlled in-line pump
电控制器/電動控制器 electric controller
电喇叭/電喇叭 electric horn
电缆/電纜 electric cable
电缆暗沟/電纜管道 cable conduit
电缆包皮/電纜的輸入套管 cable shield
电缆槽/電纜槽,電纜溝 cable chute
电缆槽式输送机/索槽輸送機 cable trough conveyor
电缆测试仪/電纜測試儀 cable tester
电缆长度/電纜長 cable length
电缆充气设备/纜線充氣設備 cable gas-feeding equipment
电缆导管/電纜導管 cable guide
电缆的陆地线路/纜線的陸地線路 cable land line
电缆电视/有線電視 cable television
电缆吊钩/電纜吊鈎 cable sling
电缆端接盒/電纜端接器 cable end connector
电缆端接架/電纜端接架,纜線端接架 cable terminal rack
电缆[端]头/電纜插座 cable socket
电缆分布中心/纜線分布中心 cable distribution center
电缆分线箱/電纜分線箱,電纜分線盒 cable distribution box, cable hut
电缆敷设/纜線敷設,放纜 cable laying
电缆隔离开关/電纜隔離器 cable isolator
电缆隔离器/電纜隔離器 cable isolator
电缆沟/電纜溝,纜線溝,電纜槽 cable trench, cable chute
电缆故障测验桥/電纜[故障]測驗橋 cable testing bridge
电缆故障检验器/電纜故障檢知器 cable fault detector
电缆故障指示器/電纜故障指示器 cable fault indicator
电缆挂钩/[電]纜掛鈎 cable hanger
电缆管道/電纜管道,電纜溝,電纜槽 cable duct, cable channel
电缆号码/纜線號碼,電纜號碼 cable number
电缆盒/電纜接線箱 cable box
电缆互连/電纜連接,電纜搭接 cable bond
电缆护套/電纜護套,纜線護層,纜線套 cable sheath
电缆回波/纜線回波 cable echo

电缆夹/[電]纜夾　cable grip
电缆夹子/[電]纜夾　cable clamp
电缆架/電纜架　cable bracket
电缆绞车/電纜絞車,電纜絞盤　cable hoist
电缆接合/纜線結合　cable bonding
电缆接头/電纜接頭　cable joint
电缆接线头/纜端銜套　cable shoe
电缆接线箱/電纜接線匣,電纜終端盒　cable terminal box
电缆卷盘/電纜卷盤,電纜卷軸　cable reel
电缆卷绕装置/電纜卷繞裝置　cable winder
电缆卷筒/纜索卷筒,纜線卷盤,纜線卷筒　cable drum, cable reel
电缆卷轴架/[電]纜插口　cable jack
电缆类型/纜線類型　cable type
电缆连接/纜線連接裝置,纜線耦合　cable coupling
电缆连接器/電纜連接器　cable connector
电缆密封盒/電纜密封盒　cable sealing box
电缆耦合电容器/電纜耦合電容器　cable coupling capacitor
电缆盘/纜索卷筒,纜線卷盤,纜線卷筒　cable drum, cable reel
电缆盘千斤顶/[電]纜插口　cable jack
电缆盘拖车/電纜盤拖車,纜筒拖車　cable trailer
电缆配线房/纜線配線房　cable hut
电缆钳/電纜[剪]鉗　cable nippers
电缆式电流互感器/電纜式變流器　cable type current transformer
电缆输入套管/電纜輸入套管　cable shield
电缆数据服务接口规范/纜上資料服務介面規格　data-over-cable service interface specifications
电缆隧道/電纜隧道,纜道　cable tunnel
电缆套/電纜套　cable shroud
电缆套管/纜線套管,電纜連接套管　cable sleeve
电缆调谐台/纜線轉向臺　cable turning station
电缆拖链输送机/纜運機　cable drag conveyor
电缆线对/纜線對心　cable pair
电缆线路/電纜線　cable line
电缆小车/電纜小車　cable trolley
电缆引入线/電纜入口　cable entry
电缆用电流互感器/電纜變流器　cable current transformer
电缆支架/電纜載體　cable carrier
电缆终端/纜端銜套　cable shoe
电缆终端盒/電纜端接器　cable end connector
电缆终端机架/電纜端接架,纜線端接架　cable terminal rack
电缆终端设备/纜線終端設備　cable terminating equipment
电缆终端套管/電纜終端套管,電纜端末靴　cable shoes, cable lug
电缆终端网/纜線終端網路　cable termination network
电缆走线架/纜線架　cable rack
电烙铁/電烙鐵　electric soldering iron
电离/游離,電離[作用],離子化　ionization
电离比/電離比　ionization ratio
电离层/電離層,游離層　ionosphere
E[电离]层/E 層　E layer
F[电离]层/F 層　F layer
电离层暴/電離層暴　ionospheric storm
电离层传播/電離層傳播　ionospheric propagation
电离层反射波/電離層波　ionospheric wave, ionospheric reflective wave
电离层散射/電離層散射　ionospheric scatter
电离层散射通信/電離層散射通信　ionospheric scatter communication
电离层吸收/電離層吸收,游離層吸收　ionospheric absorption
电离层自动记录仪/自動游離層記録器　automatic ionosphere recorder
电离常数/游離常數　ionization constant
电离冲击/游離爆叢　ionization shock
电离电流/電離電流,游離電流　ionization current
电离电位/電離電位,游離電勢,游離電位　ionization potential
电离电压/電離電壓,游離電壓　ionization voltage
电离度/電離度,游離度　degree of ionization
电离放大/電離放大　ionization magnification
电离辐射/游離輻射　ionizing radiation
电离辐射表面密度/游離輻射表面密度　surface density of ionizing radiation
电离辐射密度计/游離輻射密度計　ionizing radiation densimeter
[电离辐射]能谱/[電離輻射]能譜　energy spectrum of ionizing radiation
电离规/離子真空計　ionization gage
电离计/離子真空計　ionization gage
电离计数器/游離計數器,離子計數器　ionization counter
电离剂量计/離子劑量計　ionization dosimeter
电离检测器/電離檢測器,離子檢知器,游離偵測器　ionization detector
电离截面/游離截面　ionization cross section
电离截面检测器/離子截面檢知器　ionization cross-section detector

电离径迹/游離行程,游離徑 ionization track
电离路径/游離路徑 ionization path
电离率/游離率 ionization rate
电离密度/游離密度 ionization density
电离能/游離能[量],電離能[量] ionization energy, ionizing energy
电离碰撞/游離爆叢 ionizing collision
电离平衡/游離平衡 ionization equilibrium
α-电离腔/阿伐腔,α腔 alpha-ionization chamber
β-电离腔/貝他游離腔,β游離腔 beta-ionization chamber
电离热/電離熱,游離熱 ionization heat
电离式传感器/電離感測器 ionizing transducer
电离事件/游離事件 ionization event
电离室/電離室,游離室 ionization chamber
电离室参考点/電離室參考點 reference point of ionization chamber
[电离室的]复合损失/[電離室的]複合損失 loss due to recombination in ionization chamber
电离速率/游離速率 ionization rate
电离系数/游離係數 ionization coefficient
电离压力计/游離壓力計,離子壓力計 ionization manometer, ion gage
电离杂质/游離雜質 ionized impurity
电离杂质散射/游離雜質散射 ionized impurity scattering
电离张弛振荡/電離張弛振盪 ionization relaxation oscillation
电离真空计/電離真空計,離子真空計 ionization vacuum gage, ion gage
电离作用/游離事件 electroionization
电力/電力 power, electric power
电力半导体二极管/電力半導體二極體 power semiconductor diode
电力变压器/電力變壓器 power transformer
电力变阻器/高功率變阻器 power rheostat
电力传输/電力傳輸 power transmission
电力传输网/電力傳輸網路 power transmission network
电力单极晶体管/電力單極電晶體 power unipolar transistor
电力电缆/電力電纜 power cable
电力电容器/電力電容器 power capacitor
[电力电子]变换/[電力電子]變流 electronic power conversion
[电力电子]变流/[電力電子]變流 electronic power conversion
[电力电子]变流器/[電力電子]變流器 electronic power convertor
[电力电子]变流设备/[電力電子]變流設備 electronic power convertor equipment
[电力电子]变频器/[電力電子]變頻器 electronic frequency convertor
[电力电子]变相器/[電力電子]變相器 electronic phase convertor
电力电子电容器/電力電子電容器 power electronic capacitor
[电力电子]电阻控制/[電力電子]電阻控制 electronic power resistance control
[电力电子]换流/[電力電子]變流 electronic power conversion
[电力电子]交流变流/[電力電子]交流變流 electronic power AC conversion
[电力电子]逆变/[電力電子]反變 electronic power inversion
[电力电子]逆变器/[電力電子]反變器 electronic power inverter
[电力电子]通断/[電力電子]通斷,切換 electronic power switching
电力电子学/電力電子學 power electronics
[电力电子]整流/[電力電子]整流 electronic power rectification
[电力电子]整流器/[電力電子]整流器 electronic power rectifier
[电力电子]直流变流/[電力電子]直流變流 electronic power DC conversion
电力汇集系统/電力匯集系統 power collection system
电力机车/電[力]機車,電氣機車 electric locomotive
电力牵引/電力牽引 electric traction
电力熔断器/電力熔斷器,電力熔絲 power fuse
电力设备/電源設備 power equipment
电力拖动/電力傳動,電力驅動 electric drive
[电力系统的]安全性/[電力系統的]安全性 security of an electric power system
[电力系统的]恢复过程/[電力系統的]恢復過程 restoration process of an electric power system
电力系统自动化/電力系統自動化 power system automation
电力线/電力線,電源線 power line
电力线干扰/電力線干擾 power line interference
电力线通信/電力線通信 power line communication, PLC
电力线网络/電力線網路 power line networks
电力线载波/電力線載波 power line carrier

电力线载波电话/電力線載波電話 power line carrier telephone
电力线载波通信系统/電力線載波通信系統 power line carrier communication system
电力整流器/高功率整流器 power rectifier
电力自动同步机/動力自動同步機 power selsyn
电量/電量 electric quantities
电量标准/電學標準 electric quantity standard
电量传感器/電量感測器 electric quantity transducer
电量分析法/電量分析法 method of coulometric analysis
电量分析[法]/庫倫分析[法] coulometric analysis
电量计/電量計 coulometer
电量热计/電卡路里計 electrocalorimeter
电量热器/電量熱計,電卡計 electro-calorimeter
电量[式]分析器/庫侖分析儀,電量分析儀 coulometric analyzer
[电量输出]测量变换器/[電量輸出]測量訊號轉換器 measuring transducer with electrical output
电疗法/電療法 electropathy, electrotherapy
电铃/電鈴 electric bell
电铃变压器/電鈴變壓器 bell transformer
电零点/電零值,電零位 electrical zero, electrical null
电零位/電零位,電零值 electrical zero, electrical null
电零位调节器/電零位調整器 electrical zero adjuster
电流/電流 current, electric current
电流饱和/電流飽和 current saturation
电流倍增型晶体管/電流倍增型電晶體 current multiplication type transistor
电流比/電流比 current ratio
电流比标准/電流比標準 current ratio standard
电流比较仪/電流比較儀 current comparator
电流比自动调节器/電流比調節器 current-ratio regulator
电流表/電流表,安培計,電流計 ammeter
电流波腹/電流波腹 current antinode
电流波形/電流波形 current waveform
电流补偿器/電流補償器 current compensator
电流测定法/檢流量測術 galvanometry
电流测定器/電流計,檢流計 galvanometer
电流差动继电器/差流繼電器 current differential relay
电流常数/電流常數 current constant
电流重合存储器/符流記憶器 coincident-current memory
电流传导论/電流傳渡論 current transport theory
电流传感器/電流感測器 electric current transducer
电流倒向/電流反向 current reversal
电流滴定[法]/安培滴定 amperometric titration
电流滴定器/安培滴定計 amperometric titrometer
电流电离室/電流電離室,電流游離腔,電流游離室 current ionization chamber
[电流电离室的]饱和曲线/[電流電離室的]飽和曲線 saturation curve of current ionization chamber
电流电压特性/電流電壓特性 current-voltage characteristics
电流电压调节器/電流電壓調節器 current-voltage regulator
电流电压图/電流電壓圖 current-voltage diagram
电流叠加原理/電流疊加原理 principle of current superposition
电流端子/電流接頭 current terminal
电流方向保护/方向電流保護 directional current protection
电流方向继电器/電流方向繼電路 current direction relay
电流放大/電流放大 current amplification
电流放大器/電流放大器 current amplifier
电流分布/電流分布 current distribution
电流分配/電流分布 current distribution
电流分配比/電流分配比,電流分發比 current division ratio
电流过载继电器/電流過載繼電器 current overload relay
电流互感器/電流互感器,比流器,變流器 current transformer
电流环路/電流環路 current loop
电流回路/電流回路 current circuit
电流计常数/檢流計常數 galvanometer constant
电流计放大器/電流計放大器,檢流計放大器 galvanometer amplifier
电流计示波器/檢流計式示波器 galvanometer oscillograph
电流继电器/電流繼電器,電流電驛 current relay
电流交链/電流交鏈 current linkage
电流校准器/電流校正器 current calibrator
电流截断/電流截切 current chopping
电流开关/電流開關,斷路器 current breaker
电流开关型逻辑/電流開關型邏輯 current-switching mode logic, CML
[电流]跨线电阻/[電流]跨線電阻 current link resistance

电流量计/電磁流量計　electric flowmeter
电流灵敏度/電流靈敏度　current sensitivity
电流脉动/電流脈動,電流雙幅值　current pulsation
电流密度/電流密度　current density
电流匹配互感器/電流匹配互感器,匹配式電流互感器　current matching transformer
电流平衡继电器/衡流電驛,電流平衡電驛　current balance relay
电流起伏/電流起伏　current fluctuation
电流强度/電流強度　electric current intensity
电流式色温[度]计/電流式色温計　bioptix
电流式遥测计/電流式遥測計　current-type telemeter
电流式遥测仪/電流式遥測計　current-type telemeter
电流探测器/檢流器　current detector
电流探针/電流探針　current probe
电流调节器/電流調節器,穩流器　current regulator
电流限制器/電流限制器,[電流]限流器　current limiter
电流效率/電流效率　current efficiency
电流型/電流模　current mode
电流遥测/電流遥測　current telemetering
电流引入/電流注入　current injection
电流元/電流元　current element
电流源/電流源　current source
电流[源]型逆变器/電流源反流器　current source inverter
电流增益/電流增益　current gain
电流整定/電流設定,電流標置　current setting
电流指示器/電流指示器　current indicator
电流阻尼器/電流阻尼器　current damper
电炉/電爐　electric furnace, electric arc furnace, EAF
电炉变压器/電爐變壓器　furnace transformer
电炉出钢槽/電爐出鋼槽　tapping spout of EAF
电炉单位面积功率/電爐單位面積功率　power per unit area
电炉短流程/電爐短流程　EAF compact route
电炉钢/電爐鋼　electric furnace steel
电炉钢比/電爐鋼比　EAF share
电炉还原期/電爐還原期　reduction period of EAF steelmaking
电炉加铁水冶炼技术/電爐加鐵水冶煉技術　scrap and hot metal EAF charge
电炉精炼期间/電爐精煉期間　refining period of EAF
电炉炼钢/電爐煉鋼　electric furnace steelmaking
CONSTEEL 电炉炼钢法/CONSTEEL 電爐煉鋼法　CONSTEEL process
电炉炼铁[法]/電爐煉鐵[法]　electric furnace iron making
电炉炼锌/電爐煉鋅　zinc electrical furnace smelting process
电炉炉盖/電爐爐蓋　roof of EAF
电炉炉盖移开装置/電爐爐蓋移開裝置　roof removing equipment of EAF
电炉炉门/電爐爐門　furnace door of EAF
电炉炉内废气排放系统/電爐爐内排煙系統　inner exhaust gas and fume system of EAF
电炉炉外废气排放系统/電爐爐外排煙系統　outer exhaust gas and fume system of EAF
电炉倾动机构/電爐傾動機構　electric furnace tilting device
电炉容量/電爐容量　electric furnace capacity
电炉熔池搅拌/電爐熔池攪拌　EAF bath stirring
电炉熔化期/電爐熔化期　melting period of EAF steelmaking
电炉时间利用系数/電爐時間利用係數　time utilization coefficient
电炉氧化期/電爐氧化期　oxidation period of EAF steelmaking
电炉氧枪/電爐氧槍　EAF oxygen lance
电炉氧-燃料烧嘴/電爐氧-燃料燒嘴　oxygen-fuel burner of EAF
电路/電路　electric circuit, circuit
电路板/電路板　circuit board
电路保护器/電路保護器　circuit protector
电路测试器/電路試驗器　circuit tester
电路层网关/電路層閘道　circuit level gateway
电路出租业务/租用電路業務　leased circuit service
电路传送模式/電路傳輸模式　circuit transfer mode
电路单模/電路單模　circuit module
电路断电器/斷路器　circuit breaker
[电路]阀/[電路]閥　circuit valve
电路仿真/電路模擬　circuit simulation
电路仿真业务/電路仿真服務　circuit emulation service, CES
电路分析器/電路分析器　circuit analyzer
电路交换/電路交換　circuit switching
电路交换数据网/線路交換數據網　circuit-switched data network, CSDN
电路交换网/線路交換網　circuit switching network
电路角/换流器相位角,變流器相位角　circuit angle
电路卡/電路卡　circuit card
电路控制继电器/電路控制電驛　circuit-control relay

电路控制器/電路控制器 circuit controller
电路理论/電路理論 circuit theory
电路内仿真/内電路仿真 in-circuit emulation
电路试验器/電路試驗器 circuit tester
电路提取/電路萃取 circuit extraction
电路图/電路圖 circuit diagram
电路拓扑[学]/電路拓撲[學] circuit topology
电路效率/電路效率 circuit efficiency
电路元件/電路元件 circuit element, electric circuit element
电路噪声计/電路雜訊計 circuit noise meter
电路族/電路族 circuit family
电滤波器/電濾波器 electric filter
电麻醉/電麻醉 electro anaesthesia
电脉冲计数器/電脈波計數器 electric impulse counter
电密度计/電子式密度計 electrical densimeter
电秒表/電動馬表 electromotive stop watch
电木/電木,膠木 bakelite
电纳/電納 susceptance
电耐久性试验/電耐久性試驗 electrical endurance test
电脑/電腦 electronic computer
电能/電能 electric energy, electrical energy
电能表/電能表,電度表 energy meter, electric energy meter
电啮合长度/電嚙合長度 electrical engagement length
电凝法/電凝法 electrocoagulation
电暖气/電熱器 electric heater
电偶腐蚀/電流腐蝕 galvanic corrosion
电偶极/電偶極 electric dipole
电偶极矩/電偶極矩 electric dipole moment
电偶极子/電偶極 electric dipole
电偶极子转矩/電偶極矩 electric dipole moment
电偶序/電偶序 galvanic series
电耦合器/電耦合,電連接 electric coupling
电抛光/電[解]拋光 electropolishing
电喷雾电离/電噴灑游離 electrospray ionization
电喷雾接口/電噴灑介面 electrospray interface
电平表/電平表 level meter
电平敏感扫描设计/位準敏感掃描設計 level sensitive scan design
电平漂移二极管/直流位移二極體 level-shifting diode
电平调节衰减器/電平調整衰減器 level adjusting attenuator
电屏蔽/電屏[蔽] electric screen, electric screening, electric shielding
电气/電氣,電性 electrical
电气安全/電氣安全 electrical safety
[电气]保护分隔/[電性]保護分隔 electrically protective separation
[电气]保护屏蔽/[電性]保護遮罩 electrically protective shielding
[电气]保护屏蔽体/[電性]保護遮罩體 electrically protective shield
[电气]保护外护物/[電性]保護外殼 electrically protective enclosure
[电气]保护外壳/[電性]保護外殼 electrically protective enclosure
[电气]保护遮栏/[電性]保護遮欄 electrically protective barrier
[电气]保护阻挡物/[電性]保護阻擋物 electrically protective obstacle
电气测量/電量測 electrical measurement
电气传动/電力傳動,電力驅動 electric drive
电气传动控制设备/電氣傳動控制機構 electric drive control gear
电气电子工程师学会/電機電子工程師學會 Institute of Electrical and Electronics Engineers, IEEE
电气动阀/電動氣動閥 electric pneumatic valve
电气分隔/電氣分隔 electrical separation
电气工程/電工學,電機工程 electrical engineering
[电气]击穿/[電氣]擊穿 electric breakdown
电气集尘/静電集塵法 electric dust precipitation
电气集尘器/電集塵器 electric dust precipitator
电气技术/電工技術,電工學 electrotechnology
电气继电器/電動氣動繼電器 electropneumatic relay
[电气]继电器/[電氣]繼電器 electrical relay
电气加热板/電熱板 electric hot plate
电气[静电]除尘器/静電集塵器 static precipitator
[电气]绝缘材料/[電性]絶緣材料 electrical insulating material
电气联锁/電動連鎖 electric interlock
电气平底锅/電熱板 electric hot plate
电气强度/電場強度 electric strength, dielectric strength
[电气]绕组/[電氣]繞組 electrical winding
电气骚扰/電氣干擾,電氣騷動,電性干擾 electrical disturbance
电气设备室/電氣設備室 electrical equipment room
电气设施/電氣裝置 electric installation
电气湿度计/電氣濕度計 electrical hygrometer

电气式调速器/電氣調速器 electrical speed governor
电气特性/電[氣]特性 electrical characteristics
电-气调速器/電-氣調速器 electropneumatic speed governor
电气推进器/電氣推進器 electric propulsion thruster
电气脱盐/静電脱鹽 electrical desalting
电气消毒器/電滅菌器 electric sterilizer
电-气转换器/電-氣動轉換器 electric pneumatic converter
电气转筒记录器/電轉筒記録器 electric kymograph
[电气装置的]电气回路/[電氣裝置的]電回路 electric circuit of an electrical installation
电器/電氣設備,電氣裝置 electric apparatus
电器具/電氣用具,電氣設備 electric appliance
电迁移/電遷移 electromigration
电迁移法/電遷移法 electrotransport method
电墙/電牆 electric wall
电桥/電橋 bridge, electric bridge
电桥臂/電橋臂 bridge arm
电桥测量/電橋量測 bridge measurement
电桥法/電橋法 bridge method
电桥平衡范围/電橋平衡範圍 bridge balancing range
电切术/電切術 electrocision
电热/電熱 electroheat
电热安全玻璃/電熱安全玻璃 electrically heated safety glass
电热被/電熱被 clcctric overblanket
电热比/電熱比 power-to-heat ratio
电热的/電熱的 electrothermal
电热镦/電鍛 electric upset forging
电热镦机/電熱鐓機,電熱頂鍛機 electric upset forging machine
电热法/電熱法 electrothermic process
电热伏特计/電熱電壓計 electrothermal voltmeter
电热干燥箱/電熱乾燥爐 electrically heated drying oven
电热鼓风干燥箱/強制對流乾燥爐 drying oven on forced convection
电热合金/電熱合金 electrical thermal alloy, electrical heating alloy
电热炉/電熱爐,高温爐 electrothermal furnace
电热褥/電熱褥 electric underblanket
电热式加湿器/電增濕器 electric humidifier
电热丝式加热器/[電熱]帶阻式加熱器 strip heater
电热毯/電熱毯 electric blanket
电热系仪表/熱電儀表,熱儀表 thermal instrument
电热效率/電熱效率 electrothermal efficiency
电热冶金/電熱冶金 electrothermal metallurgy
电容/電容 capacitance, electric capacity
电容标准/電容標準 capacitance standard
电容表/電容計 capacitance meter
电容测高计/電容高度計 electric capacity altimeter
电容测角计/電容測角計 capacity goniometer
电容[测量]计/電容計 capacitance meter
电容测试器/電容檢知器 capacity meter
电容测微计/電容測微計 capacitance micrometer
电容测微仪/電容測微儀 capacitance gage
电容储能点焊机/電容儲能點焊機 capacitor discharge spot welding machine
电容储能焊/電容儲能焊 capacitor discharge welding
电容传声器/電容式麥克風,静電傳聲器 condenser microphone, electrostatic microphone
电容存储器/電容儲存器 capacitor storage
电容电动机/電容器式電動機,電容馬達 capacitor motor
电容电流/電容電流 capacitance current
电容电桥/電容[電]橋 capacitance bridge, capacity bridge
电容电位计/電容電位計 capacitance potentiometer
电容电压法/電容電壓法 capacitance voltage method, CV method
电容放电式点火系/電容放電式點火系 capacitor discharge ignition system
电容放电装置/電容放電器具 capacitor discharge device
电容分压器/電容分壓器 capacitive divider, condenser divider
电容管/電容管 capacitance tube
电容话筒/電容式麥克風 condenser microphone
电容计/電容量規 capacitance gage
电容静电计/電容静電計 condensing electrometer
电容均衡电位计/電容均衡[式]電位計 capacitance balancing potentiometer
电容量/電容量 electric capacity
电容量分析法/電容量分析法 method of electrovolumetric analysis
电容量允差/電容[值容許]公差 capacitance tolerance
电容率/電容率,介電常數,介電容量 dielectric constant, permittivity, capacitivity
电容耦合/電容耦合 capacitive coupling
电容耦合触发器/電容耦合正反器 capacitance-

coupled flip-flop
电容平衡/電容平衡 capacitance balance
电容起动电动机/電容啟動電動機，電容啟動馬達 capacitor start motor
电容器/電容[器] condenser, capacitor
电容器脉冲式转速计/電容器脈衝[式]轉速計 capacitor impulse type tachometer
电容器式电压互感器/電容型比壓器 capacitor voltage transformer
电容器试验器/電容器試驗器，電容器試驗機 capacitor tester
电容器微件/電容器微件 capacitor microelement
电容器用钽丝/電容器用鉭絲 tantalum wire for capacitor
电容器用锡箔/電容器箔 condenser foil
电容器制动/電容器制動 capacitor braking
电容器组/電容器組 capacitor bank, bank of condensers
电容湿度计/電容濕度計 capacitance hygrometer
电容式测高计/電容高度計 capacity altimeter
电容式测微计/電容測微計 capacitive micrometer
电容式触摸屏/電容式觸摸螢幕 capacitive touch screen
电容式传感器/電容式轉換器，電容[信號]轉換器，靜電[信號]轉換器 capacitive transducer, electrostatic transducer
电容式电压互感器/電容型比壓器 capacitor voltage transformer
电容式分压器/電容器分壓器 capacitor voltage divider
电容式继电器/電容繼電器 capacity relay
电容式力传感器/電容式力轉換器 capacitive force transducer
电容式闪光器/電容式閃光器 capacitor-type flasher
电容式湿度计/電容式水分儀 capacitance moisture meter
电容式位移传感器/電容式位移換能器 capacitive displacement transducer
电容式压力传感器/電容式壓力轉換器 capacitance pressure transducer
电容式液位计/電容式液位計 capacitance liquid level gage
电容式应变仪/電容式應變計 capacitance strain gage
电容式轧制力测量仪/電容式軋製力測量儀 capacitive rolling force measuring instrument
电容式转速计/電容式轉速器 capacitor tachometer
电容试验器/電容試驗器 capacitance tester
电容位移测量仪/電容式位移量測儀 capacitive displacement measuring instrument
电容物位计/電容物位計 electrical capacitance levelmeter
电容箱/電容箱，電容盒 capacitance box
电容性的/電容的 capacitive
电容性电流/電容電流，容納電流 capacitive current
电容性负载/超前負載 leading load
电熔刚玉/電熔剛玉 fused corundum
电熔镁砂/電熔鎂砂 fused magnesia
电熔再结合刚玉砖/電熔再結合剛玉磚 rebonded electro-fused corundum brick
电扫伏尔天线阵/電掃伏爾天線陣 VOR scanned array
电扫雷达/電起地雷達 electronically scanned radar
电扫描器/電掃描器 electric scanner
电色度计/電色度計 electrocolorimeter
电渗/電滲 electro-osmosis
电渗激发器/電滲透驅動器 electro-osmotic driver
电渗析/電滲析 electrodialysis
电渗析器/電透析器 electrodialyzer
电声互易原理/電聲互換原理 electroacoustic reciprocity principle
电声学/電聲學 electroacoustics
电湿度计/電濕度表 electric hygrometer
电石渣/電石渣，碳化渣，白渣 calcium carbide slag, carbide slag
电势/電位，電勢 electric potential
电势差/電位差，電勢差 electric potential difference
电势差计/電位計，電勢計 potentiometer
电势衰减器/電位衰減器 potential attenuator
电视/電視 television, TV
电视伴音信道/電視伴音通道 television sound channel
电视播选标准/電視播送標準 television transmission standard
电视车/電視轉播車 TV recording and relaying vehicle
电视传输网/電視傳輸網 television transmission network
电视电话/電視電話 vedio telephone
电视电影放映机/電視影片放映機 telecine projector
电视发射机/電視發射機，視信發射機 television transmitter, visual transmitter
电视广播/電視廣播 telecast, television broadcast
电视广播卫星/電視廣播衛星 television broadcast satellite
电视广播站/電視廣播臺 television broadcasting

station
电视会议/視訊會議 video conference, video conferencing
电视[接收]机/電視[接收]機 television receiver, television set
电视节目/電視節目 television program
电视录像/電視録影 television recording
电视频带/電視頻帶 television band
电视频道/電視頻道 television channel
电视墙/電視牆,視訊牆 video-wall
电视摄像机/電視攝像機 television camera
电视摄影机/電視攝影機 emitron camera
电视时间频率发播/電視時頻播送 TV time frequency transfer
电视台/電視臺 television station
电视显示器/電視顯示器 TV display
电视显微镜/電視顯微鏡 television microscope
电视信号/電視訊號 television signal
电视选道器/電視選道器 TV tuner
电视演播室/電視演播室,電視播送室,電視録影棚 television studio
电视转播/電視轉播 television relaying
电视转播网/電視傳輸網 television transmission network
电收尘器烟尘/電收塵器煙塵 cottrell dust
电寿命试验/電耐久性試驗 electrical endurance test
电枢/電樞 armature
电枢电路/電樞電路 armature circuit
电枢反应/電樞反應 armature reaction
电枢控制/電樞[電壓]控制 armature control
电枢绕组/電樞繞組,電樞線卷 armature winding
电枢试验器/電樞試驗器 armature growler
电枢铁心/[電]樞心 armature core
电枢线圈/電樞線圈 armature coil
电枢小齿轮/電樞小齒輪 armature pinion
电枢移动式起动机/滑動電樞式起動機 sliding armature starter
电刷/電刷 brush
电刷量具/電刷量規 brush gage
电刷站/電刷站 brush station
电刷组/炭刷組 brush assembly
[电]双层/[電]雙層 double layer
电水壶/電水壺 electric kettle
电碎石法/電碎石法 electrolithotrity
电台磁方位/電臺磁方位 magnetic bearing of station
电台方位/電臺方位 bearing of station
电台航向/電臺航向 heading of station
电台间容许距离/電臺間容許距離,電臺間最大距離 allowable distance between stations
电台间噪声抑制/臺際雜訊遏止 interstation noise suppression
电探矿/電氣探勘,電探 electric exploration
电探针/電探頭 electric probe
电碳热法/電碳熱法 electro-carbothermic process
电梯井/電梯井 elevator raise
电梯曳引绳曳引比/電梯曳引繩曳引比 hoist rope ratio of elevator
电梯曳引型式/昇降梯牽引型式 traction type of elevator
电调滤波器/電調濾波器 electrically tunable filter
电调振荡器/電調振盪器 electrically tunable oscillator
电通[量]/電通[量] electric flux
电通[量]密度/電通[量]密度 electric flux density
电透药法/電透藥法 electromedication
电推进/電力推進 electric propulsion
电网连接点/網路連接點 network connection point
电网络/電力網,電網路 electric network
电位/電位,電勢 electric potential
电位变送器/電位計發射器 potentiometric transmitter
电位测定法/電位測定法 potentiometry
电位测量/電位計量測 potentiometric measurement
电位差/電位差,電勢差 potential difference, electric potential difference
电位差计/電位表,電勢表 potentiometer
电位差计残余电动势/電位計殘餘電動勢 residual electromotive force of potentiometer
电位差计记录器/電位記録器 potentiometer recorder
电位滴定/電勢滴定 potentiometric titration
电位滴定仪/電位滴定儀 potentiometric titrator
电位端连接电阻/電位端連接電阻 potential connecting resistance
电位计电路/電位計電路 potentiometer circuit
电位计函数发生器/電位計函數産生器 potentiometer function generator
电位检测器/電位檢知器 potentiometric detector
电位降/電位降,位勢降 potential drop, fall of potential
电位能/電位能 electrical potential energy
电位能函数/電位[能]函數 electric potential function
电位屏蔽/電位屏蔽 potential screen
电位器/電位表,電勢表 potentiometer

电位器乘法器/電位計乘器 potentiometer multiplier
电位器式传感器/電位器式傳感器,電位器式轉換器 potentiometric transducer
电位器式位移传感器/電位器式位移感測器 potentiometric displacement transducer
电位桥/電位計電橋 potentiometric bridge
电位式电流计/電勢式檢流計,電位電流計 potential galvanometer
电位[式]分析器/電位分析器 potentiometric analyzer
电位探针/電位探頭 potential probe
电位梯度/電位梯度 electric potential gradient, potential gradient
电位梯度检测器/電位梯度檢知器 potential gradient detector
电位调节器/電壓調節器,調[電]壓器 potential regulator
电位稳定器/電位穩定器,電壓穩定器 potential stabilizer
电位移/電[位]移 electric displacement
电位整流器/電壓整流器 potential rectifier
电位指示器/電位指示器 potential indicator
电温度计/電温度計 electric thermometer
电文/電文 text
电涡流辅助制动器/電渦流阻尼器 eddy current retarder
电涡流厚度计/電渦流厚度計 eddy current thickness meter
电吸收/電吸收 electroabsorption
电细胞融合/電細胞融合 electric cell fusion
电线/電線 electric wire
电线束/線束 wiring harness
电线套管/電纜套管 cable conduct
电信/電信,遠程通信 telecommunication
电信法/電信法 telecommunication act
电信服务中心/電信中心 telecenter
电信港/遠程埠 teleport
电信管理网/電信管理網路 telecommunications management network, TMN
电信管制/電訊法規 telecommunications regulation
电信计量/電信計量 telecommunication metrology
电信缆线/電信纜線 telecommunications cable
电信设施提供商/電信設施提供商 telecommunications facility provider
电信网/電信網路 telecommunication network
电信系统/電信系統 telecommunication systems
电信信息网络体系结构/電信資訊網路體系結構 telecommunication information network architecture, TINA
电信业务/電信業務 telecommunication service, teleservice
电信业务分类/電信業務分類 telecommunication operation classification
电刑/電刑 electrocution
电休克/電休克 electroshock
电选/静電分離法 electrostatic separation
电选法/電氣富集法 electrical concentration
电学/電學 electricity
电学单位制/電學單位制 system of electrical units
电学咨询委员会/電學諮詢委員會 Consultative Committee on Electricity, CCE
电压/電壓,伏[特]數 voltage
电压倍增器/電壓倍增器,倍壓器 voltage multiplier
电压比/電壓比 voltage ratio
电压比较器/電壓比較儀 voltage comparator
电压变化特性/電壓變化特性 voltage change characteristic
电压变送器/電壓發射器 voltage transmitter
电压表/電壓表,電壓計,伏特計 voltmeter
电压表校验仪/伏特計校正器 voltmeter calibrator
电压表瓦特表法/伏特瓦特計法 voltmeter-wattmeter method
电压波动/電壓波動 voltage fluctuation
电压传感器/電壓轉換器,電壓換能器 voltage transducer
电压电流变送器/電壓電流發射器 voltage-to-current transmitter
电压电流两用表/伏特安培計,電壓電流計,伏安計 voltammeter
电压电流曲线/電壓電流曲線 voltage-current curve
电压电路/電勢電路 potential circuit
电压电平/電壓位準 voltage level
电压-电阻表/伏特-歐姆計 volt-ohmmeter
电压独立电容器/電壓無關電容器 voltage-independent capacitor
电压发生器/電壓産生器 voltage generator
电压放大器/電壓放大器 voltage amplifier
电压峰-峰值/電壓峰-峰值 peak-peak value of voltage
电压峰值/電壓峰值 peak value of voltage
电压互感器/電壓互感器 voltage transformer
电压继电器/電壓電驛 voltage relay
电压检测器/電壓零位計,電壓檢波器,檢壓器 voltage null detector, voltage detector
电压降/電壓降落,位勢降 voltage drop, fall of potential

电压校准器/電壓校正器 voltage calibrator
电压阶跃/電壓階躍,電壓步 voltage step
电压控制衰减器/電壓控制衰減器 voltage controlled attenuator
电压控制雪崩振荡器/電壓控制累增振盪器 voltage controlled avalanche oscillator
电压馈电天线/電壓饋電天線 voltage-feed antenna
电压浪涌/電壓湧浪 voltage surge
电压敏感器/電壓感測器 voltage sensor
电压敏感性/電壓靈敏度 voltage sensitivity
电压匹配互感器/電壓匹配變壓器 voltage matching transformer
电压-频率转换器/電壓-頻率轉換器 voltage-to-frequency converter
电压平均值/電壓平均值 average value of voltage
电压-时间转换器/電壓-時間轉換器 voltage-to-time converter
电压式遥测计/電壓式遥測計 voltage type telemeter
电压瞬时值/電壓瞬時值 instant value of voltage
电压特性/功率穩定性 power stability
电压梯度/電壓梯度 voltage gradient
电压调节器/電壓調節器,電壓調整器,調[電]壓器 voltage regulator
电压调谐磁控管/電壓調諧磁控管 voltage-tuned magnetron, VTM
电压调整率/電壓調整率 voltage regulation
电压跳闸电路/電壓跳閘電路,電壓過載防護電路 voltage trip circuit
电压限制器/電壓限制器 voltage limitator
电压线圈/電壓線圈 voltage coil
电压谐振/串聯諧振 voltage resonance
电压有效值/電壓有效值 root-mean-square value of voltage
电压源/電壓源 voltage source
电压源校准器/電壓源校正器 voltage source calibrator
电压[源]型逆变器/電壓源反流器 voltage source inverter
电压暂降/電壓瞬降 voltage dip
电压指示器/電壓指示器 voltage indicator
电压骤降/電壓崩潰 voltage collapse
电压驻波比/電壓駐波比 voltage standing wave ratio, VSWR
电氧化合成/電氧化合成 anodic electrosynthesis
电遥测仪/電遥測器,電遥測計 electric telemeter
电遥测转速表/電遥測轉速計 electric teletachometer
电冶金[学]/電冶[金]學 electro-metallurgy
电冶炼/電熱熔煉 electric smelting
电液比重计/電解液比重計 electrolyte hydrometer
电液成形/電動液壓成形,液體放電成形法 electrohydraulic forming
电液伺服电机/油壓伺服馬達 electrohydraulic servo motor
电液伺服阀/電液伺服閥 electrohydraulic servo valve
电液控制/電液壓控制,電液壓調節 electrohydraulic control
电液气门驱动机构/電液氣門驅動機構 electrohydraulic valve actuating mechanism
电液双压下装置/電液雙壓下裝置 eletrohydraulic screw down device
电液调节/電液控制 electrohydraulic control
电液调节系统/電液控制系統 electrohydraulic control system
电-液调速器/電液調速器 electrohydraulic governor, electrohydraulic speed governor
电液压清砂/電液壓清砂 electrohydraulic cleaning
电液压清砂室/電液壓清砂室 electrohydraulic cleaning plant
电液执行机构/電動液壓制動裝置,電動液壓致動器,電動液壓引動器 electrohydraulic actuator
电液转换器/電液轉換器 electrohydraulic servovalve
电-液转换器/電液轉換器 electric hydraulic converter
电液转向系转向力特性/電液轉向系轉向力特性 steering force characteristic of electrohydraulic power steering system
电液转向装置/電動液壓轉向機構 electrohydraulic steering gear
电影放映车/電影放映車 mobile movie projector
电影放映机/電影放映機,影片放映機 motion picture projector, film projector
电影胶片录音设备/膠片録音設備 filmgraph
电影全息术/全像電影攝影術 cineholography
电影摄影学/電影攝影術 cinematography
电泳/電泳[現象] electrophoresis, cataphoresis
电泳槽/電泳槽 electrophoresis cell
电泳法/電泳 electrophoresis
电泳分析[法]/電泳分析[法] electrophoretic analysis
电泳涂装/電塗裝 electro-coating
电泳析像[扫描]器/電泳式掃描器 electrophoresis scanner
电泳显示/電泳顯示 electrophoretic display, EPD

电泳显示器件/電泳顯示裝置 electrophoretic display device, EDD
电泳仪/電泳儀,電泳式裝置 electrophoresis meter, electrophoresis apparatus
电涌峰值安培计/電湧峰值安培計 surge crest ammeter
电涌抑制器/湧波抑制器 surge suppressor
电原理图/電路簡圖 electrical schematic
电源/電源 power source, power supply
电源板/電源板,配電盤 power panel
DC-DC 电源变换器/直流對直流轉換器 DC-DC power converter
电源车/電源車 power source van
电源等效变换/電源等效變換 equivalent transformation between sources
电源电门/斷流開關 cutout switch
电源电压/電源電壓 mains voltage
电源电压调整率/線路電壓調整 line voltage regulation
电源分配系统/電力分配系統 power distribution system
电源跟踪/電力供應追蹤 power supply trace
电源校准器/電源校正器 power supply calibrator
电源控制微码/電源控制微碼 power control microcode
电源脉动/電源漣波 power supply ripple
电源频率/電源頻率,市電頻率 mains frequency, power line frequency
电源屏幕/電力供應螢幕 power supply screen
电源切断继电器/斷電繼電器 power-off relay
电源设备/電源設備 power supply equipment
电源装置/電源裝置 supply apparatus
电源总开关/電源總開關 battery main switch
电源总线/電源匯流排 power bus
电源组/電源盒 power pack
电远传压力表/電遠傳壓力表,傳遞裝置壓力表 pressure gage with transmission device, transmissible pressure gage
电晕/電暈 corona
电晕放电/電暈放電 corona discharge
电晕伏特计/電暈伏特計 corona voltmeter
电晕管稳压器/電暈管穩壓器 corona tube regulator
电晕环/電暈環 corona ring
电晕计数器/電暈計數器 corona counter
电晕屏蔽/電暈屏蔽 corona shielding
电晕稳压器/電暈穩定器 corona stabilizer
电灶/電爐 electric range
电噪声/電雜訊,電氣干擾 electrical noise
电渣重熔/電渣再熔 electroslag remelting, ESR
电渣重熔法/電渣再熔法 electroslag remelting process
电渣过程/電渣過程 electroslag process
电渣焊/電熱熔渣焊接 electroslag welding
电渣焊机/電熱熔渣焊接機 electroslag welding machine
电渣浇注/電渣澆注 electroslag teeming
电渣金属/電渣金屬 electroslag metal
电渣离心浇铸/電渣離心澆鑄 centrifugal electroslag casting
电渣炉/電渣爐 electroslag furnace
电渣熔接/電渣熔接 electroslag welding
电渣熔铸/電渣熔鑄 electroslag casting
电站变压器/廠用變壓器 station service transformer
电站锅炉/電站鍋爐 power boiler, utility boiler
电站建设塔式起重机/發電所塔式起重機 power station tower crane
电站空化系数/電站空化係數 plant cavitation coefficient
电站门座起重机/發電所門座起重機 power station portal crane
电针术/電針術 electropuncture
电制动/電制動 electric braking
电致变色/電致變色 electrochromism
电致变色显示器/電[致]變色顯示器,電色顯示器 electrochromic display, ECD
电致发光/電致發光 electroluminescence, EL
电致发光板/電發光盤 electroluminescent panel
电致发光灯/電發光燈 electroluminescent lamp
电致发光显示/電致發光顯示 electroluminescent display, ELD
电致发光显示屏/電場發光顯示面板 electroluminescent display panel
电致发光显示器/電場發光顯示器 electroluminescent display
电致伸缩/電伸縮[現象] electrostriction
电致伸缩陶瓷/電縮性陶瓷 electrostrictive ceramic
电钟/電鐘 electric clock
电重量法/電重量[測定]法 electrogravimetry
电重量分析法/電重量分析法 electric gravity analysis
电轴/電軸 electrical boresight
电铸/電鑄 electroforming
电铸版/電鍍凸版 electrotyping
电铸合金/電板鉛字合金,電鑄板金屬 electrotype metal
电转移阻抗/電轉移阻抗 electrical transfer

impedance
电灼伤/電灼傷 electric burn
电灼式印刷机/放電式列印機 electric discharge printer
电子/電子 electron
电子半径/電子半徑 electron radius
电子保密/電子守密 electronic security, ELSEC
电子背散射衍射/電子背散射繞射 electron backscattering diffraction, EBSD
电子倍增管/電子倍增管,[電子]倍增器 electron multiplier, electron multiplier tube
电子倍增器/[電子]倍增器,電子倍增管 electron multiplier, electronic multiplier tube
电子泵/電子泵 electronic pump
电子比较仪/電子比較儀 electronic comparator
电子变压器/電子式變壓器,電子式變换器 electronic transformer
电子标签/電子標簽 electronic tag
电子波/電子波 electron wave
电子波磁控管/電子波磁控管 electron wave magnetron
电子波[放大]管/電子波管 electron wave tube
电子捕获检测器/電子捕獲偵檢器 electron capture detector, ECD
电子测厚仪/電子測厚儀 electronic thickness gage
电子测距光学经纬仪/電子測距經緯儀 electronic range theodolite
电子测量/電子測量 electronic measurements
电子测量仪表/電子量測儀器 electronic measuring instrument
电子测量仪器/電子量測儀器 electronic measuring instrument
电子测量仪器选择性/電子測量儀器選擇性 selectivity of an electronic measuring instrument
电子测微计/電子測微計 electronic micrometer
电子车速里程表/電子速率計 electronic speedometer
[电子]成像透镜/[電子]成像透鏡 electronic imaging lens
电子程序器/電子程序器 electronic programmer
电子出版/電子出版 electronic publishing
电子传导/電子傳導 electron conduction
电子磁矩/電子磁矩 electron magnetic moment
电子磁强计/電子磁強計 electronic magnetometer
[电子]磁子/電子磁子 electronic magneton
电子导电/電子傳導 electron conduction
电子[的]/電子的 electronic
电子等离子体/電子電漿 electron plasma
电子地图/電子地圖 electronic map
电子地震仪/電子地震儀 electronic seismograph
电子点火系统/電子點火系統 electronic ignition system
电子电荷/電子電荷 electron charge
电子电话电路/電子電話電路 electronic telephone circuit, ETC
电子电离/電子游離 electron ionization
电子电流/電子[電]流 electronic current
电子电路/電子電路 electronic circuit
电子电位计/電子電位計 electronic potentiometer
电子电压表/電子電壓表,電子伏特計 electronic voltmeter
电子吊秤/電子吊秤 electronic hoist scale
电子订货系统/電子訂貨系統 electronic ordering system
电子读出/電子讀出 electronic readout
电子对产生/電子對產生 electron pair production
电子对抗/電子反制 electronic countermeasures, ECM
电子耳/電子耳 electronic ear
电子发射/電子發射 electron emission
电子发射调节器/電子發射調節器 electron emission regulator
[电子]阀/[電子]閥 electronic valve
[电子]阀器件/[電子]閥器件 electronic valve device
电子反对抗/電子反對抗 electronic counter-countermeasures, ECCM
电子反对抗改善因子/電子反對抗改善因子 ECCM improvement factor, EIF
电子放大器/電子放大器 electronic amplifier
电子肺量计/電子肺量計 electrospirometer
电子废料火法冶金法/電子廢料高温冶金法 pyrometallurgical processing of electric scrap
电子付款/電子付款 electronic billing
电子干扰/電子干擾 electronic jamming
[电子]干扰战/電子干擾戰 jamming war, JW
电子付款机/銷售點 point of sale, POS
电子感生解吸/電子感生解吸 electron induced desorption, EID
电子感应加速器/電子[感應]加速器,貝他加速器 betatron, electron betatron
电子感应加速器振荡/貝他加速器振盪 betatron oscillation
电子跟踪装置/電子示蹤器 electronic tracer
电子工程学/電子工程學 electronic engineering
电子公告板/電子布告欄 electronic bulletin board
电子攻击/電子攻擊 electronic attack

电子管/電子管,真空管 electronic tube, vacuum tube, electrotube
电子管参数电桥/真空管電橋 vacuum-tube bridge
电子管测试仪/電子管測試儀 tube tester
电子管电压表/電子管伏特計,真空管伏特計,真空管電壓計 tube voltmeter, vacuum-tube voltmeter
电子管电压计/真空管伏特計,閥伏特計,真空管電壓計 vacuum-tube voltmeter, valve voltmeter
电子管放大器/真空管放大器 vacuum-tube amplifier
电子管分类器/電子分類機 electronic sorter
电子管伏特计/真空管伏特計,閥伏特計,真空管電壓計 vacuum-tube voltmeter, valve voltmeter
电子管继电器/真空管繼電器 vacuum-tube relay
电子管[热离子]放大器/熱離子放大器 thermionic amplifier
电子管试验器/閥測試器,電子管測試儀 valve tester, tube tester
电子管调制器/真空管調制器 vacuum-tube modulator
电子光度计/電子光度計 electronic photometer
电子光伏电池/電子光[伏打]電池 electronic photovoltaic cell
电子光密度计/電子密度計 electronic densitometer
电子光谱法/電子光譜法,電子光譜學 electron spectroscopy
电子光谱仪/電子光譜儀 electron spectrometer
电子光学/電子光學 electron optics
电子光学放大/電子光學放大 electron optical magnification
电子光学分束镜/電光分光鏡 electrooptical beam splitter
电子光学效应/電光效應 electro-optical effect
电子光学仪器/電子光學儀器 electronic optical instrument
电子轨道衡/電子軌道衡 electronic railroad scale
电子轨迹/電子軌跡 electron trajectory
电子号簿/號碼查詢業務 directory enquiry service, DQ service
电子号码/ENUM 標準 ENUM
电子核子双共振谱[学]/電子核子雙共振譜[學] electron nuclear double resonance spectroscopy, ENDORS
电子衡器/電子衡器 electronic weighing instrument
电子轰击/電子轟擊 electron bombardment
电子轰击二次电子像/電子撞擊二次電子影像 electron bombardment secondary electron image
电子轰击-化学电离源/電子撞擊-化學電離源 electron impact-chemical ionization source, EI-CI source
电子轰击离子化/電子衝擊電離,電子衝擊游離 electron impact ionization
电子轰击离子源/電子撞擊離子源 electron impact ion source
电子化/電子化 electrization
电子环射束近距离枪/電子環射束近距離槍,電子環射束近射程槍 electron ring beam short range gun
电子换能器/電子换能器 electronic transducer
电子回轰/電子回轟 electron back bombardment
电子回旋共振/電子回旋共振 electron cyclotron resonance, ECR
电子回旋共振加热/電子回旋共振加熱,電子回旋諧振加熱 electron cyclotron resonance heating, ECRH
电子回旋加速器/電子回旋加速器 electron cyclotron
电子货币/電子貨幣 e-currency
电子积分器/電子積分器 electronic integrator
电子激发/電子衝撞激勵 electron excitation
电子集电极/電子集電器 electron collector
电子计时计/電子測時計 electronic chronometer
电子计数秤/電子計數秤 electronic counting scale
电子计数器/電子計數器 electronic counter
电子计数式转速表/電子計數式轉速表 tachometer by electron counting
电子计算机/電子計算機,電腦 electronic computer
电子计算机中心/電子計算機中心 electronic computer center
电子计算器/電子計算器 electronic computer
电子记录器/電子記録器 electronic recorder
电子技术/電子學 electronics
电子继电器/電子繼電器,電子替續器 electronic relay
电子加热/電子加熱,高頻加熱 electronic heating, high-frequency heating
电子加速器/電子加速器 electron accelerator
电子监视/電子監視 electronic surveillance
电子交换/電子交换 electron exchange
电子交换系统/電子交换系統 electronic switching system, ESS
电子角动量/電子角動量 electronic angular momentum
电子节气门/電控油門 electronic-controlled throttle
电子金融/電子銀行 electronic banking
电子经纬仪/電子經緯儀 electronic theodolite
电子静态存储器/電子静態儲存器 electron static

storage
电子静止质量/電子静止質量 electron rest mass
电子开关/電子開關 electronic switch
电子客户关系管理/電子客户關係管理 electronic customer relationship management
电子空穴对/電子-電洞對 electron-hole pair
电子空穴浓度乘积/電子電洞濃度乘積 NP product
电子控制/電子控制 electronic control
电子控制单元/電子控制單元 electronic control unit, ECU
电子控制点火系/電子控制點火系 electronically controlled ignition system
电子控制化油器/電子控制化油器 electronic-controlled carburetor
电子控制器/電子控制器,電子控制單元 electronic controller, electronic control unit, ECU
电子控制式排气再循环系统/電子控制式排氣再循環系統,電控式排氣再循環系統 electronic-controlled exhaust gas recirculation system, electronic-controlled EGR system
电子块/電子塊 electron block
电子快速测距仪/電子光學測距儀 electronic tacheometer
电子料斗秤/電子[料]斗秤 electronic hopper scale
电子流/電子流 electron stream
电子流量计/電子流量計 electronic flowmeter
电子流体压力计/電子壓力計 electromanometer
电子录像机/電子録影機 electronic video recorder
电子脉冲计数器/電子脈衝式計數器 electronic pulse counter
电子脉动器/電子脈衝產生器 electronic pulsator
电子贸易/電子貿易 teletrade
[电子]门/[電子]閘 gate
电子密度/電子密度 electron density
电子密度测量探针/電子密度量測探針 electron-density measurement probe
电子描绘器/電子示蹤器 electronic tracer
电子模拟计算机/電子類比計算機 electronic analog computer
电子模拟器/電子模擬器 electronic simulator
电子模-数转换器/電子類比數位轉換器 electronic analogue-to-digital converter
电子能/電子能 electron energy
电子能级/電子能級 electronic level
电子能量分析器/電子能量分析器 electron energy analyzer
电子能量损失光谱法/電子能量損失光譜學 electron energy lose spectroscopy
电子能量损失光谱仪/電子能量損失譜儀 electronic energy loss spectrometer
电子能量损失能谱[学]/電子能量損失能譜[學] electron energy loss spectroscopy, EELS
电子扭矩仪/電子扭矩儀 electronic torque meter
电子偶分光计/電子對分光計,電子對光譜儀 pair spectrometer
电子偶极矩/電子偶極矩 electron dipole moment
电子偶素/正負電子偶 positronium
电子耦合振荡器/電子耦合振盪器 electron-coupled oscillator
电子配料秤/電子配料秤 electronic batching scale
电子喷射/電子束 electro jet
电子皮带秤/電子皮帶秤 electronic belt conveyor scale
电子漂移/電子漂移 electron drift
电子漂移检测器/電子漂移檢知器 electron drift detector
电子平板仪/電子平板儀 electronic plane table equipment
电子平面射束枪/電子平面射束槍 electron plane beam gun
电子平台秤/電子平臺秤 electronic platform scale
电子欺骗/電子欺騙 electronic deception
电子气/電子氣[體] electron gas
电子汽车秤/電子軌道衡 electronic truck scale
电子签名/電子簽章 electronic signature, digital signature
电子钱包/電子錢包 electronic wallet
电子钱包管理器/電子錢包管理器 wallet administration
电子枪/電子槍,陰極射線管 electron gun
电子亲合性/電子親和力 electron affinity
电子亲和检测器/電子親和力檢知器 electron affinity detector
电子亲和势/電子親和力 electron affinity
电子-轻子数/電子輕子數 electron lepton number
电子情报/電子情報 electronic intelligence, ELINT
电子群聚/電子群聚 electron bunching
电子散斑干涉仪/電子斑點干涉術 electronic speckle pattern interferometry, ESPI
电子散射程序/電子散播程序 electron scattering process
电子扫描/電子式掃描 electronic scanning
电子扫描器/電子掃描器 electronic scanner
电子商务/電子商務 e-commerce
电子商务模式/電子商務模式 electronic commerce mode

电子商务平台/電子商務平臺 e-business platform
电子商业/電子化企業 e-business
电子射线管/電子射線管,幻眼管 magic eye
电子摄谱仪/電子攝譜儀 electron spectrograph
电子摄像管/[光電]攝影管,光電[顯]像管 iconoscope
电子摄像装置/電子攝像裝置 electronic image pickup device
电子渗入/電子穿透 electronic penetration
电子示波器/電子示波器,電子示波儀 electronic oscillograph, electronic oscilloscope
电子市场/電子市場 electronic market
电子式功率变流/電力電子換流 electronics power conversion
电子式功率变流器/電力電子換流器 electronic power converter
电子式功率电阻控制/電子式功率電阻控制 electronics power resistance control
电子式功率逆变/電子式功率反轉 electronics power inversion
电子式功率整流/電子式功率整流 electronics power rectification
电子式交流功率变流/電子式交流功率變流 electronics AC power conversion
电子式试验机/電子試驗機 electronic testing machine
电子式直流功率变流/電子式直流功率變流 electronics DC power conversion
电子收费系统/電子收費收集系統 electronic toll collection system
电子收集计数管/電子收集計數器 electron-collection counter
电子收集时间/電子收集時間 electron-collection time
电子收款机系统/銷貨點系統 point of sale system
电子束/電子[射]束 electron beam, electronic beam
电子束摆动/射束抖動,射束跳動 beam jitter
电子束半导体放大器/電子束半導體放大器 electron-beam semiconductor amplifier
电子束半导体器件/電子束半導體元件 electron beam semiconductor device, EBS device
电子束曝光系统/電子束曝光系統 electron beam exposure system
电子束泵浦/電子束幫浦 electron beam pumping, EBP
电子束泵浦半导体激光器/電子束泵浦半導體雷射 electron beam pumped semiconductor laser
电子束泵浦激光器/電子束激昇雷射 electron beam pumped laser
电子束表面合金化/電子束表面合金化 electron beam surface alloying
电子束参量放大器/電子束参量放大器 electron beam parametric amplifier
电子束重熔/電子束重熔 electron beam remolten
电子束穿孔/電子束穿孔 electron beam perforation
电子束磁强计/電子束磁強計 electron-beam magnetometer
电子束淬火/電子束硬化 electron beam hardening
电子束电流/射束電流 beam current
电子束定位磁体/電子束定位磁體 beam positioning magnet
电子束发光管/電子束輝光管 electron beam luminotron
电子束发生器/電子束產生器 electron-beam generator
电子束负载/電子束負載 beam loading
电子束功率管/電子束功率管 beam power tube
电子束功率计/電子束功率計 electron beam power meter
电子束固化/電子束固化 electron beam curing
电子束管/電子束管 electron-beam tube
电子束光刻/電子束光刻 electron beam lithography
电子束光刻胶/電子束光刻膠 electron beam resist
电子束焊/電子束熔接,電子束焊接 electron beam welding
电子束焊机/電子束電焊機 electron beam welding machine
电子束焊接设备/電子束焊接設備 electron beam welding plant
电子束激光器/電子束雷射 electron beam laser
电子束加工/電子束加工 electron beam cutting
电子束加工机床/電子束加工機床 electron beam machine tool
电子束加速器/陰極射線加速器 cathode ray accelerator
电子束枪/電子束槍 electron beam gun
电子束切片/電子束切片 electron beam slicing
电子束区域熔炼/電子束區域熔煉 electron beam zone melting
电子束热处理装置/電子束熱處理裝置 electron beam heat treatment equipment
电子束熔炼/電子束熔煉 electron beam melting
电子束扫描器/電子束掃描器 electron-beam scanner
电子束扫描声全息/電子束掃描聲全息 acoustic holography by electron-beam scanning

[电子束]示波器/[電子束]示波器 electron-beam oscilloscope
电子束探示器/電子束探針 electron-beam probe
电子束探针/電子束探針 electron-beam probe
电子束调制/射束調制 beam modulation
电子束显示器件/電子束顯示器件 electron-beam display device
电子束蒸发/電子束蒸發 electron-beam evaporation
电子束注入/電子束注入 beam injection
电子束注入晶体管放大器/電子束注入電晶體放大器 electron-beam injected transistor amplifier
电子束钻床/電子束鑽孔機 electron-beam drilling machine
电子束钻孔机/電子束鑽孔機 electron-beam drilling machine
电子数据处理/電子資料處理 electronic data processing, EDP
电子数据交换/電子資料交換 electronic data interchange, EDI
电子数据交换消息/電子資料交換訊息 electron data interchange message, EDI message
电子数密度/電子數密度 electron number density
电子数字积分器/電子數位積分器 electronic digital integrator
电子数字计算机/電子數位計算機 electronic digital computer
电子双共振谱[学]/電子雙共振譜[學] electron double resonance spectroscopy, ELDORS
电子水平仪/電子水平儀 electronic level meter
电子顺磁共振/電子順磁共振,電子順磁諧振 electron paramagnetic resonance, EPR
电子顺磁共振波谱法/電子順磁共振波譜法 electron paramagnetic resonance spectroscopy
电子顺磁共振波谱仪/電子順磁共振光譜儀 electron paramagnetic resonance spectromenter, EPR spectrometer
电子顺磁共振仪/電子順磁共振儀 electron paramagnetic resonance instrument
电子隧道谱法/電子隧道譜法 electron tunnelling effect spectroscopy
电子探针/電子探針 electron microprobe, electron probe
电子陶瓷/電子陶瓷 electronic ceramic
电子体温计/電子體温計 electrothermometer
电子天平/電子天平,電子平衡器 electronic balance
电子调节/電子[裝置]調節 electronic regulation
电子调节器/電子調節器 electronic regulator
电子调速器/電子調速器 electronic governor
电子调谐/電子調諧 electronic tuning
电子听诊器/電子聽診器 electrostethophone
电子通道图样/電子通道圖樣 electron channeling pattern
电子同步加速器/電子同步加速器 electron synchrotron
电子头脑风暴/電子頭腦風暴 electronics brain storming
电子投票/電話投票 vote over telephony
电子透镜/電子透鏡 electron lens, electronic lens
电子图书馆/電子圖書館 electronic library
电子图像重显装置/電子影像再顯裝置 electronic image reproducing device
电子望远镜/電子[式]望遠鏡 electronic telescope
电子微分分析器/電子微分分析器 electronic differential analyzer
电子伪装/電子偽裝 electronic camouflage
电子温度/電子溫度 electron temperature
电子温度计/電子溫度計 electronic thermometer
电子温控器/電子恆溫器 electronic thermostat
电子文本/電子本文 e-text
电子污染/電子汙染 electron contamination
电子物理学/電子物理學 electron physics
电子显微镜/電子顯微鏡 electron microscope
电子显微术/電子顯微學 electron microscopy
电子陷阱/電子陷阱 electron trap
电子相阵扇形扫描/電子相陣扇形掃描 electronically phased array sector scanning
电子消费/電子消費 e-consumption
电子消息处理/電子訊息處理 electronic messaging
电子效率/電子效率 electronic efficiency
电子型半导体/電子[型]半導體 electron semiconductor
电子序列号码/電子序列號 electronic serial number, ESN
电子学/電子學 electronics
[电子]雪崩/[電子]雪崩 electron avalanche
电子血压计/電子血壓計 electrosphygmomanometer
电子衍射/電子繞射 electron diffraction
电子衍射法/電子繞射法 electron diffraction method
电子衍射相机/電子繞射照相機 electron-diffraction camera
电子衍射仪/電子繞射儀 electron diffractometer
电子眼压计/電子眼壓計 electrotonometer
电子业务/電子化企業 e-business
电子液压计/電子壓力計 electromanometer
电子仪器/電子儀器 electronic instrument

电子银行业务/電子銀行業務 electronic banking
电子印像机/電控印表機 electronic-controlled printer
电子邮件/電子郵件 e-mail, electronic mail
电子邮件别名/電子郵件別名 e-mail alias
电子邮件地址/電子郵件地址 e-mail address
电子邮件服务器/電子郵件伺服器 e-mail server
电子邮件消息/電子郵件消息 e-mail message
电子邮件信箱/電子郵件信箱 e-mail address electronic mail mailbox
电子远程控制/電子遥控 eletronic remote control
电子杂志/電子雜志,電子期刊 electronic magazine
电子战/電子戰 electronic warfare
电子照相打印机/電子照相列印機 electrophotographic printer
电子照相机/電子照相機 electronographic camera
电子侦察/電子偵察 electronic reconnaissance
电子振荡器/電子振盪器,電子振盪儀 electronic oscillator
电子征询/電子徵詢 electronic questionnaires
电子政务/電子化政府 e-government
电子支付/電子支付 electronic payment
电子支票/電子支票 electronic check
电子支援措施/電子支援措施 electronic support measures, ESM
电子纸/電子紙 electronic paper
电子注入/電子注入 electron injection
电子注入器/電子注射器 electron injector
电子注引示彩显像管/電子束選色顯像管 beam index color picture tube
电子转账/電子轉賬 electronic funds transfer, EFT
电子转速表/電子轉速計 electronic tachometer
电子资金汇兑/電子轉賬 electronic fund transfer
电子自动调平器/電子自動調平裝置 electronic auto-leveling device
电子自旋共振/電子自旋共振,電子自旋諧振 elctron spin resonance, ESR
电子自旋共振光谱[学]/電子自旋共振光譜[學] electron spin resonance spectroscopy, ESRS
电子自旋光谱学/電子自旋光譜學 electron spin spectroscopy
电子自由度/電子自由度 electronic degree of freedom
电子总放大[率]/電子總放大[率] electron total magnification
电阻/電阻 resistance
电阻比标准/電阻比標準 resistive ratio standard
电阻比较器/電阻比較儀 resistance comparator
电阻表/電阻表,歐姆表 ohmmeter
电阻测量/電阻量測 resistance measurement
电阻测温法/電阻測温法 resistance thermometry, resistance method of temperature measurement
电阻乘法器/電阻乘法器 resistance multiplier
电阻点焊/電阻點熔接 resistance spot welding
电阻-电容-晶体管逻辑/電阻-電容-電晶體邏輯 resistor-capacitor-transistor logic, RCTL
电阻电容滤波器/電阻電容濾波器 resistance capacitance filter
电阻电容式发电机/阻容發電機 resistance-capacitance generator
电阻电容振荡器/電阻電容振盪器 resistance capacitance oscillator
电阻对焊/電阻對焊 upset welding
电阻对焊机/電阻對焊機,對接電阻熔接機 resistance butt welding machine, butt resistance welder
电阻法测温/電阻式温度測定法 resistance method of temperature determination
电阻法焊接/電阻法熔接 resistive welding
电阻分压器/電阻分壓器 resistive divider, resistive-voltage divider
电阻负载/電阻負載 resistive load
电阻高温计/電阻高温計 electropyrometer, resistance pyrometer
电阻海/電阻海 resistance sea
电阻焊/電阻熔接,電阻焊接 resistance welding
电阻焊点/電阻焊點 resistance spot weld
电阻焊管/電阻焊管 resistance welded pipe
电阻焊管机/電阻焊管機 resistance weld mill
电阻焊机/電阻焊機 resistance welding machine
电阻合金/電阻合金 resistance alloy, electric resistance alloy
电阻回路耦合/環狀電阻耦合 resistive-loop coupled
电阻计/電阻計 resistance gage
电阻继电器/電阻繼電器 resistance relay
电阻加热/電阻加熱 resistance heating
电阻加热炉/電阻加熱爐 electric resistance-type heating furnace
电阻截止频率/電阻性截止頻率 resistive cut-off frequency
电阻-晶体管逻辑/電阻-電晶體邏輯 resistor-transistor logic, RTL
电阻流量计/電阻流量計 resistive flowmeter
电阻炉/電阻[式電]爐 resistance furnace, electric resistance furnace
电阻炉蒸馏/電阻爐蒸餾 electric resistance furnace

distillation
电阻率/電阻率,電阻係數 resistivity
电阻排/電阻器陣列 resistor array
电阻漂移/電阻漂移 resistance drift
电阻平衡/電阻平衡 resistance balance
电阻器/電阻 resistor
电阻钎焊/電阻硬焊 resistance brazing, resistance soldering
电阻湿度计/電阻濕度計 resistance hygrometer
电阻式测力仪/電阻測功計 resistance dynamometer
电阻式除冰器/電熱除冰器 resistive deicer
电阻式触摸屏/電阻式觸控式螢幕 resistive touch screen
电阻式传感器/電阻式轉換器,電阻換能器 resistive transducer
电阻式磁强计/電阻[式]磁強計 resistance magnetometer
电阻式分压器/電阻型分位器 resistance type
电阻[式]衰减器/電阻[式]衰減器 resistor attenuator, resistive attenuator
电阻式应变计/電阻式應變計 resistance-type strain gage
电阻式真空计/電阻式真空計 resistance-type vacuum gage
电阻损耗/電阻損耗 resistive loss
电阻探针/電阻探頭 resistance probe
电阻调节/電阻控制 resistance control
电阻调节器/電阻調節器 resistance regulator
电阻温度计/電阻溫度計 resistance thermometer
电阻温度计温标/電阻溫度計標度 resistance thermometer scale
电阻温度计自热效应/電阻溫度計自熱效應 self-heating effect of resistance thermometer
电阻温度检测器/電阻式熱檢知器 resistive thermal detector
电阻温度系数/電阻溫度係數 temperature coefficient of resistance
电阻系数/電阻係數 coefficient of resistance
电阻线圈/電阻線圈 resistance coil
电阻箱/電阻箱 resistance box
电阻[型]随机存取存储器/電阻[型]隨機存取記憶體 resistance random access memory, RRAM
电阻性的/電阻的 resistive
电阻压降/電阻電位降 resistance voltage drop
电阻引线电感/電阻引線電感 inductance of the resistor lead
电阻应变计/電阻應變[測量]計 resistance strain gage
[电阻]应变式轧制力测量仪/[電阻]應變式軋製力測量儀 resistance strain gage rolling force measuring instrument
[电阻]应变式张力计/[電阻]應變式張力計 resistance strain gage tensiometer
电阻元件/電阻元件 resistance element
电阻噪声/電阻性雜訊 resistance noise
电阻值均匀性/電阻值均勻性 homogeneity of electrical resistance
电钻/電鑽 electric drill
垫板/墊板,底板 base plate, stool
垫层/底層 bedding
垫带/墊帶,襯帶 flap
垫带边缘厚度/墊帶邊緣厚度 thickness of flap edge
垫带中部厚度/墊帶中部厚度 thickness of flap center
垫带最小展平宽度/墊帶最小展平寬度 minimum width of flatting flap
垫圈/墊圈 washer, cushion ring
垫圈高度/墊圈高度 washer height
垫整电容器/墊整電容器 padding capacitor
垫子/墊子,墊塊,底板 mat
淀粉/澱粉 starch
雕刻机/雕刻機 carving machine
雕塑曲面/雕塑曲面 sculptured surface
吊车秤/吊車秤 crane scale
吊秤/吊秤 hanging scale
吊顶内装式空气调节器/吊頂内裝式空氣調節器 in-ceiling-type air conditioner
吊顶式空气调节器/吊頂空氣調節器 ceiling-type air conditioner
吊斗起重机/吊斗起重機 bucket crane
吊斗提升机/卸斗吊車,吊斗吊車 skip hoist
吊放式声呐/浸放式聲納 dipping sonar
吊拱/懸拱 suspended arch
吊钩/吊鉤 lifting hook
吊钩浮式起重机/吊鉤浮式起重機 hook floating crane
吊钩横梁/吊鉤橫梁 lifting beam with hooks
吊钩滑轮组/吊鉤滑輪組 hook assembly
吊钩门式起重机/吊鉤門式起重機 gantry crane with hook
吊钩起重机/吊鉤起重機 hook crane
吊钩桥式起重机/吊鉤橋式起重機 overhead crane with hook
吊挂带式输送机/吊掛帶式輸送機 suspension belt conveyor
吊挂式空气调节机组/吊掛式空調機組 hanging-

type air-conditioning unit
吊挂托辊/吊掛惰輪 suspension idler
吊罐/吊罐 raise cage
吊环螺钉/提環螺栓 lifting eye bolt
吊环螺母/吊環螺母 lifting eye nut
吊货杆/起重臂 cargo boom
吊具/吊具 carriers
吊具倾斜装置/吊具傾斜裝置 spreader incline device
吊具水平回转装置/吊具回轉裝置 spreader slewing device
吊篮/吊籃 basket
吊篮式客运架空索道/吊籃式客運架空索道 bucket lift
吊篮式转头/擺動桶轉子 swing bucket rotor
吊梁/吊梁 lifting beam
吊笼/吊籠 cage
吊盘/吊車盤 hoist pan
吊砂条/吊砂條 clack
吊[式电风]扇/吊扇 ceiling fan
吊丝/懸吊彈簧 suspension spring
吊线夹/懸掛線夾,懸垂線夾 suspension clamp
吊线缆/電纜吊線 messenger wire
吊厢/吊厢 cabin, gondola
吊厢式客运架空索道/吊厢式客運架空索道 hanging gondola type passenger aerial cable-way
吊芯/懸吊砂心 suspended core
吊椅/吊椅 chair
吊椅式客运架空索道/吊椅式客運架空索道 hanging chair type passenger aerial cable-way
吊桩装置/樁處理裝置 pile-handling device
吊装/吊裝 hoisting assembly
调查方法/調查方法,測驗方法 method of investigation
调度/定序,排程 scheduling
调度表/排程表 schedule table
调度程序/排程器 scheduler
调度程序等待队列/排程器等待佇列 scheduler waiting queue
调度队列/排程佇列 scheduling queue
调度方式/排程模式 scheduling mode
调度规则/排程規則 scheduling rule
调度监控计算机/排程監視器電腦 scheduling monitor computer
调度模块/排程模組 scheduler module
调度算法/排程演算法 scheduling algorithm
调度问题/排程問題 scheduling problem
调度信息池/排程資訊集用場 scheduling information pool
调度专用系统/排程專用系統 private dispatch system
调度资源/排程資源 scheduling resource
调度作业/排程工作 schedule job
调换程序/調換程式 swapper
调换集/調換集 swap set
调入地址/呼叫地址,傳呼地址 call address
调用/調用 invocation
调用方/主叫用户 caller
调用序列/叫連順序 calling sequence
掉砂/砂模夾壞 clamp-off, ram off
跌落测试/跌落測試 mechanical drop test
跌落试验/跌落試驗 fall-down test
迭代/疊代 iteration
迭代调度分配方法/疊代排程配置方法 iterative scheduling and allocation method
迭代法/疊代法 iteration method
迭代改进/疊代改進 iterate improvement
迭代过程/疊代過程 iterative process
迭代解法/疊代法 iterative method
迭代裂变期望值/重分裂期待值 iterated fission expectation
迭代模型/反復運算模型 iterative model
迭代器模式/反復運算器模式 iterator pattern
迭代搜索/疊代搜尋 iterative search
迭代协调/疊代協調 iterative coordination
迭化/疊溶 lap dissolve
叠板轧机/疊板軋機 pack mill
叠边浇道/疊邊澆道 connor runner bar
叠边冒口/疊邊冒口 kiss riser
叠层干电池/疊層乾電池 layer-built dry cell
叠层型/疊模 stack mold
叠镀/疊鍍 overlay metalization
叠加/疊置 superposition
叠加电流电镀/疊加電流電鍍 superimposed current electroplating
叠加定理/疊加定理,重疊定理 superposition theorem
叠加定律/重疊定律 law of superposition
叠加法/疊加角 superposition angle
叠加理论/重疊論 superposition theory
叠加砂心/貼附砂心 super-imposed core
叠加态/疊加態 superposition state
叠加演算/疊加演算 superposition calculus
叠加因数/疊壓因數 stacking factor
叠加原理/疊加原理 principle of superposition, superposition principle

叠卡机/卡堆疊器 card stacker
叠模/疊模 multiple mold
叠片磁心/疊片磁芯 laminated magnetic core
叠片机座/疊片機座 laminated frame
叠片式磁头/層版磁頭 laminated magnetic head
叠片铁心/疊片鐵芯 laminated core
叠绕组/疊繞組,折卷 lap winding
叠式钻臂/疊加式鑽臂 superimposition drill boom
叠箱/疊模 stack boxes
叠箱浇铸法/疊模澆鑄法 stack pouring
叠箱铸型/疊模 stack mold
叠箱铸造/疊模法 stack molding
叠印/重打 overstrike
叠轧/疊軋 pack mlling
叠轧薄板/疊軋薄板 pack-rolled sheet
叠栅条纹/疊紋 moirè fringe
叠栅条纹光栅/疊紋光柵 moirè fringe grating
叠栅雪崩注入 MOS 存储器/堆疊閘極累增注入 MOS 記憶體 stack-gate avalanche injection type MOS memory, SAMOS memory
叠栅云纹法/疊柵雲紋法 moirè method
叠装系数/疊片因子 lamination factor
碟簧内锥高/碟簧內錐高 formed height of unloaded single disc
碟形砂轮/碟形砂輪 dish wheel
碟形弹簧/碟形彈簧 belleville spring
碟形压机/碟壓機 dishing press
蝶阀/蝶[形]閥 butterfly valve, butterfly gate
蝶阀凿岩机/蝴蝶式岩鑽 butterfly valve rock drill
蝶式绝缘子/穿心式絕緣器 shackle insulator
蝶式孔型/蝶式孔型 butterfly pass
蝶式孔型系统/蝶式孔型系統 butterfly pass system
蝶式排列/蝶式排列 butterfly permutation
蝶式运算/蝶式演算 butterfly operation
蝶式止回阀/蝶式止回閥 butterfly swing check valve
蝶形挡板/蝶形擋板 butterfly baffle
蝶[形]阀/蝶[形]閥 butterfly valve
蝶形活门/蝶[形]閥 butterfly valve
蝶形搅拌器/蝶形攪動器 butterfly agitator
蝶形节流阀/蝶形節流閥 butterfly throttle
蝶形结构/蝶形結構 butterfly structure
蝶形紧定螺钉/蝶形螺釘 butterfly screw
蝶形螺母/蝶形螺帽 butterfly nut
蝶形螺栓/蝶形螺栓 butterfly bolt
蝶形振荡器/蝶形振盪器 butterfly oscillator
丁类放大器/D 類放大器 class D amplifier
顶/頂 top
顶拔器/頂拔裝置 thruster
顶把/頂把 holder-on
顶板/頂板 ejection plate, top plate
顶板锚杆支护/頂磐栓固,岩磐栓固 roof bolting
顶部臂节/頂臂段 top jib section
顶层本体/頂層本體 top-level ontology
顶层端站/頂端停靠站 top terminal landing
顶出机构/頂出器 ejector
顶出力/頂出力 ejecting force, ejector force
顶窗/頂窗 roof window
顶吹/頂吹 top blowing
顶吹底部搅拌转炉熔炼法/頂吹底部攪拌轉爐熔煉法 oxygen top blowing-nitrogen stirring process
顶吹浸没式喷枪熔炼法/頂吹浸没式噴槍熔煉法 top-blown submerged lance smelting process
顶吹旋转转炉/頂吹旋轉轉爐 top-blown rotary converter, TBRC
顶吹旋转转炉熔炼法/頂吹旋轉轉爐熔煉法 top-blown rotary converter smelting process, TBRC process
顶灯/吊燈 ceiling lamp
顶底复吹转炉/[頂底]複吹轉爐 combined top and bottom blowing converter, top and bottom combined blown converter
顶底复吹转炉炼钢法/頂底複吹轉爐煉鋼法 combined top and bottom blown process
顶点/頂點,頂峰 apex
顶点覆盖/頂點覆蓋 vertex cover
顶点混合/頂點混合 vertex blending
顶点距离/圓錐頂距離 vertex distance
顶点着色器/頂點著色器 vertex shader
顶端淬火试验/喬米尼端面淬火試驗 Jominy end-quench test
顶镦/頂鐓,鍛粗 heading
顶盖/頂蓋 head cover
顶杆/用銷撬起 pin lift
顶杆起模/頂桿起模 draw on pins
顶根距/頂根距 tip-root distance
顶管机/頂管機 push bench
顶级结点/頂端節點 top node
顶级域名/頂層領域名稱 top-level domain name
顶加料熔铁炉/頂加料熔鐵爐,三節熔鐵爐 top charge cupola
顶尖轴/頂尖軸 center shaft
顶浇口/頂端門巷 top gate
顶角/頂角 point angle
顶空盲区/頂空盲區 upper space of silence
顶空气相色谱法/頂隙氣體層析術 headspace gas

chromatography
顶块/門鍵,門塊 kicking block
顶宽/頂寬 top width
顶梁/頂梁 top beam
顶梁支护/垂直柱欀 bar timbering
顶量值/頂量值 top magnitude
顶料销/頂銷,起銷 lifting pin
顶冒口/頂冒口 top riser
顶排管/頂板盤管 ceiling coil
顶棚采光/頂棚採光 rooflight
顶棚管过热器/頂棚管過熱器 ceiling superheater
顶燃式均热炉/頂燃式均熱爐 top-fired soaking pit
顶燃式热风炉/頂燃式熱風爐 top combustion stove
顶事件/頂事件 top event
顶替展开法/替代展開法 replacement development method
顶推式拉拔机/頂推式拉拔機 push and drawing machine
顶隙/底隙 bottom clearance
顶圆/齒頂圓 tip circle
顶圆直径/齒頂圓直徑 tip diameter
顶[圆]锥角/頂錐角 tip angle
顶缘啮合/頂緣嚙合 tip edge engagement
顶值电压/頂值電壓,峰值電壓 ceiling voltage
顶置气门发动机/頂置氣門發動機 overhead-valve engine
顶置凸轮轴/頂置凸輪軸 overhead camshaft
顶轴油泵/頂軸油泵 jacking oil pump
顶注/頂澆法 top pouring
顶注式浇注系统/頂澆注系統 top gating system
顶铸法/頂鑄法 top casting process
顶装焦炉/頂裝煉焦爐 top charging coke oven
订户/用户 subscriber
订阅/訂閱 subscribe
钉扎点/釘扎點 pinning point
定比/定比 constant proportion
定比测量/比例量測 ratio measurement
定比例综合控制/定比例綜合控制 constant-proportion composite control
定比码/定比碼 constant ratio code
定标/定標 scaling
定标频率/信標頻率 beacon frequency
定标器/定標器,示數器 scaler
定槽水银气压表/寇烏式水銀氣壓表 Kew pattern mercury barometer
定长子网划分/定長子網劃分 fixed length subnetting
定长钻臂/定長鑽臂 length-fixed drill boom
定常流/穩[定]流,穩[態]流 steady flow
定常系统/定常系統,非時變系統 time-invariant system
定程装置/定限裝置 limit device
定尺剪切/定尺剪切 constant-length shearing
定尺切割/定尺切割 cut-to-length
定垂线尺/鉛垂線水平儀 plummet level
定氮球管/定氮球管 nitrogen bulb
定氮仪/氮量計 azotometer
定点/定點[的] fixed point
定点标度/設定點標度 set-point scale
定点表示法/定點表示[法] fixed-point representation
定点操作/定點操作 fixed-point operation
定点低温恒温器/定點低溫恆溫器 fixed points cryostat
定点计算机/定點計算機 fixed-point computer
定点精[确]度/定點精[確]度 station accuracy
定点炉/定點爐 furnace for reproduction of fixed points
定点数/定點數 fixed-point number
定点系统/定點系統 fixed-point system
定点运算/定點運算 fixed-point arithmetic, fixed-point operation
定电流放电/定電流放電 constant-current discharge
定电阻放电/定電阻放電 constant-resistance discharge
定风量系统/定風量系統 constant air volume system
定浮比重计/定浮比重計 hydrometer of constant immersion
定高差进料器/定高差進料器 constant head feeder
定硅测头/定矽測頭 silicon probe
定轨制/定軌制 stationary orbit system
定[恒]压发电机/定壓發電機 constant potential generator
定滑轮[装置]/定滑輪 fixed pulley, standing pulley
定极求积仪/定極面積儀 polar planimeter
定解条件/定解條件 conditions for determining solution
定界符/定界符 delimiter
定径机/修準軋機 sizing mill
定径水口/定徑水口 sizing nozzle, nozzle of constant diameter
定镜集光器/固定鏡集光器 fixed mirror collector
定镜水准仪/定鏡水準儀 dummy level
定距块/定距墊片 distance piece
定距指示器/定距指示器 range setting indicator

定类测量/標稱量測 nominal measurement
定理/定理 theorem
Aronhold-Kennedy 定理/Aronhold-Kennedy 定理，三心定理 Aronhold-Kennedy theorem
PCP 定理/PCP 定理 probabilstically checkable proofs theorem, PCP theorem
定理机/定理機 theorem machine
定理证明/定理證明 theorem proving
定理证明器/定理證明程式 theorem prover
定量包装秤/包裝秤 packing scale
定量包装商品/定量包裝商品 prepackage goods
定量包装商品净含量/定量包裝商品淨含量 net contain of prepackage goods
定量泵/定量泵，比例泵，計量泵 proportioning pump, measuring pump
定量测量/定量量測 quantitative measurement
定量差热[分析]仪/定量差熱分析儀 quantitative differential thermal analyzer
定量阀/比例閥 proportional valve
定量分析/定量分析 quantitative analysis
定量风险分析/定量風險分析 quantitative risk analysis
定量金相/定量金相[學] quantitative metallography
定量控制/定量控制 quantitative control
定量[配量]泵/定量泵 proportioning pump
定量配料机/配料機 dosing machine
定量器/比例尺 proportioner
定量图像分析/定量影像分析 quantitative image analysis
定量限/定量極限 limit of quantification
定量预测/定量預測 quantitative prediction
定量装入/定量裝入 fixed amount charging
定零装置/零位控制 zero set control
定流发电机/定流發電機 constant current generator
定律/定律 law
定率计/速率計 rate meter
定模/定模 fixed die, cover die
定扭矩电动扳手/定扭矩電動扳手 electric constant torque wrench
定扭矩气扳机/扭矩控制氣動扳手 torque-controlled pneumatic wrench
定盘式混砂机/定盤式混砂機 fixed pan mill
定膨胀合金/定膨脹合金 constant expansion alloy, alloy with controlled expansion
定片真空泵/定片真空幫浦，旋轉活塞真空幫浦，旋轉活塞式真空泵 rotary piston vacuum pump
定期测量/週期量測 periodic measurement
定期检验/週期檢驗 periodic inspection
定期排污/定期排汙 periodic blow-down
定期维护/定期維護 periodic maintenance, scheduled maintenance
定期维修/預定維修 scheduled maintenance
定日镜/定日鏡 heliostat
定容摩尔热容/定容莫耳熱容 molar heat capacity at constant volume
定容气体温度计/定容氣體溫度計 constant volume gas thermometer
定容取样器/恆容取樣器 constant-volume sampler, CVS
定容温度表/定容溫度計 constant-volume thermometer
定塞/定塞 fixed plug
定深装入/定深裝入 fixed bath-depth charging
定失效数寿命试验/定失效數壽命試驗 fixed failure number test
定时/定時，計時，時序 timing
定时测量/定時量測 timer measurement
定时抽取/時序粹取 timing extraction
定时电路/時限電路，時序產生電路 timing circuit
定时抖动/時序顫動 timing jitter
定时分析/定時分析 timing analysis
定时轨/計時軌 timing track
定时恢复/定時恢復 timing recovery
定时恢复电路/時序回復電路 timing recovery circuit
定时继电器/定時繼電器 time relay
定时间隔/規定間隔 fixed time interval, timing interval
定时鉴别器/定時鑒別器 timing discriminator
定时滤波放大器/定時濾波放大器 timing filter amplifier
定时码/計時碼 timing code
定时脉冲/定時脈波 timing pulse
定时脉冲发生器/時脈產生器 timing pulse generator
定时脉冲分配器/計時脈衝分配器 timing pulse distributor
定时器/定時器，計時器 timer
定时任务/定時任務 timed task
定时设备/定時裝置 timing device
定时[时标]脉冲发生器/定時[信號]產生器 timing generator
定时时钟/計時時鐘 timing clock
定时式转速表/定時式轉速表 timing style tachometer
定时提前[量]/定時提前[量] timing advance, TA

定时图/計時圖　timing diagram
定时误差/時序誤差　timing error
定时限继电器/定時繼電器　specified time relay
定时信号/計時信號　timing signal
定时信息/定時資訊　timing information
定时约束/定時約束　timing constraint
定时炸弹/定時炸彈　time bomb
定时振荡器/定時振盪器　timing oscillator
定时周期/計時週期　timing cycle
定时转子/定時轉子　timing rotor
定时装置/定時裝置　timing device
定瞬心线/固定極心線,固定瞬心線　fixed centrode
定瞬轴面/固定軸線面　fixed axode
[定]碳量器/碳量器　carbon apparatus
定碳探头/定碳探頭　carbon content sensor
定碳仪/定碳儀　carbon determinator
定位/定位　position fixing, positioning, location
定位把手/定位把手　position fixing knob
定位槽/定位槽　location notch
定位重复误差/定位重複誤差　position repetitive error
定位公差/定位公差　location tolerance
定位滚珠丝杠副/定位滾珠螺桿　positioning ball screw
定位焊/定位點熔接　tack welding, tack weld
定位继电器/定位繼電器　positioning relay
定位件/定位件　locating element, locating piece
定位均方根误差/定位均方根誤差　position root-mean-square error
定位孔/定位孔　location hole, locating hole
定位控制器/定位調整器　positioning controller
定位面/定位面　locating face
定位器/定位器　positioner, detent mechanism, locator
定位时间/定位時間　positioning time
定位实体/定位實體　position determining entity, PDE
定位手柄/定位手柄　position fixing handle
定位手柄杆/定位手柄桿　position fixing handle lever
定位手柄座/定位手柄座　position fixing handle seat
定位体系/定位體系　localized system
定位系统/自動位置調節系統,自動定址系統　positioning system
定位线/定向線　orientating line
定位销/定位銷[釘]　alignment pin, positioning dowel
定位信道/定位通道　positioned channel
定位业务/定位業務　localization service
定位仪/定位器　position finder
定位针/定位銷　locating pin
定位装置/定位裝置　locating device, positioning device
定位锥/定位錐　locating cones
定向/定向,方位　orientation
定向比/定向比　orientation ratio
定向测雨器/雨向計　vectopluriometer
定向重试/定向重試　directed retry
定向传声器/定向傳聲器,指向性麥克風　directional microphone
定向传输/定向傳輸,定向發射　beam transmission
定向灯光/指向燈,方向燈　direction light
定向范围/定向範圍　orientation range
定向负载/定向負載　follower load
定向公差/定向公差　orientation tolerance
定向光谱发射率/定向光譜發射率,定向發射率譜分布　directional spectral emissivity
定向广播/定向廣播　directional broadcasting
定向广播地址/定向廣播地址　directed broadcast address
定向换能器/定向換能器　directional transducer
定向接收/定向接收　beam reception, directional reception
定向接收机/定向接收機　directional receiver
定向接头/定向接頭　orientation sub
定向井/定向井　directional well
定向空间向量/定向空間向量　space-oriented vector
定向控制/定向控制　orientation control
定向凝固/方向性凝固　directional solidification
定向凝固高温合金/定向凝固高溫合金　directionally solidified superalloy
定向耦合器/定向耦合器,方向耦合器　directional coupler
定向水听器/定向水聽器,指向性水聽器　directional hydrophone
定向搜索/定向搜索　beam search
定向太阳电池阵/定向太陽電池陣　oriented solar cell array
定向天线/定向天線,方向天線　directional antenna
定向无线电/定向無線電　directional radio, directional wireless
定向无线电发射/定向無線電發射　radio-beam transmitting
定向无线电发射台/定向無線電發射臺　radio-beam transmitting station
定向误差/定向誤差　orientation error

定向系数/定向指數 directivity index
定向小区/定向社區 directional cell
定向性/定向性 directionality
定向岩心/定向岩心 oriented core
定向仪/定位器 position finder
定向增益/天線導向增益 directive gain
定向照明/定向照明,指向性照明 directional lighting
定向指数/定向指數 directivity index
定向钻井/定向鑽井 directional drilling
定向钻孔偏斜/定向鑽孔偏斜 designed borehole deflection
定向钻头/定向鑽頭 directional bit
定相/定相 phasing
定相同步机/定相同步機 phasing synchro
定相信号/定相信號 phasing signal
定心/定心 centering
定心钢球/定心鋼球 centering ball
定心毂/定心轂 centering boss
定心机/定心機 centering machine
定心调整/中點控制 centering control
定心仪/定點放大鏡 centerscope
定心针/定心針 centering pin
定星镜/定星鏡 siderostat
定形隔热制品/定形隔熱製品 shaped insulating product
定形致密耐火制品/定形致密耐火製品 dense refractory
定型/固定模 fixed die
定型试验/新型試驗 type test
定型输入/定型輸入 determinist input
定性测定/定性測定 qualitative determination
定性分析/定性分析 qualitative analysis
定性风险分析/定性風險分析 qualitative risk analysis
定性光谱分析法/定性光譜量測術 qualitative spectrometry
定性空间推理/定性空間推理 qualitative spatial reasoning
定性描述/定性描述 qualitative description
定性确定/定性測定 qualitative determination
定性数据/定性資料 qualitative data
定性推理/定性推理 qualitative reasoning
定性物理/定性物理 qualitative physics
定性物理模型/定性物理模型 qualitative physical model
定性信息/定性資訊 qualitative information
定压比热容/定壓比熱容 specific heat capacity at constant pressure
定压-滑压复合运行/改良滑壓運行 modified sliding-pressure operation
定压排气歧管/定壓排氣歧管 constant-pressure exhaust manifold
定压启动/定壓啟動 constant-pressure start-up
定压气体温度计/定壓氣體溫度計 constant pressure gas thermometer
定压绕组/固定繞圈 constant pressure winding
定压式自动膨胀阀/自動膨脹閥 automatic expansion valve
定压温度表/定壓氣體溫度計 constant-pressure thermometer
定压运行/定壓運轉 constant-pressure operation
定压增压/定壓增壓 constant-pressure charging
定氧测头/定氧測頭,氧探針 oxygen probe
定义不确定度/定義不確定度 definitional uncertainty
定义测量法/定義量測法 definitive method of measurement
定义固定点/定義固定點 defining fixed point
定义阶段/定義階段 definition phase
定义卡路里/定義卡路里 defined calorie
定义性出现/定義出現 definitional occurrence
定义性列表/定義列表 defined list
定义域/[定]域 domain
定影液/定影浴 fixing bath
定值控制/[固定給]定值控制 control with fixed set-point, fixed set-point control
定值控制系统/定值控制系統 fixed set-point control system
定值指令/定值指令 constant value command
定值装置/量規裝置 gage device
定址接收站/定址接收站 addressed receiving station
定制/定製 custom
定制服务/定製服務 customized service
定制集成电路/訂製積體電路 customer designed integrated circuit
定制结构/定製結構 custom structure
定中误差/中心[誤]差,中央誤差 centering error
定中系统/定中系統 center support system
定轴齿轮系/普通齒輪系 ordinary gear train
定柱/固定柱 fixed column
定柱式回转支承/固定柱式回轉環 slewing ring with fixed column
定转矩试验/定轉矩試驗 constant torque characteristic test
定转速试验/定轉速試驗 constant speed

characteristic test
定装滚刀/定裝滾刀 single position hob
定子/[静]定子 stator
[定子]叠片/[定子]疊片 stator lamination
定子绕组/定子繞組 stator winding
锭铁/鈍鐵,熟鐵 ingot iron
丢失中断处理程序/遺漏中斷處置器 missing interrupt handler
铥/銩 thulium
冬季空调/冬季空調 winter air conditioning
氡气仪/氡氣儀 radon meter
动臂/動臂 swing arm
动臂变幅塔式起重机/動臂變幅塔式起重機 luffing jib tower crane
动臂举升时间/動臂舉昇時間 lifting time of boom
动臂下降时间/動臂下降時間 lowering time of boom
动臂装卸机/小型卷揚機 cherry picker
动标度仪表/動標度尺式儀器 moving-scale instrument
动不平衡/動態不均衡 dynamic unbalance
动槽水银气压表/福丁式水銀氣壓表 Fortin mercury barometer
动触点/可動接頭 moving contact
动触头/可動接頭 moving contact
动词短语/動詞片語 verb phrase
动词语义学/動詞語義學 verb semantics
动磁式电流表/動磁式電流表 moving magnet ammeter
动磁式燃油表指示器/動磁式燃油指示器 moving magnet fuel indicator
动磁式温度表指示器/動磁式溫度指示器 moving magnet temperature indicator
动磁式仪表/動磁[鐵]式儀器 moving-magnet instrument
动磁式油压表指示器/動磁式油壓指示器 moving magnet oil pressure indicator
动磁系仪表/動磁[鐵]式儀器 moving-magnet instrument
动导体传声器/動導體麥克風 moving-conductor microphone
动导体扬声器/動導體揚聲器 moving-conductor loudspeaker
动电学/動電學,電動力學 electrokinetics
动断触点/斷開接點 break contact
动断触头/斷開接點 break contact
动反力/動態反應力 dynamical reaction
动负荷半径/動負荷半徑 dynamic loaded radius
动刚度/動態剛性 dynamic stiffness
动合触点/閉合接點,閉路接點 make contact
动合触头/閉合接點,閉路接點 make contact
动滑轮/動滑輪 movable pulley
动画/動畫 animation
Flash 动画/Flash 動畫 flash animation
动静比/動靜比 output ratio of Q-switching to free running
动静万能试验机/靜動態萬能試驗機 static-dynamic universal testing machine
动静压混合轴承/動靜壓混合軸承 hybrid bearing
动理势/動位能 kinetic potential
动力半径/動力半徑 dynamic radius
动力泵/動力泵 power pump
动力操纵式绞盘/動力操縱式絞盤 power-controlled winch
动力操作机构/動力操作機構 dependent power operating mechanism
动力测定法/測力術 dynamometry
动力传动链/傳力鏈 power transmission chain
动力多项式凸轮/動力多項式凸輪 polydyne cam
动力[反应]堆/動力反應器 power reactor
动力缸分流控制式电液转向系/動力缸分流控制式電液轉向系 electro-hydraulic power steering system in control of cylinder divided flow
动力工作台/動力工作檯 power rotary table
动力滚子输送机/動力滾子運送機 powered roller conveyor
动力虎钳/動力虎鉗 power vice
动力换档/動力換檔 power shift
动力加速度/動態加速度 dynamic acceleration
动力减震器/動態減振器 dynamic vibration reducer
动力举升器/動力千斤頂 power jack
动力黏度/[動力]黏度,動力黏性 dynamic viscosity, degree of viscosity
动力排放阀/動力控制閥 power control valve
动力卡盘/動力卡盤 power chuck
动力升降机/動力昇降機 power lift
动力式辊子输送机/動力式輥子運送機 live roller conveyor
动力输出带轮/動力輸出帶輪 power-take-off belt pulley
动力输出离合器/動力分導離合器 power-take-off clutch, PTO clutch
动力输出式水轮泵/動力輸出式水輪泵 power-take-off water-turbine pump
动力输出轴/動力分導軸 power-take-off shaft, PTO shaft

动力输出轴标准转速/動力輸出軸標準轉速 standard speed of power-take-off shaft, standard speed of PTO
动力输出轴功率/動力輸出軸功率 power-take-off shaft power, PTO shaft power
动力输出轴燃油消耗率/動力輸出軸單位耗油量 specific fuel consumption for PTO shaft power
动力数字转矩计/動力數位扭矩計 dynamic digital torque meter
动力提升行程/動力移動範圍 dynamic movement range
动力头/動力頭 unit head
动力透平/動力渦輪 power turbine
动力涡轮/動力渦輪 power turbine
动力吸振器/動力消振器,動力減震器,動力緩衝器 dynamic absorber
动力相似/動力相似性 dynamic similarity
动力性/功率特性 power performance
动力学/[運]動力學 dynamics, kinetics
动力学链长/動鏈長 kinetic chain length
动力学温度/動力溫度 kinetic temperature
动力增殖反应堆/動力滋生反應器 power breeder reactor
动力制动系/動力制動系 full-power braking system
动力助力换档变速器/動力輔助移位變速箱 power-assisted shift gearbox, power-assisted shift transmission
动力转向器/動力操舵裝置 power steering gear
动力转向系/動力操舵系統 power steering system
动连接/可動連接 movable connection
动量/動量 momentum
动量矩/動量矩,角動量 angular momentum, moment of momentum
动量轮/動量飛輪 momentum wheel
动量守恒/動量守恆 momentum conservation
动量守恒定律/動量守恆原理 law of conservation of momentum
动量压缩/動量壓縮 momentum compaction
动量原理/動量原理 principle of momentum
动量真空泵/動量真空泵 kinetic vacuum pump
动脉止血器/動脈止血器 artery hemostat
动脉[止血]钳/動脈[止血]鉗 artery forceps
动模/移動模 ejector die, moving die
动摩擦/動摩擦 kinetic friction
动摩擦力/動摩擦力 kinetic friction force
动摩擦力矩/動摩擦力矩 kinetic friction torque
动摩擦系数/動摩擦係數 coefficient of kinetic friction
动目标显示雷达/動目標顯示雷達 moving target indication radar, MTI radar
动能/動能 kinetic energy
动平衡法/動態均衡法 dynamic balance method
动平衡机/動平衡機,動態均衡試驗機 dynamic balancing machine
动平衡机构/動態平衡器,動態均衡器 dynamic balancer
动平衡试验/動平衡試驗 dynamic balancing test
动圈传声器/動圈麥克風 moving-coil microphone
动圈拾声器/電動拾聲器 moving-coil pick-up
动圈式电动振动台/動圈式電動振動檯 moving coil vibration bench
动圈式电流计/圈轉電流計 moving-coil meter, moving-coil galvanometer
动圈式伏特计/動圈式伏特計 moving-coil voltmeter
动圈式话筒/動圈麥克風 moving-coil microphone
动圈式示波器/動圈式示波器 moving-coil oscillograph
动圈式扬声器/圈轉揚聲器 moving-coil loudspeaker
动柔度/動態撓性 dynamic flexibility
动筛跳汰机/動篩跳汰機 jig with moving sieve
动瞬心线/運動瞬心線 moving centrode
动瞬轴面/運動軸線面 moving axode
动态板形辊/動態板形輥 dynamic shape roll
动态绑定/動態連結 dynamic binding
动态保护/動態保護 dynamic protection
动态贝叶斯网络/動態貝葉斯網路 dynamic Bayesian network
动态变量/動態變量 dynamic variables
动态不稳定性/動態不穩定性,動力不穩定性 dynamic instability
动态参数/動態量 dynamic parameter
动态测量/動態量測,動態測定 dynamic measurement
动态测试/動態測試 dynamic testing, dynamic test
动态常数/動態[特性]常數 dynamic constant
动态场/動態場 dynamic field
动态称量/不停車自動磅秤 weighing in motion
动态程序除错/動態程式除錯 dynamic program debugging
动态重定位/動態重定位,動態再定位 dynamic relocation
动态重构/動態重組 dynamic restructuring
动态重码率/動態重碼率 rate of dynamic coincident code
动态处理/動態處理 dynamic handling
动态处理器分配/動態處理器分配 dynamic

processor allocation
动态触发器/動態觸發器,動態正反器 dynamic trigger
动态串音/動態串音 dynamic crosstalk
动态床反应器/移動床反應器 moving bed reactor
动态磁化曲线/動態磁化曲線 dynamic magnetization curve
动态存储器/動態記憶體,動態儲存器 dynamic memory
动态错误/動態誤差 dynamic error
动态 IP 地址/動態 IP 位址 dynamic IP address
动态地址转换/動態位址變换 dynamic address translation
动态电路/動態電路 dynamic circuit
动态调度/動態排程 dynamic scheduling
动态定位/動態定位,自動動力定位 dynamic positioning
动态定相/動態定相 dynamic phasing
动态反馈矩阵/動態反饋矩陣 dynamic feedback matrix
动态范围/動態範圍 dynamic range
动态仿真/動態模擬 dynamic simulation
动态分配/動態分配 dynamic allocation
动态分析/動態分析 dynamic analysis
动态分析器/動態分析儀,動態分析程式 dynamic analyzer
动态复用/動態複用 dynamic multiplexing
动态干燥/動態乾燥 dynamic drying
动态跟踪技术/動態追蹤 dynamic tracking
动态功耗/動態功耗 dynamic power consumption
动态功能检查仪/動態功能檢查儀 dynamic function survey meter
动态规划/動態規劃 dynamic programming
动态过滤/動態過濾 dynamic filtration
动态汉字平均码长/動態漢字平均碼長 dynamic average code length of Hanzi
动态环境噪声/加速中曳引機發出的噪音 noise emitted by accelerating tractor
动态缓冲/動態緩衝 dynamic buffering
动态缓冲区/動態緩衝區 dynamic buffer
动态缓冲区分配/動態緩衝器分配 dynamic buffer allocation
动态回复/動態復原 dynamic recovery
动态会聚/動態會聚 dynamic convergence
动态激光器/氣動雷射 dynamic laser
动态加载/動態載入 dynamic loading
动态键位分布系数/動態鍵分布係數 dynamic coefficient for key-element allocation
动态校验/動態查核 dynamic check
动态校准器/動態校準器 dynamic calibrator
动态解耦/動態解耦 dynamic decoupling
动态聚焦/動態聚焦 dynamic focusing
动态控制/動態控制 dynamic control
动态冷冻/動態冷凍 dynamic freezing
动态灵敏度/動態靈敏度 dynamic sensitivity
动态流水线/動態管線 dynamic pipeline
动态路由选择/動態選路 dynamic routing
动态滤波器/動態濾波器 dynamic filter
动态逻辑/動態邏輯 dynamic logic
动态冒险/動態冒險 dynamic hazard
动态模型/動態模型 dynamic model
动态内存分配/動態記憶體分配 dynamic memory allocation
动态内存管理/動態記憶體管理 dynamic memory management
动态扭斜/動態偏斜 dynamic skew
动态偏差/動態偏差,動態離差 dynamic deviation
动态频谱分析仪/動態光譜分析儀 dynamic spectrum analyzer
动态平衡/動[態]平衡,動態均衡 dynamic balance
动态轻压下/動態輕壓下 dynamic soft reduction, DSR
动态热机械法/動態熱機械法 dynamic thermomechanometry
动态容积法/動態容積法 dynamic volumetric method
动态容量法/動態容積法 dynamic volumetric method
动态冗余/動態冗餘 dynamic redundancy
动态柔量/動態柔量 dynamic compliance
动态散射模式/動態散射模式 dynamic scattering mode, DSM
动态失真/動態畸變 dynamic distortion
动态世界规划/動態世界規劃 dynamic world planning
动态数据复制/動態複製 dynamic replication
动态刷新/動態更新 dynamic refresh
动态随机[存取]存储器/動態隨機[存取]記憶體 dynamic random access memory, DRAM
动态弹簧常数/動態彈簧常數 dynamic spring constant
动态弹性常数/動態彈性常數 dynamic elastic constant
动态特性/動態特性,動力特性 dynamic characteristic, dynamic behavior
动态特性模拟仪/動態特性模擬器 dynamic

characteristic simulator
动态特性曲线/動態曲線 dynamic curve
动态体系结构/動態架構 dynamic architecture
动态条件/動態條件 dynamic requirement
动态停机/動態停止,動態中止 dynamic stop
动态同步传送模式/動態同步轉移模式 dynamic synchronous transfer mode, DTM
动态投入产出模型/動態投入産出模型 dynamic input-output model
动态网络/動態網路 dynamic network
动态网页/動態網頁 dynamic web page
动态吻合性/動態吻合性 dynamic exactness
动态误差/動態誤差 dynamic error
动态误差带/動態誤差帶 dynamic error band
动态误差系数/動態誤差係數 dynamic error coefficient
动态系统/動態系統 dynamic system
动态系统合成器/動態系統合成器 dynamic system synthesizer
动态系统开发方法/動態系統開發方法 dynamic systems development method, DSDM
动态系统模拟装置/動態系統模擬器 dynamic system simulator
动态相关性检查/動態相關性檢查 dynamic dependency check
动态响应[特性]/動態響應 dynamic response
动态心电图监护系统/動態心電圖監護系統,霍爾特系統 dynamic ECG monitoring system, Holter system
动态信道分配/動態通道分配 dynamic channel allocation, DCA
动态信任/動態信任 dynamic trust
动态性能/動態特性,動力特性 dynamic behavior, dynamic performance
动态选路/動態選路 dynamic routing
动态选路协议/動態選路協定 dynamic routing protocol, DRP
动态压力/動壓力 dynamic pressure
动[态]应变放大器/動態應變放大器 dynamic strain amplifier
动态应变时效/動態應變老化 dynamic strain aging
动态应变仪/動態應變儀,動態應變指示器,動態應變計 dynamic strainometer, dynamic strain meter
动态应力-应变关系/動態應力-應變關係 dynamic stress-strain relationships
动态映射/動態對映配置 dynamic mapping
动态优先级/動態優先級 dynamic priority
动态优先级调度/動態優先級排程 dynamic priority scheduling
动态优先级算法/動態優先級演算法 dynamic priority algorithm
动态有序结构/動態有序結構 dynamic-orderly structure
动态 SQL 语言/動態 SQL 語言 dynamic SQL
动态语义/動態語意學 dynamic semantics
动态域名服务/動態域名服務 dynamic domain name service
动态源路由/動態源路由 dynamic source routing
动态再结晶/動態再結晶 dynamic recrystallization
动态织入/動態織入 dynamic weaving
动态指令调度/動態指令排程 dynamic instruction scheduling
动态质量法/動態稱重法 dynamic weighing method
动态[质谱]仪器/動態[質譜]儀器 dynamic mass spectrometer instrument
动态滞后/動態遲滯 dynamic hysteresis, dynamic lag
动态主机配置协议/動態主機組態協定 dynamic host configuration protocol, DHCP
动态铸坯导向系统/動態鑄坯導向系統 dynamic stand guide system
动态转移预测/動態分歧預測 dynamic branch prediction
动态资源分配/動態資源分配 dynamic resource allocation
动态字词重码率/動態字詞同碼率 dynamic coincident code rate for words
动态字词平均码长/動態字詞平均碼長 dynamic average code length of words
动态阻尼器/動力阻尼器,消震器 dynamic damper
动体照相机/照相記時儀,照相計時儀 photochronograph
动铁式电动振动台/動鐵式電動振動檯 electromagnetic vibration bench
动铁式电压表/動鐵式伏特計 moving-iron voltmeter
动稳定电流/動態電流 dynamic current
动物秤/動物天平 animal balance
动物电/動物電 animal electricity
动型/移動模 moving die
动压[式]浮动磁头/動壓式浮動磁頭 dynamical pressure flying head
动压头/動壓頭 dynamic head
动叶环/動葉環,葉片環 bucket ring
动叶片/動葉片,轉子葉片 moving blade, rotor blade

动叶栅损失/移動葉柵損失 moving cascade loss
动应变/動態應變 dynamic strain
动应力/動應力 dynamic stress
动载荷/動力負載,動[態]負荷 dynamic load
动载滑动轴承/動態載荷滑動軸承 dynamically loaded plain bearing
动载试验/動態載荷試驗 dynamic test
动子/驅動器 mover
动作表示法/動作標記法 action notation
动作电流/運轉電流,操作電流,工作電流 operating current
动作电位/動作電位 action potential
动作电压/操作電壓,工作電壓 operate voltage
动作级语言/動作級語言 motion level language
动作计数器/動作計數器 operation counter
动作剩余电流/殘餘動作電流 residual operating current
动作时间/動作時間,工作時間,操作時間 operate time, actuation time
动作特性/動作特性 operating characteristic
动作信号比/致動訊號比 actuating signal ratio
动作语义/動作語義 action semantics
动作值/動作值 operating value
动作指示器/動作指示器,運轉指示器,作業指示器 operation indicator
冻干器/[低壓]凍乾器 lyophil apparatus
冻汞法/凍汞法 mercast process
冻结壁/凍結壁 frozen wall
冻结标记/凍結符記 frozen token
冻结点/冷凝溫度,凝固溫度 freezing temperature
冻结法/冰凍法,冷凝法 freezing method
冻结间/冷凍室 freezing room
冻结井壁/冰牆,冰壁 ice wall
冻结掘井法/凍結掘井法 freezing shaft sinking
冻结温度/冷凝溫度,凝固溫度 freezing temperature
冻结物冷藏间/凍結物冷藏間 frozen food storage room
冻结状态/凍結構架 freeze frame
洞穴式自动虚拟环境/洞穴式自動虛擬環境 cave automatic virtual environment, CAVE
硐室/硐室 chamber
硐室爆破/硐室爆破,巷道法爆破 chamber blasting, heading blast
斗带式提升机/斗帶式昇降機 bucket-and-belt elevator
斗杆挖掘力/斗桿挖掘力 arm crowd force
斗链/斗鏈,箕鏈 bucket chain
斗链器件/斗鏈元件 bucket brigade device, BBD
斗链式攻击/斗鏈式攻擊 bucket brigade attack
斗轮堆取料机/斗輪堆取料機 bucket wheel stacker-reclaimer
斗轮绞刀/斗式鏈輪 bucket wheel
斗轮取料机/斗輪取料機 bucket wheel reclaimer
斗轮式鼓风机/斗輪式鼓風機 bucket wheel blower
斗轮装货机/斗輪式裝料機 bucket wheel loader
斗轮装载设备/斗輪式裝料機 bucket wheel loader
斗盘弹簧/斗盤彈簧 bucket disc spring
斗铺轨模式混凝土摊铺机/斗鋪軌模式混凝土攤鋪機 hopper-type rail-form concrete paver
斗刃/戽斗唇口,戽斗前緣 bucket lip
斗舌/斗舌 bucket tongue
斗式泵/斗式泵 bucket pump
斗式铲运机/鏟形耙斗 buck scraper
斗式喷雾泵/桶噴灑泵 bucket spray pump
斗式喷雾器/桶式噴霧器 bucket sprayer
斗式祛水器/斗式祛水器,斗式蒸汽阱 bucket steam trap
斗式输送机/斗式運送機 bucket conveyer
斗式提升机/箕斗昇運機,斗昇機,斗式昇降機 bucket elevator
斗式挖土机/斗式挖掘機 bucket excavator
斗式运输器/斗式運輸器 bucket carrier
斗式蒸汽阱/斗式蒸汽阱,斗式祛水器 bucket steam trap
斗式装料机/斗式裝料機,箕斗裝載機 bucket loader
斗轴/斗軸 bucket spindle
抖动/抖動,跳動 jitter
抖动传递函数/抖動轉換函數 jitter transfer function
抖动发生器/抖動發生器 jitter generator
抖动积累/抖動積累 jitter accumulation
抖动容限/抖動容差 jitter tolerance
抖动调谐磁控管/抖動調諧磁控管 dither tuned magnetron
抖动限值/抖動限值 jitter limit
抖晃/抖晃 wow and flutter
陡帮开采/陡坡開採 steep-wall mining
陡度计/梯度計 gradiometer
毒处理池/毒物處置池 poison disposal pond
毒砂/毒砂 arsenopyrite
毒性逆转/毒害反向 poison reverse
独晶点/偏晶點 monotectic point
独晶反应/偏晶反應 monotectic reaction
独立变桨机构/獨立變槳距控制機構 independent pitch control mechanism

独立操纵双作用离合器/獨立操縱雙作用離合器 independently-operated double-acting clutch
独立测试组/獨立測試組 independent test group, ITG
独立程序/單獨程式 stand-alone program
独立程序装入程序/獨立程式載入器 independent program loader
[独立]电流源/[獨立]電流源 independent current source
[独立]电压源/[獨立]電壓源 independent voltage source
独立回路/獨立回路 independent loop
独立回转往复冲击式气动工具/獨立旋轉往復衝擊式氣動工具 reciprocating percussive pneumatic tool with independent rotation
独立基线/獨立基線 individual baseline
独立集/獨立集合 independent set
独立集问题/獨立集合問題 independent set problem
独立控制/獨立控制 independent control
独立量具/獨立量測工具 independent measuring tool
独立驱动/單獨驅動,單獨傳動 individual drive
独立取样/獨立取樣 independent sampling
独立绕组变压器/獨立繞組變壓器 separate winding transformer
独立润滑/獨立潤滑 independent lubrication
独立式动力输出轴/獨立式動力分導裝置 independent power take-off, independent PTO
独立式塔架/獨立式塔架 free stand tower
独立式组合仪表/獨立式組合儀表 independent compositive cluster
独立随机变量/獨立隨機變數 independent random variable
独立台车架/獨立臺車架 independent bogie
独立台车履带行走系/含獨立轉向架履帶行走系統 undercarriages with independent bogie of crawler tractor
独立线性/獨立線性 independent linearity
独立型故障/自律型故障 autonomous fault
独立性/隔離度 isolation
独立悬架/獨立懸架 independent suspension
独立悬架式转向传动机构/獨立懸架式轉向連桿組 independent-suspension-type steering linkage
独立验证/獨立驗證 independent verification
独立于机器的操作系统/機器無關作業系統 machine independent operating system
独立于局域网的备份/獨立於局域網的備份 local area network free backup, LAN-free backup
独立于应用服务器的备份/獨立於應用伺服器的備份 application server-free backup
独立元件/分立單元 discrete cell
独立源/獨立電源 independent source
独石陶瓷电容器/單石陶瓷電容 monolithic ceramic capacitor
独享型体系结构/獨享型體系結構 shared-nothing architecture
读/讀 read
读出电路/感測電路 sense circuit
读出放大器/感測放大器 sense amplifier
读出计数器/讀出計數器 readout counter
读出时间/讀出時間 read-out time, access time
读出误差/讀值誤差 reading error
读出线/感測線 sense line
读出仪器/讀出儀器 readout instrumentation
读访问/讀取 read access
读放大器/感測放大器 sense amplifier
读均衡/讀均衡 read balancing
读卡穿孔机/讀卡打卡機 read-punch unit, card read punch unit
读卡机/讀卡機 card reader
读取/讀取,提取 fetch
读入/讀入 read-in
读入原语/讀取基元 read primitive
读数测微计/讀數測微器 reading micrometer
读数测微器/讀數測微器 reading micrometer
读数电桥/讀數電橋 reading bridge
读数法/命數法,計數法 numeration
读数镜/讀值透鏡,讀數透鏡 reading lens
读数据线/讀資料線 read data line
读数脉冲/控讀脈波 read pulse
读数式光谱仪/讀數式分光儀 digital spectrometer
读数头/讀值頭 reading head
读数误差/讀值誤差,示值誤差 reading error, indication error
读数显微镜/讀數顯微鏡,讀值顯微鏡 reading microscope
读数游标/讀數游標 reading vernier
读锁/讀取鎖定 read lock
读头/讀值頭,讀取頭 reading head
读图器/圖形隨循器 graph follower
读写[磁]头/讀寫頭 read-write head
读写检验器/讀寫核對指示器 read-write check indicator
读写校验指示器/讀寫核對指示器 read-write check indicator

读写孔/存取孔　access hole
读写控制/讀寫控制　read-write control
读写驱动器/讀寫推動器　read write drive
读写通道/讀寫通道　read-write channel
读信号/讀信號　read signal
读选择线/讀選擇線　read select line
读噪声/讀雜訊　read noise
读周期/讀週期　read cycle
读字器/讀字器　character reatron
堵出铁口泥/堵出鐵口泥　taphole mix, ball stuff
堵灰/堵砂　clogging
堵塞/堵塞　blinding, plug
堵塞储集岩/堵塞儲油岩[層]　clogging reservoir rock
堵塞盖/盲蓋　blanking cover
堵塞杆/堵塞桿　bott stick
堵塞砖/堵塞磚　stopper and nozzle brick
堵铁口泥炮/堵鐵口泥炮　taphole gun, taphole mud-gun
堵转励磁电流/堵轉勵磁電流　locked-rotor exciting current
堵转励磁功率/堵轉勵磁功率　locked-rotor exciting power
堵转试验/堵轉試驗　locked rotor test
堵转特性/堵轉特性　locked-rotor characteristic
堵转转矩/堵轉轉矩　locked-rotor torque
杜贝纳转炉/杜貝納轉爐,車本納轉爐　Tropenas converter
杜拉尔普拉特镁合金/杜拉鋁夾板　duralplat
杜拉铝/杜拉鋁,硬鋁合金,剛鋁　hard aluminum alloys, duralumin
杜拉镍合金/杜拉鎳　duranickel, dura nickel alloy
杜瓦瓶/杜爾瓶　Dewar bottle, Dewar flask, Dewar jar
杜瓦容器/杜爾管,兩層管　Dewar type container
杜维利翻炉铸造法/杜維利傾轉澆鑄法　Durville process, Durville pouring
度/度　degree
度电成本/度電成本　cost per kW-h
度量/測量,測度　measure
度量空间/測量空間　measurement space
度量属性/公制屬性　metric attribute
度美合金/銅鎳鐵永磁合金,代用白金　dumet
度盘/標度盤刻度盤　dial
度盘秤/度盤秤,度盤標度　dial scale
度盘检查仪/圓盤測試儀　circle tester
度盘式计数器/圓盤計數器　circular counter
度盘式温度计/圓盤式溫度計　dial thermometer
度盘式仪表/儀器度盤　dial instrument
45 度弯头/45 度彎頭　eighth bend
90 度弯头/90 度彎頭　normal bend
90 度相移/90 度相移　quadrature
渡越时间/渡越時間　transit time
镀铂碳电极/鍍鉑碳[電]極　platinized carbon electrode
镀层/鍍膜　coat, coating, plating
镀层厚度[测量]仪/鍍膜厚度計　coating thickness meter
镀金/鍍金　gilding
镀铝薄板/鍍鋁薄板　aluminum coated steel sheet
镀铝镜/鍍鋁鏡　aluminized mirror
镀膜/塗膜　coating
镀膜材料/包覆料,塗料　coating material
镀镍/鍍鎳　nickel plating
镀镍铁板/鍍鎳鐵板　nickel plated sheet iron
镀锡薄板/鍍錫薄板　tin sheet
镀锡导线/鍍錫導體　tinned conductor
镀锡铁皮/鍍錫鐵皮,馬口鐵皮　tin plate
镀锌/鍍鋅　galvanizing
镀锌板/鍍鋅鐵板,白鐵皮,鍍鋅鐵皮　zinc-coated sheet, galvanized sheet, galvanized iron sheet
镀锌层/鍍鋅　zinc coating
镀锌钢/鍍鋅鋼　galvanized steel
镀锌[钢]管/鍍鋅[鋼]管　galvanized steel pipe, galvanized steel tube
镀锌钢丝/鍍鋅鋼絲　galvanized steel wire, zinc-coated steel wire
镀锌铁皮/鍍鋅鐵皮,鍍鋅鐵板,白鐵皮　galvanized iron sheet, zinc-coated sheet
镀银/鍍銀　silver plating
镀银反射器/鍍銀反射器　silver-coated reflector
镀浴/電鍍浴　plating bath
端板/端板　end plate
端泵/端幫浦　end pumping
端变量/終端變數　terminal variable
端部衬垫/端部墊塊　overhang packing
端部损失/端部損失　blade end loss
端测规/端度規　end gage
端差/終溫差　final temperature difference
端齿工作台/端齒旋轉工作檯　rotary table with face gear
端窗形盖革-弥勒计数管/端窗蓋革-彌勒計數管　end-window G-M tube
端窗形计数器/端窗計數器　end-window counter
端淬试验/端淬試驗,熱處理硬化試驗　end-quenching test, Jominy test

端到端/端到端 end-to-end
端到端加密/端對端加密 end-to-end encryption
端到端密钥/端對端密鑰 end-to-end key
端到端性能/端到端性能 end-to-end performance
端点/端點 endpoint
端点编码/端點編碼 end-point encoding
端点能量/端點能量 end-point energy
端点平移直线/端點平移直線 end-point translation line
端点直线/端點線 end-point line
端电压/端電壓 terminal voltage
端对/埠 terminal pair
端对端传送/端對端傳送 end-to-end transfer
端对端通信/端對端通信 end-to-end communication
n 端对网络/n 埠網路 n-terminal pair network, n-port network
端箍绝缘/綁帶絕緣 banding insulation
端记号/端記號 end marker
端角/端角 end angle
端接/接合 junction
端接[传输]线/終止線 terminated line
端接导抗/端接導抗 terminating immittance
端接电压/端接電壓 termination voltage
端接电源/終止電源 termination power
端接电阻[器]/終止電阻 terminating resistor
端接二极管/終止二極體 terminating diode
端接盒/接線盒,分線盒 junction box
端接接头/邊緣接頭 edge joint
端接器/終止器 terminator
端局/[終]端局,終端站 end office, EO
端口/埠,通口 port
端口登录/埠登録 port login
端口地址/埠位址 port address
端口名/連接埠名稱,埠名 port name
端口旁路电路/埠旁路電路 port bypass circuit
n 端口网络/n 埠網路 n-port network, n-ferminal pair network
端梁/輪鞍,端承架 end carriage
端面宝石轴承/端面寶石軸承 end stone jewel bearing
端面标准/端面標準 end standard
端面齿槽宽/端面齒槽寬 transverse spacewidth
端面齿厚/端面齒厚 transverse tooth thickness
端面齿距/横週節 transverse pitch
端面齿廓/端面齒廓 transverse profile
端面齿轮/端面齒輪 contrate gear
端面重合度/横向接觸比 transverse contact ratio
端面带孔圆螺母/單面具孔圓螺帽 round nut with drilled holes in one face
端面法兰安装式喷油泵/端面凸緣安裝式噴油泵 end flange-mounted fuel injection pump
端面分离/端面分離 end separation
端面径节/横徑節 transverse diametral pitch
端面模数/端面模數 transverse module
端面啮合线/横向接觸路徑 transverse path of contact
端面品质/端面品質 end-face quality
端面气动砂轮机/端面氣動砂輪機 pneumatic vertical grinder
端面凸轮/端面凸輪 cam disk, end cam
端面铣床/平面銑床 face milling machine
端面弦齿厚/端面弦齒厚 transverse chordal tooth thickness
端面谐波齿轮传动/端面諧波齒輪傳動 harmonic gear drive with transverse gear meshing
端面形成/端面形成 facet formation
端面压力角/端面壓力角 transverse pressure angle
端面压强/端面壓力 face pressure
端面制备/端面處理 end preparation
端面周节/横週節 transverse circular pitch
端面作用弧/傳動横向圓弧 transverse arc of transmission
端面作用角/傳動横向角 transverse angle of transmission
端平面/横向平面 transverse plane
端射[天线]阵列/端射[天線]陣列,端射陣列[天線] end-fire antennas array, end-fire array
端射阵列/端射陣列 endfire array
端射阵列天线/端射陣列天線 end-fire array antenna
端通路/端通路 extreme pathway
端系统/端點系統 end system
端线板/端線板 terminal block
端效应/[末]端效應 end effect
端子/端子,接頭 terminal
V 端子电压/不對稱模電壓 unsymmetrical mode voltage
短摆线/短次擺線 curtate trochoid
短壁[工作面]/短壁,短牆 shortwall
短壁截煤机/短壁切煤機,短牆切煤機 shortwall coal cutter
短波/短波 short-wave
短波波段/短波波段 short-wave band
短波定向天线/短波定向天線 short-wave beam antenna
短波发射机/短波發送機 short-wave transmitter

短波截止滤波器/截短波濾波器 short-wave cut-off filter
短波频率/短波頻率 short-wave frequency, SF
短波天线/短波天線 short-wave antenna
短波通信/短波通訊 short-wave communication
短波振荡器/短波振盪器 short-wave oscillator
短程/短程,短距離 short haul
短程里程器/里程器 trip counter
短程通信/短距離通訊 short-haul communication
短程透镜天线/測地線形透鏡天線 geodesic lens antenna
短程有序/短程有序 short-range order
短程有序参数/短程級參數 short-range order parameter
短齿/短齒 stub tooth
短齿冠制/短齒冠制 short addendum system
短抽油杆/短節油桿 pony rod
短磁透镜/短磁透鏡 short magnetic lens
短猝流/叢發性流體 bursty
短担/短擔 short hundred weight
短[的]帧间空隙/短訊框間隔,短幀間空間 short inter-frame space
短顶堰/短頂堰 short-crested weir
短吨/短噸 short ton
短幅摆线/短幅擺線 curtate cycloid
短幅内摆线/短幅內擺線 curtate hypocycloid
短幅内摆线等距曲线/短幅內擺線等距曲線 equidistant curve of curtate hypocycloid
短幅外摆线/短幅外擺線 curtate epicycloid
短幅外摆线等距曲线/短幅外擺線等距曲線 equidistant curve of curtate epicycloid
短幅系数/短幅比率 curtate ratio
短沟效应/短通道效應 short channel effect
短喉道槽/短喉道水槽 short-throated flume
短弧灯/短弧燈,超高壓力弧光燈 short arc lamp
短记忆检测器/短記憶檢知器 short memory detector
短焦距镜头/短焦距透鏡 short-focus lens
短焦距透镜/短焦距透鏡 short-focus lens
短节距滚子链/短節距滾子鏈 short pitch roller chain
短截线/短截線 stub
短颈漏斗/短頸漏斗 short stemmed funnel
短夸特/短夸特 short quarter
短路/短路 short circuit
短路比/短路比 short circuit ratio
短路电流/短路電流 short circuit current
短路故障/短路故障 shorted fault
短路开关/短路開關 short circuit switch
短路试验/短路試驗 short circuit test
短路特性/短路特性 short circuit characteristic
短路线/短路線 short circuit line
短路终端/短路端 short-circuit termination
0Ω 短路终端/0Ω 短路終端 0 Ω short termination
0W 短路终端/0W 短路終端 0W short termination
短路装置/短路裝置 short-circuiting device
短脉冲串发生器/短脈波串產生器 burst generator
短脉冲激光器/短脈波雷射 short-pulse laser
短期变动/短期變化 short-time variation, short-term variation
短期存储器/短期記憶體 short term memory
短期调度/短期排程 short-term scheduling
短期工作制/短時工作制,短時責務 short time duty
短期计划/短期規劃 short-term planning
短期频率稳定度/短期頻率穩定度 short-term frequency stability
短期平衡/短期均衡 short-run equilibrium
短期稳定度/短期穩定度 short-term stability
短腔选模/短腔選模 mode selection by short cavity
短时程协调/短時程協調 short-time horizon coordination
短时功率/短期額定 short-time rating
短时间波形失真/短時間波形畸變 short-time waveform distortion
短时平均值/短期平均值 short-time average value
短时中断/短時中斷 short interruption
短缩地址/簡略地址,簡址 abbreviated address
短缩呼叫/簡呼,簡碼呼叫 abbreviated call
短缩码/短縮碼 shortened code
短头车身/短頭車身 semi-forword control body
短头乘用车/前控客車 forward-control passenger car
短头驾驶室/前控駕駛室 semi-forword control cab
短线/短線 short line
短消息对等协议/短消息對等協定 short message peer to peer, SMPP
短消息实体/短消息實體 short message entity, SME
短消息网关/短消息閘道 short message service gateway MSC, SMS-GMSC
短消息小区广播/短消息社區廣播 SMS cell broadcast, SMSCB
短消息业务/短訊息服務 short message service, SMS
短消息业务互通/短消息業務互通 short message service interworking, SMS interworking

短消息中心/短消息中心 SMS center, SMSC
短行程挤压机/短行程擠壓機 short-stroke extrusion press
短旋转炉熔炼/短旋轉爐熔煉 short rotary furnace smelting
短应力线轧机/短應力線軋機 short-stress-path mill
短语/片語 phrase
短语结构规则/片語結構規則 phrase structure rule
短语结构歧义/片語結構歧義 ambiguity of phrase structure
短语结构树/片語結構樹 phrase structure tree
短语结构文法/片語結構文法 phrase structure grammar
短圆柱卡盘/短圓柱卡盤 chuck with short cylindrical adaptor
短圆锥卡盘/短圓錐卡盤 chuck with short taper adaptor
短暂退火炉/暫態退火爐 short anneal furnace
短暂液相烧结/暫態液相燒結 transient liquid-phase sintering
短周期地震仪/短週期地震計 short-period seismometer
短轴半径/短軸半徑 minor semi-axis
短轴背斜/短軸背斜 brachy anticline
短锥水力旋流器/短錐水力旋流器 short-cone hydrocyclone
段/段 segment
段表/段表 segment table
段表地址/段表位址 segment table address
段长度/段大小 segment size
段地址/段位址 segment address
段覆盖/段覆蓋 segment overlay
段号/段號 segment number
段式存储系统/分段記憶體系統 segmented memory system
段首大字/首字放大 drop cap
段映射/扇區對映 sector mapping
断/關起 off
断点/暫停點 breakpoint
断点故障/斷點故障 breakpoint fault
断点开关/斷點開關 breakpoint switch
断点停机/斷點停機 breakpoint halt
断电触点电流/接觸斷路器電流 contact breaker current
断电电流/斷電電流 interruption current
断电器/[接觸]斷路器,斷續器 contact breaker, breaker, current breaker
断电相位控制器/相位控制斷路器 phase controlled circuit breaker
断辊/斷輥 roll breakage
断后伸长率/斷後伸長率 percentage elongation after fracture
断开/拆接 disconnection, switch off
断开电路/開路,斷路 open circuit
断开接点组/開路-接合器 break-contact unit
断开塞孔/切斷塞孔 break jack
断开时间/斷開時間,斷電時間 opening time
断开位置/開閥位,斷路位置 open position
断口/破斷面 fracture surface
断口试验/斷口檢驗 fracture test
断口形貌学/斷口相學 fractography
断裂/斷裂,破裂,裂斷 fracture
断裂长度/裂斷長度 breaking length
断裂点/斷[裂]點 breaking point, point of rupture
断裂负载/斷裂負載,裂斷負載 breaking load
断裂力学/斷裂力學,破裂力學 fracture mechanics
断裂力学分析/斷裂力學分析 fracture mechanics analysis
断裂模量/破裂模數 modulus of rupture
断裂能/裂斷能 breaking energy
断裂强度/斷裂強度,裂斷強度,破斷強度 fracture strength, breaking strength, rupture strength
断裂韧性/斷裂韌性 fracture toughness
断裂试验/破壞試驗,破斷試驗 breaking test, rupture test
断裂应力/斷裂應力,裂斷應力,破斷應力 breaking stress
断裂载荷/斷裂負載,破裂負載 break load, load to fracture
断流板/斷流板,斷電板 cutout board
断流夹/斷流夾 cutoff clamp
断流器/斷流器,切斷器 cutout
断流器箱/斷電器匣 cutout box
断路电磁铁/跳脱磁鐵 trip magnet
断路故障/斷路故障 broken fault
断路继电器/斷路繼電器 shutdown relay
断路器/[電路]斷路器,斷電器 circuit breaker, breaker, chopper
断路位置/斷路位置 off position
断面比/截面比 cross-section ratio
断面法/斷面法 sectional method
断面高度/斷面高度 section height
断面积/截面積 cross-section area, area of cross-section
断面减缩率/面積減縮率 area reduction rate, reduction rate in area

断面金相检验/斷口金相檢驗 fractography
断面宽度/斷面寬度 section width
断面收缩/斷面縮減,面積收縮 contraction of area
断面收缩率/斷面縮率,縮面百分率 percentage of area reduction
断水器/水斷路器 water circuit breaker
断线/斷線,斷路 break
断线钳/剪線鉗,螺栓剪鉗 bolt clipper, wire clippers
断线探测器/斷線偵測器 wire breakage detector
断相保护/斷相保護 open phase protection
断屑前面/斷屑器,斷屑槽 chip breaker
断续定额/斷續額定 intermittent rating
断续焊/間歇熔接,間歇焊接 intermittent welding
断续荷载/間歇負載 intermittent load
断续记录仪器/打點式記録器 intermittent recorder
断续控制/不連續控制 discontinuous control
断续流通/斷續流通 intermittent flow
断续切削/斷續切削 interrupted cutting
断续骚扰分析仪/斷續騷擾分析儀 disturbance analyzer
断续线记录仪/斷續線記録儀 dotted line recorder
断续指令/斷續指令 discontinuous command
断续周期工作制/斷續週期工作方式 intermittent periodic duty
断言/判定 assertion
断油孔/止燃孔 cut-off port
断油孔关闭角/止燃孔關閉角 angle of cut-off port closing
断油孔关闭时柱塞预升程/止燃孔關閉柱塞預昇程 plunger prestroke when cut-off port closing, plunger lift when cut-off port closing
断锥起爪/斷錐起爪 handle for dismounting broken tap
煅烧/煅燒,燒結 calcination, roasting, burning
煅烧白云石/煅燒白雲石 calcined dolomite
煅烧焦/煅燒焦 calcined coke
煅烧炉/煅燒爐,焙燒爐 calciner, calcar arch
煅烧器/煅燒器,煅燒爐,煅燒機 calcinator
煅烧腔/煅燒腔 calcining compartment
煅烧氧化铝/煅燒氧化鋁 calcined alumina
煅烧窑/煅燒窯,煅燒爐 calciner
煅石膏/燒石膏 calcined plaster
锻槽沉头螺钉/鍛槽沈頭螺釘 countersunk head screw with forged slot
锻锤/鍛錘 forging hammer
锻钢/鍛鋼 forged steel
锻钢轧辊/鍛鋼軋輥 forged steel roll
锻焊/鍛焊,鍛接 forge welding
锻件/鍛件 forgeable piece
锻件图/鍛件圖 forging drawing
锻接/鍛接,鍛焊 forging welding
锻模/鍛[造]模 forging die
锻烧/鍛燒 calcining, calcine
锻铁/鍛鐵,熟鐵 wrought iron
锻铁锤/鍛鐵錘 blacksmith hammer
锻头/頭端扣壓,頭端壓尖 pointing of tag end, tag swaging
锻压/鍛壓 forging and stamping
锻压比/鍛錘比例 forge ratio
锻压力/鍛壓力 forging force
锻造/鍛造 forging
RR 锻造/RR 鍛造 RR forging
TR 锻造/TR 鍛造 TR forging
α+β 锻造/α+β 鍛造 α+β forging
β 锻造/β 鍛造 β forging
锻造比/鍛造比 forging ratio
锻造操作机/鍛造操作機 manipulator for forging
锻造厂/鍛造場 smith store
锻造翻钢机/鍛造翻鋼機 forging manipulator
锻造机/鍛造機 forging machine
锻造加热炉/鍛爐 forging furnace
[锻造]扩孔/鍛造擴孔,鍛造擴口 forging expanding
锻造流线/鍛造流線 forging flow line
锻造炉/前爐 fore-hearth forge
锻造起重机/鍛造起重機 forge cane
FM 锻造效应/FM 鍛造效應 free form Mannesmann effect
锻造性试验/鍛造性試驗 malleability test
锻造压力机/壓鍛機,鍛造壓機 forging press
锻造液压机/鍛造液壓機 forging hydraulic press
锻造余热淬火/鍛造餘熱淬火 forging residual heat quenching
锻造自动线/鍛造自動線 automatic forging line
锻造自热正火/鍛造自熱正火 forging self-normalization
锻轧机/鍛軋機 roll forging mill
堆/堆 heap
堆焙烧/堆焙燒法 heap roasting
堆袋机/堆包機 bag piling machine
堆垛/堆垛,堆疊 stacking
堆垛层错/堆疊層錯,疊差 stacking fault
堆垛层序/疊積序列 stacking sequence
堆垛机/堆垛機 buck stacker
堆垛起重机/堆疊起重機 stacking crane
堆垛用高起升车辆/堆疊高提昇卡車 stacking high-

lift truck
堆垛用高起升跨车/堆疊高堤昇搬運車 stacking high-lift straddle carrier
堆焊/堆焊 surfacing
堆积密度/堆積密度,裝填密度,容積密度 packing density, bulk density
堆积效应/堆積效應 pile-up effect
堆浸/堆浸漬法 heap leaching
堆矿场/堆礦場 ore dock, ore yard
堆拉率/堆拉率 push and pull rate
堆冷/堆冷 piling-up cooling
堆料场/堆料場 stock-yard
堆料机/堆集機,堆高機 stacker
堆排序/錐形排序法 heap sort
堆取料机/堆取料機 stack-reclaimer
堆砂/堆砂 heap sand
堆渣场/堆渣場 slag tip
堆栈/堆疊,疊列 stack
堆栈式货运索道/堆疊式貨運索道 disposal material ropeway
堆栈算法/堆疊演算法 stack algorithm
堆栈溢出攻击/堆疊溢位攻擊 stack overflow attack
堆振荡器/堆振盪器 pile oscillator
堆重/堆重 piled weight
堆锥缩样法/四分法 heap sampling
队决策理论/隊決策理論 team decision theory
队列/隊列 queue
队列表/隊列列表 queue list
队列控制块/隊列控制塊,隊列控制分程序 queue control block
队列延迟/佇列延遲 queuing delay
队论/團隊理論 team theory
对比/對比,襯比,反差 contrast
对比度/對比度,襯比度 contrast
对比度操纵/反襯調處 contrast manipulation
对比度扩展/反襯伸展 contrast stretch
对比度调整电位计/對比電位計 contrast potentiometer
对比方式/比對模式,比較模式 comparison mode
对比光度计/對比光度計 contrast photometer
对比灵敏度/對比靈敏度,對比敏感度,反差靈敏度 contrast sensitivity
对比试块/參考試塊 reference block
对比显现因数/對比顯現因子 contrast display factor
对策/對策 countermeasure
对策仿真/競賽模擬 gaming simulation
对策论/對策論,競賽理論,博奕論 game theory
对策树/競賽樹 game tree
对衬测微计/對比測微計 contrast micrometer
对称操作系统/對稱作業系統 symmetric operating system
对称传输线/平衡線 balanced line
对称存储虚拟化/對稱存儲虛擬化 symmetric storage virtualization
对称电路/平衡電路 balanced circuit
对称电压/差模電壓 differential mode voltage
对称光/對稱光束 symmetrical beam
对称加密技术/對稱加密技術 symmetric encryption technique
对称检验/對稱核對 symmetric check
对称矩阵/對稱矩陣 symmetric matrix
对称连接/對稱聯絡 symmetric connection
对称密码/對稱密碼 symmetric cryptography
对称密码系统/對稱密碼系統 symmetric cryptosystem
对称耦杆点曲线/對稱耦桿點曲線 symmetrical coupler curve
对称偏转/對稱偏轉,對稱偏向 symmetrical deflection
对称平衡型压缩机/對稱平衡型壓縮機 symmetrically balanced compressor
对称三角形冲击脉冲/對稱三角形衝擊脈波 symmetrical triangular shock pulse
对称三相电路/對稱三相電路 symmetrical three-phase circuit
对称[式]计算机/對稱式計算機 symmetric computer
对称输出/對稱輸出 balance output, symmetrical output
对称输入/對稱輸入 symmetrical input
对称数字用户线/對稱數位用户線路 symmetrical digital subscriber line, SDSL
对称双角铣刀/雙對稱角銑刀 double equal-angle cutter
对称天线/對稱天線 symmetrical antenna
对称网络/對稱網路 symmetrical network
对称相控/對稱相控制 symmetrical phase control
对称信道/對稱通道 symmetric channel, symmetrical channel
对称信号/對稱訊號 symmetrical signal
对称信源/對稱源 symmetric source
对称性/對稱性 symmetry
对称循环/對稱循環 symmetry cycle
对称运动轨迹/對稱運動曲線 symmetrical motion curve

对称振子天线/對稱振子天線 doublet antenna
对称轴/對稱軸[線] axis of symmetry
对称坐标/對稱坐標 symmetrical coordinates
对冲燃烧/對沖燃燒 opposite firing
对刀件/對刀件 element for aligning tool
对等操作/同級化 peering
对等计算/同級間計算 peer-to-peer computing
对等计算模式/同級間計算模式 peer-to-peer model
对等实体/同級實體 peer entities
对等网络/同級間網路 peer-to-peer network
对等协定/對等協定 peering agreement
对等信任模型/對等信任模型 peer trust model
对抵接头/對接接頭 butt joint
对地静止气象卫星/同步氣象衛星 geostationary meteorological satellite, GMS
对地平衡/對地平衡 balanced to ground
对地同步轨道/[地球]同步軌道 geosynchronous orbit
对地泄漏电流/對地洩漏電流 earth leakage current
对顶极心/對頂極心 opposite-pole
对顶极心四边形/對頂極心四邊形 opposite-pole quadrilateral
对动活塞式发动机/對沖活塞引擎 opposed-piston engine
对动式压缩机/對動式壓縮機 balanced-opposed compressor
对分带宽/對分頻寬 bisection width
对分式模型/對合模型,分割模型 split pattern
对分式无底芯盒/對合開放砂心盒 split open ended core box
对缝焊管/對縫焊管 butt-welded pipe
对负极/對陰極 anticathode
[对规定入射光束的]散射特性曲线/漫射特徵曲線 scattering indicatrix for a specified incident beam
对辊破碎机/對輥破碎機 double crusher
对焊法兰/焊接頸凸緣 welding neck flange
对焊焊管机/對焊焊管機 butt weld pipe mill
对焊环松套带颈法兰/對焊環鬆套帶頸凸緣 loose hubbed flange with welding nackcollar
对话控制块/對話控制段 session control block
对话模型/對話模型 dialog model
对话系统/對話系統 dialog system
对换/調換 swapping
对换表/調換表 swap table
对换程序/調換程式 swapper
对换方式/調換模式 swap mode
对换分配单元/調換分配單元,調換配置單元 swap allocation unit
对换集/調換集 swap set
对换模式/調換模式 swap mode
对换时间/調換時間 swap time
对换优先级/調換優先級 swapping priority
对击锤/對擊鍛錘 counter-blow hammer
对讲机/對講器 intercom
对焦合成阵列/對焦合成陣列 focused synthetic array
对角化方法/對角化方法 diagonalization
对角化方法局限性/對角化方法局限性 the limits of diagonalization
对角控制/對角控制 diagonal control
对角式通风系统/對角式通風系統 diagonal ventilation system
对角线测试/對角線測試 diagonal test
对角线方法/對角化方法 diagonalization
对角线刻度/對角線標度 diagonal scale
对角线网络/角聯網路 diagonal network
对角线形号角天线/對角線形號角天線 diagonal horn antenna
对角主导矩阵/對角優勢矩陣 diagonally dominant matrix
对绞/雙絞 twinning
对绞电缆/成對電纜 paired cable
对[校]准/對準 alignment
对接/對接 docking
对接触头/對接接點,壓接式接點 butt contact
对接焊/對焊法,對頭焊接 butt welding
对接焊缝/對焊焊縫 butt weld
对接焊接钻头/對接熔接鑽頭 butt-welded drill
对接铰链/平接鉸鏈 butt hinge
对接接触/對接接點,壓接式接點 butt contact
对接接头/對接接頭 butt joint
对接连接器/對接連接器 butting connector
对接[式]光纤/對[抵連]接光纖 butt-jointed fiber
对接套管/對焊套管 butt-welded casing
对接套筒联轴节/對接套筒聯結器 butt-muff coupling
对径电压/對徑電壓,正負對向電壓 diametrical voltage
对开式车轮/分度輪 divided wheel
对抗性效应/反協同效應 antagonistic effect
对可行前缀有效/對可行首碼有效 valid for a viable prefix
对流/對流 convection
对流不稳定性/對流不穩定性 convective instability
对流层/對流層 troposphere
对流层波/對流層波 tropospheric wave

对流层传播/對流層傳播 tropospheric propagation
对流层的/對流層的 tropospheric, TROPO
对流层散射/對流層散射 tropospheric scattering, troposphere scatter, TROPO scatter
对流层散射通信/對流層散射通信 tropospheric scatter communication
对流层噪声温度/對流層雜訊溫度 troposphere noise temperature
对流层折射/對流層大氣折射 tropospheric refraction
对流传热/對流傳熱,熱對流 convective heat transfer, heat convection
对流传质/對流質量傳遞 convective mass transfer
对流干燥/對流乾燥 convection drying
对流过热器/對流過熱器 convection superheater
对流冷却/對流冷却 convection cooling, convective cooling
对流热交换/對流傳熱 convective heat transfer
对流受热面/對流受熱面 convective heating surface
对流塔板/逆流塔板 counter flow tray
对流系数/對流係數 convection coefficient
对流性管道/對流性波道 advective duct
对流烟道/對流通道 convection pass
对流运动/對流運動 convective motion
对偶材料/對偶材料 mating material
对偶操作/對偶作業 dual operation
对偶产生器/配對産生器 pair generator
对偶件/對偶板 mating plate
对偶码/對偶碼 dual code
对偶矢量/雙向量 dual vector
对偶网/雙網 dual net
对偶网络/對偶網路,互易網路 dual network
对偶协调/對偶協調 dual coordination
对偶信号/對偶性訊號 dual signal
对偶形式/對偶形 dual form
对偶性/對偶 duality
对偶原理/對偶原理,二象性原理 duality principle, dual principle
对偶运算/對偶運算 dual operation
对齐/對準 align, ALN
对齐方式/對準方式 alignment
对切透镜干涉/對切透鏡干涉 split-lens interference
对骚扰[的]抗扰度/對騷擾[的]抗擾度 immunity to disturbance
对数电压表/對數伏特計 logarithmic voltmeter
对数放大器/對數放大器 logarithmic amplifier
对数风切变律/對數風切律 logarithmic wind shear law
对数幅度及相位图/對數幅度及相位圖 log-magnitude and phase diagram
对数幅度角度图/對數幅度角度圖 log-magnitude-angle diagram
对数幅度曲线/對數幅度曲線 log-magnitude curve
对数幅频特性/對數幅頻特性 log-magnitude frequency characteristic
对数幅相图/對數幅度及相位圖 log-magnitude phase diagram
对数检波/對數式檢波 logarithmic detection
对数减缩率/對數[遞]減量,對數減幅率 logarithmic decrement
对数刻度/對數標度,計算尺 logarithmic scale
对数空间多一归约于/對數空間多一歸約於 logarithmic space many-one reducible to
对数空间复杂性类/對數空間複雜性類 logarithmic space complexity class
对数空间计算/對數空間計算 logarithmic space computation
对数率表/對數率表,對數率計 logarithmic ratemeter
对数螺线/對數蝸線 logarithmic spiral
对数螺线天线/對數蝸線天線 log-spiral antenna
对数螺线天线罩/對數蝸線天線罩 log-spiral radome
对数螺旋单色器/對數蝸線單色器 logarithmic-spiral monochromator
对数能量减缩/對數能量減縮,對數能量遞減 logarithmic energy decrement
对数频率扫描速率/對數頻率掃描速率 logarithmic frequency sweep rate
对数平均温差/對數平均溫差 logarithmic mean temperature difference
对数蠕变律/對數潛變定律 logarithmic creep law
对数扫描/對數掃描 logarithmic sweep
对数式放大器/對數放大器 logarithmic amplifier
对数式衰减器/對數衰減器 logarithmic attenuator
对数衰减率/對數減量,對數減縮,對數遞減 logarithmic decrement
对数似然函数/對數似然函數,對數可能性函數,對數相似度函數 log-likelihood function
对数温标/對數溫標 logarithmic temperature scale
对数相频特性/對數相頻特性 log phase-frequency characteristic
对数应变/對數應變 logarithmic strain
对数增益/對數增益 logarithmic gain
对数正态分布/對數常態分布 log-normal distribution

对数正态分布杂波/對數常態分布之雜波　log-normal clutter
对数周期天线/對數週期天線　logarithm periodic antenna, log-periodic antenna
对数坐标图/對數坐標圖　logarithmic plot
对体系结构敏感[的]数据库系统/對體系結構敏感[的]資料庫系統　architecture-sensitive database system
对头焊/對接焊　butt joint
对位黄碲矿晶体/副黄碲礦晶體,聚合亞碲酸晶體　para tellurite crystal
对象/物件　object
对象重用/物件再用　object reuse
对象代理数据库/物件代理資料庫　object deputy database
对象代理数据模型/物件代理資料模型　object deputy data model
对象关系数据模型/物件關係資料模型　object relational data model
对象连接/物件連接　object connection
对象链接嵌入数据库/物件連結嵌入資料庫　object linking and embedding database
对象模型/物件模型　object model
对象生命线/物件生命線　object lifeline
对象式/物件導向　object-oriented
对象式方法/物件導向方法　object-oriented method
对象式语言/物件導向語言　object-oriented language
对象图/物件圖,目標圖　object diagram
对象引用/物件引用　object reference
对象约束语言/物件約束語言　Object Constraint Language, OCL
对消器/消除器　canceller
对心碰撞/中心碰撞,中心衝擊　central impact
对心曲柄滑块机构/對心曲柄滑塊機構　centric slider-crank mechanism
对心直动从动件/對心直動從動件　radial translating follower
对旋式通风机/對旋式風扇　contra-rotating fan
对阴极/對陰極　anticathode
对应点/對應點　corresponding point
对映体/對映體　antipode
对照法/參考法　reference method
对照组/參考套件　reference set
对置式泵/對置式泵　opposed pump
对重/配重　counter weight
对重平衡梁/配重均衡梁　equalizing beam for counterweight
对转式搅动器/對轉式攪拌器　contra-rotating agitator
对转推进器/對轉螺旋槳　contrary-turning propeller
对准/對準調正　alignment, align, ALN
对准精度/對準精度　alignment precision
对准网络/調正網路　alignment network
对准误差/對準誤差　alignment error
对准指示器/對準指示器　alignment indicator
兑铁水起重机/熱金屬進料起重機　hot metal charging crane
吨/噸,公制噸,米制噸　ton
吨钢耗新水/噸鋼耗補水　additional water per ton of steel
吨钢综合能耗/噸鋼綜合能耗　total energy consumption per ton of steel
吨力/英噸力,公噸力　ton-force, tonne-force
镦粗/鍛粗,端壓　upsetting
镦粗比/鐓粗比　upsetting ratio
镦粗试验/鐓鍛試驗,縱壓試驗　dump test
镦锻/鐓鍛,端壓　heading, upsetting
镦锻机/鐓鍛機　upset forging machine, automatic header upset forging machine
镦锻模/鐓鍛模　upsetting die
镦制冲头/鍛頭衝床　heading punch
钝化/鈍化　passivating, passivation
钝化槽/鈍化槽　passivation tank
钝化电位/鈍化電位　passivation potential
钝化工艺/鈍化工藝　passivation technology
钝化剂/鈍化劑　passivator
钝化镁粉/鈍化鎂粉　passivated magnesium granules
钝化膜/鈍化層　passivation layer
钝态/鈍態,被動狀態,不活性　passive state, passivity
钝态电流/無源電流　passive current
盾构机/[地鐵]潛盾機　metro shield
顿砂钻/頓切鋼珠鑽機　churn shot drill
多板式分裂腔/多板式分裂腔　multiplate fission chamber
多板式雾腔/多板式霧腔　multiplate cloud chamber
多板云腔/多板式霧腔　multiplate cloud chamber
多版本并发控制/多版本并發控制　multi-version concurrency control
多版发帖/交叉告示　cross-post
多瓣追踪/多瓣追蹤　simultaneous lobing tracking
多边形/多邊形　polygon
多边形裁剪/多邊形剪輯　polygon clipping
多边形窗口/多邊形視窗　polygon window
多边形发动机/多邊形發動機　polygon engine
多边形分解/多邊形分解　polygonal decomposition

多边形化/多邊形化　polygonization
多边形联结/多邊形連接　polygon connection
多边形面片/多邊形面片　polygonal patch
多边形取向/多邊形定向　orientation of polygon
多边形筛/多邊形篩　polygonal screen
多边形凸分解/多邊形凸分解　polygon convex decomposition
多变量控制器/多變數控制器　multivariable controller
多变量控制系统/多變數控制系統　multivariable control system
多遍编译器/多遍編譯器　multi-pass compiler
多遍分析/多遍分析　multi-pass analysis
多遍排序/多遍排序　multi-pass sort
多遍综合/多遍綜合　multi-pass synthesis
多标尺天平/多標尺天平　more-scale balance
多标度[测量]仪表/多標度[量測]儀表　multi-scale measuring instrument
多标记树/多標號樹　multiple labeled tree
多标记学习/多標記學習　multi-label learning
多波长单色仪/多波段單色儀　multiple-wavelength monochromator
多波段接收机/多波段接收機　multiple-band receiver
多波段滤波器/多頻帶濾波器,多頻段濾波器　multiband filter
多波段卫星/多頻帶衛星,多頻段衛星　multiband satellite
多波群信号/多波群訊號　multi-burst signal
多波束/多波束　multibeam
多波束反射器/多波束反射器　multiple-beam reflector
多波束干扰/多光束干涉　multibeam interference
多波束回声测深仪/多射束回音測深儀　multiple beam echo sounder
多波束雷达/多波束雷達　multiple beam radar
多波束天线/多波束天線　multibeam antenna
多波束卫星/多波束衛星　multibeam satellite
多波束阵列/多波束陣列　multiple beam array
多播/多播　multicast, multicasting
多播接收方发现/多播接收方發現　multicast listener discovery
多播开放最短通路优先/多播開放最短路徑優先　multicast open shortest path first
多播路由/多播選路協定　multicast routing
多播路由守护程序/多播選路守護程式　multicast route daemon
多播区域边界路由器/多播區域界限路由器　multicast area border router
多播树/多播樹　multicast tree
多播主干网/多播基幹　multicast backbone
多步控制/多步控制　multi-step control
多步雪崩室/多步雪崩室　multi-step avalanche chamber
多步最小二乘估计/多級最小平方估計　multistage least squares estimation
多策略协商/多策略協商　multistrategy negotiation
多层波纹管/多層波紋管　multiply bellows
多层布线/多層布線　multilayer wiring
多层递阶结构/多層遞階結構　multilayer hierarchical structure
多层递阶控制/多層遞階控制　multilayer hierarchical control
多层电镀/多層電鍍　multilayer plating
多层电容器/多層電容器　multilayer capacitor
多层反射器/多層反射器　multireflector
多层复合金属/多層複合金屬　multilayer composite metal
多层管理系统/多層管理系統　multistratum management system
多层光刻胶/多層光刻膠　multilevel resist
多层焊/多層焊接　multilayer welding
多层滑动轴承/多層滑動軸承　multilayer plain bearing
多层恢复/多層恢復　multi-level recovery
多层结构/多層結構　multilayered architecture
多层介质钝化/多層介質鈍化　multilayer dielectric passivation
多层金属化/多層金屬化　multilevel metallization
多层金属轴承/多層金屬軸承　multilayer metallic bearing
多层控制/多層控制　multilayer control
多层滤波器/多層濾波器,多層濾光器　multiplayer filter
多层模式/多層模式　multilayered schema
多层膜结构/多層結構　multilayered structure
多层配置/多層組態　multilayer configuration
多层坡度加大筛/變斜多層礦篩　varislope screen
多层事务/多層事務　multilevel transaction
多层天线/堆疊天線　stacked antenna
多层涂覆/多層[鍍]膜　multilayer coating
多层完井/多層完阱　multiple completion
多层系统/多層系統　multilayer system
多层线圈/多層線圈　multilayer coil
多层压坯/複合粉坯　composite compact
多层摇床/多層摇床　multideck table

多层印制板/多層印刷板 multilayer printed board, multilayer printed circuit board
多层轴套/多層軸套 multilayer bearing bush
多层轴瓦/多層軸瓦 multilayer bearing liner, composite bearing liner
多查询优化/多查詢優化 multi-query optimization
多程序多数据/多程式多資料 multiple program multiple data, MPMD
多尺度分析/多尺度分析 multi-scale analysis
多尺度耦合方法/多尺度耦合方法 multi-scale coupling method
多齿分度台/多齒分度檯 multi-tooth dividing table
多冲疲劳/多脈衝疲勞 multi-impulse fatigue
多重标度/多重刻度 multiple scale
多重程序装入/多重程式載入 multiple program loading
多重处理/多重處理 multiprocessing
多重处理操作系统/多處理作業系統 multiprocessing operating system
多重处理机/多處理器 multiprocessor
多重存取/多存取 multi-access
多重存取存储器/多存取記憶器 multi-access memory
多重存取路径/多路存取路徑 multiple access path
多重访问协议/多存取協定 multiple access protocol
多重关系/多重關係 multirelation
多重回波/多次[反射]回波 multiple echo
多重集/多[重]集 multiset
多重刻度/多重刻度 multiple scale
多重联结/複聯,複接 multiple connection
多[重]判据/多準則 multicriteria
多重图/多重圖 multigraph
多重网格算法/多重網格演算法 multigrid algorithm
多重效蒸发器/多效蒸發器 multiple effect evaporator
多重性/多址因數 multiplicity
多处理器/多處理器 multiprocessor
多处理器操作系统/多處理機作業系統 multiprocessor operating system
多处理器调度/多處理器排程 scheduling of multiprocessor
多处理器分配/多處理器分配 multiprocessor allocation
多处理器体系结构/多處理機架構 multiprocessor architecture
多处理器系统/多處理機系統 multiprocessor system
多次曝光/多次曝光 multiple exposure
多次测定/多次測定 multiple determination
多次抽样/多次抽樣 multiple sampling
多次回火/多重回火 multiple tempering
多次散射/多次散射 multiple scattering
多次跳频传输/多次跳頻傳輸 multiple-hop transmission
多带生长/多帶生長 multiple ribbon growth
多带图灵机/多帶杜林機 multitape Turing machine
多单元开关/多單元開關 multi-cell switch
多刀车床/多刀車床 multi-tool lathe
多导生理记录仪/多導生理記録儀 polygraph
多导体电缆/多心電纜 multiconductor cable
多道程序/多程式 multiprogram
多道程序调度/多道程序分派 multiprogram dispatching
多道程序设计/多程式設計 multiprogramming, multiple programming
多道单色器/多頻道單色儀 multichannel monochromator
多道分析器/多道分析器 multichannel analyzer
多道焊/多道焊法 multi-pass welding
多道脉冲高度分析仪/多頻道脈高分析器 multi-channel pulse height analyzer
多道 X 射线光谱仪/多通道 X 射線光譜儀 multichannel X-ray spectrometer
多地址/多[位]址 multiple address
多地址计算机/多位址計算機,多址電腦 multiple-address computer
多地址指令码/多位址指令碼 multi-address instruction code
多点/多點 multipoint
多点标记/多點標記 polymarker
多点测斜仪/多點測斜儀 multiple-shot instrument
多点传输/多點傳輸 multipoint transmission
多点存取/多點存取 multipoint access
多点到点连接/多點到點連接 multipoint-to-point connection
多点到多点连接/多點到多點連接 multipoint-to-multipoint connection
多点焊/多點焊 multiple-spot welding
多点会议/多點會議 multipoint conference
多点记号/多點標記 polymarker
多点记录器/多點記録器 multipoint recorder
多点记录式电位计/多點式記録電位計 multiple-point recording potentiometer
多点矫直/多點矯直 multipoint levelling
多点接入/多點存取 multipoint access

多点控制单元/多點控制器 multipoint control unit, MCU
多点连接/多點[式]連接 multipoint connection
多点路由[选择]信息/多點路由資訊 multipoint routing information
多点喷射/多點噴射 multipoint injection
多点式记录计/多點記録器 multipoint recorder
多点式自记电位计/多點式記録電位計 multiple-point recording potentiometer
多点通信/多點通訊 multipoint communication
多点通信服务/多點通訊服務 multipoint communication service
多点网络/多點網路 multipoint network
多点位移计/多點位移計 multipoint displacement meter
多点线路/多重站接線路 multidrop line
多电极/複電極,混成電極 polyelectrode
多电平码/多階碼,多位準碼,多層碼 multilevel code
多电平调制/多進制調變,多位準調變 multilevel modulation
多斗挖掘机/聯斗挖土機 multi-bucket excavator
多端对网络/多埠網路 multi-port network
多端口存储器/多埠記憶體 multi-port memory
多端输入/多端輸入 multiple inputs
多端网络/多端網路 multi-terminal network
多段风口/多段風口,多段風嘴 multiple tuyere
多段风嘴/多段風嘴,多段風口 multiple tuyere
多段加热系统/多段加熱系統 multistage heating system
多段决策过程/多階段決策過程 multistage decision process
多段控制/多段控制 multistratum control
多段模型/多段模型 multisegment model
多段渗氮/多段滲氮 multiple-stage nitriding
多段系统/多段系統 multistratum system
多队列调度/多佇列調度 multiqueue dispatching
多队列系统/多佇列系統 multiqueuing system
多队列指派/多佇列指派 multiqueue assignment
多对多联系/多對多關係 many to many relationship
多对绞缆/多對絞纜,多對纜線 multipair cable
多对一联系/多對一關係 many to one relationship
多尔澄清器/道爾澄清機 Dorr clarifier
多尔蒂放大机/杜赫放大器 Doherty amplifier
多尔分级机/道爾分級機 Dorr classifier
多尔分粒器/道爾澄清機 Dorr clarifier
多尔夫-切比雪夫分布/多孚-契比雪夫分布 Dolph-Chebyshev distribution
多尔夫-切比雪夫阵列/多孚-契比雪夫陣列 Dolph-Chebyshev array
多尔搅拌机/道爾增稠器,道爾增濃器 Dorr thickener
多发射处理器/多發射處理機 multiple issue processor
多范围衡器/多範圍儀器 multiple range instrument
多方电信/多方電訊 multi-party telecommunication, MPTY
多方通信复杂性/多方通訊複雜性 multi-party communication complexity
多方用户用线/多用户合用線 multi-party subcriber line
多分辨率/多解析度 multiresolution
多分辨率曲线/多解析曲線 multiresolution curve
多分度值衡器/多分度值衡器 multi-interval instrument
多分量传感器/多分量換能器 multi-component transducer
多分量校准系统/多分量校準系統 calibration system for multi-component transducer
多分量试验机/力量複合試驗機 forces-combined testing machine
多服务器网络/多伺服器網路 multiserver network
多幅移键控/多階幅移鍵控 multi-amplitude shift keying, MASK
多缸泵/多缸幫浦 multi-cylinder pump
多缸喷油泵/多缸燃料噴射泵 multi-cylinder fuel injection pump
多缸式液压机/多缸式液壓機 multi-cylinder hydraulic press
多缸无凸轮轴式喷油泵/多缸無凸輪軸式噴油泵 multi-cylinder camshaftless fuel injection pump
多工件压制/多工件壓製 multiple-pressing
多工位液压机/多工位液壓機 multiple hydraulic transfer press
多工位造型机/多工位造型機 multiple station molding machine
多工位自动镦锻机/多工位自動鐓鍛頭機 multi-station automatic header
多工位自动压力机/多工位自動壓機 multi-station transfer press
多工序实体造型/多處理實體模型建立 multiprocess solid modeling
多功能测定仪/多功能測定計 polymeter
多功能[测量]仪表/多功能[量測]儀表 multi-function measuring instrument
多功能铲斗/多功能鏟斗 multi-purpose bucket

多功能沉桩和拔桩装置/多功能打樁和拔樁設備 multi-purpose pile driving and extracting equipment
多功能传感器/多功能换能器 multi-function transducer
多功能滑模式混凝土摊铺机/多功能滑模式混凝土攤鋪機 multi-function-type slipform concrete paver
多功能计数器/通用計數器 multipurpose counter
多功能校准源/多功能校正器 multi-function calibrator
多功能汽车/多用途車輛 multi-purpose vehicle
多功能湿度表/多能濕度計,多功能氣象儀 polymeter
多功能仪器/多功能儀器 multiple function apparatus
多股绞线/絞合線,多蕊電纜 strand
多股螺旋弹簧/絞線索螺旋彈簧 stranded wire helical spring
多故障/多故障 multiple fault
多关联处理机/多關聯處理機 multiassociative processor
多管激光/多管式雷射 multiple tube laser
多管路制动系/多管路制動系 multi-line braking system
多管推舟炉/多管推舟爐 push type furnace
多罐翻车架/多車翻車架 multiple tippler
多光点扫描/多點掃描 multiple-spot scanning
多光谱扫描仪/多光譜掃描儀,多[光]譜掃描器 multispectral scanner, MSS
多光谱图像/多譜影像 multispectral image
多光谱照相机/多光譜照相機 multispectral camera
多光束干涉仪/多光束干涉儀,多射束干涉儀 multiple beam interferometer
多光子吸收/多光子吸收 multiphoton absorption
多轨道-多卫星/多軌道-多衛星 multiple orbit-multiple satellite
多辊布料机/多輥布料機 multi-roller feeder
多辊孔型轧制/多輥孔型軋製 multi-roll pass rolling
多辊式棒材矫直机/多輥式棒材矯直機 multi-roll bar-straightening
多辊式冷轧管机/多輥式冷軋管機 multi-roll tube cold rolling mill
多辊[式]轧机/多輥軋機,叢集軋機 cluster mill, multi-roll mill
多辊轧制/多輥軋製 multi-high rolling
多合一[主板]计算机/單體全備計算機 all-in-one computer
多核操作系统/多核作業系統 multi-core operating system
多核微处理器/多核微處理器 multi-core microprocessor
多滑移/多滑移 multiple slip
多环机构/多回路機構 multiloop mechanism
多环控制系统/多環控制系統 multiloop control system
多环稳度/多環穩度 multiloop stability
多回路/多環路 multiloop
多回路控制/多環路控制 multiloop control
多回路控制器/多環路控制器 multiloop controller
多回路控制系统/多環路控制系統 multiloop control system
多回路调节/多環路調整 multiloop regulation
多回路制动系/多環路制動系統 multi-circuit braking system
多机器人系统/多機器人系統 multi-robot system
多基地雷达/多基地雷達 multistatic radar
多级/多級,多階段 multi-stage
多级安全/多級安全 multilevel security
多级安全关系/多級安全關係 multilevel security relation
多级泵/多段泵,多階泵,分級泵 multi-stage pump, stage pump
多级萃取/多級萃取 multi-stage solvent extraction
多级单元/多級單元 multilevel cell
多级递阶结构/多級遞階結構 multilevel hierarchical structure
多级递阶控制/多級遞階控制 multilevel hierarchical control
多级多目标结构/多級多目標結構 multilevel multi-objective structure
多级发射机/多級發射機 multi-stage transmitter
多级反馈队列/多級回饋隊列 multilevel feedback queue
多级放大器/多級放大器 multi-stage amplifier
多级幅移键控/多階幅移鍵控 multi-amplitude shift keying, MASK
多级高速缓存/多級快取 multilevel cache
多级管理系统/多級管理系統 multilevel management system
多级过程/多級過程 multilevel process
多级计算机控制系统/多級電腦控制系統 multilevel computer control system
多级交换网/多級交換網路 multi-stage switching network
多级结构/多級結構 multi-tier architecture
多级决策/多級決策 multilevel decision

多级控制/多級控制 multilevel control
多级链/多排鏈 multiple strand chain
多级模拟/多級模擬 multilevel simulation
多级频移键控/多階頻移鍵控 multi-frequency shift keying, MFSK
多级燃烧腔/複合燃燒腔 composite chamber
多级设备/多級裝置 multilevel device
多级式蓄能泵/多級式蓄能泵 multi-stage storage pump
多级水泵水轮机/多級水泵水輪機 multi-stage pump-turbine
多级调谐/多級調諧,多級調整 multi-stage tuning
多级调制/多級調變 multistep modulation
多级通风机/多級風扇 multi-stage fan
多级同轴水轮泵/多級同軸水輪泵 multi-stage coaxial water-turbine pump
多级透平膨胀机/多級膨脹式渦輪機 multi-stage expansion turbine
多级网络/多階段網路 multi-stage network
多级卫星/多級衛星 multi-stage satellite
多级系统/多級系統 multilevel system
多级协调/多級協調 multilevel coordination
多级谐波齿轮传动/多級諧波齒輪傳動 multiple-stage harmonic gear drive
多级行星齿轮系/多級行星齒輪系、multiple-stage planetary gear train
多级压缩机/多級壓縮機,多階壓縮機 multi-stage compressor, multiple stage compressor
多级样品/多級樣品 multi-stage sample
多级优先级中断/多級優先權中斷 multilevel priority interrupt
多级振幅最小相移键控/多階振幅最小相移鍵控 multi-amplitude minimum shift keying, MAMSK
多级中断/多級中斷 multilevel interrupt
多极管/多極管 multi-electrode tube
多极式调速器/多速式調速器 multiple-speed governor
多极限/多極限 multiple limits
多极子算法/多極子演算法 multipole algorithm
多计算机/多[重]計算機 multicomputer
多计算机系统/多計算機系統 multicomputer system
多迹示波器/多跡示波器 multitrace oscilloscope
多继承/多重繼承 multiple inheritance
多检测器色谱仪/多檢知器層析儀 multi-detector chromatograph
多碱光阴极/多鹼光陰極 multialkali photocathode
多键检索/多鍵檢索 multiple key retrieval
多角度测色仪/多角度測色儀 multi-angle instrument for measuring color
多角镜/多面鏡 polygon mirror
多角砂/銳角砂 sharp sand
多角形橡胶联轴器/多角形橡膠聯軸器 coupling with polygonal rubber element
多脚式海上风力发电机组基础/海上風力發電機組多腳式基礎 multi-leg-type foundation of off-shore wind turbine generator set
多接入信道/多重接取通道 multiple access channel
多接收器质谱计/多收集器質譜儀 multi-collector mass spectrometer
多节点计算机/多節點計算機 multinode computer
多节滤波器/多節式濾波器 multisection filter
多结太阳电池/多接面太陽電池 multijunction solar cell
多金属结核/多金屬結核 polymetallic nodule
多金属结核开采/多金屬結核開採 polymetallic nodule mining
多金属硫化物/多金屬硫化物 hydrothermal sulfide
多进多出/多進多出 multiple-in multiple-out, MIMO
多晶/多晶[體] polycrystal
多晶硅发射极晶体管/多晶矽射極電晶體 polysilicon emitter transistor, PET
多晶硅-硅化物栅/多晶矽-矽化物閘極 polycide gate
多晶硅太阳电池/多晶矽太陽電池 polycrystalline silicon solar cell
多晶激光器/多晶雷射 polycrystalline laser
多晶物质/多晶物質 polycrystalline material
多径/多重路徑 multipath
多径传播/多路徑傳播 multipath propagation
多径反射/多路徑反射 multipath reflection
多径接收/多路徑[訊號]接收 multipath reception
多径扩散/多路徑擴散 multipath spread
多径衰落/多路徑衰褪 multipath fading
多径效应/多路徑效應,多次反射效應 multipath effect
多径信号/多路徑訊號 multipath signal
多卷筒卷扬机/多卷筒絞車 multiple-drum winch
多孔板/多孔板,打孔分布板 perforated distribution plate, porous plate
多孔板塔/孔板塔,多孔層板塔 perforated plate column
多孔杯/多孔杯,素燒杯 porous cup
多孔玻璃/多孔玻璃 porous glass
多孔瓷杯/多孔瓷杯 porous porcelain cup

多孔磁心/多孔磁心,多孔磁心存儲器 transfluxor
多孔电极/多孔電極 porous electrode
多孔隔膜电解池/多孔隔膜電解槽 porous diaphragm cell
多孔硅氧化隔离/多孔矽氧化隔離 isolation by oxidized porous silicon, IOPS
[多孔]含油轴承合金/吸油合金 oilite
多孔集束管型喷嘴/多孔集束管型噴嘴 multi-hole channeled nozzle
多孔金属过滤器/多孔金屬過濾器 porous metal filter
多孔静电电压表/複室靜電伏特計 multi-cellular electrostatic voltmeter
多孔耦合器/多孔耦合器 multihole coupler
多孔塞/多孔塞 porous-plug
多孔塞[搅拌]法/多孔塞攪拌法 porous-plug method
多孔式结构/粗鬆組織 open-grain structure
多孔陶瓷/多孔陶瓷 porous ceramic
多孔[质]轴承/多孔軸承 porous bearing
多孔铸件/海綿狀鑄件 spongy castings
多口网络/多埠網路 multi-port network
多块式拉模机/多塊式拉模機 multi-blocking mould dragger
多类逻辑/多類邏輯 many-sorted logic
多离子检测/多離子偵測 multi-ion detection
多离子质谱仪/多離子質譜儀 multi-ion mass spectrometer
多连杆式独立悬架/多連桿式獨立懸架 multi-link independent suspension
多联泵/多聯泵 multiplex pump
多联式空气调节机/可變冷媒流量空氣調節器 variable refrigerant flow air conditioner
多联式空气调节机组的分流不平衡率/多聯式空氣調節機組的分流不平衡率 distributary disequilibrium rate of multi-connected air-conditioning unit
多链板式输送机/多鏈板式運送機 multiple-chain slat conveyor
多链斗式提升机/多鏈箕斗昇運機 multiple-chain bucket elevator
多链路/多鏈路,多重連接 multilink
多量程电压表/多量程伏特表,多用電壓表 multivoltmeter, multi-range voltmeter
多量程分析仪/多量程分析器 multi-range analyzer
多量程伏特计/多量程伏特表,多用電壓表 multi-range voltmeter, multivoltmeter
多量程[测量]仪表/多範圍[量測]儀表 multi-range measuring instrument
多量程压力表/多管壓力計 multiple manometer
多量程仪表/多量程儀表 multi-range meter
多量程指示器/多量程指示器 multi-range indicator
多量子阱/多量子井 multiple quantum well, MQW, multiquantum well, MQW
多量子阱半导体激光器/多量子井半導體雷射 MQW semiconductor laser
多料钟[式]炉顶/多料鐘式爐頂 multi-bell system top
多列压缩机/多列壓縮機 multi-row compressor
多列轴承/多列軸承 multi-row bearing
多流服务/多流服務 multi-stream service
多流连铸机/多流連鑄機 multistrand caster, multistrand continuous casting machine
多流束水表/多重噴嘴水表 multiple-jet water meter
多炉连浇/多爐連澆 sequence casting
多路串扰/折頻串音,疊頻串音,多路干擾 babble
多路电视/多頻道電視 multichannel television
多路定标器/多路定標器,多層定標器 multiscaler
多路多点分配业务/多通道多點分配服務 multichannel multipoint distribution service, MMDS
多路发射机/多路發射機,多通道發射機 multichannel transmitter
多路阀/多路閥 banked direction control valve
多路分配器/多工解訊器 de-multiplexer
[多路]分用/[多路]分用,分接 demultiplexing
多路负载因数/多道負荷因數 multichannel load factor
[多路]复用/[多路]複用,多工,複接 multiplex, multiplexing, MUX
多路复用传输/多工傳輸,多路傳輸 multiplex transmission
多路复用器/多元調節器,複用器 multiplexor, multiplexer
多路复用时分系统/分時多工系統 multiplex time-division system
多路复用通道/多工通道 multiplex channel
多路复用通信/多工通訊 multiplex communication
多路广播/多路廣播 multiplex broadcasting
多路解复用/多路解複用 demultiplexing
多路径通信/多路徑通訊 multiple path communication
多路输出/多輸出 multiple output
多路输入/多重輸入 multiple input
多路调制/多通道調變 multichannel modulation
多路通信/多路通訊 multichannel communication

多路推理/多線路推理 multiline inference
多路遥测/多路遥測 multichannel telemetry
多路载波/多路載波 multichannel carrier
多路载波传输/多路載波傳輸 multichannel carrier transmission
多路载波电话制/多路載波電話制 multiplex carrier telephony
多路转换通道/多工器通道 multiplexor channel
多轮控制/多輪控制 multi-wheel control
多螺旋给料机/多螺旋給料機 multiple screw feeder
多脉冲编码/多脈波編碼 multiple pulse coding
多媒体/多媒體 multimedia
多媒体编目数据库/多媒體編目資料庫 multimedia cataloging database
多媒体处理器/多媒體處理器 multimedia processor
多媒体个人计算机/多媒體個人電腦 multimedia personal computer, multimedia PC
多媒体会议/多媒體會議 multimedia conferencing
多媒体计算机/多媒體計算機 multimedia computer
多媒体技术/多媒體技術 multimedia technology
多媒体教学/多媒體教學 multimedia teaching
多媒体扩展/多媒體延伸 multimedia extension
多媒体数据版本管理/多媒體資料版本管理 multimedia data version management
多媒体数据存储管理/多媒體資料儲存管理 multimedia data storage management
多媒体数据检索/多媒體資料檢索 multimedia data retrieval
多媒体数据库/多媒體資料庫 multimedia database
多媒体数据库管理系统/多媒體資料庫管理系統 multimedia database management system
多媒体数据类型/多媒體資料類型 multimedia data type
多媒体数据模型/多媒體資料模型 multimedia data model
多媒体通信/多媒體通訊 multimedia communication, multimedia communications
多媒体投影仪/多媒體投影儀 multimedia projector
多媒体网络课件/多媒體網路課件 multimedia network courseware
多媒体系统/多媒體系統 multimedia system
多媒体消息业务/多媒體消息服務,多媒體訊息處理服務 multimedia messaging service, MMS
多媒体协作/多媒體協作 multimedia collaboration
多媒体信息系统/多媒體資訊系統 multimedia information system
多媒体业务/多媒體服務 multimedia service
多媒体域/多媒體域 multimedia domain, MMD
多媒体终端/多媒體終端 multimedia terminal
IP 多媒体子系统/IP 多媒體子系統 IP multimedia subsystem, IMS
多米诺逻辑/多米諾邏輯 Domino logic
多米诺效应/多米諾骨牌效應 Domino effect
多面棱体/多面稜體 polygon
多面平衡/多面平衡 multiplane balancing
多面体裁剪/多面體截割 polyhedron clipping
多面体简化/多面體簡化 polyhedron simplification
多面体模型/多面體模型 polyhedral model
多面体透镜/多面體透鏡 faceted lens
多模波导/多模[態]波導 multimode waveguide
多模传输/多模[態]傳輸 multimode transmission
多模放大器/多模[態]放大器 multimode amplifier
多模光纤/多模[態]光纖 multimode fiber, multimode optical fiber
多模畸变/多模態失真 multimode distortion
多模激光器/多模[態]雷射 multimode laser
多模激光振荡/多模[態]雷射振盪 multimode laser oscillation
多模拉线/多模拉線 multi-die wire drawing
多模拉线机/多模拉線機 multi-die wire-drawing machine
多模雷达/多模[態]雷達 multimode radar
多模耦合器/多模[態]耦合器 multimode coupler
多模式交互/多模[態]交互 multimodal interaction
多模式接口/多模[態]介面 multimodal interface
多模型虚拟环境/多模型虛擬環境 multimodel virtual environment
多模压制/多工件壓製 multiple pressing
多模终端/多模終端機 multimode terminal
多目标决策/多目標決策 multi-objective decision
多目的地/多目的地 multi destination
多目的地选路/多目的地路由法,多重目的地路由法 multidestination routing
多年变化/長期變化 secular variation
多排滚子链/多排滾子鏈 multiplex roller chain
多排链轮/多鏈鏈輪 sprocket for multiple chain
多盘离合器/多板離合器 multiplate clutch
多片电路/多晶片電路 multichip circuit
多片式电容器/多片電容器 multiplate condenser
多频按键电话机/複頻式按鍵電話 multifrequency touch-tone
多频按键式号盘/多頻按鍵式號盤 multifrequency keypad
多频电路/多頻電路 multifrequency circuit
多频段[的]/多頻段[的] multi-band
多频发射机/多頻發射機 multifrequency transmitter

多频键控/多頻鍵控 multifrequency keying
多频码/多頻電碼 multifrequency code
多频码信令/多頻電碼傳信方式,多頻碼傳訊 multifrequency code signaling
多频网/多頻網 multiple frequency network, MFN
多频卫星/多頻衛星 multifrequency satellite
多频终端/多波段終端機 multi-band terminal
多平面合成/多平面合成 multiplane compositing
多普勒不变性/都卜勒不變性 Doppler invariance
多普勒测距/都卜勒測距 Doppler ranging
多普勒测距系统/都卜勒測距系統 Doppler ranging system
多普勒导航/都卜勒導航 Doppler navigation
多普勒导航系统/都卜勒導航系統 Doppler navigation system
多普勒伏尔/都卜勒伏爾 Doppler VOR, DVOR
多普勒跟踪/都卜勒跟蹤 Doppler tracking
多普勒关联函数延迟/都卜勒關聯函數遲滯 delay-Doppler correlation function
多普勒回波指示器/回波都卜勒指示器 echo Doppler indicator
多普勒检查/都卜勒檢查 Doppler search
多普勒雷达/都卜勒雷達 Doppler radar
多普勒盲区/都卜勒[頻率]盲區 Doppler blind zone
多普勒旁瓣/都卜勒旁[波]瓣 Doppler sidelobe
多普勒频率/都卜勒頻率 Doppler frequency
多普勒频移/都卜勒頻移 Doppler frequency shift, Doppler shift
多普勒[谱线]增宽/都卜勒加寬 Doppler broadening
多普勒权衡/都卜勒權衡 Doppler weighting
多普勒容限/都卜勒容忍性 Doppler tolerance
多普勒卫星导航系统/都卜勒衛導系統 satellite Doppler navigation system
多普勒效应/都卜勒效應 Doppler effect
多普勒展宽/都卜勒加寬 Doppler broadening
多腔磁控管/多腔磁控管 multicavity magnetron
多腔模/多腔模,組合模 combination die
多腔压模/多腔壓模 multiple die set
多桥转向式转向传动机构/多軸轉向式轉向連桿組 multiaxle-steering-type steering linkage
多球中子谱仪/多球體中子能譜儀 multisphere neutron spectrometer
多区反应堆/多段反應器 multi-region reactor
多区黑板/多區黑板 multipartitioned blackboard
多任务/多任務 multitask
多任务处理/多任務處理 multitasking
多任务管理/多任務管理 multitask management
多任务卫星/多工衛星 multimission satellite
多任务系统程序/多任務系統程式 multitasking system program, MSP
多入户线/多重站接線路 multidrop line
多色穿透屏/多色穿透屏 multichrome penetration screen
多色辐射器/多色輻射器,複光輻射器 polychromatic radiator
多色光度计/多色光度計 heterochromatic photometer
多色光度学/多色光度術 heterochromatic photometry
多色色散/多色色散 hetero chromatic dispersion
多色仪/多色儀 polychromator
多栅管/多柵[極]管 multi-grid tube
多石英砂/多石英砂 quartzose sand
多示例学习/多示例學習 multi-instance learning
多室旋片真空泵/多室滑葉式旋轉真空泵 multi-chamber sliding-vane rotary vacuum pump
多输入多输出/多輸入輸出系統 multiple-input multiple-output
多属性决策系统/多屬性決策系統 multi-attribute decision system
多属性效用函数/多屬性效用函數 multi-attributive utility function
多数表决/多數決 majority voting
多数表决门/多數決閘 majority decision gate
多数据通道/多資料通道 multiple data channel
多数决定元件/多數決元件 majority decision element
多数载流子/多數載子,主要載子 majority carrier
多水高岭土/多水高嶺土,禾樂石 halloysite
多丝带搅拌机/多帶摻和機 multi-ribbon blender
多丝埋弧焊/多絲潛弧焊 multiple-wire submerged arc welding
多丝正比室/多線比例室 multi-wire proportional chamber
多速率采样/多速率採樣 multi-rate sampling
多速率单线对数字用户线/多速率單線對數位用户線路 multirate single-pair digital subscriber loop, MSDSL
多速无定位控制器/多速浮動控制器 multiple-speed floating controller
多宿主机/多宿主機 multi-homed host
多台并联式机组型房间空气调节器/多臺并聯式機組型房間空氣調節器 air conditioner with multi-units
多态逻辑/多態邏輯 multistate logic
多态现象/同質多象 polymorphism

多态性/多型性 polymorphism
多态子程序/多態副程式 polymorphic subprogram
多弹簧式机械密封/多彈簧式機械密封 multiple spring mechanical seal
多膛焙烧炉/多膛焙燒爐 multiple-hearth roaster
多膛焙烧炉炉气/多膛焙燒爐爐氣 multiple-hearth-roaster gas
多梯度磁选机/多梯度磁選機 multi-gradient magnetic separator
多体控制/多體控制 multi-body control
多跳/多重躍繼,多重中繼 multiple-hop
多跳传播/多跳躍傳播,多反射傳播,多中繼傳播 multihop propagation
多跳传输/多跳躍傳輸,多中繼傳輸 multihop transmission
多跳系统/多跳躍系統 multihop system
多铁心型电流互感器/多鐵心型變流器 multi-core type current transformer
多通道/多通道 multichannel
多通道传输/多通道傳輸 multichannel transmission
多通道多点分布服务/多通道多點分布服務 multi-channel multipoint distribution service
多通道干涉仪/多頻道干涉儀 multichannel interferometer
多通道记录仪/多頻道記録器 multiple channel recorder
多通道摄影/多通道攝影 multiple-pass photography
多通道同时分光光度计/多頻道同時光譜儀 multichannel simultaneous spectrophotometer
多通道渲染/多通道渲染 multiple-pass rendering
多通路 TCP 协议/多通路 TCP 協議 multipath TCP
多头传感器/多元换能器 multiple-unit transducer
多头管接头/多頭管接頭 cluster fitting
多头滚刀/多螺紋滚刀 multiple thread hob
多头螺纹/複螺紋 multiple thread
多头螺旋/多頭螺旋 multi-screw
多头图灵机/多頭杜林機 multihead Turing machine
多头线圈/多接頭線圈 tapped coil
多透镜物镜/多透鏡物鏡 poly-lens objective
多托辊电子皮带秤/多惰輥電子帶式輸送機秤 multi-idler electronic belt conveyor scale
多维编码/多維編碼 multidimensional coding
多维分析/多維分析 multidimensional analysis
多维气相色谱仪/多維氣相層析儀 multidimensional gas chromatograph
多维色谱法/多維層析術 multidimensional chromatography
多维色谱仪/多維層析儀 multidimensional chromatograph
多维数据结构/多維資料結構 multidimensional data structure
多维数据库/多維資料庫 multidimensional database
多维图灵机/多維杜林機 multimensional Turing machine
多维系统/多維系統 multidimensional system
多维语言/多維語言 multidimensional language
多卫星链路/多衛星鏈路 multi-satellite link
多卫星网/多衛星網路 multi-satellite network
多位控制器/多步控制器,多級控制器 multistep controller
多位致动器/多位置致動器 multiposition actuator
多温组合式冷藏陈列柜/多温組合式冷藏陳列櫃 multi-temperature combined refrigerated display cabinet
多文种操作系统/多語言操作系統 multilingual operating system
多文种信息处理/多語言資訊處理 multilingual information processing
多线程/多線 multithread
多线程处理/多線處理 multithread processing
多线控制器/多線路控制器 multiple line controller
多线螺纹/多線螺紋 multi-start thread
多线示波器/多跡示波器 multitrace oscilloscope
多线通道/多線[制]通道 multi-wire channel
多线性函数/多重線性函數 multilinear function
多线性检测/多線性檢測 multilinearity test
多向锻模/多向鍛模 multi-ram forging die
多向雷达/多基地雷達 multistatic radar
多向量中断/多向量中斷 multivectored interrupt
多向模锻/多向模鍛,多衝頭鍛造 cored forging, multi-ram forging
多向模锻压机/多向模鍛壓機 multi-cored forging press
多向模锻液压机/多向模鍛液壓機 hydraulic multiple-ram forging press
多相/多相 polyphase
多相变流机/多相換流機 polyphase converter
多相变压器/多相變壓器 polyphase transformer
多相测试仪表/多相[位]表 polyphase meter
多相电动机/多相電動機,多相馬達 polyphase motor
多相电能表/多相瓦時表,多相電度表 polyphase watt-hour meter
多相发电机/多相發電機 polyphase generator
多相反应动力学/多相反應動力學 kinetics of

heterogeneous reaction
多相感应电动机/多相感應電動機 polyphase induction motor
多相功率表/多相瓦特計 polyphase wattmeter
多相功率因数表/多相功率因子表 polyphase power factor meter
多相换流机/多相換流機 polyphase converter
多相换向器电动机/施拉吉電動機,三相并勵換向器式電動機,多相整流電動機 Schrage motor, polyphase commutator motor
多相[交流]发电机/多相發電機 polyphase alternator
多相流/多相流[動] multiphase flow
多相脉码调制/多相搏碼調變,多相脈碼調變 multiphase pulse-code madulation, multiphase PCM
多相同步发电机/多相同步發電機 polyphase synchronous generator
多相瓦时计/多相瓦時表,多相電度表 polyphase watt-hour meter
多相瓦特计/多相瓦特計 polyphase wattmeter
多相系统/多相系統 polyphase system
多相相移键控/多相相移鍵控 multiphase shift keying
多相整流机/多相整流電機 polyphase commutation machine
多相整流器/多相整流器 polyphase rectifier
多相转换器/多相換流器 multiphase converter
多相组织/多相組織 multiphase structure
多项记录仪/多重記録器 multiple recorder
多项式对数深度/多項式對數深度 polylog depth
多项式对数时间/多項式對數時間 polylog time
多项式恒等检测/多項式恆等檢測 polynomial identity testing
多项式可归约[的]/多項式可歸約 polynomial reducible
多项式可转换[的]/多項式可變換 polynomial transformable
多项式空间/多項式空間 polynomial space
多项式码/多項式碼 polynomial code
多项式拟合/多項式擬合 polynomial fit
多项式谱系/多項式階層 polynomial hierarchy
多项式曲线/多項式曲線 polynomial curve
多项式时间/多項式定時 polynomial time
多项式时间层次/多項式時間層譜 the polynomial time hierarchy
多项式时间多一归约于/多項式時間多一歸約於 polynomial time many-one reducible to
多项式时间复杂性类/多項式時間複雜性類 polynomial time complexity class
多项式时间归约/多項式時間歸約 polynomial time reduction
多项式时间近似格式/多項式時間近似格式 polynomial time approximation scheme
多项式时间可抽样分布/多項式時間可抽樣分布 polynomial time samplable distribution
多项式时间可计算分布/多項式時間可計算分布 polynomial time computable distribution
多项式时间算法/多項式時間演算法 polynomial-time algorithm
多项式时间图灵归约于/多項式時間杜林歸約於 polynomial time Turing reducible to
多项式输入/多項式輸入 polynomial input
多项式有界/多項式有界 polynomial-bounded
多项式运动曲线/多項式運動軌跡 polynomial motion curve
多效溴化锂吸收式机组/多效溴化鋰吸收式熱泵機組 multi-effect lithiumbromide-absorption heat pump unit
多效真空蒸发器/多效真空蒸發器 multi-effect vacuum evaporator
多效蒸发器/多效蒸發器 multi-effect evaporator
多楔带/多楔帶 poly V-belt
多楔滑动轴承/多楔滑動軸承 lobed plain bearing
多协议/多協定 multiprotocol
多协议标签交换/多協定標簽交換,多重通訊協定標簽交換 multi-protocol label switching, MPLS
多协议适配器/多協定配接器 multiprotocol adapter
多谐振动器/多譜振動器 multivibrator
多芯电缆/多芯電纜 multicore cable, multi-conductor cable
多芯光纤/多核心光纖,多披覆層光纖 multicore fiber
多信道/多通道 multichannel
多信道电话/多路電話 multichannel telephone
多星状网/多星型網路 multistar network
多型槽模/多重槽模 multiple impression die
多型号角馈电/多型號角饋電 multimode horn feed
多压兰金循环的联合循环/多壓力朗肯循環的聯合循環 combined cycle with multi-pressure level Rankine cycle
多压凝汽器/多壓凝結器 multi-pressure condenser
多压式汽轮机/多壓式汽輪機 mixed-pressure steam turbine, multi-pressure steam turbine
多阳极计数管/多陽極計數管 polyanode counting tube
多样性/多樣性 diversity

多业务传送平台/多業務傳送平臺 multi-service transport platform, MSTP
多叶片低速风轮/多葉片低速轉子 multi-blade low-speed rotor
多叶片混合器/多葉混合器 multiple-blade mixer
多叶通风机/多葉風扇 multiblade fan
多一度/多一度 many-one degree
多一归约于/多一歸約於 many-one reducible to
多一可归性/多一可約性 many-one reducibility
多伊奇-约萨算法/Deutsch-Jozsa 量子演算法 Deutsch-Jozsa algorithm
多义/多義 polysemy
多义度/多義度 prevarication
多义文法/歧義文法 ambiguous grammar
多议题协商/多議題協商 multi-issue negotiation
多音电路/多音電路 multi-tone circuit
多音指令/多音指令 multi-tone command
多用表/多用表,萬用表 multimeter
多用车床/多用途車床 versatile lathe
多用户/多用户 multiuser
多用户操作系统/多用户作業系統 multiple user operating system
多用户仿真/多用户模擬 multiuser simulation
多用户控制/多用户控制 multiple user control
多用户系统/多用户系統 multiuser system
多用户信道/多用户通道 multiuser channel
多用户信息论/多用户資訊論 multiple user information theory
多用色谱仪/聯合層析儀 unified chromatograph
多用途互联网邮件扩展/多功能網際網路郵件延伸 multipurpose internet mail extensions
多用途货车/多用途貨車 multipurpose goods vehicle
多用途连铸机/多用途連鑄機 multi-purpose caster
多优先等级/多優先等級 multiple priority level
多优先级/多優先級 multipriority
多油楔轴承/多油楔軸承 multi-oil wedge bearing
多油叶轴承/多油葉軸承 bobed bearing
多余辉穿透荧光屏/多餘輝穿透螢光屏 multipersistence penetration screen
多余损失/多餘損失 excess loss
多余因数/多餘因數 surplus factor
多余因子/多餘因數 surplus factor
多语言操作系统/多語言操作系統 multilingual operating system
多语言电子商务/多語言電子商務 multilanguage E-business
多语种处理机/多語言處理機 multilanguage processor
多语种翻译/多語言翻譯 multilingual translation
多语种信息处理系统/多語言資訊處理系統 multilingual information processing system
多域网络/多領域網路 multidomain network
多阈值电压/多閾值電壓 multi-threshold voltage
多元胞法/多元胞法 polycell method
多元共渗/多元熱化學處理 multicomponent thermochemical treatment
多元共渗剂/多元共滲劑 multicomponent diffusion medium
多元控制系统/多元件控制系統 multi-element control system
多元随机推理/多變數隨機推理 multivariable stochastic reasoning
多元统计推理/多變數統計推理 multivariable statistic reasoning
多源 β 测量计/多源 β[測量]計 multiple beta gage
多载波发射机/多載波發射機 multicarrier transmitter
多载波运用/多載波運用 multiple carrier operation
多载波转发器/多載波轉發器,多載波轉頻器 multicarrier transponder
多站多普勒系统/多站都卜勒系統 multistation Doppler system
多站通信网络/多站通訊網路 multistation communication network
多爪抓斗/多爪抓斗 jaw grab
多爪抓岩机/仙人掌形抓碴機,爪型抓碴機 cactus grab
多帧照相机/多幀照相機 multiformator
多振幅最小偏移键控/多振幅最小相移鍵控 multiamplitude minimum shift keying, MAMSK
多支路单轨系统/多支路單軌系統 multiple-path monorail system
多值代数/多值代數,MV 代數 many-valued algebra, MV algebra
多值函数依赖/多值函數相依 multi-valued functional dependency
多值量具/多值量具 multi-value measuring tool
多值逻辑/多值邏輯 multiple value logic
多值依赖/多值相依 multivalue dependency
多址/多址 multiple access
多址干扰/多址干擾 multi-site interference, MSI
多址接入/多重進接 multiple access
多址码/多地址碼 multi-address code
多址通信/多址通訊 multi-address communication
多址卫星系统/多重進接衛星系統 multiple access

satellite system
多指令单数据流/多指令單資料流 multiple-instruction stream single-data stream
多指令单数据流系统/多指令單資料流系統 multiple-instruction stream single-data stream system
多指令发射/多指令發料 multi-instruction issue
多智能体/多智慧體,多元決策者系統 multi-agent
多智能体合作环境/多智慧體合作環境 multi-agent cooperation environment
多智能体推理/多智慧體推理 multi-agent reasoning
多智能体系统/多智慧體系統 multi-agent system
多智能体学习/多智慧體學習 multi-agent learning
多中间轴变速器/多副軸變速箱 multi-countereshaft transmission, multi-countershaft gearbox
多终端监控程序/多終端監視器 multi-terminal monitor
多终端网/多端網路 multi-terminal network
多种燃料发动机/多種燃料引擎 multi-fuel engine
多种燃料燃烧器/多燃料燃燒器 multi-fuel burner
多周期平均转速/N 轉平均轉速 N turn number average rotating velocity
多周期实现/多循環實施 multicycle implementation
多轴半自动车床/多軸半自動車床 multi-spindle semi-automatic lathe
多轴联合循环/多軸型複合循環 multi-shaft-type combined cycle
多轴燃气轮机/多軸燃氣[渦]輪機 multi-shaft gas turbine
多轴式自卸车/多軸式傾卸車 multi-axle tipper
多轴头/多軸頭 cluster head
多轴自动车床/多軸自動車床 multi-spindle automatic lathe
多主体/多代理 multiagent
多主体处理环境/多代理處理環境 multiagent processing environment
多主体推理/多代理推理 multiagent reasoning
多主体系统/多代理系統 multiagent system
多柱式液压机/多柱式液壓機 multi-column hydraulic press
多转电动执行机构/多轉電致動器 multi-turn electric actuator
多转速磁盘/多轉速磁片 multi-speed disk
多转子燃气轮机/多轉子燃氣[渦]輪機 multi-spool gas turbine
多自由度机构/多自由度機構 mechanism with multiple degree-of-freedom
多自由度体系/多自由度系統 multi-degree-of-freedom system
多自由度系统/多自由度系統 multi-degree-of-freedom system
多字节图形字符集/多位元圖形字元集 multibyte graphic character set
多字母密码/多表置換密碼 polyalphabetic cipher
多踪示波器/多跡示波器 multitrace oscilloscope
多总线/多匯流排 multi-bus
多租户/多租户 multi-tenancy
多组多路转换通道/區塊多工通道 block multiplexer channel
多组分化合物/多組分化合物 polycompound
多组可转天线/多組可轉天線 multi-unit-steerable antenna, MUSA
多作业/多工件 multijob
多作业处理/多工件處理 multiple job processing
垛板机/垛板機 piler, piler bed, piling device
垛式液压支架/液壓柱 hydraulic chock
垛式支架/架柴架,架積木架 cribbing
躲避硐/避車峒 manhole
惰轮/惰輪 idle gear
惰行/惰行,滑行,惰轉 coasting
惰性气体/惰性氣體,鈍氣 inert gas
惰性气体保护[电弧]焊/鈍氣弧熔接,惰氣弧焊,惰性氣氛熔接 inert-gas arc welding, inter-gas shielded arc welding, inert-gas welding
惰性气体保护浇注/惰性氣體保護澆注 inert-gas shrouded pouring
惰性气体发生器 /惰性氣發生器 inert-gas generator
惰性气体[原子]激光器/惰性氣體[原子]雷射 noble gas atomic laser
惰性求值/遲緩評估 lazy evaluation
惰性语言/惰性語言 lazy language
惰转时间/空轉時間 idle time
惰走时间/空轉時間 idle time

E

俄歇电子/歐傑電子 Auger electron
俄歇电子能谱法/歐傑電子能譜術 Auger electron spectroscopy
俄歇电子能谱[学]/歐傑電子能譜[學] Auger electron spectroscopy, AES
俄歇电子能谱仪/歐傑電子能譜儀 Auger electron spectrometer
俄歇电子像/歐傑電子像 Auger electron image
俄歇过程/歐傑程序 Auger process
俄歇效应/歐傑效應 Auger effect
锇/鋨 osmium
锇-钌蒸馏分离/鋨-釕蒸餾分離 osmium-ruthenium tetraoxide distillation
鹅颈管/鵝頸管,鵝頸澆道 goose neck
额定/額定,標稱 nominal
额定安装载重量/額定架設負載 rated erection load
额定波长/標稱波長 nominal wavelength
额定乘员数/額定乘員數 rated passengers
额定电流/額定電流 rated current
额定电压/額定電壓,定格電壓 rated voltage
额定分接/主分接 principal tapping
额定风速/額定風速 rated wind speed
额定负载/額定負載 ratcd load
额定工况/額定條件 rated condition
额定工作条件/額定操作條件 rated operating conditions
额定工作压力/額定工作壓力 rated working pressure
额定工作制/額定工作方式 rated duty
额定功率/額定功率,標稱功率 rated power, nominal power
额定供热量/額定熱容量 rated heat capacity
额定耗气量/額定空氣消耗量 rated air consumption
额定极限/額定極限 rated limit
额定加速度/額定加速度 rated acceleration
额定静态横向力/額定靜態横向力 rated static transverse force
额定宽带随机激振力/額定寬頻隨機推力 rated thrust force under broadband random vibration exciting
额定力矩系数/額定轉矩係數 rated torque coefficient
额定量/額定量 rated quantity
额定流量/額定流量 rated flow
额定流量系数/額定流量係數 rated flow coefficient
额定马力/額定馬力 rated horsepower
额定频率/額定頻率 rated frequency
额定频率范围/額定頻率範圍 rated frequency range
额定起重量/額定起重量 rated capacity
额定起重量限制器/額定起重量限制器 rated capacity limiter
额定气温负荷范围/定温負荷範圍 load range at constant temperature
额定容量/額定容量 rated capacity
额定寿命/額定壽命 rating life
[额定]寿命修正系数/壽命修正因數 life adjustment factor
额定输出/額定輸出 rated output
额定输出功率/額定輸出功率 rated output power
额定输出温度影响/額定輸出溫度影響 temperature effect on rated output
额定数据/額定數值 rating
额定水头/額定水頭 rated head
额定速度/額定速度,額定速率 rated speed, rated velocity
额定位移/額定位移 rated displacement
额定行程/額定行程 rated stroke, rated travel
额定叶尖速度比/額定葉尖速度比 rated tip-speed ratio
额定载荷/額定負載,額定加載 rated load, rated loading
额定载重量/額定負載值 rated load
额定蒸汽参数/額定蒸汽参數 rated steam conditions
额定蒸汽温度/額定蒸汽溫度 rated steam temperature
额定蒸汽压力/額定蒸汽壓力 rated steam pressure
额定正弦激振力/額定正弦激振力,額定正弦勵磁力 rated sine excitation force, rated thrust force under sinusoidal vibration exciting
额定值/額定值,標稱值 rated value, nominal scale, nominal rating

额定转矩/額定轉矩 rated torque
额定转速/額定轉速,額定速率 rated speed
额定准确度/額定準確度 rated accuracy
额外磁道/額外磁軌 extra track
额外扇区/額外扇區 extra sector
厄兰/厄蘭話務單位,占線小時 Erlang, ERL
厄利效应/厄列效應 Early effect
扼流法兰[盘]/扼流凸緣 choke flange
扼流节/扼流節 choke joint
扼流圈/扼流圈,抗流器,抗流線圈 choke, retardation coil
扼流式活塞/扼流活塞 choke piston, choke plunger
扼流式浇道/閘喉式流道 choked runner system
轭式从动件/軛式從動件 yoke follower
恶性码/惡性碼 catastrophic code
恶意代码攻击/惡意程式碼攻擊 malicious code attack
恶意呼叫识别/惡意呼叫識別 malicious call identification
恶意逻辑/惡意邏輯 malicious logic
恶意软件/惡意軟體 malicious software
恶语/謾罵 flame
遏振器/遏振器,防震器 anti-hunt device
颚剪式钢筋切断机/顎剪式鋼筋切斷機 jaw reinforcing bar cutting machine
颚式破碎机/顎式軋碎機 jaw crusher
颚旋式破碎机/顎旋式破碎機 jaw-gyratory crusher
鳄口剪切机/鱷式剪切機 crocodile shears
鳄皮效应/鱷皮狀效應 alligator effect
鳄式压挤机/鱷魚式擠製機 crocodile squeezer
鳄式压轧机/鱷魚式擠製機 crocodile squeezer
鳄头扳手/鱷魚扳手 crocodile spanner
鳄形扳手/鱷魚扳手 crocodile wrench
鳄鱼嘴夹/鱷魚夾 crocodile clip
恩格勒黏度/恩氏黏度 Engler viscosity
恩氏长颈瓶/恩格勒燒瓶 Engler flask
恩氏量表/恩氏[黏度]標度 Engler scale
恩氏秒/恩格勒秒數 Engler second
恩氏黏度/恩氏黏度 Engler viscosity
恩氏黏度单位/恩格勒單位 Engler unit
恩氏黏度计/恩格勒黏度計 Engler viscometer
恩氏[黏]度数/恩格勒數 Engler number
恩氏蒸馏瓶/恩格勒燒瓶 Engler flask
恩氏蒸馏试验/恩氏蒸餾試驗 Engler distillation test
蒽闪烁计数管/蒽閃爍計數器 anthracene scintillation counter
蒽闪烁剂量计/蒽閃爍劑量計 anthracene scintillation dosimeter
儿童语言模型/兒童語言模型 model of child language
儿童约束系统/兒童約束系統 child restraint system
儿童座椅/兒童座椅 child seat
耳机/耳機,聽筒 earphone, earpiece
耳机耦合器/耳機耦合器 earphone coupler
耳蜗电描记术/耳蝸電描記術 electrocochleography
耳轴/耳軸,掛耳 trunnion
铒玻璃激光器/鉺玻璃雷射 erbium glass laser
铒激光器/鉺雷射 erbium laser
二-八进制转换/二進制轉爲八進制 binary-to-octal conversion
二步煅烧/二步煅燒 two-stage calcination
二步法熔融还原/二步法熔融還原 two-stage smelting reduction
二叉查找树/二元搜尋樹,二分搜尋樹 binary search tree, BST
二叉空间剖分树/二元空間分割樹 binary space partitioning tree, BSP-tree
二叉链/二元鏈 binary linked list
二叉排序树/二元排序樹 binary sort tree
二叉判定图/二元決策圖 binary decision diagram
二叉树/二元樹 binary tree
二冲程发动机/二衝程發動機,二衝程引擎 two-stroke engine
二冲程循环/二衝程循環 two-stroke cycle
二重点/二重點 double point
二重积分加速度表/雙重積分加速計 double integrating accelerometer
二重精炼/重煉 double refining
二重切线/雙切線 bitangent
二重圆点曲线/二重圓點曲線 bicircular curve
二次变换/二次變換 quadratic transformation
二次沉淀池/二次沈降槽 secondary settler
二次成形加工/二次成形加工 secondary metal working
二次抽样/二次抽樣 double sampling
二次吹风/後期吹風 after-blow
二次电流/二次電流,副電流 secondary current
二次电压/二次電壓,次級電壓 secondary voltage
二次电子像/二次電子影像 secondary electron image
二次发射倍增器/二次發射倍增器 secondary emission multiplier
二次发射探测器/二次發射偵測器 secondary emission detector
二次风口/二次風口,二次風嘴 secondary tuyere

二次风流分支/二次分流 secondary splits
二次风率/二次風率 secondary air rate, secondary air ratio
二次风喷口/二次空氣噴嘴 secondary air nozzle
二次辐射/二次輻射 secondary radiation
二次富集/二次富集 secondary enrichment
二次干燥/二次乾燥 secondary drying
二次光源/二次光源 secondary light source
二次贵金属回收/二次貴金屬回收 secondary precious metal recovery
二次过滤器/二級濾器,精濾器,後濾器 after filter
二次呼叫/二次呼叫,再呼叫,重呼叫 recall
二次回采/二次回採,礦柱回採 second mining
二次击穿/二次崩潰 second breakdown
二次继电器/二次繼電器 secondary relay
二次加热/後期加熱 post heating
二次精炼/二次精煉 secondary refining
二次开采/二期採收,二期生產 secondary recovery, secondary exploitation, secondary production
二次空气/二次空氣 secondary air
二次空气泵/二次空氣泵 secondary air pump
二次空气分配歧管/二次空氣分配歧管 secondary air distribution manifold
二次空气控制阀/二次空氣控制閥 secondary air control valve
二次空气喷射管/二次空氣噴射管 secondary air injection tube
二次空气喷射减压阀/二次空氣噴射卸壓閥 secondary air injection relief valve
二次空气喷射装置/二次空氣噴射系統 secondary air injection device, secondary air injection system
二次空气转换阀/二次空氣開關閥 secondary air switching valve
二次空气转流阀/二次空氣導流閥 secondary air diverter valve
二次雷达/二次雷達 secondary radar
二次冷却/二次冷却 secondary cooling
二次冷却回路/二次冷却回路 secondary cooling circuit
二次冷却剂回路/二次冷却劑回路 secondary coolant circuit
二次冷却器/後冷却器,再冷器 recooler
二次冷却区/二次冷却區 secondary cooling zone
二次离子本底/二次離子背景 secondary ion background
二次离子谱法/二次離子能譜法,二次離子光譜法 secondary ion spectroscopy
二次离子谱仪/二次離子能譜儀 secondary ion spectrometer
二次离子质谱法/二次離子質譜法 secondary ion mass spectrometry
二次离子质谱[学]/二次離子質譜[學] secondary ion mass spectroscopy, SIMS
二次离子质谱仪/二次離子質譜儀,次級離子質譜儀 secondary ion mass spectrometer
二次流损失/二次流損耗 secondary flow loss
二次马氏体/二次麻田散體 secondary martensite
二次能源/次級能源 secondary energy sources
二次喷射/二次噴射 secondary injection
二次破碎巷道/二次破碎巷道 secondary blasting level
二次燃烧区/二次燃燒區域 secondary combustion zone
二次绕组/二次繞組,次級繞組 secondary winding
二次散列/二次散列 quadratic hash
二次渗碳体/二次滲碳體 proeutectoid cementite
二次损坏/二次損壞 consequential damage
二次碳化物/二次碳化物 proeutectoid carbide
二次误差函数/二次誤差函數 quadratic error function
二次线圈/二次線圈,副線圈 secondary coil
二次相位失配/二次相位失配 quadratic phase mismatch
二次相位因数/二次相位因數 secondary phase factor
二次谐波发生/二次諧波產生 second harmonic generation, SHG
二次型性能指标/二次型效能指標,二次性能指數 quadratic performance index
二次冶金/二次冶煉 secondary metallurgy
二次仪表/二次儀器 secondary instrument
二次硬化/二次硬化 secondary hardening
二次孕育/後期接種 post inoculation
二次再结晶/二次再結晶 secondary recrystallization
二次蒸发器/再汽化器 revaporizer
二地址指令/二址指令 two-address instruction
二点透视/二點透視 two-point perspectiveness
二端口/二端口 two-port
二端网络/二端網路 two-terminal network
二端元件/二端元件 two-terminal element
二分插入/二元插入 binary insertion
二分法/二分法 dichotomy
二分搜索/二元搜尋 binary search
二分图/偶圖 bipartite graph
二钙硬化法/二鈣硬化法 Di-Cal process
二硅化物/二矽化物 disilicide

45°二辊成组式轧机/45°二輥成組式軋機 45° two-high block
二辊式冷轧管机/二輥式冷軋管機 two-high tube cold rolling mill
二辊式万能轧机/二重萬能軋鋼機 two-high universal mill
二辊式轧机/二重軋機 two-high rolling mill
二辊斜轧穿孔/二輥斜軋穿孔 two skew-roll piercing process, Mannesmann piercing
二辊斜轧穿孔机/二輥斜軋穿孔機 two skew-roll piercing mill, Mannesmann piercing mill
二辊周期式薄板轧机/二輥週期式薄板軋機 drag-over mill, pass-over mill
二黄原酸盐/二黄原酸鹽 dixanthate
二级高速缓存/第二層快取 second level cache
二级机油滤清器/二級潤滑油過濾器,雙級機油過濾器 two-stage lubricating oil filter
RNA 二级结构预测/RNA 二級結構預測 RNA secondary structure prediction
二级脉/彼得礦脈,次生脈 secondary vein
二级密钥/次要鍵,次關鍵字 secondary key
二级旁路系统/二級旁路系統 two-stage bypass system
二级喷射器/第二級射出器 secondary-stage ejector
二级退火/兩段退火 two-stage annealing
二级维护/二級維護 complete maintenance
二级相变/[第]二階相變 second-order transformation
PIN 二极管/PIN 二極體,二極管 positive-intrinsic negative diode, PIN diode
二极管泵/二極體幫浦 diode pumping
二极管电子枪/二極體電子槍 diode gun
二极管伏特计/二極體伏特計 diode voltmeter
二极管函数发生器/二極體函數產生器 diode function generator
二极管-晶体管逻辑/二極體-電晶體邏輯 diode-transistor logic, DTL
二极管微波探测器/二極體探頭 diode probe
二极管温度计/二極體溫度計 diode thermometer
二甲醚发动机/二甲醚引擎 dimethyl ether engine
二阶参数连续/C2 連續性 C2 continuity
二阶电路/二階電路 second order circuit
二阶非线性系数/二階非線性係數 second-order nonlinearity coefficient
二阶合成/二階合成 second order synthesis
二阶几何连续/G2 連續 G2 continuity
二阶逻辑/第二階邏輯 second order logic
二阶系统/二階系統 second-order system
二进删除信道/二進抹去道 binary erasure channel
二进制/二進制系統,二元系統 binary system, BIN
二进制半加器/二進半加器 binary half-adder
二进制编码的十进制/十進位元二元編碼 binary coded decimal, BCD
二进制编码字数/二進碼字數 binary-coded alphanumeric
二进制变量/二元變數,二態變數 binary variable
二进制表示[法]/二進制表示[法] binary representation
二进制补码/二進制補碼 two complement
二进制不对称信道/二進不對稱道 binary asymmetric channel
二进制操作/二進制作業 binary operation
二进制大对象/二進制大物件 binary large object
二进制单元/二進制格 binary cell
二进制[的]/二進位,二元 binary
二[进制的]十进制码/十進位二元編碼 binary-coded decimal, BCD
二进制对称信道/二元對稱通道,雙對稱通道 binary symmetric channel, BSC
二进制多谐振动器/二進多諧振動器 scale-of-two
二进制反码/二進制反碼,一補數 one complement
二进制-格雷[码]转换器/二進[位]碼對格雷碼變換器 binary-to-Gray converter
二进制计数器/二進計數器 binary scaler
二进制计算机/二進[制]計算機 binary computer
二进制记数法/二進制記法,二進位記法 binary notation
二进制加法器/二進制加法器 binary adder
二进制逻辑/二進制邏輯 binary logic
二进制逻辑元件/二進制邏輯元件 binary-logic element
二进制码/二進制編碼 binary code
二进制码脉冲时间/二進位碼脈衝時間,[二]位元時寬,位元區間 bit interval
二进制十进制系统/二進制十進系統 binary-decimal system
二进制十进制计数器/二至十進位計數器 binary-decade counter
二进制十进制转换/二至十進制轉換 binary to decimal conversion
二进制数/二進[制]數 binary-number, binary number
二进制数字/二進制數字,二進位數字 binary digit, bit
二进制算术/二進制算術 binary arithmetic
二进制同步通信/二元同步通訊 binary synchronous

communication
二进制同步通信协议/二元同步通訊協定 binary synchronous communication protocol, BISYNC protocol
二进制位/二進制數[字] binary bit
二进制相移编号/二進相移編號 binary phase-shift coding
二进制相移键控[技术]/二元相移鍵控 binary phase shift keying, BPSK
二进制信道/二進制通道 binary channel
二进制信号/二進制訊號 binary signal
二进制运算/二進制演算 binary operation
二进制指数后退/二進位指數後退 binary exponential back-off
二进制字/二進制字 binary word
二进制字符/二進[制]字元 binary character
二聚物激光器/二聚物雷射 dimer laser
二口网络/雙埠網路 two-port network
二类激光产品/二類雷射產品 class 2 laser product
二冷传热动态控制/二冷傳熱動態控制 dynamic control of heat transfer at secondary cooling
二冷区电磁搅拌/二冷區電磁攪拌 electromagnetic stirring in secondary cooling zone
二流大方坯连铸机/二流大方坯連鑄機 two-strand continuous bloom caster
二路归并/二路合并 binary merge
二难推理/兩難推理 dilemma reasoning
二十辊冷轧机/二十輥冷軋機 twenty-higy cold rolling moll
二十辊轧机/二十輥軋機 twenty-higy mill
二通式热风炉/二路式熱風爐 two-pass stove
二维电子气/二維電子氣 two dimensional electron gas
二维跟踪/二維跟蹤 two dimensional tracking
二维码/二維碼 two dimensional barcode
二维谱/二維光譜 two-dimensional spectrum
二维网孔/二維網孔 two dimensional mesh
二维系统/二維系統 two dimensional system
二维显示/二維顯示 two dimensional display, two-dimension display
二位控制器/二位控制器 two step controller
二五混合进制/二五進制系統 biquinary system
二线电路/二線電路 two-wire circuit
二线制/二線制 two-wire system
二[向]色镜/二向色鏡,分色鏡 dichroic mirror
二[向]色性/二向色性 dichroism
二[向]色性测量仪/二向色性量測儀 dichrograph
二项分布/二項[式]分布 binomial distribution
二项式系数/二項式係數 binomial coefficient
二项式阵列/二項式陣列 binomial array
二型控制系统/二型控制系統 type 2 control system
[二]氧化锆/氧化鋯 zirconia
二氧化硅/[二]氧化矽 silicon dioxide, silica
二氧化硅乳胶抛光/二氧化矽乳膠拋光 silica colloidal polishing
二氧化硫/二氧化硫 SO_2, sulfur dioxide
二氧化硫分析仪/二氧化硫分析儀 sulfur dioxide analyzer
二氧化碳/二氧化碳 carbon dioxide, CO_2
二氧化碳爆破筒/卡達筒 Cardox shell
二氧化碳测量计/二氧化碳計 anthracometer
二氧化碳发生器/二氧化碳產生器 carbon dioxide generator
二氧化碳分离/二氧化碳分離 carbon dioxide capture
二氧化碳封存/二氧化碳封存 carbon dioxide sequestration, carbon dioxide storage
二氧化碳过滤器/二氧化碳篩檢程式 carbon dioxide filter
二氧化碳激光器/二氧化碳雷射[器] carbon dioxide laser, CO_2 laser
二氧化碳零排放/二氧化碳零排放 carbon dioxide zero emission
二氧化碳瓶/二氧化滅火器 carbon dioxide bottle
二氧化碳气体保护焊/二氧化碳氣體保護焊 carbon dioxide shielded arc welding
二氧化碳气体灭火器/二氧化碳體滅火器 carbon dioxide gas fire extinguisher
二氧化碳水玻璃砂法/二氧化碳水玻璃處理 carbon dioxide waterglass process
二氧化碳吸附器/二氧化碳吸附器 carbon dioxide adsorber
二氧化碳吸收器/二氧化碳吸收器 carbon dioxide absorber
二氧化碳吸收筒/二氧化碳吸收筒 carbon dioxide absorption cartridge
二氧化碳消防车/二氧化碳消防車 carbon dioxide fire vehicle
二氧化碳造型法/二氧化碳造模法,碳酸氣硬模法,CO_2 造模法 carbon dioxide process, CO_2 process
二义性文法/歧義文法 ambiguous grammar
二用桥式起重机/二用橋式起重機 two-purpose overhead crane
二元差错/位元錯誤 bit error
二元关联/二元關聯 binary association
二元关系/二元關係 binary relation

二元归结式/二進制消解式　binary resolvent
二元合金/二元合金　binary alloy
二元色调/二元色相,中間色相　binary hue
二元锁归结式/二元鎖消解式　binary lock resolvent
二元[物]系/二元系　binary system
二元相图/二元相圖　binary phase diagram
二元语法/雙字母組　bigram
二元预解式/二進制消解式　binary resolvent
二值图像/二元圖像　binary image
二踪示波器/雙軌跡示波器　two-trace oscilloscope

F

发报电键/發報[電]鑰 sender key
发报分配器/分配發送機 transmitter-distributor
发报机/有線電報發報機 cable transmitter
发报机关/發報機關 sending office
发爆机/電發火器,發爆器,引爆器 blasting machine
发电电压/發電電壓 generating voltage
发电机/發電機 generator
发电机变压器/發電機出口終端變壓器 generator transformer
发电机额定电压/發電機額定電壓 rated voltage of generator
发电机额定功率/發電機額定功率 rated power of generator
发电机额定转速/發電機額定轉速 rated rotational speed of generator
发电机防护等级/發電機保護等級 protection grade of generator
发电机功率因数/發電機功率因數 power factor of generator
发电机绝缘等级/發電機絶緣等級 insulation grade of generator
发电机转速范围/發電機轉速範圍 rotational speed range of generator
发电用汽轮机/發電用渦輪機 power generation steam turbine
发动机/發動機,引擎 engine
发动机舱/發動機艙 engine compartment
发动机舱盖/發動機艙蓋 engine compartment lid
发动机电子集中控制系统/發動機電子集中控制系統 electronic-concentrated engine control system
发动机工作小时表/發動機工作小時表 engine hour meter
发动机管理系统/發動機管理系統 engine management system
发动机缓速器/發動機減速器 engine retarder
发动机活塞/發動機活塞 engine piston
发动机检修/發動機檢修 engine tune-up
发动机扭矩/引擎轉矩 engine torque
发动机排量/發動機排氣量 engine displacement, engine swept volume
发动机气缸容积/發動機氣缸容積 engine cylinder volume
发动机调速器/發動機調速器 engine speed governor
发动机凸轮轴/發動機凸輪軸 engine camshaft
发动机系族/發動機族 engine family
发动机型式/發動機型式 engine type
发动机悬置系统/發動機懸置系統 engine mounting system
发动机再造/發動機再造 engine rebuilding, engine remanufacture
发动机转速/發動機轉速 engine speed
发动机组/發動機組 cluster engine
发动机最低起动温度/發動機最低起動溫度 minimum engine starting temperature
发光/發光 luminescence
发光顶棚/發光天花板 luminous ceiling
发光度/發光度 luminous emittance
发光度函数/發光度函數 luminosity function
[发]光度曲线/發光度曲線 luminosity curve
发光二极管/發光二極體 light-emitting diode, LED, liquid-crystal
发光二极管背光液晶显示器/發光二極體背光液晶顯示器 LED backlight liquid-crystal display device
发光二极管打印机/發光二極體印表機 LED printer
发光二极管截止频率/發光二極體截止頻率 LED cutoff frequency
发光二极管矩阵/點矩陣發光二極體 dot matrix LED
发光二极管显示屏/發光二極體顯示幕 LED display screen
[发光]发射光谱/[發光]發射光譜 luminescence emission spectrum
发光范围/可視距離,光達距離 luminous range
发光分析/發光分析 luminescent analysis
发光光度计/發光度光度計 luminosity photometer
发光光谱仪/發光分光計 luminescence spectrometer
发光计数器/發光計數器 luminescent counter
发光率/光發射率 luminous emissivity
发光密度/發光密度 luminous density
发光能力/發光本領 luminous power

发光漆/發光漆,發光塗料 luminous paint
发光器/照明器,施照器 illuminator
发光强度/[發]光強度,光強[度] luminous intensity
发光强度标准灯/發光強度標準燈 standard lamp for luminous intensity
发光碳弧灯/發光碳弧燈 luminous carbon arc lamp
发光体/發光體,發光元件 luminous element, luminophor
发光物质/發光材料 luminescent material
发光系数/發光係數 luminous coefficient
发光效率/發光效率 luminescent efficiency, luminous efficiency, luminescence efficiency
发光因子/發光度因子 luminosity factor
发光元件/發光元件 luminous element
发光中心/發光中心 luminescence center
发汗材料/發汗材料 sweating material
发黑处理/黑化 blackening
发火合金/發火合金 pyrophoric alloy
发酵槽/發酵槽 fermenter
发酵池/發酵缸 fermentation vat
发酵管/發酵管 fermentation tube
发酵罐/發酵槽 fermentation tank
发酵计/發酵檢驗器 zymometer
发酵窖/發酵窖 fermentation cellar
发酵腔/發酵腔 fermentation chamber
发酵桶/發酵槽 fermenter
发啃/發啃 grabbing
发蓝处理/藍化處理 bluing
发裂/裂紋 hairline crack
发泡填充轮胎/發泡填充輪胎 foam-filled tire
发热覆盖剂/發熱覆蓋劑 exothermic shield
发热剂/發熱劑 exothermic mixture, heat generating agent, thermite
发热冒口/發熱冒口 exothermic riser
发热冒口套/發熱冒口套筒 exothermic feeder sleeve
发热套筒/發熱套筒 exothermic sleeve
发热铁合金/發熱鐵合金 exothermic ferroalloy
发热性防缩孔粉/發熱性縮孔防止粉 exothermic antipiping powder
发热性缩颈砂芯/發熱性縮頸砂心 exothermic breaker core
发热渣/發熱渣 exothermic flux
发热值/熱值 heating value, thermal value
发散/發散 diverge
发散凹凸透镜/發散凹凸透鏡 divergent meniscus
发散不稳定性/發散型不穩定 divergent instability
发散反应/發散反應 divergent reaction
发散光束/發散光束 divergent beam
发散镜/發散鏡 divergent mirror
发散冷却/發散冷却 transpiration cooling
发散喷嘴扩散泵/發散噴嘴泵 divergent nozzle pump
发散束卷积法/發散束卷積法 convolution method for divergent beams
发散透镜/發散透鏡 divergent lens
发散问题/發散問題 divergence problem
发散性调节/發散性調變 divergent modulation
发散序列/發散序列 divergent sequences
发射/發射 emission, emanation
发射波长/發射波長 emission wavelength
发射持续时间/發射持續時間 emission duration
发射电子显微镜/發射電子顯微鏡 emission electron microscope
发射分光光度计/發射分光光度計 emission spectrophotometer
发射分光计/發射分光計,發射光譜儀 emission spectrometer
发射分光镜/發射分光鏡 emission spectroscope
发射功率/發射功率 emissive power
发射功率控制/發射功率控制 transmit power control, TPC
发射管/發射管,發送管 transmitting tube
发射光谱/發射光譜,放射譜 emission spectra, emission spectrum
发射光谱[化学]分析/發射光譜分析 emission spectrometric analysis
发射光谱学/發射光譜學 emission spectroscopy
发射光谱仪器/發射光譜儀 emission spectrum instrument
发射光纤/發射光纖 launching fiber
发射换能器/傳送換能器 transmission transducer
发射机/發射機 transmitter
发射机调制噪声/發射機之調變雜訊 transmitter modulation noise
发射激光/雷射放光 lasering
发射极/射極 emitter
发射极点接/射極接點 emitter dotting
发射极端/射極引接頭,射極端子 emitter terminal
发射极耦合/射極耦合 emitter coupled
发射极耦合逻辑/射極耦合邏輯 emitter coupled logic, ECL
发射极下拉电阻/射極下拉電阻 emitter pull down resistor
发射极效率/射極效率 emitter efficiency
发射角/發射角 angle of departure

发射结/射極接面 emitter junction
发射率/發射率,發射係數,放射率 emissivity, emission rate
发射能力/發射能力 emissive power
发射频率/發射頻率,輻射頻率 radiation frequency
发射频谱/發射頻譜 emission spectrum
发射器/[發]射體,[發]射極 emitter
发射强度/發射強度 emittance
发射区/射極區 emitter region
发射区陷落效应/發射區陷落效應 emitter dipping effect
发射热/發射熱 heat of emission
发射 X 射线谱/發射 X 射線光譜 emission X-ray spectrum
发射摄谱仪/發光攝譜儀 optical emission spectrograph
发射式测试仪/發射式試驗器 emission-type tester
发射数值孔径/發射數位孔徑 launch numerical aperture, LNA
发射速率/發射速率 emission rate
发射体/發射體 emitter
发射物质/放射物質 emissive material
发射系统/發射系統 transmission system
发射型计算机断层成像/發射型電腦斷層掃描 emission computerized tomography, ECT
发射型探测器/發射檢知器 emission detector
发射裕量/發射界限,發射裕度 emission margin
发射真空光谱学/發射真空光譜學 emission vacuum spectroscopy
发射振荡变压器/發送振盪變壓器 transmitting jigger
发射指定码/發射指定碼,命令傳送碼 emission designation code
发生炉煤气/發生爐煤氣,發生爐燃氣,瓦斯 producer gas, generator gas, power gas
发生器/發生器,產生器 generator
发生器功率/發生器功率 generator power
发生权/特權 concession
发生圆/產生圓,創成圓 generating circle
发生圆直径/產生圓直徑 generating diameter
发生圆柱面/產生圓柱面 generating cylinder
发声器电路/音響電路 sounder circuit
发送/發送 send, transmission
发送端/發送端 sending terminal
发送端串音/發送端串音,發射端串音 sending-end crosstalk
发送机/發送機,傳送器,記發機 transmitter, sender
发送机送话器/發射機送話器,話筒 transmitter, TX
发送继电器/發送繼電器 transmitting relay
发送同步器/發送同步器 transmit synchronizer
发条/發條 winding mechanism
发条装置/發條裝置 clockwork
发现井/發現井 discovery well
发烟点/發煙點 smoke point
发音轮/音輪 phonic wheel
发展中系统/發展中系統 developing system
乏/乏,無功伏安 var
乏计/乏計,無功功率計 varmeter
乏力/乏力 lack of power
乏汽轮机/乏汽[渦]輪機 exhaust steam turbine
乏时计/乏時計 var hour meter
罚函数法/處罰函數法 penalty function method
[阀]臂/[閥]臂 valve arm
阀侧绕组/閥側繞組 valve side winding
阀点/閥點 valve point
阀杆密封/閥桿密封 valve stem seal
阀杆油封/閥桿密封 valve stem seal
阀壳/閥籠 valve cage
阀控传动机构/控制閥致動器 control valve actuator
阀[门]/閥[門] valve
阀器件堆/閥器件堆 valve device stack
阀桥/閥橋,過橋 valve bridge
阀式计量/閥式計量 valve metering
阀特性控制式电液转向系/閥特性控制式電液轉向系 electro-hydraulic power steering system in control of valve characteristic
阀支架/閥支架 valve support
阀座/閥座 valve seat
阀座点蚀/閥座點蝕 valve seat pitting
KR 法/KR 法,克羅寧製鐵法 Krupp-Renn process, KR process
LF 法/LF 法 ladle furnace process, LF process
QSL 法/QSL 法 Queneau-Schuhmann-Lurgi process
RH 法/RH 法 Ruhrstahl-Heraeus process
STB 法/STB 法 sumitomo top and bottom process
VAD 法/VAD 法 vacuum arc degassing process, VAD process
VOD 法/VOD 法 vacuum oxygen decarburization process
法贝尔黏度计/法伯黏度計 Faber viscometer
法布里-珀罗标准具/法布立-沛若標準具 Fabry-Perot etalon
法布里-珀罗放大器/法布立-沛若放大器 Febry-Perot amplifier

法布里-珀罗干涉仪/法布立-沛若干涉儀 Fabry-Perot interferometer
法布里-珀罗谐振腔/法布立-沛若共振器 Fabry-Perot resonator
法定标准/法定標準 legal standard
法定测量仪器/法定量測儀器 legal measuring instrument
法定尺寸/法定尺寸 legal-size
法定计量单位/法定量測單位 legal unit of measurement
法定受控的测量仪器/法定管制量測儀器 legally controlled measuring instrument
法定英里/法定哩 statute mile
法恩斯沃斯析像器/法恩沃子析像器 Farnsworth image dissector
法尔码/懷爾碼 Fire code
法拉/法拉 farad, F
法拉第/法拉第 Faraday
法拉第杯/法拉第杯,法拉第筒 Faraday cup
法拉第常数/法拉第常數 Faraday constant
法拉第电解定律/法拉第電解定律 Faraday law of electrolysis
法拉第电流/法拉第電流 Faradaic current
法拉第定律/法拉第定律 Faraday law
法拉第管/法拉第管 Faraday tube
法拉第效应/法拉第效應 Faraday effect
法拉第[圆]筒/法拉第圓筒 Faraday cylinder
法拉计/法拉計,電容計 faradmeter
法兰/凸緣 flange
法兰安装式喷油器/凸緣安裝式噴油器 flange-mounted fuel injector
法兰联管节/凸緣接頭 flange union
法兰式接头/凸緣分接頭 flange tap
法平面/法平面 normal plane
mt 法气体流量标准装置/mt 法氣體流量標準裝置 mt method standard facility
pVTt 法气体流量标准装置/pVTt 法氣體流量標準裝置 pVTt method standard facility
法曲率/法曲率 normal curvature
法线流/法線流量 normal flow
法向侧隙/法向側隙 normal backlash
法向齿槽宽/法向齒槽寬 normal spacewidth
法向齿厚/法向齒厚 normal tooth thickness
法向齿距/法向齒距 normal pitch
法向齿廓/法向齒廓 normal profile
法向反作用力/法線反作用力 normal reaction
法向加速度/法向加速度,法線加速度 normal acceleration
法向径节/法徑節 normal diametral pitch
法向螺旋线/法螺旋線 normal helix
法向模数/法[面]模數 normal module
法向弦齿厚/法向弦齒厚 normal chordal tooth thickness
法向压力角/法向壓力角 normal pressure angle
法向应力/正[向]應力,垂直應力 normal stress
法向圆/切線圓 Bresse normal circle
法向圆周齿距/法週節 normal circular pitch
法向直廓蜗杆/法向直廓蝸桿 straight-sided normal worm
法[向]周节/法週節 normal circular pitch, main pitch circle
μ-法则压伸/μ-法則壓伸,μ-律壓伸 μ-law companding
法制计量/法定計量 legal metrology
法制计量控制/法定計量管制 legal metrological control
V 法铸造/真空造模法,V 造模法 V-process, vacuum-sealed process
法锥/法圓錐,正規錐 normal cone
砝码/砝碼,壓重 weight
砝码标称值/重量標稱值 weight nominal value
砝码吊架/砝碼吊架 weight hanger
砝码实际质量值/砝碼實際質量值 actual mass value of a weight
砝码修正值/重量修正值 weight correction value
砝码约定密度/重量參考密度 weight reference density
砝码允差/重量容差 weight tolerance
砝码字盘系统/砝碼字盤系統 weight-dialing system
砝码字盘组合/砝碼字盤組合 weight-dialing combination
砝码组/砝碼組 weight set
砝码座/砝碼座 weight seating
发夹式线圈/髮夾式線圈 hairpin coil
发丝裂痕/細裂痕 hair crack
发纹/髮紋,初裂 hair crack, incipient crack
珐琅电阻器/琺瑯電阻器 enamelled resistor
帆布过滤器/帆布濾器 canvas filter
帆布运输带/帆布輸送帶 canvas apron
帆布运输机/帆布輸送機 canvas conveyer
翻板阀/翻板閥,舌閥,瓣閥 flap valve
翻边/翻邊 flange, flanging
翻边模/翻邊模 flange die, flanging die
翻边系数/翻邊係數 flanging coefficient
翻边轴套/翻邊軸承襯套 flanger bearing bush
翻边轴瓦/翻邊軸承裹襯 flanger bearing liner

翻冰模装置/脱冰機 can dump
翻车机/貨車翻車機 car dumper
翻斗车/卸斗,卸載機 dumper
翻斗提升机/卸斗吊車,吊斗吊車 skip hoist
翻斗提升机构/翻斗提昇機構 dumping lifter
翻钢机/翻鋼機 tilter, tilting gear
翻举装置/翻舉裝置 rollover and lifting device
翻卷机/翻卷機 coil down ender
翻孔/翻孔 hole flanging, plunging
翻孔模/翻孔模 plunging die
翻孔系数/翻孔係數 hole flanging coefficient
翻料器/傾卸裝置 tipper
翻模/翻模 rolling over, rollover
翻模板/翻模板 rollover board, rollover plate
翻倾防护装置/翻覆防護裝置 roll over protective structure
翻倾力矩/翻覆力矩 overturning moment
翻倾力矩分配/翻覆力矩分布 overturning moment distribution
翻沙工/鑄工 founder
翻身小车/翻身小車 trolley for turning use
翻松转子/翻鬆轉子 cutting rotor
翻箱机/翻箱機 turnover machine
翻箱式造型机/翻箱造模機 rollover molding machine
翻箱索具/翻箱索具 beam and sling
翻箱铸造/傾轉澆鑄法 inversion casting
翻译/翻譯 translation
翻译程序/翻譯程式 translating program
翻译记忆库/譯碼記憶體 translation memory
翻译器/解譯器,翻譯程式 interpreter, translating program
翻译语法/翻譯文法 translation grammar
翻转机构/傾翻系統 tilting system
翻转式驾驶室/傾斜式駕駛室 tilt cab
翻转脱模式造型机/翻轉脱模式造模機 frame-rollover machine
翻转脱模装置/翻轉脱模裝置 turn-draw device
翻转造模机/翻轉造模機 turnover molding machine
矾土耐火砖/高氧磚 alumina brick
矾土水泥/鋁氧火泥 alumina cement
矾土砖/[鋁]礬土磚 bauxite brick
钒/釩 vanadium
钒氮合金/釩氮合金 nitrogen containing ferrovanadium
钒钾铀矿/鉀釩鈾礦 carnotite
钒硼共渗/釩硼共滲 vanadoboriding
钒铅矿/釩鉛礦 vanadinite
钒钛磁铁矿/釩鈦磁鐵礦 vanadium titano-magnetite
钒铁/釩鐵 ferrovanadium
钒云母/釩雲母 roscoelite
钒渣/釩渣 vanadium oxide slag
反/反,負的 opposite
反拔模斜度/反起模斜度 inverse draft
反边带/反邊帶 antisideband
反编译/解編譯 decompile
反编译器/反譯器 decompiler
反驳/反駁 refutation
反驳树/反駁樹 refutation tree
反差/反差 contrast
反差测微计/對比測微計 contrast micrometer
反铲/反鏟 backhoe
反铲挖掘机/反鏟挖掘機 backhoe shovel
反铲装置/反鏟裝置 hoe attachment
反常磁化/不規則磁化 anomalous magnetization
反常组织/異常結構 abnormal structure
反冲粒子电离腔/反衝[粒子]游離腔 recoil ionization chamber
反冲粒子计数器/反衝[粒子]計數器,回跳計數器 recoil counter
反冲式机油滤清器/反衝式機油濾清器 back-flushing lubricating oil filter
反冲试验/反衝試驗 kick-back test
反冲洗/逆算法 backflush
反冲洗系统/反沖洗系統 back washing system
反冲质子计数管/回跳質子計數管 recoil proton counter tube
反冲质子计数器/[反衝]質子計數器 recoil proton counter, proton-recoil counter
反冲质子能谱仪/回跳質子能譜儀 recoil proton spectrometer
反冲质子望远镜/回跳質子望遠鏡 recoil proton telescope
反重合单位/反符合單元 anticoincidence unit
反传工况/反傳工況 backward condition
反传网络/倒傳遞網路 back-propagation network
反吹/反沖[洗] back flushing
反电动势/反電動勢 back electromotive force
反电动势变流器/反電動勢變流器 counter electromotive force inverter
反电动势继电器/反電動勢繼電器 counter electromotive force relay
反电动势启动器/反電動勢起動器 counter electromotive force starter
反电压/反電壓 back voltage
反动级/反動[輪]級 reaction stage

反动式汽轮机/反動式汽輪機,反動式渦輪機 reaction steam turbine, reaction turbine
反动式透平膨胀机/反動膨脹式渦輪機 reaction expansion turbine
反堆积/反堆積 pile-up rejection
反对称张量/反對稱張量 antisymmetric tensor
反峰电压/反峰電壓 inverse peak voltage
反符合/反符合 anticoincidence
反符合电路/反符合電路 anticoincidence circuit
反符合计数器/反符合計數器 anticoincidence counter
反复使用定额/工作週定額,定額荷週比 duty-cycle rating
反共振/反諧振 antiresonance
反共振频率/反諧振頻率 antiresonance frequency
反光镜/光反射器 optical reflector
反光立体镜/反光立體鏡 mirror stereoscope
反光器/反光器 reflector
反光水准仪/反光水準儀 reflecting level
反光显微镜/反射顯微鏡 reflecting microscope
反光直角器/反光直角器 reflecting square
反[后]向通道/反向通道 backward channel
反汇编/解組合 disassemble
反汇编程序/解組合程式 disassembler
反混叠低通选频滤波器/反頻疊之低通頻率選擇濾波器 anti-aliasing lowpass frequency-selective filter
反混叠[图形保真]滤波器/反頻疊濾波器,去頻疊濾波器 anti-aliasing filter
反击式破碎机/反擊式破碎機 baffle crusher, impact crusher
反击式水轮机/反擊式水輪機,反動式渦輪機 reaction turbine
反激变流器/返馳變換器 flyback converter
反极/反極 reversal
反极图/反極圖 inverse pole figure
反极信号/反極訊號 antipodal signal
反挤压/反擠壓 backward extrusion, indirect extrusion
反挤压模/反擠壓模 backward extruding die
反接线圈/補償線圈,反磁線圈,去磁線圈 bucking coil
反接制动/反接制動 plug braking
反康普顿伽马射线谱仪/反康普頓γ射線譜儀 anti-Compton gamma-ray spectrometer
反馈/反饋,回饋,回授 feedback
反馈边集合/回饋邊集合 feedback edge set
反馈补偿/反饋補償,回饋補償 feedback compensation
反馈差错控制/回授錯誤控制 feedback error control
反馈发射机/回饋傳送機 feedback transmitter
反馈放大器/反饋放大器,回授放大器,回饋放大器 feedback amplifier
反馈回路/反饋回路,回饋回路,回授電路 feedback loop
反馈计数器/回饋計數器 feedback counter
反馈继电器放大器/回饋繼電放大器 feedback relay amplifier
反馈校验/回饋校驗 feedback check
反馈控制/回饋控制 feedback control
反馈控制器/回饋控制器 feedback controller
反馈控制系统/反饋控制系統,回授控制系統 feedback control system
反馈滤波器/回饋濾波器 feedback filter
反馈偏压/逆接偏壓 back bias
反馈桥接故障/回饋橋接故障 feedback bridging fault
反馈式伏特计/反饋式伏特計,回授式伏特計 feedback voltmeter
反馈通道/反饋通路,回授通路 feedback path
反馈稳定放大器/回饋穩定[化]放大器 feedback-stabilized amplifier
反馈系统/反饋系統 feedback system
反馈线圈/回饋線圈 tickler coil
反馈线圈式振荡器/回饋線圈振盪器 tickler-coil oscillator
反馈信道/回饋通道 feedback channel
反馈信号/反饋信號,回授訊號 feedback signal
反馈元件/反饋單元,回饋單元 feedback element
反馈增益/反饋增益 feedback gain
反馈振荡器/回饋振盪器 feedback oscillator
反馈阻抗/反饋阻抗,回授阻抗 feedback impedance
反馈作用/反饋作用 feedback action
反扩散/反擴散 back-diffusion
反拉深/反拉伸 reverse drawing
反拉深模/反拉伸模 reverse drawing die
反兰姆凹陷/反蘭姆凹陷 inverted Lamb dip
反雷达伪装/反雷達偽裝 radar camouflage
反力式涡轮/反動式渦輪機,反擊式水輪機 reaction turbine
反例/反例 negative example
反粒子/反粒子,反質點 antiparticle
反量[子]化/反量化,解量化 dequantization
反流涡轮[机]/反流渦輪機 reversed-flow turbine
反描述函数/反描述函數 inverse describing function

反浓缩器/濃度抑制器 deconcentrator
反迫击炮雷达/反迫擊炮雷達 counter-mortar radar
反偏析/逆偏析 inverse segregation
反窃听装置/反竊聽裝置 anti-eavesdrop device
反曲点圆/反曲點圓 inflection circle
反曲点中心/反曲點中心 inflection pole
反射/反射 reflection
反射比/反射比,反射率 reflectance
反射边界/反射邊界 reflecting boundary
反射波/反射波 reflection wave, reflected wave
反射波瓣/反射波瓣 reflected lobe
反射波束波导/反射波束導波管 reflecting beam waveguide
反射玻壳/反射玻璃球 reflectorized bulb
反射参量/反射參量 reflection parameter
反射测角仪/反射測角計 reflection goniometer
反射层/反射層 reflector, reflecting layer
反射层控制/反射體控制 reflector control
反射成像/反射成像 catoptric imaging
反射的面向对象编程/反射的物件導向程式設計 reflective object-oriented programming
反射灯/反射燈,反射[測試]儀 reflector lamp, reflectoscope
反射电流计/反射電流計,反射檢流計 reflecting galvanometer
反射电桥/反射電橋 reflection bridge
反射电压/反射電壓 reflected voltage
反射电子显微镜/反射電子顯微鏡 reflection electron microscope
反射定律/反射定律 reflection law
反射二进制码/反射式二元碼 reflected binary code, RBC
反射非本征衰减/反射外質衰減 reflection extrinsic attenuation
反射分光光度计/反射分光光度計 reflection spectrophotometer
反射干涉/反射干涉,反射干擾 reflection interference
反射高能电子衍射/反射高能電子衍射 reflection high energy electron diffraction, RHEED
反射高温计/反射高溫計 reflecting pyrometer
反射功率/反射功率 reflected power
反射功率计/反射功率計 reflected-power meter
反射攻击/反射式攻擊 reflection attack
反射光密度/反射密度 reflection density
反射光谱/反射譜 reflection spectrum
反射光栅/反射光柵 reflection grating
反射光系统/反射光組 catoptric system
反射[光学]密度/反射[光學]密度 reflectance optical density
反射厚度计/反射厚度規 reflection thickness gage
反射回波/反射回波 reflection echo
反射极/拒斥極,反斥極 repeller
反射计/反射[率]計 reflectometer
反射计测值/反射率計值,反射計讀值 reflectometer value
反射检流计/反射檢流計,反射電流計 reflecting galvanometer
反射角/反射角 angle of reflection, reflecting angle
反射镜/反射[光]鏡,反射器 mirror, reflector
反射聚光镜/反射聚光器 mirror condenser
反射空间/反射空間 reflection space
反射棱镜/[逆向]反射棱鏡 retroreflection prism, reflecting prism
反射炉/反射爐,返焰爐 reverberating furnace, reverberatory furnace
反射炉床能率/反射爐床能率 reverberatory furnace specific capacity
反射炉精炼/反射爐精煉 reverberatory refining
反射炉熔炼/反射爐熔煉 reverberatory furnace smelting
反射率/反射率 reflectivity, reflectance
反射滤波器/反射濾波器 reflection filter
反射码/反射碼 reflected code
反射密度/反射密度 reflection density
反射密度计/反射密度計 reflection densitometer
反射面/反射面 reflecting surface
反射膜/反射塗層 reflecting coating
反射器/反射器,反射鏡 reflector, reflex reflector
反射器板/反射器板 reflector panel
反射器架结构/反射器架結構 reflector backup structure
反射器[式]天线/反射器天線 reflector-type antenna, reflector antenna
反射器阻塞效率/反射器天線孔徑遮蔽效率 blockage efficiency of reflector
反射[式]干涉仪/反射式干涉儀 reflection-type interferometer
反射式跟踪/反射式追蹤 reflective tracking
反射式光谱仪/反射式光譜儀 reflecting spectrograph
反射式检波器/反射式偵測器,回復式偵測器 reflex detector
反射式聚光灯/閃光反射器,閃光反射盤 reflector spotlight
反射[式]望远镜/反射望遠鏡 reflecting telescope

反射[式]显微镜/反射顯微鏡 reflecting microscope
反射式移相器/反射移相器 reflection-type phase shifter
反射式照相机/反射攝影機 reflex camera
反射式中间件/反射式中介軟體 reflective middleware
反射水准仪/反光水準儀 reflecting level
反射速调管/反射速調管,反射調速管,回復調速管 reflex klystron
反射损耗/反射損耗,反射損失 reflection loss
反射特性/反射特性 reflection characteristics
反射体/反射體 reflective body
反射天线/反射天線 reflecting antenna
反射望远镜/反射望遠鏡 reflectotelescope
反射卫星/反射衛星,無源轉發衛星 reflector satellite
反射卫星通信天线/反射衛星通訊天線 reflecting satellite communication antenna
反射系数/反射係數 reflection coefficient
反射系数模/反射係數模 reflection coefficient modulus
反射系数相角/反射係數相角 reflection coefficient phase angle
反射显像密度计/反射密度計 reflection densitometer
反射线/反射線 reflected ray
反射效率/反射效率 reflection efficiency
反射效应/反射效應 reflection effect
反射信号放大器/回波放大器 echo amplifier
反射形貌法/反射形貌法 reflection topography
反射性/反射性,反射能力 reflectivity
反射眩光/反射眩光,間接眩光 glare by reflection, indirect glare
反射衍射仪/反射繞射計 reflection diffractometer
反射验物镜/反射驗物鏡 catoptroscope
反射因数/反射率因數 reflection factor
反射因数[光学]密度/反射率因數[光學]密度 reflectance factor optical density
反射噪声/反射雜訊 reflection noise
反射增益/反射增益 reflection gain
反射振荡器/反射振盪器 reflection oscillator
反射指数/反射指數 reflective index
反渗透/反滲透 reverse osmosis
反时限继电器/反時限繼電器 inverse time relay
反视差镜面标度/反視差鏡面標度 antiparallax mirror scale
反收发/反收發 anti-transmit-receive, ATR
反收发管/反收發管,輔收發管 anti-transmit-receive tube, ATR tube
反双工/反雙工 opposition duplex
反斯托克斯散射/反史托克斯散射 anti-Stokes scattering
反弹硬度/回跳硬度 rebound hardness
反铁磁共振/反強磁共振 antiferromagnetic resonance
反铁磁性/反鐵磁性,反鐵磁現象,反強磁性 antiferromagnetism
反铁磁性材料/反強磁性材料 antiferromagnetic material
反铁电陶瓷/反鐵電陶瓷 antiferroelectric ceramic
反铁晶体管/反鐵電晶體 antiferroelectric crystal
反同轴磁控管/反同軸磁控管 inverse coaxial magnetron
反投影算子/反投影運算子 backprojection operator
反凸轮/反凸輪 inverse cam
反凸轮机构/反凸輪機構 inverse cam mechanism
反推装置/反推力器 thrust reverser
反卫星/反衛星 anti-satellite
反文档频率/逆向文件頻率 inverse document frequency
反无线电措施/無線電反制 radio counter measures, RCM
反向/反向 reverse direction
反向半桥式整流器/反接半橋式整流器 reverse half-bridge rectifier
反向铲土机/挖土機 back hoe
反向重放/逆向放映 reverse playback
反向重复峰值电压/重複尖峰反向電壓 repetitive peak reverse voltage
反向传递导纳/反向轉移導納 reverse transfer admittance
反向传递阻抗/反向轉移阻抗 reverse transfer impedance
反向地址解析协议/反轉位址解析協定 reverse address resolution protocol
反向电流/反向電流,逆電流,負電流 reverse current, negative current
反向电压/反向電壓 reverse voltage, inverse voltage
反向电阻/反向電阻 back-resistance
反向二极管/反向二極體 backward diode
反向法兰/對接法蘭,過渡法蘭 counter flange
反向放大器/變號放大器 sign-changing amplifier
反向复用/逆多工 inverse multiplexing
ATM 反向复用/ATM 反向多工 ATM inverse multiplexing
反向工作峰值电压/尖峰反向工作電壓 peak

working reverse voltage
反向功率/反向功率 reverse power
反向轨道/逆行軌道 retrograde orbit
反向恢复时间/反向恢復時間,反向再現時間 reverse recovery time
反向击穿/反向崩潰 reverse breakdown
反向击穿电压/反向崩潰電壓 reverse breakdown voltage
反向集中器/反向集中器 inverse concentrator
反向挤压/間接擠型,倒擠 indirect extrusion, inverted extrusion
反向计费接受/反向計費驗收 reverse charging acceptance
反向计数/反向計數 backward counting
反向计数器/倒數器,逐減計數器 down-counter
反向继电器/反相繼電器 reverse-phase relay
反向局域网信道/反向區域網路通道 backward LAN channel
反向链路功率控制/反向鏈路功率控制 reverse link power control
反向链推理/反向鏈接推理 backward chained reasoning
反向路径/反向路徑 backward path
反向偏置/反向偏壓 reverse bias
反向器/反向器,逆向器 reverser
反向散射/背向散射,後向散射 backscatter, back scattering
反向散射厚度计/反射厚度規 reflection thickness gage
反向损耗/反向損失 reverse loss
反向通道/逆通道 inverse channel
反向通路多播/反向通路多播 reverse path multicast
反向通路广播/反向通路廣播 reverse path broadcasting
反向通路转发/逆路徑轉接 reverse path forwarding
反向推理/反向推理 backward reasoning
反向泄漏电流/反向漏電流 reverse leakage current
反向信道/反向通道 backward channel
反向业务信道/反向業務通道 reverse traffic channel
反向域/反向域 inverse domain
反向转移导纳/反向轉移導納 reverse transfer admittance
反向转移阻抗/反向轉移阻抗 reverse transfer impedance
反向阻断间隔/反向閉鎖期間,反向關斷期間 reverse blocking interval
反向阻断状态/反向閉鎖狀態,反向關斷狀態 reverse blocking state
反相编码/反相編碼 phase reversal coding
反相畴/反相疇 antiphase domain
反相电路/反相電路 phase inverting circuit
反相放大器/反相放大器,反號放大器 inverting amplifier, sign-reversing amplifier
反相高效液相色谱法/逆相高效液相層析法 reversed phase high performance liquid chromatography
反相继电器/反相繼電器 phase-reversal relay
反相键控/反相鍵控 phase reversal keying
反相离子对色谱法/逆相離子對層析法 reversed phase ion-pair chromatography
反相气相色谱法/反向氣相層析術 inverse gas chromatography
反相器/反相器 phase reverser
反像/倒像 reverted image
反像棱镜/倒像棱鏡 reversing prism
反谐振/反諧振 antiresonance
反型层/倒轉層,反轉層 inversion layer
反絮凝浇注料/解絮凝澆注料 deflocculated castable
反旋压/反旋壓 backward flow forming
反压电池/反電動勢電池 back electromotive force cell
反压滚轮/反壓滾輪 counter-pressure roller
反压系数/反壓係數 back pressure factor
反演法/反向法,反轉法 method of reversals
反演跃变/反演躍變 inverting the jump
反焰炉/返焰爐 reverberatory furnace
反依赖/反相依 antidependence
反绎推理/反繹推理 abductive reasoning
反影镜/幻視鏡 pseudoscope
反应带/反應帶 reaction zone
反应堆安全壳/反應器圍阻 reactor containment
反应堆核燃料增殖比/反應器核燃料增殖比 reactor nuclear fuel breeding ratio
反应堆冷却剂/反應器冷却劑 reactor coolant
反应堆容器/反應器壓力槽 reactor vessel
反应堆振荡器/堆振盪器 pile oscillator
反应堆周期仪/回應堆週期儀 period meter for reactor
反应焓/反應焓 enthalpy of reaction
反应后焦炭强度/反應後焦炭強度 coke strength after reaction, CSR
反应机理/反應機理 mechanism of reaction
反应溅射/回應濺射 reactive sputtering
反应溅射刻蚀/回應濺射刻蝕 reactive sputter

etching
反应离子镀/回應離子鍍　reactive ion plating
反应离子刻蚀/回應離子刻蝕　reactive ion etching, RIE
反应率/反應率　reaction rate
反应气/反應氣　reaction gas
反应气相色谱法/反應氣相層析法,反應氣相層析術　reaction gas chromatography
反应器衬套/反應器襯套　reactor liner
反应器理论/反應器理論　reactor theory
反应热/反應熱　heat of reaction
反应热力学/反應熱力學　reaction thermodynamics
反应烧结/反應燒結　reactive sintering, reaction sintering
反应式歧管/反應式歧管　reactive manifold
反应室/反應室,反應器　reaction chamber
反应速率/反應速率　reaction rate, rate of reaction
反应速率常数/反應速率常數　reaction rate constant
反应速率模型/反應速率模型　reaction rate process model
反应调节因素/反應調節因素　reactivity adjustment factor
反应型结构/反應型結構　reactive architecture
反应性/反應性,反應度　reactivity
[反应性]功率系数/反應功率係數　reactivity power coefficient
[反应性]温度系数/反應温度係數　reactivity temperature coefficient
反应性仪/反應度計,回應性儀　reactivity meter
反应性真空溅射/反應性真空濺射　reactive vacuum sputtering
反应蒸发/回應蒸發　reactive evaporation
反应主体/反應代理者　reactive agent
反用整流器/反用整流器　inverted rectifier
反振荡装置/防震器,遏振器　anti-hunt device
反转/反轉,倒置　inversion
反转工况/反轉抑阻條件　reversing damped condition
反转机理/反轉機理　inversion mechanism
反转时间/反轉時間　reversing time
反转式混凝土搅拌机/反轉式混凝土攪拌機　reversing concrete mixer
反转液力变矩器/反轉液力變矩器　backward running torque converter
反转速电机/降速電動機,降速馬達　inverse speed motor
反装甲导弹/反裝甲飛彈　antiarmor missile
反锥度/反斜度　back draft
反走样/抗混淆　anti-aliasing
反作用测力计/反動式功率計　reaction dynamometer
反作用定理/互作用定理　reaction theorem
反作用力/反作用力　reaction
反作用轮/反作用輪　reaction wheel
反作用轮控制/反作用輪控制　reaction wheel control
反作用式振动台/反作用式振動檯　reaction type vibration bench
反作用执行机构/反向致動器　reverse actuator
返波/返波,反向波　backward wave
返波管/返波管　backward wave tube, BWT
返波振荡器/返波振盪器　backward wave oscillator
返程旋压/返程旋壓　spinning reverse
返滴定[法]/逆滴定[法],反滴定[法]　back titration
返回/返回,復位　resetting, return
[返]回比矩阵/回比矩陣　return ratio matrix
返[回]波放大器/回波放大器,返波放大器　backward wave amplifier
[返]回差矩阵/回差矩陣　return difference matrix
返回吹氧法/返回吹氧法　return mixture operation with oxygen blowing
返回地址/轉回位址　return address
返回电流/返回電流　return current
返回废钢/回爐廢料　return scrap
返回恢复/返回恢復　back recovery
返回键/退格鍵　backspace key
返回控制/返回控制　return control
返回路径/回程通路,回程線路　return path
返回路由过程/返回路由過程　return routability procedure
返回码寄存器/轉碼暫存器　return code register
返回时间/回復時間　reset time
返回系数/復歸比率　resetting ratio
返回行程/退回行程　return stroke
返混/返混　back mixing
返矿率/返礦率　return fines rate, return fines ratio
返流/返流　back-streaming
返流率/返流率　back-streaming rate
返修品/返修品　reprocessed product
泛关系/泛關係　universal relation
泛光/漫射光　flood light
泛光灯/泛光燈,強光燈　photoflood lamp
泛光照明/泛[散]光照明　flood lighting
泛合一/通用統一　universal unification
泛化/一般化　generalization
泛滥式桥接选路/泛射式橋接路由法　flooding

bridge routing
泛滥式选路/泛搜索路由選擇 flooding routing
泛射式电子枪/泛射式電子槍 flood gun
泛搜索路由选择/泛搜索路由選擇 flooding routing
泛网络接入/隨處網路存取 broad network access
泛音/泛音 overtones
泛在计算/遍存計算 ubiquitous computing
泛在网/優質網路 ubiquitous network
范阿克尔法/凡奥科法 Van Arkel process
范阿塔反射器/范阿塔反射器 Van Atta reflector
范艾伦辐射带/范薾倫輻射帶,曼愛倫幅射帶,凡阿侖[輻射]帶 Van Allen radiation belt
范畴/種類 category
范畴分析/分類分析 categorical analysis
范畴语法/分類文法 categorical grammar
范畴语义/範疇語義 categorical semantics
范德格拉夫静电加速器/范氏[靜電]加速器 Van de Graaff electrostatic accelerator
范德格拉夫起电机/范氏發電機 Van de Graaff generator
范德瓦尔斯键/凡得瓦爾鍵 Van de Waals bond
范第姆特方程/范第姆特方程式 Van Deemter equation
范例/案例 case
范例表示/案例表示 case representation
范例重存/案例復原 case restore
范例重用/案例再用 case reuse
范例检索/案例檢索 case retrieval
范例结构/案例結構 case structure
范例库/案例庫 case base
范例修正/案例修正 case revision
范例验证/案例驗證 case validation
范例依存相似性/案例相依相似性 case dependent similarity
范式/正常形式,正規形式 normal form
范式定理/正規形式定理 normal form theorem
范斯莱克血液气体检验器/凡斯萊克血液氣體檢驗器 Van Slyke blood gas apparatus
范围/範圍 range
范围查询/範圍查詢 range query
范围界限/範圍界限 range limit
范围盲区/信標盲區,距離盲區 range blind zone
方/方 phon
方案/方案 scheme
方案工程/方案工程 solutions engineering
方案图/方案圖 conceptual drawing
方板坯初轧机/方板坯初軋機 blooming-slabbing mill
方波/方波,矩形波 square wave
方波导/方形波導管 square waveguide
方波发生器/方波發生器,方波產生器 square wave generator
方波极谱法/方波極譜法 square wave polarography
方波极谱仪/方波極譜儀 squarewave polarograph
方差/方差 variance
方程/方程式 equation
方锉/方銼 square file
方垫圈/方墊圈 square washer
方法/方法 method
方法库/方法庫 arithmetic base
方法库管理系统/方法庫管理系統 arithmetic base management system
方法误差/方法誤差 methodical error
方钢/方棒,方鐵條 square bar
方钴矿热电材料/方鈷礦熱電材料 skutterudite thermoelectric material
方解石/方解石 calcite
方均根检波器/均方根檢測器 root-mean-square detector, RMS detector
方均根纹波因数/有效紋波因數 root-mean-square ripple factor, RMS ripple factor
方均根相位误差/方均根相位誤差 root-mean-square phase error, RMS phase error
方均根值/均方根值 root-mean-square value, effective value
方孔筛/方孔篩 square screen
方孔圆垫圈/方孔圓墊圈 round washer with square hole
方块电阻/方電阻 square resistance
方框水平仪/框式水平儀 frame level
方框图/方塊圖 block diagram
方框支架充填法/方架充填法 square set and fill stoping
方框支架回采法/方架採礦法 square-set stoping
方螺母/方螺帽 square nut
方面/方面 aspect
方坯连铸机/方坯連鑄機 billet bloom caster, combination billet bloom caster
方坯轧辊/塊料軋輥,中坯軋輥 blooming roll
方铅矿/方鉛礦 galena
方石英/方英石 cristobalite
方水平仪/方形水平儀 square level
方铁/立方箱 cubical box
方头螺钉/方頭螺釘 square head screw
方头木螺钉/方頭木螺釘 square head wood screw
方头凸缘螺钉/方頭凸緣螺釘 square head screw

with collar
方凸缘螺母/方凸緣螺帽　square nut with collar
方位/方位　orientation, azimuth
方位标志/方位標志　bearing marker
方位对准/方位對準　bearing alignment
方位范围/方位範圍　range of bearings
方位分辨率/方位分解度　azimuth resolution
方位角/方位角,水平角　azimuth, azimuth angle, bearing angle
方位角磁记录/方位磁記録　azimuth magnetic recording
方位角量子数/角量子數　azimuthal quantum number
方位[角]修正/方位修正　azimuth correction
方位筐/方位筐　azimuth bin
方位缆包/方位纜包　azimuth cable wrap
方位量子数/角量子數　azimuthal quantum number
方位驱动电动机/方位驅動電動機,方位驅動馬達　azimuth drive motor
方位搜索声呐/方位探索聲納　azimuth search sonar
方位误差/方位誤差　azimuth error, azimuthal error
方位误差信号/方位誤差訊號　azimuth error signal
方位-仰角显示器/方位-仰角顯示器　azimuth-elevation display, C-scope
方位仪/方位儀,探向器　azimuth instrument, direction finder
方位引导单元/方位引導單元　azimuth guidance unit
方位元素/方位數據　orientation data
方位轴/方位軸　azimuth axis
方位轴线/方位軸線　orientational axes
方箱/立方箱　cubical box
方向/方向,方位　direction, sense
方向标/引導標志　leading marks
方向发射率/定向發射率　directional emissivity
方向计/遥測角計　telegoniometer
方向继电器/方向電驛,測向電驛,定向電驛　directional relay
方向控制阀/方向控制閥　directional control valve
方向滤波器/方向濾波器　directional filter
方向向量/方向向量　direction vector
方向效应/方向效應　directive effect
方向性凝固/方向性凝固　directional solidification
方向性水听器/指向性水聽器,定向水聽器　directional hydrophone
方向性图/方向圖形　directivity pattern
方向性增益/天線導向增益　directive gain
方向指示器/方向指示器　sense indicator
方斜垫圈/方斜墊圈　square taper washer
方形波导管/方形波導管　square waveguide
方形镘刀/方形鏝刀　square trowel
方形蓄电池/方形蓄電池　prismatic cell
方言/方言　dialect
方言学/方言學　dialectology
方阵/四陣列　quad array
方钻铤/方鑽鋌　square drill collar
方钻杆/方鑽桿　grief stem
方钻杆安全阀/方鑽桿安全閥　kelly safety valve
方钻杆保护接头/方鑽桿保護接頭　saver-sub kelly
方钻杆矫直器/方鑽桿直桿器　kelly straightener
方钻杆接头/方鑽桿接頭　kelly joint
方钻杆套管/方鑽桿襯套　kelly bushing
方钻杆旋塞/方鑽桿旋塞,方鑽桿考克　kelly cock
芳香烃/芳香族烴　aromatic hydrocarbon
防抱装置/防抱裝置　antilock braking system, antilock device, ABS
防暴车/防暴車　anti-hijacking vehicle
防暴水罐车/防暴水罐車　anti-violence water tanker
防爆电动机/防火電動機,防火馬達　flame-proof electric motor
防爆电话机/防爆電話機　explosion-proof telephone set
防爆电梯/防爆電梯　explosion prevention elevator
防爆开关/防火開關　flame-proof switch
防爆桥式起重机/防爆橋式起重機　overhead explosion-proof crane
防爆式仪器仪表/防爆式儀器儀表　explosion-proof instrument
防爆[型]变压器/防火變壓器　flame-proof transformer
防爆型电动机/防火電動機,防火馬達　flame-proof motor
防爆型电动执行机构/防爆型電致動機構　explosion-proof electric actuator
防臂架后翻装置/臂架後翻保護　overturn protection of jib
防冰器/防結冰裝置　anti-icer
防病毒/防毒　antivirus
防病毒程序/防毒程式　antivirus program
防波板/制水板　swash plate
防擦线/防擦線　curbing rib
防侧滑电位计/防滑電位計　skid potentiometer
防潮机械/防潮機械　damp-proofing machinery
防尘盖/防塵蓋,防塵罩　dust cap
防尘盖轴承/防塵蓋軸承　shielded bearing
防尘式仪器仪表/防塵式儀器儀表　dust-proof instrument

防喘振装置/防突波裝置 anti-surge installation
防喘装置/防突波裝置 surge-preventing device
防错码/防錯碼 error-protection code
防弹玻璃/防彈玻璃 bullet-resisting glass
防弹车/裝甲轎車 armoured passenger car
防盗装置/防盜裝置 anti-theft device
防电火花通风机/防電火花風扇 ignition-proof fan, spark-resistant fan
防毒面具/防毒面具,防毒面盔,呼吸器 gas mask, respirator
防毒面具罐/防毒面具罐 gas mask canister
防毒手套/防毒[氣]手套,保護手套 gas protection glove, protective glove
防风罩/擋風玻璃 windshield
防风制动器/防風制動器 anti-wind brake
防风装置/防風安全裝置 safety device against wind
防风锥/鼻錐 nose cone
防腐蚀/防蝕,抗蝕 anticorrosion
防腐式仪器仪表/防蝕式儀表 corrosion-proof instrument
防腐型埋刮板输送机/防腐型埋刮板運送機 anti-corrosion-type en masse conveyor
防垢剂/防垢劑 scale inhibitor, anti-fouling compound
防洪沟/防洪溝 flood ditch
防护板/防護板,保護板 guard plate
防护玻璃/玻璃保護罩 protective glass
防护灯具/保護構造照明器具 protected luminaire
防护等级/保護度 degree of protection
防护管/防護管,保護管 guard tube
防护屏/防護屏,保護屏 protective screen, protective shield
β-防护屏/貝他[射線]屏 beta screen
防护屏蔽/保護遮蔽 guard shield
防护器件/保護裝置 protective device
防护试验装置/保護試驗設備 protection test equipment
防护手套/防護手套,保護手套 protective glove
防护套管/防護套管 protection tube
防护涂层/保護塗層 protective coating
防护眼镜/防護眼鏡,[安全]護目鏡 safety goggles, safety goggles
防护衣/防護衣 protective clothing
防护与安全设施/保護及安全設施 protection and safety equipment
防护罩/防護罩 protective cover, protective housing
防护柱/斜撐柱 sprag
防滑差速器/限制滑動差速器 limited slip differential
防火阀/滅火閥 fire valve
防火开关/消防栓 fire cock
防火墙/防火牆 firewall
防火砂/耐火砂 fire sand
防火系统/防火系統 fire prevention system
防火[型]变压器/防火變壓器 flame-proof transformer
防火型电动机/防火電動機,防火馬達 flame-proof motor
防继燃装置/防繼燃裝置 anti-diesel device
防溅板/防濺板 splash plate
防溅式仪器仪表/防濺式儀器 splash-proof instrument
防焦箱/防焦箱 anti-clinker box
防结冰装置/防結冰裝置 anti-icer
防空灯/燈火管制燈 black-out lamp
防空雷达/防空雷達 air defense radar
防雷措施/防雷措施 lightning protection measure
防雷设计标准/防雷設計標準 lightning protection design standard
防裂槽/防裂槽,消除應力開溝 stress relieving grooving
防裂筋/防裂筋 cracking strip
防霉性/防黴性 fungus resistance, mildew resistance
防挠板/防撓板 anti-deflection plate
防喷器/防噴器 blowout preventer
防碰报警装置/防碰報警裝置 anti-collision warning device
防窃听/反竊聽 anti-eavesdrop
防砂/除砂,隔砂 sand exclusion
防渗料/防滲料 barrier refractory
防渗墙/截水牆 cutoff wall
防失速/防失速 antistall
防失速装置/防失速裝置 antistall device
防蚀/防蝕 corrosion protection
防水矿柱/防水礦柱 water protecting pillar
防水式仪器仪表/防水式儀器 water-proof instrument
防水帷幕/防水帷幕 water protecting curtain
防水闸门/防水閘門 water protecting gate
防松螺栓/防鬆螺栓 check bolt
防松绳开关/防鬆繩開關 slack rope device
防缩剂/防縮劑,冒口保溫劑 anti-piping compound
防缩孔粉剂/防縮孔粉劑 pipe eliminator
防缩冒口/[防縮]冒口 shrink head
防斜插连接器/防斜插連接器 scoop-proof connector

防写缺口/防寫缺口　write protect notch
防信息泄漏/防訊息洩漏　Tempest
防信息泄漏测试接收机/防訊息洩漏測試接收機　Tempest test receiver
防信息泄漏控制范围/防訊息洩漏控制範圍　Tempest control zone
防锈/防銹　anti-rust
防锈材料/防銹劑　rust-resisting material
防锈处理/防銹打底處理　rust proofing
防锈极压切削油/防銹極壓切削油　rust preventive extreme pressure cutting oil, rust preventive EP cutting oil
防锈极压乳化液/防銹極壓切削乳化液　rust preventive extreme pressure cutting emulsion, rust preventive EP cutting emulsion
防锈剂/防銹[添加]劑　rust preventive, rust-preventing agent
防锈期/防銹期　rust-proof life
防锈切削乳化液/防銹切削乳化液　rust preventive cutting emulsion
防锈切削液/防銹切削液　rust preventive cutting fluid
防锈切削油/防銹切削油　rust preventive cutting oil
防锈润滑油/防銹潤滑油　rust preventive lubricating oil
防锈润滑脂/防銹脂　rust preventive grease
防锈水/防銹水　aqueous rust preventive
防锈涂层/防銹塗層　rust preventive coating
防锈油/防銹油　rust preventive oil
防锈脂/防銹脂　rust preventive grease
防氧化剂/抗氧化劑　anti-oxidant
防疫车/防疫車　epidemic control vehicle
防疫程序/防毒程式　vaccine program
防雨罩/防雨罩　rain cover
防御卫星/防禦衛星　defensive satellite
防御性信息作战/防禦性資訊作戰　defensive information operations
防渣管束/防渣管束　furnace slag screen
防振器/避振器　vibration isolator
防震安装[支架]/減震架　shock mount
防震垫/防震墊　crash pad
防震座/減震架　shock mount
防止别名/防止別名　anti-aliasing
防止漏钢/防止漏鋼　breakout prevention
防皱压板/壓料板　blank holder
防转销/防轉銷,阻銷　anti-rotating pin, stop pin
防撞灯/衝撞防止燈　anti-collision light
防撞间隙/防撞間隙　anti-bumping clearance
防撞器/防撞器,緩衝器　counterbuff
防坠安全器/防墜落安全裝置　anti-drop safety device
房间空气调节机/房間空調機　room air conditioner
房间空气调节器/房間空調機　room air conditioner
房间喷淋式加湿器/房間噴灑式增濕器　room spray-type humidifier
房室模型/隔間模型,倉室模型　compartmental model
房柱采矿/房柱法採礦　room and pillar mining
房柱采矿法/房柱採礦法,巷柱採礦法　room and pillar stoping, bord-and-pillar stoping
房柱开采法/房柱法　chamber-and-pillar system
仿白金/賽鉑　mock platinum
仿白[色]信号/仿白訊號,類比白訊號　artificial white signal
仿黑色信号/仿黑色訊號,類比黑訊號　artificial black signal
仿金/賽金　mock gold
仿射变换/仿射變換　affine transformation
仿射类型/仿射型式　affine type
仿射映像/仿射映射　affine mapping
仿生机构/仿生機構　bio-mechanism
仿生学/仿生學　bionics
仿星器/仿星器　stellarator
仿形板/仿形板　gage finder
仿形车床/靠模車床　copying lathe
仿形机床/靠模機床　copying machine tool
仿形加工/仿形加工,複製　contour machining
仿形控制器/追蹤控制器　tracer controller
仿形磨床/[光學]輪廓研磨機　profile grinder
仿形切割/仿形切削　shape cutting
仿形切割机/複製切割機　copying cutting machine
仿形铣床/複製銑床　copying milling machine
仿形斜轧/仿形斜軋　copy skew rolling
仿形装置/仿形裝置　copying device
仿银/賽銀　mock silver
仿真/①仿真,②模擬　①emulation, ②simulation
仿真程序/模擬程式　emulator, simulation program
仿真定性推理/模擬定性推理　simulation qualitative reasoning
仿真方法学/模擬方法學　simulation methodology
仿真[方]框图/模擬方塊圖　simulation block diagram
仿真负载/仿真負載,人工負載　artificial load, dummy load
仿真工作站/模擬工作站　simulation work station
仿真过程/模擬過程　simulation process

仿真过程时间/模擬處理時間　simulation process time
仿真黑电平信号/仿黑色信號,類比黑信號　artificial black signal
仿真话务量/模擬訊務　artificial traffic
仿真环境/模擬環境　simulation environment
仿真计算机/模擬計算機,類比電腦　simulation computer
仿真技术/模擬技術　simulation technique
仿真结果/模擬結果　simulation result
仿真局域网/仿真 LAN　emulated local-area-retwork, ELAN
仿真类型/模擬類型　simulation type
仿真模型/模擬模型　simulation model
仿真模型库/模擬模型程式庫　simulation model library
仿真评价/模擬評估　simulation evaluation
仿真器/①仿真器,②模擬器　①emulator, ②simulator
仿真软件/模擬軟體　simulation software
仿真设备/模擬設備　simulation equipment
仿真时钟/模擬時鐘　simulation clock
仿真实验/模擬實驗　simulation experiment
仿真实验分析/模擬實驗分析　analysis of simulation experiment
仿真实验模式库/模擬實驗模式庫　simulation experiment mode library
仿真实验设计/模擬實驗設計　design of simulation experiment
仿真实验室/模擬試驗室　simulation laboratory
仿真数据/模擬數據　simulated data
仿真数据库/模擬資料庫　simulation data base
仿真速度/模擬速度　simulation velocity
仿真算法/模擬算法　simulation algorithm
仿真算法库/模擬算法程式館　simulation algorithm library
仿真天线/仿真天線,假天線　dummy antenna
仿真图形库/模擬圖形庫　simulation graphic library
仿真系统/模擬系統　simulation system
仿真线/模擬線　simulated line, artificial line
仿真信息库/模擬資訊庫　simulation information library
仿真语言/模擬語言　simulation language
仿真运行/模擬運行　simulation run
仿真支持系统/模擬支援系統　simulation support system
仿真知识库/模擬知識庫　simulation knowledge base
仿真中断/模擬中斷　simulated interrupt
仿真中心/模擬中心　simulation center
仿真终端/仿真終端機　emulation terminal
仿真专家系统/模擬專家系統　simulation expert system
仿真作业/模擬作業　simulation job
访问/存取,讀取　access
访问保护/存取保護　access protection
访问表/存取串列　access list
访问冲突/存取衝突　access conflict
访问点/進接點　access point
访问范畴/存取種類　access category
访问共享/存取共享　access sharing
访问规约/存取規格　access specification
访问级别/存取層次,存取等級　access level
访问局部性/參考局部性　locality of reference
访问矩阵/存取矩陣　access matrix
访问拒绝/存取拒絕　access denial
访问控制/存取控制　access control
访问控制表/存取控制列表　access control list
访问控制机制/存取控制機制　access control mechanism
访问控制矩阵/存取控制矩陣　access control matrix
访问控制字段/存取控制欄　access control field
访问类型/存取型式　access type
访问令牌/存取符記　access token
访问路径/存取路徑　access path
访问器/存取器　accessor
访问权/存取權,使用權限　access right
访问事务时间方法/訪問事務時間方法　transaction-time access method
访问授权/存取授權　access authorization
访问特权/存取特權　access privilege
访问违例/存取違規　access violation
访问协议/接入規約　access protocol
访问许可/存取許可,存取允許　access permission
访问者模式/訪問者模式　visitor pattern
访问周期/存取週期　access cycle, AC
放残铁/放殘鐵　salamander tap, salamander tapping
放出管/排洩管,排水管,排氣管　escape pipe
放出口/流出孔　tap hole, tapping hole
放大/放大　amplification, magnification, zoom in
放大常数/放大常數　amplification constant
放大发电机/倍功發電機　amplidyne generator
放大环节/放大環節　amplifying element
放大率/放大率　magnification
放大率色差/横向色差　chromatic lateral aberration
放大器/放大器　amplifier, magnifier
放大器增益/放大器增益　amplifier gain

放大器转换率/放大器轉換率 slew rate of amplifier
放大系数/放大係數 amplification coefficient
放大因数/放大因數 amplification factor
放电/放電 electric discharge, discharge
放电灯/放電燈 discharge lamp
放电电位/放電電位 discharge potential
放电电阻器/放電電阻器 discharge resistor
放电管/放電管,弧光管 arc tube, ignitron
放电管整流器/放電管整流器 discharge tube rectifier
放电管指示器/放電管指示器 discharge tube indicator
放电计数器/放電計數器 discharge counter
放电检测器/放電檢知器 electric discharge detector
放电率/放電率 discharge rate
放电能量试验/放電能量試驗 discharge energy test
放电起始试验/起暈試驗,開始放電試驗 discharge inception test
放电器/放電器 discharger
放电曲线/放電曲線 discharge curve
放电热解器/放電熱解器 electric discharge pyrolyzer
放电容量/放電容量,放電能量 discharge capacity
放电试验/放電試驗 discharge test
放电特性曲线/放電特性曲線 discharge characteristic curve
放空阀/放氣閥 air escape valve
放矿/放礦 ore drawing
放矿截止品位/放礦截止品位 cut-off grade of ore drawing
放矿溜口/溜[礦]槽 ore chute
放缆/放纜,纜線敷設 cable laying
放缆船/放纜船 cable boat
放炮/放炮 shot
放炮电缆/電爆纜 shot-firing cable
放炮器/電發火器,發爆器,引爆器 blasting machine
放气/放氣 blow-off, outgassing
放气阀/放氣閥,釋放閥 blow-off valve, purge valve, release valve
放气口/通氣孔 vent
放气旋塞/放氣塞 blast cock
放弃定时器/放棄計時器 abort timer
放弃序列/放棄序列 abort sequence
放热反应/發熱反應 exothermic reaction
放热峰/放熱峰 exothermic peak
放热规律曲线/熱釋放率曲線 heat release rate curve
放热率/熱釋放率 heat release rate
放散阀/排放閥 blow off valve
放散管/洩放器,放氣管 bleeder
放射测量法/放射量測法 radiometric method
放射发光/放射發光 radioluminescence
放射分析/放射量測分析 radiometric analysis
放射核种活度/放射核種活度,放射核種活性 activity of radionuclides
放射化学/輻射化學 radiation chemistry
放射化学纯度/輻射化學純度 radiochemical purity
放射化学分析/輻射化學分析 radiochemical analysis
放射计/[熱]輻射計 radiometer
放射剂量计/輻射劑量計 radiodosimeter
放射镜/輻射鏡 radioscope
放射量/輻射量 radiation quantity
放射量计/劑量計 dosimeter
放射率/放射率,放射性 emissivity
[放射]密度差/放射密度差 radioactive density difference
放射免疫仪器/放射免疫儀器 radioimmunoassay instrument
放射能计数器/核子計 nucleometer
放射热分析/放射性熱分析[法] emanation thermal analysis
放射热分析仪/放射熱分析儀 emanation thermal analysis apparatus
放射色谱法/放射色譜法 radio chromatography
放射色谱扫描器/放射層析譜掃描器 radiochromatogram scanner
放射色谱仪/放射層析儀 radiochromatograph
放射特性/發射特性 emission characteristic
放射系/放射性系 radioactive series
放射线探伤/放射線檢驗 radiographic testing
放射线映象/自動放射線攝影 radioautograph
放射线照相测厚法/放射測厚法 radiographic thickness gauging
放射性/放射性 radioactivity
放射性半衰期/放射性半衰期 radioactive half-life
[放射性]包容/反應器的安全殼,圍阻體,密封器 containment
放射性标准/放射性標準 radioactive standard
放射性标准源/放射性標準源 radioactivity standard
放射性测厚仪/放射性測厚計,放射性厚度規 radioactive thickness gage
放射性测井仪/放射性測井儀 radioactive logger
放射性测量/放射量測術,輻射量測學,放射性量測 radiometry, radioactivity measurement
放射性测量仪器/放射性量測儀器 radioactivity

surveying instrument
放射性测微计/放射性測微計 radioactive micrometer
放射性纯度/放射性純度 radioactive purity
放射性电离计/放射性游離真空計 radioactive ionization gage
放射性废物/放射性廢物,放射性廢料 radioactive waste
[放射性]废物管理/[放射性]廢物管理 radioactive waste management
放射性核/放射[性]核種 radionuclide
放射性核素/放射性核素,放射[性]核種 radionuclide, radioactive nuclide
放射性核素纯度/放射[性]核種純度 radionuclide purity
放射性核素活度/放射[性]核種活度 radionuclide activity
放射性核素校准/放射[性]核種校正 radionuclide calibration
放射性活度/放射活度,放射活性 radio activity
放射性活度标准溶液/放射活性標準溶液 standard solution of radio activity
放射性活度测量仪/放射活性測量儀,活性計 radioactivity meter
放射性活度单位/活度單位,活性單位 radio activity unit
放射性剂量计/放射強度計 intensitometer
放射性剂量仪/放射劑量計 dosimeter
放射性检验/放射化驗 radioassay
放射性勘探/放射性探礦 radioactivity exploration
放射性矿床开采/放射性採礦 radioactive deposit mining
放射性浓度/放射性濃度 radio activity concentration
放射性平衡/放射性平衡 radioactive equilibrium
放射性气溶胶/放射性氣溶膠 radioactive aerosol
放射性清除/放射性清除 radioactive clean up
放射性去污/放射性除汙 radioactive decontamination
[放射性]散落物剂量率/放射性降落劑量率 radioactive fallout dose rate
放射性示踪剂/放射[性]示蹤劑,放射指示劑 radioactive tracer, radiotracer
放射性衰变/放射衰變 radioactive decay
放射性同位素/放射性同位素 radioisotope, radioactive isotope
放射性同位素测量计/放射性同位素量測計 radioisotope gage
放射性同位素透射测量计/放射性同位素透過量測計 radioisotope transmission gage
放射性蜕变/放射蛻變 radioactive disintegration
放射性污染/放射性汙染 radioactive contamination
[放射性]污染测量计/汙染[量測]計 contamination meter
放射性物质/放射性物質 radioactive material
放射性选矿/放射性選礦 radiometric mineral processing
放射性验电器/放射性驗電器 radioactive emanation electroscope
放射性液位计/放射性液位計 radioactive level gage
放射性元素测厚仪/放射性測厚計 radiation thickness gage
放射性指示剂/放射性示蹤劑 radioactive indicator
放射验定检测器/放射分析檢知器 radioassay detector
放射源/放射源 radioactive source
放射照相术/放射線照像術 radiography
放水孔/排洩孔 drain hole
放缩/縮放,定標,換算 scaling
放像头/放影頭 video reproducing head
放泄阀/洩放閥 bleed valve
放泄孔/排洩孔 drain hole
放样板/放樣板 lay out board
放样曲面/放樣曲面 lofting surface
放音磁头/回放頭,讀取頭 playback head
放映灯/投影機燈泡,投射器燈泡 projector lamp
放渣/放渣 slag tapping, flushing of slag, removal of slag
放置器/放置器 set-down device
飞边/飛邊,毛邊,凸片 burr, fin, veining
飞边槽/飛邊槽 flash gutter
飞边桥/飛邊橋 flash land
飞车转速/飛脱速率 runaway speed
飞船载装雷达/飛船載裝雷達 aerostat radar
飞锤/飛錘 flyweight
飞锤支架/飛錘支架 flyweight cage
飞点[扫描]/飛點 flying spot
飞点扫描仪/飛點掃描機 flying spot scanner
飞灰/飛灰,煙道灰渣 fly ash, flue cinder
飞灰可燃物含量/飛灰可燃物含量 unburned combustible in fly ash
飞灰再循环/飛灰再循環 ash recirculation
飞机俯仰控制/飛機俯仰控制 aircraft pitch control
飞机供水车/飛機供水車 airplane water feeder
[飞机]航行灯/[飛機]導航燈 aircraft navigation lights
飞机加油车/飛機加油車 plane refueller

飞机[雷达]回波/飛機[雷達]回波 aircraft echo
飞机清洗车/飛機清洗車 aircraft cleaning truck
飞机卫星[通信]链路/飛機-衛星通訊鏈路,飛機-衛星通訊線路 aircraft-to-satellite link
飞机站/飛機電臺 aeroplane station
飞剪/飛剪機 flying shear
飞溅/焊濺物 spatter
飞溅润滑/飛濺潤滑法 splash lubrication
飞溅式填料/飛濺式填料 splash packing
飞锯/隨動鋸機 flying saw
飞轮/飛輪 flywheel
飞轮矩/飛輪矩 moment of flywheel
飞轮壳/飛輪殼 flywheel casing
飞轮蓄能装置/飛輪蓄能裝置 flywheel battery, flywheel energy storage device
飞轮周期/飛輪週期 flywheel period
飞秒光学频率梳/飛秒光梳 femtosecond comb
飞球调速器/飛球調速器 flyball governor
飞升转速/最大暫態速率 maximum momentary speed
飞行仿真/飛行模擬 flight simulation
飞行仿真器/飛行模擬器 flight simulator
飞行高度/飛行高度 flight height
飞行控制/飛行控制 flight control
飞行时间质谱计/飛行時間質譜儀,時序式質譜儀 time-of-flight mass spectrometer
飞行时间质谱仪/飛行時間質譜儀,時序式質譜儀 time-of-flight mass spectrometer
飞行时间中子谱仪/飛行時間中子譜儀 time-of-flight neutron spectrometer
飞逸工况/飛逸轉速運轉情況 runaway speed operating condition
飞逸试验/飛逸轉速試驗 runaway speed test
飞逸特性曲线/失控速率曲線 runaway speed curve
非白化/非白化 colored
非白噪声/非白雜訊 nonwhite noise
非半导体激光器/非半導體雷射 nonsemiconductor laser
非绑定/未包紮 unbundling
非饱和磁记录/非飽和磁記錄[法] non-saturation magnetic recording
非饱和逻辑电路/非飽和邏輯電路 unsaturated logic circuit
非保守力/非保守力,非守恆力 non-conservative force
非本征半导体/非本徵半導體,外質半導體,含雜質半導體 extrinsic semiconductor
非必然性/不確定性,不確定度 uncertainty
非编码 RNA 基因发现/非編碼 RNA 基因發現 non-coding RNA gene finding
非变位齿轮/非變位齒輪 X-zero gear
非补偿环/非補償環 uncompensated ring
非补偿环座/非補償環座 uncompensaing ring adaptor
非参数训练/非參數訓練 nonparametric training
非操纵逆转保护装置/非操縱逆轉保護裝置 unintentional reversal protection device
非常波/異常波 extraordinary wave
非常规编码/非常規編碼 extraordinary coding
非常规试验筛组/非常規試驗篩組 irregular set of test sieves
非车载充电器/非車載充電器 off-board charger
非成字部件/字元非成形元件 character non-formation component
非承载式车身/非承載式車身 separate frame construction body
非持续故障/斷續故障,間歇故障 volatile fault
非传播裂痕/非傳播性裂痕 non-propagating crack
非传统计算机/非傳統電腦 non-traditional computer
非纯代码/不純碼 impure code
非词表词/非詞表詞,未登錄詞 out of vocabulary word
非磁性材料/非磁性材料 non-magnetic material
非磁性铸铁/非磁性鑄鐵 non-magnetic cast iron
非存储式摄像管/非積蓄型攝影管 nonstorage camera tube
非单调关联系统/非同調系統 noncoherent system
非单调函数/非單調函數 non-monotonic function
非单调逻辑/非單調邏輯 non-monotonic logic
非单调推理/非單調推理 non-monotonic reasoning
非单值非线性/非單值非線性 non-single value nonlinearity
非导电环境/非導電環境 non-conducting environment
非等温量热仪/非等溫卡路里計 non-isothermal calorimeter
非递归可枚举语言/非遞迴可枚舉語言 non-recursively enumerable language non-r. e. language
非定常流/不穩定流 unsteady flow
非定常约束/時間性拘束 rheonomic constraint
非定向换能器/無定向換能器 non-directional transducer
非定向计数管/無定向計數器 non-directional counter
非定向水听器/無定向水聽器 non-directional

hydrophone
非定向天线/無定向性天線,無方向性天線 non-directional antenna
非定向无线电信标/無定向無線電信標 non-directional radio beacon
非独立式动力输出轴/非獨立式動力輸出軸 non-independent power take-off, non-independent PTO
非独立悬架/剛性車軸懸吊 rigid axle suspension
非独立悬架式转向传动机构/非獨立懸架式轉向連桿組,鋼性車軸懸吊式轉向連桿組 non-independent-suspension-type steering linkage
非堆垛低起升跨车/非堆疊低昇起跨立吊車 non-stacking low-lift straddle carrier
非堆垛用低起升车辆/非堆疊用低昇起卡車 non-stacking low-lift truck
非对称/非對稱的 asymmetric
非对称参数/不對稱參數 asymmetric parameter
非对称操作系统/非對稱作業系統 asymmetric operating system
非对称存储虚拟化/非對稱儲存虛擬化 asymmetric storage virtualization
非对称导电性/非對稱導電性 asymmetrical conductivity
非对称灯具/非對稱配光型照明器具 asymmetrical luminaire
非对称电流/非對稱電流 asymmetrical current
非对称光/非對稱光 asymmetrical beam
非对称畸变/不對稱畸變,不對稱失真 asymmetrical distortion
非对称密码/非對稱密碼 asymmetric cryptography
非对称密码体制/非對稱密碼系統 asymmetric cryptosystem
非对称密码系统/非對稱密碼系統 asymmetric cryptosystem
非对称耦合器/非對稱型耦合器 asymmetrical coupler
非对称三相电路/非對稱三相電路 unsymmetrical three-phase circuit
非对称骚扰电压/共模擾動電壓 common mode disturbance voltage
非对称失真/不對稱失真,不對稱畸變 asymmetrical distortion
非对称[式]多处理机/非對稱多處理機 asymmetric multiprocessor
非对称输出/不平衡輸出 unbalance output
非对称数字用户线/非對稱數位用户線 asymmetric digital subscriber line, ADSL
非对称性交流溅射/非對稱性交流濺射 asymmetric alternate current sputtering
非对称性协议/非對稱性協定 asymmetric protocol
非对称性指数/非對稱指標 index of asymmetry
非对称选择网/非對稱選擇網 asymmetric choice net
非对称运动轨迹/非對稱運動曲線 unsymmetrical motion curve
非二进制码/非二進位碼,非二元碼 non-binary code
非法过户/非法過户 illegal transfer
非封闭油气藏/未密封貯油層 unsealed reservoir
非高炉炼铁法/非高爐煉鐵法 alternative iron-making process
非格拉斯霍夫杆/非 Grashof 運動鏈 non-Grashof chain
非格拉斯霍夫双摇杆/非 Grashof 雙摇桿 non-Grashof double-rocker
非工程系统仿真/非工程系統模擬 non-engineering system simulation
非工作齿面/非工作齒面 non-working flank
非工作时间/非工作時間,不工作時間 non-operating time
非工作性变幅/非操作性變幅 non-operating luffing
非功能需求/非功能需求 non-functional requirements
非共沸制冷剂/非共沸製冷劑 non-azeotropic refrigerant
非共格界面/非共格界面,非共格介面 incoherent interface
非共格晶界/非同調晶界 incoherent grain boundary
非固定型应变仪/非固定形應變計 unbounded strain gage
非国际单位制单位/非 SI 單位 non International System of Units, non SI unit
非过程语言/非程序語言 non-procedural language
非合金钢/非合金鋼 unalloyed steel
非合作对策/非合作對局 noncooperative game
非恒定系统/非恆定系統 nonstationary system
非互易偏振旋转器/非互易極化旋轉器 non-reciprocal polarization rotator
非互易网络/非互易網路 nonreciprocal network
非互易移相器/非互易相移器 nonreciprocal phase shifter
非化学计量化合物/非化學計量化合物 nonstoichiometric compound
非回转浮式起重机/非回轉浮式起重機 non-slewing floating crane
非回转流动式起重机/非回轉移動式起重機 non-

slewing mobile crane
非回转起重机/非回轉起重機 non-slewing crane
非击打式打印机/非衝擊印表機 non-impact printer
非击打式热敏印刷机/非撞擊式熱感列印機 non-impact thermal printer
非机动卫星/非機動衛星 nonmaneuverable satellite
非极化断电器/非極化斷電器 non-polarized breaker
非极化继电器/非極化繼電器 non-polarized relay
非计划降低出力/非計劃降低出力 unplanned derating
非计划停运/非計劃停運 unplanned outage
非计划停运小时数/非計劃停運時數 unplanned outage hours
非计算延迟/非計算延遲 non-computing delay
非加权码/非加權碼,無加權碼 nonweighted code
非甲烷碳氢化合物/非甲烷碳氫化合物 non-methane hydrocarbon, NMHC
非甲烷有机气体/非甲烷有機氣體 non-methane organic gas, NMOG
非甲烷有机物碳氢化合物当量/非甲烷有機物碳氫化合物當量 organic material non-methane hydrocarbon equivalent
非坚持型载波侦听多址访问/非堅持型載波監聽多路存取 non-persistent carrier sense multiple access
非监督学习/非監督式學習 unsupervised learning
非交换连接/非交換連接 non-switched connection
非交换式网络/非交換式網路 nonswitched network
非胶结砂岩/疏鬆砂層 unconsolidated sand
非焦炼铁[法]/非焦煉鐵[法] non-coke iron-making
非接触测量/非接觸量測 non-contact measurement
非接触测量法/非接觸量測法 non-contact measuring method
非接触测温法/非接觸測温法,非接觸測温學 non-contact thermometry
非接触式测厚仪/非接觸式厚度規 non-contacting thickness gage
非接触式磁记录/非觸式磁記録 non-contact magnetic recording
非接触式分析/非接觸分析 non-contact analysis
非接触式密封/非接觸式機械密封 non-contacting mechanical seal
非接触式眼压计/壓平式眼壓計 applanation tonometer
非接触式仪表/非接觸式量規 non-contact gage
非接触仪器/非接觸式儀器 non-contact instrument
非结构化对等计算系统/非結構化對等計算系統 unstructured peer-to-peer systems
非结构化数据/無結構資料項 unstructured data
非结构数据管理系统/非結構資料管理系統 unstructured data management system
非结焦煤/非煉焦煤 noncoking coal
非金属材料试验机/非金屬材料試驗機 non-metallic material testing machine
非金属夹杂物/非金屬夾雜物 non-metallic inclusion
非金属夹杂物聚集/非金屬夾雜物聚結 agglomeration of non-metallic inclusion
非金属矿物/非金屬礦物 non-metallic mineral
非金属弹性元件联轴器/非金屬彈性元件聯軸器 coupling with non-metallic elastic element
非经典逻辑/非經典邏輯 non-classical logic
非经典信息模式/非古典資訊型樣 non-classical information pattern
非晶材料/非晶質材料 amorphous material
非晶磁性材料/非晶磁性材料 amorphous magnetic material
非晶硅/非晶矽 amorphous silicon
非晶硅太阳电池/非晶矽太陽電池 amorphous silicon solar cell
非晶铝合金/非晶質鋁合金 amorphous aluminum alloy
非晶态/非晶質,非晶形 amorphous
非晶态半导体/非晶質半導體 amorphous semiconductor
非晶态磁性材料/非晶質磁性材料 amorphous magnetic material
非晶态磁性合金/非晶質磁性合金 amorphous magnetic alloy
非晶态合金/非晶質合金 amorphous alloy
非晶质 /非晶形,非晶質 amorphous
非晶质矿物/非晶質礦物 amorphous minerals
非军事区/非軍事區 demilitarized zone
非军事区控制访问/非軍事區控制存取 non-military zone access control
非均衡系统/非均衡系統 nonequilibrium system
非均相结构/非均質組織 heterogeneous structure
非均匀编码/非均勻編碼 non-uniform encoding
非均匀标尺/非均勻標度 non-uniform scale
非均匀场/非均勻場 inhomogeneous field, non-uniform field
非均匀存储器访问/非均勻記憶體訪問 non-uniform memory access, NUMA
非均匀对象模型/異質物件模型 heterogeneous object model
非均匀反应堆/不勻相反應器,非均勻反應器 heterogeneous reactor

非均匀辐射/非均勻輻射,非單能輻射 heterogeneous radiation
非均匀量化/非均勻量化 non-uniform quantization, non-uniform quantizing
非均匀量化器/非均勻量化器 non-uniform quantizer
非均匀流/變速流 non-uniform flow
非均匀取样/非均勻採樣 non-uniform sampling
非均匀展宽/非均勻展寬 inhomogeneous broadening
非均匀阵列/不均勻分佈陣列 non-uniform array
非均质性/各向互異性,非均向性 anisotropy
非可凝性气体/不凝結氣體 non-condensable gas
非扩散相变/無擴散變態 diffusionless transformation
非雷管引爆炸药/敏感炸藥 sensitive explosive
非理想气体/非理想氣體 imperfect gas
非连续累计自动衡器/非連續累計自動衡器 discontinuous totalising automatic weighing instrument
非连续取样/批量樣品,批次樣品 discrete sampling
非连续制动系统/非連續制動系統 non-continuous braking system
非连铸生产的板坯/非連鑄生産的板坯 not continuously cast slab
非零和对策模型/非零和賽局模型 non-zero sum game model
非零色散光纤/非零色散光纖 non-zero dispersion fiber
非流形/非複印本 non-manifold
非流形造型/非複印本建模 non-manifold modeling
非门/NOT 閘 negation gate, NOT gate
非秘密性/非秘密性 non-confidentiality
非密闭计数器/非密封計數器 sealed-off counter
非摩擦制动器/非摩擦制動器 non-friction brake
非抹除栈自动机/非抹除堆疊自動機 non-erasing stack automaton
非黏合应变计/無約束應變計 unbonded strain gage
非黏性流体/無黏性流體 non-viscous fluid
非牛顿流体/非牛頓[式]流體 non-Newtonian fluid
非牛顿流体流量测量/非牛頓流量量測 non-Newtonian flow measurement
非牛顿黏度/非牛頓黏度 non-Newtonian viscosity
非耦合振型/非耦合模態 uncoupled modes
非偏移吸收/非偏向吸收 non-deviative absorption
非平凡函数依赖/非普通函數相依 non-trivial functional dependence
非平衡等离子体/非平衡電漿 nonequilibrium plasma
非平衡驱动振动筛/非平衡驅動振動篩 vibrating screen with out-of-balance drive
非平衡式机械密封/非平衡式機械密封 unbalanced mechanical seal
非平衡树/非平衡樹 unbalanced tree
非平衡态/非平衡態 nonequilibrium state
非平衡态热力学/非平衡[態]熱力學 non-equilibrium thermodynamics
非平衡效应/非平衡效應 nonequilibrium effect
非平衡载流子/非平衡載波,非平衡載子 non-equilibrium carrier
非平衡组态/非平衡組態 unbalanced configuration
非平面网络/非平面網路 nonplanar network
非平稳随机过程/非恆定散亂程序,非恆定隨機過程 non-stationary random process
非平稳信道/非靜態通道 non-stationary channel
非平稳振动/非平穩振動 non-stationary vibration
非屏蔽双绞线/非屏蔽雙絞線 unshielded twisted pair
非破坏读出/非破壞讀出 nondestructing readout
非破坏性读写/非破壞性讀寫 nondestructive read-write
非破坏性检查/非破壞性檢查 nondestructing check
非破坏性检验/非破壞試驗 nondestructive testing, NDT
非奇异摄动/非奇異擾動,非奇異微擾 nonsingular perturbation
非抢先调度/非占光排程 non-preemptive scheduling
非抢先多任务处理/非搶先多工處理 non-preemptive multitasking
非抢占多任务处理/非搶先多工處理 non-preemptive multitasking
非桥氧/非橋氧 non-bridge oxygen
非请求分页/非請求分頁 non-demand paging
非球面镜/非球面鏡 aspherical mirror
非球面透镜/非球面透鏡 aspheric lens
非球面性/非球面性 asphericity
非全反馈系统/非全回授系統 nonunity feedback system
非全回转浮式起重机/有限轉動浮式起重機 limited slewing floating crane
非全回转起重机/有限轉動起重機 limited slewing crane
非确保操作/未保證作業 unassured operation
非确定计算/非確定性計算 non-deterministic computation
非确定空间复杂性/不確定空間複雜性 non-deterministic space complexity

非确定时间复杂性/不確定時間複雜性 nondeterministic time complexity
非确定时间谱系/不確定時間階層 nondeterministic time hierarchy
非确定型图灵机/非確定性杜林機 nondeterministic Turing machine
非确定型有穷自动机/不確定有限自動機 nondeterministic finite automaton
非确定性对数空间复杂性类/非確定性對數空間複雜性類 non-deterministic logarithmic space complexity class
非确定性多项式时间复杂性类/非確定性多項式時間複雜性類 non-deterministic polynomial time complexity class
非确定性故障/不確定性故障 indeterminate fault
非确定性空间/不確定空間 nondeterministic space
非确定性空间复杂性/不確定空間複雜性 nondeterministic space complexity
非确定性空间复杂性定理/不確定空間複雜性定理 nondeterministic space complexity theorem
非确定性控制系统/不確定性控制系統 nondeterministic control system
非确定性模型/不確定型模型 nondeterministic model
非确定性时间/不確定時間 nondeterministic time
非确定性时间复杂性/不確定時間複雜性 nondeterministic time complexity
非确定性时间谱系定理/非確定性時間層譜定理 nondeterministic time hierarchy theorem
非确定性图灵机/非確定性杜林機 nondeterministic Turing machine
非确定性指数时间复杂性类/非確定性指數時間複雜性類 nondeterministic exponential time complexity class
非润湿流体/非濕性流體 non-wetting fluid
非商用汽车电梯/非商用車輛昇降機 noncommercial vehicle elevator
非设计工况运行/在非設計條件下作業 off-design condition operation, operation at undesigned conditions
非时间性约束/非時間性拘束 scleronomic constraint
非时间性约束系统/非時間性拘束系統 scleronomic constraint system
非识别型 DTE 业务/無識別 DTE 服務 nonidentified data terminal equipment service, nonidentified DTE service
非视距/非視距 non-line-of-sight, NLOS
非适配查询/非適配查詢 nonadaptive query
非数据操作/非資料作業 nondata operation
非 SQL 数据模型/非 SQL 資料模型 non data modeling, non SQL data modeling
非水滴定[法]/非水滴定[法] non-aqueous titration
非弹性本底/無彈性背景 inelastic background
非弹性碰撞/非彈性碰撞,非彈性衝擊 inelastic collision, inelastic impact
非弹性散射/非彈性散射 inelastic scattering
非特权账户/非特權賬户 nonprivileged account
非调速电气传动/非調速電氣傳動 unadjustable speed electric drive
非调制辐射计/非調制輻射計 unchopped radiometer
非调质钢/非淬火回火鋼 non-quenched and tempered steel
非铁磁性恒弹性合金/非鐵磁性恆彈性合金 nonferromagnetic constant elastic alloy
非同步复用系统/非同步多工系統 non-synchronous multiplex system
非同步网/非同步網 non-synchronized network, non-synchronous network
非同步卫星/非同步衛星,非 24 小時衛星 nonstationary satellite
非同焦镜面/非同焦鏡面 non-confocal resonantor
非同心圆球笼式万向节/非同心圓球籠式萬向接頭 Birfield universal joint
非同轴水轮泵/非同軸水輪泵 non-coaxial waterturbine pump
非透明介质/不透光介質 opaque medium
非退化半导体/非退化半導體 non-degenerate semiconductor
非退化参变放大器/非退化參數放大器 nondegenerate parametric amplifier
非完备调制/不良調變 defective modulation
非完整约束系统/不可積分拘束系統 nonholonomic system
非稳定变形过程/非穩定變形過程 nonsteady deformation process
非稳定谐振腔/非穩定共振器 unstable resonator
非稳态多谐振荡器/無定態複振器,無定態多諧振動器 astable multivibrator
非稳态扩散/非穩定態擴散 nonsteady state diffusion
非卧床监护/非臥床監護,可走動病患監護 ambulatory monitoring
非系统卷积码/非系統的回旋碼,非系統式回旋碼 nonsystematic convolutional code

非系统式块码/非系統式區塊碼 nonsystematic block code

非现场维护/非現場維護 off-site maintenance

非现用文件/不活動檔案 inactive file

非现用页/不活動頁 inactive page

非限制文法/非限制文法,無限制文法 unrestricted grammar

非限制性压缩强度/非限制性壓縮強度 unconfined compressive strength, UCS

非线绕电位器/非線繞電位器 non-wire wound potentiometer

非线性/非線性 nonlinearity

非线性编辑/非線性編排 nonlinear editing

非线性编码/非線性編碼 nonlinear encoding

非线性标尺/非線性標尺 nonlinear scale

非线性标度/非線性標度 nonlinear scale

非线性串扰/非線性串音 nonlinear crosstalk

非线性导航/非線性導航 nonlinear navigation

非线性的/非線性的 nonlinear

非线性电路/非線性電路 nonlinear electric circuit

非线性放大器/非線性放大器 nonlinear amplifier

非线性估计/非線性估計 nonlinear estimation

非线性光混频/非線性光混頻 nonlinear photomixing

非线性光学/非線性光學 nonlinear optics

非线性光学晶体/非線性光學晶體 nonlinear optical crystal

非线性光学效应/非線性光學效應 nonlinear optical effect

非线性规划/非線性程式設計 nonlinear programming

非线性集成电路/非線性積體電路 nonlinear integrated circuit

非线性检测器/非線性偵測器 nonlinear detector

非线性结构/非線性結構 nonlinear structure

非线性控制系统/非線性控制系統 nonlinear control system

非线性控制系统理论/非線性控制系統理論 nonlinear control system theory

非线性拉曼效应/非線性拉曼效應 nonlinear Raman effect

非线性量化/非線性量化 nonlinear quantization

非线性流水线/非線性流水線 nonlinear pipeline

非线性滤波器/非線性濾波器 nonlinear filter

非线性码/非線性碼 nonlinear code

非线性模型/非線性模型 nonlinear model

非线性曲线/非線性曲線 nonlinear curve

非线性散射/非線性散射 nonlinear scattering

非线性声学/非線性聲學 nonlinear acoustics

非线性失真/非線性失真 nonlinear distortion

非线性失真测量/非線性失真量測 nonlinear distortion measurement

非线性数据结构/非線性資料結構 nonlinear data structure

非线性衰减/非線性衰減 nonlinear attenuation

非线性特性/非線性特性 nonlinearity, nonlinear characteristic

非线性调频/非線性調頻 nonlinear frequency modulation, nonlinear FM

非线性网络/非線性網路 nonlinear network

非线性稳定性/非線性穩度 nonlinear stability

非线性系统/非線性系統 nonlinear system

非线性系统仿真/非線性系統模擬 nonlinear system simulation

非线性响应/非線性響應 nonlinear response

非线性效应/非線性效應 nonlinear effect

非线性信道/非線性通道 nonlinear channel

非线性颜色空间/非線性顏色空間 nonlinear color space

非线性映射/非線性映射,非線性對映 nonlinear mapping

非线性语法/非線性文法 nonlinear grammar

非线性预报/非線性預測 nonlinear prediction

非线性元件/非線性單元 nonlinear element

非线性振动/非線性振動 nonlinear vibration

非线性转换/非線性轉換 nonlinear conversion

非相干光/非相干光 incoherent-light

非相干检测/非相干偵測 incoherent detection, noncoherent detection

非相干接收机/非同調接收機 noncoherent receiver

非相干雷达/非同調雷達 noncoherent radar

非相干散射/非相干散射,不相干散射,不定相散射 incoherent scattering

非相干探测/非相干探測 noncoherent detection

非相干性/非相干性 incohenence

非相连页/非相連頁 noncontiguous page

非谐振天线/非共振型天線 nonresonant antenna

非谐振阵列/非共振陣列 nonresonant array

非选择性辐射体/非選擇性放射體,非選擇輻射體 non-selective radiator

非选择性检测器/非選擇性檢知器,非選擇偵測器 non-selective detector

[非选择性]量子探测器/[非選擇性]量子偵測器 non-selective quantum detector

非选择性探测器/非選擇偵測器,非選擇性檢知器 non-selective detector

非循环电路/非循環電路 acyclic circuit
非循环过程/非循環過程 acyclic process
非循环图/非循環圖 acyclic graph
非循环网络/非循環網路 acyclic network
非循环依赖关系/非循環相依關係 acyclic dependence relation
非循环有向图/非循環有向圖 acyclic digraph
非压力润滑/非壓力潤滑 non-pressurized lubrication
非衍射 X 射线光谱仪/非繞射 X 射線光譜儀 nondiffraction X-ray spectrometer
非氧化气孔/非氧化氣孔 unoxidized blowhole
非一致构造/非均勻構造 nonuniform construction
非一致计算/非均勻計算 nonuniform computation
非易失性存储器/非易失性記憶體,非依電性記憶體 non-volatile memory
非逸失性半导体存储器/非揮發性半導體記憶體 non-volatile semiconductor memory
非预定维修/不定期維護 unscheduled maintenance
非预定维修时间/不定期維護時間 unscheduled maintenance time
非阈逻辑/非閾邏輯 non-threshold logic, NTL
非圆齿轮/非圓形齒輪 non-circular gear
非圆齿轮机构/非圓齒輪機構 non-circular gear mechanism
非圆滑动轴承/非圓滑動軸承 non-circular plain bearing
非远程存储器存取/非遠端記憶體存取 no remote memory access
非匀相成核/非均勻成核,異相成核 heterogeneous nucleation
非增压发动机/非超增壓引擎,自然進氣式引擎 naturally aspirated engine, non-supercharged engine
非占空呼叫建立/非占空呼叫建立 off-air call setup, OACSU
非整体式加油排放控制系统/非整體式加油排放控制系統 non-integrated refueling emission control system
非正常工作试验/非正常工作試驗 abnormal operation test
非正常运行/非正常工作 abnormal operation
非正弦周期电流电路/非正弦週期電流電路 non-sinusoidal periodic current circuit
非直接接触式制动器/非直接接觸式制動器 non-direct contact brake
非直联信令[方式]/非直聯信令[方式] non-associated signaling
非致命错误/非致命錯誤 nonfatal error
非致命故障/非關鍵故障 non-critical fault
非致命失效/非關鍵失效 non-critical failure
非终极符/非終結符 nonterminal
非终结符/非終結符 nonterminal character
非终结符号/非終結符號 nonterminal symbol
非终止符/非終結符 nonterminal
非周期/非週期 aperiodic
非周期电流计/無週期檢流計 aperiodic galvanometer
非周期电路/非週期[振盪]電路,非調諧電路 aperiodic circuit
非周期发电机/非週期性發電機 acyclic generator
非周期分解/非週期分解 aperiodic decomposition
非周期分量/非週期分量,非週期部分 aperiodic component
非周期时间常数/非週期時間常數 aperiodic time constant
非周期天线/非週期天線 aperiodic antenna
非周期现象/非週期現象 aperiodic phenomenon
非周期信号/非週期訊號 aperiodic signal
非周期性采样/非週期性採樣 non-periodic sampling
非周期性速度波动/非週期性速度波動 aperiodic speed fluctuation
非周期运动/非週期運動 aperiodic motion
非周期振动/非週期振動 aperiodic vibration
非周期阻尼/非週期阻尼 aperiodic damping
非主属性/非主[要]屬性 non-prime attribute
非主轴天线增益/非主軸之天線增益 off-axis antenna gain
非自持放电/非自持放電 non-self-maintained discharge
非自猝灭计数器/非自滅計數器 non-self quenching counter
非自动衡器/非自動衡器 non-automatic weighing instrument
非自反性/非自反性 irreflexivity
非自航浮式起重机/非推進浮式起重機 non-propelled floating crane
非自耗电极电弧熔炼/非消耗性電極熔煉法 non-consumable electrode melting
非自行架设塔式起重机/非自行架設塔式起重機 non-self-erecting tower crane, traditional tower crane
非自行指示衡器/非自行指示衡器 non-self-indicating instrument
非自治系统/非自控系統 nonautonomous system
非自装载的挂车/非自裝載的拖車 non-self-loading trailer
非阻塞交叉开关/無阻塞交叉開關 non-blocking

crossbar
非最小相位/非最小相位 non-minimum phase
非最小相位系统/非最小相位系統 non-minimum phase system
菲克第二[扩散]定律/菲克第二定律 Fick 2nd law of diffusion
菲克第一[扩散]定律/菲克第一定律 Fick 1st law of diffusion
菲克定律/菲克定律 Fick law
菲克方程/費克方程式 Fick equation
菲立浦冷阴极电离真空计/菲利浦真空計 Philips gage
菲涅耳等值线/夫瑞奈等高線 Fresnel contour
菲涅耳反射/夫瑞奈反射 Fresnel reflection
菲涅耳反射法/夫瑞奈反射法 Fresnel reflection method
菲涅耳偏光计/夫瑞奈偏光計 Fresnel refractometer
菲涅耳区/夫瑞奈場區 Fresnel region, Fresnel zone
菲涅耳数/夫瑞奈數 Fresnel number
菲涅耳透镜聚光灯/夫瑞奈探照燈 Fresnel spotlight
菲涅耳衍射/夫瑞奈繞射 Fresnel diffraction
菲涅耳衍射图/夫瑞奈繞射圖型 Fresnel diffraction pattern
菲佐干涉仪/斐索干涉儀 Fizeau interferometer
斐波那契立方体/費布那西立方體 Fibonacci cube
肺磁描记术/肺磁描記術 magneto pneumography
废板/廢[鋼]板 sheet scrap
废报消息/廢報消息 disregard message
废电极/廢電極 electrode scrap
废钢/廢鋼[料] scrap steel, steel scrap
废钢预热/廢鋼預熱 scrap preheating
废浆槽/廢漿槽 waste sludge tank
废井/廢井 abandoned well
废料/廢料,廢碴 refuse, scrap
废料值/殘值 scrap value
废品/廢品,不良品 rejects
废品率/廢品率,不良率 rate of rejects, rejection rate, reject ratio
废气/廢氣,排氣 waste gas, exhaust gas
废气分析器/排氣分析器 exhaust gas analyzer
废气排放段/氣提段 exhausting section
废气旁通阀/廢氣排除門 waste gate
废气旁通控制系统/廢氣旁通控制系統 exhaust bypass control system
废气涡轮增压发动机/廢氣渦輪增壓發動機 exhaust-turbo charged engine
废气涡轮增压器/廢氣渦輪增壓器 exhaust gas turbine supercharger, exhaust supercharger
废弃物/廢棄物,廢料 waste
废汽分离器/排汽分離器 exhaust steam separator
废汽锅炉/廢汽鍋爐 waste steam boiler
废热/廢熱 waste heat
废热发动机/廢熱引擎 waste heat engine
废热干燥器/廢熱乾燥器 waste heat drier
废热锅炉/廢熱鍋爐 waste heat boiler
废热交换器/廢熱交換器 waste heat exchanger
废砂/廢砂 waste sand
废石堆浸出/廢石堆浸濾 dump leaching
废石垛墙/廢石砌牆 pack wall
废石混入率/廢石混入率 waste in-ore rate
废石胶结充填/廢石膠結充填 massive stone consolidated fill
废水处理/廢水處理 waste water treating, waste water treatment
废铁/廢鐵 iron scrap, scrap iron
废物处理机/廢料處理機 waste disposer
废物焚烧炉/廢料煅燒爐 waste calciner
废物焚烧器/廢料煅燒爐 waste calciner
废物收集器/廢料收集器 waste collector
废物收集箱/廢料收集桶,廢料收集槽 waste collecting tank
废液过滤器/廢液濾器 waste filter
废渣/廢渣,爐渣 dump
废铸料/廢鑄料 cast scrap
沸点/沸點 boiling point
沸点测定法/沸點測定術,沸點測高術 ebulliometry, hypsometry
沸点测定计/沸點計 ebullioscope
沸点[酒精]计/沸點計 ebulliometer
沸点气压计/沸點氣壓計,沸點測高計 hypsometer
沸点升高测定法/沸點測定學 ebullioscopy
沸硫反应器/沸硫反應器 boiling sulfur reactor
沸石法/沸石法 zeolite process
沸石类/沸石類 zeolites
沸石软水器/沸石軟水器 zeolite water softener
沸水反应器/沸水反應器 water boiling reactor
沸水浴/沸水浴 boiling water bath
沸腾/沸騰 boil, boiling
沸腾传热恶化/沸騰風險 boiling crisis
沸腾范围/沸騰範圍 boiling range
沸腾钢/淨面鋼,未静鋼,淨緣鋼 rimmed steel, rimming steel
沸腾钢钢锭/沸騰鋼鋼錠 rimmed ingot
沸腾炉/流體化床爐 fluidized bed furnace
沸腾期/沸騰期 boiling period
沸腾器/沸騰器 ebullator

沸腾式过热核反应堆/沸水核過熱反應器　boiling nuclear superheat reactor
沸腾式省煤器/蒸汽節熱器　steaming economizer
沸腾温度/沸點温度　boiling temperature
沸煮炉/沸煮爐　boiling kiln
费根定理/費根定理　Fagin theorem
费里辐射高温计/費瑞[總]輻射高温計,費瑞高温計　Fery pyrometer, Fery radiation pyrometer, Fery total radiation pyrometer
费里高温计/費瑞高温計　Fery pyrometer
费率区分器/費率區分器　tariff zoner
费马原理/弗梅原理　Fermat principle
费米/費米　fermi, Fm
费米-狄拉克分布/費米-迪瑞克分布　Fermi-Dirac distribution
费米函数/費米函數　Fermi function
费米能级/費米能階　Fermi energy level
费米能量/費米能　Fermi energy
费米温度/費米温度　Fermi temperature
费诺算法/菲諾演算法　Fano algorithm
费森登振荡器/菲生登振盪器　Fessenden oscillator
费森登振子/菲生登振子　Fessenden oscillator
费氏粒度/費氏細微性　Fisher subsieve size
费氏微筛分粒器/費氏微分篩器　Fisher subsieve sizer
费用比/費用比　cost ratio
费用效益分析/成本效果分析[法]　cost-effectiveness analysis
费用预算/費用預算　cost budgeting
分半销/開尾梢　split pin
分瓣模/分瓣模　segmental mandrel
分瓣阳极磁控管/雙瓣陽極磁控管,雙腔磁控管　split-anode magnetron
分包商/分包商　sub-contractor
分贝/分貝　decibel, dB
分贝表/分貝計　decibel meter
3 分贝带宽/3 -分貝頻寬,三分貝頻寬　3-dB bandwidth
分贝单位/分貝單位　decibel unit
分贝计/分貝計　decibel meter
分贝图/分貝圖　decibel chart
分辨带宽/分辨頻寬　resolution bandwidth
分辨力板/解析力測試目標　resolving power test target
分辨率/分辨率,解析度,解像力　resolution
分辨时间/分辨時間,分解時間　resolving time
分辨时间校正/分解時間校正　resolving time correction
分辨误差/解析誤差　resolution error
分别编译/分離編譯　separate compilation
分布/分布　distribution
分布布拉格反射型激光器/分布布拉格反射型雷射　distributed Bragg reflection type laser, DBR type laser
分布参数/分布參數　distributed parameter
分布参数电路/分布參數電路　distributed circuit
分布参数集成电路/分布式參數積體電路　distributed parameter integrated circuit
分布参数控制系统/分布參數控制系統,分散式參數系統　distributed parameter control system
分布参数模型/分布參數模型　distributed parameter model
分布参数网络/分布參數網路　distributed parameter network
分布参数系统/分布參數系統　distributed-parameter system
分布常数/分布常數　distributed constant
分布等待图/分散式等待圖形　distributed wait-for graph
分布电感/分布電感　distributed inductance
分布电容/分布電容　distributed capacitance
分布电阻/分布電阻　distributed resistance
分布队列双重总线/分散式隊列雙匯流排　distributed queue dual bus, DQDB
分布对象/分散式物件　distributed object
分布对象中间件 CORBA/分布物件中介軟體 CORBA　CORBA middleware
分布发射式正交场放大管/分布發射式正交場放大管　distributed emission crossed-field amplifier
分布反馈半导体激光器/分布回饋半導體雷射　distributed feedback semiconductor laser, DBF semiconductor laser
分布反馈激光器/分布回饋雷射　distributed feedback laser, DBF laser
分布估计算法/分布估計演算法　estimation of distribution
分布光度计/分布光度計,配光測定器,[光]分光度計　goniophotometer, distribution photometer, light-distribution photometer
分布函数/分布函數,分配函數　distribution function
分布控制/分布控制,分散控制　distribution control
分布力/分布力,連續力　distributed force
分布模式/分配綱目　allocation schema
分布目标/分布性目標　distributed target
分布曲面/分布曲面　distribution surface
分布曲线/分布曲線　distribution curve

分布绕组/分布繞組 distributed winding
分布色散参数/分布色散參數 profile dispersion parameter
分布式表示管理/分散式表達管理 distributed presentation management
分布式操作系统/分散式作業系統 distributed operating system
分布式程序设计/分散式程式設計 distributed programming
分布式处理/分散[式]處理 distributed processing
分布式处理系统/分散式處理系統 distributed processing system
分布式存储管理/分散式的儲存管理 distributed storage management
分布式存储器/分散式記憶體 distributed memory
分布式电源/分散式電源 distributed electric resource
分布式定序算法/分散式定序演算法 distributed ranking algorithm
分布式多媒体/分散式多媒體 distributed multimedia
分布[式]多媒体系统/分散式多媒體系統 distributed multimedia system
分布式放大器/分散式放大器 distributed amplifier
分布式复杂性/分配複雜性 distributional complexity
分布式共享存储器/分散式共用記憶體 distributed shared memory, DSM
分布式哈希表技术/分散式散列表技術 distributed hash table
分布式计算/分散式計算 distributed computing
分布式计算机/分散式計算機 distributed computer
分布式计算机控制系统/分散式電腦控制系統 distributed computer control system
分布式计算机系统/分散式計算機系統 distributed computer system
分布式结构/分散式結構 distributed structure
分布式拒绝服务/分散式拒絕服務 distributed denial of service
分布式决策支持系统/分散式決策支援系統 distributed decision support system
分布式控制/分散式控制 distributed control
分布式量子计算/分散式量子計算 distributed quantum computation
分布式目录/分散式目録 distributed directory
分布式内存/分散式記憶體 distributed memory
分布式能源系统/分散式能源系統 distributed energy system
分布式排序算法/分散式排序演算法 distributed sorting algorithm
分布式群体决策支持系统/分散式群組決策支援系統 distributed group decision support system
分布式人工智能/分散式人工智慧 distributed artificial intelligence
分布式容错/分散式容錯 distributed fault-tolerance
分布式时分多址/分散式分時多重進接 distributed time-division multiple-access, DTDMA
分布式事务/分散式交易協調 distributed transaction
分布式数据仓库/分散式資料倉庫 distributed data warehouse
分布式数据库/分散式資料庫 distributed database
分布[式]数据库管理系统/分散式資料庫管理系統 distributed database management system
分布[式]刷新/分散式更新 distributed refresh
分布式算法/分散式演算法 distributed algorithm
分布式体系结构/分散式架構 distributed architecture
分布式网[络]/分散式網路 distributed network
分布式文件系统/分散式檔案系統 distributed file system
分布式问题求解/分散式問題求解 distributed problem solving
分布式系统/分布系統,分配系統,分散式系統 distributed system
分布式系统对象模式/分散式系統物件模式 distributed system object mode
分布式协调功能/分散式協調功能 distributed coordination function
分布式协作/分散式合作 distributed collaboration
分布式选择算法/分散式選擇演算法 distributed selection algorithm
分布式应用/分散式應用 distributed application
分布式语言翻译/分散式語言翻譯 distributed language translation
分布式知识/分散式知識 distributed knowledge
分布透明性/分布透明性 distribution transparency
分布温度/分布溫度 distribution temperature
分布温度标准灯/分布溫度標準燈 standard lamp for distribution temperature
分布系数/分布係數,分配係數 distribution coefficient
分布圆齿距/分布節距 distribution pitch
分布圆直径/分布圓直徑 distribution diameter
分布载荷/分布負載,連續負載 distributed load
分布作用放大器/延伸互動放大器,擴充互動放大器

extended interaction amplifier, EIA
分布作用速调管/延伸交互作用電子調速管,擴充互動調速管　extended interaction klystron, distributed interaction klystron
分布作用振荡器/延伸互動振盪器,擴充互動振盪器　extended interaction oscillator, EIO
分步沉淀/分段沈澱,分級沈澱　fractional precipitation
分步重复系统/分步重複系統　step-and-repeat system
分步透镜/步階式透鏡　step lens
分部件/次單元,副裝置　sub-unit
分部模锻/分部模鍛　parting die forging
分部模型/分部模型　section pattern
分部收集器/分光收集器　fraction collector
分槽阿罗哈/分槽隨機擷取協定　slotted additive links online Hawaii area, slotted ALOHA
分槽环网/分槽環網路　slotted-ring network
分层/分層　delamination, layering, quantization
分层崩落法/分層崩落法　top slicing caving method
分层剥采比/分層剥採比　bench stripping ratio
分层布料/分層布料　layer-by-layer charging, layer-by-layer distribution
分层布料式砌块成型机/分層填料式砌塊成型機　layered-filling block machine
分层拆垛/分層拆疊　untiering
分层充气/分層充氣　stratified charge
分层充气发动机的混合气/層化發動機混合氣　stratified engine mixture
分层充气燃烧/分層充氣燃燒　stratified charge combustion
分层存储管理/階層式儲存管理　hierarchical storage management
分层堆垛/分層堆疊　tiering
分层检测/層檢測　layer detection
分层浇口/分層澆口　side step gating
分层进模口/分層進模口,分級進模口　side step gate, stepped side gate
分层进模口铸造/分級進模口鑄造　step gate casting
分层开采/分層開採,頂層分條開採　slicing
分层式拉削/分層式拉削　layer-stepping
分层事务/分層交易協調　layered transaction
分层天线罩壁/多層天線罩壁　layered radome wall
分层陷落开采/頂層分條開採　top slicing
分插复用/分插多工　add-drop multiplex, ADM
分插头/分插座,分接頭　current tap
分叉/叉路　fork
分叉波导[管]/分支波導　bifurcated waveguide
分叉浇口/澆口箱　runner box
分尘器/粉塵分離器　dust separator
分程序结构语言/區塊結構語言　block-structured language
分出并插入/分出并插入　drop and insert
分词/分詞,詞切分　word segmentation
分词单位/字分段單位　word segmentation unit
分词精度/分詞精度　precision of word segmentation
分词器/詞例化程式　tokenizer
分次剂量/分次劑量　fractionated dose
分道砖/分道磚　runner core
分等衡器/分級式衡器　grading instrument
分等级/分級　graduation
分地话务量纪录/分地話務量紀録　point-to-point record
分电器/點火分電器　ignition distributor
分电器电容器/分電器電容器　capacitor of ignition distributor, distributor condenser
分电器盖/分電器蓋　distributor cap
分电器转子/分電器轉子　distributor rotor
分动箱/分動箱　transfer case
分度板/刻度板　scale plate
分度标记/刻度標記　scale mark
分度尺/分度尺　graduated scale
分度从动件/分度從動件　indexing follower
分度规/分度規,分度器,量角器　index gage, protractor
分度镜/指標鏡　index glass
分度灵敏度/分度靈敏度　scale division sensitivity
分度盘/分度盤,圓刻度盤　divided circle, dividing disc, dividing plate
分度器/分度器　protractor, graduator
分度曲线/節曲線　pitch curve
分度数/分度數　number of divisions
分度头/分度頭　dividing head, index head
分度误差/分度誤差,指標誤差,刻度誤差　index error, graduation error
分度圆/參考圖,基準圓　reference circle
分度圆齿顶高/基準齒冠,基準齒頂高　reference addendum
分度圆齿根高/參考齒根　reference dedendum
分度圆齿距/基準節距　reference pitch
分度圆螺旋线/基準螺旋線　reference helix
分度圆直径/基準直徑　reference diameter
分度圆柱面/基準柱面　reference cylinder
分度圆锥角/基準錐角　reference cone angle
分度圆锥面/基準錐面　reference cone
分度运动/分度運動　dividing movement

分度值/分度值，標度值，刻度值 scale division
分段/分段 segmentation, fragmentation
分段崩落法/分段崩落法 sublevel caving method
分段采矿法/分段採礦法 sublevel caving
分段淬火/分段淬火 stage hardening, step quenching
分段多层焊/間段焊接法 block sequence welding
分段和重装/分段與重組合 segmentation and reassemble
分段绝缘器/分段用絶緣子，區隔絶緣體 section insulator
分段空场采矿法/分段空場採礦法 sublevel stoping
分段模/區段心軸 sectional mandrel
分段模锻/分段模鍛 sectional die forging
分段器/分段器 sectionalizer
分段确定性的/分段確定性的 piece-wise deterministic
分段式炉壳/分段式爐殼 segmented shell
分段式组合变速器/分段式變速器 range change gearbox, range change transmission
分段送风/分段送風 zoned air control
分段退焊/後退分段次序熔接 backstep sequence welding
分段退火/分段退火 stepped annealing
分段芯管/分管岩心筒 sectional core barrel
分段信噪比/分段式訊號雜訊比 segmental singal-noise ratio, segmental SNR
分段蒸发/分段蒸發 stage evaporation
分段装载机/轉接輸送機 stage loader
分断/斷路 breaking
分断电流/斷路電流 breaking current
分断能力/斷路容量 breaking capacity
分断能力试验/斷路容量試驗，遮斷容量試驗 breaking capacity test
分发列表/分配表 distribution list
分发型业务/分發型服務 distribution service
分发应用/分發應用 distribution application
分风式通风/分流通風 splitting ventilation
分幅照相法/分幀攝影術 framing photography
分幅照相机/分幀攝影機，分幀照相機 framing camera
分割/分割 subdivision
分隔/分開，分離，間隔 separation
分隔安全/分隔安全 compartmented security
分隔安全模式/分隔安全模式 compartmented security mode
分隔电容器/阻隔[直流]電容器 blocking capacitor
分隔符/分隔符 separator, break
分隔频率/交叉頻率 crossover frequency
分隔式燃烧室/分離式燃燒室 divided combustion chamber
分股导线/導線束，成束導線 bundle conductor
分管形燃烧室/罐式燃燒器 can-type combustor
分光[变阻]测热计/分光變阻測温計 spectrobolometer
分光测光仪/光譜光度計 spectral photometer
分光辐射度计/分光輻射計，能譜放射計 spectroradiometer
分光辐射度[量]学/能譜放射度學 spectroradiometry
分光高温计/分光高温計，光譜高温計 spectropyrometer
分光光度测量学/光譜光度量測術 spectral photometry
分光光度计/分光光度計，光譜儀，分譜儀 spectrophotometer
分光光度三色色度仪/光譜光度三色色度計 spectrophotometric trichromatic colorimeter
分光化学分析/光譜化學分析 spectrochemical analysis
分光计/分光計，光譜儀 spectrometer
γ分光计/γ分光計，加馬分光計 gamma spectrometer
分光镜/分光鏡，分束鏡 beam-splitter mirror
分光敏度/[光]譜靈敏度，靈敏度譜 spectral sensitivity
分光偏振计/分光偏振計，分光偏光計，分光旋光計 spectropolarimeter
分光太阳热量计/分光日光熱量計，分光日射強度計 spectropyrheliometer
分光[楔形]光度计/楔型光度計，劈片光度計 wedge photometer
γ分光仪/γ分光儀，加馬分光儀 gamma spectroscope
分光荧光计/分光螢光計 spectrofluorometer
分行/分支，轉移 branch
分合型切分歧义/分合型切分歧義，組合型切分歧義 part-whole segmentation ambiguous
分划筒/刻度鼓輪，刻度筒 dialdrum
分划线/分度線，刻度線 graduated scale line
分火头/分電器轉子 distributor rotor
分机/分機 extension
分级/分類，階層 classification, hierarchy
分级槽/分級槽，碗式類析器 classifier tank, bowl classifier
分级淬火/麻淬火，麻回火 marquenching,

martempering
分级存储系统/階層式記憶體系統 hierarchical memory system
分级的/階層式 hierarchical
分级地址/階層式位址 hierarchical address
分级管理/階層式管理 hierarchical management
分级规/級進規 progressive gage
分级过滤器/分級過濾器 stage filter
分级机/分級機,分級器,分類器 classifier, classificator
分级精整/分級精整 graded crushing
分级冷凝/分[餾冷]凝 fractional condensation
分级冷凝器/分餾冷凝器 fractional condenser
分级燃烧/分級燃燒 staged combustion
分级筛/分級篩 sizing screen, classifying screen, grading screen
分级设计法/階層式設計法 hierarchical design method
分级时效/分段時效,漸進時效 interrupted aging, progressive aging
分级时效处理/分級老化處理 interrupted ageing treatment
分级收尘效率/分級收塵效率 grade efficiency
分级网[络]/階層式網路,等級網 hierarchical network
分级选路/階層式路由法 hierarchical routing
分级选路网/階層式路由網 hierarchical routing network
分级摇动筛/分級搖動篩 size jigging screen
分级注水泥/分段下水泥 stage cementing
分集/分集 diversity
分集接收/分集接收 diversity reception
分集水器/分集水器 water collector and separator
分接/分接,抽頭 tapping
分接头/分接頭 tap
分节棒激光器/分段棒型雷射 segmented rod laser
分节辊/分段輥 split roll
分节镜/分段鏡 segmented mirror
分解/分解 disassembly, decomposition, breakdown
分解电压/分解電壓 decomposition voltage
分解度筐/分解度筐,析像度箱 resolution bin
分解集结法/分解集結法 decomposition-aggregation approach
分解热/分解熱 heat of decomposition
分解温度/分解溫度 decomposition temperature
分解协调/結合分解 composition decomposition
分解协调法/結合分解法 decomposition-coordination approach
分解性能/分解性能 resolution performance
分解蒸馏/分解蒸餾,高温蒸餾 destructive distillation
分界矿柱/邊界礦柱 boundary pillar
分界流量/過渡流率 transitional flow rate
分界面控制器/界面控制器 interface controller
分开/分開 decollate
分块崩落开采法/塊狀陷落法 block caving
分块加密/分組密碼 block cipher
分块模/分割模型,封合模型 parted pattern
分块式拉削/分塊式拉削 skip-stepping
分类/分類 classification
分类符/分類符號,分類代碼 class code
分类机/分類機 sorter
分类器/分類器 categorizer, classifier
分类学/分類學 taxonomy
分离/分離,隔離 segregation, separation, breakaway
分离拨叉/分離叉 push-rod fork
分离拨叉球头支座/分離叉球頭支座 operating fork ball-end
分离叉/收回叉 operating fork, withdrawal fork
分离叉回位弹簧/分離叉回位彈簧 operating fork return spring
分离定理/分離定理 separation theorem
分离度/分離度 resolution
分离多径接收/分離多徑接收 rake reception
分离杆/分離桿,釋放桿 release lever
分离杆铰销/分離桿鉸銷,釋放桿鉸銷 release lever pin
分离杆调整螺钉/分離桿調整螺釘,釋放桿調整螺釘 release lever adjusting screw
分离杆支座/分離桿支座,釋放桿支座 release lever support
分离杆轴/分離桿軸,釋放桿軸 release lever axle
分离过程/分離處理 disengaging process
分离过滤器/分支濾波器 branching filter
分离机构/分離機構 disengaging mechanism
分离交易/分裂交易總線 split transaction
分离镜像/分離鏡像 split mirror
分离镜像拷贝/分離鏡像拷貝 split mirror copy
分离力/分離力 separating force
分离连接器/分離連接器 snatch-disconnect connector, break-away connector
分离器/分離器,解離器 separator, dissociator
分离器压力/分離器壓力 trap pressure
分离时间/分離時間 disengaging time
分离式控制衡器/分離式控制衡器 separate control

weighing instrument
分离数/分離數[目] separation number
分离弹簧/放鬆彈簧 release spring
分离套筒/分離套筒,釋放套筒 release sleeve
分离筒/分離筒 separating bowl
分离推杆/分離桿,釋放桿 release rod
分离推杆调整螺杆/分離推桿調整螺桿 release rod adjusting screw
分离型真空计/[離子]抽取真空計 extractor vacuum gage
分离原理/分離原理 separation principle
分离折叠波导/分離折疊波導 split-folded wave guide
分离轴承/釋放推力軸承 release thrust bearing
分离轴承和分离套筒总成/釋放軸承和釋放套筒總成 release bearing and sleeve assembly
分立电路/離散電路 discrete circuit
分立元件/分立單元,離散組件 discrete component, discrete cell
分励脱扣器/并聯脱扣器 shunt release
分量/分量 component
分列式喷油泵/分列式噴油泵 unit fuel injection pump
分裂磁极变换器/分極變流器 split pole converter
分裂导线/導線束,成束導線 bundle conductor
分裂截面/裂變截面 fission cross section
分裂式发射器/分裂式投射器 split projector
分裂式水听器/分裂式探聲器 split hydrophone
分裂圆盘薄膜型测辐射热器/分裂圓盤薄膜型測輻射熱器 split-disk film-type bolometer
分流比/分流比 split ratio
分流槽/分配流槽 distributing launder
分流磁极发电机/分極發電機 diverter pole generator
分流电阻器/分路電阻器 shunt resistor
分流反应堆/分流反應器 split-flow reactor
分流管/歧管,分布器 manifold
分流极发电机/分極發電機 diverter pole generator
分流器/[電流]分流器 shunt, flow splitter
分流器箱/分流器箱 shunt box
分流式机油滤清器/分流式機油濾清器 bypass lubricating oil filter
分流式液力变速器/分流式轉矩驅動傳輸器 split torque drive transmission
分流涡轮式流量计/分流渦輪式流量計 shunt type current turbo flow meter
分流线圈/分流線圈 shunt coil
分流旋翼式流量计/分流旋翼式流量計 shunt type current flowmeter, shunt type turbo flowmeter
分流轴针式喷油嘴/軸針式噴嘴 pintaux nozzle
分馏管/分餾管 fractional distillation tube
分馏扩散泵/分餾擴散泵 fractionating diffusion pump
分馏瓶/分餾瓶 fractionating flask
分馏器/分餾器,份化器 fractionator
分馏烧瓶/分餾燒瓶 fractional distillation flask
分馏塔/分餾塔 fractional column, fractionating column
分馏效率/分餾效率 fractionating efficiency
分馏柱/分餾柱,分餾器 dephlegmator
分路[电缆]套/雙叉分接匣 bifurcating box
分路电容/并聯電容器 shunt capacitor
分路器/分路器 splitter
分路通风机/岔風扇 bifurcated fan
分路用滤波器/分支濾波器 branching filter
分路转换/分路换接過程 shunt transition
分米波/分米波 decimeter wave
分面搜索/多面搜索 faceted search
分明量子逻辑/鮮明量子邏輯 sharp quantum logic
分模轮廓线/分模輪廓線 parting form line
分模面/分模面 parting plane
分模面的选择/分模面的選擇 die parting face choosing
分模线/分模線 parting line
分模纸/分模紙 parting paper
分奈/分奈 decineper
分凝/分[餾冷]凝 fractional condensation
分凝管/分凝管 fractional condensing tube
分凝器/分凝器,部分冷凝器 partial condenser
分凝系数/分凝係數 segregation coefficient
分派/配送,派遣 dispatch
分派表/調度表 dispatch table
分派程序/調度器 dispatcher
分派优先级/調度優先 dispatching priority
分配/分配,指定,配置 allocation
分配泵/分配泵 dispensing pump
分配仓/分配礦倉 distributing bin
分配单位/分配單位 allocation unit
分配等温线/分配等温線 partition isotherm
分配定律/分配律 law of partition
分配阀/分配閥 distribution valve
分配格/分配格 distributive lattice
分配函数/分配函數 partition function
分配集箱/分配集箱 distributed header
分配模式/分配綱目 allocation schema
分配频带/指配頻帶 assigned frequency band

分配频率/指配頻率 assigned frequency
分配歧管/分配歧管 distribution manifold
分配器/分配器,分布器 distributor, divider
RC分配器/阻容分配器,RC分配器 resistance-capacitance divider, RC divider
分配色谱法/分配層析法,分配層析術 partition chromatography
分配式喷油泵/分配式噴油泵 distributor fuel injection pump
分配通知/分配通知 advice of allotment
分配网/分配網路 distribution network
分配系数/分配係數 partition coefficient, distribution coefficient
分配箱/配電箱,分線箱 distributor box
分配[型]业务/分發[型]服務 distribution service
分批处理炉/分次式熔爐,批式熔爐 batch furnace, batch-type furnace
分批混合机/分次式混合機 batch mixer
分批[间歇]式干燥机炉/分批乾燥機,批式乾燥機 batch drier
分批控制/分批控制 job-lot control
分批投料机/分批進料機,批式進料機 batch feeder
分批退火炉/分次式退火爐 batch-type annealing furnace
分批性区带转头/分次區帶轉頭 batch zonal rotor
分批蒸馏器/分批蒸餾器,批次蒸餾釜 batch still
分片/儲存片,片段儲存 fragmentation
分片扩展头/儲存片擴展頭 fragmentation extension header
分片模式/片段綱目 fragmentation schema
分片透明/片段透通性 fragmentation transparency
分频/分頻 frequency division
分频管/分頻器 frequency divider
分频器/分頻器 frequency divider
分期开采/分期開採 mining by stages, phased mining
分气管/分氣管 gas distributing pipe
分汽缸/分汽缸 distributing head
分腔干燥器/厢式乾燥器,隔間乾燥器 compartment drier
分情况语句/選擇語句 case statement
分区/分區,分割,劃分 partition
分区表/分區表 partition table
分区存取法/分區存取法 partition access method
分区型透镜/分區型透鏡 zoned lens
分散/分散 deconcentration, dispersion
分散读/散布讀 scatter read
分散度/分散度 degree of dispersion
分散格式/散布格式 scatter format
分散管理系统/分散管理系統 decentralized management system
分散光度计/色散光度計 dispersion photometer
分散化/分散化 decentralization
分散剂/分散劑 dispersant
分散介质/分散介質 dispersed medium
分散控制/分散控制,非集中控制 decentralized control
分散控制系统/分散控制系統 decentralized control system
分散力/分散力 dispersion force
分散鲁棒控制/分散穩健控制 decentralized robust control
分散滤波/分散濾波 decentralized filtering
分散模型/分散式模型 decentralized model
分散式处理/分散處理 decentralized processing
分散式空调系统/分散式空調系統 local air-conditioning system
分散式框间空格/分散式框間空格 distributed inter-frame space
分散[式]数据处理/分散資料處理 decentralized data processing
分散随机控制/分散式隨機控制 decentralized stochastic control
分散体系/分散系統 dispersed system
分散网/分散網[路] scatternet
分散型控制系统/分散型控制系統 distributed control system
分散性/分散性 decentrality
分散性目标/分散性目標 dispersive target
分散镇定/分散穩定 decentralized stabilization
分散装入/散布載入 scatter loading
分色反射镜/分色反射鏡 dichroic reflector
分色镜/分色鏡,二向色鏡 dichroic mirror
分色膜/分色膜 dichroic coating
分时/分時 time sharing
分时编程/分時程式設計 time-sharing programming
分时操作系统/分時作業系統 time-sharing operating system
分时处理/分時處理 time-sharing processing
分时等待方式/分時等待模式 time-sharing waiting mode
分时地址缓冲器/分時位址緩衝器 nibble address buffer
分时调度/分時排程規則 time-sharing scheduling
分时调度程序系统/分時排程系統 time-sharing

scheduler system
分时调度规则/分時排程規則 time-sharing scheduling rule
分时动态分配程序/分時動態分配器 time-sharing dynamic allocator
分时放大器/分時放大器 time-shared amplifier
分时激光器/分時雷射 time-sharing laser
分时监控系统/分時監控系統 time-sharing monitor system
分时就绪方式/分時就緒模式 time-sharing ready mode
分时控制/分時控制 time-shared control, time-sharing control
分时控制任务/分時控制任務 time-sharing control task
分时驱动程序/分時驅動器 time-sharing driver
分时网络/分時網路 time-sharing network
分时系统/分時[共用]系統,時分系統 time-sharing system, TSS
分时系统命令/分時系統命令 time-sharing system command
分时引用/分時引用 time-sharing reference
分时用户方式/分時用户模式 time-sharing user mode
分时优先级/分時優先 time-sharing priority
分时运行方式/分時運行模式 time-sharing running mode
分时执行程序/分時執行程序 time-sharing executive
分时制/分時系統 time sharing system
分时中断/分時中斷 time-sharing interrupt
分时总线/分時匯流排 time-shared bus
分室炉/室形爐 chamber furnace
分束镜/分束鏡,分光鏡,光束分離器 beam splitter
分数/分數 fraction
分数部分/分數部分 fractional part
分数单位/分數單位 submultiple of a unit
[分数的]分子/分子 numerator
分水岭/分水嶺 watershed
分水墙/擋牆 baffle wall
分体式空气调节器/分體式空調器 split air conditioner
分条单元/分條單元 stripe element
分位/開閥位,斷路位置 open position
分析/分析 analysis
分析表法/分析表法 analytic tableaux
分析超速离心机/分析超離心機 analytical ultracentrifuge
分析磁铁/分析磁鐵 analyzing magnet
分析电子显微术/分析電子顯微術 analytical electron microscopy, AEM
分析砝码/分析砝碼 analytical weights
分析方法/解析法,分析方法 analytical method, analysis method
[分析]干扰/[分析]干擾 analysis interference
分析攻击/分析攻擊 analytical attack
分析管/分析管 analyzer tube
分析光度测量法/分析光度量測術 analytical photometry
分析光度学/分析光度量測術 analytical photometry
分析化学/分析化學 analytical chemistry
分析阶段/分析階段 analysis phase
分析结论/最終分析 analysis ultimate
分析离心法/分析離心法 analytical centrifugation
分析模型/分析模型 analysis model
分析属性/分析屬性 analytic attribute
分析特征/分析特徵 analysis feature
分析天平/分析天平,檢定天平 analytical balance, assay balance
分析系统/分析系統 analytic system
分析学习/分析學習 analytic learning
分析仪/分析儀,分析器 analyzer
分析仪器/分析儀器 analytical instrument
分析员/分析員 analyst
分析转头/分析轉頭 analytical rotor
分线盒/分線盒,分線箱,終端箱 distributing cabinet, terminal box, distributing box
分箱机/砂箱分離機 flask separator
分相电动机/分相電動機,分相馬達 split-phase motor
分相电路/分相電路 phase splitting circuit
分相放大器/分相放大器 phase-splitting amplifier
分相器/分相[位]器,相分離器 phase splitter, phase separator
分谐波发生器/次諧波産生器 subharmonic generator
分泄电阻器/分洩電阻器,旁漏電阻器 bleeder resistor
分芯盒/分芯盒 splitter box
分形/碎型 fractal
分形编码/碎型編碼 fractal encoding
分形几何/碎型幾何 fractal geometry
分型负数/分模負數 joint allowance
分型剂/分模劑,脱模劑 parting agent
分型面/分模面 mold joint, parting face
分型面内浇口/分模面進模口 parting gate

分型线/分模線 parting line
分选/分選 separation
分选回路/分選回路 separation circuit
分选机/分離器 separator
分选筛/分離篩 separating screen
分选效率/洗選效率 efficiency of separation
分压比/電壓比 voltage ratio
分压法/測壓法 manometric method
分压分析器/分壓分析器 partial pressure analyzer
分压力/分壓[力] partial pressure
分压器/分[電]壓器,分[電]壓箱 voltage divider, potential divider
分压器式记录器/電位記録器 potentiometer recorder
分压器探头/分壓器探頭 voltage-divider probe
分压强计/分壓力計 partial pressure gage
分压强真空规/分壓真空計 partial pressure vacuum gage
分压箱/分壓器 volt ratio box
分压真空计/分壓真空計 partial pressure vacuum gage
分叶厚度规/分葉厚度規 leaves thickness gage
分页程序/頁調器 pager
分页模式/[分]頁模式 paging mode, page mode
分液漏斗/分液漏斗 separating funnel
分异介质/選礦介質 separating media
分异作用/分異作用 differentiation
分音/分音 partial tone
分银炉/熔銀爐 silver smelting converter
分用器/分用器 demultiplexer
分载接收系统/分載收訊系統 split-carrier receiving system
分渣技术/分渣技術 slag cut-off technique
分支/分支 branch
分支比/分支比 branching ratio
分支测试/分支測試 branch testing
分支点/分支點 branching point, breakout point
分支电缆/分支電纜 drop cable, branch cable
分支浮选/分枝浮選 ramified flotation
分支复接/分支複接 branch-multiple
分支光缆/分支光纜 branched optical cable
分支巷道/支巷 branch heading
分支接头/分支接頭,分支連接 branch joint
分支结点/分支節點 branch node
分[支]路电流/支路電流 branch current
分支内浇口/枝形進模口 branch gate
分支砂芯/分支砂心,分支心模 branch core
分支时态逻辑/分支時態邏輯 branching temporal logic
分支天井/分支昇井 branch raise
分支网络/分支網路 branching network
分支限界[法]/分支定界 branch and bound
分支限界搜索/分支定界搜索 branch-and-bound search
分支指令/分支指令 branch-type instruction, branch instruction
分支阻抗/阻抗分路 branch impedance
分至年/分至年 equinoctial year
分置式液压悬挂系/分置式液壓懸掛系統 hydraulic hitch system with separated units
分铸试棒/分鑄試棒 separately cast test bar
分装/分裝 separate filling
分装式检流计/分裝式檢流計 separate galvanometer
分锥顶点/分錐頂點 reference cone apex
分子/分子 molecule
分子泵/分子泵,分子幫浦 molecular pump
分子电子学/分子電子學 molecular electronics
分子分离器/分子分離器 molecular separator
分子光谱学/分子光譜學 molecular spectroscopy
分子过滤器/分子過濾器 molecular filter
分子机械磨损/分子機械磨損 molecule-mechanical wear
分子量/分子量 molecular weight
分子量分布/分子量分布 molecular weight distribution
分子量分布指数/分子量分布指數 molecular weight distribution index
分子量温度计/分子量温度計 molecular weight thermometer
分子流/分子流 molecular flow
分子漏孔/分子漏洩孔 molecular leak
分子浓度/分子濃度 molecular concentration
分子配分函数/分子分配函數 molecular partition function
分子频率标准/分子頻率標準 molecular frequency standard
分子气体激光器/分子氣體雷射 molecular gas laser
分子器件/分子元件 molecular device
分子热/分子熱 molecular heat
分子筛阱/分子篩阱 molecular sieve trap
分子筛空气分离设备/分子篩空分設備 molecular sieve air separation plant
分子筛吸附塔/分子篩吸附塔 molecular sieve adsorbing tower
分子筛柱/分子篩柱 molecular sieve column

分子生物学/分子生物學 molecular biology
分子式/分子式 molecular formula
分子束/分子束 molecular beam
分子束外延/分子束外附結晶 molecular beam epitaxy, MBE
分子数/分子數 number of molecules
分子吸收光谱法/分子吸收光譜法 molecular absorption spectrometry
分子吸引/分子吸引 molecular attraction
分子泻流/分子瀉流 molecular effusion, molecular effusive flow
分子压力计/分子真空計 molecular gage
分子引力/分子引力 molecular attraction
分子运动/分子運動 molecular motion
分子折射率/分子折射率 molecular refractivity
分子真空计/分子真空計 molecular vacuum gage
分子振荡器/分子振盪器 molecular oscillator
分子蒸馏器/分子蒸餾器 molecular still
分子钟/分子鐘 molecular clock
分组/封包,[資料]段 packet
分组包头/封包標頭 packet header
分组层/分封層 packet layer
分组拆卸/封包分解 packet disassembly
分组长度/封包尺寸 block length, packet size
分组传送模式/封包傳送模式 packet transfer mode
分组方法/分組方法 method of bins
分组粉碎流程/分組粉碎法 group grinding process
分组过滤/封包濾波[法] packet filtering
分组过滤防火墙/封包過濾防火牆 packet-filter firewall
分组交换/分封交換,封包交換 packet switching, packet-switched
分组交换公用数据网/封包交換式公用資料網路 packet-switched public data network
分组交换数据传输业务/封包交換資料傳輸業務 packet-switched data transmission service
分组交换数据网/分封交換資料網路,封包交換資料網路 packet-switched data network, PSDN
X.25 分组交换数据网/X.25 封包交換數據網路 X.25 packet-switched data network
分组交换网/封包交換網路,分封交換網路 packet switching network
分组交换业务网[络]/封包交換服務網路,分封交換服務網路 pack switching service network
分组接线器/分封交換器 packet switching
分组码/區塊碼,組碼 block code
分组密码/分組密碼 block cipher
分组喷射/分組噴射 group injection
分组式终端/分封模式終端機,分封型終端機 packet mode terminal
分组数据/分封資料 packet data
分组数据协议/分封資料協定 packet data protocol, PDP
分组无线电网[络]/封包式無線[電]網路 packet radio network
分组型终端/分封式終端 packet-mode terminal
分组嗅探器/封包監控程式 packet sniffer
分组延迟/封包延遲,資料包延滯 packet delay
X.25 分组业务/X.25 分組業務 X.25 service
分组装拆/封包裝拆 packet assembly and disassembly, PAD
分组装配/封包組合 packet assembly
芬克浸铝法/芬克法 Fink process
酚/酚 phenol
酚红浆液试验/酚紅液試驗 phenol red serum test
酚喃树脂/酚呋喃樹脂 phenolic furan resin
酚醛树脂/酚甲醛樹脂 phenol-formaldehyde resin
酚塑/酚塑 phenol plast binder
酚系数/酚係數 phenol coefficient
焚烧炉/燃燒爐 combustion furnace
粉尘/粉塵,灰塵 dust
粉尘采样器/粉塵取樣器 dust sampler
粉尘监测仪/粉塵監測器 dust monitor
粉尘排放/揚塵量 dust emission
粉尘取样/塵埃取樣 dust sampling
粉红噪声/粉紅噪音,粉紅雜訊 pink noise
粉浆浇铸/滑鑄,泥漿鑄造法 slip casting
粉焦/粉焦 coke fine
粉金/浮油金 flour gold
粉块/粉塊 cake
粉矿/粉礦 iron ore fine
粉矿仓/粉礦倉 fine ore bin
粉料供给系统/粉料進給系統 filler feeding system
粉煤/粉煤,煤粉,煤末 sea coal, powdered coal, pulverized coal
粉煤灰/飛灰 fly ash
粉煤喷吹/粉煤噴吹 pulverized coal injection, injection pulverized coal
粉煤燃烧嘴/粉煤燃燒嘴 powdered coal burner
粉煤装置/粉煤裝置 powdered coal equipment
粉磨机/磨粉機 pulverizing mill, pulverizer
粉末/粉末,粉體 powder
粉末比表面/比表面積 specific surface area of powder
粉末不锈钢/粉末不銹鋼 powder metallurgic stainless steel

粉末电泳涂装/粉末電泳塗裝　powder electrodeposit
粉末电致发光/粉末電致發光　powder electroluminescence, PEL
粉末锻造/金屬粉末鍛造,粉體鍛造　powder metal forging, powder forging
粉末法/粉末法　powder method
粉末高速钢/粉末高速鋼　powder metallurgic high speed steel
粉末挤压/粉體擠製　powder extrusion
粉末检波器/粉末檢波器,金屬[屑]檢波器　coherer
粉末静电喷涂/静電粉末噴塗　electrostatic powder spraying
粉末粒度/粒末粒度　particle size
粉末流动性/粉末流動性　powder flowability
粉末流量计/粉末流量計　powder flowmeter
粉末模锻/粉體鍛造　powder forging
粉末黏接磁体/粉末黏接磁體　powder bonded magnet
粉末热挤压/粉體熱擠製　powder hot extrusion
粉末烧结磁性材料/粉末燒結磁性材料　powder sintered magnetic material
粉末梯度材料/粉末梯度材料　powder metallurgic gradient material
粉末涂料/粉末塗料　powder coating
粉末冶金/粉末冶金[學],粉末冶金術　powder metallurgy, particle metallurgy, PM
粉末冶金镍基高温合金/粉末冶金鎳基超合金　powder metallurgy nickel based superalloy
粉末冶金[学]/粉末冶金[學]　powder metallurgy
粉末冶金压机/粉末冶金壓機　powder metallurgy press
粉末冶金制品/粉末金屬製品　powder metallurgic metal product
粉末冶金轴承/粉末冶金軸承　powder metallurgy bearing
粉末轧制/粉末軋製,粉體輥軋　powder rolling
粉砂/粉砂,微砂　silt
粉砂土/微砂土　silty soil
粉砂岩/微砂岩　silt stone
粉碎/粉碎,碎解,磨碎　comminution, crushing
粉碎粉末/搗碎粉末　comminuted powder
粉碎机/粉碎機,乾磨機　comminuting machine, pulverizer, hogger
粉[铁]矿还原熔炼/粉末礦石還原熔煉　fine ore reduction smelting
粉冶用压机/粉末冶金壓機　powder metallurgy press
粉云母纸/雲母紙　mica paper
份额比/份額比　branching ratio
丰度测量/豐度量測　abundance measurement
风杯风速计/葉輪風速計　vane anemometer
风柴互补发电系统/風柴互補發電系統　wind-diesel hybrid power system
风铲/氣鏨　pneumatic chipper, pneumatic chisel
风场电气设备/風場電氣設施　electrical facilities of wind farm
风车/風車　windmill
风车式风速计/風車式風速計　windmill anemometer
风成的/風成的　eolian
风窗玻璃的安装角/風屏玻璃安裝角　inclination angle of windscreen
风淬/吹風淬火　air blast quenching
风带/風帶　wind belt
风道/風道,通風管　air duct, air channel
风电场/風力發電場　wind farm, wind power station
风电场并网点/風電場互連點　interconnection point of wind farm
风电场功率变化率/風電場功率變化率　power ramp rate of wind farm
风电场规划/風電場規劃　wind farm planning
风电场后评估/風電場建設後評估　post-construction evaluation of wind farm
风电场控制中心/風電場控制中心　control center of wind farm
风电场无功功率/風電場無效功率　reactive power of wind farm
风电场选址/風力電場選址　site choosing of wind power station
风电场有功功率/風電場有功功率　active power of wind farm
风电场装机容量/風電場裝機容量　installation capacity of wind farm
风动锤/空氣錘　compressed air hammer
风动捣锤/氣動搗桿,氣動椿　pneumatic rammer
风动工具/氣動工具　pneumatic tools
风动给料机/氣動進料器　pneumatic feeder
风动卡具/氣動夾具　pneumatic clamp
风动履带式凿岩机/氣動履帶車鑽機　air-track drill
风动排料磨机/氣旋式研磨機　air-swept mill
风动输送机/氣動運送機,氣運機　pneumatic conveyer
风动送样系统/風動送樣系統　pneumatic conveying system of specimen
风动跳汰机/吹風選礦機　air jig, pneumatic jig
风动凿岩机/風鑽　air rock drill
风洞试验/風洞試驗　wind tunnel test

风阀/鼓風門 blast gate
风干/風乾[法] air seasoning, air drying
风干强度/風乾強度 air strength, air-dried strength
风管/風管 wind pipe
风管运输器/風管運送機 pneumatic tube conveyer
风管运输系统/風管運送系統 penumatic tube dispatch system
风光互补发电系统/風光互補發電系統 wind-photovoltaic hybrid power system
风光互补路灯/風力太陽光電互補路燈 wind-photovoltaic road light
风化/時效,風乾 seasoning
风机/風機 air blower, fan
风机动力箱/風機動力箱 fan power box
风机盘管机组/風機盤管機組 fan-coil unit
风机制动/風機制動 brake by blower
风积物/風積物,風蝕沈積物 eolian deposit, aeolian deposit
风级/風力標度 wind force scale
风井/通風豎井 ventilation shaft
风口/風口,風嘴 air port, blast gate, tuyere
风口棒/風口棒 tuyere bar
风口比/風口比 tuyere ratio
风口带/風口區 tuyere zone
风口盖/風口蓋 tuyere cap
风口间距/風口間距 inter-tuyere space
风口检测装置/風口檢測裝置 probes through the tuyere
风口面/風口面 tuyere line
风口前理论燃烧温度/風口前理論燃燒溫度 raceway adiabatic flame temperature
风口区/風口區 tuyere zone
风口区金属再氧化/風口區金屬再氧化 re-oxidation in raceway
风口水套/風口水套 tuyere cooler
风口弯头/風口彎頭 tuyere penstock
风口循环区/風口回旋區 raceway
风口直吹管/吹管 blowpipe
风廓线/風廓線 wind profile
风冷淬火/風冷淬火 forced air hardening
风冷发动机风扇/風冷式引擎風扇 air-cooled engine fan
风冷冷凝器/風冷冷凝器 air-cooled refrigerant condenser
风冷[式]发动机/氣冷[式]引擎 air-cooled engine
风冷式机油冷却器/氣冷式機油冷却器 air-cooled oil cooler
风冷式空气调节机/氣冷式空氣調節機 air-cooled air-conditioning unit
风冷式压缩机/空氣冷却壓縮機 air-cooled compressor
风冷式增压空气冷却器/氣冷式增壓空氣冷却器 air-cooled charge air cooler
风力测功器/風測力計 wind dynamometer
风力充填/風力充填 pneumatic filling
风力发电机组/風力發電機組 wind turbine generator set, WTGS
风力发电机组保护系统/風力發電機組保護系統 protection system of wind turbine generator set
风力发电机组齿轮箱/風力發電機組齒輪箱 gear box of wind turbine generator set
风力发电机组低电压穿越性能/風力發電機組低電壓穿越性能 low-voltage ride-through performance of wind turbine generator set
风力发电机组额定功率/風力發電機組額定功率 rated power of wind turbine generator set
风力发电机组基础/風力發電機組基座 foundation of wind turbine generator set
风力发电机组可利用率/風力發電機組可利用率 availability of wind turbine generator set
风力发电机组控制器/風力發電機組控制器 controller of wind turbine generator set
风力发电机组输出功率/風力發電機組輸出功率 output power of wind turbine generator set
风力发电机组最大功率/風力發電機組最大功率輸出 maximum power output of wind turbine generator set
风力分级/風力分級 air classification
风力分级机/風力分級機,氣流式分選機 air classifier
风[力分]选机/氣動分離機 pneumatic separator
风力机/風力[發電]機 wind turbine
风力机第二制动系统/風力機第二制動系統 second braking system of wind turbine
风力机-电泵抽水机组/風力機-電泵提水機組 wind turbine-electrical pumping set
风力机关机/風力機關機 shutdown of wind turbine
风力机活塞泵/風力機活塞泵 piston pump of wind turbine
风力机-活塞泵提水机组/風力機-活塞泵提水機組 wind turbine-piston pumping set
风力机机械制动系统/風力機機械制動系統 mechanical braking system of wind turbine
风力机紧急关机/風力機緊急關機 emergency shutdown of wind turbine
风力机空气制动系统/風力機空氣制動系統 air

braking system of wind turbine
风力机-空压泵提水机组/風力機-空壓泵提水機組 wind turbine-air compressor pumping set
风力机空转/風力機空轉 idling of wind turbine
风力机控制系统/風力機控制系統 control system of wind turbine
风力机轮毂/風力機輪轂 hub of wind turbine
风力机轮毂罩/風力機輪轂罩 hub cover of wind turbine
风力机螺旋泵/風力機螺旋泵 screw pump of wind turbine
风力机-螺旋泵提水机组/風力機-螺旋泵提水機組 wind turbine-screw pumping set
风力机使用寿命/風力機使用壽命 service life of wind turbine
风力机输出特性/風力機輸出特性 output characteristics of wind turbine
风力机锁定/風力機固鎖 blocking of wind turbine
风力机停机制动/風力機停機制動 shutdown braking of wind turbine
风力机外部条件/風力機外部條件 external condition for wind turbine
风力机蓄电池/風力機蓄電池 battery of wind turbine
风力机严重故障/風力機嚴重故障 catastrophic failure of wind turbine
风力机液压制动系统/風力機液壓制動系統 hydraulic braking system of wind turbine
风力机正常关机/風力機正常關機 normal shutdown of wind turbine
风力机支撑结构/風力機支撐結構 support structure of wind turbine
风力机制动器/風力機制動器 brake of wind turbine
风力机主制动系统/風力機主制動系統 main braking system of wind turbine
风力计/風速計 wind meter
风力净化法/風力淨化法 air cleaning process
风力器/風向指示器 wind indicator
风力提水机组/風力抽水機組 wind water-pumping set
风力提水机组额定流量/風力抽水機組額定流量 rated water flow of wind pumping set
风力提水机组流量/風力水泵機組流量 flow rate of wind water-pumping set
风力提水机组扬程/風力水泵機組揚程 lifting head of wind water-pumping set
风力跳汰机/風力波震選礦機 pneumatic jig
风力洗净器/氣流式淋濾器 air elutriator
风力选矿机/風力選礦機 pneumatic concentrator
风力摇床/風力摇床,風力選礦床 air table, pneumatic table
风力致热系统/風力加熱系統 wind power heating system
风量/風量 air quantity, blast volume
风量分配/風量分配 air distribution
风量计/風量計,測風計 blast amount meter, blast volume meter
风量控制仪/風量控制儀 air weight controller
风量调节/氣流調節 airflow regulating
风量调节器/風量調節器,鼓風調節器 blast regulator
风量有效率/通風效率 ventilation efficiency
风料比/風料比 air-charge ratio
风流局部阻力/氣流局部阻力 local resistance of airflow
风流摩擦阻力/氣流摩擦阻力 airflow frictional resistance
风流正面阻力/氣流正面阻力 frontal resistance of airflow
风路/風路,風巷 air course
风轮/風輪,轉子 wind rotor
风轮额定转速/額定轉子轉速 rated rotor speed
风轮功率系数/轉子功率係數 rotor power coefficient
风轮空气动力特性/轉子空氣動力特性 aerodynamic characteristics of rotor
风轮偏侧式调速机构/轉子偏位調速機構 offset speed-regulating mechanism of wind rotor
风轮偏角/轉子軸偏摇角 yawing angle of rotor shaft
风轮实度/轉子實度 rotor solidity
风轮调速机构/轉子調速機構 regulating mechanism of wind rotor
风轮尾流/轉子尾流 rotor wake
风轮位置/轉子位置 rotor position
风轮旋转方向/轉子旋轉方向 rotating direction of rotor
风轮仰角/轉子軸傾斜角 tilt angle of rotor shaft
风轮直径/轉子直徑 rotor diameter
风轮主轴承/轉子主軸承 main shaft bearing of wind rotor
风轮转速/轉子轉速,旋翼轉速 rotor speed
风轮最高转速/最大轉子速率 maximum rotor speed
风铆锤/空氣錘 compressed air hammer
风帽/空氣噴嘴,火口出入口 air nozzle, bubbling

cap, nozzle
风门/風門 air door
风能/風能 wind energy
风能资源评估/風能資源評估 evaluation of wind resources
风墙/風牆 air stopping
风桥/風橋 air bridge
风切变/風切 wind shear
风切变幂律/風切冪次律 power law for wind shear
风切变影响/風切變影響 wind shear influence
风切变指数/風切變指數 wind shear exponent
风扫磨/氣旋式研磨 air-swept mill
风筛/風力波震選礦機 pneumatic jig
风筛机/氣流式淋濾器 air elutriator
风扇/[鼓]風扇 blast fan, fan
风扇冷却电动机/風扇冷却電動機 fan-ventilated motor
风扇离合器/風扇離合器 fan clutch
风扇磨煤机/風車磨煤機 beater wheel mill
风扇式测力计/風扇測力計,風扇功率計 fan dynamometer
风扇通风器/風扇通風器 fan ventilator
风扇罩/風扇整流罩 fan cowl, fan shroud
风矢量/風速度 wind velocity
风室/空氣室 air plenum
风速/風速 wind speed
风速表/風速計,流速計 anemometer
风速测量站/測風站 air velocity measuring station
风速分布/風速分布 wind speed distribution
风速风向仪/風傾儀 anemoclinograph
风速计/風速計,流速計 anemometer
风速频率/風速頻率 frequency of wind speed
风速仪/風速計 anemometer, ventometer
风速指示器/風速指示器 air velocity indicator
风险分析/風險分析 risk analysis
风险管理/風險管理 risk management, RM
风险接受/風險驗收 risk acceptance
风险决策/風險性決策 risk decision
风险评估/風險評價,風險評估,風險評鑒 risk assessment, risk evalntion
风险评价/風險評價,風險評估,風險評鑒 risk evaluation, risk assessment
风险容忍/風險容忍 risk tolerance
风险指数/風險指標 risk index
风箱/風箱,伸縮囊 wind box, air box, blast box
风向仪/風向儀,風向計,風向指示器 anemoscope, wind indicator
风压/風壓 wind pressure
风压表/風壓表 draft indicator
风压计/風壓計 draft gage
风压试验/風壓衰減試驗 pressure decay test
风烟系统/煙道氣與空氣系統,煙風系統 air and flue gas system
风硬/風硬 air-hardening
风障/風障 wind break
风罩回转式空气预热器/風管回轉式空氣預熱器 rotating-ducts air preheater
风钻/壓縮氣動鑽 compressed air drill
风钻钻机/平鑽機 drifter drill
封闭/封閉 sealing
封闭安全环境/封閉安全環境 closed security environment
封闭储层/有界油氣層 bounded reservoir
封闭电炉/封閉電爐 closed electric furnace
封闭回路/閉回路 closed-loop
封闭回路控制系统/閉回路控制系統 closed-loop control system
封闭剂/堵塞劑,堵漏劑 sealing agent
封闭驾驶室/封閉駕駛室 enclosed cab
封闭解/閉合解 closed-form solution
封闭圈/閉[合]圈 closed loop
封闭世界假设/封閉世界假設 closed world assumption
封闭式灯光组/封閉式燈光組 sealed beam unit
封闭式电容器/密封式電容器 potted capacitor
封闭式阀动装置/密閉閥動機構 closed valve gear
封闭式钢丝绳/光面嵌緊索 locked coil rope
封闭式火花塞/閉端火星塞 closed-end spark plug
封闭式浇注系统/封閉式澆注系統 choked gating system, choked running system
封闭式开关板/封閉式配電盤,封閉開關板 enclosed switchboard
封闭式冷藏陈列柜/封閉式冷藏陳列櫃 closed refrigerated display cabinet
封闭式离子源/緊密式離子源 tight ion source
封闭式前照灯/封閉式前照燈 sealed headlamp
封闭式筛/封閉式篩 closed-type screen
封闭式碳弧灯/封閉式碳弧燈 closed carbon arc lamp
封闭式体系结构/閉型架構 closed architecture
封闭式系统/封閉式循環系統 close cycle system
封闭式转头/封閉式轉子 sealed rotor
封闭数组/閉合數組 closed array
封闭系统/封閉系統,閉路系統,閉合系統 closed system
封闭型带式输送机/封閉型帶運機 closed belt

conveyer
封闭用户群/閉合用户群 closed user group
封闭灾区加压隔火墙/平壓封堵牆 pressurized stopping
封闭罩排烟/封閉罩排煙 sealed hood exhaust gas and fume
封存期/封存期 preservation life
封底焊道/背焊道 back weld, sealing run
封盖机/加蓋機 capping machine
封隔器/填塞器 packer
封隔式流量计/填塞型噴流儀 packer flowmeter
封隔液/完井泥漿,完井流體 packer fluid
封管溶解法/封管溶解法 sealed-tube dissolution process
封罐机/封罐機 can seamer
封接合金/封接合金 sealing alloy
封孔/封孔,封口 sealing
封离计数器/密封計數器 sealed-off counter
封离真空装置/封閉式真空裝置 sealed vacuum device
封炉/封爐 banking
封塞机/壓塞機 corker
封塞料/封閉劑 sealing compound
封头/封頭 head
封箱/封箱 luting
封印标记/封印標記,封印印證 sealing mark
封印木/封印木 sigillaria
封油面/封油面 land
封装/封裝 packaging, encapsulation, canning
封装安全负载/封裝安全酬載 encapsulating security payload, ESP
封装安全载荷/封裝安全酬載 encapsulating security payload
封装的/囊封的 encapsulated
封装机/打包機 packaging machine
封装可靠性/封裝可靠性 package reliability
封装因子/封裝因子 package factor
峰/頂峰,頂點 apex
峰传感器/峰值感測器 peak sensor
峰到峰/峰至峰,由極大到極小 peak-to-peak, PP
峰电位/尖峰電位 peak potential
峰-峰变化/峰間變化 peak-to-peak variation
峰-峰漂移/峰間偏移 peak-to-peak excursion
峰-峰值/峰間[幅]值 peak-to-peak value
峰-谷比/峰谷比,峰值谷值比 peak-to-valley ratio
峰-谷值/峰-谷值 peak-to-valley value
峰化器/峰化器 peaker
峰化线圈/尖幅線圈 peaking coil
峰间偏差/峰間偏差 peak-to-peak deviation
峰间值/峰間值 peak-to-peak value
峰鉴定器/峰鑒定器 peak identifier
峰能量测量/峰值能量測量 peak energy measurement
峰匹配/峰值匹配 peak matching
峰强度/尖峰強度 peak intensity
峰位漂移/峰值移位 peak shift
峰值/尖峰值 peak value, peak
峰值安培计/峰值安培計,巔值安培計 crest ammeter
峰值变压器/峰值變壓器 peak transformer
峰值波长/峰值波長 peak wavelength
峰值电流/峰值電流,尖峰電流 peak current
峰值电压/峰值電壓 peak voltage
峰值电压表/峰值電壓表,峰值電壓計,峰值伏特計 peak voltmeter, crest voltmeter
峰值堵转电流/峰值堵轉電流 peak current at locked-rotor
峰值堵转控制功率/峰值堵轉控制功率 peak control power at locked-rotor
峰值二极管电压表/二極體峰值伏特計 peak-reading diode voltmeter
峰值伏特计/峰值伏特計,峰值電壓計 crest voltmeter
峰值功率/峰值功率 peak power
峰值功率计/峰值功率計 peak power meter
峰值计/峰值計,巔值計 crest meter
峰值检测/峰值檢測 peak detection
峰值检测器/峰值檢知器 peak detector
峰值均值比/峰值均值比 peak-average ratio, PAR
峰值散射因子/峰值散射因子 peak scattering factor
峰值声级/峰值聲音位準 peak sound level
峰值声压/峰值聲壓 peak sound pressure
峰值时间/尖峰時間 peak time
峰值位移/峰值位移 peak displacement
峰值吸收剂量/峰值吸收劑量 peak absorbed dose
峰值限幅器/峰值限幅器,巔值限幅器 peak chopper
峰值限制器/峰值限制器 peak limiter
峰值响应/尖峰響應 peak response
峰值响应探测器/峰值響應偵測器 peak-responding detector
峰值相位误差/峰值相位誤差 peak phase error
峰值信元速率/峰值單元速率 peak cell rate, PCR
峰值性能/峰值性能 peak performance
峰值削波器/峰值限值器,限幅器 peak clipper
峰值因数/峰值因子 peak factor
峰值张力/峰值張力 peak tension

峰值振幅/峰值振幅 peak amplitude
峰值指示器/峰值指示器,巔值指示器 crest indicator
峰值指示器/峰值指示器 peak indicator
峰总比/峰總比 photofraction
锋/鋒 front
锋利的/鋒利的 sharp
蜂巢面板/蜂巢接線面板 honeycomb panel
蜂房炼焦炉/蜂肩式煉焦爐,蜂巢[式]煉焦爐 beehive coke oven
蜂蜡/蜂蠟 bees wax
蜂鸣器/蜂鳴器,蜂音器 buzzer, hummer
蜂鸣器式波长计/蜂鳴器式波長計 buzzer wavemeter
蜂窝地理服务区/蜂巢式地理服務區 cellular geographic service area, CGSA
蜂窝电话/蜂巢式電話,行動電話 cellular telephony
蜂窝电话系统/蜂巢式電話系統 cellular telephone system
蜂窝焦/蜂巢焦炭 beehive coke
蜂窝结构/蜂巢結構 cellular structure
蜂窝式的/細胞式的,蜂巢式的 cellular
蜂窝式炉/蜂巢爐 beehive oven
蜂窝式汽封/蜂巢式汽封 beehive gland
蜂窝式散热器/蜂巢[式]散熱器 beehive type radiator
蜂窝数字分组数据系统/蜂巢式數位分封資料系統 cellular digital packet data system, CDPD
蜂窝无线电/蜂巢式無線電 cellular radio
蜂窝无线电话/蜂巢式無線電話 cellular radio telephone
蜂窝系统/蜂巢系統 cellular systems
蜂窝移动电话网/蜂巢式行動電話網 cellular mobile telephone network
蜂窝移动电话系统/蜂巢式行動電話系統 cellular mobile telephone system
蜂窝移动通信系统/蜂巢式移動通信系統 cell mobile communication system
蜂舞协议/蜂舞協定,zigbee 協定 zigbee protocol
蜂音电动机/單音電動機,單音馬達 phonic motor
蜂音检验棒/絶緣子測試棒,礙子試驗桿 buzz stick
蜂音信号/單音訊號,蜂鳴訊號 tone signal
冯方法/Phong 方法 Phong method
冯模型/Phong 模型 Phong model
冯·诺依曼机/范紐曼型機器 von Neumann machine
冯·诺依曼熵/范紐曼熵 von Neumann entropy
冯·诺依曼体系结构/范紐曼型架構 von Neumann architecture
冯·诺依曼型计算机/范紐曼型計算機 von Neumann type computer
冯着色处理/Phong 遮掩 Phong shading
缝/縫,細脈 seam
缝灯/狹縫燈 slit lamp
缝焊/縫焊[接],縫熔接 seam welding
缝焊机/縫焊機 seam welding machine
缝隙/槽,狹縫 slot
缝隙超显微镜/狹縫超顯微鏡 slit ultramicroscope
缝隙挡板/折流板,擋板 baffle plate
缝隙辐射器/間隙輻射器 slot radiator
缝隙腐蚀/間隙腐蝕 crevice corrosion
缝隙浇口/縫隙澆口,直接進模口 slot gate
缝隙式滤清器/縫隙式過濾器 edge filter, edge-type filter
缝隙天线/縫隙天線,槽形天線 slot antenna
缝型浇口/片狀進模口 slit gate
否定应答/否定應答 non-acknowledgment
否决电路/否決電路 dissent circuit
否认/否認 negative acknowledgment, NAK
否则运算/否則運算 else operation
否则子句/否則字句 else clause
夫琅禾费场区/法隆霍弗場區 Fraunhofer region
夫琅禾费衍射/法隆霍弗繞射 Fraunhofer diffraction
呋喃/呋喃系 furan
呋喃树脂/呋喃樹脂 furan resin
呋喃树脂黏结剂/呋喃樹脂黏結劑 furan resin binder
敷粉阴极/敷粉陰極 coated powder cathode, CPC
敷镉侦检器/蓋鎘檢知器 cadmium covered detector
敷缆/敷設纜線 cabling
敷料焊条/塗層焊條,被覆焊條 coated electrode
弗拉姆频率计/富拉姆式頻率計 Frahm frequency meter
弗拉索夫方程/弗拉索夫方程 Vlasov equation
弗兰克不全位错/法蘭克部分差排 Frank partial dislocation
弗兰克-里德源/F-R 源,法-瑞差排源 Frank-Read source
弗兰克码/法蘭克碼 Frank codes
弗劳德数/夫如數 Froude number
弗里克剂量计/弗里克劑量計 Fricke dosimeter
弗里斯传输方程/弗林斯傳輸方程式 Friis transmission equation
弗仑克尔空位/弗侖克爾空位 Frenkel vacancy
弗洛凯定理/弗羅奎茲定理 Floquet theorem
弗洛凯周期定理/弗羅奎茲週期定理 Floquet

periodicity theorem
伏安/伏特安培 volt ampere
伏安表/伏安計,伏特安培計,電壓電流計 voltammeter
伏安法/伏安法 voltammetry
伏安计/伏安計,伏特安培計,電壓電流計 voltammeter
伏安计-示波器组件/伏特示波器 voltascope
伏打电池/伏打電池[組] voltaic cell
伏打效应/伏打效應 Volta effect
伏尔/極高頻多向導航 very high frequency omnidirectional range, VOR
伏利安搅拌法/伏利安[氣體]攪拌法 voianik method
伏欧计/伏特歐姆計 volt ohmmeter
伏塔克/伏塔克 VHF omnirange and tactical air navigation system, VORTAC
伏[特]/伏特 volt
伏特安培计/伏特安培計,電壓電流計,伏安計 voltammeter
伏特表/電壓表,電壓計,伏特計 voltmeter
伏特毫安计/伏特毫安計 volt-milliampere meter, volt-milliamperemeter
扶手把振动/振動傳輸到手柄 vibration transmitted to handle
扶手带/扶手帶 handrail
扶手带断带保护装置/扶手帶斷帶保護裝置 control guard for handrail breakage
扶手杆/扶手桿 grab rail
服务/服務 service
web 服务/web 服務 web service
服务比特率/服務位元率 service bit rate
服务编排/服務編排 service choreography
服务程序/服務程式 service routine
服务等级/服務等級 grade of service, GOS
服务等级目标/服務等級目標 service level objective
服务等级协定/服務等級協議,服務層協議 service level agreement, SLA
服务端口攻击/服務端口攻擊 service port attack
服务队列/服務隊列 service queue
服务发起者/服務發起者 service initiator
服务发现/服務發現 service discovery
服务访问点/服務存取點 service access point
服务分类/服務分類 service classification
服务构件架构/服務構件架構 service component architecture, SCA
服务关系/服務關係 service relationship
服务管理/服務導向式管理 service-oriented management
服务管理系统/服務管理系統 service management system
服务机器人/服務機器人 service robot
服务集标识符/服務集標識別符 service set identifier
服务计算/服務計算 service computing
服务监控程序/服務監控程式 service monitor
服务接入点/服務存取點 service access point
服务接受者/服務接受器 service acceptor
服务可用性/服務可用性 service availability
服务类别/服務類别 class of service, COS
服务类型/服務的型 type of service, TOS
服务类型路由/服務類型路由 type-of-service routing
服务粒度/服務細微性 service granularity
服务匹配/服務匹配 service matching
服务器/伺服器 server
服务器场/伺服器場 server farm
服务器集群/伺服器叢集 server cluster
服务器门控加密/伺服器門控加密 server gated cryptography
服务器虚拟化/伺服器虛擬化 server virtualization
服务器证书/伺服器憑證 server certificate
服务器租用/伺服器租用 server hired
服务请求块/服務請求塊 service request block
服务请求中断/服務請求中斷 service request interrupt
服务区/工作區 service area
服务事件标准/服務事件標準 service incident standard
服务数据单元/服務資料單元 service data unit
服务水平协议/服務等級協議,服務層協議 service level agreement, SLA
服务提供方/服務提供者 service provider
服务推荐/服務推薦 service recommendation
服务挖掘/服務挖掘 service mining
服务网络/服務網路 service network
服务系统/服務系統 service system
服务选择/服務選擇 service selection
服务用户/服務使用者 service user
服务元素/服務元件 service element
服务原语/服務基元 service primitive
GPRS 服务支持节点/GPRS 服務支援節點 serving GPRS support node, SGSN
服务质量/服務品質 quality of service, QOS
服务组合/服務組合 service composition
服务组链/服務組鏈 service community chain

氟/氟 fluorine
氟化法制取氧化铍/氟化法製取氧化鈹 extraction of BeO by fluoride process
氟化氪准分子激光器/氟化氪準分子雷射 krypton fluoride excimer laser
氟化镁/氟化鎂 magnesium fluoride
氟化氢铵熔融法/氟化氫銨熔融法 ammonium hydrofluoride fusion method
氟化物熔盐电解/氟化物熔鹽電解 fluoride fused salt electrolysis
氟化氙准分子激光器/氟化氙準分子雷射 xenon fluoride excimer laser
氟利昂/氟氯烷[冷凍劑] freon
氟利昂渗漏探测器/氟氯烷探漏器 freon leak detector
氟石/螢石 fluorite, fluorspar
氟碳喷涂机组/氟碳噴塗線 fluorocarbon spraying line
氟碳铈矿/氟碳鈰礦 bastnaesite
氟油/氟[代烴]油 fluorocarbon oil
俘获/捕獲,捕捉 capture
俘获截面/捕獲截面 capture cross section
浮标/浮標,浮子,浮體 buoy
浮标黏度计/浮標黏度計 float viscometer
浮标装置/浮標,浮體 buoyage
浮槽分级机/盤形分級機 bowl classifier
浮测黏度/浮子黏度 float viscosity
浮沉分选法/沈浮法,重液選礦法,沈浮選礦法 sink-float process
浮沉试验/浮沈試驗,重液試驗 float and sink test
浮冲电池组/浮控電池[組],浮接電池[組] floating battery
浮充电/浮[接]充電 floating charge
浮充电压/浮充電壓 floating charge voltage
浮点/浮點 floating point
IEEE754 浮点标准/IEEE754 浮點標準 IEEE754 floating-point standard
浮点表示法/浮點表示法 floating-point representation
浮点操作/浮點運算 floating-point operation
浮点计算机/浮點計算機 floating-point computer
浮点数/浮點數 floating-point number
浮点算术/浮點算數 floating-point arithmatic
浮点运算/浮點運算 floating-point operation
浮点运算每秒/每秒浮點運算次數 floating-point operations per second
浮顶/浮頂[儲油罐] floating roof
浮顶式气罐/蓄氣槽 gasometer tank
浮顶油罐 /浮頂油槽 floating roof tank
浮动安装连接器/浮動安裝連接器 float mounting connector
浮动测量/不接地量測 floating measurement
浮动床/流體化床 fluidized bed
浮动磁头/浮動磁頭 float head
浮动基准面/浮動基準面,浮動基準線 floating datum
浮动控制/浮動控制 floating control
浮动块/浮動塊 slider
浮动盘输出机构/浮動盤式輸出機構 floating disc type output mechanism
浮动式海上风力发电机组基础/離岸風力發電機組浮動式基礎 floating-type foundation of off-shore wind turbine generator set
浮动式卷取机/浮動式卷取機 shifting coiler
浮动式开卷机/浮動式開卷機 shifting uncoiler
浮动式球阀/浮動式球閥 floating ball valve
浮动输入/浮動輸入 floating input
浮动镗刀/浮動搪孔刀具 floating boring tool
浮动芯棒连轧管机/浮動芯棒連軋管機組 floating mandrel pipe mill
浮动性/浮動性 floatation
浮动蓄电池/浮控電池[組],浮接電池[組] floating battery
浮动阴模/浮動模 floating die
浮动载波调制/浮載調變 floating-carrier modulation
浮动装入程序/再定位載入器 relocating loader
浮阀/浮閥 float valve
浮筏基础/筏式基礎 raft foundation
浮箍 /浮箍 float collar
浮环轴承/浮環軸承 floating-ring bearing
浮计/比重計 hydrometer
浮计标准温度/浮計標準溫度 standard temperature of hydrometer
浮金/浮游金 float gold
浮力/浮力 buoyancy
浮力常数/浮力常數 buoyancy constant
浮力秤/浮力秤,浮力天平 floatation balance
浮力效应/浮力影響 buoyant effect
浮力修正/浮力修正 buoyancy correction
浮力液位计/浮力液位計 buoyancy levelmeter
浮球式疏水阀/浮球式疏水閥 ball float steam trap
浮球式压力计/浮球式静重試驗器 ball pneumatic dead weight tester
浮栅雪崩注入 MOS 场效晶体管/浮閘極累增注入 MOS 場效電晶體 floating gate avalanche injection MOSFET

浮栅雪崩注入 MOS 存储器/浮閘極累增注入 MOS 記憶體 floating gate avalanche injection type MOS memory, FAMOS memory
浮升作用/浮昇力效應 lift effect
浮石/浮石 pumice
浮式起重机/水上起重機 floating crane
浮式温度计/浮動式溫度計 floating type thermometer
浮式钻机/浮式鑽機 floating rig
浮体船/浮動船 float boat
浮桶/浮桶 bucket float
浮桶式疏水阀/浮桶式蒸汽疏水閥 open bucket steam trap
浮选参数/浮選參數 flotation parameter
浮选槽/浮選槽 flotation cell
浮选池/浮選槽 flotation tank
浮选动力学/浮選動力學 flotation kinetics
浮选法/浮選法,浮懸法 flotation process
浮选分离器/浮選分離器 flotation separator
浮选回路/浮選系統 flotation circuit
浮选机/浮選機 flotation machine
浮选机机组/浮選機機組 bank of flotation cell
浮选剂 /浮選劑,起泡劑 flotation agent
浮选理论/浮選理論 flotation theory
浮选模型/浮選模型 flotation model
浮选速率/浮選速率 flotation rate
浮选速率常数/浮選速率常數 flotation rate constant
浮选调整剂/浮選酸度控制劑 flotation regulator
浮选柱/浮選柱 flotation column
浮选作用/浮選作用 flotation
浮渣/浮渣,夾渣 dross, scum, skim
浮置电池组/浮控電池[組],浮接電池[組] floating battery
浮置输出电路/浮置輸出電路 floating output circuit
浮置输入电路/浮置輸入電路 floating input circuit
浮钟压力计/浮鐘壓力計 floating bell manometer
浮子开关/浮控開關,浮標開關 float switch
浮子流量计/浮子[式]流量計 float flowmeter
浮子黏度计/浮子式黏度計,浮標黏度計 float viscosimeter, float viscometer
浮子式流量计/浮子式流量計,浮標流量計 float type flowmeter
浮子式密度计/浮標密度計 float type densitometer
浮子式压力计/浮子式壓力計 float-type manometer
浮子式液面指示器/置換型浮表 displacement type float
浮子室双路通气/雙路浮子室通氣 two-way bowl vent
浮子验潮仪/浮動驗潮計,浮筒式驗潮計 float gage
浮子液位计/浮子液位計,浮子液位指示器,浮筒液位計 float-level meter, float-level gage
浮子液位控制器/浮子液位控制器 float level controller
浮子液位指示器/浮子液位計,浮標液位指示器 float-level indicator
符号/符號 symbol
符号编码/符號寫碼 symbolic coding
符号表/符號表 symbol table
符号布图法/符號布局法 symbolic layout method
符号操纵语言/符號調處語言 symbol manipulation language
符号处理/符號處理 symbol processing
符号触发器/正負號正反器 sign flip-flop
符号地址/符號位址 symbolic address
符号分析/符號分析 symbolic analysis
符号间干扰/符碼間干擾,符碼際干擾 intersymbol interference, ISI
符号间失真/符際失真,訊號間失真 intersymbol distortion
符号校验指示器/正負號核對指示器 sign-check indicator
符号控制触发器/正負號控制正反器 sign-control flip-flop
符号链接/符號鏈接 symbolic link
符号逻辑/符號邏輯 symbolic logic
符号率/符元率 symbol rate
符号模式/符號模式 symbolic pattern
符号模型/符號模型 symbolic model
符号设备/符號裝置 symbolic device
符号识别读字机/註號識別讀字機 mark-sense character reader
符号位/符號數元 sign bit
符号文件/符號檔案 symbolic file
符号演算/符號演算 symbolic calculus
符号语言/符號語言 symbolic language
符号执行/符號執行 symbolic execution
符号智能/符號智慧 symbolic intelligence
符合/符合 conformance
符合测量法/量測重合法 coincidence method of measurement
符合电路/符合電路 coincidence circuit
符合计数器/符合計數器 coincidence counter
符[合]门/符合閘 coincidence gate
符合水准器/偶合水平儀 coincidence level
符合停机/匹配停機 match stop

符合性评定/空載時間修正,静止時間修正,失效時間修正 conformity assessment
幅变信号/幅變訊號 amplitude-change signalling
幅度/振幅 amplitude
幅度比较器/振幅比較儀 amplitude comparator
幅度比例尺因數/數值尺度因數 magnitude scale factor
幅度分割/調幅分段 amplitude segmentation
幅度分析器/幅度分析器 amplitude analyzer
幅度检波/振幅檢波 amplitude detection
幅度检测/振幅檢波 amplitude detection
幅度频率响应特性/幅頻響應特性 amplitude-frequency response characteristics
幅度全息图/振幅全像片 amplitude hologram
幅度-时间变换器/幅度-時間變換器 amplitude-time converter
幅度衰减效率/振幅削幅效率 amplitude taper efficiency
幅度噪声/幅度雜訊 amplitude noise
幅高/幅高 panel height
幅频特性/幅頻特性 amplitude-frequency characteristic
幅相特性/幅相特性 magnitude-phase characteristic
幅相图/幅相圖 amplitude-phase diagram
幅移键控/振幅移鍵 amplitude-shift keying, ASK
幅移键控调制/幅移鍵控調變 amplitude-shift keying modulation
幅移调制/幅移調制 amplitude-shift modulation
幅值控制/振幅控制 amplitude control
幅值响应/幅值響應,振幅回應 amplitude response
幅值裕度/幅度容限 magnitude margin
辐板式车轮/碟形輪 disk wheel
辐亮度系数/輻射亮度係數 radiance coefficient
辐流泵/徑向流泵 radial flow pump
辐流式汽轮机/輻流式汽輪機 radial-flow steam turbine
辐射/輻射 radiation
X辐射/X輻射 X radiation
α辐射/阿伐輻射 alpha radiation
β辐射/β輻射,貝他輻射 beta radiation
γ辐射/γ輻射,加馬輻射 gamma radiation
辐射保存/輻射防腐 radiation preservation
辐射报警系统/輻射警報系統 radiation warning apparatus
辐射报警装置/輻射警報裝置 radiation warning assembly
辐射变色剂量计/輻染膠片劑量計 radiochromic dosemeter
辐射波/輻射波 radiated wave
辐射测高温法/輻射高温量測學 radiation pyrometry
辐射测井装置/輻射測井裝置 radiation logging assembly
辐射测量/輻射量測,放射量測 radiation measurement, radiation survey
辐射测量技术/輻射量測技術 radiometric technology
辐射测量校准/輻射量測校正 radiation measurement calibration
辐射测量探头/輻射量測探頭 radiation measuring probe
辐射测量学/輻射量測學,化學感光量量測術 actinometry, radiometry
辐射测量仪/輻射量測儀,輻射量測計 radiation meter, radiation survey meter
[辐射测量装置的]探头/[輻射測量裝置的]探頭 probe of radiation measuring assembly
[辐射]测试场地/[輻射]測試場地 radiation test site
辐射测温法/輻射測温法,輻射測温學 radiation thermometry
辐射常数/輻射常數 radiation constant
辐射场/輻射場 radiation field
辐射出射度/輻射出射度,輻射發散度 radiant exitance
辐射传递函数/輻射傳遞函數 radiance transfer function
辐射传感器/輻射感測器 radiation transducer, radiation sensor
辐射传热系数/輻射熱傳係數 radiant heat transfer coefficient
辐射传输/輻射傳輸,發射傳送 radiation transmission
辐射等级/輻射等級 radiation classes
辐射电池/輻射電池[組] radiation battery
辐射电导/輻射電導 radiation conductance
辐射电荷计/輻射電荷計 radiation charge meter
辐射电炉/輻射電爐,輻射加熱器 radiation furnace
辐射电阻/輻射電阻 radiation resistance
辐射度/輻射率 radiance
辐射度测量/放射測定術 radiometry
辐射度单位/放射量測單位 radiometric unit
辐射度方法/輻射度方法 radiosity method
辐射度分析/放射量測分析 radiometric analysis
辐射发光/放射發光 radioluminescence
辐射反射率/輻射反射率 radiant reflectance

辐射方程/輻射方程[式] radiation equation
辐射防护/輻射防護 radiation protection
辐射非弹性散射/輻射非彈性散射 radiative inelastic scattering
辐射俘获/輻射捕獲,輻射陷井 radiative capture, radiation trapping
辐射复合/輻射重合 radiative recombination
辐射干扰/輻射干擾 radiated interference
辐射干燥/輻射乾燥 drying by radiation
辐射感生损耗/輻射引致之損失 radiation induced losses
辐射感温器/輻射感温器 radiation thermoscope
辐射高温计/輻射高温計,輻射能温度計 radiant-energy thermometer, radiation pyrometer
辐射跟踪器/放射量測追蹤器 radiometric tracker
辐射功率/輻射功率 radiant power
辐射管[式]炉/輻射管爐 radiant tube furnace
辐射光谱/[光]譜發射譜 spectral emission
辐射光视效能/輻射發光效力 luminous efficacy of radiation
辐射光效率/輻射發光效率 luminous efficiency of radiation
辐射光效能/輻射發光效力 luminous efficacy of radiation
辐射光致发光/放射光致發光 radiophotoluminescence
辐射过热器/輻射過熱器 radiant superheater
辐射含量计/輻射含量計 radiation content meter
辐射化学/輻射化學 radiation chemistry
辐射化学产额/輻射化學產率 radiation chemical yield
辐射机制/輻射機制 radiation mechanism
辐射激活传感器/輻射活化感測器 radiation-activated sensor
辐射计/[熱]輻射計,輻射測定器 radiometer, actinometer
辐射计数器/輻射計數器,測跡儀 hodoscope, radiation counter
辐射计真空规/輻射式真空計 radiometer vacuum gage
辐射剂量/輻射劑量 radiation dose
辐射剂量测定法/輻射劑量術 radiation dosimetry
辐射剂量测量学/輻射劑量術 radiation dosimetry
辐射剂量计/輻射劑量計 radiation dosimeter
辐射剂量指示器/輻射劑量指示器 radiation dosage indicator
辐射加工/輻射加工,輻射處理 radiation processing
辐射加热器/輻射加熱器,輻射發熱管 radiant heater
辐射监测器/輻射監測器 radiation monitor
辐射检测器/輻射偵測器 radiation detector
辐射校准/輻射校正 radiation calibration
辐射介质/輻射介質 radiated media
辐射近场区/輻射性近場區 radiating near-field region
辐射控制/輻射管制 radiation control
辐[射]亮度因数/輻射輝度因數,輻射[發光]因子 radiance factor, radiance luminance factor
辐射量/輻射量 radiant quantity, radiation quantity
辐射流量/輻射通率 radiation flux
辐射滤波器/輻射濾器 radiation filter
辐[射]密度/輻射密度 radiant density
辐射面/輻射區域 radiating area
辐射灭菌/輻射滅菌 radiation sterilization
辐射敏感度/放射靈敏度 radiosensitivity
辐射模/輻射模態 radiation mode
辐[射]能量/輻射能 radiant energy
辐射能[量]密度/輻射能密度 radiant energy density
辐射[能]谱仪/輻射[能]譜儀 radiation spectrometer
[辐射能谱仪的]能量分辨力/[輻射能譜儀的]能量分辨力 energy resolution of radiation spectrometer
辐[射能]通量/輻射能通量 radiant energy flux
辐射能通量比/輻射能通量比 radiant energy flux ratio
辐射能通量率/輻射能通量率 radiant energy flux rate
辐射频率/輻射頻率 radiation frequency
辐射品质/輻射品質 radiation quality
辐射屏蔽/輻射屏蔽[層],輻射遮蔽[板] radiation shield
辐射屏[罩]/輻射屏 radiation screen
辐射曝光表/輻射曝光計,輻射曝露計 radiant exposure meter
辐射曝光量/輻射曝光量,輻射曝露量 radiant exposure
辐射器/輻射器,輻射體 radiator
辐射强度/輻射強度 radiation intensity
辐射强度分布/輻射強度分布 radiation strength distribution
辐射曲线/輻射曲線 radiation curve
辐射热标准/輻射熱標準 bolometric standard
辐射热测量/輻射熱量測 bolometric measurement
辐射热测量计/輻射熱測定器,輻射熱計 bolometer
[辐射]热电偶/[輻射]熱電偶 radiation

thermocouple
辐射热流计/輻射熱流計 radiation heatflowmeter
辐射闪烁探测器/輻射閃爍探針 radiative scintillation probe
辐射示踪剂/輻射示蹤劑,輻射指示劑 radiative tracer
辐射式过热器/輻射過熱器 radiant superheater
辐射式缆索起重机/輻射式纜索起重機 radial cable crane
辐射式门式起重机/輻射式高架起重機 radial gantry crane
辐射式密度计/輻射型密度計 radiation-type density meter
辐射式拓扑/中心拓撲形狀 hub topology
辐射式外伸支腿/輻射式支腿 radial outrigger
辐射事故/輻射事故 radiation accident
辐射试验/輻射試驗 radiation test
辐射受热面/輻射受熱面 radiant heating surface
辐射衰减器/輻射衰減器 radiation attenuator
辐射损伤/輻射損害 radiation damage
辐射探测器/輻射偵檢器,輻射檢知器 radiation detector, radiation probe
辐射探测卫星/輻射偵測衛星 radiation detection satellite
β辐射体/β發射體 beta emitter
辐射天线/輻射天線 radiating antenna
辐射通量/輻射通量,輻射通率 radiant flux, radiant fluence
辐射通量计/輻射通率計 radiation fluxmeter
辐射通量密度/輻射通率密度 radiant flux density
辐射透射率/輻射透射率 radiant transmittance
辐射图[型]/輻射圖,天線輻射方向圖,天線輻射場型 radiation pattern
辐射危害/輻射危害 radiation hazard
辐射危害计/輻射危害計 radiation-hazard meter
辐射危险/輻射危害 radiation hazard
辐射微热计/微量[熱]輻射計 micro radiometer
[辐射]温差电堆/[輻射]熱電堆 radiation thermopile
辐射温度计/輻射溫度計 radiation thermometer
辐射物理学/輻射物理學 radiation physics
辐射雾/輻射霧 radiation fog
辐射吸收剂量/輻射吸收劑量 absorbed radiation dose
辐射吸收率/輻射吸收比 radiant absorptance
辐射系数/輻射係數 radiation coefficient
辐射线/輻射狀傳輸線 radial line
辐射响应/輻射反應 radiation response
辐射效率/輻射效率 radiation efficiency, radiant efficiency
辐射型锅炉/輻射式鍋爐 radiant type boiler
辐射压力功率计/輻射壓力功率計 radiation pressure power meter
辐射仪/輻射計,輻射規 radiation meter
辐射硬化/輻射硬化 radiation hardening
辐射元件/輻射元件 radiant element
辐射源/輻射源 radiation source, source of radiation
辐射源尺寸效应/輻射源尺寸效應 size-of-source effect, SSE
辐射远场区/輻射性遠場區 radiating far-field region
辐射跃迁/輻射躍遷 radiation transition
辐射噪声/輻射噪音,輻射雜訊 radiated noise
辐[射]照度/輻射照度 irradiance
辐射侦测卫星/輻射偵測衛星 radiation detection satellite
辐射指示器/輻射指示器 radiation indicator
辐射主瓣/輻射主瓣 radiation main lobe
辐射阻抗/輻射阻抗 radiation impedance
辐射阻尼/輻射阻尼 radiation damping
辐条式车轮/鋼絲輪 wire wheel
辐向光栅/徑向光柵 radial grating
辐向砖/弧形磚 radial brick
辐照/照射,輻射 irradiation
辐照磁效应/受照射磁效應 irradiated magnetic effect
辐照度/輻照度,放射照度 irradiance, irradiation
辐照腐蚀/輻照腐蝕 irradiation corrosion
辐照孔道/照射通道 irradiation channel
福尔马林/福馬林,甲醛水[溶液] formalin
福林定脲器/弗林尿素測定器 Folin urea apparatus
福斯特电抗定理/福斯特電抗定理 Foster reactance theorem
福斯特电桥/福斯特電橋 Foster bridge
福斯特扫描仪/福斯特掃描器 Foster scanner
福斯特-西利检测器/福斯特-西利檢測器 Foster-Seely detector
福斯特-西利鉴频器/福斯特-西利鑒頻器 Foster-Seeley discriminator
福特-富尔克森方法/Ford-Fulkerson 方法 Ford-Fulkerson method
福廷气压表/福廷氣壓計 Fortin barometer
俯焊/俯焊,平焊 downhand welding
俯视图/俯視圖 top view
俯仰传感器/傾斜角感測器 pitch detector
俯仰角/傾斜角 pitch angle
俯仰角加法器/傾斜角加法器 pitch adder

俯仰角速度陀螺/傾斜角速度陀螺儀 pitch rate gyroscope
俯仰陀螺仪/傾斜角陀螺儀 pitch gyroscope
俯仰指示器/傾斜角指示器 pitch indicator
辅键码/次要鍵 secondary key
辅扇/輔助風扇 auxiliary fan
辅助泵/輔助泵,副泵 donkey pump, service pump
辅助材料/副料 indirect material
辅助参考脉冲/輔助參考脈波 auxiliary reference pulse
辅助测量仪器/輔助量測儀器 auxiliary measuring instrument
辅助储蓄器/輔助貯器 auxiliary reservoir
辅助触头/副觸點,輔助接觸點 auxiliary contact
辅助存储器/輔助記憶體,輔助儲存器 auxiliary storage, auxiliary memory
辅助存储设备/輔助儲存裝置 auxiliary storage device
辅助单位/輔助單位 auxiliary unit, supplementary unit
辅助导线/副線,引示線 pilot wire
辅助灯/輔助燈 auxiliary lamp
辅助点火系统/輔助點火系統 auxiliary ignition system
辅助电动机/輔助電動機,輔助馬達 auxiliary motor
辅助电功率/電輔助功率 electrical auxiliary power
辅助电极/輔助電極 auxiliary electrode
辅[助]电路/輔助電路 auxiliary circuit
辅助段/輔助段 secondary segment
辅助发电机/輔助發電機 auxiliary generator
辅助发电机组/輔助發電機組,備用發電機組 auxiliary generator set
辅助发动机/輔助發動機,輔助引擎 auxiliary engine
辅助负荷/輔助負荷 auxiliary load
辅助副本/輔助副本 secondary copy
辅助功能/輔助功能 miscellaneous function
辅[助]回路/輔助回路 auxiliary circuit
辅助机房/輔助機房 secondary machine room
辅助集/輔助集 supplementary set
辅助寄存器/輔助暫存器 auxiliary register
辅助进给泵/輔助給水泵 auxiliary feed pump
辅助镜头/補助透鏡 attachment lens
辅助开关/輔助開關 auxiliary switch
辅助空间分配/二次空間分配 secondary space allocation
辅助空气泵/輔助空氣泵 auxiliary air pump
辅助孔/輔助孔 satellite hole, reliever
辅助量/輔助量 auxiliary quantity
辅助密封/輔助密封 auxiliary seal
辅助密封圈/輔助密封圈 auxiliary seal ring
辅助喷射器/輔助噴射器 auxiliary ejector
辅助平衡重/輔助平衡重 auxiliary ballast weights
辅助平面/輔助平面 supplementary plane
辅助起动绕组/輔助起動繞組,附加起動繞組 auxiliary starting winding
辅助前照灯/輔助前照燈 auxiliary headlamp
辅助腔/輔助腔 compensated cavity, auxiliary cavity
辅助任务/輔助任務 secondary task
辅助润滑/輔助潤滑 supplementary lubrication
辅助刹车/輔助刹車 auxiliary brake
辅助设备/輔助設備,輔助器具 auxiliary equipment, auxiliary apparatus
辅助输出信号/輔助輸出訊號 auxiliary output signal
辅助水箱/膨脹水箱 additional tank
辅助索/輔助索 auxiliary rope
辅助索引/次要索引 secondary index
辅助通风/輔助通風 auxiliary fan
辅助通风机/輔助通風機 auxiliary ventilator
辅助透镜/輔助透鏡 accessory lens
辅助望远镜/輔助望遠鏡 auxiliary telescope
辅助吸收器/輔助吸收器 absorber auxiliary
辅助吸收塔/輔助吸收塔 auxiliary absorber
辅助系统/輔助系統 auxiliary system
辅助循环泵/輔助循環泵 auxiliary circulating pump
辅助阳极/輔助陽極 auxiliary anode
辅助仪器/輔助儀器,二次儀器 accessory instrument, secondary instrument
辅助阴极/輔助陰極 auxiliary cathode
辅助油泵/輔助油泵 auxiliary oil pump
辅助运动/輔助運動 auxiliary motion
辅助真空腔/輔助真空腔 auxiliary vacuum chamber
辅助振荡器/輔助振盪器 auxiliary oscillator
辅助制动系/輔助制動系統 additional retarding braking system, auxiliary braking system
辅助[中继]电台/增幅站 booster station
辅助中继线群/輔助中繼線群 supplementary trunk group
辅助转窑机/輔助轉窯機 auxiliary kiln drive
腐蚀/腐蝕,侵蝕 corrosion, erosion
腐蚀产物/腐蝕產物,腐蝕生成物 corrosion product
腐蚀脆化/腐蝕脆化 corrosion embrittlement
腐蚀电池/腐蝕電池 corrosion cell
腐蚀电位/腐蝕電位 corrosion potential
腐蚀度/銹蝕度 degree of rusting
腐蚀膏试验/腐蝕膏試驗 corrodokote test

腐蚀环境/腐蝕環境 corrosion environment
腐蚀剂/腐蝕劑,蝕刻劑 corrosive agent
腐蚀磨损/腐蝕磨損 corrosion wear
腐蚀疲劳/腐蝕疲勞 corrosion fatigue
腐蚀疲劳极限/腐蝕疲勞極限 corrosion fatigue limit
腐蚀破裂/腐蝕損壞 corrosion crack
腐蚀切割/蝕割 etch cutting
腐蚀深度/腐蝕深度 corrosion depth
腐蚀试验/腐蝕試驗 corrosion test
腐蚀试验机/腐蝕試驗機 corrosion testing machine
腐蚀试验箱/腐蝕試驗箱 corrosion test chamber
腐蚀速率/腐蝕速率 corrosion rate
腐蚀损伤/腐蝕損傷 corrosion damage
腐蚀体系/腐蝕體系 corrosion system
腐蚀系数/腐蝕係數 coefficient of corrosion
腐蚀效应/腐蝕效應 corrosion effect
腐蚀性/腐蝕性 corrosivity
腐蚀性大气试验/腐蝕性大氣試驗 corrosive atmosphere test
付费电话/主話付費電話,自付電話 pay call, paid call
付费电视/付費電視 pay TV
付费公用电话/付費公用電話 pay public telephone
负/負[的] negative
负变位/負徑向修改 negative addendum modification
负催化剂/反觸媒 negative catalyst
负电荷/負電荷 negative charge
负电极/負[電]極 negative electrode
负电流/負電流 negative current
负电性气体/陰電件氣體 electronegative gas
负电子亲和势/負電子親和力 negative electron affinity, NEA
负电子亲和势阴极/負電子親和勢陰極 negative electron affinity cathode, NEA cathode
负电阻/負電阻 negative resistance
负反馈/逆回授,負回饋 negative feedback, inverse feedback
负反馈放大器/負回授放大器 negative feedback amplifier
负反馈滤波器/負回饋濾波器,負回授濾波器 negative feedback filter
负反应性/負反應度 negative reactivity
负分接/負號分接頭,負號抽頭 minus tapping
负浮力/負浮力 negative buoyancy
负公差/負裕度 negative allowance
负荷/負荷,負載,裝載量 burden, load
负荷比例式排气再循环系统/負荷比例式排氣再循環系統 load proportional exhaust gas recirculation system, load proportional EGR system
负荷测定/負載測定 load measurement
负荷测量/負載量測 load measurement
负荷传感器/荷重元 load cell
负荷控制的喷油延时/負荷控制的噴油延時 retarded injection timing with load
负荷扰动/負載擾動 load disturbance
负荷软化/受壓軟化 softening under load
负荷上升率/負載上昇率 rate of load-up
负荷特性/負載特性 load characteristic
负荷下断面宽度/負載下斷面寬度 loaded section width
负荷限制器/負載限制器 load limiter
负荷指示仪/荷重指示器,負載指示器 load indicator
负辉光灯/負輝光燈,陰極輝光燈 negative glow lamp
负畸变/負畸變 negative distortion
负极/負[電]極,陰極 negative electrode, catelectrode
负极板/負極板,陰極板 negative plate
负极性调制/負調變 negative modulation
负极柱/負端,負極端子 negative terminal
负间隙冲裁/負間隙衝裁 negative-gap blanking
负角变位齿轮副/負角變位齒輪對 gear pair with negative modified center distance
负离子束/負離子束 negative ion beam
负逻辑转换/負邏輯轉換 downware logic-transition
负目镜/負目鏡 negative eyepieces
负扭矩校正/負扭矩控制 negative torque control
负偏差轧制/負偏差軋製 rolling with negative deviation, rolling with tolerance
负偏析/負偏析 negative segregation
负迁移率/負移動率 negative mobility
负熵/負熵 negentropy
负输入电阻/負輸入電阻 negative input resistance
负速铸坯/負速鑄坯 negative strip
负碳离子/碳陰離子 carbanion
负弯辊/負彎輥 negative roll bending
负微分电阻/負微分電阻 negative differential resistance
负微分迁移率/負微分遷移率 negative differential mobility
负温度系数电阻温度计/負溫度係數電阻溫度計 negative sensitivity resistance thermometer
负误差/負誤差 negative error

负吸收/負吸收 negative absorption
负性光刻胶/負性光刻膠 negative photoresist
负序/負序,逆序 negative sequence
负序分量/逆序部分 negative sequence component
负序继电器/逆相序電驛 negative phase sequence relay
负序阻抗/負相序阻抗 negative sequence impedance
负压锅炉/負壓鍋爐 induced draft boiler, suction boiler
负压[力]/負壓 negative pressure
负压调节器/通風調整器 draft regulator
负压通风/負壓通風 induced draft
负压造型/真空密封造模 vacuum sealed molding
负压真空热壁炉/負壓真空熱壁爐 negative pressure vacuum hot wall furnace
负沿/負緣 negative edge
负[阴]极板/負極板,陰極板 negative plate
负跃变/負變遷 downward transition
负载/負載,負荷,裝載量 load, burden
负载比/負載比 duty ratio
负载臂/負載臂 load arm
负载变化自动控制/負載變化控制 loadamatic control
负载持续率/週期持續因數 cyclic duration factor
负载导纳/負載導納 load admittance
负载电流/負載電流 load current
负载电压/負載電壓 load voltage
负载电阻/負載電阻 load resistance
负载端/負載端 load end
负载感应/負載感測 load sensing
负载功率/負載功率 load power
负载规则/負載規則 loading rule
负载滑架/負載滑架 load trolley
负载均衡集群/負載均衡叢集 load balancing cluster
负载控制器/荷重控制器 load controller
负载冒险模型/負載冒險模型 workload hazard model
负载能力/負載容量 load capacity
负载匹配/負載匹配 load matching
负载失配/負載失配 load mismatch
负载时间/負載時間 load time
负载试验/負載試驗,負荷試驗,載荷試驗 load test
负载损耗/負載損失 load loss
负载特性/負載特性 load characteristic, load stability
负载特性曲线/負載動態特性 load dynamic characteristics
负载调整[率]/負載調整 load regulation
负载误差/加載誤差 loading error
负载线/負載線路,加感線路 load line
负载线图/負載線路圖 load-line diagram
负载效应/負載效應 load effect
负载因数/負載因子,負載因數 duty factor, loading factor
负载转矩/負載轉矩 load torque
负载转速/負載轉速,負載速度 load speed
负载阻抗/負載阻抗 load impedance, loaded impedance
负指数/負指數 negative exponent
负重机器人/連身機器人 exoskeleton
PNPN 负阻激光器/PNPN 負阻雷射 PNPN negative resistance laser
负阻效应/負阻效應 dynatron effect
负阻振荡器/負阻抗振盪器 negative resistance oscillator
附壁效应/附壁效應 wall attachment effect
附盖伺服电动机/附蓋伺服電動機 drag-cap servomotor
附盖发电机/附蓋電動機,附輓電機 drag-cap generator
附加/附加 append
附加穿孔/超額打孔 overpunch
附加电路/附加電路,附屬電路 adjunct circuit
附加光学系统/附加光學系統 attachment optical system
附加荷载/外加負載 imposed load
附加极点/附加極點 additional pole
附加绝缘/附加絶緣 supplementary insulation
附加空气室/附加空氣室 auxiliary air reservoir
附加零点/附加零點 additional zero
附加摩擦力矩/附加摩擦力矩 additional friction torque
附加绕组/附加繞組,輔助繞組 auxiliary winding
附加任务/附加任務 append task
附加容积/附加容積 additional volume
附加设备/週邊設備,輔助設備 auxiliary equipment
附加损耗/附加損耗 supplementary load loss
附加损失/附加損失 parasitic loss
附加维修/輔助維護 supplementary maintenance
附加位/附加位元 added bit
附加文档/附加檔 attached document
附加信道广播/附加通道廣播 supplementary channel broadcasting
[附加]增援处理机/附接處理器 attached support processor
附加振动/外來振動 extraneous vibration

附加制造/附加製造 additive manufacturing
附加滞后/附加滯後 additional hysteresis
附件/附件 annex, accessory
SAN附接存储/SAN附接儲存 SAN attached storage, SAS
附连试验板/附體試片 test coupon
附墙架/附墻架 mast tie
附设铸造厂/附設鑄工場 capitive foundry
附属处理器/附加處理機 attached processor
附属控制器/副控制器 slave controller
附体试棒/附體試桿 cast-on bar
附体试块/附體試片 attached test coupon
附体试片/附體試片 test lug
附应函数/響應函數 response function
附着/附著,黏著 adhesion
附着力/附著力 adhesion force
附着热/附著熱 heat of adhesion
附着式升降机/附著式昇降機 attached hoist
附着式塔式起重机/附著式塔式起重機 attached tower crane
附着系数/附著係數,黏著係數 adhesion coefficient, coefficient of adhesion
附着载荷/附著載荷 adhesion load, adhesion weight
附着振动器/附著振動器,外部振動機 external vibrator
附着装置/錨定設備 anchorage device
复摆/複擺,物理擺 compound pendulum
复包线/複包線 complex envelope
复背斜/複背斜 anticlinorium
复变量/複變量,複變數 complex variable
复波谐波齿轮传动/複波諧波齒輪傳動 dual harmonic gear drive
复测法/複測法 method of repetition
复测经纬仪/複測經緯儀 repetition theodolite, repeating theodolite
复穿孔传输器/複穿孔傳送器 reperforator transmitter
复穿孔机/複製打孔機 reproducing punch
复导纳/複數導納,導納複量 complex admittance
复电容率/複電容率,複介電常數 complex permittivity
复叠式制冷系统/複疊式製冷系統 cascade refrigerating system
复叠式制冷循环/複疊式製冷循環 cascade refrigeration cycle
复动泵/雙動泵 double acting pump
复对四线组/雙股扭絞四芯電纜 multiple twin quad
复费率电能表/複費率電能表,多費率[電度]表 multi-rate meter
复杆天平/複桿天平 compound lever balance
复功率/複數功率 complex power
复共轭矩阵/複共軛矩陣 complex conjugate matrix
复归/復歸,返回,復位 resetting
复归比/復歸比率 resetting ratio
复归时间/復歸時間 reset time
复归值/復歸值 resetting value
复合/復合,再結合 recombination, composition
复合靶/複合靶 composite target
复合泵/複合泵 combination pump
复合标记/複合符記 compound token
复合标识/複合標示 compound marking
复合材料/複合材料 composite material
复合材料气瓶/複合材料氣瓶 composite cylinder
复合裁料与穿孔/複合衝裁與穿孔 blanking and piercing with combination tool
复合彩色信号/合成色訊 composite color signal
复合测量/複合測量 duplex measurement
复合插头/多纜插頭 multi-cable plug
复合插座/多纜插座 multi-cable socket
复合-产生中心/複合-產生中心 recombination-generation center
复合程序/複合程序 recombination process
复合齿轮/複式齒輪 compound gear
复合齿形的摆线轮/複合齒形擺線齒輪 cycloidal gear with compound profile
复合冲裁/複合衝裁 blanking and piercing with combination tool
复合磁带/合成磁帶 composite tape
复合灯/混合照明燈 blended lamp
复合电镀/複合電鍍 composite plating
复合电极/複合電極 combination electrode
复合电路/複合電路 composite circuit
复合镀/複合鍍 composite electroplating
复合锻造/複合鍛造 duplex forging
复合反力式涡轮机/複式反動渦輪機 compound reaction turbine
复合分流液力机械变矩器/複合分流液力機械變矩器 composition shunting current hydromechanical torque converter
复合粉/複合粉末 composite powder
复合浮式起重机/複合浮式起重機 compound-type floating crane
复合辐射/複合輻射 recombination radiation
复合钢/合成鋼 composite steel
复合钢板/複合鋼板 clad steel plate
复合钢板坯/複合鋼板坯 clad steel slab

复合管换热器/複合管熱交換器 finned compound tube heat exchanger
复合激振/複數激勵,複數激發 complex excitation
复合挤压/複合擠壓,聯合擠壓 combined extrusion
复合挤压模/複合擠壓模 compound extruding die
复合[键]码/複合鍵 compound key
复合铰链/複合鉸鏈 compound hinges, compound rotating joints, multiple hinges
复合结/組合接面 composite junction
复合介质电容器/複合介質電容 composite dielectric capacitor
复合开关/複合開關 combination switch
复合控制/複合控制 compound control
复合控制系统/複合控制系統 compound control system
复合矿/複礦 complex ore
复合矿脉/複成礦脈,集脈 composite vein
复合连杆机构/複合連桿機構 complex linkage mechanism
复合率/複合率 recombination rate
复合滤波器/複合濾波器,混成濾波器 composite filter
复合滤光器/複合濾光器,複合濾光片 composite color absorber
复合模/複合模,複合型 compound die
复合目标/複合目標 compound target
复合平带/夾層皮帶,疊層帶 laminated belt
复合卡盘/兩用夾頭 combination chuck
复合切削/複合切削 combined machining
复合曲面玻璃/複合曲面玻璃 complex curved glass
复合取样器/複合取樣器 composite sampler
复合燃烧腔/複合燃燒腔 composite chamber
复合式球磨机/複合球磨機 compound ball mill
复合式调速器/複合式調速器 combination governor
复合事件处理/複合事件處理 complex event processing
复合试验机/[力量]複合試驗機 combined testing machine, forces-combined testing machine
复合丝锥/複合絲錐 combined tap and drill
复合速率/複合率 recombination rate
复合碳化物/複合碳化物 complex carbide
复合套管/複合套管 composite bushing
复合透镜/複合透鏡 compound lens
复合图像信号/合成像訊 composite picture signal
复合涂层/複合塗層,複合塗膜 composite coating, complex coating
复合弯扭叶片/複合彎扭葉片 compound bowed and twisted blade
复合误差/綜合誤差,合成誤差 composite error
复合系数/複合係數 recombination coefficient
复合系统/複合系統,混聯系統 compound system
复合显示器/複合顯示器 composite display
复合响应/複數響應,複合反應,複雜反應 complex response
复合信道/複合通道 compound channel
复合型传感器/複合型感測器 combined-type transducer
复合型防火墙/複合型防火牆 hybrid firewall
复合型砂/複合形砂 compound sand
复合序列/合成序列 composite sequence
复合循环锅炉/複合循環鍋爐 combined circulation boiler
复合压力计/複合壓力計 compound pressure gage
复合压缩机/複合壓縮機 combined compressor
复合岩/複成岩 composite rock
复合阴极/複合陰極 composite cathode
复合音/複合音調 compound tone
复合应力疲劳试验机/組合應力疲勞試驗器 combined stress fatigue tester
复合永磁体/複合永久磁鐵 composite permanent magnet
复合孕育剂/複合接種劑 complex inoculant
复合运行/複合運行 hybrid operation
复合载荷/綜合加載 combined loading
复合噪声/複合雜訊 composite noise
复合站/組合站 combined station
复合指示剂/複式指示計 compound indicator
复合轴承/複合軸承 composite bearing
复合轴承材料/複合軸承材料 composite bearing material
复合铸造/複合鑄造 composite casting
复合钻铰/複合鑽鉸 combined drilling and reaming
复合钻孔/複合鑽孔 combined drilling and counterboring
复辉点/復輝點,再熾點 recalescent point
复辉现象/再熾,再輝 recalescence
复激/複勵 compound
复激发电机/複激發電機 compound generator
复激[励]电动机/複激電動機,複激馬達 compound motor
复极化比/複極化比 complex polarization ratio
复介电常数/複介電常數,複電容率 complex permittivity
复励/複激 compound
复励发电机/複激發電機 compound generator
复励绕组/複激繞組 compound winding

复频率/複頻率　complex frequency
复频谱/複[數]頻譜　complex spectrum
复燃/二次點燃,反點火　reignition
复绕/複繞　compound
复绕电机/積複繞電機　cumulative compound machine
复绕继电器/複繞繼電器　compound wound relay
复热式加热/複熱式加熱　recuperative heating
复热式焦炉/複熱式煉焦爐　compound coke oven
复烧/複燒,再燒結　resintering
复式齿轮系/複式齒輪系　compound gear train
复式导[引]阀/複式導引閥　compound pilot valve
复式电报/分送電報　multiple telegrams
复式阀/雙閥　dual valve
复式干涉仪/複式干涉計　compound interferometer
复式卡钳/複式卡鉗　double calipers
复式井/分段井,混合井　compound shaft
复式刻度压力计/複式刻度壓力計　combination dial pressure gage
复式炉/複式爐　combination furnace
复式滤波器/複合濾波器,混成濾波器　composite filter
复式轮系/複式齒輪系　compound gear train
复式螺旋/複式螺旋　compound screw
复式螺旋机构/複式螺旋機構　compound screw mechanism
复式喷射器/複式噴射器,複式射出器　duplex injector
复式喷雾器/複式噴霧器　duplex-type atomizer
复式权衡/複式權衡　complex weighting
复式套管/綜合管串　combination string
复式涡轮[机]/複式渦輪機　compound turbine
复式小车/複式小車　multiple trolley carrier
复式压力计/複式壓力計　combined pressure gage
复式堰/組合堰　compound weir
复数/複數　complex number
复数乘法寄存器/複數乘法暫存器　complex multiplier register
复数磁导率/複導磁係數,複合磁導率　complex permeability
复数介电常数/複[數]介電常數　complex dielectric constant
复数信号/複合信號　complex signal
复数振幅/複數振幅　complex amplitude
复双绞电缆/複絞電纜　multiple twin quad cable
复速级/複速級　double-row stage
复碳/複碳　carbon restoration
复位/重設,重置　homing, reset
复位动作/接通自動導引系統　activation of homing
复位机构/復歸裝置　resetting device
复位计数器/復位計數器　reset counter
复位力/回復力　reset force
复位脉冲/重設脈波　reset pulse
复位弹簧/回動彈簧　return spring
复位调整/復位調整　reset adjustment
复位序列/歸航序列　homing sequence
复位转速/回程速率　return speed
复显微镜/複合顯微鏡　compound microscope
复现性/復現性,再現性,重現性　reproducibility
复现性测量条件/量測再現性條件　reproducibility condition of measurement
复现性条件/復現性條件　reproducibility condition
复消色差透镜/複消色差透鏡　apochromatic lens
复消色差物镜/複消色差物鏡,消次級色差物鏡　apochromatic objective
复型/複製品　replica
复压/複壓,再壓　repressing
复样品/複製試樣　replicate sample
复用段/多工區段　multiplex section, MS
复用段保护/多工區段保護　multiplex section protection, MSP
复用器/多工器　multiplexer, MUX
复用转换/傳輸多工器　transmultiplexer, transmultiplexing
复游标/複游標　double vernier
复原/復原,重新開始,重置　restitution, reset
复原请求/回復需求　resume requirement
复原时间/恢復時間　recovery time
复原延迟/復原遲延　restitution delay
复杂地形带/複雜地形　complex terrain
复杂几何形状/複雜幾何形狀　complex geometry
复杂事务/複雜交易　complex transaction
复杂适应性系统/複雜可調適系統　complex adaptive system
复杂数据类型/複雜資料型態　complex data type
复杂特征集/複合體特徵集　complex feature set
复杂系统/複雜系統　complex system
复杂性/複雜性　complexity
复杂性惩罚/複雜性懲罰　complexity penalty
复杂性度量/複雜性度量　complexity metrics
复杂性类/複雜類別　complexity class
复杂性类的完全语言/複雜性類的完全語言　complete language for complexity classes
复杂指令/複雜指令　complex instruction
复照仪/複照儀　copying camera
复帧/複幀　multiframe

复振幅/複數振幅　complex amplitude
复振跳汰机/複震選礦機　Wemco-Remen jig
复制/複製,拷貝　copy
复制保护/複製保護　copy protection
复制比/重現比　reproduction ratio
复制穿孔/分組打孔　gang punch
复制传播/複製傳播　copy propagation
复制光栅/複製光柵　replica grating
复制器/複製機　duplicator
复制图/副本,複製品,複件　duplicate
复制型数据库/複製型資料庫　replicated database
复制装置/複製裝置　duplicating unit
复置模型试模/復置模型試模　replacing pattern in the mold
复阻抗/複[數]阻抗　complex impedance
副瓣/副瓣　minor lobe
副本/備份複製　backup copy
副比特码/副位元碼　sub-bit code
副臂/副臂　fly jib, sub-boom
副臂支撑杆/副臂支撐桿　brace pole of fly jib
副变速器/副變速器　auxiliary gearbox, auxiliary transmission
副标度[线]/子刻度標記,副標度標記　subscale mark
副波瓣/副波瓣,次波瓣　minor lobes
副产回收焦炉/副產煉焦爐　by-product coke oven
副产品焦炭/副產焦炭　by-product coke
副产物/副產品　by-product
副反射气支架结构/副反射氣支架結構　subreflector support structure
副反射器/副反射器　subreflector
副峰/副峰,次級峰值　secondary peak
副钩/[起重機]副鈎　auxiliary hook
副后面/副後面　minor flank
副回路/次環路　minor loop
副交换子/副交換子　subcommutator
副井/副井　auxiliary shaft
副控台/輔助控制檯　secondary console
副控站/副控站　sub-control station
副矿脉/副[礦]脈　companion lode
副矿物/次要礦物,副成分礦物　accessory mineral
副励磁机/副激磁機,引示激磁機　pilot exciter
副连杆/從動連桿　slave connecting rod
副密封/輔助密封　secondary seal
副密封摩擦力/副密封摩擦力　friction force of secondary seal
副偏角/刀具副刀刃角　tool minor cutting edge angle
副片/副片　auxiliary leaf
副枪/副槍　sublance
副枪探头/副槍探頭　probe at sublance tip
副切削平面/刀具副刀刃平面　tool minor cutting edge plane
副切削刃/刀具副刀刃　tool minor cutting edge
副台/副臺,從屬臺　slave station
副同步点/次要同步點　minor synchronization point
副像/副像　secondary image
副小车/輔助起重絞車　auxiliary crab
副仪表板/[中低頻長程]助航臺　auxiliary console
副油箱/副油箱,副燃料箱　auxiliary fuel tank
副载波/副載波,次載波　subcarrier
副载波复用/副載波多工　subcarrier multiplexing, SCM
副载波频率调制/副載波頻調　subcarrier frequency modulation
副载波水平相位/副載波水平相位　subcarrier horizontal phase, SCH phase
副载波振荡器/副載波振盪器　subcarrier oscillator
副中心/副中心　sub-center
副轴/副軸,輔助軸　counter shaft, auxiliary shaft
副轴线/[機器人]方位軸線,次軸線　minor axes, secondary axes
副作用/副作用,旁效應　side effect
赋逻辑/賦邏輯　enlogy
赋能/通電,激發　energize
赋形波束天线/整型波束天線　shaped-beam antenna
赋值/指定　assignment
赋值语句/指定敘述　assignment statement
傅科电流/佛科電流　Foucault current
傅里叶变换/傅立葉轉換,傅立葉變換　Fourier transform
傅里叶[变换]光谱仪/傅立葉轉換光譜儀　Fourier transform spectrometer
傅里叶变换红外光谱仪/傅立葉轉換紅外光譜儀　Fourier transform infra-red spectrometer
傅里叶定律/傅立葉定律　Fourier law
傅里叶分量/傅立葉諧波　Fourier component
傅里叶分析/傅立葉分析　Fourier analysis
傅里叶分析仪/傅立葉分析儀　Fourier analyzer
傅里叶幅值谱/傅立葉幅[值]譜　Fourier amplitude spectrum
傅里叶积分/傅立葉積分,傅氏積分　Fourier integral
傅里叶级数/傅立葉級數,傅氏級數　Fourier series
傅里叶描述子/傅立葉描述符　Fourier descriptor
傅里叶逆变换/傅立葉逆變換,傅立葉反轉換　inverse Fourier transform
傅里叶频谱/傅立葉頻譜　Fourier spectrum

傅里叶数/傅立葉數 Fourier number
傅里叶相位谱/傅立葉相譜 Fourier phase spectrum
富尔极板/佛耳極板 Faure plate
富钴壳层/富鈷結殼 cobalt-rich crust
富互联网应用/富互聯網應用 rich internet application, RIA
富化气驱动/富氣驅動 enriched gas drive
富混合物/富混合物 rich mixture
富集/富集,濃縮,濃化 enrichment, gathering, concentration
富集比/富集比 enrichment ratio
富集材料/濃化物料,濃化材料 enriched material
富集程度/濃化度,濃縮度 degree of enrichment
富集燃料[反应]堆/濃化燃料反應器 enriched fuel reactor
富集熔炼/富集煉製 concentration smelting
富集塔/精餾塔 rectifying column
富集因数/濃化因數,濃縮因數 enrichment factor
富克斯-松德海默方程/法曲-桑黑莫方程式 Fuchs-Sondheimer equation
富矿/富礦 rich ore
富矿体/富礦體,富礦帶 oreshoot
富兰克林阵列/法蘭克林陣列 Franklin array
富勒烯/富勒烯,芙 fullerene
富锰渣/富錳渣 manganese rich slag, high MnO slag
富气气井/凝結油氣井 gas-distillate producer
富燃料/濃燃料 rich fuel
富砂/高黏土砂 fat sand
富氧焙烧/富氧焙燒 oxygen enriched roasting
富氧底吹熔池熔炼/QSL 法 Queneau-Schuhmann-Lurgi process
富氧鼓风/富氧鼓風 oxygen enriched blast
富氧空气/富氧空氣 oxygen boosting air
富氧率/富氧率 oxygen enrichment percentage
富氧喷煤/富氧噴煤 injection of pulverized coal with oxygen-enriched blast
富氧熔炼/富氧熔煉 oxygen boosting smelting
富氧液空/富氧液態空氣 oxygen-enriched liquid air
富氧液空回流液/富氧液態空氣回流 oxygen-enriched liquid air reflux
富氧液空蒸汽/富氧液態空氣蒸氣 oxygen-enriched liquid air vapor
富液/富液 pregnant solution
富渣/富渣 rich slag
腹点/波腹 antinode
覆箔板/覆箔板 metal-clad plate
覆层板/覆層板 coated plate
覆层带/塗粉磁帶 coated tape
覆盖/覆蓋 coverage
覆盖半径/涵蓋半徑 covering radius
覆盖标识/覆蓋標示 covering marking
覆盖材料/塗覆材料 cladding material
覆盖测试/覆蓋測試 coverage test
覆盖层/覆蓋層,塗層 coating, cover layer
覆盖地层压力/覆蓋壓力 overburden pressure
覆盖剂/覆蓋熔劑 covering flux
覆盖加热/覆蓋加熱 cover heating
覆盖区/涵蓋區 coverage area
覆盖式晶体管/重疊電晶體 overlay transistor
覆盖网络/覆蓋網路 overlay network
覆盖系数/覆蓋係數 covering coefficient
覆盖岩/覆蓋層,脈石 capping
覆盖岩层/覆蓋岩層 overburden rock stratum
覆膜砂/覆膜砂 precoated sand
覆砂金属型/覆砂金屬鑄模 sand-lined metal mold

G

伽马/加馬 gamma
伽马辐射/加馬輻射,γ輻射 gamma radiation
伽马计/加馬計,γ計 gamma-meter
伽马射线/加馬射線,γ射線 gamma ray
伽马照相机/加馬照相機,γ照相機 gamma camera
伽马指数控制放大器/加馬指數控制放大器,γ指數控制放大器 gamma-control amplifier
伽玛硅铝合金/加馬矽鋁明,鋁矽合金 gamma silumin
伽玛函数/加馬函數 gamma function
钆/釓 gadolinium
改发号码/新轉接號碼 redirecting number
改发信息/新轉接資訊 redirection information
改进等速运动轨迹/改進等速度運動曲線 modified constant velocity motion curve
改进二进制码/改良二進位碼 modified binary code
改进化学气相沉积法/改良化學汽相澱積法 modified chemical vapor deposition, MCVD
改进性检修/改進性維護 corrected maintenance
改进正弦加速度运动轨迹/改進正弦加速度運動曲線 modified sine acceleration motion curve
改良操作/改良作業 evolutionary operation
改良滑压运行/改良滑壓運行 modified sliding-pressure operation
改善性维护/完善性維護 perfective maintenance
改善因数/改善因數,改善係數 improvement factor
改向滚筒/改向滚筒 bend pulley
改型合金/改良合金 modified alloy
改制件/再製零件 remanufactured part
钙/鈣 calcium
钙处理/鈣處理 calcium treatment, Ca treatment
钙处理泥浆/鈣處理泥漿 calcium-treated mud
钙玷污/鈣汙 calcium contamination
钙定量器/鈣量計 calcimeter
钙还原法/鈣還原法 calcium reduction
钙基膨润土/鈣系膨土 calcium bentonite
钙镁除铋法/鈣鎂除鉍法 Kroll-Betterton process
钙钛矿/鈣鈦礦 perovskite
钙铁辉石/鈣鐵輝石 hedenbergite
钙质锅垢/鈣質鍋垢 calcareous scale
盖/蓋 cover, lid
盖玻片/蓋玻片 cover glass
盖撒法/蓋撒法 Gazal process
盖革计数管/蓋革計數管,蓋氏計數管 Geiger tube
盖革计数检测器/蓋革計數器檢知器 Geiger counter detector
盖革计数器/蓋革計數器 Geiger counter
盖革-弥勒管/蓋革-牟勒管 Geiger-Muller tube
盖革-弥勒区域/蓋革-牟勒區 Geiger-Muller region
盖革-米勒计数管/蓋革-牟勒計數管,蓋革-牟勒計數器 Geiger-Muller counter, Geiger-Muller counter tube
盖革-米勒区/蓋革-牟勒區 Geiger-Muller region
盖根鲍尔多项式/傑根堡多項式 Gegenbauer polynomial
盖斯勒泵/蓋士勒泵 Geissler pump
盖斯勒管/蓋士勒管 Geissler tube
盖斯勒气碱度计/蓋士勒二氧化碳定量器 Geissler gas alkalimeter
盖形螺母/衡螺帽 acorn nut, cap nut
概率/機率,概率,或然率 probability
概率并行算法/機率平行演算法 probabilistic parallel algorithm
概率测试/機率測試 probabilistic testing
概率传播/機率傳播 probability propagation
概率对数空间层谱塌陷/概率對數空間層譜塌陷 the probabilistic logspace hierarchy collapses
概率分布/機率分布 probability distribution
概率分布分析器/機率分布分析器 probability distribution analyzer
概率分布函数/概率分布函數 probability distribution function
概率分词方法/概率分詞方法 probabilistic segmentation method
概率分析/機率分析 probability analysis
概率关系模型/概率關係模型 probabilistic relational model
概率函数/機率函數 probability function
概率弧/機率弧 probabilistic arc
概率积分/概率積分 probability integral
概率极限/概率極限 probability limit
概率加密/機率加密 probabilistic encryption

概率校正/機率校正 probability correlation
概率近似校正学习/概率近似正確學習 probably approximately correct leanring
概率可检测证明/可能核對證明 probabilistically checkable proofs
概率量词/概率量詞 probabilistic quantifier
概率论/機率理論 probability theory
概率逻辑/機率邏輯 probabilistic logic
概率密度/概率密度,機率密度 probability density
概率密度分析器/機率密度分析儀 probability density analyzer
概率密度函数/機率密度函數 probability density function
概率模型/機率模型 probability model
概率-疲劳应力-寿命曲线/機率-疲勞應力-壽命曲線 P-S-N curve
概率上下文无关文法/概率上下文無關文法 probabilistic context free grammar
概率数据库/機率性資料庫 probabilistic database
概率松弛法/概率鬆弛法 probabilistic relaxation
概率素数检测/概率素數檢測 probabilistic primality testing
概率算法/機率演算法 probabilistic algorithm
概率通信复杂性/概率通訊複雜性 probabilistic communication complexity
概率图灵机/可能杜林機 probabilistic Turing machine
概率图模型/概率圖模型 probabilistic graphical model
概率推理/機率推理 probabilistic reasoning
概率误差估计/機率誤差估計 probabilistic error estimation
概率系统/機率系統 probabilistic system
概率纸/機率紙 probability paper
概率自动机/隨機自動機,隨機順序機 probabilistic sequential machine
概念/概念 concept
概念层次/概念層次 concept hierarchy
概念词典/概念辭典 concept dictionary
概念发现/概念發現 concept discovery
概念分类/概念分類 concept classification
概念分析/概念分析 conceptual analysis
概念获取/概念獲取 concept acquisition
概念检索/概念檢索 conceptual retrieval
概念阶段/初步[設計]階段 concept phase
概念结点/概念節點 concept node
概念库/概念庫 conceptual base
概念模式/概念簡圖 conceptual schema
概念模型/概念模型 conceptual model
概念漂移/概念漂移 concept-drifting
概念图/概念圖 conceptual graph
概念系统设计/概念系統設計 conceptual system design
概念相关/概念相依 conceptual dependency
概念学习/概念學習 concept learning
概念依存/概念依存 concept dependency
概念依赖/概念相依 conceptual dependency
概念因数/概念因子 conceptual factor
概要设计/初步設計 preliminary design
干版/乾版 dry plate
干拌砂浆运输车/預拌幹泥漿車 ready mixed dry mortar truck
干冰浴/乾冰浴 dry ice bath
干充电电池/乾充電電池 dry charged battery
干船坞 /乾塢 dry dock
干带式过滤器/乾帶式篩檢程式 dry band filter
干袋压制/乾袋壓製 dry bag pressing
干点/終沸點 dry point
干电池[组]/乾電池組 dry cell, dry cell battery
干度检验器/乾度試驗器 dryness tester
干法除尘/乾法除塵 dry gas cleaning
干法化验/乾法分析,乾法試金 dry assay
干法净化/乾法淨化 dry cleaning, dry scrubbing
干法刻蚀/乾法刻蝕 dry etching
干法破碎/乾法破碎 dry milling
干法筛分/乾法篩分 dry screening, dry sieving
干法提纯/乾法提純 dry purification
干法再生/乾法再生 dry reclamation
干放电电池/乾放電電池 dry discharged battery
干粉法/乾粉法,粉末法 dry method, dry powder method
干封器/乾封器 dry closure
干封真空泵/乾封真空幫浦 dry sealed vacuum pump
干缸套/乾缸套 dry liner
干涸润滑/乾涸潤滑 parched lubrication
干弧距离/弧距,放電距離 dry arcing distance
干簧继电器/乾[式舌]簧繼電器 dry-reed relay
干降温冷却力/乾卡達冷却度 dry Kata cooling power
干接触/乾接觸 dry contact
干空气加压/乾空氣加壓 dry air pressurization
干量/乾量 dry measure
干馏/乾餾,分解蒸餾 dry distillation, destructive distillation
干馏釜/蒸餾器 retort

干馏碳/蒸餾碳 retort carbon
干馏无烟煤/煅後無煙煤 calcined anthracite
干密度/乾基密度 dry density
干模/乾模 fired mold
干模砂/乾模砂 fired mold sand
干膜厚度/乾膜厚度 thickness of dry film
干摩擦/乾摩擦 dry friction
干磨损/乾磨損 dry wear
干黏结强度/乾態強度 dry bond strength
干汽管/乾汽管 dry pipe
干强度/乾態強度 dry strength
干球温度/乾球温度 dry bulb temperature
干球温度计/乾球温度計 dry bulb thermometer, dry-bulb thermometer
干扰/干擾 interference, disturb
干扰测量学/干涉量度學,干涉測量法 interferometry
干扰测量仪/干擾量測儀 interference measuring set
干扰场/干涉場 interference field
干扰电压/干擾電壓 interference voltage
干扰定位器/干擾定位器 interference locator
干扰发射机/干擾發射機 jammer
干扰方程/干擾方程 jamming equation
干扰功率/干擾功率,噪音功率 interference power
干扰光谱仪/干涉分光鏡 interference spectroscope
干扰滤波器/干涉濾波器,干涉濾光器 interference filter
干扰啸声/干擾尖聲 interference squealing
干扰素/干擾素 interferon
干扰探测器/干擾定位器 interference locator
干扰显示器/干涉鏡 interferoscope
干扰消除/干擾消除 interference cancellation
干扰信号/干擾訊號 interference signal, interfering signal
干扰性沉陷/干涉沈陷 interference settlement
干扰抑制器/干擾抑制器,干擾消除器 interference eliminator
干扰元素/阻撓元素 interfering element
干扰源/干擾源 interference source
干扰[噪声]发生器/干擾產生器,噪音產生器 interference generator
干扰折射计/干涉折射計 interference refractometer
干扰值/干擾值 disturbance value
干砂/無油砂 dry sand
干砂模铸件/乾砂模鑄件 dry sand casting
干砂胎模/硬砂模型板 hard sand match
干砂芯/乾砂心 dry core
干砂型/乾砂模 dry sand mold
干砂型芯/乾砂心砂 dry core sand
干砂型硬度压头/乾砂模硬度穿透機 dry sand mold hardness penetrator
干筛分/乾篩分 dry sieving
干涉/干涉,干擾 interference
干涉比长仪/[光]干涉比長儀,干涉比較儀 interference comparator
干涉波/干涉波 interference wave
干涉沉降/阻流沈降 hindered settling
干涉点/干涉點 interference point
干涉对比/干涉對比 interference contrast
干涉反射镜/干涉反射鏡 interference reflector
干涉辐射计/干涉輻射計 interferometric radiometer
干涉光度计/干涉光度計 interference photometer
干涉级/干涉級,干涉階 order of interference
干涉技术/干擾技術 interference technique
干涉镜/干涉鏡 interferoscope
干涉膨胀仪/干涉膨脹計 interference, interference dilatometer
干涉条纹/干涉條紋,干涉光柵 interference fringe
干涉条纹对比度/干涉條紋對比度 visibility of fringe pattern
干涉图/干涉圖 interferogram
干涉图[样]/干擾圖形,干涉圖形,干擾型樣 interference pattern
干涉纹/干涉紋 fringe
干涉纹干扰/干涉紋干擾 fringe interference
干涉显微镜/干涉顯微鏡 interference microscope
干涉型激光二极管/干涉雷射二極體 interferometric laser diode
干涉压力计/干涉壓力計,干涉真空計 interferometric manometer
干涉仪/干涉儀,干涉計,干擾儀 interferometer
干涉仪测量/干涉儀量測 interferometer measurement
干涉仪天线/干涉儀天線 interferometer antenna
干湿计/乾濕[球濕度]計 psychrograph, psychrometer
干湿交替浸沾腐蚀试验/交替浸漬試驗 alternate immersion test
干湿球法/乾濕球温度計測量 measurement with wet-and-dry-bulb thermometer
干湿球湿度计/乾濕球濕度計,濕乾球濕度計 psychrometer, wet-and-dry bulb psychrometer
干湿球温度计/乾濕球温度計,濕度計,冷却率温度計 wet-and-dry bulb thermometer
干湿式冷却塔/乾-濕式冷却塔 dry-wet cooling tower

干式变压器/乾式變壓器 dry-type transformer
干式充填/乾式充填 dry filling
干式除尘器/乾式除塵器 dry precipitator
干式磁选机/乾式磁選機 dry magnetic separator
干式低排放燃烧室/乾式低排放燃燒室 dry low emission combustor, DLE combustor
干式防渗料/乾式防滲料 dry barrier
干式氟化法/乾式氟化法 dry-fluorination process
干式混凝土喷射机/乾式混凝土噴射機 dry concrete spraying machine
干式集尘机/乾式集塵機 dry mechanical dust collector
干式空气过滤器/乾式空氣篩檢器 dry-type air filter
干式空气冷却器/乾式空氣冷却器 dry-type air cooler
干式冷却塔/乾式冷却塔 dry cooling tower
干式冷却系统/乾式冷却系統 dry cooling system
干式离合器/乾式離合器 dry clutch
干式量热器/乾式卡[路里]計,乾式量熱計 dry calorimeter
干式燃气表/乾式氣體流量計 dry gas meter
干式显示剂/乾式顯示劑 dry developer
干式油底壳强制润滑/乾機匣強制潤滑 dry sump force-feed lubrication
干式真空泵/乾封真空泵 dry-sealed vacuum pump, dry vacuum pump
干式振动打结耐火料/乾式料 dry vibratable refractory
干式蒸发器/乾膨脹蒸發器 dry-expansion evaporator
干式整流器/接觸整流器,乾[質]整流器 dry rectifier
干式制动器/乾式制動器 dry brake
干式制冷剂量热器法/乾冷媒熱量計法 dry system refrigerant calorimeter method
干式钻眼/乾法鑽進,乾鑽 dry drilling
干收缩/乾燥收縮 dry shrinkage
干态强度/烘乾強度 baked strength
干态透气性/烘乾透氣度 baked permeability
干铜/乾銅 dry copper
干物镜/乾物鏡 dry objective
干熄焦/乾[式]熄焦 coke dry quenching, C.D.Q
干熄焦锅炉/乾熄焦鍋爐 boiler with coke dry quenching
干熄焦焦炉/乾熄爐 coke dry quenching oven, C.D.Q oven
干选/乾富集法 dry concentration
干氧氧化/乾氧氧化 dry-oxygen oxidation
干衣机/乾燥器,烘箱 dryer
[干衣机]额定容量/[乾衣機]額定容量 dryer rated capacity
[干衣机]周期/[乾衣機]週期 dryer cycle
干运转压缩机/無潤滑壓縮機 non-lubricated compressor
干燥/乾燥,除濕,脱水 drying, dehydration
干燥罐/乾燥室 drying chamber
干燥环裂/自然裂縫 seasoning shake
干燥机/乾燥機,乾燥器 drying machine, drier
干燥基/乾[燥]基 dry basis
干燥剂/乾燥劑 drying agent, desiccant, desiccator
干燥空气封存/乾燥空氣封存 preserved in dry atmosphere
干燥炉/乾燥爐,烘模爐 drying furnace, baking oven
干燥器/乾燥器,烘箱,去濕器 drier, dryer, desiccator
干燥器板/乾燥器板 desiccator plate
干燥强度/乾燥強度 dry strength, drying intensity
干燥送风/乾風 dry blast
干燥塔/乾燥塔 tower drier
干燥透气性/乾態透氣性 drying permeability
干燥托板/乾燥托板 drying plate
干燥无灰基/乾燥無灰基 dry ash free basis
干燥箱/乾燥箱,乾燥爐 drying oven, dry box
干蒸汽加湿器/蒸汽增濕器 steam humidifier
干钻/乾鑽,乾法鑽進 dry drilling
甘汞标准电极/甘汞標準電極 calomel normal electrode
甘汞参考电极/甘汞參考電極 calomel reference electrode
甘汞电池/甘汞電池 calomel cell
甘汞电极/甘汞電極 calomel electrode
甘特图/甘特圖,橫條圖 Gantt chart
坩埚/坩堝 crucible
坩埚吊钳/坩堝吊鉗 crucible lifter
坩埚法/坩堝法 crucible process
坩埚敷料/熔鍋上塗料 pot dressing
坩埚钢/坩堝鋼 crucible steel
坩埚夹柄/坩堝柄 crucible shank
坩埚浇铸装置/坩堝澆鑄裝置 crucible pouring device
坩埚炼钢法/坩堝煉鋼法 crucible steelmaking
坩埚炉/坩堝爐,罐爐 crucible furnace, pot furnace
坩埚膨胀序数/坩堝膨脹序數 crucible swelling number, CSN

坩埚片/坩堝濾片 crucible disc
坩埚钳/坩堝鉗 crucible tongs
坩埚试金[法]/坩堝試金 crucible assay
坩埚抬包架/坩堝柄 crucible shank
坩埚涂浆/坩堝塗漿 crucible wash
坩埚预热炉/烘罐窯 pot arch
坩埚座/坩堝座 crucible holder
杆/桿,柱 bar, rod, post
杆长细比/棒之細長比 slenderness ratio of bar
杆规/桿規,量桿 bar gage
杆节链条/棒連桿鏈 bar link chain
杆盘松砂机/桿盤鬆砂機 spike disintegrator
杆屈曲/棒之屈曲 buckling of a bar
杆式泵/桿式抽泵,抽油泵 sucker-rod pump, rod line pump
杆式玻璃液体温度计/桿式玻璃液體温度計 rod type glass liquid thermometer
杆式打印机/桿式印表機 bar printer
杆系几何结构/連接裝置幾何形狀 linkage geometry
杆系几何学/連接裝置幾何學 linkage geometry
杆形量规/端面量具 rod gage
杆形受电器/桿形受電器 trolley
感测开关/感測開關 sense switch
感测线圈/感測線圈 sensing coil
感光玻璃/感光玻璃,光敏玻璃 photosensitive glass
感光察字器/感光察字器 optical character viewer
感光度/光化度,光化作用,靈敏度 actinism, sensitivity
感光法/光量量測術 actinometry
感光计/感光計 sensitometer
感光器/光感受器 photoreceptor
感光乳剂/[照相]感光乳劑 photographic emulsion
感光速度/[感光]乳化速率 photographic emulsion speed
感光学/感光學 sensitometry
感光纸/感光紙 light-sensitive paper
感觉/感覺 sensation, sense
感觉控制/感測控制 sensory control
感抗/感[性電]抗 inductive reactance
感纳/電感性電納 inductive susceptance
感染/感染 infection
感色计/感色計,光學高温計 leucoscope
感生电流像/感應電流像 induced current image
感生放射性/感應放射性,誘發放射性 induced radioactivity
感生偶极矩/誘發偶極矩 induced dipole moment
感受器/感測器 sensor
感受野/接受域,受納域 receptive field
感受阈/靈敏度閾 sensitivity threshold
感温元件/熱敏元件 temperature sensing element
感性电路/電感性電路 inductive circuit
感压装置/感壓裝置 pressure-sensing device
感应/感應 induction
感应安培计/感應安培計 induction ammeter
感应测井图/感應電測[圖] induction log
感应场/感應場 induction field
感应重熔/感應重熔 inducting remolten
感应淬火/感應淬火,感應硬化法 induction hardening, induction quenching
感应电池/感應積蓄器,感應蓄電器 induction accumulator
感应电动机/感應電動機,感應馬達 induction motor
感应电动势/感應電動勢 induced electromotive force
感应电荷/感應電荷 induced charge
感应电机/感應電機 induction machine
感应电流/感應電流 induced current
感应电流法/感應電流法 induced current method
感应电流透入深度/感應電流透入深度 penetration depth of induced current
感应电炉/[電]感應電爐 electric induction furnace
感应电压/感應電壓 induced voltage
感应电压试验/感應電壓試驗 induced voltage test
感应电子加速器/感應電子加速器 induction electron accumulator
感应定理/感應定理 induction theorem
感应断续器/感應斷續器 induction interrupter
感应发电机/感應發電機 induction generator
感应分流器/感應分流器,有感分流器 inductive shunt
感应分压器/感應分壓器 inductive voltage divider
感应辐射/誘發輻射 induced radiation
感应辊式强磁场磁选机/感應輥式強磁場磁選機 induced roll high intensity magnetic separator
感应焊管/感應焊管 induction welded pipe
感应加热/感應加熱 induction heating
感应[加热]淬火/感應淬火 induction hardening
感应加热淬火机床/感應淬火機 induction hardening machine
感应加热淬火装置/感應淬火設備 induction hardening equipment
感应加热炉/感應加熱爐 induction heater, induction heating furnace
感应加热器/感應加熱器 induction heater

感应加速器/感應加速器 induction accelerator
感应交流发电机/感應交流發電機 induction alternator
感应流量计/感應流量計 induction flowmeter
感应炉/感應[電]爐 induction furnace
感应炉熔炼/感應爐熔煉 induction furnace melting
感应罗盘/感應羅盤 induction compass
感应耦合器/電感耦合 induction coupling
[感应]耦合因数/[感應]耦合因數 inductive coupling factor
感应频率计/感應頻率計 induction frequency meter
感应器线圈/電感器線圈 inductor coil
感应强度/感應密度 induction density
感应软钎焊/感應焊接 induction soldering
感应拾取/感應拾取器 inductive pickup
感应式测力计/感應功率計 induction dynamometer
感应式传声器/電感器式麥克風,感應麥克風 inductive microphone, inductor microphone
感应式灯具/感應型燈具 induction luminaire
感应式电度表/感應馬達表 induction motor meter
感应式电压表/感應伏特計 induction voltmeter
感应式功率计/感應功率計 induction dynamometer
感应式话筒/感應麥克風,電感器式麥克風 inductive microphone, inductor microphone
感应[式]继电器/感應繼電器,感應電驛 induction relay
感应式拾音器/感應拾取器 inductive pickup
感应式瓦特计/感應瓦特計 induction wattmeter
感应式稳压器/感應式電壓調節器 induction type voltage regular
感应式转速表/流速計,靈敏轉速表 kinemometer
感应式转速计/電感器式轉速表 inductor tachometer
感应损耗/感應損耗 induction loss
感应调压器/感應式電壓調整器 induction voltage regulator
感应同步器/感應同步器 inductosyn
感应透热装置/感應透熱設備 induction throughheating equipment
感应系电度表/感應式儀表,感應計 induction meter
感应系电能表/感應式電能表 induction energy meter
感应系仪表/感應[式]儀表,感應[式]儀器 induction instrument, induction type instrument
感应线圈/感應線圈 induction coil, inductor
感应线圈因数/感應線圈因子 induction coil factor
感应移相器/感應移相器 induction phase shifter
感应硬钎焊/感應硬焊 induction brazing
感应子电机/感應式轉子電機 inductor machine, induction machine
感应子发电机/感應式轉子發電機 inductor generator, induction generator
感载装置/感載裝置 load-sensing device
感知/感知 perception
感知层/感知層 perception layer
[感知的]发光色/自發光感知色 luminous perceived color
[感知的]非发光色/非自發光感知色 non-luminous perceived color
[感知的]非相关色/非相關感知色 unrelated perceived color
[感知的]无彩色/無彩感知色 achromatic perceived color
[感知的]相关色/相關感知色 related perceived color
感知 HMIPv6 的移动结点/感知 HMIPv6 的移動結點 HMIPv6-aware mobile node
感知功率的带信令多路访问协议/感知功率的帶信令多路存取協定 power-aware multi-access protocol with signaling
感知器/感知器,辨認器 perceptron
橄榄石砂/橄欖石砂 olivine sand
擀棒/撬棒 pry bar
干线/幹線 artery
干线传输系统/幹線傳輸系統 trunk transmission system
干线电缆/幹線纜線 trunk cable
干线巷道/幹線坑道 trunk roadway
干线架/幹線架 trunk bay
干线缆线/幹線纜線 trunk cable
干线连接单元/幹線連接單元 trunk connecting unit
干线耦合单元/幹線耦合單元 trunk coupling unit
干线协议/快線通訊協議 highway protocal
冈特测链/甘特鏈 Gunter chain, short chain
刚度/剛性 rigidity, stiffness
刚度常数/剛性常數 stiffness constant
刚度[系数]/剛性[係數] stiffness coefficient
刚管调制器/剛管調制器 hard-switch modulator
刚铝石/剛鋁石 alundum
刚铝石坩埚/剛鋁石坩堝,剛玉坩堝 alundum crucible
刚模试铸/剛模試鑄 die try-out
刚体/剛體 rigid body
刚体导引/剛體導引 rigid body guidance
刚体动能/剛體動能 kinetic energy of a rigid body
刚体运动/剛體運動 motion of a rigid body

刚性/剛性,剛度　rigidity
刚性变幅机构/剛性變幅機構　rigid derricking mechanism
刚性车架自卸车/剛性車架傾卸車　rigid-frame dumper
刚性齿轮/剛性齒輪　circular spline
刚性冲击/剛性衝擊　rigid impact
刚性构件/剛性構件　rigid link, rigid member
刚性罐道/剛性罐道　rigid cage guide
刚性航天器动力学/剛性太空船動力學　rigid spacecraft dynamics
刚性离合器/剛性離合器　rigid clutch
刚性连接/剛性連接器　rigid coupling
刚性联轴器/剛性聯軸器,對接套筒聯結器　rigid coupling, butt-muff coupling
刚性模量/剛性模數　rigidity modulus, modulus of rigidity
刚性太阳电池阵/剛性太陽電池陣　rigid solar cell array
刚性系数/剛性係數　coefficient of rigidity, stiffness coefficient
刚性悬架/剛性懸架　rigid suspension
刚性引锭杆/剛性引錠桿　rigid dummy bar
刚性支架/剛性支柱　rigid support
刚性支腿/剛性支腳　rigid leg
刚性轴承/剛性軸承　rigid bearing
刚性转子/剛性轉子　rigid rotor
刚性组元/剛性組元　rigid unit
刚玉/剛玉,氧化鋁　alumina, corundum
刚玉滤器/剛玉濾器,剛鋁石濾器　alundum filter
刚玉-莫来石瓷/剛玉-莫來石瓷　corundum mullite ceramic, corundum mullite ceramic
刚玉砂/剛玉粉,剛砂　emery
刚玉砖/剛玉磚　corundum brick
钢/鋼　steel
CF 钢/焊接無焊裂紋鋼　welding crack free steel
IF 钢/極低碳氮鋼　interstitial free steel
钢板厚度计/鋼板厚度計　rolling mill gage
钢板弹簧悬架/鋼板彈簧式懸架　leaf-spring-type suspension
钢棒测温法/圓條測温法　bar test
钢包/盛鋼桶,澆斗,澆桶　ladle, steel ladle
钢包吹氩搅拌/盛鋼桶吹氬攪拌　homogenization by argon blowing into ladle bath
钢包电磁搅拌/盛鋼桶電磁攪拌　electromagnetic stirring of ladle bath
钢包盖/盛鋼桶蓋　ladle cap
钢包挂耳/耳軸,掛耳　trunnion
钢包挂钩/澆桶擡架　carrying tong
钢包回转台/盛鋼桶回轉臺　ladle turret
钢包加热盖/盛鋼桶加熱蓋　heating-up cap
钢包精炼/盛鋼桶精煉　ladle refining, LR
钢包精炼操作周期/盛鋼桶精煉操作週期　ladle refining operation cycle
钢包炉/盛鋼桶爐　ladle furnace
钢包炉衬/澆桶襯料,澆斗襯料　ladle lining
钢包抬杆/澆斗柄,澆斗抬架　shank
钢包冶金/盛鋼桶冶金　ladle metallurgy
钢材/市售鋼材　merchant steel
钢尺/鋼尺　steel rule
钢带/鋼帶　steel strip, steel band, strip steel
钢带模/鋼帶模　steel strip die
钢带输送机/鋼帶運送機　steel band belt conveyor, steel band conveyor
钢带运输机/鋼運送帶　steel conveyor belt
钢锭/鋼錠　ingot, steel ingot
钢锭缓冷/鋼錠緩冷　moderate cool-down ingot
钢锭模/鋼錠模　ingot mould
钢锭模绝热板/鋼錠模絶熱板　insulating board for mould
钢锭切头切尾/鋼錠切頭切尾　crop end of ingot
钢锭热送/鋼錠熱送　hot ingot handling
钢锭退火/鋼錠退火　ingot annealing
钢锭液芯轧制/鋼錠液芯軋製　liquid core ingot rolling
钢拱支架/鋼拱　steel arch
钢管/鋼管　steel pipe, steel tube, steel tubing
钢管法兰/鋼管凸緣　steel pipe flange
钢管矫直机/直管器　pipe straightener
钢管省煤器/鋼管省煤器　steel tube economizer
钢轨/鐵軌　rail
钢轨钢/鐵軌鋼　rail steel
钢轨缓冷/鐵軌緩冷　slow cooling of rail
钢化玻璃/鋼化玻璃　toughened glass
钢化彩虹/浮法玻璃干涉紋　bloom
钢绞线/鋼絞線　steel wire strand
钢洁净度/鋼潔淨度　cleanness of steel
钢结构/鋼結構　steel construction, steel structure
钢结构计算机辅助设计/電腦輔助鋼鐵結構設計　computer-aided steelwork design
钢筋/鋼筋,鋼條　reinforced bar, steel bar
钢筋成型机/鋼筋成型機　steel bar forming machine
钢筋除锈机/鋼筋除銹機　steel bar rust cleaner
钢筋镦粗直螺纹成型机/鋼筋鍛粗直螺紋成型機　steel bar upsetting and straight thread making machine

钢筋镦头机/鋼條鍛頭機 steel bar header
钢筋钢/鋼筋用鋼 reinforced bar steel
钢筋滚轧直螺纹成型机/鋼筋滚軋直螺紋成型機 steel bar straight thread rolling machine
钢筋桁架成型机/[鋼筋]桁架成型機 girder making machine
钢筋混凝土/鋼筋混凝土 reinforced concrete, ferroconcrete
钢筋混凝土衬砌/鋼筋混凝土襯壁 reinforced concrete lining
钢筋加工机械/鋼筋加工機械 steel reinforced-bar processing machinery
钢筋冷拉机/鋼筋冷拉拉製機 steel bar cold-drawing machine
钢筋笼成型机/鋼筋籠成型機 steel bar cage making machine
钢筋螺纹成型机/鋼筋螺紋成型機 steel bar thread making machine
钢筋强化机械/鋼筋強化機械 intensification machinery for steel bar
钢筋切断机/鋼筋切斷機 reinforcing bar cutting machine
钢筋调直机/鋼筋矯直機 steel bar straightening machine
钢筋调直切断机/鋼筋矯直切斷機 reinforcing bar straightening and cutting machine
钢筋弯箍机/鋼筋彎箍機 steel stirrup bender
钢筋弯弧机/鋼筋彎弧機 steel bar hoop spiral bending machine
钢筋弯具/彎桿機 bar bender
钢筋弯曲机/鋼筋彎曲機 reinforcing bar bending machine
钢筋网成型机/鋼筋網成型機 wire-mesh making machine
钢筋锥螺纹成型机/鋼筋錐螺紋成型機 steel bar taper thread making machine
钢卷/鋼卷 steel coil, coiled steel
钢卷尺/鋼卷尺 steel tape, metal tape
钢卷夹钳/鋼卷夾鉗 coil clamp
钢壳镁砖/鋼皮鎂磚 metalcase magnesite brick
钢壳水银温度计/鋼管水銀温度計 mercury-in-steel thermometer
钢缆绞车/鋼纜絞車 cable winch
钢缆绳/鋼索 wire cable
钢缆索/索,粗纜 cable
钢缆线 /鋼[絲牽]索 guy wire
钢帘线/鋼簾線 steel cord wire
钢流脱气/鋼流脱氣 stream degassing
钢坯剪切机/小坯剪切機 billet shear
钢坯[坯料]轧机/小坯輥軋機 billet mill
钢坯轧辊/小坯軋輥 billet roll
钢坯轧制/小坯軋製 billet rolling
钢球/鋼珠 steel ball
钢球定位式喷油器/鋼球定位式噴油器 ball-located fuel injector
钢球离合器/鋼球離合器 steel ball clutch
钢球旋压/鋼球旋壓 iron shot spinning
钢球轧机/鋼球軋機 ball rolling mill
钢球轧制/鋼球軋製 steel ball rolling
钢绳冲击式钻机/鋼繩衝擊式鑽機 churn-drill rig
钢绳冲击钻机/頓鑽機,索鑽機 churn drill
钢绳芯带式输送机/鋼繩芯帶式運送機 wire cord belt conveyor
钢水/鋼水 liquid steel
钢水包/盛鋼桶,澆桶,澆斗 ladle, steel ladle
钢水包回转台/盛鋼桶回轉臺 ladle turret
钢水包起重机/澆注桶起重機 teeming ladle crane
钢水包座架/澆桶架,澆斗架 ladle chair
[钢水]成分微调/[鋼水]成分微調 composition trimming
[钢水]二次氧化/[鋼水]再氧化 reoxidation
钢水钙处理/[鋼水]鈣處理 calcium treatment of liquid steel
钢水卷渣特征数/鋼水卷渣特徵數 slag entrapment characteristic number
钢水凝固/鋼水凝固 liquid steel solidification
钢水循环流速/鋼水循環流率 circulation flow rate of molten steel
钢丝/鋼絲 steel wire, wire
钢丝挡圈/圓線扣環 roundwire snap ring
钢丝锯/線鋸 wire saw
钢丝圈/鋼絲圈 bead ring
钢丝绳/鋼絲繩,鋼絲索 wire rope
钢丝绳半牵引小车/鋼絲繩半牽引小車 semi-rope trolley
钢丝绳出绳偏角/繩索偏轉角 deflection angle of rope
钢丝绳传动斗/纜索傳動斗 cable-drawn scoop
钢丝绳防喷器/鋼索防噴器 wire line preventer
钢丝绳割刀/割索刀 rope knife
钢丝绳股/鋼索股,鋼繩股 wire rope strand
钢丝绳牵引带式输送机/鋼索帶式運送機 cable belt conveyor
钢丝绳牵引小车/纜車 rope trolley
钢丝绳伸长计/鋼索伸長計 wire rope extensometer
钢丝绳式连续墙抓斗/鋼索式連續牆抓斗設備

diaphragm walling equipment using rope-operated grabs
钢丝绳式施工升降机/繩索吊掛起重機 rope-suspended hoist
钢丝绳手扳葫芦/繩索槓桿滑車 rope lever block
钢丝绳装置/鋼繩裝置 steel rope device
钢丝绳钻机/索鑽機,頓鑽機 cable drill
钢丝刷/鋼絲刷 wire brush
钢丝锁圈/圓線扣環 round wire circlip
钢丝锁销/鋼線鎖銷 solid long cotter
钢丝网/鐵絲網 steel wire netting, steel wire mesh
钢丝网带输送机/鐵絲網帶運送機 wire-mesh belt conveyor
钢丝网分离器/篩網分離機 screen separator
钢索/鋼索,纜索,鋼絲繩 wire rope
钢索操作制动器/纜索操作剎車 cable-operated brake
钢索传动/[繩]索傳動 rope drive
钢索鼓轮/纜索卷筒 cable drum
钢索滑轮/電纜導輪 cable roller
钢索夹子/[電]纜夾 cable clamp
钢索偏心度测量仪/纜索偏心度測量儀 cable eccentricity gage
钢索钻机钻井/鋼索頓鑽 cable drilling
钢条/鋼條,條鋼,棒鋼 bar steel
钢铁/鋼鐵 iron and steel
钢铁厂/鋼廠 steel works
钢铁冶金[学]/鋼鐵冶金學 ferrous metallurgy
钢铁制造流程/鋼鐵製造過程 steel manufacturing process
钢纤维/鋼纖維 steel fiber
钢纤维混凝土/鋼纖維混凝土 steel fiber reinforced concrete
钢弦测扭仪/鋼線扭矩儀 steel wire torquemeter
钢弦应力计/鋼線應力計 wire stress-meter
钢线粒/鋼線粒 cut wire shot
钢锈/鋼銹 patina
钢液合金化/鋼液合金化 alloying of liquid steel
钢液面/鋼液面 liquid steel level
钢液脱氧反应/鋼液去氧反應 deoxidation of molten steel
钢渣包/盛渣桶 slag pot
钢渣风淬法/鋼渣風淬法 air granulating of slag
钢渣浅盘热拨法/鋼渣淺盤熱撥法 instantaneous slag chill process
钢渣水淬法/鋼渣水淬法 water granulating of slag
钢渣游离氧化钙/鋼渣游離氧化鈣 free calcium oxide
钢制锥筒式塔架/鋼製錐筒式塔架 steel conic tower
钢中非金属夹杂物/鋼中非金屬夾雜物 non-metallic inclusions in steel
钢中气体/鋼中氣體 gas in steel
钢柱塞/鋼柱塞 steel plunger
钢铸件/鋼鑄件 steel castings
钢桩/鋼樁 steel pile
钢桩帽/鋼樁帽 driving cap
缸径/缸內徑 cylinder bore diameter
缸径规/缸徑規,汽缸量規 cylinder gage, bore gage
缸内直喷[式]汽油机/缸內直噴[式]汽油機 direct-injection gasoline engine
缸数/缸數 number of cylinders
缸套拉拔器/襯缸拔具 liner puller
港口电台/港埠電臺 port station
港口监视雷达/港埠監視雷達 harbor surveillance radar
港口通用门座起重机/港埠泛用門形起重機 harbour portal crane for general use
港湾浮式起重机/港灣水上起重機 harbour floating crane
杠杆/槓桿 lever
杠杆百分表/槓桿式百分表 lever-type dial gage
杠杆比/槓桿放大比 lever amplification ratio
杠杆臂/槓桿臂 lever arm
杠杆秤/槓秤 lever scale
杠杆齿轮式测微仪/槓桿與齒輪式測微計 lever and gear type micrometer
杠杆卡规/槓桿式卡規 lever-type snap gage
杠杆开关/槓桿操縱開關 lever switch
杠杆率/槓桿臂比 leverage ratio
杠杆千分表/精細標度盤試驗指示器 fine dial test indicator
杠杆千分尺/指示分厘卡,指示測微計 indicating micrometer
杠杆式安全阀/槓桿式安全閥 lever-loaded safety valve
杠杆式百分表/槓桿式度盤指示表 lever-type dial indicator
杠杆式比长仪/槓桿式比長儀 tolerator
杠杆式测微仪/槓桿式測微計 lever-type micrometer
杠杆式测振仪/槓桿式測振儀 lever-type vibrograph
杠杆式阀/槓桿式閥 lever valve
杠杆式减压阀/槓桿式減壓閥 lever reducing valve
杠杆[式]剪切机/鱷式剪切機 crocodile shears
杠杆式千分表/槓桿式度盤指示表 stick micrometer
杠杆式天平/槓桿式天平 beam balance

杠杆式指示表/槓桿式指示表 lever-type indicator
杠杆压紧式离合器/槓桿壓緊式離合器 lever-loaded clutch
高饱和磁感软磁合金/高飽和磁感軟磁性合金 soft magnetic alloy with high saturation magnetization
高保真/高逼真度,高傳真度 high fidelity, HI-FI
高保真度彩色/高彩色 high color
高背压式机械密封/高背壓式機械密封,高背壓式機械軸封 mechanical seal with high back pressure
高倍显微镜/高倍顯微鏡 high power microscope
高比特率数字用户线/高位元速率數位用戶線路 high-bitrate digital subscriber line, HDSL
高变位齿轮副/参考中心距齒輪對 gear pair with reference center distance
高变位圆柱齿轮副/具参考中心距齒輪對 X-gear pair with reference center distance
高变位锥齿轮副/齒冠變更齒輪對 gear pair with addendum modification
高层调度/高階排程 high-level scheduling
高层兼容性/高層相容性 high layer compatibility
高层信息/高層資訊 high layer information
高差计/高差計 cathetometer
高差压力/落差壓力,高差壓 head pressure
高场畴雪崩振荡/高場域雪崩振盪 high-field domain avalanche oscillation
高场迁移率/高場移動率 high-field mobility
高抽速扩散泵/高速擴散泵 high-speed diffusion pump
高处作业吊篮/暫時安裝之吊掛設備,臨時安裝懸掛檢修裝備 temporarily installed suspended access equipment
高纯氮/高純度氮 high purity nitrogen
高纯度铁/標準純鐵 puron
高纯贵金属/高純貴金屬 high purity precious metal
高纯氧/高純度氧 high purity oxygen
高纯锗谱仪/高純度鍺譜儀 high purity germanium spectrometer
高纯锗探测器/高純度鍺檢知器 high purity germanium detector
高磁导合金/高導磁合金 permalloy
高磁导率合金/高導磁率合金 high permeability alloy
高次模/高次[振盪]模 higher-order mode
高带宽/高帶寬 high bandwidth
高导磁铁镍合金/高導磁鐵鎳合金 hipernik
高低通滤波器/帶通濾波器 low-and-high pass filter
高低温试验箱/高低温試驗箱 high-low temperature test chamber
高低限值/高低限值 high-low limit
高低压控制器/高低壓控制器 dual-pressure controller
高电动势电位差计/高電動勢電位差計 high e.m.f. potentiometer
高 Q 电感器/高 Q 電感 high Q inductor
高电平有效/高[電平狀]態有效 active high
高电平状态特性/高電平狀態特性 high-state characteristic
高[电]压/高電壓 high voltage
高[电]压连接器/高電壓連接器 high voltage connector
高[电]压试验/高壓試驗 high voltage test
高[电]压试验设备/高電壓試驗設備 high voltage testing equipment
高电子迁移率场效晶体管/高電子遷移率場效電晶體 high electron mobility transistor, HEMT
高电阻/高電阻 high resistance
高电阻桥/高電阻電橋 high-resistance bridge
高度/高度 height
高度表/高度表,測高儀,高度指示計 altimeter
高度测量/高度量測,仰角量測 elevation measurement
高度计/高度表,高度指示器,高度規 altitude meter, height gage, height indicator
高度计算机/高度計算機 elevation computer
高度记录仪/高度記録儀 altigraph
高度空穴效应/高度空穴效應 altitude-hole effect
高度平衡树/高度平衡樹 height-balanced tree
高度调整/畫高控制,高度控制 height control
高度系列/高度系列 height series
高度游标卡尺/高度游標卡尺 height vernier calliper
高度指示器/高度指示器 height indicator
高端/高層次 high-end
高端存储块/上層記憶體區塊 upper memory block
高端通用芯片/高端通用晶片 high-end general chip
高端字节序/大在前排列法 big-endian
高钒渣/高釩渣 vanadium slag
高分辨力系统/高解析度系統 high-resolution system
高分辨率版/高分辨率版 high resolution plate, HRP
高分辨率成像光谱仪/高分辨率成像分光計 high resolution imaging spectrometer, HIRIS
高分辨率探测器/高分辨率檢知器 high-resolution detector
高分辨能力/高解析度 fine resolution
高分辨探测器/高分辨率檢知器 high-resolution

detector
高分辨质谱计/高解析度質譜儀 high-resolution mass spectrometer
高风温/高風溫 high blast temperature
高峰负荷/尖峰負荷 peak load
高峰时[间]/忙時,繁忙小時 busy hour
高峰信号放大器/尖峰訊號放大器 peak-pass amplifier
高复激发电机/高複激發電機 overcompound generator
高副/高對 higher pair
高副机构/高對機構 higher pair mechanism
高镉锌/高鎘鋅 zinc-cadmium alloy
高铬耐热铸铁/高鉻耐熱鑄鐵 high-chromium heat resisting cast iron
高铬砖/高鉻磚 high-chrome brick
高功率放大器/高功率放大器 high power amplifier, HPA
高功率滤波器/高功率濾波器 high power filter
高功率因数变压器/高功率因數變壓器 high power factor transformer
高功率振荡器/高功率振盪器 high power oscillator
高固分涂料/高固分塗料 high solid coating
高光/高光 high light
高硅光纤/高矽光纖 high silica fiber
高硅铝合金/矽鋁明 silumin
高硅生铁/高矽生鐵 silvery pig iron
高硅铸铁/高矽鑄鐵 high silicon cast iron
高硅砖/高矽磚 high siliceous brick
高轨道地球卫星/高軌道地球衛星 high elliptical orbit satellite, HEOS
高轨道地球卫星通信/高地球軌道通訊 high elliptical orbit communication
高寒地区矿床开采/高寒地區採礦 mining in severe cold district
高合金钢/高合金鋼 high alloy steel
高级/高階 high-level
高级乘用车/高級轎車 pullman saloon
高级钢/高級鋼 high-grade steel
高级加密标准/先進加密標準 advanced encryption standard
高级佩特里网/高階佩特里網,高階 Petri net high-level Petri net
高级配电自动化/先進配電自動化 advanced distribution automation
高级事务模型/先進事務模型 advanced transaction model
高级数据链路控制/高階資料鏈控制配接器,高階資料鏈路控制 high-level data link control, HDLC
高级数据通信控制规程/高等資料通訊控制程式 advanced data communication control procedure, ADCCP
高级相变/高階相變 high order phase transition
高级移动电话系统/進階行動電話系統 advanced mobile phone system, AMPS
高级优质铸铁/強力鑄鐵 high duty cast iron
高级语言/高階語言 high-level language
高级语言计算机/高階語言計算機 high-level language computer
高级智能网/進階智慧型網路 advanced intelligent network, AIN
高级铸铁/高級鑄鐵 high class cast iron, high-grade cast iron
高架磁选机/高架磁選機 overhead magnetic seperator
高架单轨/高架單軌 overhead monorail
高架集装箱轮胎起重机/移動式貨櫃起重機 mobile container crane
高架设备室/高架機房 elevated equipment room
高碱度烧结矿/高鹼度燒結礦 super fluxed sinter
高件轧制/厚坯軋製 rolling of thick rolled-piece
高浇注速度/高澆注速度 high casting rate
高阶电路/高階電路 high order circuit
高阶光孤子/高階光固子 higher order soliton
高阶合成/高階合成 higher order synthesis
高阶路径曲率/高階路徑曲率 higher order path curvature
高阶逻辑/較高階邏輯 higher order logic
高阶模/高階模,高次[振盪]模 high order mode
高阶系统/高次系統 higher order system
高阶语言/高階語言 high order language
高精度机床/高精度工具機 high precision machine tool
高径比/高徑比,細長比 ratio of height to diameter, slenderness ratio
高可信网络/高可信網路 high credibility network, HCN
高可用计算机/高可用電腦 high-availability computer
高可用性集群/高可用性叢集多處理 high-availability cluster
高空风力发电机/高空風力發電機 high-altitude wind turbine generator
高空平台电信系统/高空平臺電訊系統 high-altitude platform station, stratospheric telecommunication system, HAPS

高空试验室/高度模擬室 high-altitude test chamber
高空作业车/高空作業車,車載移動式昇降工作平臺 hydraulic aerial cage, vehicle-mounted mobile elevating work platform
高空作业平台/高空作業平臺 aerial work platform
高宽比/寬高比 aspect ratio
高拉速连铸机/高拉速連鑄機 high casting speed caster
高拉碳操作法/高拉碳操作法 high-carbon turndown practice
高栏板货箱/高欄板貨箱 high-gate cargo body
高量注射/高量注入 high injection
高磷生铁/高磷生鐵 phosphoric pig iron, high phosphorus pig iron
高灵敏度电流计/高靈敏度電流計 high sensitivity galvanometer
高灵敏度检测器/高靈敏度檢知器 high sensitivity detector
高灵敏度解调器/高靈敏度解調器 high sensitivity demodulator
高岭石/高嶺石 kaolinite
高岭土/高嶺土 kaolin
高硫钢/高硫鋼 sulphur steel
高炉/高爐,鼓風爐 blast furnace, BF
高炉边沿气流/高爐邊沿氣流 blast furnace peripheral flow, BF peripheral flow
高炉操作/高爐操作 blast furnace operation, BF operation
高炉出铁/高爐出鐵 blast furnace tapping, BF tapping
高炉出渣/高爐出渣 BF slag flushing
高炉初渣/高爐初渣 primary slag in BF
高炉低硅操作/高爐低矽操作 BF low silicon operation
高炉堵渣机/高爐堵渣機 BF botting machine
高炉放风阀/高爐放風閥 BF snorting valve
高炉放散阀/高爐放散閥 blow-off valve of BF
高炉放散管/高爐放散管 BF bleeder
高炉风口/高爐風口 BF tuyere
高炉风量/鼓風量 blast volume
高炉风温/高爐風温 blast temperature
高炉封炉/高爐封爐 BF furnace banking
高炉高压操作/高爐高壓操作 high top pressure practice of BF
高炉工作容积/高爐工作容積 working volume of BF
高炉鼓风/高爐鼓風 blast furnace blowing
高炉鼓风动能/高爐鼓風動能 blast momentum of blast furnace
高炉鼓风机/高爐鼓風機 blast furnace blower
高炉鼓风湿度/高爐鼓風濕度 blast humidity
高炉烘炉/高爐烘爐 furnace drying to dry a blast furnace
高炉还原剂/高爐還原劑 blast furnace reductant
高炉灰/高爐灰 blast furnace dust
高炉焦炭/高爐煤焦,鼓風煤焦 blast furnace coke
高炉均压阀/高爐均壓閥 BF equalizing valve
高炉冷却水/高爐冷却水 blast furnace cooling water
高炉炼铁/高爐煉鐵 blast furnace process, BF iron-making
[高炉]料钟/[高爐]料鐘 bell, charging bell
高炉硫负荷/高爐硫負荷 sulfur load in BF
[高炉]炉尘/高爐爐塵 dust of blast furnace
高炉炉衬长寿技术/高爐爐襯長壽技術 long-life blast furnace lining
高炉炉底/高爐爐底 BF bottom
高炉炉顶布料/高爐爐頂布料 stock distribution at blast furnace top
高炉炉顶装料设备/高爐爐頂裝料設備 BF top charging equipment
高炉炉腹/高爐爐腹 BF bosh
高炉炉腹角/高爐爐腹角 BF bosh angle
高炉炉缸/高爐爐缸 BF hearth
高炉炉喉/高爐爐喉 BF throat
高炉炉况/高爐爐況 blast furnace condition
高炉炉况向凉/爐況轉涼 furnace cooling down of BF running
高炉炉料/高爐爐料 blast furnace burden, burden
高炉炉身/高爐爐身 BF shaft
高炉炉型/高爐爐型 blast furnace profile, BF profile
高炉炉腰/高爐爐腰 BF belly
高炉炉渣水泥/爐渣水泥 blast furnace slag cement
高炉煤气/高爐氣 blast furnace gas
高炉煤气净化/高爐氣淨化 blast furnace gas cleaning
高炉煤气利用率/高爐氣利用率 gas utilization in BF
高炉锰铁/高爐錳鐵 blast furnace ferromanganese
高炉内煤气流分布/高爐內煤氣流分布 gas distribution in BF
[高炉内]逆流过程/[高爐內]逆流過程 counter-current process in BF
高炉内压差/高爐內壓差 pressure drop in BF
[高炉内]预热区/[高爐內]預熱區 preheating zone

in blast furnace

[高炉内]直接还原区/[高爐内]直接還原區 direct reduction zone

高炉配料计算/高爐配料計算 blast furnace burden calculation

高炉喷补/高爐噴補 spray repair of BF

高炉喷吹/高爐噴吹 injection into blast furnace

高炉喷煤[粉]/高爐噴煤[粉] pulverized coal injection, PCI

高炉喷油/高爐噴油 BF oil injection

高炉皮带机上料/高爐皮帶機上料 BF belt conveyer charging

高炉撇渣器/高爐撇渣器 BF skimmer

高炉区域热衡算/高爐區域熱衡算 blast furnace regional heat balance

高炉燃烧带/高爐燃燒帶 combustion zone in BF

高炉热风/高爐熱風 hot blast

高炉热风压力/高爐爐頂煤氣壓力 blast pressure

高炉热风总管/高爐熱風總管 BF hot blast main

高炉热平衡/高爐熱平衡 blast furnace heat balance

高炉容积利用系数/高爐容積利用係數 blast furnace productivity, production rate of BF

高炉[上部]结瘤/高爐[上部]結瘤 scaffolding

高炉上升管/高爐上昇管 BF gas uptake

高炉寿命/高爐壽命 blast furnace campaign

高炉水渣/高爐水渣 granuled slag

高炉顺行/高爐順行 BF smooth running

高炉送风制度/高爐送風制度 blast regime of blast furnace

高炉炭砖/高爐碳磚 carbon block for blast furnace

高炉陶瓷杯/高爐陶瓷杯 ceramic pad of BF hearth

高炉铁口/高爐鐵口 iron notch, BF tap hole

高炉停炉/高爐停爐 blow down of blast furnace, BF blow out

高炉脱硫/高爐脱硫 desulphurization in blast furnace

[高炉]瓦斯泥/[高爐]瓦斯泥 slurry of blast furnace

高炉无钟炉顶/高爐無鐘爐頂 bell-less BF top, bell-less top of blast furnace

高炉物料平衡/高爐物料平衡 material balance of blast furnace

高炉洗炉/高爐洗爐 BF slugging

高炉[下部]结瘤/高爐結瘤 scabbing, scabs

高炉休风率/高爐休風率 BF delay rate

高炉悬料/高爐懸料 BF hanging

高炉冶炼/高爐冶煉 blast furnace smelting

高炉冶炼周期/高爐冶煉週期 burden residence time in blast furnace

高炉有效容积/高爐有效容積 effective volume of BF, effective inner volume of BF

高炉造渣制度/高爐造渣制度 slag-making regime of BF

高炉渣口/高爐渣口 cinder notch, BF slag notch

[高炉]渣口/[高爐]渣口 cinder monkey

高炉渣流动性/高爐渣流動性 fluidity of blast furnace slag

高炉渣熔化温度/高爐渣熔化温度 fusion temperature of BF slag

高炉中心气流/高爐中心氣流 BF central flow

高炉终渣/高爐終渣 hearth slag

高炉专家系统/高爐專家系統 blast furnace expert system

高炉装料制度/高爐裝料制度 charging regime of blast furnace, BF charging cycle

高铝矾土熟料/高鋁礬土熟料 calcined bauxite

高铝质耐火材料/高鋁耐火材料 high alumina refractory

高铝砖/高[氧化]鋁磚 high alumina brick

高脉波覆送率雷达/高脈波覆送率雷達 high pulse repetition frequency radar, high-PRF radar

高锰钢/高錳鋼,哈得非錳鋼 high manganese steel, Hadfield steel

高锰钢铸件/高錳鋼鑄件 high manganese steel castings

高密度/高密度 high density

高密度等离子体/超致密電漿 high density plasma

高密度电流电解/高密度電流電解 high-density electrolysis

高密度软盘/高密度磁片 high-density diskette

高密度双极[性]码/高密度雙極碼 high-density bipolar code

高密度钨合金/高密度鎢合金 high-density tungsten alloy

高密度装配/高密度組合 high-density assembly

高能成形/高能率成形,高能成形法 high energy rate forming

高能等离子体/帶能電漿 energetic plasma

高能电子衍射仪/高能電子繞射儀 high electron energy diffractometer

高能级余热/高能級廢熱 high exergy waste heat

高能加速器/高能加速器 high energy accelerator

高能粒子谱仪/高能粒子譜儀 high energy particle spectrometer

高能 X 射线仪/高能 X 射線儀,西格馬加速器 sigmatron

高能束流焊接/高能束流焊接 high energy density beam welding
高能束热处理/高能束熱處理 high energy heat treatment
高黏度沥青喷洒机/高黏度瀝青噴灑機 high-viscosity binder spreader
高黏土铸砂/高黏土鑄砂 loamy sand
高镍锍/高鎳鋶 high nickel matte
高镍锍浇铸/高鎳鋶澆鑄 high nickel matte casting
高浓度胶结充填/高濃度膠結充填 high-density consolidated fill
高膨胀钢/高膨脹鋼 high expansion steel
高膨胀合金/高膨脹合金 alloys with high expansion
高偏心轨道卫星/高偏心軌道衛星 highly excentric orbit satellite, HEOS
高频/高頻[率] high frequency, HF
高频变压器/高頻變壓器 high frequency transformer
高频补偿/高頻補償,高頻部分昇高 high frequency compensation, high boost
高频测向器/高頻測向器 high frequency direction finder
高频传输线/高頻傳輸線 high frequency transmission line
高频磁发电机/高頻磁電機 high frequency magneto
高频等离子喷涂/高頻感應電漿噴塗 high frequency induction plasma spraying
高频滴定[法]/高頻滴定[法] high frequency titration
高频电流/高頻電流 high frequency current
高频电流表/高頻安培計 high frequency ammeter
高频[电]炉/高週波電爐,高週率電爐 high frequency furnace
高频电容/高頻電容 high frequency capacitance
高频电压/高頻電壓 high frequency voltage
高频电阻/高頻電阻 high frequency resistance
高频电阻焊/高頻電阻焊接 high frequence upset welding
高频电阻焊机/高頻電阻焊接機 high frequency resistance welding machine
高频二极溅射/高頻二極濺射 high frequency diode sputtering
高频发电机/高頻發電機 high frequency generator
高频发生器/高頻發生器 high frequency generator
高频放大器/高頻放大器,無線電放大器 high frequency amplifier, radio amplifier
高频放电/高頻放電 high frequency discharge
高频分析/高頻分析 high frequency analysis
高频干扰/高頻干擾 high frequency interference
高频干燥/高週波乾燥,高頻率乾燥,高週率乾燥 dielectric dry
高频感应炉/高頻感應爐 high frequency induction furnace
高频功率/高頻功率 high frequency power
高频火花电离/高頻火花游離 high frequency spark ionization
高频火花检漏器/高頻火花檢漏器 high frequency spark leak detector
高频火花检漏仪/高頻火花檢漏儀 high frequency spark leak detector
高频加热/高頻加熱 high-frequency heating
高频建模技术/高頻模式化技術,高頻塑模型技術 high frequency modeling technique
高频交易/高頻交易 high frequency trading
高频接收机/高頻接收器 high frequency receiver
高频连接器/高頻連接器 high frequency connector
高频脉动/高頻振動,高頻抖動 dither
高频扭转疲劳试验机/高頻扭轉疲勞試驗機 high frequency torque fatigue tester
高频喷涂/高頻感應噴塗 high frequency induction spraying
高频谱计/射頻譜儀 radio frequency spectrometer
高频散射/高頻散射 high frequency scattering
高频砂芯干燥炉/高週波砂心乾燥爐 high frequency core drying stove
高频衰减/高頻率衰減 high frequency roll-off
高频天线/高頻天線 high frequency antenna
高频通信/高頻通訊,短波通訊 high frequency communication, shortwave communication
高频[同步]质谱仪/同步質譜儀,高頻質譜儀,回旋質譜儀 mass synchrometer, omegatron
高频瓦特计/高頻瓦特計 high frequency wattmeter
高频微伏表/高頻微伏計 high frequency microvoltmeter
高频响应/高頻響應 high frequency response
高频优先词/高頻優先詞 priority of the high frequency word
高频振荡器/高頻振盪器 high frequency oscillator
高频振动/高頻振動,高頻抖動 high frequency vibration, dither
高频[字词]先见/高頻[字詞]優先 priority of high frequency words
高频阻抗分析仪/高頻阻抗分析儀 high frequency impedance analyzer
高品位矿石/高品位礦 high grade ore
高品位铁矿/高品位鐵礦 high grade iron ore

高品质因数/高品質因數 high quality factor, high Q
高铅渣/高鉛渣 primary slag
高强度低合金钢/高強度低合金鋼 high strength low-alloy steel
高强度低膨胀合金/高強度低膨脹合金 high strength low expansion alloy
高强度钢/高強度鋼,高拉力鋼 high strength steel, high tension steel
高强度黄铜/高強度黄銅,高拉力黄銅 high strength brass, high tensile brass
高强度钛合金/高強度鈦合金 high strength titanium alloy
高强度铸铁/高強度鑄鐵,高拉力鑄鐵 high strength cast iron, high tension cast iron
高倾角/高傾角 high dip
高清晰度电视/高清晰度電視,高精度電視 high definition television, HDTV
高热敏双金属/高敏感熱雙金屬 highly sensitive thermo-bimetal
高色差透镜/多色差透鏡 hyperchromatic lens
高铈化合物/鈰化合物 ceric compound
高数据速率/高資料率 high data rate, HDR
高双折射性光纤/高雙折射性光纖 high birefringence fiber
高水固化胶结充填/高水固化膠結充填 high-water rapid-solidification consolidated fill
高水头混流式水轮泵/高水頭混流式水輪泵 high-head mixed-flow water-turbine pump
高水头轴流式水轮泵/高水頭軸流式水輪泵 high-head axial-flow water-turbine pump
高斯/高斯 gauss, G
高斯白噪声/高斯白雜訊 white Gaussian noise, WGN
高斯单位制/高斯[單位]制 Gauss system of units, Gaussian system
高斯定理/高斯定理 Gauss theorem
高斯定律/高斯定律 Gauss law
高斯法/高斯法 Gauss method
高斯方程/高斯方程 Gauss equation
高斯分布/高斯分布 Gauss distribution, Gaussian distribution
高斯过程/高斯過程 Gaussian process
高斯计/高斯計,磁強計 Gaussmeter
高斯近似/高斯近似[法] Gaussian approximation
高斯密度/高斯密度 Gaussian density
高斯描述函数/高斯描述函數 Gaussian describing function
高斯目镜/高斯目鏡 Gaussian ocular
高斯频移键控/高斯頻移鍵控 Gaussian frequency-shift keying, GFSK
高斯求积法/高斯積分法 Gaussian integration method
高斯曲率逼近/高斯曲率近似 Gaussian curvature approximation
高斯束/高斯束 Gaussian beam
高斯随机噪声/高斯隨機雜訊 Gaussian random noise
高斯误差/高斯誤差 Gaussian error
高斯误差曲线/高斯誤差曲線 Gaussian error curve
高斯线型/高斯線形 Gaussian lineshape
高斯响应/高斯響應 Gaussian response
高斯信道/高斯通道 Gaussian channel
高斯噪声/高斯雜訊 Gaussian noise
高斯最小频移键控/高斯最小頻移鍵控 Gaussian minimum frequency-shift keying, GMSK
高速本地网/高速區域網路 high-speed local network, HSLN
高速泵/高速泵 high-speed pump
高速部分流泵/高速部分流泵 high-speed partial emission pump
高速充电/高速充電 fast charge
高速锤/高能率鍛錘 high energy rate forging hammer
高速锤锻模/高速錘鍛模 high-speed hammer forging die
高速脆性/高速脆性 high velocity brittleness
高速带/高速帶 hyper tape
高速电镀/高速電鍍 high-speed electrodeposition
高速电路交换数据业务/高速電路交換資料業務 high-speed circuit-switched data, HSCSD
高速电梯/高速電梯 high-speed elevator
高速断路器/高速斷路器 high-speed circuit breaker
高速锻造/高速鍛造 high velocity forging process
高速分组/高速分封,高速封包 high-speed packet
高速分组交换数据/高速封包交換資料 high-speed packet-switched data, HSPSD
高速分组数据/高速封包資料 high rate packet data, HRPD
高速风力机/高速風力機 high-speed wind turbine
高速钢/高速鋼 high-speed steel
高速钢刀条/高速鋼刀尖塊 high-speed steel tool bit
高速鼓风机/高速鼓風機 high-speed blower
高速缓冲存储器/高速緩衝記憶體,快取 cache
高速缓存冲突/高速緩衝記憶體衝突 cache conflict
高速缓存共享/快取記憶體共享 cache memory

sharing
高速缓存块/快取記憶體區塊 cacheline
高速缓存块替换/快取區塊替換 cache block replacement
高速缓存目录/快取記憶體目録 cache directory
高速缓存缺失/快取未中 cache miss
高速缓存一致非均匀存储器访问/快取一致非均勻記憶體存取 cache coherent non uniform memory access
高速缓存一致性/高速緩衝記憶體結合 cache coherence
高速缓存一致性协议/高速緩衝記憶體結合協定 cache coherence protocol
高速回正性能试验/高速回正性能試驗 high-speed returnability test
高速挤压/高速擠壓 high-speed extrusion
高速记忆器/高速記憶器 high-speed memory device
高速继电器/高速電驛,快速繼電器 high-speed relay, fast relay
高速接口/高速介面 high-speed interface
高速卷扬机/高速卷揚機 high-speed winch
高速扩散泵/高速擴散泵 high-speed diffusion pump
高速[冷冻]离心机/高速[冷凍]離心機 high-speed refrigerated centrifuge, high-speed centrifuge
高速率数字用户线/高位元速率數位用户線路 high-bitrate digital subscriber line, HDSL
高速率直接序列扩频/高速率直接序列散譜 high-rate direct sequence spread spectrum
高速磨煤机/高速磨煤機 high-speed pulverizer
高速平衡机/高速平衡機 high-speed balancing machine
高速热镦机/高速熱成型機 high-speed hot former
高速摄影术/高速攝影術 high-speed photography
高速示波器/高速示波器 high-speed oscilloscope
高速[突发]通信量/叢發性業務,叢發性訊務 bursty traffic
高速涡流混砂机/渦輪盤混砂機 turbo disc mixer
高速无扭线材轧机/高速無扭線材軋機 high-speed non-twist wire rod mill
高速下行链路分组接入/高速下行鏈路封包接入 high-speed downlink packet access, HSDPA
高速线材轧机/高速線材軋機 high-speed wire rod mill
高速照相机/高速照相機 high-speed camera
高速总线/高速匯流排 high-speed bus
高钛钾型焊条/高鈦鉀型焊條 high titania potassium electrode
高钛钠型焊条/高鈦鈉型焊條 high titania sodium electrode
高钛渣/高鈦渣 titanium-rich slag
高弹性合金/高彈性合金 high elastic alloy
高弹性摩擦片/高彈性摩擦板 elastomer friction plate
高弹性铜合金/高彈性銅合金 high elastic copper alloy
高碳钢/高碳鋼 high carbon steel
高碳铬铁/高碳鉻鐵 high carbon ferrochromium
高碳锰铁/高碳錳鐵 high carbon ferromanganese
高梯度磁选机/高梯度磁選機 high gradient magnetic separator
高梯度电选机/高梯度電選機 high gradient electrostatic separator
高通滤波/高通濾波 high-pass filtering
高通滤波器/高通濾波器 high-pass filter, high peaker
高通信号/高通訊號 high-pass signal
高维索引/高維索引 high-dimensional indexing
高位法兰安装式喷油泵/高位凸緣安裝式噴油泵 high flange-mounted fuel injection pump
高位拖牵索道/高表面昇降機 high-surface lift
高位仪表板/高位儀表板 overhead console
高温/昇高温度 elevated temperature
高温铂电阻温度计/高温鉑電阻温度計 high temperature platinum resistance thermometer
高温测量器/過熱卡計 superheating calorimeter
高温传感器/高温感知器 pyrosensor
高温淬火/高温淬火 hot quenching
高温等离子体/高温電漿 high-temperature plasma
高温电炉/高温爐 muffle furnace
高温阀门/高温閥[門] high-temperature valve
高温反应堆/高温反應器 high-temperature reactor
高温分解/熱裂解 pyrolysis
高温分离器/高温分離器 high-temperature separator
高温干馏/高温乾餾 high temperature carbonization
高温光谱仪/光譜高温計,分光高温計 spectropyrometer
高温合金/超合金 superalloy
高温恒弹性合金/高温恆彈性合金 high temperature constant elastic alloy
高温回火/高温回火 high-temperature tempering
高温挤压/高温擠壓 high-temperature extruding
高温计/高温計 pyrometer
高温计灯泡/高温計燈泡 pyrometer lamp
高温金相显微镜/高温金相顯微鏡 high temperature metallurgical microscope

高温连接器/高溫連接器 high-temperature connector
高温耐火砖/高溫耐火磚 highly refractory brick
高温耐蚀铅锡黄铜/巴鲁尼黄銅 barronia
高温黏度计/高溫黏度計 high-temperature viscometer
高温疲劳/高溫疲勞 high-temperature fatigue
高温气相色谱法/高溫氣相層析法 high-temperature gas chromatography
高温器/高溫器 pyrotron
高温强度/高溫強度 hot strength
高温清洗机/高溫清洗機 high-temperature cleaning machine
高温烧结/高溫燒結 high sintering
高温设备/高溫裝置 high-temperature device
高温渗碳/高溫滲碳 high-temperature carburizing
高温试验/高溫試驗 high-temperature test, hot test
高温试验机/高溫試驗機 high-temperature testing machine
高温试验箱/高溫試驗箱 high-temperature test chamber
高温碳化/高溫碳化 high-temperature carbonization
高温天平/熱天平 thermobalance
高温温度计/高溫溫度計 high-temperature thermometer
高温冶金过程/高溫冶金法,火法冶金法 pyrometallurgical process
高温应变计/高溫應變計 high-temperature strain gage
高温装置/高溫裝置 high-temperature device
高纤维钾型焊条/高纖維鉀型焊條 high cellulose potassium electrode
高纤维钠型焊条/高纖維鈉型焊條 high cellulose sodium electrode
高效薄层色谱仪/高性能薄層分析儀 high-performance thinlayer chromatograph
高效窗口/高效視窗 high-efficiency window
高效反向挤压/高效反向擠壓 high-efficient indirect extrusion
高效钢材/高效鋼材 high-effective steel product
高效过滤器送风口/高效率空氣微粒篩檢程式 high-efficiency particulate air filter, HEPA filter unit
高效 GAX 回热循环氨吸收式机组/高效 GAX 氨吸收循環式回熱機組 GAX efficient ammonia-absorption-cycle heat recovery unit
高效矫直机/HPL 矯直機 high performance leveler, HPL
高效空气过滤器/高效率空氣微粒篩檢程式 high-efficiency particulate air filter, HEPA filter
高效空气微粒过滤器/高效率粒子空氣濾器 high efficiency particulate air filter
高效连铸/高效連鑄 high efficiency continuous casting
高效能计算机/高效能電腦 high-productivity computer
高效浓缩机/高效濃縮機 high capacity thickener
高效液相色谱仪/高性能液相層析儀,高性能液相色析分析器 high-performance liquid chromatograph
高效中继线/高效中繼線 high-usage trunk
高性能/高效能 high-performance
高性能计算/高效能計算 high-performance computing
高性能计算和通信/高效能計算及通訊 high-performance computing and communication
高性能计算机/高效能計算機 high-performance computer
高性能计算集群/高性能計算叢集 high-performance computing cluster
高性能文件系统/高效能檔案系統 high-performance file system
高选/高選 select-high
高循环疲劳/高週疲勞 high cycle fatigue
高压安培计/高[電]壓安培計 high-tension ammeter
高压泵/高壓泵 high-pressure pump
高压变压器/高壓變壓器 high-tension transformer
高压标准电容器/高壓標準電容器 high voltage standard capacitor
高压表/高壓計 high-pressure gage
高压操作/高壓操作 high top gas pressure operation
高压磁电机/高[電]壓磁電機 high-tension magneto
高压灯/高壓燈 high-pressure lamp
高压电弧/高壓[電]弧 high voltage arc
高压电流计/高[電]壓安培計 high-tension ammeter
高压电桥/高壓電橋 high voltage bridge
高压电容器/高[電]壓電容器 high-tension condenser
高压电压表/高壓伏特計 high-tension voltmeter
高压电泳/高[電]壓電泳 high voltage electrophoresis
高压电源/高[電]壓電源,高壓電源供應器 high voltage power supply, HVPS
高压电子显微镜/高壓電子顯微鏡 high voltage electron microscope
高压电阻器/高壓電阻 high voltage resistor
高压发生器/高壓發生器 high-pressure generator

高压阀[门]/高壓閥 high-pressure valve
高压反应器/高壓反應器 high-pressure reactor
高压釜/高壓釜,密蒸器,加壓處理器 autoclave
高压高炉/高壓高爐 high-pressure blast furnace
高压汞灯/高壓汞燈 high-pressure mercury lamp
高压供油泵/高壓供給泵 high-pressure supply pump
高压管/高壓管 high-pressure tube
高压管汇/高壓歧管 high-pressure manifold
高压罐还原法/密封還原法 bomb reduction
高压罐量热计/高壓罐量熱計,彈式卡路里計 bomb calorimeter
高压罐溶解法/高壓罐溶解法 high-pressure tank dissolution process
高压硅堆/高壓矽堆疊 high voltage silicon stack
高压辊磨机/高壓輥磨機 high-pressure roller grinding
高压锅炉/高壓鍋爐 high-pressure boiler
高压锅炉管/高壓鍋爐管 high-pressure boiler tube
高压计数管/高壓計數器 high-pressure counter
高压加热器/高壓給水加熱器 high-pressure feed water heater
高压浸溶器组/高壓浸溶器組 autoclave line
高压开关/高壓開關 high-voltage switch
高压开关装置/高壓開關裝置 high voltage switching device
高压可调谐二氧化碳激光器/高壓可調波長二氧化碳雷射 high-pressure tunable CO_2 laser
高压力电离真空计/高壓力電離計 high-pressure ionization gage
高压沥青喷洒机/高壓瀝青噴灑機 high-pressure binder spreader
高压炉顶/高壓爐頂 high top pressure operation
高压灭菌器/高壓滅菌器 high-pressure sterilizer
高压氖管/高[電]壓氖管 high-tension neon tube
高压旁路系统/高壓旁路系統 high-pressure bypass system
高压旁路系统容量/高壓旁路[系統]容量 capacity of high-pressure bypass system
高压配电盘/高[電]壓分電器 high-tension distributor
高压配电器/高[電]壓分電器 high-tension distributor
高压喷漆装置/高壓塗裝單元 high-pressure painting unit
高压气驱/高壓氣驅法 high-pressure gas drive
高压气体容器/[氣體]鋼瓶 gas cylinder
高压气相色谱法/高壓氣相層析術 high-pressure gas chromatography
高压汽轮机/高壓汽輪機 high-pressure steam turbine
高压清洗机/高壓清洗機 high-pressure cleaning unit
高压绕组/高壓繞組 high-voltage winding
高压容器/高壓容器 high-pressure vessel
高压式除氧器/高壓除氣器 high-pressure deaerator
高压水射流/高壓噴水 high-pressure water jet
高压送风系统/高壓通風系統 high-pressure ventilating system
高压探头/高壓探頭,高壓探計 high-voltage probe
高压调节阀/高壓調節閥 septum valve for pressure controlling
高压透平/高壓渦輪機 high-pressure turbine
高压透平膨胀机/高壓膨脹式渦輪機 high-pressure expansion turbine
高压涡轮增压器/高壓渦輪增壓器 high-pressure turbocharger
高压无气喷涂/無氣噴塗 airless spraying
高压压气机/高壓壓縮機 high-pressure compressor
高压压缩机/高壓壓縮機 high-pressure compressor
高压氧化/高壓氧化 high-pressure oxidation
高压液相色谱仪/高壓液相層析儀 high-pressure liquid chromatograph
高压永磁发电机/高[電]壓磁電機 high-tension magneto
高压油管/高壓燃油噴射管 high-pressure fuel injection pipe
高压油管部件/高壓油管組合,高壓燃油噴射組合 high-pressure fuel injection pipe assembly, high-pressure fuel pipe assembly
高压油管用复合管/高壓油管用複合管 composite tube for high-pressure fuel
高压油管用无缝复合管/高壓油管用無縫複合管 seamless composite tube for high-pressure fuel
高压油管用有缝复合管/高壓油管用有縫複合管 seamed composite tube for high-pressure fuel, wrapped tube for high-pressure fuel
高压油管组件/高壓油管組件 assembled pipe set
高压诱导器/高壓感應單元 high-pressure induction unit
高压云腔/高壓[雲]霧腔 high-pressure cloud chamber
高压造型/高壓造型 high-pressure molding
高压造型法/高壓造模法 high-pressure molding
高压造型机/高壓造型機 high-pressure molding machine

高压蒸汽灭菌器/熱壓滅菌器 autoclave sterilizer
高压整流器/高[電]壓整流器 high voltage rectifier
高压直流电/高壓直流電 high voltage direct current, HVDC
高压注射器/高壓注射器 high-pressure syringe
高压阻尼线/高壓阻尼線 anti-interference ignition cable
高硬度钢/高硬度鋼 glass hard steel
高优先级/高優先等級 high-priority
高优先级中断/高優先等級中斷 high-priority interrupt
高阈逻辑/高閾邏輯 high threshold logic, HTL
高增益放大器/高增益放大器 high-gain amplifier
高真空/高真空 high vacuum
[高真空]保压泵/維持泵 high vacuum pressure retaining pump
高真空泵/高[度]真空泵 high vacuum pump
高真空电子束焊接设备/高真空電子束焊接設備 high vacuum electron beam welding plant
高真空阀/高真空閥 high vacuum valve
高真空计/高真空壓力計 high vacuum gage
高真空扩散泵/高真空擴散泵 high vacuum diffusion pump
高真空炉/高真空電爐 high vacuum furnace
高真空整流器/高真空整流器 high vacuum rectifier
高质量因数/高品質因數 high quality factor, high Q factor
高中效空气过滤器/高效篩檢程式 high-efficiency filter
高中压缸联合起动/高中壓缸混合起動 hybrid start-up of high-medium pressure cylinder couplet
高周疲劳/高頻疲勞 high-cycle fatigue
高周疲劳断裂/高頻疲勞 high-cycle fatigue fracture
高转速气扳机/高速氣沖扳手 high-speed pneumatic impact wrench
高准确度/高準確度 high accuracy
高阻表/絶緣電阻計 insulation resistance meter
高阻电压表/高阻伏特計 high resistance voltmeter
高阻计/[測]高阻計 megger
高阻抗电压探头/高阻抗電壓探頭 high impedance voltage probe
高阻抗放大器/高阻抗[式]放大器 high-impedance amplifier
高阻抗接收机前级/高阻抗接收機前級 high-impedance receiver front end
高阻尼钛合金/高阻尼鈦合金 high damping titanium alloy
高阻尼仪表/高減振設備 highly damped instrument
膏剂渗碳/膏劑滲碳 paste carburizing
膏体充填/膏體充填 paste fill
膏体渗硼剂/膏體滲硼劑 boronizing paste
膏体渗碳剂/膏體滲碳劑 carburizing paste
镐钎/鎬桿 pick rod
告警/警報信號,警鈴,警報機 alarm, alerting
告警灯/警示燈 guard lamp
告警监视/警告監視 alarm surveillance
告警指令/警告指令 alarm command
告警指示信号/警告指示訊號 alarm indication signal, AIS
告警状态/警告狀態 alarm status
锆/鋯 zirconium
锆粉/鋯粉 zirconium pigment
锆刚玉/鋯剛玉 fused alumina zirconia
锆刚玉砖/剛玉氧化鋯磚 zirconia-corundum brick
锆铪分离/鋯鉿分離 separation of zirconium and hafnium
锆-2 合金/鋯錫系合金-2 zircaloy-2
锆-4 合金/鋯錫系合金-4 zircaloy-4
锆砂/鋯砂 zircon sand
锆石/鋯英石 zircon
锆石粉/鋯石粉 zircon flour
锆钛酸铅陶瓷/鈦鋯錫鈮酸鉛鐵電陶瓷 lead zirconate titanate ceramic
锆炭砖/鋯碳磚 zirconia graphite brick
锆铁/鋯鐵 ferrozirconium
锆英石粉/鋯英石粉 zircon powder
锆英石砂/鋯砂 zircon sand
锆英石质耐火材料/鋯英石耐火材料 zircon refractory
戈达德信标和信标变化率/伽達信標和信標變化率 Goddard range and range rate, GRARR
戈德里克-列文定理/戈德里克-列文定理 Goldreich Levin theorem
戈登曲面/歌登曲面 Gordon surface
戈雷方程/高萊方程式 Golay equation
戈雷辐射计/高萊輻射計 Golay cell
戈雷检测器/高萊偵測器 Golay detector
戈[瑞]/格列,戈雷 gray, Gy
戈斯织构/戈斯織構,高斯織構 Goss texture
哥德尔配数/哥德數 Gedel numbering
哥恩/岡 gon
搁架/架子,格 shelf
搁物架/架,座,臺 rack
[割草机]切割头/[割草機]切割頭 mower cutting head

割点/割點 cutpoint
割管机/截管器 pipe cutter
割集/切集 cut set
割集码/切集碼 cut-set code
割阶/差階 jog
割炬/氧氣切割火炬,氣炬,熔切炬 oxygen gas cutting torch, cutting torch
割线法/正割法 secant method
割嘴/截削噴嘴 cutting tip
格构图/栅狀圖,籬笆圖 trellis diagram
格局/組態[確認] configuration
格局图/組態圖 configuration graph
格框架/格框 case frame
格拉姆-施密特交化/格瑞姆-史密正交化 Gram-Schmidt orthogonalization
格拉姆式擒纵机构/Graham 擒縱器 Graham escapement
格拉斯霍夫数/格拉斯霍夫數,革拉秀夫數 Grashof number
格拉斯霍夫双摇杆/Grashof 雙搖桿 Grashof double rocker
格拉斯曼定律/格拉斯曼定律,葛拉斯曼定律 Grassmann law
格拉兹数/格瑞冊數 Graetz number
格雷巴赫范式/格里巴哈正規形式 Greibach normal form
格雷编码/葛雷編碼[法] Grey encoding
格雷戈里反射面天线/葛雷哥來反射器天線 Gregorian reflector antenna
格雷戈里反射器天线/葛雷哥來反射器天線 Gregorian reflector antenna
格[雷戈]里历/格[雷戈]里曆,公曆 Gregorian calendar
格雷近似法/葛雷近似法 Grey approximation
格雷-兰金界限/葛雷-蘭欽界限 Grey-Rankin bound
格雷码/葛雷碼,葛瑞碼 Gray code
格里莫界限/格里莫界限 Griesmer bound
格里斯科姆-鲁塞尔蒸发器/葛里斯肯-羅素蒸發器 Griscom-Russell evaporator
格利森定理/格里森定理 Gleason theorem
格林爱森参数/格吕奈森参數 Gruneisen parameter
格林函数/格林函數 Green function
格林尼治恒星时/格林威治恆星時 Greenwich sidereal time
格林尼治平时/格林威治平時 Greenwich mean time, GMT
格林尼治天文时间/格林威治天文時 Greenwich astronomical time
格林尼治子午线/格林威治子午線 Greenwich meridian
格罗弗算法/Grover 演算法 Grover algorithm
格码/栅狀碼 trellis code
格码调制/栅狀碼調變,籬笆碼調變,交織碼調變 trellis-coded modulation, TCM
格筛/格篩,條篩 bar grizzly, grizzly
格筛巷道/格篩巷道 grizzly level
格式/[製作]格式 format
格式化/格式化 formatting
格式化容量/格式化容量 formatted capacity
格式化实用程序/格式化公用程式 formatting utility
格式化数据/格式化資料 formatted data
格式结构/交織結構 trellis
格式照明/儀表板照明 panel lighting
格网/防護網罩,簾柵 screen
格文法/格位文法 case grammar
格文件/柵檔 grid file
格形网络/X 形網路,格子網路 lattice network
格型滤波器/晶格濾波器 lattice filter
格序代数/格序代數 lattice-ordered algebra
格语法/格位文法 case grammar
格栅/遮光體 louver, grate
格支配理论/格支配理論 case dominance theory
格值/刻度值 scale value
格砖/格磚 checker fire-brick
格状网/格狀網 grid network
格子筛分运输机/格子篩分運送機 grid type screening conveyor
格子形滤波器/格型濾波器 lattice-type filter
格子形球磨机/格子型球磨機 grate discharge ball mill
格子砖/格子形耐火磚 checker brick
蛤壳式抓斗/蛤殼挾碴斗 clamshell
隔板/隔板,擋板,緩衝板 separator, diaphragm, baffle plate
隔板泵/隔膜泵 diaphragm pump
隔爆外壳/防爆外殼 flameproof enclosure
隔爆型埋刮板输送机/隔爆型埋刮板運送機 anti-explosion-type en masse conveyor
隔层剥离机/絶緣剥離機 machine for stripping insulation
隔断/隔離,絶緣 isolation, isolate
隔断阀/隔離閥 isolating valve
隔行/交錯 interlaced
隔行扫描/交錯掃描 interlaced scanning
隔离/隔離,絶緣 isolation, isolate

隔离变压器/隔離變壓器 isolating transformer
隔离层/分離器 separator
隔离度/隔離度 isolation
隔离段/隔離段 distance piece
隔离放大器/隔離放大器,緩衝放大器 isolated amplifier, isolation amplifier, buffer amplifier
隔离工艺/隔離工藝 isolation technology
隔离级/隔離層次 isolation level
隔离间隙/外串聯間隙 external series gap
隔离件/隔離件 rolling element separator
隔离孔/間隙孔 clearance hole
隔离扩散/隔離擴散 isolation diffusion
隔离流体/隔離流體 buffer fluid
隔离膜片/隔離膜片 isolation diaphragm
隔离器/隔離器,單向器 isolator
隔离室/隔離腔 isolation chamber
隔离物/間隔器,間隔物 spacer
隔离域名服务器/隔離領域名稱伺服器 split domain name server
[隔离]栅/障壁,障礙物 barrier
隔梁/隔[井]梁 divider
隔流电容器/隔離電容器,阻塞電容器,阻隔[直流]電容器 isolating capacitor, blocking capacitor
隔膜/隔膜,膜片 membrane, diaphragm
隔膜泵/隔膜泵 diaphragm pump
隔膜波导/隔膜波導 septate waveguide
隔膜电池/隔膜電解槽 diaphragm cell
隔膜电动机/隔膜電動機,隔膜馬達 diaphragm motor
隔膜电解槽/隔膜電解槽 diaphragm cell
隔膜阀/隔膜閥 diaphragm valve
隔膜分离器/薄膜分離器 membrane separator
隔膜盒液位计/隔膜盒液位計 diaphragm box level gage
隔膜计量泵/隔膜計量泵 diaphragm metering pump
隔膜离合器/隔膜離合器 diaphragm clutch
隔膜密封/隔膜密封,膜片密封 diaphragm seal
隔膜面罩/隔膜面罩,隔膜面具 diaphragm mask
隔膜式压力表/隔離膜片式壓力計 isolation diaphragm pressure gage
隔膜跳汰机/隔膜選礦機 diaphragm jig
隔膜压力表/隔膜密封壓力表 diaphragm-seal pressure gage
隔膜压缩机/隔膜壓縮機 diaphragm compressor
隔膜真空计/隔膜真空計 diaphragm gage
隔模砂/離模砂 tap sand
隔片/隔離墊片 distance piece
隔片泥芯/縮頸砂心 washburn core
隔片注射器/隔片注射器 septum injector
隔墙/隔間牆,[分]隔壁 partition wall
隔圈/隔圈 spacer ring
隔热/熱絶緣 heat insulation
隔热板/隔熱板,遮熱板,防熱板 heat shield, thermal baffle
隔热材料/保温材料,絶熱材料 heat insulator, heat insulation composition
隔热管/隔熱管 insulated pipe
隔热耐火材料/絶熱耐火材料 insulating refractory material
隔热型材生产线/隔熱型材生産線 thermal-break profile production line
隔热罩/遮熱板,防熱板 heat shield
隔热砖/隔熱磚 heat insulating brick, insulating brick
隔声量/聲音穿透損失 sound transmission loss
隔声系数/隔音係數 acoustical reduction coefficient
隔声罩/隔音箱 acoustic hood
隔声指数/聲音降低指數 sound reduction index
隔室/隔室,間隔,區間 compartment
隔水管张紧装置/昇管張力平衡器 riser tensioner
隔水套管柱/隔水套管[串] water string
隔振器/隔振器,隔振體,避振器 vibration isolator
隔震器/隔震器,震動隔離器,減震器 shock isolator
隔直流电容器/隔直流電容[器],阻隔電容器 blocking capacitor, blocking capacitor
镉/鎘 cadmium
镉棒测试专用伏特计/鎘測試伏特計 cadmium test voltmeter
镉比/鎘比 cadmium ratio
镉标准电池/鎘標準電池 cadmium standard cell
镉灯/鎘燈 cadmium lamp
镉电池/鎘電池 cadmium cell
镉汞电池/鎘汞電池 cadmium-mercuric oxide cell
镉光电池/鎘光電池 cadmium photocell
镉过滤器/鎘濾器 cadmium filter
镉截止/鎘吸收界限 cadmium cutoff
镉镍蓄电池/鎘鎳蓄電池 cadmium-nickel storage battery, cadmium-nickel accumulator
镉气灯/鎘汽燈 cadmium vapor lamp
镉试验法/鎘試驗法 cadmium test method
镉塔/鎘塔 cadmium column
镉调节器/鎘調節器 cadmium regulator
镉铜/鎘銅合金 cadmium copper
镉银蓄电池/鎘銀蓄電池 cadmium-silver storage battery, silver-cadmium battery
个别标准/個別標準 individual standard

个别测量/個別量測 individual measurement
个别控制/個別控制 individual control
个别误差/個別誤差 individual error
个别值/個別值 individual value
个人标识号/個人識別號碼 personal identification number, PIN
个人词语数据库/個人詞句片語資料庫 personal word and phrase database
个人地球站/個人地球站 personal earth station
个人号码/個人號碼 personal number
个人计算/個人計算 personal computing
个人计算机/個人電腦 personal computer, PC
个人剂量当量/個人當量劑量 personal dose equivalent
个人剂量计/人員劑量計 personal dosemeter
个人监测/人員監測 personal monitoring
个人接入通信系统/個人存取通訊系統 personal access communication system, PACS
个人空间通信业务/個人空間通訊業務 personal space communication service
个人域网协调器/個人區域網路調配器 personal area network coordinator, PAN coordinator
个人声暴露计/個人聲音暴露計 personal sound exposure meter
个人识别模块/個人識別模組 personal identifier module, PIM
个人手持电话系统/個人手持電話系統 personal handy-phone system, PHS
个人数字蜂窝电信系统/個人數位蜂巢電訊系統 personal digital cellular telecommunication system
个人数字助理/個人數位助理 personal digital assistant, PDA
个人通信/個人通信 personal communication
个人通信号码/個人通訊號碼 personal telecommunication number, PTN
个人通信网/個人通訊網路 personal communication network, PCN
个人通信系统/個人通訊系統 personal communication system, PCS
个人通信业务/個人通訊服務 personal communications service, PCS
个人通信业务号码/個人通訊服務號碼 personal communication service number, PCS number
个人信息管理/個人資訊管理 personal information management
个人移动通信/個人移動通訊 personal mobile communication
个人域网/個人區域網路 personal area network, PAN
个人照射量计/人員劑量計 personal dosemeter
个体/個體,個人 individual
个体标识/個體標示 individual marking
个体理性/個人理性 individual rationality
个体软件过程/個體軟體過程 personal software process, PSP
个体选择/個體選拔 individual selection
个性标记/個體符記 individual token
个性化/個人化 personalization
个性化服务/個人化服務 personalized services
个性化搜索/個人化搜索 personalized search
个性化学习/個人化學習 individual learning
各态历经/歷經各態 ergodic
各态历经随机过程/歷經各態隨機過程 ergodic random process
各向同性[的]/各向同性,均質,等向 isotropic, isotropy
各向同性点源/各向同性點源 isotropic point source
各向同性电介质/等向性介電質 isotropic dielectric
各向同性辐射器/等向性輻射器 isotropic radiator
各向同性钢/各向同性鋼 isotropic steel
各向同性刻蚀/各向同性刻蝕 isotropic etching
各向同性漫反射/均勻擴散反射,等向漫反射 isotropic diffuse reflection
各向同性漫透射/均勻擴散透射,等向漫透射 isotropic diffuse transmission
各向同性媒质/等向介質 isotropic medium
各向同性体/等向性體 isotropic body
各向同性天线/均方性天線,無方向性天線 isotropic antenna
各向同性通量/等向性通量 isotropic flux
各向异性/各向互異性,非均向性 anisotropy
各向异性[的]/各向異性的,非均質的 anisotropic
各向异性等离子体/異向性電漿 anisotropic plasma
各向异性[电]介质/非等向性介質 anisotropic dielectric
各向异性刻蚀/各向異性刻蝕 anisotropic etching
各向异性媒质/異向介質 anisotropic medium
各向异性能/異向性能 anisotropy energy
各向异性异质接面/異型異質接面 anisotype heterojunction
各向异性指数/各向[互]異性係數 anisotropy index
铬/鉻 chromium
铬版/鉻版 chromium plate
铬 13 不锈钢/13 鉻不銹鋼 13%-chromium stainless steel
铬镀层/鍍鉻層 chromium plating

铬钒共渗/銘釩共滲 chromvanadizing
铬刚玉/銘剛玉 chromium fused alumina
铬刚玉砖/銘剛玉磚 chrome-corundum brick
铬钢/銘鋼 chromium steel, chrome steel
铬硅共渗/銘矽共滲 chromsiliconizing
铬化/滲銘 chromizing
铬化处理/滲銘處理 chromising
铬基耐火材料/銘基耐火材料 chrome base refractory
铬矿/銘礦 chrome ore
铬矿预还原工艺/銘礦預還原工藝 SRC process
铬铝共渗/銘鋁共滲 chromaluminizing
铬铝共渗剂/銘鋁共滲劑 chromaluminizing medium
铬铝硅共渗/銘鋁矽共滲 chromaluminosiliconizing
铬铝硅共渗剂/銘鋁矽共滲劑 chromaluminosiliconizing medium
铬镁砂/銘鎂砂 chrome-magnesite
铬镁砖/銘鎂磚 chrome-magnesia brick
铬镍钢/鎳銘鋼 nickel-chromium steel
铬镍合金/銘鎳合金,克銘美 chromel
铬镍-铝镍热电偶/銘鋁熱電偶 chromel-alumel thermocouple
铬镍铁合金/鎳銘合金,英高鎳 inconel
铬镍-铜镍热电偶/鎳銘-銅鎳熱電偶 chromel-copel thermocouple
铬硼共渗/銘硼共滲 chromboridizing
铬铅矿/銘鉛礦 crocoite
铬砂/銘砂 hevi sand
铬酸处理/銘酸處理 chrome pickle treatment
铬酸电池/銘酸電池 chromic acid cell
铬酸盐封孔/銘酸鹽封孔 chromate sealing
铬铁[合金]/銘鐵 ferrochrome, ferro-chromium
铬铁矿/銘鐵礦 chromite
铬铁矿砂/銘砂 chromite sand
铬铜合金/銘銅 chromium-copper
铬盐酸处理/銘酸鹽處理法 chromate treatment
铬氧磁带/銘氧磁帶,銘[氧卡]帶 chromium-oxide tape, chromium-oxide tape
铬[氧卡]带/銘[氧卡]帶 chromium-oxide tape
铬铸铁/銘鑄鐵 chromium cast iron
铬砖/銘磚 chrome brick, chromite brick
给定极限/指定極限 prescribed limit
给定误差/給定誤差,設定誤差 assigned error
根/根 root
根编译程序/根編譯程式 root compiler
根部半径/根部半徑 root radius
根部焊道/首道熔接層 root run
根部间隙/根部開口 root gap
根部切割器/底切煤機 bottom cutter
根岑式演绎/根岑式演繹 Gentzen-style deduction
根方轨迹法/根方軌跡法 root-square-locus method
根轨迹/根[軌]跡 root locus
根轨迹法/根軌跡法 root locus method
根梅尔-普恩模型/甘梅-普恩模型 Gummel-Poon model
根梅尔数/甘梅數 Gummel number
根目录/根目録 root directory
根[文件]名/根名 root name
根圆锥角/齒根角 root angle
根锥顶点/根錐頂點 root apex
跟刀架/跟刀架 follow rest
跟进/跟進 tailgate
跟随条件/跟隨條件 follow condition
跟帖/跟帖 follow-up posting
跟踪/追蹤 tracking
跟踪点/循跡點 trace point
跟踪环路中的角度鉴别装置/追蹤回路之角度鑒別裝置 angle discriminant in tracking loops
跟踪加速度/追蹤加速度 tracking acceleration
跟踪接收机/追蹤接收機 tracking receiver
跟踪精度/追蹤準確度 tracking accuracy
跟踪控制/跟隨控制 tracking control
跟踪馈电/追蹤饋電 tracking feed
跟踪雷达/追蹤雷達 tracking radar
跟踪路由[程序]/追蹤路由程式 traceroute
跟踪滤波器/追蹤濾波器 tracking filter
跟踪球/軌跡球 trackball
跟踪速度/追蹤速度 tracking velocity
跟踪台/追蹤臺 tracking console
跟踪望远镜/追蹤望遠鏡 tracking telescope
跟踪误差/追蹤誤差,循跡誤差 tracking error
跟踪与数据中继卫星系统/追蹤與資料中繼衛星系統 tracking and data relay satellite system
跟踪轧制/追蹤軋製 tracking rolling
跟踪指示器/追蹤指示器 tracking indicator
更改件/更改件 modified part
更改控制/變更控制 change control
更换件/更換件 replacement part
更新/更新,修正 update
更新报酬/更新報酬 renewal reward
更新传播/更新傳播 update propagation
更新窗口/更新視窗 update window
更新档/更新檔 updated file
更新过程/更新過程 renewal process
更新事务处理/更新異動 update transactions
更新授权/更新權限 update authority

更新属性/更新屬性 update attribute
更新异常/更新異常 update anomaly
耿[氏]二极管/甘恩二極體 Gunn diode
耿[氏]放大器/甘恩放大器 Gunn amplifier
耿[氏]效应/甘恩效應 Gunn effect
耿[氏]效应振荡器/甘恩效應振盪器 Gunn effect oscillator
[工]步/步,階,級 step
工厂方法模式/工廠法樣式 factory method pattern
工厂试验/工廠試驗 factory tests
工厂通信/工廠通訊 factory communication
Web 工程/Web 工程 Web engineering
工程标准/工程標準 engineering standards
工程车/工程車 mobile work store
工程大气压/工程大氣壓 technical atmosphere
工程单位/工程單位 engineering unit
工程单位制/工程單位制,重力單位制 engineering system of units, gravitational unit system
工程仿真/工程模擬 engineering simulation
工程仿真器/工程模擬器 engineering simulator
工程计量学/工程計量學 engineering metrology
工程经纬仪/工程經緯儀 engineering theodolite
工程控制论/工程控制論 engineering cybernetics
工程联络线/工程聯絡線 engineering orderwire, EOW
工程链/工程鏈 engineering chain
工程数据库/工程資料庫 engineering database
工程水准仪/工程水準儀 engineering level
工程图/工程製圖 engineering drawing
工程系统仿真/工程系統模擬 engineering system simulation
工程应变/[工程]應變 engineering strain
工程应力-应变曲线/工程應力-應變曲線 engineering stress-strain curve
工件/工件 workpiece
工件表面/工件表面 workpiece surface
工件冷却器/工件冷却器 workpiece cooler
工具/工具,刀具 tool
工具钢/工具鋼 tool steel
工具磨床/刀具磨床 tool grinding machine
工具台/工具檯 tool table
工具显微镜/工具顯微鏡 toolmaker microscope
工具箱/工具箱 toolkit, toolbox
工况/運行情況,操作條件,運轉情況 operating condition
工况监测/狀態監控 condition monitoring
工况图/工況圖 working condition chart
工频/電力頻率 power frequency
工频感应炉/工頻感應爐 line frequency induction furnace
工频耐受电压/電力頻率耐受電壓,商頻耐受電壓 power frequency withstand voltage
工频试验变压器/電力頻率試驗變壓器,商頻試驗變壓器 power frequency testing transformer
工位/位置 position
工位器具/工位器具 working position apparatus
工效学/人體工學 ergonomics
工序/工序 operation
工序间防锈/製程間防銹 rust prevention during manufacture
工序检验/工序檢驗 process inspection
工序能耗/工序能耗 process energy ratio
工序余量/工序容差 operation allowance
工业标准/工業標準 industrial standard
工业铂热电阻温度计/工業鉑熱電阻溫度計 industrial platinum resistance thermometer
工业纯铁/阿姆科鐵,工業級純鐵 Armco iron, industrial pure iron
工业电子学/工業電子學 industrial electronics
工业挂车/工業拖車 industrial trailer
工业锅炉/工業鍋爐 industrial boiler
工业机器人/工業機器人 industrial robot
工业级锆/工業級鋯 industrial zirconium
工业计算机/工業計算機 industrial computer
工业金刚石/工業用金剛石 industrial diamond
工业控制/工業控制 industrial control
工业控制计算机/工業控制計算機 industrial control computer
工业控制系统/工業控制系統 industrial control system
工业蓝色氧化钨/工業藍色氧化鎢 tungsten blue oxide, TBO
工业黏度计/工程黏度計 technical viscometer
工业汽轮机/工業汽輪機 industrial steam turbine
工业 X 射线电视装置/工業用 X 射線電視器具 X-ray television apparatus for industry
工业射线照相/工業射線照相法 industrial radiography
工业拖拉机/工業用曳引機 industrial tractor
工业用秤/工業用天平 industrial balance
工业用氮/工業用氮 industrial nitrogen
工业用电频率/市電頻率 commercial frequency
工业用工艺氧/工業製程用氧氣 industrial process oxygen
工业用氧/工業用氧 industrial oxygen
工业用钻石/工業用金剛石 industrial diamond

工业噪声/工業噪音 industrial noise
工业自动化/工業自動化 industrial automation
工业自动化仪表/工業程式測量及控制儀表 industrial process measurement and control instrument
工艺/工藝 technology
MOS 工艺/MOS 製程技術 MOS process technology
工艺补正量/造模裕度 molding allowance
工艺参数/加工參數,程序參數 process parameter
工艺尺寸/加工尺度,程序尺寸 process dimension
工艺规范/程序規格,加工規格,製程規格 process specification
工艺过程/製程 manufacturing process
工艺过程监测/製程監測 processing monitoring
工艺空调/工業空調 industrial air conditioning
工艺孔/工藝孔 auxiliary hole
工艺矿物学/工藝礦物學 process mineralogy
工艺流程图/選礦工藝流程 flowsheet
工艺模拟/製程模擬 processing simulation
工艺卡头/定位墊 locating pad
工艺设备/製造設備 manufacturing equipment
工艺凸台/工藝凸臺 false boss
工艺图/原圖 artwork
工艺氙/處理氙 process xenon
工艺性能检验/製程特性檢驗 inspection of process properties
工艺氩/處理氬 process argon
工艺余块/工藝餘塊 remainder block
工艺装备/工具準備 tooling
工质/工作媒質 working fluid, working medium
工质对/工作液體對 working fluid pair
工质加热器效率/工作流體加熱器效率 working fluid heater efficiency
工质容积/工質容積 working medium volume
工字钢/工型鋼 I-beam steel
工字梁/工型梁 H beam
工字轮式擒纵机构/圓柱形擒縱器 cylinder escapement
工字形截面/工形斷面 I-section
工字形剖面/工形斷面 I-section
工作半径/工作半徑,有效半徑 working radius, effective radius
工作帮/工作幫 working slope
工作帮坡角/工作幫坡角 working slope angle
工作包络面/工作包絡面 working envelope
工作比/工作週期 duty cycle
工作标准/工作標準 working standard
工作标准灯/工作標準燈 working standard lamp
工作测量标准/工作量測標準,量測工作標準 working measurement standard
工作测量仪器/工作量測儀器 working measuring instrument
工作齿面/工作齒腹 working flank
工作存储器/工作儲存器 work storage
工作存储区/工作記憶區 working memory area
工作灯/手提燈 portable lamp
工作点/工作點 working point, operating point
工作电压/工作電壓,運轉電壓,操作電壓 operating voltage
工作队列/工作隊列 work queue
工作队列目录/工作隊列目録 work queue directory
工作阀/游動閥 working valve
工作范围/工作範圍 working range
工作分解结构/工作分解結構 work breakdown structure, WBS
工作风速范围/工作風速範圍 range of effective wind speed
工作幅度/工作半徑 working radius
工作负荷发生器/工作負荷發生器 workload generator
工作缸/工作缸 slave cylinder
工作缸活塞/工作缸活塞 slave cylinder piston
工作缸活塞回位弹簧/工作缸活塞回位彈簧 slave cylinder piston return spring
工作缸推杆/工作缸推桿 slave cylinder push rod
工作功率/工作功率 working power
工作管路/工作管路 actuating line
工作辊/工作輥 working roll
工作级别/工作分類群 classification group
工作极限扭转角/工作極限扭轉角 working ultimate torsion-angle
工作集/工作集 working set
工作集分派程序/工作集調度器 working set dispatcher
工作间隙/工作間距 working clearance
工作空间/工作空間,作業空間 working space
工作力/工作力 working force
工作链路/有效鏈接 active link
工作量规/工作量規 working gage
工作流/工作流程 workflow
工作流管理/工作流程管理 workflow management
工作流建模/工作流程建模 workflow modeling
工作流模式/工作流程模式 workflow schema
工作流模型/工作流程模型 workflow model
工作流实例/工作流程實例 workflow instance
工作流事务/工作流程事項 workflow transaction

工作流系统/工作流程系統 workflow system
工作流引擎/工作流引擎 workflow engine
工作流制定服务/工作流程制定服務 workflow enactment service
工作面/工作面,採掘面 face
工作面高度/採臺高 face height
工作面机械化/工作面機械化 face mechanization
工作面胶带运输机/工作面皮帶輸送機 face belt conveyor
工作面通风/工作面導風 face airing
工作面运输机/煤面輸送機,工作面輸送機 face conveyor
工作能/工作能量 working energy
工作能力/工作能力 work capacity
工作扭转角/工作扭轉角 working torsion-angle
工作频率/工作頻率,運作頻率 operating frequency
工作平面/工作平面 working plane
工作平台/工作平臺 work platform
工作腔内径/流道最小直徑 minimum diameter of flow path
工作区/工作區 service area, work area
工作区间/工作區間 working interval
工作曲线/工作曲線,校準曲線 working curve, calibration curve
工作日平均话务[通信]量/每工作日平均訊務量 average traffic per working day
工作冗余/工作冗餘 active redundancy
工作时间/操作時間,運轉時間 operating time
工作时间比/工作時間率 working time ratio
工作时间片/工作時間片 work time slice
工作寿命/操作壽命 operating life
工作竖井/牛産井 working shaft
工作台/工作檯 table, working table, bench
工作台高度/工作檯高度 height of table
工作台回转角/工作檯回轉角 swivel angle of table
工作台面温度/工作檯面溫度 table temperature
工作台面直径/工作檯面直徑 diameter of table surface
工作台式秤/工作檯式秤 working table scale
工作台行程/工作檯行程 travel of table
工作台转速/工作檯轉速 rotating speed of table
工作温度/工作溫度,操作溫度 working temperature, operating temperature
工作温度范围/工作溫度範圍 operating temperature range
工作文件/工作檔案 working file
工作系数/工作係數 working coefficient
工作线路/工作線路 active line
工作信道/占用通道,占線頻道,占線通道 active channel
工作信道状态/現用通道狀態 active channel state
工作行程/工作衝程 working stroke
工作性变幅/工作性變幅 operating luffing
工作循环/工作循環,工作週期 working cycle
工作压力/工作壓力,運轉壓力 operating pressure, working pressure
工作压力角/作用壓力角 operating pressure angle
工作页面/工作頁 working page
工作因子/工作因子 work factor
工作应变片/工作中應變計 working strain gage
工作应力/使用應力 operating stress
工作运动/工作運動 operating movement
工作噪声温度/工作雜訊溫度 operating noise temperature
工作站/工作站 work station, workstation
工作直线/工作直線,運作線 operating line
工作制/能率,工作方式 duty
工作制类型/工作方式類型 duty type
工作周期/工作週[期] work cycle
工作转速/工作速率 working speed
工作装置/工作裝置 working device
工作状态/工作狀態 operating state
工作状态稳定性/工作狀態穩定性 stability under working condition
工作状态转换电门/功能選擇器 function selector
工作阻力矩/工作阻力矩 effective resistance moment
工作组计算/工作群組計算 workgroup computing
工作坐标系/工作坐標系 task coordinate system
弓锯/弓鋸 hack saw
弓锯床/弓鋸床,弓鋸機 hack sawing machine
弓形板弹簧/弓形板彈簧 semi-elliptic leaf spring
弓形钢/弓形鋼 bow beam steel
弓形集电器/弓形集電器 bow collector
弓形锯/鏤鋸 coping saw
弓形受电器/弓弧,集電弓 bow
公差/公差,容差,容限 tolerance, allowable error
公差带/公差區 tolerance zone
公差单位/公差單位 standard tolerance unit
公差等级/公差等級 tolerance grade
公差范围/容忍區間 tolerance interval
公差区/容忍區間 tolerance interval
公差限/公差極限 tolerance limit
公称气缸容积/標稱氣缸容積 nominal cylinder volume
公称容积/標稱容積 nominal volume

公称蠕变极限/習用潛變限度 conventional creep limit
公称输出功率/公稱輸出功率 dimensional output
公称压力/標稱壓力 nominal pressure
公称压缩比/標稱壓縮比 nominal compression ratio
公称余隙容积/標稱餘隙容積 nominal clearance volume
公称直径/標稱直徑 nominal diameter
公称值/標稱標度 nominal scale
公称重量/標準砝碼 standard weights
公担/公擔 metric centner, quintal, q
公吨/公[制]噸,米制噸 tonne, metric ton
公法线长度/公法線長度 base tangent length
公法线千分尺/輪齒分厘卡 gear tooth micrometer
公告板/布告欄 bulletin board
公告板系统/布告欄系統 bulletin board system, electronic bulletin board
公共标准/公用標準 public standard
公共仓库元模型/公共倉庫元模型 common warehouse metamodel, CWM
公共地址空间/公用位址空間 common address space
公共电话/公共電話 public telephone
公共电话营业所/公共電話營業所 public call office, PCO
公共电视/公共電視 public television
公共对象请求代理体系结构/公共物件請求仲介架構 common object request broker architecture, CORBA
公共服务广播/公共服務廣播 public-service broadcast
公共管理信息协议/一般管理資訊協定 common management information protocol, CMIP
公共接地点/公用接地點 common ground point
公共陆地移动网/公用地移動式網路 public land mobile network, PLMN
公共事件标志/公用事件旗標 common event flag
公共数据模型/公共資料模型 common data model
公共天线电视/社區公用天線電視,集體天線電視 community antenna television, CATV
公共通道/公用通道 common channel
公共系统区/公用系統區 common system area
公共信道局间信令/公共通道局間信號方式 common channel interoffice signalling, CCIS
公共信道效应/共通道效應 common channel effect
公共信息模型/共用資訊模型 common information model
公共应用服务要素/公用應用服務元件 common application service element
公共语言/公用語言 common language
公共约束/通用拘束 general constraint
公共载波/共同載波 common carrier
公共知识/共識 common knowledge
公共锥顶/公共錐頂 common apex
公共桌面环境/公共桌面環境 common desktop environment
公共资源/公用資源 common resource
公共子表达式删除/公共子表式消除 common subexpression elimination
公共总线/公用匯流排 common bus
公斤/公斤,千克 kilogram, kg
公斤砝码/公斤砝碼 kilogram weight
公开密钥交互式协议/公開金鑰互動式協定 public-coin interactive protocol
公里/公里,千米 kilometer, km
公理/公理 axiom
公理复杂性/公理複雜度 axiomatic complexity
公理语义/公理語意 axiomatic semantics
公路槽车/道路槽車 road tanker
公路护栏钢/公路護欄鋼 highway guardrail steel
公路花纹/公路模型 highway pattern
公民科学/公民科學 citizen science
公平关系/公平關係 fair relation
公平网/公平網 fair net
公平 Petri 网/公平 Petri 網 fair Petri net
公平性/公平性 fairness
公式/公式 formula
公务线/命令線 order wire, OW
公务信道/次序維持用的通道 order wire channel
公钥/公[用金]鑰,公用鍵 public key
公钥基础设施/公鑰基礎建設 public key infrastructure, PKI
公钥加密/公鑰加密,公用鍵資料加密 public key encryption
公钥密码/公用鍵密碼系統 public key cryptography
公用电话/公共電話 public telephone, payphone
公用电话亭/公用電話亭 booth
公用分组交换网/公用分封交換網路 public packet switched network
公用管理信息服务/一般管理資訊服務 common management information service, CMIS
公用环/公用環 public loop
公用开放策略服务/公用開放政策服務 common open policy service
公用设施标记/公用程式標志 utility marker
公用数据传输业务/公用數據傳輸服務 public data

transmission service
公用数据网/公用資料網路 public data network, PDN
公用数字蜂窝/公用數位蜂巢 public digital cellular, PDC
公用网/公用網,公眾網 public network
公有物联网/公有物聯網 public internet of things, public IOT
公有云/公用雲,公共雲端 public cloud
公证/公證 notarization
公制/公制,米制 metric system
公制标准/公制標準 metric standard
公制单位/公制單位 metric unit
公制换算/公制換算 metric conversion
公制计量/公制量測 metric measure
公制克拉/公制克拉,米制克拉 metric carat
公制螺纹/公制螺紋,米制螺紋 metric screw thread, metric thread
公制马力/公制馬力,米制馬力 metric horsepower
公制气压/公制大氣壓,米制大氣壓 metric atmosphere
公众传真业务/自動傳真 autofax
公众电话交换网/公用交換電話網路 public switched telephone network, PSTN
公众电信运营商/公用電信運營商 public telecommunications operator, PTO
公众交换电话网[络]/公用交換電話網路 public-switch telephone network, PSTN
公众交换网/公共交換網路 public switched network
公众照射/公眾暴露 public exposure
功/功 work
功耗延迟积/功耗延遲積 power-delay product
功角变化/角度變化,角位差 angular variation
功率/功率 power
功率比法/功率比法 power-ratio method
功率标准/功率標準 power standard
功率表/功率計,瓦特計 wattmeter
功率波/功率波 power waves
功率测试器/功率檢波器,功率偵測器,功率試驗器 power detector, power tester
功率超声学/功率超音波學 power ultrasonics
功率单定向耦合器法/功率單定向耦合器法 single directional coupler comparison method
功率电平/功率位準,功率階位 power level
功率电平差/功率位準差 power level difference
功率电平指示器/功率階指示器,動力階指示器 power level indicator
功率[电子]管/功率電子管 pliotron
功率电子学/功率電子學,電力電子學 power electronics
功率二极管/高功率二極體 power diode
功率反射率/功率反射率 power reflectance
功率范围/功率範圍 power range
功率方向继电器/定向功率繼電器 directional power relay
功率放大/功率放大 power amplification
功率放大器/功率放大器 power amplifier
功率放大五极管/高功率五極管 power pentode
功率分发器/功率分配器 power divider, power splitter
功率分配器/功率分配器 power divider, power splitter
功率管理/功率管理 power management
功率合并器/功率合并器 power combiner
功率合成器/功率合并器 power combiner
功率极限/功率極限 power limit
功率计/功率計 power meter
功率记录表/功率記録器 power recorder
功率继电器/功率電驛 power relay
功率监视器/功率監視器,功率監測器 power monitor
功率检波器/功率檢波器,功率偵測器 power detector
功率[晶体]管/功率電晶體 power transistor
功率均衡器/功率等化器 power equalizer
功率控制器/功率調節器 power controller
功率密度/功率密度 power density
功率密度频谱/功率密度頻譜 power density spectrum
功率频宽/功率頻寬 power bandwidth
功率平衡器/功率平衡器 power leveler
功率谱/功率[頻]譜 power spectrum
功率谱估计/功率頻譜估計 power spectrum estimation
功率谱密度/功率譜密度,功率頻密度 power spectral density
功率容量/功率容量 power capacity
功率容限/功率容限,功率邊際,電力邊際值 power margin
功率束缚/功率限制 power constraint
功率衰减器/功率衰減器 power attenuator
功率速调管/功率調速電子管 power klystron
功率损耗/功率損耗 power loss
功率损耗比/功率損耗比 power-loss ratio
功率损耗系数/功率損失係數 power loss coefficient
功率特性/功率特性 power performance

功率天平/瓦特天平 watt balance
功率调节器/功率調節器 power regulator
功率通量/功率通量 power flow
功率通量密度/功率通量密度 power flux density
功率透射率/功率透射率 power transmittance
功率突变影响试验/突然斷電變化的影響試驗 test of effect of sudden power change
[功率]吸收钳/[功率]吸收鉗 power absorbing clamp
功率系数/功率係數 power coefficient
功率限制附加装置/功率限制附加裝置 additional power-limiting device
功率陷波器/功率等化器 power equalizer
功[率消]耗/功率消耗[量],動力消耗[量] power consumption
功率效率/功率效率 power efficiency
功率信号/功率訊號 power signal
功率因数/功率因數 power factor
功率因数表/功率因數表,功率因數計 power factor meter
功率因数测试集/功率因數試驗集 power factor testing set
功率因数计/功率因數表,功率因數計 power-factor meter
功率因数控制器/功率因數控制器 power factor controller
功率因数指示器/功率因數指示器 power factor indicator
功率预算/功率預算 power budget
功率增益/功率增益 power gain
功率振荡器/功率振盪器 power oscillator
功率指示计/功率指示器 power indicator
功率自动同步机/動力自動同步機 power selsyn
功率自记器/功率記録器 power recorder
功率座校准因子/功率座校準因數 calibration factor of power mount
功率座效率/功率座效率 efficiency of power mount
功率座有效效率/功率座有效效率 effective efficiency of power mount
功能/功能 function
功能部件/功能單元 function unit, functional unit
功能材料/功能材料 functional material
功能测试/功能測試 functional test
功能测试器/功能試驗器 functional tester
功能存储器/功能記憶體 functional memory
功能点/功能點 function point
功能发生器/功能産生器 function generator
功能仿真/功能模擬 functional simulation
功能分解/功能分解 functional decomposition
功能分析/功能分析 functional analysis, function analysis
功能故障/功能故障 functional fault
功能管理数据/功能管理資料 functional management data, FMD
功能规约/功能規格 functional specification
功能合一语法/功能統一文法 functional unification grammar
功能基因组学/功能基因組學 functional genomics
功能块/功能塊 function block
功能框/功能[方]框 functional block
功能链/功能鏈,作用鏈 functional chain
功能码/功能碼 function code
功能模型/功能模型 functional model
功能耐火材料/功能耐火材料 functional refractory
功能器件/功能元件 functional device
功能软盘/功能軟碟 function diskette
功能设计/功能設計 functional design
功能实体/功能實體 functional entity, FE
功能适度劣化/工作可靠但性能下降 graceful degradation
功能钛合金/功能鈦合金 functional titanium alloy
功能陶瓷/功能陶瓷 functional ceramic
功能特性/功能特性 functional characteristics
功能图/功能圖[表] function diagram, functional chart
功能无关测试/功能無關測試 function independent testing
功能限制器/功能限制器 function limiter
功能相似/功能相似 functional similarity
功能效应/功能效應 functional effect
功能性/功能性 functionality
功能性电刺激/功能性電刺激 functional electrostimulation, FES
功能性绝缘/功能絶緣,内絶緣 functional insulation
功能性神经肌肉电刺激/功能性神經肌肉電刺激 functional neuromuscular stimulation, FNS
功能需求/功能需求 functional requirement
功能选择器/功能選擇器 function selector
功能语法/功能文法 functional grammar
功能语言学/功能語言學 functional linguistics
功能诊断/功能診斷 functional diagnostic
功效/效力,功率效能 efficacy
攻击/攻擊 attack
攻击程序/攻擊器 attacker
攻击评估/攻擊評估 attack evaluation
攻击中心交换台[机]/攻擊中心電話總機 attack

center switchboard
攻螺纹/攻螺絲 tapping
攻丝机/攻螺絲機 tapping machine, thread tapping machine
供电控制设备/供電控制器 electric controller
供方/供應者 supplier
供给管路/進給管路 feed line
供给机构/進給機構 feeding mechanism
供接口/供介面 provided interface
供料装置/供給裝置 feedway
供能管路/供給線路,供應線 supply line
供能控制共享管路/供能控制共用管路 common supply and control line
供能装置/供能裝置 energy supplying device
供热热泵/供熱熱泵 heating heat pump
供水车/給水車 water feeder
供水系统/供水系統 water-supplying system
供水消防车/供水消防車 water-supply fire tanker
供水装置/供水裝置 water-supplying device
供应过程/供應過程 supply process
供油均量调整/燃油輸送均勻性調整 fuel delivery evenness adjustment
供油量/燃料輸送量 fuel delivery
汞/汞,水銀 mercury, quick-silver
汞泵/水銀泵 mercury pump
汞池阴极/汞池陰極 mercury-pool cathode
汞池整流管/汞池整流管 mercury-pool rectifier
汞灯/汞燈,水銀燈 amalgam vapour lamp, mercury lamp
汞滴电极/汞滴電極 mercury dropping electrode
汞电池/汞電池,水銀電池 mercury cell
汞分解器/汞分解器 mercury decomposer
汞合金盘/汞齊化盤,混汞盤 amalgamating-pan
汞弧振荡器/汞弧振盪器 mercury arc oscillator
汞弧整流管/汞弧整流管 mercury-arc rectifier
汞基温度计/汞基溫度計 mercury-thallium alloy low temperature thermometer
汞极电量计/汞電量計 mercury coulometer
汞极库仑计/汞電量計 mercury coulometer
汞膜电极/汞膜電極 mercury film electrode
汞喷射泵/汞齊泵 mercury amalgam pump
汞喷射磁强计/汞噴射磁強計 mercury jet magnetometer
汞齐/汞齊 amalgam
汞齐电极/汞齊電極 amalgam electrode
汞齐电解提炼法/汞齊電解提煉法 amalgam electrowinning process
汞齐法/汞齊法,混汞化 amalgamation, amalgam process
汞齐化/浸汞化 quicking
汞齐精炼/汞齊精煉 amalgam refining
汞齐蒸馏罐/汞蒸餾罐 amalgam retort
汞气管/汞氣管 mercury-vapor tube
汞气整流器/汞汽整流器 mercury vapor rectifier
汞铊温度计/汞鉈溫度計 mercury-thallium alloy low temperature thermometer
汞炱/汞炱,汞煙灰 mercurial soot
汞蒸气扩散真空泵/汞汽擴散真空泵 mercury vapor diffusion vacuum pump
汞蒸气喷射泵/汞噴射泵 mercury ejector pump
汞整流器/汞整流器 mercury commutator
汞柱/汞柱,水銀柱 mercury column
拱/拱 arch
拱顶/頂磐 furnace roof
拱顶砖/楔形磚 key brick
拱度/拱高,弧高 camber
拱度调节范围/拱度調節範圍 crown adjustment
拱度调节装置/拱度控制裝置 crown control device
拱式燃烧/拱式燃燒 arch firing
拱砖/拱磚 arch brick
共点力系/共點力系 concurrent force system
共电式话机/共電式話機 common battery telephone set
共电制/共電制 common battery system, C.B. system
共淀积/共沈積 codeposition
共轭齿廓/共軛齒廓 conjugate profile
共轭齿面/共軛齒面 conjugate flank
共轭孔型/共軛孔型 conjugate pass
共轭配对点/共軛配對點 pair of conjugated points
共轭匹配/共軛匹配 conjugate match
共轭曲线/共軛曲線 conjugate curve
共轭凸轮/共軛凸輪 conjugate cam
共轭位置/共軛位置 conjugate position
共轭相/共軛相 conjugate phase
共轭阻抗/共軛阻抗 conjugate impedance
共轭作用/共軛作用 conjugate action
共发射极/共射極 common emitter
共沸/共沸[現象] azeotropy
共沸混合物/共沸混合物 azeotropic mixtures
共沸性/共沸[現象] azeotropy
共沸蒸馏/共沸蒸餾 azeotropic distillation
共沸制冷剂/同沸冷凝劑 azeotropic refrigerant
共格界面/共格介面,整合介面 coherent boundary, coherent interface
共格晶界/共格晶界 coherent grain boundary

共光路干涉仪/共路徑干涉儀 common path interferometer
共轨/共軌 common rail
共轨式喷油器/共軌式噴油器 common rail fuel injector
共轨式喷油系统/共軌式燃油噴射系統 common rail fuel injection system
共轨系统喷油脉宽控制基本 MAP 图/共軌系統噴油時段控制基本圖 basic MAP of injection duration control for common rail system
共轨压力传感器/共軌壓力感測器 common rail pressure sensor
共基电流增益/共基電流增益 common-base current gain
共基极/共基極,共基組態 common base, common-base configuration
共极化/共極化 copolarization
共集/共集 coset
共集极/共集極 common collector
共集极组态/共集組態 common-collector configuration
共价键/共價鍵 covalent bond
共溅射/共濺射 cosputtering
共焦[点]谐振器/共焦諧振器,共焦共振器 confocal resonator
共晶白口铸铁/共晶白口鐵 eutectic white iron
共晶点/共晶點 eutectic point
共晶反应/共晶反應 eutectic reaction
共晶合金 /共晶合金 eutectic alloy
共晶凝固/共晶固化 eutectic solidification
共晶渗碳体/共晶雪明碳鐵 eutectic cementite
共晶石墨/共晶石墨 eutectic graphite
共晶[体]/共晶,共結 eutectic
共晶温度/共晶溫度 eutectic temperature
共晶细胞/共晶細胞 eutectic cell
共晶细胞数/共晶細胞數 eutectic cell count
共晶线/共晶線 eutectic line
共晶盐蓄冷/共晶鹽冷藏 eutectic salt cold storage
共晶铸铁/共晶鑄鐵 eutectic cast iron
共晶转变/共晶變態,共晶轉化,共晶反應 eutectic transformation, eutectic reaction
共晶组织/共晶組織,共晶構造 eutectic structure
共路干涉仪/共路徑干涉儀 common path interferometer
共路信令/共用通道發信 common channel signalling, CCS
共面/共面 coplanar
共面电极结构/共面電極結構 coplanar-electrode structure
共面力系/共面力系 coplanar force system
共面系[统]/共面系統 coplanar system
共面向量/共面向量 coplanar vector
共鸣管/共鳴管,共振管 resonance tube
共模电压/共模電壓 common mode voltage
共模扼流程/公用模式阻塞 common-mode choke
共模干扰/共模干擾 common mode interference, common-mode interference
共模骚扰电压/共模擾動電壓 common mode disturbance voltage
共模抑制比/共模抑制比,共模排斥比 common mode rejection ratio, CMRR
共模噪声/共模雜訊,共態雜訊 common mode noise
共谋/共謀 collusion
共融合金/共晶合金 eutetic alloy
共融温度/共晶溫度 eutetic temperature
共栅组态/共閘組態 common-gate configuration
共射极组态/共射組態 common-emitter configuration
共射截止频率/共射截止頻率 beat cutoff frequency
共生矩阵/共生矩陣 co-occurrence matrix
GPS 共视法/GPS 共視法 Global Positioning System common-view, GPS common-view
共态变量/共狀態變數 costate variable
共态噪声/共態雜訊,共模雜訊 common mode noise
共同工作范围/組合工作範圍 range of combination work
共同及正交频谱/共同及正交頻譜 common and quadrature spectrum
共析点/共析點 eutectoid point
共析钢/共析鋼 eutectoid steel
共析合金/共析合金 eutectoid alloy
共析渗碳体/共析雪明碳體 eutectoid cementite
共析[体]/共析 eutectoid
共析铁素体/共析肥粒體 eutectoid ferrite
共析线/共析線 eutectoid line
共析相变/共析相變 eutectoid phase transformation
共析转变/共析變態,共析轉化,共析反應 eutectoid transformation, eutectoid reaction
共析组织/共析組織,共析構造 eutectoid structure
共线的/共線的,同線的 collinear
共线向量/共線向量 collinear vectors
共享/共享,共用 share
共享白板/共享白板 shared whiteboard
共享变量/共享變數 shared variable
共享操作系统/共享作業系統 shared operating system

共享策略/共享政策 sharing policy
共享磁盘多处理机系统/共享磁碟的多處理機系統 shared disk multiprocessor system
共享存储器/共享記憶體 shared memory
共享存储型体系结构/共用儲存型架構 shared-memory architecture
共享段/共享段 shared segment
共享多处理/共享多處理 sharing multiprocessing
共享高速缓存/共享高速緩存 shared cache
共享软件/共用軟體 shareware
共享文件/共享檔案 shared file
共享[型]锁/共享鎖 shared lock
共享虚拟区/共享虛擬區域 shared virtual area
共享页表/共享頁表 shared page table
共享元模式/共用元模式 flyweight pattern
共享执行系统/共享執行系統 shared executive system
共享主存多处理机系统/共享記憶體的多處理機系統 shared memory multiprocessor system
共享资源/共享資源 sharing resource
共形天线/緊靠型天線 conformal antenna
共形阵天线/緊靠型陣列天線 conformal array antenna
共因失效/同因失效 common-cause failure, CCF
共用网/共用網 common-user network
共振/共振,諧振 resonance
共振摆/共振擺 resonance pendulum
共振灯/共振燈 resonance lamp
共振电晕检测器/共振電暈檢知器 resonance corona detector
共振法/共振法 resonance method
共振放大器/共振放大器 resonance amplifier
共振峰/共振峰 formant
共振光束测定器/共振光束測定器 resonant beam tester
共振积分/諧振積分 resonance integral
共振滤器/共振濾波器 resonance filter
共振能/諧振能 resonance energy
共振频率/共振頻率,諧振頻率 resonance frequency, resonant frequency
共振器/共振器,諧振器 resonator, syntonizer
共振器波长计/共振[器]波長計 resonator wavemeter
共振腔/共振腔,諧振腔,諧振器 resonant cavity, resonator, resonant chamber
共振区/共振區 resonance region
共振筛/共振篩 resonance screen
共振示波器/共振示波器 resonoscope
共振式振动台/共振式振動檯 resonance vibration bench
共振试验/共振試驗,諧振試驗 resonance test
共振探测器/共振檢知器 resonant detector
共振天线/共振天線 resonant antenna
共振线/諧振線[路] resonant line
共振箱/共振箱,共鳴箱 resonance box
共振荧光/諧振螢光 resonant fluorescence
共振真空计/諧振真空計 resonance vacuum gage
共振振动发生器/共振振動產生器,諧振振動產生器,諧振振子 resonant vibration generator
共振中子/共振中子,諧振中子 resonance neutron
共振转速计/共振轉速計 resonance tachometer
共蒸发/共蒸發 coevaporation
共指/互相參考 coreference
共指消解/互相參考消解 coreference resolution
共轴系统/同軸系統 coaxial system
贡献源/貢獻源 contributing source
沟槽/溝槽 ditch groove
沟槽凸轮/溝槽凸輪 groove cam
沟道热电子/溝道熱電子 channel hot electron
沟道效应/溝道效應 channeling effect, channeling
N 沟 MOS 集成电路/N 型通道 MOS 積體電路 N-channel MOS integrated circuit
P 沟 MOS 集成电路/P 型通道 MOS 積體電路 P-channel MOS integrated circuit
沟蚀/溝蝕 fluting
沟型球轴承/溝滾珠軸承 groove ball bearing
沟状腐蚀/溝狀腐蝕 groovy corrosion
钩尺/鈎[形]規 hook gage
钩负荷/鈎負荷 hook load
钩接链/鈎節鏈 hook joint chain
钩镰/鈎刀 bill hook
钩头楔键/帶頭推拔鍵 gib-head taper key
钩子/鈎 hook
构词法/構詞法 productive morphology
构架/基幹 backbone
构件/組件,元件 component
构件编程/組件程式設計 component programming
构件标准/成分標準 component standard
构件存储库/組件儲存庫 component repository
构件库/組件程式館 component library
构件块/構件塊 building block
构件软件工程/組件軟體工程 component software engineering
构件速比/連桿速度比 velocity ratio of link
构件图/構件圖 component diagram
构件语法/組件文法 component grammar

构件自由度/連桿自由度 degree of freedom of link
构件组合/構件組合 component composition
构型/組態,型態 configuration
构造/結構,組構 fabric
构造闭合/構造閉合 structural closure
构造变动/地殼變動 diastrophism
构造程序/構造器 builder
构造等高线/構造等高線 structural contour
构造等高线图/構造等高線圖 structural contour map
构造函数/構造函數 constructor
构造几何/構造幾何 constructive geometry
构造简图/構造簡圖 structural sketch
构造器/構造器 builder
构造圈闭/構造封閉 structural trap
构造算子/構造函數 constructor
构造性证明/構造性證明 constructive proof
构造应力/構造應力 tectonic stress
构造钻井/構造鑽井 structure drilling
构造钻探/構造鑽探 structural boring
购买力平价/購買力平價 purchasing power parity
购入废料/購入廢料 purchased scrap
估计/估計 estimation
估计理论/估計理論 estimation theory
估计量/估計[值] estimate
估计器/估計器 estimator
估计误差/估計[誤]差 estimation error
估计值/估計值 estimated value
孤岛管理/孤島管理 isolated island management
孤儿消息/孤兒訊息 orphan message
孤立波/光孤立子 optical soliton
孤立词语音识别/孤立詞語音鑒别 isolate word speech recognition
孤[立]点/孤立點 isolated point
孤立体系/孤立系統 isolated system
孤立系统/孤立系統 isolated system
孤立子/光孤立子 optical soliton
孤[子]波/孤[子]波 solitary wave
孤子激光器/孤立子雷射 soliton laser
箍/軸環 collar
箍接头/軸環接頭 collar socket
箍缩效应/緊縮效應,[電磁]收縮效應,自束效應 pinch effect
古斯塔夫森定律/古斯塔夫森定律 Gustafson law
谷/[波]谷 valley
谷粉黏结剂/穀粉黏結劑 cereal binder
谷歌应用程序引擎/谷歌應用程式引擎 Google app engine
谷间输送时间/谷際輸送時間 intervalley transport time
谷间转移机制/谷際轉移機制 intervalley-transfer mechanism
谷粒级煤/小粒煤 grains
谷内散射/谷内散射 intravalley scattering
谷值/谷值 valley value
骨导/骨傳導 bone conduction
骨导耳机/助聽器,奥索風 osophone
骨干/基幹 backbone
骨干网/基幹網路 backbone network
骨架/骨架,骨骼 skeleton
骨架代码/骨架代碼 skeleton code
骨架化/骨架化 skeletonization
骨架模/骨架模型 skeleton pattern
骨架识别图/岩基標示圖 matrix identification plot
骨架型光缆/骨架型光纜 grooved cable
骨料/骨料 aggregate
骨振器/骨導振動子 bone-conduction vibrator
钴 60/鈷 60,鈷六十 cobalt 60
钴钢/鈷鋼 cobalt steel
钴基磁性合金/鈷基磁性合金 cobalt based magnetic alloy
钴基高温合金/鈷基高温合金 cobalt based superalloy
钴基高温弹性合金/鈷基高温彈性合金 cobalt based high temperature elasticity alloy
鼓动跳汰机/波震選礦機 pulsator jig
鼓肚/鼓脹 bulging
鼓风/鼓風,噴風 blast, wind blast, air blast
鼓风焙烧法/鼓風焙燒 blast roasting
鼓风淬火/吹風淬火 air blast quenching
鼓风动能/鼓風動能 kinetic energy of the blast
鼓风管/鼓風管 blast main, blast pipe
鼓风机/鼓風機,送風機,扇[形鼓]風機 air blower, blowing engine, blast blower
鼓风机械/鼓風機 blowing engine
鼓风计/鼓風計 blast gage, blast meter
鼓风加煤机/鼓風加煤機 forced draft stoker
鼓风控制/鼓風控制 blast control
鼓风口/鼓風孔口,鼓風噴嘴 blast nozzle
鼓风量/鼓風量 blast volume
鼓风炉/鼓風爐,高爐 blast furnace
鼓风炉煤气机/鼓風爐氣引擎 blast furnace gas engine
鼓风门/鼓風門 blast gate
鼓风熔炉/鼓風熔爐 blast smelting furnace
鼓风损失/風阻損失 windage loss

鼓风压力/鼓風壓力 blast pressure
鼓风装置/鼓風裝置 blower device
鼓轮/鼓輪 drum
鼓轮给料器/鼓輪加料器 drum feeder
鼓轮式混凝土喷射机/鼓輪式混凝土噴射機 drum concrete spraying machine
鼓轮装置/鼓輪裝置 drum wheel device
鼓泡/鼓泡,起泡 bubbling
鼓泡流化床锅炉/氣泡式流體化床鍋爐 bubbling fluidized bed boiler
鼓泡流化床燃烧/氣泡式流體化床燃燒 bubbling fluidized bed combustion, BFBC
鼓式剥皮机/桶式去皮機 barking drum
鼓式打印机/鼓型列印機 drum printer
鼓式分离器/桶式分離器 drum separator
鼓式计数器/鼓式計數器 drum type counter
鼓式冷却机/桶式冷却器 drum cooler
鼓式离合器/鼓式離合器 drum clutch
鼓式扫描仪/鼓形掃描器,磁鼓掃描器 drum scanner
鼓式制动器/鼓輪剎車 drum brake
鼓形齿/鼓形齒 crowned teeth
鼓形记录仪/鼓形記録器,筒式記録器 drum recorder
鼓形绝缘子/旋鈕絶緣器,撚頭絶緣器,瓷柱絶緣器 knob insulator
鼓形控制器/鼓形控制器 drum controller
鼓形炉/鼓形爐,回轉爐 drum furnace
鼓形起动器/鼓形起動器 drum starter
鼓形透镜/鼓形透鏡 drum lens
鼓形修整/鼓形修整 crowning
鼓型过滤机/桶式濾器 drum filter
鼓型转子/筒形轉子 drum rotor
固定/固定,穩定,静止 stationary
固定板/固定板 fixed plate
固定板式输送机/固定板式運送機 fixed slat conveyor
固定抱索器/固定索手柄 fixed grip
固定臂/固定臂 fixed jib
固定波导衰减器/固定波導衰減器 fixed waveguide attenuator
固定参考点/固定參考點 fixed reference point
固定长度起重臂/固定長度起重臂 fixed length jib
固定车厢式矿车/固定車厢式礦車 solid-end mine car
固定触点/固定觸點 fixed contact
固定床/固定床 fixed bed
固定床催化反应器/固定床觸媒反應器 fixed-bed catalytic reactor
固定床反应器/固定床反應器 fixed-bed reactor
固定床吸附器/固定床吸收器 fixed-bed absorber
固定磁针测量/定針量測 fixed-needle surveying
固定存储加速比/固定儲存加速比 fixed-memory speedup
固定存储器/永久記憶體 permanent memory
固定带式输送机/固定帶式運送機 fixed belt conveyor
固定导叶/固定導葉 stay vane
固定的/固定,穩定,不變動 fixed
固定点炉/定點爐 fixed point furnace
固定点容器/定點囊 fixed point cell
固定电感器/固定電感 fixed inductor
固定电话网防火墙/電話網防火牆 public switch telephone network firewall, PSTN firewall
固定电极/固定電極 fixed electrode
固定电接触/固定電接觸 stationary electric contact
固定电容器/固定電容[器] fixed capacitor
固定电阻器/固定電阻[器] fixed resistor
固定垫片挤压/固定墊片擠壓 fixed dummy block extrusion
固定吊具附件/固定吊具附屬裝置 fixed load-lifting attachment
固定顶尖/固定頂尖 fixed center
固定顶油罐/固定頂油槽 fixed roof tank
固定短语/固定片語 fixed phrase
固定堆料机/固定堆疊機 fixed stacker
固定法兰定位式喷油器/固定凸緣定位式噴油器 fixed-flange-located fuel injector
固定费/固定費用 fixed charge, standing charge
固定费率/按時計價,統收費率 flat rate
固定分量/固定分量 fixed component
固定负载/固定負載 fixed load
固定负载加速比/固定負載加速比 fixed-load speedup
固定钢包/固定澆桶 stationary ladle
固定格筛/固定斜篩 static grizzly
固定构件/固定構件 fixed link
固定故障/永久故障 permanent fault
固定环/固定環 fixed collar
固定换档点/固定换檔點 fixed shift point
固定回波/固定回波 stationary echo
固定挤压垫/固定擠壓墊 fixed dummy block
固定件/固定件 fitment
固定焦距透镜/固定焦距透鏡 fixed-focus lens
固定焦距照相机/固定焦距攝影機 fixed-focus camera

固定开路故障/固定開路故障 stuck-open fault
固定壳/安放套管 set casing
固定坑线/固定坑線 permanent ramp
固定控制/固定控制 fixed control
固定立体角法/固定立體角法 constant solid angle method
固定连接/集成耦合 integrated coupling
固定连接器/固定連接器 fixed connector
固定轮距式前轴/固定輪距式前軸 fixed tread front axle
固定模式/固定模式 fixed mode
固定磨料研磨/固定研磨劑磨盤 fixed abrasive lap
固定磨轮机/固定磨輪機 floor grinder
固定模板/固定[壓鑄]模板 fixed die plate
固定目标/固定目標 stationary target
固定频率滤波器/固定頻率濾波器 fixed-frequency filter
固定平台搬运车/固定高度載重卡車 fixed-height load-carrying truck, fixed platform truck
固定器/制動裝置 gripping device
固定时间加速比/固定時間加速比 fixed-time speedup
固定式磁粉探伤机/固定式磁粉探傷機 stationary magnetic particle flaw detector
固定式锅炉/固定鍋爐 stationary boiler
固定式衡器/固定式衡器 fixed location weighing instrument
固定式混凝土泵/固定式混凝土泵 stationary concrete pump
固定式混凝土搅拌站/固定式混凝土攪拌站 stationary concrete mixing plant
固定式混凝土配料站/固定式混凝土配料站 stationary concrete batching plant
固定式缆索起重机/固定式纜索起重機 stationary cable crane
固定式沥青混凝土搅拌设备/固定式瀝青拌合設備 stationary asphalt plant
固定式沥青熔化加热装置/固定式瀝青熔化加熱裝置 stationary asphalt melting and heating unit
固定式抛砂机/固定式摔砂造模機 stationary slinger
固定式起重机/固定式起重機 fixed base crane
固定式气动工具/固定式氣動工具 fixed pneumatic tool
固定式砌块成型机/固定式砌塊成型機 stationary block machine
固定式球阀/固定式球閥 fixed ball valve
固定式升降工作平台/固定式昇降工作平臺 stationary elevating work platform
固定式升降机/固定式吊重器 stationary hoist
固定式塔式起重机/固定式塔式起重機 fixed base tower crane, stationary tower crane
固定式同轴衰减器/同軸固定衰減器 coaxial fixed attenuator
固定式桅杆起重机/固定式桅杆起重機 stationary derrick crane
固定式支索器/固定式承索器 fixed carrier
固定式贮槽/固定式儲槽 stationary tank
固定式装车机/固定式裝車機 fixed car-loader
固定式装船机/固定式裝船機 fixed ship-loader
固定枢轴/固定樞軸 stationary shaft
固定衰减器/固定衰減器,定值衰減器 fixed attenuator
固定顺序机械手/固定順序式機械臂 fixed sequence manipulator
固定索/固定索 fixed rope, static rope
固定塔身/固定塔身 fixed tower
固定台/固定測站,已知測站 fixed station
固定碳/固定碳 fixed carbon
固定调谐放大器/固定調諧放大器 fixed-tuned amplifier
固定停止机器人/固定停止點機器人 fixed-stop robot
固定凸轮/固定凸輪 stationary cam
固定卫星服务/固定衛星服務 fixed satellite service, FSS
固定卫星业务/固定衛星服務 fixed satellite service, FSS
固定无线/固定式無線 fixed wireless
固定无线接入/固定無線存取 fixed wireless access, FWA
固定无线接入网/固定無線存取網 fixed wireless access network
固定无线终端/固定無線終端 fixed radio terminal
固定细筛/固定細篩 fixed fine screen
固定线圈/固定線圈 fixed coil
固定相/固定相位 stationary phase
固定型故障/固定型故障 stuck-at fault
固定型铅蓄电池/固定型鉛酸蓄電池 stationary lead-acid storage battery
固定性错误/固體錯誤 solid error
固定悬挂件/固定懸掛物 fixed suspender
固定选路/固定式路由法 fixed routing
固定压力点/壓力[固]定點 fixed point of pressure
固定业务/固定業務,固定服務 fixed service
固定移动集成/固定移動整合 fixed mobile

integration, FMI
固定移动融合/固定移動融合 fixed mobile convergence, FMC
固定圆形淘汰盘/固定洗砂盤 dumb buddle
固定载荷/固定負載 dead load, fixed load
固定增益/固定增益 fixed gain
固定支承/固定支承 fixed support
固定止漏环/固定密封環 stationary sealing ring
固定周期操作/定週作業 fixed cycle operation
固定轴式变速器/固定軸式變速器 fixed shaft gearbox, fixed shaft transmission
固定装配/固定裝配 assembly on fixed position
固定装置/固定裝置,止動裝置 back set
固定字条[杆]/固定印字桿 fixed type bar
固定字长/固定詞長 fixed word length
固核/固核 firm core
固化/固化,熟化,硬化 curing
固化点试验/固化點試驗 solidifying point test
固化剂/硬化劑 hardener, hardening agent
固化炉/固化爐,熟化烘箱 curing furnace, curing oven
固件/韌體 firmware
固结/固結[作用] induration, consolidation
固结沉降/固結下沈 consolidation settlement
固结沉陷/固結下沈 consolidation settlement
固结[渗压]仪/固結計,壓實計 consolidometer
固结试验/固結試驗 consolidation test
固井管汇车/固井管匯車 cementing manifold truck
固模式混凝土摊铺机/混凝土混合攤鋪機 concrete mix paver
固溶处理/固溶處理,溶體化熱處理 solution treatment
固溶度/固體溶[解]度 solid solubility
固溶极限/固溶溶解限 solid solubility limit
固溶强化/溶液強化 solution strengthening
固溶强化高温合金/固溶強化超合金 solid solution strengthened superalloy
固溶热处理/溶液熱處理 solution heat treatment
固溶体/固溶體 solid solution
α固溶体/阿伐固溶體 alpha solid solution, α solid solution
γ固溶体/加馬固溶體 gamma solid solution, γ solid solution
δ固溶体/德他固溶體 delta solid solution, δ solid solution
固溶体半导体/固溶體半導體 solid solution semiconductor
固态/固態 solid state
固态磁控管/固態磁控管 solid state magnetron
固态存储器/固態記憶體 solid-state memory
固态电池/固態電池[組] solid state battery
固态电容器/固態電容器 solid state capacitor
固态电压标准/固態電壓標準 solid state voltage standard
固态焊/固態焊 solid-state welding, SSW
固态激光器/固態雷射 solid state laser
固态扩散/固態擴散 solid state diffusion
固态敏感器/固態感測器 solid state sensor
固态排渣锅炉/固態排渣鍋爐 boiler with dry ash furnace, boiler with dry-bottom furnace
固态盘/固態磁碟 solid state disk
固态[X射线]检测器/固態X射線偵測器 solid-state X-ray detector
固态收缩/固體收縮 solid contraction
固态探测器/固態偵測器 solid state detector
固态调制器/固態調制器 solid state modulator
固态温度计/固態溫度計 solid-state thermometer
固态氧化物[型]燃料电池/固態氧化物燃料電池 solid oxide fuel cell
固态元件/固態元件 solid state device
固态载荷/固態負載 solid state load
固态闸流管/固態閘流管 solid state thyratron
固态整流器/固態整流器 solid-state rectifier
固态自耗阴极电解/固態自耗陰極電解 solid consumable cathode electrolysis
固体/固體,實體 solid
固体变像管/固態顯像管 solid state image converter
固体不完全燃烧热损失/殘渣中未燃燒碳熱損失 unburned carbon heat loss in residue
固体床反应器/固體床反應器 solid-bed reactor
固体电解质/固態電解質 solid electrolyte
固体电解质气体传感器/固體電解質氣體感測器 solid-state electrolyte gas transducer
固体电解质湿度传感器/固體電解質濕度感測器 solid-state electrolyte humidity transducer
固体电介质激光器/固體電介質雷射 solid dielectric laser
固体电离腔/固體游離腔 solid ionization chamber
固体电路/固態電路 solid state circuit
固体电子学/固體電子學 solid electronics
固体激光器/固體雷射,固態雷射 solid state laser
固体继电器/固體繼電器 solid state relay
固体介质电容器/固體介質電容器 solid dielectric capacitor
固体径迹探测器/固體徑跡偵測器 solid state track detector

固体流速计/固體流速計 solids flow meter
固体密度基准/固體密度基準 primary standard of solid density
固体膨胀温度计/固體膨脹溫度計 solid expansion thermometer
固体燃料锅炉/固體燃料鍋爐 solid-fuel-fired boiler
固体润滑/固體[油膜]潤滑 solid-film lubrication
固体润滑剂/固體潤滑劑 solid lubricant
固体润滑轴承/固體潤滑軸承 bearing with solid lubricant
固体扫描式测长仪/固體掃描式測長儀 solid scanning length measuring instrument
固体扫描式宽度计/固體掃描式寬度計 solid scanning width meter
固体渗氮剂/固體滲氮劑 pack nitriding medium
固体渗铬剂/固體滲鉻劑 pack chromizing medium
固体渗硅/固體滲矽 pack siliconizing
固体渗铝剂/固體滲鋁劑 pack aluminizing medium
固体渗硼/固體滲硼 pack boriding
固体渗硼剂/固體滲硼劑 pack boronizing medium
固体渗碳/固體滲碳 pack carburizing
固体渗碳剂/固體滲碳劑 pack carburizer
固体渗锌剂/固體滲鋅媒體 sherardizing medium
固体钽电解电容器/固體鉭電解電容 solid tantalum electrolytic capacitor
固体探测器/固體檢波器,固態偵測器 solid-state detector
固体纹理/固體紋理 solid texture
固体无烟燃料/固體低煙燃料 solid smokeless fuel
固体吸附剂除湿机/固體吸附劑除濕機 solid-adsorbent dehumidifier
固体噪声发生器/固體雜訊發生器 solid state noise generator
固体整流器/乾板整流器 dry disc rectifier
固体自润滑材料/固體自潤滑材料 solid selflubricant material
固相颗粒侵入/固體侵入 solid invasion
固相控制/固相控制 solid control
固相曲线/固相曲線 solidus curve
固相烧结/固相燒結,固態燒結 solid state sintering
固相外延/固相磊晶 solid phase epitaxy
固相线/固[體]相線 solidus line
固液旋流器/固液旋液分離器 solid-liquid cyclone
固有/内裝的,固定的,内建的 build-in
固有安全/固有安全 intrinsic safety
[固有]闭合时间/[固有]閉合時間 inherent closing time
固有不稳定性/固有不穩定性 inherent instability
固有电容/固有電容 natural capacity
固有电位/固有電位 inherent potential
固有电压调整率/固有電壓調整率 inherent voltage regulation
[固有]断开时间/[固有]斷開時間 inherent opening time
固有多义性/固有歧義 inherently ambiguity
固有反馈/内在回饋,固有回饋 inherent feedback
固有非线性/先天非線性 inherent nonlinearity
[固有]分闸时间/[固有]斷開時間,[固有]閉合時間 inherent opening time
固有辐射/固有輻射 intrinsic radiation
固有灰分/固有灰分,原生灰分 inherent ash
固有亮度/固有亮度 intrinsic brightness
固有流量特性/固有流量特性 inherent flow characteristic
固有滤过/固有濾過 inherent filtration
固有模式/固有模態,特徵模態 natural mode
固有频率/固有頻率,自然頻率 natural frequency, free-running frequency
固有品质因数/固有品性因數 intrinsic quality factor
固有歧义性/固有歧義性 inherent ambiguity
固有衰减/固有衰減 natural attenuation, intrinsic attenuation
固有特性/固有特性 inherent characteristic
固有调节/固有調整 inherent regulation
固有稳定性/固有穩定性 inherent stability
固有误差/固有誤差,基本誤差 intrinsic error, inherent error
固有线电容/内在線電容 intrinsic line capacitance
固有谐振/固有諧振,自然諧振 natural resonance
固有压力/内壓 intrinsic pressure
固有延迟角/固有延遲角,固有引燃角 inherent delay angle
固有噪声/固有雜訊,固有噪音 inherent noise
固有振动模态/振動自然模態 natural mode of vibration
固有准确度/固有準確度 intrinsic accuracy
固有阻抗/内稟阻抗,本徵阻抗 intrinsic impedance
故事分析/故事分析 story analysis
故障/故障 fault
故障安全/故障安全,失效仍安全 fail-safe
故障安全电路/故障安全電路 fault secure circuit
故障包容/故障包容 fault containment
故障避免/故障避免 fault avoidance
故障测定仪/故障檢查器 fault finder
故障测试/故障測試 fault testing
故障插入/故障插入 fault insertion

故障查找/故障檢修　trouble shooting
故障沉默/故障沈默　fail silent
故障处理/故障處置　fault handling
故障代码/故障代碼　fault code, malfunction code
故障等效/故障等效　fault equivalence
故障点/故障點　fault point
故障电流/故障電流　fault current
故障定位/確定故障點,故障位置測定　fault localization, fault location, localization of faults
故障定位测试/故障位置測試　fault location testing
故障定位器/故障位置測定器,故障偵尋器,故障檢查器　fault locator
故障定位问题/故障定位問題　fault location problem
故障冻结/故障凍結　fail-frost
故障防护/故障保護,防止故障　fault protection
故障访问/故障存取　failure access
故障分析/故障分析　fault analysis
故障覆盖/故障範圍　fault-coverage
故障覆盖率/故障範圍比率　fault-coverage rate
故障隔离/故障隔離　fault isolation
故障管理/障礙管理　fault management
故障恢复/故障恢復　failure recovery
故障[击穿]信号/擊穿訊號,故障訊號　breakdown signal
故障记录/故障登録　failure logging
故障继电器/斷電繼電器　power-off relay
故障检测/故障偵測　fault detection
故障禁闭/故障禁閉　fault confinement
故障纠正/缺陷改正　fault correction
故障矩阵/故障矩陣　fault matrix
故障控制/故障控制　failure control
故障类别/故障種類　fault category
故障率/故障率,失效率　failure rate, fault rate, defect rate
故障密度函数/故障密度函數　failure density function
故障模拟/故障模擬　fault simulation
故障模式/故障模式　fault mode
故障模式影响与危害度分析/故障模式影響與危害度分析　fault modes effects and criticality analysis, FMECA
故障模式与影响分析/故障模式與影響分析　fault modes and effect analysis, FMEA
故障模型/故障模型　fault model
故障屏蔽/故障遮罩　fault masking
故障前平均时间/故障前平均時間　mean time before failure
故障切换/故障復原　fail-over
故障容限/故障容許度　fault tolerance
故障弱化/故障弱化　fail-soft
故障弱化逻辑/故障弱化邏輯　fail-soft logic
故障弱化能力/故障弱化能力　fail-soft capability
故障撒播/故障播種　fault seeding
故障时间/故障時間,停機時間　fault time, down time
故障识别/故障識別,失效識別　failure recognition
故障收缩/故障解析　fault collapsing
故障树/故障樹　fault tree
故障树分析/故障樹分析,失效樹分析　fault tree analysis, FTA
故障探测/故障偵測　fault finding
故障探测器/故障偵測器,故障檢知器,故障位置測定器　fault detector, fault locator
故障特征/故障表徵　fault signature
故障停止失效/故障停止失效　fail-stop failure
故障维修/故障維修　breakdown maintenance
故障位置/故障位置　fault location
故障无碍/故障安全,失效仍安全　fail-safe
故障信号[指示灯]/故障訊號燈　abort light
故障遮掩/故障遮罩　fault masking
故障诊断/故障診斷　failure diagnosis, fault diagnosis
故障诊断程序/故障診斷程式　fault diagnostic program
故障诊断例程/故障診斷常式　fault diagnostic routine
故障诊断试验/故障診斷測試　fault diagnostic test
故障支配/故障支配　fault dominance
故障指示灯/故障指示燈　malfunction indicator light, MIL
故障指示器/故障指示器　malfunction indicator, MI
故障注入/故障注入　fault injection
刮板分级机/撈砂分級機　drag classifier
刮板轨模式混凝土摊铺机/刮板軌模式混凝土攤鋪機　blade-type rail-form concrete paver
刮板给料机/刮板進料機　scraper feeder
刮板链条/刮板鏈條　chain scraper
刮板流量计/滑葉旋轉流量計　sliding-vane rotary flowmeter
刮板[式]输送机/刮板運送機　drag conveyer, scraper conveyor
刮板输送装置/刮板運送裝置　bar feeder
刮板造型/旋刮造模　sweep molding
刮板制芯/刮板製芯　sweep coremaking
刮板装载机/刮板式裝載機　scraper loader

刮冰机/刮冰機 ice scraper
刮槽/刮槽 slot scraping
刮刀/刮刀,刮[土]板 scraper
刮刀钻头/刮刀鑽頭 drag bit
刮管器取出装置/清管器出入管 scraper trap
刮光刀片/刮光刀片 wiper insert
刮锅炉水垢工具/除鍋垢器 boiler scaling tool
刮痕/刮痕,刮傷 scratch
刮痕试验/刮痕試驗 surface scratching test
刮痕硬度试验/刮痕硬度試驗 scratch hardness test
刮孔/刮孔 hole scraping
刮平面/刮平面 surface scraping
刮砂/刮砂 strike-off
刮砂板/刮尺,刮板 strike-off bar
刮水电动机/刮刷器馬達 wiper motor
刮水器/雨刷,刮刷器 wiper
刮涂料刀/刮漿刀 cleaning doctor
刮削/刮削 scraping
刮削器/刮削器 scraper
刮型板/平刮板 strickle
挂车/拖車 trailer
挂车甩摆/拖車甩擺 trailer swing
挂镀/掛鍍 rack plating
挂断/掛機,收線 hanging up
挂钩痕迹/掛鈎痕跡 drawbar mark
挂钩牵引功率/掛鈎牽引功率 drawbar power
挂钩牵引力/掛鈎牽引力 drawbar pull
挂机/掛機,掛上話筒 on-hook, hang up
挂机信号/掛機訊號 hook signal
挂接/掛接 attachment
挂接器/鎖定器 coupling frame, locking frame
挂梁起重机/横梁起重機 traverse crane
挂梁桥式起重机/横梁橋式起重機 overhead crane with carrier-beam
挂码/掛碼 hanging weight
挂起进程/懸置過程 suspend process
挂起时间/懸置時間 suspension time
挂起原语/懸置基元 suspended primitive
挂胸式电话机/掛胸式電話機 breast telephone
拐臂/連桿 connecting lever
拐点/拐點,反曲點 inflection point
拐点电压/拐點電壓 knee point voltage
拐点灵敏度/拐點靈敏度 knee sensitivity
拐点中心/拐點中心 inflection center
关闭阀/關閉閥,斷流閥 shut-off valve, cutoff valve
关闭井/關閉井 closed-in well
关闭时间/關閉時間 trun-off time,
关断期/關斷間隔 hold-off interval
关断时间/不導電期 idle period
关合/閉合,接通 making
关合电流/接通電流 making current
关合能力/閉合容量 making capacity
关合时间/閉合時間,接通時間 make time
关机/關機 shut down
关键部分优先/關鍵部分優先 critical piece first
关键部件检查/關鍵部件檢查 major inspection
关键成功因素/關鍵成功因素 critical success factor
关键词抽取/關鍵字抽取 keyword extraction
关键计算/關鍵計算 critical computation
关键路径/關鍵路徑 critical path
关键路径法/關鍵路徑法,要徑法 critical path method, CPM
关键帧/關鍵框 key frame
关键帧动画/關鍵框動畫 key-frame animation
关键字/關鍵字,保留字 keyword
XML 关键字查询/XML 關鍵字查詢 extensible markup language keyword search, XML keyword search
关键字规则/關鍵字規則 keyword rule
关键字检索/關鍵字檢索 keyword search
关键字系统/關鍵字系統 keyword system
关节/關節,接頭,活節 joint, knuckle
关节点/肢接點 articulation point
关节间隙/關節空間 joint space
关节空间/關節空間 joint space
关节型机器人/關節型機器人,肢接機器人 articulated robot
关节坐标系/關節坐標系,接頭坐標系 joint coordinate system
关井 /關井 close in
关井地层压力/關井地層壓力 shut-in formation pressure
关井套管压力/關井套管壓力 shut-in casing pressure, SICP
关井压力/關井壓力 closed-in pressure
关口移动交换中心/關口移動交换中心 gateway mobile switching center, GMSC
关联/關聯,相聯 association
关联处理机/相聯處理機 associative processor
关联规则/相聯規則 association rule
关联规则挖掘/相聯規則探勘 association rule mining
关联函数/關聯函數 incidence function
关联矩阵/關聯矩陣 incident matrix
关联类/關聯類 association class
关联设备/輔助器具 associated apparatus

关联失效/相關失效 relevant failure
关守/閘管理者 gatekeeper
关系/關係 relation
关系代数/關聯式代數 relational algebra
关系复合/關係複合 composition
关系复合表/關係複合表 composition table
关系逻辑/關係邏輯 relational logic
关系模式/關係模式 relational schema
关系模式分解/關係綱目分解 decomposition of relation schema
关系数据库/關聯式資料庫 relational database
关系数据模型/關聯式資料模型 relational data model
关系网/關係網 relation net
关系系统/關係系統 relation system
关系演算/關聯式微積分 relational calculus
关照地址/不管位址 care-of address
关照密钥令牌/關照金鑰權杖 care-of keygen token
关中断/中斷去能 interrupt disable
关注点分离/關注點分離 separation of concerns, SOC
观测管/窺管 sighting tube
观测计/觀測計,液面計 sight gage
观测角/觀測角 observation angle
观测量/觀測量 observed quantity
观测器/觀測器 observer, sight
观测数据/觀測資料 observed data
观测误差/觀測誤差 observation error
观测站/觀測站 observation station
观测值/觀測值 measured value, observed value
观测指示器/觀測指示器 sight indicator
观察/觀察 observation
观察板/快拆門,通路板 access panel
观察窗/觀察窗,檢查孔 viewing window
观察孔/觀察孔,檢查孔,窺鏡 inspection hole, sight glass, observation hole
观察卫星/觀察衛星 observation satellite
观察误差/觀測誤差 observation error
观察显微镜/觀測顯微鏡 viewing microscope
观察学习/觀察學習 learning by observation
观察者模式/觀察者模式 observer pattern
观察者系数/觀察者係數 operator factor
观点挖掘/見解探勘 opinion mining
观点组织/觀點組織 idea organizers
观光电梯/觀光電梯 sightseeing elevator, tourist elevator
观剧镜/雙眼式望眼鏡 opera glasses
冠齿轮/冠狀輪 crown wheel
冠带层/冠帶層 cap ply
冠顶距/節錐頂到齒冠 apex to crown
冠轮/冠齒輪 crown gear
冠心病监护病室/冠心病監護病室 coronary care unit, CCU
管/管 tube, pipe
ATR 管/ATR 管,阻塞放電管 anti-transmitter-receiver tube, ATR tube
TR 管/TR 管,保護放電管 transmitter-receiver, tube, TR tube
管扳手/管子扳手,管鉗,鱷魚扳手 crocodile wrench, pipe wrench
管板/管板 tube plate, tube sheet
管板式加热器/管板式加熱器 tube-in-sheet heater
管板式蒸发器/管板式蒸發器 tube-on-sheet evaporator
管壁厚度不均/管壁厚度不均 non-uniform in tube wall thickness
管壁取压孔/管壁取壓孔 wall pressure tapping
管冰制冰机/管狀冰製造機 tube ice maker
管材挤压/管材擠型 tube extrusion
管材均整/管材均整 tube reeling process
管材拉伸/管材拉製 tube drawing
管材冷轧冷拔/管材冷軋冷拔 cold rolling and drawing of tube
管材连续冷轧/管材連續冷軋 tube continuous cold rolling
管材轧制/管材軋製 tube rolling
管侧阻力/管側壓力損失 tube-side pressure loss
管道/管[線] pipe, line pipe
管道泵/管道泵 inline pump
管道干燥器/隧道式乾燥機 canal drier
管道高压浸溶/管道高壓浸煮 high pressure tube digester
管道化溶出/管道化浸提 tube digestion
管道输送通风机/導管風扇 ducted fan
管道通信机制/管道通訊機制 pipe communication mechanism
管道同步/管線同步 pipe synchronization
管道文件/管線檔案 pipe file
管道现象/通道效應 channeling
管堵/管堵 bull plug
管端加工/管端加工 pipe end machining
管端接头/管端接頭 connection end
管端连接件/管端連接件 end-connection
管端组件/管端組件 pipe end assembly
管件/管件,管接頭 pipe fittings
管接护套/接管護套 connector collar

管接螺母/接合螺帽 connector nut, union nut
管径/口徑 caliber
管壳/外殼,機殼,套管 case, package
管壳[式]换热器/殼管[式]熱交換器 tube and shell heat exchanger
管壳[式]加热器/殼管[式]加熱器 shell-and-tube heater
管理/管理 management
管理安全性/行政管理安全性 administrative security
管理层/管理層 management layer
管理程序/監督程式,督導程式 supervisory program
管理程序调用/監督器呼叫 supervisor call
管理程序调用中断/監督器呼叫中斷 supervisor call interrupt
管理对象/管理物件 managed object, MO
管理对象类/管理物件類 managed object class, MOC
管理过程/管理過程 management process
管理计算机/監督計算機 supervisory computer
管理决策/管理決策 management decision
管理科学/管理科學 management science
管理控制/管理控制 management control
管理例程/監督常式 supervisory routine
管理商业和运输的电子信息交换/管理商業運輸的電子資料交換 electronic data interchange for administration commerce and transport
管理实体/管理實體 management entity
管理树/管理樹 management tree
管理图/管理圖 control chart
管理信息/管理資訊 management information, MI
管理信息结构/管理資訊結構 structure of management information
管理信息库/管理資訊庫 management information base
管理信息系统/管理資訊系統 management information system, MIS
管理应用功能/管理應用功能 management application function, MAF
管理域/管理網域 management domain
管理站/管理站,管理器 manager
管流/管流 pipe flow
管螺纹丝锥/管螺紋螺絲攻 pipe thread tap
管帽/管蓋 cap
管磨机/管磨機 tube mill
管内结焦/管內結焦 coking of tubing
管坯/管坯 pipe billet
管坯连铸机/管坯連鑄機 tube rounds caster
管屏/管屏 tube panel
Ω管屏/Ω管平臺 Ω-tube platen
管钳链/扳手鏈 wrench chain
管钳子/管鉗 pipe wrench
管式泵/襯筒式抽油泵 tubing pump
管式充电器/管式充電器 bulb-type charger
管式电测功计/管式電測功計 tubular electrodynamometer
管式电缆/管式線纜 pipe type cable
管式反应器/管式反應器 tubular reactor
管式过滤机/管式過濾機 tubular filter
管式换热器/管式熱交換器 tubular heat exchanger
管式加热器/管式加熱器,管熱器,插裝加熱器 pipe heater, cartridge heater
管式浇口切刀/管狀豎澆口切刀 tubular sprue cutter
管式空气预热器/管式空氣預熱器 tubular air preheater
管式冷凝器/管式冷凝器 tubular condenser
管式冷却器/管式冷卻器 tubular cooler
管式炉/管形爐 tube furnace
管式埋刮板输送机/管式埋刮板運送機 tubular en masse conveyor
管式取样器/管取樣器 pipe sampler
管式热风炉/管熱風爐 pipe stove
管式熔断器/熔絲管,管裝熔絲 cartridge fuse
管式散热器/管式散熱器 tubular radiator
管式蒸发器/管式蒸發器 tubular evaporator
管式蒸馏器/管餾器 pipe still
管式轴流通风机/管式軸流風扇 tube axial fan
管束/管束 tube bank, tube bundle, tube nest
管丝锥/管螺紋螺絲攻 pipe thread tap
管系安全阀/油管安全閥 tubing safety valve
管系图/管系圖 piping system drawing
管线/管線 pipe line
管线钢/管線鋼 pipe line steel
管芯/管芯 die
管芯尺寸/管芯大小 die size
管形芯撑/管狀心型撐 pipe chaplet
管型反应器/管式反應器 tubular reactor
管型镘刀/管抹鏝 pipe sleeker
管乐器黄铜/管樂器黃銅 trumpet metal
管制/調整 regulation
管制器/調整器 regulator
管状吊挂带式输送机/管狀吊掛帶式運送機 suspension pipe belt conveyor
管状铆钉/管狀鉚釘 pipe type rivet
管状散热器/管式冷却器 tubular cooler

管子公扣端/公管頭 spigot end of pipe
管子加工机床/鋸管機,截管機 pipe cutting machine
管子排列/管排列法 tube arrangement
管子卡盘/管子卡盤 pipe chuck
管子有效长度/有效管長 effective length of tube
贯穿活塞杆/貫穿活塞桿 through piston rod
贯穿螺栓/貫穿螺栓 through bolt, tie-bolt, tie-rod
贯流泵/貫流泵 tubular pump
贯流风机/横流式風扇 cross-flow fan
贯流式风口/貫流式風口 through-flow type tuyere
贯流式水轮机/貫流式水輪機 straight-flow turbine, tubular turbine
贯通[掘进]/接通開鑿 thirling
贯通炉/貫通爐 straight-flow furnace
贯通偏差/貫通偏差 link-up warp
贯通式主减速器/貫通式驅動器 thru-drive
惯例过程模型/通用過程模型 prescriptive process model
惯量/慣量,慣性 inertia
惯量椭球体/慣性橢球體 ellipsoid of inertia
惯量椭球面/慣性橢球面 ellipsoid of inertia
惯态面/慣態面 habit face
惯性/慣性,慣量 inertia
惯性参考系/慣性基準坐標系,慣性參考坐標系 inertial reference frame
惯性测量/慣性量測 inertia measurement
惯性常数/慣性常數 inertia constant
惯性除尘/慣性除塵 inertial dust separation
惯性传感器/慣性感測器 inertial sensor
惯性导航加速度计/慣性導航加速規 inertial navigation accelerometer
惯性导航系统/慣性領航系統 inertial navigation system, INS
惯性分离器/慣性分離器 inertial separator
惯性环节/慣性環節 inertial element
惯性积/慣性積 product of inertia
惯性集尘器/慣性集塵器 inertia dust collector
惯性矩/慣性矩 moment of inertia
惯性力/慣性力 inertia force, transportation force, inertial force
惯性力偶矩/慣性力偶矩 inertia couple
惯性轮/慣性輪 inertia wheel
惯性配重/慣性配重 seismic element
惯性平台/慣性平臺 inertial platform
惯性启动器/慣性起動器 inertia starter
惯性式起动机/慣性驅動起動器 inertia drive starter
惯性调速器/慣性調速器 inertia governor
惯性稳定器/慣性穩定器 inertia stabilizer
惯性系统/慣性系統 seismic system, inertial system
惯性效应/慣性作用 inertial effect
惯性圆锥破碎机/慣性圓錐破碎機 inertial cone crusher
惯性张量/慣性張量 inertia tensor
惯性振动输送机/慣性振動運送機 inertial vibrating conveyor
惯性制动器/慣性制動,慣性刹車 inertia brake
惯性制动系/慣性制動系統,慣性刹車系統 inertia braking system
惯性质量/慣性質量 inertial mass
惯性主轴/慣性主軸 principal axis of inertia, principal inertia axis
惯性转头角/慣性轉頭角 overshoot
惯性姿态敏感器/慣性姿態感測器 inertial attitude sensor
惯性阻尼伺服电[动]机/慣性阻尼伺服馬達 inertial damping servomotor
惯性阻尼器/慣性阻尼器 inertia damper
惯性坐标系/慣性坐標系 inertial coordinate system
灌浆/灌漿 grouting
灌浆法凿井/灌漿鑿井法 cementation sinking
灌浆造模法/灌漿造模法 grout molding
灌重泥浆/泵入重泥漿 slug the pipe
灌注泵/注給泵 priming pump
灌注量/裝填量 filling capacity
灌装机/裝填機 filling machine
罐/罐,釜 pot
罐壁温度/罐壁溫度 temperature of tank shell
罐道/罐籠導軌 cage guide, shaft conductor
罐[道]梁/罐道梁,隔井梁 shaft bunton
罐封口机/封罐機 can seamer
罐空量杆/[計]量桿 wantage rod
罐炉/罐爐 pot furnace
罐式集装箱/槽貨櫃 tank container
罐式汽车/罐式汽車 tanker, tank vehicle
罐式燃烧腔/罐式燃燒室 can-type chamber
罐式炭物料煅烧炉/罐式炭質物煅燒爐 pot-type calciner for carbonaceous material
罐式专用运输汽车/罐式專用運輸汽車 specialized goods tanker
罐式专用作业汽车/罐式專用作業汽車 special purpose tanker
罐托/罐籠卡 keps
光/光 light
光斑尺寸/亮點大小,光點大小 spot size
光泵磁力仪/光泵磁強計 optical pumping magnetometer

光笔/光筆 light pen, photopen
光编码器/光編碼器 optical encoder
光标/游標 cursor
光标式仪表/光學指標儀表,光學指數式儀器 instrument with optical index
光波/光波 light wave
光波波长继电器/比色繼電器 colorimetric relay
光波长标准/光波長度標準 optical wavelength standard
光波导/光波導 optical waveguide
光波导探测器/光波導偵測器,光學波導檢知器 optical waveguide detector
光[波]调制器/光調制器 light modulator
光波通信/光波通訊 lightwave communication
光波通信系统/光波通訊系統 lightwave communications system
光参量放大/光參量放大 optical parametric amplification
光参量振荡/光參量振盪 optical parametric oscillation
[光]参量振荡器/光學參變振盪器 optical parametric oscillator
光测法/測光學,測光術 optical measurement method
光测高温表/光測高溫計 ardometer, optical pyrometer
光测高温计/光測高溫計 ardometer, optical pyrometer
光测距/光測距 optical ranging
光测量/光量測 light measurements
光测量锤/光測懸錘 optical plummet
光测弹性仪/光彈性偏光儀 photoelastic polariscope
光掺杂/光摻雜 photodoping
光场/光場 light field
光程差/光程差 optical path difference
光抽运/光抽運,光泵激昇,光幫浦 optical pumping
光稠计/光密度計 photodensitometer
光出射度/光束發散度 luminous exitance
光传播/光[波]傳播 light propagation
光传感器/光感測器 light sensor
光传输段/光傳輸段 optical transmission section, OTS
光传送模块/光傳送模組 optical transport module, OTM
光传送体系/光傳送體系 optical transport hierarchy, OTH
光传送网络/光傳送網路 optical transport network, OTN
光磁电效应/光磁電效應 photomagnetoelectric effect
光磁软盘/軟光磁碟 floptical disk
光磁效应/光磁效應 photomagnetic effect
光刺激/光刺激,光激發 light stimulus
光催化反应器/光[化學]反應器 photoreactor
光存储器/光記憶體 optical memory
光带/光帶 optical tape
光带宽/光頻寬 optical bandwidth
光导/光[波]導 light guide
光导电池/光電導管 photoconductive cell
光导电性/光電導率 photoconductivity
光导管/光[導]管,光電管 phototube, light pipe
光导式传感器/光導式感測器,光導換能器 photoconductive transducer
光导体吸收系数/光導體吸收係數 absorption coefficient of photoconductor
光导纤维/光學纖維,光纖 optical fiber
光的多普勒效应/光學都卜勒效應 optical Doppler effect
光点电流计/光點電流計 luminous-spot galvanometer
光点伏特计/光點伏特計 luminous-spot voltmeter
光点记录仪/光點記錄器 luminous-spot recorder
光点检流计/光點檢流計 galvanometer with optical point
光电/光電,電光 electro-optical, EO
光电报警器/光電警報器 photoelectric alarm
光电倍增管/光電倍增管 multiplier phototube, photomultiplier tube
光电倍增管光度计/光電倍增管光度計 photomultiplier-tube photometer
光电倍增计数器/光電倍增器計數器 photomultiplier counter
光电倍增检测器/光電倍增檢知器 photomultiplier detector
光电倍增器/光電倍增器 photomultiplier, photoelectric multiplier
光电比较仪/光電比較儀 photoelectric comparator
光电比色法/光電比色法 photoelectric colorimetry
光电比色计/光電比色計,光電管色度計,光電光度計 photocell colorimeter, photoelectric colorimeter, electrophotometer
光电笔/光筆 photopen
光电笔记录器/光筆記錄器 photopen recorder
光电变阻器/光敏變阻器 photovaristor
光电补偿器/光電補償器 photoelectric compensator
光电测定/光電測定 photoelectric measurement

光电测角仪/光學測角儀,光電測角器 photogoniometer
光电测距仪/光電測距儀 electro-optical distance meter, electro-optical distance measuring instrument, EDM instrument
光电测量计/感光劑量計 photodosimeter
光电测扭仪/光電測扭儀 photoelectric torquemeter
光电池/光[伏]電池,太陽電池 photocell, photovoltaic cell, photosensitive cell
光电池测光表/光電管光度計 photocell light meter
光电传感器/光電感測器,光電子換能器 photo-electronic transducer, photoelectric sensor
光电磁光电管/光電磁管 photoelectromagnetic cell
光电磁敏元件/光電磁敏元件 photoelectromagnetic element, PME
光电磁效应/光電磁效應 photoelectromagnetic effect
光电带读出器/光電讀帶機 photoelectric tape reader
光电导/光電導 photoconduction
光电导管/光電導管 photoconductive cell, photoconductive tube
光电导红外线探测器/光電導紅外偵測器 photoconductive infra-red detector
光电导检测器/光導偵測器 photoconductive detector
光电导率/光電導率 photoconductivity
光电导衰退/光電導衰減 photoconductivity decay
光电导探测器/光導偵測器 photoconductive detector
光电导体/光導體 photoconductor
光电导效应/光電導效應 photoconductive effect
光电地震仪/光電地震儀 photoelectric seismometer
光电电流计/光電電流計 photoelectric galvanometer
光电定律/光電定律 law of photoelectricity
光电定时器/光[電]定時器 phototimer
光电读带器/光電讀帶機 photoelectric tape reader
光电对抗/光電對抗 electrooptical countermeasures
光电二极管/光[電]二極體 photodiode
PIN 光电二极管/正-本-負光電二極體 positive-intrinsic-negative photodiode, PIN photodiode
光电二极管阵列检测器/光電二極體陣列偵測器 photodiode array detector
光电发射/光電發射,光電放射 photoelectric emission
光电发射继电器/光電發射繼電器 photoemissive relay
光电发射器件/光電發射器件 photoemissive cell
光电发生器/光電產生器 photocurrent generator
光电发送器/光電發送器 photoelectric sender
光电法/光電方法 photoelectric method
光电放大器/光電放大器 photoelectric amplifier
光电放射管/光電發射管 photo-emissive cell
光电分光光度计/光電分光光度計 photoelectric spectrophotometer
光电分光计/光電分光計,光電光譜儀 photoelectric spectrometer
光电分级机/光電分級機 photoelectric grader
光电分类器/光電分類器 photoelectric sorter
光电峰/光電[尖]峰 photoelectric peak
光电高温计/光電高溫計 photoelectric pyrometer
光电功率变换器/光電功率變換器 photoelectric power converter
光电管/光電管 phototube, photocell
光电管高温计/光電管高溫計 photocell pyrometer
光电管光度计/光電管光度計 phototube photometer
光电光度计/光電光度計,電子光度計 photoelectric photometer, electronic photometer, electrophotometer
光电函数发生器/光電函數產生器 photoelectric function generator
光电化学电池/光電化學電池 photoelectrochemical cell
光电话/光電話機 photophone
光电火焰故障探测器/光電滅焰檢知器 photoelectric flame failure detector
光电积分器/光電積分器 photoelectric integrator
光电集成电路/光電積體電路 optoelectronic integrated circuit, optoelectronic IC, OEIC
光电计数器/光電計數器 photoelectric counter
光电记录器/光電記録器 photoelectric recorder
光电继电器/光電繼電器,光電電驛 photoelectric relay
光电检波器/光整流器 photorectifier
光电检测器/光電檢波器,光電偵測器,光電檢知器 photoelectric detector, optoelectronic detector
光电检流计式光度计/光電管檢流計型光度計 photocell-galvanometer-type photometer
光电交换/光電轉換 electro-optical switching
光电晶体管/光電[電]晶體 phototransistor
光电控制器/光電控制器 photoelectric controller
光电离/光電離,光致游離 photo ionization
光电离截面/光[致]電離截面 photoionization cross section
光电量尘计/光電測塵計 photoelectric dust meter

光电流/光電流　photocurrent
光电流表/光電流計　photoammeter
光电六分仪/光電六分儀　photoelectric sextant
光电路/光電路　photonic circuit
光电密度计/光電密度計,光電比重計　photoelectric densitometer
光电耦合器/光電耦合器　photoelectric coupler
光电偏振计/光電偏光計　photoelectric polarimeter
光电频谱仪/光電光譜儀,光電分光計　photoelectric spectrometer
光电器/光電管　phototube
光电器件/光電元件　optoelectronic device
光电三极管/光電三極管　phototriode
光电扫描器/光電掃描器　photoelectric scanner
光电扫描仪/光學掃描器　optical scanner
光电摄像管/光電攝像管,光電[顯]像管　iconoscope, emitron
光电式长度计/光電式長度計　photoelectric length meter
光电式传感器/光電式感測器,光電換能器　photoelectric transducer
光电式辊缝测量仪/光電式輥縫測量儀　photoelectric roll gap measuring instrument
光电式检测装置/光電式偵檢裝置　photoelectric detection device
光电式宽度计/光電式寬度計　photoelectric width meter
光电式位置检测器/光電式位置偵檢器　photoelectric position detector
光电式照度计/光電照度計　photoelectric illuminometer
光电式转速传感器/光電式轉速計　photoelectric tachometric transducer
光电双狭缝干涉仪/光電雙狹縫干涉計　photoelectric double-slit interferometer
光电探测器/光電偵檢計　photoelectric detector, photodetector, light-sensitive detector
光电探伤仪/光電掃描器　photoelectric scanner
光电调节器/光電調節器　photoelectric regulator
光电透射计/光電視程計　photoelectric transmissometer
光电温度计/光電溫度計　photoelectric thermometer
光电析色器/光電析色器　photoelectric color analyzer
光电显微光度计/光電顯微光度計,光電測微光度計　photoelectric microphotometer
光电显微镜/光電顯微鏡　photoelectric microscope
光电效应/光電效應　photoelectric effect
光电效应式开关/光電效應式光開關　photoelectric effect type optical switch
光电行波管/光電行波管　traveling-wave phototube
光电选择器/光電選擇器　photoelectric selector
光电遥感器/光電遥感器,光電感測器　photoelectric sensor
光[电]阴极 /光[電]陰極　photocathode
光电荧光计/光電螢光計　photoelectric fluorometer
光电硬度计/光電硬度計　photoelectric sclerometer
光电元件/光電管　photovalve
光电阅读器/光電閱讀機　photoelectric reader
光电整流器/光整流器　photorectifier
光电直读光谱仪/光電直讀光譜儀　photoelectric direct-reading spectrograph
光电指示器/光電指示器　photoelectric indicator
光电烛度计/光濁度計　photonephelometer
光电转换效率/光電轉換效率　photoelectric conversion efficiency
光电转速计/光電轉速計　photoelectric tachometer
光电子/光電子　photoelectron
光电子二极管/光電子二極體　optoelectronic diodes
光电[子]发送机/光電[子]發送機　optoelectronic transmitter
光电[子]接收机/光電子接收機　optoelectronic receiver
光电子能谱法/光電子能譜法,光電子光譜法　photoelectron spectroscopy
光电子像/光電子像　photoelectronic image
光电子学/光電子學　optoelectronics, photoelectronics
光电自准直仪/光電自動對準儀　photoelectric autocollimator
光碟/光碟　optical disc
光碟伺服控制系统/光碟伺服控制系統　optical disc servo control system
光碟读头/光碟讀頭　optical pickup
光[碟]轨/光碟軌　optical track, photometric bench
光碟库/光碟庫　optical disc library
光碟驱动器/光碟驅動器　optical disc drive
光碟塔/光碟塔　optical disc tower
光碟头/光碟讀寫頭　optical head
光碟阵列/光碟陣列　optical disc array
光度比/光度標度　photometric scale
光度变量/光度變量　photometric variable
光度标/光度標度　photometric scale
光度标准/光度標準　photometric standard
光度标准灯/[發]光標準燈　luminous standard lamp
光度测量/測光術,光度學,光度量測術　photometry

光度测量装置/光度檯 photometric bench
光度场/光度場 photometric field
光度单位/光度學單位 photometric unit
光度滴定[法]/光度滴定法 photometric titration
光度滴定仪/光度滴定計 photometric titrimeter
光度滴定装置/光電滴定裝置 photometric titration apparatus
光度对比/光度對比 photometric contrast
光度分布计/光分[布]光度計 distribution photometer
光度副基准器/二次測光標準 secondary photometric standard
光度高温计/光度高溫計 photometric pyrometer
光度积分器/光度積分器 photometric integrator
光度基准/一次測光標準 primary photometric standard
光度计/光度計 photometer
γ光度计/γ光度計,加馬光度計 gamma photometer
光度计量基准/光度計量基準 national measurement standard of photometry
光度计头/光度計頭 photometer head
光度量/光度量,光度值 luminous quantity, photometric quantity
光度匹配/光度匹配 photometric match
光度试验板/光度計試驗板 photometer test plate
光度学/光度學 photometry
光度学亮度/光度亮度 photometric brightness
光段/光段 optical section, OS
光发射/光發射 luminous emission
光发送机/光發送機 optical transmitter
光阀/光閥 light valve, LV
光反射/光反射 light reflection
光反射器/光反射器 optical reflector
光反射损耗/光反射損耗 light reflection loss
光放大/光放大 optical amplification
光放大器/光[學]放大器 light amplifier, optical amplifier
光分插复用器/光分插多工器 optical add-drop multiplexer, OADM
光分接器/光分接器 optical taps
光分配网/光分配網 optical distribution network, ODN
光分组交换/光分封交換 optical packet switching, OPS
光峰/光峰 photopeak
光峰强度/光峰強度 photopeak intensity
光[伏]电池/隔層光電池 photronic cell
光伏器件/光壓器件 photovoltaic device
光伏效应/光伏[特]效應 photovoltaic effect
光伏型太阳能源系统/光壓型太陽能源系統 solar photovoltaic energy system
光符阅读器/光學字元閱讀器,感光讀字機 optical character reader
光辐射/發光輻射 luminous radiation
光辐线/光輻射線 optical radiation line
光复用单元/光多工單元 optical multiplex unit, OMU
光复用段/光多工段 optical multiplex section, OMS
光干涉/光干涉 interference of light
光感受器/光接受器 photoreceptor
光隔离器/光隔絶器,光頻隔離器 optical isolator, opto-isolator
光功当量/光功當量 mechanical equivalent of light
光功率/光功率,發光本領 luminous power, optical power
光功率计/光功率計,光學測力計 optical dynamometer, optical power meter
光孤子/光學孤立子 optical soliton
光孤子衰减/孤立子衰減,光固子衰減 soliton attenuation
光孤子通信系统/孤立子通訊系統,光固子通訊系統 soliton communication system
光管/光管 light pipe
光轨间距/光軌間距 optical track pitch
光核反应/光核反應 photonuclear reaction
光滑极限量规/光滑極限量具 plain limit gage
光滑曲线/光滑曲線 smooth curve
光化的/光化的 actinic
光化电池/光化學電池 photochemical cell
光化计/光量計 actinometer
光化力测定器/光量儀 actınograph
光化力计/光量儀 actinograph
光化线强度法/光量量測術 actinometry
光[化学]电池/光電池 photogalvanic cell
光[化学]红斑/光[化學]紅斑 actinic erythema
光化学活性碳氢化合物/光化學活性碳氫化合物 photochemically reactive hydrocarbons
光化学剂量/光化學照射量 actinic dose
光化学烟雾/光化學煙霧 photochemical smog
光环境/照明環境,發光環境 luminous environment
光环谐振器/光環共振器 optical ring resonator
光回波损耗/光回波損失 optical return loss
光机扫描仪/光機掃描儀 optical-mechanical scanner
光机械鼠标器/光學機械滑鼠 optomechanical mouse
光激发光/光致發光 photoluminescence

光计算机/光學電腦 optical computer
光记录/光學記録 optical recording
光记录介质/光學記録媒體 optical recording media
光检测/光偵測 optical detection
光检查/光學檢驗 optical examination
X 光检查装置/X 射線檢驗器 X-ray inspection device
X 光检验/X 射線檢驗 X-ray inspection
光交叉连接/光交叉連接 optical cross-connect, OXC
光交换/光[子]交换 photonic switching
光胶/光膠 optical contact
光焦度/焦度 focal power
光接入网/光接入網 optical access network, OAN
光接收机/光接收機 optical receiver
光洁度/精細度,純度 degree of finish, fineness
光晶体管/光電晶體 optical transistor
光阱/光捕集器 light trap
光径长度/光徑長度 optical length
光具组/光學系統 optical system
光具座/光具座,光軌 optical bench
光距仪/光距儀 optical square
光觉计/明視覺,白晝視覺 photoptometer
光开关/光開關 optical switch
光刻法/光刻法 photolithography
光刻机/光刻機 mask aligner
光刻胶/光刻膠,光致抗蝕劑 photoresist
光控继电器/光繼電器,光控開關 photoswitch
光控闸流晶体管/光閘流管 photothyristor
光口横向兼容/光路中間銜接 mid-fiber meet
光缆/光纜 optical fiber cable, fiber optic cable
光缆长度/光纜長 cable length
光缆接收器/光纜接收器 cable receiver
光缆连接器/光纜連接器 optical cable connector
光缆线束/光纜線束 stranded cable fiber
光雷达测高计/光學雷達測高度計 optical radar altimeter
光离子化检测器/光游離檢知器 photoionization detector, PID
光连续区/光連續區 optical continuum
光亮板/光亮板 bright sheet
光亮淬火/光亮淬火 bright quenching, clean hardening
光亮淬火油/光亮淬火油 bright quenching oil
光亮电镀/光亮電鍍 bright plating
[光]亮度/[光]亮度,[光]耀度 brightness, luminance
[光]亮度计/亮度計 brightness meter, luminance meter
光亮度系数/亮度係數 luminance coefficient
光亮剂/光亮劑,亮滑[添加]劑 brightening agent, brightener
光亮热处理/光亮熱處理,輝面熱處理 bright heat treatment
光亮退火/光亮退火,光澤退火,輝面退火 bright annealing
光亮退火炉/光亮退火爐 bright annealing furnace
光亮阳极氧化/光亮陽極氧化 bright anodizing
光量/光量 quantity of light
光量计/光量計,光子計數器 quantometer
光量子/光量子 light quantum
光量子放大器/光量子邁射 light quantum maser
光量子脉泽/光量子邁射 light quantum maser
光零差探测/光內差偵測 optical homodyne detection
光流/光流 optic flow
光流场/光流場 optic flow field
光卤石法/光鹵石法 carnallite process
光卤石氯化器/光鹵石氯化器 carnallite chlorinator
光路/光程 optical path
光路中间衔接/光路中間銜接 mid-fiber meet
光滤波器/光濾波器,濾光器 optical filter
光轮压路机/光輪壓路機 smooth-wheel roller
光逻辑/光邏輯 optical logic
光码分多址/光碼分多址 optical code-division multiple access, OCDMA
光脉冲/光脈波 light pulse
光脉冲压缩技术/光脈波壓縮技術 compression technique of light pulse
光镘/光鏝 smoother
光密度分析法/光密度量測術 photodensitometry
光密度计/光密度計 optical densitometer, photodensitometer
光面辊破碎机/光面輥破碎機 smooth roll crusher
光面加工/光面加工 hardware finish
光面卷筒/光面卷筒 smooth drum, smooth faced drum
光敏电池/光電池 light sensitive cell
光敏电位器/光敏電位器 photopotentiometer
光敏电阻/光敏電阻 photoresistor, photo resistance cell
光敏二极管/光敏二極體,光電二極體 photodiode, photosensitive diode
光敏感器/光感測器 photo-sensor, optical sensor
光敏晶体管/光電晶體 phototransistor, photistor
光敏探测器/光敏檢知器 light-sensitive detector

光敏微晶玻璃/光敏微晶玻璃 photoceram
光敏性记录/光敏性記録 photo sensitive recording
光敏元件/光敏元件,光感元件 light sensitive cell, light sensor, photosensor
光敏作用/光敏化 photosensitization
光目标坐标方位仪/光目標坐標方位儀 optical target coordinator
光能/[發]光能 luminous energy, light energy
光能量/光能[量] optical energy
光年/光年 light year
光钮/光鈕 light button
光耦合器/光耦合器 optical coupler, photo-coupler
光盘存储技术/光碟存儲技術 optical diskmemory technology
光偏振分析器/極化偏光[分析]鏡 polarization analyzer
光偏置/光偏壓 optical biasing
光偏转/光偏轉 light deflection
光频/光頻 light frequency, optical frequency
光频标准/光[學]頻率標準 optical frequency standard
光频放大器/光頻放大器 optical frequency amplifier
光频[频]分复用/光分頻多工 optical frequency division multiplexing
光频声子/光頻聲子 optical phonon
光频支/光頻分枝 optical branch
光谱/光譜,波譜,能譜 light spectrum, optical spectrum, spectrograph
光谱比较仪/光譜比較儀,光譜比較器 spectrocomparator
光谱测定法/[光]譜量測術 spectrometry
光谱测定分析/[光]譜量測分析 spectrometric analysis
光谱测量/光譜量測 spectral measurements
光谱测声器/光譜測音器 spectrophone
光谱乘积/分光乘積 spectral production
光谱传输系数/光譜透射因子,透射因子譜 spectral transmission factor
光谱传输因数/光譜透射因子,透射因子譜 spectral transmission factor
光谱窗口/頻譜窗 spectral window
光谱刺激/[分]光刺激 spectral stimulus
光谱灯/光譜燈,分光計燈 spectral lamp, spectrometer lamp, spectroscopic lamp
光谱电化学/光譜電化學 spectroelectrochemistry
光谱发射率/光譜發射率,頻譜發射率 spectral emissivity
光谱反射比/光譜反射比,反射比譜 spectral reflectance
光谱反射曲线/光譜反射曲線,反射曲線譜 spectral reflection curve
光谱反射系数/光譜反射因子,反射因子譜 spectral reflection factor, spectral reflectance factor
光谱范围/光譜範圍 spectral range
光谱分布/[光]譜分布,能譜分布 spectral distribution
光谱分析/光譜分析 spectrometric analysis, spectroscopic analysis
光谱分析器/光譜分析器 spectroscopic analyzer
光谱分析仪/光譜分析儀,析譜儀 spectrum analyzer
光谱辐射测量/能譜放射量測 spectroradiometric measurement
光谱辐射出射度/[光]譜輻射出射度,輻射出射度譜 spectral radiant exitance
光谱辐射度学/能譜放射度學 spectroradiometry
光谱辐射计/分光輻射計,能譜放射計 spectroradiometer
光谱辐射亮度/[光]譜輻射亮度,[光]譜輻射率,輻射率譜 spectral radiance
光谱辐[射]亮度标准灯/[光]譜輻射亮度標準燈 standard lamp for spectral radiance
光谱辐射亮度因子/[光]譜輻射因子,輻射因子譜 spectral radiance factor
光谱辐射能密度/[光]譜輻射能密度,輻射能密度譜 spectral radiant energy density
光谱辐射强度/[光]譜輻射強度,輻射強度譜 spectral radiant intensity
光谱辐射通量/[光]譜輻射通量,輻射通量譜 spectral radiant flux
光谱辐射照度/[光]譜輻照度,輻照度譜 spectral irradiance
光谱辐射照度标准灯/[光]譜輻射照度標準燈 standard lamp for spectral irradiance
光谱干扰/光譜干擾 spectral interference
光谱高温计/光譜高温計 spectral pyrometer, spectropyrometer
光谱光度计/分光光度計 spectrophotometer
光谱光度学/分光光度學 spectrophotometry
光谱光[视]效率/光譜發光效率,發光效率譜 spectral luminous efficiency
光谱光学厚度/分光光學厚度 spectral optical thickness
光谱光学深度/分光光學厚度 spectral optical thickness
光谱规则透射比/光譜規則透射比 spectral regular transmittance

光谱轨迹/光譜[色]軌跡 spectrum locus
光谱过滤器/光譜濾器 spectral filter
光谱化学分析/光譜化學分析 spectrochemical analysis
光谱灵敏度/[光]譜靈敏度,靈敏度譜 spectral sensitivity
光谱灵敏高温计/光譜靈敏高溫計 spectral-sensitive pyrometer
光谱内透射比/分光内透射比 spectral internal transmittance
光谱内透射密度/分光内透射密度 spectral internal transmittance density
光谱内吸收比/分光内吸收比 spectral internal absorptance
光谱三刺激值/光譜三刺激值,三刺激值譜 spectral tristimulus values
光谱色度学/光譜色度學 spectrocolorimetry
光谱色品坐标/分光色度坐標,單色光色度坐標 spectral chromaticity coordinate
光谱失配修正因数/分光失配修正因子 spectral mismatch correction factor
光谱衰减/光頻譜衰減 optical spectral attenuation
光谱投影仪/光譜投影機 spectrum projector
光谱透射率/分光穿透率 spectral transmissivity
光谱位置/光譜位置 spectral position
光谱温度/光譜溫度 spectroscopic temperature
光谱吸收度/光譜吸收係數 spectral absorbance
光谱吸收率/[光]譜吸收率,分光吸收率 spectral absorptivity
光谱狭缝宽度/光譜狹縫寬度 spectral slit width
[光]谱线/[光]譜線 spectral line
光谱线裂距因子/譜線裂距因子 spectroscopic splitting factor
光谱线性衰减系数/分光線性衰減係數 spectral linear attenuation coefficient
光谱线性吸收系数/分光線性吸收係數 spectral linear absorption coefficient
光谱响应曲线/[光]譜響應曲線,響應譜分布曲線 spectral response curve
光谱选择器/選譜器,頻譜選擇器 spectrum selector
光谱学/光譜學,光譜法 spectroscopy
光谱仪/光譜儀,攝譜儀 spectrograph
光谱仪器/光譜儀器 optical spectrum instrument
光谱荧光测量[法]/光譜螢光量測[術] spectrofluorometry
光谱质量衰减系数/分光質量衰減係數 spectral mass attenuation coefficient
光谱浊度计/光譜濁度計 spectral turbidity meter
光谱总辐射通量标准灯/光譜總輻射通量標準燈 spectral total radiant flux standard lamp
光强/光強[度] light intensity
光强标准/光強度標準 standard of luminous intensity
光强分布/光強度分布 optical intensity distribution
光强分布测试仪/[光]強度分布量測儀 intensity distribution measuring instrument
光强计/照度計 light intensity meter
光强调制/光強度調變 optical intensity modulation, OIM
光强调制器/光強調變器 light intensity modulator
光切[断]法/光切斷法,光截面法 light cross-section method
光切法/光切法 light-section method
光切割法/光切割法 optical cutting method
光切显微镜/光切顯微鏡 light-section microscope
光圈局部误差/光圈局部誤差 irregularity of Newton ring
光圈数/光圈數 number of Newton ring
光热辐射计/光輻射計 optitherm radiometer
光热离子变像管/光熱離子變像管 photothermionic image converter
光散射光度计/[光]散射光度計 light-scattering photometer
光扫描器/光學掃描器 optical scanner
光色散/多色色散 chromatic dispersion
光栅/光柵 raster, grating
光栅波瓣/閘極瓣 grating lobe
光栅测速法/光柵測速法 method for measurement velocity with grating
光栅常数/光柵常數 grating constant
光栅打印机/光柵列印機 raster printer
光栅单色仪/光柵單色儀 grating monochromator
光栅方程/光柵方程 grating equation
光栅分光光度计/光柵光譜儀 grating spectrophotometer
光栅光度计/光柵光度計 grating spectrometer
光栅角位移测量链/光柵角位移測量鏈 grating angular displacement measuring chain
光栅滤波器/光柵濾波器 grating filter
光栅能量测定仪/光柵能量測定裝置 grating energy measuring device
光栅扫描/光柵掃描,逐線掃描 raster scan
光栅摄谱仪/光柵攝譜儀 grating spectrograph
光栅[式]分光镜/光柵分光儀 grating spectroscope
光栅[式]线位移测量装置/光柵式線位移量測裝置 grating type linear measuring system

光栅显示/光柵顯示器 raster display
光栅显微镜/光柵顯微鏡 raster microscope
光栅线位移测量/光柵線位移量測 linear displacement measurement by grating
光闪/色裂 color break-up
光生伏打电池/光伏電池 photovoltaic cell
光声光谱法/光聲光譜法 photoacoustic spectrometry
光声光谱[学]/光聲光譜[學] photoacoustic spectroscopy, PAS
光声检测器/光聲檢知器 photoacoustic detector
光声拉曼谱[学]/光聲拉曼譜[學] photoacoustic Raman spectroscopy, PARS
光声探测器/光聲偵測器,光聲檢知器 optoacoustic detector
光时分复用/光時分多工 optical time-division multiplexing, OTDM
光时间标准/光時間標準 optical time standard
光时域反射法/光時域反射法 optical time domain reflection method
光时域反射计/光時域反射計 optical time domain reflectometer, OTDR
光时域反射仪/光時域反射計 optical time domain reflectometer, OTDR
光视效率/發光效率 luminous efficiency
光视效能/光視效能 luminous efficacy
光输出/光輸出 light output
光鼠标[器]/光學式滑鼠 optical mouse
光束灯/密封光束燈泡 sealed beam lamp
光束电流计/光束電流計 light beam galvanometer
光束发散/光束發散 divergence of beam
光束范围/束發範圍 beam range
光束分光镜/光束分光鏡,光束裂光鏡 optical beam splitter
光束缚因子/光束縛因數 optical confinement factor
光束焊机/光束熔焊機 light beam welding machine
光束检流计/光束電流計 light beam galvanometer
光束晶体管/光束電晶體 beam-of-light transistor
光束衰减器/雷射衰減器 laser attenuator
光束腰/光束腰 light beam waist
光束液位探测器/光束液位檢知器 light beam liquid level detector
光束中心/光束中心 beam center
光衰减/光衰減 light attenuation, optical attenuation
光顺/光順 fairing
光顺性/光順性 fairness
光速/光速 velocity of light
光速测距仪/光速測距儀,光程測距儀 geodimeter
光塑性法/光塑性法 photoplasticity method
光损耗/光損耗,光損失 light loss, optical loss
光损失因数/光損耗因數 light loss factor
光胎面/光胎面 smooth tread
光弹性常数/光彈性常數 photoelastic constant
光弹[性]法/光彈法 photoelasticity method
光弹[性]效应/光彈性效應 elastooptic effect
光弹[性]仪/光彈性儀 photoelasticimeter
光弹应力计/光彈性應力計 photoelastic stressmeter
光调制/光調變 optical modulation
光调制器/光調變器,調光器 optical modulator, light modulator
光通量/光通量 luminous flux
光通量标准/光通量標準 standard of luminous flux
光通量标准灯/光通量標準燈 lumen standard lamp
光通量密度/光通量面密度 luminous flux density
光通量维护系数/光束維持因數 luminous flux maintenance factor
光通路网络/光通路網路 light path network
光通信/光通訊 optical communication
光通信接收机/光通訊接收機,光學通訊接收器 optical communication receiver
光同步传送网/光同步傳送網 optical synchronous transport network
光透射系数/視感透過率,光透射比 luminous transmittance
光突发交换/光突發交換 optical burst switching, OBS
光退敏作用/光減敏 photodesensitization
光外差探测/光外差偵測 optical heterodyne detection
光网间互联/光網間互聯 optical internetworking
光网络单元/光纖網路單元 optical network unit, ONU
光吸收/光吸收 light absorption, luminous absorption
光吸收装置/光吸收單元 optical absorption device
光纤/光纖,光學纖維 optical fiber, fiber optic
光纤半径转换器/光纖半徑轉換器 fiber taper
光纤包层/光纖包層 fiber cladding
光纤波导/光纖波導 fiber waveguide, optical-fiber waveguide
光纤抽丝/光纖抽絲 fiber drawing
光纤传感器/光纖感測器,光纖轉換器 fiber optic sensor, fiber sensor
光纤传输系统/光纖傳輸系統 fiber transmission system
光纤带宽/光纖頻寬 fiber bandwidth

光纤到办公室/光纖到辦公室 fiber to the office, FTTO
光纤到大楼/光纖到大樓 fiber to the building, FTTB
光纤到户/光纖到府 fiber to the home, FTTH
光纤到局域网/光纖到局域網 fiber to the LAN, FTTLAN
光纤到路边/光纖到路側 fiber to the curb, FTTC
光纤到驻地/光纖到駐地 fiber to the premises, FTTP
光纤断裂/光纖斷裂,光纖分裂 fiber cleaving
光纤放大器/光纖放大器 fiber optic amplifier
光纤分布式数据接口/光纖分散式資料介面 fiber distributed data interface, FDDI
光纤分裂/光纖分裂,光纖斷裂 fiber cleaving
光纤分路器/光纖分路器 optical fiber splitter
光纤骨干网/光纖網路骨幹 fiber optic networks backbone
光纤固定接头/光纖固定接頭 optical fiber splice
光纤化学传感器/光纖化學感測器 optical fiber chemical sensor
光纤环路/光纖回路 fiber in the loop, FITL
光纤缓冲层/光纖緩衝層 fiber buffer
光纤激光器/光纖雷射 fiber laser
光纤接入网/光纖接入網 fiber-access network
光纤接头/光纖接頭 optical fiber splice, optical splice
光纤接续/光纖接續 optical fiber splicing
光纤截止波长/光纖截止波長 fiber cut-off wavelength
光纤开关/光纖開關 fiber-optic switch
光纤连接器/光纖連接器 optical fiber connector, fiber-optic connector, FOC
光纤敏感器/光纖感測器 optical fiber sensor, fiber optic sensor
光纤耦合器/光纖耦合器 fiber-optic coupler
光纤抛光/光纖磨光 fiber polishing
光纤强度/光纖強度 fiber strength
光纤软线/光纖軟線 optical fiber cord
光纤扫描器/光纖掃描器 fiber-optic scanner
光纤色散/光纖色散 optical fiber dispersion, fiber dispersion
光纤式位移计/光纖式位移計 optic fiber displacement meter
光纤式位置测量仪/光纖式位置量測儀 optic fiber position measuring instrument
光纤式转速表/光纖式轉速表,光纖轉速計 optic fiber tachometer
光纤式转速传感器/光纖式轉速感測器 optic fiber tachometric transducer
光纤寿命期/光纖生命[週]期 fiber lifetime
光纤束/光纖束 fiber bundle
光纤衰减/光纖衰減 attenuation of optical fiber
光纤衰减器/光纖衰減器 fiber-optic attenuator
光纤松缓器/光纖鬆緩器 fiber loose buffer
光纤损耗/光纖損失 losses of optical fiber
光纤探头/光纖探針 fiber probe
光纤通道/光纖通道 fiber channel
光纤通道接口/光纖通道介面 fiber channel interface
光纤通道协议/光纖通道協定 fiber channel protocol
光纤通道仲裁环/光纖通道仲裁環 fiber channel arbitrated loop, FC-AL
光纤通信/光纖通訊 optical fiber communication, fiber communication, fiber optic communication
光纤陀螺/光纖陀螺器 fiber optic gyroscope
光纤陀螺仪/光纖陀螺儀 fiber optic gyro, FOG
光纤网/光纖網路 fiber net
光纤尾纤/光纖豬尾巴[連線] optical fiber pigtail
光纤无线混合系统/光纖無線混合系統 hybrid fiber wireless system
光纤吸收损耗衰减测量/光纖吸收損失之衰減量測 attenuation measurement of absorption loss in fiber
光纤系统/光纖系統 optic fiber system
光纤信道/光纖通道 fiber channel, FC
光纤压力传感器/光纖式壓力感測器 optical fiber pressure transducer
光纤杨氏模量/光纖楊氏模量 Young modulus for fiber
光纤以太网/光纖乙太網路 fiber ethernet
光纤应变/光纖張力 fiber strain
光纤轴向压缩/光纖軸向壓縮 fiber axial compression
光纤主干/光纖基幹 fiber backbone
光显示秤/光學標度,光學尺 optical scale
光显式血压计/光顯式血壓計 optic displaying sphygmomanometer
X光显微镜/X射線顯微鏡 X-ray microscope
光线电话/光電話機 photophone
光线跟踪/射線追蹤 ray tracing
光线绘迹器/射線繪圖器 ray plotter
光线路终端/光線路終端 optical line terminal, OLT
光线强度计/光量計 actinometer
光线示波器/光[束]示波器 optical oscillograph, light-beam oscillograph

光线投射/光線投射 ray casting
光相位/光相位 optical phase
光效应/光效應 photoeffect
光信号/燈火信號 light signal
光信息处理/光訊號處理 optical information processing
光学安装尺寸/光學安裝尺寸 optical fitting dimension
光学比较仪/光學比較儀,光學比較器 optical comparator
光[学]标记阅读机/光標示閱讀機 optical mark reader
光学波导探测器/光波導偵測器,光[學]波導檢知器 optical waveguide detector
光学玻璃/光學玻璃 optical glass
光学薄膜/光學薄膜 optical film
光学部件/光組件 optical component
光学材料/光學材料 optical material
光学测程器/光學測程儀 optical log
光学测定/光學測定 optical determination
光学测角比较仪/光學測角比較儀 optical comparator for angle measurement
光学测角器/光學量角器 optical protractor
光学测角仪/光學量角儀 optical goniometer
光学测距仪/光學測距儀 mekometer, optical range finder
光学测孔仪/光學測孔儀 optical boroscope
光学测量/光學量測 optical measurement
光学测试/光學測試 optical testing
光学测试仪器/光學測試儀器 optical testing instrument
光学测微计/光學測微計,光學分釐卡 optical micrometer, optiminimeter
光学测微器/光學測微計,光學分釐卡 optical micrometer, optiminimeter
光学秤/光學標度,光學尺 optical scale
光学处理/光學處理 optical processing
光学传递函数/光學轉移函數 optical transfer function, OTF
光学传递函数测定仪/光學轉移函數測定儀 optical transfer function instrument, OTF instrument
光学传感器/光學感測器 optical sensor
光学存储/光學儲存 optical storage
光学低通滤波器/光學低通濾波器 optical low-pass filter
光学电流计/光學電流計,光學安培計 optical ammeter
[光学]镀膜/光學鍍膜 optical filming
光学对中器/光測懸錘 plummet
光学发射光谱仪/光學發光分光計 optical-emission spectrometer
光学放大器/光學放大器 optical amplifier
光学分度台/光學分度檯 optical rotary table
光学分度头/光學分度頭 optical dividing head
光学分光光度计/光學衡消光譜儀 optical-null spectrophotometer
光学风速计/光學風速計 optical anemometer
光学辐射/光輻射 optical radiation
光学干涉测量法/光[學]干涉量測術 optical interference measurement
光学干涉法/光[學]干涉法 optical interference method
光学干涉仪/光[學]干涉儀,光[學]干涉計 optical interferometer
光学杠杆/光學槓桿 optical lever
光学高度计/光學高度計 optical altimeter
光学高温测量法/光高温量測術 optical pyrometry
光学高温计/光學高温計,光度高温計 optical pyrometer
光学跟踪器/光學追蹤儀 optical tracker
光学公差规/光學公差規 optical tolerance gage
光学共振器/光學諧振器 optical resonator
光学规格/光學規格 optical specifications
光学汉字识别/光學漢字識别 optical Chinese character recognition
光学黑色涂料/光學黑色塗料 optical blacking
光学厚度/光學厚度 optical thickness
光学混频器/光學混頻器 optical mixer
光学计/光學計,光學[比較]儀 optimeter
光学计量仪器/光學計量儀器 optical metrological instrument
光学碱度/光學鹼度 optical basicity
光学角尺/光直角規 optical square
光学经纬仪/光學經緯儀 optical theodolite
光学晶体/光學晶體 optical crystal
光学[精密]测距仪/光學測距儀 mekometer
光学均匀性/光學均勻性 optical homogeneity
光[学量]传感器/光[學量]感測器 optical quantity transducer
光学量角器/光學斜角量角器 optical bevel protractor
光学录音机/光學録音機 optical sound recorder
光学密度/光學密度 optical density
光学模/光模[態] optical mode
光学能隙测量/光能隙量測 optical energy gap measurement

光学扭簧测微计/光學[扭簧]測微儀 opticator
光学扭簧测微仪/光學[扭簧]測微儀 opticator
光学匹配滤波器/光學匹配濾波器 optical matched filter
光学偏移/光學偏移 optical deviation
光学平面/光學平面 optical flat
光学平面反射镜/光學平面反射鏡 optical flat reflector
光学倾斜度规/光學斜角量角器 optical bevel protractor
光学倾斜仪/光學傾斜儀 optical clinometer
光学缺陷探测仪/光學測孔儀 optical boroscope
光学扫描器/光掃描器 visual scanner
光学声子散射/光聲子散射 optical-phonon scattering
光学湿度表/光學濕度計 optical hygrometer
光学[式]分析仪器/光學分析儀器 optical analytical instrument
光学式位移传感器/光學位移感測器 optical displacement sensor
光学式烟度计/光學式煙度計 optical smokemeter
光学树脂/光學樹脂 optical resin
光学衰减器/光學衰減器,衰光器 optical attenuator
光学双稳态器件/光學雙穩態元件 optical bistable device
光学水准仪/光學水平儀 optical level
光学塑料/光學塑膠 optical plastics
光学探测器/光學偵測器,光學檢知器 optical detector
光学条码阅读器/光學條碼閱讀機 optical wand
光学筒长/光學筒長 optical tube length
光学头/光學讀頭 optical pickup
光学投影比较仪/[光學]投影比較儀,投影比測儀 projection comparator
光学投影读数装置/光學投影讀數裝置 optical projection reading device
光学投影曝光法/光學投影曝光法 optical projection exposure method
光学投影仪/光學投影儀,光學投影機 optical projector
光学透镜磨光器/光學透鏡磨光器 optical lens polisher
光学图像/光學影像 optical image
光学望远镜/光學望遠鏡 optical telescope
光学位移传感器/光學位移感測器 optical displacement sensor
光学吸收/光學吸收 optical absorption
光学系统/光學系統 optical system
光学系统部分/光學[扭簧]測微儀 opticator
光学纤维存储器/纖維光學記憶體 fiberoptic memory
光学显微镜/光學顯微鏡 optical microscope
光学显微术/光學顯微術,光學顯微學 optical microscopy
光学谐振腔/光學諧振腔,光學共振器 optical resonator, optical resonance cavities
光学仪器/光學儀器 optical instrument
光学应变仪/光學應變計 optical strain gage
光学元件/光學元件,光組件 optical element, optical component
光学章动/光學章動 optical nutation
光学振动仪/光學振動儀 optical vibrometer
光学指示器/光學指示器 optical indicator
光学指数/光學指數 optical index
光学转速计/光學轉速計,光學轉速表 optical tachometer
光学转台/光學旋轉檯 optical rotating stage
光学姿态敏感器/光學姿態感測器 optical attitude sensor
光学字符识别/光學字符識別,光學字元辨識,感光字元辨識 optical character recognition
光学字符阅读机/光字元讀取機,感光字元閱讀機 optical character reader, OCR
光学字符阅读器/感光察字器 optical character viewer
光压测量/光壓量測 light pressure measurement
光印机/光印表機 photoprinter
光预算/光預算 optical budget
光源/光源 light source, optical source
光源发光强度空间分布/光源發光強度空間分布 spatial distribution of luminous intensity of a source
光源发光效能/光源發光效力 luminous efficacy of a source
光源光视效能/光源發光效力 luminous efficacy of a source
光跃迁/光激過渡 optical transition
光晕/光暈 halation, halo
光载波/光學載體 optical carrier, OC
光再生中继器/光再生中繼器 optical regenerative repeater
光泽/光澤 gloss
光泽度/光澤度 glossiness
光泽计/[紙面]光澤計 gloss meter, glarimeter
光泽面/琺瑯面 glassy surface
光泽碳/光澤碳 lustrous carbon
光泽性/光澤性 glossiness

光泽压光机/屏極砑光機 plate calender
光增强器/光增強器,光放大器 light amplifier
光增益/光增益 optical gain
光照/光照,照明 illumination
[光]照度/[光]照度,照明度 illuminance
[光]照度计/照度計 illuminance meter
光照级/照度位準 illumination level
光照拣选机/照度揀選機 photometric sorter, optical sorter
光照疗法/光電治療術 phototherapy
光照模型/光照模型 illumination model
光照图/光照圖 light map
光整加工/精切削 finishing cut
光指示器/光學指示器 optical indicator
光致曝光/曝光[量] light exposure
光致变色玻璃/光互變性玻璃 photochromic glass
光致变色性/光互變性 photochromism
光致电离检测器/光游離檢知器 photoionization detector, PID
光致发光/光致發光 photoluminescence
光致发光的辐射产额/冷光放射吸收量 photoluminescence radiant yield
光致发光的量子产额/光致發光的量子產額 photoluminescence quantum yield
光致发光剂量计/光致發光劑量計 photoluminescent dosemeter
光致发光探测器/光致發光檢知器,光致發光偵測器 photoluminescence detector
光致抗蚀技术/光阻蝕刻術 photoresist technique
光中继器/光中繼器 optical repeater
光中心/光心 light center
光中子/光中子 photoneutron
光周期/光週期 photoperiod
光轴/光軸 optic axis
光[轴]角/光[軸]角 optic angle
光轴平行度/光軸平行度 parallelism of optical axes
光注入器/光注入器 optical injector
光转换器/光轉換器 photoconverter
光锥聚光器/光錐聚光器 cone-channel condenser
光子/光子 photon
光子出射度/光子出射度 photon exitance
光子电池/光子電池 photonic cell
光子发动机/光子發動機,光子引擎 photon engine
光子发射曲线/光子發射曲線 photon emission curve
光子辐照度/光子輻照度 photon irradiance
光子回波/光子迴波 photon echo
光子计数器/光子計數器 photon counter
光子计数式分光光度计/光子記數分光光度計 photon counting spectrophotometer
光子交换/光[子]交換 photonic switching
光子亮度/光子輻射亮度 photon radiance
光子密度/光子密度 photon density
光子牵引探测器/光子拖曳偵測器 photon drag detector
光子牵引效应/光子拖曳效應 photon drag effect
光子强度/光子強度 photon intensity
光子数/光子數 photon number
光子探测器/光子偵測器,光子檢知器 photon detector
光子通量/光子通量 photon flux
光子图映射/光子圖映射 photon mapping
光子网络/光網路 photonic network
光自陷/光自捕捉 light self trapping, light self trapping
广播/廣播 broadcasting, broadcast
广播地址/廣播位址 broadcast address
广播电台/廣播電臺 broadcasting station
广播控制信道/廣播控制波道 broadcast control channel, BCCH
广播识别访问法协议/廣播認知擷取法協定 broadcast recognition access method protocol, BRAM protocol
广播式电报转发器/廣播式電報轉發器 broadcast telegraph repeater
[广播]收音机/[廣播]收音機 broadcast receiver
广播网络/廣播網路 broadcast networks
广播卫星/廣播衛星 broadcast satellite
广播卫星业务/衛星廣播服務 broadcast satellite service, BSS
[广播]无线电波/空中電波 airwaves
广播信道/廣播頻道 broadcast channel, BCH
广播业务/廣播服務 broadcast service
广播中/廣播中 on the air
广度优先搜索/先寬搜尋 breadth-first search
广角发光器/廣角照明器 wide-angle luminary
广角辐射高温计/廣角輻射高溫計 wide-angle radiation pyrometer
广角镜头/廣角鏡頭,廣角透鏡 wide-angle lens
广角照相机/廣角照相機,廣角攝影機 wide-angle camera
广口瓶/廣口瓶 wide-mouth bottle
广视野目镜/廣視野目鏡 wide-field eyepiece
广延X射线吸收精细结构/廣延X射線吸收精細架構 extended X-ray absorption fine structure, EXAFS

广义动量/廣義動量　generalized momentum
广义短语结构文法/通用片語結構文法　generalized phrase structure grammar
广义短语结构语法/通用片語結構文法　generalized phrase structure grammar
广义仿射群/廣義仿射群　general affine group
广义建模/廣義模型法　generalized modeling
广义力/廣義力　generalized force
广义 LR 算法/廣義 LR 演算法　generalized logistic regression algorithm, generalized LR algorithm
广义随机佩特里网/通用隨機 Petri 網　generalized stochastic Petri net
广义相对论/廣義相對論　general relativity
广义相容运算/一般化相容運算　generalized compatible operation
广义相位控制/廣義相位控制　generalized phase control
广义序列机/通用順序機　generalized sequential machine
广义依赖/廣義依賴　generalized dependency
广义最小二乘估计/一般最小平方估計　generalized least squares estimation
广义坐标/廣義坐標　generalized coordinate, generalized coordinates
广用万能铣床/萬能銑床　universal milling machine
广域网/廣域網路　wide area network, WAN
广域信息服务/廣域資訊服務　wide area information service, WAIS
广域信息服务系统/廣域資訊服務系統　wide area information server
归并/歸并,合并　merge
归并插入/合并插入　merge insertion
归并排序/合并排序,以合并法排序　merge sort
归并扫描法/合并掃描法　merged scanning method
归档存储/歸檔儲存　archived storage
归档文件/歸檔檔案　archived file
归结规则/分解規則　resolution rule
归结原理/分解原理　resolution principle
归结主体/分解代理　resolution agent
归零/歸零　return to zero, RZ
归零码/歸零碼　return-to-zero code
归零式电测力计/歸零式測力計,歸零式功率計　zero-type dynamometer
归纳/歸納　induction
归纳变量/歸納變數　induction variable
归纳表达式/歸納運算式　induction expression
归纳断言/歸納斷言　inductive assertion
归纳断言法/歸納斷言法　inductive assertion method
归纳泛化/歸納概括　inductive generalization
归纳公理/歸納公理　induction axiom
归纳建模法/歸納模型法　inductive modeling method
归纳逻辑/歸納邏輯　inductive logic
归纳逻辑程序设计/歸納邏輯程式設計　inductive logic programming
归纳命题/歸納命題　inductive proposition
归纳推理/歸納推論　inductive reasoning
归纳学习/歸納學習　inductive learning
归纳综合方法/歸納合成法　inductive synthesis method
归属位置寄存器/本地暫存器　home location register, HLR
归属移动交换中心/歸屬移動交換中心　home mobile switching center, home MSC
归算经纬仪/歸算經緯儀　reducing theodolite
归算平板仪/歸算平板儀　reducing plane table equipment
归位键/歸位鍵　home key
归一化/歸一化,正規化,標準化　normalization
归一化场地衰减/歸一化場地衰減,正規化場地衰減　normalized site attenuation, NSA
归一化单位/歸一化單位,正規化單位　normalized unit
归一化方差/標準化方差　normalized convariance
归一化频率/歸一化頻率,正規化頻率　normalized frequency
归一化强度/歸一化強度,正規化強度　normalized intensity
归一化探测率/歸一化探測率,正規化偵測率　normalized detectivity
归一化信号/歸一化訊號,標準化訊號　normalized signal
归一化因子/歸一化因子,標準化因子　normalization factor
归一化 Q 值/歸一化 Q 值,正規化 Q 值　normalized Q
归一化阻抗/歸一化阻抗,正歸化阻抗　normalized impedance
归约/歸約　reduction
归约-归约冲突/歸約-歸約衝突　reduce-reduce conflict
归约机/歸約機　reduction machine
1-1 归约于/1-1 歸約於　one-one reducible to
龟标/龜圖　turtle graphics
龟甲纹/龜甲紋　tortoise shell figure
HDLC 规程/高級資料鏈結控制程序　high-level data link control procedures, HDL procedures

规程特性/程序特性 procedural characteristics
规定电流/規定電流 specified current
规定画法/規定畫法 specified representation
规定极限/指定極限 prescribed limit
规范/規範,規格 specification
规范范围/規格區 specification zone, specification interval
规范归约/規範歸約 regular reduction
规范化/歸一化,正規化,標準化 normalization
规范化函数/歸一化函數 normalized function
规范化曲线/歸一化曲線,正常化曲線 normalized curve
规范化语言/正規化語言 normalized language
规范化状态变量/正準化狀態變數 canonical state variable
规范名/正準名稱 canonical name
规范区/規格區 specification zone, specification interval
规范文法/正準文法 canonical grammar
规范限/規格極限 specification limit
规范序/正準次序 canonical order
规范正交的/正規化 orthonormal
规格化/規格化 normalization
规格化处理/常規化處理 normalizing processing
规格化设备坐标/正規化裝置坐標,常態化裝置坐標 normalized device coordinate
规格无序轧制/規格無序軋製 schedule free rolling
规划库/規劃庫 planning library
规划生成/規劃產生 planning generation
规划失败/規劃失敗 planning failure
规划系统/規劃系統 planning system
规模估计/規模估計 size estimation
规头/規頭 gage head
规线/線規 gage line
规约验证/規格驗證 specification verification
规约语言/規格語言 specification language
规则/規則 rule
Born 规则/Born 規則 Borns rule
规则标尺/規則標度 regular scale
规则反射/規則反射,正規反射 regular reflection, specular reflection
规则反射比/規則反射比,單向反射率,正規反射率 regular reflectance
规则集/規則集 rule set
规则进动/等速進動,等速擾轉 regular precession
规则库/規則庫 rule base
规则模型/規則模型 rule model
规则透射/規則透射,正穿透 regular transmission
规则透射比/規則透射比,正穿透率 regular transmittance
规则推理/規則推理 rule-based reasoning
规则子句/規則子句 rule clause
硅/矽 silicon, Si
硅靶光导摄像管/[聚]矽氧靶光導攝像管 silicone target vidicon tube
硅靶视像管/矽靶視像管 silicon target vidicon
硅编译器/矽編譯器 silicon compiler
硅尘/矽塵 silica fume, microsilica
硅带生长/矽帶成長 silicon ribbon growth
硅电容器/矽電容器 silicon capacitor
硅电阻[器]/矽電阻[器] silicon resistor
硅肺病/矽肺病,石米沈著病 silicosis
硅分析仪/矽分析儀 silicon meter
硅粉/矽石粉 silicon flour
硅氟酸电解/矽氟酸電解 silicofluoride electrolysis
硅钙合金/矽鈣合金 calcium silicon alloy
硅钢/矽鋼 silicon steel
硅钢片/矽鋼片,矽鋼板 silicon sheet, silicon steel plate
硅光电池/矽光電池,矽太陽電池 silicon photocell, silicon solar cell
硅光电晶体管/矽光電晶體 silicon phototransistor
硅光电探测器/矽光偵測器,矽光檢知器 silicon photodetector
硅化法/滲矽法 ihrigising
硅化钙/矽化鈣 calcium silicide
硅化过程/矽化封水法 silicatization process
硅化物/矽化物 silicide
硅黄铜/矽黃銅 silicon brass
硅汇编程序/矽組合語言 silicon assembler
硅检波器/矽檢知器 silicon detector
硅胶/矽凝膠,矽膠吸濕劑 silica gel
硅胶套温度计/矽套管溫度計 silica sheathed thermometer
硅晶体管/矽電晶體 silicon transistor
硅可控整流器/矽可控整流器 silicon controled rectifier
硅孔雀石/矽孔雀石 chrysocolla
硅块/矽塊 silicon briquet
硅锂探测器/矽鋰檢測器,矽鋰偵檢器 Si Li detector
硅铝钙合金/矽鋁鈣合金 calcium-aluminum-silicon alloy
硅铝铁合金/鋁矽鐵 ferro-silicon-aluminum alloy
硅锰钙合金/矽錳鈣合金 calcium-manganese-silicon alloy

硅青铜/矽青銅 silicon bronze
硅热法/矽熱法 silicothermic process
硅热还原法/矽熱還原法 silicon reduction process
硅[润滑]脂/矽樹脂滑脂 silicone grease
硅砂/矽砂,氧化矽基砂 silica sand, silica base sand
硅砂捣料/矽砂搗料 silica ramming compound
硅砂石砖/矽砂石磚 ganister brick
硅栅/矽閘極 silicon gate
硅栅 N 沟道技术/矽閘極 N 溝道技術 silicon gate N-channel technique
硅栅 MOS 集成电路/矽閘極 MOS 積體電路 silicon gate MOS integrated circuit
硅栅自对准工艺/矽閘極自對準工藝 silicon gate self-aligned technology
硅石/氧化矽[岩] silica rock, silica
硅酸/矽酸 silicic acid
硅酸度/矽酸度 silicate degree
硅酸铝质耐火材料/矽酸鋁耐火材料 alumino-silicate refractory
硅酸钠/矽酸鈉,水玻璃 sodium silicate
硅酸盐/矽酸鹽 silicate
硅酸盐结合/矽酸鹽結合 silicate bond
硅酸盐熔渣/矽酸鹽熔渣 molten silicate
硅酸盐水泥/波特蘭水泥 Portland cement
硅酸盐渣/矽酸鹽渣 silicate sludge
硅酸乙酯/矽酸乙脂 ethyl silicate
硅太阳电池/矽太陽電池,矽光電池 silicon solar cell, silicon photocell
硅铁/矽鐵 ferro-silicon
硅铁合金/矽鐵合金,矽鐵齊 ferrosilicon alloy
硅铁片/矽鐵片 silicon iron sheet
硅铁素体/矽肥粒鐵 silico ferrite
硅铜[合金]/矽銅 silicon copper
硅土/矽質黏土 silicious clay
硅线石坩埚/矽線石坩堝 sillimanite crucible
硅线石砖/矽線石磚 sillimanite brick
硅橡胶膜分离器/[聚]矽氧薄膜分離器 silicone membrane separator
硅锌矿/矽鋅礦 willemite
硅选择性检测器/[聚]矽氧選擇性檢知器 silicone-selective detector
硅岩轮辗硅砂/矽岩輪輾矽砂 impeller-breaker sand
硅氧四面体/矽氧四面體 silicon oxygen tetrahedron
硅油/矽油 silicone oil
硅藻土/矽藻土 diatomaceous earth, infusorial earth, kieselguhr
硅藻岩/矽藻石 tripoli
硅渣/矽渣 white mud
硅整流器/矽整流器 silicon rectifier
硅酯四乙酯/矽酸四乙酯 tetraethyl silicate
硅质/矽質 siliceous
硅质耐火材料/矽質耐火材 siliceous refractory
硅质黏土/矽質耐火泥 siliceous fireclay
硅砖/氧化矽磚,矽[砂石]磚 silica brick
硅组合程序/矽組合語言 silicon assembler
轨道/軌道,軌跡 orbit, trajectory, track
轨道保持/軌道維護 orbit maintenance
轨道捕获/軌道獲取 orbital acquisition
轨道参数/軌道參數 orbit parameter
轨道飞行器/軌道飛行器 orbiting craft
轨道高度/軌道高度 orbit altitude
轨道管/軌道管 orbitron
轨道和姿态耦合/軌道和姿態耦合 coupling of orbit and attitude
轨道衡/軌道衡,軌道[地]秤 railroad track scale
轨道机动/軌道操作 orbital maneuver
轨道交会/軌道會合 orbital rendezvous
轨道角动量量子数/軌道角動量量子數 orbital angular momentum quantum number
轨道角速度/軌道角速度 orbit angular velocity
轨道校正/軌道調整 orbit correction
轨道矩量子数/角動量量子數 angular momentum quantum number
轨道空间站/軌道太空站 orbital space station
轨道控制/軌道控制 orbit control
轨道控制精[确]度/軌道控制準確度 orbit control accuracy
[轨道]跨接电缆/[軌道]跨接電纜 track jumper table
轨道量子数/軌域量子數 orbital quantum number
轨道模拟器/軌道模擬器 orbital simulator
轨道平面/軌道面 orbital plane
轨道倾斜度/軌道傾斜度 angle of inclination of an orbit, orbital inclination
轨道曲率半径/軌道曲率半徑 track curvature radius
轨道摄动/軌道撓動 orbit perturbation
轨道式集装箱门式起重机/軌道式貨櫃起重機 rail-mounted transtainer
轨道式塔式起重机/軌道式塔式起重機 rail-mounted tower crane
轨道试验卫星/軌道試驗衛星 orbital test satellite
轨道速度/軌道速度 orbital velocity
轨道天线场/軌道天線場 orbital antenna farm
轨道陀螺罗盘/軌道陀螺羅盤 orbit gyrocompass
轨道望远镜/軌道望遠鏡 orbital telescope

轨道移动式升降工作平台/軌道移動式昇降工作平臺 rail-mounted mobile elevating work platform
轨道预报/軌道預報 orbit prediction
轨道周期/軌道週期 orbital period
轨道助推器/軌道助推器 orbital booster
轨道总成/軌道組合體 rail assembly
轨道坐标系/軌道坐標系 orbit coordinate system
轨端淬火/軌端淬火 end quenching of rail
轨迹/軌跡 trajectory, locus
轨迹发生器/路徑演生機構 path generator
轨迹间距/軌距 track pitch
轨迹曲线/軌跡曲線 trajectory curve
轨迹生成器/路徑演生機構 path generator
轨距/軌距,軌道中心距離 track gage
轨梁轧机/軌梁軋機 rail-and-structural steel mill
轨轮式钻车/軌輪式鑽車 rail jumbo
轨模式混凝土摊铺机/軌模式混凝土攤鋪機 rail-form concrete paver
轨头全长淬火/軌頭全長淬火 full-length quenching of railhead
轨压限制器/軌道壓力限制器 rail pressure limiter
鬼像/鬼影 ghost image
柜式空气调节机/櫃式空調機 self-stand type air conditioner
贵-贱金属分离/貴-賤金屬分離 precious-base metal separation
贵金属/貴金屬 noble metal, precious metal
贵金属测温材料/貴金屬測溫材料 precious metal thermocouple material
贵金属催化剂/貴金屬觸媒 noble metal catalyst
贵金属电接触材料/貴金屬電接觸材料 precious metal contact material
贵金属二次资源/貴金屬二次資源 secondary precious metal resource
贵金属浆料/貴[重]金屬膏 precious metal paste
贵金属器皿材料/貴金屬器皿材料 precious metal hard-ware material
贵金属氢气净化材料/貴金屬氫氣淨化材料 precious metal hydrogen purifying material
贵金属热电偶/貴金屬熱電偶 noble metal thermocouple
贵金属三效催化剂/貴金屬三效觸媒 precious metal-based three-way catalyst
贵金属首饰材料/貴金屬首飾材料 precious metal jewelry material
贵金属牙科材料/貴金屬牙科材料 precious metal dental material
贵铅/貴鉛 noble lead
贵液/貴液 solution containing precious metal
辊床/輥床 bottom roller
辊道/輥道 roll table, roller table
辊底式淬火炉/輥底式淬火爐 roller-hearth quenching furnace
辊底式炉/輥底式爐 roller hearth furnace
辊锻/輥鍛 roll forging
辊锻机/輥鍛軋機 forging roller
辊锻模/輥鍛模 forge rolling die, roll segment, roll forging die
辊锻线/輥鍛線 line of roll forging
辊缝/輥縫 roll gap
辊缝测量仪/輥縫測量儀 roll gap measuring instrument
辊缝检测仪/輥縫偵檢器 roll gap detector
辊缝控制/輥縫控制 roll gap control
辊缝形状方程/輥縫形狀方程 roll gap form equation
辊缝指示器/輥縫指示器 roll gap indicator
辊缝转换函数/輥縫轉換函數 conversion function for roll gap
辊垢/輥銹屑,輥氧化皮 rolling scale
辊光机/壓光機 burnishing machine
辊环/輥環 roll collar
辊颈/輥頸 roll neck
辊开槽机/輥開槽機 roll fluting machine
辊磨机/輥磨機 roll mill
辊身/輥身 body of roll
辊式穿孔机/輥式穿孔機 roller-type piercing mill
辊式分级机/輥式分級機 roller sorter
辊式管棒矫直机/輥式管棒矯直機 roller-type tube and bar straightener
辊式检测/輥式偵檢 roller inspection
辊式矫直/矯正式平軋 roller straightening
辊式矫直机/輥式矯直機 roller leveler
辊式模/滾壓模 roller die
辊式模拉线/滾壓模拉線 roller die wire drawing
辊式破碎机/輥碎機 roll crusher
辊式运输机/滾子輸送機 roller conveyer
辊跳/輥跳 roll dancing
辊筒法/輥筒法 rotary cylinder process
辊涂/輥塗,滾輪式塗漆 roller painting, roller coating
辊弯成形/輥軋形成 roll forming
辊形/輥型 roll forming
辊压机/輥壓機 roller mill press
辊印/輥印 roll marks
辊轧机/輥軋機 rolling mill, roller mill

辊轴筛/輥軸篩　roller screen
辊轴式混凝土路面摊铺整平机/輥軸式混凝土攤鋪摙實機　roller-axle-type concrete spread and flap solid machine
辊子输送机/滾輪輸送機　roller conveyor
滚槽法/滾槽法　rolled groove method
滚齿/齒輪滾削　gear hobbing
滚齿机/滾齒機　gear hobbing machine
滚刀/滾刀　hob
滚刀测量仪/滾刀測量儀　hob measuring machine
滚道/滾道　ball track, roller path, rolling race
滚道接触直径/滾道接觸直徑　raceway contact diameter
滚道中部/滾道中線　middle raceway
滚点焊/滾點熔接　roll spot welding
滚动/滾動　rolling, rolling motion, scrolling
滚动半径/滾動半徑　rolling radius
滚动补偿/滾動補償　roll compensation
滚动活塞式压缩机/滾動活塞式壓縮機　rolling-piston compressor
滚动活塞式制冷压缩机/滾動活塞式冷媒壓縮機　rolling-piston refrigerant compressor
滚动校正/滾動校正　roll correction
滚动接触/滾動接觸,滾動接點　rolling contact
滚动控制/滾動控制　roll control
滚动冷冻/滾動冷凍　shell freezing
滚动膜片执行机构/滾動膜片致動器　rolling diaphragm actuator
滚动摩擦/滾動摩擦　rolling friction
滚动摩擦系数/滾動摩擦係數　coefficient of rolling friction
滚动体/滾動件　rolling element
滚动条/卷棒　scroll bar
滚动陀螺仪/滾動陀螺儀,傾斜陀螺儀　roll gyroscope
滚动稳定/滾動穩定　roll stabilization
滚动误差/滾動誤差　roll error
滚动圆/演生圓　describing circle
滚动载荷/滾動負載　rolling load
滚动支座/滾子支座　roller support
滚动周长/滾動週長　rolling circumference
滚动轴承/滾動軸承,低摩擦軸承　rolling bearing, anti-friction bearing
滚动轴承式回转支承/滾動軸承式回轉支承　anti-friction slewing ring
滚动阻力/滾動阻力　rolling resistance
滚动阻力矩/滾動阻抗力矩　rolling resistance moment
滚动阻力系数/滾動阻力係數　coefficient of rolling resistance, rolling resistance coefficient
滚镀/滾筒電鍍,回轉電鍍　barrel plating
滚光/滾光　barrelling
滚光机/滾光機　tumbler
滚焊/滾熔接　roll welding
滚花/滾花,輥紋法　knurling
滚花薄螺母/滾花薄螺帽　knurled thin nut
滚花高螺母/滾花高螺帽　knurled nut with collar
滚花高头螺钉/滾花拇指螺釘　knurled thumb screw
滚剪机/板旋轉剪機　plate rotary shears
滚降/滾降　roll-off
滚流/滾流　tumble flow
滚轮/滾輪,滾筒　roller, bobbin
滚轮电极/圓盤電極　circular electrode
滚轮[滚动]轴承/導軌滾輪[滾動]軸承　track roller rolling bearing
滚轮架/滾輪架　roller carrier
滚轮式波发生器/滾輪式波産生器　roller-type wave generator
滚轮式回转支承/輪式回轉支承　roller-type slewing bearing
滚轮式喷油泵/滾輪式噴油泵　roller fuel injection pump
滚轮输送机/輪式運送機　wheel conveyor
滚轮挺柱/滾輪挺桿　roller tappet
滚轮挺柱组件/滾輪挺桿組合　roller tappet componenl
滚螺纹/滾螺紋　roll threading
滚磨机/滾磨機,轉動磨礦機　tumbling mill, roller mill
滚辗厚薄计/滾輾厚度計　rolling mill gage
滚碾机/輥輾機　chaser mill
滚盘求积仪/轉盤面積計　rolling disc planimeter
滚切式剪切机/滾切式剪切機　roll cutting shears
滚球式黏度计/滾球[式]黏度計　rolling sphere viscometer
滚刷/圓電刷　round brush
滚丝/螺紋滾製　thread rolling
滚丝轮/柱狀螺紋模滾製　cylindrical die roll
滚碎机/輥碎機　roll crusher
滚桶/輥桶機　barrel roll
滚筒/滾筒,轉桶　drum, cylinder, tumbling barrel
滚筒绘图机/圓筒繪圖器　drum plotter
滚筒落砂机/滾筒落砂機　knock-out barrel
滚筒喷粒机/滾筒噴粒機　shot tumblast
滚筒起模机/滾筒脱模具　drum-type stripper
滚筒切割机/輥開槽機　roll fluting machine

滚筒清理/滚光 tumbling
滚筒清理机/打磨滚筒 tumbling barrel
滚筒筛/旋轉篩 rotary screen
滚筒式分选机/桶式分離器 drum separator
滚筒式混砂机/旋轉研磨器 rotary muller
滚筒式给料机/滚筒式進料機 drum-type feeder
滚筒式搅拌器/轉筒混合機 drum mixer
滚筒式沥青混凝土搅拌设备/瀝青轉筒混合機 asphalt drum mixer
滚筒式炉/滚筒式爐 rotary retort furnace with internal screw
滚筒试验/滚筒試驗 tumbler test
滚筒涂装/滚筒塗裝,滚筒上漆 barrel enamelling
滚筒支架/卷筒支架 reel carrier
滚筒轴/卷筒軸 drum shaft
滚筒最大直径/滚筒最大直徑 maximum reel diameter
滚弯/滚彎 roll bending
滚压机/輥壓機,輥磨機 roller mill
滚压孔/滚壓孔 hole rolling
滚压螺纹/滚壓螺紋 rolled thread, squeezing-screw
滚压外圆/滚壓外圓 cylindrical rolling
滚圆颗粒/圓粒 rounded grain
滚轧机/滚軋機 rolling machine
滚针/滚針 quill roller
滚针导轨/滚柱導軌,輥式導板 roller guide
滚针轴承/滚針軸承 quill roller bearings, needle bearing
滚轴筛/滚柱篩 roller picker
滚轴运输机座/滚子輸送機檯 roller conveyer table
滚珠活齿/滚珠活齒 ball oscillating tooth
滚珠螺母组件/滚珠螺帽組件 ball nut
滚珠丝杠/滚珠螺桿軸 ball recirculating screw
滚珠丝杠副/滚珠螺桿對 ball screw pair
滚珠旋压/滚珠旋壓 ball spinning
滚珠轴承钢/球軸承鋼 ball-bearing steel
滚柱导轨/滚柱導軌,輥式導板 roller guide
滚柱离合器/滚子離合器 roller clutch
滚柱支座/滚子支座 roller support
滚柱/滚柱,滚筒 roller
滚子泵/輥子泵 roller pump
滚子长度/滚子長度 roller length
滚子活齿/滚子振動齒 roller oscillating tooth
滚子夹套式回转支承/滚子回轉支承 roller slewing ring
滚子链/滚子鏈,輥鏈 roller chain
滚子摩擦轮/滚子摩擦輪 roller friction wheel
滚子运输机岔道/滚子輸送機岔道 roller conveyer switch
滚子轴承/滚子軸承,滚柱軸承 roller bearing
滚子总体内径/滚子總體内徑 roller complement bore diameter
滚子总体外径/滚子總體外徑 roller complement outside diameter
滚子组的节圆直径/滚子組的節圓直徑 pitch diameter of roller set
滚子组内径/滚子組内徑 roller set bore diameter
滚子组外径/滚子組外徑 roller set outside diameter
郭柏天线/郭柏天線 Goubau antenna
锅黑/燈煙,燈黑 lamp black
锅壳/殼,筒 shell
锅壳锅炉/筒形鍋爐 shell boiler
锅炉/鍋爐,汽鍋 boiler
锅炉安全阀/鍋爐安全閥 boiler safety valve
锅炉爆管/鍋爐管爆 boiler tube explosion, boiler tube failure, boiler tube rupture
锅炉本体/鍋爐[本]體 boiler body
锅炉车/移動蒸汽產生器 truck-mounted steam generator, mobile steam generator
锅炉额定负荷/鍋爐額定負載 boiler rated load
锅炉房/鍋爐房 boiler house
锅炉负荷调节范围/鍋爐負載調節範圍 boiler load range
锅炉附件/鍋爐附件 boiler accessories
锅炉钢管/鍋爐管 boiler tube
锅炉构架/鍋爐結構 boiler structure
锅炉管束/鍋爐管排 boiler tube bundle
锅炉灰平衡/鍋爐灰平衡 boiler ash balance
锅炉机组/鍋爐單元 boiler unit
锅炉给水泵/鍋爐給水泵 boiler feed pump
锅炉给水器/鍋爐給水器 boiler feeder
锅炉拉条/鍋爐撐臂 boiler brace
锅炉炉管/鍋爐管 boiler tube
锅炉炉膛/鍋爐爐膛 boiler furnace hearth
锅炉马力/鍋爐馬力 boiler horsepower
锅炉满水/鍋爐溢流 drum flooding, high drum water level
锅炉密封/鍋爐密封 boiler seal
锅炉排污/鍋爐排汙 boiler blow-down
锅炉排烟监测/鍋爐煙氣監視 boiler flue gas monitoring
锅炉配件/鍋爐配件 boiler fittings
锅炉汽水系统/鍋爐汽水系統 boiler steam and water circuit
锅炉缺水/鍋爐缺水 boiler water shortage
锅炉燃烧调整试验/鍋爐燃燒調節試驗 boiler

combustion adjustment test
锅炉热效率/鍋爐熱效率 thermal efficiency of boiler
锅炉热效率试验/鍋爐熱效率試驗 thermal efficiency test of boiler
锅炉容量/鍋爐能量 boiler capacity
锅炉设计性能/鍋爐設計性能 boiler design performance
锅炉输入热量/鍋爐輸入熱量 boiler heat input
锅炉双头螺栓/鍋爐螺樁 boiler stud
锅炉水采样器/鍋爐水取樣器 boiler water sampler
锅炉水处理/鍋水處理 boiler water treatment
锅炉托架/鍋爐[承]架 boiler saddle
锅炉性能鉴定试验/鍋爐性能認定試驗 boiler performance certificate test
锅炉性能试验/鍋爐性能試驗 boiler performance test
锅炉烟道/鍋爐煙道 boiler flue
锅炉仪表板/鍋爐儀表板 boiler gage board
锅炉有效利用热量/鍋爐有效利用熱量 boiler heat output, boiler utilization heat
锅炉圆筒/鍋爐圓桶,鍋胴 boiler barrel
锅炉支承架/鍋爐架 boiler cradle
锅炉最大连续蒸发量/鍋爐最大連續蒸發率 boiler maximum continuous rating, BMCR
锅炉最低稳定燃烧负荷/鍋爐最低不用輔助燃料支援穩定負載 boiler minimum stable load without auxiliary fuel support
锅炉最低稳燃负荷率/鍋爐最低穩定燃燒負載 boiler minimum stable combustion load rate
锅内过程/鍋爐内過程 inter-boiler process
锅水/鍋爐水 boiler water
锅水浓度/鍋爐水濃度 boiler water concentration
锅筒锅炉/鍋筒式鍋爐 drum boiler
锅筒内部装置/鍋筒内部裝置 drum internals
国际安培/國際安培 international ampere
国际变日线/國際換日線 international date line
国际标准大气压/國際標準大氣壓 international standard atmosphere, ISA
国际标准公制螺纹/國際標準公制螺紋 international standard metric thread
国际标准化组织/國際標準化組織 International Organization for Standardization, ISO
国际标准[器]/國際標準[器] international standard
国际标准重力加速度/國際標準重力加速度 international standard gravity acceleration
国际测量标准/國際量測標準 international measurement standard
国际长途直拨/國際直接長途撥號 international direct distance dialing, IDDD
国际单位制/國際單位制 International System of Units, SI
国际地极年/國際地球極年 international polar year, IPY
国际地球自转服务/國際地球轉動服務 International Earth Rotation Service, IERS
国际电话/國際電話 international call
国际电路/國際電路 international circuit
国际电信计费卡/國際通信計費卡 international telecomm charge card
国际电信联盟/國際電信聯盟,國際電信聯合會 International Telecommunication Union, ITU
国际电信卫星[网]/國際電信衛星[網] international telecommunication satellite
国际法拉/國際法拉 international farad, F
国际法制计量组织/國際法定計量組織 International Organization of Legal Metrology, OIML
国际伏[特]/國際伏特 international volt
国际辐射单位与测量委员会/國際輻射單位與量測委員會 International Commission on Radiation Units and Measurements, ICRU
国际辐射防护委员会/國際放射防護委員會 International Commission on Radiological Protection, ICRP
国际海里/國際哩 international mile, international nautical mile
国际海事卫星/國際海事衛星 international maritime satellite, INMARSAT
国际号码/國際編號 international number
国际亨利/國際亨利 international henry, H
国际呼救频率/國際遇險頻率 international distress frequency, IDF
国际计量大会/國際度量衡大會,國際權度大會 General Conference of Weights and Measures
国际简单转售/國際單純轉售 international simple resale
国际交换中心/國際交換中心 International Switching Center, ISC
国际焦耳/國際焦耳 international joule
国际量制/國際量制 International System of Quantities, ISQ
国际米原器/國際米原器,國際標準公尺 international prototype meter
国际千克原器/國際公斤原器 international prototype of kilogram
国际前缀/國際前綴 international prefix

国际日期变更线/國際换日線 international date line
国际时间局/國際時間局 Bureau International de l'Heure, BIH
国际[实用]温标/國際實用温標 international practical temperature scale, IPTS
国际数据加密算法/國際資料加密演算法 international data encryption algorithm
国际通信卫星/國際電信衛星 international telecommunicatons satellite, INTELSAT
国际瓦特/國際瓦特 international watt
国际卫星组织/國際衛星組織 International Satellite Organization, ISO
国际无线电科学联合会/國際電波科學聯合會 International Union of Radio Science, URSI
国际无线电咨询委员会/國際[無線]電波諮詢委員會 International Radio Consultative Committee, CCIR
国际橡胶硬度试验/國際橡膠硬度試驗 international rubber hardness test
国际协调单位制/國際協調單位制 coordinated international system of units
国际移动设备标志/國際移動設備識别 international mobile equipment identity, IMEI
国际移动组标志/國際移動組標志 international mobile group identity, IMGI
国际用户拨号/國際用户撥號電話,國際直撥電話 international subscriber dialing, ISD
国际遇险呼救频率/國際遇險頻率 international distress frequency
国际原子能机构/國際原子能總署 International Atomic Energy Agency, IAEA
国际原子时/國際原子時 international atomic time, TAI
国际照明委员会/國際照明委員會 International Commission on Illumination, CIE
国际直拨/國際直撥 international direct dialing, IDD
国际烛光/國際燭光 international candle
国际转接区段/國際轉接區段 international transit portion, ITP
果品硬度/果品硬度 fruit hardness
果品硬度试验/果品硬度試驗 fruit hardness test
果园-葡萄园拖拉机/果園-葡萄園拖拉機 orchard and vineyard tractor
裹冷珠/裹冷珠 entrapped cold shot
裹入气/裹入氣 entrained air, entrapped air
裹贴法/裹貼法 coating process
裹贴砂/裹貼砂 coated sand
过饱和[度]/過飽和[度] supersaturation
过饱和固溶体/過飽和固溶體 supersaturated solid solution
过饱和溶液/過飽和溶液 supersaturated solution
过保护/過保護 over protection
过程/過程,程序 process, procedure
过程测量/程序測量 process measurement
过程程序设计/程序程式設計 procedural programming
过程重构/處理再工程 process reengineering
过程动画/程序性動畫 procedural animation
过程段/程序段 procedural block
过程分析/製程分析,程序分析 process analysis, procedure analysis
过程分析仪/程序分析儀,線上分析儀 process analyzer
过程管理/流程管理 process management
过程间数据流分析/程序間資料流程分析 interprocedural data flow analysis
过程控制/程序控制,製程控制 process control
过程控制计算机/程序控制電腦 process control computer
过程[控制]计算机/資料處理計算機,程序計算機 process computer
过程控制软件/程序控制軟體 process control software
过程控制系统/程序控制系統 process control system
过程控制信息系统/程序控制資訊系統 information system for process control
过程流程图/操作流程圖 process flow diagram
过程逻辑/處理邏輯 process logic
过程名称/程序名稱 procedure name
过程模型/程序模式,處理模型 process model
过程能力/製程能力,操作能力 process capability
过程能力成熟度/製程能力成熟度 process capability maturity
过程平均/過程平均 process average
过程评估/過程評估 process assessment
过程实现方法/程序實施方法 procedural implementation method
过程式纹理/程序性紋理 procedural texture
过程数据/程序資料 procedure data
过程同步/程序同步 procedure synchronization
过程性知识/程序性知識 procedural knowledge
过程冶金[学]/製造冶金學 process metallurgy
过程语言/程序語言 procedure language, procedural language

过程语义/程序語意 procedural semantics
过程自动化/製程自動化 process automation
过冲/過衝,超越量 overshoot
过冲峰值/尖峰超越[量] peak overshoot
过冲上升时间/超越上昇時間 overshoot rising-up time
过充电/過量充電 overcharge
过充满/過滿 overfill
过处理/過度處理 over-treatment
过吹/過吹 over-blow
过低温金属液/過低温金屬液 dull metal
过电流/過[電]流,超電流 overcurrent, excess current
过电流保护/過流保護 overcurrent protection
过电流继电器/過流電驛 overcurrent relay
过[电]流脱扣器/過流釋放,過[電]流釋放器 overcurrent release
过电流限制/過[載]電流限制 overcurrent limit
过电位/過電位,過電壓,超電勢 overpotential
过电压/過電壓 overvoltage
过电压保护/過電壓保護 overvoltage protection
过电压继电器/過電壓電驛 overvoltage relay
过[电]压抑制器/過壓抑制器 overvoltage suppressor
过度磨碎/過[份]研磨,過度研磨 overgrinding
过度约束运动链/過度拘束運動鏈 over-constrained kinematic chain
过度转向/過度轉向 oversteer
过渡带/過渡帶,遞變帶 transition band, transition zone
过渡过程/暫態 transition process, transient process
过渡过程时间/暫態時間 transient time
过渡节/過渡區段 transition section
过渡块/接裝板 adapter plate
过渡链节/曲柄連桿 cranked link
过渡配合/過渡配合 transition fit
过渡期/躍遷週期 transition period
过渡区/過渡區 transition region
过渡曲面/過渡曲面 transition surface
过渡曲线/過渡曲線,介曲線 transition curve
过渡曲线干涉/過渡曲線干涉 fillet interference
过渡时间/過渡時間,橋接時間 bridging time
过渡托辊/過渡惰輪 transition idler
过渡相/過渡相 transition phase
过渡效果/過渡效果 transition effect
过渡状态理论/過渡狀態理論 transition state theory
过钝化/過鈍化 transpassivation
过钝化电位/過鈍化電位 transpassivation potential
过钝态/過鈍狀態 transpassive state
过放电/過放電 overdischarge
过负荷/過載,負荷過重 overload
过负荷失真/過載失真 overload distortion
过复激式发电机/高複激發電機 overcompound generator
过共晶白口铸铁/過共晶白[口]鑄鐵 hypereutectic white iron
过共晶合金/過共晶合金,超共晶合金 hypereutectic alloy
过共晶体/過共晶體 hypereutectic
过共晶铸铁/過共晶鑄鐵 hypereutectic cast iron
过共析钢/過共析鋼 hypereutectoid steel
过共析体/超共析體 hypereutectoid
过共析铸铁/過共析鑄鐵 hypereutectoid cast iron
过规/通過規 go gage
过恢复/過恢復 over recovery
过会聚/過會聚 over convergence
过激放大器/過激放大器 over-driven amplifier
过加热/過熱處理 super heating
过搅拌/過攪拌 over poling
过浸蚀/過浸蝕 over etching
过卷/過卷 overtravel, overwinding
过卷保护装置/過卷保護裝置 hoisting overwind-proof device
过孔/通孔 via hole
过冷/過冷 supercooling, undercooling, subcooling
过冷奥氏体/過冷沃斯田鐵,過冷沃斯田體 undercooled austenite, undercooling austenite
过冷度/過冷[度] degree of supercooling
过冷器/低温冷却器,過冷却器 subcooler
过冷石墨/過冷石墨 undercooled graphite
过冷液体/過冷液體 supercooled liquid
过量电流/過[載]電流 overcurrent
过量金属/過量金屬 excess metal
过量空气/過量空氣 excess air
过量空气系数/過量空氣係數 excess air coefficient, excess air ratio
过量氢/過量氫 excessive hydrogen
过量噪声/過量噪音 excess noise
过磷酸钕激光器/過磷酸釹雷射 neodymium pentaphosphate laser
过零检测器/零交點檢測器,零交越檢波器 zero crossing detector
过零鉴别器/過零鑒別器 zero-crossing discriminator
过流断面/内截面 inside section
过滤/過濾 filtering
过滤板/濾板,篩板 sheet filter, screen plate

过滤袋/[過]濾袋 pocket filter, filter bag, dust bag
过滤电位/濾液電位差 electrofiltration potential
过滤坩埚/過濾坩堝 filtering crucible
过滤介质/過濾介質 filter medium
过滤漏斗/過濾漏斗 filtering funnel
过滤器/過濾器,濾渣片 filter, strainer
[过滤]失水量/過濾損失 filtration loss
过滤式集尘器/過濾式集塵器 filtration dust collector
过滤式空气净化器/空氣過濾器,濾氣器 air filter
过滤式离心[脱水]机/籃式離心機 basket centrifuge
过滤筒/濾筒 cartridge filter
过滤网/篩 screen
过拟合/過度配適 overfitting
过期检查点/過期檢查點 obsolete checkpoint
过期日期/過期日 expire date
过期数据/過期數據 stale data
过群聚/過群聚 overbunching
过热/過熱[處理] superheating, overheat, overheating
过热保护装置/過熱保護系統 overtemperature protection system
过热报警装置/過熱警報系統 overtemperature warning system
过热度/過熱度 degree of superheat, superheat
过热钢/過熱鋼 overheated steel
过热鼓风/過熱鼓風 super-heating blast
过热检测器/過熱偵測器 overheat detector
过热量热器/過熱卡計 superheating calorimeter
过热率/過熱率,昇溫率 super-heating rate
过热器/過熱器 superheater
过热器和再热器试验/過熱器和再熱器之試驗 thermal test of superheater and reheater
过热区/高熱點 hot spot
过热蒸汽/過熱蒸汽 super heated steam
过热蒸汽冷却器/過熱蒸汽冷卻器 superheated steam cooler
过热组织/過熱組織 overheated structure
过筛率/過篩率 sieving rate
过筛试验/過篩試驗,篩分試驗 screen sizing test
过烧/過燒,燃燒過久 overburnt, overburn
过烧结/過燒結 over sintering
过烧金属/過燒金屬[液] burnt metal
过剩电荷/超出電荷 excess charge
过剩型导电/過剩電傳導 excess conduction
过剩载流子/多餘載子,過量載子 excess carrier
过失误差/總誤差,毛誤差 gross error
过时效/過度時效 over aging
过时效热处理/過度時效熱處理 over aging heat treatment
过速保护/超速保護 overspeed protection
过速保护装置/超速保護裝置 overspeed protection device
过酸洗/過酸洗 overpickling
过调制/過調變 over modulation
过压/過壓 overpressure
过压保护装置/過電壓保護裝置 overvoltage protective device
过压测试/過電壓試驗 overvoltage test
过压断路器/過電壓釋放器 overvoltage release
过氧钨酸/過氧鎢酸 peroxytungstatic acid
过盈连接/緊配接合 interference fit connection
过盈配合/干涉配合,緊配 interference fit
过应力/過度應力 over-stress
过油管射孔/經油管穿孔法 through-tubing perforation
过孕育/過度接種 over-inoculation
过载/過載,超載,負荷過重 overload, overloading
过载点/超載點 overload point
过载电流/過[載]電流 overcurrent
过载度/超載比 ratio of overload
过载断路器/過負荷跳脫器 overload trip
过载阀/超載閥 overload valve
过载恢复时间/超載恢復時間 overload recovery time
过载继电器/過載繼電器 overload relay
过载试验/過載試驗 overload test
过载释放/過載釋放 overload release
过载释放装置/過載釋放器 overload release equipment
过载探测器/超載偵測器 overload detector
过载特性/過載特性[曲線] overload characteristic
过载系数/超載比,過載因子 overload ratio, overload factor
过载指示器/超載偵測器 overload indicator
过账机/過賬機 posting machine
过装系统/溢流系統 overfill system
过阻尼/過阻尼 overdamping

H

哈德菲尔德锰钢/高錳鋼　Hadfield manganese steel
哈定格球磨机/哈丁球磨機　Hardinge mill
哈定格型浓缩机/哈丁濃泥機　Hardinge thickener
哈尔截止电压/哈爾截止電壓　Hull cutoff voltage
哈尔特生电桥/哈脱肖電橋　Hartshone bridge
哈佛结构/哈佛結構　Harvard structure
哈夫曼编码/霍夫曼編碼　Huffman encoding
哈夫曼树/霍夫曼樹　Huffman tree
哈林槽/哈林槽　Haring cell
哈密顿变量/漢米頓變數,正準變數　Hamilton variable
哈密顿函数/漢米頓函數　Hamilton function
哈密顿回路/漢米頓回路　Hamilton circuit
哈密顿回路问题/漢米頓回路問題　Hamilton cycle problem
哈密顿路径/漢米頓路徑　Hamilton path
哈密顿原理/Hamilton 原理　Hamilton principle
哈斯特洛伊合金/哈斯特洛伊合金　Hastelloy alloy
哈特莱电路/哈特立電路　Hartley circuit
哈特莱振荡器/哈特立振盪器　Hartley oscillator
哈特里/哈崔　Hartree
哈特里单位/哈崔[原子]單位　Hartree units
哈特里谐振量/哈崔諧振量　Hartree harmonics
哈特曼数/哈特曼數　Hartmann number
哈希表/散列表　hash table
哈希函数/散列函數　hash function
哈泽管桩凿井法/哈斯氏直井開鑿法　Haase system
哈泽里特[水平]带钢连铸机/雙帶連鑄機　Hazelett continuous casting machine
哈兹型活塞跳汰机/哈次波震選礦機　Harz jig
铪/鉿　hafnium
海岸台/海岸電臺　coast station
海拔/海拔,高度,標高　altitude
海拔补偿/海拔補償　altitude compensating
海拔高度补偿器/海拔高度補償器　altitude compensator
海拔高度控制式最大油量限制器/海拔高度控制式最大油量限制器　altitude-controlled maximum fuel stop
海拔高度修正/海拔高度修正　altitude compensation
海滨砂/岸砂　shore sand
海侧悬臂/起重機臂　boom
海德鲁镁电解槽/海德魯鎂電解槽　Norsk Hydro cell
海底采矿/海底採礦　undersea mining
海底采矿机/海底採礦機　submarine miner
海底电缆/海底電纜,水底電纜,海底纜線　submarine cable, undersea cable
海底电信/海底電信,水線電報　cablegram
海底光波系统/海底光波系統　submarine lightwave system
海底通信/海底通信　submarine communication
海底中继增益/海底中繼增益　undersea repeater gain
海底钻探/海域鑽井　marine drilling
海湖滨砂/海湖濱砂　beach or lake sand
海军黄铜/海軍黃銅　naval brass, admiralty brass
海军炮铜/海軍炮銅　admiralty gun metal
海缆/海底電纜　submarine cable
海缆中继器/海纜中繼器　submarine cable repeater
海勒系统/海勒系統　Heller system
海里/海里　nautical mile, mi
海量存储/大量儲存　mass storage
海量存储器/大量儲存器　mass storage device
海绵粉/海綿粉　sponge powder
海绵镍阴极/海綿鎳陰極　nickel matrix cathode
海绵铁/海綿鐵　sponge iron, spongy iron
海明码/漢明碼　Hamming code
海砂/海砂　sea sand
海上风力发电机组/海上風力發電機組　off-shore wind turbine generator set
海上风力发电机组基础/離岸風力發電機組基座　foundation of off-shore wind turbine generator set
海上轨道试验卫星/海上軌道試驗衛星　maritime orbital test satellite
海上雷达/海上雷達　maritime radar
海上目标/海上目標　marine target
海上通信/海上通信,越洋通信,航海通訊　overocean communications, sea communications
海上通信卫星/海上通信衛星　marine communications satellite, MARISAT
海上无线电导航陆地电台/海上無線電導航陸地電

臺,水上無線電導航陸地電臺 maritime radio navigation land station
海上无线电导航移动电台/海上無線電導航移動電臺 maritime radio navigation mobile station
海上无线电通信/海上無線電通信 marine radio communication
海上无线电信标/海上無線電信標 maritime radio beacon
海上移动电话业务/海上行動電話業務 maritime mobile phone
海上移动通信业务/水上行動業務 maritime mobile service
海上移动卫星系统/海上移動衛星系統 maritime mobile satellite system
海上移动无线电话设备/海上行動無線電話設備 maritime mobile radio telephone equipment
海氏电桥/海氏電橋 Hay bridge
海事通信卫星系统/海事通信衛星系統 maritime communications satellite system
海事卫星系统/海事衛星系統 maritime satellite system, MARSAT
海事卫星业务/海事衛星服務 maritime satellite service
海水隔管/海域昇導管 marine riser
海水激活电池/海水激活電池 sea-water activated battery
海水镁砂/海水鎂砂 sea-water magnesia
海退超覆/海退掩覆 regressive overlap
海洋采矿/海洋採礦 seabed nodule mining
海洋腐蚀/海洋腐蝕 marine corrosion
海洋平台钢/海洋平臺鋼 off-shore platform steel
海洋卫星/海洋衛星 sea satellite, SEASAT
海洋研究卫星/海洋研究衛星 oceanographic satellite
海域侦察卫星/海域偵察衛星 ocean area reconnaissance satellite
亥夫纳灯/黑夫納燈 Hefner lamp
亥夫纳烛/黑夫納燭光 Hefner candle
亥姆霍兹/亥姆霍兹 Helmholtz
亥姆霍兹不稳定性/亥姆霍兹不穩定性 Helmholtz instability
亥姆霍兹方程/亥姆霍兹方程式 Helmholtz equation
亥姆霍兹共鸣器/亥姆霍兹諧振器 Helmholtz resonator
亥姆霍兹函数/亥姆霍兹函數 Helmholtz function
亥姆霍兹-柯尔劳什现象/亥姆霍兹-柯勞許現象 Helmholtz-Kohlrausch phenomenon
亥姆霍兹线圈/亥姆霍兹線圈 Helmholtz coil
亥姆霍兹自由能/亥姆霍兹自由能 Helmholtz free energy
亥维赛互感电桥/黑韋賽互感電橋 Heaviside mutual-inductance bridge
骇客/劊客 cracker
氦/氦 helium
氦超流转变点/氦超流轉變點 helium superfluid transition point
氦纯化器/氦純化器 helium purifier
氦灯/氦燈 helium lamp
氦电离检测器/氦游離檢知器 helium ionization detector
氦镉激光器/氦鎘雷射[器] helium cadmium laser
氦光电离检测器/氦光游離檢知器 helium photoionization detector
^{3}氦-^{4}氦稀释制冷/^{3}氦-^{4}氦稀釋製冷 ^{3}He-^{4}He dilution refrigeration
^{3}氦-^{4}氦稀释制冷机/^{3}氦-^{4}氦稀釋製冷機 ^{3}He-^{4}He dilution refrigerator
氦弧焊/氦弧焊,氦氣遮罩弧焊 helium shielded arc welding
氦计数管/氦計數[器]管 helium counter tube
氦-3计数器/氦-3計數器 helium-3 counter
氦检漏器/氦偵漏器 helium leak detector
氦氖激光器/氦氖雷射[器],氖-氦雷射 helium neon laser, He-Ne laser, neon-helium laser
氦气轮机/氦氣輪機 helium turbine
氦气压缩机/氦壓縮機 helium compressor
氦涡流制冷/氦渦流冷凍 helium vortex refrigeration
氦液化器/氦液化器 helium liquefier
氦制冷机/氦冷凍機 helium refrigerator
氦制冷器/氦冷凍機 helium refrigerator
氦质谱检漏仪/氦質譜檢漏儀 helium mass spectrometric leak detector
蚶线/蚶線 limacon
含尘量/含塵量 dust content
含钒铁水/含釩鐵水 vanadium-bearing hot metal
含金黑砂/黑砂,重砂 black sand
含金黄铁矿/含金黃鐵礦 auriferous pyrite
含金砾岩层/礫礦層 banket
含量/含量 content
含硫井/酸油氣井 sour well
含氯量/氯量 chlorinity
含铌钢渣/含鈮鋼渣 niobium-bearing steel slag
含铌铁水/含鈮鐵水 niobium-bearing hot metal
含镍[耐磨]铸铁/鎳硬鑄鐵 ni-hard
含水材料/水合物,水化物 hydrous material

含水层特征/含水層特性 aquifer characteristic
含水量/含水量,含濕量 moisture content
含水量测定仪/濕度計,含水量測定計 drimeter
含水量分析/含水量分析,濕氣分析 moisture analysis
含酸量/酸含量 acid content
含钽锡渣/含鉭錫渣 tantalum-bearing tin slag
含炭耐火材料/含炭耐火材料 carbon-contained refractory
含天然气砂/天然氣砂層,氣砂 gas sand
含氧燃油/含氧燃油 oxygenated fuel
含页岩砂岩/頰岩砂岩,頜岩砂岩 broken sands
含油量/油含量 oil content
含油轴承/含油軸承 oil-retaining bearing
含渣/夾渣 slag inclusion
函数/函數 function
Helmholtz 函数/亥姆霍茲函數 Helmholtz function
RSA 函数/RSA 函數 RSA function
函数倍增器/函數相乘器 function multiplier
函数程序设计/函數程式設計 functional programming
函数电位计/函數電位計 functional potentiometer
函数电位器/函數電位計 functional potentiometer
函数调用/函數呼叫 function call
函数发生器/函數發生器,函數產生器 function generator
函数分压器/函數分壓器 functional potentiometer
函数机构/函數機構 function-generating mechanism
函数计算机/函數計算機 function calculator
函数开关/函數開關 function switch
函数拟合器/折棧函數產生器 function fitter
函数式程序设计/函數程式設計 functional programming
函数式语言/函數式語言 functional language
函数数据模型/函數資料模型 functional data model
函数图/函數圖 graph of a function
函数问题/函數問題 function problem
函数依赖/函數相依 functional dependence
函数依赖闭包/函數相依閉包 functional dependence closure
函数依赖分解律/函數相依分解規則 decomposition rule of functional dependencies
函数依赖合并律/函數相依合并律 union rule of functional dependencies
函数依赖推理/函數相依推理 inference based on functional dependency
函数依赖伪传递律/函數相依僞傳遞法則 pseudotransitive rule of functional dependencies
函数约束/函數束縛 functional constraint
函子/函子 functor
焓/[熱]焓,顯熱 enthalpy, sensible heat
焓变/焓變化 enthalpy change
焓降分配/焓降分配 distribution of enthalpy drop
焓熵图/焓-熵關係曲線 enthalpy-entropy chart
涵盖约束/涵蓋約束 containment constraint
汉恩窗口/韓恩視窗 Hann window
汉卡/漢卡,中文字卡 Chinese character card
汉克尔函数/漢克爾函數 Hankel function
汉明窗[口]/漢明窗 Hamming window
汉明加权/漢明加權,漢明計權 Hamming weighting, Hamming weight
汉明界/漢明界 Hamming bound
汉明距离/漢明距離 Hamming distance
汉明码/漢明碼 Hamming code
汉明权衡/漢明加權 Hamming weighting
汉明权[重]/漢明權[重] Hamming weight
汉森孔径分布/韓森孔徑分布 Hansen aperture distribution
汉森圆形分布/韓森圓形分布 Hansen circular distribution
汉语词语编码/中文字詞編碼 Chinese word and phrase coding
汉语词语处理机/中文文書處理器 Chinese word processor
汉语词语结构/漢語詞語結構 Chinese word structure
汉语词语库/中文字與片語館 Chinese word and phrase library
汉语词语码/中文詞與片語碼 code for Chinese word
汉语分词系统/漢語分詞系統 Chinese word segmentation system
汉语分析/中文分析 Chinese analysis
汉语计算机辅助教学系统/中文電腦輔助教學系統 Chinese computer-aided instruction system
汉语理解/中文語言理解 Chinese language understanding
汉语拼音方案/漢語拼音方案 scheme of the Chinese phonetic alphabet
汉语人机界面/中文人機介面 man-machine interface for Chinese
汉语生成/中文產生 Chinese generation
汉语输入法/漢語輸入法 Chinese input method
汉语信息处理/中文資訊處理 Chinese information processing
汉语言语分析/中文語音分析 Chinese speech

analysis
汉语言语合成/中文語音合成 Chinese speech synthesis
汉语言语理解系统/中文語音理解系統 Chinese speech understanding system
汉语言语识别/中文語音辨識 Chinese speech recognition
汉语言语输入/中文語音輸入 Chinese speech input
汉语言语数字信号处理/中文語音數位信號處理 Chinese speech digital signal processing
汉语言语信息处理/中文語音資訊處理 Chinese speech information processing
汉语言语信息库/中文語音資訊館 Chinese speech information library
汉语语音分析/中文語音分析 Chinese speech analysis
汉语语音合成/中文語音合成 Chinese speech synthesis
汉语语音理解系统/中文語音理解系統 Chinese speech understanding system
汉语语音识别/中文語音辨識 Chinese speech recognition
汉语语音输入/中文語音輸入 Chinese speech input
汉语语音数字信号处理/中文語音數位信號處理 Chinese speech digital signal processing
汉语语音信息处理/中文語音資訊處理 Chinese speech information processing
汉语语音信息库/中文語音資訊館 Chinese speech information library
汉语自动切分/自動中文斷詞 automatic Chinese word segmentation
汉字编码/漢字編碼,中文字元編碼 Chinese character encoding
汉字编码方案/漢字編碼綱目,中文字元編碼方案 Chinese character encoding scheme
汉字编码计算机辅助设计/漢字編碼計算機輔助設計 computer-aided design for Hanzi coding
汉字编码技术/漢字編碼技術 Hanzi coding technique
汉字编码输入方法/漢字編碼輸入法,中文字元編碼輸入法 Chinese character coding input method
汉字编码输入方法评测/漢字編碼輸入法評估 evaluation of Hanzi coding input method
汉字编码输入评测软件/漢字編碼輸入評估軟體 evaluation software for Hanzi coding input
汉字编码字符集/漢字編碼字元集,中文字元編碼字元集 Chinese character coded character set
汉字部件/漢字組件,中文字元元件 Chinese character component
汉字打印机/漢字印表機,中文字元列印機 Chinese character printer
汉字的数字输入键盘/漢字的數位輸入鍵盤 numerical input keyboard for Chinese character
汉字公用程序/漢字公用程序 Chinese character utility program
汉字国标扩展码/漢字國標擴展碼 Chinese character GB extended code, GBK
汉字基本集/漢字基本集 Chinese Character primary set
汉字激光印刷机/漢字雷射印表機,中文雷射印表機 Chinese character laser printer
汉字集/漢字集,中文字元集 Hanzi set
汉字检字法/漢字索引系統,中文字元索引系統 Chinese character indexing system
汉字键盘/漢字鍵盤 Hanzi keyboard
汉字键盘输入方法/漢字鍵盤輸入法,中文鍵盤輸入法 Chinese character keyboard input method
汉字结构/漢字結構,中文字元結構 Chinese character structure
汉字控制功能码/漢字控制功能碼,中文字元控制功能碼 Chinese character control function code
汉字扩展内码规范/漢字擴展內碼規格 Hanzi expanded internal code specification
汉字流通频度/中文字元循環頻率 circulation frequency of Chinese character
汉字码表/漢字碼表 code list of Chinese character, code list of Hanzi
汉字内码/漢字內碼,中文字元內碼 Chinese character internal code
汉字喷墨印刷机/漢字噴墨印表機,中文噴墨印表機 Chinese character ink jet printer
汉字区位码/漢字區位碼 Chinese character section-position code
汉字热敏印刷机/漢字熱轉印印表機,中文字元熱感應印表機 Chinese character thermal printer
汉字生成器/漢字產生器 Hanzi generator
汉字识别/漢字識別,中文字元辨識 Chinese character recognition
汉字识别系统/漢字識別系統,中文字元辨識系統 Chinese character recognition system
汉字使用频度/漢字使用頻度,中文字應用頻率 utility frequency of Hanzi
汉字手持终端/漢字手持式終端機,中文手持式終端機 Chinese character handheld terminal
汉字书写评测/漢字書寫評測 test of Chinese character writing

汉字输出/漢字輸出,中文字元輸出 Chinese character output

汉字输入/漢字輸入,中文字元輸入 Chinese character input

汉字输入程序/漢字輸入程式 Hanzi input program

汉字输入键盘/漢字輸入鍵盤,中文字元輸入鍵盤 Chinese character input keyboard

汉字输入码/漢字輸入碼,中文字元輸入碼 Chinese character code corresponding keyboard

汉字属性/漢字屬性,中文字元屬性 attribute of Chinese character

汉字属性字典/漢字屬性字典,中文字元編碼字元集 Chinese character attribute dictionary

汉字特征/漢字特徵,中文字元特徵 Chinese character feature

汉字信息处理/漢字資訊處理,中文字元資訊處理 Chinese character information processing

汉字信息处理技术/漢字資訊處理技術 Hanzi information processing technology

汉字信息交换码/漢字訊息交換碼,中文資訊交換碼 Chinese character code for information interchange

汉字信息特征编码/中文字元資訊特徵編碼 information feature coding of Chinese character

汉字信息压缩/中文字元壓縮技術 Chinese character condensed

汉字信息压缩技术/漢字資訊壓縮技術,中文字元壓縮技術 Chinese character condensed technology

汉字样本/漢字樣本,中文字元樣本 Chinese character specimen

汉字样本库/漢字樣本庫,中文字元樣本庫 Chinese character specimen bank

汉字针式打印机/漢字針式印表機,中文字元針式印表機 Chinese character wire impact printer

汉字终端/漢字終端,中文字元終端 Chinese character terminal

汉字字体/中文字元字型碼 Chinese character font

汉字字形/漢字字形 Chinese character form

汉字字形分析/漢字字形分析 analysis of Chinese character form

汉字字形骨架/漢字字形骨架 skeleton of Chinese character form

汉字字形计算/漢字字形計算 computation on Chinese character form

汉字字形结构/漢字字形結構 structure of Chinese character form

汉字字形库/漢字字形庫,中文字元字型館 Chinese character font library

汉字字形码/漢字字形碼,中文字元字型碼 Chinese character font code

汉字字形生成/漢字字形生成 generation of Chinese character form

汉字字形形式化/漢字字形形式化 formulization of Chinese character form

焊补/焊補 weld repair

焊层/焊層 layer

焊道/焊道,焊珠 bead, weld bead

焊道下裂纹/焊珠底龜裂 under bead crack

焊点距/點焊間距 spot weld spacing

焊缝/熔接,接縫 weld, weld bead, seam

焊缝成形系数/焊縫成形係數 form factor of the weld

焊缝腐蚀/焊接腐蝕 weld decay

焊缝金属/熔接金屬 weld metal

焊缝区/焊接區 weld zone

焊根/焊根 weld root

焊根裂纹/根裂 root crack

焊工面罩/護面罩 head screen

焊工升降台/焊工昇降平臺 welder lifting platform

UOE 焊管/UOE 焊管 UOE weld pipe

焊管机/焊管機 pipe welder

UOE 焊管机/UOE 焊管機 UOE weld-pipe mill

焊后热处理/焊後熱處理 postweld heat treatment

焊机/熔接機,電焊機 welding machine

焊剂/焊劑,助熔劑 flux

焊剂垫/焊劑墊 flux backing

焊剂垫焊/焊劑背襯焊接 welding with flux backing

焊件/熔接件,焊製件 weldment

焊脚/焊腳 fillet weld leg

焊接/焊接,熔接 welding

焊接变位机/焊接變位機 welding positioner

焊接变形/焊接變形 weiding deformation, welding distortion

焊接变压器电源/焊接變壓器電源 welding transformer power source

焊接波纹管/焊接伸縮囊 welded bellows

焊接材料/焊接耗材 welding consumables

焊接衬垫/打底焊道 backing

焊接电弧/熔接電弧 welding arc

焊接电源/焊接電源 welding power source

焊接翻转机/焊接翻轉機 welding tilter

焊接方螺母/焊接方螺帽 square weld nut

焊接腐蚀/熔接腐蝕 weld corrosion

焊接工作台/焊接工作檯 welding bench

焊接管/焊接管 welding pipe, welded tube

焊接轨隙连接器/熔接綁線 welded bond

焊接滚轮架/焊接滾輪架 turning roller

焊接机器人/焊接機器人 welding robot
焊接夹具/焊接夾具 welding fixture
焊接检验/焊接檢驗 welding inspection
焊接接头/熔接接合 welded joint
焊接烙铁/烙鐵,焊鐵 soldering iron
焊接裂纹/熔接裂痕 weld crack
焊接六角螺母/六角焊接螺母 hexagon weld nut
焊接螺柱/焊接螺栓 welded stud
焊接面/焊接面 solder side
焊接逆变电源/焊接換流電源 welding inverter power source
焊接缺陷/焊接缺陷 weld defect
焊接热循环/焊接熱循環 welding thermal cycle
焊接熔池/金屬槽 metal bath
焊接套管/焊接套管 welded casing
焊接位置/熔接姿勢 welding position
焊接无裂纹钢/焊接無焊裂紋鋼 welding crack free steel
焊接性/焊接性,可焊性,熔接性 weldability
焊接性试验/焊接性試驗,可焊接性能試驗 weldability test
焊接循环/熔接循環 welding cycle
焊接冶金[学]/焊接冶金學 welding metallurgy
焊接应力/熔接應力 welding stress
焊接用喷灯/噴燈,氣炬 blow torch, blow lamp
焊接整流器电源/焊接整流器電源 welding rectifier power supply
焊接转子/焊接式盤型轉子 welded disk rotor
焊接状态/焊接狀態,熔接狀態 as-welded
焊炬/焊炬 torch
焊瘤/焊瘤 overlap
焊盘/焊墊 bonding pad
焊片换热器/焊接螺旋鰭管熱交換器 welded spiral finned tube heat exchanger
焊钳/電焊條夾把,電熔接條夾把 electrode holder
焊丝/焊絲,熔接金屬線 welding wire, wire for welding
焊丝送进机/焊絲送進機 wire-feeding machine
焊条/[電]焊條,熔接條 covered electrode, welding rod
焊条保温筒/電焊條保溫筒 thermostat-container for electrode
焊条电弧焊/焊條電弧熔接 shielded metal arc welding
焊透率/焊透率 penetration rate
焊芯/芯線 core wire
焊渣/渣蓋 slag blanket, slag cover
焊趾/焊趾 weld toe
焊趾裂纹/趾裂痕 toe crack
焊珠/焊珠 weld bead
夯锤/撞錘 ram
夯砂锤/尖底搗錘,尖底舂 peen rammer
夯砂棒/搗砂錘 rammer
夯砂杆/搗砂桿 sand rammer
行/列 row, line
行八位/列八位 row-octet
行地址/列位址 row address
行地址选通/列位址選通 row address strobe
行距/列間距 line space
行宽/線寬 line width
行列式/行列式 determinant
行灵敏度/線靈敏度 line sensitivity
行每分/每分鐘列數 line per minute
行每秒/每秒鐘列數 line per second
行每英寸/每英吋列數 line per inch
行密度/列密度 line density
行频/列掃描頻率 line frequency
行扫描/行掃描 line scanning
行时间波形失真/行掃描波形失真 line-time waveform distortion
行式打印机/[列式]列印機 line printer
[行首]缩进/內縮 indentation
行输出变压器/線輸出變壓器 line output transformer
行同步/線同步 line synchronization
行同步调整/行同步調整 horizontal hold control
行位偏斜/列偏斜 line skew
行序列彩色电视/線序彩色電視 line sequential color television
行选/列選擇 row selection
行译码/列解碼 row decoding
行译码器/列解碼器 row decoder, line decoder
行主向量存储[器]/行主向量儲存 row-major vector storage
航海浮式起重机/航海浮式起重機 sea-going floating crane
航海雷达/航海雷達 marine radar
航海通信/海軍通信 naval communcation
航海通信卫星/航海通信衛星,航海通訊衛星 marine communication satellite
航海移动卫星/航海移動衛星 maritime mobile-satellite
航海用无线电/航海用無線電 marine radio
航空标志信标站[台]/航空標志信標電臺 aeronautical marker beacon station
航空操作[调度]通信网/航空調度通信網路 air

operational communications network

航空导航无线电业务/航空無線電導航業務 aeronautical navigational radio service

航空地面无线电台/地面無線電導航站 aeronautical ground radio station

航空电台/航空電臺,飛機電臺 aeronautical station, aeroplane station

航空电信/航空電信 aeronautical telecommunication

航空电信机构/航空電信機構 aeronautical telecommunication agency

航空电信业务/航空電信業務 aeronautical telecommunication service

航空电子学/航空電子學 avionics

航空公用陆上电台/航空通用陸上電臺 aeronautical utility land station

航空公用移动电台/航空通用行動電臺,航空通用移動電臺 aeronautical utility mobile station

航空固定电台/固定航空電臺 aeronautical fixed station

航空固定电信网/導航用固定電信網路 aeronautical fixed telecommunication network

航空广播[通信]业务/航空廣播通信業務 aeronautical broadcast service

[航空]航天/航空與太空,航宇,航太 aeronautics and space, aerospace

航空派生型燃气轮机/航空派生型燃氣輪機 aero-derivative gas turbine, aircraft-derivative gas turbine

航空社区噪音/航空社區噪音 aircraft-community noise

航空摄影测量/航空攝影測量學 aerial photogrammetry

航空摄影测量学/航空攝影測量學 aerophotogrammetry

航空摄影机/航空攝影機 aerial camera

航空食品装运车/航空食品裝運車 aircraft food delivery truck

航空通信/航空通信 aeronautical communication

航空通信卫星/航空通信衛星 aeronautical communications satellite

航空通信站[电台]/航空通訊電臺,導航通信臺,導航通訊臺 aeronautical communication station

航空卫星通信/航空衛星通信 aeronautical satellite communication

航空无线电/航空無線電 aeronautical radio

航空无线电报/航空無線電報 radio air letter

航空无线电导航业务/航空無線電導航業務 aeronautical radionavigation service

航空无线电导航移动电台/航空無線電導航行動電臺,無線電導航流動電臺 aeronautical radionavigation mobile station

航空无线电台/導航無線電臺 aeronautical radio station

航空无线电通信/航空無線電通信 aviation radio communication

航空无线电[通信]业务/航空無線電業務 aeronautical radio service

航空无线电信标/航空無線電信標 aeronautical radio beacon

航空无线控制/機上無線電控制 aircraft wireless control

航空仪表/航空儀表 aeronautical instrument, aircraft instrument

航空移动路线服[业]务/航空行動無線電業務 aeronautical mobile radio service

航空移动卫星/航空移動衛星 aeronautical mobile satellite

航空移动业务/航空行動業務 aeronautical mobile service

航空英里/航空哩 aeronautical mile

航空用信标/無線電信標,航空指示燈 aerophare

航空钟/飛行鐘 flying clock

航空助航陆地电台/航空助航陸地電臺 aeronautical radionavigation land station

航空助航移动电台/航空無線電導航行動電臺,無線電導航流動電臺 aeronautical radionavigation mobile station

航速表/航速表 sillometer

航天地球通信/太空-地球通訊 space-earth communication

航天器/太空船,太空載具,宇宙飛船 spacecraft, space vehicle

航天探测器/太空探測器 space probe

航天遥测/太空遥測 space telemetry

航位推算法/航位推算法,航位推算導航 dead-reckoning

航线电台/航空電臺,沿航線的通信站,沿航線的通訊站 airway station

航线航空通信业务/航線和航空通信業務 airway and air communication service

航线监视雷达/航線監視雷達 air route surveillance radar, ARSR

航向信标/航向信標 localizer

航行速度三角形/航行速度三角形 forward velocity triangle

巷道/巷道 lane

巷道堆垛起重机/通道堆疊起重機 aisle stacking crane
巷道识别/巷道識别,車道識别 lane identification
巷宽/車道寬度,巷道寬度 lane width
毫/毫 milli, m
毫安/毫安[培] milliampere
毫安[培]计/毫安培計,毫安培表 milliammeter
毫伏安表/毫伏特安培計 millivolt ammeter
毫伏安计/毫伏特安培計 millivolt ammeter
毫伏分贝/毫伏分貝 decibel-millivolt, dBmV
毫辐透/毫輻透 milliphot
毫克当量/毫公克當量 milligram equivalent
毫朗伯/毫朗伯 millilambert
毫米/毫米 millimeter
毫米波/毫米波 millimeter wave, MMW
毫米波段/毫米波段,毫米波頻帶 millimeter wave band
毫米波集成电路/毫米波積體電路 millimeter wave integrated circuit, MMIC
毫米波通信/毫米波通信 millimeter wave communication
毫秒仪/毫秒計 millisecond meter
毫瓦分贝/毫瓦分貝 decibel referred to one milliwatt, dBm
豪斯多夫距离/赫斯多夫距離 Hausdorff distance
号角天线/號角[形]天線,喇叭天線 horn antenna
号角天线轴向长度/號角天線之軸向長度 axial length of horn antenna
PCS号码/個人通信業務號碼 personal communication service number, PCS number
号码簿信息服务/號碼簿資訊服務 directory information service
号码簿业务/目録式服務 directory services, DS
号码查询业务/號碼查詢業務 directory enquiry service, DQ
号码携带/號碼攜帶 number portability, NP
1号数字用户信令/數位用户信號第1號 DSS1
2号数字用户信令/數位用户信號第2號 DSS2
好氧池/好氧罐 oxic tank
耗尽层/[空]乏層 depletion layer
耗尽近似/空乏近似 depletion approximation
耗尽宽度/乏層寬 depletion width
耗尽模/乏模 depletion mode
耗尽区/乏區 depletion region
耗尽型场效晶体管/空乏型場效電晶體 depletion mode field effect transistor
耗气量/空氣消耗量 air consumption
耗散/散逸 dissipation
耗散功率/耗散功率 dissipation power, dissipated power
耗散函数/散逸函數 dissipation function
耗散结构/耗散結構 dissipative structure
耗散力/散逸力 dissipative force
耗散性衰减器/損耗性衰減器 dissipative attenuator
耗散因数/損耗因數 dissipation factor
耗散因子/損耗因數 dissipation factor
耗时/耗時,經過時間 elapsed time
耗损失效期/耗損失效期,磨耗失效期 wear-out failure period
耗氧热量计/氧卡計 oxycalorimeter
合并/合并 merging, consolidate
合并分类/合并分類 merge sorting
合并扫描法/合并掃描法 merged scanning method
合成/合成[法] synthesis
合成保护渣/合成保護渣 synthetic powder
合成标准不确定度/合成標準不確定度 combined standard uncertainty
合成不平衡力/合成不平衡力 resultant unbalance force
合成不平衡力矩/合成不平衡力矩 resultant unbalance moment
合成部件/合成組件,複合組件 compound component
合成彩色同步讯号/合成彩色同步訊號 composite color sync signal
合成词/複合字 compound word
合成淬火剂/合成淬火劑 polymer solution quenchant
合成单元型砂/合成單元模砂 synthetic unit sand
合成等离子体/合成電漿 synthesis plasma
合成电阻器/合成電阻器 composition resistor
合成环境/合成環境 synthetic environment
合成孔径/合成孔徑 synthetic aperture
合成孔径雷达/合成隙孔雷達 synthetic aperture radar
合成炉/合成爐 synthesized flash smelting furnace
合成黏合剂/合成黏結劑 synthetic binder
合成器/合成器 synthesizer
合成扫频发生器/合成掃頻發生器 synthesized sweep generator
合成砂/合成砂 synthetic sand
合成生铁/再生鐵 synthetic pig iron
合成生物学/合成生物學 synthetic biology
合成世界/合成世界 synthetic world
合成式喷油泵/合成式噴油泵 integral drive fuel injection pump

合成式直列喷油泵/凸輪軸直列式噴油泵　in-line fuel injection pump with camshaft
合成视频/合成視訊　synthetic video
合成树脂模样/合成樹脂模型　synthetic resin pattern
合成数字音频/合成數位聲訊　synthetic digital audio
合成碳膜电位器/合成碳膜電位器　carbon composition film potentiometer
合成天线阵/合成天線列　synthetic array
合成橡胶/合成橡膠　elastomer
合成橡胶垫圈/合成橡膠墊圈　nesprene washer
合成信号发生器/合成信號發生器　synthesized signal generator
合成型砂/合成模砂　synthetic molding sand
合成阴极/複合陰極　composite cathode
合成渣/合成渣　synthetic slag
合成脂黏结剂/合成脂黏結劑　synthetic fat binder
合成铸铁/合成鑄鐵　synthetic cast iron
合法性撤消/憑證撤消　revocation
合格/合格　conformity
合格界限/合格界限　acceptability limit
合格品/合格品　qualified product
合格评定/品質認證　quality authentication, quality certification
合格区/符合區　conformance zone
合格人员/合格人員　qualified person
合格试验筛/合格試驗篩　certified test sieve
合格性测试/資格測試　qualification testing
合金 /合金　alloy
Y 合金/Y 合金　Y-alloy
合金电镀/合金電鍍　alloy plating
合金镀/合金鍍　alloy electroplating
合金二极管/合金二極體　alloy diode
合金粉/合金粉　alloy powder, alloyed powder
合金钢/合金鋼　alloy steel
合金钢比/合金鋼比　alloy steel ratio
合金钢铸件/合金鋼鑄件　alloy steel casting
合金工具钢/合金工具鋼　alloy tool steel
合金过渡系数/合金轉換效率　alloy transfer efficiency, transfer coefficient
合金结/合金接面　alloy junction
合金结构钢/合金結構鋼　alloy structural steel
合金晶粒轧辊/合金晶粒軋輥　alloy grain roll
合金晶体管/合金電晶體　alloy transistor
合金热力学/合金熱力學　thermodynamics of alloy
合金渗碳体/合金滲碳體,合金雪明碳體　alloy cementite, alloyed cementite
[合金]相图/平衡圖　equilibrium diagram
合金元素/合金元素　alloy element
合金铸钢/合金鑄鋼　alloy cast steel
合金铸铁/合金鑄鐵　alloy cast iron
合力/合力　resultant force
合力矩/合力矩　resultant moment
合路器/混波器　mixer
合模/鑄模組合　mold assembly
合模飞边/合模飛邊　joint fin
合模机/合模機　closing device, top box closing machine
合模记号/合模記號　false cheek
合模面边角压坏/合模面邊角壓壞　crushes of parting edge
合模面压坏/合模面壓壞　crushes of parting surface
合模填缝/合模填縫,合模封條　joint sealing
合模线/合模線　joint line
合模销/合模銷　closing pin, mold closing pin
合模楔子/合模楔子　closing wedge
合模压/合模壓力　die closing force
合模装置/合模裝置　mold closing mechanism
合批/合批　blending
合取查询/合取查詢　conjunctive query
合取范式/合取正常形式　conjunctive normal form
合式公式/合適公式,符合語法規則的公式　well-formed formula
合数问题/合數問題　composite number problem
合同/合約　contract
合同网/合約網　contract net
合同要求/合約要求　contractual requirement
合位/閉合位置,閉路位置　closed position
合箱机/合箱機,合模裝置　mold closing device, molding closing machine
合箱销子/合箱銷子　flask pins
合型/模具組裝　mold assembling
合型力/鎖緊力　locking force
合一/統一　unification
合一部件/統一單元　unification unit
合一算法/統一演算法　unification algorithm
合一子/一致器,一致置換[符],通代[符]　unifier
合用电话/合用電話　joint-use telephone
合用线/合用線,同線[電話]　party line
合闸继电器/閉合繼電器　closing relay
合闸螺线管/閉合螺線管,閉合電磁圈　closing solenoid
合作对策/合作對局　cooperative game
合作学习/合作學習　cooperative learning
合作指数/協同指數　index of cooperation
合作智能体/合作智能體　cooperative agent

合作主体/合作代理 collaborative agent
何勒里斯卡/何樂里卡 Hollerith card
何氏系数/何氏係數 Ho coefficient
和/和 sum
和波束/和波束 sum beam
和峰计数/加峰計數 sum-peak counting
和检测/總和核對 sum check
T-3 和 T-4 线路/T-3 和 T-4 線路 T-3 and T-4 circuits
和谐变量/和諧變量 harmonious variable
和谐策略/和諧策略 harmonious strategy
和谐控制/和諧控制 harmonious control
和谐偏差/和諧偏差 harmonious deviation
河砂/河砂 river sand
荷兰[合]金/荷蘭金 Dutch gold
荷兰式涂金/荷蘭鍍金漆 Dutch gilding
核/核心 core
核安全/核安全 nuclear safety
核半径/核半徑 nuclear radius
核保安/核保安 nuclear security
[核爆]电磁脉冲/[核爆]電磁脈波 electro magnetic pulse, EMP
核泵浦/核幫浦 nuclear pumping
核测量/核規測 nuclear gauging
核查检验/查核檢驗 check inspection
核查装置/檢查裝置 check device
核常数/核子常數 nuclear constant
核传感器/核換能器 nuclear transducer
核磁测温法/核磁測温術 nuclear magnetic thermometry
核磁共振/核磁共振,核磁諧振 nulcear magnetic resonance, NMR
核磁共振波谱法/核磁諧振譜學 nuclear magnetic resonance spectroscopy
核磁共振波谱仪/核磁共振譜儀 nuclear magnetic resonance spectrometer
[核磁共振]采样频率/NMR 抽樣頻率 sampling frequency of NMR
[核磁共振]参比试样/核磁共振基準試樣,核磁共振参考試樣 reference sample of NMR
[核磁共振]传感器/核磁共振訊號轉換器 transducer of NMR
[核磁共振]分辨力/核磁共振解析度 resolution of NMR
核磁共振计算机断层成像/核磁共振計算機斷層成像 nuclear magnetic resonance computerized tomography, NMRCT
核磁共振计算器断层成像/核磁共振計算機斷層成像 nuclear magnetic resonance computerized tomography, NMRCT
核磁共振流量计/核磁諧振流量計 nuclear magnetic resonance flowmeter
[核磁共振]内参比试样/核磁共振内部参考試樣 internal reference sample of NMR
核磁共振探测器/核磁共振探測器 nuclear magnetic resonance detector
[核磁共振]外参比试样/[核磁共振]外参比試樣 external reference sample of NMR
[核磁共振]稳定性/[核磁共振]穩定性 stability of NMR
核磁共振仪/核磁共振儀 nuclear magnetic resonance spectrometer, NMR spectrometer
核磁矩/核磁矩 nuclear magnetic moment
核磁力仪/核磁強計 nuclear magnetometer
核磁偶极/核磁偶極 nuclear magnetic dipole
核磁强计/核磁強計 nuclear magnetometer
核磁子/核磁元 nuclear magneton
核电池/核電池 nuclear battery
核电汽轮机/核電汽輪機 nuclear steam turbine
核电子学/核電子學 nuclear electronics
核动力卫星/核動力衛星 nuclear-powered satellite
核毒物/核毒物 nuclear poison
核对色谱法/循環色譜法 iteration chromatography
核对序列/校對順序 collating sequence
核反应/核反應 nuclear reaction
核反应堆/原子爐,核反應器,核堆 nuclear pile
核反应能/核反應能 nuclear reaction energy
核方法/核方法 kernel method
核辐射/核[子]輻射 nuclear radiation
[核]辐射传感器/[核]輻射轉換器 nuclear radiation transducer
核辐射厚度计/核輻射厚度計,核輻射厚度規 nuclear radiation thickness gage, nuclear radiation thickness meter
核辐射计/核輻射量規 nuclear radiation gage
核辐射探测器/核輻射偵測器 nuclear radiation detector
核辐射物位计/核子輻射位準計 nuclear radiation levelmeter
核苷酸/核苷酸 nucleotide
核基安全/核心安全 kernelized security
核激发态/核激發態 nuclear excited state
核间距/核間距離 internuclear distance
核聚变/核聚變 nuclear fusion
核粒子加速器/原子擊破機 atom smasher
[核]裂变/[核]裂變 nuclear fission

核密度计/核密度計 nuclear density meter
核能/核能 nuclear energy
核燃料/核燃料 nuclear fuel
核乳胶/核乳膠 nuclear emulsion
核石墨/核石墨 nuclear graphite
核衰变/核衰變 nuclear decay
核四极共振/核四極諧振 nuclear quadrupole resonance
核四极共振波谱法/核四極共振光譜學 nuclear quadrupole resonance spectroscopy
核四极共振测温法/核四極諧振測温術 nuclear quadrupole resonance temperature measurement
核四极共振温度计/核四極諧振温度計 nuclear quadrupole resonance thermometer
核四极矩/核四極矩 nuclear quadrupole moment
核素/核種 nuclide
核素成像/核素成像 radio nuclide imaging
核素扫描机/核素掃描機 nuclide linear scanner
核素质量/核種質量 nuclidic mass
核态沸腾/核狀沸騰 nucleate boiling
核糖核酸/核糖核酸 ribonucleic acid, RNA
核听诊器/核聽診器 nuclear stethoscope
核蜕变/核蜕變,核衰變 nuclear disintegration
核心路由器/核心路由器 core router
核心网/核心網路 core network
核心映像库/磁心影像程式館 core image library
核仪器/核子儀表應用 nuclear instrumentation
核跃迁/核過渡,核轉變 nuclear transition
核制冷/核冷凍 nuclear refrigeration
核转变/核變化 nuclear transformation
核子/核子 nucleon
核子秤/核子秤,核標度 nuclear scale
核子传感器/核子感測器 nucleonic sensor
核子数/核子數 nucleon number
核自旋/核自旋 nuclear spin
核自旋温度/核自旋温度 nuclear spin temperature
盒式磁带/匣式磁帶,盒帶 cartridge magnetic tape, cassette tape
盒式磁盘/匣式磁碟 cartridge disk
盒式滚动轴承/盒式滾動軸承 cartridge type bearing
盒式录像机/盒式録像機 video cassette recorder, VCR
盒式录音机/盒式録音機 cassette recorder
盒式透镜/盒式透鏡 box lens
盒形鼓风机/盒形鼓風機 cased-in blower
盒形天线/盒形天線 cheese antenna
盒中脑模型/盒中腦模型 brain-state-in-a-box model
A 盒子/A 盒子 A Box
T 盒子/T 盒子 T Box
颌式破碎机/顎式碎裂機 jaw breaker
荷载图/荷重[線]圖 load diagram
荷质比/電荷質量比,電子荷質比 charge-mass ratio, electron charge to mass ratio, specific charge
荷重软化温度/荷重軟化温度 refractoriness under load
赫布型学习/Hebbian 學習 Hebbian learning
赫尔墨斯卫星/賀姆斯衛星 Hermes satellite
赫尔维茨稳定判据/霍爾維茨穩定[性]判據 Hurwitz stability criterion
赫尔希来伯系统/赫耳希來伯制 Hellschreiber system
赫夫曼编码/霍夫曼編碼 Huffman encoding
赫劳尔特电弧炉/埃魯電弧爐 Heroult electric arc furnace
赫特-德里菲尔德曲线/赫特耳-德瑞菲爾德曲線 Hurter-Driffield curve
[赫维赛德]单位阶跃函数/[赫維賽德]單位階躍函數 Heaviside unit step
赫西数/赫西數 Hersey number
赫歇尔昆克管/赫協-昆克干涉管 Herschel-Quincke tube
赫歇尔望远镜/赫協望遠鏡 Herschel telescope
赫歇尔效应/赫協效應 Herschel effect
赫兹/赫茲 hertz, Hz
赫兹电波/赫茲電波 Hertzian wave
赫兹辐射器/赫茲輻射器 Hertz radiator
褐煤/褐煤 lignite
褐铁矿/褐鐵礦 limonite
黑暗的/黑的,暗的,黑暗 dark
黑白电视/黑白電視 black and white TV, monochrome television, monochrome TV
黑白显像管/黑白顯像管 black and white picture tube
黑板/黑板 blackboard
黑板策略/黑板策略 blackboard strategy
黑板记忆组织/黑板記憶體組織 blackboard memory organization
黑板结构/黑板結構 blackboard structure
黑板框架/黑板框架 blackboard framework
黑板模型/黑板模型 blackboard model
黑板体系结构/黑板架構 blackboard architecture
黑板系统/黑板系統 blackboard system
黑板协商/黑板協商 blackboard negotiation
黑板协调/黑板協調 blackboard coordination
黑底/黑底 black matrix
黑底屏/黑底屏 black matrix screen

黑点校正/蔭影校正 shading correction
黑洞/黑洞 black hole
黑度计/黑度計 nigrometer
黑辐射体/黑輻射體 black radiator
黑刚玉/黑剛玉 black corundum
黑光灯/黑光燈,不可見光燈 black light lamp
黑光滤光片/黑光濾光片 black light filter
黑盒测试/黑箱測試 black-box testing
黑化处理/黑化 black coating
黑灰炉/黑灰爐 black ash furnace
黑浆/黑漿 blacking wash
黑界/黑界 black border
黑客/駭客 hacker
黑客部队/駭客部隊 hacker troops
黑客攻击/駭客攻擊 hacker attack
黑皮/黑皮 black skin
黑皮锻件/黑皮鍛件 surface as forged
黑起动/黑啟動 black start
黑球温度计/黑球溫度計 black-bulb thermometer
黑色/黑色 black
黑色发送/黑色[發送] black transmission
黑色涂料/黑色塗料 foundry blacking
黑钛石/黑鈦石 anosovite
黑碳化硅/黑碳化矽 black silicon carbide
黑体/黑體 black body
黑体灯/黑體燈 black body lamp
黑体辐射/黑體輻射 blackbody radiation
黑体辐射器/黑體輻射器,黑體輻射體 black body radiator
黑体炉/黑體爐 blackbody furnace, black body furnace
黑体腔/黑體腔 blackbody chamber
黑体式光电池/黑體式光電管 black body type cell
黑体温度/黑體溫度 black body temperature
黑田恒等式/庫羅塔相等律 Kuroda identities
黑铁板/黑鐵板 black iron plate
黑铁皮/黑鐵皮 black sheet
黑铜/黑銅 black copper
黑铜粉/黑銅粉 black copper powder
黑涂料/黑塗料 blackwash
黑锡/黑錫 black tin
黑箱/黑箱 black box
黑箱测试/黑箱測試 black box testing
黑箱测试法/黑箱測試法 black box testing approach
黑心可锻铸铁/黑心可鍛鑄鐵,黑心展性鑄鐵 black heart malleable cast iron
黑信号/黑色信號 black signal
黑烟/黑煙 black smoke
黑液锅炉/黑液鍋爐 black-liquor-fired boiler
黑晕/黑暈 black halo
黑杂波/雜黑痕 noisy blacks
痕迹/痕跡 trace
痕量分析/痕量分析 trace analysis
亨[利]/亨[利] henry, H
哼音查询/哼音查詢 query by humming
恒比鉴别器/恆比鑒別器 constant-fraction discriminator
恒参信道/參數穩定[化]通道 parametric stabilization channel
恒磁导率合金/恆磁導率合金 constant permeability alloy
恒等函数/恆等函數 identity function
恒等[式]/恆等[式] identity
恒电势器/穩壓器,恆[電]壓器 potentiostat
恒定比特率/恆定位元率 constant bit rate, CBR service
恒定比特率业务/恆定位元率服務 constant bit rate service, CBR service
恒定带宽滤波器/定帶寬濾波器 constant bandwidth filter
恒定电场/恆定電場 steady electric field
恒定亮度传送/定亮度傳輸 constant-luminance transmission
恒定脉冲/等脈波 isopulse
恒定失效率期/恆定失效率期 constant failure rate period
恒定失效密度期/恆定失效密度期 constant failure intensive period
恒定湿热试验/恆定濕熱試驗 steady damp heat test
恒定误差/恆定誤差 constant error
恒定信噪比/固定訊號雜訊比 constant signal-to-noise ratio
恒定压头流量计/恆定水頭流量計 constant-head flowmeter
恒定应力/恆應力 constant stress
恒幅载荷/恆定負載 constant loading
恒负载天平/恆負載天平 constant load balance
恒功率电焊机/定能量熔接機 constant energy welding machine
恒功率发电机/定功率發電機 constant power generator
恒功率运行/恆馬力運行 constant power operation
恒辊缝控制/恆輥縫控制 constant roll gap control
恒加速度校准装置/精密離心機 precision centrifuge
恒加速度离心试验机/離心試驗機 centrifugal

testing machine
恒流变压器/定流變壓器 constant current transformer
恒流电焊机/定流熔接機 constant current welding machine
恒流电源/恒流電源 constant current power supply
恒流发电机/定流發電機 constant current generator, constant current dynamo
恒流量阀/恒流量閥 constant flow valve
恒流输出电压/恒流輸出電壓 compliance voltage
恒偏反射镜/恒偏反射鏡 constant deviation reflector
恒偏分光镜/恒偏分光鏡,定偏向分光鏡 constant deviation spectroscope
恒偏向棱镜/恒偏向棱鏡,定偏向棱鏡 constant deviation prism
恒偏向摄谱仪/定偏向攝譜儀 constant deviation spectrograph
恒容过程/等容過程 isochoric process
恒容量热计/定容卡計 constant volume calorimeter
恒湿器/恆濕器,調濕器 humidistat, hygrostat
恒湿箱/恆濕箱 constant humidity cabinet
恒速电动机/恒速電動機,定速電動機,定速馬達 constant speed motor
恒速发动机/定速發動機,定速引擎 constant speed engine
恒速连铸/恒速連鑄 constant-speed continuous casting
恒速调速器/無定向調速機 astatic governor
恒弹性合金/恆彈性合金 constant elasticity alloy, constant elastic alloy
恒温槽/恆温槽 thermostatic bath, constant temperature bath
恒温池/恆温槽 constant temperature bath
恒温恒湿空气调节机/恆温恆濕空氣調節機 constant temperature and humidity air conditioner
恒温恒湿器/恆温恆濕器 thermohygrostat
恒温恒湿试验/恆温恆濕試驗 constant temperature and moisture test
恒温烘箱[炉]/恆温[烘]箱 constant temperature oven
恒温晶振/温控式晶體振盪器 oven controlled crystal oscillator
恒温开关/恆温開關 thermostatic switch
恒温器/恆温[調節]器,整温器 thermostat
恒温器继电器/恆温器繼電器 thermostat relay
恒温式热量计/恆温式熱量計,等温卡路里計 isothermal calorimeter
恒温水槽/恆温水槽 thermostatic water bath
恒温调节器/恆温調節器 constant temperature regulator
恒温箱/恆温箱,保温箱 constant-temperature air oven, incubator
恒温油槽/恆温油槽 thermostatic oil bath
恒温运行/恆温運轉 constant temperature operation
恒向线/恆向線 rhumb line
恒星磁场/恆星磁場 stellar magnetic field
恒星干涉仪/恆星干涉儀,星體干涉計 stellar interferometer
恒星光度/恆星發光度 stellar luminosity
恒星年/恆星年 sidereal year
恒星日/恆星日 sidereal day
恒星时/恆星時 sidereal time
恒星[时]钟/恆星鐘 sidereal clock
恒虚警率/恆虛警率 constant false alarm rate, CFAR
恒压泵/恆壓泵 constant pressure pump
恒压变压器/恆壓變壓器,定壓變壓器 constant voltage transformer
恒压电池/定壓電池 constant cell
恒压电源/恆壓電源 constant voltage power supply
恒压二极管/参考[定壓]二極體 reference diode
恒压发电机/定壓發電機 constant voltage generator
恒压量热计/恆壓量熱計,定壓量熱計 constant pressure calorimeter
恒压器/恆壓器,壓力穩定器,穩壓器 barostat, manostat
恒压洒布机/恆壓撒播器 constant-pressure spreader
恒液位槽/恆液位槽 constant level head tank
恒载/固定負載 permanent load
恒阻抗衰减器/恆阻抗衰減器 constant impedance attenuator
珩齿/搪齒 gear honing
珩齿机/搪齒機 gear honing machine
珩孔/搪孔 hole honing
珩磨/搪光,搪磨 honing
珩磨机/搪光機 honing machine
珩磨平面/搪光平面 surface honing
桁架/桁架 truss
桁架臂/桁架臂 lattice jib
桁架臂流动式起重机/桁架臂移動式起重機 mobile crane with lattice jib
桁架式门座/桁架式門座 trussed portal
桁架式塔架/桁架式塔架 lattice tower
横摆/横擺,平擺 yaw
横摆角速度/横擺速度 yaw velocity

横摆角速度响应总方差/横擺角速度響應總方差,横擺角速度回應總方差 total square deviation of yaw velocity
横摆响应/横擺響應 yaw response
横并热双金属/横并熱雙金屬 butt joint thermo-bimetal
横波/横[向]波,切變波 transverse wave, transversal wave, shear wave
横波法/剪力波法 shear wave method
横冲断层/横移斷層 strike slip fault
横磁波/横磁波 transverse magnetic wave, TM wave
横磁模/TM 模,横向磁場模態 transverse magnetic mode, TM mode
横电波/横電波 transverse electric wave, TE wave
横电磁波/横[向]電磁波 transverse electromangetic wave, TEM wave
横电磁波[传输]室/横電磁波室 transverse electromagnetic transmission cell, TEM cell
横电磁模/TEM 模態,横向電與磁模 transverse electric and magnetic mode, TEM mode
横电模/TE 模,横向電場模態 transverse electric mode, TE mode
横断面/横斷面 cross section
横风稳定性试验/側風穩定性試驗 crosswind stability test
横隔板带式输送机/横隔板帶式輸送機 belt conveyor with cross cleats
横锅筒锅炉/横置鼓筒式鍋爐 horizontal drum boiler
横焊/横向焊接 horizontal position welding
横浇道/横流道 runner, cross gate
横浇道延伸段/横流道尾 runner extension
横截面积/截面積 cross sectional area
横径节/横徑節 transverse diametral pitch
横跨边/交叉緣 cross edge
[横]梁/[横]梁 beam, rail
横梁式炉排/横梁式爐排 bar grate stoker
横列式轧机/横列式軋機 open-train mill
横流道尾/横流道尾 extended runner
横流扫气/横驅氣 cross scavenging
横流式散热器/横流式散熱器 cross-flow radiator
横流式通风机/交叉流吹風機 cross-flow blower
横模/横模 transverse mode
横模锁定/横模鎖定 transverse mode locking, transverse mode locking
横模选择/横模選擇 transverse mode selection
横排/横向合成 horizontal composition
横坡度调节范围/坡度調節 slope adjustment
横切/横切 crosscut
横切关注点/横切關注點 crosscutting concerns
横切锯/横割鋸 crosscut saw
横切面/横斷面 cross section
横切面积/截面積 cross sectional area
横刃/横刃 ridge at the apex of the pyramid
横箱带/砂箱肋條 jet bar
横向变形系数/帕松比 Poisson ratio
横向标志/側面標志 lateral mark
横向冲击力/横向衝擊力 transverse impact
横向磁致伸缩系数/横向磁致伸縮係數 transverse magnetostriction coefficient
横向灯光/側面標志燈 lateral light
横向电场/横向電場 transverse electric field
横向电磁波/横向電磁波 TEM wave
横向电磁模/横向電磁模[態] TEM mode
横向电流碳麦克风/横向電流炭粒式麥克風 transverse-current carbon microphone
横向锻造/横向鍛造 cross forging
横向分解/水平分解 horizontal decomposition
横向分量/横[向]分量 transverse component
横向附着系数/横向附著係數 lateral adhesion coefficient
横向干扰/横向干擾 transverse interference
横向工作线采矿法/横向線採礦法 transverse cut mining method
横向拱/横拱 transverse arch
横向焊缝/横向焊縫 transverse weld
横向花纹/横向花紋 transversal pattern
横向滑移角/横向滑移角 lateral sliding angle
横向滑移量/横向滑移量 lateral slip
横向激励大气压 CO_2 激光器/横激大氣壓二氧化碳雷射 transversely excited atmospheric pressure CO_2 laser
横向极限翻倾角/横向極限翻傾角 lateral overturning angle of slope
横向记录/横向記録 transverse recording
横向寄生晶体管/横向寄生電晶體 lateral parasitic transistor
横向检验/横向檢查 horizontal check
横向抗弯强度芯盒/横向抗彎強度芯盒 transverse flexural strength core box
横向力/横向力 transverse force
横向力系数/横向力係數 lateral force coefficient
横向灵敏度/横向靈敏度 transverse sensitivity
横向灵敏度比/横向靈敏度比 transverse sensitivity ratio

横向滤波器/横向濾波器 transversal filter
横向偏移/横向偏移 lateral shift
横向强度/横強度 transverse strength
横向倾斜计/横向傾斜計,横向傾斜儀 lateral inclinometer, transverse inclinometer
横向球差/横向球差 lateral spherical aberration
横向冗余检验/水平冗餘檢查 horizontal redundancy check
横向扫描/横向掃描 transverse scan
横向收缩/横向收縮 lateral contraction
横向水准器/横向水準儀 cross level
横向速度/横向速度 lateral velocity
横向调整/横向調整 lateral adjustment
横向弯曲试验/横彎曲試驗 transverse bending test
横向位移/横[向位]移 lateral displacement
横向稳定器/横向穩定器 horizontal stabilizer
横[向]像差/横[向]像差 lateral aberration
横向运动/横向運動 lateral movement
横向运送机/横向輸送機 traversing conveyor
横向载荷/側面負載,横向負載 lateral load
横向振动/横向振動 transverse vibration
横行运输机/横行輸送機 transverse conveyor
横摇/横摇 rolling
横移/側滑 traversing
横越大西洋电话线路/横越大西洋電話線路 trans-Atlantic telephone circuits
横轧/横[向]輥軋 cross rolling, transverse rolling
横轧法/横軋法 cross rolling method
衡量/衡量 weighing
衡量法/衡量法 weighing method
衡量系统/量測系統 measurement system
衡器/衡器 weighing instrument
衡器恢复/衡器恢復 weighing instrument recovery
衡器锁定装置/衡器鎖定装置 locking device of a weighing instrument
衡器最大安全载荷/衡器最大安全載荷 maximum safe load of a weighing instrument
衡压钻井法/衡壓鑽井法 balance pressure drilling method
轰炸/轟炸 bombing
轰炸雷达/轟炸雷達 bombing radar
烘焙/烘結 baking
烘干/烘乾 stoving
烘干炉/乾燥爐 drying stove
烘干砂芯/烘乾砂心 baked core
烘罐窑/烘罐窯 pot arch
烘茧机/蠶繭乾燥機 cocoon drying machine
烘烤器/焙燒爐 roaster
烘烤硬化钢/烘烤硬化鋼 bake-hardening steel
烘炉/烘乾爐 drying-out oven
烘炉硬化/爐内硬化 oven curing
烘模机/烘模機 mold dryer
烘模炉/烘模爐,乾燥爐 baking oven, mold oven
烘砂机/烘砂機 sand drier
烘砂炉/烘砂機 sand oven
烘箱/烘模爐,乾燥爐 baking oven
烘芯/烘芯 core baking
烘芯板/烘芯板 core drying plate
烘装接头/縮套大接頭 shrunk-on tool joint
红斑辐射/紅斑放射 erythemal radiation
红斑量/紅斑劑量 erythema dose
红宝石/紅寶石 ruby
红宝石激光器/紅寶石雷射 ruby laser
红赤铁矿/紅赤鐵礦 red hematite
红黑工程/紅黑工程 red-black engineering
红黄铜/紅黄銅 red brass
红敏光电管/紅光高感度光電管 red sensitive cell
红热温度/紅熱溫度 red heat temperature
红色滤光镜/紅色濾光片 red filter
红色线路/紅色線路 red circuit
红色氧化铁磨粉/氧化鐵磨料 jeweler rouge
红砷镍矿/紅砷鎳礦 nccolite
红铁矿/赤鐵礦 hematite
红铜/紅黄銅 red brass
红外测距仪/紅外線[電子]測距儀 infrared distance meter, infrared EDM instrument
红外测量/紅外線量測 infrared measurement
红外传感器/紅外[線]感測器 infrared sensor
红外地球敏感器/地球紅外線感測器 infrared earth sensor
红外端口/紅外埠 IrDA port
红外耳温计/紅外耳溫計 infrared ear thermometer, IR ear thermometer
红外发光器/紅外[線]施照器 infrared illuminator
红外发射机/紅外[線]發射器 infrared transmitter
红外分光光度法/紅外光吸收光譜術 infrared absorption spectrometry
红外分光镜/紅外[線]分光鏡 infrared spectroscope
红外分束[光]镜/紅外[線]裂光鏡 infrared beam splitter
红外分析仪/紅外光分析儀 infrared analytical instrument
红外辐射/紅外輻射,紅外線放射 infrared radiation
红外辐射温度计/紅外線輻射溫度計 infrared radiation thermometer
红外辐射仪/紅外線輻射儀 infrared radiometer

红外干涉法/紅外干涉法 infrared interference method
红外干燥/紅外[線]乾燥 infrared drying
红外光传感器/紅外光感測器 infrared light transducer
红外光度计/紅外[線]光度計 infrared photometer
红外光谱法/紅外線光譜法,紅外線光譜術 infrared spectrometry
红外光谱学/紅外光譜學 infrared spectroscopy
红外光谱仪/紅外分光計 infrared spectrometer
红外行扫描仪/紅外行掃描儀 infrared line scanner
红外激光器/紅外雷射 infrared laser
红外记录分光光度计/紅外記録分光光度計 infracord spectrophotometer
红外加热/紅外線加熱 infrared heating
红外检验/紅外[線]檢驗 infrared inspection
红外键合/紅外鍵合 infrared bonding
红外接收器/紅外[線]接收器 infrared receiver
红外炉/紅外線爐 infrared oven, infrared furnace
红外频谱/紅外線頻譜 infrared spectrum
红外前视系统/紅外前視系統 forward-looking infrared system, FLIS
红外扫描辐射计/紅外[線]掃描輻射計 infrared scanning radiometer
红外摄影术/紅外攝影術 infrared photography
红外式触摸屏/紅外式觸控式螢幕 infrared touch screen
红外探测/紅外[線]偵測 infrared detection
红外探测器/紅外[線]偵測器,紅外[線]檢知器 infrared detector
红外探伤/紅外[線]檢驗 infrared inspection
红外望远镜/紅外[線]望遠鏡 infrared telescope
红外温度计/紅外溫度計 infrared thermometer
红外吸收光谱法/紅外光吸收光譜術 infrared absorption spectrometry
红外线/紅外線 infrared ray, infra-red, IR
红外线波/紅外波 infrared wave
红外线操纵起重机/紅外線操作起重機 infrared ray operated crane
红外线测绘系统/紅外測繪系統 mapping IR-system
红外线传感器/紅外[線]换能器 infrared transducer
红外线灯/紅外[線]燈,紅外光燈 infrared lamp
红外[线]分光光度计/紅外[線]分光光度計 infrared spectrophotometer
红外[线]分析仪/紅外[線]分析儀 infrared analyzer
红外线干燥炉/紅外線乾燥爐 infra-red drying stove
红外线干燥箱/紅外線乾燥箱,紅外[線]烘箱 infrared drying oven
红外线高温计/紅外[線]高温計 infrared pyrometer
红外[线]激光器/紅外[線]雷射 infrared laser
红外线加热炉/紅外線加熱爐 infrared heating furnace
红外[线]加热器/紅外[線]加熱器 infrared heater
红外[线]滤光器/紅外濾光器,紅外濾光片 infrared filter
红外[线]气体分析器/紅外[線]氣體分析器 infrared gas analyzer
红外[线]器件/紅外線元件 infrared device
红外线通信/紅外線通信 infrared communication
红外[线]吸收/紅外[線]吸收 infrared absorption
红外线吸收湿度计/紅外吸收濕度計 infrared absorption hygrometer
红外线显示器/紅外線探測器 metascope
红外[线]显微镜/紅外[線]顯微鏡 infrared microscope
红外线源/紅外線光源 infrared source
红外夜视系统/紅外夜視系統 infrared night-vision system
红外照明器/紅外[線]施照器 infrared illuminator
红信号/紅色信號 red signal
红氧化铁粉/紅鐵粉 red iron oxide, rouge
宏病毒/巨集病毒 macro virus
宏程序设计/巨集程式設計 macro programming
宏处理程序/巨集處理器 macro processor
宏代码/集體碼 macro code
宏单元/巨單元 macro cell
宏地址表/巨集位址表 macro address table
宏观并行性/宏觀并行性 macroscopic parallelism
宏观磁化/宏觀磁化 macroscopic magnetization
宏观动力学/巨觀動力學 macrokinetics
宏观腐蚀/目視浸蝕 macroetching
宏观计量经济模型/宏觀計量經濟模型 macroeconometric model
宏观检验/目視檢驗 macroscopic inspection
宏观截面/宏觀截面,巨觀截面 macroscopic cross section
宏观经济模型/宏觀經濟模型,總體經濟模型 macroeconomic model
宏观经济系统/總體經濟系統 macro-economic system
宏观偏析/目視偏析 macro segregation
宏观缩孔/目視縮孔 macro-shrinkage
宏观图/目視組織圖像 macrograph
宏观组织/巨觀組織 macrostructure
宏观组织照相术/目視組織照像法 macrography

宏汇编程序/巨集指令組合程式　macro assembler
宏基准程序/巨集基準程式　macro-benchmark
宏结点/巨節點　macro node
宏结构/巨觀結構　macro structure
宏块/巨集塊　macro block
宏理论/巨集理論　macro-theory
宏流水线算法/巨集管線演算法　macropipelining algorithm
宏任务化/巨集任務化　macrotasking
宏弯[曲]/宏彎[曲]　macrobending
宏伪指令/巨集僞指令　macro pseudo instruction
宏小区/巨晶元　macrocell
宏语言/巨集語言　macro language
宏指令/巨[集]指令　macro instruction
虹膜识别/虹膜識别　iris recognition
虹吸泵/虹吸泵　siphon pump
虹吸表/虹吸管壓力計　siphon gage
虹吸出钢/虹吸出鋼　siphon-type tapping
虹吸管/虹吸管　siphon trap, siphon tube
虹吸管压力计/虹吸管壓力計　siphon gage
虹吸记录器/虹吸記録器　siphon recorder, syphon recorder
[虹吸]净油器/[虹吸]淨油器　siphon oil filter
虹吸气压表/虹吸管氣壓計　siphon barometer
虹吸气压计/虹吸管氣壓儀　siphon barograph
虹吸式卧式转炉/虹吸式臥式轉爐　Hoboken siphon converter
虹吸式钻孔测斜仪/虹吸型傾角計　syphonic inclinometer
虹吸水泵/虹吸泵　siphon pump
虹吸砖/虹吸[管]磚　siphon brick, syphon brick
喉部/喉部　throat
喉部面积/喉部面積　throat area
喉道/喉道,喉管　throat
喉管流量计/文式計　Venturimeter
喉管真空放大器/文托利真空放大器　Venturi vacuum amplifier
喉管真空控制式排气再循环系统/文托利真空控制式排氣再循環系統　Venturi vacuum controlled EGR system
喉管直径/喉徑　throat diameter
喉口压力/喉口壓力　throat pressure
喉宽/喉孔　throat opening
喉式传声器/喉式麥克風　throat microphone
喉圆/隘圓　gorge circle
后 3G/後 3G　beyond 3G, B3G
后板/背板　back plate
后备保护/後備保護　backup protection
后备存储/備份儲存　backing store
后备功率/備用動力　reserve power
后备软盘/備份磁片　back-up diskette
后备系统/備用系統　back-up system
后[背]齿轮/背齒輪　back gear
后部/尾部　rear
后车门/後車門　rear door
后沉淀/繼沈澱　postprecipitation
后成矿床/後成礦床　subsequent ore deposit
后冲/後衝　back break
后冲力/反衝力,後座力　backlash
后处理/後處理　post processing, after-treatment
后处理式排放修正法/後處理式排放修正法　emission correction method with after treatment
后窗/後窗　rear window
后窗玻璃/後窗玻璃　backlight
后吹/後期吹風　after blow, after-blow
后动力输出轴/後動力輸出軸　rear PTO
后端/後端　trailing end
后端板/後端板　rear end panel
后端处理机/後端處理機　back-end processor
后端网/後端網[路]　back-end network
后段加速/後段加速　post acceleration
后翻稳定性/後翻穩定性　stability to resist back tipping condition
后峰锯齿冲击脉冲/後峰鋸齒衝擊脈衝　final peak saw tooth shock pulse, final peak saw tooth shock pulse
后隔板/後隔板　rear bulkhead, rear window shelf
后隔板护面/後隔板護面,後隔板護板　rear bulkhead shield
后管板/後管板　back tube plate
后横梁/後横梁　rear cross member
后烘/後烘　postbaking
后滑/後滑　backward slip
后集/後集　post set
后继标识/後續標示　succerssor marking
后继丛/跟隨叢　follower constellation
后继函数/陣列元素後繼子函數　successor function
后继站/後繼子　successor
后加安全/附加保全措施　add-on security
后加件/後加件　add-on part
后加速/後段加速　post acceleration
后加载叶片/後載入葉片　after loading blade
后焦距/後焦距　back focal length
后角/刀具正交餘隙角　tool orthogonal clearance
后精简指令集计算机/後精簡指令集計算機　post-RISC

后栏板/後閘板 rear gate
后栏板侧柱/後閘板側柱 rear gate side post
后冷却器/後[壓]冷却器 after-cooler
后轮/後輪 rear wheel
后轮驱动式自卸车/後輪驅動傾卸車 rear wheel drive tipper
后轮驱动拖拉机/後輪驅動式拖拉機 rear wheel drive tractor
后轮质量分配系数/後輪質量分配係數 coefficient of weight on rear wheel
后门/後門 backdoor
后门窗/後門窗 rear door window
后面/後刃面 flank
后面截形/刀腹截形 flank profile
后面磨损/刀腹磨損 flank wear
后膜光电管/後膜光電管 back-boundary cell
后平衡/後平衡 back balance
后倾叶片/後傾葉片 backward inclined blade
后驱动桥/後驅動橋 rear axle, rear drive axle
后燃/後燃 post combustion
后燃器/後燃器 after burner, afterburner
后乳化性渗透液/後乳化性滲透液 post emulsifiable penetrant
后伸距/後伸距 backreach
后生矿床 /後生礦床,後成礦床 epigenetic deposit
后视图/後視圖 rear view
后松接触件/後鬆[式]接觸件 rear-release contact
后塔架/後塔架 tail mast, tail tower
后台/後臺 background
后台操作方式/後臺模式 background mode
后台初启程序/背景啟動器 background initiator
后台调度程序/背景排程器 background scheduler
后台分区/背景分區 background partition
后台分页/背景分頁 background paging
后台监控程序/後臺監視器 background monitor
后台模式/後臺模式 background mode
后台区/後臺區域 background region
后台任务/背景任務 background task
后台作业/背景工件 background job
后同步码/後同步碼 postamble
后投影/後投影 rear projection
后退/後降,後退操作 fall back, back-off
后退焊接/後退熔接 backward welding
后退式开采/後退式開採 retreat mining
后围骨架/後壁骨架 rear wall skeleton
后围蒙皮/後壁蒙皮 rear wall outer panel, rear wall skin
后围内护板/後壁內護板 rear wall inner shield
后位灯/後位燈 rear position lamp
后向波/反向波,返波 backward wave
后向串扰/反向串音 backward crosstalk
后向恢复/反向恢復 backward recovery
后向散射/背向散射 back scattering
后向适应量化/向後調適量化,向後適應性量化 backward adaptive quantization, AQB
后向适应预测/向後調適預測,向後適應性預估 backward adaptive prediction, APB
后向显式拥塞通知/反向顯式擁塞通知 backward explicit congestion notification, BECN
后向信道/反向通道 backward channel
后像/後像 after-image
后卸铲斗装载机/後卸鏟斗裝載機 overshot loader
后卸料式自卸车/後面傾卸車 rear dump tipper
后信息处理机/後處理機 post processor
后序/後序 postorder
后序遍历/後序遍歷 postorder traversal
后续记录/後續記録 successor record
后续检定/隨後檢定 subsequent verification
后悬/後懸 rear overhang
后悬挂装置/後置式連桿組 rear-mounted linkage
后沿/後緣,尾隨邊 trailing edge
后验估计/後驗估計 Ka posteriori estimate
后裔/後裔,下代 descendants
后援存储器/備份儲存器 backup storage
后援电池/備份電池 back-up battery
后援高速缓存/備援快取 backup cache
后援系统/後備系統,備用系統 backup system
后援消防车/輔助消防車 auxiliary fire vehicle
后置发动机客车车身/引擎後置客車車身 rear-engine bus body
后置放大器/後置放大器 postamplifier
后[置]条件/後置條件 postcondition
后柱/後柱 rear pillar
后缀/後置 suffix
后缀码/後置碼 suffix code
后缀树/尾綴樹 suffix tree
后纵梁/後側面構件 rear side member
厚板/厚板 thick plate, heavy plate, slab
厚板拉伸/厚板拉伸 plate stretching
厚板拉伸机/厚板拉伸機 plate stretcher
厚板轧机/厚板軋機 heavy plate mill
厚板轧制/厚板軋製 heavy plate rolling
厚薄规/厚薄規,厚度規 caliber gage, feeler gage, thickness piece
厚壁管/厚壁管 heavy-wall pipe
厚壁计数管/厚壁計數管 thick-walled counter tube

厚壁容器/厚壁容器　thick-walled vessel
厚壁轴瓦/厚壁半軸承　thick walled half bearing, thick walled half liner
厚壁钻杆/厚壁鑽桿,重鑽桿　heavy-wall drill pipe
厚层压板/厚層板　thick laminated plate
厚度/厚度　thickness
厚度传感器/厚度傳感器,厚度感測器,厚度轉換器　thickness transducer
厚度带料/厚度泥片　thickness strip
厚度规/厚度規,測隙規　thickness gage
厚度计/厚度計,測厚計,厚薄規　thickness gage, thickness meter, pachymeter
β-厚度计/β厚度計,貝他厚度計　beta thickness gage
厚度检验/厚度檢驗　thickness inspection
厚度效果试验/厚度效果試驗　cast thickness effect test
厚料层烧结/厚料層燒結　deep bed sintering
厚膜/厚膜　thick film
厚膜电路/厚膜電路　thick film circuit
厚膜混合集成电路/厚膜混合積體電路　thick film hybrid integrated circuit
厚膜[集成]电路/厚膜[積體]電路　thick film integrated circuit
厚膜浆料/厚膜漿汁　thick film ink
厚膜润滑/厚膜潤滑　thick-film lubrication
厚套管/管頭加厚套管　upset casing
厚透镜/厚透鏡　thick lens
候补策略/候補策略　backup strategy
候选[键]码/候選鍵　candidate key
候选解/候選解　candidate solution
候选小区/候選社區　candidate cell
呼号/呼號　call signal
呼叫/呼叫,撥叫　calling, call
呼叫保持/通話保留　call hold
呼叫标记/呼叫符號　call sign
呼叫重定向/呼叫重定向　call redirection
呼叫单音/呼叫音　calling tone
呼叫灯/呼叫燈　calling lamp
呼叫等待/呼叫等待,話中插接　call waiting
呼叫地址/呼叫地址,傳呼地址　call address
呼叫改发/呼叫改發　call deflection
呼叫跟踪/呼叫跟蹤　call tracing
呼叫号码/呼叫號碼　call number
呼叫建立/呼叫建立　call establishment, call set-up
呼叫建立时间/呼叫建立時間　call setup time
呼叫接受分组/呼叫接受分組　call accept packet
呼叫接通分组/呼叫連接封包　call connected packet
呼叫接通率/接通率　call completing rate
呼叫接通信号/呼叫接通信號,呼叫接通訊號　call-connected signal
呼叫进行信号/呼叫進展信號　call progress signal
呼叫经历信息/呼叫經歷資訊　call history information
呼叫控制/呼叫控制　call control
呼叫控制规程/呼叫控制程序　call control procedure
呼叫铃/呼叫鈴,信號鈴　call bell
呼叫率/呼叫率　calling rate
呼叫碰撞/呼叫碰撞　call collision
呼叫频率/呼叫頻率　calling frequency
呼叫请求/呼叫請求　call request
呼叫请求分组/呼叫請求封包　call request packet
呼叫筛选/呼叫篩選　call screening
呼叫失败信号/呼叫失敗訊號,呼叫不成功信號　call-failure signal
呼叫释放/呼叫釋放　call release
呼叫信号/呼叫信號,呼叫訊號,叫通信號　call signal, calling signal
呼叫信息/呼叫資訊　calling information
呼叫证实信号/呼叫證實信號,呼叫證實訊號　call-confirmation signal
呼叫指示器/呼叫指示器　call indicator, call announcer
呼叫中心/客服中心　call center
呼叫转移/呼叫轉送　call transfer
呼损/呼損　call loss, loss call
呼损率/呼損率,呼叫損失率　rate of lost call
呼吸袋/呼吸袋　breathing
呼吸计/呼吸計　respirometer
呼吸量热器/呼吸卡計　respiration calorimeter
呼吸流量传感器/呼吸流量傳感器,呼吸流量感測器　respiratory flow transducer
呼吸面具/呼吸面具　breathing mask
呼吸囊/呼吸袋　breathing bag
呼吸频率传感器/呼吸頻率傳感器,呼吸頻率轉換器　respiratory frequency transducer
呼吸瓶/呼吸瓶　respirator bottle
呼吸热量计/呼吸卡計　respiration calorimeter
呼吸[运动]计/呼吸計　respirometer
弧/弧　arc
弧标/弧標　arc label
弧长/電弧長度　arc length
弧长参数化/弧長參數化　arc length parameterization
弧齿锥齿轮/螺線斜齒輪,蝸線傘齒輪　spiral bevel gear
弧齿锥齿轮拉齿机/螺線斜齒輪拉床　spiral bevel

gear broaching machine
弧齿锥齿轮磨齿机/螺線斜齒輪磨床 spiral bevel gear grinding machine
弧齿锥齿轮铣齿机/螺線斜齒輪銑床 spiral bevel gear milling machine
弧齿锥齿轮铣刀/螺線斜齒輪銑刀 spiral bevel gear cutter
弧触头/弧接觸,滅弧觸點,飛弧觸點 arcing contact
弧等离子体/弧電漿 arc plasma
弧度/弧度,弳[度] radian
π弧度磁分析器/π弧度磁分析器 π radian magnetic analyzer
弧端损失/弧端損失 arc end loss
弧分/弧分 minute of arc
弧光灯/弧[光]燈 arc lamp, arc light, flame arc lamp
弧光放电管/弧光放電管 arc discharge tube
弧焊/電弧焊,電弧熔接 arc welding
弧焊发电机/弧焊發電機 arc welding generator
弧焊机/電[弧]焊機 arc welding machine
弧焊机器人/電弧焊接機器人 arc welding robot
弧后电流/弧後電流 post arc current
弧坑/凹坑 crater
弧坑式碳弧灯/陷口式碳極弧燈 crater carbon arc lamp
弧面分度凸轮机构/弧面分度凸輪機構 globoid indexing cam mechanism
弧面凸轮/桶狀凸輪 globoidal cam
弧热等离子体/弧電漿 arc plasma
弧形导向段/弧形導向段 curved guiding segment
弧形底安装式喷油泵/弧形底安裝式噴油泵 cradle-mounted fuel injection pump
弧形结晶器/弧形結晶器 curved mould
弧形连铸机/弧形連鑄機 curved caster
弧形砂轮/弧形砂輪 arc wheel
胡夫静电分离器/霍夫静電分離器 Huff electrostatic separator
胡克定律/Hooke 定律,虎克定律 Hooke's law
胡克万向接头/萬向接頭,十字接頭 Hooke's universal joint
胡桃木壳粉/胡桃木離模粉 walnut parting
葫芦形夹钳/葫蘆形夾鉗 pickup tongs
葫芦运行机构/吊車横過機構 hoist traverse mechanism
湖沥青/湖瀝青 lake pitch
湖砂/湖砂 lake sand
蝴蝶式锤钻/蝴蝶式錘鑽 butterfly hammer drill
糊剂/糊漿 paste
糊精/糊精 dextrin
琥珀色瓶/琥珀色瓶,棕色瓶 amber botter
互补/補助 complementation
互补放大器/互補[直流]放大器 complementary DC amplifier
互补 MOS 集成电路/CMOS 積體電路,互補式 MOS 積體電路 complementary MOS intergrated circuit, CMOSIC
互补金属氧化物半导体传感器/互補金屬氧化物半導體感測器 CMOS sensor
互补晶体管/互補電晶體 complementary transistor
互补晶体管逻辑/互補電晶體邏輯 complementary transistor logic, CTL
互补滤波器/互補濾波器 complementary filter
互补色/補色 complementary color
互补双稳态触发器/互補正反器 complement flip flop
互补调节器/補償控制器 compensating controller
互补误差/附加誤差 complementary error
互补正反器/互補正反器,補數正反器 complement flip-flop
互操作/可互操作性 interoperation
互操作性/可交互運作性 interoperability
互斥变迁/互斥變遷 excusive transition
互斥使用方式/互斥使用模 exclusive usage mode
互斥事件/互斥事件 exclusive event
互斥子状态/互斥子狀態 disjoint substates
互导/互導 mutual conductance
互导电子管试验器/互導電子管測試器 mutual-conductance tube tester
互反律/倒易律 reciprocity law
互感测量电桥/哈脱肖電橋 Hartshone bridge
互感电桥/互電感電橋 mutual inductance bridge
互感器/儀器用互感器,儀器用變比器 instrument transformer
互感式测力计/互感式測力計 mutual inductance dynamometer
互感系数/互電感係數 coefficient of mutual inductance
互感[应]/互感 mutual induction, mutual inductance
互换/交换 interchange
互换齿轮组/可互换齒輪組 interchangeable gear set
互换电路/交換電路 interchange circuit
互换性/互换性,可交换性 interchangeability
互连/互連 interconnection
互连接线图/[互連]接線圖 interconnection diagram
互连三角形联结/互連三角形連接 interconnected

delta connection
互连网络/聯絡網路　interconnecting network
互连业务/互連業務　interconnection service
互联/互聯,互連　interconnection, interaction
互联费/互連費　interconnection charge
互联互通/互連及互作　interconnection and interworking
互联平衡法/交互平衡法　interaction balance method
互联网/互連網路　internet
互联网安全/網際網路安全　internet security
互联网安全关联和密钥管理协议/網際網路保全協會及鍵管理協定　Internet Security Association and Key Management Protocol
互联网安全协议/網際網路安全協定　IP Security
互联网存储名称服务/互聯網儲存名稱服務　internet storage name service, ISNS
互联网电话/語音加載於網際網路協定　voice over IP
互联网电视/網路電視　Internet protocol television
互联网电台/互聯網電臺　internet radio
互联网分组/網際網路包　internet packet
互联网分组探测器/封包網間摸索器　packet internet groper
互联网光纤通道协议/互聯網光纖通道協定　internet FCP
互联网控制信息协议/網際連結控制資訊協定　internet control message protocol, ICMP
互联网[络]/網際網路　internet
互联网络层/網路層　internet layer
互联网密钥交换/IKE 標準　internet key exchange
互联网事务/網際網路交易伺服器　internet transaction
互联网体系结构/網際網路架構　internet architecture
互联网小型计算机系统接口/互聯網小型電腦系統介面　internet small computer system interface, internet SCSI
互联网协议/網際[通訊]協定　internet protocol, IP
互联网协议地址 IP/網際協定位址,IP 位址　IP address
互联网子层/網際連結子層　internet sublayer
互联网组管理协议/網間群組管理協定　internet group management protocol
互联系统/交互系統　interacted system
互联预估法/交互預估法　interaction prediction approach
互谱/互譜　cross spectrum
互谱密度/交譜密度　cross-spectral density
互熵/互熵　cross entropy
互调/互調,交互調變,相互調變　intermodulation, IM
互调产物/互調產物　intermodulation product
互调失真/互調變失真,交互調變失真　intermodulation distortion
互调噪声/互調雜訊　intermodulation noise, IMN
互调制/相互調制,互調變　intermodulation
互通/交互工作　interworking
互通功能/網接功能　interworking function, IWF
互通机/互通機　interphone
互通协议/互通協議　interworking protocol, IP
互同步网[络]/互同步網路　mutually synchronized network
互相关函数/交互相關函數　cross-correlation function
互相关系数/交互相關係數　cross-correlation coefficient
互信息/互資訊　mutual information, mutual information
互易定理/互易定理　reciprocity theorem
互易法校准/互反性校準　reciprocity calibration
互易换能器/倒易換能器　reciprocal transducer
互易校准法/互易法　reciprocity method
互易校准仪/互换校正儀　reciprocity calibrator
互易校准装置/倒易校正裝置　reciprocity calibration apparatus
互易条件/互易條件　reciprocate condition
互易网络/互易網路　reciprocal network
互易[性]/互易[性]　reciprocity
互指/互相參考　coreference
互阻抗/互阻抗　transimpedance, mutual impedance
户内的/户内的,室内的　indoor
户外的/屋外,户外,露天　outdoor
户外开关设备和控制设备/户外開關設備及控制設備　outdoor switchgear and controlgear
户外天线/室外天線　outdoor antenna
护顶板/擋板　head board
护顶金属网/鋼絲矢網　lobbert lagging
护喉钢砖/護喉磚　throat armor
护环/護環,擋圈,固定環　retaining ring
护炉技术/護爐技術　furnace protecting technique
护目镜/護目鏡　goggles
护目罩/護目罩,護眼罩　eye shield
护圈/護圈　flinger
护套/護套,套筒　jacket, sleeve
护条/護條　armor rod

护尾雷达/護尾雷達 tail warning radar
戽索/戽索 bucket rig
花键/花鍵 spline
花键拉刀/曲線拉刀 spline broach
花键连接/曲線聯結 spline coupling
花键母/内栓槽螺帽 internal spline nut
花键综合量规/曲線條規 spline gage
花纹带式输送机/棱紋帶式輸送機 ribbed belt conveyor
花纹钢板/花格鋼板,網紋鋼板 checkered steel plate
花纹沟壁倾斜角/花紋溝壁傾斜角 groove wall inclination angle
花纹沟排列角度/花紋溝排列角度 groove arrangement angle
花纹块/型樣塊,圖型塊 pattern block
花纹深度/型樣深度 pattern depth
花纹条/型樣條 pattern rib
花纹细缝/胎紋細縫 pattern sipe
花园路径语句/花園路徑句子 garden path sentence
划道/刮痕,刮傷 scratch
划痕/刮痕 scratch, scotch
划痕硬度计/劃痕硬度計 scratch hardness tester
划片/劃片 scribing
华莱士树/華萊士樹 Wallace tree
华氏比重计/華氏比重計 Fahrenheit hydrometer
华氏标度/華氏標度 Fahrenheit scale
华氏度/華氏度 degree Fahrenheit, °F
华氏温标/華氏温標 Fahrenheit temperature scale
华氏温度/華氏温度 Fahrenheit degree, Fahrenheit temperature
华氏温度计/華氏温度計 Fahrenheit thermometer
滑板/滑板,滑塊 slider
滑板式真空泵/滑片真空泵 sliding-vane vacuum pump
滑参数启动/滑壓啟動 sliding-pressure start-up
滑参数停运/滑壓停機 sliding-pressure outage, sliding-pressure shutdown
滑槽料斗/斜槽漏斗 chute hopper
滑差/滑移 slip
滑尺/滑動,滑件 slide
滑动/滑動 sliding
滑动臂/滑動臂 slider arm
滑动表面/滑動面 sliding surface
滑动齿轮/滑動齒輪 clash gear
滑动齿轮变速器/滑動齒輪變速器 sliding gear gearbox, sliding gear transmission
滑动齿轮传动箱/滑動齒輪傳動箱 clash gearbox
滑动齿轮换档/滑動齒輪換檔 sliding gear shift
滑动触头/滑動接點,滑動觸點 sliding contact
滑动窗口/滑動視窗 sliding window
滑动导杆/滑桿,滑板 slide bar
滑动电容器/滑動電容器 sliding condenser
滑动负载/滑動負載 sliding load
滑动副/滑動對 sliding pair
滑动环/滑移環 slip ring
滑动角/潤滑角 lubrication angle
滑动接触/滑動接觸 sliding contact
滑动接点/滑動接點 sliding contact
滑动开关/滑動開關 slide switch
滑动率/滑動率 sliding ratio
滑动轮/動滑輪 movable pulley
滑动螺钉调配器/滑動螺釘調整器 slide screw tuner
滑动门/滑門,拉門 sliding door
滑动门导轨/滑動門導軌 sliding door guide
滑动摩擦/滑動摩擦 sliding friction
滑动摩擦系数/滑動摩擦係數 coefficient of sliding friction
滑动耦合器/滑動耦合器 slide coupler
滑动时间/滑動時間 slipping time
滑动式侧门/滑動側門 sliding side door
滑动式钢包/滑動式澆桶 slide ladle
滑动水口/滑動水口 sliding nozzle
滑动水口启闭装置/滑動水口開關裝置 nozzle switching device
滑动挺柱/滑動挺柱,滑動挺桿 sliding tappet
滑动微操纵器/滑動微操縱器 sliding micromanipulator
滑动岩体/傾瀉岩塊 olistolith
滑动轴承/滑動軸承 plain bearing, sliding-contact bearing
滑动轴承半径间隙/滑動軸承半徑間隙 radial clearance of plain journal bearing
[滑动轴承]滑动速度/[滑動軸承]滑動速度 sliding velocity
滑动轴承孔/滑動軸承孔 plain bearing bore
滑动轴承孔径/滑動軸承孔徑 plain journal bearing inside diameter
滑动轴承宽度/滑動軸承寬度 plain journal bearing width
[滑动轴承]偏心距/偏心距 eccentricity
滑动轴承系统/滑動軸承系統 plain bearing unit
滑动轴承相对间隙/滑動軸承相對間隙 relative clearance of plain bearing
滑动轴承直径间隙/平直狀頸軸承直徑間隙 diametral clearance of plain journal bearing

[滑动轴承]轴套/軸承襯套 plain bearing bush
[滑动轴承]轴瓦/[滑動軸承]軸瓦 plain bearing half-line
滑动轴承轴向间隙/滑動軸承軸向間隙 axial clearance of plain journal bearing
滑动轴承钻头/頸軸鑽頭 journal bearing bit
滑动轴承座/滑動軸承座 plain bearing housing
滑动轴承座孔/滑動軸承座孔 plain bearing housing bore
滑阀/線軸閥,滑動閥 spool valve, slide-valve, feather valve
滑阀泵/滑閥泵 slide valve pump
滑阀式转向控制阀/卷線筒控制閥 spool control valve
滑阀位移计量/滑閥位移計量 shuttle displacement metering
滑阀真空泵/旋轉柱塞式真空泵 rotary plunger vacuum pump
滑规/狹縫規 slit gage
滑键/活鍵 feather key
滑开型裂纹/滑動型裂紋 sliding mode crack
滑块连杆机构/滑塊連桿組 sliding-block linkage
滑块连接/Oldham 聯結器 Oldham coupling
滑块联轴器/NZ 爪型聯軸器 NZ claw type coupling
滑块曲柄/滑件曲柄 slider-crank
滑来层/傾瀉層 olistostrome
滑轮/滑輪 pulley, sheare
滑轮组/滑車組 block and tackle
滑轮[组]/滑輪[組],滑車[組] pulley block
滑轮组补偿法/滑輪組補償法 block compensation method
滑轮组吊车/滑輪吊車 pulley block hoist
滑码/比特滑動 bit slip
滑模式混凝土摊铺机/滑模式混凝土攤鋪機 slipform concrete paver
滑摩功/滑摩功 slip energy, slipping work
滑片式压缩机/滑片壓縮機,滑葉式壓縮機 sliding-vane compressor
滑片式制冷压缩机/滑葉式冷媒壓縮機 sliding-vane refrigerant compressor
滑片旋转泵/滑片旋轉泵 sliding-vane rotary pump
滑橇式钻机/滑座式鑽機 skid rig
滑石/滑石 talc
滑水效应/水漂現象 hydroplaning
滑塌/滑塌 sliding collapse
滑台/滑檯 horizontal slide table
滑套计量/滑套計量 sleeve metering
滑脱砂箱/滑脱砂箱,斜度砂箱 slip flask
滑线变阻器/滑觸變阻器 slide rheostat
滑线电桥/滑線電橋 slide-wire bridge
滑线式电势计/滑線電位計 slide-wire potentiometer
滑线式电位计/滑線電位計 slide-wire potentiometer
滑销系统/滑鍵系統 sliding key system
滑行法/滑行法 coast-down method
滑行斜坡天线/滑行[斜]坡形天線 glide-slope antenna
滑压运行/滑壓運轉 sliding-pressure operation
滑移/滑移 slip
滑移带/滑移帶 slip band
滑移感度/[機器人]滑移感度 slip sense
滑移件/滑動件 sliding component
滑移率/滑移率 slip rate
滑移脉冲产生器/滑移脈波産生器 sliding pulser
滑移面/滑移面 slip plane
滑移线/滑移線 sliding line, slip line
滑移线场理论/滑移線場理論 slip line field theory
滑移运动/滑動 sliding motion
滑移转向装载机/滑移轉向裝載機 skid-steer loader
滑帧/幀滑動 frame slip
滑枕/撞錘 ram
滑枕式铣床/衝壓式銑床 ram type milling machine
滑座/滑座 slider
滑座锯/滑座鋸 sliding frame saw
化肥泵/化肥泵 chemical fertilizer pump
化工自动化/化工自動化 chemical process automation
化合比例/組合比例 combining proportion
化合热/化合熱 heat of combination
化合碳/化合碳,結合碳 combined carbon
化合物半导体/化合物半導體,複合半導體 compound semiconductor, compound
化合物半导体太阳电池/化合物半導體太陽電池 compound semiconductor solar cell
化合物半导体探测器/化合物半導體探測器 compound semiconductor detector
化石燃料/化石燃料 fossil fuel
化石燃料电池/化石燃料電池 fossil, fuel cell
化石燃料锅炉/化石燃料鍋爐 fossil-fuel-fired boiler
化水器/化水器 water carburetor
化铁炉/熔鐵爐,衝天爐 cupola, cupola furnace
化学泵浦/化學幫浦 chemical pumping
化学剥离法/化學剝離法 chemical stripping process
化学常数/化學常數 chemical constant
化学成分/化學成分,化學組成 chemical constitution, chemical composition
化学除锈/化學除銹 chemical rust removal

化学除氧/化學除氧 chemical deaeration
化学传感器/化學感測器 chemical sensor
化学当量/化學當量 chemical equivalent
化学滴定法/熱化學滴定 thermal chemical titration
化学电池/化學電池 chemical cell
化学电离源/化學電離源 chemical ionization source
化学电离质谱法/化學電離質譜術 chemical ionization mass spectrometry
化学电源/化學電源 electrochemical power source, electrochemical cell
化学定年法/化學定年 chemical dating
化学镀/化學鍍 electroless plating
化学钝化/化學鈍化 chemical passivating
化学发光/化學光 chemiluminescence
化学发光分析仪/化學發光分析儀 chemiluminescent analyzer
化学发光检测器分析仪/化學發光檢測器分析儀 chemiluminescent detector analyzer, CLD analyzer
化学反应/化學反應 chemical reaction
化学反应器/化學反應器 chemical reactor
化学反应亲和势/化學反應親和勢 affinity of a chemical reaction
化学反应网络的预测/化學反應網路的預測 prediction of chemical reaction network
化学反应效率/化學效率 chemical efficiency
化学反应真空精炼/化學反應真空精煉 chemical reaction vacuum refining
化学分离/化學除垢 chemical removal
化学分析/化學分析 chemical analysis
化学分析电子能电子能谱[学]/化學分析之電子光譜 electron spectroscopy for chemical analysis
化学分析天平/化學天平 chemical analytical balance
化学腐蚀/化學腐蝕,化學侵蝕 chemical corrosion
化学共沉淀/化學共沈澱 chemical co-precipitation
化学共沉淀工艺/化學共沈澱工藝 chemical coprecipitation process
化学光度计/光量計 actinometer
化学活性/化學活性 chemical activity
化学机械抛光/化學機械抛光 chemico-mechanical polishing
化学激光器/化學雷射[器] chemical laser
化学极性/化學極性 chemical polarity
化学计量点/化學計量點 stoichiometric point
化学计算[数]值/化學計量數 stoichiometric number
化学计算学/化學計量學 stoichiometry
化学剂量测定/化學劑量術 chemical dosimetry
化学结构/化學成分,化學組成 chemical constitution
化学结合镁砖/化學結合鎂磚 chemical bonded magnesite brick
化学量传感器/化學量感測器 chemical quantity transducer
化学滤毒器/化學濾毒器 chemical filter
化学敏感器/化學感測器 chemical sensor
化学耐久性/化學耐久性 chemical durability
化学能/化學能 chemical energy
化学黏砂/化學黏砂 burn-on
化学抛光/化學抛光 chemical polishing
化学平衡/化學平衡 chemical equilibrium
化学气相沉积/化學氣相沈積 chemical vapor deposition, CVD
化学亲和力/化學親和力 chemical affinity
化学清砂/化學清洗 chemical cleaning
化学清洗/化學清洗 chemical cleaning
化学热处理/化學熱處理 thermo-chemical treatment
化学热力学/化學熱動力學 chemical thermodynamics
化学湿度表/化學濕度計 chemical hygrometer
化学湿度计/化學濕度計 chemical hygrometer
化学实验室/化學實驗室 chemical laboratory
[化学]式量/式量 formula weight
化学势/化學勢 chemical potential
化学试验/化學試驗 chemical test
化学天平/化學天平 chemical balance
化学推进/化學推進 chemical propulsion
化学脱脂/化學脱脂 chemical degreasing
化学位移/化學偏移 chemical shift
化学稳定性/化學耐久性 chemical durability
化学吸收/化學吸收 chemical absorption
化学效应/化學效應 chemical effect
化学性质/化學性質 chemical properties
化学氧化/化學氧化 chemical oxidation
化学冶金[学]/化學冶金學 chemical metallurgy
化学液相沉积/化學液相澱積 chemical liquid deposition, CLD
化学预处理/化學預處理 chemical pretreatment
化学元素/化學元素 chemical element
化学转化膜/化學轉化塗膜 chemical conversion coating
化学作用/化學反應 chemical reaction
化验车/化學分析車 chemical analysis van
化验吨/化驗噸 assay ton
化油器/化油器,汽化器 carburetor
化油器浮子室/化油器浮子室 carburetor bowl,

carburetor float chamber
化油器喉管/化油器喉管　carburetor choke tube, carburetor venturi
化油器减速燃烧控制阀/化油器減速燃燒控制閥　carburetor deceleration combustion control valve
化油器空气道/化油器空氣道　carburetor air tunnel
化油器式发动机/化油器式發動機　carburetor engine
化油器式发动机燃油系统/化油器式發動機燃油系統　fuel system of carburetor engine
化油器阻风门/化油器阻風門　carburetor choke
化渣炉/化渣爐　slag prefusion equipment
化整误差/捨入誤差　rounding error
化妆间/化粧室　toilet room
划分/劃分,分區,區間　partitioning
划分技术/劃分技術　partitioning technique
划分-交换排序/區分-交換排序　partition-exchange sort
划分算法/分區算法　partitioning algorithm
划规/劃線規　scribing compass
划线尺架/劃線尺架　scratch ruler support
划线方箱/劃線方箱　scribing hander
划线盘/劃線盤　tosecan, surface gage
划针/畫線針,畫線具　scriber
画笔/龜圖　turtle graphics
画齿规/畫齒規　odontograph
画家算法/畫家演算法　painter algorithm
话传电报/話傳電報　telephone telegram
话路/話路,電話通道,電話聲道　voice channel
话内数据/語音中之資料　data in-voice, DIV
话题检测与跟踪/話題檢測與跟蹤　topic detection and tracking
话筒架/麥克風架　microphone stand
话筒效应/麥克風效應　microphonic effect
话筒噪声/麥克風噪音,麥克風雜訊　microphone noise
话务工作单位/話務工作單位　traffic-working unit
话务工作量/話務工作量　traffic-working volume
话务量/話務,流量,業務量　traffic volume, telephone traffic
话务量单位/話務單位　traffic unit
话务量计/話務量計　traffic meter
话务台/轉接檯　attendant desk
话务员长途拨号系统/話務員長途撥號制　operator toll dialing system
话音/語音　voice
话音带宽数据通信/語音頻帶資料通訊　voiceband data communication
话音广播业务/話音廣播業務　voice broadcast service, VBS
话音激活/話音激活　voice activation
话音激活检测/話音啟動檢測　voice activity detection, VAD
话音频带数据传输/語音頻帶資料傳輸　voiceband data transmission
话音群呼业务/話音群呼業務　voice group call service, VGCS
话音信箱/語音信箱　voice mailbox
话音邮件/語音郵件　voice mail
话语/話語　discourse
话语表示理论/話語表示理論　discourse representation theory
话语分析/話語分析　utterance analysis
话语模型/話語模型　discourse model
话语生成/話語產出　discourse generation
话语语言学/話語語言學　discourse linguistics
话终[全清除]信号灯/清理完畢信號燈　all-clear signal lamp
坏扇区法/壞分區　bad sectoring
欢迎屏幕/招呼熒幕　hello screen
还原/還原,去氧　reduction, deoxidation
还原焙烧/還原焙燒　reducing roasting
还原槽/還原槽　reducing bath
还原粉/還原粉[體]　reduced powder
还原粉化/還原粉化　reduction degradation
还原管/還原管　reduction tube
还原剂/還原劑,去氧劑　reductant, reducing agent, deoxidizer
还原浸出/還原浸出　reducing leaching
还原炉/還原爐　reducing furnace
还原黏度/比濃黏度,黏度數　reduced viscosity
还原期/還原期　reducing period
还原器/還原器　reductor
还原区/還原帶　reducing zone, zone of reduction
还原熔炼/還原熔煉　reduction smelting
还原时间/恢復時間　recovery time
还原速度/還原速度　reduction rate
还原脱磷/還原性蒙氣脫磷　dephosphorization under reducing atmosphere
还原型催化剂/還原催化劑　reduction catalyst
还原性气氛/還原性蒙氣,還原環境　reducing atmosphere
还原焰/還原焰　reducing flame
还原渣/還原爐渣　reducing slag
还原蒸馏/還原蒸餾　reduction distillation
还原状态/還原狀態　reducing condition

环/環[狀] ring, loop
环壁阻力损失/環週曳力損失 annulus drag loss
环柄式定扭矩气扳机/環柄式定扭矩氣扳機 annular-handle torque-controlled pneumatic wrench
环柄式气扳机/環柄式氣扳機 annular-handle pneumatic wrench
环柄式气铲/環柄式氣鏟 annular-handle pneumatic chipping hammer
环秤/環秤 ring balance
环磁导率/環導磁率 toroidal permeability
环倒换/環式交換 ring switching
环等待时间/環潛時 ring latency
环点/環點 circling point
环点曲线/暫態圓週點曲線 circling point curve
环电容器/環形電容器 ring capacitor
环段式给水泵/環段式給水泵 ring section feed pump
环缝/環焊縫 circumferential weld, girth weld
环缝式喷嘴/環縫式噴嘴 annular tuyere
环构架/環構架 hoop truss
环管/環管,圍管 bustle pipe
环管燃烧腔/環管燃燒腔 cannular combustor
环管式燃烧腔/環管燃燒腔 can-annular combustion chamber
环管形燃烧室/筒環形燃燒室 can-annular combustor
环规/環規 ring gage
环辊研磨机/環輥磨 ring roll mill
环互联/環互聯 ring interconnection
环互通/環互通 ring interworking
环护电容/環護電容器 guard-ring condenser
环簧缓冲器/環簧緩衝器 ring spring draft gear
环回测试/回送測試,回路返回測試 loopback test
环回点/回送點 loopback point
环境/環境 environment
环境参数/環境參數 ambient parameter
环境防护/環境保護 environmental protection
环境放射性/環境放射性 environmental radioactivity
环境封存/環境封存 preserved in controlled atmosphere
环境工程实验室/環境工程實驗室 environmental engineering laboratory
环境光/周圍光 ambient light
环境光传感器/環境光感測器 ambient light sensor
环境激励/環境激振 environment excitation
环境剂量计/環境劑量計 environmental dosemeter
环境监测/環境監測 environmental monitoring
环境监测站/環境監測站 environmental monitor station
环境鉴定/環境鑒定 environmental qualification
环境控制/環境控制 environmental control
环境控制表/環境控制表 environment control table
环境气体分析仪/環境氣體分析儀 environmental gas analyzer
环境认证/環境鑒定 environmental certification
环境容量/環境容量 environmental capability
环境湿度/環境濕度,周圍濕度 ambient humidity
环境试验/環境試驗,環境測試 environmental test, environmental testing
环境条件/環境條件,環境情況 environmental condition
环境温度/環境溫度,周圍溫度 ambient temperature, environment temperature
环境稳定性/環境穩定性 environmental stability
环境误差/環境誤差 environmental error
环境系数/環境係數 environmental coefficient
环境响应/環境響應 environment response
环境压力/環境壓力 ambient pressure
环境因数/環境因數 environment factor, environmental factor
环境映射/環境對映 environment mapping
环境友好钢材/環境友好型鋼材 environment-friendly steel product
环境噪声/環境噪音 ambient noise, environmental noise
环境振动/環境振動 ambient vibration
环链手扳葫芦/環鏈手扳葫蘆 chain lever block
环裂/環形裂縫 ring shake
环流/環流 recirculation loop flow
环流加热器/循環加熱器 recirculating heater
环流量/循環,環流 circulation
环流塔板/環流塔板 circular flow tray
环路/環路,回路 loop
环路比/回路比 loop ratio
环路初始化/回路初始化 loop initialization
环路传递函数/環路傳遞函數,回路轉移函數 loop transfer function
环路传输/回路傳輸 loop transmission
环路电路/環路 loop circuit
环路方程/回路方程式 loop equation
环路检验/環路校驗 loop checking
环路相位/回路相位 loop phase
环路增益/環路增益,回路增益 loop gain
环冒口/補給環 feed ring
环面反射器/環形反射器 toroidal reflector
环面流变仪/環形流性計 torus rheometer

环面蜗杆/環面蝸桿 enveloping worm, toroid worm
环面蜗杆副/環面蝸桿蝸輪對 enveloping worm gear pair, toroid worm gear pair
环钳/環鉗 ring clamp
环三脚架/環三腳架 ring tripod
环扫声呐站/方位探索聲納 azimuth search sonar
环式激光器/環形雷射 ring laser
环式冷却机/環狀冷却機 circular cooler
环式磨床/環形研磨機 ring type grinder
环式黏度计/環式黏度計 ring viscometer
环式烧结机/環狀燒結機 circular sintering machine
环式压力计/環形血壓計 ring type manometer
环天线/迴路天線 loop antenna
环天线系统/環天線系統 loop antenna system, LAS
环网柜/環形網路主開關單元 ring main unit
环纹导管/環紋導管 ring vessel
环行式井底车场/迴環式井底車場 loop-type shaft station
环形变压器/環形變壓器 ring transformer
环形测微计/環形測微計 ring micrometer
环形测压计/環形水壓計 ring piezometer
环形磁路/環形線圈 toroidal coil
环形磁铁/環形磁鐵 ring magnet
环形单轨系统/環形單軌系統 monorail loop system
环形电位计/環形電位計 ring potentiometer
环形垫圈/環形墊圈 ring washer
环形度盘/圓形刻度盤 circular scale
环形堆栈传感器/環形堆放換能器 ring stack transducer
环形缝隙天线/環形開槽天線 annular slot antenna
环形腐蚀/環形腐蝕 ring-form corrosion
环形感应炉/環形感應爐 ring-shaped induction furnace
环形感应线圈/環形電感器 toroidal inductor
环形格筛/環形格篩,圓環篩 Burch grizzly
环形工作线采矿法/環形採礦法 annular cut mining method
环形光栅/環形面光柵 toroidal grating
环形盒式磁带/循環迴路匣磁帶 endless loop cartridge tape
环形横浇口/環形流道 ring runner
环形喉部临界流文丘里喷嘴/環形喉道文氏噴嘴 toroidal throat Venturi nozzle
环形缓冲/循環緩衝 circular buffering
环形激光器/環形雷射 ring laser
环形激光陀螺仪/環形雷射陀螺儀 ring laser gyroscope
环形计数器/環形計數器,環式計數器 ring counter, toroidal counter
环形寄存器/環式暫存器 ring register
环形加热炉/旋轉床式爐 rotating hearch furnace
环形截管器/環形截管器 ring cutter
环形解调器/環形解調器 ring demodulator
环形聚磁介质/環形聚磁介質 ring matrix
环形空腔谐振器/環形腔共振器 toroidal cavity resonator
环形炉/環形爐 annular furnace
环形脉冲计数器/環狀定標器,環狀示數器 ring scaler
环形内插法/循環内插法 circular interpolation
环形内浇口/環形進模口 ring gate
环形喷管/環形噴嘴 toroidal nozzle
环形喷灌机/環形噴灑機 circular sprinkler
环形喷雾器/環狀噴霧器 ring sprayer
环形燃烧室/環形燃燒室 annular combustor
环形柔轮/環形柔輪 ring-shape flexspline
环形弹簧/環形彈簧 ring spring
环形天线/環形天線,環狀天線 loop antenna, ring antenna
环形调制器/環形調變器 ring modulator
环形通风机/環形風扇 ring-shaped fan
环形拓扑/環狀拓撲 ring topology
环形网/環類網路 ring network
环形线圈/環形線圈 toroidal coil
环形轧材/環形軋材 annular rolled product
环形真空腔/環形真空器 vacuum doughnut
环形阵/環形陣列 ring array
环形振荡器/環形振盪器 ring oscillator
环形[止推]轴承/套環軸承 collar bearing
环形钻架/環形鑽架 ring drill rig
环压力测试仪/環壓式地層測驗器 annulus pressure operated tester, APOT
环氧树脂/環氧樹脂 epoxy resin
环轧/環軋 ring polling
环站/環站 ring station
环状测微计/環形測微計 ring micrometer
环状队列/循環佇列 circular queue
环状激光器/環形雷射 ring laser
环状加热/環狀加熱 rim type heating
环状夹头/環鉗 ring clamp
环状链表/循環鏈接串列 circular linked list
环状天平流量计/環均衡流量計 ring balance flowmeter
环状天线测向器/環狀天線測向 loop direction finder

环状填充柱/環形填充柱 ring packed column
环状铁芯变压器/環狀變壓器 toroidal transformer
环状网/環類網路 ring network
缓变结/漸變接面 graded junction
缓冲/緩衝 buffering
缓冲板/緩衝板 buffer plate
缓冲保护器/緩衝保護器 bump guard
缓冲槽/緩衝料倉 buffer bin
缓冲层/緩衝層 breaker
缓冲场效晶体管逻辑/緩衝場效電晶體邏輯 buffered FET logic, BFL
缓冲池/集用場 buffer pool
缓冲磁鼓/緩衝磁鼓 buffer drum
缓冲存储器/緩衝儲存器,緩衝區記憶體 buffer storage, buffer memory, buffer store
缓冲袋/緩衝袋 bumping bag
缓冲单向阀/緩衝單向閥 dashpot, dashpot check valve
缓冲导料装置/緩衝導料裝置 buffer feeder
缓冲电池组/緩衝電池[組] buffer battery
缓冲电路/緩衝電路 buffer circuit
缓冲电容器/緩衝電容器 buffer capacitor
缓冲垫/緩衝墊 cushion
缓冲阀/緩衝閥 cushion valve
缓冲放大器/緩衝放大器 buffer amplifier
缓冲杆/緩衝桿 buffer stem
缓冲管/緩衝管 buffer tube
缓冲罐/緩衝槽 surge tank
缓冲滑片/緩衝滑片 buffer slip
缓冲活塞/緩衝活塞 buffering piston
缓冲机构/緩衝機構,減震裝置 buffer gear
缓冲记忆器/緩衝記憶器 buffering memory
缓冲剂/緩衝劑 buffer agent
缓冲寄存器/緩衝暫存器 buffer register
缓冲[寄存]器/緩衝儲存器 buffer storage
缓冲接合过程/緩衝接合過程 buffer engaging process
缓冲扩大器/緩衝放大器 buffer amplifier
缓冲气体/緩衝氣體 buffer gas
缓冲器/減震器,阻尼器,吸震器 buffer, bumper, counterbuff
缓冲器臂/緩衝器臂 bumper arm
缓冲器垫板/緩衝板 buffer plate
缓冲器排空/緩衝器排空 buffer flushing
Z缓冲器算法/Z緩衝器演算法 Z-buffer algorithm
缓冲器撞杆/緩衝柱塞 buffer plunger
缓冲腔/緩衝腔 cushion chamber
缓冲区分配/緩衝區分配 buffer allocation
缓冲区管理/緩衝區管理 buffer management
缓冲区释放/釋放緩衝器 buffer release, BR
缓冲区预分配/緩衝區預分配 buffer preallocation
缓冲溶液/緩衝液 buffer solution
缓冲衰减器/緩衝衰減器 buffer attenuator
缓冲弹簧/緩衝彈簧,阻尼彈簧 buffer spring
缓冲头/緩衝頭 buffer head
缓冲托辊/緩衝托輥 impact idler
缓冲箱/緩衝器座,緩衝器套筒 buffer box
缓冲型计算机/緩衝型計算機 buffered computer
缓冲指数/緩衝指數 buffer index
缓冲柱塞/緩衝柱塞 buffer plunger
缓冲装置/緩衝裝置,減震器 shock reducer
缓存/高速存取 caching
缓存服务器/緩存伺服器 cache server
缓存敏感的查询处理/緩存敏感的查詢處理 cache-sensitive query processing
缓存器/緩衝區記憶體 buffer memory
缓存器投资/暫存器投資 cache investment
缓存游标/緩存游標 cursor caching
缓发中子/遲延中子 delayed neutron
缓和剂材料/慢化劑材料 moderator material
缓和节/應合折曲 accommodation kink
缓和曲线/過渡曲線,介曲線 transition curve
缓冷/緩冷却 slow cooling
缓慢漂移/緩慢漂移 slow drift
缓倾斜矿体/緩傾斜礦體 gently pitching orebody
缓蚀剂/緩蝕劑,腐蝕抑制劑 corrosion inhibitor, depressant
缓蚀性/防銹性 rust inhibition
幻灯机/幻燈[片放映]機,投影機 slide projector, projector
幻视镜/幻視鏡 pseudoscope
幻视透镜/幻視透鏡 pseudo-lens
幻通电报电路/幻通電報電路 phantom telgraph circuit
幻象电路/幻路 phantom circuit
幻象天线/幻象天線 phantom antenna
幻影/幻影,幻覺,幻象 phantom
换班时间/換班時間 downtime for change-over
换衬器/複襯管 reliner
换档/換擋 shift
换档点/換擋點 shift point
换档定时/換擋定時 shift timing
换档规律/換擋時程 shift schedule
换档互锁机构/換擋互鎖機製 shift interlock mechanism
换档平稳性/換擋平穩性 shift smoothness

换档锁定机构/换擋鎖定機製　shift detent mechanism
换档循环/换擋循環　shift cycling
换档元件/换擋元件,接合元件　engaging element
换档滞后/换擋滯後　shift hysteresis
换辊/换輥　roll changing
换行/换行,饋行　line feed
换极开关/换極開關　pole-changing switch
换极器/换極器　pole changer
换极速度/極心改换速度　pole changing velocity
换流器/换流器,變流機　current converter, transverter
换流设备/變流器,轉换器　converter
换名缓冲器/换名緩衝器　rename buffer
换名寄存器/换名寄存器　rename register
换模器/變模器　mode transducer
换能器/换能器,[信號]轉换器　transducer
换频调制/换頻調制　frequency-exchange modulation
换气装置/通氣管,通氣孔,通氣層　breather
换热器/换熱器,熱交换器　heat exchanger
换热器板/熱交换器板　heat exchanger plate
换热器管/熱交换器管　heat exchanger tube
换热器壳体/熱交换器外殼　shell of heat exchanger
换热式燃烧器/復熱爐　recuperative furnace
换热式热风炉/换熱式熱風爐　recuperative stove
换入/换進　swap-in
换色/變色　color changing
换绳装置/换繩裝置　rope changer
换算表/换算表　conversion table
换算系数/换算係數　conversion coefficient
换算因子/换算因數　conversion factor
换位/换位　transposition
换位加密法/换位加密法　exchange encryption
换向电键/换向電鍵　reversing key
换向阀/换向閥,迴動閥　reversing valve
换向开关/换向開關,反向開關　reversing switch
换向片/换向片,整流片　commutator segment
换向片升高片/换向器昇高片,整流子豎片 commutator riser
换向器/换向器,整流器　commutator
换向器变频机/整流式换頻器　commutator frequency changer
换向器感应电动机/整流式感應電動機,整流式感應馬達　commutator induction motor
换向器节距/换向器節距,整流片距　commutator pitch
换向器式安培计/整流式安培計　commutator ammeter
换向燃烧/换向燃燒　reversing combustion
换向调制器/整流式調制器,整流式調幅器 commutator modulator
换向整流器/换向整流器　commutator rectifier
换向指示器/反向指示器　reversing indicator
换相/整流,换向　commutation
换相电抗/换向電抗　commutating reactance
换相电抗器/整流電抗器,换向電抗器　commutating reactor
换相电路/换向電路　commutation circuit
换相电阻/换向電阻　commutating resistance
换相极/换向極,整流極,輔助極　commutating pole
换相期/换向間隔,整流間隔　commutation interval
换相器/换相器　phase changer
换相曲线/换向曲線　commutation curve
换相绕组/换向繞組,换向線圈　commutating winding
换相失败/整流破壞,换向失靈　commutation failure
换相周期/换向時間,换向週期　commutating period
换相阻抗/换向阻抗　commutating impedance
换相组/换向組　commutating group
换像器/影像變换器　image translator
换页/跳頁　form feed
换装/再負載　reloading
唤醒/唤醒　wake-up
唤醒等待/唤醒等待　wake-up waiting
唤醒原语/唤醒基元　wake-up primitive
唤醒字符/唤醒字元　wake-up character
荒管轧制/管殼精軋　shell finish rolling
荒煤气/荒煤氣　crude gas
黄度指数/黄度指數　yellowness index
黄钾铁矾法/黄鉀鐵礬法　jarosite process
黄钾铁矾法回收铟/黄鉀礬鐵法回收銦　recovery of indium by jarosite process
黄经/黄經　ecliptic longitude
黄铁矿/黄鐵礦　mundic, iron pyrite
黄铜/黄銅　brass, yellow brass
α黄铜/阿伐黄銅　alpha brass, α brass
β黄铜/貝他黄銅　beta brass, β brass
γ黄铜/加馬黄銅　gamma brass, γ brass
δ黄铜/δ黄銅,得耳他黄銅,德他黄銅　delta brass, δ brass
黄铜矿 /黄銅礦　copper pyrite
黄铜脱锌/黄銅去鋅　dezincification of brass
黄铜铸件/黄銅鑄件　brass castings
黄纬/黄緯,天球緯度,天文緯度　celestial latitude, astronomical latitude, ecliptic latitude
黄页/黄頁簿　yellow pages

黄渣/砷銻熔渣 speiss
簧片联轴器/板片彈簧聯軸器 flat spring coupling
簧上惯性主轴坐标系/慣性主軸系統 inertia principal axis system
簧上质量/跳動質量 sprung mass
簧上质量侧倾角/懸架側傾角 suspension roll angle
簧上质量侧倾转动惯量/簧上質量翻滾慣性矩 rolling moment of inertia of sprung mass
簧上质量对 x 轴和 z 轴的惯性积/簧上質量對 x 軸和 z 軸的慣性積 product of inertia of sprung mass about x and z axes
簧上质量横摆转动惯量/跳動質量偏搖慣性矩 yawing moment of inertia of sprung mass
簧上质量纵倾转动惯量/簧上質量縱傾轉動慣量 pitching moment of inertia of sprung mass
簧下质量/非跳動質量 unsprung mass
谎报电话/謊報電話 hoax call
灰槽门/灰槽門 ash damper
灰尘/灰塵,粉塵 dust
灰尘成分/灰塵成分 dust constituent
灰尘湿润装置/灰塵濕潤裝置 dust wetting plant
灰吹保护剂/灰吹保護劑 cupellation protective agent
灰吹法/灰吹法 cupellation
灰斗/灰斗 ash hopper
灰度/灰度 gradation, gray scale
灰度变换/灰階標度轉換 gray-scale transformation
灰度级/灰度級 gray scale, gray level
灰度色标/灰度標 gray scale
灰度图像/灰階圖像 gray level image
灰度影像/灰度影像 gray scale image
灰度阈值/灰階定限 gray threshold
灰度直方图/灰度長條圖 gray histogram
灰分/灰分,含灰量 ash content, ash
灰分含量/灰含量 ash content
灰浆泵/泥漿泵 mortar pump
灰浆打底装置/泥漿打底裝置 mortar rendering unit
灰浆给料机/泥漿給料器 mortar feeder
灰浆搅拌机/泥漿混合機 mortar mixer
灰浆联合机/泥漿結合 mortar combine
灰浆喷射器/泥漿噴灑器 mortar sprayer
灰浆制备机械/泥漿處理機械 mortar material processing machinery
灰浆状涂层喷射机/灰漿狀塗層噴灑機組 spraying unit for plaster-like coats
灰阶影像/灰階圖像 gray level image
灰口生铁/灰[口]生鐵 gray pig iron
灰口铁/灰口鐵 gray iron
灰口铸铁/灰[口]鑄鐵 gray cast iron
灰炉/灰爐 ash furnace
灰皿/灰皿 cupel
灰名单/灰名單 gray list
灰泥/耐火泥 mortar
灰喷射器/沖灰器 ash ejector
灰熔温度/灰分熔融温度 ash fusion temperature
灰锑/灰銻 gray antimony
灰体/灰[色]體 graybody
灰锡/灰錫 gray tin
灰渣物理热损失/殘餘可感測熱損失 sensible heat loss in residue
灰铸铁/片狀石墨鑄鐵 flake graphite cast iron
灰铸铁管法兰/灰鑄鐵管凸緣 gray cast iron pipe flange
灰铸铁螺纹管法兰/灰鑄鐵螺紋管凸緣 gray cast iron screwed pipe flange
挥发/揮發 volatilization
挥发焙烧/揮發焙燒 volatilization roasting
挥发酚/揮發酚 volatile phenol
挥发器/揮發器 volatilizer
挥发物/揮發物 volatile matter
挥发性/揮發性,揮發度,易失性 volatility
挥发性有机化合物/揮發性有機化合物 volatile organic compound
挥发窑/揮發窯 volatilization kiln
恢复/恢復,還原 recovery, recuperation, healing
恢复测试/恢復測試 recovery testing
恢复电路/恢復電路 restore circuit
恢复电压/恢復電壓,回復電壓,還原電壓 recovery voltage
恢复二极管/回復二極體 recovery diode
恢复块/恢復塊 recovery block
恢复力/回復力,復原力 restoring force
恢复力矩/回復力矩,回復轉矩 restoring torque
恢复能力/恢復能力 recovery capability
恢复期/恢復期 restitution period
恢复删除/恢復刪除 undeletion
恢复时间/恢復時間 recovery time
恢复时间目标/恢復時間目標 recovery time objective, RTO
恢复系数/恢復係數 coefficient of restitution
恢复消息/回復信息 resume message
恢复载波/重置載波 reinserted carrier
恢复载波接收/強化載波接收法 exalted carrier reception
辉铋矿/輝鉍礦 bismuthinite, bismuthine
辉钴矿/輝鈷礦 cobaltglance

辉光灯/弧光燈 glow lamp
辉光放大器/弧光放大器,電輝放大器 glow amplifier
辉光放电/輝光放電 glow discharge
辉光放电电子枪/弧光放電電子槍 glow-discharge electron gun
辉光放电管/輝光放電管,弧光放電管,弧光燈 glow-discharge tube, glow lamp
辉光放电检测器/弧光放電檢知器 glow-discharge detector
辉光放电显示板/弧光放電顯示板 glow-discharge display panel
辉光管示波器/弧光[放電]管示波器 glow tube oscilloscope
辉光管振荡指示器/示波器 ondoscope
辉光管整流器/弧光管整流器 glow tube rectifier
辉光阴极整流器/弧光陰極整流器 glow cathode rectifier
辉光振荡器/弧光振盪器 glow oscillator
辉钼矿/輝鉬礦 molybdenite
辉砷钴矿/輝[砷]鈷礦 cobaltite
辉锑矿/輝銻礦 stibnite, antimonite
辉铜矿/輝銅礦 copper glance, chalcocite
辉银矿/輝銀礦 silver glance, argentite
回边/回邊 back edge
回拨/回撥 dial-back
回波/回波 echo
回波测高仪/回波測高計,回波高度計 echo altimeter
回波抵消/回音消除 echo cancellation
回波抵消器/回波抵消器 echo canceller
回波放大器/回波放大器,反向波放大器 backward wave amplifier, BWA, echo amplifier
回波管/回波振盪器 carcinotron
回波空腔谐振器/回波腔致動器 echo-box actuator
回波宽度/回波寬度 echo width
回波腔引动器/回波腔致動器 echo-box actuator
回波损耗/回波損耗,回波損失 return loss
回波损失/回波損失,回波損耗 return loss
回波显示屏/回聲屏,回波屏 echo board
回波箱/回波箱,回波[共振]腔 echo box
回波抑制器/回波抑制器 echo suppressor
回波振荡器/回波振盪器,反向波振盪器 backward-wave oscillator, BWO
回采/回採 stoping, stope
回采步距/回採空間 stoping space
回采单元/回採單位 stoping unit, extraction unit
回采方法/回採方法 stoping method
回采工作面/回採工作面 stoping face, extracting face
回采厚度/回採寬度 stoping width
回采进路/回採沿層坑道 stoping drift, extracting drift
回采矿柱/煤柱回採,礦柱回採 pillar robbing
回采平巷/回採順巷 stope drift
回差/磁滯性 hysteresis
回差现象/迴差現象 backlash phenomena
回车/回車,輸送筒轉回 carriage return
回程/回程,回線 return stroke, return travel, back haul
回程时间/回程時間,回復時間 return time
回程通路/反向路徑 backward path
回程托辊/回程惰輪 return idler
回程线/返馳線,歸線 flyback line
回程运动角/回程運動角 motion angle for return travel
回程运输/空載傳輸 back-haul
回程占线/反向忙線 backward busy
回程装置/回程裝置 return facility
回传/迂回信程,回路,回線 back haul, return
回答集编程/回答集程式設計 answer set programming
回答模式/回答概要 answer schema
回带管屏/色帶板 ribbon panel
回返坑线/回返坑線 run-around ramp
回放/重現 playback
回风/回風 return air
回风道/回風道 return airway
回风风流/回風風流 outgoing airflow
回复/回復,答覆 reply, recovery
回复磁导率/回復導磁率,反衝磁導率 recoil permeability
回复曲线/反衝曲線 recoil curve
回复时间/恢復時間 time of recovery
回复线/反衝線 recoil line
回复状态/反衝狀態 recoil state
回光仪/反光鏡 heliotrope
回归/回歸,復歸 reversion, regression
回归测试/回歸測試 regression testing
回归齿轮系/回歸齒輪系 reverted gear train
回归分析/回歸分析 regression analysis
回归函数/回歸函數 regression function
回归年/太陽年 solar year
回归曲线/回歸曲線 regression curve
回归树/回歸樹 regression tree
回归系数/回歸係數 regression coefficient

回归线/退縮線　regression line
回轨式差动放大器/回軌式差動放大器　slide-back differential amplifier
回火/回火　tempering, temper
回火贝氏体/回火變韌鐵體　tempered bainite
回火脆性/回火脆性　temper brittleness, tempering brittleness
回火炉/回火爐　drawing furnace
回火马氏体/回火麻田散鐵,回火麻田散體　β-martensite, tempered martensite
回火屈氏体/回火吐粒散體　tempered troostite
回火色/回火色　temper color
回火索氏体/回火糙斑體　tempered sorbite
回火碳/回火碳　temper carbon
回火稳定性/耐回火性　tempering resistance
回火油/回火油　tempering oil
回叫/回叫　call back
回接管/回接導管　tie back stem
回拷贝/回拷貝　copyback
回馈/回饋　feedback
回馈制动/再生制動,再生刹車　regenerative braking
回力弹簧/回動彈簧　return spring
回料控制阀/環封　loop seal
回磷/回磷,復磷作用　rephosphorization
回铃音/回鈴音　ring back tone
回流/回流　reflow, reflux
回流泵/回流泵　reflux pump
回流比/回流比　reflux ratio
回流电缆/回流電纜,回流線　return cable
回流电路/回流電路　return circuit
回流罐/回流貯器,回流貯槽　reflux accumulator
回流冷凝器/回流冷凝器　reflux condenser
回流率/重複率　recurrence rate
回流区/再循環區　recirculating zone
回流燃油/回流燃油　leak-off fuel
回流扫气/環狀驅氣　loop scavenging
回流塔/回流塔　reflux column
回流蒸馏/回流蒸餾　cohobation
回炉废料/回爐廢料　return scrap
回炉浇道废料/澆道廢料　runner scrap
回炉料/回爐料　foundry returns
回路/回路,循環　loop, cycle
回路比/回路比　loop ratio
回路法/回路分析　loop analysis
回路检测/回路檢測　loop detection
回路相位/回路相位　loop phase
回路[自发自收]测试/本地回路[測試],自發自收[測試]　back-to-back testing
回轮车床/回輪車床　drum lathe
回描间隔/返馳期間　retrace interval
回燃室/回燃室　reversal chamber
回绕式搅拌器/行星式攪拌器　planet stirrer
回热抽汽/再生抽汽　regenerative extraction steam
回热度/回熱器有效性　regenerator effectiveness
回热加热/蓄熱式加熱　regenerative heating
回热加热器/分供加熱管　bleeder heater
回热器/蓄熱器,復熱器　regenerator, recuperator
回热式空气制冷机/再生空氣冷凍機　regenerative air refrigerating machine
回热式汽轮机/再生蒸汽渦輪機　regenerative steam turbine
回热系统/復熱系統,蓄熱系統　recuperative system, regenerative system
回热循环/熱再生循環　heat regenerative cycle, regenerative cycle
回热应力/回熱應力　stress at temperature rising-again
回散射测量计/回散射測量計　backscattering gage
回扫/返馳　flyback, retrace
回扫间隔/返馳期間　retrace interval
回扫时间/返馳時間　flyback time, return time
回闪避雷器/回閃阻止器　back flash arrester
回声测距/回音測距,回波測距　echo ranging
回声测距声呐/回音測距聲納　echo-ranging sonar
回声测深记录仪/回聲儀　echograph
回声测深器/聲響測深儀,回音探測儀　sonic depth finder
回声测深仪/回聲測深儀,回音探測儀,回波測深儀　sonic depth finder, echo depth sounder, echo sounder
回声定位/回波位置,回波定位　echo location
回声定位仪/回聲定位器,回波定位器　echo locator
回声屏/回聲屏,回波屏　echo board
回声心电仪/回音測心儀　echo-cardiograph
回声仪/回聲計,回波計　echo meter
回收/回收　reclamation, recovery
回收程序/回收程式　reclaimer
回收炉/回收爐,再生爐　regenerative furnace
回收率/回收率　recovery rate
回收砂/循環砂　return sand
回收试验/回收試驗,恢復試驗　recovery test
回收指令/回收指令　recovery command
回水/回水　recycle water
回水率/回水率　water recycling ratio
回水温度/回水温度　return water temperature
回送/回應,回音　echo, haulage by train

回送测试/回送測試,回路返回測試 loopback test
回送方式/回送方式 echoplex
回送关闭/回送關閉 echo off
回送检验/回波核對,回送檢查 loopback checking
回送检验系统/回送檢查系統 loopback checking system
回送开放/回送開放 echo on
回送速度/牽引速率 haulage speed
回溯/回溯 backtrack
回溯[法]/回溯法 backtracking
回溯搜索/回溯搜尋 backtrack search
回损/回波損失,回波損耗 return loss
回弹/回彈,彈回量 springback
回弹法硬度试验/反跳硬度試驗 rebound hardness test
回弹力/回彈力 resilience
回弹模量/回彈模數,彈能模數 modulus of resilience
回弹式绳索起动器/回彈式起動裝置 recoil starting device
回填/回填,填充 backfill, back-up
回填铲/回填鏟 backfill blade
回填机/回填機,回填料 back filler
回填压实机/垃圾填埋壓實機 landfill compactor
回跳硬度/回跳硬度,蕭氏硬度 rebound hardness, Shore hardness
回跳硬度计/[反跳]硬度計 scleroscope
回退/回轉,轉返 rollback, back-off
回退键/退格鍵 backspace key
回弯管/回彎管,雙彎管 return bend
回位弹簧/回動彈簧 return spring
回位行程/退回行程 return stroke
回文/回文 palindrome
回洗/逆算法 backflush
回显关闭/回送關閉 echo off
回显开放/回送開放 echo on
回线式示波器/回路示波器 loop oscillograph
回写/寫回 write back
回旋磁共振/回旋磁諧振 gyromagnetic resonance
回旋磁控管/回旋磁控管 gyro-magnetron
回旋电选机/回旋電選機 gyral separator
回旋放大管/回旋放大管 gyro amplifier
回旋共振加热/回旋共振加熱 cyclotron resonance heating
回旋管/回旋管 gyrotron
回旋加速频率/回旋頻率 cyclotron frequency
回旋加速器/[電子]回旋加速器 cyclotron
回旋潘尼管/回旋潘尼管 gyro-peniotron
回旋频率/回旋頻率 cyclotron frequency
回旋器/回旋器,回轉器 gyrator
回旋区/回旋帶 raceway, raceway zone
回旋速调管/回旋速調管 gyroklystron
回旋行波放大管/回旋行波放大管 gyro-TWA
回旋振荡管/回旋振盪管 gyro oscillator
回旋质谱计/回旋質譜儀 omegatron mass spectrometer
回旋质谱仪/回旋質譜儀 omegatron mass spectrometer
回忆/回憶 recall
回音测深器/回波測深儀 echo sounder
回油/回油 back leakage, leak-off
回油阀/回流閥 return valve
回油管座接头/回油管座接頭 back-leakage connection
回油计量阀/計量溢流閥 metering spill valve
回油孔/溢流口 spill port
回油孔开启角/回油孔開啟角 angle of spill port opening
回油孔开启时柱塞升程/回油孔開啟時柱塞昇程 plunger lift to spill port opening
回正刚度/回正剛度 aligning stiffness
回正刚度系数/回正剛度係數 aligning stiffness coefficient
回正力矩/回正力矩 aligning torque
回正时间/復原時間 restoring time
回正性/可回正性 returnability
回正性能试验/可回正性試驗 returnability test
回转/回轉 slewing
回转半径/回轉半徑 radius of gyration
回转泵/旋轉[排量]泵 rotary pump
回转变幅机构/回轉變幅機構 rotary-range mechanism
回转成形/回轉成形,旋轉成形 rotary forming
回转出料盘/回轉出料盤 rotating discharge plate
回转磁系数/旋磁係數 gyromagnetic coefficient
回转导杆机构/回轉塊連桿組 turning block linkage
回转等待时间/潛伏時間 latency time
回转点/轉折點 turning point
回转顶尖/活動頂尖 live center
回转动力式泵/轉子動力泵 rotodynamic pump
回转煅烧窑/旋轉煅燒窯 rotary calcining kiln
回转锻造/回轉鍛造 rotary forging
回转对偶/旋轉[運動]對 turning pair
回转阀/旋轉閥 rotary valve
回转副/旋轉[運動]對 turning pair
回转干燥器/旋轉乾燥器 rotary drier

回转工作台/轉檯 rotary table
回转混合器/旋轉摻合器 rotary blender
回转机构/回轉機構 slewing mechanism, swing actuator
回转机架/回轉架 swivel stand
回转机械泵/旋轉機械泵 rotary mechanical pump
回转给料盘/旋轉給料盤 rotary feeding plate
回转浇铸机/回轉澆鑄機 rotary casting machine
回转精炼炉/回轉精煉爐 rotary refining furnace
回转流动式起重机/回轉移動式起重機 slewing mobile crane
回转炉/轉動爐,轉筒爐 rotary furnace
[回]转炉/回轉爐,鼓形爐,旋轉爐 drum furnace, rotary furnace
回转罗盘/回轉羅盤,陀螺羅盤 gyrocompass
回转破碎机/回轉碎裂機,旋轉軋碎機 gyratory breaker, rotary crusher
回转起模/回轉起模 draw on rollover
回转起重机/回轉動起重機 slewing crane
回转器/回轉器,回旋器 gyrator
[回]转筛/旋轉篩 rotary sieve, rotating sieve
回转式测力计/旋轉測功計 rotation dynamometer
回转式翻车机/旋轉翻車機 rotary dumper
回转式分离器/回轉式分離器 rotary mill classifier, rotating classifier
回转式回热器/旋轉式回熱器 rotating regenerator
回转式空气预热器/回轉式空氣預熱器 rotary air preheater
回转式冷却器/旋轉冷却器 rotary cooler
回转式六分仪/回轉六分儀 gyro-sextant
回转式黏度计/旋轉黏度計 rotary viscometer
回转式气动除锈器/回轉式氣動除銹器 rotary pneumatic scaler
回转式气动雕刻机/回轉式氣動雕刻機 rotary pneumatic engraving tool
回转式气动工具/回轉式氣動工具 rotary pneumatic tool
回转式气动振动器/回轉式氣動振動器 rotation pneumatic vibrator
回转式碎石机/回轉碎裂機 gyratory breaker
回转式压力计/傾斜式壓力計 tilting manometer
回转式压缩机/旋轉[式]壓縮機 rotary compressor
回转式蒸煮器/旋轉蒸煮器 rotary digester
回转式制冷压缩机/回轉式冷媒壓縮機 rotary refrigerant compressor
回转式钻臂/回轉鑽臂 rotation drill boom
回转水准仪/回轉水準儀,轉鏡水準儀 wye level, gyroscopic level
回转速度/回轉速率 slewing speed
回转碎裂机/回轉碎裂機 gyrating breaker
回转塔身/回轉塔 slewing tower
回转台/旋轉檯,轉盤 turn table
回转体/旋轉體 rotation body
回转稳定器/回轉穩定器 gyrostabilizer
回转限位器/回轉限位器 slewing limiter
回转小车/回轉臺車 slewing trolley
回转压碎机/回轉壓碎機 gyrating crusher
回转窑/回轉窯,旋[轉]窯 rotary kiln
回转窑烟化法/回轉窯煙化法 Waelz process
回转窑直接还原[法]/回轉窯直接還原[法] rotary kiln direct reduction process
回转叶片/轉動葉片 rotating blade
回转仪/回轉儀,陀螺儀 gyroscope, gyrostat
回转运输机/回轉輸送機 rotary conveyer
回转轧碎机/回轉碎裂機 gyratory breaker
回转振动发生器/回轉振動發生器 circular vibration generator
回转支承/回轉環 slewing ring
回转[转]筒/旋轉篩 rotary screen
回转装载机/擺動裝載機 swing loader
回转自卸车/擺動卸料車 swing dumper
回转钻/回轉鑽 rotation drill
毁坏性磨损/毀滅性磨損 catastrophic wear
汇编/組合 assemble
汇编程序/組合程式 assembly routine
汇编器/組譯器 assembler
汇编语言/組合語言 assembly language
汇[点]/接收點 sink
汇管/集管 header
汇集集箱/匯集集箱 catch header
汇接/匯接 tandem
汇接电路/匯接電路 tandem circuit
汇接交换机/滙接交換機,縱向交會機,中間局之交換機 tandem switch
汇接局/匯接[交换]局,轉接局 tandem exchange, tandem office
汇接中继线/匯接中繼線,轉接中繼線 tandem trunk
汇聚结点/匯聚結點 sink node
汇聚协议/匯聚協議 convergence protocol
汇流排/匯流排,母線 bus
汇流条/匯流條,匯流排 bus, bus bar
汇流线/匯流線,母線,總線 bus line
会话层/會話層 session layer
会话密钥/會話密鑰 session key
会话描述协议/對話描述協定 session description

protocol
会话起始协议/對話啟動協定 session initiation protocol
会话式分时/交談式分時 conversational time-sharing
会话通告协议/會話通告協議 session announcement protocol
会话型业务/會話型業務,對話業務,交談式服務 conversational service
会聚/會聚 convergence
会聚光束/會聚光束 convergent beam
会聚镜/聚光面鏡 convergent mirror
会聚喷嘴/漸縮噴嘴 convergent nozzle
会聚式电子透镜/會聚式電子透鏡 convergent electron lens
会聚透镜/會聚透鏡,聚光透鏡 collective lens, convergent lens
会聚子层/聚合副[階]層 convergence sublayer
会面时间/會面時間 face time
会溶温度/共溶温度 consolute temperature
会晤层/會話層 session layer
会晤层实体/會談層實體 session entity
会晤初始化协议/會晤初始化協議 session initialization protocol, SIP
会议电话/會議電話 conference call
会议连接/會議連接 conference connection
会议增音器/會議[電報]轉發器 conference telegraph repeater
绘图/繪圖 plot
绘图板/繪圖板 drawing board
绘图的/圖形,圖示 graphic
绘图机/繪圖器 plotter
X-Y 绘图机/X-Y 繪圖機,X-Y 繪圖器 X-Y plotter
绘图缩放仪/伸縮繪圖儀 eidograph
绘图仪/曲線繪圖器 curve plotter
绘图装置/描繪裝置 drawing apparatus
绘制/轉列 rendering
绘制方程/繪製方程 rendering equation
彗差/彗差 coma aberration
惠更伯格伸长计/哈根柏伸長計 Huggenberger tensometer
惠更斯目镜/惠更斯目鏡 Huygens eyepiece
惠更斯原理/惠更斯原理 Huygens principle
惠更斯源/惠更斯等效電源 Huygens source
惠更斯子波/惠更斯子波 Huygens wavelet
惠能分解/惠能分解 Huynen decomposition
惠氏螺距/惠氏螺距 Whitworth screw pitch
惠氏螺纹量规/惠氏螺紋量規 Whitworth screw thread gage
惠斯顿标准电池/韋斯頓標準電池 Weston standard cell
惠斯通电桥/惠斯登電橋 Wheatstone bridge
惠斯通网络/惠斯登網路 Wheatstone network
惠斯通自动制/惠斯登自動制 Wheatstone automatic system
惠特克-香农采样定理/維特克-向農抽樣定理 Whittaker-Shannon sampling theorem
浑浊性/濁度 cloudiness
混搭/混搭 mashup
混搭应用/混搭 mashups
混叠/混疊,折疊效應 aliasing
混沌/混沌 chaos
混沌动力学/混沌動力學 chaotic dynamics
混沌控制/混沌控制 chaos control
混风阀/混合閥 mixing valve
混附参考输入/混充參考輸入 spurious reference input
混汞法/混汞法 amalgamation
混汞[合金]器/[混汞]提金器 amalgamator
混汞盘/汞膏盤 amalgamator pan
混汞台/混汞桌 amalgamating table
混光灯/混合照明燈 blended lamp
混合/混合,并合,揉合 mixing, hybrid, knead
混合比/混合比 mixing ratio
混合编码/混合編碼 hybrid coding
混合编码法/混合編碼法 mixed code approach
混合变压器/混合變壓器,并合變壓器 hybrid transformer
混合参数/拚合參數 hybrid parameter
混合槽/混合槽 mixing tank
混合层/混合層 mixed layer
混合沉降器/混合器-沈降器 mixer-settler
混合澄清槽/混合器-沈降器 mixer-settler
混合电磁/混合電磁 hybrid electro-magnetic, HEM
混合电磁波/混合電磁波 HEM wave
混合电路/拚合電路,并合電路 hybrid circuit
混合动力汽车/混合動力車輛 hybrid electric vehicle
混合斗/摻合箱 blending bin
混合反射/混合反射 mixed reflection
混合[反应]堆/混合反應器 hybrid reactor
混合仿真/并合模擬 hybrid simulation
混合粉/混合粉 mixed powder
混合浮选/綜合浮選法 bulk flotation
混合干燥/混合乾燥 combination drying
混合高频分量/混合高頻 mixed high frequency
混合罐/摻合槽 blending tank

混合光纤同轴电缆/混合光纖電纜 hybrid fiber cable, HFC
混合光纤同轴电缆接入网/混合光纖電纜接入網路 HFC access network
混合光纤同轴电缆网络/并合光纖同軸網路,HFC 網路 hybrid-fiber-coaxial network
混合环/混合環,混成環,岔路環 hybrid ring
混合回采/一統採礦法 bulk mining
混合积分器/并合積分器 hybrid integrator
混合基/混合基 mixed base
混合集成电路/拚合積體電路 hybrid integrated circuit
混合计算机/混合電腦,并合計算機,複合計算機 hybrid computer
混合继电器/混合繼電器 hybrid relay
混合加密/混成加密 hybrid encryption
混合交换/混合交換 hybrid switching
混合接入/混合接入 hybrid access
混合接头/岔路接頭,混合接點 hybrid junction
混合结构/并合結構 hybrid structure
混合解码器/混合式解碼器 hybrid decoder
混合精矿/混合精礦 bulk concentrate
混合井/混合井 combined shaft
混合可扩展性/混合可調能力 hybrid scalability
混合控制/混合控制 mixed control
混合控制计算机/并合控制計算機 hybrid control computer
混合控制系统/并合控制系統 hybrid control system
混合料转运机/材料轉運機 material transfer machine
混合流反应器/混合流動反應器 mixed flow reactor
混合流换热器/混合流熱交換器 mixed-flow heat exchanger
混合流体驱动/混液驅動 miscible fluid drive
混合流体润滑/混液潤滑 mixed fluid lubrication
混合路径/混合路徑 mixed path
混合模拟/并合模擬 hybrid simulation
混合模态/混成模態 hybrid mode
混合模型/混雜模型 hybrid model
混合膜/混合膜 mixed film
混合摩擦/混合摩擦 mixed friction
混合凝汽器/接觸冷凝器 contact condenser
混合耦合器/複式耦合器 hybrid coupler
混合排列向列模式/混合排列向列模式 hybrid aligned nematic display structure mode, HAN display structure mode
混合喷吹/混合噴吹 mixed injection
混合频率/并合頻率 hybrid frequency
混合气体保护焊/混合氣體弧焊 mixed gas arc welding
混合气体透镜/混合氣體透鏡 gas mixture lens
混合器/混合器,調合機 mixer
混合曲面/混合曲面 blending surface
混合绕组电流互感器/複繞式電流互感器 compound-wound current transformer
混合热/混合熱 heat of mixing
混合容器/混合容器 mixing vessel
混合熵/混合熵 entropy of mixing
混合式函数产生器/并合函數波産生器 hybrid function generator
混合式加热器/混合式加熱器 mixing heater
混合式空气调节机组/混合式空調機組 mixed-type air-conditioning unit
混合式空调系统/混合式空調系統 mixed air-conditioning system
混合式凝汽器/混合凝結器,直接接觸冷凝器 mixing condenser, direct contact condenser
混合式气力输送机/混合式氣力輸送機 pneumatic conveyor in combination vacuum-pressure
混合式汽轮机/組合渦輪機 combination turbine
混合式热交换器/直接接觸熱交換器 direct contact heat exchanger
混合式施工升降机/混合式施工昇降機 combined hoist
混合式通风 /分流通風 compound ventilation
混合式硬盘/混合式硬碟 hybrid hard disk
混合双稳光学器件/混成式雙穩態光元件 hybrid bistable optical device, BOD
混合水/混合水 mixed water
混合态/混合狀態 mixed state
混合通信网络/并合通訊網路 hydrid communication network
混合同步网/混合同步網路 hybrid synchronization network
混合透射/混合透射 mixed transmission
混合网络/混合網路 hybrid network
混合位错/混合差排 mixed dislocation
混合物/混合物 mixture
混合物联网/混合物聯網路 hybrid IoT
混合稀土金属/混合稀土金屬 mischmetal
混合稀土金属还原/混合稀土金屬還原 mischmetal reduction
混合系统/混合系統,并合系統 hybrid system
混合线圈/并合線圈 hybrid coil
混合箱/摻合箱 blending bin
混合型病毒/混合型病毒 hybrid virus

混合[型]关联处理机/并合關聯處理機 hybrid associative processor
混合型密码系统/混合型密碼系統 hybrid cryptosystem
混合映射/混合映射 hybrid mapping
混合油润滑/機汽油潤滑 oil-in-gasoline lubrication, petrol lubrication
混合语言编程/混合語言程式設計 mixed language programming
混合语义/混合語義 hybrid semantics
混合云/混合雲端 hybrid cloud
混合运送/混合運送 hybrid shipping
混合制冷剂/混合冷媒 mixed refrigerant
混合主体/并合代理 hybrid agent
混晶/混晶粒 mixed grain
混均精矿/混均精礦 blended concentrate
混冷式压缩机/混冷式壓縮機 mixed-cooling compressor
混联式混合动力汽车/混聯式混合動力電動汽車 parallel-serial hybrid electric vehicle
混流泵/混流泵 mixed-flow pump
混流式汽轮机/混流式渦輪機 combined flow turbine
混流式水轮泵/混流式水輪泵 mixed-flow water-turbine pump
混流式水轮机/法氏輪機 Francis turbine, radial axial flow turbine
混流式通风机/混流式風扇,混流扇風機 mixed-flow fan
混乱性/混淆 confusion
混模器/模態混合器 mode mixer
混碾机盘/混碾機盤 pan of the mill
混捏/捏揉 kneading
混捏机/捏揉機 kneader
混凝土泵车/混凝土泵車 concrete pump truck
混凝土斗/混凝土斗 concrete bucket
混凝土翻斗车/混凝土翻斗車 concrete dumper
混凝土缸水洗箱/筒體清洗水槽 water tank for cylinder cleaning
混凝土浇筑机/混凝土混合澆注機 concrete mix placer
混凝土搅拌机/混凝土混合機 concrete mixer
混凝土搅拌楼/混凝土攪拌塔 concrete mixing tower
混凝土搅拌输送斗/混凝土攪拌輸送斗 concrete transport agitating skip
混凝土搅拌运输车/混凝土攪拌運輸車 concrete mixing carrier
混凝土搅拌站/混凝土混合場 concrete mixing plant
混凝土空心板挤压成型机/混凝土空心板擠壓成型機 hollow concrete slab extruder
混凝土空心板拉模机/混凝土空心板拉模機 hollow concrete slab mould dragger
混凝土空心板推挤成型机/混凝土空心板壓擠機 hollow-concrete-slab squeezer
混凝土拉毛养生机/混凝土紋理固化機 concrete texture curing machine
混凝土路面刻纹机/混凝土鬆土機 concrete scarifier machine
混凝土路面抹光机/混凝土抹光機 concrete trowel machine
混凝土路面排式振动器/混凝土路面排式振動器 concrete linable machine
混凝土路面切缝机/混凝土鋸 concrete saw
混凝土路面填缝机/混凝土路面填縫機 concrete pavement joint sealing machine
混凝土路缘成型机/混凝土路緣成型機 concrete curb machine
混凝土轮式输送设备/輪式混凝土傳送設備 wheeled concrete transport equipment
混凝土配料站/混凝土攪拌站 concrete batching plant
混凝土喷射机/混凝土噴灑機 concrete spraying machine
混凝土砌块生产成套设备/混凝土砌塊生産成套設備 complete equipment for making concrete blocks
混凝土塞/混凝土底塞 concrete plug
混凝土输送泵/混凝土泵 concrete pump
混凝土输送斗/混凝土輸送斗 concrete transport skip
混凝土输送容器/混凝土輸送容器 concrete delivery vessel
混凝土输送设备/混凝土混合輸送設備 concrete mix delivery equipment
混凝土输送箱/混凝土輸送箱 concrete delivery tank
混凝土摊铺机/混凝土攤鋪機 concrete paver
混凝土真空脱水处理设备/混凝土真空脱水處理設備 concrete vacuum dewatering treatment equipment
混凝土振动器/混凝土振動機 concrete vibrator
混凝土整平机/混凝土整平器 concrete leveler
混凝土制品机械/混凝土製品機械 concrete products machinery
混凝土贮斗/混凝土漏斗 concrete hopper
混凝土砖/混凝土塊 concrete block
混频/混頻 mixing

混频管/混頻管 mixer tube
混频器/混頻器,混波器 frequency mixer, mixer, converter
混频器波导/混頻器波導管,混頻器導波管 mixer waveguide
混频器谐波/混頻器諧波 mixer harmonics
混频前置放大器/混頻前置放大器 mixer preamplifier
混砂/混砂,練砂 sand milling, sand mixing, sand mulling
混砂车/混砂車 sand mixing truck
混砂机/混砂機,練砂機 sand mixer, sand muller
混砂机盘/混砂機盤 pan of the sand mill
混烧锅炉/混燒鍋爐 mixed-fuel-fired boiler, multi-fuel-fired boiler
混铁罐/混合用澆桶 mixing ladle
混铁炉/熔鐵混合器 hot metal mixer
混铁炉式铁水罐/混合盛桶 mixer ladle
混洗/混洗 shuffle
混洗交换/混洗交換 shuffle-exchange
混洗交换网络/混洗交換網路 shuffle-exchange network
混响/回響 reverberation
混响测定仪/回響計 reverberation meter
混响腔/混響腔 reverberation chamber
混响声功率/回響聲功率 reverberant sound power
混响时间/交混回響時間,回響時間 reverberation time
混响时间测量仪/回響計 reverberation meter
混响室/混響室,回響室 reverberation room
混响水池/回響水槽 reverberation water tank
混淆/[信號]模糊 blurring
混淆区/混淆區 confusion region
混淆现象/混淆現象 aliasing
混音器/混音器 audio mixer
混匀指数/混勻指數 blending index
混杂堆积/混同層 melange
混杂模式/雜亂模式 promiscuous mode
混装式连接器/混合接頭連接器 connector with mixed contact
锪平面/局部整平 spot facing
锪削/鑽錐坑 countersinking
锪钻/埋孔,沈孔 counterbore, countersink
活板流量计/活板流量計 hinged gate weight controlled flowmeter
活变迁/活變遷 live transition
活齿/活齒 oscillating tooth
活齿架/活齒架 oscillating tooth carrier
活齿轮/活齒輪 oscillating tooth gear
活齿少齿差齿轮副/活齒少齒差齒輪副 oscillating tooth gear pair with small teeth difference
活底/爐底門 drop bottom
活顶乘用车/活頂乘用車 convertible saloon
活动性/活動性 activity
活[动]扳手/活動扳手,可調扳手 adjustable wrench, monkey wrench
活动层/活地層 active layer
活动地板/活動地板,假地板,高架地板 free access floor
活动定位销/鬆銷 loose pin
活动分区/現用分區 active partition
活动服务器页面/主動伺服器網頁 active server page
活动进程/活動中的作業元 active process
活动梁/游梁 walking beam
活动目标/活動目標 moving target
活动钳口/活動顎夾 moving jaw
活动驱动器/主動式驅動器 active driver
活动图/活動圖 activity diagram
活动文件/現用檔案 active file
活动销/活動銷 movable pin
活动页/現用頁 active page
活动游标量角器/游標活動量角器 vernier bevel protractor
活动支座/簡支座 free support
活[动状]态/活動狀態,活性狀態 active state
活度/活度,活性 activity
活度计/活性計 activity meter
活度指数/活性指數 index of activity
活化/活化,激化 activation
活化边表/現行邊串列 active edge list
活化分析/活化分析 activation analysis
活化分析[法]/活化分析[法] activation analysis
活化焓/活化焓 enthalpy of activation
活化剂/活化劑,觸媒,催化劑 activator, activating agent
活化检测剂/活化偵測器 activation detection agent
活化能/活化能,激活能 activation energy
活化膨润土/活性膨土 activated bentonite
活化热/活化熱 heat of activation
活化熵/活化熵 entropy of activation
活化烧结/活化燒結 activated sintering
活化探测器/活化偵測器 activation detector
活节螺栓/環首螺栓,眼螺栓 eye bolt
活镜水准仪/Y式水準儀,轉鏡水準儀 wye level
活扣砂箱造模机/活扣砂箱造模機 snap molding

machine
活块/鬆件　loose piece
活块模/鬆件模型　loose piece pattern
活塞/活塞，柱塞　piston，plunger
活塞泵/活塞泵　piston pump
活塞窜气/活塞竄氣　abnormal piston blow-by
活塞导向环/活塞導向環　piston guide ring
活塞顶/活塞頂　piston top
活塞顶凹腔/活塞頂凹腔　piston bowl
活塞顶凹腔护边/活塞頂凹腔護邊　bowl edge protection
活塞顶内燃烧室/活塞室　piston chamber
活塞顶镶圈/活塞頂插入　piston top insert
活塞发动机/活塞發動機，活塞引擎　piston engine
活塞阀/活塞閥　piston valve
活塞杆/活塞桿　piston rod
活塞环/活塞環，活塞圈　piston ring
活塞环岸/活塞環岸　piston ring land
活塞环槽/活塞環槽　piston ring groove
活塞环槽镶圈/活塞環槽嵌環　ring groove insert
活塞环带/活塞環帶　piston ring belt
活塞环胶结/活塞環膠黏　ring sticking
活塞环结胶/活塞環結膠　ring gumming
活塞环拉缸/活塞環拖磨　ring scuffing
活塞环张口钳/活塞環張口鉗　piston ring pliers
活塞冷却通道/活塞冷却通道　piston cooling gallery
活塞力/活塞桿負荷　piston rod load
活塞力图/活塞桿負荷線圖　piston rod load diagram
活塞流反应器/塞流反應器　plug flow reactor
活塞流量计/活塞流量計　piston meter
活塞面积/活塞面積　piston area
活塞黏度计/活塞黏度計　piston viscometer, plunger viscometer
活塞排量/活塞排氣量　piston displacement，piston swept volume
活塞平均速度/平均活塞速度　mean piston speed
活塞驱动/加力活塞　piston drive
活塞裙部/活塞裙　piston bottom part，piston skirt
活塞烧焦/不完全燃燒，炭化　piston burning，piston charring
活塞式变截面流量计/活塞式流量計　piston-type variable area flowmeter
活塞式变面积流量计/活塞式變面積流量計　piston-type variable-area flowmeter
活塞式低温液体泵/活塞式低温液體泵　piston-type cryogenic liquid pump
活塞式发声器/活塞發聲器　pistonphone
活塞式混凝土泵/活塞式混凝土泵　piston concrete pump
活塞式减压阀/活塞式減壓閥　piston reducing valve
活塞式节流阀/活塞節流閥　piston throttle
活塞式拉晶机/活塞拉晶器　piston puller
活塞式量计/活塞流量計　piston flowmeter
活塞式流量计/活塞式流量計　piston type flowmeter
活塞式面积计/活塞式面積計　piston type areameter
活塞式黏度计/活塞式黏度計　plunger viscometer
活塞式膨胀机/活塞式膨脹機　piston-type expander
活塞式气扳机/活塞式氣扳機　piston pneumatic nutrunner
活塞式气动马达/活塞式氣動馬達　pneumatic piston motor
活塞式衰减器/活塞[式]衰減器　piston attenuator, piston-type attenuator
活塞式压力表/活塞式壓力計　piston type pressure gage
活塞式压力计/活塞式壓力計　piston gage，piston pressure gage
活塞式压力真空计/活塞式壓力真空計　piston pressure vacuum gage
活塞式压气机/活塞式壓縮機　piston compressor
活塞式指示器/活塞式指示器　piston-type indicator
活塞式致动器/活塞致動器　piston actuator
活塞水听器/活塞水聽器　piston hydrophone
活塞跳汰机/活塞選礦機　piston jig
活塞筒体/活塞外殼　piston shell
活塞头部/活塞頂　piston crown，piston upper part
活塞系统/活塞汽缸系統　piston-cylinder system
活塞下降速度/活塞下降速度　fall rate of the piston
活塞销/活塞銷　gudgeon pin，piston pin
活塞销衬套/活塞銷襯套　piston pin bushing
活塞销支座/活塞銷座　piston pin carrier
活塞压力计/活塞式壓力計　piston manometer
活塞压缩高度/活塞壓縮高度　piston compression height
活塞有效面积/活塞有效面積　effective cross-area of piston
活塞余隙规/活塞餘隙計　piston clearance gage
活塞增压器/活塞增壓器　piston supercharger
活塞真空泵/活塞真空泵幫浦，往複真空幫浦　piston vacuum pump
活塞执行机构/活塞致動器　piston actuator
活塞阻尼器/活塞阻尼器　piston damper
活塞钻机/活塞式風鑽機　piston drill
活时间/活[動]時間　live time
活锁/活鎖　livelock
活胎面轮胎/可脱掉胎面輪胎　removable tread tire

活态钝态电池/活態鈍態電池 active-passive cell
活套法兰/鬆套凸緣,活動凸緣 loose flange
活套控制/開環控制 loop control
活套轧制/活套輥軋 loop rolling
活套装置/活套裝置 looper
活线/火線,有用導線 live wire
活性/活性 liveness
活性反应离子镀/活性反應離子鍍 activated reactive evaporation
活性剂泥浆/介面活性劑泥漿 surfactant mud
活性黏土/活性黏土 active clay
活性炭/活性碳 activated carbon
活性炭罐/活性碳罐 charcoal canister
活性炭空气过滤器/活性碳空氣篩檢程式 carbon air filter
活性物质/活性物質,活性材料 active material
活性系数/活性係數,活度係數 activity coefficient
活载荷/活[動]負載 live load
火铲/火鏟 fire shovel
火床/火床 fire bed
火法精炼/火法精煉 fire refining
火法精炼铜/火法精煉銅 fire-refining copper
火法冶金[学]/火法冶金學,高温冶金學 pyrometallurgy
火管锅炉/火管鍋爐 fire-tube boiler
火管加热式沥青熔化加热装置/火管加熱式瀝青熔化加熱裝置 fire tube heating asphalt melting and heating unit
火耗/火耗 fire consumption
火花测微计/火花測微計 spark micrometer
火花持续时间/火花持續時間 spark duration
火花电离源/火花電離源 spark source
火花发生器/火花產生器 spark generator
火花放电/火花放電,絶緣擊穿 sparkover
火花放电检测器/電花檢知器 spark discharge detector
火花放电显微计/火花測微計 spark micrometer
火花计时器/電弧計時器 spark timer
火花计数器/火花計數器,電弧計數器 spark counter
火花间隙/火花[間]隙 spark gap, spark air gap
火花检漏仪/火花檢漏儀 spark leak detector
火花塞/火花塞 spark plug
火花塞孔/栓塞孔 plug hole
火花塞需要电压/火星塞需求電壓 required spark plug voltage
火花室/火花室 spark chamber
火花探测器/火花偵測器,火花檢知器,電花檢知器 spark detector
火花线圈/電花線圈 spark coil
火花抑制器/火花消滅器 spark killer
火花源质谱[术]/火花源質譜[術] spark source mass spectrometry, SSMS
火箭/火箭 rocket
火警灯/火警燈 firewarning light
火控雷达/火控雷達 fire control radar
火力控制/火力管制,發射管制 fire control
火力控制雷达/火控雷達 fire control radar
火力钻机/火力鑽機 jet piercer
火炉/[熱固]爐 stove, furnace
火炉管/導管 stove pipe
火泥/耐火[黏]土 fire clay
火泥砖/黏土質耐火磚 fire clay brick
火区监测/火區監測 fire area monitoring
火试金/火試金[法] fire assay
火箱/火箱 fire box
火星熄灭器/火花防止器 spark arrester
火星罩/火星罩 fire-spark arrester
火焰安全灯/安全燈 flame safety-lamp
火焰重熔/火焰重熔 flame remolten
火焰淬火/火焰淬火,火焰硬化[法] flame hardening, torch hardening
火焰点火/火焰點火 torch lighting
火焰电离计/火焰游離計 flame ionization gage
火焰发射光谱法/火焰發射光譜法 emission flame spectrometry
火焰发射光谱学/火焰發射光譜學 flame-emission spectroscopy
火焰发射探测器/火焰發射偵測器 flame emission detector
火焰反射器/火焰反射器 flame reflector
火焰分光光度计/火焰分光儀 flame spectrophotometer
火焰分光计/火焰分光計,火焰光譜儀 flame spectrometer
火焰高温计/火焰高温計 flame pyrometer
火焰光度法/火焰光度量測法 flame photometry
火焰光度计/火焰光度計 flame photometer
火焰光度检测器/火焰光度偵測器,火焰光度檢知器 flame photometric detector, FPD
火焰弧光灯/焰弧燈,弧光燈 flame arc lamp
火焰加热/火焰加熱 flame heating
火焰检测器/火焰檢測器,火焰檢知器 flame detector
火焰孔/火焰口 flame hole
火焰扩张器/火焰擴張器 flame spreader

火焰离子化检测器/火焰游離偵檢器，火焰游離偵測器 flame ionization detector, FID
火焰炉/火焰爐，露焰爐 flame furnace, open flame furnace
火焰煤/長焰煤 flaming coal
火焰喷补/火焰噴補 flame gunning
火焰喷出钻井/噴焰鑽井 flame jet drilling
火焰喷熔/火焰噴熔 flame spray remolten
火焰喷射机/噴焰器 flame sprayer
火焰喷射器/火焰噴射器 flame thrower
火焰喷涂/火焰噴射 flame spraying
火焰气刨/火焰熔刮 flame gouging
火焰切割/火焰切割 torch cutting
火焰切割机/火焰切割機 flame cutting machine
火焰热电偶检测器/火焰熱電偶檢知器 flame thermocouple detector
火焰热离子检测器/火焰熱離子檢知器 flame thermionic detector
火焰熔接/火焰熔接 flame fusion
火焰软钎焊/火焰軟焊 torch soldering
火焰失效遮断装置/火焰故障跳脱裝置 flame-failure trip device
火焰筒/内燃燒筒 combustion liner
火焰退火/火焰退火 flame annealing
火焰温度/火焰溫度 flame temperature
火焰温度检测器/火焰溫度偵測器，火焰溫度檢知器 flame temperature detector
火焰稳定器/火焰維持器 flame holder
火焰硬钎焊/噴燈硬焊 torch brazing
火灾警报器/火警警報器 fire alarm
火灾探测器/火警檢知器 fire detector
火砖/[耐]火磚 fire brick
火嘴/火嘴 burner port
伙伴系统/夥伴系統 buddy system
钬/鈥 holmium
或电路/或閘路 OR circuit
或非/反或 NOT-OR
或非门/NOR 閘 NOR gate
或非型闪存/或非型快閃記憶體 NOR flash
或门/或閘 OR gate
货叉超行程停止器/貨叉超行程停止器 mechanical stops, shuttle overtravel stops
货叉间距/二伸縮貨叉間距 distance between two telescopic shuttles
货叉宽度/梭寬 width of shuttles
货叉伸出高度/貨叉伸出高度 thickness of extended part of shuttle
货叉伸出最大行程/貨叉伸出最大行程 maximum distance of shuttle, maximum extension of shuttle
货叉伸缩机构/貨叉伸縮機構 shuttle mechanism
货叉伸缩速度/貨叉伸縮速度 extending speed of shuttle
货叉伸缩行程限位器/貨叉伸縮行程限位器 shuttle extension limiter
货叉下挠度/貨叉下撓度 deflexion of shuttle
货车/貨車 truck
货车车身/貨車車身 truck body
货车列车/貨物道路列車 goods road train
货架/貨架 guard frame
货架边柱/貨架邊柱 guard frame outside post
货架横梁/貨架橫梁 guard frame rail
货架拉手/貨架拉手 guard frame handle
货棚/風雨棚，貨柵 shed
货物位置异常检测装置/負載位置檢測器 load location detector
货箱/貨箱 cargo body
货箱侧柱/貨箱側柱 cargo body side post
货箱底板/貨箱底板 cargo floor
货箱底架/貨箱底架 cargo body underframe
货箱栏板/貨箱欄板 cargo body gate
货用施工升降机/物料昇降機 material hoist
货运吨/裝載噸 shipping ton
货运管理系统/貨運管理系統 cargo management system
货运索道/貨運索道 material ropeway
获能腔/獲能腔 catcher resonator
获取/獲取，擷取 acquisition
获取[捕获]范围/獲取範圍 acquisition range
获取过程/獲取過程 acquisition process
获准型式的样本/獲準型式的樣本 specimen of an approved type
霍恩子句/霍恩子句 Horn clause
霍尔-埃鲁法/霍耳-埃魯法 Hall-Heroult process
霍尔槽/霍耳槽 Hull cell
霍尔常数/霍耳常數 Hall constant
霍尔电极/霍耳電極 Hall electrode
霍尔功率计/霍耳功率計 Hall power meter
霍尔角/霍耳角 Hall angle
霍尔逻辑/霍耳邏輯 Hoare logic
霍尔迁移率/霍耳遷移率 Hall mobility
霍尔三维结构/霍耳三維結構 Hall three dimension structure
霍尔[式]传感器/霍耳感測器 Hall transducer
霍尔式曲轴位置传感器/霍耳式曲軸位置感測器 Hall crankshaft position sensor
霍尔式位移传感器/霍耳位移轉換器 Hall

displacement transducer

霍尔式压力传感器/霍耳式壓力换能器 Hall type pressure transducer

霍尔特系统/霍耳特系統,動態心電圖監護系統 dynamic ECG monitoring system, Holter system

霍尔系数/霍耳係數 Hall coefficient

霍尔效应/霍耳效應 Hall effect

霍尔效应传感器/霍耳效應换能器 Hall-effect transducer

霍尔效应磁强计/霍耳效應磁強計,霍耳[效應]高斯計 Hall-effect gaussmeter

霍尔效应功率计/霍耳效應功率計 Hall effect power meter

霍尔效应器件/霍耳效應裝置 Hall effect device

霍夫变换/霍夫變换 Hough transform

霍夫曼电量计/霍夫曼電量計 Hofmann coulometer

霍夫曼静电计/霍夫曼静電計 Hofmann electrometer

霍夫曼码/霍夫曼碼 Hoffmann code

霍勒内斯码/何樂里碼 Hollerith code

霍列沃界/Holevo 界 Holevo bound

霍曼转移轨道/賀門轉移軌道 Hohmann transfer orbit

霍普菲尔德神经网络/霍普菲爾類神經網路 Hopfield neural network

霍普金森杆冲击机/霍普金森桿衝擊機 shock machine with Hopkinson bar

霍普金森杆压缩波法/霍普金森桿壓縮波法,應變比較法 method by Hopkinson bar compress wave

霍特林变换/哈特林轉换 Hotelling transform

J

击穿/衝穿,崩潰　breakdown, puncture
击穿崩溃/衝穿崩潰　punch-through breakdown
击穿电压/崩潰電壓　breakdown voltage, break down voltage
击穿强度/崩潰強度,裂斷強度　breakdown strength, breaking strength
击穿现象/衝穿現象　punch-through
击打式打印机/撞擊式列印機　impact printer
击打式宽行打印机/撞擊式行列印機　impact line printer
击打噪声/撃打雜訊　hit noise
击键时间当量/打字時間當量　typing time equivalent
击键验证/撃鍵驗證　keystroke verification
击振细筛/撃振細篩　fine screen with rapping device
击中学说/撃中理論,靶理論　hit theory
LISP 机/LISP 機器　LISP machine
POS 机/銷貨點終端機　point of sale, POS
机舱/機艙　nacelle
机舱罩/機艙罩　nacelle cover
机铲/動力鏟　power shovel
机场标志灯/機場燈臺　aerodrome beacon
机场管制通信/機場指揮通信　airfield control communication
机场监视雷达/機場監視雷達　airport surveillance radar, ASR
机场客梯车/機場客梯車　mobile aircraft landing stairs
机场控制无线电/機場控制無線電,機場管制無線電　aerodrome control radio
机场跑道除胶车/機場跑道除膠車　airport-runway rubber-removal vehicle
机车/機車　locomotive
机床/工具機　machine tool
机床附件/機床附件　machine tool accessory
[机床附件]工作台/工作檯,機檯　table
机床加工精度/機械光製　machine finish
机床夹具/機床夾具　machine tool fixture
机电的/機電的,電機械的　electromechanical
机电放大器/機電放大器　electromechanical amplifier
机电换能器/機電換能器　electromechanical transducer
机电积分器/機電積分器　electromechanical integrator
机电记录/機電記録[法]　electromechanical recording
机电交换系统/機械電子交換系統　mechano-electronic switching system
机-电联合强度/機電綜合強度　combined mechanical and electrical strength
机电耦合系数/機電耦合係數　electromechanical coupling factor, electromechanical coupling coefficient
机电器件/機電裝置,機電設備　electromechanical device
机电式计数器/機電計數器　electromechanical counter
机电[式]继电器/機電繼電器　electromechanical relay
机电式加速度计/機電加速度計　electromechanical accelerometer
机电式扫描/電機機械式掃描　electromechanical scanning
机电调向/機電引導　electronic mechanically steering
机电一体化/機電一體化　mechanotronics
机电元件/機電組件　electromechanical component
机顶盒/轉頻器,數控器　set-top box, STB
机顶贮砂斗/機頂貯砂斗　surge hopper
机动/機械操作　mechanic operating
机动泵/動力泵　power pump
机动刹车/動力刹車　power brake
机动车超速自动监测系统/機動車超速自動監測系統　automatic monitor system for vehicle speeding of motor car
机动车雷达测速仪/機動車雷達測速儀　apparatus with radar for measuring rate of motor car
机动分析/運動分析　kinematic analysis
机动进给/機械進給　mechanical feed
机动卫星/機動衛星　maneuvering satellite
机动性/遷移率,移動率,可調遣性　mobility, manoeuvrability

机房/機房,機器間 machine room
机房管理/機房管理 computer room management
机房维护/機房維護 computer room maintenance
机构/機構 mechanism
机构传动比/速比 transmission ratio
机构的等效质量/機構之等效質量 equivalent mass of mechanism
机构的结构/機製的結構,機構之機構 structure of mechanism
机构的平衡/機構的平衡 balance of mechanism
机构分析/機構分析 analysis of mechanism
机构简图/機構示意圖 schematic diagram of mechanism
机构结构公式/機製結構公式 structural formula of mechanism
机构设计/機構設計 mechanism design
机构拓扑矩阵/機構拓撲構造矩陣 mechanism topology matrix
机构学/機構學 theory of mechanism
机构元件/機構元件 mechanism element
机构运动简图/機構運動簡圖 kinematic diagram of mechanism
机构运动学/機構運動學 kinematics of mechanism
机构运动学分析/機構運動學分析 kinematic analysis of mechanism
机构运动学综合/機構運動學綜合 kinematic synthesis of mechanism
机构综合/機構綜合 synthesis of mechanism
机柜/機櫃 case
机柜连接器/機櫃連接器 rack-and-panel connector
机会路由/機會路由 opportunistic routing
机架/構架 frame
机架式服务器/機架式伺服器 rack server
机件/機件,零件 part
机键腔/交換腔 switch room
机具铸件/機具鑄件 engineering casting
机壳/機殼 housing
机坑里衬/坑襯 pit liner
机理模型/機理模型 mechanism model
机轮/機輪 wheel
机密级/秘密 secret
机内测试装置/機內測試裝置 built-in test equipment, BITE
机内核验/機內查核 built-in check
机内校准器/機內校正器 built-in calibrator
机内通话系统/機內通話系統 aircraft interphone system
机器/機器 machine
机器词典/機器字典 machine dictionary
机器发现/機器發現 machine discovery
机器翻译/機器翻譯 machine translation
机器翻译评价/機器翻譯評估 evaluation of machine translation
机器辅助/機器輔助 machine-aided
机器辅助翻译/機器輔助翻譯 machine-aided translation
机器检查中断/機器檢查中斷 machine check interrupt
机器搅拌机/機械攪拌器 mechanical stirrer
机器可读/機器可讀 machine readable
机器浪费时间/機器浪費時間 machine-spoiled time
机器码/機器碼 machine code
机器人/機器人 robot
机器人编程语言/機器人程式語言 robot programming language
机器人传感器/機器人感測器 robot sensor
机器人工程/機器人工程 robot engineering
机器人控制/智慧機器人控制 robot control
机器人涂装/機器人塗裝 robot painting
机器人系统/機器人系統 robot system
机器人学/機器人學 robotics
机器视觉/機器視覺 machine vision
机器塔架/機器塔架 machine tower
机器学习/機器學習 machine learning
机器语言/機器語言 machine language
机器运行/機器運行 machine run
机器造型/機械造模 machine molding
机器证明/機器證明 machine proof
机器指令/機器指令 machine instruction
机器智能/機器智慧 machine intelligence
机器周期/機器週期 machine cycle
机群/群集 cluster
机上处理/飛機上處理 on-board processing
[机算机]病毒感染/[機算機]病毒感染 virus infection
机体/引擎體 engine block
机头/機頭 front head
机箱/箱,框架 bin, chassis
机械/機械 machinery
机械泵/機械真空泵 mechanical pump
机械比较仪/機械比較儀 mechanical comparator
机械变桨机构/機械式螺距控制機構 mechanical pitch control mechanism
机械变形/機械形變 mechanical deformation
机械测井仪/鑽井工作自動記録器 mechanical well loger

机械测力计/機械動力計 mechanical dynamometer
机械测振法/機械測振法 mechanical method of vibration measurement
机械测振仪/機械測振儀 mechanical vibrometer
机械铲/機器鏟 mechanical shovel
机械沉积/機械沈積作用 mechanical sedimentation
机械冲击/機械衝擊,機械陡震 mechanical shock
机械充填/機械充填 mechanical filling
机械传动/機械驅動 mechanical drive
机械传动式沥青混凝土摊铺机/機械傳動式瀝青攤鋪機 mechanical asphalt paver
机械传动系/機械傳動系統 mechanical transmission system
机械刺激/機械刺激 mechanical stimulus
机械单元/機械單元 mechanical unit
机械导纳/機械導納 mechanical mobility, mechanical admittance
[机械的]开关/[機械的]開關 mechanical switch
机械的平衡/機械的平衡,機器的平衡 balance of machinery
机械的瞬时效率/機械暫態效率 instantaneous efficiency of machinery
机械的循环效率/機械的循環效率 cyclic efficiency of machinery
机械电子学/機械電子學 mechatronics
机械定时器/機械計時器 mechanical timer
机械动力学/機器動力學 dynamics of machinery
机械镀/機械鍍 mechanical plating
机械方程/機器方程式 machine equation
机械分词方法/機械分詞方法 mechanical segmentation method
机械分度头/機械分度頭 mechanical dividing heads
机械分离/機械分離 mechanical separation
机械干扰/機械卡住 mechanical jamming
机械隔膜计量泵/機械致動隔膜計量泵 mechanically actuated diaphragm metering pump
机械工程/機械工程 mechanical engineering
机械工程设计/機械工程設計 mechanical engineering design
机械公差/機械公差 mechanical tolerance
机械共振/機械共振,機械諧振 mechanical resonance
机械管/機械管 mechanical tube
机械光学比较仪/機械光學比較儀 mechanical-optical comparator
机械合金化/機械合金化 mechanical alloying
机械衡器/機械衡器 mechanical weighing instrument
机械化焊接/機械化焊接 mechanized welding
机械化学磨损/機械化學磨損 mechano-chemical wear
机械换能器/機械換能器 mechanical transducer
机械积分器/機械式積分器 mechanical integrator
机械激活电池/機械激活電池 mechanically activated battery
机械计时器/機械計時器 mechanical timer
机械计数器/機械計數器 mechanical counter
机械加工/機械加工,機器處理 machining, machine processing
机械加工性/切削性 machinability
机械加宽熨平装置/機械加寬熨平裝置 mechanical extension screed unit
机械夹杂/機械夾雜 mechanical entrainment
机械搅拌器/機械攪拌器 mechanical agitator
机械搅拌脱硫法/機械攪拌脱硫法 desulphurization in Kanbara reactor, KR desulphurization
机械搅蜡机/機械攪蠟機 mechanical wax stirring machine
机械接头/機械熔接 mechanical splice
机械 Q 开关/機械 Q 開關 mechanical Q-switch
机械冷藏列车/機械冷藏列車 mechanically refrigerated rail-car
机械离合器/機械控制式離合器 mechanically controlled clutch
机械离心式调速器/機械離心式調速器 mechanical centrifugal speed governor
机械连接/機械聯動裝置 mechanical linkage
机械连接式试验/機械背接式試驗 mechanical connection test
机械量/機械量 mechanical quantity
[机械]零件/機件 mechanical part
机械零位/機械零位 mechanical zero
机械零位调节器/機械零位調節器 mechanical zero adjuster
机械炉排/機械爐排 stoker-fired grate
机械滤波器/機械過濾器 mechanical filter
机械落矿/機械碎礦 machine breaking
机械密封/機械軸封 mechanical seal
机械秒表/機械秒表 mechanical stop watch
机械摩擦/機械摩擦 mechanical friction
机械磨损/機械磨損 mechanical wear
机械耐久性试验/機械耐久性試驗 mechanical endurance test
机械能/機械能 mechanical energy
机械黏砂/金屬滲透 metal penetration
机械啮合式起动机/機械嚙合式起動機

mechanically engaged drive starter
机械抛光/機械抛光 mechanical polishing
机械喷射/機械噴射 mechanical injection
机械品质因数/機械品質因子 mechanical quality factor
机械品质因素/優化機械因子,評等機械因子 mechanical factor of merit
机械平衡/機械平衡 mechanical equilibrium
机械气动调速器/機械氣動調速器 mechanical-pneumatic governor
机械[器]设计/機器設計 machine design
机械强度/機械強度 mechanical strength
机械清洗/機械清掃,機械清潔 mechanical cleaning
机械驱动式压气机/引擎驅動式壓氣機 engine-driven blower
机械扫描/機械掃描 mechanical scanning
机械扫描声全息[术]/機械掃描聲全息[術] acoustic holography by mechanical scanning
机械扇形扫描/機械扇形掃描 mechanical sector scan
机械设备室/輪機室,機艙 machinery room
机械设计/機械設計 mechanical design, machine design
机械伸缩吊具/機械伸縮吊具 mechanic telescopic spreader
机械湿度计/機械濕度計 mechanical hygrometer
机械示波器/機械示波器 mechanical oscillograph
机械式变速器/機械傳動 mechanical transmission
机械式波发生器/機械式波發生器 mechanical wave generator
机械式彩色电视机/機械式彩色電視機 mechanical color television
机械式操纵机构/機械式操作機構 mechanical operation mechanism
机械式翻译/機械式翻譯 mechanical translation
机械式钢筋调直切断机/機械式鋼筋調直切斷機 mechanical reinforcing bar straightening and cutting machine
机械式滑台/機械式滑檯 mechanical slide table
机械式量仪/機械式測量儀器 mechanical measuring instrument
机械式喷油泵/機械式噴油泵 mechanical fuel injection pump
机械式喷油器/機械式噴油器 mechanical fuel injector
机械式喷油提前器/機械式噴油提前裝置 mechanical fuel injection timing advance device
机械式试验机/機械試驗機 mechanical testing machine
机械式微分分析器/機械微分分析器 differential analyzer mechanical
机械式温深计/機械式溫深計 mechanical bathythermograph
机械式压力表/機械壓力計 mechanical pressure gage
机械式张拉设备/機械式張拉設備 mechanical tensioning equipment
机械式真空泵/機械真空泵 mechanical vacuum pump
机械式振动台/機械振動檯 mechanical vibration table
机械式自动变速器/機械式自動變速器 automatic mechanical transmission, AMT
机械手/機械臂 manipulator
机械寿命试验/機械耐久性試驗 mechanical endurance test
机械鼠标[器]/機械式滑鼠 mechanical mouse
机械刷/機械刷,刷式清理機 brusher
机械摔砂造模机/機車式摔砂造模機 locomotive type slinger
机械损耗/機械損失 mechanical loss
机械损失/機械損失 mechanical loss
机械特性/機械特性 mechanical characteristics
机械天平/機械天平 mechanical balance
机械调速器/機械調速器 mechanical governor
机械调整/機械調整 mechanical adjustment
机械跳动/機械跳動 mechanical run-out
机械通风冷却塔/機械通風冷却塔 mechanical draught cooling tower
机械通风湿式冷却塔/機械通風濕式冷却塔 mechanical draft wet cooling tower
机械筒长/機械筒長 mechanical tube length
机械挖掘机/纜索掘鑿機 cable excavator
机械网络/機械網路 mechanical network
机械稳定器/機械穩定器 mechanical stabilizer
机械稳定性/機械穩定性 mechanical stability
机械无级变速器/連續可變傳輸 continuously variable transmission, CVT
机械雾化/機械霧化 mechanical atomization
机械雾化器/機械霧化器 mechanical atomizer
机械雾化油燃烧器/機械霧化油燃燒器 mechanical atomizing oil burner
机械系统/機械系統 mechanical system
机械消旋天线/機械消旋天線 machanically despun antenna
机械效率/機械效率 mechanical efficiency

机械效益/機械利益 mechanical advantage
机械效应/機械效應,機械作用 mechanical effect
机械谐振/機械諧振,機械共振 mechanical resonance
机械携带/機械攜帶 mechanical carry-over, moisture carry-over
机械携带系数/機械攜帶係數 mechanical carry-over coefficient
机械性能/機械性質 mechanical property
机械性能试验/機械試驗[法] mechanical test, mechanical testing
机械修整/機械光製 machine finish
机械学习/死記硬背的學習 rote learning
机械循环效率/機器之循環效率 cyclic efficiency of machine
机械压力机/機械壓力機 mechanical press
机械压力机锻模/機械壓力機鍛模 mechanical press forging die
机械摇动器/機械搖動器 mechanical shaker
机械冶金[学]/機械冶金術 mechanical metallurgy
机械液压调节系统/機械式液壓控制系統 mechanical-hydraulic control system
机械液压调速器/機械液壓調速器 mechanical-hydraulic governor
机械仪表/機械式儀器 mechanical instrument
机械硬化/加工硬化 work hardening
机械预处理/機械預處理 mechanical pretreatment
机械元件/機械組件 mechanical component
机械运动学/機械運動學 kinematics of machinery
机械造型/機械造模 machine molding
机械增压/機械增壓 mechanical pressure charging, mechanical supercharging
机械增压器/引擎驅動式增壓器 engine-driven supercharger
机械振荡/機械振盪 mechanical oscillation
机械振动/機械振動 mechanical vibration
机械振动给料机/機械振動給料機 mechanical vibrating feeder
机械振动器/機械振動器 mechanical vibrator
机械振动输送机/機械振動輸送機 mechanical vibrating conveyor
机械振动台/機械振動檯,機械振動產生器系統 mechanical vibration generator system, mechanical vibration bench
机械整流器/機械整流器 mechanical rectifier
机械制动/機械制動 mechanical braking
机械制动器/機械控制式制動器 mechanically controlled brake
机械制动系/機械制動系統 mechanical braking system
机械制冷系统/機械式冷凍系統 mechanical refrigerating system
机械制造工艺/製造技術 manufacturing technology
机械滞后/機械遲滯 mechanical hysteresis
机械铸造/機械鑄造 machine casting
机械转向/機械轉向 manual steering, mechanical steering
机械转向器/手動轉向器 manual steering gear
机械转向系/手動轉向系統 manual steering system
机械转速表/機械轉速表 mechanical tachometer
机械阻抗/機械阻抗 mechanical impedance
机械阻力/機械阻力 mechanical resistance
机械阻尼器/機械阻尼器 mechanical damper
机械钻/動力鑽床 power drill
机械钻速/鑽進率,貫穿率 rate of penetration, ROP
机械作用/機械作用 mechanical action
机型批准/型式認可 type approval
机用虎钳/機械老虎鉗 machine vice
机用铰刀/機力絞刀 machine reamer
机油安全阀/油壓洩放閥 oil pressure relief valve, oil relief valve
机油泵/潤滑油泵 lubricating oil pump
机油抽油泵/機油抽油泵 lubricating oil scavenging pump
机油粗滤清器/粗濾油器 coarse oil filter
机油集滤器/潤滑油吸入濾器 lubricating oil suction strainer
机油冷却器/冷油器 oil cooler
机油滤清器/潤滑油篩檢程式 lubrication oil filter
机油滤清器滤芯/機油濾清器濾芯,機油篩檢程式濾芯 filter element of lubrication oil filter
机油滤清器转子/濾油器轉子 oil filter rotor
机油调压阀/油壓調整閥 oil pressure regulating valve
机油箱/潤滑油箱 lubricating oil tank
机油消耗量/潤滑油消耗量 lubricating oil consumption
机油消耗量过高/油消耗量過高 excessive consumption of oil
机油消耗率/滑油消耗率,單位耗滑油量,比滑油消耗量 specific lubricating oil consumption
机油压力表/油壓表,油壓計 oil pressure gage
机油油量报警传感器/油位報警感測器 oil level warning sensor
机载磁强计/機載磁強計 airborne magnetometer
机载电台/飛機電臺 aircraft station

机载发射卫星/機載發射衛星,從飛行器上發射的人造衛星 aircraft launching satellite
机载计算机/機載計算機 airborne computer
机载雷达/機載雷達 airborne radar
机载盘锥形天线/機載盤錐形天線 aerodiscone antenna
机载收发信机/機載收發兩用機 aircraft transmitter-receiver
机载通信装置/機載通信裝置 airborne communicator
机轧碎石/碎後原礦 crusher-run stone
机制/機構 mechanism
机柱/立柱 column
机组接地电阻值/風力發電機組接地電阻 earth resistance of wind turbine generator set
机组效率/風力發電機組效率 efficiency of wind turbine generator set
机座/機座,底[板] bedplate, base plate, bed
机座磁轭/磁軛 frame yoke
肌磁描记术/肌磁描記術 magnetomyography
肌电控制/肌電控制 myoelectric control
肌电描记器/肌肉神經電探器 electromyograph
肌电描记术/肌電描記術 electromyography
肌电图传感器/肌電圖訊號轉換器 electromyography transducer
鸡尾酒会效应/雞尾酒會效應 cocktail party effect
奇次谐波/奇次諧波 odd harmonic
奇分量/奇成分 odd component
奇函数/奇函數 odd function
奇检验/奇檢驗 odd-parity check
奇控制门/奇數控制閘 odd controlled gate
奇模/奇模[態] odd mode
奇偶归并排序/奇偶合并排序 odd-even merge sort
奇偶计数器/奇偶計數器 odd-even counter
奇偶检查矩阵/奇偶檢驗矩陣 parity check matrix
奇偶检查制/奇偶檢查制 parity check system
奇偶检验/奇偶檢驗,奇偶檢查,奇偶核對 odd-even check, odd parity check, parity detection
奇偶检验位/同位位元,奇偶校驗位元 parity bit
奇偶检验误差/奇偶誤差 parity error
奇偶交叉/奇偶交插 odd-even interleaving
奇偶校验/奇偶校驗 parity check
奇偶校验符号/奇偶檢驗符號,同位元檢查符元 parity check symbol
奇偶校验矩阵/奇偶檢驗矩陣 parity check matrix
奇偶校验码/奇偶檢驗碼 parity check code
奇偶校验字符/奇偶檢核字元,同位檢核字元 parity check character
奇偶逻辑/奇偶邏輯 odd-even logic
奇偶违例/同位違反 parity violation
奇偶性/奇偶性 parity
奇偶循环/奇偶回路 odd-even loop
奇偶字符/奇偶字元,同位字元 parity character
奇条件门/奇數條件閘 odd-condition gate
奇宇称[性]/奇同位 odd parity
积/乘積 product
积层磁铁/疊板磁鐵 laminated magnet
积丢滤波器/積丟濾波器,積傾濾波器,積分後倒卸濾波器 integrate-and-dump filter
积放式辊子输送机/積放式懸掛輸送機 accumulating roller conveyor
积放式悬挂输送机/積放式懸掛輸送機 power and free overhead conveyor
积分饱卷/積分繞緊 integral windup
积分补偿/積分補償 integral compensation
积分步骤/積體步驟 integration procedure
积分电离腔/積分式游離腔 integrating ionization chamber
积分电流计/積分式電流計 integrating galvanometer
积分电路/積分電路 integrating circuit, integrator
积分电容器/積分[式]電容器 integrating capacitor
积分法/積分法 integration method
积分反馈/積分回饋 integral feedback
积分方程数值解/積分方程數值解 numerical solution for integral equation
积分光度计/積分[式]光度計,積分式照度計 integrating photometer, integrating luxmeter
积分环节/積分元素 integration element
积分机/積分機構 integrating mechanism
积分机构/積分機構 integrating mechanism
积分计/積分計 integrating meter
积分剂量/累積劑量 integral dose
积分控制/積分控制 integral control
积分控制器/積分控制器 integral controller, I controller
积分谱/積分譜 integral spectrum
积分器/積分器,積分儀 integrator, integraph
积分球/積分球 integrating sphere
积分溶解热/積分溶解熱 integral heat of solution
积分声级计/積分音量計 integrating sound level meter
积分时间/積分時間 integration time
积分时间常数/積分時間常數 integration time constant
积分式电动执行机构/積分式電致動器 integral

electric actuator
积分式光度计/積分式光度計 integrating photometer
积分式记录仪/積分式記録器 integrating recorder
积分通量/注量 fluence
积分稀释热/積分稀釋熱 integral heat of dilution
积分性能准则/積分性能準則 integral performance criterion
积分仪/積分儀,加總儀器,積分器 totalizing instrument, integrator
积分振动仪/積分振動計 integrating vibrometer
积分中子通量/總中子通率 integrated neutron flux
积分转换/積分轉换 integrating conversion
积分作用/積分作用 integral action
积分作用控制器/積分作用控制器 integral action controller
积复激电动机/積複繞電動機,積複繞馬達 cumulative compound motor
积复激发电机/積複繞發電機 cumulative compound generator
积复励电动机/積複繞電動機,積複繞馬達 cumulative compound motor
积复励电机/積複繞電機 cumulative compound machine
积灰/積垢 fouling
积极控制式波发生器/積極控制式波産生器 wave generator of positive control
积聚/聚積 accumulation
积累误差/累積誤差 accumulated error
积累因数/積累因數,增建因數 buildup factor
积木世界/塊世界 block world
积木式布图系统/堆積式布局系統 building-block layout system
积算仪表/積分[儀]器,積算儀器 integrating instrument
积算照度表/積分式照度計 integrating luxmeter
积炭/殘留碳 carbon residue
积铁/爐内結塊 salamander
积屑瘤/刃口積屑緣 built-up edge
积蓄热/積蓄熱 accumulated heat
基/基極 base
基板/基板,墊板,底板 plaque, basal plate
基本安装共振频率/基本安裝共振頻率 fundamental mounted resonance frequency
基本臂/基本臂 basic jib
基本编码规则/基本編碼規則 basic encoding rule
基本标准/基本標準 fundamental standard
基本参考标准/基本參考標準 basic reference standard
基本参数/基本參數 basic parameter
基本操作/基本操作 basic operation
基本测量单位/量測基本單位 base unit of measurement
基本测量法/基本量測法 fundamental method of measurement
基本常量/基本常數 fundamental constant
基本常数/基本常數 fundamental constant
基本常数调整/基本常數調整 adjustment of fundamental constant
基本超群/基本超群 basic supergroup
基本尺寸/基本尺寸,基礎尺寸 basic size, base size
基本齿廓/基本齒廓 basic rack tooth profile
基本齿条/基準齒條 basic rack
基本词/基本詞 primary word
基本单位/基本單位 base unit
SI 基本单位/SI 基本單位 SI base unit
基本额定寿命/基本額定壽命 basic rating life
基本服务集/基本服務集 basic service set, BSS
基本服务集过渡移动性/基本服務集過渡移動性 BSS transition mobility
基本服务区/基本服務區 basic service area
基本负荷额定输出功率/基本負荷額定輸出功率 base-load rated output
基本负荷锅炉/基本負載鍋爐 base-load boiler
基本负荷汽轮机/基本負荷汽輪機 base-load steam turbine
基本负荷运行/基本負載運轉 base-load operation
基本公差/基本公差 basic tolerance
基本极心/基本極心 basic pole
基本集/主集 primary set
基本假设/基本假設 basic assumption
基本接入/基本接入 basic access
基本可用性/基本可用性 basically available
基本块/基本塊 basic block
基本理论/基本理論 elementary theory
基本粒子/基本粒子 elementary particle
基本量/基本量,基礎量 base quantity
基本量程/基本量程,基本範圍 basic range
基本密钥/基本密鑰 base key
基本名词短语/基本名詞短語 base NP
基本模式/主要模態,基本模態,基模 fundamental mode
基本偏差/基本偏差 fundamental deviation
基[本频]带/基帶 baseband
基本平台/基本平臺 basic platform
基[本曲]线/基曲線 base curve

基本容积/基本容積 basic spring volume
基本实例/基本實例 ground instance
基本事件/基本事件 basic event
基本速率接口/基本速率介面 basic rate interface, BRI
基本头/基本頭 base header
基本网系统/基本網路系統 elementary net system
基本位图/基本位元圖 basic bit-map
基本物理常量/基本物理常數 fundamental physical constant
基本误差/基本誤差,内在誤差 intrinsic error, fundamental error
基本线路均衡器/基本線路等化器 basic line equalizer
基本信号/基本信號 basic signal
基本型链路控制[规程]/基本模態鏈路控制程序 basic mode link control procedures
基本牙型/基本牙型 basic profile
基本优先级/基本優先 base priority
基本元素/根本元素 primitive element
基本原理/基本原理,理論基礎 rationale
基本运动轨迹/基本運動軌跡 basic motion curve
基本熨平装置/基本熨平裝置 basic screed unit
基本噪声/基本雜訊 basic noise
基本振动/基本振動 fundamental vibration
基本指令/基本指令 basic instruction
基本中径/基本中徑 basic pitch diameter
基本周期/基本週期 fundamental period
基本自动编码器/基本自動寫碼器 basic autocoder
基本字符集/基本字元集 basic character set
基本字句/基本子句 ground clause
基表/基本表 base table
基波/基[諧]波,一次諧波 fundamental wave, fundamental harmonic, first harmonic
基波电流/基波電流,基諧電流 fundamental current
基波功率/基波功率 fundamental power
基波功率因数/基波位移因數 power factor of the fundamental
基波频率/基頻 fundamental frequency
基波失真度法/基波失真度法 fundamental distortion method
基层/基極層 base layer
基场/基[地]場 ground field
基础臂节/基礎臂節 base jib section
基础标准/基本標準 basic standard
基础部件/基本元件 basic component
基础测量法/基本量測法 fundamental method of measurement
基础电源/基礎電源 fundamental power supply
基础垛盘/基本襯壁 wedging curb
基础环/底圈 foundation ring
基础节/基地分區 base section
基础井框/吊掛基本襯壁 plugged crib
Java 基础类[库]/Java 基礎類別 Java Foundation Class
基础螺栓/基礎螺栓,底腳螺栓 anchor bolt
基础设施/基礎建設 infrastructure
基础设施管理/基礎設施管理 infrastructure management
基础设施即服务/基礎設施即服務 infrastructure as a service, IaaS
基础网/基礎網路 infranet
基础业务/基本服務 basic service
基带/基帶 baseband
基带层/基帶層 baseband layer
基带处理/基帶處理 baseband processing
基带传输/基帶傳輸 baseband transmission, base-band transmission
基带分配单元/基帶分配部 baseband distribution unit, BDU
基带复合器/基[頻]帶合并器 baseband combiner
基带局[域]网/基頻區域網路 baseband LAN
基带频率/基頻 baseband frequency
基带信号/基帶信號 baseband signal
基地电台/基地站,基臺 base station
基地站/基地站,基臺 base station
基点/基點,主點 base point, cardinal point
基点速度/基本速率 base speed
基尔霍夫电流定律/克希荷夫電流定律 Kirchhoff current law, KCL
基尔霍夫电压定律/克希荷夫電壓定律 Kirchhoff voltage law, KVL
基尔霍夫定律/克希荷夫定律 Kirchhoff law
基尔霍夫辐射定律/克希荷夫輻射定律 Kirchhoff law of radiation
基夫采特熔炼法/基夫塞特熔煉法 Kivcet smelting process, Kivcet-CS process
基干[网]/基幹 backbone
基光/基本光 base light
基函数/基礎函數 basis function
基级电阻/基極電阻 base resistance
基极/基極 base
基极层/基極層 base layer
基极厚度/基極厚度 base thickness
基极宽度调变/基極寬度調變 base-width modulation

基间平面/基間平面　intercardinal plane
基矩/群動量　group moment
基孔制/基孔制　hole-basic system of fits, hole basis system
基流/基流,本底電流　background current
基面/刀具基準面　tool reference plane
基模/基模,主要模態,基本模態　fundamental mode
基片/基片,基板　substrate
基频/基頻,基本頻率　fundamental frequency, basic frequency
基频排/基頻排　baseband bank
基平面/基平面　cardinal plane
基普气体发生器/基普[氣體]産生器　Kipp gas generator
基区/基極區　base region
基群/基群　basic group
基群速率接口/主速率介面　primary rate interface, PRI
基色单元/基色單元　primary color unit
基色滤色器/初級過濾器　primary filter
基数/基數　base number
基数变换器/數基轉換器　radix converter
基数排序/基數排序　radix sort
基态/基態　ground state
基体/基體,基材,基質　matrix
基体分离/基質隔離　matrix isolation
基体钢/基材鋼　matrix steel
基体结构/基地組織　matrix structure
基体金属/基材金屬　basis metal
基体匹配/基質匹配　matrix matching
基体相/母相,基材相　matrix phase
基体效应/基體效應,基質效應,間質效應　matrix effect
基网/基本網路　underlying net
基线/基[準]線　baseline
基线测量/基線測量　baseline surveying
基线长[度]/基線長度　base length
基线干涉仪/基線干涉儀　baseline interferometer
基线管理/基準管理　baseline management
基线恢复/基線恢復　baseline restorer
基线漂移/基線漂移　baseline shift
基压系数/壓力基礎校正係數　pressure base factor
基岩 /基岩,底岩　bedrock
基岩酸化/岩基酸處理　matrix acidizing
基页/基頁　base page
基因/基因　gene
基因本体/基因本體　gene ontology
基因表达/基因表現　gene expression
基因表达聚类/基因表現聚類　clustering of gene expression
基因表达调控/基因表現調控　regulation of gene expression
基因发现/基因發現　gene finding
基因工程/基因工程,遺傳工程　genetic engineering
基因集富集分析/基因集富集分析　gene set enrichment analysis
基因树/基因樹　gene tree
基因组重排问题/基因組重排問題　genome rearrangement
基因座/基因座　locus
基于案例的推理/案例爲本的推理　case-based reasoning
基于博弈论协商/競賽理論爲主協商　game theory-based negotiation
基于不分明量子逻辑的自动机理论/基於不分明量子邏輯的自動機理論　automata theory based on unsharp quantum logic
基于测量的量子计算/基於測量的量子計算　measurement-based quantum computation
基于场景的需求建模/基於場景的需求建模　scenario-based requirements modeling
基于簇的路由/基於簇的路由　cluster-based routing
基于代价的查询优化/成本爲本的查詢最佳化　cost-based query optimization
基于单向函数的伪随机数生成器/基於單向函數的偽亂數産生器　pseudorandom generators from one-way functions
基于单向置换的伪随机数生成器/基於單向置換的偽亂數産生器　pseudorandom generators form one-way permutations
基于 XML 的元数据交换/基於 XML 的中繼資料交换　XML-based Metadata Interchange, XMI
基于短语的统计机器翻译/基於短語的統計機器翻譯　phrase-based statistical machine translation
基于对象的存储设备及系统/基於目標的存放裝置及系統　object-based storage device and system
基于反馈的流控制/基於回饋的流控制　feedback-based flow control
基于分布方式的无线介质访问控制协议/基於分布方式的無線介質存取控制協定　distributed foundation wireless medium access control
基于分明量子逻辑的量子有限自动机/基於分明量子邏輯的量子有限自動機　sharp quantum logic based quantum finite automata
基于分明量子逻辑的自动机理论/基於分明量子邏輯的自動機理論　automata theory based on sharp

quantum logic

基于概率的量子有限自动机/基於概率的量子有限自動機 probability based quantum finite automata

基于关联的长活路由器/基於關聯的長活路由器 association-based long-lived routing

基于规划的协商/基於規劃的協商 plan-based negotiation

基于规则的程序/規則爲本的程式 rule-based program

基于规则的机器翻译/基於規則的機器翻譯 rule-based machine translation

基于规则的系统/規則爲本的系統 rule-based system

基于规则的演绎系统/規則爲本的演繹系統 rule-based deduction system

基于规则的专家系统/基於規則的專家系統 rule-based expert system

基于规则语言/規則爲本的程式 rule-based language

基于合一语法/統一爲主的語法 unification-based grammar

基于核的树/基於核的樹 core-based tree

基于基因表达数据的基因调控网络推断/基於基因表現資料的基因調控網路推斷 inference of genetic regulatory networks from gene expression

基于价值的软件工程/基於價值的軟體工程 value based software engineering

基于架构的虚拟化/基於架構的虛擬化 infrastructure-based virtualization

基于解释[的]学习/説明爲本的學習 explanation-based learning

基于类型理论的方法/類型理論爲主的方法 type theory-based method

基于量子逻辑的量子有限自动机/基於量子邏輯的量子有限自動機 quantum logic based quantum finite automata

基于流量的选路/流量基礎路由法 flow-based routing

基于面的表示/以面爲主的表示 face-based representation

基于内容的检索/内容爲本的檢索 content-based retrieval

基于频繁模式的分类/基於頻繁模式的分類 frequent pattern-based classification

基于闪存的数据库管理系统/基於快閃記憶體的資料庫管理系統 flash-based DBMS

基于实例的定理证明/基於實例的定理證明 instance-based theorem proving

基于实例的机器翻译/基於實例的機器翻譯 example-based machine translation

基于实例[的]学习/實例爲主的學習 instance-based learning

基于数据内容的推理/基於資料内容的推理 inference based on data content

基于搜索的软件工程/基於搜索的軟體工程 search based software engineering

基于速率的流控制/基於速率的流控制 rate-based flow control

基于特征的逆向工程/特徵爲本反向工程 feature-based reverse engineering

基于特征的设计/特徵爲本設計 feature-based design

基于特征的造型/特徵爲本模型化 feature-based modeling

基于特征的制造/特徵爲本製造 feature-based manufacturing

基于图像的建模和绘制/基於圖像的建模和繪製 image-based modeling and rendering

基于万维网的企业管理/基於萬維網的企業管理 web based enterprise management

基于位置的连接/基於位置的連接 location-based join

基于物理的建模/基於物理的造型 physically based modeling

基于语法的查询优化/語法爲本的查詢最佳化 syntax-based query optimization

基于语义的查询优化/語意爲主的查詢最佳化 semantics-based query optimization

基于元数据的推理/基於中繼資料的推理 inference based on metadata

基于源的树/基於源的樹 source based tree

基于约束的重构和分析方法/基於約束的重構和分析方法 Constraint Based Reconstruction and Analysis

基于证据的软件工程/基於證據的軟體工程 evidence based software engineering

基于知识的仿真系统/知識爲本的模擬系統 knowledge-based simulation system

基于知识的机器翻译/知識爲本的機器翻譯 knowledge-based machine translation

基于知识的软件工程/知識爲本的軟體工程 knowledge-based software engineering

基于知识[的]推理/知識爲本的推理 knowledge-based inference

基于知识的推理系统/知識爲本的推理系統 knowledge-based inference system

基于知识的问答系统/知識爲本的問答系統 knowledge-based question answering system
基于知识的咨询系统/知識爲本的諮詢系統 knowledge-based consultation system
基于主体[的]软件工程/代理式軟體工程 agent-based software engineering
基于主体[的]系统/代理式系統 agent-based system
基于资源的调度/資源爲基的排程 resource-based scheduling
基于最大似然的进化分析/基於最大似然的進化分析 phylogenetic analysis by maximum likelihood
基元/基元 primitive
基元属性/基元屬性 primitive attribute
基元元件/根本元素 primitive element
基圆/基[準]圓 base circle
基圆齿距/基本節距,基節 base pitch
基圆导程角/基圓導程角 base lead angle
基圆螺旋角/基圓螺旋角 base helix angle
基圆螺旋线/基圓柱螺旋線 base helix
基圆直径/基圓直徑 base diameter
基圆柱面/基圓柱面 base cylinder
基站/基站 home landing, main floor, base station
基站管理/基站管理 BTS management, BTSM
基站控制器/基地站控制器 base station controller, BSC
基站收发信机/基站收發信機 base station transceiver, BST
基站子系统/基站子系統 base station subsystem, BSS
基值/基值 basic value
基值误差/基準誤差 datum error
基址/基[底位]址 base address
基址寄存器/基址暫存器,基底暫存器 base register, base address register
基质辅助激光解吸电离/基質輔助激光解吸電離 matrix-assisted laser desorption ionization, MALDI
基轴承/主軸承,底軸承 base bearing
基轴制/基軸制 shaft-basic system of fits
基准/基準,主標準 primary standard, datum, benchmark
基准包/基準包 benchmark package
基准标度/参考標尺 reference scale
基准标记/参考標記 reference mark
基准参数/参考參數 reference parameter
基准[测量]方法/原級量測方法 primary method of measurement
基准测试/基準測試 benchmark test
XML 基准测试程序/XML 基準測試程式 XML benchmark
基准层/基準層 datum layer
基准长度/基準長度 datum length
基准程序/基準程式 benchmark program
LINPACK 基准程序/LINPACK 基準程式 LINPACK benchmark
SPEC 基准程序/SPEC 基準程式 SPEC benchmark
TPC 基准程序/TPC 基準程式 TPC benchmark
基准程序组/基準程式組 benchmark suite
基准刺激/参考刺激 reference stimuli
基准粗糙长度/基準粗糙長度 reference roughness length
基准带/参考磁帶 reference tape
基准灯/試驗用燈泡,基準燈泡 reference lamp
基准点/基準點,参考點,参照點 reference point
基准电表/主[標準]表 master meter
基准电压/基準電壓,参考電壓,標準電壓 reference voltage
基准电压管/電壓参考管 reference voltage tube
基准电源/参考電源 reference power supply
基准副载波/基副載波 reference subcarrier
基准高度/基準高度,参考高度 reference height
基准功率/参考功率 reference power
基准管/檢管器 prover pipe
基准光束/参考射束 reference beam
pH 基准缓冲溶液/pH 基準緩衝溶液 primary reference buffer solution of pH
基准角/基準角,参考角 reference angle
基准节圆柱面/基準節圓柱面 pitch reference cylinder
基准结补偿/参考結補償 reference-junction compensation
基准距离/基準距離 reference distance
基准孔/基孔 basic hole
基准宽度/基準寬度 datum width
基准码/参考碼 reference code
基准偏差/基準漂移 datum drift
基准偏磁/基準偏磁 reference bias magnet
基准偏压/参考偏差,参考偏壓 reference bias
基准漂移/基準漂移 datum drift
基准平面/基準面 datum plane
基准日期/参照日期 reference date
基准声量/参考音量 reference volume
基准时钟/参考時鐘 reference clock
基准输入/基準輸入,参考輸入 reference input
基准条件/参考條件 reference condition
基准网络/基線網路 baseline network
基准位置/参考位置 reference position

基准温度/参考温度 reference temperature
基准蜗杆/基準蝸桿 basic worm
pH 基准物质/pH 基準物質 primary reference material of pH
基准误差/基準誤差,引用誤差 fiducial error
基准线/基準線,導引線 datum line, reference line, guide line
基准线差/基準線差 datum line differential
基准压力/参考壓力 reference pressure
基准压力调节/基準壓力控制 level pressure control
基准要素/参考元件 reference element
基准音量/参考音量 reference volume
基准硬度机/原級硬度標準機 primary hardness standard machine
基准元件/参考元件 reference element
基准圆周长/基準圓週長 datum circumference
基准源/参考源 reference source
基准噪声/参考雜訊 reference noise
基准照明/基準照明 reference lighting
基准镇流器/参考安定器,實驗用安定器 reference ballast
基准直径/基準直徑 datum diameter, reference diameter
基准值/基準值 fiducial value
基准制/参考系統 reference system
基准轴/基軸 basic shaft
基子句/基本子句 ground clause
基座/基座,基底 base, foundation
基座坐标系/基座坐標系 base coordinate system
畸变/畸變,失真 distortion
畸变度/畸變度,失真度 degree of distortion
畸变功率/畸變功率,畸變電力 distortion power
畸变系数测量器/失真因子測試計 distortion factor meter
畸变因数/畸變因數,失真因數 distortion factor
畸峰/畸峰 distorted peak
箕斗/箕斗 skip
箕斗井/箕斗井 skip shaft
箕斗提升/礦兜卷揚 skip winding
激波管/震波管,衝擊波管 shock-tube
激波管动态压力标准/激波管動態壓力標準 shock-tube dynamic pressure standard
激发/激發,激勵 excitation
激发带/激發[能]帶 excitation band
激发辐照/激發輻照 exciting irradiation
激发滤光片/激發濾光片 exciter filter
激发能/激發能,激磁能 excitation energy
激发器/激發器 excitron, exciter
激发态/激發態 excited state
激发温度/激發溫度 excitation temperature
激光/雷射 laser
激光安全标准/雷射安全標準 laser safety standard
激光棒/雷射棒 laser rod
激光饱和光谱学/雷射飽和光譜學 laser saturation spectroscopy
激光报警装置/雷射器警報裝置 laser alarm installation
激光泵/雷射幫浦 laser pump
激光泵浦/雷射幫浦,雷射器泵 laser pumping
激光泵浦腔/雷射激發腔 laser pumping cavity
激光表面合金化/雷射器表面合金化 laser surface alloying
激光测长机/雷射器測長機 laser length measuring machine
激光测厚/雷射器厚度量測 thickness measurement with laser
激光测径仪/雷射器測徑儀 laser diameter measuring instrument
激光测距/雷射測距,雷射器偵距儀 laser ranging, laser rangefinder
激光测距仪/雷射[器]測距儀 laser distance meter, laser distance measuring instrument, laser rangefinder
激光测月/雷射月球測距 lunar laser ranging
激光测云仪/雷射測雲儀,雷射雲罩測高儀,雷射測雲儀 laser ceilometer
激光测振/雷射振動測定 vibration measurement with laser
激光沉积/雷射沈積 laser deposition
激光重熔/雷射重熔 laser remolten
激光穿孔/雷射穿孔 laser beam perforation
激光传感器/雷射感測器 laser sensor
激光传输/雷射[器]傳輸 laser transmission
激光淬火/雷射淬火 laser hardening
激光存储器/雷射記憶體 laser storage
激光打孔/雷射鑽孔 laser drilling
激光打孔机/雷射穿孔機 laser beam perforating machine
激光打印机/雷射印表機,雷射束列印機 laser printer
激光等离子体/雷射產生電漿 laser-produced plasma
激光地震仪/雷射地震儀 laser seismometer
激光电镀/雷射器電鍍 laser electroplating
激光电离/雷射游離 laser ionization
激光电源/雷射電源,雷射電源供應器 power

supply of laser, laser power supply
激光定向仪/雷射定向儀 laser coelostat
激光多普勒测速/雷射都卜勒測速 laser Doppler velocity measurement
激光多普勒测速法/激光都卜勒測速法 measuring velocity method by laser Doppler
激光多普勒测速仪/雷射都卜勒測速計 laser Doppler velocimeter, LDV
激光多普勒风速仪/雷射都卜勒風速計 laser Doppler anemometer
激光多普勒雷达/雷射都卜勒雷達 laser Doppler radar
激光多普勒流量计/雷射都卜勒流量計 laser Doppler flowmeter
激光多普勒显微镜/雷射都卜勒顯微鏡 laser Doppler microscope
激光二极管/雷射二極體 laser diode
激光二极管带宽/雷射二極體頻寬 laser diode bandwidth
激光二极管[功率]跳动/雷射二極體跳動 laser diode kink
激光二极体驱动电路/雷射二極體驅動電路 laser diode drive circuit
激光发射机/雷射發射器 laser transmitter
激光放大器/雷射放大器 laser amplifier
激光分光镜/雷射分光鏡 laser beam splitter
激光风速计/雷射風速計 laser anemometer
激光峰值功率计/雷射峰值功率計 laser peak power meter
激光辐射/雷射輻射 laser radiation
激光辐射计/雷射輻射計 laser radiometer
激光辐照度/雷射功率密度 laser power density
激光干涉测量法/雷射干涉測量,雷射干涉術 laser interferometry
激光干涉气压计/雷射干涉氣壓計 laser interferometer manometer
激光干涉仪/雷射[器]干涉儀 laser interferometer
激光感生 CVD/雷射感生 CVD laser-induced chemical vapor deposition, LICVD
激光跟踪仪/雷射追蹤儀 laser tracker
激光工作物质/雷射材料 laser material
激光功率计/雷射功率計 laser power meter
激光功率密度/雷射功率密度 laser power density
激光[共振]腔/雷射共振腔,雷射諧振器 laser resonator
激光光谱/雷射光譜 laser spectrum
激光光谱技术/雷射光譜技術 laser spectrum technology
激光光谱[学]/雷射光譜[學] laser spectroscopy
激光焊/雷射焊接 laser beam welding
激光焊机/雷射焊機 laser beam welding machine
激光焊接/雷射焊接 laser welding
激光焊接机器人/雷射焊接機器人 laser welding robot
激光航道标/雷射航道標 laser channel marker
激光核聚变/雷射融合 laser fusion
激光核融合/雷射融合 laser fusion
激光横模/雷射横模 laser transversal mode
激光换能器/雷射轉換器 lasecon
激光绘图机/雷射繪圖器 laser plotter
激光火花/雷射火花 laser spark
激光计算机/雷射計算機 laser computer
激光技术/雷射技術 laser technique
激光加工/雷射[器]加工 laser processing, laser beam machining
激光加工机床/雷射加工機床 laser beam machine tool
激光加热/雷射輻射加熱 laser-radiation heating
激光加速度计/雷射[器]加速度計 laser accelerometer
激光键合/雷射鍵合 laser bonding
激光接收器/雷射接收器 laser receiver
激光解调器/雷射解調器 laser demodulator
激光经纬仪/雷射經緯儀 laser theodolite
激光绝对重力计/雷射[器]絶對重力計 laser absolute gravimeter
激光刻槽/雷射刻槽 laser grooving
激光刻画/雷射刻劃 laser grooving and scribing
激光刻线机/雷射刻線機 laser beam marking machine
激光刻印/雷射標記 laser beam marking
激光雷达/雷射雷達 laser radar
激光连续功率/激光連續功率 laser continuous power
激光量热器/雷射量熱計 laser calorimeter
激光流量计/雷射流量計 laser flowmeter
激光脉冲/雷射脈衝 laser pulse
激光脉冲持续时间/激光脈衝持續時間 laser pulse duration
激光脉冲重复率/激光脈衝重複率 laser pulse repetition rate
激光媒质/雷射介質 laser medium
激光瞄准望远镜/雷射校準望遠鏡 laser alignment telescope
激光能量/雷射能 laser energy
激光能量计/雷射能量計 laser energy meter

激光能量密度/雷射能量密度 laser energy density
激光偏转器/雷射偏轉器 laser deflector
激光频率/雷射頻率 laser frequency
激光破碎/雷射破碎 laser fracturing
激光曝辐量/雷射能量密度 laser energy density
激光器/雷射 laser
CO_2激光器/二氧化碳雷射 carbon dioxide laser
TEA CO_2激光器/横激大氣壓二氧化碳雷射 transversely excited atmospheric pressure CO_2 laser
激光器棒/雷射棒 laser rod
激光器输出特性/雷射輸出特性 output characteristics of laser
激光器效率/雷射效率 laser efficiency
激光器噪声/雷射雜訊 laser noise
激光器转动传感器/雷射轉動感測器 laser rotational sensor
激光器转换效率/雷射轉換效率 laser conversion efficiency
激光腔/雷射腔 laser cavity
激光切割/雷射切割,雷射切削 laser cutting, laser beam cutting
激光切割机/雷射切割機 laser beam cutting machine
激光全息测振/雷射全像振動量測 laser holographic measurement of vibration
激光全息照相/電射全像片 laser hologram
激光全息照相机/雷射全像照相機 laser holographic camera
激光染料/雷射染料 laser dye
激光热处理装置/雷射熱處理設備 laser heat treatment equipment
激光溶液/雷射溶液 laser solution
激光散斑测速计/雷射斑點測速計 laser speckle velocimeter
激光伸长仪/雷射伸長計 laser extensometer
激光矢量速度计/雷射向量測速計 laser vector velocimeter
激光收发器/雷射收發器 laser transceiver
激光受控区域/雷射受控區域 laser controlled area
激光受控热核反应堆/雷射控制熱核反應器 laser controlled thermonuclaer reactor
激光束/雷射光束 laser beam
激光束发散/雷射光束發散度 laser beam divergence
激光束聚焦/雷射光束聚焦 laser beam focusing
激光束偏转传感器/雷射光束偏轉感測器 laser beam deflection sensor
激光束扫描声全息[术]/雷射光束掃描聲全息[術] acoustic holography by laser scanning
激光衰减器/雷射衰減器 laser attenuator
激光水平仪/雷射水準計 laser level meter
激光水准仪/雷射水準儀 laser level
激光丝杠检查仪/導螺桿雷射測試器 lead screw laser tester
激光速度计/雷射速度計 laser velocimeter
激光损伤/雷射破壞 laser damage
激光探测/雷射檢測 laser detection
激光探测器/雷射檢測器,雷射檢知器 laser detector
激光探针质量分析仪/雷射探針質量分析儀 laser microprobe mass analyzer, LAMMA
激光探针质谱计/雷射探針質譜儀 laser probe mass spectrometer
激光条纹照相法/雷射紋影照相術 laser schlieren photography
激光通信/雷射通信 laser communication
激光同位素分离/雷射同位素分離 laser isotope separation
激光头/雷射頭 laser head
激光退火/雷射退火 laser annealing
激光陀螺/雷射陀螺 laser gyro
激光陀螺仪/雷射陀螺儀 laser gyro, laser gyroscope
激光椭圆度测量仪/雷射橢圓度測量儀 laser ellipticity measuring instrument
激光微区光谱仪/雷射顯微光譜分析儀 laser microspectral analyzer
激光微调/雷射修整 laser trimming
激光稳频系统/雷射穩頻系統 laser frequency stabilizing system
激光武器/雷射武器 laser weapon
激光系统/雷射系統 laser system
激光显示/雷射顯示 laser display
激光显示器/雷射顯示器 laser display device
激光显微镜/雷射顯微鏡 laser microscope
激光线宽/雷射線寬 laser linewidth
激光线性比较仪/雷射線性比側儀 laser linear comparator
激光谐振腔/雷射共振腔 laser cavity
激光医疗/雷射醫藥 laser medicine
激光引发等离子体/雷射引發致電漿 laser produced plasma
激光印刷/雷射印刷 laser printing
激光影碟/雷射影碟 laser disc
激光影像-斑点干涉仪/雷射影像-斑點干涉儀 laser image-speckle interferometer

激光应变计/雷射應變計 laser strainmeter
激光釉化/雷射釉化 laser glazing
激光远场/雷射遠場 laser far-field
激光再结晶/雷射再結晶 laser recrystallization
激光照排机/雷射排版機 laser typesetter
激光照相机/雷射照相機,雷射攝像機 laser camera
激光振荡/雷射振盪 laser oscillation
激光振荡器/雷射振盪器 laser oscillator
激光振荡条件/雷射振盪條件 laser oscillation condition
激光蒸发/雷射蒸發 laser evaporation
激光蒸发与沉积/雷射蒸發與沈積 laser evaporation and deposition
激光指示器/雷射指示器 laser designator
激光指向仪/雷射指向儀 laser orientation instrument
激光制导/雷射制導 laser guidance
激光重力仪/雷射重差計 laser gravimeter
激光转换器/雷射轉換器 lasecon
激光转速仪/雷射轉速計 laser tachometer
激光装置效率/雷射裝置效率 laser device efficiency
激光准直仪/雷射準直儀 laser collimator
激光自动调平器/雷射自動調平器 laser auto-leveling device
激光纵模/雷射縱模 laser longitudinal mode
激光钻孔/雷射鑽孔 laser drilling
激光作用/雷射發光 lasing
激活/啟動 activation, activate
激活光纤/激活光纖,現用光纖 active optical fiber, active fiber
激活函数/啟動函數 activation function
激活机制/啟動機制 activate mechanism
激活剂/活化劑,活化體,活化器 activator
激活媒质/活性介質,活性媒質 active medium
激活区/作用區 active region
激活原语/啟動基元 activate primitive
激冷/急冷 chilling
激冷层/冷硬層,冷硬區 chill zone
激冷钉/冷硬釘 chill nail
激冷裂纹/冷硬裂痕 chill crack
激冷深度/冷硬深度 chill depth
激冷试块/冷鐵 chill block
激冷试验/冷硬試驗 chill test
激冷铁/冷鐵 densener
激冷涂料/金屬模塗料,冷硬塗料 chill coating
激冷铸铁/冷硬鑄鐵 chilled cast iron
激励/激勵,激發 driving, excitation, stimulation
激励磁铁/激勵磁鐵,驅動磁鐵 exciting magnet, driving magnet
激励[单]元/激勵元 driving element
激励电压/驅動電壓 driving voltage
激励函数/激勵函數 excitation function
激励量/激勵量,激勵值,激能量 energizing quantity
激励器/激勵器,激磁機 exciter, driver
激励系统/致動系統 actuating system
激励相容/激勵相容 incentive-compatible
激励振荡器/激勵振盪器,主控產生器,驅動產生器 driving generator, driving oscillator
激振力/激發力,勵磁力 excitation force
激振器/激振機,振動器,振子 vibration exciter, vibrator
激子/激子 exciton
吉比特无源光网络/十億位元無源光網路 gigabit passive optical network, GPON
吉比特以太网/十億位元乙太網路 gigabit ethernet, GE
吉伯/吉伯 gilbert, Gb
吉布森混合法/吉布森混合法 Gibson mix method
吉布斯/吉布斯 Gibbs, gi
吉布斯函数/吉布斯函數 Gibbs function
吉布斯活化自由能/吉布斯活化能 activation Gibbs free energy
吉布斯现象/吉布斯現象,吉布斯效應 Gibbs phenomenon, Gibbs phenomena
吉布斯相律/吉布斯相律 Gibbs phase rule
吉布斯自由能/吉布斯自由能 Gibbs free energy
吉耳/吉耳 gill, gi
吉福德-麦克马洪制冷机/G-M 冷凍機 Gifford-McMahon refrigerator
吉福德-麦克马洪制冷循环/吉福特-麥克馬洪冷凍循環 Gifford-McMahon refrigeration cycle
吉[咖]/吉,十億 giga, G
吉普曲线/吉普曲線 Jipp curve
吉位/十億位元 gigabit
吉周期/十億週 gigacycle
吉字节/十億位元組 gigabyte
汲取管/傾斜管 dip tube
汲油润滑/浸漬潤滑 dip lubrication
级/級,能階,位準 level
级间分离/分段分離 stage separation
级间冷却器/中間冷却器 intercooler
级进记录器/遞增記録器 incremental recorder
级进模/級進模具,連續模,漸進模 progressive die
级控/階段控制 stage control
级联/梯級接法,串連連接,級聯連接 cascade connection, cascade

级联变压器/串級變壓器 cascade transformer
级联电动机/串激電動機，串激馬達，串級電動機 cascade motor
级联放大/串級放大 cascade amplification
级联放大器/級聯放大器，串級放大器 cascade amplifier
级联码/疊接碼 cascaded code
级联式电压互感器/級聯式電壓互感器 cascade voltage transformer
级联综合法/級聯綜合法，鏈接綜合法 cascade synthesis
级配砂/分級砂 graded sand
级效率/級效率 stage efficiency
极/極 pole
极板/極板，屏極 plate
极大值/最大值 maximal value
极大值原理/極大值原理，最大值原理 maximum principle
极低频/極低頻，至低頻，超低頻 extremely low frequency, ELF
极低频通信/極低頻通信 ELF communication
极地采矿/極地採礦 arctic mining
极点/極點 pole
极点配置/極點配置 pole placement, pole assignment
极点三角形/極心三角形 pole triangle
极点速度/極心速度 pole velocity
极端风速/極端風速 extreme wind speed
极端温度/極限溫度 extreme temperature
极高频/極高頻，至高頻，超高頻 extremely high frequency, EHF
极高频通信/極高頻通信 EHF communication
极光/極光 aurora
极光管/極光管 aurora tube
极化/極化 polarization
极化磁放大器/極化磁放大器 polarized magnetic amplifier
极化电池/極化電池 polarized cell
极化电池组/極化電池[組] polarization battery
极化电磁式电流表/極化電磁式電流表 polarized electromagnetic ammeter
极化电介质/極性介質 polar dielectric
极化电流/極化電流 polarization current
极化电势/極化電位 polarization potential
极化电压/極化電壓，偏振電壓 polarized voltage, polarization voltage
极化电阻/極化電阻 polarization resistance
极化度/極化度 degree of polarization
极化反射镜/偏振反射鏡，偏光反射鏡 polarizing mirror
极化方向/極化方向 direction of polarization
极化分集/極化分集，偏振分集 polarization diversity
极化继电器/極化繼電器，極化電驛 polarized relay
极化率/極化率 polarization ratio
极化滤波器/極化濾波器，極化濾光器，偏振濾光器 polarization filter, polarizing filter
极化面/極化面 polarization plane
极化模色散/極化模色散，偏極化模態色散 polarization mode dispersion, PMD
极化平面/極化[平]面 plane of polarization
极化曲线/極化曲線 polarization curve
极化误差/極化誤差，偏振誤差 polarization error
极化显微镜/偏光顯微鏡 polarization microscope
极化线圈/極化線圈 polarizing coil
极化向量/極化向量 polarization vector
极化效应/極化效應 polarization effect
极化[直流]安培计/極化安培計 polarized ammeter
极化指数/極化指數 polarization index
极化轴[向]比/極化橢圓長短軸比 axial ratio of polarization
极间电容/極間電容 interelectrode capacitance
极间跨导/極間跨導 interelectrode transconductance
极简信息整合/極簡同步散播 really simple syndication
极简信息综合/極簡同步散播 really simple syndication
极距/極距 pole pitch
极零[点]相消/極零[點]對消，零極[點]對消 pole-zero cancellation
极片/極片 pole piece
极谱波/極譜波 polarographic wave
极谱池/極譜池 polarographic cell
极谱法/極譜法 polarography
极谱分析鉴定器/極譜檢知器 polarographic detector
极谱记录仪/極譜儀 polarograph
极谱图/極譜圖 polarogram
极谱仪/極譜儀 polarograph
极热态起动/極熱起動 very hot starting
极软钢/極軟鋼，全退火軟鋼 dead soft steel
极软碳钢/極軟鋼 dead mild steel
极射赤面投影/[極射]赤面投影 stereographic projection
极隧射线管/極隧射線管 canal ray tube
极头极化电容/極頭極化電容 cartridge polarized capacitance

极图/極圖　pole figure
极位夹角/兩極限位置曲柄角　crank angle between two limit positions
极限/極限　limit
极限报警器/極限警報器　limit alarm
极限编程/極限程式設計　extreme programming, XP
极限标称气压/極限標稱氣壓,極限標稱空氣壓力　limit nominal air pressure
极限标称湿度/極限標稱濕度　limit nominal humidity
极限标称温度/極限標稱溫度　limit nominal temperature
极限尺寸/極限尺寸,尺寸極限　limits of size, limiting size
极限电流/極限電流,限制電流　limiting current
极限电压/限制電壓　limiting voltage
极限分辨率/極限解析度　limiting resolution
极限负载/極限負載　limit load
极限高度/極限高度　limit height
极限工作条件/極限操作條件　limiting operating condition
极限功率/極限功率　limit power
极限过负荷/極限過負荷　ultimate overload
极限过负荷率/極限過負荷率　ultimate overload rate
极限环/極限環　limit cycle
极限加速度/極限加速度　limited acceleration
极限卡规/極限卡規　limit snap gage
极限开关/限制開關　limit switch
极限抗张强度/極限抗拉強度　ultimate tensile strength
极限空间电荷聚积振荡/極限空間電荷聚積振盪　limitng space accumulation
极限孔径/極限孔徑　limiting aperture
极限控制/極限控制　limiting control
极限冷起动温度/最冷起動溫度　lowest starting temperature
极限量规/極限量規　limit gage
极限摩擦/極限摩擦　limiting friction
极限扭转角/極限扭轉角　ultimate torsion-angle
极限浓度/極限濃度　limiting concentration
极限偏差/極限偏差　limit deviation
极限频率/極限頻率　limiting frequency
极限平衡分析/極限平衡分析　limit equilibrium analysis
极限强度/極限強度,抗拉強度　ultimate strength
极限蠕变应力/極限潛變應力　limiting creep stress
极限塞规/極限塞規　limit plug gage
极限视角/極限視角　limiting angular subtense
极限位置/極限位置　extreme position, limit position
极限温度/極限溫度,限定溫度　limiting temperature
极限误差/極限誤差　limiting error
极限压力/極限壓力　ultimate pressure
极限引理/極限引理　limit lemma
极限优先级/極限優先權　limit priority
极限有效波长/極限有效波長　limiting effective wavelength
极限真空/極限真空　ultimate vacuum
极限真空度/極限真空度　limiting vacuum degree
[极]限值/極限值　limiting value
pcv 极限值/*pcv* 極限值　limiting *pcv* value
pv 极限值/*pv* 極限值　limiting *pv* value
极限制/極限制　limit system
极限质量/極限品質　limiting quality
极限状态/極限狀態　limit state
极线/極線　polar line
极小度/極小度　minimal degree
极小对/極小對　minimal pair
极小极大定理/極小極大理論　minimax theorem
极小孔隙性/針尖孔隙率　pinpoint porosity
极小熵/極小熵　minimal entropy
极心加速度/極心加速度　acceleration of pole
极心线/極心線,瞬心線　polode
极心线法/極心線法,瞬心線法　polode method
极心线切线/極心線切線,瞬心線切線　centrode tangent, polode tangent
极心圆/極心圓　pitch circle
极性/極性　polarity
极性半导体/極性半導體　polar semiconductor
极性捕收剂/極性捕收劑　polar collector
极性插头/定極插頭,帶極性插頭　polarized plug
极性电容器/極性電容　polar capacitor
极性化合物/極性化合物　polar compound
极性继电器/極性繼電器　polar relay
极性码/極性碼　polar code
极性试验/極性試驗　polarity test
极性相关/極性相關　polarity correlation
极性指示器/極性指示器　polarity indicator
极性转换开关/極性反轉開關　polarity reversing switch
极性转换时间/極性改變時間　polarity changing time
极靴/極靴,[磁]極掌,磁極片　pole shoe, pole piece
极压润滑/極壓潤滑　extreme-pressure lubrication, EP lubrication
极压润滑剂/極高壓潤滑劑　extreme-pressure

lubricant
极闸/AND 閘 AND gate
极罩式电动机/蔽極馬達 shaded-pole motor
极值/極[限]值 extremum, extreme value
极值控制/極值控制 extremum control
极柱/極柱 terminal
极转动惯量/極轉動慣量 polar moment of inertia
极坐标/極坐標 polar coordinates
极坐标式电位差计/極坐標式電位差計,極坐標式電位針 polar coordinate type potentiometer
极坐标式钻臂/極坐標式鑽臂 polar coordinate drill boom
极坐标图/極坐標圖 polar plot
极坐标型机器人/極坐標型機器人 polar robot
即按即通/先按後談,按鍵通話 push to talk, PTT
即插即用/隨插即用 plug and play
即插即用操作系统/隨插即用作業系統 plug and play operating system
即插即用程序设计/隨插即用程式設計 plug and play programming
即插即用中间件/隨插即用中介軟體 plug and play middleware
即时报文/即時訊息 instant message
即时编译器/即時編譯器 just in time compiler, JIT compiler
即时解压缩/即時解壓縮 on-the-fly decompression
即时拷贝/即時拷貝 instant copy
即时生产/即時生産 just in time production, JIT production
即时通信/瞬時通信 instant messaging
即时消息/即時訊息 instant message, IM
即时寻址/即時定位 immediate addressing
即时压缩/即時壓縮 on-the-fly compression
即时业务/立即製 demand service
即时约束/直接約束 immediate constraint
即时转速/瞬時轉速 instantaneous rotating velocity
即席工作流/即席型工作流 ad hoc workflow
急充电/快速充電,昇壓充電,加強充電 boost charge
急回[运动]机构/急回機構 quick-return mechanism
急冷裂纹/冷硬裂痕 chill crack
急冷铸模/冷硬鑄模 chilled mold
急倾斜矿体/急斜礦體 steeply pitching orebody
急收加速踏板的控制试验/急收加速踏板的控制試驗 accelerator-pedal-quick-releasing control test
急速加热器/急速加熱器 flash heater
急停开关/緊急停止開關 emergency stop switch
急性暴露/急性曝露 acute exposure
急性辐照/急性照射 acute irradiation
急性照射/急性照射 acute irradiation
棘轮/棘輪,掣子滑輪 ratchet, ratchet ring, ratchet wheel
棘轮机构/棘輪機構 ratchet mechanism
棘轮离合器/棘輪離合器 ratchet clutch
棘轮起重器/棘輪起重器 ratchet jack
棘轮式气扳机/棘輪氣力扳手 ratchet pneumatic wrench
棘轮爪/棘輪爪 ratchet pawl
棘爪/棘爪 pawl
集/集[合],組 set
集尘/集塵 dust collection
集尘袋/撒粉袋 dust bag
集尘斗/集塵漏斗 dust hopper
集尘管/集塵管 dust leg
集尘器/集塵器,集灰器 dust collector, cinder catcher, dirt collector
集尘设备/集塵設備 dust collecting plant
集尘罩/集塵罩 dust cage
集成/整合,積體 integration
集成操作系统/整合作業系統 integrated operating system
集成测试/整合測試 integration testing
集成传感器/集成感測器 integrated transducer
集成磁头/積體磁頭 integrated head
集成电感器/積體化電感 integrated inductor
集成电路/積體電路,積分電路 integrated circuit, IC
CMOS 集成电路/CMOS 積體電路,互補式 MOS 積體電路 complementary MOS intergrated circuit, CMOSIC
集成电路插座/積體電路插座 integrated circuit socket
集成电路技术/積體電路技術 IC technology
集成电路调节器/積體電路調節器 IC regulator, solid-state regulator
集成电路阵列/積體電路陣列 IC array
集成电源/整合電源 integrated power supply
集成度/積體度 integrity, integration level
集成二极管太阳电池/積體化二極體太陽電池 integrated diode solar cell
集成光电子电路/積體光電電路 integrated optoelectronics circuit
集成光电子学/積體光電子學 integrated optoelectronics
集成光路/積體光學電路 integrated optical circuit, IOC

集成光学/集成光學,積體光學 integrated optics, IO
集成光学电路[系统]/光積體電路,積體光線路 integrated optical circuitry
集成光学滤波器/積體光濾波器 integrated optical filter
集成光学蚀刻印制/積體光學蝕刻 integrated optics lithography
集成光学条状波导/積體光學條狀波導 integrated optics strip guide
集成光学调制器/積體光學調變器 integrated optical modulator
集成敏感器/積體化感測器 integrated sensor
集成软件/整合軟體 integrated software
集成式控制衡器/集成式控制衡器 integrated control weighing instrument
集成式组合仪表/集成式群組儀表 integrated circuit regulator
集成数字控制/整合數值控式 integrated numerical control
集成学习/集成學習 ensemble learning
集成注入逻辑/積體注入邏輯 integrated injection logic, IIL
集成自动化/整合自動化 integrated automation
集电弓/弓形集電器 bow collector
集电环/集電環,匯電環 collector ring, slip ring
集电极/集[電]極 collecting electrode, collector
集电极电容/集極電容 collector capacitance
集电极特性/集極特性 collector characteristic
集电结/集極接面 collector junction
集电片/集電片 collector plate
集电区/集極區 collector region
集电刷/集電刷 pickup brush
集肤深度/集膚深度 skin depth
集肤效应/集膚效應,表面效應 skin effect
集光光圈/集光孔 collecting aperture
集光孔径/集光孔 collecting aperture
集光器/聚光器 collector
集合论/集合理論 set theory
集合语言/集合語言 set language
集合约束/集合約束 set constraint
集灰器/集渣器,捕渣器 cinder trap
集极饱和电流/集極飽和電流 collector saturation current
集极扩散步骤/集極擴散步驟 diffused-collector process
集极体电阻/集極體電阻 collector body resistance
集结/聚結,聚集 agglomeration, aggregation
集结矩阵/集結矩陣 aggregation matrix
集矿/集礦 ore collection
集矿运输机/集運輸送機 gathering conveyor
集流环/集滑環 slip ring
集流刷/集電刷 pickup brush
集镁室/集鎂室 magnesium collecting cell, magnesium collecting
集气槽/集氣槽 pneumatic trough
集气管/集氣管 gas collecting main
集气罐/集氣罐,集氣器 gas collector
集群[调度]系统/集群調度系統 trunked dispatch system
集群调度移动通信/集群調度移動通信 trunked dispatch mobile communication
集群数据库/集群資料庫 cluster databases
集群移动通信系统/集群移動通信系統 trunked mobile communication system
集热器板/集電片 collector plate
集砂器/截砂器 sand trap
集束钢丝/簇狀鋼絲 multi-strand steel wire, clustered steel wire
集水池/集水池 catch basin
集水圈/水圈 water ring
集碳器/集碳器 carbon collector
集体智能/集體智能 collective intelligence
集团电话机/集團電話機 key telephone set
集团口令/群組密碼 group password
集雾器/集霧器 mist collector
集线器/集線器,集中器 concentrator, hub
集箱/集箱 header
集血器/集血器 blood collector
集液器/液阱 liquid trap
集油器/存油器 oil receiver
集渣包/集渣閘,撇渣包 slag trap
集渣冒口/撇渣包 skim bob
集渣器/集渣閘,撇渣包 slag trap
集渣装置/渣阱 dirt trap
集中标准实验室/集中標準實驗室 centralized standards laboratory
集中参数电路/集總參數電路 lumped circuit
集中电容/集總電容 lumped capacitance
集中[分块]参数系统/集塊參數系統 lumped-parameter system
集中分散控制系统/全分散控制系統 total distributed control system
集中负载/集總負載 lumped load
集中管理系统/集中管理系統 centralized management system

集中监控/集中監控　centralized monitor
集中监视系统/集中監視系統　centralized monitoring system
集中控制/集中控制,中心控制　centralized control
集中控制系统/集中管制系統　centralized control system
集中力/集中力　concentrated force
集中器/集中器,集訊機　concentrator
集中绕组/集中繞組,密集繞組　concentrated winding
集中润滑系统/集中潤滑系統　concentrating lubricating system
集中[式]处理/集中式處理　centralized processing
集中式缓冲池/集中式緩衝池　centralized buffer pool
集中式空气调节系统/集中式空氣調節系統　central air-conditioning system
集中式数据处理/集中資料處理　centralized data processing
集中式数据库/集中式資料庫　centralized database
集中[式]刷新/集中式更新　centralized refresh
集中式体系结构/集中式體系結構　centralized architecture
集中式网/集中式網路　centralized network
集中式自动通话计费系统/集中式自動通話記賬系統　centralized automatic message accounting system, CAMA system
集中数据处理/整合資料處理　integrated data processing
集中衰减器/集中衰減器　concentrated attenuator
集中通风系统/集中通風系統　central fan system
集中小交换业务/集中小交換業務　central office exchange service, centerx
集中写[入]/集寫　gather write
集中性/集中性　centrality
集装箱侧面吊运机/側面貨櫃起重機　side container crane
集装箱吊具/貨櫃吊具　container spreader
集装箱门式起重机/集裝箱高架起重機　gantry container crane
集装箱门座起重机/貨櫃門座起重機　container portal crane
集装箱起重机/貨櫃處置起重機　container handling crane
集装箱运输车/貨櫃箱運輸車　container platform vehicle
集装箱正面吊运起重机/貨櫃正面吊運起重機　front-handling mobile crane
集总参数/集總參數　lumped parameter
集总参数控制系统/集中參數控制系統　lumped parameter control system
集总参数模型/集總參數模型　lumped parameter model
集总参数网络/集總參數網路　lumped parameter network
集总参数阻抗/集總參數阻抗　lumped parameter impedance
集总常数/集總常數　lumped constant
集总的/集總的,集中的　lumped
集总电感/集總電感　lumped inductance
集总电极/塊狀電極　lumped electrode
集总电容/集總電容　lumped capacitance
嵴顶/脊峰線　ridge crest
几何变换/幾何變換　geometric transformation
几何变形/幾何變形　geometry deformation
几何测量法/幾何法　geometric method
几何公差/幾何公差　geometric tolerance
几何供油量/幾何供油量　geometric fuel delivery
几何供油行程/幾何供油行程　geometric fuel delivery stroke
几何惯性矩/幾何慣性矩,斷面慣性矩　geometrical moment of inertia
几何光学/幾何光學　geometric optics, geometrical optics
几何畸变/圖形失真　geometric distortion
几何减压容积/幾何回縮容積　geometric retraction volume
几何建模/幾何模型化　geometric modeling
几何校正/幾何校正　geometric correction
几何连续性/幾何連續性　geometric continuity
几何量/幾何量　geometrical quantity
几何量子计算/幾何量子計算　geometric quantum computation
几何码/幾何碼　geometric code
几何模型/幾何模型　geometrical model
几何平均/幾何平均　geometric mean
几何曲率/幾何曲度　geometric buckling
几何衰减/幾何衰減　geometric attenuation, geometrical attenuation
几何同轴度/幾何同軸度　geometric coaxality
几何误差/幾何誤差　geometrical error
几何相似/幾何相似[性]　geometric similarity
几何形状测量/幾何形狀量測　geometric measurement
几何学/幾何學　geometry
几何要素/幾何特徵　geometrical feature

几何异构体/幾何異構物 geometrical isomer
几何约束/幾何拘束 geometric constraint
几何造型/幾何模型化 geometric modeling
几何着色器/幾何著色器 geometry shader
挤齿/擠齒 gear burnishing
挤齿机/齒輪滾床 gear rolling machine
挤出机/擠製機 extruding machine
挤孔/擠孔 hole burnishing
挤流/擠流 squish
挤入压力/進入壓力 entry pressure
挤塑/擠塑 plastic extruding
挤芯机/擠芯機 core extruder
挤压/擠壓,壓擠,擠製 extrusion
挤压爆破/擠壓爆破 squeeze blasting
挤压泵/擠壓泵 squeeze pump
挤压比/擠壓比 extrusion ratio
挤压变形程度/擠壓變形程度 deformation degree of extrusion
挤压成形/擠壓,擠製[成型] extrusion, extrusion forming
挤压成型热电偶/擠壓成型熱電偶 swaged thermocouple
挤压机/擠壓機,擠製機 extrusion press, extruder, extruding machine
挤压力/擠壓力,擠壓負荷 extrusion load, press load, extruding force
挤压模/擠壓模 extrusion die
挤压模锻/擠壓模鍛 extrusion forging
挤压配给量/擠壓配比 extrusion ration
挤压破碎/擠壓破碎 attrition crushing
挤压式混凝土泵/擠壓式混凝土泵 squeeze concrete pump
挤压丝锥/成形螺絲攻 thread forming tap
挤压速度/擠壓速度 extrusion speed
挤压筒/擠壓筒 container
挤压温度/擠壓溫度 extrusion temperature
挤压效应/壓擠效應 squeeze effect
挤压型材/擠壓型材 extruded section, extruded shape
挤压针/穿孔針 piercer
挤压中心孔/擠壓中心孔 center squeezing
给粉机/煤粉輸送機 pulverized-coal feeder
给矿机/餵礦器 ore feeder
给料/給料 feed
给料比/進料比 feed ratio
给料槽/進給槽 feed tank
给料机/給料機,加料機 feeder
给料闸门/進料閘門 gate
给煤机/給煤器 coal feeder
给气比/給氣比 delivery ratio
给砂机/給砂機 sand feeder
给水/給水 feed water
给水泵/給水泵 feed water pump
给水泵汽轮机/給水泵汽輪機,給水泵蒸汽渦輪機 steam turbine of feed water pump
给水过滤器/給水過濾器 feed water filter
给水加热器/給水加熱器 feed water heater
给水加热系统/給水加熱系統 feed water heating system
给水加热型联合循环/給水加熱型複合循環 feed water heating combined cycle
给水品质/給水品質 feed water quality
给水温度/給水溫度 feed water temperature
给水温升/給水溫昇 feed water temperature rise
给水自动旁路系统/給水自動旁路系統 automatic feed water bypass system
给药机/藥劑餵給器 reagent feeder
脊角棱镜/脊角棱鏡 roof-angle prism
脊梁式车架/脊梁式車架 middle-beam frame
脊髓电描记术/脊髓電描記術 electromyelography
脊[形]波导/内脊波導管 ridge waveguide
脊形波导管/内脊波導 ridge waveguide
脊形喇叭/脊形喇叭 ridged horn
脊状断层/成脊斷層 ridge fault
pH 计/pH 計,酸鹼計,酸度計 pH meter
计步器/數步計,步測計 passometer
计尘器/塵量計 dust counter
计程器/里程計 passometer
计磁器/計磁器 magnetometer
计费/計費 charging
计费管理/計費管理 accounting management
计费通知/計費資料顯示 advice of charge
计费网关/計費閘道 charging gateway, CG
计划降低出力/計劃降低出力 planned derating
计划停运/計劃停運,計劃性停電 planned outage
计划停运小时数/計劃停運時數 planned outage hour
计件工/計件工 incentive operator
计量/計量,計量學,度量衡學 metrology, metering
计量棒/計量棒 metering rod
计量保证/計量保證 metrological assurance
计量泵/計量泵,定量泵,限量泵 metering pump, measuring pump
计量标准/計量標準,量測標準 measurement standard, standard of measurement
计量表/量規表 gage table

计量车/計量車 metrology vehicle
计量单位/計量單位,量測單位 unit of measurement, measurement unit
计量单位符号/計量單位符號,測量單位符號 symbol of measurement unit, symbol of unit of measurement
计量单位制/測量單位系統 system of measurement unit
计量单元/計量單元,計量部件 metering unit
计量法/計量法 law on metrology
计量分离器/計量分離器 measuring separator
计量罐/計量罐 gage tank
计量滑套/計量滑套 metering sleeve
计量化学/計量化學 stoichiometric chemistry
计量给水装置/配水器 water batcher
计量给土斗/計量給土斗 soil batch hopper
计量监督/計量監督 metrological supervision
计量兼容性/計量相容性 metrological compatibility
计量检定/計量檢定 metrological verification
计量检验/計量查驗 metrological examination
计量鉴定/計量鑒定 metrological expertise
计量鉴定证书/計量鑒定證書 metrological expertise certificate
计量经济模型/計量經濟模型,計量經濟模式 econometric model
计量颈/量測頸 measuring neck
计量颈标尺/量測頸標尺 measuring neck scale
计量颈分度容积/計量頸分度容積 volume of smallest scale division
计量可比性/計量可比較性 metrological comparability
计量孔/計測孔 gage hole
计量评定/計量評估 metrological evaluation
计量器具/量測儀器 measuring instrument
计量确认/計量確認 metrological confirmation
计量认证/計量驗證 metrological certification
计量溯源链/計量追溯鏈 metrological traceability chain
计量溯源性/計量追溯性 metrological traceability
计量型检查/計量型檢查 inspection by variables
计量学/計量學,度量衡學 metrology
计量仪器/量測儀器 measuring intrument
计量语言学/計量語言學 quantitative linguistics
计量装置/計量裝置,測量儀器 measuring apparatus, metering device
计泡器/計泡器 bubble counter
E 计权/E 計權 E-weighted
A 计权声压级/A 加權音壓位準 A-weighting sound pressure level
计权网络/加權網路 weighting network
计时/計時,定時,時序 timing
计时程序器/計時規劃器 timer programmer
计时分析程序/定時分析器 timing analyzer
计时服务/計時服務 timing service
计时器/[時距]計時器 time meter, interval timer, calculagraph
计时式转速计/鐘表式轉速計 chronometric tachometer
计时算法/定時演算法 timing algorithm
计时温度计/計時溫度計 chronothermometer
计时页/時控頁 clocked page
计时仪/計時器 calculagraph
计数/計數,記數 count, numeration
计数表/記次計 peg count meter
计数触发器/計數正反器 trigger flip-flop
计数电离室/計數電離室 counting ionization chamber
计数电路/計數電路 counting circuit
计数复杂性/計數複雜性 counting complexity
计数管/計數器[管] counter tube, counter
计数管腔/計數腔 counter chamber
计数管区段/計數器範圍 counter range
计数机构/計數器,計數裝置 counting device
计数继电器/計數繼電器 counting relay
计数寄存器/計數暫存器 counter register
计数检测器/計數檢知器 count detector
计数率表/計數率表 counting ratemeter
计数能谱计/計數頻譜計 counter spectrometer
计数瓶/計數瓶 counting vial
计数器/計數器,計量器 counter, tally register
4π 计数器/4π 計數器 four-pi counter
α 计数器/α 計數器,阿伐計數器 alpha counter
β 计数器/β 計數器,貝他計數器 beta counter
计数器描迹仪/計數器描跡儀 counter hodoscope
计数器望远镜/計數器望遠鏡 counter telescope
计数器应变计/計數應變計 counter strain gage
计数式频率计/[計數式]頻率計,頻率計,頻率計數器 frequency counter, counter-type frequency meter
计数损失/計數損失 counting loss
计数型检查/計數型檢查 inspection by attribute
计数选择弧/計數選擇弧 counter-alternate arc
计数正反器/計數正反器 trigger flip-flop
[计数装置中的]堆积/[計數裝置中的]堆積 pile-up in counting assembly
计算/計算 computation

计算板/計算板 calculating board
计算包封/計算包封 computational envelope
计算不可区分的/計算不可區分的 computationally indistinguishable
计算材料学/計算材料學 computational material science
计算尺/計算尺 slide rule
计算错误/誤算 miscalculation
计算电磁学/計算電磁學 computational electromagnetics
计算电容器/可計算電容器 calculable capacitor
计算方法/計算方法,數值法 numerical method, computational method
计算放大器/計算放大器 computing amplifier
计算复杂度/計算複雜性 computation complexity
计算复杂性/計算複雜性 computational complexity
计算广告学/計算廣告學 computational advertising
计算化学/計算化學 computational chemistry
计算机/計算機,電腦 electronic computer, computer
计算机安全/計算機安全 computer security
计算机安全与保密/計算機安全私密 computer security and privacy
计算机病毒/電腦病毒 computer virus
计算机病毒对抗/電腦病毒對抗 computer virus counter measure
计算机操作指导/計算機操作導引 computer operation guidance
计算机层析成像/電腦化斷層掃描 computerized tomography
计算机产业/計算機工業 computer industry
计算机程序/電腦程式 computer program
计算机程序开发计划/電腦程式開發計劃 computer program development plan
计算机程序配置标识/電腦程式組態識別 computer program configuration identification
计算机程序确认/電腦程式驗證 computer program validation
计算机程序认证/電腦程式認證 computer program certification
计算机程序验证/電腦程式驗證 computer program verification
计算机程序摘要/電腦程式摘要 computer program abstract
计算机程序注释/電腦程式註釋 computer program annotation
计算机代/電腦世代 computer generation
计算机电话集成/電腦電話集成 computer telephony integration, CTI
计算机电源/電腦電源 power supply for computer
计算机动画/電腦動畫 computer animation
计算机犯罪/計算機犯罪,電腦犯罪 computer crime
计算机房专用空气调节机/電腦房專用空氣調節機 air conditioner for computer room use
计算机仿真系统/電腦模擬系統 computer simulation system
计算机辐射/電腦輻射 radiation of computer
计算机辅助测试/電腦輔助測試 computer-aided testing, CAT
计算机辅助出版/電腦輔助出版 computer-aided publishing
计算机辅助电子设计/電腦輔助電子設計 computer-aided electronic design
计算机辅助翻译/電腦輔助翻譯 computer-aided translation
计算机辅助翻译系统/電腦輔助翻譯系統 computer-aided translation system
计算机辅助概念设计/電腦輔助概念設計 computer-aided conceptual design
计算机辅助钢结构设计/電腦輔助鋼鐵結構設計 computer-aided steelwork design
计算机辅助工程/電腦輔助工程 computer-aided engineering, CAE
计算机辅助工程设计/電腦輔助工程設計 computer-aided engineering design
计算机辅助工业设计/電腦輔助工業設計 computer-aided industrial design
计算机辅助工艺设计/電腦輔助工藝設計 computer-aided process planning, CAPP
计算机辅助故障诊断/電腦輔助故障診斷 computer-aided debugging
计算机辅助管理/電腦輔助管理 computer-assisted management
计算机辅助规划/電腦輔助規劃 computer-aided planning, CAP
计算机辅助机械设计/電腦輔助機械設計 computer-aided mechanical design
计算机辅助建筑设计/電腦輔助構建設計 computer-aided building design
计算机辅助流程工厂设计/電腦輔助處理工廠設計 computer-aided process plant design
计算机辅助配管设计/電腦輔助管線工程設計 computer-aided piping design
计算机辅助设计/電腦輔助設計 computer-aided design, CAD
计算机辅助设计工作站/電腦輔助設計工作站

work station for computer-aided design
计算机辅助设计软件包/計算機輔助設計軟體套件 software package of computer-aided design
计算机辅助研究开发/計算機輔助研究開發 computer-aided research and develop, CARD
计算机辅助语法标注/電腦輔助文法加標 computer-aided grammatical tagging
计算机辅助制造/電腦輔助製造 computer-aided manufacture, CAM
计算机辅助质量保证/電腦輔助品質保證 computer-aided quality assurance
计算机辅助质量管理/電腦輔助品質管理 computer-aided quality management
计算机工程/計算機工程 computer engineering
计算机构/計算機構 computing mechanism
计算机管理/計算機管理 computer management
计算机化/計算機化 computerization
计算机会议/計算機會議 computer conference
计算机机房设施/電腦機房設施 computer room facility
计算机集成制造系统/電腦整合製造系統 computer integrated manufacturing system, CIMS
计算机集群/電腦集群 computer cluster
计算机计时器/計算機記時儀,計算機計時儀 computer chronograph
计算机技术/電腦技術 computer technology
计算机监控系统/計算機監控系統,監督計算機控制系統 supervisory computer control system
计算机间谍/電腦間諜 computer espionage
计算机科学/計算機科學 computer science
计算机可靠性/計算機可靠性 computer reliability
计算机控制/計算機控制,電腦控制 computer control
计算机控制监测/電腦控制監測 computer-controlled monitoring
计算机控制系统/電腦控制系統 computer control system
计算机滥用/電腦誤用 computer abuse
计算机类型/電腦種類 computer category
计算机理解/電腦理解 computer understanding
计算机密码学/電腦密碼術 computer cryptology
计算机模拟/計算機模擬,電腦模擬 computer simulation
计算机配置/電腦組態 computer configuration
计算机取证/電腦證明 computer forensics
计算机软件/電腦軟體 computer software
计算机软件的法律保护/計算機軟體的合法保護 legal protection of computer software
计算机生成全息图/電腦成形全像片 computer-generated hologram
计算机实现/計算機實施 computer implementation
计算机视觉/電腦視覺 computer vision
计算机数据/電腦資料 computer data
计算机数据处理/電腦資料處理 computer data processing
计算机数控/電腦數值控制 computer numerical control, CNC
计算机体系结构/電腦架構 computer architecture
计算机通信/電腦通信,電腦通訊 computer communication
计算机通信网/計算機通信網 computer communication network
计算机图形学/計算機圖學,電腦圖形 computer graphics
计算机网/計算機通信網 computer communication network
计算机网络/電腦網路,計算機網路 computer network
计算机维护/電腦維護 computer maintenance
计算机维护与管理/計算機維護與管理 computer maintenance and management
计算机文化/電腦文化 computer culture
计算机文明/電腦文明 computer civilization
计算机无关语言/電腦無關語言 computer-independent language
计算机系统/計算機系統,電腦系統 computer system
计算机系统审计/電腦系統稽核 computer system audit
计算机下棋/電腦下棋 computer chess
计算机显示/電腦顯示 computer display
计算机信息处理/電腦資訊處理 computer information processing
计算机信息系统/電腦資訊系統資料結構 computer information system
计算机型谱/電腦種類 computer category
计算机性能/計算機效能 computer performance
计算机性能评价/計算機效能評估 computer performance evaluation
计算机艺术/電腦藝術 computer art
计算机疫苗/電腦疫苗 computer vaccine
计算机音乐/電腦音樂 computer music
计算机应用/電腦應用 computer application
计算机应用技术/電腦應用技術 computer application technology
计算机硬件/計算機硬體 computer hardware

计算机硬件可靠性/電腦硬體可靠性　computer hardware reliability
计算机语言/計算機語言,電腦語言,機器語言　computer language
计算机诈骗/電腦詐欺　computer fraud
计算机制图/電腦製圖　computer draft
计算机资源/計算機資源　computer resource
计算机自动控制的用户电报[电传]系统/電腦自動電傳打字電報系統　automatic computer telex system
计算机自动控制的用户电报业务/電腦自動電傳打字電報服務　automatic computer telex service
计算机字/計算機字　computer word
计算机组织/計算機組織　computer organization
计算几何/計算幾何　computational geometry
计算记录器/計算記録器　computing logger
计算技术/計算技術　computing technology
计算加速表/計數加速度計　counting accelerometer
计算开始时间/計算開始時間　zero-computing time
计算科学/計算科學　computing science
计算可枚举集的范式定理/計算可枚舉集的範式定理　normal form theorem for the computably enumerable sets
计算可枚举集的归约原理/計算可枚舉集的歸約原理　reduction principle for the computably enumerable sets
计算可枚举集完全性准则/計算可枚舉集完全性準則　completeness criterion for the computably enumerable sets
计算可枚举图灵度/計算可枚舉杜林度　computably enumerable Turing degree
计算可枚举图灵度的并定理/計算可枚舉杜林度的并定理　join theorem for the computably enumerable Turing degree
计算可行性/計算可行性　computational feasibility
计算空气动力学/計算空氣動力學　computational aerodynamics
计算控制系统/計算控制系統　computing control system
计算力学/計算力學　computational mechanics
计算零知识/計算零知識　computational zero knowledge
计算流体力学/計算流體力學　compuational fluid dynamics
计算逻辑/計算邏輯　computational logic
计算密集型任务/計算密集型任務　compute-intensive task
计算能力/計算能力　computing power
计算器/計算器　calculator
计算燃料消耗量/計算燃料消耗量　fuel consumption rate for calculation
计算社会科学/計算社會科學　computational social science
计算生态学/計算生態學　computational ecology
计算生物学/計算生物學　computational biology
计算树逻辑/計算樹邏輯　computation tree logic
计算台/[電力系統的]計算檯,計算板　calculating board
计算统一设备架构/計算統一設備架構　compute unified device architecture, CUDA
计算网格/計算網格　computing grid
计算物理学/計算物理學　computational physics
计算系统/計算系統　computing system
计算延时/計算延時　computational delay
计算冶金物理化学/計算冶金物理化學　computational physical chemistry of metallurgy
计算宇宙学/計算宇宙學　computational cosmology
计算语言学/計算語言學　computational linguistics
计算语义学/計算語意學　computational semantics
计算语音学/計算語音學　computational phonetics
计算元件/計算元件　computing element
计算值/可計算值　calculated value
计算智能/計算人工智慧　computational intelligence
计算中心/計算中心　computing center
计算装置/計算裝置　calculating device
计算阻抗/計算阻抗　computing impedance
计温学/測温學　thermometry
记法/記法,表示法　notation
let 记号/let 記號　let-notation
μ 记号/μ 記號　Mu-notation
记录/記録　recording, record
记录点/記録點　recording spot
记录电压表/記録式伏特計,記録電壓計　recording voltmeter
记录方式/記録模式　recording mode
记录干涉仪/記録式干涉儀　recording interferometer
记录格式/記録格式　record format
记录鼓/登記磁鼓　log drum
记录故障指示器/記録故障指示器　recording fault indicator
记录滚筒/記録轉筒　recording drum
记录介质/記録介質　recording medium
记录链接/記録連結　record linkage
记录灵敏度/記録靈敏度　recording sensitivity
记录媒介/記録介質　record medium
记录媒质/記録介質　recording medium

记录密度/記錄密度 recording density
记录膨胀计/記錄膨脹計 recording dilatometer
记录气压计/記錄氣壓計 recording air gage
记录器/記錄器 recorder, logger
记录器电键/發報[電]鑰 sender key
记录设备/記錄儀器 registering instrument
记录式测量仪器/記錄式量測儀器 recording measuring instrument
记录式电流表/記錄電流計,記錄安培計 recording ammeter
记录式发气性试验仪/記錄式發氣性試驗儀 recording-type gas evolution tester
记录式色度计/記錄式色度計 recording colorimeter
记录式温度计/記錄溫度計 recording thermometer
记录式需量计/記錄需要量計 recording demand meter
记录式压力表/記錄式壓力表 record pressure gage
记录式压力计/壓力記錄計 pressure-recording gage
记录锁定/記錄鎖定 record lock
记录天平/記錄天平 recording balance
记录头/記錄頭 recording head
记录图表/記錄圖表 recording chart
记录瓦特计/記錄瓦特計 recording wattmeter
记录系统/記錄系統,記錄裝置 recording system
记录仪/記錄儀,記錄[式儀]器 recording instrument, register, recorder
XY 记录仪/XY 記錄儀,XY 記錄器 XY recorder
记录元件/記錄裝置 recording device
记录纸页/記錄紙頁 record sheet
记录中继线/記錄中繼線 recording trunk
记录装置/記錄裝置 recording device
记时计/測時計 chronometer
记时器/記時儀,計時儀 chronograph
记忆表示/記憶表示 memory representation
记忆电路/記憶電路 memory circuit
记忆时段/歷時記憶 duration of remembering
记忆示波器/記憶體示波器 memory oscilloscope
记忆效应/記憶效應 memory effect
记忆裕度/記憶裕度 memory margin
记账码/會計碼 accounting code
记转器/轉數計 cyclometer
3S 技术/3S 技術 3S technology
IP 技术/IP 技術 IP technology
技术操作协调/技術操作協調 technical and operational coordination
技术检验/技術檢驗 technical check, technical inspection
技术诀窍/技術訣竅 know-how
技术可行性/技術可行性 technical feasibility
技术流程图/技術流程圖 technique flow chart
技术评价/技術評估 technical evaluation
季节性维护/季節性維護 seasonal maintenance
季裂/季裂 season cracking
剂量/劑量,用量,配量 dose
剂量测量探头/劑量術探頭 dosimetry probe
剂量当量/等價劑量,當量劑量 dose equivalent, equivalent dose
剂量当量率/當量劑量率 dose equivalent rate
剂量当量指数/當量劑量指數 dose equivalent index
剂量反应模型/劑量反應模型 dose-response model
剂量分布/劑量分配 dose distribution
剂量分布因子/劑量分布因子 dose distribution factor
剂量分割/劑量分級 dose fractionation
剂量负担/劑量負擔,劑量積存 dose commitment
剂量计/劑量計 dosemeter, dosimeter
剂量率/劑量率 dose rate
剂量率计/劑量率計,劑道率計 dose ratemeter
剂量率剂量计/劑量率劑量計 dose rate dosimeter
剂量探测器/劑量偵測器 dose detector
剂量学/劑量術 dosimetry
CT 剂量指数 100/CT 劑量指數 100 computed tomography dose index 100, CTDI 100
迹线/軌跡 trajectory
迹语言/追蹤語言 trace language
继爆管/繼動爆管 detonation relay tube
继沉淀/繼沈澱 postprecipitation
继承/繼承 inheritance
继承属性/繼承屬性 inherited attribute
继承误差/繼承誤差 inherited error
[继电]保护装置/[繼電]保護裝置 relaying protection equipment
继电控制/起停式控制 relay control
继电控制系统/繼電控制系統 relay control system
继电器/繼電器 relay
继电器式记录器/繼電式記錄器 relay-type recorder
继电器式控制器/繼電器操作控制器 relay-operated controller
继电[器]特性/繼電器特性 relay characteristic
继电式自动仪表/繼電式記錄器 relay-type recorder
继续呼叫/繼續呼叫 follow-on call
继续训练/繼續訓練 subsequent training
寄存器/記錄器,暫存器 register
寄存器长度/暫存器長度 register length
寄存器堆/暫存器檔案 register file
寄存器分配/暫存器配置 register allocation

寄存器选择多路复用器/暫存器選擇多工器 register-select multiplexer
寄存器着色/寄存器著色 register coloring
寄生[单]元/寄生[單]元 parasitic element
寄生电容/寄生電容 parasitic capacitance
寄生发射/寄生發射 parasitic emission
寄生反馈/寄生回授 parasitic feedback
寄生分量/寄生分量 parasitic component
寄生回波/寄生回波 parasitic echo
寄生回馈/寄生回授 parasitic feedback
寄生目标/天使回波 angel
寄生频率/寄生頻率 parasitic frequency
寄生天线/寄生天線 parasitic antenna, parasitic aerial
寄生调幅/寄生調幅 parasitic amplitude modulation
寄生调制/寄生調制,寄生調變 spurious modulation
寄生效应/寄生效應 parasitic effect
寄生噪声/寄生雜訊 spurious noise
寄生振荡/寄生振盪 parasitic oscillation
寂静时间/寂静時間 dead time
蓟头漏斗/薊頭管 thistle tube
加标图/標示圖 marked graph
加标循环/加標循環,標號循環 marked cycle
加博变换/Gabor 變換 Gabor transform
加颤动信号/加顫動訊號 dithering
加长臂/加長臂 extension jib
加成反应/加成反應 addition reaction
加成聚合物/加成聚合物 addition polymer
加成树脂/加成樹脂 addition resin
加成性白高斯杂讯通道/加成性白高斯雜訊通道 additive white Gaussian noise channel
加大砂芯头/加大砂心頭 enlarged coreprint
加法/加法 addition
加法常数/相加性常數 additive constant
加法电路/加法電路 addition circuit
加法定理/相加定理 addition theorem
加法放大器/加法放大器 summing amplifier
加法机/加數機,相加機 adding machine
加法积分器/總和積分器 summing integrator
加法命令/加法命令 addition command
加法器/加法器 adder
加钒铸铁/釩鑄鐵 vanadium cast iron
加盖机/加蓋機 capping machine
加感线圈/加感線圈,載入線圈 loading coil
加工表面/完工面 finished surface
加工程序/作業日程 operational scheduling
加工工业/加工工業 processing industry
加工过程中测量/加工過程中量測,製程量測 in-process measurement
加工焊接/製造熔接 production welding
加工精度/加工精度 machining accuracy
加工空气/處理空氣 process air
加工量/加工量 amount of finish
加工深度/工作深度 working depth
加工特征/加工特徵 machining feature
加工误差/加工誤差 machining error
加工硬度/加工硬度 work hardness
加工硬化/應變硬化 strain hardening, work-hardening
加工硬化指数/加工硬化指數 work-hardening exponent
加工余量/切削裕度,加工裕度 machining allowance, finish allowance
加工中心/切削機 machining center
加荷活塞/加載活塞 loading piston
加荷油缸/加載圓柱 loading cylinder
加厚接头/加厚鑽桿接頭 upset end joint
加急传送/緊急傳送 urgent transfer
加急数据/加速遞送之資料 expedited data
加减器/加減器 adder subtracter
加碱误差/鹼度誤差 alkali error
加[进]料运送机/加料輸送機 charge conveyer
加聚物/加成聚合物 addition polymer
加亮/加亮 highlight
加料/爐門加料 side charge
加料机/加料機 charging machine
加料记录/加料記録 charge book, charging sheet
加料漏斗/加料漏斗,添加漏斗 addition funnel
加料盘/加料盤 charging pan
加料[平]台/加料檯 charging desk
加料器/分批進料機,批式進料機 batch feeder
加料应接器/加料應接器,添加應接器 addition adapter
加磷器/加磷器 phosphorizer
加仑/加侖 gallon, gal
加煤机/加炭機 stoker
加密/加密 enciphering, densification bridging, encipher
加密算法/密碼演算法 cryptographic algorithm
加密协议/密碼協定 cryptographic protocol
加密钥/加密鑰 encrypting key
加拿大香胶/加拿大膠 Canada balsam
加黏土回用砂/再黏接砂 rebonded sand
加镍铸铁轧辊/含鎳鑄鐵軋輥 nickel iron roll
加铅合金/含鉛合金 leaded alloy
加强层/加強層,加強物 reinforcement

加强带/加強帶,補強帶 reinforcing band, strengthening band
加强筋/加強肋 reinforcing rib
加强绝缘/加強絶緣,[補]強絶緣 reinforced insulation, heavy insulation
加强馈电线/饋電導線 line feeder
加氢反应器/氫化器 hydrogenator
加氢裂化/破壞氫化 hydrocracking
加权/加權 weight, WT
加权法/加權法 weighting method
[加]权函数/加權函數 weighting function
加权检波/加權檢波,加權偵測 weighting detection
[加]权矩阵/加權矩陣 weighting matrix
加权路径长度/加權路徑長度,加權通路長度 weighted path length
加权码/加權碼 weighted code
加权平均法/加權平均法 method of weighted mean
加权平均水头/加權平均水頭 weighted average head
加权平均效率/加權平均效率 weighted average efficiency
加权曲线/加權曲線 weighted curve
加权算术平均值的实验标准偏差/加權算術平均值實驗標準離差 experimental standard deviation of weighted arithmetic mean
加权通路长度/加權通路長度,加權路徑長度 weighted path length
加权同步距离/加權同步距離 weighted synchronic distance
加权图/加權圖形 weighted graph
加权 S 图/加權 S 圖 weighted S-graph
加权 T 图/加權 T 圖 weighted T-graph
[加]权因子/加權因子 weighting factor
加权噪声/加權雜訊 weighted noise
加扰/置亂 scrambling
加热/加熱 heating
加热板/加熱板 heating plate
加热保温坑/加熱保溫坑 heated soaking pit
加热次数/加熱數 heating number
加热带/加熱帶 heating tape
加热电阻器/加熱電阻器 heating resistor
加热垫/加熱墊 heating pad
加热功率/加熱功率 heating power
加热管/加熱管 heating tube
加热合成氧化技术/加熱合成氧化技術 pyrogenic technique of oxidation
加热静电记录/加熱静電記録[法] electrostatic thermal recording
加热流体/加熱流體 heating fluid
加热炉/加熱爐 heating furnace
加热炉热效率/加熱爐熱效率 thermal efficiency of heating furnace
加热炉装取料起重机/鑄錠加料起重機 ingot charging crane
加热器/加熱器[具],加熱爐 heater, heating apparatus, heating appliance
加热器初温差/加熱器初溫差 initial temperature difference of heater
加热器堵管率/加熱器堵管率,加熱器管阻塞率 heater tube-blocking rate
加热器端温差/加熱器端溫差 terminal temperature difference of heater
加热器过热蒸汽冷却区/加熱器過熱回降區 heater desuperheating zone
加热器空气排放系统/加熱器空氣排放系統 heater air vent system
加热器凝汽区/加熱器凝結區 heater condensing zone
加热器疏水冷却区/加熱器洩流冷却區 heater drain cooling zone
加热器疏水系统/加熱器排洩系統 heater drain system
加热器投运率/加熱器運轉率 heater operation rate
加热器温降率/加熱器溫降率 heater temperature decrease rate
加热器温升率/加熱器溫昇率 heater temperature rise rate
加热器终温差/加熱器終溫差 final temperature difference of heater
加热曲线/加熱曲線 heating curve
加热蛇管 /加熱螺管 heating coil
加热设备/加熱器 heating appliance
加热时间/加熱時間,昇溫時間 heating time, heating-up time
加热式氢火焰离子化检测器分析仪/加熱火焰離子化檢測分析儀 heated flame ionization detector analyzer, HFID analyzer
加热速度/加熱速度 heating velocity
加热台/加熱檯 heating stage
加热探头/加熱探頭 heatable probe
加热套/加熱套 heating jacket
加热线圈/加熱線圈 heater coil
加热型氧传感器/加熱型氧感測器 heated oxygen sensor
加热旋压/加熱旋壓 hot spinning
加热与通风系统/加熱與通風系統 heating and

ventilation system
加热元件/發熱元件 heating element
加热再生/加熱再生 heat regeneration
加热罩[套]/加熱包 heating mantle
加热制度/加熱程序 heating procedure cycle
加热装置/爐,加熱器 stove
加色法补色/相加性互補色 additive complementary colors
加色法三原色/可加原色 additive primaries
加色混合/加色混合 additive color mixture
加伸轴/短軸 stub shaft
加深框/加深框 upset
加湿鼓风/加濕鼓風 steam addition to blast
加湿器/增濕器,濕潤機 humidifier
加斯特森码/加斯特森碼 Justesen code
加速/加速 accelerating
加速比/加速比 speed-up ratio
加速长度/加速長度 accelerating length
加速常数/加速常數 acceleration constant
加速场/加速場 accelerating field
加速场频率/加速場頻率 accelerating field frequency
加速电极/加速電極 accelerating electrode
加速电容器/加速電容器 speed-up capacitor
加速电压/加速電壓 accelerating voltage
加速电子/加速電子 accelerated electron
加速定理/加速定理 speed-up theorem
加速度/加速度 acceleration
加速度冲击响应谱/加速度衝擊響應譜 acceleration shock response spectrum
加速度传感器/加速度換能器,加速器感測組件,加速計 acceleration transducer, accelerometer sensor, accelerometer
加速度多边形/加速度多邊形 acceleration polygon
加速度反馈/加速度反饋 acceleration feedback
加速度仿真器/加速模擬器 acceleration simulator
加速度分析/加速度分析 acceleration analysis
加速度函数/加速度函數 acceleration function
加速度计/加速[度]計 accelerometer
加速度计非线性系数/加速規非線性係數 accelerometer nonlinearity coefficient
加速度能谱密度/加速度能譜密度 acceleration power spectral density
加速度谱密度/加速度頻譜密度 acceleration spectral density
加速度曲线/加速度曲線 acceleration curve
加速度试验/加速度試驗 acceleration test
加速度图/加速度向量圖 acceleration diagram
加速度误差/加速度誤差 acceleration error
加速度误差常数/加速度誤差常數 acceleration error constant
加速度误差系数/加速誤差係數 acceleration error coefficient
加速度像/加速度像 acceleration image
加速度因子/加速度因子 acceleration factor
加速度中心/加速度中心 acceleration pole
加速度轴线/加速度軸線 acceleration axis
加速腐蚀试验/加速腐蝕試驗 accelerated corrosion test
加速管/加速管 accelerating tube
加速计校准仪/加速計校準儀 calibrator of accelerometer
加速剂点火/加速劑點火 accelerator ignition
加速加浓/加速加濃 acceleration enrichment
加速间隙/加速間隙 accelerating gap
加速老化/加速老化 accelerated ageing
加速老化试验/加速老化試驗 accelerated weathering test
[加速]老化试验/[加速]老化試驗 accelerated ageing test
加速力/加速力 accelerative force
加速扭矩/加速扭矩 acceleration torque
加速[起动]特性/指定特性 stating characteristic
加速器/加速器,增速器 accelerator, speed increaser
加速器控制系统/加速器控制系統 accelerator control system
加速器驱动系统/加速器驅動系統 accelerator driven system
加速腔/加速空腔 accelerating cavity
加速时间/加速時間 accelerating time, acceleration time
加速试验/加速試驗 accelerated test
加速试验箱/加速試驗箱,加速試驗機 accelerated testing cabinet
加速室/加速室,加速腔 accelerating chamber
加速寿命试验/加速壽命試驗 accelerated life test
加速踏板/加速踏板 accelerator pedal
加速踏板位置传感器/加速踏板位置感測器 accelerator pedal position sensor
加速梯度/加速梯度 accelerating gradient
加速相位/加速相位 accelerating phase
加速转矩/加速轉矩 accelerating torque
加速阻力/加速阻力 accelerating drag
加锁/鎖定 lock
加温浮选/加溫浮選 hot flotation
加温解冻系统/除霜系統 defrosting system

加温强拉处理/加溫強拉處理 hot tension prestressing
加温强扭处理/加溫強扭處理 hot torsion prestressing
加温强压处理/加溫強壓處理 hot-compressive prestressing
加温整定处理/加溫整定處理 hot-setting
加锌除银法/派克法 Parkes process
加性白高斯噪声/加成性白高斯雜訊 additive white Gaussian noise, AWGN
加压/復壓 repressuring
加压淬火/加壓硬化 press hardening
加压电渣重熔/加壓電渣重熔 pressured electroslag remelting
加压反应器/加壓反應器 pressurized reactor
加压浮选/加壓浮選 pressure flotation
加压锅炉/高壓鍋爐 pressure boiler
加压过滤/加壓過濾 pressure filtration
加压回火/加壓回火 press tempering
加压冒口/加壓冒口 pressure feeder
加压模铸法/壓力硬模鑄造法,加壓壓鑄法 pressure die casting
加压器/加壓器 pressurizer
加压氢还原/加壓氫還原 pressure hydrogen reduction
加压熔点计/加壓熔點計 manocryometer
加压砂滤器/加壓沙濾器 pressure sand filter
加压烧结/加壓燒結 pressure sintering
加压系统/加壓系統 pressurization system
加压叶滤机/加壓葉濾機 pressure leaf filter
加压蒸馏/加壓蒸餾 pressure distillation
加压重水反应堆/加壓重水反應器 pressurized heavy water reactor
加油车/加油車 refueler
加油管限制装置/填料管限制裝置 filler tube restrictor
加油口盖/加油口蓋 fuel filler cap, fuel filler lid
加油排放物/加油排放物 refueling emission
加油排放物控制系统/加油排放物控制系統 refueling emission control system
加油枪限制器/加油槍限制器 fuel filler restrictor
加载/載入,加負載,裝載 loading, load
加载材料/加載物 loading material
加载-存储体系结构/載入-儲存架構 load-store architecture
加载减速法/載入減速法 lug-down method
加载品质因数/載入品質因數 loaded Q
加载时间/載入時間 loading time
加载速率/加載速率 loading rate
加载线/載入線 loaded line
加重电路/增強器,頻率校正線路 accentuator
加重剂/加重料 weight material
加重检验/加重檢驗 increased inspection
加重料/加重料 weighting material
加重网络/加重網路 emphasis network
加重钻杆/重鑽桿,厚壁鑽桿 heavy wall drill pipe
夹/夾子,夾器,鉗 clamp
夹板锤/板落槌 board drop hammer
夹板绝缘子/絕緣夾板 cleat insulator
夹板模/夾板模 steel plate die, template die
夹层/夾層 sandwich
夹层安全窗用玻璃材料/夾層安全玻璃材料 laminated safety glazing material
夹层漏斗/雙層漏斗 double-walled funnel
夹层[芯]结构/夾層結構 sandwich structure
夹持机构/夾具,裝置夾 fixture
夹持器/夾持器,持夾器 gripper, clamper, clamp holder
夹持位置/夾持位置 clip position
夹断电压/夾止電壓 pinch-off voltage
夹矸层/廢石層 dirt band
夹杆/夾桿 clamping bar
夹钩/夾板,鉗,夾子 clamps
夹箍/接線夾 binding clip
夹管器/管卡 pipe grip
夹轨器/軌夾 rail clamp
夹辊/夾輥 pinch roll
夹紧挡圈/夾緊環 grip ring
夹紧垫圈/夾緊墊圈 clamping washer
夹紧环/夾緊環,夾緊圈 clamp ring, clamping collar
夹紧件/夾緊件 clamping element
夹紧连接轴套/夾緊套圈 clamping sleeve
夹紧螺钉/接線螺釘 binding screw
夹紧圈/夾緊環 clamping ring
夹紧套/夾緊套,夾緊環 gripping sleeve
夹紧套筒/夾緊套圈 clamping sleeve
夹紧装置/夾緊裝置 clamping device
夹具/夾具,固定物 fixture, clamper, gripping device
夹壳联轴器/分殼聯結器 split coupling
夹模板/夾模板 clamping plate
夹钎器/鑽頭鋼夾具 drill steel holder
夹钳/夾鉗,砂箱夾 clamp, tongs, pincer clamp
夹钳吊架/夾鉗吊架 clamp hanger
夹钳开闭机构/夾鉗操作機構 tongs operation mechanism

夹钳起重机/鋼錠起重機 soaking pit crane
夹圈/夾緊圈,夾緊環 clamping collar
夹砂/夾砂,砂痕 sand inclusion, sand mark
夹砂结疤/結疤 scab
夹头/開槽夾頭 collet chuck, contact head
夹头同轴度/夾頭同軸度 grip coaxality
夹芯轧制/夾心軋製 sandwich rolling
夹杂物/夾雜物 inclusion
夹杂物过滤器/夾雜物篩檢器 inclusion filter
夹杂物颗粒分离/夾雜物顆粒分離 separation of inclusion particle
夹杂物凝聚/夾雜物凝并 coagulation of nonmetallic inclusion
夹杂物上浮/夾雜物上浮 inclusion flotation
夹杂物形态控制/夾雜物形態控制 modification of nonmetallic inclusion
夹渣/夾渣 entrapped slag, slag entrapment, slag inclusion
夹止点/夾止點 pinch-off point
夹止调节/夾止調節 pinch-off conditioning
夹子/夾持器 gripper
伽/伽 gal
伽伐尼电池/伏打電池,原電池 galvanic cell
伽利津地震仪/加立津地震儀,加立津地震計 Galitzin seismometer
伽利略双筒望远镜/伽立略雙眼鏡 Galilean binocular
伽利略望远镜/伽立略望遠鏡 Galilean telescope
伽利略相对论定律/伽立略相對論定律 Galileo law of relativity
伽罗瓦场/伽羅場,加洛亞場 Galois field
迦伯码/迦伯碼 Goppal code
家态/家態 home state
家庭办公/遠程交換 telecommuting
家庭电话普及率/家庭電話普及率 household telephone penetration
家庭联网/家用網路連結 home networking
家庭网/本地網路,家庭網路 home network
家庭自动化/家庭自動化 home automation
家务处理程序/内務處理程式 housekeeping program
家用电梯/家用電梯 home elevator
镓/鎵 gallium
甲板起重机/甲板起重機,艙面起重機 deck crane
甲醇/甲醇 methanol
甲醇汽车/甲醇車輛 methanol vehicle
甲酚磺酸电解/甲酚磺酸電解 cresol sulfonic acid electrolysis
甲基环戊二烯三羰基锰/甲基環戊二烯三羰基錳 methylcyclopentadienyl manganese tricarbonyl
甲基叔丁基醚/甲基三級丁基醚 methyl tert-butyl ether, methyl tertiary butyl ether, MTBE
甲类放大器/A 類放大器 class A amplifier
甲烷/甲烷,沼氣 methane, CH_4
甲烷转化器/甲烷化器 methanator
甲状腺功能仪/甲狀腺功能儀 thyroid function meter
贾布洛夫界限/吉伯洛界限 Zyablov bound
贾诺锥度/賈諾錐度規 Jarno taper
钾/鉀 potassium
钾灯/鉀燈 kalium lamp
钾电导/鉀電導 potassium conductance
钾电流/鉀電流 potassium current
钾碱球管/鉀鹼球管 potash bulb
钾镁除铋法/鉀鎂除鉍法 Jollivet process
钾平衡电位/鉀平衡電勢 potassium equilibrium potential
钾通道/鉀道 potassium channel
钾盐/鉀鹽 sylvite
假电位法/假電位法 pseudo-potential method
假定密度/假定密度 assumed density
假定误差/假定誤差 assumed error
假定值/假定值 assumed value
假符合/僞重合 false coincidence
假负载/假負載 dummy load, fictitious load
假计数/假計數 spurious count
假冒攻击/冒名攻擊 impersonation attack
假模箱/假模箱 false part
假目标/假目標 false target
假上模箱/假上模箱 false cope
假设/假設,假説 hypothesis
AGM 假设/AGM 假設 AGM postulates
假设参考电路/假設參考電路 hypothetical reference circuit
假设参考连接/假想參考連接 hypothetical reference connection
假设始发事件/假設始發事件 postulated initiating event
假设验证/假設驗證 hypothesis verification
假塑性/擬塑性行爲 pseudoplastic behavior
假铁帽/假鐵帽 false gossan
假脱机[操作]/假脱機[操作] simultaneous peripheral operation on line
假脱机操作员特权级别/排存操作員特權階級 spooling operator privilege class
假脱机队列/排存隊列 spool queue

假脱机管理/排存管理 spool management
假脱机文件/排存檔案 spool file
假脱机文件标志/排存檔案標籤閘 spool file tag
假脱机文件级别/排存檔案類型 spool file class
假脱机系统/排存系統 spooling system
假脱机作业/排存作業 spool job
假箱造型/假箱造型 odd-side molding
假箱造型法/暫墊造模法 mold on an odd-side
假想参考连接/假想參考連接 hypothetical reference connection, HRC
假想切圆/假想圓 imaginary circle
假象赤铁矿/假像赤鐵礦 martite
假信号/故障 glitch
假言推理/假言推理 modus ponens
假阳性/僞陽性 false positive
假阴性/僞陰性 false negative
假肢器官/義肢 prosthetic device
假指令/假指令 dummy order
假装/冒充,僞裝 masquerading
价带/價[能]帶 valence band
价电子/價電子 valence electron
价格法/價格法 price method
价格协调/價格協調 price coordination
价值分析/價值分析 value analysis
价值工程/價值工程 value engineering
价值函数/價值函數,重要性函數 importance function, cost function
驾驶操纵式挖沟机/駕駛操縱式挖溝機 rider-operated trencher
驾驶区/駕駛區 driver zone
驾驶室/駕駛室 cab, cabin
驾驶室后车架最大可用长度/駕駛室後車架最大可用長度 maximum usable length of chassis behind cab
驾驶员操作位置处噪声/駕駛員操作位置處雜訊 noise at operator position
驾驶员告警指示器/駕駛員告警指示器 pilot warning indicator, PWI
驾驶员工作空间/駕駛員工作空間 operator workplace
驾驶员目视距离/駕駛員目視距離 driver viewing distance
驾驶员全身振动/作業員全身振動 whole body vibration of operator
驾驶员体重调节装置/駕駛員體重調節裝置 driver weight adjustment device
驾驶座/駕駛座 operator seat
驾驶座标志点/駕駛座標志點 seat index point
驾驶座振动传递系数/駕駛座振動傳遞係數 vibration transmission factor for seat
架构式传感器/架構式傳感器 structural type transducer
架空/架空 aerial
架空电缆/架空纜線,高架纜線,空中電纜 aerial cable, overhead cable
架空电缆线路/架空纜線線路 cable pole line
架空吊车/吊運車 trolley
架空明线/架空明線,架空裸線 aerial bare line
架空[明]线/架空[明]線 aerial line
架空索道/架空[短程]索道 aerial ropeway, aerial tramway, aerial cableway
[架空]天线网/天線網路,架空網路 aerial network
架空网/天線網路,架空網路 aerial network
架空线路/架空線路 overhead line
架空线网交叉器/架空交叉器 overhead crossing
架空引入[线]/架空引入,架空吊入 aerial lead-in
架[木]锯/架鋸,框鋸,大木鋸 bucksaw
架盘天平/架盤天平,托盤天平 mount pan balance, table balance
架盘药物天平/托盤天平 table balance
架设机构/架設裝置 erecting device
架设平台/架設平臺 erection platform
架线式电机车/天線電車 trolley locomotive
架装安装/框架安裝 rackmount
架装电源/架裝電源 rack-mounted power unit
架装结构/框架構造 rack construction
架装[设备]/架裝[設備] rackmount
尖齿[槽]铣刀/尖齒[槽]銑刀 slotting cutter with flat relieved tooth
尖点/尖點 cusp
尖点圆/尖點圓 cusp circle
尖端/尖端 tip
尖端[顶]齿/尖端齒 pointed tooth
尖端式计数管/尖端式計數器 point counter
尖峰/尖峰 spiking
尖峰负荷额定输出功率/尖峰負載額定輸出 peak load rated output
尖峰负荷锅炉/尖峰負載鍋爐 peak load boiler
尖峰负荷运行/尖峰負載操作 peak load operation
尖峰信号/[尖峰]脈衝 spike
尖钩端弹性垫圈/尖鈎端彈簧鎖緊墊圈 single coil spring lock washer with tang ends
尖角/楔角 wedge angle
尖晶石夹杂/尖晶石夾雜 nonmetallic inclusion of spinel type
尖晶石型铁氧体/尖晶石型鐵氧體 spinel type

ferrite
尖灭/尖滅 petering out
尖灭油阱/尖滅封閉 pinch-out trap
尖缩溜槽/尖縮溜槽 pinched sluice
尖头从动件/尖頭從動件 pointed cam follower
尖头千分尺/點測頭測微計,岔尖測微計 point micrometer
尖头钻头/尖角鑽頭 diamond point bit
尖岩/尖岩 needling
P-坚持型/P-堅持型 P-persistent
1-坚持型载波监听多路访问/1-堅持型載波監聽多路訪問 1-persistent carrier sense multiple access
坚固性/堅固性 soundness
坚膜炉/熟化烘箱 curing oven
坚木栲胶/堅木栲膠 quebracho extract
坚韧性/堅固性 robustness
坚硬黏土/強黏土 gumbo
坚硬转子冲击破碎机/堅硬轉子衝擊破碎機 solid-rotor impact breaker
间格干燥器/厢式乾燥器,隔間乾燥器 compartment drier
间格盘/隔間盤 compartment tray
间格培育箱/厢式培養器 compartment incubator
间距/間距,間隔,空間 spacing, space
间距规/計程器 perambulator
间柱/壁柱 rib pillar
监测/監測 monitoring
监测车/監測車 mobile monitor
监测继电器/控制繼電器 control relay
监测台/監聽臺 monitoring station
监测系统/監測系統 monitoring system
监测仪器/監測儀器 monitoring instrument
监督测试/監督測試 surveillance test
监督控制/監督控制 supervisory control
监督控制系统/監督控制系統 supervisory control system
监督学习/監督學習 supervised learning
监督训练/監督式訓練 supervised training
监督源/查驗源 checking source
监护病室/監護病室 intensive care unit, ICU
监控/監督,監視 supervision, monitoring
监控程序/監視程式 supervisory program, monitor, program monitor
监控方式/監視器模式 monitor mode
监控面板/監視器控制面板 monitor control panel
监控器/監視器控制器 monitor controller
pH 监控器/pH 監測器 pH monitor
监控任务/監視器任務 monitor task
监控台/監控臺 control and monitor console
监控帧/監督框 supervisory frame
监视灯/監視燈,復示燈,指令應答燈 repeater lamp, supervisory lamp
监视点/監視點 watchpoint
监视电离室/監控游離室 monitor ionization chamber
监视继电器/監視繼電器,監視替續器 supervisory relay
监视器/監視器 monitor
监视信元/監控單元 monitoring cell
监视引擎/監控引擎 monitoring engine
监视装置/監視裝置 supervisory equipment
监视状态/監視狀態 monitored state
监听/監聽 monitoring, snoop
监听电话机/監聽電話機 detectophone
监听键/監聽鍵 monitoring key
监听接口/監聽介面 interception interface
监听器/監聽器 audio monitor, audiomonitor
监听声呐/噪音聲納 listening sonar
监听业务/監聽業務 monitoring service
监听一致性/監聽一致性 snooping coherence
兼容程序/適用程式 compatible process
兼容地址/相容地址 compatible address
兼容计算机/相容計算機 compatible computer
兼容连接器/相容連接器 compatible connector
兼容系统/相容系統 compatible systems
兼容性/兼容性,相容性 compatibility
TTL 兼容性/TTL 并容性 TTL compatibility
兼容性测试/相容性測試 compatibility test
兼容字符/相容性字元 compatibility character
拣取设备/撿取裝置 pick device
拣选/揀選 sorting
拣选车/揀選車 order-picking truck
拣选机/揀選機 sorter, sorting machine
检波/檢波 detection
检波管/檢波管 detector valve
检波器/檢波器 wave-detector, cymoscope, detector
检波器充电时间常数/檢波器充電時間常數 electrical charge time constant of a detector
检波器放电时间常数/檢波器放電時間常數 electrical discharge time constant of a detector
检波器探头/偵測器探頭 detector probe
检测/檢測,檢波 detection, inspection
检测车/檢測車 inspection van
检测概率/發現機率,檢測機率 detection probability
检测灵敏度/偵測靈敏度 detection sensitivity
检测能力/檢測能力,檢測靈敏度 detectivity

检测器/檢測器,偵測器 detector
APD 检测器/APD 檢測器,崩潰檢光器 APD detector
PIN 检测器/PIN 檢測器 PIN detector
检测器噪声/偵測器雜訊 detector noise
检测效果/偵測影響 detectable effect
检测仪表/檢測儀器,偵測儀器 detecting instrument, measuring instrument
检测装置/目標偵測裝置 detection device
检查/檢查,檢驗,核對 check, look-up, inspection
检查表/檢查表 checklist
检查程序/核對器 checker
检查点/檢查點,核對點,查驗點 checkpoint
检查点调优/檢查點調優 checkpoint tuning
检查点再启动/檢查點再啟動 checkpoint restart
检查和/檢查和,核對和 checksum
检查批/檢查批 inspection lot
检查筛分/檢查篩分 check sieving
检查源/核對射源 check source
检尘器/塵粒鏡 koniscope
检出/檢測,檢驗 checkout
检出限/偵測極限 detection limit
检错/錯誤檢測,錯誤檢查 error detection
检错例程/偵錯常式 error detecting routine
检错率/錯誤偵測率 error detection rate
检错码/檢錯碼,誤差偵測碼,錯誤偵測碼 error detecting code, error detection code, EDC
检错器/偵錯器,誤差偵測器 error detector
检错停机/核對停機 check stop
检电器/驗電器 rheoscope
检定/檢定 verification
检定标尺分度数/檢定標尺分度數 number of verification scale interval
检定标尺分度值/檢定標尺分度值,檢定標尺區間 verification scale interval
检定标记/檢定標記 verification mark
检定的承认/檢定承認 recognition of verification
检定砝码/檢定砝碼 certified weight
检定量瓶/檢定量瓶 certified volumetric flask
检定炉/檢定爐 furnace for verification use
检定系统/驗證系統 verification system
检定证书/檢定證書 verification certificate
检定周期/檢定週期 period of verification
检晶仪/檢晶儀,晶體分析儀 crystallograph
检零操作/檢零操作 zero detection operation
检流计/檢流計,檢流器 galvanometer, galvanoscope
检流计常数/檢流計常數 galvanometer constant
检漏技术/檢漏技術,檢漏方法 leak detection method, leak detection technology
检漏气体/檢漏氣體 search gas
检漏器/測漏器,漏洩檢知器 leakage detector
检漏试验/檢漏試驗 leakage-check test
检漏仪/檢漏儀,測漏器,漏洩檢知器 leak detector
检偏镜/極化偏光[分析]鏡 polarization analyzer
检入/檢入 checkin
检视/檢視,檢驗 inspection
检索/檢索器 retrieve
检索树/線索樹 trie tree
检索业务/檢索服務 retrieval service
检位规/測位規,定位規 position gage
检相器/檢相器,相位檢知器 phase detector, phase-sensitive detector
检修车/檢修車 inspection repair-shop van
检修密封/檢修密封 maintenance seal, standstill seal
检压器/檢壓器,電壓檢波器 voltage detector
检眼计/眼膜曲率計 ophthalmometer
检眼镜/眼膜曲率鏡 ophthalmoscope
检验/檢驗,檢查,核對 inspection, analysis, check
χ^2 检验/卡方試驗 chi-square test
检验板测试/核對器板測試 checkboard test
检验标准/檢驗標準 inspection standard
检验步骤/檢查程式 checking procedure
检验程序/核對程式 check program
检验电路/檢查電路 checking circuit
检验规/檢驗量規 inspection gage
检验和/核對和 check sum
检验计算/檢查計算 checking computation
检验记录/檢驗記録 inspection record
检验夹具/檢驗夾具 fixture for inspection
检验例程/核對常式 check routine
检验码/檢查碼 checking code
检验平尺/檢驗平尺 examining, examining flat ruler
检验器/核對器 checker
检验设备/檢驗設備 inspection equipment
检验数据/檢驗數據 inspection data
检验温度点/檢驗溫度點 temperature point for verification
检验序列/檢查順序 checking sequence
检验印记/檢驗戳記 inspection stamp
检验用千分表/測試指示器 test indicator
检验源/查驗源 checking source
检验证书/確認驗證 certification of proof
检验装置/驗證裝置 verifying unit
检验资料/檢驗數據 inspection data

检影镜/眼膜曲率器 skiascope
减摆器/减擺器,擺振阻尼器 shimmy damper
减法/減法 subtraction
减法计量装置/減法測定裝置 measuring device based on subtraction method
减法器/減法器 subtracter
减负荷/減載,減負載 load reduction
减光器/減光器 light consumer
减价电话/減價電話 reduced-rate call
减径/減徑 reducing
减径机/減縮軋機 reducing mill, sinking mill
减量/減量 decrement
减量秤/減量秤 subtractive weigher
减落因数/衰落因子 disaccommodation factor
减落因子/衰落因子 disaccommodation factor
减摩合金/減磨合金,低摩擦金屬 anti-friction metal
减摩轴承/低摩擦軸承 anti-friction bearing
减摩轴承材料/減摩軸承材料 anti-friction bearing material
减能器/能量吸收器 energy absorber
减黏裂化/減黏 visbreaking
减黏裂化炉/減黏爐 visbreaker
减强器/減強器 intensity reducer
减容器/容積縮減接頭 volume reducer
减色法/減色處理,減色過程 subtractive process
减色法三原色/減法三原色 subtractive primaries
减色色度学/減色色度學 subtractive colorimetry
减少/減少 reduce, decrease
减速比/減速比 speed reduction ratio
减速场/減速場 decelerating field
减速齿轮副/減速齒輪對 speed reducing gear pair
减速齿轮[器]/減速齒輪 reduction gear
减速齿轮系/減速齒輪系 speed reducing gear train
减速点火提前控制装置/減速點火提前控制裝置 deceleration spark advance control
减速度感受装置/減速感測裝置 deceleration-sensing device
减速断油/減速斷油 deceleration fuel cutoff, DFCO
减速阀/減速閥 deceleration valve
减速辅助器/減速輔助器 retarder booster
减速光劈/減速光劈,減速光楔 retardation wedge
减速光楔/減速光楔,減速光劈 retardation wedge
减速计/減速計 decelerometer
减速减稀/減速稀釋 deceleration dilution
减速节气门缓冲器/減速節氣門緩衝器 deceleration-throttle modulator
减速控制器/減速控制器,阻滯控制器 retardation controller
减速控制装置/減速控制裝置 deceleration control system
减速器/減速器 speed reducer, reductor, retarder
减速时间/減速時間 deceleration time
减速仪/減速計 decelerometer
减速装置/減速器,阻尼器 retarder
减损/減損 impairment
减尾剂/減[拖]尾劑 tailing reducer
减温器/減温器 attemperator, desuperheater
减[泄]压阀/釋壓閥 pressure relief valve
减压阀/減壓閥,洩壓閥 pressure reducing valve, reducing valve, pressure relief valve
减压挥发/減壓揮發 decompression volatilization
减压机/降壓器 negative booster
减压器/減壓器 pressure reducer
减压容积/減壓容積 retraction volume
减压行程/減壓行程 retraction stroke
减压氧化/減壓氧化 reduced pressure oxidation
减压蒸馏/減壓蒸餾 reduced pressure distillation
减摇装置/減摇裝置 anti-sway device
减音器/減聲器 sound damper
减噪/噪音降低,雜訊降低,抗噪音 noise reduction, noise abatement
减振合金/減振合金 vibration-absorption alloy
减振器/減振器,隔振器,隔振體 vibration isolator, shock absorber, isolator
减振油/阻尼油 damping oil
减震板/減震板 vibration-damping sheet
减震垫/減震墊 shock pad
减震阀/緩衝閥 cushion valve
减震能力/減震能力,製震能,阻尼能力 damping capacity
减震器/減震器,震動吸收器 absorber, damper, shock reducer
减震式震动挤压造型机/減震式震動壓擠造模機 shockless jolt-squeeze machine
减震式震动造型机/減震式震動造模機 shockless jolter
减震砧台式摇震造模机/減震砧臺式摇震造模機 cushioned anvil-type jolter
减震装置/緩衝機構,減震裝置 buffer gear
减阻剂/減黏劑,減磨劑 friction reducer
剪板机/剪板機,截斷機 guillotine shear, plate shear
剪裁/裁剪 tailoring
剪裁过程/裁剪過程 tailoring process
剪断层/剪形斷層 scissors fault
剪断[切棒]机/剪斷機 clipping machine
剪断销/剪斷銷 shear pin

剪力/剪力　shearing force, transverse force
剪力中心/剪力中心　shear center
剪切/剪切　shear, shearing
剪切安定性/剪切穩定度　shear stability
剪切变换/剪切變換　shear transformation
剪切波/剪力波,切變波,橫波　shear wave
剪切成形/剪切成形　shearing forming
剪切带/剪碎帶　shear zone
剪切断裂/剪切破壞　shear fracture
剪切方向/剪切方向　shearing direction
剪切干涉仪/切變干涉儀　shearing interferometer
剪切滑坡/剪力山崩　shear slide
剪切机/剪[切]機　cut-off machine, shear, shearing machine
剪切角/剪力平面角　shear plane angle
剪切磨机/剪切磨機　shear mill
剪切模量/剪力模數　shear modulus
剪切黏度/剪切黏度　shear viscosity
剪切平面/剪力平面　shear plane
剪切平面垂直力/剪力平面垂直力　shear plane perpendicular force
剪切平面切向力/剪力平面切線力　shear plane tangential force
剪切强度/抗剪強度　shearing strength
剪切缺陷/剪切鍛疵　shearing defect
剪切式橡胶弹簧/剪切式橡膠彈簧　shear-type rubber spring
剪切试验/剪力試驗　shear test
剪切屑/剪片屑　sheet clipping
剪切絮凝浮选/剪切絮凝浮選　shear-flocculation flotation
剪[切]应变/剪應變　shear strain
剪[切]应力/剪應力　shear stress
剪切增稠抛光/剪切增稠拋光　shear-thickening polishing slurry, STPS
剪切增稠抛光液/剪切增稠拋光漿,剪切增稠拋光劑　shear-thickening polishing, STP
剪切中心/剪力中心　shear center
剪式钻臂/剪式鑽臂　shear-type drill boom
剪贴板/剪輯板　clipboard
剪心/剪力中心　shear center
剪应变/剪應變　shearing strain
剪应力强度/抗剪強度　shearing strength
剪枝/修剪,裁剪　pruning
α-β剪枝/α-β剪枝　α-β pruning
简摆颚式破碎机/雙肘板顎式破碎機　double-toggle jaw crusher
简并半导体/簡并半導體,退化半導體　degenerate semiconductor
简并参量放大器/退化參變放大器　degenerate parametric amplifier
简并度/簡并性,簡并化　degeneracy
简并模[式]/簡并模態　degenerate mode
简并态/簡并狀態　degenerate state
简并性/簡并性,簡并化　degeneracy
简单安全特性/簡單安全特性　simple security property
简单波长分配协议/簡單波長分配協議　simple wavelength-allocating protocol, SWAP
简单齿轮系/單式齒輪系　simple gear train
简单短语/簡單片語　simple phrase
简单断面型钢/簡單斷面型鋼　simple fracture plane section steel
简单多边形/簡單多邊形　simple polygon
简单分隔/簡單分隔　simple separation
简单链表/簡單鏈接串列　simply linked list
简单脉冲/簡單脈衝　simple pulse
简单枚举归纳推理/簡單枚舉歸納推理　simple enumeration inductive reasoning
简单名字服务器/簡單名字伺服器　simple name server
简单取样/抓樣　grab sample
简单扫描/簡單掃描　simple scanning
简单透镜/單透鏡　simple lens
简单网/簡單網　simple net
简单网络管理协议/簡單網路管理協定　simple network management protocol, SNMP
简单显微镜/簡單顯微鏡　simple microscope
简单循环/簡單循環　simple cycle
XML简单应用程序接口/可延伸標示語言簡單應用程式介面　simple API for XML
简单邮件传送协议/簡單郵件轉移協定　simple mail transfer protocol, SMTP
简单轧制过程/簡單軋製過程　simple rolling process
简单蒸发冷却/簡單蒸發冷卻　single evaporative cooling
简单蒸馏/簡單蒸餾　simple distillation
简呼/簡呼,簡碼呼叫　abbreviated call
简化/簡化　simplification
简化画法/簡化畫法　simplified representation
简化力矩/等效矩　reduced moment
简[化]码/簡碼　brevity code
简化模型/簡化模型　simplified model
简化儒略日期/約簡儒略日期　modified Julian date
简化应力/等效應力　reduced stress
简洁性/簡潔性　conciseness

简略地址/簡略位址 abbreviated address
简略工序表/工作大綱圖表 outline process chart
简码/簡碼 brief-code
简图/圖[表] diagram
简谐量/簡諧量 simple harmonic quantity
简谐运动/簡諧運動 simple harmonic motion
简谐振荡器/簡諧振盪器 simple harmonic oscillator
简谐振动/簡諧振動 simple harmonic vibration
简易驾驶室/簡易駕駛室 simple cab
简易模/簡易模 low-cost die
简易文件传送协议/簡易檔案傳送協定 trivial file transfer protocol
简约关联矩阵/縮減關聯矩陣 reduced incidence matrix
简约信道/衰減通道 reduced channel
简正模[态]/正模 normal mode
简正振动/固有振動,固有模態 normal mode of vibration
简支梁/簡支梁 simply-supported beam
碱/鹼 base
碱脆/鹼脆,鹼性脆化 caustic embrittlement
碱定量器/鹼定量器 kalimeter, alkalimeter
碱度/鹼度[指數] alkalinity, basicity, index of basicity
碱金属/鹼金屬 alkali metal
碱金属蒸汽磁强计/鹼金屬蒸汽磁強計 alkali-vapor magnetometer
碱浸/鹼浸 alkaline leaching
碱浸预处理/鹼浸預處理 alkaline leach pretreatment
碱量计/鹼量計 alkalimeter
碱氯电解槽/鹼氯電解槽 alkali-chlorine cell
碱熔法/鹼熔法 alkaline fusion process
碱石灰烧结法/鹼石灰燒結法 soda lime sintering process
碱土金属/鹼土金屬 alkaline earth metal
碱吸收器/鹼吸收器 alkali bulb
碱洗槽/鹼洗槽 alkaline cleaning tank
碱洗气器/鹼洗氣器 caustic scrubber
碱性贝塞麦转炉/鹼性柏思麥轉爐 basic Bessemer converter
碱性材料/鹼性材料 basic material
碱性侧吹转炉炼钢法/鹼性側吹轉爐煉鋼法 side-blown converter steelmaking process
碱性沉积/鹼性沈積 basic sediment
碱性吹氧转炉冶炼/鹼性氧氣吹煉法 basic oxygen process
碱性电池/鹼性電池 alkaline cell
碱性电弧炉/鹼性電弧爐 basic electric arc furnace
碱性电[弧]炉钢/鹼性電[弧]爐鋼 basic electric steel
碱性电炉/鹼性電氣爐,鹼式電爐 basic electric furnace
碱性钢/鹼性鋼 basic steel
碱性介质/鹼性介質 alkaline medium
碱性精炼/鹼性精煉 basic refining
碱性炼钢法/鹼性法 basic process
碱性炉/鹼性爐 basic furnace
碱性炉衬/鹼性爐襯 basic lining
碱性炉床/鹼性爐床 basic hearth
碱性耐火材料/鹼性耐火材料,鹼性耐火物 basic refractory, basic refractory material
碱性耐火砖/鹼性磚 basic brick
碱性平炉/鹼性平爐,鹼性敞爐 basic open-hearth furnace
碱性燃料电池/鹼性燃料電池 alkaline fuel cell
碱性熔剂/鹼性助熔劑 basic flux
碱性熔铁炉/鹼性熔鐵爐 basic cupola
碱性生铁/鹼性生鐵 basic pig iron
碱性锌空气电池/鹼性鋅空氣電池 alkaline zinc-air battery
碱性锌锰电池/鹼性鋅錳電池 alkaline zinc-manganese dioxide cell
碱性蓄电池/鹼性[蓄]電池 alkaline cell, alkaline storage battery
碱性氧化物/鹼性氧化物 basic oxide
碱性造渣法/鹼性造渣法 basic slag practice
碱性渣/鹼性[熔]渣,鹼性渣 basic slag
碱性砖/鹼性磚 basic brick
碱性转炉/鹼性柏思麥轉爐 basic Bessemer converter
碱性转炉钢/鹼性柏思麥鋼,湯姆斯鋼 basic Bessemer steel, Thomas steel
碱性转炉炼钢法/鹼性柏思麥[轉爐]法 basic Bessemer process
碱液/鹼水 lye
碱液比重计/鹼液比重計 alkali hydrometer
碱液槽/鹼液槽 lye tank
碱渣/鹼渣 caustic dross
件货螺旋输送机/包裹螺旋輸送機 screw conveyor for package
间壁式通风机/分區風扇,分區風機 partition fan
间断的/不連續 discontinuous
间断观察/間斷觀察 look-through
间断浇注/斷續澆鑄 interrupted pouring
间断浸出/斷續浸出 batch leaching

间断切削刃/斷續切削刃 interrupted cutting edge
间发错误/間歇性錯誤 intermittent error
间隔/區,間 bay
间隔标准/間隔標準 separation standard
间隔钢球/間隔鋼球 spacer ball
间隔计时器/間隔計時器,間隔定時器 interval timer
间隔矿柱/礦界煤柱 barrier pillar
间隔量化/區間量化 interval quantization
间隔排列木支架法/常法架欀,常法支架 open timbering
间隔字符/空格字元 gap character
间接材料/副料 indirect material
间接测定/間接測定 indirect determination
间接测量/間接測量,間接測定,間接量測 indirect measurement
间接测量[法]/間接測量法,間接量測法 indirect method of measurement
间接带隙/間接能隙,間接頻帶間隙 indirect bandgap
间接带隙半导体/間接能帶隙半導體 indirect gap semiconductor
间接地址/間接位址 indirect address
间接电弧炉/間接電弧爐 indirect arc furnace
间接电离粒子/間接游離粒子 indirectly ionizing particle
间接动作记录仪/間接動作記録儀 indirect acting recorder
间接放电/間接放電 indirect application
间接复合/間接能隙複合 indirect recombination
间接干式冷却系统/間接乾式冷却系統 indirect dry cooling system
间接观察/間接觀測 indirect observation
间接光化学效应/間接光化學效應 indirect actinic effect
间接光照/間接照明 indirect illumination
间接还原/間接還原 indirect reduction
间接还原区/間接還原區 indirect reduction zone
间接加热喷洒机/間接加熱噴灑機 indirectly heated spreader
间接接触/間接接觸 indirect contact
间接冷却/間接冷却,外冷 indirect cooling
间接膜片阀/間接膜片閥 indirect diaphragm valve
间接喷射/間接噴射 indirect injection
间接喷射式柴油机/間接噴射式柴油機 diesel indirect injection engine, indirect injection engine
间接烧结/間接燒結 indirect sintering
间接受控系统/間接受控系統 indirectly controlled system
间接泄漏/漏洩旁路 bypass leakage, entrained leakage
间接眩光/間接眩光 indirect glare
间接寻址/間接定址 indirect addressing
间接照明/間接照明 indirect lighting
间接制冷系统/間接冷凍系統 indirect refrigeration system
间接作用[动作]仪表/間接動作儀表 indirect acting instrument
间接作用控制器/間接作用控制器 indirect acting controller
间浸试验/交替浸漬試驗 alternate immersion test
间热[式]阴极/間熱[式]陰極 indirectly-heated cathode
间隙/間隙 interstice, clearance, gap
间隙定理/間隙定理 gap theorem
间隙固溶体/間隙固溶體 interstitial solid solution
间隙规/間隙設定規 gap-setting gage, thickness piece
间隙化合物/間隙化合物 interstitial compound
间隙纪录间/間隙録間 gap interrecord
间隙扩散/間隙擴散 interstitial diffusion
间隙配合/間隙配合,餘隙配合 clearance fit
间隙[缺陷]团/間隙[缺陷]團 interstitial cluster
间隙水平/間距位準 clearance level
间隙特性/間隙特性 backlash characteristic
间隙相/間隙相 interstitial phase
间隙杂质/間位雜質 interstitial impurity
间隙字块/間隙段 gap block
间歇出铁/間歇出鐵 intermittent tapping
间歇反应器/分次式反應器 batch reactor
间歇放电/間歇放電,斷續放電 intermittent discharge
间歇分度/間歇分度 interrupted division
间歇负载/間歇負載 intermittent load
间歇工作状态/間歇工作狀態 intermittent duty
间歇故障/間歇[性]故障 intermittent fault
间歇混合机/間歇混合機 intermittent mixer
间歇机构/暫停機構 dwell mechanism
间歇记录器/打點式記録器 intermittent recorder
间歇搅拌机/間歇混合機 intermittent mixer
间歇举气/間歇氣舉 intermittent gas lift
间歇润滑/間歇潤滑 periodical lubrication
间歇生产炉/分次式熔爐,批式熔爐 batch furnace, batch-type furnace
间歇失效/間歇[性]失效 intermittent failure
间歇式冰淇淋冻结器/間歇式霜淇淋凍結器 batch-

type ice cream freezer
间歇式干燥机/間歇乾燥腔 intermittent drier
间歇式混砂机/分批混砂機 batch sand mixer
间歇式沥青混合料搅拌设备/間歇式瀝青混合料攪拌設備 asphalt mixture batch plant
间歇式炉/分批熔爐 batch furnace
间歇式球磨机/分次式磨粉機 batch mill
间歇式退火炉/週期退火爐,分次退火爐 periodic annealing oven, periodic annealing furnace
间歇式制冰机/循環式製冰機 cyclic ice maker
间歇循环式架空索道/間歇循環式架空索道 intermittent circulating ropeway
间歇运动/間歇運動 intermittent motion
间歇运动机构/間歇運動機構 intermittent motion mechanism
间歇运动连杆机构/間歇連桿機構 dwell linkage mechanism
间歇载荷/間歇加載 intermittent loading
间歇噪声/間歇雜訊 intermittent noise
间歇振荡器/間歇振盪器,阻隔振盪器 blocking oscillator
间歇蒸馏器/分批蒸餾器,批式蒸餾器 batch still
间歇自喷井/間歇自噴井 intermittently flowing well
间谐波分量/間諧波成分 interharmonic component
建立/建立 build
建立时间/穩定時間,設置時間 settling time, setup time
建模/建模,模型建立 modeling
建模语言/模型建立語言,模型化語言 modeling language
建议路由/建議採取的路由,諮詢路由 advisory route
建造/組成,安裝 build-up
建造者模式/建造者模式 builder pattern
建筑安装用浮式起重机/安裝用浮式起重機 floating crane for erection work
建筑计量学/建築計量學 building metrology
建筑卷扬机/建築卷揚機 construction winch
建筑塔式起重机/建築塔式起重機 building tower crane
建筑用钢/建築用鋼 building steel
剑桥环/劍橋環 cambridge ring
健壮性/堅固性 robustness
舰船停靠系统/艦船停靠系統 vessel approach and berthing system
舰队卫星通信系统/艦隊衛星通信系統 fleet satellite communication system
渐变光纤/漸變光纖 graded index fiber
渐变[截面]波导/漸變波導,錐面波導 tapered waveguide
渐变失效/漸變失效,劣化故障 gradual failure
渐变型光纤/漸變光纖 graded index fiber
渐变折射率/漸變折射率 graded index
渐变折射率光纤/漸變折射率光纖 graded index fiber
渐成式拉削/漸成式拉削 generating broaching
渐减计数器/倒數器,逐減計數器 down-counter
渐进时效/漸進老化 progressive aging
渐进式安全器/漸進式安全裝置 progressive safety device
渐近编码增益/漸近編碼增益,編碼近似增益 asymptotic coding gain
渐近弧/漸近弧 asymptotic arc
渐近稳定性/漸近穩定性,漸近穩定度 asymptotic stability
渐近线/漸近線 asymptote
渐开螺旋面/漸開線螺旋面 involute helicoid
渐开面包络环面蜗杆/漸開螺旋母線環面蝸桿 toroidal involute worm
渐开蜗线面/漸開蝸線面 involute spiraloid
渐开线/漸開線,漸伸線 involute
渐开线齿廓/漸開線齒廓 involute profile
渐开线齿轮/漸開線齒輪,漸伸線齒輪 involute gear
渐开线函数/漸開線函數 involute function
渐开线花键/漸開線花鍵 involute spline
渐开线花键拉刀/漸開線花鍵拉刀 involute spline broach
渐开线检查仪/漸開線檢查儀,漸伸線試驗器 involute tester
渐开线铁心/漸開線鐵心 involute core
渐开线凸轮/漸開線凸輪 involute cam
渐开线蜗杆/漸開線蝸桿 involute helicoid worm
渐开线蜗杆基圆/漸開線蝸桿基圓 base circle of involute helicoid worm
渐开线蜗杆基圆柱面/漸開線蝸桿基圓柱面 involute worm base cylinder
渐开线样板/漸伸線[人工]製品 involute artifact
渐开线圆柱齿轮/漸開線圓柱齒輪 involute cylindrical gear
渐扩喷嘴/發散噴嘴 diverging nozzle
渐屈线/漸屈線,法包線 evolute
渐弱/淡出 fade out
渐缩弯管/漸縮彎頭 reducing elbow
渐显/淡入 fade in
渐远弧/漸遠弧 arc of recess
渐远角/漸遠角 angle of recess

渐增导纳/漸增阻納 incremental admittance
腱/腱 tendon
腱驱动器/腱驅動器 tendon drive
溅射/濺射,噴鍍,濺散 sputtering
溅射材料/濺射材料 sputtering material
溅射离子泵/濺射離子泵,濺射離子幫浦 sputter ion pump
溅射膜盘/濺射膜磁碟 sputtered film disk
溅射速率/濺射速率 sputtering rate
溅铁/濺鐵 iron spillage
溅渣护炉/濺渣爐襯保護 slag splashing for vessel lining protection
溅渣量/濺渣量 splashed slag amount
溅渣频率/濺渣頻率 frequency of splashing
溅渣时间/濺渣時間 duration of splashing
溅渣调渣剂/濺渣調節劑 slag conditioning agent for splashing
鉴别/鑒別,鑒定,鑒認 discrimination
鉴别比/鑒別比 extinction ratio
鉴别函数/判別函數 discriminant function
鉴别交换/鑒別交換 authentication exchange
鉴别力阈/鑒別閾 discrimination threshold
鉴别逻辑/鑒別邏輯 logic of authentication
鉴别码/文電鑒別碼 authenticator
鉴别模型/判別模型 discriminative model
鉴别器/鑒別器,鑒頻器 discriminator, descriminator, frequency discriminator
鉴别式/判別式 discriminant
鉴别数据/鑒別資料 authentication data
鉴别头/鑒別標頭 authentication header
鉴别信息/鑒別資訊 authentication information
鉴别阈/鑒別閾 discrimination threshold
鉴定砝码/檢定砝碼 certified weights
鉴定符/文電鑒別碼 authenticator
鉴定符号/鑒別符記 authentication token
鉴定井/評估井 appraisal well
鉴定试验/鑒定試驗 qualification test
鉴定需求/資格需求 qualification requirement
鉴幅器/鑒幅器,振幅鑒別器,幅度鑒別器 amplitude discriminator
鉴频/鑒頻 frequency discrimination
鉴频器/鑒頻器,頻率偵測器 frequency discriminator, frequency sensitive detector
鉴权/驗證,認證 authentication, AUTH
鉴权、授权和结算/鑒權、授權和結算 authentication, authorization and accounting
鉴权中心/鑒權中心 authentication center, AUC
鉴相/檢相,階段判別 phase detection, phase discrimination
鉴相器/檢相器,鎖相解調器 phase detector, phase demodulator
键/電[鍵],鑰 key
键槽/鍵槽 key way
键长/鍵長 bond length
键合金丝/鍵合金絲 bonding gold wire
键合热/鍵結熱 heat of linkage
键击监控/鍵擊監控 keystroke monitoring
键矩/鍵矩 bond moment
键距/鍵距 bond distance
键控/按鍵調變 key modulation
键控穿孔机/按鍵打孔機 key punch
键控电路/按鍵電路 keying circuit
键控自动增益控制/鍵控自動增益控制 keyed automatic gain control
键离解能/鍵解離能 bond dissociation energy
键连接/鍵聯接 key joint
键码/鍵碼 key code
键帽/鍵帽 key cap
键能/鍵能 bond energy
键盘/鍵盤 keyboard
键盘穿孔机/鍵盤穿孔機,鍵盤打孔機 keyboard perforator, keyboard puncher
键盘打印机/鍵盤列印機,鍵盤列表機 keyboard printer
键盘开关/鍵盤開關 keyboard switch, key switch
键盘选择/鍵盤選擇 keyboard selection
键式离合器/鍵式離合器 key-type clutch
键图/鍵圖 bond picture
键位/鍵對映 key mapping
键位表/鍵對映表 key mapping table
键位布局/鍵盤布局 keyboard layout
键形进模口/鍵形進模口 key gate
键元/鍵元素,鍵元件 key-element
键元串/鍵元素串 key-element string
键元集/鍵元素集 key-element set
江崎二极管/江崎二極體 Esaki diode
浆化槽/漿化槽 repulp tank
浆料反应器/漿體反應器 slurry reactor
浆式进料/漿式進料 slurry feeding
浆体/漿 slurry
浆体增浓器/漿體增濃器 slurry thickener
僵尸机/暫斃處理 zombie computer
僵尸网络/殭屍網路 botnet
讲授学习/講授學習 learning by being told
桨式泵/葉片泵 paddle pump
桨式混合机/槳式混合器 paddle mixer

桨式搅拌机/槳式攪拌器 paddle stirrer
桨式搅拌器/槳式攪拌器 paddle agitator
桨叶力特性/槳葉力特性 blade force character
桨叶形螺旋/槳葉形螺旋 puddle screw
降氮氧化物系统/脱氮氧化物系統 deNOx system
降档/下頻移 downshift
降低出力/降低額定馬力 derating
降低容量的分接/降低功率分接 reduced-power tapping
降额因数/降額因數 derating factor
降负荷曲线/降負荷曲線 derating curve
降混/降混 downmix
降级/降格,退化 degradation
降级恢复/降級恢復 degraded recovery
降级模式/降級模式 degraded mode
降级运行/降級運行 degraded running
降阶观测器/降階觀測器 reduced-order observer
降阶模型/降階模型 reduced model
降阶状态观测器/降階狀態觀測器 reduced-order state observer
降落漏斗/降落漏斗 cone of depression
降膜蒸发器/降膜蒸發器 falling-film evaporator
降黏剂/稀釋劑,減黏劑 thinning agent
降频转换器/降頻器 down converter
降气管/下煙道 downcomer
降取样滤波器/降取樣濾波器 downsampling filter
降水/降水 precipitation
降维/降維 dimensionality reduction
降温时间/降溫時間 temperature fall time
降压[变压]器/降壓[變壓]器 step-down transformer
降压电阻器/減壓電阻器 dropping resistor
降压阀/減壓閥 pressure reduction valve
降压计数器/步降計數器 step-down counter
降压试验/墜落試驗 drop test
降液管/降流管 downcomer
降雨后向散射/降雨反向散射,雨滴反向散射 rain backscatter
降雨衰减/降雨衰減,雨滴衰減 rain attenuation
降雨装置/降雨裝置 rainer
交/相交,交集 intersection
交臂调节器/交臂調速計 cross armed governor
交变场/交流磁場,交流電場 alternating field
交变潮热试验/交變潮熱試驗 alternate humidity test
交变磁场/交變磁場 alternating magnetic field
交变磁化/交流磁化 alternating magnetization
交变灯光/交變燈 alternating light
交变电压/交流電壓 alternating voltage
交变量/交變量 alternating quantity
交变湿热试验/交變濕熱試驗 cyclic damp heat test
交变数/交變量 alternating number
交变梯度聚焦/交錯梯度聚焦 alternating gradient focusing
交变梯度同步加速器 /交變梯度同步加速器,交錯梯度同步加速器 alternating gradient synchrotron
交波导耦合器/交波導耦合器 cross guide coupler
交叉编译/交叉編譯 cross compiling
交叉补贴/交叉補貼 cross subsidy
交叉传动/交叉皮帶驅動 cross-belt drive
交叉存储器/交插記憶體 interleaved memory
交叉存取/交插存取 interleaving access
交叉[点]/交叉點,交迭點 crossover, crossover point
交叉缝耦合器/交叉槽式偶合器 crossed slot coupler
交叉感染/交叉傳染 cross infection
交叉功率谱/交叉功率頻譜,相互功率頻譜 cross-power spectrum
交叉光/交叉光 cross light
交叉滚子轴承/交叉滾珠軸承 crossed roller bearing
交叉滑块/交叉滑件 cross-slider
交叉滑移/交叉滑動 cross slip
交叉[换位]误差/换位誤差 transposition error
交叉汇编程序/交叉組合程式 cross assembler
交叉极化/交叉極化 cross polarization
交叉极化干扰/交叉極化干擾 crossed polarization jamming
交叉极化鉴别/交叉極化鑒別 cross polarization discrimination
交叉检验/交叉查核 cross checking
交叉接头/異管牙接頭 cross over joint
交叉开槽/交叉開槽 crossed slot
交叉开关/交叉開關 crossbar
交叉开关网络/交叉開關網路 crossbar network
交叉矿脉/交錯[礦]脈 cross vein
交叉连接/交叉連接 cross-connect
交叉链接文件/交叉鏈接文件 cross-linked file
交叉敏感性/交叉靈敏度 cross sensitivity
交叉尼科尔棱镜/正交尼可耳棱鏡 crossed Nicol prism
交叉耦合/交叉耦合 cross coupling
交叉耦合噪声/交叉耦合雜訊 cross coupling noise
交叉皮带/交叉皮帶 crossed belt
交叉频率/交叉頻率 crossover frequency
交叉认证/交叉驗證 cross-certification

交叉熵/互熵 cross entropy
交叉式门座/交叉式門框 cross frame portal
交叉搜索/交叉搜尋 intersection search
交叉调制/交越調變 cross modulation
交叉线圈式仪表/交叉線圈式儀器 crossed-coil instrument
交叉相关/交互相關 cross-correlation
交叉型乘用车/交叉型客車 cross passenger car
交叉验证/交叉確認 cross-validation
交叉轧制/交叉軋製 alternately rolling
交叉指形滤波器/交叉指形濾波器 interdigital filter
交叉指针式仪表/雙針式量測儀器 cross-pointer instrument
交叉轴线/相交軸線 intersecting axes
交岔点/交接點 junction
交错/交錯 interlace, interleasing
交错层/交錯層,僞層 cross bedding
交错齿/交錯齒 staggered tooth
交错电极结构/交錯電極結構 staggered-electrode structure
交错定理/交錯定理 alternation theorem
交错断层/交叉斷層 intersecting fault
交错二次型/交錯二次式 alternating quadratic form
交错管散热器/交錯管散熱器 staggered-tube radiator
交错矿脉/斜交支脈 caunter
交错路径/交錯路徑 zigzag path
交错螺旋齿轮/交錯螺旋齒輪 crossed helical gear
交错码/交錯碼 interleased code
交错排列井/差肩排列井 staggered well
交错双线性形式/交錯雙線性形式,交錯雙線性格式 alternating bilinear form
交错因子/交插因子 interleave factor
交错轴齿轮副/交錯軸齒輪對 gear pair with non-parallel non-intersecting axes
交错轴斜齿轮副/交錯螺旋齒輪對 crossed helical gear pair
交点开关矩阵/交點開關矩陣 crosspoint switching matrix
交点连接/交點連接 crosspoint connection
交叠分解/交疊分解 overlapping decomposition
交叠脉冲列/交疊脈波列 interleaved pulse train
交付/遞送,交貨 delivery
交付批/交付批 consignment lot
交互/交互型 interactive
交互常量/交互作用常數 interaction constant
交互错误/交互錯誤 interaction error
交互方差/交方差 cross-variance
交互方式/相互作用方式,交互模式 interactive mode
交互概览图/交互概覽圖 interaction overview diagram
交互工作/交互工作 interworking
交互故障/交互作用故障 interaction fault
交互混淆函数/交互混淆函數 cross-ambiguity function
交互极化干扰/交互極化干擾,交叉極化干擾 cross polarization interference
交互计算/分散交互計算環境 interactive computing
交互技术/交互技術 interactive technique
交互设备/交互裝置 interactive device
交互式布图系统/交互式布局系統 interactive layout system
交互式查找/交互搜尋 interactive searching
交互式处理/交互式處理 interactive processing
交互式多次运行仿真/互動式多次運行模擬 interactive multi-run simulation
交互式多媒体系统/互動式多媒體系統 interactive multimedia system
交互式多项式时间复杂性类/互動式多項式時間複雜性類 the class of interactive polynomial time
交互式翻译系统/交互式翻譯系統 interactive translation system
交互式分时/交互式分時 interactive time-sharing
交互式光照/交互式光照 interactive lighting
交互式话音应答/交談式語音回應 interactive voice response, IVR
交互式计算机辅助设计/交互電腦輔助設計 interactive computer-aided design
交互式接口/交互式介面 interactive interface
交互式界面/交互式介面 interactive interface
交互式论证/交互式論證 interactive argument
交互式批处理/交互批次處理 interactive batch processing
交互式软件测量工具/交互式軟體測量工具 interactive software measurement tool
交互式软件开发工具/交互式軟體開發工具 interactive software development tool
交互式视像数据业务/互動式視像資料業務 interactive video data service, IVDS
交互式系统/交互系統 interactive system
交互式协议/交互式協定 interactive protocol
交互式学习/交互式學習媒體 interactive learning
交互式语言/交互式語言 interactive language
交互式 SQL 语言/交互式 SQL 語言 interactive SQL

交互式证明/交互式證明 interactive proof
交互式证明协议/交互式證明協定 interactive proof protocol
交互式终端/交談型終端機 interactive terminal
交互图/交互圖 interaction diagram
交互图形系统/交互式圖形系統 interactive graphics system
交互系统/交互系統 interactive system
交互[型]业务/交互[型]業務 interactive service
交互运作/交互工作 interworking
交互主体/交互代理 interaction agent
交互作用/交互作用 interaction
交换/交換 switching, exchange
交换不稳定性/交換不穩定性 interchange instability
交换称量法/交換稱量法 transposition weighing
交换齿轮机构/交換齒輪機構 changing gear unit
交换电路/交換電路 switching circuit
交换分机/交換分機 branch exchange
交换格式/交換格式 interchange format
交换工作台/托盤交換裝置 pallet changer
交换机/交換機 exchange, switch
ATM 交换机/非同步傳輸模式交換機 asynchronous transfer mode switch
交换积分/交換積分 exchange integral
交换级/交換級 switching stage
交换晶体管/交換電晶體 switching transistor
交换局/交換局 exchange, switching office
交换矩阵/交換矩陣 switching matrix
交换力/交變力 exchange force
交换连接/開關連接 switched connection
交换码/交換碼 interchange code
交换排列/交換排列 exchange permutation
交换排序/交換分類 exchange sort
交换设备/交換設備 switching facility
交换台接线员/交換臺操作員 switchboard operator
交换网登录/交換網登録 fabric login
交换网端口/交換網埠 fabric port
交换网络/交換網路 switching network, SN, flip network
交换系数/交換係數 exchange coefficient
交换系统/交換系統 switching system
交换虚电路/交換虛擬電路 switched virtual circuit, SVC
交换中心/交換中心,交換臺,交換機房 switching center
交会和对接/會合和對接 rendezvous and docking
交会雷达/交會雷達 rendezvous radar
交集型切分歧义/交集型切分歧義 overlapping segmentation ambiguous
交-交变频器/AC-AC 變頻機 AC-AC frequency converter
交接板/交接板 cross connecting board
交联度/交連度 cross-linking degree
交联剂/交連劑 cross-linking agent
交联绝缘/交鏈絕緣 cross-linked insulation
交流/交流[電流] alternating current, AC
交流变流器/電子式交流變流器 electronic AC converter
交流变流因数/交流變流因數 AC conversion factor
交流拨号[法]/交流撥號 alternating current dialing
交流测量/交流量測 AC measurement
交流磁导率/交流磁導率 AC permeability
交流伺服电动机/交流伺服電動機 alternating current servomotor
交流伺服系统/交流伺服系統 AC servo
交流电动机/交流電動機,交流馬達 alternating current motor
交流电弧焊机/交流電熔接機 alternate current welder
交流电机/交流機 alternating current machine
交流电铃/交流電鈴 AC ringer
交流电流/交流電流 alternating current, AC
交流电流计/交流電流計 alternating current meter
交流电流校准器/交流電流校準器 AC current calibrator
交流电气传动/交流電驅動 alternating current electric drive
交流电气传动可逆电气传动/交流電驅動 AC electric drive reversible electric drive
交流电桥/交流電橋 alternating current bridge, AC bridge
交流电位差计/交流電位計 AC potentiometer
交流电位计/交流電位計 AC potentiometer
交流电压/交流電壓 alternating voltage
交流电压变换器/電子式交流電壓變換器 electronic AC voltage convertor
交流电压变流器/交流電壓變流器 AC voltage converter
交流电压表/交流伏特計 AC voltmeter
交流电压校准器/交流電壓校準器 AC voltage calibrator
交流电整流器/交流整流器 alternating current rectifier
交流电阻时间常数/交流電阻時間常數 time constant of AC resistor
交流定弧熔接器/交流定弧熔接器 AC inert-arc

welder
交流发电机/交流發電機 alternating current generator
交流发电机调节器/交流發電機調節器 alternator regulator
交流分量/交流成分,交變分量 alternating component
交流干扰/交流干擾 AC interference
交流弧焊发电机/交流弧焊發電機 alternating current arc welding generator
交流换流器/[電]弧换流器 AC converter
交流换向器电动机/交流換向器式電動機 AC commutator motor
交流换向器电机/交流換向器式電機 AC commutator machine
交流极谱仪/交流極譜法 alternating current polarograph
交流滤波器/交流濾波器 AC filter
交流耦合/交流耦合 AC coupling
交流配电设备/交流配電設備 AC distribution equipment
交流偏磁记录技术/交流偏磁記錄技術 AC bias magnetic recording technique
交流平衡指示器/交流平衡指示器 AC balance indicator
交流信令/交流振鈴 AC signaling
交流信令系统/交流信號系統,交流傳訊系統 AC signaling system
交流蓄电池/交流蓄電池 alternating accumulator
交流选择/交流選擇,交流撥號 alternating current selection
交流约瑟夫逊效应/交流約瑟夫森效應 AC Josephson effect
交流-直流比较仪/交直流比較儀 AC-DC comparator
交流-直流转换/交直流轉換 AC-DC conversion
交流-直流转换器/交直流轉換器 AC-DC converter
交流阻抗/交流阻抗 AC impedance
交收检查/交收檢查 receiving inspection
交谈服务/通話 talk
交替对数空间复杂性类/交替對數空間複雜性類 alternating logspace complexity class
交替多项式时间复杂性类/交替多項式時間複雜性類 alternating polynomial time complexity class
交替二进制[代]码/交替二進[制]編碼,交變二進[制]碼 alternate binary code
交替荷载/交變負載 alternating load
交替交易系统/交替交易系統 alternative trading systems
交替空间复杂性/交替空間複雜性 alternating space complexity
交替码/交替碼 alternate code
交替偏压/交替偏壓 alternative biasing
交替扫描/交錯掃描 interlaced scanning
交替时间复杂性/交替時間複雜性 alternating time complexity
交替数字反转码/數字交替反轉碼 alternate digital conversion code
交替图灵机/替用杜林機 alternating Turing machine
交调/交互調變,相互調變 cross modulation, intermodulation, IM
[交通]标柱/[交通]標柱 traffic bollard
交通信息采集系统/交通資訊採集系統 traffic information collection system
交钥匙系统/啟鑰式系統 turn-key system
交易[处理]/交易,異動 transaction
交织/交錯 interleaving
交织码/交錯碼 interlaced code, interleaved code, interleaving code
交织文法/交織文法 plex grammar
交-直-交变频器/AC-DC-AC 變頻機 AC-DC-AC frequency converter
交直流电压表/交直流伏特計 AC-DC voltmeter
交直流发动机/交直流發電機 AC-DC generator
交直流继电器/交直流繼電路 AC-DC relay
交直流两用电动机/交直流兩用電動機,通用電動機,通用馬達 AC-DC universal motor
交直流瓦特计/交直流瓦特計 AC-DC wattmeter
交直流转换/交直流轉換 AC-DC transfer
交轴电压/交軸電壓 quadrature-axis voltage
交轴输出阻抗/交軸輸出阻抗 quadrature-axis output impedance
交轴瞬态电抗/象限軸暫態電抗,正交軸暫態電抗 quadrature-axis transient reactance
交轴瞬态电压/象限軸暫態電壓,正交軸暫態電壓 quadrature-axis transient voltage
交轴瞬态短路时间常数/交軸暫態短路時間常數 quadrature-axis transient short-circuit time constant
交轴瞬态开路时间常数/交軸暫態開路時間常數 quadrature-axis transient open-circuit time constant
交轴同步电抗/象限軸同步電抗,正交軸同步電抗 quadrature-axis synchronous reactance
浇包/澆桶,鐵水包,盛桶 ladle, ladle cement, pouring ladle
浇包车/澆桶車,澆斗車 ladle bogie, ladle car, ladle

on wheels
浇包浇注时间/澆桶澆鑄時間,澆斗澆鑄時間 ladle pouring time
浇包起重机/吊車澆桶,澆桶吊車 crane ladle, ladle crane
浇包塞/堵塞器 stopper
浇包时间/澆桶澆完時間,澆斗澆完時間 ladle emptying time
浇包液面遮盖/澆桶液面遮蓋料,澆斗液面遮蓋料 ladle covering compound
浇包余料/澆桶剩料,澆斗剩料 ladle residues
浇包砖/澆桶磚 ladle brick
浇包转浇/澆桶轉澆 reladle
浇包嘴/澆桶嘴,澆斗嘴 ladle lip
浇不足/滯流 misrun
浇出嘴/澆出嘴 pouring lip
浇道棒/澆道棒,澆口棒 gate stick, runner stick
浇道比/澆道比 runner ratio
浇道套/澆口套筒 sprue bush
浇道砖/澆道磚 cluster bottom mold, runner core
浇封/封裝 encapsulation
浇灌混凝土支架/整體混凝土支架 monolithic concrete support
浇焊/熔流熔接 flow welding
浇口/澆口,進模口,澆道 gate, ingate, pouring gate
浇口杯/澆[口]杯 pouring cup, sprue cup
浇口发热剂/澆口發熱劑 pouring gate feeding compound
浇口截面积/澆口剖面積,進模口剖面積 gate area
浇口盆/澆池 pouring basin
浇口切除机/澆口切斷機 gate cutting machine
浇口切断/澆口切斷 gate cutting, sprue shearing
浇口切断机/澆[冒]口切斷機 gate cutter, sprue cutter
浇口塞/澆口塞,豎澆道塞 blanking-off plug, sprue plug
浇满/澆滿 gating with run-off
浇冒口布置/澆冒口布置 running and feeding layout
浇冒口方案/澆冒口方案 gating and feeding, gating and risering
浇冒口切割机/澆冒口切割機 gate and riser cutting machine
浇冒口系统/澆冒口系統 running and feeding system
浇皿/澆皿,澆碟 pouring dish
浇套/澆套,澆杯 pouring bush
浇注/澆注,澆鑄 pouring
浇注断流/澆注斷流 interrupted pour
浇注机/澆注機 pouring machine
浇注面/澆鑄區 casting area
浇注时间/澆鑄時間 casting time, pouring time
浇注水口/澆嘴 nozzle
浇注速度/澆注速度,澆注速率 pouring rate
浇注温度/澆注溫度 pouring temperature
浇注系统/澆口系統,澆流系統 gating system, pouring system, running system
浇注系统设计/澆流系方案 gating system plan
浇铸/澆鑄,鑄造 casting, teeming, ladling
浇铸操作/澆鑄操作 pouring operation
浇铸坑铸造/地坑鑄造 pit casting
浇铸区/澆鑄區 casting bay
浇铸速度/澆鑄速率 casting rate
浇铸装置/澆鑄裝置 casting device
胶带提升设备/膠帶提昇設備 belt hoisting equipment
胶带运输机开拓/膠帶輸送機開拓 belt conveyor development
胶带运输机排土/膠帶輸送機排土 waste disposal with belt conveyer
胶带运输斜井/膠帶輸送斜井 belt transportation inclined shaft
胶锅/膠鍋 gelatine pan
胶合层杂质/膠合層雜質 interlayer dirt
胶化/膠[體]化 colloidization
胶接点焊/焊接接合 weld bonding
胶结/結膠 gum formation
胶结充填/膠結充填 cemented filling
胶结剂/膠結劑 cement
胶结试验器/黏結強度試驗機 bond tester
胶瘤/填角料 fillet
胶木/膠木,電木 bakelite
胶囊充填机/膠囊裝填機 capsule filling machine
胶囊灌药器/膠囊裝填器 capsule filler
胶囊制造机/膠囊製造機 capsule machine
胶黏计/膠黏計 adhesive meter
胶黏漆/膠黏漆,膠性漆 adhesive varnish
胶黏性/膠黏性 tackiness
胶凝作用/膠凝 gelling
胶片感光速度/膠片速率 film speed
胶片光学传感器/膠片光感器 film optical sensing device
胶片光学读取器件/膠片光感器 film optical sensing device
胶片记录器/録影機,録音機 film recorder
胶片剂量计/膠片劑量計,薄膜劑量計 film dosemeter, film badge, film dosimeter

胶片佩章/膠片[劑量]佩章 film badge
胶片扫描器/影片掃描機 film scanner
胶片阅读器/微膠卷閱讀機 film reader
胶片指环[剂量计]/環狀膠片 film ring
胶球清洗/海綿球清洗 sponge ball cleaning
胶球清洗装置/海綿球清洗裝置 sponge ball cleaning device
胶溶作用/膠溶作用,膠化 peptization
胶乳比重计/乳膠計 latexometer
胶塞/橡皮塞 rubber stopper
胶束/膠微胞 micelle
胶束液相色谱法/膠束液相色譜法 micellar liquid chromatography
胶态金属粒光电管/膠態金屬粒光電管 colloidal metal cell
胶体/膠體,膠質 colloid, gel
胶体磨机/膠體磨機 colloidal mill
胶体水处理/膠體水處理法 colloidal water treatment
胶性/膠性 colloidal property
胶印磨版机/壓紋機 graining machine
胶质滤光片/明膠濾光片 gelatine filter
胶质石墨/膠質石墨 colloidal graphite
胶质物/膠質物 colloidal material, colloids
胶质黏土/膠質黏土 colloidal clay
胶质整流器/膠體整流器 colloid rectifier
胶装/膠接 cementing
焦斑/焦斑,焦點 focal spot
焦饼中心温度/焦餅中心溫度 coke cake central temperature
焦沉积/煅積物 burnt deposit
焦点/焦點 focus, focal point
焦点标称值/標稱焦斑值 nominal focal spot value
焦点曲线/焦弧 focal curve
焦度/焦度 focal power
焦度计/焦度計,屈度計 lensmeter
焦耳/焦耳 Joule
焦耳定律/焦耳定律 Joule law
焦耳计/焦耳計 joulemeter
焦耳-开尔文效应/焦耳-克耳文效應 Joule-Kelvin effect
焦耳热/焦耳熱 Joule heat
焦耳热效应/焦耳熱效應 Joule heating effect
焦耳效应/焦耳效應 Joule effect
焦粉/焦[炭]屑,煤焦粉 coke powder
焦粉捕集器/除砂器 grit arrester
焦罐/焦罐 coke bucket
焦化废水/焦化廢水 coking waste water
焦化炉/煉焦爐 coker
焦化煤/非焦性煤 non-coking coal
焦化塔/焦炭塔 coke tower
焦距/焦距 focal length
焦距计/焦距計 focimeter
焦距仪/焦距計 focometer
焦磷酸钍/焦磷酸釷 thorium pyrophosphate
焦炉/煉焦爐 coke oven
焦炉废气循环/煉焦爐廢氣循環 coke oven waste gas recirculation
焦炉烘炉/煉焦爐烘爐 heating-up of coke oven battery
焦炉交换机/煉焦爐交換機 coke oven reversing machine
焦炉炉室加料站/煉焦爐加料站 coke oven battery charging station
焦炉炉柱/煉焦爐爐柱 buckstay of coke oven
焦炉煤气/煉焦爐氣 coke oven gas
焦炉煤气净化/煉焦爐煤氣淨化 coke oven gas purification
焦炉焖炉/煉焦爐燜爐 coke oven soaking
焦炉群/煉焦爐組 coke oven group
焦炉燃烧室/煉焦爐燃燒室 heating wall of coke oven
焦炉热衡算/煉焦爐熱衡算 coke oven heat balance
焦炉水封阀/煉焦爐水封閥 coke oven water sealing valve
焦炉调温/煉焦爐溫度調節 temperature adjustment for coke oven
焦炉蓄热室/煉焦爐蓄熱室 regenerator of coke oven
焦炉周转时间/煉焦爐週轉時間 cycle time of coke oven
焦炉纵拉条/煉焦爐縱拉條 longitudinal tie rod of coke oven
焦面/焦平面 focal plane
焦面场/焦平面場 focal plane field
焦批/焦塊批次 batch coke charge
焦平面/焦平面 focal plane
焦平面数组/聚焦面陣列 focal plane array
焦平面阵列/聚焦面陣列 focal plane array
焦散/焦散曲線 caustics
焦台/焦臺 coke wharf
焦炭/焦炭,煤焦 coke
焦炭比/焦炭比,煤焦比 coke ratio
焦炭产率/焦炭產率 coke yield
焦炭反应性/焦炭反應性 reactivity index of coke
焦炭负荷/焦炭配料比 burden ratio

焦炭坩埚炉/焦炭坩堝爐　coke-fired crucible furnace
焦炭抗碎强度/焦炭斷裂強度　breaking strength of coke
焦炭粒度/焦塊粒度　coke size
焦炭裂纹/焦炭裂紋　fissure of coke
焦炭落下强度/焦炭破碎強度　shatter strength of coke
焦炭热强度/焦炭熱強度　hot strength of coke
焦炭生铁/焦炭生鐵,煤焦生鐵　coke pig iron
焦炭塔/焦炭塔　coke tower
焦油/焦油　tar
焦油氨水分离器/焦油氨水分離器　tar and ammonia liquor decanter
焦油白云石砖/焦油白雲石磚　tar dolomite brick
焦油分离器/瀝青分離器　tar separator
焦油提取器/瀝青萃取器　tar extractor
焦油渣/焦油渣　tar residue
焦渣/熔結塊,煤渣　clinker
礁层油井/礁層油井　reef trap
角/角　angle
角编码器/角編碼器　angular encoder
角变位齿轮副/角變位齒輪對　gear pair with modified center distance
角变位圆柱齿轮副/中心距修改的齒輪對　X-gear pair with modified center distance
角变位锥齿轮副/角變位錐齒輪對　gear pair with shaft angle modification
90°角尺/直角尺　square
角刀/角銑刀　angular cutter
角动量/角動量,動量矩　angular momentum, moment of momentum
角动量原理/角動量原理　principle of angular momentum
角度测量/角度量測　angular measurement
角度尺/斜角規,測角規　bevel protractor
角度传动/轉交傳動法　angle drive
角度传感器/角感測器　angle transducer
角度放大/角度放大　angular magnification
角度块/角度塊規　angular gage block
角度块规/角度塊[規]　angle block gage, angle gage block
角[度]谱/角譜　angular spectrum
角度式压缩机/角度式壓縮機　angular-type compressor
角度位置变换器/角位轉換器　angular position transducer
角度位置传感器/角度感測器,角位轉換器　angular position sensor, angular position transducer
角度位置执行器/角度位置執行器　angular position actuator
角度误差/角度誤差　angle error
角度铣刀/角[度]銑刀　angle milling cutter, angular cutter
角度系列/角度系列　angle series
角度效应/角度效應　ply steer
角度样板/角度規　angle gage
角[度]噪声/角[度]噪聲　angle noise
角阀/角閥　angle valve, corner valve
角反射天线/角反射天線　corner reflector antenna
角放大率/角度放大　angular magnification
角分辨电子谱法/角解析電子譜法　angle resolved electron spectroscopy
角分辨[率]/角分解度　angular resolution
角分集/角度分集　angle diversity
角分解器/角分析儀　angular resolver
角钢/角鋼,角鐵　angle steel, angle bar
角钢剪切机/角鐵剪切機　angle iron shear
45°角钢丝破断/45°角鋼絲斷裂　fracture of wire at 45°
角跟踪/角追蹤　angle tracking
角管式锅炉/角管式鍋爐　corner-tube boiler
角规/角度規　angle gage
角焊缝/填角焊道　fillet weld
角加速度/角加速度　angular acceleration
角加速度传感器/角加速度感測器　angular acceleration transducer
角夹/角夾　angle clamp
角接触球轴承/斜角滾珠軸承　angular contact ball bearing
角接触推力轴承/角接觸式推力軸承　angular contact thrust bearing
角接触轴承/角接觸軸承　angular contact bearing
角接接头/角焊接頭　fillet joint
角锯/角鋸　corner saw
角孔径/[天線]張角　angular aperture
角砾岩/角礫岩　breccia
角砾状构造/角礫狀構造　brecciated structure
角量子数/角動量量子數　angular momentum quantum number
角裂漏钢/角裂漏鋼　corner crack breakout
角螺旋衬板/角螺旋襯板　spiral angular liner
角密耳/角密耳　angular mil
角偏转/角偏轉　angular deflection
角频率/角頻率　angular frequency, radian frequency
角频谱/角譜　angular spectrum
角钳/角鉗　angle tongs

角切刀/去角刀具 bevel tool
45°角切割/45°角切割 mitre cutting
角式泵/角泵 angle pump
角式气扳机/角式氣扳機 angle pneumatic wrench
角式气动砂轮机/角式氣動砂輪機 angle pneumatic grinder
角式气钻/角式氣鑽 angle pneumatic drill
角式燃烧器/角式燃燒器 corner burner
角速比/角速比 angular velocity ratio
角速度/角速度,角速率 angular speed, angular velocity, angular rate
角速度传感器/角速度感測器 angular velocity transducer
角速度多边形/角速度多邊形 angular velocity polygon
角速度矢量/角速度向量 angular velocity vector
角速计/角速計 spin-rate meter
角调制/角度調制,調角 angular modulation
角铁/角鐵 angle bar
角铁切割机/切角機 angle cutter
角推土铲/斜鏟推土機 angle dozer
角位移/角位移 angular displacement
角位移光栅/角位移光柵 angular displacement grating
角铣刀/角銑刀 angular cutter
角系数/角係數 view factor
角隙避雷器/角隙避雷針 horn gap arrester
角向电钻/角向電鑽 angular electric drill
角[向]运动/角運動 angular motion
45°角斜接/45°角斜接 mitre joint
角行程电动执行机构/角行程電動執行機構 rotary electric actuator
角行程阀/角行程閥,旋動閥 rotary motion valve
角行程气动执行机构/角行程氣動執行機構 angular displacement pneumatic actuator
角[形]阀/角[形]閥 angle valve
角形反射器/角形反射鏡,回向反射器 corner reflector
角形小车/角形小車 angular trolley
角形应接管/角形應接管 angle adapter
角形轧钢机/角形軋鋼機 diamond pass roll
角型温度计/角型溫度計 angle stem thermometer
角旋塞/角旋塞 angle cock
角岩/角頁岩 hornfels
角银矿/角銀礦 chlorargyrite
角錾/角鏨 corner chisel
角凿/角鏨 corner chisel
角轧/角軋 diagonal rolling
角轧法/角軋法 diagonal rolling method
角转头/定角轉子 fixed angle rotor
角状粉/角狀粉 angular powder
角锥喇叭天线/金字塔形號角天線 pyramidal horn antenna
角锥棱镜/角錐棱鏡 cube-corner prism
角锥形掏槽/角錐形割眼式,角錐形抽心孔式 pyramid cut
绞车/絞車,卷揚機 winch
绞合导线/絞合導線 stranded conductor
绞[合方]向/絞向 direction of lay
绞合缆线/絞合纜線,吊線 strand cable
绞合线/絞合線 stranded wire
绞盘放大器/絞盤放大器 capstan amplifier
铰刀/絞刀 reamer
铰杠/螺絲攻扳手 tap wrench
铰接臂/鉸接臂 articulated jib
铰接臂流动式起重机/鉸接臂移動式起重機 mobile crane with articulated jib
铰接车架自卸车/鉸接車架自卸車 articulated frame dumper
铰接点/連桿接點 link point
铰接活塞/鉸接活塞 articulated piston
铰接夹/肘節夾 toggle clamp
铰接架/鉸接架 articulated frame
铰接客车/雙節公車 articulated bus
铰接列车/拖掛車,連掛車 articulated vehicle
铰接流动式起重机/鉸接流動式起重機 articulated mobile crane
铰接式底盘/鉸接式底盤 articulated chassis
铰接式辊子输送机/鉸接式滾輪運送機 hinged roller conveyor
铰接式砂箱/鉸接式砂箱,活扣砂箱,活扣砂模 hinged molding box, snap flask sand mold
铰接式砂芯盒/鉸接式砂心盒 hinged core box
铰接式松土器/鉸接式鬆土器 radial-type ripper
铰接式自卸车/鉸接式自卸車 articulated steering tipper
铰接悬臂门式起重机/鉸接懸臂高架起重機 gantry crane with hinged boom
铰链/鉸鏈 hinge
铰链接合/開合接頭 knuckle joint
铰链连接/鉸鏈 hinge, pilot pin joint
铰削/絞孔,擴鑽,修孔 reaming
矫平/矯平 leveling
矫顽磁场强度测定器/矯頑磁力計 coercive force meter
矫顽磁力表/矯頑磁力計 coercimeter

矫顽[磁]力计/矯頑磁力計 coercive force meter
矫顽磁性测量仪/矯頑磁性測量計 coercive meter
矫顽场强度/矯頑[磁]場強度 coercive field strength
矫顽性/矯頑磁力,矯頑磁性 coercivity
矫正/矯直 straightening
矫正镜片/修正透鏡 correcting lens
矫正器/改正器 corrector
矫直/矯直 straightening
矫直段/矯直段 straightening section
矫直辊/矯直輥 straightening roll
矫直机/矯直機 straightening machine
矫直裂纹/矯直裂紋 straightening crack
矫直扇形段/矯直扇形段 unbending segment
脚本/腳本,手跡,原本 script
脚本知识表示/腳本知識表示 script knowledge representation
脚部空间/腳部空間 foot room
脚手架/結橋,臺架 scaffold bridging, scaffolding
脚踏开关/腳踏開關 foot switch
脚踏起动系统/腳踏起動系統 kick starting system
搅拌/攪拌 agitation, rabbling
搅拌棒/攪拌棒 stirring rod
搅拌槽/攪拌罐,混合槽 agitating tank, mixing tank
搅拌罐齿圈/攪拌罐齒圈 mixing tank gear ring
搅拌罐滚道/攪拌罐滾道 mixing tank rolling track
搅拌机/混合機,攪拌器 mixer, pug mill
搅拌机[器]/攪拌器 agitator
搅拌浸出/攪拌浸出 agitation leaching
搅拌宽度/混合寬度 mixing width
搅拌磨机/攪拌磨機 stirring mill
搅拌器/攪拌器,攪拌機,攪和器 blender, mixer, stirrer
搅拌强度/攪拌強度 agitation intensity
搅拌球磨/攪拌球磨 attritor milling, attritor grinding
搅拌溶浸/攪拌溶浸 stirring leaching
搅拌输送车/車裝混合機 truck mixer
搅拌筒/攪拌筒 mixing drum
搅拌叶片/攪拌葉片 mixing blade
搅拌转矩/攪拌轉矩 stirring torque
搅炼/攪煉 puddling
搅炼法/攪煉法,普德林法 puddling process
搅炼炉熟铁块/攪煉素塊 puddle ball
搅炼铁条/攪煉棒 puddle bar
[搅炼用]长柄耙/攪拌桿 rabble
搅模器/攪模器 mode scrambler
叫号电话/叫號電話 station-to-station call
叫人电话/指名電話 person-to-person call
叫通/接通 call through
叫通信号/叫通信號,叫通訊號 calling-on signal
校表仪/校表儀 watch calibrator
校对/校對 collate
校对机/校對機 collator
校对量规/主量具 master gage
校核煤种/校核煤種 checked coal
校核试验/查核試驗 check test
校平/矯平 flattening
校平模/校平模 planishing die
校验比特/核對數元 check bit
校验分析/檢校分析 check analysis
校验量规/校對規,查核規 check gage
校验位/校驗數位,核對數位 check digit
校验仪/查核計 check meter
校验指令/校驗指令 checking command
校验指示器/核對指示器 check indicator
校正/校正 calibrate, correcting
校正凹凸透镜/校正凹凸透鏡 correction meniscus
校正板/校正板 corrector plate
校正半径/校正半徑 compensating radius
校正磁铁/校正磁鐵 correction magnet
校正方法/校正方法 method of correction
校正光楔/校準光楔 correction wedge
校正滤波器/校正濾光片 correcting filter
校正面/補償側面 compensating side
校正面不平衡质量/校正面不平衡質量 compensating side unbalance mass
校正面间距/校正面間距 distance between compensating side
校正模/校正模 straightening die
校正[平衡]平面/校正[平衡]平面 correction balancing plane
校正器/改正器 corrector
校正视差瞄准器/校正視差瞄準器 parallax correcting finder
校正弹簧/扭矩控制彈簧 torque control spring
校正透镜/修正透鏡 correcting lens
校正网络/校正網路 correcting network
校正线圈/校正線圈 correcting coil
校正信号/校正信號 correcting signal
校正因数/改正因數,修正因數 correction factor
校正用高度计/校正用高度計 master altimeter
校正质量/校正質量 correction mass
校正子/校正子 syndrome
校正作用/校正動作,調整作用 corrective action
校准/校準,校正,刻度 calibration
校准标准/校正標準 calibration standard

校准常数/校正常數　calibration constant
校准带/校準帶,校正卷尺,校正帶　calibration tape
校准等级图/校正層級,校正層系　calibration hierarchy scheme
校准等级序列/校正層級,校正層系　calibration hierarchy
校准点/校正點　calibration point
校准电池/校準電池　calibration battery
校准电路/校正電路　calibration circuit
校准电压/校正電壓　calibrating voltage
校准服务/校正服務　calibration service
校准公式/校正方程式　calibration equation
校准记录/校正記録　calibration record
校准间隔/再校間隔　recalibration interval
校准块/校準塊,校正塊　calibration block
校准量/校準量　calibrating quantity
校准[量]规/標準規　control gage
校准漏孔/校準漏孔　calibrated leak
校准钮/校準鈕　calibrating knob
校准器/校準器,校正器,調整器　calibrator, regulator
校准曲线/校準曲線,定標曲線,校正曲線　calibration curve
校准设备/校正裝備,校正設備　calibration equipment
校准试验/綜合測試,校正試驗　line-up test, calibration test
校准图/校正圖　calibration diagram
校准网络/校正網路　calibration network
校准位置/已校位置　calibrated position
校准误差/校正誤差　calibration error
校准系数/校準係數,校正因子　calibration coefficient, calibration factor
校准系统/校準系統　system of calibration
校准信号/校準信號,校正信號,校準訊號　calibrating signal, calibrated signal
校准仪器/校正儀器　calibration instrument
校准因数/校準因數,校正因子　calibration factor
校准引线/已校引線,已校導程　calibrated lead
校准用滴定管/校準用滴定管　calibrating buret
校准帧/校準框　alignment frame
校准值/修正值　calibration value
校准周期/再校循環　recalibration cycle
校准装置/校正器具,校正設備,校正裝置　calibration apparatus, calibration device
校准准确度/校正準確度　calibration accuracy
轿架/車架　car frame
轿厢/轎厢　car, lift car
较低指令字部/下階指令部　lower instruction parcel
教导模式/教導器　teach pendant
教导式规划/教導式規劃　teach-in programming
教育点播/教育點播　education on demand
教育机器人/教育機器人　education robot
教育信息化/教育資訊化　educational informationization
阶段/階段,期[間]　phase
阶段Ⅰ加油控制装置/階段Ⅰ加油控制裝置　stage Ⅰ refueling control device
阶段Ⅱ加油控制装置/階段Ⅱ加油控制裝置　stage Ⅱ refueling control device
阶段Ⅱ蒸气回收加油枪/階段Ⅱ蒸氣回收加油槍　stage Ⅱ vapor recovery nozzle
阶式冷却器/滴流冷却器　trickle cooler
阶式蒸发器/串級蒸發器,級聯蒸發器　cascade evaporator
阶梯波发生器/階[梯]波産生器　staircase generator, step wave generator
阶梯光栅/階梯光柵　echelon grating
阶梯浇口/分級進模口　step gate, stepped sprue
阶梯铰孔/階梯鉸孔　reaming with step reamer
阶梯扩孔/階梯擴孔　counterboring with step core drill
阶梯棱镜/階梯分光稜鏡　echelon prism
阶梯炉排/步進爐柵加煤機　step grate stoker
阶梯麻花钻/步進鑽　multiple drill, step drill
阶梯式波导管/多級波導,階梯形波導　stepped waveguide
阶梯式浇注系统/階梯式澆注系統　step gating system
阶梯式通风/分段通風　stepped ventilation
阶梯试样/梯形試片　stepped test bar
阶梯天线/步階天線　stepped antenna
阶梯透镜/階梯分光透鏡　echelon lens
阶梯退火/分段退火　stepped annealing
阶梯钻削/階梯鑽削　drilling with step drill
阶跃电压/階躍電壓,步階電壓,階梯電壓　step voltage
阶跃发生器/階躍産生器　step generator
阶跃干扰/階段擾動　step disturbance
阶跃函数/階梯函數,步階函數,步進函數　step function
阶跃函数发生器/階梯函數産生器　step function generator
阶跃恢复二极管/階躍恢復二極體,突返二極體　step recovery diode, snapback diode
阶跃式光楔/階梯式消光楔　step wedge

阶跃响应/階狀響應,步進響應,步級響應 step response
阶跃响应试验/步進響應試驗 step response test
阶跃折射率/階躍折射率 step index
阶跃折射率光纤/步進折射率纖維 step index fiber
阶状断层/階狀斷層,階梯斷層 step fault
阶状矿脉/階狀礦脈,階梯礦脈 step vein
阶状脉/階級狀礦脈 staircase vein
接板/插頭板 plugboard
接插板/插線板,活動插頭板 detachable plugboard
接插件/連接器組合 connector assembly
接触比/接觸率 contact ratio
接触变质带/接觸變化帶,變質圈 metamorphic aureole
接触变质矿床/接觸變質礦床 contact metamorphic deposit
接触变质作用/接觸變質 contact metamorphism
接触表面分离器/接觸表面分離器 contact surface separator
接触测量/接觸測量 contact measurement
接触测量法/接觸測量法 contact measuring method
接触测微计/接觸測微計 contact micrometer
接触测温法/接觸測温法 contact thermometry
接触长度/接觸線長度 contact length
接触池/接觸腔 contact chamber
接触导线/接觸導線 contact wire
接触电动势/接觸電動勢 contact electromotive force
接触电势/接觸電位 contact potential
接触电势差/接觸電位差 contact potential difference
接触电位/接觸電位 contact potential
接触电位差/接觸電位差 contact potential difference
接触电阻/接觸電阻,觸點電阻 contact resistance
接触电阻计/接觸電阻表 contact resistance meter
接触电阻加热淬火/接觸電阻淬火 contact resistant hardening
接触垫/接觸墊 contact pad
接触法/接觸式檢測法 contact inspection method
接触方式/接觸方式 type of contact
接触腐蚀/接觸腐蝕,磨擦腐蝕 contact corrosion, fretting corrosion
接触干燥/接觸乾燥 contact drying
接触过滤/接觸過濾 contact filtration
接触弧/接觸弧 arc of contact
接触滑块/接觸滑塊 contact slipper
接触件/觸點元件,接點,接觸 contact member, contact
接触键/接觸電鑰 contact key
接触交代矿床/接觸換質礦床 contact metasomatic deposit
接触角/接觸角 angle of contact, contact angle
接触冷凝器/接觸冷凝器 contact condenser
接触力/觸點壓力 contact force
接触炉/接觸爐,催化劑爐 contact oven
接触疲劳/接觸疲勞 contact fatigue
接触器/接觸器 mechanical contactor
接触腔/接觸腔 contact chamber
接触式测微显微镜/接觸式顯微鏡 feeler microscope
接触式传声器/接觸式麥克風 contact microphone
接触式磁记录/觸式磁記録法 contact magnetic recording
接触式干涉仪/接觸式干涉儀 contact interferometer
接触式焊接/接觸熔接 touch welding
接触式话筒/接觸式麥克風 contact microphone
接触式活塞/接觸式活塞 contact piston, contact plunger
接触式曝光法/接觸式曝光法 contact exposure method
接触[式]温度计/接觸温度計 contact thermometer
接触式眼压计/壓凹式眼壓計 impression tonometer
接触塔/接觸塔 contact tower
接触网/接觸線 contact line
接触物质/接觸質量 contact mass
接触压降/接觸電壓降,觸點壓降 contact voltage drop
接触压力/接觸[壓]力 contact pressure, contact force
接触整流器/接觸整流器 contact rectifier
接地/接地 ground
接地百分率/接地百分率 earthing percentage
接地板/接地板 ground plate
接地变压器/接地變壓器 grounding transformer
接地参考平面/接地参考平面 ground reference plane
接地导体/接地導線 earthing conductor
接地点封器/接地點封器 ground contact closure
接地电极/接地電極 earth electrode
接地电抗器/接地電抗器 earthing reactor
接地电流/接地電流 ground current
接地电流电阻器/接地電流電阻器 earth current resistor
接地电路/接地電路 earthed circuit
接地电压互感器/接地電壓互感器,接地比壓器 earthed voltage transformer
接地电阻/接地電阻,地面電阻 earth resistance

接地电阻表/接地電阻計,大地電阻計 earth resistance meter
接地感应器/接地感應器 earthing inductor
接地故障电流/接地故障電流 earth fault current
接地环路/接地回路 ground loop
接地极/接地電極 earth electrode
接地继电器/接地[故障]繼電器,接地故障電驛 earth fault relay, earthing relay
接地检测器/接地偵測器,漏電檢知器 earth detector
接地连接/接地連接點 grounded junction
接地连接器/接地連接器 earthed connector
接地漏电检示器/接地漏電檢示器 earth leakage detector
接地面积/接地面積 contact area
接地面积保持率/接觸面積保持比率 contact area holding ratio
接地面切向力分布/接觸面剪應力分布 shear stress distribution in the contact patch
接地面压力分布/接地面壓力分布 pressure distribution in the contact patch
接地平面/接地面 ground plane, grounding plane
接地屏蔽/屏蔽,接地遮蔽 shield, grounded shield
接地输出电路/接地輸出電路 earthed output circuit, grounded output circuit
接地输入电路/接地輸入電路 earthed input circuit, grounded input circuit
接地探测器/接地檢測器 ground detector
接地天线/接地天線 grounded antenna
接地系数/接地係數 coefficient of contact
接地系统/接地系統 grounding system
[接]地线/接地線 ground wire, earth wire
接地箱壳断路器/死槽斷路器,落地箱式斷路器 dead tank circuit breaker
接地指示/接地指示 ground indication
接地自耦变压器/接地自耦變壓器 earthing autotransformer
接点损失/接點損失 joint loss
接顶充填/接頂充填 top tight filling
接缝材料/接縫材料 jointing material
接杆钎尾/柄轉接器 shank adapter
接箍定位器 /找箍器 collar locator
接管机/接管機 bulb-tubulating machine
接合/鏈接,鏈結 linkage, jointing
接合板/壓重板 jointing plate
接合过程/接合過程 engaging process
接合机构/接合機構 engaging mechanism
接合面/合模面 joint face, surface
接合频率/接合頻率 engaging frequency
接合时间/接合時間 engaging time
接合元件/接合元件 engaging element
接合转速/接合轉速 engaging rotating speed
接近传感器/近接轉換器 proximity transducer
接近角/漸近角 angle of approach, approach angle
接近开关/接近開關 proximity switch
接近式曝光法/接近式曝光法 proximity exposure method
接近指示器/鄰近指示器 proximity indicator
接口/接口,介面 interface
Q 接口/Q 介面 Q-interface
X 接口/X 介面 X-interface
接口测试/介面測試 interface testing
接口电路/介面電路 interface circuit
接口分析/介面分析 interface analysis
接口规范/介面規格 interface specification
接口规约/介面規格 interface specification
接口净荷/介面承載 interface payload
接口开销/介面間接費用 interface overhead
接口控制器/界面控制器 interface controller
接口数据单元/介面信息單元 interface data unit, IDU
接口速率/介面速率 interface rate
接口消息处理器/介面信息處理器 interface message processor, IMP
接口需求/介面需求 interface requirement
接口主体/介面代理 interface agent
接力切换/接力切換 relay handoff
接纳参数/導納參數 admittance parameter
接纳点/進接點 access point
接入/接入 access
接入传送/接取傳送 access transport
接入点/進接點 access point
接入费/存取費用 access charge
接入规约/接入規約 access protocol
UPT 接入号码/UPT 接入號碼 UPT access number
接入继电器/切入繼電器 cut-in relay
接入交换机/存取切換器,進接交換機 access switch
接入节点/存取節點 access node
接入控制/接入控制 access control, AC
接入路由器/接入路由器 access router
接入码/存取碼 access code
UPT 接入码/UPT 接入碼 UPT access code
接入时延/接入時延 access delay
接入式继电器/切入繼電器 cut-in relay
接入首字/存取字頭 access prefix
接入速率/存取速率 access rate, AR

接入提供方/接取提供者　access provider
接入投送信息/接取傳送資訊　access delivery information
接入网/接取網路　access network
接入网点/網路連接點　point of presence, POP
接入线[路]/存取線路　access line
接入协议/接入規約　access protocol
接入信道/存取通道,進接通道　access channel
接入争用/接入争用　access contention
接绳设备/接繩工具,絞結工具　splicing outfit
接收/接收　acceptance, receipt, receive
接收电压响应/自由場電壓靈敏度　free field voltage sensitivity
接收端/接收端　receiving end
接收方向图/接收場型　receiving pattern
接收缝隙/接收狹縫　receiving slit
接收管/接收[真空]管　receiving tube
接收光锥区/接收光錐區　light acceptance cone
接收机/接收機,接收器　receiver
接收机保护装置/接收機保護裝置　receiver protection device
接收机串音/接收機串音　receiver crosstalk
接收机带宽/接收機頻寬,接收器頻寬　receiver bandwidth
接收机隔离/接收機隔離　receiver isolation
接收机功能退化/接收機功能退化　receiver degradation
接收机灵敏度/接收機靈敏度,接收器靈敏度　receiver sensitivity
接收机失配/接收機失配　receiver mismatch
接收机输出波形/接收機輸出波形　receiver output waveform
接收机噪声温度/接收機雜訊溫度　receiver noise temperature
接收门/接收閘　receiving gate
接收器/接收機,接受器　receiver, acceptor
接收器电路/接受器電路　acceptor circuit
接收器噪声/接收器雜訊,接收機雜訊　receiver noise
接收天线/接收天線　pick-up antenna, receiving antenna
接收站/接收站　accepting station
接收证实/接收確認　confirmation of receipt
接受呼叫/接受呼叫　accept the call
接受域/接受領域　acceptance domain
接受者/接受者　recipient
接受状态/接受狀態　accepting state
接替倒堆剥离/後向駁接倒土剥離法　backcast stripping
接通/接通,閉合,接入　making, switch on
接通电流/接通電流　making current
接通率/接通率　call completing rate
接通能力/閉合容量　making capacity
接通时间/接通時間,閉合時間,開啟時間　make time, turn-on time
接头/接頭　joint, junction
T 接头/T 接頭,T 型接合點　T junction
Y 接头/Y 接頭,Y 型接合點　Y junction
接头 V 带/開端 V 帶　open end V-belt
接头根部/接合根　root of joint
接头锁紧螺母/接頭套管　swagelok
接头套管/接頭套管　swagelok
接头系数/接合效率　joint efficiency
接线/布線　wiring
接线板/接線板,插線板　terminal block, wire board, patch board
接线端子标记/線端記號,端子記號,終端標記　terminal marking
接线盒/接線盒,端線盒,終端箱　terminal box, junction box
接线机端口/交換機埠　switch ports
接线螺丝/接線螺旋　binding screw
接线器/接線器,轉換開關,轉換器　switch, wire connector
接线图/接線圖,布線圖　connection diagram, wiring diagram
接线柱/接線柱　binding post
揭盖起重机/揭蓋起重機　cover carriage crane
节齿式啮合/齒嚙合　tooth mesh
节点/節點　node, pitch point
节点插值/結點内插值　knot interpolation
节点处理器/節點處理機　nodal processor
节点导纳矩阵/節點導納矩陣　node admittance matrix
节点端口/結點埠　node port
节点法/節點法,節點分析　nodal method, node analysis
节点方程/節點方程　node equation
节点计算机/節點計算機　nodal computer
节点删除/結點刪除　knot removal
节点时延/節點延遲　node delay
节点阻抗矩阵/匯流排阻抗矩陣,母線阻抗矩陣　node impedance matrix
节顶距/節距線差　pitch line differential
节根距/節線位置　pitch line location
节径比/節徑比,扭鉸係數　lay ratio

节距/節距 pitch
节距因数/節距因數 pitch factor
节宽/節寬 pitch width
节流板/節流板 flow plate
节流阀/節流閥 throttle valve
节流放大器/節流放大器 restriction amplifier
节流管线/節流管線 choke line
节流孔/限流孔 orifice
节流口/閘喉,閘口 choke
节流量热器/節流式蒸氣乾度計,節流卡計 throttling calorimeter
节流器/節流器 restrictor
节流圈/限流孔 orifice
节流式液压悬挂系/節流操縱式液壓懸掛系統 hydraulic hitch system with throttle control
节流损失/節流損失 throttling loss
节流调节/節流調速 control by throttling, throttle governing
节流调节器/節流調節器 throttle regulator
节流调速器/節流調速器 throttling governor
节流型变风量末端装置/節流式可變風量終端裝置 throttle-type VAV terminal device
节流循环低温制冷机/節流循環低温冷凍機 throttling-cycle low-temperature refrigerator
节流轴针式喷油嘴/節流軸針式噴油嘴 delay throttle pintle nozzle, throttling pintle nozzle
节流装置/節流裝置 throttle device
节流嘴/節流嘴 flow bean choke
节律光信号/律動燈 rhythmic light
节轮廓/節輪廓 pitch profile
节面/節面 pitch zone
节拍器/節拍器 metronome
节平面/節平面 pitch plane
节气阀门/阻氣閥 choke valve
节气门/節氣門,限流器,節流閥 throttle, restrictor, throttle valve
节气门定位器/節流閥定位器 throttle positioner
节气门后排气再循环系统/節氣門後排氣再循環系統 below-throttle-valve EGR system
节气门缓冲器/節氣門緩衝器 throttle dash pot
节气门缓冲装置/節氣門緩衝裝置 throttle buffering device
节气门开启器/節氣門開啟器 throttle opener
节气门控制式排气再循环系统/節氣門控制式排氣再循環系統 throttle control EGR system, throttle-valve-controlled EGR system
节气门前排气再循环系统/節氣門前排氣再循環系統 above-throttle-valve EGR system
节气门位置传感器/節流閥位置感測器 throttle position sensor
节气门位置开关/節氣門位置開關 throttle position switch
节曲面/節曲面 pitch surface
节热器/節熱器,省熱器 heat economizer, economizer
节索/節點繩索 node rope
节套式支索器/節點載體 node carrier
节蜗线/節蝸線 pitch spiral
节线/節線 pitch line
节线长/節線長 pitch length
节销式啮合/節銷式嚙合 knuckle pin meshing
节油器/省油器 gasoline economizer
节圆/節圓 pitch circle
节圆螺旋线/節螺旋線 pitch helix
节[圆直]径/節[圓直]徑 pitch diameter
节圆周长/節圓週長 pitch circumference
节圆柱面/節圓柱面 pitch cylinder
节圆锥半径/節圓錐半徑 pitch cone radius
节圆锥面/節圓錐 pitch cone
节锥角/節圓錐角 pitch cone angle
洁净保管柜/潔淨保管櫃 clean shelf
洁净钢/清淨鋼 clean steel
洁净工作台/潔淨[工作]檯 clean bench
洁净烘箱/潔淨烘箱 clean oven
洁净屏/[潔淨室用]單向流牆上模組 unidirectional flow wall module
洁净室/潔淨室 cleanroom
洁净衣柜/潔淨衣櫃 garment stocker
洁净罩/[潔淨室用]單向流吸頂模組 unidirectional flow ceiling module
结/接合面,PN 接面,PN 接合 junction, PN junction
结冰式蒸发器/結冰式蒸發器 ice-bank evaporator
结点/節[點] node
结点分析法/結點分析法 nodal analysis method
结点关系度/節點關係度 relation degree of node
结电容/接面電容 junction capacitance
结电压/結電壓 junction voltage
结电阻/結電阻,接面電阻 junction resistance
PIN 结二极管/PIN 接面二極體 PIN junction diode
PN 结二极管/PN 接面二極體 PN junction diode
PN 结隔离/PN 結隔離 PN junction isolation
结构/結構,構架 structure, framework
结构比质量/比乾質量 specific dry mass
结构标度单位/結構標度單位 structural scale unit
结构材料/結構材料 structural material

结构查询语言/結構查詢語言 structure query language
结构冲突/結構危障 structural hazard
结构存储器/結構記憶體 structural memory
结构分解/結構分解 structural decomposition
结构分析/構造分析 structural analysis
结构分页系统/結構化分頁系統 structured paging system
结构风险最小化/結構風險最小化 structural risk minimization
结构钢/結構鋼 structural steel
结构化保护/結構化保護 structured protection
结构化编辑器/結構化編輯器 structured editor
结构化布缆/結構化布纜 structured cabling
结构化操作系统/結構化作業系統 structured operating system
结构化操作语义/結構化操作語義 structural operational semantics
结构化程序/結構化程式 structured program
结构化程序设计/結構化程式設計 structured programming
结构化程序设计语言/結構化程式設計語言 structured programming language
结构化对象/結構化物件 structured object
结构化方法/結構化方法 structured method
结构化分析/結構化分析 structured analysis
结构化分析与设计/結構化分析與設計技術 structured analysis and design
结构化规约/結構化規格 structured specification
结构化 p2p 计算系统/結構化 p2p 計算系統 structured p2p system
结构化设计/結構化程式設計 structured design
结构化走查/結構化走查 structured walk through
结构基因组学/結構基因組學 structural genomics
[结构]基元/基 basis
结构计算/結構計算 structural calculation
结构可观测性/結構可觀測性,結構能觀測性 structural observability
结构可控性/結構可控性 structural controllability
结构可通性/結構可通性 structural passability
结构理据/結構原點 structure origin
结构连接/結構連接 structural join
结构流程图/結構流程圖 structure flow chart
结构流传输/結構流傳輸 structured stream transport
结构模式识别/結構型樣識别 structural pattern recognition
结构模型/結構模型 structure model
结构缺陷/組織瑕疵 structure defect
结构设计/結構設計 structural design
结构摄动/結構擾動 structural perturbation
结构摄动法/結構擾動法 structure perturbation approach
结构式/結構式 structural formula
结构式传感器/架構式傳感器 structural type transducer
结构式多处理机系统/結構化多處理機系統 structured multiprocessor system
结构钛合金/結構鈦合金 structural titanium alloy
结构图/結構圖 structure diagram
结构稳定性/結構穩定性 structural stability
结构误差/結構誤差 structural error
结构协调/結構協調 structural coordination
结构型传感器/機械結構型訊號轉換器 mechanical structure type transducer
结构性/結構性 structuredness
结构寻址/結構定址 structural addressing
结构有界性/結構有界性 structural boundedness
结构知识/結構知識 structural knowledge
结构质量/結構質量 dry mass
结构主义语言学/結構主義語言學 structuralism linguistics
结构综合/構造合成 structural synthesis
结垢/結垢 incrustation, scale formation
结果/結果 result
结合记忆律/結合記憶律 associative memory law
结合力/結合力 binding force
结合能/結合能,束縛能 binding energy
结合水/結合水 combined water
结合线/合模線 joint line
结核丰度/結核豐度 nodule abundance
结核集矿机/結核集礦機 nodule collector
结核状/結核狀 concretionary
结环行器/接面環行器 junction circulator
结焦/結焦 agglomeration, charring, coking
结焦时间/煉焦時間 coking time
结焦速度/煉焦速度 coking rate
结晶/結晶 crystallization
结晶断口/結晶質斷口 crystalline fracture
结晶分析/結晶分析 crystal analysis
结晶构造学/結晶構造學 crystallology
结晶皿/結晶皿 crystallizing dish
结晶盘/結晶盤,結晶罐 crystallizing pan
结晶器/結晶器 crystallizer
结晶器保护渣/結晶器保護渣 mould powder, mould flux

结晶器保护渣转析温度/保護渣轉析溫度 break temperature of mould flux
结晶器倒锥度/結晶器負錐度 negative taper of mould
结晶器电磁搅拌/結晶器電磁攪拌 mould electromagnetic stirring
结晶器电磁制动/結晶器電磁制動 mould electromagnetic brake
结晶器溢钢/結晶器溢鋼 overflow from mould
结晶器振动/結晶器振動 mould oscillation
结晶器振幅/結晶器振幅 oscillation stroke, mold oscillation stroke
结晶热/結晶熱 heat of crystallization
结晶水/結晶水 water of crystallization, crystal water
结晶蒸发器/結晶蒸發器 crystallizing evaporator
结块/結塊 cake, caking
结块性/結塊性 caking capacity
结圈/結圈 ring-forming, development of ring, ringing
结深/結深 junction depth
结束段/結束段 finish segment
结算费/結算費 settlement payments
结算率/分攤費率 accounting rate
PN 结探测器/PN 結探測器 PN junction detector
结温/接點溫度 junction temperature
结线/連結線 tie line
结型场效晶体管/接面型場效電晶體 junction field effect transistor, JFET
结型激光器/接頭雷射 junction laser
结型晶体管/接面電晶體,接合電晶體 junction transistor
结渣/結渣 slagging, slag-bonding, slag build-up
结至环境热阻/結至環境熱阻 junction-to-ambient thermal resistance
捷变频磁控管/捷變頻磁控管 frequency-agile magnetron
捷径/簡化 shortcutting
截除/切割 cut
截答台/截答檯 intercepting desk
截顶槽/頂磐切口 roof cut
截断/插入,打斷 break-in
截断二进制指数退避/截短二進制指數退避 truncated binary exponential backoff
截断反向通路广播/截斷反向通路廣播 truncated reverse path broadcasting
截断规约/截斷規格 truncation specification
截断机/截斷機 guillotine shear
截断误差/截斷誤差,截尾誤差 truncation error
截光器/截光器 light chopper
截获概率/截獲機率 intercept probability
截击时间/截擊時間,攔截時間 time to intercept, TTI
截剪器/截剪器 slicer
截棱柱/斜截棱柱 truncated prism
截流阀/斷流閥 cut-off valve
截流继电器/斷流繼電器 cut-out relay
截面/[横]截面,剖面 cross section
截面含汽率/截面含汽率 steam quality by section
截面极惯性矩/截面極慣性矩 polar inertia moment of area
截面曲线/截面曲線 cross section curve
截取器/攔截器 interceptor
截尾检查/截尾檢查 curtailed inspection
截止/截止,斷絕 cut-off
截止波长/截止波長 cut-off wavelength
截止波导/截止波導 cut-off waveguide
截止点/截止點 cut-off point
截止电压/截止電壓 cut-off voltage
截止二极管/選截二極管 pick-off diode
截止阀/截止閥,停止閥 break valve, stop valve
截止继电器/切斷替續器 cut-off relay
截止频率/截止頻率 cut-off frequency
α 截止频率/共基截止頻率 alpha cutoff frequency
截止区/截止區 cut-off region
截止式隔膜阀/球形膜片閥 globe diaphragm valve
截止式衰减器/截止式衰減器,截斷衰減器 cut-off attenuator, below cutoff attenuator
截止衰减器/截止衰減器 cut-off attenuator
截锥螺旋弹簧/錐形彈簧 conical spring
截锥磨头/截錐安裝點 truncated cone mounted point
截锥涡卷弹簧/渦形彈簧 volute spring
解除分配/解除配置 deallocation
解答抽取/回答擷取 answer extraction
解复用器/解複用器 demultiplexer
解卷积/解褶積 deconvolution
解扣电磁铁/跳脱磁鐵 trip magnet
解扣线圈/跳脱線圈 trip coil
解块/解塊 deblock
解离/解離 liberation dissociation
解离度/解離度 degree of dissociation
解理/解理,劈理 cleavage
解理面/解理面,劈理面 cleavage plane
解理[面]断裂/破劈理 cleavage fracture
解裂/解聚 disaggregation

解码/解碼 decoding
解码器/解碼器,譯碼器 decoder, code translator
解密/解密 deciphering, decryption
解模电路/解模電路,解碼電路 demoding circuit
解耦/解耦,去耦 decoupling
解耦参数/去耦[合]参數 decoupling parameter
解耦零点/解耦零點 decoupled zero
解耦系统/解耦系統 decoupled system
解耦子系统/解耦子系統 decoupled subsystem
解剖器/解剖器 dissector
解剖显微镜/解剖顯微鏡 dissecting microscope
解剖针/解剖針 dissecting needle
解扰/解擾化 descrambling
解扰[码]器/解擾[碼]器 descrambler
解释/解釋,説明 interpret, explanation
Java 解释程序/Java 解釋器 Java interpreter
解释器/解譯器 interpreter
解释器模式/解譯器模式 interpreter pattern
解释型结构模型/詮釋結構模式 interpretive structure model
解树/解樹 solution tree
解锁/解鎖,開鎖,開啟 unlock
解调/解調 demodulation
解调-重调转发器/解調-重調轉發器 demodulation-remodulation transponder
解调器/解調[變]器,變諧器 demodulator, detuner, DEMOD
解调器灵敏度/解調器靈敏度 demodulator sensitivity
解调器探头/解調器探頭 demodulator probe
解调器线性/解調器線性 demodulator linearity
解图/解圖 solution graph
解吸/解吸,脱附,去吸附 desorption
解吸剂/解吸劑 desorbent
解析器/分解器 resolver
解析曲面/解析曲面 analytic surface
解析信号/解析訊號 analytic signal
解压缩/解壓縮 decompress
介电常数/介電常數,電容率,電介質常數 dielectric constant, permittivity, dielectric capacity
介电干燥机/高週波乾燥機,高頻率乾燥機 dielectric dryer
介电强度/介電強度,介質強度 dielectric strength
介电损耗/介質損耗,介體損耗 dielectric loss
介电陶瓷/介電陶瓷 dielectric ceramic
介电体/介[電]體,[電]介質,介[電]質 dielectric
介壳灰岩/殼灰岩 coquina
介入损耗/插入損耗 insertion loss
介入损耗法/介入損耗法,插入損耗法 insertion loss method
介质/媒質,[傳輸]介質,媒介物 medium, agent, media
介质波导/介電質波導 dielectric waveguide
介质材料/介電材料 dielectric material
介质访问控制/媒體存取控制協定 medium access control, MAC control
介质访问控制地址/介質存取控制地址 MAC address
介质隔离/介質隔離 dielectric isolation
介质隔离器/介質隔離器 medium isolator
介质共振腔振荡器/介質共振腔振盪器 dielectric resonator oscillator, DRO
介质故障/媒體故障 media failure
介质击穿/介質擊穿,介質破壞,絶緣崩潰 dielectric breakdown
介质极化/介質極化,介電[質]極化 dielectric polarization
介质加热/電介質加熱法 dielectric heating
介质-空气分界面/介質-空氣界面 dielectric-air interface
介质强度/介質強度,介電強度 dielectric strength
介质试验/介質性能試驗,絶緣強度試驗 dielectric test
介质损耗/介[電]質損耗,介[電]體損耗,[電]介質損耗 dielectric loss
介质损耗角/介質損失角 dielectric loss angle
[介质]损耗因数试验/損耗因數試驗 dissipation factor test
[介质]损耗指数/[介質]損耗指數 dielectric loss index
介质天线/介質天線 dielectric antenna
介质吸收/介電質吸收 dielectric absorption
介质型助滤剂/介質助濾劑 medium filtration aid
介质滞后/介電遲滯 dielectric hysteresis
介质转换/介質轉換,媒體轉換 media conversion
介子/介子 meson
界标/視線誘導標 delineator
界标树/籬笆樹 hedge tree
界断层/邊界斷層,介面斷層 boundary fault
界洛格函数/界洛格函數 Gallager function
界洛格界/界洛格上限 Gallager bound
界面/界面,介面 interface, boundary
界面反应率常数/界面回應率常數 interface reaction-rate constant
界面能/面間能 interfacial energy
界面浓度/介面濃度 interface concentration

界面热阻/介面熱阻 thermal resistance at interface
界面态/界面態 interfacial state
界面温度/介面溫度 interface temperature
界面陷阱电荷/界面陷阱電荷 interface trapped charge
界面张力/界面張力,介面張力 interfacial tension, interface tension
界面张力计/界面張力計 interfacial tensimeter
界[上下]限/界限 bound
K-界网系统/K-界網系統 K-bounded net system
界限/界限 circumscription
界限塞规/極限塞規 limit plug gage
借线进入/背負進入 piggyback entry
金/金 gold
金-铂热电偶/金-鉑熱電偶 gold-platinum thermocouple
金箔/金箔 rolled gold
金箔静电计/金箔静電計 gold-leaf electrometer
金箔探测器/箔式檢知器 foil detector
金箔验电器/金箔驗電器 gold-leaf electroscope
金锭/金錠 gold bullion
金刚砂/[金]剛砂 emery, carborundum
金刚砂[电]炉/金剛砂電爐 carborundum furnace
金刚砂锯/[金剛]砂鋸 carborundum saw
[金刚]砂轮/[金剛]砂輪 carborundum grinding wheel
金刚石/金剛石,鑽石 diamond
金刚石薄膜/金剛石薄膜 diamond film
金刚石光泽/金剛石光澤 adamantine luster
金刚石铰刀/金剛石擴孔器 diamond reamer
金刚石结构/鑽石型結晶構造 diamond structure
金刚石研磨/金剛砂研磨 diamond polishing
金刚石锥体硬度/鑽石角錐硬度 diamond pyramid hardness
金刚石锥体硬度值/鑽石錐體硬度數,鑽維硬度值 diamond pyramid hardness number, Vickers hardness
金刚石钻机/金剛石鑽機 diamond drill
金刚石钻进 /金剛石鑽頭鑽孔[井] diamond drilling
金刚石钻头/金剛石鑽頭 diamond bit
金钢石钻头/金剛石鑽頭 carbon bit
金钢钻锥体硬度/鑽石角錐 diamond pyramid
金衡/英國金衡制 troy weight
金衡磅/金衡磅 troy pound, lb
金衡制/金衡制 troy system, troy weight
金衡制盎司/金衡盎司 troy ounce, oz
金红石瓷/金紅石瓷 rutile ceramic
金红石谐振器/金紅石共振器 rutile resonator
金绿宝石激光器/金綠寶石雷射器 Alexandrite laser
金青铜/金色青銅 gold bronze
金融风险/財務風險 financial risk
金融结构/財務結構 financial structure
金融时间序列分析/金融時間序列分析 financial time series analysis
金融数据处理/金融資料處理 financial data processing
金融数据挖掘/金融資料採擷 financial data mining
金融信息交换/財務資訊交换 financial information exchange
金融营销/金融行銷 financial sales
金色铜/飾用黄銅 pinchbeck
金属/金屬 metal
δ金属/德他合金 delta metal, δ metal
金属-半导体场效晶体管/金屬-半導體場效電晶體 metal-semiconductor field effect transistor, MESFET
金属半导体场效应管/金屬-半導體場效電晶體 MESFET
金属半导体场效应管放大器/金屬-半導體場效電晶體放大器 MESFET amplifier
金属-半导体二极管/金屬-半導體二極體 metal-semiconductor diode
金属半导体接触/金屬-半導體接觸 metal-semiconductor contact
金属波纹管机械密封/金屬波紋管機械密封 metal bellows mechanical seal
金属玻璃釉电位器/金屬玻璃釉電位器 metal glaze potentiometer
金属玻璃釉电阻器/金屬玻璃釉電阻 metal glaze resistor
金属箔电容器/金屬箔電容器 metal foil capacitor
金属材料试验机/金屬材料試驗機 metallic material testing machine
金属成形/金屬成形 metal forming
金属带/金屬帶 metal tape
金属-氮化物-氧化物-半导体场效晶体管/金屬-氮化物-氧化物-半導體場效電晶體 metal-nitride-oxide-semiconductor field effect transistor, MNOSFET
金属导管/金屬導管 metal conduit
金属导体/金屬導體 metallic conductor
金属电沉积/金屬電沈積 metal electrodeposition
金属电路/金屬電路 metallic circuit
金属防锈法/磷酸防蝕法 parkerizing
金属粉末磁带/合金粒子磁帶 alloy magnetic

particle tape
金属封闭开关设备/金屬鎧裝開關設備 metal enclosed switchgear
金属封装/金屬封裝 metallic packaging
金属复合耐火材料/含金屬耐火材料 metal containing refractory
金属工艺学/冶金術 metal technology
金属罐整流器/金屬箱整流器 metal tank rectifier
金属化/金屬化 metallization
金属化孔/鍍通孔 plated-through hole
金属化锍/金屬化銃 metallic matte
金属化率/金屬化率 degree of metallization
金属化球团矿/金屬化球團礦 metallized pellet
金属[化]陶瓷模块/金屬陶瓷模組 metallized ceramic module
金属化纸介电容器/金屬化紙介電容 metalized paper capacitor
金属还原扩散法/金屬還原擴散法 metal reduction diffusion, MRD
金属环垫/金屬墊圈 ring gasket
金属回转加工/金屬回轉加工 rotary metal working
金属集成半导体场效应晶体管/金屬積體半導體場效電晶體 metal integrated-semiconductor field effect transistor, MISFET
金属挤压液压机/金屬擠製液壓機 metal extrusion hydraulic press
金属间化合物/金屬間化合物 intermetallic compound
金属间化合物半导体/金屬間化合物半導體 intermetallic compound semiconductor
金属键/金屬鍵 metallic bond
金属镜/金屬鏡,反射鏡 speculum
金属-绝缘体-半导体/金屬-絶緣體-半導體 metal-insulator-semiconductor
金属-绝缘体-半导体结构/金屬-絶緣體-半導體結構 metal-insulator-semiconductor structure, MIS structure
金属-绝缘体-半导体太阳电池/金屬-絶緣體-半導體太陽電池 metal-isolator-semiconductor solar cell, MIS solar cell
金属绝缘体金属二极管/金屬-絶緣體-金屬二極體 metal-insulator-metal diode, MIM diode
金属-绝缘体-金属结构/金屬-絶緣-金屬結構 metal-insulator-metal structure, MIM structure
金属铠装开关设备/鎧裝開關裝置 metal clad switchgear
金属颗粒/金屬晶粒 metallic grain
金属空气电池/金屬空氣電池 metal-air cell
金属冷加工/冷加工 cold metalworking
金属粒/金屬粒 grit
金属粒子/自然金屬粒 metallics
金属卤化物灯/金屬鹵素燈 metal halide lamp
金属履带/金屬履帶 metal crawler
金属膜/金屬膜 metallic film
金属膜电位器/金屬膜電位器 metal film potentiometer
金属膜电阻器/金屬膜電阻 metal film resistor
金属膜片/金屬膜片 metal diaphragm
金属模/金屬[鑄]模,金屬型 metal mold, die
金属模生铁/金屬模生鐵 chill cast pig iron
金属模涂料油/金屬模塗料油 chill oil
金属模铸锭/金屬模鑄錠 chill cast ingot
金属摩擦材料/金屬摩擦材料 full metallic friction material
金属镍阳极/金屬鎳陽極 crude nickel anode
金属喷镀/噴金,金屬噴敷 metal spraying
金属喷溅/金屬噴濺 metal sputtering
金属喷涂/金屬噴敷,噴金處理 metal spraying, sprayed metal coating
金属喷涂器/金屬噴塗器 gas metallizator
金属疲劳/金屬疲勞 fatigue of metal
金属气瓶/金屬氣缸 metallic cylinder
金属嵌入物/金屬嵌入物 metal insert
金属切削机床/金屬切削機床,金屬切削工具機 metal-cutting machine tool
金属切屑/金屬切屑 swarf
金属清理设备/金屬清理設備 metal cleaning equipment
金属燃料电池/金屬燃料電池 metal fuel cell
金属燃料电池汽车/金屬燃料電池車輛 metal fuel cell vehicle
金属热电偶/金屬熱電偶 metallic thermocouple, base metal thermocouple
金属热量计/金屬熱量計 metal block calorimeter
金属熔池/金屬熔池,金屬浴 bath metal, metal bath
金属熔池氧化性/金屬熔池氧化性 oxidation state of metal bath
金属熔渗钨/金屬熔滲鎢 metal infiltrated tungsten
金属熔体/金屬熔體 metallic melt
金属软磁材料/金屬軟磁材料 metal soft magnetic material
金属软管/金屬軟管 metallic flexible hose
金属砂箱/金屬砂箱 metal flask
金属蛇管/耐燒金屬軟管 flexible metal tubing
金属蛇形管/金屬軟管 metal hose

金属石墨电刷/金屬石墨[電]刷 metal graphite brush
金属收得率/金屬收得率 metal yield, yield
金属水泥/金屬水泥 metallic cement
金属丝编织网/金屬絲編織網 woven wire cloth
金属丝灯/金屬燈絲管 metal filament lamp
金属丝量热计/線熱量計,線卡計 wire calorimeter
金属丝网/金屬絲網 wire mesh, wire netting
金属丝应变计/線應變計 wire strain gage
金属塑性加工/金屬塑性加工 plastic working of metal
金属弹性元件联轴器/金屬彈性元件聯軸器 coupling with metallic elastic element
金属探测器/金屬偵測器,金屬檢知器 metal detector
金属陶瓷/金屬陶瓷,金屬陶質 ceramet, cermet
金属陶瓷电阻器/金屬陶瓷電阻器 cermet resistor
金属陶瓷摩擦材料/金屬陶瓷摩擦材料 ceramic friction material
金属陶瓷 X 射线管/金屬陶瓷 X 射線管 metal-ceramic X-ray tube
金属陶瓷涂层/金屬陶瓷塗層 ceramet coating
金属套管材料/金屬護套材料 metal sheath material
金属透镜/金屬透鏡 metal lens
金属涂层/金屬塗層 metallic coating
金属网/網絲 netting wire
金属物理/金屬物理[學] metal physics
金属细网纱/鐵絲網,線網 wire gauze
金属消耗系数/金屬消耗係數 consumption coefficient of metal
金属屑压块液压机/金屬廢料壓塊液壓機 metal scrap briquette hydraulic press
金属芯/金屬芯 metal core
金属芯型/金屬心型 collapsible core
金属型/金屬型,金屬[鑄]模 metal mold, die
金属型铸造/金屬型鑄造 gravity die casting, metal mold, permanent mold casting
金属型铸造机/金屬型鑄造機 gravity die casting machine, metal mold casting machine
金属型铸造流水线/金屬型鑄造流水線 permanent mold casting line
金属盐封孔/金屬鹽溶液封孔 metal-salt solution sealing
金属-氧化铝-氧化物-半导体场效晶体管/金屬-氧化鋁-氧化物-半導體場效電晶體 metal-Al_2O_3-oxide-semiconductor field effect transistor, MAOSFET
金属氧化物半导体/金氧半導體,金屬氧化物半導體 MOS
金属氧化物半导体场效晶体管/金屬氧化物半導體場效電晶體,MOS 場效電晶體 metal-oxide-semiconductor field effect transistor, MOSFET
金属氧化物半导体存储器/金氧半導體記憶體 metal-oxide-semiconductor memory
金属氧化物半导体二极管/金氧半導體二極體 metal-oxide-semiconductor diode
金属氧化物半导体结构/金氧半導體結構 metal-oxide-semiconductor structure, MOS structure
金属氧化物避雷器/金屬氧化物避雷器 metal-oxide arrester
金属氧化物气体传感器/金屬氧化物氣體傳感器 metal-oxide gas transducer
金属氧化物湿度传感器/金屬氧化物濕度傳感器 metal-oxide humidity transducer
金属液体温度计/金屬液體溫度計 liquid-in-metal thermometer
金属有机分子束外延/金屬有機分子束外延 metal-organic MBE, MOMBE
金属有机[化合物]CVD/金屬有機[化合物]CVD,有機金屬化學氣相沈積 metallorganic CVD
金属浴/金屬槽 metal bath
金属真空除气/金屬真空除氣 metal vacuum degassing
金属真空蒸馏/金屬真空蒸餾 metal vacuum distillation
金属蒸气激光器/金屬蒸氣雷射 metal vapor laser
金属蒸气[原子]激光器/金屬蒸氣[原子]雷射 metallic vapor atomic laser
金属支架/金屬支架 metal support
金属指示剂/金屬指示劑 metal indicator
金属置换法/金屬置換法 metal displacement method
金属注射成形/金屬注射模造 metal injection moulding
金属着色/金屬著色 metal coloring
金相检查/金相檢查,金相檢驗 metallographic examination
金相检验/金相檢驗,金相試驗 metallographic examination, metallographic test
金相设备/金相顯微設備 metallographic equipment
金相实验室/金相實驗室 metallographic laboratory
金相试验/金相試驗 metallographic test
金相凸磨光/浮出研磨 relief-polishing
金相显微镜/金相顯微鏡 metallurgical microscope, metallographic microscope
金相学/金相學 metallography

金相组织/金屬結構 metal structure
金叶/金葉 gold leaf
金银秤/金銀秤,貴金屬秤 bullion balance
金银分离法/金銀分離法 parting
金银合金/金銀合金 Dorè metal
金银合金锭/金銀合金錠 Dorè bullion
金银丝细工/線工 filigree
金银珠/金銀珠 gold-silver bead
金字塔结构/金字塔結構 pyramid structure
筋/[翼]肋 rib
筋宽/筋寬 bridge width
紧包缓冲层缆线/緊緩衝裝填纜線 tight buffer cable
紧边/緊邊 tight side
紧边拉力/緊邊張力 tight side tension
紧充码/緊充碼 closely packed code
紧凑带钢生产工艺/緊湊帶鋼生産工藝 compact strip production, CSP
紧凑化/緊密度 compactness
紧凑式冷轧机/緊湊式冷軋機 compact cold mill
紧凑系数/緊湊係數 compactness factor
紧带轮/皮帶惰輪,緊帶器 belt tightener
紧定螺钉/固定螺釘 set screw
紧缚波/緊縛波 tightly bond wave
紧固件/緊固件 fastener
紧急安全阀/急洩安全閥 pop safety valve
紧急出口/太平門 emergency exit
紧急断电/緊急斷電 emergency-off
紧急分闸/緊急切斷 emergency switching-off
紧急呼叫/緊急呼叫 emergency call
紧急开关/緊急開關,應急鈕 emergency switch
紧急调节器/緊急調速器 emergency governor
紧急停堆/急停,緊急剎車 scram
紧急停机棒/急停桿 scram rod
紧急休风/緊急休風 emergency blowing-down
紧急医疗系统/緊急救護組 emergency medical service
紧急域/緊急中斷 urgent
紧急制动/緊急制動,緊急剎車 emergency brake
紧急制动系/緊急剎車系統 emergency braking system
紧急中断/緊急中斷 urgent interrupt
紧节链/緊節鏈 close joint chain
紧链器/緊鏈器 chain tensioner
紧链装置/緊鏈器 chain tensioner
k 紧邻查询/k 緊鄰查詢 k-nearest neighbor query
紧密层/緊密層 contact double layer
紧密偶对查询/緊密偶對查詢 closest-pair query
紧[密]耦合系统/緊耦合系統 tightly coupled system
紧密一致性/緊密一致性 tight consistency
紧耦合/緊密耦合 tight coupling
紧耦合多处理机/緊耦合多處理機 tightly coupled multiprocessor
紧耦合系统/緊密耦合系統 closely coupled system
紧耦合制冷/緊耦合製冷 tightly coupled cooling
紧实/衝壓效應,錘擊 ramming
紧实度测定仪/緊實度測定儀 compactness tester
紧实度计/緊實度測定儀 compactness meter
紧实率试验仪/緊實率試驗儀 compactability tester
紧线器/[鬆緊]螺旋扣 turnbuckle
紧致测试/緊縮測試 compact testing
紧致元素/緊致元素 compact element
紧转配合/緊密轉動配合 close running fit
紧装电池/緊致電池 compact battery
堇青石/堇青石 cordierite
锦标赛算法/錦標賽演算法 tournament algorithm
谨慎推理/謹慎推理 skeptical reasoning
尽力而为服务/最佳努力服務 best-effort
尽力投递/盡力投遞 best-effort delivery
进程变迁/過程變遷 process transition
进程代数/處理代數 process algebra
进程调度/過程排程 process scheduling
进程定性推理/過程定性推理 process qualitative reasoning
进程定义/處理定義,過程定義 process definition
进程互斥/進程互斥 process exclusive
进程迁移/處理遷移 process migration
进程同步/過程同步 process synchronization
进程优先级/過程優先 process priority
进程状态/處理狀態 process state
进尺/進尺 length of a pull
进出口/進出口 access opening
进出料装置/進出料裝置 feeding and outgoing device
进刀宽度/進刀寬度 feed blade width
进刀深度/進刀深度 feed blade cover depth
进刀弯曲半径/進刀彎曲半徑 feed blade bend radius
进动/進動,擾轉 precession
进动回转仪/進動陀螺儀,旋進陀螺儀 precession gyroscope
进动陀螺仪/進動陀螺儀,旋進陀螺儀 precession gyroscope
进风风流/進風巷氣流 intake airflow
进风巷道/進風巷 intake

进风井/進風井,入風井 downcast shaft
进化/進化 evolution
进化策略/進化策略 evolution strategy
进化程序/進化程式 evolution program
进化程序设计/進化程式設計 evolution programming
进化发展/進化發展 evolutionary development
进化分析/進化分析 phylogenetic analysis
进化机制/演化機制 evolutionism
进化计算/進化計算 evolution computing
进化检查/進化檢查 evolution checking
进化树/進化樹 evolutionary tree
进化优化/進化最佳化 evolutionary optimization
进给吃刀量/進給吃刀量 feed engagement of the cutting edge
进给功率/進給功率 feed power
进给功能/進給機能 feed function
进给机构/進給機構,進刀機構 feed mechanism, feeding mechanism
进给力/進給力 feed force
进给量/進給率 feed rate
进给螺杆/給料螺旋 feed screw
进给能/進給能[量],進刀能[量] feed energy
进给速度/進給速率 feed speed
进给箱/進給箱 feed box
进给[运动]/進給運動 feed motion
进近窗口/進近窗口 approach aperture
进近着陆系统/進近著陸系統 approach and landing system
进口/進模口,閘口 inlet
进口补偿器/進氣口補償器 inlet compensator
进口导叶/入口導葉 inlet guide vanes
进口几何角/入口幾何角 inlet geometric angle
进口空气流量/入口空氣流量 inlet air flow
进口温度/進入溫度 inlet temperature
进口压力/進口壓力 inlet pressure
进料/爐門加料 side charge
进料泵/加料泵,供給泵 feed-pump, charging pump
进料槽/進料槽 feed chute
进料辊/進料輥 feed roller
进料调节器/進料調節器 feed regulator
进料叶片/進料葉片 charge blade
进模口/進模口 ingate
进模口套/進模口套 die bush
进气道/進氣道 air intake duct
进气阀/進氣閥 air intake valve, air inlet valve
进气缸/進氣缸 air intake cylinder
进气过滤器/進氣過濾器 intake air filter
进气加热装置/爐 stove
进气角/進氣角 flow inlet angle
进气节流阀/進氣口空氣節流閥 inlet air throttle
进气节气门/進氣口空氣節流閥 inlet air throttle
进气口/進氣口 air inlet
进气冷却/進氣冷却 inlet air chilling, inlet air cooling
进气门/進氣閥 air inlet valve
进气歧管/進氣歧管 inlet manifold
进气歧管绝对压力传感器/進氣歧管絶對壓力感測器 intake manifold absolute pressure sensor
进气温度/進入溫度 inlet temperature, suction temperature
进气温度传感器/進氣溫度感測器 intake air temperature sensor
进气系统/進氣系統 gas admittance system
进气压力表/進氣壓力表 manifold pressure gage
进气总管/進氣管,進入管 inlet pipe
进汽角/進汽角 inlet flow angle
进人孔盖/人孔蓋 manhole cover
进入/推,放入 push
进入侧/進入側,漸近側 approaching side
进位/進位 carry
进位存储寄存器/進位暫存器 carry storage register
进位链/進位鏈 carry chain
进位延迟/進位延遲 carry delay
进相机/進相機 phase advancer
进行发送信号/進行發送信號 proceed-to-transmit signal
进行选择信号/進行選擇信號 proceed-to-select signal
进样器/進樣器,試樣注射器 sample injector
进油阀/燃油進入閥 fuel inlet valve
进油管连接件/進油管連接件 fuel inlet connector, inlet studs
进油管座接头/燃料入口接頭 fuel inlet connection
进油计量/入口計量 inlet metering
进油计量阀/計量進油閥 metering inlet valve
进油孔/進氣口,進入口 inlet port
进油流量控制阀/入口流量控制閥 inlet flow control valve
进栈/推,放入 push
M进制/M階 M-ary
近场/近場 near field
近场强度测量/近場強度量測 near-field intensity measurement
近场强度分布/近場強度分布 near-field intensity distribution

近场区/近場區　near-field region
近场式卡塞格林天线/近場卡塞格倫天線　near-field Cassegrain antenna
近场通信/近距離通訊　near-field communication
近场效应/近場效應　near-field effect
近程回波/近[程]回波　near-echo
近地点/近地點　perigee
近地点高度/近地點高度　altitude of the perigee
近地轨道/近地軌道　near-earth orbit
近点年/近點年　anomalistic year
近端串扰/近端串話，本端串話　near-end crosstalk, NEST
近端串音/近端串音，近端串話，本端串話　near-end crosstalk, NEST
近端串音衰减/近端串音衰減　near-end crosstalk attenuation
近端串音损耗/近端串音損耗　near-end crosstalk loss
近端回声/近端回音　near-end echo
近端耦合噪声/近端耦合雜訊　near-end coupled noise
近多角形砂/近多角形砂　sub-angular sand
近复消色差透镜/近複消色差透鏡　semi-apochromat
近高斯脉冲成形/近高斯脈波成形　near-Gaussian pulse shaping
近光/近光　lower beam
近毫米波/近毫米波　near-millimeter wave
近红外通信/近紅外通信　near-infrared communication
近讲传声器/近講麥克風　close talking microphone
近晶相液晶/近晶相液晶　smectic liquid crystal
近井点测量/近井點測量　nearby shaft point survey
近净成形/近淨型成形　near net shaping
近静止轨道/近静止軌道，近同步軌道　near-geostationary orbit
近邻/鄰　neighbor
近邻查询/近鄰查詢　nearest neighbor query
k近邻分类器/k近鄰分類器　k-nearest neighbor classifier
近目标分解度/近目標分解度　close-target resolution
近区/近區　near zone
近区场/近場　near field
近声场/近音場　near sound field
近似测量仪/近接探測儀　proximity meter
近似查询/近似查詢　approximate querying
近似尺寸颗粒/近似尺寸顆粒　near-size particle
近似度/近似度　degree of approximation
近似格式/全多項式近似方案　approximation scheme
近似固定性/近似固定性　approximate stationarity
近似黑体辐射/近似黑體輻射　near blackbody radiation
近似连接/近似連接　approximate join
近似双曲形反射器/近似雙曲形反射器　quasi-hypobolic reflector
近似算法/近似演算法　approximation algorithm
近似算法的相对误差/近似演算法的相對誤差　relative error of an approximation algorithm
近似算法的性能比/近似演算法的性能比　performance ratio of an approximation algorithm
近似推理/近似推理　approximate reasoning
近似直线机构/近似直線機構　approximate straight-line mechanism
近似字符串匹配/近似字串匹配　approximate string matching
近贴聚焦/近貼聚焦　proximity focusing
近藤效应/近藤效應　Kondo effect
近同步赤道轨道/[接]近同步赤道軌道　near synchronous equatorial orbit
近线/近線　near line
近休止角/近休止角　nearest dwell angle
近用先见/近用先見　priority of the latest used words and characters
近优性/近優性　near-optimality
近域电场强度计/近域電場強度計　near-zone electric-field-strength meter
近终形连铸/近淨成形連鑄　near-net-shape casting
劲度常数/剛性常數　stiffness constant
劲度模量/勁度模數　modulus of stiffness
浸出/浸濾　leaching
浸出剂/浸濾劑　leaching reagent
浸出率/浸濾率　leaching efficiency
浸出速率/瀝浸率　leaching rate
浸出渣/淋溶渣　leaching residue
浸出渣率/淋溶渣率　residue ratio
浸镀/浸鍍　immersion plating
浸镀锡/浸錫法　contact tin plating
浸管液面计/浸管液面計　dip pipe level gage
浸焊/浸焊　dip-soldering
浸焊接触件/浸焊接觸件　dip-solder contact
浸弧法熔炼/浸弧法熔煉　immersed arc smelting
浸滤/浸濾，淋溶　lixiviation
浸没电极/浸没電極，浸液電極　immersion electrode
浸没反射计/浸没反射計　immersion reflectometer
浸没加热蒸发器/浸没加熱蒸發器　immersion

heating evaporator
浸没式电子枪/浸没式電子槍　immersed electron gun
浸没式热电偶/浸入式熱電偶　immersion thermocouple
浸没透镜/浸没透鏡　immersion lens
浸没物镜/浸没物鏡　immersion objective lens, immersion objective
浸泡防锈/浸泡防銹　immersion in liquid preventives
浸泡脱脂/浸泡脱脂　soak degreasing
浸泡液/浸泡液　soaking solution
浸染矿床/浸染礦床,礦染礦床　disseminated deposit
浸入法/浸入法　immersion method
浸入式传感器/浸入式換能器　immersion transducer
浸入式高温计/浸入式熱電偶高温計　immersion pyrometer
浸入式计数管/液浸式計數管　dip counter tube
浸入式计数器/浸入式計數器　immersion counter
浸入式加热器/浸液加熱器,浸没加熱器　immersion heater
浸入式冷却器/浸入式冷却器　diving cooler
浸入式水口/浸入式水口　submerged entry nozzle, SEN
浸入式温度计/浸入式温度計　immersion thermometer
浸入折射计/浸没折射計　immersion refractometer
浸渗剂/浸漬劑　impregnant
浸蚀/浸蝕,蝕刻　etching
浸蚀剂/浸蝕劑　etching reagent
浸式折射计/浸液式折射計　dipping refractometer
浸水声呐/吊放式聲納　dunking sonar
浸水试验/浸水試驗　immersed water test
浸水试验装置/浸水試驗裝置　immersion water test equipment
浸送/浸送　dip transfer
浸酸/酸洗　pickle, pickling
浸涂/浸漬　dipping
浸涂防锈/浸塗防銹　applying preventive by dipping
浸析槽/瀝取槽　leaching tank
浸液物镜/浸液物鏡　immersion objective
浸蔗渣器/蔗渣蒸煮器,蔗渣消化器　bagasse digester
浸渍/浸漬　impregnation
浸渍槽/浸漬槽　dipping tank
浸渍法/浸入探傷法　impregnating method
浸渍腐蚀试验箱/乾濕腐蝕試驗箱　dry and wet corrosion test chamber
浸渍管/浸管　dip pipe
浸渍沥青/浸漬劑瀝青　impregnating pitch
浸渍漆/浸漬漆　impregnating varnish
浸渍器/浸漬器　dipping mangle
浸渍钎焊/熱浸硬焊　dip brazing, dip soldering
浸渍软钎焊/浸漬軟焊　dip soldering
浸渍树脂/浸漬樹脂　impregnating resin
浸渍涂层/浸塗　dip coat
浸渍硬钎焊/熱浸硬焊　dip brazing
浸渍纸/浸漬紙　impregnated paper
浸嘴/浸嘴　immersion nozzle
禁闭/禁閉　confinement
禁带/禁帶,能帶隙　forbidden band, band gap
禁集/禁集　immune set
禁忌搜索/禁忌搜索　tabu search
禁用标记/拒收標記　rejection mark
禁用字符/禁用字元　forbidden character
禁用组合/禁用組合　forbidden combination
禁用组合检验/禁用組合核對　forbidden combination check
禁止/禁止　inhibition
禁止表/禁用表　forbidden list
禁止电路/禁止電路　inhibit circuit
禁止脉冲/禁止脈衝　inhibit pulse
禁[止]门/禁止閘　inhibit gate
禁止模/禁止模[態]　inhibited mode
禁止输入/禁止輸入　inhibiting input
禁止线/禁止線　inhibit wire
禁止写入/禁止寫入　write inhibit
禁止信号/禁止信號　inhibit signal
禁止中断/中斷去能　interrupt disable
禁止状态/禁用狀態　forbidden state
经处理夹层安全窗用玻璃材料/處理過夾層安全窗用玻璃材料　treated laminated safety glazing material
经典电子半径/古典電子半徑　classical electron radius
经典控制理论/古典控制理論　classical control theory
经典逻辑/經典邏輯　classical logic
经典信息模式/古典資訊型樣　classical information pattern
经济剥采比 /經濟剥離比例　economic stripping ratio
经济车速/經濟車速　economical speed
经济断面钢材/輕型截面鋼　light section and shape steel
经济分析/經濟分析　economic analysis
经济负荷/經濟負荷　economic load

经济管理系统/經濟管理系統 economic management system
经济管理信息系统/經濟管理資訊系統 economic management information system
经济管理专家系统/經濟管理專家系統 economic management expert system
经济环境/經濟環境 economic environment
经济决策/經濟決策 economic decision
经济可行性/經濟可行性 economic feasibility
经济控制/經濟控制 economic control
经济控制理论/經濟控制理論 economic control theory
经济控制论/經濟控制論 economic cybernetics
经济连续蒸发量/經濟連續蒸發量 economical continuous rating, ECR
经济模型/經濟模型 economic model
经济评价/經濟評估 economic evaluation
经济数据/經濟資料 economic data
经济系统模型/經濟系統模型 economic system model
经济效益/經濟效益 economic effectiveness
经济预测/經濟預測 economic forecast
经济运行/經濟運轉 economical operation
经济指标/經濟指標 economic indicator
经济指数/經濟指數 economic index
经皮电刺激/經皮電刺激 transcutaneous electrostimulation
经丝/經紗 warp
经纬测角仪/經緯測角計 theodolite goniometer
经纬仪/經緯儀 theodolite
经验常数/經驗常數 empirical constant
经验法则/經驗法則 empirical law
经验分布/經驗分布,經驗分配 empirical distribution
经验数据/經驗數據 empirical data
经验温标/經驗温標 experimental temperature scale
经验系统/經驗系統 empirical system
经验杂波模式/經驗雜波模式 empirical clutter model
晶胞/[單位]晶胞 unit cell
晶带/晶帶 crystallographic zone
晶锭研磨/晶柱研磨 ingot grinding
晶格/晶格,[結晶]格子 lattice, crystal lattice
晶格参数/晶格參數 lattice parameter, crystal lattice parameter
晶格常数/晶格常數 lattice constant
晶格畸变/晶格畸變 lattice distortion
晶格结构/晶格結構,格子結構 lattice structure
晶格滤波器/晶格濾波器 lattice filter
晶格能/晶格能,點陣能 lattice energy
晶格匹配/晶格匹配 lattice match, lattice matching
晶格缺陷/晶格缺陷,點陣缺陷 lattice defect
晶格矢量/晶格向量,點陣向量 lattice vector
晶格振动/晶格振動,點陣振動 lattice vibration
晶核/[結]晶核 nucleus
晶核化作用/偉晶作用 germination
晶间断裂/晶粒間破斷,晶粒間破裂 intergranular fracture, intercrystalline fracture
晶间腐蚀/晶[粒]間腐蝕 intercrystalline corrosion, intergranular corrosion
晶间腐蚀试验/晶粒間腐蝕試驗 intercrystalline corrosion test
晶间孔隙度/晶間孔率 intercrystalline porosity
晶间裂痕/晶粒間裂痕 intergranular crack
晶间破裂/晶[粒]間破裂 intergranular fracture, intergranular cracking
晶界/晶[粒邊]界 grain boundary
晶界腐蚀/粒界腐蝕 grain boundary corrosion
晶界滑动/晶界滑移 grain boundary sliding
晶界扩散/粒界擴散 grain boundary diffusion
晶界偏析/粒界偏析 grain boundary segregation
晶界强化/粒界加強 grain boundary strengthening
晶界脱溶物/晶粒邊界析出物 grain boundary precipitate
晶粒/晶粒 grain, crystal grain
晶粒度/[晶]粒度,晶粒大小 grain size
晶粒生长/晶粒成長 crystal grain growth
晶粒细化/晶粒細化,晶粒微化 grain refining, grain refinement
晶粒细化剂/晶粒細化劑 grain refiner
晶粒增大/晶粒粗化 grain enlargement
晶面/晶面 lattice plane, crystallographic face
晶面间距/晶面間距 inter planar spacing
晶面交角守恒定律/晶面守恆定律 conservation law of crystal plane
晶内偏析/結晶偏析 crystal segregation, dendritic segregation
晶内铁素体/晶粒内肥粒鐵 intragranular ferrite
晶片/晶片,晶圓 wafer
晶片接合/片結法 die bonding
晶体/晶體 crystal
晶体棒光电池/晶體棒光電管 crystal bar photocell
晶体倍频效率/晶體倍頻效率 frequency doubling efficiency of crystal
晶体变频器/晶體換頻器 crystal converter
晶体测试仪/晶體檢驗器 crystal checker

晶体传感器/晶體换能器 crystal transducer
晶体传声器/晶體傳聲器,晶體麥克風 crystal microphone
晶体单色器/晶體單色器 crystal monochromator
晶体断裂/結晶破裂,結晶破壞 crystalline fracture
晶体对称性/晶體對稱性 symmetry of crystal
晶体二极管/晶體二極體 crystal diode
晶体二极管功率计/晶體二極體功率計 crystal diode power meter
晶体反射器/晶體反射器 crystal reflector
晶体分光计/晶體譜儀,晶體頻譜計 crystal spectrometer
晶体分析/結晶分析 crystal analysis
晶体伏特计/晶體伏特計 crystal voltmeter
晶体管/電晶體 transistor
晶体管参数测试仪/電晶體参數儀表 transistor parameter meter
晶体管电喇叭/電晶體喇叭 transistor horn
晶体管放大系数测定器/電晶體放大係數測定計,電晶體α係數測定計 transistor-alpha meter
晶体管换相器/相變傳送器 transphasor
晶体管-晶体管逻辑/電晶體-電晶體邏輯 transistor-transistor logic, TTL
晶体管开关/電晶體開關 transistor switch
晶体管闪光器/電晶體閃爍器 transistor flasher
晶体管调节器/電晶體調節器 transistor regulator
晶体光电管/晶體光電池 crystal cell
晶体光纤/晶體光纖 crystal fiber
晶体光学/晶體光學 crystal optics
晶体光轴定向仪/晶體光軸定向儀 crystal orientater
晶体恒温槽/晶體控温箱 crystal oven
晶体恒温器/晶體恆温器 crystal thermostat
晶体红外探测器/晶體紅外偵測器 crystal infrared detector
晶体混频器/晶體混頻器 crystal mixer
晶体计数器/晶體計數器 crystal counter
晶体剂量计/晶體劑量計 crystal dosimeter
晶体加速度仪/晶體加速度計 crystal accelerometer
晶体检波器/晶體檢波器,晶體偵測器,晶體檢知器 crystal detector
晶体检验器/晶體檢驗器 crystal checker
晶体校准器/晶體校準器 crystal calibrator
晶体接收机/晶體接收器 crystal receiver
晶体结构/晶體結構,結晶構造 crystal structure
晶体拉制方法/晶體提拉法 crystal pulling method
晶体滤波器/晶體濾波器 crystal filter
晶体切割机/晶體切割機 crystal cutting machine
晶体取向/晶體定位 crystallographic orientation
晶体缺陷/晶體缺陷 crystal defect
晶体三极管/晶體三極體 crystal triode
晶体生长/晶體生長 crystal growth
晶体生长器/晶體生長器,長晶器 crystal grower
晶体生长提拉法/直拉法,丘克拉斯基法 Czochralski method
晶体石英粉/晶體石英粉 crystal quartz flour
晶体石英砂/晶體石英砂 crystal quartz sand
晶体时钟/晶體[時]鐘 crystal clock
晶体示波器/壓電示波器 piezoelectric oscillograph
晶体四极管/晶體四極體 crystal tetrode
晶体探测器/晶體計數器 crystal counter
晶体谐振器/晶體共振器 crystal resonator
晶体学/晶體學 crystallography
晶体压力计/晶體壓力計 crystal pressure gage
晶体扬声器/晶體揚聲器 crystal loudspeaker
晶体噪声发生器/晶體雜訊産生器 crystal noise generator
晶体振荡器/晶體振盪器,石英振盪器 crystal oscillator, quartz oscillator
晶体振子式湿度传感器/晶體振動器濕度訊號轉换器 quartz crystal vibrator type humidity transducer
晶体整流器/晶體整流器 crystal rectifier
晶体阻抗计/晶體阻抗計 crystal impedance meter
晶系/晶系 crystal system
晶向/晶向 lattice orientation, crystallographic direction
晶向指数/晶向指數 indices of crystallographic direction
晶须/晶鬚 whisker
晶圆探针/晶片探針 wafer probe
晶闸管/晶閘管,閘流[電晶]體 thyristor
晶闸管整流设备/晶閘管整流設備 thyristor rectifier
晶振/石英振盪器 quartz oscillator
晶种/結晶核 seed
晶轴/晶軸 crystallographic axis, crystal axis
精冲模/精衝模 fine blanking die, precision stamping die
精定位/精定位 fine positioning
精锻机/精鍛機 radial precision forging machine
精锻模/精密鍛模 precision forging die
精化/精化 refinement
精化策略/精化策略 refinement strategy
精化准则/精化準則 refinement criterion
精加工裕量/加工裕度 finishing allowance
精加工准确度/表面加工準確度,精細準確度 finish

accuracy
精简指令/精簡指令 reduced instruction
精矿/精礦 concentrate
精矿品位/精礦等級 concentrate grade
精炼/精煉[法],精製 refining
精炼厂/精煉廠 refinery
精炼电炉/精煉電爐 refining electric furnace
精炼法/精煉法 refining method
精炼浮渣/精煉浮渣 refinery scum
LF 精炼过程/LF 法 LF process
精炼机/精煉機,精製機 refiner
精炼剂/精煉熔劑 refining flux
精炼绝对损失/精煉絶對損失 refining absolute loss
精炼炉/精煉爐 refinery furnace
精炼铁/精煉鐵 refined iron
精炼铁合金/精煉鐵合金 refined ferroalloy
精炼者/精煉機,精製機 refiner
精料/精料 beneficiated burden
精馏/精餾 rectification
精馏段/精餾段 rectifying section
精馏煤气/精餾煤氣 refining gas
精馏器/精餾器 rectifier
精馏塔/精餾塔,分餾塔,分化管 rectification column, rectification tower, fractionating column
精馏塔生产率/精餾塔生産率 rectification column specific capacity
精密标准/精密標準 precision standard
精密玻璃线纹尺/精密玻璃線刻度尺 precision glass linear scale
精密测定/精密測定 precise determination
精密测距器/精密測距器 precision distance measuring equipment, PDME
精密测量/精密量測 precision measurement
精密测量方法/精密量測法 precision measurement method
精密测微检定仪/精密測微檢定儀 precision micrometer inspection instrument
精密冲裁/精密衝裁 fine blanking, precision blanking
精密冲裁液压机/精密衝裁液壓機 fine blanking hydraulic press
精密电容器/精密電容器 precision capacitor
精密电位计/精密電位計 precision potentiometer
精密电阻合金/精密電阻合金 precision electrical resistance alloy
精密电阻器/精密電阻 precision resistor
精[密]度/精[密]度 precision
精密锻造/精密鍛造,精密鍛模 net shape forging, precision forging
精密伏尔/精密伏爾 precise VOR, PVOR
精密估计/精密估計 precise estimate
精密合金/精密合金 precise alloy
精密机床/精密工具機 precision machine tool
精密计数器/精密計數器 precision counter
精密记时仪/計時儀,記時儀 chronograph
精密加工/精密加工 precision finishing
精密金属线纹尺/精密金屬線刻度尺 precision metal linear scale
精密进场雷达/精密進場雷達 precision approach radar, PAR
精密离心机/精密離心機 precision centrifuge
精密量规/精密量規 precision gage
精密脉冲发生器/精密脈波産生器 precision pulser
精密模锻/精密模鍛 precision die forging
精密磨床/精密磨床 precision grinder
精密耦合/精密耦合 precision coupled
精密频率计/精密頻率計 precision frequency meter
精密频率控制/精密頻率控制 precision frequency control
精密熔模铸造法/精密包模鑄造法 precision investment casting
精密深度记录仪/精密深度記録器 precision depth recorder
精密镗刀杆/精密搪刀桿 precision boring bar
精密镗头/精密搪刀頭 precision boring head
精密天平/精密天平 precision balance
精密同轴连接器/精密同軸連接器 precision coaxial connector
精密温度计/精密温度計 precision thermometer
精密压力表/精密壓力表,精密壓力計 precision pressure gage, precise pressure gage
精密压力机/精密壓力機 precision press
精密仪表/精密儀表 precision meter
精密仪器/精密儀器 precision instrument
精密张力计/精密張力計 precision tensiometer
精密铸造/精密鑄造[法] precision casting
精磨/精密研光 fine lapping
精确点/精確點 precision point
精[确]度/精[確]度,精密度 accuracy, precision
精确离心铸造/真離心鑄造法 true centrifugal casting
精确调整/精調 delicate adjustment
精确调整电容器/增量電容器 incremental capacitor
精确性/精確性,精確度 precision
精确中断/精確中斷 precise interrupt
精梳机/梳選機 combing machine

精缩/精縮 final minification
精镗床/精密搪床 fine boring machine
精调/精調 delicate adjustment
精调同轴磁控管/精調同軸磁控管 accutuned coaxial magnetron
精细公差/精細公差 fine tolerance
精细结构常数/精細結構常數 fine structure constant
精细磨粉机/精細粉碎機,細級粉碎機 fine pulverizer
精细平衡/精細平衡,準確平衡 fine balancing
精细网线版/精篩 fine screen
精细珠光体/細密波來鐵 fine pearlite
精压机/壓印壓力機 coining press, knuckle joint press
精压模/精壓模 sizing die
精压碎机/細級碎機 fine crusher
精轧/最後滾製 finish rolling
精轧辊/精軋輥,精輾輥 finishing roll
精轧机/完成軋機 finishing mill, finisher
45°精轧机组/45°完成軋機組 45° finishing mill train
精整/壓模印,塗裝 coining, finishing
精整加工/鑄件清理,最後加工 finishing
精制厂/精煉廠 refinery
精制机/精製機 defecator
精制螺栓/精製螺栓,壓光螺栓 burnished bolt
精准配合/精確配合 exact fit
井壁/直井[襯]壁 shaft wall
井壁刮刀/井壁刮刀 wall scraper
井壁黏卡/差壓黏卡 wall sticking
井壁清洁器/清壁器,清壁刷 wall cleaner
井壁取心/側採岩心,井壁採岩心 side wall coring
井壁取样器/井壁採樣器 wall sampler
井壁式封隔器/套管内填塞器 wall-hook packer
井底安全阀/井底安全閥 bottom-hole safety valve
井底保安矿柱/直井保安煤柱 bottom pillar
井底静压/井底靜壓 static bottom hole pressure
井底矿仓/直井礦倉 shaft pocket
井底离心泵/井底離心泵 bottom-hole centrifugal pump
井底流量调节器/井底節流器 bottom-hole regulator
井底流压/井底流壓 bottom-hole flowing pressure
井底取样器/井底取樣器 bottom-hole sampler
井底施工压力/井底處理壓力 bottom-hole treating pressure, BHTP
井底温度计/井底溫度計 bottom-hole thermometer
井底压差/井底差壓 bottom-hole differential pressure
井底压力/井底壓力 bottom-hole pressure
井底液压泵/井底液壓泵 bottom-hole hydraulic pump
井巷风速/井巷風速 underground airflow velocity
井巷贯通测量/井巷貫穿測量 mine working link-up survey
井架安装车/塔架安裝車 derrick-building truck
井架式升降机/塔架式吊掛機 derrick hoist
井颈/直井頸 outset
井径测量/井徑測定,井徑測録 caliper logging
井径规/孔徑儀 hole caliper
井距/井距 well spacing
井控管汇车/井控管匯車 well-controlling pipeline truck
井口动压/井口流壓 flowing wellhead pressure
井内液气流/井内氣液流 well stream
井[偏]斜/井偏 well deflection
井身垂直深度/井程垂深 course vertical depth
井式坩埚炉/井式坩堝爐 shaft crucible furnace
井式炉/井式爐,地坑爐 pit-type furnace
井筒保安矿柱/直井保安柱,坑井保安柱 shaft pillar
井筒[壁上]集水槽/直井水圈 garland
井筒衬砌/直井襯壁 shaft lining
井筒反掘法/井筒逆掘法 raising method of shafting
井筒管柱/直井管路 shaft column
井筒锁口盘/井口,豎井圈 shaft collar
井筒延深/井筒延深 shaft deepening
井筒装备/井筒設備 shaft installation
井筒钻凿/鑽孔法鑿井 shaft drilling
井温/井温 well temperature
井下爆器/火藥束 string shot
井下泵/井下泵 subsurface pump
井下采矿钻车/井下採礦鑽車 mining drill wagon for underground
井下采区煤仓/門巷煤倉 gate road bunker
井下破碎站/井下碎礦站 underground crusher station
井下斜坡道/井下斜坡道 underground ramp
井下运输/坑内運輸 underground haulage
井斜测量/測井斜 deviation survey, DS
井型电离室/井型電離室,井型游離室 well-type ionization chamber
井型计数器/井式計數器 well-type counter
井型闪烁计数器/井型閃爍計數器 well-type scintillation counter
井压/井壓 well pressure
阱/阱,闸 trap
N阱CMOS/N阱CMOS N-well CMOS

P阱CMOS/P阱CMOS　P-well CMOS
肼空气燃料电池/肼空氣燃料電池　hydrazine-air fuel cell
颈缩/頸縮,斷面收縮　necking
颈缩现象/頸縮　necking down
景深/景深　depth of field
景物/景物　scene
景物分析/景物分析　scenic analysis
景物空间/物件空間　object space
警报灯/警報燈　alarm lamp
警报阀/警報閥　alarm valve
警报继电器/警報繼電器　alarm relay
警报器/警報器　alarm horn
警报信号/警報信號　alarm signal
警报指示器/警報指示器　alarm indicator
警笛/警報笛　alarm whistle
警告/告警　alert
警告灯/緊急警告燈　emergency warning lamp
警戒位/防護位元　guard bit
警铃/警鈴　alarm bell
警旗/警旗　flag alarm
警犬运输车/警犬運輸車　police dog carrier
警示/告警　alert
警用车/警用車　police van
警钟/警鈴　alarm bell
径高比/徑高比,徑長比　diameter-length ratio, diameter height ratio
径迹室/徑跡腔　track chamber
径迹探测器/徑跡探測器　track detector
径节/徑節　diametral pitch
径流/徑流　runoff
径流泵/徑向流泵　radial-flow pump
径流式透平/徑流式透平　radial-flow turbine
径流式涡轮/徑流式渦輪,向心式渦輪機　centripetal turbine, radial-flow turbine, radial turbine
径流式蓄能泵/徑流式蓄能泵　radial-flow storage pump
径流式压气机/徑流式壓縮機　radial-flow compressor
径流式转化器/徑流式轉換器　radial-flow-type converter
径流涡轮/徑向流渦輪[機]　radial-flow turbine
径面纹理/直木紋　edge grain
径向泵/徑向泵　radial pump
径向变位/徑向變位　addendum modification
径向变位量/徑向變位量　addendum modification
径向变位系数/徑向變位係數　addendum modification coefficient
径向变形量/徑向變形量　radial deformation amount
径向尺寸偏差/徑向尺寸偏差　radial run-out
径向传输线/徑向傳輸線　radial transmission line
径向伺服/徑向伺服　radial servo
径向从动件/徑向從動件　radial cam follower
径向波导管/輻射狀導波管　radial waveguide
径向倒角尺寸/徑向倒角尺寸　radial chamfer dimension
径向电压/對徑電壓　diametral voltage
径向锻造/徑向鍛造　radial forging
径向锻轴机/徑向鍛造機　radial forging machine
径向发动机/星型發動機,星型引擎　radial engine
径向分量/徑[向]分量　radial component
径向光度计/徑向光度計　radial photometer
径向光栅/徑向光柵　radial grating
径向和轴向压缩机/徑-軸向流壓縮機　radial-axial compressor
径向滑动轴承/徑向滑動軸承　plain journal bearing
径向缓冲器/弧面緩衝器　radial buffer
径向回转起重机/徑向回轉起重機　radial crane
径向会聚/輻向會聚　radial convergence
径向挤压/徑向擠壓　lateral extrusion, sideways extrusion
径向挤压模/徑向擠壓模　radial extruding die
径向剪切干涉仪/徑向剪切干涉儀,徑向錯位干涉儀　radial shear interferometer
径向间隙/徑向間隙,徑向餘隙　radial clearance
径向接触轴承/徑向接觸軸承　radial contact bearing
径向节距/徑向節距　radial pitch
径向进给切槽/徑向進給切槽　recessing with radial feed
径向静电场分析器/徑向靜電場分析器　radial electrostatic field analyzer
径向扩压器/徑向擴散器　radial diffuser
径向力/徑向力　radial force
径向力波动/徑向力變動　radial force variation
径向流/輻射流　radial flow
径向偏差/徑向偏差　radial difference
径向热流法/徑向熱流法,輻射熱流法　radial heat flow method
径向扫描/徑向掃瞄　radial scan
径向式电刷/徑向電刷　radial brush
径向双端面机械密封/徑向雙端機械密封　radial double mechanical seal
径向剃齿/徑向剃齒　plunge shaving, radial feed shaving
径向剃齿刀/徑向剃齒刀　plunge feed shaving cutter
径向通风/徑向通風,輻式通風　radial ventilation

径向推力轴承/徑向推力軸承 radial thrust bearing
径向误差/徑向誤差 radial error
径向线/徑向傳輸線 radial transmission line, radial line
径向销连接/輻射式銷聯結 radial pin coupling
径向谐波齿轮传动/徑向諧波齒輪傳動 harmonic gear drive with radial gear meshing
径向压溃强度/徑向壓潰強度,徑向壓碎強度 radial crushing strength
径向压力表/徑向壓力表 pressure gage with bottom connection
径向叶片/徑向葉片 radial blade
径向载荷/徑向負載 radial load
径向载荷系数/徑向負載因數 radial load factor
径向止推滑动轴承/止推軸頸滑動軸承 thrust-journal plain bearing
径向柱塞式分配泵/徑向柱塞式分配噴射泵 radial-plunger distributor injection pump
径向总误差/徑向總誤差 radial total error
净大气辐射表/地面輻射強度計,大氣輻射強度計 pyrgeometer
净电功率/淨功率 net power
净电功率输出/淨電功率輸出 net electric power output
净吨/淨噸 net ton
净荷/承載 payload
净功率/淨功率 net power
净化/淨化 purifying
净化电源/淨化電源 power conditioner
净化剂/淨化劑,清除劑 scavenger, purifier
净化空气调节机组/淨化空氣調節機組 air cleaning conditioning unit
净化率/淨化率 purifying rate
净化器/淨化器,淨化劑 purifiers
净化腔/無塵室 cleanroom
净焦炉煤气/淨煉焦爐煤氣 purified coke oven gas
净金属/淨金屬[液] clean metal
净空间/自由空間 free space
净面积/淨面積 net area
净起重量/淨載重,淨負荷 net load
净气器/氣體洗滌器,洗氣器,空氣洗滌器 gas washer, air scrubber
净热耗率/淨耗熱率 net heat rate
净容积/自由容積,自由體積 free volume
净砂/河砂 river sand
净室/淨室 cleanroom
净室软件工程/無塵室軟體工程 cleanroom software engineering
净水器/淨水器 water clarifier
净水头/淨落差 net head
净损耗/淨損耗,淨衰減 net loss
净铁水/淨鐵水 naked molten iron
净制冷量/淨冷凍能力 net refrigerating capacity
净重/淨重 net weight
净重仪/重錘式壓力計 dead-weight gage
净重值/淨重 net weight
竞赛机器人/競賽機器人 competition robot
竞争/競賽 race
竞争变迁/競爭變遷 competitive transition
竞争接入提供商/競爭接入提供商 competitive access provider, CAP
竞争决策/競爭決策 competition decision
竞争时间间隔/競爭間隔 contention interval
竞争网络/競爭網路 competition network
静不平衡/静態失衡 static unbalance
静不平衡量/静態失衡量 static unbalance value
静沉降/静沈降 static settlement
静触头/固定觸點 fixed contact
静磁泵/静磁幫浦 magnetostatic pump
静磁表面波/静磁表面波 magnetostatic surface wave
静磁波/静磁波 magnetostatic wave
静磁屏蔽/静磁遮蔽 magnetostatic screen
静磁学/静磁學 magnetostatics
静点/静止點 quiescent point
静电八极透镜/静電八極透鏡 electrostatic octopole lens
静电保护/静電保護 electrostatic protection
静电波/静電波 electrostatic wave
静电场/静電場 electrostatic field
静电沉淀/静電沈積法 electrostatic precipitation
静电除尘器/静電除塵器,静電集塵器 electrostatic precipitator, electrostatic dust precipitator
静电传声器/静電傳聲器,電容傳聲器 capacitance microphone, condenser microphone
静电磁场/静電磁場 electromagnetostatic field
静电存储管/静電存儲管 electrostatic storage tube
静电打印机/静電列印機 electrostatic printer
静电电容器/静電電容器 static condenser
静电电容式振动计/静電容式振動計 static capacity type vibroscope
静电[电容]扬声器/静電揚聲器 electrostatic loudspeaker
静电电压表/静電電壓計,静電伏特計 electrostatic voltmeter
静电电子透镜/静電電子透鏡,静[電]場式電子透鏡

electrostatic electron lens
静电电子显微镜/静電電子顯微鏡 electrostatic electron microscope
静电发电机/静電發電機 electrostatic generator
静电法拉/静電法拉 statfarad
静电防护/静電防護 electrostatic protection
静电放电/静電放電 electrostatic discharge, ESD
静电放电保持时间/静電放電保持時間 ESD holding time
静电放电器/静電放電器 static discharger
静电放电损伤/静電放電損傷 electrostatic discharge damage
静电分离器/静電分離器 electrostatic separator
静电分析器/静電分析儀 electrostatic analyzer
静电粉末喷涂/静電粉末噴塗 electrostatic powder spraying
静电粉末喷涂机组/静電粉末噴塗機組 electrostatic powder spraying line
静电伏特计/静電伏特計,静電電壓計 static voltmeter, electrostatic voltmeter
静电复印机/静電複印機 xerographic printer
静电干扰/静電干擾 static interference
静电感应/静電感應 electrostatic induction
静电高度计/静電高度計 electrostatic altimeter
静电亨利/静電亨利 stathenry
静电换能器/静電[信號]轉换器,電容[信號]轉换器 condenser transducer
静电绘图机/静電繪圖器 electrostatic plotter
静电积尘/静電積塵 electrostatic precipitation
静电激励器/静電引動器,静電致動器,静電激發器 electrostatic actuator
静电集[除]尘器/静電集塵器 electrostatic precipitator
静电计/静電計 electrometer
静电计管/静電計管 electrometer tube
静电记录/静電記録[法] electrostatic recording
静电继电器/静電式繼電器 electrostatic relay
静电加速器/静電加速器 electrostatic accelerator, statitron
静电检电器/静電檢[電]壓器 static voltage detector
静电聚焦/静電聚焦 electrostatic focusing
静电聚焦速调管/静電聚焦速調管 electrostatically focused klystron
静电控制/静電控制 electrostatic control
静电力/静電力 electrostatic force
静电滤波器/静電過濾器 electrostatic filter
静电滤尘器/静電濾塵器 dry electro-filter
静电耦合器/静電耦合器 electrostatic coupler
静电喷洒装置/静電噴灑裝置 electrostatic spraying device
静电喷涂/静電噴塗裝置 electrostatic spraying
静电偏转/静電偏轉,静電偏向 electrostatic deflection
静电屏蔽/静電屏蔽,静電遮蔽 electrostatic shielding
静电清洁器/静電除塵器 electrostatic cleaner
静电声学仪器/静電聲學儀器 electrostatic acoustical instrument
静电示波器/静電式示波器,静電示波儀 electrostatic oscillograph
静电式话筒/静電式麥克風 electrostatic microphone
静电式记录仪/静電式記録器 electrostatic recorder
静电式加速度表/静電加速度計 electrostatic accelerometer
静电式空气净化装置/静電式空氣濾清器 electrostatic air cleaner
静电式喷粉机/静電撒粉器 electrostatic duster
静电式转换器/電容[信號]轉换器,静電[信號]轉换器 electrostatic transducer
静电四极透镜/静電四極透鏡 electrostatic quadrupole lens
静电透镜/静電透鏡 electrostatic lens
静电陀螺仪/静電陀羅儀 electrostatic gyroscope
静电瓦特计/静電瓦特計 electrostatic wattmeter
静电位/静電位,静電勢 electrostatic potential, rest potential
静电位计/静電電流計 electrostatic galvanometer
静电吸盘/静電吸盤 electrostatic chuck
静电系仪表/静電儀器 electrostatic instrument
静电消除器/静電消除器 static eliminator
静电型电子显微镜/静電[電子]顯微鏡 electrostatic electron microscope
[静]电选机/静電分離機 electrostatic separator
静电学/静電學 electrostatics
静电阴极射线管/静電陰極線管 electrostatic cathode ray tube
静电轴承/静電軸承 electrostatic bearing
静定系[统]/静定系統 statically determinate system
静动态应变仪/静動態應變儀 static-dynamic strainometer
静伏特/静[電]伏特 statvolt
静负荷/静負荷,静載重 dead load
静负荷半径/静負荷半徑 static loaded radius
静负荷性能/静負荷性能 static loaded performance
静负载/静負載 static load
静化器/静態計時儲存器 staticizer

静浇注/静澆鑄 quiescent pouring
静力学/静力學 statics
静力压拔桩机/靜力壓拔樁裝置 static pile pushing-pulling device
静力压拔桩设备/靜力壓拔樁設備 static pile pushing-pulling equipment
静连接/固定連接 fixed connection
静摩擦/静摩擦 static friction, friction of rest
静摩擦力/静摩擦力 static friction force
静摩擦力矩/静摩擦力矩 static friction torque
静摩擦系数/静摩擦係數 coefficient of static friction
静平衡试验/静平衡試驗 statical equilibrium test
静启动/静啟動 dead start
静区/静區,静空間 dead space, quiet zone, silence zone
静水头/液體静壓頭 hydrostatic head
静态/静態 resting state
静态绑定/静態連結 static binding
静态参数/静態參數 static parameter
静态操舵力试验/静態轉向力試驗 static steering-effort test
静态测量/静態測定 static measurement
静态测试/静態測試 static testing
静态称量/静態稱量 static weighing
静态重定位/静態再定位 static relocation
静态处理器分配/静態處理器分配 static processor allocation
静态磁化曲线/静態磁化曲線 static magnetization curve
静态存储分配/静態記憶體分配 static memory allocation
静态存储器/静態儲存器,静態記憶體 static memory
静态的/静態的 static
静态 IP 地址/静態 IP 位址 static IP address
静态电极电位/静態電極電位 static electrode potential
静态电路/静態電路 static circuit
静态电位/静態電位 resting potential
静态调度/静態排程 static scheduling
静态定相/静態定相 spill phasing, static phasing
静态多功能流水线/静態多功能管線 static multifunctional pipeline
静态法/静態法 static method
静态分配/静態配置 static allocation
静态分析/静態分析 static analysis
静态分析程序/静態分析程式 static analyzer
静态分支预测/静態分支預測 static branch prediction
静态干燥/静態乾燥 static drying
静态功耗/静態功耗 static power consumption
静态挂码校准/静態掛碼校準 static weight-hoist calibration
静态汉字重码率/静態漢字重碼率 static coincident code rate for Hanzi
静态汉字平均码长/静態漢字平均碼長 static average code length of Hanzi
静态缓冲/静態緩衝 static buffering
静态缓冲区分配/静態緩衝區分配 static buffer allocation
静态回复/静態回復 static recovery
静态继电器/静態繼電器,静態替續器 static relay
静态检验/静態檢查 static check
静态键位分布系数/静態鍵位分布係數 static coefficient for code element allocation
静态浇注/静模鑄造 static casting
静态解耦/静態解耦 static decoupling
静态精确度/静準確度 static accuracy
静态冷冻/静態冷凍 static freezing
静态量热计/静態熱量計 static calorimeter
静态灵敏度/静態靈敏度 static sensitivity
静态流水线/静態管線 static pipeline
静态路由/静態路由 static routing
静态冒险/静態冒險 static hazard
静态模型/静態模型 static model
静态模型方程/静態模型方程 static mathematic model of accelerometer
静态扭斜/静態偏斜 static skew
静[态]平衡/静[態]平衡,静態均衡 static balance
静态破碎剂/静態破碎劑 static breaking agent
静态热分析仪器/静態熱分析儀 static thermal analysis instrument
静态热技术/静態熱技術 static thermal technique
静态容积法/静態容積法 static volumetric method
静态容量法/静態容積法 static volumetric method
静态冗余/静態冗餘 static redundancy
静态试验/静力試驗 static test
静态数据区/静態資料區 static data area
静态刷新/静態更新 static refresh
静态随机[存取]存储器/静態隨機存取記憶體 static random access memory, SRAM
静态特性/静態特性 static characteristic
静态特性曲线/静態特性曲線 static characteristic curve
静态调节器/定位調節器 static regulator
静态投入产出模型/静態投入產出模型 static input-

output model
静态图像管/静像影像管　static image tube
静态图像通信/静止圖像通信　still image communication, static image communication
静态网络/静態網路　static network
静态误差/静態誤差　static error
静态误差带/静誤差帶　static error band
静态相关性检查/静態相關性檢查　static dependency check
静态应变时效/静態應變老化　static strain aging
静态应变仪/静態應變儀　static strainometer
静态语义/静態語意　static semantics
静态裕度/静態穩定界限　static margin
静态载波调制/静態載波調變　quiescent-carrier modulation
静态整步转矩特性/静態同步轉矩特性　static synchronizing torque characteristic
静态知识/静態知識　static knowledge
静态织入/静態織入　static weaving
静态质量法/静態稱量法　static weighing method
静态[质谱]仪器/静態[質譜]儀器　static mass spectrometer instrument
静态中性化状态/静態中性狀態　statically neutralized state
静态字词重码率/静態字詞重碼率　static coincident code rate for words
静态字词平均码长/静態字詞平均碼長　static average code length of words
静调速器/定位調速器　static governor
静压/静壓[力]　static pressure
静压测力计/[液體]静壓測力計　hydrostatic force meter
静压称量/静流力稱重　hydrostatic weighing
静压法油罐计量装置/静壓法油罐計量裝置 hydrostatic tank gauging
静压管/静壓管　static pressure tube
静压力容积修正值表/静液壓[容積]修正表 hydrostatic correction table
静压皮托管/静壓式皮托管　static pressure Pitot tube
静压气力输送机/静壓氣力輸送機　static pneumatic conveyor
静压[式]浮动磁头/静態壓力浮動磁頭　static pressure flying head
静压头/静壓頭,静水頭　static head
静压支撑滑台/静壓支撐滑檯　static pressure supporting slide table
[静压轴承]补偿器/補償器,補整器　compensator
静叶环/定子輪葉環　stator blade ring
静叶片/静葉片　stationary blade, stator blade
静叶栅损失/定子串聯損失　stator cascade loss
静液挤压/水力擠壓,液壓擠製　hydrostatic extrusion
静液挤压机/静液擠壓機　hydrostatic extrusion press
静液挤压拉拔/静液擠壓拉線　hydrostatic extrusion drawing
静液张力/流體静拉力　hydrostatic tension
静音/静音　muting
静音状态/静音狀態　quiescent state
静载荷/静負載　dead load, static load
静载滑动轴承/穩定負載滑動軸承　steadily loaded plain bearing
静载试验/静力試驗　static test
静噪滤波器/静電消除器　static eliminator
静噪器/減聲器　sound damper
静止变流器/静電換流器　static converter
静止环/静止環　stationary ring
静止换流器/静電換流器　static converter
静止调节器/定位調速器　static governor
静止图像/静止影像　still image, still picture
静止图像广播/静止圖像廣播　still picture broadcasting
静止卫星/同步衛星　stationary satellite
静止状态/静止狀態　quiescent state
静质量/静止質量,静態質量　rest mass
静重部分/静重部分　static weight unit
静重试验器/静重試驗器　deadweight tester
境界剥采比/境界剥採比　pit limit stripping ratio
镜分光光度计/鏡式分光光度計　mirror spectrophotometer
镜极/鏡像極心　image pole
镜面表面/單向反射面　specular surface
镜面度盘/鏡面標度　mirror scale
镜[面]反射/鏡面反射,正反射　mirror reflection
镜面反射光/鏡面反射光　specular reflection light
镜面反射器/鏡面反射鏡　specular reflector
镜面反射因子/鏡面反射因子　specular reflection factor
镜面精加工/鏡面拋光　mirror finish
镜面抛光/鏡面拋光　mirror finish
镜面透射比/鏡面透射比　specular transmittance
镜片/鏡片　eyeglass
镜频干扰/鏡頻干擾　image frequency interference
镜频回收混频器/鏡頻回收混頻器,鏡像恢復混頻器 image recovery mixer
镜频抑制比/影像頻率抑制比　image frequency

rejection ratio
镜式电测力计/鏡式電[測]功率計,鏡式力測電流計 mirror electrodynamometer
镜式电流计/鏡式檢流計 mirror galvanometer
镜式检流计/鏡式檢流計,反射鏡電流計 mirror galvanometer, reflecting galvanometer
镜式伸长计/鏡式伸長計 mirror extensometer
镜铁/鏡鐵 spiegel iron, specular iron, spiegeleisen
镜铁矿/鏡鐵礦 specularite, iron glance
镜筒透镜/鏡筒透鏡 tube lens
镜筒系数/鏡筒係數 tube-factor
镜头转塔/鏡頭轉座 lens turret
镜透射比/鏡面透射比 specular transmittance
镜像/鏡[像] mirror image
镜像参数/鏡像參數 image parameter
镜像干扰/圖像干涉 image interference
镜像频率/對像頻率,影像頻率 image frequency
镜像平面/鏡像平面 imaging plane
镜像投影/反射投影 reflective projection
镜像异构体/鏡像異構物 mirror image isomer
镜像抑制比/鏡像排斥比 image rejection ratio
镜像原理/鏡像原理 image theory
镜像再同步/鏡像再同步 mirror resynchronization
镜像站点/鏡站 mirror site
镜像阻抗/影像阻抗,對像阻抗 image impedance
镜质组平均最大反射率/鏡煤素平均最大反射率 mean max reflectance of vitrinite
镜轴计/測[光]軸計 axonometer
镜转示波器/鏡轉示波器 moving mirror oscillograph
纠缠态/糾纏態 entangled state
纠错/誤差修正,錯誤更正 error correction
纠错编码/糾錯編碼 error correction coding
纠错电报系统/校誤電報制 error-correcting telegraph system
纠错例程/改錯常式,錯誤校正常式 error-correcting routine
纠错码/錯誤校正碼,誤差修正碼 error-correcting code
纠错剖析/改錯剖析 error-correcting parsing
纠错学习/錯誤更正學習 error correction learning
纠结/扭結 kink
纠结线圈/交錯式線圈,糾結式線圈 interleaved coil
纠突发错误码/糾突發錯誤碼 burst error-correcting code
纠正单元/校正裝置 correcting unit
纠正仪/矯正器 rectifier
鸠尾容电器/鳩尾電容器 dovetail condenser
酒精灯/酒精燈 alcohol lamp
酒精发动机/酒精發動機,酒精引擎 alcohol engine
酒精含量/酒精水平 alcohol level
酒精缓冲槽/酒精緩衝槽 alcohol surge tank
酒精炉/酒精爐 alcohol stove
酒精密度计/酒精密度計 alcohol hydrometer
酒精喷灯/酒精噴燈 alcohol blast burner
酒精温度表/酒精溫度計 alcohol thermometer
酒精温度计/酒精溫度計 alcohol thermometer
酒精蒸馏装置/酒精蒸餾裝置 alcohol distillation apparatus
酒精中毒/酒精中毒 alcoholism
旧砂/舊砂 used sand
旧砂处理/舊砂處理 used sand reconditioning
旧砂干法再生设备/乾型砂回收設備 dry type sand reclamation equipment
旧砂回用/舊砂復用 repeated use of sand
旧砂湿法再生设备/濕式砂回收設備 wet type sand reclamation equipment
旧砂再生/砂再生 used sand reclamation
旧砂再生设备/砂再生設備 used sand reclamation equipment
救护车/救護車 ambulance
救险车/救險車,緊急維修車輛 emergency service vehicle
救援索/救援索 evacuation rope
救援索道/救援索道 rescue ropeway, succor ropeway
救援用浮式起重机/救援用浮式起重機 floating crane for salvage work
救援用铁路起重机/救援用鐵路起重機 wreck railroad crane
就地拌和/就地拌混土壤強固 mix-in-place
就地控制/局部控制 local control
就绪/就緒 ready
就绪位/就緒位元 ready bit
就绪信号/就緒信號 ready signal
就绪状态/就緒狀態 ready state
拘束度/拘束度 degree of constraint
拘束运动链/拘束運動鏈 constrained kinematic chain
居里/居里 Curie
居里点/居里[溫度]點,居里溫度 Curie point, Curie temperature
居里温度/居里溫度,居里[溫度]點 Curie temperature, Curie point
居里验电器/居里驗電器 Curie electroscope
局部/局部 local

局部变量/局部變數 local variable
局部不整合/局部不整合 local unconformity
局部淬火/局部淬火 localized quench, local hardening
局部存储器/局部記憶體 local memory
[局部]地/[局部]地 local ground
局部镦粗/局部鍛粗 local upsetting
局部反馈/局部反饋 local feedback
局部放大图/局部放大圖 drawing of partial enlargement
局部放电/局部放電 partial discharge
局部放电起始电压/局部放電起始電壓 partial discharge inception voltage
局部放电熄灭电压/局部放電熄滅電壓 partial discharge extinction voltage
局部非氧化针孔/局部非氧化針孔 localized unoxidized pinhole
局部腐蚀/局部腐蝕 localized corrosion
局部故障/局部故障,部分故障 partial fault, local fault
局部光照模型/局部光照模型 local illumination model
局部加热拉深/局部加熱拉深 locally-heated drawing
局部渐近稳定性/局部漸近穩定性 local asymptotic stability
局部解码器/局部解碼器 local decoder
局部净化设备/局部淨化設備 local clean equipment
局部决策者/局部決策者 local decision maker
局部可检测编码/局部可檢測編碼 locally testable code
局部空气调节机组/局部空調機組 partial air-conditioning unit
局部控制者/局部控制員 local controller
局部冷却拉深/局部冷却拉深 locally-cooled drawing
局部灵敏度/局部靈敏度 local sensitivity
局部模式/局部綱目 local schema
局部偏析/局部偏析 local segregation
局部确定性公理/局部確定性公理 local-deterministic axiom
局部热处理/局部熱處理 heat spotting
局部渗碳/局部滲碳,局部滲炭 localized carburizing, local carburizing
局部失效/局部失效 local failure
局部矢量/局部向量 local vector
局部数据库/局部資料庫 local data base
局部死锁/局部死鎖 local deadlock
局部速度起伏/局部速度起伏 local velocity fluctuation
局部图灵度的并定理/局部杜林度的并定理 join theorem for the local Turing degrees
局部退火/局部退火 local annealing, selective annealing
局部稳定性/局部穩定性 local stability
局部性/局部性 locality
局部氧化针孔/局部氧化針孔 localized oxidized pinhole
局部应用/局部應用 local application
局部硬化/局部硬化 differential hardening, local hardening
局部优化/局部最佳化 local optimization
局部增温/局部加熱 local heating
局部照明/局部化照明,定域照明 localized lighting
局部质量偏心距/局部質量偏心距 local mass eccentricity
局部转速不等率/局部轉速不等率 incremental speed governing droop
局部自动化/局部自動化 local automation
局部自由度/局部自由度 local degree of freedom, redundant degree of freedom
PCI局部总线/PCI區域匯流排 peripheral component interconnection local bus
局部阻力/震擊抵抗 shock resistance
局部最优/局部最佳值 local optimum
局部作用/局部作用 local action
局部坐标系统/區域坐標系統 local coordinate system
局端机/局端機 central office terminal, COT
局间传输系统/局間傳輸系統 interoffice transmission system
局间电话/局間電話,室内電話 interoffice phone
局间网/局間網路 interoffice network
局间中继系统/局間幹線系統 interoffice trunking system
局浸温度计/部分浸漬溫度計 partial immersion thermometer
局内呼叫/内部交互呼叫 intraexchange calls
局域平衡态/局部平衡態 local equilibrium state
局域网/區[域]網路 local area network, LAN
局域网[成]组地址/區域網路群組位址 LAN group address
局域网单[个]地址/區域網路個別位址 LAN individual address
局域网多播/區域網路多播 LAN multicast
局域网多播地址/區域網路多播位址 LAN

multicast address
局域网仿真/區域網路仿真 LAN emulation, LANE
局域网服务器/區域網路伺服器 LAN server
局域网管理程序/區域網路管理器 LAN manager
局域网广播/區域網路廣播 LAN broadcast
局域网广播地址/區域網路廣播位址 LAN broadcast address
局域网交换机/區域網路交換機 LAN switch
局域网网关/區域網路閘道 LAN gateway
局域网协议/區域網路協定 local area network protocols
菊池线/菊池線 kikuchi line
菊花链/菊鏈 daisy chain
菊花状石墨/菊花狀石墨 graphite rosette
橘皮/皺皮,斑面 orange peel, pitting surface
橘皮书/橘皮書 orange book
矩尺/木工矩尺 carpenter square
矩磁软磁合金/矩形軟磁合金 rectangular soft magnetic alloy
矩角位移特性/矩角位移特性 torque-angular displacement characteristic
矩描述子/矩描述符 moment descriptor
矩母函数/力矩產生函數 moment-generating function
矩形波/矩形波,方波 square wave
矩形波导[管]/矩形波導[管] rectangular waveguide
矩形波发生器/矩形波產生器,方波振盪器 square-wave oscillator
矩形冲击脉冲/矩形衝擊脈衝 rectangular shock pulse
矩形窗[口]/矩形窗 rectangular window
矩形电炉/矩形電爐 rectangular electric furnace
矩形电容器/矩形電容器 rectangular capacitor
矩形工作台/矩形工作檯 rectangular table
矩形罐梁/隔井梁 bunton
矩形花键/矩形花鍵,矩形樣條 rectangle spline
矩形花键拉刀/矩形栓槽拉刀 straight spline broach
矩形花键量规/方形花鍵量規 square spline gage
矩形孔径天线/矩形孔徑天線 rectangular aperture antenna
矩形连接器/矩形連接器 rectangular connector
矩形脉波/矩形脈波 rectangular pulse
矩形脉冲/矩形脈波 rectangular pulse
矩形坯/矩形坯 rectangular bloom
矩形砂瓦/矩形片段 rectangular segment
矩形吸盘/矩形磁力夾頭 rectangular magnetic chuck
矩形谐振腔器/矩形空腔諧振器 rectangular cavity
矩形压力表/方形壓力表 square profile pressure gage
矩形阵列/矩形陣列 rectangular array
矩阵/矩陣 matrix
H 矩阵/H 矩陣 H-matrix
矩阵变换电路/矩陣器 matrixer
矩阵标志/矩陣標識,陣列標識 matrix sign
矩阵打印机/矩陣列印機 matrix printer
矩阵电路/矩陣電路 matrix circuit
矩阵迭代/矩陣疊代 matrix iteration
矩阵法/矩陣法 matrix method
矩阵分析/矩陣分析 matrix analysis
矩阵交换/矩陣式交換 matrix switch
矩阵接收机/矩陣接收機 matrix receiver
矩阵开关/矩陣式交換 matrix switch
矩阵式编码器/矩陣式編碼器 matrix encoder
矩阵算法/矩陣算法 matrix algorithm
矩阵显示/矩陣顯示 matrix display
矩阵元/矩陣元素 matrix element
举高喷射消防车/水塔救火車 water tower fire truck
举起/昇程 lift
举升/舉昇 jack-up
举升能力/舉昇能力 lifting capacity
巨磁电阻材料/巨磁電阻材料 giant magnetoresistance material
巨磁致伸缩材料/巨磁伸縮材料 giant magnetostrictive material
巨脉波激光器/巨脈波雷射 giant pulse laser
巨脉波技术/巨脈衝技術 giant pulse technique
巨脉冲/巨脈波 giant pulse
巨脉冲技术/巨脈衝技術 giant pulse technique
巨屏幕显示/巨螢幕顯示 giant scale display
巨群/巨群 giant group
巨系统/巨型系統 huge system
巨型起重机/龍門起重機 goliath crane
巨正则配分函数/總正則配分函數 grand-canonical partition function
句柄/柄 handle
句柄体/句柄部分 handle part
句柄头/句柄頭 handle head
句柄尾/句柄尾 handle tail
句法分析/語法分析 syntactic analysis
句法规则/語法規則 syntactic rule
句法结构/語法結構 syntactic structure
句法理论/語法理論 syntax theory

句法模式识别/語法模式辨識,語法型樣辨識 syntactic pattern recognition
句法歧义/語法歧義 syntactic ambiguity
句法生成/語法産生 syntax generation
句法树/語法樹 syntax tree
句法语义学/語法語意學 syntactic semantics
句法制导编辑程序/語法引導編輯器 syntax-directed editor
句子/句 sentence
句子对齐/句子對齊 sentence alignment
句子片段/句子片段 sentence fragment
句子歧义消除/句子歧義消除 sentence disambiguation
拒爆/不爆發,漏炸 misfire
拒爆炮眼组/一排炮失炸 missed round
拒波滤波器/帶拒濾波器 rejection filter
拒波器/拒絶器 rejector
拒绝/拒絶 reject
拒绝服务/拒絶服務 denial of service, DoS
拒绝区域/拒斥域,拒收區 rejection region
拒绝域/拒絶域 critical region
拒收/拒收 rejection
具体类/具體類别 concrete class
具体元类/具體元類 concrete metaclass
具有缓存意识的查询处理/具有緩存意識的查詢處理 cache-conscious query processing
具有体系结构意识的数据库系统/具有體系結構意識的資料庫系統 architecture-conscious database system
距离/距離 distance
距离保护/測距保護 distance protection
距离变换/距離變换 distance transform
距离标志/距離標志 range marker
距离测量/距離量測 distance measurement
距离常数/距離常數 distance constant
距离尺度变化/範圍標度轉换 range-scale changing
距离-方位显示器/距離-方位顯示器 range-azimuth display
距离分辨率/距離解析度 range resolution
距离分辨装置/距離鑒别裝置 range discriminant in tracking loops
距离高度显示器/距離高度顯示器 range-height indicator, RHI
距离高分辨技术/高距離解析度技術 high range resolution technique
距离记录器/遥測記録器 distance recorder
距离继电器/測距電驛,遠距繼電器 distance relay
距离加速度/距離加速度 range acceleration
距离校准/距離校正 range calibration
距离库/距離筐 range bin
距离[门]欺骗/距離[門]欺騙 range gate deception
距离模糊/距離含糊度 range ambiguity
距离旁瓣抑制/距離旁瓣遏止 range sidelobe suppression
距离外推法/距離外推法 range extrapolation
距离微分/距離微分 range derivative
距离系数/距離比 distance ratio
距离向量/距離向量 distance vector
距离向量多播路由协议/遠距向量多播選路協定 distance vector multicast routing protocol
距离向量协议/距離向量協定 distance vector protocol
距离选通脉冲/距離閘 range gate
距离-仰角显示器/距離-仰角顯示器 range-elevation display
距离音调/距離音調 range tone
距离与多普勒耦合/距離與都卜勒耦合 range Doppler coupling
距离噪声/距離噪聲 range noise
距离指示器/距離指示器 range indicator
距离追踪/距離追蹤 range tracking
锯/鋸 saw
锯板机/切片機 slabber
锯齿波电压/鋸齒形電壓 sawtooth voltage
锯齿波发生器/鋸齒[波]産生器 sawtooth wave generator
锯齿波跳汰机/鋸齒波選礦機 sawtooth pulsation
锯齿波形/鋸齒波形 sawtooth waveform
锯齿键盘/鋸齒鍵盤 sawtooth keyboard
锯齿螺纹/鋸齒螺紋,斜方螺條 buttress thread
锯齿形爆破法/鋸齒狀爆破 sawtooth blasting
锯齿形回采法/梯階回採法 sawtooth stoping
锯齿形集渣流道/鋸齒形集渣流道 sawtooth dirt trap
锯齿形螺旋/鋸齒形螺旋 cut-flight screw
锯齿形天线/鋸齒形天線 zigzag antenna
锯床/鋸機 sawing machine
锯工间/鋸工間 sawing room
锯片铣刀/金屬開縫鋸 metal slitting saw
锯切/鋸斷 saw cutting, sawing
锯砂轮/鋭鋸機 saw sharpener
锯削/鋸 sawing
锯屑/鋸屑 saw dust
聚氨酯冲裁/聚胺酯衝裁 polyurethane pad blanking
聚苯乙烯/聚苯乙烯 polystyrene
聚变反应堆/[核]熔合反應器 fusion reactor

聚并/聚結 coalescence
聚场镜/聚光鏡 collecting mirror
聚磁介质/聚磁基質 magnetic matrix
聚簇索引/群集索引 clustered index
聚丁烯/聚丁烯 polybutene
聚光/聚光 spot light
聚光单色器/聚光單色儀 condensing monochromator
聚光灯/焦點燈 focus lamp
聚光反射镜/聚光鏡 condensing mirror
聚光镜/聚光[透]鏡,聚光器 condenser lens, condenser
聚光腔[器]/雷射器泵[浦]腔 laser pump cavity
聚光太阳电池/聚光太陽電池 concentrator solar cell
[聚]硅酮/矽樹脂,矽酮 silicone
聚合/聚合 aggregation, polymerization
聚合带宽/聚合頻寬 aggregate bandwidth
聚合度/聚合度 degree of polymerization
聚合剂量学/聚合[作用]劑量測定術 polymerization dosimetry
聚合器/聚合器 aggregator
聚合射流氧枪/聚合噴射氧槍 coherent jet oxygen lance
聚合速度/集合速度 aggregate speed
聚合物/聚合物 polymer
聚合物熔融指数/聚合物熔融指數 melting index of polymer
聚合系数/聚合係數 coefficient of polymerization
聚合信号/集合信號,集成訊號,集合訊號 aggregate signal
聚集/沈積,黏集 aggradation
聚集[合信]通道/組合通道 aggregate channel, AC
聚焦/聚焦,調焦 focusing
聚焦杯/聚焦杯 focusing cup
聚焦磁铁/聚焦磁鐵 focusing magnet
聚焦伺服/聚焦伺服 focus servo
聚焦[电]极/聚焦電極 focusing electrode
聚焦反射器/聚焦反射器 focusing reflector
聚焦分光计/聚焦光譜儀 focusing spectrometer
聚焦管/聚焦管 focusing tube
聚焦控制/聚焦調節 focusing control
聚焦离子束/聚焦離子束 focused ion beam, FIB
聚焦水平/焦點水平儀 focus level
聚焦探头/聚焦探頭 focusing type probe
聚焦调节器/聚焦調節器 focusing regulator
聚焦透镜/聚焦透鏡 focusing lens
聚焦显微镜/聚焦顯微鏡 focusing microscope
聚焦线圈/聚焦線圈 focusing coil
聚焦抓取/聚焦抓取 focused crawling
聚结腔/聚結腔 coalescer chamber
聚晶金刚石/聚晶金剛石 polycrystalline diamond
聚类/聚類 cluster
聚类簇/群集 cluster
聚类分析/聚類分析,群集分析 cluster analysis
聚类倾向性/聚類傾向性 cluster tendency
聚类有效性/聚類有效性 cluster validity
聚敛透镜/聚光透鏡 convergent lens
聚氯乙烯地板焊接机/聚氯乙烯地板焊接機 PVC flooring welder
聚群/[電子]聚束,成組,成群 bunching
聚束/[電子]聚束,成組,成群 bunching
聚束管/聚束管,黎帕管 rebatron
聚束极/聚焦電極 focusing electrode
聚束器/聚束器,束線機,合股機 buncher
聚四氟乙烯波纹管机械密封/聚四氟乙烯波紋管機械密封 PTFE-bellows mechanical seal
聚渣/聚渣 slag accretion
聚酯色带/聚酯色帶 mylar ribbon
卷/卷 volume
卷包式太阳电池/卷包式太陽電池 wrap-around type solar cell
卷边/卷邊,卷曲 beading, curling, crimping
卷边机/卷邊機 curling machine
卷边接头/卷邊接頭 edge-flange joint
卷边模/卷邊模 curling die
卷材/盤卷鋼材 coil
卷材涂装/卷材塗裝 coil painting
卷材涂装机/卷材塗裝機 coil coater
卷材粘贴铺设机械/卷材粘貼鋪設機械 machinery for sticking roll material to base
卷池/卷池 volume pool
卷尺/卷尺 tape
卷回传播/回轉傳播 rollback propagation
卷回恢复/轉返恢復,轉返復原 rollback recovery
卷积/褶積 convolution
卷积定理/褶積定理 convolution theorem
卷积核/卷積核心 convolution kernel
卷积码/褶積碼 convolution code
卷积投影数据/卷積投影數據 convolved projection data
卷积网络/卷積網路 convolutional networks
卷集/卷輯 volume set
卷角垫圈/角[形]墊圈 angle washer
卷料/卷料 coil, coiled strip, coil stock
卷片/薄板,薄片,極板 sheeting

卷取/旋卷,盤繞 coiling
卷取机/盤卷器 coiler
卷绕/卷繞 rolling
卷绕式绞车/卷筒吊車 drum hoist
卷入/卷入 tuck-in
卷筒/卷筒,絞盤筒 winding drum, hoist drum
卷筒节径/卷筒節徑 pitch diameter of drum
卷筒式张紧装置/卷筒式張緊裝置 drum tightening device
卷筒速率/卷筒速率 drum speed
卷筒因子/卷筒因數 drum factor
卷头/卷標頭 volume header
卷扬机/絞車,絞盤車 winch, crab
卷扬机式钢筋冷拉机/卷揚機式鋼筋冷拉機 winch-type cold-drawing machine
卷扬控制器/卷揚控制設備 hoist controller
卷圆/卷圓,滾邊 edge coiling, edge rolling
卷渣/夾渣 slag entrapment
卷折/卷折 foldover
卷制轴套/卷製軸套 wrapped bearing bush
卷重/卷重 coil weight
卷组/大量儲存卷組 volume group
决策/決策,判決 decision
决策边界/決策邊界 decision boundary
决策表/決策表 decision table
决策程序/決策規劃 decision program
决策分析/決策分析 decision analysis
决策规则/決策規則 decision rule
决策过程/決策程序 decision procedure
决策函数/決策函數 decision function
决策计划/決策計劃 decision plan
决策矩阵/決策矩陣 decision matrix
决策空间/決策空間 decision space
决策控制/決策控制 decision-making control
决策框/決策盒 decision box
决策[理]论/決策理論 decision theory
决策模型/決策模型 decision-making model, decision model
决策树/決策樹 decision tree
决策树系统/決策樹系統 decision tree system
决策问题/決策問題 decision problem
决策信息/決策資訊 decision information
决策支持中心/決策支援中心 decision support center
决策制定/決策 decision making
决策准则/決策準則 decision criteria
决断高度/決斷高度 decision height
角色模型/角色模型 actor model
绝对安培/絕對安培 abampere
绝对安培测定/絕對安培測定 absolute-ampere determination
绝对白体/絕對白體 absolute white body
绝对编码器/絕對編碼器 absolute encoder
绝对标度/絕對標度 absolute scale
绝对标准化/絕對標準化 absolute standardization
绝对测定/絕對量測,用絕對法測定 absolute determination
绝对测量/絕對量測,用絕對法測定 absolute measurement, absolute determination
[绝对]磁导率/[絕對]磁導率 absolute permeability
绝对代码/絕對碼 absolute code
绝对单位/絕對單位 absolute unit
绝对地址/絕對位址 absolute address
[绝对]电容率/[絕對]電容率,[絕對]介電係數 absolute permittivity
绝对顶板/絕對頂磐 absolute roof
绝对对称量纲制/絕對對稱量綱制 absolute symmetrical dimension system
绝对法校准/絕對校正,絕對校準 absolute calibration
绝对分辨率/絕對解析度 absolute resolution
绝对辐射表/絕對輻射計 absolute radiometer
绝对高度/絕對高度 absolute altitude
绝对功率/絕對功率 absolute power
[绝对]黑体/絕對黑體 absolute black body
绝对活度/絕對活性 absolute activity
绝对机器代码/絕對機器碼 absolute machine code
绝对加速度/絕對加速度 absolute acceleration
绝对静电计/絕對静電計 absolute electrometer
绝对孔隙率/絕對孔隙率 absolute porosity
绝对量热学/絕對量熱學,絕對卡路里量測學 absolute calorimetry
绝对灵敏度/絕對靈敏度 absolute sensitivity
绝对零度点/絕對零度點 point of absolute zero
绝对密度/絕對密度 absolute density
绝对黏度 /絕對黏度 absolute viscosity
绝对膨胀指示器/氣缸膨脹指示器 cylinder expansion indicator
[绝对]频率偏差/[絕對]頻率偏差 absolute frequency deviation
[绝对]频偏/[絕對]頻率偏差 absolute frequency deviation
绝对强度/絕對強度 absolute intensity
绝对热探测器/絕對熱檢測器,絕對熱偵測器 absolute thermal detector
绝对容量/絕對容量 absolute capacity

绝对渗透性/絕對滲透率 absolute permeability
绝对湿度/絕對濕度 absolute humidity
绝对时间误差/絕對時間誤差 absolute time error
绝对实验/絕對實驗 absolute experiment
绝对实用单位/絕對實用單位 absolute practical unit
绝对死点/絕對死點 absolute anchor point
绝对速度/絕對速度 absolute velocity
绝对速度瞬心/絕對速度暫態中心 instantaneous center of absolute velocity
绝对[速]率/絕對速率 absolute rate
绝对温标/絕對標度,克耳文温標 absolute scale, Kelvin temperature scale
绝对温度/絕對溫度,克耳文溫度 absolute temperature, Kelvin temperature
绝对稳定性/絕對穩定[性] absolute stability
绝对无阻流量/絕對全開噴流總力 absolute open flow potential
绝对误差/絕對誤差 absolute error
绝对误差积分准则/絕對誤差積分準則 integral of absolute value of error criterion
绝对相移/特性相移 characteristic phase shift
绝对寻址/絕對定址 absolute addressing
绝对压力/絕對壓力 absolute pressure
绝对压力表/絕對壓力表,絕對[流體]壓力計 absolute pressure gage
绝对压力计/絕對壓力計 absolute manometer, absolute pressure gage
绝对运动/絕對運動 absolute motion
绝对折射率/絕對折射率 index of absolute refraction
绝对真空/絕對真空 absolute vacuum
绝对真空计/絕對真空計 absolute vacuum gage
绝对值/絕對值 absolute value
绝对质量单位/絕對質量單位 absolute mass unit
绝对重力测定/絕對重力測定 absolute gravity determination
绝对准确度/絕對準確度 absolute measurement, absolute accuracy
绝密级/最高機密 top secret
绝热板/絕熱板 insulating board
绝热壁/絕熱壁 adiabatic wall
绝热不变量/不變量,絕緣不變量 adiabatic invariant
绝热材料/熱絕緣材料 thermal insulation
绝热发动机/絕熱引擎 adiabatic engine
绝热反应/絕熱反應 adiabatic reaction
绝热反应器/絕熱反應器 adiabatic reactor
绝热放气制冷/絕熱放氣製冷 adiabatic delivery refrigeration of gases
绝热过程/絕熱過程 adiabatic process
绝热挤压/絕熱擠壓 adiabatic extrusion
绝热冷却/絕熱冷却 adiabatic cooling
绝热量热计/絕熱量熱器,絕熱卡[路里]計 adiabatic calorimeter
绝热量子计算/絕熱量子計算 adiabatic quantum computation
绝热流/絕熱流動 adiabatic flow
绝热帽/絕熱帽 headbox, insulation top
绝热帽铸件/絕緣體蓋冒鑄件 insulator flap casting
绝热耐火砖/絕熱火磚 heat insulating fire brick
绝热膨胀/絕熱膨脹 adiabatic expansion
绝热双卡计/絕熱雙卡計 adiabatic twin calorimeter
绝热压缩/絕熱壓縮 adiabatic compression
绝热指数/等熵指數 isentropic exponent
绝热装置/絕熱器具 adiabatic apparatus
绝压传感器/絕對壓力轉換器 absolute pressure transducer
绝缘/絕緣 insulation
绝缘壁/絕緣壁 insulating wall
绝缘材料/絕緣材料 insulating material
绝缘测量/絕緣量測 insulation measurement
绝缘测试器/絕緣試驗器 insulation testing set
绝缘层/絕緣[層] insulation, insulating layer
绝缘导线/絕緣線 insulated wire
绝缘等级/絕緣等級 class of insulation
绝缘电缆/絕緣電纜 insulated cable
绝缘电阻/絕緣電阻 insulation resistance
绝缘电阻表/絕緣電阻表,絕緣電阻計 insulation resistance meter
绝缘电阻测试器/絕緣電阻試驗器 insulation resistance tester
绝缘电阻监测系统/絕緣電阻監測系統 insulation resistance monitoring system
绝缘防毒器/隔離防毒面具 isolated mask
绝缘功率因数/絕緣功率因數 insulation power factor
绝缘故障/絕緣故障,絕緣事故 insulation fault
绝缘管/絕緣管 insulating tube
绝缘回流系统/絕緣回流制 insulated return system
绝缘击穿/絕緣破壞 insulation breakdown
绝缘夹板/絕緣夾板 cleat insulator
绝缘漏泄/絕緣洩漏 insulation leakage
绝缘配合/絕緣協調 insulation coordination
绝缘配合统计法/絕緣協調統計程序 statistical procedure of insulation coordination
绝缘屏蔽/絕緣屏蔽,絕緣遮罩 insulation shielding

绝缘漆/絕緣[清]漆 insulating varnish
绝缘气体/絕緣氣體 insulating gas
绝缘桥式起重机/絕緣橋式起重機 overhead isolation crane
绝缘式轨隙连接/軌道絕緣接頭 insulated rail joint
绝缘水平/絕緣水平,絕緣等級 insulation level
绝缘塑料喷洒机/絕緣塑膠噴灑機 plastic insulation sprayer
绝缘塑料应用设备/絕緣塑膠應用設備 equipment for application of insulating plastics
绝缘损坏检示仪表/絕緣故障檢測儀表 insulation fault detecting instrument
[绝缘]套管/[絕緣]套管 insulating bushing
绝缘体/絕緣體,絕緣材料 insulant, insulator, isolator
绝缘体上硅薄膜/絕緣體上矽薄膜 silicon on insulator, SOI
[绝缘]筒/[絕緣]筒 insulation cylinder
绝缘物/絕緣材料 insulating material, insulation material
绝缘液体/絕緣液體 insulating liquid
绝缘油/絕緣油 insulating oil
绝缘闸极场效晶体管/絕緣閘極場效電晶體 insulated gate field effect transistor, IGFET
绝缘栅薄膜晶体管/絕緣閘薄膜電晶體 insulated gate thin-film transistor, IGTFT
绝缘栅场效晶体管/絕緣閘極場效電晶體 insulated gate field effect transistor, IGFET
绝缘纸/絕緣紙 insulating paper
绝缘轴承座/絕緣軸承座 insulated bearing pedestal
绝缘砖/絕緣磚 insulating brick
绝缘子/絕緣器,礙子 insulator
绝缘子串/礙子連,礙子串 insulator string
绝缘子组/絕緣器組 insulator set
掘槽采样/槽取樣品 channel sample
掘沟/掘溝,挖溝 trenching, ditching
掘进/掘進 drifting
掘进机/隧道鑽鑿機,潛盾機 tunnel boring machine, TBM
掘进机出渣转载装置/潛盾機出渣轉載裝置 muck transfer device of TBM
掘进机刀盘/隧道掘進機刀頭 TBM cutter head
掘进机滚刀/隧道掘進機滾刀 TBM rolling cutter
掘进机推进机构/潛遁機推進單元 propelling unit of TBM
掘进机运刀机构/潛遁機運刀組 rolling cutter transporting unit of TBM
掘进机支撑机构/潛盾機夾持單元 gripper unit of TBM
掘进机直径/掘進機直徑 diameter of TBM
掘进钻臂/隧道挖掘鑽臂 tunneling drill boom
掘进钻车/隧道開鑿鑽堡鑽孔機 tunneling drill jumbo
军事通信卫星系统/軍用通信衛星系統 military communication satellite system
军用机器人/軍用機器人 military robot
军用雷达/軍用雷達 military radar
军用通信设备/軍用通信設備 military communication equipment
均布非氧化针孔/均勻非氧化針孔 uniform unoxidized pinholes
均布荷载/均布負載 uniformly distributed load
均称谱线/相關線 homologous line
均镀能力/勻鍍能力 throwing power
均方根电压/均方根電壓 root-mean-square voltage
均方根伏特计/均方根伏特計 root-mean-square voltmeter
均方根高度/均方根高度 root-mean-square height
均方根判别准则/均方根準則 root-mean-square criterion
均方根误差/均方根誤差 root-mean-square error
均方根值/均方根值 root-mean-square value
均方根值检波器/均方根檢波器 root-mean-square detector
均方根准则/均方根準則 root-mean-square criterion
均方误差/均方誤差 mean-square error, MSE
均方误差准则/均方[根]誤差準則 mean-square error criterion
均方值/均方值,二次均值 mean-square value, quadratic mean
Z 均分子量/Z 平均分子量 Z-average molecular weight
均衡/均衡,等化,平衡 equalization
均衡泵/均衡泵 balance pump
均衡充电/均衡充電,均衡電荷 equalizing charge
均衡鼓风化铁炉/均衡鼓風熔鐵爐 balanced blast cupola
均衡滤波器/等化濾波器 equalization filter
均衡脉冲/等化脈波 equalizing pulse
均衡模型/均衡模型 equilibrium model
均衡器/均衡器,平衡器,均值器 equalizer, EQL, equilizer
均衡器电路/等化器電路 equalizer circuitry
均衡热电偶/助射器熱電偶 booster thermocouple
均衡时间/均衡時間,等化時間 equalization time
均衡送风熔铁炉/等吹熔鐵爐 equi-blast cupola

均衡速度/均衡速度,穩定速度 balancing speed
均衡温度/衡穩温度,平衡温度 equilibrium temperature
均衡增长/均衡成長 equilibrium growth
均冷圈/均冷圈 condensing rings
均力装置/均力裝置,補整機構 compensating gear
均流器/[電流]均流器 current equalizer
均热[处理]/均熱,燜熱 soaking
均热带长度/均熱帶長度 uniform temperature zone length
均热炉/均熱爐,地坑爐 soaking pit, pit furnace
均热炉夹钳/均熱爐夾鉗 soaking pit clamp
均热炉夹钳起重机/鋼錠起重機 soaking pit crane
均热时间/均熱時間 soaking time
均温区/均温區 uniform temperature zone
均相反应/均相反應 homogeneous reaction
均相反应动力学/均相反應動力學 kinetics of homogeneous reaction
均相体系/均匀系統 homogeneous system
均压阀/均壓閥,平衡閥 balance valve, equalizing valve, equalizer valve
均压管/均壓管 pressure balance pipe
均压环/測壓計環 piezometer ring
均压漏斗/均壓漏斗 pressure equalizing funnel
均压灭火法/均壓滅火法 fire extinguishing with pressure balancing
均压器/均壓器 voltage balancer, pressure equalizer
均压线/均壓器 equalizer
均压罩/均壓罩 grading shield
均匀编码/均匀編碼,線性編碼 uniform encoding
均匀变形/均匀變形 homogeneous deformation
均匀场/均匀場,均強場 uniform field
均匀等离子体/均匀電漿 homogeneous plasma
均匀点源/均向點源 uniform point source
均匀阀/平衡閥,均壓閥 equalizing valve
均匀反应堆/均匀反應器,均質反應器 homogeneous reactor
均匀放矿/均匀布礦 uniform ore drawing
均匀沸水反应堆/沸水均匀反應器 boiling water homogeneous reactor
均匀分布/均匀分布,平均分布 uniform distribution, even distribution
均匀辐射/均匀輻射 homogeneous radiation
均匀腐蚀/均匀腐蝕 uniform corrosion
均匀负载/均匀負載,均布負載 uniform load
均匀化退火/均匀化退火,均質化 homogenizing
均匀量化/均匀量化 uniform quantization
均匀流/等速流 uniform flow
均匀漂移/均匀漂移 uniform drift
均匀扫描/線性掃描 linear sweep
均匀色空间/均匀色空間 uniform color space
均匀色品标度图/UCS 色度圖 uniform-chromaticity-scale diagram, UCS diagram
CIE 1976 均匀色品标度图/CIE 1976 均匀色度標度圖 CIE 1976 uniform-chromaticity-scale diagram
均匀伸长率/均匀伸長率 percentage uniform elongation
均匀体/均質體 homogeneous body
均匀线/均匀線 uniform line
均匀形核/均質成核 homogeneous nucleation
均匀性/均匀性 uniformity, evenness
均匀性系数/均匀性係數 homogeneity coefficient
均匀域/均匀場區 uniform field area
均匀展宽/均匀展寬 homogeneous broadening
均载机构/均載機構 load balancing mechanism
均整机/均整機 reeling mill
均质/均匀 homogeneous
均质充量压燃式发动机/均質充氣壓縮點火引擎 homogeneous charge compression ignition engine, HCCI engine
均质充量压缩自燃/均質充氣壓縮點火 homogeneous charge compression ignition
均质充气压燃式发动机/均質充氣壓縮點火引擎 homogeneous charge compression ignition engine
均质钢/均質鋼 homogeneous steel
均质化/同質化 homogenization
均质化退火/均質化退火 homogenizing anneal
均质机/均質機 homogenizer
均质结构/均質組織,均質構造 homogeneous structure
均质体/均質體,等向性體 homogeneous body, isotropic body
均质杂波/均匀雜波,同質雜波 homogeneous clutter
龟裂/[細]裂痕 crazing, crack
菌落计数器/菌落計數器 colony counter
菌群计数器/菌落計數器 bacteria colony counter
菌形阀式喷油嘴/菌形閥式噴油嘴 poppet nozzle
竣工检验/竣工檢驗 complete checkout

K

卡/卡 card

PCMCIA 卡/PCMCIA 卡 PCMCIA card

卡尺/卡尺,卡鉗,測徑尺 calliper, caliber rule

卡登接头/十字接頭 Cardan joint

卡蒂尔比重计/卡蒂爾比重計,卡蒂爾浮計 Cartier hydrometer

卡蒂尔浮计/卡蒂爾浮計,卡蒂爾比重計 Cartier hydrometer

卡钉/夾鉗 clinch

卡尔多炼钢法/卡都煉鋼法 Kaldo process

卡尔曼-布西滤波器/卡布濾波法 Kalman-Bucy filter

卡尔曼方程/卡爾曼方程 Karman equation

卡尔曼滤波/卡爾曼濾波 Kalman filtering

卡尔曼滤波器/卡曼濾波器,凱爾曼濾波器 Kalman filter

卡钢/卡鋼 seizing-up the rolled piece

卡箍螺栓/夾箍螺栓 clip bolt

卡规/卡規,測徑規 snap gage, caliber gage

卡轨器/防鬆板 check plate

卡环/卡環,扣環 snap ring

卡簧[手]钳/卡簧鉗 circlip pliers

卡计/量熱計 caloric meter

卡口灯座/插接頭 bayonet cap

卡扣/扣件,結件 fastener

卡路里/卡路里 calorie, cal

卡-洛变换/卡忽南-拉維變換 Karhunen-Loeve transform

卡-洛展开/卡忽南-拉維展開式 Karhunent-Loeve expansion

卡玛合金/卡馬合金 Karma alloy

卡门涡街式空气流量计/卡門渦氣流感測器 Karman vortex air flow sensor

卡诺图/坎諾圖 Karnaugh map

卡诺效率/卡諾效率 Carnot efficiency

卡诺循环/卡諾循環 Carnot cycle

卡皮查氦液化器/卡皮查氦液化器 Kapitza helium liquefier

卡皮查热阻/卡皮察熱阻 Kapitza thermal resistance

卡皮管/卡皮管 carpitron

卡片编辑程序/卡片編輯器 card editor

卡片编辑器/卡片編輯器 card editor

卡片拨号器/卡片撥號器 card dialer

卡片程控计算机/卡片程序式計算機 card programmed computer

卡片穿孔机/打卡機 card puncher

卡片-磁带信息转换器/卡片磁帶變換器 card-to-magnetic tape converter

卡片读入机/讀卡機 card reader

卡片翻译机/卡片譯印機 card interpreter

卡片分析机/卡片程序式計算器 card programmed calculator

卡片解释程序/卡片譯印機 card interpreter

卡普科高压电选机/卡普科高壓電選機 Carpco high tension separator

卡普可归约性/卡普可約性 Karp reducibility

卡普线/卡普線 Karp line

卡钳/卡鉗,卡尺 calliper, caliper

卡塞格伦反射面天线/卡士格反射器天線 Cassegrain reflector antenna

卡塞格伦反射器/卡士格反射體 Cassegrain reflector

卡塞格伦天线/卡士格天線 Cassegrain antenna

卡式磁带/卡式磁帶 cassette magnetic tape, cartridge magnetic tape

卡套/夾頭 chuck

卡特霍尔圆/Carter-Hall 圓 Carter-Hall circle

卡瓦打捞筒/卡瓦式套筒 slip socket

卡瓦打捞爪/卡抓 slip grip

卡瓦式吊卡/卡瓦式昇運機 slip type elevator

卡爪/顎夾,爪,夾片 jaw

卡值/熱值 calorific value

卡纸/夾紙 paper jam

开闭机构/開閉機構 closing mechanism

开采步骤/開採步驟 stages of mining

开采沉陷/開採沈陷 mining subsidence

开采法/開採方法 method of working

开采强度/開採強度 mining intensity

开槽半沉头螺钉/開槽半沈頭螺釘 slotted raised countersunk oval head screw

开槽半沉头木螺钉/開槽半沈頭木螺釘 slotted raised countersunk oval head wood screw

开槽沉头螺钉/開槽沈頭螺釘 slotted countersunk flat head screw
开槽沉头木螺钉/開槽沈頭木螺釘 slotted countersunk flat head wood screw
开槽沉头强攻螺钉/開槽沈頭強攻螺釘 slotted countersunk flat head drive screw
开槽触头/分叉接觸,雙叉觸點,雙叉接頭 bifurcated contact
开槽带孔球面柱头螺钉/開槽帶孔球面柱頭螺釘 slotted capstan screw
开槽光缆/骨架型光纜 grooved cable
开槽盘头螺钉/開槽盤頭螺釘 slotted pan head screw
开槽盘头自攻螺钉/開槽盤頭自攻螺釘 slotted pan head tapping screw
开槽式磁控管/有槽磁控管 slot magnetron
开槽无头倒角端螺钉/開槽無頭倒角端螺釘 slotted headless screw with flat chamfered end
开槽线/開槽線 slotted line
开槽圆螺母/開槽圓螺帽 slotted round nut
开槽圆头螺钉/開槽圓頭螺釘 slotted round head screw
开槽圆头木螺钉/開槽圓頭木螺釘 slotted round head wood screw
开槽圆柱头螺钉/開槽圓柱頭螺釘 slotted cheese head screw
开槽圆柱头自切螺钉/開槽圓柱頭自切螺釘 slotted cheese head thread cutting screw
开窗口/開視窗 windowing
开底化铁炉/開底熔鐵爐 drop bottom cupola
开段沟/開段溝 pioneer cut
开断/斷路,斷裂 breaking
开断电流/遮斷電流 breaking current
开断能力/斷路容量 breaking capacity
开断能力试验/遮斷容量試驗,斷路容量試驗 breaking capacity test
开断时间/切斷時間 break time
开[尔文]/克耳文 Kelvin, K
开尔文[电]秤/克耳文[電]秤 Kelvin balance
开尔文电桥/克耳文電橋 Kelvin bridge
开尔文电桥式欧姆计/克耳文電橋式歐姆計 Kelvin bridge ohmmeter
开尔文度/克耳文度 Kelvin degree
开尔文双臂电桥/克耳文[雙臂]電橋,克耳文雙電橋 Kelvin double bridge
开尔文温标/克耳文温標 Kelvin temperature scale
开发方法学/開發方法學 development methodology
Java 开发工具箱/Java 開發套件 Java development kit
开发规约/開發規格 development specification
开发过程/開發過程 development process
开发环境模型/開發環境模型 development environment model
开发进展/開發進展 development progress
开发井/開發井 development well
开发生存周期/發展生命週期 development life cycle
开发者/開發者 developer
开发者合同管理员/開發合約管理員 developer contract administrator
开发周期/開發週期 development cycle
开放安全环境/開放安全環境 open security environment
开放逻辑/開放邏輯 open logic
开放砂芯头/開放砂心頭 open coreprint
开放式光电倍增管/開口光電倍增管 open photomultiplier
开放式浇注系统/開放式澆注系統 unchoked running system
开放式数据库互连/開放式資料庫互連 open data base connectivity
开放式图形库/開放式圖形庫 open GL
开放网格服务架构/開放網格服務結構 open grid services architecture
开放系统/開放[型]系統 open system
开放系统互连/開放系統互連 open system interconnection, OSI
开放系统互连参考模型/開放系統互連參考模型 open system interconnection reference model, OSI-RM
开放系统环境/開放系統環境 open system environment
开放信道/開放通道,開路通道 open channel
开放信号/終止信號 clearing signal
开放源码/開放原始碼 open source
开放最短路径优先/開放最短路徑優先 open shortest path first, OSPF
开缝透镜/狹縫透鏡 slit lens
开缝线/開縫線 opening line
开关/開關 switch
Q 开关/Q 開關,Q 切换 Q switching, Q-switch
开关边界/交换界 switching boundary
开关操作/開關操作,切換操作 switching operation
开关电流/開關電流 switched current
开关电路/開關電路,切換電路 switching circuit
开关电容滤波器/開關電容濾波器 switching

capacity filter
开关电容器/開關電容器 switched capacitor
开关电源/開關電源供應 switching power supply
开关电源变压器/開關電源變壓器 switching mode power supply transformer
开关二极管/開關二極體 switching diode
开关机测试/開關機測試 startup and shutdown test
开关机构/通-斷機構 on-off mechanism
开关晶体管/交換電晶體 switching transistor
开关控制/開關控制,開閉控制 on-off control
开关连接器/開關連接器 switching connector
开[关]启装置/開[關]啟裝置 open-initiate system
开关设备/開關設備,交換設備,切換設備 switchgear
开关时间/開關時間 switching time
开关式集线器/交換集線器 switching hub
开关式线路/交換線路 switched line
开关式虚拟电路/交換虛電路 switched virtual circuit
开关式虚拟网/交換虛擬網路 switched virtual network
开关式以太网/交換式乙太網路 switched Ethernet
开关枢纽/開關樞紐 switching tie
开关损耗/開關損耗 switching loss
开关调温器/通-斷恆溫器 on-off thermostat
开关网格/開關晶格 switch lattice
开关网络/開關網路 switching network
开关箱/開關箱 switch box, cabinet switch
开关信号/開關信號 on-off signal
开关噪声/開關雜訊 switching noise
开关轴/開關軸 switch axle
开关装置/開關裝置,開關設備 switching device, open mold, switchgear
开合/開關,交换,切换 switching
开环/開回路,開環[路] open loop
开环传递函数/開回路轉移函數 open loop transfer function
开环过程控制/開環過程控制 open loop process control
开环极点/開環極點 open loop pole
开环控制/開環控制 open loop control
开环控制系统/開環[路]控制系統 open loop control system
开环零点/開環零點 open loop zero
开环频率响应/開環頻率響應,開環頻率附應 open loop frequency response
开环适配/開回路調適,開回路適應 open loop adaptation
开环线圈/開環線圈 split coil
开环遥测系统/開環遥測系統 open loop telemetering system
开环遥控系统/閉環遥控系統 open loop remote control system
开环增益/開環[路]增益,開路增益 open loop gain
开环追踪/開環[路]追蹤 open loop tracking
开回路谐波响应/開回路諧波回應 open loop harmonic response
开机特性/開機特性 warm-up
开浇/開澆 start of casting, start-up of casting
开浇口机/澆帽口切斷機 sprue cutter
开卷/解卷曲 decoiling
开卷后张力/解卷曲後張力 decoiling back-tension
开卷机/解卷曲機 uncoiler
开孔/開孔 open pore
开孔孔隙度/開孔孔隙度 open porosity
开口沉箱/空式沈箱 open caisson
开口传动/開口皮帶驅動 open belt drive
开口挡圈/開口擋圈 E ring, split washer
开口电炉/敞口電爐 open electric furnace
开口度/敞口度 gap
开口端/敞端 open end
开口滑车/開口滑車,活口滑車 snatch block, floor block
开口孔型/開口孔型 open pass
开口炮孔/開放炮孔 stab hole
开口皮带/開口皮帶 open belt
开口球面曲线/開口球面曲線 open spherical curve
开口绕组/開路繞組 open winding
开口三角形联结/開三角形接法,V形接法 open delta connection
开口式机架/開口式機架 open-top mill housing
开口销/開口銷 cotter pin
开阔场场地衰减/開闊場場地衰減 open area test site attenuation
开阔试验场/開闊試驗場 open area test site
开立-汉弥顿定理/開立-漢彌頓定理 Cayley-Hamilton theorem
开裂/裂紋,裂縫 cracking, sliver
开流磨/開路磨礦機 open-circuit mill
开炉/開始鼓風 blow-in
开炉点火/鼓風爐點火 blast furnace lighting
开路/開路,斷路 open circuit
开路电压/開路電壓 open circuit voltage
开路粉磨/開路磨礦 open circuit grinding
开路工作/斷路工作法 open circuit working
开路故障/開路故障 open fault

开路冷却/開路冷却 open circuit cooling
开路破碎/開路破碎 open circuit crushing
开路试验/開路試驗,斷路試驗 open circuit test
开路特性/開路特性 open circuit characteristic
开路线/開路線 open circuit line, open-circuited line
开路指示器/斷路指示器 open circuit indicator
开路终端/開路端 open circuit termination
开模螺杆/起模螺釘 lifting screw
开坯/開坯 breakdown
开坯锻造/開坯鍛造 billet forging
开坯孔型/開坯孔型 breakdown pass
开坡口/斜切 beveling of the edge
开普勒定律/克卜勒定律 Kepler laws
开普勒方程/克卜勒方程式 Kepler equation
开启力/開啟力 opening force
开启时间/開啟時間 turn-on time
开启式/開啟式 open-type
开启式电机/開啟型電機 open machine
开启式制冷压缩机/開啟式冷媒壓縮機 open-type refrigerant compressor
开启压力/開井壓力 open pressure
开启钥匙/啟鑰式 turnkey
开启引信/開啟引信 fuzing
开嵌套事务/開嵌套事務 open nested transaction
开始放松压力/開始放鬆壓力 release commencing pressure
开始符号/開始符號 start symbol
开始鼓风/開始鼓風 blow-in
开始-结束块/開始-結束塊 begin-end block
开氏度/克耳文度 Kelvin degree
开氏温度/克耳文溫度 Kelvin temperature
开式单轨系统/開式單軌系統 monorail opened system
开式锻模/開式鍛模 open forging die
开式模锻/開式模鍛 open die forging, impressing forging
开式燃烧室/開敞式燃燒室 open combustion chamber
开式循环/開口循環 open cycle
开式循环强制冷却/開式循環強制冷却 force-feed cooling in an open circuit
开式循环液压系统/開路液壓系統 open-circuit hydraulic system
开式压力机/弓架壓機 C-frame press, gap frame press
开式液态排渣炉膛/開式液態排渣爐膛 open wet-bottom furnace
开式运动链/開運動鏈 mobile kinematic chain, open kinematic chain
开式制粉系统/開式製粉系統,開式粉磨系統 open pulverizing system
开铁口机/開鐵口機 iron notch drill, taphole drill, taphole drilling machine
开通/開通 firing
开拓巷道/開發巷道 development opening
开拓平巷/開發平坑 development drift
开尾圆锥销/開叉錐形銷 taper pin with split
开销/間接費用 overhead
开心式液压系统/開心式液壓系統 open-center hydraulic system
开型轴承/開型軸承 open bearing
开型子程序/開式次常規,開式副常式 open subroutine
开眼钻头/淺鑽鑽頭,側衝鑽頭 opener hole, spudding bit
开源金融信息交易平台/開源金融資訊交易平臺 open source financial information trading platform
开源软件/開放原始碼軟體 open source software
开渣铁口/開渣口 iron and slag taphole opening
开轧温度/開軋溫度 starting rolling temperature
开中断/中斷賦能 interrupt enable
开钻/開鑽 spudding
凯尔西离心跳汰机/凱爾西離心選礦機 Kelsey centrifugal jig
凯尔系数/凱爾係數 Kell factor
凯勒式电弧炉/克理爾爐 Keller furnace
凯勒锥/凱勒錐 Keller cone
凯撒密码/凱撒加密 Caesar cipher
凯氏定氮法/凱氏測氮法 Kjeldahl method
凯泽视窗/凱斯視窗 Kaiser window
凯泽效应/凱澤效應 Kaiser effect
铠甲/鎧甲 harness
铠甲线剪/鎧甲線剪 armor cutter
铠装层/裝甲,鎧裝 armor
铠装电缆/鎧裝電纜,裝甲電纜,鎧裝纜線 armored cable
铠装热电偶/鎧裝熱電偶,護套熱電偶 sheathed thermocouple
铠装热电偶电缆/護套熱電偶線 sheathed thermocouple cable
铠装输送机/裝甲伸縮輸送機 panzer conveyor
楷体/楷體 Kai Ti
勘察车/勘察車 investigation vehicle
勘察消防车/偵察消防車 reconnaissance fire vehicle
勘探工程网度/勘探工程空間 spacing of exploration engineering

勘探网/勘探網　exploration grid
勘探线/勘探線　exploration line
勘探线剖面图/勘探線剖面圖　exploratory cross section
勘探钻井/探勘鑽井　exploratory drilling
坎贝尔互感电桥/坎貝耳互感電橋　Campbell bridge of mutual inductance
坎德拉/燭光　candela
坎德拉每平方米/每平方公尺燭光　candela per square meter
坎尼算子/Canny 運算子　Canny operator
坎农-芬斯克黏度计/坎范二氏黏度計　Cannon-Fenske viscometer
看谱镜/分光鏡,目視分光儀　spectroscope, visual spectroscope
康复工程/康復工程　rehabilitation engineering
康普顿电子/康卜吞電子　Compton electron
康普顿静电计/康卜吞静電計　Compton electrometer
康普顿频移/康卜吞頻移　Compton shift
康普顿散射/康卜吞散射　Compton scattering
康普顿效应/康卜吞效應　Compton effect
康索尔系统/康索爾系統　Consol sector radio marker
康铜/康[史登]銅,鎳銅熱電偶合金　constantan
康铜电阻合金/康銅電阻合金　constantan resistance alloy
康铜合金/康銅合金　constantan alloy
糠醇/糠醇,糠醛酒精　furfuryl alcohol
糠醛/糠醛　furfural
抗饱和型逻辑/抗飽和型邏輯　anti-saturated logic
抗变形钢/不縮鋼　non-shrinking steel
抗剥强度/剥離強度　peel strength
抗层状撕裂钢/抗層狀撕裂鋼,抗分層撕裂鋼,Z 向鋼　anti-lamellar-tearing steel, Z-direction steel
抗冲击负荷/抗衝擊負荷　resistance to impact load
抗冲击试验/抗衝擊試驗　ball-impact test
抗冲击性/耐衝擊性,衝擊抗力　impact resistance
抗穿透性试验/抗穿透性試驗　resistance-to-penetration test
抗磁材料/反磁材料,反磁物質　diamagnetic material
抗磁场强度/抗磁場強度　coercive field intensity
抗磁磁化率/反磁磁化率　diamagnetic susceptibility
抗磁合金/反磁合金　diamagnetic alloy
抗磁力/抗磁力　coercive force
抗磁体/反磁材料,反磁物質　diamagnetic material
抗磁性/抗磁性,反磁性　diamagnetism
抗刺扎性/抗刺扎性　puncture resistance
抗错鲁棒性/抗錯強韌性　error robustness
抗错强韧性/抗錯強韌性　error robustness
抗电容开关/反電容開關　anti-capacity switch
抗毒程序/抗毒程式　virus-safe program
抗断强度/斷裂強度　fracture strength
抗恶劣环境计算机/嚴苛環境計算機　severe environment computer
抗翻倾试验/抗翻傾試驗　test of overturning immunity
抗翻系数/抗翻係數　anti-overturning coefficient
抗反射涂层/防止反射保護膜,抗反射膜　antireflection coating
抗辐射导弹/反輻射飛彈　anti-radiation missile, ARM
抗辐射连接器/抗輻射連接器　anti-radiation connector
抗干扰/抗干擾,反干擾　anti-interference, anti-jamming
抗干扰技术/抗干擾,反干擾　anti-jamming, AJ
抗干扰接收机/抗干擾接收機　anti-jam receiver
抗干扰频率/抗干擾頻率　anti-jam frequency
抗干扰性/抗擾性,抗擾度,抗擾率　immunity
抗滑性能/抗滑性能　skid resistant performance
抗毁性/不受侵害性,耐攻擊性　invulnerability
抗积分饱卷/反積分繞緊　anti-integral windup
抗夹砂试样筒/抗夾砂試樣筒　scab specimen tube
抗剪强度/抗剪強度　shear strength, shearing strength
抗静电刷/抗静電刷　anti-static brush
抗拉强度/抗拉強度　tensile strength
抗拉强度芯盒/抗拉強度芯盒　tensile strength core box
抗拉试验/拉伸試驗,拉力試驗　tensile test
抗拉应力/拉[伸]應力　tensile stress
抗裂强度/抗裂強度,抗拉強度,破斷強度　tearing strength, rupture strength
抗裂试验/裂痕試驗　crack test
抗流线圈/抗流線圈　retardation coil
抗磨性试验/抗磨性試驗　resistance-to-abrasion test
抗挠筋/抗撓筋　stiffening bar
抗挠强度/撓曲強度,横強度　flexural strength, transverse strength
抗扭刚度/抗扭剛度　torsional rigidity
抗扭强度/抗扭強度,扭力強度,扭轉強度　torsional strength
抗扭曲/抗扭斜　deskew
抗扭弹簧/扭力彈簧　torsion spring
抗疲劳性/抗疲勞性　fatigue resistance

抗切割性/剪切阻力 shearing resistance
抗侵蚀性/抗腐蝕性 incorrodibility
抗扰度电平/抗擾度位準 immunity level
抗扰度裕量/抗擾度界限,抗擾度裕度 immunity margin
抗热震性/耐熱衝擊性 thermal shock resistance
抗熔剂/抗熔劑 anti-flux
抗烧毁能量/燒毀能量 burn-out energy
抗衰落天线/抗衰褪天線 anti-fading antenna
抗水炸药/防水炸藥 water-resistant explosive
抗铁磁性/反強磁性 antiferromagnetism
抗弯刚度/抗撓剛度,彎矩 flexural rigidity, bending rigidity
抗弯刚性/彎矩 bending rigidity
抗弯劲度/抗彎勁度,抗彎剛性 bending stiffness
抗弯强度/抗彎強度,抗彎剛度 bending strength
抗弯试棒/ASTM 彎曲試桿 arbitration bar
抗絮凝剂/解凝劑,減凝劑 deflocculation agent
抗压材/抗壓構件 strut
抗压强度/抗壓強度 compressive strength
抗压试验/抗壓試驗 compression test
抗压应力/抗壓應力 compressive stress
抗氧化钢/耐氧化鋼 oxidation resistant steel
抗氧化剂/防氧化劑 oxidation inhibitor
抗氧化添加剂/抗氧化填加劑 anti-oxidant additive
抗氧化装置/抗氧化裝置 anti-oxidant apparatus
抗氧剂/抗氧化劑 anti-oxidant
抗咬性/抗咬性 anti-seizure property
抗原决定簇预测/抗原決定簇預測 prediction of antigenic determinant group
抗杂波接收机/抗雜波接收機 anticlutter receiver
抗噪声电路/抗雜訊電路 anti-noise circuit
抗噪声话筒/抗噪音麥克風,抗雜訊麥克風 anti-noise microphone
抗渣性/抗渣性 slag resistance
抗张强度/抗拉強度 tensile strength
抗震/抗震 antivibration
抗震钢/耐衝擊鋼 shock resisting steel
抗震建筑用钢/抗震建築鋼 antiseismic building steel
抗震座/防震座 antivibration mounting
抗阻塞通风机/抗阻塞風扇 nonclogging fan
钪/鈧 scandium
考贝式热风炉/考貝式熱風爐 Cowper, Cowper blast heater, Cowper stove
考比次振荡器/考比次振盪器 Colpitts oscillator
考虑缓存的查询处理/知曉緩存的查詢處理 cache-aware query processing
考虑体系结构的数据库系统/知曉體系結構的資料庫系統 architecture-aware database system
拷贝/拷貝,複製,複本 copy
烤钵炉/灰皿爐 cupelling furnace
烤窑/焙燒窯 roasting kiln
靠壁式抓岩机/靠壁式液力抓斗裝載機 keeping-to-the-side hydraulic grab loader
靠模铣床/靠模銑床 contour milling machine
靠墙放置的他助式壁柜/靠牆放置的他助式壁櫃 back-wall service cabinet
苛化搅拌器/苛化攪拌器 causticizing agitator
苛化器/苛化器 causticizer
苛性脆化/鹼性脆化 caustic cracking, caustic embrittlement
柯尔莫哥洛夫复杂性/Kolmogorov 複雜性 Kolmogorov complexity
柯林斯氦液化器/柯林斯氦液化器 Collins helium liquefier
科德刻码/科德刻碼 Kerdock code
科尔坦耐大气腐蚀钢/科騰耐候鋼 Corten steel
科赫冻结凿井法/考科冰凍法 Koch freezing process
科霍嫩模型/科霍嫩模型 Kohonen model
科里奥利加速度/Coriolis 加速度 Coriolis acceleration
科里奥利力/科里奧利力,Coriolis 力,科氏力 Coriolis force
科里曼型回收拱形钢支架机/考夫曼扶架收回器 Korfmann arch saver
科氏气氛/柯瑞爾氣氛 Cottrell atmosphere
科特雷尔除尘器/柯瑞爾静電集塵器 Cottrell precipitator
科特雷尔静电收尘器/柯瑞爾静電集塵器 Cottrell electrostatic precipitator
科特雷尔气氛/柯瑞爾氣氛 Cottrell atmosphere
科学工作流/科學工作流 scientific workflow
科学计数法/科學記法 scientific notation
科学计算可视化/科學計算視覺化 visualization in scientific computing
科学可视化/科學視覺化 scientific visualization
科学数据存储/科學資料存儲 scientific data storage
科学数据库/科學資料庫 scientific database
科学数据挖掘/科學資料採擷 scientific data mining
科研 2.0/科研 2.0 science 2.0
科研工作流系统/科研工作流系統 scientific workflow system
科研信息化/科研資訊化,數位化科研 e-science
颗粒/顆粒,微粒 particle
颗粒捕集器/顆粒捕集器 particulate trap

颗粒层收尘/顆粒層集塵 gravel bed dust collection
颗粒尺寸/粒度,顆粒大小,晶粒大小 particle size, size of grain
颗粒分离器/粒子分離器 particle separator
颗粒过滤器/顆粒篩檢程式 diesel particulate filter, DPF
颗粒过滤器过滤效率/顆粒篩檢程式過濾效率 DPF filtration efficiency
颗粒过滤器加载工况/顆粒篩檢程式載入工況 DPF loading condition
颗粒过滤器加载水平/顆粒篩檢程式載入水準 DPF loading level
颗粒过滤器热重/顆粒篩檢程式熱重 DPF hot weight
颗粒过滤器再生/顆粒篩檢程式再生 DPF regeneration
颗粒过滤器再生效率/顆粒篩檢程式再生效率 DPF regeneration efficiency
颗粒结构/晶粒組織 grain structure
颗粒密度/粒子密度 particle density
颗粒体积密度/顆粒容積密度 bulk density of granular material
颗粒物/微粒物[質] particulate matter, PM
颗粒形状/粒狀,粒形 grain shape, particle shape
颗粒噪声/粒狀雜訊 granular noise
颗粒增强钛合金/顆粒強化鈦合金 particle reinforced titanium alloy
颗粒状载体/顆粒狀基體 pelleted substrate
颗粒总质量/總顆粒質量 total particulate mass, TPM
壳侧阻力/殼側壓力損失 shell-side pressure loss
壳管式回热器/殼管式迴熱器 shell and tube recuperator
壳管式冷凝器/殼管[式]冷凝器 shell and tube condenser, shell-and-tube condenser
壳管式蒸发器/殼管式蒸發器 shell and tube evaporator
壳模模型/殼模模型 shell pattern
壳模制造/殼模鑄造 shell moulding
壳模铸造法/克朗寧造模法 Croning process, C-process
壳盘管式蒸发器/殼盤管式蒸發器 shell and coil evaporator
壳式变压器/殼式變壓器,外鐵式變壓器 shell type transformer
壳体太阳电池阵/殼體太陽電池陣 body mounted type solar cell array
壳体温度/表面溫度 case temperature
壳芯/殼模砂心 shell core
壳芯机/殼心機 shell core machine
壳型/殼模 shell mold
壳型吹造机/殼模吹造機 shell mold blower
壳型对合机/殼模對合機 shell mold sealer
壳型法/殼模法 shell molding
壳型压合机/殼模壓合機 shell mold press
壳型[造型]机/殼模造模機,殼模鑄造機 shell molding machine
壳型铸造/殼模鑄造,殼模法 shell mold casting, Croning process
壳站点/外殼站點 shell site
可安装设备驱动程序/可安裝裝置驅動程式 installable device driver
可安装输入输出过程/可安裝輸入輸出程序 installable input-output procedure
可安装性/可安裝性 installability
可搬移卫星终端/可搬移衛星終端 transportable satellite terminal
可饱和铁心磁强计/飽和鐵芯式磁強計 saturable-core magnetometer
可饱和吸收 Q 开关/可飽和吸收 Q 開關 saturable absorption Q switching
可比结果/可比較結果 comparable results
可编程横向滤波器/可程式化横向濾波器 programmable transversal filter, PTF
可编程机械手/可程式機械臂 programmable manipulator
可编程控制计算机/可程式控制計算機 programmable control computer
可编程控制器/可程式控制器 programmable controller
可编程逻辑器件/可程式化邏輯元件 programmable logic device, PLD
可编程逻辑阵列/可程式化邏輯陣列 programmable logic array, PLA
可编程通信接口/可程式通信介面 programmable communication interface
可编程遥测/可編程遥測 programmable telemetry
可编程只读存储器/可程式化唯讀記憶體 programmable read only memory, programmable ROM
可编址存储器/可定址記憶體 addressable memory
可变比特分配/可變位元分配 variable bit allocation
可变比特率/可變位元率 variable bit rate, VBR
可变比特率业务/可變位元率服務 variable bit rate service, VBR service
可变波导衰减器/可變波導衰減器 variable

waveguide attenuator
可变波导移相器/可變波導移相器 variable waveguide phase shifter
可变长度编码/可變長度編碼 variable length coding
可变长度进气歧管/可變長度進氣歧管 variable length intake manifold
可变长度起重臂/可變長度起重臂 varied length jib
可变长度指令/可變長度指令 variable length instruction
可变长记录/可變長[記]録 variable length record
可变长数据项/可變長度資料項 variable length data item
可变长子网划分/可變長子網劃分 variable length subnetting
可变磁阻转导单元/可變磁阻轉換元件 variable reluctance transduction element
可变电感器/可變電感器,變感線圈 variable inductor, variometer
可变电感线圈/可變電感線圈 variable inductor
可变电容器/可變電容器,可調電容器 variable capacitor, adjustable condenser, variable condenser
可变电阻/可變電阻,可調電阻 adjustable resistance, variable resistance
可变电阻器/可變電阻器,變阻器 rheostat, variable resistor
可变电阻式燃油表传感器/可變電阻式燃油水平感測器 variable resistance fuel level sensor
可变电阻式油压表传感器/可變電阻式油壓表感測器 variable resistance oil pressure sensor
可变定向耦合器/可變定向耦合器 variable directional coupler
可变放大率目镜/可變放大率目鏡 variable power eyepiece
可变分区/可變分區 variable partition
可变负荷锅炉/可變負載鍋爐 variable load boiler
可变格式/可變格式 variable format
可变光阑孔法/可變孔徑法 variable aperture method
可变光圈/可變光圈,可變光闌 iris diaphragm
可变光衰减器/可變光衰減器 variable optical attenuator
可变几何截面涡轮增压器/可變幾何形狀渦輪增壓器 variable-geometry turbocharger
可变焦距透镜/可變焦距透鏡 vari-focus lens
可变角探头/可變斜角探針 variable angle probe
可变节径槽轮/可變節徑槽輪 vari-pitch sheave
可变结构系统/可變結構系統 variable-structured system
可变晶体滤波器/可變晶體濾波器 variable crystal filter
可变孔板流量计/可變孔口計 variable orifice meter
可变连接符[器]/可變連接器 variable connector
可变面积流量计/可變截面流量計 variable area flowmeter
可变耦合器/可變偶合器 variocoupler
可变匹配网络/可變匹配網路 variable matching network
可变气门驱动机构/可變氣門驅動機構 variable valve actuating mechanism
可变气门升程/可變氣門昇程 variable valve lift
可变气门正时/可變氣門正時 variable valve timing
可变属性/可變屬性 alterable attribute
可变衰减器/可變衰減器 variable attenuator
可变凸度轧机/可變凸度軋機 variable crown mill, VC mill
可变行程计量/可變衝程計量 variable stroke metering
可变形永磁/可變形永磁 ductile permanent magnet
可变移相器/可變移相器 variable phase shifter
可变阈逻辑/可變閾邏輯 variable threshold logic, VTL
可变增益/可變增益 variable gain
可变增益法/可變增益法 variable gain method
可变增益放大器/可變增益放大器 variable gain amplifier
可变周期操作/可變週期作業 variable cycle operation
可变字长/可變字長 variable word length
可变阻抗功率计/可變阻抗功率計 variable impedance power meter
可辨识性/可識別性 identifiability
可剥性塑料/可剥性塑膠塗層 strippable plastic coating
可擦编程只读存储器/可抹程式化唯讀記憶體 erasable programmable read only memory
可擦除性/可抹除性 erasability
可擦存储器/可抹除儲存器 erasable storage
可擦可编程只读存储器/可抹除可程式化唯讀記憶體 erasable PROM
可采品位/可採等級 payable grade, workable grade
可操作性/可加工性 workability
可测量/可量測量 measurable quantity
可测试性/可測試性 testability
可测试性设计/可測試性設計 design for testability
可测性/可測性 measurability
可拆链/活鈎鏈 detachable chain

可拆模/對合鑄模 split mold
可拆销轴/可拆連接銷 detachable connecting pin
可拆卸的真空封接/可拆卸接頭 demountable joint
可拆卸工业热电偶/可拆卸工業熱電偶 industrial thermocouple assembly
可拆卸真空系统/可拆[卸]真空系統 demountable vacuum system
可拆装的喷洒机/可拆裝噴灑機 removable assembly spreader
可承受风险级/可承受風險級 acceptable level of risk
可持续信元速率/持續單元速率 sustainable cell rate
可重定位程序库模块/可再定位程式庫模組 relocatable library module
可重定位地址/可重置位址 relocatable address
可重定位函数库模块/可再定位程式庫模組 relocatable library module
可重定位机器代码/可再定位機器碼 relocatable machine code
可重定位库/可再定位程式庫 relocatable library
可重复向量/重複向量 repetitive vector
可重复性/重複性,重複率 repetitiveness
可重构多处理机/可重構多處理機 reconfigurable multi-processors
可重构系统/可重組態系統 reconfigurable system
可重排网/可重安排網路 rearrangeable network
可重生标识/可再生標示 reproducible marking
可重新配置的光分插复用器/可重新配置的光分插複用器 reconfigurable OADM
可重用/可再用 reusable
可重用资源/可再用資源 reusable resource
可穿戴计算/隨身計算 wearable computing
可穿戴计算机/可穿戴計算機 wearable computer
可传送性/可傳[動]性 transmissibility
可串行的/可串聯化 serializable
可串行性/可串聯性 serializability
可存取性/可存取性,可訪問性 accessibility
可达标识/可達標示 reachable marking
可达标识集/可達標示集 set of reachable markings
可达标识图/可達標示圖 reachable marking graph
可达到的准确度/可達準確度 obtainable accuracy
可达发射极限/可達發射極限 accessible emission limit, AEL
可达集/可達集 reachable set
可达区域/可達區域 achievable region
可达森林/可達資料林 reachable forest
可达树/可達樹 reachability tree
可达图/可達性圖 reachability graph
可达信息率/可達率 achievable rate
可达性/可達性 accessibility, reachability
可达性关系/可達性關係 reachability relation
可达性树/可達樹 reachability tree
可达性图/可達性圖 reachability graph
可达状态/可達狀態,能達狀態 reachable state
可倒[逆]摆/可逆式擺錘 reversible pendulum
可倒水准器/回轉水準儀,可逆水準儀 reversible level
可调度性/可排程性 schedulability
可调用语句/可調用語句 callable statement
可定义性/可定義性 definability
可懂串话/可解串音 intelligible crosstalk
可懂串扰/可解串音 intelligible crosstalk
可懂度/可懂度 intelligibility
可动电接触/可動電接觸 movable electric contact
可动颚板/可動顎板 swing jaw
可动刻度指示器/可動刻度式指示器 movable-scale indicator
可动空间/運動空間 motion space
可动缺陷/可動缺陷 mobile defect
可动位错/可動差排 glissile dislocation
可动元件/可動元件,活動元件 moving element
可动支承/移動支點 movable support
可锻合金/鍛軋合金,鍛造合金 wrought alloy
可锻化退火/可鍛化退火 malleablizing
可锻镍/展性鎳 malleable nickel
可锻生铁/展性鑄鐵用生鐵 malleable pig iron
可锻性/可鍛性 forgeability
可锻铸铁/展性鑄鐵 malleable cast iron
可伐合金/柯華合金 Kovar alloy
可访问性/可訪問性,可存取性 accessibility
可废止逻辑/可廢止邏輯 defeasible logic
可分的/可分離 separable
可分吊具/非固定吊具附屬裝置 non-fixed load-lifting attachment
可分离/可分離 separable
可分离沉淀物/可分離沈澱物 removable clay matter
可分性/可分性 divisibility
可分页动态区/可分頁動態區 pageable dynamic area
可分页分区/可分頁分區 pageable partition
可分页区域/可分頁區域 pageable region
可服务/可服務 serviceable
可服务时间/可服務時間 serviceable time
可服务性/可服務性 serviceability

可复用构件/可再用組件 reusable component
可复用性/可再用性 reusability
可覆盖树/可覆蓋樹 coverability tree
可覆盖图/可覆蓋圖 coverability graph
可感知的/可感測 sensible
可更换模具/可互换鑄模 interchangeable mold
可更换式吊具/可更换式吊具 exchangeable spreader
可共享的/可共享,可共用,可分享 shareable
可购性/可購性 affordability
可观测规范型/可觀測性典範型 observable canonical form
可观测误差/可觀察誤差 observable error
可观测性/可觀測性,可觀察性 observability
可观测性矩阵/可觀測性矩陣 observability matrix
可观测指数/可觀測性指數 observability index
可管理性/可管理性,易管理性 manageability
可归约性/可約性 reducibility
可焊性/可焊性 solderability
可焊性试验/可焊性試驗 solderability test
可忽略函数/可忽略函數 negligible function
可忽略误差/可略誤差 negligible error
可互换部件/可互换件 interchangeable part
可互换的/可互换性 interchangeable
可互换分部件/可互换分部件 interchangeable sub-unit
可换风口/可换風口 coupled tuyeres
可换式磁盘/可互换磁碟 interchangeable disk
可恢复性/可恢復性 recoverability
可回收利用率/可回收利用率 recoverability rate
可回收卫星/可回收衛星 recoverable satellite
可混合性/溶混性 miscibility
可获得的准确度/可達準確度 attainable accuracy
可及面/可及面 accessible surface
可及性/接近性 accessibility
可计算标准/可計算標準 calculable standard
可计算关系/可計算關係 computable relation
可计算函数/可算函數 computable function
可计算建模/可計算建模 computable modeling
可计算同构/可計算同構 computably isomorphic
可计算性/可計算性 computability
可计算性理论/可計算性理論 computability theory
可计算一般均衡模型/可計算一般均衡模型 computable general equilibrium model
可计算置换/可計算置换 computable permutation
可加工性/可加工性 workability
可加载模块/可載入模組 loadable module
可检测性/可檢查性,可測性 detectability
可减原色/可減原色 subtractive primary
可见点/可見點 visible point
可见度/可見性,能見度,視程 visibility
可见度系数/可見度係數 visibility factor
可见多边形/可見多邊形 visible polygon
可见辐射/可見[光]輻射 visible radiation
可见光传感器/可見光傳感器,可見光轉换器 visible light transducer
[可见]光反射比/可見光反射比,視感反射率 luminous reflectance
可见光分光光度计/可見光光譜儀 visible spectrophotometer
可见[光谱]区/可見光區 visible region
可见光束激光器/可見光束雷射 visible beam laser
可见光透射比/可見光透射比 regular luminous transmittance
可见空间/可見空間 visible space
可见扫描器/光掃描器 visual scanner
可见性问题/可見性問題 visibility problem
可浇注性/澆鑄性 pourability
可校正错误/可校正錯誤,可修正誤差 correctable error
可接入性/可接近性,可達到性 accessibility
可接收质量水平/可接收品質水準 acceptable quality level
可接受的发射极限/可達發射極限 accessible emission limit
可接受的辐射/可接受的輻射 accessible radiation
可接受的准确度/允收準確度 acceptable accuracy
可接受检定的测量仪器/可接受檢定的測量儀器 measuring instrument acceptable for verification
可接受配数/允收配數 acceptable numbering
可靠程度/可靠度 degree of reliability
可靠度/可靠度 reliability
可靠度的置信度/可靠性可信度 confidence level of reliability
可靠计算/可靠計算 reliable computing
可靠寿命/可靠壽命 q-percentile life
可靠性/可靠性 reliability
可靠性参数/可靠性參數 reliability parameter
可靠性测定试验/可靠度决定試驗 reliability determination test
可靠性度量/可靠度測量 reliability measurement
可靠性分配/可靠性配置 reliability allocation
可靠性分析/可靠性分析 reliability analysis
可靠性工程/可靠性工程 reliability engineering
可靠性管理/可靠度管理 reliability management
可靠性和维修性控制/可靠性與可維修性控制

reliability and maintainability control
可靠性计划/可靠度方案 reliability program
可靠性检验/可靠度檢驗 reliability inspection
可靠性框图/可靠性區塊圖 reliability block diagram
可靠性模型/可靠性模型 reliability model
可靠性评估/可靠性評價 reliability assessment
可靠性评价/可靠性評估 reliability evaluation
可靠性认证/可靠性認證 reliability certification
可靠性设计/可靠性設計 reliability design
可靠性试验/可靠性試驗,可靠度試驗 reliability test
可靠性数据/可靠性資料 reliability data
可靠性统计/可靠性統計 reliability statistics
可靠性验证试验/可靠度適合試驗 reliability compliance test
可靠性与维修性保证/可靠性與可維修性保證 reliability and maintainability assurance
可靠性预计/可靠性預測,可靠度預測 reliability prediction
可靠性增长/可靠性成長 reliability growth
可靠性指标/可靠度指數 reliability index
可空运地面站/可空運地面站 air transportable earth station
可控变量/可控變值 controllable variable
可控规范型/可控典範形 controllable canonical form
可控硅整流器/矽控整流器 silicon controlled rectifier, SCR
可控起动空气阀/可控制起動空氣閥 controllable starting air valve
可控气氛/受控大氣,控制蒙氣 controlled atmosphere
可控气氛淬火/控制淬火 controlled quenching
可控气氛炉/控制蒙氣爐 controlled atmosphere furnace
可控气氛热处理/可控大氣熱處理 controlled atmosphere heat treatment
可控热膨胀活塞/可控熱膨脹活塞 piston with controlled thermal expansion
可控损耗设备/可變損耗器 variolosser
可控性/可控性 controllability
可控性矩阵/可控性矩陣 controllability matrix
可控震源/振盪震源 vibroseis
可控整流器/可控整流器 controlled rectifier
可控指数/可控指數 controllability index
可控制性/可控性 controllability
可扩充性/擴充性 expandability, augmentability
可扩缩视频/可調整視訊 scalable video
可扩缩性/可擴縮性,易擴縮性 scalability
可扩展操作系统/可擴展作業系統 extensible operating system
可扩展超文本标记语言/可延伸超文件標示語言 extensible hypertext markup language, extensible HTML, XHTML
可扩展认证协议/可延伸鑒別協定 extensible authentication protocol
可扩展系统结构/可擴展系統結構 scalable architecture
可扩展性/可擴展性,易擴展性 extensibility
可扩展性分析/可擴展性分析 scalability analysis
可扩展样式表语言/可延伸樣式表單語言,XSL 語言 extensible stylesheet language
可扩展语言/可延伸語言 extensible language
可扩展 HTML 语言/可延伸超文件標示語言 extensible HTML, XHTML
可扩展置标语言/可延伸性標示語言 extensible markup language, XML
可拉伸电子学/可拉伸電子學 stretchable electronics
可理解性/可理解性 understandability
可利用功率/可用功率 available power
可满足的/可滿足的 satisfiable
可磨度指数/可磨性指數 grindability index
可磨性/可磨性 grindability
可能候选者/可能候選者 possible candidate
可能结局/可能結局 possible outcomes
可能世界/可能世界 possible world
可能世界语义/可能世界語義 possible world semantics
可能性理论/可能性理論 possibility theory
可逆编码/可逆寫碼 reversible coding
可逆变换/可逆變化 reversible transformation
可逆磁导率/可逆磁導率 reversible permeability
可逆带式输送机/可逆帶式輸送機 reversible belt conveyor
可逆电动机/可逆電動機,可逆馬達 reversible motor
可逆电气传动/可逆電氣驅動 reversible electric drive
可逆定标器/可逆定標器 reversible scaler
可逆二进位制计数器/可逆二進位計數器 reversible binary counter
可逆反应/可逆反應 reversible reaction
可逆放大器/可逆放大器 reversible amplifier
可逆过程/可逆過程 reversible process
可逆换能器[传感器]/可逆換能器,可逆轉換器

reversible transducer
可逆回火脆性/可逆回火脆性 revesible temper brittleness
可逆极谱波/可逆極譜波 reversible polarographic wave
可逆计数器/可逆計數器 reversible counter
可逆计算/可逆計算 reversible computation
可逆码/可逆碼 invertible code, reversible code
可逆模板/可翻轉模型板 reversible pattern plate
可逆配仓带式输送机/配斗可逆帶式輸送機 reversible belt conveyor with hopper
可逆起动器/反向起動器,雙向起動器 reversing starter
可逆区块码/可逆式區塊碼 invertable block code
可逆式电池/可逆電池 reversible cell
可逆式二十辊轧机/可逆式二十輥軋機 twenty-high reversing cluster mill
可逆式轧机/可逆式軋機 reversing rolling mill
可逆[双向]控制器/反向控制器 reversing controller
可逆系统/可逆系統 inversible system
可逆增压机/可逆昇壓器 reversible booster
可逆转发动机/直接反轉引擎 direct reversing engine
可逆转轴流式通风机/可逆轉軸流式風扇 reversible axial-flow fan
可判定问题/部分可解問題 decidable problem
可判定性/半可決策性 decidability
可配置性/可組態度 configurability
可膨胀性系数/膨脹因數 expansibility factor
可屏蔽中断/可屏蔽中斷 maskable interrupt
可启动卷/可啟動磁卷 bootable volume
可弃磁带卷/可棄磁帶卷 disposable tape reel
可切性/可截割性 cuttability
可倾工作台/傾轉檯 tilting table
可倾虎钳/可傾虎鉗 tilting vice
可倾炉/傾轉爐 tilting furnace
可倾瓦块轴承/可傾墊塊軸承 tilting-pad bearing
可倾吸盘/可傾磁力夾頭 tilting magnetic chuck
可倾[斜]压力机/可傾斜壓力機 inclinable press
可区别状态/可區別狀態 distinguishable state
可区分的并/互斥聯集 disjoint union
可区分状态/可區別狀態 distinguishable state
可燃毒物/可燃毒物 burnable poison
可燃混合气/可燃混合物 combustible mixture
可燃物/易燃物 inflammable
可燃性极限/可燃限度,可燃界限 limit of inflammability
可热压薄膜/可熱壓薄膜 autoclavable membrane
可热压滤器/可熱壓濾器 autoclavable filter
可热压探针/可熱壓探針 autoclavable probe
可溶萃取成分/可溶萃取成分 solvent extractable fraction, SEF
可溶式显示剂/可溶式顯示劑 soluble developer
可溶性有机物部分/可溶性有機物成分 soluble organic fraction
可熔性/可熔性,熔度 fusibility
可伸缩带式输送机/可伸縮帶式輸送機 telescopic belt conveyor
可伸缩多计算机/可伸縮多電腦 scalable multi-computer
可伸缩无动力辊子输送机/套筒伸縮式重力滾輪運送機 telescopic gravity roller conveyor
可伸缩性/可擴縮性,易擴縮性 scalability
可伸缩悬臂门式起重机/可伸縮懸臂高架起重機 gantry crane with retractable boom
可审核性/可歸責性 accountability
可渗基区晶体管/可滲基極電晶體 permeable base transistor
可渗透性/可滲透,滲透率 permeable, permeability
可生存网/可生存網路 survivable network
可省[略]坐标/可省坐標 cyclic ignorable coordinate
可湿润阴极/可濕性陰極 wettable cathode
可识别性/可識別性 identifiability
可实现性/可實現性 realizability
可视编程语言/視覺程式設計語言 visual programming language
可视电话/可視電話 video telephone, video phone, visual telephone
可视电话机/視訊電話機 viewphone set
可视分析/目視分析 visual analysis
可视化/視覺化 visualization
可视化查询语言/視覺化查詢語言 visual query language
可视化语言/視覺語言 visual language
可视区/可視區 visible range
可视图文/可視圖文,交互型圖文,交談式視訊服務 videotex, videotext, videography
可视现象/視覺現象 visual phenomena
可视语言/視覺語言 visual language
可塑度/可塑度,[可]塑性 plasticity
可塑性/[可]塑性,可塑度 plasticity
可替换参数/可替換參數 replaceable parameter
可调扳手/活動扳手 coach wrench
可调板梁式前轴/可調板梁式前軸 adjustable beam front axle
可调测微气泡水平仪/可調測微氣泡水平儀

adjustable micrometer spirit level
可调电容器/可調電容器,可變電容器 adjustable capacitor, adjustable condenser
可调电压/可調電壓 adjustable voltage
可调电阻/可調電阻,可變電阻 adjustable resistance
可调电阻率/可調電阻率 adjustable resistivity
可调范围温度计/可調量温度計 adjustable-range thermometer
可调光圈/可調孔徑 adjustable aperture
可调机构/可調整機構 adjustable mechanism
可调夹具/可調夾具 adjustable fixture
可调节制动/可調節制動 modulatable braking
可调结晶器/可調式結晶器 adjustable mould
可调静叶片/可變定子葉片 variable stator blade
可调卡规/可調式量規,可調式卡規 adjustable gage
可调连杆机构/可調連桿機構 adjustable linkage mechanism
可调量孔/可調流孔 adjustable orifice
可调螺钉/可調螺釘,調節螺釘 adjustable screw
可调耦合线圈/滑動耦合器 slide coupler
可调式半电波暗室/可調式半電波暗室 modified semi-anechoic chamber
可调式灯具/可調照明器具 adjustable luminaire
可调式水力机械/可調式水力機械 regulated hydraulic machinery
可调式松土器/可調式破土犁 variable-type ripper
可调式液力变矩器/可調式液力變矩器 adjustable torque converter
可调衰减器/可調衰減器 adjustable attenuator
可调镗刀/可調鏜刀 adjustable boring tool
可调谐激光器/可調諧雷射,可調[諧]雷射,可調頻雷射 tunable laser
可调压力/可調壓力 adjustable pressure force
可调振荡器/可調振盪器 adjustable oscillator
可调整视频/可調整視訊 scalable video
可调整支承/可調[整]軸承 adjustable bearing
可调整轴承/可調[整]軸承 adjustable bearing
可调阻抗/可調電抗 controllable impedance
可调组合自动线/彈性傳送線 flexible transfer line, FTL
可听范围/音頻範圍 audible range
[可听]清晰度/[可聽]清晰度 articulation
可听声/可聽聲音 audible sound
可听信号/聲訊 aural signal
可听音响信号指示/聲信號指示 audible indication
可听音[信号]/可聞純音 audible tone
可听阈/可聽度門檻 threshold of audibility
可退打捞筒/鬆退式套頭 releasing socket
可弯曲螺旋输送机/可彎曲螺旋輸送機 flexible screw conveyor
可维护性/可維護性,可維修性,可維護度 maintainability
可维修性/可維修性,可維護性,可維護度 maintainability
可稳性/可穩[定]性 stabilizability
可协调条件/可協調條件 coordinability condition
可协调性/可協調性 coordinability
可写性/可寫性 writability
可卸存储器/可卸儲存器 demountable storage
可卸式砂箱/推拔砂箱 taper flask
可卸装置/可卸裝置 demountable device
可信代理/可信賴代理 trusted agent
可信度函数/可信度函數 belief function
可信计算/可信計算 trusted computing
可信计算机系统/可信賴的電腦系統 trusted computer system
可信计算基/可信賴的計算庫 trusted computing base
可信进程/可信賴過程 trusted process
可信软件/可信軟體 dependable software, trustworthy software
可信时间戳/可信賴時間戳記 trusted timestamp
可信数据库系统/可信資料庫系統 trusted DB system
可信网络/可信網路 trustworthy network
可信系统/可信任系統 trusted system
可信性/可信性,可靠度 dependability
可信云计算/可信雲計算 trusted cloud computing
可行解/可行解 feasible solution
可行前缀/可行首碼 viable prefix
可行协调/可行協調 feasible coordination
可行性/可行性 feasibility
可行性研究/可行性研究 feasibility study
可行域/可行區域 feasible region
可修改性/可修改性 modifiability
可旋性/旋轉性 spinning ability
可选的/可選的 selectable, optional
可压缩流体/可壓縮流體 compressible fluid
[可]压缩性/[可]壓縮性 compressibility
可演化性/可演化性 evolvability
可移动介质存储设备/可移動介質存放裝置 removable media storage device
可移动式业余电台/可移動式業餘電臺,業餘可攜式行動電臺 amateur portable mobile station
可移动主梁门式起重机/可移動主梁高架起重機 gantry crane with movable girder

可移式灯具/手提式燈具,可搬型照明器具 portable luminaire
可移式架空索道/可移式架空索道 portable ropeway
可移植的操作系统/可攜作業系統 portable operating system
可移植性/可攜性 portability
可移重量/可動砝碼 movable weight
可用比特率/可用位元速率 available bit rate, ABR
可用齿面/可用齒面 usable flank
可用电路/可用電路,現有電路 available circuit
可用度/可用性,可用率 availability
可用空间/可用空間 available space
可用容量/可用容量 usable capacity
可用时间/可用時間,能工作時間 usable time, up time
可用输出信号功率/可用輸出信號功率 available output signal power
可用输入信号功率/可用輸入信號功率 available input signal power
可用小时数/可用小時數 available hours
可用信道/可用通道 available channel
可用性/可用性,可用率,可用度 availability, available
可用性模型/可用性模型 availability model
可用[有效]比特率/可用位元元速率 available bit rate, ABR
可用噪声功率/匹配時雜訊功率 available noise power
可用状态/可用狀態 available state, up state
可预测性/可預測性 predictability
可运行指示器/待命指示器 standby indicator
可运输堆/移動式反應器,可運送反應器 transportable reactor
可再充电电池/充電式電池 rechargeable battery
可再利用性/可再利用性 recyclability
可折叠运算/可折疊運算 foldable operation
可诊断性/可診斷性 diagnosability
可执行程序/可執行程式 executable program
可执行文件/可執行檔 executable file
可铸性/可鑄性,鑄造性 castability
可铸性耐火材料/可鑄性耐火材料 castable refractory
可转换材料/可孕[分裂]材料 fertile material
可转换发动机/可轉換引擎 convertible engine
可转换核素/可轉換核素 fertile nuclide
可转换签名/可轉換簽名 convertible signature
可转移式混凝土搅拌站/可轉移式混凝土攪拌站 transferable concrete mixing plant
可转移式混凝土配料站/可轉移式混凝土配料站 transferable concrete batching plant
可转位车刀/可轉位車削工具 indexable turning tool
可转位刀片/可轉位刀片 indexable insert tip
可转位浮动镗刀/可轉位浮動鏜刀 indexable floating boring tool
可转位铣刀/可轉位銑刀 indexable milling cutter
可装入模块/可載入模組 loadable module
可追踪性/追溯性 traceability
可走动病患监护/可走動病患監護,非臥床監護 ambulatory monitoring
可走动病人监护/可走動病患監護,非臥床監護 ambulatory monitoring
克/克 gram, g
克当量/克當量 gram equivalent weight, gram equivalent
克尔常数/克而常數 Kerr constant
克尔盒/克爾盒 Kerr cell
克尔美合金/克美合金 Kelmet
克尔效应/科爾效應,克爾效應 Kerr effect
克分子/克分子 gram molecule
克分子冰点降低/莫耳凝固點下降 gram molar depression of freezing point
克分子电导率/分子電導率 gram molecular conductivity
克分子量/克分子量 gram molecular weight
克分子浓度/[體積]莫耳濃度 gram molar concentration
克化学式量/克式量 gram formula weight
克肯达尔效应/克根達效應 Kirkendall effect
克拉/克拉 Carat
克拉天平/克拉天平 Carat balance
克朗宁造模法/克朗寧造模法 Croning process, C-process
克劳修斯-莫索提理论/克露西斯-莫索第理論,克露西斯-莫索第原理 Clausius-Mossotti theory
克劳兹轧机/克勞斯軋機 Krause rolling mill
克雷-福斯特电桥/卡瑞-夫士特電橋 Carey-Foster bridge
克雷默系统/克雷莫調速系統 Kraemer system
克里普克结构/Kripke 結構 Kripke structure
克力/克力 gram force
克林尼闭包/克林閉包 Kleene closure
克林 T-谓词/克林 T-謂詞 Kleene T-predicate
克隆欺诈/克隆欺詐 clone fraud
克鲁克斯管/克魯克士管 Crookes tube
克鲁斯卡尔算法/Kruskal 演算法 Kruskal algorithm

克罗内克积/克洛涅克積 Kronecker product
克罗农/克羅農,時元 chronon
克密尔/加密 gammil
克努普压头/羅普壓痕器 Knoop indenter
克努森数/克努森數 Knudsen number, number of Knudsen
克努森真空计/克努森真空計 Knudsen vacuum gage
克努特-本迪克斯完备化/Knuth-Bendix 完備化 Knuth-Bendix Completion
克氏定氮蒸馏装置/克耳達蒸餾裝置 Kjeldahl distillation apparatus
克氏[长颈]烧瓶/克耳達燒瓶 Kjeldahl flask
克原子/克原子 gram atom
克原子量/克原子量 gram-atomic weight
刻板印象/刻板印象 stereotype
刻标温度计/刻標溫度計 engraved scale thermometer
刻度板/刻度板 scale plate
刻度尺/刻度尺 graduated rule
刻度滴管/刻度滴管 graduated dropper
刻度读数/刻度讀值 scale reading
刻度范围/刻度範圍,標度範圍 scale range
刻度[分度]目镜/刻度目鏡 graduated eyepiece
刻度管/刻度管 graded tube
刻度机/刻度機,分度儀 dividing machine
刻度间隔/刻度間隔,刻度跨距,間隔標尺 scale span, interval scale
刻度量规/目視指示式量規 visual-indicating gage
刻度盘/[圓]刻度盤,分度盤 graduated dial, dial scale, graduated disk
刻度盘测微计/度盤式測微計 dial micrometer
刻度盘计数器/度盤計數器 dial counter
刻度瓶/刻度瓶 graduated bottle
刻度投影器/刻度投影機 scale projector
刻度误差/刻度誤差,分度誤差 graduation error
刻度吸量管/刻度吸管 graduated pipet
刻度线/刻度線,分度線,刻度標記 graduation line, scale line, scale mark
刻度形状/刻度形狀 scale shape
刻度样式/刻度形狀 scale shape
刻度因数/標度因子,比例因子 scale factor
刻度值/刻度值 scale value
刻度值扩展式仪表/擴展刻度式儀表 expanded-scale meter
刻锻模机/刻模機 die sinking machine
刻痕机/壓痕機 indenting machine
刻面/小平面 facet
刻面分类法/分面分類 faceted classification
刻蚀/刻蝕 etching, etch
刻线/分度線,刻度線 graduated line
刻线机/刻線機 dividing machine
客舱/客艙 passenger cell
客车/客車 bus, carriage
客车半挂车/半拖式客車 bus semi-trailer
客车挂车/巴士拖車 bus trailer
客车列车/客車列車 bus road train
客观的/客觀的 objective
客观光度计/客觀光度計 objective photometer
客观证据/客觀證據 objective evidence
客户/客户 client
客户操作系统/客作業系統 guest operating system
客户对客户/客户對客户 customer to customer
客户服务/客户服務 customer service
客户服务系统/主從系統 client server system
客户服务中心/客户服務中心 customer care center
客户关系管理/客户聯繫管理 customer relationship management
客户关系管理系统/客户關係管理系統 customer relationship management system
客户化/客户規格設定 customization
客户进程/委託者工作元 client process
客户细分/客户分段 customer segmentation
客货电梯/客貨電梯 passenger-goods elevator
客体/客體 object
客运索道/客運索道 passenger ropeway
课件/教學軟體 courseware
课题小组/主題群組 topic group
氪灯/氪燈 krypton lamp
氪电离检测器/氪游離檢知器 krypton ionization detector
氪离子激光器/氪離子雷射器 krypton ion laser
氪气灯/氪燈 krypton lamp
氪氙提取设备/氪氙恢復設備 Ke-Xe recovery equipment
肯德尔效应/肯得效應 Kendall effect
肯定应答/認可,確認,應答 acknowledgment
坑砂/坑砂 quarry sand
坑式坩埚炉/夾出式坩堝爐 liftout crucible type furnace
坑式炉/地坑爐 pit furnace
空操作/空操作 waste operation
空操作指令/空操作指令,無作指令 no-op instruction
空车重量/空重 empty weight
空程/無效運動 lost motion

空串/空串 empty string
空带/空帶 empty band
空地址/空位址 null address
空洞/空隙,孔洞 void
空度比/占空因數 duty factor
空断开关/空斷開關 air break switch
空对地通信/空對地通信 air-to-ground communication
空对地[通信]代码/空對地通信電碼 air-to-ground code, AGC
空对地通信网/地空通信網[路] air-ground communication network
空对空通信/空對空通信 air-to-air communication
空对空通信链路/太空對太空通訊鏈路 space-to-space link
空分多址/空分多址 space division multiple access, SDMA
空分复用/空分複用 space division multiplexing, SDM
空分复用时隙交换器/分空間多工時槽交換器 space division multiplexing time-slot interchanger
空分交换/分空間交換 space division switching
空分数字交换/分空間數位式交換 space division digital switching
空分制交换/空分制交換 space division switching
空负荷试验/空載試驗,無負載試驗 no-load test
空负荷运行/空載運轉 no-load operation
空负荷转速/空轉,空載轉速 idling speed
空高/空高 ullage height
空管波导/空管波導 hollow-tube waveguides
空管雷达/空管雷達 air traffic control radar, ATC radar
空号/空號 idle number, space
空盒气压表/無液氣壓計,空盒氣壓計 aneroid barometer
空化试验/空化試驗 cavitation test
空化裕量/空化裕度 cavitation margin
空基导航/空基導航 airborne-based navigation
空集/空集 null set, empty set
空间/空間,間隔 space
空间波/空間波 space wave
空间布局/空間布局 spatial layout
空间部分/太空部分 space segment
空间层谱定理/空間層譜定理 space hierarchy theorem
空间查询/空間查詢 spatial query
空间的/立體的,三度[空間]的 three-dimentional
空间点阵/空間晶格 space lattice
空间电荷/空間電荷 space charge
空间电荷波/空間電荷波 space charge wave
空间电荷区/空間電荷區 space charge region
空间电荷栅极/空間電荷閘極 space charge grid
空间电荷限制电流/空間電荷限制電流 space charge limited current
空间电荷效应/空間電荷效應 space charge effect
空间电子学/空間電子學 space electronics
空间仿真器/空間模擬器 space simulator
空间分布/空間分布 spatial distribution
空间分割/空間分割 spatial subdivision
空间分集/空間分集 space diversity
空间复杂度/空間複雜度 space complexity
空间感知/空間認知 spatial cognition
空间跟踪/太空追蹤 space tracking
空间关系/空間關係 spatial relation
空间机构/空間機構 spatial mechanism
空间机器人/太空機器人 space robot
空间积分[法]/空間積分[法] spatial integration
空间检索/空間檢索 spatial retrieval
空间建模/空間建模 spatial modeling
空间交会/太空會合 space rendezvous
空间结构/空間結構 spatial structure
空间局部性/空間局部化 spatial locality
空间可构造函数/空間可構建函數 space constructible function
空间控制/空間控制 space control
空间力系/空間力系 spatial force system
空间连杆机构/空間連桿機構 spatial linkage mechanism
空间滤波器/空間濾波器 spatial filter
空间逻辑/空間邏輯 spatial logics
空间模拟器/空間模擬器 space simulator
空间频率/空間頻率 spatial frequency
空间频率调制/空間頻率調變 space frequency modulation, SFM
空间谱系/空間階層 space hierarchy
空间曲线/空間曲線 space curve
空间群/空間群 space group
空间-时间/時空 space-time
空间数据/空間資料 spatial data
空间数据库/空間資料庫 spatial database
空间数据模型/空間資料模型 spatial data model
空间衰减/空間衰減 space attenuation
空间索引/空間索引 spatial index
空间体系/空間系統 spatial system
空间填充效率/致密度 efficiency of space filling
空间通信/空間通信 space communication

空间凸轮/空間凸輪 spatial cam
空间凸轮机构/空間凸輪機構 cam mechanism, spatial cam mechanism
空间推理/空間推理 spatial reasoning
空间拓扑关系/空間拓撲關係 spatial topological relation
空间物理分析网络/空間物理分析網路 space physics analysis network
空间系统/空間系統,太空系統 space system, spatial system
空间相干函数/空間相干函數 spatial coherence function
空间相干性/空間相干性,空間同調性 spatial coherence
空间相关性/空間相關性 spatial correlation
空间像差/空間像差 spatial aberration
空间谐波/空間諧波 space harmonics
空间信息网格/空間資訊網格 spatial information grid
空间需求/空間需求 space requirement
空间研究/太空研究 space research
空间遥测/太空遙測 space telemetering
空间叶片/空間葉片 space blade
空间有界图灵机/空間有界杜林機 space-bounded Turing machine
空间元数据/空間中繼資料 spatial metadata
空间运动/空間運動 spatial motion
空间站/太空站 space station
空间知识/空間知識 spatial knowledge
空间坐标/空間坐標 spatial coordinates
空军通信台[站]/空軍通信站,空軍通訊站 air force communication station
空军通信系统/空軍通信系統 air force communication system
空军通信业务/空軍通信業務 air force communication service, AFCS
空壳砂心吹制机/空殼砂心吹製機 shell core blower
空-空冷却电机/空-空冷却式電機 air-to-air cooled machine
空-空式增压空气冷却器/空-空式增壓空氣冷却器 air-to-air charge air cooler
空冷/空氣冷却,氣冷 air cooling
空冷淬火/氣冷硬化 air hardening
空冷区/空冷區 air cooling zone
空冷式汽轮机/乾冷式汽輪機 dry cooling steam turbine
空码/空碼 null code
空密码/空暗碼 null cipher
空气泵/空氣泵,氣動泵,抽氣機 air pump
空气泵转向阀/空氣泵轉向閥 air pump diverter valve
空气比例式排气再循环系统/空氣比例式排氣再循環系統 air proportional EGR system
空气比释动能/空氣比釋動能 air kerma
空气壁电离室/空氣壁電離室,空氣壁游離室 air-wall ionization chamber
空气采样/空氣取樣 air sampling
空气侧全压损失/空氣側全壓損失 total pressure loss for air side
空气称重器/空氣重量計 airpoise
空气充气系统/空氣充氣系統 air-charging system
空气除湿/空氣除濕 dehydration of air
空气储存器/空氣貯存器 air holder
空气吹弧断路器/氣衝斷路器 air blast circuit breaker
空气吹淋室/空氣吹淋室 air shower booth
空气锤/空氣槌,氣[動]錘 air-operated impact hammer, pneumatic hammer, air hammer
空气淬火/空氣淬火 air quenching
空气淬硬钢/風硬鋼 air-hardening steel
空气的标准状态/標準空氣狀態 standard atmospheric state
空气等效电离室/空氣當量游離腔 air-equivalent ionization chamber
空气电弧切割/電弧氣吹切割 arc-air cutting
空气动力附件/空氣動力附件 aerodynamic attachment
空气动力[学]天平/空氣動力天平,氣動平衡 aerodynamic balance
空气断路器/空氣[電路]斷路器 air circuit breaker
空气分级/空氣分級 air staging
空气分离/空氣分離[法] air separation
空气分离器/空氣分離器 air separator
空气分离设备/空氣分離設備 air separation plant
空气分离塔/空氣分離塔 air separation tower
空气分配歧管/二次空氣分配歧管 air distribution manifold
空气分配器/空氣分配器 air distributor
空气分析器/空氣分析儀 air analyzer
空气浮力修正/空氣浮力修正 air buoyancy correction
空气干燥/風乾 air drying
空气干燥基/空氣乾燥基 air dry basis
空气干燥器/空氣乾燥器 air dryer, atmospheric drier

空气干燥塔/空氣乾燥塔 air drying tower
空气高温计/空氣高溫計 air pyrometer
空气管路/壓風路線 air line
空气罐/空氣容器,氣筒,空氣貯存器 air drum, air holder
空气过滤器/空氣[過]濾器 air filter, air strainer
空气过剩系数/空氣剩餘係數 air excess coefficient
空气烘箱/空氣烘箱 air oven
空气还原法/空氣還原法 air reduction process
空气缓冲器/空氣緩衝器 air buffer
空气缓速器/空氣緩速器 aerodynamic retarder
空气换热器/空氣熱交換器 air heat exchanger
空气剂量/空氣劑量 air dose
空气加热器 /空氣加熱器 air heater
空气监测器/空氣監測器 air monitor
空气检漏机/空氣試驗器 air tester
空气间隙/[空]氣隙 air gap
空气[介质]电容器/空氣[介質]電容器 air dielectric capacitor
空气净化器/空氣清潔器,淨氣機 air cleaner
空气净化装置/空氣淨化裝置 air regeneration device
空气开关/空斷開關 air break switch
空气开关阀/空氣開關閥 air switching valve
空气-空气热回收器/空氣-空氣熱回收器 air-to-air heat exchanger
空气控制设备/空氣控制設備 air control equipment
空气冷冻机/空氣冷凍機 air refrigeration machine
空气冷凝器/空氣冷凝器 air cooled condenser, air cooler, air condenser
空气冷却/空氣冷却,氣冷 air cooling
空气冷却发动机/氣冷引擎,氣冷發動機 air cooled engine
空气冷却机组/空氣冷却機組 air-cooler unit
空气冷却器/空氣冷却器 air cooler
空气冷却区/空氣冷却區 air cooling zone
空气冷却塔/空氣冷却塔 air cooling tower, atmospheric cooling tower
空气流/氣流 airflow
空气流导管/空氣導管 air duct
空气流量计/空氣流量計,氣流計,空氣流速計 air flow meter
空气流速/氣流率 air flow rate
空气滤尘器/空中濾塵器 aerial dust filter
空气滤清器/空氣濾清器,空氣洗滌器,空氣[粗]濾器 air cleaner, air filter, air strainer
空气滤清器储存装置/空氣濾清器儲存裝置 air filter storage system
空气滤清器堵塞报警传感器/空氣濾清器堵塞報警感測器 air filter clog warning sensor
空气滤清器滤芯/空氣濾清器濾芯 filter element of air filter
空气密度/空氣密度 air density
空气密度修正因数/空氣密度校正因數 air density correction factor
空气灭菌器/空氣滅菌器 air sterilizer
[空]气囊/氣囊 air bag
空气凝汽器/空氣凝結器 air condenser
空气喷布器/空氣噴布器 air sparger
空气喷射/空氣噴射 air injection
空气喷射安全阀/空氣噴射排氣閥 air injection relief valve
空气喷射发动机/空氣噴油發動機,空氣噴油引擎 air injection engine
空气喷射管/空氣噴射管 air injection tube
空气喷射器/空氣噴射器,空氣注射器 air injector
空气喷涂/空氣噴塗 air spraying
空气喷嘴/空氣噴嘴 air nozzle
空气膨胀机/空氣膨脹機 air expander
空气起动机/空氣起動器 air starter
空气起泡器/空氣起泡器 air bubbler
空气腔/空氣腔 air chamber
空气清洁器/空氣清潔器,淨氣機 air cleaner
空气驱动搅拌器/氣動攪拌器 air driven stirrer
空气取样器/空氣取樣器 air sampler
空气软管/空氣軟管 air hose
空气塞/空氣塞 air plug
空气散流器/空氣擴散器 air diffuser
空气湿度/空氣溼度 air humidity
空气室/空氣室 air chamber
空气-水空调系统/空氣-水空調系統 air-to-water air-conditioning system
空气-水诱导器/空氣-水誘導器 air-water induction unit
空气弹簧/空氣彈簧 air spring
空气弹簧悬架/空氣彈簧懸架 air-spring-type suspension
空气调节/空氣調節 air conditioning
空气调节机/空氣調節器 air conditioner, air-conditioning unit
空气调节器/空氣調節器,空氣調節機,空調機 air conditioner
空气调节系统/空氣調節系統,空調系統 air conditioning system
空气调解单元/空氣調節器組合件 air conditioner unit

空气温度表/空氣温度計 air thermometer
空气温度计/空氣温度計 air thermometer
空气涡轮制冷机/空氣渦輪製冷機 air turbine refrigerating machine
空气污染/空氣汙染 air pollution
空气污染测试仪器/空氣汙染量測儀器 air pollution instrumentation
空气雾化/空氣霧化 air atomization
空气雾化燃烧器/空氣霧化燃燒器 air atomizing burner
空气雾化油燃烧器/空氣霧化油燃燒器 air atomizing oil burner
空气吸扬/[空]氣揚昇 air lift
空气洗涤器/空氣洗滌器,空氣洗滌機 air washer
空气洗涤系统/空氣洗滌系統 air wash system
空气隙放电器/氣隙避雷器 gap arrester
空气消耗率/單位耗空氣量,比耗空氣量 specific air consumption
空气蓄电池/空氣蓄壓器 air accumulator
空气蓄热室/空氣蓄熱室 air regenerator
空气旋流器/空氣渦錐 air cyclone
空气循环保温箱/空氣循環保温箱 air circulation incubator
空气压降/風壓降低 air pressure drop
空气压力表/氣壓計,空氣壓力計 air pressure gage, air gage, air manometer
空气压力计/空氣壓力計 air manometer
空气压力天平/空氣壓力天平 air pressure balance
空气压缩泵/空氣壓縮泵 air compressor pump
空气压缩机/空氣壓縮機 air compressor
空气氧化法/空氣氧化法 oxidation method by air
空气液化器/空氣液化器 air liquefier
空气浴/空氣浴 air bath
空气预冷器/空氣預冷器 air precooler
空气预冷系统/空氣預冷系統 air precooling system
空气预热/空氣預熱 air preheat
空气预热器/空氣預熱器 air preheater
空气再加热/空氣再加熱 reheating of air
空气支撑天线罩/空氣支撐天線罩 air-supported radome
空气制动式测力计/空氣制動測力計 air-brake dynamometer
空气制动式功率计/空氣制動測力計 air-brake dynamometer
空气制动系/空氣制動系 air braking system
空气制冷循环/空氣冷凍循環 air refrigeration cycle
空气质量传感器/空氣品質感測器 air-quality sensor
空气重量计/空氣重量計 airpoise
空气轴承/空氣軸承 air bearing
空气自净器/空氣自淨器 self air cleaner
空气阻隔/空氣阻隔 gas blocking
空气阻力/空氣阻力,氣動阻力 aerodynamic drag, air resistance
空气阻力系数/空氣阻力係數 aerodynamic drag coefficient
空气阻尼/空氣阻尼,空氣衰減 air damping
空气阻尼器/空氣阻尼器 air damper
空气钻井 /空氣鑽井 air drilling
空腔辐射/空腔輻射 cavity radiation
空腔共振器/空腔諧振器 rhumbatron
空腔耦合/空腔耦合 cavity coupling
空腔谐振器/空腔諧振器,共振腔 cavity resonator, resonant cavity
空燃比反馈控制系统/空燃比回饋控制系統 air-fuel ratio feed back control system
空燃比控制装置/空燃比控制裝置 air-fuel ratio control device
空蚀/空泡沖蝕,空腔腐蝕 cavitation erosion, cavitation corrosion, cavitation damage
空试验力/無試驗力 no test force
空速/空速,空間速度 air speed, space velocity
空调管/空調管道 tube for air-condition and refrigeration
空调开关修正/空調開關修正 air-conditioning switch compensation
空调设备/空氣調節設備 air-conditioning equipment
空调水系统/空調水系統 air-conditioning water system
空调系统/空氣調節系統 air-conditioning system
空调蒸发器安装点/空調蒸發器安裝點 air-conditioning evaporator mounting point
空调制解调器/虛擬調變解調器,虛擬數據機 null modem
空调装置/空氣調節機,空調機 air conditioner
空心变压器/空心變壓器 air core transformer
空心导线/空心導線,空心導體 hollow conductor
空心电子束/空心電子束 hollow electron beam
空心杆冲钻/空心鑽桿頓鑽機 hollow-rod churn drill
空心铰刀/擴孔器 hollow reamer
空心搅拌器/空心攪拌器 hollow stirrer
空心棱镜/空心稜鏡 hollow prism
空心铆钉/空心鉚釘 tubular rivet
空心坯/中空鋼坯 hollow billet
空心砂芯吹制机/空心砂心吹製機 hollow core

blower
空心线圈/空心線圈　air core coil
空心销/空心銷　hollow pin
空心型材/空心鋼材　hollow profile
空心叶片/空心葉片　hollow blade
空心阴极灯/空心陰極燈,中空陰極燈　hollow cathode lamp
空心阴极离子镀/空心陰極放電沈積　hollow cathode discharge deposition
空心轴驱动/空心軸傳動　quill drive
空心砖/空心磚　hollow brick
空心字/輪廓字型　outline font
空行程/空轉衝程　idle stroke
空穴/[電]洞　hole
空穴传导/電洞傳導　hole conduction
空穴导电/電洞傳導　hole conduction
空穴导电性/電洞電導率　hole conductivity
空穴密度/電洞密度　hole density
空穴色谱法/空穴色譜法　vacancy chromatography
空穴陷阱/電洞陷阱　hole trap
空域划分/空域劃分　division of airspace
空运行/空運行　dry running
空运集装箱/空氣貯槽　air container
空载/空載,無載　no-load
空载传输/空載傳輸,無載傳輸　back haul
空载电流/空載電流,無載電流　no-load current
空载电路/空載電路,無效電路　idling circuit
空载电路情况/空閑電路情況　idle circuit condition
空载工况/空載運轉情況　no-load operating condition
空载[荷]运行/空載運行,空轉　empty running
空载滑架/空載滑架　chain support trolley
空载频率/空載頻率,無效頻率　idler frequency
空载试验/空載試驗,無負載試驗　no-load test
空载特性/無載特性　no load characteristic
空载转速/無負載速率　no-load speed
空载状态稳定性/空載狀態穩定性　stability under no-load condition
空载最大加速度/空載最大加速度　maximum bare table acceleration
空栈/空堆疊　empty stack
空值/空　null
空值关系模型/空值關係模型　value relational model
空值数据库/空值資料庫　value database
空中电报线/架空電報線　aerial telegraph conductor
空中机器人/空中機器人　air robot
空中监视雷达/空中監視雷達　air-surveillance radar
空中交通管制/空中交通管制,空管　air traffic control, ATC
空中通话时长/空中通話時長　airtime
空中网/空中網路　air net
空重/裸重　bare weight
空转/空轉　idle operation
空转时间/空轉時間　idle running time
孔/[篩]孔,孔徑　hole, aperture, orifice
孔板/[流]孔板　orifice plate
孔板流量计/孔[口]流量計,孔板式流量計　orifice meter, orifice plate flowmeter
孔板流量系数/孔流常數　orifice flow constant
孔壁压力/孔壁壓力　borehole pressure
孔壁应变测量/孔壁應變測量　strain measurement at borehole wall
孔槽形谐振腔/孔槽形諧振腔　hole and slot resonator
孔洞/孔洞,空隙　void
孔基准制/基孔制　hole reference system
孔井测试器/流孔試驗器　orifice well tester
孔径/[流]孔徑,孔　aperture, orifice diameter
孔径比/孔徑比例　aperture ratio
孔径变形测量/孔徑變形測量　diametral deformation measurement
孔径测量仪器/孔徑測量儀器　bore measuring instrument
孔径场/孔徑[電]場　aperture field
孔径分布/孔徑分布　aperture distribution, pore size distribution
孔径干涉仪/孔徑干涉儀　bore interferometer
孔径光阑/孔徑光闌,孔徑欄　aperture stop
孔径角/孔徑角　aperture angle
孔径色/開口色　aperture color
孔径失真/孔徑失真,孔徑畸變,孔徑變形　aperture distortion
孔径天线波束效率/孔徑天線波束效率　beam efficiency of aperture antenna
孔距/孔距,節[距]　pitch, hole spacing
孔口/孔口　orifice
孔口真空[度]控制式排气再循环系统/孔口真空[度]控制式排氣再循環系統　ported vacuum control EGR system
孔率仪/孔隙儀　porosity apparatus
孔耦合/孔耦合　hole coupling
孔盘/孔盤　hole plate
孔腔/孔腔　cavity bore
孔深度尺/孔深規　hole depth gage
孔式电动喷油器/孔式電動噴油器　electric hole fuel injector

孔式喷油嘴/孔式噴嘴 hole-type nozzle
孔斯曲面/Coons 表面 Coons surface
孔特管/昆特管 Kundt tube
孔隙/孔[隙],氣孔巢 pore, porosity
孔隙比/孔徑比例,空隙率 void ratio
孔隙度/孔隙度,細孔率,氣孔率 porosity
孔隙计/孔率計 porosimeter
孔隙率计/孔率儀,孔隙計 porometer, porosimeter
孔隙体积/孔隙容量 pore volume
孔隙压力/孔隙壓力 pore pressure
孔斜计/測斜儀 clinograph
孔型/孔型 roll pass
孔型配置/孔型配置 roll pass positioning
孔型设计/孔型設計 roll pass design, design of groove, design of pass
孔型凸度/孔型凸度 pass convexity
孔型系统/孔型系統 pass schedule
孔型斜轧/孔型斜軋 groove skew rolling, helical groove skew rolling
孔型圆角/孔型圓角 circular bead of groove
孔型轧制/孔型軋製 groove rolling
空白符/空白字元 blank
空白清除器/消空位器 blank deleter
空白区/清晰區 clear area
空白软盘/空白磁片 blank diskette
空白渗碳/[局部]空白滲碳 blank carburizing
空白试验/空白試驗 blank test
空白图/毛坯圖,空白的繪圖 blank drawing
空场采矿法/開放式採礦法 open stoping
空场工作面/空狀工作面 open stope
空位/空位 vacancy
空位阱/空位阱 vacancy sink
空位扩散/空位擴散 vacancy diffusion
空位流/空位流 vacancy flow
空位凝聚/空位凝聚 vacancy condensation
空位团/空位團[簇] vacancy cluster
空隙/空隙,餘隙,間隙 interstice, air gap, clearance
空隙爆破/氣墊爆炸 air shot
空隙度/空隙 voidage
空隙时间/孔徑時間 aperture time
空闲/自由,釋放,閑置 free, idle
空闲时间/自由時間,閑時 free time, idle time
空闲信道状态/閑置通道狀態 idle channel state
空闲信号/空閑信號 idle signal
空闲状态/自由狀態,游離狀態 free state
控时淬火/限時淬火,定時淬火 time quenching
控轧控冷/控軋控冷 controlled rolling and cooling
控制/控制,操縱 control
PID 控制/PID 控制,比例積分微分控制 proportional plus integral plus derivative control
控制板/控制[儀表]板,控制屏 control board, controlling board, switch board
控制棒/控制棒,控制桿 control rod
控制爆破/控制爆破 controlled blasting
控制比/控制比 control ratio
控制臂/控制臂 control arm
控制变量/控制變數,可控變量,操縱變量 controlled variable, manipulated variable, control variable
控制变压器/控制變壓器 control transformer
控制部件/控制元件 control component
控制策略/控制策略 control strategy
控制层次/控制階層 control hierarchy
控制尺寸/管制尺寸 controlling dimension
控制冲突/控制危障 control hazard
控制传感器/控制感測器 control sensor
控制存储器/控制儲存器 control storage
控制点/控制點,管製點 control point
控制点变化/控制點變化 change of control point
控制电缆/控制電纜 control cable
控制电路/控制電路 control circuit
控制电器/控制裝置,調節器,控制器 control apparatus
控制电压/控制電壓 control voltage
控制顶点/控制頂點 control vertex
控制对象/受控裝置 controlled plant
控制多边形/控制多邊形 control polygon
控制阀/控制閥,調節閥 control valve, regulating valve
控制范围/控制範圍 control range
控制放大器/控制放大器 control amplifier
控制分级/控制分級 controlling classification
控制工程/控制工程[學] control engineering
控制关系/控制關係 control relationship
控制管路/控制線 control line
控制规程/控制規程 control procedure
控制柜/控制櫃 control cubicle, control cabinet
控制环/調整環,調節環 regulating ring
控制环节/控制環節 control element
控制回路/控制回路,控制環[路] control loop
控制机/控制機 controlling machine
控制机构/控制機構,操作機構 control mechanism
控制极/控制電極 control electrode
控制计算机/控制計算機 control computer
控制计算机接口/控制電腦介面,控制計算機介面 control computer interface

控制技术/控制技術 control technique
控制继电器/控制繼電器 control relay
控制加速表/控制加速計 control accelerometer
控制键/控制鍵 control key
控制结构/控制結構 control structure
控制精度/控制精度,控制準確度 control precision, control accuracy
控制精密度/控制精密度 control precision
控制精[确]度/控制精度,控制準確度 control accuracy
控制开发工具箱/控制開發套件 control development kit
控制开关/控制開關 control switch
控制块/控制[區]塊 control block
控制冷却/控制冷却 controlled cooling
控制理论/控制理論 control theory
控制力矩陀螺/控制力矩陀螺 control moment gyro
控制励磁机/控制勵磁機 control exciter
控制流/控制流 flow of control
控制流程图/控制流程圖 control flow chart
控制流分析/控制流程分析 control flow analysis
控制流计算机/控制流計算機 control flow computer
控制律/控制律 control law
控制轮/操縱輪 control wheel
控制论/控制學 cybernetics
控制论系统/控制系統 cybernetic system
控制媒体/控制媒體 control medium
控制面/控制機 control plane
控制面板/控制面板 control panel
控制模块/控制模組 control module
控制模式/控制模式,控制方式 controlling mode
控制频率/控制頻率 control frequency
控制屏/控制畫面,控制面板 control screen, control panel
控制器/控制器,調節器 controller, combination switch, field regulator
pH 控制器/pH 控制器 pH controller
控制器过热报警装置/控制器過熱報警裝置 controller overheat warning device
控制器接口/控制單元介面 control unit interface
控制区/管制區,受控區域,控制面積 controlled area, control area
控制驱动/控制驅動 control-driven
控制绕组/控制繞組 control winding
GPS 控制铷频标/GPS 控制銣頻標 GPS controlled rubidium oscillator
控制软件/控制軟體 control software
控制栅极/控制閘極,訊柵 control grid, signal grid
控制设备/控制設備,調節設備 control equipment, controlling means
控制生产/管制生產 controlled production
GPS 控制石英频标/GPS 控制石英頻標 GPS controlled quartz oscillator
控制时程/控制時程 control time horizon
控制式自整角机/控制式自整角機 control synchro
控制室/控制室,操縱室 control room
控制输入位置/控制輸入位置 control input place
控制数据/控制資料 control data
控制算法/控制演算法 control algorithm
控制台/控制檯 control desk, console, control console
控制台命令处理程序/控制檯命令處理機 console command processor
控制台显示器/控制檯顯示器,控制檯示波器 console display, console scope
控制台阴极示波器/控制檯顯示器,控制檯示波器 console scope
控制弹簧/控制彈簧 control spring
控制特性/控制特性 control characteristic
控制网格/控制網格 control mesh
控制网络/控制網路 control network
控制系统/控制系統,操縱系統,管制系統 control system
控制系统仿真/控制系統模擬 control system simulation
控制系统分析/控制系統分析 control system analysis
控制系统计算机辅助设计/控制系統計算機輔助設計 computer-aided design of control system, CADCS
控制系统设计/控制系統設計 control system design
控制系统综合/控制系統合成 control system synthesis
控制下限/控制下限 lower control limit
控制箱/控制箱 control box
控制协议/控制協定 control protocol
控制信道/控制通道 control channel, CCH
控制信号/控制信號 control signal
控制序列/控制順序 control sequence
控制循环锅炉/控制式循環鍋爐 controlled circulation boiler
控制依赖/控制相關 control dependence
控制仪表/控制儀表,控制儀器 control instrument, control instrumentation, controlling instrument
控制语句/控制敘述 control statement

控制元件/控制元件 control element, control component
控制轧制/控制輥軋 controlled rolling
控制站/控制站,控制檯 control station
控制帧/控制框 control frame
控制振荡器/控制振盪器 controlled oscillator
控制指令/控制指令 control command
控制周期/控制週期 control cycle
控制转矩/控制轉矩 controlling torque
控制转移/控制轉移 control transfer
控制装置/控制裝置,控制器具 control device, control apparatus
控制准确度/控制準確度,控制精度 control accuracy
控制字段/控制欄 control field
控制字符/控制字元 control character
控制总线/控制匯流排 control bus
控制组合开关/控制組合開關 control switchgroup
控制组件/控制組件,控制構件 control member
控制作用/控制作用,控制動作,調節作用 control action
口/[孔]口 orifice, port
口径/口徑 caliber
口令/密碼,選取碼,進接碼 password, access code, AC
口令攻击/密碼攻擊 password attack
口令句/通行片語 passphrase
口令老化/口令老化 password aging
口令破解/口令破解 password cracking
口令验证协议/通行碼鑒別協定 password authentication protocol
口令[字]/密碼 password
口语/口語 spoken language
口语处理/口語處理 spoken language processing
口罩/口罩 respirator
扣环型埋刮板输送机/扣環型埋刮板輸送機 loop-boot-type en masse conveyor
扣链/扣鏈 buckle chain
扣式电池/扣式電池,扁形電池 button cell
枯砂/火燒砂,燒毀鑄砂 burnt sand, burned sand
苦酸/苦酸 picral acid
苦酸侵蚀液/苦酸浸蝕液 picral
苦汁/苦汁 bittern
库/程式館 library
库埃特黏度计/庫頁特黏度計 Couette viscometer
库柏黑特弧/古伯-休易特弧 Cooper-Hewitt arc
库存管理系统/庫存管理系統 inventory management system
库存论/庫存論 inventory theory
库房/庫房 storehouse
库克可归约性/Cook 可約性 Cook reducibility
库利奇管/熱陰極 X 射線管,庫立吉[X 射線]管 Coolidge tube
库[仑]/庫侖 Coulomb
库仑表/電量計,庫侖計 coulometer, Coulomb meter
库仑电位/庫侖電位 Coulomb potential
库仑定律/庫侖定律 Coulomb law
库仑分析[法]/庫侖分析[法] coulometric analysis
库仑摩擦/失潤摩擦 Coulomb friction
库仑湿度计/庫侖濕度計 coulometric hygrometer
库所/原地 place
库特勒馈电法/卡特饋送法 Cutler feed
跨步测试/跨步測試 marching test
跨步显示/跨步顯示 marching display
跨导/跨導,互導 transconductance
跨导电桥/跨導電橋 transconductance bridge
跨导管/跨導管 transconductance tube
跨导纳/互導納 transadmittance
跨点阻抗/傳遞阻抗,轉移阻抗 transfer impedance
跨度/跨距,張拓 span
跨接电缆/跨接電纜,跳接電纜 jumper cable
跨接线/跳線器 jumper
跨介质存储管理程序/跨介質存儲管理程式 cross-media storage manager
跨界射线/跨界射線,低壓射線 grenz rays
跨区交换/越區交換 foreign exchange
跨深度偏移剖面/位移深度剖面 cross migrated depth section
跨声速喷嘴/穿音速噴嘴 transonic nozzle
跨声速压气机/穿音速壓縮機 transonic compressor
跨水准器/跨騎水準儀 striding level
跨语言电子商务/跨語言電子商務 cross-language e-business
跨语言信息检索/跨語言資訊檢索 cross-language information retrieval
跨越冲击/跨越衝擊 crossover impact
跨越管/旁路管 bypass pipe
跨越线圈/彎線圈 cranked coil
跨站脚本攻击/跨站腳本攻擊 cross site script attack
会计计算机/會計機 accounting machine
会计信息系统/會計資訊系統 accounting information system
块编址/塊定址 block addressing
块冰制冰机/塊冰製冰機 block ice maker

块差错/字組錯誤,塊錯誤 block error
块差错概率/字組錯誤率 block error probability
块长度/塊長,段長 block length
ATM 块传送/ATM 訊息塊傳送 ATM block transfer
块大小/塊大小,塊度 block size
块对角化/區塊對角化 block diagonalization
块多路复用通道/區塊多工通道 block multiplexer channel
块[分程序]标志/[區]塊標志 block mark
块分组编码法/區塊編碼,分組編碼 block encoding
块封锁状态/塊鎖定狀態 block lock state
块规/塊規,板規 gage block, block gage
块号/組號,分程式編號 block number
块奇偶[校验法]/字組奇偶檢驗 block parity
块级虚拟化/塊級虛擬化 block virtualization
块检验字符/塊檢查字元 block check character
块交错/交插的區塊 block-interleaved
块交织/交插的區塊 block interleaving
块结构语言/區塊結構語言 block-structured language
块净荷/區塊承載 block payload
块卷积/區塊折積 block convolution
块链/塊環鏈 block chain
块列/區塊列 block row
块码/區塊碼,組碼 block code
块式制动器/塊狀剎車 block brake
块信元速率/訊息塊速率 block cell rate, BCR
块型相变/整塊[相]轉變 massive transformation
块压扩/區塊壓伸 block companding
块优先级控制/塊優先權控制 block priority control
块再同步/信號組再同步,字組再同步 block resynchronization
块状构造/塊狀構造 massive structure
块状石墨/塊狀石墨,毛蟲狀石墨 chunky graphite, lump graphite
块状铁素体/粒狀鐵素體 granular ferrite
块状微带天线/塊狀微帶天線 microstrip patch antenna
快变模态/快模[態] fast mode
快变状态/快態 fast state
快变子系统/快變子系統 fast subsystem
快波/快波 fast wave
快波器件/快波元件,快波裝置 fast wave device
快波天线/快波天線 fast wave antenna
快波行波天线/快波行波天線 fast wave traveling wave antenna
快刀伺服加工/快刀伺服加工 fast tool servo, FTS
快动阀/速動閥 rapid action valve
快动虎钳/快動虎鉗 quick-action vice
快动三通阀/速動三通閥 quick triple valve
快动阻风门/快動阻風門 quick-acting choke
快锻操作机/快速鍛造操作機 quick forging manipulator
快封器/快封管 quick-seal tube
快干漆/快乾漆 varnish lacquer
快捷方式/簡化 shortcutting
快捷键/加速鍵 accelerator key
快开阀/速啟閥 quick-opening valve
快开阀动态压力标准/快開閥動態壓力標準 quick-opening valve dynamic pressure standard
快开阀阶跃压力发生器/快開閥階躍壓力發生器 quick-opening valve step pressure generator
快[可]擦编程只读存储器/電可抹除唯讀記憶體 flash EPROM
快离子导电/快離子導電 fast ion conduction
快裂变/快分裂 fast fission
快慢分离/快慢分離 fast-slow separation
快门/快門 shutter
快凝水泥/快乾水泥 jet cement
快时间控制/快時間控制 fast time control, FTC
快速阿达马转换/快速哈德瑪轉換 fast Hadamard transform
快速绑定更新/快速綁定更新 fast binding update
快速绑定确认/快速綁定確認 fast binding acknowledgment
Java 快速编译程序/Java 快速編譯程式 Java flash compiler
快速拨号/快速撥號 speed dialing
快速测辐射热计/快速輻射熱計 fast bolometer
快速测距仪/快速測距儀 tacheometer
快速充电/快速充電 quick charge
快速传输/叢發傳輸 burst transmission
快速淬火油/快速淬火油 fast quenching oil
快速存储器/快速存取儲存器 rapid-access storage
快速断路器/高速斷路器,快速截波器 high speed circuit breaker, fast chopper
快速锻造液压机/高速鍛造液壓機 high speed forging hydraulic press
快速反应能力/快速回應能力 quick reaction capability, QRC
快速反应热电偶/高速熱電偶 high-velocity thermocouple
快速反应时间/快速響應時間 fast response time
快速仿真/高速模擬 high speed simulation
快速分离连接器/快速分離連接器 quick disconnect

connector
快速分组交换/快速分組交換 fast packet switching
快速傅里叶变换/快速傅立葉變換,快速傅立葉轉換 fast Fourier transform, FFT
快速割嘴/高速切割噴嘴 high speed cutting nozzle
快速更换台/快速更換臺 quick-change frame
快速工程电路/快速工程電路 express engineering circuit
快速挂结装置/快速掛結裝置 hitch coupler
快速关闭阀/速關閥 quick-closing valve
快速过滤器/快速過濾器 rapid filter
快速换辊装置/快速换輥裝置 quick roll change device
快速换模装置/快速换模裝置 quick die-changing device
快速恢复时间/迅速恢復時間 rapid recovery time
快速回复二极管/速復二極體 fast-recovery diode
快速回流阀/速回閥 quick return valve
快速继电器/快速繼電器 fast relay
快速加热器/快速加熱器 rapid heater
快速卷扬机/快速絞車 fast winch
快速卡尔曼算法/快速卡門演算法 fast Kalman algorithm
快速可锻铸铁/速成展性鑄鐵 quick malleable iron
快速冷凝粉/快速冷凝粉,快速凝固粉末 rapid solidified powder, rapidly solidified powder
快速冷却结晶器/快冷結晶器 rapid cooling crystallizer
快速里程试验/快速里程試驗 fleet test
快速逻辑/快速邏輯 express logic
快速逆向放映/快速逆向放映 fast reverse playback
快速凝固/快速凝固 rapid solidification
快速凝固技术/快速凝固技術 high-speed solidification technology
快速排气阀/快速排氣閥 quick exhaust valve
快速排序/快速排序 quicksort
快速频移键控/快速頻移鍵控 fast frequency-shift keying, FFSK
快速起动/快速起動 fast start
快速扫描干涉仪/快速掃描干涉儀 rapid-scanning interferometer
快速试验/快速試驗 short time test
快速试验法/快速試驗法 rapid testing procedure
快速释放继电器/急釋繼電器 quick-release relay
快速顺向放映/快速順向放映 fast forward playback
快速弹性/快速彈性,高彈性 rapid elasticity
快速天平/快速天平 quick balance
快速调节器/速動調節器 quick-acting regulator
快速退火炉/快速退火爐 quick annealing oven
快速响应传感器/快速應答轉換器 quick-response transducer
快速消息/快速訊息 fast message
快速选择/快速選擇 fast select
快速以太网/快速乙太網路 fast ethernet
快速原型法/快速原型設計 rapid prototyping
快速原子轰击电离/快速原子撞擊游離 fast atom bombardment ionization
快速运行继电器/速動繼電器 quick-operating relay
快速斩波器/快速截波器 fast chopper
快速正弦扫描激励/快速正弦掃描激勵 rapid sine sweep excitation
快速资源管理/快速資源管理 fast resource management
快速作用阀/速動閥 quick-acting valve
快态位/快態位 fast states
快特性/快特性 fast characteristic
快响应传感器/快速響應換能器 fast-response transducer
快泄阀/快洩閥 quick-release valve
快卸销/快卸銷 quick-release pin
快照/快照 snapshot
快中子/快中子,高速中子 fast neutron
快中子钚反应堆/快鈽反應器 fast plutonium reactor
快中子反应堆/快[中子]反應器 fast reactor
快中子剂量计/快中子劑量計 fast neutron dosimeter
快中子裂变因子/快裂變因子,高速[中子引發]分裂因數 fast fission factor
快中子增殖反应堆/快滋生[反應]器 fast breeder reactor
宽磁道/寬磁軌 wide track
宽带/寬頻[帶],寬波段 broadband
宽 V 带/寬 V 帶 wide V-belt
宽带 ISDN/寬頻 ISDN,寬帶綜合業務數字網路 broadband integrated services digital network, B-ISDN, broadband ISDN
宽带变频器/寬[頻]帶變頻器 broadband converter
宽带变压器/寬頻帶變壓器 wide-band transformer
宽带传输/寬頻帶傳輸,寬頻帶發射 broadband transmission
宽带电话/寬頻電話 voice over broadband
宽带放大器/寬頻放大器,寬[頻]帶放大器 wide-band amplifier, wide-band preamp
宽带钢/寬帶鋼 wide steel strip, wide strip steel
宽带钢热轧机/寬帶鋼熱軋機 hot wide steel strip

rolling mill
宽带鉴别器/寬頻帶鑒别器 wide-band discriminator
宽带接入/寬頻存取 broadband access
宽带局域网/寬頻區域網路 broadband LAN
宽带可调谐振器/寬頻帶可調共振器 wide-range tunable resonator
宽带滤波器/寬頻[帶]濾波器 wide-band filter
宽带码分多址/寬頻碼分多重存取 wide-band code division multiple access, wide-band CDMA, WCDMA
宽带射频带/寬帶射頻帶 wide-band RF channel
宽带数据通信/寬頻資料通訊 wide-band data communication
宽带随机振动/寬頻隨機振動 broadband random vibration
宽带调谐器/寬[頻]帶解調器 broadband demodulator
宽带调制/寬帶調制 wide-band modulation
宽带通道/寬頻通道 wide-band channel
宽带通信网/寬頻通信網[路],寬頻通訊網路 broadband communication network
宽带网/寬頻網路 broadband network
宽带无线本地环路/寬頻無線本地環路 broadband wireless local loop
宽带无线电中继系统/寬頻無線電中繼系統 broadband radio relay system
宽带无线接入/寬頻無線接入 broadband wireless access, BWA
宽带无线接入网/寬頻無線接入網路 broadband radio access network
宽带信号/寬帶訊號 wide-band signal
宽带噪声/寬帶雜訊 wide-band noise
宽带轧机/寬帶軋機 wide strip mill
宽带终端设备/寬頻終端設備 broadband terminal equipment, B-TE
宽带轴/寬帶軸 wide-band axis
宽带综合业务数字网/寬帶綜合業務數字網路,寬頻整體服務數位網路 broadband integrated services digital network, B-ISDN
宽带综合业务数字网用户部分/寬頻整合服務數位網路用户部 broadband integrated services digital network user part, B-ISUP
宽度计/寬度計 width meter
宽度控制/寬度控制,寬帶控制 width control
宽度系列/寬度系列 width series
宽度优先分析/先寬分析 breadth first analysis
宽度自动控制/寬度自動控制 automatic width control, AWC
宽范围监视器/大範圍監測器 wide-range monitor
宽幅纸/寬幅紙 broadsheet
宽厚板轧机/寬厚板軋機 wide heavy plate mill
宽径比/寬徑比 width-diameter ratio
宽口打捞筒/鐘形撈具 widemouth socket
宽量程电阻温度计/寬量程電阻溫度計 wide-range resistance thermometer
宽门信号[宽选通脉冲]发生器/寬閘産生器 wide gate generator
宽面法兰/寬面法蘭 wide contact face flange
宽面横裂纹/寬面横裂紋 transverse broadface crack
宽频/寬頻 wide-band
宽频带变频器/寬[頻]帶變頻器 broadband converter
宽频带[波段]/寬頻帶 wide frequency band
宽[频]带滤波器/寬[頻]帶濾波器 wide-band filter
宽频带示波器/寬頻帶示波器 wide-band oscilloscope
宽频带噪声/寬帶雜訊 wide-band noise
宽频带振荡器/寬頻帶振盪器 wide-range oscillator
宽频频谱图/寬頻頻譜圖 wide-band spectrogram
宽频数据传输/寬頻資料傳輸 wide-band data transmission
宽频调制/寬頻調變 wide-band modulation
宽扇形喷嘴/寬口扇形噴嘴 broad fan nozzle
宽调节比一次风喷口/寬調節比一次風噴口 wide-range primary air nozzle
宽通带滤波器/寬帶濾波器 broad-band filter
宽-限-窄电路/寬-限-窄電路,狄克-菲克斯電路 Dicke-Fix circuit
宽域氧传感器/寬域氧感測器 wide-range oxygen sensor
宽缘工字钢[梁]/寬緣工字鋼 broad flange beam
宽展/寬展 spread
宽展挤压/寬展擠壓 spread extrusion
宽展系数/寬展係數 spread coefficient
宽锥形喷嘴/寬口錐形噴嘴 broad cone nozzle
筐式离心机/籃式離心機 basket centrifuge
矿层/[礦]層,細脈 ore bed, seam
矿车/礦車 mine car
矿车速度控制器/貨車增速減速器 wagon booster-retarder
矿车自动挂钩/自動掛鈎 automatic clip
矿床/礦床 mineral deposit
矿床勘探/礦床探勘 mineral deposit exploration
矿床模型/礦床模型 deposit model
矿床品位/礦床品位 deposit grade
矿床评价/礦山評價 ore deposit evaluation

矿浆/礦漿 pulp
矿浆电解/礦漿電解 slurry electrolysis process, electro-slurry process
矿浆浓度/礦漿稠度 pulp density
矿浆溶剂萃取/礦漿溶劑萃取 solvent-in-pulp extraction
矿浆细度/礦漿細度 pulp size
矿焦比/礦焦比 ore-coke ratio
矿井/[礦]井,[昇降]井 hoist way, well, mine shaft
矿井安全灯/礦坑安全燈 mine safety lamp
矿井大气/礦井大氣 underground atmosphere
矿井定向测量/礦井定向測量 shaft orientation survey
矿井返风装置/礦井返風裝置 reversing installation for mine fan
矿井营救灯具/礦坑救護照明器具 mine rescue luminaire
矿井用灯具/礦坑照明器具 mine luminaire
矿热电炉/礦熱電爐 smelting electric furnace, ore-smelting electric arc furnace
矿热电炉蒸馏/礦熱電爐蒸餾 smelting electric furnace distillation
矿热炉/礦熱爐 ore smelting electric furnace, low shaft electric furnace
矿山剥离/石礦剥離 stripping the quarry
矿山罗盘仪/礦山羅盤 mining compass
矿山排水泵/基坑排水泵 pit drainage pump
矿石/礦石 ore
矿石回收率/礦石回收率 ore recovery ratio
矿石可选性/礦石可選性 ore beneficiability
矿石埋藏量/礦藏量 ore reserve
矿石贫化率/礦石貧化率 ore dilution ratio
矿石品位/礦石品味 ore grade
矿石筛/礦石篩,轉筒篩 trommel
矿铁比/礦鐵比 ore to iron ratio
矿物/礦物 mineral
矿物地板磨光机/礦物地板磨光機 mineral floor grinder
矿物显微镜/礦物顯微鏡 mineral microscope
矿物学/礦物學 mineralogy
矿物学用显微镜/礦物顯微鏡 mineral microscope
矿物油除钒/礦物油除釩 removing vanadium from titanium tetrachloride by mineral oil
矿用隔爆电动岩石钻/礦用隔爆電動岩石鑽 mining flameproof electrical rock drill
矿渣砖/礦渣磚 slag brick
矿柱/礦柱,煤柱 pillaring
框架/框架,桁架,構架 frame, framework
框架理论/框理論 frame theory
框架轮/框架輪 gimbaled wheel
框架型门式起重机/框架型高架起重機 gantry crane with saddle
框架语法/框文法 frame grammar
框架语义学/框架語義學 frame semantics
框架知识表示/框知識表示 frame knowledge representation
框式绕组/模繞繞組,菱形繞組 diamond winding
框式压滤机/框式壓濾機 frame filter press
框图/方塊圖 block diagram
框形砂芯盒/框形砂心盒 framed core box
亏料线/虧料線 low stockline
窥镜/窺鏡 sight glass
窥孔盖/窺孔蓋 peeping hole cover
窥孔优化/窺孔最佳化 peephole optimization
窥视孔/視孔,窺孔 peep hole, peeping hole
馈电电缆/饋電電纜 feeder cable
馈电反射损耗/饋電反射損 feed reflection loss
馈电房/饋電房 feed room
馈电喇叭/號角形饋電器 feed horn
馈电铜损/饋電銅損 feed copper loss
馈电图形/饋電圖型 feed pattern
馈电线/輸電線[路] power transmission line
馈径长度误差/饋徑長度誤差 feed path length error
馈路电度表/用户電表,供電表 supply meter
馈送控制/饋送控制 feed control
馈通信号/饋通信號 feed-through signal
馈线/饋送線 feed line, feeder
馈线线路/饋送器線 feeder line
馈线罩/饋線罩 feedome
馈源/饋送源 feed source, antenna feed
溃散性/潰散性 collapsibility
溃散性试验仪/潰散性試驗儀 collapsibility tester
昆虫雷达截面积/昆蟲雷達截面積 insects radar cross section
醌氢电极/醌二酚電極 quinhydrone electrode
捆绑/捆紮 bundling
捆绑式服务/捆綁式服務 bundled services
捆带机/緊帶機,捆包機 banding machine
NP 困难问题/NP -困難問題 NP-hard problem
扩边井/延展井 step-out well
扩充/擴充,擴展 expansion
扩充槽/擴充槽 expansion slot
扩充存储器/擴充記憶體 expanded memory
扩充的工业标准架构总线/擴充的工業標準結構匯

流排 EISA bus
扩充 E-R 模型/擴充 E-R 模型 extended E-R model
扩充指令集/延伸記憶體規格 extended instruction set
扩充转移网络语法/增加變遷網路文法 ATN grammar
扩大适配器/放大應接器 enlarging adapter
扩[放]大器/增強器,強化器 intensifier
扩管机/擴管機 pipe expander
扩径/擴徑 tube diameter expansion
扩径机/擴管機 expanding mill, expanding machine
扩径旋压/擴徑旋壓 expanding bulging
扩孔/擴孔 counterboring, hole expansion
扩孔刀/擴孔刀,搪刀 cornish bit
扩孔机/環形輾軋機 ring rolling machine
扩孔器/擴孔鑽頭 broaching bit
扩孔钻头/擴孔鑽頭 broaching bit
扩口/擴口,擴展 expanding, tube end expansion
扩口顶部适配器/廣頂應接器 flared top adapter
扩口模/擴口模 flaring die
扩口系数/擴口係數 expanding coefficient
扩[量]程器/擴程器 multiplier
扩频/展頻,擴散頻譜 frequency spread
扩频传输/擴頻傳輸 spread spectrum transmission
扩频多址/擴頻多址 spread spectrum multiple access, SSMA
扩频码序列/擴頻碼序列 spread spectrum code-sequence
扩频调制/展頻調變 spread spectrum modulation, SSM
扩频通信/擴頻通信 spread spectrum communication
扩频遥控/擴頻遥控 spread spectrum remote control
扩频因子/擴散因數 spreading factor
扩谱调制/展頻調變 spreaded spectrum modulation, SSM
扩散/擴散 diffusion
扩散泵/擴散泵,擴散幫浦 diffusion pump
扩散波/可逆極譜波 reversible polarographic wave
扩散长度/擴散長度 diffusion length
扩散常数/擴散常數 diffusion constant
扩散场/擴散聲場 diffuse sound field
扩散传质/擴散性質量傳遞 diffusive mass transfer
扩散电容/擴散電容 diffusion capacitance
扩散电阻/擴散電阻 diffused resistor
扩散镀锌法/滲鋅防銹法 sherardizing
扩散反射面/漫反射面 diffusely reflecting surface
扩散分布图/擴散分布圖 diffused profile
扩散工艺/擴散工藝,擴散技術 diffusion technique, diffusion technology
扩散硅式测力计/擴散矽式測力計 diffused silicon semiconductor force meter
扩散焊/擴散焊 diffusion welding, DFW
扩散盒/擴散腔 diffusion chamber
扩散基[极]晶体管/擴散基電晶體 diffused-base transistor
扩散激活能/擴散活化能 activation energy of diffusion
扩散计/[氣體]擴散計,逸散計 effusiometer
扩散孔隙/擴散孔隙 diffusion porosity
扩散控制/擴散控制 diffusion control
扩散控制反应/擴散控制反應 diffusion-controlled reaction
扩散冷却/擴散冷却 diffusion cooling
扩散率/擴散率,擴散度 diffusivity
扩散面积/擴散面積 diffusion area
扩散磨损/擴散磨損 diffusive wear
扩散喷管/發散噴嘴,逸散器 effuser
扩散喷射泵/擴散噴射泵 diffusion-ejector pump
扩散器/擴壓器 diffuser
扩散钎焊/擴散銅焊 diffusion brazing
扩散燃烧/擴散燃燒 diffusion combustion
扩散[式]真空泵/擴散真空泵 diffusion vacuum pump
扩散势/擴散電位 diffusion potential
扩散-吸收式制冷机/擴散-吸收式冷凍機 diffusion-absorption refrigerator
扩散系数/擴散係數 diffusion coefficient
扩散箱/擴散腔 diffusion chamber
扩散效应/擴散效應 diffusion effect
扩压器/擴壓器 diffuser
扩音电话/擴音電話 amplified phone
扩音机/語音放大器 speech amplifier
扩音检漏仪/擴音測漏儀 leak vibroscope
扩音器/擴音器,揚聲器 aerophone, loudspeaker
扩展/擴展,延伸,擴張 extension
扩展 BFN/擴展 BFN extended BFN
扩展标度/擴展標度,擴充標度 expanded scale
扩展标度尺仪表/擴展比例尺儀表 expanded scale instrument
扩展波形插入/展波形插入 spreading waveform insertion
扩展波形发生器/展波形産生器 spreading waveform generator
扩展波形清除/展波形清除 spreading waveform removal

扩展不确定度/擴充不確定度 expanded uncertainty
扩展操作/延伸作業 extended operation
扩展测量不确定度/擴充量測不確定度 expanded measurement uncertainty
扩展的额定型电流互感器/擴展的額定型電流互感器 extended rating type current transformer
扩展的数字用户线/擴展的數位用户線路 extended digital subscriber line, EDSL
扩展的自由选择网/擴展的自由選擇網 extended free-choice net
扩展点/導電軌伸縮接頭 expansion joints
扩展电阻/擴展電阻 spreading resistance
扩展服务集/擴展服務集 extended service set
扩展戈莱码/延伸的格雷碼 extended Golay code
扩展函数/擴展函數 spreading function
扩展刻度/擴展標度,擴充標度 expanded scale
扩展块码/延伸式區塊碼 extended block code
扩展码/延伸碼 extended code
扩展目标/延伸目標 extended target
扩展频谱/展頻,擴散頻譜 spread spectrum
扩展器/擴張器,伸幅器 expander, expandor
扩展随机佩特里网/延伸隨機佩特里網路 extended stochastic Petri net
扩展头/擴展頭 extension header
扩展位错/廣延錯位,廣延差排 extended dislocation
扩展语义网络/延伸語義網路 extended semantic network
扩展源/擴展源 extended source
扩展字段/延伸場 extension field
扩张规则/擴展規則 expansion rule
括号交叉数/括弧交叉數 crossing brackets
阔带/寬頻 wideband

L

垃圾/廢料 garbage
垃圾焚烧锅炉/垃圾焚燒爐 garbage-fired boiler, municipal waste incineration boiler, refuse-fired boiler
垃圾区/廢料區 garbage area
垃圾邮件/垃圾郵件 spam junk mail
拉拔/拉製,拉伸 drawing
拉拔机/拉拔機,拉製機,抽線機 drawing machine, cold drawing bench
拉拔机机头/拉拔機端頭 draw head
拉拔力/拉力 drawing force
拉滨函数/拉濱函數 Rabin function
拉槽/拉槽 slot broaching
拉铲/拉鏟 pulling scraper
拉铲挖掘机/拖索挖掘機 dragline excavator
拉铲装置/拖索裝置 dragline device
拉成丝/拉線 drawing wire
拉齿/拉齒 gear broaching
拉床/拉床,拉絲檯 broaching machine, draw bench
拉床夹具/拉床夾具 fixture for broaching machine
拉刀/拉刀 broaching tool
拉刀磨床/拉刀磨床,拉刀磨鋭機 broach grinding machine, broach sharpener
拉道/拉延筋 draw bead
拉德/雷得 rad
拉底/掏底巷道 undercutting
拉东变换/Radon 變换 Radon transform
拉弗斯相/雷芙斯相 Laves phase
拉杆机构/牽桿機構 drag link, drag link mechanism
拉格朗日乘子/Lagrange 乘子 Lagrange multiplier
拉格朗日对偶[性]/拉格朗日對偶 Lagrange duality
拉格朗日函数/Lagrange 函數 Lagrangian function
拉刮刀/拉刮刀 draw scraper
拉辊/拉輥 withdrawal roll
拉赫朗非分裂定理/拉赫朗非分裂定理 Lachlan nonsplitting theorem
拉矫机/拉矯機,拉坯矯直機 withdrawal and straightening machine
拉筋/拉筋,繫索 lacing wire, bracing
拉紧滚筒/拉緊滑輪 take-up pulley
拉紧绝缘子/耐拉絶緣器,耐拉絶緣體 strain insulator
拉紧轮/抑壓惰輪,緊帶器 snub pulley, belt tightener
拉紧装置/拉緊裝置 take-up unit
拉晶控制器/拉晶控制器,牽引控制器 pulling controller
拉孔/拉孔 broaching hole
拉力/拉力 tensile force
拉力表/拉桿測力計 draw-bar dynamometer
拉力测力计/拉力測力儀,張力測功計 tension dynamometer
拉力计/拉力計,張力計 pull tension gage
拉力试验/拉力試驗,拉伸試驗 tensile test
拉力试验机/拉伸試驗機,拉力試驗器,張力試驗器 tensile testing machine, tension tester
拉裂/拉裂 pull crack
拉漏 /坯殼漏鋼 breaking out
拉螺纹/拉螺紋 internal thread broaching
拉曼发射/拉曼發射 Raman emission
拉曼放大器/拉曼放大器 Raman amplifier
拉曼分光光度计/拉曼分光光度計 Raman spectrophotometer
拉曼光谱法/拉曼光譜法,拉曼光譜術 Raman spectrometry, Raman spectroscopy
拉曼光谱学/拉曼光譜學 Raman spectroscopy
拉曼光谱仪/拉曼頻譜儀 Raman spectrometer
拉曼光纤/拉曼光纖 Raman fiber
拉曼光纤放大器/拉曼光纖放大器 Raman fiber amplifier, RFA
拉曼激光器/[光纖]拉曼雷射 Raman laser, fiber-Raman laser
拉曼-奈斯衍射/拉曼-奈斯繞射 Raman-Nath diffraction
拉曼瑞利比/拉曼-瑞利比 Raman-Rayleigh ratio
拉曼散射/拉曼散射 Raman scattering
拉曼效应/拉曼效應 Raman effect
拉莫尔旋动/拉莫爾旋動 Larmor rotation
拉姆斯登目镜/冉士登目鏡 Ramsden eyepiece
拉坯矫直机/拉坯矯直機,拉矯機 withdrawal and straightening machine
拉坯曲线/拉坯曲線 withdrawal diagram

拉坯速度/拉坯速度　casting speed
拉偏测试/高低偏移測試　high-low bias test
拉平计算机/拉平計算機　flare computer
拉平面/拉平面　broaching surface
拉平引导单元/拉平引導單元　flare-out guidance unit
拉普拉斯变换/拉普拉斯變换,拉普拉斯轉換　Laplace transform
拉普拉斯方程/拉普拉斯方程式　Laplace equation
拉普拉斯分布/拉普拉斯分布　Laplacian distribution
拉普拉斯逆变换/拉普拉斯逆變换　inverse Laplace transform
拉普拉斯算子/拉普拉斯[運]算子,調合算子　Laplacian, Laplacian operator
拉普拉斯源/拉普拉斯[雜訊]源　Laplacian source
拉取技术/拉式技術　pull technology
拉森-米勒参数/拉森米勒參數　Larson-Miller parameter
拉伸/拉伸,拉力,張力　stretch, drawing
拉伸变形/拉伸變形　tensile deformation, tensile type of deformation
拉伸间隙/拉深間隙　drawing gap
拉伸矫直/拉伸矯直　stretcher-straightening
拉伸模孔/拉伸模孔　die orifice
拉伸速度/拉伸速率　drawing speed
拉伸系数/拉深係數　drawing coefficient
拉伸性能/拉深性能　drawing performance
拉伸修正量/拉伸修正量　stretching correction
拉伸应力/拉伸應力　drawing stress
拉伸载荷/引張負荷　tensile load
拉深/拉製,拉伸　drawing
拉深次数/拉深次數　number of drawing
拉深垫顶出压力/拉深墊頂出壓力　push-out press of drawing bolster
拉深筋/拉焊珠　drake, draw bead
拉深模/拉伸模　drawing die
拉深系数/拉深係數　drawing coefficient
拉手/握柄　grab handle
拉丝/拉線　wire drawing, wiredrawing
拉丝锭/線錠　wire bar
拉丝机/拉絲機　wire drawing bench
拉丝模/拉絲模　wire drawing die
拉斯维加斯算法/拉斯維加斯算法　Las Vegas algorithm
拉索式塔架/牽線鐵塔　guyed tower
拉碳/含碳量檢驗　catch carbon
拉套管/拔套管　pulling casing
拉脱强度/拉拔強度　pull-off strength
拉瓦尔喷嘴/拉瓦噴嘴　Laval nozzle
拉乌尔定律/拉午耳定律　Raoult law
拉西环过滤器/拉西環過濾器　Raschig ring filter
拉下脱模法/拉下脱模法　withdrawal process
拉线保护装置/拉線緊急開關　emergency switch along the line
拉线分离连接器/拉線分離連接器　lanyard disconnect connector
拉线绝缘子/支線絕緣器,拉線絕緣體　guy insulator
拉线器移相器/拉線器移相器　line-stretcher phase shifter
拉削/拉削　broaching
拉削刀具/拉刀　broaching tool
拉削方式/拉削方式　broaching layout
拉形/拉伸成形　stretch forming
拉形机/拉形機　stretching former, stretching machine
拉曳链/牽鏈　drag chain
拉张-拉深成形/伸展抽拉成形　stretch draw forming
拉制无缝管/拉製無縫管　weldless drawn pipe
喇叭反射天线/喇叭反射天線　horn reflector antenna
喇叭辐射器/喇叭型輻射器　horn radiator
喇叭继电器/喇叭繼電器　horn relay
喇叭口/喇叭口　bell mouth
喇叭天线/喇叭天線,號角[形]天線　horn antenna
喇叭形浇口/喇叭形澆口,喇叭形進模口　hone gate
喇叭形喷嘴/發散噴嘴　diverging nozzle
喇叭形天线/號角形天線　horn type antenna
蜡/蠟　wax
蜡块光度计/蠟塊光度計　wax block photometer
蜡料熔化保温炉/蠟熔化保温爐　wax melting and holding furnace
蜡模/蠟模型　wax pattern
蜡石砖/蠟石磚　pyrophyllite brick, agalmatolite brick
蜡线/蠟線　wax string
蜡纸电容器/蠟紙電容器　paraffined paper condenser
来复接收机/來復接收機　reflex receiver
来复式放大器/回復放大器　reflex amplifier
来话恢复暂挂/來話復原擱置狀態　incoming recovery pending
来话连接暂挂/來話連接擱置狀態　incoming connection pending
来料检验/進料檢驗　incoming inspection
莱茨干涉显微镜/來茲干涉顯微鏡　Leitz interference microscope

莱顿瓶/來登瓶 Leyden jar
莱氏体/粒滴斑鐵,粒滴斑體 ledeburite
莱氏体钢/粒滴斑鐵鋼 ledeburitic steel
铼/錸 rhenium
铼粉/錸粉 rhenium powder
赖斯分布/莱斯分布 Rice distribution
赖斯衰落信道/莱斯衰退通道 Ricean fading channel
兰金度/阮肯度 Rankine degree
兰金循环/蘭金循環,郎肯循環 Rankine cycle
兰利/朗勒 langley
兰姆凹陷/蘭姆凹陷 Lamb dip
兰姆消噪电路/蘭姆消噪電路 Lamb noise silencing circuit
兰姆移位/蘭姆偏移 Lamb shift
拦焦机/攔焦機 coke guide and door extractor
拦截时间/攔截時間,截擊時間 time to intercept, TTI
栏/[直]行 column
栏板包角/欄板包角 corner fitting of gate
栏板铰链/欄板鉸鏈 gate hinge
栏板铰链内压条/欄板鉸鏈內壓條 gate hinge inside strip
栏板立柱/支承柱 support post
栏板链条/欄板鏈條 gate chain
栏板内板/欄板內板 gate board
栏板上梁/欄板上梁 gate top rail
栏板锁栓/欄板鎖栓 gate lock
栏板外板/欄板外板 gate panel
栏板下梁/欄板下梁 gate bottom rail
蓝白烟/白色和藍色的煙 white and blue smoke
蓝宝石激光器/藍寶石雷射 sapphire laser
蓝宝石上硅薄膜/藍寶石上矽薄膜 silicon on sapphire, SOS
蓝脆/藍脆[性] blue brittle, blue shortness
蓝光灵敏度/藍色靈敏度 blue sensitivity
蓝热/藍熱,青熱 blue heat
蓝热退火/藍熱退火 blue annealing
蓝色焰晕/藍色火焰帽 blue cap
蓝色溢出/藍色溢出 blue spill
蓝铜矿/藍銅礦 azurite
蓝向会聚/藍向會聚 blue lateral convergence
蓝牙/藍芽 bluetooth
蓝烟/藍色的煙 blue smoke
蓝渣/紫色礦渣 blue billy
篮式电极/籃式電極 basket electrode
篮式浸出器/籃式萃取器 basket extractor
篮式滤器/籃式濾器 basket filter
篮式提取器/籃式萃取器 basket extractor
篮式蒸发器/籃式蒸發器 basket type evaporator
镧/鑭 lanthanum
缆包/纜包 cable wrap
缆车/纜車 cable car
缆道/纜道,索道 cableway
缆道挖掘机/牽纜挖掘機 cableway excavator
缆径测量仪/纜徑測量儀 cable diameter gage
缆扣/纜扣 cable buckling
缆耦合/纜線聯接裝置,纜線耦合 cable coupling
缆绳/牽索 guy
缆绳顶盖/支柱壓蓋 stay gland
缆绳式桅杆起重机/牽索人字起重機 guy-derrick crane
缆索护套合金/纜索包皮合金 cable sheathing alloy
缆索接头/電纜接頭 cable joint
缆索起重机/纜索起重機,纜索昇降機 cable crane, cable lift
缆索牵引车/纜索牽引車 cable-driven car
缆索牵引机/纜索牽引機 cable-towed machine
缆索式抖动器/纜索式搖動器 cable shaker
缆索型起重机/纜索型起重機 cable-type crane
缆索运输机/纜索輸送機,纜索運送機 cable conveyer
缆线采岩芯/鋼線採岩心 wire line coring
缆线的陆地线路/纜線的陸地線路 cable land line
缆线回波/纜線回波 cable echo
缆线架/纜線架 cable rack
缆线衰减/纜線衰減,電纜衰減 cable attenuation
缆线套/纜線套,纜線包皮層,纜線護層 cable sheath
缆线应力/纜線應力,纜線張力 cable strain
缆线终端盒/纜線終端盒,纜線分線盒 cable head
缆线终端网路/纜線終端網路 cable tremination network
缆线转向台/纜線轉向臺 cable turning station
缆芯/纜線核心 cables core
缆运机/纜運機 cable, cable drag conveyor
烂泥砂/泥沙漿 loam
滥用检测/濫用檢測 misuse detection
郎缪尔探针/朗繆耳探頭 Langmuir probe
朗伯/朗伯 Lambert
朗伯-比尔定律/朗伯-比爾定律 Lambert-Beer law
朗伯定律/朗伯定律,朗伯法則 Lambert law
朗伯反射面/朗伯表面,匀漫射體 Lambert reflector
朗伯面/朗伯表面,均匀擴散面,匀漫射體 Lambertian surface
朗伯模型/朗伯模型 Lambert model
朗伯余弦定律/朗伯餘弦定律 Lambert cosine law

朗道阻尼/朗道阻尼 Landau damping
朗德因子/郎德因子 Lande factor
朗肯循环/郎肯循環 Rankine cycle
朗缪尔黏滞计/朗繆耳黏度計 Langmuir viscosity gage
朗斯基行列式/譢斯金行列式 Wronskian determinant
浪/浪 furlong
浪涌电流/突波電流 surge current
浪涌电压/突波電壓 surge voltage
浪涌计数器/湧波計數器 surge counter
劳埃德-马克思量化/羅依-麥斯量化 Lloyd-Max quantization
劳厄法/勞氏法 Laue method
劳厄方程/勞氏方程式 Laue equation
劳林连续离心机/勞夫林連續離心機 Laughlin continuous centrifuge
劳森判据/勞森判據 Lawson criterion
劳思近似法/勞斯近似法 Routh approximation method
劳思稳定判据/勞斯穩定度準則 Routh stability criterion
劳斯-赫尔维茨判据/勞斯-赫爾維茨判據 Routh-Hurwitz criterion
老虎钳/[老]虎鉗 vise
老化/老化,時效 ageing, aging
老化故障/老化故障 ageing fault, aging failure
老化失效/老化破壞,老化故障 ageing failure, aging failure
老化试验/老化試驗,退化測試 aging test, aging testing
老化试验箱/老化試驗箱 aging test chamber
老化误差/老化誤差 aging error
老化现象/老化現象 deterioration phenomenon
老化效应/老化效應 aging effect
铑/銠 rhodium
铑金矿/銠金礦 rhodium gold
铑铁电阻温度计/銠鐵電阻溫度計 rhodium-iron resistance thermometer
铑-铱化学分离/銠-銥化學分離 rhodium-iridium chemical separation
烙铁软钎焊/烙鐵焊接 iron soldering
乐观的误差/樂觀估計 optimistic estimate
乐观方法/樂觀方法 optimistic scheduler
乐观偏差/樂觀誤差 optimistic error
乐观值/樂觀值 optimistic value
勒/勒,停頓 lethargy
勒布朗克联结/勒布朗克接線法 Leblanc connection
勒夫场等效原理/拉夫場等效原理,拉夫場等效定理 Love field equivalence principle
勒克郎谢电池/勒克朗社電池 Leclanche cell
勒克司计/照明光度計 illumination photometer
勒克斯/公制燭光,米制燭光 meter candle, lux
勒秒/勒克司秒 lux second
勒让德函数/雷建德函數 Legendre function
勒文海姆-斯科伦定理/Löwenheim-Skolem 定理 Löwenheim-Skolem theorem
雷达/雷達 radar
雷达测高计/雷達高度計 radar altimeter
雷达测距/雷達測距 radar ranging
雷达测距器/雷達測距儀 radar range finder
雷达测距仪[器]/雷達測距儀 radar range finder
雷达测量/雷達量測 radar measurement
雷达测速器/雷達測速器 radar speedometer
雷达地平线/雷達地平線 radar horizon
雷达点迹/雷達點跡 radar plot
雷达对抗/雷達對抗 radar countermeasures
雷达发射机/雷達發射機,雷達傳送器 radar transmitter
雷达反侦察/雷達反偵察 radar anti-reconnaissance
雷达方程/雷達方程 radar equation
雷达仿真器/雷達仿真器,雷達類比器 radar simulator
雷达分辨力/雷達分辨力 radar resolution
雷达航迹/雷達航跡 radar track
雷达回波/雷達回波 radar echo
雷达接收机/雷達接收機 radar receiver
雷达截面积/雷達截面積 radar cross section, RCS
雷达进近管制系统/雷達進近管制系統 radar approach control system, RAPCON
雷达距离方程/雷達距離方程式 range equation
雷达距离方程式/雷達距離方程式,偵測範圍方程式 radar range equation
雷达控制器/雷達控制器 radar controller
雷达棱镜/雷達棱鏡 radar prism
雷达领航/雷達領航 radar pilotage
雷达领航装置/雷達領航裝置 radar navigator
雷达模拟/雷達訊號模擬,雷達系統類比 radar simulation
雷达目标/雷達目標 radar target
雷达扫描装置/雷達掃描器 radar scanner
雷达示波器/雷達指示器 radarscope
雷达数据库/雷達數據庫 radar database
雷达搜索天线/雷達掃描器 radar scanner
雷达探测距离/雷達探測距離 radar range
雷达天文学/雷達天文學 radar astronomy

雷达天线/雷達天線 radar antenna
雷达网/雷達網 radar net
雷达威力图/雷達威力圖 radar coverage diagram
雷达吸收材料/雷達吸收材料 radar absorbing material
雷达显示/雷達顯示 radar display
雷达显示器/雷達顯示器 radar indicator, radar scope, radar display
雷达信号/雷達訊號 radar signal
雷达信息变换器/雷達信號轉換器 radar converter
[雷达]寻标器天线/尋標器天線 seeker antenna
雷达寻的器/雷達尋的器 radar seeker
雷达影像/雷達像 radar image
雷达诱饵/雷達誘餌 radar decoy
雷达站/雷達站 radar station
雷达中继/雷達中繼 radar link, radar relay
雷达转发器/雷達轉發器 radar repeater
雷电冲击/閃電脈衝 lightning impulse
雷电冲击截波试验/雷電衝擊截波試驗 chopped lightning impulse test
雷电计/雷電計 ceraunograph
雷电浪涌/雷電突波,雷電過電壓 lightning surge
雷电流/雷電流 lightning current
雷汞爆管/雷帽 fulminating cap
雷管/雷管,起爆管 detonator
雷帽/雷帽 fulminating cap
雷蒙德粉碎机/雷蒙粉碎機 Raymond pulverizer
雷蒙德磨/雷蒙磨 Raymond mill
雷蒙德研磨机/雷蒙磨 Raymond mill
雷诺方程/雷諾方程[式] Reynolds equation
雷诺数/雷諾數 Reynolds number
雷诺数修正/雷諾數修正 Reynolds number correction
雷闪放电/閃電放電 lightning discharge
雷氏黏度/雷氏黏度 Redwood viscosity
雷氏黏度计/雷氏黏度計 Redwood viscosimeter
雷特蒸气压/雷德蒸氣壓 Reid vapor pressure
镭源/鐳源 radium source
累积曝光表/累積露光計 summation actinometer
累积层/積層 accumulation layer
累积电离/累積電離,累積游離 cumulative ionization
累积分布/累積分布 cumulative distribution
累积概率分布函数/累積機率分布函數 cumulative probability distribution function
累积概率函数/累積概率函數 cumulative probability function
累积故障概率/累積故障機率,累積失效機率 cumulative failure probability
累积和图/累積和圖 cumulative sum chart, cusum chart
累积剂量/累積劑量,總劑量 cumulative dose, accumulated dose
累积剂量当量/累積當量劑量 cumulative dose equivalent
累积流量/總流量 volume
累积流量曲线/累積流量曲線 cumulative flow curve
累积频数/累積頻數 cumulative frequency
累积误差/累積誤差 accumulative error
累积吸收剂量/累積吸收劑量,總吸收劑量 cumulative absorbed dose
累积系数/積累因子,增建因子 build-up factor
累积增量备份/累積增量備份 cumulative incremental backup
累计百分数声级/累計百分數位準 percentile level
累计功率计/累計功率表 totalizing wattmeter
累计[积分]剂量计/積分式劑量計 integrating dosimeter
累计料斗秤/非連續累計自動衡器 discontinuous totalizing automatic weighing instrument
累计流量计/積分流量計 integrating flowmeter
累计时间/累計時間 accumulated time
累计式[测量]仪器/累計式量測儀器 totalizing measuring instrument
累计式称量装置/累計式配料器 cumulative batcher
累计瓦特计/積分式瓦特計 integrating wattmeter
累计装机容量/累計裝機容量 accumulated installation capacity
累加分配器/累加分配器 accumulation distribution unit
累加寄存器/累加暫存器 accumulator register
累加器/累加器,累積器 accumulator
累加弦长参数化/累加弦長參數化 cumulative chord length parameterization
累接阻抗/累[複]接阻抗,迭接阻抗,複接阻抗 iterative impedance
累进误差/累積誤差 progressive error
肋片换热器/凸片管熱交換器 finned tube heat exchanger
肋片散热器/肋式散熱器 ribbed radiator
类/類[别] class
AC类/AC類 the class AC
BPP类/BPP類 the class BPP
coRP类/coRP類,RP class RP, coRP
NC类/NC類 the class NC

♯P类/♯P類　class ♯P
ZPP类/ZPP類　the class ZPP
类比除器/類比除法器　analog divider
类比加器/類比加器　analog adder
类比推理/類比推理　analogical inference
类比学习/類比學習　learning by analogy
类别电压/類別電壓　category voltage
类反应协同建模/CRC建模　class-responsibility-collaborator modeling, CRC modeling
类规则表示/類似規則表示法　rule-like representation
类库/類別館　class library
类框架表示/類框架表示　frame-like representation
类目/分類器　classifier
A类评定/A類評定　type A evaluation
B类评定/B類評定　type B evaluation
类人机器人/類人機器人　humanoid robot
0类设备/0類設備　class 0 equipment
Ⅲ类设备/Ⅲ類設備　class Ⅲ equipment
类神经器件/模擬神經元　neuristor
类属词典/同義詞典　thesaurus
类属号码/通用號碼　generic number
类属流量控制/通用流量控制　generic flow control
类属通知/通用通知　generic notification
类属细胞速率算法/通用細胞速率演算法　generic cell rate algorithm, GCRA
类同步/類同步　homochronous
类图/類圖　class diagram
类型/類型　type
类型代换/并聯置換　type substitution
类型合成/類型合成　type synthesis
类型论/類型論　type theory
类型系统/工型系統　type system
类义词典/同義詞典　thesaurus
类SQL语言/類SQL語言　SQL-like language
棱角强度/棱角強度　edge strength
棱角状砂/多角形砂　angular sand
棱镜/棱鏡　prism
棱镜单色仪/棱鏡單色儀　prism monochromator
棱镜等高仪/棱鏡等高儀　prismatic astrolabe
棱镜分光计/棱鏡光譜儀　prism spectrometer
棱镜分光镜/棱鏡分光儀　prism spectroscope
棱镜聚焦放大镜/棱鏡聚焦放大鏡　prismatic focusing magnifier
棱镜屈光度/棱鏡屈光度　prismatic diopter
棱镜摄谱仪/棱鏡攝譜儀　prism spectrograph
棱镜双筒望远镜/棱鏡雙目望遠鏡　prismatic binoculars
棱镜照相机/棱鏡照相機　prismatic camera
V棱镜折射仪/V棱鏡折射儀　V-prism refractometer
棱镜质谱计/棱鏡質譜儀　prism mass spectrometer
棱形聚光器/棱鏡聚光器　prismatic condenser
棱柱副/棱柱[運動]對　prismatic pair
棱柱位错/錐差排　prismatic dislocation
棱柱形位错环/棱柱形錯位環　prismatic dislocation loop
楞勃透镜[天线或反射器]/盧芮柏透鏡　Luneburg lens
冷拔/冷拉　cold drawing
冷拔钢管/冷拔鋼管　cold-drawn steel pipe
冷拔钢丝/冷拉鋼線　cold-drawn wire
冷拔螺旋钢筋成型机/冷拔螺旋鋼筋成型機　cold-drawn spiral steel bar making machine
冷备份/冷備份　cold backup
冷壁反应器/冷壁回應器　cold wall reactor
冷变形/冷變形　cold deformation
冷变形强化/冷變形強化　cold deformation strengthening
冷藏车/冷藏車　refrigerated van
冷藏陈列柜/冷藏陳列櫃　refrigerated display cabinet
冷藏船/冷凍貨船　refrigerated cargo vessel
冷藏集装箱/冷藏集裝箱　refrigerated container
冷藏间/冷藏間　cold storage room
冷藏链/冷連鎖　cold chain
冷藏列车/冷藏列車,冷藏軌道車　refrigerated rail-car
冷藏汽车/冷藏車輛　refrigerated vehicle
冷藏箱/冰箱,冷藏機,低温冷藏箱　refrigerator, cryogenic storage container
冷成形/冷成形,冷加工,常温成形法　cold forming
冷处理/深冷處理　cryogenic treatment, suber treatment
冷床/冷床　cooling bed
冷脆/冷脆　cold brittle
冷脆性/冷脆性　chill shortness, cold brittleness
冷捣糊/冷搗糊漿　cold ramming paste
冷等静压[制]/冷均壓　cold isostatic pressing, CIP
冷等离子体/冷電漿　cold plasma
冷淀积/冷澱法,冷沈析澱,低温沈降　cold settling
冷叠/冷疊　clod lap
冷冻/冰凍　freezing
冷冻厂零件/冷凍廠機件　refrigerating plant part
冷冻除湿机/冷凍除濕機　refrigerating dehumidifier
冷[冻]处理/冷處理　cold treatment

冷冻吨/冷凍噸 ton of refrigeration
冷冻干燥/冷凍乾燥 freeze drying
冷冻干燥机/冷凍乾燥機 freezing dry machine
冷冻机油/冷凍機油 refrigerant oil
冷冻剂/冷凍[混合]劑 cryogen, freezing mixture
冷冻量/冷凍量 refrigeration capacity
冷冻器/凍凝器 congealer
冷冻升华阱/冷凍昇華阱 cryosublimation trap
冷冻式干燥器/冷凍式乾燥器 refrigerant type dryer
冷冻温度/冷凍溫度 refrigerator temperature
冷镀锌/冷塗鋅法 cold galvanizing
冷端温度补偿/冷結接點補償 cold-junction compensation
冷锻/冷鍛 cold forging
冷镦/冷鍛釘頭,冷作頭 cold heading
冷镦钢/冷鐓鋼 cold heading steel
冷镦机/冷鐓機 cold header
冷镦模/冷鍛釘頭模 cold heading die
冷发射/冷發射 cold emission
冷风电动机/冷却風扇馬達 cooling fan motor
冷风高炉生铁/冷風高爐生鐵 cold blast pig iron
冷风机/空氣冷却器 air cooler
冷风生铸铁/冷風生鐵 cold pig iron
冷负荷/冷負荷 cold load
冷坩埚熔炼/冷坩堝熔煉 cold wall crucible melting
冷隔/冷隔,冷界 cold shut
冷固结球团矿/冷固結球團礦 cold bound pellet
冷焊/冷焊 cold welding, cold weld
冷灰斗/水冷式料斗 ash pit, water-cooled hopper
冷挤压/冷擠壓 cold extrusion
冷挤压机/冷擠壓機 cold extrusion press
冷挤压模/冷擠壓模 cold extruding die
冷剂式空调系统/冷凍式空調系統 refrigerated air-conditioning system
冷加工/冷加工,冷作 cold work, cold working
冷加工间/冷加工間 cooling processing room
冷加工模具钢/冷作模具鋼 cold work die steel
冷剪/冷剪切 cold shearing
冷接点/冷接點,冷結點 cold junction
冷阱/冷[陷]阱 cold trap
冷镜/冷[反]光鏡 cold mirror
冷库/冷藏庫 cold store
冷拉棒材/冷拉棒材 cold-drawn bar
冷沥青喷洒机/冷瀝青噴灑機 cold binder spreader
冷连轧/冷連軋 cold tandem rolling
冷料/冷裝料 cold charge
冷裂/冷裂 cold cracking
冷裂纹/冷裂 cold crack
冷炉膛熔炼/水冷式爐堂熔化 cold hearth melting
冷凝泵/冷凝泵,冷液泵 condenser pump
冷凝点/凝[聚]點 condensation point
冷凝管/冷凝管 condensing tube
冷凝量/凝結數 condensation number
冷凝炉衬/冷凝爐襯 freeze lining
冷凝器/冷凝器,凝汽器 condenser
冷凝器管/冷凝器管 condenser tube
冷凝器组/冷凝器組 bank of condensers
冷凝腔/冷凝腔 condensation chamber
冷凝式锅炉/冷凝式鍋爐 condensing boiler
冷凝式湿度计/冷凝濕度計 condensation hygrometer
冷凝水回收装置/冷凝水回收設備 condensing-water recovery equipment
冷凝塔/冷凝塔 condensing tower
冷凝蜗管/冷凝蝸管 condensing worm
冷凝液/凝結液,凝結油 condensate liquid
冷凝液体/冷凝液 condensing fluid
冷凝蒸发器/冷凝蒸發器 condenser-evaporator
冷凝-贮液器/冷凝-貯液器 condenser-receiver
冷启动/冷開機,冷起動 cold start
冷却/冷却 cooling
冷却倍率/冷却速率 cooling rate
冷却泵/冷却泵 cooling pump
冷却壁/冷却壁 cooling stave
冷却槽/冷却浴 cooling bath
冷却风扇/西洛哥扇風機 Sirocco fan
冷却功率温度计/冷却力温度計 cooling power thermometer
冷却管/冷却管 cooling tube
冷却管组/冷却管組 cooling battery
冷却剂/冷却劑 coolant
冷却剂总活度监测仪/冷却劑總活性偵測器 coolant gross activity monitor
冷却间/驟凍室 chilling room
冷却介质/冷却劑,冷媒 coolant
冷却裂缝/冷裂,縮裂 cooling crack
冷却媒质/冷却介質 cooling medium
冷却盘车/冷却盤車 cooling-down
冷却片/散熱片 cooling fin
冷却气道/冷却氣道 cooling airduct
冷却器/冷却器 cooler
冷却腔/冷却腔 cooling chamber
冷却曲线/冷却曲線 cooling curve
冷却时间/冷却時間 cooling time
冷却式喷油器/冷却式燃油噴射器 cooled fuel injector

冷却式喷油嘴/冷却式噴油嘴 cooled nozzle
冷却水/冷却水 cooling water
冷却水管/冷却水管 cooling water tube
冷却水套/水套 water jacket
冷却水箱/冷却劑箱 coolant tank, cooling box
冷却水泄漏检查装置/冷却水洩漏檢測器 cooling water leakage detector
冷却速度/冷却速率 rate of cooling, cooling speed
冷却塔/冷却塔 cooling tower
冷却塔填料/冷却塔填料 packing of cooling tower
冷却台/冷却檯 cooling-stage
冷却套/冷却套 cooling jacket
冷却停机/冷却停機,冷却關機 cooling shutdown
冷却通道/冷却通道 cooling gallery
冷却物冷藏间/冷却物冷藏間 chilled food storage room
冷却系统/冷却系統 cooling system
[冷却系统的]管道/管 duct of a cooling system
冷却系统遥测温度计/冷却遥測溫度計 cooling telethermometer
冷却旋管/冷却旋管 cooling coil
冷却烟道/冷却管道 cooling duct
冷却叶片/冷却葉片 cooled blade
冷却液过热越控阀/冷却液過熱越控閥 coolant override valve
冷却液温度传感器/冷却液溫度感測器 coolant temperature sensor
冷却应力/冷却應力 cooling stress
冷却用废金属/冷却用廢金屬 scrap for cooling
冷却用料/冷却用料 chill scrap
冷却与密封空气系统/冷却與密封空氣系統 cooling and sealing air system
冷热电联供系统/冷熱電聯供系統 combined cool-heat and power system, CCHP
冷砂料场/冷砂工場 sand cooling plant
冷杉木/樅木 fir
冷式气化器/冷式氣化器 cold vaporizer
冷室压铸机/冷室壓鑄機 cold chamber die casting machine, cold chamber machine
冷水机组/水冷裝置 water chiller unit
冷酸器/酸冷却器 acid cooler
冷态沥青用机械/冷態瀝青用機械 machinery for cold application of bitumen
冷态启动/冷態啟動 cold start-up
冷态起动/常溫起動 cold starting
冷铁/冷鐵 chill, densener
冷铁试样/冷硬試件 chill block
冷铁线圈/冷硬線圈 chill coil
冷停堆/冷停機[爐] cold shutdown
冷弯机/冷彎機 cold roll forming mill
冷弯型材/冷彎型材 roll-formed shape
冷弯型钢/冷彎型鋼 roll-formed shape steel, cold bending section steel, cold-formed steel section
冷芯盒法/冷芯盒法 cold box process
冷型火花塞/冷型火花塞 cold spark plug
冷旋压/冷旋壓 cold spinning
冷压/冷壓 cold pressing
冷压焊/冷焊 cold welding
冷压团/冷壓團 cold pressed briquet
冷压型焦/冷壓型焦 formcoke from cold briquetting process
冷压印模/冷壓印模 cold coining die
冷阴极/冷陰極 cold cathode
冷阴极磁控管真空计/冷陰極磁控管真空計 cold cathode magnetron gage
冷阴极灯/冷陰極燈 cold cathode lamp
冷阴极电离计/冷陰極游離計,冷陰極離子真空計 cold cathode ionization gage, cold cathode ion gage
冷阴极电离真空计/冷陰極游離[真空]計 cold cathode ionization gage
冷阴极电子管/冷陰極管 cold cathode tube
冷阴极放电/輝光放電 cold cathode discharge
冷阴极管/冷陰極管 cold cathode tube
冷阴极计数管/冷陰極計數管 cold cathode counting tube
冷阴极离子源/冷陰極離子源 cold cathode source
冷阴极真空计/冷陰極真空計 cold cathode gage
冷阴极整流器/冷陰極整流器 cold cathode rectifier
冷阴极指示管/冷陰極指示管 cold cathode indicator tube
冷硬板/冷硬板 chill plate
冷硬法/冷激硬化法 chill hardening
冷硬合金轧辊/合金冷硬軋輥 alloy chilled roll
冷硬环/冷硬環 chill ring
冷硬麻口[铁]控制法/冷硬麻口控制法 chill mottle control
冷硬深度/冷硬深度 depth of chill
冷硬试件/冷硬試件 chill test piece
冷硬铁/硬面鑄鐵,冷激鑄鐵,冷硬鑄鐵 chilled iron
冷硬铁粒/冷硬鐵珠 chilled shot
冷硬轧辊/冷硬軋輥 chilled roll
冷硬铸件/冷硬鑄件 chill casting
冷硬铸模/冷硬模 chill mold
冷硬铸铁/冷硬鑄鐵 chilled iron, chilled cast iron
冷油器/冷油器 oil cooler
冷再热蒸汽参数/冷再熱蒸汽參數 cold reheat

steam condition
冷渣器/爐底渣冷却器，爐底灰冷却器　bottom ash cooler
冷轧 /冷軋　cold rolling
冷轧板带退火/冷軋板退火　annealing of cold-rolled sheet and strip
冷轧薄板/冷軋薄板　cold-rolled sheet
冷轧带肋钢筋成型机/冷軋帶肋鋼筋成型機　cold rolling steel wire and bar making machine
冷轧钢/冷軋鋼　cold-rolled steel
冷轧管机/冷軋管機　cold Pilger mill
冷轧硅钢片/冷軋矽鋼片　cold-rolled silicon steel sheet
冷轧辊/冷軋輥　cold-roll, cold mill roll
冷轧机/冷軋機　cold calender
冷轧扭钢筋成型机/冷軋扭鋼筋成型機　cold-rolled and twisted steel bar making machine
冷轧平整/冷軋平整　cold-rolled temper
冷轧弹簧钢/冷軋彈簧鋼　cold-rolled spring steel
冷站点/冷站點　cold site
冷中子/冷中子　cold neutron
冷珠/冷珠　cold shot
冷贮备/冷貯備　cold standby redundancy
冷装/冷裝　expansion fitting
厘泊/厘泊　centipoise, cP
厘沲/厘司托克士　centistokes, cSt
厘米波/厘米波　centimeter wave
厘米-克-秒[单位]制/厘米-克-秒[單位]制　centimeter-gram-second system, C.G.S. unit system
厘米 克-秒基本单位/厘米-克-秒單位，CGS 單位　C.G.S. basic units
离岸钻探/海域鑽井　offshore drilling
离差量/離差量　amount of deviation
离合电磁铁/離合磁鐵　clutch magnet
离合器/離合器　clutch
离合器操纵机构/離合器操縱機構　clutch operation mechanism
离合器操纵[机构]液压主缸/離合器操縱[機構]液壓主缸　clutch release master cylinder
离合器电动机/離合器電動機　clutch motor
离合器分离拉索/離合器分離拉索　clutch release cable
离合器分离轴/離合器分離軸　clutch release shaft
离合器盖/離合器蓋　clutch cover
离合器衰减系数/離合器衰減係數　fade coefficient of clutch
离合器踏板/離合器踏板　clutch pedal
离合器踏板臂/離合器踏板臂　clutch pedal lever
离合器踏板回位弹簧/離合器踏板回位彈簧　clutch pedal return spring
离合器踏板密封套/離合器踏板密封套　clutch pedal lever seal
离合器踏板支座/離合器踏板支座　clutch pedal mounting bracket
离合器踏板轴/離合器踏板軸　clutch pedal shaft
离合器轴/離合器軸　clutch shaft
离合器转矩储备系数/離合器轉矩儲備係數　clutch torque reserve coefficient
离合器转矩容量/離合器扭矩能力　torque capacity of clutch
离解激发/分散激勵　dissociative excitation
离解子/解離器　dissociator
离去角/出發角，偏離角　departure angle
离散重建问题/離散重建問題　discrete reconstruction problem
离散地址信标系统/離散位址信標系統　discrete-address beacon system, DABS
离散对数/離散對數　discrete logarithm
离散多音频调制/離散多音調調變　discrete multi-tone modulation
离散多载波/離散多音　discrete multitone, DMT
离散分布/離散分布　discrete distribution
离散傅里叶变换/離散傅立葉轉換　discrete Fourier transform, DFT
离散傅里叶级数/離散傅立葉序列　discrete Fourier series, DFS
离散傅里叶逆变换/離散傅立葉反轉換　inverse DFT, IDFT
离散光谱/不連續譜　discrete spectrum
离散哈特莱变换/離散哈特萊轉換　discrete Hartley transform, DHT
离散化/離散化　discretization
离散卷积/離散卷積　discrete convolution
离散控制系统/離散控制系統　discrete control system
离散耦合/離散式耦合　discrete coupling
离散频率编码/離散頻率編碼　discrete frequency coding
离散谱/線[光]譜　line spectrum
离散曲面/離散曲面　discrete surface
离散时间算法/離散時間演算法　discrete-time algorithm
离散时间系统/離散時間系統　discrete-time system
离散时域信号/離散時域信號　discrete-time signal
离散事件系统仿真/離散事件系統模擬　discrete

event system simulation
离散事件系统仿真语言/離散事件系統模擬語言 discrete event system simulation language
离散事件系统模型/離散事件系統模型 discrete event system model
离散松弛法/離散鬆弛法 discrete relaxation
离散算法/離散演算法 discrete algorithm
离散随机变量/間斷任意變數 discrete random variable
离散文本/離散本文 discrete text
离散沃尔什变换/離散沃爾什轉換 discrete Walsh transform, DWT
离散误差/離散誤差 discrete error
离散希尔伯特变换/離散希爾伯特轉換 discrete Hilbert transform
离散系统/離散系統,不連續系統 discrete system
离散系统仿真/離散系統模擬 discrete system simulation
离散系统仿真语言/離散系統模擬語言 discrete system simulation language
离散系统模型/離散系統模型 discrete system model
离散信号/離散信號,離散訊號 discrete signal
离散余弦变换/離散餘弦轉換 discrete cosine transform, DCT
离散指令/離散指令 discrete command
离网型风力发电机组/離網型風力發電機組 off-grid wind turbine generator set
离析炼铜法/偏析煉銅法 copper segregation process
离线/離線,離機 offline
离线备份/離線備份 offline backup
离线编程/離線規劃 offline programming
离线处理/離線處理 offline processing
离线存储器/離線儲存器,線外儲存器 offline storage
离线加密/離線加密 offline encryption
离线图灵机/離線杜林機 offline Turing machine
离线系统仿真/離線系統模擬 offline system simulation
离心摆/離心擺 centrifugal pendulum
离心泵/離心[式]泵,螺旋泵 centrifugal pump, spiral pump
离心沉降/離心沈降 centrifugal sedimentation
离心抽风机/離心排氣機 centrifugal exhauster
离心除尘器/離心除塵器,離心集塵器 centrifugal deduster, centrifugal dust collector
离心萃取器/離心萃取器 centrifugal extractor
离心澄清器/離心澄清器 centrifugal clarifier
离心法/離心加壓鑄造法 centrifuging
离心分级机/離心分級機 centrifugal classification
离心分选机/離心類析器 centrifugal classifier
离心[分离]机/離心[分離]機 centrifuge
离心分离器/離心式分離器 centrifugal separator
离心粉碎机/離心磨機 centrifugal mill
离心鼓风机/輪機鼓風機 turbo-blower
离心管/離心管 centrifugal tube, centrifuge tube
离心管套/離心套管 centrifuge shield
离心管套座/離心管套座 centrifuge trunnion carrier
离心滚磨/離心輥磨 centrifugal roll mill
离心过滤/離心過濾 centrifugal filtration, centrifuging
离心机处理/離心處理 centrifuge treating
离心机械式调速器/離心機械式調速器 centrifugal mechanical governor
离心集尘器/離心集塵器 centrifugal dirt collector
离心集渣浇口/回旋澆口 spinner gate, whirl gate
离心集渣浇注系统/漩渦閘捕渣系統 whirl gate dirt trap system
离心集渣口/旋渦集渣包 whirl gate dirt trap
离心集渣冒口/旋渦補給口 whirl gate feeder
离心加速度/離心加速度 centrifugal acceleration
离心加油器/離心給油器 centrifugal oiler
离心浇注/離心加壓鑄造法 centrifugal pressure casting
离心搅拌器/離心攪拌器 centrifugal stirrer
离心净化器/離心澄清器 centrifugal clarifier
离心开关/離心開關 centrifugal switch
离心拉力/離心張力 centrifugal tension
离心冷冻/離心冷凍 centrifugal freezing
离心力/離心力 centrifugal force
离心力去除液雾/離心力移去液霧 centrifugal force to remove liquid mist
离心力式平衡机/離心力式平衡機 centrifugal balancing machine
离心磨机/離心磨機 centrifugal mill
离心浓缩机/離心濃縮機,離心增稠器 centrifugal concentrator
离心排气机/離心排氣機 centrifugal exhauster
离心喷光机/離心噴光機 centrifugal blaster
离心瓶/離心瓶 centrifugal bottle
离心腔/離心腔 centrifugal chamber
离心腔盖/離心腔蓋 centrifugal cover
离心腔体/離心腔體 centrifugal chamber casing
离心腔真空度/離心腔真空度 vacuum degree of centrifugal chamber
离心切断机/離心切斷機 centrifugal cutter

离心润滑[注油]器/離心潤滑器 centrifugal lubricator
离心筛/離心篩 centrifugal screen
离心湿润器/離心增濕器 centrifugal humidifier
离心时间/離心時間 centrifugation time
离心式抽气器/離心抽氣器 centrifugal aspirator
离心式除尘器/離心粉塵分離器,離心洗氣器,離心除塵器 centrifugal cleaner, centrifugal scrubber
离心式吹风机/離心鼓風機 centrifugal blower
离心式低温液体泵/離心式低溫液體泵 centrifugal cryogenic liquid pump
离心式断路器/離心斷路器 centrifugal break
离心式分布器/離心分布器 centrifugal distributor
离心式分配器/離心分布器 centrifugal distributor
离心式分选/離心式分級 centrifugal separation
离心式干燥机/離心乾燥機 centrifugal drier
离心式鼓风机/離心[式]鼓風機 centrifugal blower, centrifugal fan
离心式机油滤清器/離心式潤滑油過濾器 centrifugal oil filter, rotating centrifugal lubricating oil filter
离心式继电器/離心繼電器 centrifugal relay
离心式加湿器/離心增濕器 centrifugal humidifier
离心式净化器/離心淨化機,離心清潔器,離心除塵器 centrifugal cleaner
离心式离合器/離心離合器 centrifugal clutch
离心式滤清器/離心過濾器 centrifugal filter
离心式喷雾器/離心噴霧器 centrifugal sprayer
离心式气洗装置[机]/離心氣體洗滌器 centrifugal gas washer
离心式清洁器/離心淨化機,離心清潔器,離心除塵器 centrifugal cleaner
离心式撒布器/離心分布器 centrifugal distributor
离心式提金[混汞]器/離心混汞器 centrifugal amalgamator
离心式通风机/離心通風機,離心式風扇,離心式扇風機 centrifugal fan
离心式通风器/離心通風器 centrifugal breather
离心式吸气器/離心抽氣器 centrifugal aspirator
离心式洗涤机/離心洗滌器 centrifugal washer
离心式压缩机/離心[式]壓縮機,徑向流壓縮機 centrifugal compressor, radial flow compressor
离心式叶轮/離心式葉輪 centrifugal impeller
离心式增压泵/離心增壓泵 centrifugal booster pump
离心式增压器/離心增壓器 centrifugal supercharger
离心式制冷压缩机/離心式製冷壓縮機 centrifugal refrigerant compressor
离心式转速表/離心式轉速表,離心轉速計 centrifugal tachometer, centrifugal-force tachometer
离心式自动离合器/離心式自動離合器 centrifugal automatic clutch
离心试验/離心試驗 centrifugal test
离心试验机/離心試驗機 centrifugal testing machine
离心收集器/離心收集器,離心集塵器 centrifugal collector
离心提前机构/離心提前機構 centrifugal advance mechanism
离心调速器/離心式調速器 centrifugal governor
离心涂装/離心塗裝 centrifugal enamelling
离心脱水机/離心乾燥機 centrifugal drier
离心稳速器/離心式調速器 centrifugal governor
离心雾化/離心霧化 centrifugal atomization
离心研磨机/離心研磨機 centrifugal grinder
离心叶轮/離心輪 centrifugal wheel
离心叶轮混合器/離心葉輪混合器 centrifugal impeller mixer
离心增湿器/離心增濕器 centrifugal humidifier
离心增压分馏器/離心超分餾器 centrifugal superfractionator
离心制动器/離心式剎車 centrifugal brake
离心铸模/離心鑄模 centrifugal casting die
离心铸铁管/離心鑄鐵管 centrifugal cast iron pipe, spun iron pipe
离心铸造/離心鑄造法 centrifgual casting
离心铸造法/離心鑄造,離心壓力鑄造法 centrifugal casting, centrifugal pressure casting
离心铸造机/離心鑄造機 centrifugal casting machine
离轴光线/離軸光線 off axis rays
离轴全息术/離軸全像術 off axis holography
离子/離子 ion
离子斑/離子斑 ion burn, ion spot
离子半径/離子半徑 ionic radius
离子泵/離子泵,離子幫浦,離子吸泵 ion pump, ionization pump
离子泵功率/離子幫浦功率 ion pump power
离子测定仪/離子計 ionometer
离子沉积打印机/離子沈積印表機 ion-deposition printer
离子传感器/離子感測器 ion transducer
离子传输泵/離子輸送泵 ion transfer pump
离子磁控管/離子磁控管 ion magnetron
离子导电/離子傳導 ionic conduction
离子缔合/離子締合 ionic association

离子电流/離子電流 ionic current
离子动能谱/離子動能譜 ion kinetic energy spectrum
离子镀/離子鍍 ion plating
离子对/離子對 ion pair
离子发动机/離子引擎 ion engine
离子风伏特计/離子風伏特計 ionic wind voltmeter
离子浮选/離子浮選 ion flotation
离子共振型质谱仪/離子共振質譜儀 ion resonance mass spectrometer
离子管/離子管 ionic tube
离子轰击/離子轟擊 ion bombardment
离子轰击二次电子像/離子轟擊二次電子像 ion bombardment secondary electron image
离子轰击浸蚀/離子衝擊浸蝕法 ion bombardment etching
离子轰击热/轟擊加熱 bombardment heating
离子轰击热处理/離子衝擊熱處理 plasma heat treatment, ion bombardment
离子化气体激光器/游離氣體雷射 ionized gas laser
离子化损失谱法/電離損失譜法 ionization lose spectroscopy
离子回旋共振分析器/離子共振分析儀 ion resonance analyzer
离子回旋共振加热/離子回旋共振加熱,離子回旋諧振加熱 ion cyclotron resonance heating, ICRH
离子回旋共振质谱仪/離子回旋共振質譜儀 ion cyclotron resonance mass spectrometer
离子活度/離子活性[度] ion activity
离子活度计/離子活度計,離子活性計 ion activity meter
离子活度系数/離子活度係數,離子活性係數 ionic activity coefficient
离子活性电极/離子活性電極 ion activity electrode
离子火箭/離子火箭 ion rocket
离子计/離子計 ionometer
离子计数器/離子計數管 ion counter
离子继电器/充氣繼電器 gas-filled relay
离子加速器/離子加速器 ion accelerator
离子检测器/離子檢知器 ion detector
离子溅射泵/離子濺射泵 sputter-ion pump
离子交换/離子交換 ion exchange
离子交换膜/離子交換膜 ion exchange membrane
离子交换膜氢氧燃料电池/離子交換膜氫氧燃料電池 ion exchange membrane hydrogen-oxygen fuel cell
离子交换器/離子交換器 ion exchanger
离子交换色谱法/離子交換層析法,離子交換色層分析術 ion exchange chromatography
离子交换纤维/離子交換纖維 ion exchange fiber
离子交换柱/離子交換[管]柱 ion exchange column
离子晶体半导体/離子晶體半導體 ionic crystal semiconductor
离子阱/離子阱 ion trap
离子阱磁铁/離子阱磁體 ion trap magnet
离子阱质谱仪/離子阱質譜儀 ion trap mass spectrometer
离子离心机/離子離心機 ionic centrifuge
离子量计/離子量計 ionic quantimeter
离子流/離子流 ion current
离子密度/離子密度 ion density
离子敏场效晶体管/離子選擇性場效電晶體 ion sensitive FET, ISFET
离子敏感器/離子感測器 ion sensor
离子敏元器件/離子感測元件與設備 ion sensing element and device
离子浓度/離子濃度 ion concentration
离子排斥极/離子排斥極,離子反射器 ion repeller
离子排斥色谱法/離子排斥色譜法 ion-exclusion chromatography
离子喷射/離子噴射 ionic propulsion
离子[气体]激光器/離子氣體雷射器 ionic gas laser
离子迁移率/離子遷移率 ionic mobility
[离子]迁移器/[離子]遷移裝置 transference apparatus
离子枪/離子槍 ion gun
离子强度/離子強度 ionic strength
离子散射谱/離子散射譜 ion-scattering spectrum
离子散射谱法/離子散射譜法 ion-scattering spectroscopy
离子散射谱[学]/離子散射譜[學] ion-scattering spectroscopy, ISS
离子散射谱仪/離子散射譜儀 ion-scattering spectrometer
离子色谱法/離子色譜法,離子層析術 ion chromatography
离子色谱仪/離子層析儀 ion chromatograph
离子渗氮/離子滲氮,電漿滲氮 plasma nitriding, glow discharge nitriding, ion nitriding
离子渗硼/離子滲硼 ion boriding
离子渗碳/離子滲碳 ion carburizing
离子声激波/離子聲激波 ion-sound shock-wave
离子蚀刻/離子蝕刻 ion etching
离子室/離子室,離子腔 ion chamber
离子收集器/離子收集器 ion collector
离子收集时间/離子收集時間 ion collection time

离子束/離子束,離子注　ion beam
离子束淀积/離子束澱積　ion beam deposition, IBD
离子束镀/離子束鍍　ion beam coating, IBC
离子束光刻/離子束光刻　ion beam lithography
离子束加工/離子束加工　ion beam machining
离子束抛光/離子束抛光　ion beam polishing
离子束外延/離子束外延　ion beam epitaxy, IBE
离子束蒸发/離子束蒸發　ion beam evaporation
离子水合/離子水合　ionic hydration
离子酸度/離子酸度　ionic acidity
离子探针/離子微探針　ion probe
离子探针谱[学]/離子探針譜學　ion microprobe
离子碳氮共渗/離子碳氮共滲　ion carbonitriding
离子团束淀积/離子團束澱積　ionized-cluster beam deposition, ICBD
离子团束外延/離子團束外延　ionized-cluster beam epitaxy, ICBE
离子微分析/離子微分析　ion microanalysis
离子微探针分析/離子微探針分析　ion microprobe analysis
离子微探针质谱计/離子微探針質譜儀　ion microprobe mass spectrometer
离子铣/離子銑,離子磨削　ion beam milling
离子显微镜/離子顯微鏡　ion microscope, ionic microscope
离子[陷]阱/離子阱　ion trap
离子形成速率/離子形成速率　rate of ion formation
离子鞘/離子鞘,離子套層　ion sheath
离子选择电极/離子選擇電極　ion selection electrode, ion selective electrode
离子选择电极分析[法]/離子選擇電極分析[法]　ion selective electrode analysis
离子选择性检测器/選擇性離子檢知器　selective ion detector
离子扬声器/離子揚聲器　ionophone
离子源/離子源　ion source
离子振荡/離子振盪　ion oscillation
离子整流器/充氣整流器　gas-filled rectifier
离子质谱仪/離子質譜儀　ion mass spectrometer
离子中和谱法/離子中和譜法　ion neutralizing spectrum
离子中和谱[学]/離子中和譜[學]　ion neutralization spectroscopy, INS
离子中和谱仪/離子中和譜儀　ion neutralization spectrometer
离子注入/離子注入,離子植入　ion implantation
离子注入机/離子注入機　ion implanter
犁板式除雪机/犁板式除雪機　snow remover with snowplow
犁刀距中心线的偏移量/犁刀距中心線的偏移量　blade offset from centerline
犁刀离地间隙/犁刀離地間隙　blade ground clearance
犁钢/犁鋼　plow steel
犁沟/犁溝　plowing
犁式卸料器/犁式卸料器　plow tripper
篱图/柵狀圖,籬笆圖　trellis diagram
李利蒸发器/李立蒸發器　Lillie evaporator
李普曼静电计/李卜曼静電計　Lippmann electrometer
李普曼全息术/李卜曼全像術　Lippmann holography
李沙育图/李沙育圖　Lissajou figure
李沙育图形测频/李沙育圖形測頻　frequency measurement by Lissajou figure
李雅普诺夫不稳定性定理/李亞普諾夫不穩定定理　Lyapunov theorem of instability
李雅普诺夫定理/李亞普諾夫定理　Lyapunov theorem
李雅普诺夫间接法/李亞普諾夫間接法　Lyapunov indirect method
李雅普诺夫渐近稳定性定理/李亞普諾夫漸近不穩定定理　Lyapunov theorem of asymptotic stability
李雅普诺夫稳定性/李亞普諾夫穩定[性]　Lyapunov stability
李雅普诺夫稳定性定理/李亞普諾夫穩定定理　Lyapunov theorem of stability
李雅普诺夫稳定性判据/李亞普諾夫穩定性判據　Lyapunov stability criterion
李雅普诺夫直接法/李亞普諾夫直接法　Lyapunov direct method
里程碑/里程碑　milestone
里程表/哩數指示器,里程計　milemeter, cyclometer
里程计/里程計,哩數記録器,里程表　mileage recorder, cyclometer, odometer
里程计数器/里程計數器　mileage counter
里程试验/里程試驗　mileage test
里德伯/芮得柏　Rydberg
里德伯常数/芮得柏常數　Rydberg constant
里德二极管/雷德二極體　Read diode
里德解码算法/雷德解碼演算法　Reed decoding algorithm
里德-缪勒编码/雷德-穆勒碼　Reed-Muller code
里德-所罗门编码/雷德-索羅門碼　Reed-Solomon code
里格界限/里格界限　Reiger bound
里海裂纹试验/李海裂紋試驗　Lehigh cracking test

里卡蒂方程/里卡蒂方程　Riccati equation
里氏硬度/里氏硬度　Leeb hardness
里氏硬度试验/里氏硬度試驗　Leeb hardness test
里特凯尔纳蒸煮器/李特爾-凱耳納蒸煮器　Ritter-Kellner digester
理查德泵/理查泵　Richard pump
理查德变换/瑞查德轉換　Richard transformation
理查德电量计/理查電量計　Richard coulometer
理查森常数/瑞查生常數　Richardson constant
理化仪器/物理化學儀器　physicochemical instrumentation
CAP 理论/CAP 理論　CAP theory
DS 理论/DS 理論　Dempster-Shafer theory
LSS 理论/LSS 理論,林漢德-斯卡夫-斯高特理論　Lindhand Scharff and Schiott theory
理论板高/理論板高　height equivalent to a theoretical plate
理论板数/理論板數　number of the theoretical plates
理论边限/理論邊限　theoretical margin
理论耗气量/理論耗氣量　theoretical air consumption
理论混合气/化學計量混合物　stoichiometric mixture
理论计量学/理論計量學　theoretical metrology
理论接触面/理論接觸面積　theory contact area
理论空气量/理論空氣量　theoretical air, theoretical air quantity
理论空燃比/理論空燃比　stoichiometric air-fuel ratio
理论密度/固體密度　solid density
理论能头/理論水頭,理論揚程　theoretical head
理论配比/理想配比　stoichiometric
理论燃料空气比/理論燃料空氣比,理論油氣比　stoichiometric fuel-air ratio
理论燃烧温度/理論燃燒溫度　theoretical combustion temperature, raceway adiabatic flame temperature
理论生物学/理論生物學　theoretical biology
理论速度/理論速度　theoretical travel speed
理论塔板数/理論塔板數　theoretical plate number
理论应力集中系数/理論應力集中係數　theoretical stress concentration factor
理论语言学/理論語言學　theoretical linguistics
理想/理論　ideal
理想变压器/理想變壓器　ideal transformer
理想并联/理想并聯　ideal paralleling
理想补偿器/理想補償器　ideal compensator
理想冲击脉冲/理想衝擊脈衝　ideal shock pulse
理想磁导率/理想磁導率　ideal permeability
理想电感器/理想電感器　ideal inductor
理想电流源/理想電流源　ideal current source
理想电压源/理想電壓電源　ideal voltage source
理想二极管律/理想二極體律　ideal diode law
理想刚塑性体/理想剛塑性體　rigid-perfectly plastic body
理想功率/理想功率　ideal power
理想管式反应器/理想管式反應器　ideal tubular reactor
理想光学系统/理想光學系統　perfect optical system
理想化系统/理想化系統　idealized system
理想换能器/理想換能器　ideal transducer
理想机/理想機　ideal machine
理想晶体/理想晶體　ideal crystal
理想流体 /理想流體　ideal fluid
理想漫反射体/完全反射擴散體　perfect reflecting diffuser
理想漫透射体/理想漫透射體　perfect transmission diffuser
理想媒质/理想介質　perfect medium
理想频域滤波器/理想頻域濾波器　ideal frequency domain filter, IFDF
理想气体/理想氣體　ideal gas
理想气体定律/理想氣體定律　perfect gas law
理想气体温标/理想氣體溫標　ideal gas temperature scale
理想取样/理想取樣　ideal sampling
理想溶液/理想溶液　ideal solution
理想时域滤波器/理想時域濾波器　ideal time domain filter, ITDF
理想速度/理想噴射速度　ideal jet velocity
理想弹塑性体/理想彈塑性體　elastic-perfectly plastic body
理想温标/理想溫標　ideal scale
理想整步/理想同步　ideal synchronizing
理想值/理想值　ideal value
理性/理性　rationality
理性智能体/合法代理者　rational agent
理性主体/合法代理者　rational agent
锂/鋰　lithium
锂碘电池/鋰碘電池　lithium-iodine cell
锂电池/鋰電池　lithium battery
锂空气电池/鋰空氣電池　lithium air battery
锂离子蓄电池/鋰離子蓄電池　lithium ion battery
锂粒/鋰珠　lithium shot
锂镁还原/鋰鎂還原　lithium-magnesium reduction

锂漂移锗探测器/鋰漂移鍺偵測器,鋰漂移鍺偵檢器 lithium-drifted germanium detector
锂热还原法/鋰熱還原法 lithium thermal reduction process
锂蓄电池/鋰蓄電池 lithium storage battery
锂盐修正电解质/鋰鹽改良電解質 lithium modified electrolyte
力/力 force
力臂/力臂 arm of force, moment arm
力标准机/力標準機 force standard machines, force standard machine
力测量仪/力測量儀 force measuring instrument
力常数/力常數 force constant
力场/力場 field of force, force field
力传感器/力[訊號]轉換器 force transducer
力的平衡/力平衡 force balance
力点刀/力點刀 force knife
力多边形/力多邊形 force polygon
力放大部分/主裝置 main unit
力封闭的凸轮机构/力封閉的凸輪機構 force-closed cam mechanism
力封闭运动副/力閉式運動對 force-closed pair
力功率/力之功率 power of force
力管/力管 tube of force
力函数/力函數 force function
力基准机/力基準機,原級力標準機 primary force standard machine
力级/力級 force step
力劲/力勁 mechanical stiffness
力矩/力矩 moment of force, moment
力[矩]臂/力[矩]臂 moment arm
力矩传感器/扭矩感測器,扭矩傳感器,轉矩轉換器 torque transducer
力矩传感系统/力矩感測系統 moment sensing system
力矩电[动]机/力矩馬達,轉矩馬達 torque motor
力矩卷绕图/卷揚轉距圖 torque winding diagram
力矩平衡变送器/轉矩均衡傳送器 torque-balance transmitter
力矩器/扭矩裝置,加扭器 torquer
力矩曲线/扭矩曲線 torque curve
力矩容量/扭矩能力 torque capacity
力矩式自整角机/力矩式自整角機 torque synchro
力矩图/力矩圖 moment diagram
力矩系数/轉矩係數,扭矩係數 torque coefficient
力觉/力感度 force sense
力抗/力抗 mechanical reactance
力控制/加力控制 force control
力敏感器/力感測器 force sensor
力敏元件/力感測元件 force sensing element
力纳/力納 mechanical excitability
力偶/力偶 couple
力偶不平衡量/耦合不平衡值 couple unbalance value
力偶矩/力偶矩 moment of couple
力平衡/平衡 equilibrium
力平衡式加速度计/力平衡加速度計 force-balance accelerometer
力迫论证/力迫論證 forcing argument
力三角形/力三角 force triangle
力特性/力特性 force character
力特性试验/力特性試驗 force characteristic test
力线/力線 line of force
力线束/力管 tube of force
力线图/力線圖 force diagram
力旋量/力旋量 wrench
力学/力學 mechanics
力学弛豫/機械鬆弛 mechanical relaxation
力学量/力學量,機械量 mechanical quantity
力学欧姆/力歐姆 mechanical ohm
力学平衡/機械平衡 mechanical equilibrium
力学时/力學時,動力時 dynamical time
力学式传感器/機械量訊號轉換器 mechanical quantity transducer
力学松弛/機械鬆弛 mechanical relaxation
力学系统/機械系統 mechanical system
力学性能/機械性質 mechanical property
力学性能试验/力學性能試驗,機械性能試驗 mechanical test
力学振荡/機械振盪 mechanical oscillation
力学质量/力學質量 mechanical mass
力学滞后/機械遲滯 mechanical hysteresis
力学阻力/機械阻力 mechanical resistance
力值范围/負荷範圍 load range
力转换活塞/力轉換活塞 piston for load relieving and pressure transmitting
历史故障/歷史故障 history fault
历史规则/歷史規則 historical rule
历史数据/歷史資料 historical data
历书秒/曆書秒 ephemeris second
历书时/曆書時,星曆時 ephemeris time
历元/曆元,世,紀元 epoch
立吊式氧化着色机组/立面陽極處理線 vertical profiles anodizing line
立方氮化硼/立方氮化硼 cubic boron nitride, CBN
立方公尺/斯脱 stere

立方晶体/等軸晶體 cubic crystal
立方连接环/立方連接環 cube-connected cycle
立方连接结构/立方連接結構 cube-connected structure
立方米/斯脱 stere
立方米水成本/立方公尺水成本 cost per cubic-meter water
立方碳化硅/立方碳化矽 cubic silicon carbide
立方体/立方 cube
n 立方体网/n 方體網路 n-cube network
立方形空腔谐振器/立方形空腔[諧振器] cubical cavity
立方织构/立方織構 cube texture
立放井架车/立放井架車 plumb derrick truck
立管/昇管,直立管 riser, pipe riser
立管冷凝器/豎管冷凝器 vertical tube condenser
立管式蒸发器/立式蒸發器 vertical-type evaporator
立辊轧边/立輥軋邊 vertical roll edging
立辊轧机/立輥軋機 vertical mill
立焊/立焊 vertical position welding
立即传输/立即式傳送 immediate transmission
立即地址/立即位址,即時位址 immediate address
立即约束/直接約束 immediate constraint
立面环型埋刮板输送机/立環型集體運送機 vertical loop-type en masse conveyor
立模浇铸/立模澆鑄 vertical mould casting
立式泵/立式泵,垂直泵 vertical pump
立式测长仪/立式比測儀 vertical comparator
立式车床/立式車床 vertical lathe
立式除氧器/立式除氧器 vertical deaerator
立式低温往复泵/立式往復式低溫液體泵 vertical reciprocating cryogenic liquid pump
立式动平衡法/立式動態均衡法 vertical dynamic balance method
立式发动机/立式發動機,立式引擎 vertical engine
立式风机盘管机组/立式風機盤管機組 floor fan-coil unit
立式钢筋切断机/立式預力鋼筋切斷機 vertical reinforcing bar cutting machine
立式光学比较仪/立式光學比側儀 vertical optical comparator
立式滚刀测量仪/立式滾齒刀量測儀 vertical hob measuring instrument
立式锅炉/立式鍋爐 vertical boiler
立式机组/垂直裝置 vertical unit
立式挤压机/立式擠製機 vertical extrusion press
立式加热器/立式加熱器 vertical heater
立式降膜式发生器/立式降膜式産生器 vertical falling-film generator
立式降膜式吸收器/立式降膜式吸收器 vertical falling-film absorber
立式浇注/直立澆鑄 vertical pouring
立式卷取机/立式卷取機 vertical coiler
立式壳管式冷凝器/開式殼管冷凝器 open shell and tube condenser
立式空气调节机组/立式空調機組 vertical air-conditioning unit
立式冷拔机/立式抽線機 vertical wire-drawing machine
立式冷藏陈列柜/立式冷藏陳列櫃 vertical refrigerated display cabinet
立式离心选矿机/立式離心選礦機 vertical centrifugal separator
立式连铸机/立式連鑄機 vertical caster
立式平衡机/立式平衡機 vertical balancing machine
立式砂仓/立式砂倉 vertical sand bill
立式砂心头/直立砂心頭 vertical coreprint
立式镗床/立式搪床 vertical boring machine
立式旋风炉/立式旋風爐 vertical cyclone furnace
立式压缩机/立式壓縮機 vertical compressor
立式有机载热体加热装置/垂直傳熱材料加熱器 vertical heat-transfer material heater
立式圆柱形油罐/圓筒形貯槽,筒形罐 cylindrical tank
立式贮槽/立式貯槽 vertical tank
立式铸造/直立鑄造 vertical casting
立式钻床/立式鑽床 vertical drilling machine
立视镜/立體鏡 stereoscope
[立体]波束效率/固體波束效率 solid-beam efficiency
立体测距仪/立體測距儀,立體測高儀 stereoscopic range finder, stereoscopic heightfinder
立体测图仪/[光]立體測圖儀 stereoplotter, photostereograph
立体测微仪/立體測微計 stereomicrometer
立体定向放射外科治疗/立體定位放射手術治療 stereotactic radiosurgery therapy
立体光度计/立體光度計 stereoscopic photometer
立体角/立體角 solid angle
立体角反射镜/立方角形反射鏡,三面直角反射鏡 cube-corner reflector
立体镜/立體鏡 stereoscope
立体量测摄影机/立體量測攝影機 stereometric camera
立体量角器/立體量角儀,立體測向儀,立體測角計 stereogoniometer

[立体]判读仪/[立體]判讀儀 stereo interpretoscope
立体膨胀/體積膨脹 cubic expansion
立体匹配/立體匹配 stereo matching
立体摄影/立體照相術 stereoscopic photography
立体摄影测量[术]/立體攝影量測術 stereophotogrammetry
立体声/立體聲,身歷聲 stereophone, stereo
立体声唱片/身歷聲唱片 stereophonic record
立体声电视/身歷聲電視 stereophonic TV
立体声广播/身歷聲廣播 stereophonic broadcasting
立体声合并编码/身歷聲合并編碼 joint stereo coding
立体式测距仪/立體測距儀 stereoscopic rangefinder
立体视觉/立體視覺 stereo vision
立体图像/立體像 stereoscopic image
立体图像显微镜/實體影像顯影鏡 solid image microscope
立体望远镜/立體望遠鏡 stereotelescope
立体显示/立體顯示 stereo display, stereoscopic displaying
立体显示器/立體顯示器 3D display device
立体显微镜/立體顯微鏡 stereomicroscope
立体眼镜/立體眼鏡 3D display glass
立体印刷设备/立體印刷設備 stereo lithography apparatus
立体荧光屏/立體螢光鏡 stereofluoroscope
立体影像/立體影像 stereopsis
立体映射/立體對映 stereomapping
立体照像机/立體照相機 stereo camera
立体字/立體字 shaded font
立体坐标测图仪/立體視覺比較儀 stereocomparagraph
立推式扁锭加热炉/立推式扁坯加熱爐 pusher-type slab heating furnace
立弯式连铸机/立彎式連鑄機 vertical-bending type caster
立卧分度头/垂直與水平分度頭 vertical and horizontal dividing head
立卧工作台/垂直與水平工作檯 vertical and horizontal table
立铣刀/端銑刀 end mill
立铣头/立銑頭 vertical milling head
立向下焊条/立焊向下焊條 electrode for vertical down position welding
立轧/直立軋製 edge rolling
立爪装载机/立爪裝載機 digging arm loader
立轴后倾角/車輪前趨角 kingpin caster
立轴式冲击破碎机/立軸式衝擊破碎機 vertical shaft impactor
立柱/立柱,支柱 column, pillar, post
立柱回转机构/立柱回轉機構 post revolving mechanism
立柱磨床/檯式磨床 pedestal grinder
立柱式风机盘管机组/立柱式風機盤管機組 column-type fan-coil unit
励磁/激磁 excitation
励磁变阻器/磁場調整器,磁場變阻器 field rheostat
励磁电流/激磁電流,激發電流,場電流 exciting current, field current
励磁电压/勵磁電壓,激發電壓,激勵電壓 exciting voltage
励磁机/激磁機,激發器,激勵器 exciter
励磁机响应/勵磁機響應速度 exciter response
励磁绕组/勵磁繞組,激磁線圈 exciting winding
励磁时间间隔/勵磁時間間隔 energizing interval
励磁调节器/磁場調整器 field regulator
励磁系统/激磁系統 excitation system
励磁响应/激磁響應 excitation response
励磁响应比/激磁響應率 excitation response ratio
励弧管/勵弧管 excitron
利比希冷凝器/李比希冷凝器 Liebig condenser
利润控制/利潤控制 profit control
利润预测/利潤預測 profit forecast
利特尔公式/立特公式 Little formula
利特罗棱镜/利特羅棱鏡 Littrow prism
利特罗棱镜摄谱仪/利特羅棱鏡攝譜儀 Littrow prism spectrograph
利特罗配置/利特羅型態 Littrow configuration
利用系数/利用係數 productivity coefficient
利用因数/利用因數,利用率 utilization factor
沥青泵/瀝青泵 asphalt pump
沥青泵最大输出量/瀝青泵最大輸出量 maximum output of asphalt pumping unit
沥青储仓/瀝青儲存 asphalt storage
沥青储存罐/瀝青儲存罐 bituminous binder storage tank
沥青供给系统/瀝青供給系統 asphalt feeding system
沥青混合料/瀝青混合料 asphalt mixture
沥青混合料搅拌设备/瀝青混合料攪拌設備 asphalt mixing plant
沥青混合料路缘成型机/瀝青混合料路緣成型機 asphalt mixture curb machine
沥青混合料再生搅拌设备/瀝青混合料再生攪拌設備 asphalt mixing plant with recycling capability
沥青混凝土熔化加热机/瀝青混凝土熔化加熱機

concrete asphalt melter and mixer
沥青混凝土摊铺机/鋪瀝青機 asphalt finisher, asphalt paver
沥青加热存储设备/瀝青加熱存放裝置 bitumen heating and storage plant
沥青焦/瀝青焦 pitch coke
沥青结合料加热融化装置/瀝青結合料加熱融化裝置 bituminous binder heater and smelter
沥青结合料用机械设备/瀝青結合料用機械設備 machine and equipment for bituminous binder
沥青煤/瀝青煤 asphalt coal
沥青喷洒机/瀝青噴灑機 bituminous binder spreader
沥青熔化加热装置/瀝青熔化加熱裝置 asphalt melting and heating unit
沥青乳化设备/瀝青乳化設備 bituminous emulsifying plant
沥青乳液和乳化剂喷洒机/瀝青乳液和乳化劑噴灑機 bituminous emulsion and dispersion sprayer
沥青洒布车/瀝青分布油輪 asphalt-distributing tanker
沥青砂胶输送搅拌机/膠泥瀝青輸送攪拌機 mastic asphalt transporting mixer
沥青砂胶摊铺机/膠泥瀝青攤鋪機 mastic asphalt paver
沥青运输车/熱瀝青運輸車 heated bitumen tanker
沥青纸展开机/瀝青紙展開機 tar paper unroller
例程/常式,子程式 routine
例示/舉例説明 instantiation
例行测试/例行測試 routine testing, periodic testing
例行试验/例行試驗,定期試驗 routine test
砾磨机/卵石磨機 pebble mill
砾石层/砂礫層 gravel bed
砾石过滤层/礫石隔砂 gravel packing
砾石筛/礫石屏 gravel screen
砾状磷钙土/礫狀磷土礦 pebble phosphate
粒度/[顆]粒度,粒徑 particle diameter, granularity, particle size
粒度分布/粒度分布,粒子大小分布,粒徑分布 particle size distribution, distribution of grain size, grain distribution
粒度分布曲线/細微性分布曲線 size distribution curve
粒度分析器/粒度分析儀,顆粒大小分析儀 particle size analyzer
粒度分析仪/分子大小分析器 particle size analyzer
粒度级/粒度級 cut
粒度计算/細微性計算 granular computing
粒度组成/細微性組成 size distribution
粒级/粒級 fraction
粒级砂/分級砂 graded sand
粒间孔隙度/粒間孔隙 intergranular porosity
粒径/粒徑,粒度 particle diameter, particle size
粒径分级/粒度分級 size grading
粒径分析/粒度分析 size analysis
粒煤喷吹/粒狀煤噴吹 granulated coal injection
粒铁/粒鐵 luppen
粒形/粒形 form of grain, grain form
粒状/微粒度 graininess
粒状贝氏体/粒狀變韌鐵 granular bainite
粒状粉/粒狀粉 granular powder
粒状化退火/球化處理 spheroidizing
粒状珠光体/粒狀波來體,球狀波來鐵 granular pearlite
粒子/粒子 particle
α粒子/阿伐粒子 alpha particle
β粒子/β粒子,貝他粒子 beta particle
粒子倍增器/粒子倍增器 particle multiplier
粒子动量/粒子動量 particle momentum
粒子方法/粒子法,質點法 particle method
粒子辐射率/粒子出射度 particle radiance
粒子计数器/粒子計數器 particle counter, corpuscular counter
α粒子计数器/阿伐計數器,α計數器 alpha counter
粒子加速器/粒子加速器 particle accelerator
粒子流/粒子流,質點流 particle stream
粒子群优化/粒子群優化 particle swarm optimization
粒子群优化算法/粒子群優化演算法 particle swarm optimization algorithm
粒子数反转/粒子數反轉,居量反轉 population inversion
粒子数反转分布/粒子數反轉分布 distribution for population inversion
粒子数密度/粒子數密度 particle number density
粒子探测/粒子偵測 particle detection
粒子通量/粒子通[量]率 particle flux
粒子系统/粒子系統 particle system
粒子注量/粒子通量 particle fluence
粒子注量率/[粒子]注量率,粒子通量率 particle fluence rate
粒子注量率计/粒子注量率計 particle fluence ratemeter
连杆/連[接]桿 connecting rod, coupler, floating link
连杆比/連桿比 connecting rod ratio

连杆长度/與連桿長　connecting rod length
连杆大端轴承/大端軸承　big end bearing
连杆大头/連桿大頭　connecting rod big end, connecting rod bottom end
连杆大头盖/連桿大頭蓋　connecting rod cap
连杆大头轴承/連桿大頭軸承　connecting rod big end bearing, connecting rod bottom end bearing
连杆点/耦桿點　coupler point
连杆点曲线/耦桿點曲線　coupler point curve
连杆杆身/連桿桿身　connecting rod shank
连杆机构/連桿機構　linkage mechanism
连杆链/棒連桿鏈　bar link chain
连杆驱动/棒驅動　rod drive
连杆系/連桿組　linkwork
连杆小头/連桿小頭　connecting rod small end, connecting rod top end
连杆小头轴承/連桿小頭軸承　connecting rod small end bearing, connecting rod top end bearing
连环码/連環碼　recurrent code
连架杆/側連桿　side link
连浇炉数/連澆爐數　sequence length
连接/連接　connection
连接编辑程序/連接編輯器　linkage editor
连接操作优化/連接操作優化　join optimization
连接插头/連接插頭　coupler plug
连接插座/成排插座　gang socket
连接程序/連接器　linker
连接尺寸/連接尺寸　connection dimension
连接点/連接點　join point
连接法兰/連接法蘭,連接凸緣　coupling flange
连接[方]式/連接模　connection mode
连接方式传输/連接方式傳輸　connection-mode transmission
连接管/連接管　connecting tube
连接机/連接機器　connection machine
连接机制/連接機制　connectionism
连接机制神经网络/連接機制類神經網路　connectionist neural network
连接机制体系结构/連接機制架構　connectionist architecture
连接[机制]学习/連接學習　connectionist learning
连接件/連接件,連接器　connector
连接建立/連接建立　connection establishment
连接力矩/耦合接力矩　coupling torque
连接链节/連接桿,耦桿　connecting link
连接梁/連接梁　bridge
连接螺栓/有帽螺栓　binder bolt
连接盘/繫板,連接板　tie-plate
连接器/接合匣　connecting box
连接器/連接器,連接件　connector, coupling, MS connector
连接器箱/耦接箱　coupling-box
连接时间/連接時間　connect time
连接式涡轮增压器/連接式渦輪增壓器　engine-coupled turbocharger
连接释放/連接釋放　connection release
连接套筒/連接套管,耦合套筒　coupling sleeve
连接稳定性/連接穩定性　connective stability
[连]接线夹/接線夾　wire connection clamp
连接销轴/連接鏈桿銷　connecting link pin
连接性/連接性　connectivity
连接依赖/結合相依　join dependency
连接原语/連接基元　link primitive
连接轴/連接軸　connecting shaft
连接装配程序/連接器與載入器　linker and loader
连接装配区/連接包區　link pack area
连接装入程序/連接載入器　linking loader
连接装置/連接裝置　coupling device
k 连通度/k 連通度　k-connectivity
连通分量/連接組件　connected component
连通分支/連接組件　connected components
连通开关/連接旋塞　coupling cock
连通孔/連通孔　communicating pore
连通孔隙/連通孔隙　interconnected porosity
连通图/連接圖　connected graph
连通网/連接網路　connected net
连通性/連接性　connectivity
连通[性]透明性/連通[性]透明性　connectivity transparency
连通域/連接域　connected domain
连网/網路連接　networking
连线表/網路連線表　netlist
连心线/連心線　line of centers
C1 连续/C1 連續性　C1 continuity
C2 连续/C2 連續性　C2 continuity
G1 连续/一階幾何連續　G1 continuity
G2 连续/G2 連續,二階幾何連續　G2 continuity
连续波/連續波　continuous wave
连续波测距计/連續波測距儀　continuous wave distance finder
连续波磁控管/連續波磁控管　continuous wave magnetron
连续波发射机/連續波發射機　continuous wave transmitter, CW transmitter
连续波激光器/連續波雷射　continuous wave laser, CW laser

连续波雷达/連續波雷達 continuous wave radar, CW radar
连续波气体激光器/連續波氣體雷射 continuous wave gas laser
连续波染料激光器/連續波染料雷射 CW dye laser
连续波调制/連續波調制 continuous wave modulation
连续彩色涂层机组/連續彩色塗層機組 continuous color coating line, continuous color coating train
连续操作/連續操作 continuous operation, continuous handling
连续测量/連續量測 continuous measurement
连续查询/連續查詢 continuous query
连续沉淀/連續析出 continuous precipitation
连续称重器/連續稱重秤 continuous weigher
连续冲击/撞擊,碰撞,衝擊 bump
连续冲击试验/衝擊試驗,碰撞試驗 bump test
连续出铁/連續出鐵 continuous tapping
连续除尘器/連續沈澱器,連續集塵器 continuous precipitator
连续处理真空设备/連續處理真空設備 continuous treatment vacuum plant
连续吹炼/連續吹煉 continuous converting
连续伺服机构/連續伺服機構 continuous servomechanism
连续电镀锡机组/連續鍍錫機組 continuous electrolytic tinning line, continuous electrolytic tinning train
连续电镀锌机组/連續鍍鋅機組 continuous electrolytic galvanizing line, continuous electrolytic galvanizing train
连续电焊/連續電焊 continuous electric welding
连续电极/連續電極 continuous electrode
连续电压/連續電壓 continuous voltage
连续顶吹炼铜法/連續頂吹煉銅法 continuous top blowing process, CONTOP
连续动作/連續動作 continuous action
连续堵转电流/連續堵轉電流 continuous current at locked-rotor
连续镀膜设备/連續鍍膜設備 continuous coating plant
连续法/連續法 continuous method
连续反应器/連續反應器 continuous reactor
连续放电/連續放電 continuous discharge
连续分布/連續分布 continuous distribution
连续分度/連續分度 continuous division
连续分析器/連續分析器 continuous analyzer
连续分析仪器/連續分析裝置 continuous analytical instrument
连续辐射/連續輻射 continuous radiation
连续 X 辐射/連續 X 輻射 continuous X radiation
连续[格式]纸/連續報表紙 continuous form paper
连续工作制/持續工作制,連續任務,連續工作狀態 continuous duty
连续功率/持續功率,連續電力 continuous power
连续固溶体/完全固溶體 complete solid solution
连续光谱灯/連續光譜燈 continuous lamp
连续辊式成形/連續輥式成形 continuous roll forming
连续[过]滤器/連續濾器 continuous filter
连续焊/連續焊接 continuous welding
连续烘干炉/連續乾燥爐 continuous stove
连续混砂机/連續混砂機 continuous sand mixer
连续挤压/連續擠製 continuous extrusion
连续挤压机/連續擠壓機 continuous extrusion press
连续记录黏度计/連續記録黏度計 viscorator
连续记录器/遞增記録器 incremental recorder
连续浇铸 /連續鑄造 continuous casting
连续搅拌[反应]器/連續攪拌槽反應器 continuous stirred tank reactor
连续结晶器/連續結晶器 continuous crystallizer
连续介质/連體 continuum
连续浸出/連續浸出 continuous leaching
连续精整机组/連續精整機組 continuous processing line, continuous processing train
连续可变凸度轧机/連續可變凸度軋機,CVC 軋機 continuous variable crown mill, CVC mill
连续氪灯/連續氪燈 continuous krypton lamp
连续控制/連續控制,持續控制,連續調節 continuous control
连续控制系统/連續控制系統 continuous control system
连续拉床/連續拉床 continuous broaching machine
连续冷却相变图/連續冷却相變圖 continuous cooling transformation diagram
连续离散混合系统仿真/連續離散并合系統模擬 continuous discrete hybrid system simulation
连续离散混合系统模型/連續離散并合系統模型 continuous discrete hybrid system model
连续离散事件混合系统仿真/連續離散事件并合系統模擬 continuous discrete event hybrid system simulation
连续离散事件混合系统模型/連續離散事件并合系統模型 continuous discrete event hybrid system model
连续离散事件系统仿真语言/連續離散事件系統模

擬語言 continuous discrete event system simulation language
连续离散系统仿真语言/連續離散系統模擬語言 continuous discrete system simulation language
连续离心法/連續流離心法 continuous-flow centrifugation
连续离心机/連續離心機 continuous centrifuge
连续力/連續力,分布力 continuous force
连续炼钢法/連續煉鋼法 continuous steelmaking method
连续炼焦炉/連續煉焦爐 continuous coke oven
连续梁/連續梁 continuous beam
连续流通/連續流量 continuous flow
连续[流]转头/連續[流]轉頭 continuous-flow rotor
连续炉焊/連續爐焊 continuous furnace welding
连续路径/連續路徑 continuous path
连续路径控制/連續路徑控制 continuous-path control
连续模拟语言/連續模擬語言 continuous simulation language
连续黏度测量法/連續黏度量測術 continuous viscometry
连续浓缩机/連續增稠器 continuous thickener
连续排污/連續沖放 continuous blow-down
连续佩特里网/連續 Petri 網路 continuous Petri net
连续谱/連續[光]譜,連續頻譜 continuous spectrum
连续墙铣槽机/連續牆銑槽機 diaphragm walling equipment using milling cutter
连续切削/連續切削 continuous cutting
连续曲线/實線曲線 full curve
连续取样/連續抽樣 continuous sampling
连续热道干燥器/連續隧式乾燥腔 continuous tunnel drier
连续热镀锌机组/連續熱鍍鋅機組 continuous hot galvanizing line, continuous hot galvanizing train
连续熔化/連續熔解 continuous melting
连续熔炼法/連續熔煉法 continuous method of melting
连续润滑/連續潤滑 continuous lubrication
连续扫描法/連續掃描法 continuous sweep method
连续砂处理装置/連續砂處理廠 continuous sand plant
连续烧结/連續燒結 continuous sintering
连续式冰淇淋冻结器/連續式霜淇淋冷凍器 continuous ice cream freezer
连续式澄清器/連續潔液槽 continuous clarifier
连续式粗轧机组/連續式粗軋機組 continuous roughing train
连续[式]干燥器/連續乾燥器 continuous drier
连续式混凝土搅拌机/連續式混凝土攪拌機 continuous concrete mixer
连续式混凝土搅拌站/連續式混凝土攪拌站 continuous concrete mixing plant
连续式加热炉/連續式加熱爐 continuous furnace, reheating furnace
连续式冷轧机/連續式冷軋機 cold tandem mill, cold comtinous rolling mill
连续式沥青混合料搅拌设备/連續式瀝青混合料攪拌設備 continuous asphalt plant
连续式流量计/連續測流儀 continuous flow meter
连续式炉/連續[作業]爐 continuous furnace
连续式炉焊管机组/連續式爐焊管機組 Fretz-Moon pipe mill
连续式台车输模机/連續式臺車輸模機 car type mold conveyor
连续式退火炉/連續退火爐 continuous annealing furnace
连续式托架输模机/連續式托板輸模系統 continuous pallet conveyor system
连续式轧机/串列軋機 tandem mill, continuous rolling mill
连续式制冰机/非循環式製冰機 non-cyclic ice maker
连续式装载机/連續式裝載機 continual loader
连续输送机械/連續輸送機 continuous conveyor
连续数据保护/連續資料保護 continuous data protection, CDP
连续酸洗/連續酸洗 continuous pickling
连续酸洗机组/連續酸洗機組 continuous pickling line, continuous pickling train
连续算子/連續運算子 continuous operator
连续调节/連續調節 continuous adjustment
连续退火机组/連續退火機組 continuous annealing line
连续微波激射器/連續波邁射 CW maser
连续文本/連續文本 continuous text
连续系统/連續系統 continuous system
连续系统仿真/連續系統模擬 continuous system simulation
连续系统仿真语言/連續系統模擬語言 continuous system simulation language
连续系统模型/連續系統模型化 continuous system model
连续线圈/連續式線圈 continuous coil
连续相关器/連續相關器 continuous correlator
连续相/連續相 continuous phase

连续相变/連續相變換　continuous transformation
连续相位变数/連續相位變數　continuous-phase variable
连续性/不間斷性　incessancy
连续性检查/連續性檢查　continuity check
连续循环式架空索道/連續循環式架空索道　continuously circulating ropeway
连续液铝拉丝法/連續液鋁拉絲法　Properzi process
连续油管作业车/連續油管作業車　coiled tubing unit
连续语音识别/連續語音識别　continuous speech recognition
连续运动/連續運動　continuous motion
连续再生装置/連續再生裝置　continuously regenerating device
连续载荷/連續負載,分布負載　continuous load
连续增量调制/連續之增量調變　continuous delta modulation
连续轧钢机/連續軋鋼機　continuous mill
连续轧制/連續軋延　continuous rolling
连续纸/連續報表紙　continuous form paper
连续指令/連續指令　continuous command
连续制动系/連續剎車系統　continuous braking system
连续铸带机/連續鑄帶機　continuous strip-casting machine
连续铸锭机/連續鑄錠機　continuous ingot-casting machine
连续铸钢/連續鑄鋼　continuous casting, CC
连续铸管机/連續鑄管機　continuous pipe-casting machine
连续铸造/連續鑄造　continuous casting
连续铸造材料/連續鑄造材料　continuous cast material
连续铸造机/連續鑄造機　continuous casting machine
连轧/連續軋延　tandem rolling, continuous rolling
连轧动态过程/連軋動態過程　dynamic process of rolling
连轧张力动态曲线/連軋張力動態曲線　dynamic curve of tension in continuous rolling
连轧张力方程/連軋張力方程　tension equation of continuous rolling
连轧张力系数/連軋張力係數　tension coefficient of tandem rolling
连轧综合特性/連軋綜合特性　synthetic characteristic in continuous rolling
连铸板坯/連鑄板坯　continuous cast slab
连铸保护浇注/連鑄保護澆注　shrouded pouring for continuous casting
连铸保护渣/澆鑄保護渣　casting powder, casting flux
连铸比/連鑄比　ratio of continuous cast steel
连铸大方坯/連鑄大方坯　continuous cast bloom
连铸机/連鑄機　caster
连铸结晶器/連鑄結晶器　mould
PLC 连铸控制系统/PLC 連鑄控制系統　PLC continuous casting control system
连铸连轧生产线/板帶連鑄連軋機組　continuous casting and rolling line
[连铸]流/[連鑄]流　strand
连铸漏钢/連鑄轉漏　break-out
连铸炉次/連鑄[爐]次數　cast heats
连铸坯/連鑄坯　continuously cast product
连铸坯变形/連鑄坯變形　strand deformation, continuously cast product deformation
连铸坯裂纹/連鑄坯裂紋　crack of continuously cast product
连铸坯凝固传热模型/連鑄坯凝固熱傳遞模型　heat transfer model of strand solidification
连铸坯热送热装/連鑄坯熱送熱裝　slab hot charging
连铸坯液芯/連鑄坯液心　liquid core
连铸坯直接热装轧制/連鑄坯直接熱裝軋製　continuous casting-direct hot charging rolling, CC-DHCR
连铸坯质量/連鑄坯品質　continuous cast semis quality
连铸坯中心疏松/連鑄坯中心疏鬆　center porosity of continuous cast product
连铸-热轧生产线/連鑄-熱軋生産線　continuous casting-hot rolling production line
连铸热装轧制/連鑄熱裝軋製　continuous casting-hot charge rolling
连铸小方坯/連鑄小方坯　continuous billet
连铸阳极/連鑄陽極　continuous casting anode
连铸直接轧制/連鑄直接軋製　continuous casting-direct rolling
帘布层/[夾]層　ply
帘线密度/簾線密度　cord density
涟波百分率/百分比漣波　percentage ripple
联邦模式/聯邦模式　federated schema
联邦数据库/聯邦資料庫　federative database
联动操纵的双作用离合器/連桿作動的雙作動離合器　linkage-operated double-acting clutch
联动开关/共軸開關　gang switch

联动扫描/連結掃描 linked scan
联合/接合 joint
联合比色计/聯合比色計 union colorimeter
联合概率密度/聯合機率密度 joint probability density
联合给矿器/聯合給礦器 drum-scoop feeder
联合加权振动加速度/聯合加權振動加速度 combining weighted vibration acceleration
联合控制服务要素/結合控制服務元件 association control service element
联合汽阀/複合閥 combined valve
联合式除雪机/聯合式除雪機 combine snow remover
联合疏干/聯合疏乾 combined dewatering
联合循环汽轮机/複循環汽輪機 combined cycle steam turbine
联合压力计/多管壓力計 multiple manometer
联合压缩机/多用途壓縮機 multi-purpose compressor, multi-service compressor
联合意图/聯合意圖 joint intention
联合钻车/聯合鑽車 combined drill jumbo
联机/連線,線上 online
联机操作/線上作業 online operation
联机测试/連線測試 online test
联机测试例程/連線測試常式 online test routine
联机测试执行程序/連線測試執行程式 online test executive program
联机处理/線上處理 online processing
联机存储器/連線記憶體 online memory
联机故障检测/連線故障檢測 online fault detection
联机监控器/線上監聽器 online monitor
联机命令语言/連線命令語言 online command language
联机任务处理/連線任務處理 online task processing
联机设备/連線裝置 online equipment, online unit
联机手写汉字识别/連線手寫漢字識别 online handwritten Chinese character recognition
联机手写字符识别/連線手寫字元識别 online handwritten character recognition
联机数据处理/線上資料處理 online data processing
联机调试/連線調試,連線除錯,連線排錯 online debug
联机系统/連線系統 online system
联机诊断/連線診斷 online diagnostics
联机作业控制/連線工件控制 online job control
联结/連接,聯合 connection, join
T 联结/史考特接線法 Scott connection
联结沉淀/整合型析出物 coherent precipitate
联结器/聯結器,接合器,耦合器 coupling, coupler
联结砂芯头/聯結砂心頭 multiple core print
联结砂芯支架/聯結砂心端承 coupling print
联结旋塞/聯結旋塞 coupling cock
联结载荷/裝接負載 connected load
联络/交握 handshaking
联络变压器/互聯變壓器 system interconnection transformer
联络线/命令線 order wire, OW
联络小巷/穿風巷 stenton
联络序列/交握順序 handshaking sequence
联络站/聯絡站 interface location
联络中继线/聯絡中繼線 tie trunk
联盟核/聯盟核 coalition core
联盟结构生成/聯盟結構生成 coalition structure generation
联盟形成/聯盟形成 coalition formation
联赛排序/錦標賽排序 tournament sort
联锁/聯鎖,互鎖 interlocking, interlock
联锁电路/聯鎖電路 interlock circuit
联锁断路器/互鎖斷路器 interlocked circuit breaker
联锁机构/連鎖裝置 interlocking device
联锁继电器/互鎖電驛 interlocking relay
联锁[装置]/互鎖,連鎖 interlock
联通管/聯通管 crossover pipe
联系/關聯 relationship
联箱式加热器/集管箱加熱器 header-type heater
联想存储器/相聯記憶體 associative memory
联想记忆/相聯記憶 associative memory
联想记忆模型/聯想記憶模型 associative memory model
联想输入/聯想輸入 associating input
联想网络/相聯網路 associative network
联焰管/聯焰管 cross fire tube, cross flame tube, inter-connector
联轴螺栓/聯結器螺栓 coupling bolt
联轴器/聯軸器,聯結器 coupling
联轴器箱/耦接箱 coupling-box
联珠熔接/堆珠熔接 bead weld
联组 V 带/聯組 V 帶 joined V-belt
脸部表情动画/臉部表情動畫 facial animation
炼钢/煉鋼 steelmaking
BOF 炼钢法/BOF 煉鋼法 BOF process
EOF 炼钢法/EOF 煉鋼法 energy optimizing furnace process, EOF process
L-D 炼钢法/L-D 煉鋼法,鹼性氧氣頂吹煉鋼法 L-D process
炼钢过程物理化学/煉鋼過程物理化學 physical

chemistry of steelmaking process
炼钢炉/煉鋼爐 steelmaking furnace
炼钢泡沫渣/煉鋼泡沫渣 foamy slag in steelmaking
炼钢生铁/煉鋼生鐵 pig iron for steelmaking, pig iron for steel manufacture
炼钢脱磷反应/煉鋼脱磷反應 dephosphorization in steelmaking
炼钢脱硫反应/煉鋼脱硫反應 desulfurization in steelmaking
炼钢脱碳反应/煉鋼脱碳反應 decarburization in steelmaking
炼焦/煉焦 coking
炼焦法/煉焦法,焦化法 coking process
炼焦耗热量/煉焦耗熱量 heat consumption for coking
炼焦炉/煉焦爐,焦炭爐,煤焦爐 coke furnace, coke oven
炼焦煤/煉焦煤 coking coal
炼硫釜/煉硫釜 black pot
炼硫窑/煉硫窯 calcarone
[炼塑机]后辊/後輥 back roll
炼铁/煉鐵 iron making
Romelt 炼铁法/Romelt 煉鐵法 Romelt smelter process
炼铁硫衡算/煉鐵硫平衡 sulfur balance in iron making
炼铜鼓风炉/煉銅鼓風爐 copper blast furnace
炼铜炉/煉銅爐 copper smelter
炼铜转炉/煉銅轉化爐 copper converter
炼渣/煉渣 slag smelting
链板/鏈板 link plate
链箅机-回转窑/鏈箅機-回轉窯 grate-rotary kiln, grate-kiln
链传动/鏈[條]傳動 chain drive
链传动辊子输送机/鏈傳動輥子輸送機 chain-driven live roller conveyor
链带升运器/鏈條昇降機 chain elevator
链带式过滤器/鏈帶式過濾器 chain filter
链带式炉排/鏈帶式爐排 chain belt stoker
链带输送机/鏈帶輸送機 chain belt conveyor
链动滑轮/鏈滑車,鏈[條]吊車 chain block
链斗升降机/鏈條昇降機 chain elevator
链斗式输送机/鏈斗輸送機 chain-bucket conveyor
链斗式提升机/鏈斗式提昇機 chain-bucket elevator
链斗式挖掘机/鏈斗挖掘機 chain-bucket excavator
链斗卸车机/鏈斗卸車機 chain-bucket waggon unloader
链斗卸船机/鏈斗卸船機 chain-bucket ship unloader
链斗装载机/鏈斗裝載機 chain-bucket loader
链接/鏈接 chaining
链接表/鏈接串列 linked list
链接分析/連線分析 link analysis
链接加载程序/鏈接載入器 linking loader
链接码/鏈接碼 concatenated code
链接综合法/鏈接綜合法,級聯綜合法 cascade synthesis
链节距/鏈節[距] chain pitch
链路/鏈路 link
链路测试/鏈接測試 link test
链路层/鏈接層 link layer
链路层协议/鏈接協定 link protocol
链路管理/鏈接管理 link management
链路管理器协议/鏈接管理器協議 link manager protocol
链路加密/鏈接加密 link encryption
链路接入程序/鏈接進接程式 link access procedure, LAP
链路接入规程-SDH/鏈路接入規程-SDH link access procedure-SDH, LAPS
链路控制规程/鏈接控制程式 link control procedure
链路控制协议/資料鏈接控制協定 link control protocol
链路上关照地址/鏈路上關照地址 on-link care-of address
链路失效/鏈接失效 link failure
链路协议/鏈接協定 link protocol
链路预算/連線預算表 link budget
链路状态分组/鏈路狀態分組 link state packet
链路状态数据库/鏈路狀態資料庫 link state database
链路状态协议/鏈路狀態協定 link state protocol
链轮/鏈輪 chainwheel, sprocket, sprocket wheel
链轮齿廓/鏈輪齒廓 sprocket tooth profile
链轮输纸/鏈齒饋送 sprocket feed
链码/鏈碼 chain code
链码跟踪/鏈碼跟隨 chain code following
链码校准/鏈碼校準 captive chain calibration
链码式天平/鏈碼天平,鏈條天平,鏈式天平 chainomatic balance, chain balance
链牵引带式输送机/鏈牽引帶式輸送機 chain-driven belt conveyor
链式表/鏈接串列,鏈結串列 chained list
链式串/鏈串 linked string
链式存储/鏈式存儲 linked storage
链式打印机/鏈式列印機 chain printer
链式调度/鏈排程 chain scheduling

链式队列/鏈式佇列 linked queue
链式反应/鏈反應 chain reaction
链式感染/鏈式感染 chain infection
链式核反应/核鏈反應 nuclear chain reaction
链式集结/鏈式聚集 chained aggregation
链式给料器/鏈式進料器 chain feeder
链式截煤机/鏈式切煤機 chain coal cutter
链式开放数据/連結開放資料 linked open data
链式连接/鏈式連接 chain connection
链式炉篦/鏈爐篦 chain grate
链式起重机/鏈式起重機,鏈吊車 chain hoist
链式气锯/氣動鏈鋸 pneumatic chain saw
链式绕组/鏈形繞組 chain winding
链式升运机/鏈式昇降機 chain lifter
链式事务/鏈式事務 chained transaction
链式输送机/鏈帶式輸送機 link conveyor
链式数据/鏈接資料結構 linked data
链式双膛扁锭加热炉/鏈式雙膛扁錠加熱爐 chain-type double hearth slab heating furnace
链式提升机/鏈式昇降機 chain lifter
链式挖沟机/鏈式挖溝機 chain-line trencher
链式文件/鏈檔案 chain file
链式文件分配/鏈接檔案分配 chained file allocation
链式邮件/鏈式郵件 chain letter
链式运输机/鏈式輸送機 chain conveyer
链式栈/鏈式堆疊 linked stack
链锁/鏈鎖,呆鏈 chaining, locked chain
链条/鏈條 chain
链条联轴器/鏈條聯結器 chain coupling
链条炉排/鏈篦加煤機 chain grate stoker
链条式支索器/鏈條式支索器 chain rope carrier, towed rope carrier
链条输送机/鏈條運送機 chain conveyor
链条输送式炉/鏈條輸送式爐 chain conveyer furnace
链条总成张紧调节装置/鏈條總成張緊調節裝置 chain assembly tension adjuster
链张紧器/緊鏈器 chain tightener
链罩/護鏈罩 chain guard
链状砝码/鏈狀砝碼 catenary poise
链状矿脉/連鎖[礦]脈 linked vein
链子调节器/鏈調整器 chain adjuster
链作业/鏈工件 chain job
良构程序/良構程式 well-structured program
良基语义/良基語義 well-founded semantics
良序集/良序集 well-ordered set
凉料/涼料 paste cooling
梁的侧向屈曲/梁之側向屈曲 lateral buckling of beam
梁的挠度/梁之撓曲,梁之變位 deflection of beam
梁式起重机/梁式起重機 overhead crane with simple girder
梁式引线/梁式引線 beam lead
量杯/量[測]杯 measuring cup, measuring glass
量槽/量測槽 measuring tank
量测摄影机/量測攝影機 metric camera
量程/量程 span, range, measuring span
量程上限/上量程 upper range, the upper limit of the measuring range
量程调整/量程調整 range adjustment
量程误差/量程誤差 span error
量程转换器/量程轉換器 span-changing device
量尺/量測[標]尺,量測規 measuring rule, measuring scale, measuring gage
量出式量器/量出式量器 output container
量氮器/氮量計 azotometer
量度继电器/測量用電驛 measuring relay
量缸表/缸徑規,鏜徑規 bore gage
量规/量[測]規 gage, measuring gage, gaging
量规因数/量規因子 gage factor
量角规/角度塊規,測角規 angle block gage, bevel protractor
量角器/量角器,分度規,分度器 protractor
量具/量具,量測標尺 measuring tool, measuring scale
量具钢/量具鋼 gage steel
量距气/量距氣 span gas
量块/塊規 gage block
量块的长度/量塊的長度 length of a gage block
量块的长度变动量/量塊的長度變動量 variation in length of a gage block
量块干涉仪/量塊干涉儀 gage interferometer
量瓶/量瓶,刻度細頸瓶 volumetric flask, graduated flask, measuring bottle
量器/量杯 volumetric glass
量热弹/卡計彈 calorimetric bomb
量热高温计/量熱高溫計,熱量高溫計 calorimetric pyrometer
量热计/量熱計,熱量計,卡路里計 calorimeter, caloric meter
量热器筒/量熱器筒 calorimeter vessel
量热式功率计/熱量[式]功率計 calorimetric power meter
量热式剂量测定法/熱量劑量測定術 calorimetric dosimetry
量热学/量熱學 calorimetry

量热仪/熱量儀器 calorimetric instrument
量热用温度计/熱量計型溫度計 calorimeter thermometer
量入式量器/量入式量器 input container
量桶/量測槽 measuring tank
量筒/量[測]筒 graduated cylinder, volumetric cylinder, measuring cylinder
量隙规/測隙規 clearance gage
量斜表/測斜計 slope meter
量氧计/氧量計 oxymeter
量液玻璃管/量液玻璃管 gage glass
量液滴定管/量液滴定管 measuring burette
量液吸移管/量液吸管 measuring pipet
量油泵/分配泵 dispensing pump
量爪/測爪,測顎夾 measuring jaw
量制/量制 system of quantities
两班制运行/兩班制作業 two-shift operation
两倍线程/雙向線路 two-way line
两次加热锻造/兩次加熱鍛造 double heating forging
两次烧结法/兩次燒結法 double-sinter process
两点悬挂装置/兩點連桿組 two-point linkage
两段炉体电炉/兩段式電爐 split body electric furnace
两段式耦杆点曲线/兩段式耦桿點曲線 bicursal coupler curve
两段提交协议/兩階段提交協定 two-phase commitment protocol
两分火道/兩分火道 half-divided flue
两个或多个非平衡驱动的振动筛/兩個或多個非平衡驅動的振動篩 vibrating screen with double or more out-of-balance drive
两级报警/二級警報 two-level alarm
两级变压器/兩級變壓器 two-stage transformer
两级废气增压/兩級渦輪增壓 two-stage turbocharging
两级压缩机/雙級壓縮機 double-stage compressor
两级增压/兩級增壓 two-stage supercharging
两极控制器/二位階控制器 two-step controller
两极式调速器/兩極式調速器,怠速和極限轉速調速器 idle and limiting speed governor, maximum-minimum speed governor
两阶段还原/兩段還原 duplex reduction, two-stage reduction
两[阶]段锁/雙相鎖定 two-phase lock
两[阶]段提交协议/兩階段提交協定 two-phase commitment protocol
两阶段退火/兩段退火 two-stage annealing
两井定向/兩井定向 two-shaft orientation
两两独立哈希函数/兩兩獨立雜湊函數 pairwise independent hash function
两列压缩机/雙列壓縮機 double-row compressor, two-line compressor
两双工系统/兩雙工系統 biduplexed system
两体式量热器/雙體型卡路里計 two-body type calorimeter
两通节流堵/雙通節流嘴 dual-flow choke
两位控制器/二位階控制器 two-step controller
两线电路/二線電路 two-wire circuit
两线线路/二線電路 two-wire circuit
两厢式车身/兩廂式車身 two-box-type body
两箱造型/兩箱模造 two-part molding
两相/雙相 biphase
两相变换/兩相變態 two-phase transformation
两相伺服电动机/二相伺服馬達 two-phase servomotor
两相离子交换柱/二相離子交換柱 two-phase ion-exchange column
两相流/兩相流 two-phase flow
两相体积系数/兩相地層體積因數 two-phase formation volume factor
两相运行/兩相運轉,二相操作 two-phase operation
两相转变/兩相變態 two-phase transformation
两相组织/兩相組織 two-phase structure
两性捕收剂/兩性捕收劑 amphoteric collector
两性化合物/兩性化合物 amphoteric compound
两性溶剂/兩性溶劑,質子性溶劑 amphiprotic solvent
两性氧化物/兩性氧化物 amphoteric oxide
两性杂质/兩性雜質 amphoteric impurity
两液电池/雙液電池 two-fluid cell
两用燃料汽车/雙燃料汽車 bi-fuel vehicle
两用钻机/兩用鑽機 combination rig
两轴式变速器/兩軸式變速器 twin-shaft gearbox, twin-shaft transmission
亮带[区]/明亮帶 bright band
亮度/亮度,輝度,發光度 luminance, bright, brightness
亮度比/亮度比 brightness ratio
亮度测温法/輻射量測溫法,輻射測溫學 radiance thermometry
亮度差/亮度差 luminance difference
亮度差阈/亮度差閾,亮度識別閾 luminance difference threshold
亮度传感器/亮度感測器 brilliance transducer
亮度对比/亮度對比度,亮度反差 brightness

contrast
亮度非线性失真/亮度非線性失真 luminance nonlinear distortion
亮度分布/亮度分布 brightness distribution
亮度分量/亮度分量 luminance component
亮度高温计/亮度高溫計 brightness pyrometer, luminance pyrometer
亮度计/亮度計 luminance meter
亮度闪烁/亮度閃爍 luminance flicker
亮度水平/亮度位準 luminance level
亮度调制扫描仪/亮度調制掃描器 intensity modulation scanner
亮度调制指示器/亮度調制指示器 intensity modulated indicator
亮度温度/[光]亮度溫度,輻射溫度 brightness temperature, luminance temperature, radiance temperature
亮度温度计/輻射溫度計 radiance thermometer
亮度系数/[光]亮度係數 brightness coefficient
亮度信道/亮度道 luminance channel
亮度信号/亮度訊號 luminance signal
亮度因数/亮度因數 luminance factor
亮度阈/亮度閾[值] luminance threshold
亮漆膜/快乾漆 lacquer
亮色调/亮鍵 high key
凉干/涼乾 flash off
量/量 quantity
量词/量詞 quantifier
量词收缩定理/量詞收縮定理 quantifier contraction theorem
量词作用域/量詞作用域 scope of a quantifier
量的波谱/量的波譜,波數譜 wave spectrum of a quantity
量的频谱/量的頻譜 frequency spectrum of a quantity
量的数值/量的數值 numerical quantity value, numerical value of quantity
量的数值方程/量的數值方程 numerical value equation of quantity
[量的]约定真值/[量的]約定真值 conventional true value of a quantity
量的约定值/約定量值 conventional value of quantity
[量的]真值/[量的]真值 true value of a quantity
量方程/量方程式 quantity equation
量纲/量綱,量的因次 dimension of a quantity
量纲法/量綱[分析]法 method of dimensions
量纲分析/量綱分析 dimensional analysis
量纲公式/量綱公式 dimensional formula
量纲为 1 的量/量綱爲 1 的量 quantity of dimension one
量化/量化 quantization, quantize
量化比特率/量化位元率 quantization bit rate
量化表/量化表 quantization table
量化单位/量子化單位 quantization unit
量化的抽样/量化過之取樣 quantized sample
量化管理/量化管理 quantification management
量化级/量化間距 quantization step
量化矩阵/量化矩陣 quantization matrix
量化器/量化器 quantizer
量化器过荷噪声/量化器過荷雜訊 quantizer overload noise
量化器粒状噪声/量化器粒狀雜訊 quantizer granular noise
量化区间/量化區間,量化間隔 quantizing interval, quantization interval
量化失真/量化失真,量化畸變 quantization distortion, quantizing distortion
量化数据/量化數據 quantized data
量化损耗/量化損耗 quantization losses
量化误差/量化誤差 quantizing error, quantization error, quantized error
量化误差波形/量化誤差波形 quantization error waveform
量化误差反馈/量化誤差回饋 quantization error feedback
量化信号/[數]量化信號,量化過之信號 quantized signal
量化噪声/量化雜訊 quantizing noise, quantization noise, quantized noise
量化知识复杂度/量化知識複雜度 quantify knowledge complexity
量化值/量化值 quantization value
量值/量值 quantity value, value of quantity
量-值标尺/量值標度 quantity-value scale
量值传递/量值傳遞 dissemination of the value of quantity
量子/量子 quantum
量子并行性/量子并行性 quantum parallelism
量子博弈论/量子博弈論 quantum game theory
量子不可克隆定理/量子不可克隆定理 quantum no-cloning theorem
量子不可控制定理/量子不可控制定理 quantum no-control theorem
量子不可删除定理/量子不可刪除定理 quantum no-deleting theorem

量子测量/量子測量　quantum measurement

量子程序设计语言/量子程式設計語言　quantum programming language

量子抽象机/量子抽象機器　quantum abstract machine

量子电路/量子電路　quantum circuits

量子电子固态元件/量子電子固態元件　quantum electronic solid-state devices

量子电子学/量子電子學　quantum electronics

量子动态逻辑/量子動態邏輯　quantum dynamic logic

量子多值代数/量子多值代數　quantum many-valued algebra

量子傅里叶变换/量子傅立葉轉換　quantum Fourier transform

量子概率霍尔逻辑/量子概率霍爾邏輯　quantum probabilistic Hoare logic

量子干涉效应/量子干涉效應　quantum interference effect

量子霍尔公理系统/量子霍爾公理系統　quantum Hoare axiomatic system

量子霍尔效应/量[子]化霍爾效應　quantum Hall effect

量子计数器/量子計[數]器　quantum counter

量子计算/量子計算　quantum computation

量子计算机/量子計算機　quantum computer

量子寄存器/量子寄存器　quantum register

量子结构/量子結構　quantum structure

量子进程代数/量子進程代數　quantum progress algebra

量子阱异质结激光器/量子阱異質接面雷射　quantum well heterojunction laser

量子纠错/量子糾錯　quantum error correction

量子纠错码/量子改錯碼　quantum error-correcting codes

量子控制/量子控制　quantum control

量子理论/量子理論　quantum theory

量子逻辑/量子邏輯　quantum logic

量子逻辑门/量子邏輯門　quantum logic gates

量子马尔可夫链/量子瑪律可夫鏈　quantum Markov chain

量子门/量子閘　quantum gate

量子密码[学]/量子密碼　quantum cryptography

量子模拟/量子模擬　quantum simulation

量子乔姆斯基层次体系/量子喬姆斯基層次體系　quantum Chomsky hierarchy

量子失协/量子失協　quantum dicord

量子受控非门/量子受控反閘　quantum controlled-NOT gate

量子数/量子數　quantum number

量子数据/量子數據　quantum data

量子搜索/量子搜索　quantum search

量子算法/量子演算法　quantum algorithm

量子随机存取机/量子隨機存取機　quantum random access machine

量子随机游走/量子隨機漫步　quantum random walk

量子态/量子態　quantum state

量子态识别/量子態識別　distinguishing of quantum state

量子探测器/量子偵測器　quantum detector

量子通信/量子通信　quantum communication

量子通信协议/量子通信協議　quantum communication protocol

量子图灵机/量子杜林機　quantum Turing machine

量子位/量子位元　quantum-bit

量子细胞自动机/量子胞狀自動機　quantum cellular automata

量子下推自动机/量子下推自動機　quantum pushdown automata

量子限/量子極限　quantum limit

量子线/量子線　quantum wire

量子线性有界自动机/量子線性有界自動機　quantum linear bounded automata

量子相移门/量子相移門　quantum phase shift gate

量子消相干/量子消相干　quantum decoherence

量子效率/量子效率　quantum efficiency

量子异或门/量子異或閘　quantum XOR gate

量子因式分解/量子因式分解　quantum factoring

量子隐形传态/量子隱形傳態　quantum teleportation

量子有限自动机/量子有限自動機　quantum finite automata

量子噪声/量子雜訊　quantum noise

量子钟/量子鐘　quantum clock

量子转换效率/量子轉換效率　conversion quantum efficiency

量子自动机/量子自動機　quantum automata

量子最弱前置条件/量子最弱前置條件　quantum weakest precondition

量子最弱自由前置条件/量子最弱自由前置條件　quantum weakest liberal precondition

聊天/網路聊天系統　chat

聊天室/聊天室　chat room

聊天组/網路聊天系統群組　chat group

钌/釕　ruthenium

料仓/料倉,儲倉 storage bunker, feed bin, bin
料层/料層 bed of material, charge bed
料层透气性/料層透氣性 permeability of charge bed
料场/堆料場 stock ground
料车/卸斗 skip
料车卷扬机上料/卸斗卷揚機上料 BF skip hoist charging
料尺/測深桿 sounder, sounding rod
料袋/料囊 bag
料袋输送器/袋輸送機,送袋機 bag conveyor
料斗/加粒斗 hopper
料斗秤试验装置/料斗秤測試設備 hopper scale testing apparatus
料斗容量/料斗容量 hopper capacity
料斗振动器/料斗振動器 bunker vibrator
料堆/料堆 bedded pile, material pile
料封/料封 charge seal
料封密闭鼓风炉熔炼/料封密閉鼓風爐熔煉 blast furnace smelting of top charged wet concentrate
料罐/料罐 charging bucket of EAF, charge can
料罐卷扬机上料/料罐卷揚機進料 BF bucket hoist charging
料面测量仪/料面測量儀 stock profile meter
料耙起重机/料耙起重機 claw crane
料耙倾翻机构/料耙傾翻機構 claw tipping mechanism
料坡/料坡 charge bank
料位传感器/材料控制器 material controller
料位计/準位規 level gage
料位检测/料位檢測 ore level inspection
料线/爐料線 stock line
料箱吊架/廢料滑槽吊架 scrap chute hanger
料箱起重机/廢料進料起重機 scrap charging crane
料钟式炉顶/料鐘式爐頂 bell-hopper top
料柱/料柱 burden column
料柱透气性/料柱透氣性 permeability of the stock column
料柱压力/料柱壓力 pressure of stock column
列/[直]行 column
列奥谬尔氏温度计/列氏溫度計 Reaumur thermometer
列表/列表,串列 list
列表函数/表列函數 tabulated function
列表码/列表碼 list code
[列车]采暖绕组/[列車]採暖繞組 train heating winding
列存储数据库/行存儲資料庫 column store database
列地址/行位址 column address
列地址选通/行位址選通 column address strobe
列管[式]换热器/殼管式熱交換器,管式熱交換器 shell and tube heat exchanger, tubular heat exchanger
列举定理/列舉定理 listing theorem
列举解码/列表譯碼 list decoding
列氏度/列氏[溫]度 degree Reaumur
列氏温标/列氏溫標 Reaumur temperature scale
列氏温度表/列氏溫度計 Reaumur thermometer
列线图/列線圖表 nomographic chart
列线图解/計值圖 nomograph
列选/行選擇 column selection
列译码/行解碼 column decoding
列译码器/行解碼器 column decoder
列值/[輪]系值 train value
劣化/劣化 deterioration
劣化率/劣化率 deteriorate rate
裂边/邊緣裂紋 edge crack
裂变产额/分裂產[物百分]率 fission yield
裂变电离室/分裂游離腔 fission ionization chamber
裂变计数管/分裂計數管 fission counter tube
裂变计数器/裂變計數器 fission counter
裂变能/分裂能[量],蜕變能 fission energy, disintegration energy
裂变谱/分裂光譜,分裂能譜 fission spectrum
裂变物质/可裂變物質,可分裂材料 fissile material, fissionable material
裂变中子/裂變中子,分裂中子 fission neutron
裂缝/裂縫,裂化,破裂 tears, crack
裂缝测井/裂縫電測圖,裂縫柱狀圖 fracture log
裂缝[尺寸]/瑕疵大小 flaw size
裂缝充填矿床/裂隙充填礦床 fissure-filling deposit
裂缝监测器/裂縫監測器,探傷儀 crack monitor
裂缝检查/探傷,裂縫偵測,裂痕試驗 flaw detection, crack test
裂缝脉/裂縫[礦]脈,楔形脈 gash vein
裂谷/大裂縫 rift
裂化炉/裂解爐 cracking furnace
裂化热/裂解熱 heat of cracking
裂化装置/裂解裝置 cracking unit
裂环整流器/裂環整流器 split ring commutator
裂解废钢/裂解廢鋼 shredded scrap
裂解器/熱解器 pyrolyzer
裂理表面/分模面 parting surface
裂纹/裂紋,裂痕 crack, flaw
裂纹尺寸/裂紋尺寸 crack size
裂纹扩展/裂紋擴張,裂痕擴散 crack propagation

裂纹扩展能量释放率/裂紋擴展能量釋放率 crack extension energy rate
裂纹扩展寿命/裂紋擴展壽命 crack propagation life
裂纹扩展阈值/裂紋延伸門檻 threshold of crack extension
裂纹漏钢/裂紋漏鋼 crack breakout
裂纹敏感性/裂縫敏感度 crack sensitivity
裂纹渗透试验/裂痕浸滲試驗 crack impregnation test
裂纹试验/破裂試驗 cracking test
裂纹探测器/[金屬]探傷器 flaw detector
裂纹探测仪/裂縫探測儀,裂紋檢知器 crack detector
裂纹形成寿命/裂縫孕育期間 crack initiation life
裂纹形核/裂縫成核 crack nucleation
裂纹张开位移/裂縫敞開位移 crack opening displacement
裂隙带/裂隙帶 fissured zone
裂隙间距/裂縫間距 fracture spacing
裂隙角/裂隙角 fractured angle
裂隙脉/裂隙充填礦脈 fissure vein
裂隙型储集层/裂縫儲油層 fractured reservoir
邻接表/相鄰串列 adjacency list
邻接表结构/相鄰串列結構 adjacency list structure
邻接关系/相鄰關係 adjacency relation
邻接矩阵/相鄰矩陣 adjacency matrix
邻近侧向测井/臨近性録井 proximity log
邻近查找/最近相鄰者搜尋 nearest neighbor search
邻近传感器/鄰近感測器 proximity sensor
邻近度/鄰近度,近區 proximity
邻近度查询/接近度查詢 proximity query
邻近回波/鄰近回波,鄰近回聲 nearby echo
邻近搜索/最近相鄰者搜尋 nearest neighbor search
邻近探测仪/近接探測儀 proximity meter
邻近效应/近接效應 proximity effect
邻频道功率比/鄰頻道功率比 adjacent channel power ratio, ACPR
邻频道选择性/鄰近波道選擇性 adjacent channel selectivity
邻信道/相鄰通道 adjacent channel, AC
邻信道干扰/鄰近波道干擾,相鄰通道干擾 adjacent channel interference
邻域/鄰域 neighborhood
邻域分类规则/鄰域分類規則 neighborhood classification rule
邻域运算/鄰域作業 neighborhood operation
邻站通知/鄰通知 neighbor notification
林德空气液化器/林得空氣液化器 Linde air liquefier
林德曼静电计/林得曼静電計 Lindemann electrometer
林德液化机/林得液化器 Linde liquefier
林业拖拉机/林業用曳引機 forestry tractor
临床化学/臨床化學 critical chemistry
临床控制系统/臨床控制系統 clinical control system
临界保护电位/臨界保護電位 critical protective potential
临界波长/臨界波長,截止波長 critical wavelength, cutoff wavelength
临界常数/臨界常數 critical constant
临界场/臨界場 critical field
临界车速/臨界速率 critical speed
临界尺寸/臨界尺寸 critical size, critical dimension
临界磁场/臨界磁場 critical magnetic field
临界点/臨界點 critical point
临界电流/臨界電流 critical current
临界电压/臨界電壓 critical voltage
临界电阻/臨界電阻 critical resistance
临界钝化电流/臨界鈍化電流 critical passivation current
临界钝化电位/臨界鈍化電位 critical passivation potential
临界反应堆/臨界反應器 critical reactor
临界方程/臨界方程式 critical equation
临界分切应力/臨界[分解]剪應力 critical resolved shear stress
临界分选粒度/臨界分選細微性 critical separation size
临界负载/臨界負載 critical load
临界负载线/臨界負載線 critical load line
临界功率/臨界功率 critical power
临界估计数据/臨界估計數據 critically evaluated data
临界含汽率/臨界含汽率 critical steam quality
临界含盐量/臨界含鹽量 critical dissolved salt
临界角/臨界角 critical angle
临界空化系数/臨界孔蝕係數 critical cavitation coefficient
临界控制/臨界控制 critical control
临界冷却速度/臨界冷却速率 critical cooling rate
临界力/臨界力 critical force
临界裂纹尺寸/臨界裂縫尺寸 critical crack size
临界流/臨界流[動] critical flow
临界流函数/臨界流函數 critical flow function
临界流化速度/臨界流化速度 critical fluidized

velocity, minimum fluidized veiocity
临界路径/關鍵路徑　critical path
临界密度/臨界密度　critical density
临界凝固速度/臨界凝固率　critical solidification rate
临界凝析温度/最高凝結温度　cricondentherm
临界凝析压力/最高凝結壓力　cricondenbar
临界扭力转速/臨界扭轉速　critical torsional speed
临界浓度/臨界濃度　critical concentration
临界频率/臨界頻率　critical frequency
临界气膜厚度/臨界氣膜厚度　gas film critical thickness
临界气泡兼并浓度/臨界凝結濃度　critical coalescence concentration, CCC
临界气体饱和率/臨界氣飽和率　critical gas saturation
临界前级压力/臨界前級壓力　critical backing pressure
临界区/臨界區域,臨界區段,緊要區段　critical region, critical section
临界热流密度/臨界熱流密度　critical heat flux density
临界乳光/臨界乳光　critical opalescence
临界闪烁频率/臨界閃爍頻率　critical flicker frequency
临界湿度/臨界濕度　critical humidity
临界实验/臨界實驗　critical experiment
临界视距/臨界視距　critical viewing distance
临界衰减/臨界衰減　critical attenuation
临界速度/臨界速率　critical speed
临界停闪频率/臨界頻率　critical fusion frequency
临界通路测试产生法/要徑測試產生　critical path test generation
临界温度/臨界温度　critical temperature
临界稳定性/臨界穩定性　critical stability
临界稳定状态/臨界穩定狀態　critical stable state
临界相对离心力/臨界相對離心力　critical relative centrifugal force
临界压力/臨界壓力　critical pressure
临界压力比/臨界壓力比　critical pressure ratio
临界压缩比/臨界壓縮比　critical compression ratio
临界油膜厚度/臨界油膜厚度　oil film critical thickness
临界[值]/臨界[值]　threshold
临界质量/臨界質量　critical mass
临界转速/臨界速率　critical speed
临界转速范围/臨界轉速範圍　critical speed range
临界状态/臨界狀態　criticality
临界资源/臨界資源　critical resource
临界阻尼/臨界阻尼　critical damping
临近法/臨近法　proximity method
临近速度/距離變率　range rate
临近探测器/近接檢知器,近距離檢知器　proximity detector
临时表/暫時表　temporary table
临时对换文件/臨時調換檔　temporary swap file
临时模型/臨時模型　temporary pattern
临时使用的备用轮胎/暫時用備胎　temporary-use spare tire
临时文件/暫時檔案　temporary file
临时支护/臨時支架　temporary support
淋浸渣/淋浸渣　spraying slag
淋水层加湿器/淋水層加濕器　drenched humidifier
淋水试验装置/淋水試驗裝置　sprinkling test equipment
淋水装置/淋水裝置　dripping device
淋洗剂/溶析液,沖提液　eluant
淋雨试验/淋雨試驗　rain test, sprinkling test
淋浴车/淋浴車　mobile shower bath
磷分配比/磷分配比　phosphor partition ratio
磷分析仪/磷分析儀　phosphorous analyzer
磷光/磷光　phosphorescence
磷光分析[法]/磷光分析[法]　phosphorescence analysis
磷光光度法/磷光量測術　phosphorimetry
磷光计/磷光計,磷光鏡　phosphorimeter, phosphoroscope
磷光镜/磷光鏡　phosphoroscope
磷光体/燐光體,磷光質　phosphor
磷光体激光器/磷光體雷射　phosphor laser
磷硅玻璃/磷矽玻璃　phosphorosilicate glass
磷-32核磁共振波谱法/磷-32核磁共振波譜法　^{32}P nuclear magnetic resonance spectroscopy
磷化/磷酸鹽[表面]處理　phosphatizing, phosphating
磷化处理/磷酸處理,蓬德防蝕　bonderising
磷化物/磷化物　phosphide
磷氯铅矿/磷氯鉛礦　pyromorphite
磷青铜/磷青銅　phosphor bronze
磷砷渣/磷砷渣　phosphorous-arsenical slag
磷酸二氘钾/磷酸二氘鉀　potassium dideuterium phosphate, DKDP
磷酸二氢铵/磷酸二氫銨　ammonium dihydrogen phosphate, ADP
磷酸二氢钾/磷酸二氫鉀　potassium dihydrogen phosphate, KDP
磷酸铝/磷酸鋁　aluminum phosphate

磷酸燃料电池/磷酸燃料電池 phosphoric acid fuel cell
磷酸盐/磷酸鹽 phosphate
磷酸盐涂层/磷酸鹽被覆 phosphate coating
磷酸盐涂料/磷酸鹽塗料 phosphatic coating
磷铜/磷銅 phosphor copper
磷锡合金/磷錫 phosphor tin
磷印/磷印刷 phosphorus printing
磷珠/磷珠 phosphide pearl, phosphide sweat
鳞板输送机/鱗板輸送機 apron conveyor
鳞片式炉排/鱗片式爐排 louver grate stoker
鳞片状铍/鱗片鈹 flake beryllium
鳞石英/鱗石英 tridymite
灵活燃料汽车/靈活燃料汽車 flexible fuel vehicle, FFV
灵敏传感器/靈敏探針 fast-response probe
灵敏度/靈敏度,靈敏性,敏感度 sensitivity, response rate
灵敏度补偿器/靈敏度補償器 sensitivity compensator
灵敏度范围/靈敏度範圍 sensitivity range
灵敏度分析/靈敏度分析 sensitivity analysis
灵敏度校准/靈敏度校正 sensitivity calibration
灵敏度控制阀/靈敏度控制閥 sensitivity control valve
灵敏度漂移/靈敏度漂移 sensitivity drift
灵敏度时间控制/靈敏度時間控制 sensitivity-time control, STC
灵敏度调节件/靈敏度調整元件 sensitivity adjusting piece
灵敏度调节器/靈敏度調整器 sensitivity regulator
灵敏度误差/靈敏度誤差 sensitivity error
灵敏度指数/靈敏度指標 index of sensitivity
灵敏高度计/靈敏高度計 sensitive altimeter
灵敏限/鑒別閾 discrimination threshold
灵巧敏感器/智慧型感測器 smart sensor
铃锤式开关/鈴錘式開關 clapper switch
铃电缆/信號纜線 bell cable
铃木气团/鈴木氣團 Suzuki atmosphere
铃振/振鈴 ringing
菱-方孔型系统/菱-方孔型系統 rhombus-square pass system
菱-菱孔型系统/菱-菱孔型系統 rhombus-rhombus pass system
菱镁矿/菱鎂礦,菱鎂石,苦土 magnesite
菱锰矿/菱錳礦 rhodochrosite
菱铁矿/菱鐵礦 spathic iron, siderite
菱锌矿/菱鋅礦 smithsonite
菱形锉刀/菱形銼刀,薄邊銼 feather edged file
菱形天线/菱形天線 rhombic antenna
菱形天线阵/菱形天線陣列 rhombic array
菱形阵/菱形陣列 diamond array
零波散/零波散 zero dispersion
零部件修复/零件修復 parts reclamation
零插拔力连接器/零插力連接器 zero-insertion force connector
零差检测/零差檢測 homodyne detection
零差探测/零差探測 zero-difference detection
零齿差输出机构/零齒差型輸出機構 zero teeth difference type output mechanism
零带隙半导体/零能帶隙半導體 zero gap semiconductor
零道/零軌 zero track
零道阈/零道閾 zero channel threshold
零的测量不确定度/零值量測不確定度 null measurement uncertainty
零点/零點 zero point
零点半径/基準半徑 datum radius
零点标志/零位標記 zero mark
零点测试/衡消測試 null test
零点环境影响/零點不穩定性 zero instability
零点恢复/零點回復 zero return
零[点]极点法/零[點]極點法 pole-zero method
零点校正器/零值調整器 zero adjuster
零点漂移/零點漂移 zero drift
零点漂移误差/零位漂移誤差 zero-drift error
零点气/零級空氣 zero grade air
零点迁移/零點移位 zero shift
零点输出温度影响/零點輸出温度影響 temperature effect on zero output
零点提升范围/零值以上範圍 elevated-zero range
零点图/零點圖 zero plot
零点误差/零誤差 zero error
零点型测向/零點型測向 null-type direction finding
零点修整装置/零點校正裝置 zero point correcting device
零点移动/零點浮動 zero float
零点移位法/零點移位法 zero-shifting technique
零点指示器/零點指示器 zero indicator
零电感/零電感 zero inductance
零电荷/零電荷 zero charge
零电极/零位電極 null electrode
零电流/零電流 zero current
零电位/零電位 zero potential
零电压继电器/無壓繼電器 no-volt relay
零读法/零讀法 null reading method

零度/零點,原點 zero point
零度齿锥齿轮/零蝸線角傘齒輪 zerol bevel gear
零度螺旋伞齿轮/零蝸線角傘齒輪 zero bevel gear
零副载波色度/副載波零值彩度 zero-subcarrier chromaticity
零功率反应堆/零功率反應器 zero power reactor
零和对策模型/零和賽局模型 zero sum game model
零基线性度/零基線性 zero-based linearity
零基预算/零基預算 zero-based budget
零基准/零基準 zero reference
零极点分布/極零點分布 pole-zero location
零记忆信道/零記憶通道 zero-memory channel
零记忆信源/零記憶源 zero-memory source
零假设/零假設 null hypothesis
零价/零價 zero valence
零件/零件,機件 component part, part
零件库/元件庫 part library
零件图/零件圖,分件圖 part drawing, parts drawing
零件修理/零件修理 parts repair
零件轴线/工件軸線 axis of workpiece
零交叉检测器/零交點檢測器,零交越檢波器 zero-crossing detector
零交点/零交越 zero-crossing
零阶保持器/零階保持器 zero-order holder
零阶保值/零階保值 zero-order hold
零阶保值滤波器/零階保值濾波器 zero-order-hold filter
零阶外插法/零階外插法 zero-order extrapolation
零静态误差回路/零態偏置誤差回路 zero-static error loop
零矩工况/零轉矩狀況 zero torque condition
零矩阵/零矩陣 zero matrix
零拷贝协议/零拷貝協定 zero copy protocol
零空间/零空間 null space
零亮度面/無輝面 alychne
零量纲/無量綱 zero dimension
零内阻安培计/零電阻安培計 zero resistance ammeter
零拍检波器/零差檢波器 homodyne detector
零拍指示器/零拍指示器 zero beat indicator
零排放车/零排放車輛 zero emission vehicle, ZEV
零偏的漂移/零點補償漂移 zero-offset drift
零偏距车轮/零偏距車輪 zero set wheel
零平衡法/零點法 null-balance method
零平均信号/零平均訊號,平均值爲零之訊號 zero-mean signal
零起点/零起點 zero-initial
零气/零氣體 zero gas
零强度温度/零強度溫度 zero strength temperature, ZST
零任偶/零任偶 nullor
零日攻击/零時差攻擊 zero-day attack
零色散/零波散 zero-dispersion
零色散波长/零散波波長 zero-dispersion wavelength
零色散斜率/零色散斜率 zero-dispersion slope
零声母/零聲母 zero initial
零时差攻击/零時差攻擊 zero-day attack
零示式电桥/零式電橋 null-type bridge
零示式平衡记录器/零位平衡記録器 null-balance recorder
零式电测功率计/歸零式測力計,歸零式功率計 zero-type dynamometer
零售业务提供商/零售業務提供商 retail service provider
零输出/零輸出 zero output
零输出基线/零輸出基線 zero output base line
零输入响应/零輸入響應 zero input response
零衰减量/零減量 zero decrement
零速变矩系数/失速轉矩比 stall torque ratio
零速工况/零速工況 stall condition
零塑性温度/零塑性溫度 zero ductility temperature, ZDT
零探测概率/零探測機率 zero detection probability
零调电位计/調零電位計 zero potentiometer
零透镜/衡消鏡頭 null lens
零维数/零維數 zero dimension
零位电压/零位電壓 null voltage
零位校验/零位檢查 checking for zero
零位宽/零位寬 null width
零位深度/零位深度 null depth
零位调整/零位調整 zero adjustment
零位调整装置/零值調整器 zero adjuster
零位稳定性/零線穩定性 zero-line stability
零位误差/零[位]誤差 electrical error of null position, zero error
零位指示器/零位指示器,分區位置指示器,零點指示器 zero indicator
零位轴/零位軸 null axis
零温度系数点/零溫度係數點 zero temperature coefficient point
零稳态误差系统/零穩態誤差系統 zero steady-state error system
零误差/零誤差 zero error

零误差系统/零誤差系統 zero-error system
零线/零位線 zero line
零向量/零向量 zero vector
零相电压互感器/零相比壓器 zero phase potential transformer
零相位系统/零相位系統 zero phase system
零相位响应/零相位搖應 zero phase response
零相移放大器/零相移位放大器 zero phase shift amplifier
零型控制系统/零型控制系統 type zero control system
零序/零[相]序 zero sequence
零序电流互感器/零相比流器 zero phase current transformer
零序分量/零[相]序分量 zero sequence component
零序继电器/零[相]序電驛,零相序繼電器 zero phase sequence relay
零序阻抗/零序阻抗 zero sequence impedance
零支/零支 zero branch
零知识/零知識 zero-knowledge
零知识交互式论证/零知識交互式論證 zero-knowledge interactive argument
零知识交互式证明系统/零知識交互式證明系統 zero-knowledge interactive proof system
零知识证明/零知識證明 zero-knowledge proof
零知识证明系统/零知識證明系統 zero-knowledge proof system
零值测量[法]/零差量測法 null method of measurement
零值电流计/零值電流計 zero galvanometer
零值检测器/零值偵測器 null detector
零值误差/零誤差 zero error
零指示器/零[位指]示器,指零儀器 null indicator, null-indicating instrument
零指示仪器/指零儀器 zero instrument, null-indicating instrument
零转移/零支 branch on zero
零状态响应/零態響應 zero-state response
零子/零子 nullator
领示电池/引示電池 pilot cell
领示电瓶/引示電池 pilot cell
领示线调节器/引示線調節器 pilot wire regulator
领蹄/領蹄 leading shoe
领蹄制动器/領蹄制動器 leading shoe brake
领域本体/領域本體 domain ontology
领域分析/領域分析 domain analysis
领域工程/領域工程 domain engineering
领域工程师/領域工程師 domain engineer
领域规约/領域規格 domain specification
领域建模/領域模型化 domain modeling
领域模型/領域模型 domain model
领域设计/領域設計 domain design
领域无关/領域無關 field independence
领域无关规则/領域無關規則 domain-independent rule
领域相关/領域相關 field dependence
领域知识/領域知識 domain knowledge
领域主体/領域代理 domain agent
领域专家/領域專家 domain expert
领域专指性/領域特定性 domain specificity
令牌/訊標,符記 token
令牌持有站/符記持有者 token holder
令牌传递/符記傳遞 token passing
令牌传递协议/符記傳遞通訊協定 token passing protocol
令牌环/訊標環 token ring
令牌环网/符記環網路,表徵環網路,訊標環網路 token ring network
令牌恢复/符記復原 token restore
令牌轮转时间/符記旋轉時間 token rotation time
令牌总线/訊標匯流排 token bus
令牌总线网/符記匯流排網路 token-bus network
溜槽/溜槽,斜槽,陡槽 chute, sluice, trough
溜槽分选/溜洗 sluicing
溜槽卸料式混凝土搅拌机/滑槽卸料式混凝土攪拌機 discharging chute concrete mixer
溜槽闸门/溜槽門 chute gate
溜放卷扬机/負載溜放絞車 load-free fall winch
溜井/溜井 draw raise, orepass
溜井运输/溜井運輸 orepass transportation
浏览/瀏覽 browsing
浏览器/瀏覽器 browser
浏览器插件/流覽器外掛程式 browser plug-in
留矿采矿法/積砂法採礦 shrinkage stoping
留声机/留聲機 gramophone
留渣法/留渣法 retained slag process
留渣量/留渣量 retained slag amount in vessel
流/流[程] stream
流变动力润滑/流變動力潤滑 rheodynamic lubrication
流变曲线/流量曲線 flow curve
流变体/流變體 rhelogical body
流变学/流變學 rheology
流变仪/流變儀 rheometer
流变铸造/流變鑄造 rheologic casting
流标记/流程標號 flow label

流槽/流槽 launder
流场/流[速]場 flow field
流场可视化/流場顯現 flow visualization
流程板/模擬板 flow board
流程泵/流程泵 process pump
流程定义/過程定義 process definition
流程改进/流程改善 process improvement
流程工程学/程序工程 process engineering
流程工序集/系列程序 set of procedure
流程结构/程式結構 process structure
流程模型/程序性模型 procedural model
流程色谱仪/程序層析儀 process chromatograph
流程实例/處理實例 process instance
流程数/通道數 number of pass
流程图/流程圖,流向圖 flow diagram, flow chart
流程质谱计/流程質譜儀 process mass spectrometer
流出式黏度计/流質黏度計,射流黏度計 efflux viscometer
流出速度/流速 flow velocity
流出物/流出物 effluent
流出物分流器/流出物分流器 effluent splitter
流出系数/流量係數 discharge coefficient
流传输/流傳輸 stream transport
流导/流導 flow conductance
流导法/流導法,流動法 flow conductance method, flow method
流道/[溢]流道 flow through, interval channel
流道宽度/流道寬度 width of flow path
流道冒口/流道冒口 gate riser
流点/流動點 flow point
流动比色计/流動比色計 flow colorimeter
流动反应器/流動反應器 flow reactor
流动分析仪/流動分析器,流體計量器 flow analyzer
流动混合器/流動混合器 flow mixer
流动量热计/流動卡計 flow calorimeter
流动密度/流量密度 flow density
流动剖面/流場剖面 flow profile
流动气体激光器/流動氣體雷射 flow-type gas laser
流动时间/流動時間 flow time
流动式比色计/流動比色計 flow colorimeter
流动式 CO_2 激光器/流動式二氧化碳雷射 flowing gas CO_2 laser
流动式起重机/移動式起重機,移動吊車 mobile crane
流动特性指数/流態指數 flow behavior index
流动停滞/流動停滯 flow stagnation
流动系数/流量係數 flow coefficient
流动相/移動相 mobile phase
流动形式/流動形態 flow pattern
流动型自硬砂型/流動型自硬性砂模 fluid self-hardening mold sand
流动性/流動性,流動度 flowability, fluidity
流动性比值/流動比 mobility ratio
流动性试棒/流動性直棒形試片 fluidity test bar piece
流动性试型/流動性試模 fluidity test mold
流动性试验/流動性試驗 fluidity test, slamp test
流动性试验器/流動性測試儀 flowability tester
流动性指数/流性指數,流動值 index of liquidity, slamp value
流动压力/流壓 flowing pressure
流动应力/流體應力 flow stress
流动指数/流量指數 flow index
流度/流動性 fluidity
流度计/流度計,稠度計 fluidometer, mobilometer
流方式/資料流模式 streaming mode
流钢砖/流道磚 runner brick
流关系/流程關係 flow relation
流光室/流光室 streamer chamber
流过时间/通過時間 flushing time
流函数/流函數 stream function
流化床/流體化床 fluidized bed
流化床点火装置/流化床點火裝置 warm-up facility for FBC boiler
流化床反应堆/流體化床反應器 fluidized bed reactor
流化床分级/浮床分類 fluidized bed classification
流化床干燥器/浮床乾燥機 fluidized bed dryer
流化床锅炉/流化床鍋爐,沸騰鍋爐 fluidized bed boiler
流化床冷却器/浮床冷卻器,流體化床冷卻器 fluidized bed cooler
流化床炉/流體化床爐 fluidized bed furnace
流化床埋管/潛管 in-bed tube, submerged tube
流化床燃烧/流體化床燃燒,流態化煅燒 fluidized bed combustion
流化床涂装/流體化床塗裝 fluidized bed painting
流化催化裂化/流體媒裂,流體催化裂煉 fluid catalytic cracking
流化[反应]堆/準流體燃料反應器 fluidized reactor
流化剂/助流劑 fluidizer
流化速度/流體化速度 fluidizing velocity
流控策略/流控策略 flow control strategies
流控制/流程控制 flow control
流控制传输协议/串流控制傳輸協定 stream control transmission protocol, SCTP

流量/流量 fluence
流量比率控制器/流比控制器 flow ratio controller
流量变送器/流量傳送器 flow transmitter
流量表/流量計 flowmeter
流量测量/流量量測 flow measurement
流量测量器/流量探針 flow measuring probe
流量测量仪表/流量量測儀表 flow measurement instrument
流量传感器/流量傳感器,流量感測器 flow transducer
流量范围/流量範圍 flow rate range
流量分析/流量分析 traffic analysis
流量管理/流量管理 traffic management
流量计/流量計 flow meter, flow gage
流量计特性曲线/流量計特性曲線 characteristic curve of flowmeter
流量计误差特性曲线/流量計誤差特性曲線 error performance curve of flowmeter
流量记录计/流量記録器 flow recorder
流量记录控制器/流量記録控制器 flow recorder controller
流量监察/流量監察 traffic policing
流量监视器/流量監視器 flow monitor
流量开关/流量開關 flow switch
流量控制/流量控制 flow control
流量控制器/流量控制器 flow controller
流量控制式电液转向系/流量控制式電液轉向系 electro-hydraulic power steering system in control of flow
流量控制中心/訊務量控制中心 traffic control center
流量喷嘴/流動噴嘴 flow nozzle
流量填补/流量填充 traffic padding
流量调节/流量調節 flowrate regulation
流量调节阀/流量調節閥,流量控制閥 flow control valve
流量调节器/流量調節器 flow regulator
流量系数/流量係數,射流係數 flow coefficient, efflux coefficient
流量限制器/流量限制器 flow limiter
流量整形/同屬流量成形 traffic shaping
流量指示计/流量指示計 flow indicator
流量指示器/流量指示器,流率指示器 flow indicator, flow rate indicator, rate-of-flow indicator
流率/流率 flow rate
流媒体/串流媒體 streaming media
流密码/流密碼 stream cipher
流明/流明 lumen, lm
流明当量/流明當量 lumen equivalent
流明计/流明計 lumen meter
流明灵敏度/流明靈敏度 lumen sensitivity
流膜分选/流膜富集 film concentration
流谱计/流譜計 rheospectrometer
流气式电离室/通氣游離腔 gas-flow ionization chamber
流气式计数管/通氣式計數管 gas-flow counter tube
流砂/流砂 fluid sand
流式超级计算/流式超級計算 streaming supercomputing
流式磁带机/數據流磁帶器 streaming tape drive
流水线/管線 pipeline
流水线处理/管線處理 pipeline processing
流水线等待时间/流水線等待時間 pipeline latency
流水线互锁控制/管線互鎖控制 pipeline interlock control
流水线计算机/管線計算機 pipeline computer
流水线控制/管線控制 pipeline control
流水线链接/流水線連結 pipeline chaining
流水线排空/管線排空 draining of pipeline
流水线生产/流水線生產 pipeline production
流水线数据冲突/管線資料危障 pipeline data hazard
流水线算法/管線演算法 pipelining algorithm
流水线停顿/管線停頓 pipeline stall
流水线效率/管線效率 pipeline efficiency
流水线装配/流水線裝配 assembly on flow line production
流速传感器/流速換能器,流率換能器 flow-rate transducer
流速计/[自記]流速計,[磁]轉速計 current meter, magnetic tachometer
流速系数/速度係數 coefficient of velocity
流速仪/流速計 current meter
流速指示器/流率指示器 flow-rate indicator
流态床还原/流體化床還原 fluidized bed reduction
流态床炉/流體化床爐 fluidized bed furnace
流态床渗碳/流體化床滲碳 fluidized bed carburizing
流态化/流體化,湧騰作用 fluidization
流态化焙烧/湧騰化焙燒 fluidized roasting, fluidization roasting
流[态]化床/流體化床 fluidized bed
流态化床喷涂/流體化床上塗料 fluidized bed coating
流态化床热处理/流體化床熱處理 heat treatment in fluidized bed
流态化电解/流體化電解 fluid bed electrolysis,

FBE
流态化煅烧/流體化煅燒 fluidized bed calcination
流态化干燥/流體化乾燥 fluid bed drying
流态化浸出/流體化浸出 fluidizing leaching
流态化氯化/流體化氯化 fluidized chloridizing
流态化熔炼/流體化熔煉 fluid bed smelting
流态化速冻装置/流體化冷凍器 fluidized bed freezer
流态化直接还原[法]/流體化直接還原[法] fluidized bed direct reduction process
流态化置换/流體化置換 fluidizing cementation
流态砂/流砂 castable sand, fluid sand, fluidized sand
流态砂造型/流體砂造模 fluid sand molding
流态造型法/流砂造模法 fluidized sand molding
流体饱和度/液體飽和率 fluid saturation
流体动力型振荡器/流體動力振盪器 hydrodynamic oscillator
流体动力噪声/流體動力噪音 hydrodynamic noise
流体动压式机械密封/流體動壓式機械軸封 hydrodynamic mechanical seal
流体毒物控制/液態毒物控制 fluid poison control
流体浮悬陀螺仪/液體浮懸陀螺儀 hydrogyro
流体静力天平/静液壓天平,液體静壓秤 hydrostatic balance
流体静力学平衡/静液壓平衡 hydrostatic equilibrium
流体静压计/[液體]静壓壓力計 hydrostatic gage
流体静压力/液體静壓力,静液壓力,静水壓力 hydrostatic pressure
流体静压力梯度/静液壓梯度 hydrostatic gradient
流体静压式机械密封/流體静壓式機械軸封 hydrostatic mechanical seal
流体静应力/流體静應力,液體静應力 hydrostatic stress
流体密度/流體密度 fluid density
流体密度计/流體密度計 fluid density meter
流体膜/流體薄膜 fluid film
流体摩擦/流體摩擦,液體摩擦 fluid friction
流体黏度/液體黏度 fluid viscosity
流体侵蚀/流體侵蝕 fluid erosion
流体输送机/流體輸送機 fluid conveyor
流体透过性/流體滲透率 fluid permeability
流体压力/液體壓力 fluid pressure
流体压力计/流體壓力計 hydromanometer
流体压强计/[流體]壓力計,流體壓強儀 manometer
流体液量计/液體流量計 fluid flowmeter
流体柱/流體柱 column of fluid
流体阻尼/流體阻尼 fluid damping
流通式冷却器/流體冷却器 flow cooler
流纹岩/流紋岩 rhyolite
流线/流線,流紋 flow line, stream line
流线式滤器/流線式濾器 streamlined filter
流线型阀/流線形閥 streamlined valve
流向图分析/流向圖分析 flow graph analysis
流星电离/流星電離 meteoric ionization
流星反射/流星反射 meteoric reflection
流星反射通信/流星反射通信 meteor reflection communication
流星散射通信/流星散射通信 meteor scatter communication
流星突发通信/流星餘跡通信 meteor burst communication
流星余迹通信/流星餘跡通信 meteoric trail communication, meteor trail communication
流星侦测卫星/流星偵測衛星 meteoroid detection satellite
流形学习/流形學習 manifold learning
流型[图]/流型,流動圖形 flow pattern
流演算/流演算 fluent calculus
流依赖/流程相依 flow dependence
流源/流源 flow sources
流渣槽/出渣槽 slag spout
流质/流動性 fluidity
流阻/流阻,流動阻力 flow resistance
硫/硫 sulphur, sulfur
硫氮共渗/硫氮共滲 sulphonitriding
硫氮碳共渗/硫氮碳共滲 sulphonitrocarburizing
硫氮碳共渗盐/硫氮碳共滲鹽 sulphonitrocarburizing salt
硫沸点/硫沸點 sulfur boiling point
硫分配比/硫配比 sulfur partition ratio
硫分配系数/硫分配係數 sulphur partition coefficient
硫分析仪/硫分析儀 sulfur analyzer
硫负荷/硫負載 sulphur load
硫镉矿/硫鎘礦 greenockite
硫含量/含硫量,硫分 sulphur content
硫华/硫華 flowers of sulphur
硫化/[橡膠]硫化 vulcanization
硫化沉淀/硫化沈澱 sulphurization precipitation
硫化浮选/硫化浮選 sulphidizing flotation
硫化镉光电管/硫化鎘光電池 cadmium-sulfide photocell
硫化镉太阳电池/硫化鎘太陽電池 cadmium-sulfide

solar cell
硫化剂/硫化劑 sulfidizer
硫化精炼/硫化精煉 sulphidizing refining
硫化矿/硫化礦[石] sulphide ore
硫化矿物带/硫化帶 sulphide zone
硫化铅光电[红外]探测器/硫化鉛光檢知器 lead sulfide photodetector
硫化氢洗涤塔/硫化氫洗滌器 H_2S scrubber
硫化润滑剂/硫化潤滑劑 sulfurized lubricant
硫化铜整流器/硫化銅整流器 copper sulfide rectifier
硫化物/硫化物 sulphide
硫化物沉淀法/硫化物沈澱方法 sulfide precipitation method
硫化物腐蚀/硫化物腐蝕 sulphide corrosion
硫化物夹杂/硫化物夾雜物 sulfide inclusions
硫化物容量/硫化物容量 sulfide capacity
硫磺炉/燒硫爐,硫燃燒器 sulfur stove
硫氯化润滑剂/硫氯化潤滑劑 sulfochlorinated lubricant
硫脲浸出法/硫脲浸出法 thiourea leaching process
硫砷铜矿/硫砷銅礦 enargite
硫酸焙烧分解/硫酸焙燒分解 sulfate roasting decomposition
硫酸处理/硫酸處理 sulphuric acid treating
硫酸法提锂/硫酸法鋰萃取 extraction of lithium by sulfuric acid process
硫酸复盐沉淀法/硫酸複鹽沈澱法 complex sulfate precipitation method
硫酸化/硫酸化 sulfating
硫酸化焙烧/硫酸化焙燒 sulfurization roasting
硫酸三甘[肽]/硫酸三甘肽 triglycine sulfide, TGS
硫酸铈滴定[法]/鈰滴定術 ceriometry
硫酸锌浊度试验/硫酸鋅濁度試驗 zinc sulfate turbidity test
硫酸盐/硫酸鹽 sulfate, water soluble sulfate
硫酸盐法制取氧化铍/硫酸鹽法萃取氧化鈹 extraction of BeO by sulfate process
硫酸盐化/硫酸鹽化 sulphating
硫铁矿渣/黄鐵燒渣 pyrite cinder
硫印/硫印 sulfur print
硫印法/硫印法 sulphur print
硫渣热滤/硫渣熱濾 sulphur residue hot filtering
硫质喷气孔/硫質噴氣孔 solfatara
馏分液氮/餾分液氮 liquid nitrogen fraction
瘤口/結瘤 spout
瘤状粉/瘤狀粉 nodular powder
柳叶抹刀/柳葉抹刀,長抹刀 long spatula
锍/鎳銅,冰銅 matte
锍分层熔炼法/奥福德法 Orford process
锍率/硫碴率 matte rate
锍品位/硫碴品位 matte grade
六端口自动网络分析仪/六端口自動網路分析儀 six-port automatic network analyzer, SPANA
六分力天平/六分力天平 six-component balance
六分仪/六分儀 sextant
六杆机构/六連桿組 six-bar linkage
六极管/六極管 hexode
六角薄螺母/六角薄螺帽 hexagon thin nut
六角垫圈面螺母/六角墊圈螺帽 washer faced hexagon nut
六角法兰面螺母/六角凸緣面螺帽 hexagon nut with flange
六角-方孔型系统/六角-方孔型系統 hexagonal-square pass system
六角钢/六角鋼 hexagonal bar
六角冠状薄螺母/六角薄冠螺母 hexagon thin castle nut
六角冠状螺母/六角堡形螺帽 hexagon castle nut
六角结构/六角結構 hexagonal structure
六角晶体/六方晶體 hexagonal crystal
六角晶系铁氧体/六角晶系鐵氧體 hexagonal ferrite
六角开槽螺母/六角開槽螺帽 hexagon slotted nut
六角螺母/六角螺帽 hexagon nut
六角头法兰面螺栓/具凸緣六角螺栓 hexagon bolt with flange
六角头盖形螺栓/六角頭蓋形螺栓 acorn hexagon head bolt
六角头螺栓/六角螺栓 hexagon bolt
六角头木螺钉/六角木螺釘 hexagon head wood screw
六角头凸缘螺栓/具軸環六角螺栓 hexagon bolt with collar
六角头自攻螺钉/六角頭自攻螺釘 hexagon head tapping screw
六角头自切螺钉/六角自攻螺釘 hexagon head thread cutting screw
六角凸缘螺母/六角凸緣螺帽 hexagon nut with collar
六进制/六進[制] senary
六流大方坯连铸机/六股方坯連鑄機 six strand bloom caster
六位侦错码/六位偵錯碼 six-unit error detecting code
六西格玛/六標準差 six sigma
龙骨冷却器/龍骨冷却器 keel cooler

龙骨形小铸锭/Y型試塊　keel block
龙门刨床/雙柱龍門刨床　double-column planing machine
龙门起重机/龍門起重機　goliath crane
龙门式淬砂造模机/龍門式摔砂造模機　gantry type sand slinger
龙门式铣床/龍門式銑床　planer type milling machine
笼轮式升降机/籠輪式昇降機　cage wheel elevator
笼式磨/籠磨　cage mill
笼式榨油机/籠式榨油機　cage oil press
笼形阀/籠形閥　cage type valve
笼形天线/籠形天線　cage antenna, squirrel-cage antenna
笼型转子/籠式轉子　cage rotor
隆面皮带轮/隆面皮帶輪　crowned pulley
楼梯/樓梯　stairs
漏波/漏溢波　leaky wave
漏波天线/漏波天線　leaky wave antenna
漏孔/漏孔,漏洞　leak
漏磁导/漏磁導　leakage permeance
漏磁通/漏磁通,漏通量　leakage flux
漏磁因数/漏磁因子　magnetic leakage factor
漏[滴]皿/滴漏皿　draining dish
漏地电流指示器/漏電指示器　earthing leakage indicator
漏电/漏電　leak
漏电保护/漏電保護　earth leakage protection
漏电报警器/漏洩警報器　leakage alarm
漏电报警装置/絕緣故障警告裝置　insulation failure warning device
漏电检查器/漏電偵測器,漏電檢知器　leakage checker
漏电流/漏[極]電流　drain current, leakage current
漏电路径/洩漏路徑　leakage path
漏电阻/洩漏電阻　leakage resistance
漏洞/漏洞　loophole vulnerability, hole
漏斗/漏斗　hopper
漏斗采矿/漏斗井採礦　glory-hole mining
漏斗底柱结构/錐形柱底結構　cone-shape sill pillar
漏斗黏度/漏斗黏度　funnel viscosity
漏斗形结晶器/漏斗型結晶器　funnel-shaped mould
漏斗形开口/漏斗型冒口　mouthings
漏斗状筒/喇叭澆管　trumpet
漏风/漏風　air leakage
漏风率/漏風率　air leakage rate
漏风试验/漏氣試驗　air leakage test
漏风系数/漏風係數　air leakage factor, air leakage coefficient
漏辐射率/漏輻射率,輻射漏洩,輻射滲漏　radiation leakage
漏感/漏感　leakage inductance
漏钢/漏鋼　breaking-out, breakout
漏钢预报系统/漏鋼預報系統　breakout prediction system
漏极电导/汲極電導　drain conductance
漏极电流/汲極電流　drain current
漏检/誤檢　false drop
漏警/誤否定　false negative
漏警概率/漏警機率　alarm dismissal probability
漏率/[洩]漏率　leak rate, leakage rate
漏码/漏碼　drop-out
漏脉冲/遺漏脈波　missing pulse
漏煤可燃物含量/漏煤可燃物含量　unburned combustible in sifting
漏模/漏失模態,漏溢模態　leaky mode
漏模板/起模板　stripping plate
漏模造型机/脫範本塑造機　stripping plate molding machine
漏漂移模式/漏漂移模式　drift-leakage model
漏气计/漏氣計　air leakage meter
漏气试验/漏氣試驗　air leakage test
漏气指示器/漏氣指示器　gas leak indicator
漏勺/濾器　colander
漏失/漏失　spillover
漏[失]同步/漏同步　missed synchronization
漏桶/漏桶子　leaky bucket
漏箱/鑄漏　run-out
漏泄功率/洩漏功率,漏過功率　leakage power
漏泄同轴电缆/漏溢同軸電纜　leaky coaxial cable
漏泄系数/洩漏係數　leakage coefficient
漏泄阻抗/漏阻抗　leakage impedance
漏[溢]波损耗/漏波損耗,溢波損耗　spillover loss
漏油检测器/漏油檢知器　oil leak detector
漏指令/漏指令　missing command
漏铸/鑄漏　bleed
卢瑟福/拉塞福　Rutherford, rd
卢瑟福背散射谱法/拉塞福背散射譜法　Rutherford backscattering spectroscopy
卢瑟福背散射谱[学]/拉塞福背散射譜[學]　Rutherford backscattering spectroscopy, RBS
卢森堡效应/盧森堡效應　Luxemburg effect
炉/[窯]爐　kiln, oven
QSL 炉/QSL 反應爐　Queneau-Schuhmann-Lurqi reactor
炉板/爐板　fireback

炉篦/爐篦,爐柵　fire grate
炉壁热流密度/爐壁熱通量密度　furnace wall heat flux density
炉衬/爐襯,裡襯　furnace lining, lining
炉衬寿命/爐襯用期　lining campaign
炉衬涂料/爐襯噴敷料　spraying compound for furnace lining
炉撑/鍋爐撐臂　boiler brace
炉床/爐床　hearth
炉床底/爐床底　hearth-bottom
炉床底砂/爐床底砂　hearth-bottom sand
炉床及炉用铸件/爐床及爐用鑄件　hearth and oven casting
炉床砖/爐床磚　hearth block
炉胆/爐膛　fire tube, flame tube, furnace
炉底/爐床　hearth, bottom
炉底电极/爐底電極　bottom electrode
炉底滑管/爐底滑軌　skid rail
炉底积铁/爐底積鐵　salamander
炉底门/爐底門　bottom door
炉底砂/爐底砂　bottom sand
炉底渣/爐底渣,爐底灰　bottom ash
炉顶/爐頂　furnace roof
炉顶盖/蓋子,爐蓋　bung
炉顶加料/爐頂加料　top charge
炉顶加料器/爐頂加料器　top filler, top charger
炉顶加热/爐頂加熱　roof heating
炉顶净煤气/爐頂清潔煤氣　clean gas from furnace top
炉顶煤气/爐頂氣　top gas
炉顶煤气回收/爐頂煤氣回收　top gas recovery
炉顶圈/爐頂圈　furnace roof ring
炉顶余压发电装置/爐頂氣回收發電設備　BF top gas energy recovery turbine equipment
炉腹/爐腹　bosh
炉腹液泛现象/爐腹溢流　bosh flooding
炉腹渣/爐腹渣　bosh slag
炉腹直吹管/爐腹風管　belly pipe
炉盖/爐蓋　ceiling of furnace
炉盖圈/爐頂圈　roof ring
炉盖砖/爐蓋磚　roof brick
炉缸冻结/爐缸凍結　chilled hearth
炉缸堆积/爐缸堆積　hearth accumulation
炉缸反应/爐缸反應　hearth reactions
炉缸护板/爐缸護套　hearth jacket
炉缸结瘤/爐膛附積　hearth accretion
炉缸区/爐池　crucible zone, crucible well
炉缸支柱/爐缸支承　hearth column
炉工/爐工　furnace tender, furnace-man
炉焊管/爐焊管　furnace butt-weld pipe
炉喉/爐喉　throat
炉喉保护板/爐喉護板　throat armor
炉喉间隙/爐喉間隙　bell clearance
炉喉检测装置/爐喉檢測裝置　throat probe
炉喉煤气温度曲线/爐喉溫度曲線　gas temperature pattern through the throat radius
炉后出渣/後端出渣　rear slagging spout
炉灰盘/灰盤　ash pan
炉卷轧机/爐卷軋機,施特克爾軋機　Steckel mill
炉壳/爐殼　furnace shell
炉况向热/爐況昇溫　working hot heating up of BF running
炉冷/爐内冷却　furnace cooling
炉料/爐料　charge, burden
炉料结构/爐料結構　burden design
炉料粒度分级/爐料細微性分級　size classification of the burden
炉料批量计数仪/爐料批量計數儀　charge batch counter
炉料透气性/爐料透氣性　permeability of the burden
炉料压紧器/爐料壓緊器　burden squeezer
炉龄/[煉鋼爐]爐齡　furnace campaign
炉瘤/牆結　wall accretion
炉门/爐門　furnace door
炉门挡板/爐門擋板　door shield
炉内过程/爐内過程　inter-furnace process
炉内气氛/爐内蒙氣　furnace atmosphere
炉内气体/爐氣　furnace gas
炉内退火/爐内褪火　furnace annealing
炉排/爐排,爐柵,爐篦　grate, fire grate
炉排面积热强度/爐篦熱釋放率　grate heat release rate
炉气/爐氣　furnace gas
炉气二次燃烧/爐氣二次燃燒　post combustion of converter gas
炉气分析仪/燃燒氣體分析儀　combustion gas analyzer
炉气控制退火/蒙氣控制退火　atmospheric control annealing
炉前出渣/前端出渣　front slagging
炉前分析/爐前分析　bath analysis
炉前钢包/爐前盛桶　receiving laddle
炉前快速分析/爐前快速分析　online express analysis
炉前取样分析/澆桶取樣分析,澆斗取樣分析　ladle analysis

炉前燃料/爐前燃料 as-received fuel
炉前试验/爐前試驗 matter inspection, matter test
炉前试样/判别試棒 test sprue
炉墙/爐牆 boiler wall
炉墙溶胀压力/爐牆熔脹壓力 swelling pressure on oven wall
炉身检测装置/爐身檢測設備 stack probe
炉室/爐室 furnace chamber
炉水循环泵/爐水循環泵 boiler water circulating pump
炉膛/爐膛,爐室,燃燒腔 furnace chamber, furnace, combustion chamber
炉膛爆燃/爐膛爆燃 furnace detonation
炉膛爆炸/爐膛爆炸 furnace explosion
炉膛背压/爐膛背壓 back pressure of chamber
炉膛出口烟气温度/爐膛出口煙氣温度 furnace exit gas temperature
炉膛断面热强度/爐膛斷面熱強度 furnace cross-section heat release rate
炉膛辐射受热面热强度/爐膛輻射受熱面熱釋放速率 heat release rate of furnace radiant heating surface
炉膛过热器/燃燒腔過熱器 combustion chamber superheater
炉膛空气动力场试验/爐膛空氣動力試驗 furnace aerodynamic test
炉膛冷态模型试验/爐膛冷態模型試驗 cold model test
炉膛内爆/爐膛内爆 furnace implosion
炉膛容积热强度/爐膛容積熱釋放率 furnace volume heat release rate
炉膛设计瞬态承受压力/爐膛設計瞬態承受壓力 furnace enclosure design transient pressure
炉膛设计压力/爐膛外殼設計壓力 furnace enclosure design pressure
炉膛通风/爐膛通風 furnace ventilation
炉膛压力/爐膛壓力 hearth pressure
炉膛有效容积/有效爐膛容積 effective furnace volume
炉膛整体空气分级/爐膛整體空氣分級 air staging over burner zone
炉体/爐體 furnace body
炉体旋转电炉/旋轉電爐 rotating electric furnace
炉条/爐條 fire grate bar
炉型/爐型 construction line of furnace
炉烟/煙道氣 flue gas
炉腰 /爐腹 belly
炉役期/[煉鋼爐]爐齡 furnace campaign
炉用铸件/爐用鑄件 furnace casting
炉预热/爐預熱 furnace preheat
炉渣/燒渣,鐵渣 cinder
炉渣床/爐渣床,煤渣床 cinder bed
炉渣硅钙比/爐渣矽鈣比 slag lime-silica ratio
炉渣硅酸度/爐渣矽酸度 slag silicate degree
炉渣可燃物含量/爐渣可燃物含量 unburned combustible in bottom ash
炉渣硫化挥发/熔渣硫化揮發 slag sulphurizing volatilization
炉渣喷溅/熔渣噴濺 foamy slag slopping
炉渣砂/熔渣砂 slag sand
炉渣水泥/熔渣水泥 slag cement
炉渣铁硅比/熔渣鐵矽比 slag iron-silica ratio
炉渣氧化性/熔渣氧化性 oxidizability of slag
炉渣渣斗/爐渣搬運斗 dump bucket
炉支架/爐支承 furnace cradle
炉中钎焊/爐内硬焊 furnace brazing
颅内压传感器/顱内壓轉換器 intracranial pressure transducer
卤代烃/鹵烴類 halohydrocarbons
卤化稀土/稀土鹵化物 rare earth halide
卤水提锂/鹵水鋰萃取 extraction of lithium from brine
卤素猝灭管/鹵素猝滅管 halogen quench tube
卤素猝灭计数管/鹵素猝滅計數管 halogen-quenched counter tube
卤素猝灭计数器/鹵素猝滅計數器 halogen quench counter
卤素计数器/鹵素計數器 halogen counter
卤素检漏仪/鹵素檢漏儀,鹵素偵漏器,鹵素測漏器 halide leak detector, halogen leak detector
卤[素]钨丝灯/鹵[素]鎢絲燈 tungsten halogen lamp
卤钨灯/鎢絲鹵素燈,鎢鹵化物燈 tungsten halogen lamp, tungsten halide lamp
鲁棒辨识/堅固識别 robust identification
鲁棒控制/堅固控制 robust control
鲁棒控制器/堅固控制器 robust controller
鲁棒性/堅固性 robustness
鲁茨风机/魯氏鼓風機 Roots blower
鲁福德光度计/冉福得光度計 Rumford photometer
鲁里叶方法/Lur'e 法 Lur'e method
鲁奇球团法/廬吉球團法 Lurgi pelletizing system
镥/鎦 lutetium
陆地反向散射信号/陸地反向散射信號 land backscatter
陆地集群无线电/TETRA 標準,地面無線通信標準

terrestrial trunked radio, TETRA
陆地卫星/陸地衛星 land satellite, LANDSAT
陆地线/陸地線 landline
陆地移动卫星/地面行動衛星 land mobile satellite
陆地移动卫星业务/陸地移動衛星業務 land mobile satellite service, LMSS
陆地移动无线电设备/陸地移動無線電設備 land mobile radio device
陆地杂波/陸地雜波,地面雜波 land clutter
陆基雷达/陸基雷達 ground-based radar
陆末-布洛洪光度计/陸末-布若洪光度計 Lummer-Brodhum photometer
录波器/示波[記録]器 oscillograph
录取标志/録取標志 extraction mark
录取显示器/録取顯示器 indicator with extracter
录像/録像 image transcription
录像[磁]带/録影帶 video tape
录像机/録像機 video tape recorder, VTR
录像头/録影頭 video recording head
录音播放/録音之聲明,録音之公告 recorded announcement
录音磁平/録音磁平 record magnetic level
录音磁头/磁性記録頭 magnetic recording head
录音电话/録音電話 record telephone
录音电话机/速記答録機 recording telephone set
录音工作室/録音工作室 recording studio
录音机/録音機 recorder
录音胶片[有声电影]记录器/膠片録音機 film sound recorder
录音通知/録音之聲明,録音之公告 recorded announcement
录音系统/記録系統,記録裝置 recording system
录制/録製 recording
录制磁鼓/記録轉筒 recording drum
路程表/里程表 hodometer
路基修整机/路基修整機 grade trimming machine
路径/路徑,通路 path
路径保护/路徑保護 trail protection
路径表达式/路徑表式 path expression
路径测试/路徑測試 path testing
XML 路径查询语言/XPath 語言 XPath language
路径长度/程長 length of path
路径导航系统/路徑導航系統 route guidance system
路径分集/路徑分集 path diversity
路径分析/路徑分析 path analysis
路径精[确]度/路徑精度 path accuracy
路径可重复性/路徑重現性 path repeatability
路径控制/路徑控制 path control
路径敏化/路徑敏化 path sensitization
路径名/路徑名 path name
路径命令/路徑命令 path command
路径生成/路徑之演生,路徑産生 path generation
路径搜索/路徑搜尋 path search
路径损耗/路徑損耗 path loss
路径索引/路徑索引 path index
路径条件/路徑條件 path condition
路径问题/選路問題 routing problem
路径演生机构/路徑演生機構 path generating mechanism
路径折叠技术/路徑折疊技術 path doubling technique
路面不平敏感性/路面不平敏感性 pavement irregularity sensitivity
路面不平敏感性试验/路面不平敏感性試驗 pavement irregularity sensitivity test
路面清理用鼓风机/路面清理用鼓風機 blower for road bed cleaning
路面铣刨机/路面銑刨機 road milling machine
路面养护车/路面養護車 pavement maintenance truck
路面整型器/路面整平器 road surface shaper
路石铺设机/路石鋪設機 paving stone laying machine
路网/路網 road network
路线牌/路標 guide board
路易斯数/路易斯數 Lewis number
路由/路由 route
路由标志/路徑標志 route indication
路由标志器控制/路由標接控制 route marker control
路由策略描述语言/路由策略描述語言 routing policies specification language
路由跟踪/路由跟蹤 trace-route
路由规划/路由規劃 route planning
路由回路/路由回路 routing loop
路由聚合/路由聚合 route aggregation
路由控制中心/路由控制中心 routing control center, RCC
路由忙时/路由忙時 route busy hours
路由器/路由器 router
GPRS 路由器/閘道 GPRS 支援節點 gateway GPRS support node, GGSN
路由守护程序/路由守護程式 route daemon
路由算法/選路演算法 routing algorithm
路由信息协议/選路資訊協定 routing information

protocol
路由选择/選路 routing
路由选择控制/路由控制 routing control
路由选择制/路由選擇制 route selection system
路由优化/路由優化 route optimization
露池/露點槽 dew cell
露点/露點 dew point
露点表/露點計 dew point meter
露点传感器/露點轉换器 dew point transducer
露点腐蚀/露點腐蝕 dew point corrosion
露点计/露點濕度計 dew point hygrometer
露点湿度计/露點濕度計 dew point hygrometer, cold-spot hygrometer
露点试验/露點試驗 dew point test
露点温度/露點温度 dew point temperature, dew point
露点仪/露點計 dew point meter
露点指示器/露點指示器 dew point indicator
露天采场/露天開採 open pit
露天采场边帮/露天採場斜坡 open pit slope
露天采场底盘/露天採場底盤 open pit footwall
露天采场防雷/露天採場防雷 lightning protection in open pit
露天采场扩帮/露天採場擴坡 open pit slope enlarging
露天采矿/露天採礦,露天開採,地面開採 open pit mining, surface mining
露天铲运机/露天鏟運機 scraper
露天铲运机装载/露天鏟運機裝載 scraper loading
露天地下联合开采/地表地下聯合開採 combined surface and underground mining
露天电机车/露天機車 surface electric locomotive
露天矿/露天石礦 pit quarry
露天矿采矿方法/露天礦採礦方法 surface mining method
露天矿挖掘带/露天礦採掘帶 cutting zone of open pit
露天转地下开采/露天轉地下採掘 open pit into underground mining
露天钻车/露天鑽車 open pit drill wagon, surface drill rig
露头/露頭 outcrop
露头填图/露頭填圖 outcrop mapping
露焰炉/露焰爐 open flame furnace
吕德斯带/吕德帶 Lüders band
旅行车/旅行車 station wagon
旅行信息系统/旅行資訊系統 travel information system
旅居半挂车/半拖式旅遊車 caravan semi-trailer
旅居车/旅居車 motor caravan
旅居挂车/旅居掛車 caravan
旅游客车/遊覽客車 touring coach
铝箔/鋁箔 aluminum foil
铝箔分卷机/鋁箔分卷機 aluminum foil separator
铝箔合卷机/鋁箔合卷機 aluminum foil doubler
铝箔轧机/鋁箔軋機 aluminum foil rolling mill
铝衬垫/鋁襯墊 aluminum pad
铝翅法/鋁翅法 Al-fin process
铝带式麦克风/帶式傳聲器 ribbon microphone
铝弹射入法/鋁彈射入法 Al-bullet shooting
铝电解槽/鋁熔解槽 aluminum smelter cell
铝电解电容器/鋁質電解電容 aluminum electrolytic capacitor
铝电解法/霍爾-埃鲁法 Hall-Heroult process
铝粉除钒/鋁粉除釩 removing vanadium from titanium tetrachloride aluminum powder
铝铬热电偶/鋁鉻熱電偶 alumel-chromel thermocouple
铝铬砖/鋁鉻磚 alumina-chrome brick
铝硅比/鋁矽比 alumina silica ratio
铝硅合金/鋁矽合金,加馬矽鋁明 aluminum-silicon alloy, gamma silumin
铝焊料/鋁焊料 aluminum solder
铝合金/鋁合金 aluminum alloy
铝合金彩色涂层板带材/鋁合金彩色塗層板帶材 color coated sheet and strip of aluminum alloy
铝合金铸件/鋁合金鑄件 aluminum alloy casting
铝黄铜/鋁黄銅 aluminum brass
铝基磁盘/鋁基磁碟 aluminum substrate disk
铝基复合材料/鋁基複合材料 aluminum-base composite
铝碱比/鋁鹼比 alumina soda ratio
铝卷涂层/鋁卷塗層 aluminum coil coating
铝空气电池/鋁空氣電池 aluminum-air cell
铝锂合金/鋁鋰合金 aluminum lithium alloy
铝镁炭砖/鋁鎂碳磚 alumina-magnesia-carbon brick
铝镍钴合金/亞力可合金 alnico alloy, Al-Ni-Co alloy
铝镍钴永磁体/鋁鎳鈷永久磁鐵 alnico permanent magnet, Al-Ni-Co permanent magnet
铝硼共渗/鋁硼共滲 aluminoboriding
铝青铜/鋁青銅 aluminum bronze
铝热法/鋁熱法 alumiothermy, aluminothemics
铝热反应/鋁熱反應,鋁熱作用,熱劑反應 thermit reaction
铝热焊/鋁熱劑熔接,鋁熱劑焊接 thermit welding

铝热[焊接]法/鋁熱[劑]法　thermit process
铝热还原/鋁熱還原　aluminothermic reduction
铝热剂/鋁熱劑　thermit
铝热冒口/鋁熱冒口　thermit riser
铝酸钠溶液/鋁酸鈉溶液　sodium aluminate solution
铝酸钠溶液分解/鋁酸鈉溶液分解　sodium aluminate solution precipitation
铝酸钇激光器/鋁酸釔雷射,YA 雷射　yttrium aluminate laser, YA laser
铝碳化硅炭砖/鋁碳化矽碳磚　alumina-silicon-carbide carbon brick, Al_2O_3-SiC-C brick
铝碳砖/鋁碳磚　alumina-carbon brick
铝土矿/鋁土礦,鋁礬土　bauxite
铝土矿溶出/鋁土礦浸提　bauxite digestion
铝土砖/[鋁]礬土磚　bauxite brick
铝锡合金/賽銀　mock silver
铝型材氧化着色机组/鋁型材陽極氧化生產線　profiles anodizing line
铝阳极氧化/鋁陽極氧化　aluminum anodizing
铝阳极氧化法/鋁陽極氧化法,亞鋁米賴法　alumilite process
铝液衬垫/鋁襯墊　aluminum pad
铝铸铁/鋁鑄鐵　aluminum cast iron
履带/履帶　crawler
履带板/履帶板　tread shoe
[履带]导向轮/[履帶]惰輪　idler, track idler
履带底盘基距/履帶底盤基距　base of crawler crane
履带底盘转弯半径/履帶車底盤轉彎半徑　turning radius of crawler chassis
履带后倾角/履帶後傾角　trim angle of crawler
履带接地长度/履帶接地長度　ground contact length of crawler
履带接地面积/履帶承地面積　crawler bearing area
履带节距/履帶節距　crawler pitch
履带宽度/履帶寬度　crawler width
履带起重机/履帶[式]起重機　crawler crane, caterpillar crane
履带前倾角/履帶前傾角　approach angle of crawler
[履带]驱动轮/驅動鏈輪　driving sprocket
履带式滑模混凝土摊铺机/履帶式滑模混凝土攤鋪機　crawler slipform concrete paver
履带式沥青混凝土摊铺机/履帶式瀝青攤鋪機　crawler asphalt paver
履带式露天潜孔钻车/履帶式露天潛孔鑽車　open-pit crawler downhole jumbo
履带式露天钻车/履帶式露天鑽車　open-pit crawler rig
履带式潜孔钻机/履帶式潛孔鑽機　crawler downhole drill
履带式升降机/履帶式昇降機　caterpillar elevator
履带式塔式起重机/履帶式塔式起重機　crawler-mounted tower crane
履带式推土机/履帶式推土機　crawler-type tractor-dozer
履带式钻车/履帶式鑽車　crawler rig
履带拖拉机/履帶式曳引機　crawler tractor, tracklaying tractor
履带拖拉机转向系/履帶式曳引機轉向系統　steering system for crawler tractor
履带挖掘机/履帶挖掘機　crawler excavator
履带下垂量/履帶下垂量　crawler sag
履带行走机构/履帶附件　crawler attachment
履带行走系/履帶式曳引機底盤　undercarriages of crawler tractor
履带行走装置/履帶運行裝置　crawler traveling device
履带张紧力/履帶張力　tensioning force of crawler
履带中心面/履帶中央面　median plane of track
履带转向机构/履帶式曳引機轉向機構　steering mechanism for crawler tractor
A 律/A 法則　A-law
μ律/μ-律　μ-law
A 律量化/A 法則量化　A-law quantization
A 律压扩/A 律壓伸　A-law companding
μ-律压扩/μ-法則壓伸,μ-律壓伸　μ-law companding
率表/速率表,測速表　ratemeter
率失真理论/率失真理論　rate distortion theory
绿矾/綠礬　green vitriol
绿化喷洒车/樹木噴灑車　tree sprinkling tanker
绿泥石/綠泥石　chlorite
绿片岩变质作用/綠色片岩變質作用　greenschist metamorphism
绿色计算/綠色計算　green computing
绿色计算机/綠色計算機　green computer
绿色设计/生態設計　ecodesign
绿色数据中心/綠色資料中心　green data center
绿色溢出/綠色溢出　green spill
绿碳化硅/綠碳化矽　green silicon carbide
绿锈/銅綠　patina
绿柱石/綠柱石　beryl
氯代联苯/多氯聯苯電解液,愛斯開勒電解液體　askarel
氯氟化碳/氟氯碳化[合]物　chlorofluorocarbon
氯含量/氯量　chlorinity
氯化铵法/氯化銨法　ammonium chloride method

氯化焙烧/氯化焙燒 chloridizing roasting

氯化焙烧法提锂/氯化焙燒法鋰萃取 extraction of lithium by chlorination roasting

氯化残渣/氯化殘渣 chlorination residue

氯化催化剂/氯化觸媒 chlorination catalyst

氯化法/氯化法,氯氣處理 chlorination

氯化分解/氯化分解 chlorination breakdown

氯化钙管/氯化鈣管 calcium chloride tube

氯化挥发/氯化揮發 chloridizing volatilization

氯化剂/氯化劑 chloridizing agent

氯化浸出/氯化浸出 chloridizing leaching

氯化精炼/氯化精煉 chloridizing refining

氯化氪准分子激光器/氯化氪準分子雷射 krypton chloride excimer laser

氯化离析法/氯化偏析法 segregation process

氯化炉/氯化爐 chlorinator, chlorination furnace

氯化炉气/氯化爐氣 chlorination gas

氯化镁氨合物/鎂氯化氨合物 magnesium chloride hexammoniate

氯化镁排放/排氯化鎂 emission from magnesium chloride

氯化器/氯化器 chlorinator

氯化润滑剂/氯化潤滑劑 chlorinated lubricant

氯化物/氯化物 chlorides

氯化物挥发法/氯化物揮發法 chloride volatization process

氯化物熔盐电解/氯化物熔鹽電解 chloride fused salt electrolysis

氯化物升华法/氯化物昇華法 chloride-sublimation

氯化物型电池/氯化物電池[組] chloride type battery

氯化氙准分子激光器/氯化氙準分子雷射 xenon chloride excimer laser

氯化橡胶/氯化橡膠 chlorinated rubber

氯化锌/氯化鋅 zinc chloride

氯化锌型干电池/氯化鋅型乾電池 zinc chloride type dry cell

氯化窑/氯化窯 chloridizing kiln

氯化蒸馏法回收锗/氯化蒸餾法鍺回收 recovery of germanium by traditional chlorinated distillation

氯金酸/氯金酸 chloroauric acid

氯量计/氯量計 chlorometer

氯气/氯氣 chlorine

氯气脱汞法/氯氣脱汞法 Odda process

氯冶金/氯冶金 chlorine metallurgy

滤板/濾板 filter plate

滤棒/濾筒 filtering candle

滤饼/濾餅 filter cake

滤饼过滤/濾餅過濾 filter cake filtration

滤饼结构 /泥壁結構 filter cake texture

滤饼运送机/濾餅輸送機,濾泥輸送機 filter cake conveyer

滤波/濾波 filtering

滤波电容器/濾波電容[器] filter capacitor, filtering capacitor

滤波接触件/濾波器接觸件 filter contact

滤波器/濾波器 filter, wave filter

RC 滤波器/RC 濾波器 RC filter

λ_c滤波器/λ_c 輪廓濾波器 λ_c profile filter

λ_f滤波器/λ_f 輪廓濾波器 λ_f profile filter

λ_s滤波器/λ_s 輪廓濾波器 λ_s profile filter

滤波器带宽/濾波器帶寬 filter bandwidth

滤波器衰减/濾波器衰減 filter attenuation

滤波器阻抗补偿器/濾波器阻抗補償器 filter impedance compensator

滤波器组/濾波器組 filter bank

滤波网络/濾波網路 filter network

滤波元件/濾波器元件 filter element

滤布/濾布 filter cloth

滤床/濾層 filter bed

滤袋/過濾袋 pocket filter

滤缸/濾缸 filtering jar

滤管/濾塵管 filter tube

滤光/光學濾波 optical filtering

滤光镜/濾光器,濾光片 color absorber

滤光镜片/帶色防護鏡 filter glass

滤光膜/濾波器塗層 filter coating

滤光片/濾光片,濾光鏡,濾光器 filter, optical filtering, color absorber

滤光器/濾光器,過濾器,光濾波器 filter, optical filter, ray filter

滤光室/過濾網,濾波器元件 filter cell

滤埚/過濾坩堝 filtering crucible

滤锅/濾器 colander

滤镜反光计/濾鏡反光計 mirror filter reflectometer

滤菌器/濾菌器,細菌濾器 bacteria filter

滤框/濾框 filtering frame

滤膜/濾膜 filter membrane

滤泥运送机/濾泥輸送機,濾餅輸送機 cake conveyer

滤谱器/光譜濾器 spectral filter

滤气器/濾氣器 gas strainer

滤清器/濾波器,濾水器,濾淨器 filter, cleaning strainer

滤清器外壳/濾清器外殼 filter housing

滤清器座/濾清器座 filter base

滤色光度计/濾光光度計 filter photometer
滤色镜/濾色器 ray filter
滤色片/濾色器 color filter
滤色器/濾色器 color absorber
滤声器/聲波濾波器 acoustic wave filter
滤水池/濾水器 water filter
滤水器/濾水器,淨水器,水粗濾器 water filter, water strainer
滤酸器/助濾劑,助濾器 acid filter
滤网/濾渣片 dross filter
滤网芯片/過濾用砂心 core strainer
滤网状型芯/過濾心型 strainer core
滤污器/承接盤 catch basin
滤芯/濾芯 filter element
滤芯总成/濾芯總成 filter element assembly
滤液/濾液 filtrate
滤液酚酞碱度/濾液鹼度 phenolphthalein alkalinity of filtrate
滤油器/濾油器 oil filter, oil purifier, oil strainer
滤渣片/撇渣閘,撇渣器 skimmer
滤渣芯片/濾渣片 dross filter
滤纸/濾紙 filter paper
滤纸式烟度计/濾紙式煙度計,過濾型煙度計 filter-type smokemeter
孪晶/孿晶,雙晶 twin crystal
孪晶变形/雙晶變形 twinning deformation
孪晶间界/孿晶間界 twin boundary
孪生/雙晶化,孿晶化 twinning
孪生带/雙晶條 twin band
卵黄系数/蛋黄指數 yolk index
乱流/擾流 sinuous flow
乱序流动/亂序流動 out order stream
乱序提交/失序交付 out-of-order commit
乱序执行/失序執行 out-of-order execution
乱真发射/混附發射 spurious emission
乱真信号/混充信號 spurious signal
掠入射/掠入射 grazing incidence
掠射角/低伸角度,擦地角 grazing angle
略图/略圖 thumbnail
伦福德光度计/冉福得光度計 Rumford photometer
伦纳德氏管/勒納德管 Leonard tube
伦琴/侖琴[射線],X 射線 roentgen ray
伦琴[辐射]计/侖琴計,X 射線計 R-meter
伦琴射线机/X 光機 roentgen machine
伦琴射线计数管/X 射線計數器 X-ray counter
伦琴套管/侖琴套管 roentgen-thimble
轮边减速器/輪減速器 wheel reductor
轮边行星减速器/輪邊行星減速器 wheel planetary reductor
轮槽节宽/輪槽節寬 pitch width of pulley groove
轮齿/輪齒 gear teeth
轮带式连续铸造/金屬輪帶式連續鑄造 wheel-metal band type continuous casting
轮斗堆取料机/輪斗堆取料機 bucket-wheel stacker reclaimer
轮斗挖沟机/輪式掘溝機 wheel trencher
轮斗挖掘机/輪斗挖掘機 bucket-wheel excavator
轮斗挖掘机装载/輪斗挖掘機裝載 bucket-wheel excavator loading
轮箍/輪箍 tyre, tire
轮箍钢/輪箍鋼 tyre steel
轮箍坯/輪箍坯 tyre round
轮箍轧制/輪箍軋製 ring rolling mill, tire mill
轮毂/輪轂 hub
轮毂比/輪轂比 tip-hub ratio
轮毂高度/輪轂高度 hub height
轮冠距/輪冠距 tip distance
轮叫/輪流呼叫 roll-call
轮叫探询/輪流呼叫詢問 roll-call polling
轮距/輪[軌]距 wheel track, wheel tread
轮口/輪位開口 wheel opening
轮廓/輪廓 profile, contour
轮廓编码/輪廓編碼 contour coding
轮廓变换/輪廓變換 profile transformation
轮廓测定投影器/輪廓投影機 profile projector
轮廓测量机/輪廓測定機 contour measuring machine
轮廓长度比/輪廓長度比 profile length ratio
轮廓峰/輪廓峰[值] profile peak
轮廓峰密度/輪廓峰密度 profile peak density
轮廓跟踪/輪廓追蹤 contour tracing
轮廓控制系统/輪廓控制系統 contouring control system
轮廓量规/輪廓[量]規 profile gage
轮廓[曲线]仪/輪廓計,輪廓儀 profilometer
轮廓生成/骨架產生 skeleton generation
轮廓识别/輪廓識別,輪廓辨識 outline recognition
轮廓算术平均偏差/輪廓算術平均離差 arithmetical mean deviation of the profile
轮廓投影仪/輪廓投影儀,輪廓測定投影器 profile projector, contour measuring projector
轮廓线/輪廓線 profile curve
轮廓预测/輪廓預測 contour prediction
DTE 轮廓指定符/DTE 設定指定符 DTE profile designator
轮廓字型/輪廓字型 outlined font

轮廓最大高度/輪廓最大高度 maximum height of the profile
轮流传输/輪流傳輸 alternate transmission
轮碾机/輪碾機,盤磨 pan mill, edge runner
轮盘/[圓]盤 disk
轮盘摩擦损失/輪盤摩擦損失 disk friction loss
轮切式拉削/輪切式拉削 alternate broaching
轮式给药机/輪式給藥機 pulley and scraper reagent feeder
轮式检测装置/輪式搜尋裝置 wheel search unit
轮式松砂机/輪式鬆砂機 wheel-type aerator
轮式拖拉机/輪式曳引機 wheeled tractor
轮式拖拉机转向系/輪式曳引機轉向系統 steering system for wheeled tractor
轮式行走系/輪式曳引機之運轉齒輪系 running gears of wheeled tractor
轮式印刷机/輪式印表機 wheel printer
轮踏面/輪踏面 wheel tread
轮胎/輪胎 tire
轮胎爆破响应试验/輪胎爆裂響應試驗 tire burst response test
轮胎侧偏角/輪胎滑移角 slip angle of tire
轮胎侧向力/輪胎側向力 side force of tire
轮胎垂直力/輪胎垂直力 vertical force of tire
轮胎翻转力矩/輪胎翻覆力矩 overturning moment of tire
轮胎钢丝/輪胎鋼絲 bead steel wire
轮胎滚动声/輪胎滾動聲 tire rolling sound
轮胎横向力/輪胎横向力 lateral force of tire
轮胎接地面积/輪胎接觸面積 tire contact area
轮胎接地中心/輪胎接地中心 center of tire contact
轮胎结构类型/輪胎結構類型 tire structure type
轮胎平均接地压力/輪胎平均接地壓力 average contact pressure of tire
轮胎起重机/輪行起重機 wheel crane
轮胎式滑模混凝土摊铺机/輪胎式滑模混凝土攤鋪機 tire slipform concrete paver
轮胎式集装箱门式起重机/輪胎式貨櫃起重機 rubber-tired transtainer
轮胎式沥青混凝土摊铺机/輪式瀝青攤鋪機 wheel asphalt paver
轮胎式联轴器/輪胎式聯軸器 coupling with rubber type element
轮胎式露天钻车/輪胎式露天鑽車 rubber-tired open-pit drill wagon
轮胎式轮斗装载机/輪胎式輪斗裝載機 tire bucket-wheel loader
轮胎式潜孔钻机/輪胎式潛孔鑽機 rubber-tired downhole drill
轮胎式推土机/輪式曳引-推土機 wheel-type tractor-dozer
轮胎式液压挖掘装载机/輪胎式液壓挖掘裝載機 hydraulic wheel backhoe loader
轮胎式钻车/輪胎式鑽車 rubber-tired drill wagon
轮胎拖距/氣胎曳距 pneumatic trail
轮胎挖掘机/輪式開挖機 wheel excavator
轮胎纵向力/輪胎縱向力 longitudinal force of tire
轮胎坐标系/輪胎坐標系 tire axis system
轮辋/胎環,鋼圈 rim
轮辋错动试验/輪緣滑移試驗 rim slip test
轮辋钢/輪輞鋼 wheel felly steel
轮系振动/輪盤耦合振動 disk-coupled vibration
轮形打字机/輪式印表機 wheel printer
轮询/輪詢 polling
轮询列表/輪詢串列 polling list
轮压/[機]輪負載 wheel load
轮罩/輪罩 wheel housing
轮周功/輪功 wheel work
轮轴/輪軸 wheel shaft, axle
轮阻系数/圓盤摩擦係數 factor of disk friction
论坛/論壇 forum
论坛服务器/論壇伺服器 forum server
论题选择器/主題選擇器 subject selector
论域/域,領域 domain
罗贝尔换位/羅貝爾換位 Roebel transposition
罗宾-泽利科夫斯基算法/Robin-Zelikovsky 演算法 Robin-Zelikovsky algorithm
罗伯特式蒸发罐/羅勃特蒸發器 Robert evaporator
罗茨式压气机/魯氏壓縮機 Roots compressor
罗茨式增压器/多葉式增壓器 multilobed pressure charger
罗茨真空泵/羅茨真空幫浦,魯氏真空泵 Roots vacuum pump
罗克韦尔硬度/洛氏硬度 Rockwell hardness
罗兰-C/羅蘭-C Loran-C
罗兰光栅/羅蘭光柵 Rowland grating
罗兰环/羅蘭環 Rowland ring
罗兰-C授时/羅蘭-C授時 Loran-C timing
罗兰台/羅蘭臺 Loran station
罗兰通信/羅蘭通信 Loran communication
罗兰C信号/羅蘭-C訊號 Loran-C signal
罗兰转发/羅蘭轉發 Loran retransmission
罗兰装置/羅蘭裝置 Rowland mounting
罗盘/羅盤 compass
罗盘经纬仪/羅盤經緯儀 compass theodolite
罗盘仪/羅盤 compass

罗森棱镜/若雄棱鏡 Rochon prism
罗特曼透镜[天线]/羅特曼透鏡 Rotman lens
罗谢尔盐/羅謝爾鹽 Rochelle salt, RS
逻辑摆幅/邏輯擺幅 logic swing
逻辑比较/邏輯比較 logical comparison
逻辑编程语言/邏輯程式設計語言 logic programming language
逻辑布局/邏輯布局 logic placement
逻辑布线/邏輯布線 logic routing
逻辑部件/邏輯單元 logic unit
逻辑操作/邏輯運算 logical operation
逻辑测试/邏輯測試 logic testing
逻辑测试笔/邏輯測試筆 logic test pen
逻辑差/邏輯差 logic difference
逻辑程序/邏輯程式 logic program
逻辑程序设计/邏輯程式設計 logic programming
逻辑程序设计语言/邏輯程式設計語言 logic programming language
逻辑处理器/邏輯處理器 logical processor
逻辑磁盘/邏輯磁碟 logical disk
逻辑磁盘管理器/邏輯磁片管理器 logical disk manager
逻辑单元/邏輯單元 logical unit
逻辑地/邏輯接地 logic ground
逻辑地址/邏輯位址 logical address
逻辑地址空间/邏輯位址空間 logical address space
逻辑电路/邏輯電路 logical circuit, logic circuit
逻辑电路设计/邏輯電路設計 logic circuit design
逻辑定时分析仪/邏輯定時分析儀 logic timing analyzer
逻辑访问控制/邏輯存取控制 logical access control
逻辑非/反法 negation
逻辑分析/邏輯分析 logic analysis
逻辑分析器/邏輯分析器 logic analyzer
逻辑分页/邏輯分頁 logical paging
逻辑符号/邏輯符號 logic symbol
逻辑格式化/邏輯格式化 logical formatting
逻辑隔离网络/邏輯隔離網路 logically-isolated network
逻辑跟踪/邏輯追蹤 logical tracing
逻辑工作单元/工作邏輯單元 logical unit of work
逻辑故障/邏輯故障 logic fault
逻辑故障测试器/邏輯故障測試器 logic trouble-shooting tool
逻辑规则/邏輯規則 logical rule
逻辑合成/邏輯合成 logic synthesis
逻辑划分/邏輯劃分 logic partitioning
逻辑环/邏輯環 logical ring
逻辑记录/邏輯記録 logical record
逻辑简图/邏輯簡圖 logic schematic
逻辑接口/邏輯介面 logic interface
逻辑节点/邏輯節點 logical node
逻辑结构/邏輯結構 logical structure
逻辑句法分析系统/邏輯剖析系統 logic-parsing system
逻辑卷/邏輯卷 logical volume
逻辑开关/邏輯開關 logical switch
逻辑控制/邏輯控制 logical control
逻辑库/邏輯庫 logical base
逻辑块/邏輯塊 logical block
逻辑链路控制/邏輯鏈接控制 logical link control, LLC
逻辑链路控制和适配协议/邏輯鏈接控制及調適協定 logical link control and adaptation protocol
逻辑链路控制协议/邏輯鏈接控制協定 logical link control protocol
逻辑门/邏輯閘 logic gate
逻辑模拟/邏輯模擬 logic simulation
逻辑模型/邏輯模型 logical model
逻辑驱动器/邏輯驅動器 logical drive
逻辑全知/邏輯全知 logical omniscience
逻辑设备/邏輯裝置 logical device
逻辑设备表/邏輯裝置表 logic device list
逻辑设备名/邏輯裝置名 logical device name
逻辑设计/邏輯設計 logical design, logic design
逻辑输入设备/邏輯輸入裝置 logical input device
逻辑输入输出设备/邏輯輸入輸出裝置 logical input-output device
逻辑数据独立性/邏輯資料獨立性 logical data independence
逻辑数据链路/邏輯資料鏈接 logical data link
逻辑算法/邏輯演算法 logistic algorithm
逻辑探头/邏輯探針 logic probe
逻辑探头指示器/邏輯探針指示器 logic probe indicator
逻辑特征分析仪/邏輯特徵分析儀 logic signature analyzer
逻辑图/邏輯圖 logic diagram, logical diagram
逻辑推理/邏輯推理 logical reasoning
逻辑网络/邏輯網路 logical network
逻辑危险/邏輯冒險 logic hazard
逻辑文件/邏輯檔案 logical file
逻辑系统/邏輯系統 logic system, logical system
逻辑信道/邏輯通道 logical channel
逻辑信令信道/邏輯信號通道 logical signaling channel

逻辑演算/邏輯演算 logic calculus
逻辑验证系统/邏輯驗證系統 logic verification system
逻辑页/邏輯頁 logical page
逻辑移位/邏輯移位 logical shift
逻辑语法/邏輯文法 logic grammar
逻辑元件/邏輯元件 logical element
逻辑运算/邏輯運算 logical operation, logic operation
逻辑蕴涵/邏輯蘊含 logical implication
逻辑炸弹/邏輯炸彈 logic bomb
逻辑指令/邏輯指令 logical instruction
逻辑智能体/邏輯智慧體 logic-based agent
逻辑状态分析仪/邏輯狀態分析儀 logic state analyzer
逻辑综合/邏輯合成 logic synthesis
逻辑综合自动化/邏輯合成自動化 logic synthesis automation
逻辑坐标/邏輯坐標 logical coordinates
螺钉/螺釘 screw
螺钉槽铣刀/釘槽銑刀 screw slotting cutter
螺钉锁紧挡圈/螺釘鎖環 lock ring with screw
螺杆/螺桿 screw
螺杆泵/螺桿泵,螺旋泵 screw pump
螺杆给进器/調節絲槓 temper screw
螺杆式制冷压缩机/螺桿式冷媒壓縮機 screw refrigerant compressor
螺杆压缩机/螺桿壓縮機,螺旋壓縮機 screw compressor
螺簧减震器/螺簧減震器 coil-spring shock absorber
螺簧阻尼器/螺簧阻尼器 coil-spring damper
螺尖丝锥/螺旋槽尖頭,螺旋攻 spiral pointed tap
螺距/螺距,節距 pitch, screw pitch
螺距测量器/螺距測量器 blade beam
螺距规/螺距規,齒距規 pitch gage
螺距角/螺距角,週節角 pitch angle
螺距累积误差/間距累積誤差 cumulative error in pitch
螺距偏差/螺距偏差 deviation in pitch
螺距误差/節距誤差 pitch error
螺距指示器/螺距指示器 pitch indicator
螺孔钻/螺旋鑽 tap drill
螺母/螺母,螺帽 nut
螺塞孔/栓塞孔 plug hole
螺栓/螺栓 bolt
螺栓连接/螺栓聯結 bolt coupling
螺栓连接法兰/螺栓凸緣,螺栓法蘭 bolted flange
螺栓钳/螺栓剪鉗 bolt clipper
螺丝刀/螺絲刀,螺絲起子 screw-driver
螺丝黄铜/絲錐黃銅 screwing brass
螺套安装式喷油器/螺紋安裝式噴油器 screw-mounted fuel injector
螺条混合器/螺條混合器 ribbon mixer
螺条搅拌器/螺條攪拌器 ribbon stirrer
螺尾/螺紋尾 screw tail
螺尾圆锥销/外螺紋錐形銷 taper pin with external thread
螺纹/螺紋 screw thread
螺纹安装式喷油器/螺紋連接式噴油器 screw-in fuel injector
螺纹槽宽/螺紋槽寬 thread groove width
螺纹测微计/螺紋測微計 thread micrometer
螺纹车床/螺紋車床 thread cutting lathe
[螺纹]搓丝/平模螺紋滾製 flat die thread rolling
[螺纹]底径/[螺紋]小徑 root diameter
[螺纹]顶径/[螺紋]頂徑 crest diameter
螺纹法兰/螺紋法蘭 crewed flange
螺纹副/螺紋對 screw thread pair
螺纹钢/螺紋鋼 screw thread steel
螺纹钢筋/螺紋鋼筋 deformed bar
螺纹规/螺紋規,螺旋規 thread gage
螺纹滚压头/圓柱模滾輪螺模頭 die head with cylindrical-die roller
螺纹环规/螺紋環規 screw ring gage, screw thread ring gage
[螺纹]基准直径/[螺紋]基準直徑 gage diameter
螺纹加工机床/螺紋機 threading machine
螺纹角/螺紋角 thread angle
螺纹接触高度/螺紋接觸高度 thread contact height
螺纹接口/螺紋接頭 close nipple
螺纹精度/螺紋容差品質 tolerance quality
螺纹连接/螺紋連接 screwed joint
螺纹量规/螺紋[量]規 screw gage, screw thread gage
螺纹螺距规/螺距規 screw thread pitch gage
螺纹[名义]直径/螺紋直徑 screw thread diameter
螺纹磨床/螺紋磨床 thread grinding machine
螺纹千分尺/螺紋分厘卡,螺紋測微計 screw thread micrometer, thread micrometer
螺纹塞规/螺紋塞規 plug screw gage, screw thread plug gage
螺纹深度/螺紋深度 depth of thread
螺纹升角/螺紋昇角 lead angle
螺纹铣床/螺紋銑床 thread milling machine
螺纹旋合长度/螺紋旋合長度 length of thread engagement

螺纹牙厚/螺紋牙厚,螺紋脊厚度 thread ridge thickness
螺纹牙型/螺紋形式 form of thread
螺纹烟管/螺紋煙管 screw thread smoke tube
螺纹样板/螺紋樣板 thread template, pitch gage
螺纹圆柱销/螺紋圓柱銷 cylindrical pin with external thread
螺纹中径/螺紋中徑,螺紋節徑 pitch diameter of screw
螺纹轴线/螺紋軸線 axis of thread
螺线/螺線 spiral, helical ray
螺线管/螺線管 solenoid
螺线管安培计/螺[線]管安培計,電磁安培計 solenoid ammeter
螺线管电感线圈/螺[線]管感應器 solenoidal inductor
螺线行波管/螺線行波管 helix traveling wave tube
螺线形宽带天线/螺線形寬頻天線 helical broadband antenna
螺线状电极/螺線電極 spiral electrode
螺型位错/螺旋差排,螺形錯位 screw dislocation
螺旋/螺旋,螺[旋]線 helix, screw
螺旋拔塞器/木塞螺旋鑽 corkscrew
螺旋板换热器/螺旋板熱交換器 spiral plate heat-exchanger
螺旋板式冷凝器/螺旋板式冷凝器 spiral sheet condenser
螺旋板式热交换器/螺旋熱交換器 spiral heat exchanger
螺旋棒/螺旋棒 rifle bar
螺旋泵/螺旋泵 screw pump, spiral pump
螺旋波纹管/螺旋波紋管 helical bellows
螺旋不稳定性/螺旋不穩定性 helical instability
螺旋槽丝锥/蝸線機力螺絲攻 machine tap with spiral flute
螺旋成形/螺旋成形 spiral forming
螺旋齿轮/螺旋齒輪 spiral gear
螺旋齿轮泵/螺旋齒輪泵 spiral gear pump
螺旋齿轮传动装置/螺旋齒輪傳動裝置 screw gear drive
螺旋传动/螺旋傳動,動力螺桿 power screw, screw drive
螺旋传动装置/螺旋傳動裝置 screw drive
螺旋导轨/螺旋狀導軌 spiral track
螺旋电位计/螺旋形電位計 helical potentiometer
螺旋分级机/螺旋分級機 spiral classifier
螺旋分料装置/螺旋分料裝置 distributing screw conveyor
螺旋分选机/螺旋選礦機 spiral concentrator
螺旋副/螺旋[運動]對 helical pair, screw pair
螺旋副式翻转机构/螺旋式翻轉機構 spiral turn-over mechanism
螺旋副式回转机构/螺旋式回轉機構 spiral rotation mechanism
螺旋管超导磁选机/螺旋管超導磁選機 solenoid superconducting magnetic separator
螺旋管联箱式加热器/螺旋管聯箱式加熱器 coil-tube header-type heater
螺旋管圈/螺旋管圈 spirally wound tube
螺旋管输送机/螺旋管輸送機 screw tube conveyor
螺旋轨模式混凝土摊铺机/螺旋軌模式混凝土攤鋪機 auger-type rail-form concrete paver
螺旋焊/螺旋焊 spiral welding
螺旋焊管/螺旋焊管 spiral weld-pipe
螺旋焊管机/螺旋焊管機 spiral weld-pipe mill
螺旋焊接钢板套管/螺線焊縫套管 spiral-weld sheet metal casing
螺旋焊接套管/螺線焊縫套管 spiral welded casing
螺旋[滑]槽/螺旋滑槽,蝸旋滑槽,螺旋斜槽 spiral chute
螺旋机构/螺旋機構 screw mechanism
螺旋挤出机/鑽探機 auger machine
螺旋给矿机/螺旋餵礦機 spiral feeder
螺旋给料机/螺旋式進給機,螺旋飼機,螺饋機 screw feeder
螺旋加速器/螺旋加速器 helical accelerator
螺旋渐开线/漸開螺旋面 involute helical
螺旋桨/螺旋槳 propeller
螺旋桨[式]风速计/螺旋槳風速計 propeller-type anemometer
螺旋桨式加速度计/螺旋槳加速度計 propeller-type accelerometer
螺旋桨式搅拌器/螺旋槳攪拌器 propeller stirrer
螺旋桨式流速计/螺旋槳流速計 propeller-type flow meter
螺旋桨式速度计/螺旋槳式速度計 propeller-type speed meter
螺旋桨式通风机/螺旋扇風機,螺槳風扇 propeller fan
螺旋桨叶片式搅拌器/螺旋槳攪拌器 propeller agitator
螺旋角/螺旋角 helix angle
螺旋搅拌器/螺旋攪拌器,攪和機 crutcher
螺旋溜槽/螺旋溜槽 spiral sluice
螺旋流量计/螺旋流量計 screw flow meter
螺旋慢波线/螺旋慢波線 helix slow wave line

螺旋面/螺旋面 helicoid
螺旋模型/螺旋模型 spiral model
螺旋母/螺旋螺帽 rifle nut
螺旋偶/螺旋[運動]對 screw pair
螺旋千分尺/螺桿測微計,螺旋分厘卡,螺旋測微計 screw micrometer
螺旋千斤顶/[螺旋]千斤頂,螺旋千金頂 screw jack
螺旋前进效应/螺旋前進效應 corkscrew effect
螺旋扫描/螺旋掃描 helical scan
螺旋扇风机/螺旋扇風機 screw fan
螺旋式抱索器/螺旋手柄 screw-type grip
螺旋式变阻器/螺旋式變阻器 screw-type rheostat
螺旋式混合器/螺旋混合器 spiral mixer
螺旋式混凝土喷射机/螺旋式混凝土噴灑機 screw concrete spraying machine
螺旋式搅拌器/螺旋攪拌器 helical agitator
螺旋式接线柱/螺絲終端,螺絲端子 screw terminal
螺旋式开发/螺旋式開發 spiral development
螺旋式输送机/蝸旋輸送機 spiral conveyor
螺旋式速冻装置/螺旋式冷凍機 spiral freezer
螺旋式压力计/螺旋壓力計 helical manometer
螺旋式张紧装置/螺旋式綳緊裝置 screw tightening device
螺旋试验/旋渦試驗法 spiral test
螺旋输送机/螺旋輸送機,螺旋運送機 screw conveyor, spiral conveyor
螺旋隧道/盤旋隧道 spiral tunnel
螺旋摊铺器/螺旋攤鋪器 auger concrete paver
螺旋弹簧/螺旋彈簧 helical spring
螺旋弹簧管/螺旋彈性管,螺旋巴登管 helical elastic tube, helical Bourdon tube
螺旋套节/螺旋套 screw socket
螺旋体/螺旋體 helicoid
螺旋天平/螺旋天平 helical balance
螺旋透镜/螺旋透鏡 spiral lens
螺旋托辊/螺旋惰輪 spiral idler
螺旋位移矩阵/螺旋位移矩陣 screw displacement matrix
螺旋线/螺旋[傳輸]線 helix, helical line
螺旋线模态/螺旋線模態 helical wire mode
螺旋线耦合叶片线路/螺旋線耦合葉片線路 helix-coupled vane circuit
螺旋线偏差/螺旋線偏差 form deviation of helix
螺旋线圈/螺旋形線圈 helical coil
螺旋线天线/螺旋線天線 helical wire antenna
螺旋线天线轴向[辐射]方式/螺旋線天線之軸向模態 axial mode of helical antenna
螺旋相位天线/螺旋相位天線 spiral-phase antenna
螺旋卸车机/螺旋卸載機 screw waggon unloader
螺旋卸船机/螺旋卸船機 screw ship unloader
螺旋芯撑/彈簧心型撐 spring chaplet
螺旋形电极/螺線電極 spiral electrode
螺旋形电喇叭/螺旋形電喇叭 shell-type horn
螺旋形电阻丝/蝸旋電阻線 resistance spiral
螺旋形分光仪/螺旋分光計,螺旋軌譜計 spiral spectrometer
螺旋形焊缝/螺旋形焊接 spiral weld
螺旋形井筒支架/螺旋式鋼井圈支承 helical steel support
螺旋形闪光灯/螺旋形閃光燈 helical flash lamp
螺旋形弹簧管/螺旋巴登管 spiral Bourdon tube
螺旋[形]天线/螺旋天線,螺線天線 helical antenna, spiral antenna
螺旋形线圈/螺旋形線圈 helical coil
螺旋压力机/螺旋壓機 screw press
螺旋压力机锻模/螺旋壓機鍛模 screw press forging die
螺旋运动/螺旋運動 helical motion, screw motion
螺旋轧制/螺旋軋製 screw rolling
螺旋重力分离器/螺旋重力分離器 spiral gravity separator
螺旋轴/螺旋軸線 screw axis
螺旋转速/螺旋轉速 rotational speed of screw
螺旋状钢丝绳/螺旋狀鋼絲繩 spiral wire rope
螺旋锥/螺旋錐 helicone
螺旋钻/螺旋鑽,螺旋錐 screw auger
螺旋钻铤/螺構鑽鋌 spiral drill collar
螺旋钻杆/鑽桿 auger stem
螺旋钻连续采煤机/煤螺鑽機 coal auger
螺旋钻头/螺旋鑽頭 spiral bit
螺翼式水表/螺旋葉片式水量計,奥多曼水量計 helical vane type water meter, Woltmann water meter
螺柱焊/嵌柱熔接,柱焊 stud welding
螺柱焊机/螺栓熔接機,螺栓電焊機 stud welding machine
裸导体/裸導體 bare conductor
裸导线/裸導線 plain conductor, bare wire
裸电线/裸線,明線 bare wire
裸反应堆/裸反應器 bare reactor
裸管/裸管 naked pipe
裸规/裸規 nude gage
裸焊条/裸焊條,裸熔接條 bare electrode
裸计算机/裸計算機 bare computer
裸井/裸井 bare well

裸孔几何电测图/裸孔幾何電測圖 bore hole geometry log
裸露爆破/裸露爆破 adobe blasting
裸露电离计/裸離子規 nude ion gage
裸热电偶/裸熱電偶 bare thermocouple
裸眼井/裸井,裸孔 open hole
裸源/裸源,無屏源 bare source
洛伦兹气体/勞倫茲氣體 Lorentz gas
洛伦兹条件/勞倫茲條件 Lorentz condition
洛伦兹线形/勞倫茲線形 Lorentzian lineshape
洛伦兹循环/勞倫茲循環 Lorentz cycle
洛氏硬度/洛氏硬度 Rockwell hardness
洛氏硬度标尺/洛氏硬度尺規 Rockwell hardness scale
洛氏硬度计/洛氏硬度計 Rockwell hardness tester
洛氏硬度试验/洛氏硬度試驗 Rockwell hardness test
[洛氏硬度试验机的]金钢石圆锥头/洛氏硬度計的圓錐形金剛石錐頭 diamond cone head of Rockwell hardness testing machine
洛维邦德色辉计/洛維邦得色輝計 Lovibond tintometer
络合滴定[法]/絡合滴定法 complexometry
络合剂/錯合劑,複離子生成劑 complexing agent
络合色谱法/錯合層析法 complexation chromatography
络合物/複合物 complex
落差/落差 fall
落锤/落錘,絞盤式衝擊錘 winch-operated impact hammer, drop weights, drop ball
落锤捣矿机/重力搗礦機 gravity stamp
落锤锻造/落錘鍛造,錘鍛 drop forging
落锤试验/落錘試驗,落重試驗 drop weight test, falling weight test, drop test
落锤试验机/落錘試驗機,落錘測試計 drop hammer tester
落滴法/落錘法 falling-drop method
落底式罐笼/落底罐籠,脱底籠 drop bottom cage
落地车床/重型平面車床 heavy-duty face lathe
落地罐式断路器/死槽斷路器,落地箱式斷路器 dead tank circuit breaker
落地式空气调节器/落地式空氣調節器 floor-type air conditioner
落后角/偏差角度 deviation angle
落箭试验/靶標試驗 dart test
落矿/落礦 ore break down
落料拉深复合模/下料拉製複合模 blanking and drawing gang die
落料模/下料衝模 blanking die
落炉/落爐,打爐 dropping the bottom
落煤风镐/碎煤錘 coal hammer
落球冲击机/落球衝擊機 drop ball shock machine
落球法/落球法 falling-sphere method
落球黏度计/落球黏度計 falling-sphere viscometer
落砂/落砂,振動清砂 knock-out, shake-out
落砂工/清理工 fettler
落砂机/落砂機,清箱機 knock-out machine, shake-out machine
落砂性/落砂性 knock-out capability
落[竖]井悬吊式水泵/鑿井水泵,吊式水泵 shaft sinking pump
落体加速度/落體加速度 acceleration of falling body
落体黏度计/落體黏度計 falling body viscometer
落下部分重量/落下部分重量 dropping weight
落下强度/落下強度 dropping number
落下试验/耐碎試驗,墜裂試驗 shatter test
落叶松属/落葉松類 Larch
落针黏度计/落針黏度計 falling needle viscometer
落震试验器/落下試驗機 drop tester
落重试验/落重試驗 falling weight test

M

麻点/麻點,斑蝕,點食 pitting
麻花弹簧管/扭曲彈性管 twisted elastic tube
麻花钻/螺旋鑽 twist drill
麻口铸铁/麻口鑄鐵,斑口鐵,麻口生鐵 mottled pig iron, mottled iron, mottled cast iron
麻绳/麻繩 hemp rope
麻刷/麻刷 hempen swab
麻醉深度监护仪/麻醉深度監護儀 anesthesia depth monitor
马达/馬達,電動機 motor
马达起动系统/馬達起動系統 motor starting system
马德隆常数/馬得隆常數 Madelung constant
马丁炉钢/酸性平爐鋼 acid open-hearth steel
马顿斯光度计/馬氏光度計 Martens photometer
马尔可夫过程/馬可夫[隨機]過程 Markov process
马尔可夫决策过程/馬可夫決策過程 Markov decision process
马尔可夫链/馬可夫鏈 Markov chain
马尔可夫随机场/馬可夫隨機場 Markov random fields
马弗焙烧炉/閉式焙燒爐,套爐 blind roaster
马弗炉/套爐,回熱爐 muffle furnace
马杆扩孔/鞍臺鍛造 saddle forging
马格坎法/麥格坎法 MagCan process
马格努镁基合金/鎂基合金 Magnuminium alloy
马赫/馬赫 Mach
马赫表/馬赫[數]表,M 數表 Mach meter
马赫带/馬赫帶 Mach band
马赫带效应/馬赫帶效應 Mach band effect
马赫计/馬赫[數]表,M 數表 Mach meter
马赫数/馬赫數 Mach number
马赫-曾德尔干涉仪/馬赫-桑德耳干涉儀 Mach-Zehnder interferometer
马可尼天线/馬可尼天線 Marconi antenna
马口铁/鍍鋅鐵皮,鍍錫鐵皮,馬口鐵皮 galvanized iron, tin plate
马拉拖板/馬拉式耙礦機 horse scraper
马拉无齿耙/馬拉式耙礦機 horse scraper
马兰戈尼数/馬蘭戈尼數 Marangoni number
马尼拉索/馬尼拉繩,芝麻繩 Manila rope
马赛克/錦紋 mosaic
马什漏斗/馬氏漏斗黏度計 Marsh funnel
马氏体/麻田散體,麻田散鐵 martensite
马氏体不锈钢/麻田散不銹鋼 martensitic stainless steel
马氏体沉淀硬化不锈钢/馬氏體沈澱硬化不銹鋼 martensitic precipitation-hardening steel
马氏体淬火法/麻田散淬火法 martensite quenching
马氏体等温淬火/麻回火,麻田散回火法 martempering
马氏体分级淬火介质/麻田散體分級淬火介質 martempering medium
马氏体分级淬火油/麻田散體分級淬火油 martempering quenching oil
马氏体钢/麻田散鋼 martensitic steel
马氏体耐热钢/麻田散耐熱鋼 martensite heat-resistant steel
马氏体时效处理/麻[田散體]時效處理 maraging
马氏体时效钢/麻[田散體]時效鋼 maraging steel
马氏体相变/麻田散體變態 martensitic transformation
马氏体形变时效/麻應變處理 marstraining
马氏体铸铁/麻田散體鑄鐵 martensitic cast iron
马氏体组织/麻田散體組織 martensite structure
马氏硬度/馬氏硬度 Martens hardness
马氏硬度试验/馬氏硬度試驗 Martens hardness test
马蹄形进模口/馬蹄形進模口,馬蹄形澆口 horse-shoe gate
马蹄形支架/馬蹄形支承 U-shaped support
马希森法则/馬希森法則 Matthiessen rule
马希森[铜丝电阻]标准/馬希森標準 Matthiessen standard
马歇尔-帕尔默分布/馬歇爾-帕門分布 Marshall-Palmer distribution
马歇特钨钢/麥契特鋼 Mushet steel
马谢单位/馬謝單位 mache unit
马休函数/馬修函數 Massieu function
玛瑙研钵/瑪瑙研鉢 agate mortar
玛雅软件/Maya 程式 Maya
ASCII 码/ASCII 碼,美國資訊交換標準代碼 ASCII

code
BC 码/BC 碼,博斯-喬赫里碼 Bose-Chaudhuri code
BCH 码/BCH 碼 Bose-Chaudhuri-Hochquenghem code, BCH code
PN 码/PN 碼,僞噪聲碼 pseudo noise code, PN code
码本/密碼本,碼表 code book, code list
码表/碼表 code list
码长/碼長 code length
码尺/一碼尺,一碼棒 yard stick
码独立数据通信/獨立碼數據通信 code-independent data communication
码分多路访问/碼分多重存取 code division multiple access, CDMA
码分多址/碼分多址 code division multiple access, CDMA
码分复用/碼分複用 code division multiplexing, CDM
码号管理/碼號管理 code-number management
码率/碼率 code rate
码片速率/碼片速率 chip rate
码矢[量]/碼向量 code vector
码书/碼冊 code book
码树/碼樹 code tree
码速调整/調整 justification
码透明数据通信/透明碼數據通信 code-transparent data communication
码元/碼元 code-element
码元串/碼元串 code-element string
码元同步/碼元同步 symbol synchronization
码转换/碼轉换 code conversion
码字/碼字 code word
码字差错/碼字差錯 word error
码字同步/碼字同步 code word synchronization, word synchronization
码组/碼組 code block
码组差错/字組錯誤,塊錯誤 block error
码组[分程序]编号/組號,分程式編號 block number
埋层/埋層 buried layer
埋层步骤/埋層步驟 burried layer process
埋地天线/地下天線 underground antenna
埋沟 MOS 场效晶体管/埋通道 MOS 場效電晶體 buried-channel MOSFET
埋刮板给料机/埋刮板給料機 en masse feeder
埋刮板输送机/埋刮板運送機 en masse conveyor
埋管驳船/埋管駁船 burying barge
埋弧电炉/潛弧電爐 submerged arc furnace
埋弧法熔炼/埋弧法熔煉 submerged arc smelting
埋弧焊/潛弧焊[接],潛熔焊 submerged arc welding
埋弧焊管/埋弧焊管 submarged arc welded pipe
埋弧焊机/埋弧焊接機 submerged arc welding machine
埋弧焊接钢管/埋弧焊接鋼管 submerged arc welded steel pipe
埋弧炉/潛弧電爐 submerged arc furnace
埋弧自动焊接法/結合熔接法 unionmelt process
埋筋/埋筋 filler
埋入伺服/埋伺服 buried servo
埋入砂芯/埋入砂心 filling up core
埋设[地下]电缆/地下纜線 buried cable
迈克尔逊干涉仪/邁克生干涉儀 Michelson interferometer
迈氏硬度/梅氏硬度 Meyer hardness
迈斯纳效应/麥士納效應 Meissner effect
迈希尔同构定理/邁希爾同構定理 Myhill isomorphism theorem
迈耶图/梅爾圖 Meyer plot
麦弗逊式悬架/麥弗遜式懸架 McPherson strut suspension
麦加利震级/麥卡利地震度 Mercalli scale
麦克风/麥克風,傳聲器 microphone
麦克劳德压力计/麥氏真空計,麥克勞[壓力]計 Mcleod gage
麦克米契尔[黏]度/麥克米契爾[黏]度 Macmichael degree
麦克米契尔黏度计/麥克米契爾黏度計 Macmichael viscometer
麦克斯韦/馬克士威 Maxwell, Mx
麦克斯韦电桥/馬克士威電橋 Maxwell bridge
麦克斯韦方程式/馬克士威方程式 Maxwell equations
麦克斯韦分布/馬克士威分布 Maxwellian distribution
麦克斯韦基色/馬克士威基色 Maxwell primaries
麦克斯韦计/馬克士威[磁通]計 Maxwellmeter
麦克斯韦三角/馬克士威[色]三角 Maxwell triangle
麦克斯韦-威恩电桥/馬克士威-維恩電橋 Maxwell-Wien bridge
麦克威廉斯变换/馬克威廉斯轉换 MacWilliams transform
麦克威廉斯等式/馬克威廉斯等式 MacWilliams identity
麦奎德-爱恩试验/麥恩晶粒度試驗 McQuaid-Ehn test
麦氏黏度计/麥克米契爾黏度計 Macmichael

viscometer
麦氏震级/麥卡利地震度 Mercalli scale
脉波/脈波,脈衝 pulse
脉波变压器/脈衝變壓器 pulse transformer
脉波充电/脈波充電 pulse current charge
脉波串/脈波串 pulse train
脉波电容器/脈衝電容 pulse capacitor
脉波数/脈動數 pulse number
脉波型关联器/脈波型關聯器 pulse-type correlator
脉波引导电路/脈波引導電路 pulse steering circuit
脉搏传感器/脈衝轉换器 pulse transducer
脉搏计/血壓計 sphygmometer
脉搏描记术/脈搏描記術 sphygmography
脉冲/脈衝 pulse, burst
脉冲按键号盘/脈衝按鍵號盤 decadic keypad
脉冲编码器/脈波編碼器 pulse encoder
脉冲编码调制/脈衝編碼調制,脈[波]碼調變 pulse code modulation, PCM
脉冲编码调制信道测试仪/脈衝碼調制通道測試儀 PCM channel tester
脉冲变换器/脈波轉换器 pulse converter
脉冲变压器/脈衝[式]變壓器,脈波變壓器 pulse transformer
脉冲波形/脈波波形 pulse waveform
脉冲步进/脈衝步進 pulse step
脉冲参数标准/脈衝參數標準 pulse-parameters standard
脉冲测距/脈波測距 pulse ranging
脉冲长度/脈波長度 pulse length
脉冲场/脈波場 pulsed field
脉冲成形器/脈波整形器 pulse shaper
脉冲持续时间/脈波寬度 pulse duration
脉冲持续时间选择器/脈波期選擇器 pulse duration selector
脉冲充电/脈波充電 pulse current charge
脉冲重复频率/脈波重複[頻]率 pulse repetition frequency, PRF
脉冲重复频率调制/脈波重複率調變 pulse repetition rate modulation, PRM
脉冲重复周期/脈波重複週期 pulse repetition period
脉冲触发器/脈波觸發器 pulse trigger
脉冲传播/脈波傳播 pulse propagation
脉冲串/脈波串 pulse train
脉冲串[传输]/叢發 burst
脉冲磁控管/脈波磁控管 pulsed magnetron
脉冲带宽/脈衝頻寬 impulse bandwidth
脉冲等离子弧焊/脈衝雷射電弧熔接 pulsed-plasma arc welding
脉冲巅值检波器/脈峰檢波器 pulse peak detector
脉冲点焊/多脈衝焊接 multiple-impulse welding
脉冲电动机/脈衝式電動機,脈衝式馬達 pulse motor
脉冲电镀/脈衝電鍍 pulse plating
脉冲电弧/脈衝電弧 pulsed arc
脉冲电离气体流量计/脈波式氣體電離流量計,脈波式氣體游離流量計 pulsed gas ionization flowmeter
脉冲电离腔/脈波游離腔,脈波游離室 pulse ionization chamber
脉冲电离室/脈衝游離腔,脈波游離室 pulse ionization chamber
脉冲电平/脈衝電平 pedestal
脉冲电容器/脈衝電容 pulse capacitor
脉冲电压表/脈波伏特計 pulse voltmeter
脉冲电压分压器/脈波分壓器 pulse voltage divider
脉冲顶部不平坦度/脈衝頂部不平坦度 pulse top unevenness
脉冲多普勒雷达/脈波式都卜勒雷達 pulse Doppler radar
脉冲发射机/脈波發射機,脈波傳送器 pulse transmitter
脉冲发生器/脈波產生器,脈波發生器,脈衝[產生]器 pulse generator, impulsator, impulse generator
脉冲发送器/脈衝發送器 impulse sender
脉冲反应堆/脈波反應器 pulse reactor
脉冲放大器/脈波放大器 pulse amplifier
脉冲分类器/脈衝高度分析器 kick sorter
脉冲分离器/脈波分離器 pulse separator
脉冲分频器/脈波分頻器 pulse-frequency divider
脉冲分析器/脈衝分析器,脈波分析器 pulse analyzer
脉冲峰压/峰值脈波電壓 peak pulse voltage
脉冲峰值电压/峰值脈波電壓 peak pulse voltage
脉冲峰值功率/脈衝峰值輸出功率 peak output power of pulse
脉冲峰值检波器/脈峰檢波器 pulse peak detector
脉冲符合/脈衝符合 pulse coincidence
脉冲幅度/脈波振幅 pulse amplitude
脉冲幅度分布/脈波振幅分布 pulse amplitude distribution
脉冲幅度分析器/脈高分析器,脈波振幅分析器 pulse height analyzer
脉冲幅度鉴别器/脈高鑒別器 pulse height discriminator
脉冲幅度选择器/脈幅式選擇器 pulse amplitude

selector
脉冲幅度甄别器/脈幅式鑒别器,脈波振幅鑒别器 pulse amplitude discriminator
脉冲傅里叶变换核磁共振[波谱]仪/脈衝式傅立葉轉換核磁共振光譜儀 pulsed Fourier transform NMR spectrometer
脉冲高度分布/脈高分布 pulse height distribution
脉冲高度分析器/多頻道分析儀,脈高分析器 multichannel analyzer, pulse height analyzer
脉冲高度选择器/脈高選擇器 pulse height selector
脉冲功率/脈波功率 pulse power
脉冲后沿/脈波後緣 pulse back edge
脉冲弧焊/脈動電弧熔接 pulsed arc welding
脉冲回波法/脈衝回波法 pulse echo method
脉冲回旋加速器/脈衝回旋加速器 pulsed cyclotron
脉冲回转角/脈衝回轉角 pulse flip angle
脉冲积分/脈波積分[集] pulse integration
脉冲激光器/脈衝雷射,脈波雷射 pulsed laser, pulse laser
[脉冲]激励器/脈衝振盪器 impulse exciter
脉冲极谱法/脈衝極譜法 pulse polarography
脉冲极谱仪/脈衝極譜儀 pulse polarograph
脉冲计数换算器/脈波計數轉換器 pulse-count converter
脉冲计数检波器/脈波計數偵測器 pulse counter detector
脉冲计数器/脈衝計數器,脈動計數器 impulse counter, impulse meter
脉冲继电器/脈衝[式]繼電器 pulsating relay
脉冲加速器/脈波加速度器 pulse accelerator
脉冲尖峰/脈衝尖峰 pulse spike
脉冲间距调制/脈波間距調變 pulse spacing modulation
脉冲检波/脈波檢波 pulse detection
脉冲检测/偵測脈波 impulse detection
脉冲剪切机/脈衝切割機 impulse cutting machine
脉冲间隔/脈波間隔 pulse separation
脉冲鉴别器/脈波鑒别器 pulse discriminator
脉冲解码器/脈波解碼器 pulse demoder
脉冲氪灯/脈衝氪燈 pulsed krypton lamp
脉冲空气系统/脈衝空氣系統 pulse air system
脉冲控制/脈衝控制 pulse control
脉冲控制发生器/脈波控制產生器 pulse-controlled generator
脉冲控制技术/脈衝控制技術 pulse control technique
脉冲控制器/脈波控制器,脈波監測器 pulse monitor
脉冲控制系统/脈衝控制系統 pulse control system
脉冲宽度/脈波寬度,脈寬 pulse-width
脉冲宽度鉴别器/脈寬鑒别器 pulse-width discriminator
脉冲宽度调制/脈寬調制,脈波寬度調制,脈波調寬 pulse-width modulation, PWM
脉冲扩张电路/脈波伸展電路 pulse-stretching circuit
脉冲雷达/脈波雷達 pulse radar, pulsed radar
[脉冲雷达]遮蔽效应/遮蔽效應 eclipsing
脉冲励磁机/脈衝振盪器 impulse exciter
脉冲连接器/脈衝連接器 pulse connector
脉冲量信号/脈衝信號 pulse signal
脉冲滤波器/脈波濾波器 pulsed filter
脉冲内编码/脈波内編碼 intrapulse coding
脉冲内调制/脈波内調變 intrapulse modulation
脉冲能量/脈衝能,脈波能量 pulse energy
脉冲频率/脈衝頻率 pulse frequency
脉冲频率调制/脈波頻率調變 pulse frequency modulation, PFM
脉冲平均输出功率/脈衝平均輸出功率 average output power of pulse
脉冲气动激光器/脈衝氣動雷射 pulsed gasdynamic laser
脉冲气力输送机/脈衝氣動運送機 pulse pneumatic conveyor
脉冲前沿/脈波前緣 pulse front edge
脉冲腔/計數腔 counter chamber
脉冲强磁场装置/脈波強磁場器具 pulse strong magnetic field apparatus
脉冲强度/脈衝強度 impulse strength
脉冲氢电弧/脈波氫電弧 pulsed hydrogen arc
脉冲上冲/脈衝上衝 pulse overshoot
脉冲上升时间/脈衝上昇時間,脈波上昇時間 pulse rise time
脉冲伸长电路/脈波伸展電路 pulse-stretching circuit
脉冲声/衝擊音 impulsive sound
脉冲声级计/脈衝聲位儀 impulse sound level meter
脉冲示波器/脈衝示波器,脈波示波器 pulse oscillograph, pulse oscilloscope
脉冲式测距仪/脈衝式測距儀 impulse distance meter
脉冲式超声波探伤仪/聲波探測儀 soniscope
脉冲式车轮速度传感器的分辨率/脈衝輪速感測器解析度 resolution of impulse wheel speed sensor
脉冲式传感器/脈波式換能器 pulse-type transducer
脉冲式疏水阀/脈衝式蒸汽閘 impulse steam trap

脉冲式遥测计/脈衝式遥測計 impulse type telemeter
脉冲式应变仪/脈波功率應變計 pulsed power strain-gage
脉冲输出能量/脈衝輸出能量 output energy of a pulse
脉冲输入/脈衝輸入 impulse input
脉冲衰减时间/脈波衰減時間 pulse decay time
脉冲速调管/脈衝調速管 pulsed klystron
脉冲塔/脈衝式塔,脈衝式柱 pulse column
脉冲调宽控制系统/脈波寬度調變控制系統 PWM control system
脉冲调频控制系统/脈衝頻率調變控制系統 pulse frequency modulation control system
脉冲调制/脈波調變 pulse modulation, PM
脉冲调制磁控管/脈波調制磁控管 pulse-modulated magnetron
脉冲调制辐射/脈波調制輻射 pulse-modulated radiation
脉冲调制器/脈波調變器,脈波調制器 pulse modulator
脉冲调制载波/脈波調變載波 pulse-modulated carrier
脉冲[位置]调制/脈波位置調制,脈位調變 pulse-position modulation, PPM
脉冲下冲/脈衝下衝 pulse undershoot
脉冲下降时间/脈衝下降時間,脈波下降時間 pulse drop-off time
脉冲下降时间鉴别器/脈波降落時間鑒別器 pulse fall time discriminator
脉冲氙灯/氙閃光燈 xenon flash lamp
脉冲响应/脈衝響應,脈衝回應,脈波回應 impulse response, pulse response
脉冲响应幅度关系/脈衝響應幅度關係 pulse response amplitude relationship
脉冲响应校准器/脈衝響應校準器 pulse response calibration generator
脉冲响应试验/脈衝響應試驗,脈衝回應試驗 pulse response test
脉冲响应随重复频率的变化/脈衝響應隨重複頻率的變化 pulse response variation with repetition frequency
脉冲响应特性/脈衝回應特性 impulse response characteristic
脉冲相位调制/脈衝相位調制,脈波相位調制 pulse-phase modulation, PPM
脉冲效应/脈衝效應 pulse effect
脉冲形成器[电路]/脈波生成器 pulse former
脉冲形成延迟线/脈波形成延遲線 pulse-forming delay line
脉冲形状鉴别器/脈波形狀鑒別器,脈波形狀鑑別器 pulse-shape discriminator
脉冲形状选择器/脈波形狀選擇器 pulse-shape selector
脉冲序列/脈衝序列 pulse sequence
脉冲选择器/脈衝選擇器,脈波選擇器 pulse selector
脉冲压缩/脈波壓縮 pulse compression
脉冲压缩雷达/脈波壓縮雷達 pulse compression radar
脉冲氩弧焊/脈衝氬弧焊 pulsed argon arc welding
脉冲延迟/脈波延遲 pulse delay
脉冲遥测/脈波期遥測 pulse-duration telemetering
脉冲译码器/脈波解碼器 pulse demoder
脉冲引导电路/脈波引導電路 pulse steering circuit
脉冲预冲/脈衝前衝 pulse preshoot
脉冲再生/脈波再生 pulse regeneration
脉冲再生器/脈衝再生器 impulse regenerator
脉冲噪声/脈衝噪音,衝擊雜訊 impulse noise, pulse noise
脉冲展宽器/脈波展寬器 pulse strecher
脉冲占空系数/脈波占空比 pulse duty factor
脉冲振荡/脈波列振盪 pulse-trains oscillation
脉冲振荡器/脈波振盪器,脈衝產生器 impulse generator
脉冲振幅/脈波振幅 pulse amplitude
脉冲振幅编码调制/脈波振幅編碼調變,脈幅碼調變 pulse amplitude code modulation, PACM
脉冲振幅调制/脈波振幅調變,脈幅調變 pulse amplitude modulation, PAM
脉冲振铃/脈衝振鈴 pulse ringing
脉冲整型/脈波成形 pulse shaping
脉冲转发器/脈衝轉發器 impulse repeater
脉冲转速表/脈衝式轉速計 pulsation tachometer
脉冲转速计/脈衝[式]轉速計 impulse tachometer
脉冲阻尼器/脈衝式阻尼器 pulse damper
脉动/脈動,波震 pulsation
脉动采样器/脈衝式取樣機 pulsating sampler
脉动场磁控管/脈動場磁控管 rippled field magnetron
脉动磁场磁选机/脈動磁場磁選機 pulsating magnetic field magnetic separator
脉动电流/脈衝電流 pulsating current
脉动放大器/漣波放大器 ripple amplifier
脉动负载/脈動負載 pulsating load
脉动减震器/脈衝式減震器 pulsation absorber

脉动僵尸机/脈動僵屍機 pulsing zombie
脉动空气装置/脈動空氣系統 pulsating air system
脉动流/脈動流 pulsating flow
脉动滤波器/漣波濾器 ripple filter
脉动排气歧管/脈衝排氣歧管 pulse exhaust manifold
脉动喷井/間歇井 gurgling well
脉动式疏水器/脈動水分離裝置 impulse trap
脉动算法/脈動演算法 systolic algorithm
脉动循环/脈動循環 pulsation cycle
脉动循环式架空索道/脈動循環式架空索道 pulsatile circulating ropeway
脉动压力/脈動壓力 pulsant pressure
脉动因数/脈動因數 pulsation factor
脉动载荷/脈動負載 pulsating load
脉动阵列[机]/脈動陣列 systolic arrays
脉动阵列结构/脈動陣列架構 systolic array architecture
脉动柱/脈衝式塔,脈衝式柱 pulse column
脉动阻尼减震器/脈衝式[阻尼]緩衝筒 pulsation damping dashpot
脉动阻尼器/脈衝式阻尼器,脈衝式緩衝器 pulsation damper
脉幅调制/脈衝振幅調變,脈幅調變,脈波振幅調變 pulse-amplitude modulation, PAM
脉管低温制冷机/導管低温冷凍機 vascular cryogenic refrigerator
脉宽/脈寬,脈波寬度 pulse-width
脉宽记录器/脈寬記録器 pulse-width recorder
脉宽调制/脈寬調變 pulse-width modulation, PWM, pulse-duration modulation
脉宽调制逆变器/脈波寬度調變反向器 PWM inverter
脉码调制/脈碼調變 pulse-code modulation, PCM
脉码调制门限/脈碼調變臨限 PCM threshold
脉码调制通路特性测量/脈碼調制通路特性測量 PCM channel characteristic measurement
脉码调制遥测/脈碼調制遥測 pulse-code-modulation telemetry, PCM telemetry
脉内巷道/礦脈内巷 reef drift
脉内矿物/礦脈物 lodestuff
脉能描记器/脈壓計 sphygmobolometer
脉时调制/脈時調變 pulse-time modulation
脉外巷道/礦脈外巷 rock drift
脉相系统/脈相系統 pulse-phase system
脉压计/脈壓計 sphygmobolometer
脉压接收机/脈壓接收機 pulse compression receiver
脉泽/邁射,微射 maser, microwave amplification by stimulated emission of radiation
脉泽低温系统/微射冷酷系統 maser cryogenic system
脉泽放大器/微射放大器 maser amplifier
脉泽干涉仪/邁射干涉儀 maser interferometer
蛮力攻击/暴力攻擊 brute-force attack
满标度值/滿標度值,滿刻度值 full scale value
满布金刚石钻头/散嵌鑽頭 impregnated bit
满磁场/全磁場,滿載磁場 full field
满带/占滿能帶 filled band
满二叉树/滿二元樹 full binary tree
满刻度流量/滿刻度流率,全刻度流率 full scale flow rate
满刻度偏转/滿刻度偏轉 full scale deflection
满刻度误差/滿刻度誤差 full scale error
满刻度值/滿刻度值,滿標度值 full scale value
满量程/足尺 full scale
满量程输出/滿量程輸出 full span output
满量程误差/全量程誤差 full scale error
满眼钻具/緊孔鑽串 packed hole assembly
满液式蒸发器/浸没式蒸發器 flooded evaporator
满液式制冷剂量热器法/浸没式冷凍劑量熱計 flooded refrigerant calorimeter method
满载/滿載 full load
满载车质量/滿載車質量 loaded vehicle mass
满载试验/滿載試驗,全負載試驗 full-load test
满载质量/滿載質量 loaded mass
满载转头/滿載轉頭 fully loaded rotor
满载最大加速度/滿載最大加速度 maximum loaded table acceleration
满装滚动体轴承/全套軸承 full complement bearing
曼彻斯特编码/曼徹斯特編碼 Manchester coding
曼彻斯特码/曼徹斯特碼 Manchester code
曼彻斯特双相码/曼徹斯特雙相位碼 Manchester biphase code
曼哈顿距离/曼哈坦距離 Manhattan distance
曼利-罗功率关系/曼利-羅伊功率關係 Manley-Rowe power relation
曼内斯曼穿孔机/曼内斯曼壓軋機 Mannesmann piercing mill
曼内斯曼效应/曼内斯曼效應 Mannesmann effect
曼斯法/曼斯法 Mance method
漫反射/漫反射,擴散反射 diffuse reflection
漫反射比/漫反射率 diffuse reflectance
漫反射光/漫反射光 diffuse reflection light
漫反射系数/漫反射因子 diffuse reflection factor
漫散界面/擴散介面 diffused interface
漫射板/漫射板 diffusing plate

漫射光度计/漫射光度計 diffusion photometer
漫射器/漫射器,散光器 diffuser
漫射特性曲线/漫射指示量 indicatrix of diffusion
漫射体/擴散體,漫射器,擴散器 diffuser, effuser
漫射透镜/漫射透鏡 diffusing lens
漫射因数/擴散因數,擴射因子 diffusion factor
漫射照明/漫射照明,漫照,擴散照明 diffused lighting
漫透射/漫透射 diffuse transmission
漫透射比/漫透射率 diffuse transmittance
漫透射密度/漫透射密度 diffuse transmission density
漫游/漫遊 roaming
漫游位置寄存器/漫遊位置寄存器 visitor location register, VLR
慢变模态/慢模[態] slow mode
慢变状态/慢[位]態 slow state
慢变子系统/緩變子系統 slow subsystem
慢波/慢波 slow wave
慢波比/慢波比 delay ratio
慢波结构/慢波架構 slow wave structure
慢波线/慢波線 slow wave line
慢车运转/空轉 idle operation
慢刀伺服加工/慢刀伺服加工 slow tool servo, STS
慢风[操作]/慢風[操作] mild blowing
慢风作业/慢風操作 slow blowing operation
慢化/减速[作用],緩和 moderation
慢化长度/減速長度 slowing-down length
慢化剂/慢化劑,減速劑,緩和劑 moderator
慢化剂控制/緩和劑控制 moderator control
慢化面积/慢化面積,減速面積 slowing-down area
慢化能力/慢化能力 slowing-down power
慢剪试验/除水剪力試驗 drained shear test
慢截光器中子谱仪/慢截光器中子譜儀 slow-chopper neutron spectrometer
慢漂移/緩慢漂移 slow drift
慢启动/慢啟動 slow start
慢收敛/遲收斂 slow convergence
慢衰落/緩慢衰退 slow fading
慢速存储器/慢速儲存器 slow-access memory
慢速存取存储器/慢速儲存器 slow-access memory
慢速卷扬机/慢速卷揚機,慢速絞車 low-speed winch
慢速率成形法/慢速率成形法 gentle slope formation method
慢速摄像机/慢動作照相機,高速照相機 slow-motion camera
慢速邮递/慢速郵遞,蝸牛郵件 snail mail
慢特性/慢特性 slow characteristic
慢弯试验/緩慢彎曲試驗 slow-bend test
慢性照射/長期曝露,長期輻照 chronic exposure, chronic irradiation
慢中子/慢中子 slow neutron
慢[中子]反应器/慢[中子]反應器 slow neutron reactor
镘刀/鏝刀 trowel
镘光/抹光,倒圓角 smoothing
芒塞尔色度/孟色耳色度 Munsell chroma
芒塞尔色度值/孟色耳明度 Munsell value
芒塞尔色系/孟色耳色系 Munsell color system
芒塞尔值/孟色耳明度 Munsell value
忙等待/忙等待 busy waiting
忙蜂音/忙蜂音,占線蜂音 busy-buzz
忙接点/忙接點 busy contact
忙闪信号/占線閃光信號,占線閃光訊號 busy-flash signal
忙时/忙時,繁忙小時 busy hour
忙时串音噪声/忙時串雜訊,忙時串雜音 busy hour crosstalk noise
忙时费率/峰率 peak rate
忙时呼叫/忙時呼叫 busy hour call, BHC
忙时试呼/忙時呼叫[數] busy hour call attempts, BHCA
忙线/忙線,占用線路 busy line
忙音/忙[回]音,占線音 busy tone, busy-back tone
忙音信号/可聞忙音信號,可聞忙音訊號 audible busy signal
盲板法兰/盲法蘭,管口蓋板 blind flange
盲打/盲打 touch typing
盲点/盲點,空點 blind spot
盲法兰/盲法蘭,管口蓋板 blind flange
盲盖板/盲蓋 blank cap
盲巷道/廢巷 blind drift
盲井/盲井 sub-shaft
盲均衡/盲均衡 blind equalization
盲孔/盲孔 blind hole
盲孔法/盲孔法 blind borehole process
盲孔盖/盲蓋 blank cap
盲目搜索/盲目搜尋 blind search
盲签/盲目簽章 blind signature
盲区/無感區,死區 dead zone
盲速/盲速 blind speed
盲相/盲相 blind phase
盲样/盲樣 blind sample
猫头/貓頭 carrier head
毛边/毛邊 flash

毛边槽/毛邊槽 gutter
毛玻璃/毛玻璃,檢影玻璃 ground glass
毛刺/毛刺,尖波,脈狀痕 spike, burr, veining
毛发湿度计/毛髮濕度計,毛髮濕度儀 hair hygrometer
毛发状矿物/髮狀礦物 capillary mineral
毛管轧制/毛管軋製 hollow tube rolling
毛坯/毛坯,坯料 block, blank
毛坯图/模型圖 model drawing
毛热耗率/毛耗熱率 gross heat rate
毛水头/總落差 gross head
毛毯吸水箱/氈吸箱 felt suction box
毛细玻璃管/玻璃毛細管 glass capillary
毛细常数/毛細常數 capillary constant
毛细成形技术/毛細成形技術 capillary action-shaping technique, CAST
毛细管/毛細管 capillary tube
毛[细]管比色计/毛細管比色計 capillator
毛细管测液器/毛細檢液管 capillarimeter
毛细管电极/毛細管電極 capillary electrode
毛细管法/毛細管法 capillary tube method
毛细管汞灯/毛細管汞燈 capillary mercury lamp
毛细管给油器/毛細管給油器 capillary oiler
毛细管静电计/毛細管静電計 capillary electrometer
毛细管黏度计/毛細管黏度計 capillary viscometer, capillary viscosimeter
毛细管压力计/毛細管壓力計 capillary manometer
毛细检液器/毛細檢液管 capillarimeter
毛细力/毛細力 capillary force
毛细裂缝/細裂紋 capillary crack
毛细下降/毛細下降,毛細壓低 capillary depression
毛细运动/毛細管運動,毛細移動 capillary movement
毛毡消音器/毛氈消音器 felt deadener
毛重[值]/毛重,總重 gross weight
矛形指针/長矛型指針 lance pointer
锚定装置/錨,固定器 anchor
锚碇/拉線錨 guy anchor
锚杆/錨桿 rock bolt, anchor bolt
锚杆支护/錨桿支承 rock bolting support
锚杆支柱/固牢柱 anchor prop
锚杆钻车/錨桿鑽機 roof bolter
锚杆钻装车/錨桿鑽裝車 jumbolter
锚管/錨管,孔管 anchor pipe
锚拉索/牽繩,錨索 anchor rope, guy rope
锚链钢/鏈用鋼 chain steel
锚喷网支护/錨噴網支承 shotcrete-rock bolt-wire mesh support
锚式擒纵机构/錨形擒縱器 anchor escapement
锚索/錨索 cable anchor
锚索支护/錨索支架,錨索支承 cable bolter, cable bolting support
铆钉/鉚釘,夾鉗 rivet, clinch
铆钉顶锤/[礦石]打碎錘 bucking hammer
铆钉墩座/按鈕組 button set
铆钉加热炉/鉚釘加熱爐 rivet heater
铆钉连接/鉚[釘連]接,鉚釘接頭 riveted joint
铆钉炉/鉚釘爐 rivet hearth
铆用钢丝绳/鉚用鋼絲繩 mooring wire rope
冒充/冒充 masquerade
冒顶/冒頂 roof falling
冒口/冒口,補給口,補給頭 riser, feeder head
冒口捣棒/冒口搗棒,補給[口]搗棒 feeding rod
冒口高度/冒口高度 riser height
冒口根/冒口墊 riser pad
冒口进模口/冒口進模口 riser gate
冒口颈/冒口頸,補給頸 riser neck, feeding neck
冒口流道/冒口流道 riser runner
冒口渗出/冒口滲出 exuding of the head
冒口套/冒口套 riser bush
冒口效率/冒口效率 riser efficiency
冒口效应/補給口效果 feeder effect
冒落冲击气流/冒落衝擊氣流 shock airflow due to caving
冒落带/冒落帶 caving zone
冒码/冒碼 drop-in
冒脉冲/冒脈衝,多出之脈衝 extra pulse
冒名/冒名頂替 impersonation
冒泡排序/泡式排序,浮泡分類法,泡沫排序 bubble sort
冒险函数/冒險函數 hazard function
冒烟测试/基本測試 smoke testing
冒烟限制/冒煙限制 smoke limitation
冒涨金属/野性金屬,滾邊熔金 wild metal
帽型钢/帽型鋼 hat shape steel
帽状阀/帽狀閥 bonnet valve
没有免费午餐定理/没有免費午餐定理 no free lunch theorem
玫瑰灯/玫瑰燈 rose burner
玫瑰形石墨/菊花狀石墨 rosette graphite
枚举/枚舉,列舉 enumeration
枚举定理/列舉定理 enumeration theorem
梅花形弹性联轴器/梅花形彈性聯軸器 coupling with elastic spider
梅里尔-克劳法/鋅粉澱金法 Merrill-Crowe process
梅森增益公式/梅森增益公式 Mason gain formula

梅因斯提蒸发器/門士提蒸發器 Mainstee evaporator
媒介语言/中間語言 intermediate language
媒体/媒體,[傳輸]介質 media
媒体处理机/媒體處理機 media processor
媒体接入控制/媒體進接控制 medium access control, MAC
媒体接入控制层/媒體存取控制層 media access control layer, MAC layer
媒体控制驱动器/媒體控制驅動器 media control driver
媒体网关/媒體閘道 media gateway
媒体网关控制器/媒體閘道控制器 media gateway controller
媒体网关控制协议/媒體閘道器控制協定 media gateway control protocol, MGCP
媒质/介質 medium
煤/煤 coal
煤尘/煤塵,煤粉,粉煤 coal dust, powdered coal
煤粉分配器/粉煤分配器 pulverized-coal distributor
煤粉锅炉/粉煤鍋爐 pulverized-coal-fired boiler
煤粉混合器/粉煤混合器 pulverized-coal mixer
煤粉均匀性指数/粉煤均匀性指數 pulverized-coal uniformity index
煤粉燃烧器/粉煤燃燒器 pulverized-coal burner
煤粉细度/粉煤精細度 pulverized-coal fineness
煤粉制备系统/煤粉製備系統 coal pulverizing system
煤黑油/煤焦油 coal tar
煤计量计/量煤計 coal meter
煤浆泵/煤炭泵 coal pump
煤焦油/煤焦油 coal tar
煤可磨性指数/煤可磨性指數 coal grindability index
煤[漏]斗/煤[漏]斗 coal hopper
煤炉/煤爐 coal furnace
煤磨损指数/煤磨損指數 coal abrasiveness index
煤气/煤氣 coal gas
煤气报警器/毒氣警報器 gas alarm
煤气表/煤氣表 gas meter
煤气吹管/噴氣炬 gas blow torch
煤气灯/煤氣燈,燃氣燈,本生燈 Bunsen burner, gas light
煤气发电机/煤氣發電機,氣動發電機 gas driven generator
煤气发生炉/[煤氣]發生爐,氣體發生器 gas producer, gas generator
煤气管/[燃]氣管 gas line
煤气罐/儲氣器 gas holder
煤气化炉/煤氣化器 coal gasifier
煤气加热器/煤氣加熱器 gas heater
煤气焦炭/煤氣焦 gas coke
煤气量热计/氣卡計 gas calorimeter
煤气喷管/煤氣噴管 gas-jet tube
煤气洗涤机/氣泡洗滌機 bubbling washer
煤气总管/總氣管 gas main
煤炭粉碎机/煤粉碎機 coal pulverizer
煤屑/煤粉,煤塵 coal dust
煤氧复合吹炼/煤氧複合吹煉 coal-oxygen combined blowing
煤渣床/煤渣床,爐渣床 cinder bed
煤制油/煤製油 coal liquifaction oil
煤钻/煤鑽 auger coal drill
酶电极/酵素電極 enzyme electrode
酶敏感器/酵素感測器 enzyme sensor
酶[式]胆固醇传感器/酶[式]膽固醇感測器 cholesterol enzyme transducer
酶[式]尿素传感器/尿素酵素感測器,尿素酵素傳感器 urea enzyme transducer
酶[式]葡萄糖传感器/葡萄糖感測器 glucose enzyme transducer
酶选择性检测器/酶選擇性檢知器 enzyme-selective detector
霉菌试验/黴菌試驗 mould test
每次吸收的中子产额/每吸收的中子產率 neutron yield per absorption
每单位距离转数/單位距離轉數 revolution per unit distance
每分钟打击次数/每分鐘打擊次數 blows per minute
每行字符数/每列字元數 characters per line
每呼一变密钥/每呼一變金鑰 per-call key
每米电阻值/每公尺電阻值 resistance per meter
每秒逻辑推理/每秒邏輯干擾數 logical inferences per second
每秒事务处理/每秒交易數 transactions per second
每秒推理步数/每秒推理 inferences per second
每秒字符数/每秒字元數 characters per second
每日构建/每日構建 daily build
每收视一次付费/按次付費 pay-per-view
每瓦特性能/每瓦特性能 performance per watt
每循环喷油量/每循環噴油量 fuel injection quantity per cycle
每页字符数/每頁字元數 characters per page
每英寸比特数/每吋位元數 bits per inch, BPI
每英寸字符数/每吋字元數 characters per inch

每用户平均收入/使用者平均營收貢獻值 average revenue per user, ARPU
每载波多路/每一載波多通道 multiple channel per carrier, MCPC
每载波多路传输/每一載波多通道傳輸 multichannel-per-carrier transmission
每帧字符数/每框顯示字元數 characters per frame
每转发器多路/每一轉頻器多頻道 multiple channel per transponder, MCPT
镁/鎂 magnesium, Mg
镁白云石质耐火材料/鎂白雲石耐火材料 magnesia doloma refractory
镁粉/鎂粉 magnesium powder
镁钙砂/鎂鈣砂 magnesia calcia clinker
镁钙炭砖/鎂鈣碳磚 magnesia-calcium-carbon brick
镁钙砖/鎂鈣磚 magnesia calcia brick
镁橄榄石瓷/鎂橄欖石瓷 forsterite ceramic
镁橄榄石耐火材料/鎂橄欖石耐火材料 forsterite refractory
镁铬质耐火材料/鎂鉻耐火材料 magnesia chromite refractory
镁铬砖/鎂鉻磚 magnesia-chrome brick
镁光灯泡/閃光燈泡 flash bulb
镁硅砖/鎂矽磚 high-silica magnesite brick
镁还原[法]/鎂還原法 Kroll process, magnesium reduction
镁合金/鎂合金 Magnesium alloy
镁合金管/鎂合金管 magnesium tube
镁合金热挤压管材/鎂合金熱擠壓管材 extruded tube of magnesium alloy
镁尖晶石质耐火材料/鎂尖晶石耐火材料 magnesia spinel refractory
镁焦/鎂焦 magcoke
镁-镧-钛系陶瓷/鎂-鑭-鈦系陶瓷 magnesia-lanthana-titania system ceramic
镁锂合金/鎂鋰合金 magnesium lithium alloy
镁粒/鎂粒 magnesium granule
镁铝砖/鎂鋁磚 magnesia-alumina brick
镁熔块/氧化鎂燒結物 magnesia clinker
镁石灰石/白雲石 magnesia limestone
镁碳砖/鎂碳磚 magnesia carbon brick, MgO-C brick
镁铁矿/鎂鐵礦 magnesioferrite
镁丸/鎂丸 magnesium pellet
镁稀土合金/鎂稀土合金 magnesium-rare earth alloy
镁质耐火材料/鎂質耐火材料 magnesia refractory
镁珠/鎂珠 magnesium globule
镁砖/[氧化]鎂磚,苦土磚 magnesite brick, magnesia brick
门传输延迟/閘傳輸延遲 gate propagation delay
门窗电动机/門窗電動機 window lift motor
门窗框/門窗框 door sash
门道/門道 access doorway
门电路/閘控電路 gating circuit
门电子管/閘[電子]管 gate tube
门二极管/閘控二極體 gate diode
门海/閘海 sea of gate
门户/入口網站 portal
门户中间件/門户中介軟體 portal middleware
门极触发电流/柵極觸發電流 gate trigger current
门极触发电压/柵極觸發電壓 gate trigger voltage
门极电流/閘極電流 gate current
门极电压/閘電壓,觸發電壓 gate voltage
门架/高架,支架 gantry
门架净空/門架淨空 gantry clearance
门架净空高度/門架淨空高度 height of portal clearance
门架净空宽度/門架淨空寬度 leg clearance
门铰链/門鉸鏈 door hinge
门捷列夫称量法/門捷列夫稱量法 Mendeleev weighing
门开关/門開關 door switch
门槛/門檻 door sill
门孔/門孔 door opening
门控电源/閘控電源 gated power
门控二极管/閘控二極體 gate-controlled diode
门控积分器/閘控積分器 gated integrator
门控交叉检测/閘控交越監測 gated crossover detection
门控时钟/閘控時鐘 gated clock
门框/門框 door frame
门式缆索起重机/門式纜索起重機 portal cable crane
门式起重机/高架起重機,支架式起重機 gantry crane, portal bridge crane
门数组/閘陣列 gate array
门数组法/閘陣列法 gate array method
门闩/撥叉壓板 locking bar
门锁/門鎖,門閂 door latch, door lock
门限/門檻,臨界[值] threshold
门限敏感的高效能传感器网络协议/門限敏感的高效能感測器網路通訊協定 threshold sensitive energy efficient sensor network protocol
门限信号电平/閾級位準,定限位準 threshold level
门[选通]脉冲/閘脈波 gate pulse

门延迟/閘延遲 gate delay
门页/門頁 door page
门阵列/閘陣列 gate array
门阵列法/閘陣列法 gate array method
门阵列交换语言/閘陣列交換語言 gate array interchange language
门阵列界面语言/閘陣列界面語言 gate array interface language
门柱/門柱 door pillar
门座/門形柱梁 portal
门座起重机/門形轉動起重機 portal slewing crane
闷罐退火/封罐退火 pot annealing
蒙塔古语法/Montague 文法 Montague grammar
蒙特卡洛法/蒙特卡羅法,隨機試驗法 Monte Carlo method
朦胧度/霧度 haze
朦胧度计/朦朧度計,霧度計 haze meter
锰/錳 manganese
锰钢/錳鋼 manganese steel
锰硅合金/錳矽鐵 ferrosilicomanganese
锰黄铜/錳黄銅 manganese brass
锰加宁合金/錳鎳銅合金 manganin alloy
锰结核开采/錳結核開採 manganese nodule mining
锰铝镁基合金/鎂基合金 magnuminium alloy
锰-铝-碳永磁/錳-鋁-碳永磁 Mn-Al-C permanent magnet
锰青铜[合金]/錳青銅 manganese bronze
锰铁/錳鐵 ferromanganese
锰铜/錳銅,錳鎳銅合金 manganin, cupro-managanese
锰铜电阻合金/錳銅電阻合金 manganin resistance alloy
锰浴法/錳浴法 manganese bath method
孟塞尔色标/孟色耳色標度 Munsell color scale
孟塞尔色系/孟色耳[色]系統 Munsell system
孟塞尔系统/孟色耳[色]系統 Munsell system
孟兹合金/孟茲合金 Muntz metal
弥散强化/散播硬化 dispersion strengthening
弥散相/彌散相 dispersed phase
弥[烟]雾发生器/煙霧産生器 mist generator
迷宫压缩机/迷宫式壓縮機 labyrinth compressor
迷路法/迷路法 maze method
迷路决策/迷路決策 maze decision
迷你照相机/超小型照相機 subminiature camera
迷失消息/遺漏訊息 missing message
迷向线/迷向線 isotropic line
醚类起泡剂/醚類起泡劑 ether frother
米/米,公尺 meter
米尔斯交叉天线/密爾斯交叉天線 Mills cross antenna
米汞柱/公尺汞柱 meter mercury column
米勒-布拉维指数/米勒布拉維指數 Miller-Bravais index
米勒电桥/米勒電橋 Miller bridge
米勒积分电路/米勒積分電路 Miller integrating circuit
米勒-罗宾算法/Miller-Robin 演算法 Miller-Robin algorithm
米勒码/米勒碼 Miller code
米勒效应/米勒效應 Miller effect
米勒指数/米勒指數 Miller index
米利机/米利機 Mealy machine
米尼表/指針測微計 minimeter
米塞斯屈服条件/馮米賽斯降服條件 Mises yield criteria
米塞斯圆柱面/馮米賽斯圓柱面 Mises cylinder
米氏共振区/米氏散射共振區 Mie resonance region
米氏散射/米氏散射 Mie scattering
米氏散射激光雷达/米氏散射雷射雷達 Mie scattering laser radar
米氏散射理论/米氏散射理論 Mie scattering theory
米氏散射区/米氏散射區 Mie scattering region
米水柱/米水柱,公尺水柱 meter water column
米夏埃利等效电流/邁可利等效電流 Michaeli equivalent current
米制/米制,公制 metric system
米制格令/米制格令,公制格令 metric grain
米制工程单位/公制工程單位 metric technical unit
米制化/米制化,公制化 metrication
米制轴承/公制軸承 metric bearing
米烛光/米燭光,公尺燭光 meter candle
秘密分割/秘密分割 secret splitting
秘密级/秘密級 confidential
秘密密钥/秘密密鑰 privacy key, secret key
秘密性/機密性 confidentiality
密闭背斜/密閉背斜 closed anticling
密闭抽尘系统/密閉抽塵系統 sealed dust exhaust system
密闭电离腔/封閉式游離腔 closed ionization chamber
密闭分液漏斗/密閉分液漏斗 closed separating funnel
密闭鼓风炉/密閉鼓風爐 airtight blast furnace
密闭搅拌器/密閉攪拌器 closed agitator
密闭排气阀/密閉排氣閥 closed exhaust valve
密闭容器/密閉容器 closed container

密闭式混合机/密閉混合機 internal mixer
密闭式冷却箱/密閉冷却箱 closed cooling box
密闭室测定蒸发排放物法/密閉室測定蒸發排放物法 sealed housing for evaporative-emission determination, SHED
密闭退火/密閉退火 close annealing
密闭谐波齿轮传动/密閉諧波齒輪傳動 hermetically sealed harmonic gear drive
密闭形轴承/密閉式軸承 closed-type bearing
密闭真空系统/密閉真空系統 closed vacuum system
密闭支撑/密排架樘 close timbering
密度/密度 density
密度曝光曲线/密度曝光曲線 density-exposure curve
密度比率/密度比 density ratio
密度波动/密度變化 density fluctuation
密度测量/密度量測 density measurement
密度测量仪器/密度量測儀器 density measuring instruments
密度递减阵天线/密度錐形陣列天線 density-tapered array antenna
密度分布/密度分布 density distribution
密度分布图/密度輪廓 density profile
密度分层作用/密度分層 density stratification
密度函数/密度函數 density function
密度计/密度計,比重計,濃度計 densitometer, densimeter
密度计量学/密度量測術 densitometry
密度矩阵/密度矩陣 density matrix
密度瓶/密度瓶,比重瓶 density bottle, pycnometer
密度剖面/密度輪廓 density profile
密度谱/密度譜 density spectrum
密度算子/密度算符 density operator
密度梯度/密度梯度 density gradient
密度梯度管/密度梯度管 density gradient tube
密堆积点阵/密集晶格 close-packed lattice
密封/密封 seal, sealing
密封泵/密封泵 leakproof pump, sealed pump
密封材料/密封材料 seal material
密封的/密封的,氣密的 sealed
密封端盖/端蓋 end cover
密封端面/密封面 seal face
密封风机/密封風機 seal air fan
密封管/密封管 sealed tube
密封焊缝/防漏熔接 seal weld
密封环/封環,封閉砂條 seal ring, sealing ring
密封环带/密封環帶 seal band
密封激光器包装/密封雷射包裝 hermetic laser packaging
密封件/密封零件 seal
密封浇斗加压法/密封澆斗加壓法 pressure laddle method
密封胶/密封劑 sealant
密封界面/密封介面 seal interface
密封壳内电动机/密封發動機,密封馬達 canned motor
密封连接器/密封連接器 sealed connector
密封面/密封面 sealing face
密封器/密封器,保護層 sealer
密封腔/環形密封腔 annular seal space
密封腔体/密封腔 seal chamber
密封圈/軸承封 bearing seal
密封圈轴承/封閉軸承 sealed bearing
密封容器/氣密容器 can, air tight container
密封式变压器/密封[型]變壓器 sealed transformer
密封式电抗器/密封式電抗器 sealed reactor
密封式整流阀/密封整流器 sealed rectifier
密封试验/密封試驗 seal test
密封试验压力/密封試驗壓力 seal test pressure
密封涂层/密封[式]鍍膜 hermetic coating
密封围栏/密封圍欄 sealed fence
密封谐振腔/密封空腔[諧振器] sealed cavity
密封性检验/洩漏測試 leak test
密封性试验/密封性試驗 seal tightness test
密封源/密閉源 sealed source
密封轴承钻头/密封軸承鑽頭 sealed bearing bit
密封装置/密封裝置 sealing device
密封锥面角度差/密封錐面角度差 differential seat angle
密烘铸铁/米漢納鑄鐵 Meehanite, Meehanite cast iron
密级数据/保密資料 classified data
密级信息/保密資訊 classified information
密集波分复用/高密度分波長多 dense wavelength division multiplexing, DWDM
密集多路通信/密集多路通信 densely packed multichannel communication
密集模式协议无关多播/密集模式協定無關多播 protocol independent multicast-dense mode
密勒效应/米勒效應 Miller effect
密码/密碼 cypher, cipher code, password
密码保密/保密措施,密碼保全 cryptosecurity
密[码]本/密碼本 codebook
密码传真/密碼傳真 cifax
密码反馈方式/密碼回饋方式 cipher feedback mode

密码分析/密碼分析 cryptanalysis
密码分析攻击/密碼分析攻擊 crypt analytical attack
密码固件/密碼固件 cryptographic firmware
密码技术/密碼技術 cryptotechnique
密码检验和/密碼核對和 cryptographic checksum
密码界/密碼社群 cryptography community
密码卡/通行碼卡 password card
密码块链接方式/密碼塊連結方式 cipher block chaining mode
密码流方式/密碼流方式 cipher stream mode
密码模块/密碼模組 cryptographic module
密码设施/加密設施 cryptographic facility
密码术/密碼術 cryptography
密码算法/密碼演算法 cryptographic algorithm
密码体制/密碼體制，密碼系統 cryptographic system, cryptosystem
RSA 密码体制/RSA 密碼體制 RSA cryptosystem
密码系统/密碼系統，密碼體制 cryptographic system
密码学/密碼學，密碼術 cryptography, cryptology
密目标环境/密目標環境 dense-target environment
密排结构/密排結構 close-packed structure
密切轨道/密切軌道 osculating orbit
密切平面/密切平面 osculating plane
密切曲线/密切曲線 osculating curve
密切椭圆/密切橢圓 osculating ellipse
密圈螺旋弹簧/密圈螺旋彈簧 tightly coiled helical spring
密栅云纹法/疊紋法 moire method
密实度/密實度 packing
密文/密文 cryptogram, ciphertext
密文反馈/密碼回饋 cipher feedback
密纹唱片/密紋唱片 microgroove record, long playing record
密相区/密相區 dense phase zone
密钥/密鑰，金鑰 cipher key, cryptographic key
密钥长度/密鑰長度 key size
密钥短语/鍵片語 key phrase
密钥对/密鑰對 key pair
密钥分发中心/密碼鍵分配中心 key distribution center
密钥分级架构/密鑰分級架構 key hierarchy
密钥分级结构/密鑰分級架構 key hierarchy
密钥服务器/密鑰伺服器 key server
密钥公证/密鑰公證 key notarization
密钥管理/鍵管理 key management
密钥环/密鑰環 key ring
密钥恢复/密鑰恢復 key recovery
密钥加密/密鑰加密 secret key encryption
密钥加密密钥/密鑰加密密鑰 key-encryption key
密钥建立/密鑰建立 key establishment
密钥交换/密鑰交換 key exchange
密钥流/密鑰流 key stream
密钥枪/密鑰槍 key gun
密钥搜索攻击/密鑰搜尋攻擊 key search attack
密钥托管/密鑰托管 key escrow
密钥协商/密鑰協商 key agreement
密钥证书/密鑰認證 key certificate
密语/密語 secret language
幂/冪 power
幂函数/冪函數，功率函數 power function
幂级数输入/冪級數輸入 power-series input
幂类型/冪類型 powertype
蜜蜡/蜂蠟 bees wax
蜜网/蜜網 honey net
棉绒滤芯滤清器/棉絨過濾器 cotton wool filter
棉织袋/棉織濾塵袋 cotton bag
免费软件/免費軟體 freeware
免费网/免費網 free-net
免提式电话机/免提式電話機 hand-free telephone set
免疫敏感器/免疫感測器 immune sensor
免疫信息学/免疫信息學 immunoinformatics
免疫[性]/免疫性 immunity
免疫血型传感器/免疫血型感測器 blood-group immune transducer
冕形齿轮/冠狀輪 crown wheel
E 面/E 平面 E plane
H 面/H 平面 H plane
面板/面板 face plate
面板螺钉/面板螺釘 cover screw
面板启动器/控電板起動器 faceplate starter
面板式连接器/面板式連接器 panel connector
面板式仪表/表面型儀表 surface type meter
面板天线/嵌板式天線 panel antenna
面泵浦/面幫浦 face pumping
面表/曲面列表 surface list
面部纵裂/表面縱裂 longitudinal facial crack
面层/上塗層 topcoat
面伺服/表面伺服裝置 surface servo
面对面配置/面對面配置 face-to-face arrangement
面粉状氧化铝/粉狀氧化鋁 flour alumina
面光源/區域光源 area light source
面积/面積，區域，範圍 area
面积比/面積比 area ratio

面积分/面積分 surface integral
面积矩/斷面矩 moment of area
面积热强度/面積熱強度 area heat release rate
面检索/區域檢索 region retrieval
面角/齒面角 face angle
面接触/[表]面接觸 surface contact
面接触二极管/面接觸二極體 surface contact diode
面接触率/面接觸率 face contact ratio
N-P-N 面结型体管/負-正-負接面電晶體 N-P-N junction transistor
面垒[型]探测器/面壘探測器,表面位障檢知器 surface barrier detector
面密度/面密度,區域密度 area density
面缺陷/面缺陷 planar defect, plane defect
面砂/面砂 facing sand
面式减温器/面式調溫器 surface-type attemperator
面缩[率]/縮面率,斷面縮率 reduction of area
面天线/面天線 surface antenna
面向比特协议/位元導向協定 bit-oriented protocol
面向代数语言/代數導向語言 ALGebraic-Oriented Language
面向动作的仿真/行動導向模擬 action-oriented simulation
面向对话模型/對話導向模型 dialog-oriented model
面向对象表示/物件導向表示式 object-oriented representation
面向对象操作系统/物件導向作業系統 object-oriented operating system
面向对象测试/物件導向測試 object-oriented test
面向对象测试方法/物件導向測試方法 object-oriented testing method
面向对象程序设计语言/物件導向程式設計語言 object-oriented programming language
面向对象的/物件導向 object-oriented
面向对象分析与设计/物件導向的分析與設計 object-oriented analysis and design, OOAD
面向对象建模/物件導向模型化 object-oriented modeling
面向对象软件工程/物件導向的軟體工程 object-oriented software engineering
面向对象数据库/物件導向資料庫 object-oriented database
面向对象数据库分析/物件導向資料庫分析 object-oriented database analysis
面向对象数据库语言/物件導向資料庫語言 object-oriented database language
面向对象数据模型/物件導向資料模型 object-oriented data model
面向对象体系结构/物件導向架構 object-oriented architecture
面向对象语言/物件導向語言 object-oriented language
面向对象中间件/物件導向中介軟體 object-oriented middleware
面向服务架构/服務導向式架構 service-oriented architecture
面向功能层次模型/功能導向階層式模型 function-oriented hierarchical model
面向过程的仿真/過程導向模擬 process-oriented simulation
面向过程模型/程序導向模型 process-oriented model
面向过程语言/程序導向語言 procedure-oriented language
面向机器语言/機器導向語言 machine-oriented language
面向控制体系结构/控制導向結構 control-oriented architecture
面向连接/連結導向式 connection-oriented
面向连接的网络层协议/連線導向的網路層協定 connection-oriented network-layer protocol, CONP
面向连接路由/連線導向的路由 connection-oriented routing
面向连接网/連線導向網 connection-oriented network, CO network
面向连接网络业务/連線導向網路業務 connectionmode network service, CONS
面向连接协议/連接導向協定 connection-oriented protocol
面向列数据库/面向列資料庫 column-oriented database
面向事件的仿真/事件導向模擬 event-oriented simulation
面向数据结构方法/資料結構導向方法 data structure-oriented method
面向特征程序设计/面向特徵的程式設計 feature-oriented programming
面向网络计算机系统/網路導向計算機系統 network-oriented computer system
面向位的传输[法]/位元導向式傳輸 bit-oriented transmission
面向位的协议[规程]/位元導向協定 bit-oriented protocol
面向问题语言/問題導向語言 problem-oriented language
面向应用语言/應用導向語言 application-oriented

language
面向用户测试/用户導向測試 user-oriented test
面向知识体系结构/知識導向架構 knowledge-oriented architecture
面向智能体程序设计/面向智慧體的程式設計 agent-oriented programming, AOP
面向智能体方法学/面向智慧體的方法學 agent-oriented methodology
面向智能体需求工程/面向智慧體的需求工程 agent-oriented requirement engineering
面向字符协议/字元導向協定 character-oriented protocol
面向字节计数的协议/面向位元組計數的協定 byte-count-oriented protocol
面心立方结构/面心立方體結構 face-centered cubic structure
面心立方晶格/面心立方格子 face-centered cubic lattice
面型图像传感器/區域影像感測器 area image sensor
面噪声水平/表面雜訊位準 surface noise level
面罩/面罩 facepiece, face shield
面罩式传声器/罩式麥克風 mask microphone
面阵/面陣 area array
面锥/面圓錐 face cone
描波器/記録鼓 kymograph
描绘棱镜/描繪棱鏡 drawing prism
描迹仪/測跡儀 hodoscope
描述/描述 description
描述符/描述符 descriptor
描述符表/描述符表 descriptor table
描述函数/描述函數 describing function
描述逻辑/描述邏輯 description logic
描述语言/描述語言 descriptive language
描图/描圖 tracing
描写语言学/描述語言學 descriptive linguistics
瞄准干扰/瞄準干擾 spot jamming
瞄准具/瞄準器,覵測器 sight
瞄准器/瞄準器 peep-sight
瞄准透镜/探測器透鏡 finder lens
瞄准望远镜/瞄準望遠鏡 finder telescope
瞄准误差/瞄準誤差,準向偏差 sighting error, boresight error
瞄准增益天线/天線正角放大增益,正角增益天線 boresight gain antenna
秒/秒 second
秒摆/秒擺 second pendulum
秒表/停表,馬表 stop watch
秒差距/秒差距 parallax second, parsec
秒定义咨询委员会/秒定義諮詢委員會 consultative committee for the definition of the second, CCDS
灭点/消失點 vanishing point
灭弧腔/消弧室,爆發腔斷路器 arcing chamber, explosion chamber
灭弧栅/電弧槽,電弧隔板,消弧栅 arc chute
灭弧室/滅弧室 arc extinguishing chamber
灭弧线圈/熄弧線圈 blowout coil
灭弧装置/電弧控制裝置 arc control device
灭火/滅火 loss of ignition
灭火花电容器/滅火花用電容器 spark capacitor
灭火泡沫发生器/滅火泡沫産生器 fire foam producing machine
灭菌设备/消毒器,滅菌器 sterilizer
民用电台波段/民用電臺頻帶 citizens band, CB
民用煤气/都市煤氣 town gas
民用燃气/都市煤氣 town gas
民用日/民用日 civil day
民用时间/民用時間 civil time
民族文字编码字符集/民族文字編碼字元集 national characters subset of unicode
民族文字点阵字型标准/民族文字點陣字型標準 bitmap fonts standard of national characters
民族文字输入法/民族文字輸入法 national characters input method
民族文字信息处理/民族文字資訊處理 national characters information processing
民族文字字符编码/民族文字字元編碼 national characters encoding
民族文字字符属性/民族文字字元屬性 attribute of national characters
民族文字字型字体/民族文字字型字體 national characters font
民族语言文语转换/民族語言文語轉換 national language text to speech
民族语言支撑能力/民族語言支援 national language support
皿/皿 dish
敏感/敏感 sensitive
敏感度/敏感度 susceptibility
敏感模式/敏感型樣 sensitivity pattern
敏感器/感測器 sensor, enzyme sensor
pH 敏感器/pH 感測器 pH sensor
敏感数据/敏感資料 sensitive data
敏感性/敏感性,靈敏度 sensitivity, sensitiveness
敏感元件/敏感元件,感測元件 electric sensor, sensing element

敏感元件接口/感測器介面 sensor interface
敏化/敏化 sensitization
敏化处理/敏化處理 sensitizing treatment
敏捷方法/敏捷方法 agile method
敏捷建模/敏捷建模 agile modeling
敏捷软件开发/靈巧軟體開發 agile software development
名称机构/命名機構 naming authority
名词短语/名詞片語 noun phrase
名录服务/目録服務 directory service
名义成本/標稱資本 nominal capital
名义充气量/標稱氣體流量 nominal gas flow
名义断面宽度/標稱截面寬度 nominal section width
名义高宽比/標稱長寬比 nominal aspect ratio
名义外直径/標稱全直徑 nominal overall diameter
名义应变/標稱應變 nominal strain
名义应力/標稱應力 nominal stress
名义中心距/標稱中心距 nominal center distance
名义转向角/標稱轉向角 nominal steering angle
名字查找规则/名稱查找規則 name lookup rule
名字抽取/名稱萃取 names extraction
名字-地址映射/名稱-地址對映 name-address mapping
名字服务器/名稱服伺器 name server
名字解析/名稱分解 name resolution
名字空间/名稱空間 namespace
明暗处理/遮掩,阻蔽 shading
明侧冒口/明側冒口,明側補給口 open top side feeder
明场像/明視野像 bright field image
明杆闸阀/上昇桿閘閥 rising stem gate valve
明弧法熔炼/明弧法熔煉 open arc smelting
明火加热式沥青熔化加热装置/明火加熱式瀝青熔化加熱裝置 fire heating asphalt melting and heating unit
明浇砂型/敞砂模 open sand mold
明镜冷凝器/鏡面聚光器 spiegel condenser
明码/明碼 plain code
明冒口/明冒口 open riser, open top riser
明渠流/開槽流 open-channel flow
明渠流量计/開槽流量計 open-channel meter
明视觉/明視覺,錐體視學,白晝視覺 photopic vision
明视野/明視場 bright field
明适应/光適應 light adaptation
明特法/明特法,熔體在線處理方法 melt in-line treatment process, MINT process
明文/明文 plaintext
明细栏/明細欄 item block
明线/明線 open wire
明语/明語 plain language
明装风机盘管机组/明裝風機盤管機組 exposed fan-coil unit
铭牌/銘牌 escutcheon
命令/命令 command, order
命令重试/命令再試 command retry
命令处理程序/命令處理機 command processor
命令功能键/命令功能鍵 command function key
命令行接口/命令列介面 command line interface
命令缓冲区/命令緩衝區 command buffer
命令级语言/命令級語言 command-level language
命令接口/命令介面 command interface
命令解释程序/命令解譯器 command interpreter
UNIX 命令解释程序/UNIX 指令外殼 UNIX Shell
命令解释器/命令解譯器 command interpreter
命令控制块/命令控制塊 command control block
命令控制系统/命令控制系統 command control system
命令描述符块/命令描述符塊 command descriptor block
命令名称/命令名稱 command name
命令模式/命令模式 command pattern
命令系统/命令系統 command system
命令语言/命令語言 command language
命令字/命令字 command word
命令作业/命令作業 command job
命名机构/命名機構 naming authority
命名空间/命名空間 naming space
命名实体/命名實體 named entity
命名实体抽取/命名實體抽取 named entity extraction
命名实体识别/命名實體識別 named entity recognition
命名约定/命名規約 naming convention
命题逻辑/命題邏輯 propositional logic
命题演算/命題演算 propositional calculus
命题 μ-演算/命題 μ-演算 propositional Mu-calculus
命题语料库/命題語料庫 proposition bank
命中/命中 hit
命中率/命中率 hit ratio
缪勒电桥/繆勒電橋 Mueller bridge
缪勒密度矩阵/繆勒密度矩陣 Mueller density matrix
E 模/E 模,軸向電場模態 E mode
EH 模/EH 模態,混成模態 EH mode

H 模/H 模,軸向磁場模態　H mode
HE 模/HE 模態,混成模態　HE mode
TE 模/TE 模,横向電磁模態　transverse electric mode, TE mode
模边界/模態邊界　mode boundary
模场/模態場　mode field
模场直径/模態場直徑　mode field diameter
模电流/模態電流　mode current
模函数/模態[分布]函數　modulus function, mode function
模糊/模糊　blur, fuzzy, blurring
模糊查询语言/模糊查詢語言　fuzzy query language
模糊查找/模糊查詢　fuzzy search
模糊度/模糊度　ambiguity
模糊对策/模糊博弈　fuzzy game
模糊函数/模糊函數　ambiguity function
模糊函数依赖/模糊函數依賴　fuzzy functional dependency
模糊化/模糊化　fuzzification
模糊集/乏晰集合　fuzzy set
模糊集合论/乏晰集合論　fuzzy set theory
模糊介质/半透明介質　translucent medium
模糊决策/模糊決策　fuzzy decision
模糊控制/模糊控制　fuzzy control
模糊控制器/模糊控制器　fuzzy controller
模糊控制算法/模糊控制演算法　fuzzy control algorithm
模糊控制系统/模糊控制系統　fuzzy control system
模糊逻辑/模糊邏輯　fuzzy logic
模糊神经网络/模糊類神經網路　fuzzy-neural network
模糊数据/乏晰資料　fuzzy data
模糊数学/乏晰數學　fuzzy mathematics
模糊松弛法/模糊鬆弛法　fuzzy relaxation
模糊搜索/模糊查詢　fuzzy search
模糊图/模糊圖　ambiguity diagram
模糊推理/乏晰推理　fuzzy reasoning
模糊误差/不明誤差,含混誤差　ambiguity error
模糊效应/模糊效應　blurring effect
模糊信息/模糊資訊,乏晰資訊　fuzzy information
模糊遗传系统/模糊遺傳系統　fuzzy-genetic system
模间色散/模間色散　intermodal dispersion
模界/模態界限　mode bound
模块/模組,程序塊,模數　module
模块测试/模組測試　module testing
模块单子语义/模組單子語義　modular monadic semantics
模块分解/模組分解　modular decomposition
模块化/模組化,積木化　modularization
模块化程序设计/模組程式設計　modular programming
模块化方法/模組法　modular method
模块化交换机体系结构/模組化交換架構　modular switch architecture
模块强度/模組強度　module strength
模块性/模組性,積木性　modularity
模量/模數　modulus
模密度/模態密度　density of modes
模内畸变/模内畸變　intramodal distortion
模内色散/模内色散　intramodal dispersion
模拟/類比　analog, simulation
模拟波形/類比波形　analog waveform
模拟乘法器/類比乘法器　analog multiplier
模拟除法器/類比除法器　analog divider
模拟传感器/類比換能器,類[比]轉換器　analog transducer
模拟传输/類比傳輸　analog transmission
[模拟]磁记录仪/[類比]磁記録儀　analog magnetic recorder
模拟存储器/類比記憶體　analog memory
模拟电路/類比電路　analog circuit
模拟方法/模擬法　simulation method
模拟仿真/類比模擬　analog simulation
模拟放矿/模擬採礦　simulation of ore drawing
模拟分度值/模擬分度值　analog division value
模拟分量录像机/類比分量録像機　analog component VTR
模拟腐蚀试验/模擬腐蝕試驗　simulative corrosion test
模拟黑体/模擬黑體　simulative blackbody
模拟呼叫器/本地呼叫模擬器　local call simulator
模拟话音发生器/人工聲音産生器　artificial voice generator
模拟机/類比機　analog machine
模拟积分器/類比積分器　analog integrator
模拟集成电路/類比積體電路　analog integrated circuit
模拟计算机/類比電腦,類比計算機　analog computer
模拟记录/類比記録　analog recording
模拟加法器/類比加法器　analog adder
模拟加速器/模擬加速器　simulation accelerator
模拟交换/類比交換　analog switching
模拟控制/類比控制　analog control
模拟控制技术/類比控制技術　analog control technique

模拟量/類比量　analog quantity
模拟量信号/類比信號　analog signal
模拟模型/類比模型　analog model
模拟能力/類比能力　analog capability
模拟器/模擬器,類比裝置　simulator
模拟示波器/類比示波器　analog oscilloscope
模拟式测量仪表/類比[測量]儀表,類比式量測儀器　analog measuring instrument
模拟式电液调节系统/類比式電液調節系統　analogical electro-hydraulic control system
模拟式指示仪器/類比指示儀器　analog indicating instrument
模拟试验/模擬試驗,模擬實驗　simulation test, simulation experiment
模拟输出/類比輸出　analog output
模拟输入/類比輸入　analog input
模拟数据/類比資料　analog data
模拟-数字变换器/類比-數位轉換器　analog-to-digital converter
模拟数字计算机/類比數位計算機　analog-digital computer
模拟-数字转换器/類比數位轉換器,AD轉換器　analog-to-digital converter, AD converter
模拟通道/類比通道　analog channel
模拟通信/類比通信　analog communication
模拟退火/模擬退火　simulated annealing
模拟退火算法/模擬退火演算法　simulated annealing algorithm
模拟误差/模擬誤差　analog error
模拟系统/類比系統　simulation system
模拟信道/類比通道　analog channel
模拟信号/類比信號　analog signal
模拟验证方法/模擬驗證方法　simulation verification method
模拟遥测系统/模擬遥測系統　analog telemetering system
模拟仪器/類比儀器　analog instrument
模拟应变装置/應變模擬器　strain simulator
模拟语言/模擬語言　simulation language
模拟指示器/類比指示器　analog indicator
模拟装置/類比裝置,模擬器　simulator
模拟阻尼天平/模擬阻尼天平　artificially damped balance
模耦合/模耦合　mode coupling
模漂移/模態轉移　mode shift
模[式]/模[態],型[式]　mode
模式变换器/模態變换器　mode converter, mode transducer
模式定理/模式定理　schema theorem
XML模式定义/XML概要定義,可延伸標示語言概要定義　XML schema definition
模[式]分隔/模[式]分隔　mode separation
模式分类/型樣分類　pattern classification
模式分析/型樣分析　pattern analysis
模式概念/綱目概念　schema concept
模式基元/型樣基元,圖形基元　pattern primitive
模式集成/模式集成　schema integration
模[式]简并/模簡并　mode degeneracy
模[式]竞争/模競争　mode competition
模式滤波器/模態濾波器　mode filter
模式描述/型樣描述　pattern description
模式敏感故障/型樣敏感故障　pattern sensitive fault
模式敏感性/型樣敏感度　pattern sensitivity
模[式]耦合/模耦合　mode coupling
模式匹配/模式匹配,型樣匹配　pattern matching
模[式]牵引效应/模牽引效應　mode pulling effect
模[式]色散/模[式]色散　modal dispersion
模式识别/模式辨識　pattern recognition, PR
模式搜索/型樣搜尋　pattern search
模式调优/模式調優　schema tuning
模[式]跳变/模躍動　mode hopping
模式选择器/模式選擇器　mode selector
模式演化/模式演化　schema evolution
模式噪声/模式噪聲　modal noise
模数/模[態]數,模組　module, mode number
模数编码器/類比數位編碼器　analog-to-digital encoder, AD encoder
模数和/模數和　sum module
模数转换/類比數位轉換　analog-to-digital conversion, AD conversion
[模数转换的]规范化/[類比數位轉換的]定標　scaling [for analog-to-digital conversion]
模数转换器/類比數位轉換器,AD轉換器　analog-to-digital converter, AD converter
模塑/模壓,模製　moulding
模态/模態　modality, mode
模态变换/模態變換　modal transformation
模态变换器/模態轉換器　mode converter
模态参数/模態參數　modal parameter
模态互斥/模態互拒　mode repulsion
模态集结/模態集結　modal aggregation
模态矩阵/模態矩陣　modal matrix
模态控制/模態控制　modal control
模态逻辑/模態邏輯　modal logic
模态匹配/模態匹配　mode matching
模态色散/模[式]色散　modal dispersion

模态矢量/模態向量　modal vector
模态试验/模態試驗　modal test
模态双折射性/模態雙折射性　modal birefringence
模态算子/模態算子　modal operator
模态噪声/模式噪聲　modal noise
模态展开/模態展開　modal expansion
模体/模型,假體,Motif 介面　phantom, motif
模体积/模體積　mode volume
模完整性/模態完整性　mode completeness
模型/模型,模式,型號　model, mock up, former
BASE 模型/BASE 模型　BASE model
M-P 模型/M-P 模型　M-P model
NF2 模型/NF2 模型　NF2 model
Phong 模型/Phong 模型　Phong model
模型逼真度/模型逼真度　model fidelity
模型变换/模型變換,模式轉換　model transferring, model transformation
模型变量/模型變數　model variable
模型表示/模型表示　model representation
模型材料/造模材料　molding material
模型参考控制系统/模型參考控制系統　model reference control system
模型参考适应控制系统/模型參考適應控制系統　model reference adaptive control system
模型参考自适应/模型參考自適應　model reference adaptive
模型参考自适应控制/模式基準適應式控制　model reference adaptive control
模型参数提取/模型參數萃取　extraction of model parameters
模型车间/模型工場　pattern store
模型重构/模型重構　model refactoring
模型定性推理/模型定性推理　model qualitative reasoning
模型分解/模型分解　model decomposition
模型分析/模型分析　model analysis
模型跟踪控制器/模型追蹤控制器　model following controller
模型跟踪控制系统/模型追蹤控制系統　model following control system
模型级法/模型級法　method of modelling stage
模型记号/模型記號　pattern letter, pattern figure
模型记录卡/模型記録卡　pattern record card
模型技工/模型技工　pattern maker
模型加强筋/模型加強筋　pattern tie bar
模型检查/模型檢查　model checking
模型检验/模型檢查　pattern checking
模型简化/模型簡化　model simplification
模型降阶/模型降階　model reduction
模型降阶法/模型降階法　model reduction method
模型校验/模型檢查　model checking
模型进化演算/模型進化演算　model evolution calculus
模型精[确]度/模型準確度　model accuracy
模型库/模型庫　model base, MB
模型库管理系统/模型庫管理系統　model base management system, MBMS
模型论/模型理論　model theory
模型论语义/模型理論語意　model-theoretic semantics
模型评价/模型評估　model evaluation
模型漆/模型清漆　pattern varnish
模型驱动/模型驅動　model drive
模型驱动方法/模型驅動方法　model-driven method
模型确认/模式確認　model validation
模型设计/模型設計　model design
模型生成器/模型産生器　model generator
模型识别/模型識別　model recognition
模型实验/模型實驗　model experiment
模型试验/模型試驗　model test
模型-视图-控制器/模型視界控制器　model-view-controller
模型铣床/製模型銑床　pattern milling machine
模型协调法/模型協調法　model coordination method
模型修改/模型變更　model modification
模型验证/模型驗證　model verification
模型引导推理/模型導向推理　model-directed inference
模型制造/模型製造　pattern making
模型置换箱/置模箱　set-off box
模型置信度/模型置信度　model confidence
模型装载/模型裝載　model loading
模运算/模運算　module arithmetic
模帧/模組架　module frame
模转换干扰/模轉換干擾　modes change-over disturbance
模组/模型組合,模型裝配,組合模型　pattern assembly
膜/薄膜　membrane
L-B 膜/L-B 膜　Langmuir-Blodgett film
膜层材料/膜層材料　film material
膜层强度测定仪/膜層強度量測裝置　film strength measuring device
膜蛋白结构预测/膜蛋白結構預測　structure prediction of membrane protein

膜电流/膜電流　membrane current
膜电位/膜電勢　membrane potential
膜电阻/膜電阻　film resistance
膜过滤/膜過濾　membrane filtration
膜过滤器/膜過濾器　membrane filter
膜盒/膜片囊,隔膜膠囊　diaphragm capsule
膜盒式差压流量计/膜盒差動式流量計　bellows differential flowmeter
膜盒式压力计/膜盒式壓力計　bellows manometer
膜盒压力表/套管[式]壓力計　capsule pressure gage
膜厚测定仪/膜厚度測定裝置　film thickness measuring device
膜厚监测仪/膜厚監測計　film thickness monitor
膜环滤波器/膜環濾波器　diaphragm-ring filter
膜击穿/薄膜擊穿　film breakdown
膜空气分离设备/膜空氣分離設備　film air separation plant
膜片/膜片,隔膜　diaphragm
膜片阀/膜片閥,隔膜閥　diaphragm valve
膜片阀控制电动机/隔膜電動機,隔膜馬達　diaphragm motor
膜片控制阀/隔膜控制閥　diaphragm control valve
膜片联轴器/隔膜聯軸器　diaphragm coupling
膜片腔/隔膜腔　diaphragm chamber
膜片式燃油泵/隔膜式燃油泵　diaphragm-type fuel pump
膜片式应变计/隔膜應變計　diaphragm strain gage
膜片弹簧/膜片彈簧　diaphragm spring
膜片弹簧离合器/隔膜彈簧離合器　diaphragm spring clutch
膜片压力表/膜片壓力計,隔膜壓力表,薄膜式壓力計　diaphragm pressure gage
膜片压力计/膜盒壓力計　diaphragm manometer
膜片真空计/隔膜真空計,膜盒真空計　diaphragm vacuum gage
膜式除氧器/膜式除氧器　film-type deaerator
膜式煤气表/膜盒氣壓表　diaphragm gas meter
膜式气体流量计/隔膜氣體流量計　diaphragm gas flowmeter
膜式省煤器/膜式省煤器　membrane economizer
膜式水冷壁/薄膜面板　membrane panel
膜式探测器/膜式檢知器　film-type detector
膜式填料/膜式填料　film packing
膜式制冷压缩机/隔膜冷媒壓縮機　diaphragm refrigerant compressor
膜态沸腾/膜態沸騰,膜層沸騰,膜狀沸騰　film boiling
膜透率/膜透率　membrane permeability
膜组件/膜組件　film air separation plant membrane components
摩擦/摩擦　friction, rubbing
Columb 摩擦/Columb 摩擦　Columb friction
摩擦补偿/摩擦補償　friction compensation
摩擦材料/摩擦材料　friction material
摩擦测力计/摩擦測力計,摩擦功率計　friction dynamometer
摩擦衬片/摩擦襯片　friction facing
摩擦齿轮/摩擦齒輪　friction gear
摩擦传动/摩擦傳動　friction drive
摩擦传动辊子输送机/摩擦傳動輥子輸送機　friction-driven live roller conveyor
摩擦传动装置/摩擦輪傳動,摩擦齒輪　friction gearing, friction gear
摩擦打捞筒/摩撈套筒　friction socket
摩擦电选机/摩擦電選機　triboelectric separator
摩擦发光/摩擦熱發光　triboluminescence
摩擦峰/摩擦峰　friction hill
摩擦腐蚀/摩擦腐蝕　fretting corrosion
摩擦负荷/摩擦負荷　friction load
摩擦副数/摩擦對數　number of friction pairs
摩擦工况/摩擦狀況　friction duty
摩擦功/摩擦功　friction work
摩擦功率/摩擦功率,摩擦動力　friction power
摩擦功率计/摩擦功率計,摩擦測力計　friction dynamometer
摩擦鼓部件/摩擦鼓組件　drum assembly
摩擦管黏度计/摩擦管式黏度計　friction-tube viscometer
摩擦焊/[摩]擦焊,摩擦熔接　friction welding
摩擦缓冲器/摩擦緩衝器　friction buffer
摩擦计/摩擦計　tribometer
摩擦兼容性/摩擦相容性　frictional compatibility
摩擦减震器/摩擦阻尼器,摩擦減振器　friction damper
摩擦角/摩擦角　angle of friction
摩擦块离合器/摩擦塊離合器　friction block clutch
摩擦力/摩擦力　frictional force
摩擦力矩/摩擦力矩　frictional moment
摩擦力因子/摩擦力因數　factor of friction force
摩擦轮/摩擦輪　friction wheel
摩擦轮传动/摩擦輪驅動　friction wheel drive
摩擦面/摩擦面　friction surface
摩擦面温度/摩擦面溫度　frictional surface temperature
摩擦磨损试验机/摩擦磨損試驗機　friction-abrasion testing machine

摩擦疲劳断裂/摩擦疲勞斷裂 frictional fatigue fracture
摩擦片/摩擦板 friction plate
摩擦片式防滑差速器/多爪式限滑差速器 multiclutch limited-slip differential
摩擦起电机[器]/摩擦起電器 frictional electrostatic machine
摩擦让压支柱/摩擦式伸縮撑柱 friction yielding prop
摩擦失稳/摩擦失穩 friction instability
摩擦式绞车/摩擦式吊車 friction hoist
摩擦式离合器/摩擦離合器 friction clutch
摩擦式锚杆/摩擦式錨桿 frictional rock bolt
摩擦式提升机/摩擦式提昇機,摩擦力卷揚機 frictional hoister, friction type winder
摩擦式制动器/摩擦軔,摩擦刹車 friction brake
摩擦试验机/摩擦試驗機 friction testing machine
摩擦输纸/摩擦供紙 friction feed
[摩擦]顺应性/[摩擦]順應性 frictional conformability
摩擦损耗/摩擦損耗 friction loss
摩擦损失/摩擦損失 frictional losses, friction loss
摩擦误差/摩擦誤差 frictional error
摩擦系数/摩擦係數 coefficient of friction, friction coefficient
摩擦学/摩潤學 tribology
摩擦压力机/摩擦式壓機 friction press
摩擦因子/摩擦因子,摩擦因數 friction factor
摩擦圆/摩擦圓 circle of friction
摩擦纸板/耐摩板 friction board
摩擦制动器/摩擦軔,摩擦刹車 friction brake
摩擦转矩/摩擦力矩 friction torque
摩擦桩/摩擦樁 friction pile
摩擦锥/摩擦[圓]錐 cone of friction
Evan 摩擦锥/Evan 摩擦圓錐 Evan friction cones
摩擦阻力/摩擦阻力 frictional resistance
摩擦阻力系数/摩擦阻力係數 frictional resistance coefficient
摩[尔]/莫耳 mole
摩尔[的]/體積克分子 molar
摩尔电导/莫耳電導 molar conductance
摩尔电导率/莫耳電導率 molar conductivity
摩尔定比码/莫耳定比碼 Moore constant ratio code
摩尔定律/莫耳定律 Moore law
摩尔顿-海因兹法/莫耳頓-海因茲法 Morton-Haynes method
摩尔沸点升高/莫耳沸點上昇 molar elevation of boiling point
摩尔分数/莫耳分數 mole fraction
摩尔焓/莫耳焓 molar enthalpy
摩尔机/莫耳機 Moore machine
摩尔流率/莫耳流動率,克分子流動率 molar flowrate
摩尔浓度/莫耳濃度,容莫濃度 molar concentration, molarity
摩尔气体常数/莫耳氣體常數 molar gas constant
摩尔热/莫耳熱 molar heat
摩尔热容/莫耳熱容[量] molar heat capacity
摩尔溶液/莫耳溶液 molar solution
摩尔熵/莫耳熵 molar entropy
摩尔体积/莫耳體積 molar volume
摩尔吸光度/莫耳吸收率 molar absorptivity
摩尔吸光系数/莫耳吸收係數 molar absorption coefficient
摩尔质量/莫耳質量 molar mass
摩尔自由能/莫耳自由能 molar free energy
摩根式小型轧机/摩根型軋機,無扭軋機 Morgan mill, no-twist mill
磨版机/壓紋機 graining machine
磨边/磨邊 edging
磨边残留/磨邊殘留 shiner
磨冰机/磨冰機 ice mill
磨齿机/磨齒機 gear grinding machine
磨床/磨床,磨具,磨機 grinder, grinding machine
磨床夹具/磨床夾具 fixture for grinding machine
磨带/磨帶 abrasive belt
磨粉机/粉碎機 comminutor
磨光/抹光 sleeking, smoothing
磨光机/抛光機 polisher
磨光剂/擦光劑 buffing compound
磨光盆/磨光盆 sleeking tub
磨光器/磨光器,輥光器,抛光器 burnisher
磨辊/磨輥 roll grinding
磨耗/磨耗,磨損 abrasion
磨耗腐蚀/磨耗腐蝕 abrasive corrosion
磨耗试验/磨耗試驗,磨損試驗 abrasion test
磨合/試車,試運轉,跑合 running-in, bedding-in
磨合痕迹/磨合痕跡 bedding-in pattern
磨合磨损/磨合磨損 running-in wear
磨合维护/磨合維護 running-in maintenance
磨合性/磨合性 running-in property
磨痕/磨裂 grinding crack
磨机中空轴/磨機中空軸 mill trunnion
磨角/磨角 angle lapping
磨角染色法/磨角染色法 angle lap-stain method
磨具/磨具 grinding tool

磨菌器/磨菌器 bacteria grinder
磨矿回路/磨礦系統 grinding circuit
磨矿机/磨礦機 grinding mill
磨矿介质/磨礦介質 grinding media
磨矿细度/磨礦細度 grinding fineness, mesh of grinding, MOG
磨矿效率/磨礦效率 efficiency of grinding
磨粒/磨料顆粒 abrasive particle
磨料/磨料 abrasive, abradant
磨料侵蚀/磨料侵蝕 abrasive erosion
磨料射流/磨料射流 abrasive waterjet
磨料硬度试验/磨輪硬度試驗 abrasive hardness test
磨轮/磨輪,砂輪 grinding wheel, abrasive wheel
磨螺纹/螺紋輪磨 thread grinding
磨盘式粉碎机/磨盤式磨碎機,砥石磨碎機 burr grinder
磨平面/平面輪磨 surface grinding
磨钎机/磨釺機 bit grinder
磨前齿轮滚刀/磨前齒輪滾刀 pre-grinding hob
磨切锯/磨切鋸 abrasive cut-off saw
磨球面/磨球面 contouring
磨砂玻壳/磨砂燈泡 frosted bulb
磨砂玻璃/磨砂玻璃,毛玻璃,檢影玻璃 depolished glass, ground glass
磨树皮机/樹皮粉碎機 bark mill
磨损/磨損,磨耗,侵蝕 fretting, abrasion, galling
磨损度/磨損度 wear intensity
磨损腐蚀/沖蝕-腐蝕,沖蝕腐蝕 erosion-corrosion
磨损量/磨損範圍 wear extent
磨损率/磨耗率 wear rate
磨损失效/磨損失效,耗損失效,耗竭失效 wearout failure
磨损试验/磨損試驗,磨耗試驗 abrasion test
磨损试验机/磨損試驗機,磨耗試驗機 abrasion testing machine, abrasion tester
磨损系数/磨損係數,磨耗係數 coefficient of wear
磨损状态转化/過渡磨耗模式 transition wear mode
磨头/磨頭 mounted point
磨铣工具/銑具 milling tool
磨削/輪磨,磨光 grinding
磨芯机/砂心磨床 core grinder
磨用虎钳/磨床用虎鉗 vice for grinding machine
磨圆/磨圓 rounding
蘑菇状冒口/菌狀冒口 cauliflower head
蘑菇状砂心头/菌形砂心頭 mushroom coreprint
魔 T/魔術 T 型匯流裝置 magic T
魔集/魔術集 magic set
魔数/幻數 magic number
抹除振荡器/消訊振盪器 erase oscillator
抹刀/抹刀 spatula
抹灰机械/抹灰機械 plastering machinery
抹灰装置/抹灰裝置 plastering unit
抹镘/抹鏝 slicker
抹平机械/抹平機械 floating machinery
抹平均衡器/拖平等化器 mop-up equalizer
抹平修整装置/浮動修整裝置 float finish device
抹头/抹除頭 erase head
抹子/鏝刀 trowel
末端电池/末端電池 end cell
末端设备/末端設備 end equipment
末端网络/短截網路 stub network
末端执行器/末端執行器,端接器 end-effector
末端装置/終端裝置 terminal device
末级施控元件/執行元件 final controlling element
莫尔[比重]天平/莫爾天平 Mohr balance
莫尔滤机/莫爾濾波器 Moor filter
莫尔斯点/莫士點 Morse dot
莫尔斯间隔/莫士間隔 Morse space
莫尔斯码/莫士碼 Morse code
莫尔斯五位打印机/莫士五位印字機 Morse five-unit printer
莫尔斯锥度/莫士錐度 Morse taper
莫尔天平/莫士天平 Mohr balance
莫尔条纹/疊紋,條紋 Moiré fringe
莫克白银/賽銀 mock silver
莫克金/賽金 mock gold
莫克装饰用合金/賽鉑 mock platinum
莫来石/莫來石,富鋁紅柱石 mullite
莫来石砖/莫來石磚 mullite brick
莫雷诺十字体波导耦合器/莫侖諾十字形波導耦合器 Moreno cross-guide coupler
莫内尔合金/蒙乃爾合金,蒙納合金 Monel alloy, Monel metal
莫氏标准锥度/莫氏標準錐度 Morse standard taper
莫氏标准锥度塞规/莫氏標準錐度塞規 Morse standard taper plug gage
莫氏黏度计/木尼黏度計 Mooney viscometer
莫氏碳硅平衡图/馬氏平衡圖 Maurer equilibrium diagram
莫氏硬度/莫氏硬度 Moh hardness
莫氏圆锥/莫氏錐度 Morse taper
莫氏锥度规/莫氏錐度規 Morse taper gage
莫特-格尼定律/莫特-甘尼定律 Mott-Gurney law
莫特势垒/莫特能障 Mott barrier
墨化剂/石墨化促進劑 graphitizer

墨水罐/墨水罐 ink tank
墨水盒/墨水匣 ink cartridge
默认路由/預設路線 default route
默认掩码/默認遮罩 default mask
模板/模[型]板,樣板 mold plate, pattern plate, template
模板方法/模板方法 template method
模板方法模式/範本方法模式 template method pattern
模板库/範本庫 template base
模板匹配/模板匹配 template matching
模板造型/造模板,模板造模法 molding plate, plate molding, template molding
模锻/模鍛[法] die forging
模锻件/模鍛件 stamp work
模锻空气锤/模鍛氣錘 die forging air hammer
模锻链/模鍛鏈 fork link forged chain
模锻斜度/模鍛斜度,模鍛角度 draft angle
模锻液压机/模鍛液壓機 hydraulic forging press
模范凸轮/母凸輪 master cam
模具/模具,[工]模 die, jig
模具闭合高度/模具閉合高度 die shut height
模具钢/模具鋼,剛模鋼 die steel
模具钢板/模具鋼板 die steel plate
模具痕迹/模痕 mold mark
模具设计/模具設計 mould design
模具铣刀/模具銑刀 die sinking end mill
模具用气动砂轮机/模具用氣動砂輪機 die pneumatic grinder
模面挤凹/模面擠凹 push-up
模内退火/模内退火 annealing in mold
模砂处理/模砂處理 dressing of the molding sand
模膛挤压液压机/模膛擠壓液壓機 hydraulic hobbing press
模套/模承塊 die bolster
模芯嵌件/增壓砂心,嵌入砂心 insert core
模样/模型 pattern
模样设计图/模型放樣 pattern layout
模振式砌块成型机/模振式砌塊成型機 mould-vibrating block machine
模铸/模鑄 ingot casting, ingot pouring
模子/鑄模 mold
母板/母板 motherboard
母版/母版 master mask
母材/基[材] base material
母函数/生成函數 generating function
母合金/母合金 mother alloy, master alloy
母脉/主[要]礦脈 mother lode
母模/[母]模型 master pattern
母模型/母模型,靠模全模型 single piece pattern
母片/母片 master slice
母曲线/演生曲線 generating curve
母体金属/母金屬 parent metal
母凸轮/母凸輪 master cam
母线/母線,匯流排,匯流條 bus, bus-bar
母线变流器/匯流排變流器 bus-bar current transformer
母线导纳矩阵/母線導納矩陣,匯流排導納矩陣 bus admittance matrix
母线电抗器/匯流排電抗器 bus reactor
母线电压调节器/匯流排電壓調整器 bus voltage regulator
母线隔离开关/匯流排隔離開關 bus-bar disconnecting switch
母线联络开关/匯流排聯絡開關 bus tie switch
母线式电流互感器/匯流排式比流器,母線式比流器 bus type current transformer
母线阻抗矩阵/母線阻抗矩陣,匯流排阻抗矩陣 bus impedance matrix
母相/母相 parent phase
母圆/演生圓,創成圓 generating circle
母锥/母錐[撈具] die collar
姆欧/姆歐 mho
姆欧计/微歐姆計,電導計 mhometer
木材/木材,木料 timber
木材平衡水分含量/木材平衡水分含量 equilibrium moisture content of wood
木锤/木錘 wood hammer, wooden hammer
木地板刨平机/木地板刨平機 wooden floor planer
木地板磨光机/木地板磨光機 wooden floor sander
木粉/木粉 wood flour
木工车床/木工車床 pattern maker lathe
木工工具/木工工具 wood-working tool
木工机械/木工機械 wood-working machine
木工水平尺/木工水平尺 carpenter level
木假顶/木蓆 timber mat
木料/木料,木材 timber
木螺钉/木螺釘 wood screw
木螺钉螺纹/木螺釘螺紋 wood screw thread
木模/木模型 wooden pattern
木模箱/木模箱,木砂箱 wooden flask
木模型制造法/木模型製造法 wood pattern making process
木塞穿孔器/[木塞]打孔器 cork borer
木塞压紧机/壓塞機 corker
[木塞]钻孔器/[木塞]鑽孔器 cork drill

木素磺酸盐/木質磺酸鈣 lignosulfonate
木髓球验电器/木髓球驗電器,蓪草球驗電器 pith-ball electroscope
木炭/木炭 charcoal
木炭粉/木炭粉 charcoal powder
木炭过滤器/木炭濾器 charcoal filter
木炭生铁/木炭生鐵 charcoal pig iron, charcoal iron
木炭铁/木炭鐵 charcoal iron
木炭制铁法/木炭熟鐵法 charcoal process
木条砂心盒/木條砂心盒 slatted core box
木纹/木紋 wood grain
木纹状结构/木紋組織 woody structure
木锡矿/纖維錫石 wood tin
木屑/鋸屑 saw dust
木质素/木質素 lignin
木质素铬/鉻化木質物 chrome lignite
木质素磺酸铬/木質磺酸鉻鹽 chrome lignosulfonate
目标/目標 target
目标捕获/目標捕獲 target acquisition
目标不确定度/目標不確定度 target uncertainty
目标测量不确定度/目標量測不確定度 target measurement uncertainty
目标程序/目標程式,目的程式,靶標程式 object program
目标代码/目標碼,目的碼 object code, target code
目标导向推理/目標導向推理 goal-directed reasoning
目标地址/目的地位址 destination address
目标电磁特征/目標電磁特徵 target electromagnetic signature
目标对象/目標物件 goal object
目标范例库/目標案例庫 goal case base
目标仿真器/目標模擬器 target simulator
目标函数/目標函數 target function, objective function
目标回归/目標回歸 goal regression
目标机/目標機 target machine
目标集/目標集合 goal set
目标计算机/靶標計算機 target computer
目标目录/目標目録 target directory
目标起伏/目標起伏 target fluctuation
目标区/目標區 target space
目标驱动/目標驅動 goal driven
目标容量/目標容量 target capacity
目标散射矩阵/目標散射矩陣 target scattering matrix
目标闪烁/目標閃爍 target glint
目标识别/目標識別 target identification, target recognition
目标识别声呐/分類聲納 classification sonar
目标系统/目標系統 target system
目标[显示]标志/目標[顯示]標志 blip
目标协调法/目標協調法 goal coordination method
目标引导行为/目標導向行爲 goal-directed behavior
目标语输出/目標語言輸出 target language output
目标语言/目標語言 target language
目标语言词典/目標語言詞典 target language dictionary
目标语言生成/目標語言産生 target language generation
目标噪声/目標噪聲 target noise
目标照射雷达/目標照射雷達 target illumination radar
目标指示器/靶指示器 target indicator
目标子句/目標子句 goal clause
目测感光计/目視感光計 visual sensitometer
目测高温计/目視高温計 visual pyrometer
目测烟度测量/目測煙度測量 visual smoke measurement
目场计/目場計,視野計 perimeter
目的论/目的論 teleology
目的系统/目的系統 teleological system
目的站/目的站 destination
目镜/[接]目鏡 ocular
目镜测微尺/目鏡測微計 ocular micrometer
目镜测微计/目鏡測微計 eyepiece micrometer, ocular micrometer
目镜分划板/目鏡分劃板 ocular graticule
目录访问协议/目録存取協定 directory access protocol
目录服务/目録服務 directory service
目录排序/目録排序 directory sorting
目视比色计/目視色度計,視覺色度計 visual colorimeter
目视飞行规则/目視飛行規則 visual flight rules, VFR
目视分光镜/目視分光儀 visual spectroscope
目视光度测量法/目視光度術 visual photometry
目视光度计/目視光度計,視覺光度計 visual photometer
目视光学高温计/隱絲式光學高温計 disappearing filament optical pyrometer
目视色度测量/目視色度學 visual colorimetry
目视望远镜/目視望遠鏡 visual telescope
目视仪器/目測式儀器 visual instrument

目视折射望远镜/目视折射望遠鏡　visual refractor
目数/需要網目數　mesh number
钼/鉬　molybdenum
钼顶头/鉬頂出器　molybdenum ejector
钼高速钢/鉬系高速鋼　molybdenum high speed steel
钼蓝/鉬藍　blue molybdyl
钼铅矿/鉬鉛礦　wulfenite
钼栅工艺/鉬閘極工藝　molybdenum gate technology
钼栅 MOS 集成电路/鉬閘極 MOS 積體電路　molybdenum gate MOS integrated circuit
钼酸钙/鉬化鈣　calcium molybdate
钼钛锆合金/鉬鈦鋯合金　molybdenum-titanium-zirconium alloy
钼铁[合金]/鉬鐵　ferromolybdenum
钼稀土合金/鉬稀土合金　molybdenum-rare earth metal alloy
钼渣/鉬渣　molybdenum-bearing slag
钼闸极 MOS 集成电路/鉬閘極 MOS 積體電路　molybdenum gate MOS integrated circuit
钼铸铁/鉬鑄鐵　molybdenum cast iron
幕帘涂装/幕簾塗裝　curtain painting
穆尔[放电]管/穆爾燈　Moore lamp
穆尔黏度计/穆爾黏度計　Moore viscometer
穆林[式]电压表/穆林式伏特計　Moullin voltmeter
穆斯堡尔分光计/梅斯堡譜儀　Mössbauer spectrometer
穆斯堡尔谱术/梅斯堡譜術　Mössbauer spectroscopy
穆斯堡尔效应/毛士包效應,梅斯堡效應　Moessbauer effect, Mössbauer effect

N

纳安计/奈安計,毫微安培計 nanoammeter
纳伏电位器/奈諾伏特電位計 nanovolt potentiometer
纳米尺度/奈米尺度 nanoscale
纳米电子学/奈米電子學 nano-electronics
纳米技术/奈米技術 nanotechnology
纳秒/奈秒 nanosecond
纳什均衡/納什均衡 Nash equilibrium
纳什最优性/納什最優 Nash optimality
纳维-斯托克斯方程/奈威-斯托克方程式 Navier-Stokes equations
钠/鈉 sodium
钠泵/鈉泵 sodium pump
钠变质处理/加鈉處理 sodium modification
钠电导/鈉電導 sodium conductance
钠电流/鈉電流 sodium current
钠氟化铍/[四]氟鈹化鈉 sodium beryllium fluoride
钠汞合金/鈉汞膏,鈉汞齊 sodium amalgam
钠汞齐/鈉汞齊,鈉汞膏 sodium amalgam
钠光子计数器/鈉光子計數器 sodium photon counter
钠化氧化焙烧/鈉化氧化焙燒 sodiumizing-oxidizing roasting
钠还原法/鈉還原法 sodium reduction
钠基膨润土/鈉膨土 sodium bentonite
钠钾膨润土/美國西部膨土 western bentonite
钠冷堆/鈉冷却反應器 sodium-cooled reactor
钠冷反应堆/鈉冷却反應器 sodium-cooled reactor
钠敏化热离子检测器/鈉敏化熱離子檢知器 sodium-sensitized thermionic detector
钠平衡电位/鈉平衡電位 sodium equilibrium potential
钠热离子检测器/鈉熱離子檢知器 sodium thermionic detector
钠石墨堆/鈉石墨反應器 sodium graphite reactor
钠石墨反应器/鈉石墨反應器 sodium graphite reactor
钠丝压制器/壓納器 sodium press
钠通道/鈉道 sodium channel
钠透率/鈉透率 sodium permeability
钠盐精炼法/鈉精煉法,哈里斯法 Harris process
钠渣/鈉渣 sodium slag
奶油折射计/乳油折射計 butyrorefractometer
氖纯化器/氖純化器 neon purifier
氖灯/氖管,霓虹燈管 neon tube
氖沸点/氖沸點 neon boiling point
氖管/氖管,霓虹燈管 neon tube
氖管振荡器/氖管振盪器 neon tube oscillator
氖光管/氖光管 neon filled tube
氖氦分离器/氖氦分離器 Ne-He separator
氖氦混合气/氖氦混合氣 Ne-He mixture
氖氦馏分/氖氦餾分 Ne-He fraction
氖氦提取设备/氖氦回收設備 Ne-He recovery equipment
氖栅屏/氖柵屏 neon-grid screen
氖-氙[气体]激光器/氖-氙雷射 neon-xenon laser
氖指示灯/氖指示燈 neon indicator
奈耳点/奈耳點,奈耳溫度 Neel temperature, Neel point
奈耳温度/奈耳溫度,奈耳點 Neel temperature, Neel point
奈奎斯特采样/奈奎斯取樣 Nyquist sampling
奈奎斯特采样频率/奈奎斯抽樣頻率 Nyquist sampling frequency
奈奎斯特带宽/奈奎斯頻寬 Nyquist bandwidth
奈奎斯特定理/奈奎斯定理 Nyquist theorem
奈奎斯特间隔/奈奎斯間隔 Nyquist interval
奈奎斯特滤波器/奈奎斯濾波器 Nyquist filter
奈奎斯特判据/奈奎斯特判據 Nyquist criterion
奈奎斯特频率/奈奎斯頻率 Nyquist frequency
奈奎斯特取样/奈奎斯取樣 Nyquist sampling
奈奎斯特取样定理/奈奎斯取樣定理 Nyquist sampling theorem
奈奎斯特取样率/奈奎斯取樣速率 Nyquist sampling rate
奈奎斯特速率/奈奎斯速率 Nyquist rate
奈奎斯特图/奈奎斯圖 Nyquist diagram
奈奎斯特稳定判据/奈奎斯穩定度法則 Nyquist stability criterion
奈奎斯特噪声定理/奈奎斯雜訊定理 Nyquist noise theorem
奈奎斯特准则/奈奎斯準則,奈奎斯判據 Nyquist

criteria, Nyquist criterion
奈培/奈培 neper, napier, Np
奈培表/奈培表,奈培計 nepermeter
奈培光谱内透射密度/奈氏内透射密度譜 Napierian spectral internal transmittance density
奈斯勒比色管/奈斯勒[比色]管,奈斯勒比色瓶 Nessler jar, Nessler tube
奈特/奈特 nat
耐擦纸板/耐摩板 friction board
耐层状撕裂钢/耐層裂鋼 lamellar-tear resistant steel
耐冲击钢/耐擊延性鋼 notch ductile steel
耐冲击性/耐衝擊性,衝擊抗力 impact resistance
耐大气腐蚀钢/耐大氣腐蝕鋼 antiweathering steel
耐低温钛合金/低温鈦合金 cryogenic titanium alloy
耐电弧性/耐弧性,電弧電阻 arc resistance
耐[电]压试验器/耐電壓試驗器 puncture tester
耐辐照性试验/耐輻射性試驗 resistance-to-radiation test
耐[腐]蚀/耐蝕 anti-corrosion
耐腐蚀泵/耐腐蝕泵 anti-corrosion pump
耐腐蚀弹性合金/耐腐蝕彈性合金 corrosion resistant elastic alloy
耐腐蚀通风机/耐腐蝕風扇 corrosion resistant fan
耐腐蚀轴承/耐腐蝕軸承 corrosion resisting bearing
耐光性/耐光性 lightfastness
耐海水腐蚀钢/耐海水腐蝕鋼 sea water corrosion-resistant steel
耐烘烤性试验/耐烘烤性試驗 resistance-to-bake test
耐候钢/耐候鋼 weathering steel
耐候性/耐候性 weathering resistance
耐化学侵蚀性试验/耐化學侵蝕性試驗 resistance-to-chemical test
耐环境连接器/耐環境連接器 environment resistant connector
耐回火性/耐回火性 temper resistance
耐火材料/耐火材料 refractory, refractory material
耐火材料坩埚/耐火坩堝 refractory crucible
耐火层/耐火層 refractory deposition
耐火衬料喷补机/耐火襯料噴補機 pneumatic refractory gun
耐火度/耐火度,耐火性 refractoriness
耐火钢/耐火鋼 fire-resistant steel
耐火混凝土/耐火混凝土 refractory concrete
耐火浇注料/可鑄耐火材料 refractory castable
耐火空心球/耐火空心球 refractory bubble
耐火空心球制品/耐火空心球製品 refractory bubble product
耐火连接器/耐火連接器 fire-proof connector
耐火炉衬/耐火爐襯 refractory furnace lining
耐火内衬/耐火料襯料 refractory lining
耐火泥/耐火泥 mortar, refractory mortar
耐火黏土/耐火黏土,耐火泥 fire clay, refractory clay
耐火黏土坩埚/耐火坩堝 fire clay crucible
耐火砂/耐火砂 fire sand
耐火石/耐火石 fire stone
耐火水泥/耐火水泥 refractory cement
耐火涂层/耐火塗料 refractory coating
耐火涂料/耐火塗料,耐火泥漿 refractory dressing, refractory wash
耐火性/耐火性 refractory quality
耐火修补材料/耐火修補料 refractory patching mixture
耐火砖/[耐]火磚 refractory brick, fire brick
耐激冷激热性/熱震阻力 resistance to thermal shocks
耐碱玻璃管/耐鹼玻璃管 alkali-resistant glass tubing
耐碱烧杯/耐鹼燒杯 alkali-resistant beaker
耐碱烧瓶/耐鹼燒瓶 alkali-resistant flask
耐碱性/耐鹼 alkali proof
耐久比/持久比 endurance ratio
耐久能力/耐久性,持續性 endurance
耐久试验/持久試驗,疲勞試驗 endurance test, fatigue test
耐久性/耐久性 durability
耐久性试验/耐勞試驗,疲勞強度試驗 endurance test
耐老化性/抗老化性能,耐久性 ageing resistance
耐漏液性/防漏 leakproof
耐模拟气候试验/耐模擬氣候試驗 resistance-to-simulated-weathering test
耐磨板/抗磨板 facing plate
耐磨衬套/防磨襯套 wear bushing
耐磨度/耐磨性 wear resistance
耐磨钢/耐磨鋼 abrasion resistance steel
耐磨合金/耐磨合金 abrasion resistant alloy
耐磨护板/耐磨護板 wear plate
耐磨通风机/耐磨風扇 abrasion-resistant fan
耐磨性/耐磨[耗]性,磨耗阻力 resistance to wear, wear resistance, abrasion resistance
耐磨硬度/鈍態硬度 passive hardness
耐磨指数/耐磨指數 resistance index
耐磨铸件/耐磨鑄件 wear resistance castings

耐磨铸铁/耐磨鑄鐵 wear resisting cast iron, abrasion resistant cast iron
耐[气]候的/耐風雨,耐氣候 weather-proof
耐燃烧性试验/耐燃燒性試驗 resistance-to-fire test
耐热不起皮钢/耐氧化鋼 oxidation resistant steel
耐热钢/耐熱鋼 heat resisting steel
耐热合金/耐熱合金 heat resisting alloy
耐热性[能]/耐熱性 heat resistance
耐热性试验/耐高熱性試驗 resistance-to-high-temperature test
耐热铸钢/耐熱鑄鋼 heat resisting cast steel
耐热铸铁/耐熱鑄鐵 heat resisting cast iron
耐湿性试验/耐濕性試驗 resistance-to-humidity test
耐蚀钢/耐蝕鋼 corrosion resisting steel
耐蚀高镍铸铁/耐蝕鎳[鑄鐵],鎳抗[鑄鐵] Ni-resist
耐蚀高弹性合金/耐蝕高彈性合金 corrosion resistant high elastic alloy
耐蚀铝/氧皮鋁 alumite
耐蚀热双金属/耐蝕熱雙金屬 anti-corrosive thermo-bimetal
耐蚀软磁合金/耐蝕軟磁合金 anti-corrosion soft magnetic alloy, anti-corrosive soft magnetic alloy
耐蚀性/耐蝕性,耐銹蝕性,耐腐蝕性 corrosion resistance
耐蚀铸铁/耐蝕鑄鐵 corrosion resisting cast, corrosion resisting cast iron
耐酸板/耐酸板 acid-proof slab
耐酸衬/耐酸襯 acid-proof lining
耐酸合金/耐酸合金 acid resisting alloy, acid-proof alloy
耐酸漏斗/耐酸漏斗 acid-proof funnel
耐酸钳/耐酸鉗 acid-proof tongs
耐酸手套/耐酸手套 acid-proof glove
耐酸铸铁/耐酸鑄鐵 acid-proof resisting cast iron, acid-proof cast iron
耐酸砖/耐酸磚 acid-proof brick
耐温度变化性试验/耐温度變化性試驗 resistance-to-temperature-change test
耐压瓶/耐壓瓶 pressure bottle
耐压强度/抗壓強度 compressive strength
耐压烧瓶/耐壓燒瓶 pressure flask
耐压试验机/壓縮試驗器 compression tester
耐压铸件/耐壓鑄件 hydraulic castings, pressure tight castings
耐用性/耐用性 ruggedness
耐张绝缘子/耐拉絶緣體 tension insulator
耐振试验/耐振試驗,持久試驗,耐航試驗 endurance test, endurance vibration test
耐震灯/耐震燈泡 rough service lamp
南极光/南極光 aurora australis
南桥/南橋 southbridge
难加工材料/難加工材料 difficult-to-cut material
难解问题/難解型問題 intractable problem
难熔金属硅化物/難熔金屬矽化物 refractory metal silicide
难熔金属栅 MOS 集成电路/高熔點金屬閘極 MOS 積體電路 refractory metal gate MOS integrated circuit
难熔金属闸极 MOS 集成电路/高熔點金屬閘極 MOS 積體電路 refractory metal gate MOS integrated circuit
难熔性/不熔[化]性 infusibility
囊封式绕组/密封繞組,澆注繞組 encapsulated winding
挠度/撓曲,變位,拱曲修平 deflection, hogging
挠度计/撓度計 deflectometer
挠进程/偏斜過程 skew process
挠率/扭率 torsion
挠曲/撓曲,撓度,翹曲 deflection, warpage
挠曲机/撓曲機 flexing machine
挠曲计/撓曲計 flexion spring
挠曲试验/撓度試驗 deflection test
挠曲试验机/撓曲試驗機 flexing tester
挠曲系数/柔性因子 flexibility factor
挠曲应力/撓曲應力 flexure stress
挠性/可撓性,撓度,順從度 flexibility
挠性传动/柔性驅動,軟性傳動 flexible drive
挠性构件/可撓連桿 flexible link
挠性管/撓性管 flexible pipe
挠性管节/撓性管節 flexible pipe coupling
挠性航天器动力学/撓性太空飛行器動力學 flexible spacecraft dynamics
挠性接头/撓性接頭,活[動]接頭 flexible joint
挠性连接器/可撓連接器 flexible connector
挠性联轴节/撓性聯結器 flexible coupling
挠性燃料桶/撓性燃料桶 flexible fuel tank
挠性软管/可撓軟管 flexible hose
挠性润滑器/撓性潤滑器 flexible lubricator
挠性输液管/撓性輸液管 flexible delivery pipe
挠性万向节/可撓萬向接頭 flexible universal joint
挠性引锭杆/撓性引錠桿 flexible dummy bar
挠性元件/撓性件 flexible member
挠性转子/柔性轉子 flexible rotor
挠性转子低速平衡/撓性轉子低速平衡 low speed

balancing of flexible rotor
挠性转子高速平衡/撓性轉子高速平衡 high speed balancing of flexible rotor
脑成像/腦成像 brain imaging
脑磁描记术/腦磁描記術 magnetoencephalography
脑磁图/腦磁圖 magnetoencephalogram
脑[电]波/腦波 brain wave
脑电分布图测量/腦電分布圖測量 electroencephalic mapping
脑电描记术/腦電描記術 electroencephalography
脑电图传感器/腦電圖訊號轉換器 electroencephalographic transducer
脑电图描记器/腦波儀 electroencephalograph, EEG
脑功能模块/腦功能模組 brain function module
脑功能仪/腦功能儀 brain function meter
脑科学/腦科學 brain science
脑模型/腦模型 brain model
闹钟/鬧鐘,警報鍾 alarm clock
内摆线/内擺線,内圓滾線,圓内旋輪線 hypocycloid
内摆线的等距曲线/内擺線等距曲線 equidistant curve of hypocycloid
内半径/内半徑 inside radius
内包装/内包裝 interior package
内标法/内標準法 internal standard method
内标式玻璃液体温度计/内標式玻璃液體溫度計 inner scale liquid-in-glass thermometer
内标准化/内標準化 internal standardization
内拨顶尖/内撥頂尖 inside driving center
内波发生器/内波發生器 internal wave generator
内部测试/内裝式測試 built-in test, BIT
内部传输系数/内透射因子 internal transmission factor
内部对象/内部物件 internal object
内部发光/内部發光 internal photoemission
内部放电/内部放電 internal discharge
内部函数/内在函數 intrinsic function
内部缓冲器/内部緩衝器 internal buffer
内部级/限制 restricted
内部寄存器/内[部]儲存器 internal storage
内部结构/内部結構 inner structure
内部距离/内部距離 inner distance
内部裂纹/内部裂紋 internal crack
内部密钥/内部密鑰 internal key
内部偏析/内部偏析 internal segregation
内部气孔/内縮孔 internal porosity
内部碎片/内部片段 internal fragmentation
内部透射度/内透射比 internal transmittance
内部威胁/内部威脅 inside threat
内部相容性/内部一致性 internal consistency
内部验证/内部檢定 internal verification
内部中断/内中斷 internal interrupt
内部转发/内部轉接 inter forwarding
内裁剪/内部截割 interior clipping
内差/内差 interpolation
内插/内插法 interpolation
内插测量[法]/量測内插法 interpolation method of measurement
内插公式/内插公式 interpolation formula
内插滤波器/内插濾波器 interpolation filter
内插误差/内插誤差 interpolation error
内插振荡器/内插振盪器 interpolation oscillator
内插装置/内插裝置 interpolation device
内衬层/内襯墊 inner liner
内齿摆线轮/内部擺線齒輪 internal cycloidal gear
内齿刚轮/内齒剛輪 internal circular spline
内齿环/環齒輪,内齒輪 annulus
内齿轮/内齒輪 internal gear
内齿轮副/内齒輪對 internal gear pair
内齿圈/環形齒輪 ring gear
内齿锁紧垫圈/内齒鎖緊墊圈 internal teeth lock washer
内齿针齿轮/内齒針齒輪 internal pin wheel
内传动件/内驅動介質 inner driving medium
内存/記憶體,存儲器 memory
内存保护/記憶體保護 memory protection
内存编译器/内存編譯程式 incore compiler
内存程序/内儲程式 internally-stored program
内存储器/内記憶體 internal memory
内存[磁]盘/隨機存取記憶磁碟 RAM disk
内存分配覆盖/記憶體分配重疊 memory allocation overlay
内存管理/記憶體管理 memory management
内存垃圾收集器/廢料收集器 garbage collector
内存碎片/記憶體片段 memory fragmentation
内存索引/記憶體索引 main-memory index
内存映射/記憶體對映 memory-mapped input-output
内存映射文件/記憶體對映檔 memory-mapped file
内存转储/信息轉儲 core dump
内导体/内導體 inner conductor
内德勒曼-温施算法/Needleman-Wunsch 演算法 Needleman-Wunsch algorithm
内电离/内部電離,内部游離 internal ionization
内电阻/内阻 internal resistance
内顶盖/内頂蓋 inner head cover
内斗式提升机/内斗式提昇機 internal bucket

elevator
内反射/内部反射 internal reflection
内反射比/相互反射比 interreflection ratio
内反射光谱法/内反射光譜法 internal reflection spectrometry
内反射谱[学]/内反射譜[學] internal reflection spectroscopy, IRS
内反射元件/内反射元件 internal reflection element
内放大半导体探测器/放大半導體檢波器 amplifying semiconductor detector
内分布/内分布 inner distribution
内分流液力机械变矩器/内分流液力機械扭矩轉換器 internal shunting current hydromechanical torque converter
内分泌控制/激素控制 hormonal control
内辐照/内部輻照,體内輻照 internal irradiation
内功率/内部功率 internal power
内光电效应/内光電效應 internal photoelectric effect
内含寻址记忆/内含尋址記憶 content-addressed memory
内涵数据库/内涵資料庫 intensional database
内核/核心 kernel
内核程序/核心程式 kernel program
内核服务/核心服務 kernel service
内核进程/核心過程 kernel process
内核码/核心碼 kernel code
内核模块/核心模組 kernel module
内核数据结构/核心資料結構 kernel data structure
内核语言/核心語言 kernel language
内核原语/核心基元 kernel primitive
内核栈/核心堆疊 kernel stack
内横直径/内横直徑 inside cross diameter
内后视镜/内後視鏡 inside rear mirror
内护板/内殼 inner casing
内环/内環,導環 guide ring, interior ring
内回转往复冲击式气动工具/整體回轉往復衝擊式氣動工具 reciprocating percussive pneumatic tool with integral rotation
内回转凿岩机/具内旋轉桿鑽岩機 rock drill with riflebar rotation
内机架位置/内機架位置 inner frame position
内积/内積 inner product
内加厚套管/内厚套管 internal upset casing
内建电位/内建位能 built-in potential
内建函数/内建函數 built-in function
内建检验/内建檢查 built-in check
内建命令/内建命令 built-in command
内建势/内建位能 built-in potential
内建诊断电路/内建診斷電路 built-in diagnostic circuit
内建自修复/内建自修復 built-in self repair
内浇道/進模口 ingate
内径/内徑 inside diameter
内径百分表/内徑測量儀 dial bore gage
内径规/内徑規,内卡鉗 internal calipers, inside calipers
内径卡规/内卡規 internal caliper gage
内径千分表/内度盤規,内測微計 internal dial gage, internal micrometer
内径千分尺/内測微計,内分厘卡 internal micrometer, inside micrometer
内径指示规/内徑計 passimeter
内镜式激光器/内鏡型雷射 internal-mirror laser
内锯齿锁紧垫圈/内鋸齒鎖緊墊圈 internal teeth serrated lock washer
内聚力/内聚力,凝聚力 cohesive force, cohesion
内聚性/内聚性 cohesion
内聚性度量/内聚性度量 cohesion metrics
内绝缘/内部絶緣 internal insulation
内卡规/測徑規 caliber gage
内卡钳/内卡鉗,内徑規 inside calipers, internal calipers
内孔表面质量等级/内孔表面品質等級 bore grade
内孔隙率/内縮孔 internal porosity
内窥镜/内視鏡 endoscope
内扩散/内擴散 internal diffusion
内拉床/内面拉床 internal broaching machine
内冷却麻花钻/具油孔螺旋鑽 twist drill with oil hole
内冷铁/内冷鐵,内部冷激 internal chill, inner chill
内力/内力 internal force
内连接/内連接 inconnection
内连网/企業網路 intranet
内联/直接插入 inlining
内联网/企業網路 intranet
内联网安全/内部網路安全 intranet security
内链板/内鏈板 inner plate
内链节/内連桿 inner link
内量子效率/内量子效率 internal quantum efficiency
内流式机械密封/内流式機械密封,内流式機械軸封 mechanical seal with inward leakage
内六角沉头螺钉/六角承窩沈頭螺釘 hexagon socket countersunk flat cap head screw
内六角无头凹端螺钉/六角承窩無頭凹端螺釘

hexagon socket headless screw with cup point
内六角圆柱头螺钉/六角承窩圓柱頭螺釘 hexagon socket head cap screw
内螺纹/内螺紋 internal thread
内螺纹管/加肋管 ribbed tube, rifled pipe
内螺纹管成形/内螺紋管成形 inner spiral tube forming
内螺纹管成形机/内螺紋管成形機 inner spiral tube forming machine
内螺纹规/内螺紋規 internal screw gage
内螺纹圆柱销/内螺紋圓柱銷 cylindrical pin with internal thread
内螺纹圆锥销/内螺紋錐形銷 taper pin with internal thread
内螺旋管/内螺旋管 tube with internal screw
内码/内碼 inner code
内模式/内部綱目 internal schema
内模原理/内模原理 internal model principle
内模胀大/内模脹大 inner swell
内摩擦/内[部]摩擦 internal friction
内能/内能 internal energy
内爬式塔式起重机/内爬式塔式起重機 climbing tower crane
内排序/内部排序 internal sort
内偏距车轮/内偏距車輪 inset wheel
内片/内鏈板 inner plate
内平[型]钻杆接头/内平大接頭 internal flush tool joint
内气缸/内殼 inner casing
内气体探测器/内氣體探測器 internal gas detector
内钳/吊鉗 lead tong
内腔式气体激光器/内腔式氣體雷射 intracavity gas laser
内圈/内環 inner ring
内燃铲运机/内燃鏟運機 diesel LHD
内燃锤/石化鍛造機 petro-forge machine
内燃电力浮式起重机/内燃電力浮式起重機 diesel-electric floating crane
内燃浮式起重机/内燃浮式起重機 diesel floating crane
内燃机/[内]燃機 internal combustion engine
内燃机减速装置/内燃機減速器 retarder by internal combustion engine
内燃式燃气轮机/内燃式燃氣輪機 internal combustion gas turbine
内燃式热风炉/内燃式熱風爐 Cowper stove
内燃铁路起重机/内燃鐵路起重機 diesel locomotive crane
内燃凿岩机/内燃鑿岩機 internal combustion rock drill, petrol-powered rock drill
内燃振动器/引擎型式振動器 engine-type vibrator
内扰/内在擾動 internal disturbance
内热式浴炉/内熱式浴爐 internally heated bath furnace
内热阻/内熱阻 internal thermal resistance
内容查询/内容查詢 content-only query
内容分发/内容分發 content distribution
内容管理/内容管理 content management
内容管理系统/内容管理系統 content management system
内容过滤/内容過濾 content filtering
内容和结构查询/内容和結構查詢 content-and-structure query
内容监控管理/内容監控管理 contents surveillance management
内容配送/内容傳遞 content delivery
内容配送网/内容配送網 content distribution network, CDN
内容器/内壓力容器 inner pressure vessel
内容提供方/内容提供者 content provider
内容屑丝锥/内容屑螺絲攻 machine tap with internal swarf passage
内容主机/内容主機 content hosting
内舌止动垫圈/内鎖片墊圈 internal tab washer
内生变量/内生變數 endogenous variable
内生灰分/固有灰分,原生灰分 inherent ash
内生夹杂物/内生夾雜物 endogenous inclusion
内生凝固/内生凝固 endogenous solidification
内省性/自我訓練 introspection
内饰件/内飾 interior trim
内输油泵/内輸送泵 internal transfer pump
内竖直径/内豎直徑 inside vertical diameter
内死点位置/内死點位置 inner dead center position
内碎片/内部片段 internal fragmentation
内损失/内損失 internal loss
内缩孔/内縮孔 internal shrinkage
内锁手柄/内鎖手柄 inside lock knob
内胎/内胎,内[炮]管 inner tube
内胎厚度/内胎厚度 tube thickness
内胎平叠断面宽度/内胎平疊斷面寬度 flat width of inner tube
内胎平叠外周长/内胎平疊整體週長 flat overall girth of inner tube
内调风器/内調風器 inner vanes
内调制/内調變 internal modulation
内凸轮环/突輪環,凸輪環 cam ring

内外加厚钻杆/内外厚鑽桿 internal external upset drill pipe
内外卡钳/内外卡鉗,複式卡鉗 scribing calipers, double calipers
内稳态/動態静止,動態平衡 homeostasis
内务操作/内務處理作業 housekeeping operation
内务信息/内務資訊 housekeeping information
内向链接/入站鏈 inbound link
内像素/内像素 interior pixel
内泄漏/内洩漏 inner leakage
内旋压/内旋 internal spinning
内压/内部空氣壓力 internal air pressure
内压力/内壓 internal pressure
内氧化/内部氧化 internal oxidation
内引线焊接/内引線焊接 inner lead bonding
内应力/内應力 internal stress
内圆磨床/内磨床 internal grinding machine
内在故障/内在故障 indigenous fault
内在能/固有能 intrinsic energy
内在水分/固有水分 inherent moisture
内在撕裂强度/内裂 internal tearing
内在噪声/内在雜訊 intrinsic noise
内载波伴音系统/互載[音像]接收系統 intercarrier sound receiving system
内胀式制动器/内脹式制動器 internal-expanding brake
内照射/内部曝露,内部輻照,體内輻照 internal exposure, internal irradiation
内折叠/内折疊 inside overlap
内振式挤压机/内振式擠壓機 inner-vibrating extruder
内振式拉模机/内振式拉模機 inner-vibrating mould dragger
内蒸发装置/内蒸發裝置 interior evaporation unit
内支撑轮胎/内支撐輪胎 internal supporter tire
内植电子器械/内植電子器械 implant electronics
内止点位置/内死點位置 inner dead center position
内酯/内酯 lactone
内质心转子/内質心轉子 inboard rotor
内置式可编程逻辑控制器/内建式可程式邏輯控制器 built-in PLC
内置式燃油泵/内置式燃油泵 built-in fuel pump
内置式振动器/内部振動機 internal vibrator
内置式最终传动/内置式最終傳動 inside-installed final drive
内置线圈/組合線圈 built-up coil
内转换系数/内轉換係數 internal conversion coefficient
内装式机械密封/内裝式機械密封 internally mounted mechanical seal
内装式检流计/内裝式檢流計 built-in galvanometer
内装式前照灯/内嵌式前照燈 flush mounted headlamp
内装式调节器/内裝式調節器 built-in voltage regulator
内装试验设备/内裝試驗設備 built-in test equipment
内锥齿轮/内傘齒輪 internal bevel gear
内锥距/内圓錐距離 inner cone distance
内锥体部件/内圓錐組件 inner cone assembly
内总长/内總長 total inside length
内阻/内阻 internal resistance
能带/能帶 energy band
能带间隧穿/能帶間透渡 band-to-band tunneling
能带结构/能帶結構 energy band structure
能带论/頻帶理論 band theory
能带图/能帶圖 energy band diagram
能带尾伸/能帶尾伸 band-edge tailing
能带隙/能帶隙,帶間隙,禁[能]帶 bandgap
能工作时间/能工作時間,可操作時間 up time
能耗制动/動力剎車,動力制動 dynamic braking
能级/能位,能[量]階 energy level
[能级间的]跃迁/[能階間的]躍遷 transition between the energy levels
能级图/能階圖 energy level diagram
能见度表/可見度計,能見度計 visibility meter
能见度测定表/能見度測定計 nephelometer
能见度曲线/能見度曲線 visibility curve
能见度仪/大氣透射計,濁矇計 hazemeter
能阶/能階 energy state
能控性/可控性 controllability
能力/能力 capability
能力表/能力表 capability list
能力测试/能力測試 capability test
能力集/能力集 capability set, CS
能力计算/能力計算 capability computing
能[量]/能[量] energy
能量比/能量比 energy ratio
能量处理组件/能量處理器模組 energy processor module
能[量]带间隙/能[量]帶間隙 energy bandgap
能量单位/能量單位 energy unit
能量动量关系/能量動量關係 energy-momentum relationship
能量范围/能量範圍 energy range
能量分辨力/能量解析力 energy resolution

能量分布/能量分布,能譜 energy distribution
能量分配/能量分布,能譜 energy distribution
能量辐射度/能量出射度 energy radiance
能量管理系统/能源管理系統 energy management system
能量过滤器/能量篩檢器 energy filter
能量回馈制动/再生制動 regeneration braking
能量回收透平/動力回收輪機 power recovery turbine
能量计/能量計 energy meter
能量减缩/能量減量 energy decrement
能量交换器/能量交換器 energy exchanger
能量刻度/能量刻度 energy calibration
能量控制/動力控制 power control
能量扩散/能量擴散 energy dispersal
能量扩散波形/能量展散波形 energy dispersion waveform, EDW
能量利用系数/能量利用係數 energy utilization coefficient
能[量]流/能流 energy flow
能量密度/能量密度 energy density
能量密度[频]谱/能量密度頻譜 energy density spectrum
能量频谱密度/能量頻譜密度 energy spectral density, ESD
能量谱密度/能譜密度 energy spectrum density
能量色散 X 射线谱/能量分散 X 射線譜 X-ray energy dispersive spectrum, EDS
能量守恒/能量守恆 conservation of energy
能量守恒定律/能量守恆定律 conservation law of energy
能量守恒原理/能量守恆原理 principle of conservation of energy
能量衰减/能量減量 energy decrement
能量损耗/能量消耗 energy consumption
能量损失/能量損失 energy loss
能量梯度/能量梯度 energy gradient
[能量]吸收/[能量]吸收 energy absorption
能量吸收器/能量吸收器 energy absorber
能量吸收式转向管柱/能量吸收式轉向管柱 energy-absorbing steering column
能量响应/能量響應 energy response
能量消耗/能量損耗 expenditure of energy
能量消耗率/基準能量消耗 reference energy consumption
能量效率/能量效率 energy efficiency
能量延迟积/能量延遲積 energy-delay product
能量依赖性/能量相關 energy dependence
能量有效度/能量有效度 energy effectiveness
能量原理/能量原理 principle of energy
能量噪声比/能量雜訊比 energy to noise ratio
能量展布波形/能量展布波形 energy spreading waveform
能量值/能值 energy value
[能量]转换器/[能量]轉換器 energy transducer, energy converter
能量转换效率/能量轉換效率 energy conversion efficiency
能量子/能量子 energy quantum
能流密度/能流密度 energy flow density
能谱/能譜 energy spectrum
能谱法/光譜學,光譜法 spectroscopy
能谱和射线分析仪器/能譜和射線分析器,能譜及射線分析儀 spectroscope and ray analyzer
β能谱仪/貝他[射線]譜計,β[射線]譜計 beta-ray spectrometer
γ能谱仪/加馬分光計,γ分光計 gamma spectrometer
能斯特灯/能士特發光體 Nernst glower
能斯特发光元件/能士特發光體 Nernst glower
能斯特方程/能士特方程式 Nernst equation
能听度/可聞度 audibleness
能通量/能通量 energy flux
能通量密度/能[量]通量密度 energy flux density
能隙/能[量間]隙 energy gap
能行枚举/能行枚舉 effective enumeration
能行配数/能行配數 effective numbering
能行性/效用,有效 effectiveness
能源利用率/能源利用率 power utility efficiency
能注量/能通量 energy fluence
能注量率/能注量率,能通量率 energy fluence rate
能转移/能量轉移 energy transfer
尼尔森-戴维斯分离器/納戴二氏選礦機 Nelson-Davis separator
尼科尔棱镜/尼克耳棱鏡 Nicol prism
尼科尔斯图/尼克爾斯圖 Nichols chart
尼克罗西拉尔铸铁/鎳鉻矽鑄鐵 Nicrosilal
尼桑-威治森生成器/尼桑-威治森生成器 Nisan-Wigderson generator
泥刀/鏝刀 trowel
泥封/泥封 lute a mold
泥浆/泥漿 mud
泥浆泵/泥漿泵 slurry pump
泥浆稠化机/漿體增濃器 slurry thickener
泥浆过滤器/濾漿器 slurry filter
泥浆刷/泥漿刷 clay brush

泥浆修补/泥漿修補 mud daub
泥炮/噴泥槍 clay gun
泥芯撑/有孔砂心撐 perforated chaplet
泥雪花纹/泥雪花紋 mud and snow pattern
泥雪轮胎/泥雪輪胎 mud and snow tire
泥渣/淤渣 sludge
铌/鈮 niobium
铌酸钡钠/鈮酸鋇鈉 barium sodium niobate, BNN
铌酸钡锶/鈮酸鋇鍶 strontium barium niobate, SBN
铌酸钾/鈮酸鉀 potassium niobate, KN
铌酸锂/鈮酸鋰 lithium niobate, LN
铌酸锂应力计/鈮酸鋰應力計 lithium niobate stress gage
铌酸盐系陶瓷/鈮酸鹽系陶瓷 niobate system ceramic
铌钛合金/鈮鈦合金 niobium-titanium alloy
铌钽分离/鈮鉭分離 separation of niobium and tantalum
铌钽酸钾/鈮鉭酸鉀 potassium tantalate niobate, KTN
铌铁/鈮鐵 ferroniobium, ferrocolumbium
铌铁矿/鈮鐵礦 niobite, columbite
霓虹灯/電虹燈,氖[弧]燈 neon arc lamp
霓虹灯电离检测器/氖游離檢知器 neon ionization detector
拟合/擬合,適 fitting
拟合准则/擬合準則 fitting criterion
拟人机器人/擬人關節型機器人 anthropomorphic robot
逆/逆,反 inverse
逆边带/反旁帶 inverse side band
逆 Z 变换/反 Z 變換,反 Z 轉換 inverse Z-transform
逆变器/反向器,反流器,反换器 inverter, invertor
逆变迁/反向變遷 reverse transition
逆程率/逆程率 retrace ratio
逆冲断层/逆掩斷層 reverse thrust
逆代法/逆代法 back substitution
逆代换/反替代 inverse substitution
逆电流继电器/反流繼電器,反流電驛 reverse current relay
逆电流脱扣器/反向電流釋放器,反向電流脱扣器 reverse current release
逆电压/反電壓 back voltage
逆断层/逆斷層 reverse fault
逆断层面/逆衝斷層面 thrust plane
逆反冷凝/反常凝結,逆變凝結 retrograde condensation
逆反射/逆反射 retroreflection
逆反射比/逆向反射比 retroreflectance
逆反射材料/逆反射材料 retroreflective material
逆反射器/復歸反射器,回射鏡,回射器 retroreflector
逆反射元/逆反射元 retroreflective element
逆复用/逆多工 inverse multiplexing
逆合成孔径雷达/逆合成孔徑雷達 inverse synthetic aperture radar, ISAR
逆混反应器/逆混反應器 backmix reactor
逆火防止装置/逆火防止裝置 antibackfire device
逆矩阵/反矩陣 inverse matrix
逆拉东变换/逆 Radon 變換 inverse Radon transformation
逆冷硬麻口/逆冷硬麻口 reverse mottle
逆流焙烧/逆流焙燒 countercurrent firing
逆流浮选柱/逆向流塔 countercurrent column
逆流干燥/逆流乾燥 countercurrent drying
逆流还原/逆流還原 countercurrent reduction
逆流接触/逆流接觸 countercurrent contact
逆流淋凝器/逆流注水冷凝器 condenser-counter current jet
逆流黏度计/反流黏度計 reverse flow viscometer
逆流倾析/對流傾析 countercurrent decantation
逆流热交换/逆流熱交換 countercurrent heat exchange
逆流式混凝土搅拌机/逆流式混凝土攪拌機 countercurrent operation concrete mixer
逆流式凝汽器/反流冷凝器 reversed-flow condenser
逆流式燃烧室/逆流式燃燒室 counter-flow combustor
逆流式压缩机/逆流式壓縮機 return flow compressor
逆流式制冷压缩机/回流冷媒壓縮機 return flow refrigerant compressor
逆流型圆筒磁选机/逆流型圓筒磁選機 countercurrent drum magnetic separator
逆滤波器/逆濾波器 inverse filter
逆麻口/逆麻口 inverse mottle
逆奈奎斯特图/逆奈奎斯特圖 inverse Nyquist diagram
逆捻钢丝绳/正規繞向鋼索 regular lay rope
逆偏析/逆偏析 inverse segregation
逆平行四边形机构/逆平行四邊形機構 antiparallel-crank mechanism
逆谱库检索/逆館搜尋 reverse library searching
逆倾斜/逆傾斜 reversed dip
逆散射/逆散射 inverse scattering

逆式塔康/逆式塔康 inverse TACAN
逆台工作面/平頂工作面 flat-back stope
逆同态/逆同態 inverse homomorphism
逆完全混洗/反向完全混洗 inverse perfect shuffle
逆网/反向網路 reverse net
逆铣/逆銑 up milling
逆系统/反換系統 inverse system
逆向道岔/逆向道岔 power switch
逆向分词方法/逆向分詞方法 reverse word segmentation method
逆向工程/反向工程 reverse engineering
逆向滤波/反向濾波,倒轉濾波 inverse filtering
逆向散射/反向散射 backward scattering
逆向文档频率/逆向文件頻率 inverse document frequency
逆向误差/逆向誤差 reversal error
逆向旋压/逆向旋壓 reverse spinning
逆向运动学/逆向運動學 inverse kinematics
逆效率/逆效率 reverse efficiency
逆效应/反效應 inverse effect
逆信道/逆通道 inverse channel
逆循环钻井/逆循環鑽井 counter flush drilling
逆增益干扰/逆增益干擾 inverse gain jamming
逆张力拉拔/逆張力拉拔 back tension drawing
逆置/反的,逆的,倒轉的 inverted
逆转变奥氏体/逆轉變沃斯田體 reverse transformed austenite
逆转温度/轉化溫度 inversion temperature
逆综合孔径雷达/逆合成孔徑雷達 inverse SAR, ISAR
k 匿名/k 匿名 k-anonymity
匿名登录/匿名式登錄 anonymous login
匿名服务器/匿名式伺服器 anonymous server
匿名管道/匿名管道 anonymous pipe
匿名内存/匿名記憶體 anonymous memory
匿名文件传送协议/匿名式檔案傳輸協定 anonymous FTP
匿名性/匿名性 anonymity
匿名转账/匿名式退費 anonymous refund
年发电量/年發電量 annual energy production
年龄标志/年份標記 year mark
年能量输出/年能量輸出 annual energy output
年平均风速/年平均風速 annual average wind speed
2000 年问题/千禧年問題 Year 2000 Problem
黏板岩/黏板岩,硬頁岩泥板岩 argillite
黏带/膠帶,黏性帶 adhesive tape
黏度/黏度,黏性 viscosity, degree of viscosity
黏度比重常数/黏度比重常數 viscosity gravity constant
黏度表/黏度計 viscosity gage
黏度传感器/黏度傳感器,黏度轉換器 viscosity transducer
黏度计/黏度計,流度計 viscometer, viscosimeter
黏度计常数/黏度計常數 viscometer constant
黏度敏感的浮子流量计/黏滯敏感應轉子流量計 viscosity-sensitive rotameter
黏度天平/黏度天平 viscosity balance
黏度-温度方程/黏度-溫度方程 ASTM viscosity temperature equation
黏度-温度斜率/黏度-溫度斜率 ASTM viscosity temperature slope
黏度系数/黏性係數 coefficient of viscosity
黏度压力计/黏度壓力計 viscosity manometer
黏度指数改进剂/黏度指數增進劑 viscosity index improver
黏附概率/黏附機率 sticking probability
黏附磨损/黏附磨損 adhesive wear
黏附能/黏著能 adhesional energy
黏附式空气过滤器/黏附式空氣過濾器 viscous-type air filter
黏钢/黏性鋼 steel adhering
黏固粉/膠結劑 cement
黏合机/接合器 bonder
黏合剂/黏合劑,黏結劑 binder, bond
黏合能/黏著能 adhesional energy
黏合强度/黏結強度,結合強度,附著強度 adhesive strength, bonding strength
黏结材料/黏結材料,結合劑 binding material
黏结磁体/黏結磁體 bonded permanent magnet
黏结剂/接合劑,黏合劑 binder
黏结剂涂抹装置/黏接劑塗抹裝置,黏著劑塗抹裝置 device for spreading adhesives
黏结剂预热器/黏結劑預熱器 binder preheater
黏结金属/黏結金屬 binder metal
黏结力/黏結力 caking power
黏结钕铁硼合金/黏結釹鐵硼合金 bonded Nd-Fe-B alloy
黏结强度/黏結強度 bonding strength
黏结相/黏結相 binder phase
黏结性/黏結性 bondability
黏结性煤/黏結性煤,焦性煤 caking coal
黏均分子量/黏度平均分子量 viscosity-average molecular weight
黏粒含量/黏土含量 clay content
黏弹性/黏彈性 visco-elasticity
黏土/黏土 clay

黏土拌合器/黏土拌合器,混土器 clay mixer
黏土分试验/黏土分試驗 clay content test
黏土坩埚/黏土坩堝 clay crucible, clay pot
黏土磨碎机/黏土揉合機 clay mill
黏土黏结剂/黏土黏結劑 clay bond
黏土破碎机/切泥機 clay shredder
黏土器皿/陶皿 clay vessel
黏土容器/陶皿 clay vessel
黏土砂/黏土砂 clay-bonded sand
黏土石墨混合剂/黏土石墨混合劑 clay-graphite mixture
黏土熟料/燒磨土粉 ground chamotte
黏土水/黏土水 clay wash, clay water
黏土吸蓝量试验仪/黏土吸藍量試驗儀 methylene blue clay tester
黏土型芯/泥砂心 loam core
黏土岩/黏土岩 clay stone
黏土造型/泥砂造模法 loam molding
黏土质耐火材料/黏土耐火材料 fireclay refractory
黏土铸型/泥砂模 loam mold
黏土砖/黏土磚,燒磨土磚 clay brick, chamotte brick
黏性硅砂/黏性矽砂,山砂 bonded silica sand
黏性强度试验器/黏結強度試驗機 bond tester
黏性砂/黏性砂 sticky sand
黏性系数/黏性係數 coefficient of viscosity
黏性转速计/黏性轉速計 viscosity tachometer
黏性阻力积分加速度计/黏性阻力累積加速度計 viscous-drag integrating accelerometer
黏性阻尼/黏性阻尼,黏滯阻尼 viscous damping
黏性阻尼器/黏性阻尼器 viscous damper
[黏性]阻尼系数/[黏性]阻尼係數 viscous damping coefficient
黏滞流/黏滯流[動] viscous flow
黏滞漏孔/黏滯漏洩 viscous leak
黏滞摩擦/黏滯摩擦 viscous friction
黏滞蠕变/遲滯潛變 viscous creep
黏滞系数/黏滯係數,黏性係數 viscous factor, coefficient of viscosity
黏滞[性]真空计/黏滯真空計,黏度計 viscosity vacuum gage, viscosity gage
黏滞阻尼/黏滯阻尼,黏性阻尼 viscous damping
黏着/黏著,附著 adhesion
黏着力/黏著力 adhesive force
黏着位/黏著位 sticky bit
黏着系数/黏著係數,附著係數 adhesion coefficient, coefficient of adhesion
捻度/撚度,扭轉,撚轉 twist
辗齿/輾齒 rolling teeth
辗环/環輾 ring rolling
辗轮混砂机/混練機 muller
碾磨机/磨擦磨機,盤磨機,磨碎機 attrition mill
碾[树]皮机/樹皮粉碎機 bark mill
碾碎机/輪輾機,刃碎機 edge mill
酿造锅/釀造鍋 brewing kettle
鸟枪法/鳥槍法 shotgun sequencing
尿比重计/尿比重計 urinometer
脲醛树脂/尿素甲醛樹脂 urea-formal dehyde resin
脲醛塑料/尿素甲醛樹脂 urea-formal dehyde resin
捏合机[器]/捏揉機 kneader
捏练/捏練 pugging
捏泥砂机/捏泥砂機 loam pug mill
啮出/嚙出,嚙合脫離 recess
啮出区/嚙出區 zone of recess
啮合/接合,銜接 engagement
啮合侧隙/嚙合側隙 working backlash
啮合齿数/總嚙合齒數 total number of teeth in engagement
啮合干涉/嚙合干涉 meshing interference
啮合痕迹/嚙合痕跡 toeing pattern
啮合弧/作用弧 arc of action
啮合角/嚙合角 working pressure angle
啮合节点/嚙合節點 working pitch point
啮合力/插入接觸力 engaging force
啮合平面/作用[平]面 plane of action
啮合区/嚙合區 zone of meshing
啮合区域/作用區 zone of action
啮合区中心角/嚙合區圓弧角 circular arc angle of engagement
啮合曲面/作用面 surface of action
啮合套/滑動套筒 sliding sleeve
啮合套换档/嚙合套換檔 collar shift
啮合误差/嚙合誤差 meshing error
啮合线/嚙入路徑,嚙入路線 path of contact
啮合相位角/嚙合相位角 phase angle of meshing
啮入区/嚙入區 zone of approach
镍/鎳 nickel
镍电阻温度计/鎳電阻溫度計 nickel resistance thermometer
镍矾/碧礬 nickel vitriol
镍坩埚/鎳坩鍋 nickel crucible
镍钢/鎳鋼 nickel steel
镍镉蓄电池/鎳鎘蓄電池[組] nickel-cadmium battery
镍铬电阻合金/鎳鉻電阻合金 chromel resistance alloy

镍铬钢/鎳鉻鋼　nickel chromium steel
镍铬硅球墨铸铁/鎳鉻矽球黑鑄鐵　nicrosilal spheronic
镍铬硅铁合金/鎳鉻矽鑄鐵　nicrosilal
镍铬硅铸铁/鎳鉻矽鑄鐵　nicrosilal
镍铬合金/鎳鉻鐵合金,鎳鉻耐熱合金,鎳克羅米合金　nichrome
镍铬-康铜热电偶/鎳鉻-康銅熱電偶　chromel-constantan thermocouple
镍铬铝铁电阻合金/鎳鉻鋁鐵電阻合金　karma resistance alloy
镍铬铝铜电阻合金/鎳鉻鋁銅電阻合金　evanohm resistance alloy
镍铬铁电阻合金/鎳鉻鐵電阻合金　nickel-chromium-iron resistance alloy
镍铬系高温合金/鎳蒙克合金　nimonic alloy
镍钴铁磁性合金/恆導磁率合金　perminvar
镍黄铁矿/鎳黃鐵礦　pentlandite
镍黄铜/鎳黃銅　nickel brass
镍基精密电阻合金/鎳基精密電阻合金　nickel based precision electrical resistance alloy
镍基矩磁合金/鎳基矩型遲滯回路合金　nickel based rectangular hysteresis loop alloy
镍基膨胀合金/鎳基膨脹合金　nickel based expansion alloy
镍基热电偶合金/鎳基熱電偶合金　nickel based thermocouple alloy
镍劳特合金/鎳克牢合金　nickeloid
镍锍/鎳硫化物　nickel matte
镍锍火试金/鎳硫化物火試金　nickel sulfide fire assay
镍锍扣/鎳硫化物金屬鈕錠　nickel sulfide button
镍铝合金/阿鋁美,亞鋁美爾,鋁鎳合金　alumel
12-2 镍锰马氏体时效钢/12-2 鎳錳麻時效鋼　twelve-two maraging steel
镍青铜/鎳青銅　nickel bronze
镍氢蓄电池/鎳氫電池　nickel-metal hydride battery
镍生铁/鎳生鐵　nickel pig iron
镍铁/鎳鐵　ferronickel
镍铁蓄电池/鎳鐵電池　nickel iron cell
镍丸/鎳珠　nickel pellet
镍丸分解器/鎳珠分解器　nickel pellet decomposer
镍铸铁/鎳鑄鐵　nickel cast iron
凝冰器/冰冷凝器　ice condenser
凝固/凝固　solidification, solidify, freezing
凝固点/凝[固]點,凝定點,冰點　solidifying point, freezing point, setting point
凝固点测定器/凝固點測定器　freezing point apparatus
凝固点降低计/凝固點下降計　depressimeter
凝固范围/凝固範圍　freezing range
凝固工序/凝固加工　solidificating processing
凝固过饱和析出/凝固過飽和析出　supersaturated precipitation during solidification
凝固末端电磁搅拌/凝固末端電磁攪拌　electromagnetic stirring in final solidifying zone
凝固偏析/凝固偏析　segregation in solidification
凝固潜热/凝固潛熱　latent heat of solidification
凝固热/凝固熱　heat of solidification
凝固收缩/凝固收縮　solidificating shrinkage, solidification contraction
凝固收缩率/凝固收縮率　solidification shrinkage rate
凝固温度/凝固點,冰點　freezing point
凝固组织/凝固組織　solidified structure
凝集槽/凝聚槽　coagulating bath
凝胶/膠體　gel
凝胶电泳/凝膠電泳　gel electrophoresis
凝胶分段分离器/凝膠份化器　gel fractionator
凝胶份化器/凝膠份化器　gel fractionator
凝胶过滤层析法/凝膠過濾色層譜學　gel-filtration chromatography
凝胶化作用/膠凝　gelling
凝胶排阻色谱仪/凝膠排斥層析儀　gel exclusion chromatograph
凝胶强度/膠強度　jelly strength
凝胶色谱法/凝膠層析術　gel chromatography
凝胶色谱仪/凝膠層析儀　gel chromatograph
凝胶渗透色谱仪/凝膠透過層析儀　gel permeation chromatograph
凝结/冷凝,凝聚,絮結作用　condensation, coagulation
凝结点/凝定點　setting point
凝结气[流]驱动/凝結氣驅　condensing gas drive
凝结器/凝聚器　coagulator
凝结腔/冷凝腔　condensing chamber
凝结热/凝結熱,凝聚熱　heat of coagulation, heat of condensation
凝结水/凝結水,冷凝水　condensate water
凝结水量计/凝液量計　condensation meter
凝结水流量/凝結水流量　condensate flow
凝结水温度/凝結水温度　condensate temperature
凝聚/凝聚,濃縮　condensation, cohesion
凝聚分析/凝聚分析　coagulation analysis
凝聚过滤器/聚結過濾器　coalescer
凝聚强度/凝聚強度　cohesive strength

凝壳法/瀝鑄法 slush casting
凝壳铸造/瀝鑄法 slush casting
凝汽管/凝汽管 catch tank
凝汽器/凝汽器，冷凝器 condenser
凝汽器除氧/凝結器除氣 condenser deaeration
凝汽器反冲洗阀/凝汽器反沖洗閥 back wash valve
凝汽器非设计工况/冷凝器非設計條件 off-design conditions of condenser
凝汽器清洗装置/凝汽器清洗裝置 condenser cleaning equipment
凝汽器热负荷/凝汽器熱負載 condenser heat load
凝汽器特性/凝結器特性 condenser characteristics
凝汽器性能试验/凝結器性能試驗 condenser performance test
凝汽器压力/凝結器壓力 condenser pressure
凝汽器真空度/凝結器真空度 condenser vacuum degree
凝汽区/凝結區 condensing zone
凝汽设备/凝汽設備 condenser equipment
凝汽式汽轮机/凝水式蒸汽渦輪機 condensing steam turbine
凝水泵/凝結水泵，凝結液泵 condensate pump
凝析石墨夹渣/凝析石墨夾渣 kish graphite inclusions
凝液收集器/凝液收集器 condensate collector
牛顿/牛頓 newton, N
牛顿参考坐标系/牛頓參考坐標系 Newtonian reference frame
牛顿第二定律/牛頓第二定律，Newton 第二定律 Newton second law of motion
牛顿第三定律/牛頓第三定律，Newton 第三定律 Newton third law of motion
牛顿第一定律/牛頓第一定律，Newton 第一定律 Newton first law of motion
牛顿干涉仪/牛頓干涉儀 Newton interferometer
牛顿环/牛頓環 Newton ring
牛顿卡塞格仑望远镜/牛頓-卡塞格倫望遠鏡 Newtonian-Cassegrain telescope
牛顿流动定律/牛頓流動定律，Newton 流動定律 Newton law of flow
牛顿流体/牛頓流體 Newtonian fluid
牛顿黏度/牛頓黏度 Newtonian viscosity
牛顿望远镜/牛頓望遠鏡 Newtonian telescope
牛顿颜色表/牛頓色標 Newtonian color scale
牛顿引力常数/牛頓萬有引力常數 Newtonian gravitational constant
牛角[式]浇口/號角形進模口，號角形澆口 horn gate
牛皮纸/牛皮紙 kraft paper
牛头刨床/牛頭刨床 shaping machine
牛眼灯/牛眼燈，紅色示警燈 bull eye light
牛眼结构/牛眼組織 bull eye structure
牛眼石/牛眼 bull eye
扭辫分析/扭辮分析 torsional braid analysis
扭辫分析仪/扭辮分析儀 torsional braid analysis apparatus
扭波导/波導扭導接頭 waveguide twist
扭杆弹簧/扭力棒彈簧 torsion bar spring
扭簧/扭力彈簧 torsional spring
扭簧比较仪/扭簧比較儀，扭力彈簧比測儀 torsional spring comparator, torsion spring comparator
扭簧测微仪/扭簧測微儀 torsion spring comparator
扭簧离合器/扭力彈簧離合器 torsional spring clutch
扭结/扭結 kink
扭矩/扭[力]矩 torsional moment, twisting moment
扭矩扳子/轉矩扳手，扭力扳手 torque wrench
扭矩标准机/標準扭矩機，扭力標準機 standard torquer, torque standard machine
扭矩表/轉矩計 torque meter
扭矩补偿器/轉矩補償器 torque compensator
扭矩测力计/轉矩測力計 torque dynamometer
扭矩测量器/轉矩計 torque meter
扭矩传感器/轉矩感測器 torque sensor
扭矩管式流量计/轉矩管流量計 torque-tube flowmeter
扭矩基准机/扭矩基準機，一次標準扭矩機 primary standard torquer, primary torque standard machine
扭矩计/轉矩計 torque meter
扭矩校正/扭矩控制 torque control
扭矩校正行程/扭矩控制行程 torque control travel
扭矩校正装置/扭矩控制 torque control
扭矩校准杠杆/扭力校正槓桿 torque-calibration lever
扭矩平衡法/轉矩平衡系統 torque balance system
扭矩式功率计/轉矩式功率計 torque type power meter
扭矩仪/轉矩計 torque-meter
扭矩振动阻尼器/轉矩振動阻尼器 torque-vibration damper
扭力/扭力 torsion
扭力杆稳定器/扭力桿穩定器 torsion rod stabilizer
扭力功率计/扭轉測力計，扭力測功計 torsion dynamometer
扭力计/扭力計，扭力示標器 torsion meter,

torsiometer, torsion indicator
扭力黏度计/扭力黏度計 torsion viscosimeter
扭力试验/扭轉試驗 twisting test
扭力试验器/扭轉試驗器 twisting tester
扭力试验仪/扭力試驗器 torsion tester
扭力弹簧/扭力彈簧 torsion spring
扭力天平/扭力天平,扭[力]秤 torsion balance
扭力圆锥稠度计/扭力圓錐稠度計 torsion-cone consistometer
扭力指示器/扭力示標器 torsion indicator
扭曲/扭曲,扭轉 twist, torsion
扭曲不稳定性/紐結不穩性,彎曲不穩性 kink instability, sausage instability
扭曲断裂模量/扭曲斷裂模數 modulus of rupture in torsion
扭曲量/齒扭距 face advance
扭曲模/扭曲模 twisting die
扭曲喷管/傾斜噴管 canted nozzle
扭曲强度试验仪/扭力計 torsional strength tester, torsiometer
扭曲试验/扭力試驗 torsion test
扭曲向列模式/扭曲向列模式 twisted nematic mode, TN mode
扭叶片/扭曲葉片,扭轉槳葉 twisted blade
扭应力/扭應力 torsional stress
扭折/扭折 kink, kinking
扭振/扭轉振動 torsional vibration
扭振减振器/扭轉振動阻尼器 torsional vibration damper
扭振阻尼器/扭力阻尼器 torsion damper
扭转/扭轉,扭絞,撚度 twist, twisting
扭转摆/扭擺 torsion pendulum
扭转测力计/扭轉測力計,扭力測功計 torsion dynamometer
扭转电流计/扭轉檢流計,扭力電流計 torsion galvanometer
扭转角/扭轉角 angle of torsion, angle of twist
扭转矫正机/扭轉矯正機 torsion stretcher
扭转晶界/扭轉晶界 twist boundary
扭转静电计/扭力靜電計 torsion electrometer
扭[转]矩/扭[力]矩 twisting moment
扭转力/扭轉力 torsional force
扭转力矩/扭矩,扭力矩 twisting moment, torsional moment
扭转偏移/扭轉偏移 torsional deflection
扭转湿度计/扭力濕度計 torsion hygrometer
扭转式橡胶弹簧/扭轉式橡膠彈簧 torsion-type rubber spring
扭转试验机/扭轉試驗機,扭力試驗機 torsion testing machine
扭转应力/扭應力 torsional stress
扭转振动/扭轉振動 torsional vibration
扭转振动真空计/扭力振動真空計 torsional vibration vacuum gage
扭转中心/扭轉中心 center of twist
纽曼[李晶]带/紐曼帶,諾以曼帶 Neumann band
纽森钻井法/牛孫氏鑽井法 Newson boring method
农村电话/鄉村電話 rural telephone
农村电话网/農村電話網 rural telephone network
农村电话系统/鄉村電話系統 rural telephone system
农村信息化/農村資訊化 rural informatization
农业电子商务/農業電子商務 agricultural electronic commerce
农业机器人/農業機器人 agriculture robot
农业模型/農業模型 agricultural model
农业拖拉机/農用曳引機 agricultural tractor
农业信息/農業資訊 agriculture information
农业信息化/農業資訊化 agriculture informatization
农业信息技术/農業資訊技術 agricultural information technology
农业信息系统/農業資訊系統 agricultural information systems
农业信息资源/農業資訊資源 agricultural information resources
农业专家系统/農業專家系統 agricultural expert system
农艺地隙/農藝地隙 agricultural ground clearance
农用分析仪/農用分析儀 agricultural analyzer
浓差电池/濃差電池,濃縮電池 concentration cell
浓差电位/濃度電位 concentration potential
浓差腐蚀电池/濃差腐蝕電池 concentration corrosion cell
浓差极化/濃[度]差極化 concentration polarization
浓淡燃烧/濃淡燃燒 dense-weak combustion
浓淡特性/濃淡特性 halftone characteristic
浓度/濃度,密集度 concentration
浓度计/濃度計 concentration meter
浓度排放标准/排放物濃度標準 emission concentration standard
浓度[剖面]分布/濃度[剖面]分布 concentration profile
浓度梯度/濃度梯度 concentration gradient
浓混合气反应器/濃混合氣反應器 rich reactor
浓浆泵/底流泵 underflow pump
浓膜混合集成电路/厚膜混合積體電路 thick film hybrid integrated circuit

浓膜[集成]电路/厚膜[積體]電路 thick film integrated circuit
浓膜浆料/厚膜漿汁 thick film ink
浓溶液/濃溶液 rich solution
浓缩斗/濃縮斗 thickening cone
浓胀度/膨脹度 degree of swelling
努塞尔特数/那塞特數 Nusselt number
努氏硬度/努氏硬度 Knoop hardness
努氏硬度计/努氏硬度計 Knoop hardness tester
努氏硬度试验/努氏硬度試驗 Knoop hardness test
钕玻璃/釹玻璃 neodymium glass
钕玻璃激光器/釹玻璃雷射 neodymium glass laser
钕晶体激光器/釹晶體雷射 neodymium crystal laser
钕铁硼永磁铁/釹鐵硼永久磁石 Nd-Fe-B permanent
钕钇铝石榴石激光/釹釔鋁石榴石雷射 NdYAG laser
暖备份/暖備份 warm backup
暖备用/暖待命 warm standby
暖备用磁盘/暖備用磁片 warm spare disk
暖风电动机/加熱器馬達 heater motor
暖风器/空氣加熱器 air heater
暖机/暖機 warming-up
暖启动/暖起動,暖開機 warm start
暖气管/加熱管 heating tube
诺顿定理/諾頓定理 Norton theorem
诺克斯/諾克斯 nox, nx
诺兰达法/諾蘭達法 Noranda process
诺兰达炉/諾蘭達爐 Noranda reactor
诺谟图/列線圖表 nomographic chart
诺斯姆-罗宾逊码/諾斯姆-羅賓遜碼,諾斯壯-羅賓遜碼 Nordstrom-Robinson code
诺亚效应/諾亞效應 Noah effect
诺依曼常数/諾曼常數 Neumann number

O

欧安计/歐姆安培計　ohm ammeter
欧几里德空间/歐幾里德空間　Euclidean space
欧几里德算法/歐幾里德演算法　Euclidean algorithm
欧克魏克数/歐克魏克數　Ocvirk number
欧拉不稳定性/歐拉不穩定性　Euler instability
欧拉定律/歐拉定律　Euler law
欧拉回路/歐拉電路　Euler circuit
欧拉角/歐拉角　Euler angle
欧拉-拉格朗日方程/歐拉-拉格藍基方程式,奥衣勒與拉格朗日方程式　Euler-Lagrange equation
欧拉路径/歐拉路徑　Euler path
欧拉-萨弗里公式/歐拉-薩弗裡方程式　Euler-Savery equation
欧拉数/歐拉數　Euler number
欧拉旋转矩阵/歐拉旋轉矩陣　Euler rotation matrix
欧盟试验循环/歐盟試驗循環　EU-test cycle
欧姆/歐姆　ohm
欧姆表/歐姆計,歐姆表,電阻表　ohmmeter
欧姆定律/歐姆定律　Ohm law
欧姆加热/歐姆加熱　ohmic heating
欧姆接触/歐姆接觸　ohmic contact
欧姆控制/歐姆控制　ohmic control
欧氏距离/歐氏距離　Euclidean distance
欧氏联轴节/Oldham 聯結器　Oldham coupling
欧氏算法/歐氏演算法　Euclidean algorithm
欧洲平均时间/歐洲平均時　European mean time
偶/線對,對偶　pair
偶不平衡/耦合不平衡　couple unbalance
偶次谐波/偶次諧波　even harmonic
偶发故障/間歇故障,機遇故障　intermittent fault, chance fault
偶发数据/非限定資料　accidental data
偶极/偶極[的],雙極　dipolar
偶极矩/偶極矩　dipole moment
偶极天线/雙極天線　dipole antenna, doublet antenna
偶极谐振振荡器/雙共振振盪體　doublet resonant oscillator
偶极子/偶極　dipole
偶极[子]天线/偶極天線　dipole antenna
偶极子振荡器/偶極振盪體,赫兹振盪器　doublet oscillator
偶检验/偶檢驗　even-parity check
偶模/偶模　even mode
偶然超载/偶然超載　accidental overload
偶然冲击/偶然衝擊　chance shock
偶然重合/偶然重合,機會重合　chance coincidence
偶然失效期/偶然失效期　accidental failure period
偶然威胁/非限定威脅　accidental threat
偶然误差/偶然誤差　accidental error
偶然中断/偶發中斷　contingency interrupt
偶数层绕组/雙線繞組　chaperon winding
偶数[行间]扫描/偶數間條　even-line interlace
偶数奇偶校验/偶同位　even parity
耦合/耦合　coupling
耦合变压器/耦合變壓器　coupling transformer
耦合常数/耦合常數　coupling constant
耦合传输线/耦合傳輸線　coupled transmission line
耦合电容器/耦合電容[器],偶合電容器　coupling capacitor, coupling condenser
耦合度/耦合度　degree of coupling, coupling degree
耦合度量/耦合度量　coupling metrics
耦合[反应]堆/混合反應器　hybrid reactor
耦合放大器/耦合放大器　coupling amplifier
耦合光谐振器/耦合光共振腔　coupled optical resonator
耦合环/耦合回路,耦合環路　coupling loop
耦合激光器/耦合雷射　coupled laser
耦合剂/耦合劑　couplant
耦合空腔微波激射器/耦合空腔微波激射器,耦合空腔邁射　coupled-cavity maser
耦合孔/耦合孔[徑]　coupling aperture, coupling hole
耦合滤波器/耦合濾波器　coupling filter
耦合滤光器/耦合濾波器　coupling filter
耦合模式/耦合模態　coupled mode
耦合偶极子/耦合雙極　coupled dipole
耦合器/耦合器,聯結器　coupler
耦合腔/耦合器,聯結器　coupler
耦合腔互易校准/耦合腔互反性校準法　coupled chamber method of reciprocity calibration

耦合腔技术/耦合腔技術 coupled cavity technique
耦合腔慢波线/耦合腔慢波線 coupled cavity slow wave line
耦合探针/耦合探針 coupling probe
耦合通量/耦合通量 coupling flux
耦合系数/耦合係數,耦合因數 coupling factor
耦合系统/耦合系統 coupled system
耦合线圈/耦合線圈 coupling coil
耦合振荡器/耦合振盪器 counter oscillator
耦合振型/耦合模態 coupled modes
耦合装置/聯結裝置 coupling device
耦合阻抗/耦合阻抗 coupling impedance

P

爬车机/礦車爬昇機 creeper
爬电距离/爬行距離 creepage distance
爬罐/爬昇機 raise climber
爬坡车速/爬坡車速 uphill speed
爬坡能力/爬坡能力 gradeability
爬山法/登山法 hill climbing method
爬升机构/爬昇機構,頂昇機構 climbing mechanism
爬升式起重机/爬昇伸臂起重機 climbing crane
爬升速率指示器/爬昇率指示器 rate-of-climb indicator
爬升套架/爬昇套架 climbing frame
耙斗/刮土斗,耙砂斗 scraper bucket
耙斗装岩机/耙斗裝岩機 scraper rock loader
耙斗装载机/耙斗式裝載機 scraper-type loader
耙角/耙角 angle of scraper
耙矿巷道/耙礦順巷 slusher drift
耙取机构/挖掘機構 digging mechanism
耙式分级机/抓耙分級機,耙式類析器 rake classifier
耙式分粒机/耙式類析器 drag classifier
耙式混合器/耙式混合器 rake mixer
耙式浓缩机/抓耙式濃縮機 rake thickener
耙运/耙礦 slushing
耙爪/耙爪 gathering arm
耙装传动系统/耙裝傳動系統,匯集驅動系統 driving system of gathering
耙子/鐵耙 rake
帕德近似/帕德近似法 Pade approximation
帕尔量热器/巴氏卡計,巴氏熱值計 Parr calorimeter
帕耳计/帕耳計 palmeter
帕雷托最优性/柏拉圖最適性 Pareto optimality
帕赛瓦定理/帕什法耳定理 Parseval theorem
帕赛瓦尔定理/帕什法耳定理 Parseval theorem
帕[斯卡]/帕[斯卡] pascal, Pa
帕邢电流计/帕申電流計 Paschen galvanometer
帕邢曲线/帕申曲線 Paschen curve
拍/[差]拍 beat
拍[差]频/拍頻,差頻 beat frequency
拍长/拍長 beat length
拍频计/拍頻計 beat frequency meter
拍频检波器/拍頻偵測器 beat frequency detector
拍频振荡器/拍頻振盪器 beat frequency oscillator
拍摄次数计数器/呎計數器 footage counter
排尘通风机/除塵風機 dust fan
排斥/互斥 exclusion
排斥操作/互斥運算 exclusion operation
排出阀/排出閥,洩放閥,排放閥 blowout valve, discharge valve
排出口/逃逸孔 escape hole
排出器/頂出板 ejector plate
排出压力/排洩壓力 discharge pressure
排出压头/流出落差 discharge head
排错/除錯 debug
排错程序/除錯器 debugger
排队/排隊,隊列 queuing
排队表/隊列表 queuing list
排队规则/隊列規則,排隊紀律 queuing discipline
排队进程/隊列過程 queuing process
排队理论/排隊理論,隊列理論 queuing theory
排队论/排序論 queuing theory
排队模型/隊列模型 queuing model
排队系统/排隊系統,隊列系統 queuing system
排队延迟/排隊延遲,隊列延遲 queuing delay
排队注册请求/隊列登入請求 queued logon request
排放标准/排放標準 emission standard
排放孔/出口 outlet
排放控制检测系统/排放監控系統 emission control monitoring system
排放控制系统/排放控制系統 emission control system
排放默认模式/排放預設模式 emission default mode
排放瓦斯/瓦斯抽洩,坑氣抽洩 firedamp drainage
排放污染物/排放汙染物 emission pollutant
排放物校正方法/排放校正方法 emission correction method
排放物浓度/排放物濃度 emission concentration
排放系数/排放係數 emission factor
排放消声器/排放消音器 blowoff muffler
排放指数/排放指數 emission index
排粉风机/排氣機,排風機 exhauster, vent fan

排风机/排氣器 air exhauster
排管/排管 row of tubes
排管式真空罐/排管真空罐 calandria vacuum pan
排挤系数/排擠係數 excretion coefficient
排焦装置/排焦設備 coke discharging equipment
排空阀/大氣安全閥 atmospheric relief valve
排矿口/碎礦張口 gape
排料槽/卸料槽 discharge chute
排料口/出料孔 discharge opening
排列/排列,置换 permutation
排列成行/排列成行,對準,軸線平行性 alignment
排气/排氣 evacuating
排气背压/排氣背壓 exhaust back pressure
排气背压控制式排气再循环系统/排氣背壓控制式排氣再循環系統 exhaust back pressure control EGR system
排气槽/通氣孔 air vent
排气道/排氣[導]管,通氣孔 exhaust duct, vent, whistler
排气道衬套/排氣道襯套 exhaust port liner
排气点火/排氣點火 exhaust gas ignition
排气阀/流出閥,放氣閥,排放閥 discharge valve
排气分析仪/排氣分析器 exhaust gas analyzer
排气缸/排氣通道 discharge casing, exhaust casing
排气管/排出閥 blowout valve
排气管路/排氣管路,排氣線 exhaust line
排气后处理系统/排氣後處理系統 exhaust aftertreatment system
排气后处理装置/排氣後處理裝置 exhaust aftertreatment device
排气节流阀/排氣節流閥 exhaust restrictor
排气净化器/排氣淨化器,排氣洗滌器 exhaust gas scrubber
排气口/排氣口,氣逸口,出氣口 exit gas, vent
排气流量/透平排氣流量 exhaust gas flow
排气滤清器/排氣濾清器 exhaust gas filter
排气脉冲扫气/排氣脈衝掃氣 exhaust pulse scavenging
排气门/排氣閥,鼓風門 exhaust valve, blast gate
排气排放物/排氣汙染 exhaust emission
排气歧管/排氣歧管 exhaust manifold
排气全燃型联合循环/全燃型複合循環 fully fired combined cycle
排气扇/通風[機風]扇 ventilating fan
排气式避雷器/驅弧型避雷器 expulsion type arrester
排气栓/排放旋塞 blowoff cock
排气温度/排氣溫度,乏氣溫度 exhaust temperature
排气温度限制/排氣溫度限制 exhaust gas temperature limitation
排气系统/排氣系統 exhaust system
排气油烟/排氣煙流 exhaust plume
排气元件/驅弧元件 expulsion element
排气再循环/排氣再循環 exhaust gas recirculation, EGR
排气再循环过滤器/排氣再循環過濾器 EGR filter
排气再循环控制阀/排氣再循環控制閥 EGR control valve
排气再循环冷却器/排氣再循環冷却器 EGR cooler
排气再循环率/排氣再循環率 EGR rate
排气再循环调压阀/排氣再循環調壓閥 EGR pressure regulator
排气再循环系统/排氣再循環系統 exhaust gas recirculation system, EGR system
排气再循环真空放大器/排氣再循環真空放大器 EGR vacuum amplifier
排气再循环真空口/排氣再循環真空口 EGR vacuum port
排气总管/排氣管[系] exhaust pipe
排汽/排汽 exhaust steam
排汽缸/排汽缸 exhaust hood
排热系统/除熱裝置,熱沈 heat sink
排绳器/導繩器 rope guider
排水泵/排水泵,排洩泵 draining pump
排水吨/排水噸 displacement ton
排水机/排水機 drainage machine
排水器/排水器 drainer
排水台/排水檯 draining table
排水闸门/排洩門 drain gate
排他锁/互斥型鎖 exclusive lock
排污阀/放洩閥,排放閥 blow-down valve, blowoff valve
排污管/排放管,放洩管 drainage pipe
排污量/沖放流量 blow-down flow
排泄泵/汙水泵 sewage pump
排泄阀/釋放閥 release valve
排屑装置/排屑裝置 chip conveyor
排序/排序,定序 sorting
排序策略/定序策略 ordering strategy
排序合并连接/排序合并連接 sort-merge join
排序网络/排序網路 sorting network
排序学习/排序學習 learning to rank
排烟热损失/排煙熱損失 sensible heat loss in exhaust flue gas
排烟通风机/排煙通風機 smoke-ventilating fan
排烟温度/排氣溫度 exhaust gas temperature

排烟消防车/排煙消防車 smoke evacuation fire vehicle
排烟罩/排氣罩,氣櫃 fume hood
排样/料片布置 blank layout
排液车/排液車 fluid pumping vehicle
排渣/扒渣 slag-off
排渣控制阀/爐底渣排放閥,爐底灰排放閥 bottom ash discharge valve
排渣冒口/溢放冒口 run-off riser
排钻采石法/尖劈打孔 line drilling
牌照灯/牌照燈 license plate lamp
派发器/調度器,配送器 dispatcher
派生树/導出樹 derivation tree
派生位移/感應位移 derived displacement
潘尼管/潘尼管 peniotron
潘宁计/潘寧計 Penning gage
潘宁效应/潘寧效應 Penning effect
盘/盤,磁碟 disk, pan
盘车/盤車 barring, turning, turning barring
盘车装置/回轉裝置,轉動機構 turning gear
盘管冷却器/蛇管冷却器 serpentine cooler
盘管式加热器/螺管加熱器 spiral heater
盘簧管/盤簧管 convolute elastic tube
盘卷挤压/盤條擠壓 coiled rod extrusion
盘流冷凝器/盤式流動冷凝器 disc flow condenser
盘内汞化法/汞膏盤法 pan amalgamation process
盘[片]组/磁碟包,磁碟組 disk pack
盘区/[分]採區 panel
盘区隔离矿柱/分區煤柱 panel barrier pillar
盘区开采/分區法採煤,分區採掘法 panel working
盘驱/盤驅,[磁]盤驅動器 magnetic disk drive
盘式穿孔机/盤式穿孔機 disc-type piercing mill
盘[式磁]带/卷盤磁帶 open reel tape
盘式粉磨机/盤式粉碎機 disc pulverizer
盘式过滤机/盤濾機 disc filter
盘式给料器/盤式進料器,盤飼機 disk feeder
盘式流量计/盤式流量計 disk meter
盘式破碎机/碟形碎礦機 disc crusher
盘式切碎机/盤式撕碎機 disc shredder
盘式烧结机/盤式燒結機 sintering pan
盘式输送机/盤式運送機 pan conveyor
盘式挖沟机/盤式挖溝機 disk trencher
盘式造球机/盤式球結機 disc-type pelletizing machine
盘式制动器/圓盤剎車 disk brake
盘体/盤體 chuck body
盘条/盤條,線棒 coil rod, rod bundle, wire rod
盘条挂送[自动送坯]装置/盤條掛送裝置,自動送坯裝置 bundle buster
盘形插齿刀/盤形插齒刀 disk type cutter
盘形齿轮铣刀/盤形齒輪銑刀 disk type gear milling cutter
盘形电枢/盤形電樞 disk armature
盘形阀/蕈形閥 hollow-cone valve, Howell-Bunger valve, mushroom valve
盘形激光器/碟式雷射 disk laser
盘形摩擦轮/圓盤摩擦輪 disk friction wheel
盘形剃齿刀/回轉刮齒刀 rotary shaving cutter
盘形凸轮/盤形凸輪,平板凸輪 disk cam
盘旋链/套環鏈 coil chain
盘圆/盤條,線棒 coiled bar
盘状链轮/盤狀鏈輪 plate sprocket
盘锥天线/碟錐形雙極天線 discone antenna
判别函数/判別函數 discriminant function
判别元件/鑒別元件 discriminating element
判定表/判定表,決定表,決策表 decision table, critical table
判定表语言/決策表語言 decision table language
判定符号/決策符號 decision symbol
判定逻辑/決策邏輯 decision logic
判定树/決策樹 decision tree
判定树复杂性/決策樹複雜性 decision tree complexity
判定问题/決策問題 decision problem
判据/規範,準則 criterion
判决/判決,決策 decision
判决电路/決策電路 decision circuit
庞加莱球/波因卡球 Poincare sphere
旁瓣/旁瓣 side lobe, sidelobe
旁瓣对消/旁瓣對消 sidelobe cancellation
旁瓣回波/旁回波 side echo
旁瓣消隐/旁瓣消隱 sidelobe blanking
旁联系统/旁聯系統,旁路系統 standby system, bypass system
旁路/旁路 bypassing, bypass
旁路挡板/旁路擋板 bypass damper
旁路电容/旁路電容,并聯電容器 bypass capacitance, bypass capacitor, shunt capacitor
旁路电容器/旁路電容[器],旁通電容器 bypass capacitor
旁路电阻器/旁路電阻[器] bypass resistor
旁路浮子流量计/旁路浮子流量計 bypass rotameter
旁路开关/旁路開關 bypass switch
旁路控制/旁路控制 bypass control
旁路控制系统/旁通控制系統 bypass control

system
旁路流量计/旁路流量計 bypass meter
旁路气流/旁路氣流 bypass air flow
旁路调节/旁路調節 bypass governing
旁路系统/旁路系統 bypass system
旁示信道/旁示道 commentary channel
旁通阀/旁通閥,旁路閥 bypass valve
旁通管/旁路管 bypass pipe
旁通管式栓状气力输送机/具側氣管柱塞式氣動輸送機 plug-type pneumatic conveyor with side air pipe
旁通型变风量末端装置/旁通型變風量末端裝置 bypass-type VAV terminal device
旁通旋塞/旁路旋塞 bypass cock
膀胱电描记术/膀胱電描記術 electrocystography
膀胱内压传感器/膀胱內壓傳感器,膀胱內壓感測器 urinary bladder inner pressure transducer
胖客户/胖客户 fat client
胖树网/胖樹網 fat tree network
抛光/抛光,擦光 polishing, buffing
抛光边/抛光邊 polished edge
抛光布轮/擦光輪 buffing wheel
抛光车床/抛光車床 burnishing lathe
抛光锤/抛光錘 sleeking hammer
抛光锉/抛光銼,細銼 polishing file
抛光工具/抛光工具 polishing tool
抛光辊/磨光輥 polishing roll
抛光滚筒/壓光滚筒 burnishing barrel
抛光机/抛光機,擦光機,磨光機 polisher, buffing machine
抛光剂/擦光劑 buffing compound
抛光轮/抛光輪,擦光輪,磨光輪 burnishing wheel, buff wheel
抛光装置/抛光裝置 buffing attachment
抛料机/甩環進料機 slinger feeder
抛煤机/播散加煤機 spreader stoker
抛砂机/抛砂機,甩砂製模機,摔砂造模機 sand thrower, sand slinger
抛砂器/摔砂頭 ramming head
抛丸清理机/抛丸清理機,離心噴光機 shot blast machine, wheel blasting machine
抛物环面天线/抛物環面天線 parabolic torus antenna
抛物面[反射]镜/抛物面鏡 parabolical mirror
抛物面反射器/抛物[柱]面反射器 paraboloidal reflector, parabolic reflector
抛物面反射器阵列馈电/抛物面反射器陣列饋伺 array feed of paraboloidal reflector
抛物面镜/抛物[旋轉]面鏡,抛物[柱]面反射器 parabolic reflector
抛物面聚光器/抛物[旋轉]面聚光器,抛物面聚光鏡 paraboloid condenser
抛物面天线/抛物面天線,抛物[線]形天線 parabolic antenna, paraboloid antenna
抛物线插补/抛物線内插法 parabolic interpolation
抛物线碟式天线/抛物線碟式天線 parabolic dish antenna
抛物线群延/抛物形群延[遲] parabolic group delay
抛物线调节器/抛物線調速器 parabolic governor
抛物型控制阀/抛物線控制閥 parabolic control valve
抛物柱面反射器/抛物柱面反射器 cylindrical, parabolic reflector
抛物状轨道/抛物狀軌道 parabolic orbit
抛掷爆破/投射爆破 throw blasting
抛掷充填机/環帶充填機 slinger belt stowing machine
跑道光信号/跑道燈光 runway light
跑道视距/跑道視距 runway visual range
跑火/鑄漏 run-out
跑纸/跑紙,紙張空移 paper throw
泡径/泡徑 bubble diameter
泡克耳斯盒/泡克耳斯盒 Pockels cell
泡克耳斯盒光调制器/泡克耳斯盒光調制器 Pockels cell light modulator
泡克耳斯效应/泡克耳斯效應 Pockels effect
泡利矩阵/庖立矩陣 Pauli matrix
泡帽/[蒸餾]泡罩 bubble cap
泡帽塔/泡罩[蒸餾]塔 bubble cap column
泡[面]钢/泡面鋼 blister steel
泡沫发生器/泡沫産生器 foam generator
泡沫浮选/泡沫浮選 froth flotation
泡沫共腾/起泡沫,泡沫現象 foaming
泡沫计/泡沫計 frothmeter
泡沫金属/泡沫金屬 foamed metal
泡沫铝/泡沫鋁 foamed aluminum
泡沫黏度计/氣泡黏度計 bubble viscosimeter
泡沫洗涤器/泡沫洗淨器 foam scrubber
泡沫消防车/泡沫消防車 foam fire tanker
泡沫渣/浮渣,夾渣 scum
泡迁移率/泡遷移率 bubble domain mobility
泡网/泡網 surfing
泡雾反应器/氣泡反應器 bubble reactor
泡罩/[蒸餾]泡罩 bubble cap
泡罩塔/泡罩[蒸餾]塔,泡板塔 bubble cap tray column, bubble cap column

泡罩塔板/泡罩板 bubble cap tray
泡罩吸收塔/泡罩吸收塔 bubble cap absorption tower
炮兵侦察校射雷达/炮兵偵察校射雷達 artillery reconnaissance and fire-directing radar
炮泥/炮泥 tap-hole mix, tap-hole plastic
炮铜/炮銅 gun metal
炮位侦察雷达/炮位偵察雷達 artillery location radar
炮眼导向架/炮孔導向鑽堡 hole director
陪集/陪集,共集 coset
陪集首/陪集首 coset leader
陪替氏培养皿/培養皿 Petri dish
陪音/泛音 overtone
培训/訓練 training
培养皿/培養皿 double dish
培养皿提篮/培養皿提籃 culture dish carrier
培养瓶/培養瓶 culture flask
佩带式传声器/佩帶式麥克風 lapel microphone
佩尔捷系数/帕耳帖係數 Peltier coefficient
佩尔捷效应/帕耳帖效應 Peltier effect
佩克莱特数/佩克萊數 Peclet number
佩特里网/佩特里網,小型網路 Petri net
佩特里网进程/佩特里網進程 process of a Petri net
佩特里网语言/佩特里網語言 Petri net language
佩特里网状态爆炸/佩特里網狀態爆炸 Petri net state explosion
配电板/配電盤 distribution switchboard
配电变压器/配電變壓器 distribution transformer
配电盒/配電箱,分線盒 distributing box
配电回路/配電線路 distribution circuit
配电盘/配電盤,配電板,分配器 distribution board, distributor
配电盘伏特计/配電盤伏特計 switchboard voltmeter
配电盘计/配電盤計 switchboard meter
配电盘仪器/配電盤儀器 switchboard instrument
配电屏/配電板 distribution board
配电熔丝盘/保險絲配電板 distribution fuse board
配电箱/配電箱,分線盒 distribution box
配对齿轮/配對齒輪 mating gear
配对法兰/聯結法蘭 companion flange
配对函数/配對函數 pairing function
配对紧密距/配合偏量 mating standoff
配对温度传感器/配對溫度傳感器 temperature sensor pair
配光/發光強度分布 luminous intensity distribution
配光镜/透鏡 glass lens, lens
配光屏/配光屏 filament shield
配合/配合 fit
配合沉淀法/複合沈澱法 complex precipitation method
配合阀/比例閥 proportional valve
配合公差/配合公差 variation of fit, fit tolerance
配合公差带/配合公差帶 fit tolerance zone
配合物形成滴定法/複合物生成滴定 complex formation titration
配衡/配衡,平衡物 counter balance
配价/配價 valency
配克/配克 peck, pk
配料车/配料車 burden charging carriage
配料秤/配料秤 blending weigher
配料给料装置/配料給料裝置 aggregate feeder
配料计算/配料計算 charge calculation
配料矿槽/配料礦倉 proportioning bin
配料器/配料器 dogage control unit
配料设施/配料設施 dosing device
配料系统/配料系統 batching system
配流轴/分配軸 distribution shaft
配盘天平/配盤天平 trip balance
配气机构/無閥壓縮空氣分配機構 compressed-air distributing mechanism
配气机构室/閥動機構殼 valve mechanism casing
配汽机构/配汽機構 steam distributing gear
配色/配色,色匹配 color match
配砂工场/配砂工場 sand mixing plant
配送/配送 dissemination
配套/配套 forming a complete set
配体/配位子 ligand
配位络合物/配位錯合物 coordinated complex
配位体/配位子 ligand
配位体色谱法/配體色譜儀 ligand chromatography
配线架/配線架 distribution frame
配置/組態 configuration
配置标识/組態識別 configuration identification
配置管理/組態管理 configuration management
配置控制/組態控制 configuration control
配置器/配置器,分布器,分配器 distributor
配置审核/組態稽核 configuration audit
配置问题/分配問題 allocation problem
配置项/組態項目 configuration item
配置状态/組態狀態 configuration status
配置状态报告/組態狀態報告 configuration status accounting
配重/平衡配重 balancing weight
配重杆/配重桿 balance weight lever

配重天平/配重天平 counterpoised balance
配重箱/砝碼箱 weight box
喷补/噴補 gunned patching
喷补炉衬/噴補爐襯 gunned patching onto vessel lining
喷出器/排放器 blowoff
喷吹混合料/噴入料 injection mix
喷灯/噴燈,氣炬 blast burner, blast lamp, torch lamp
喷灯燃烧器/噴燈 blowtorch burner
喷镀钼丝/噴鍍鉬絲 spray molybdenum wire
喷粉/粉體噴射 powder injection
喷粉精炼/噴粉精煉 powder injection refining
喷粉器/噴粉器,噴槍,吹槍 dust blower, blow gun
喷粉枪/噴粉槍 powder injecting lance
喷粉脱硫法/噴粉脱硫法 desulphurization by flux injection
喷敷料/噴敷料 spraying mixture
喷火器/火焰噴射器 flame thrower
喷溅/濺出 splash
喷浆/噴補耐火料 gunite
喷孔夹角/噴孔夾角 angle between spray orifices
喷淋防锈/防銹保護噴霧 protection by spraying aqueous preventives
喷淋分离器/噴霧分離器 spray separator
喷淋冷凝器/噴灑冷凝器,淋水冷凝器 spray condenser
喷淋冷却结晶器/噴霧冷却結晶器 spray cooled crystallizer
喷淋器/噴液器 sparger
喷淋式发生器/噴霧式發生器 spray-type generator
喷淋式空气冷却器/噴霧式空氣冷却器 spray-type air cooler
喷淋式吸收器/噴淋式吸收器 spray absorber
喷淋式蒸发器/噴水蒸發器 spray-type evaporator
喷淋脱脂/噴淋脱脂 spray degreasing
喷煤比/噴煤比 coal injection rate
喷磨机/充氣粉碎機,通氣粉壓機 aeropulverizer
喷墨打印机/噴墨列印機 ink jet printer
喷墨绘图机/噴墨繪圖器 ink jet plotter
喷墨记录仪/噴墨記録儀 ink jet recorder
喷抛清理/噴光處理 blast cleaning
喷漆机器人/噴漆機器人 spray-paint robot
喷漆枪/噴[漆]槍 paint spray gun
喷漆室/噴漆棚 spray booth
喷气/鼓風,噴風 air blast
喷气短管/增大管 augmenter tube
喷气发动机/反動式發動機 reaction engine
喷气干燥炉/噴射乾燥器 jet drier
喷气井/噴發井 blowing well
喷气炬/噴氣炬 gas blow torch
喷气孔/噴氣孔 fumarole
喷气脉冲/噴射脈衝 jet pulse
喷气推进/噴射推進 jet propulsion
喷气姿态控制/噴氣姿態控制 gas jet attitude control
喷气嘴/空氣噴嘴 air nozzle
喷枪/噴槍 lance, spray gun
喷枪射流洗涤器/噴霧洗滌器 spray jet scrubber
喷泉模型/噴泉模型 fountain model
喷泉式饮水冷却器/噴泉式飲水冷却器 bubbler-type drinking-water cooler
喷熔/噴熔 spray remolten
喷洒/濺出 splash
喷洒高度/噴灑高度 spreading height
喷洒机/噴水器 water sprayer
喷洒灭火器/消防灑水器 fire sprinkler
喷洒器/噴灑器,灑水器,噴霧器 sprinkler, sprayer
喷砂/噴砂[法] sand blasting
喷砂处理/珠粒噴擊,噴砂 shot blasting, sand blast
喷砂处理设备/噴砂設備 sand-blasting equipment
喷砂机/噴砂機,噴砂裝置 sand-blaster, sand-blasting apparatus, sand-blasting machine
喷砂口/噴砂嘴 sand-blast nozzle
喷砂枪/噴砂槍 sand-blasting gun
喷砂腔/噴砂腔 sand-blasting chamber
喷砂清理/噴砂[法] sand-blasting cleaning
喷砂室/噴砂室,噴砂櫃 sand-blasting cabinet, sand-blasting chamber
喷砂筒/噴砂筒 sand-blasting barrel
喷砂嘴/噴砂嘴 sand-blasting nozzle
喷烧器/噴霧燃燒器 spray burner
喷射/噴射 jet
喷射泵/噴射泵,噴射式射出器 ejector pump, jet pump
喷射沉积/噴霧沈積 spray deposition
喷射钢粒/噴射鋼粒 shot peening
喷射混凝土支护/噴射混凝土支承 shotcrete lining
喷射加湿器/噴射加濕器 jet humidifier
喷射控制电磁阀/噴射控制電磁閥 injection control solenoid valve
喷射冷凝器/噴射冷凝器,噴射凝結器 jet condenser
喷射冷却/噴射冷却 jet cooling
喷射料/噴射料 gunning mix
喷射磨机/噴射磨機 jet mill
喷射器/噴射器,噴氣嘴,[噴射式]射出器 ejector,

jet ejector
喷射腔/噴霧腔　jet chamber
喷射清理/噴粒處理　grit blast
喷射设备/噴霧設備　spraying equipment
喷射式分子分离器/噴射式分子分離器　molecular jet separator
喷射式粉磨机/噴氣磨粉機　jet pulverizer, micronizer
喷射式冷却塔/噴射式冷却塔　jet cooling tower
喷射式切割器/噴射切割器　jet cutter
喷射式清洗机/噴洗器　spray washer
喷射式熔断器/驅弧式熔絲,衝出式熔絲　expulsion fuse
喷射速度/噴速　jet velocity
喷射冶金/噴射冶金　injection metallurgy
喷射增压泵/噴射增強泵　ejector booster pump
喷射真空泵/噴射真空泵,噴射真空幫浦　ejector vacuum pump
喷射钻机/噴射頓鑽機　jetting drill
喷射钻井/噴射鑽井　jet drilling
喷射钻头/噴射式鑽頭　jet bit
喷水/噴霧,噴敷　shower, spraying
喷水管/噴壺　shower
喷水减温器/噴水減熱器　spray-type desuperheater
喷水空气冷却器/噴水空氣冷却器　water spray air cooler
喷水冷却/噴水冷却　water spray cooling
喷水量/注射流速率　injection flow rate
喷水器/噴水器　water sprayer
喷水室/噴霧室　spray chamber
喷水装置/噴水系統　water injection system
喷涂/噴塗　spray
喷涂防锈/噴塗防銹　rust prevention by applying liquid material
喷涂摩擦片/噴塗摩擦板　spray-coated friction plate
喷涂器/噴塗器　sprayer
喷丸成形/噴丸成形,噴珠成形　cloud burst treatment forming, shot peening forming
喷丸处理/鋼球噴射處理,噴珠　cloud burst treatment, peening shot
喷丸机/噴粒機　shot-blasting machine
喷丸加工/噴粒處理　grit blast
喷丸[清理]/噴丸清理,珠粒噴擊清理　shot blasting
喷丸硬化/珠擊處理　peening, shot peening
喷雾/噴霧,噴敷　water spray, spraying
喷雾除气器/噴霧除氣器　atomizing deaerator
喷雾淬火/噴霧淬火,霧狀淬火　fog hardening, fog quenching, plastic pattern
喷雾阀[门]/噴霧閥　aerosol valve
喷雾干燥/噴霧乾燥　spray drying
喷雾机/噴霧機　spraying machine
喷雾加湿/噴霧增濕　spraying humidification
喷雾扩散角/噴霧擴散角　spray dispersal angle
喷雾冷冻/噴霧冷凍　spray freezing
喷雾冷却/噴霧冷却　spray cooling
喷雾冷却器/噴霧冷却器　spray cooler
喷雾淋盘式除氧器/噴霧托盤除氧器　spray tray deaerator
喷雾盘/噴霧盤　atomizing disc
喷雾器/噴霧[器]　mist projector, sprayer
喷雾腔/噴霧腔　jet chamber
喷雾热分解/噴霧熱分解　spray pyrolytic decomposition
喷雾式除氧器/噴霧式除氧器　spray type deaerator
喷雾式干燥机/噴霧乾燥器　spray drier
喷雾式冷却塔/噴霧式冷卻塔　spray cooling tower
喷雾式脱氧器/噴霧除氧器　atomizing deaerator
喷雾塔/噴霧塔　spray tower
喷雾填料式除氧器/噴霧填料式除氧器　spray-stuffing-type deaerator
喷雾柱/噴霧塔　spray column
喷雾装置/噴霧裝置　spraying device
喷雾撞击探测器/噴撞檢知器　spray impact detector
喷雾锥角/噴霧角　spray cone angle
喷雾嘴/噴霧嘴　atomizing nozzle
喷吸钻/噴嘴鑽頭　ejector drilling head
喷洗机/噴洗器　spray washer
喷洗器/噴洗器　spray washer
喷烟机/[氣溶膠]噴霧器　aerosol sprayer
喷焰穿孔/火焰噴射穿孔　jet-piercing
喷焰枪/噴火槍　flame gun
喷液淬火/噴液淬火,噴水淬水,噴霧淬火　spray hardening, spray quenching
喷油泵/噴油泵,燃料噴射泵　fuel injection pump
喷油泵安装高度/燃油泵安裝高度　fuel pump mounting height
喷油泵体/噴射泵殼　injection pump housing
喷油泵转速/噴油泵轉速　fuel injection pump speed
喷油泵总成/噴射泵組合體　injection pump assembly
喷油次序/噴射次序　injection order
喷油规律/噴油規律　law of injection
喷油量修正和限制/噴油量修正和限制　fuel quantity modification and limitation
喷油脉宽/噴射脈寬　injection pulse width
喷油脉宽控制基本 MAP 图/噴油脈寬控制基本

MAP 圖　basic MAP of injection duration control
喷油器/噴油器,燃油噴射器,油霧化器　fuel injector, oil atomizer, injector
PT 喷油器/PT 燃料噴射器　PT fuel injector
喷油器安装长度/噴油器柄長度　fuel injector shank length
喷油器滴漏/噴嘴滴漏　nozzle dribble
喷油器工作压力/噴油器工作壓力　fuel injector working pressure
喷油器关闭压力/噴油器關閉壓力　fuel injector closing pressure
喷油器开启压力/噴油器開啟壓力　fuel injector opening pressure
喷油器壳体/噴油器本體　fuel injector body
喷油器帽/噴油器帽　fuel injector cap
喷油器体/噴嘴夾持器　nozzle holder
喷油器体外径/噴油器體外徑　fuel injector shank diameter
喷油器调定压力/噴油器調定壓力　fuel injector setting pressure
喷油器有害容积/噴油器無效容積　fuel injector dead volume
喷油速率/噴油速率　fuel injection rate
喷油压力/噴射壓力　injection pressure
喷油延时控制系统/噴油延時控制系統　retarded injection timing control system
喷油正时/噴射定時　injection timing
喷油正时控制基本 MAP 图/噴油定時控制基本 MAP 圖　basic MAP of injection timing control
喷油嘴/噴射噴嘴　injection nozzle
喷油嘴紧帽/噴嘴鎖緊螺帽　nozzle retaining nut
喷油嘴壳体紧帽/噴嘴罩螺帽　nozzle housing retaining nut
喷油嘴密封座面/噴嘴座　nozzle seat
喷油嘴调压弹簧/噴嘴彈簧　nozzle spring
喷油嘴调压弹簧壳体/噴嘴彈簧罩　nozzle spring housing
喷油嘴压力室/噴油嘴氣囊　nozzle sac
喷油嘴压力室容积/噴嘴氣囊容積　nozzle sac volume
喷针/噴針　spray needle
喷针接力器/針伺服電機　needle servomotor
喷注压力/噴射壓力　injection pressure
喷锥倾斜角/噴錐偏移角　spray cone offset angle
喷嘴/噴嘴,管嘴,射出器　nozzle, spray nozzle, injection nozzle
喷嘴式流量计/噴嘴式流量計　nozzle flowmeter
喷嘴室/噴嘴室　nozzle chamber
喷嘴调节/噴嘴調節　nozzle governing
喷嘴砖/堵口磚　nozzle brick
喷嘴组调节/噴嘴組調節　control by nozzle block
盆形电喇叭/碟形喇叭　electric disk horn
彭宁真空计/潘寧真空計　Penning vacuum gage
硼/硼　boron
硼电离腔/硼腔　boron chamber
硼钢/硼鋼　boron steel
硼化钛涂层阴极/硼化鈦塗敷陰極　TiB_2 coated cathode
硼化物/硼化物　boride
硼化物层/硼化物層　boride layer
硼计数管/硼計數管,硼計數器　boron counter, boron counter tube
硼计数器/硼計數器　boron counter
硼磷硅玻璃/硼磷矽玻璃　boron-phosphorosilicate glass
硼铝共渗剂/硼鋁共滲劑　boroaluminizing medium
硼镁铁矿/硼鎂鐵礦　ludwigite
硼砂/硼砂　borax
硼砂[熔]珠/硼砂珠　borax bead
硼砂盐浴渗金属剂/硼砂鹽浴滲金屬劑　borax bath metallizing medium
硼砂珠试验/硼砂珠試驗　borax bead test
硼-石蜡准直仪/硼砂石蠟準直器　borax-paraffin collimator
硼酸/硼酸　boric acid
硼铁/硼鐵　ferroboron
篷杆/篷桿　tarpaulin rod
膨发剂/變質劑　leavening agent
膨润土/膨土　bentonite
膨松剂/膨鬆劑　leavening agent
膨胀/膨脹,擴張　expansion, swell
膨胀比/膨脹比　pressure ratio, expansion ratio
膨胀测量术/膨脹量測術　dilatometry
膨胀度/膨脹性　expansibility, dilatancy
膨胀断路器/膨脹斷路器　expansion circuit breaker
膨胀高温计/膨脹高溫計　expansion pyrometer
膨胀机/膨脹機,膨脹器　expander
膨胀计/[熱]膨脹計　dilatometer, expansion gage
膨胀计测定法/膨脹量測術　dilatometry
膨胀节/脹縮節,伸縮接頭　expansion joint, expansion piece, expansion pipe
膨胀结疤/脹疤　expansion scab
膨胀空气过滤器/膨脹空氣過濾器　expanded air filter
膨胀率/膨脹比　expansion ratio
膨胀锚固螺栓/脹縮錨　expanding anchor

膨胀模量/體積膨脹模數 modulus of dilatation
膨胀腔/膨脹腔,膨脹室 expansion chamber, cloud chamber
膨胀式温度计/膨脹溫度計 expansion thermometer
膨胀水箱/膨脹水箱,膨脹箱櫃 expansion tank
膨胀温度计/膨脹溫度計 expansion thermometer
膨胀系数 /膨脹係數 coefficient of expansion
膨胀性黏结剂/膨脹性黏結劑,助黏劑 swelling binder
膨胀因子/膨脹因數 expansion factor
膨胀云室/膨脹霧室 expansion cloud chamber
膨胀中心/膨脹中心 expansion center
碰压接箍/座箍 landing collar
碰撞/碰撞,衝擊 bump, impact, collision
碰撞避免/碰撞避免 collision avoidance
碰撞参数/碰撞參數 impact parameter
碰撞电离/衝擊游離化,碰撞游離,碰接電離 impact ionization, ionization by collision, collision ionization
碰撞横截面/碰撞截面 collision cross section
碰撞激活质谱计/碰撞啟動質譜計 collision activation mass spectrometer
碰撞加速度计/衝擊加速度計 impact accelerometer
碰撞检测/碰撞檢測 collision detection
碰撞截面/碰撞截面 collision cross section
碰撞扩散/碰撞擴散 collisional diffusion
碰撞力/衝[擊]力 impact force
碰撞能/衝擊能 impact energy
碰撞频率/碰撞頻率 collision frequency
碰撞强制/強制碰撞 collision enforcement
碰撞式摇床/振動檯 bumping table
碰撞试验/碰撞試驗,撞擊試驗,衝撞試驗 bump test, continuous shock test, crash test
碰撞试验台/撞擊試驗機 bump testing machine
碰撞衰减器/碰撞衰減器 impact attenuator
碰撞损失/碰撞損害 impact damage
碰撞雪崩渡越时间二极管/碰撞累增過渡時間二極體,崩渡二極體 impact avalanche transit time diode, IMPATT diode
碰撞展宽/碰撞展寬 collision broadening
批/批 lot, batch
批处理/批次處理,整批處理 batch processing
批处理操作系统/批次處理作業系統 batch processing operating system
批处理仿真/批處理模擬 batch processing simulation
批处理文件/批次檔案 batch file
批处理系统/批次處理系統 batch processing system
批次查询/批次查詢 batch query
批发业务提供商/批發業務提供商 wholesale service provider
批量/批量[大小] lot size, batch size
批量处理/批次處理,整批處理 batch processing
批量加料/分批加料 batch charge
批量控制/批次控制 batch control
批量铸件/量産鑄件 mass-produced castings
批容许不合格率/批容許不合格率 lot tolerance percent defective
批准型式符合性检查/批準型式符合性檢查 examination for conformity with approval type
批作业/批次工件 batch job
坯件/毛坯,坯料 blank
坯壳/坯殼 strand shell
坯料/坯料 blank material, stock
披缝/合模飛邊 joint flash
劈裂强度/脱裂強度 splitting strength
劈形终端/楔型端 wedge termination
皮博迪洗涤器/皮波迪洗滌器 Peabody scrubber
皮层电描记术/皮層電描記術 electrocorticography
皮带叉/皮帶叉 belt fork
皮带秤/皮帶秤 belt weigher
皮带秤动态试验装置/輸送皮帶秤動態試驗儀器 conveyor belt scale dynamic testing apparatus
皮带秤校准/輸送皮帶秤校準 conveyor belt scale calibration
皮带传动轮机构[装置]/皮帶傳動裝置 belt gear
皮带传动式测力计/傳動式測力計 belt dynamometer
皮带锤/皮帶落槌 belt drop hammer
皮带回动装置/皮帶反向嚙合器 belt reversing gear
皮带接扣/皮帶接扣 belt hook clipper
皮带接头/皮帶接頭[器] joint of belt, belt lace
皮带接头[缝合]机/皮帶接頭機 belt-lacing machine
皮带扣钳压器/皮帶接扣 belt hook clipper
皮带轮/皮帶輪 pulley, belt pulley
皮带轮凸面/皮帶輪面隆起 crowning of pulley
皮带卡子/皮帶接頭器 belt lacer
皮带清扫器/輸送帶清掃器 belt cleaner
皮带运输探测器/傳送帶檢知器 belt transport detector
皮带张紧装置/皮帶張緊裝置 belt tensioner
皮带张力架/皮帶張力車架 belt tension carriage
皮尔格周期式轧管机/畢格軋管機,週期軋管機 Pilger mill
皮肤的电阻法测量/皮膚電阻量測法 dermatometry
皮肤电阻描记术/皮膚電阻描記術 electrodermography

皮肤剂量/皮膚劑量 skin dose
皮革平带/皮帶 leather belt
皮江法/皮金法 Pidgeon process
皮江法还原罐/皮金法還原罐 Pidgeon retort
皮[可]/微微 pico, P
皮[可]安培计/皮安培計,微微安培計 Picoammeter
皮拉尼真空规/皮冉尼計,皮冉尼真空度電測計,皮冉尼真空計 Pirani gage
皮拉尼真空计/皮冉尼真空計 Pirani vacuum gage
皮拉尼真空检漏仪/皮冉尼偵漏器 Pirani leak detector
皮里尼落锤试验/皮里尼落重試驗 Pellini drop-weight test
皮秒/漠秒 picosecond
皮氏计/皮冉尼計,皮冉尼真空度電測計,皮冉尼真空計 Pirani gage
皮托测压管/皮托壓力計 Pitot pressure gage
皮托管/皮托管,皮氏管 Pitot tube
皮托静压管/皮托静壓管,動静壓管 Pitot static tube
皮托流速计/皮托流速計 Pitot meter
皮托压差计/自記流速計,皮氏流速計,皮托流速計 pitometer, Pitot gage
皮制内圆角/皮製内圓角 leather fillet
皮重/皮重,扣重 tare weight, tare
皮重称量装置/扣重衡量裝置 tare-weighing device
皮重平衡装置/扣重平衡裝置 tare-balancing device
皮重值/扣重,皮重 tare weight
皮重装置/扣重裝置 tare device
铍/鈹 beryllium
铍毒性/鈹毒性 beryllium toxicity
铍粉/鈹粉 beryllium powder
铍慢化剂/鈹緩和反應器 beryllium moderated reactor
铍镍合金/鈹鎳合金 beryllium nickel
铍青铜/鈹青銅 beryllium bronze
铍铜合金/鈹銅合金 beryllium-copper alloy
铍珠/鈹珠 beryllium pebble
疲劳/疲勞 fatigue
疲劳冲击试验机/疲勞衝擊試驗機 fatigue impact test machine
疲劳断裂/疲勞破壞,疲勞失效,疲勞破損 fatigue fracture, fatigue failure
疲劳腐蚀/疲勞腐蝕 fatigue corrosion
疲劳极限/疲勞極限,疲勞限界,持久極限 fatigue limit, endurance limit
疲劳极限线图/疲勞限界線圖 fatigue limit diagram
疲劳累积损伤/累積疲勞損傷 cumulative fatigue damage
疲劳裂纹/疲勞破裂,疲勞裂痕 fatigue crack, fatigue cracking
疲劳裂纹扩展速度/疲勞裂紋擴展速度 fatigue crack propagation speed
疲劳磨损/疲勞損耗 fatigue wear
疲劳破坏/疲勞破損 fatigue failure
疲劳强度/疲勞強度 fatigue strength
疲劳强度计/疲勞計 fatigue meter
疲劳强度设计/疲勞強度設計 fatigue strength design
疲劳试验/疲勞試驗 fatigue test
疲劳试验机/疲勞試驗機,耐久試驗機,疲勞試驗器 fatigue testing machine, endurance testing machine, fatigue tester
疲劳试样/疲勞試樣 fatigue test piece
疲劳寿命/疲勞壽命 fatigue life
疲劳损伤/疲勞損傷 fatigue damage
疲劳载荷/疲勞負載 fatigue load
匹配/匹配 matching, match
匹配包层光纤/匹配披覆層光纖 matched clad fiber
匹配传输线/匹配傳輸線 matched transmission line
匹配段/匹配段 matching section
匹配负载/匹配負載 matched load
匹配规则/匹配規則 matching rule
匹配控制/匹配控制 matching control
匹配滤波/匹配過濾 matched filtering
匹配滤波器/匹配濾波器 matched filter
匹配滤波器接收机/匹配濾波器接收機 matched-filter receiver
匹配模板/匹配模板 matching template
匹配式玻璃金属封接/匹配式玻璃金屬封接 matched glass-to-metal seal
匹配试验筛/匹配試驗篩 matched test sieve
匹配衰减器/匹配衰減器 matched attenuator
匹配算法/匹配演算法 matching algorithm
匹配条件/匹配條件 matching condition
匹配网络/匹配網路 matching network
匹配误差/匹配誤差 matching error
匹配-选择-连接器/匹配-選擇-連接器 matcher-selector-connector, MACTOR
匹配用电压互感器/電壓匹配變壓器 voltage matching transformer
匹配约束/匹配約束 matching constraint
匹配运算/匹配運算 matching operation
匹配终端/匹配端 matched termination
匹配准则/匹配準則 matching criterion
匹配字/匹配字 matching word

匹配阻抗/匹配阻抗 matched impedance
偏摆缸连杆组/偏位擺動汽缸連桿組 offset oscillating cylinder linkage
偏差/偏差,偏位,偏移 deviation
偏差报警器/偏差警報器 deviation alarm
偏差比/偏差比,偏移比 deviation ratio
偏差测量法/量測偏轉法 deflection method of measurement
偏差-方差困境/偏差-方差困境 bias-variance dilemma
偏差函数/離差函數 deviation function
偏差控制/偏差控制,偏向控制 deviation control
偏差信号/偏差信號 deviation signal
偏磁/偏磁 biasing
偏光反射镜/偏光反射鏡,偏振反射鏡 polarizing mirror
偏光镜/偏光鏡,偏振鏡 polarizator
偏光棱镜/偏光棱鏡 polarizing prisms
偏光率检测器/折射率偵檢器 refractive index detector
偏光片玻璃/偏光玻璃 polaroid glass
偏光器/偏光儀 polariscope, polarizer
偏光式光学补偿器/偏光式光學補償器 polarizing type optical compensator
偏光式光学高温计/偏光式光測高温計 polarizing type optical pyrometer
偏光显微镜/偏光顯微鏡,測微偏光鏡 polarizing microscope, micropolariscope, petrographic microscope
偏航/偏航 yawing
偏航控制速度/偏航控制速率 yaw controlling speed
偏航调节机构/偏航調整機構 yaw regulating mechanism
偏航误差/偏擺誤差 yaw error
偏航指示器/偏航計 yaw meter
偏航轴承/偏航軸承 yaw bearing
偏好查询/偏好查詢 preference query
偏弧/偏弧 arc bias
偏极效率/偏極效率 polarization efficiency
偏晶/偏晶 monotectic
偏晶反应/偏晶反應 monotectic reaction
偏距/偏位距離,偏位長度 offset distance, offset length ·
偏距圆/偏位圓 offset circle
偏聚/偏聚 clustering
偏克分子熵/部分莫耳熵 partial molar entropy
偏离核态沸腾/偏離核沸騰 departure-from-nucleate boiling
偏离角/[平]飛角 fleet angle
偏离线性度/偏離線性度 deviation from linearity
偏离指示器/偏離指示器 deviation indicator
偏流测向探头/偏流探針,偏向探頭 yaw probe
偏流电池/偏壓電池[組] bias battery
偏流修正/漂移修正 drift correction
偏摩尔熵/部分莫耳熵 partial molar entropy
偏摩尔自由能/部分莫耳自由能 partial molar free energy
偏旁/字根 radical
偏微分方程数值解/偏微分方程數值解 numerical solution for partial differential equation
偏析/偏析 segregation
偏析度/偏析度 segregation degree
偏斜/偏斜 skew
偏斜限制器/偏斜限制器 skew limiter
偏斜指数/有偏指數 biased exponent
偏心棒/偏心桿 eccentric rod
偏心泵/偏心泵 eccentric pump
偏心顶把/偏心頂把 eccentric holder-on
偏心杆/偏心桿 eccentric rod
偏心距检查仪/偏心度試驗器 eccentricity tester
偏心刻度/偏心刻度 eccentric scale
偏心孔板/偏心流孔板 eccentric orifice plate
偏心力/偏心負荷 eccentric load
偏心炉底出钢/偏心爐底出鋼 eccentric bottom tapping
偏心率/偏心率 eccentricity
偏心轮机构/偏心輪機構 eccentric mechanism
偏心模/偏心模 eccentric mandrel
偏心碰撞/偏心衝擊 eccentric impact
偏心倾斜力/偏心角負載 eccentric angular load
偏心驱动振动筛/偏心驅動振動篩 vibrating screen with eccentric drive
偏心式插入振动器/偏心式沈入振動器 eccentric-type immersion vibrator
偏心式振动器/偏心式振動器 eccentric-type vibrator
偏心旋转阀/偏心旋轉閥 Camflex valve
偏心元件/偏心元件 eccentric element
偏心振动筛/偏心振動篩,回轉篩 gyratory screen
偏心轴泵/偏心泵 eccentric pump
偏心钻/偏心鑽頭 eccentric bit
偏芯/偏砂心 core raised
偏序/偏序 partial ordering
偏序关系模型/偏序關係模型 partial order relational model
偏压/偏壓 bias, bias voltage

偏压补偿式伏特计/回軌式伏特計 slide-back voltmeter
偏压电池/偏壓電池[組] bias battery
偏压电路整流器/偏壓整流器 bias rectifier
偏压电阻器/偏壓電阻器 bias resistor
偏压溅射/偏壓濺射 bias sputtering
偏移/偏差,偏壓 bias
偏移比/偏移比,偏差比 deviation ratio
偏移磁道/位移磁軌 offset track
偏移地址/偏移位址,偏置位址 offset address
偏移电压/偏移電壓 offset voltage
偏移校正/偏移校正 offset correction
偏移控制/偏移控制 offset control
偏移量/偏移量 offset
偏移特性/補償特性 offset characteristic
偏移位/偏置位元 offset bit
偏移误差/補償誤差 offset error
偏移吸收/偏向吸收 deviative absorption
偏移系数/偏轉係數 offset coefficient
偏移修正量/偏差修正 bias correction
偏移载波系统/間離載波系統 offset carrier system
偏倚误差/偏移誤差 bias error
偏载/偏心負荷 eccentric load
偏载误差/偏心誤差 eccentric error
偏振/極化 polarization
偏振单色滤光片/偏光單色濾光片 polarizing monochromatic filter
偏振度/極化度 degree of polarization
偏振分光光度计/偏振分光光度計 polarizing spectrophotometer
偏振辐射/偏振輻射,偏光輻射 polarized radiation
偏振光/偏光 polarized light
偏振光测高温计/偏振光學高温計 polarizing optical pyrometer
偏振光管/偏光管 polarization tube
偏振光光测高温计/偏角高温計 polarizing pyrometer
偏振光光度计/偏光光度計 polarization photometer
偏振光计灯/偏光燈 polarization lamp
偏振光镜/偏振光鏡 polaroscope
偏振光镜管/偏光管 polariscope tube
偏振光谱学/極化光譜學 polarization spectroscopy
偏振光糖量计/偏振光糖量計 polarized light saccharimeter
偏振光显微术/偏光顯微鏡術 polarized light microscopy
偏振滤光器/極化濾波器,極化濾光器 polarization filter
偏振模色散/偏極化模態色散,極化模色散 polarization mode dispersion, PMD
偏振膜/偏振膜 polarizing coating
偏振目镜/極化偏振目鏡 polarizing eyepiece
偏振片/偏振片,偏光片 polaroid
偏振片玻璃/偏光玻璃 polaroid glass
偏振器/偏振計,偏光計,旋光計 polarimeter
偏振调制器/光偏振調變器 light polarization modulator
偏振显微镜/偏[振]光顯微鏡 polarizing microscope
偏振仪器/偏振儀器 polarizing instrument
偏置/偏置,偏距 offset
偏置从动轮/偏位從動件 offset follower, offset cam follower
偏置电流/偏電流 bias current
偏置放大器/偏壓放大器 biased amplifier
偏置继电器/偏壓繼電器,極化繼電器 biased relay
偏置交叉滑件/偏位交叉滑件 offset cross-slider
偏置开路器/偏移開路端 offset open termination
偏置控制/偏壓控制 bias control
偏置曲柄滑块机构/偏置滑件曲柄機構 offset slider-crank mechanism
偏置四相相移键控/偏移式四相移鍵控 offset QPSK, OQPSK
偏置圆/偏位圓 offset circle
偏置直动从动件/偏置直動從動件 offset translating follower
偏转/偏轉,偏向 deflection
偏转板/偏轉板,偏向板 deflecting plate, deflection plate, deflector
偏转场/偏轉場 deflecting field
偏转磁铁/致偏磁鐵 deflecting magnet
偏转电极/偏轉電極 deflecting electrode
偏转电压/偏轉電壓 deflecting voltage
偏转光束/偏轉光束 deflected beam
偏转后加速/偏轉後加速 post-deflection acceleration
偏转畸变/偏轉畸變 deflection distortion
偏转力矩/偏轉力矩,致偏力矩 driving torque
偏转灵敏度/偏向靈敏度 deflection sensitivity
偏转式电势计/偏轉電位計 deflection potentiometer
偏转系数/偏轉係數 deflection coefficient, deflection factor
偏转线圈/偏向線圈 deflecting coil, yoke
偏转叶片式风速计/偏轉輪葉風速計 deflection vane anemometer
偏转仪/偏轉器,偏向器 deflector
偏转因数/偏向因素 deflection factor
偏转指示器/偏轉指示器 deflection indicator

片/片 slice, flake, lamella
片冰制冰机/片冰製冰機 chip-ice maker
片电阻/片電阻 sheet resistance
片段/片段 fragment
片段着色器/片段著色器 fragment shader
片阀式电动喷油器/片閥式電動噴油器 electric flat fuel injector
片间绝缘/疊片絕緣 lamination insulation
片胶/蟲膠 shellac
片式电感器/晶片電感 chip inductor
片式电容器/晶片電容 chip capacitor
片式电阻器/晶片電阻 chip resistor
片式离合器/圓形離合器,盤形離合器 disc clutch
片式滤清器/板式過濾器 plate filter
片式热敏电阻器/片式熱敏電阻器 pellet type thermistor
片式散热器/鰭片散熱器,凸緣散熱器 flanged radiator
片式填料/片式填料 plate packing
片式元件/晶片元件 chip component
片式组件/晶片元件 chip component
片弹簧/板片彈簧 flat spring
片型芯/棒狀砂心 slab core
片选/晶片選擇 chip selection
片云母/雲母剥片,雲母薄片 mica splitting
片状粉/片狀粉末 flaky powder
片状马氏体/片狀麻田散體 plate martensite
片状石墨/片狀石墨 flake graphite, graphite flake, lamellar graphite
片状石墨析出/片狀石墨析出 graphite flake precipitation
片状石墨铸铁/片狀石墨鑄鐵 flake graphite cast iron
漂动/漂移,偏移 wander
漂浮牌组调制器/漂浮牌組調變器 floating deck modulator
漂浮石墨/凝析石墨 kish graphite
漂移/漂移 drift
漂移不稳定性/漂移不穩定性 drift instability
漂移电流/漂移電流 drift current
漂移管/漂移管 drift tube
漂移晶体管/漂移電晶體 drift transistor
漂移空间/漂移空間 drift space
漂移率/漂移率 drift rate
漂移迁移率/漂移遷移率 drift mobility
漂移区/漂移區,漂移範圍 drift region
漂移失效/浮動失效 floating failure
漂移室/漂移室 drift chamber
漂移速度/漂移速度,偏移速度 drift velocity
漂移速度饱和/漂移速度飽和 drift velocity saturation
漂移速调管/漂移速調管 drift klystron
漂移稳定性/漂移穩定性 stability of drift
漂移误差/漂移誤差 drift error
漂移误差补偿/漂移誤差補償 drift error compensation
飘悬焙烧法/閃焰焙燒 flash roasting
飘移/擺動,搖動 swing
漂白槽/漂白槽 bleach tank
漂白池/漂白槽 bleaching cistern
漂白机/漂白機 bleaching machine
漂白器/漂白器 bleacher
漂白效应/漂白效應,消感應吸收作用 bleaching effect
票据/權證 ticket
撇渣/撇渣,撇碴 skimming, scumming, separation of slag
撇渣流道/撇渣流道 siphon runner
撇渣器/撇渣器 slag separator, slag skimmer, skimming tool
撇渣心型/撇渣心型 skimmer core
撇渣砖/撇渣磚 skimmer brick
拼合电视/[管晶]拚合電視機 hybrid TV
拼合模/組合模 composite die
拼合型芯/分部心型 sectional core
拼接/序連連接 concatenation
拼接码/鏈結碼 concatenated code
拼音编码/拼音編碼,字音編碼 phonological coding
拼音码/拼音碼 phonological code
拼装/組成,安裝 build-up
拼字电报/錦紋電報術 mosaic telegraphy
贫铬/鉻缺乏 chromium depletion
贫化/耗乏 depletion
贫化矿浆/貧礦漿 depleted pulp
贫氪/貧氪 poor krypton
贫氪换热器/貧氪換熱器 poor krypton heat exchanger
贫氪塔/貧氪柱 poor krypton column
贫氪蒸发器/貧氪蒸發器 poor krypton evaporator
贫矿/貧礦 poor ore
贫燃料/貧燃料 lean fuel
频标/頻率標準 frequency standard
频标比对器/頻率標準比較器 frequency standard comparator
频差倍增器/差頻倍增器 frequency difference multiplier

频程/頻率區間　frequency interval
频带/頻帶,波段　frequency band
C 频带/C 頻帶　C band
频带边缘/頻帶邊緣　band edge
频带边缘振荡/頻帶邊緣振盪　band edge oscillation
频带标志/頻帶標志,頻帶代號　band designation
频带参差/頻帶參差　frequency staggering
频带[传话]清晰度/頻帶清晰度,波段清晰度　band articulation
频带倒置/頻帶倒置　frequency inversion
频带宽度/頻帶寬度,帶寬　bandwidth
频带扩展/頻帶擴展　bandspreading
频带声功率级/頻帶聲功率位準　band sound power level
频带声压级/頻帶聲壓位準　band sound pressure level
频带外/出規頻帶　out-of-band
频道/頻道　channel
频段/頻帶,波段　frequency band
频繁模式/頻繁模式　frequent pattern
频繁项集/頻繁項集　frequent itemset
频分多路存取/頻分多重存取　frequency division multiple access
频分多路复用/頻分多工存取,頻分複用　frequency division multiplexing, FDM
频分多址/頻分多址　frequency division multiple access, FDMA
频分复用/頻分複用　frequency-division multiplex, FDM, frequency-division multiplexing
频分交换/頻分交換　frequency-division switching
频分码分多址/分頻分碼多重進接　frequency-division code multiple access, FDCDMA
频分双工/頻分雙工　frequency-division duplex, FDD
频分调制/分頻調變　frequency-division modulation
频分遥测/頻分遥測　frequency-division telemetry
频分指令/頻分指令　frequency-division command
频分[制]遥测系统/頻分制遥測系統　telemetering system of frequency division type
频[光]谱/頻譜,光譜　spectrum
频宽扩增/頻寬擴增　broadbanding
频率/頻率　frequency
频率倍增/倍頻　frequency multiplication
频率比较器/頻率比較儀　frequency comparator
频率编码/頻率編碼　frequency coding
频率变换/頻率變換　frequency translation, frequency conversion
频率变换器/變頻器　frequency converter, frequency translator
频率标称值/標稱頻率　nominal frequency
频率标准/頻率標準　frequency standard
频率表/頻率計　frequency meter
频率波动/頻率起伏　frequency fluctuation
频率补偿器/頻率補償器　frequency compensator
频率不变式线性滤波/頻率不變線性濾波　frequency-invariant linear filtering
频率不稳定性/頻率不穩定性　frequency instability
频率步进/步進頻率　frequency stepping
频率测量/頻率量測,測頻　frequency measurement
频率差/頻[率]差,差頻　frequency difference
频率重定义/頻率重定義　frequency redefinition
频率重用因子/頻率重用因數　frequency reuse factor
频率传递函数/頻率傳遞函數,頻率轉移函數　frequency transfer function
频率存储/頻率存儲,儲頻　frequency memory
频率-电压变换式转速表/頻率-電壓變換式轉速表　tachometer by transform of frequency-voltage
频率抖动/頻率抖動　frequency jitter
频率范围/頻率範圍　frequency range
频率非选择性信道/非頻率選擇性通道　frequency nonselective channel
频率分辨率/頻率解析度　frequency resolution
频率分集/頻率分集　frequency diversity
频率分集雷达/頻率分集雷達　frequency diversity radar
频率分离/頻率區分　frequency separation
频率分离器/頻率分離器　frequency separator
频率分配/頻率指配　frequency allocation
频率分析仪/頻率分析儀,頻率分析器　frequency analyzer
频率复现性/頻率重複性　frequency repeatability
频率复用/頻率再使用,頻道複用　frequency reuse
频率复制性/頻率再現性　frequency reproducibility
频率公差/頻率容差　frequency tolerance
频率-功率限制/頻寬-功率限制　frequency-power limitation
频率规划/頻率規劃　frequency planning
频率合成器/頻率合成器　frequency synthesizer
频率划分/頻率指配　frequency allocation
频率获取/頻率獲取　frequency acquisition
频率基准/頻率原級標準　frequency primary standard
频率计/頻率[指示]計,計頻器　frequency meter, frequency counter, frequency indicating meter
频率计权/頻率加權　frequency weighting

频率计数器/頻率計數器,計頻器,頻率計 frequency counter
频率记录器/頻率記録器 frequency recorder
频率继电器/頻率電驛 frequency relay
频率监控器/頻率監測器 frequency monitor
频率检测/頻率檢驗 frequency test
频率鉴别/鑒頻 frequency discrimination
频率交错/頻率交錯 frequency interleave, frequency interlacing
频率校准/頻率校正 frequency calibration
频率阶跃/頻率步階 frequency step
频率捷变/頻率捷變 frequency agility
频率捷变雷达/頻率捷變雷達 frequency-agile radar
频率控制/頻率控制 frequency control
频率滤波器/頻率濾波器,濾頻器 frequency filter
频率敏感性/頻率靈敏度 frequency sensitivity
频率敏捷性/頻率捷變 frequency agility
频率偏差/頻率偏置,頻率差距,頻率偏差值 frequency offset
频率漂移/頻率漂移 frequency drift
频率牵引/頻率牽引 frequency pulling
频率牵引效应/頻率牽引效應 frequency pulling effect
频率区间/頻率區分 frequency separation
频率去相关/頻率去相關 frequency decorrelation
频率扫描/頻率掃描,頻率掃掠 frequency sweeping, frequency scan
频率上限/頻率上限 upper frequency limit
频率上转换/昇頻率轉換 frequency up conversion
频率失真/頻率失真 frequency distortion
频率时间标准/頻率時間標準 frequency time standard, FTS
频率时间计数器/頻率時間計數器 frequency time counter
频率实际值/實際頻率 actual frequency
频率衰减/頻率衰減 frequency attenuation
频率锁定/頻率鎖定 frequency lock
频率锁定环/鎖頻回路 frequency locked loop
频率特性/頻率特性 frequency characteristic, frequency characteristics
[频率特性曲线]高频提升/高頻部分昇高 high boost of frequency characteristic curve
频率调谐范围/頻率調諧範圍 frequency tuning range
频率调整/頻率調整 frequency adjustment
频率调制/調頻 frequency modulation
频率调制反馈解调器/頻調反饋解調器 frequency modulation feed back demodulator
频率调制器/頻率調變器 frequency modulator
频率跳变/頻率跳變,跳頻 frequency hopping
频率温度计/頻率溫度計 frequency thermometer
频率稳定度/頻率穩定度 frequency stability
频率稳定[化]/頻率穩定[化] frequency stabilization
频率稳定[调节]器/頻率調節器 frequency regulator
频率误差/頻率誤差 frequency error
频率下转换/降頻轉換 frequency down-conversion
频率相干/頻率同調 frequency coherence
频率相关/頻率關聯 frequency correlation
频率响应/頻率響應,頻率附應,頻率回應 frequency response
频率响应补偿/頻率回應補償 frequency response compensation
频率响应范围/頻率回應範圍 frequency response range
频率响应分析器/頻率響應分析器 frequency response analyzer
频率响应函数/頻率響應函數,頻率回應函數 frequency response function
频率响应试验/頻率回應試驗 frequency response test
频率响应特性/頻[率]響應特性 frequency response characteristic
频率协调/頻率協調 frequency coordination
频率修正/頻率修正 frequency correction
频率选择性/頻率選擇性 frequency selectivity
频率选择性信道/頻率選擇性通道 frequency selective channel
频率依赖性/頻率相依關係 frequency dependence
频率源/頻率産生器 frequency source
频率再用/頻率再使用,頻道複用 frequency reuse
频率指配/頻率指配 frequency assignment
频率指示器/頻率指示裝置,示頻計 frequency indicating device, frequency indicator
频率滞后/頻率滯後 frequency hysteresis
频率转换开关/頻率轉換開關 frequency change-over switch
频率准确度/頻率準確度 frequency accuracy
频敏反射器/頻率敏感反射器 frequency-sensitive reflector
频敏检波器/頻敏偵測器 frequency-sensitive detector
频偏/頻偏,頻率偏差,頻率偏移 frequency deviation
频偏比/頻率偏移比 frequency deviation ratio
频偏计/頻偏計 frequency deviation meter
频谱/頻譜 frequency spectrum
频谱包络/頻譜包絡 spectrum envelope

频谱纯度/頻譜純度 spectral purity, spectrum purity
频谱分析/頻譜分析 spectral analysis
频谱分析仪/頻譜分析儀,析譜儀 spectrum analyzer
频谱宽度/頻譜寬度 spectral width
[频]谱密度/頻譜密度 spectral density
频谱湿度计/光譜濕度計 spectral hygrometer
频谱收缩/頻譜收縮 spectral narrowing
频谱线/頻譜線 frequency line
频谱响应/頻譜回應 spectral response
频谱效率/頻譜效率 spectral efficiency
频谱选择器/頻譜選擇器,選譜器 spectrum selector
频谱仪/頻譜[分析]儀 frequency spectrograph, spectrum analyzer
频扫雷达/頻起地雷達 frequency-scan radar
频闪灯/頻閃燈 strobe lamp, stroboscopic lamp
频闪观测器/頻閃觀測儀,閃光觀測儀 stroboscope
频闪全息照相术/頻閃全像術 stroboscopic holography
频闪式转速表/頻閃式轉速表 frequent-flash tachometer
频数直方图/頻數直方圖 frequency histogram
频移电报技术/移頻電報術 frequency-shift telegraphy
频移键控/頻率移鍵 frequency shift keying, FSK
频域/頻域 frequency domain
频域编码/頻域編碼 frequency domain coding
频域测量/頻域測量,頻域量測 frequency domain measurement
频域法/頻域法 frequency domain method
频域反射计/頻域反射計 frequency-domain reflectometer
频域分析/頻域分析 frequency-domain analysis
频域分析器/頻域分析器 frequency-domain analyzer
频域分析仪/頻域分析器 frequency-domain analyzer
频域校准/頻域校正 frequency-domain calibration
频域均衡器/頻域均衡器 frequency-domain equalizer
频域模型降阶法/頻域模型降階法 frequency-domain model reduction method
频域自动网络分析仪/頻域自動網路分析儀 frequency-domain automatic network analyzer, FDANA
品陶式喷油嘴/軸針式噴嘴 pintaux nozzle
品脱/品脫 pint, pt
品性因子/品質因子 quality factor, Q-factor
品质/品質 quality, Q
品质计划/品質計劃 quality plan
品质因数/品質因數,品質因子,Q因子 quality factor, figure of merit, Q-factor
品质因素/品質因素 Q factor
品质因子计/品質因子計,Q表 quality-factor meter
乒乓过程/乒乓程序 ping-pong procedure
乒乓模式/乒乓方式 ping-pong scheme
乒乓协议/乒乓協定 ping-pong protocol
平凹透镜/平凹透鏡 plano-concave lens
平板/平板,平版,表面平板 surface plate, flat plate, slab
平板导热仪/平板導熱儀 plane table thermo-conductivity meter
平板电极/板狀電極 plate electrode
平板电剪/平板電剪 electric plate shears
平板电视/平板電視 panel TV
平板蝶阀/平板蝶閥 biplane butterfly valve
平板法兰[盘]/平板法蘭盤 flat flange, plain flange
平板绘图机/平床繪圖機 flat-bed plotter
平板绘图仪/平板繪圖儀 flat-bed plotter
平板混汞法/平板汞膏法 plate amalgamation
平板计算机/平板電腦 tablet computer
平板扫描仪/平板掃描器 flat-bed scanner
平板筛浆机/隔膜篩 diaphragm screen
平板式空气过滤器/平板式空氣濾清器 mat-type air filter
平板式蒸发器/平板式蒸發器 plate-type evaporator
平板输送机/平板輸送機,托板輸送機 flat top conveyor, pallet conveyor
平板速冻装置/平板冷凍器 plate freezer
平板天线/[金屬]平板天線 flat plate antenna
平板凸轮/平板凸輪 plate cam
平板显示器/平板顯示器,扁平面顯示器 flat panel display
平板型肋片换热器/平板型翅片管熱交換器 plate-fin tube heat exchanger
平板仪/平板儀 plane table equipment
平板闸阀/平板閘閥 flat-plate valve
平背车身/平背車身 flat back body
平层/調平 leveling
平差值/平差值,調整值 adjusted value
平尺/直尺 straightedge, straight edge
平锉/扁銼 flat file
平错/平錯 heave
平带/平皮帶 flat belt
平带传动/平帶傳動 flat-belt drive
平带电压/平帶電壓 flat-band voltage
平挡圈/平擋圈 loose rib
平等接入/平等接入 equal access

平底安瓿/平底安瓿 flat bottom ampul
平底安装式喷油泵/平底安裝式噴油泵 base-mounted fuel injection pump
平[底]捣锤/平底舂,平底搗桿 flat rammer
平底底柱结构/平底底柱結構 flat-bottom sill pillar
平底法兰安装式喷油泵/平底法蘭安裝式噴油泵 base flange-mounted fuel injection pump
平底锪钻/平底埋孔鑽 flat counterbore
平地机/平土機,分級機 grader
平垫圈/平墊圈 plain washer
平顶齿轮/平頂齒輪 bevel gear with 90° face angle
平顶降落/平頂降落 flattop decline
平顶链/鉸鏈式平頂鏈 hinge type flattop chain
平顶天线/平頂天線 flattop antenna
平硐/平硐,巷道,水坪坑 adit
平硐开拓/平硐開採 adit development system
平硐溜井开拓/漏斗形井採礦,平硐溜井採礦 chute system, tunnel and ore pass development
平端盖/端板 end plate
平端管/平端管 plain-end pipe
平锻机/平鍛機 horizontal forging machine, upsetter
平锻模/平鍛模 upset forging die
平凡函数依赖/普通函數相依 trivial functional dependence
平方电位计/二次電位計 quadratic potentiometer
平方反比定律/平方反比律 inverse square law
平方非剩余/平方非殘餘 quadratic non-residue
平方根变换仪/平方根轉換器 square-root converter
平方根面积仪/平方根面積儀 square-root planimeter
平方和/平方和 quadratic sum
平方律尺度/平方律標度 square law scale
平方律电容器/平方律電容器 square law condenser
平方律检波/平方律檢波 square law detection
平方律检波器/平方律檢波器 square law detector
平方剩余/平方殘餘 quadratic residue
平方剩余交互式证明系统/平方殘餘交互式證明系統 quadratic residue interactive proof system
平方误差积分准则/積分平方誤差準則 integral squared error criterion
平方余割天线/餘割平方形天線 cosecant-squared antenna
平放造型法/平放造模法 molding on the flat
平分/平分,對分 bisect
平封装/平封裝 flat packadge
平刮/平刮[砂] strickling
平刮板导杆/平刮板導條 strickle guide
平刮板模型/[平]刮板模型 strickle pattern
平刮板砂芯盒/平刮板砂心盒 strickle core box
平刮板支架/平刮板支架 strickle board support
平刮砂芯/平刮砂心 strickling core
平刮铸模/旋刮砂模 sweeping mold
平罐蒸馏/平罐蒸餾 horizontal retort distillation
平罐蒸馏炉/平罐蒸餾爐 horizontal retort
平规/平面規,測平儀 planometer
平辊轧制/平輥軋製 flat-roll rolling
平焊/平焊 flat position welding
平焊法兰/焊接凸緣 welded flange
平巷运输机/門巷輸送機 gate conveyor
平巷装载机/門巷底裝礦輸送機 gate-end loader
平巷钻进机/隧道鑽掘機 tunnel boring machine
平恒星时/平均恆星時 mean sidereal time
平衡/平衡,均衡 balancing, equilibrium
平衡臂/平衡臂 counter-jib, balance arm
平衡不平衡变换器/平衡不平衡變換器 balanced to unbalanced transformer
平衡-不平衡[转换]/平衡-不平衡 balanced-unbalanced, balun
平衡-不平衡转换器/平衡-不平衡轉換器 balun
平衡测力计/平衡測力計,平衡功率計 balance dynamometer
平衡测量/平衡量測,天平量測 balance measurement
平衡常数/平衡常數 equilibrium constant
平衡锤/平衡錘 balance weight, counterweight, counterbalance
平衡等离子体/平衡電漿 equilibrium plasma
平衡点/平衡點 balance point, equilibrium point
平衡电动机/均衡電動機,均衡馬達 balancing motor
平衡电抗器/相間電抗器 interphase reactor
平衡电路/平衡電路 balanced circuit
平衡电桥/平衡電橋,自均衡電橋 balancing bridge, balanced bridge
平衡电桥功率计/平衡電橋功率計 balanced-bridge power meter
平衡电位计/平衡電位計 balancing potentiometer
平衡多相系统/平衡多相系統,平衡多相制 balanced polyphase system
平衡二叉树/平衡二元樹 balanced binary tree
平衡阀/平衡閥,均壓閥 balance valve, equalizing valve
平衡方程/平衡方程式組 equations of equilibrium
平衡方程式/平衡方程式 equilibrium equation
平衡方法/平衡法 balancing method
平衡方[模]式/平衡模態 balanced mode

平衡分布模态/平衡狀態分布模態 equilibrium distribution mode
平衡负载/平衡負載 balanced load
平衡功率计/平衡功率計,平衡測力計 balance dynamometer
平衡归并排序/平衡合并分類 balanced merge sort
平衡轨道/平衡軌道,穩定軌道 equilibrium orbit
平衡滑轮/拉緊槽輪,補償滑輪 compensating pulley, compensating sheave
平衡滑轮补偿法/補償滑輪補償法 means of compensation with compensating pulley
平衡环/均衡圈 balancing ring
平衡混频器/平衡混頻器 balanced mixer
平衡活塞/均衡活塞,均壓活塞 dummy piston
平衡机构/[已]平衡機構,已均衡機構 balance mechanism, balancing mechanism
平衡继电器/平衡繼電器,平衡電驛 balance relay
平衡检波器/平衡檢波器 balanced detector
平衡卷筒补偿法/補償卷筒補償法 means of compensation with compensating drum
平衡孔/平衡孔 balancing hole
平衡力矩/平衡力矩 equilibrant moment
平衡轮/平衡輪 balance wheel
平衡码/平衡碼 balanced code
平衡模态/平衡模態 equilibrium mode
平衡模态分布/平衡模態分布,穩定模態分布 equilibrium mode distribution
平衡浓度/平衡濃度 equilibrium concentration, equilibrium value
平衡[配]重/平衡載重,配重 balance weight
平衡偏转/平衡偏向 balanced deflection
平衡气阀/補償空氣閥 compensating air valve
平衡器/平衡器 balancer, equilizer
平衡砂芯/平衡砂心 balanced core
平衡式阀/均衡閥,均壓閥 balanced valve
平衡式机械密封/平衡式機械密封 balanced mechanical seal
平衡式卷扬机/平衡式卷揚機 balanced hoist
平衡式溢流阀/補償釋放閥 compensated relief valve
平衡试验/平衡試驗 balance test
平衡试验机/平衡試驗機,均衡試驗機 balancing machine
平衡输出/對稱輸出 symmetrical output
平衡输入/對稱輸入 symmetrical input
平衡树/平衡樹 balanced tree
平衡树方法/平衡樹方法 balanced tree method
平衡送风熔铁炉/平衡送風熔鐵爐 equilibrium-blast furnace
平衡索/平衡索 counter rope
平衡台车/均衡臺車 equalizing bogie
平衡台车履带行走系/具平衡臺車之履帶式曳引機底盤 undercarriages with equalizing bogie of crawler tractor
平衡调节/平衡調整 balance adjustment
平衡调整/平衡調整 balance adjustment
平衡通风/均衡通氣 balanced draft
平衡通风锅炉/均衡通風鍋爐 balanced draft boiler
平衡网络/平衡網路 balancing network
平衡位形/平衡構形,平衡組態 equilibrium configuration
平衡位置/平衡位置 equilibrium position
平衡温度/平衡温度,衡穩温度 equilibrium temperature
平衡小车/平衡小車 balancing trolley
平衡悬架/均衡式懸架 equalizing-type suspension
平衡压力/平衡壓力 equilibrium pressure
平衡压力钻井/控壓鑽井法 pressure drilling
平衡允差/平衡公差 balance tolerance
平衡载流子/平衡載子 equilibrium carrier
平衡直径/平衡直徑 balance diameter
平衡指示器/平衡指示器,天平指示器 balance indicator
平衡质量/平衡質量 balancing mass
平衡重式叉车/平衡式堆高機 counterbalanced fork lift truck
平衡状态/平衡狀態 equilibrium state
平衡自动线/平衡自動線 automatic balancing line
平滑/平滑 smoothing
平滑电感器/平滑電感器 smoothing inductor
平滑滤波器/平化濾波器,平流濾器 smoothing filter
平滑调节变阻器/平滑調節變阻器 continuous rheostat
平滑调频/平滑調頻 tamed frequency modulation, TFM
平键/平鍵 flat key
平接关节/平接頭 plain joint
平接铰链/平接鉸鏈 butt hinge
平均报文长度/平均信息長度,平均電報長度 average message length
平均不可用度/平均不可用度 mean unavailability
平均测速法/平均測速法 method with average measuring velocity
平均差/平均差 mean difference
平均处理时间/平均處理時間 average handling time
平均存取时间/平均存取時間 average access time

平均的功率反馈控制/平均功率回饋控制 mean power feedback control
平均等待时间/平均等待時間 average waiting time
平均电阻温度系数/平均電阻温度係數 mean temperature coefficient of resistance
平均动摩擦力/平均動摩擦力 mean kinetic friction force
平均动摩擦系数/平均滑動摩擦係數 mean coefficient of kinetic sliding friction
平均发话[人]音量/平均發話人音量 average talker volume
平均访问时间/平均存取時間 average access time, mean access time
平均风速/平均風速 mean wind speed
平均峰值小时线路负荷/平均峰時線路負載 average peak-hour line loading
平均服务等级/平均服務等級 average grade of service
平均服务率/平均服務率 average service rate
平均复杂性/平均複雜性 average complexity
平均功率/平均功率 average power, mean power
平均功率回馈控制/平均功率回饋控制 mean power feedback control
平均功率计/平均功率計 average power meter
平均归约[性]/平均可約性 average reducibility
平[均]衡管/均衡管 balancing tube
平[均]衡调整片/均衡調整片 balancing tab
平[均]衡线路/平衡電路 balanced circuit
平均呼叫率/平均呼叫率 average calling rate
平均恢复前时间/平均恢復前時間 mean time to restoration
平均回波平衡回损/平均回波平衡返回損耗 mean echo balance return loss
平均活度/平均活性 mean activity
平均剂量/平均劑量 average dose
平均检出质量/平均檢出品質,平均產品品質 average outgoing quality
平均接地压力/平均接地壓力 average contact pressure
平均精度/平均精度 mean average precision
平均可用度/平均可用度 mean availability
平均离心半径/平均離心半徑 average centrifugal radius
平均粒度/平均粒度 medium grain size
平均流量/平均流量 mean flowrate, average flow rate
平均流率/平均流率 average flow rate
平均滤波器/平均濾波器 avalanche filter
平均忙时呼叫/尖峰時間平呼叫 equated busy hour call, EBHC
平均摩擦半径/平均摩擦半徑 mean friction radius
平均偏差/平均離差 mean deviation
平均频度/平均頻率 average frequency
平均频率/平均頻率,中頻 mean frequency
平均评定评分/平均意見分數 mean opinion score
平均情况困难性/平均情況困難性 average-case hardness
平均球面发光强度/平均球面發光強度 mean spherical luminous intensity
平均日负荷/平均日負載 average daily load
平均日呼叫率/平均每日呼叫率 average daily calling rate
平均色散/平均色散 mean dispersion
平均深度/平均深度 mean depth
平均声感噪声功率/平均聲感雜訊功率 mean psophometric noise power
平均声压级/平均音壓位準 average sound pressure level
平均失效间隔时间/平均失效間隔時間,故障間平均時,平均無故障工作時間 mean time between failure, MTBF, mean time between failures
平均失效前时间/平均失效時間 mean time to failures
平均时间/平均時間 averaging time
平均室内噪声/平均室內雜訊 average room noise
平均首次失效前时间/平均首次失效時間 mean time to first failures
平均寿命/平均壽命 mean life
平均输入电流/平均輸入電流 average input current
平均速度/平均速率 mean speed
平均太阳时/平均太陽時 mean solar time
平均调制率/平均調變[速]率 mean modulation rate
平均停机时间/平均停機時間,平均空閑時間,平均中斷時間 mean down time
平均图片电平/平均圖像位元階 average picture level
平均图像电平/平均圖像位準 average picture level, APL
平均维修间隔时间/平均維護間隔時間 mean time between maintenance
平均维修时间/平均維修時間 mean time to repair, MTTR
平均位置/中間位置 mean position
平均温度表/計時温度計 chronothermometer
平均无故障工作时间/平均無故障工作時間,平均故障間隔時間 mean time between failures, MTBF

平均无故障时间/平均無故障時間,失效前平均時間 mean time to failure, MTTF
平均误差/平均誤差 mean error, average error
平均误差的变差/平均誤差的變差 variation of the mean error
平均线/平均線,中線 mean line
平均线路负荷/平均線路負荷,平均線路負載 average line load
平均线路负载/平均線路負載,平均線路負荷 average line load
平均相互信息/平均相互消息,平均相互消息量 average mutual information
平均效率因数/平均效率因數,平均有效因數 mean efficiency factor
平均性态分析/平均行爲分析 average-behavior analysis
平均修复率/平均修復率 mean repair rate
平均修复时间/平均修復時間,平均修理時間 mean time for repair, MTR, mean repair time
平均寻道时间/平均尋覓時間 average seek time
平均循环误差/圓誤差平均值 circular error average
平均压力/平均壓力 mean pressure
平均延迟[时间]/平均延遲 average delay
平均业务流量/平均業務流量,平均訊務流量 average traffic flow
平均应变/平均應變 mean strain
平均应力/平均應力 mean stress
[平均]有效波长/平均有效波長 mean effective wavelength
平均有效输入噪声温度/平均有效輸入雜訊溫度 average effective input-noise temperature
平均有效压力/平均有效壓力 mean effective pressure
平均有效载荷/平均有效負載 mean effective load
平均运行时间/平均運行時間 average running time
平均噪声/平均雜訊 average noise level
平均占用时间/平均持有時間 average holding time
平均直径/平均直徑 mean diameter
平均值/平均值 mean value
平均值检波器/平均值檢波器 average detector
平均指示压力/平均指示壓力 mean indicated pressure
平均制动减速度/平均制動減速度 mean braking deceleration
平均质量水平/平均品質水準 average quality level
平均中继[器]段衰减/平均中繼段衰減 average repeater section attenuation
平均[中间]信息/平均消息量,平均資訊量 average information
平均中心线/中心平均線 mean center line
平均周边烛光强度/平均球體燭光 average peripheral candle power
平均轴向流体速度/平均軸向流速 mean axial fluid velocity
平均轴向流体速度点/平均軸向流體速度點 point of mean axial fluid velocity
平均柱面照度/平均圓柱面照度 mean cylindrical illuminance
平均准确度/平均準確度 mean flow
平均自含信息/平均自有消息量 average self-information
平均自由程/平均自由[路]徑,平均自由路程 mean free path
平均自由[飞行]时间/平均自由[飛行]時間 mean free time
平均自由路程/平均自由路程 mean free path
平均字长/平均字長 average word length
平口/平口 waist
平口虎钳/平口虎鉗 plane-jaw vice
平口钳/平口鉗 flat tong
平-立交替精轧机组/平-立交替精軋機組 horizontal and vertical finishing mill train
平流层/平流層,同温層 stratosphere
平流层传播/平流層傳播 stratospheric propagation
平流层顶/平流層頂 stratopause
平流层通信系统/高空平臺電信系統 high-altitude platform station, stratospheric telecommunication system, HAPS
平流电容器/平流電容器 smoothing condenser
平流式调风器/平流式調風器 parallel flow register
平炉/平爐 open-hearth furnace, open hearth
平炉法/平爐法,西門子馬丁法 Siemens-Martin process
平炉钢/平爐鋼 open-hearth steel
平炉加料起重机/平爐加料起重機 open-hearth furnace charging crane
平炉炼钢法/平爐法 open-hearth process
平面/平面 plane
w 平面/w 平面 w-plane
z 平面/z 平面 z-plane
平面八位/平面八位 plane-octet
平面包络环面蜗杆/平面雙包絡線蝸桿 planar double enveloping worm
平面波/平面波 plane wave
平面布置图/布局計劃,配置計劃 layout plan
平面彩色发光管/平面彩色發光管 plane color

luminotron
平面测角计/平面測向計 plane goniometer
平面程序/平面程序 planar process
平面从动件/平面從動件 flat face cam follower
平面代数曲线/平面代數曲線 plane algebraic curve
平面地址空间/平面位址空間 flat address space
平面点集/平面點集 planar point set
平面电磁波/平面電磁波 plane electromagnetic wave
平面电极/平面電極 plane electrode
平面电解刻印机/表面電解刻印機 surface electrolytic marking machine
平面定位式喷油器/平面定位式噴油器 flats-located fuel injector
平面二次包络蜗轮/平面二次包絡蝸輪 planar double enveloping wormwheel
平面二极管/平面[型]二極體 planar diode
平面[反光]镜/平面鏡 plane mirror
平面副/平面[運動]對 planar contact pair, sandwich pair
平面干涉仪/平面干涉儀 flat interferometer
平面工艺/平面工藝,平面技術 planar technique, planar technology
平面光栅/平面光柵 plane grating
平面光栅摄谱仪/平面光柵攝譜儀 plain-grating spectrograph
平面环型埋刮板输送机/平面環型埋刮板輸送機 horizontal loop-type en masse conveyor
平面机构/平面機構 planar mechanism
平面机构自由度判别式/Grubler-Kutzbach 判别準則 Grubler-Kutzbach criteria
平面极化/平面極化 plane polarization
平面交叉/能階交叉,水平交叉 level crossing
平面角/平面角 plane angle
平面角标准/平面角標準 plane angle standard
平面铰链四杆机构/平面鉸鏈四桿機構 planar pivot four-bar mechanism
E平面截止滤波器/E平面截止濾波器 E-plane cutoff filter
平面晶体分光计/平面晶體光譜儀 flat-crystal spectrometer
平面晶体管/平面[型]電晶體 planar transistor
平面晶体光谱仪/平面晶體光譜儀 flat-crystal spectrometer
平面晶体谱仪/平晶譜儀 flat crystal spectrometer
平面连杆机构/平面連桿機構 planar linkage mechanism
平面磨床/表面磨床,平面磨機 surface grinding machine, surface grinder
平面偏振波/平面極化波 plane polarized wave
平面偏振光镜/平面偏光儀,平面偏光鏡 plane polariscope
平面平晶/平面平晶 plane optical flat
平面清洗器/表面清潔器 surface cleaner
平面凸轮/平面凸輪 planar cam
平面凸轮机构/平面凸輪機構 planar cam mechanism
平面图/平面圖 plan
平面图像放大器/平面影像放大器 flat-image amplifier
平面网络/平面網路 planar network
平面位置显示器/平面位置顯示器 plan position indicator, PPI
平面文件/平面檔,平坦檔 flat file
平面文件系统/平面檔案系統 flat file system
平面涡卷弹簧/蝸旋彈簧 spiral spring
平面蜗轮/平面蝸輪 planar wormwheel
平面铣床/表面銑床 surface milling machine
平面系统/平面系統 planar system
平面细筛/平面細篩 flat fine screen
平面向量场/平面向量場 plane vector field
平面型滑坡/平面型山崩 plane-shaped landslide
平面型铁氧体/平面型鐵氧體 planar ferrite
平面性/平面性 planarity
平面旋转矩阵/平面旋轉矩陣 planar rotation matrix
平面叶片/平板螺葉 flat blade
平面叶栅法/平面葉柵法 method of plane cascade
平面应变/平面應變 plane strain
平面应力状态/平面應力狀態 plane stress state
平面源/平面射源 plane source
平面运动/平面運動 planar motion, plane motion
平面[运动]对/平面[運動]對 flat pair
平面运动副/平面[運動]對,平面接觸對 planar kinematic pair
平面阵/平面陣[列] planar array
平面指标机构/平面指標機構 plane indicatrix
平面转换/平面轉換 plane transposition
平膜片/平膜片 flat diaphragm
平能带电容/平能帶電容 flat-band capacitance
平盘/平面底盤 bench floor
平片头螺钉/平片頭螺釘 flat leaf screw
平嵌天线/平嵌天線 flush-mounted antenna
平筛/隔膜篩 diaphragm screen
平式接头/平接頭 flush joint
平视显示器/平視顯示器 head-up indicator

平视型透镜/平視型透鏡 emmetropia lens
平顺性/乘車舒適感 ride comfort
平丝板/平螺紋模 flat screw die
平台/平臺 surface plate, platform
BREW 平台/無線二進執行時環境 binary runtime environment for wireless, BREW
平台搬运车/平臺搬運車 platform and stillage truck
平台秤/平臺計數秤 platform counter scale
平台堆垛车/平臺卡車 platform truck
平台即服务/平臺即服務 platform as a service, PaaS
平台式车架/平臺式車架 platform frame
平台式干燥机/平臺乾燥機 platform drier
平台无关模型/平臺無關模型 platform independent model PIM
平台振动器/平臺振動器 platform vibrator
平台专用模型/平臺專用模型 platform specific model, PSM
平太阳秒/平均太陽秒 mean solar second
平太阳日/平均太陽日 mean solar day
平弹簧/板片彈簧 flat spring
平坦响应/平坦響應 flat response
平坦 V 形堰/平板 V 型堰 flat-V weir
平坦域/平坦域 flat domain
平头车身/前控車體 forward control body
平头锤/平底搗錘,平底舂 butt rammer
平头固定螺栓/平頭固定螺栓 flat-head anchor bolt
平头驾驶室/前置座艙車 cab over engine, forward control cab
平头镘刀/平頭鏝刀 flat trowel
平头铆钉/平頭鉚釘 flat head rivet
平凸 50mm 标准镜头/平凸 50mm 標準鏡頭 plano-convex 50 mm standard lens
平凸透镜/平凸透鏡 plano-convex lens
平纹理/平木紋 flat grain
平稳点/穩定點 stationary point
平稳反应/平坦響應 flat response
平稳分布/固定分布 stationary distribution
平稳过程/穩定程式,固定過程 stationary process
平稳随机过程/穩態隨機過程 stationary random process
平稳信道/平穩通道 stationary channel
平稳性/穩定性 stationarity
平稳值/平穩值 stationary value
平行板电离室/平行板游離室 parallel-plate ionization chamber
平行板电容器/平行板電容器 parallel-plate condenser
平行板型结晶器/平行板式結晶器 parallel wall mould
平行测定/平行測定 parallel determination
平行[处理]系统/平行[處理]系統,并聯系統 parallel system
平行传输/平行傳輸 parallel transmission
平行刀片剪切机/平行刀片剪機 shears with parallel blades
平行的/并聯,平行 parallel
平行反应/平行反應 parallel reaction
平行杆/平行桿 parallel rod
平行杆振荡器/平行桿振盪器 parallel rod oscillator
平行光管/平行光管,準直儀 collimator
平行光管棱镜/準直儀棱鏡 collimator prism
平行极板计数器[管]/平行板計數器 parallel-plate counter
平行极化/平行極化 parallel polarization
平行孔掏槽/平行孔掏槽 parallel hole cut
平行力系/平行力系 parallel force system
平行连杆/平行桿 parallel rod
平行炮孔/平行炮孔 parallel hole
平行平晶/平行光學平板 parallel optical flat
平行平面偏振光/平行面偏光[分析]器 parallel plane polariscope
平行曲柄机构/平行曲柄機構 parallel-crank mechanism
平行砂轮/平行砂輪 straight wheel
平行式闸阀/平行式閘閥 parallel gate valve
平行束卷积法/平行束卷積法 convolution method for parallel beams
平行双塔式通风/平行雙塔式通風 ventilation with two-parallel-tower entries
平行四边形法则/平行四邊形定律 parallelogram law
平行四边形机构/平行曲柄機構 parallel-crank mechanism
平行四边形组合臂架/平行四邊形組合臂架 double-link jib in parallelogram
平行四连杆式松土器/平行四連桿式鬆土器 parallelogram-type ripper
平行投影/平行投影 parallel projection
平行投影法/平行投影法 parallel projection method
平行圆板形电离箱/平行盤狀電極游離室 parallel circular plate ionization chamber
平行运动机构/平行運動機構 parallel motion mechanism
平行轴齿轮副/平行軸齒輪對 gear pair with parallel axes

平行轴定理/平行軸線定理 parallel axes theorem
平行坐标系/平行坐標圖 parallel coordinates
平形托辊/平形托輥 flat idler
平型传动带/平皮帶傳動 flat belting
平型木纹/平木紋 flat grain
平压板/平壓夾 flat clamp
平压铁/平壓夾 flat clamp
平移/平移,移位 translation
平移变换/翻譯變換 translation transformation
平移测量/平移量測 translational measurement
平移断层/横移斷層 wrench fault
平移门式起重机/平移門式起重機 traveling gantry crane
平移群/平移群 translation group
平移式从动件/平移式從動件 translation follower
平移式缆索起重机/平移式纜索起重機 parallel traveling cable crane
平移凸轮/平移凸輪 translation cam
平移引导缸/平移引導缸 parallel pilot cylinder
平移钻臂/平移鑽臂 parallel traveling drill boom
平圆角锉/平圓角鋰 fork file
平凿/扁鑿 flat chisel
平砧/平砧 flat anvil
平整/調質整平,回火輥軋 temper rolling
平整薄板/輾平板 flattened sheet, planished sheet
平整机/調質整平機 temper mill
平直度/平面度,平坦度 flatness
平直度测量仪/平[直]度測量儀 flatness measuring instrument, flatness and straightness measuring instrument
平置小天线/平置式小型天線 flush small antenna
平状脉/横臥脈,平伏脈 blanket vein
平锥头半空心铆钉/平錐頭半空心鉚釘 cone-head semi-tubular rivet
平锥头铆钉/錐頭鉚釘 cone-head rivet
评测规则/評估規則 evaluation rule
评估/評估 evaluation
评估数据/評定數據 evaluated data
评价报告/評估報告 evaluation report
评价函数/評估函數 evaluation function
评价技术/評估技術 evaluation technique
评价钻井/評估探井 appraisal drilling
评审/評審,查核 review
坪/坪 plateau
坪斜/坪斜 plateau slope
凭证/憑證 credentials
屏蔽/屏蔽 masking
屏蔽变压器/遮蔽變壓器 shielded transformer
屏蔽电泵/加套馬達泵 canned motor pump
屏蔽电极/屏蔽電極 bucking electrode
屏蔽极式电动机/蔽極馬達 shaded-pole motor
屏蔽寄存器/遮罩暫存器 mask register
屏蔽检测/遮罩檢測 mask detection
屏蔽接头/屏蔽接頭 shielded joint
屏蔽连接器/遮罩連接器 shielded connector
屏蔽路由器/篩選路由器 screening router
屏蔽码/遮蔽碼,掩碼 mask-off code
屏蔽命令/遮蔽命令 mask-off command
屏蔽模式/遮罩型樣 mask pattern
屏蔽式检流计/遮蔽式檢流計 shielded galvanometer
屏蔽室/屏蔽室,屏蔽外殼 shielded enclosure
屏蔽位/遮罩位元 mask bit
屏蔽系数/屏蔽係數 shielding factor
屏蔽向量/遮罩向量 masking vector
屏极检波器/陽極檢波器,屏極檢流器 transrectifier
屏极压延机/屏極砑光機 plate calender
屏幕/屏幕,螢幕 screen
屏幕共享/螢幕共享 screen sharing
屏幕录像/顯像管録像 kinescope recording
屏幕阅读/螢光屏讀值 screen reading
屏幕坐标/螢幕坐標 screen coordinate
屏栅电离室/柵極游離腔 grid ionization chamber
屏式过热器/屏極過熱器 platen superheater
屏显前窗玻璃/屏顯擋風玻璃 head-up display windscreen
坡道起步能力/坡道起動能力 hill-starting ability
坡地拖拉机/坡地曳引機 hillside tractor
坡顶线/採臺頂線 bench crest
坡度/坡度,斜度 gradient
坡度阻力/坡度阻力 grade drag
坡口/坡口 groove
坡口角度/坡口角度 groove angle
坡口量规/坡口量規 groove gage
坡口面/坡口面 groove face
坡口面角度/斜角 bevel angle
坡莫合金/高導磁合金 permalloy
坡印亭定理/波英亭定理 Poynting theorem
坡印亭功率/波英亭功率 Poynting power
坡印亭矢量/波英亭向量 Poynting vector
坡印亭矢量法/波英亭向量法 Poynting vector method
坡印亭通量/波英亭通量 Poynting flux
坡印亭向量/波英亭向量 Poynting vector
颇好私密性/良好之私密性 pretty good privacy
破对称技术/破對稱技術 symmetry breaking

technique
破拱装置/破拱裝置 broken device
破坏能/裂斷能 breaking energy
破坏试验/破壞性試驗,裂斷試驗 destruction test, breaking test
破坏性读出/破壞性閱讀 destructive read
破坏性放电/擊穿放電 disruptive discharge
破坏性检验/破壞性檢驗 destructive inspection
破坏性试验/破壞性測試,破壞試驗 destructive test
破坏压力/破裂壓力 rupture pressure
破坏真空/破壞真空 vacuum break
破裂/破裂 fracture
破裂带/破裂帶,破裂區 zone of fracture
破裂应力/斷裂應力 rupture stress
破泡剂/除泡器 foam breaker
破乳/脱乳化作用,去乳化 deemulsification
破乳剂/抗乳化劑 demulsifier
破碎/破碎 crushing, breakdown
破碎比/碎礦比 reduction ratio
破碎锤/破碎錘 breaking hammer
破碎带/破裂帶 fracture zone
破碎后的能见度试验/破碎後的能見度試驗 after-fracture visibility test
破碎机/破碎機,壓碎機,崩解機 crusher, disintegrator
破碎裂纹/碎裂 shatter crack
破碎煤/破碎煤 breakage of coal
破碎室/破碎室 crushing chamber
破碎挖掘力/起動力 breakout force
破碎指数/碎裂指數 shatter index
破碎指数试验仪/破碎指數試驗器 shatter index tester
破损安全结构/破損安全結構 damage safety structure
破译/破譯 break
破译时间/破譯時間 break time
破译者/破譯者 code-breaker
剖分式滑动轴承/對合式滑動軸承 split plain bearing
剖分轴承/對合軸承 split bearing
剖革机/削皮機 skiving machine
剖开透镜/剖開透鏡,對切透鏡 split lens
剖面图/剖面圖 section
剖切模/分割模 parting die
剖视图/剖視圖 section view, cutaway view
铺底料/底料層 hearth layer
铺盖/敷層 blanket
朴素贝叶斯分类器/樸素貝葉斯分類器 naive Bayes classifier
普遍服务/普及服務 universal service
普遍服务基金/普及服務基金 universal service fund
普遍服务义务/普及服務 universal service obligation, USO
普德林法/普德林法,攪煉法 puddling process
普尔弗里希[单色光]屈光计/浦夫立奇折射計 Pulfrich refractometer
普拉托球/浦拉托球 Plateau sphere
普朗克常数/普朗克常數 Planck constant
普朗克定律/普朗克定律 Planck law
普朗克辐射/普朗克輻射 Planckian radiation
普朗克辐射定律/普朗克輻射定律 Planck law of radiation
普朗克辐射公式/普朗克輻射公式 Planck radiation formula
普朗克辐射体/普朗克輻射體,黑體放射器 Planckian radiator
普朗克轨迹/普朗克軌跡,黑體軌跡 Planckian locus
普朗克函数/普朗克函數 Planck function
普朗特数/卜然托數 Prandtl number
普里姆算法/Prim 演算法 Prim algorithm
普适计算/遍存計算 ubiquitous computing
普适数据管理/普適資料管理 pervasive data management
普碳钢/[普通]碳鋼 plain carbon steel
普通薄板轧机/普通薄板軋機 conventional sheet mill
普通乘用车/轎車 saloon, sedan
普通齿轮系/普通齒輪系 ordinary gear train
普通传统电话业务/簡易老式電話業務 plain old telephone service, POTS
普通淬火油/普通淬火油 conventional quenching oil
普通 V 带/普通 V 帶 classical V-belt
普通灯具/普通照明器具 ordinary luminaire
普通端射线性天线阵列/普通端射線性天線陣列 end-fire ordinary linear array
普通端射阵列[天线]/普通端射陣列[天線] end-fire ordinary array
普通灰铸铁/普通灰[口]鑄鐵 regular gray iron
普通货车/通用貨車 general-purpose goods vehicle
普通货箱/普通貨箱 conventional body
普通机床/普通精度工具機 general accuracy machine tool
普通金属催化剂/鹼金屬觸媒 base metal catalyst
普通绝热输液管/常用絶熱輸送管 delivery pipe with conventional insulation

普通卡规/普通卡規 plain caliper gage
普通轮胎/普通輪胎 normal tire
普通平带/普通皮帶 conventional belt
普通平键/普通平鍵 general flat key
普通青铜/普通青銅 ordinary bronze
普通驱动桥/普通驅動橋 general drive axle
普通石墨/普通石墨 common graphite
普通水泥浇注料/普通水泥澆注料 conventional castable, medium cement castable
普通楔键/通用推拔鍵 general taper key
普通型液力偶合器/通用常滿式流體聯結器 general type of constant filling fluid coupling
普通旋压/普通旋壓 conventional spinning
普通语言学/普通語言學 general linguistics
普通圆柱销/通用圓柱銷 general cylindrical pin
普通圆锥销/通用推拔銷 general taper pin
普通质量钢/基本鋼 base steel
普通轴承/普通軸承 plain bearing
普通砖/普通磚 common brick
谱/光譜,頻譜 spectrum
α-谱/α-頻譜 α-spectrum
谱测量/[光]譜量測術 spectrometry
谱带宽度/頻譜帶寬度,光譜帶寬 spectral band width
谱带扩张/譜帶寬化 band broadening
谱方法/譜相方法 spectral method
谱分解/譜分解 spectral factoring
谱分析/頻譜分析 spectrum analysis
谱估计/頻譜估計 spectrum estimation
谱聚类/譜聚類 spectral clustering
谱库检索/譜庫檢索,程式庫搜尋 library searching
谱宽/頻譜寬度 spectral width
谱线干扰/譜線干擾 spectral line interference
谱线轮廓/譜線輪廓 line profile
谱线数/譜線數 number of spectral line
谱线稳定器/譜線穩定器 spectrum-line stabilizer
谱线展宽/[譜]線增寬 line broadening
α谱仪/α譜儀 alpha spectrometer
谱仪放大器/譜儀放大器 spectroscope amplifier
谱移[反应]堆/譜移型反應器 spectral shift reactor
K[谱域]空间/K空間 K space
谱指数/譜指數 spectrum index
镨铌刚玉/鐠鈮剛玉 Pr-Nb fused alumina
蹼状晶体/網狀晶體 web crystal
瀑布模型/瀑布模型 waterfall model
瀑落式自磨机/瀑布式自磨機 cascade mill
曝露时间/曝露時間,曝光時間,照射時間 exposure time
曝露系数/曝露因子 exposure factor
曝气池/通氣槽,曝氣槽 aeration tank
曝气塔/通氣塔 aeration tower
曝热试验仪/快熱測試器 quick-heat tester

Q

七号信令测试仪/七號信令測試儀 No.7 signaling tester
七号信令系统/第七號傳信系統 signaling system No.7, SS7
七角棱镜/七角棱鏡 heptagonal prism
七位检错码/七位偵錯碼 seven-unit error detecting code
栖留地下水位/棲止地下水位 perched water table
桤木/赤楊木 alder, lacquer
期间测量精密度/中階量測精密度 intermediate measurement precision
期间核查/期間核查 intermediate check
期间精密度/中間精密度 intermediate precision
期间精密度测量条件/量測中階精密度條件 intermediate precision condition of measurement
期间精密度条件/量測中階精密度條件 intermediate precision condition
期望/期望 desire
期望驱动型推理/預期驅動推理 expectation-driven reasoning
期望时间复杂性/期望時間複雜性 expected time complexity
期望速率因子/期望速率因子 expected velocity factor
期望值/期望值,期待值,預定值 desired value, expectation value, expected value
期限/時限 time limit
欺骗/欺騙 cheating
ARP 欺骗/ARP 欺騙 ARP spoofing
DNS 欺骗/DNS 欺騙 DNS spoofing
欺骗墙/欺騙牆 deception wall
欺骗性干扰/欺騙性干擾 deception jamming
欺诈/欺詐 fraud
漆包绝缘/瓷漆絕緣 enamel insulation
漆包线/漆包線 enamelled wire
漆膜灯泡/漆包燈泡 enamelled bulb
漆膜封孔/漆膜封孔 lacquer-coat sealing
漆膜试验计/膜試驗器 film tester
齐次坐标/齊次坐標 homogeneous coordinate
齐次坐标系/同質坐標系統 homogeneous coordinate system
齐焦/等焦距 parfocal
齐纳二极管/齊納二極體 Zener diode
齐纳击穿/齊納崩潰 Zener breakdown
齐纳基准/齊納參考 Zener reference
齐普夫定律/齊夫定律 Zipf law
其他乱真响应/其他亂真響應 other spurious response
奇点/奇[異]點 singularity, singular point
奇焦点/奇焦點 singular focus
奇异控制/奇異控制 singular control
奇异配置/奇異構形 singular configuration
奇异摄动/奇異擾動,奇異微擾 singular perturbation
奇异吸引子/奇異吸引子 singular attractor
奇异系/奇異集 singular set
奇异线性系统/奇異線性系統 singular linear system
歧管/歧管 manifold pipe
歧化反应/歧化反應 disproportionation reaction
歧义链长/歧義鏈長 ambiguous chain length
歧义文法/歧義文法 ambiguous grammar
歧义消除/歧義消除 disambiguation
歧义消解/歧義解析 ambiguity resolution
骑缝标志/合模記號 assembly mark
骑缝号/合模記號 tally mark
骑码装置/騎碼裝置 principle horse device
棋盘式通风/棋盤式通風 checker-board ventilation
旗标/旗標 flag
旗标比特/旗標位元 flag bit
旗标字段/旗標欄位 flag field
鳍线/鰭狀線 fin line
鳍线波导/鰭線波導 fin-line waveguide
企业对雇员/公司對員工 business-to-employee, B2E
企业对企业/企業對企業 business-to-business, B2B
企业对消费者/企業對消費者 business-to-consumer, B2C
企业对政府/企業對政府 business-to-government, B2G
企业过程建模/業務流程模型化 business process modeling

企业模型/企業模型 enterprise model
企业模型图/企業模型圖 enterprise model diagram
企业内部网/企業網路 intranet
企业内容管理/企業内容管理 enterprise content management
企业体系结构/企業體系結構 enterprise architecture
企业网/企業網路 enterprise network
企业信息系统/企業資訊系統 enterprise information system
企业要害应用/企業要害應用 business-critical application
企业应用集成/企業應用整合軟體 enterprise application integration
企业应用集成中间件/企業應用集成中介軟體 enterprise application integration middleware
企业资源管理/企業資源管理 enterprise resource management
企业资源规划/企業資源規劃 enterprise resource planning, ERP
启闭机构/通-斷機構 on-off mechanism
启动/啟動,起動,開動 start-up, start
启动泵/起動泵 priming pump
启动分离器/水分離器,分水器 start-up flash tank, water separator
启动工况/起動條件,起動狀態 starting condition
启动锅炉/啟動試驗鍋爐 pre-operational test boiler
启动过载系数/起動超載比 starting overload ratio
启动[激活]键/起動鍵,工作鍵 activate key
启动[激活]信号/起動訊號 activating signal
启动继电器/起動電驛 starting relay
启动力矩/起動力矩 starting moment
启动流量/起動流量 start-up flow rate
启动器会话标志符/啟動器會話標志符 initiator session identifier
启动输入输出/啟動輸入輸出 start input-output
启动输入输出指令/啟動輸入輸出指令 start instruction
启动系统/暖機系統,致動系統 warm-up system, actuating system
启动信号/起動信號 enabling signal
启动型病毒/開機型病毒 boot infection virus
启动循环泵/起動環流泵 start-up circulating pump
启动压力/起動壓力 start-up pressure
启动载入程序/啟動載入程式 boot load program
启动转矩/起動轉矩 break out torque, starting torque
启动装置/起動裝置 starting device
启动子分析/啟動子分析 promoter analysis
启发/試探 heuristic
启发式程序/試探程式 heuristic program
启发式方法/試探途徑 heuristic approach
启发[式]规则/試探規則 heuristic rule
启发式函数/試探函數 heuristic function
启发式技术/試探技術 heuristic technique
启发[式]搜索/試探式搜尋 heuristic search
启发式算法/啟發式演算法,試探演算法 heuristic algorithm
启发式推理/啟發式推理,試探推理 heuristic inference
启发式信息/試探訊息 heuristic information
启发式优化/試探最佳化 heuristic optimization
启发式优化算法/啟發式優化演算法 heuristic optimization algorithm
启发[式]知识/試探知識 heuristic knowledge
启封/啟封 unpackaging
启用/調用 invocation
起爆/起爆 fire, firing, initiation
起爆引线/雷管導線 blasting fuse
起步阻力/動力 breakaway force
起点漂移/零點漂移 drift of starting point
起电/起電 electrification
起电盘/起電盤 electrophorus
起电侦检器/起電檢知器 electrification detector
起动/起動 starting, start
Y-Δ起动/星-三角起動 star-delta starting
起动把/起動把 starting handle
起动变压器/起動變壓器 start-up transformer
起动抽气器/起動噴射器 start-up ejector
起动电动机/[電]起動馬達 electrical starter motor, starting motor
起动[电动]机/起動電動機,起動馬達 cranking motor, starter, starting motor
起动电抗器/起動電抗器 starting reactor
起动电缆/起動電纜 starting cable
起动电流/起動電流 starting current
起动电阻器/起動電阻器 starting resistor
起动风速/起動風速 start-up wind speed
起动辅助措施/起動輔助措施 starting aid
起动惯频特性/起動慣頻特性 starting inertial-frequency characteristic
起动机脱扣/起動機啟斷 starter cut-off
起动加浓装置/起動加濃裝置 starting excess fuel device
起动矩频特性/起動矩頻特性 starting torque-frequency characteristic

起动空气阀/起動空氣閥 starting air valve
起动力矩系数/起動力矩係數 starting torque coefficient
起动联锁装置/起動聯鎖 starting interlock
起动马达/起動馬達 starting motor
起动扭矩/起動轉矩 breakaway torque
起动器/起動器,啟動器 starter
起动绕组/起動繞阻 starting winding
起动设备/起動設備 starting equipment
起动时间/起動時間 starting time
起动试验/起動試驗 starting test
起动弹簧/起動彈簧 start spring
起动特性试验/起動特性試驗 starting characteristic test
起动特性图/起動特性圖 starting characteristic diagram
起动系统/起動系統 starting system
起动隙缝/起動隙縫 starter gap, trigger gap
起动信号/開始訊號,致動訊號 starting signal, actuating signal
起动性能试验/起動性能試驗 starting performance test
起动压力/起動泵壓 starting pressure
起动用叶片式气动马达/起動用葉片式氣動馬達 pneumatic vane motor for starting
起动转换开关/起動轉換開關 battery changeover switch
起动转矩/起動轉矩 starting torque
起伏点/起伏點 undulation point
起伏干扰/起伏干擾 scintillation interference
起伏误差/起伏誤差 scintillation error
起模/起模[型],脱模 stripping, pattern draw
起模板/起模[墊]板,頂板 draw plate, lifting plate, rapping plate
起模长针/起模長針 rapping spike
起模钉/起模釘 draw nail
起模杆/起模桿 draw bar
起模螺钉/起模螺釘,拔模螺絲 draw screw, pattern screw
起模斜度/拔模斜度 pattern draft
起模针/起模針 draw spike
起泡/起泡 blistering, frothing
起泡盘/起泡盤,泡罩塔盤 bubble deck
起泡压力/起泡點壓力 bubble-point pressure
起偏器/極化器 polarizer
起偏振角/極化[角],布如士特角 polarizing angle, Brewster angle
[起]偏振棱镜/偏振稜鏡,偏光稜鏡 polarizing prism
起燃温度/起燃温度 light-off temperature
起熔块/起熔塊 starting block
起升车辆/昇降運送車 lift truck
起升范围/起昇範圍 lifting range
起升高度/起昇高度 load-lifting height
起升高度限位器/吊重高度限制器 hoisting limiter
起升机构/吊重機構 hoisting mechanism
起始磁导率/起始磁導率,初磁導率,初透磁率 initial permeability
起始磁化率/起始磁化率 initial susceptibility
起始磁化曲线/起始磁化曲線,初始磁化曲線 initial magnetization curve
起始地址/起始位址 home address
起始符/起始符 starting symbol
起始记录/起始記録,内檔 home record
起始间隔集合/啟動間隔集合 initiation interval set
起始目录/起始目録 home directory
起始相位/起始相位 original phase
起始信号/啟動信號 start signal
起始值/屈伏值 yield value
起销/起銷,頂銷 lifting pin
起源/推導 derivation
起止多谐振荡器/起止複振器 start-stop multivibrator
起止式传输/起停傳輸 start-stop transmission
起止调制/起止調變 start-stop modulation
起止系统/起止制 start-stop system
起止装置/起止機件 start-stop apparatus
起重臂/起重臂 cargo boom
起重臂伸缩机构/起重臂伸縮機構 boom telescoping device
起重车/起重車 crane car
起重磁铁/起重磁鐵 lifting magnet
起重电磁铁/起重電磁鐵 lifting electromagnet
起重电动机/起重電動機,起重馬達 crane motor
起重吊钩/吊鉤 lifting hook, load hook
起重横梁/吊梁 lifting beam
起重滑车/起重滑車 hoisting tackle
起重机/起重機,[鏈條]吊車 crane, chain block, hoist
起重机防碰装置/起重機防碰裝置 crane anticollision device
起重机轨距/起重機軌距 crane track gage
起重机基准面/起重機基準面 crane datum level
起重机控制器/起重機控制器 crane controller
起重机稳定性/起重機穩定性 crane stability
起重机限界线/起重機餘隙線 crane clearance line

起重机械/起重機具　lifting appliance
起重机行程限位器/起重機運行限制器　crane traveling limiter
起重机运行/起重機運行　crane traveling
起重机运行机构/起重機運行機構　crane travel mechanism
起重机运行速度/起重機運行速度　crane traveling speed
起重机运行速度限制器/起重機運行速度限制器　crane traveling speed limiter
起重机载运车/起重機載運車　crane carrier
起重绞车/起重絞車　crane winch
起重举升汽车/起重舉昇汽車　crane, lift truck
起重举升专用运输汽车/起重舉昇專用運輸貨車　specialized goods crane, specialized goods lift truck
起重举升专用作业汽车/特殊起重舉昇貨車　specialized goods lift truck, special-purpose crane
起重力矩/負載力矩　load moment
起重力矩限制器/負載力矩限制器　load moment limiter
起重挠性件/起重撓性件　hoist medium
起重挠性件起重量/起重機中負載　hoist medium load
起重倾覆力矩/起重傾覆力矩　load-tipping moment
起重索/吊索　hoisting rope
起重小车/吊運車　crab, trolley
起重装置/起重裝置　lifting device
气泵/氣泵,空氣壓縮機　air compressor, air pump
气波增压/氣波增壓　pressure-wave supercharging
气波增压器/氣波增壓器　pressure-wave supercharger
气铲/氣動碎錘　pneumatic chipping hammer
气承液柱黏度计/懸面黏度計　suspended-level viscometer
气冲剪/氣動衝剪　pneumatic nibbler
气冲式抽油机/氣衝式抽油機　air-balanced pumping unit
气锤/氣錘　air hammer
气淬真空电阻炉/氣淬真空電阻爐　gas-quenching vacuum resistance furnace
气锉刀/氣動銼刀　pneumatic file
气袋/裡胎,氣囊　air bag
气刀/氣刀　air cutting device
气导/空氣傳導　air conduction
气道喷射汽油机/氣道噴射汽油機　port-injection gasoline engine
气笛阀/氣笛閥　air whistle valve
气电混合动力汽车/氣電混合動力車輛　LPG electric hybrid vehicle
气电立焊/氣電焊接　electro-gas welding
气电量规/氣電量規　pneumoelectric gage
气-电转换器/氣動-電轉换器　pneumatic electric converter
气垫/氣墊　air cushion
气垫带式输送机/氣墊帶式輸送機　air cushion belt conveyor
气垫式热处理炉/氣墊式熱處理爐　air float heat-treating furnace
气顶/氣力千斤頂,氣動千斤頂　pneumatic jack
气动拔桩机/氣力拔樁機　pneumatic pile extractor
气动扳手/氣動扳手,氣力扳手　pneumatic wrench
气动泵/氣力泵　pneumatic pump
气动变送器/氣動傳送器　pneumatic transmitter
气动测量/氣動規測　pneumatic gauging
气动测量仪表/氣動量規　pneumatic gage
气动测量仪器/氣動量測儀器　pneumatic measuring instrument
气动除锈器/氣動除銹器　pneumatic scaler
气动传感器/氣動感測器,氣動傳送器　pneumatic sensor, pneumatic transmitter
气动传输接收器/氣動傳送接受器　pneumatic transmission receiver
气动传输线/氣動傳送線路　pneumatic transmission line
气动锤钻/氣動錘鑽　compressed air hammer drill
气动打钉机/氣動打釘機　pneumatic nail-driver
气动打桩机/氣力打樁機　pneumatic pile driver
气动挡渣器/氣動擋渣器　pneumatic slag stopper
气动导管/氣送管　pneumatic tube
气动捣固机/氣動搗固機　pneumatic tamper
气动捣砂/氣動搗砂　pneumatic ramming
气动灯/氣動燈　pneumatic lamp
气动地毯剪/氣動地毯剪　pneumatic carpet shears
气动雕刻机/氣動雕刻機　pneumatic engraving tool
气动吊/氣力吊車,氣動吊車　pneumatic hoist
气动订合机/氣動訂合機　pneumatic stapler
气动抖动器/氣動搖動器　pneumatic shaker
气动发动机/氣力引擎　pneumatic engine
气动阀/氣動[操作]閥　pneumatically operated valve, pneumatic operated valve
气动阀位控制器/氣動閥定位器　pneumatic valve positioner
气动放大器/氣動放大器　pneumatic amplifier
气动分离机/氣動分離機　pneumatic separator
气动辅助元件/氣動輔助構件　pneumatic supplemental component

气动干燥机/氣流乾燥器　pneumatic drier
气动工具/氣動工具,氣力工具,氣力用具　air tool, pneumatic tool, compressed air tool, pneumatic appliance
气动工作台/氣動工作檯　pneumatic table
气动攻丝机/氣動攻絲機　pneumatic tapper
气动夯锤/氣動搗桿,氣動舂　pneumatic rammer
气动厚度计/氣動厚度計　pneumatic thickness meter
气动虎钳/氣動虎鉗　pneumatic vice
气动回路/氣動回路　pneumatic circuit
气动混凝土布料装置/氣動混凝土布料裝置　pneumatic concrete placing device
气动机/氣動馬達　pneumatic motor
气动机构/氣動機構　pneumatic machanism
气动机器人/氣動機械人　pneumatic robot
气动机械/氣力機械　pneumatic machine
气动激光器/氣動雷射[器],氣體動力雷射　gas-dynamic laser, gas dynamic laser
气动计算机/氣動計算機　pneumatic computer
气动记录器/氣動記録器　pneumatic recorder
气动技术/氣力學　pneumatics
气动继电器/氣動[電流]繼電器　pneumatic relay
气动夹具/氣動夾具,氣力夾　pneumatic fixture, air clamp
气动减振器/氣動吸震器　pneumatic absorber
气动绞车/氣動絞車,氣動吊車　pneumatic winch, pneumatic hoist
气动绞盘/氣動絞盤　pneumatic capstan
气动搅拌机/氣動攪拌機　pneumatic stirrer
气动卡盘/氣動夾頭　pneumatic chuck
气动开关/氣動開關　pneumatic switch
气动控制/氣力控制,氣壓控制　pneumatic control
气动控制器/氣動控制器　air-operated controller
气动控制元件/氣動控制元件　pneumatic control component
气动捆扎机/氣動捆紮機　pneumatic strapping machine
气动捆扎拉紧机/氣動捆紮拉緊機　pneumatic puller of strapping
气动捆扎锁紧机/氣動捆紮鎖緊機　pneumatic locker of strapping
气动拉铆机/氣動拉鉚機　pneumatic rivet puller
气动力计/氣動測力計　pneumatic force meter
气动流量变送器/氣動流量傳送器　pneumatic flow transmitter
气动罗盘/氣動羅盤　pneumatic compass
气动逻辑控制元件/氣動邏輯控制元件　pneumatic logic control component
气动逻辑元件/可動形元件　moving part
气动螺丝刀/氣動螺絲起子　pneumatic screw driver
气动落砂机/氣動清砂機　pneumatic knockout machine
气动马达/氣動馬達　pneumatic motor
气动铆钉机/氣動鉚釘機　pneumatic riveting hammer
气动模拟计算机/氣動類比計算機　pneumatic analog computer
气动磨光机/氣力砂磨器　pneumatic sander
气动排量泵/氣動排量泵　gas driven displacement pump
气动抛光机/氣動抛光機　pneumatic polisher
气动喷射设备/氣動噴射設備　pneumatic spraying equipment
气动喷雾机/氣動噴霧器　pneumatic sprayer
气动喷嘴/氣動噴霧器　pneumatic atomizer
气动破碎锤/氣動破碎鍾　pneumatic breaker hammer
气动起动器/氣動致動器,氣動起動機　pneumatic actuator, pneumatic starter
气动起重机/氣動吊車　air hoist, pneumatic hoist
气动气液阻尼缸/氣動氣液緩衝筒　pneumatic air hydraulic dashpot
气动撬浮机/氣動撬浮器　pneumatic barring down tool
气动清砂/氣動清砂,氣動清箱　pneumatic knock-out
气动驱动轮/氣動絞盤　pneumatic capstan
气动塞/空氣塞　air plug
气动刹车/氣動刹車,氣動制動器　pneumatic brake
气动砂带机/氣動砂帶機　pneumatic belt sander
气动砂轮机/氣力磨輪,氣動研磨機　pneumatic grinder, air grinder
气动设定控制器/氣動設定控制器　pneumatic set controller
气动升降机/氣動昇降機　pneumatic lift
气动升液器/氣昇器　airlift
气动式波发生器/氣動式波産生器　pneumatic wave generator
气动式钢筋调直切断机/氣動式鋼筋矯直切斷機　pneumatic reinforcing bar straightening and cutting machine
气动式麦克风探测器/氣動麥克風式偵測器　pneumatic microphone detector
气动式脉动器/氣動脈衝式器　pneumatic pulsator
气动式探测器/氣動式偵測器　air-operated detector
气动式雾化器/氣動噴霧器　pneumatic atomizer

气动输送机/氣動運送機,氣力運送機 pneumatic conveyor
气动水泵/氣動水泵 pneumatic water pump
气动探测器/氣動偵測器 pneumatic detector
气动调节阀/氣動控制閥 pneumatic control valve
气动调节器/氣動調節器,氣動控制器 pneumatic regulator
气动调速器/氣力調速機 pneumatic governor
气动调压器/氣動調壓器 pneumatic pressure regulator
气动涂油机/氣動噴油器 pneumatic oil sprayer
气动系统/氣動系統 pneumatic system
气动消声器/氣動消聲器 pneumatic silence
气动卸料机/氣動卸料器 pneumatic discharger
气动压力机/氣動壓機 pneumatic press
气动压铆机/氣動壓鉚機 pneumatic squeeze riveter
气动压缩机/氣動壓縮機 pneumatic compressor
气动扬声器/氣動揚聲器 pneumatic loudspeaker
气动羊毛剪/氣動羊毛剪 pneumatic wool shear
气动遥测/氣動遥測 pneumatic telemetering
气动液体密度计/氣動液體密度計 pneumatic liquid density gage
气动液位计/氣動液位計 pneumatic liquid level gage
气动液压调速器/氣動液壓調速器 pneumatic hydraulic governor
气动油泵/氣動油泵 pneumatic oil pump
气动油枪/氣動油槍 pneumatic oil gun
气动运送机/氣動輸送機 air-activated conveyer
气动扎网机/氣動紮網機 pneumatic stapler for metallic mesh
气动凿岩机/氣力鑿岩機 pneumatic rock drill, pneumatic rock drill
气动造型机/氣力震動造模機 pneumatic jolt molding machine
气动真空发生器/氣動真空産生器 pneumatic vacuum generator
气动振动器/氣力振動器 pneumatic vibrator
气动执行机构/氣動致動器,氣動引動器 pneumatic actuator
气动执行元件/氣動執行元件 pneumatic executive component
气动注射器/氣動針筒 pneumatic syringe
气动装置/氣動裝置 pneumatic device
气动撞锤/氣動搗錘 air rammer
气阀/氣閥,氣門 valve, air valve
气封/氣體封閉 sealing
气缸/氣缸 casing, cylinder
气缸盖/缸頭,缸蓋 cylinder cover, cylinder head
气缸盖垫片/氣缸蓋墊片 cylinder head gasket
气缸盖螺栓/缸頭用螺栓,缸頭用螺樁 cylinder head bolt, cylinder head stud
气缸盖密封环/氣缸蓋密封環,氣缸頭環墊片 cylinder head ring gasket
气缸盖上层/氣缸蓋上層 cylinder head top
气缸盖下层/氣缸蓋下層 cylinder head base
气缸盖罩/閥動機構蓋 valve mechanism cover
气缸空气起动/氣缸氣起動 cylinder air starting
气缸列/氣缸排 cylinder bank
气缸排/氣缸列 cylinder row
气缸偏置距/氣缸偏置距 cylinder offset
气缸润滑/氣缸潤滑 cylinder lubrication
气缸套/氣缸襯套 cylinder liner
气缸体/氣缸體 cylinder block
气缸体端盖/氣缸體端件 cylinder block end cover, cylinder block end piece
气缸体隔片/氣缸隔片,氣缸墊片 cylinder spacer
气缸体机架/氣缸架 cylinder frame
气缸压缩压力/氣缸壓縮壓力 compression pressure in a cylinder
气缸油/氣缸油 cylinder oil
气缸有效容积/氣缸有效容積 effective cylinder volume
气镐/氣力鎬 pneumatic pick
气割/氧氣切割,氧炔切割,焰割 oxygen cutting, gas cutting, scarfing
气鼓/氣筒 air drum
气固两相流/氣固兩相流 gas-solid two-phase flow
气固色谱法/氣固[相]層析法,氣固[相]層析術 gas-solid chromatography
气管/氣管 gas hose
气焊/[燃氧]氣焊,氣體熔接 oxyfuel gas welding, gas welding
气焊管/氣焊管 gas-welded pipe
气焊炬/燃氧氣焊炬 oxyfuel gas welding torch
气候/氣候 climate
气化/氣化[作用] gasification
气化充瓶车/具氣化充瓶設備之槽車 tanker with vaporization and cylinder filling equipment
气化器/氣化器,蒸發器 vaporizer
气化设备/氣化設備 vaporization equipment
气化冶金/氣化冶金 vapometallurgy
气环/壓縮脹圈 compression ring
气晖氧原子红线/鎘紅[譜]線 airglow atomic oxygen line
气基直接还原/氣基直接還原 gas-based direct

reduction
气剪[刀]/氣[動]剪刀 pneumatic shears
气举/氣體提昇設備 gas lift
气举阀/氣舉閥 gas-lift valve
气举井/氣舉井 gas-lift well
气举启动压力/衝噴壓力 kick-off pressure
气锯/氣[動]鋸 pneumatic saw
气孔/[氣]孔,細孔 pore, air hole, gas hole
气孔测定仪/孔隙儀 porosity apparatus
气控换向阀/氣控換向閥 pneumatic operated directional valve
气控计量泵/氣控衝程致動器計量泵,氣致動計量泵 metering pump with pneumatic stroke actuator
气喇叭/氣笛 air horn, pneumatic horn
气冷反应器/氣冷反應器 air-cooled reactor
气冷结晶器/氣冷結晶器 air-cooled crystallizer
气冷式电动机/氣冷電動機,氣冷馬達 air-cooled motor
气冷式套筒/冷却空氣套 cooling air jacket
气冷套/氣冷套 air-cooled jacket
气冷[真空]管/氣冷[電子]管 air-cooled tube
气力分级器/氣動類析器 pneumatic classifier
气力式高温计/文托利氣動式高溫計 Venturi pneumatic pyrometer
气力输送槽/氣動輸送槽 pneumatic chute
气力提升机/氣力昇降機,氣動昇降機 pneumatic elevator
气力卸船机/氣力卸船機 pneumatic ship unloader
气帘/氣幕 air curtain
气量计/氣量計,氣量表 gas meter, air meter
气量瓶/量氣瓶 gasometer flask
气流表/風速計,氣流計,氣速表 air meter
气流粉碎机/氣流粉碎機,噴射磨機 air flow pulverizer, jet mill
气流干燥/氣體乾燥 air-stream drying
气流畸变/氣流畸變 flow distortion
气流计数器/通氣計數器 gas flow counter
气流冷冻/強風冷凍 air blast freezing
气流脉动/氣體脈動 gas pulsation
气流探测器/氣流探測器 gas flow detector
气流弯应力/氣流彎應力 gas flow bending stress
气流稳定器/流速穩定器 anemostat
气流噪声/流動噪音 flow noise
气流折转角/流動翻轉角 flow turning angle
气流阻抗检测器/氣流阻抗檢知器 gas flow impedance detector
气落式自磨机/氣落式自磨機 aero fall mill
气帽/氣帽,氣冠 gas cap
气门/氣門,風門,氣閥 valve, air door, air valve
气门重叠/進排氣門同開 valve overlap
气门导管/閥導 valve guide
气门定时/閥動定時 valve timing
气门间隙/氣門間隙 valve lash
气门间隙调整螺钉/氣門間隙調節器 valve lash adjuster
气门驱动机构/氣門驅動機構 valve drive mechanism
气门升程/閥昇程 valve lift
气门锁夹/開栓器 valve collet, valve key, valve lock
气门弹簧/閥彈簧 valve spring
气门弹簧垫圈/閥彈簧墊圈 valve spring washer
气门弹簧座/閥簧扣件 valve spring retainer
气门调整螺钉/氣門調節器 valve adjuster
气门旋转机构/氣門旋轉機構 valve rotator
气门嘴孔/氣門嘴孔 valve aperture
气门座圈/閥座嵌環 valve seat insert
气密盒/氣密罩 gas-tight housing
气密连接器/氣密連接器 hermetic connector
气密式通风机/氣密式風扇 gas-tight fan
气密式仪器仪表/氣密式儀器儀表 air-tight instrument
气密型埋刮板输送机/氣密型埋刮板輸送機 air-tight en masse conveyor
气密性/氣密性 air-tightness
气密性检验/氣密[性]試驗 air-tight test
气密注射器/氣密注射器 gastight syringe
气苗/氣苗 gas seepage
气敏电阻器/氣敏電阻器 gas-sensitive resistor
气敏元件/氣敏元件 gas-sensitive element
气膜刚度/氣膜剛度 gas film stiffness
气膜冷却/氣膜冷却 air film cooling
气膜振荡/氣膜振盪 gas whirl
气幕/氣幕 air curtain
气幕式洁净罩/氣幕式潔淨罩 ceiling module with air curtain
气囊缓冲器/氣囊緩衝器 air bag buffer
气凝胶色谱仪/氣體凝膠層析儀 gas-gel chromatograph
气刨/熔刮 gouging
气泡/氣泡 cavity pocket, air bubble
气泡测斜仪/氣泡傾斜儀 bubble inclinometer
气泡管/氣泡管 bubble tube
气泡管水平仪/氣泡管水平儀 bubble-tube level
气泡检查仪/泡計 bubble meter
气泡灵敏气压计/氣泡靈敏氣壓計 bubble

statoscope
气泡式浮选机/氣泡式浮選機 bubble machine
气泡式量角器/氣泡式量角器,氣泡式分度規 bubble protractor
气泡式水准仪/氣泡水準儀,酒精水準儀 spirit level
气泡式吸尘器/氣泡集塵器 bubble filter
气泡室/[氣]泡室,氣泡腔,泡艙 bubble chamber
气泡[水]泵/氣泡泵 bubble pump
气泡水准器/[氣泡]水準儀 bubble level
气泡水准仪/氣泡水準儀,氣泡水準器,氣泡指示器 air bubble level, bubble gage
气泡雾化/氣泡霧化 bubbling atomization
气泡雾化油燃烧器/氣泡霧化油燃燒器 bubbling atomizing oil burner
气炮冲击机/氣炮衝擊機 shock machine with air gun
气瓶附件/鋼瓶附件 cylinder accessory
气瓶减压器/鋼瓶減壓器 gas cylinder regulator
气枪/氣[動]槍 pneumatic gun, air gun
气锹/氣鍬 pneumatic spade
气桥湿度计/氣動橋式濕度計 pneumatic bridge hygrometer
气球/氣球 balloon
气溶胶/氣態懸膠體 aerosol
气溶胶浮选/氣溶膠浮選 aerosol flotation
气熔刮板/氣熔刮 deseaming
气塞/氣塞 gas lock
气升装置/氣昇裝置,氣體昇液裝置 gas lift unit
气蚀/蝕孔 cavitation erosion
气蚀磨损/氣蝕磨損 cavitation wear
气栓/氣[旋]塞 air cock
气水联动机构/氣水聯動機構 air-on water-on mechanism
气胎/氣胎 pneumatic tube
气胎离合器/氣胎離合器 pneumatic tube clutch
气胎制动器/氣胎制動器 pneumatic tube brake
气态电子检测器/氣態電子檢知器 gaseous electronic detector
气态媒质/氣體介質 gaseous medium
气态脱硫/氣態脱硫 desulfurization in the gaseous state
气态源扩散/氣態源擴散 gas source diffusion
气弹簧/氣彈簧 gas spring
气炭/煤氣焦 gas coke
气套/煤氣網罩 gas mantle
气体保护[电弧]焊/氣護弧焊,氣體遮護金屬電弧焊接 gas-shielded arc welding, gas metal arc welding
气体保护弧焊机/氣體保護弧焊機 gas shielded arc welding machine
气体比重计 /氣體比重計 aerometer
气体不完全燃烧热损失/煙氣中未燃氣熱損失 unburned gases heat loss in flue gas
气体采样管/氣體取樣管,氣體取樣器 gas sampler
气体测温法/氣體測温術 gas thermometry
气体常数/氣體常數 gas constant
气体池频率标准/氣體室頻率標準 gas-cell frequency standard
气体传导整流器/充氣管整流器 gaseous conduction rectifier
气体传感器/氣體感測器 gas transducer
气体吹洗处理/氣體吹淨處理 scavenging gas treatment
气体氮化渗法/氮化滲碳法 nicarb process
气体氮碳共渗/氣體氮碳共滲 gas nitrocarburizing
气体氮碳共渗剂/氣體氮碳共滲劑 gas nitrocarburizing medium
气体电极/氣體電極 gas electrode
气体电离/氣體電離,氣體游離 gas ionization
气体电离电位/氣體電離電位 gas ionization potential
气体电离计数管/氣體電離計數器,氣體游離計數器 gaseous ionization counter
气体电离检测器/氣體游離偵測器 gas ionization detector
气体电量计/氣體電量計,氣體庫倫計 gas coulometer
气体定量器/量氣計 gasometer
气体动力润滑/氣體動力潤滑 aerodynamic lubrication
气体动压轴承/氣體動壓軸承 aerodynamic bearing
气体发生瓶/氣體發生瓶 gas generating bottle
气体防护镜/防毒[氣]護目鏡 gas protection goggles
气体放大/氣體放大,氣體增殖 gas multiplication, gas amplification
气体放大系数/氣體增殖係數 gas multiplication coefficient
气体放大因子/氣體增殖因數 gas multiplication factor
气体放电/氣體放電 gas discharge
气体放电灯/[氣體]放電燈 discharge lamp, gas discharge lamp
气体放电等离子体/氣體放電電漿 gas-discharge plasma
气体放电辐射计数管/氣體放電輻射計數管 gas

discharging radiation counter tube
气体放电管/氣體放電管 gas discharge tube
气体放电检测器/氣體放電檢知器 gas discharge detector
气体放电源/氣體放電源 gas discharge source
气体放电真空计/氣體放電真空計 gas discharge gage
气体分离器/氣體分離器 gas trap, gas separator
气体分配器/氣體分配器 gas distributor
气体分配装置/氣體分配裝置 gas-distributing device
气体分析/氣體分析[法] gasometric analysis, gas analyzing
气体分析器/氣體分析儀 gas analyzer
气体分析装置/氣體分析裝置 gas analyzing apparatus
气体分压定律/道耳頓定律 Dalton law
气体伏安计/氣體伏安計,氣體電量計 gas voltameter
气体腐蚀/氣體腐蝕 gaseous corrosion
气体负载量热计/氣體負載量熱計,氣體負載卡路里計,氣體負載卡計 gas load calorimeter
气体干燥瓶/氣體乾燥瓶 gas-drying bottle
气体高温计/氣體高溫計 gas pyrometer
气体活塞式压力计/氣體活塞式壓力計 gas piston pressure gage
气体活塞压力计/氣體活塞壓力計 pneumatic piston gage
气体积聚继电器/氣體積聚繼電器 gas-accumulator relay
气体激光器/氣體雷射[器] gas laser
气体继电器/氣體繼電器 gas ralay, Buchholz relay
气体加载蓄压器/充氣蓄能器 gas-loaded accumulator
气体监视器/氣體監測器 gas monitor
气体检测管/量氣管 gas measuring tube
气体搅拌器/空氣攪拌器 air agitator
气体介质/氣體介質 gaseous medium
气体介质电容器/氣體介質電容器 gas dielectric capacitor
气体净化器/氣體淨化器,氣體洗滌器,洗氣器 gas washer, gas purifier
气体静力润滑/氣體靜力潤滑 aerostatic lubrication
气体静压轴承/氣體靜壓軸承 aerostatic bearing
气体控制仪表/氣體控制儀器 gas control instrument
气体库伦计/氣體庫倫計,氣體電量計 gas coulometer
气体冷凝器/氣體冷凝器 gas condenser
气体量/氣體量 quantity of gas
气体量热法/氣體卡路里術 gas calorimetry
气体量热器/氣體卡路里計 gas calorimeter
气体流量标准装置/氣體流量標準裝置 gas flow standard facility
气体流量计/氣體流量計,氣流計,氣流指示器 gas flowmeter, gas rotameter
气体流量记录器/氣體流量記録器 gas flow recorder
气体硫氮碳共渗剂/氣體硫氮碳共滲劑 sulphonitrocarburizing gas medium
气体滤器/氣體過濾器 gas filter
气体密度计/氣體密度計 gas densitometer, manoscope
气体密度记录器/氣體密度記録器 gas density recorder
气[体]敏感器/氣體感測器 gas sensor
气体喷射真空泵/氣體噴射真空泵 gas jet vacuum pump
气体膨胀透平/氣體膨脹透平,氣體膨脹渦輪機 gas expander turbine
气体膨胀温度计/氣體[膨脹]溫度計 gas expansion thermometer
气体气味计/氣體臭味計 gas odorometer
气体取样管/氣體取樣管,氣體取樣器 gas sampler, gas sample tube
气体燃料供给系统/氣體燃料供給系統 gas fuel supply system
气体燃料锅炉/氣體燃料鍋爐 gas-fuel-fired boiler
气体燃料内燃机/氣體燃料引擎,瓦斯引擎 gas fuel engine
气体燃料喷射器/氣體燃料噴射器 gas fuel injector
气体燃料喷嘴/氣體燃料噴嘴 gas fuel nozzle
气体燃烧器/氣體燃燒器,燃氣器 gas burner
气体熔接/氣體熔接,氣焊 gas welding
气体润滑/氣體潤滑 gas lubrication
气体闪烁计数管/氣體閃爍計數器 gaseous scintillation counter
气体闪烁器/氣體閃爍器 gaseous scintillator
气体渗氮/氣體滲氮 gas nitriding
气体渗氮剂/氣體滲氮劑 gas nitriding medium
气体渗铬剂/氣體滲鉻劑 gas chromizing medium
气体渗硅/氣體滲矽 gas siliconizing
气体渗铝剂/氣體滲鋁劑 gas aluminizing medium
气体渗硼/氣體滲硼 gas boriding
气体渗碳/氣體滲碳 gas carburizing
气体渗碳剂/氣體滲碳劑 gas carburizer

气体升液器/氣體提昇設備 gas lift
气体收集器/集氣器 gas receiver
气体碳氮共渗/氣體碳氮共滲 gas carbonitriding
气体碳氮共渗剂/氣體碳氮共滲劑 gas carbonitriding medium
气体体积计/量氣計 gas volumeter
气体调节器/氣體調節器 gaseous regulator
气体温度计/氣體溫度計 gas thermometer
气体吸量管/量氣管 gas measuring pipet
气体吸收/氣體吸收 gas absorption
气体吸收器/氣體吸收器 gas absorber
气体泄漏检测仪/漏氣試驗器 gas leakage tester
气体压缩机/氣體壓縮機 gas compressor
气体压缩系数/氣體壓縮因數 gas compressibility factor
气体压缩性/氣體壓縮性 gas compressibility
气体液化循环/氣體液化循環 gas liquefaction cycle
气体油料泵/氣體油料泵 gas oil pump
气体油料螺管阀/氣體油料螺管閥 gas oil solenoid valve
气体油料压力计/氣體油料壓力計 gas oil pressure gage
气体正比检测器/氣體比例檢測器 gas proportional detector
气体轴承透平膨胀机/氣體軸承膨脹式渦輪機 gas-bearing expansion turbine
气体注射器/氣體注射器 gas syringe
气体状态方程/氣體狀態方程 equation of state of gas
气体钻井/氣體鑽井 gas drilling
气调冷藏/環境控制儲藏,氣調儲藏 controlled atmosphere storage
气腿/氣腿,氣腳 air leg
气腿式高频凿岩机/高頻氣腳式鑿岩機 high-frequency air-leg rock drill
气腿式集尘凿岩机/氣腿式集塵鑿岩機 air-leg rock drill with dust collector
气腿式凿岩机/手持氣腳兩用鑿岩機 air-leg rock drill
气腿支承/氣腿支承 air-leg support
气涡轮机/空氣渦輪 air turbine
气雾剂弹/噴霧彈 aerosol bomb
气洗水口/氣洗水口 gas purging nozzle
气铣刀/氣動銑機 pneumatic mill
气隙热阻/氣隙熱阻 thermal resistance of air gap
气相沉积/氣相沈積 vapor deposition
气相滴定/氣體滴定 gas titration
气相防锈/揮發性氣體防銹 volatile rust prevention
气相防锈材料/揮發性氣體防銹材料 volatile rust preventive material
气相防锈粉剂/揮發性氣體防銹粉 volatile rust preventive powder
气相防锈片剂/揮發性氣體防銹丸 volatile rust preventive pill
气相防锈水剂/揮發性氣體防銹水劑 aqueous volatile rust preventive
气相防锈油/揮發性氣體防銹油 volatile rust preventive oil
气相防锈纸/揮發性氣體防銹紙 volatile rust preventive paper
气相干燥/氣相乾燥 vapor phase drying
气相缓蚀剂/氣相抑制劑 vapor phase inhibitor
气相色谱/氣相色譜 gas chromatogram
气相色谱法/氣體色層分離法 gas chromatography
气相色谱分析/氣相色層分析 gas chromatographic analysis
气相色谱-傅里叶红外光谱联用仪/氣相層析傅立葉轉換紅外光譜儀 gas chromatograph-Fourier transform infrared spectrometer
气相色谱-傅里叶红外光谱-质谱联用仪/氣相層析傅立葉轉換紅外光質譜儀 gas chromatograph-Fourier transform infrared-mass spectrometer
气相色谱仪/氣相層析儀,氣相色層分析儀 gas chromatograph
气相色谱-质谱法/氣相色譜-質譜法 gas chromatography-mass spectrometry
气相色谱-质谱[联用]仪/氣相色譜-質譜儀 gas chromatography-mass spectrometer, GCMS
气相外延/氣相磊晶 vapor phase epitaxy, VPE
气相质量转移系数/氣相質量轉移係數,氣相傳質係數 gas-phase mass transfer coefficient
气象穿越/氣象穿越 weather penetration
气象回避/氣象回避 weather avoidance
气象计/氣象計,氣象記録器 meteorograph
气象记录器/氣象記録器,氣象計 meteorograph
气象雷达/氣象雷達 meteorological radar, weather radar
气象台/氣象臺 meteorological station
气象图传真机/氣象圖傳真機 weather-chart facsimile apparatus
气象卫星/氣象衛星 meteorological satellite, meteOSAT
气象仪表/氣象儀器 weather instrument
气象仪器/氣象儀器 meteorological instrument
气旋塞/氣旋塞 air faucet
气穴现象/空化,漩渦真空 cavitation

气压/氣壓 air pressure
气压泵/氣動泵,氣昇泵 airlift pump
气压变量表/氣壓變量計 pressure variometer
气压变量计/氣壓變量儀 pressure variograph
气压表/氣壓計 air pressure gage, barometer
气压补偿/大氣壓補償 atmospheric pressure compensating
气压测高计/氣壓式高度表,氣壓測高儀 barometric altimeter
气压测验器/驗壓器 baroscope
气压成形/氣動成形 pneumatic forming
气压传动/氣壓傳動 pneumatic transmission
[气压传动]/梭[動]閥 shuttle valve
气压传动装置/氣動致動器,氣動引動器 pneumatic actuator
气压伺服电动机/氣動伺服馬達 pneumatic servomotor
气压伺服装置/氣動伺服裝置,氣動伺服系統 pneumatic servo
气压阀/氣動閥 pneumatic valve
气压放大器/氣動放大器 pneumatic amplifier
气压复测校验仪/氣壓複測校驗儀 air multi-check comparator
气压高度表/氣壓測高表,氣壓高度計 atmospheric pressure altimeter, pressure altimeter
气压高度传感器/氣壓高度感測器 pressure altitude sensor
气压罐式连续压滤机/氣壓罐式連續壓濾機 continuous air tank pressure filter
气压机/氣壓機 aerostatic press
气压计/氣壓計,氣壓儀 manometer, barostat
气压记录器/氣壓記録器 barograph
气压浇注机/氣壓澆注機 pressure pouring unit
气压离合器/氣壓離合器 pneumatically controlled clutch
气压偏差/氣壓偏差 air pressure deviation
气压烧结/氣壓燒結 gas pressure sintering
气压式混凝土泵/氣壓式混凝土泵 pneumatic concrete pump
气压输送装置/氣動輸送機,氣運機 pneumatic conveyer
气压提水装置/氣壓提水裝置 pneumatic water pumping device
气压调节器/氣壓調節器,恆壓器 barostat
气压头/氣壓頭 gas pressure head
气压温度计/氣壓溫度計,氣壓溫度記録器 barothermograph
气压-温度-湿度仪/氣壓溫度自記濕度計 baro-thermo-hygrograph
气压指示计/度盤氣壓計 dial barometer
气压制动/氣壓剎車 pneumatic braking
气压制动器/氣控剎車器 pneumatically controlled brake
气压助力器/氣動放大器 pneumatic amplifier
气压柱/氣壓真空柱 barometric leg
气压装置/氣動裝置 pneumatic device
气样室/氣體樣品室 gas sample cell
气液比/氣液比 gas liquid ratio
气液分离器/氣液分離器 eliminator, flash chamber
气液分配色谱仪/氣液[分配]層析儀 gas-liquid partition chromatograph
气-液回热器/氣-液回熱器 gas-liquid regenerator
气液联动凿岩机/氣液聯合鑿岩機 pneumatic-hydraulic combined action drill
气液平衡/氣液平衡 vapor-liquid equilibrium
气液色谱法/氣液[相]層析法 gas-liquid chromatography, GLC
气-液式增压空气冷却器/氣-液式增壓空氣冷却器 air-to-liquid charge air cooler
气液制动系/氣液制動系 air-hydraulic braking system
气硬性耐火泥浆/氣硬性耐火泥漿 air setting mortar
气凿/氣力鑿 pneumatic chipper
气-渣-金[属]反应/氣-渣-金[屬]反應 gas-slag-metal reaction
气闸/氣[流]閘,鎖風門組 air lock, damper
气针/氣管式 air tube
气镇阀/氣鎮閥 gas ballast valve
气镇真空泵/氣鎮真空泵,氣鎮真空幫浦 gas ballast vacuum pump
气制动阀/氣制動閥 air brake valve
气-质联用仪/氣相層析-質譜儀 gas chromatography-mass spectrometer, GCMS
气柱/氣柱 gas column
气锥/氣錐 gas coning
气阻/氣閘 air lock
气阻检测器/氣阻檢知器 gas resistance detector
气钻/氣鑽 pneumatic drill
汽包锅炉/鍋爐鼓 boiler drum
汽车/機動車輛 motor vehicle
汽车安全性检测参数/汽車安全性檢測參數 detection parameter of vehicle safety
汽车板/汽車板 auto sheet, autobody sheet
汽车不良技术状况/汽車不良技術狀況 bad condition of vehicle

汽车侧偏角/汽車側偏角 sideslip angle of vehicle
汽车长度/機動車輛長度 motor vehicle length
汽车超速断油/汽車超速斷油 overspeed fuel cutoff of vehicle
汽车大梁用板/汽車機架用板 plate for automobile frame
汽车大修/汽車大修 major repair of vehicle
汽车 GPS 导航系统/汽車 GPS 導航系統 in-vehicle GPS navigation system
汽车动力性检测参数/汽車動力性能檢測參數 detection parameter of vehicle dynamic performance
汽车方位角/車輛方位角 heading angle, vehicle heading angle
汽车工作能力/車輛工作能力 working ability of vehicle
汽车故障/車輛故障 vehicle fault
汽车耗损/車輛磨損 vehicle wear-out
汽车横摆转动惯量/車輛横擺慣性矩 yawing moment of inertia of vehicle
汽车极限技术状况/車輛極限技術條件 limiting technical condition of vehicle
汽车技术状况/車輛技術狀況 vehicle technical condition
汽车技术状况变化规律/汽車技術狀況變化規律 change regularity of technical condition of vehicle
汽车技术状况参数/汽車技術條件參數 parameter for technical condition of vehicle
汽车检测参数/汽車檢測參數 parameter of vehicle detection
汽车检测技术规范/汽車檢測規範 detection norm of vehicle
汽车检测设备/汽車檢測設備 detection equipment of vehicle
汽车检测作业/汽車檢測作業 detection operation of vehicle
汽车列车/聯結車 combination vehicle
汽车零部件再制造产品/再製汽車零件 remanufactured automobile part
汽车排放性能检测参数/汽車排放性能檢測參數 detection parameter of vehicle emission
汽车起重机/起重機卡車,起重卡車,起重車 crane truck, truck crane, crane car
汽车燃料经济性检测参数/汽車燃料經濟性檢測參數 detection parameter of vehicle fuel economy
汽车式绞车/絞盤車,卷揚車 winch truck
汽车式塔式起重机/卡車式塔式起重機 truck-mounted tower crane
汽车完好技术状况/車輛完好技術狀況 good condition of vehicle
汽车维护/車輛維護 vehicle maintenance
汽车维护定位作业法/車輛維護定位作業法 method of vehicle maintenance on universal post
汽车维护规范/汽車維護規範 norm of vehicle maintenance
汽车维护流水作业法/車輛維護流導法 flow method of vehicle maintenance
汽车维护设备/汽車維護設備 equipment of vehicle maintenance
汽车维护生产纲领/車輛維護生産計劃 production program of vehicle maintenance
汽车维护周期/汽車維護間隔 maintenance interval of vehicle
汽车维护作业/汽車維護作業 operation of vehicle maintenance
汽车维修/車輛維修 vehicle maintenance and repair
汽车维修性/車輛維護性 vehicle maintainability
汽车无线电装置/汽車無線電裝置 autocar radio installation
汽车小修/汽車小修 minor repair of vehicle
汽车 V 型带/汽車 V 型帶 automotive V-belt
汽车修理/車輛修理 vehicle repair
汽车修理规范/汽車修理規範 norm of vehicle repair
汽车修理作业/汽車修理作業 operation of vehicle repair
汽车用吸附天然气/汽車用吸附天然氣 absorbed natural gas for vehicle
汽车诊断参数/車輛診斷參數 diagnostic parameter of vehicle
汽车诊断技术规范/車輛診斷規範 diagnostic norm of vehicle
汽车诊断设备/車輛診斷設備 diagnostic equipment of vehicle
汽车诊断作业/車輛診斷作業 diagnostic operation of vehicle
汽车轴距/機動車輛軸距 motor vehicle wheel base
汽车轴系/車輛軸系 vehicle axis system
汽封/汽封,氣障 steam seal, vapor lock
汽封压力调节器/管式蒸汽調節器 gland steam regulator
汽缸速率/汽缸速率 speed of cylinder
汽耗量/蒸汽消耗量 steam consumption
汽耗率/耗汽率 specific steam consumption, steam rate
汽化表/汽化計,蒸發計 atmometer
汽化计/汽化計 evaporimeter, atmometer

汽化冷却/蒸發冷却 evaporative cooling
汽化冷却器/蒸發冷却器 vapor cooler
汽化潜热/汽化潛熱 latent heat of vaporization
汽化热/汽化熱,蒸發熱 vaporizing heat, heat of vaporization
汽化式发动机/汽化式發動機,汽化式引擎 carbureted engine
汽化压力/蒸汽壓力 vapor pressure
汽冷旋风分离器/蒸汽冷却氣旋式分離器 steam-cooled cyclone separator
汽流激振/蒸汽流激發振動 steam-flow-excited vibration
汽流落后角/汽流落後角 flow lag angle
汽流喷射器/噴汽霧化器 steam jet atomizer
汽流折转角/流動翻轉角 flow turning angle
汽轮发电机组保护系统/汽輪發電機組保護系統 turbine-generator protection system
汽轮发电机组热效率/汽輪發電機組熱效率 turbine-generator thermal efficiency
汽轮发电机组振动/汽輪發電機組振動 vibration of turbine-generator set
汽轮发电机组轴系/汽輪發電機組軸系 turbine-generator shaft system
汽轮机/汽輪機,蒸汽渦輪機 steam turbine
汽轮机迟缓率/汽輪機遲緩率 stagnant rate of steam turbine
汽轮机额定功率/汽輪機額定功率 rated power of steam turbine
汽轮机给水泵/汽輪機給水泵 feed water pump of steam turbine
汽轮机起动特性曲线/汽輪機起動特性曲線 starting characteristic curve of steam turbine
汽轮机型面损失/汽輪機型面損失 profile loss of steam turbine
汽轮机循环水泵/汽輪機循環水泵 circulating water pump of steam turbine
汽轮机主轴/汽輪機主軸 main shaft of steam turbine
汽轮机转子/汽輪機轉子,蒸汽渦輪機轉子 steam turbine rotor
汽轮机最大连续功率/汽輪機最大連續功率 turbine maximum continuous rating
汽-汽热交换器/汽-汽熱交換器 bi-flux heat exchanger
汽塞/氣鎖,氣塞 steam binding, steam blanketing, vapor lock
汽蚀余量/淨有效吸水頭 net positive suction head, NPSH
汽水侧沉积物/内部沈積物 internal deposit
汽水分层/汽水分離 separation of steam-water flow
汽水分离/[蒸]汽水分離 steam-water separation
汽水分离器/[蒸]汽水分離器 steam-water separator
汽水分离再热器/汽水分離再熱器 moisture-separator reheater
汽水共腾/汽水共騰 priming
汽水两相流/蒸汽水二相流 steam-water two-phase flow
汽水膨胀/水膨脹 water swelling
汽水阻力/壓[力]降 pressure drop
汽提塔/汽提塔 stripping column
汽提蒸馏器/汽提器 stripping still
汽温调节/蒸汽溫度控制 steam temperature control
汽相反应器/汽相反應器 vapor-phase reactor
汽液平衡/氣液平衡 vapor-liquid equilibrium
汽油泵/汽油泵 gasoline pump, gasoline feed pump
汽油车稳态加载污染物排放检测/汽油車穩態載入汙染物排放檢測 exhaust-pollution detection for gasoline vehicle under steady-state loaded mode
汽油灯/汽油燈 gasoline burner
汽油电磁阀/汽油電磁閥 gasoline solenoid valve
汽油电力车/汽油電力車 gasoline-electric vehicle
汽油电力牵引车/汽油電力拖車 gasoline-electric tractor
汽油动力机/汽油動力機 gasoline-engine driven machine
汽油腐蚀性试杯/汽油腐蝕測試杯 gasoline corrosion test cup
汽油罐/汽油罐 gasoline cistern
汽油罐油量表/氣量計,煤氣計 gasoline tank oil gage
汽油机/汽油機,汽油引擎 gasoline engine
汽油机超速断油/汽油引擎超速斷油 overspeed fuel cutoff of gasoline engine
汽油机怠速稳定性控制/汽油機怠速穩定性控制 gasoline engine idle speed stability control
汽油机电控燃油喷射系统/電控燃油噴射系統 electronically controlled fuel injection system of gasoline engine
汽油机空燃比控制/汽油機空燃比控制 air-fuel ratio control of gasoline engine
汽油胶质测定杯/汽油膠化測試杯 gasoline gumming test cup
汽油滤清器/汽油過濾器 gasoline filter
汽油喷射式发动机/汽油噴射式引擎 gasoline-injection engine

汽油深度计/汽油油位表 gasoline depth gage
汽油箱存量计/氣量計,煤氣計 gasoline tank inventory
汽油液面计/汽油油位表 gasoline depth gage
汽油油量表/汽油液位表 gasoline level gage
汽油蒸发污染物控制/汽油蒸發汙染物控制 gasoline evaporative emission control
汽阻/蒸汽阻力 steam resistance
契比雪夫多项式/契比雪夫多項式 Tschebyscheff polynomials
契比雪夫分布/契比雪夫分布 Tschebyscheff distribution
契约事务/契約事務 escrow transaction
砌缝剂/填縫劑 joint mixture
砌块/砌塊 block
砌砖石井壁/磚石直井襯壁 ginging
砌砖造模法/砌磚造模法 brick molding
卡盘/夾頭 chuck
卡盘直径/夾頭直徑 diameter of chuck
恰当覆盖问题/恰當覆蓋問題 exact cover problem
千/千 kilo, K
千磅/千磅 kilopound
千波特/千鮑 kilobaud
千度/百萬瓦[特]時 megawatt-hour
千分表/千分表 dial indicator
千分表检查仪/千分表檢驗儀 micrometer checker
千分测径规/測微卡尺 micrometer calipers
千分尺/測微計,測微器 micrometer
千分卡尺/測微卡尺 micrometer caliper
千分率/千分率 per mille
千伏安/千伏安 kilovolt-ampere, kVA
千高斯/千高斯 kilogauss, kGs
千赫兹/千赫[茲] kilohertz, kHz
千斤顶/千斤頂,起重器 jack
千斤顶压桩设备/千斤頂壓樁設備 equipment for jacking preformed pile sections into the ground
千卡/大卡路里,千卡路里,色姆 large calorie, kilocalorie, kcal
千克/千克,公斤 kilogram, kg
千米/千米,公里 kilometer, km
千人基因组计划/千人基因組計劃 one thousand genome plan
千升/公秉 kiloliter, kl
千瓦时/千瓦時 kilowatt hour, kWh
千瓦时计/千瓦時計 kilowatt-hour meter
千万亿次运算每秒/千萬億次運算每秒 peta operations per second
千万亿条指令每秒/千萬億條指令每秒 peta instructions per second
千万亿位/千萬億位,拍[它]位 petabit
千万亿字节/千萬億位元組,拍[它]位元組 petabyte
千位/千位元,千比 kilobit
千位每秒/每秒千比 kilobits per second
千兆赫/十億赫 gigahertz, GHz
千兆以太网/十億位元乙太網路 gigabit ethernet
千字节/千位元組,千拜 kilobyte
千字节每秒/每秒千位元組 kilobytes per second
迁徙/遷徙 migration
迁移电池/遷移電池 transference cell
迁移电流/移動電流 migration current
迁移管/[離子]遷移管 transference tube
迁移开销/遷移費用 migration overhead
迁移率/遷移率,移動率 mobility, transport factor
迁移学习/遷移學習 transfer learning
钎杆/鑽桿,精製鋼桿,鑽鋌 drill rod, drill stem
钎钢/鑽鋼 drill steel
钎焊/焊接,軟焊 soldering, brazing
钎焊性/硬焊性 brazability
钎剂/硬焊劑 brazing flux
钎接[焊]/硬焊法,銅焊法 braze welding
钎具/釺具 rock drill tool
钎料/硬焊合金 brazing alloy
钎头/刀尖塊 bit
钎尾套/釺尾套 chuck sleeve
牵出转矩/脱出轉矩 pull out torque
牵缆挖掘机/牽纜挖掘機 cableway excavator
牵入转矩/引入轉矩 pull in torque
牵索/拉索,控索 guy
牵引臂/曳引臂 towed arm
牵引变电所/牽引變電所 traction substation
牵引车/曳引機 towing tractor
牵引分子泵/牽引分子泵,牽引分子幫浦 molecular drag pump
牵引杆/拖桿 drawbar
牵引杆长/拖桿長度 drawbar length
牵引杆挂车/拖桿拖車 drawbar trailer
牵引杆挂车列车/拖桿曳引機組合 drawbar tractor combination
牵引杆货车挂车/貨物拖桿拖車 goods drawbar trailer
牵引[钢丝]绳/[索道]卷索 haulage rope
牵引工况性能试验/牽引條件特性試驗 traction condition characteristic test
牵引功率/牽引功率,牽引動力 traction power
牵引轨/牽引軌 power track
牵引滚筒/卷筒 haulage drum

牵引挤压/牽引擠壓 pulling extrusion
牵引夹/運索夾 haulage clip
牵引架/導引架 draft
牵引架长/牽引架長 draw-gear length
牵引净重/牽引淨重 net weight hauled
牵引力/牽引力 tractive force
牵引力系数/牽引力係數 coefficient for drawbar pull
牵引链/牽鏈 drag chain
牵引链输送机/牽引鏈式運送機 tractive chain conveyor
牵引能力/車輛牽引容量 vehicle tractive capacity
牵引燃油消耗率/牽引單位耗油量 specific fuel consumption for traction power
牵引式测力计/拉壓測力儀 traction type dynamometer
牵引式拉模机/牽引式拉模機 attractive mould dragger
牵引式输纸器/牽引送紙器 tractor feeder
牵引式钻车/牽引式鑽車 traction drill wagon
牵引索/牽引索,拖索 haulage rope, hauling rope
牵引效率/牽引效率 traction efficiency
牵引型花纹/牽引式型樣 pattern for traction
牵引性能/牽引性能 tractive performance
牵引转矩/阻力轉矩 traction torque
牵引装置/牽引裝置 tow device, pulling device
牵引装置高度/牽引裝置高度 height of towing attachment
牵引装置悬伸/牽引裝置懸伸 overhang of towing attachment
牵引阻力/牽引阻力 drag force
牵引座/牽引座 fifth wheel coupling
牵引座结合面高度/聯結器面高度 height of coupling face
铅/鉛 lead
铅白/鉛白 lead white
铅包电缆/鉛包電纜 lead-covered cable
铅笔状滑移/鉛筆束滑動 pencil glide
铅箔/鉛箔 lead foil
铅垂水准器/[鉛錘]水準儀,錘準器 plumb level
铅锤/鉛錘 plumb bob
铅当量/鉛當量 lead equivalent
铅矾/鉛礬 anglesite
铅焊/鉛熔焊 lead burning
铅黄铜/鉛黃銅 brass-lead
铅基巴比特合金/鉛基巴氏合金 lead base Babbitt metal
铅极电量计/鉛電量計,鉛庫侖計 lead coulometer
铅扣/鉛錠 lead button
铅锍/鉛硫化物 lead matte
铅内衬/鉛襯 lead lining
铅屏蔽/鉛遮蔽 lead shielding
铅腔/鉛腔 lead chamber
铅青铜/鉛青銅 lead bronze
铅容器/鉛容器 lead container
铅熔处理/韌化 patenting
铅始极片制备/鉛始極片配製 lead starting sheet preparation
铅试金/鉛火試金 lead fire assay
铅室法/鉛室法 lead-chamber process
铅酸蓄电池/鉛酸蓄電池 lead-acid battery
铅塔/鉛柱 lead column
铅铜/鉛銅 cupro-lead
铅锡镀层板/三元板,鍍鉛錫鐵板 terne plate
铅锡焊料/管匠軟焊料 plumber solder
铅锌密闭鼓风炉熔炼法/鉛鋅鼓風爐熔煉法 imperial smelting process, ISP
铅锌蓄电池/鉛鋅蓄電池 lead-zinc storage battery
铅蓄电池/鉛蓄電池[組] lead accumulator, lead storage battery
铅烟气/鉛煙氣 lead fume
铅液冷却溜槽/鉛液冷却溜槽 lead cooling launder
铅雨冷凝/鉛飛濺冷凝 lead splash condensing
铅雨冷凝器/鉛飛濺冷凝器 lead splash condenser
铅浴池/鉛浴槽 lead bath
铅浴处理/鉛浴處理 lead-bath treatment, patenting
铅浴淬火/鉛浴淬火,韌化[退火] lead-bath hardening, patenting
铅闸准直仪/鉛閘準直儀 lead-baffled collimator
铅字合金/活字合金,鑄字合金 type metal
铅字质量/信件品質 letter quality
签名/簽名 signature
签名块/簽名塊 signature block
签名模式/簽名方案 signature scheme
签名算法/簽名演算法 signature algorithm
签名文件/簽名檔案 signature file
签名验证/簽名驗證 signature verification
签名者/簽章者 signer
签名证书/簽署憑證 signature certificate
前臂/前臂,小臂 forearm
前窗/前窗 front window
前窗玻璃/風屏,擋風玻璃 windscreen
前吹/空吹 fore blow
前导/前導 predecessor
前导码/前導碼 lead code
前导码发生器/序號産生器 preamble generator

前动力输出轴/前動力輸出軸 front PTO
前端/前端,前級 leading end, front end, head-end
前端处理器/前端處理機 front-end processor
前端框架/前端框架 front-end supporter
前端压力/前鋒壓力 forefront pressure
前端装载机/前端裝載機 front-end loader
前端装载机装载/前端裝載機裝載 front-end-loader loading
前峰锯齿冲击脉冲/前峰鋸齒衝擊脈衝,陡前沿鋸齒型脈衝 initial peak sawtooth shock pulse, initial peak saw tooth shock pulse
前负荷/預負載 preload
前隔板/前隔板 cowl board
前隔板侧板/前隔板側板 cowl side panel
前隔板横梁/前隔板橫梁 cowl crossrail
前隔板护面/前隔板護面 cowl bulkhead shield
前关照地址/前關照地址 previous care-of address
前辊/進料輥 feed roller
前横梁/前橫梁 front cross member
前后比/前後比 front-to-rear ratio
前后干扰/前後干擾 front back interference
前后连接/正反面連接 front back connection
前滑/前滑 forward slip
前级泵/預抽泵,前置泵 prepump
前级管路/前級管路 backing line
前级压力/前級壓力 backing pressure
前级[预抽]真空泵/真空前置泵 vacuum forepump
前级真空/前段真空 forevacuum
前级真空泵/前級真空泵 backing vacuum pump
前级真空阀/前級真空閥 backing valve
前焦点/前焦點 front focus
前角/刀具正交斜度角 tool orthogonal rake
前接入路由器/前接入路由器 previous access router
前节距/前節距 front span
前进波/前進波 progressive wave
前进焊/前向焊接 forward welding
前进速度/前進速度 forward velocity
前景色/前景顏色 foreground color
前馈/前饋 feedforward
前馈 AGC/前饋 AGC,前饋厚度自動控制 feed forward automatic gage control, feed forward AGC
前馈补偿/前饋控制補償 feedforward compensation
前馈反射器/前面饋伺之反射器,正面饋伺之反射器 front-fed reflector
前馈控制/前饋控制,前授控制 feed forward control, feedforward control
前馈通道/前饋通道 feed forward path
前馈通路/前饋通路,前饋路徑 feedforward path
前馈网络/前饋網路 feedforwad network
前栏板/前板 front board
前轮/前輪 front wheel
前轮摆振/前輪擺振 shimmy of front wheel
前轮质量分配系数/前輪質量分配係數 coefficient of weight on front wheel
前轮转向式自卸车/前輪轉向式傾卸車 front wheel steering tipper
前面/齒面,刀具面 face
前面垂直力/刀具面垂直力 tool face perpendicular force
前面截形/面外型 face profile
前面切向力/刀具面切線力 tool face tangential force
前倾叶片/前向葉片 forward blade
前驱动桥/前輪軸 front axle, front drive axle
前伸距/伸出距離 outreach
前神经结电势/前神經結電位 pre-synaptic potential
前视红外线/前視紅外線 forward-looking infra-red, FLIR
前室/前庭 vestibule
前束/前束 toe-in
前束范式/前束正規形式 prenex normal form
前束角/前束角 toe-in angle
前台/前臺 foreground
前台操作方式/前臺模式 foreground mode
前台初启程序/前臺初啟程式 foreground initiator
前台调度程序/前臺排程器 foreground scheduler
前台分区/前臺分區 foreground partition
前台分页/前臺分頁 foreground paging
前台监控程序/前臺監視器 foreground monitor
前台模式/前臺模式 foreground mode
前台区/前臺區域 foreground region
前台任务/前臺任務 foreground task
前台作业/前臺工件 foreground job
前同步码/前文 preamble
前围板/前圍板 front wall panel
前围侧板/前圍側板 dash side panel
前围骨架/前圍骨架 front wall skeleton
前围内护板/前圍內護板 front wall inner shield
前位灯/前位燈 front position lamp
前向波/前向波,正向波 forward wave
前向传移信号/正向傳送信息 forward transfer message
前向串扰/正向串音 forward crosstalk
前向恢复/正向恢復 forward recovery
前向回叫指示/正向呼叫指示元 forward call

indicator
前向纠错/前向糾錯 forward error correction, FEC
前向散射/前向散射 forward scatter
前向搜索式算法/向前搜尋式演算法 forward-search algorithm
前向信道/正向通道 forward channel
前向业务信道/前向業務通道 forward traffic channel
前像/前像 before-image
前卸式翻车架/端卸翻車架 end discharge tippler
前序/前序 preorder
前序遍历/前序遍歷 preorder traversal
前悬/前懸 front overhang
前悬挂装置/前置連桿組 front-mounted linkage
前沿/前緣 leading edge
前沿追踪器/前緣追蹤器 leading-edge tracker
前移式叉车/前移式叉車 reach fork truck
前移向量/前向移動向量 forward motion vector
Scott 前域/Scott 前域 Scott predomain
前缘推进 /鋒面推進 frontal advance
前照灯/前照燈,頭燈 headlamp
前置保护放电管/前置保護放電管 pre-TR tube
前置泵/增壓泵 booster pump
前置铲刀/前刀片 front blade
前置放大器/前置放大器 preamplifier
前置角/前置角,投彈角 lead angle
前置均衡器/前置均化器 pre-equalizer
前置码/前置碼,字首碼 prefix code
前置式汽轮机/重疊式蒸汽渦輪機 superposed steam turbine
前置条件/先決條件 precondition
前置调节器/前置調節器 preregulator
前置选择器/前置選擇器 preselector
前轴/前輪軸 front axle
前轴摆角/前軸振盪角 oscillatory angle of front axle
前柱/前柱 front pillar
前装式连接器/面板連接器 front-mounted connector
前锥[面]/前圓錐[面] front cone
前缀/前綴,前置 prefix
前缀码/前置碼,字首碼 prefix code
前缀性质/前置性質 prefix property
前缀组合词/縮寫字,字首[語],頭字語 acronym
钱币合金/鑄幣合金 coinage alloy
钳/鉗,夾器 cramp
钳口板/顎夾扳 jaw plate
钳口宽度/鉗口寬度 width of jaw
钳盘式制动器/卡鉗碟制動 caliper disk brake
钳身/鉗身 vice body
钳式电流互感器/鉗式電流互感器 split-core type transformer
钳位/箝位,夾合 clamping
钳位二极管/箝位二極體 clamping diode
钳位器/箝位器,夾持器,箝位電路 clamper
潜伏/潛伏,埋伏 lurk
潜伏故障/潛伏故障 latent fault
潜伏期/潛伏期 latent period, incubation
潜伏时间/等待時間 latency
潜孔冲击器/潛孔衝擊器,潛孔錘 down-the-hole hammer, down-the-hole drill hammer
潜孔钻车/潛孔鑽車 down-the-hole jumbo
潜孔钻机/孔底驅動鑽機 down-the-hole drill
潜孔钻头/潛孔鑽頭 down-the-hole bit
潜能模式/潛勢模型 model potential
潜热/潛熱 latent heat
潜热计量表/潛熱卡[路里]計 latent heat calorimeter
潜水泵/潛水泵,深水泵 diving pump
潜水连接器/潛水連接器 submersible connector
潜水箱/潛水箱 caisson
潜望测距仪/潛望測距器 periscopic rangefinder
潜望镜/潛望鏡 periscope
潜望镜天线/潛望鏡天線 periscope antenna
潜行程序/潛行程式 prowler program
潜堰/淹没堰 drowned weir
潜液电泵/可潛電動泵 submergible motor pump
潜影加强/潛影強化 latensification
潜在板形/隱藏性板形 hidden profile shape
潜在语义分析/潛在語意分析 latent semantic analysis
浅表个人剂量当量/淺表個人當量劑量 superficial individual dose equivalent
浅层语义分析/淺層語義分析 shallow semantic parsing
浅吹/淺吹 shallow blowing
浅淬透性钢/淺層硬化鋼 shallow hardening steel
浅斗/淺桶 shallow bucket
浅架构/淺架構 shallow architecture
浅结工艺/淺結工藝 shallow junction technology
浅孔钻/淺孔鑽 short-hole drill
浅拉深/淺拉製 shallow recessing
浅能级/淺能階 shallow energy level, shallow level
浅涅克波/惹奈克波 Zenneck wave
欠重叠/欠疊 underlap
欠电流继电器/欠流電驛[器],電流不足繼電器

under current relay, undercurrent relay
欠电流释放器/欠流釋放器 undercurrent release
欠电流脱扣器/欠流釋放器 undercurrent release
欠电压/欠壓,低電壓 under voltage
欠电压保护/低電壓保護 under voltage protection
欠电压继电器/欠壓電驛[器] under voltage relay
欠电压脱扣器/欠壓釋放器 under voltage release
欠费用户/呆賬用户 defaulting subscriber
欠会聚/欠會聚 under convergence
欠流继电器/欠流繼電器 undercurrent relay
欠拟合/低度擬合 underfitting
欠热发射/欠熱發射 underheated emission
欠烧结/欠燒結 undersintering
欠实时仿真/怠時模擬 slower-than-real-time simulation
欠速淬火/緩淬火 slack quenching
欠调制/欠調制 under modulation
欠压继电器/欠壓繼電器 undervoltage relay
欠载/負載不足 underload
欠载继电器/欠載繼電器 underload relay
欠装法/欠裝法 underfill system
欠阻尼/欠阻尼 underdamping
欠阻尼响应/欠阻尼附應 underdamped response
堑沟底柱结构/壕溝型岩床支柱結構 trench-shape sill pillar
嵌板式天线/嵌板式天線 panel antenna
嵌布粒度/嵌布細微性 disseminated grain size
嵌齿效应/鑲齒效應 cogging effect
嵌顶灯[具]/下照燈 downlight
嵌[钝]齿轮/嵌齒輪 cogwheel
嵌合式离合器/嵌合式離合器 positive clutch
嵌模板/嵌模板,嵌合模型 follow board pattern, odd side board
嵌入安装式/平裝型,埋裝式,嵌入式 flush type
嵌入伺服/嵌式伺服 embedded servo
嵌入法/嵌入法 embedding method
嵌入式操作系统/嵌入式作業系統 embedded operating system
嵌入式灯具/嵌入型照明器具 recessed luminaire
嵌入式风机盘管机组/嵌入式風機盤管機組 cassette-type fan-coil unit
嵌入式计算机/嵌式電腦 embedded computer
嵌入式空气调节器/嵌入式空氣調節器 cassette-type air conditioner
嵌入式控制器/嵌式控制器 embedded controller
嵌入式软件/内建軟體 embedded software
嵌入式数据库/嵌式資料庫語言 embedded database
嵌入式条状波导/包覆式條狀波導 embedded strip guide
嵌入式系统/嵌式系統 embedded system
嵌入式仪表/嵌入式儀器 flush-type instrument
嵌入式语言/嵌式語言 embedded language
嵌入式 SQL 语言/嵌式 SQL 語言 embedded SQL
嵌入式中间件/嵌入式中介軟體 embedded middleware
嵌入芯型/嵌入心型 knock-out core
嵌入性/可嵌入性 embeddability
嵌套/巢套 nest
嵌套测试/嵌套測試 embedded test
嵌套查询优化/嵌套查詢優化 nested query optimization
嵌套集模型/嵌套集模型 nested set model
嵌套事务/巢套異動 nested transaction
嵌套循环/巢套回路 nested loop
嵌套循环法/巢狀回路法 nested loop method
嵌套语言/巢套語言 nested language
嵌套中断/巢套中斷 nested interrupt
枪柄式定扭矩气扳机/槍柄式控制扭矩氣力扳手 pistol-grip torque-controlled pneumatic wrench
枪柄式偏心气动铆钉机/槍柄式偏心氣動鉚釘機 pistol-grip eccentric pneumatic riveting hammer
枪柄式气扳机/槍柄式氣動扳手 pistol-grip pneumatic wrench
枪柄式气动铆钉机/槍柄式氣動鉚釘機 pistol-grip pneumatic riveting hammer
枪柄式气钻/活塞式氣鑽 piston pneumatic drill
枪晶石/槍晶石 cuspidine
枪孔铰刀/槍孔鉸刀 gun reamer
腔倒空/光腔傾輸,空腔倒出 cavity dumping
腔外碳弧灯/敞露式碳弧燈 open carbon arc lamp
强冲突/強碰撞 strong collision
强磁场磁选机/強磁場磁選機 high intensity magnetic separator
强电流/強電流,大電流 heavy current
强调/強調 emphasizing
强度/強度 strength, intensity
强度标/強度標度 intensity scale
强度分布/強度分布 intensity distribution
强度试验/強度試驗 strength test
强度试验压力/強度試驗壓力 strength test pressure
强度削弱/強度縮減 strength reduction
强反层/強反層 strong inversion layer
强反差滤光镜/對比濾光鏡 contrast filter
强反型/強反轉 strong inversion
强化开采/強化開採 strengthening mining
强化流态剂/助流劑 fluidizer

强化砂心头/強化砂心頭 strengthened core print
强化学习/加強學習 reinforcement learning
强化样品/加料試樣 spiked sample
强聚焦/強聚焦 strong focusing
强聚焦加速器/強聚焦加速器 strong focusing accelerator
强聚焦同步加速器/強聚焦同步加速器 strong focusing synchrotron
强拉处理/強拉處理 tension prestressing
强类型/強類型 strong type
强类型语言/強類型語言 strongly typed language
强力吸盘/強力電磁夾頭 powerful electromagnetic chuck
强力旋压/動力旋壓 power spinning
强力照明/強力照明 flood lighting
强连通图/強連接圖 strongly connected graph
强连通问题/強連接問題 strong connectivity problem
强连通组件/強連接組件 strongly connected component
强流电子光学/強流電子光學 high density electron beam optics
强黏结煤/高黏性煤 heavy caking coal
强黏力砂/強力砂 strong sand
强黏性土/強性黏土 soapy clay
强扭处理/強扭處理 torsion prestressing
强耦合系统/強耦合系統 strongly coupled system
强[受]迫振动/強迫振動 forced vibration
[强吸收材料的]光谱吸收指数/[強吸收材料的]光譜吸收指數 spectral absorption index of a heavity absorbing material
强行显示/強制顯示 forced display
强压处理/強壓處理 compressive prestressing
强一致性/強一致性 strong consistency
强制/強制,強迫 forcing
强制保护/強制保護 mandatory protection
强制怠速加浓装置/強制怠速加濃裝置 coasting richer
强制对流/強制對流,強迫對流 forced convection
强制对流空气冷凝器/強制對流空氣冷凝器 forced convection air-cooled condenser
强制访问控制/強制存取控制 mandatory access control, MAC
强制换档/強制換擋 forced shift
强制活塞式校准装置/強制活塞式校準器 forced piston prover
强制冷却/強制冷却,迫冷 force-feed cooling, forced cooling
强制平衡/力平衡 force balance
强制气冷/強制空氣冷却,強制風冷却 forced air cooling
强制驱动电梯/強制驅動電梯 positive drive elevator
强制润滑/強制[進給]潤滑 forced feed lubrication, forced lubrication
强制润滑拉线/強制潤滑拉線 forced lubricating wire drawing
强制式混凝土搅拌机/強制式混凝土攪拌機 compulsory concrete mixer
强制式混凝土清洗机/強制式混凝土清洗機 compulsory cleaning machine for concrete
强制式搅拌器/強制式攪拌器 forced action mixer
强制锁止式差速器/鎖止式差速器 locking differential
强制通风/壓力通風 forced draft
强制通风风扇/鼓風扇 forced-draft fan
强制通风燃烧器/鼓風燃燒器 forced-draft burner
强制卸料铲斗/強制卸料鏟斗 bucket with ejector
强制性标准/強制性標準 mandatory standard
强制循环空气冷却器/強制循環空氣冷却器 forced-circulation air cooler
强制循环炉/強制循環爐 forced circulation furnace
强制循环[式]蒸发器/強制循環式蒸發器 forced circulation evaporator, pump-feed evaporator
强制周期检定/強制性週期檢定 mandatory periodic verification
墙面防潮用机械/牆面防潮用機械 machinery for vertical dampproofing
墙排管/壁盤管 wall coil
墙式过热器/壁式過熱器 wall superheater
墙式燃烧/壁式燃燒 wall firing
墙式燃烧锅炉/壁燃燒式鍋爐 wall-fired boiler
墙座旋臂起重机/牆裝旋臂吊車 wall creeper type jib crane, wall jib crane
抢先/占先 preemption
抢先调度/占先排程 preemptive schedule
抢险救援消防车/緊急救援消防車 emergency rescue fire vehicle
抢占调度/占先排程 preemptive scheduling
抢占多任务处理/占先式多任務 preemptive multitasking
羟值/羥值 hydroxyl value
强迫对流/強迫對流,強制對流 forced convection
强迫对流冷却/強制對流冷却 forced-convection cooling
强迫换相/強迫換向 forced commutation
强迫冷却/迫冷 forced cooling

强迫停运/強迫停運,強制停機,強制停堆 forced outage, forced shutdown
强迫停运小时数/強迫停運時數 forced outage hours
强迫通风/強迫通風,強制通風 forced ventilation
强迫响应/強迫響應 forced response
强迫循环/強制循環 forced circulation
强迫振荡/強迫振盪,強制振盪 forced oscillation
强迫振动/強迫振動,受迫振動 forced vibration
锹头/鏟 spade
敲锤/敲錘 rapping hammer
敲杆/敲桿 rapping bar
敲松间隙/敲鬆間隙 block print clearance
敲陷/敲陷 breaking in
敲型过度/敲型過度 excess rapping
乔克温标/喬克溫標 Giaque temperature scale
乔姆斯基层次结构/Chomsky 階層 Chomsky hierarchy
乔姆斯基范式/Chomsky 正規形式 Chomsky normal form
乔姆斯基谱系/Chomsky 階層 Chomsky hierarchy
桥架/支橋 bridge
桥架型起重机/橋架型起重機 overhead-type crane
桥接/橋接 bridging
桥接丁型网路/橋接丁型網路 bridged-T network
桥接故障/橋接故障 bridging faultbridge fault
桥接结点/橋接結點 bridging node
桥接模式/橋接模式 bridge pattern
桥接器/網橋 bridge
桥接时间/橋接時間,過渡時間 bridging time
桥接式双工/橋接雙工 bridge duplex
桥接网络/橋型網路 bridge network
桥壳/軸殼,軸座 axle housing
桥梁钢/橋梁鋼 steel for bridge construction
桥梁钢板/橋梁鋼板 bridge steel plate
桥梁检测作业车/橋梁檢測作業車 bridge inspection truck
桥路由器/橋路由器 brouter
桥墙/壩牆 bridge wall
桥式锤/橋型錘 bridge-type hammer
桥式电路/橋[接電]路,電橋電路 bridge circuit
桥式堆垛起重机/橋式堆壘起重機 overhead stacking crane
桥式放大器/橋接放大器 bridging amplifier
桥式高阻表/橋式高阻計 bridge-type insulation resistance meter
桥式联结/橋接 bridge connection
桥式量热计/橋式卡路里計 bridge-type calorimeter
桥式欧姆表/橋式歐姆計 bridge-type ohmmeter
桥式频率计/橋式頻率計 bridge-type frequency meter
桥式起重机/橋式起重機,高架移動起重機 bridge crane, overhead traveling crane
桥式转换/橋式換接過程 bridge transition
翘倾支架/傾轉架 tilting structure
翘曲/翹曲 warp, distortion, warping
翘曲模型/翹曲模型 warped pattern
撬棒/千斤頂柄,槓桿 tommy bar
切板机/切板機,剪板機 plate cutting machine
切比雪夫不等式/契比雪夫不等式 Chebyshev inequality
切比雪夫多项式/契比雪夫多項式 Chebyshev polynomial
切比雪夫极大极小定理/契比雪夫極小極大原理 Chebyshev minimax theorem
切比雪夫滤波器/契比雪夫濾波器 Chebyshev filter
切边模/整修模 trimming die
切边压力机/切邊壓機,整緣壓機 clipping press, trimming press
切变不稳定性/切變不穩定性 shearing instability
切齿/齒輪切製 gear cutting
切齿干涉/切齒干涉 cutter interference
切出风速/切出風速 cut-out wind speed
切出量/切出量 overtravel
切除滤波器/切除濾波器 excision filter
切带机/切帶機 belt cutting machine
切顶齿廓/切頂齒廓 topping tooth profile
切定尺飞剪机/切割定尺飛剪機 cut-length flying shears
切断/切斷 cut off, shearing
切断开关/斷流開關 cutoff switch
切断模/切斷模 cutting-off die
切断炮孔/切斷炮孔 cut-off hole
切分轧制/切分軋製 splitting rolling
切割/切割 cutting
切割板/隔板 septum
切割槽/切割槽 slot
切割吹管/熔切炬 cutting torch
切割定尺装置/切割定尺裝置 cut-to-length unit
切割环/切割環 cutting ring
切割机/切斷機 cutter
切割[砂]轮/切割砂輪,切斷用砂輪,輪刀 cutting wheel
切割式井壁取芯器/井壁採岩器,岩心切割器 core slicer
切割速度/切割速度 cutting speed

切割天井/切割天井 slot raise
切割氧/切割氧 cutting oxygen
切割装载机/煤切裝機 cutter loader
切管机/截管器 pipe cutter
切换/交换 switching
切换点/開關點 switching point
切换函数/[電路]切换函數,[電路]開閉作用 switching function
切换启动/切换啟動 handover initiate
切换确认/切换確認 handover acknowledge
切口/鋸口,截口 kerf
切口半径/凹口半徑 radius of notch
切口宽度/切口寬度 kerf width
切口模/切角模具 notching die
切口锐性/缺口銳度 notch sharpness
切连科夫辐射/切連科夫輻射,契忍可夫輻射 Cerenkov radiation
切连科夫计数器/契忍可夫計數器 Cerenkov counter
切连科夫探测器/契忍可夫偵測器 Cerenkov detector
切连科夫效应/契忍可夫效應 Cerenkov effect
切片/切片,薄片 slicing
切片机/[微]切片機 microtome, skiving machine
切钳/鋼絲鉗,剪線鉗 cutting plier
切入风速/切入風速 cut-in wind speed
切入量/切入量 approach
切舌模/切口模 lancing die
切碎机/切碎機 chopper
切头飞剪机/切頭飛剪機 crop flying shears
切土管头/切蹄 cutting shoe
切线反作用力/切線反作用力 tangential reaction
切线角/切線角 contingence angle
切线力/正切力 tangential force
切线流道/切線流道 tangential runner
切线效力/切線效力 tangential effort
切线圆/切線圓 tangential circle
切向变形/正切變形 tangential deformation
切向变形[量]/切向撓曲 tangential deflection
切向加速度/切線加速度,正切加速度 tangential acceleration
切向加速度比/切向加速度比 rate of acceleration in tangential direction to constant acceleration
切向键/切向鍵 tangential key
切向焦点/正切焦點 tangential focus
切向截面/正切斷面 tangential section
切向切片/正切斷面 tangential section
切向燃烧/切線燃燒法 tangential firing
切向燃烧锅炉/切向燃燒鍋爐 tangential-fired boiler
切向入射/掠入射 grazing incidence
切向圆/切圓 tangent circle
切削/切削 cutting
切削部分/切削部分 cutting part
切削层/切削層 cutting layer
切削导锥角/切削導錐角 cutting bevel lead angle
切削功率/切削能力 cutting power
切削加工工艺/切削工藝 cutting technology
切削角/切削角 cutting angle
切削力/切削力 cutting force
切削能/切削能[量] cutting energy
切削扭矩/切削扭矩 cutting torque
切削平面/刀刃平面 tool cutting edge plane
切削热/切削熱 heat in cutting
切削刃/刀刃 cutting edge
切削刃钝圆半径/鈍圓切削刃半徑 rounded cutting edge radius
切削刃选定点/切削刃選定點 selected point on the cutting edge
切削深度/進刀深度 depth of cut
切削速度/切削速度 cutting speed
切削速度计/切速表 cutting speed meter
切削温度/切削溫度 cutting temperature
切削行程/切削行程 cutting stroke
切削性/切削性 machinability
切削液/切削用液 cutting fluid
切削用量/切削條件 cutting condition
切削锥角/切削錐角 taper lead angle
切屑/[油汙金屬]切屑 borings, chip, swarf
切屑厚度压缩比/切屑厚度壓縮比 chip thickness compression ratio
窃取程序/竊取程式 snooper
窃取信道信息/被動竊聽 passive wiretapping
窃听/竊聽 eavesdropping, wire tapping
侵入带/漿液浸汙帶 invaded zone
侵入效率/侵入效率 invasion efficiency
侵入岩 /侵入岩 intrusive rock
侵蚀磨损/侵蝕磨損 erosive wear
侵蚀[作用]/侵蝕,沖蝕 erosion, fretting
亲和力/親和力 affinity
亲和色谱法/親和層析法 affinity chromatography
亲和系数/親和力係數 affinity coefficient
亲和性/親和性 affinity
亲核取代/親核取代 nucleophilic substitution
亲水基团/親水基 hydrophilic group
亲水性/親水性 hydrophilicity
亲水性乳化剂/親水性乳化劑 hydrophilic emulsifier

亲油性乳化剂/親油性乳化劑 lipophilic emulsifier
琴钢丝/高拉力鋼線,鋼琴線 piano wire
擒纵机构/擒縱器 escapement
擒纵轮/擒縱輪 escape wheel, escapement wheel
青铜/青銅 bronze
α青铜/阿伐青銅 alpha bronze, α bronze
δ青铜/德他青銅 delta bronze, δ bronze
青铜焊/青銅焊接法 bronze welding
轻便点焊机/輕便[型]點焊機 portable spot welder
轻便电导度计/輕便[型]電導度計 portable conductivity meter
轻便电机/輕便[型]電機 compacting machine
轻便干燥箱/移動式烘爐 portable drying oven
轻便锅炉/移動式鍋爐 portable boiler
轻便烘箱/移動式烘爐 portable drying oven
轻便磨床/手提磨輪機 portable grinder
轻便式烘模机/移動式烘模機 portable mold dryer
轻掺杂漏极技术/輕摻雜汲極技術 lightly doped drain technology, LDD technology
轻电筒能带/輕電洞能帶 light-hole band
轻度混合动力汽车/輕度混合動力車輛 mild hybrid electric vehicle
轻轨/輕軌 light rail
轻合金/輕合金 light alloy
轻金属/輕金屬 light metal
轻[精]冷轧/輕度冷軋 pinch pass
轻量目录访问协议/輕型目錄存取協定 Lightweight Directory Access Protocol
轻烧/輕燒 light calcining, light burning
轻烧氧化镁/輕燒氧化鎂 light-burned magnesia
轻微磨损/輕度磨耗,柔軟磨損,適度磨損 mild wear
轻微缺陷/裂紋 crack
轻稀土/輕稀土 light rare earth
轻信推理/輕信推理 credulous reasoning
轻型板式给料机/輕型板式給料機 light-duty slat feeder
轻型起重设备/輕型起重設備 light-duty lifting equipment
轻压配合/輕壓配合 light press fit
轻载继电器/欠載繼電器 underload relay
轻质耐火材料/輕質耐火材料 light weight refractory
轻转配合/輕轉配合 easy running fit, light running fit
氢/氫 hydrogen
氢爆/氫爆 hydrogen explosion
氢标度/氫標度 hydrogen scale
氢脆/氫脆化,氫脆性 hydrogen embrittlement
氢灯/氫燈 hydrogen lamp
氢电混合动力汽车/氫電混合動力汽車 hydrogen hybrid electric vehicle
氢电极/氫電極 hydrogen electrode
氢电量计/氫電量計,氫伏特計 hydrogen voltameter
氢放电管/氫放電管 hydrogen discharge tube
氢沸点温度/氫沸點溫度 temperature of boiling hydrogen
氢鼓泡/氫鼓泡 hydrogen blister
氢弧/氫電弧 hydrogen arc
氢-2核磁共振波谱法/氫-2核磁共振波譜法 ^{2}H nuclear magnetic resonance spectroscopy
氢化器/氫化器 hydrogenator
氢化物除锈/氫化物除銹 hydride descaling
氢化装置/氫化裝置 hydrogenation apparatus
氢还原法/氫還原法 hydrogen reduction
氢还原氧/氫還原氧 hydrogen-reducible oxygen
氢火焰离子化检测器/氫火焰游離檢知器 flame ionization detector, hydrogen flame ionization detector
氢火焰离子化检测器分析仪/氫火焰游離檢知器分析儀 hydrogen flame ionization detector analyzer
氢扩散/氫擴散 hydrogen diffusion
氢冷汽轮发电机/氫冷式渦輪發電機 hydrogen-cooled turbogenerator
氢冷式涡轮发电机/氫冷式渦輪發電機 hydrogen-cooled turbine generator
氢离子比较器/氫離子比色計 hydrogen ion comparator
氢离子电位计/氫離子電位計 hydrogen ion potentiometer
氢气发生器/氫[氣]產生器 hydrogen gas generator
氢气放电管/氫放電燈 hydrogen-discharge lamp
氢气温度计/氫溫度計 hydrogen thermometer
氢蚀/氫害 hydrogen attack
氢损/氫損 hydrogen loss
氢损伤/氫害 hydrogen damage
氢-铁法/氫-鐵法 H-iron process
氢微波激射器/氫邁射 hydrogen maser
氢温度计/氫溫度計 hydrogen thermometer
氢吸附/氫吸附 hydrogen adsorption
氢压力表/氫壓力表 hydrogen pressure gage
氢焰检测器/氫火焰檢知器 hydrogen flame detector
氢焰温度检测器/氫火焰溫度檢知器 hydrogen flame temperature detector
氢氧吹管/氫氧吹管 oxyhydrogen
氢氧电量计/氫氧電量計 oxyhydrogen voltameter

氢氧焊/氫氧熔接 oxyhydrogen welding
氢氧化锂单一水合物/氫氧化鋰單水合物 lithium hydroxide monohydrate
氢氧化钠浸蚀/苛性鈉浸蝕 caustic dip
氢氧化物/氫氧化物 hydroxide
氢氧库仑计/氫氧電量計 hydrogen-oxygen coulometer
氢氧燃料电池/氫氧燃料電池 hydrogen-oxygen fuel cell
氢氧焰/氫氧焰 oxyhydrogen flame
氢原子频标/氫原子頻標 hydrogen frequency standard
氢闸流管/氫閘流管 hydrogen thyratron
氢值/氫值 hydrogen value
氢指数/酸度 hydrogen exponent
氢质子交换膜燃料电池/氫質子交換膜燃料電池 hydrogen proton exchange membrane fuel cell
氢致开裂/氫誘導破裂,氫脆裂 hydrogen-induced cracking
倾点/流動點 pour point
倾动式浇包/傾注澆桶 tilting ladle
倾动式精炼炉/傾動式精煉爐 MAERZ refining furnace
倾动式炉/傾轉爐 tilting furnace
倾斗车/傾卸車 tipping wagon, tipper
倾翻式混凝土搅拌机/傾翻式混凝土攪拌機 tilting concrete mixer
倾翻线/傾翻線 tipping line
倾角/傾斜角 tilt angle
倾角测井/傾角測井,傾角録井 dip logging
倾角仪/傾斜計 inclinometer
倾炉架/傾注臺 tilting cradle
倾入槽/傾入槽 rundown tank
倾析/傾析 decantation
倾析器/傾析器 decanter
倾斜/傾斜 tilt sag
倾斜板浓缩机/斜板濃縮機 lamella thickener
倾斜板式输送机/傾斜板式輸送機 inclined slat conveyor
倾斜测定器/傾斜測定器 tilt finder
倾斜测试/傾側試驗 inclining test
倾斜电子透镜/傾斜電子透鏡 tilted electron lens
倾斜度/傾斜度 inclination, angle of inclination
倾斜度测定器/傾斜計 gradienter
倾斜度调节杆/傾注桿 tilting lever
倾斜度调节器/傾斜調節器 tilt adjuster
倾斜断层/傾向斷層 dip fault
倾斜[反射]镜/傾斜鏡 tilting mirror
倾斜分层充填法/傾斜分層充填法 inclined cut and fill stoping
倾斜高度计/斜管液位計 inclined gage
倾斜焊/傾斜焊 inclined position welding
倾斜极限角/傾斜極限角 overturning limit angle
倾斜计/傾斜計,磁傾計 inclinometer
倾斜校正器/傾斜校正器 tilt corrector
倾斜节理/[石礦]横節理 tilted cutters
倾斜镜/傾斜鏡 inclined mirror
倾斜螺旋输送机/傾斜螺旋輸送機 inclined screw conveyor
倾斜埋刮板输送机/傾斜埋刮板輸送機 inclined en masse conveyor
倾斜面挖掘法/向上斜向開採 rill stoping
倾斜能见度/傾斜能見度 slant visibility
倾斜摄动/傾斜攝動 inclination perturbation
倾斜式机组/傾斜式機組 inclined unit
倾斜式微压计/傾斜式微壓計 inclined-tube micromanometer
倾斜式压力计/斜管液體壓力計 inclined manometer
倾斜试验/傾斜測試 tilt test
倾斜水平仪/傾斜水準儀 tilting level
倾斜提升机/傾斜昇降機 inclined elevator
倾斜陀螺仪/傾斜陀螺儀,滾動陀螺儀 roll gyroscope
倾斜 U 型管压力计/傾斜 U 管壓力計 tilting U-tube manometer
倾斜压力计/傾斜壓力計 inclined-tube manometer
倾斜验电器/傾斜驗電器 tilted electroscope
倾斜叶片/傾斜葉片 inclined blade
倾斜仪/測斜器,傾斜計,測斜計 clinometer, gradienter
倾斜指示器/傾斜指示器 tilt indicator
倾泻层/傾瀉層 olistostrome
倾卸机构/傾卸裝置,卸料裝置 dumping device
倾卸时间/傾卸時間 dumping time
倾卸箱/傾卸箱 dumping box
倾注浇注机/傾勺澆注單位 tilting-ladle pouring unit
倾注炉/傾轉爐 tilting furnace
倾转炉/傾轉爐 tilting furnace
倾转熔铁炉/傾轉熔鐵爐,鍬韆爐 tilting cupola
清铲/鏨平 snagging
清尘器/清塵器 dust cleaner
清除/清除 clear, clearance
清除瓷釉/清除瓷釉 glaze-busting
清除阀/空氣清除閥 purge valve
清除鼓风机/鼓風清掃機 scavenging blower

清除键/清除鍵 clearing key, clear key
清除进位/清除進位 clear carry
清除毛刺用凿/去毛頭鑿 burring chisel
清除请求/清除請求 clear request
清除请求分组/清除請求封包 clear request packet
清吹/清洗,驅氣,沖洗 purging
清管器/清管器 scraper, pig
清洁比较器/清潔[能]力比較器 detergency comparator
清洁[软]盘/清潔磁片 cleaning diskette
清洁系数/清潔係數 cleanness factor
清洁真空/清潔真空 clean vacuum
清净过滤槽/濾淨器 cleaning strainer
清净器/澄清器 defecator
清理/清理 fettling
清理场/清理場 cleaning room, fettling store
清理工具/清理工具 fettling tool
清理门/清理門 fettling door
清漆/清漆,油漆 varnish
清欠收据/清欠收據 acquittance
清扫机/清掃機 sweeper truck
清扫毛刷/掃刷 brush sweeper
清砂格子/清砂格子 knock-out grid
清砂式输送机/清砂式輸送機 knock-out grate conveyer
清水泵/清水泵 clean-water pump
清水砂/清水砂 free sand
清算中心/清算中心 clear house
清晰度/清晰度 definition, resolution
清晰度降低/清晰度降低 articulation reduction
清晰度指数/清晰度指數 articulation index
清晰效率/清晰效率 articulation efficiency
清晰性/清晰性 legibility, clarity
清洗/清除 cleaning
清洗槽/沖洗槽 cleaning tank
清洗车/清洗車 cleaning tanker
清洗工具/清理工具 cleaning tool
清洗滚筒/清洗卷筒 cleaning drum
清洗滚筒筛/清洗滾筒篩選機 rolling drum bolter for cleaning
清洗机/清洗機,洗滌機 washing machine, cleaning machine
清洗机用泵/清洗機用泵 pump for cleaning units
清洗剂/清洗劑 detergent remover
清洗接收器/清洗接收器 cleaning catcher
清洗结合器/清洗結合器 cleaning adapter
清洗螺旋机/清洗螺旋機,洗選螺旋管 spiral equipment for cleaning, cleaning spiral
清洗筛/洗滌篩 washing screen
清洗系统/洗滌系統 washing system
清洗装置/洗滌裝置,沖洗器 washing unit, rinser
清箱台/清箱檯 knock-out table
清选滚筒/洗選滾筒 cleaning cylinder
清选筛/洗選篩,分級篩 grading sieve
清障车/拖[吊]車 tow truck
情报检索语言/資訊檢索語言 information retrieval language
情感分析/情感分析 sentiment analysis
情感符号/情感符號 emoticon
情感建模/情緒模型化 emotion modeling
情景/上下文 context
情景分析法/情境分析法 scenario analysis method
情景化/情景化 contextualization
情景记忆/情節記憶 episodic memory
情景行动系统/情境行動系統 situation-action system
情景演算/情境演算 situation calculus
情景知晓/情景知曉 context awareness
情景主体/情節代理 scenario agent
情景自动机/情境自動機 situated automaton
情境软件/情境軟體 situational software
情境学习/情境學習 situated learning
情况语句/CASE 叙述 case statement
情态/案例 case
情态公理/案例公理 case axiom
情态集/案例類別 case class
晴空衰减/晴空衰減 clear air attenuation
氰胺钙/氰氮化鈣 calcium cyanamide
氰化槽/氰液槽 cyanidation vat
氰化处理/氰化處理,氰化表面硬化法 cyanidation, cyaniding
氰化法/氰化法 cyanidation
氰化浸出液/氰化浸出液 cyanide leaching solution
氰化溶液槽/氰化物浴 cyanide bath
氰化尾渣/氰化尾渣 cyanidation tailing
氰化物/氰化物 fluorides, cyanide
氰化物电解铜/氰化液電解銅 cyanide copper
氰化物容量/氰化物容量 cyanide capacity
氰亚金酸盐/氰亞金酸鹽 aurocyanide
擎住电流/閉鎖電流,阻塞電流 latching current
请求/請求,要求 request
请求参数表/請求參數表 request parameter list
请求处理/應需處理 demand processing
请求发送/請求發送 request to send
请求分时处理/需求分時處理 demand time-sharing processing

请求分页/需求分頁　demand paging
请求评论/請求評論　request for comments
请求-应答服务/要求-應答服務　request-reply service
穷举测试/窮舉測試　exhaustive testing
穷举攻击/窮舉攻擊　exhaustive attack
穷举搜索/竭盡式搜尋　exhaustive search, brute force search
穹顶照明/内凹照明,隱蔽照明　cove lighting
琼斯还原器/瓊斯還原器　Jones reductor
琼斯强磁场磁选机/鐘斯強磁場磁選機　Jones high intensity magnetic separator
琼斯矢量/鐘斯矢量,鐘斯向量　Jones vector
琼斯向量/鐘斯向量,鐘斯矢量　Jones vector
琼脂表面电极/瓊脂表面電極　agar surface electrode
丘克拉斯基法/丘克拉斯基法,直拉法　Czochralski method
丘奇论题/邱池論點　Church thesis
丘奇-图灵论题/邱池-杜林論題　Church-Turing thesis
囚车/囚車　prison van
求和积分器/總和積分器　summing integrator
求解路径学习/從解題路徑中學習　learning from solution path
求助/求助　help
ICRU 球/ICRU 球,人體組織等效球　ICRU sphere
球扁钢/球扁鋼　bulb flat steel
球槽副/球槽對　sphere-trough pair
球叉/球叉　ball yoke
球叉式万向节/韋式萬向接頭　Weiss universal joint
球承式模/球承式模板　ball-bearing floating plate
球度/圓球度　sphericity
球端磁铁/球端磁鐵　ball-end magnet
球阀/球閥　ball valve
球管气压计/球管氣壓計　bulb barometer
球焊/球焊　ball bonding
球化[处理]/球化處理,球狀化　nodulizing, spheroidization, spheroidizing
球化分选仪/球化分選儀　balling-up rate meter
球化剂/球化劑　nodulant, nodularizer
球化体/球化體　spheroidite
球化退火/球化退火　spheroidizing annealing, spheroidizing
球击硬化/珠擊硬化　peen hardening
球间隙伏特计/球隙伏特計　sphere-gap voltmeter
球校准/鋼球整膛　ball sizing
球节/球關節,球[窩]接頭　ball joint
球径仪/球徑計　spherometer
球壳式水听器/球殼式水聽器　spherical-shell hydrophone
球笼式同步万向联轴器/球籠式同步萬向聯軸器　synchronizing universal coupling with ball and sacker
球面/球[體]　sphere
球面摆/球面擺　spherical pendulum
球面摆线/球面擺線　spherical cycloid
球面闭曲线/球面閉曲線　closed spherical curve
球面波/球面波　spherical wave
球面槽宝石轴承/球面寶石軸承　spherical jewel bearing
球面度/球面度,立弳　steradian, sphericity
球面副/球面[運動]對　spherical pair
球面干涉仪/球面干涉儀　sphericity interferometer
球面光度计/積分球光度計　sphere photometer
球面活塞压力计/球面活塞壓力計　spherical piston gage
球面机构/球面機構　spherical mechanism
球面渐开螺旋面/球面漸開螺旋面　spherical involute helicoid
球面渐开线/球面漸開線　spherical involute
球面铰链四杆机构/球面樞軸四桿機構　spherical pivot four-bar mechanism
球面镜/球面鏡　spherical mirror
球面镜干涉仪/球面鏡干涉儀　spherical mirror interferometer
球面镘刀/球面鏝刀　spoon trowel
球面磨光器/球面磨光器　spherical polisher
球面内摆线/球面内擺線　spherical hypocycloid
球面四杆机构/球面四連桿組　spherical four-bar linkage
球面速度/球面速度　spherical velocity
球面透镜/球面透鏡　spherical lens
球面凸轮/球面凸輪　spherical cam
球面椭圆/球面橢圓　spherical ellipse
球面外摆线/球面外擺線　spherical epicycloid
球面弯月形透镜/球面彎月鏡　spherical meniscus
球面蜗杆/滴漏形蝸桿　hourglass worm
球[面像]差/球面像差　spherical aberration
球面运动/球面運動　spherical motion
球面阵/球面陣列　spherical array
球面轴承/球面軸承　spherical bearing
球面坐标/球面坐標　spherical coordinate
球磨/球磨　ball milling
球磨粉/球磨粉　ball-milled powder
球磨机/球磨[粉]機　ball mill
球磨精制机/球磨精研機　ball mill refiner

球墨铸铁/球[狀石]墨鑄鐵 nodular graphite iron, spheroidal graphite cast iron
球墨铸铁用生铁/球墨鑄鐵用生鐵 nodular pig iron
球塞/球塞 bulb stopper
球式光度计/球形光度計 globe photometer
球式倾斜仪/球式傾斜儀 ball inclinometer
球铁/球[狀石]墨鑄鐵 nodular graphite cast iron
球头手柄/球形把手 ball handle
[球团]带式焙烧机/[球團]帶式焙燒機 straight grate machine
球团化/團礦作用,球結作用 pelletization
球团混料机/球團混料機 mixer in pelletizing
球团抗压强度/球團抗壓強度 compression strength of pellet
球团矿/[球]團礦 pellet
球团矿焙烧/球團礦焙燒 pellet firing
球团矿均热/球團礦均熱 soaking of pellet
球团矿冷却/球團礦冷却 cooling of pellet
球团矿预热/球團礦預熱 preheating of pellet
[球团]链箅机/[團礦]鏈箅機 grate
[球团]竖炉/[球團]豎爐 shaft furnace for pellet production, pellet furnace, pelletizing
球窝连接器/球窩連接器 ball-and-socket coupling
球窝轴承/球窩軸承 ball-and-socket bearing
球隙/球間隙 sphere gap
球销副/球銷對 sphere-pin pair
球心投影/心射圖形 gnomonic projection
球形/圓球度 sphericity
球形安全阀/球式安全閥 ball safety valve
球形单向阀/球形單向閥 ball check valve
球形端计/球端量規 spherical-ended gage
球形阀/球閥 globe valve
球形反射器/球面反射器 spherical reflector
球形反应堆/球形反應器 spherical reactor
球形汞灯/球形汞燈 spherical mercury lamp
球形光度积分器/球形光度積分器 spherical photometric integrator
球形光度计/球形光度計 integrating-sphere photometer
球形盒式计数器/球形盒計數器 pill-box counter
球形缓冲器/弧面緩衝器 radial buffer
球形混砂机/球形混砂機 spheroidal bowl mixer
球形铰链/球面連桿組 spherical linkage
球形金属罐/球形金屬罐 spherical metallic tank
球形金属罐竖向直径/球形金屬罐豎向直徑 vertical diameter of spherical metallic tank
球形金属罐水平直径/球形金屬罐水平直徑 level diameter of spherical metallic tank
球形金属容器/球形金屬容器 spherical metal tank
球形绝缘子/球形絶緣體 ball insulator
球形量规/球[式]量規 ball gage
球形麦克风/球形麥克風 spherical microphone
球形磨头/球形磨頭 spherical mounted point
球形烧瓶/球式燒瓶 balloon flask
球形探头/球形探頭 spherical probe
球形凸管/球形凸管 bulb tube
球形氙灯/球形氙燈 spherical xenon lamp
球形罩/球形罩 globe
球形轴承/球面軸承 spherical bearing
球形贮槽/球形儲槽 spherical tank
球直径/球直徑 ball diameter
球轴承/球軸承,滾珠軸承 ball bearing
球柱面透镜/球柱面透鏡 sphero-cylindrical lens
球状粉/球狀粉 spheroidal powder
球状渗碳体/球狀碳化鐵,球化雪明碳鐵,球狀雪明碳鐵 spheroidized cementite, spheroidal cementite
球状石墨/球[狀石]墨 nodular graphite, spheroidal graphite
球状石墨粒数/球[狀石]墨粒數 nodule count
球状石墨铸铁/球[狀石]墨鑄鐵 spheroidal graphite cast iron, S.G. iron
球状碳化物/球狀碳化物 spheroidized carbide
球状体/球狀體,球狀雪明碳鐵 spheroid, spheroidite
球状珠光体/球狀雲明碳鐵,球狀波來鐵 spheroidized pearlite
球状组织/球狀組織,球狀構造 globular structure
球总体内径/球總體内徑 ball complement bore diameter
球总体外径/球總體外徑 ball complement outside diameter
球组的节圆直径/球組的節圓直徑 pitch diameter of ball set
球组内径/球組内徑 ball set bore diameter
球组外径/球組外徑 ball set outside diameter
球坐标机器人/球面坐標機器人 spherical coordinate robot
区/區[段],區域 zone
1区/第一區 zone 1
2区/第二區 zone 2
D区/D區 D region
区带电泳/區帶電泳 zone electrophoresis
区带转头/區帶轉頭 zonal rotor
区段倒换/區段倒換 span switching
区段位/區域數元 zone bit
区段因子/編段因素 blocking factor

区分大小写/大小寫有關 case sensitive
区分服务/區分服務 differentiated service
区分服务码点/區分服務碼點 differentiated service code point
区分序列/辨别序列 distinguishing sequence
区间查询/區間查詢 interval query
区间时态逻辑/區間時序邏輯 interval temporal logic
区位码/區位碼 code by section-position
区域/區域 region
区域保护/區域保護 area protection
区域标定/區域標號 region labeling
区域[代]码/區域碼,地區碼 area code
区域地址/區域位址 regional address
区域分割/區域分段 region segmentation
区域分解算法/區域分解演算法 domain decomposition algorithm
区域钢化玻璃/區域鋼化玻璃 zone-tempered glass
区域规划模型/區域規劃模型 regional planning model
区域合并/區域合并 region merging
区域监视器/地區監測器 area monitor
区域精炼/分層精煉法 zone refining
区域聚类/區域聚類 region clustering
区域控制频率/地區控制頻率 area control frequency
区域控制任务/區域控制任務 region control task
区域连接演算/區域連接演算 region connection calculus
区域描绘/區域描繪,區域描述 region description
区域描述/區域描述,區域描繪 region description
区域模型/區域模型 regional model
区域偏析/區域偏析 regional segregation
区域评价/區域評價 regional appraisal
区域熔炼/區域熔煉,區域熔解 zone melting
区域生长/區域增長 region growing
区域填充/區域填充 area filling
区域通信/地區通信,區域通話 area communication
区域通信系统/地區通信系統 area signal system
区域卫星通信/區域衛星通訊 regional satellite communication
曲臂/曲臂 fork
曲柄/曲柄 crank
曲柄摆动导杆机构/曲柄擺動導桿機構 crank and swing guide-bar mechanism
曲柄半径/曲柄半徑 crank radius
曲柄泵/曲柄式泵 crank pump
曲柄臂/曲軸臂 crank web
曲柄存在条件/葛雷秀夫準則 Grashof criterion
曲柄端死点位置/曲柄端死點位置 crank end dead center position
曲柄杆/曲柄桿 crank lever
曲柄滑块机构/滑件曲柄機構 slider-crank mechanism
曲柄连杆比/曲柄連桿比 crank connecting-rod ratio
曲柄式回转机构/曲柄旋轉機構 crank rotation mechanism
曲柄室/曲柄室 crank chamber
曲柄销/曲柄銷 crank pin
曲柄压力机/曲柄式壓機 crank press
曲柄摇杆机构/曲柄搖桿機構 crank-rocker mechanism
曲柄移动导杆机构/曲柄移動導桿機構 crank and translating guide-bar mechanism
曲柄指销式转向器/蝸桿指銷式轉向器 worm and peg steering gear
曲柄转动导杆机构/曲柄轉動導桿機構 crank and rotating guide-bar mechanism
曲度系数/曲率修正因數 curvature correction factor
曲杆/曲棒,曲頭桿 curved bar, bent lever
曲拐元件/曲拐元件 crank element
曲颈接头/曲頸接頭 swan-neck union
曲径汽封/曲徑填函 labyrinth gland
曲率/曲率 curvature
曲率半径/曲率半徑 radius of curvature
曲率测量/曲率量測 curvature measurement
曲率计/曲率計 curvimeter
曲率量具/曲率量具 curvature measure
曲率仪/曲率計 curvometer
曲率圆/曲率圓 circle of curvature
曲率中心/曲率中心 center of curvature
曲面/曲面 surface
曲面板/曲面板 curve plate
曲面逼近/曲面逼近 surface approximation
曲面插值/曲面内插 surface interpolation
曲面重构/曲面重構 surface reconstruction
曲面分割/曲面分割 surface subdivision
曲面光顺/曲面平滑 surface faring
曲面模型/曲面模型 surface model
曲面拟合/曲面配適 surface fitting
曲面匹配/曲面匹配 surface matching
曲面拼接/曲面結合 surface joining
曲面剖分/曲面分割 surface subdivision
曲面手柄/機械手柄 machine handle
曲面微带天线/塊狀微帶天線 microstrip patch antenna

曲面相交/曲面求交 surface intersection
曲面造型/表面模型建立 surface modeling
曲面转动手柄/套筒機械手柄 machine handle with sleeve
曲线/曲線 curve
曲线插值/曲線插值 curve interpolation
曲线尺/曲線定規 curve ruler
曲线齿锥齿轮/螺線齒斜齒輪 curved tooth bevel gear
曲线齿锥齿轮铣刀/螺線斜齒輪銑刀 spiral bevel gear cutter
曲线跟随器/曲線跟隨器 curve follower
曲线拐点/曲線拐點 knee of curve
曲线光顺/曲線平滑 curve faring
曲线规/曲線規 curve gage
曲线绘图仪/曲線繪圖器 curve plotter
曲线计/曲率計 curvimeter
曲线描绘仪/曲線描繪儀 curve tracer
曲线磨床/[光學]輪廓研磨機 profile grinder
曲线拟合/曲線配適 curve fitting
曲线求交/曲線求交 curve intersection
曲线型喷管/傾斜噴管 canted nozzle
曲线运动/曲線運動 curvilinear motion
曲线转折处/曲線拐點 knee of curve
曲线字模/TrueType 字型 TrueType font
曲线族/曲線族 curve family
曲线坐标记录仪/曲線坐標記録器 curvilinear coordinate recorder
曲折滤波器/曲折濾波器 zigzag filter
曲折线慢波线/曲折線慢波線 folded slow wave line, zigzag slow wave line
曲轴/曲軸 crankshaft
曲轴变位传动装置/轉動定位裝置 barring gear
曲轴带轮/曲軸帶輪 crankshaft pulley
曲轴活塞压缩机/曲軸活塞壓縮機 crankshaft piston compressor
曲轴磨床/曲軸磨床 crankshaft grinder
曲轴位置传感器/曲軸位置感測器 crankshaft position sensor
曲轴箱/曲軸箱 crankcase
曲轴箱储存装置/曲軸箱儲存裝置 crankcase storage system
曲轴箱单通风系统/曲軸箱單通風系統 crankcase single ventilation system
曲轴箱端盖/曲軸箱端蓋 crankcase end cover
曲轴箱呼吸器/曲軸箱通氣管 crankcase breather
曲轴箱检查孔盖/曲軸箱門 crankcase door
曲轴箱排放物/曲軸箱排放物 crankcase emission
曲轴箱排放物控制系统/曲軸箱排放物控制系統 crankcase emission control system
曲轴箱强制通风阀/曲軸箱強制通風閥 positive crankcase ventilation valve, PCV valve
曲轴箱强制通风装置/曲軸箱強制通風裝置 positive crankcase ventilation device
曲轴箱扫气/曲軸箱驅氣 crankcase scavenging
曲轴箱双通风系统/曲軸箱雙通風系統 crankcase dual ventilation system
曲轴箱油/曲柄軸箱機油 crankcase oil
驱动安全/驅動安全 drive security
驱动程序/驅動器 driver
驱动磁铁/驅動磁鐵 driving magnet
驱动点导纳/驅動點導納 driving-point mobility, driving-point admittance
驱动点阻抗/驅動點阻抗 driving-point impedance
驱动电流/驅動電流 drive current
驱动附着系数/驅動附著係數 driving adhesion coefficient
驱动附着性/驅動附著性 driving adhesion
驱动辊/驅動輥 driving roll
驱动机构/驅動機構,引動機構 driving mechanism, actuating mechanism
驱动件/引動器,致動器 actuator
驱动力/驅動力,傳動力 actuating force, driving force, gross tractive force
驱动力矩/驅動扭矩 deflecting torque, driving moment, driving torque
驱动力系数/驅動力係數 driving force coefficient
驱动链保护装置/驅動鏈防護罩 drive-chain guard
驱动轮/主動輪 driving wheel
驱动轮节距/驅動輪節距 drive-sprocket pitch
驱动脉冲/驅動脈波 driving pulse, drive pulse
驱动脉冲发生器/激勵脈波産生器 drive-pulse generator
驱动门/驅動閘 driving gate
驱动器符/驅動機字母 drive letter
驱动桥/驅動軸 drive axle
驱动桥额定桥荷能力/額定輪軸能力 rated axle capacity
驱动桥减速比/驅動軸減速比 drive axle ratio
驱动桥壳/驅動軸殼 drive axle housing
驱动桥最大附着扭矩/驅動軸最大滑移扭矩 drive axle maximum slip torque
驱动桥最大输入扭矩/驅動軸最大輸入扭矩 drive axle maximum input torque
驱动系统/驅動系統,致動系統 drive system, actuating system

驱动效率/驅動效率 drive efficiency
驱动信号/致動訊號 actuating signal
驱动用汽轮机/機械驅動蒸汽渦輪機 mechanical drive steam turbine
驱动轴/驅動軸,主動軸 drive shaft
驱动转弯附着性/驅動與轉彎附著性 driving and cornering adhesion
驱动装置/驅動裝置 drive arrangement
驱入扩散/驅入擴散 drive-in diffusion
屈度计/屈度計,焦度計 vertometer
屈伏点/屈服點,降伏點 yield point
屈服点/屈服點,降伏點 yield point, yielding point
屈服强度/屈服強度,降伏強度 yield strength
屈服曲线/降伏曲線 yielding curve
屈服台阶/降伏臺階 yield terrace
屈服效应/降伏效應 yield effect
屈服应变/降伏應變 yield strain
屈服应力/屈服應力,降伏應力 yield stress
屈服准则/降伏準則 yield criteria
屈光计/屈光度計 dioptrometer
屈光学/屈光學 dioptrics
屈光指数/屈折率 refractive index
屈强比/降伏比 yield ratio
屈曲/屈曲,皺曲 buckling
屈氏体/吐粒散體,吐粒散鐵 troostite
趋肤效应/集膚效應 skin effect
趋近/接近 approach
趋势法/趨向法 trend method
趋势分析/趨勢分析 trend analysis
取放机器人/取放[型]機器人 pick-and-place robot
取景变换/景轉換 viewing transformation
取力装置/動力分導裝置 power-take-off
取料机/取料機 reclaimer
取数保护/提取保護 fetch protection
取物装置/負載處理裝置 load-handling device
取向差/取向差 misorientation
取向衬度/取向襯度 orientation contrast
取向磁钢/取向磁鋼 orientation magnetic steel
取向附生/[晶體]順構衍生 epitaxy
取向形核/取向成核 oriented nucleation
取消/廢止 revoke
取消键/取消鍵 cancel key
取消指令/取消指令 cancelling command
取样/取樣,採樣,抽樣 sampling
取样袋/取樣袋 sampling bag
取样袋法/取樣袋法 sampling pocket method
取样阀/取樣閥 sample valve
取样伏特计/取樣伏特計 sampling voltmeter
取样管/取樣管 sampling tube
取样频率/取樣頻率 frequency of sampling
取样瓶/取樣瓶 sampling bottle
取样器/取樣器,試樣收集器 sampler, sample collector
取样勺/取樣勺 sampling spoon
取样时间/抽樣時間 sampling time
取样示波器/取樣示波器 sampling oscilloscope
取样数据系统/取樣數據系統 sampled data system
取样探头/取樣探針 sampling probe
取样探针/取樣探針 sampling probe
取样误差/抽樣誤差 sampling error
取样相关函数/抽樣關聯函數 sample correlation function
取样旋转器/試樣旋轉器 sample spinner
取油样器/油樣採集管 oil thief
去除毛刺/飛邊清除 flash removal
去磁/去磁,退磁,消磁 demagnetization
去磁效应/去磁作用,退磁作用 demagnetizing effect
去磁作用/去磁作用,退磁作用 demagnetizing effect
去抖动/去除抖動 debounce
去钝化/去鈍化 depassivation
去负载放大器/無載放大器 unloading amplifier
去复用器/分用器 demultiplexer
去垢力/清淨力,脱垢力 detergency
去焊枪/去焊槍 desoldering gun
去话载波/去話載波 outgoing carrier
去激励/去激勵 de-excitation
去极化/退極化,去極化 depolarization
去极化阴极/去極化陰極 depolarizing cathode
去加重网络/去加重網路 de-emphasis network
去胶/去膠 photoresist stripping
去卷积/解褶積 deconvolution
去扩频/解展頻 despreading
去蜡/去蠟 dewaxing
去离子断路器/去離子斷路器 deion grid circuit breaker
去离子水/去離子水 deionized water
去链接/解除鏈接 delink
去毛刺机/去毛頭機 burring machine
去毛刺凿/去毛頭鑿 burring chisel
去毛口机/去毛頭機 burring machine
去毛头/飛邊清除 flash removal
去皿装置/去皿重裝置 taring device
去模糊/解模糊 deblurring
去耦滤波器/去耦濾波器 decoupling filter
去气/除氣 degassing
去砂/振動清箱 shake-out

去湿装置/脱水器,吸濕器 moisture catcher, moisture removal device
去污/去汙,除汙 decontamination
去污因数/除汙因數 decontamination factor
去锡法/脱錫法 detining process
去相关/去關聯 decorrelation
去氧化皮/去銹 descaling
去应力退火/去應力退火,弛力退火 stress relief annealing, stress relieving
圈板内高/圈板内高 internal height of plate
圈板外高/圈板外高 external height of plate
圈闭构造/封閉構造 trap structure
圈码/環碼 ring weight
圈数/圈數 number of turns
权标/訊標,符記 token
权标持有站/符記持有者 token holder
权标传递/符記傳遞 token passing
权标传递协议/符記傳遞通訊協定 token passing protocol
权标环网/符記環[形]網路 token-ring network
权标轮转时间/符記旋轉時間 token rotation time
权标总线网/符記匯流排網路 token-bus network
权函数/加權函數 weight function
权衡/折衷 trade-off
权衡分析/權衡分析 trade-off analysis
权利管理信息/權利管理信息 entitlement management message
权利控制信息/權利控制信息 entitlement control message
权衰减过程/權衰減過程 weight-decay procedure
权限/權限,權力 authority
权宜状态/權宜狀態 expedient state
权证/權證 ticket
权重分布/權重分布 weight distribution
全闭式叶轮/全閉式葉輪 completely shrouded impeller
全标度/滿刻度,全刻度 full scale
全波/全波 all wave
全波段/全波段,全頻帶 all band
全波段辐射测量仪/全波段輻射計 panradiometer
全波[段]接收机/全波接收機 all-wave receiver
全波[段]天线/全波天線 all-wave antenna
全波段振荡器/全波振盪器 all-wave oscillator
全波二极检波器/全波二極檢波器 full wave diode detector
全波光纤/全波光纖 all-wave fiber
全波片/全波片 full-wave plate
全波平方律检波器/全波平方律檢波器 full-wave square-law detector
全波整流/全波整流器 full-wave rectifier
全部充填/實充填 solid packing
全部工作状态/全部工作狀態 all-unit operation
全沉浸式虚拟现实/全沈浸式虛擬實境 full immersive VR
全称量词/全稱量詞 universal quantifier
全程式调速器/可變調速器 all-speed governor, variable speed governor
全尺寸/足尺 full scale
全齿高/全深齒 full depth tooth
全电波暗室/全電波暗室 fully anechoic chamber
全电路[式]/全電路[式] whole-circuit
全定制设计/全定製設計 full-custom design
全动感视频/全螢幕視訊信號 full motion video
全反馈/全反饋 unity feedback
全反射/全反射 total reflection
全反射棱镜/全反射棱鏡 totally-reflecting prism, total reflection prism
全反转/全反轉 total inversion, complete inversion
全风[量]操作/全風法操作 full blast
全封闭制冷压缩机/全封閉冷凍壓縮機 hermetic refrigerating compressor
全浮式半轴/全浮式車軸 full-floating axle shaft
全辐射测温法/全輻射測温法,全輻射測温術 total radiation thermometry
全辐射高温计/全輻射高温計,總輻射高温計 total radiation pyrometer
全辐射亮度/全輻射亮度 total radiance
全辐射体/全輻射體 full radiator
全辐射体温度/全輻射[體]温度 full-radiator temperature
全辐射温度/全輻射温度 total radiation temperature
全辐射温度计/全輻射温度計 total radiation thermometer
全辐射照度/總照射度 total irradiance
全干扰/全干擾 total-dose
全高齿/全深齒 full depth tooth
全功率变流器/全功率轉換器 full-power converter
全共享多处理机系统/全共用多處理機系統 shared everything multiprocessor system
全固形物/全固態物 total solid matter
全挂车长度/全掛車長度 full-trailer length
全挂牵引车/牽引汽車 trailer towing vehicle
全贯流式水轮机/全貫流式水輪機 rim-generator tubular turbine
全光函数/全光函數 plenoptic function
全光网/全光網路 all-optical network, AON

全号呼叫/全體呼叫 all-number calling
全耗尽半导体探测器/全耗盡半導體偵測器 totally depleted semiconductor detector
全回转浮式起重机/全回轉浮式起重機 full-circle slewing floating crane
全回转起重机/全回轉起重機 full-circle slewing crane
全混洗/完全打亂 perfect shuffle
全活动视频/全動作視訊 full-motion video
全基因组关联分析/全基因體關聯分析 genome-wide association study
全极滤波器/全極濾波器 all-pole filter
全继电器制自动电话系统/全繼電器制自動電話系統 all-relay automatic telephone system
全加[法]器/全加器 full adder
全加器/全加[法]器 full adder
全架/全架 entire frame
全减器/全減[法]器 full subtracter
全阶观测器/全階觀測器 full order observer
全接入通信系统/總存取通信系統 total access communication system, TACS
全浸试验/浸入試驗 immersion test
全浸温度计/全浸[式]溫度計 total immersion thermometer
全井眼注水泥/全眼下水泥 full hole cementing
全景曝光/廣角曝光 panoramic exposure
全景接收机/全景接收機 panoramic receiver
全景瞄准镜/廣角瞄準鏡 panoramic sight
全景频谱分析仪/全景頻譜分析儀 panoramic spectrum analyzer
全景显示器/全景顯示器 panoramic indicator
全景照相机/廣角照相機 panoramic camera
全径阀门/全徑閥門 full-port valve
全局逼近理论/全域逼近定理 universal approximation theory
全局变量/總體變數 global variable
全局操作/總體操作 global operation
全局查询/全局查詢 global query
全局查询优化/全局查詢最佳化 global query optimization
全局存储器/總體記憶體 global memory
全局登录/全域登錄 global sign on
全局共享资源/總體共享資源 global shared resource
全局故障/總體故障 global fault
全局光照明/全域照明 global illumination
全局光照模型/全域照明模型 global illumination model
全局渐近稳定性/整體漸近穩定性 global asymptotic stability
全局决策者/全域決策者 global decision maker
全局事务/總體異動 global transaction
全局数据库/總體資料庫 global data base
全局死锁/總體死鎖 global deadlock
全局搜索/總體搜尋 global search
全局协调者/全局協調者,全域協調者 global coordinator
全局虚拟存储器/全域虛擬記憶體 global virtual memory
全局应用/全局應用 global application
全局优化/全局最佳化 global optimization
全局知识/總體知識 global knowledge
全局最优/總體最佳值 global optimum
全绝缘电流互感器/全絶緣變流器 fully insulated current transformer
全可变按需接入/完全可變需要進接 fully variable demand access, FVDA
全空号[白]/全空號 all-space
全空气空调系统/全空氣空調系統 all-air air-conditioning system
全空气诱导器/全空氣誘導器 all-air induction unit
全控联结/全控聯結 fully controllable connection
全宽半功率点/全寬半功率點 full width half power point
全宽堰/全寬堰 full-width weir
全矿泥化/全泥處理 all-sliming
全连接网/全連接網路 fully connected network
全连通拓扑/完全連接拓撲 fully connected topology
全连续式轧机/全連續式軋機 completely continuous rolling mill
全连续轧制/全連續軋製 fully continuous rolling, completely continuous rolling
全量备份/全備份 full backup
全零滤波器/全零濾波器 all-zero filter
全零字符信号/全零字元信號,全零字元訊號 all-zero character signal
全流管端式烟度计/全流管端式煙度計 full-flow end-of-line smokemeter
全流取样法/全流取樣法 full-flow sampling
全流式机油滤清器/全流式機油濾清器 full-flow lubricating oil filter
全流式烟度计/全流式煙度計 full-flow smokemeter
全轮驱动式自卸车/全輪驅動式自卸車 all wheel drive tipper
全螺纹螺柱/螺樁,無頭螺栓 stud bolt
全忙电路/全忙電路 all busy circuit

全密封电动机/密封發動機，密封馬達 canned motor
全面腐蚀/全腐蝕 general corrosion
全面检定/全數檢定 complete verification
全面鉴定/全數檢定 complete verification
全面质量管理/總體品質管理，全面品質控制 total quality management, total quality control
全名/全名 full name
全模法/全模法，F-M造模法 full-mold process, F-M process
全内反射角/全内反射角 total internal reflection angle
全泥浆提金法/全泥化法 all-sliming process
全年空调系统/全年空調系統 year-round air-conditioning system
全频道天线/全通道天線 all-channel antenna
全平均/群體平均數 population mean
全屏幕/全螢幕 full screen
全启式安全阀/全啟式安全閥 full-lift safety valve
全桥测量法/全橋量測法 full bridge measurement method
全清命令/全清命令 clear all command
全球波束集/球狀光束叢集 global beam cluster
全球波束天线/球狀波束天線 global beam antenna
全球导航卫星系统/全球導航衛星系統 global navigation satellite system, GNSS
全球导航卫星系统接收机/全球導航衛星接收器 GNSS receiver
全球导航卫星系统终端/全球導航衛星系統終端 GNSS terminal
全球地址/全球位址 global address
全球定位卫星/全球定位衛星 global positioning satellite, GPS
全球定位系统/全球定位系統，GPS系統 global positioning system, GPS
全球多卫星网/全球多衛星網路 global multi-satellite network
全球模型/全球模型 global model
全球通信卫星系统/全球通信衛星系統 global communication satellite system
全球通信系统/全球通信系統，環球電信系統 global telecommunications system, GTS
全球网络/全球網路 worldwide network
全球微波接入互操作性/全球微波接入互通性 world interoperability for microwave access, WiMax
全球卫星通信/全球衛星通信 worldwide satellite communication
全球卫星系统/全球衛星系統 globel satellite system
全球卫星移动个人通信/全球衛星行動個人通訊 global mobile personal communications by satellite, GMPCS
全球星/全球星 Global-Star
全球星系统/全球星系統 GlobalStar
全球移动通信系统/全域移動通信系統，全球行動通信系統 global system for mobile communications, GSM
全热回收器/全熱回收器 air-to-air total heat exchanger
全日射强度测量/日[輻]射強度量測 pyranometry
全色显示/全色顯示 full color display
全身辐射[测量]计/全身輻射計 whole-body radiation meter
全身计数器/全身計數器 whole body counter
全身γ谱分析器/全身γ譜分析器 whole-body gamma spectrum analyzer
全身照射/全身曝露 whole body exposure
全身振动/全身振動 whole body vibration
全石英光纤/全石英光纖 all-silica fiber
全数字拨号/全數字撥號 all-numerical dialing
全数字接入/全數字接入 total digital access
全双工/全雙工 full duplex
全双工传输/全雙工傳輸 full-duplex transmission
全双工信道/全雙工通道 full-duplex channel
全水空调系统/全水空調系統 all-water air-conditioning system
全水上传播/全水上傳播 all over-water propagation
全速测试/高速測試 at-speed testing
全速率业务信道/全速率業務通道 full rate TCH
全塑光纤/全塑光纖 all-plastic fiber
全碳量/全碳量 total carbon
全套试验筛/全套試驗篩 full set of test sieves
全特性/全特性 total external characteristic
全天候服务/全天候服務 all-weather service
全天候自动着陆/全天候自動著陸 all-weather automatic landing
全通滤波器/全通濾波器 all-pass filter
全通网络/全通網路 all-pass network
全脱氧钢/全淨靜鋼 fully killed steel
全尾砂胶结充填/全尾砂固結填充 unclassified tailings consolidated fill
全文检索/全文檢索 full-text retrieval
全文索引/全文索引 full-text indexing
全吸收峰/總吸收峰 total absorption peak
全息图/全像圖 hologram
全息存储器/全像記憶體 holographic memory

全息干涉测量[法]/全像干涉術 holographic interferometry
全息干涉法/全像干涉術 holographic interferometry
全息光栅/全像光柵,全訊光柵 holographic grating
全息[光]照相机/全像儀 holograph
全息摄影[术]/全像攝影,全像術 holography
全息算法/全像演算法 holographic algorithm
全息图/全像圖 hologram, holograph
全息无损检测/全像非破壞檢測 holographic nondestructive testing
全息析纹图/全像圖解 holodiagram
全息显示/全像顯示 holographical display, holographic display
全息显微镜/全像顯微鏡 holographic microscope
全息信息存储/全像訊號儲存 holographic information storage
全息掩模技术/全像光罩技術 holographic mask technology
全系数/總係數 overall coefficient
全相联高速缓存器/全相聯高速緩存快取 fully-associative cache
全相联映射/全相聯對映 fully-associative mapping
全向传声器/全向傳聲器,全向麥克風 omnidirectional microphone
全向覆盖/全向覆蓋 omnidirectional coverage
全向水听器/全向水聽器 omnidirectional hydrophone
全向天线/全向天線,無向性天線,多向天線 omnidirectional antenna, omni-directional antenna
全向信标/全向信標 omnidirectional range
全向一致性/等向性 isotropy
全信道解码器/全通道解碼器 all channel decoder
全压恢复系数/總壓力恢復係數 total pressure recovery factor
全压[力]/總壓[力] total pressure
全压损失系数/全壓損失係數 total pressure loss coefficient
全压真空计/全壓真空計 total pressure vacuum gage
全氧/萃取總氧量 total oxygen by reduction-extraction
全氧高炉/全氧高爐 full oxygen blast furnace
全氧化焙烧/完全焙燒 dead roasting
全业务网/全服務網路 full-service network, FSN
全液压转向器/全液壓轉向器 full-hydraulic steering gear
全液压转向系/全液壓動力轉向系統 full-hydraulic power steering system
全移动性/全移動性 full mobility
全油浮选/多油浮選法 bulk-oil flotation
全有或全无原则/全有或全無原則 all-or-none principle
全域网/全域網路 global area network
全域增益/全域增益 global gain
全站型电子速测仪/全站型電子速測儀 total station electronic tachometer
全中继系统/全替續系統 all-relay system
全周进汽/全週進汽 full-arc admission
全自动混凝土砌块生产成套设备/全自動混凝土塊製造設備 complete set of automatic equipment for block making
全自动硬度测试仪/全自動硬度計 all automatic hardness tester
全自检查电路/總體自檢電路 totally self-checking circuit
缺角/缺角 broken corner
缺口拉伸实验/凹口抗拉試驗 notch tensile testing
缺口敏感度/凹口感度 notch sensibility
缺口磨损/溝槽磨損 notch wear
缺口疲劳/凹口疲勞 notch fatigue
缺口强度比/凹口強度比 notch strength ratio
缺口弯曲试验/裂痕彎斷試驗 nick bend test
缺省/缺省 default
缺省逻辑/缺省邏輯 default logic
缺省推理/缺陷推理 default reasoning
缺失率/漏失率 miss rate
缺失损失/漏失懲罰 miss penalty
缺陷/缺陷,瑕疵 defect
缺陷尺寸/瑕疵大小 flaw size
缺陷管理/缺陷管理 defect management
缺陷数/缺陷數 defective number
缺陷跳越/缺陷跨越 defect skip
缺页/尋頁錯失 page fault
缺页频率/尋頁錯失頻率 page fault frequency
缺页中断/缺頁中斷 missing page interrupt
缺油/缺油 oil starvation
缺圆孔板/扇形流孔板,扇形孔口板 segmental orifice plate
确保/保證 assurance
确保操作/保證操作 assured operation
确保等级/保證等級 assurance level
确保数据传送/保證式資料傳送 assured data transfer
确定比特率/固定位元率 deterministic bit rate, DBR
确定变迁/確定性變遷 deterministic transition

确定和随机佩特里网/確定性隨機佩特里網 deterministic and stochastic Petri net
确定力/可定力 deterministic force
确定性调度/確定性排程 deterministic scheduling
确定性故障/定型故障 determinate fault
确定性空间/確定空間 deterministic space
确定性空间复杂性/確定空間複雜性 deterministic space complexity
确定性控制系统/確定性控制系統 deterministic control system
确定性路由/確定性路由 determine routing
确定性模型/確定性的模型 deterministic model
确定性上下文无关语言/確定的上下文無關語言 deterministic context-free language
确定性上下文有关语言/確定性上下文有關語言 deterministic context-sensitive language
确定性时间/確定時間 deterministic time
确定性时间复杂性/確定時間複雜性 deterministic time complexity
确定性算法/演算法確定性 deterministic algorithm
确定性图灵机/確定性杜林機 deterministic Turing machine
确定性退火[算法]/確定性退火[算法] deterministic annealing
确定性下推自动机/確定性下推自動機 deterministic pushdown automaton
确定性因子理论/確定性因數理論 certainty factor theory
确定性有穷自动机/確定性有限自動機 deterministic finite automaton
确定性有限自动机/確定性有限自動機 deterministic finite automaton
确定性振动/可定性振動 deterministic vibration
确定性自动机/確定性自動機 deterministic automaton
确定选路算法/確定選路演算法 deterministic routing algorithm
确动凸轮/確動凸輪 positive drive cam, positive-return cam
确认/確認 acknowledgment
确认比特/確認位元 acknowledgment bit
确认测试/驗證測試 validation testing
确认的无连接方式传输/確認的無連接方式傳輸 acknowledged connectionless-mode transmission
确认收妥/確認收妥 acknowledge receipt
确认位/確認位元 acknowledgment bit
确认帧/確認框 acknowledgment frame
确实性/確定性 certainty
确知信号/確知信號 deterministic signal
裙板[带式]升降机/裙板昇降機 apron elevator
裙式挡板/承砂板 apron plate
裙式给矿机/鏈甲餵礦機 apron feeder
裙式给料机/裙飼機 apron feeder
裙桩/裙樁 skirt pile
群/群 group
群编码/群編碼 group coding
群集/群集 cluster
群聚空间/群聚空間 bunching space
群决策/集體決策 group decision
群控/群控 group control
群连接器/道群接器 group connector
群路比特率/集合位元率 aggregate bit rate
群路信令/群路信令 group signalling
群论/群論 group theory
群滤波器/群合濾波器 group filter
群时延/群延遲 group delay
群时延均衡/群延遲等化 group delay equalization
群速/群速[度] group velocity
群体动画/群體動畫 crowd animation
群体剂量/集體劑量 population dose
群体理性/群體理性 group rationality
群体意图/群體意圖 group intention
群体智能/群體智慧 swarm intelligence
群通信/區段群通訊 group communication
群同步/群同步 group synchronization
群折射率/群折射率 group index

R

燃点/燃點,點燃點,燃熾點　kindling point, ignition point, fire point
燃点 /燃點　ignition point
燃耗/燃耗　burn-up
燃耗份额/燃耗分數　burn-up fraction
燃弧时间/發弧時間　arcing time
燃尽风/燃盡風　over-fire air
燃尽风喷口/燃盡風噴嘴　over-fire air nozzle
燃空比/油氣比　fuel-air ratio
燃料/燃料　fuel
燃料棒/燃料棒　fuel rod
燃料比/燃料比,燃料耗用率　fuel ratio, fuel rate
燃料处理设备/燃料處理設備　fuel treatment equipment
燃料低热值/燃料低熱值　lower calorific value of fuel
燃料点火式催化加热器/燃料點火式觸媒加熱器　fuel-fired catalyst heater
燃料电池/燃料電池　fuel cell
燃料电池电动汽车/燃料電池電動汽車　fuel cell electric vehicle
燃料电池组/燃料電池組　fuel battery
燃料电极/燃料電極　fuel electrode
燃料分级/燃料分級　fuel staging
燃料辐照水平/燃料照射準位,燃料照射度　fuel irradiation level
燃料供给系统/燃料供給系統　fuel supply system
燃料耗尽/燃料耗盡　fuel depletion
燃料化学传感器/燃料化學感測器　fuel chemistry sensor
燃料经济性/燃料經濟　fuel economy
燃料空气比/油氣比　fuel-air ratio
燃料空气比指示器/燃[料空]氣比指示器　fuel-air ratio indicator
燃料控制/燃料控制　fuel control
燃料控制系统/燃料控制系統　fuel control system
燃料流量分配器/燃料流量分流器　fuel flow divider
燃料流量计/燃料流量計　fuel flowmeter
燃料流量控制阀/主燃油分流控制閥　fuel flow control valve
燃料流量指示计/燃料流量指示器　fuel flow indicator
燃料喷射/燃油噴射　fuel injection
燃料喷射点燃式发动机/燃料噴射點燃式發動機　spark ignition engine with fuel injection
燃料喷射压力/燃料噴射壓力　fuel injection pressure
燃料喷嘴/燃料噴射器　fuel injector
燃料气/燃料氣　fuel gas
燃料切断阀/燃料切斷閥　fuel shut-off valve
燃料烧毁/燃料熔損　fuel burn-out
燃料寿命期/燃料生命期　fuel lifetime
燃料输入/燃料輸入　induction of fuel
燃料特性分析/燃料特性分析　fuel characteristic analysis
燃料消耗计/燃料消耗表　fuel consumption meter
燃料消耗量/燃料消耗量　fuel consumption
燃料消耗率/單位耗油量　specific fuel consumption
燃料型氮氧化物/燃料 NO_x　fuel NO_x
燃料循环/燃料循環　fuel cycle
燃料压力表/燃料壓力指示器　fuel pressure indicator
燃料压力过低保护装置/燃料壓力過低保護裝置　low fuel pressure protection device
燃料压力指示器/燃料壓力指示器　fuel pressure indicator
燃[料]油/燃料油　fuel oil
燃料元件/燃料元件　fuel element
燃料再燃烧/燃料再燃燒　fuel reburning
燃料置换腔/燃料置換腔　fuel-changing chamber
燃料转换开关/燃料轉換開關　fuel shift switch
燃料组件/燃料組件,燃料組合　fuel assembly
[燃]炉腹/爐腹　belly
燃煤锅炉/燃煤鍋爐　coal-fired boiler
燃煤加热炉/燃煤加熱爐　coal-fired furnace
燃气氨吸收式空气调节机组/燃氣氨吸收式空調機組　gas ammonia absorption air-conditioning unit
燃气侧全压损失/燃氣側全壓損失　total pressure loss for gas side
燃气发动机/燃氣[發動]機,燃氣引擎　gas engine
燃气发生器/燃氣發生器　gas generator
燃气加气机/加氣機　gas dispenser
燃气加热器/燃燒加熱器　combustion heater

燃气加热式沥青储仓/燃氣加熱式瀝青儲倉 burning gas heating asphalt storage
燃气进气机匣/進氣護罩 gas inlet casing
燃气连接阀/燃氣連接閥 gas linking valve
燃气炉/燃氣爐 gas furnace
燃气轮机/燃氣[渦]輪機,氣渦輪發動機 gas turbine, gas turbine engine
燃气轮机迟缓率/燃氣輪機停滯率 stagnant rate of gas turbine
燃气轮机动力装置/燃氣輪機動力設備 gas turbine power plant
燃气轮机额定输出功率/燃氣輪機額定輸出 rated output of gas turbine
燃气轮机平均连续运行时间/燃氣輪機平均連續執行時間 average continuous running time of gas turbine
燃气轮机跳闸转速/燃氣輪機跳脱轉速 turbine trip speed
燃气轮机自动起动时间/燃氣輪機自動起動時間 automatic starting time of gas turbine
燃气喷嘴/煤氣嘴,煤氣口 gas jet
燃气透平/燃氣輪機 gas turbine
燃气温度控制器/燃氣溫度控制器 gas temperature controller
燃气涡轮发电机/燃氣渦輪發電機 gas turbogenerator
燃气蒸汽联合循环/燃氣蒸汽複合循環 gas and steam combined cycle
燃氢发动机/燃氫發動機 hydrogen-fueled engine
燃烧/燃燒 ignition, combustion
燃烧比/燃燒比 combustion ratio
燃烧残余物/燃燒殘餘物 combustion residue
燃烧带/燃燒帶,燃燒區 combustion zone
燃烧法/燃燒法 burning method, combustion method
燃烧分析/燃燒分析 combustion analysis
燃烧管/燃燒管 combustion tube
燃烧记录器/燃燒記録器 combustion recorder
燃烧控制/燃繞控制 combustion control
燃烧口/火嘴 burner port
燃烧炉/燃燒爐 combustion furnace
燃烧率/燃燒率 combustion rate
燃烧排气测定器/燃燒煙道氣測定器 combustion flue gas apparatus
燃烧气体/燃燒氣體 combustion gas
燃烧器/燃燒器,燃燒腔 burner, combustor
燃烧器喷口/燃燒器噴口 burner nozzle
燃烧器喷嘴/燃燒器火嘴 burner tip
燃烧器区域壁面热强度/燃燒器區域壁面熱釋放率 burner zone wall heat-release rate
燃烧器输出热功率/燃燒器輸出熱功率 burner heat output
燃烧器调节比/[燃燒器]調降比 turndown ratio
燃烧腔/燃燒腔,燃燒器 combustion chamber, combustor, firing chamber
燃烧腔过热器/燃燒腔過熱器 combustion chamber superheater
燃烧强度/燃燒強度 combustion intensity
燃烧区/燃燒區,燃燒帶 combustion zone, combustion area
燃烧热/燃燒熱 heat of combustion, combustion heat
燃烧容器/燃燒容器 combustion vessel
燃烧设备/燃燒設備 combustion equipment
燃烧试验/燃燒試驗 burning test
燃烧试验仪/燃燒試驗器 combustion tester
燃烧室/燃燒室 combustion chamber, combustor chamber
燃烧室比压力损失/燃燒室比壓力損失 combustor specific pressure loss
燃烧室出口温度/燃燒室出口溫度 burner outlet temperature
燃烧室容积比/燃燒容積比 volume ratio of combustion
燃烧室外壳/燃燒室外殼 combustor outer casing
燃烧室效率/燃燒室效率 combustor efficiency
燃烧速度/燃燒速度 burning velocity, rate of combustion
燃烧损耗/燃燒損耗 combustion loss
燃烧稳定性/燃燒安定性 combustion stability
燃烧系统/燃燒系統 combustion system
燃烧效率/燃燒效率 combustion efficiency
燃烧压力限制/燃燒壓力限制 combustion pressure limitation
燃烧指示器/燃燒指示器 combustion indicator
燃烧舟/燃燒船 combustion boat
燃烧装置/燃燒[裝置]列 combustion train, combustion apparatus
燃碳率/燃碳率 carbon burning rate
PT 燃油泵/PT 燃油泵 PT fuel pump
燃油泵电动机/燃油泵電動機 fuel pump motor
燃油表/燃油表,燃料表 fuel gage
燃油轨/燃料軌 fuel rail
燃油锅炉/燃油鍋爐 oil-fired boiler
燃油加油机/加油機 fuel dispenser
燃油减速阀/燃油減速閥 fuel decel valve

燃油经济性/燃料經濟 fuel economy
燃油炉/燃油爐 oil furnace, oil-fired furnace
燃油通道/燃油通道 fuel gallery
燃油系统/燃料系[統] fuel system
PT 燃油系统/PT 燃料系統 PT fuel system
燃油系统气阻/燃料系統氣鎖 vapor lock in the fuel system
燃油系统燃油过热气阻/燃油系統燃油過熱氣阻 vapor lock due to overheating of fuel in the fuel system
燃油箱/燃油箱,燃料箱 fuel tank
燃油箱喘息损失/燃油箱破聲損失 fuel tank puff loss
燃油箱防滴油装置/燃油箱防滴油裝置 fuel tank anti-dripping device
燃油箱加油蒸气通风道/油箱加油蒸氣通氣管 tank refueling vapor vent
燃油箱正常蒸气通风道/油箱正常蒸氣通氣管 tank normal vapor vent
燃油箱止回阀/燃油箱止回閥 fuel tank check valve
燃油消耗量过高/燃油消耗量過高 excessive consumption of fuel
燃油压力测试/燃料壓力試驗 fuel pressure test
燃油油量报警传感器/燃油油量警報感測器 fuel level warning sensor
燃油阻尼器/燃油阻尼器 fuel damper
燃余残留物/燃餘殘留物 residue after ignition
染料池/染料池 dye cell
染料激光器/染料雷射[器] dye laser
染料 Q 开关/染料 Q 開關 dye Q switching
染料热升华打印机/染料熱昇華列印機 dye sublimation printer
染料渗透检验法/染料滲透檢驗法 dye penetrate test
染色/染色 decoration
染色体/染色體 chromosome
壤砂土/高黏土鑄砂 loamy sand
壤土/壤土 loam
让刀/讓刀 cutter relieving
扰动/擾動,干擾,波動 disturbance, perturbation, fluctuation
扰动补偿/干擾補償 disturbance compensation
扰动解耦/擾動解耦 disturbance decoupling
扰动控制/擾動控制 disturbance control
扰动力/擾動力 perturbed force
扰动力矩/擾動力矩 perturbed moment
扰动响应/擾動回應 disturbance response
扰动效应/擾動效應 perturbing effect
扰流板/擾流板,擾流條 spoiler
扰码/拌碼,混碼 scramble
扰码器/拌碼器 scrambler
绕包/疊包,疊繞 lapping
绕带磁心/磁心帶 core tape
绕杆式天线/繞杆式天線 turnstile antenna
绕管式换热器/繞管式換熱器 coiled pipe heat exchanger
绕过操作/繞路 workaround
绕过障碍物试验/繞過障礙物試驗 obstacle avoidance test
绕回操作/繞回操作 wrap-around operation
绕接/繞接 wire wrap
绕接接触件/繞接接觸件 wrap contact
绕片换热器/蝸線凸片管熱交換器 spiral finned tube heat exchanger
绕射/繞射 diffraction
绕射计/繞射計 diffractometer
绕射图/繞射圖形 diffraction pattern
绕丝机/繞線機 filament winder
绕丝炉/繞線爐 wire-wound furnace
绕线机/線圈繞製機 coil winding machine
绕线式电流互感器/繞線式變流器 wound primary type current transformer
绕月飞行卫星/繞月飛行衛星 moon-go-round satellite
绕组/繞組 winding
绕组电阻/繞線電阻 wire-wound resistor
绕组节距/繞組間距 winding pitch
绕组因数/繞組因數 winding factor
热/熱 heat
热斑/熱斑 heat spot
热爆裂/熱爆裂 thermal decrepitation
热备份机群/熱備份叢級 hot standby cluster
热备用/熱待命 hot standby
热备用磁盘/熱備用磁片 hot spare disk
热崩溃/熱散逸 thermal runaway
热泵/熱泵 heat pump
热泵式空气调节器/熱泵式空氣調節器 heat pump air conditioner
热比色计/熱色度計 thermocolorimeter
热比重计/熱比重計,熱式浮計 thermohydrometer
热壁反应器/熱壁回應器 hot wall reactor
热变换器/熱變換器 thermal converter
热变色/熱變色 heat discoloration
热变形/熱變形 hot deformation
热变形试验仪/熱變形試驗器 heat distortion tester
热变质作用/熱接觸變質 thermal metamorphism

热表/熱表 hotlist
热剥皮/熱裁煅 hot scalping
热剥皮机/熱裁煅機 hot scalping machine
热补偿/熱補償 thermal compensation
热补偿合金/熱補償合金 thermal compensation alloy
热插拔/熱插拔 hot plug
热插拔冗余电源/熱插拔冗餘電源 hot swappable redundant power supply
热超声焊/熱超聲焊 thermosonic bonding
热成形/熱作,熱加工 hot working
热成型/熱成型 hot former
热冲击/熱[衝]擊 thermal shock
热冲击试验/熱衝擊試驗 thermal shock test
热处理/熱處理 heat treatment
热处理工艺曲线/熱處理溫度變化曲線 heat treatment cycle curve
热处理工艺周期/熱循環 thermal cycle
热处理夹具/熱處理夾具 fixture of heat treatment
热处理炉/熱處理爐 heat treatment furnace
热处理设备/熱處理設備 heat treatment installation
热触点/熱觸點 thermal contact
热传导/熱傳導 heat conduction
热传导式探测器/熱導檢知器 thermal conductivity detector
热传导性/熱傳導性,導熱性 thermal conductivity
热传导真空计/熱傳導真空計 thermal conductivity vacuum gage
热传递/熱傳遞,熱傳送 heat transfer
热传声法/熱傳音法 thermoacoustimetry
热传声仪/熱傳音儀 thermoacoustimetry apparatus
热传输/熱傳遞 heat transport
热磁式氧分析器/熱磁式氧分析儀 thermomagnetic oxygen analyzer
热磁写入/熱磁寫入 thermomagnetic writing
热磁学法/熱磁學法 thermomagnetometry
热磁仪/熱磁儀 thermomagnetometry apparatus
热脆/熱脆 hot brittle
热脆性/熱脆性,赤熱脆性,紅熱脆性 red shortness, hot shortness
热带钢/熱帶鋼 hot strip, hot steel strip
热带钢精轧机/熱帶鋼精軋機 hot-strip finishing rolling mill
热单位/熱量單位 unit of heat
热导池/熱傳導單元,熱導槽 thermal conductivity cell
热导分析器/熱導分析器 thermal conductivity analyzer
热导检测器/熱導偵測器,熱導檢知器 thermal conductivity detector, TCD
热导率/熱導率,導熱度 thermal conductivity
热导率计/熱導率計,導熱率計 thermal conductivity meter
热导式分析仪/導熱率式分析器 thermal conductivity type analyzer
热导式气体传感器/熱導式氣體傳感器,熱導式氣體感測器 thermal conductivity gas transducer
热导式气体分析器/熱導式氣體分析儀 thermal conductivity gas analyzer
热导式气体分析仪/熱導率氣體分析器 thermal conductivity gas analyzer
热导式湿度传感器/熱導式濕度傳感器,熱導式濕度感測器 thermal conductivity humidity transducer
热导探测器/熱導檢知器 thermal conductivity detector
热等静压/熱均壓 hot isostatic pressure, HIP
热等静压制/熱均壓製 hot isostatic pressing
热等离子体/熱電漿 hot plasma
热滴定[法]/熱滴定[法] thermal titration
热点辅助制冷/熱點輔助製冷 hot-point auxiliary cooling
热点缺陷/熱點缺陷 thermal point defect
热点微蜂窝/熱點微蜂窩 hot-spot microcell
热点指示器/熱點指示器 hot-spot indicator
热电/焦[熱]電 pyroelectricity, thermo-electricity
热电比/熱電比 ratio of heat-to-electricity
热电比较器/熱電比較儀 thermoelectric comparator
热电测温法/熱電測溫法,熱電測溫術 thermoelectric thermometry
热电导检漏仪/熱導率測漏儀 thermal conductivity leak detector
热电电流计/熱電電流計 thermoelectric galvanometer
热电电位器/熱電電位計 thermoelectric potentiometer
热电电压/熱電動勢 thermoelectric voltage
热电动势/熱電[動]勢 thermal electromotive force, thermoelectromotive force
热电动势率/熱電功率 thermoelectric power
热电堆/熱電堆 thermopile
热电[分析]仪/熱電儀[裝置] thermoelectrometry apparatus
热电腐蚀/熱電腐蝕 thermogalvanic corrosion
热电干湿球湿度计/熱電乾濕對濕度計 thermoelectric psychrometer
热电高温计/熱電高溫計 thermoelectric pyrometer

热电功率/熱電功率 thermoelectric power
热电功率变换器/熱效瓦特轉換器 thermal watt converter
热电混合动力汽车/熱電混合動力車 thermal electric hybrid vehicle
热电计/熱靜電計 thermoelectrometer
热电离/熱致游離 thermal ionization
热电离质谱计/熱離子化質譜儀 thermal ionization mass spectrometer
热电[离]子继电器/熱離子繼電器 thermionic relay
热电联产汽轮机/熱電聯産的蒸汽渦輪機 cogeneration steam turbine
热电联供系统/熱電聯供系統 cogeneration system
热电流/熱電流 thermal current, thermal ampere
热电流量计/熱電流量計 thermoelectric flowmeter
热电能/熱電功率 thermoelectric power
热电偶/熱[電]偶 thermocouple
热电偶安培计/熱[電偶]安培計 thermocouple ammeter
热电偶参考端/熱電偶參考端 reference junction of thermocouple
热电偶测量端/熱電偶測量端 measuring junction of thermocouple
热电偶测量法/熱電偶温度量測法 temperature measurement with thermocouple
热电偶传感器/熱電偶換能器 thermocouple transducer
热电偶的差分校准法/校正熱電偶微差法 differential methods for calibrating thermocouple
热电偶伏特计/熱電偶伏特計 thermocouple voltmeter
热电偶高温计/熱電偶高温計 thermocouple pyrometer
热电偶功率计/熱電偶功率計 thermocouple power meter
热电偶合金/熱電偶合金 alloy for thermocouple
热电偶检测器/熱電偶檢知器 thermocouple detector
热电偶检流计/熱檢流計 thermo-galvanometer
热电偶校准/熱電偶校準 calibration of thermocouple
热电偶接触件/熱電偶接觸件 thermocouple contact
热[电]偶式仪表/熱電偶式儀表 thermocouple instrument
热[电]偶式真空计/熱電偶真空計,温差熱偶真空規 thermocouple vacuum gage
热电偶瓦特计/熱電偶瓦特計 thermocouple wattmeter
热电偶温度变送器/熱電偶發送器 thermocouple transmitter
热电偶温度计/熱電偶温度計 thermocouple thermometer
热电偶线/熱電偶線,熱電偶絲 thermocouple wire
热电偶组件/熱電偶組件 thermocouple element
热电器件/熱電元件 thermoelectric device
热电色度计/熱電色度計 thermoelectric colorimeter
热电式/熱電式 thermoelectric type
热电式传感器/熱電式感測器 thermoelectric sensor, thermoelectric transducer
热电温度计/熱電温度計 thermoelectric thermometer
热电系数/塞貝克係數,西白克係數 Seebeck coefficient
热电系仪表/電熱式儀器 electrothermal instrument
热电效应/熱電效應 thermoelectric effect, pyroelectric effect
热电序/熱電序列 thermoelectric series
热电学法/熱電學法 thermoelectrometry
热[电]压变换器/熱效電壓轉換器 thermal voltage converter
热电压计/熱[線]伏特計 thermovoltmeter
热电元件/熱電元素 thermoelement
热电制冷/熱電冷凍 thermoelectric refrigeration
热电致冷器/熱電冷却器 thermoelectric cooler
热电转换器/熱電變換器 thermoelectric converter
热电子/熱電子 hot electron
热电子发生器/熱離子産生器 thermionic generator
热电子管/熱電子管 thermoelectron tube
热电子晶体管/熱電子電晶體 hot electron transistor
热电子像/熱電子影像 thermoelectronic image
热电子整流器/熱電子整流器 thermoelectron rectifier
热电子转变器/熱離子産生器 thermionic generator
热电阻/熱敏電阻[器],熱阻 thermal resistor, resistance thermometer sensor
热动式疏水阀/熱動式留汽除水閘 thermodynamic steam trap
热断流器/熱效斷路器 thermal cut-out
热断面/熱段 hot section
热锻/熱鍛 hot forging
热对流/熱對流 thermal convection, heat convection
热发光法/熱發光法 thermoluminescence
热发光仪/熱發光儀 thermoluminescence apparatus
热发射率/熱發射率 thermal emissivity
热发声法/熱發聲法 thermosonimetry

热发声仪/熱發聲儀 thermosonimetry apparatus
热法浸提器/热法浸提器 calorizator
热法拉/熱法拉 thermal farad
热分解/熱分解 thermal break down
热分解淀积/熱分解澱積 thermal decomposition deposition
热分流器/熱效分流器 thermal shunt
热分析/熱分析 thermal analysis, TA
热分析量程/熱分析範圍 thermal analysis range
热分析曲线/熱分析曲線 thermal analysis curve
热分析仪/熱分析儀 thermal analyzer
热分析仪器/熱分析儀器 thermal analysis instrument
热分子真空计/熱分子真空計,克努森真空計 thermo-molecular vacuum gage
热风冲天炉/熱風熔鐵爐 hot-blast cupola
热风点火/熱風點火 hot-blast lighting
热风干燥器/熱風乾燥器 hot-air drier
热风炉/熱風爐 hot-blast stove
热风炉格子砖/熱風爐格子磚 checker of BF stove
热风炉换炉/熱風爐換爐 BF stove changing
热风炉换炉时间/熱風爐換爐時間 BF stove change-over time
热风炉混风阀/熱風爐混風閥 mixer-selector valve of BF stove
热风炉冷风阀/熱風爐冷風閥 cold blast valve of BF stove
热风炉[冷风]调节阀/熱風爐[冷風]調節閥 cold blast regulating valve
热风炉旁通阀/熱風爐旁通閥 by-pass valve of BF stove
热风炉切断阀/熱風爐切斷閥 burner cut-off valve of BF stove
热风炉燃烧室/熱風爐燃燒室 combustion chamber of BF stove
热风炉热风阀/熱風爐熱風閥 hot blast valve of BF stove
热风炉送风期/熱風爐送風期 time on blasting of BF stove
热风炉烟道阀/熱風爐煙道閥 chimney valve of BF stove
热风炉助燃风机/熱風爐助燃風機 burner blower of BF stove
热风器/鼓風加熱器 blast heater
热风速仪/熱式風速計 thermal type anemometer
热风围管/圓風管,爐腹風管 bustle pipe
热风温度/熱空氣溫度 hot air temperature
热风再循环/熱空氣再循環 hot air recirculation
热伏结/熱伏特結 thermovoltaic junction
[热]辐射/熱輻射 thermal radiation, heat radiation
热辐射高温计/熱輻射高溫計 thermal radiation pyrometer
热辐射计/熱輻射計,輻射熱計 bolometer, kampometer
热辐射器/熱輻射體 thermal radiator
热辐射体的半球发射率/熱輻射體的半球發射率 hemispherical emissivity of a thermal radiator
热腐蚀/熱腐蝕 hot corrosion
热负载/熱負荷 hot load
热复压/熱複壓 hot repressing
热感器/熱感測器 thermal sensor
热感受器/熱感測器 thermal sensor, heat sensor
热工仪表/測熱計 thermal meter
热功当量/熱功當量 heat equivalent work, mechanical equivalent of heat
热功率/熱功率 thermal power
热功率测量装置/熱功率度量裝置 thermal power measuring assembly
热固化环氧黏合剂/熱環氧黏結劑 thermabond epoxy
热固树脂黏结剂/熱固樹脂黏結劑 thermosetting resin binder
热固性/熱凝性 thermosetting
热固性树脂/熱硬結性樹脂 thermosetting resin
热固性塑料模/熱固性塑膠模 mould for thermosets
热固性塑料注射模/熱固性塑膠注射模 injection mould for thermoset
热管/熱管 heat pipe
热管锅炉/熱管鍋爐 heat-pipe boiler
热管换热器/熱管式熱交換器 heat-pipe heat exchanger
热管空气预热器/熱管空氣預熱器 heat-pipe air preheater
热管式热回收器/熱管式熱回收組 heat-pipe heat recovery unit
热光/熱光 calorescence
热光度仪/熱光[度]儀 thermophotometry apparatus
热光伏器件/熱光壓器件 thermo-photovoltaic device
热光谱法/熱光譜法 thermospectrometry
热光谱仪/熱光譜儀 thermospectrometry apparatus
热光学法/熱光學法 thermophotometry
热光仪/熱光[度]儀 thermophotometry apparatus
热过滤器电离真空计/熱燈絲游離[真空]計 hot-filter ionization gage
[热]焓/焓 enthalpy
热耗量/熱耗 heat consumption

热耗率/耗熱率 heat rate
热合金/熱合金 thermalloy
热核反应堆/[核]熔合反應器 fusion reactor
热红外线成像仪/熱紅外光測圖儀 thermal mapper
热虹吸管/熱虹吸管 thermosyphone
热化学卡/熱卡路里 thermochemical calorie
热化学式气体分析器/熱化學式氣體分析儀 thermochemical gas analyzer
热化学试验/熱化學試驗 thermal chemical test
热回收环/熱回收環 heat recovery ring
热汇/熱匯 heat sink
热击穿/熱崩潰 thermal breakdown
热机械分析/熱機械分析 thermomechanical analysis
热机械分析仪/熱機械分析儀 thermomechanical analyzer
热激/熱震 heat shock
热激活电池/熱激活電池 thermally activated battery
热激噪声/熱騷動雜訊 thermal-agitation noise
热挤压/熱擠壓 hot extrusion
热挤压模/熱擠壓模 hot extruding die
热剂焊/鋁熱劑熔接,鋁熱劑焊接 thermit welding
热继电器/熱[電]繼電器 thermal relay
热继电器断路器/熱效斷路器 thermal circuit-breaker
热降/熱落差 heat drop
热降额因数/熱降額定因數,熱減額定因數 thermal derating factor
热交换/熱調換 hot swapping
热交换器/熱交換器,換熱器 heat exchanger
热矫正法/熱矯法 thermal straightening
热矫直/熱矯直 hot straightening
热校正/熱校正 thermal recalibration
热阶度/熱昇降率 thermal gradient
热接点/熱接點 hot junction
热解反应器/熱解反應器 pyrolysis reactor
热解石墨/熱解石墨 pyrolytic graphite
热解炭/熱解炭 pyrolytic carbon
热解外延/熱解磊晶 thermal decomposition epitaxy
热解吸质谱[术]/熱解吸質譜[術] thermal desorption mass spectrometry, TDMS
热浸镀/熱浸 hot dipping
热浸镀锌 /熱浸鍍鋅 hot-dip galvanizing
热浸金属镀层/熱浸鍍金 hot-dip metal coating
热浸损失/熱浸損失 hot soak loss
热井/熱井 hot well
热锯/熱鋸切 hot sawing
热聚合干燥/熱聚合乾燥 hot polymerization drying
热绝缘/熱絕緣,絶熱 thermal insulation, heat insulation
热绝缘系数/熱絕緣係數 coefficient of thermal insulation
热均匀性/熱均勻性 thermal uniformity
热开关/熱效開關,熱控開關 thermoswitch
热控开关/熱控開關 thermal control switch
热控制/熱控制 thermal control
热扩散/熱擴散 thermal diffusion, temperature diffusivity
热扩散比/熱擴散比 thermal diffusion ratio
热扩散电流/熱擴散電流 thermal diffusion current
热扩散度/熱擴散率 heat diffusivity
热扩散分离管/熱擴散[分離]管 thermal diffusion column
热扩散系数/熱擴散係數,熱擴散率 thermal diffusivity
热扩散因子/熱擴散因子 thermal diffusion factor
热蜡转印打印机/熱轉式列印機 thermal wax-transfer printer
热老化试验箱/熱老化試驗箱 heat aging test chamber
热离子电流/熱離子電流 thermionic current
热离子发电器/熱離子發電器 thermionic energy generator
热离子发射/熱離子發射 thermionic emission
热离子发射检测器/熱離子發射檢知器 thermionic emission detector
热离子管/熱離子管,熱陰極[電子]管 hot cathode tube, thermionic tube
热离子管伏特计/熱離子伏特計 thermionic voltmeter
热离子换能器/熱離子變換器 thermionic converter
热离子检测器/熱離子檢知器 thermionic detector
热离子控制器/熱離子控制器 thermionic controller
热离子阴极/熱[離子]陰極 thermionic cathode, hot cathode
热离子真空计/熱離子真空計 thermionic vacuum gage
热离子振荡器/熱離子振盪器 thermionic oscillator
热离子整流器/熱離子整流器 thermionic rectifier
热[力]泵/熱泵 heat pump
热力除氧/熱除氧 thermal deaeration
热力干燥/加熱乾燥 thermal drying
热力过程曲线/熱力過程曲線 thermal process curve
热力过程线/熱力狀態曲線 thermal condition curve
热力函数/熱力學函數 thermodynamic function
热力系统/熱[力]系統 thermal system, thermal power system

热力型氮氧化物/熱氮氧化物 thermal NO_x
热力性能试验/熱性能試驗 thermal performance test
热力学/熱力學 thermodynamics
热力学变量/熱力變量 thermodynamic variable
热力学参考点/熱力學參考點 thermodynamic reference point
热力学参考温度/熱力學參考温度 thermodynamic reference temperature
热力学函数/熱力學函數 thermodynamic function
热力学温标/熱力學温標,克耳文温標 thermodynamic temperature scale, Kelvin temperature scale
热力学温度/熱力學温度 thermodynamic temperature
热力学压力表/熱力電壓力標度 thermodynamic pressure scale
热力钻孔/火焰噴射鑽孔 thermal boring
热沥青用设备/熱瀝青用設備 hot pitch application equipment
热连轧/熱連軋 hot continuous rolling
热连轧机组/連續式熱軋機 hot comtinous rolling mill
热量/熱量 quantity of heat, amount of heat
热量表/熱量表 heat meter
热量测量/熱量量測 calorimetric measurement
热量测量仪器/熱量儀器 calorimetric instrument
热量单位/熱量單位 thermal unit, unit of heat
热量衡算/熱平衡 heat balance
热量计/熱量計,量熱計,卡路里計 calorimeter, caloric meter
热量计式瓦特计/熱量瓦特計 calorimetric wattmeter
热量试验/熱值測定試驗,測熱試驗 calorimetric test
热量输运/熱量輸送 heat transportation
热料型埋刮板输送机/熱料型埋刮板輸送機 en masse conveyor for high-temperature material
热裂/熱裂 hot tear, hot crack, hot tear crack
热裂变/熱裂變 thermal fission
热裂化/熱裂解,熱裂煉,熱分解 thermal cracking
热裂解/熱裂 thermal cracking
热裂纹/熱裂 hot crack
热临界点/臨界温度點 thermal critical point
热流/熱流 heat flow
热流传感器/熱通量訊號轉換器 heat flux transducer
热流计/熱流計 heat flow meter
热流量/熱流率 heat flow rate
热流率/熱流率 heat flow rate
热流密度/熱流密度,熱通量 heat flux, heat flow density
热流强度/熱流強度 heat flux intensity, heat flow intensity
热流体/傳熱流體 thermal fluid
热流图形/熱流圖形 heat flow pattern
热流逸/熱流逸 thermal transpiration
热漏泄/熱洩漏 heat leak
热滤光片/熱濾光片 heat filter
热敏成像法/熱像圖成像,熱敏成像法 thermography
热敏传感器/熱敏感測器 heat-sensitive sensor
热敏打印机/熱列印機 thermal printer
热敏电阻测辐射热计/熱敏電阻式測輻射熱計 thermistor bolometer
热敏电阻传感器/熱[敏電]阻感測器 thermistor sensor
热敏电阻电桥/熱阻電橋 thermistor bridge
热敏电阻合金/熱敏電阻合金 thermistor resistance alloy
热敏电阻检测器/熱阻檢知器 thermistor controller
热敏电阻[器]/熱敏電阻器,熱電阻體 thermistor
热敏电阻温度计/熱敏電阻温度計,熱阻壓力計 thermistor thermometer, thermistor gage
热敏电阻真空计/熱敏真空計,熱阻真空計 thermistor vacuum gage
热敏电阻振荡器/熱阻振盪器 thermistor oscillator
热敏电阻座/熱阻體座,熱變電阻器座 thermistor mount, thermal resistance mount
热敏感元件/熱感測器 thermal sensor
热敏开关/熱效開關,熱控開關 thermoswitch
热敏铁氧体/熱敏鐵氧體 heat sensitive ferrite
热敏元件/熱敏元件 thermosensitive element
热敏纸/熱敏紙 heat-sensitive paper
热膜式空气质量流量计/熱膜式空氣質量流量計 hot-film air-mass flowmeter
热磨损/熱磨損,熱磨耗 thermal wear
热模钢/熱模鋼 hot working die steel
热能/熱能 heat energy
热能的梯级利用/熱能的梯級利用 cascade utilization of thermal energy
热能交换器/熱能變換器 thermal energy converter
热能利用/熱能利用 heat utilization
热能消耗量/熱耗 heat consumption
热能消耗率/單位耗熱量 specific heat consumption
热黏度计/熱黏度計 thermoviscometer

热欧姆/熱歐姆 thermal ohm
热跑试验/熱運轉試驗 hot running test
热喷涂/熱噴塗 thermal spraying
[热喷涂]保护气体/遮護氣體 shielding gas
热喷涂材料/熱噴霧材料 thermal spraying material
热喷涂机床/熱噴塗機床 machine tool for thermal spraying
[热喷涂]弥散强化材料/彌散強化塗層材料 diversion strengthened coating material
热喷涂枪/熱噴霧槍 thermal spraying gun
[热喷涂]涂层/熱噴霧塗層 thermal spraying coating
热喷雾接口/熱噴灑介面 thermospray interface
热膨胀/熱膨脹 thermal expansion
热膨胀安培计/熱脹安培計 thermal expansion ammeter
热膨胀测量仪[指示器]/膨脹指示器 expansion indicator
热膨胀法/熱膨脹法 thermodilatometry
热膨胀系数/熱膨脹係數 thermal expansion coefficient
热膨胀仪/熱膨脹儀,熱膨脹計 thermodilatometer, thermal dilatometer
热疲劳/熱疲勞 thermal fatigue, cyclic temperature loading fatigue
热偏差/熱偏差 heat deviation
热片安培计/熱片安培計 hot-strip ammeter
热平衡/熱平衡,熱[量]均衡 thermal equilibrium, calorific balance, heat balance
热平衡计算/熱平衡計算 heat balance calculation
热平衡试验/熱平衡試驗 heat balance test
热屏蔽[体]/熱遮蔽,熱屏蔽 thermal shield
热屏阴极/熱屏陰極 heat-shielded cathode
热启动灯/熱啟動燈 hot-start lamp
热气流烘砂装置/熱氣流管乾燥器 hot pneumatic tube drier
热气漏斗/熱氣漏斗 hot-air funnel
热气球/熱氣球 hot-air balloon
热气通风机/熱氣通風扇 hot gas fan
热强度/溫熱強度 warm strength
热切割/熱切割,熱割削 thermal cutting
热球点燃式发动机/熱球式發動機 hot bulb engine
热球磨/熱球磨 hot ball milling
热扰动/熱擾動 thermal agitation
热容[量]/[發]熱容量 heat capacity, calorific capacity
热熔保险器/熱效斷路器 thermal cut-out
热熔敷涂装/熱熔敷塗裝 hot melt painting
热熔模型/熱熔模型 heat-disposable pattern
热砂/熱砂 hot sand
热熵/熱熵 thermal entropy
热设计/熱設計 thermal design
热深法/熱敷法 hot coated process
热失控/熱散逸 thermal runaway
热湿拉强度试验仪/熱濕拉強度試驗儀 hot wet tensile strength tester
热湿拉强度试样筒/熱濕拉強度試樣管 specimen tube of hotgreen tensile strength
热时间常数/熱時間常數 thermal time constant
热蚀/熱蝕刻 thermal etching
热式流量计/熱式流量計 thermal flowmeter
热式气化器/熱式氣化器 hot vaporizer
热试验/高溫試驗 hot test
热室压铸机/熱室壓鑄機 hot chamber die casting machine
热释电辐射计/熱電輻射計 pyroelectric radiometer
热[释]电晶体/焦電晶體 pyroelectric crystal
热[释]电视像管/熱[釋]電視像管 pyroelectric vidicon
热[释]电探测器/熱電偵測器,焦電檢出器 pyroelectric detector
热[释]电陶瓷/焦電陶瓷 pyroelectric ceramic
热释光剂量计/熱發光劑量計 thermoluminescent dosimeter, TLD
热释光剂量仪/熱釋發光劑量計 thermoluminescent dosimeter
热释光探测器/熱發光偵測器 thermoluminescence detector
热[释]晶体管/熱電晶體 pyroelectric crystal
热收缩/熱收縮 thermal contraction
热衰退/熱衰退 heat fade
热双金属/熱雙金屬 thermo-bimetal
热水锅炉/熱水鍋爐 hot water boiler
热水锅炉[反应堆]/沸水反應器 water boiler reactor
热水漏斗/熱水漏斗 hot water funnel
热水器/熱水器,水加熱器 water heater
热水温度/熱水溫度 hot water temperature
热水型溴化锂吸收式冷水机组/熱水型溴化鋰吸收式冷水機組 hot-water-operated lithium bromide-absorption water chiller unit
热丝热导检测器/熱線熱導檢知器 hot-wire thermal conductivity detector
热丝式闪光器/熱線型閃光器 hot-wire flasher
热丝压强计/熱線壓力計 hot-wire pressure gage
热撕裂/熱裂 hot tear

热送热装/熱送熱裝 hot feeding and charging
热速度/熱速度 thermal velocity
热塑薄膜/熱塑底片 thermoplastic film
热塑性/熱塑性 thermoplasticity
热塑性塑料模/熱塑性塑膠模 mould for thermoplastics
热塑性塑料注射模/熱塑性塑膠注射模 injection mould for thermoplastic
热损失/熱損失 heat dissipation, heat loss
热态电阻/熱電阻 hot resistance
热态起动/熱起動 hot starting, hot start-up
热弹性马氏体/熱彈性麻田散鐵體 thermo-elastic martensite
热弹性相变/熱彈性相變 thermo-elastic transformation
热探测辐射计/熱檢知輻射計 thermal detection radiometer
热探测器/熱檢測器,熱偵測器,熱效檢知器 thermal detector, bolometer
热探针法/熱探針法 thermo probe method, thermoprobe method
热特性/熱特性 thermal characteristic
热梯度/熱梯度,熱昇降率 heat gradient, thermal gradient
热天平/熱[力]天平 thermal balance, thermobalance
热调节器/熱調節器 heat regulator
热停堆/熱停機 hot shutdown
热通道检查/熱段檢查 hot section inspection
热通量/熱通量 heat flux
热透镜补偿/熱透鏡補償 thermal lensing compensation
热透气性/熱透氣性 hot permeability
热涂型防锈脂/熱塗型防銹脂 rust preventive grease for hot application
热土豆算法/燙山芋演算法 hot-potato algorithm
热弯型钢/熱彎型鋼 hot bending section steel
热弯轧制/熱彎軋製 hot roll forming
热网/熱網路 heat network
热微粒分析/熱微粒分析 thermoparticulate analysis
热微粒分析仪/熱微粒分析儀 thermoparticulate analysis apparatus
热文件/熱文件 hot file
热稳定/熱平衡,熱穩定度,熱穩定性 thermal equilibrium, thermal stability
热稳定性/熱穩定性,熱穩定度 thermal stability
热误差/熱誤差 thermal error
热显微镜法/熱顯微鏡法 thermomicroscopy
热显微仪/熱顯微儀 thermomicroscopy apparatus
热限/熱限 thermal limitation
热线测针/熱線探針 hot-wire probe
热线传声器/熱線麥克風 thermal microphone
热线电压表/熱線伏特計 hot-wire voltmeter
热线风速表/熱線風速計 hot-wire anemometer
热线圈/熱線圈 heat coil
热线热导式气体分析仪/熱線熱導氣體分析儀 hot-wire thermal conductivity gas analyzer
热线示波器/熱線示波器 hot-wire oscillograph
热线式安培计/熱線安培計 thermal ammeter, hot-wire ammeter
热线式传声器/熱線傳聲器,熱線麥克風 hot-wire microphone
热线式电流表/熱線安培計 hot-wire ammeter
热线式电流计/熱線檢流計,熱線電流計,熱線安培計 hot-wire galvanometer, hot-wire ammeter
热线式电桥/熱線電橋 hot-wire bridge
热线式伏特计/熱[線]伏特計 hot-wire voltmeter, thermovoltmeter
热线式检流计/熱線檢流計 hot-wire galvanometer
热线式空气质量流量计/熱線式空氣質量流量計 hot-wire air mass flowmeter
热线式示波器/熱線示波器 hot-wire oscillograph
热线式受话器/熱發聲器 thermophone
热线式瓦特计/熱線瓦特計 hot-wire wattmeter
热线式仪表/熱線式計 hot-wire meter
热线式仪器/熱線儀器 hot-wire instrument
热线式真空计/熱線真空計 hot-wire vacuum gage
热线压力计/熱線壓力計,熱線真空計 hot-wire gage, hot-wire manometer
热响应时间/熱響應時間,熱反應時間 thermal response time, soak-out time
热像图成像/熱像圖成像,熱敏成像 thermography
热像仪/熱像儀 thermal imager, thermovision
热效率/熱效率 thermal efficiency
热效闪光器/熱效閃光器 thermal flasher
热效式电流计/熱效電流計 thermal galvanometer
热效应/[加]熱效應 heating effect, thermal effect
热楔/熱楔 thermal wedge
热芯盒法/熱匣法 hot box process
热芯盒黏结剂/熱匣黏結劑 hot box binder
热芯盒造型法/熱匣法 hot box process
热芯盒制芯法/熱匣法 hot box process
热型火花塞/熱式火星塞 hot spark plug
热性质/熱性質 thermal property
热悬挂/熱堵塞 thermal blockage
热旋压/加熱旋壓 hot spinning

热学量传感器/熱學量傳感器,熱學量感測器 thermal quantity transducer
热学[式]分析仪器/熱學分析儀 thermometric analyzer
热循环/熱循環 thermal cycle
热压/熱[加]壓 hot pressing
热压焊/熱壓焊 thermocompression bonding, hot pressure welding
热压机/熱壓機 hot press
热压块[铁]/熱壓塊[鐵] hot briquette iron, HBI
热压硫化锅/熱壓硫化鍋 autoclave press
热压型焦/熱壓型焦 formcoke from hot briquetting process
热压应力试样筒/熱壓應力試樣筒 specimen tube of hot pressure stress
热压铸/熱壓鑄 injection moulding
热延时开关/熱延時開關 thermal time-delay switch
热氧化/熱氧化 thermal oxidation
热液成矿作用/溶液沈積礦化 hydatogenesis
热阴极/熱陰極 hot cathode
热阴极充气二极管/熱陰極整流管 phanotron
热阴极磁控电离真空计/熱陰極磁控游離[真空]計 hot cathode magnetron ionization gage
热阴极磁控管真空计/熱陰極磁控管真空計 hot cathode magnetron gage
热阴极磁控真空计/熱陰極磁控真空計 hot cathode magnetron gage
热阴极灯/熱陰極燈 hot cathode lamp
热阴极电离真空计/熱陰極電離真空計,熱絲電離真空計,熱陰極離子真空計 hot cathode ionization gage, hot-filament ionization gage, thermionic ionization gage
热阴极电子管/熱陰極管 hot cathode tube
热阴极高频溅射/熱陰極高頻濺射 hot cathode high-frequency sputtering
热阴极管/熱陰極管 hot cathode valve
热阴极四极管/熱陰極四極管 quadratron
热阴极整流管/熱陰極整流器 hot cathode rectifier
热阴极直流溅射/熱陰極直流濺射 hot-cathode direct current sputtering
热影响层/熱影響層 heat affected layer
热影响区/熱影響區域,受熱變質區域 heat-affected zone
热应力/熱應力 thermal stress
热硬化性/熱凝性 thermosetting
热硬黏结剂/熱硬黏結劑 hot hardening binder
热源/熱源 heat source
热源探测器/熱偵測器 heat detector
热载荷值/熱載荷值,熱負載值 thermic load value
热载流子二极管/熱載子二極體 hot carrier diode
热载台/高温載臺 hot stage
热载体锅炉/熱傳遞鍋爐 heat transfer boiler
热噪声/熱雜訊,強生雜訊 thermal noise, Johnson noise
热噪声发生器/熱雜訊産生器,熱噪聲産生器 thermal noise generator
热噪声温度计/熱雜訊溫度計 thermal noise thermometer
热轧/熱軋 hot rolling
热轧薄板/熱軋薄板 hot rolled sheet
热轧钢/熱軋鋼 hot rolled steel
热轧宽带钢/熱軋寬頻鋼 broad hot strip, hot rolled broad steel strip
热轧弹簧钢/熱軋彈簧鋼 hot rolled spring steel
热站点/熱站點 hot site
热胀断路器/熱效斷路器 thermal circuit breaker
热折射法/熱折射法 thermorefractometry
热折射仪/熱折射儀 thermorefractometry apparatus
热真空开关/熱真空開關 thermal vacuum switch
热振筛/熱振動篩 hot vibro screen
热值/熱值,熱量 heat value, heating value, calorific value
热致变色/熱致變色 thermochromism
热致不平衡/熱致不平衡 thermally induced unbalance
热致发光检测器/熱發光檢知器 thermoluminescent detector
热致发声器/熱發聲器 thermophone
热致扩散/熱擴散 thermal diffusion
热滞/熱滯後 thermal hysteresis
热滞后/熱滯後 thermal hysteresis
热中子/熱中子,慢中子 thermal neutron
热中子[反应]堆/熱中子反應器 thermal neutron reactor
热中子探测器/熱中子檢知器 thermal neutron detector
热中子增殖反应堆/熱[中子]滋生反應器 thermal breeder reactor
热重法/熱重[力]法,熱重差量測術 thermogravimetry, TG
热重分析仪/熱重力分析儀,熱重量分析儀 thermogravimetric analyzer
热重曲线/熱重力曲線 thermogravimetric curve
热贮备/熱儲備 hot standby redundancy
热铸裂/熱鑄裂 hot casting crack
热转换器/熱變換器 thermal converter

热转印打印机/熱轉印印表機 heat transfer printer
热装/熱裝 shrinkage fitting, hot charging
热装率/熱裝率 hot charging ratio
热阻/熱[電]阻 thermal resistance, heat transfer resistance, heat resistance
热阻率/熱電阻率 thermal resistivity
热阻系数/熱電阻率 heat resistance coefficient
热作模具钢/熱作模具鋼 hot-work die steel
人工备份/人工備份 manual back-up
人工边坡/人工斜坡 man-made slope
人工操纵系统/手控系統,手動控制系統 manual control system
人工操作/人工操作 manual operation
人工测试/人工測試 manual testing
人工床层/人工地層 artificial bed
人工大气/人工氣氛 artificial atmosphere
人工的/人工的,手動的,手控的 manual
人工电话交换/人工電話交換 manual telephone exchange
人工反射层通信/人造反射層通信 artificial reflection communication
人工[仿真]天线/仿真天線,假天線 artificial antenna
人工放射性/人工放射[性] artificial radioactivity
人工负载/人造負載 artificial load
人工干预/人工介入 manual intervention
人工干燥法/人工乾燥 artificial seasoning
人工干燥机/人工乾燥器 artificial drier
人工光源/人造光源 artificial light source
人工话音/人工語音 artificial voice
人工换档/手動換檔 manual shift
人工计算/人工計算 manual computation
人工监测/人工監測 manual monitoring
人工交换机/人工交換器 manual exchanger
人工交换局/人工電話局 manual exchange, man X
人工介质透镜天线/人工介質透鏡天線 artificial dielectrics lens antenna
人工进化/人工進化 artificial evolution
人工控制/人工控制,手動控制 manual control
人工老化/人工老化 artificial aging, artificial ageing
人工录入/人工登録 manual entry
人工免疫系统/人工免疫系統 artificial immune system
人工模拟/人工模擬 manual simulation
人工起动系统/人工起動系統 manual starting system
人工气氛/人工氣氛 artificial atmosphere
人工认知/人工認知 artificial cognition
人工砂/人工砂 artificial silica sand
人工神经网络/人工神經網路 artificial neural net, artificial neural network, ANN
人工神经元/人工神經元 artificial neuron
人工生命/人工生命 artificial life
人工时效/人工時效,人工老化 artificial aging
人工时效处理/人工老化處理 artificial ageing treatment
人工世界/人工世界 artificial world
人工视觉/人工視覺 artificial vision
人工数据处理/人工資料處理 manual data processing
人工数据录入/人工資料登録 manual data entry
人工跳汰选/手摇波選 hand jigging
人工通气/人工通風 artificial ventilation
人工通信量/人工通訊流量 artificial traffic
人工通信设备/人工通訊流量設備 artificial traffic equipment
人工网络/人工網路 artificial network
人工纹理/人工紋理 artificial texture
人工系统/人工制 manual system
人工现实/人工實境 artificial reality
人工信息系统/人工資訊系統 man-made information system
人工压水泥浆处理/人工水泥膠結 artificial cementing
人工语言/人造語言 artificial language
人工约束/人工約束 artificial constraint
人工[造]线/人工線 artificial line
人工振铃/人工振鈴 manual ringing
人工指令/人工指令 manual command
人工制品/人工製品 artifact
人工智能/人工智慧,人造智慧 artificial intelligence, AI
人工智能程序设计/人工智慧程式設計 artificial intelligence programming
人工智能逻辑/人工智慧邏輯 logic for artificial intelligence
人工智能语言/人工智慧語言 artificial intelligence language
人工专门知识/人工專業知識 artificial expertise
人工装载磁带/人工裝載磁帶 manually loaded tape
人工字发生器/人工字發生器,人工字産生器 manual word generator
人货两用施工升降机/人貨兩用施工昇降機 personal and material hoist
人机对话/人機對話 human-computer dialog
人机工程/人機工程 man-machine engineering

人机环境/人機環境 man-machine environment
人机环境系统/人機環境系統 man-machine environment system
人机交互/人機交互作用 man-machine interaction
人机接口/人機介面,人機界面 man-machine interface, human-machine interface
人机界面/人機介面 man-machine interface
人机控制/人機控制 man-machine control
人机控制系统/人機控制系統 man-machine control system
人机模拟/人機模擬 man-machine simulation
人机权衡/人機折衷 man-machine trade-off
人机通信/人機通信 man-machine communication
人机系统/人機系統 man-machine system
人机协调/人機協同 man-machine coordination
人际消息/人際訊息 interpersonal message
人孔/人孔 man-hole, manhole, man hole
人孔盖板/人孔蓋 man-hole cover
人口控制论/人口模控學 population cybernetics
人类基因组计划/人類基因專案 human genome project
人力操作机构/人力操作機構 dependent manual operating mechanism
人力储能操作/獨立手動操作 independent manual operation
人力液压制动/無動力液壓制動 non-power hydraulic braking
人力制动器/人力剎車,人力軔 manual brake
人力制动系/肌力制動系統 muscular energy braking system
人脸识别/臉孔辨識,面部辨識 face recognition
人体侧倾振动/人體側傾振動 roll vibration of human body
人体侧向振动/人體側向振動 side-to-side vibration applied to human body
人体垂直振动/人體垂直振動 foot-to-head vibration applied to human body
人体俯仰振动/人體俯仰振動 pitch vibration of human body
人体横摆振动/人體橫擺振動 yaw vibration of human body
人体局部振动/人體局部振動 vibration applied to particular parts of human body
人体伦琴当量/侖目 Roentgen equivalent man, rem
人体前后振动/人體前後振動 back-to-chest vibration applied to human body
人体域网/人體域網路 body area network, BAN
人为错误/人爲誤差 human error
人为电离[化]/人爲電離,人造電離層 artificial ionization
人为干扰/人爲干擾 deliberate interference, man-made interference
[人为]干扰信号/擁塞信號 jam signal
人为故障/人爲故障 man-made fault
人为来源/人造射源 man-made source
人为误差/人爲錯誤,人員誤差,個人誤差 human error, personal error
人为误差信号/人造誤差信號 artificial error signal
人为噪声/人爲雜訊,人爲噪音 man-made noise
人行闸/人孔閘 man lock
人造磁铁/人造磁鐵,人造磁體 artificial magnet
人造地球卫星/人造地球衛星 artificial earth satellite
人造固体燃料/人造固體燃料 artificial solid fuel
人造海水/人造海水 artificial sea water
人造介质/人造介質 artificial dielectrics
人造磨料/人造磨料 artificial abrasive
人造石墨/人造石墨 artificial graphite
人造太阳卫星/人造太陽衛星 man-made sun satellite
人造卫星/人造衛星 artificial satellite, man-made satellite
[人造]月球卫星/月球衛星 lunar satellite
人智能体/人工代理 human agent
人主体/人工代理 human agent
人字齿轮/人字齒輪 double-helical gear, herringbone gear
人字形支护法/魚骨形支架,人字形支架 herring-bone timbering
刃边扩散函数/邊緣擴散函數 edge spread function, ESF
刃带宽/刃頻寬 land width of the flank
刃具钢/切削工具鋼,刀具鋼 cutting tool steel
刃口崩损/刃口崩損 edge chipping
刃倾角/刀刃傾角 tool cutting edge inclination angle
刃形位错/刃形錯位 edge dislocation
刃形指针/刀緣指針 knife-edge pointer
刃状从动件/刃狀從動件 knife edge cam follower
认担费用等级/認擔費用等級 class of contribution
认可点突变/可接受點突變 point accepted mutation
认可模型/認可模型 model of endorsement
认识学/認識學 epistemology
认视距离/認視距離 bright viewing distance
认证/認證,證明 certification
认证标志/驗證標記,合格標記 certification mark
认证机构/認證權限,認證代理 certificate authority,

certification authority
认证链/認證鏈 certification chain
认证算法/鑒别演算法 authentication algorithm
认证系统/認證系統 certification system
认知/認知 cognition
认知本体/認知本體 cognition ontology
认知仿真/認知模擬 cognitive simulation
认知过程/認知過程 cognitive process
认知机/認知機 cognitron
认知科学/認知科學 cognitive science
认知逻辑/認知邏輯 epistemic logic
认知模型/認知模型 cognitive model
认知系统/認知系統 cognitive system
认知心理学/認知心理學 cognitive psychology
认知映射/認知映射 cognitive mapping
认知映像系统/認知映像系統 cognitive mapping system
认知主体/認知代理者 cognitive agent
任播/任意傳送 anycast
任务/任務 task
任务本体/任務本體 task ontology
任务池/任務池 task pool
任务处理/任務處理 task processing
任务代码字/任務代碼字 task code word
任务调度/任務排程 task scheduling
任务调度程序/任務排程器 task scheduler
任务调度优先级/任務排程優先級 task scheduling priority
任务队列/任務隊列 task queue
任务范畴/任務種類 mission category
任务分担/任務分擔 task sharing
任务分派程序/任務調度器 task dispatcher
任务分配/任務分配 task allocation
任务故障率/任務故障率 mission failure rate
任务管理/任務管理 task management
任务集库/任務集庫 task-set library
任务集装入模块/任務集載入模組 task-set load module
任务交换/任務交換 task switching
任务描述符/任務描述符 task descriptor
任务模型/任務模型 task model
任务剖面/任務剖面 mission profile
任务启动/任務開始 task start
任务迁移/任務遷移 task immigration
任务切换/任務交換 task switching
任务输出队列/任務輸出隊列 task output queue
任务输入队列/任務輸入隊列 task input queue
任务图/任務圖 task graph
任务协调/任務協調 task coordination
任务虚拟存储器/任務虛擬儲存器 task virtual storage
任务异步出口/任務異步出口 task asynchronous exit
任务优化/任務優化 task optimization
任务栈描述符/任務堆疊描述符 task stack descriptor
任务执行区/任務執行區 task execution area
任务终止/任務終止 task termination
任务转换/任務調换 task swapping
任选的预约时可选业务/任選預約時間可選業務 optional subscription-time selectable service
任选用户设施/任選使用者設施 optional user facility
任意比例尺/任意標尺 arbitrary scale
任意单位/任意單位 arbitrary unit
任意单元法/隨機單元法 arbitrary cell method
任意多边形/任意多邊形 arbitrary polygon
任意函数发生器 /任意函數産生器 arbitrary function generator
任意顺序计算机/任序計算機 arbitrary sequence computer
任意子/任意子 norator, anyon
韧脆性转变温度/韌脆轉化温度 ductile-brittle transition temperature
韧化/韌化 toughening
韧铁退火/展性處理 malleablising
韧铜/精銅,韌煉銅 tough pitch copper
韧窝断口/韌窩斷面 toughness fracture surface
韧性/韌性,韌度 toughness, tenacity
韧性断口/韌性斷面 ductile fracture surface
韧性断裂/韌性破裂 ductile fracture
韧性试验/韌性試驗 toughness test
轫致辐射/軔致輻射 bremsstrahlung
轫致辐射测量仪/軔致輻射計 bremsstrahlung gage
日常检验/每日檢驗,逐日檢驗 daily inspection
日常维护/日常維護 daily maintenance
日光泵浦/日光幫浦 solar pumping
日光反射器/反光鏡 heliotrope
日光轨迹/晝光軌跡 daylight locus
日光疗法/日光療法 heliotherapy
日光炉/太陽[能]爐 solar furnace
日光摄谱仪/光譜日照攝影儀 spectroheliograph
日光仪/量日儀,太陽儀 heliometer
日光照度/晝光照度 daylight illuminant
日晷投影/心射圖形 gnomonic projection
日历/日曆,行事曆 calendar

日历管理/日曆管理　calendar management
日历日/日曆天　calendar day
日内瓦尺/標準尺　third class standard metallic line scale
日内瓦机构/日内瓦機構　Geneva drive, Geneva mechanism, Geneva stop
日内瓦轮机构/日内瓦機構　Geneva mechanism
日内瓦擒纵器/日内瓦擒縱器　Geneva escapement
日期提示符/日期提示符　date prompt
日射计/日射計　insolameter
日射强度计/日[輻]射強度計　pyranometer
日照计/日照計,太陽光度計,日照記録器　sunshine recorder
日照记录器/日照記録器,太陽光度計,日照計　sunshine recorder
日照累积器/日照累積計　sunshine integrator
日志/日志　log, log journal
日志文件/日志檔案　log file
绒布溜槽/毛氈溜槽　blanket sluice
绒衬洗矿槽/毛氈槽　blanket strake
绒面电池/絨面電池　textured cell
容差/容[許偏]差,裕度　tolerance, allowance
容差分析/容差分析　tolerance analysis
容迟网络/容遲網路　delay-tolerant network
容错/容錯　fault tolerant, fault tolerance
容错操作/容錯操作　fault-tolerant operation
容错计算/容錯計算　fault-tolerant computing
容错计算机/容錯計算機　fault-tolerant computer
容错控制/容錯控制　fault-tolerant control
容错量子计算/容錯量子計算　fault-tolerant quantum computation
容积/容積,體積　volume
容积泵/正排量泵　positive-displacement pump
容积测量/容積量測,體積量測　volumetric measurement
容积电量计/容積式伏特計　volume voltameter
容积含汽率/容積含汽率　steam quality by volume
容积耗量表/流量計　bulkmeter
容积计/體積計　volumenometer
容积剂量/容積配料　dosage by volume
容积流量计/流量計　bulkmeter
容积密度/容積密度,堆積密度,體密度　bulk density, apparent density
容积膨胀系数/體膨脹係數　coefficient of cubic expansion
容积热强度/單位容積熱釋放率　volumetric heat release rate
容积扫描系统/容積掃描系統,沃爾斯康系統　volscan system
容积式泵/正排量泵　positive-displacement pump
容积式称量装置/容積式配料器　volumetric batcher
容积式供油控制阀/容積式控制閥　volumetric control valve
容积式鼓风机/排量[式]鼓風機　displacement blower, positive displacement blower
容积式流量计/容積式流量計,正排[量]流量計　positive displacement flow meter, volumetric flowmeter
容积式水表/容積式水表　volumetric water meter
容积式压缩机/容積式壓縮機,排量壓縮機　positive-displacement compressor, displacement compressor
容积式制冷压缩机/正排量製冷壓縮機　positive-displacement refrigerant compressor
容积损失/容積損失　volumetric loss
容积调整器/容積調整器　volumetric adjuster
容积效率/容積效率,體積效率　volumetric efficiency
容积装粉法/容體填塞法　volume filling
容抗/容抗　capacitive reactance
容量/容量　capacity
容量函数/容量函數　capacity function
容量计/容量計,容積計　volume meter
容量计算/容量計算　capacity computing
容量膨胀系数/體膨脹係數　coefficient of cubic expansion
容量瓶/容量量測瓶　volumetric flask
容量区域/容量區域　capacity region
容量式流量计/體積流量計　volumetric type flowmeter
容量送料器/容積定量器　volumetric feeder
容量吸移管/容量吸移管　volumetric pipette
容量因子/容量因數　capacity factor
容纳/容納　capacitive susceptance
容器/[收]容器　container, vessel
容器板/容器板　tank plate
容器类/容器類　container class
容器式管道气力输送机/容器式管道氣力輸送機　capsule pipeline conveyor
容器式管道液力输送机/容器式管道液力輸送機　capsule hydraulic pipe conveyor
容侵/容侵　intrusion tolerance
容忍信号/容忍性信號　tolerant signal
容身区/餘隙區,間隙區　clearance zone
容绳量/繩索容量　rope capacity
容限/容限,總合公差,容許偏差　total tolerance, tolerance

容许度/容許限度 allowable limit
容许粉尘量/容許揚塵量 permissible dust emission
容许公差/容許公差 acceptance tolerance
容许故障率/允收故障率 acceptable failure rate
容许极限/容許極限 permissible limit
容许剂量/容許劑量 permissible dose
容许误差/容許誤差,允頂誤差,裕度 admissible error, allowable error, permissible error
容许[液体]泄漏/容許[液體]洩漏 liquid allowable leakage
容许值/容許值 permissible value
溶度积/溶解度積 solubility product
溶度积常数/溶解度積常數 solubility product constant
溶度计/溶解度計 lysimeter
溶剂/溶劑 solvent
溶剂稀释型防锈油/溶劑稀釋型防銹油 solvent cut-back rust preventive oil
溶剂型涂料/溶劑型塗料 solvent coating
溶胶/溶膠 sol
溶解/溶解,分解 resolution
溶解电解槽/溶解槽 dissolution cell
溶解度/溶解度 solubility
溶解度测试/溶解度測試 solubility test
溶解度曲线/溶解度曲線 solubility curve
溶解度试验/溶解度測試 solubility test
溶[解]度系数/溶解度係數 solubility coefficient
溶解固形物/溶解固形物 dissolved solid matter
溶解焓/溶解焓 enthalpy of solution
溶解孔隙/溶解孔隙 solution porosity
溶解气/溶解氣 solution gas
溶解气驱/溶解氣驅 solution gas drive
溶解气驱油层/溶解氣驅油層 dissolved-gas drive pool
溶解器/溶解器 dissolver
溶解热/溶解熱 heat of solution
溶解携带/溶解攜帶 vaporous carry-over
溶解氧/溶氧 dissolved oxygen
溶解氧分析器/溶氧分析儀 dissolved oxygen analyzer
溶浸井/溶浸井 leaching well
溶液/溶液 solution
溶液热交换器/溶液熱交換器 solution heat exchanger
溶液闪烁计数器/溶液閃爍計數器 solution scintillation counter
溶液渗透系数/溶液滲透係數 osmotic coefficient of a solution
溶液生长法/溶液生長法 solution growth method
溶液天平/溶液天平 solution balance
溶胀/溶脹 swelling
溶胀度/膨脹度 degree of swelling
溶胀压力/溶脹壓力 swelling pressure
溶胀助黏剂/助黏劑,膨脹性黏結劑 swelling binder
溶质/溶質 solute
熔毕碳/熔解化碳 carbon at melting down
熔玻璃炉/熔玻璃爐 calcar arch
熔补/熔補 tinkering
熔层/爐池 crucible zone, crucible well
熔成菱镁矿/熔成菱鎂石 fused magnesite
熔池/熔槽 molten pool, bath, liquid bath
[熔池]混合时间/[熔池]混合時間 mixing time of metal bath
熔池搅拌/爐浴攪拌 rabble a bath
熔池搅动/爐浴攪動 bath agitation
熔池冷却剂/熔池冷卻劑 cooling agent for metal bath
熔池熔炼/熔池熔煉 bath smelting
熔池深度/餘鐵深度 pool depth
熔池液面探头/爐浴面探頭 bath level probe
熔池运动/爐浴運動 bath motion
熔滴/熔滴 molten droplet
熔滴性/熔滴性 melting-down property
熔点/熔點,軟化點 melting point, fusion point
熔点测定/熔[化]點測定 melting-point determination
熔点测定仪/熔點測定器 melting point apparatus
熔点管/熔點測定管 melting point tube
熔点型消耗式温度计/熔點型消耗式溫度計 melting point type disposable fever thermometer
熔度/熔度,可熔性 meltability, fusibility
熔断电阻器/熔斷電阻器 fusing resistor
熔断开关/熔斷開關 blowout switch
熔断器/熔斷器,熔線,保險絲 fuse, fusible cutout
熔断器盒/熔線盒,保險絲套 fuse box
熔断器式[刀]开关/熔絲開關 fuse-switch
熔断时间/熔斷時間 operating time
熔断丝/已熔斷的保險絲 blown fuse
熔断体/熔絲鏈,保險絲管,熔斷片 fuse link
熔断体-开关/熔線開關 fuse switch
熔敷金属/被沈積金屬 deposited metal
熔敷速度/堆積速率 deposition rate
熔敷系数/堆積係數 deposition coefficient
熔敷效率/堆積效率,澱積效率 deposition efficiency
熔钢液面控制/熔鋼液面控制 steel level control
熔管/熔管 cartridge, fusion tube

熔焊/熔焊，熔融熔接 fusion welding
熔合区/熔化區域，熔化帶 fusion zone
熔合线/焊接介面 weld interface
熔化/熔化[期]，熔解期 melting, melting down
熔化比/熔化比 melting ratio
熔化带/熔化帶 melting zone
熔化单元/熔化設備 melting unit
熔化电极/熔化性電極 consumable electrode
熔化范围/熔化範圍 melting range
熔化坩埚/熔鍋 melting pot
熔化高温计/熔化高温計，熔融高温計 fusion pyrometer
熔化过程/熔融，熔化 fusion process
熔化焓/熔化焓 enthalpy of fusion
熔[化]焊/熔焊，熔接 fusion welding
熔化极惰性气体保护焊/金屬惰性氣體熔接，惰性氣體焊接 metal inert-gas welding, mig welding, metal inert-gas arc welding
熔化极脉冲氩弧焊/熔化極脈衝氬弧焊 gas metal arc welding pulsed arc
熔化沥青喷洒机/熔化瀝青噴灑機 melted bitumen sprayer
熔化能力/熔化能量 melting capacity
熔化期/熔化期 melting period, smelting period
熔化器/熔化器 melter
熔化器具/熔化器具 melting tool
熔化潜热/熔化潛熱 latent heat of fusion
熔化热/熔化熱，熔解熱 heat of fusion, melting heat
熔化设备/熔化設備 melting unit
熔化速度/熔化速率 melting rate, melting speed
熔化速率/熔化速率 melting rate, melting speed
熔化特性/熔化特性 melting characteristic
熔化温度/熔化温度 melting temperature
熔化温度区间/熔化範圍 melting range
熔化物/熔化液 melt
熔化状况/熔化狀況 melting condition
熔剂法熔炼/熔劑法熔煉 smelting with flux
熔剂精炼/熔劑精煉 flux refining
熔件/熔線元件 fuse element
熔接/焊接，熔合熔接，鍛接 fusion splice, welding
熔接接头/熔合熔接[器] fusion splice
熔接条/熔接條，[電]焊條 welding rod
熔接硬面法/熔接硬面法，加焊硬面法 hard facing
熔解曲线/熔化曲線 melting curve
熔解热/熔解熱 melting heat
熔浸/熔滲，溶滲 infiltration
熔矿炉/煉礦爐，熔爐，敞爐 ore hearth
熔炼/熔煉，熔化，冶煉 melting, smelting
熔炼带/熔煉區 smelting zone
熔炼焊剂/熔煉焊劑 fused flux
熔炼炉/熔煉爐 smelting furnace
熔炼损耗/熔解損耗，熔化損失 melting loss
熔锍/熔硫碴 molten matte
熔炉/熔[煉]爐 smelter, smelting furnace
熔模/熔模 fusible pattern
熔模法造型/脱蠟造模法 lost wax molding
熔模造型/包模造模，精密造模 investment molding, precision molding
熔模铸造/包模鑄造，蠟模鑄造 investment casting
熔凝硅石反射器/熔凝矽石反射器，石英玻璃反射器 fused silica reflector
熔铅锅/熔鉛鍋 lead improving kettle
熔融/熔融 fusion, liquation
熔融催化剂/熔融觸媒 fused catalyst
熔融带/熔融帶 fused zone
熔融电解质/熔融電解質 fused electrolyte
熔融反应/熔融反應 frit reaction
DIOS 熔融还原法/鐵礦石直接還原法，DIOS 還原法 direct iron ore smelting reducting
HIsmelt 熔融还原法/HIsmelt 熔融還原法，黑斯麥尔特還原法 HIsmelt process
熔融还原[炼铁法]/熔融還原製程[煉鐵法] smelting reduction process
熔融金属/熔態金屬 molten metal
熔融金属流量计/熔融金屬流量計 molten metal flowmeter
熔融金属真空封接/熔融金屬真空封接 molten metal vacuum seal
熔融金属真空精炼/熔融金屬真空精煉 vacuum refining of melting metal
熔融锯/熔鋸 fusion sawing
熔融流/熔流 melt flow
熔融氯化法/熔融氯化法 fusion chlorination
熔融气化炉/熔融氣化爐 melter gasifier
熔融碳酸盐燃料电池/熔融碳酸鹽燃料電池 molten carbonate fuel cell
熔融盐电解/熔鹽電解 fused salt electrolysis
熔融盐燃料电池/熔融碳酸鹽燃料電池 molten carbonate fuel cell
熔融氧化硅反射器/熔凝矽石反射器，石英玻璃反射器 fused silica reflector
熔入型模/熔入型模 consumable former
熔砂/熔砂，融砂 fritted sand, fused sand
熔深/熔化深度 depth of fusion
熔失型/熔失型 lost former

熔蚀/熔蝕 erosion
熔丝管/熔絲管,管裝熔絲 cartridge fuse
熔丝连接/可熔鏈接 fusible link
熔丝链接编程只读存储器/可熔鏈接可程式化唯讀記憶體 fusible link PROM
熔态金属/熔態金屬 molten metal
熔体/熔體,熔絲,熔片 fuse element
熔体运动/爐浴運動 bath movement
熔填金属/熔填金屬 filler metal
熔铁/熔鐵,鐵水 molten iron
熔铁炉/熔鐵爐 cupola furnace
熔透型焊接法/熔透型焊接法 penetration welding
熔析除铜/熔析脱銅 liquation decoppering
熔析锅/熔析鍋 liquating kettle
熔析精炼/熔析精煉 liquation refining
熔性/可熔性,熔度 fusibility
熔盐/熔鹽 molten salt
熔盐法/熔鹽法 molten salt growth method
熔盐反应堆/熔鹽反應器 molten salt reactor
熔盐腐蚀/熔鹽腐蝕 fused salt corrosion
熔盐净化/熔鹽淨化 fused salt purification
熔盐氯化法/熔鹽氯化法 molten salt chlorination
熔盐渗硼剂/熔鹽滲硼劑 bath boronizing medium
熔盐提取/熔鹽萃取 fused salt extraction
熔液静化/熔液静化 kill the melt
熔渣/[熔]渣 slag, molten slag, dirt
熔渣池/渣池 slag pond
熔渣导电半连续硅热法/鎂熱法 magnetherm process
熔渣脱硫/熔渣脱硫 desulfurization by slag
熔渣针孔/熔渣針孔 slag pinhole
熔质电解槽/熔質電解槽 fused electrolytic cell
熔铸铬刚玉耐火制品/熔鑄鉻剛玉耐火材料 fused cast chrome-corundum refractory
熔铸砖/熔鑄磚 fused cast brick
熔锥/[示温]熔錐 pyrometric cone, fusible cone, seger cone
融合/融合 fusion
融合频率/融合頻率,熔合頻率 fusion frequency
融解潜热/熔化潛熱 latent heat of fusion
融解压力计/加壓熔點計 manocryometer
融霜试验/融霜試驗 defrost test
冗余编码/冗餘編碼 redundancy coding, redundant coding
冗余存储器/冗餘記憶體 redundant memory
冗余[度]/冗餘[度],多餘[度] redundancy
冗余技术/冗餘技術 redundant technique
冗余检验/冗餘核對 redundancy check
冗余码/冗餘碼 redundant code
冗余设备/冗餘設備 redundant device
冗余位/冗餘位元 redundant bit
冗余系统/冗餘系統 redundant system
冗余项/多餘項 redundant term
冗余信息/冗餘資訊,冗餘訊息 redundant information
冗余自由度/多餘自由度 redundant degree of freedom
柔轮长度/柔輪長度 length of flexspline
柔轮长径比/柔輪長徑比 length-to-diameter ratio of flexs-pline
柔轮长轴/柔輪長軸 major axis of flexs-pline
柔轮衬环/柔輪襯環 lining ring
柔轮齿渐开线起始圆/柔輪齒漸開線起始圓 beginning circle of involute profile on external flexs-pline
柔轮齿圈/柔輪齒圈 toothed ring of flexspline
柔轮齿圈壁厚/柔輪齒圈壁厚 wall thickness of flexspline
柔轮齿圈壁厚中性层/柔輪齒圈中性層 neutral layer of flexspline toothed ring
柔轮短轴/柔輪短軸 minor axis of flexspline
柔轮内径/柔輪內徑 inner diameter of flexspline
柔轮筒体壁厚/柔輪筒體壁厚 cylinder wall thickness of flexspline
柔轮外径/柔輪外徑 outer diameter of flexspline
柔罗塔瑞函数/柔羅塔瑞函數 Zolotarev function
柔韧印制板/可折疊印刷板 flexible printed board
柔软管/可撓軟管 flexible hose
柔顺[性]/順應性 compliance
柔性变幅机构/柔性變幅機構 flexible derricking mechanism
柔性波导/可彎曲波導 flexible waveguide
柔性齿轮/柔性齒輪 flexible gear, flexspline
柔性冲击/柔性衝擊 soft impact
柔性带铠甲输送机/裂甲伸縮輸送機 flexible armoured conveyor
柔性导管/軟線管 flexible conduit
柔性电子学/柔性電子學 flexible electronics
柔性吊挂桥式起重机/柔性吊掛橋式起重機 overhead crane with loose-suspending
柔性管/金屬軟管 metal hose
柔性管接头/撓性管節 flexible pipe coupling
柔性罐道/柔性罐籠導軌 soft cage guide
柔性滚动轴承/柔性滾動軸承 flexible rolling bearing
柔性加工自动线/彈性機械加工線 flexible

machining line
柔性接头/撓性接頭 flexible joint
柔性连接器/彎曲連接器 flexure connector
柔性连接润滑器/撓性潤滑器 flexible lubricator
柔性模/彈性模,彎曲模,可撓模 flexible die
柔性石墨/柔性石墨 flexible graphite
柔性太阳电池阵/柔性太陽電池陣 flexible solar cell array
柔性显示器/柔性顯示器 flexible display device
柔性支腿/彈性支腿 flexible leg
柔性制造单元/彈性製造單元 flexible manufacturing cell
柔性制造系统/彈性製造系統 flexible manufacturing system, FMS
柔性转向/順從性轉向 compliance steer
揉/揉合 knead
铷/銣 rubidium
铷[原子]频标/銣頻率標準 rubidium frequency standard
铷原子钟/銣頻率標準 rubidium frequency standard
儒略历/儒略曆 Julian calendar
儒略年/儒略年 Julian year
儒略日/儒略日 Julian day, JD
儒略世纪/儒略世紀 Julian century
蠕变/潛變 creep
蠕变成形/潛變成形 creep forming
蠕变极限/潛變極限,潛變限度 creep limit
蠕变强度/蠕變強度,潛變強度 creep strength
蠕变试验机/蠕變試驗機,潛變試驗機 creep testing machine
蠕变试验仪/蠕變試驗儀,潛變試驗儀 creep tester
蠕变速率/潛變速率 rate of creep
蠕变应力/潛變應力 creep stress
蠕虫/蟲 worm
蠕动/蠕動 crawling
蠕动泵/蠕動泵 peristaltic pump
蠕缓放电/潛行放電 creeping discharge
蠕墨/似塊狀石墨,蠕蟲狀石墨 quasi-flake graphite, vermicular graphite
蠕墨铸铁/蠕[蟲狀石]墨鑄鐵 vermicular cast iron
蠕状痕迹/蠕狀型樣 vermiculated pattern
乳白玻壳/乳白燈泡 opal bulb
乳白玻璃/乳白玻璃 milk glass
乳白色灯泡/乳白色燈 opal lamp
乳比重计/乳比重計,乳汁密度計 lactometer
乳化/乳化 emulsification, emulsify
乳化度检验器/乳化度檢驗器 demulsibility tester
乳化浮选/乳化浮選 emulsion flotation
乳化机/乳化機 emulsion machine
乳化剂/乳化劑 emulsifying agent
乳化器/乳化器 emulsifier
乳化试验/乳化試驗 emulsification test
乳化型防锈油/防銹乳化液 rust preventive emulsion
乳化液泵/乳化液泵 emulsion pump
乳化炸药混装车/乳化炸藥裝載車 emulsify blasting truck
乳化装置/乳化裝置 emulsifier unit
乳化作用/乳化作用 emulsification
乳胶/膠乳 latex
乳胶版/乳膠版 emulsion plate
乳胶试验/乳化試驗 emulsion test
乳[液]比重计/乳比重計 galactometer
乳油计/乳油計 creamometer
乳脂分离器/乳油分離器,乳油分離機 cream separator
乳脂计/乳脂計,乳油計 butyrometer
乳制品[用]青铜/奶罐青銅 dairy bronze
乳状液膜/乳狀液膜 emulsion liquid membrane, ELM
乳状液膜法回收镓/乳狀液膜法回收鎵 recovery of gallium by emulsified membrane process
乳浊度计/濁度計 opacimeter
TCP 入播/TCP 入播 TCP incast
入点/輸入點 enter-point
入度/輸入度 in-degree
入队列/進入佇列 enqueue
入轨姿态/注入姿態,入射姿態 injection attitude
入呼叫/入局呼叫 incoming call
入户电缆/分支電纜 drop cable
入境链路/入境鏈路 inbound link
入[局]/來訊 incoming
入口/入口 inlet, entrance
入口地址/登録位址 entry address
入库检验/入庫檢驗 warehouse-in inspection
入炉矿铁品位/裝爐鐵礦品位 iron content of charged iron ore
入侵/入侵 intrusion
入侵防御系统/入侵防禦系統 intrusion prevention system
入侵监测/侵入探測 intrusion detection
入侵者/入侵者 intruder
入射/入射 incidence
入射波/入射波 incident wave
入射波束/入射光束 incident beam
入射场/入射場 incident field

入射电压/發送電壓　sending voltage
入射电子束/入射光電子束　incident beam
入射辐射/入射輻射　incident radiation
入射辐射[光]通量/入射光通量　incident flux
入射辐射强度/入射輻射強度　incident radiation intensity
入射功率/入射功率　incident power
入射光/入射光　incident light
入射光束/入射光束　incident beam
入射光瞳/入射光瞳　entrance pupil
入射角/入射角　incidence angle
入射孔/入射孔,進入孔　entrance hole
入射狭缝/入射狹縫　entrance slit
入渗/滲入　infiltration
入站/入站　inbound
入站路径/入站路徑　inbound path
软包/軟包裝　soft package
软差错/軟性誤差　soft error
软吹/軟吹　soft blowing
软磁材料/軟磁材料　soft magnetic material
软磁合金/軟磁性合金　soft magnetic alloy
软磁铁氧体/軟磁性鐵氧體　soft ferrite magnet
软磁铁氧体材料/軟磁鐵氧體材料　soft magnetic ferrite
软导线/軟[導]線　flexible conductor
软点/軟點　soft spot
软电缆/軟電纜,柔性電纜,可繞電纜　flexible cable
软分页/軟分頁　soft page break
软钢/軟鋼　mild steel, soft steet
软故障/軟故障　soft fault
软管/配管　tubing, hose, flexible pipe
软管泵/軟管泵　hose pump
软管调制器/軟管調制器　soft-switch modulator
软焊涂料/焊漆　solder paint
软核/軟核心　soft core
软化/軟化處理　softening
软化点/軟化點　softening point, sagging point, vitrification point
软化点试验/軟化點試驗　softening point test
软化剂/軟水劑　softener
软化炉/軟化爐　softening furnace
软化试验/軟化試驗　squatting test
软化退火/軟化退火　soft annealing, softening anneal
软计算/軟計算　soft computing
软件/軟體　software
软件安全/軟體安全　software security
软件安全性/軟體安全性　software safety
软件版权/軟體版權　software copyright
软件包/套裝軟體　software package
软件保护/軟體保護　software protection
软件采购员/軟體購買者　software purchaser
软件操作员/軟體操作員　software operator
软件测试/軟體測試　software testing
软件测试计划/軟體測試計劃　software testing plan
软件产品/軟體產品　software product
软件产品维护/軟體產品維護　software product maintenance
软件产品线/軟體產品線　software product line, SPL
软件成本/軟體成本　software cost
软件重构/軟體重構　software restructuring
软件储藏库/軟體儲存庫　software repository
软件代理/軟體代理　software agent
软件单元/軟體單元　software unit
软件盗版/軟體盜版　software piracy
软件定义安全/軟體定義安全　software defined security
软件定义存储/軟體定義存儲　software defined storage, SDS
软件定义的无线电/軟體定義的無線電　software defined radio, SDR
软件定义体系结构/軟體定義體系結構　software defined architecture, SDA
软件定义网络/軟體定義網路　software defined network, SDN
软件定义威胁/軟體定義威脅　software defined threat
软件度量学/軟體度量學　software metrics
软件方法学/軟體方法論　software methodology
软件分析/軟體分析　software profiling
软件风险/軟體危障　software risk
软件服务/軟體服務　software service
软件复用/軟體再用　software reuse
软件更改报告/軟體變更報表　software change report
软件工程方法学/軟體工程方法論　software engineering methodology
软件工程工具/軟體工程工具　software engineering tool
软件工程环境/軟體工程環境　software engineering environment
软件工程经济学/軟體工程經濟學　software engineering economics
软件工具/軟體工具　software tool
软件构件/軟體組件　software component

软件故障/軟體錯失 software fault
软件过程/軟體處理 software process
软件过程工程/軟體過程工程 software process engineering
软件过程工程元模型/軟體過程工程元模型 software process engineering meta-model, SPEM
软件过程模型/軟體過程模型 software process model
软件环境/軟體環境 software environment
软件获取/軟體獲取 software acquisition
软件即服务/軟體即服務 software as a service, SaaS
软件加密/軟體加密 software cryptography
软件监控程序/軟體監視程式 software monitor
软件建模/軟體模型建立 software modeling
软件结构/軟體結構 software structure
软件经验数据/軟體經驗資料 software experience data
软件开发/軟體開發 software development
软件开发方法/軟體開發方法 software development method
软件开发过程/軟體開發過程 software development process
软件开发环境/軟體開發環境 software development environment
软件开发计划/軟體開發計劃 software development plan
软件开发库/軟體開發庫 software development library
软件开发模型/軟體開發模型 software development model
软件开发手册/軟體開發記録簿 software development notebook
软件开发周期/軟體開發週期 software development cycle
软件可靠性/軟體可靠度 software reliability
软件可靠性工程/軟體可靠度工程 software reliability engineering
软件可理解性/軟體可理解性 software understandability
软件可维护性/軟體可維護性 software maintainability
软件可信性/軟體可信性 software trustworthiness, software dependability
软件可修改性/軟體可修改性 software modifiability
软件可移携带性/軟體可攜性 software portability
软件可用性/軟體可用性 software usability
软件库/軟體程式館 software library
软件库管理员/軟體程式館管理器 software librarian
软件流水/軟體流水 software pipelining
软件能力成熟度模型/軟體能力成熟度模型 software capability maturity model
软件配置/軟體配置 software configuration
软件配置管理/軟體配置管理 software configuration management
软件平台/軟體平臺 software platform
软件评估/軟體評估 software evaluation
软件潜行分析/軟體潛行分析 software sneak analysis
软件缺陷/軟體缺陷 software defect
软件确认/軟體確認 software validation
软件容错策略/軟體容錯策略 software fault-tolerance strategy
软件冗余检验/軟體冗餘檢驗 software redundancy check
软件设计方法学/軟體設計方法學 software design methodology
软件生产率/軟體生產力 software productivity
软件生存周期/軟體生命週期 software life cycle
软件失效/軟體故障 software failure
软件事故/軟體災變 software disaster
软件事务存储技术/軟體事務存儲技術 software transactional memory
软件数据库/軟體資料庫 software database
软件特征/軟體特徵 software feature
软件体系结构/軟體架構 software architecture
软件体系结构风格/軟體架構風格 software architecture style
软件体系结构评估/軟體體系結構評估 software architecture evaluation
软件外包/軟體外包 software outsourcing
软件维护/軟體維護 software maintenance
软件维护环境/軟體維護環境 software maintenance environment
软件维护员/軟體維護者 software maintainer
软件文档/軟體文件製作 software documentation
软件稳定性/軟體穩定性 software stability
软件陷阱/軟體陷阱 software trap
软件效率/軟體效率 software efficiency
软件心理学/軟體心理學 software psychology
软件性能/軟體效能 software performance
软件修改/軟體修改 software modification
软件需求/軟體需求 software requirement
软件需求规约/軟體需求規約 software requirement specification, SRS

软件验收/軟體驗收 software acceptance
软件验证/軟體驗證 software verification
软件验证程序/軟體驗證器 software verifier
软件易维护性/軟體可維護性 software maintainability
软件易移植性/軟體可攜性 software portability
软件再工程/軟體再造工程 software reengineering
软件质量/軟體品質 software quality
软件质量保证/軟體品質保證 software quality assurance
软件质量工程/軟體品質工程 software quality engineering
软件质量管理/軟體品質管制 software quality management
软件质量目标/軟體品質目標 software quality goal
软件质量评判准则/軟體品質評判準則 software quality criteria
软件中断/軟體中斷 software interruption
软件注册员/軟體註冊者 software registrar
软件资产管理程序/軟體資產管理器 software asset manager
软件资源/軟體資源 software resource
软件自动化方法/軟體自動化方法 software automation method
软件总线/軟體匯流排 software bus
软键/軟鍵 soft key
软键盘/軟鍵盤 soft keyboard
软交换/軟體交換 soft switch
软接触结晶器/軟接觸結晶器 soft contact mould
软联结/活動連接,撓性連接 flexible connection
软锰矿/軟錳礦 pyrolusite
软模成形/軟模成形 flexible die forming
软盘抖动/軟碟顫動 floppy disk flutter
软盘套/軟碟套 disk jacket
软盘纸套/軟碟封套 disk envelop
软判决/軟式決定 soft decision
软起动性能/軟起動性能 soft-starting characteristic
[软]钎焊/軟焊 soldering
软钎焊合金/軟質焊合金 soft solder alloy
软钎焊涂层/軟焊敷層 soldering coating, flow brightening
软钎料/軟焊料 solder
软铅/軟鉛 soft lead
软切换/軟交遞 soft handoff
软熔带/軟熔帶 cohesive zone, softening zone
软塞绳/軟塞繩 flexible cord
软扇区/軟扇區 soft sector
软扇区格式/軟扇區格式 soft-sectored format
软 X 射线/軟 X 射線 soft X-rays
软 X 射线管/軟性 X 射線管,弱 X 射線管 soft X-ray tube
软失效率/軟錯誤率 soft error rate
软实时系统/軟即時系統 soft real-time system
软水器/水軟化器 water softener
软调/平滑調頻 tamed frequency modulation, TFM
软铁/軟鐵 soft iron
软停机/軟停機 soft stop
软线/軟[電]線 cord
软线开关/拉線開關 cord switch
软[性]X 射线机/軟性 X 射線機 soft X-ray machine
软影/軟影 soft shadow
软硬件协同设计/軟硬體協同設計 hardware-software co-design
软约束/軟限制 soft constraint
软支承平衡机/軟軸承平衡機 soft bearing balancing machine
软中断/軟中斷 soft interrupt
软中断处理方式/軟中斷處理模式 soft interrupt processing mode
软中断机制/軟中斷機制 soft interrupt mechanism
软中断信号/軟中斷信號 soft interrupt signal
软轴/撓性軸 flexible shaft
软轴式振动器/撓性軸振動器 flexible shaft vibrator
软铸铁/軟鑄鐵 soft cast iron
软状态/軟狀態 soft state
锐化/銳化 sharpening
锐截止滤光片/銳截止濾波器 sharp cut-off filter
瑞典量块/瑞典量塊 Swedish gage
瑞典木炭生铁/瑞典生鐵 Swedish iron
瑞利/瑞[利] Rayleigh
瑞利斑/瑞利盤 Rayleigh disk
瑞利比值/瑞利比 Rayleigh ratio
瑞利波/瑞利波 Rayleigh wave
瑞利长度/瑞利長度 Rayleigh length
瑞利电流天平/瑞利電流秤 Rayleigh current balance
瑞利分布/瑞利分布 Rayleigh distribution
瑞利分光计/瑞利光譜儀 Rayleigh spectrometer
瑞利风速分布/瑞利風速分布 Rayleigh wind-speed distribution
瑞利概率密度函数/瑞利機率密度函數 Rayleigh probability density function
瑞利干涉计/瑞利干涉計,瑞利干涉儀 Rayleigh interferometer
瑞利耗散函数/瑞利散逸函數 Rayleigh dissipation function

瑞利宽度/瑞利寬度 Rayleigh width
瑞利棱镜/瑞利稜鏡 Rayleigh prism
瑞利盘/瑞利盤 Rayleigh disk
瑞利琼斯定律/瑞利-瓊斯定律 Rayleigh-Jeans law
瑞利区/瑞利區 Rayleigh region
瑞利散射/瑞利散射 Rayleigh scattering
瑞利散射衰减/瑞利散射衰減 Rayleigh scattering attenuation
瑞利数/瑞利數 Rayleigh number
瑞利衰落/瑞利衰落,瑞利衰褪 Rayleigh fading
瑞利衰落通道/瑞利衰褪通道 Rayleigh fading channel
瑞利-泰勒不稳定性/瑞利-泰勒不穩定性 Rayleigh-Taylor instability
瑞利线/瑞利線 Rayleigh line
瑞利准则/瑞利準則 Rayleigh criterion
闰秒/閏秒 leap second
闰年/閏年 leap year
闰日/閏日 leap day
闰月/閏月 leap month
润滑/潤滑 lubrication
润滑泵电动机/潤滑電動機 lubricating motor
润滑方式/潤滑方法 methods of lubrication
润滑挤压/潤滑擠壓 lubricated extrusion
润滑剂/潤滑劑 lubricant
润滑剂兼容性/潤滑劑相容性 lubricant compatibility
润滑类型/潤滑型式 type of lubrication
润滑器/潤滑器 lubricator
润滑系统/潤滑系統 lubrication system
润滑性/潤滑性 lubricity
润滑油温过高保护装置/高油温保護裝置 high oil temperature protection device
润滑油系统/潤滑系統 lubrication system
润滑油压过低保护装置/潤滑油壓過低保護裝置 low oil pressure protection device
润滑载体[涂层]/潤滑載體[敷層] lubrication carrier
润滑脂稠度计/潤滑脂稠度計 grease consistometer
润滑脂穿透计/潤滑脂穿透計 grease penetrometer
润滑脂时效硬化/潤滑脂時效硬化 age-hardening of grease
[润滑脂]脱水收缩/潤滑脂收縮分離 syneresis of grease
[润滑脂]针入度/[潤滑脂]針入度 penetration of grease
润湿/濕潤,沾濕 wetting
润湿度/潮濕度 degree of wetness
润湿剂/潤濕劑 wetting agent
润湿角/濕潤角 wetting angle
润湿性/潤濕性 wettability
润湿周边/濕潤週邊 wetted perimeter
弱冲突/弱衝突 weak collision
弱磁场磁选机/弱磁場磁選機 low intensity magnetic separator
弱导光纤/弱波導光纖 weakly guiding fiber
弱电离等离子体/弱電離電漿,弱游離電漿 weakly ionized plasma
弱方法/弱方法 weak method
弱聚焦同步加速器/弱聚焦同步加速器 weak-focusing synchrotron
弱连通图/弱連接圖 weakly connected graph
弱流电子光学/弱流電子光學 low density electron beam optics
弱密钥/弱密鍵 weak key
弱面/弱平面 weakness plane
弱耦合/弱耦合 loose coupling, weak coupling
弱耦合系统/弱耦合系統 weakly coupled system
弱位/弱位 weak bit
弱氧化气氛/弱氧化蒙氣 weakly oxidizing atmosphere
弱一致性模型/弱一致性模型 weak consistency model
弱引用/弱引用 weak reference
弱真值表归约于/弱真值表歸納於 weak truth-table reducible to
弱质故障/弱質故障 weakness fault
弱质失效/弱質失效 weakness failure

S

撒手稳定性试验/轉向輪釋放穩定性試驗 steering-wheel-releasing stability test
洒布管宽度/噴霧條寬度 spray bar width
洒水车/灑水車 street sprinkler
洒水熔铁炉/灑水熔鐵爐 water shower cupola
撒播/播種 seeding
撒布机底盘/撒播器底盤 spreader chassis
撒布料斗/展開漏斗 spreading hopper
撒布装置/散布裝置 dispensing device
撒砂/敷砂 stuccoing
萨伐尔偏光镜/沙瓦偏光鏡 Savart polariscope
萨克斯稠密性定理/薩克斯稠密性定理 Sacks density theorem
萨克斯分裂定理/薩克斯分裂定理 Sacks splitting theorem
萨克斯管状浇口/撒克管形進模口,撒克管形澆口 saxophone gate
萨拉浮选机/沙拉浮選機 Sala flotation machine
萨奈克干涉仪/桑亞克干涉儀 Sagnac interferometer
塞棒/堵塞器 stopper
塞贝克效应/西白克效應,席比克效應 Seebeck effect
塞尺/測隙片,間隙規 feeler, gap gage
塞杆/塞桿 stopper rod
塞格测温锥/塞格[測温]錐 Seger cone, pyrometric cone
塞规/塞規,測隙規 plug gage, feeler gage
塞焊/塞孔熔接 plug weld
塞克斯传声器/塞克斯麥克風 Sykes microphone
塞孔浇槽/塞孔澆池 plugged pouring basin
塞拉里厄斯吸气罐/色拉芮士吸收器 Cellarius tourill
塞曼效应/則曼效應 Zeeman effect
塞绳电路/塞繩電路 cord circuit
塞头/塞頭 stopper head
塞头砖/塞頭 stopper end
塞药棒/炸藥棒 tamping rod
塞住/堵塞 stopping up
赛波特比色计/賽波特彩色計,賽波特色度計,賽博比色計 Saybolt chromometer, Saybolt colorimeter
赛波特计时器/賽波特計時器 Saybolt chronometer
赛波特糠醛黏度计/賽波特-傅洛黏度計 Saybolt-Furol viscosimeter
赛波特黏度计/賽波特黏度計 Saybolt viscosimeter
赛波特通用黏度计/賽波特通用黏度計 Saybolt universal viscosimeter
赛波特通用黏度计/賽波特通用黏度計 Saybolt universal viscometer
赛波特重油黏度计/賽波特-傅洛[重油]黏度計 Saybolt-Furol viscometer
赛隆结合刚玉砖/賽隆結合剛玉磚 sialon-bonded corundum brick
三倍精度/三倍精度 triple precision
三臂天平/三臂天平 triple beam balance
三波/三波 triple wave
三层减摩合金轴瓦/三層式軸承襯套 three-layer bearing bush
三叉臂式万向节/三叉臂式萬向接頭 tri-pronged-type universal joint
三叉架式万向节/三腳架式萬向接頭 tripod-type universal joint
三叉型可动刀片/三叉型可動刀片 3-way sharp cutting blade
三车翻车机/三車傾卸機 three-waggon tipple
三重播放业务/三合一服務 triple play service
三重光谱/[第]三級光譜 tertiary spectrum
三重棱镜摄谱仪/三棱鏡攝譜儀 three-prism spectrograph
三重熔炼/三重熔煉 triplex melting
三重数据加密标准/三重資料加密標準 triple data encryption standard
三重调制遥测系统/三重調制遥測系統 triple modulation telemetering system
三重业务/三合一服務 triple play service
三次风/排氣 exhaust air
三次风率/耗氣比 exhaust air ratio
三次风喷口/排氣噴嘴 exhaust gas nozzle
三次曲线/三次曲線 cubic curve
三次绕组/三次繞組,第三繞組 tertiary winding
三次渗碳体/三次碳化鐵,三次雪明碳鐵[體] tertiary cementite
三次样条/三次樣條 cubic spline

三次再结晶/三次再結晶 tertiary recrystallization
三刺激色度计/三激比色計 tristimulus colorimeter
三刺激值/三激值 tristimulus value
三点法荷载/三點負荷 three-point loading
三点厚度差/三點厚度差 three-point thickness deviation
三点接触球轴承/三點接觸球軸承 three-point contact ball bearing
三点开关/三通開關 three-way switch
三点控制器/三點控制器 three-position controller
三点停歇/三點暫停 three-point dwell
三点透视/三點透視 three-point perspectiveness
三点悬挂装置/三點連拉裝置 three-point linkage
三电极极谱仪/三電極極譜儀 three-electrode polarograph
三动压力机/三動壓力機 triple-acting press
三动液压机/三動液壓機 triple-acting hydraulic press
三端测量/三端量測 three-terminal measurement
三端电容器/三端電容器 three-terminal capacitor
三端网络/三端網路 three-terminal network
三短线变量器/三阻片變量器 triple-stub transformer
三段论/三段論 syllogism
三段式连杆/三段式連桿 marine-type connecting rod, palm-ended connecting rod
三段提交协议/三階段提交協定 three-phase commitment protocol
三方通话业务/三方通信服務 three-party service
三分仓回转式空气预热器/三分艙回轉式空氣預熱器 tri-sector air preheater
三分力天平/三分力天平 three-component balance
三氟化硼计数器/三氟化硼計數器 boron trifluoride counter
三缸泵/三缸泵 three-cylinder pump, triplex pump
三刮刀钻头/三翼鑽頭 three-way bit
三管封隔器/三層完成填塞器 triple packer
三辊劳特式中厚钢板轧机/三輥勞氏軋板機 three-high Lauth plate mill
三辊热轧轧管机/三輥熱軋軋管機 three-high tube hot rolling mill
三辊式开坯机组/三輥式開坯機組 three-high blooming train
三辊式轧机/三重式軋鋼機 three-high rolling mill
三辊斜轧穿孔/三輥斜軋穿孔 three-skew-roll piercing process
三辊斜轧穿孔机/三輥斜軋穿孔機 three-skew-roll piercing mill
三滚轮波发生器/三滾輪波產生器 triple-roller wave generator
三环系统/三環系統 three-loop system
三基色/三基色,三原色 three primary color
三级鼓风机/三階鼓風機 three-stage blower
三级旁路系统/三級旁路系統 three-stage bypass system
三级破碎/第三段碎礦 tertiary crushing
三级网络/三級網路 three-stage network
三级真空管/三極管 three-electrode tube
三极串联四极质谱计/三級串聯四極質譜儀 triple tandem quadrupole mass spectrometer
三极管/三極管 three electrode tube, triode
三极管放大器/三柵極放大器 triple-grid amplifier
三极管[式]真空计/三極管[式]真空計 triode vacuum gage, triode gage
三极开关/三極開關 three-pole switch
三极四极管振荡器/三級四級管振盪器 tri-tet oscillator
三角波振荡器/三角波振盪器 triangular-wave oscillator
三角测距/三角測距 range of triangle
三角测量/三角測量 triangulation
三角锉/三角銼 triangular file
三角斗/V形斗 V-bucket
三角钢/三角鋼 triangular shape
三角刮刀/三角刮刀,三棱刮刀 cant scraper
三角规/三角規 triangular compass
三角花键量规/三角形花鍵量規 triangular spline gage
三角路由/三角路由 triangle routing
三角面片/三角曲面片 triangular patch
三角皮带/三角皮帶 V-belt
三角剖分/三角剖分 triangulation
三角凸轮/三角凸輪 triangular cam
三角凸缘螺母/凸環三角螺帽 triangle nut with collar
三角形波发生器/三角波振盪器 triangular-wave oscillator
三角形布孔/交錯鑽孔法 staggered drill pattern
三角[形]窗/三角[形]窗 triangular window
三角形激光器/三角形雷射 triangular laser
三角形进模口/三角形進模口 triangular ingate
三角形联结/三角形接法 delta connection
三角形剖面堰/三角形剖面堰 triangular-profile weir
三角形星形变换/三角-星形接線變換 delta-star transformation
三角油石/三角油石 equilateral triangular stone

三角阵/三角陣列 triangular array
三角转子式压缩机/汪克壓縮器 Wankel compressor
三角转子式制冷压缩机/汪克冷媒壓縮機 Wankel refrigerant compressor
三脚架/三腳架,三角架 tripod
三脚式海上风力发电机组基础/海上風力發電機組三腳式基礎 three-leg-type foundation of off-shore wind turbine generator set
三阶非线性系数/三階非線性係數 third-order nonlinearity coefficient
三接头杆/三接頭桿 ternary link
三节熔铁炉/三節熔鐵爐 top charge cupola
三结晶体管/三接面電晶體 three-junction transistor
三进制数/三進制數 ternary number
三进制算术/三進制算術 ternary arithmetic
三颈烧瓶/三頸燒瓶 three-neck flask
三开砂箱/三層砂箱 three-part flask
三 A 类激光产品/三 A 類雷射產品 class 3A laser product
三 B 类激光产品/三 B 類雷射產品 class 3B laser product
三棱钩头钉/三棱道釘 bayonet shaped spike
三棱柱/三棱柱 triangular prism
三连通分支/三連接組件 tri-connected component
三联泵/三缸泵 triplex pump
三联管/三聯管 thribble
三联开关/三通開關 three-way switch
三菱法/三菱法 Mitsubishi process
三流水力旋流器/三流液力分離錐 tri-flow hydrocyclone
三流重介质选矿机/三流重介質選礦機 tri-flow heavy medium separator
三路开关/三通開關 three-way switch
三螺杆泵/三螺桿泵 three-screw pump
三面刃铣刀/側銑刀 side milling cutter
三面直角棱镜/角隅反射鏡 corner cube
三模跟踪/三型追蹤 three-mode tracking
三模激光器/三模雷射 three-mode laser
三能级激光器/三能階雷射 three-level laser
三能级微波激射器/三能階邁射 three-level maser
三能级系统/三能階系統 three level system
三排滚子链/三排滾子鏈 triplex roller chain
三平巷/三進巷 triple entry
三枪彩色电视显像管/三槍電視顯像管 three-gun chromatron
三情况电缆码/三情況電纜碼 three-condition cable code
三绕组变压器/三繞組變壓器 three-winding transformer
三刃钻头/三翼鑽頭 three-wing bit
三色方程/三原色方程 trichromatic equation
三色管/彩色映像管,三色電子管 tricolor tube
三色系统/三色制,三原色系統 trichromatic system
三视像管摄像机/三管彩色攝像機 three vidicon camera
三态缓冲器/三態緩衝器 tristate buffer
三态逻辑/三態邏輯 tristate logic, TSL
三态门/三態閘 tri-state gate
三探针法/三點探針法 three probe method
三天线法/三天線式 three-antenna method
三通/三通,T 形[物] tee, branch pipe
三[通]道比色计/三通道比色計 three-channel colorimeter
三通道单脉冲/三通道單脈波 three-channel monopulse
三通阀/三通閥,十字閥 cross valve
三通式阀/三通閥,三向閥 three-way valve
三通旋栓/三通活栓,三方活栓 three-way cock
三透镜聚光器/三透鏡聚光器 triple condenser
三透镜物镜/三透鏡物鏡 three-lens objective
三网融合/三網融合 three net convergence
三维/立體,三度[空間] three dimention
三维测头/三維探針 three dimensional probe
三维成像/三維成像 3D imaging
三维重建/三維重建 3D reconstruction
三维打印/三維列印 3D printing
三维跟踪/三維跟蹤 3D tracking
三维集成电路/三維積體電路 three-dimensional integrated circuit
三维挤压/三維擠壓 three-dimensional extrusion
三维交互/三維交互 three-dimensional interaction
[三维]轮廓仪/輪廓儀 contourgraph
三维模型渐变/三維模型漸變 3D morphing
三维鼠标/三度空間滑鼠,3D 滑鼠 3D mouse
三维数字化仪/三維數位化儀 3D digitizer
三维显示/三維顯示 three dimensional display
三维显示器/三維顯示器 3D display device
三维像素/三維像素 voxel
三维眼镜/三維眼鏡 3D glasses
三维用户界面/三維使用者介面 three-dimensional user interface
三位编码/三位編碼 tribit encoding
三位控制器/三位控制器,三段控制器 three-step controller
三线发电机/三線發電機 three-wire generator

三线圈变压器/三繞組變壓器 three-winding transformer
三线式接线法/三線式接線法 three-wire connection
三线式拉管机/三線式拉管機 triple tube drawbench
三厢式车身/三厢型車身 three-box-type body
三箱造型/三箱造模 three-part molding
三向堆垛式叉车/外側和前堆疊卡車 lateral and front stacking truck
三相变压器/三相變壓器 phase transformer, phasing transformer
三相点/三相點,三交點 triple point
三相电弧炉/三相電弧爐 three-phase arc furnace
三相电路/三相電路 three-phase circuit
三相电路功率/三相電路功率 power of three-phase circuit
三相电源/三相電源 three-phase source
三相反应器/三相反應器 three-phase reactor
三相负载/三相負載 three-phase load
三相瓦特计/三相瓦特計 three-phase wattmeter
三相整流器/三相整流器 three-phase rectifier
三相中性点电抗器/三相中性點電抗器 three-phase neutral reactor
三销式万向节/三軸元萬向接頭 three-pivot universal joint
三效催化剂/三效催化劑,三元觸媒 three-way catalyst
三效催化剂高效窗口/三效催化劑高效視窗,三元觸媒高效視窗 high-efficiency window of three-way catalyst
三效蒸发器/三效蒸發器 triple effect evaporator
三斜晶系/三斜晶體 triclinic
三斜柱/三斜柱 triclinic prism
三心定理/甘乃迪-安利厚定理 Kennedy-Aronhold theorem
三星凸轮/三星凸輪 cloverleaf cam
三氧化二砷净化法/砷鹽淨化法 antimony trioxide purification process
三摇杆机构/三搖桿機構 triple rocker mechanism
三叶草慢波线/三葉草慢波線 cloverleaf slow wave line
三音喇叭/三音喇叭 tritone horn
三用电桥/三用電橋 component bridge
三用门式起重机/吊鉤-抓斗-電磁吸盤三用高架起重機 hook-grab-magnet gantry crane
三用桥式起重机/三用橋式起重機 three-purpose overhead crane
三元差错/三元差錯 ternary error
三元合金/三元合金 ternary alloy
三元可满足性/三元可滿足性 three-satisfiability
三元逻辑/三元邏輯 ternary logic
三元碳化物/複碳化物,雙金屬碳化物 double carbide
三元相图/三元相圖 ternary phase diagram
三元组/三元 triple
三原色单位/三原色單位 trichromatic unit
三原色色度计/三原色色度計,三原色比色計 trichromatic colorimeter
三原色系数/三色係數 trichromatic coefficient
三原色坐标/三色度坐標 trichromatic coordinates
三圆盘波发生器/三碟造波機 three disk wave generator
三爪内径千分尺/三點式內測微器 three-point internal micrometer
三针/三針 three needle, three thread measuring wire, three wire
三中频炉/三倍週波電爐 triple frequency furnace
三轴式变速器/三軸式變速器 double-stage gearbox
三轴式自卸车/三軸式傾卸裝置 three-axle tipper
三轴性/三軸性 triaxiality
三轴转台/三軸檯 three-axle table
三轴姿态稳定/三軸姿態穩定 three-axis attitude stabilization
三作用控制器/三項控制器 three-term controller
三坐标测量机/三坐標測量機 three-coordinate measuring machine
三坐标雷达/三坐標雷達 three-dimensional radar, 3-D radar
伞齿轮/錐形齒輪,斜齒輪 conical gear, bevel gear
伞齿轮磨床/斜齒輪磨床 bevel gear grinder
伞形反射天线/傘形反射天線 umbrella reflector antenna
伞形天线/傘形天線 umbrella antenna
伞形吸气罩/罩蓋 canopy hood
伞形钻架/傘形鑽架 shaft jumbo
散光计/散光計 astigmometer
散光镜片/散光透鏡 astigmatic lens
散见 E 层/散亂 E 層,散塊 E 層 sporadic E, sporadic E layer
散粒噪声/散粒雜訊 shot noise
散列函数/散列函數 hash function
散列索引/散列索引 hash index
散列总和/散列總計 hash total
散乱数据点/散布資料點 scattered data points
散嵌绕组/不規則繞組,散下式繞組 random winding
散射/散射 scattering, scatter

散射参数/散射參數 scattering parameter
散射层/散射層 scattering layer
散射辐射/輻射散射 scattering radiation
散射光/漫射光 diffused light
散射光浊度计/散射光濁度計 scattering turbidimeter
散射计/散射計 scatterometer
散射角/散射角 scatter angle
散射-空气比/散射空氣比 scatter-air ratio
散射离子能量/散射離子能量 scattering ion energy
散射声场/漫射聲場 scattering sound field
散射损耗/散射損耗 scattering loss
散射通信/散射通信 scatter communication
散射系数/散射係數 scattering coefficient
散射因子/散射因子 scatter factor
散射中心/散射中心 scattering center
散重/散重 bulk weight
散装货秤/散裝秤,斗式秤 bulk weigher
散装货集装箱/散裝貨櫃 bulk container
散装密度/容積密度 bulk density
散装升运机/散裝昇降機 bulk elevator
散装水泥运输车/散裝水泥運輸車 bulk cement delivery tanker
散装物卸载机/散裝卸料機 bulk unloader
散装物装载机/散裝裝料機 bulk loader
散布/散布 disseminate
散弹噪声/散粒雜訊 shot noise
散度/散度 divergence
散度定理/散度定理,發散定理 divergence theorem
散焦/散焦[現象],像散現象 defocusing, astigmatism
散焦测距/散焦範圍 range of defocusing
散热/熱放射,熱消散 heat emission, heat dissipation
散热技术/散熱技術 heat dissipation technique
散热片/散熱片 cooling fin, heat sink, thermal fin
散热器/散熱器 radiator
散热器风扇/散熱器風扇 radiator fan
散热器面罩/散熱器格子板 radiator grill
散热器上水箱/散熱器頂水箱 radiator top tank
散热器下水箱/散熱器下水箱 radiator bottom tank
散热器芯子/散熱器中心部 radiator core
散热器压力盖/散熱器壓力蓋 radiator pressure cap
散热损失/輻射對流熱損失 radiation and convection heat loss
骚动误差/騷動誤差 agitation error
骚扰/擾動,干擾 disturbance
骚扰测量接收机/騷擾測量接收機 disturbance measuring receiver
骚扰源发射电平/騷擾源發射電平 emission level of a disturbing source
骚扰源发射限值/騷擾源發射限值 emission limit of a disturbing source
扫路车/掃街車 sweeper truck
扫掠电极/掃掠電極 sweeping electrode
扫掠二极管/掃掠二極體 sweep diode
扫掠混合器/掃掠混合器 sweep mixer
扫掠面积/掃過面積 swept area
扫描/掃描 scanning, sweep, scan
扫描变换器/掃描轉換器 scan converter
扫描场/掃描場 scanning field
扫描程序/掃描程式 scanner
扫描程序发生器/掃描器產生器 scanner generator
扫描带宽/拂掠帶寬 sweep bandwidth
扫描单色仪/掃描單色器 scanning monochromator
扫描电镜/掃描電子顯微鏡 scanning electron microscope
扫描电子显微镜/掃描[式]電子顯微鏡 scanning electron microscope, SEM
扫描电子显微镜法/掃描電子顯微術 scanning electron microscopy, SEM
扫描电子显微术/掃描電子顯微術 scanning electron microscopy, SEM
扫描多边形/掃描多邊形 sweep polygon
扫描俄歇电子能谱[学]/掃描俄歇電子能譜[學] scanning Auger electron spectroscopy, SAES
扫描发生器/掃描產生器,掃掠產生器 sweeping generator
扫描放大器/掃描放大器 scanning amplifier
扫描分光光度计/掃描分光光度計 scanning spectrophotometer
扫描分光仪/掃描光譜儀 scanning spectrometer
扫描幅度/掃描振幅 scan amplitude
扫描辐射仪/掃描輻射計 scanning radiometer
扫描干涉仪/掃描干涉儀,掃描干涉計 scanning interferometer
扫描光点/掃描點 scanning spot
扫描光电光度计/掃描光電微光度計 scanning photoelectric microphotometer
扫描光电显微镜/掃描光電顯微鏡 scanning photoelectric microscope
扫描光谱仪/掃描光譜儀 scanning spectrometer
扫描回声测深仪/掃描回聲測深儀 scanning echo sounder
扫描激光器/掃描雷射 scanning laser
扫描记录仪/掃描記録器 scanning recorder

扫描监控器/掃描監測器 scanning monitor
扫描检测器/掃描檢知器 scanner detector
扫描角/掃描角 scan angle
扫描控制器/掃描控制器 scanner controller
扫描扩展透镜/掃描擴展透鏡 scan expansion lens
扫描棱镜/掃描稜鏡 scanning prism
扫描离子微区探针/掃描離子微探針 scanning ion microprobe
扫描链/掃描鏈 scan chain
扫描螺丝指数/掃描螺線指數 index of the scanning helix
扫描码/掃描碼 scan code
扫描密度/掃描密度 scanning density
扫描密度计/掃描密度計 scanning densitometer
扫描模式/掃描型樣 scanning pattern
扫描频率/掃描頻[率],拂掠頻[率] scanning frequency, sweep frequency, scan frequency
扫描平面/掃描平面 scan plane
扫描器/掃描器 scanner, scanning device
扫描潜望镜/掃描潛望鏡 scanning helioscope
扫描球面镜干涉仪/掃描球面鏡干涉儀 scanning spherical-mirror interferometer
扫描曲面/掃描曲面 sweep surface
扫描容积/掃描體 sweep volume
扫描扇形/掃描扇形 scan sector
扫描设计/掃描設計 scan design
扫描 X 射线光谱仪/順序 X 射線光譜儀 sequential X-ray spectrometer
扫描声呐/掃描聲納 scanning sonar
扫描时间/掃描時間 sweep time
扫描时自动跟踪/掃描時自動跟蹤 automatic track while scanning, ATWS
扫描式隧道显微镜/掃描穿隧顯微鏡 scanning tunneling microscope
扫描输出/掃描輸出 scan-out
扫描输入/掃描輸入 scan-in
扫描速度/掃描速率 scanning speed
扫描速率/掃描率 sweep rate
扫描隧道显微镜/掃描穿隧顯微鏡 scanning tunneling microscope, STM
扫描隧道显微术/掃描穿隧顯微鏡術 scanning tunnelling microscopy, STM
扫描探针显微镜/掃描探針顯微鏡 scanning probe microscope, SPM
扫描探针显微术/探針掃描顯微術 scanning probe microscopy, SPM
扫描天线/掃描天線 scanning antenna
扫描透镜/掃描透鏡 scanning lens
扫描透射式电子显微镜/掃描穿透電子顯微鏡,掃描立體觀察鏡 scanning transmission electron microscope
扫描微波频谱仪/掃描微波頻譜儀 scanning microwave spectrometer, ScamS
扫描显微镜/掃描顯微鏡 scanning microscope
扫描线/掃描線 scanning line
扫描线长度/掃描線長 scanning line length
扫描线圈/掃描軛 scanning yoke
扫描线算法/掃描線演算法 scan line algorithm
扫描线性/掃描線性 scanning linearity
扫描信号/掃描信號 sweep signal
扫描选择器/掃描器選擇器 scanner selector
扫描仪/掃描器 scanner, scanistor
扫描振荡器/拂掠振盪器,掃頻振盪器,掃掠振盪器 sweep oscillator
扫描正弦激励/掃描正弦激振 sweeping sinusoidal excitation
扫描周期/掃描週期 scan period
扫描转换/掃描轉換 scan conversion
扫描转换管/掃描轉換管 scan converter tube
扫频/掃描,掃掠,拂掠 sweep
扫频测量/掃描頻率量測 swept-frequency measurement
扫频发生器/掃頻發生器 swept frequency generator
扫频反射计/掃頻反射計 swept frequency reflectometer
扫频干涉仪/掃頻干涉儀 swept frequency interferometer
扫频宽度/掃頻寬度 scan width, frequency span
扫频仪/掃掠產生器 sweep generator
扫频振荡器/掃頻振盪器 sweep frequency oscillator
扫频振动/掃頻振動 sweep vibration
扫气/掃氣,驅氣 scavenging
扫气泵扫气/掃氣泵掃氣 scavenging by blower
扫气利用系数/捕捉效率 trapping efficiency
扫气效率/驅氣效率 scavenging efficiency
扫时间/掃時間 flyback time
扫选/掃選 scavenging
扫雪装置/掃雪裝置 snowplow
色饱和度/色飽和度 color saturation
色辨别/[顏]色鑒別 color discrimination
色标/色標[代]碼 color code
色标管/[勞侖士]彩模管 chromatron, Lawrence tube
色标准/色標準 color standard
色别编码/色規範 color specification
色别标志/色規範 color specification

色彩感觉/彩色感覺 color perception
色彩感知/彩色感覺 color perception
色彩混合器/調色機 color mixer
色彩失真/色失真 color distortion
色彩延伸/色彩延伸 color expansion
色测高温计/色高温計 color pyrometer
色层分析/色層分析,層譜分析 chromatographic analysis, chromatography
色层柱/層析柱 chromatographic column
色差/色差,色别,彩色深淺 color shading, chromatic difference, aberration
色差方法/色差方法 color-difference method
色差公式/色差公式 color-difference formula
色差计/色差計 color-difference meter
色差信号/色差信號 color-difference signal
色场/色場 color field
色纯度/[彩]色純度 colorimetric purity, color purity
色纯度容差/色純度容差 color purity allowance
[色刺激的]纯度/[色刺激的]純度 purity of a color stimulus
[色刺激的]三刺激值/[色刺激的]三刺激值 tristimulus value of a color stimulus
色刺激函数/色刺激函數 color stimulus function
色刺激相加混合/色刺激相加混合,加法混色 additive mixture of color stimuli
色带/著色帶 inked ribbon
色调/色調 hue, tone
色调计/色調計,色輝計 tintometer
色调控制孔径/色調控制孔 tone control aperture
色调楔/色調楔 tone wedge
色度/色度 chrominance, chromaticity
色度编码器/彩色編碼器 chromacoder, color coder
色度传感器/色度感測器 chromaticity transducer
色度纯度/彩色純度 colorimetric purity
色度分量/色訊分量 chrominance component
色度副载波/色訊載波 chrominance carrier
色度计/色度計,比色計,比色器 colorimeter, chromatometer, color comparator
色度偏移/色漂移 colorimetric shift
色度失真/色失真 chromatic distortion
色度图/色度圖,色品圖,色圖 chromaticity diagram
Y 色度图/Y 色度圖,馬克司威色三角 Y chromaticity diagram
色度系统/色度系統 colorimetric system
色度信道/色訊道 chrominance channel
色度信号对亮度信号的交调失真/色度信號對亮度信號的交調失真 intermodulation from the chrominance signal into the luminance signal
色度学/色度學,比色法 colorimetry
色度载波基准信号/色訊載波基準 chrominance-carrier reference
色度坐标/色度坐標 chromaticity coordinate
色对比/色對比 color contrast
色方程/色方程 color equation
色粉/色劑 toner
色粉盒/碳粉匣 toner cartridge
色感/色[感]覺 color sensation
色贡献指数/色貢獻指數 color contribution index, CCI
色辉计/色輝計,色調計 tintometer
色集/色集 color set
色键/色鍵 chroma key, color key
色矩/色矩 color moment
色觉/色視覺 color vision
色觉计/驗色器 chromoscope
色觉缺陷/色覺異常 defective color vision
色觉仪/色度計 chromatometer
色空间/色空間 color space
色立体/色立體 color solid
色量计/比色計 colorimeter
色模型/彩色模型 color model
色匹配/[彩]色匹配,配色 color matching, color match
色匹配函数/色匹配函數 color-matching function
色品/色品,色度 chromaticity
色品度/色相,[色]彩度 chromaticness
色品图/色品圖,色度圖,色圖 chromaticity diagram
色[品]坐标/色[度]坐標 chromaticity coordinate
色平衡/色彩平衡 color balance
色谱法/色譜法,層析法,色層譜術 chromatography
色谱分析/色層分析 chromatographic analysis
色谱分析法/色層分析 chromatography
[色谱]峰/層析峰 chromatographic peak
[色谱]峰底/[層析]峰底 chromatographic peak base
[色谱]峰高/[層析]峰高 chromatographic peak height
[色谱]峰宽/[層析]峰寬 chromatographic peak width
色[谱]集/色譜集 color atlas
色谱图/色[層]譜 chromatogram
色谱仪/色層譜儀,層析儀 chromatograph
色谱柱/層析柱 chromatographic column
色散/色散 dispersion
色散本领/色散本領 dispersion power

色散补偿光纤/色散補償光纖 dispersion compensating fiber, DCF
色散补偿器/色散補償器 dispersion compensator
色散关系/色散關係 dispersion relation
色散和掩模法/色散光罩法 dispersion-and-mask method
色散棱镜/色散棱鏡 dispersion prism
色散媒质/色散介質 dispersive medium
色散模式/色散模式,色散模型 dispersion model
色散偏移光纤/色散平移光纖,色散遷移光纖 dispersion-shifted fiber
色散平坦光纤/色散平坦化光纖 dispersion-flattened fiber, DFF
色散特性/色散特性 dispersion characteristics
色散系数/色散係數,阿貝數 dispersion coefficient, Abbe number
色散移位光纤/色散遷移光纖 dispersion-shifted fiber, DSF
色深度/色深度 color depth
色适应/色適應 chromatic adaptation
色适应性/色彩適應性 chromatic adaption
色束分裂镜/分束鏡,分光鏡 beam-splitter mirror
色同步信号/色同步信號 burst signal
色温/色温,色彩温度 color temperature
色[像]差/色[像]差 chromatic aberration
色心激光器/色心雷射[器] color center laser
色修正因数/分光失配修正因子 spectral mismatch correction factor
色映射/彩色對映 color mapping
色元/色元 color cell
色指数/色指數 color index
色轴/色軸 color axis
铯[原子]频标/銫束頻率標準 cesium beam frequency standard
铯原子钟/銫原子鐘 cesium atomic clock
森林/森林 forest
杀毒程序/防毒程式 vaccine program
杀菌辐射/殺菌輻射 bactericidal radiation
杀菌射线/殺菌放射 germicidal radiation
沙尘试验/沙塵試驗 sand and dust test
沙尘试验箱/沙塵試驗箱 sand and dust test chamber
沙盒/沙箱 sandbox
沙砾泵/礫泵 gravel pump
沙漏形反射器/沙漏形反射器 hourglass reflector
沙漏形蜗杆/滴漏形蝸桿 hourglass worm
沙漠车/沙漠越野車輛 off-road vehicle for desert
沙丘沙/[河海]丘砂 dune sand
刹车带/刹車帶 brake band
纱包线/紗包線 cotton-covered wire
砂斑/砂痂 sand buckle
砂泵/砂泵,礫泵 sand pump, gravel pump
砂布/砂布 sand cloth
砂布带/磨帶 abrasive belt
砂仓/砂倉,砂庫 sand silo, sand bin
砂层/砂床 sand bed
砂处理/鑄砂處理 preparation of sand
砂处理场/砂處理場 sand plant
砂处理设备/砂處理設備 sand preparation equipment
砂床/砂床 sand bed, sand floor
砂带/磨[砂]帶 abrasive band, abrasive belt
砂带磨床/砂帶磨床,磨帶磨床,帶式砂磨機 abrasive belt grinding machine, belt sander
砂带磨光机/帶式砂磨機 belt sander
砂底/砂底 sand bottom
砂斗/砂漏斗 sand hopper
砂斗振动子/料斗振動器 bunker vibrator
砂隔层/分模砂 parting sand
砂痕/砂痕 sand mark
砂回收场/砂回收場 sand reclamation plant
砂浆锚杆/灌漿錨定螺栓 grouting rock bolt
砂金/砂金 alluvial gold, placer gold
砂聚力/砂凝聚力 cohesion of sand
砂孔/砂孔 sand hole
砂块破碎机/砂塊破碎機,砂塊打碎機 sand lump breaker
砂粒/砂粒 grains of sand, sand grain
砂粒度/砂粒度 fineness of sand
砂粒喷磨机/噴粒清理機 wheelabrator
砂滤池/砂濾器 sand filter
砂滤器/砂濾器 sand filter
砂轮/砂輪,磨輪 grinding wheel, abrasive wheel
砂轮切断机/砂輪切斷機 abrasive cut-off machine
砂轮切割机/砂輪切斷機 abrasive cut-off machine
砂轮修整器/砂輪修整器 grinding wheel dresser
砂模补砂/砂模虛筋填補 molding stopping off
砂模夹渣/砂模夾渣 slagging of sand, slagging of coating
砂模生铁/砂模生鐵 sand casting pig iron
砂模下垂/砂模下垂 sag mold
砂模压坏/砂模壓壞 crush of mold
砂模硬度/砂模硬度 mold hardness
砂盘/砂盤 sandpan
砂筛/篩砂機,篩砂裝置 sand sifter
砂-石含水率测定仪/砂石含水率測定儀 moisture

measurer for sand and stone
砂试验筛/試砂篩 sand testing sieve
砂筒仓/儲砂罐 sand silo
砂瓦/磨輪片 segment of grinding wheel
砂温调节器/砂温調節器 sand temperature modulator
砂锡/砂錫 stream tin
砂箱/砂箱,模箱 box, flask, molding box
砂箱变形/砂箱變形 distortion of molding box
砂箱隔条/砂箱隔條 box bar, flask bar
砂箱夹/砂箱夾 flask clamp
砂箱手柄/砂箱手柄 flask handle
砂箱造型/砂箱造模 box molding
砂箱转运机/砂箱轉運機 molding box transfer device
砂心板/砂心板 core plate
砂心干燥炉/砂心乾燥爐 core oven
砂心托板/砂心托板 core carrier plate
砂心下垂/砂心下垂 sag core
砂心组合夹具/砂心組合夾具 core assembling fixture
砂芯撑/砂心撐,心型撐 chaplet
砂芯吹射/砂心吹射 core shooting
砂芯吹硬机/砍心吹射及硬化機 core sooting and curing machine
砂芯吹制机/砂心吹製機 core blowing machine
砂芯捣碎机/碎心機 core breaker
砂芯翻转提升机/砂心翻轉提昇機 core turn-over and lifting machine
砂芯固定安全装置/砂心固定安全裝置 core interlocking safety device
砂芯盒通气孔/砂心盒通氣孔 core box vent
砂芯泥/砂心泥 core mud
砂芯黏合膏/砂心膠合劑 core paste
砂芯黏结/砂心黏合 gumming of cores
砂芯黏结剂/砂心黏合劑 core binder
砂芯喷涂器/砂心噴塗器 core sprayer
砂芯破裂/砂心破裂,心模破裂 broken core
砂芯气孔/砂心吹疵 core blow
砂芯通气蜡条/砂心通氣蠟條 core vent wax
砂芯涂料/砂心塗料 core coating
砂芯压碎/砂心壓壞 crush of core
砂芯摇架/砂心摇檯 core cradle
砂芯硬度/砂心硬度 core hardness
砂芯硬化烘炉/砂心硬化烘爐 core curing oven
砂芯硬压头/砂芯硬壓頭 core hardness penetrator
砂芯油/砂心油 core oil
砂芯制造法/砂心製造法 core bonding system
砂芯装置工模/砂心裝置工模 core setting jig
砂芯装置夹具/砂心裝置夾具 core setting fixture
砂芯自动翻转脱模机/砂心自動翻轉脱模機 automatic rollover core-stripping machine
砂型/砂模 sand mold
砂型烘干/砂模烘乾 mold drying
砂型加固圈/套箍 inside band
砂型硬度计/砂模硬度計 mold hardness tester
砂型制轧辊/砂模鑄軋輥 sand roll
砂型铸件/砂模鑄件 sand castings
砂型铸造/砂模鑄造 sand casting process
砂眼/夾砂,砂孔 sand inclusion, sand hole
砂纸/研磨紙 emery paper
砂状氧化铝/砂狀氧化鋁 sandy alumina
砂子/砂 sand
砂子细度/砂粒細度指數 grain fineness number
傻窗口综合征/傻視窗綜合徵 silly window syndrome
筛板/篩板 screen plate
筛板厚度/篩板厚度 plate thickness
筛板塔/篩板塔 sieve-tray column, sieve plate tower, sieve plate column
筛板振动筛/直接振動篩板 screen with direct vibrated screen plate
筛分/篩分試驗,篩[孔分]析 screen analysis, mesh analysis
筛分机/篩粉機 sifting machine
筛分机械/篩分機器 screening machinery
筛分粒度分析/篩分細微性分析 particle size analysis by sieving
筛分面积百分率/篩分面積百分率 percentage of sieving area
筛分试验/篩分試驗 test sieving
筛分析/篩析 sieve analysis
筛分终点/篩分終點 sieving end point
筛盖/篩蓋 sieve lid
筛管/篩管 screen pipe, sieve tube
筛机/篩選機 sieve sorter
筛孔/篩孔,篩眼 screen opening, sieve opening
筛[孔]板/篩[孔]板,篩盤 sieve tray
筛孔尺寸/篩孔尺寸 aperture size
筛孔径/篩孔尺度 mesh size
筛孔[眼]/篩孔 screen opening
筛框/篩框 sieve frame
筛面/篩面 sieving medium
筛砂机/篩[砂機] riddle, sand-sieving machine
筛上粉/未過篩粉末 plus sieve
筛上物/篩上物 oversize

筛上物累计分布曲线/篩上物累計分布曲線 cumulative oversize distribution curve
筛网/篩孔篩 mesh sieve, sieve mesh
筛析/篩[孔分]析 screen analysis, sieve analysis
筛下粉/篩下粉 minus sieve
筛下料/篩下物 undersize
筛下物/篩下物 undersize
筛下物累计分布曲线/篩下物累計分布曲線 cumulative undersize distribution curve
筛选/篩選,篩分 screening
筛选机/篩粉機 sifting machine
筛选砂/篩分砂 riddled sand
筛选试验/篩選試驗 screening test
筛选主体/過濾主體 filtering agent
筛子/[篩孔]篩 sieve, riddle, mesh screen
晒[蓝]图机/曬圖機 blue-printing machine
删除/刪除 delete
删除信道/刪除通道 erasure channel
删除异常/刪除異常 deletion anomaly
删减码/刪減碼 expurgated code
删信码/刪減碼 expurgated code
钐钴磁体/釤鈷磁鐵 samarium cobalt magnet
钐钴永磁合金/釤鈷永磁合金 SmCo permanent magnet
栅瓣/閘極瓣 grating lobe
栅极/柵[電]極 grid electrode
栅极电容器/柵極電容器 grid condenser
栅极检波伏特计/柵極檢波伏特計 grid detection voltmeter
栅极检波器/柵極檢波器 grid detector
栅极控制管/柵極控制管 grid-controlled tube
栅极控制整流管/柵控整流器 grid-controlled rectfier
栅极特性/柵極特性 grid characteristic
栅极调制/柵極調變 grid modulation
栅控彩色显像管/[勞任士]彩模管 chromatron, Lawrence tube
栅控辉光放电管/柵極弧光管 grid-glow tube
栅控 X 射线管/柵控 X 射線管 grid-controlled X-ray tube
栅漏检波器/柵漏檢波器 grid leak detector
栅偏压检波器/偏壓檢波器 grid bias detector
栅形补偿摆/柵形補償擺 gridiron pendulum
扇出/扇出 fan-out
扇出模块/扇出模組 fan-out modular
扇出限制/扇出限制 fan-out limit
扇入/扇入 fan-in
闪存/快閃記憶體 flash memory
闪存数据库/快閃記憶體資料庫 flash memory database
闪存转换层/快閃記憶體轉換層 flash translation layer
闪点/閃燃點,著火點,閃[火]點 flash point, flashpoint
闪点杯/閃光杯 flash cup
闪点测定器/閃[火]點測定器 flash point tester
闪点试验/閃點試驗 flash point test
闪电/閃電放電 lightning discharge
闪电保护/雷擊保護 lightening protection
闪电测量仪/閃電量測計 fulgurometer
闪电电流磁检示器/閃電電流磁檢測器 magnet detector for lightning current
闪电电流特性记录器/雷擊式儀,雷電[流]記錄儀 fulchronograph
闪光测试/閃點試驗 flash test
闪光测速仪/閃光測速器,頻閃測速器 stroboscope
闪光灯/閃光燈,頻閃燈,鎂光燈 flash bulb, flashlight
闪光对焊/閃電熔接 flash welding
闪光对焊机/閃光焊接機 flash-welding machine
闪光放电管/閃光放電管 flashing-discharging tube
闪光分析计/閃光計 flashometer
闪光高速摄影/閃光輻射照相術 flash radiography
闪光管/閃光燈管 flash tube
闪光继电器/閃光繼電器 flasher relay
闪光煤干燥器/閃速煤乾燥器 flash coal drier
闪光器/閃爍器,閃光裝置 flasher
闪光摄影术/閃光攝影術 flash photography
闪光式转速仪/閃光式轉速儀 stroboscopic tachometer
闪光信号/閃光燈 flashing light
闪光仪/閃光儀,閃頻器,閃光計 stroboscope, flashometer
闪光指示器/閃光指示器 flashing indicator
闪络/閃絡,飛弧,跳火 flashover
闪频噪声/閃爍頻率雜訊 flicker frequency noise
闪烁/閃爍 flicker, scintillation, glint
闪烁成像/閃爍顯像[術] scintigraphy
闪烁持续时间/閃爍期間 scintillation duration
闪烁灯/閃光燈 flashing light
闪烁光度计/閃爍光度計,閃變光度計 flicker photometer
闪烁计/閃爍計 flicker meter
闪烁计数器/閃爍計數器,閃爍檢知器 scintillation counter, scintillation detector
闪烁检测器/閃爍偵測器,閃爍檢知器 scintillation

detector
闪烁镜/閃爍鏡,閃爍儀 spinthariscope
闪烁炉产能/閃速爐床能率 flash furnace production capacity
闪烁[能]谱计/閃爍[光]譜儀 scintillation spectrometer
α 闪烁谱仪/α 閃爍譜儀,阿伐閃爍譜儀 alpha scintillation spectrometer
β 闪烁谱仪/β 閃爍譜計,貝他閃爍譜計 beta scintillation spectrometer
闪烁扫描器/閃爍掃描器 scintiscanner
闪烁扫描仪/閃爍掃描器 scintillation scanner
闪烁上升时间/閃爍上昇時間 scintillation rise time
闪烁探测器/閃爍探測器,閃爍偵檢器,閃爍偵測器 scintillation detector, scintillation counter
闪烁探头/閃爍探針 scintillation probe
闪烁体/閃爍體,閃爍器 scintillator
闪烁体溶液/閃爍體溶液 scintillator solution
闪烁物质/閃爍材料 scintillating material
闪烁误差/閃爍誤差 glint error
闪烁下降时间/閃爍下落時間 scintillation fall time
闪烁噪声/閃爍雜訊,閃變噪音,閃變雜訊 flicker noise
闪烁正比探测器/閃爍正比探測器 scintillation proportional detector
闪烁转化器/閃爍轉換器 scintillation converter
闪速焙烧炉/急驟焙燒爐 flash roaster, flash roasting furnace
闪速吹炼/閃速吹煉 flash converting
闪速存储器/快閃記憶體 flash memory
闪速反应塔/閃速反應塔 reaction shaft
闪速浮选/閃速浮選 flash flotation
闪速干燥/驟沸乾燥 flash drying
闪速熔炼/閃速熔煉 flash smelting
闪速熔炼炉/閃速熔煉爐 flash smelting furnace
闪相噪声/閃爍相位雜訊 flicker phase noise
闪锌矿/閃鋅礦 zinc blende, sphalerite
闪锌矿晶格架构/閃鋅礦晶格結構 zinc blende lattice structure
闪锌矿晶格结构/閃鋅礦晶格結構 zinc blende lattice structure
闪耀光栅/炫耀光柵 blazed grating
闪蒸薄膜蒸发器/急驟薄膜蒸發器 flash film evaporator
闪蒸分离/閃蒸分離 flash separation
闪蒸罐/閃蒸罐 flash tank
闪蒸冷凝器/驟沸冷凝器 flash condenser
闪蒸室/驟餾器,驟沸室 flash chamber
闪蒸塔/驟沸塔,驟餾塔 flash distillation column
闪蒸现象/驟汽化 flash
扇贝式射孔器/凹形穿孔器 scallop gun
扇齿/扇齒 gear sector
扇区/扇區,磁區 sector, fan sector
扇区伺服/扇區伺服 sector servo
扇区对准/扇區對準 sector alignment
扇[通]风机/扇[形鼓風]機 fan blaver
扇形包/扇形包 sector pouring ladle
扇形爆破/扇形炸射 fan shooting
扇形波束/扇形波束 fan beam
扇形波束天线/扇形波束天線 fan-beam antenna
扇形齿轮/扇齒輪 gear sector
扇形磁分析器/扇形磁分析器 sector magnetic analyzer
扇形段/扇形段 segment
扇形发动机/W 形發動機 broad-arrow engine
扇形孔落矿/扇形孔爆破採礦 fan-hole breakdown, deep-hole blast stoping
扇形偶极子/扇形雙極 fan dipole
扇形炮孔/扇形炮孔 fan-pattern hole
扇形塔康/扇形塔康 sector TACAN, SETAC
扇形天线/扇形天線 fan-sectorized antenna
扇形显示/扇形顯示 sector display
扇形压缩机/扇形壓縮機 quadrantal compressor
扇形叶片/扇形葉片 sector blade
扇形砖/弧形磚 radial brick
嬗变/蜕變 transmutation
伤波/缺陷回波 flaw echo
伤残运送车/傷殘運輸車 handicapped-person carrier
伤害/傷害,損害,危害 harm
商/商[數] quotient
商务访问提供者/商務存取提供者 commercial access provider
商业数据处理/商業資料處理 business data processing
商业通用语言/通用商業語言 common business oriented language, COBOL
商用部件法/商用部件法 commodity-off-the-shelf, COTS
商用车[辆]/營業車輛 commercial vehicle
商用计算机/商用計算機 commercial computer
商用软件/商用軟體 commercial software
商值表/商值表 quotient meter
熵/熵 entropy
熵编码/熵編碼 entropy coding
熵编码段指针/熵編碼段指標 entropy-coded segment pointer

熵编码器/熵編碼器 entropy encoder
熵编码数据段/熵編碼資料段 entropy-coded data segment
熵功率/熵功率 entropy power
熵函数/熵函數 entropy function
熵解码/熵解碼 entropy decoding
熵解码器/熵解碼器 entropy decoder
熵量编码量[子]化/熵量編碼量化 entropy-coded quantization
上半格/上半格 upper semi-lattice
上贝氏体/上貝氏體,上變韌體鐵 upper bainite
上臂/上臂 upperarm
上边带/上邊帶 upper sideband, USB
上边梁/頂側框架 roof side frame
上变频/上變頻 up-conversion, up conversion
上表面气孔/上表面氣孔 top surface porosity
上播状态/上播狀態 upper broadcast state
上部结构/上部結構 superstructure
上彩色/施釉,上漆 enamelling
上插式自焙槽/直插式自焙槽 vertical stud Söderberg
上插阳极镁电解槽/上插陽極鎂電解池 magnesium electrolytic cell with top-mounted anode
上齿面/上齒面 addendum flank
上冲断层/逆掩斷層,逆衝斷層 overthrust
上冲转速/超越轉速 overshoot speed
上传/上傳 upload
上传动/上驅動 top drive
上传动压力机/上傳動壓力機,上驅動壓床 top-drive press
上代/上代 parent
ATM 上的多协议/ATM 上的多協定 multiprotocol over ATM
ATM 上的 IP 协议/ATM 載送 IP 技術 IP over ATM, IPoA
上风向式风力机/上風向式風力機 upwind wind turbine
上覆盖/上覆 overlying
上覆梯度/覆蓋梯度,覆壓梯度 overburden gradient
上规范限/規格上限 upper specification limit, USL
上回转平台式塔式起重机/上回轉平臺式塔式起重機 tower crane with slewing upper platform
上回转塔式起重机/高空回轉塔式起重機 high-level slewing tower crane
上级问题/上級問題 upper-level problem
上计量基准点/上基準點 upper datum mark
上胶机/上膠機 cementing machine
上铰接点/上鉸接點 upper link point
上界/高限 high bound
上宽铸锭模/上寬鑄錠模 gradient mold
上拉电阻器/提昇電阻器 pull-up resistor
上拉杆传感/上拉桿感測 upper-link sensing
上料/加料 loading
上料机构/進給機構 feeding mechanism
上马氏体点/麻田散體始温 martensite start temperature
上密封试验/上密封試驗 back seal test
上模合模机/上模合模機 cope closing machine
上挠度/上翹度 camber
上旁波带/上邊帶 upper sideband
上抛冲击机/上拋衝擊機 throw shock machine
上偏差/上偏差,上尺寸差 upper deviation
上切式剪切机/順切剪斷機 down-cut shears
上三角矩阵/上三角矩陣 upper triangular matrix
上砂箱/上砂箱,上模箱 cope box, cope flask
上升道/出風井 uptake
上升法通风/上昇法通風 antitropal ventilation
上升管/上昇管,上昇線路 riser, ascension pipe, rising pipe
上升浇铸/上昇澆鑄 cast up-hill
上升浇铸法/上昇澆鑄法,底澆法 uphill running
上升率/上昇率,增長速率 rate of rise
上升色谱仪/上昇層析儀 ascending chromatograph
上升时间/上昇時間 rise time
上升特性/上昇特性曲線 rising characteristic
上升烟道/排氣煙道 uptake flue
上升沿/上昇邊緣 rising edge
上升运动/上昇運動 ascending motion
上水/注水 filling
上水口/上水口 shroud, long nozzle
上水箱/注水箱 header tank
上四分位法/上四分位數法 upper quartile method
上塔/上塔 upper column
上推/上推 push-up
上推队列/上推隊列 push-up queue
上推排序/移位排序 shifting sort
上推[先进先出]存储器/上推儲存器 push-up storage
上下间隔式通风/上下間隔式通風 ventilation with top-and-bottom spaced entries
上下界限/上下[界]限 upper and lower bound
上下料装置/上下料裝置 loader and unloader
上下位关系/上下位關係 hyponymy
上下文/上下文 context
上下文分析/上下文分析 context analysis
上下文敏感文法/上下文有關文法 context-sensitive

grammar
上下文内关键字/上下文中關鍵字 keyword in context
上下文切换/上下文交换 context switch
上下文外关键字/上下文外關鍵字 keyword out of context
上下文无关文法/上下文無關文法 context-free grammar
上下文无关语法/上下文無關文法 context-free grammar
上下文有关文法/上下文有關文法 context-constraint grammar
上限类别温度/上限類別溫度 upper category temperature
上限培训时间/訓練時間極限 training time limit
上限温度/上限溫度 upper limit temperature
上箱/上模 top part
上向分层充填法/上向分層充填開採法 overhand cut-and-fill stoping
上向进路充填法/上向進路充填開採法 overhand drift-and-fill mining stoping
上向凿岩机/仰鑽機 stoper
上卸扣旋转工具/管扣鬆緊鉗 make and break rotary
上行链路/上行鏈路 uplink, earth-to-space link
上型/上模[箱],上砂箱 cope, mold cover half, top part
上型箱板/上模板 cope plate
上悬挂点/上懸掛點 upper hitch point
上压板/頂板 top board
上引式连铸法/上引式連鑄法 up-cast process
上釉/上釉,起釉 glazing, glaze
上阈/上閾 upper-level threshold
上载/上傳 upload
上止点/上死點 top dead center
上注法/直接澆注法 direct casting process
上铸/上鑄法 top teeming
烧杯/燒杯 beaker
烧杯夹/燒杯夾 beaker clamp
烧成/燒成,燒製 firing
烧成制度/燒成排程計劃 firing schedule
烧穿/燒穿 burn-through, burning-through
烧穿距离/燒穿距離 burn-through range
烧黄铜/燒黃銅 burnt brass
烧毁寿命/燃毀壽命,失效壽命 burn-out life
烧毁指示器/燒毀指示器 burn-out indicator
烧结/燒結 sintering
烧结白云石/燒結白雲石 burnt dolomite, clinkered dolomite
烧结板/燒結板 sintered plate
烧结杯/燒結杯 sintering cup, sinter pot
烧结杯试验/燒結杯試驗 sinter pot test
烧结焙烧/燒結焙燒 sintering roasting
烧结饼/燒結塊 sinter cake
烧结玻璃滤器/燒結玻璃濾器 sintered glass filter
烧结厂/燒結工場 sinter plant
烧结磁性材料/燒結磁性材料 sintered magnetic material
烧结点/燒結點 sintering point
烧结点火温度/燒結點火溫度 ignition temperature of sintering
烧结点试验仪/燒結點試驗儀 sintered point tester
烧结电触头材料/燒結電接觸材料 sintered electrical contact material
烧结锻造/燒結鍛造 sinter forging
烧结法/燒結法 sintering process
烧结钢/燒結鋼 sintered steel
烧结锅/燒結釜 sintering pot
烧结过滤器/燒結過濾器 sintered filter
烧结焊剂/燒結焊劑 agglomerated flux
烧结盒/燒結盒 sintering box
烧结后处理/燒結後處理 post-sintering treatment
烧结混合料/燒結混合料 sinter mix
烧结混合料预热/燒結混合料預熱 preheating of sintering mix
烧结混料/燒結混料 mixing of sinter feed
烧结机/燒結機 sintering machine
烧结机理/燒結機制 sintering mechanism
烧结机上冷却/燒結機上冷卻 cooling on sinter strand
烧结减摩材料/燒結減厚材料 sintered antifriction material
烧结结构零件/燒結結構件 sintered structural part
烧结金属过滤器/燒結金屬過濾器 sintered metal filter
烧结金属基复合材料/燒結金屬基複合材料 sintered metel-matrix composite, MMC
烧结金属摩擦材料/燒結金屬摩擦材料 sintered metalic friction material
烧结颈形成/燒結頸部形成 sintered neck formation
烧结壳/燒結殼 sinter skin
烧结矿/燒結礦 sinter
烧结矿破碎机/燒結礦破碎機 sinter breaker
烧结矿转鼓指数/燒結礦轉鼓指數 drum index of sinter
烧结料/燒結料 sintering charge

烧结料混合机/燒結料混合機 sintering material mixer
烧结炉/燒結爐 sintering furnace
[烧结]弥散强化材料/[燒結]彌散強化材料 dispersion strengthened material
烧结密度/燒結密度 sintered density
烧结摩擦材料/燒結摩擦材料 sintered friction material
烧结钕铁硼合金/燒結釹鐵硼合金 sintered Nd-Fe-B alloy
烧结配料/燒結配料 sinter proportioning
烧结铺底料/燒結鋪底料 grate-layer material
烧结气氛/燒結氣氛 sintering atmosphere
烧结软磁材料/燒結軟磁材料 sintered soft magnetic material
烧结湿料带/燒結濕料帶 wet zone in sintering
烧结台车/燒結臺車 sinter pallet car
烧结铁/燒結鐵 sintered iron
烧结氧化铝坩埚/燒結鋁氧坩堝 sintered alumina crucible
烧结氧化镁/燒結苦土 sintered magnesite
烧结氧化铍坩埚/燒結鈹氧坩堝 sintered beryllia crucible
烧结硬磁材料/燒結硬磁材料 sintered hard magnetic material
烧结预热带/燒結預熱帶 preheat zone in sintering
烧结造粒/燒結造粒 granulation of sinter feed
烧结终点/燒結終點 sintering terminal point, burn-through point of sintering
烧结轴承材料/燒結軸承材料 sintered bearing material
烧孔效应/燒洞效應 hole burning effect
烧裂/燒裂 fire-crack
烧瓶/燒瓶 flask
烧入/燒入 burn-in
烧伤/燃燒,燒著 burning
烧失/燒失 ignition lost
烧失性模型/燒失性模型 disposable pattern
烧熟料/燒熟料 overburnt material
烧硬氧化镁/燒硬氧化鎂 hard-burned mangesia
少齿差齿轮副/少齒差齒輪對 gear pair with small teeth difference
少齿差行星齿轮传动机构/少齒差行星齒輪傳動機構 planetary gear drive mechanism with small teeth difference
少切屑加工/部分切削加工 partial chipless machining
少数载流子/少數載子 minority carrier
少无氧化加热/少或無氧化加熱 scaleless or free heating
少油断路器/低油式斷路器 low oil content circuit breaker
邵氏硬度/蕭氏硬度 Shore hardness
邵氏硬度计/蕭氏硬度計 Shore durometer
邵氏硬度试验/回跳硬度試驗,蕭氏硬度試驗 rebound hardness test, Shore scleroscope hardness test, Shore hardness test
舌簧触点/簧片觸點 reed contact
舌簧继电器/舌簧繼電器,銜鐵繼電器,簧片繼電器 reed relay
舌型模挤压/舌型模擠壓 tongue type die extrusion
蛇管/蛇管,螺旋盤管 spiral pipe
蛇管冷却器/蛇管冷却器 serpentine cooler
蛇行试验/蛇行試驗 slalom test
蛇纹石/蛇紋石 serpentimne
蛇形传送带/裝甲伸縮輸送機 snaking conveyor
蛇形管联箱式加热器/蛇形管集箱加熱器 serpentine-tube header-type heater
蛇形行主编号/蛇形列主次序索引 snake-like row-major indexing
蛇形弹簧/蛇形彈簧 serpentine spring
蛇形弹簧联轴器/蛇形彈簧聯軸器 serpentine steel flex coupling
蛇穴式炮孔/蛇炮孔 snake hole
舍比乌斯电机/謝爾必斯電機 Scherbius machine
舍入误差/捨入誤差 rounding error
舍入噪声效应/捨入雜訊效應 roundoff noise effect
舍入值/捨入值 rounded-off value
舍伍德算法/Sherwood 演算法 Sherwood algorithm
设备/設備,裝置,儀器 equipment, apparatus
设备管理/裝置管理 device management
设备控制器/裝置控制器 device controller
设备利用率/設施利用 facilities utilization
设备描述/裝置描述 device description
设备描述语言/裝置描述語言 device description language
设备名/裝置名稱 device name
设备驱动程序/裝置驅動器 device driver
设备认证/型式認可 type approval
设备入网检测/設備入網檢測 equipment admittance testing
设备指派/設備指派,裝置指派 device assignment
设备坐标/裝置坐標 device coordinate
设备坐标系/裝置坐標系統 device coordinate system
设定/設定 set

设定点/設定值　set point
设定点控制/設定點控制　set-point control
设定点调节器/設定點調節器　set-point adjuster
设定点信号/設定點信號　set-point signal
设定值/設定值　set-point value
设计编辑程序/設計編輯器　design editor
设计草图/機構骨架圖　skeleton
设计差错/設計差錯　design error
设计程序语言/設計程式語言　program design language, PDL
设计多样性/設計多樣性　design diversity
PCAM 设计方法/PCAM 設計方法　PCAM design method
设计方法学/設計方法學　design methodology
设计分析/設計分析　design analysis
设计分析程序/設計分析程式　design analyzer
设计分析器/設計分析程式　design analyzer
设计高度/設計高度　design height
设计工况/計算工況,設計條件　design condition
设计故障/設計故障　design fault
设计规划/設計計劃　design plan
设计规约/設計規格　design specification
设计基准事故/設計基礎事故　design basis accident
设计极限/設計極限　design limits
设计阶段/設計階段　design phase
设计库/設計庫　design library
设计流线/設計流線　center line of fluid flow
设计炉型/設計爐型　designed furnace profile
设计煤种/設計煤種　design coal
设计模式/設計型樣　design pattern
设计评审/設計評審,設計審核,設計審查　design review
设计审查/設計檢驗　design inspection
设计失效/設計失效　design failure
设计寿命/設計壽命　designed lifetime
设计水头/設計水頭　design head
设计特征/設計特徵　design feature
设计图/設計圖　design drawing
设计需求/設計需求　design requirement
设计压力/設計壓力　design pressure
设计验证/設計驗證　design verification
设计语言/設計語言　design language
设计原则/設計原理　design principle
设计约束/設計約束　design constraints
设计指标/設計規格　design specification
设计质量/設計質量　design mass
设计自动化/設計自動化　design automation
设计走查/設計全程複查　design walk-through
设施/設施,設備　facility
设施分配/設施分配　facility allocation
设施管理/設施管理　facility management
设施请求/設施請求　facility request
设施请求消息/機能要求信息　facility request message, FAR
设施主体/設施代理　facilitation agent
设陷/設陷　trapping
设陷方式/設陷模式,設陷模態　trapping mode
设置/設置　setup
设置点指示/設定點指示　set-point indication
社会承诺/社會承諾　social commitment
社会工程攻击/社會工程攻擊　social engineering attack
社会化标注/社會化標註　social annotation
社会化书签/社會化書簽　social bookmarking
社会化搜索/社會化搜索　social search
社会计算/社會計算　social computing
社会计算应用/社會計算應用　social computing application
社会经济系统/社會經濟系統　socioeconomic system
社会可行性/社會可行性　social feasibility
社会控制论/社會模控學　socio-cybernetics
社会媒体/社群媒體,社交媒體　social media
社会商务/社會商務　social commerce
社会网络/社會政策　social network
社会网络分析/社會網路分析　social network analysis
社会信息系统/社會資訊系統　social information systems
社会性软件/社會性軟體　social software
社交联网/社會性網路聯結　social networking
社交网站/社群網站　social-networking site
社区电视系统/社區電視系統　community television system
社区式问答/社區式問答　community-based QA
社区物联网/社區物聯網　community IoT
社区云/社群雲端　community cloud
社团发现/社團發現　community detection
社团结构/群聚結構,群落結構　community structure
射[波]束转换/波束切換,波束轉換　beam switching
射程分布/射程分布　range distribution
射程误差/距離誤差　range error
射电场强度/射頻場強度　radio field intensity
射电分光仪/無線電分光計,射頻譜儀　radio spectrometer
射电天文电台/無線電天文電臺　radio astronomy

station
射电天文学/無線電天文學 radio astronomy
射电天文业务/無線電天文業務 radio astronomy service
射电望远镜/無線電望遠鏡 radio telescope
射钉枪/火藥釘槍 cartridge-charged fixing tool
射光束控制器/波束控制器 beam control
射极输出器/射極追隨器 emitter follower
射孔完井/穿孔穿井法 perforated completion
射流/噴射 jetting
射流泵/噴射泵 jet pump
射流冲击凹坑/衝擊凹坑 impingement cavity by jet
射流打击力/射流衝擊力 jet impact force
射流反冲力/射流反衝力 jet recoil force
射流放大器/射流放大器 fluidic amplifier
射流分级机/噴流分級機 jet stream
射流入射角/射流傾斜角 jet inclined angle
射流式喷嘴/射流式噴嘴 spray injector
射流式通风机/射流[式通]風機 jet fan
射流椭圆/斜射流橢圓 ellipse of inclined jet
射流系数/射流係數 efflux coefficient
射流学/射流學 fluidics
射流直径/射流直徑 jet diameter
射流直径比/噴射比 jet ratio
射频/射頻 radio frequency, RF
射频变量器/射頻變量器 radio frequency transformer
射频波道/射頻波道,射頻通道 radio frequency channel
射频波接收/射頻波接收 radio-wave reception
射频波束/射頻波束 RF beam
射频参数/射頻參數 RF parameter
射频场强度/射頻場強度 radio field intensity
射频超导量子干涉仪/射頻超導量子干涉繞射儀 radio-frequency SQUID
射频传输系统/射頻傳輸系統 RF transmission system
射频传输线/射頻傳輸線 radio frequency line
射频磁导计/射頻磁導計 radio frequency permeameter
射频电缆/射頻電纜,射頻纜線 radio frequency cable
射频电阻/射頻電阻 radio frequency resistance, RF resistance
射频段/無線電頻帶 radio frequency band
射频扼流圈/射頻扼流圈 radio frequency choke, RFC
射频发生器/射頻產生器 radio frequency generator
射频放大器/射頻放大器 radio frequency amplifier, RFA
射频分光计/射頻譜儀 radio frequency spectrometer
射频干扰/射頻干擾 radio frequency interference, RFI
射频感应冷坩埚法/射頻感應冷坩堝法 radio frequency cold crucible method
射频功率计/射頻功率計 RF power meter
射频加热器/射頻加熱器 radio frequency heater
射频监测接收机/射頻監測接收機 radio frequency check receiver
射频溅射/射頻濺射 radio frequency sputtering
射频交流发电机/射頻交流發電機 radio frequency alternator
射频离子镀/射頻離子鍍 RF ion plating
射频滤波器/射頻濾波器 radio frequency filter
射频敏感器/射頻感測器 radio frequency sensor
射频频谱/射頻頻譜,無線電頻譜 radio frequency spectrum
射频频谱学/射頻光譜儀 radio spectroscope
射频频谱仪/射頻譜儀 radio frequency spectrometer
射频识别/射頻識別 radio frequency identification, RFID
射频识别标签/射頻識別標籤 RFID tag
射频识别数据/射頻識別資料 radio frequency identification data
射频识别阅读器/射頻識別閱讀器 RFID reader
射频探测器/射頻探針 radio frequency probe
射频通信协议/射頻通信協定 radio frequency communication protocol
射频吸收式水分计/射頻吸收式水分計 RF absorption-type moisture meter
射频显示/射頻顯示 radio frequency display
射频信道/射頻通道,射頻波道 radio frequency channel
射频信号/射頻訊號 radio frequency signal
射频信号发生器/射頻產生器 radio frequency generator
射频振荡器/射頻振盪器 radio frequency oscillator, RF oscillator
射频质谱仪/射頻質譜儀,射頻質譜計 radio frequency mass spectrometer
射气测量计/射氣測量器 emanator
射汽抽气器/蒸汽噴射式抽氣器 steam jet air ejector
射入低轨道/射入低軌道 low-orbit injection
射束/[輻射]束 radiation beam
射束电流/射束電流 beam current

[射]束负荷/電子束負載 beam loading
射束宽度/射束寬度 beam width, BW
射束偏转/射束偏轉 beam deflection
射束扫描/波束掃描 beam scanning
射束调制/射束調制 beam modulation
射束整形综合技巧/波束整形合成技巧 beam shaping synthesis
射水抽气器/射水抽氣器 water jet air ejector
X 射线/X 射線,X 光 X-ray
β 射线/β 射線 beta ray
γ 射线/γ 射線,加馬射線 gamma ray, gamma radiation
β 射线板/β 射線板,貝他射線板 beta-ray plaque
X 射线标准/X 射線標準 X-ray standard
X 射线测定器/侖琴計,X 射線計 Roentgenometer
β 射线测厚仪/β 射線厚度規 β-ray thickness gage
γ 射线测厚仪/γ 射線測厚儀,加馬射線測厚儀 γ-ray thickness gage, gamma thickness gage
X 射线测角仪/X 射線測角儀,X 射線測角器,X 射線測角計 X-ray goniometer
γ 射线测井/加馬線録井 gamma ray logging
γ 射线测量仪/γ 射線規,γ 射線測量計,加馬射線測量計 gamma ray gage
射线传感器/輻射傳感器,輻射感測器 radiation transducer
X 射线传感器/X 射線感測器,X 射線轉換器 X-ray transducer, X-ray sensor
β 射线传感器/β 射線感測器 β-ray transducer
γ 射线传感器/γ 射線感測器 gamma-ray transducer
X[射]线单色器/X 射線單色器,X 射線單色儀 X-ray monochromator
β 射线电离检测器/β 射線游離檢知器,貝他射線游離檢知器 beta-ray ionization detector
X 射线曝光计/X 射線強度計 X-ray intensitometer
X 射线电视系统/X 射線電視系統 X-ray television system
X 射线发生器/X 射線産生器 X-ray generator
β 射线分光计/β 射線譜儀 β-ray spectrometer
X 射线分光装置/X 射線分光器具 X-ray spectroscope apparatus
X 射线分析法/X 射線分析 X-ray analysis
X 射线分析器/X 射線分析器 X-ray analyzer
X 射线粉末衍射/X 射線粉末繞射 X-ray powder diffraction
X 射线粉末衍射计/X 射線粉末繞射儀 X-ray powder diffractometer
X 射线粉末衍射仪/X 射線粉末繞射儀 X-ray powder diffractometer
X 射线辐射/X 射線輻射 X-ray radiation
X 射线辐照/X 射線照射 X-ray irradiation
X 射线干涉测量/X 射線干涉術 X-ray interferometry
X[射]线干涉仪/X 射線干涉儀 X-ray interferometer
X 射线高压发生器/X 射線高壓産生器 X-ray high-voltage generator
X 射线管/X 射線管 X-ray tube
X 射线管窗口/X 射線管視窗 X-ray tube window
X 射线管电流/X 射線管電流 X-ray tube current
X 射线管电压/X 射線管電壓 X-ray tube voltage
X 射线管防护/X 射線管遮罩 X-ray tube shield
X 射线光电子能谱/X 射線光電子光譜 X-ray photoelectron spectroscopy
X 射线光电子能谱法/X 射線光電子能譜術,X 射線光電子光譜學 X-ray photoelectron spectroscopy, XPS
X 射线光电子能谱仪/X 射線光電子能譜儀 X-ray photoelectron spectrometer
X 射线光度计/X 射線光度計 X-ray photometer
X 射线光刻/X 射線光刻 X-ray lithography
X 射线光刻胶/X 射線光刻膠 X-ray resist
X 射线光谱分析法/X 射線光譜學 X-ray spectrometry
X 射线光谱仪/X 射線光譜計,X 射線譜儀 X-ray spectrometer
γ 射线光谱仪/γ 射線譜儀,加馬射線譜儀 gamma-ray spectrograph
X 射线光束截捕器/X 射線光束截捕器 X-ray beam stop
X[射]线光子/X 射線光子 X-ray photon
γ 射线光子/γ 射線光子 gamma-ray photon
X 射线过滤器/X 射線過濾器 X-ray filter
X 射线厚度计/X 射線厚度計,X 射線測厚計 X-radiation thickness meter, X-ray thickness gage
β 射线厚度计/β 射線厚度計 β radiation thickness meter
γ 射线厚度计/γ 射線厚度計 γ radiation thickness meter
γ 射线厚度记录器/加馬射線測厚儀,γ 射線測厚儀 gamma-ray thickness recorder
X[射]线激发荧光计/X 射線激發螢光計 X-ray excitation fluorimeter
X 射线激光器/X 射線雷射 X-ray laser
γ 射线激光器/γ 射線雷射,加馬射線雷射 gamma-ray laser
X 射线计/X 射線強度計 skiameter

γ射线计/加馬射線[強度]計,γ射線[強度]計 gamma-ray meter
X[射]线计数管/X射線計數器 X-ray counter
γ射线计数器/γ射線計數器,加馬射線計數器 gamma ray counter
β射线计数器/β[射線]計數器,貝他[射線]計數器 beta-ray counter
X射线计算机断层成像/X射線電腦斷層成像 X-ray computerized tomography, XCT
射线剂量传感器/輻射線劑量傳感器,輻射線劑量感測器 radiation dose transducer
X[射]线剂量计/X射線劑量計 X-ray dosimeter
γ射线剂量计/γ射線劑量計,加馬射線劑量計 gamma-ray dosimeter
β射线监测仪/β[射線]監測器,貝他[射線]監測器 beta-ray monitor
X射线检测站/X射線檢查座 X-ray examination stand
射线检查法/放射線透視 radioscopy
X射线检晶仪/X射線檢晶器,X射線晶體分析器 X-ray crystallograph
α射线检径器/α射線檢徑器,阿伐射線檢徑器 alpha-ray track apparatus
γ射线检验/加馬射線檢驗 gamma-ray inspection
射线胶片/放射線照相膠片 radiographic film
X射线晶体光谱仪/X射線晶體層析儀 X-ray crystal spectrometer
X射线晶体检测器/X射線晶體分析器,X射線檢晶器 X-ray crystallograph
X射线空间探测器/X射線太空偵測器 X-ray space detector
X射线控制器/X射線控制器 X-ray controller
X射线量测定器/X射線強度計 skiameter
X射线量子/X射線量子 X-ray quantum
γ射线密度计/γ射線密度計 γ-densitometer, γ-ray density meter
射线敏感元件/輻射敏感元件 radiation sensitive element
γ射线能谱测量法/γ射線能譜學 gamma-ray spectrometry
X射线能谱分析/X光光譜分析[法] X-ray spectrometric analysis
γ射线能谱仪/γ射線能譜儀 gamma-ray spectrometer
X射线谱/X射線光譜 X-ray spectrum
X射线谱分析[法]/X射線譜分析[法] X-ray spectrum analysis
β射线谱仪/β射線能譜儀,貝他[射線]譜計,β[射線]譜計 beta ray spectrometer
γ射线谱仪/γ射線譜儀 gamma-ray spectrometer, γ-ray spectrometer
α射线谱仪/α射線譜儀 α-ray spectrometer
X射线强度计/X射線強度計 X-ray intensity meter
X射线设备安装/X射線裝置 X-ray installation
X射线摄谱仪/X射線攝譜儀,X射線光譜儀 X-ray spectrograph
β射线摄谱仪/β攝譜儀,貝他攝譜儀 beta spectrograph
射线摄影测厚仪/放射線測厚計,放射線厚度計 radiographic thickness gage
射线束的几何广度/射線束的幾何廣度 geometric extent of a beam of ray
γ射线衰减器/γ射線衰減器,加馬射線衰減器 gamma-ray attenuator
X射线探测器/X射線探測器,X射線檢知器 X-ray detector
γ射线探测器/γ射線探測器 γ-ray detector
α射线探测器/α射線探測器 α-ray detector
β射线探测器/β射線探測器 β-ray detector
γ射线探测仪/γ射線偵測器 gamma-ray detector
射线探伤/放射線檢查,放射線檢驗 radiographic inspection
X射线探伤/X射線照相檢查 X-ray radiographic inspection
γ射线探伤/加馬射線探傷 γ-ray radiographic inspection
X射线探伤机/X射線檢測器 X-ray detection apparatus
γ射线探伤机/γ射線檢測器 gamma-ray detection apparatus
X射线探伤仪/X射線檢測器 X-ray fault detector
X射线条纹相机/X射線高速掃描攝影機 X-ray streak camera
X射线透视屏/放射鏡 radioscope
γ射线图/加馬射線圖 gamma radiograph, gammagraph
X射线望远镜/X射線望遠鏡 X-ray telescope
X射线微分析/X射線微分析 X-ray microanalysis
X射线微量分析仪/X射線顯微分析器,X光顯微分析器 X-ray microanalyzer
X射线微探针/X射線微探針 X-ray microprobe
X射线污染/X射線汙染 X-ray contamination
X射线吸收光谱法/X光吸收光譜法 X-ray absorption spectrometry
X射线吸收近边结构/X光吸收近緣結構 X-ray absorption near edge structure, XANES

X射线吸收谱法/X射線吸收光譜術 X-ray absorption spectroscopy
X射线吸收[式]光谱仪/X射線吸收光譜儀 X-ray absorption spectrometer
X射线形貌法/X射線形貌術 X-ray topography
X射线形貌学/X射線形貌術 X-ray topography
X射线衍射/X射線繞射 X-ray diffraction
X射线衍射法/X射線繞射術,X光繞射法 X-ray diffractometry, X-ray diffraction method
X射线衍射分析法/X射線繞射分析 X-ray diffraction analysis
X射线衍射仪/X射線折射機,X射繞線射儀 X-ray diffractometer
X[射]线衍射照相机/X射線照相機 X-ray diffraction camera
γ射线验电器/γ射線驗電器,加馬射線驗電器 gamma-ray electroscope
β射线验电器/β射線驗電器,貝他射線驗電器 beta-ray electroscope
射线冶金学/放射冶金學 radiometallurgy
X射线荧光发射光谱仪/X射線螢光發射光譜儀 X-ray fluorescent emission spectrometer
X射线荧光分析法/X射線螢光分析 X-ray fluorescence analysis
X射线荧光光谱法/X光螢光光譜法 X-ray fluorescence spectrometry
X射线荧光光谱仪/X光螢光光譜儀 X-ray fluorescence spectrometer
X射线荧光厚度计/X射線螢光測厚計 X-ray fluoresence thickness meter
X射线荧光谱法/X射線螢光光譜術 X-ray fluorescence spectroscopy
X射线影像/X射線成像 X-ray image
X射线硬度/X射線硬度 X-ray hardness
X射线硬度计/X射線硬度計 X-ray hardness meter
X射线源/X射線源 X-ray source
X射线照射量计/X射線放射計 X-ray radiometer
X射线照相机/X射線照相機 X-ray camera
X射线照相术/X光照相,X光透視法,X射線透視法 X-radiography, X-ray radiography
γ射线照相术/γ射線照相術,加馬射線檢查法 gamma radiography
X射线正比计数器/X射線正比計數器 X-ray proportional counter
射线准直器/射線準直器 ray collimator
射芯机/心型吹射機,砂心吹射機 core shooter
射压造型机/射壓造模機 shoot-squeeze molding machine
射影变换/投影變换 projective transformation
射源发射率/射源發射率 source emission rate
射源活度/射源活度,射源活性 source activity
射源校准/射源校正 source calibration
射源吸收修正量/射源吸收修正量 source absorption correction
射源质量分布/射源質量分布 source mass distribution
涉密范畴/敏感度類别 sensitivity category
摄动/攝動,擾動 perturbation
摄动理论/微擾理論 perturbation theory
摄动系统/擾動系統 perturbed system
摄谱术/攝譜術 spectrography
摄谱仪/攝譜儀 spectrograph
摄氏度/攝[氏温]度,[攝氏]百分度 degree Celsius, degree centigrade
摄氏热量单位/攝氏熱量單位 centigrade heat unit
摄氏温标/攝氏温標,攝氏標度,攝氏温度 Celsius scale, Celsius temperature scale, centigrade scale
摄氏温度计/攝氏温度計 centigrade thermometer, Celsius thermometer
摄像管/攝像管,照相管 camera tube, image pickup tube
摄像机/視訊攝影機 video camera, vidicon tube
摄像机标定/攝影機校準 camera calibration
摄像头/攝像頭 video camera head
摄像信号/攝像訊號 camera signal
摄影/攝影術,照相術 photography
摄影测量/攝影量測 photogrammetric measurement
摄影测量仪器/攝影測量儀 photogrammetric instrument
摄影光学系统/攝影光學系統 photographic optical system
摄影机计时器/照相機計時器 camera timer
摄影记录气压计/攝影氣壓記録儀 photographic barograph
摄影记录器/照相記録器 photorecorder
摄影剂量仪/照相劑量計,感光劑量計 photographic dosimeter
摄影经纬仪/攝影經緯儀,照相經緯儀 phototheodolite
摄影气压计/攝影氣壓記録儀 photographic barograph
[摄影]闪光灯/閃光燈 photoflash lamp
摄影术/攝影術,照相術 photography
摄影探测/攝影偵測 photographic detection
[摄影用]闪光灯/閃光燈 photoflash light
摄影昼光/攝影晝光 photographic daylight

申请令牌帧/宣示符記框 claim-token frame
申请栈/請求堆疊 request stack
伸长比/伸長比,延伸比 extension ratio
伸长器/延長器 lengthener
伸长仪/延伸計,張力計,伸長計 extensometer, elongation meter
伸缩/套筒伸縮 telescoping
伸缩臂/套筒伸縮臂 telescopic jib
伸缩臂工作装置/套筒伸縮臂附屬裝置 telescoping boom attachment
伸缩臂架式集装箱起重机/套筒伸縮臂式貨櫃起重機 telescope jib-type container crane
伸缩管/伸縮套管 telescopic tube
伸缩机构/套筒伸縮機構 telescoping mechanism
伸缩节/伸縮接頭 joint expansion
伸缩篷/套筒伸縮篷布 telescopic tarpaulin
伸缩式风钻/伸縮式風鑽,伸縮式鑿岩機 buzzy
伸缩式钻头/替换式鑽頭 retractable bit
伸缩塔身/套筒伸縮塔 telescopic tower
伸缩套管式前轴/套筒伸縮式前輪軸 telescopic front axle
伸缩吸能式转向传动轴总成/套筒伸縮式吸能轉向傳動軸組合 telescopic energy-absorbing steering transmission shaft assembly
伸缩仪/伸長計,伸縮計 extensometer
伸缩钻臂/套筒伸縮式鑽臂 telescopic drill boom
伸展结构/伸展結構 extending structure
身份/身份 identity
DTE 身份/DTE 識別 DTE identity
身份鉴定/身份鑒定 accreditation
身份认证、授权和记账协议/身份認證、授權和記賬協議 authentication, authorization and accounting
身份认证头协议/身份認證頭協定 authentication header protocol
身份验证/身份驗證,識别 identification, identity verification
砷/砷 arsenic
砷化镓场效应晶体管/砷化鎵場效電晶體 GaAs FET
砷化镓激光器/砷化鎵雷射 gallium-arsenide laser, GaAs laser
砷化镓 PN 结注入式激光器/砷化鎵 PN 結注入式雷射器,砷化鎵 PN 接面注入式雷射 gallium arsenide PN junction injection laser, GaAs PN junction injection laser
砷化镓铝发光二极管/砷化鎵鋁發光二極體 GaAlAs LED
砷化镓太阳电池/砷化鎵太陽電池 gallium arsenide solar cell
砷化镓铟雪崩光电二极管/砷化鎵銦崩潰光二極體 InGaAs avalanche photodiode
砷化物/亞砷酸化物 arsenide
砷化铟/砷化銦 indium arsenide, InAs
砷黄铁矿/砷黄鐵礦 arsenical pyrite
砷磷化镓铟激光/砷磷化鎵銦雷射 GaInAsP laser
砷磷化镓铟-磷化铟激光器/砷磷化鎵銦-磷化銦雷射 GaInAsP-InP laser
砷镍矿/砷鎳礦 chloanthite
砷酸二氘铯/砷酸二氘銫 cesium dideuterium arsenate, DCSDA
砷酸盐/砷酸化物 arsenate
砷铜/砷銅 arsenical copper
深波纹管/深波紋管 deep bellows
深部个人剂量当量/深部個人當量劑量 penetrating individual dose equivalent
深层格/深層格 deep case
深层加固/高度穩定 deep stabilization
深成矿床/深成礦床 hypogene ore deposit
深成岩/深成岩 plutonic rock
深成盐丘/深部鹽丘 deep-seated salt dome
深冲钢/深抽鋼 deep drawing steel
深冲钢板/深抽片鋼 deep drawing steel sheet
深吹/深吹 deep blowing
深斗/深斗 deep bucket
深度暗示/深度暗示 depth cueing
深度包检测/深度包檢測 deep packet inspection
深度尺/深度規,深度指示器,深度計 depth gage, depth indicator, depthometer
深度分布/深度分布 depth distribution
深度和角度尺/深度-角度規 depth-and-angle gage
深度缓存/深度緩衝 depth buffer
深度计/深度計,深度尺 depth meter, depth gage
深度计算/深度計算 depth calculation
深度剂量/深度劑量 depth dose
深度千分表/深度指示計 depth dial gage
深度千分尺/深度測微計 micrometer depth gage
深度图/深度圖 depth map
深度万维网/網路深層内容 deep web
深度网络搜索/深度網路搜索 deep web search
深度信念网/深度信念網 deep belief net
深度学习/深度學習 deep learning
深度优先分析/深度優先分析 depth first analysis
深度优先搜索/深先搜尋 depth first search, DFS
深度游标卡尺/深度游標卡尺,游尺深度計 depth vernier caliper, vernier depth gage
深度指示器/深度指示器 depth indicator

深腐蚀/深蝕 deep etching
深沟球轴承/深溝球軸承 deep groove ball bearing
深海测温器/海水深度温度自動記録儀 bathythermograph
深海电缆/深海纜線 deep-sea cable
深红银矿/深紅銀礦 pyrargyrite
深加工/深度加工 deep working
深井/深井 deep well
深空/深太空 deep space
深孔落矿/深孔爆破採礦 deep-hole breakdown, deep-hole blast stoping
深孔镗床/深孔鑽鏜床 deep-hole drilling and boring machine
深孔钻床/深孔鑽床 deep-hole drilling machine
深拉深/深引伸,深抽 deep drawing
深冷处理/深冷處理 sub-zero treatment
深冷温度计/低温計 frigorimeter
深冷制冷器/低温産生器 cryogenerator
深埋冲积矿床/深埋冲積礦 deep leads
深能级/深能階 deep energy level, deep level
深能级瞬态谱[学]/深能級瞬態譜[學] deep level transient spectroscopy, DLTS
深能级中心/深能階中心 deep level center
深热矿井通风/深熱礦井通風 ventilation in hot and deep mines
深熔焊/深滲透熔接 deep penetration welding
深水望远镜/水下望遠鏡 hydroscope
深水温度自记仪/海水深度温度自動記録儀 bathythermograph
深太空通信/深太空通信,太空通信,深空通信 deep space communication
深太空卫星/深太空衛星 deep space satellite
深网/深網 invisible web
深紫外光刻/深紫外光刻 deep-UV lithography
深钻/深鑽 deep drilling
神经/神經 nerve
神经冲动/神經脈衝 nerve impulse
神经传导/神經傳導 nerve conduction
神经电描记术/神經電描記術 electroneurography
神经动力学/神經動力學 neurodynamics
神经激发/神經激發 nerve excitation
神经集合/神經組合 neural assembly
神经计算/類神經計算 neural computing
神经计算机/類神經電腦 neural computer
神经控制/神經控制 neural control
神经控制论/神經模控學 neuro-cybernetics
神经模糊主体/類神經模糊代理者 neural fuzzy agent
神经网络/神經網路 neural net, neural network
神经网络计算机/神經網路電腦 neural network computer
神经网络控制/神經網路控制 neural network control
神经网络模型/神經網路模型 neural network model
神经网络算法/類神經網路演算法 neural network algorithm
神经微电路/神經微電路 neural microcircuit
神经系统/神經系 nervous system
神经元/神經元 neuron
神经元仿真/神經元模擬 neuron simulation
神经元函数/神經元函數 neuron function
神经元模型/神經元模型 neuronal model
神经元网络/神經元網路 neuron network
神经专家系统/類神經專家系統 neural expert system
审计/審計,稽核,查賬 audit
审计服务/稽核服務 audit service
审计跟踪/審計追蹤,審計軌跡,審計存底 audit trail
肾功能仪/腎功能儀 nephros function meter
肾状矿石/腎狀礦石 kidney ore
甚长基线干涉测量/極長基線干涉量測術 very long baseline interferometry
甚长基线干涉仪/甚長基線干涉儀,特長基線干涉儀 very long baseline interferometer, VLBI
甚低频/特低頻,超低頻 very low frequency, VLF
甚低频通信/甚低頻通訊,甚長波通訊 VLF communication
甚短波/甚短波 very short wave, VSW
甚高比特率数字用户线/高位元率數位用户線 very high-bit-rate digital subscriber line, VDSL
甚高级语言/極高階語言 very high level language
甚高频/特高頻,超高頻 very high frequency, VHF
甚高频通信/甚高頻通訊,超短波通訊 VHF communication
甚高速数字用户线/高位元率數位用户線 very high-bit-rate digital subscriber line, VDSL
甚小[孔径]地球站/甚小[孔徑]地球站 very small aperture terminal, VSAT
甚小口径终端/極小孔徑終端 very small aperture terminal, VSAT
甚小天线地球站/甚小[孔徑]地球站 very small aperture terminal, VSAT
渗出物/滲出 exudation
渗氮/滲氮 nitriding
[渗氮]白亮层/氮化物層 nitride layer, white layer

渗氮钢/氮化鋼 nitriding steel
渗氮剂/滲氮劑 nitriding medium
渗氮气氛/滲氮氣氛 nitriding atmosphere
渗氮硬化/氮硬化 nitrogen hardening
渗氮铸铁/氮化鑄鐵 nitricastiron
渗钒/滲釩 vanadizing
渗铬/滲鉻 chromizing
渗硅/滲矽[處理] siliconizing
渗硅剂/滲矽劑 siliconizing medium
渗挤珠/冷珠 cold shot
渗金属/滲金屬 diffusion metallizing
渗硫/滲硫 sulphurizing, sulfurizing
渗漏量/滲漏量 leakage
渗铝/滲鋁法 aluminizing, calorizing
渗铝法/滲鋁防銹法 calorizing
渗铝剂/滲鋁劑 aluminizing medium
渗滤浸出/滲透淋濾 percolation leaching, infiltration leaching
渗滤器/滲濾器 percolator
渗锰/滲錳 manganizing
渗镍/滲鎳 nickelizing
渗硼/滲硼 boriding
渗硼剂/滲硼劑 boriding medium
渗铍/滲鈹 berylliumizing
渗漆法/滲漆法 enamel empregnation
渗水铸件/漏水鑄件 leaker
渗钛/滲鈦 titanizing
渗碳/滲碳,碳化[作用] carburizing, carbonization, cementation
渗碳层/滲碳層 carburized case
渗碳池/滲碳池 carburizing bath
渗碳法/滲碳 carburization
渗碳钢/滲碳鋼 carburizing steel, cemented steel
渗碳剂/滲碳劑 carburizer, carburizing agent
渗碳炉/滲碳爐 cementation furnace, cementating furnace
渗碳气氛/滲碳氣氛 carburizing atmosphere
渗碳体/滲碳體,雪明碳鐵,雪明碳體 cementite
渗碳体层/滲碳體層 cementite lamella
渗碳体网/滲碳體網 cementite network
渗碳浴槽/滲碳池 carburizing bath
渗锑/滲銻 antimonizing
渗透/滲透 permeation, infiltration
渗透测试/滲透測試 penetration test
渗透管/滲透管 permeability tube, permeation tube
渗透率张量/磁導率張量 permeability tensor
渗透膜加湿器/膜加濕器 membrane humidifier
渗透深度/滲透深度 depth of penetration
渗透探伤/滲透探傷,滲透計探傷法 penetrant inspection, penetrant flaw detection
渗透探伤剂/滲透探傷劑 penetrant flaw detection agent
渗透探伤装置/滲透探傷裝置 penetrant inspection unit
渗透系数/滲透係數 osmotic coefficient
渗透性/滲透性,滲透率 permeability
渗透压/滲透壓[力] osmotic pressure
渗透压力测定法/滲透術 osmometry
渗透液/滲透劑 penetrant
渗透装置/滲透裝置 penetrant unit
渗透作用/滲透 infiltration, osmosis
渗钨/滲鎢 tungstenizing
渗析/滲出,瀝出 bleeding
渗析器/透析器 dialyser
渗锌/滲鋅 sherardizing
渗压计/滲壓計,滲透[壓力]計 osmometer
渗油刷白探裂法/油粉浸滲試驗 oil-chalk test
慎思型结构/慎思型結構 deliberative architecture
升/公升 liter, l
升沉补偿器/起伏緩衝器,波浪補償器 heave compensator
升程/上昇行程 rise travel
升程运动角/昇程運動角 motion angle for rise travel
升大气压/公升大氣 liter atmosphere
升档/昇檔 upshift
升功率/升功率 power per liter
升华/昇華 sublimation
升华泵/昇華泵,昇華幫浦 sublimation pump
升华点/昇華點 sublimation point
升华器/昇華器 sublimator
升华热/昇華熱 sublimation heat
升-回-停运动/昇轉回停運動 rise-return-dwell motion
升降窗/上下開啟窗 sash window
升降电压调节器/電壓昇降調節器 buck-and-boost regulator
升降段/昇降段 dropping section
升降机/昇降機 elevator, lifter
升降绞车/昇降絞車 haul down winch
升降拉杆/昇降拉桿 lifter drawing bar
升降率指示仪/昇速指示器 climb indicator
升降式悬挂灯具/昇降式吊燈 rise and fall pendant
升降式止回阀/提昇止回閥 lift check valve
升降试验法/昇降試驗法 up-and-down test method
升降速特性曲线/昇降速特性曲線 characteristic

curve of increasing and decreasing speed
升降台/昇降檯 lifting table
升降台铣床/膝式銑床 knee-type milling machine
升降运送车/昇降運送車 lift truck
升交点/昇交點 ascending node
升力系数/昇力係數 lift coefficient
升膜蒸发器/昇膜蒸發器 climbing-film evaporator
升取样器/昇取樣器 upsampler
升速轧制/昇速軋製 increasing speed rolling
升-停-回运动/昇停轉回運動 rise-dwell-return motion
升温曲线测定仪/加熱曲線測定儀 heating curve determination apparatus
升温时间/昇溫時間,昇熱時間 temperature rise time, heating-up time
升温速率/加熱速率 heating rate
升压/昇壓 pressure rise, raising pressure
升压变压器/昇壓[變壓]器 step-up transformer
升压电路/昇壓電路 B. B. circuit, boosted boost circuit
升压高电平时钟发生器/昇高位準時脈產生器 boosted-high level clock generator
升压器/昇壓[變壓]器 booster, step-up transformer, pressure controller
升压误差/昇壓誤差 step-up error
升液泵/昇液泵,提昇泵,吸取泵 lift pump
升余弦/上昇餘弦 raised cosine
升余弦滚降滤波器/上昇餘弦滚落濾波器 raised cosine-rolloff filter
升余弦脉波形状/上昇餘弦脈波形狀 raised cosine pulse shape
升正弦波频谱/昇正弦波頻譜 raised sine spectrum
升阻比/昇阻力係數比 ratio of lift coefficient to drag coefficient, lift-drag ratio
生产剥采比/生產剝離比例 production stripping ratio
生产测井/生產測録 production logging
生产[反应]堆/生產[反應]器 production reactor
生产封隔器/[生產]填塞器 production packer
生产函数/生產函數 production function
生产井/生產井 working well, paying well, production well
生产勘探井/礦區探井 semi-wildcat
生产率/生產率 productivity
生产批/生產批 production lot
生产系统/生產系統 production system
生产线/生產線,產品線 production line, product line
生产线方法/生產線方法 product line method
生产型工作流/生產型工作流 production workflow
生产一致性/生產一致性 conformity of production
生产用砂/作業砂 production sand
生产预算/生產預算 production budget
生成多项式/生成多項式 generator polynomial
生成函数/生成函數 generation function
生成焓/生成焓 enthalpy of formation
生成矩阵/生成矩陣 generator matrix
生成模型/生成模型 generative model
生成热/生成熱,組合熱 heat of formation
生成式/生成式 production
生成式图形学/生成式圖學 generative graphics
生成树/跨距樹 spanning tree
生成树问题/生成樹問題 spanning-tree problem
生成态晶体/剛長成晶體 as-grown crystal
生成语言学/生成語言學 generative linguistics
生存环境温度/生存環境温度 survival environmental temperature
生存性/生存性 survivability
生存周期/生命週期 life cycle
生化需氧量/生化需氧量 biochemical oxygen demand, BOD
生焦/生焦 green coke
生精矿熔炼/生精礦熔煉 green concentrate smelting
生理光度计/生理光度計 physiological photometer
生理监察器/生理監察器 viso-monitor
生理示波器/生理示波儀 viso-scope
生料浆/生料漿 charge pulp, charge slurry
生命周期分析/生命週期分析 life cycle analysis
生命周期模型/生命週期模型 life cycle model
生奈尔/生奈兒 centner
生黏土/生黏土 green clay
生坯/生[壓]坯 green compact
生坯密度/壓坯密度 green density
生坯强度/生坯強度,濕強度 green strength
生球/生球塊 green pellet
[生球]摆动布料机/[生球塊]擺動給礦機 swing feeder of green pellet
[生球]分子水/[生球塊]分子水 adsorbed molecular water of green pellet
[生球]辊筛/[生球塊]多輥篩 multi-roller screen of green pellet
[生球]毛细水/[生球塊]毛細水 capillary water of green pellet
生球强度/生球塊強度 green pellet strength, green ball strength
生日攻击/生日攻擊 birthday attack

生石灰/生石灰 quick lime
生碎/生碎 green scrap
生炭坯/生炭坯 green carbon body
生锑/生銻 antimony crude
生调控制器/音頻控制器 tone controller
生铁锭铸模/生鐵錠鑄模 pig mold
生铁[块]/生鐵 pig iron
生铁切断机/生鐵切斷機 pig breaker, pig iron breaker
生团矿/生團礦 green briquette
生团矿焦结/生團礦焦結 green briquette coking
生物安全柜/安全櫃 safety cabinet
生物半衰期/生物半化期 biological halflife
生物测定/生物統計 biometric
生物层/生物層 biostrome
生物柴油/生物柴油 biodiesel
生物柴油汽车/生物柴油汽車 biodiesel vehicle
生物传感器/生物感測器 biosensor
生物磁学/生物磁學 biomagnetics, biomagnetism
生物电/生物電 bioelectricity
生物电池/生物電池 bio-battery, bio battery
生物电放大器/生物電放大器 bioelectric amplifier
生物电势/生物電位 biopotential
生物电子学/生物電子學 bioelectronics
生物电阻抗/生物電阻抗 bioelectrical impedance
生物发光/生物[體]發光,生物冷光 bioluminescence
生物反馈/生物反饋,生物回饋 bio-feedback, biofeedback
生物反馈系统/生物反饋系統 biological feedback system
生物分子电子学/生物分子電子學 biomolecular electronics
生物分子器件/生物分子元件 biomolecular device
生物浮选/生物浮選 bio-flotation
生物工程学/生物工程學 bioengineering
生物功效学/生物功效學 bioergonomics
生物光电元件/生物光電元件 biophotoelement
生物光电组件/生物光電元件 biophotoelement
生物光学/光生物學 photobiology
生物换能器/生物換能器 biological transducer
生物回馈/生物回饋 bio-feedback
生物活性/生物活性 biological activity
生物计/生物[測定]計 biometer
生物计算机/生物電腦 biocomputer
生物剂量/生物劑量 biological dose
生物剂量计/生物劑量計 biological dosimeter
生物鉴别/生物特徵量測鑒別 biometric authentication
生物节律/生物節律,生物的節拍 biological rhythm, biorhythm
生物洁净室/生物潔淨室 biological cleanroom
生物控制论/生物控制論 biological cybernetics, biocybernetics
生物控制系统/生物控制系統 biological control system
生物量传感器/生物量感測器 biological quantity transducer
生物伦琴当量/生物侖琴當量 biological Roentgen equivalent
生物敏感器/生物感測器 biosensor
生物能量学/生物能量學 bioenergetics
生物屏蔽[体]/生物屏蔽[體],生物遮罩[體],生物掩體 biological shield
生物人工气候试验箱/生物人工氣候試驗箱 artificial bioclimatic test chamber
生物数据库/生物資料庫 biological database
生物数学/生物數學 biomathematics
生物炭/生物炭 biocarbon
生物特征识别/生物特徵識別 biometric recognition
A-O 生物脱氮工艺/A-O 生物脱氮工藝,缺氧-好氧生物脱氮工藝 Anoxic-Oxic bio-denitrogenation process
生物危害安全室/生物危害安全室 biohazard safety room
生物系统模型/生物系統模型 biological system model
生物显微镜/生物顯微鏡 biological microscope
生物效能/生物效益 biopotency
生物芯片/生物晶片 biochip
生物信息学/生物資訊學 bioinformatics
生物遥测/生物遥測 biotelemetry
生物医学传感器/生物醫學感測器 biomedical transducer
生物医学电子学/生物醫學電子學 biomedical electronics
生物医学分析仪/生物醫學分析儀 biomedical analyzer
生物医学文本挖掘/生物醫學文本挖掘 biomedical text mining
生物噪声/生物雜訊,生物噪音 biological noise
生物值/生物值 biological value
生物质燃料锅炉/生物質鍋爐 biomass-fired boiler
生物质液体燃料/生物質液體燃料 biomass liquid fuel
生物组织等效电离室/組織等值游離腔 tissue-

equivalent ionization chamber
生锈/生銹 rust, rustiness, scaling
生压胚/生坯 green pressing
生长结/生長接面 grown junction
生长率/生長率 growth rate
生长丘/生長丘 growth hillock
生长取向/生長方向 growth orientation
生长台阶/成長步驟 growth step
声暴露/聲音暴露 sound exposure
声表面波/聲表面波 surface acoustic wave
声表面波传感器/表面聲波感測器 surface acoustic wave transducer
声波/聲波 acoustic wave, sound wave
声波测高计/聲測高度計 sonic altimeter
声波测距仪/聲波定位器 sound locator
声波测向器/聲波測向器 phonozenograph
声波定位器/聲波定位器 sound locator
声波分析仪/聲波探傷儀 sonic analyzer
声波风速计/聲波風速計 sonic anemometer
声波辐射器/聲波輻射器 sound radiator
声波干涉仪/聲干涉儀 acoustic interferometer
声波记振仪/聲波記振儀 phonautograph
声波滤波器/聲波濾波器 acoustic wave filter
声波式流量计/聲波式流量計 sonic flowmeter
声波[水声]定位器/聲波測向器 phonozenograph
声波探测器/聲波偵測器 acoustical detector
声波探伤器/聲波探傷器,聲波偵測器 sonic detector
声波探伤仪/聲波探傷儀 sonic analyzer
声波显示仪/聲波顯示儀,音波顯示儀 phonodeik
声测管/聲管 sonic tube
声场/聲場,音場 sound field
声场传声器/音場式麥克風 sound field microphone
声程/聲程 sonic path distance
声冲击/聲震 acoustic shock
声穿透/聲穿透,聲照射,聲透射 insonification, ensonification, ensonify
声导纳/聲音導納 acoustic admittance
声调/音調 tone
声发射/聲頻發射 acoustic emission
声发射分析系统/聲發射分析系統 acoustic emission analysis system
声发射换能器/聲發射換能器 acoustic emission transducer
声发射计数/聲發射計數 acoustic emission count
声发射计数率/聲發射計數率 acoustic emission count rate
声发射技术/聲發射技術 acoustic emission technique
声发射检测仪/聲頻發射檢測儀 acoustic emission detector
声发射脉冲发生器/聲頻發射脈衝產生器 acoustic emission pulser
声发射能量/聲頻發射能量 acoustic emission energy
声发射频谱/聲頻發射頻譜 acoustic emission spectrum
声发射前置放大器/聲頻發射前置放大器 acoustic emission preamplifier
声发射事件/聲頻發射事件 acoustic emission event
声反射系数/聲音反射係數 acoustic reflection coefficient, sound reflection coefficient
声发射信号/聲頻發射信號 acoustic emission signal
声发射信号处理器/聲頻發射信號處理器 acoustic emission signal processor
声发射源/聲頻發射源 acoustic emission source
声发射振幅/聲頻發射振幅 acoustic emission amplitude
声反射率/聲反射率 acoustic reflectivity
声放射/聲射線 ray of sound
声分析仪/聲音分析器 sound analyzer
声辐射计/聲輻射計 acoustical radiometer
声辐射力/聲放射力 acoustic radiation force
声辐射压[力]/聲音輻射壓力 acoustic radiation pressure
声干涉仪/聲波干涉計 sonic interferometer
声功率/聲功率 acoustic power, sound power
声功率反射系数/聲功率反射係數 sound power reflection coefficient
声功率级/聲功率位準,聲功率水平 sound power level
声管/聲管 sonic tube
声惯量/聲音慣量 acoustic inertance
声光接收机/聲光接收機,布拉格元接收機 acoustooptical receiver
声光晶体/聲光晶體 acoustooptic crystal
声光 Q 开关/聲光 Q 開關 acoustooptic Q-switching, acousto-optic Q-switch
声光器件/聲光元件 acoustooptic devices
声光陶瓷/聲光陶瓷 acoustooptic ceramic
声光调制/聲光調制 acoustooptic modulation
声光调制器/聲光調變器 acoustooptic modulator
声光效应/聲光效應 acoustooptic effect
声换能器/聲音換能器 acoustic transducer
声基准风速/聲基準風速 acoustic reference wind speed

声级/聲級,聲音位準 sound level
A 声级/A 加權音壓位準 A-weighting sound pressure level
声级计/聲位儀,音量計,聲平計 sound level meter
声级记录仪/聲音位準記録器,聲音位準記録儀 sound level recorder
声级校准器/聲音位準校驗器 sound level calibrator
声校准器/聲音校正器 sound calibrator
声劲/聲音剛性 acoustic stiffness
声阱/陷聲器 sound trap
声卡/音效卡 sound card
声抗/聲抗 acoustic reactance
声量指示器/音量指示器 volume indicator
声灵敏度/聲音靈敏度 sound sensitivity
声码器/聲碼器 sounder, vocoder, voice coder
声敏感器/聲感測器 acoustic sensor
声明/宣告 declaration
声呐/聲納 acoustic susceptance, sonar
声呐测深仪/聲納測深儀 sonar fathometer
声呐通信/聲納通訊 sonar communication
声能/音能 sound energy
声能密度/音能密度 sound energy density
声能通量/音能通量 sound energy flux
声欧姆/聲歐姆 acoustical ohm
声耦合器/聲耦合器 acoustic coupler
声疲劳/聲疲勞 acoustic fatigue
声频/聲頻,音頻 acoustic frequency
声频存储器/聲頻記憶體 audio memory
声频带宽/聲頻帶寬 sound bandwidth
声频电流/音頻電流 audio-frequency current
声频电压/音頻電壓 audio voltage
声频发生器/聲頻產生器,音頻產生器 audio frequency generator, acoustic frequency generator
声频放大器/成音放大器 audio amplifier
声频回音装置/聲頻響應器,成音響應器 audio response unit
声频频谱仪/聲頻譜儀 audio-frequency spectrometer
声频声子/聲熱子 acoustic phonon
声频衰减器/音頻衰減器 audio attenuator
声频替代方法/聲頻替代法 AF substitution method
声频信号发生器/音頻信號產生器 audio-signal generator
声频选择器/聲頻選擇器 phono-selectoscope
声频振荡器/聲頻振盪器,音頻振盪器 audio frequency oscillator, audio oscillator
声频支/聲分支 acoustic branch
声频指示器/音頻指示器 audio indicator
声平指示器/聲平指示器 sound level indicator
声谱显示仪/聲譜顯示儀 sonolator
声谱仪/聲譜儀,聲震儀 acoustic spectroscope, acoustic spectrometer, sound spectrograph
声强测量仪/聲強測量儀 sound intensity measuring instrument
声强[度]/聲強[度],音響強度 sound intensity
声强度测量法/聲強[度]量測術 phonometry
声强分析仪/聲強分析儀 sound intensity analyzer
声强级/聲強位準,聲強位準 sound intensity level
声强计/聲強[度]計,測音計 acoustimeter, sound intensity meter, phonometer
声全息/聲全像術 acoustical holograph
声全息图/聲全息圖 acoustic hologram
声容/聲音電容量 acoustic capacitance
声入射角/聲音入射角 sound angle of incidence
声栅/音柵 sound grating
声舒适度指数/音舒適指數 acoustic comfort index
声束/聲束 sonic beam
声束比/聲束比 sonic beam ratio
声衰减常数/聲音衰減常數 acoustical attenuation constant
声衰减系数/聲衰減係數 acoustic attenuation coefficient
声衰减指数/聲音降低指數 sound reduction index
声顺/聲音順性 acoustic compliance
声速/音速 sound velocity
声探测/聲波測深法 acoustic sounding
声透过率/聲音穿透係數 acoustical transmittivity
声透镜/聲透鏡 acoustic lens
声图会议/聲圖會議 audiographic conferencing
声吸收系数/聲音吸收率,聲音吸收係數 acoustic absorptivity
声相位常数/聲相位常數 acoustical phase constant
声像/聲音影像 acoustic image
声学/聲學 acoustics
声学测量/聲學量測 acoustic measurement
声学互易定理/聲學互換定理 acoustical reciprocal theorem
声学甲烷指示器/聲甲烷指示計 acoustic metanometer
声学校准/聲學校正 acoustic calibration
声[学量]传感器/聲[量]感測器 acoustic quantity transducer
声学密度计/聲密度計 acoustic densimeter
声学模/聲模 acoustic mode
声学模型/聲響模型 acoustic model
声学气体分析器/聲學氣體分析器 acoustic gas

analyzer
声学气体分析仪/聲氣體分析儀 sonic gas analyzer
声学室常数/聲室常數 acoustic room constant
声学温度计/聲學溫度計,聲波溫度計 acoustic thermometer
声学显微术/聲學顯微術 acoustic microscopy
声压/聲壓,音壓 sound pressure
声压-残余声强指数/音壓-殘留聲強指數 pressure-residual intensity index
声压传感器/聲壓傳感器,聲壓感測器 sound pressure transducer
声压传声器/壓力傳聲器,壓力麥克風 pressure microphone
声压反射系数/音壓反射係數 sound pressure reflection coefficient
声压级/聲壓位準,音壓位準 sound pressure level
声压计/聲壓計,音壓計 sound pressure meter
声压灵敏度/音壓靈敏度 pressure sensitivity
声压谱密度水平/音壓譜密度水平 sound pressure hydrophone
声压式水听器/壓力水聽器 pressure hydrophone
声压透射系数/音壓穿透係數 sound pressure transmission coefficient
声音/聲音 sound
声音反射器/聲音反射器 acoustical reflector
声音合成/語音合成 voice synthesis
声音检索型业务/聲音檢索服務 sound retrieval service
声音接受器/聲音接受器 sound receptor
声音识别/語音辨識 voice recognition
声音输出/語音輸出 voice output
声音输出设备/聲頻輸出裝置 audio output device
声音输入设备/聲頻輸入裝置 audio input device
声音相对强度/聲音相對強度 sound relative intensity
声音抑制器/抑音器 sound suppressor
声源/音源 sound source
声[源]功率/聲[源]功率 sound power of a source
声振动计/聲波示振儀 sound vibrograph
声震/聲震,聲爆 sonic boom, acoustic shock
声质点加速度/聲質點加速度 sound particle acceleration
声质点速度/聲質點速度 sound particle velocity
声质点位移/聲質點位移 sound particle displacement
声质量/聲質量,聲音慣量 acoustic mass, inertance
声中心/聲源中心 effective acoustic center
声转移阻抗/聲轉移阻抗 acoustic transfer impedance
声子/聲子,熱子 phonon
声子参量放大器/聲子參數放大器 phonon parametric amplifier
声子谱/聲子譜 phonon spectrum
声子谱仪/聲子譜儀 phonon spectrometer
声子散射/聲子散射 phonon scattering
声阻/聲音電阻 acoustic resistance
声阻抗/聲[阻]抗 acoustic impedance
声阻抗测听术/聲阻抗測聽術 acoustic impedance audiometry
声阻抗法/聲阻抗法 acoustic impedance method
绳/繩,線 cord, rope
绳带式运输机/繩帶式輸送機,纜帶式輸送機 rope and belt conveyor
绳钩/索鉤 rope hook
绳索/繩索 rope
绳索测力计/繩索測功計 rope dynamometer
绳索滑轮组/繩索滑輪組 reeving system
绳索起动器/繩索起動器 rope starter
绳索气缸/繩索氣缸 cable cylinder
绳索松弛停止器/繩索鬆弛停止器 slack rope stop
绳索小车集装箱起重机/具繩索小車集裝箱起重機 container crane with rope trolley
绳索小车门式起重机/纜索橋型起重機 gantry crane with rope trolley
绳索小车抓斗卸船机/纜車船卸載機 ship unloader with rope trolley
绳制动器/繩制動器,繩刹車 rope brake
省略画法/省略表示法 omissive representation
省煤器/省煤器 economizer
省煤器沸腾率/省煤器沸騰率 percentage of economizer evaporation
省热器/省熱器 heat economizer
剩磁/殘留磁力,殘留磁性,殘留磁氣 residual magnetism, magnetic remanence, remanent magnetism
剩磁电感/殘餘感應 residual induction
剩磁化/殘餘磁化 residual magnetization
剩磁通密度/剩餘磁通密度 remanent flux density
剩磁效应/磁後效 magnetic after-effect
剩余/剩餘,殘餘 residue
剩余不平衡/殘餘失衡 residual unbalance
剩余冲击响应谱/殘餘衝擊響應頻譜 residual shock response spectrum
剩余磁感应强度/剩餘磁感應強度 remanent magnetic induction
剩余磁化/剩餘磁化 remnant magnetization

剩余磁化强度/剩磁磁化,殘餘磁化 remanent magnetization, residual magnetization
剩余磁通/剩磁通量 remanent flux
剩余磁通密度/剩餘磁通密度,殘餘磁通密度 remanent flux density, residual flux density
剩余电极化强度/殘餘電極化強度 residual electric polarization
剩余电流/剩餘電流,殘餘電流 residual current
剩余电流互感器/剩餘電流互感器 residual current transformer
剩余电压/剩餘電壓,殘餘電壓,殘存電壓 residual voltage
剩余电压互感器/剩餘電壓變壓器 residual voltage transformer
剩余电阻/殘餘電阻 residual resistance
剩余反射/剩餘反射,殘餘反射 residual reflection
剩余类/餘數制 residue class
剩余频偏/固有寄生頻率偏差 inherent spurious frequency deviation
剩余气分析器/殘餘氣體分析器 residual-gas analyzer
剩余强度/殘餘強度 residual strength
剩余容量/殘餘容量 residual capacity
剩余熔液/剩餘熔液 out pour
剩余释热/餘熱 after-heat
剩余调幅/固有寄生調幅 inherent spurious amplitude modulation
剩余位能/殘餘能量 residual energy
剩余响应/剩餘附應 residual response
剩余像差/殘餘像差 residual aberration
剩余行程/剩餘衝程 remainder stroke
剩余压力/殘餘壓力 residual pressure
剩余杂波/殘留雜波,殘餘雜波 residue clutter
剩余振动/殘餘振動 residual vibration
失败即否定/失敗則否定 negation as failure
失步/失調 falling out of synchronism
失触发/觸發失敗 triggering failure
失会聚/失會聚 misconvergence
失活/去除活性 deactivation
失活剂/去活化劑 deactivator
失控/失控 out of control
失蜡铸造/脱蠟鑄造法 lost wax process
失模铸造/失模鑄造 lost pattern casting
失能眩光/減能眩光,礙視眩光 disability glare
失配/失配,不匹配 mismatch
失配损耗/失配損耗,不匹配損耗 mismatch loss
失配误差/失配誤差 mismatch error
失配终端/不匹配端 mismatched termination
失速/失速 lug-down, stall
失速补救/失速補救 stall remedy
失速起步/失速起步 stall start
失锁/失鎖 losing lock
失调/失調,失諧,誤調 detuning, maladjustment, out-of-tone
失调电压/偏移電壓 offset voltage
失调角/角位移 angular displacement
失通/失通 firing failure
失同步/失同步 loss of synchronism
失误/錯誤 mistake
失相/失相,異相 out of phase
失效/失效,失靈,故障 failure
失效保护/故障保安,故障安全性 fail safe
失效保护安全联锁/故障保安聯鎖 fail safety interlock
失效比/故障比率 failure ratio
失效测试/故障測試 failure testing
失效分布/故障分布 failure distribution
失效分析/故障分析,失靈分析 failure analysis
失效概率/失敗率 failure probability
失效恢复/故障恢復 failure recovery
失效机理/故障機構,失效機構,失效機制 failure mechanism
失效检测/故障檢測 failure detection
失效节点/故障節點 failure node
失效类别/故障種類 failure category
失效率/失效率 failure rate
失效率加速因子/故障率加速係數 failure rate acceleration factor
失效率曲线/失效率曲線 failure rate curve
失效模式/故障類型,故障模式 failure mode
失效模式效应与危害度分析/故障模式影響與嚴重性分析 failure mode effect and criticality analysis
失效判据/損壞基準,故障準則 failure criteria
失效前平均时间/平均存活時間,平均可運作時間,平均可用時間 mean time to failure
失效时间/故障時間 failure time
失效寿命/失效壽命 bum-out life
失效数据/故障資料 failure data
失效数据直方图/失效數據長條圖 failure data histogram
失效预测/故障預測 failure prediction
失效原因/失效原因 failure cause
失协调/失協調 discoordination
失谐/失諧,失調 detuning
失序/失序 out-of-sequence
失真/失真,畸變 distortion

失真测度/失真測度 distortion measure
失真度/失真度,畸變度,失真因子 degree of distortion, distortion factor
失真度测量仪/失真因子表,失真因子測試計 distortion factor meter
失真度测试仪/失真表,失真計 distortion meter
失真分析仪/失真分析儀 distortion analyzer
失真函数/失真函數 distortion function
失真信息率函数/失真訊息率函數 distortion rate function
施氨器/灑氨器 ammonia applicator
施工升降机/施工昇降機 builder hoist
施工图/施工圖,工作圖,製造圖 production drawing, working drawing
施控系统/控制系統 controlling system
施控元件/控制元件 controlling element
施拉格电动机/施拉吉電動機,三相并勵換向器式電動機 Schrage motor
施密特触发器/史密特正反器 Schmidt trigger
施密特反射镜/史密特反射鏡 Schmidt reflector
施密特分解/史密特分解 Schmidt decomposition
施密特光学系统/史密特系統 Schmidt system
施密特数/史密特數 Schmidt number
施密特透镜/史密特透鏡 Schmidt lens
施塔克尔贝格决策理论/史塔貝克決策理論 Stackelberg decision theory
施特克尔轧机/施特克爾軋機,爐卷軋機 Steckel mill
施特拉森算法/Strassen 演算法 Strassen algorithm
施特鲁哈尔数/史屈霍數 Strouhal number
施瓦茨反射原理/舒瓦茲反射原理 Schwarz reflection principle
施威林模型/史厄林模式 Swerling model
施压阀/壓力閥 pressure valve
施照体[感知]色位移/施照體[感知]色位移 illuminant perceived color shift
施主/施子,施體 donor
湿壁降膜吸收塔/降膜式吸收器 falling film type absorber
湿壁塔/濕壁塔 wetted-wall tower
湿存水/濕分 hygroscopic water
湿袋压制/濕袋壓製 wet bag pressing
湿度/濕度 humidity
湿度表/濕度計 humidiometer
湿度波动度/相對濕度波動度 relative humidity fluctuation
湿度测定法/濕度測定術 hygroscopy
湿度测量/濕度量測 moisture measurement
湿度测验器/濕度表,驗濕器 hygroscope
湿度传感器/濕度感測器,濕度換能器 humidity transducer, humidity sensor
湿度发生器/濕度產生器 humidity generator
湿度计/濕度計,濕度儀 hygrometer, hygrograph
湿度记录仪/濕度記錄儀 hygrograph
湿度检测器/水分檢知器 moisture detector
湿度均匀度/濕度均勻度 humidity uniformity
湿度控制/濕度控制 moisture control
湿度控制器/濕度控制器 humidity controller
湿[度]敏感器/濕度感測器 humidity sensor
湿度试验/濕度試驗 humidity test
湿度试验计/濕度記錄器,水分試驗器 moisture register
湿度调节器/增濕器,濕潤機 humidifier
湿度修正因数/濕度修正因數 humidity correction factor
湿度指示器/濕度指示器 moisture indicator
湿法焙烧/濕法焙燒 wet roasting
湿法除尘/濕法集塵 wet gas cleaning
湿法分离/濕選 wet separation
湿法净化/濕法淨化 wet scrubbing
湿法气体净化器/濕式氣體淨化器 wet gas purifier
湿法气体洗涤器/濕式氣體洗滌器 wet gas scrubber
湿法筛分/濕法篩分 wet screening
湿法收尘器/濕法集塵器 wet dust collector
湿法提纯/濕法提純 wet purification
湿法脱硫/濕法脫硫 wet desulphurization
湿法氧化法/濕法氧化法 wet oxidation method
湿法冶金[学]/濕法冶金學 hydrometallurgy
湿分析/濕分析 wet analysis
湿粉法/濕法 wet method
湿缸套/濕氣缸套 wet liner
湿化热/潤濕熱 heat of wetting
湿空气/濕空氣 humid air, moist air
湿空气透平循环/濕空氣渦輪機循環 humid air turbine cycle
湿孔爆破/濕孔爆破 wet blasting
湿拉强度试样筒/濕抗拉強度試樣管 wet tensile strength specimen tube
湿敏电容器/濕敏電容器 humidity-sensitive capacitor
湿敏电阻器/濕敏電阻器 humidity-sensitive resistor
湿敏元件/濕敏元件 humidity sensing element
湿膜厚度/濕膜厚度 thickness of wet film
湿磨法/濕磨[法] wet grinding
湿碾碎机/濕盤磨機 wet pan mill

湿泡温度计/濕球溫度計 wet-bulb thermometer
湿气分离器/分霧器 mist separator
湿气计/濕氣計,濕式氣體流量計 wet-gas meter
湿气通风机/濕氣風扇 wet-gas fan
湿汽损失/濕汽損失 moisture loss
湿球温度计/濕球溫度計 wet-bulb thermometer
湿热试验/濕熱試驗 humid heat test, heat and moisture test
湿热试验箱/熱濕試驗箱 thermal-humidity test chamber
湿砂/濕砂 green sand, wet sand
湿砂模/濕砂模 green sand mold
湿砂黏结强度/濕砂結合強度 green sand bond strength
湿砂透气性/濕砂透氣性 green permeability
湿砂芯型/濕砂心型,濕砂砂心 green sand core
湿[砂]型/濕砂模 green sand mold
湿砂型硬度压头/濕砂型硬度壓頭 wet sand mold hardness penetrator
湿砂型铸件/濕模鑄件 green casting
湿筛分/濕篩分 wet sieving
湿式除尘器/濕式洗滌器 wet scrubber
湿式磁选机/濕式磁選機 wet magnetic separator
湿式分级机/濕式分級機,濕式粒析機 wet classifier
湿式干燥器/調濕乾燥器 humidity drier
湿式光电池/濕式光電池 wet-type photocell
湿式混凝土喷射机/濕混凝土噴射機 wet concrete spraying machine
湿式空气过滤器/濕式空氣濾清器 wet-type air filter
湿式空气冷却器/濕式空氣冷却器 wet-type air cooler
湿式离合器/濕式離合器 wet clutch
湿式摩擦/濕摩擦 wet friction
湿式盘碾/濕盤磨機 wet pan mill
湿式气表/濕氣計 wet-test meter
湿式强磁场磁选机/濕式強磁場磁選機 wet high intensity magnetic separator
湿式弱磁场磁选机/濕式弱磁場磁選機 wet low intensity magnetic separator
湿式旋风分离器/濕渦錐 wet cyclone
湿式油底壳强制润滑/濕機匣強制潤滑 wet sump force-feed lubrication
湿式凿岩/濕法鑿鑽 wet drilling
湿式凿岩机/濕式頓鑽機 wet drill
湿式制动器/濕式刹車 wet brake
湿试验/濕試驗 wet test
湿试仪表/濕氣計 wet-test meter
湿温记录器/濕溫記録器 hydro thermograph
湿熄焦/濕熄焦 coke wet quenching
湿选/濕選 wet cleaning
湿氧氧化/濕氧氧化 wet-oxygen oxidation
湿真空泵/濕真空泵 wet vacuum pump
十倍衰减层/十倍衰減層 tenth-value layer
十二角法兰面螺母/十二角凸緣螺帽 12 point flange nut
十二角法兰面螺栓/十二角凸緣螺釘 12 point flange screw
十进电桥/十進電橋 decade bridge
十进电阻箱/十進電阻箱 decade resistance box
十进管/十進計數管 decatron
十进位表盘/十進度盤 decade dial
十进制/十進位制,十進位系統 decimal system
十进制除法器/十進制除法器 decade divider
十进制换算/十進制換算 decimalization
十进制计数管/十進計數管 decade counting tube, decatron
十进制计数器/十進制計數器 decade counter, decimal counter
十进制记数法/十進制記數法 decimal notation
十进制数字/十進數位,十進位元 decimal digit
十克/公錢 decagram
十六进制/十六進系統 hexadecimal system
十六进制数字/十六進數位 hexadecimal digit
十六烷指数/十六烷指數 cetane index
十米/公丈 decameter
十升/公斗 decalitre
十亿次浮点运算每秒/每秒十億浮點作業 giga floating point operations per second
十亿次运算每秒/每秒十億次運算 giga operations per second
十亿分之一/十億分之一 part per billion, ppb
十亿条指令每秒/每秒十億條指令 giga instructions per second
十亿位/十億位元 gigabit
十亿位每秒/每秒十億比 gigabits per second
十亿字节/十億位元組 gigabyte
十亿字节每秒/每秒十億字元 gigabytes per second
十字把手/十字把手 palm grip knob
十字板剪切试验/葉片旋轉剪力試驗 vane test
十字槽半沉头螺钉/十字槽半沈頭螺釘 cross recessed raised countersunk oval head screw
十字槽半沉头木螺钉/十字槽半沈扁圓頭木螺釘 cross recessed raised countersunk oval head wood screw
十字槽沉头螺钉/十字槽沈平頭螺釘 cross recessed

countersunk flat head screw
十字槽沉头木螺钉/十字槽沈平頭木螺釘 cross recessed countersunk flat head wood screw
十字槽盘头螺钉/十字槽盤頭螺釘 cross recessed pan head screw
十字槽盘头木螺钉/十字槽盤頭木螺釘 cross recessed pan head wood screw
十字槽盘头自切螺钉/十字槽盤頭螺紋切削螺釘 cross recessed pan head thread cutting screw
十字格栅/十字格柵 cross grid
十字管/十字管 cross pipe
十字横梁/十字桁 cruciform girder
十字滑块联轴器/Oldham 聯結器 Oldham coupling
[十字]滑块输出机构/[十字]滑塊輸出機構 cross slide block type output mechanism
十字接头/十字形接頭 cross shaped joint
十字开关/十字開關 cross switch
十字螺丝起子/十字螺絲起子 plus screw driver
十字钎头/十字鑽頭 cruciform bit, cross bit
十字头/十字頭 crosshead
十字头活塞/十字頭活塞 crosshead piston
十字头式发动机/十字頭引擎 cross head engine
十字线/十字線,標線 graticule
十字线形馈线/十字線形饋線 crisscross feeder
十字形齿轮钻头/十字滾動鑽頭 cross-roller bit
十字形螺丝刀/十字形螺絲起子 cruciform screw driver
十字形钻头/十字形鑽頭 crossbit
十字轴/十字軸 cross, spider
十字轴式万向节/十字軸式萬向接頭 cardan universal joint
十字轴式万向节头/十字形萬向接頭 cross type universal joint
十字轴式万向联轴器/十字軸式萬向聯軸器 universal coupling with spider
什锦锉/什錦銼 broach file
石膏/石膏 gypsum
石膏灰浆抹灰机/石膏灰漿抹灰機 plastering unit for gypsum mortar
石膏模/石膏模 plaster pattern, gypsum mold
石膏模型/石膏模型 plaster pattern
石膏水泥/石膏水泥 gypsum cement
石膏型/石膏模 plaster mold
石膏型造型/石膏型造型,石膏模造模法 plaster molding
石化作用/石化作用,岩化作用 petrifaction
石灰/石灰 lime
石灰氮/氰氮化鈣 calcium cyanamide
石灰泥浆/石灰泥漿 lime mud
石灰乳法回收镓/石灰乳法回收鎵 recovery of gallium by lime wash
石灰烧结法提铼/石灰燒結法提錸 extraction of rhenium by lime sintering process
石灰石/石灰石 lime stone
石灰石法提取锂/石灰法提鋰 extraction of lithium by limestone process
石灰石熔剂/石灰石熔劑 lime stone flux
石灰水泥灰浆/石灰水泥砂漿 lime cement mortar
石灰消和器/消石灰器 slaker
石灰窑/石灰窯 lime kiln
[石灰]有效氧化钙/[石灰]有效氧化鈣 effective CaO in lime
石灰渣/造渣石灰 slag lime
石灰质的/石灰質 calcareous
石灰质耐火材料/石灰質耐火材料 lime refractory
石蜡/石蠟 paraffin
石蜡电容器/石蠟電容器 paraffin condenser
石蜡垢/石蠟垢 paraffin dirt
石蜡基/石蠟基 paraffinic base
石蜡系/石蠟族 paraffin series
石料切割机/石料切割機 stone cutter
石棉/石棉 asbestos, asbestus
石棉板/石棉板 asbestos board, sheet asbestos
石棉衬网/石棉鐵絲網 asbestos wire gauze
石棉垫/石棉墊 asbestos pad
石棉垫圈/石棉墊圈,石棉墊片 asbestos washer
石棉滤器/石棉濾器 asbestos filter
石棉摩擦材料/石棉摩擦材料 asbestos friction material
石棉手套/石棉手套 asbestos glove
石棉水泥板/石棉水泥板 asbestos-cement board
石棉水泥管/石棉水泥管 asbestos-cement pipe
石棉铁丝网/石棉鐵絲網 asbestos wire gauze
石棉毡/石棉氈 asbestos felt
石磨机/石磨機 burrstone mill
石墨/石墨,碳精,黑鉛 graphite, graphitic
β石墨/貝他石墨 beta graphite, β graphite
石墨棒/碳電極 carbon electrode
石墨棒电炉/石墨棒電爐 graphite bar electric furnace
石墨棒消耗量/石墨棒消耗量 graphite rod consumption
石墨材料/石墨材料 graphite material
石墨层间化合物/石墨層間化合物 graphite intercalation compound
石墨巢孔/石墨砂孔巢 graphite nest

石墨承热器/石墨承熱器 graphite susceptor
石墨电极/石墨電極,碳[電]極 graphite electrode
石墨分布/石墨分布 graphite distribution
石墨坩埚/石墨坩堝 graphite crucible
石墨钢/石墨鋼 graphitic steel
石墨高温计/石墨高温計 graphite pyrometer
石墨化/石墨化 graphitization
石墨化保温料/石墨化保温材料 insulation material for graphitization
石墨化电阻料/石墨化電阻材料 resistance material for graphitization
石墨化度/石墨化度 degree of graphitization
石墨化腐蚀/石墨化腐蝕,海綿狀腐蝕 graphitic corrosion
石墨化焦/石墨化焦 graphitized coke
石墨化炉/石墨化爐 graphitization furnace
石墨化退火/石墨化退火 graphitizing treatment, graphitizing annealing
石墨化冶金焦/石墨化冶金焦 graphitized metallurgical coke
石墨化阴极/石墨化陰極 graphitized cathode
石墨化阴极炭块/石墨化陰極炭塊 graphitized cathode carbon block
石墨化孕育剂/石墨化接種劑 graphitizing inoculant
石墨化展性处理/石墨化展性處理 malleablization by graphitizing
石墨集结/凝析石墨斑孔 kish graphite spot
石墨晶粒大小/石墨晶粒大小 graphite size
石墨慢化反应堆/石墨減速反應器 graphite-moderated reactor
石墨耐火材料/石墨耐火物 graphite refractory
石墨黏土砖/石墨[黏土]磚 graphite-clay brick
石墨青铜/石墨青銅 graphite bronze
石墨球/石墨球 graphite spherule
石墨球化处理/石墨球化處理 nodularizing treatment of graphite
石墨碳/石墨碳 graphite carbon
石墨涂料/石墨塗料 graphite blacking, graphite facing
石墨形态/石墨形狀 graphite form
石墨阳极/石墨陽極 graphite anode
石墨质阴极炭块/石墨質陰極炭塊 graphitic cathode carbon block
石松粉/石松子粉 lycopodium powder
石屑撒布机/石屑撒播機 chipping spreader
石屑撒布装置/石屑撒播裝置 chipping spreading device
石盐棱镜/岩鹽棱鏡 salt prism
石英/石英 quartz
石英波长计/石英波長計 quartz wavemeter
石英玻璃温度计/石英玻璃温度計 quartz-glass thermometer
石英传感器/石英換能器,石英轉換器 quartz transducer
石英灯/石英[水銀]燈 quartz lamp
石英电子秒表/石英電子馬表 quartz electronic stop watch
石英发送机/石英發送機 quartz transmitter
石英反应室/石英回應室 quartz reaction chamber
石英分光光度计/石英分光光度計 quartz spectrophotometer
石英粉/石英粉,矽砂粉 quartz flour, silica flour
石英粉涂料/矽砂漿塗料 silica wash
石英坩埚/石英坩堝,矽石[坩]堝 silica crucible, silica pot
石英管/石英管 quartz tube, quartz tube
石英光纤/二氧化矽光纖 silica fiber
石英换能器/石英換能器,石英轉換器 quartz transducer
石英晶体/石英晶體 quartz crystal, QC
石英晶体控制接收机/石英晶體控制接收機 quartz-crystal controlled receiver
石英晶体频标/石英頻率標準 quartz frequency standard
石英晶体微天平/石英晶體微量天平 quartz-crystal microbalance
石英晶体稳频器/石英晶體穩定器 quartz-crystal stabilizer
石英晶体谐振子/石英晶體共振器 quartz-crystal resonator
石英晶体振荡器/石英[晶體]振盪器 quartz-crystal oscillator
石英晶体钟/石英晶體鐘 quartz-crystal clock
石英控制板/石英控制板 quartz control plate
石英控制传送机/石英控制傳送器 quartz-controlled transmitter
石英棱镜/石英棱鏡 quartz prism
石英滤波器/石英濾波器 quartz filter
石英膜片/石英膜片 quartz diaphragm
石英砂/氧化矽基砂 silica base sand
石英闪光管/石英閃光管 quartz flash tube
石英摄谱仪/石英譜儀 quartz spectrograph
石英水听器/石英水聽器 quartz hydrophone
石英丝剂量计/石英纖維劑量計 quartz fiber dosimeter
石英丝弹簧秤/石英纖維天平 quartz fiber balance

石英丝验电器/石英纖維驗電器 quartz fiber electroscope
石英弹簧管/石英彈簧管 quartz elastic tube
石英弹簧管压力计/石英彈簧管壓力計 quartz-Bourdon tube pressure gage
石英透镜/石英透鏡 quartz lens
石英微天平/矽石微量天平 silica microbalance
石英温度计/石英溫度計 quartz thermometer
石英稳定器/石英穩定器 quartz stabilizer
石英稳频器/石英穩頻器 quartz frequency stabilizer
石英纤维秤/石英纖維天平 quartz fiber balance
石英谐振器/石英諧振器,石英共振器 quartz resonator
石英压力计/石英規 quartz gage
石英岩/石英岩 quartzite
石英钟/石英鐘,晶體測時計,晶體[時]鐘 quartz clock, crystal clock
石油产品用玻璃液体温度计/石油產品用玻璃液體溫度計 liquid-in-glass thermometer for petroleum product
石油焦/石油焦 petroleum coke
石油聚合物/石油聚合物 petroleum polymer
石油用高精密玻璃水银温度计/石油用高精密玻璃水銀溫度計 high precision mercury-in-glass thermometer for petroleum
石冢镁电解槽/石塚鎂電解池 Ishizuka cell
时变布尔函数/時變布林函數 timed Boolean function
时变参数/時變參數 time-varying parameter, time-variant parameter
时变电阻/時變電阻 time-varying resistor
时变数据/時變數據 time-variant data
时变系列/時變序列 time-variant series
时变系统/時變系統 time-varying system
时标/時標,時間標度 time scale
时标发生器/時標產生器 time mark generator
时标因数/時標因子,時標度因數 time scale factor
时槽/時間槽 time slot
时槽间隔/槽時間 slot time
时差定位/時差定位 time-of-arrival location, TOA location
时段选择/時段選擇 duration selection
时段选择器/時段選擇器 duration selector
时段演算/時段演算 duration calculus
时分/時間分割,時間區分,分時 time-division, TD
时分乘法器/時間分隔乘法器 time-division multiplier
时分多路访问/時分多重存取 time-division multiple access
时分多路复用/時分多工 time-division multiplexing
时分多址/時分多址 time-division multiple access, TDMA
时分复用/時分複用 time-division multiplex, TDM
时分复用交换/時間多工交換 time-multiplexed switching, TMS
时分话音内插/時分話音內插 time assignment speech interpolation, TASI
时分激光器/分時雷射 time-sharing laser
时分码分多址/時分碼分多址 time-division CDMA, TD-CDMA
时分数字交换/分時數位式交換,時間區分數位式交換 time-division digital switching
时分双工/時分雙工 time-division duplex, TDD
时分双工多路访问/時分雙工多路訪問 time-division duplex-time division multiple access
时分同步码分多址访问/時分同步碼分多重存取 time division synchronous code division multiple access, TD-SCDMA
时分遥测/時分遙測 time-division telemetry
时分语音插空/時分語音插空 time-division speech interpolation
时分指令/時分指令 time-division command
时分[制]交换/時分制交換 time-division switching
时分[制]遥测系统/時分制遙測系統 time-division telemetering system
时基/時基 time base
时基颤动/時基顫動 time flutter
时基电路/時基電路 time-base circuit
时基发生器/時基產生器 time-base generator
时基分时器/時基分時器 time-base divider
时基信号发生器/時軸振盪器 timing axis oscillator
时间/時間 time
时间比/時間比 time ratio
时间比对/時間比較 time comparison
时间编码/時間[編]碼 time code, time coding
时间变迁/時間變遷 timed transition
时间标记/時標 time mark
时间标准/時間標準 time standard
时间标准偏差/時間標準偏差 time standard deviation
时间参考坐标/時間參考坐標 time reference coordinate
时间槽/時間槽 time slot
时间测量/時間量測 time measurement
时间层谱定理/時間層譜定理 time hierarchy theorem

时间常量范围/時間常數範圍 time constant range
时间常数/時間常數 time constant
时间乘绝对误差积分准则/時間乘絶對誤差積分準則 integral of time multiplied by the absolute value of error criterion
时间乘平方误差积分准则/積分時間乘平方誤差準則 integral of time multiplied by squared error criterion
时间乘误差积分准则/時積積分誤差準則 integral of time multiplied by the error criterion
时间重叠/時間重疊 time overlapping
时间传输/時間傳遞 time transfer
时间戳/時間戳記 timestamp
时间戳排序方法/時間戳記方法 timestamp ordering
时间导数/時間導數 time derivative
时间点拷贝/時間點拷貝 point-in-time copy
时间-电流特性/時間電流特性 time-current characteristic
时间调度/時間排程 time schedule
时间动作研究/時間動作研究 time and motion study
时间抖动/時間抖動 time jitter
时间分辨谱仪/時間分辨譜儀 time-resolved spectrometer
时间分辨摄谱仪/時間分辨攝譜儀 time-resolved spectrograph
时间分段/時間截分 time slicing
时间分集/時間分集 time diversity
时间分配放大器/分時放大器 time-shared amplifier
时间分配话音插空/時分話音內插 time assignment speech interpolation, TASI
时间分片/時間截分 time slicing
时间分析/時間分析 time analysis
时间分析器/時間分析器 time analyzer
时间服务器/定時伺服器 time server
时间符合指令/時間符合指令 time-coincidence command
时间-幅度变换器/時間-幅度變換器,時間-振幅轉換器 time-amplitude converter, TAC
时间复杂度/時間複雜度 time complexity
时间和空间问题/時間空間問題 time and space problem
时间积分/時間積分 time integral
时间计权/時間加權 time weighting
时间继电器/時間繼電器,延時電驛 time delay relay, time relay
时间间隔/時間間隔 time interval
时间间隔发生器/時間間格産生器 time-interval generator
时间间隔分析仪/時間間隔分析器 time-interval analyzer
时间间隔计数器/時間間隔計數器 time-interval counter, TIC
时间间隔误差/時間間隔誤差 time-interval error
时间交叉/時間交叉 time interleaving
时间可构造函数/時間可構建函數 time constructible function
时间可用度/時間可用度 time availability
时间空间权衡/空間與時間取捨 space versus time trade-offs
时间控制式燃油喷射系统/時基電子控制式燃油噴射系統 time-based electronically controlled fuel injection system
时间扩展室/時間擴展室 time expansion chamber
时间历程/時間歷程 time history
时间连续佩特里网/時間連續小型網路 time continuous Petri net
时间量子/時間量子 time quantum
时间-脉搏振幅变频器/時間-脈波高度轉換器,時間對脈波振幅轉換器 time-to-pulse-height converter
时间脉冲/時間脈衝 time pulse
时间佩特里网/時間小型網路 time Petri net
时间偏差/時間偏差 time offset
时间片/時間片斷 time slice
时间频率标准/時間頻率標準 time and frequency standard
时间频率基准/時間頻率基準 time and frequency primary standard
时间频率谱/瞬間頻率譜 temporal-frequency spectrum
时间平均法/時間平均法 time average method
时间平均干涉量度学/平均時間干涉術 time average interferometry
时间平均声级/時間平均聲級,等效連續A計權聲壓級 equivalent continuous A-weighting sound pressure level
时间平均[值]/時間平均值 time average
时间平均转速/時間平均轉速 time average rotating velocity
时间谱系/時間階層 time hierarchy
时间冗余/時間冗餘 time redundancy
时间数字转换/時間至數位轉換 time-to-digit conversion
时间调制/時間調制 time modulation
时间同步/時間同步 time synchronization

时间同步问题/時間同步問題 time synchronization problem
时间投影室/時間投影室 time projection chamber
时间-温度曲线/時間温度曲線 time-temperature curve
时间相干/時間相干性,時間同調性 time coherence
时间相关/時間相關 time correlation
时间响应/時間回應 time response
时间消隐/時間消隱 time blanking
时间信号发射/時訊發射 time signal emission
时间信号业务/時間信號業務 time signal service
时间序列/時間序列 time series
时间序列分析/時間序列分析 time-series analysis
时间序列模型/時間序列模型 time sequence model
时间序列数据/時間序列資料 time-series data
时间序列数据挖掘/時間序列資料採擷 time-series data mining
时间选择器/時間選擇器 time selector
时间压缩/時間壓縮 time compression
时间压缩复用/時間壓縮多工法,壓時多工法 time compression multiplexing
时间延迟/延遲 delay
时间要素/時間元素 time element
时间因子/時間因子 time factor
时间有界图灵机/時間有界杜林機 time-bounded Turing machine
时间约束/時間約束 time constraint
时间-振幅转换器/振幅-時間轉換器 amplitude-to-time converter
时间轴振荡器/時軸振盪器 timing axis oscillator
时间最优控制/時間最優控制,時間最佳控制 time optimal control
时矩匹配法/配矩法 moment matching method
时距导航系统/時距導航系統 navigation satellite timing and ranging
时刻/時刻 instant time
时空数据库/時空資料庫 spatial-temporal database
时空数据模型/時空資料模型 spatiol-temporal data model
时空图/時空圖 space-time diagram
时空推理/時空推理 spatial and temporal reasoning
时频基准/原級時間頻率標準 primary time and frequency standard
时频码/時頻碼 time-frequency code
时-频调制/時-頻調變 time-frequency modulation
时态/時態 time state
时态关系代数/時序關係代數 temporal relational algebra
时态逻辑/時序邏輯 temporal logic
时态数据库/時序資料庫 temporal database
时态数据模型/時態資料模型 temporal data model
时态索引/時態索引 temporal index
时隙/時[間]槽 time slot, TS
时隙互换/時槽交換 time-slot interchange, TSI
时隙间隔/槽時間 slot time
时隙交换/時槽交換 time-slot interchange, TSI
时隙内信令/時槽内信令 in-slot signalling
时隙外信令/時槽外信令 out-slot signalling
时隙转换/時槽交換 slot-time interchange, TSI
时限密钥完整性协议/暫時金鑰完整性協定 temporal key integrity protocol
时效/時效,老化 ageing, aging
时效处理/老化處理 ageing treatment
时效炉/時效爐,老化爐 ageing furnace
时效硬化/時效硬化 age hardening
时效硬化合金钢/時效硬化合金鋼 age-hardening alloy steel
时序波瓣控制/時序波瓣控制 sequential lobing
时序电路/順序電路 sequential circuit
时序局部性/時序局部性 temporal locality
时序控制器/時序控制器,時程控制器 time schedule controller
时序模拟/時序模擬 timing simulation
时序综合/順序合成 sequential synthesis
时延/時延,時間延遲 time delay, delay
时延常数/延遲常數 delay constant
时延分配/延遲指定 delay assignment
时延均衡器/時延均衡器 delay equalizer
时延佩特里网/時間小型網路 timed Petri net
时延偏差大小/延遲偏差大小 delay defect size
时延失真/延時失真,時間延遲失真 time-delay distortion
时移键控/時移鍵控 time shift keying, TSK
时域/時域 time domain
时域编码/時域編碼 time domain coding
时域测量/時域測量,時域量測 time domain measurement
时域法/時域法 time domain method
时域反射仪/時域反射鏡 time domain reflector
时域分析/時域分析 time domain analysis
时域光谱测量/時域頻譜量測 time domain spectroscopic measurement
时域校准/時域校準 time domain calibration
时域矩阵/時域矩陣 time domain matrix
时域矩阵法/時域矩陣法 time domain matrix method

时域均衡器/時域均衡器 time domain equalizer
时域扩展性/時域可調能力 temporal scalability
时域模型降阶法/時域模型降階法 time domain model reduction method
时域特性/時域特性 property in time domain
时域响应/時域附應 time domain response
时域自动网络分析仪/時域自動網路分析儀 time domain automatic network analyzer, TDANA
时滞/時滯,停滯時間 dead time, delay, time lag
时滞继电器/時滯繼電器 time lag relay
时滞系统/時滯系統 time lag system, time delay system
时滞仪表/落後需要指示計,時滯需量計 lagged-demand meter
时钟/時鐘 clock, CK
时钟比较器/時鐘比較器 clock comparator
时钟步进/時鐘步進 clock step
时钟定时抖动/時脈擾動,時序顫動 clock timing jitter
时钟发生器/時脈產生器 clock generator
时钟分配/板外時鐘分配 clock distribution
时钟分配驱动器/時鐘分配驅動器 clock distribution driver
时钟恢复/時脈再生,時脈回復 clock recovery
时钟计数器/時鐘計數器 clock counter
时钟寄存器/時鐘暫存器 clock register
时钟控制信号/時鐘控制信號 clock control signal
时钟脉冲/時鐘脈衝,時鐘脈波 clock pulse
时钟脉冲发生器/時鐘脈衝產生器,時間脈波產生器 clock-pulse generator, time-pulse generator
时钟脉冲分配器/時間脈衝分配器 time-pulse distributor
时钟偏差/時鐘偏差 clock skewing
时钟频率/時鐘頻率 clock frequency
时钟驱动器/時鐘驅動器 clock driver
时钟提取/時鐘提取 clock extraction
时钟同步/時鐘同步 clock synchronization
时钟歪斜/時鐘偏斜 clock skew
时钟信号/時鐘信號 clock signal
时钟信号发生器/時鐘信號產生器 clock signal generator
时钟域/時鐘域 clock domain
识别/識別 recognition
识别标记/識別標記,識別標志 identification mark
识别标志灯/識別燈臺 identification beacon
识别符号/識別符號 recorgnition symbol
识别问题/鑒別問題 identification problem
识别型 DTE 业务/識別型 DTE 服務 identified DTE service
识别置信度/識別置信度 recognition confidence
实部/實部,實數部分 real part
实参/實際參數 actual parameter
实测垂线平均流速/實測垂線平均流速 measured mean velocity on a vertical
实测值/測定值 measured value
实常数/實常數 real constant
实存状态/有形狀態 tangible state
实地址/實體位址 physical address
实度损失/實度損失 solidity loss
实分区/實分區 real partition
实际标尺分度值/實際標尺分度值,實際標尺區間 actual scale interval
实际测量/實際量測 practical measurement
实际产量/實際生產量 actual production
实际尺寸/實際尺寸,實際大小 actual size, real size
实际存储页表/實儲存頁表 real storage page table
实际电压/實際電壓 actual voltage
实际断裂载荷/實際裂斷負載 actual breaking load
实际耗气量/實際耗氣量 actual air consumption
实际焦点/實際聚焦點 actual focal spot
实际空燃比/實際空燃比 trapped air-fuel ratio
实际粒度/實際粒度 actual grain size
实际密度/實際密度 actual density
实际摩擦面数/有效摩擦面數 number of active friction faces
实际能头/有效落差,有效水頭 effective head
实际偏差/實際偏差,實際離差 actual deviation, real deviation
实际容量/實際容量 actual capacity
实际射程/實際射程 practical range
实际速度/迴送速度 travel speed
实际位姿/實際姿勢 attained pose
实际位姿漂移/實際姿勢漂移 attained-pose drift
实际压力/實際壓力 actual pressure
实际要素/實際特徵 real feature
实际页数/實際頁數 real page number
实际[有效]功率/實際功率 actual power
实际组成要素/實際組成要素 real integral feature
实践学习/實踐學習 learning by doing
实空间/實空間 real space
实例/實例 instance
实例学习/從實例學習 learning from example
实名/實名 real name
实曲线/實線曲線 full curve
实施变迁/實施變遷 fire a transition
实施规则/點火規則 firing rule

实施向量/實施向量 firing count vector
实时/即時 real time
实时并发操作/即時同作作業 real time concurrency operation
实时操作/即時作業 real time operation
实时操作系统/即時作業系統 real time operating system
实时测量/即時量測 real time measurement
实时处理/即時處理 real time processing
实时传输控制协议/即時傳送控制協定 real time transport control protocol
实时传输协议/即時傳送通信協定 real time transport protocol, RTP
实时多媒体/即時多媒體 real time multimedia
实时仿真/即時模擬 real time simulation
实时仿真算法/即時模擬算法 real time simulation algorithm
实时分析/即時分析 real time analysis
实时干涉测量法/即時干涉術 real time interferometry
实时激光多普勒测速仪/即時雷射都卜勒速度計 real time laser-Doppler velocimeter
实时计算机/即時電腦 real time computer
实时监控程序/即時監視程式 real time monitor
实时拷贝/即時拷貝 real time copy
实时控制/即時控制 real time control
实时控制系统/即時控制系統 real time control system
实时流协议/即時串流通信協定 real time streaming protocol
实时批处理/即時批次處理 real time batch processing
实时批处理监控程序/即時批次處理監視程式 real time batch monitor
实时时钟分时/即時時鐘分時 real time clock time-sharing
实时示波器/即時示波器 real time oscilloscope
实时输出/即時輸出 real time output
实时输入/即時輸入 real time input
实时数据处理/即時資料處理 real time data processing
实时探测/即時偵測 real time detection
实时系统/即時系統 real time system
实时系统执行程序/即時系統執行程式 real time system executive
实时显示/即時顯示 real time display
实时信号处理/即時訊號處理 real time signal processing
实时遥测/即時遥測 real time telemetry
实时遥控/開環遥控系統 real time remote control
实时约束/即時約束 real time constraint
实时执行程序/即時執行程序 real time executive
实时执行系统/即時執行系統 real time executive system
实时指令/實時指令 real time command
实时主体/即時代理者 real time agent
实时专家系统/即時專家系統 real time expert system
实示需氧器/需氧器 anoxyscope
实数/實數 real number
实体/實體物 entity
实体关系模型/實體關係模型 entity-relationship model, E-R model
实体鉴别/實體鑒別 entity authentication
实体联系图/實體關係圖 entity-relationship diagram
实体螺旋/實體螺旋 solid screw
实体模型/實體模型 solid model
实体识别/實體識別 entity identification
实体-属性-值模型/實體-屬性-值模型 entity-attribute-value model
实体搜索/實體搜索 entity search
实体完整性/實體完整性 entity integrity
实体消解/實體消解 entity resolution
实体拥有/實體持有 incarnation own
实体造型/實體模型建立 solid modeling
实物校准/實物校準 actual material calibration
实物量具/實物量具 material measure
实现/實施 implementation
实现阶段/實施階段 implementation phase
实现米定义的稳频激光器/實現公尺定義的穩頻雷射器 frequency stabilized laser of realization meter definition
实现需求/實施需求 implementation requirements
实线/實線 solid line
实线延伸电路/實線延伸電路 physical extension circuit
实心导线/實心導線,實心導體 solid conductor
实心电子束/實心電子束 solid electron beam
实心钢辊/實心鋼輥 solid steel roll
实心轮胎/實心輪胎 solid tire
实心轮胎基部宽度/實心輪胎基部寬度 solid tire base width
实心销轴/實心銷子 solid pin
实信号/即時訊號 real signal
实型铸造/全模法 full mold process
实寻址高速缓存/實體定址快取 physically

addressing cache
实验变量/實驗變量 experimental variable
实验标准[偏]差/實驗標準偏差,實驗標準離差 experimental standard deviation
实验测定/實驗測定 experimental determination
实验测量/實驗量測 experimental measurement
实验点/實驗點,試驗點 experimental point
实验电路板/試驗電路板 breadboard
实验[反应]堆/實驗反應器 experimental reactor
实验精密度/實驗精密度 experimental precision
实验设计/實驗設計[工作] design of experiment, experimental design work
实验室标准传声器/實驗室標準傳聲器 laboratory standard microphone
实验室参考标准/實驗室參考標準 laboratory reference standard
实验室测量/實驗室量測 laboratory measurement
实验室基准/實驗室參考標準 laboratory benchmark
实验室离心机/實驗室離心機 laboratory centrifuge
实验室试验/實驗室試驗 laboratory test
实验室样品/實驗室樣品 laboratory sample
实验室仪器/實驗室儀器 laboratory instrument
实验台试验/工作檯試驗 bench test
实验条件/實驗條件 experimental conditions
实验误差/實驗誤差 experimental error
实验学习/實驗式學習 learning by experimentation
实验验证/實驗檢定 experimental verification
实验要求/實驗要求 experimental requirement
实验装置/實驗裝置,試驗裝置,試驗器具 experimental apparatus, experimental installation, experimental setup
实样造型/實樣造模 mold from a casting, molding from a casting
实用程序/公用程式,公用常式 utility program
实用程序包/公用套裝軟體 utility package
实用单位/實用單位 practical unit
实用单位制/實用單位制 practical unit system
实用电单位/實用電學單位 practical electrical unit
实用功能/公用程式功能 utility function
实用软件/公用程式軟體 utility software
实用试验/實用試驗 service test
拾波线圈/訊號取樣線圈 pickup coil
拾取钳/葫蘆形夾鉗 pickup tongs
拾取设备/撿取裝置 pick device
拾音器/拾音器,拾聲放大器,拾波放大器 pickup amplifier
食道压力传感器/食道壓力訊號轉換器 esophageal-pressure transducer
食品分析仪/食品分析儀 food analyzer
蚀刻器/蝕刻器 etcher
蚀坑/蝕坑,蝕穴 etch pit
史密斯-珀塞尔效应/史密斯-珀塞爾效應 Smith-Purcell effect
史密斯-沃特曼算法/Smith-Waterman 演算法 Smith-Waterman algorithm
史密斯圆图/史密斯圖,史密斯表 Smith chart
史泰勒合金/史斗鉻鈷,史特耐合金,鈷鉻鎢合金 stellite
史瓦西光学系统/史瓦茲西耳德消像散透鏡 Schwarzschild anastigmat
矢量/向量 vector quantity
矢量测速仪/向量速度計 vector velocimeter
矢量场/向量場 vector field
矢量磁势/磁向量位能,磁向量勢 magnetic vector potential
矢量磁位/磁向量位能,磁向量勢 magnetic vector potential
矢量导抗测量仪/向量導抗測量儀 vector immittance meter
矢量电压表/向量伏特計 vector voltmeter
矢量发生器/向量產生器 vector generator
矢量法/向量法 vector method
矢量伏特计/向量伏特計 vector voltmeter
矢量幅度误差/向量幅度誤差 vector magnitude error
矢量函数/向量函數 vector function
矢量回路法/向量回路法 vector loop method
矢量回路方程/向量回路方程式 vector loop equation
矢量积/向量積 vector product
矢量示波器/向量示波器 vectorscope
矢量网络分析仪/向量網路分析儀,自動網路分析儀 vector network analyzer, automatic network analyzer, ANA
矢量显示器/向量示波器 vectorscope
矢量信号发生器/向量信號產生器 vector signal generator
矢量信号分析仪/向量信號分析儀 vector signal analyzer
矢量字模/向量字型 vector font
矢量阻抗电桥/向量阻抗電橋 vector-impedance bridge
矢量组合/向量阻抗電橋 vector-impedance bridge
矢列式/順序,循序 sequent
矢列演算/矢列演算 sequent calculus
矢势/有向位,向量位,向量勢 vector potential

矢位/有向位,向量位,向量勢 vector potential
使能/允許,已賦能 enabled
使用费/使用費 usage charge
使用函数/使用函數 use function
使用极限/運行極限 operating limit
使用极限状态/使用極限狀態 serviceability limit state
使用寿命/使用壽命,有效壽命 useful life
使用稳定液冲抓钻孔装置/具穩定液衝抓鑽井機 rig for stroke drilling with stabilizing fluid
使用稳定液旋转钻孔装置/具穩定液旋轉鑽孔裝置 rig for rotary drilling with stabilizing fluid
使用原理/使用原則 use principle
使用质量/使用品質 quality in use
始/初始 initial
始锻温度/初始鍛造溫度 initial forging temperature
始发/發端 originating
始发者/發起者 originator
驶近速度/進階速度 approach velocity
示波法血压计/振盪法血壓計 oscillometric method sphygmomanometer
示波管/示波管 oscilloscope tube
示波极谱法/示波極譜法 oscillopolarography
示波极谱仪/示波極譜儀 oscillographic polarograph
示波器/示波器 oscilloscope, OSC, ondoscope
示波器记录器/示波記録器 oscillograph recorder
示波器探头/示波器探頭 oscilloprobe, oscilloscope probe
示波图/示波圖,波形圖 oscillogram
示差膨胀测量术/微差膨脹測定法 differential dilatometry
示差膨胀计/微差膨脹計 differential dilation
示功器/示功器 ergograph
示功图/指示器圖表 indicator diagram
示教编程/示教程式設計 teaching programming
示教盒/教導器 teach pendant
示教显微镜/示教顯微鏡,多教導頭顯微鏡 multi-teaching head microscope
示教学习/從教育中學習 learning from instruction
示教再现[式]机器人/重現型機器人,重現式機器人 playback robot
示廓灯/標識燈,位置燈 marker lamp, position light
示流灯/[電流]示流燈 current indicator lamp
示频器/示頻計 frequency indicator
示速器/速率指示器 speed indicator
示意画法/示意畫法 schematic representation
示振器/示振器 vibrograph
示振仪/振動記録儀,示振器 vibrograph, vibroscope
示值/示值,指示值 indication, indicated value
示值区间/示值區間 indication interval
示值稳定性/示值穩定性 stability of display
示值误差/示值誤差 error of indication
示踪法/示蹤法 tracer method
世承数据群/世代資料組 generation data group
世界范围端口名/世界範圍埠名 world wide port name
世界范围结点名/世界範圍結點名 world wide node name
世界时/世界時,格林威治時間,國際標準時 universal time, UT
世界无线电通信大会/世界無線電通信大會 world radiocommunications conference, WRC
世界协调时/國際標準時間 universal time coordinated, UTC
世界知识/世界知識 world knowledge
世界坐标/世界坐標 world coordinate
世界坐标系/世界坐標系統,大地坐標系統 world coordinate system
市场准入/市場準入 market entry, market admittance
市电频率/市電頻率 commercial frequency
市话通话自动计费/本地自動通話付費計算 local automatic message accounting, LAMA
市郊电话线/市郊電話線 suburban telephone line
市内电话/市内電話 local telephone
市内电话网/市内電話網 urban telephone network
1-2-3-4 式二十辊轧机/1-2-3-4 式二十輥軋機 1-2-3-4 mill, 1-2-3-4 rolling mill
1-2 式六辊轧机/1-2 式六輥軋機 1-2 mill, 1-2 rolling mill
势/勢 potential
势差/電位差,電勢差 potential difference
势函数/勢函數,位函數 potential function
势垒/電位障,位壘 potential barrier
势垒高度/位壘高度 barrier height
势越二极管/勢越二極管 barrier injection and transit time diode, BARITT diode
事故/事故,故障,意外 accident
事故变迁/事故變遷,違規變遷 violation transition
事故分析/事故分析 accident analysis
事故监测仪/事故監測儀 accident moniter
事故检修/事故檢修 break maintenance
事故率/事故率 accident rate
事故停电/強迫停機 forced outage
事故危险/事故危險 accident hazard
事故应急剂量/緊急劑量 emergency dose

事故油泵/緊急滑油泵 emergency oil pump
事故原因/事故原因 accident cause
事故[状态]记录仪/事件記録器 event recorder
事件/事件 event
事件报告/事件報告 event report
事件表/事件表 event table
事件产生器/事件產生器 event generator
事件处理/事件處理 event processing
事件独立性/事件獨立性 event independence
事件队列/事件隊列 event queue
事件方式/事件模式 event mode
事件分析器/事件分析器 event analyzer
事件过滤器/事件過濾器 event filter
事件检测/事件檢測 event detection
事件检测器/事件檢測器 event detector
事件链/連續事件體 event chain
事件描述/事件描述 event description
事件驱动/事件驅動 event-driven
事件驱动程序/事件驅動程式 event-driven program
事件驱动任务调度/事件驅動任務排程 event-driven task scheduling
事件驱动语言/事件驅動語言 event-driven language
事件驱动执行程序/事件驅動執行 event-driven executive
事件驱动中间件/事件驅動中介軟體 event-driven middleware
事件文件/事件檔案 incident file
事件演算/事件演算 event calculus
事件依赖性/事件依賴性 event dependence
事件源/事件源 event source
事实/事實 fact
事实编译器/事實編譯器 factual compiler
事实标准/實際的標準 de facto standard
事实表/事實表 fact table
事实库/事實庫 fact base
事务/交易,異動 transaction
事务处理/交易,異動 transaction
事务处理监控器/異動處理監視器 transaction processing monitor
事务处理吞吐量/交易通量 transaction throughput
事务处理中间件/交易處理中介軟體 transaction processing middleware
事务调度/異動排程 transaction scheduling
事务分片/事務分片 transaction chopping
事务分析/交易分析 transaction analysis
事务服务/異動服務層 transaction service
事务故障/交易失敗 transaction failure
事务管理/商業管理 business management
事务内存/事務記憶體 transaction memory
事务驱动系统/交易驅動系統 transaction-driven system
事务时间/交易時間 transaction time
事务时间数据模型/交易時間資料模型 transaction-time data model
事务时间索引/交易時間索引 transaction-time indexing
事务消息传递/交易訊息處理 transactional messaging
事务一致性/交易一致性 transaction consistency
事务中间件/交易中介軟體 transaction middleware
试车/試車 trial run
试车助驾仪/司機輔助設備 driver aid
试凑搜索/試誤搜尋 trial-and-error search
试盖/試蓋 try off
试管/試管 test tube
试管夹/試管夾 test tube holder
试管架/試管架 test tube rack
试管离心机/試管離心機 test tube centrifuge
试管刷/試管刷 test tube brush
试合模/試合模,試合型 trial closing
试呼/試叫 call attempt
试剂/試劑,試藥,藥劑 reagent
试剂空白/空白試劑 reagent blank
试剂瓶/試劑瓶 reagent bottle
试加质量/試加質量 trial mass
试件/樣本,試樣坯,試片 sample, coupon, test piece
试金料/試金料 assay charge
试金炉/試金爐 assay furnace
试金石/試金石 touchstone
试金天平/試金天平,檢定天平 assay balance
试井车/試井車 wireline truck
试片/試片,試塊 test block, test piece
试砷管/試砷管 arsenic tube
试台/測試檯,試驗檯 testing bench
试探法/試探法 heuristic method
试探性路由选择/試探性路由選擇 heuristic routing
试压/耐壓試驗 pressure test
试压泵/試驗用泵 test pump
试验/試驗,測試 test
试验爆破/試炸 trial shot
试验布置/試驗布置 test configuration
试验场/測試場 trial field
试验[持续]时间/試驗期間 test duration
试验电压/試驗電壓 testing voltage
试验工厂/試驗工場 pilot plant

试验基片/試驗基片 testing substrate
试验空间/試驗空間 test space
试验块/試塊 test block
试验力/試驗力 test force
试验力幅/試驗力振幅 test force amplitude
试验力施加速率/試驗力施加速率 rate of applying test force
试验量计/試驗規 test gage
试验燃料/試驗燃料,試驗燃油 test fuel
试验筛/試驗篩 test sieve
试验筛析/篩析試驗 sieve analysis test
试验室可靠性试验/實驗室可靠度試驗 laboratory reliability test
试验数据/試驗資料,測試資料 test data
试验台架/試驗檯 test bench
试验系统柔度/試驗系統撓度,測試系統柔度 testing system flexibility
试验箱/試驗艙 test chamber
试验信道/測試通道 test channel
试验循环/試驗循環 test cycle
试验样品/試驗樣品 test piece
试验用套筛/試驗用套篩,試驗篩組 nest of test sieves
试验载荷/試驗負載,測試載重 test load
试验轧机/試驗軋機 experimental rolling mill
试验质量/試驗質量,測試質量 test mass
试样/試樣[坯],樣品 sample, test block, test piece
试样辐射[光]通量/試樣輻射[光]通量 sample flux
试样加热器/試樣加熱器 specimen heater
试样架/試樣架 sample holder
试样抛光机/試樣拋光機 sample polishing machine
试样收集器/試樣收集器 sample collector
试样探针/取樣探頭 sample probe
试样筒/試樣管 test specimen tube
试样筒漏斗/試樣管漏斗 specimen tube funnel
试样研磨机/試樣研磨機,樣品研磨機 sample grinder
试液/試液 test solution
试装/試裝配 trial assembly
视参考点/視野參考點 view reference point
视测浊度计/目場計,視野計 scopometer
视差/視差 parallax error, parallax
视差差异/視差差異 parallax difference
视差梯度/視差梯度 gradient of disparity
视场/視場 visual field
视场光阑/視場光闌 field diaphragm, field stop
视场角/視場角 field angle
视场数/視場數 field-of-view number
视点/視點 view point
视角/視角 visual angle, horizon angle
视距/視距,視線 line-of-sight, LOS
视距传播/視距傳播 line-of-sight propagation, LOS propagation
视距仪器/視距儀 stadia
视觉/視覺,視域 vision
[视觉]饱和度/[視覺]飽和度 vision saturation
视觉分辨力/視覺敏銳度 visual resolution
视觉光学高温计/目視光學高溫量測術 visual optical pyrometry
视觉密度/視覺密度 visual density
视觉模型/視覺模型 vision model
视觉显微镜/目視顯微鏡 visual microscope
视觉效果/視覺效果 visual effect
视觉信号/視覺信號 visual signal
视觉暂留/視覺暫留 persistence of vision
视觉指示器/目視指示器 visual indicator
视口/視域 view port
视框/視框 view box
视力计/驗光計 optometer
视敏度/視覺銳度 visual acuity
视盘/視盤 video disk
视频/①視訊, ②視頻 ①video, ② video frequency, VF
视频查询/視訊查詢 video querying
视频成像仪/視訊成像儀 video mapper
视频处理器/視訊處理器 video processor
视频传输/視訊傳輸 video transmission
视频磁迹/視訊磁軌,影像軌 video track
视频磁头/視訊磁頭 video head
视频存储器/視訊記憶體 video memory
视频点播/隨選視訊 video-on-demand, VOD
视频放大器/視訊放大器 video amplifier
视频非线性失真/視訊非線性失真 video nonlinear distortion
视频服务器/視訊伺服器 video server
视频缓冲查证器/視訊緩衝查證器 video buffering verifier
视频缓冲区/視訊緩衝區 video buffer
视频会议/視訊會議 video conference
视频会议系统/視訊會議系統 electronic meeting system
视频检波器/視訊檢波器,視頻檢知器 video detector
视频模式/視訊模式 video mode
视频前置放大器/視訊前置放大器 video preamplifier

视频数据建模/視訊資料建模 video data modeling
视频搜索/影片搜尋 video search
视频通信/視訊通信,視訊通訊 video communication
视频图形阵列/視訊圖形陣列 video graphic array VGA
视频显示/視訊演示 video presentation
视频线性失真/視訊線性失真 video linear distortion
视频消息/視訊消息 video messaging
视频消息处理型业务/視訊通信報服務 video-messaging service
视频信号/視訊訊號 video signal
视频信号处理电路/視訊處理電路 video processing circuit
视频压缩/視訊壓縮 video compression
视频眼镜/視訊眼鏡 video glasses
视频业务/視訊服務 video services
视平面/投影平面 view plane
视情修理/視情修理 repair on technical condition
视区/視域區,視域 vision area, view port
视太阳时/視在太陽時 apparent solar time
视体/視野卷 view volume
视听信息/視聽資訊 audiovisual information
视图/視圖,視野 view
视图插值/視圖插值 view interpolation
视图物化/視圖物化 view materialization
视网膜/視網膜 retina
视网膜电描记术/視網膜電描記術 electroretinography
视网膜电图传感器/視網膜電圖感測器,視網膜電圖訊號轉換器 electroretinographic transducer
视网膜检影器/眼膜曲率器 skiascope
视网膜识别/視網膜識別 retina recognition
视线/視線,瞄準線 line of sight
视线传播/視線傳播 line-of-sight propagation
视线方向/視野方向 view direction
视像管/光導[攝影]管,視像[攝影]管 vidicon, vidicon tube
视像管摄像机/光導照相機,視像照相機 vidicon camera
视像中频/視訊中頻 picture intermediate frequency, PIF
视野/視野,視場 field of vision, field of view
视域/視場 field of view
视[运]动/顯現運動 apparent motion
视在功率/視在功率 apparent power
视在功率表/伏安計,視在功率計,視電力表 volt-ampere meter, apparent power meter
视在功率电能表/伏安時表 volt-ampere-hour meter
视在亮度/表觀亮度,視亮度 apparent brightness
视在声功率级/視在聲功率位準 apparent sound power level
视在原点/虛擬原點 virtual origin
视在质量/表觀質量,視質量 apparent mass
视在阻抗/視在阻抗,表觀阻抗 apparent impedance
视重量/表觀砝碼 apparent weight
视轴/準向 boresight
视锥/視錐 viewing pyramid
视准望远镜/準直望遠鏡 collimation telescope
适当自动化/適當自動化 appropriate automation
ATM 适配层/ATM 調適層 ATM adaptation layer, AAL
适配查询/適配查詢 adaptive query
适配查询处理/適配查詢處理 adaptive query processing
适配器/配接器 adapter
Q 适配器/Q 適配器 Q-adapter, QA
适配器模式/適配器模式 adapter pattern
适配数据复制算法/適配資料複製演算法 adaptive data replication algorithm
适应/適應 adaptation
适应层/適應層 adaptation layer
适应电平/適應位準 adaptation level
适应计/適應計 adaptometer
适应控制机床/適應控制機床,適應控制工作母機 adaptive control machine tool
适应控制器/適應控制器 adaptive controller
适应控制系统/適應控制系統 adaptive control system
适应滤波/可適應性濾波 adaptive filtering
适应系数/適應係數 accommodation factor
适应性/適應性 adaptability
适应性[感知]色位移/適應性[感知]色位移 adaptive perceived color shift
适应性色度位移/適應性色[度]漂移 adaptive colorimetric shift
适应性维护/適應維護 adaptive maintenance
适应遥测系统/適應遙測系統 adaptive telemetering system
适应预报/適應性預估 adaptive prediction
适用井径/適用井徑 fit diameter of well
适中温度/中温,中等温度 moderate temperature
室内机制冷量/室内機冷凍能量 refrigerating capacity of indoor machine
室燃锅炉/懸浮燃燒鍋爐 suspension fired boiler
室式炉/分批式爐 batch-type furnace

室外摄影/外景播像 field pick up, FPU
室外噪声/室外噪音 outdoor noise
室形指数/室形指數 room index
铈/鈰 cerium
铈碳化硅/鈰碳化矽 cerium silicon carbide
释放/釋放,解除 releasing, release
释放保护/釋放防護 release guard
释放电流/釋放電流 release current
释放电压/釋放電壓 release voltage
释放力/釋放力 release force
释放率/釋放率 release rate
释放能量/釋放能量 discharged energy
释放时间/釋放時間 release time
释放压力/釋放壓力 hold-off pressure
释放一致性模型/釋放一致性模型 release consistency model
释放值/釋放值 releasing value
释放状态/釋放狀態 release condition
释热元件损伤探测器/釋熱元件損傷探測器 burst-slug detector
噬菌程序/噬菌程式 phage program
收藏锁/制速鎖 stow lock
收藏销/制速銷 stow pin
收尘设备/集塵機,集塵器 dust collector
收斗角/轉返角 rollback angle
收发分置声呐/收發分置聲納 bistatic sonar
收发两用机/收發兩用機 transmitter-receiver, TR
收发信机/無線電收發兩用機 transceiver, TC
收发转换开关/收發轉換開關 TR switch
收附/收附 sorption
收回授权/廢止 revoke
收集极/電子集電器 electron collector
收集器/截液器 catch box
收集时间/獲取時間,探測時間 acquisition time
收集贮仓/收集貯倉 collecting bunker
收件人付费/收訊者付費,收訊者記賬 addressee credit
收敛/收斂 converge
收敛反应/收斂反應,會聚反應 convergent reaction
收敛光束/會聚光束 convergent beam
收敛速率/收斂速率 convergence rate
收敛性调节/收斂性調節 convergent modulation
收入/收入 revenue
收缩/收縮,縮水 shrinkage, contraction
收缩变形/收縮變形 contraction distortion
收缩电阻/收縮電阻 constriction resistance
收缩公差/收縮裕度 shrinkage allowance
收缩孔/縮孔 shrinkage hole
收缩量/收縮量 shrinkage
收缩量尺/鑄造尺 shrink rule
收缩率/收縮率 shrinkage, shrinkage factor
收缩容许值/收縮裕度 shrinkage allowance
收缩损失/收縮損失 contraction loss
收缩系数/收縮係數 coefficient of contraction, shrinkage factor
收缩余量/收縮裕度 contraction allowance
收缩与细化/收縮與細化 shrinking and thinning
收听站/收聽站 listener
收信管/接收管 receiving tube
收益成本分析/效益-成本分析 benefit-cost analysis
收音机/無線電收音機,無線電接收機 radio receiver
收银机/收銀機 cash register
手扳葫芦/桿滑車 lever block
手泵/手動泵 hand pump
手编编译程序/手編編譯程式 hand-coded compiler
手柄/手柄,把手 handle, handset, hand shank
手柄杆/手柄桿 handle lever
手柄球/手柄球 ball knob
手柄套/錐形把手 taper knob
手柄座/手柄座 handle seat
手部坐标系统/手坐標系統 hand coordinate system
手操纵堆垛起重机/手動堆疊起重機 hand-operated stacking crane
手秤/手提天平 hand balance
手持机具/手持機具,可攜式機具 portable machines and tools
手持计算机/手持電腦 handheld computer
手持面罩/手持面罩 hand shield, hand screen
手持气腿两用凿岩机/手持氣腳兩用鑿岩機 hand-held air-leg rock drill
手持式传声器/手提式麥克風 hand microphone
手持式电动坡口机/掌上型電動坡口機 hand-held electric beveller
手持式电动凿岩机/掌上型電動鑿岩機 hand-held electric rock drill
手持式高频凿岩机/高頻掌上型鑿岩機 high-frequency hand-held rock drill collector
手持式集尘凿岩机/掌上型集塵鑿岩機 hand-held rock drill with dust collector
手持式麦克风/手提式麥克風 hand microphone
手持式内燃凿岩机/掌上型内燃鑿岩機 hand-held internal-combustion rock drill
手持式气动工具/掌上型氣動工具 portable pneumatic tool
手持式数字转速表/掌上型數位轉速計 handy

digital tachometer
手持式水下凿岩机/掌上型水下鑿岩機 hand-held underwater rock drill
手持式凿岩机/掌上型鑿岩機,手持鑿岩機 hand-held rock drill, hand hammer drill
手持游标器/定位盤 puck
手锤/手錘,手搗桿 hand hammer
手电筒/手電筒 electric torch
手动/手動 manual operating
手动泵/手動泵,手摇泵 hand pump, manual pump
手动变速箱/手排變速箱,手動變速器 manual transmission
手动补偿/手動補償 manual compensation
手动操纵式绞盘/手動操縱式絞車 manually-controlled winch
手动操作/人工操作 manual operation
手动操作混凝土砌块生产成套设备/手動操作混凝土塊生產成套設備 complete set of manually operated equipment for block making
手动操作器/手動操作站 manual station
手动秤/手動秤 hand-operated scale
手动阀/手動操縱閥 manually operated valve
手动复归继电器/手動重置繼電器 hand reset relay
手动换档变速器/手動換檔變速箱 manually shifted gearbox
手动机械手/手動機械臂 manual manipulator
手动挤压/手壓擠 manual squeeze
手动挤压造模机/手動擠壓造模機 hand squeezer
手动夹具/手動夾具 manual fixture
手动进给/手動進給 manual feed
手动开关/手動開關 manual switch
手动控制/手動控制,人工控制 manual control
手动控制器/手動控制器 manual controller
手动起重机/手動起重機 manual crane
手动千斤顶/手動千斤頂 hand jack
手动桥式起重机/手動高架起重機 manual overhead crane
[手动式]涡流探伤仪/[手動式]渦流探傷儀 manual eddy current flaw detector
手动试压泵/手動試壓泵 hand operating test pump
手动输入/人工輸入 manual input
手动输入键/人工載入鍵 manual load key
手动数据输入编程/人工數據輸入程式 manual data input programming
手动调节/手動調節 manual adjustment
手动调速器/手動調速器 hand governor
手动跳闸装置/手動跳閘裝置 manual tripping device
手动脱扣停机/手動脱扣停機 manual tripping
手动有轨巷道堆垛起重机/手動倉儲存取機 manual SR machine
手动越控停机/手動越控停機 manual override shutdown
手动运转方式/手動作業模式 manual operating mode
手动造型机/手動造模機 manual molding machine
手动遮断装置/手動跳閘裝置 manual tripping device
手段目的分析/手段目的分析 means-end analysis
手锻炉/手鍛爐 smith forging furnace
手扶拖拉机/手扶曳引機 walking tractor
手工捣实/手工搗砂 hand ramming
手工电弧焊/電極熔接,電極焊接 electrode welding
手工工具/手工具 manual tool, hand tool
手工焊/手動熔接,人工焊接 manual welding
手工汇编程序/手工組合程式 manually compiled program
手工加料/手工加料 manual refill
手工刷涂/人工塗刷 manual brushing
手工造型/手工造型,手工造模 hand molding, tucking
手机/手機,行動電話 mobile phone, cellphone
手机银行/行動銀行 mobile banking
手机支付/手機支付,移動支付 mobile payment
手锯/手鋸 hand saw
手控方式/手動方式 manual mode
手控同步/手動同步 manual synchronization
手拉葫芦/鏈滑車,鏈[條]吊車 chain block
手拉葫芦门式起重机/手拉葫蘆高架起重機 gantry crane with chain hoist
手链小车/手動鏈條傳動小車 manual chain-driven carrier
手轮/手輪 handwheel
手排挡变速箱/手排變速箱,手動變速器 manual transmission
手刨/手刨 hand planer
手起动系统/手起動系統 hand-starting system
手烧炉排/手燒爐箆 hand-fired grate
手势传感器/手勢感測器 gesture sensor
手势识别/手勢識別 gesture recognition
手势消息/手勢訊息 gesture message
手术车/手術車 operation van
手术室监护仪/手術室監護儀 operational room monitor
手术显微镜/手術顯微鏡 operation microscope
手抬浇包/手擡澆桶 bull ladle

手提柄浇包/手提柄澆桶 hand shank ladle
手提灯/手[提]燈,行燈 hand lamp
手提浇桶/手提澆桶 hand ladle
手提式电离计数器/手提式游離計數器 portable ionization counter
手提式电离探测器/手提式游離檢知器 portable ionization detector
手提式磨光机/手提磨輪機 portable grinder
手提无线电话/手提無線電話 walky-talky
手调计量泵/可調衝程計量泵 metering pump with stroke adjustment
手推车/手推車 hand carrier
手写汉字输入/手寫漢字輸入 Hanzi handwriting input
手写体/手寫體 handwritten form
手写体汉字识别/手寫體漢字識别 handwritten Chinese character recognition
手写体阅读器/手寫體閱讀機 handwriting reader
手写字符识别/手寫字元識别 handwritten character recognition
手形识别/手形識别 hand-shape recognition
手选带式输送机/手選帶式運送機 hand-chosen belt conveyor
手压泵/手動泵 hand pump
手压实[砂型]/手工造模 tucking
手压自动钻/自動鑽 automatic drill
手眼系统/眼手系統 eye-on-hand system
手摇发电机/手搖發電機 hand generator
手摇干湿表/搖轉乾濕計,手搖濕度計 whirling psychrometer, sling psychrometer
[手摇]计数器/計數器 hand tally
手摇离心机/手搖離心機 hand centrifuge
手摇喷粉机/手搖撒粉器 crank duster
手摇湿度计/吊帶式乾濕球濕度計,搖轉濕度計 sling psychrometer
手摇温度表/手搖温度計,搖轉温度計 sling thermometer
手摇支腿/手搖支腳 hand-cranking leg
手摇钻/手搖鑽 hand drill
手用铰刀/手絞刀 hand reamer
手钻/手搖鑽 hand drill
守恒/守恆 conservation
守恒力场/守恆力場 conservative field of force
守恒系统/守恆系統 conservative system
守恒性/守恆性 conservativeness
守恒值/保守值 conservative value
守护程序/常駐服務程式 damon
守护进程/常駐程式 daemon
守密量/守密量 amount of secrecy
守密容量/守密容量 secrecy capacity
守卫/防護 guard
首标/頭標[號] header-label
首部/標頭 header
首次故障前平均时间/平均首次故障時間 mean time to first failure
首次检定/首次檢定,初次檢定 initial verification
首次破碎用旋回破碎机/首次破碎用旋回破碎機 gyratory crusher for primary crushing application
首页/首頁 homepage
寿命/壽命,耐久性 life, lifetime, longevity
寿命估算/壽命估算 life estimation
寿命剖面/壽命剖面 life profile
寿命试验/壽命試驗 life test
寿命系数/壽命因數 life factor
寿命周期费用/壽期成本,壽命週期成本 life cycle cost
受保护资源/保護資源 protected resource
受电弓/集電弓 pantograph
受电器/受電器,集電器 current collector
受过培训的[电气]人员/受過培訓的[電氣]人員 electrically instructed person
受话器/受話器,[電話]收話器,[電話]聽筒 telephone receiver
受激布里渊散射/受激布里淵散射 stimulated Brillouin scattering, SBS
受激发射/受激發射,受激輻射 stimulated emission
受激拉曼散射/受激拉曼散射 stimulated Raman scattering, SRS
受激吸收/受激吸收 stimulated absorption
受激跃迁/受激躍遷 stimulated transition
受夹介电常量/受夾介電常數 clamped dielectric constant
受控安全/受控安全 controlled security
受控安全模式/受控安全模式 controlled security mode
受控[变]量/受控變量,受控變數 controlled variable
受控标识图/受控標示圖 controlled marking graph
受控存取/受控存取 controlled access
受控电流源/控流電流源 controlled current source
受控电压源/受控電壓源 controlled voltage source
受控对象/受控對象 controlled object
受控访问/受控存取 controlled access
受控访问区/受控存取區 controlled access area
受控访问系统/受控存取系統 controlled access system
受控加标图/受控加標圖 controlled marked graph

受控空间/受控空間 controlled space
受控佩特里网/受控小型網路 controlled Petri net
受控热核反应/受控熱核反應 controlled thermonuclear reaction
受控事件/受控事件 controlled event
受控条件/受控條件 controlled condition
受控系统/受控系統 controlled system
受控语言/受控語言 controlled language
受控源/受控[電]源 controlled source
受控振荡器/控制振盪器 controlled oscillator
受控整流器/可控整流器 controlled rectifier
受料斗/受料斗 feeding hopper
受迫振动/受迫振動,強制振動,強迫振動 forced vibration
受热板/加熱板 heating plate
受热表面传热率/加熱表面傳熱率 heat transfer rate of heating surface
受热面/受熱面,熱傳遞面 heating surface, heat transfer surface
受热面回转式空气预热器/轉子式空氣預熱器 rotating-rotor air preheater
受热面积/受熱面積 heating surface area
受热面蒸发率/受熱面蒸發率 heating surface evaporation rate
受限玻耳兹曼机/受限波茲曼機 restricted Boltzmann machine
受限访问/有限存取 limited access
受限禁区/有限互斥區 limited exclusion area
受限语言/受限語言 restricted language
受压部件/受壓部件 pressurized component
受压杆件/抗壓構件 compression member
受压构件/抗壓構件 compression member
受盐器/鹽接受器 salt catcher
受役系统/受役系統 slaved system
受油器/受油器 oil head
受约束运动链/拘束運動鏈 constrained kinematic chain
受遮蔽之孔径/受遮蔽之孔徑 aperture blockage
受主/受體,接受器 acceptor
受阻收缩/限縮變形 hindered contraction
授权/授與,允許 grant, authorization
授权表/授權表 authorization list
售后服务/售後服務 after-sales service
售货车/售貨車 mobile store
售油器/售油器 retail appliance for vegetable oil
瘦客户端/瘦客户端 thin client
瘦砂/低黏性砂 lean sand
书面语/書面語言 written language
书面自然语言处理/書面自然語言處理 written natural language processing
书签/書簽 bookmark
书写电话机/書寫電話機 telemail-telephone set
书写方向/書寫方向 presentation direction
书写杆/書寫桿 writing bar
书型模/書模 book mould
枢点/軸點 center point
枢点曲线/圓心點曲線 center-point curve
枢轴/樞軸 pivot
枢轴承/樞軸承 pivot bearing
梳齿板/梳 comb
梳齿板安全装置/梳形安全裝置 comb safety device
梳齿刀/架型刨齒機 rack-type gear shaper cutter
梳齿滤波器/梳形濾波器 comb filter
梳式松砂机/梳式鬆砂機 blade aerator
梳式通风/梳狀通風 ventilation with comb-shaped entries
梳形/梳 comb
梳形滤波器/梳形濾波器 comb filter
梳形托辊/橡膠圈惰輪 idler with rubber rings
梳状构造/梳狀構造,櫛狀構造 comb structure
舒尔算法/Shor 演算法 Shor algorithm
舒适驾驶室/舒適駕駛室 comfort cab
舒适空调/舒適空調 comfort air conditioning
疏导/梳理 grooming
疏干巷道/除水平巷 dewatering drift
疏化阵天线/疏化陣列天線 thinned array antenna
疏水/排洩,排水 drain
疏水泵/排洩泵 drain pump
疏水阀/蒸汽除水閘,排水閥 drain vavle, steam trap, drain valve
疏水管/排水管,排洩管 drain pipe
疏水基/疏水基 hydrophobic group
疏水扩容箱/排水閃發槽 drain flash tank
疏水冷却器/排洩冷却器,洩水冷却器 drain cooler
疏水器/疏水器,祛水器 trap
疏水调节阀/受調排放閥 regulated drain valve
疏水系统/排洩系統 drain system
疏水箱/排洩槽,排洩櫃 drain tank
疏水性/疏水性 hydrophobicity
疏水性矿物/疏水性礦物 hydrophobic mineral
疏松/微孔巢性 dispersed shrinkage
输出/輸出 output
输出变量/輸出變量 output variable
输出抽样/輸出抽樣 output sampling
输出带/輸出磁帶 output tape
输出电流/輸出電流 output current

输出电路/輸出電路　output circuit
输出电平/輸出電平　output level
输出电压/輸出電壓　output voltage
输出电阻/輸出電阻　output resistance
输出度/輸出度　output degree
输出端/輸出端子　output terminal
输出端口/輸出埠　output port
输出断言/輸出判定　output assertion
输出反馈/輸出回饋　output feedback
输出方程/輸出方程　output equation
输出分组反馈/輸出塊回饋　output block feedback
输出功率/輸出功率,功率輸出　output power, delivered power, power output
输出功率稳定度/輸出功率穩定度　output power stability
输出构件/輸出桿　output link
输出机构/輸出機構　output mechanism
输出进程/輸出過程　output process
输出矩阵/輸出矩陣　output matrix
输出量/輸出量　output quantity
输出流/輸出流　output stream
输出脉冲/輸出脈衝　output pulse
输出模式/輸出概要　export schema
输出能量稳定度/輸出能量穩定度　output energy stability
输出腔/輸出腔　output cavity
输出绕组/輸出繞組　output winding
输出热/熱輸出　heat output
输出特性/輸出特性　output characteristic
输出提交/輸出交付　output commit
输出误差/輸出誤差　output error
输出下拉电阻/輸出下拉電阻　output pull-down resistor
输出向量/輸出向量　output vector
输出信道/輸出通道　output channel
输出信号/輸出訊號　output signal
输出信噪比/輸出訊號對雜訊比　output signal-to-noise ratio, SNR
输出依赖/輸出相依　output dependence
输出仪表/輸出表　output meter
输出优先级/輸出優先　output priority
输出预估法/輸出預測法　output prediction method
输出转矩/輸出扭矩　output torque
输出字母表/輸出字母表　output alphabet
输出阻抗/輸出阻抗　output impedance
输出阻抗特性/輸出阻抗特性　output impedance characteristic
输煤设备/輸煤設備　coal-handling plant
输气管道/[燃]氣管　gas line
输气量/輸氣量　capacity
输气温度/排放温度　discharge temperature
输入/輸入　input
输入[变]量/輸入變量,輸入變數　input variable
输入补偿点/輸入退據點　input backoff
输入错误率/輸入錯誤率　error rate for input
输入带/輸入帶　input tape
输入单元/輸入單位　input unit
输入导纳/輸入導納　input admittance
输入电抗/輸入電抗　input reactance
输入电路/輸入電路　input circuit
输入电容/輸入電容　input capacitance
输入电压/輸入電壓　input voltage
输入电阻/輸入電阻　input resistance
输入度/輸入度　input degree
输入[端]放大器/輸入放大器　input amplifier
输入端口/輸入埠　input port
输入断言/輸入斷言　input assertion
输入队列/輸入佇列　input queue
输入方式转换键/輸入模態移位鍵　input mode shift key
输入分辨率/輸入解析度　input resolution
输入符号/輸入符號　input symbol
输入感测/輸入感測　input sensing
输入功率/輸入功率　input power
输入构件/輸入桿　input link
输入规模/輸入大小　input size
输入行/輸入列　input line
输入机构/輸入機構　input mechanism
输入级/輸入級　input stage
输入寄存器/輸入暫存器　input register
输入加载/輸入負載　input loading
输入键盘/輸入鍵盤　input keyboard
输入节点/輸入節點　input node
输入进程/輸入過程　input process
输入矩阵/輸入矩陣　input matrix
输入控制/輸入控制　input control
输入例程/輸入常式　input routine
输入量/輸入量　input quantity
输入列表/輸入串列　input list
输入灵敏度/輸入靈敏度　input sensitivity
输入流/輸入流　input stream
输入脉冲/輸入脈衝,輸入脈波　incoming pulse, input pulse
输入面板/輸入盤　input panel
输入模式/輸入綱目　import schema
输入扭矩/輸入扭矩　input torque

输入热量/熱流入 ingress of heat
输入事件/輸入事件 input event
输入输出变量/輸入輸出變數 input-output variable
输入输出处理机/輸入輸出處理機 input-output processor
输入输出处理器/輸入輸出處理機 input-output processor
输入输出端口/輸入輸出埠 input-output port
输入输出队列/輸入輸出佇列 input-output queue
输入输出多路复用器/輸入輸出多工器 input-output multiplexer
输入输出管理/輸入輸出管理 input-output management
输入输出缓冲区/輸入輸出緩衝區 input-output buffer
输入输出接口/輸入輸出介面 input-output interface
输入输出界面/輸入輸出介面 input-output interface
输入输出控制程序/輸入輸出控制程式 IOCP
输入输出控制台/輸入輸出控制檯 input-output console
输入输出控制系统/輸出入控制系統 input-output control system, IOCS
输入输出驱动器/輸入輸出驅動器 input-output driver
输入输出设备/輸出入裝置 input-output device
输入输出设备指派/輸入輸出裝置指定 input-output device assignment
输入输出适配器/輸入輸出配接器 input-output adapter
输入输出通道/輸入輸出通道,輸出入通道 input-output channel, input-output channel
输入输出稳定性/輸入輸出穩定性 input-output stability
输入输出制约型任务/輸入輸出制約型任務 input-output-limited task
输入输出中断/輸入輸出中斷 input-output interrupt
输入输出子系统/輸入輸出子系統 input-output subsystem
输入输出总线/輸入輸出匯流排 input-output bus
输入数据/輸入資料 input data
输入衰减器/輸入衰減器 input attenuator
输入速率/輸入速率 input velocity
输入特性/輸入特性 input characteristic
输入文本类型/輸入文本類型 input text type
输入误差/輸入誤差 input error
输入相关矩阵/輸入相關矩陣 input correlation matrix
输入向量/輸入向量 input vector
输入信号/輸入訊號 input signal
输入信号发生器/輸入訊號產生器 input generator
输入依赖/輸入相依 input dependence
输入优先级/輸入優先等級 input priority
输入预估法/輸入預測法 input prediction method
输入正确率/輸入正確率 correct rate for input
输入[终]端/輸入終端,進線端子 input terminal
输入转矩/輸入扭矩 input torque
输入自动记忆/輸入自動記憶 automatic input memorization
输入字符/輸入符號 input symbol
输入字母表/輸入字母表 input alphabet
输入阻抗/輸入阻抗 input impedance
输水管路/給水管路 water supply pipeline
输送泵/輸送泵 transfer pump
输送槽/槽帶輸送機 trough conveyor
输送带/運送帶 conveyor belt
输送带垂度/運送帶垂度 belt sag
输送带打滑检测装置/運送帶滑動偵檢器 belt slip detector
输送带断带保护装置/運送帶防斷保護裝置 belt protector for anti-break
输送带防跑偏装置/運送帶防跑偏保護裝置 protective device against side running of conveyor belt
输送带纵向撕裂保护装置/運送帶縱向撕裂保護裝置 belt broken protector
输送管/輸送管 transport pipe
输送管道清洗装置/輸送管道清洗裝置 cleaning device for transport tube
输送机长度/運送機長度 conveyor length
输送机宽度/運送機寬度 width of conveyor
输送机水平长度/運送機水平長度 horizontal length of conveyor
输送机械/運送機 conveyor
输送链/輸送鏈,鏈帶 conveyor chain, chain belt
输油泵/輸油泵 fuel supply pump
输纸孔/鏈齒孔 sprocket hole
输纸控制/饋送控制 feed control
输纸器/輸紙 paper transport
熟化/消和,沸化 slaking
熟焦率/熟焦率 matured coke yield
熟练[电气]技术人员/熟練[電氣]技術人員 electrically skilled person
熟料 /熟料,燒料 grog
熟料比/熟料比 agglomerate percentage, agglomerate rate
熟料砂/燒磨土砂 chamotte sand

熟耐火土/燒磨土 chamotte
熟黏土砂/熟黏土砂 compo
熟石灰/熟石灰,消石灰 slakedlime
熟铁/熟鐵 wrought iron, ingot iron
熟铁粗轧坯/攪煉鐵條 muck bar
属性/屬性 attribute
属性闭包/屬性閉包 attribute closure
属性关系图/屬性關係圖 attributed relational graph
属性数据/性質數據,性能數據 property data
属性文法/屬性文法 attribute grammars
属性语法/屬性文法 attribute grammar
署名文件/簽名檔案 signature file
署名用户/用户 subscriber
鼠标器/鼠標器,游標控制器,滑鼠 mouse
鼠笼式电动机/籠式電動機,籠式馬達 cage motor
鼠窝量热计/鼠窩卡路里計 rat nest calorimeter
术语抽取/術語擷取 terminology mining
术语空间/術語空間 term space
术语库/術語庫 term bank
术语数据库/術語資料庫,專業詞庫 terminological database
束等离子体不稳定性/電漿束不穩定性 beam-plasma instability
束点/束點 spot
束缚电荷密度/束縛電荷密度 bound-charge density
束缚电子/束縛電子 bound electron
束缚类比法/束縛類比法 constraint analog method
束合分数/結合率 binding fraction
束宽/束寬 beam width
束流孔/射柱孔 beam hole
束流能量/射柱能量 beam energy
束流强度/束流強度,電子束強度 beam intensity
束内观察/束内觀察 intrabeam viewing
束射屏/束射屏 beam confining electrode
束线机/搓撚機,合股機 bunching machine
束引示管/束引示管 beam index tube
束注入正交场放大管/束注入正交場放大管 beam-injected crossed-field amplifier
束状炮孔/束狀炮孔 bunch hole
束着屏误差/束著屏誤差 beam-landing screen error
树/樹 tree
B树/B樹 B tree
B^+树/B^+樹 B^+ tree
H树/H樹 H tree
树表结合表示法/樹及表狀組合記法 tree and tabular combined notation
树表示/樹狀表示法 tree representation
树到串翻译模型/樹到串翻譯模型 tree-to-string translation model
树的带权路径/樹的帶權路徑 weighted path of tree
树的深度或高度/高度-寬度-深度 depth or height
树根/樹根 tree root
树核/樹核 tree kernel
树架构/樹狀架構 tree structure
树结构/樹狀架構 tree structure
树结构变换语法/樹結構變換文法 tree structure transformation grammar
树库/樹庫 tree bank
树连接结构/樹連接結構 tree-connected structure
树连接语法/樹毗連文法 tree adjoining grammar
树码/樹狀碼 tree code
树皮粉碎机/樹皮粉碎機 bark mill
树皮碎裂机/樹皮碎裂機 bark breaker
树替换文法/樹替換文法 tree substitution grammar
树突/樹[狀]突 dendrite
树图/樹圖 treemap
树网[格]/樹網目 mesh of trees
树文法/樹文法 tree grammar
树形链接/樹形連結 tree interconnection
树形网/樹狀網路 tree network
树压缩技术/樹壓縮技術 tree contraction technique
树叶/樹葉 tree leaves
树语法/樹文法 tree grammar
树语言/樹語言 tree language
树缘/樹緣 tree frontier
树枝状晶体/樹枝狀晶體,枝晶,枝蔓體 dendrite
树枝状偏析/樹枝狀偏析 dendritic segregation
树枝状组织/樹枝狀組織,枝狀構造 dendritic structure
树脂/樹脂 resin, rosin
树脂被覆砂/樹脂裡貼砂 resin-coated sand
树脂粒子/樹脂微粒 resin particle
树脂料切碎机/樹脂製粒機 resin pelletizer
树脂黏合剂/樹脂黏合劑,樹脂黏結劑 resin binder
树脂黏接加工厂/樹脂裡貼工場 resin bonding plant
树脂砂/樹脂砂 resin sand
树脂砂高温性能测定仪/樹脂砂高溫性質試驗儀 high temperature property tester of resin sand
树脂砂强度测定仪/樹脂砂強度測試器 strength tester of resin sand
树脂砂热变形测定仪/樹脂砂熱變形試驗儀 heat distortion tester of resin sand
树脂砂韧性测定仪/樹脂砂韌性試驗機 toughness tester of resin sand
树脂砂熔点测定仪/樹脂砂熔點測試器 melting point tester of resin sand

树脂砂芯黏结剂/樹脂砂心黏結劑　plastic core binder
树脂砂硬化速度测定仪/樹脂砂硬化速度測試器　hardening velocity tester of resin sand
树脂调质/樹脂調質　resin modification
树脂调质砂芯油/樹脂調質砂心油　resin-modified core oil
树脂型芯黏结剂/樹脂砂心黏結劑　plastic core binder
树中节点度/樹中節點的度　degree of node in tree
树状码/樹狀碼　tree code
树状拓扑/樹狀拓撲　tree topology
树状网/樹狀網路　tree network
树状运动链/樹狀運動鏈　tree-like kinematic chain
竖管/上昇管　rising pipe
竖管蒸发器/豎管蒸發器　vertical tube evaporator
竖罐蒸馏/豎罐蒸餾　vertical retort distillation
竖罐蒸馏炉/豎罐蒸餾爐　vertical retort
竖焊缝/豎焊縫　cross joint
竖浇道定位销/豎澆道棒定位銷，澆口套筒　sprue button, sprue bush
竖浇道旋塞阀/豎澆道塞　sprue plug valve
竖井/豎井，[昇降]井，礦井　hoist way, well, vertical shaft
竖井定向/直井錘測量　shaft plumbing
竖井反铲装岩机/直井反鏟出礦機　shaft-sinking back hoe mucker
竖井贯流式水轮机/豎井貫流式水輪機　pit-type tubular turbine
竖井环形钻架/直井環形鑽架　annular-shaped shaft drill jumbo
竖井开拓/直井開採系統　vertical shaft development system
竖井伞形钻架/直井傘形鑽架　umbrella shaped shaft drill jumbo
竖井永久支护/直井永久襯壁　permanent shaft support
竖井抓岩机/直井抓岩機　shaft-sinking grab
竖井钻机/直井鑽機　shaft-boring machine
竖炉/豎爐　shaft furnace
竖炉导风墙/豎爐導風煙管道　chimney of shaft furnace
竖炉烘干床/豎爐烘乾床　drying bed of shaft furnace
[竖炉]喷火口/[豎爐]噴火口　port of shaft furnace
[竖炉]燃烧室/[豎爐]燃燒室　combustion chamber of shaft
竖炉碎矿辊/豎爐碎礦輥　chunk breaker of shaft furnace
竖炉直接还原[法]/豎爐直接還原[法]　shaft furnace direct reduction process
竖排/垂直組版　vertical composition
竖式电弧炉/豎式電弧爐　shaft arc furnace
竖向/直擺　portrait
竖直大炮眼钻孔/自頂至底鑽孔　top-to-toe drilling
竖直扫描/垂直掃掠　vertical sweep
竖直式混凝土配料站/豎直式混凝土配料站　vertical concrete mix batching plant
竖直同步调整/垂直穩圖控制　vertical hold control
竖直中心调节/垂直中點控制　vertical centering control
竖准器/垂直準直儀　vertical collimator
H 数/H 數　H number
数传机/數傳機　data set
数基/數基　number base, radix
数据/數據，資料　data
数据安全/資料安全　data security
数据包装拆器/分組裝拆器　packet assembler-disassembler, PAD
数据保护/資料保護　data protection
数据报/數據報　datagram
IP 数据报/IP 資料包　IP datagram
数据报交换/資料包交換　datagram switching
数据报业务/資料編碼　datagram service
数据备份/資料備份　data backup
数据备份恢复设计/資料備份恢復設計　data backup recovery design
数据比较/數據比較，數據比對　data comparison
数据编码/資料處理裝置　data encoding
数据表/資料表單　data sheet
数据表示/資料表示法　data representation
数据并行程序设计语言/資料并行程式設計語言　data-parallel programming language
数据并行性/資料數據平行性　data parallelism
数据采集/資料獲取，資料擷取　data acquisition
数据采集设备/資料獲取設備　data acquisition equipment
数据采集系统/資料獲取系統　data acquisition system
数据采集仪/資料收集儀器　data collecting instrument
数据仓储/資料儲存　data storage
数据仓库/資料倉庫　data warehouse
数据仓库分析/資料倉庫分析　data warehouse analysis
数据仓库管理系统/資料倉庫管理系統　data

warehouse management system
数据操纵网络/資料調處器網路 data-manipulator network
数据测试/資料測試 data test
数据差错/資料誤差 data error
数据冲突/資料冒險 data hazard
数据重建/資料重建 data reconstruction
数据抽取/資料抽取 data extract
数据抽取描述语言/資料抽取描述語言 extract description language
数据抽象/資料抽象化 data abstraction
数据初始加工/資料起源 data origination
数据处理/資料處理 data processing
数据处理单元/資料處理系統 data processing unit, DPU
数据处理器/資料處理機 data processor
数据处理系统/資料處理系統 data processing system, data handling system, DHS
数据处理系统安全性/資料處理系統安全 data processing system security
数据处理站/資料處理站 data processing station
数据处理中心/資料處理中心 data processing center
数据传递/資料傳送 data transfer
数据传输/資料傳輸 data transmission
数据传输率/資料傳送率 data transfer rate
数据传输容量/資料傳輸容量 data transfer capacity
数据传输线/資料傳送線,數據線 data transmission line, data line
数据传输指令/資料傳送指令 data transfer instruction
数据传送/資料轉移 data transfer
数据[磁]头/資料頭 data head
数据存储/資料儲存 data storage
数据存取/資料存取 data access
数据存取路径/資料存取路徑 data access path
数据单元/資料電話數位服務 data unit, DU
数据点/資料點 data point
数据电话机/資料電話機 data phone
数据电话数字服务/資料電路終端設備 dataphone digital service, DDS
数据电路端接设备/資料電路終接設備,資料電路終端設備 data circuit-terminating equipment, DCE
数据电路透明性/資料電路透通性 data circuit transparency
数据电路终端设备/資料加密標準 data circuit terminal equipment, DCE
数据定义语言/資料定義語言 data definition language
数据独立性/資料獨立性 data independence
数据对象/資料目標 data object
数据[多路]复用器/資料多工器,資料多工器 data multiplexer
数据多样性/資料多樣性 data diversity
数据发生器/資料發生器 data generator
数据方体/資料方體 data cube
数据访问对象/資料存取物件 data access object
数据访问路径/資料存取路徑 data access path
数据分布/資料分配 data distribution
数据分段/資料分離,資料區分 data separation
数据分发/資料分發 data dissemination
数据分条/資料條串化 data striping
数据分析/資料分析 data analysis
数据分析系统/資料分析系統 data analysis system
数据分析仪/資料分析儀 data analyzer
数据封装/資料封閉性 data encapsulation
数据服务/資料服務 data service
数据服装/資料服裝 data clothes
数据腐烂/資料惡化 data corruption
数据复制/資料複製 data replication
数据复制优化/資料複製優化 optimistic replication
数据高速缓存/資料快取記憶區 data cache
数据高速通道/資料高速公路 data highway
数据高速信道/資料高速公路 data highway
数据格式/資料格式 data format
数据格式转换/資料格式轉換 data format conversion
数据共享/資料共享 data sharing
数据管理/資料管理 data management
数据管理程序/資料管理程式 data management program
数据广播/資料廣播 data broadcasting
数据划分/資料數據劃分 data partitioning
数据环境/資料環境 data environment
数据缓冲/資料緩衝 data buffering
数据缓冲器/資料緩衝器 data buffer
数据恢复/資料復原 data restoration
数据汇/資料槽,資料接收器 data sink
数据汇集/資料收集 data collection
数据绘图仪/資料繪圖器 data plotter
数据集成/資料整合 data integration
数据集成中间件/資料集成中介軟體 data integration middleware
数据集市/資料市場 data mart
数据集中器/資料集中器,資料集中機 data concentrator

数据记录/資料登録　data logging
数据记录仪/資料記録儀,資料記録器　data logger
数据寄存器/資料暫存器　data register
数据加密/資料加密　data encryption
数据加密标准/資料加密標準　data encryption standard, DES
数据加密密钥/資料加密鍵　data encryption key
数据加载/資料載入　data load
数据检索/資料搜尋　data search
数据建模/資料模型化　data modeling
数据交换/資料交換,資料交流　data exchange
数据交换机/資料交換機,資料交換中心　data switching exchange
数据交换接口/資料交換機,資料交換器　data exchange interface, DXI
数据结构/資料結構　data structure
数据精密度/資料精密度　data precision
数据局部性/資料局部性　data locality
数据卡/資料卡　data card
数据可靠性/資料可靠性　data reliability
数据可视化/資料視覺化　data visualization
数据空间/資料空間　data space
数据控制器/記録控制器　recording controller
数据库/資料庫　database, databank, DB
P2P 数据库/P2P 資料庫　P2P database
数据库安全/資料庫安全性　database security
数据库安全设计/資料庫安保設計　database security design
数据库保密/資料庫私密　database privacy
数据库测试/資料庫測試　database testing
数据库查询监视器/資料庫查詢監視器　database query monitor
数据库超图/資料庫超圖　database hypergraph
数据库重构/資料庫重構　database restructuring
数据库重组/資料庫重組　database reorganization
数据库概念结构设计/資料庫概念結構設計　database conceptual structure design
数据库管理员/資料庫管理者　database administrator
数据库规范化设计/資料庫規範化設計　database normalization designing
数据库环境/資料庫環境　database environment
数据库机/資料庫機　database machine
数据库集成/資料庫整合　database integration
数据库[键]码/資料庫鍵　database key
数据库逻辑结构设计/資料庫邏輯結構設計　database logical structure design
数据库模型/資料庫模型　database model
数据库评价/資料庫評估　database evaluation
数据库设计/資料庫設計　database design
数据库设计方法/資料庫設計方法　database design method
数据库设计工具/資料庫設計工具　database design tools
数据库设计文档规范/資料庫設計文檔規範　database design documentation normalization
数据库审计/資料庫稽核　database audit
数据库水印技术/資料庫浮水印技術　database watermark
数据库索引/資料庫索引　database index
数据库调试与维护/資料庫調試與維護　database debugging and maintenance
数据库调优/資料庫調優　database tuning
数据库外包/資料庫外包　database outsourcing
数据库完整性/資料庫完整性　database integrity
数据库物理结构设计/資料庫物理結構設計　database physical structure design
数据库系统/資料庫系統　database system
数据库性能优化/資料庫性能優化　database performance tuning
数据库一致性/資料庫一致性　database consistency
数据库应用编程接口/資料庫應用程式設計介面　database application programming interface
数据库应用分析/資料庫應用分析　database application analysis
数据库应用开发工具/資料庫應用開發工具　database application development tool
数据库应用体系结构/資料庫應用體系結構　database application architecture
数据库中间件/資料庫中介軟體　database middleware
数据库转储/資料庫倒出檔案　database dump
数据库自管理技术/資料庫自管理技術　database self-management technology
数据类型/資料類型　data type
数据链路/資料連結　data link
数据链路层/數據鏈路層　data link layer
数据链路[层]连接/資料連結連接　data link connection
数据链路控制规程/資料連結控制規程　data link control procedure
数据链路控制协议/資料連結控制協定　data link control protocol
数据流分析/資料流分析　data flow analysis
数据流管理系统/資料流程管理系統　data stream management system

数据流计算机/資料流電腦 data flow computer
数据流控制/資料流控制 data flow control
数据流量/資料流量 data traffic
数据流语言/資料流語言 data flow language
数据录入/資料登録 data entry
数据媒体/資料媒體 data medium
数据密度/資料密度 data density
数据模型/資料模型 data model
数据目录/資料目録 data directory
数据拟合/資料擬合 data fitting
数据扭曲/資料偏斜 data skew
数据偏斜/資料偏斜 data skew
数据平滑/資料平滑 data smoothing
数据评估/資料評估 data evaluation
数据欺诈/資料欺騙 data diddling
数据起源/資料起源 data provenance
数据倾斜/資料偏斜 data skew
数据清单/資料庫存 data inventory
数据清洗/資料清理 data cleaning
数据驱动/資料驅動 data driven
数据驱动式开发/資料驅動式開發 data-driven development
数据驱动型分析/資料驅動分析 data-driven analysis
数据权标/資料符記 data token
数据确认/資料驗證 data validation
数据容错/資料公差 data faults tolerance
数据融合/資料融合 data fusion
数据冗余/資料冗餘 data redundancy
数据生成/資料產生 data generation
数据生命周期管理/資料生命週期管理 data lifecycle management
数据收集系统/資料收集系統 data collection system
数据手套/資料手套 data glove
数据输入装置/資料登録裝置 data entry device
数据属性/資料屬性 data attribute
数据数字化/資料數位化 data digitization
数据速率/資料[傳輸]率 data rate
数据宿/資料槽 data sink
数据调制率/資料[之]調變率 data modulation rate
数据通道/資料通道 data channel
数据通路/資料路徑 data path
数据通信/資料通信 data communication
数据通信网/資料通信網 data communication network
数据透明性/資料透明性 data transparency
数据挖掘/資料探勘 data mining
数据挖掘系统/資料採擷系統 data mining system
数据完整性/資料完整性 data integrity
数据完整性保护/資料完整性保護 data integrity protection
数据网/資料網路 data network
数据网标识码/數據網路識別碼 data network identification code, DNIC
数据网格/資料柵格 data grid
数据网络/資料網路 data network
数据微扰/資料微擾 data perturbation
数据稳定平台/資料穩定平臺 data stablizing platform
数据污染/資料汙染 data contamination
数据误差分析仪/資料誤差分析儀 data error analyzer
数据稀疏/資料稀疏 data sparseness
数据线路/數據線路 data circuit
数据相关/資料相關 data correlation
数据相关冲突/資料相依冒險 data-dependent hazard
数据相关关系/資料相依 data dependency
数据项/資料項 data item
数据项加权/資料項目加權 term weighting
数据泄露/資料洩漏 data leakage
数据信号传送速率/資料發信號率,資料發送率 data signaling rate
数据需求分析/資料需求分析 data requirements analysis
数据血统/資料血統 data lineage
数据血统关联/資料血統關聯 lineage relevance
数据寻址记忆/資料尋址記憶 data-addressed memory
数据压缩/資料壓縮,資料簡化 data compression, data reduction
数据业务/資料服務 data service
数据业务单元/資料服務單元 data service unit, DSU
数据一致性/資料一致性 data consistency
数据依赖/資料相依 data dependence
数据移动控制/資料移動控制 data mobile control
数据隐私/資料私密 data privacy
数据有效性/資料驗證 data validity
数据语义学/資料語意學 data semantics
数据预处理/資料預處理 data preprocessing
数据域测量/資料域測量 data-domain measurement
数据元/資料元 data element
数据源/資料源 data source
数据运送/資料運送 data shipping

数据站/資料站 data station
数据帧/資料框 data frame
数据值/資料值 data value
数据指令/資料指令 data command
数据质量/資料品質 data quality
数据中继卫星系统/資料中繼衛星系統 data relay satellite system, DRSS
数据中心/資料中心 data center
数据终端/資料終端機 data terminal, DT
数据终端设备/資料終端設備 data terminal equipment, DTE
数据转发器/資料轉發器 headend
数据转换/資料轉换 data to convert
数据准确度/資料準確度 data accuracy
数据自动化/資料自動化 datamation
数据字典/資料字典 data dictionary
数据总线/資料匯流排 data bus
数据组织/資料組織 data organization
数均分子量/數目平均分子量 number-average molecular weight
数菌器/數菌器 bacteria counter
数控分度头/數值控制分度頭 numerical control dividing head
数控工作台/數值控制檯 numerical control table
数控机床/數值控制工具機 numerical control machine tool
数控切割/數值控制切削 numerical control cutting
数控切割机/數值控制切割機 numerical control cutting machine
数控系统/數值控制系統 numerical control system, NCS
数理语言学/數學語言學 mathematical linguistics
数量经济模型/數值經濟模型 numerical economic model
数论/數論 number theory
数模变换器/數位類比轉换器 digital-to-analog converter
数模转换/數位類比轉換 digital-to-analog conversion, DA conversion
数模转换器/數位類比轉换器,DA 轉换器 DA converter, digital-to-analog converter
数目盘/數目盤 figures case
数目综合/數目合成 number synthesis
数显分度头/數位顯示分度頭 digital display dividing head
数显工作台/數位顯示旋轉工作檯 digital display rotary table
数显式渗压计/數位型滲透壓計 digimatic osmometer
数学发现/數學發現 mathematical discovery
数学仿真/數學模擬 mathematical simulation
数学公理/數學公理 mathematical axiom
数学归纳/數學歸納法 mathematical induction
数学规划/數學規劃 mathematical programming
数学过程/數學程序 mathematical procedure
数学校验/數學核對 mathematical check
数学模型/數學模型 mathematical model, mathematic model
数学期望[值]/數學期望[值] mathematical expectation
数学相似/數學相似 mathematical similarity
数学形态学/數學形態學 mathematical morphology
数值/數值 numerical value
数值逼近/數值近似 numerical approximation
数值比较/數值比較 numeric comparison
数值编辑项/數值編輯項 numeric-edited item
数值编辑字符/數值編輯字元 numeric-edited character
数值编码/數值編碼 numerical coding
数值编码集/數值編碼集 numeric coded set
数值参数/數值引數 numerical argument
数值常数/數值常數 numerical constant, numeric constant
数值处理/數值處理 numerical processing
数值错误/數值錯誤 numeric error
数值代数/數值代數 numerical algebra
数值的/數值的,數位的 numerical
数值法/數值法 numerical method
数值方程/數值方程式 numerical value equation
数值分析/數值分析 numerical analysis
数值分析方法/數值分析法 numerical analysis method
数值函数库/數值函式程式庫 numerical function library
数值化/數值化 numeralization
数值计算/數值計算 numerical computation
数值解/數值解 numerical solution
数值近似/數值近似 numerical approximation
数值精度/數值精確度 numerical precision
数值刻度/數字標度 numerical scale
数值孔径/數值孔徑 numerical aperture, NA
数值孔径计/[數值]孔徑計 numerical apertometer, apertometer
数值控制/數值控制 numerical control, numeric control, NC
数值口径/數值孔徑 numerical aperture

数值离散/數值離散 numerical disretization
数值码/數值碼 numerical code
数值模拟/數值模擬 numerical simulation
数值数据/數值資料 numerical data
数值数据编码/數值資料碼 numeric data code
数值数据类型/數值資料類型 numeric data type
数值稳定性/捨去誤差 round-off error
数值协同处理机/數字共處理機 numeric coprocessor
数值转换码/數值轉換碼 numeric conversion code
数制/數目系統,記數系統 number system
数字/數位 digit
数字阿达马变换/數位哈達瑪轉換 discrete Hadamard transform, DHT
数字版权管理/數位權利的管理 digital rights management
数字比较器/數位比較器 digital comparator
数字编码/數位編碼 digit coding, digital coding
数字编码器/數位編碼器 digital encoder
数字标志/數位憑證 digital certificate
数字拨号/數位撥號 digit dialing
数字博物馆/數位博物館 digital museum
数字补偿/數位補償 digital compensation
数字补码/數位補數 digital complement
数字差错/數字差錯 digital error
数字传感器/數位感測器 digital transducer
数字传号反转编码/數位傳號反轉編碼,CMI 編碼 digital coded mark inversion coding
数字传输/數位式傳輸 digital transmission
数字传输测量/數位傳輸測量 digital transmission measurement
数字传输通路/數位傳輸路徑 digital transmission path
数字磁记录/數位磁記録 digital magnetic recording
数字存储器/數位記憶體 digital memory
数字代码/數值碼 numeric code
数字的/數值的 numeric
数字的频率合成器/數位頻率合成器 digital frequency synthesizer, DFS
数字的频率器/數位式頻率計 digital frequency meter, DFM
数字地球/數位地球 digital globe
数字电话学/數位電話學 digital telephony
数字电路/數位電路 digital circuit
数字电路倍增/數位電路倍增 digital circuit multiplication, DCM
数字电路测试器/數位電路測試器 digital circuit tester
数字电视/數位電視 digital television
数字电压表/數位式電壓計,數位式伏特計 digital voltmeter, DVM
数字电阻表/數位式歐姆計 digital ohmmeter
数字读出示波器/數位讀出示波器 digital readout oscilloscope, DRO
数字段/數位區段 digital section, DS
数字对象/數位物件 digital object
数字多用表/數位萬用電表 digital multimeter, DMM
[数字]二次群/[數位]二次群 secondary digital group
数字发射器/數位發射器 digital emitter
数字发送器/數位傳送器 digital transmitter
数字反馈系统/數位反饋系統 digital feedback system
数字仿真/數位模擬 digital simulation
数字仿真计算机/數位模擬電腦 digital simulation computer
数字分析/數值分析 numerical analysis
数字分用器/數字分用器 digital demultiplexer
数字伏特计/數位伏特計,數位電壓表 digital voltmeter
数字复用/數位複用 digital multiplexing
数字复用分用器/數位多工解多工器 digital muldex
数字复用器/數位複用器 digital multiplexer
数字复用体系/數位複用體系 digital multiplex hierarchy
数字复用同步器/數位多工同步器 digital multiplexing synchronizer
数字复用系列/數位複用系列 digital multiplexing hierarchy
数字功率表/數位式功率表 digital power meter
数字光碟播放机/數位影音光碟機 DVD player
数字合成/數位合成 digital compositing
数字化/數位化 digitization
数字化板/數位板 digitizing tablet
数字化谱仪/讀數式分光儀 digital spectrometer
数字化误差/數位化誤差 digitizer error
数字化系统方程/數位化系統方程式 digitized system equation
数字化学习/數位化學習 e-learning
数字化仪/數位[轉化]器 digitizer
数字化最大原理/數位化最大原理 digitized maximum principle
数字话音内插/數位話音內插 digital speech interpolation, DSI
数字话音系统/數位語音系統 digital voice system

数字环路载波/數位回路載體 digital loop carrier, DLC
数字环载波路系统/數位載波回路系統 digital loop carrier system
数字辉光管/數位指示管 digitron
数字回波抵消器/數位回聲消除器 digital echo canceller
数字回波抑制器/數位回聲抑制器 digital echo suppressor
数字绘图仪/數位繪圖機 digital plotter
数字积分器/數位積分器 digital integrator
[数字]基群/[數位]基群 primary digital group
数字集成电路/數位積體電路 digital integrated circuit
数字集群无线电/數位集群無線電 digital trunked radio
数字几何处理/數位幾何處理 digital geometry processing
数字计数器/數位計數器 numerical counter
数字计算机/數位電腦,數位計算機 digital computer
数字记录仪/數位記録器 digital recorder
数字继电器/數位繼電器 digital relay
数字交叉连接系统/數位交叉連接系統 digital cross-connect system, DCS
数字交换/數字交換 digital switching
数字交换机/數位交換機 digital exchange, digital switch
数字交换局/數位交換局 digital exchange
数字交换器件/數位式交換元件 digital switching device
数字接口特性测量/數位介面特性測量 digital interface characteristic measurement
数字接收机/數位接收機 digital receiver
数字解码器/數位解碼器 digital decoder
数字控制/數值控制,數位控制 numerical control, NC, digital control
数字控制技术/數位控制技術 digital control technique
数字控制器/數位控制器 digital controller
数字 PID 控制器/數位 PID 控制器 digital proportional plus integral plus derivative controller, digital PID controller
数字控制系统/數位控制系統 digital control system
数字录像机/數字録像機 digital VTR
数字滤波器/數位濾波器 digital filter
数字轮/數位輪 digit wheel
数字媒体/數位媒體 digital media
数字媒体内容管理/數位媒體内容管理 digital media content management
数字媒体内容管理系统/數位媒體内容管理系統 digital media content management system
数字媒体内容管理信息系统/數位媒體内容執行資訊系統 digital media content management information system
数字模拟/數位模擬 digital simulation
数字模拟仿真器/數位類比[轉換]模擬器 digital-analog simulator
数字模拟混合计算机/數位類比并合計算機 digital-analog hybrid computer
数字墨水/數位油墨 digital ink
数字农业/數位農業 digital agriculture
数字配线架/數位配線框架 digital distribution frame, DDF
数字频率表/數位頻率計 digital frequency meter
数字频率分析仪/數位頻率分析器 digital frequency analyzer
数字频率合成器/數位頻率合成器 digital frequency synthesizer, DFS
数字频率计/數位頻率計 digital frequency meter, DFM
数字平面驱动器/數位面驅動器 digit plane driver
数字器件/數位裝置 digital device
数字签名/數位簽章 digital signature
数字签名标准/數位簽章標準 digital signature standard
数字钱包/電子錢包 electronic wallet
数字强度调制/數位強度調變 digital intensity modulation
[数字]三次群/[數位]三次群 tertiary digital group
数字扫描变换器/數位掃描變換器 digital scan convertor, DSC
数字摄像机/數位攝像機 digital video camera
数字示波器/數位示波器 digital oscilloscope
数字式/數位[的] digital
数字式测量仪器/數位量測儀器 digital measuring instrument
数字式电动执行机构/數位式電致動器 digital electric actuator
数字式电液调节系统/數位式電液調節系統,數位式電液控制系統 digital electro-hydraulic control system
数字式高级移动电话服务/數位式高級行動電話服務 digital AMPS
数字[式]频率计/數位頻率計 digital frequency meter

数字式位移测量仪/數位式位移量測儀 digital displacement measuring instrument
数字式相关器/數位相關器 digital correlator
数字视频/數位視訊 digital video
数字视频广播/數位視訊廣播 digital video broadcast, DVB
数字视频交互/數位視訊互動 digital video interactive, DVI
数字视频特技机/數位影像特效產生器 digital video effect generator
数字收发器/數位收發器 digital transmitter-receiver
数字输出/數位輸出 digital output
数字输入/數位輸入 digital input
数字数据/數位資料 digital data
数字数据采集系统/數位資料獲取系統 digital data acquisition system
数字数据处理系统/數位資料處理系統 digital data processing system
数字数据传输/數位資料傳輸 digital data transmission
数字数据通信系统/數位資料通信系統 digital data communication system
数字数据网/數位資料網路 digital data network, DDN
数字数据网业务/數位資料網業務 digital data network service, DDN
数字水印/數位浮水印 digital watermarking
数字水印及认证/浮水印及驗證 digital watermarking and authentication
[数字]四次群/[數字]四次群 quaternary digital group
数字锁定键/數字鎖定鍵 num-lock key
数字锁相环/數位式鎖相回路 digital phase-locked loop, DPLL
数字调制/數位調變 digital modulation
数字调制器/數位調變器 digital modulator
数字通信/數位通訊 digital communication
数字通用影碟/DVD 視訊 DVD video
数字图书馆/數位圖書館 digital library
数字图像/數位影像 digital image
数字图像处理/數位影像處理 digital image processing
数字图像扫描记录系统/數位圖像掃描繪圖系統 digital image scanning and plotting system
数字网/數位網路 digital network
数字微波中继系统/數位式微波中繼系統 digital microwave relay system
数字卫星/數位衛星 digital satellite
数字温度计/數位溫度計 digital thermometer
数字无线链路/數位無線電鏈路 digital radio link
数字无线通道/數位無線電路徑 digital radio path
数字无线系统/數位無線電系統 digital radio system
数字系数/數字因子 numerical factor
数字系统/數位系統 digital system
数字系统损伤/數位系統損傷 digital system impairment
数字显示/數位顯示 digital display, numeric display
数字显示法/數字報導法 number-telling method
数字线对增益/數位線對增益 digital pair gain, DPG
数字线路段/數位線路段 digital line section
数字线路系统/數位有線系統 digital line system
数字相机/數位攝影機 digital camera
数字相位表/數位相位計 digital phase meter
数字信道/數位通道 digital channel
数字信封/數字包封 digital envelope
数字信号/數位訊號 digital signal
数字信号处理/數位訊號處理 digital signal processing, DSP
数字信号处理器/數位訊號處理器 digital signal processor
[数字信号的]再生/[數位訊號的]再生 regeneration of a digital signal
数字信号分析仪/數位訊號分析儀 digital signal analyzer
数字信号同步器/數位訊號同步器 digital signal synchronizer
数字信息处理器/數位處理器 digital processor
数字信息处理系统/數位資訊處理系統 digital information processing system
数字选择器/數位選擇器 digital selector, digit selector
数字压扩/數位壓伸 digital companding
数字压力表/數位壓力計 digital pressure gage
数字延迟发生器/數位延遲產生器 digital delay generator
数字遥测/數位式遥測 digital telemetering
数字遥测系统/數位遥測系統 digital telemetering system
数字仪表/數位表 digital meter
数字仪器/數位儀器 digital instrument
数字移相器/數位移相器 digital phase shifter
数字因数/數值因子 numerical factor
数字音频/數位聲訊 digital audio
数字应变仪/數位應變儀 digital strainometer

数字用户线/数位用户回路 digital subscriber line, DSL
x数字用户线/各式数位用户線 xDSL
数字用户线接入复用器/数位用户線存取多工器 digital subscriber line access multiplexer
数字用户线滤波器/数位用户濾波器 digital subscriber filter
数字语音内插/数位語音内插 digital speech interpolation, DSI
数字证书/数位憑證 digital certificate
数字政府/数位政府 digital government
数字指令/数位指令 digital command
数字指令系统/数位指令系統 digital command system
数字指示管/数位指示管 digitron
数字指示仪/数位指示器 digital indicator
数字终端/数位終站,数位終端機 digital terminal
数字专用交换系统/数位式專用交換系統 digital PBX system
数字字符/数值符元,位元 numeric character
数字字符集/数字字元集,数值字元集 numeric character set
数字阻抗电桥/数位阻抗電橋,電感電容阻抗測試儀 digital impendance bridge, LCR meter
数组/陣列 array
数组处理器/陣列處理機 array processor
数组界/陣列界限 array boundary
数组维数/陣列維数 array dimension
数组元素/陣列單元 array element
刷镀/刷鍍,濡濕電鍍法 brush plating
刷光机/刷光機,機械刷,刷毛機 brusher, brushing machine
刷盒/刷盒 brush box
刷架/電刷搖移器 brush rocker
刷架圈/刷架環 brush ring
刷架座/刷座 brush yoke
刷式洗涤机/刷式清洗機 brush washer
刷水/抹拭 swabbing
刷握/刷柄 brush holder
[刷握]架调节装置/[刷柄]架調節裝置 brush-holder rocker gear
[刷握]架座/[刷柄]架座 brush-holder rocker yoke
刷洗/刷洗 scrubbing
刷新/再新,重清,復新 refresh
刷新测试/再新測試 refresh testing
刷新电路/再新電路 refresh circuit
刷新率/再新率,復新率 refresh rate
刷新周期/更新週期 refresh cycle
刷形放电/電刷放電 brush discharge
衰变/衰變 decay, disintegration
β衰变/β衰變 beta decay
γ衰变/γ衰變 gamma decay
衰变常量/衰變常数 decay constant
衰变常数/衰變常數,蜕變常数 decay constant, disintegration constant
衰变纲图/衰變圖 decay scheme
衰变曲线/衰變曲線 decay curve
衰变失效/衰減失效 decay failure
衰变速率/衰變率 rate of decay
衰变因子/衰變因子 decay factor
衰减/衰減,衰耗 attenuation
衰减比/衰減比 attenuation ratio
衰减补偿器/衰減補償器 attenuation compensator
衰减测量/衰減量測 attenuation measurement
衰减测量功率比法/衰減測量功率比法 power-ratio method for attenuation measurement
衰减测量计/衰減量測計 attenuation gage
衰减测量散射参数法/衰減測量散射參數法 scattering-parameter method for attenuation measurement
衰减测量替代法/衰減測量替代法 substitution method for attenuation measurement
衰减长度/衰減長度 attenuation length
衰减常量/衰減常數 attenuation constant
衰减常数/衰減常數 attenuation constant
衰减串话比/衰減串話比 attenuation-to-crosstalk ratio, ACR
衰减当量/衰減當量 attenuation equivalent
衰减畸变/衰減畸變,衰減失真 attenuation distortion
衰减降低/衰減降低 attenuation reduction
衰减截止波长/衰減截止波長 attenuation cutoff wavelength
衰减均衡器/衰減等化器 attenuation equalizer
衰减频率/滾邊頻率 roll-off frequency
衰减器/衰減器,消音器 attenuator, attenuation pad
衰减曲线/衰減曲線 attenuation curve
衰减失真/衰減失真,衰減畸變 attenuation distortion
衰减时间/衰減時間,衰變時間 decay time
衰减网络/衰減網路 attenuation network
衰减系数/衰減係數,衰減常數 attenuation coefficient
衰减循环/衰減循環 skipped cycle
衰减因数/衰減因數 attenuation factor
衰减正弦量/衰減正弦量,阻尼正弦量 damped

sinusoidal quantity
衰老失效/衰老失效,磨損失效 wear-out failure
衰落/衰落,衰褪 fading, fade
衰落失真/衰褪失真 fading distortion
衰落信道/衰落信道 fading channel
衰落裕量/衰落裕量,衰落裕度 fading margin
衰退/退化[性],簡并性 degeneration, degeneracy
衰退和恢复后的衬片效能试验/衰退和恢復後的襯片效能試驗 lining effectiveness test after fade and recovery
摔砂造型机/摔砂造模機 slinger
甩负荷试验/甩負載試驗 load rejection test
甩油器/擋油圈,抛油圈 oil thrower
甩钻杆/倒鑽桿 lay down drill pipe
闩锁/鎖定,内鎖 latch up
闩锁效应/閂鎖效應 latch-up
双凹透镜/雙凹[面]透鏡 biconcave lens, double-concave lens
双摆/雙擺 double pendulum
双板链/焊接鋼鏈 welded steel chain
双半挂列车/雙半掛列車 double semi-trailer road train
双伴音电视/雙伴音電視 TV with dual sound program
双倍频器/雙倍頻器 frequency doubler
双泵轮液力变矩器/雙泵輪液力變矩器 twin impeller torque converter
双笔记录器/雙筆記録器 two-pen recorder
双臂堆料机/雙臂堆集機 double boom stacker
双臂干涉仪/雙臂干涉儀 two arm interferometer
双臂谱仪/雙臂譜儀 double arm spectrometer
双边闭合用户群/雙閉合用户組 bilateral closed user group
双边带/雙邊帶 double sideband, DSB
双边带传输载波/雙邊帶傳輸載波 double sideband transmitted carrier, DSBTC
双边带调幅/雙邊帶調幅 double sideband amplitude modulation, DSB-AM
双边带调制/雙邊帶調制 double sideband modulation
双边带抑制载波/雙邊帶抑制載波 double sideband suppressed carrier, DSBSC
双边带噪声系数/雙邊帶雜訊指數 double sideband noise figure
双边剪切机/雙側剪切機 double sided shear
双边网络/二邊網路 two asided network
双边序列/雙邊序列 two-sided sequence
双编码/雙重編碼 dual coding
双柄对重手柄/雙槓桿平衡手柄 bi-lever balanced handle
双波/雙波 double wave
双波长全息干涉量度学/雙波長全像干涉術 dual wavelength holographic interferometry
双波干涉仪/雙波干涉儀 twin wave interferometer
双波绕组/雙波繞組 duplex wave winding
双侧Z变换/雙向Z轉換,雙邊Z轉换 bilateral Z-transform
双侧犁式卸料器/雙側犁式卸料器 two side plow tripper
双侧往复式架空索道/雙側往復式架空索道 double to-and-from ropeway
双侧约束/雙向拘束,可逆拘束 bilateral constraint
双层比色计/雙色比色計 bicolorimeter
双层底炉/雙膛爐 double hearth furnace
双层电梯/雙層昇降機 double deck elevator
双层客车/雙層公車 double deck bus
双层筛/雙層篩 double layer screen
双层套管式喷嘴/雙套管噴嘴 dual shell tuyere
双层透镜/雙層透鏡 double layer lens
双叉分接盒/雙叉分接匣 bifurcating box
双车翻车机/雙厢式傾卸裝置 twin wagon tippler
双称量范围天平/雙量程天平 dual range balance
双程干涉仪/雙程干涉儀 double-pass interferometer
双程冷凝器/雙程冷凝器 two pass condenser
双冲程发动机/二衝程引擎 two cycle engine
双重曝光全息照相术/雙曝光全像術 double-exposure holography
双重放大器/雙重放大器 dual amplifier
双重货位检测装置/雙重貨位檢測裝置 bin detection device
双重绝缘/雙重絕緣,雙層絕緣 double insulation
双重口令/雙重密碼 double password
双重喷嘴/雙口噴嘴 duplex nozzle
双重收缩/雙重收縮 double contraction
双重数据加密标准/雙資料加密標準 double DES
双重调制/雙重調變 double modulation
双重调制遥测系统/雙重調制遥測系統 dual modulation telemetering system
双重退火/雙重退火處理 double annealing
双重锥度齿锥齿轮/雙錐度錐齒輪 bevel gear with duplex tapered tooth
双重作用调节器/雙調節器 double governor
双处理机配置/雙處理機組態 bi-processor configuration
双处理器/雙處理器 dual processor
双传动机构/往復式致動器 double driving

mechanism
双床催化系统/雙觸媒系統 dual catalyst system
双床平炉/雙床平爐 twin hearth furnace
双床式转化器/雙床式轉化器 dual bed converter
双带式连续铸造/雙帶式連續鑄造 twin belt type continuous casting
双带式输送机/雙帶式輸送機 twin belt conveyor
双带图灵机/雙帶杜林機 two tape machine
双带有穷自动机/雙帶有限自動機 two tape finite automaton
双单色器/雙重單色儀 double monochromator
双单色仪/雙重單色儀 double monochromator
双刀单掷[开关]/雙刀單擲[開關] double pole single throw, DPST
双刀开关/雙極開關 double pole switch
双刀三掷[开关]/雙刀三擲[開關] double pole three throw, DPTT
双刀双掷[开关]/雙刀雙擲[開關] double pole double throw, DPDT
双导程圆柱蜗杆/雙導程圓柱蝸桿 dual lead cylindrical worm
双导杆机构/雙導桿機構 double guide-bar mechanism
双导轨架式升降机/雙導軌架式昇降機 gantry hoist
双等离子管/雙電漿管 duoplasmatron
双点压力机/雙點壓力機 two point press
双电层/雙電層,電偶層 double electric layer, electric double layer
双电层电容器/雙電層電容 double electric layer capacitor
双电极极谱仪/雙電極極譜儀 two electrode polarograph
双电极直流电炉/雙電極直流電爐 double electrode direct current arc furnace
双电离腔/雙游離腔 double ionization chamber
双电桥/雙電橋 double bridge
双电梯/雙昇降梯 twin elevator
双电压电动机/雙電壓電動機,雙電壓馬達 dual voltage motor
双电子束示波器/雙束示波器,雙波道示波器 dual beam oscilloscope, double oscillograph, dual channel oscilloscope
双叠绕组/雙疊繞組 duplex lap winding
双动搅拌器/雙動攪拌器 double motion agitator
双动曲柄机构/平行曲柄機構 parallel crank mechanism
双动调节器/雙調節器 double governor
双动液压机/雙動液壓機 double action hydraulic press, double action press
双动油压挤压机/雙動油壓擠壓機 double action hydraulic extrusion press
双动作锤/雙作動錘 double action hammer
双端队列/雙端佇列 double ended queue
双端面机械密封/雙面機械密封 double mechanical seal
双端抹角弧片/雙端抹角弧片,雙圓抹鏝 double ended radius sleeker
双耳止动垫圈/有翼長耳鎖片墊圈 tab washer with long tab and wing
双二极管/雙二極體 duodiode, duplex diode
双二极管三极管/雙二極三極體 duplex diode triode
双二进码/雙二進碼 duobinary code
双发动机/雙發動機,雙馬達 bi-motor
双反射率/雙反射 bireflectance
双方向/雙向[的] bidirectional
双分度/雙分度 double division
双分支/雙組件 bicomponent
双份编码/雙重編碼 dual coding
双风道变风量末端装置/雙風道變風量末端裝置 dual duct VAV terminal device
双风巷通风系统/雙進風巷風路 leakage intake system
双封轴承/雙封軸承 double sealed bearing
双幅/雙振幅 double amplitude
双干式热量计/雙乾式熱量計 double dry calorimeter
双杆气压计/雙桿氣壓儀 dual traverse barograph
双缸泵/雙缸泵 twin cylinder pump, duplex pump
双高斯透镜/雙高斯透鏡 double Gauss lenses
双工/雙工 duplex
双工传输/雙工傳輸 duplex transmission
双工电桥/雙工電橋 duplex bridge
双工器/雙工器 duplexer, diplexer
双工位造型机/雙站造模機 two station molding machine
双工信道/雙波道 duplex channel
双功能电压互感器/雙功能電壓互感器 dual-purpose voltage transformer
双谷模型/雙谷模型 two valley model
双刮板埋刮板输送机/雙鏈埋刮板輸送機 twin chain scraper en masse conveyor
双刮刀钻头/兩翼鑽頭 two-way bit
双挂列车/雙公路列車 double-road train
双关双泄放阀/雙關雙洩閥 double block and bleed valve
双管路制动系/雙管路制動系 two line braking

system
双管温度计/雙管溫度計 double tube thermometer
双管循环真空脱气/雙管循環真空脱氣 twin snorkel recirculation vacuum degassing
双罐气动混凝土布料装置/雙腔氣動混凝土布料裝置 twin chamber pneumatic concrete placing device
双光束磁热氧分析仪/雙束順磁熱氧分析儀 double beam paramagnetic thermal oxygen analyzer
双光束分光光度计/雙束分光光度計 double beam spectrophotometer
双光束分光计/雙光束分光計 double beam spectrometer
双光束干涉仪/雙光束干涉儀 double beam interferometer
双光束光度计/雙光束光度計 double beam photometer
双光束红外分光光度计/雙[光]束紅外線光譜儀 double beam infrared spectrophotometer
双[光]束密度计/雙[光]束密度計 double beam densitometer
双光束紫外分光光度计/雙[光]束紫外線光譜儀 double beam ultraviolet spectrophotometer
双光眼镜/複焦點透鏡 bifocal lens
双光子吸收/雙光子吸收 two photon absorption
双光子荧光法/雙光子螢光法 two photon fluorescence method
双光子荧光监测器/二光子螢光監測器 two photon fluorescence monitor
双轨吊车/雙軌斜坡道 two rail trolley
双轨斜坡道/雙軌斜坡道 two-track ramp
双辊摆锤破碎机/雙輥擺錘破碎機 double rotor swing hammer crusher
双辊碾碎机/雙輥壓碎機 double roll crusher
双辊破碎机/雙輥破碎機,雙輥碎礦機 double roll crusher
双辊式连铸机/雙輥式連鑄機 twin roll caster
双滚轮波发生器/雙滾輪造波機 double roller wave generator
双滚筒式飞剪机/雙滾筒式飛剪機 two drum flying shears
双夯锤/雙搗緊機 double tamper
双合轧制/雙合輥軋 doubling rolling
双核处理器/雙核心處理器 dual core processor
双横臂式悬架/雙横臂式懸吊 double arm suspension
双滑动变阻器/雙滑動變阻器 double sliding rheostat
双滑件机构/雙滑件機構 double slider mechanism
双滑块机构/雙滑件機構 double slider mechanism
双画/雙畫 double hyphen
双环路单线架空索道/雙環路單線索道 double loop mono cable detachable circulating ropeway
双环路双线往复式架空索道/雙環路雙線往復式索道 double loop to-and-fro bi-cable ropeway
双环网/雙環[形]網路 dual ring network
双环协调策略/雙回路協調策略 double loop coordination strategy
双换向器电动机/雙換向器電動機 double commutator motor
双回路制动系/雙回路制動系統 dual circuit braking system
双活塞/雙活塞 double piston
双击镦锻/雙擊鍛法 double blow heading
双击式水轮机/横流式水輪機 Michell-Banki turbine
双机架平整机/雙機架調質機 twin stand temper mill
双机协同/雙機合作 double-computer cooperation
双基地雷达/雙基地雷達 bistatic radar
双基[极]二极管/雙基二極體 double base diode
双激光器/雙雷射 duolaser
双级氨水吸收式制冷机/雙級氨水吸收式製冷機 two-stage ammonia-water absorption refrigerating machine
双级电磁振动式调节器/雙級電壓調整器 double stage voltage regulator
双级贯通式主减速器/雙級貫通式主減速器 double reduction thru-drive
双级过滤器/雙式濾器 double filter
双级精馏塔/雙級精餾塔 double rectification column
双级控制器/二段控制器 two stage controller
双级溴化锂吸收式制冷机/二級溴化鋰吸收式冷凍機 two stage lithiumbromide absorption refrigerating machine
双级压缩机/雙級壓縮機 double stage compressor
双级主减速器/雙級主減速器 double reduction final drive
双极层模/雙極層模 dipole layer mode
双极存储器/雙載子記憶體 bipolar memory
双极电动机/雙極電動機,雙極馬達 bipolar electric motor
双极发电机/雙極發電機,雙極電機 double pole dynamo
双极化/雙[重]極化 dual polarization
双极化处理器/雙極處理器 bipolar processor
双极化电介质/偶極介電質 dipolar dielectric

双极继电器/雙極繼電器 double pole relay
双极晶体管/雙極性電晶體 bipolar transistor
双极静电计/雙極静電計 binary electrometer
双极开关/雙極開關 double pole switch
双极扩散/雙極性擴散 ambipolar diffusion
双极型/雙極性 bipolar
双极型电池/雙極型電池 bipolar cell
双极型集成电路/雙載子型積體電路 bipolar integrated circuit
双极型逻辑门/雙極型邏輯閘 bipolar logic gate
双极性编码/雙極型編碼 bipolar coding
双极性电极/雙極電極 bipolar electrode
双极性电极镁电解槽/雙極性電極鎂電解池 bipolar magnesium cell
双极性码/雙極性碼 bipolar code
双极性信号/雙極信號 bipolar signal
双极坐标/雙極坐標 bipolar coordinate
双迹示波器/雙射線示波器,雙波道示波器 dual channel oscilloscope
双浆混合器/雙槳混合機 double paddle mixer
双焦点均匀天线/雙焦點均勻天線 bifocal aplanatic antenna
双焦点 X 射线管/雙焦點 X 射線管 double focus X-ray tube, dual-focus X-ray tube
双焦距透镜/複焦點透鏡 bifocal lens
双角/雙角 dual angle
双绞线/雙絞線 twisted pair
双校三验/雙錯校正三錯檢測 double error correction-three error detection
双接触导线系统/雙接觸導線系統 double contact wire system
双接头杆/雙接頭桿 binary link
双节点互连/雙節點互連 dual node interconnection
双介质淬火/分段淬火 interrupted quenching
双金属/雙金屬 bimetal
双金属板/雙金屬板 bimetal plate
双金属材料/雙金屬材料 bimetallic material
双金属带/雙金屬帶 bimetallic strip
双金属导体/雙金屬導體 bimetallic conductor
双金属电极/雙金屬電極 bimetallic electrode
双金属电解/雙金屬同步電解 duplex metal simultaneous electrolysis
双金属腐蚀/雙金[屬]腐蝕 bimetallic corrosion
双金属恒温[控制]器/雙金屬恆溫器 bimetallic thermostat
双金属离心铸造/雙金屬離心鑄造 bimetal centrifugal casting
双金属片/雙金屬片 bimetallic strip, bimetal
双金属片电容器/雙金屬電容器 bimetallic condenser
双金属片式疏水阀/雙金屬片疏水閥 bimetal element steam trap
双金属片真空计/雙金屬片真空計 bimetallic strip vacuum gage
双金属热电偶/雙金屬熱電偶 bimetallic thermocouple
双金属熔丝/雙金屬保險絲 bimetal fuse
双金属式燃油表指示器/雙金屬式燃油表指示器 bimetallic fuel indicator
双金属式温度表传感器/雙金屬式溫度表感測器 bimetallic temperature sensor
双金属式温度表指示器/雙金屬式溫度表指示器 bimetallic temperature indicator
双金属式油压表传感器/雙金屬式油壓表感測器 bimetallic oil pressure sensor
双金属式油压表指示器/雙金屬式油壓表指示器 bimetallic oil pressure indicator
双金属调整器/雙金屬調整器 bimetal regulator
双金属温度计/雙金屬溫度計 bimetallic thermometer
双金属轧制法/雙金屬軋製法,阿姆斯壯法 Armstrong process
双金属铸件/複合鑄造 composite casting
双金属作用/雙金屬作用 bimetallism
双进风道/雙進風巷 double air intake
双晶分光计/雙晶[體]譜儀,兩晶譜儀 double crystal spectrometer
双晶光谱摄制仪/雙晶攝譜儀 double crystal spectrograph
双晶谱仪/雙晶[體]譜儀,兩晶譜儀 double crystal spectrometer
双晶探头/雙晶體探頭 double crystal probe
双晶体管随机存储器/雙電晶體隨機記憶體 twin transistor RAM
双精度/雙倍精度,雙精確度 double precision
双阱 CMOS/雙井 CMOS dual well CMOS
双颈烧瓶/雙頸燒瓶 two neck flask
双径干扰/雙路徑干擾 dual-path interference
双镜式电流计/雙鏡電流計 double mirror galvanometer
双聚焦分析器/雙聚焦分析器 double-focusing analyzer
双聚焦质谱计/雙聚焦質譜儀 double-focusing mass spectrometer
双卷筒卷扬机/雙絞盤絞車 double drum winch
双壳电炉炼钢/雙殼電爐煉鋼 twin shell electric arc

furnace steelmaking
双刻盘天平/雙刻盤天平 double dial balance
双孔透镜/雙孔透鏡 double aperture lens
双口网络/雙埠網路 two port network
双块式挤压机/雙塊式擠壓機 double blocking extruder
双馈型风力发电机组/雙饋型風力渦輪發電機組 double feed wind turbine generator set
双扩散/雙擴散 double diffusion
双缆宽带局域网/雙電纜寬頻帶區域網路 dual cable broadband LAN
双棱镜/雙棱鏡 biprism
双离合器/雙重離合器 double clutch
双离合器变速器/雙離合器傳動 dual clutch transmission
双连风口/雙連風口 twin tuyeres
双连弹簧式安全阀/雙工安全閥 duplex safety valve
双连通分支/雙連組件 biconnected components
双连通性/雙連通性 biconnectivity
双联泵/雙缸泵,雙動泵 duplex pump
双联阀/雙閥 double valve, dual valve
双联法钢/雙重煉鋼 duplex steel
双联火道/雙聯火道 hairpin flue, twin flue
双联结晶器/雙結晶器 twin mold
双联冷却槽/雙聯冷却槽 duplex quenching tank
双联[炼钢]法/雙聯煉鋼法 duplex steelmaking process
双联熔炼/雙重熔化 duplexing
双联万向节/雙十字軸式萬向接頭 double cardan universal joint
双联止回阀门/雙重止回閥 double check valve
双链板式输送机/雙鏈板式運送機 double chain slat conveyor
双链斗式提升机/雙鏈斗式昇降機 double chain bucket elevator
双链埋刮板输送机/雙鏈埋刮板運送機 double chain en masse conveyor
双链式拉伸机/雙鏈式拉製機 double chain drawing machine
双梁门式起重机/雙梁門型起重機 double girder gantry crane
双梁桥式起重机/雙梁高架起重機 double girder overhead crane
双梁天平/雙梁天平 double beam balance
双量/雙量 dual quantity
双量程伏特计/雙量程伏特計 double range voltmeter
双料钟式炉顶/雙料鐘爐頂 two bells system top
双列单向推力球轴承/雙列單向推力球軸承 double row single direction thrust ball bearing
双列式发动机/雙列式引擎 twin bank engine
双列直插式封装/雙列直插式封裝 dual in-line package, DIP
双列直插式开关/雙行組件開關 dual in-line package switch
双列轴承/雙列軸承 double row bearing
双裂变腔/雙裂變腔 double fission chamber
双流不稳定性/雙流不穩性 two stream instability
双流传输/雙流傳輸 double current transmission
双流道氧枪/雙流氧槍 double flow oxygen lance
双流发动机/交直流發電機 double current generator
双流法/雙流法 double stream process
双流浇注/雙流澆注 twin strand casting
双流连铸机/雙股連續鑄造機 twin strand continuous casting machine
双路开关/二通開關 two way switch
双路码/雙軌碼 two rail code
双滤器/雙式濾器 double filter
双轮中心距/雙輪中心距 dual spacing
双螺杆泵/雙螺桿泵 twin screw pump
双螺杆制冷压缩机/雙螺桿式冷媒壓縮機 twin rotor screw refrigerant compressor
双螺旋分级机/雙螺旋類析器 duplex spiral classifier
双螺旋给料机/雙螺旋給料機 twin screw feeder
双螺旋结晶器/雙螺線結晶器 double helix crystallizer
双螺旋输送机/雙螺旋運送機 twin screw conveyor
双螺旋线千分尺/雙線測微計 bifilar micrometer
双码/雙碼 dicode
双脉冲/雙脈波 dipulse
双脉冲码/雙脈波碼 dipulse code
双面凹带锥砂轮/雙側外凸内凹輪 wheel relieved and recessed on both sides
双面凹砂轮/雙側凹輪 wheel recessed on both sides
双面板/雙面板 double sided board
双面 V 带/雙面三角皮帶 double V-belt
双面[动]平衡/二平面[動]平衡 two plane dynamic balancing
双面焊/雙面焊 welding from both sides
双面镜/雙面鏡 double sided mirror
双面模板/雙面模型板 match plate
双面模板造型机/模型板造模機 match plate molding machine
双面模型板/雙面模型板 double-sided pattern plate

双面坡口/雙面槽 double groove
双面凸砂轮/雙側凸輪 duplex hubbed wheel
双面研磨/雙面研磨 two sided lapping
双面印制板/雙面印刷電路板 two sided printed circuit board
双明线/雙明線,開路雙線 two wire open line
双模态/雙模態 bimodal
双模态传输/雙模態傳輸 bimodal transmission
双膜盒发射器/雙膜盒發射器 two bellows transmitter
双膜模型/雙膜模型 two film model
双膜片式分电器/雙膜分電器 dual diaphragm distributor
双模/雙模 dual mode
双模冷拔机/雙模拉線機 double die wire-drawing machine
双模冗余/重複冗餘 duplication redundancy
双模行波管/雙模行波管 dual mode traveling wave tube
双模转换器/雙模轉換器 dual mode transducer
双目成像/雙目成像 binocular imaging
双目放大镜/雙目放大鏡 binocular magnifier
双目立体视觉/雙目立體視覺 bicular stereo vision
双目目镜/雙目鏡 binocular eyepiece
双目望远镜/雙目望遠鏡 binocular telescope
双目显微镜/雙目顯微鏡 binocular microscope
双能级激光器/二能階雷射 two level laser
双捻钢丝绳/雙撚鋼絲繩 double lay wire rope
双排带斗式提升机/雙斗皮帶昇降機 belt twin bucket elevator
双排滚子链/雙排滚子鏈 duplex roller chain
双排链斗式提升机/雙斗鏈式昇降機 twin chain bucket elevator, double chain bucket elevator
双排链轮/雙鏈鏈輪 sprocket for double chain
双排驱动轮/雙排驅動輪 dual driving wheel
双排输送链/雙排輸送鏈 double strand conveyor chain
双排座驾驶室/雙排座駕駛室 crew cab
双盘管风机盘管机组/雙盤管風機盤管機組 fan-coil unit with double coil
双盘离合器/雙盤離合器 twin plate clutch
双盘天平/雙盤天平 double pan balance
双频段/雙頻帶 dual band
双频发电机/雙頻發電機 double frequency generator
双频率电动机/雙頻率電動機,雙頻率馬達 dual frequency motor
双频气体激光器/雙頻氣體雷射 two-frequency gas laser
双频无缝切换/雙頻無縫切换 dual-band seamless handover
双频移键控/雙移頻鍵控 double frequency shift keying, DFSK
双频终端/雙頻終端 dual band terminal
双平衡混频器/雙平衡混頻器 double balanced mixer
双鳍对数周期天线/雙鰭對數週期天線 bifin log-periodic antenna
双汽动力机/雙汽發動機,雙汽引擎 binary vapor engine
双腔速调管/雙腔速調[電子]管 two cavity klystron, two-resonator klystron
双腔液力偶合器/雙腔流體聯結器 two space fluid coupling
双桥法/雙橋法 double bridge method
双切线/雙切線 bitangent
双曲臂混合机/雙曲臂混合機 double Z-arm mixer
双曲柄滑块机构/雙滑件曲柄機構 double slider crank mechanism
双曲柄机构/雙曲柄機構 double crank mechanism
双曲轨道/雙曲線軌道 hyperbolic orbit
双曲函数/雙曲線函數 hyperbolic function
双曲面齿轮/雙曲面齒輪 hyperboloidal gear
双曲面反射器/雙曲面形反射器 hyperboloidal reflector
双曲透镜/雙曲透鏡 hyperbolic lens
双曲线导航系统/雙曲線導航系統 hyperbolic navigation system
双曲线机构/雙曲線機構 hyperbolic mechanism
双圈弹簧垫圈/雙層螺旋彈簧鎖緊墊圈 double-coil spring lock washer
双燃料发动机/雙燃料引擎 dual fuel engine
双燃料喷嘴/雙燃料噴嘴 dual fuel nozzle
双燃料汽车/雙燃料車輛 dual fuel vehicle
双燃料燃烧器/雙燃料燃燒器 dual fuel burner
双燃料系统/雙燃料系統 dual fuel system
双绕组变压器/雙繞組變壓器 two winding transformer
双绕组电枢/雙繞組電樞 double armature winding
双绕组同步发电机/雙線繞式同步發電機 double wound synchronous generator
双三次曲面/雙三次曲面 bicubic surface
双三次曲面片/雙三次曲面片 bicubic patch
双三进制/雙三進制 biternary
双三进制码/雙三進制碼 biternary code
双色比色计/雙色比色計 bicolorimeter

双色灯/雙色燈 bicolor light
双色高温计/雙色高温計 two color pyrometer
双色指示灯/雙色指示器 bicolor indicator
双砂心头/雙端砂心頭 double core print
双栅场效晶体管/雙閘極場效電晶體 dual gate field effect transistor
双栅功率管/雙柵功率管 dual grid power tube
双栅管/雙柵[真空]管 double grid tube
双射束管/雙射束管 two beam tube
双[射]线示波器/雙線示波器 dual trace oscillograph
双绳抓斗/雙索抓斗 twin rope grab
双时标系统/雙時間尺度系統 two-time scale system
双时间常数同步信号/雙時間常數同步訊號 dual time constant sync signal
双时间元/時元 dual time element
双时态数据模型/雙時態資料模型 bi-temporal data model
双式车轮/雙輪 dual wheel
双室炉/雙室爐 double chamber furnace
双手交互/雙手交互 two hand interaction
双枢纽/雙樞紐 dual hubbed
双束射线示波器/雙束示波器 double beam oscillograph
双束质谱计/雙束質譜儀 double beam mass spectrometer
双丝测微计/雙線測微計 bifilar micrometer
双丝静电计/雙線静電計 bifilar electrometer
双送风道系统/雙通風道系統 double duct system
双速传动/雙速傳動 double speed transmission
双速主减速器/雙速主減速器 two speed final drive
双宿主机/雙址網路系統 dual homed host
双宿主网关/雙宿主閘道 dual homed gateway
双索缆索起重机/雙纜索起重機 double cable crane
双弹簧喷油器/雙簧噴油器 two spring fuel injector
双弹性散射峰/二元彈性散射峰 binary elastic scattering peak
双炭精盒式传声器/雙鈕碳粉麥克風 double cassette carbon microphone
双探头法/雙探針法 double probe method
双探针/雙探頭 double probe
双探针法/雙探針法 double probe method
双膛炉/雙膛爐 double hearth furnace
双蹄制动器/雙靴制動器 two shoe brake
双调风旋流燃烧器/雙調風旋流燃燒器 dual-register swirl burner
双停歇运动/雙停歇運動 two dwell motion
双通道单脉冲/雙通道單脈波 two channel monopulse
双通道斗式提升机/雙通道箕斗昇運機 twin passage bucket elevator
双通道记录器/雙頻道記録器 two channel recorder
双通道控制器/雙波道控制器 dual channel controller
双通阀/雙通閥 two way valve
双通活门/雙通閥 two way valve
双通旋塞/雙通旋塞 two way cock
双筒泵/雙筒泵 twin-tube pump
双筒比色法/雙色比色法 bicolorimetric method
双筒放大镜/雙目放大鏡 binocular magnifier
双筒卷扬机/雙筒卷揚機 double drum hoist
双筒式减振器/雙筒式避震器 twin tube shock absorber
双筒显微镜/雙目顯微鏡 binocular microscope
双筒溴化锂吸收式制冷机/雙殼溴化鋰吸收式冷凍機 two shell lithiumbromide-absorption refrigerating machine
双头卡规/雙頭卡規 double end snap gage
双头开卷机/雙頭開卷機 twin head uncoiler reel
双头螺纹/雙螺紋 double thread
双头螺柱/雙頭螺栓,螺樁,螺栓 stud
双投开关/雙向開關 double throw switch
双透镜/雙透鏡 dual lens
双透镜目镜/雙透鏡目鏡 two lens ocular
双凸透镜/雙凸[面]透鏡 biconvex lens, double-convex lens
双涂层胶片/雙塗層軟片 double coated film
双万向节/雙十字接頭 double Hooke joint
双万向联轴器/雙萬向接頭 double universal joint
双位/雙位元 dibit
双位编码/雙位元編碼 dibit encoding
双位控制器/雙位控制器 two position controller
双位调节器/雙位控制器 two position controller
双纹锉/交紋鋰 crosscut file
双稳[触发]电路/雙穩[觸發]電路,觸發電路,正反器電路 flip-flop circuit, bistable triggerction circuit, trigger circuit
双稳定电路/雙定態電路 bistable circuit
双稳态触发电路/雙穩觸發電路 bistable trigger circuit
双稳态触发器/正反器産生器 flip-flop generator
双稳态的/雙定態式 bistable
双稳态电路/正反器電路 flip-flop circuit
双稳[态]多谐振荡器/雙穩態多諧振動器,雙定態多諧振動器 bistable, multivibrator

双稳态信道/雙穩態通道 bistable channel
双稳态元件/雙穩態元件 bistable element
双涡轮液力变矩器/雙渦輪液力變矩器 twin turbine torque converter
双卧轴式混凝土搅拌机/雙臥軸式混凝土攪拌機 double horizontal shaft concrete mixer
双吸泵/雙吸泵 double suction pump
双线架空索道/雙線架空索道 bi-cable ropeway
双线静电计/雙線静電計 bifilar electrometer
双线螺纹/雙螺紋 double thread
双线圈变压器/變繞組變壓器 two winding transformer
双线圈继电器/雙繞繼電器 double wound relay
双线绕组/雙線[無感]繞組 bifilar winding
双线示波器/雙[射]束示波器 dual beam oscilloscope
双线式检流计/雙線式電流計 bifilar type galvanometer
双线[束]同步示波器/雙束同步示波器 dual beam synchronoscope
双线往复式架空索道/往返式雙線架空索道 bi-cable to-and-fro ropeway
双线往复式缆车/雙線往復式纜車 bi-cable to-and-fro funicular
双线性变换/雙線性變換 bilinear transformation
双线性内插/雙線性内插 bilinear interpolation
双线性曲面/雙線性曲面 bilinear surface
双线性系统/雙線性系統 bilinear system
双线性型/雙線性形 bilinear form
双线循环式架空索道/雙線循環式架空索道 bi-cable circulating ropeway
双线轧机/雙線軋鋼機 two strand rolling mill
双箱式集装箱起重机/雙昇降機式貨櫃起重機 twin lift container crane
双向/雙向 both-way
双向测角计/雙向測角計 double goniometer
双向传声器/雙向麥克風 bidirectional microphone
双向传输/雙向傳輸 bidirectional transmission
双向打印/雙向列印 bidirectional printing
双向二极管/雙向二極體 bidirectional diode
双向阀门/雙向閥 bidirectional valve
双向环/雙向環 bidirectional ring
双向机械手/等力主從式機械臂 bilateral manipulator
双向交插/雙向交插 two way interleaving
双向交替/雙向交替 two way alternate
双向交替通信/雙向交替通訊 two way alternate communication
双向进给阀/雙向進料閥 cross feed valve
双向晶体管/雙向電晶體 bidirectional transistor
双向晶闸管/雙向晶閘體 bidirectional thyristor
双向开关/雙向開關,雙向切換器 biswitch
双向离合器/雙向離合器 twin direction clutch
双向链表/雙鏈接串列 doubly linked list
双向量子有限自动机/雙向量子有限自動機 two way quantum finite automata
双向气动螺丝刀/雙向氣動螺絲起子,可逆氣動螺絲起子 reversible pneumatic screwdriver
双向权衡/雙向權衡 bilateral weighting
双向身份认证/雙向身份認證 bidirectional authentication
双向式/二路,雙向 two way
双向式气钻/雙向式氣鑽,可逆氣鑽 reversible pneumatic drill
双向式寻呼/雙向式尋呼 two way paging
双向搜索/雙向搜尋 bidirectional search
双向通道/二線通道 two wire channel
双向通信/雙向通信 both way communication
双向同步加速器/變向同步加速器 two way synchrotron
双向同时操作/雙向同時操作 two way simultaneous operation
双向同时通信/雙向同時通信 two way simultaneous communication
双向推理/雙向推理 bidirectional reasoning, bidirection reasoning
双向推力轴承/雙向推力軸承 bidirectional thrust bearing
双向纹理函数/雙向紋理函數 bidirectional texture function
双向无限带/雙向無限帶 two way infinite tape
双向狭缝/雙向狹縫 bilateral slit
双向下推自动机/雙向下推自動機 two way push-down automaton
双向行驶拖拉机/雙向行駛曳引機 two direction traveling tractor
双向[性]/雙向 bilateral
双向压制/雙動壓製 double action pressing
双向有穷自动机/雙向有限自動機 two way finite automaton
双向有限自动机/雙向有限自動機 two way infinite automaton
双向制动器/雙向制動器 bidirectional brake
双向致动装置/往復式致動器 double acting actuator
双向总线/雙向匯流排 bidirectional bus

双相/雙相 biphase
双相编码/二元相角編碼法,雙相位編碼法 biphase coding
双相不锈钢/雙相不銹鋼 duplex stainless steel
双相钢/雙相鋼 biphase steel, duplex steel
双相流/兩相流 biphase flow
双相码/雙相碼 biphase code
双相曼彻斯特码/雙相曼徹斯特碼 biphase Manchester code
双相调制/二元相位調變,雙相角調變 biphase modulation
双相移键控/雙相移鍵控 biphase shift keying, BPSK
双相移键控调制/二元相移鍵控調變,雙相移鍵控調變 BPSK modulation
双像/雙影像 double image
双像快速测距仪/雙像光學測距儀 double image tacheometer
双像棱镜/雙像棱鏡 double-image prism
双像千分尺/雙像測微計 double-image micrometer
双像透镜/雙像透鏡 double-image lens
双效调节器/雙效調節器 duplex regulator
双效溴化锂吸收式制冷机/雙效溴化鋰吸收式製冷機 double effect lithiumbromide absorption refrigerating machine
双效蒸发器/雙效蒸發器 double effect evaporator
双斜率/雙斜率 dual-slope
双斜砂轮/雙斜砂輪 duplex tapered wheel
双信道单工/雙通道單工 double channel simplex, DCS
双星拓扑/雙星型態 double star topology
双T形电桥/雙T電橋 twin T-bridge
双悬臂门式起重机/雙懸臂高架起重機 gantry crane with two cantilevers
双循环[反应]堆/雙循環反應器 dual cycle reactor
双循环强制冷却/雙循環強制冷卻 force feed cooling in a dual circuit system
双压阀/雙壓閥 dual pressure valve
双压双针压力表/雙針壓力表 duplex pressure gage
双摇杆机构/雙搖桿機構 double rocker mechanism
双钥密码系统/雙鍵密碼系統 two key cryptosystem
双叶快门/雙葉快門 double blade shutter
双叶螺栓/蝶形螺栓 butterfly bolt
双液电池/雙液電池 double fluid cell
双液冷却槽/雙液冷卻槽 dual liquid quenching tank
双异旋光/雙異旋光 bi-rotation
双异质结激光器/雙異質接面雷射,雙異質接合雷射器 double heterojunction laser, double hetero junction laser
双因素认证/雙因素認證 two factor certification
双音多频/雙音多頻 dual tone multifrequency, DTMF
双音节/雙拼 binary syllabification
双音喇叭/雙音喇叭 bitone horn
双用途渗透液/雙用途滲透液 dual purpose penetrant
双语对齐/雙語對齊 bilingual alignment
双语机器可读词典/雙語機器可讀詞典 bilingual machine-readable dictionary
双元小波变换/二元小波變換 dyadic wavelet transformation
双圆弧齿轮/雙圓弧齒輪 double circular arc gear
双圆抹镘/雙圓抹鏝,雙端抹角弧片 double ended radius sleeker
双圆盘波发生器/雙圓盤波產生器 two disk wave generator
双载子扩散系数/雙載子擴散係數 ambipolar diffusion coefficient
双载子移动率/雙載子移動率 ambipolar mobility
双渣操作/雙渣操作 double slag operation
双渣法/雙渣法 double slag process
双闸板/雙閘圓盤 double gate disk
双闸极场效晶体管/雙閘極場效電晶體 dual gate field effect transistor
双栈机/雙堆疊機 two-stack machine
双栈系统/雙堆疊系統 dual stack system
双站式造型机/雙站式造模機 two station molding machine
双折射/雙折射 birefringence, double refraction
双折射检查仪/雙折射計 birefringence meter
双折射率/雙折射 birefringence
双折射滤光器/雙折射濾光片,雙折射濾波器 birefringence filter
双针单管压力表/雙針單管壓力表 pressure gage with dual pointer and single tube
双针记录仪/雙筆記録器 two-pen recorder
双针双管压力表/雙針雙管壓力表 pressure gage with dual pointer and dual tube
双针指示器/雙針指示器 dual indicator
双振子探头/雙晶體探頭 double-crystal probe
双正交码/雙正交碼 biorthogonal code
双正交调制/雙正交調變 biorthogonal modulation
双正交小波变换/雙正交小波變換 biorthogonal wavelet transformation
双正交信号/雙正交信號,雙正交訊號 biorthogonal

signal
双枝调谐器/雙枝調諧器,雙株調諧器 double-stub tuner
双枝阻抗匹配/雙枝阻抗匹配 double-stub impedance matching
双质量飞轮/雙質量飛輪 dual-mass flywheel
双掷开关/雙向開關 double-throw switch
双中间轴变速器/雙中間軸變速器 twin-countershaft gearbox
双钟形柔轮/雙鐘形柔性輪 double bell-shape flexspline
双轴汽轮机/交叉複合汽輪機 cross compound steam turbine
双轴式搅拌转子/雙軸式攪拌轉子 double-shaft mix rotor
双轴式强制搅拌器/雙軸式攪拌器 double-shaft agitator
双轴式自卸车/雙軸式傾卸裝置 two axle tipper
双肘板颚式破碎机/雙肘板顎式破碎機 double toggle jaw crusher
双柱式锤/雙柱錘,雙架錘 double frame hammer
双柱式钻架/雙柱式鑽架 double column drill rig
双转子冲击[式]破碎机/雙轉子衝擊壓碎機 double rotor impact breaker, double rotor impact crusher
双转子离心泵/雙轉子離心泵 birotor centrifugal pump
双锥/雙棱錐 bipyramid
双锥黏度计/雙錐形黏度計 double cone viscometer
双锥[形]天线/雙錐天線 biconical antenna
双锥选粒器/雙錐類析器 double cone classifier
双自旋稳定/雙自旋穩定 dual spin stabilization
双自由度陀螺/雙自由度陀螺儀 two degree of freedom gyro
双纵臂式悬架/雙縱臂式懸掛 double trailing arm-type suspension
双纵拉杆转向机构/雙拉桿連桿組 double drag-link linkage
双作用泵/雙動泵 double acting pump
双作用锤/雙作動錘 double acting hammer
双作用单击/雙動掣子 double acting click
双作用发动机/雙動引擎 double acting engine
双作用控制器/雙作用控制器 two term controller
双作用离合器/兩段式離合器,雙離合器 dual clutch
双作用喷雾器/雙動噴霧器 double acting sprayer
双作用雾化器/雙動霧化器 double acting atomizer
双作用压力机/雙動壓機 double acting press
双作用压缩机/雙動壓縮機 double acting compressor
双作用油缸/雙動汽缸 double acting cylinder
双作用制冷压缩机/雙動製冷壓縮機 double acting refrigerant compressor
双座阀/雙座閥 double seat valve
双座平衡阀/雙座平衡閥 double seat balanced valve
双座双向阀门/雙座雙向閥門 twin seat bidirectional valve
霜点湿度表/霜點濕度計 frost point hygrometer
霜点湿度计/霜點濕度計 frost point hygrometer
霜点试验器/霜點試驗器 frost point tester
霜点温度/霜點温度 frost point temperature
水泵/水泵 water pump
水泵壳/水泵殼 water pump housing
水泵水轮机/泵水輪機 pump turbine
水泵水轮机全特性/泵輪機全特性 complete characteristics of pump-turbine
水泵扬程/泵揚程 head pumping
水泵叶轮/水泵葉輪 water pump impeller
水变阻器/水變阻器 water rheostat
水标/水位表,水標尺,水位計 water gage
水表/水表 water meter
水表面比降/面斜率 surface slope
水玻璃/水玻璃 water glass
水玻璃模数/水玻璃模數 sodium silicate module
水玻璃黏结剂/水玻璃黏結劑 sodium silicate binder
水玻璃砂/水玻璃砂 sodium silicate bonded sand
水槽/波谷,槽 trough
水赤铁矿/水赤鐵礦 turgite
水处理井/廢水注入井 water disposal well
水锤/水錘 water hammer
水锤泵/水錘泵 water-hammer pump
水粗滤器/水粗濾器 water strainer
水淬火/水淬火 water quenching
水淬粒渣/水碎碴 water-granulated slag
水淬熔渣/粒化熔渣 granulated slag
水的离子积/水的離子積 ionic product of water
水滴式冷却塔/水滴式冷却塔 water-droplet cooling tower
水底式煤气发生炉/水底煤氣發生爐 water bottom gas producer
水电站门式起重机/發電所門式起重機 power station gantry crane
水垫带式输送机/水墊帶式運送機 water-supported belt conveyor
水动机/水電動機 water motor
水斗/水斗 bucket
水斗式水轮机/佩爾頓渦輪機 Pelton turbine

水分/水分,濕氣 moisture
水分测定[烘]箱/調節爐 conditioning oven
水分测定仪/水分測定器 moisture determination apparatus
水分测量仪/水分測定器 moisture tester
水分传感器/水分傳感器,濕氣轉換器,濕度轉換器 moisture transducer
水[分]分离器/水分離器,分水器 water separator
水分试验/水分試驗,潮濕試驗 moisture test
水封/水密封壓蓋 water seal gland
水负载/水負載 water load
水垢/水垢 crud
水管/水管 water tube
水管锅炉/水管鍋爐 water-tube boiler
水罐/水罐 water pot
水罐消防车/水罐消防車 fire-extinguishing water tanker
水恒温器/水恆温器 water thermostat
水环式真空泵/水環式真空泵 water ring vacuum pump
水灰比/水灰比 water cement ratio
水活度/水活性 water activity
水解/水解,加水分解 hydrolysis
水解沉淀/水解沈澱 fluidizing precipitation
水解电量计/水[解]電量計 water coulometer
水浸探头/水浸探頭 immersion type probe
水浸渣/水浸渣 aqueous leaching slag, water leaching slag
水口滑板/滑動閘門 slide gate
水口结瘤/注口結瘤 nozzle blocking
水口引流砂/注口填充砂 stuffing sand in nozzle
水冷/水冷却,液體冷却 water cooling
水冷壁/水冷壁,水管壁 water cooled wall, water wall
水冷变压器/水冷變壓器 water cooled transformer
水冷冲天炉/水冷熔鐵爐 water cooled cupola
水冷淬火/水淬硬 water hardening
水冷发动机/水冷式引擎 water cooled engine
水冷风口/水冷風口,水冷風嘴 water cooled tuyere
水冷挂渣炉壁/水冷掛渣爐壁 slag built-up and water cooling panel
水冷结晶器/水冷結晶器 water cooled crystallizer
水冷冷凝器量热器法/水冷冷凝器熱量計法 water cooled condenser calorimeter method
水冷炉/水冷爐 water cooled furnace
水冷炉衬/水冷爐襯 water cooling lining
水冷炉盖/水冷爐蓋 water cooling roof
水冷模/水冷模 water cooled die
水冷模挤压/水冷模擠壓 water cooled die extrusion
水冷凝器/水冷凝器 water condenser
水冷却/水冷 water cooling
水冷却反应堆/水冷式反應器 water cooled reactor
水冷却器/水冷却器 water cooler
水冷却塔/水冷却塔 water cooling tower
水冷却装置/水冷却器 water chiller
水冷闪烁计数器/水冷式閃爍計數器 water cooled scintillation counter
水冷式机油冷却器/水冷式冷油器 water cooled oil cooler
水冷式空气调节机/水冷式空氣調節機 water cooled air-conditioning unit
水冷[式]冷凝器/水冷冷凝器 water cooled condenser
水冷式内燃机/水冷式引擎 water cooled engine
水冷式压缩机/水冷式壓縮機 water cooled compressor
水冷式增压空气冷却器/水冷式增壓空氣冷却器 water cooled charge air cooler
水冷套/水冷套 water cooled jacket
水冷旋风分离器/水冷式旋風分離器 water cooled cyclone separator
水冷真空管/水冷真空管 water cooled tube
水冷振动炉排/水冷振動爐排 water cooled vibrating stoker
水力半径/水力半徑 hydraulic radius
水力爆破筒/液力炸藥筒 hydraulic cartridge
水力采矿[学]/水力採礦 hydraulic mining
水力测功器/水力測功計 water dynamometer
水力冲采/水力沖刷採礦法 hydraulic sluicing
水力除尘器/濕式集塵器 wet type dust collector
水力发动机/水電動機 water motor
水力分级机/水力類析器 hydroclassifier
水力分离器/水力分離器 hydraulic separator
水力机械/水力機械,液壓機械 hydraulic machinery
水力喷射器/水噴射器 water ejector
水力清砂/水力清砂 hydraulic cleaning
水力旋流分离器/流體旋風器 hydrocyclone
水力旋流器/水旋流器 water cyclone
水力压缩机/液壓壓縮機 hydraulic compressor
水力凿岩机/水力鑿岩機 frock drill
水力直径/水力直徑 hydraulic diameter
水力装载/水力裝礦 hydraulic loading
水量表/水[流量]表,水量計 water flowmeter
水量计/水量計,水[流量]表 water flowmeter
水量热计/水卡[路里]計 water calorimeter
水量热器/水卡[路里]計 water calorimeter

水流截断器/水斷路器 water circuit breaker
水流型气体热量计测量法/水流型氣體熱量計測量法 waterflow type gas calorimetric method
水滤器/濾水器 water filter
水轮泵/水[渦]輪泵 water turbine pump
水轮发电机/水輪發電機 hydraulic generator
水轮机/水輪機 hydroturbine
水轮机出口测量断面/水輪機出口測量斷面 outlet measuring section of turbine
水轮机额定流量/輪機額定流出量 rated discharge of turbine
水轮机额定输出功率/水輪機額定輸出功率 rated output power of turbine
水轮机飞逸转速/渦輪機飛逸轉速 runaway speed of turbine
水轮机功率试验/水輪機功率試驗 turbine output test
水轮机机械效率/渦輪機機械效率 mechanical efficiency of turbine
水轮机进口测量断面/水輪機進口量測截面 inlet measuring section of turbine
水轮机空化系数/水輪機空化係數 cavitation coefficient of hydroturbine
水轮机空载流量/水輪機空載流量 no-load discharge of turbine
水轮机流量/水輪機排放量 turbine discharge
水轮机容积效率/渦輪機容積效率 volumetric efficiency of turbine
水轮机输出功率/水輪機輸出功率 output power of turbine
水轮机输入功率/水輪機輸入功率 input power of turbine
水轮机水力效率/渦輪機水力效率 hydraulic efficiency of turbine
水轮机效率/渦輪機效率 efficiency of turbine
水轮机压力脉动/水輪機壓力波動 turbine pressure fluctuation
水轮机运转特性曲线/水輪機性能曲線 turbine performance curve
水轮机最大瞬态压力/水輪機最大暫態壓力 maximum momentary pressure of turbine
水轮机最大瞬态转速/水輪機最大暫態轉速 maximum momentary overspeed of turbine
水煤浆锅炉/水煤漿鍋爐 coal water slurry boiler
水煤浆燃烧器/水煤漿燃燒器 coal water slurry burner
水煤气/水煤氣 water gas
水煤气发生炉/水煤氣發生爐 water gas producer
水煤气发生器/水煤氣發生爐 water gas generator
水锰矿/水錳礦 manganite
水密式仪器仪表/水密式儀器儀表 water tight instrument
水面流速/表面速度 surface velocity
水膜升力/水昇力 water lift force
水膜式冷却塔/膜式冷却塔 film cooling tower
水膜收尘器/水膜集塵器 water membrane scrubber
水磨料喷射切割/水磨料噴射切割 water abrasive jet cutting
水磨石机/磨石機 terrazzo grinder
水幕冷却/水幕冷却 water curtain cooling
水泥混凝土铺设机/混凝土混合鋪設機 concrete mix laying machine
水泥混凝土转运机/混凝土混合轉運機 concrete mix transfer machine
水泥模砂/水泥模砂 cement sand
水泥模型/水泥模型 cement pattern
水泥模型法/水泥造模法 cement bonded mold, cement molding
水泥石灰砂浆抹灰机/水泥石灰砂漿抹灰機 plastering unit for cement lime mortar
水泥硬固检验针/水泥硬固檢驗計 cement needle
水泥针/水泥硬固檢驗計 cement needle
水抛光机/水拋光機 water polisher
水泡水平仪/氣泡水平儀,酒精水平儀 spirit level
水炮/水炮 water cannon
水喷射器/水噴射器 water ejector
水平板式输送机/水平板條運送機 horizontal slat conveyor
水平保持/水平保持 horizontal hold
水平比测器/臥式比較儀 horizontal comparator
水平变幅/水平變幅 level luffing
水平补偿器/水平補償器 horizontal compensator
水平车速/車速 vehicle speed
水平处理/水平處理 horizontal processing
水平传感器/水平感測器,視感測器 horizon sensor
水平带式真空过滤机/水平帶式真空過濾機 horizontal belt vaccum filter
水平定向钻机/水平定向鑽床 horizontal directional drilling machine
水平对置发动机/水平對置發動機,水平對置引擎 horizontally opposed engine
水平发散度/水平輻散 horizontal divergence
水平方向/水平方向 horizontal direction
水平分辨力/水平析像度 horizontal resolution
水平分裂/分割水平線 split horizon
水平分片/水平分片 horizontal fragmentation

水平杠杆/水平槓桿 horizontal lever
水平滑台/水平滑檯 horizontal slide table
水平回描/水平返馳 horizontal retrace
水平汇聚距离/水平收斂距離 horizontal convergence distance
水平基准点/水平基準點 horizontal datum mark
水平基准线/水平基準線 horizontal datum line
水平激励/水平激勵 horizontal drive
水平极化/水平極化 horizontal polarization
水平极化波/水平極化波 horizontally polarized wave
水平集/等位集 level set
水平间隔/水平間隔,水平區分 horizontal separation
水平交叉/水平交叉,能階交叉 level crossing
水平镜/水平鏡 horizon glass
水平开采法/水平採礦法 horizon mining
水平开拓/支巷開拓 lateral development
水平空白脉冲/水平空白脈波 horizontal blanking pulse
水平连铸机/水平連鑄機 horizontal caster
水平连铸三相点/水平連鑄三相點 three-phase site
水平菱形天线/水平菱形天線 horizontal rhombic antenna
水平螺栓/水平螺栓,水平螺絲 leveling screw
水平螺旋输送机/水平螺旋運送機 horizontal screw conveyor
水平面测量/水平量測 level measurement
水平偏振/水平極化 horizontal polarization
水平偏转/水平偏向 horizontal deflection
水平切口连杆/水平分割連桿 horizontally split connecting rod
水平取样因数/水平取樣因數 horizontal sampling factor
水平扫描/水平拂掠 horizontal sweep
水平扇形段/水平扇形段 horizontal segment
水平渗透率/水平滲透率 horizontal permeability
水平式混凝土搅拌站/水平式混凝土攪拌站 horizontal concrete mixing plant
水平式混凝土配料站/水平式混凝土配料站 horizontal concrete mix batching plant
水平调节/水平調整 leveling adjustment
水平调节装置/水平調節裝置 level adjuster
水平调整机[构]/水平機構 leveling mechanism
水平调整装置/水平調整裝置 leveling device
水平同步信号/水平同步訊號 horizontal synchronizing signal
水平投影图/水平投影圖 horizontal projected profile
水平位移/水平偏移 horizontal shift
水平位置调整/水平定位控制 horizontal positioning control
水平误差/水平面誤差 horizontal error
水平线性控制/水平線性控制 horizontal lineanrity control
水平型埋刮板输送机/水平型埋刮板運送機 horizontal type en masse conveyor
水平旋转台/水平旋轉檯 horizontal rotating table
水平仪/水平儀,水平表 leveling instrument, level meter
水平移动/水平移動 horizontal travel
水平运动/水平運動 horizontal motion
水平运行机构/水平行進機構 horizontal travel mechanism
水平遮没信号/水平遮没訊號 horizontal blanking signal
水平制动/水平制動 level braking
水平中心控制/水平中點控制 horizontal centering control
水平轴风力机/水平軸式風力機 horizontal axis wind turbine
水气衰减/水氣衰減 hydrometor attenuation
水气压计/水柱氣壓計 water barometer
水热法/水熱法 hydro thermal method
水韧处理/水韌法 water toughening
水溶锌率/水溶鋅率 water soluble zinc ratio
水溶性缓蚀剂/水溶性銹蝕抑制劑 water soluble rust inhibitor
水溶性润滑剂/水溶性潤滑劑 soluble lubricant
水溶液/水溶液 aqueous solution
水三相点/水三相點 triple point of water
水砂充填/水砂充填 hydraulic sand filling
水上无线电导航/水上無限電助航 maritime radio navigation
水上无线电导航陆地电台/水上無線電導航陸地電臺,海上無線電導航陸地電臺 maritime radio-navigation land station
水上无线电导航业务/水上無限電助航業務 maritime radionavigation service
水射流/噴水 waterjet
水深测量器/水深量測器,水深計 bathymeter
水声换能器/水下聲波換能器 underwater sound transducer
水声探头/水聲探頭 underwater sound probe
水声学/水下聲學 underwater acoustics
水室/水櫃,水艙 water chamber
水套/水套 water jacket
水套冷凝器/水套冷凝器 water-jacket condenser

水套冷却/水套冷卻 water jacket cooling
水套式熔铁炉/水套式熔鐵爐 water jacket cupola
水体下矿床开采/水下礦床開採 mining under water body
水田轮/水田車輪 paddy field wheel
水田拖拉机/水田曳引機 paddy field tractor
水听器/水聽器,水中聽音器 hydrophone
水听器阵列/水聽器陣列 hydrophone array
水头/水頭,落差,揚程 head
水腿/水腳壁 water leg
水位/水位,級,階段 water level, stage
水位标志/水位標志 water line target
水位表/水位表,水位指示器,水標尺 water level indicator, water gage
水位计/水位計 nilometer
水位监控器/水[放射性]監測器 water monitor
水位流量关系/水位流量關係 stage discharge relation
水文测量/水文測量,水道測量 hydrographic survey
水涡流制动器/水渦流制動器 water whirlpool brake
水洗箱/水洗滌器 water scrubber
水洗性渗透液/水洗性滲透液 water washable penetrant
水下传感器/水下感測器 underwater sensor
水下传感器网络/水下感測器網路 underwater sensor network
水下传声器/水下傳聲器,水下感測器 underwater sensor, underwater microphone
水下焊/水中熔接,水中焊接 underwater welding
水下机器人/水下機器人 underwater robot
水下激光雷达/水下雷射雷達 underwater laser radar
水下麦克风/水下麥克風 underwater microphone
水下切割/水中切割 underwater cutting
水[下]声发射器/水下發聲器 underwater sound projector
水下声学测速仪/水下聲速計 underwater acoustic velocimeter
水下实验室/水下實驗室 underwater laboratory
水下投影机/水下發射器 underwater projector
水下扬声器/水下發聲器 underwater sound projector
水下照相机/水下照相機 underwater camera
水下抓斗/水下抓斗 grab used in water
水下钻车/水下鑽車 underwater jumbo
水线电报/水線電報,海底電信 cablegram
水线电码/海纜電碼 cable code
水线腐蚀/水線腐蝕 waterline corrosion
水箱/水箱,水櫃,水槽 water tank
水性涂料/水性塗料 water borne coating
水蓄冷/水冷藏 water cold storage
水循环/水循環,水環流 water circulation, recirculation of water
水循环试验/水循環測試 water circulation test
水压[平板]机/液壓機 hydropress
水压试验/液壓測試,静水壓[力]試驗 hydrostatic test, hydraulic pressure test
水压轧光机/液壓砑光機 hydraulic calender
水压凿岩机/水壓驅動鑿岩機 water driving rock drill
水银泵/水銀泵 mercury pump
水银避雷器/水銀避雷器,汞避雷器 mercury arrester
水银[玻管]温度计/玻璃水銀温度計 mercury-in-glass thermometer
水银槽/水銀槽 mercury pool
水银测孔计/汞細孔計 mercury porosimeter
水银触点/水銀接點 mercury contact
水银灯/水銀燈,汞燈 mercury lamp, mercury light
水银地震计/水銀地震計 cacciatore
水银断续器/汞斷續器 mercury interrupter
水银恒温器/汞[控]恆温器 mercury thermostat
水银[弧光]灯/水銀[弧光]燈 mercury arc lamp
水银开关/水銀開關 mercury cutoff
水银孔率计/汞細孔計 mercury porosimeter
水银扩散泵/汞擴散泵 mercury diffusion pump
水银气压表/水銀氣壓計,水銀壓力表 mercury barometer
水银气压计/水銀氣壓計,水銀壓力表 mercury barometer
水银清洗装置/汞清潔器 mercury cleaner
水银示差温度计/水銀示差温度計 mercury differential thermometer
水银探测器/水銀偵測器 mercury detector
水银温度表/水銀温度計 mercury thermometer
水银温度计/水銀温度計 mercury thermometer
水银血压计/汞柱血壓計 mercury sphygmomanometer
水银压力表/水銀壓力計 mercury pressure gage
水银压力计/水銀壓力計,水銀差壓計 mercury manometer, mercury gage
水银真空计/汞真空計 mercury vacuum gage
水银整流器/水銀整流器,汞[弧]整流器 gasetron, mercury commutator
水银柱/水銀柱 mercury column, quicksilver

水蒸馏器/水蒸餾器 water distilling apparatus
水蒸气/[水]蒸汽 steam
水蒸气激光器/水汽雷射 water vapor laser
水质分析仪/水質分析儀 water quality analyzer
水质监测器/水[放射性]監測器 water monitor
水中麦克风/水中麥克風 subaqueous microphone
水中照相机/水中照相機,魚眼照相機 fish-eye camera
水柱压力计/水[柱]壓力計 water manometer
水准尺/水準尺 leveling staff
水准管/氣泡管 bubble tube
水准极化/水平極化 horizontal polarization
水准气泡/水平氣泡 leveling bubble
水准器/水位指示器,液位計 level indicator
水准仪/水準儀 level
水阻/水阻力 water resistance
顺磁磁化率/順磁磁化率 paramagnetic susceptibility
顺磁共振/順磁諧振 paramagnetic resonance
顺磁式氧分析器/順磁氧分析儀 paramagnetic oxygen analyzer
顺磁温标/順磁温標 paramagnetic temperature scale
顺磁性/順磁性 paramagnetism
顺磁盐温标/順磁鹽温標 paramagnetic salt temperature scale
顺磁盐温度计/順磁鹽温度計 paramagnetic salt thermometer
顺磁氧分析仪/順磁氧分析儀 paramagnetic oxygen analyzer
顺桨/順槳 feathering
顺流式燃烧室/順流式燃燒室 straight flow combustor
顺流式压缩机/順流式壓縮機 uniflow compressor
顺流式制冷压缩机/順流式製冷壓縮機 uniflow refrigerant compressor
顺氢气[流]还原/順氫還原 concurrent hydrogen flow reduction
顺时针方向旋转/順時針旋轉 clockwise rotation
顺时针极化/順時鐘方向之電波偏極 clockwise polarization
顺铣/順銑法,向下銑法 down milling
顺向道岔/順向道岔 free switch
顺序编码/依序編碼法 sequential coding
顺序表/順序表 sequential list
顺序波束扫掠/時序波瓣控制 sequential lobing
顺序操作/順序操作 sequential operation
顺序操作计算机/連序計算機 consecutive computer
顺序程序/順序程序 sequential program
顺序程序设计/順序程式設計 sequential programming
顺序处理/順序處理 sequential processing
顺序串/順序串 sequential string
顺序淬火/順序淬火 progressive hardening
顺序存储/順序儲存器 sequential storage
顺序存取/順序存取 sequential access
顺序的/順序的 sequential
顺序调度/順序排程 sequential scheduling
顺序调度系统/順序排程系統 sequential scheduling system
顺序调用/順序呼叫 sequence call
顺序队列/順序隊列 sequential queue
顺序发生/順序出現 sequential occurrence
顺序阀/順序閥 sequence valve
顺序分解/順序分解 sequential decomposition
顺序分析仪/定序儀 sequenator
顺序号/順序號碼 sequence number
顺序基线/基線順序式 baseline sequential
顺序计数器/順序計數器 sequence counter
顺序计算/順序計算 sequential computing
顺序加电/順序電力開啟 sequential power-on
顺序进程/順序過程 sequential processes
顺序局部性/順序局部性 sequential locality
顺序控制/順序控制,時序控制 sequential control
顺序控制寄存器/順序控制暫存器 sequence control
顺序控制器/順序控制器 sequential controller
顺序控制系统/順序控制系統 sequential control system
顺序流动/順序流動 in-order stream
顺序喷射/順序噴射,順序注入 sequential injection
顺序批处理/順序批次處理 sequential batch processing
顺序搜索/順序搜尋 sequential search
顺序算法/順序演算法 sequential algorithm
顺序索引/順序索引 sequential index
顺序图/順序圖 sequence diagram
顺序推理机/順序推理機 sequential inference machine
顺序文件/順序檔[案] sequential file
顺序相控/順序相位控制 sequential phase control
顺序一致性模型/順序一致性模型 sequential consistency model
顺序优化/逐次最佳化 sequential optimization
顺序栈/順序棧 sequential stack
顺序栈作业控制/順序堆疊作業控制 sequential stacked job control
瞬发中子/瞬發中子 prompt neutron
瞬间充电/瞬間充電 momentary charge

瞬间动摩擦系数/暂態動摩擦係數 instantaneous coefficient of kinetic friction
瞬间杀菌机/瞬間殺菌器 flash pasteurizer
瞬接接触件/瞬接接觸件 snap-on contact
瞬时/暂態 transient state
瞬时变迁/立即變遷 immediate transition
瞬时不变量/暂態不變量 instantaneous invariants
瞬时不可用度/暂態不可用度 instantaneous unavailability
瞬时测量/瞬時量測 instantaneous measurement
瞬时测频接收机/瞬時測頻接收機 instantaneous frequency measurement receiver, IFM receiver
瞬时磁化/閃光磁化 flash magnetization
瞬时错误/暂態誤差 transient error
瞬时定额/短期額定 short time rating
瞬时动态范围/瞬間動態範圍 instantaneous dynamic range
瞬时功率/瞬時功率 instantaneous power
瞬时功率密度/瞬間功率密度 instantaneous power density
瞬时故障/暂態故障 transient fault
瞬时加速度中心/暂態加速度中心,加速暂態中心 instantaneous center of acceleration
瞬时角速度/瞬時角速度 instantaneous angular velocity
[瞬时]接触点/接觸點 point of contact
[瞬时]接触线/接觸線 line of contact
瞬时可用度/暂態可用度 instantaneous availability
瞬时流量/流速,流率 flow rate
瞬时螺旋轴/暂態螺旋軸線 instantaneous screw axis
瞬时冒险/暂態冒險 transient hazard
瞬时描述/瞬時描述 instantaneous description
瞬时偏移控制/瞬時偏向控制 instantaneous deviation control
瞬时频率/瞬時頻率 instantaneous frequency
瞬时频率偏移/瞬間頻率偏移 instantaneous frequency deviation
瞬时启动荧光灯/瞬時啟動燈 instant start fluorescent lamp
瞬时升速/暂時昇速 temporary speed rise
瞬时声压/暂態聲壓 instantaneous sound pressure
[瞬时]失效率/[暂態]失效率 instantaneous failure rate
[瞬时]失效强度/[暂態]失效強度 instantaneous failure intensity
瞬时式安全器/暂態安全裝置 instantaneous safety device
瞬时视场/瞬時視場 instantaneous field of view, IFOV
瞬时速度/瞬時速度 instantaneous velocity, instantaneous speed
瞬时速度中心/暂態速度中心,速度暂態中心 instantaneous center of velocity
瞬时停歇/暂態暂停 instantaneous dwell
瞬时脱扣器/瞬時釋放 instantaneous release
瞬时相位/瞬間相位 instantaneous phase
[瞬时]修复率/[暂態]修復率 instantaneous repair rate
瞬时旋转/暂態旋轉 instantaneous rotation
瞬时旋转中心/暂態旋轉中心 instantaneous center of rotation
瞬时圆心点曲线/暂態圓心點曲線 pivot-point curve
瞬时圆周点曲线/暂態圓週點曲線 cubic of stationary curvature
瞬时孕育/澆斗瞬間接種法 instantaneous ladle inoculation
瞬时暂停/暂態暂停 instantaneous dwell, momentary dwell
瞬时振动/暂態振動 transient vibration
瞬时值/瞬時值 instantaneous value
瞬时制动功率/暂態剎車功率 instantaneous braking power
瞬时中心/瞬[時中]心,暂態中心 instantaneous center, instant center
瞬时中心法/瞬心法 instant center method
瞬时轴/暂態軸線,瞬軸 instantaneous axis
瞬时转动/暂態旋轉 instantaneous rotation
瞬时转动中心/暂態旋轉中心 instantaneous center of rotation
瞬时转动轴/暂態旋轉軸線 instantaneous axis of rotation
瞬时转速/瞬時轉速 instantaneous rotating velocity
瞬态/暂態,過渡狀態 transient state, transient
瞬态电抗/暂態電抗 transient reactance
瞬态电流/暂態電流 transient current
瞬态电压/暂態電壓 transient voltage
瞬态分析/瞬時分析 transient analysis
瞬态分析仪/瞬時分析器 transient analyzer
瞬态力和力矩特性/暂態力和力矩特性 transient state force and moment property
瞬态偏差/暂態偏差,瞬時離差 transient deviation
瞬态期/暂態期 transient period
瞬态扰动/暂態擾動 transient disturbance
瞬态随机激励/瞬態隨機激勵 transient random excitation

瞬态误差/暫態誤差　transient error
瞬态响应/暫態響應　transient response, transient state response
瞬态响应试验/暫態響應試驗　transient response test
瞬态型氮氧化物/瞬態型 NOx　prompt NOx
瞬态性能/暫態性能　transient performance
瞬态压力变化率/暫態壓力變化率　momentary pressure variation ratio
瞬态振动/暫態振動　transient vibration
瞬态转速变化率/暫態轉速變化率　momentary speed variation ratio
瞬态转速仪/暫態轉速計　transient tachometer
瞬心/瞬[時中]心,暫態中心　instantaneous center, instant center
瞬心多边形/瞬心多邊形　center polygon
瞬心线/瞬心線,極心線　centrode
瞬心线机构/瞬心線機構　centrode mechanism
瞬心线切线/瞬心線切線,極心線切線　centrode tangent
瞬轴面/軸線面　axode
说话人确认/說話人確認　speaker verification
说话人识别/說話人識別　speaker recognition
说明/宣告　declaration
说明性语言/宣告語言　declarative language
说明语义学/宣告語意學　declarative semantics
烁屏/閃爍屏　scintillation screen
司机室操纵单轨系统/駕駛室操縱單軌系統　cab controlled monorail system
司机室操纵起重机/駕駛室操縱起重機　cab operated crane
司机室操纵桥式起重机/駕駛室操縱橋式起重機　cab operated overhead crane
丝包线/絲包線　silk-covered wire
丝杠/導螺桿　lead screw
丝杠测量仪/導螺桿量測儀　lead screw measuring machine
丝杠副/導螺桿對　lead screw pair
丝杠检查仪/導螺桿測試器　lead screw tester
丝径/絲徑　wire diameter
丝盘/卷盤　scroll
丝透度计/線穿透計　wire penetrometer
丝网过滤器/網式濾器,線網濾器　wire mesh filter
丝网印刷/網版印刷　screen printing
丝线悬挂/微絲懸置　fiber suspension
丝状腐蚀/絲狀腐蝕,網狀腐蝕　filiform corrosion
丝锥/螺絲攻　tap
丝锥夹头/螺絲攻夾頭　tap chuck
丝锥实际大径/螺絲攻實際大徑　actual tap major diameter
私钥/專用鍵　private key
私用/私用,專用　private
私有高速缓存/私有快取　private cache
私有物联网/私有物聯網　private IoT
私有云/私有雲端　private cloud
思维科学/純理性科學　noetic science
思想生成系统/概念產生系統　idea generation system
斯达尔汉微压计/史托爾漢微壓計　Stalhane micromanometer
斯蒂潘诺夫方法/斯蒂潘諾夫方法　Stepanov method
斯科特联结/史考特接線法　Scott connection
斯克拉姆方法/斯克拉姆方法　Scrum method
斯勒格/斯勒格　geepound, slug
斯内尔定律/史奈爾定律　Snell law
斯氏黏度计/司氏黏度計　Stormer viscosimeter
斯氏体/史帝田鐵,史帝田體　steadite
斯塔克频移/史塔克頻移　Stark frequency shift
斯坦纳树/史戴那樹　Steiner tree
斯特德脆性/史帝氏脆性　Stead brittleness
斯特藩-玻尔兹曼定律/史提芬-波茲曼法則　Stefan-Boltzmann law
斯特藩-波尔兹曼法则/史提芬-波茲曼法則　Stefan-Boltzmann law
斯特里贝克曲线/斯特里貝克曲線　Stribeck curve
斯特林公式/司特寧公式　Stirling formula
斯特林循环/史特靈循環　Stirling cycle
斯托克斯/史托克斯,斯托克士　Stokes, St
斯托克斯定理/史托克斯定理　Stokes theorem
斯托克斯激励发射/史托克斯激勵發射　Stokes stimulated emission
斯托克斯碰撞/史托克斯碰撞　Stokes collision
斯托乐旋转式湿度计/旋轉濕度計　Storrow whirling hygrometer
斯旺立方棱镜/史旺立方棱鏡　Swan cube
斯威特兰滤器/隋特嵐濾機　Sweetland filter
斯温森-沃克结晶/史文生-瓦耳克結晶器　Swenson-Walker crystallizer
撕开型裂纹/撕裂模式裂紋　tearing-mode crack
撕裂度测定仪/撕裂試驗器　tear tester
撕裂断层/淺層橫移斷層　tear fault
撕裂扩展/撕裂擴展　tear propagation
撕碎机/撕碎機　shredder
死变迁/死變遷　dead transition
死标识/死標示　dead marking

死代码删除/死終止碼刪除 dead code elimination
死带/死帶 dead band
死点/死點 anchor point, dead point
死点位置/死點位置 dead center position
死机/完全停機 dead halt
死码/死終止碼 dead code
死区/死區,不靈敏區,死角地帶 dead zone, dead band
死区误差/死區誤差 dead zone error
死烧/僵燒,燒僵 dead burning
死时间/無感時間 dead time
死时间修正/空載時間修正,静止時間修正,失效時間修正 dead time correction
死锁/死鎖 deadlock
死锁避免/死鎖避免 deadlock avoidance
死锁恢复/死鎖恢復 deadlock recovery
死锁检测/死鎖測試 deadlock detection
死锁消除/死鎖消除 deadlock absence
死锁预防/死鎖預防 deadlock prevention
死体积/失效容體 dead volume
死铁层/爐内結塊 salamander
死循环/閉回路 closed loop
四包层光纤/四包層光纖 quadruple clad fiber
四倍器/四倍器,乘 4 装置 quadrupler
四臂电桥/四臂電橋 four arm bridge
四波混频/四波混頻 four wave mixing, four wave mixing
四叉树/四叉樹 quadtree
四冲程发动机/四衝程引擎 four stroke engine
四冲程循环/四衝程循環 four stroke cycle
四点跟踪/四點跟蹤 four point track
四点接触球轴承/四點接觸球軸承 four point contact ball bearing
四点探针法/四點探針法 four point probe method
四电极真空管/四極真空管 four electrode vacuum tube
四端环流器/四端環流器,四心導線 4 port circulator
四端器件/四端裝置 four terminal device
四端网络/四端網路 four terminal network
四分仓回转式空气预热器/四分倉空氣預熱器 quad sector air preheater
四分位数间距/四分位數範圍 interquartile range
四分之三浮式半轴/四分之三浮式輪軸 three quarter floating axle shaft
四分之一波长变换器/四分之一波長阻抗轉換器 quarter wave transformer
四分之一波长天线/四分之一波長天線 quarter wave antenna
四分之一波长线变压器/四分之一波長[線]變壓器 quarter wave line transformer
四分之一波片/四分之一波片 quarter wave plate
四分之一平方乘法器/四分之一平方乘器 quarter square multiplier
四杆运动链/四連桿組 four bar linkage
四工制/四工制 quadruplex system
四光导管彩色摄像机/四光導電式彩色攝像機 four vidicon camera
四辊矫直机/四重式多輥矯直機 four-high roller leveler
四辊式轧机/四輥式軋機 four high rolling mill
四滚轮波发生器/四滚子造波機 four-roller wave generator
四极/四極 quadrupole
四极电动机/四極電動機 four pole motor
四极杆/四極桿 quadrupole rod
四极管/四極管 tetrode
四极矩/四極矩 quadrupole moment
四极离子阱/四極離子阱 quadrupole ion trap
四极滤质器/四極濾質器,四極質量過濾器,四極質量選擇儀 quadrupole mass filter
四极探头/四極探針 quadrupole probe
四极调焦透镜/四極調焦透鏡 quadrupole focusing lens
四极透镜/四極透鏡 quadrupole lens
四极质谱计/四極質譜儀 quadrupole mass spectrometer, QMS
四价/四價 tetravalence
四角架/四角架 quadrupod
四接头杆/四接頭桿 quaternary link
四孔氧枪喷头/四孔氧槍噴頭 four hole lance tip
四类激光产品/四類雷射產品 class 4 laser product
四连杆抱索器/四連桿抱索器 four bar linkage grip
四[连]杆机构/四[連]桿機構 four bar mechanism
四连杆式非独立悬架/四連桿式懸吊 four link type suspension
四轮驱动拖拉机/四輪驅動式曳引機 four wheel drive tractor
四能级激光器/四能階雷射 four level laser
四能级系统/四能階系統 four level system
四频双信/四頻[同向]雙信 four frequency diplex
四频同向双工电报/四頻[同向]雙信電報術 four frequency diplex telegraphy
四球测定仪/四球試驗機 four ball tester
四曲柄压力机/四曲柄壓力機 four crank press
四绳抓斗/四繩抓斗 four rope grab

四索缆索起重机/四纜索起重機　four cable crane
四探针法/四點探針法　four probe method, four probe method
四通阀门/四通閥　four way valve
四通开关/四通閥　four way valve
四线电路/四線電路　four wire circuit
四线线路/四線電路　four wire circuit
四线制/四線制　four wire system
四线制终端设备/四線終端器　four wire terminating set
四相移相键控/四相移鍵控,二維相移鍵控　quadrature phase shift keying, QPSK
四效蒸发器/四效蒸發器　quadruple effect evaporator
四芯组/四線組,四芯[導]線　quad
四氧化三铁/四氧化三鐵　ferroferric oxide
四乙铅/四乙鉛　tetraethyl lead
四音电报制/四音電報制　four-tone telegraph system
四元合金/四元合金　quarternary alloy
四元相图/四元相圖　quarternary phase diagram
四元组/四元組　quadruple
四元组形式/四元組形式　quadruple form
四则运算器/計數器,加減計算機　arithmometer
四柱式液压机/四柱式液壓機　four column hydraulic press
似然比/似然比　likelihood ratio
似然方程/似然方程式　likelihood equation
似然函数/似然函數,概似函數,相似度函數　likelihood function
似真推理/似真推理　plausible reasoning
似真性排序/似真定序　plausibility ordering
松边/鬆邊　slack side
松边拉力/鬆邊拉力　slack side tension
松弛段/鬆邊　slack side
松弛法/鬆弛法　relaxation
松弛时间/鬆弛時間　relaxation time
松弛试验/鬆弛試驗　relaxation test
松弛试验机/鬆弛試驗機　relaxation testing machine
松弛算法/鬆弛算法　relaxed algorithm
松驰源路由/鬆散源路由　loose source route
松缚波/鬆縛波　loosely bound wave
松管/鬆管　loose tube
松管光缆/鬆管光纜　loose tube cable
松光纤束/鬆光纖束　loose fiber bundle
松结构光缆/鬆結構光纜　loose cable structure
松模/鬆模,起模　rapping
松模工具/敲模器　rapper
松耦合系统/鬆耦合系統　loosely coupled system
松散度/鬆散度　shatter value
松散耦合/鬆弛耦合,弱耦合　loose coupling
松散时间约束/鬆弛時間約束　loose time constraint
松散填料/隨機填料　random packing
松散一致性/鬆弛一致性　loose consistency
松砂/鬆砂　aeration, sand cutting
松砂机/鬆砂機　aerator, sand cutter
松绳保护装置/鬆繩安全裝置　safe device against slack rope
松石撬落机/鬆石撬落機　scaler
松土-搅拌转子/鬆土-攪拌轉子　pulvimixer rotor
松土耙/鬆土機　scarifier
松土器/破土犁　ripper
松香/松香,松脂　rosin, resin
松箱板器/鬆箱板具　mold release trigger
松装密度/虛表密度,視密度　apparent bulk density
松装烧结/鬆散粉末燒結　loose powder sintering
嵩忠雄解码器/凱西米解碼器　Kasami decoder
宋/宋　sone
宋体/宋體　Song Ti
送粉器/送粉器　powder feeder
送粉速度/送粉速度　powder feed rate
送风管/送風管,鼓風管,風管　blast pipe, wind pipe
送风机/壓力通風扇,強制通風扇　forced draft fan
送风时率/送風時率　blowing time ratio
送风式冷却塔/強制通風冷卻塔　force draught cooling tower
送话器/傳話器,[送]話筒　telephone transmitter, transmitter
送话器控钮/鈕扣式麥克風　button microphone
送卡箱/載卡器,饋卡槽,卡斗　card hopper
送气风扇/送風扇　plenum fan
送丝机构/送線機構　wire feeder
送丝速度/送線速度　wire feed rate
送芯小车/砂心搬運車　core truck
送桩器/送樁器　pile follower
搜索/搜索,搜尋　hunting, search
P2P 搜索/P2P 搜索　P2P search
搜索表/搜尋串列　search list
搜索博弈树/搜尋競賽樹　search game tree
搜索策略/搜尋策略　search strategy
搜索规则/搜尋規則　search rule
搜索机/搜尋引擎　search engine
搜索机器人/搜尋機器人　search robot
搜索技术/搜尋技術　search technique
搜索空间/搜尋空間　search space
搜索雷达/偵察雷達　surveillance radar

搜索求解/搜尋求解 search finding
搜索树/搜尋樹 search tree
搜索算法/搜尋演算法 search algorithm
搜索图/搜尋圖 search graph
搜索引擎/搜尋引擎 search engine
搜索与救援雷达/搜尋與救援雷達 search and rescue radar
搜索与替代/搜尋與取代 search and replace
搜索周期/搜尋週期 search cycle
苏打灰/蘇打灰,鈉鹼灰 soda ash
苏尔威尔制冷机/蘇爾威爾冷凍機 Suerweier refrigerator
苏尔效应/蘇耳效應 Suhl effect
素来铁/素來鐵 Sorel metal
素烧瓷板/素燒板 porous plate
素烧坩埚/素燒坩堝 unglazed crucible
素烧滤筒/素燒濾筒 porous filter cylinder
素烧瓶/素燒筒 porous cell
素数/質數 prime number
素项/必要項 prime implicant
素因数/候選因數 prime factor
速比/速比 speed ratio, velocity ratio
速动阀/快洩閥 quick release valve
速动起动器/快速起動器 quick acting starter
速冻设备/快速冷凍機 quick freezing unit
速冻装置/快速冷凍設備 quick freezing equipment
速度/速度 velocity
速度比能/速度能 velocity energy
速度表/速率計,速度計,里程計 speedometer, velocimeter
速度测量/量測速度 measurement speed
速度场/速度場 velocity field
速度冲击响应谱/速度衝擊響應譜 velocity shock response spectrum
速度传感麦克风/速度感測麥克風 velocity sensing microphone
速度传感器/速度訊號轉換器,輪速感測器,速率感測器 speed sensor, velocity transducer
速度导纳/速度移動率 velocity mobility
速度端图/速度端點曲線 velocity hodograph
速度多边形/速度多邊形 velocity polygon
速度多边形杠杆法/速度多邊形槓桿[方]法 velocity polygon lever method
速度反馈/速度回饋 velocity feedback
速度分布/速度分布 velocity distribution
速度分析/速度分析 velocity analysis
速度改变法/速度改變法 velocity change method
速度环量/速度循環量 circulation of velocity
速度换能器/速度換能器 velocity transducer
速度级/速度級 velocity stage
速度极心/速度極心 velocity pole
速度计/速度計,速率指示器 velocity gage, speedometer, velocimeter
速度检测装置/速率檢測器 speed detector
速度渐变/速度漸變 velocity tapering
速度矩阵/速度矩陣 velocity matrix
速度控制/速度控制 speed control, velocity control
速度滤波器/濾速器 velocity filter
速度门欺骗/速度門欺騙 velocity gate deception
速度面积法/速度面積法,流速面積法 velocity area method
速度曲线/速度曲線 velocity curve
速度三角形/速度三角形 velocity triangle
速度[矢量]图/速度[向量]圖 velocity diagram
速度式水表/速度式水表 velocity water meter
速度水头/速度落差,速頭 velocity head
速度特性/固定節流特性 fixed throttle characteristic
速度跳变/速度跳變 velocity jump
速度跳变电子枪/速度跳變電子槍 velocity jump gun
速度同步器/速率同步器 speed synchronizer
速度陀螺仪/速率陀螺儀,角速率回轉儀,角速率陀螺儀 rate gyroscope, rate gyro
速度误差/速度誤差 velocity error
速度误差系数/速度誤差係數 velocity error coefficient
速度系数/速度係數,速率因數 speed factor, velocity coefficient, coefficient of velocity
速度像/速度像 velocity image
速度[型]地震仪/速度式地震計 velocity-type seismometer
速度型流量计/速度式流量計 current type flowmeter
速度型压缩机/動態壓縮器 dynamic compressor
速度指示器/速率指示器,變率指示器 rate indicator
速度锥/變速圓錐體 speed cone
速度阻抗/速度阻抗 velocity impedance
速端图/速矢圖,風徑圖 hodograph
速断开关/速斷開關 quick break switch
速高比/速高比 velocity-to-height ratio
速冷机组/快速冷凍機 quick freezing unit
速率/速率 speed
速率发生器/時率產生器 rate generator
速率方程/時率方程式 rate equation
速率积分陀螺/速率積分陀螺儀 rate integrating gyro

速率计/速率計　speedometer
速率计数器/速率計數器,計速器　speed counter
速率控制/速率控制　rate control
速率区带离心法/速率區離心法　rate zone centrifugation
速率式传声器/速度麥克風,振速傳聲器　velocity microphone
速率适配/速率適配　rate adaptation, RA
速率调节器/速率調節器,變率調節器　rate regulator
速率自适应数字用户线/速率自我調整數位用户線路　rate-adaptive digital subscriber line, radSL
速启阀/速啟閥　quick opening valve
速燃期/快速燃燒期間　rapid combustion period
速热式进气歧管/速熱式進氣歧管　quick heat intake manifold
速示电流计/不擺電流計,不擺檢流計　dead beat galvonometer
速调管/速調管,速度調制電子管,調速電子管　klystron
速调管倍增器/調速管倍增強器　klystron multiplier
速调管放大器/[電子]調速管放大器,克來斯壯放大器　klystron amplifier
速调管空腔谐振器/調速管諧振器　klystron cavity
速调管振荡器/調速管振盪器　klystron oscillator
速调水平仪/調速水平儀　quick setting level
宿主操作系统/主機作業系統　host operating system
宿主机/主機　host machine
宿主系统/主機系統　host system
宿主语言/主機語言　host language
塑玻复合安全窗用玻璃材料/塑玻複合安全窗材料　glass plastic safety glazing material
塑度计/塑性計　plastometer
塑封/塑封　plastic package
塑封晶体管/塑封電晶體　epoxy transistor
塑胶光纤/塑膠光纖　plastic optical fiber
塑料/塑膠　plastic
塑料安全窗用玻璃材料/塑膠安全玻璃材料　plastic safety glazing material
塑料薄膜探测器/塑膠膜檢知器　plastic film detector
塑料成形模具/塑膠成形模具　mould for plastic
塑料滴管/塑膠滴定管　plastic buret
塑料电镀/塑膠電鍍　plating on plastics
塑料电容器/塑膠電容器　plastic capacitor
塑料缓和反应器/塑膠緩和反應器　plastic moderated reactor
塑料漏斗/塑膠漏斗　plastic funnel
塑料慢化堆/塑膠緩和反應器　plastic moderated reactor
塑料模/塑膠模　plastic pattern
塑料膜电容器/塑膠膜電容　plastic film capacitor
塑料喷嘴/塑膠噴嘴　plastic nozzle
塑料球压痕硬度/塑料球壓痕硬度試驗　plastic ball indentation hardness
塑料球压痕硬度计/塑料球壓痕硬度試驗計　plastics ball indentation hardness tester
塑料球压痕硬度试验/塑料球壓痕硬度試驗　plastic ball indentation hardness test
塑料容器/塑膠容器　plastic container
塑料闪烁体/塑膠閃爍器　plastic scintillator
塑料闪烁体探测器/塑膠閃爍檢知器　plastic scintillator detector
塑料涂层/塑膠塗層,塑膠塗料　plastic coating
塑料涂敷金属/塑面金屬　plastic coated metal
塑料洗瓶机/塑膠潤洗器　plastic rinser
塑料轴承/塑膠軸承　plastic bearing
塑性变形/塑性變形　plastic deformation
塑性变形图描记器/塑性測定器,塑性儀　plastograph
塑性测定法/塑性量測法　plastometry
塑性成焦机理/塑性成焦機理　plastic mechanism of coke making
塑性成形/塑性成形　plastic forming
塑性各向异性/塑性各向異性　plastic anisotropy
塑性极限/塑性限度　plastic limit
塑性加工/塑性加工　plastic working
塑性力学/塑性力學　plasticity
塑性流体动力润滑/塑性流體動力潤滑　plasto-hydro-dynamic lubrication
塑性区/塑性區　plastic region, plastic zone
塑性形变/塑性變形　plastic deformation
塑性应变/塑性應變　plastic strain
溯因推理/反繹推理　abductive reasoning
溯源/推導　derivation
溯源等级图/溯源等級圖　hierarchy scheme
溯源链/追溯鏈　traceability chain
酸泵/酸液泵　acid pump
酸比重计/酸量計　acidimeter
酸处理/酸處理　acid treating, acidization
酸滴定管/酸滴定管　acid buret
酸度/酸度　acidity
酸度计/酸度計,pH 計　acidometer, pH meter
酸度计电极/pH 電極　pH electrode
酸度试验/酸度試驗　acidity test

酸度误差/酸度誤差 acidity error
酸腐蚀/酸蝕 acid corrosion
酸化/酸化,酸處理 acidization
酸化处理/酸蝕作用 acidizing
酸价/酸值 acid number
酸碱滴定[法]/酸鹼滴定[法] acid base titration
酸碱度计量器/pH 計,酸鹼計,酸度計 pH meter
酸碱度调节器/pH 調整器 pH regulator
酸碱指示剂/酸鹼指示劑 acid base indicator
酸浸/酸浸法 acid leaching
酸浸渍/酸浸液 acid dip
酸量滴定分析[法]/酸量滴定分析 acidimetric analysis
酸热分解/酸熱分解 thermal decomposition with acid
酸溶铝/酸溶鋁 acid soluble aluminum
酸溶锌率/酸溶鋅率 acid soluble zinc ratio
酸溶渣/酸溶渣 acid dissolution slag
酸蚀/酸蝕作用 acidizing
酸蚀处理/酸性浸蝕 acid etching
酸坛/[酸]罈 carboy
酸洗/酸洗 pickling, acid pickling, cleaning with acid
酸洗槽/酸洗槽 pickling tank
酸洗后掺杂钨粉/酸洗摻鎢 doped tungsten powder after washing with acid
酸洗介质/酸洗介質 pickling medium
酸洗-冷轧联合机组/酸洗-冷軋聯合機組 continuous pickling and continuous cold rolling mill
酸洗清理/酸洗清理 acid pickling cleaning
酸洗添加剂/酸洗添加劑 pickling additive
酸洗液/酸洗液 pickle acid, pickling agent
酸性/酸性 acidity
酸性底吹转炉/酸性柏思麥轉爐 acid Bessemer converter
酸性电炉/酸性電爐 acid electric furnace
酸性电炉钢/酸性電爐鋼 acid electric steel
酸性腐蚀/酸蝕 sour corrosion
酸性钢/酸性[爐]鋼 acid steel
酸性焊剂/酸性助熔劑 acid flux
酸性介质/酸性介質 acidic medium
酸性矿水/酸性礦水 acid mine water
酸性[炼钢]法/酸性法 acid process
酸性磷氧型萃取剂/酸性磷氧型萃取劑 acidity phosphorous-oxygen type extractant
酸性炉衬/酸性[爐]襯 acid lining
酸性[炉]渣/酸性熔渣 acid slag
酸性耐火材料/酸性耐火材料,酸性耐火物 acid refractory, acid refractory material
酸性耐火砖/酸性耐火磚 acid fire brick, refractory brick
酸性泥渣/酸性淤泥 acid sludge
酸性平炉钢/酸性平爐鋼 acid open-hearth steel
酸性平炉炼钢法/酸性平爐煉鋼法 acid open-hearth process
酸性球团矿/酸性球團礦 acid pellet, acidic pellet
酸性烧结矿/酸性燒結礦 acid sinter
酸性试验/酸性試驗 acid test
酸性水解管/酸性水解管 acid hydrolysis tube
酸性蓄电池/酸性蓄電池[組],酸性電池[組] acid storage battery, acid battery
酸性氧化物/酸性氧化物 acidic oxide
酸性转炉/酸性轉爐 acid converter
酸性转炉钢/酸性柏思麥鋼 acid Bessemer steel
酸性转炉炼钢法/酸性柏思麥法 acid Bessemer process
酸性转炉生铁/柏思麥生鐵 Bessemer pig iron
酸压裂/酸裂法 acid fracturing
酸值/酸值 acid number
算法/演算法 algorithm
ARIES 算法/ARIES 演算法 ARIES algorithm
CYK 算法/CYK 演算法 CYK algorithm
DPLL 算法/DPLL 演算法 DPLL algorithm
FASTA 算法/FASTA 演算法 FASTA algorithm
KMP 算法/KMP 演算法 KMP algorithm
算法保密/演算法保密 algorithm secrecy
算法博弈论/演算法博弈論 algorithmic game theory
算法分析/演算法分析 algorithm analysis
算法复杂性/演算法複雜性 algorithm complexity
算法交易平台/演算法交易平臺 algorithmic trading platform
算法类/演算法類 class of algorithms
算法逻辑/算法邏輯 algorithmic logic
算法语言/演算法語言 algorithmic language, ALGOL
算法正确性/演算法正確性 correctness of algorithm
算符/運算子,運算符 operator
算符文法/運算子文法 operator grammar
算符优先分析/算符優先分析 operator precedence parsing
算符优先文法/自由運算子居先文法 operator precedence grammar
算符质量控制/操作員品質管制 operator quality control
算盘/算盤 abacus
算术操作/算術運算 arithmetic operation

算术层谱/算術層譜 arithmetical hierarchy
算术错误/算術誤差 arithmetic error
算术公式/算術公式 arithmetic formula
算术化/算術化 arithmetization
算术逻辑部件/算術邏輯單元 arithmetic logic unit, ALU
算术码/算術碼 arithmetic code
算术平均测试/算術平均測試 arithmetical mean test
算术平均效率/算術平均效率 arithmetic average efficiency
算术平均值/算術平均值 arithmetic mean
算术上溢/算術溢位 arithmetic overflow
算术误差/算術誤差 arithmetic error
算术下溢/算術欠位 arithmetic underflow
算术移位/算術移位 arithmetic shift
算术右移/算術右移 arithmetic shift right
算术运算/算術運算 arithmetic operation
算术左移/算術左移 arithmetic shift left
算图/圖表 graph
算子/運算子,運算符 operator
随车起重运输车/具起重機卡車 truck with loading crane
随动/跟催 follow-up
随动锯/隨動鋸機 flying saw
随动控制/跟隨控制,追蹤控制,跟催控制 follow-up control
随后呼叫/繼續呼叫 follow-on call
随机/隨機 randomization
随机比较法/隨機比較法 random comparison method
随机编码/隨機編碼 random coding
随机变化/隨機變化,隨機變動 random change, random variation
随机变量/隨機變量,隨機變數 random variable
随机并行算法/隨機平行算法 randomized parallel algorithm
随机波极化/隨機波極化 random wave polarization
随机波形/隨機波形 random waveform
随机不确定度/隨機不確定度 random uncertainty
随机测量误差/隨機量測誤差 random measurement error
随机测试/隨機測試,隨機試驗 random test
随机测试生成/隨機測試產生 random test generation
随机差错/隨機誤差 random error
随机查找/隨機搜尋 random search
随机产生器/隨機產生器 randomizer
随机场/隨機場 random field
随机重合/隨機重合,無規符合 random coincidence
随机抽查/隨機檢驗 random inspection
随机抽样/隨機抽樣,隨機取樣 random sampling
随机处理/隨機處理 random processing
随机存取/隨機存取 random access
随机存取存储器/隨機存取記憶器 random access memory, RAM
随机存取机/隨機存取機 random access machine
随机存取控制器/隨機存取控制器 random access controller
随机存取装置/隨機存取裝置 random access device
随机地址/隨機位址 random address
随机调度/隨機排程 random schedule
随机对数空间计算/隨機對數空間計算 randomized logspace computation
随机多路接入/隨機多重進接 random multiple access, RMA
随机分布/隨機分布 random distribution, random profile
随机分配多址/隨機分配多址 random assignment multiple access
随机高级佩特里网/隨機高階佩特里網 stochastic high level Petri net
随机故障/隨機故障 random fault
随机过程/隨機過程 stochastic process, random process
随机计数器/隨機計數器 random counter
随机计算/隨機計算 randomized computation
随机加速度/隨機加速度 random acceleration
随机接入技术/隨機進階技術 random access technique
随机接入直接序列码分多址/隨機存取直接序列-分碼多重進接,隨機進階之直接序列分碼多重進階 random access DS-CDMA
随机纠错码/隨機錯誤更正碼 random error correcting code
随机开关/隨機開關 random switching
随机控制理论/隨機控制理論 stochastic control theory
随机控制系统/隨機控制系統 stochastic control system
随机离散时间信号/隨機離散時間訊號 random discrete time signal
随机力/隨機力 stochastic force
随机码/隨機碼 random code, hatted code
随机脉冲产生器/隨機脈波產生器 random pulser
随机 PRAM 模型/隨機 PRAM 模型 randomized

PRAM module
随机判定树/隨機決策樹 randomized decision tree
随机佩特里网/隨機小型網路 stochastic Petri net
随机偏差/隨機離差 random deviation
随机漂移/隨機漂移 random drift
随机扰动/隨機擾動 random disturbance
随机散射/隨機散射,隨機散布,亂散射 random scatter
随机扫描/隨機掃描 random scan
随机失效/隨機失效,隨機故障 random failure
随机事件/隨機事件 random event
随机试验/隨機抽試 random test
随机输入/散亂輸入 random input
随机数/隨機數,亂數 random number
随机数发生/隨機數字産生,亂數産生 random number generation
随机数据/隨機數據 random data
随机数生成器/隨機數産生器 random number generator
随机数算法/亂數演算法 random number algorithm
随机数序列/隨機數順序,隨機數數序 random number sequence
随机搜索/隨機搜尋 random search
随机搜寻算法/隨機搜尋演算法 random search algorithm
随机算法/隨機演算法 randomized algorithm
随机梯度下降法/隨機梯度下降法 stochastic gradient descent
随机通信复杂性/隨機通信複雜性 randomized communication complexity
随机通信卫星系统/隨機通信衛星系統 random communication satellite system
随机位/隨機位 random bit
随机文法/隨機文法 stochastic grammar
随机文件/隨機檔案 random file
随机误差/隨機誤差 random error
随机误码/隨機誤差 random error
随机下推自动机/隨機下推自動機 stochastic pushdown automaton
随机现象/隨機現象 random phenomenon
随机相位误差/隨機相角誤差 random phase error
随机信号/隨機信號,隨機訊號 random signal, stochastic signal
随机信号发生器/隨機信號産生器,隨機訊號産生器 random signal generator
随机性提取器/隨機性提取器 randomness extractor
随机序列/隨機序列 random sequence
随机选路算法/隨機選路演算法 randomized routing algorithm
随机样本/隨機樣本,隨意採樣 random sample
随机页替换/隨機頁面替換 random page replacement
随机游走/隨機漫步 random walk
随机游走模型/隨機漫步模型 random walk model
随机有限自动机/隨機有限自動機 stochastic finite automaton
随机运动/隨機運動,無規運動 random motion
随机载荷/隨機載荷,隨機負荷 random load
随机早期检测/隨機早期檢測 random early detection
随机噪声/隨機雜訊,無規則噪聲,散亂雜音 random noise
随机增量构造/隨機增量構造 randomized incremental construction
随机振动/隨機振動 random vibration
随机自归约[性]/隨機可自約性 random self reducibility
随机走动/隨機漫步 random walk
随矿落下顶板岩石/易落頁岩層 following stone
随炉缓冷/爐内冷却 furnace cooling
随路信令/隨路信令 channel-associated signaling, CAS
随身计算/隨身計算 wearable computing
随挖随填/充填開採法,切填開採法 cut and fill
随行夹具/隨行托架 workholding pallet
随用随付/隨收隨付制,量入爲出法 pay as you go, pay as usage
随遇平衡/隨遇平衡 indifferent equilibrium
岁差常数/歲差常數,進動常數 constant of precession
碎冰机/碎冰機 ice crusher
碎浆机/再漿機 repulper
碎焦炭/碎焦炭 breeze coke, coke breeze
碎矿厂/碎礦場 crushing plant
碎料筛/碎料篩 bull screen
碎裂/碎裂 shatter crack
碎裂纹/表面亂裂 crazing
碎煤机/碎煤機,粉煤機,煤粉碎機 coal pulverizer, coal cracker
碎片/碎片 fragmentation, spall
碎片压紧机/碎片壓機 cabbaging press
碎片状态试验/破片狀態試驗 fragmentation test
碎砂机/碎砂機,鬆砂機 sand breaker
碎石锤/碎礦機 rock breaker
碎石机/碎石機,製粒機 stone crusher, rock breaker unit, granulator

碎铁/碎鐵　bushelling
碎屑岩/碎屑岩　clastic rock
碎屑岩储集层/碎屑儲油層　fragmental reservoir
碎芯锤/碎心鍾　core buster
碎渣机/壓碎機　crusher
隧穿/穿隧　tunneling
隧道衬砌/坑道襯壁　tunnel lining
隧道电子显微镜/穿隧式顯微鏡　tunneling microscope
隧道二极管/隧道二極體,穿隧二極體,透納二極體　tunnel diode, Esaki diode
隧道发射/透納發射　tunnel emission
隧道方式/隧道模式　tunnel mode
隧道光电二极管/穿隧光電二極體　tunnel photodiode
隧道击穿/隧道擊穿　tunnel breakdown
隧道技术/穿隧　tunneling
隧道炉/隧道[乾燥]爐　tunnel furnace, tunnel stove
隧道式干燥装置/隧式乾燥器　tunnel drier
隧道式洁净室/隧式潔淨室　tunnel cleanroom
隧道式炉/隧道式爐,隧道[乾燥]爐　tunnel furnace, car tunnel furnace, tunnel oven
隧道[式]退火炉/隧道退火爐　tunnel annealing furnace, tunnel type annealing furnace
隧道效应/隧道效應　tunnel effect, tunneling effect
隧道协议/隧道協議　tunneling protocol, TP
GPRS 隧道协议/GPRS 隧道協定　GPRS tunnel protocol, GTP
隧道窑/隧道窯　tunnel kiln
隧道窑直接还原[法]/隧道窯直接還原[法]　tunnel kiln direct reducting, tunnel kiln direct reduction process
隧道铸铁圈/隧道鑄鐵圈　tunnel casting ring
隧道作用低温体/穿隧式低温體　tunneling cryotron
燧石玻璃/燧石玻璃　flint glass
燧石压延机/燧石研光機　flint glazing calender
孙奈利槽/孫奈利水槽　Saniiri flume
损耗/損失,耗損,消耗　loss, dissipation
损耗比/損失比　loss ratio
损耗测量/損耗量測　loss measurement
损耗概率/損耗機率,損失機率　loss probability
损耗函数/損耗函數　loss function
损耗角/損耗角,損失角,衰減角　loss angle
损耗角正切/損耗正切　loss tangent
损耗角正切试验/損耗角正切試驗,介質損耗角試驗　loss tangent test
损耗平衡/損耗平衡　wear leveling
损耗因数/損耗因數　dissipation factor, loss factor
损耗因子/耗損因子　loss factor
损坏/缺陷　defective
损坏速度/損壞速度　damage speed
损伤/損害　damage, impairment
损伤感生缺陷/損傷感生缺陷　damage induced defect
损伤容限设计/損傷容許設計　damage tolerant design
损伤吸杂工艺/損傷吸雜工藝　damage gettering technology
损失/損耗　loss
榫槽面法兰/榫槽面凸緣　tongue and groove face flange
梭式布料机/梭式給料器　shuttle distributor
梭式窑/梭動窯　shuttle kiln
梭型凸轮从动件/梭狀從動件　shuttle-shaped cam follower
羧化作用/羧化作用　carboxylation
缩尺/縮尺,鑄尺　pattern-maker rule, shrinkage rule, shrinkage scale
缩短渐开线/短幅漸開線　curtate involute
缩放绘图仪/伸縮繪圖儀　eidograph
缩放与旋转/縮放與旋轉　stretch and rotation
缩分样品/縮分樣品　reduced sample
缩管/[收]縮管　shrinkage pipe
缩合量/凝結數　condensation number
缩痕/縮陷處　shrink mark
缩颈冒口/縮頸冒口　feeder head with washburn core
缩颈砂芯/縮頸砂心　break-off core, neck down core
缩径阀门/縮口閥　reduced-port valve
缩径[管]接头/漸縮接頭　reducing coupling
缩径三通/漸縮 T 形管,漸縮三通管　reducing Tee
缩径旋压/頸縮旋壓　necking in spindown
缩聚器/縮合反應器　condensation kettle
缩孔/收縮氣孔巢　shrinkage, shrinkage hole
缩孔倾向/縮孔傾向　shrinkage cavity tendency
缩口/頸縮,斷面收縮　necking
缩口阀门/縮徑閥　reduced bore valve
缩口模/縮口模　necking die
缩口系数/頸縮係數　necking coefficient
缩裂/縮裂　contraction crack, shrinkage crack
缩松/微孔巢性　dispersed shrinkage
缩头砂芯/縮頸砂心,克麥倫砂心　Cameron core
缩微胶卷/微縮膠卷　microfilm
缩微胶片/微縮膠片　microfiche
缩位拨号/簡碼撥號,簡縮撥號　abbreviated dialing
缩位拨号系统/簡縮撥號系統,簡碼撥號系統　abbreviated dial system

缩陷/外縮窩　shrinkage depression
缩小/縮小　zoom out
缩写抽取/縮寫擷取　abbreviation extraction
缩语[码]/簡碼　brevity code
缩址/簡[略地]址　abbreviated address
缩址呼叫/簡碼呼叫　abbreviate address calling
所见即所得/所見即所得,即視即所得,直接可視數據　what you see is what you get
所有各方均已通知/通知所有電臺,所有的電臺已通知　all advised
所有路由器多播组/所有路由器多播組　all-routers group
所有系统多播组/所有系統多播組　all-system group
索/索,繩　cord
索道/索道,電纜管道　ropeway, cableway
索尔维碳酸化器/索耳未碳酸化器　Solvay carbonator
索尔维碳酸化塔/索耳未碳酸化塔　Solvay carbonating tower
索尔文制冷循环/索爾弗冷凍循環　Solver refrigeration cycle
索格斯利特萃取器/索司勒萃取器　Soxhlet apparatus
索径/索線直徑　diameter of wire cord
索距/索距　pitch of wire cord
索林算法/Sollin 演算法　Sollin algorithm
索轮/索輪　cable pulley
索洛维-基塔耶夫定理/索羅維-基塔耶夫定理　Solovay-Kitaev theorem
索末菲-郭柏波/索末菲爾德-高賓波,軸對稱波　Sommerfeld-Goubau wave
索末菲数/桑氏數　Sommerfeld number
索拧角/索扭角　twist angle of strands
索氏体/糙斑鐵,糙斑體　sorbite
索氏体化处理/韌化　patenting
索氏体铸铁/糙斑鑄鐵　sorbitic cast iron
索氏[脂肪]抽提器/索司勒萃取器　Soxhlet extractor
索引/索引,指標　index
索引标志/索引標志　index marker
索引存储/索引儲存　index storage
索引孔/索引孔　index hole
索引调优/索引調優　index tuning
索闸/索剎車　cable brake
索状饱和/纖維狀飽和　funicular saturation
索钻钻具/頓鑽鑽具　cable drilling tool
锁步/鎖步　lock-step
锁步操作/鎖步操作　lock-step operation
锁存器/鎖存器,閂　latch
锁定/鎖[定]　lock-in, locking
锁定范围/鎖定範圍　lock range
锁定机构/鎖定機構　caging mechanism
锁定设施/鎖定裝置　locking device
锁定转子频率/鎖定轉子頻率　lock-rotor frequency
锁定装置/鎖定裝置　locking device
锁杆/撥叉壓板　locking bar
锁归结/鎖分解　lock resolution
锁紧螺帽/鎖緊螺帽,并緊螺帽　check nut
锁紧手柄套/鎖緊手柄套　locking handle seat
锁口/鎖口　parting of the pass, roll joint
锁口件/鎖口件　locking piece
锁口球轴承/鎖口球軸承　counterbore ball bearing
锁口叶片/鎖口葉片　locking blade
锁粒度/鎖定粒度　lock granularity
锁轮链/呆鏈　locked chain
锁模/鎖模　mode locking, mode-lock
锁模激光器/鎖模雷射　mode-locking laser
锁气器/擋葉,舌閥,氣流閘　clapper, flapper
锁气装置/鎖氣裝置　air-look device
锁圈/鎖圈,恆定扣環　retaining snap ring
锁死/鎖死　lockup
锁调优/鎖調優　lock tuning
锁相容性/鎖相容性　lock compatibility
锁相/鎖相　phase lock
锁相放大器/鎖定放大器　lock-in amplifier
锁相环/鎖相回路,鎖相環路　phase locked loop, PLL
锁相环[路]/鎖相回路　phase locked loop, PLL
锁相检波器/鎖相檢波器,鎖相檢知器　phase lock detector
锁相检测/鎖相檢測　phase locked detection
锁相鉴频器/鎖相頻率　phase locked frequency discriminator
锁相解调/鎖相解調　phase lock demodulation
锁相解调器/鎖相解調器　phase-lock demodulator
锁相逻辑/鎖相邏輯　phase locked logic
锁相振荡器/鎖相振盪器,鎖定振盪器　phase locked oscillator
锁演绎/鎖演繹　lock deduction
锁止式液力变矩器/鎖定變矩器　lock-up torque converter
锁止系数/鎖止比　lock ratio

T

他激振荡器/被激振盪器 driven oscillator
他冷式电机/外冷式電機 separately cooled machine
他励/他勵的,他激 separately excited
他励电动机/他勵電動機 separately-excited motor
他励发射/他勵發射 induced emisison
他助式冷藏陈列柜/輔助服務式冷藏陳列櫃 assisted service refrigerated display cabinet
铊/鉈 thallium
塔/塔[臺] tower
塔板/托盤,輸送機槽 tray
塔波特氏定律/塔耳波特定律 Talbot law
塔齿轮/階級齒輪,齒輪組 stepped gear, cluster gear
塔顶/塔頂 cat head
塔顶回转式塔式起重机/塔頂回轉式塔式起重機 tower crane with slewing cat head
塔尔伯特平炉炼钢法/塔爾波法 Talbot process
塔尔伯特-普拉托定律/陶巴特-卜拉托定律 Talbot-Plateau law
塔尔博特/塔耳波特 talbot
塔尔博特定律/托魯勃特定律 Talbot law
塔费尔方程/塔菲爾方程[式] Tafel equation
塔费尔斜率/塔菲爾斜率 Tafel slope
塔节/塔段 tower section
塔康/塔康,戰術空中導航系統 tactical air navigation system, TACAN
塔克曼应变计/塔克曼應變計 Tuckerman strain gage
塔轮/塔輪 stepped pulley
塔帽回转式塔式起重机/回轉塔帽式塔式起重機 tower crane with slewing cap head
塔身折叠机构/折疊裝置 folding device
塔式布料杆/塔式分配器 tower distributor
塔式服务器/塔式伺服器 tower server
塔式干燥器/乾燥塔 tower drier
塔式锅炉/塔式鍋爐 tower boiler
塔式混凝土搅拌站/塔式混凝土攪拌廠 tower concrete mixing plant
塔式炉/塔式爐 tower oven
塔式磨机/塔式磨機 tower mill
塔式起重机/塔式起重機,塔式吊車 tower crane
塔式酸洗/塔式酸洗 tower pickling
塔式蒸馏器/[柱式]塔餾器,塔底鍋 column still
塔影响效应/塔影響效應 influence by the tower shadow
塔柱装置/塔柱附屬裝置 tower attachment
踏板/踏板 pedal
踏步测试/跛足跳位測試 crippled leapfrog test
踏步灯/腳步燈 courtesy light, step lamp
踏脚板/踏板 foot board, step plate
胎侧/胎側 sidewall
胎儿监护仪/胎兒監護儀 fetal monitor
胎冠/輪胎胎冠 crown
胎冠帘线角度/胎冠簾線角度 crown cord angle
胎肩/胎肩 shoulder
胎肩点/胎肩點 shoulder point
胎里/輪胎空腔 tire cavity
胎面/胎面,輪面 tread
胎面花纹/胎面型樣 tread pattern
胎面接地长度/胎面接觸線長度 tread contact length
胎面接地宽度/胎面接觸寬度 tread contact width
胎模/胎模 loose tooling, blocker-die
胎模锻/胎模鍛,坯鍛 loose tooling forging, blocker-type forging
胎圈/撐輪圈 bead
胎圈包布/輪胎布 chafer
胎圈宽度/撐輪圈寬度 bead width
胎圈着合直径/撐輪圈輪緣直徑 diameter at rim bead seat
胎圈座/撐輪圈座 bead seat
胎体/撐輪圈體 bead carcass
胎趾/胎趾部 bead toe
胎踵/胎踵部 bead heel
台/站,局 station
台车/臺車 bogie, chassis
台车回转装置/臺車轉向架回轉機構 bogie turning mechanism
台车式炉/臺車式爐 bogie hearth furnace, car-bottom furnace
台车输送机/臺車輸送機 car conveyor
台秤/臺秤 platform scale, platform balance

台对/臺對 pair of stations
台浮/桌浮選法 table flotation
台虎钳/檯鉗 bench vice
台架试验/工作檯試驗 bench test
台阶覆盖/臺階覆蓋 step coverage
台锯/檯鋸 bench saw
台卡/臺卡 Decca
台卡计/臺卡計 decometer
台面冲击峰值加速度横向运动比/檯面衝擊峰值加速度橫向運動比 transverse movement vibration ratio for shock acceleration peak
台面横向振动比/檯面橫向振動比 transverse vibration ratio for vibration table
台面加速度幅值均匀度/檯面加速度幅值均勻度 acceleration amplitude uniformity for vibration table
台面加速度信噪比/檯面加速度信噪比 acceleration signal-to-noise ratio for vibration table
台面晶体管/檯面電晶體,突丘電晶體 mesa transistor
台钳/檯鉗,檯夾 bench clamp
台上造型法/檯上造模法 bench molding
台上铸型/檯上鑄模,檯製砂模 bench mold
台式车床/檯式車床 bench lathe
台[式电风]扇/檯扇 table fan
台式计算机/桌上計算機 desktop computer
台式离心机/檯上型離心機 table top centrifuge
台式磨床/檯式磨床 bench grinder
台式水平仪/檯式水平儀 bench level
台式铣床/檯式銑床 bench milling machine
台式钻床/檯式鑽床 bench-type drilling machine
台振式砌块成型机/檯振式砌塊成型機 table-vibrating block machine
抬包架/澆桶抬架,澆斗抬架 ladle shank, shank ladle
抬柄/抬柄 bull handle
抬动浇包/抬動澆桶 carry ladle, fork ladle
抬芯/砂心上浮 core raise
抬型/抬型 cope raise
太/兆 tera, T
太空电信指挥/太空電信指揮 space telecommand
太空雷达/太空雷達 space radar
太拉赫兹探测器/太拉赫茲探測器 THz detector
太拉赫兹通信/太拉赫茲通信 THz communication
太平门照明/避難照明,逃生照明 escape lighting
太平洋通信卫星/太平洋通信衛星 pacific ocean satellite, POS
太平洋卫星/太平洋[區域國際通信]衛星 pacific satellite
太位/太位,萬億位 terabit
太阳泵激光器/日光抽運雷射 sun pump laser
太阳单色光观测镜/光譜日照觀測鏡 spectrohelioscope
太阳单色光照相仪/光譜日照攝影儀 spectroheliograph
太阳电池板/太陽[電池]板 solar panel
太阳电池组合板/太陽電池組合板 solar cell panel
太阳电池组合件/太陽電池組合件 solar cell module
太阳帆板指向控制/太陽帆板指向控制 solar array pointing control
太阳仿真器/太陽模擬器 sun simulator
太阳辐射/太陽輻射 solar radiation
太阳辐射爆发辐射计/太陽爆發輻射計 solar burst radiometer
太阳功率密度/太陽功率密度 solar power density
太阳光谱/太陽光譜 solar spectrum
太阳恒量辐射照度标准/太陽恆量輻射照度標準 solar constant irradiance standard
太阳级硅太阳电池/太陽級矽太陽電池 solar grade silicon solar cell
太阳轮/太陽齒輪 sun gear
太阳敏感器/太陽感測儀 sun sensor
太阳能电池/太陽[能]電池,太陽能電池組 solar cell
太阳能电池供电系统/太陽能電池供電系統 solar cell power system
太阳能电池阵列/太陽能電池陣列 solar array
太阳能发电机/太陽[能]發電機 solar generator
太阳能供电卫星/太陽能動力衛星 solar-powered satellite
太阳能加热式沥青储仓/太陽能加熱式瀝青儲倉 solar energy heating asphalt storage
太阳能汽车/太陽能汽車 solar power vehicle
太阳能收集器/太陽能收集器 solar collector
太阳能转换器/太陽能轉換器 solar energy converter
太阳年/太陽年 solar year
太阳射电噪声/日光雜訊 solar noise
太阳时/太陽時 solar time
太阳望远镜/太陽望遠鏡 solar telescope
太阳微波干涉成像系统/太陽微波干涉成像系統 solar microwave interferometer imaging system, SMIIS
太阳仪/太陽儀,量日儀 heliometer
太阳噪声/日光雜訊 solar noise
太阴年/太陰年 lunar year
太阴日/太陰日 lunar day

太阴时/太陰時 lunar time
太字节/太位元組,萬億位元組 terabyte
态密度/能態密度 density of states
钛/鈦 titanium
钛白粉/鈦白粉 titanium pigment, titanium white
钛钙型焊条/鈦鈣型電焊條 titania calcium electrode
α 钛合金/α 鈦合金 α titanium alloy
α-β 钛合金/α-β 鈦合金 α-β titanium alloy
β 钛合金/β 鈦合金 β titanium alloy
钛合金板/鈦合金板 titanium plate
钛合金管/鈦合金管 titanium alloy tube
钛铝金属间化合物/鈦鋁介金屬化合物 titanium aluminum intermetallic compound
钛砂/鈦砂 titanium sand
钛酸钡/鈦酸鋇 barium titanate
钛酸钡传声器/鈦酸鋇麥克風 barium titanate microphone
钛酸钡陶瓷/鈦酸鋇陶瓷 barium titanate ceramic
钛酸镧/鈦酸鑭 lanthanium titanate
钛酸盐/鈦酸鹽 titanate
钛铁[合金]/鈦鐵 ferrotitanium
钛铁矿/鈦鐵礦 ilmenite
钛铁矿型焊条/鈦鐵礦電焊條 ilmenite electrode
钛微合金钢/鈦微量合金鋼 microalloyed steel with Ti
钛氧敷料/鈦氧包覆料 rutile covering
钛渣/鈦渣 titanium slag
钛铸铁/鈦鑄鐵 titanium cast iron
泰勒分布/泰勒分布 Taylor distribution
泰勒拉丝法/泰勒抽絲法 Taylor process
泰勒制/泰勒制 Taylor system
贪婪程序攻击/貪婪程式攻擊 greedy program attack
贪婪三角剖分/貪心三角剖分 greedy triangulation
贪心法/貪心演算法 greedy algorithm
贪心选路算法/貪心選路演算法 greedy routing algorithm
贪心周期/貪心週期 greedy cycle
摊铺斗/布料斗 distributing hopper
摊铺宽度/鋪路寬度 paving width
摊铺密实度/鋪路緊密度 paving compactness
谈判支持系统/協商支援系統 negotiation support system
弹板刮土机/彈板刮土機,鏟形耙斗 buck scraper
弹变空程/彈變空程 lost motion caused by elastic deflection
弹出式菜单/爆出選項單 pop-up menu
弹簧/彈簧 spring
弹簧安全器/彈簧安全器 spring release
弹簧薄膜式减压阀/彈簧薄膜式減壓閥 spring diaphragm reducing valve
弹簧常量/彈簧常數 spring constant
弹簧秤/彈簧秤 spring scale
弹簧锤/彈簧錘 spring power hammer
弹簧垫/彈簧墊 spring cushion
弹簧垫圈/彈簧墊圈 helical spring lockwasher, spring washer
弹簧垫座/緩衝墊座 bumper block
弹簧阀/彈簧閥 spring valve
弹簧盖形螺母/彈簧銜螺帽 spring cap nut
弹簧刚度/彈簧剛度 stiffness of spring
弹簧钢/彈簧鋼 spring steel
[弹簧]工作高度/工作高度 working height
[弹簧]工作极限载荷/[彈簧]工作極限載荷 ultimate working load
[弹簧]工作载荷/規定負載 specified load
弹簧箍/彈簧箍 buckle
弹簧管/布頓試管,布當管 bourdon tube
弹簧管式温度表/彈簧管式溫度表 bourdon tube temperature gage
弹簧管压力表/布頓管式壓力計 bourdon tube pressure gage
弹簧辊式破碎机/彈簧輥碎機 spring roll crusher
弹簧缓冲器/彈簧緩衝器 spring bumper
弹簧黄铜/彈簧黃銅 spring brass
弹簧活门/彈簧閥 spring valve
[弹簧]极限载荷/極限負載 ultimate load
弹簧夹/彈簧夾 pinchcock
弹簧减震器/彈簧減震器 spring-shock absorber
弹簧静止式机械密封/彈簧静止式機械密封 spring standing mechanical seal
弹簧开关/彈簧開關 snap switch
弹簧控制器/彈簧調速器 spring governor
弹簧螺旋/彈簧螺旋 spring screw
弹簧螺旋输送机/彈簧螺旋輸送機 spring screw conveyor
弹簧内置式机械密封/彈簧内置式機械密封,彈簧内置式機械軸封 mechanical seal with inside mounted spring
弹簧起动系统/彈簧起動系統 spring starting system
弹簧柔度/彈簧彈性 spring flexibility
弹簧上置式喷油器/彈簧上置式噴油器 up-laying spring fuel injector
弹簧式安全阀/彈簧壓緊式安全閥 spring loaded safety valve

弹簧式抱索器/彈簧手柄 spring grip
弹簧试验机/彈簧試驗機 spring testing machine
弹簧特性/彈簧特性 characteristic of spring
弹簧调速器/彈簧調速器 spring governor
弹簧外置式机械密封/彈簧外置式機械密封,彈簧外置式機械軸封 mechanical seal with outside mounted spring
弹簧下置式喷油器/彈簧下置式噴油器 underlying-spring fuel injector
弹簧线夹/鱷魚夾 crocodile clip
弹簧旋转式机械密封/彈簧旋轉式機械密封 spring rotating mechanical seal
弹簧压紧式离合器/彈簧壓緊式離合器 spring-loaded clutch
弹簧压力表/彈簧壓力計 spring pressure gage
弹簧压强/彈簧壓力 spring pressure
弹簧压条/帶型彈簧 band spring
弹簧摇床/彈簧搖床 spring shaking table
弹簧圆规/彈簧圓規 spring bows
弹簧制动系/彈簧制動系統 spring braking system
弹簧质量系统/質量-彈簧系統 mass spring system
弹簧中径/盤管平均直徑 mean diameter of coil
弹簧座/彈簧座 spring seat
弹回/彈回,彈跳 bounce
弹力计/彈力計,彈性計 elastometer
弹塑性断裂力学分析/彈塑性斷裂力學分析 elastic plastic fracture mechanics, EPFM
弹塑性体/彈塑性體 elastic plastic body
弹跳分离/彈跳分離 bouncing separation
弹性/彈性 elasticity
弹性本底/彈性背景 elastic background
弹性变形/彈性變形 elastic deformation
弹性波/彈性波 elastic wave
弹性部件/彈性組合件 flexible assembly
弹性材料/彈性材料 elastic material
弹性测量法/彈性測定術,彈力測定術 elastometry
弹性常数/彈性常數 elastic constant
弹性弛豫/彈性鬆弛 elastic relaxation
弹性迟滞/彈性遲滯 elastic hysteresis
弹性触头/彈簧接觸,彈簧觸點 spring contact
弹性挡圈/扣環,彈簧鎖環 circlip, snap ring, ring snap
弹性垫圈/彈性墊圈,彈簧墊圈 spring washer
弹性动力学分析/彈性動力學分析 elastodynamic analysis
弹性阀/緩衝閥 cushion valve
弹性分组环/彈性封包環 resilient packet ring, RPR
弹性构件/彈性連桿 elastic link
弹性固定/撓性支持,彈性支撐 flexible support
弹性后效/回彈 spring back
弹性缓冲器/彈性緩衝器 elastic buffer
弹性基础/彈性基座 elastic foundation
弹性基底/彈性基座 elastic foundation
弹性极限/彈性極限,彈性限界 elastic limit, limit of elasticity
弹性挤压作用/塑性致密作用 elastic compaction
弹性接触件/彈性接觸件 resilient contact
弹性接头/可撓連接器 flexible connector
弹性接续/彈性熔接 elastic splicing
弹性劲度常量/彈性勁度常數 elastic stiffness constant
弹性离合器/彈性離合器 flexible clutch
弹性理论/彈性理論 elastic theory
弹性力/彈性力 elastic force
弹[性]力/彈性力,彈性能 elastic force, resilience
弹性联结/彈性聯結器 elastic coupling
弹性联轴器/彈性聯軸器,活動接頭 resilient shaft coupling, flexible coupling
弹性量/彈性量 elastance
弹性流体动力润滑/彈性流體動力潤滑 elasto-hydro-dynamic lubrication, EHD lubrication
弹性螺栓/彈簧螺栓 spring bolt
弹性模量/彈性模數,彈性係數 elastic modulus, elastic coefficient
弹性模数/彈性模數 modulus of elasticity
弹性能[量]/彈性能 elastic energy
弹性铌合金/彈性鈮合金 elastic niobium alloy
弹性碰撞/彈性碰撞,彈性衝擊 elastic collision, elastic impact
弹性疲劳/彈性疲勞 elastic fatigue
弹性切割砂轮/彈性切割砂輪 elastic slitting wheel
弹性曲线/彈性軸線 elastic line
弹性熔接/彈性熔接 elastomeric splice
弹性散射/彈性散射 elastic scattering
弹性式血压表/彈性式血壓計 elastic element sphygmomanometer
弹性式压力表/彈性式壓力表 elastic pressure gage
弹性顺服常量/彈性屈從常數 elastic compliance constant
弹性锁片/彈簧夾頭 spring clip
弹性套/彈性套筒 elastic sleeve
弹性套柱销联轴器/彈性套柱銷聯軸器 pin coupling with elastic sleeve
弹性体/彈性體,合成橡膠,彈性元件 elastomer, elastic body, elastic element
弹性系数/彈性係數,彈性模數 elastic modulus,

elastic coefficient
弹性限/彈性限界　elastic limit
弹性形变/彈性變形　elastic deformation
弹性悬架/彈性懸吊　elastic suspension
弹性抑制/彈性束縛　elastic constraint
弹性应变/彈性應變　elastic strain
弹性硬度/彈性硬度　elastic hardness
弹性元件/彈性元件　elastic element, flexible member
弹性元件式压力表/彈簧壓力計　elastic element pressure gage
弹性元件真空计/彈性元件真空計　elastic element vacuum gage
弹性圆柱销/彈簧式直銷　spring pin, spring-type straight pin
弹性圆柱销联轴器/可撓梢子聯結器　flexible pin coupling
弹性闸板/彈性閘板　flexible gate disk
弹性支承/彈性支承　elastic support
弹性滞后/彈性遲滯　elastic hysteresis
弹性轴/彈性軸線　elastic axis
弹性柱销齿式联轴器/彈性柱銷齒式聯軸器　gear coupling with elastic pins
弹性柱销联轴器/彈性柱銷聯軸器　elastic pin coupling
钽/鉭　tantalum
钽铝青铜/鉭青銅　tantalum bronze
钽酸锂晶体/鉭酸鋰晶體　lithium tantalate, LT
钽铁矿/鉭鐵礦　tantatite
钽钨合金/鉭鎢合金　tantalum tungsten alloy
炭棒/碳棒　carbon rod
炭材二氧化碳反应性/碳材料二氧化碳反應性　carbon dioxide reactivity of carbon material
炭材空气反应性/碳材料空氣反應性　air reactivity
炭材料/碳材料　carbon material
炭材料焙烧/碳材料焙燒　baking of carbon material
炭材料焙烧隧道窑/碳材料焙燒隧道窯　tunnel baking kiln for carbon material
炭材料成型/碳材料成型　forming of carbon material
炭材料二次焙烧/碳材料二次焙燒　rebaking of carbon material
炭材料机械加工/碳材料機械加工　machining of carbon material
炭材料加压焙烧/碳材料加壓焙燒　pressure baking of carbon material
炭材料浸渍/碳材料浸漬　impregnation of carbon material
炭材料浸渍系统/碳材料浸漬系統　impregnation system for carbon material
炭电极/碳電極　carbon electrode
炭分子筛/碳分子篩　carbon molecular sieve
炭粉/碳粉　carbon powder
炭罐/炭罐　carbon canister
炭罐储存装置/炭罐儲存裝置　carbon canister storage device, carbon canister storage system
炭罐通气阀/炭罐通氣閥　carbon canister vent valve
炭黑/碳黑,碳煙粉　carbon black
炭糊/碳糊　carbon paste
炭化/碳化　carbonization
炭化室/焦化室　coking chamber
炭浆法/碳漿法　carbon in pulp process, CIP process
炭浸法/碳浸法　carbon in leach process, CIL process
炭净耗/淨碳耗　net carbon consumption
炭块钠膨胀系数/碳塊鈉膨脹係數　sodium swelling index
炭粒传声器/炭粒傳聲器　carbon microphone
炭毛耗/總碳耗　gross carbon consumption
炭热还原法/碳熱還原法　carbon thermal reduction
炭物料电煅烧炉/碳物料電煅燒爐　electric calciner for carbonaceous material
炭物料煅烧/碳物料煅燒　calcination of carbonaceous material
炭物料混合/碳物料混合　mixing of carbonaceous material
炭物料磨粉/碳物料磨粉　grinding of carbonaceous material
炭物料配料/碳物料配料　burden of carbonaceous material
炭物料破碎/碳物料破碎　crushing of carbonaceous material
炭物料筛分/碳物料篩分　screening of carbonaceous material
炭制品/碳製品　carbon product
炭质返回料/碳質返回料　carbonaceous return scrap
炭质耐火材料/碳質耐火材料　carbon refractory
炭柱法/碳柱法　carbon in column process, CIC process
炭砖/碳磚　carbon brick
探测/探測　instrumentation, acquisition
探测反位线圈/反位線圈　flip coil for detection
探测范围/偵測極限　detection zone
探测跟踪子系统/探測跟蹤子系統,獲取追蹤子系統　acquisition tracking subsystem
探测工具/探測工具　instrumentation tool
探测雷达/探測雷達,獲取雷達　acquisition radar

探测率/探測率　detectivity
探测片/箔式檢知器　foil detector
探测气球/探測氣球　sounding balloon
探测器/偵測器,檢知器　detector, finder
探测器窗/偵測器窗　detector window
[探测器的]灵敏度/[偵測器的]響應度　sensitivity of detector
[探测器的]灵敏体积/[偵測器的]靈敏體積　sensitive volume of detector
[探测器的]使用寿命/[偵測器的]使用壽命　useful life of detector
[探测器的]相对光谱灵敏度/[偵測器的]相對光譜響應度　relative spectral sensitivity of detector
[探测器的]相对灵敏度/[放射檢測器的]相對靈敏度　relative sensitivity of detector
探测器效率/偵測器效率,檢波器效率　detector efficiency
探测弹回线圈/反位線圈　flip coil for detection
探测望远镜/探測望遠鏡　telescopic finder
探测效率/偵檢效率,檢測效率,偵測效率　detection efficiency
探测元件/偵測元件,檢波元件　detecting element
探查/探查　probe
探磁圈/探磁圈,探磁針　magnetic probe
探磁针/探磁針,探磁圈　magnetic probe
探井/探井　prospect shaft
探空气球/探測氣球　sounding balloon
探矿/探礦,探勘　prospecting
探矿辐射计/探礦輻射計　prospecting radiation meter
探矿坑道/探坑　prospect tunnel
探料尺/探料尺　gage rod
探伤/探傷,裂縫檢驗　flaw inspection
探伤检验/探傷,裂縫偵測,傷痕偵測　flaw detection
探伤面/測試表面　test surface
探伤频率/檢測頻率　inspection frequency
探伤器/裂紋檢知器　fault indicator
探伤图形/型樣檢查圖　pattern inspection figure
探伤仪/探傷儀,探傷器　defectoscope, flaw detector
探深器/測深儀　depth sounder
探头/探頭,探針,偵測頭　probe, detecting head
[探头]入射点/[探頭]入射點　prober incident point
探头式真空管电压表/探針式真空管伏特計　probe type vacuum tube voltmeter
探向器/探向器,測向器　direction finder, DF
探向指示器/探向器,定向器　sense finder
探像器/探像器,影像偵測器　image detector
探询/輪詢　polling
探照灯/探照燈　searchlight
探照灯水听器/探照燈水聽器　searchlight hydrophone
探针/探針,偵測針　survey probe, probe
探针式仪器/探針式儀器　stylus instrument
探针显微分析仪/探針顯微分析儀,探針微量分析儀　probe microanalyzer
碳/碳　carbon
碳棒/碳極,碳精棒　carbon electrode, carbon rod
碳倍数/碳倍數　carbon multiple
碳剥离/碳剝離　carbon stripping
碳沉降腔/碳粒沈積腔　carbon-setting chamber
碳衬/碳襯　carbon lining
碳氮共渗/碳氮共滲,滲碳氮化法　carbonitriding
碳氮共渗剂/碳氮共滲劑　carbonitriding medium
碳当量/碳當量　carbon equivalent
碳当量测定仪/碳當量測定儀　CE meter, carbon equivalent meter
碳当量仪/碳當量計　carbon equivalent meter
碳电刷/碳刷　carbon brush
碳电阻块/碳電阻塊　carbon resistor block
碳电阻温度计/碳電阻温度計　carbon resistance thermometer
碳断路器/碳斷路器　carbon circuit breaker
碳钢/碳鋼　carbon steel
碳硅砂检波器/金剛砂檢波器　carborundum detector
碳过滤器/碳濾器　carbon filter
碳含量/碳含量　carbon content
碳-13 核磁共振波谱法/碳-13 核磁共振波譜法　^{13}C nuclear magnetic resonance spectroscopy
碳黑/碳煙　black carbon
碳弧灯/碳弧燈　carbon arc lamp
碳弧焊/碳弧熔接　carbon arc welding
碳化钙/碳化鈣,電石　calcium carbide
碳化硅/碳化矽,金剛砂　silicon carbide, carborundum
碳化硅电阻炉/碳化矽電阻爐,愛瑪爐　Elema furnace
碳化硅管状电阻[器]/碳化矽電阻器　silit resistor
碳化硅压块/碳化矽壓塊　silicon carbide briquette
碳化剂/滲碳劑　carburizing agent
碳化硼/碳化硼　boron carbide
碳化器/碳化器　carbonizer
碳化燃料/碳化燃料　carbonized fuel
碳化铁/碳化鐵　iron carbide
碳化钨合金喷嘴/碳化鎢合金噴嘴　carboloy nozzle
碳化钨合金钻头/鎢碳鋼鑽頭　tungsten carbide bit
碳化钨镶齿钻头/鎢碳鋼鑽頭　tungsten carbide

insert bit
碳化钨硬质合金/鎢碳合金 carboloy
碳化物/碳化物 carbide
ε碳化物/ε碳化物 ε-carbide
χ碳化物/χ碳化物 χ-carbide
碳化物层/碳化物層 carbide lamella
碳化物侵蚀/碳化物蝕刻 carbide etch
碳化物容量/碳化物容量 carbide capacity
碳化物网/碳化物網 carbide network
碳化物稳定剂/碳化物穩定劑 carbide stabilizer
碳化物硬质合金/抗得耐 Cutanit
碳化阴极/碳化陰極 carbonized cathode
碳化指数/碳酸指數 carbonization index
碳化作用/碳化作用 carbonification
碳基摩擦材料/碳基摩擦材料 carbon base friction material
碳夹杂物/碳質夾雜物 carbonaceous inclusion
碳[精]避雷器/碳避雷器 carbon arrester
碳粒传声器/碳粒傳聲器 carbon microphone
碳粒式送话器/碳粒發話器 granular carbon transmitter
碳膜电位计/碳膜電位計 carbon-film potentiometer
碳膜电阻器/碳膜電阻 carbon-film resistor
碳膜色带/碳色帶 carbon ribbon
碳纳米管/碳奈米管 carbon nanotube
碳评估/碳耗率 carbon estimation
碳氢比/碳氫比 carbon-hydrogen ratio
碳氢化合物/碳氫化合物 hydrocarbon, HC
[碳]氢冶金/[碳]氫冶金 carbon-hydrogen metallurgy
碳砂/碳質砂 carbonaceous sand
碳势/碳勢,碳位能 carbon potential
碳刷磨损报警/碳刷磨損報警 brush wear warning
碳水化合物/碳水化合物 carbohydrate
碳水化合物黏结剂/碳水化合物黏結劑 carbohydrate binder
碳丝灯/碳絲燈[泡] carbon filament lamp
碳素沉析/碳素沈析 carbon deposition
碳素钢钻头/碳剛鑽頭 carbon steel drill
碳素工具钢/碳素工具鋼 carbon tool steel
碳素结构钢/碳素結構鋼 carbon structural steel
碳素耐火材料/碳質耐火材料 carbon refractory
碳素溶解损失/碳素溶解損失 solution loss
碳素制品/碳素製品 carbon product
碳酸钡矿/碳酸鋇礦 witherite
碳酸定量器/碳酸計,碳酸鹽定量器 kalimeter
碳酸化法回收镓/碳酸化法回收鎵 recovery of gallium by carbonation
碳酸化器/碳酸化器 carbonator
碳酸化塔/碳酸化塔 carbonating tower
碳酸化析出/碳分 carbonation precipitation
碳酸计/碳酸計 carbonometer
碳酸钠/碳酸鈉 purite
碳酸钠焙烧法/碳酸鈉焙燒法 roasting with sodium carbonate
碳酸钠灭火器/蘇打硫酸式滅火器 soda acid fire extinguisher
碳酸盐 /碳酸鹽 carbonate
碳-碳复合材料/碳-碳複合材料 carbon-carbon composite material
碳-碳复合摩擦材料/碳-碳複合摩擦材料 carbon-carbon composite friction material
碳锌比/碳鋅比 carbon zinc ratio
碳压记录法/碳壓記録法 carbon-pressure recording
碳烟/煙灰,煤煙 soot
碳-氧平衡/碳-氧平衡 carbon oxygen equilibrium
碳冶金/碳冶金 carbon metallurgy
碳优先氧化指数/碳優先氧化指標 index of selected carbon oxidation
碳质测辐射热计/碳輻射熱計 carbon bolometer
碳质电阻器/碳質電阻[器] carbon resistor
碳质中间相/碳質中間相 carbonaceous mesophase
碳柱/碳堆 carbon pile
碳砖/碳磚 carbon brick, carbon block
碳砖炉衬/碳磚爐襯 carbon block lining
碳阻测辐射热计/碳電阻輻射熱計 carbon resistor bolometer
碳阻炉/碳電阻爐 carbon resistance furnace
汤姆森电流计/湯木生電流計 Thomson galvanometer
汤姆森酸泵/湯木生酸泵 Thomson acid pump
汤姆孙定理/湯姆遜定理 Thomson theorem
汤姆孙热/湯姆遜熱 Thomson heat
汤姆孙散射/湯姆遜散射 Thomson scattering
汤姆孙[双]电桥/湯姆遜雙臂電橋 Thomson double bridge
汤姆孙系数/湯姆遜係數 Thomson coefficient
汤姆孙效应/湯姆遜效應,湯姆生效應,湯姆森效應 Thomson effect
汤普森兰帕德电容器/湯普森-蘭帕德電容器 Thompson-Lampard capacitor
汤普森兰帕德理论/湯普森-蘭帕德理論 Thompson-Lampard theory
汤森放电/湯生放電 Townsend discharge
汤森雪崩/湯生突崩,湯生崩潰 Townsend avalanche
羰基/羰基 carbonyl

羰基法/碳醯法 carbonyl process
羰基粉/羰基粉 carbonyl powder
羰基镍/羰基鎳 nickel carbonyl
羰基铁/羰基鐵 carbonyl iron
搪瓷钢板/搪瓷鋼板 porcelain enameling sheet
搪瓷窑/搪瓷爐 enamel furnace
镗床/搪床 boring machine
镗床工作台/搪孔檯 boring table
镗床夹具/搪床夾具 fixture for boring machine
镗刀/搪孔刀具 boring tool
镗刀盘/搪刀頭 boring head
镗杆/搪桿 boring bar
镗缸刀/搪刀 boring cutter
镗头/搪刀頭 boring head
镗削/搪孔 boring
糖类黏结剂/糖類黏結劑 sugar binder
糖量比色计/比色糖量計 chromosaccharometer
糖耐量/醣耐量 carbohydrate tolerance
糖液比重计/糖比重計 areosaccharimeter
淌度计/淌度計,稠度計 mobilometer
掏槽落煤法/人工底切 holing
掏底/底磐切 floor cut
逃脱共振俘获概率/諧振逃逸機率,共振逃逸機率 resonance escape probability
逃逸速度/逃脱速度,逸出速度 escape velocity
陶瓷电容器/陶瓷電容器 ceramic capacitor, ceramic condenser, porcelain capacitor
陶瓷封装/陶瓷封裝 ceramic packaging
陶瓷换能器/陶瓷换能器 ceramic transducer
陶瓷基片/陶瓷晶片 ceramic wafer
陶瓷基砂/陶瓷基砂 ceramic base sand
陶瓷金属封接/陶瓷金屬封接 ceramic-to-metal seal
陶瓷绝缘体/陶瓷絶緣體 ceramic insulator
陶瓷滤波器/陶瓷濾波器 ceramic filter
陶瓷滤芯/陶瓷濾心 ceramic strainer core
陶瓷敏感器/陶瓷感測器 ceramic sensor
陶瓷燃烧器/陶瓷燃燒器 ceramic burner
陶瓷套管/陶瓷套筒 ceramic bushing
陶瓷涂层/陶瓷表層 ceramic coating
陶瓷芯/陶瓷心型 ceramic core
陶瓷型铸造[法]/陶模鑄造法 ceramic casting
陶瓷铸型/陶模 ceramic mold
陶皿/陶皿 clay vessel
陶土/瓷土,高嶺土 china clay
陶[土]管/瓦管 clay pipe
淘金/淘金 gold panning
淘矿/播洗[法] vanning
淘汰盘/洗砂盤 buddle
淘析离心法/淘析離心法 centrifugal elutriation
淘析器/淘析器 elutriator
淘析转头/淘析轉頭 elutriator rotor
淘选/淘析,沖流作用 elutriation
讨论线索/討論引線 discussion thread
讨论组/討論群體 discussion group
套阀/套閥,筒式閥 sleeving valve
套管/軸環,導管,防護管 collar, drivepipe
套管 /套管 casing
套管电容器/套筒[式]電容器 bushing type condenser
套管吊卡/罩式昇降機 casing elevator
套管反应器/套管反應器 double-tube reactor
套管锅炉/套管鍋爐 thimble-tube boiler
套管接箍/套管接頭 casing coupling
套管接箍定位器/套管接頭定位器 casing collar locator
套管接头/套筒接合,套筒接頭 sleeve joint
套管可拔冲抓钻孔机/套管可拔衝抓鑽井機 rig for stroke drilling and installation of withdrawable casing
套管可拔旋转钻孔机/套管可拔旋轉鑽孔機 rig for rotary drilling and installation of withdrawable casing
套管滤器/套管濾器 thimble filter
套管切割器/套管切割器 casing cutter
套管射孔器/套管穿孔機 casing perforator
套管式电流互感器/套管式比流器,套筒[式]變流器 bushing type current transformer
套管式冷凝器/套管冷凝器 double pipe condenser
套管式冷却器/套管冷却器 double pipe cooler
套管试验分接/套管試驗抽頭 bushing test tap
套管试验器/套管測試器,套管試壓器 casing tester
套件/套件 kit
套具驱动器/套件驅動器 suite driver
套料钻/圓圈鑽 trepanning drill
套模/定模 cover die
套片换热器/套片空氣熱交換器 infixed finned air heat exchanger
套圈宽度/套環寬度 ring width
套式插齿刀/套式插齒刀 arbor type cutter
套式铰刀/殼形絞刀 shell reamer
套式扩孔钻/殼模砂心鑽 shell core drill
套式立铣刀/殼形端銑刀 shell end mill
套式炉/閉式焙燒爐,套爐 blind roaster
套丝机/模頭螺紋機 die head threading machine
套筒/軸襯,襯套 bush
套筒扳手/套筒扳手,閉口板手 cap key

套筒泵/套筒活塞泵　sleeve pump
套筒短柱天线/套筒短截天線　sleeve stub antenna
套筒滚柱链/套筒滚柱鏈　bushroller chain
套筒接合/套筒接頭,插承接頭　bell-and-spigot joint
套筒接头/套管接頭　telescope joint
套筒扩孔器/套筒擴孔器　bushing reamer
套筒联轴器/套筒聯結器　sleeve coupling
套筒链/套筒鏈　bushing chain, bush chain
套筒滤器/套管濾器　thimble filter
套筒偶极子天线/袖套雙極天線　sleeve dipole antenna
套筒轴承/套筒軸承　sleeve bearing
套筒砖/套筒磚　sleeve brick
套线/套線　sleeve wire
套箱/套箱,砂框　mold jacket
套箱式水冷冲天炉/套箱式水冷熔鐵爐　jacket type water cooled cupola
套装轧辊/套裝軋輥　sleeved roll, shell-type roll
套装转子/套裝轉子　shrunk-on rotor
特别联网/特別聯網　ad hoc networking
特别委员会/特設委員會　ad hoc committee
特大型空气分离设备/特大型空氣分離廠　super large-scale air separation plant
特低频/超低頻　ultra-low frequency, ULF
特低频通信/特低頻通信,特長波通信　ULF communication
特定处理/特定處理　ad hoc processing
特定单元/分立單元　discrete cell
特定方式/特定方式　ad hoc approach
特定逻辑/特定邏輯　ad hoc logic
特定请求/特定請求　ad hoc request
特定人语音识别/特定人語音辨識　speaker dependent speech recognition
特定时刻一致性/特定時刻一致性　point-in-time consistency
特高频/超高頻　ultrahigh frequency, UHF
特高频变频器/超高頻變頻器　UHF converter
特高频通信/特高頻通信,分米波通信　UHF communication
特厚板轧机/特厚板軋機　super-heavy plate mill
特厚钢板/特厚鋼板　super-heavy steel plate
特技匣/阻變匣　stunt box
特快断路器/超級截波器　super-chopper
特宽厚板/特寬厚板　super-wide-and-heavy plate
特宽厚板轧机/特寬厚板軋機　super-wide-and-heavy plate mill
特朗斯瓦尔轧管机/川斯瓦爾軋管機　Transval tube mill
特罗兰/特羅蘭,光子　luxon
特洛伊木马/[特洛伊]木馬　Trojan horse, Trojan
特洛伊木马攻击/特洛伊木馬攻擊　Trojan horse attack
特尼恩特转炉/特尼恩特轉爐　Teniente converter, TC
特尼恩特转炉贫化法/特尼恩特轉爐貧化法　Teniente converter slag cleaning process
特尼恩特转炉熔炼法/特尼恩特轉爐熔煉法　Teniente converter smelting process
特权/特權　privilege
特权方式/特權模式　privileged mode
特权访问/特權存取　privilege access
特权命令/特權命令　privileged command
特权模式/特權模式　privileged mode
特权指令/特權指令　privileged instruction
特殊底盘起重机/特殊底盤起重機　special mounted crane
特殊锻钢/特殊鍛鋼　special forging steel
特殊仿真技术/特殊模擬技術　special simulation technique
特殊分析/特殊分析　special analysis
特殊钢/特殊鋼　speciality steel, special steel
特殊钢丝/特殊鋼絲　special steel wire
特殊环境试验/特殊環境試驗　special ambient test
特殊掘井法/特殊直井開鑿法　special shaft sinking
特殊流动式起重机/特別配置移動式起重機　special configuration mobile crane
特殊轮胎/特殊輪胎　special tire
特殊涂布/模型塗漆　pattern coating
特殊网论/專門網路理論　special net theory
CIE 1974 特殊显色指数/CIE 1974 特殊顯色指數　CIE 1974 special color rendering index
特殊冶金/特殊冶金術　special metallurgy
特殊质量钢/特殊品質鋼　special quality steel, special steel
特殊字符/特殊字元,特別字元　special character
特斯拉/特士拉　tesla, T
特斯拉达森瓦尔安培计/特士拉-達松伐耳安培計　Tesla-Darsonval ammeter
特斯拉计/特士拉計　teslameter
特维曼-格林二氏干扰仪/特外曼-格林干涉儀　Twyman-Green interferometer
特沃德尔比重计/特瓦得耳比重計　Twaddell hydrometer
特沃德尔度/特瓦得耳度　degree of Twaddle
特形插齿刀/特形刨齒機　gear shaper cutter for special profile

特形拉刀/特形拉刀 broach for special profile
特性/特性,特徵,性能 characteristic, performance
特性函数/特性函數 characteristic function, eigenfunction
特性角/特性角 characteristic angle
特性量/特性量 characteristic quantity
特性黏度/特性黏度,固有黏度 intrinsic viscosity
特性黏数/極限黏度數 limiting viscosity number
特性曲线/特性曲線 characteristic curve
特性失真/特性失真 characteristic distortion
特性试验/特性試驗,性能試驗 characteristic test, performance test
特性透入长度/特性透入長度 characteristic penetration length
特性温度/特性温度 characteristic temperature
特性相移/特性相移 characteristic phase shift
特性值/特性值 characteristic value
特性阻抗/特性阻抗 characteristic impedance
特许/特許,授權 special permit
特许状态/特許狀態 authorized state
特异型耐火砖/特殊型耐火磚 special-shape brick
特优钢/特優鋼 extra-quality steel, extra-fine steel
特约通话/特約通話 subscription call
特征/特徵 feature
特征编辑/特徵編輯 feature editing
特征编码/特徵編碼 feature coding
特征标记/簽章 signature
特征标志光信号/電碼燈 character light
特征参数/特徵參數 characteristic parameter
特征车速/特徵速率 characteristic speed
特征抽取/特徵抽取,特徵提取 feature extraction
特征方程/特性方程式 characteristic equation
特征分析/簽章分析 signature analysis
特征辐射/特徵輻射,特性輻射 characteristic radiation
特征轨迹/特徵軌跡 characteristic locus
特征函数/本徵函數,特性函數 eigenfunction, characteristic function
特征集成/特徵整合 feature integration
特征检测/特徵檢測 feature detection
特征交互/特徵交互 feature interaction
特征空间/特徵空間 feature space
特征轮廓/特徵輪廓 feature contour
特征模型/顯著特徵模式 feature model
特征模型转换/特徵模型轉換 feature model conversion
特征频率/特徵頻率,本徵頻率,特性頻率 characteristic frequency, eigenfrequency
特征融合/特徵融合 feature fusion
特征 X 射线像/特徵 X 射線影像 characteristic X-ray image
特征生成/特徵產生 feature generation
特征识别/特徵識別 feature recognition
特征数/特徵數,示性數 characteristic number
特征提取/特徵提取,特徵抽取 feature extraction
特征位/特性位元 characteristic bit
特征文法/特徵文法 characteristic grammar
特征 γ 线常数/特徵 γ 射線常數 specific gamma-ray constant
特征向量/特徵向量,本徵向量,特性向量 eigenvector
特征选择/特徵選擇 feature selection
特征映射/特徵映射 feature mapping
特征值/特徵值,本徵值,特性值 eigenvalue
特种钢/特種鋼 special steel
特种黄铜/特種黄銅 special brass
特种加工工艺/非傳統加工 non-traditional machining
特种加工机床/非傳統工具機 non-traditional machine tool
特种结构汽车/特種結構汽車 special construction vehicle
特种结构专用运输汽车/特種結構專用運輸汽車 specialized goods special construction vehicle
特种结构专用作业汽车/特種結構專用作業汽車 special construction special purpose vehicle
特种配件/異形管件 special fitting
特种青铜/特種青銅 special bronze
特种熔炼/特種熔煉 special melting
特种炭制品/特種碳製品 special carbon product
特种铁合金/特種鐵合金 special ferroalloy
特种轧机/特種軋機 special rolling mill
特种铸铁/特種鑄鐵 special cast iron
特种铸造/特種鑄造 special casting process
铽/鋱 terbium
梯度/梯度,陡度,斜度 gradient
梯度材料/梯度材料 gradient material
梯度计/梯度計,斜度表 gradient meter, gradiometer
梯度模板/梯度模板 gradient template
梯度微音器/壓差傳聲器 gradient microphone
梯度折射率透镜/梯度折射率透鏡棒 GRIN-rod lens
梯级/梯級 step
梯级导轨/梯級導軌 step track
梯级水平移动距离/水平梯階移動距離 horizontally

step moving distance
梯级塌陷保护装置/梯級塌陷防護裝置 step sagging guard
梯级踏板/踏階踏面 step tread
梯级踢板/步進上昇器 step riser
梯温加热/梯度加熱 taper heating
梯形波/梯形波 trapezoidal wave
梯形波产生器/梯形波産生器,階波産生器 trapezoidal generator, staircase generator
梯形冲击脉冲/梯形陡震脈衝 trapezoidal shock pulse
梯形斗/梯形桶 trapezium bucket
梯形畸变/梯形畸變,梯形失真 trapezoidal distortion, keystone distortion
梯形校正/楔形校正 keystone correction
梯形滤波器/階梯式濾波器,多節式濾波器 ladder type filter
梯形砂瓦/梯形段 trapezium segment
梯形试片/梯形試片 step-bar test piece
梯形衰减器/階梯形衰減器 ladder attenuator
梯形跳汰机/梯形選礦機 trapezoid jig
梯形图/梯形圖 ladder diagram
梯形网络/梯形網路 ladder network
梯状脉/梯狀脈 ladder vein
锑/銻 antimony
锑合金/銻合金 antimonial alloy
锑化物/銻化物 antimonide
锑火试金富集/銻火試金富集 fire assay antimony collection
锑铅合金/合銻鉛 antimonial lead
锑酸盐/銻酸鹽 antimonate
锑盐净化法/銻鹽精製法 arsenic trioxide purification process
提供方前缀/提供方首碼 provider prefix
提环/吊環 bail
提交/提交,確定 submission
提交单元/承諾單元 commit unit
提交状态/提交狀態 submit state
提离效应/提離效應 lift-off effect
提炼/提煉 extract, extraction
提馏段/汽提段 stripping section
提煤机/揚煤機 coal hoist
提前点火器/提早點火器 advanced ignitor
提前停止法/提前停止法 early stopping method
提取/萃取 extraction
提取策略/提取策略 fetch strategy
提取导出要素/萃取導出特徵 derived feature extracting
提取器/萃取器 extractor
提取冶金学/萃取冶金學 extraction metallurgy
提取组成要素/萃取整體特徵 integral feature extracting
提升泵/提昇泵,昇液泵,吸取泵 lift pump
提升传输/提昇傳輸,加重傳輸 emphasis transmission
提升阀/提動閥 poppet valve
提升高度/提昇高度 lifting height
提升机/昇降機 elevator
提升机构/提昇機構 lifting mechanism
提升时间/昇程時間 lifting time
提升速度/卷速,卷揚速度 hoisting speed
提升限速器/卷揚限速器 hoisting speed limitator
提示/提示符號,提示字元,候答訊號 prompt
提示通道/提示道 cue channel
蹄式制动器/塊式刹車,塊式制動 shoe brake
蹄铁/蹄鐵,鋼靴 shoe
体表电位分布图测量/體表電位分布圖測量 body surface potential mapping
体电压/高電壓 bulk voltage
体电阻/塊體電阻器 bulk resistor
体绘制/容體繪製 volume rendering
体积/體積 volume
体积百分浓度/體積百分濃度 volume percentage concentration
体积比功率/體積比功率 volumetric specific power
体积比能量/體積比能量 volumetric specific energy
体积不变条件/體積恆定性條件 constancy of volume
体积成形/整體成形 bulk forming
体积导电率/體積傳導率 bulk conductivity
体积电量计/體積庫侖計,容積式伏特計 volume coulombmeter, volume voltameter
体积电阻率/體積電阻係數,容積電阻係數 volume resistivity
体积分/體積分 volume integral
体积分数/體積分數 volume fraction
体积计/體積計 volumenometer, stereometer
体积流量/容積流量率 volume flowrate
体积流量单位/體積流量單位 volume flow unit
体积模数/體積模數 volume modulus
体积黏度/容積黏度 volume viscosity
体积浓度/體積百分濃度 volume percentage concentration
体积膨胀/體積膨脹 cubic expansion
体积膨胀系数/體[積]膨脹係數 coefficient of volume expansion, cubic expansion coefficient

体积柔量/體積柔量 bulk compliance
体积色谱法/容積式色譜法 volumetric chromatography
体积弹性模量/體積模量 bulk modulus
体积压缩系数/體積壓縮係數 bulk compressibility
体积应变/體積應變 bulk strain
体积元/體積元件 volume element
[体积]直流电阻/[體積]直流電阻 volume DC resistance
[体积]直流电阻率/[體積]直流電阻率 volume DC resistivity
体矩阵/容體矩陣,容量矩陣 volume matrix
体可视化/容體視覺化 volume visualization
体模型/容體模型 volume model
体内复合/體內複合 bulk recombination
体膨胀法/容積熱膨脹法,體積熱膨脹分析法 volume thermodilatometry
体膨胀系数/體膨脹係數 mean volume expansion coefficient
体视测微计/立體測微計 stereomicrometer
体视望远镜/立體望遠鏡 stereotelescope
体视显微镜/立體顯微鏡 stereo microscope
体视效应/立體視效應 stereoscopic effect
体素模型/體素模型 voxel model
体温传感器/體温感測器 body temperature transducer
N体问题/N體問題 N-body problem
体吸收热量计/容積吸收卡路里計 volume absorbing calorimeter
体系结构/結構,架構 architecture
P2P体系结构/端對端架構 peer-to-peer architecture
体系结构编档/體系結構編檔 architecture documentation
体系结构模拟/架構模擬 architecture simulation
体系结构配置/體系結構配置 architecture configuration
体系结构设计决策/體系結構設計決策 architectural design decision
体系结构视图/體系結構視圖 architectural view
体效应/體效應 bulk effect
体元/三維像素 voxel
剃齿刀/刮齒刀,齒輪刮光機 gear shaving cutter, gear shaving machine
剃前滚刀/剃前滾刀 pre-shaving hob
[剃须刀]切割刀头/[剃鬚刀]切割刀頭 shaver cutting head
替代测量/替代量測 substitution measurement
替代测量[法]/量測替代法 substitution method of measurement
替代称量法/替代稱量 substitution weighing
替代电桥/替代電橋 substitution bridge
替代定理/替代定理 substitution theorem
替代攻击/替代攻擊 substitution attack
替代机构/替代機構 substitutive mechanism
替代记账业务/替代記賬業務 alternate billing service, ABS
替代卡路里计/替代卡路里計 substitution calorimeter
替代卡路里学/替代卡路里學 substitution calorimetry
替代密码/代換密碼 substitution cipher
替代误差/替代誤差 substitution error
替代选择/替換選擇 replacement selection
替代用催化转化器/替代用催化轉化器 replacement catalytic converter
替代杂质/替代雜質 substitutional impurity
替换/替換 replacement
替换策略/替換策略 replacement policy
替换矩阵/替換矩陣 substitution matrix
替换频率/備用頻率 alternate frequency
替换算法/替換演算法 replacement algorithm
替位扩散/替位擴散 substitutional diffusion
天波/天波 sky wave
天车轮/隆面皮帶輪 crowned pulley
天车台/天車臺 crown platform
天窗采光/天窗 skylight
天电干扰/大氣干擾 atmospheric interference
天电噪声/天空雜訊,大氣雜訊 sky noise, atmospheric noise
天顶位置/天頂位置 zenith position
天际线/地平線 skyline
天际线查询/天際線查詢 skyline query
天井/昇道,吊井 raise
天井钻机/吊井鑽機 raise boring machine
天空蓝度测定法/天空藍度測定術 cyanometry
天空噪声温度/天空間雜音温度 sky noise temperature
天蓝计量法/天空藍度測定術 cyanometry
天蓝仪/天空藍度測定計 cyanometer
天轮/天輪,天車 head sheave
天平/天平,秤 balance, scale
天平臂/天平臂 balance arm
天平动阻尼/天平動阻尼 libration damping
天平横梁/平衡梁 balanced beam
天平梁制动/天平梁制動 balance-beam brake

天平盘托/天平盤制動 balance-pan arrest
天平平衡/天平平衡 balance equipoise
天平悬挂系统/天平懸掛系統 balance suspension system
天平指示器/天平指示器,平衡指示器 balance indicator
天青石/天青石 celestite
天球子午线/天球子午線,天球子午圈 celestial meridian
天球坐标/天球坐標 celestial coordinate
天然放射性/天然放射性,自然放射性 natural radioactivity
天然放射性元素/天然放射元素 natural radioelement
天然干燥/自然乾燥法,自然季化處理 natural seasoning
天然工质制冷剂/天然冷媒 natural refrigerant
天然金块/天然塊金 nugget
天然磨料/天然磨料 natural abrasive
天然磨石水分/石汁 quarry sap
天然黏结砂/天然黏結砂 naturally bonded sand
天然气/天然氣 natural gas, NG
天然气发动机/天然氣動力機,天然氣引擎 natural gas engine
天然气候试验/天然氣候試驗 natural climate test
天然气汽车/天然氣車輛 natural gas vehicle
天然气水合物汽车/天然氣水合物車輛 natural hydrate vehicle
天然气调压站/天然氣減壓站 natural gas reducing station
天然气制油/天然氣油 gas liquifaction oil
天然砂/天然砂 natural sand
天然石墨/天然石墨 natural graphite
天然石墨电极/天然石墨電極 natural electrode
天然石英砂/天然矽砂 natural silica sand
天然型砂/天然模砂 natural molding sand, natural-bonded molding sand
天使回波/天使回波 angel
天体测量学/天體量測術 astrometry
天体测量仪/天體量測儀,天體光度計 astrometer
天体等离子体/天體物理電漿 astrophysical plasma
天体光度学/天體光度學 astronomical photometry
天体照相物镜/天文攝影[機]物鏡 astrographic objective
天文大地起伏/天文大地起伏 astrogeodetic undulation
天文单位/天文單位 astronomical unit
天文单位距离/天文單位距離 astronomical unit distance
天文方位角/天文方位角,天文經度 astronomical azimuth
天文观测/天文觀測 astronomical observation
天文经纬仪/天文經緯儀 astronomical theodolite
天文秒/天文秒 astronomical second
天文年历/天文曆 astronomical ephemeris
天文日/天文日 astronomical day
天文日照时间/天文學的可照時間 astronomical sunshine duration
天文时/太空時,天文時間 astronomical time
天文水准/天文水準 astronomical leveling
天文台/天文臺 astronomical observatory
天文望远镜/天文望遠鏡 astronomical telescope
天文纬度/天文緯度,黃緯 astronomical latitude
天文仪器/天文儀器 astronomical instrument
天文钟/天文鐘 astronomical clock
天文子午圈/天文子午線 astronomical meridian
天文子午线/天文子午線 astronomical meridian
天文坐标/天文坐標 astronomical coordinate
天线/天線 antenna
天线波导段/天線波導部分 antenna waveguide section
天线波导开关/天線波導轉換 antenna waveguide switch
天线波束/天線波束 antenna beam
天线波束成形/天線波束整形 antenna beam shaping
天线波束形状因数/天線波束形狀因數 antenna beam-shape factor
天线波束压缩/天線波束壓縮 antenna beam compression
天线捕获区/天線截捕面積 antenna capture area
天线测量量程/天線量測設施 antenna measurement range
天线插座/天線插座 antenna socket
天线串话/天線串擾 antenna crosstalk
天线串音/天線串擾 antenna crosstalk
天线伺服/天線伺服 antenna servo
天线带宽/天線頻寬 antenna bandwidth
[天线]导电接地面/[天線]導電接地面 ground plane
天线电动机/天線電動機 aerial motor, antenna motor
天线多耦合器/天線共用器 antenna multicoupler
天线方向图/天線輻射圖形,天線場形 antenna pattern
[天线方向图的]后瓣/後瓣 back lobe

天线方向性/天線方向性,天線指向性 antenna directivity

天线方向性测量/天線指向性量測 antenna directivity measurement

天线方向性图/天線方向性圖 antenna directivity diagram

天线分割装置/天線共用器 antenna splitting device

[天线]分区透镜/[天線]分區透鏡 zone lens

天线辐射电阻/天線輻射電阻 antenna radiation resistance

天线辐射机理/天線輻射機制 antenna radiation mechanism

天线辐射强度/天線輻射強度 radiation strength of antenna

天线辐射图/天線輻射圖,天線輻射場型 antenna radiation pattern

天线辐射效率测量/天線輻射效率量測 antenna radiation efficiency measurement

天线副瓣/天線副瓣,天線旁瓣 antenna side lobe

天线高度/天線高度 antenna highness

天线跟踪器/天線跟蹤器 antenna follower

天线跟踪稳定系统/天線跟蹤與穩定系統 antenna tracking and stabilization system

天线功率增益/天線功率增益 antenna power gain

天线合路器/天線合路器 antenna combiner, Acom

天线衡网/天線衡網 antenna counterpoise

天线基准轴/天線參考準向 antenna reference boresight

天线基座/天線基座,天線地基 antenna foundation

天线极化/天線極化 antenna polarization

天线极化测量/天線極化特性量測 antenna polarization measurement

天线极化失调/天線極化失準 antenna polarization misalignment

天线极坐标场图测量/天線極坐標場型量測 antenna polar pattern measurement

天线交换器/天線交換器 antenna exchanger

天线焦距/天線焦距 antenna focal length

天线校准测试仪/天線校準儀 antenna alignment test set

天线绝对增益/天線絕對增益 absolute gain of antenna

天线绝对增益测量/天線絕對增益量測 antenna absolute-gain measurement

天线开关/天線轉換開關 antenna switch

天线孔径/天線孔徑 antenna aperture

天线孔径分布/天線孔徑分布 antenna aperture distribution

天线孔径效率/天線孔徑效率 antenna aperture efficiency

天线孔面积/天線孔面積 antenna aperture area

天线控制器/天線控制部 antenna control unit

天线馈电线/天線饋電線 antenna feed line

天线馈源/天線饋電線 antenna feed, antenna feeder

[天线量测之]仰角范围/[天線量測之]仰角範圍 elevation range for antenna measurement

天线量程/天線範圍 antenna range

天线偶极子/偶極天線,半波天線 antenna dipole

天线旁瓣/天線旁瓣,天線副瓣 antenna side lobe

天线匹配装置/天線匹配裝置,天線匹配單元 antenna matching unit

天线平衡/天線平衡 aerial balance

天线平台/天線平臺 antenna platform

天线切换/天線轉換 aerial switching

天线去极化[消偏振]/天線之去偏極效應 antenna depolarization

天线射束分集/天線波束分集 antenna beams diversity

天线适配器/天線適配器,天線轉接器 antenna adapter

天线[收发]转换开关/天線轉換開關,收發轉換開關 A. T. R. switch, antenna duplexer

天线输出/天線輸出 antenna output

天线输出阻抗/天線輸出阻抗 antenna output impedance

天线输入阻抗/天線輸入阻抗,天線阻抗特性 antenna impedance characteristic, antenna input impedance

天线束宽/天線束寬,天線波束寬度 antenna beamwidth

天线衰减器/天線衰減器 aerial attenuator

天线双工器/天線轉換開關 antenna duplexer

天线双讯器/天線雙訊器 antenna diplexer

天线塔/天線塔 antenna tower

天线调谐器/天線調諧器 antenna tuner

天线温度/天線溫度 antenna temperature

天线系数/天線係數,天線因子 antenna factor

天线系统/天線系統 antenna system

天线相位测量/天線相角量測 antenna phase measurement

天线效率/天線效率 antenna efficiency

天线效应/天線效應 antenna effect

天线行波比/天線行波比,天線行波係數 antenna traveling wave ratio

天线行波系数/天線行波係數,天線行波比 antenna traveling wave vatio

天线旋转设备/天線旋轉設備,天線轉動設備 aerial rotating equipment, antenna rotating equipment
天线仰角/天線仰角 antenna elevation angle
天线有效口径/天線有效孔徑 antenna effective aperture
天线噪声/天線雜訊 antenna noise
天线噪声温度/天線雜訊溫度 antenna noise temperature
天线增益/天線增益 antenna gain
天线增益测量/天線增益量測 antenna gain measurement
天线罩/天線罩 radome
天线阵列/天線陣列 antenna array
天线振幅图测量/天線振幅場型量測 antenna amplitude pattern measurement
天线支架/天線杆 antenna support
天线指向控制/天線指向控制 antenna pointing control
天线指向损耗/天線指向損失 antenna pointing loss
天线终端/天線接頭 antenna terminal
天线驻波比/天線駐波比 antenna standing wave ratio
天线转换/天線轉換,波瓣轉換 antenna switching
天线阻抗/天線阻抗 antenna impedance
天线阻抗测量/天線阻抗量測 antenna impedance measurement
天线阻抗特性/天線阻抗特性 antenna impedance characteristic
天线座/天線架 antenna mount
添加管/添加管,加料管 addition tube
添加剂/添加劑,摻和物,添加物 additive, sorbent, addition agent
添加新砂/添加新砂 addition of new sand
添加样品/加料試樣 spiked sample
填板塔/填板塔 slate packing tower
填补/埋入法 filling up
填充/填充 fill
填充床/填充床 packed bed
填充床反应器/填充床反應器 packed-bed reactor
填充挤压/填充擠壓 filling extrusion
填充剂/填充物,填隙料 filler
填充脉冲/填充脈波 filler pulse
填充密度/堆積密度 packing density
填充区/填充區 fill area
填充砂/填砂 filler sand
填充塔/填充塔,填充柱 packed tower
填充物/填充物,填隙料 filler
填充洗气器/填充洗氣器 packed scrubber
填充系数/填充係數 stuff-up coefficient
填充型芯/埋入砂心 filling core
填充因数/填充因數 fill factor
填充柱/填充柱,填充塔 packed column
填焦过滤器/焦炭過濾器 coke filter
填焦洗涤器/焦炭洗氣器 coke scrubber
填料/填充材料,填隙料 filler, loading material, packing material
填料层/填料層 filler layer
填料机/填料機 padding machine
填料熔合/填料熔接 fusion of packing material
填料式旋塞阀/填料式旋塞閥 gland-packing plug valve
填料塔/填料塔,填充塔,填充柱 packed column
填塞/填塞,搗緊,填充 stuffing, tamping
填塞比特/填充位元 stuffing bits
填塞块/墊塊 packing block
填砂/填砂 sand-filling, filling-in
填砂框/填砂框 filling frame
填隙/間隙填充 gap filling
挑杆摆动机构/桿振盪機構 rod oscillation mechanism
挑杆回转机构/桿傾卸機構 rod-tipping mechanism
挑杆锁紧机构/桿鎖緊機構 rod-locking mechanism
挑选器/撿出器 picker
条/條,棒,杆 rods, strip
条带大小/條帶大小 strip size
条缝型肋片换热器/分流凸片管熱交換器 split finned tube heat exchanger
条幅式摄影机/無快門照相機 strip film camera
条钢/條鋼,棒鋼 bar steel, bar iron, commercial steel
条钢轧机组/條鋼軋機組 bar steel rolling train
条件/條件,情況 condition
条件不稳定性/條件性不穩定 conditional instability
条件冲突/分歧危障 branch hazard
条件处理/調節,工況調整,性能改善 conditioning
条件断点/條件斷點 conditional breakpoint
条件控制结构/有條件控制結構 conditional control structure
条件临界段/條件臨界區段 conditional critical section
条件逻辑/條件邏輯 conditional logic
条件码/條件碼 condition code
条件熵/條件熵 conditional entropy
条件式/條件式 condition
条件事件/條件事件 conditional event
条件收敛/條件收斂 conditional convergence

条件同步/條件同步 conditional synchronization
条件稳定/條件性穩定 conditionally stable
条件稳定系统/條件性穩定系統 conditionally stable system
条件稳定性/條件穩定性 conditional stability
条件限制函数/條件限制函數 conditional restraint function
条件项重写系统/條件項重寫系統 conditional term rewriting system
条件转移/有條件轉移 conditional transfer
条胶压延机/修膠壓延機 gum strip calender
条料/剪條 sheared strip
条码/條碼 bar code
条码扫描器/條碼掃描器 bar-code scanner
条筛/條篩 bar screen
条式双凸透镜/帶式雙凸透鏡 ribbon lenticular
条式印字机/紙帶印表機 strip printer
条纹/條紋,尾影 streaking
条纹计数法/條紋計數法 fringe counting method
条纹计数器/條紋計數器 fringe counter
条纹间隔/條紋間距 fringe spacing
条纹可见度/條紋可見度 fringe visibility
条纹锐度/條紋鋭化 fringe sharpness
条纹细分法/條紋細分法 subdividing fringe method
条形激光器/板雷射 slab laser, stripe type laser
条形码/條碼 bar code
条形图/條狀圖,長條圖 bar chart
条柱显示/條柱顯示 bargraph display
条状波导/條狀波導 strip guide
条状组织/條狀組織 banded structure
调 Q/調 Q Q-switching
调波示波器/調波示波器 wamoscope
调磁变速比/調速伸縮率 flexibility ratio
调风器/調氣器 register
调峰汽轮机/峰值調整汽輪機 peak regulation steam turbine
调峰运行/調峰作業 peak-shaving operation
调幅/調幅,振幅調變 amplitude modulation, AM
调幅度/調幅深度 amplitude modulation depth
调幅度表/調幅度表 amplitude modulation meter
调幅度测试仪/百分比調制計 percentage modulation meter
调幅发射机/調幅發射機 amplitude modulated transmitter, AM transmitter
调幅广播/調幅廣播 AM broadcasting
调幅临限/幅調臨限 AM threshold
调幅器/調幅器,調變器 amplitude modulator, modulator
调幅调频变换器/調幅-調頻變換器 AM-to-FM converter
调幅调相/調幅-調相 amplitude modulation phase modulation, AM-PM
调幅调相变换/調幅-調相轉變 AM-PM conversion
调幅移相键控/調幅相移鍵控 amplitude modulation phase shift keying, AM-PSK
调幅抑制/調幅遏止 modulation suppression
调幅因数/振幅調變因數 amplitude modulation factor
调光器/調光器,減光器 dimmer, light modulator
调和分析仪/諧波分析器 harmonic analyzer
调和模式砂/調合模砂 blended molding sand
调和平均/調和平均數 harmonic mean
调和砂/調合砂 blended sand
调和信号/諧波信號 harmonic signal
调和性/均品質 consistent quality
调糊机/陽極糊混和機 paste mixer
调 Q 激光器/調 Q 雷射,Q 切換雷射 Q-switched laser
调焦/聚焦[圈] focusing, focusing ring
调焦镜/聚焦透鏡 focusing lens
调角/調角 angle modulation
调节/調節,調整 accommodation, regulation
调节棒/調節桿 regulating rod
调节保证/調節保證 regulating guarantee
调节变量/調節變項 moderator
调节变阻器/調節變阻器 regulating rheostat
调节抽汽/調節抽汽 regulated extraction steam
调节抽汽阀/調節抽汽閥 regulating extraction steam valve
调节抽汽式汽轮机/調節抽汽式蒸汽蝸輪機 regulated extraction steam turbine
调节单元/調節單元 regulating unit
调节电磁铁/調節電磁鐵 regulating magnet
调节电动机/調節馬達 modulating motor
调节电阻器/調節電阻器 regulating resistor
调节阀/調節閥,調速閥 governor valve
调节机构/校正元件 correcting element
调节级/調節級 governing stage
调节继电器/調節繼電器 regulating relay
调节控制单元/調節控制單元 conditioning controller
调节汽阀/控制閥 control valve, governing valve
调节汽阀快控保护/閥門快調保護 fast valving protection
调节器/調節器,調整器,調理器 regulator, conditioner

调节腔/調節腔　conditioning chamber
调节特性/調節特性　regulation characteristic
调节系数/調節係數,供應係數　accommodation coefficient
调节系统/調節系統　governing system
调节箱/調節箱　regulating box
调节油系统/控制油系統　control oil system
调节装置/調節裝置,調和器,調節器　conditioner, regulating device
调解法/調解法　paramodulation
调解功能/調解功能　mediation function
调宽/調寬　width adjusting
调宽结晶器/調寬結晶器　variable width mold
调宽压力机/調寬壓力機　pressing, machine with variable width
调零/置零　zero set
调零电位计/零值電位計　zero potentiometer
调零机构/零設定　null setting
调零装置/調零裝置,零點調整　zero-setting device, zero adjustment device
调配反射计/調配反射計　tuned reflectometer
E-H 调配器/E-H 調整器　E-H tuner
调频/調頻,頻率調變　frequency modulation, FM
调频捕获效应/調頻捕獲效應　FM capture effect
调频测距法/調頻測距法　FM ranging
调频发射机/調頻發射機　frequency modulated transmitter, FM transmitter
调频发射天线/調頻發射天線　FM transmitting antenna
调频管/調頻管,調相管　phasitron
调频广播/調頻廣播　FM broadcasting
调频回旋加速器/頻調回旋加速器　frequency modulated cyclotron
调频激光器/調頻雷射,頻調雷射　frequency-modulated laser
调频检测器/調頻檢測器　FM detector
调频接收机/調頻接收機　FM receiver
调频雷达/調頻雷達,頻調雷達　frequency-modulated radar
调频立体声/調頻身歷聲道,調頻雙聲道　FM stereo
调频连续波/調頻連續波　frequency-modulated CW, FM-CW
调频连续波波形/調頻連續波波形　FMCW waveform
调频连续波雷达/調頻連續波雷達　FM continuous-wave radar, FMCW radar
调频灵敏度/調頻靈敏度　frequency modulated sensitivity
调频失真/調頻失真　frequency-modulated distortion
调频锁相环解调器/調頻鎖相回路解解調器,調頻鎖相回路調變器　FM PLL demodulator
调频-调频遥测系统/調頻-調頻遥測系統　FM-FM telemetering system
调频信号/調頻訊號　frequency modulated signal, FM signal
调频叶片/調頻葉片　tuned blade
调频阈值/頻調臨限　FM threshold
调频运行/速率調節操作　speed governing operation
调频噪声/調頻雜訊　FM noise
调频振荡器/頻調振盪器　frequency-modulated oscillator
调频指数/調頻指數,頻率調變係數　frequency modulation index
调剖泵/輪廓控制泵　profile control pump
调剖堵水车/水剖面調控堵水車　water profile control-and-shutoff truck
调漆/調漆　paint mixing
调色板/調色　palette
调栅调板振荡器/調頻調柵振盪器　tuned-grid tuned-plate oscillator
调湿干燥器/調濕乾燥器　humidity drier
调试/除錯　debug
调试程序/除錯程式　debugging program
调试程序包/除錯套裝軟體　debugging package
调试工具/除錯工具　debugging aids
调试例程/除錯常式　debugging routine
调试模型/除錯模型　debugging model
调速泵/調速器動葉輪　governor impeller
调速变阻器/調速變阻器　speed-regulating rheostat
调速部件/速率設定裝置　speed setting device
调速电动机/調速電動機,調逨馬達,變速電動機　adjustable speed motor, variable speed motor
调速电气传动/調速電氣傳動　adjustable speed electric drive
调速阀/調速閥,速率控制閥,調節閥　speed control valve, governor valve
调速范围/調速範圍　regulating range
调速管/調速管　velocity-modulated tube
调速卷扬机/變速絞車　variable speed winch
调速离合器/變速離合器　variable speed clutch
调速率/調速率　speed droop, speed governing rate
调速器/調速器　speed regulator, speed governor
调速器壳体/調速器殼體　speed governor housing
调速器控制手柄/調速器控制桿　speed governor control lever
调速器驱动扭矩/調速器驅動扭矩　governor drive

torque
调速器上限/調速器上限 upper limit of speed regulator
调速器输出信号/調速器輸出信號 governor output signal
调速器输入信号/調速器輸入信號 governor input signal
调速器特性曲线/調速器特性曲線 governor characteristic curve
调速器下限/調速器下限 lower limit of speed regulator
调速器需求功率/調速器需求功率 governor power demand
调速器增益率/調速器增益 governor gain
调速器作用力曲线/調速器作用力曲線 governor force curve
调速弹簧/調速器彈簧 speed governor spring
调速特性/調速器特性 speed governor characteristic
调速系统/調速系統 speed control system
调速型液力偶合器/變速流體聯結器 variable speed fluid coupling
调速轴/調速軸 regulating shaft
调速装置/調速裝置 speed control device
调温流体/可調溫流體 temperature-adjustable fluid
调温器/調溫器,溫度控制器 temperature controller, thermoregulator
调温式空滤器/調溫式空氣濾清器 temperature modulated air cleaner
调温式空气滤清器/調溫式空氣濾清器 temperature modulated air cleaner
调温旋管/調溫螺管 tempering coil
调向灵敏性/順風敏感度 following wind sensitivity
调向稳定性/順風穩定性 following wind stability
调相/調相,相調 phase modulation, PM
调相发射机/調相發射機,調相發送機 phase modulated transmitter, PM transmitter
调相器/調相器,相位調節器 phase modulator, phase regulator
调相运行/調相運行 phasing operation
调谐/調諧 tuning
调谐电路/調諧電路,調諧器,選臺器 tuned circuit, tuner
调谐放大器/調諧放大器 tuned amplifier
调谐计/調諧計 tuning meter
调谐减振器/調諧減振器 tuned vibration reducer
调谐空腔波长计/調諧空腔波長計 tuned cavity wavemeter
调谐器/調諧器,選臺器 tuner
E-H 调谐器/E-H 調整器 E-H tuner
调谐射频接收/調諧射頻接收 tuned radio frequency reception
调谐室/調諧室 doghouse
调谐销钉/調諧銷釘 tuning pin
调谐振荡器/調諧振盪器 tuned oscillator
调谐指示器/調諧計 tuning meter
调心表面半径/調心表面半徑 aligning surface radius
调心表面中心高度/調心表面中心高度 aligning surface center height
调心滚子轴承/自校準滾動軸承 self-aligning roller bearing
调心托辊/調心托輥 centring idler
调心轴承/自校準軸承 self-aligning bearing
调压变压器/調節變壓器,恆壓器 regulating transformer
调压垫片/調壓墊片 pressure-adjusting shim
调压阀/壓力調節閥 pressure-regulating valve
调压范围/調節範圍 range of regulation
调压管/調壓管 voltage-regulator tube
调压机/昇壓器,增壓器,昇壓線圈 booster
调压螺钉/調整螺釘 adjusting screw
调压器/電壓調整器,穩壓器,壓力調節器 voltage regulator, pressure regulator
调压绕组/調壓繞組,調節繞組,調整繞組 regulating winding
调压试验/調壓試驗 regulated inflation test
调压弹簧/調壓彈簧 pressure-adjusting spring
调压弹簧壳体紧帽/彈簧罩迫緊螺帽 spring housing retaining nut
调压弹簧上置式喷油器/調壓彈簧上置式噴油器 upper-spring injector
调压弹簧下置式喷油器/下置式彈簧噴油器 lower-spring injector
调压自耦变压器/調壓自耦變壓器 regulating autotransformer
调匀砂/調質砂 tempering sand
调整/調整,調節,平差 adjustment, justification, alignment
调整板形/調整板形 plate shape correcting
调整带/調整帶 alignment tape
调整电路/調整電路,穩壓電路 regulator circuit
调整电容器/調節電容器 regulating capacitor
调整范围/調整範圍 range of adjustment
调整分贝/調整分貝 decibel adjusted, dBa
调整机构/調整具,調節器 adjuster
调整器/調整器,調整設備 adjuster, regulator

调整腔/調整腔　adjusting cavity
调整时间/調整時間,安頓時間　settling time
调整误差/調整誤差　adjustment error
调整用磁盘/調正磁碟　alignment disk
调整值/調整值,平差值　adjusted value
调整装置/調整裝置　adjusting device
调制/調制,調變　modulate, modulation
调制包络/調制波包跡線,調變包絡線　modulation envelope
调制波/調制波,調變波　modulated wave, modulating wave
调制参数/調變參數　modulation parameter
调制掺杂/調變摻雜　modulation doping
调制掺杂场效晶体管/調制摻雜場效電晶體　modulation-doped field effect transistor, MODFET
调制传递函数/調制傳遞函數,調制轉换函數　modulation transfer function, MTF
调制度/調制度　degree of modulation
调制度测量/調制量測　modulation measurement
调制度测量仪/調制計,調變計　modulation meter
调制方式/調變模式　modulation mode
调制函数/調制函數　modulating function
调制解调器/數據機,調變解調器　modem, modulator-demodulator
调制脉冲放大器/調變脈波放大器,脈波調變放大器　modulated pulse amplifier
调制频率/調制頻率　modulation frequency
调制器/調制器,調變器,操縱器　modulator, manipulator
调制器灵敏度/調變器靈敏度　modulator sensitivity
调制器线性/調變器線性　modulator linearity
调制强度/調變強度　modulation intensity
调制深度/調制深度　depth of modulation, modulation depth
调制失真/調制失真,調制畸變　modulation distortion
调制速率/調變率　modulation rate
Y调制像/Y調變影像　Y-modulation image
调制信号/調變信號,調變訊號,調制訊號　modulated signal, modulating signal
调制型[电离]真空计/調制型[電離]真空計　modulator vacuum gage
调制型真空计/調變型真空計　modulator gage
调制因数/調變因數,調變係數　modulation factor
调制域测量/調制域量測　modulation domain measurement
调制元件/調變元　modulation element
调制噪声/調制雜訊,調制噪音,調變雜訊　modulation noise
调制振荡器/調制振盪器,調變振盪器　module oscillator
调制指数/調變指數　modulation index
调质/淬火與調質,淬火回火　quenching and tempering
调质奥氏体钢/調質沃斯田體鋼　modified austenitic steel
调质处理/調質[處理]　hardening and tempering, quenching with subsequent tempering
调质钢/淬火回火鋼　quenched and tempered steel
调质水分/調質水分　tempering water
挑战握手身份认证协议/詰問交握鑒别協定　challenge-handshake authentication protocol
挑战响应鉴别/詰問-回應鑒定機制　challenge-response authentication
跳/跳位,跳越　hop, jump
跳步测试/躍步測試　leapfrog test
跳齿分度/跳齒分度　jumping division
跳齿现象/滑脱現象　slippage phenomenon
跳动/跳動　hop
跳动公差/偏轉許可差　run-out tolerance
跳段计数/中繼段個數,中繼段總數　hop count
跳段限制/跳段限制　hop limit
跳过/跨越　skip
跳距/越距　skip distance
跳模/跳模　mode jump, mode hopping
跳频/跳頻　frequency hopping, FH
跳频多址/跳頻多重進接　frequency hopping multiple access, FHMA
跳频扩频信号/跳頻展頻信號,跳頻展頻訊號　frequency-hopped spread spectrum signal
跳频码分多址/跳頻碼分多址,跳頻分碼多重進接　frequency hopping CDMA, FH-CDMA
跳频式扩频/跳頻式展頻　frequency-hopped spread spectrum
跳时/跳時　time hopping
跳时式/跳時式　time-hopped, TH
跳束/跳躍波束,躍繼波束　hopping beam
跳汰机/波震選礦機　jigger
跳汰洗选机/波震洗選機　jig washer
跳汰选矿法/波震選礦法,浮渣選礦法　jigging, skimping
跳脱放大器/跳脱放大器　trip amplifier
跳线/跳接線　jumper wire
跳牙丝锥/跳牙螺絲攻　interrupted thread tap
跳跃/跳躍　jump
跳跃膜片/跳躍膜片　hopping diaphragm

跳周/跳週 cyclic skipping
跳转指令/跳越指令,跳位指令 jump instruction
贴附温度计/貼附溫度計 attached thermometer
帖子/告示 posting
铁/鐵 iron
α铁/α鐵,阿爾伐鐵 α-iron, alpha iron
β铁/β鐵,貝他鐵 β-iron, beta iron
γ铁/γ鐵,加馬鐵 γ-iron, gamma iron
δ铁/δ鐵,得爾他鐵 δ-iron, delta iron
铁白云石/鐵白雲石 ankerite
铁棒/鐵條 iron bar
铁铲/[砂]鏟 shovel
铁磁电动式仪表/鐵磁動態儀表 ferrodynamic instrument
铁磁放大器/鐵磁放大器 ferromagnetic amplifier
铁磁共振/鐵磁共振 ferromagnetic resonance
铁磁共振线宽/鐵磁共振線寬 ferromagnetic resonance linewidth
铁磁示波器/鐵磁示波器 ferrograph
铁磁弹性体/鐵磁彈性體 ferromagnetic elastic
铁磁体/強磁鐵電體 ferromagnetic body
铁磁调制器/強磁鐵電調制器 ferromagnetic modulator
铁磁显示/鐵磁顯示 ferromagnetic display
铁磁相变/鐵磁相變 ferromagnetic transformation
铁磁谐振电路/鐵共振電路,鐵諧振電路 ferro-resonance circuit
铁磁谐振吸收/鐵磁諧振吸收 ferromagnetic resonance absorption
铁磁性/鐵磁性,強磁性 ferromagnetism
铁磁性合金/鐵磁性臺金 ferromagnetic alloy
铁电半导体釉/鐵電半導體釉 ferroelectric semiconducting glaze
铁电材料/鐵電材料 ferroelectric material
铁电场效晶体管/鐵電場效電晶體 ferroelectric field effect transistor, FEFET
铁电电滞回线/鐵電電滯曲線 ferroelectric hysteresis loop
铁电非易失存储器/鐵電不變性記憶體 ferroelectric non-volatile memory
铁电晶体/鐵電晶體 ferroelectric crystal, ferroelectric transistor
铁电式放大器/鐵電放大器 ferroelectric amplifier
铁电陶瓷/鐵電陶瓷 ferroelectric ceramic
铁电显示/鐵電顯示 ferroelectric display
铁电相变/鐵電相變 ferroelectric transformation
铁电滞后/介電遲滯 ferroelectric hysteresis
铁钉/鐵釘 wire nail
铁锭/鐵錠 iron ingot
铁豆/鐵珠 iron shot
铁轭/軛鐵 yoke
铁粉/鐵粉 iron powder, powdered iron
铁粉焊条/鐵粉焊條 iron-powder electrode
铁橄榄石/鐵橄欖石 fayalite
铁钢板桩法凿井/鋼鐵板樁法 iron and steel sheet piling
铁钢比/鐵鋼比 iron-to-steel ratio
铁沟/流路,澆道 runner, iron runner
铁耗/鐵損 iron loss
铁合金/鐵合金 ferroalloy
铁合金电炉/鐵合金電爐 ferroalloy electric furnace
铁合金焦/鐵合金焦 ferroalloy coke
铁基合金/鐵基合金 iron-base alloy, ferrous base alloy
铁基摩擦片/鐵基摩擦片 iron-base friction plate
铁胶合剂/鐵水泥 iron cement
铁焦/焦鐵 ferrocoke
铁焦比/鐵焦比 iron-to-coke ratio
铁精矿/鐵精礦 iron concentrate
铁康铜热电偶/鐵與康銅電偶 iron constantan couple
铁-康铜热电偶/鐵-康銅熱電偶 iron-constantan thermocouple
铁口/出鐵口 iron notch
铁口泥炮/鐵口泥炮 iron tap-hole gun
铁口喷焦/鐵口噴焦 coke mess from the tap-hole
铁矿石/鐵礦石 iron ore
铁矿石还原/鐵礦石還原 iron ore reduction
铁矿石软化性质/鐵礦石軟化性質 softening and dropping properties of iron ore
铁矿石烧结/鐵礦石燒結 iron ore sintering
铁矿石造块/鐵礦石造塊 iron ore agglomeration
铁矿石整粒/鐵礦石壓選 crushing and screening of iron ore
铁磷/磷鐵 ferro-phosphorus
铁鳞/鐵鱗皮,鐵銹皮 iron scale, oxide scale
铁路槽车/鐵路槽車 rail tanker
铁路罐车/鐵路罐車 railroad tanker
铁路起重机/鐵路起重機 railroad crane
铁镍基高温合金/鐵鎳基超合金 iron-nickel-base superalloy
铁镍蓄电池/鐵鎳蓄電池,鐵鎳電池[組] iron nickel storage battery, iron nickel accumulator
铁青铜/鐵青銅 ferrobronze
铁球磨/鐵球磨 cannon ball mill
铁纱/鐵絲網,線網 wire gauze

铁闪锌矿/[鐵]閃鋅礦 black jack, marmatite
铁水/鐵水,熔鐵,鐵液 molten iron, melted iron
铁水沟脱硅/鐵水流道脱矽 desiliconization in runner
铁水罐/熔金屬桶 ladle, hot metal ladle
铁水罐脱硅/熔金屬桶脱矽 desiliconization in iron ladle
铁水罐脱磷/熔金屬桶脱磷 dephosphorization in iron ladle
铁水化学热/鐵水化學熱 chemical heat of hot metal
铁水静压力/鐵水静壓力 ferro static pressure
铁水提钒/鐵水萃取釩 vanadium extraction from hot metal
铁水同时脱硫脱磷/鐵水同時脱硫脱磷 simultaneous elimination of phosphorus with sulfur removal in hot metal
铁水物理热/鐵水物理熱 sensible heat of hot metal
铁水预处理/鐵水預處理 hot metal pretreatment
铁水预脱硅/鐵水預脱矽 desiliconization of hot metal
铁水预脱磷/鐵水預脱磷 pre-dephosphorization of hot metal
铁水预脱硫/鐵水預脱硫 pre-desulphurization of hot metal
铁丝剪/剪線器 wire cutter
铁丝三角/金屬線三角 wire triangle
铁素体/肥粒鐵,肥粒體 ferrite
α铁素体/α肥粒鐵 α-ferrite, alpha ferrite
δ铁素体/δ肥粒鐵 δ-ferrite, delta ferrite
铁素体不锈钢/肥粒鐵不銹鋼 ferritic stainless steel
铁素体层/肥粒鐵層 ferrite lamellae
铁素体钢/肥粒體鋼 ferritic steel
铁素体隔离器/肥粒鐵隔離器,亞鐵鹽隔離器 ferrite isolator
铁素体可锻铸铁/肥粒鐵可鍛鑄鐵 ferritic malleable cast iron
铁素体耐热钢/肥粒體耐熱鋼 ferritic heat resistant steel
铁素体网/鐵磁體網 ferrite network
铁素体循环器/鐵氧體循環器 ferrite circulator
铁素体珠光体钢/肥粒體波來體鋼 ferrite pearlitic steel
铁素体铸铁/肥粒鑄鐵 ferritic cast iron
铁素物质流/鐵素物質流 ferruginous mass flow
铁塔天线/塔式天線 tower radiator
铁弹相变/鐵彈相變 ferroelastic transformation
铁-碳化铁平衡相图/鐵-碳化鐵平衡相圖 iron-iron carbide equilibrium diagram
铁碳平衡图/鐵碳平衡相圖 iron carbon equilibrium diagram
铁碳相图/鐵碳平衡相圖 iron carbon equilibrium diagram
铁条/鐵條,鐵棒 bar iron
铁条起重机/鐵條起重機 bar-iron crane
铁铜镍热电偶/鐵銅鎳熱電偶 iron copper nickel alloy thermocouple
铁铜镍热电偶丝/鐵銅鎳熱電偶線 iron copper nickel thermocouple wire
铁心试验/鐵心試驗 core test
铁心损耗/鐵心損耗 core loss
铁心柱/鐵心柱 core limb
铁岩/粗粒堅硬岩石 ferrilite
铁氧磁带/鐵氧卡帶 ferrooxide tape
铁氧卡带/鐵氧卡帶 ferrooxide tape
铁氧体/鐵氧體,肥粒鐵 magnetic ferrite, ferrite
铁氧体薄膜磁盘/鐵磁體膜磁碟 ferrite film disk
铁氧体磁头/鐵磁體頭 ferrite magnetic head
铁氧体磁心平衡转换器/鐵磁心貝楞,亞鐵鹽塊貝楞 ferrite-core balun
铁氧体磁芯存储器/鐵氧體磁芯記憶體 ferrite core memory
铁氧体记忆磁芯/鐵氧體記憶磁芯 ferrite memory core
铁氧体衰减器/鐵氧體衰減器 ferrite attenuator
铁氧体天线/鐵氧體天線 ferrite antenna
铁氧体永磁体/鐵氧體永久磁鐵 ferrite permanent magnet
铁液/鐵液,鐵水,熔鐵 liquid iron, melted iron
铁浴/鐵浴 iron bath smelting
铁渣/鐵碴 iron residue
铁直接还原度/鐵直接還原度 degree of direct reduction of iron
铁珠/鐵珠 iron shot, shot iron
铁铸件/鐵鑄件 ferrous casting, iron casting
铁砖/鐵磚 iron brick
听打/邊聽邊打 typing by listening
听度计/聽度計,聽力計 audibility meter
听觉测定法/測聽術,聽力量測術 audiometry
听觉显示/聽覺顯示 auditory display
听觉掩蔽临界值/聽覺遮蔽臨界 auditory masking threshold
听力测试室/聽力測試室 audiometric room
听力计/聽力計,弦音計 audiometer, sonometer
听力损失/聽力損失 hearing loss
听力图/聽力圖,聲波圖 audiogram
听阈/聽覺閾 hearing threshold

听阈级/聽閾線　hearing threshold level, HTL
廷德尔计/丁道耳計　Tyndallmeter
停泊轨道/停泊軌道,常駐軌道,駐留軌道　parking orbit
停车灯/停車燈　parking lamp
停车风速/停車風速　shutdown wind speed
停等式/暫停并等待　stop and wait
停电用继电器/斷電繼電器　power-off relay
停机/停機　shutdown, halt
停机时间/停機時間,停工時間,故障時間　down time
停机问题/停機問題　halting problem
停靠表/停靠表　parking meter
停留时间/停留時間　staying time
停炉/停用　outage, shutdown
停闪频率/融合頻率,熔合頻率　fusion frequency
停用/停用　out of service
停用词/停用詞　stop word
停用页/停用頁　stop page
停止/停止　stop, halt
停止鼓风/停止鼓風　turn off the blast
停止器/停止器　stop, stopper
停止信号/停止信號　stop signal
挺杆/挺桿,推桿　tappet
挺柱保持器/挺桿扣件　tappet retainer
挺柱部件/挺桿配件　tappet assembly
挺柱导套/挺桿導件　tappet guide
挺柱垫块/挺桿推力墊　tappet thrust pad
挺柱滚轮/挺桿滚子　tappet roller
挺柱体/挺桿體　tappet body
挺柱头部/挺桿頭　tappet head
通/打開　on
通带/通帶,帶通　pass band, overall selectivity, passband
通导孔/通導孔　access hole
通道/通道,頻道,路徑　channel, path, gangway
通道带宽/通道頻寬　channel bandwidth
通道电导/通道電導　channel conductance
通道调度程序/通道排程器　channel scheduler
通道过载/通道超載　channel overload
通道监视/通道監視　path monitoring, PM
通道接口/通道介面　channel interface
通道控制器/通道控制器　channel controller
通道漏孔/通道漏孔　channel leak
通道命令/通道命令　channel command
通道请求/通道請求　channel request
通道容量/通道容量　channel capacity
通道式电子倍增器/通道式電子倍增器　channel electron multiplier
通道适配器/通道轉接器　channel adapter
通道选择/選道　channel selection
通道状态字/通道狀態字　channel status word, CSW
通电的/導電的　conducting
通电法/通電法　current-flow method
通断/開關　switching
通断比/斷續比　break make ratio
通断键控/on-off 移鍵　on-off keying, OOK
通断开关/開關　on-off switch
通断控制/開關控制,開閉控制　on-off control
通断控制器/開閉控制器,開關控制器　on-off controller
通断时间/關合-開斷時間　make-break time
通断元件/開閉元件　on-off element
通风/通風,吹風,通氣　ventilation, draft, venting
通风槽片/風道隔片　duct spacer
通风挡板/通風擋板　draught damper
通风阀/送風閥　blow valve
通风防尘/通風防塵　dust control by ventilation
通风干湿表/通風乾濕表　ventilated psychrometer
通风管/通風管　draft tube
通风管道/空氣管,風管　air pipe
通风管路/氣路,風道　air channel
通风管系/通風管　ventilation tubing
通风机/通風機,通風器,風扇　fan, ventilator
通风机比转速/風扇比速率　specific speed of fan
通风机动压/風扇動態壓力　fan dynamic pressure
通风机静压/風扇機静壓力　fan static pressure
通风机静轴效率/風扇静態軸效率　fan static shaft efficiency
通风机内功率/風扇内功率　inner power of fan
通风机效率/風扇效率　fan efficiency
通风机压力/扇葉壓力　fan pressure
通风机轴效率/風扇機軸效率　fan shaft efficiency
通风机总效率/風扇機總效率　fan total efficiency
通风计/通風計,吸力計　draft gage, draught gage
通风截面比/通風截面百分比　percentage of air space
通风阱/風井,風坑　air pit
通风口/通氣口　air port
通风炉/[通]風爐,送風式爐　draught furnace, wind furnace
通风帽/帶罩通風器　cowl ventilator
通风器/通風器,通風機　ventilator
通风腔/通風腔　draught chamber
通风栅/通風柵　air grate

通风调节器/通風調整器 draft regulator
通风筒/通風筒 air funnel
通风温度计/通風温度計 aspiration thermometer, ventilated thermometer
通风系统/通風系統 ventilating system
通风阻力/通風損失,壓降 draft loss, pressure drop
通过规/通過規 go gage
通过量/吞吐量,輸送量 throughput
通过时间/經過時間 transit time
通过式功率计/通過式功率計,透過式功率計 feed-through type power meter, feed-through power meter
通过性/通過能力 passing ability
通过延迟/通過延遲,轉接延遲 transit delay
通话电键/講話鍵 talking key
通话费/通話費 call charge
通话计费时间/通話計費時間 chargeable duration
通话计数器/電話計次表 message meter
通话时长/通話時間,呼叫時間 call duration
通井车/井池維護卡車 well service truck
通孔/通孔,介層引洞,貫穿孔 via hole, through hole
通孔宝石轴承/孔寶石軸承 hole jewel bearing
通量/通量 flux
通量计数器/通量計數器 flux counter
通量密度/通量密度 flux density
通量探测器/通量檢知器 flux detector
通量线/通量線 line of flux, flux line
通流道/通道 flow passage
通流损失/換氣損失 ventilation loss
通路/通路,路徑,信道 path, channel
通路工作/通路工作 closed-circuit working
通路架/通道[排]組 channel bank
通路敏化/路徑敏化 path sensitization
通路器/通路器 circuit closer
通路最大传输单元/通路最大傳輸單元 path MTU
通配符/通配符 wildcard
通频带/通帶 pass-band
通气/通氣 venting
通气板/通氣板 vent board, vent plate
通气电池腐蚀/通氣電池腐蝕 aeration cell corrosion
通气杆/通氣桿 vent rod
通气管/通氣管,通風管 aeration tube, vent pipe
通气混合搅拌器/通氣混合攪拌器 aero-mix stirrer
通气孔/通氣孔,排氣孔 vent hole
通气蜡线/通氣蠟線,通氣蠟條 vent wax, wax vent
通气轮/通氣輪 aeration wheel
通气砂芯/通氣砂心 blind core
通气筛嘴/通氣篩嘴 screen vent
通气芯/威廉氏砂心,增壓砂心 William core, atmospheric core
通气性/通氣性 vent ability
通气针/通氣針 vent wire
通气装置/通氣裝置 aeration device
通态门槛电压/通態閾值電壓 on-state threshold voltage
通态阈值电压/通態閾值電壓 on-state threshold voltage
通信/通信,通訊 communication
通信安全/通訊安全 communications security
通信保密/通訊守密 communication security
通信保密设备/通訊守密設備 communication security equipment
通信车/通訊車 communication van
通信处理机/通訊處理機 communication processor
通信端口/通訊埠 communication port
通信对抗/通訊對抗 communication countermeasures
通信反干扰/通訊反干擾 communication anti-jamming
通信费用/通訊費用 communication feed
通信复杂性/通訊複雜性 communication complexity
通信故障/通訊故障 communication failure
通信接口/通訊介面 communication interface
通信结点/通訊結點 correspondent node
通信结点登记/通訊結點登記 correspondent registration
通信开关/交換開關 commutation switch
通信抗干扰/通訊反干擾 communication anti-jamming
通信科学/通訊科學 communication science
通信控制器/通訊控制器 communication controller
通信控制字符/通訊控制字元 communication control character
通信量分析/流量分析 traffic analysis
通信量填充/流量填充 traffic padding
通信流量分析/通信流量分析 traffic flow analysis
通信媒介/通訊媒介 communication medium
通信模型/通訊模型 communication model
通信器/通訊器 communicator
通信情报/通信情報 communication intelligence, COMINT
通信软件/通信軟體 communication software
通信失效/通訊故障 communication failure
通信适配器/通信配接器,通信轉接器 communication adapter

通信顺序处理/上下文通信顺序處理 communicating sequential processes
通信图/通訊圖 communication diagram
通信网/通訊網 communication network
通信卫星/通訊衛星 communication satellite, telecommunication satellite
通信卫星地面站/通訊衛星地面電臺 communication-satellite earth station
通信卫星太空电台/通訊衛星太空電臺 communication-satellite space station
通信系统/通訊系統 communication system
通信系统工程/通訊系統工程 communication system engineering
通信系统演算/通訊系統演算 calculus of communicating systems
通信协处理机/通訊共處理機 communication coprocessor
通信协议/通訊協定 communication protocol
通信协议一致性测试/通訊協議一致性測試 communication protocol consistence test
通信信道/通訊通道 communication channel
通信信号分析仪/通訊信號分析儀 communication signal analyzer
通信性/通訊性 communicativeness
通信学/通訊學 communication
通信业务工程/通訊業務工程,電信業務工程 teletraffic engineering
通信业务量/業務通報量 traffic
通信预处理机/通訊預處理機 communication preprocessor
通信指挥消防车/指揮通訊消防車 command and communication fire vehicle
通信中断/通訊中斷 communication interrupt
通信中心台/通訊中心 message center console
通信注册/通訊結點登記 correspondent registration
通信子网/通訊子網 communication subnet
通用/通用的 general purpose
通用安装程序/通用安裝程式 universal installer
通用编程语言/通用程式設計語言 general-purpose programming language
通用编码/通用編碼 universal coding
通用操作系统/通用作業系統 general purpose operating system
通用铲运机/通用鏟運機 carryall scraper
通用成帧协议/通用成幀協定 generic framing procedure, GFP
通用程序/公用程式 utility program, utility routine
通用冲击试验机/通用衝擊試驗機 universal impact testing machine
通用词/常用字 commonly used word
通用词语数据库/通用詞句片語資料庫 general word and phrase database
通用磁强计/通用磁強計 universal magnetometer
通用存取副本/通用存取副本 general access copy
通用地址/通用位址 general address
通用电表/萬用[電]表 universal meter
通用电动机/通用馬達 general-purpose motor
通用电流计/通用檢流計 universal galvanometer
通用电信无线接入网/通用電信無線接入網 universal telecommunication radio access network, UTRAN
通用多协议标签交换/通用多協議標簽交换 general multi-protocol label switching, GMPLS
通用阀门/通用閥 general valve
通用访问副本/通用存取副本 general access copy
通用分流器/通用分流器 universal shunt
通用分组无线业务/通用封包無線電服務 general packet radio service, GPRS
通用个人电信号码/通用個人電信號碼 universal personal telecommunications number
通用个人号码/通用個人號碼 universal personal number, UPN
通用个人通信/環球個人電信 universal personal telecommunications, UPT
通用管理信息服务/一般管理資訊服務 common management information service
通用管理信息协议/一般管理資訊協定 common management information protocol
通用光度计/通用光度計 universal photometer
通用广播信令虚拟通道/通用廣播信號虛擬通道 general broadcast signaling virtual channel
通用函数发生器/通用函數波産生器 general-purpose function generator
通用汇编程序/通用組合程式 general assembly program
通用机床/通用工具機 general-purpose machine tool
通用计量学/普通計量學 general metrology
通用计数器/通用計數器,萬用計數器 universal counter
通用计算机/通用計算機 general-purpose computer
通用寄存器/通用暫存器 general-purpose register
通用夹具/通用夾具 universal fixture
通用键盘/通用鍵盤 universal keyboard
通用接口总线/通用界面匯流排 general purpose interface bus, GPIB
通用接入号码/通用接入號碼 universal access

number, UAN
通用开放策略服务/公用開放政策服務 common open policy service
通用连接器/通用連接器 general connector
通用量仪/通用量儀 universal measuring instrument
通用量子门/通用量子門 universal quantum gates
通用流动式起重机/通用移動式起重機 general-purpose mobile crane
通用路由封装/通用路由封裝,同屬選路封裝 generic routing encapsulation, GRE
通用门式起重机/通用高架起重機 gantry crane for general use
通用密度计/通用密度計 hydrometer for general use
通用模/通用模 universal die
通用农业拖拉机/通用農用曳引機 general-purpose agricultural tractor
通用疲劳试验机/通用疲勞試驗機 universal fatigue testing machine
通用平衡机/通用平衡機 universal balancing machine
通用气体常数/通用氣體常數 universal gas constant
通用气相色谱仪/通用氣相層析儀 universal gas chromatograph
通用牵引杆挂车/通用拖桿拖車 general-purpose drawbar trailer
通用桥式起重机/通用高架起重機 general-purpose overhead crane
通用示波器/通用示波器 general purpose oscilloscope
通用 P2P 数据库框架/通用 P2P 資料庫框架 P2P unified peer-to-peer database framework
通用数字计算机/通用數位計算機 universal digital computer
通用通风机/通用風扇 general purpose fan
通用图灵机/通用杜林機 universal Turing machine
通用图形处理器/通用圖形處理器 general-purpose graphic processing unit, GPGPU
通用网论/通用網路理論 general net theory
通用信息模型/共用資訊模型 common information model
通用悬挂输送机/通用懸掛運送機 general overhead conveyor
通用移动通信业务/通用移動電信服務 universal mobile telecommunications service, UMTS
通用异步接收发送器/通用非同步收發器 universal asynchronous receiver-transmitter, UART
通用语言/通用語言 universal language
通用自准直仪/通用自準直儀 universal autocollimator
通用钻臂/通用鑽臂 universal drill boom
通用钻车/通用鑽車 universal drill wagon
通知/通知 notification
通止规/通過-不通過量規 go-no-go gage
同板差/同板厚度差 thickness deviation of plate
同波道分离/同道分離 co-channel separation
同步/同步 synchronism, synchronization, isochronism
同步边限/同步邊限 synchronous margin
同步变频器/同步變頻機 synchronous frequency changer
同步并行算法/同步平行演算法 synchronized parallel algorithm
同步补偿机/同步調相機,同步補償器 synchronous compensator
同步操作/同步作業 synchronous operation
同步赤道轨道/同步赤道軌道 synchronous equatorial orbit
同步传输/同步傳輸 synchronous transmission, synchronized transmission
同步传送模块 N/同步傳送模組 N synchronous transport module-N, STM-N
同步传送模式/同步傳遞模式,同步轉移模式 synchronous transfer mode, STM
同步带/同步[皮]帶 hold-in range, synchronous belt
同步带传动/同步皮帶驅動 synchronous belt drive
同步带轮/同步皮帶輪 synchronous pulley
同步[的]/同步的 synchronous
同步的面向连接的链路/同步的連線導向的鏈路 synchronous connection oriented link
同步地球轨道卫星/同步地球軌道衛星 geo-synchronous earth orbit satellite
同步电动机/同步電動機,同步馬達 synchronous motor, synchronizing motor
同步电机/同步電機 synchronous machine
同步电抗/同步電抗 synchronous reactance
同步电路/同步電路 synchronous circuit
同步电容器/同步電容器 synchro capacitor
同步迭代重建技术/同步反復運算重建法 simultaneous iterative reconstruction technique
同步段/同步段 synchronization segment
同步发电机/同步發電機 synchronous generator
同步发送器/同步傳送器 synchro transmitter
同步分离器/同步分隔器 synchro separator

同步分析器/同步分解儀 synchro resolver
同步感应电动机/同步感應馬達 synchronous induction motor
同步光纤网/同步光纖網[路],光同步網 synchronous optical network, SONET
同步广播/同步廣播 synchronized broadcasting
同步轨道/同步軌道 synchronous orbit
同步轨道卫星/地球静止衛星 geo-stationary satellite, GSS
同步过程调用/同步程序呼叫 synchronous procedure call
同步缓冲区队列/同步緩衝區隊列 synchronized buffer queue
同步换流机/同步換流器 synchronous converter
同步回旋加速器/同步回旋加速器 synchrocyclotron
同步基线/同步基線 synchronous baseline
同步计/同步計 synchrometer, synchronometer
同步计算机/同步計算機 synchronous computer
同步记时器/同步定時器 synchronous timer
同步加速器/同步加速器 synchrotron, synchrotron accelerator
同步加速器辐射/同步加速器輻射 synchrotron radiation
同步加速器振荡/同步加速器振盪 synchrotron oscillation
同步检波器/同步檢波器,同步檢知器 synchronous detector
同步检测/同步偵測 synchronous detection
同步检测器/同步檢波器,同步檢知器 synchronous detector
同步检定器/同步檢波器,同步示波器 synchronous detector, synchroscope
同步交流发电机/同步交流發電機 synchronous alternator
同步校正/同步校正 synchronous correction
同步接口/同步介面 synchronous interface
同步节点/同步節點 synchronization node
同步介质访问控制协议/同步介質存取控制協定 synchronous MAC protocol
同步距离/同步距離 synchronic distance
同步开销/同步開銷 synchronization overhead
同步控制/同步控制 synchronous control
同步控制变压器/同步控制變壓器 synchro control transformer
同步离合器/同步離合器 synchro clutch
同步离散地址信标系统/同步離散位址信標系統 synchronized discrete address beacon system
同步链路/同步鏈路 synchronization link
同步/同步 synchrony
同步码/同步電碼 sync code
同步脉冲扩展器/同步脈波伸展器 synchronous pulse stretcher
同步喷射/同步噴射 synchronous injection
同步器/同步器,協調器 synchronizer
同步器换档/同步換檔 synchronized shift
同步器式变速器/協調齒合變速箱 synchromesh gearbox, synchromesh transmission
同步上下文无关文法/同步上下文無關文法 synchronous context-free grammar
同步升压机/同步昇壓器 synchronous booster
同步时分复用/同步時分多工 synchronous time-division multiplexing
同步示波器/同步示波器 oscillosynchroscope
X-Y 同步示波器/X-Y 同步示波器 X-Y synchroscope
同步式动力输出轴/同步式動力輸出軸 synchronized power take off shaft, synchronized PTO
同步收发机/同步收發機 synchronous transmitter receiver, STR
同步数据链路控制/同步資料鏈控制 synchronous data link control, SDLC
同步数字体系/同步數位階層,同步數字系列 synchronous digital hierarchy, SDH
同步刷新/同步更新 synchronous refresh
同步速度/同步速度 synchronizing speed
同步算法/同步演算法 synchronized algorithm
同步调相机/同步調相機,同步電容器 synchronous condenser
同步调谐级/同步調諧級 synchronously tuned stage
同步调整/穩圖控制 hold control
同步调制/等時調變 isochronous modulation
同步通信/同步通信 synchronous communication
同步通信卫星/同步通訊衛星 synchronous communication satellite
同步网/同步網 synchronization network, synchronized network, synchronous network
同步网络/同步網路 synchronizing network
同步卫星导航系统/同步衛星導航系統 navigation system of synchronous satellite
同步误差/同步誤差 synchronization error
同步系统/同步制 synchronous system
同步信道/同步通道 sync channel
同步信号/同步訊號 synchronizing signal, synchronization signal
同步信号的静态非线性失真/同步信號的静態非線

性失真 steady-state nonlinear distortion of synchronizing signal
同步信息/同步資訊 synchronization information
同步性/同步性 synchronism
同步序列/同步序列 synchronizing sequence
同步原语/同步基元 synchronization primitive
同步源/同步源 synchronization source
同步增压机/同步昇壓器 synchronous booster
同步振动/同步振動 synchronous vibration
同步整流机/同步整流器 synchronous rectifier
同步指示器/同步指示器,同步儀 synchroscope, synchronoscope
同步终端/同步終端機 synchronous terminal
同步注浆装置/同步注漿裝置 simultaneous backfilling device
同步转移轨道/同步轉移軌道 synchronous transfer orbit
同步转移模式网/同步轉移模式網 synchronous transfer mode network, STM network
同步转速/同步速率 synchronous speed
同步总线/同步匯流排 synchronous bus
同步阻抗/同步阻抗 synchronous impedance
同侧齿面/同側齒面 corresponding flank
同差/同差 homodyne
同多钨酸/同多鎢酸 isopolytungstic acid
同分异构体/同素異構物 isomer
同构/同構,異種同形 isomorphism
同构化/同質化 homogenization
同构模型/同構模型 isomorphic model
同构系统/同質系統 homogeneous system
同构型多处理机/同質多處理機 homogeneous multiprocessor
同轨双小车桥式起重机/同軌雙吊運車橋式起重機 overhead crane with double trolley on the same rails
同级节点/同級節點 brother node
同级链接/同級鏈接 brother chain
同极电机/單極電機 homopolar machine
同焦透镜/同焦透鏡 lens confocal
同空间/同空間 isospace
同廓式拉削/輪廓拉削 profile broaching
同类量/同類量 quantity of the same kind
同量异位素/同量異位素,同重素 isobar
同流换热炉/復熱爐 recuperative furnace
同频振动/同頻振動 once-per-revolution vibration
同色测光/同色測光 homochromatic photometry
同色的/同色的 homochromatic
同色异谱刺激/位變異構物,同素異構物 metameric color stimuli, metamer
同时/同時 simultaneous
同时比较法/同時比較法 simultaneous comparison method
同时喷射/同時噴射 simultaneous injection
同时性/同時性 simultaneity
同时氧化还原型催化剂/同時氧化還原型催化劑 simultaneous oxidation reduction catalyst
同时在线外围操作/SPOOL 操作 simultaneous peripheral operations on line, SPOOL
同素异形/同素異性 allotropy
同素异形体/同素異形體 allotrope
同态/同態 homomorphy, homomorphism
同态处理/同態處理 homomorphic processing
同态模型/同態模型 homomorphic model
同态去卷积/同型態反折積 homomorphic deconvolution
同态系统/同態系統 homomorphic system
同条差/同條厚度差 thickness deviation lengthwise
同位检查制/同位檢查制,奇偶檢查制 parity check system
同位素/同位素 isotope
同位素比放射性/同位素比活度 isotope-specific activity
同位素分馏/同位素分餾 isotopic fractionation
同位素分析器/同位素分析器,同位素分離器 isotron
同位素丰度/同位素豐度 isotopic abundance
同位素计量器/同位素計量器,同位素配量器 isotope dispenser
同位素容器/同位素容器 isotope can
同位素示踪剂/同位素示蹤劑 isotopic tracer
同位素污染/同位素汙染 isotopic contamination
同位素稀释质谱法/同位素稀釋質譜法 isotope dilution mass spectrometry
同位素质量/同位素質量 isotope mass
同位素质谱计/同位素質譜計 isotope mass spectrometer
同位素组成/同位素成分 isotopic composition
同温层/同温層,平流層 stratosphere
同系物/同系物 homolog
同线电话/同線電話 party line telephone
同线户/同線户 party line subscriber
同向双工法/同向雙工法 diplexing
同相/同相[位] in-phase
同相电位计/同相位電位計 in-phase potentiometer
同相电压/同相電壓 in-phase voltage
同相加速器/穩相加速器 phasotron
同相视频/同相視訊 in-phase video

同相信道/同相通道　in-phase channel
同相信号/同相信號,同相訊號　in-phase signal
同相抑制比/共模排斥比　common mode rejection ratio
同心导线/同心導線　concentric conductor
同心环三脚架/同心環三腳架　concentric ring tripod
同心接触件/同心接觸件　concentric contact
同心刻度/同心標度　concentric scale
同心绕组/同心式繞組　concentric winding
同心锐孔隔板/正圓流孔板　concentric orifice plate
同心式工作缸/同心式工作缸　concentric slave cylinder
同心式线圈/同心線圈　concentric coil
同心谐振器/同心諧振器,共心共振器　concentric resonator
同心圆球笼式万向节/傑巴萬向接頭　Rzeppa universal joint
同心柱黏度计/同軸圓筒式黏度計　concentric cylinder viscometer
同信道/同通道　co-channel
同信道干扰/同通道干擾　co-channel interference
同形异义词/同形異義詞　homograph
同义词集/同義詞集　synset
同余关系/同餘關係,全等關係　congruence relation
同余性/全等　congruence
同源机构/同族機構　cognate mechanism
同源建模/同源建模　homology modeling
同源搜索/同源搜索　homology search
同址计算/同址計算　in-place computation
同质/均匀性　homogeneity
同质化/均質化　homogenising
同质结/同質接面　homojunction
同质结激光器/同質結雷射器,同質接面雷射　homojunction laser
同质结太阳电池/同質接面太陽電池　homojunction solar cell
同质外延/同質磊晶　homoepitaxy
同质性/同質性　homogeneity property
同中子异位素/等中子核種　isotone
同轴波长表/同軸波長計　coaxial wavemeter
同轴波长计/同軸波長計　coaxial wavemeter
同轴传输线/同軸傳輸線　coaxial transmission line
同轴磁控管/同軸磁控管　coaxial magnetron
同轴等离子体发动机/同軸游離體發動機,同軸游離體引擎　coaxial plasma engine
同轴电缆/同軸電纜　coaxial cable
同轴电缆连接器/同軸電纜連接頭　coaxial cable connector
同轴电缆衰减/同軸纜線衰減　coaxial cable attenuation
同轴电容器/同軸電容器,共軸電容器　coaxial capacitor, gang condenser
同轴度/同軸度,同軸性　coaxality, shaft misalignment
同轴峰值脉冲发生器/同軸峰值脈波産生器　coaxial peak pulse generator
同轴辐射热计/同軸輻射熱計　coaxial bolometer
同轴固定定向耦合器/同軸固定定向耦合器　coaxial fixed direction-coupler
同轴继电器/同軸繼電器　coaxial relay
同轴开关/共軸開關　gang switch
同轴可变电容器/共軸可變電容器　gang condenser
同轴可变衰减器/同軸可變衰減器　coaxial variable attenuator
同轴空腔共振器/同軸諧振器　coaxial resonator
同轴缆区/同軸纜區　coaxial cable area
同轴连接器/同軸連接器　coaxial connector
同轴全息术/同軸全像術　in-line holography
同轴式固定衰减器/同軸固定衰減器　coaxial fixed attenuator
同轴式滤波器/同軸濾波器　coaxial filter
同轴式喷嘴/同軸噴射器　coaxial injector
同轴式起动机/同軸式起動機　coaxial drive starter
同轴衰减器/同軸衰減器　coaxial attenuator
同轴水轮泵/同軸水輪泵　coaxial water-turbine pump
同轴天线/同軸天線　coaxial antenna
同轴调谐电容器/共軸調諧電容器　gang tuning capacitor
同轴线/同軸線　coaxial line
同轴线滤波器/同軸濾波器　coaxial filter
同轴谐振器/同軸諧振器　coaxial resonator
同轴型晶体管/同軸電晶體　coaxial transistor
同轴性检验规/同心度量規　concentricity gage
同轴移相器/同軸移相器　coaxial phase shifter
同轴噪声发生器/同軸雜訊産生器　coaxial noise generator
同装/混裝　mixed filling
桐油/桐油　China wood oil, tung oil
铜/銅　copper
铜板/銅板　copper plate
铜除钒/銅除釩　removing vanadium by copper
铜触头/銅觸點　copper contact
铜的汽化/汽損銅　gassing of copper
铜电解式电量计/銅電量計　copper voltameter
铜垫片/銅墊片　copper gasket

铜锭/銅錠 copper bullion
铜镉渣/銅鎘渣 copper-cadmium residue
铜管/銅管 copper pipe
铜耗/銅損 copper loss
铜基合金/銅基合金 cupro-metal
铜基摩擦片/銅基摩擦片 copper-base friction plate
铜极电量计/銅電量計 copper coulometer
铜金铁热电偶丝/銅金鐵熱電偶絲 copper-gold-iron low temperature thermocouple wire
铜精炼厂/銅精煉廠 copper refinery
铜-康铜热电偶/銅康銅熱電偶 copper-constantan thermocouple
铜块/銅錠 copper bullion
铜蓝/銅藍 covellite
铜冷却壁/銅冷却壁 copper stave
铜锍/鑌銅 copper matte
铜绿/銅綠 patina, green patina, verdigris
铜镍高锍/銅鎳鑌銅 copper nickel matte
铜镍合金/鎳銅合金 cupro-nickel
铜镍耐蚀合金/鎳克牢合金 nickeloid
铜镍锌合金/德銀,白銅 German silver
铜气脆性/銅氫脆性 hydrogen brittleness of copper
铜铅轴承/銅鉛軸承 copper lead bearing
铜丝刷/黄銅絲刷 brass wire brush
铜铜镍热电偶丝/銅銅鎳熱電偶線 copper/copper-nickel thermocouple wire
铜瓦/銅瓦 contact clamp
铜锌电池/銅鋅電池 copper zinc cell
铜锌合金/黄銅 yellow brass
铜锌锡青铜/陶丙氏青銅 Tobin bronze
铜锌蓄电池/銅鋅蓄電池 copper zinc accumulator
铜蒸气激光器/銅蒸氣雷射器 copper vapor laser
酮/酮 ketone
瞳孔计/瞳孔計 pupilometer
统计比特率/統計位元率 statistical bit rate, SBR
统计编码/統計編碼 statistical coding
统计参数/統計參數 statistical parameter
统计测量/統計量具 statistical measure
统计测试模型/統計測試模型 statistical test model
统计独立/統計獨立 statistical independence
统计翻译模型/統計翻譯模型 statistical translation model
统计方法/統計方法 statistical method
统计分时复用/統計分時多工法 statistical time division multiplexing
统计分析/統計分析 statistical analysis
统计分析器/統計分析器 statistical analyzer
统计复用/統計式多工機 statistical multiplexer
统计估计值/統計估計 statistical estimate
统计机器翻译/統計機器翻譯 statistical machine translation
统计计算/統計計算 statistical computation
统计假设/統計假設 statistical hypothesis
统计检验/統計檢驗 statistical test
统计距离/統計距離 statistical distance
统计决策方法/統計決策方法 statistical decision method
统计决策理论/統計決策理論 statistical decision theory
统计控制/統計控制 statistical control
统计量度/統計量具 statistical measure
统计零知识/統計零知識 statistical zero knowledge
统计模式识别/統計模式辨識,統計型樣識别 statistical pattern recognition
统计模型/統計模型 statistical model
统计判决/統計判決 statistical decision
统计平均/統計平均 statistical average
统计期间小时数/統計期間時數 period hours
统计区/統計區 statistics area
统计容许区间/統計容許區間 statistical tolerance interval
统计容许限/統計容許限 statistical tolerance limits
统计时分复用器/統計時分複用器 statistical time-division multiplexer
统计势能/統計位勢 statistical potential
统计数据库/統計資料庫 statistical database
统计套利/統計套利 statistical arbitrage
统计特性/統計特徵 statistical characteristics
统计通信理论/統計通信理論 statistical communication theory
统计推理/統計推理 statistical inference
统计误差/統計誤差 statistical error
统计学习理论/統計學習理論 statistical learning theory
统计语言学/統計語言學 statistical linguistics
统计预测/統計預測 statistical forecast
统计约束/統計約束 statistical constraint
统计仲裁/統計仲裁 statistical arbitration
统一的原子质量单位/統一原子質量單位 unified atomic mass unit
统一更换件/統一更換件 consolidated replacement part
统一计时系统/統一計時系統,統一計時制 common timing system
统一码/萬國碼 unicode
统一描述/通用描述 universal description

统一文件格式/統一檔案格式　unified file format
统一消息业务/統一訊息服務　unified messaging services
统一资源定位器/一致資源定位器,網址　uniform resource locator, URL
统一资源定位系统/一致資源定位器,網址　uniform resource locator, URL
捅风口机/捅風口機　tuyere puncher
桶槽容量/桶槽囤量　tankage
桶链算法/特遣演算法　brigade algorithm
桶排序/桶排序,儲存區排序　bucket sorting
桶清理/桶清潔法　barrel cleaning
桶式发动机/桶式發動機,桶式引擎　barrel engine
桶式喷雾机/桶式噴霧器　barrel sprayer
桶式清洗机/桶式清洗機　barrel washer
桶式提升机/桶式昇降機　barrel elevator
桶式研磨机/桶磨機,轉筒磨粉機　drum mill
桶形畸变/桶形畸變　barrel distortion
桶形失真/桶形畸變　barrel distortion
桶样试验/澆桶試驗,澆斗試驗　ladle test
桶装沥青熔化加热装置/桶裝瀝青熔化加熱裝置　barreled asphalt melting and heating unit
筒/筒　drum
筒仓/儲倉　silo
筒式泵/桶式泵　barrel pump
BK 筒式磁选机/BK 筒式磁選機　BK rotor magnetic separator
筒式加热器/插裝加熱器　cartridge heater
筒式减振器/套筒伸縮式避震器　telescopic shock absorber
筒式磨煤机/筒式球磨粉機　tubular ball mill
筒式去皮机/桶式去皮機　barking drum
筒体/圓筒殼　cylindrical shell
筒形变薄旋压/筒形變薄旋壓　tube spinning, flow forming
筒形电喇叭/筒形喇叭　electric trumpet horn
筒形电选机/桶型電選機　rotor electrostatic separator
筒形活塞式发动机/筒形活塞式發動機　trunk piston engine
筒形浇口/筒狀澆口　end gate
筒形离心式通风机/筒形離心式風扇　tubular centrifugal fan
筒形内滤式过滤机/桶形内濾機　inside drum filter
筒形汽缸/筒形汽缸　barrel type casing
筒形燃烧腔/罐式燃燒腔　can type chamber
筒形燃烧室/筒形燃燒室　silo combustor
筒形筛/桶形篩　drum screen
筒形凸轮/圓桶凸輪　barrel cam
痛阈/痛感門檻　threshold of pain
头部空间/頂部空間　head room
头部相关的传输函数/標頭相關傳送功能　head related transfer function
头戴式耳机/耳機,聽筒　earpiece
头灯/基座燈　cap lamp
头端/[磁]頭端　head end
头端死点位置/頂端死點位置　head-end dead center position
头盔/頭盔,安全帽　helmet
头盔显示/頭盔顯示　helmet-mounted display
头轮装置支架/驅動鏈輪裝置支架　frame of driving sprocket device
头脑风暴/頭腦風暴　brain storming
头起始字符/頭字符開始　start-of-header character
头数/線頭數　number of threads
头文件/標頭檔案　header file
头载式听筒/頭帶式耳機,頭帶式聽筒　ear receiver
头枕/頭靠　headrest
投币电话呼叫/投硬幣電話　coin call
投币式电话机/投幣電話機　coin box set
投币箱/投幣箱　coin box
投递/遞送,交貨　delivery
投递确认/投遞確認　delivery confirmation
投放器/拋放器　dispenser
投光灯/泛光燈,探照燈　floodlight
投光照明/泛光照明　floodlighting
投捞车/撒撈卡車　dropping fishing truck
投片/投片　tape-out
投弃式模型/熔消模型　expendable pattern
投弃式模型材料/熔消模型材料　expendable pattern material
投入产出表/投入產出表　input-output table
投入产出分析/投入產出分析　input-output analysis
投入产出模型/投入產出模型　input-output model
投射灯/投射燈,投影燈,反射儀　reflectoscope, projection lamp
投射干涉仪/投影干涉儀,映射干涉計　projection interferometer
投射角/入射角　entrance angle
投射料/投射料　slinger mix
投射式阴极射线管/投射式陰極射線管,投影管　projection cathode ray tube
投射中心/投影中心　center of projection
投影/投影　projection
投影变换/投影變換　projective transformation
投影灯/投映用燈泡　projection lamp

投影电视/投影電視 projection TV
投影电视机/圖片放映機 opaque projector, opaque telop
投影法/投影法 projection method
投影管/投影管 projection tube
投影光刻机/投影光刻機 projection mask aligner
投影光学比较仪/投影式光學比較儀 projection optimeter
投影归约/投影歸約 projection reduction
投影函数/投影函數 projection function
投影机头/投影機頭 projector head
投影密度/投影密度 projection density
投影面/投影面 projection plane
投影目镜/投影目鏡 projection eyepiece
投影屏/投影屏,銀幕 projection screen
投影射程/投影射程 projected range
投影示波器/映射示波器 projection oscilloscope
投影式聚光灯/輪廓投光器,外形投光燈 profile spotlight
投影式罗盘/投影羅盤 projection compass
投影算子/投射算子 projection operator
投影透镜/投影透鏡,聚光透鏡 projection lens
投影物镜/投影物鏡,放映物鏡 projection objective
投影系统/投影系統 projecting system
投影显微镜/投影顯微鏡 projection microscope
投影显像管/投影顯像管,投射顯像管 projection, projection kinescope
投影压力计/投影式壓力計 projection manometer
投影仪/投影機,投射器 projector
投影值测量/投影測量 projection valued measure
投运试验/投産試驗,試運行,試車 commissioning test
投资搭配理论/投資組合理論 portfolio theory
投资决策/投資決策 investment decision
透穿数/透氣號數 permeability number
透淬/透淬硬,透實硬化 through-hardening
透度计/透度計 penetrometer
透光直径/透光直徑 transmission diameter
透过性/滲透性,滲透率 permeability
透红外晶体/紅外透過晶體 infra-red transmitting crystal
透红外陶瓷/紅外透過陶瓷 infra-red transmitting ceramic
透镜表面分区/透鏡表面分區 zoning of lens
透镜分光计/透鏡分光計 lens spectrometer
透镜光纤组件/透鏡光纖元件 lensed-fiber component
透镜率/透鏡速率 speed of lens
透镜式聚光灯/透鏡探照燈 lens spotlight
透镜天线/透鏡天線 lens antenna
透镜中心偏差/透鏡中心偏差 centering error of lens
透镜中心仪/透鏡中心儀 lens centring instrument
透明版/透明版 see through plate
透明传送/透通傳送 transparent transfer
透明灯泡/透明燈泡,光面燈泡 clear bulb
透明度[测定]计/透明度計 diaphanometer
透明度仪/透明度計 transparency meter
透明反光板/透明反射鏡 transparent reflector
透明反光镜/透明反射鏡 transparent reflector
透明介质/透明介質 transparent medium
透明片/透明片 transparent cut
透明桥接/透通橋接 transparent bridging
透明熔融石英电解槽/透明[熔凝]石英槽 clear fused-quartz cell
透明刷新/透通更新 transparent refresh
透明陶瓷/透明陶瓷 transparent ceramic
透明体/透明體 transparent body
透明铁电陶瓷/透明鐵電陶瓷 transparent ferroelectric ceramic
透明网关/透通閘道 transparent gateway
透明[性]/透明[性],透明度 transparency
透平参考进口温度/輪機基準進口溫度 turbine reference inlet temperature
透平多变效率/輪機多變效率 turbine polytropic efficiency
透平反动度/渦輪機反動度 reaction degree of turbine
透平隔板/輪機隔板 turbine diaphragm
透平鼓风机/輪機鼓風機 turbo-blower
透平级/渦輪級 turbine stage
透平进口温度/輪機進口溫度 turbine entry temperature
透平轮周效率/渦輪機機輪效率 wheel efficiency of turbine
透平内效率/輪機内效率 internal efficiency of turbine
透平喷嘴/輪機噴嘴,渦輪噴嘴 turbine nozzle
透平膨胀机/膨脹式渦輪機 expansion turbine, turbo-expander
透平清洗设备/輪機清洗設備 turbine washing equipment
透平实际焓降/輪機實際焓降 actual enthalpy drop of turbine
透平式气动马达/透平式氣動馬達 pneumatic turbine motor

透平输出功率/輪機輸出功率 turbine power output
透平特性线/輪機特性曲線 turbine characteristic curve
透平压缩机/輪機壓縮機 turbo-compressor
透平叶轮/渦輪機葉輪 turbine wheel
透平转子/渦輪轉子 turbine rotor
透平转子进口温度/輪機轉子進口溫度 turbine rotor inlet temperature
透气度/通氣度,氣體滲透率 permeability
透气孔/氣孔 air hole
透气砂芯/增壓砂心 pencil core
透气性/透氣性,氣體滲透性 permeability
透气性测定仪/透氣性測定儀,透氣計,磁導計 permeability meter
透气性试验/透氣性試驗 permeability test
透气性试验机/透氣性試驗器 permeability tester
透气性试样筒/透氣性試樣筒 permeability specimen tube
透气砖/透氣磚 permeable brick, porous brick
透氢材料/透氫材料 hydrogen permeating material
透入深度/透入深度,穿透深度 depth of penetration
透射/透射 transmission
透射比/透射比,透射率,傳遞係數 transmittance
透射常数/透射常數,傳輸常數 transmission constant
透射电镜术/透射電子顯微學 transmission electron microscopy
透射电子显微镜/穿透電子顯微鏡 transmission electron microscope, TEM
透射电子像/透射電子像 transmitted electron image
透射辐射通量/發射通量,傳輸通量 transmitted flux
透射高能电子衍射/透射高能電子衍射 transmission high energy electron diffraction, THEED
透射功率法/透射功率法 transmitted power method
透射光密度计/透射密度計 transmission densitometer
透射光谱曲线/光譜透射曲線,透射譜分布曲線 spectral transmission curve
透射光栅/透射光柵 transmittance grating, transmission grating
透射光学密度/穿透光學密度 transmittance optical density
透射光浊度计/透射光濁度計 transmission turbidimeter
透射近场扫描法/透射近場掃描法 transmitted near-field scanning method
透射率/透射比 transmissivity
透射滤波器/透射濾波器,透射濾光片 transmission filter
透射式光弹性仪/透射旋光計 transmission polariscope
透射式探测器/透射偵測器 transmission detector
透射损失/透射損耗 transmission loss
透射系数/透射係數,傳輸係數 transmission coefficient
透射因数/透射因數,穿透因數 transmission factor, transmittance factor
透射因数密度/透射因數密度 transmittance factor density
透射照相机/透射照相機,穿透照相機 transmission camera
透视变换/透視變換 perspective transformation
透视画绘图器/透視糾正儀 perspectagraph
透视镜/透視鏡 photoscope
透视投影/透視投影 perspective projection
透视投影器/廣角投射器 panoramic projector
透水深度/透水深度 underwater penetration
透析器/透析器 dialyser, dialyzator
透析筒/透析筒 dialyzing thimble
透印/列印通過 print through
凸凹模/凸凹模 punch matrix
凸凹性/凸凹性 convexity-concavity
凸半圆铣刀/凸半圓銑刀 convex milling cutter
凸包/凸包 convex hull
凸包近似/凸包逼近 convex hull approximation
凸度因子/滿度因子 fullness factor
凸多边形/凸多邊形 convex polygon
凸分解/凸分解 convex decomposition
凸焊/浮凸熔接,凸出熔接 projection welding
凸焊机/凸焊機 projection welding machine
凸弧面凸轮/凸弧面凸輪 convex globoid cam
凸极/凸極,顯極 salient pole
凸极电机/凸極電機 salient pole machine
凸肩导销/凸肩導銷 shoulder guider pin
凸角/凸角 protuberance
凸镜/凸面鏡 convex mirror
凸块式万向节/軛顎式萬向接頭,Tracta 萬向接頭 Tracta universal joint
凸轮/凸輪 cam
凸轮长轴/凸輪長軸 major axis of cam
凸轮齿面/凸輪腹 cam flank
凸轮-齿条组件/凸輪齒條組合 cam-and-rack unit
凸轮传动装置/凸輪傳動裝置,凸輪軸齒輪 cam gear

凸轮锤/凸輪錘 cam hammer
凸轮从动件/凸輪從動件 cam follower
凸轮从动件销轴/凸輪從動件銷軸 cam follower shaft
凸轮从动件支架/凸輪從動件支架 cam follower bracket
凸轮顶出装置/凸輪頂出器 cam ejector
凸轮短轴/凸輪短軸 minor axis of cam
凸轮副/凸輪對 cam pair
凸轮杆/凸輪桿 cam lever
凸轮杠杆机构/凸輪槓桿機構 cam and lever mechanism
凸轮工作轮廓/凸輪[工作]輪廓 cam contour, cam profile
凸轮工作轮廓基圆/凸輪工作輪廓基圓 base circle of cam contour
凸轮滚子从动件/凸輪滾子從動件 roller cam follower
凸轮和棘轮传动装置/凸輪和棘輪傳動裝置 cam and ratchet drive
凸轮滑块式差速器/凸輪側環式差速器 differential with side ring and radial cam plate
凸轮活塞式水泵/凸輪活塞泵 cam and piston pump
凸轮机构/凸輪機構 cam mechanism
凸轮基圆/凸輪基圓 base circle of cam
凸轮减速装置/凸輪減速裝置 cam reduction gear
凸轮角记录仪/凸輪角記録儀 cam angle recorder
凸轮角指示器/凸輪角指示器 cam angle indicator
凸轮控制器/凸輪式控制器 cam controller
凸轮控制压床/凸輪控制壓機 cam controlled press
凸轮理论轮廓/凸輪理論輪廓 cam pitch curve
凸轮理论轮廓基圆/凸輪理論輪廓基圓 base circle of cam pitch curve
凸轮连杆机构/凸輪連桿機構 cam-linkage mechanism
凸轮磨床/凸輪磨床 cam grinder
凸轮升程/凸輪昇程 cam lift
凸轮式波发生器/凸輪式波發生器 cam type wave generator
凸轮式搅拌器/凸輪攪動器 cam agitator
凸轮塑性计/凸輪塑性計 cam plastometer
凸轮调速器/凸輪調速器 cam governor
凸轮箱/凸輪箱 cam box
凸轮制动器/凸輪刹車 cam brake
凸轮轴/凸輪軸 camshaft
凸轮轴车床/凸輪軸車床 camshaft lathe
凸轮轴传动机构/凸輪軸驅動機構 camshaft drive mechanism
凸轮轴式喷油泵/凸輪軸式噴油泵 camshaft fuel injection pump
凸轮轴位置传感器/凸輪軸位置感測器 camshaft position sensor
凸面/凸面 convex side
凸面滑轮/凸面滑輪 crown pulley
凸面镜/凸面鏡 convex mirror
凸面轧辊/凸面軋輥 cambered roll
凸模/衝頭 punch
凸盘秤/凸盤秤 cam scale
凸片/凸片,飛邊 fin
凸片气缸/凸片氣缸 finned cylinder
凸体/凸體 convex volume
凸透镜/凸透鏡,會聚透鏡,正透鏡 convex lens, converging lens, positive lens
凸透镜型结晶器/凸透鏡型結晶器 convex mould
凸缘轴承/凸緣軸承 flanged bearing
突崩模/崩潰模 avalanche mode
突崩区/崩潰區 avalanche region
突变光纤/步變光纖 step index fiber
突变结/[突]陡接面 abrupt junction
突变论/驟變理論,突變理論 catastrophe theory
突变失效/突然失效,突發故障 sudden failure
突波峰值电流计/突波峰值安培計 surge crest ammeter
突触/突觸,神經結 synapse
突触传递/跨結傳輸 synaptic transmission
突触可塑性/突觸可塑性 synaptic plasticity
突发/叢發 burst
突发差错/突發差錯 burst error
突发长度/突發長度 burst length
突发传输/叢發傳輸 burst transmission
突发传送速率/猝發率 burst rate
突发错误控制/叢發錯誤控制,錯誤叢發控制 error burst control
突发信号/叢發 burst
突发信号间干扰/叢間干擾 inter-burst interference
突发性/叢發性 bursty
突发噪声/突發雜訊 noise burst
突面法兰/突面法蘭 raised face flange
突起标志/突出標志 rising mark
突起分模面/突出分模面 undulating mold joint
突然失效/突然失效,突發故障 sudden failure
图/圖[形] drawing, graph
CIE 1976 UCS 图/CIE 1976 UCS 圖 CIE 1976 UCS diagram
E-R 图/E-R 圖 E-R diagram
S-图/S 圖 S-graph

PERT 图/PERT 圖 program evaluation and review technique chart, PERT chart
UCS 图/均匀色度標度圖 uniform-chromaticity-scale diagram
图案化介质记录/圖案化介質記録 patterned media recording
图标/圖像,圖符 icon
图表句法分析程序/圖表剖析器 chart parser
图表水平记录器/圖示位準記録器 graphic level recorder
图表语法/圖表文法 chart grammar
图的遍历/圖的遍歷 traversal of graph
图的非同构/圖形非同構 graph non-isomorphism
图定理/圖定理 graph theorem
图段/圖段,片段 segment
图符/圖符,圖像 icon
图归约机/圖形歸納機 graph reduction machine
图记录器/圖記録器 chart recorder
图解法/圖解法 graphical method
图解分析/圖解分析 graphic analysis
图解积分/圖解積分 graphical integration
图解记录器/圖解記録器 graphic recorder
图解式面板/圖示面板,圓解儀表板 graphic panel
图解微分法/圖解微分 graphical differentiation
图例查询/圖例查詢 query by pictorial example
图联机分析处理/圖連線分析處理 graph OLAP
图灵度/杜林度 Turing degree
图灵归约/杜林可歸約性 Turing reducibility
图灵机/杜林機 Turing machine
图灵机代码/杜林機編碼 Turing machine codes
图灵可定义性/杜林可定義性 Turing definability
图灵可归约性/杜林可歸約性 Turing reducibility
图灵实验/杜林測試 Turing test
图灵完全集/杜林完全集 Turing complete set
图论/圖論 graph theory
图匹配/圖匹配 graph matching
图片/圖像 picture
图片打印机/相片列印機 photo printer
图片合成/圖像合成 picture synthesis
图普和塞米斯结构相关模型/圖普和塞米斯結構相關模型 Toop and Samis structure-related model
图切割/圖切割 graph cut
图示板/圖示面板,圓解儀表板 graphic panel
图示化工具/圖示化工具 diagrammer
图示湿度表/圖表濕度計 hygrodeik
图示湿度计/圖表濕度計 hygrodeik
图书馆车/移動圖書館 mobile library
图数据库/圖資料庫 graph database
图搜索/圖[形]搜尋 graph search
图算法/列線圖解法,列線圖算法 nomography
图同构/圖形同構 graph isomorphism
图同构交互式证明系统/圖形同構的交互式證明系統 graph isomorphism interactive proof system
图挖掘/圖挖掘 graph mining
图文电视/圖文電視,廣播型圖文,電傳視訊 teletext, teletext TV
图文电视广播/圖文電視廣播 teletext broadcasting
图文法/圖形文法 graph grammar
图线/直線 line
图像/影像 image
图像逼真度/影像保真度 image fidelity
图像编码/影像編碼 image encoding, picture coding, image coding
图像编排机/影像排版機 image setter
图像变换/影像變換 image transform
图像变形/影像漸變 image morphing
图像标签/影像標籤 image tags
图像并行处理/影像平行處理 image parallel processing
图像重建/影像重建 image reconstruction
图像处理/影像處理 image processing
图像传感器/影像感測器 image transducer, image sensor
图像存储器/影像儲存器 image storage
图像单元/單元面,影像格 elemental area, image cell
图像对准/影像對準 image registration
图像二值化/影像二值比 image binaryzation
图像发射机/視信發射機 visual transmitter
图像反差/像反差,像反襯,像對比 image contrast
图像反相器/影像反向器 image inverter
图像反转/圖像倒轉 picture inversion
图像放大器/影像放大器 image amplifier
图像分割/影像分割 image segmentation
图像分解/影像分解 image dissection
图像分类/影像分類 image classification
图像分离/影像分離 image separation
图像分析/影像分析 image analysis
图像分析显微镜/計量影像分析顯微鏡 quantitative image analysis microscope
图像复原/影像復原 image restoration
图像格式/圖像格式 picture format
图像函数/影像函數 image function
图像合成/圖像合成 picture synthesis
图像灰度校正/灰階校正 gamma correction
图像恢复/影像復原 image restoration

图像基底/影像基底 image basis
图像畸变/圖像畸變 picture distortion
图像几何学/影像幾何學 image geometry
图像监视器/圖示監測器 picture monitor
图像检索/影像檢索 image retrieval
图像渐变/影像漸變 image morphing
图像降噪/影像去雜訊 image denoising
图像解释/影像解譯 image interpretation
图像矩阵/影像矩陣 image matrix
图像卷动/影像翻卷 image scrolling
图像空间/影像空間 image space
图像库/影像程式館 image library
图像宽高比/影像寬高比 image aspect ratio
图像理解/影像理解 image understanding
图像轮廓/影像輪廓 image contour
图像漫游/影像漫遊 image roam
图像配准/影像對準 image registration
图像匹配/影像匹配 image matching
图像拼接/影像鑲嵌 image mosaicking
图像平滑/影像平滑 image smoothing
图像平均/影像平均 image averaging
图像平面/影像平面 image plane
图像去噪/影像去雜訊 image denoising
图像锐化/影像鋭化 image sharpening
图像扫描器/影像掃描器 image scanner
图像色调/圖像色調 picture tone
图像生成/影像産生 image generation
图像识别/影像識别 picture recognition, image recognition
图像视频检波器/圖像視頻檢波器 picture video detector
图像输入设备/影像輸入裝置 image input device
图像数据/影像資料 image data
图像数据库/影像資料庫 image database
图像数据模型/圖像資料模型 image data model
图像数据压缩/影像資料壓縮 image data compression, image coding
图像数字化仪/影像數化器 image digitizer
图像衰减/影像衰減 image attenuation
图像特征提取/影像特徵擷取 image feature extraction
图像通道/圖像通道 image channel
图像通信/影像通信 image communication
图像退化/影像退化 image degradation
图像拖尾/尾影 streaking
图像文件/圖像檔案 picture file
图像显示/圖像顯示 image display
图像修复/影像復原 image restoration
图像序列/影像序列 image sequence
图像旋转/影像旋轉 image rotation
图像压缩/影像壓縮 image compression
图像抑制混频器/鏡面抑制混頻器 image rejection mixer
图像优先/影像特權 image privilege
图像元/影像基元 image primitive
图像运动补偿/圖像運動補償 image motion compensation
图像增强/影像增強 image enhancement
图像照排机/影像排版機 image setter
图像质量/影像品質 picture quality, PIX quality, image quality
图像质量评估/圖像品質評估 image quality assessment
图像转换器/影像變換器,顯像轉換器 image converter
图形板/圖形卡 graphics board
图形包/圖形套裝軟體 graphic package
图形处理/圖形處理 graphic processing
图形打印机/圖形列印機 graphic printer
图形发生器/圖形發生器 pattern generator
图形符号/圖形符號 graphic symbol
图形工作站/圖形工作站 graphic workstation
图形畸变/圖形畸變 pattern distortion
图形结构/圖形結構 graphical structure
图形卡/圖形卡 graphics board
图形库/圖形庫 graphic library
图形判读/影像解譯 image interpretation
图形软件包/圖形套裝軟體 graphic package
图形设备/圖形裝置 graphics device
图形失真/混淆現象,别像 aliasing
图形识别/圖形識别 graphical recognition
图形输入板/繪圖輸入板 plotting tablet
图形数据/圖形資料 graphic data
图形数据库/圖形資料庫 graphics database
图形算法/圖形演算法 graphics algorithm
图形系统/圖形系統 graphics system
图形显示/圖形顯示,圖解顯示 graphical display, graphic display
图形显示器/圖解顯示 graphic display
图形学/圖形學 graphics
图形语言/圖形語言 graphic language
图形终端/圖形終端機 graphic terminal
图形字符/圖形字元,圖示字元,圖號 graphic character
图形字符合成/圖形字元組合 graphic character combination

图性质检测/圖性質檢測 graph property test
图样/圖樣 drawing
图语法/圖形文法 graph grammar
图元/基元 primitive
图元属性/基元屬性 primitive attribute
图在线分析处理/圖連線分析處理 graph OLAP
图纸幅面/圖紙版式 drawing format
图中顶点的度/圖中頂點的度 degree of vertex in graph
图转换/圖[形]變換 graph transformation
图着色/圖形著色 graph coloring
涂层/塗膜 coat, coating
涂层板/塗層板 paint sheet
涂层测厚仪/鍍層厚度規 coating-thickness gage
涂层刀具/塗層刀具 coated tool
涂层电极/塗層電極,敷料電極 coated electrode
涂层工艺/裹貼法 coating process
涂层厚度测定仪/塗層厚度測試器 coating thickness tester
涂层机/塗布機 coater
涂层强度测定仪/塗層強度測試器 coating strength tester
涂层薄板/塗層薄板,鍍膜薄板 coated sheet
涂镀层钢/塗鍍鋼 coated steel
涂粉磁带/塗粉磁帶 coated tape
涂敷/包被,塗層 coating
涂覆磁盘/塗層磁碟 coating disk
涂胶/塗膠 photoresist coating
涂沥表管/塗瀝青管 tarred pipe
涂料/塗料,塗模漿,塗模劑 coat, coating, paint
涂料泵/塗料泵 paint pump
涂料弹涂机/塗料彈塗機 paint catapult
涂料高温多功能测定仪/高温塗料多功能測試儀 multi-function tester of high temperature coating material
涂料混合机/塗料混合器 paint mixer
涂料机械/塗料機 paint machine
涂料结疤/塗料疤 blacking scab
涂料黏附强度测定仪/塗料黏附強度測試儀 coating adhesion strength tester
涂料碾磨机/塗料磨機 paint mill
涂料喷刷机/噴漆器 paint sprayer
涂料渣孔/塗料孔 blacking hole
涂铝荧光屏/鍍鋁螢光棒 aluminized fluorescent screen
涂面漆/塗面漆 topcoating
涂模剂/塗模劑,塗料 coat
涂模料/塗模料 mold coating, mold dressing
涂模料孕育法/塗模料接種法 mold coating inoculation
涂膜硬度/塗膜硬度 hardness of film
涂抹/塗抹 smearing
涂脂摇床/塗脂搖床 grease table
涂装/塗裝,塗漆 painting
涂装车身/塗裝車體 painted body
涂装环境/塗裝環境 painting environment
土地测量/土地量測 land measure
土壤腐蚀/土壤腐蝕 soil corrosion
土壤推力/土壤推力 soil propelling force
土壤脱水转头/土壤脱水轉頭 soil dehydrating rotor
土壤硬度计/土壤硬度計 soil hardness tester
土壤阻力/土壤阻力 soil resistance
土砂密封/土砂密封 driving seal
吐丝机/吐絲機 loop laying head
钍/釷 thorium
湍动能/亂流動能 turbulent kinetic energy
湍动能耗散率/亂流動能耗散率 dissipation rate of the eddy kinetic energy
湍动性/擾動 turbulence
湍流/湍流,紊流,擾動 turbulent flow, turbulence
湍流边界层/亂流邊界層 turbulent boundary layer
湍流尺度参数/紊流標度參數 turbulence scale parameter
湍流惯性负区/紊流慣性副區 turbulence inertial sub-range
湍流扩散/擾流擴散 turbulent diffusion
湍流黏度/亂流黏度 turbulent viscosity
湍流碰撞/亂流碰撞 turbulent collision
湍流谱/湍流譜 turbulence spectrum
湍流强度/紊流強度 turbulence intensity
湍流燃烧器/紊流式燃燒器 turbulent burner
湍流热扩散系数/亂流熱擴散係數 turbulent thermel diffusibity
团/集團型 clique
团队学习/團隊學習 team learning
团集/集團型 clique
团集覆盖问题/團集覆蓋問題 clique cover problem
团聚/團聚 agglomeration
团聚剂/黏聚劑 agglomerant
团块/黏聚物,集塊岩,壓塊 agglomerate, briquet, briquette
团块理论/團塊理論 clumps theory
团矿烧成率/團礦燒成率 coked briquette percent
团粒/造粒產物 agglomerate
团絮状石墨/回火碳 temper carbon
推拔套箱/推拔套箱 taper case

推测矿量/推定礦量 prospective ore
推车式浇注包/推車式澆桶 buggy ladle
推迟/推遲 deference
推迟测量原理/推遲測量原理 deferred measurement principle
推迟转移技术/延遲跳躍技術 postponed jump technique
推斥电动机/推斥電動機 repulsion motor
推斥感应电动机/推斥式感應電動機 repulsion induction motor
推斥式电动机/推斥電動機 repulsion motor
推导/推導 derivation
推导树/導出樹 derivation tree
推顶车/推頂車 pushing tractor
推动芯头/外伸砂心頭 clearance print
推杆/推桿 push-rod
推杆活齿/推桿活齒 push-rod oscillating tooth
推杆驱动振动筛/推桿驅動振動篩 vibrating screen with push-rod drive
推杆式炉/推桿爐,推式爐 pusher furnace
推杆制动器/推桿制動器 pusher brake
推钢机/推鋼機 pusher
推钢式加热炉/推鋼式加熱爐 push furnace
推辊/推滾輪 push roller
推挤/推擠 squeezing
推荐/推薦 recommendation
推荐系统/推薦系統 recommender system
推荐值/推薦值 recommended value
推焦/推焦 pushing
推焦机/推焦機 pusher machine
推焦联锁装置/推焦聯鎖裝置 interlock pushing device
推进力/激勵功率,驅動功率 driving power
推进器/推進器 propeller
推进器摆角缸/進給擺動缸 feed swing cylinder
推进器补偿缸/進給補償缸 feed compensation cylinder
推进器俯仰角缸/進給俯仰角缸 feed dump cylinder
推进式混合器/螺旋槳混合器 propeller mixer
推进用反应堆/推進反應器 propulsion reactor
推进装置/推進裝置 thrust device
推进自控机构/進給自控機構 automatic feed control mechanism
推拉杆/聯接桿 connecting rod
推拉连接器/推拉連接器 push-pull connector
推拉式酸洗/推拉式酸洗 push-pull pickling
推理/推理 reasoning
推理步/推理步驟 inference step
推理策略/推理策略,推論策略 inference strategy
推理层次/推理階層 inference hierarchy
推理程序/推理程式 inference program
推理方法/推理方法 inference method
推理攻击/推理攻擊 inference attack
推理估测/推理量測 inferential measurement
推理规则/推理規則 inference rule
推理过程/推理程序 inference procedure
推理机/推理機,推理引擎 inference engine
推理结点/推理節點 inference node
推理结构/推理結構 inference structure
推理控制/推理控制 inference control
推理链/推理鏈 inference chain
推理每秒/每秒推理 inferences per second
推理模型/推理模型 inference model, reasoning model
推理通道/推理通道 inference channel
推理网络/推理網路 inference network, reasoning network
推理执行语言/推理執行語言 inference execution language
推理子句/推理子句 inference clause
推力/推力 thrust force
推力滚针轴承/滾針推力軸承 needle roller thrust bearing
推力滚子轴承/推力滾子軸承 thrust roller bearing
推力计/推力計 thrust meter
推力抗衡器/推力均衡器 thrust equalizer
推力盘/止推[軸]環 thrust collar
推力器/推力器,推進器 feed, thruster, thrust meter
推力球轴承/止推滾珠軸承 thrust ball bearing
推力矢量/推力向量 thrust vector
推力矢量控制系统/推力向量控制系統 thrust vector control system
推力调心滚子轴承/自校準止推滾子軸承 self aligning thrust roller bearing
推力圆柱滚子轴承/圓柱滾子止推軸承 cylindrical roller thrust bearing
推力圆锥滚子轴承/滾錐止推軸承 tapered roller thrust bearing
推力增加器/推力增效器 thrust augmenter
推力增益器/推力增效器 thrust augmenter
推力轴承/推力軸承,止推軸承 thrust bearing
推链输送机/推鏈運送機 push chain conveyor
推料板/推料板 scraping plate
推入式接触件/推入式接觸件 push-on contact
推[送]/推,放入 push

推送技术/推播技術 push technology
推送事务/推送事務 push transaction
推算矿量/推定礦量 probable ore
推土铲装置/推土鏟裝置 dozing device
推土机/推土機 dozer
推土阻力/推土阻力 soil pushing resistance
推挽电路/推挽電路 push-pull circuit
推挽放大器/推挽[式]放大器 push-pull amplifier
推挽功率放大器/推挽功率放大器 push-pull power amplifier
推挽式变压器/推挽式變壓器 push-pull transformer
推挽式传声器/推挽式麥克風 push-pull microphone
推挽式检波器/推挽檢波器 push-pull detector
推挽式扬声器/推挽式麥克風 push-pull microphone
推挽式振荡器/推挽式振盪器 push-pull oscillator
推挽式整流器/推挽式整流器 push-pull rectifier
推削/推削 push broaching
推轧穿孔/推軋穿孔 pushing piercing
推轧穿孔机/推軋穿孔機 push piercing mill, PPM
退出侧/退出側 receding side
退出配置/解除組態 deconfiguration
退磁/退磁,去磁,消磁 demagnetization
退磁场/退磁場,去磁場 demagnetizing field
退磁器/消磁器,去磁器 demagnetizer
退磁曲线/退磁曲線,去磁曲線 demagnetization curve
退磁因数/退磁因數,去磁因數 demagnetization factor
退氮/脱氮 denitriding
退刀/退刀 tool retracting
退镀/退鍍 platy stripping
退格/退格 backspace
退化故障/逐漸失效 degradation failure
退化失效/退化失效,劣化故障 degradation failure, degeneracy failure
退化态/簡并狀態 degenerate state
退回例程/退回常式 backout routine
退火/退火 annealing
退火杯形坩埚/退火杯形坩堝 annealing cup crucible
退火敞炉/退火敞爐 annealing hearth
退火脆性/鍍鋅脆性 galvanizing embrittlement
退火钢/退火鋼 annealed steel
退火罐/退火罐 annealing pot
退火炉/退火爐 annealing furnace, annealing oven
退火孪晶/退火雙晶 annealing twin
退火温度/退火溫度 annealing temperature
退火箱/退火箱,退火罐 annealing box, annealing pot
退火用矿粉/退火用礦粉,退火用填料 annealing ore
退极化/退極化 depolarization
退件数/退件數,不良件數 rejection number
退卷积/解褶積 deconvolution
退守/後降 fall back
退守过程/後降程序 fall back procedure
退缩性溶解度/退縮性溶解度 retrograde solubility
退役/退役 retirement
退役阶段/退役階段 retirement phase
退栈/爆出 pop
β蜕变/β蜕變 beta disintegration
蜕变能/蜕變能,衰變能 disintegration energy
褪色计/褪色計 fadeometer
吞吐量/流量 throughput
吞吐能力/通量容量 throughput capacity
吞吐效率/通量效率 throughput efficiency
托/托 torr
托宾青铜/陶丙氏青銅 Tobin bronze
托带轮/閑滾筒,惰滾筒 idler roller
托管/代管 hosting
托辊/惰輪 idler
托辊槽角/惰輪槽角 trough angle of idler
托辊间距/惰輪間距 idler spacing
托架/托架,支架,搖臺 bracket, bearer, carriage
托架定位/托架定位 carriage positioning
托架送料机/搖飼機 cradle feeder
托里切利气压计/托里切利氣壓計 Torricellian barometer
托轮/托運滾子,惰輪 carrier roller, idler, supporting wheel
托马斯钢/鹼性柏思麥轉爐鋼 basic Bessemer steel
托马斯炼钢法/湯瑪斯煉鋼法 Thomas steelmaking process
托马斯汽蚀系数/湯瑪斯孔蝕常數 Thomas cavitation constant
托盘/托板,托架 pallet, suspended tray
托盘搬运车/托板卡車 pallet truck
托盘堆垛车/托盤堆垛車 pallet stacking truck
托盘扭力天平/托盤扭力天平 table pan torsion balance, torsion balance with table pan
托盘输送机/托盤式運送機 pallet type conveyor
托盘提升机/吊盤昇降機 swing tray elevator
托盘天平/托盤天平 table balance
托钎器/托釺器 drill steel support
托森差速器/托森差速器 Torsen differential
托翼/托架 bracket
拖车/拖車 trailer

拖动/拖曳 dragging
拖放/拖曳及放下 dragging and dropping
拖挂附件/拖掛附件 towing attachment
拖挂装置/拖掛繫扣 towing hitch
拖拉机/拖拉機,曳引機 tractor
拖拉机牵引力/拖拉機拖桿拉力 drawbar pull of tractor
拖拉机总长/拖拉機總長 overall length of tractor
拖拉机总高/拖拉機總高 overall height of tractor
拖拉机总宽/拖拉機總寬 overall width of tractor
拖拉机纵向中心面/拖拉機縱向中心面 median longitudinal plane of tractor
拖链/拖鏈 towing chain
拖链冷却器/拖鏈冷却器 drag chain cooler
拖牵索/拖牽索 towing rope
拖牵索道/拖牽索道 ski-tow
拖式铲运机/拖式鏟運機 towed scraper
拖式混凝土泵/拖式混凝土泵 towed concrete pump
拖式沥青混凝土摊铺机/拖式瀝青攤鋪機 towed asphalt paver
拖式升降机/拖式吊機 towed hoist
拖式输送机/拖式運送機 tow conveyor
拖式稳定土搅拌机/拖式粒料混合機 towed pulvimixer
拖式悬挂输送机/拖式懸掛運送機 overhead tow conveyor
拖式压路机/拖式壓路機 towed roller
拖尾/拖尾,曳尾 tailing, hang-up
拖行式起重机/拖車式起重機 trailer crane
拖行小车/曳引趨動載具 tractor-driven carrier
拖曳臂半独立悬架/拖曳臂半獨立懸置 trailing arm semi-independent suspension
拖曳阻力/拖曳阻力 resistance force of drag
脱氨酸洗塔/酸洗塔 ammonia scrubber with acid
脱氨塔/蒸氨塔 ammonia stripper
脱苯塔/去苯塔 benzol stripper, crude benzol still
脱丙烷塔/去丙烷塔 depropanizer
脱玻化/去玻作用,反玻化 devitrification
脱锭机构/脱模具 stripper
脱锭夹钳/脱錠夾鉗 stripper tongs
脱锭起重机/鋼錠起重機 stripper crane
脱方/脱方,非垂直度 out of squareness, rhomboidity
脱方程度/脱方程度,非垂直程度 magnitude of rhomboidity
脱镉锌/去鎘鋅 cadmium-free zinc
脱硅/脱矽 desilication, desiliconization, desiliconizing
脱轨装置/脱開軌道 unlocking rail
脱机/離線,離機 off line
脱机操作/線外作業 off line operation
脱机测试/離線測試 off line test
脱机处理/離線處理 off line processing
脱机存储器/離線記憶體 off line memory
脱机故障检测/離線故障檢測 off line fault detection
脱机监听器/線外監聽器 off line monitor
脱机设备/離線設備,線外設備 off line equipment
脱机手写汉字识别/離線手寫漢字識別 off line handwritten Chinese character recognition
脱机邮件阅读器/離線郵件閱讀機 off line mail reader
脱机作业控制/離線工件控制 off line job control
脱甲烷塔/去甲烷塔 demethanizer
脱件销/脱件銷 sprue puller pin
脱胶/脱層 delamination
脱开/脱離 detachment
脱壳机/起模機 stripping machine
脱扣/跳脱,切斷,跳閘 tripping
脱扣机构/跳脱裝置 tripping device
脱扣器/解鎖[器],釋放器 release
脱扣线圈/跳脱線圈 trip coil
脱蜡/脱蠟 dewaxing, burn-out
脱磷/脱磷[作用],去磷[作用] dephosphorization
脱硫/脱硫,去硫 desulphurization
脱硫废液/脱硫廢液 waste desulfate liquor
脱硫钢/鋼去硫 desulphurization of steel
脱硫过程/脱臭法 sweetening process
脱硫剂/脱硫劑 desulphurizing agent
脱硫炉/脱硫爐 desulphurizing furnace
脱硫率/脱硫率 desulphurization ratio
脱硫系统优化/脱硫系統優化 system optimization on sulfur removal operations
脱落式芯盒/凹陷式芯盒 troughed core box
脱锰/去錳 demanganization
脱密/解密 decryption
脱模/脱模,出模 pattern draw
X 脱模法/X 脱模法 X-process
脱模机/起模機 stripping machine
脱模剂/分模劑,離模劑,分模粉 parting compound, parting powder, release agent
脱模式造型机/脱模式造模機 pattern draw molding machine
脱模涂料/模面塗料 mould wash
脱膜/脱模 stripping
脱皮/剥皮 peeling

脱皮挤压/脱皮擠壓　skinning extrusion
脱气/除氣　degassing, degas, degasification
脱气精炼/除氣精煉　degassing refining
脱气器/除氣劑　degasifier
脱气设备/除氣裝置,瓦斯排洩裝置　degassing equipment
脱气设施/除氣機　degasser
脱氢/脱氫,除氫　dehydrogenation
脱氢处理/去氫處理　hydrogen relief treatment
脱圈/脱圈　bead unseating
脱圈阻力/脱圈阻力　bead unseating resistance
脱溶序列/析出次序　precipitation sequence
脱砷/去砷　dearsenization
脱湿鼓风/脱濕鼓風　dehumidified blast
脱湿剂/脱濕劑　humectant
脱湿器/去濕器,減濕器　dehumidifier, moisture eliminator
脱水/脱水,除濕,乾燥　dehydration
脱水斗/脱水斗　dewater bucket
脱水光卤石/脱水光鹵石　dehydrated carnallite
脱水机/脱水機,萃取器　hydroextractor, extractor
脱水器/脱水機,水分離器　hydroextractor, water separator, dehydrator
脱水塔/脱水塔　dehydrating column
脱水装置/脱水裝置　dewatering device
脱酸塔/去酸塔　deacidifier
脱碳/脱碳　decarburization, decarbonizing
脱碳法展性处理/脱碳法展性處理　malleablization by decarburizing
脱碳率/脱碳率　rate of decarburization
脱铜槽/脱銅池　copper liberation cell
脱锡/脱錫作用　destannification
脱线图灵机/離線杜林機　off line Turing machine
脱箱/活扣砂箱　snap flask
脱箱造型/脱箱模造　removable flask molding
脱箱造型机/脱箱造模機　removable flask molding machine
脱锌/脱鋅　dezincification
脱盐 /脱鹽,除鹽　desalting
脱盐设备/脱鹽設備,除鹽器　desalter
脱氧/脱氧,去氧　deoxidizing, deoxidation
脱氧常数/去氧常數　deoxidation constant
脱氧核糖核酸/去氧核醣核酸　deoxyribonucleic acid
脱氧剂/脱氧劑,還原劑,去氧劑　deoxidizing agent, deoxidizer
脱氧平衡/去氧平衡　deoxidation equilibrium
脱氧铜/去氧銅　deoxidized copper
脱乙烷塔/去乙烷塔　deethanizer
脱银/去銀法　desilverization
脱渣/脱渣,出渣　deslag, deslagging
脱脂/脱脂,除脂　degreasing
陀螺/陀螺儀　gyro
陀螺测试仪/陀螺計　gyrometer
陀螺测斜仪/陀螺傾斜儀　gyroscopic inclinometer
陀螺地平仪/陀螺地平儀　gyro horizon
陀螺加速度计/陀螺加速計　gyroscopic accelerometer
陀螺减振器/回轉減振器　gyro vibration absorber
陀螺经纬仪/陀螺經緯儀,正北儀　gyrotheodolite
陀螺罗盘/陀螺羅盤,回轉羅盤　gyro compass
陀螺漂移率/陀螺儀漂移率　gyro drift rate
陀螺水准仪/陀螺水準儀　gyro level
陀螺体/回轉儀,陀螺儀　gyrostat
陀螺稳定器/回轉穩定器　gyroscopic stabilizer
陀螺效应/陀螺效應　gyro effect
陀螺仪/陀螺儀,回轉儀　gyroscope
陀螺仪表/陀螺儀器　gyroscopic instrument
陀螺仪噪声/陀螺儀雜訊　gyro noise
陀螺振动阻尼器/回轉減振器　gyro vibration absorber
陀螺姿态仪/姿態陀螺儀　gyro attitude
椭偏仪法/橢偏儀法　ellipsometry method
椭球面/橢球面　ellipsoid
椭球面镜/橢球鏡　ellipsoidal mirror
椭球体/橢球體　ellipsoid
椭圆/橢圓　ellipse
椭圆半软式波导/橢圓半軟式波導　elliptical semiflexible wave guide
椭圆逼近方法/橢圓近似方法　elliptic approximation method
椭圆波导/橢圓波導　elliptical wave guide
椭圆波极化/橢圓波極化　elliptical wave polarization
椭圆齿轮/橢圓齒輪　elliptic gear
椭圆齿轮流量计/橢圓齒輪流量計　oval wheel flowmeter, oval gear flowmeter
椭圆导套/橢圓套管　oval bush
椭圆规/橢圓規　ellipsograph, elliptic trammel
椭圆函数滤波器/橢圓函數濾波器　elliptic function filter
椭圆极化/橢圓極化,橢圓偏振　elliptic polarization
椭圆极化波/橢圓極化波　elliptic polarized wave
椭圆卡盘/橢圓形卡盤　elliptic chuck
椭圆量规/橢圓規　elliptic trammel
椭圆率/橢圓率,橢圓度　ellipticity
椭圆偏振/橢圓偏振　elliptical polarization
椭圆偏振波/橢圓極化波　elliptically polarized wave
椭圆偏振光/橢圓偏振光　elliptically polarized light

椭圆偏振计/橢圓偏光計　ellipsometer
椭圆曲线密码体制/橢圓曲線密碼系統　elliptic curve cryptosystem
椭圆手柄套/曲面把手　curved surface knob
椭圆凸轮波发生器/橢圓凸輪波産生器　elliptical cam wave generator
椭圆形板弹簧/全橢圓彈簧　full elliptic spring
椭圆形导波管/橢圓形導波管　elliptical wave guide
椭圆形反射器/橢圓形反射器　elliptical reflector
椭圆形光纤/橢圓形光纖　elliptical fiber
椭圆振动/橢圓振動　elliptical vibration
椭圆振动筛/橢圓振動篩　eliptex vibrating screen
椭圆轴承/橢圓軸承　elliptic bearing
椭圆锥磨头/橢圓錐磨頭　ellipse cone mounted point
拓扑/拓撲,形狀結構　topology
拓扑检索/拓撲檢索　topological retrieval
拓扑结构/拓撲結構,拓撲構造　topological structure
拓扑量子计算/拓撲量子計算　topological quantum computation
拓扑排序/拓撲排序　topological sort
拓扑属性/拓撲屬性　topological attribute
拓扑序列/拓撲序列　topological sequence

W

挖根/過切　undercut
挖沟机/掘溝機　trencher
挖沟偏移量/挖溝偏移量　trench offset
挖掘变形/挖掘變形　excavation deformation
挖掘机/挖掘機，掘鑿機　excavator
挖掘偏好/挖掘偏好　mining preference
挖掘装载机/挖掘裝載機　backhoe loader
蛙绕组/蛙足式繞組　frog leg winding
瓦格纳接地系统/華格納接地系統　Wagner earth system
瓦管/瓦管　clay pipe
瓦记录/瓦記録　shingled write recording
瓦克斯界限/威克斯界限　Wax bound
瓦块轴承/襯墊軸承　pad bearing
瓦垄板/鋼浪板　corrugated steel sheet
瓦纽柯夫熔炼法/瓦紐柯夫熔煉法　Vanukov smelting process
瓦时计/瓦時計，電度表　watt hour meter
瓦时效率/瓦時效率　watt hour efficiency
瓦斯/坑氣，沼氣，甲烷　firedamp
瓦斯重整过程/坑氣改造法　firedamp reforming process
瓦斯继电器/氣體繼電器　Buchholz relay
瓦斯检测器/氣體指示器，瓦斯偵測器，氣體檢知器　gas indicator, gas detector
瓦斯瓶/氣體鋼瓶　gas cylinder
瓦[特]/瓦[特]　watt
瓦特表/瓦特計，功率計　watt meter, power meter
瓦特计/瓦特計，功率計　watt meter
瓦特继电器/瓦特繼電器　watt relay
瓦特调速器/瓦特調速器　watt governor
瓦[特]小时/瓦[特小]時　watt hour
瓦状头泥芯撑/管心型撐　pipe nail
歪斜井/彎井孔　crooked hole
外摆线/外擺線　epicycloid
外摆线等距曲线/外擺線等距曲線　equidistant curve of epicycloid
外包/委外服務　outsourcing
外包装/外包裝　exterior package
外抱式制动器/外觸式制動器　external-contacting brake
外标法/外標準法　external standard method
外标式玻璃液体温度计/外標式玻璃液體溫度計　outer scale liquid-in-glass thermometer
外标准/外標準　external standard
外表面镀膜反射镜/首面反射鏡　first surface mirror
外表运动/顯現運動　apparent motion
外拨顶尖/外撥頂尖　outside driving center
外波发生器/外波發生器　external wave generator
外部尺寸/外形尺寸，輪廓尺寸　external dimensions
外部存储程序/外儲程式　externally stored program
外部存储器/外記憶體，外儲存器　external memory, external storage
外部代理/外部代理者　foreign agent
外部的/周邊　peripheral
外部接口/外部界面　peripheral interface
外部卷序列号/外部磁碟區序號　external volume serial number
外部链路/外部鏈路　foreign link
外部临界阻尼电阻/外部臨界阻尼電阻　external critical damping resistance
外部码/外碼　outer code
外部密钥/外鍵　external key
外部设备/周邊設備，輔助設備　auxiliary equipment
外部数据格式/外資料表示　external data representation
外部通信/周邊通信　peripheral communication
外部网关协议/外部閘道協定　exterior gateway protocol
外部威胁/外部威脅　outside threat
外部熄断/外淬熄　external quenching
外部页表/外部頁表　external page table
外部质量/外部品保稽核　external quality
外[部]中断/外中斷　external interrupt
外裁剪/外部截割　exterior clipping
外层轨道/外層軌道　outer orbit
外差/外差　heterodyne
外差法/外差法　heterodyning method
外差法测量/外差法量測　heterodyne measurement
外差分析仪/外差分析儀　heterodyne analyzer
外差检波器/外差[式]檢波器　heterodyne detector
外差检测/外差檢測　heterodyne detection

外差接收法/外差接收 heterodyne reception
外差频率/外差頻率 heterodyne frequency
外差式波长计/外差式波長計 heterodyne wavemeter
外差式接收机/外差接收機 heterodyne receiver
外差式接收机灵敏度/外差式接收機靈敏度 heterodyne receiver sensitivity
外差式频率计/外差式頻率計 heterodyne frequency meter
外差式谐波分析器/外差式諧波分析器 heterodyne harmonic analyzer
外差式振荡器/外差振盪器 heterodyne oscillator
外插方法式天线测量/外差式天線量測 extrapolation method antenna measurement
外插曲线/外推曲線 extrapolated curve
外场试验/現場試驗 field test
外撑角/外撐角 outer strut angle
外齿摆线轮/外齒擺線輪 external cycloidal gear
外齿刚轮/外齒剛性齒輪 external circular spline
外齿轮/外齒輪 external gear
外齿轮副/外齒輪對 external gear pair
外齿锁紧垫圈/外齒鎖緊墊圈 external teeth lock washer
外齿针齿轮/外齒針齒輪 external pin wheel
外翅内螺纹管成形/外翅内螺紋管成形 outer fin and inner spiral tube forming
外传动件/外傳動件 outer driving medium
外存储器/外部儲存器,外儲存 external storage
外存储设备接口/外存放裝置介面 storage device interface
外电路/外電路 external circuit
外电阻/外電阻 external resistance
外反射谱学/外反射譜學 external reflection spectroscopy, ERS
外分流器/外分流器,外分路 external shunt
外分流液力机械变矩器/外分流式流體機械變矩器 external shunting current hydromechanical torque converter
外负荷/外部負載 external load
外附/外插 build-out
外观检查/外觀檢查,目視檢驗 visual examination, outer inspection
外观模式/面板模式 facade pattern
外观质量/外部品保稽核 external quality
外光电效应/外光電效應 external photoelectric effect
外光电效应光电管/發射光電管 emission cell
外荷载/外部負載 external load
外横直径/外横直徑 outside cross diameter
外后视镜/外後視鏡 outside rear mirror
外护板/外殼 outer casing
外环/外環 shell, exterior ring
外加冲击/外加衝擊 applied shock
外加电流/外加電流 impressed current
外加电流保护/外加電流保護 impressed current protection
外加电流腐蚀/外加電流腐蝕 impressed current corrosion
外加电压/外加電壓 applied voltage, impressed voltage
外加荷载/外加負載 imposed load
外加厚端/外厚端 external upset end, EUE
外[加]力/外力 applied force, extenal force
外加速电子枪/外加速電子槍 outer acceleration electron gun
外间隙/外串聯間隙 external series gap
外键/外區鍵,外來關鍵碼 foreign key
外浇口/澆池 pouring basin
外角抹镘/外角抹鏝 square sleeker
外接圆/外接圓 circumscribed circle
外径/外徑 outside diameter
外径测微仪/外徑測微器 external micrometer
外径规/外徑規 external gage
外径卡规/測徑規 caliber gage
外径千分尺/外分釐卡,外測微計,外徑測微器 outside micrometer, external micrometer
外径指示规/外徑規,外徑計 passameter
外镜式激光器/外鏡型雷射 external-mirror laser
外锯齿锁紧垫圈/外鋸齒鎖緊墊圈 external teeth serrated lock washer
外绝缘/外絕緣 external insulation
外卡钳/外卡鉗,外卡尺 outside calipers
外壳/外殼 outer shell, shell, jacket
外壳脚本/外殼手跡 shell script
外壳进程/外殼過程 shell process
外壳命令/外殼命令 shell command
外壳提示符/外殼提示符 shell prompt
外壳语言/外殼語言 shell language
外扩散/外擴散 outdiffusion, out-diffusion
外拉床/外拉床 external broaching machine
外来非金属夹杂物/外因非金屬夾雜物 exogenous non-metallic inclusion
外来关键词/外來關鍵碼 foreign key
外来金属夹杂物/外因金屬夾雜物 exogenous metallic inclusion
外冷铁/外冷鐵,外冷激 external chill

外连导线/外層接地導體 external conductor
外连接/外聯結 outer join
外连网/外聯網 extranet
外联结/外聯結 outer join
外联网/外聯網 extranet
外链板/外鏈板 outer plate
外链节/外鏈節 outer link
外量子效率/外量子效率 external quantum efficiency
外流式机械密封/外流式機械密封,外漏式機械軸封 mechanical seal with outward leakage
外路长度/外路徑長度 external path length
外螺纹/外螺紋 external thread
外模破裂/外模破裂 broken mold
外模式/外綱目 external schema
外排序/外部排序 external sort
外偏距车轮/外偏距輪 outset wheel
外腔放电管/外腔[放電]管 external cavity tube
外倾侧向力/外傾側向力 camber thrust
外倾刚度/外傾剛度 camber stiffness
外倾刚度系数/外傾剛度係數 camber stiffness coefficient
外球面轴承/外球面軸承 insert bearing
外圈/外環 outer ring
外燃机/外燃機 external combustion engine
外燃式空气预热器/外燃式空氣預熱器 externally fired hot blast heater
外燃式燃气轮机/外燃器渦輪 external combustion gas turbine
外燃式热风炉/外燃式熱風爐 outside combustion stove
外扰/外來擾動 external disturbance
外热阻/外熱阻 external thermal resistance
外舌止动垫圈/外鎖片墊圈 external tab washer
外设/週邊設備 peripheral equipment
外伸砂心头/外伸砂心頭 over hang
外伸斜度砂心头/外伸斜度砂心頭 clearance taper print
外伸支腿/承力支架,叉架 outrigger
外生变量/外生變數 exogenous variable
外生长凝固/外因凝固 exogenous solidification
外施电压/外加電壓 applied voltage
外饰件/外飾件 exterior trim
外竖直径/外豎直徑 outside vertical diameter
外死点位置/外死點位置 outer dead-center position
外碎片/外片段 external fragmentation
外损失/外部損失 external loss
外缩孔/外縮孔 open cavity
外胎/外胎 cover
外太空/外太空,外層空間 outer space
外太空通信/外太空通訊 outer-space communication
外特性/外部特性 external characteristic
外调焦望远镜/外對光望遠鏡 exterior focusing telescope
外调心轴承/外校準軸承 external aligning bearing
外调制/外調變 external modulation
外推边界/外推邊界 extrapolated boundary
外推电离室/外推電離室,外推游離腔 extrapolation ionization chamber
外推法/外推法,外插法 extrapolation
外推功率曲线/外插功率曲線 extrapolated power curve
外推曲线/外推曲線 extrapolated curve
外推射程/外推距離 extrapolated range
外推误差/外推誤差 extrapolation error
外围处理机/週邊處理器 peripheral processor
外围的/週邊 peripheral
外围计算机/週邊計算機 peripheral computer
外围接口适配器/週邊介面配接器 peripheral interface adapter
外围设备/外圍設備,週邊設備 peripheral equipment, peripheral device
外像素/外像素 exterior pixel
外泄漏/外部滲漏 external leakage
外形/外形,輪廓 profile
外形尺寸/外形尺寸 boundary dimension
外形结构仿真/外形結構模擬 configuration simulation
外形抛光轮/外形拋光輪 contour polishing wheel
外形图/外形圖 figuration drawing
外悬/外伸 overhung
外压力/外部壓力 external pressure
外延/衍生,磊晶,延伸 epitaxy, extension
外延堆垛层错/磊晶堆疊層缺陷 epitaxy stacking fault, ESF
外延隔离/外延隔離 epitaxial isolation
外延公理/延伸公理 extension axiom
外延缺陷/磊晶缺陷 epitaxy defect
外延生长/晶膜生長 epitaxial growth
外延数据库/延伸資料庫 extensional database
外延网/延伸網 extension net
外延子网/外延子網 extension subnet
外岩心筒/外岩心筒 outer core barrel
外叶片/外層葉片 outer vanes
外逸电子/外激電子 exoelectron

外阴极计数管/外陰極計數管,外部陰極計數器管 external cathode counter tube, external-cathode counter tube
外引线焊接/外引線焊接 outer lead bonding
外圆角/外圓角 round
外圆磨床/外圓磨床 external cylindrical grinding machine
外缘尺寸/外緣尺寸 peripheral dimension
外源点燃式发动机/外部點燃式引擎 engine with externally supplied ignition
外源增压/獨立增壓 independent pressure charging
外在散射/外質散射 extrinsic scattering
外在衰减/外質衰減 extrinsic attenuation
外在损失/外在損失 extrinsic loss
外在吸收/外質吸收 extrinsic absorption
外照射/體外曝露,體外暴露 external exposure
外振式挤压机/外振式擠壓機 outer-vibrating extruder
外振式拉模机/外振式拉模機 outer-vibrating mould dragger
外直径/全直徑 overall diameter
外质心转子/外質心轉子 outboard rotor
外置流化床换热器/外置流體化床熱交換器 external fluidized bed heat exchanger
外置式燃油泵/外置式燃油泵 external fuel pump
外置式振动器/外部振動機,附著振動器 external vibrator
外置式最终传动/外置式最終傳動 outside installed final drive
外周长/整體週長 overall circumference
外装式机械密封/外裝式機械軸封 externally mounted mechanical seal
外装式前照灯/外裝式頭燈 external mounted headlamp
外锥盘/外錐盤 external cone plate
外锥体/外圓錐部 outer cone part
外总长/外總長 total outside length
弯板机/彎角機 bending brake
弯板链/彎板鏈 cranked link chain
弯板链板/彎板鏈板 cranked plate
弯臂/彎臂 curve boom
弯柄式气铲/彎柄式氣鏟 curved handle pneumatic chipping hammer
弯柄式气动铆钉机/彎柄式氣動鉚釘錘 curved handle pneumatic riveting hammer
弯道制动试验/彎道制動試驗,彎道刹車試驗 test of braking on curve
弯度计/撓度計,偏航指示器 deflectometer
弯钢筋机/彎桿機 bar bender
弯管机/彎管器,彎曲機,彎曲模 pipe bender, bender
弯管冷凝器/彎管冷凝器 bent tube condenser
弯轨器/彎軌器 rail bender
弯轨压力机/彎軌壓力機 rail bending press
弯辊力/彎輥力 bending roll force
弯筋机/彎曲機 bending machine
弯晶分光计/彎晶分光計,彎晶譜儀 curved crystal spectrometer
弯晶光谱仪/彎晶譜儀,彎晶分光計 curved crystal spectrometer
弯晶摄谱仪/彎晶攝譜儀 curved crystal spectrograph
弯矩/彎矩 bending moment
弯曲/彎曲,撓曲 flex, bending
弯曲板式输送机/彎曲板式運送機 curved slat conveyor
弯曲半径/彎曲半徑 bend radius
弯曲带/彎曲帶 bend zone, sagging zone
弯曲带式输送机/彎曲帶式運送機 curved belt conveyor
弯曲度/彎度,曲度,曲率 camber, curvature
弯曲断裂模量/彎曲斷裂模數 modulus of rupture in bending
弯曲刚度/抗彎剛性,抗彎勁度 bending stiffness
弯曲辊/彎曲輥 strand bending roll, bending roll
弯曲计/撓度計 deflectometer
弯曲晶体 X 射线摄谱仪/彎晶 X 射線攝譜儀 bent crystal X-ray spectrograph
弯曲模/冷彎模具 bending die
弯曲试验/彎曲試驗 bend test, bending test
弯曲试验机/彎曲試驗機 bending test machine
弯曲适配器/彎形應接器 bent adapter
弯曲性能试验仪/彎曲性能試驗儀 bending property tester
弯曲叶片/彎曲葉片 bowed blade
弯曲应力/彎曲應力 bending stress
弯曲载荷/彎曲負載,彎曲負荷 bending load
弯曲轧制法/彎曲軋製法 bending rolling method
弯曲振动/彎曲振動 bending vibration, flexural vibration
弯曲中心/撓曲中心 flexural center
弯曲走线槽天线/豬槽形天線 hog-trough antenna
弯式连接器/角連接器 angle connector
弯束型[电离]真空计/彎束型[電離]真空計 bent beam ionization gage
弯条机/彎桿機 bar bender

弯头抹刀/彎頭抹刀　bent spatula
弯月面/彎月面　meniscus
弯月面上缘读数/彎月面上緣讀數　upper edge reading for meniscus
弯月面修正/彎月面修正　meniscus correction
弯月形透镜/彎月形透鏡　meniscus lens
弯折试验机/反復彎曲試驗機　reverse bend tester
弯振/横向振動　lateral vibration
弯皱机/皺縮機　crimping machine
弯注型真空计/彎束型真空計　bent beam gage
丸砂分离器/丸砂分離器　shot-sand separator
完备格/完全晶格　complete lattice
S完备化/S完備化　S-completion
T完备化/T完備化　T-completion
S完备网/S完備網　S-completed net
T完备网/T完備網　T-completed net
完备性/完整性　completeness
完美完整性/完美完全性　perfect completeness
完美记忆/完全記憶　perfect recall
完美零知识/完美零知識　perfect zero knowledge
完美零知识证明/完美零知識證明　perfect zero knowledge proof
完美完全性/完美完全性　perfect completeness
完全饱和/全飽和　complete saturation
完全保密/完全保密　perfect secrecy
完全充电/滿量充電　full charge
完全的/完全的　complete
完全电离等离子体/完全電離電漿　fully ionized plasma
完全电离气体/完全電離氣體　fully ionized gas
完全多项式时间近似方案/完全多項式時間近似格式　fully polynomial-time approximation scheme
完全二叉树/完全二元樹　complete binary tree
完全辐射体/絕對黑體　absolute blackbody
完全故障/完全故障　complete fault
完全函数相关/全功能相依　full functional dependence
完全合金化粉/完全合金化粉　completely alloyed powder
完全恢复/完全恢復　full recovery
完全混合反应器/完全混合反應器　completely mixed reactor
完全混合流反应器/全混流反應器　perfectly mixed flow reactor
完全集/完全集　complete set
完全渐进式/完全漸進式　full progression
完全可观测性/完全可觀測性　complete observability
完全可控性/完全可控性　complete controllability
完全离子溶液模型/完全離子溶液模型　perfect solution model
完全漫反射体/完全反射擴散體　perfect reflecting diffuser
完全漫透射体/完全透射擴散體　perfect transmitting diffuser
完全偏序/完全偏序　complete partial order
完全情态集/完全情態集　complete set of cases
完全燃烧/完全燃燒　complete combustion
完全失效/完全失效，完全故障　complete failure
完全调制/完全調變　perfect modulation
完全图/完全圖　complete graph
完全退火/完全退火　full annealing
完全位错/完全錯位　perfect dislocation
完全问题/完全問題　complete problem
NP完全问题/非決定性多項式完整問題　NP-complete problem
P完全问题/P完全問題　P-complete problem
完全项/完全項　complete item
P完全性/P完全性　P-completeness
PSPACE完全性/PSPACE完全性　PSPACE-completeness
完全氧化球团/完全氧化球團　perfectly ordered structure
完全正确性/完全正確性　total correctness
完全正映射/完全正映射　complete positive map
完全自检验/總體自檢　totally self-checking
完整晶体/完整結晶　perfect crystal
完整螺纹/全螺紋部　complete thread
完整模型/完整模型　complete pattern
完整系统/完整系統　holonomic system
完整性/完整性　integrity, completeness
完整性检查/完整性檢查　integrity checking
完整性检验/完整性檢查　integrity check
完整性控制/完整性控制　integrity control
完整性验证/完整性驗證　integrity validate
完整性约束/完整性約束　integrity constraint
完整性约束推理/完整性約束推理　inference based on integrity constraint
完整约束/完整拘束　holonomic constraint
玩游戏者/競賽參加者，競賽計算機　game player
顽磁/頑磁，剩磁，殘磁　magnetic remanence, residual magnetism
碗式磨机/盤球滾磨機　bowl mill
碗形砂轮/錐杯形磨輪　taper cup wheel
万测仪/角度計　pantometer
万纳高温计/萬納高温計，華納高温計　Wanner

pyrometer
万能板形控制轧机/通用板形控制輥軋機,UPC 軋機 universal profile control mill, UPC mill
万能测长仪/萬能測長儀 universal comparator
万能测齿仪/萬能測齒儀 universal gear tester, universal gear measuring instrument
万能测角仪/萬能測角儀,角度計 universal goniometer, pantometer
万能测量显微镜/萬能量測機 universal measuring microscope
万能分度头/萬能分度頭 universal dividing head
万能工具显微镜/萬能工具顯微鏡 universal toolmaker microscope
万能光具座/萬能光學試驗檯 universal optical bench
万能机床/組合車床 combination lathe
万能渐开线螺旋线测量仪/萬能漸開線螺旋線測量儀 universal involute and helix measuring instrument
万能角度尺/萬能量角器,通用測角規,萬能活動量角器 universal bevel protractor
万能角规/萬能角塊 universal angle block
万能宽边 H 型钢/通用寬邊 H 型鋼 universal wide flange H-beam
万能强度试验机/萬能強度試驗機 universal strength testing machine
万能取景器/通用檢像器 universal finder
万能式齿形测量仪/萬能齒形輪廓量測儀 universal tooth profile measuring instrument
万能试验机/萬能試驗機,通用試驗機 universal testing machine
万能镗头/萬能搪刀頭 universal boring head
万能凸度轧机/通用凸度輥軋機 universal crown mill, UC mill
万能铣床/萬能銑床 universal milling machine
万能铣头/萬能銑刀頭 universal milling head
万能显微镜/萬能顯微鏡 universal microscope
万能硬度仪/多用硬度計 universal hardness tester
万能轧机/通用輥軋機 universal mill
万能转台/萬能轉檯 universal stage
万能组配轴承/萬能匹配軸承 universal matching bearing
万维网/全球資訊網 World Wide Web, WWW
万维网地址/網址 Web address
万维网电视/網路電視 WebTV
万维网服务/網路服務 Web services
万维网服务本体语言/萬維網服務本體語言 ontology Web language for services
万维网服务器/網頁伺服器 Web server
万维网服务中间件/萬維網服務中介軟體 Web service middleware
万维网广播/萬維網廣播 Web casting
万维网联盟/全球資訊網協會 World Wide Web Consortium
万维网爬行器/網頁蜘蛛 Web crawler
万维网社区/萬維網社區 Web community
万维网使用挖掘/萬維網使用挖掘 Web usage mining
万维网事务/商業網路交易處理 Web transaction
万维网数据抽取/萬維網數據抽取 Web data extraction
万维网数据管理/萬維網資料管理 Web data management
万维网搜索/萬維網搜索 Web search
万维网搜索器/網頁蜘蛛 Web crawler
万维网搜索引擎/萬維網搜尋引擎 Web search engine
万维网图/萬維網圖 Web graph
万维网挖掘/網路採礦 Web mining
万维网文件系统/全球資訊網檔案系統 Web file system
万维网信息系统/萬維網資訊系統 Web information systems
万维站点/網站 Web site
万向电钻/萬向電鑽 all direction electric drill
万向接头/萬向接頭,十字接頭 universal joint, cardan joint
万向接轴/通用轉軸 universal spindle
万向节/萬向接頭,十字接頭 universal joint
万向节传动装置/萬向接頭傳動裝置 Cardan gear
万向联轴节/十字接頭,萬向接頭 Hooke joint, universal coupling
万向联轴器/萬向接頭,十字接頭 universal joint
万向联轴器输出机构/萬向接頭輸出機構 universal joint type output mechanism
万向倾斜计/通用傾斜儀 universal inclinometer
万向式气钻/萬向氣鑽 all direction pneumatic drill
万向位置/萬向位置 cardan position
万向轴/萬向軸 cardan shaft
万向轴管/轉矩管 torque tube
万亿次运算每秒/每秒萬億次運算 tera operations per second
万亿条指令每秒/每秒萬億次指令 tera instructions per second
万亿位/萬億位,太位 terabit
万亿字节/萬億位元組,太位元組 terabyte

万用表/萬用表,多用電表　multimeter, universal meter, circuit tester
万用电表/萬用電表　multimeter, avometer
万有引力/萬有引力,重力　universal gravitation
万有引力常数/萬有引力常數　universal gravitational constant
万有引力定律/萬有引力定律　law of universal gravitation
万兆以太网/百億以太網　ten-gigabit Ethernet
网/網　net
AOE 网/AOE 網　activity on edge network
AOV 网/AOV 網　activity on vertex network
B-ISDN 网/寬頻整體服務數位網路,寬帶綜合業務數位網　broadband integrated service digital network, B-ISDN
IP 网/IP 網路　IP network
网吧/網吧　intenet cafe
网变换/網路變換　net transformation
ISDN 网标识码/ISDN 網路識別碼　ISDN network identification code
网播/網上廣播　webcast
网层次/網層次　level of net
网虫/網蟲　netsurfed
网带式速冻装置/網帶式速凍裝置　mesh belt tunnel freezer
网格/網目　mesh, grid
网格安全基础设施/網格安全基礎設施　grid security infrastructure
网格编码调制/籬笆碼調變,交織碼調變　trellis coded modulation, TCM
网格服务/網格服務　grid service
网格化/網目化　meshing
网格计算/網格式運算　grid computing
网格计算平台/網格計算平臺　grid computing platform
网格简化/網格簡化　mesh simplification
网格离散/網格離散　mesh discretization
网格模型/多重嵌套網格模式　mesh model
网格曲面/柵曲面　mesh surface
网格栅/格子式閘極　grid
网格生成/網目產生　mesh generation
网格体系结构/網格體系結構　grid architecture
网格中间件/網格中介軟體　grid middleware
网构软件/網構軟體　internet ware
网关/閘道,通訊閘,信關　gateway, GW
WAP 网关/無線應用協定閘道　WAP gateway
FC 网关到 IP 网关协议/FC 閘道到 IP 閘道協定　iFCP
网关守护程序/閘道常駐程式　gateway daemon
GPRS 网关支持节点/閘道 GPRS 支援節點　gateway GPRS support node, GGSN
网管中心/網管中心　network management center
网合成/網路合成　net composition
网化简/網路歸約　net reduction
网际桥接器/網際橋接器　internetworking bridge
网际协议地址/網際網路協定位址,IP 位址　IP address
网间互连/網間網路　internetworking
网间互连协议/網際網路協定　internetworking protocol
网间互通/網間網路　internetworking
网间协议/網際網路協定　internetwork protocol, IP
网件/網路作業系統　netware
网客/網客　cybernaut
网孔/篩孔,網眼,網目　mesh
网孔电流/網目電流　mesh current
网路/路由器,選路器　router
网论/網路理論　net theory
网逻辑/賦邏輯　enlogy
网络/網路　network
网/網路　network, net
IB 网络/IB 網路　InfiniBand network
网络安全/網路安全　network security
网络安全监测/網路安全監測　network security monitoring
网络安全扫描/網路安全掃描　network security scanning
网络安全态势感知/網路安全態勢感知　network security situation awareness
网络安全态势评估/網路安全態勢評估　network security situation assessment
网络安全态势值/網路安全態勢值　network security situation value
网络靶场/網路靶場　cyber range
网络备份/網路後備　network backup
网络病毒防范/網路病毒防範　virus resistant in network
网络部件/網路元件　network element
网络参数/網路參數　network parameter
网络参数控制/網路參數控制　network parameter control, NPC
网络操作/網路運算　net operation
网络操作控制中心/網路作業控制中心　network operations control center, NOCC
网络操作员/網路操作員　network operator
网络层/網路層　network layer

OSI 网络层/OSI 網路層 OSI network layer
网络程序设计/網路程式設計 network programming
网络处理器/網路處理機 network processor
网络存储系统/網路存儲系統 network storage system
网络打印机/網路印表機 networked printer
网络代理/網路代理者 network agent
网络带宽/網路頻寬 network bandwidth
网络单元/網路元件 network element
网络地址/網路位址 network address
网络地址和端口翻译/網路位址和埠翻譯 network address and port translation
网络地址转换/網路位址變換 network address translation
网络电视/網路電視 network television
网络丢包/網路丟包 network induced packet losses
网络端口/網路埠 network port
网络仿冒/網路釣魚 phishing
网络访问控制/網路進出控制 network access control
网络飞行器/網路飛行器 cyber craft
网络分割/網路分割 network partitioning
网络分析/網路分析 network analysis
网络分析器/網路分析器 network analyzer
网络分析仪/網路分析儀 network analyzer
网络服务接入点/網路服務進接點 network service access point, NSAP
网络服务器/網路伺服器 network server
网络服务提供者/網路服務提供者 network service provider
网络附接存储/網路附接儲存器 network attached storage
网络公用设施/網路公用程式 network utility
网络攻击/網路攻擊 network attack
网络共享/網路共用 network sharing
网络管理/網路管理 network management
网络管理服务器/網路管理伺服器 network management server
网络管理工具/網路管理工具 network management tools
网络管理系统/網路管理系統 network management system
网络管理员/網路管理者 network administrator
网络管理者/網路管理者 network manager
网络规划/網路規劃 network planning
网络规模/網路規模 network scale
网络函数/網路函數 network function
网络号码/網路號碼 network number
网络划分/網路分割 network partitioning
网络基础设施/網路基礎設施,賽百基礎設施 cyberinfrastructure
网络集成/網路整合 network integration
网络计算/網路計算 network computing
网络计算环境/網路計算環境 network computing environment
网络技术/網路技術 network technique
网络监视器/網路監視器 network monitor
网络监听/網路監聽 network censorship
网络剪枝/網路修剪 network pruning
网络交换中心/網路交換中心,網路轉接中心 network switching center, NSC
网络教学系统/網路教學系統 network teaching system
网络接口/網路間介面 network interface
网络接口卡/網路介面卡 network interface card
网络接口控制器/網路介面控制器 network interface controller
网络接口适配器/網路配接器 network adapter, NA
网络接入点/網路進出點 network access point, NAP
网络接入协议/網路進接協定 network access protocol
网络节点度/網路節點度 network degree of node
网络节点接口/網路節點介面 network node interface, NNI
网络结构/網路結構,網狀組織 network structure
网络距离/網路距離 network distance
网络课程/網路課程 Web based curriculum
网络空间/異度空間 cyberspace
网络空间战/網路空間戰 cyberspace operations
网络恐怖主义/網路恐怖主義 cyber terrorism
网络控制系统/網路控制系統 network control system
网络控制协议/網路控制協定 network control protocol
网络控制中心/網路控制中心 network control center, NCC
网络礼仪/網路禮儀 network etiquette
网络理论/網路理論 network theory
网络流量控制/網路流控制 network flow control
网络流量模式/網路流量型樣 network traffic pattern
网络路径/網路路徑 network path
网络乱用/網路濫用 net abuse
网络模型/網路模型 network model

网络爬虫/網路蜘蛛 web spider
网络配置/網路組態 network configuration
网络平面图/網路平面圖 network planar graph
网络平台/網路平臺 network platform
网络欺骗/網路欺騙 network cheating
网络窃听/網路竊聽 network eavesdropping
网络融合/網路融合 network convergence
网络蠕虫/網路蠕蟲 network worms
网络设计/網路設計 network design
网络设施/網路設施 network facility
网络社区/線上社群 online community
网络渗透/網路滲透 network penetration
网络生存/網路生存 network survival
网络时间协议/網路時間協定 network time protocol, NTP
网络适配器/網路配接器 network adapter, NA
网络授时/網路授時服務 internet time service
网络数据管理协议/網路資料管理協定 network data management protocol
网络数据库/網路資料庫 network database
网络数据模型/網路資料模型 network data model
网络水军/網路水軍 internet water army
网络态势可视化/網路態勢視覺化 network situation visualization
网络瘫痪/網路癱瘓 network paralysis
网络体系结构/網路架構 network architecture
网络通信/網路通信 network communication
网络通信流量/網路流量 network traffic
网络通信流量模式/網路流量型樣 network traffic pattern
网络吞吐量/網路通量 network throughput
网络拓扑/網路拓撲,網路布局 network topology
网络外围设备/網路週邊設備 network peripheral
网络完整性/網路完整性 network integrity
网络文件传送/網路檔案傳送 network file transfer
网络武器/網路武器 cyber weapons
网络系统/網路系統 network system
网络协议/網路協定 network protocol
网络新闻/網路新聞 net news
网络新闻传送协议/網路新聞傳送協定 network news transfer protocol, NNTP
网络信任体系/網路信任體系 trust system in network
网络信息中心/網路資訊中心 network information center, NIC
网络行为分析/網路行爲分析 network behavior analysis
网络性能/網路性能 network performance, NP
网络性能测试仪/網路性能測試器 network performance tester
网络修剪/網路修剪 network pruning
网络虚拟终端/網路虛擬終端機 network virtual terminal, NVT
网络学习/網路學習 networked learning
网络延迟/網路延遲 network delay
网络延时/網路延時 network induced delay
网络业务接入点/網路服務進接點 network service access point, NSAP
网络业务提供商/網路服務提供者 network service provider, NSP
网络营销/網路行銷 internet marketing
网络应用/網路應用 network application
网络拥塞/網路擁擠 network congestion
网络优化/網路最佳化 network optimization
网络迂回/網路迂回 network weaving
网络舆情/網路輿情 internet public opinion
网络舆情监测/網路輿情監測 internet public opinion monitoring
网络域/網路領域 network domain
网络运行控制中心/網路作業控制中心 network operations control center, NOCC
网络运行中心/網路操作中心,網路營運中心 network operation center, NOC
网络站点/網路地點 network site
网络侦察/網路偵察 network reconnaissance
网络诊断/網路診斷 network diagnosis
网络直径/網路直徑 network diameter
网络质量/網路品質 network quality
网络终端/網路終端 network termination, network terminal, NT
网络主机/網路主機 network host
网络助手/網路助理 network assistant
网络资源/網路資源 network resource
网络资源管理/網路資源管理 network resource management, NRM
网络字节顺序/網路位元組次序 network byte order
网络综合/網路合成 network synthesis
网络阻塞/網路擁擠 network congestion
网络组态/網路組態 network configuration
网民/網路族群 net citizen
网桥路由器/橋路由器 brouter
网筛/篩孔篩 mesh screen
网射/網同型 net morphism
网式过滤器/網式過濾器 mesh filter
网守/閘管理者 gatekeeper, GK
网同构/網路同構 net isomorphism

网拓扑/網路拓撲 net topology
网文法/網文法 web grammar
网纹干扰/網紋干擾 moire
网纹干扰图样/疊紋圖形,雲紋圖形 moire pattern
网纹钢板/網紋鋼板,花格鋼板 checkered steel plate
网系统/網路系統 net system
网页/網頁 web page
网页代理/網頁代理 web proxy
网页涂改/網頁塗改 web defacement
网映射/網映射 net mapping
网语言/網路語言 net language
网元/網路元件 net element, network element, NE
网元管理/網路元件管理 network element management
网运算/網路運算 net operation
网展开/網路展開 net unfolding
网站/網站 network site, website
网站名/站點名 site name
网罩/保護裝置 guard
网折叠/網路折疊 net folding
网知计算/網路知覺計算 network aware computing
网状矿床/網狀礦床 network deposit
网状脉/網狀礦脈 reticulated vein
网状拓扑/網狀拓撲 mesh topology
网状网/網狀網 mesh network
网状阴极/網狀陰極 mesh cathode
往程旋压/往程旋壓 spinning toward open end
往返传播时间/往返傳播時間 round trip propagation time
往返路程时间/往返時間 round trip time
往返延迟/往返延遲 round trip delay
往复泵/往復泵 reciprocating pump
往复泵机组/往復泵機組,往復泵裝置 reciprocating pump unit
往复活塞式流量计/往復活塞式流量計 reciprocating piston flowmeter
往复炉排/往復爐蓖 reciprocating grate
往复式变容真空泵/往復正排量式真空泵 reciprocating positive displacement vacuum pump
往复式低温液体泵/往復式低温液體泵 reciprocating cryogenic liquid pump
往复式发动机/往復式引擎 reciprocating engine
往复式隔膜泵/往復式隔膜泵 reciprocating diaphragm pump
往复式给料机/往復式給料機,往復式饋送器 reciprocating feeder
往复式给料器/往復式給料機,往復式饋送器 reciprocating type feeder
往复式架空索道/往復式架空索道 to-and-fro ropeway
往复式缆车/往返式電纜車 to-and-fro funicular
往复式内燃机/往復式内燃機 reciprocating internal combustion engine
往复式喷油泵/往復式噴油泵 reciprocating fuel injection pump
往复式筛/往復篩 reciprocating screen
往复式压缩机/往復式壓縮機 reciprocating compressor
往复式轧机/往復式輥軋機 reciprocating rolling mill
往复式制冷压缩机/往復式冷媒壓縮機 reciprocating refrigerant compressor
往复寻道/往復尋覓 accordion seek
往复压缩机/往復式壓縮機 reciprocating compressor
往复运动/往復運動 reciprocating motion
往复真空泵/往復真空幫浦,活塞真空泵幫浦 piston vacuum pump
望远镜/望遠鏡 perspective glass, telescope
望远镜系统/望遠鏡系統 telescopic system
望远目镜/望遠目鏡 telescopic ocular
望远物镜/望遠物鏡 telescopic objective
望远显微镜/遠距顯微鏡 telemicroscope
望远眼镜/望遠眼鏡 telescopic spectacles
危机信息管理软件/危機資訊管理軟體 crisis information management software
危急保安器/緊急調速器,超速調節器 emergency governor, overspeed governor
危急排汽阀/危急排汽閥 emergency blowdown valve
危急疏水系统/緊急排洩系統 emergency drain system
危急遮断器动作转速/跳脱速率 trip speed
危急遮断油门/緊急調速器導閥 emergency governor pilot valve
危险/危險 hazard
危险报警闪光灯/危險警告燈 hazard warning lamp
危险测试/危險測試 hazard testing
危险区/危險區 pinch zone
危险区域/危險場所,危險範圍 hazardous area
危险信号/危險信號 danger signal
危险性/危險度 risk
危重病患监护系统/危重病患監護系統 critical patient care system
危重病人监护系统/危重病患監護系統 critical patient care system

威德曼效应/魏德曼效應 Wiedeman effect
威尔弗莱淘选台/韋氏桌選機 Wilfley table
威尔金森功率分配器/威爾金生功率分配器 Wilkinson power divider
威尔逊云室/威爾遜雲室,威耳生霧腔 Wilson cloud chamber
威勒米尔制冷循环/威勒米爾冷凍循環 Vuilleumier refrigeration cycle
威廉气体分析器/威廉氣體分析器 William gas apparatus
威廉氏砂芯/威廉氏砂心,增壓砂心 atmospheric core, William core
威氏管/威廉士管 Williams tube
威氏折射计/威廉士折射計 Williams refractometer
威胁/威脅 threat
威胁等级/威脅等級 threat level
威胁分析/威脅分析 threat analysis
威胁监控/威脅監控 threat monitoring
微/微 micro
微安培计/微安培計 microammeter
微奥米伽[系统]/微奥米伽[系統] micro Omega
微巴/微巴 microbar
微编程语言/微程式設計語言 microprogramming language
微变电容器/微調電容器 vernier condenser
微波/微波 microwave, MW
微波波长计/微波波長計 microwave wavemeter
微波波谱学/微波頻譜學 microwave spectroscopy
微波测距仪/微波測距儀 microwave distance meter
微波传播/微波傳播 microwave propagation
微波传感器/微波感測器 microwave sensor
微波传输/微波傳輸 microwave transmission
微波传输电路/微波傳輸電路 microwave transmission circuit
微波传输线/微波傳輸線 microwave transmission line
微波磁学/微波磁學 microwave magnetics
微波单片集成电路/單晶微波積體電路 microwave monolithic integrated circuit, monolithic microwave integrated circuit, MMIC
微波道/微波道 telepak channel
微波电路/微波電路 microwave circuit
微波电桥/微波電橋 microwave bridge
微波电信系统/微波電信系統 microwave telecommunication system
微波电子学/微波電子學 microwave electronics
微波发射机/微波發射機 microwave transmitter
微波发生器/微波發生器,微波產生器 microwave generator
微波辐射/微波輻射 microwave radiation
微波辐射计/微波輻射計 microwave radiometer, MR
微波辐射衰减/微波輻射衰減,微波輻射損耗 microwave radiation attenuation
微波干涉仪/微波干涉儀,微波干涉計 microwave interferometer
微波干燥/微波乾燥 microwave drying
微波干燥箱/微波乾燥爐 microwave drying oven
微波隔离器/微波隔離器 microwave isolator
微波管/微波管 microwave tube
微波管线/微波管線 microwave plumbing
微波航道信标/微波航道信標 microwave course beacon
微波厚度计/微波厚度計 microwave thickness meter
微波回转器/微波回轉器 microwave gyrator
微波混合集成电路/微波混合積體電路 microwave hybrid integrated circuit
微波激射器/邁射 maser, microwave amplification by stimulated emission of radiation, MASER
微波集成电路/微波積體電路 microwave integrated circuit, MIC
微波检测器/微波檢知器 microwave detector
微波鉴频器/微波鑒頻器 microwave discriminator
微波接入全球互操作性/威邁 world wide interoperability for microwave access
微波接收机/微波接收機 microwave receiver
微波链路/微波鏈路,微波連接鏈 microwave link
微波炉/微波爐,微波烘箱 microwave oven
微波滤波器/微波濾波器 microwave filter
微波脉冲发生器/微波脈波產生器 microwave pulse generator, MPG
微波偏振镜/微波偏振鏡 microwave polarizer
微波频带/微波頻帶 microwave band
微波频率/微波頻率 microwave frequency, microwave frequency
微波频谱/微波頻譜 microwave spectrum
微波频谱学/微波頻譜學 microwave spectroscopy
微波频谱仪/微波頻譜儀 microwave spectrometer
微波屏蔽室/微波隔絶室 microwave shielded room
微波气体放电天线开关/微波氣體放電天線開關 microwave gas discharge duplexer
微波全息雷达/微波全息雷達 microwave hologram radar
微波全息术/微波全像術 microwave holography
微波热像图成像/微波熱像圖成像 microwave

thermography
微波散射计/微波散射計 microwave scatterometer
微波伤害/微波傷害 microwave hazard
微波烧结/微波燒結 microwave sintering
微波生物效应/微波生物效應 microwave biological effect
微波视频分配/微波視頻分配 microwave video distribution
微波收发两用机/微波收發兩用機 microwave transmitter-receiver
微波衰减器/微波衰減器 microwave attenuator
微波天线/微波天線 microwave antenna
微波调制器/微波調制器,微波調變器 microwave modulator
微波铁氧体/微波鐵氧體 microwave ferrite
微波通道/微波通道 microwave channel
微波通信/微波通信 microwave communication
微波通信设备/微波通信設備 microwave communication equipment
微波通信系统/微波通信系統 microwave communication system
微波统一载波系统/微波統一載波系統 microwave united carrier system
微波透镜/微波透鏡 microwave lens
微波网络/微波網路 microwave network
微波无线电/微波無線電 microwave radio
微波无线电中继/微波無線電中繼,無線電微波轉播 microwave radio relay
微波无线电中继设备/微波無線電中繼設備 microwave radio relay equipment
微波无线链路/微波無線電鏈路,微波無線電通信線路 microwave radio link
微波吸收材料/微波吸收材料 microwave absorbing material
微波系统/微波系統 microwave system
微波相位均衡器/微波相位等化器 microwave phase equalizer
微波消解法/微波消化法 microwave digestion process
微波谐振器/微波諧振器 microwave resonator
微波谐振腔/微波諧振腔 microwave cavity
微波信标天线/微波信標天線 microwave beacon antenna
微波信道/微波通道 microwave channel
微波有源频谱仪/微波有源頻譜儀 microwave active spectrometer, MAS
微波噪声功率计/迪克輻射計 microwave noise power meter
微波站/微波[通信]站 microwave relay station
微波折射计/微波折射計 microwave refractometer
微波中继链路/微波中繼鏈路 microwave relay link
微波中继天线/微波中繼天線 microwave relay antenna
微波中继通信/微波中繼通信,微波接力通信 microwave radio relay communication
微波中继系统/微波中繼系統 microwave relay system
微波终端站/微波終端站 microwave terminal station
微波着陆系统/微波著陸系統 microwave landing system, MLS
微波阻抗/微波阻抗 microwave impedance
微博/微網志 microblog
微侧向侧井/微焦點電測 microlaterolog
微差测量法/微差量測法 differential method of measurement
微差称量法/微差稱量法 mini differential weighing
微差间隙/偏差間隙,微分間隙 differential gap
微差延发爆炸/瞬遲發爆炸 short delay blasting
微程序/微程式 microprogram
微程序汇编语言/微程式組合語言 microprogram assembly language
微程序控制/微程式控制 microprogrammed control
微程序设计/微程式設計,微程式規劃 microprogramming
微程序设计语言/微程式設計語言 microprogramming language
微程序只读存储器/微程式唯讀記憶體 microm
微处理器/微處理器,微處理機 microprocessor
微代码/微代碼 microcode
微带/微帶 microstrip
微带偶极子/微帶雙極 microstrip dipole
微带天线/微帶天線 microstrip antenna
微带天线阵列/微帶天線陣列 microstrip antenna array
微带线/微帶 microstrip, microstrip line
微带阵/微帶陣列 microstrip array
微等离子体/微游離氣 microplasma
微等离子体效应/微電漿效應 microplasma effect
微电机/微電機 electrical micro machine
微电极/微電極 microelectrode
微电极测井/微距電測 microlog
微电路/微電路 microcircuit
微电子学/微電子學 microelectronics
微动分解仪/游標解析器 vernier resolver
微动腐蚀/磨耗腐蝕 fretting corrosion, fretting rust

微动腐蚀磨损/微動腐蝕磨損 fretting corrosion wear
微动开关/微動開關,敏感開關 sensitive switch
微动罗盘/游標羅盤儀 vernier compass
微动磨损/磨耗 fretting wear
微动疲劳/磨蝕疲勞 fretting fatigue
微法计/微法拉計 microfaradmeter
微分磁导率/微分磁導率,微分磁導係數 differential permeability
微分电离腔/差分游離腔,微分游離腔 differential ionization chamber
微分电路/微分電路 differentiating circuit, differential circuit
微分电容器/微調電容器 vernier capacitor
微分电位计/微分電位計 differential potentiometer
微分电阻/微分電阻 differential resistance
微分动力学系统/微分動力系統 differential dynamical system
微分对策/微分對局 differential game
微分反馈/微分反饋 derivative feedback
微分方程模型/微分方程模型 differential equation model
微分方程数值解/微分方程數值解 numerical solution for differential equation
微分放大器/差動放大器 differential amplifier
微分分析器/微分分析儀,微分解析儀 differential analyzer
微分干涉/差分干涉 differential interference
微分干涉显微镜/微分干涉顯微鏡 differential interference microscope
微分环节/微分環節 differentiation element
微分加速器/微分加速器 differential accelerator
微分截面/微分截面 differential cross section
微分控制/微分控制,導數調節 derivative control, differential control
微分控制器/微分控制器 derivative controller
微分器/微分器 differentiator
微分迁移率/微分遷移率 differential mobility
微分时间常数/微分時間常數 derivative time constant
微分吸收比/微分吸收比 differential absorption ratio
微分稀释热/微分稀釋熱 differential heat of dilution
微分相位/微分相位 differential phase
微分相位失真/差分相位失真 differential phase distortion
微分选择/微分選擇 differentiation selection
微分约束/微分拘束 differential constraint
微分增益/微分增益 differential gain
微分作用/微分作用 derivative action
微分作用控制器/微分作用控制器 differential action controller
微粉煤/微粉煤 dust coal
微封装/微封裝,微組裝 micropackaging
微伏/微伏[特] microvolt
微伏表/微伏[特]計 microvoltmeter
微辐射计/微輻射計,輻射測微計 micro radiometer
微高温计/微[型]高温計,精測高温計 micro pyrometer
微功耗集成电路/微功耗積體電路 micropower integrated circuit
微观并行性/微觀并行性 microscopic parallelism
微观粗糙度/微觀粗糙度 micro roughness
微观检查/顯微鏡試驗 microscopic inspection
微观截面/微觀截面 microscopic cross section
微观经济模型/微觀經濟模型,個體經濟模型 micro economic model
微观经济系统/個體經濟系統 micro economic system
微观偏析/區域偏析,顯微偏析 regional segregation, micro segregation
微光电光度计/微光電光度計 micro photoelectric photometer
微光电视/微光電視 low light level television, LLLTV
微光偏振测量/微光偏振量測 twilight polarization measurement
微光夜视仪/微光夜視儀 low-light level night vision device
微毫秒计时器/脈衝時差器 chronotron
微合金钢/微量合金鋼 micro-alloy steel
微合金化/微量合金化 micro-alloying
微合金碳氮化物/微量合金碳氮化物 micro-alloy carbonitride
微混合动力汽车/微混合動力車輛 micro hybrid electric vehicle
微火焰电离检测器/微火焰游離檢知器 micro flame ionization detector
微机/微電腦 microcomputer
微机操作系统/微電腦作業系統 microcomputer operating system
微机体系结构/微電腦架構 microcomputer architecture
微基准程序/微基準程式 micro benchmark
微碱沉积物/半鹹水層,半鹹沈積 brackish deposit
微结构/微結構 microstructure

微截/微截 micro cleaving
微晶刚玉/微晶剛玉 microcrystalline fused alumina
微克/微克 microgram
微刻度盘/精密刻度盤,精密分度盤 microdial
微坑/微坑 dimple
微孔刚玉砖/微孔剛玉磚 microporous corundum brick
微孔过滤器/微孔過濾器 microporous filter
微孔筛/微孔篩 micronmesh sieve
微孔炭砖/微孔碳磚 microporous carbon brick
微库仑计/微庫侖計 micro coulombmeter
微库仑检测器/微庫侖檢知器 micro coulomb detector
微理论/微理論 micro theory
微粒/微粒 corpuscle, molecule
微粒度/微粒度 graininess
微粒辐射/微粒輻射 corpuscular radiation
微粒空气分级器/氣流分級器 infrasizer
微粒子辐射/微粒發射 corpuscular emission
微量比色计/顯微比色計 micro colorimeter
微量测定/微量測定,微量估計 micro determination, micro estimation
微量测定法/測微法 micro method
微量称量/微量稱重 micro weighing
微量单位/微量單位 micro unit
微量电流计/微量電流計 micro galvanometer
微量法/測微法 micro method
微量分析/微量分析 micro analysis
微量分析仪/微量分析儀 micro analyzer
微量浮选/微量浮選 micro flotation
微量辐射计/顯微放射計 micro radiometer
微量呼吸计/微量呼吸器 micro respirometer
微量检流表/微量電流計 micro galvanometer
微量金属分析仪/微量金屬分析儀 trace metal analyzer
微量静电计/毛細管静電計 capillary electrometer
微量气体分析仪/微量氣體分析儀 trace gas analyzer
微量热法/微量卡路里術 micro calorimetry
微量热计/微卡計,微量熱量計 micro calorimeter
微量热天平/微熱天平 micro thermal balance
微量天平/微量天平 micro balance
微量调节注射器/微量注射器 microsyringe
微量移液器/微量吸管 micropipette
微量元素/微量元素 subversive element, trace element
微裂/微裂 micro cleaving
微裂纹/微裂縫 microcrack
微逻辑/微邏輯 micrologic
微码/微代碼 microcode
微码指令/微碼指令 microcode instruction
微米/微米 micron
1.55 微米波长传输衰减/1.55 微米波長傳輸衰減 attenuation of 1.55 μm transmission
微秒/微秒 microsecond
微命令/微命令 microcommand
微模块/微模組 micromodule
微内核操作系统/微核心作業系統 microkernel OS
微黏度计/微黏度計 micro viscosimeter
微扭计/微扭計 torsion micrometer
微扭矩电位计/微扭矩電位計 micro torque potentiometer
微泡浮选/微泡浮選 micro froth flotation
微泡吸管/微球型吸管 micro bulb pipet
微启式安全阀/微啟式安全閥 low lift safety valve
微气象计/微氣象計 micro meteorograph
微气压计/微氣壓表,精測氣壓計 micro barograph, micro barometer
微气压记录器/微氣壓記録器 micro barograph
微气压记录仪/微氣壓記録器 micro barometer
微切削/微切削 micro cutting
微倾水准仪/傾斜水準儀 tilting level
微区分析/微量分析 micro analysis
微曲传感器/微曲感測器 microbending sensor
微缺陷/微缺陷 microdefect
微热量计/微量卡路里計 micro calorimeter
微任务化/微任務化 microtasking
微扫接收机/微掃接收機 microscan receiver
微商作用/微分作用 derivative action
微渗压计/微滲壓計 micro osmometer
微生物腐蚀/微生物腐蝕 microbial corrosion
微生物谷氨酸传感器/微生物麩胺酸感測器 glutamate microbial transducer
微生物敏感器/微生物感測器 microbial sensor
微生物燃料电池/微生物燃料電池 microbial fuel cell
微生物生化需氧量传感器/微生物生化需氧量感測器,微生物 BOD 感測器 biochemical oxygen demand microbial transducer, BOD microbial transducer
微生物氧化法/微生物氧化法 microbial oxidation process
微生物冶金学/細菌冶金學 microbial metallurgy
微时测定器/測時器 chronoscope
微示振仪/微示振計 micro vibrograph
微束等离子弧焊/微電漿弧焊 micro plasma arc

welding
微束等离子弧焊机/微電漿弧焊機 micro plasma arc welding machine
微缩平版印刷术/顯微蝕刻術 micro lithography
微探针/微探針,微探頭 microprobe
微碳铬铁/微碳鉻鐵 extra low carbon ferrochromium
微调电感器/微調電感 trimming inductor
微调电容器/微調電容,修整電位計,墊整電容器 trimmer capacitor, trim potentiometer, padding capacitor
微调电位器/微調電位器,微調電位計 trimmer potentiometer
微调阀/微調閥 micro-adjustable valve
微调刻度盘/游標刻度盤 vernier dial
微调控制/精密控制 fine control
微调镗刀头/微調搪刀頭 fine adjustable boring head
[微调]增量范围/增量範圍 incremental range
微通道板/微通道板,微通路板 microchannel plate, MCP
微通道板示波管/微通道板示波管 microchannel plate cathode-ray tube, MCPCRT
微通道板探测器/微通道板探測器 microchannel plate detector
微同步器/微同步器 micro synchro
微透镜/顯微透鏡 microlens
微托/微托 microtorr
微瓦秒/微瓦秒 microwatt second
微瓦小时/微瓦小時 microwatt hour
微弯曲/微彎[曲] microbend
微弯曲损耗/微曲損失 microbending loss
微微米/微微米 micromicron
微微网/piconet 網路 piconet
微微小区/微微社區 picocell
微温度计/微型溫度計 micro thermometer
微吸附柱/微吸附柱 micro adsorption column
微细粒浮选/細微顆粒浮選 fine flotation
微像数据/微像資料 micro image data
微小区/微社區 microcell
微小碎片攻击/微小碎片攻擊 tiny fragment attack
微小型化/微小型化 microminiaturization
微小型清洗机/微小型清洗機 mini and small type cleaning unit
微小振动/微振動 micro vibration
微型变压器/袖珍變壓器 miniature transformer
微型冲击式检尘器/米格採塵器,衝射式礦塵取樣器 midget impinger
微型灯/小型燈 miniature lamp
微型电容器/微型電容器 wallnut capacitor
微型反应器/微型反應器 microreactor
微型化/微小型化 microminiaturization
微型计算机/微電腦 microcomputer
微型计算机体系结构/微電腦架構 microcomputer architecture
微型球轴承/微型滾珠軸承 micro rolling ball bearing
微型燃气轮机/微型燃氣輪機 micro gas turbine
微型燃烧器/微型燃燒器,微型燈 microburner
微型软盘/微型磁碟 microfloppy
微型吸附监测器/微吸附檢知器 micro adsorption detector
微型压缩机/微型壓縮機 mini compressor
微型照相机/微型照相機 micro camera
微压计/微壓計,精測氣壓計,微氣壓表 microbarometer, micropressure gage, microbarograph
微应变/微應變 microstrain
微应力/微應力 microstress
微应力计/微應力計 microstress gage
微硬度/顯微硬度 microhardness
微硬度试验/顯微硬度試驗 microhardness test
微硬度试验机/微小硬度計 microhardness tester
微元功/基本功 elementary work
微张力控制/微張力控制 minimum tension control
微张力轧制/微張力輥軋 microtension rolling
微诊断/微診斷 microdiagnosis
微诊断程序/微診斷程式 microdiagnostic program
微诊断微程序/微診斷微程式 microdiagnostic microprogram
微诊断装入程序/微診斷載入器 microdiagnostic loader
微诊断装入器/微診斷載入器 microdiagnostic loader
微阵列数据预处理/微陣列數據預處理 microarray data preprocessing
微振压实造型/振動壓實造型 vibratory squeezing molding
微振压实造型机/振動壓擠機 vibratory squeezer
微震监测/微震監測 microseismic monitoring
微震岩石压力测量仪/微震動測儀 microseismic instrument
微震仪/微地震儀 microseismograph
微正压锅炉/增壓鍋爐,加壓鍋爐 pressurized boiler
微正则配分函数/微正則配分函數 microcanonical partition function
微支付/小額付費 micropayment

微指令/微指令 microinstruction
微中断/微中斷 microinterrupt
微组合/微組合 microassembly
微组装/微組裝 micropackage
韦伯光度计/韋伯光度計 Weber photometer
韦伯效应/韋伯效應 Weber effect
韦伯蒸发器/韋伯蒸發器 Weber evaporator
韦布尔分布/韋布爾分布 Weibull distribution
韦布尔风速分布/韋布爾風速分布 Weibull wind-speed distribution
韦尔蒂码/韋悌碼 Welti code
韦尔奇界限/威爾屈界限 Welch bound
韦林氏搅切器/攪拌摻合機 Waring blender
韦内尔特极/韋內爾特電極 Wehnelt electrode
韦氏硬度/韋氏硬度,韋伯斯特硬度 Webster hardness
韦氏硬度试验/韋氏硬度試驗 Webster hardness test
韦斯磁子/韋斯磁子 Weiss magneton
违背/違反 breach
违章者/違規者 violator
围包角/圍包角 wrap angle
围产期监护仪/圍產期監護儀 perinatal monitor
围带/護罩 shroud
围岩/圍岩 surrounding rock, wall rock
围岩加固/圍岩加固 reinforcement of surrounding rock mass
围岩蚀变/圍岩蝕變 wall rock alteration
桅杆顶灯/桅杆上頭燈 mast head light
桅杆起重机/吊桿式起重機,高架起重機 derrick crane
桅柱装置/桅桿附件 mast attachment
唯密文攻击/唯密文攻擊 cipher text only attack
唯一解码距/唯一解碼距 uniquely decodable distance
维持电流/吸持電流,保持電流 holding current
维持因数/維護因數 maintenance factor
维持真空泵/維持真空泵,維持真空幫浦 holding vacuum pump
维度表/維表 dimension table
维恩电桥/維恩電橋 Wien bridge
维恩定律/維恩定律 Wien law
维恩桥式振荡器/維恩橋式振盪器 Wien bridge oscillator
维恩速度过滤器/威恩速度過濾器 Wien velocity filter
维格纳效应/威格納效應 Wigner effect
n 维格栅网/n 維格柵網 n-dimension mesh network
维护/維護 preventive maintenance, maintenance
维护测试/維護測試 maintenance test
维护策略/維護策略 maintenance strategy
维护插接器/維修插頭 service plug
维护程序/維護程式 maintenance program
维护等级/維修作業線 maintenance echelon
维护方针/維修政策 maintenance policy
维护分析过程/維護分析程序 maintenance analysis procedure
维护服务程序/維護服務程式 maintenance service program
维护过程/維護過程 maintenance process
维护计划/維護計劃 maintenance plan
维护阶段/維護階段 maintenance phase
维护控制面板/維護控制面板 maintenance control panel
维护面板/維護面板 maintenance panel
维护屏幕/維護螢幕 maintenance screen
维护时间/維護時間 maintenance time
维护树/維護樹 maintenance tree
维护陷阱/維護陷阱 maintenance hook
维护延期/維護延期 maintenance postponement
维护者/維護者 maintainer
维护准备时间/維護待命時間 maintenance standby time
维护准则/維護準則 maintenance philosophy
n 维环网/n 維環網 n-dimension torus network
维基/維基 Wiki
维基百科/維基百科 Wikipedia
维加德定律/魏加氏定律 Vegard law
维加洛合金/維凱合金 Vicalloy
维卡特针/菲卡針 Vicat needle
维卡特针式检验仪/非卡針式檢驗器 Vicat needle apparatus
维姆科浮选机/維姆科浮選機 Wemco flotaion machine
维纳-霍普夫方程/文納-賀夫方程式,威能-霍樸方程式 Wiener-Hopf equation
维纳滤波/文納濾波 Wiener filtering
维纳滤波器/文納濾波器 Wiener filter
维氏电桥/維恩電橋 Wien bridge
维氏压头/維氏棱錐壓頭 Vickers pyramid indenter
维氏硬度/維氏硬度,韋克斯硬度 Vickers hardness
维氏硬度标准机/維氏硬度標準機 Vickers hardness standard machine
维氏硬度表/維氏硬度標尺 Vickers hardness scale
维氏硬度低负荷试验/維氏低負荷硬度試驗 Vickers low load hardness test

维氏硬度计/維氏硬度計,韋克斯硬度計 Vickers hardness tester
维氏硬度试验/維氏硬度試驗 Vickers hardness test
维氏硬度值/鑽石錐體硬度數 diamond pyramid hardness number
维氏组织/維德曼組織,費德曼結構 Widmanstatten structure
K 维树/K 維樹 KD-tree
维数灾难/維數災難 curse of dimensionality
q 维网格/q 維晶格 q-dimensional lattice
维修/維修,維護 maintenance
维修保养手册/維護手冊 maintenance manual
维修策略/維修政策 maintenance policy
维修车间/維修場 maintenance store
维修计划/維護作業計劃 maintenance schedule
维修时间/維護時間 maintenance time
维修史/維修史 maintenance history
伪报头/僞頭 pseudo header
伪标量/假標度 pseudo scale
伪彩色/僞彩色,假色 pseudo color
伪彩色分割/僞彩色分割 pseudo color slicing
伪代码/僞代碼 pseudo code
伪多色射线和/僞多色射線和 pseudo polychromatic ray sum
伪多项式变换/僞多項式變換 pseudo polynomial transformation
伪多项式时间算法/僞多項式時間演算法 pseudo polynomial time algorithm
伪共晶体/擬共晶體 pseudo eutectic
伪共析体/擬共析體 pseudo eutectoid
伪基因识别/僞基因識别 identification of pseudogene
伪码/僞代碼 pseudo code
伪色/假色 pseudo color
伪速度/假速度 pseudo velocity
伪速率增量控制/僞速率增量控制 pseudo rate increment control
伪随机激励/僞隨機激勵 pseudo random excitation
伪随机码/假散亂碼 pseudo random code
伪随机码测距/僞隨機碼測距 pseudo random code ranging
伪随机数发生器/假隨機數産生器 pseudo random number generator
伪随机数生成器/僞亂數産生器 pseudo random generator
伪随机信号/擬隨機信號 pseudo random signal
伪随机序列/僞隨機序列,擬隨機序列 pseudo random sequence
伪跳跃算子/僞躍變運算元 pseudo jump operator
伪头/僞頭 pseudo header
伪微分算子/僞微分運算子 pseudo differential operator
伪向量/假向量 pseudo vector
伪像/人工因素 artifact
伪语言/僞語言 pseudo language
伪语义树/僞語意樹 pseudo semantic tree
伪跃变算子/僞躍變運算元 pseudo jump operator
伪造/僞造 forge
伪造检测/調處檢測 manipulation detection
伪造码字/僞造碼字 fraudulent codeword
伪造算法/僞造演算法 forging algorithm
伪造算法证明/僞造演算法證明 proof of forgery algorithm
伪造信道信息/主動篡改線路訊息 active wiretapping
伪噪声/假雜訊,擬似雜訊,虚擬雜訊 pseudo noise, PN
伪噪声码/僞噪聲碼,PN 碼 pseudo-noise code, PN code
伪噪声序列/擬似雜訊序列 pseudo noise sequence
伪指令/僞指令 pseudo instruction
伪珠光体/擬波來體 pseudo perlite
伪主机/僞主機 fake host
伪主机通信/僞主機通信 fake host communication
伪装/僞裝,冒充 masquerading
伪装码/僞裝碼 camouflage code
伪状态/僞狀態 pseudo state
尾部丢弃/尾部丟棄 tail drop
尾部回转半径/尾部回轉半徑 tail radius
尾部烟道再燃烧/尾部煙道再燃燒 flue dust reburning in flue duct
尾递归/尾遞回 tail recursion
尾递归删除/尾遞回刪除 tail recursion elimination
尾舵/尾舵 tail vane
尾滑轮/尾滑輪 tail pulley
尾矿/尾礦 tailings
尾流损失/尾流損失 wake loss
尾轮/尾輪 tail wheel
尾轮装置支架/尾輪裝置支架 frame of the take-up sprocket device
尾气分析器/尾氣分析器 tail gas analyzer
尾数/尾數,浮點數 mantissa
尾水管扩散段/尾水管出口段 draft tube outlet part
尾水管里衬/尾水管襯裡 draft tube liner
尾水管支墩/尾水管基墩 draft tube pier
尾水管肘管/尾水管肘管 draft tube elbow

尾水管锥管/尾水管錐 draft tube cone
尾纤/光纖連線 optical fiber pigtail
尾线/尾線 pigtail
尾座/尾座 tail stock
纬度/緯度 latitude
纬丝/緯線,緯紗 weft
委派连接件/委派連接件 delegation connector
卫生物理学/保健物理 health physics
卫生学/優生學,保健學 hygiene
卫式命令/防護命令 guarded commands
卫星/衛星 satellite, SAT
卫星长途中继线/衛星長途中繼線 satellite toll trunk
卫星处理机/衛星處理機 satellite processor
卫星导航/衛星導航,衛導 satellite navigation
卫星导航定位业务/衛星導航定位業務 satellite navigation service
卫星地面链路/衛星地面鏈路 satellite terrestrial links
卫星定位及跟踪/人造衛星定位及跟蹤 satellite positioning and tracking
卫星覆盖范围/衛星覆蓋區 satellite coverage
卫星覆盖区/衛星覆蓋區 satellite coverage
卫星跟踪站/衛星跟蹤站 satellite tracking station
卫星广播/衛星廣播 satellite broadcasting
卫星广域网/衛星廣域網路 satellite WAN
卫星轨道/衛星軌道 satellite orbit
卫星轨道管理/衛星軌道管理 satellite orbit supervising
卫星间频率分配/衛星間的[通訊]頻率分配 intersatellite frequency allocations
卫星间时延/衛星間之[通訊]延遲 intersatellite delay
卫星监视雷达/衛星監視雷達 satellite surveillance radar
卫星交换多址/衛星交換多址 satellite switched multiple access
卫星接入节点/衛星接入節點 satellite access node
卫星控制中心/衛星控制中心 satellite control center
卫星连接/衛星連接 satellite connection
卫星联络线/衛星聯絡線 satellite order wire
卫星配置图/衛星配置圖 satellite deployment pattern
卫星数字业务/衛星數位業務 satellite digital service
卫星数字音频广播业务/衛星數位音訊廣播業務 satellite digital audio radio service, SDARS
卫星双向法/雙向時頻信號傳送法 two way time and frequency transfer
卫星天线/衛星天線 satellite antenna
卫星跳跃/衛星中繼段,衛星中繼器 satellite hop
卫星通信/衛星通信 satellite communications, SATcom
卫星通信地球站/衛星通信地面站 earth station of satellite communications
卫星通信网/衛星網路 satellite communications network
卫星网络/衛星網路 satellite network
卫星系统/衛星系統 satellite system
卫星系统操作规范/衛星系統操作指導,衛星系統操作指桿 satellite system operation guide, SSOG
卫星线路/衛星[通訊]線路 satellite line
卫星信道/衛星通道 satellite channel
卫星移动信道/衛星移動通道 satellite mobile channel
卫星噪声/飛鳥雜波 bird clutter
卫星中继器/衛星中繼器 satellite repeater
卫星中继站/衛星中繼站 satellite relay station
卫星转发器/衛星轉頻器 satellite transponder
未饱和蒸气/未飽和蒸氣 unsaturated vapor
未编码字/未編碼字 uncoded word
未补偿发射机/無補償發射器 uncompensated transmitter
未带电的/静的,停滯 dead
未定比特率/未規定位元率 unspecified bit rate, UBR
未定义的/未定義的,不明確的 undefined
未定义格式/未定義格式 undefined format
未对齐/未對齊,不齊 ragged
未负载时间/未負載時間 unload time
未格式化记录/未格式化記錄 unformatted record
未格式化容量/未格式化容量 unformatted capacity
未规格化数/未正規化數,非標準數 unnormalized number
未焊满坡口/未完全填充槽 incompletely filled groove
未焊透/未完全焊透 incomplete joint penetration
未浇满/未澆滿,澆鑄不足 poured short
未校准衰减器/未校正衰減器 uncalibrated attenuator
未接地点封器/未接地點封器 unground contact closure
未聚焦处理/未聚焦處理 unfocused processing
未聚焦激光器/未聚焦雷射 unfocused laser
未来公众陆地移动电信系统/未來公眾陸地移動電

信系統 future public land mobile telecommunications system, FPLMTS
未钎透/未焊透硬焊接合 incomplete penetration in brazed joint
未确认数据/未確認資料 unacknowledged data
未熔合/不完全熔化,不完全熔合 incomplete fusion
未熔合型芯撑/半熔未型撐 unfused chaplet
未识别液体泄漏/未識别液體洩漏 liquid unidentified leakage
未调准/未調準,誤對準 malalignment
未修正结果/未修正結果 uncorrected result
未用码/未用碼 unused code
未用容量/未用容量 unused capacity
未游离度/未游離受子 unionized acceptors
未再结晶温度/非再結晶温度 non-recrystallization temperature
未镇静钢/未静鋼 unkilled steel
位/位元 bit
位变异构体/位變異構物,同素異構物 metamer
位变异构/同素異構性 metamerism
位标识/位元識别 bit-identify
位并行总线/位元并列匯流排 bit-parallel bus
位差/電位差,電勢差 potential difference
位差探针/位差探針 position-error probe
位出错/位元錯誤 bit error
位出错概率/位元錯誤機率 bit error probability
位出错率测试装置/位元錯誤率測試裝置 bit error rate test set
位串/位元串 bit string
位串行总线/位元串列匯流排 bit serial bus
位错/錯位,差排 dislocation
位错钉扎/差排鎖固 dislocation locking
位错对/差排對 dislocation pair
位错割阶/差排階差 dislocation jog
位错环/錯位環,差排環 dislocation loop
位错交截/差排交集 intersection of dislocation
位错理论/轉位論 dislocation theory
位错密度/錯位密度,差排密度 dislocation density
位错敏感性/位元敏感度 bit sensitivity to errors
位错能量/差排能量 dislocation energy
位倒序/倒位元次序 bit reversed order
位分配/位元分配,位元配置 bit allocation
位隔行扫描[法]/位元交錯 bit interleaving
位函数/位函數,勢函數 potential function
位间隔/二進位碼脈衝時間,位元時寬,位元區間 bit interval
位减缩法/位元減少技術 bit reduction technique
IR 位降/IR 壓降,電阻電位降 IR drop
位交错/位元交錯 bit interleaving
8 位交错奇偶性/8 位元交插同位元 bit interleaved parity 8
位交错技术/位元交錯技術 bit interleaving technique
位交错时分复用/位元交錯分時多工 bit interleaved TDM
位交替奇偶性/位元交插同位 bit interleaved parity, BIP
位流/位元流 bit stream
位流符合性/位元流符合性 bitstream compliance
位流格式器/位元流格式器 bitstream formatter
位流量/位元流量 bit traffic
位流特性/位元流特性 bitstream characteristic
位流需求/位元流需求 bitstream requirement
位流语法/位元流語法 bitstream syntax
位率/位元率 bit rate
位率指标/位元率指標 bit rate index
位脉冲拥挤/位元脈衝擁擠 bit pulse crowding
位每秒/每秒位元數 bits per second, BPS
位每像素/每像素位元數 bits per pixel
位密度/位元密度 bit density
位模式/位元組合型態,位元樣型 bit pattern
位片处理器/位元片處理器,數元截割處理機 bit slice processor
位片计算机/位元片計算機 bit slice computer
位平面/位元平面 bitplane
位驱动/位元驅動 bit drive
位时间/位元時間 bit time
位数每秒/每秒位元數 bits per second, BPS
位丝测微计/位絲測微針 position filar micrometer
位速率/位元率 bit rate
位提交/位元交付 bit commitment
位跳动/位元跳動 bit-jitter
位同步/位同步 bit synchronization
位同步时钟信号/位元同步時鐘信號 bit synchronous clock signal
位图/位元映像 bitmap
位图索引/點陣圖索引 bitmap index
位误差率/位元元錯誤率,誤碼率 bit error rate, BER
位线/位元線 bit line
位相系数/相位係數 phase coefficient
位移/位移 displacement
位移传感器/位移轉換器,位移换能器 displacement transducer
位移导纳/位移回應,動態撓性 receptance, dynamic flexibility

位移地震计/位移式地震計,排量測計 displacement seismometer
位移电流/位移電流 displacement current
位移发生器/位移信號産生器 displacement generator
位移反共振/信移反諧振 displacement antiresonance
位移方程/位移方程式 displacement equation
位移浮筒液位计/移標式液位計 displacement float level gage
位移共振/位移諧振 displacement resonance
位移计/位移計,排量測計 displacement meter
位移矩阵/位移矩陣 displacement matrix
位移控制器/位移控制器 displacement controller
位移流量计/位移流量計 displacement flowmeter
位移摄像机/位移攝影機 displacement camera
位移试剂/位移試劑 shift reagent
位移通量/位移通量 displacement flux
位移图/位移線圖 displacement diagram
位移响应/位移回應譜 displacement response
位移因数/位移因數 displacement factor
位移映射/位移映射 displacement mapping
位移振幅传感器/位移振幅感測器 displacement vibration amplitude transducer
位移阻抗/動態剛性 dynamic stiffness
位置/位置 location, position, place
位置报告系统/位置報告系統 position location reporting system
位置比能/位能,勢能 potential energy
位置编码器/位置編碼器 position coder
位置测量仪/位置測量儀 position measuring instrument
位置传感器/位置感測器,位置轉換器 position sensor, position transducer
位置登记/位置登記 location registration
位置反馈/位置反饋,位置回饋 position feedback
位置分析/位置分析 position analysis
位置跟踪器/位置跟蹤器,位置追蹤器 position tracker
位置更新/位置更新 location update
位置公差/位置公差 position tolerance
位置回路/位置回路 position loop
位置计数器/位置計數器 location counter
位置继电器/定位繼電器 positioning relay
位置检测器/位置檢測器,位置感測器 position detector
位置角/位置角 position angle
位置精度/位置準確度 positional accuracy
位置开关/位置開關 position switch
位置控制/位置控制 position control
位置控制电动机/定位電動機 positioning motor
位置控制式电控燃油喷射系统/位置控制式電控燃油噴射系統 position based electronically controlled fuel injection system
位置控制系统/位置控制系統 position control system
位置量规/位置量規 gage for measuring position
位置灵敏探测器/位置靈敏探測器,位置敏感檢知器 position sensitive detector
位置敏感传感器/位置敏感換能器 position sensitive transducer
位置匿名/位置匿名 location anonymization
位置权重矩阵/位置權重矩陣 position weight matrix
位置色差/縱向色差 chromatic longitudinal aberration
位置矢量/位置向量 position vector
位置水头/位落差,勢水頭 potential head
位置透明性/位置透明性 location transparency
位置误差/位置誤差 position error
位置误差系数/位置誤差係數 position error coefficient
位置线/位置線 position line, PL, LOP
位置相关[的]数据/定位相依數據 location dependent data
位置隐私/位置隱私 location privacy
位置指示器/位置指示器 position indicator
位置轴线/位置軸線 positional axes
位置子网/位置子網 subnet of place
位姿/姿勢 pose
位姿定位/位姿定位 pose determination
位姿过调量/姿勢過調量 pose overshoot
位姿精[确]度/姿勢精度 pose accuracy
位姿可重复性/姿勢可重複性 pose repeatability
位姿稳定时间/姿勢穩定時間 pose stabilization time
位总线/位元匯流排 bit bus
位组/位元組 byte
位组合/數元組合 bit combination
胃肠内压传感器/胃腸内壓感測器 gastrointestinal inner pressure transducer
胃电描记术/胃電描記術 electrogastrography
谓词/述詞 predicate
谓词变量/述詞變數 predicate variable
谓词符号/述詞符號 predicate symbol
谓词逻辑/述詞邏輯 predicate logic

谓词数据模型/謂詞資料模型 predicate data model
谓词演算/述詞演算 predicate calculus
谓词转换器/述詞轉换器 predicate transformer
谓词转换语义/謂詞轉换語義 predicate transformer semantics
谓语/述詞 predicate
喂料辊/進料輥 feed roller
喂入角/進料角 feed angle
喂线法/餵線法 wire feeding method
喂线技术/餵線技術 wire feeding technology
魏氏组织/費德曼組織 Widmanstätten structure
魏斯弗洛克法/惠斯富拉克法 Weissfloch method
温比/温度比 temperature ratio
温标/温標 temperature scale
温标的实现/温標的實現 realization of temperature scale
温标非一致性/温標非一致性 inconsistency of temperature scale, non-uniqueness of temperature scale
温标固定点/温標固定點 temperature scale fixed point
温补晶振/温度補償式晶體振盪器 temperature compensated crystal oscillator
温差/温度差,微差温度 temperature difference, differential temperature
温差单位/温度差單位 units of temperature difference
温差电/熱電性 thermoelectricity
温差电池/熱電産生器 thermoelectric generator, thermoelectric cell
温差电动势/熱電動勢 thermoelectromotive force
温差电堆/熱電堆 thermoelectric pile
温差电二极管/熱電二極體 thermoelectric diode
温差电检波器/熱電檢波器,熱偵測器,測温計 thermodetector
温差电偶电流计/熱電流計 thermogalvanometer
温差电偶温度计/熱電温度計 thermoelectric thermometer
温差电势/熱電功率 thermoelectric power
温差电势率/熱電功率 thermoelectric power
温差电效应/熱電效應 thermoelectric effect
温差电元件/熱電元素 thermoelement
温差电致冷器/温差電致冷器 thermoelectric refrigerator
温差堆/熱電堆 thermopile
温差发电器/温差發電器 thermoelectric generator
温差冷却/熱虹吸冷却 thermosiphon cooling
温成形/温加工 warm working
温度/温度 temperature
温度报警传感器/温度警報感測器 temperature warning sensor
温度报警器/過熱警報器 temperature alarm
温度报警钟/過熱警報器 temperature alarm
温度变化试验/温度變化試驗 temperature variation test
温度变化试验箱/温度變化試驗箱 temperature variation test chamber
温度变送器/温度傳輸器,温度傳送器 temperature transmitter
温度表/温度計 temperature gage
温度波/温度波 temperature wave
温度波动/温度波動 temperature fluctuation
温度补偿/温度補償 temperature compensation, temperature compensating
温度补偿电容器/温度補償電容 temperature compensating capacitor
温度补偿放大器/温度補償式放大器 temperature compensated amplifier
温度补偿振荡器/温度補償振盪器 temperature compensated oscillator
温度测量/温度量測,温度測定 temperature measurement, temperature survey
温度测量器/温度計 temperature meter
温度测量仪表/温度量測儀表 temperature measurement instrument
温度测试仪/温度量測裝置 temperature measuring device
温度场/温度場 temperature field
温度场系数/温度模型係數 temperature pattern factor
温度程序控制器/温度程式控制器 program regulator for temperature
温度冲击试验箱/熱衝擊試驗艙 thermal shock test chamber
温度传感器/温度傳感器,温度感測器 temperature sensor, temperature transducer
温度单位/温度單位 units of temperature
温度-电压切转充电/温度-電壓切轉充電 temperature-voltage cut-off charge
温度范围/温度間隔 temperature interval
温度分布红外辐射计/紅外温度輪廓放射計 infrared temperature profile radiometer
温度辐射体/温度輻射體 temperature radiator
温度感测元件/温度感測器 temperature sensor
温度跟踪/温度追蹤 temperature tracking
温度固定点/温度定點 fixed point of temperature

温度和分散光度计/温度和散射光度計 temperature and dispersion photometer
温度计/温度計 thermometer
温度记录器/温度記録器,自記温度計 thermograph, self recording thermometer
温度继电器/温度繼電器,温度電驛 temperature relay
温度间隔/温度間隔 temperature interval
温度间接测量法/温度間接測量法 indirect measurement of temperature
温度均匀度/温度均勻度 temperature uniformity
温度开关/温度開關 temperature switch
温度可调范围/温度調整範圍 temperature adjustment range
温度控制/温度控制,整温控制 temperature control, thermostatic control
温度控制器/温度控制器,過温控制器 temperature controller, over temperature controller
温度控制系统/温度控制系統 temperature control system
温度控制装置/温度控制裝置 temperature control device
温度扩散/導温係數 temperature diffusivity
温度灵敏度/温度靈敏度 temperature sensitivity
温度敏感电阻合金/温敏電阻合金 temperature sensitive electrical resistance alloy
温度敏感器/温度感測器 temperature sensor
温度敏感性/温度靈敏度 temperature sensitivity
温度漂移/温度漂移 temperature drift
温度平衡/温度平衡,熱平衡 temperature equilibrium
温度气压计/温度氣壓計,温度氣壓儀 thermobarometer, thermobarograph
温度熵/熱熵 thermal entropy
温度湿度红外辐射计/温度濕度紅外輻射計 temperature humidity infrared radiometer, THIR
温度试验箱/温度試驗箱 temperature test chamber
温度室/温度室 temperature room
温度随深度变化图/深度-温度分布圖 temperature versus depth profile
温度梯度/温度梯度 temperature gradient
温度调节器/温度調節器,調温器 temperature regulator, thermoregulator
温度稳定性/温度穩定性 temperature stability
温度误差/温度誤差 temperature error
温度系数/温度係數,温度因子 temperature coefficient, temperature factor
温度系数补偿/温度係數補償 temperature coefficient compensation
温度相关参数/温度相關參數 temperature-dependent parameter
温度相关性/温度相關 temperature dependence
温度响应/温度響應 temperature response
温度修正/温度補償 temperature compensation
温度循环试验/温度循環試驗 temperature cycling test
温度因素/温度因子 temperature factor
温度有效度/温度有效性 temperature effectiveness
温度与时间关系曲线/温度-時間曲線 temperature versus time curve
温度跃变/温度跳變 temperature jump
温度直接测量法/温度直接測量法 direct measurement of temperature
温度指示控制仪/温度指示控制器 temperature indication controller
温度指示器/温度指示器 temperature indicator
温度滞后/熱滯後 thermal hysteresis
温度周期变化/温度週期變化 temperature cycling
温度转换器/温度轉換器 temperature converter
温度锥/熱度錐 thermal cone
温锻/温鍛 warm forging
温挤[压]/温擠製 warm extrusion
温加工/温加工 warm metalworking
温静液挤压/温静液擠壓 warm hydrostatic extrusion
温控标准电池/温控標準電池 temperature-controlled standard cell
温控仪/温度控制器 temperature controller
温坪/温度平穩高區 temperature plateau
温切斯特磁盘/温徹斯特磁盤 Winchester disk
温切斯特技术/温徹斯特技術 Winchester technology
温切斯特盘驱动器/温徹斯特磁碟機 Winchester disk drive
温泉测氡计/泉效計 fontactoscope
温深仪记录/海水深度温度自動記録器 bathythermogram
温升试验/温昇試驗 temperature rise test
温湿表/温濕表,熱式浮計 thermohydrometer
温湿度范围/温濕度範圍 temperature and humidity range
温湿度计/温濕記録儀 hygrothermograph
温湿度控制器/温濕度控制器 temperature and humidity controller
温湿计/温濕表 thermohygrometer
温湿仪/温濕儀 hygrothermoscope

温湿自记器/温濕記録儀 hygrothermograph
温态起动/温起動 warm starting
温轧/温輥軋 warm rolling
文本/正文,本文 text
文本编辑/正文編輯 text editing
文本编辑程序/文字編輯器 text editor
文本采掘/本文探勘 text mining
文本分类/文件分類 text classification
文本分析/本文分析 text analysis
文本格式化/正文格式化 text formatting
文本格式语言/正文格式語言 text formatting language
文本检索/正文檢索 text retrieval
文本校对/文本校對 text proofreading
文本库/正文程式館 text library
文本理解/正文理解 text understanding
文本生成/正文產生 text generation
文本数据库/正文資料庫 text database
文本数据挖掘/文本資料採擷 text data mining
文本挖掘/本文探勘 text mining
文本语言学/篇章語言學 text linguistics
文本蕴含识别/文本蘊含識別 textual entailment recognition
文本知识获取/文本知識獲取 knowledge acquisition from text
文档/文件 document
文档编制/文件製作 documentation
文档标题/文件名稱 docuterm
文档等级/文件等級 level of documentation
文档对象模型/文件物件模型 document object model
文档翻译/文件翻譯 document translation
文档分类/文檔分類 document classification
文档级别/文件等級 documentation level
文档检索/文件檢索 document retrieval
文档聚类/文件聚類 document clustering
文档类型定义/文件類型定義 document type definition
文档频率/逆向文件頻率 document frequency
文档数据库/文件資料庫 document databases
文档相关性排序/文檔相關性排序 document relevancy ranking
文电鉴定/驗證,認證 authentication, AUTH
文法/文法 grammar
LALR(1)文法/LALR(1)文法 LALR(1) grammar
LL(1)文法/LL(1)文法 LL(1) grammar
LR(0)文法/LR(0)文法 LR(0) grammar
LR(1)文法/LR(1)文法 LR(1) grammar
LR(k)文法/LR(k)文法 LR(k) grammar
文法推断/文法推斷,文法推理 grammatical inference
文法完备性/文法完備性 syntactic completeness
文化程序设计/文獻程式設計 literate programming
文件/檔案 file
文件安全/檔案安全 file security
文件保护/檔案保護 file protection
文件备份/檔案備份 file backup
文件标志/檔案標記 filemark
文件处理/檔案處理 file processing
文件传送/檔案傳送 file transfer
文件传送接入与管理/檔案轉移存取與管理 file transfer access and management, FTAM
文件传送协议/檔案傳送協定 file transfer protocol, FTP
文件创建/檔案建立 file creation
文件存储器/檔案記憶體 file memory
文件存取/檔案存取 file access
文件存取数据单元/檔案存取資料單元 file access data unit
文件大小/檔案大小 file size
文件定义/檔案定義 file definition
文件分段/檔案片段 file fragmentation
文件分配/檔案配置 file allocation
文件分配时间/檔案分配時間 file allocation time
文件分析/檔案分析 file analysis
文件服务器/檔案伺服器,檔案伺服站 file server
文件共享/檔案分享 file sharing
文件管理/檔案管理 file management
文件管理协议/檔案管理協定 file management protocol
文件规约/檔案規格 file specification
文件夹/文件庫 folder
文件检验程序/檔案檢驗程式 file checking program
文件结构/檔案結構 file structure
文件句柄/檔案處置 file handle
文件空间/檔案空間 file space
文件控制/檔案控制 file control
文件名/檔案名稱 file name
文件名扩展/檔案延伸名稱 file name extension
文件目录/檔案目録 file directory
文件事件/檔案事件 file event
文件属性/檔案屬性 file attribute
文件碎片/檔案片段 file fragmentation
文件锁/檔案鎖 file lock
文件维护/檔案維護 file maintenance
文件系统/檔案系統 file system

文件系统虚拟化/檔案系統虛擬化 file system virtualization
文件争用/檔案爭用 file contention
文件子系统/檔案子系統 file subsystem
文件组织/檔案組織 file organization
文丘里槽/文氏水槽 Venturi flume
文丘里测风装置/文托利流量量測元件 Venturi flow measuring element
文丘里除尘器/文氏管洗淨器 Venturi scrubber
文丘里管/文氏管,文托利管,文土里管,細腰管 Venturi tube
文丘里管式流量计/文氏流量計,細腰流量計 Venturi flowmeter
文丘里管装置/文氏管裝置 Venturi apparatus
文丘里流量计/文氏計,文氏流量計 Venturi meter
文丘里喷嘴/文氏噴嘴,細腰噴嘴 Venturi nozzle
文丘里洗涤器/文氏管洗淨器 Venturi scrubber
文献分析/文件分析 document analysis
文献数据库/文件資料庫 document database
文语转换/正文至語音轉換 text to speech convert
文语转换系统/文字至語音系統 text to speech system
文摘服务/摘要服務 abstracting service
文章理解/文章理解 article understanding
文章生成/文章產生 article generation
文字/文字 literal
纹波电流/漣波電流 ripple current
纹波电压/漣波電壓 ripple voltage
纹波含量/漣波因數 ripple content
纹波计数器/漣波計數器 ripple counter
纹波群延/漣波群延 ripple group delay
纹孔/紋孔 pit
纹理/紋理 texture
纹理编码/紋理編碼 texture coding
纹理分割/紋理分段 texture segmentation
纹理分析/紋理分析 texture analysis
纹理合成/紋理合成 texture synthesis
纹理特征/紋理特徵 textural features
纹理图像/紋理影像 texture image
纹理映射/紋理映射 texture mapping
纹理坐标/紋理坐標 texture coordinate
纹影干涉仪/紋影干涉計 schlieren interferometer
纹元/紋理影像元件 texel
吻合度/吻合度 percent of contact area
紊流/亂流,湍流 turbulent flow
紊流卷渣/亂流卷渣 slag entrapment by turbulence
稳车支腿/穩定用千斤頂 stabilizing jack
稳定/穩定化 stabilization
稳定单速法/穩定單速法 single steady speed method
稳定的概率分布/穩定機率分布 stable probability distribution
稳定的排序算法/穩定的排序演算法 stable sorting algorithm
稳定点/穩定點 stabilizing point
稳定电源/穩定電源 stabilized power supply
稳定电源装置/穩定電源裝置 stabilized supply apparatus
稳定度衰减/穩定度衰減 stability attenuation
稳定多谐振荡器/同步多諧振動器 synchronized multivibrator
稳定化处理/安定化處理 stabilizing treatment
稳定化退火/穩定化退火 stabilizing annealing
稳定化协议/穩定化協定 stabilizing protocol
稳定剂/穩定劑,安定劑 stabilizer
稳定剂计量给料斗/穩定劑計量給料斗 stabilizing agent batch hopper
稳定界限/穩定邊限 margin of stability
稳定流/穩定流,穩態流 steady flow
稳定模态分布/穩定模態分布,平衡模態分布 equilibrium mode distribution
稳定模态模拟/穩定模態模擬 equilibrium mode simulation
稳定模态模拟器/穩定模態模擬器 equilibrium mode simulator
稳定模型语义/穩定模型語義 stable model semantics
稳定排序算法/穩定的排序演算法 stable sorting algorithm
稳定平衡/穩定平衡 stable equilibrium
稳定平衡图/穩定平衡圖 stable-equilibrium diagram
稳定期/穩定期間 stabilization period
稳定气体/穩定化氣體 stabilizing gas
稳定器/穩定器,安定器,穩定塔 stabilizer
稳定绕组/穩定繞組 stabilizing winding
稳定时间/穩定時間,安定時間,安頓時間 settling time, stabilization time
稳定数值孔径/穩定數值孔徑 equilibrium numerical aperture
稳定碳化物孕育剂/安定化接種劑 stabilizing inoculant
稳定土拌和机/穩定土拌和機 soil stabilizer
稳定土拌和站/穩定土拌和站 soil mix plant
稳定土搅拌机械/穩定土攪拌機械 soil-stabilizing machinery
稳定退火/安定化退火 stabilizing anneal

稳定系数/穩定性因子 stability factor
稳定系统/穩定系統 stable system
稳定谐振腔/穩定共振器 stable resonator
稳定信号/固定信號 stationary signal
稳定性/穩定性,穩定度 stability
稳定性分析/穩定度分析 stability analysis
稳定性极限/穩定極限,穩定限度 stability limit
稳定性理论/穩定性理論 stability theory
稳定性判据/穩性判據,穩定準則 stability criterion
稳定性时间/穩定時間 stabilization time
稳定性试验/穩定性試驗,安定試驗 stability test
稳定性条件/穩定條件 stability condition
稳定性误差/穩定性誤差 stability error
稳定域/穩定區域 stable region
稳定裕度/穩定容限,穩定性裕度 stability margin
稳定振荡器/穩定振盪器 stable oscillator
稳弧剂/電弧穩定器 arc stabilizer
稳化放大器/穩化放大器 stablizing amplifier
稳健性/堅固性 robustness
稳流电阻器/鎮流電阻器 ballast resistor
稳流电阻器架/鎮流電阻器座 barretter mount
稳流器/穩流器,馴流器 flow stabilizer, flow straightener
稳频电路/穩頻電路 frequency stabilization circuits
稳频管/穩頻管 stabilitron
稳频激光器/穩頻雷射器 frequency stabilized laser
稳频器/穩頻器 frequency stabilizer
稳谱器/穩譜器,譜穩定器 spectrum stabilizer
稳燃器/火焰安定器 flame stabilizer
稳态/穩態,固定狀態 steady state, stationary state
稳态不可用度/穩態不可用度 steady state unavailability
稳态测量/穩態量測 steady state measurement
稳态电压变化/穩態電壓變化 steady state voltage change
稳态短路电流/穩態短路電流,定態短路電流 steady short circuit current
稳态工况/穩態條件 steady state condition
稳态工作条件/穩態工作條件 steady state operating condition
稳态回转试验/穩態轉彎試驗 steady state cornering test
稳态浇注速度/穩態澆注速度 steady state casting rate
稳态可用度/[穩態]可用度 steady state availability
稳态力和力矩特性/穩態力和力矩特性 steady state force and moment property
稳态冒险/穩態冒險 steady state hazard
稳态偏差/穩態偏差 steady state deviation
稳态数值孔径/穩定數值孔徑 equilibrium numerical aperture
稳态误差/穩態誤差 steady state error
稳态误差系数/穩態誤差係數 steady state error coefficient
稳态响应/穩態響應,定態響應 steady state response
稳态信号/穩態信號 steady state signal
稳态振动/穩態振動 steady state vibration
稳态值/穩態值 steady state value
稳态铸速/穩態澆注速度 steady state casting rate
稳态转速/穩態速率 steady state speed
稳态转速调节/穩態速率調節 steady state speed regulation
稳态转速增量调节/穩態增量速率調節 steady-state incremental speed regulation
稳相加速器/穩相加速器 phasotron
稳压变压器/穩壓變壓器 voltage stabilizing transformer
稳压电路/穩壓電路,調整電路 regulator circuit
稳压电源/穩壓電源,定電壓源 constant voltage source, constant voltage power supply
稳压二极管/穩壓二極體 voltage stabilizing diode
稳压管/調壓管 voltage regulator tube
稳压器/穩壓器 voltage stabilizer
问答式/問答式 question and answer mode
问答式标识/問答式識别 challenge-response identification
问答系统/問答系統 question answering system
P vs NP 问题/P vs NP 問題 P vs NP problem
问题报告/問題報告 problem report
问题陈述分析程序/問題敘述分析器 problem statement analyzer
问题陈述语言/問題敘述語言 problem statement language
问题重构/問題重構 problem reformulation
问题定义/問題定義 problem definition
问题归约/問題歸約 problem reduction
问题空间/問題空間 problem space
问题求解/問題求解 problem solving
问题求解系统/問題求解系統 problem solving system
问题帧/問題幀 problem frame
问题诊断/問題診斷 problem diagnosis
问题状态/問題態 problem state
涡动扩散系数/渦流擴散係數 coefficient of eddy diffusion

涡管温度表/渦流溫度計 vortex thermometer
涡桨式混凝土搅拌机/渦槳式混凝土攪拌機 paddle concrete mixer
涡桨行星式混凝土搅拌机/渦槳行星式混凝土攪拌機 turbo planetary concrete mixer
涡桨转子/渦槳轉子 paddle rotor
涡街流量计/渦街流量計,渦流流量計 vortex shedding flowmeter
涡流/渦流 eddy current
涡流比/渦流比 swirl ratio
涡流传感器/渦流換能器 eddy current transducer
涡流电导率仪/渦流電導率儀 eddy current conductivity meter
涡流计/渦流計 eddy current gage
涡流检测/渦流測試 eddy current testing
涡流检测仪/渦流測試儀表 eddy current testing instrument
涡流扩散/渦流擴散 eddy diffusion
涡流扩散率/渦流擴散率 eddy diffusivity
涡流扩散系数/渦流擴散係數 coefficient of eddy diffusion
涡流流量计/渦流流量計 swirl flowmeter, eddy current flowmeter
涡流膜厚测厚仪/渦流膜厚測厚儀 eddy current film thickness gage
涡流燃烧室/漩渦式燃燒室 swirl combustion chamber
涡流室/漩渦室 whirl chamber
涡流损耗/渦流損耗,渦流損失 eddy current loss
涡流探伤/渦流測試 eddy current testing
涡流探伤仪/渦流探傷儀 eddy current flaw detector
涡流温度计/渦流溫度計 vortex thermometer
涡流无损探伤/渦流無損探傷 eddy current non-destructive test
涡流系数/渦流係數 eddy current coefficient
涡流制动/渦流制動 eddy current braking
涡流转速表/渦流轉速計 eddy current tachometer
涡流转速计/渦流轉速計,牽引式轉速表 drag type tachometer, eddy current tachometer
涡轮/渦輪 turbine, combustion turbine
涡轮泵/渦輪泵 turbopump
涡轮发电机/渦輪發電機 turbogenerator
涡轮分子泵/渦輪分子泵,渦輪分子幫浦 turbomolecular pump
涡轮复合式发动机/渦輪複合式發動機 turbocompound engine
涡轮工作轮/渦輪機葉輪,輪機轉子 turbine wheel
涡轮功率计/渦輪動力計 turbine dynamometer
涡轮鼓风机/渦輪鼓風機,輪機鼓風機 turboblower
涡轮机/渦輪機 turbine
涡轮交流发电机/渦輪發電機 turboalternater
涡轮进气壳/渦輪進氣罩 turbine inlet casing
涡轮流量计/渦輪流量計 turbine flowmeter
涡轮排气壳/渦輪排氣罩 turbine outlet casing
涡轮喷气发动机/渦輪噴射引擎 turbojet engine
涡轮喷嘴当量面积/渦輪噴嘴當量面積 equivalent area of turbine nozzle
涡轮喷嘴环/渦輪噴嘴環 turbine nozzle ring
涡轮式搅拌机/渦輪攪拌器 turbine agitator
涡轮式旋风分离器/渦輪式旋風分離器 turbo cyclone separator
涡轮透平压气机/渦輪壓縮機 turbocompressor
涡轮压缩机/輪機壓縮機 turbocompressor
涡轮研磨机/渦輪研磨機 turbomill
涡轮叶片/輪機葉片 turbine blade
涡轮液力转矩/渦輪液力轉矩 hydraulic torque of turbine
涡轮增压/渦輪增壓 turbocharging
涡轮增压器/渦輪增壓器 turbosupercharger
涡轮增压器效率/渦輪增壓器效率 turbocharger efficiency
涡轮增压器转子/渦輪增壓器轉子 turbocharger rotor
涡轮增压中冷发动机/渦輪增壓中間冷却發動機 turbocharged and intercooled engine
涡轮转矩/輪機轉矩 turbine torque
涡轮钻井/渦輪鑽井 turbo drilling
涡旋/漩渦,渦動 vortex
涡旋器/旋轉器 swirl
涡旋式压缩机/渦卷式壓縮機 scroll compressor
涡旋式制冷压缩机/渦卷式冷媒壓縮機 scroll refrigerant compressor
窝型肋片换热器/窩型凸片管熱交換器 nest finned tube heat exchanger
蜗杆/蝸桿 worm
蜗杆齿顶圆/蝸桿齒頂圓 tip circle of worm
蜗杆齿顶圆柱面/蝸桿齒頂圓柱面 tip cylinder of worm
蜗杆齿根圆/蝸桿齒根圓 root circle of worm
蜗杆齿根圆柱面/蝸桿齒根圓柱面 root cylinder of worm
蜗杆齿宽/蝸桿齒面寬 worm face width
蜗杆传动/蝸桿驅動 worm drive
蜗杆端平面/蝸桿横向平面 transverse plane of worm
蜗杆法平面/蝸桿法平面 normal plane of worm

蜗杆分度圆/蝸桿基圓 reference circle of worm
蜗杆副/蝸齒輪對 worm gear pair
蜗杆喉法平面/蝸桿隘圓法平面 gorge normal plane of worm
蜗杆节圆/蝸桿節圓 pitch circle of worm
蜗杆节圆柱面/蝸桿節圓柱面 pitch cylinder of worm
蜗杆轮齿/蝸桿螺紋 worm thread
蜗杆螺旋线/圓柱蝸桿螺旋線 helix of cylindrical worm
蜗杆头数/蝸桿螺紋數 number of threads of worm
蜗杆旋向/蝸桿旋向 hands of worm
蜗杆指销式转向器/蝸桿指銷式轉向器 worm and peg steering gear
蜗杆轴平面/蝸桿軸平面 axial plane of worm
蜗壳/蝸殼 spiral case
蜗壳包角/蝸殼包角 nose angle
蜗壳泵/渦卷泵 volute pump
蜗壳鼻端/蝸殼鼻端 spiral case nose
蜗壳式离心泵/渦卷離心泵 volute centrifugal pump
蜗轮/蝸輪 wormwheel
蜗轮变位系数/蝸輪變位係數 addendum modification coefficient of wormwheel
蜗轮齿槽宽/蝸輪齒槽寬 space width of wormwheel
蜗轮齿顶曲面/蝸輪齒頂曲面 tip surface of wormwheel
蜗轮齿根圆/蝸輪齒根圓 root circle of wormwheel
蜗轮齿根圆环面/蝸輪齒根圓環面 root toroid of wormwheel
蜗轮齿厚/蝸輪齒厚 tooth thickness of wormwheel
蜗轮齿宽/蝸輪齒面寬 face width of wormwheel
蜗轮齿廓变位量/蝸輪齒廓變位量 addendum modification of wormwheel
蜗轮传动装置/蝸輪傳動裝置 worm gear
蜗轮顶圆/蝸輪頂圓 tip circle of wormwheel
蜗轮顶圆柱面/蝸輪頂圓柱面 tip cylinder of wormwheel
蜗轮端面齿廓/蝸輪橫向齒廓 transverse profile of wormwheel
蜗轮端平面/蝸輪橫向平面 transverse plane of wormwheel
蜗轮分度圆/蝸輪基圓 reference circle of wormwheel
蜗轮滚刀/蝸輪滾刀 worm gear hob
蜗轮节圆/蝸輪節圓 pitch circle of wormwheel
蜗轮节圆柱面/蝸輪節圓柱面 pitch cylinder of wormwheel
蜗轮剃齿刀/蝸輪刮齒刀 worm shaving hob
蜗轮轴平面/蝸輪軸平面 axial plane of wormwheel
蜗牛形曲线/蚶線 limacon
蜗线伞齿轮传动/蝸線傘齒輪傳動 spiral bevel gearing
蜗旋铣刀/螺旋銑刀 spiral cutter
沃德-伦纳德系统/瓦德冷納系統 Ward-Leonard system
沃尔什-阿达马编码/沃爾什-哈德瑪得編碼 Walsh-Hadamard code
沃尔什-阿达马编码的局部检测/沃爾什-哈德瑪得編碼的局部檢測 local testing of Walsh-Hadamard code
沃尔什-阿达马编码的局部解码/沃爾什-哈德瑪得編碼的局部解碼 local decoding of Walsh-Hadamard code
沃尔什表/沃爾什表 Walsh table
沃拉斯顿棱镜/渥拉斯頓棱鏡 Wollaston prism
沃拉斯顿线测辐射热计/渥拉斯頓線輻射熱計 Wollaston-wire bolometer
沃里克安全装置/華瑞克安全裝置 Warwick safety device
沃伦抽象机/沃倫抽象機 Warren abstract machine
沃兹沃斯棱镜/瓦茲沃士棱鏡 Wadsworth prism
沃兹沃斯装置/瓦茲沃士架 Wadsworth mountng
卧铺客车/臥鋪客車 sleeper coach
卧式阿贝比较仪/臥式阿貝比較儀 horizontal Abbe comparator
卧式拔丝机/水平式冷抽線機 horizontal wire drawing bench
卧式泵/臥式泵 horizontal pump
卧式比长仪/臥式比較儀 horizontal comparator
卧式比较器/臥式比較儀 horizontal comparator
卧式车床/機力車床 center lathe
卧式除氧器/水平式除氣器 horizontal type deaerator
卧式低温往复泵/水平式低溫液態往復泵 horizontal reciprocating cryogenic liquid pump
卧式动平衡法/水平動態均衡法 horizontal dynamic balance method
卧式发动机/臥式動力機 horizontal engine
卧式反向挤压机/臥式反向擠壓機 horizontal indirect extrusion press
卧式风机盘管机组/臥式風機盤管機組 ceiling fan coil unit
卧式钢筋切断机/臥式鋼筋切斷機 horizontal reinforcing bar cutting machine
卧式光学比较仪/水平式光學比側儀 horizontal optical comparator

卧式滚刀测量仪/臥式滾齒刀量測儀 horizontal hob measuring instrument
卧式锅壳锅炉/臥式鍋殼鍋爐 horizontal shell boiler
卧式烘砂滚筒/水平滾筒 horizontal barrel
卧式机组/水平單元 horizontal unit
卧式挤压机/臥式擠壓機 horizontal extrusion press
卧式加热器/水平加熱器 horizontal heater
卧式金属罐球缺/臥式金屬罐球缺 spherical segment of horizontal metallic tank
卧式壳管式冷凝器/臥式殼管式冷凝器 closed shell and tube condenser
卧式空气调节机组/臥式空調機組 horizontal air conditioning unit
卧式冷拔机/水平式冷抽線機 horizontal wire drawing machine
卧式冷藏陈列柜/水平式冷藏陳列櫃 horizontal refrigerated display cabinet
卧式离心机/臥式離心機 horizontal centrifuge
卧式离心筛/臥式離心篩 horizontal centrifugal screen
卧式离心选矿机/臥式離心選礦機 horizontal centrifugal separator
卧式离心铸造机/水平離心鑄造機 horizontal centrifugal casting machine
卧式内燃干背式锅壳锅炉/水平乾背式鍋殼鍋爐 horizontal dry back shell boiler
卧式内燃湿背式锅壳锅炉/臥式濕背式鍋殼鍋爐 horizontal wet back shell boiler
卧式砂仓/臥式砂倉 horizontal sand bill
卧式射芯机/臥式砂心射製機 horizontal core shooter
卧式铣镗床/臥式銑鏜床 horizontal milling and boring machine
卧式旋风炉/水平旋風爐 horizontal cyclone furnace
卧式压缩机/水平壓縮機 horizontal compressor
卧式有机载热体加热装置/水平載熱體加熱裝置 horizontal heat transfer material heater
卧式贮槽/水平儲槽 horizontal tank
卧式转炉/臥式轉爐 Pearce-Smith converter
卧式钻床/臥式鑽床 horizontal drilling machine
卧钻/臥式螺鑽機 horizontal auger
握手规程/交握程序 handshaking procedures
渥拉斯顿测辐射热器/渥拉斯頓輻射熱計 Wollaston bolometer
乌别洛特黏度计/烏別洛特黏度計,烏氏黏度計 Ubbelohde viscometer
乌布利希积分光度计/烏布里喜積分光度計 Ulbricht integration photometer
乌布利希球/烏布里喜球 Ulbricht sphere
乌耳夫-白克结晶器/巫耳夫-白克結晶器 Wulff-Back crystallizer
乌耳夫静电计/巫耳夫静電計 Wulf electrometer
乌耳夫验电器/巫耳夫驗電器 Wulf electroscope
乌兰韦伯天线/伍倫韋伯天線 Wullenweber antenna
乌兰韦伯天线阵/伍倫韋伯陣列 Wullenweber array
污氮/廢氮 waste nitrogen
污氮液化器/廢氮液化器 waste nitrogen liquefier
污点/汙斑 stain
污垢/汙垢 scale
污迹/汙跡 smear
污泥/汙泥 sludge
污泥泵/排泥泵 sludge pump
污泥增稠器/汙泥增濃器 sludge thickener
污泥自卸车/淤泥傾卸裝置 sludge tipper
污染/汙染 pollution, contamination
污染超标/排氣與噪音超限 illegal exhaust and noise
污染程度测定器/汙染試驗器 contamination tester
污染计数管/汙染計數器 contamination counter
污染监测器/汙染監測器 contamination monitor
污染监测仪器/汙染監測儀器 pollution monitoring instrument
污染物/沾染物,汙垢物,染質 contaminant
污染物排放率/汙染物排放率 pollutant-emission rate
污闪/汙染閃絡 pollution flashover
污水泵/汙水泵,艙底泵,浮渣泵 sewage pump, burr pump, scum pump
污水管/汙水管 cesspipe
污水排除泵/汙水排除泵 effluent pump
钨/鎢 tungsten
钨带灯/鎢帶燈,鎢片燈 tungsten strip lamp
钨电极/鎢極 tungsten electrode
钨极惰性气体保护焊/鎢極惰性氣體弧焊 gas tungsten arc welding
钨极惰性气体保护焊炬/氣體遮護鎢弧焊焊炬 gas tungsten arc welding torch, GTAW torch
钨极脉冲氩弧焊/鎢極脈衝氬弧焊 gas tungsten arc welding-pulsed arc
钨铼合金/鎢錸合金 W-Re alloy
钨铼热电偶/鎢錸熱電偶 tungsten-rhenium thermocouple
钨卤化物灯/鎢鹵化物燈 tungsten halide lamp
钨丝电灯泡/鎢絲燈 tungsten lamp
钨铁/鎢鐵 ferrotungsten
钨铜假合金/鎢銅擬合金 tungsten-copper

pseudoalloy
钨铜梯度材料/鎢銅梯度材料 tungsten-copper gradient material
钨钍阴极材料/鎢釷陰極材料 tungsten-thorium cathode material
钨氩管充电器/鎢氬管充電器 tungar charger
钨氩管振荡器/鎢氬管振盪器 tungar oscillator
钨氩管整流器/鎢氬管整流器 tungar rectifier
钨氩整流管/鎢氬整流管 tungar tube
屋顶式空气调节器/屋頂式空氣調節器 roof-top air conditioner
屋脊式隔膜阀/堰隔膜閥 weir diaphragm valve
屋脊双像差/屋脊棱鏡雙像差 error of double image of roof prism
无保护储存/無保護儲存 unprotected storage
无保护渣连铸/無保護渣連鑄 continuous casting without flux
无本形晶体/他型結晶 allotriomorphic crystal
无泵溴化锂吸收式制冷机/無氣泡溴化鋰吸收式冷凍機 lithiumbromide absorption refrigerating machine with bubble pump
无壁电离室/無壁游離腔 wall-less ionization chamber
无编号帧/未編號幀 unnumbered frame
无补燃的余热锅炉型联合循环/無補燃的餘熱鍋爐型聯合循環 unfired combined cycle with heat recovery steam generator
无捕收剂浮选/無收集劑浮選 collectorless flotation
无彩色刺激/無彩色刺激 achromatic stimulus
无槽磁控管/無槽磁控管 slotless magnetron
无槽轧制/無槽軋製 grooveless rolling
无差错/無錯 error free
无差错信道/無差錯通道 error-free channel
无差拍/無差拍,不擺 dead beat
无差调节/無差調節,等時調速法 isochronous governing
无齿轮曳引机/無齒輪曳引機 gearless traction machine
无触点电动执行机构/無觸點電致動器 electric actuator with noncontact control
无触点[式]点火系统/無觸點點火系統 breakerless ignition system
无创血压监护仪/非侵入式血壓監測儀 non-invasive blood pressure monitor
无窗光倍增管/無窗光倍增管 windowless multiplier phototube
无窗计数器/無窗計數器 windowless counter
无窗热电堆/無窗熱電堆 windowless thermopile
无疵铸件/無疵鑄件 sound casting
无磁低膨胀合金/無磁低膨脹合金 non-magnetic low expansion alloy
无磁封接合金/無磁封接合金 non-magnetic sealing alloy
无磁钢/非磁性鋼 non-magnetic steel
无磁滞[磁化]曲线/無遲滯曲線 anhysteretic curve
无磁滞状态/無遲滯狀態 anhysteretic state
无磁铸铁/非磁性鑄鐵 non-magnetic case iron
无磁钻铤/無磁性鑽鋌 non-magnetic drill collar
无错操作/無錯操作 error free operation
无错误/無錯 error free
无错运行期/無錯運行週期 error free running period
无导线介质/無導線介質 unguided medium
无导向模/無導向模 guideless die
无底柱分段崩落法/無底柱次層陷落法 sublevel caving method without sill pillar
无电流/零電流 zero current
无电压时间校正/呆時校正 dead time correction
无定位控制器/浮動控制器 floating controller
无定向测量仪表/無定向測量儀表 astatical measuring instrument
无定向磁强计/無定向磁強計 undirectional magnetometer
无定向磁针/無定向磁針偶 astatic needle
无定向电流测力计/無定向電流測力計 astatic electrodynamometer
无定向电流计/無定向電流計,無定向檢流計 astatic galvanometer
无定向调节器/無定向調速機 astatic governor
无定向仪表/無定位儀表,無静差儀表 astatic instrument
无定形材料/非晶質材料 amorphous material
无定形碳/非晶碳 amorphous carbon
无定型石墨/土狀石墨 amorphous graphite
无逗点码/無逗點碼 comma free code
无镀膜透镜/無鍍層透鏡 uncoated lens
无端接线/無端接線,未終接線路 unterminated line
无段分辨率/無段解析度 infinite resolution
无对重平衡臂架/無配重平衡臂架 jib balanced without counterweight
无阀配气机构/無閥壓縮空氣分配機構 valveless compressed-air distributing mechanism
无方向性信标/無方向性信標 nondirectional beacon, NDB
无放回抽样/無放回抽樣 sampling without replacement

无分电器点火系/無分電器點火系統 distributorless ignition system
无分度衡器/無分度儀器 non-graduated instrument
无缝管/無縫管 seamless pipe
无缝管坯/無縫管坯 seamless pipe semis
无缝管轧机/無縫管輥軋機 seamless tube rolling mill
无缝切换/無縫切換 seamless handover
无缝摄谱仪/無狹縫攝譜儀 slitless spectrograph
无缝套管/無縫套管 seamless casing
无辐射复合/非輻射複合 nonradiative recombination
无辐射跃迁/無輻射躍遷 radiationless transition
无感绕组/艾頓-佩里繞線 Ayrton-Perry winding
无感应电阻器/無感電阻器 non-inductive resistor
无感应分流器/無感分流器 non-inductive shunt
无隔板过滤器/無隔板過濾器 mini-pleat folded-media-type filter
无隔板镁电解槽/無隔板鎂電解槽 diaphragmless magnesium electrolyzer
无隔片注射器/無隔片注射器 septumless syringe
无功的/無功的,電抗性的 reactive
无功电度表/無功分量計,虛功率計 wattless component meter
无功电流/無功電流,電抗性電流,虛部電流 reactive current
无功电能表/無功電能表 var-hour meter
无功分量/無功分量,無功元件 idle component
无功伏安计/乏計,無功功率計 varmeter, reactive voltampere meter
无功功率/無功功率,無效功率 reactive power
无功功率表/無功功率計,無效功率計,乏計 varmeter
无功功率补偿器/無功功率補償器 reactive power compensator
无功功率计/無功功率計,無功功率表 reactive power meter
无功功率因数计/無功因子計 reactive factor meter
无功近场区/電抗性近場區 reactive near-field region
无功千伏安小时计/無功千伏特安培小時計 reactive kilovolt ampere hour, kilo-var hour meter
无功因数/無功因數,電抗因數 reactive factor
无拱连续窑/無拱連續窯 archless continuous kiln
无拱窑/無拱窯 archless kiln
无共享多处理机系统/無共享的多處理機系統 shared nothing multiprocessor system
无固定顶盖连续[作业]窑/無拱連續窯 archless continuous kiln
无故障/無故障 fault-free
无故障工作时间/故障間隔 time between failures
无故障运行/無故障作業 failure free operation
无管漏斗/無頸漏斗 stemless funnel
无惯性扫描/非慣性掃描 inertialess scanning
无规隔行扫描/散亂間條掃描 random interlaced scanning
无规入射/隨機入射 random incidence
无规入射校正器/隨機入射校正器 random incidence corrector
无轨电车/無軌電車 trolley bus
无轨隧洞掘进/無軌法隧道開鑿 trackless tunnelling
无耗传输线/低耗損傳輸線 lossless transmission line
无耗介质/無損耗介質 loss free dielectric
无耗网络/無損耗網路 lossless network
无喉道槽/短喉道水槽 short throated flume
α 无环结构/α 無環結構 α acyclic structure
β 无环结构/β 無環結構 β acyclic structure
γ 无环结构/γ 無環結構 γ acyclic structure
无环数据库/無環資料庫 acyclic database
无缓冲输入/無緩衝輸入 unbuffered input
无回收焦炉/無回收煉焦爐 non-recovery coke oven
无回油喷油器/無回油噴油器 non-leak-off fuel injector
无活塞跳汰机/無活塞選礦機 piston-free jig
无火焰电离检测器/無[火]焰游離檢知器 flameless ionization detector
无饥饿性/無飢餓性 starvation-free
无机房电梯/無機房電梯 elevator without machine room
无机光刻胶/無機光刻膠 inorganic resist, inorganic photoresist
无机黏结剂/無機黏結劑 inorganic binder
无机液体激光器/無機液體雷射 inorganic liquid laser
无基础压缩机/無基礎壓縮機 no-foundation compressor
无畸变目镜/無畸變目鏡 orthoscopic eyepiece
无级变速/無段變速 continuous variable speed, stepless speed changing
无级网/無級網 non-hierarchical network
无级选路网/無級選路網 nonhierarchical routing network
无极灯/無電極燈 electrodeless lamp
无极电镀/無極電鍍 electrodeless plating
无极放电灯/無電極放電燈 electrodeless-discharge lamp

无极放电管/無電極放電管 electrodeless discharge tube
无极放电检测器/無電極放電檢知器 electrodeless discharge detector
无极绳挂链/接車鏈 lashing chain
无极性接触件/無極性接觸件,無極性接點,無極性接頭 hermaphroditic contact
无极性连接器/無極性連接器,陰陽連接器 hermaphroditic connector
无记忆信道/無記憶性通道 memoryless channel
无记忆信源/無記憶源 memoryless source
无加权码/無加權碼,非加權碼 nonweighted code
无架/無架 frameless
无架养护混凝土砌块生产成套设备/無架養護混凝土砌塊生產成套設備 complete set of non rack curing block making equipment
无间隙原子钢/無間隙原子鋼,極低碳氮鋼 interstitial-free steel
无键振铃/無鍵振鈴 keyless ringing
无接头皮带/無端皮帶 endless belt
无界搜索算子/無界搜索運算元 unbounded search operator
无进位加/無進位加 false add
无静差控制/無定向控制 astatic control
无菌锁气室/無菌鎖氣室 sterile lock
无刻度吸管/無刻度吸管 plain pipet
无孔套管/未穿孔之套管 blank casing
无喇叭扬声器/無喇叭揚聲器 hornless loudspeaker
无类别编址/無類別編址 classless addressing
无类别域间路由选择/無類別域際選路 classless inter domain routing
无理据拆分/無理據拆分 un-original disassembly
无连接/非連接性,免接續式 connectionless, CL
无连接路由/無連接路由 connectionless routing
无连接网/無連接網 connectionless network, CL network
无连接网络协议/無連接網路協定 connectionless network protocol, CLNP
无连接网络业务/無連接網路業務 connectionless mode network service, CLNS
无连接协议/無連接協定 connectionless protocol
无连接业务/無連接服務 connectionless service
无连模式/無連接模態 connectionless mode
无量纲比/無量綱比 nondimensional ratio, dimensionless ratio
无量纲常数/無量綱常數 dimensionless constant
无量纲单位/無量綱單位 dimensionless unit
无量纲系数/無量綱比 dimensionless coefficient
无量纲因子/無量綱因子 dimensionless factor
无料钟炉顶/無鐘爐頂 bell-less top
无零刻度安培计/低降零點安培計 depressed zero ammeter
无零位刻度盘/無零值標度,消零刻度盤 suppressed zero scale, zero suppressed scale
无硫腐蚀/無硫蝕刻 sweet corrosion
无麻口冷硬层/無麻口冷硬層 chill zone without mottle
无名网络连接/無名網路連接 anonymous networking
无模拉拔/無模拉拔 dieless drawing
无钠金属锂/無鈉鋰金屬 sodium free lithium metal
无内圈滚针轴承/無内環滾針軸承 needle roller bearing without inner ring
无内胎轮胎/無内胎輪胎 tubeless tire
无扭轧制/無扭輥軋 no-twist rolling
无牌坊轧机/無機架輥軋機 housingless mill, no-housing mill
无盘工作站/無碟工作站 diskless workstation
无偏估计/無偏估計 unbiased estimation
无屏蔽源/無屏源,裸源 bare source
无气涂料喷射机/非氣動噴漆器 non-pneumatic paint sprayer
无铅汽油/無鉛汽油 unleaded gasoline
无切边轧制/無切邊輥軋 timming free rolling
无氰浮选/無氰浮選 cyanide free flotation
H 无穷辨识/H 無窮識别 H^{∞} identification
无穷集/無限集 infinite set
无穷接近位置/無窮接近位置 infinitesimally separated positions
无穷目标/無限目標 infinite goal
无穷损害优先方法/無窮損害優先方法 infinite injury priority method
无穷维系统/無限維系統 infinite dimensional system
无穷小领域/無限小面積 infinitesimal area
无穷小面积/無限小面積 infinitesimal area
无穷小增量/無限小增量 infinitesimal increment
无穷远直线/無窮遠處線 line at infinity
无曲柄泵/無曲軸泵 crankless pump
无曲轴压缩机/無曲軸往復式壓縮機 reciprocating compressor without crankshaft
无扰动波长/無擾動波長 perturbation-free wavelength
无热再生/無熱再生 heatless regeneration
无人操作地面台/無人操作地面臺 unmanned earth station

无人增音站/無人增音站　unattended repeater
无人值守/無人值守　unattended operation
无熔剂法熔炼/無熔劑法熔煉　flux free smelting
无润滑轴承/無潤滑軸承　unlubricated bearing
无筛板流化床氯化炉/無篩孔板流動床氯化爐　fluidized bed chlorinator without sieve pore plate
无声链/無聲鏈　silent chain
无绳电话/無繩電話　cordless telephone, CT
无绳终端/無線終站,無線終端機　cordless terminal
无失真[传输]线/無失真線　distortionless line
无失真图像压缩/無損影像壓縮　lossless image compression
无石棉摩擦材料/無石棉摩擦材料　asbestos free friction material
无事故/無事故　accident free
无刷/無刷,無電刷的　brushless
无刷交流发电机/無刷交流發電機　brushless alternator
无刷励磁机/無刷勵磁機,無刷激磁機　brushless exciter
无刷清洗机/無刷式清洗機　brushless washer
无水酒精/絕對酒精　absolute alcohol
无水泥浇注料/無水泥澆注料　no cement castable
无死锁路由/無鎖死路由　deadlock free routing
无死锁性/無死鎖性　deadlock free
无损/無損　lossless
无损编码/無損編碼　lossless coding
无损分解/無損分解　non-loss decomposition
无损耗网/無損耗網路　lossless network
无损检测/非破壞性試驗　non-destructive testing
无损检测器/非破壞性檢知器　non-destructive detector
无损检验/非破壞試驗　non-destructive testing
无损联结/無損結合　lossless join
无损试验/非破壞性試驗　non-destructive testing
无损通道/無損通道　lossless channel
无损压缩/無損壓縮　lossless compress
无碳化物贝氏体/無碳變韌體　carbide-free bainite
无碳铝镍钴磁铁/亞可墨磁石合金　alcomax
无条件分支指令/無條件分支指令　unconditional branch instruction
无条件呼叫转移/無條件指定轉接　call forwarding unconditional
无条件转移/無條件轉移　unconditional transfer
无条件转移指令/無條件轉移指令　unconditional transfer instruction
无停歇运动/無停歇運動　non-dwell motion
无头螺钉/無頭螺釘　headless screw
无头铆钉/無頭鉚釘　headless rivet
无头轧制/無頭輥軋　endless rolling
无透镜组件/無透鏡元件　lensless component
无位错晶体/無錯位晶體　dislocation free crystal
无我程序设计/無自我程式設計　egoless programming
无误差及无起伏系统/無誤差及無起伏系統　errorless and rippleless
无误码秒/無誤碼秒　error free seconds
无锡钢板/無錫鋼片　tin free steel sheet
无隙/無隙　gapless
无隙结构/無隙結構　gapless structure
无险触发器/無險正反器　hazard free flip-flop
无险正反器/無險正反器　hazard free flip-flop
无限冲激附应/無限脈衝反應　infinite impulse response, IIR
无限冲激响应/無限脈衝反應　infinite impulse response, IIR
无限带宽/無限頻寬　InfiniBand
无限介质增殖因数/無限增殖因數　infinite multiplication factor
无限寿命设计/無限壽命設計　infinite life design
无限网/無限網　infinite net
无限稀释/無限稀釋　infinite dilution
无线/無線　wireless
无线保真/無線保真　wireless fidelity, Wi-Fi
无线本地环路/無線本地環路　wireless local loop
无线标记语言/無線標示語言　wireless markup language, WML
无线城域网/無線都會區網路　wireless metropolitan area network, wireless MAN, WMAN
无线传感器网络/無線感測網路　wireless sensor network
无线传声器/無線傳聲器　radio microphone
无线传输协议/無線傳輸協議　wireless transmission protocol
无线电/無線電　radio
无线电报务员/無線電報務員　radiop
无线电暴/無線電風暴　radio storm
无线电波/空中電波　radio wave
无线电波传播/無線電波傳播　radio wave propagation
无线电波导管/無線電導波管　radio waveguide
无线电波辐射/無線電波輻射,無線電發射　radio radiation
无线电波散射/無線電波散射　radio scattering
无线电波消失/無線電波消失　radio fade-out
无线电操纵起重机/無線電操縱起重機　radio

operated crane

无线电操作人员/無線電操作人員，無線電話務員，無線電報務員 radio operator

无线电测定/無線電測定，無線電定位 radio determination

无线电测定台/無線電定位臺 radio determination station

无线电测高计/無線電高度計 radio altimeter

无线电测距/無線電測距 radio range finding

无线电测距仪/無線電測距儀 radio range finder

无线电测向术/無線電測向術 radio goniometry

无线电测向台/無線電測向電臺，無線電定向臺 radio direction finding station

无线电测向仪/無線電測向器，無線電測向機，遥測角計 radio direction finder, telegoniometer

无线电传播路径/無線電傳播路徑，無線電波路徑 radio path

无线电传播预测/無線電傳播預測 radio propagation prediction

无线电传打字机/無線電電傳打字機 radioteletype

无线电传输/無線電發射 radio transmission

无线电传真/無線電傳真 radio facsimile

无线电窗口/無線電窗 radio window

无线电磁指示器/無線電磁指示器 radio magnetic indicator

无线电导航/無線電導航，無限電助航 radio navigation

无线电导航辅助设备/無線電導航輔助設備 radio navigational aids

无线电导航台/無線電導航臺 radio navigation station

无线电导航移动台/無線電導航行動臺 radio navigation mobile station

无线电电传机/無線電電傳機 radio teletype

无线电电话/無線電電話 radio telephone

无线电电路/無線電電路 radio circuit

无线电电子学/無線電電子學 radioelectronics

无线电定位/無線電定位，無線電測位 radio fixing, radio location, radio position finding

无线电定位辅助设备/無線電定位輔助設備 radio fixing aid

无线电定位台/無線電定位臺 radio location station

无线电定位系统/無線定位系統，射頻定位系統 radio positioning system

无线电定位业务/無線電測位業務 radio location service

无线电定向射束/定向無線電射束 radio directional beam

无线电对讲机/無線電對講機 wireless transceiver

无线电发射/無線電發射，無線電波輻射 radio radiation

无线电发射机/無線電發射機 radio transmitter

无线电发射台/無線電發射臺 radio transmitting station

无线电发射装置/無線電發射機 radio transmitting set

无线电方位计/無線電方位計 radio goniometer

无线电方位信标台/無線電方位指示臺 radio-compass station

无线电放大器/無線電放大器 radio amplifier

无线电浮标/無線電浮標 radio beacon buoy

无线电辅助设备/無線電輔助設備 radio aids

无线电干扰测量仪/無線電干擾計 radio interference meter

无线电干扰分析仪/無線電干擾分析器 radio interference analyzer

无线电干涉仪/無線電干涉儀 radio interferometer

无线电高导磁性合金/高導磁合金 radiometal

无线电高度表/無線電高度計 radio altimeter

无线电高温计/無線電高温計 radio pyrometer

无线电告警信号/無線電報警信號 radio alarm signal

无线电工程/無線電工程 radio engineering

无线电公共信道/無線電公共通道，共用無線電頻道 radio common channel, RCC

无线电公共载波/無線電共用載波 radio common carriers, RCC

无线电观测/無線電觀測 radio observation

无线电管理/無線電管理 regulation and administration of radio services

无线电广播发射机/無線電廣播發射機 radio transmitter, radio broadcast transmitter

无线电广播发射台/無線電廣播發射臺 radio broadcast transmitting station

无线电广播台/無線電廣播臺 radio broadcasting station

无线电广播通信/無線電廣播通訊 radio broadcast communication

无线电归航/無線電導航，無線電探向 radio homing

无线电呼叫信号/無線電呼叫訊號 radio call signal

无线电话机/無線電話機 radiophone

无线电回波/無線電回波 radio echo

无线电回波探测器/無線電回波偵測器 radio echo detector

无线电技术/無線電技術 radiotechnics

无线电寂静/無線電寂静，停止發報時期 radio

silence
无线电接入网/無線電接入網 radio access network, RAN
无线电接收机/無線電接收機,無線電收音機 radio receiver
无线电控制/無線電控制,無線電操縱 radio control
无线电控制信号接收机/無線電控制訊號接收機 radio control receiver
无线电联络/無線電接觸 radio contact
无线电罗盘/無線電羅盤 radio compass
无线电频段/無線電頻帶 radio frequency band
无线电频率/無線電頻率,射頻 radio frequency, RF
无线电频率管理/無線電頻率管理 radio frequency supervising
无线电频率特许/無線電頻率分配表冊 radio frequency authorizations, RFA
无线电频谱/無線電頻譜,射頻頻譜 radio frequency spectrum
无线电窃听/無線電截收 radio intercept
无线电人员/無線電人員 radio man
无线电骚扰/無線電波擾動 radio disturbance
无线电设备/無線電設備 radio apparatus, radio installation
无线电射束/無線電射束 radio frequency beam
无线电室/無線電[機械]室 radio cabin
无线电收发信机/無線電收發機 radio transceiver
无线电授时台/無線電授時服務 radio time service
无线电台/無線電臺 radio station
无线电台日志/無線電通訊記録表 radio log
无线电探测/無線電偵測 radio detection
无线电探测设备/無線電檢測設備 radio detector equipment
无线电探空仪/無線電探空儀,無線電測候器 radiosonde
无线电探空仪测量/無線電探空量測 radiosonde measurement
无线电天文望远镜天线/無線電天文望遠鏡天線 radio telescope antenna
无线电天文卫星/無線電天文衛星 radio astronomy satellite
无线电天文学/無線電天文學 radio astronomy
无线电调制器/射頻調變器 radio modulator
无线电通信/無線電通訊 radio communication
无线电通信车/無線電通訊車 radio car
无线电通信规则/無線電通訊規範 radio communication regulation
无线电通信检查/無線電通訊檢查 radio check
无线电通信频率/無線電通訊頻率 radio communication frequency
无线电通信网/無線電通訊網 radio communication net
无线电通信业务/無線電通訊業務 radio communication service
无线电通信中断/無線電通訊暫時中斷,無線電管制 radio blackout
无线电网/廣播網 radio network
无线电系统/無線電系統 radio system
无线电信标/無線電信標 radio beacon
无线电信标台/無線電信標臺 radio beacon station
无线电信道/無線電通道,無線電波道,無線電頻道 radio channel
无线电信号/無線電訊號 radio signal
无线电信号窃听器/無線電訊截收器 radio signal interceptor
无线电寻呼/無線電尋呼 radio paging
无线电寻呼业务/無線電傳呼業務,無線電呼叫業務 radio-paging service
无线电遥测/無線電遥測 radio telemetering, radio telemetry
无线电遥测设备/無線電遥測設備 radio telemetering equipment
无线电遥测术/無線電遥測術 radio telemetry
无线电遥测信道/無線電遥測通道 radio telemeter channel
无线电仪器/無線電儀器 radio instrument
无线电员/無線電[報務]員 radiop
无线电噪声/無線電雜訊 radio noise
无线电噪声分析仪/無線電噪音分析器 radio noise analyzer
无线电噪声计/無線電噪音計 radio noise meter
无线电中继/無線電中繼,無線電轉播 radio repeating
无线电中继站/無線電中繼站,無線電中繼臺 radio-relay set
无线电中心/無線電中心 radio center
无线电中央室/無線電中央局 radio central office
无线电终端/無線電終端機 radio terminal
无线电转播/無線電轉播,無線電中繼 radio repeating
无线电追踪站/無線電追蹤站 radio tracking station
无线电资源/無線電資源 radio resources, RR
无线电资源控制/無線電資源控制 radio resource control
无线电自动控制/無線電自動控制,無線電自動調整 radio auto-control
无线定位/無線定位 wireless positioning

无线多媒体传感网/無線多媒體傳感網 wireless multimedia sensor networks
无线二进制运行环境/無線二進制執行時環境 binary runtime environment for wireless
无线个人区域网/無線個人區域網路 wireless personal area network, wireless PAN, WPAN
无线广域网/無線廣域網路 wireless wide area network
无线会晤协议/無線交談協定 wireless session protocol
无线接入/無線接入 tetherless access, wireless access
ATM 无线接入/ATM 無線接入 ATM wireless access
无线接入单元/無線接入單元 wireless access unit
无线接入点/無線接入點 wireless access points
无线接入网/無線接入網 wireless access network
无线局域网/無線區域網路 wireless local area network, wireless LAN, WLAN
无线链路/無線鏈路 wireless link
无线链路控制协议/無線鏈路控制協議 radio link control, RLC
无线链路威胁/無線鏈路威脅 wireless link threat
无线数据传输/無線資料傳輸 wireless data transmission
无线数据链路/無線電資料傳輸鏈路 wireless data link
无线数字段/無線數欄位 digital radio section
无线通信/無線通信,無線電通訊 radio communication, wireless communication
无线通信综合测试仪/無線通信綜合測試儀 radio communication integrated tester
无线网络/無線網路 wireless network
无线线路/無線電鏈 radio link
无线 OSI 协议/無線 OSI 協議 radio OSI protocol
无线信道模拟器/無線信道模擬器 RF channel emulator
无线虚拟局域网/無線虛擬區域網路 wireless virtual LAN
无线虚拟专用网/無線虛擬私人網路 wireless virtual private network, WVPN
无线选路协议/無線選路協議 wireless routing protocol
无线寻呼系统/無線尋呼系統 radio paging system
无线遥控起重机/無線遙控起重機 cableless remote operated crane
无线应用环境/無線應用環境 wireless application environment, WAE
无线应用协议/無線應用[通訊]協定 wireless application protocol, WAP
无线智能网/無線智慧型網路 wireless intelligent network, WIN
无线置标语言/無線標示語言 wireless markup language, WML
无线中继站/無線中繼站 radio repeater station
无线终端/無線終端機 wireless terminal
无线专用自动小交换机/無線專用自動小交換機 wireless PABX
GPRS 无线资源业务接入点/GPRS 無線資源業務接入點 GPRS radio resource service access point, GRRSAP
无线自组织网络/無線自主網路 wireless ad hoc network
无相关控制/非互動控制 non-interacting control
无箱砂模/無箱砂模,脱箱砂模 boxless mold
无箱造型/無箱造模法 flaskless molding
无向传声器/無定向麥克風 astatic microphone
无向图/無向圖 undirected graph
无向网/無向網 undirected net
无消相干子空间/無消相干子空間 decoherence free subspace
无效层/無感層 dead layer, invalid layer
无效时间损失/空載時間損耗,静止時間損耗,失效時間損耗 dead time loss
无效信元/無效格 invalid cell
无效帧/無效框 invalid frame
无效状态/無效狀態 invalid state
无效自由度/無效自由度 passive degree of freedom
无屑加工/無屑加工 chipless machining
无屑凿孔/無屑鑿孔 chadless perforation
无心磨床/無中心磨床 centerless grinding machine
无芯棒拔制/無心棒拉製 mandrel-less drawing
无信号区/静空間,静區 dead space
无序/無序 disorder
无序队列/無序隊列 unordered queue
无序固溶体/無序固溶體 disordered solid solution
无序列表/無序列表 unordered list
无序相/無序相 disordered phase
无悬臂门式起重机/無懸臂高架起重機 non-cantilever gantry crane
无旋场/非旋轉場 irrotational field
无旋流 /非旋轉性流 irrotational flow
无循环设置/無循環配置 cycle-free allocation
无压边拉深模/無壓邊拉製模 non-pressure-pad drawing die
无压力室喷油嘴/無壓力室噴油嘴 valve-needle-

covered orifice nozzle
无压余挤压/無切除擠壓 discard-free extrusion
无烟煤/無煙煤 anthracite
无延迟脉冲/無延遲脈衝 undelayed pulse
无眼衬管/未穿孔之襯管 blank liner
无氧罐/缺氧池 anoxic tank
无氧化加热炉/抗氧化加熱器 anti-oxidation heater
无氧铜/無氧銅,壓結銅 oxygen free copper, coalesced copper
无叶扩压器/無葉輪擴散器 vaneless diffuser
无叶片区/無葉片區 inter space
无液测高计/無液高度計 aneroid altimeter
无液气压计/無液氣壓計,空盒氣壓計 aneroid barometer
无因次常数/無量綱常數 dimensionless constant
无因次单位/無量綱單位 dimensionless unit
无因次速度/無量綱速度 dimensionless velocity
无引线芯片载体/無引線晶片載體 leadless chip carrier
无应答呼叫转移/未回應指定轉接 call forwarding no reply
无用块字符/忽略字元塊 ignore block character
无用数据/無用數據 junk data
无用信号/干擾信號,不需要的信號 undesired signal, unwanted signal
无用信息收集程序/廢料收集器 garbage collector
无用字符/無用符號 useless symbol
无油压缩机/無油壓縮機 oil free compressor
无油真空/無油真空 oil free vacuum
无油真空机组/無油真空泵系統 oil free vacuum pump system
无油真空系统/無油真空系統 oil free pump system
无油轴承合金/無油軸承合金 oilless bearing metal
无源补偿器/被動補償器 passive compensator
无源传感器/無源轉換器 passive transducer
无源单元/寄生單元 parasitic element
无源底板/無源底板 passive backplane
无源底板总线/無源底板匯流排 passive backplane bus
无源二端元件/被動二端元件 passive two terminal element
无源反射波损耗/被動反射波損耗 passive return loss
无源负载/被動負載 passive load
无源干扰/被動干擾 passive jamming
无源跟踪/被動追蹤 passive tracking
无源光网络/被動式光纖網路 passive optical network, PON
ATM 无源光网络/ATM 被動光纖網路 ATM passive optical network, APON
无源海底电缆/無源海底纜線 passive submarine cable
无源回波损耗/被動回流損失 passive return loss
无源均衡反射波损耗/被動平衡回流損失 passive balance return loss
无源器件/被動元件 passive device, passive component
无源射频识别标签/被動式射頻識別標簽 passive RFID tag
无源探测/被動探測 passive detection
无源天线/無源天線,被動天線 passive antenna
无源天线阵/被動陣列 passive array
无源网络/被動網路 passive network
无源卫星/被動衛星 passive satellite
无源卫星通信/被動式衛星通信 passive satellite communication
无源谐振腔/被動共振器 passive cavity
无源元件/被動元件 passive component
无源制导/被動制導 passive guidance
无源中继站/無源中繼站,被動式中繼站 passive relay station
无源装置/被動裝置 passive device
无源组件/被動元件 passive component
无约束机构/無拘束機構 unconstrained mechanism
无约束运动链/無拘束運動鏈 unconstrained kinematic chain
无载波幅相调制/無載波幅相調制 carrierless amplitude and phase modulation, CAPM
无载波调幅调相/無載波幅相調變 carrierless amplitude phase modulation
无载荷时间/無負載時間 no-load time
无载重量/空重 empty weight
无再结晶温度/非再結晶溫度 non-recrystallization temperature
无再生排放试验/無再生排放試驗 non-regeneration emission test
无噪编码定理/無雜訊編碼理論 noiseless coding theorem
无噪声的/無雜訊的 noise free
无噪[声]信道/無雜訊通道 noiseless channel
无渣出钢/無渣出鋼 slag free steel tapping, slag-free tapping
无渣法熔炼/無渣還原熔煉 slag free reduction smelting
无渣炼钢/無渣煉鋼 slagless convertering
无张力控制/無張力控制 free tension control

无张力轧制/無張力輥軋 non-tension rolling
无止境学习/不終止學習 never ending learning
无纸办公室/無紙辦公室 paperless office
无中继光纤链路/無中繼光纖鏈路 repeaterless fiber optic link
无桩平台/無樁平臺 pileless platform
无阻尼分析天平/無阻尼分析天平 undamped analytical balance
无阻尼系统/無阻尼系統 undamped system
无阻尼振动/無阻尼振動 undamped vibration
无阻塞交换/無阻塞交换 nonblocking switch
无阻塞交换网络/無阻塞交換網路 nonblocking switching network
无阻塞网络/無阻塞網路,完全不阻塞網路 nonblocking network
吴方法/吴方法 Wu method
五单位码/五位碼 five unit code
五点法注水/五點水沖法 five spots flooding pattern
五极真空管/五極管 pentode
五角棱镜/五角棱鏡,五邊棱鏡 pentagonal prism
五角螺母/五角螺母 pentagon nut
五接头杆/五接頭桿 quinary link
五进制记数法/五進制記數法 quinary notation
五棱镜/五[角]棱鏡 pentaprism
五磷酸钕激光器/五磷酸釹雷射 neodymium pentaphosphate laser
五螺杆泵/五螺桿泵 five screw pump
五频率感应电炉/五倍週波感應電爐 quintuple frequency induction furnace
五栅管/五柵管 pentagrid tube
五栅[管]变频器/五柵變頻管 pentagrid converter
五位制/五位制 five digit numbering
五元透镜/五元透鏡 pentac lens
伍德灯/伍德燈 Wood lamp
伍德合金/伍氏合金 Wood metal
伍德沃德式线性连续辐射源/伍德華式線性連續輻射源 Woodward line source apertures
舞台车/舞臺車 stage vehicle
戊类放大器/E 類放大器 class E amplifier
戊烷温度计/戊烷温度計 pentane thermometer
坞站/攜行電腦塢 docking station
物场/物件場 object field
物化查询表/物化查詢表 materialized query table
物景分析/景物分析 scene analysis
物镜/物鏡,望遠鏡 objective, field lens
物镜转换器/物鏡轉换器 revolving nosepiece
物理安全/實體安全性 physical security
物理摆/物理擺,複擺 physical pendulum, compound pendulum
物理变化/物理變化 physical change
物理变量/物理變量 physical variable
物理标度/物理標度 physical scale
物理剥离法/物理剥離法 physical stripping process
物理布局/物理布局 physical placement
物理布线/實體選路 physical routing
物理参考标准/物理參考標準 physical reference standard
物理测量/物理量測 physical measurement
物理层/實體層 physical layer
物理层调优/實體層調優 physical layer tuning
物理常数/物理常數 physical constant
物理磁盘/物理磁片 physical disk
物理存储/實體儲存 physical storage
物理存储器/實體記憶體 physical memory
物理单位/物理單位 physical unit
物理地址/實體位址 physical address
物理电源/物理電源 physical power source
物理电子学/物理電子學 physical electronics
物理访问控制/實體存取控制 physical access control
物理分页/實體分頁 physical paging
物理符号系统/實體符號系統 physical symbol system
物理隔绝网络/實體隔絕網路 physically-isolated network
物理故障/實體故障 physical fault
物理光度计/物理光度計 physical photometer
物理光度学/物理光度學 physical photometry
物理光栅法/物理光柵法 physical grating
物理光学仪器/物理光學儀器 physico-optical instrument
物理建模/物理模擬 physical modeling
物理接口/實體介面 physical interface
物理结构/實體結構 physical structure
物理块/實體塊 physical block
物理块地址/物理塊位址 physical block address
物理量/物理量 physical quantity
物理量标度/物理量標度 scale of physical quantity
物理量传感器/物理量感測器 physical quantity transducer
物理量系统/物理量系統 system of physical quantities
物理媒体连接/實體媒體附件 physical medium attachment
物理敏感器/物理感測器 physical sensor
物理模拟/物理模擬,實體模擬 physical simulation

物理模式/實體綱目 physical schema
物理模型/物理模型 physical model
物理盘区/物理盤區 physical extent
物理配置审计/實體組態稽核 physical configuration audit
物理气相沉积/物理氣相沈積 physical vapor deposition, PVD
物理色度测量/物理測色 physical colorimetry
物理色度计/物理色度計 physical colorimeter
物理扇区/實體扇區 physical sector
物理设备/實體裝置 physical device
物理设备表/實體裝置表 physical device table
物理试验/物理試驗 physical test
物理属性变量/物理特性變量 physical-property variables
物理数据独立性/實體資料獨立性 physical data independence
物理无线电层/物理無線電層 physical radio layer
物理吸附/物理吸附 physical adsorption
物理相似/物理相似 physical similarity
物理信道/實體通道 physical channel
物理信号[收发]子层/實體發信子層 physical signaling sublayer
物理信令信道/實體信號通道 physical signaling channel
物理信令子层/實體發信子層 PLS sublayer
物理性质/物理性質 physical properties
物理需求/實體需求 physical requirements
物理寻址/物理定址 cylinder head sector addressing
物理冶金/物理冶金 physical metallurgy
物理优化/物理優化 physical optimization
物联网/物聯網 internet of things, IoT
物料平衡/物質平衡 material balance
物态转变/物質形態轉化 structure and aggregate state transforming
物体标志器/物件標志器 object marker
物体波/物質波 object wave
物体空间/物件空間 object space
物体色/物體色 object color
物体声束/物件聲束 object sonic beam
物体质量/物體質量 mass of body
物位变送器/液位傳送器 level transmitter
物位测量仪表/物位量測儀表 level measurement instrument
物位传感器/位準感測器 level transducer
物位开关/位準開關 level switch
物位控制器/液位調節器 level controller
物像副本/主件副本 subject copy
物性分析仪器/物性分析儀 analyzer for physical property
物性控制/物性控制 matter property controlling
物性型传感器/物性型傳感器,物性型感測器 physical property type transducer
物质传递/物質傳遞 mass transfer
物质的量/物[質]量 amount of substance
[物质的]输运性质/[物質的]輸運性質 transport property of substance
物种树/物種樹 species tree
物资需求规划/材料需求規劃,物料需求規劃 material requirements planning
误比特率/位元錯誤率,位元誤碼率,位元錯誤比 bit error rate, bit error ratio
误差/誤差,偏差 error, deviation
误差补偿/誤差補償 error compensation
误差场/誤差場 error field
误差传播/錯誤傳延,錯誤擴散 error propagation
误差传递/誤差傳遞 propagation of error
误差传递函数/誤差傳遞函數 error transfer function
误差分布/誤差分布 error distribution
误差分析/誤差分析 error analysis
误差贡献/誤差組成 error contribution
误差估计/誤差估計 error estimation
误差规律/誤差定律 error law
误差函数/誤差函數 error function
误差合成/誤差合成 combination of errors
误差几何放大因子/誤差幾何放大因子,幾何因子 geometric dilution of precision
误差界限/誤差邊際 margin of error
误差理论/誤差理論 error theory
误差灵敏度/公差靈敏度 tolerance sensitivity
误差率/誤差比 error ratio
误差逆传播算法/誤差反向傳播算法 error back propagation algorithm
误差逆传播网络/誤差逆傳播網路 back propagation of errors network
误差曲线/誤差曲線 error curve
误差矢量幅度/誤差向量幅度 error vector magnitude, EVM
误差椭圆/誤差橢圓 error ellipse
误差系数/誤差係數 error coefficient
误差显示器/誤差顯示器 error display, F-scope
误差限/誤差極限 limit of error
误差信号/誤差信號,誤差訊號 error signal
误差信号比/誤差訊號比 error signal ratio
误差信号放大器/誤差放大器 error amplifier
误差信号检测器/誤差信號偵測器 error signal

detector
误差序列/誤差序列 error sequence
误差圆半径/誤差圓半徑 error-circular radius
误差源/誤差源 error source
误差指示器/誤差指示器 error indicator
误查/誤檢 false drop
误传/誤轉 misrouted
误动作/誤操作 misoperation
误分类/誤分類,錯分類 misclassification
误符/誤符 erratum
误呼叫/誤呼叫 false call
误检/誤檢,誤降 false drop
误检测/[錯]誤偵測 false detection
误警/誤警 false alarm
误警概率/誤警率 false alarm probability
误警率/誤警率 false alarm rate
误句概率/誤句機率 sentence error probability
误块/誤塊 errored block, EB
误码/錯誤碼 error code
误码测试仪/誤碼測試儀 error tester
误码率/誤碼率,錯誤率 error rate
误判失效/誤判失效 misjudgment failure
误算/誤算 miscalculation
误调/誤調 maladjustment
误通/誤觸發,誤燃 false firing
误用失效/誤用失效,誤用故障 misuse failure
误轧/誤軋 miss rolling
误置错位/誤置缺陷 misfit dislocation
误字概率/誤字機率 word error probability
雾/霧 fog
雾带/霧帶 spray zone
雾灯/霧燈 fog lamp
雾度/霧度 haze
雾化/霧化 atomization
雾化粉/霧化粉末 atomized powder
雾化空气系统/霧化空氣系統 atomizing air system
雾化盘/噴霧盤 atomizing disc
雾化喷嘴/霧化[噴]嘴,霧化燃油器,霧化燃燒器 atomizing nozzle, atomizing spray nozzle
雾化器/霧化器,噴霧器 atomizer
雾化器球管/霧化器球管 atomizer bulb
雾化式泵/霧化泵 atomizing pump
雾化式烧嘴/霧化式燃油器 atomizing burner
雾化提钒/霧化萃取釩 vanadium extraction by spray blowing
雾化细度/霧化細度,霧化粒子大小 atomized particle size
雾化铸造/噴霧鑄造 spray casting
雾化锥角/噴霧角 spray cone angle
雾粒电荷计/霧粒電荷計 ballometer
雾沫分离器/霧沫分離器,霧沫阱 entrainment trap
[雾沫]夹带/霧沫 entrainment
雾气衰减/霧氣衰減 fog attenuation
雾凇/白霜,霧凇,霜凇 rime

X

西格马加速器/西格馬加速器,高能 X 射線儀 sigmatron
西格玛相/西格瑪相 σ-phase
西华特定律/西佛特定律 Sievert law
西拉尔铸铁/西拉高矽鑄鐵 Silal
西洛可风扇/西洛哥扇風機 Sirocco fan
西[门子]/西門子 siemens
西门子静电伏特计/西門子静電伏特計 Siemens static voltmeter
西姆斯热轧压力公式/西姆斯熱軋壓力公式 Sims pressure equation for hot rolling
西维尔梅特银钨电触头合金/銀鎢接點合金 Silvelmet alloy
吸尘器/集塵器,捕塵器,收塵器 dust catcher
吸尘器吸嘴/吸塵器吸嘴 cleaner nozzle
吸尘腔/集塵腔 dust chamber
吸出高度/静態吸取落差 static suction head
吸粪车/吸引式糞便車 suction-type excrement tanker
吸风分离器/吸取分離器 suction separator
吸风机/吸取式鼓風機 suction blower
吸风式冷却塔/誘導通風冷却塔 induced draught cooling tower
吸附/吸附 adsorption
吸附泵/吸附泵,吸附幫浦 sorption pump, adsorption pump
吸附等温线/吸附等温線,等温吸附線 adsorption isotherm
吸附浮选/吸附浮選 adsorption flotation
吸附活化能/吸附活化能 activation energy of adsorption
吸附剂/吸附劑,吸著劑,吸附物 adsorbent
吸附胶体浮选/吸附膠體浮選 adsorbing colloid flotation
吸附阱/吸附阱 sorption trap
吸附膜/吸附膜 adsorbed film
吸附-配合生成法/吸附-複合成形法 adsorption-complex formation method
吸附器/吸附器,吸著器 adsorber
吸附热/吸附熱 heat of adsorption
吸附色谱法/吸附層析術 adsorption chromatography
吸附式色谱柱/吸附層析管 adsorption chromatographic column
吸附式制冷循环/吸附式製冷循環 adsorption refrigeration cycle
吸附室/吸附室 adsorption chamber
吸附天然气汽车/吸附天然氣汽車 adsorbed natural gas vehicle
吸附指示剂/吸附指示劑 adsorption indicator
吸管式比重计/吸入比重計 syringe hydrometer
吸管式风速表/吸取式流速計 suction anemometer
吸光率指数/吸收度指數 absorbance index
吸力计/吸力計 suction gage
吸留气体/閉附氣 occluded gas
吸滤瓶/吸濾瓶 suction bottle, suction flask
吸滤器/吸濾器 suction filter
吸墨性/吸墨性 absorbency
吸能反应/吸能反應 endoergic reaction
吸能件/能量吸收器 energy absorber
吸泥泵/浮渣泵 scum pump
吸盘/電磁卡盤,電磁夾頭 magnetic chuck
吸盘静电计/吸盤静電計 attracted disc electrometer
吸气风扇/抽風機 drawing fan
吸气剂泵/吸氣劑泵,吸氣劑幫浦 getter pump
吸气离子泵/吸氣離子泵 getter-ion pump
吸气湿度计/通風乾濕度 aspiration psychrometer
吸气式发动机/吸氣引擎 air-aspirated engine
吸气式气力输送机/真空式氣力運送機 vacuum-type pneumatic conveyor
吸热反应/吸熱反應,吸能反應 endoergic reaction, endothermic reaction
吸热峰/吸熱尖峰 endothermic peak
吸热率/吸收率,吸收力,吸收性 absorptivity
吸热能力/吸熱容量 heat absorption capacity
吸入漏斗/吸濾漏斗 suction funnel
吸入式输送机/吸入輸送機 suction conveyor
吸入压力/吸入壓力 suction pressure
吸入压力表/吸力計 suction gage
吸入压头/吸引落差 suction head
吸声量/等效吸音面積 equivalent absorption area
吸声系数/吸聲係數,吸音係數 sound absorption

coefficient
吸声因数/吸音係數 sound absorption factor
吸湿型复合空调系统/吸濕型複合空調系統 hygroscopic compound air-conditioning system
吸湿性/吸濕性,濕吸收 moisture absorption
吸湿性试验/吸濕性試驗 high humidity storage test
吸收/吸收 absorption
吸收比/吸收比,吸收率 absorptance
吸收材料/吸收材料,吸收器,吸收體 absorber, absorbing material
吸收测定法/吸收量測術 absorptiometry
吸收测量法/吸收量測法 absorption measuring method
吸收测量学/吸收量測術 absorptiometry
吸收池/吸收池,吸收匣,吸收槽 absorption cell
吸收带/吸收帶,吸收[光]譜帶,吸收頻帶 absorption band
吸收电流/吸收電流 absorption current
吸收电子像/吸收電子像 absorbed electron image
吸收分光光度法/吸收分光光度量測術 absorption spectrophotometry
吸收分光光度分析/吸收分光光度量測術 absorption spectrophotometry
吸收分光光度计/吸收分光光度計 absorption spectrophotometer
吸收功率计/吸收功率計 absorbed power meter
吸收管/吸收管 absorption tube
吸收光度计/吸收[式]光度計 absorption photometer
吸收光谱/吸收光譜,吸收頻譜 absorption spectrum
吸收光谱学/吸收光譜學 absorption spectroscopy
吸收光谱仪/吸收光譜儀 absorption spectrometer
吸收过渡/吸收過渡 absorptive transition
β吸收厚度计/β吸收規 beta absorption thickness gage
吸收极限频率/吸收極限頻率,吸收截止頻率,吸收限制頻率 absorption limiting frequency
吸收计/吸收計,吸氣計,吸光計 absorptiometer
吸收剂/吸收劑,吸收體 absorbent
吸收剂量/吸收劑量 absorbed dose
吸收剂量率/吸收劑量率 absorbed dose rate
吸收剂量率仪/吸收劑量率儀 absorbed dose ratemeter
吸收率/吸收率,吸收比,吸收力 absorptance, absorptivity
吸收率波长计/吸收率波長計,吸收式波長計 absorptivity wave-meter
吸收滤光片/吸收濾光片 absorbing filter
吸收能/吸收能 absorbed energy
吸收能力/吸收能力 absorbability
吸收频率/吸收頻率 absorption frequency
吸收-频率关系曲线/吸收-頻率關係曲線 absorption-frequency curve
吸收瓶/吸收瓶 absorption bottle
吸收器/吸收器 absorber, absorption vessel
吸收球管/吸球吸管 absorption pipet
吸收区/吸收區域 absorption region
吸收曲线/吸收曲線 absorption curve
吸收热/吸收熱 heat of absorption
吸收色谱学/吸附色層分離法,吸附色譜法,吸收層析術 absorption chromatography
吸收 X 射线谱法/吸收 X 射線譜法 absorption X-ray spectrum
吸收式冰箱/吸收式冰箱 absorption type refrigerator
吸收式波长计/吸收式波長計 absorption wavemeter
吸收式功率计/吸收功率計,吸收測力計 absorption dynamometer
吸收式光学高温计/吸收式高溫計 absorption pyrometer
吸收式频率计/吸收式頻率計 absorption frequency meter
吸收式制冷机/吸收冷凍機 absorption refrigerating machine
吸收式制冷器具/吸收式製冷器具 absorption-type refrigerating appliance
吸收式制冷系统/吸收式冷凍系統 absorption refrigerating system
吸收式制冷循环/吸收式製冷循環 absorption refrigeration cycle
吸收适配器/吸收應接器 absorption adapter
吸收室/吸收室 absorption chamber
吸收损耗/吸收損耗 absorption loss
吸收塔/吸收塔 absorption column
吸收调变/吸收調變 absorption modulation
吸收调制/吸收調變 absorption modulation
吸收系数/吸收係數,吸收比,吸收因數 absorption coefficient, absorptance, absorption factor
吸收线/吸收[譜]線 absorption line
吸收性/吸收能力 absorbability
吸收性衰落/吸收性衰落,吸收衰退 absorption fading
吸收因数/吸收因數,吸收因子 absorption factor
吸收因子/吸收因子,吸收因數 absorption factor
吸收致冷/冷凍吸收 absorption refrigeration
吸收装置/吸收裝置,吸收器 absorption apparatus,

absorber
吸水泵/脈衝式泵 pulsating pump
吸水管/吸入管 suction tube
吸水率/吸水率 water absorption
吸碳/增碳 carbon pick-up
吸吐搅拌/注存攪拌 stirring by stream pouring
吸污车/吸引式下水道清理車 suction-type sewer scavenger
吸锡器/吸錫器 solder sucker
吸引瓶/吸濾瓶 suction bottle
吸引子/吸引子 attractor
吸油路调节式液压悬挂系/入口控制式液壓懸掛系統 hydraulic hitch system with inlet control
[吸油烟机]空气流量/[吸油煙機]風量 range hood airflow
吸杂/吸雜,吸除 gettering
吸着检测器/吸著檢知器 sorption detector
吸嘴/吸入嘴,吸取噴嘴 suction nozzle
希尔伯特变换/希爾伯特變換 Hilbert transform, HT
希尔伯特空间/希爾伯特空間 Hilbert space
希尔伯特式演绎/希爾伯特式演繹 Hilbert style deduction
希尔法/HYL 直接還原法 HYL process
希尔排序/希爾排序,外殼排序 Shell sort
希望特性/希望特性 expected characteristic
希望值/期望值 expected value
析出/析出 precipitation
析出热处理/析出熱處理 precipitation heat treatment
析出退火/析出退火 precipitation annealing
析出物/析出物 precipitate
析出硬化/析出硬化 precipitation hardening
析构函数/破壞者 destructor
析气/氣化,充氣,出氣 gassing
析取/析取 disjunction
析取范式/析取正規形式 disjunctive normal form
析铁/形成鐵 formation of iron
析像/像分解 image dissection
析像管/析像管,篩像管 image dissector
析盐蒸发器/鹽析蒸發器 salting-out evaporator
牺牲阳极/犧牲陽極,陽極耗蝕 sacrificial anode, sacrificed anode
牺牲阳极保护/陽極耗蝕保護 sacrificial anode protection
硒/硒 selenium
硒电池/硒光電池,硒光電管 selenium cell
硒光电池/硒光電池,硒光電管 selenium photocell, selenium cell
硒光电管/硒光電管,硒光電池 selenium photocell, selenium cell
硒光度计/硒光度計 selenium photometer
硒光敏电阻/硒光敏電池,硒光[導]電池,硒光[導]電管 selenium conductive cell
硒整流器/硒整流器 selenium rectifier
烯烃/烯烴 olefin
稀薄燃烧/稀混合燃燒 lean mixture combustion
稀混合气/貧油混合氣 lean mixture
稀混合气反应器/貧油混合氣反應器 lean reactor
稀路由/稀路由 thin route
稀燃氮氧化物吸附还原/稀油氮氧化物捕集器 lean NOx trap
稀溶液/稀溶液 weak solution
稀释/稀釋 dilution
稀释测定/稀釋測定[法] dilution metering
稀释法/稀釋法 dilution method
稀释空气/稀釋空氣 dilution air
稀释率/稀釋比 dilution ratio
稀释黏度计/稀釋黏度計 dilution viscometer
稀释瓶/稀釋瓶 dilution bottle
稀释热/稀釋熱 heat of dilution
稀[释]溶液/稀[釋]溶液 dilute solution
稀释通道/稀釋通道 dilution tunnel
稀释指示器/稀釋指示計 dilution indicator
稀疏波分复用/稀疏波分複用 coarse wavelength division multiplexer, CWDM
稀疏集/稀疏集 sparse set
稀疏模式协议无关多播/稀疏模式協定無關多播 protocol independent multicast-sparse mode
稀疏数据/稀疏資料 sparse data
稀土半导体/稀土半導體 rare earth semiconductor
稀土磁体/稀土磁鐵 rare earth magnet
稀土催化剂/稀土催化劑 rare earth catalyst
稀土钴永磁体/稀土鈷永磁體 rare earth cobalt permanent magnet, rare earth cobalt permanent magnet
稀土硅镁铁/稀土矽鎂鐵 rare earth ferrosilicon-magnesium
稀土硅铁/稀土矽鐵 rare earth ferrosilicon
稀土合金粉化/稀土合金粉化 rare earth alloy disintegration
稀土合金渣/稀土合金渣 rare earth alloy slag
稀土金属/稀土金屬 rare earth metal, rare metal
稀土球墨铸管/稀土球墨鑄管 RE treated nodular cast iron tube
稀土铁合金/稀土鐵合金 rare earth ferroalloy, RE

ferroalloy
稀土无机配合物/稀土無機複合物 rare earth inorganic complexes
稀土有机配合物/稀土有機複合物 rare earth organic complexes
稀相区/稀相區 lean phase zone
稀有金属/稀有金屬 rare metal
稀有气体/稀有氣體 rare gas
稀有气体提取设备/稀有氣體回收設備 rare gas recovery equipment
锡/錫 tin
锡箔/錫箔 tin foil
锡箔电容器/錫箔電容器 tinfoil capacitor
锡焊接触件/焊錫接頭 solder contact
锡火试金富集/錫火試金集聚 fire assay tin collection
锡基巴氏合金/錫基巴氏合金 tin base Babbitt alloy
锡伦蒸发器/倜侖蒸發器 Thelen evaporator
锡青铜/錫青銅 tin bronze
锡热析/錫汗 tin sweat
熙提/熙提 stilb, sb
熄光系数/熄光係數 extinction index
熄火/熄火 extinction
熄火极限/熄火極限 flame failure limit
熄火遮断装置/熄火跳脱裝置 flame-out trip device
熄焦车/熄焦車 coke quenching car
熄焦机/熄焦機 coke quenching machine
熄焦塔/熄焦塔 quenching station, quenching tower
熄灭器/滅火器 annihilator
熄灭阳极效应/熄滅陽極效應 anode effect terminating
膝上计算机/膝上型電腦 laptop computer
洗氨器/氨洗滌器 ammonia washer
洗尘器/洗塵器,洗淨器 scrubber
洗涤泵电动机/洗滌機馬達 washer motor
洗涤槽/沖洗槽 rinse bath
洗涤器/洗滌器,洗塵器,滌氣機 brush, scrubber, washer
洗涤塔/洗氣塔 scrubbing tower
洗涤液/洗滌液 scrubbing liquid
洗井车/洗井車 well washing truck
洗矿/洗礦 washing
洗矿槽/闊溜洗槽 strake
洗矿机/洗礦機 log washer
洗矿台/收荒槽 rag frame
洗炉/洗爐 accretion removing practice
洗牌交换链接/洗牌交換連結 shuffle exchange interconnection
洗气瓶/洗氣瓶 gas washing bottle
洗砂杯/洗砂杯 wash cup
洗脱/洗脱,淘析 elution, elute
洗脱剂/溶析液,沖提液 eluent
洗脱液/洗滌液 eluent
洗碗机/洗碟機 dishwasher
洗碗机额定洗涤容量/洗碗機額定洗滌容量 dishwasher rated dish washing capacity
洗选流矿槽/箱式溜洗槽 sluice box
洗衣机/洗衣機 washing machine
洗衣机额定洗涤容量/洗衣機額定洗滌容量 washing machine rated washing capacity
铣成形面/型銑法 form milling
铣齿/齒輪銑製 gear milling
铣床/銑床 milling machine
铣床夹具/銑床夾具 fixture for milling machine
铣刀/銑刀 milling cutter
铣螺纹/銑螺紋 thread milling
铣刨装置/切銑系統 cutting and milling system
铣头/銑頭 milling head
铣头体/銑頭體 body of milling head
铣削/銑削 milling
铣削计算/銑削計算 milling calculation
铣钻床/銑鑽床 milling and drilling machine
徙动长度/遷移長度 migration length
徙动面积/移動面積 migration area
系紧螺栓/防鬆螺栓 check bolt
系梁/桁條,從梁 bowsill, stringer, tie piece
系列计算机/系列計算機 family computer
系列芯片/系列晶片 family chip
NET 系列中间件/NET 系列中介軟體 NET middle ware
系留气球/繫留氣球 captive balloon
系墙螺栓/肘節螺栓 toggle bolt
系属结构/系屬組織 lineage structure
系数/係數 coefficient
K 系数/K 因數 K factor
Y 系数/Y 因數 Y factor
系数乘法器/係數乘法器 coefficient multiplier
Y 系数法/Y 係數法 Y factor method
系数矩阵/係數矩陣 coefficient matrix
K 系数评价法/K 係數評估法 K-rating method of assessment
系索/短節繩 lanyard
系统/系統 system
CDMA 2000 系统/CDMA 2000 版本 CDMA 2000
EDGE 系统/EDGE 系統 enhanced data rates for global evolution of GSM and IS-136, EDGE

IMT-2000 系统/國際行動通訊 2000 IMT-2000
P2P 系统/P2P 系統 Peer-to-Peer system
TD-SCDMA 系统/TD-SCDMA 系統 time division synchronous CDMA, TD-SCDMA
系统安全性/系統安全性 system security
系统安装/系統安裝 system installation
系统崩溃/系統崩潰 system crash
系统边界/系統邊界 system boundary
系统编程语言/系統程式設計語言 system programming language
系统辨识/系統識別,系統辨認,系統鑒别 system identification
系统参数/系統參數 system parameter
系统测量误差/系統量測誤差 systematic measurement error
系统测试/系統測試 system testing
系统测试方式/系統測試模式 system test mode
系统差/系統差 systematic difference
系统程序/系統程式 system program
系统程序设计语言/系統程式設計語言 system programming language
系统程序员/系統程式師 system programmer
系统重复误差/重複誤差 repetitive error
系统处理砂/循環處理砂 system sand
系统存储器/記憶體系統 system memory
系统错误/系統錯誤 system error
系统带/系統帶 system tape, systap
系统带宽/系統帶寬 system bandwidth
系统的光谱透射比/系統的光譜透射比 spectral transmittance for optical system
系统地/系統地 system ground
系统颠簸/系統顛簸,往復移動 churning
系统电压表/系統電壓表 system voltmeter
系统调查/系統調查 system investigation
系统调度/系統排程 system scheduling
系统调度程序/系統排程器 system scheduler
系统调度检查点/系統排程檢查點 system schedule checkpoint
系统调用/系統呼叫 system call
系统动力模型/系統動力模型 system dynamics model
系统动力学/系統動力學 system dynamics
系统动力学模型/系統動力模型 system dynamics model
系统动能/系統動能 kinetic energy of a system
系统抖动/系統抖動 system thrashing
系统对/系統對 system pair
系统发散/系統發散 systematic divergence
系统方法/系統方式 system approach
系统仿真/系統模擬 system simulation
系统分辨力/系統解析度 system resolution
系统分解/系統分解 system decomposition
系统分派/系統調度 system dispatching
系统分析/系統分析 system analysis
系统分析报告/系統分析報告 system analysis report
系统分析员/系統分析員 system analyst
系统服务/系統服務 system service
系统辅助连接/系統輔助鏈接 system assisted linkage
系统概述/系統調查 system survey
系统高安全/系統高安全 system high security
系统高安全方式/系統高安全方式 system high-security mode
系统跟踪/系統跟催 system follow-up
系统工程/系統工程 systems engineering
系统工作栈/系統工作堆疊 system work stack
系统功能/系統功能 system function
系统攻击/系統攻擊 system attack
系统故障/系統故障 system failure
系统管理/系統管理 system administration
系统管理监控程序/系統管理監控程式 system management monitor
系统管理设施/系統管理設施 system management facility
系统管理文件/系統管理檔案 system management file
系统管理员/系統管理者 system administrator
系统规划/系統規劃 system planning
系统核心/系統核心 system nucleus
系统互连/系統互連 system interconnection
系统化支护/有規律支架 systematic support
系统环境/系統環境 system environment
系统活动/系統活動 system activity
系统级综合/系統位準合成 system level synthesis
系统集成/系統整合 system integration
系统集结/系統聚合 system aggregation
系统监理/系統監理 system surveillance
系统兼容性/系統相容性 system compatibility
系统建模/系統建模 system modeling
系统结构/結構,架構 architecture
系统进程/系統處理 system process
系统进化足迹法/系統進化足跡法 phylogenetic footprinting
系统矩阵/系統矩陣 system matrix
系统开发/系統發展 system development

系统开发生命周期/系統開發生命週期 system development life cycle
系统开销/系統管理負擔 system overhead
系统可靠性/系統可靠性,系統可靠度 system reliability
系统可扩展性/系統可擴展性 system expandability
系统可维护性/系統可維護性 system maintainability
系统可行性/系統可行性 system feasibility
系统可用性/系統可用性 system availability
系统控制/系統控制 system control
系统控制程序/系統控制程式 system control program
系统控制文件/系統控制檔 system control file
系统控制站/系統控制站 system control station
系统库/系統程式館 system library
系统扩充/系統擴充 system expansion
系统理论/系統理論 system theory
系统灵敏度/系統靈敏性 system sensitivity
系统流图/系統流程圖 system flow diagram
系统密钥/系統鍵 system key
系统描述/系統描述 system description
系统命令/系統命令 system command
系统命令解释程序/系統命令解譯器 system command interpreter
系统模拟/系統模擬 system simulation
系统模型/系統模型 system model
系统目标/系統目標 system objective
系统目录/系統目録 system directory
系统目录表/系統目録列表 system directory list
系统内核/系統核心 system kernel
系统盘/系統磁碟 system disk
系统盘组/系統磁碟組 system disk pack
系统配置/系統組態 system configuration
系统偏差/系統偏差,系統離差 system deviation
系统漂移/系統漂移 systematic drift
系统评价/系統評估 system evaluation
系统破坏者/蓄意破壞系統者 system saboteur
系统启动/系統啟動 system start-up
系统确认/系統驗證 system validation
系统任务/系統任務 system task
系统任务集/系統任務集 system task set
系统日志/系統日志 system journal
系统容错/系統容錯 system fault tolerance, SFT
系统软件/系統軟體 system software
系统设计/系統設計 system design
系统设计报告/系統設計報告 system design report
系统设计规格说明/系統設計規格 system design specification
系统审计/電腦系統稽核 system audit
系统渗透/系統穿透 system penetration
系统升级/系統昇級 system upgrade
系统生成/系統產生 system generation
系统生命周期/系統生命週期 system life cycle
系统生物学/系統生物學 systems biology
系统生物学标记语言/系統生物學標記語言 Systems Biology Markup Language
系统实施/系統實施 system implementation
系统实现/系統實現 implementation of system
系统实用程序/系統公用程式 system utility program
系统死锁/系統死鎖 system deadlock
系统锁/系統鎖 system lock
系统提示符/系統提示符 system prompt
系统体系结构/系統架構 system architecture
系统同构/系統同構 system isomorphism
系统同态/系統學 system homomorphism
系统统计分析/系統統計分析 system statistical analysis
系统退化/系統退化 system degradation
系统完整性/系統完整性 system integrity
系统维护/系統維護 system maintenance
系统维护处理机/系統維護處理機 system maintenance processor
系统维护日志/系統維護日志 system maintenance journal
系统文档/系統文件製作 system documentation
系统文件/系統檔案 system file
系统文件夹/系統文件夾 system folder
系统误差/系統誤差 systematic error, system error
系统性故障/系統性故障 systematic fault
系统性能/系統效能 system performance
系统性能监视器/系統效能監視器 system performance monitor
系统性失效/系統性失效 systematic failure
系统修正/系統修正 systematic correction
系统需求/系統需求 system requirement
系统学/系統論 systematology
系统验证/系統驗證 system verification
系统页表/系統頁表 system page table
系统优化/系統最佳化 system optimization
系统油/系統油 system oil
系统运行记录/系統録志 system log
系统运行记录文件/系統録志檔 system log file
系统再启动/系統再啟動 system restart
系统诊断/系統診斷 system diagnosis

系统支持/系統支援 system support
系统执行程序/系統執行 system executive
系统中断/系統中斷 system interrupt
系统中断请求/系統中斷請求 system interrupt request
系统中央处理器时间/系統中央處理器時間 system CPU time
系统驻留卷/系統常駐卷 system resident volume
系统驻留区/系統常駐區 system residence area
系统转轨/系統轉換 system conversion
系统装配/系統組合 system assembly
系统装入程序/系統載入器 system loader
系统状况/系統狀態 system status
系统状态/系統狀態 system state
系统资源/系統資源 system resource
系统资源管理/系統資源管理 system resource management
系统资源管理程序/系統資源管理器 system resource manager
系统最优化/系統最佳化 system optimization
系值/系值 train value
系主/擁有者,所有者,文件主編人 owner
细胞磁测量术/細胞磁場量測術 cytomagnetometry
细胞电位传感器/細胞電位感測器 cell potential transducer
细胞模拟/細胞模擬 cell simulation
细胞生物学/細胞生物學 cell biology
细胞阵列处理机/格狀陣列處理機 cellular array processor
细胞自动机/格狀自動機 cellular automata
细齿锯片铣刀/細齒金屬開縫鋸 metal slitting saw with fine teeth
细锉刀/細銼刀 finishing file
细度/[精]細度,粒度 fineness
细度比/細度比率 fineness ratio
细分曲面/細分曲面 subdivision surfaces
细粉分离器/旋風式收集器 cyclone collector, finely pulverized coal classifier
细粉砂/細土粉 fine silt
细化/細化 thinning
细化分析/細化分析 zoom analysis
细化晶粒热处理/結構晶粒精煉 structural grain refining
细化温度/精細溫度 refining temperature
细节对比度/細部反襯度 detail contrast
细晶超塑成形/細晶超塑成形 fine crystal superplastic forming
细晶低碳钢/模用鋼片 plastalloy
细晶粒钢/細晶粒鋼 fine grained steel
细颈瓶/細頸瓶 narrow necked bottle
细聚焦X射线管/細焦X射線管 fine focus X-ray tube
细菌/細菌 bacterium
细菌程序/細菌程式 bacterial procedure
细菌计数腔/數菌盤 bacteria counting chamber
细菌培养皿/細菌培養皿 bacteriological culture dish
细颗粒/微顆粒 fine particle
细口烧瓶/細口燒瓶 narrow mouth flask
细矿团化/團礦作用,球結作用 pelletization
细粒度/細粒度 fine grain
细滤清器/精細濾器 fine filter
细磨/細磨 fine grinding
细磨边/細磨邊 finely ground edge
细泥砂浆/細泥砂漿 finishing loam
细筛/精篩 fine screen
细丝/燈絲,絲極 filament
细碎/細碎 fine crushing
细碎机/細級碎機 fine crusher
细索引/微索引 fine index
细弹簧/游絲 hair spring
细调/微調 fine tuning
细网筛/精篩 fine screen
细微裂纹/表面亂裂 crazing
细[纹]锉/細銼 fine file
细线以太网/細線乙太網路 thin wire Ethernet
细牙螺纹/細牙螺紋 fine thread
细针马氏体/細麻田散體 fine martensite
细致平衡/細致平衡 detailed balancing
细珠光体/粒狀波來體,吐粒散體 fine pearlite, troostite
隙长/間隙長度 gap length
隙方位角/間隙方位 gap azimuth
隙缝辐射器/槽孔輻射器 slot radiator
隙缝天线阵/開槽天線陣列 slot array
隙规/測隙規,間隙規 gap gage
隙宽/間隙寬度 gap width
隙散布/間隙散布 gap scatter
隙深/間隙深度 gap depth
匣钵/匣缽 sagger
狭缝灯/狹縫燈 slit lamp
狭缝分光镜/狹縫分光鏡 slit spectroscope
狭缝焦点射线照相/焦斑狹縫照射術 focal spot slit radiogram
瑕点/缺陷 flaw
瑕点位置/瑕疵位置 flaw location
下贝氏体/下貝氏體,下變韌體 lower bainite

下边带/下邊帶 lower sideband, LSB
下边带通信/下邊帶通信 LSB communication
下变频/下變頻 down conversion
下变频器/降頻器 down converter
下标变量/右下角變數 subscripted variable
下播状态/下播狀態 lower broadcast state
下车/下車 underchassis
下沉系数/地陷率 subsidence factor
下齿面/下齒面 dedendum flank
下冲/下衝 undershoot
下冲断层/俯衝斷層 underthrust
下冲转速/下衝轉速 undershoot speed
下传动压力机/下傳動壓力機 under-drive press
下导管/下導管,下水管 downcomer pipe
下风向式风力机/下風向式風力機 down wind type wind turbine
下伏层/下伏層 underlying bed
下规范限/規格下限 lower specification limit, LSL
下滑信标/下滑信標 glide path beacon
下灰车/下灰車 pneumatic cement-discharging tanker
下回转塔式起重机/下回轉塔式起重機 low level slewing tower crane
下级问题/下級問題 lower level problem
下降/下降 descend, decline
下降阀/下降閥 lowering valve
下降管/下降管,下導管 downcomer, down take
下降火道/下降火道 down flow flue
下降深度/下降深度 load lowering height
下降深度限位器/下降深度限位器 lowering limiter
下降时间/下降時間,衰減時間 fall time
下降速度/下降速率 lowering speed
下降速度控制阀/下降速度控制閥 lowering speed control valve
下降特性/下降特性 falling characteristic
下降沿/下降邊緣 falling edge
下铰接点/下鉸接點 lower link point
下卷曲机/下卷機 downcoiler
下拉杆传感/下拉桿感測 lower link sensing
下拉式菜单/下拉項目表,懸垂功能表 pull-down menu
下料/下料 unloading
下路并继续/下路并繼續 drop and continue
下落角/下落角 angle of fall
下马氏体点/麻田散體終温 martensite finish temperature
下模/下模,下砂箱 drag, bottom part
下模托板/底板 bottom plate
下盘/底盤 foot wall
下盘斜井/底磐斜井 underlay shaft
下喷式焦炉/下噴式煉焦爐 under-jet coke oven
下偏差/下偏差,下尺寸差,低離差 lower deviation
下切深度/底切深度 undercut
下切式剪切机/下切式剪切機 down cutting shears
下砂箱/下砂箱,下模箱 drag flask
下视镜/下視鏡 under-view mirror
下水道清洗车/下水道清洗車 sewer cleaning vehicle
下塔/下塔 lower column
下推/下推 pushdown
下推表/下推列表,下推串列 pushdown list
下推队列/下推隊列 pushdown queue
下推[后进先出]存储器/下推儲存器 pushdown storage
下推后进先出寄存器/下推暫存器 pushdown register
下推式存储器/下推儲存器 pushdown storage
下推自动机/下推自動機 pushdown automaton
下挖深度/下挖深度 depth of low gathering
下吸式煤气发生炉/下吸式煤氣發生爐 downdraft gas producer
下限/下限 lower limit
下限类别温度/下限類别温度 lower category temperature
下限温度/下限温度 lower limit temperature
下陷量/下沈量 sinkage
下向分层充填法/下向充填法 underhand cut and fill stoping
下向梯段式回采/頂部光進開採法 heading and bench mining
下芯/裝砂心 core setting, coring up
下芯骨/裝砂心骨 rodding
下芯机/置砂心機 core setter
下芯样板/下芯模板 core setting template
下行链路/下行鏈路,下行線路 down link
下行梯段回采法/俯採法,下向採掘法 underhand stoping
下型/下模箱,下砂箱 drag
下型箱/下砂箱,下模箱 drag box
下悬挂点/下懸掛點 lower hitch point
下悬挂点间隙/下懸掛點間隙 lower hitch point clearance
下一代网络/下一代網路 next generation network, NGN
下一代因特网/下一代網際網路 next generation internet, NGI

下一动作函数/下次動作函數 move function
下一个头/下一個頭 next header
下一状态计数器/下次狀態計數器 next state counter
下溢/下溢 underflow
下翼缘/底法蘭 bottom flange
下阈/下閾 lower level threshold
下载/下載 download
下渣/下渣 slag carryover
下止点/下死點 bottom dead center
下置凸轮轴/下置凸輪軸 in-block camshaft
下铸/下鑄 bottom teeming
下钻分析/下鑽分析 drill-down analysis
夏比冲击试验/夏比衝擊試驗,沙丕衝擊試驗 Charpy impact test
夏比冲击值/夏比衝擊值 Charpy impact value
夏季空调/夏季空調 summer air conditioning
夏季时间/夏令時 daylight time, summer time
先导式安全阀/先導式安全閥 pilot actuated safety valve
先导式减压阀/先導式減壓閥 pilot reducing valve
先导项目/試驗性專案,先導專案 pilot project
先共晶奥氏体/初晶沃斯田鐵 proeutectic austenite
先共析体/先共析體 proeutectoid
先共析铁素体/先共析肥粒鐵 proeutectoid ferrite
先共析相/共析前晶體相 proeutectoid phase
先行分页/先行分頁 anticipatory paging
先行进位加法器/先行進位加法器 anticipatory carry adder
先行算法/預看演算法 look ahead algorithm
先行预约呼叫/預約呼叫 advance call
先行指令站/先進指令站 advanced instruction station
先进操作环境/先進作業環境 advanced operating environment
先进操作系统/高級作業系統 advanced operating system
先进车辆控制系统/先進車輛控制系統 advanced vehicle control system
先进高强度钢/先進高強度鋼 advanced high strength steel, AHSS
先进公共交通系统/先進公共運輸系統 advanced public transportation system
先进交通管理系统/先進交通管理系統 advanced traffic management system
先进控制/先進控制 advance process control
先进先出/先進先出 first in first out, FIFO
先开阀/導引閥,引示閥 pilot valve
先来先服务/先來先服務 first come first service, FCFS
先验估计/先驗估計 a priori estimate
纤分复用/光纖分類多工 fiber division multipexing, FDM
纤铁矿/纖鐵礦 lepidocrocite
纤维板/纖維板 fiber board
纤维光学/纖維光學,光纖光學 fiber optics
纤维镜/纖維鏡 fiberscope
纤维素纸/纖維素紙 cellulosic paper
纤维天平/纖維天平 fiber balance
纤维型滑石粉/纖維狀滑石 fibrous talc
纤维验电器/纖維電子視鏡 fiber electroscope
纤维状粉/纖維狀粉 fibrous powder
纤芯/纖芯 fiber core, core
纤芯偏心率/核心偏心率 core eccentricity
纤芯直径/核心直徑 core diameter
氙灯/氙燈 xenon lamp
氙灯气候试验箱/氙燈氣候試驗箱 xenon arc type climatic test chamber
氙弧灯/氙弧燈 xenon arc lamp
氙-氪激光器/氙-氪雷射 xenon-krypton laser
氙气电离检测器/氙游離檢知器 xenon ionization detector
氙闪烁计数器/氙閃爍計數器 xenon scintillation counter
氙效应/氙效應 xenon effect
氙中毒/氙效應 xenon effect
酰化作用/醯化作用 acylation
鲜奶运输车/鮮奶運輸車,集乳車 milk tanker
闲线/空線 idle line
闲置/閑置 idle, free
闲置时间/閑置時間,閑時,空載時間 idle time, standby unattended time
闲置周期/閒置期 idle period
闲置状态/閑置狀態,静止狀態,空載狀態 idle state
弦/弦 string
弦长/弦長 chord length
弦齿高/弦齒高 chordal height
弦切面/正切斷面 tangential section
弦线电流计/弦線電流計 string galvanometer
弦线检流计/弦線檢流計,弦線電流計 string galvanometer
弦线静电计/弦線静電計,懸絲静電計 string electrometer
弦线示波器/弦線示波器 string oscilloscope
弦线作用/弦線作用 chordal action
衔铁/銜鐵,電樞 armature

衔铁杆/電樞桿 armature lever
衔铁线圈/電樞線圈 armature coil
显存/顯示記憶體 display memory
显气孔率/視孔隙度,虚表孔率 apparent porosity
显热/顯熱 sensible heat
显热回收器/顯熱回收器 air-to-air sensible heat exchanger
显色反应板/變色反應板 color reaction plate
显色浴/顯影槽 developing bath
显色指数/現色性指數 color-rendering index
显示/顯示 display
显示板/顯示板 display panel
显示处理器/顯示處理器 display processor
显示磁鼓/顯示磁鼓 display drum
显示单元/顯示單元 display unit
显示灯/顯示燈,指示燈 display lamp
显示范围/指示範圍 indicating range
显示方式/顯示模式 display mode
显示格式/顯示格式 display format
显示管/顯示管 display tube
显示剂/顯示劑 developer
显示寄存器/顯示暫存器 display register
显示控制台/顯示控制檯 display console
显示屏/顯示幕 display screen
显示器/顯示器 display device, display
显示器件/顯示器件 display device
显示器荧光屏/電子螢光屏 electronic screen
显示设备/顯示設備,顯示裝置 displaying device, display device
显示算法/顯示演算法 display algorithm
显示文件/顯示檔案 display file
显示信号发生器/顯示產生器 display generator
显示仪表/顯示儀表,顯示儀器 display instrument
显示终端设备/顯示終端機 display terminal
显示装置/顯示式裝置,顯示單元 displaying device, display unit
显示装置的分辨力/顯示裝置的分辨力 resolution of a displaying device
显式并行性/外顯平行性 explicit parallelism
显式路由/外顯路由,顯見路由 explicit route
显式请求/明顯型請求 explicit request
显式预约/顯見預約 explicit reservation
显微操作器/微操縱器 micromanipulator
显微放射照相术/測微放射線像 microradiography
显微放射自显影/微波放射顯影機 microautoradiograph
显微分光光度计/顯微光譜儀 microspectrophotometer
显微分光镜/顯微分光鏡 microspectroscope
显微干涉仪/顯微干涉計 micro interferometer
显微光度计/顯微光度計 microphotometer, microdensitometer
显微光密度测定法/顯微密度量測法 microdensitometry
显微光密度计/顯微密度計 microdensitometer
显微光学技术/顯微光學技術 microoptic technology
显微极谱仪/顯微極譜儀 micropolarograph
显微镜/顯微鏡 microscope
显微镜反射镜/顯微鏡反射鏡 microscope mirror
显微镜放大率/顯微鏡放大率 magnifying power of microscope
显微镜光度计/顯微鏡光度計 microscope photometer
显微镜检查/顯微鏡學 microscopy
显微镜头/顯微物鏡 micro objective
显微镜系统/顯微鏡系統 microscopic system
显微镜载物台/顯微鏡載物臺 microscope stage
显微镜照相机/微影照相機 microphotographic camera
显微轮廓仪/顯微輪廓儀 microprofilometer
显微密度/顯微密度 microdensity
显微摄影/顯微攝影 photomicrography
显微摄影装置/顯微攝影裝置 photomicrographic device
显微术/顯微鏡學 microscopy
显微投影装置/顯微投影機 microprojector
显微透射比/顯微透射比 microtransmittance
显微图/顯微圖 micrograph
显微望远镜/顯微望遠鏡 micro telescope
显微映像器/顯微投影機 microprojector
显微硬度/顯微硬度 microhardness
显微硬度试验器/顯微硬度計 microhardness tester
显微照片/顯微像 photomicrograph
显微照相器/顯微照相裝置,照相顯微鏡 photomicroscope
显微组织/微結構 microstructure
显像管/映像管,影像管,視頻管 picture tube, video tube, image tube
显性板形/顯性板形 dominant shape
显性知识/外顯知識 explicit knowledge
显影/顯影 development
显影灰雾/顯影霧底 development fog
显影机/顯影機,顯色機 developing machine
显影剂/顯影劑,影像劑 developer
显著性结果/顯著性結果 significant result
显著性水平/顯著性水平,顯著性水準 significance

level, level of significance
显字管/顯字[電子]管 typotron
现场测量/現場量測 on site measurement, field measurement
现场额定输出功率/現場額定輸出功率 site rated output
现场焊接/工地熔接 site weld
现场检验/現場檢驗 field inspection
现场可换单元/現場可替換單位,欄位可更換單元 field replaceable unit
现场可换件/現場可替換零件,欄位可更換零件 field replaceable part
现场可靠性试验/實地可靠度試驗 field reliability test
现场控制站/現場控制站 field control station
现场平衡仪/現場平衡設備 field balancing equipment
现场设备/現場裝置 field devices
现场升级/現場昇級 field upgrade
现场使用/現場使用 field use
现场试验/現場試驗,野外試驗 field test
现场数据/現場數據 field data
现场条件/現場條件 site condition
现场置换单元/現場可替換單位,欄位可更換單元 field replacement unit
现场主体/現場代理 field agent
现场总线/現場匯流排 field bus
现代电炉炼钢/現代電爐煉鋼 modern EAF steel making
现代控制理论/現代控制理論 modern control theory
现代冶金设备/現代冶金設備 modern metallurgical equipment
现地址寄存器/現址暫存器 current address register
现货产品/現成產品 off the shelf product
现时观测器/現時觀測器 current observer
现用目录/主動式目錄 active directory
限边馈膜生长/限邊饋膜生長 edge defined film fed growth, EFG
限带/有限頻寬 limited bandwidth
限带高斯信道/帶限高斯通道,高斯帶限通道 band limited Gaussian channel
限带滤波/帶限濾波 band limiting filtering
限定理论/界限 circumscription
限定推理/限定推理 circumscription reasoning
限动芯棒连轧管机/限制心棒連軋管機 multi-stand pipe mill, MPM, retained mandrel pipe mill
限额状态/限額狀態 derated state
限幅/限幅 amplitude limiting
限幅放大器/限制放大器 limiting amplifier, clipper amplifier
限幅鉴频器/窗形鑒別器 window discriminator
限幅器/限幅器 amplitude limiter
限负荷运行/負載極限操作 load limit operation
限矩型液力偶合器/限矩型液力偶合器 load limiting type of constant filling fluid coupling
限累模式/有限空間電荷積累模式 limited space charge accumulation mode, LSA mode
限量充装阀/限量充裝閥 filling limit valve
限流电抗器/限流電抗器 current limiting reactor, current-limiting reactor
限流电阻器/限流電阻器 current limiting resistor
限流继电器/限流繼電器 current limiting relay
限流器/限流器,限制器 current limiter, restrictor
限流特性/限流特性 current limiting characteristic
限期/時限 time limit
限失真信源编码理论/[訊息]率失真理論 rate distortion theory
限速二极管/限速二極體 limiting velocity diode
限速防坠装置/限速防墜裝置 drop preventing device for carriage
限速器/超速調節器 overspeed governor
限速输送机/檔板鏈條輸送機 retarding conveyor
限位开关/限制開關 limit switch
限位器/制動器 limiting device
限位装置/限位元裝置 caging device
限压阀/限壓閥 pressure limiting valve
限值/極限值 limiting value
限值测试/限值測試 limit test
限值范围/限制值範圍 range of limiting value
限制/限制 restrict
限制函数/限制函數 restraint function
限制检测器/偏極限偵測器 off-limit detector
限制空间电荷积累/限制空間電荷聚積 limited space charge accumulation
限制空间电荷累积二极管/限制空間電荷累積二極體 limited space charge accumulation diode
限制宽展/限制展開 limited spread
限制流量/限制流量 limited flow
限制器/限制器,限流器 limit stop, limiting device
限制性压缩强度/限制性壓縮強度 confined compressive strength
线/線路 line, wire
A线/甲線 line A
B线/乙線 line B
C线/丙線 line C

线、板卷材打捆机/線材打捆機 coil binding machine
线棒绝缘/線棒絶緣 bar insulation
线爆喷涂/線爆噴塗 wire explosion spraying
线表/線路表 line list
线材/線料,線棒 wire, wire rod
线材挤压/線材擠壓 wire rod extrusion
线材剪切机/線材剪切機 wire shears
线材卷/線材卷 wire coil
线材拉拔/線材拉製 wire drawing
线材扭转试验机/線材扭轉試驗機 wire torsion tester
线材输送装置/線材輸送裝置 wire feeder device
线材轧机/線材軋機 wire rod mill
线材轧制/線材軋製 wire rod rolling
线材制品/線材製品 wire rod product
线测试/線測試 wire test
线程/線程 thread
线程池/執行緒池 thread pool
线程调度/引線排程 thread scheduling
线程管理/執行緒管理 thread management
线程结构/引線結構 thread structure
线担/線擔 cross arm
线电离/直線游離 linear ionization
线电流/線電流 line current, filament current
线电压/線電壓 line voltage
线电阻/線路電阻 line resistance
线段/節,段 section
线段裁剪/線截割 line clipping
线对/線對 line pair
线对增容/配對增益 pair gain
线方程式/線方程式 line equation
线分辨力/線條解析度 line resolution
线光源/線性光源 linear light source
线规/線規 wire gage
线或/線或 wired-OR
线积分/線積分 line integral
线畸变/線路失真 line distortion
线极化/線性極化,線性偏振 linear polarization, line polarization
线加速度传感器/線加速度感測器 linear acceleration transducer
线加速度记录器/線性加速記錄器 linear accelerograph
线间变压器/線變壓器 line transformer
线间进入/線間進入 between-the-lines entry
线检索/線路檢索 line retrieval
线脚托座/底腳墊板 footblock
线接触/線接觸 line contact
线锯/鏤鋸 coping saw
线聚焦管/線聚焦管 line focus tube
线卷压紧机/線卷壓緊機 coil compressor
线宽/線寬 line width
线框/線框 wire frame
线扩散函数/線展開函數 line spread function
线扩展函数/線擴展函數 line spread function
线缆敷设规划/線纜敷設規劃 cabling laying plan
线缆调制解调器/有線電視數據機,纜線數據機 cable modem, CM
线离子密度/直線離子密度 linear ion density
线列传声器/線列麥克風 line microphone
线灵敏度/線靈敏度 line sensitivity
线流/線流 linear flow
线路/線路 line, routing
线路板/電路板 circuit board
线路编码/線路編碼 line encoding
线路参数/傳輸線參數 line parameter
线路差错/線路誤差 line error
线路倒换/線路交换 line switching
线路端子/線路終端 line terminal
线路段/線區段 line section
线路分布图/譜線輪廓 line profile
线路复杂性/電路複雜性 circuit complexity
线路继电器/呼叫替續器 calling relay, line relay
线路交换/電路交换 circuit switching
线路空闲/線路閑置 line idle
线路连接板/插頭板 plugboard
线路码/線編碼 line coding
线路求值问题/電路值問題 circuit value problem
线路容量/線路容量 line capacity
线路数字速率/線路數位速率 line digit rate
线路损耗/線上耗損 line loss
线路调节/線路調節 line conditioning
线路[信号]放大器/線路放大器 line amplifier
线路压降补偿器/線路壓降補償器 line drop compensator
线路噪声/線路雜訊 line noise
线路增强器/單頻率[訊號]提昇器 line enhancer
线路中继服务/線路中繼服務 hook service
线路终端/線路終止 line termination, LT
线路柱式绝缘子/裝腳型絶緣子 line-post insulator
线路转接/電路交换 circuit switching
线密度/線密度,列密度 linear density, line density
线能量转移/線性能量轉移 linear energy transfer
线膨胀/線膨脹 linear dilatation, linear expansion
线膨胀法/線熱膨脹量測法 linear thermodilatometry

线膨胀系数/線膨脹係數 coefficient of linear expansion, linear expansivity
线偏振光/線偏振光 linear polarized light
线谱/線譜 line spectrum
β-线谱/β射線譜 beta-ray spectrum
γ线谱/γ射線能譜 gamma-ray spectrum
线驱动器/線路驅動器 line driver
线圈/線圈 coil
线圈边/線圈邊 coil side
线圈端部/端部繞組 end winding
线圈法/振動線圈法 coil method
线圈截面/線圈截面 coil section
线圈绝缘/線圈絶緣 coil insulation
线圈涨形机/線圈拉型機 coil spreading machine
线缺陷/線缺陷 line defect
线确认/列對齊 line justification
线绕变阻器/繞線變阻器 wire-wound rheostat
线绕电炉/繞線爐 wire-wound furnace
线绕电位计/繞線電位計 wire-wound potentiometer
线绕电位器/繞線電位計 wire-wound potentiometer
线绕电阻/繞線電阻器 wire-wound resistor
线绕电阻元件/線繞電阻元件 wire-wound resistive element
线热膨胀力/線熱膨脹力 linear thermal expansive force
线热膨胀率/線熱膨脹率 linear thermal expansion ratio
线三角/金屬線三角 wire triangle
线扫描仪/線掃描器 wire scanner
线色散率/線色散率 linear dispersion
线栅透镜天线/線閘極透鏡天線 wire grid lens antenna
线矢量/線向量 line vector
线收缩/線收縮 linear shrinkage
线衰减/線路衰減 line attenuation
线速/線速率 line speed
线速度/線速度 linear velocity
线速度传感器/線速度感測器 linear velocity transducer
线速度矩阵/線速度矩陣 linear velocity matrix
线索二叉树/穿線二元樹 threaded binary tree
线弹性断裂力学分析/線彈性破壞力學 linear elastic fracture mechanics
线天线/線天線 wire antenna
线条检测/線路檢測 line detection
线网除雾器/線網除霧器,線網除濕器 wire-mesh demister
线位移/線位移 linear displacement
线纹比较仪器/線紋比較儀 linear comparator
线纹米尺/標準尺 standard meter
线稳线振荡器/線路穩定振盪器 line-stabilized oscillator
线形/線形,頻譜形 line shape
线形天线/線天線 wire antenna
线形阵列天线/線形陣列天線 linear array antenna
线形装药/線形裝藥 string loading
线型/線型,線式樣 line style
线型叠加/線性重疊 linear superposition
线性/線性 linear
线性逼零均衡/線性逼零等化 linear zero forcing equalization
线性编码/線性編碼 linear encoding
线性编码器/線性編碼器 linear encoder
线性变化/線性變異 linear variation
线性变换/線性轉換 linear transformation
线性变换器/線性換能器 linear transducer
线性变压器/線性變壓器 linear transformer
线性标度尺/線性標度 linear scale
线性表/線性串列 linear list
线性测量仪器/線性量測儀器 linear measuring instrument
线性测试信号发生器/線性測試產生器 linearity test generator
线性超前/線性超前 linear lead
线性程序变温器/線性程序昇溫器 linear temperature programmer, LTP
线性迟滞/線性遲滯 linear retardation
线性尺寸/線性尺寸 linear dimension
线性代数/線性代數 linear algebra
线性电势扫描法/線性掃描伏安法 linear sweep voltammetry, LSV
线性电位计/線性電位計 linear potentiometer
线性电源/線性電源 linear power supply
线性电子加速器/線性電子加速器 linear electron accelerator
线性定常控制系统/線性定常控制系統,線性時間不變控制系統 linear time invariant control system
线性动量/線性動量 linear momentum
线性独立/線性獨立 linear independent
线性度/線性度 linearity
线性-对数检测器/線性-對數檢測器 lin-log detector
线性二次型高斯控制/線性二次型高斯控制 linear quadratic Gaussian control
线性二次型控制/線性二次型控制 linear quadratic control

线性范围/線性範圍 linearity range
线性放大/線性放大 linear magnification
线性放大器/線性放大器 linear amplifier
线性非平衡过程/線性非平衡過程 linear non-equilibrium process
线性分布/線性分布 linear distribution
线性分层器/線性量化器 linear quantizer
线性分级结/線性斜變接面 linearly-graded junction
线性分级杂质分布/線性斜變雜質分布 linearly-graded impurity distribution
线性分析/線性分析 linear analysis
线性功率放大器/線性功率放大器 linear power amplifier
线性攻击/線性攻擊 linear attack
线性估测/線性估測,線性估計 linear estimation
线性归结/線性分解 linear resolution
线性归结演绎/線性歸結演繹 linear resolution deduction
线性规划/線性規劃,線性程式 linear programming
线性化/線性化 linearization
线性化方法/線性化技術 linearization technique
线性化模型/線性模型 linearized model
线性环节/線性元件 linear element
线性缓变结/線性緩變接面 linear graded junction
线性缓冲器/線性緩衝器 linear buffer
线性回归/線性迴歸 linear regression
线性极化/線性極化 linear polarization, liner polarization
线性极化波/線性極化波 linearly polarized wave, linear polarized wave
线性集成电路/線性積體電路 linear integrated circuit
线性计算元件/線性計算元件 linear computing element
线性加速定理/線性加速定理 linear speedup theorem
线性加速度/線性加速度 linear acceleration
线性加速器/線性加速器 linear accelerator
线性检波/線性檢波 linear detection, linear detenction, envelope demodulation
线性检波器/線性檢波器,線性檢測器 linear detector
线性检测/線性檢測 linearity test
线性接收器/線性接收機 linear receiver
线性结构/線性結構 linear structure
线性解调/包絡解調 envelope demodulation
线性界限自动机/線性界限自動機 linear bounded automaton
线性卷积/線性折積 linear convolution
线性均衡/線性等化 linear equalization
线性可变差动变压器/線性可變差動變壓器 linear variable differential transformer
线性孔径分布/線性孔徑分布 linear aperture distribution
线性控制/線性控制 linearity control
线性控制系统/線性控制系統 linear control system
线性控制系统理论/線性控制系統理論 linear control system theory
线性块编码/線性區塊編碼 linear block coding
线性块码/線性[區]塊碼 linear block code
线性棱镜光栅/線性棱鏡光柵 linear prismatic grating
线性量化器/線性量化器 linear quantizer
线性量子图灵机/線性量子杜林機 linear quantum Turing machine
线性流水线/線性管線 linear pipeline
线性率表/線性率表 linear ratemeter
线性滤波器/線性濾波器 linear filter
线性码/線性碼 linear code
线性内插/線性內插法 linear interpolation
线性能量/線能量 linear energy
线性判别分析/線性判別分析 linear discriminant analysis
线性膨胀/線性膨脹 linear expansion
线性平面波极化/線性平面波極化 linear plane wave polarization
线性散射/線性散射 linear scattering
线性扫描/線性掃描 linear sweep
线性扫描速率/線性掃描速率 linear sweep rate
线性失真/線性失真 linear distortion
线性时变控制系统/線性時變控制系統,線性時間變動控制系統 linear time varying control system
线性时基/線性時基 linear time base
线性时态逻辑/線性時態邏輯 linear temporal logic
线性视频放大器/線性視頻放大器 linear video amplifier
线性适配/線性調適,線性適應 linear adaptation
线性适应元/適應線性元件 adaline
线性组合/線性組列,線性陣列 linear array
线性衰减系数/線性衰減係數,直線衰減係數 linear attenuation coefficient
线性搜索/線性搜尋 linear search
线性泰勒分布/線性泰勒分布 linear Taylor distribution
线性弹簧/線性彈簧 linear spring
线性探查/線性探測 linear probing

线性天线/線性天線 linear antenna
线性调节器/線性調整器 linear regulator
线性调频/線性調頻 linear frequency modulation, LFM
线性调频 Z 变换/線性調頻 Z 變換 chirp Z transform
线性调频转发器/調相轉發器 serrodyne
线性调制/線性調變 linear modulation
线性图像传感器/線性影像感測器 linear image sensor
线性网络/線性網路 linear network
线性唯像关系/線性唯像關係 phenomenological relation
线性位置传感器/線性位置感測器 linear position sensor
线性位置执行器/線性位置致動器 linear position actuator
线性文法/線性文法 linear grammar
线性误差/線性[度]誤差 linearity error
线性吸收系数/線性吸收係數 linear absorption coefficient
线性系统/線性系統 linear system
线性系统仿真/線性系統模擬 linear system simulation
线性相关/線性相依 linear dependent
线性相关的/線性相關 linearly dependent
线性响应/線性響應 linear response
线性相位/線性相位 linear phase
线性相位滤波器/線性相位濾波器 linear phase filter
线性消光系数/線性消光係數 linear extinction coefficient
线性信道接收机/線性通道接收機 linear channel receiver
线性形变/線性變形 linear deformation
线性旋转变压器/線性旋轉器 linear revolver
线性颜色空间/線性顏色空間 linear color space
线性演绎/線性演繹 linear deduction
线性应变/線性應變 linear strain
线性有界自动机/線性界限自動機 linear bounded automaton
线性语言/線性語言 linear language
线性预报/線性預測 linear prediction
线性预测/線性預測 linear prediction
线性预测编码/線性預估編碼 linear prediction coding, LPC
线性运动/直線運動 linear motion
线性增量调制/線性增量調變 linear delta modulation, LDM
线性阵列/線性陣列,線性組列 linear array
线性振荡/線性振盪 linear oscillation
线性整流器/線性整流器 linear rectifier
线性直读式温度计/線性直讀式溫度計 linear direct reading thermometer
线性转换/線性轉換 linear conversion
线性装置/線性單元 linear unit
线性阻尼/線性阻尼 linear damping
线性阻止本领/線性阻止本領 linear stopping power
线性最优控制系统/線性最佳化控制系統 linear optimal control system
线延迟/線延遲 wire delay
线应变计式传感器/線型應變換能器 wire strain gage transducer
线源/線源 line source
线匝/轉,匝 turn
线闸极透镜天线/線閘極透鏡天線 wire grid lens antenna
线长大速度/線性生長速度 linear growth rate
X 线照相/X 線照相 cineradiography
线振子/線性振盪器 linear oscillator
线轴/繞線管,線圈架 bobbin
线轴式绝缘子/圓柱形絕緣子,直腳絕緣子 spool insulator
线状夹杂物/線狀夾雜物 inclusion line, line inclusion
线状晶体管/絲形電晶體 filamentary transistor
线坐标/線坐標 line coordinates
陷波滤波器/陷波濾波器 notch filter
陷波器/陷波器 wave trap
陷光器/光阱 light trap
陷光探测器/陷光探測器 trap detector
陷阱/設陷阱 entrapment
陷阱能级/陷阱能階 trap energy level
陷落角/陷落角 caved angle
陷门/陷阱門 trapdoor
陷门单向函数/陷阱門單向函數 trapdoor one-way function
陷门函数/限門函數 trapdoor function
陷门密码体制/陷阱門密碼系統 trapdoor cryptosystem
霰弹袋试验/霰彈袋試驗 shot bag test
相伴矩阵/伴隨矩陣 companion matrix
相等/相等,等式 equality
相对标准不确定度/相對標準不確定度 relative standard uncertainty
相对标准测量不确定度/相對標準量測不確定度

relative standard measurement uncertainty
相对表面吸收剂量/相對表面吸收劑量 relative surface absorbed dose
相对布尔梅斯特点/相對布爾梅斯特點 relative Burmester point
相对测量/比較測定 relative measurement
相对磁导率/相對磁導率 relative permeability
相对单位/相對單位 relative unit
相对等效质量/相對等效質量 relative equivalent mass
相对地址/相對位址 relative address
相对地址编码/相對位元址編碼 relative address coding, RAC
相对电离层吸收仪/游離層輻射吸收計 riometer
相对电容率/相對電容率 relative permittivity, relative capacitivity
相对分贝数/相對分貝數 decibel relative, dBR
相对高度/相對高度 relative altitude, relative height
相对功率/相對功率 relative power
相对光度因子/相對亮度因子 relative luminosity factor
相对光谱分布/相對光譜分布 relative spectral distribution
相对光谱响应/相對光譜響應,相對頻譜響應 relative spectral response
相对光谱响应度/相對光譜響應度 relative spectral responsivity
相对光学大气质量/相對光學空氣量 relative optical air mass
相对化/相對化 relativization
相对化递归定理/相對化遞回定理 relativized recursion theorem
相对化定理/相對化定理 relativized theorem
相对化枚举定理/相對化枚舉定理 relativized enumeration theorem
相对化算术层谱/相對化算術層譜 relativized arithmetical hierarchy
相对化停机问题/相對化停機問題 relativized halting problem
相对挥发度/相對揮發度 volatility relative
相对活度/相對活度,相對活性 relative activity
相对极心/相對極心 relative pole
相对加速度/相對加速度 relative acceleration
相对校准/相對校準 relative calibratiion
相对节距/相對節距,相對螺矩 relative pitch
相对介电常数/相對介電常數,相對介電係數 relative dielectric constant
相对精密度/相對精密度 relative precision
相对离心场/相對離心場 relative centrifugal field
相对离心力/相對離心力 relative centrifugal force
相对灵敏度/相對靈敏度 relative sensitivity
相对流量系数/相對流量係數 relative flow coefficient
相对论/相對論 relativity
相对论磁控管/相對論磁控管 relativistic magnetron
相对论群聚/相對論群聚 relativistic bunching
相对论性质量/相對論質量 relativistic mass
相对螺旋运动/相對螺旋運動 relative screw motion
相对密度/相對密度 relative density
相对磨损/相對磨損 relative wear
相对磨损率/相對磨損率 relative wear rate
相对耐磨性/相對耐磨性 relative wear resistance
相对黏度/相對黏度 relative viscosity
相对漂移/相對漂移 relative drift
相对频率/相對頻率 relative frequency
相对谱能量分布/相對[光]譜能量分布 relative spectral energy distribution
相对日照时间/相對日照期間 relative sunshine duration
相对色刺激函数/相對色刺激函數 relative color stimulus function
相对湿度/相對濕度 relative humidity
相对湿度可调范围/相對濕度可調範圍,相對濕度調整範圍 relative humidity adjustment range
相对死点/相對死點 relative anchor point
相对速度/相對速度 relative velocity
相对速度瞬心/相對速度暫態中心 instantaneous center of relative velocity
相对推力/相對力 relative force
相对位移/相對位移 relative displacement
相对位置/相對位置 relative position
相对稳定性/相對穩定性 relative stability
相对误差/相對誤差 relative error
相对弦长参数化/相對弦長參數化 relative chord length parameterization
相对响应度/相對響應度 relative responsivity
相对相移/差分相移 difference phase shift
相对象素选位编码/相對元素位元址指定編碼 relative element address designate coding
相对效率/相對效率 relative efficiency
相对行程/相對行程 relative travel
相对寻址/相對定址 relative addressing
相对叶高/相對葉片高 relative blade height
相对硬度/相對硬度 relative hardness
相对圆心点曲线/相對圓心點曲線 relative center-point curve

相对圆周点曲线/相對圓週點曲線 relative circle-point curve
相对运动/相對運動,相對移動 relative motion
相对增益/相對增益 relative gain
相对折射率差/相對折射率差 refractive index relative difference
相对真空计/相對真空計 relative vacuum gage
相对质量过剩/相對質量過剩 relative mass excess
相对质量亏损/相對質量虧損 relative mass defect
相对准确度/相對準確度 relative accuracy
相对总充量/相對總充量 relative total charge
相对坐标系/相對坐標系 relative coordinate system
相干长度/同調長度 coherence length
相干带宽/同調頻寬 coherence bandwidth
相干辐射/相干輻射,同步輻射 coherent radiation
相干光/相干光,同調光 coherence light
相干光定位器/相干光定位器,同調光定位器 coherent optical locator
相干光束放大器/相干光束放大器,同調光束放大器 coherent beam amplifier
相干光通信/相干光通訊 coherent optical communication
相干光系统/同調光系統 coherent light system
相干函数/相干函數 coherence function
相干检波器/同調檢波器 coherent detector
相干接收器/相干接收器,同調接收器 coherent receiver
相干解调/同調解調 coherent demodulation
相干雷达/同調雷達 coherent radar
相干逻辑/相干邏輯 relevance logic
相干脉冲积分/同調脈衝積 coherent pulse integration
相干脉冲雷达/相干脈波雷達 coherent pulse radar
相干频移键控/同調頻移鍵控 coherent frequency-shift keying
相干散射/相干散射 coherent scattering
相干时间/相干時間,同調時間 coherence time
相干探测/相干探測,相干檢測,相干偵測 coherent detection
相干调制/同調調變 coherence modulation
相干性/相干性,同調性,同調度 coherence
相干移动目标指示/同調移動目標顯示 coherent MTI
相干应答器/相干應答器 coherent transponder
相干载波恢复/同調載波回復 coherent carrier recovery
相干振荡器/相干振盪器,同調振盪器 coherent oscillator
相关/關聯 relevance
相关编码/相關編碼 correlative coding
相关测试/相依測試 dependence test
相关点/相關點 homologous points
相关反馈/關聯回饋 relevance feedback
相关方法/關聯法 correlation method
相关分析/相關分析 correlation analysis
相关分析独立生成/相依分析獨立產生 dependent analysis and independent generation
相关规则/相依規則 dependency rule
相关检测器/相關檢測器 correlation detector
相关检查/相關檢查 coherence check
相关接收机/相關接收機 correlation receiver
相关控制部件/相關控制單元 correlation control unit
相关雷达/關聯雷達 correlation radar
相关匹配/相關匹配 correlation matching
相关驱动/相關驅動 dependence-driven
相关曲线/相關曲線 correlation curve
相关色的明度/相關色的明度 lightness of a related color
相关色温/相關色溫 correlated color temperature
相关式测长仪/相關式測長儀 correlation length measuring instrument
相关探测/相關檢測 correlation detection
相关位置/相關位置 homologous positions
相关型故障/相關型故障 dependence fault
相关性/相關性 correlation
相互比较/相互比對 intercomparison
相互传递系数/互換係數 mutual exchange coefficient between two surfaces S1 and S2
相互校准/交互校正 intercalibration
相互作用长度/作用長度 interaction length
相互作用力/交互作用力 interaction force
相加点/總和點 summing point
相交特征/相交特徵 interaction feature
相交线/交叉線 intersection line
相交轴齿轮副/相交軸齒輪對 gear pair with intersecting axes
相交轴线/相交軸線 intersecting axes
相邻层/相鄰層 adjacent layer
相邻拼接/相鄰拼接 contiguous concatenation
相邻通道/相鄰通道 adjacent channel, AC
相邻信道/相鄰通道 adjacent channel, AC
相邻周节误差/相鄰節距誤差 adjacent pitch error
相啮齿面/相齧齒面 mating flank
相容估计量/相容估計 consistent estimates
相容收敛/相容收斂 consistency-convergent

相容性技术/相容性技術 consistency technique
相容性条件/相容性條件 compatible condition
相容原理/相容性原理 compatibility principle
相容硬件/相容硬體 compatible hardware
相似度查询/相似度查詢 similarity query
相似工况/相似工況 similar operating condition
相似匹配/相似匹配 similarity matching
相似性/相似性 similarity
相似性测度/相似性量測 similarity measure
相似性查找/相似性搜索 similarity search
相似性度量/相似性量測 similarity measurement
相似性弧/相似性弧 similarity arc
相似性连接/相似性連接 similarity join
相似性搜索/相似性搜索 similarity search
相似原理/相似性原理 principle of similarity
相信逻辑/可信度邏輯 belief logic
相应线/相關線 homologous lines
香农采样定理/向農抽樣定理 Shannon sampling theorem
香农定理/向農定理 Shannon theorem
香农定律/向農定律 Shannon law
香农理论/向農理論 Shannon theory
香农熵/向農熵 Shannon entropy
厢式货箱/箱車體 van body
厢式汽车/箱車 van
厢式专用运输汽车/專用貨物厢車 specialized goods van
厢式专用作业汽车/專用箱車 special purpose van
厢式自卸车/厢式傾卸車 van body tipper
箱法扩散/箱法擴散 box diffusion
箱宽/箱寬,筐寬 bin width
箱内退火/封罐退火 pot annealing
箱式淬火炉/封閉箱型淬火爐 sealed box type quenching furnace
箱式干燥器/乾燥箱 bin drier
箱式机座/箱形機座,盒形框架 box frame
箱式炉/室形爐 chamber furnace
箱式退火炉/箱形退火爐 box annealing furnace
箱形臂/箱形臂 box jib
箱形臂流动式起重机/箱形臂移動式起重機 mobile crane with box section jib
箱形刮斗/箱形括礦機 box type scraper
箱形孔型系统/箱形孔型系統 box type pass system
箱形梁 /箱形梁,盆形大梁 box girder
箱形叶轮/箱形葉輪 cased impeller
箱型板式输送机/箱型板式運送機 box conveyor
箱型锅炉/箱型鍋爐 box type boiler
箱型退火/封盒退火 box annealing
箱装式燃气轮机/箱裝式燃氣輪機 packaged gas turbine
镶齿三面刃铣刀/具插入片側銑刀 side milling cutter with inserted blades
镶齿套式面铣刀/鑲嵌刀平面銑刀 face milling cutter with inserted blades
镶齿铣刀/鑲齒銑刀 inserted blade milling cutter
镶齿钻头/嵌粒鑽頭 insert bit
镶块锻模/鑲塊鍛模 inserted forging die
镶块式模/鑲塊式模,嵌型模 insert die
镶片齿轮滚刀/鑲片齒輪滾刀 gear hob with inserted blade
镶片换热器/鑲鰭片管熱交換器 inlaid finned tube heat exchanger
镶硬质合金顶尖/鑲硬質合金頂尖 carbide tipped center
镶铸法/鑲鑄法 insert process
镶砖冷却壁/磚襯冷却壁 brick lined cooling stave
详图/詳圖 detail
详细设计/細節設計 detailed design
详细维修报告/詳細維修報告 detailed maintenance report
响度/響度 loudness
响度单位/響度單位 loudness unit
响度等级/響度標度 loudness scale
响度级/音響強度,響度位準 loudness level
响度评定值/響度額定 loudness rating
响铃字符/振鈴符元 bell character
响应/響應,反應,回應 response
响应窗口/回應視窗 response window
响应度/響應度,反應率 responsivity
响应分析/回應分析 response analysis
响应函数/響應函數 response function
响应曲线/響應曲線 response curve
响应时间/響應時間,反應時間,回應時間 response time
响应时间窗口/回應時間視窗 response time window
响应式干扰/附應式干擾 responsive jamming, adaptive jamming
响应速率/響應率 response rate
响应站/響應站 responder
向测量单位的计量溯源性/向測量單位的計量溯源性 metrological traceability to a measurement unit
向导/精靈 wizard
Z 向钢/Z 向鋼,抗層狀撕裂鋼 Z-direction steel
向后兼容性/反向相容能力 backward compatibility
向后可达性/反向可達性 backward reachability

向量/向量 vector
向量编码/向量編碼 vector coding
向量测心仪/向量測心儀 vector cardiograph
向量查找/向量搜尋 vector search
向量超级计算机/向量超級計算機,向量超級電腦 vector supercomputer
向量处理器/向量處理器 vector processor
向量电位能/向量電位能 electric vector potential
向量化/向量化 vectorization
向量化编译器/向量化編譯器 vectorizing compiler
向量化率/向量化率 vectorization ratio
向量计算机/向量電腦 vector computer
向量空间/向量空間 vector space
向量空间模型/向量空間模型 vector space model
向量李雅普诺夫函数/向量李亞普諾夫函數 vector Lyapunov function
向量量化/向量量化 vector quantization
向量流水线/向量管線 vector pipeline
向量屏蔽/向量遮罩 vector mask
向量数据结构/向量資料結構 vector data structure
向量搜索/向量搜尋 vector search
向量显示/向量顯示 vector display
向量循环方法/向量循環方法 vector looping method
向量优先级中断/向量優先順序中斷 vector priority interrupt
向量与栅格混合数据结构/組合向量與光柵資料結構 combined vector and raster data structure
向量指令/向量指令 vector instruction
向量中断/向量中斷 vector interrupt
向量阻抗计/向量阻抗計 vector-impedance meter
向列相液晶/向列相液晶 nematic liquid crystal
向前可达性/正向可達性 forward reachability
向前搜寻式演算法/向前搜尋式演算法 forward-search algorithm
向上兼容/向上相容性 upward compatibility
向上阶段回采/仰採法,向上階段採礦法 back stoping
向上式侧向凿岩机/向上式側向鑿岩機 offset stoper
向上式高频凿岩机/高頻鑿岩機 high frequency stoper
向上引用/向上引用 upward reference
向下复用/向下多工 downward multiplexing
向下加速度/自由落體加速度 downward acceleration
向下兼容/向下相容性 downward compatibility
向下力/向下力 downward force
向斜/向斜 syncline
向心泵/向心泵 centripetal pump
向心滚子轴承/徑向滾子軸承 radial roller bearing
向心加速度/向心加速度 centripetal acceleration
向心加速度影响系数/向心加速度影響係數 coefficient of centripetal acceleration effect
向心角接触轴承/徑向接觸軸承 angular contact radial bearing
向心径流式透平膨胀机/徑向流膨脹式渦輪機 radial-inflow expansion turbine
向心径轴流式透平膨胀机/徑向軸流膨脹式渦輪機 radial-axial-flow expansion turbine
向心力/向心力 centripetal force
向心模型/向心模型 centripetal model
向心球轴承/徑向滾珠軸承 radial ball bearing
向心式涡轮/向心渦輪機 centripetal turbine
向心叶轮/向心輪 centripetal wheel
向心轴承/徑向軸承 radial bearing
项/項[目] item
LR 项/LR 項 LR-item
项目/專案 entry
项目簿/專案紀錄簿 project notebook
项目管理/專案管理 project management
项目计划/專案規劃 project plan
项目进度表/專案進度表 project schedule
项目控制/專案控制 project control
项目块/登錄塊 entry block
项目属性/項目屬性 entry attribute
项目文件/專案文件 project file
项频率/術語頻率 term frequency
相/相 phase
δ 相/δ 相 delta phase
σ 相/σ 相 sigma phase
相白/相白 phase white
相比率/相比率 phase ratio
相变/相變 phase transition, phase transformation
相变超塑成形/相變超塑成形 phase changing superplastic forming
相变点/變態點 transformation point
相变点测定器/臨界點測定器 critical point tester
相变碟/相變碟 phase change disc
相变焓/相變焓 enthalpy of phase transition
相变换热锅炉/相變熱交換鍋爐 steam condensation heat transfer boiler
相变量/相位變數 phase variable
相变热/相變熱 heat of phase change
相变韧化/轉變韌化 transformation toughening
相变润滑/相變潤滑 phase change lubrication

相变随机存取存储器/相變隨機存取記憶體 phase change random access memory
相变压力/相變壓力 phase transition pressure
相变应力/相轉換應力 transformation stress
相变诱导塑性钢/相變誘導塑性鋼 transformation induced plasticity steel
相变诱发塑性/相變誘發塑性 phase transformation induced plasticity
相差板/相位板 phase plate
相差物镜/相位物鏡 phase objective
相差显微镜/相襯顯微鏡,相位差顯微鏡 phase difference microscope
相差指示器/相位差指示器 phase difference indicator
相衬度/相襯度 phase contrast
相衬显微镜/相襯顯微鏡 phase contrast microscope, phase microscope
σ相脆性/σ相脆性 σ-embrittlement
相电流/相電流 phase current
相电压/相電壓 phase voltage
相电压调整器/相位電壓調節器 phase voltage regulator
相分离器/相分離器 phase separator
相幅鉴别器/相幅鑒别器 phase amplitude discriminator
相附加器/相位變换器 phase adapter
相轨迹/相軌道 phase trajectory
相黑/相黑 phase-black
相继电器/相位繼電器 phase relay
相间变压器/相間變壓器 interphase transformer
相间信道干扰/相間通道干擾 alternate channel interference
相角/相角 phase angle
相角轨迹/相角軌跡 phase angle locus
相角计/相角計 phase-angle meter
相角指示器/相角指示器 phase-angle indicator
相界电位/膜電位 phase boundary potential
相界面/相介面 interphase boundary
相控/相位控制 phase control
相控通信卫星系统/相控通信衛星系統 phased communication satellite system
相控阵/相位陣列 phased array
相控阵雷达/相控陣雷達 phased array radar
相量/相量 phasor
相量图/相量圖 phasor diagram
相律/相律 phase rule
相敏放大器/相敏放大器 phase sensitive amplifier
相敏调制器/相位敏感調制器 phase sensitive modulator
相敏整流器/相位敏感整流器 phase sensitive rectifier
相偏/相位偏移,相位偏差 phase deviation
相频特性/相頻特性 phase frequency characteristic
相平衡/相平衡 phase equilibrium
相平面/相平面 phase plane
相平面图/相平面圖 phase plane portrait
相区邻接规则/相區鄰接規則 neighboring phase field rule
相绕组/相繞組 phase winding
相扫雷达/相起地雷達 phase scan radar
相时延/相位延遲 phase delay
相速度/相[位]速度,相速 phase velocity
相调连接器/相調連接器 phase adjustable connector
相图/相圖 phase diagram
相图计算/相圖計算 calculation of phase diagram, CALPHAD
相位/相位 phase
相位摆动/相擺動 phase swinging
相位板/相位板 phase plate
相位倍增器/相位倍增器 phase multiplier
相位比较保护/比相保護 phase comparison protection
相位比较器/相位比較器,相位比較儀 phase comparator
相位编码/相位編碼 phase coding
相位编码调制/相位編碼調變 phase encoding modulation, PEM
相位变换/相位變换 phase transformation
相位变换机/换相機 phase converter
相位变换器/换相器 phase changer
相位表/相位計 phase meter
相位补偿/相位補償 phase compensation
相位补偿器/相位補償器 phase compensator
相位补偿装置/相位補償裝置 phase compensating device
相位测量/相角量測 phase measurement
相位差/相位差 phase difference
相位差角/相差角 phase difference angle
相位常量/相位常數 phase constant
相位常数/相位常數 phase constant
相位超前/相位越前 phase lead
相位超前网络/相位超前網路 phase lead network
相位传递函数/相傳遞函數 phase transfer function, PTF
相位蝶/相位調整 phase adjustment
相位定位器/相位定位器 phase localizer

相位抖动/相位抖動　phase jitter
相位翻转/相位反轉　phase reversal
相位幅度指示器/相幅指示器　phase amplitude indicator
相位跟踪干扰计/相位追蹤干涉儀,相位追蹤干涉計　phase-tracking interferometer
相位共轭/相位共軛　phase conjugation
相位滚动/相位滾動　phase roll
相位函数/相位函數　phase function
相位基准电压/定相位電壓　phase reference voltage
相位计/相位計,相位指示器　phase meter, phase indicator
相位检测/相位檢測　phase detection
相位检测器/檢相器　phase detector
相位交点/相位交越點　phase crossover
相位角/相位角　phase angle
相位校正/相位校正　phase correction
相位校正器/相位改正器　phase corrector
相位校正装置/相位改正器　phase correcting unit
相位校准/相位校準　phase calibration
相位校准器/相位校正器　phase calibrator
相位阶跃/相位步階　phase step
相位解调/相位解調　phase demodulation
相位解调器/鎖相解調器　phase demodulator
相位聚焦/相聚焦　phase focusing
相位均衡器/相位均衡器　phase equalizer
相位空间/相位空間　phase space
相位控制/相位控制　phase control
相位控制器/相位控制器　phase controller
相位码/相位碼　phase code
相位面/相位面　phase-plane
相位匹配角/相位匹配角　phase matching angle
相位偏移/相位偏移,相位偏差　phase deviation
相位平衡继电器/相位均衡繼電器　phase-balance relay
相位谱/相位譜　phase spectrum
相位谱估计/相位譜估計　phase spectrum estimation
相位全通系统/相位全通系統　phase allpass system
相位群聚/相位群聚　phase bunching
相位扰动/相位抖動　phase jitter
相位失真/相位失真　phase distortion
相位式测距仪/相位式測距儀　phase distance meter
相位适配器/相位變換器　phase adapter
相位特性/相位特性　phase characteristic
相位调节/相位調整　phase adjustment
相位调节器/相位調節器　phase regulator
相位调整/相位調整　phase adjustment
相位调整器/相位調整器　phase adjuster
相位调制/相位調變,調相　phase modulation
相位调制器/光相位調變器　light phase modulator
相位同步机/定相同步機　phasing synchro
相位同步性/相位同步性　phase synchronism
相位同步振荡器/相位同步振盪器　phase synchronized oscillator
相位稳定度/相位穩定度　phase stability
相位误差/相位誤差　phase error
相位响应/相位響應,相位回應　phase response
相位选择器/相位選擇器　phase selector
相位延迟/相位延遲　phase delay
相位移/相位移　phase shift, phase displacement
相位移角/位移角　displacement angle
相位裕度/相位裕度,相位邊限,相位餘裕　phase margin
相位噪声/相位噪聲,相雜訊　phase noise
相位阵列天线/相位陣列天線　phase array antenna
相位指示器/相位指示器　phase indicator
相位滞后/相位延滯　phase lag
相位滞后网络/相位滯後網路　phase lag network
相位转换工况点/相位轉換工況點　phase position condition cut over
相序表/相序計　phase sequence meter
相序导纳/相序導納　cyclic admittance
相序电抗/相序電抗　cyclic reactance
相序继电器/相序繼電器,相序電驛　phase-sequence relay
相序指示器/相序指示器　phase-sequence indicator
相序阻抗/相序阻抗　cyclic impedance
相移/相移　phase shift
相移编码/相移編碼　phase shift coding
相移编码器/移相編碼器　phase shift coder
相移测量/相角量測　phase measurement
相移常数/相移常數　phase shift constant
相移传声器/移相傳聲器　phase-shift microphone
相移法/相移法　phase shift method
相移鉴频器/相移鑒頻器　phase shift discriminator
相移键控/相位移鍵　phase-shift keying, PSK
相移调制器/移相調制器　phase shift modulator
相移网络/相移網路　phase shift network
象限单元/象限單位　quadrant unit
象限静电计/象限靜電計　quadrant electrometer
象限仪/象限儀,四分儀　quadrant
像倍增器/影像倍增器　image multiplier
像差/像差,光行差　aberration
像场/像場　image field
像片镶嵌仪/鑲嵌儀　mosaicker
像片转绘仪/圖像轉繪儀　sketch master

像频/圖像頻率 picture frequency
像散/像散 astigmation
像散性/像散現象,散光 astigmatism
像散性透镜/散光透鏡 astigmatic lens
像素/像素 pixel, elemental area, picture element
像素着色器/圖元著色器 pixel shader
像位错/像差排 image dislocation
像元/像素,圖素,影像格 picture element, image cell
像增强器/像增強器,亮化器,像強化器 image intensifier
像质/影像品質 image quality
橡胶板联轴器/橡膠板聯軸器 coupling with rubber plates
橡胶波纹管机械密封/橡膠波紋管機械密封 rubber bellows mechanical seal
橡胶冲模/橡膠模 rubber die
橡胶带运输机/橡膠輸送帶 rubber conveyer belt
橡胶挡/橡皮止擋 rubber stop
橡胶盖/橡皮帽 serum cap
橡胶隔膜泵/橡膠隔膜泵 rubber diaphragm pump
橡胶管/橡皮管 rubber tubing
橡胶缓冲器/橡膠緩衝器,橡皮緩衝墊 rubber cushion
橡胶浇道口/橡膠澆道棒 rubber down gate, rubber pouring funnel
橡胶金属环联轴器/橡膠金屬環聯軸器 coupling with rubber metal ring
橡胶-金属履带/橡膠-金屬履帶 rubber-metal crawler
橡胶块联轴器/橡膠軟墊聯軸器 coupling with rubber pads
橡胶履带/橡膠履帶 rubber crawler
橡胶膜片/彈性膜 elastomer diaphragm
橡胶塑炼机/塑化機 plasticator
橡胶弹簧/橡皮彈簧 rubber spring
橡胶套筒联轴器/橡膠套筒聯軸器 coupling with rubber sleeve
橡胶轴承/橡膠軸承 rubber bearing
橡皮成形/橡皮成形 rubber pad forming
橡皮冲裁/橡皮衝裁 rubber pad blanking
橡皮管/橡皮管 rubber tubing
橡皮筋方法/橡皮筋方法 rubber band method
橡皮绝缘/橡皮絶緣 rubber insulation
橡皮拉深/橡皮拉製 rubber pad drawing
橡皮塞/橡皮塞 rubber plug
肖克莱不全位错/肖克力部分差排 Schockley partial dislocation
肖克莱二极管/肖克力二極體 Shockley diode
肖氏回跳硬度计/蕭氏反跳度計 Shore scleroscope
肖氏硬度/蕭氏硬度 Shore hardness
肖氏硬度计/蕭氏硬度計,蕭氏硬度測試器 Shaw hardness tester, Shore durometer
肖氏硬度试验/蕭氏硬度試驗,回跳硬度試驗,反跳硬度試驗 Shore hardness test, Shore scleroscope hardness test, rebound hardness test
肖氏硬度数/蕭氏硬度數 Shore scleroscope number
肖氏铸造法/蕭氏精密造模法,蕭氏製模法 Shaw process
肖特基二极管/肖特基二極體 Schottky diode
肖特基二极管端接/肖特基二極體端接 Schottky diode termination
肖特基集成注入逻辑/肖特基積體注入邏輯 Schottky integrated injection logic, SIIL
肖特基空位/肖特基空位 Schottky vacancy
肖特基势垒/肖特基位壘 Schottky barrier
肖特基势垒二极管/肖特基位障二極體 Schottky barrier diode
肖特基太阳电池/肖特基太陽電池 Schottky solar cell
消波器/消波器 wave absorber
消侧音/消側音 antisidetone
消侧音电话机/消側音電話機 antisidetone set
消除白点退火/消除白點退火 hydrogen relief annealing
消除冷硬退火/消除冷硬退火 chill removing annealing
消除应力开沟/消除應力開溝,防裂槽 stress relieving grooving
消除应力裂缝/應力消除裂縫 stress relief crack
消磁/消磁器 erasure, degauss
消磁场/退磁場,去磁場 demagnetizing field
消磁器/消磁器,去磁器 demagnetizer
消磁头/消訊磁頭 erasing head
消磁线圈/消磁線圈 demagnetizing coil
消磁振荡器/消訊振盪器 erase oscillator
消电离/去游離,去離子化 de-ionization
消电离速率/去游離率 de-ionization rate
消毒车/消毒車 sterilizing vehicle
消毒器具/消毒器 disinfector
消防泵/消防泵 fire water pump, fire pump
消防口罩/消防面罩 fire mask
消防旋塞/消防栓 fire cock
消防员电梯/消防員昇降機 firefighter elevator
消费函数/消費函數 consumption function
消费者应用/消費者應用 consumer application

消光比/消光比,消失比 extinction ratio, EX
消光计/消光式曝光計 extinction meter
消光系数/消光係數,消耗係數 extinction coefficient
消光烟度计/消光煙度計 smoke opacimeter
消耗定额/消耗定額 norm of consumption
消耗功率/消耗功率 dissipated power
消耗件/消耗零件 consumptive part
消耗因数/消耗因數 consumption factor
消弧变压器/抑弧變壓器 arc suppression transformer
消弧电抗器/消弧電抗器,消弧線圈 arc suppression reactor
消弧角/消弧角,角形避雷器,電弧角 arcing horn
消弧腔/消弧腔,爆發腔斷路器 explosion chamber
消弧线圈/消弧線圈,消弧電抗器,抑弧線圈 arc suppression reactor, arc suppression coil
消化/消化 digestion
消火栓/消防栓 fire cock
消解/消化 digestion
消解规则/分解規則 resolution rule
消喀呖音电路/消喀嚦音電路 anti-click circuit
消力池/静水池 stilling basin
消零/消零,零抑制 zero elimination
消密/消毒 sanitizing
消沫剂/消泡劑,防沫劑 anti-foam agent
消泡/消泡 defrothing
消泡剂/消泡劑 anti-foam agent, defrother
消泡器/除泡器 foam breaker
消气材料/集氣劑材料 getter material
消球差透镜/消球差[透]鏡,齊明鏡 aplanat, aplanatic lens
消球面差焦点/消球差焦點 aplanatic focus
消去法/消除法 elimination method
消散系数/耗散係數 dissipation coefficient
消色差/消色差[性] achromatism
消色差轨迹/消色差軌跡,白色軌跡 achromatic locus
消色差化/消色差化 achromatization
消色差棱镜/消色差棱鏡 achromatic prism
消色差区/消色差區 achromatic region
消色差透镜/消色差透鏡,消色差物鏡 achromatic lens, achromatic objective
消色差物镜/消色差物鏡,消色差透鏡 achromatic lens, achromatic objective
消色器/消色器 color killer
消色线/消色差軌跡,白色軌跡 achromatic locus
消声器/消聲器,消音器 muffler, silencer
消声室/消聲室,無響室,無回音室 anechoic chamber, anechoic room
消声水池/無響水槽 anechoic water tank
消失板块边界/消耗板塊邊界線 consumption plate boundary
消失模/燒失性模型 disposable pattern
消失状态/消失狀態 vanishing state
消石灰/消石灰,熟石灰 hydrated lime, slaked lime
消逝场/消逝場,衰減場 evanescent field
消逝模/衰減模態 evanescent mode
消退时限/消退時限 fading time
消息/訊息 message
EDI 消息/電子資料交換訊息 EDI message
消息编码/消息編碼 message coding
消息编排器/信息編排器 message composer
消息处理系统/信息處理系統 message handling system
消息处理型业务/訊息處置服務 message handling service
消息传递/訊息傳遞 message passing
消息传递接口/消息傳遞介面 message passing interface, MPI
消息存储单元/訊息儲存器 message storage
消息反馈/訊息回饋 message feedback
消息方式/訊息模式 message mode
消息访问代理/訊息訪問代理 message access agent
消息分组/訊息小包 message packet
消息鉴别/訊息鑒别 message authentication
消息鉴别码/訊息鑒别碼 message authentication code
消息交换/消息交换 message switching
消息流/訊息流 message flow
消息密钥/訊息金鑰 message key
消息描述/訊息描述 message description
消息排队/訊息隊列 message queueing
消息日志/訊息日志 message logging
消息同步/信息同步 message synchronization
消息型业务/訊息服務 messaging service
消像散器/消像散器 anastigmator
消像散透镜/去像散透鏡組 anastigmat
消旋体/消旋體 despinner
消旋天线/回旋天線 despun antenna
消烟除尘车/消煙除塵車 smokeless charging and dedusting car
消烟器/除煙器 smoke eliminator
消焰剂/火焰抑制劑 flame inhibitor
消焰器/消焰器,避火器 flame arrester
消音器/消音器,減聲器 muffler
消隐/留空白 blanking

消应力退火/弛力退火　stress relief annealing
消震器/消震器　shock eliminator
硝化/硝基化　nitration
硝化甘油/硝化甘油　blasting oil, nitroglycerine
硝化器/硝化器　nitrator
硝酸/硝酸　nitric acid
硝酸钠浸渍净化钢板法/硝化處理　nitralising
硝酸乙醇腐蚀液/硝酸浸蝕液　nital
销钉/銷[子]　pin
销钉管水冷壁/螺栓水管壁　stud water wall
销钉铰接/銷子接頭　pin joint
销钉连接/銷子接頭　pin joint
销合/銷合　pin closure
销合链/銷鏈　pintle chain
销键定位式喷油器/銷鍵定位式噴油器　dowel-located fuel injector
销孔输出机构/銷孔輸出機構　pin-hole type out-put mechanism
销联接/銷聯接　pinned joint
销式离合器/銷式離合器　pin-type clutch
销售预测/銷售預測　sales forecast
销抬造模机/銷擡造模機　pin-lift molding machine
销轴/樞軸　pivot
小凹/小窩　foveola
小半圆头铆钉/小半圓頭鉚釘　semi-round head rivet with small head
小背板/小背板　mezzanine
小波包基/小波封包基礎　wavelet packet basis
小波变换/小波變換　wavelet transform
小波基/小波基礎　wavelet basis
小波纹手柄轮/小波紋手柄輪　small sinuate handwheel
小波阈值法/小波閾值法　wavelet thresholding
小步语义/小步語義　small step semantics
小车变幅塔式起重机/吊車伸臂塔式起重機　trolley jib tower crane
小车回转机构/吊車回轉機構　trolley slewing mechanism
小车输送机/懸吊運送機,懸吊輸送機　trolley conveyor
小车行程限位器/小車行程限制器　crab traversing limiter
小车运行机构/小車運行機構　crab traverse mechanism
小车运行速度/小車運行速率　crab traversing speed
小车运行速度限制器/小車運行速率限制器　crab traversing speed limiter
小齿轮/小齒輪　pinion
小岛效应/小島效應　island effect
小电流充电/點滴式充電　trickle charge
小电容探头/低電容探頭　low-capacitance probe
小端/小端讀取　little endian
小端螺旋角/内蝸線角　inner spiral angle
小方坯连铸机/小方坯連鑄機　billet caster
小分子 RNA/小分子 RNA　micro RNA
小服务程序/小服務程式　servlet
小高炉/小高爐　small blast furnace, small-size blast furnace
小功率同步电动机/小功率同步電動機　small-power synchronous motor
小惯性热电偶/高速熱電偶　high-velocity thermocouple, fast thermocouple
小规模集成电路/小型積體電路　small scale integrated circuit, SSI
小规模应用重用/小規模應用重用　application reuse in the small
小滚子/小滚子　small roller
小回转半径挖掘机/最小回轉半徑挖掘機　minimal swing radius excavator
小活塞/小活塞　small piston
小键盘/小鍵盤　keypad
小焦点 X 射线管/小焦點 X 射線管　small focus X-ray tube
小角度测量仪/小角度測量儀　small angle measuring instrument
小角度发生器/小角度産生器　small angle generator
小角晶界/小角晶界　small angle grain boundary
小径间隙/小徑間隙　minor clearance
小巨型计算机/小型超級電腦　mini-supercomputer
小卡/小卡路里,色姆　small calorie, cal
小孔/[氣]孔　pore
小孔法/流動法　flow method
小孔径宽视场镜头/彎月形鏡頭　topogon lens
小口瓶/細口瓶　narrow mouth bottle
小块料/小塊料　cobbing
小立体角法/固定立體角法　constant solid angle method
小粒煤/小粒煤　grains
小链轮/小鏈輪　minor sprocket
小铃铛程序/小鈴鐺程式　tinkle-bell program
小螺距/基節　fine pitch
小平面/小平面　facet
小区分裂/社區分裂　cell splitting
小区广播中心/社區廣播中心　cell broadcast center, CBC
小区间切换/小區間切換　intercell handover

小区内切换/社區内切换 intracell handover
小扰动理论/小擾動理論 small perturbance theory
小软盘/磁片 minifloppy disk
小时燃料消耗量/時燃料消耗量 fuel consumption per hour
小手轮/小手輪 small handwheel
小数部分/分數部分 fractional part
小数砝码/小砝碼 fractional weights
小体积剂量计/小體積劑量計 small volume dosimeter
小甜饼/網路餅乾 cookie
小望远镜/雙眼式望眼鏡 opera glasses
小项/全及項 minterm
小斜齿轮/小斜齒輪 bevel pinion
小信号分析/小訊號分析 small signal analysis
小信号晶体管/小訊號電晶體 small signal transistor
小信号增益/小訊號增益 small signal gain
小型侧吹酸性转炉/杜貝納轉爐,車本納轉爐 Tropenas converter
小型冲天炉/小型熔鐵爐 cupolette
小型电池/緊致電池 compact battery
小型电容器/小型電容器 midget condenser
小型风力发电机组/小型風力發電機組 small wind turbine generator set
小型光碟/光碟 compact disc
小型锅炉/小型鍋爐 small-size boiler
小型话筒/佩帶式麥克風 lapel microphone
小型计算机/小型電腦,迷你電腦 minicomputer
小型键盘/迷你鍵盤 minikeyboard
小型客车/小型客車 minibus
小型空气分离设备/小型空氣分離設備 small scale air separation plant
小型砌块成型机/小型砌塊成型機 small block machine
小型球轴承/小型滾珠軸承 small rolling ball bearing
小型拖拉机/小型拖拉機 small tractor
小型挖掘机/小型挖掘機 compact excavator
小型无线电接收机/小型無線電接收機,袖珍型無線電接收機 miniature radio receiver
小型真空泵/小型泵 minipump
小型装载机/小型裝載機 compact loader
小型自卸车/小型自卸車 compact dumper
小应用程序/獨立應用程式 applet
Java 小应用程序/Java 小應用程式 Java applet
小油缸/小油缸 small cylinder
小枝查询/小枝查詢 twig query
小枝模式查询/小枝模式查詢 twig pattern query
小直径/小直徑 minor diameter
小铸件/小鑄件 small casting
小锥齿轮/小斜齒輪 bevel pinion
校园网/校園網路 campus network
效果散光灯/效果投影機 effects projector
效力/效力,功率效能 efficacy
效率/效率 efficiency
效率测定机/效率試驗機 efficiency testing machine
效率示踪法/效率示蹤法 efficiency tracer method
效率试验/效率試驗 efficiency test
效率试验机/效率試驗機 efficiency testing machine
效率外推法/效率外插法 efficiency extrapolation method
效益理论/效益理論 effectiveness theory
效应/效應 effect
效应代数/效應代數 effect algebra
效用函数/效用函數 utility function
效用计算/公用程式計算 utility computing
效用理论/效用理論 utility theory
楔/楔形[體] wedge
楔缝式杆柱/溝縫劈楔岩栓 slot and wedge bolt
楔管比色计/楔形比色計 wedge colorimeter
楔规/楔[形]規 wedge gage
楔焊/楔焊 wedge bonding
楔横轧/楔横軋 cross wedge rolling, wedge rolling
楔横轧机/楔横軋機 tape transverse rolling mill
楔尖式钻孔定向器/導向鑽進 whipstocking
楔键/推拔鍵 taper key
楔角/楔角 wedge angle
楔块/楔塊,止輪墊,卡瓦 wedge block, sprag
楔块机构/全棱柱對機構 wedge mechanism
楔块扩孔/楔塊擴孔 expanding with a wedge blocks
楔块离合器/楔塊離合器 sprag clutch
楔块制动器/楔刹車 wedge brake
楔塞作用/楔塞作用 wedge action
楔式高温计/光楔形高温計 wedge-type pyrometer
楔式闸阀/楔形劈刀 wedge gate valve
楔效应/楔形效應 wedge effect
楔心套/楔心套[系統] wedge catch system
楔形比计/楔形比色計 wedge colorimeter
楔形测针/楔形探針 wedge probe
楔形传输线/楔形傳輸線 wedge transmission line
楔形阀/楔形閥 wedge valve
楔形高温计/楔形高温計 wedge pyrometer
楔形过滤器/楔形濾器,楔形濾片 wedge filter
楔形黑体源/楔形黑體源 wedge shaped blackbody source

楔形进模口/楔形進模口 wedge gate, wedge runner bar
楔形空气过滤器/楔形空氣篩檢程式 expand type air filter
楔形螺栓/楔螺栓 wedge bolt
楔形千分尺/楔形測微計 wedge micrometer
楔形摄谱仪/光楔攝譜儀 wedge spectrograph
楔形试片/楔形試片 wedge test piece
楔形丝筛/楔形篩線網篩 wedge wire screen
楔形掏槽/楔形割眼式 wedge cut
楔形凸轮/楔形凸輪 wedge cam
楔形吸收器/楔形吸收器 wedge absorber
楔形销/楔形銷 wedge pin
楔形压板/楔形夾 wedge clamp
楔形压力试验/楔形壓力試驗 wedge penetration test
楔轧/楔軋 wedge rolling
楔值/楔值 wedge value
楔砖/楔形磚 wedge brick
楔子试验/楔形試驗 wedge test
歇振频率/淬熄頻率 quench frequency
协处理器/共處理機 coprocessor
协方差/共方差,共變異數,協變性 covariance
协联工况/協聯工況 combined condition
协商/協商 negotiation
协商搜索/協商搜索 negotiated search
协调/協調 coordination
协调策略/協調策略 coordination strategy
协调方程/相容方程式 compatibility equation
协调公式/一致公式 consistent formula
协调控制/協調控制 coordinated control, coordination control
协调器/協調器 coordinator
协调世界时/世界協調時 coordinated universal time, UTC
协调位置/協調位置 aligned position
协调系统/協調系統 coordination system
协同操作程序/合作程式 cooperating program
协同操作进程/合作處理 cooperating process
协同处理/共處理,合作處理 cooperative processing
协同萃取/協同溶劑萃取 synergistic solvent extraction
协同多媒体/合作多媒體 collaborative multimedia
协同多任务处理/協調式多任務 cooperative multitasking
协同工作/合作工作 collaborative work
协同过滤/過濾合作式 collaborative filtering
协同计算/合作計算 cooperative computing
协同检查点/合作檢查點 cooperative check point
协同交易处理/合作交易處理 cooperative transactional processing
协同教学/協同教學 collaborative teaching
协同聚类/協同聚類 co-clustering
协同例程/共常式相關 coroutine
协同软件工程/協同軟體工程 collaborative software engineering, CSE
协同设计/協同設計 collaborative design
协同推荐/協同推薦 collaborative recommendation
协同系统/協同系統 collaborative system
协同学/協同學 synergetics
协同训练/協同訓練 co-training
协同著作/合作著作 collaborative authoring
协议/協議,協定 protocol
H.323 协议/H.323 協議 H.323 protocol
IPv4 协议/IPv4 協議 IP version 4
IPv6 协议/IPv6 協議 IP version 6
Q3 协议/Q3 協議 Q3 protocol
X.25 协议/X.25 協議 X.25 protocol
协议版本/協定版本 protocol version, PV
协议参考模型/協定參考模型 protocol reference model
协议翻译器/協議翻譯器 protocol translator
协议分析仪/協議分析儀,協定分析儀 protocol analyzer
协议工程/協定工程 protocol engineering
协议规范/協定規格 protocol specifications
协议鉴别符/協定鑒別器 protocol discriminator
协议控制信息/協定控制資訊 protocol control information
协议模型和规约语言/協定模型和規約語言 protocol models and specification language
协议失败/協定失敗 protocol failure
协议实体/協定實體 protocol entity
协议数据单元/協定資料單元 protocol data unit, PDU
ATM 协议数据单元/ATM 規約資料單元 ATM protocol data unit, ATM-PDU
协议套/協定套 protocol suite
协议无关多播/協定獨立多播 protocol independent multicast
协议一致性测试/協議一致性測試 protocol conformance testing
协议映射/協定對映 protocol mapping
协议栈/協定堆疊 protocol stack
协议转换/協定轉換 protocol conversion
协议转换器/通訊協定轉換器 protocol converter

协议族/協議族 protocol family
协作/合作 cooperation
协作对象/合作目標 collaboration object
协作分布式问题求解/分散式合作求解 cooperative distributed problem solving
协作环境/合作環境 cooperation environment
协作事务处理/合作交易處理 cooperative transaction processing
协作体系结构/合作體系架構 cooperation architecture
协作图/協作圖 collaboration diagram
协作信息系统开发/合作資訊系統開發 collaborative information system development
协作信息主体/合作資訊代理 cooperative information agent
协作型工作流/協作型工作流 collaborative workflow
协作学习/合作學習 collaborative learning
协作知识库系统/合作知識庫系統 cooperating knowledge base system
胁强张量/應力張量 stress tensor
斜板式蝶阀/斜板式蝶閥 inclined disk butterfly valve
斜板推土机/倒向堆土機 angle dozer
斜槽/斜槽 skewed slot
斜槽进料器/斜槽進料器 chute feeder
斜撑/後支桿 back stay
斜撑式桅杆起重机/斜撐式桅杆起重機 diagonal brace derrick crane
斜齿插齿刀/螺旋式刨齒刀 helical type gear shaper cutter
斜齿轮/螺旋齒輪,斜輪,錐形輪 helical gear, bevel wheel
斜齿轮单面啮合检查仪/斜齒輪單面嚙合檢查儀 single flank gear rolling tester
斜齿轮副/螺旋齒輪對 helical gear pair
斜齿条/螺旋齒條 helical rack
斜齿锥齿轮/斜齒錐齒輪 skew helical bevel gear, skew bevel gear
斜挡圈/分離止推軸環 separate thrust collar
斜刀片剪切机/斜刀片剪切機 shears with inclined blade
斜导杆/斜導桿 cam finger
斜等轴测投影/斜等軸測投影 cavalier projection
斜二等轴测图/斜二等軸測圖 oblique two equal axes axonometric drawing
斜二轴测投影/斜二軸測投影 cabinet projection
斜方齿轮/斜方齒輪 miter gear
斜方晶体/斜方晶體 orthorhombic crystal
斜锆石/斜鋯石 baddeleyite
斜沟漏斗/斜槽漏斗 chute hopper
斜管风压计/斜管壓力計 inclined-tube manometer
斜管液面计/斜管液位計 inclined gage
斜辊式管棒矫直机/斜輥式管棒矯直機 cross roll type tube and bar straightener
斜滑断层/斜滑斷層 oblique slip fault
斜击式水轮机/斜擊式水輪機,斜衝式水輪機 Turgo turbine
斜剪机/斜剪機 bevel shear
斜交镜/傾斜鏡 inclined mirror
斜交轮胎/斜交輪胎 diagonal tire
斜交锥齿轮/斜角斜齒輪,斜交斜齒輪 angular bevel gear
斜交锥齿轮副/斜交錐齒輪副 angular bevel gear pair
斜角规/斜角規,活動量角器 bevel protractor, bevel square
斜角离心机/斜角離心機 angle centrifuge
斜截棱柱/斜截稜鏡 truncated prism
斜井开采矿/斜坑礦 slope mine
斜井开拓/斜井開拓 inclined shaft development system
斜流定桨式水轮机/固定葉片狄瑞爾斯渦輪機 fixed blade Deriaz turbine
斜流式水轮机/斜流輪機 diagonal turbine
斜流式蓄能泵/斜流式蓄能泵 diagonal storage pump
斜流通风机/斜流通風機 oblique-flow fan
斜流转桨式水轮机/半軸流可調葉片式渦輪機 Deriaz turbine
斜率/斜度 slope
斜率的微分误差/斜率的微分誤差 differential error of the slope
斜率检测器/斜率檢知器 slope detector
斜率鉴频器/斜率鑒頻器,斜率檢知器 slope discriminator, slope detector
斜率效率/斜率效率 slope efficiency
斜面锉/斜面銼,扁三角銼 cant file
斜摩擦轮/斜磨擦齒輪 bevel friction gear
斜盘式压缩机/斜盤式壓縮機 swash-plate compressor
斜盘式制冷压缩机/斜盤式冷媒壓縮機 swash-plate refrigerant compressor
斜碰/斜衝擊 oblique impact
斜坡/斜坡 ramp
斜坡电压分压器/斜坡分壓器 ramp voltage divider

斜坡函数/斜坡函數 ramp function
斜坡函数发生器/斜坡函數産生器 ramp function generator
斜坡群延迟/斜形群延遲 slope group delay
斜坡响应/斜坡響應,斜坡回應 ramp response
斜坡信号输入/斜坡輸入 ramp input
斜切机/切條機 bias cutter
斜切口连杆/斜切口連桿 obliquely split connecting rod
斜伞齿轮/歪傘齒輪 skew bevel gear
斜视/斜視,偏斜 squint
斜探头/斜角探針 angle probe
斜梯形纹螺钉/斜梯形紋螺釘 buttress thread screw
斜体/斜體 oblique
斜投影/斜投影 oblique projection
斜投影法/斜投影法 oblique projection method
斜纹刻石刀/螺紋鑿紋器 spiral burr
斜线比例尺/對角線標度 diagonal scale
斜裁带/斜帶 bias tape
斜轧/斜軋 skew rolling
斜轧穿孔/斜軋穿孔 cross piercing
斜轧穿孔延伸机/斜軋穿孔延伸機 cross roll piercing elongation mill, CPE
斜轧机/斜軋機 skew mill
斜置式发动机/斜置動力機,斜置引擎 inclined engine
斜置叶片/斜置葉片 sideling placed blade
斜轴承/斜軸承 angle pedestal
斜准器/測斜儀 slope level
谐波/諧[振]波 harmonic, harmonic wave
谐波齿轮传动/諧波齒輪傳動,諧波齒輪驅動 harmonic gear drive
谐波齿轮传动机构/諧波齒輪傳動機構,諧波齒輪驅動機構 harmonic gear drive mechanism
谐波齿轮减速器/諧波齒輪減速器 harmonic gear reducer
谐波齿轮增速器/諧波齒輪增速器 harmonic gear increaser
谐波电话振铃器/諧波電話鈴 harmonic telephone ringer
谐波电流/諧波電流 harmonic current
谐波电压/諧波電壓 harmonic voltage
谐波发生器/諧波産生器 harmonic generator
谐波放大器/諧波放大器 harmonic amplifier
谐波分量/諧波分量,諧波成分 harmonic component
谐波分析/諧波分析,調和分析 harmonic analysis
谐波分析器/諧波分析器 harmonic analyzer
谐波分析仪/諧波分析器 harmonic analyzer
谐波功率/諧波功率 harmonic power
谐波含量/諧波含量 harmonic content
谐波函数/諧波函數 harmonic function
谐波混频器/諧波混頻器 harmonic mixer
谐波畸变/諧波失真 harmonic distortion
谐波检波器/諧波檢知器 harmonic detector
谐波频率/諧波頻率,諧頻 harmonic frequency
谐波平衡器/諧波均衡器 harmonic balancer
谐波失真/諧波失真 harmonic distortion, HD
谐波失真度法/諧波失真度法 harmonic distortion method
谐波试验/諧波試驗 harmonic test
谐波消除/諧波消除 harmonic cancellation
谐波信号/諧波信號 harmonic signal
谐波因数/諧波因數 harmonic factor
谐波增压/諧波增壓 harmonic supercharging
谐波振荡/諧波振盪,諧振 harmonic oscillation
谐波振荡器/諧波振盪器 harmonic oscillator
谐间波/間諧波 interharmonics
谐量/諧波量 harmonic quantity
谐振/諧振,共振 resonance
谐振变压器/共振變壓器 resonance transformer
谐振波长/共振波長 resonance wavelength
谐振参量/共振參數 resonance parameter
谐振槽/諧振槽孔 resonant slot
谐振测量法/共振測量法 resonance method of measurement
谐振电路/諧振電路 resonant circuit
谐振电桥/共振電橋 resonance bridge
谐振电容器/共振電容器 resonant capacitor
谐振动/諧波振動 harmonic vibration
谐振蜂鸣器/共振蜂鳴器 resonance hummer
谐振管/共振管,共鳴管,腔振管 resonatron
谐振环/共振回路,共振圈 resonant loop
谐振簧片继电器/共振簧片繼電器 resonant reed relay
谐振簧片式转速测量计/共振簧片轉速計 resonant reed tachometer
谐振记录器/諧波記錄器,諧波儀 harmonograph
谐振接地系统/諧振接地系統 resonant earthed system
谐振频率/共振頻率 resonant frequency
谐振频率计/諧振頻率計 reso-meter
谐振平衡器/諧波均衡器 harmonic balancer
谐振器/諧振器,共振器 resonator
谐振腔/諧振腔,共振腔 resonant cavity, resonant chamber

谐振腔波长计/諧振腔波長計,共振腔頻率計,諧振頻率計 cavity-resonator wavemeter, cavity frequency meter, resonant-cavity wavemeter
谐振腔微波激射器/共振腔邁射 resonant cavity maser
谐振栅晶体管/共振柵電晶體 resonant gate transistor
谐振示波器/共振示波器 resonoscope
谐振式波长计/共振波長計 resonance wavemeter
谐振式传感器/諧振式傳感器,諧振式感測器 resonator sensor
谐振式频率计/共振頻率計 resonance frequency meter
谐振式平衡机/諧振式平衡機,共振平衡試驗機 resonance balancing machine
谐振线调谐器/共振線調諧器 resonant line tuner
谐振线振荡器/共振線振盪器 resonant line oscillator
谐振斜率变容放大器/諧振斜率變容放大器 reaonant slope varactor amplifier
谐振增强器/共振增強器 resonance, resonance intensifier
谐振指示器/共振指示器 resonance indicator
谐振子/諧波振盪器 harmonic oscillator
携带板式输送机/攜帶板式輸送機 portable slat conveyor
携带带式输送机/移動式皮帶運送機 portable belt conveyor
携带式磁粉探伤机/可攜磁粒探傷器 portable magnetic particle flaw detector
携带式 X 射线探伤机/攜帶式 X 射線探傷機 portable X-ray detection apparatus
携带式硬度计/攜帶式硬度計,輕便硬度計 portable hardness tester
鞋带状砂岩圈闭/鞋帶狀砂岩封閉 shoestring-sand trap
鞋计数器/鞋計數器 shoe counter
写/寫 write
写保护/寫保護 write protect
写操作/書寫動作 write operation
写冲突/寫入衝突 write conflicts
写错误/寫入錯誤,寫故障 WF
写读串扰/寫讀串擾 write to read crossfeed
写访问/寫入存取 write access
写更新协议/寫更新協定 write update protocol
写广播/寫廣播 write broadcast
写过状态/重寫狀態 dirty state
写后读/寫後讀出 read after write
写后写/寫後寫 write after write
写回/寫回 write back
写开销/寫開銷 write overhead
写脉冲/寫脈衝 write pulse
写命令/寫命令 write command
写前补偿/寫前補償,預寫補償 pre-write compensation
写任务/寫任務 writing task
写入/寫入 writing, write in
写入封锁/寫入封鎖 write lockout
写时间/寫時間 write time
写数据线/寫資料線 write data line
写速率/書寫速度 writing speed
写锁/寫鎖 write lock
写通过/寫入 write through
写无效/寫入無效 write invalidate
写选择线/寫選擇線 write select line
写一次协议/寫一次協議 write-once protocol
写直达/寫入 write through
写指令/寫指令 write instruction
写周期/寫週期 write cycle
泄放阀/洩放閥 bleeder valve
泄漏/洩漏 leak
泄漏电缆/洩漏電纜 leaky cable
泄漏电流/洩漏電流 leakage current
泄漏电阻/旁漏電阻器,分洩電阻器 bleeder resistor
泄漏辐射/洩漏輻射 leakage radiation
泄漏量/洩漏率 leakage rate
泄漏式最小均方算法/漏溢式最小均方演算法 leaky LMS algorithm
泄漏试验/壓漏試驗 leakage test
泄漏损失/漏洩損失 leakage loss
泄漏探测/洩漏偵測,檢漏 leak detection
泄漏系数/洩漏係數 leakage factor, leakage coefficient
泄漏指标器/洩漏指示器 leakage indicator
泄密/折衷 compromise
泄密发射/折衷發射 compromising emanation
泄水阀/排汙閥 drain valve
泄水口/排洩孔 drain hole
泄水箱/排放箱 drain box
泄水锥/動輪錐 runner cone
泄压阀/減壓閥 pressure release valve
泻流法/流動法 flow method
卸除/卸除,卸下 dismount
卸荷器/卸載機 unloader
卸荷式液压悬挂系/卸荷式液壓懸掛系統 hydraulic hitch system with unloading function

卸灰阀/卸灰閥 cinder valve
卸矿硐室/卸礦倉 ore dumping chamber
卸料槽/卸料槽 discharge launder
卸料车/卸料裝置 tripper
卸料斗/卸料斗 dumping body
卸料斗分隔板/卸料斗分隔板 partial partition of dumping body
卸料翻斗/卸料翻斗 discharge cradle
卸料门/卸料門 discharge gate
卸料器/卸料器 discharger
卸料悬臂端/伸臂卸物端 jib end
卸料装置/卸料裝置 discharge apparatus
卸压阀/排氣閥 relief valve
卸载硐室/卸載倉 unloading chamber
卸载阀/彈性閥 feather valve
卸载机/卸載機 unloader
卸载距离/卸載距離 dumping distance
卸载区/卸載區 unload zone
谢尔排序/希爾排序 Shell sort
蟹立爪装载机/蟹立爪裝載機 gathering and digging arm loader
蟹耙装载机/蟹耙裝載機 crab-rake loader
蟹爪装载机/蟹爪裝載機 gathering arm loader
心磁描记术/心磁描記術 magnetocardiography
心磁图/心磁圖 magnetocardiogram
心电监护仪/心電監護儀 ECG monitor
心电描记术/心電描記術 electrocardiography
心电图传感器/心電圖感測器 electrocardiography transducer
心电图描记器/心電儀 electrocardiograph, ECG
心电向量描记术/心電向量描記術 electrovectocardiography
心房脉冲产生器/心房脈衝產生器 pace maker
心功能仪/心功能儀 cardio function meter
心尖心动描记术/心尖心動描記術 apex cardiography
心理主体/心理代理 psychological agent
心盘过滤筒/濾筒 cartridge filter
心射图法/心射圖形 gnomonic projection
心形传声器/心形傳聲器 cardioid microphone
心形镘刀/心形鏝刀 large heart trowel
心形凸轮/心形凸輪 heart cam
心音传感器/心音訊號轉換器 heart sound transducer
心音图仪/心音圖儀 electrophonocardiograph
心脏除颤器/心臟除顫器 cardiac defibrillator
心脏起搏器/心臟起搏器 cardiac pacemaker
心脏线/心臟線 cardioid
心脏线运动/心臟線運動 cardioid motion
心智机理/心理機制 mental mechanism
心智能力/心理能力 mental ability
心智图像/心理影像 mental image
心智心理学/心智心理學 mental psychology
心智信息传送/心理資訊傳送 mental information transfer
心智状态/心理狀態 mental state
心轴/[旋刮板]心軸,樞軸 pivot, spindle
芯板料/備用砂心條 stock core
芯棒/心型軸 core rod
芯棒切断机/心骨切斷器 core rod cutter
芯棒轧制/心棒軋製 mandrel mlling
芯部细晶粒化/心部細粒晶化 core refining
芯材/心材 heart wood
芯骨/心骨 core rod, core scab
芯骨矫直机/心骨矯直器 core rod straightener
芯骨模/心骨模 core grid mold
芯骨模型/心骨模型 core iron printer
芯管/心骨管 core barrel
芯盒/心型盒,砂心盒 core box
芯件/晶片體 chipware
芯裂/心裂 heart shake
芯片/晶片 chip
Java 芯片/Java 晶片 Java chip
芯片尺寸/晶片尺寸 chip size
芯砂/心[型]砂 core sand
芯砂搅拌机/心砂混合機 core sand mixer
芯式变压器/心式變壓器,內鐵型變壓器 core type transformer
芯铁夹持器/砂心夾 core clamper
芯型拔出装置/心型拔出裝置 core pull assembly
芯型滑板/心型滑板 core slide
芯型透气孔/砂心通氣孔 core vent
芯柱/芯柱 stem
芯座/心[型]座 core seat
辛方法/辛方法 symplectic method
辛格顿界限/辛格頓界限 Singleton bound
辛普森碾轮式混砂机/辛浦森式混砂機 Sympson type sand mill
辛烷值/辛烷數 octane number
锌/鋅 zinc
锌白/鋅白 zinc white
锌白铜/鋅白銅,銅鋅鎳合金,洋銅 zinc-copper-nickel alloy, nickel silver
锌板/鋅板,白鐵皮 zinc plate
锌版防蚀处理/鉻酸鹽處理 cronak process
锌钡白/鋅鋇白 lithopone

锌当量/鋅當量 zinc equivalence, zinc equivalent factor
锌矾/鋅礬 zinc vitriol
锌粉/鋅粉 zinc dust
锌粉还原-碱度法/鋅粉脱氧-鹼度法 zinc powder deoxidization alkalinity method
锌粉置换法/鋅粉置換法 zinc dust precipitation
锌汞齐电解法/鋅汞齊電解法 zinc amalgam electrolysis process
锌还原法/鋅脱氧還原法 zinc deoxidization method
锌基合金模/鋅基合金模 zinc alloy die
锌基压铸合金/查馬克 Zamak
锌空气电池/鋅空氣電池 zinc air battery
锌镍蓄电池/鎳鋅電池 nickel-zinc battery
锌铁尖晶石/鋅鐵礦 franklinite
锌箱/鋅箱 zinc box
锌蓄电池/鋅蓄電池 zinc storage battery
锌银蓄电池/鋅銀蓄電池,銀鋅電池 zinc silver storage battery, silver zinc battery
新风净化器/外氣清潔器 outside air cleaner
新风空气调节机组/新鮮空氣空調機組 fresh-air-conditioning unit
新关照地址/新關照地址 new care-of address
新接入路由器/新接入路由器 new access router
新康铜电阻合金/新康銅電阻合金 novokanstant resistance alloy
新媒体/新媒體 new media
新气利用系数/捕捉係數 trapping coefficient
新认知机/新認知機 neocognitron
新砂/新砂 new sand
新生儿监护仪/新生兒監護儀 neonatal monitor
新胎尺寸/新胎尺度 new tire dimension
新闻电报/新聞電報 press telegram
新闻群种类/新聞群種類 newsgroup categories
新闻组/新聞群組,討論團體 newsgroup
新鲜混凝土和灰浆给料器/新鮮混凝土和灰漿給料器 feeder of fresh concrete and mortar
新因特网知识系统/新網際網路知識系統 new Internet knowledge system
新增装机容量/新增裝機容量 newly increased installation capacity
新蒸汽/初始蒸汽 initial steam
信包选路问题/信包選路問題 packet routing problem
信标/信標,航標,信號臺 beacon
信标跟踪/信標跟蹤 beacon tracking
信标器/信標器,標志 marker
信标站/信標站,報警站 beaconing station
信标帧/信標框 beacon frame
信串比/訊號對串音比 signal-to-crosstalk ratio
信道/通道,通路 channel
B 信道/B 通道 B channel
D 信道/D 通道 D channel
信道背景噪声/通道背景雜訊,通路背景雜訊 background noise of channel
信道编码/通道編碼 channel coding
信道编码器/通道編碼器 channel encoder
信道带宽/通道頻寬 channel bandwidth
信道分路器/分路器 channel-subdivider
信道化接收机/信道化接收機 channelized receiver
信道间干扰/通道間干擾 interchannel interference
信道间隔/通道間隔 channel spacing
信道解码器/通道解碼器 channel decoder
信道请求/通道請求 channel request
信道容量/通道容量 channel capacity
信道识别/通道識别 channel identification
信道压缩/通道壓縮,頻道壓縮 channel compression
信道噪声/通道雜訊 channel noise
信道噪声因子/通道雜訊因數 channel-noise factor
信道指配/通道指配 channel assignment
信道组/通道[排]組 channel bank
信号/信號,訊號 signal
β 信号/beta 訊號 BETA signal
信号摆幅/訊號擺動 signal swing
信号板/訊號板,信屏 signal plate
信号倍增光电摄像管/訊號倍增光電攝像管 signal multiplier iconoscope
信号倍增器/訊號倍增器 signal multiplier
信号变换/訊號轉換 signal conversion
信号表示法/訊號代表法 signal representation
信号持续时间/訊號期間 signal duration
信号重构/訊號重建 signal reconstruction
信号处理/訊號處理 signal processing
信号传输/訊號傳輸 signal transmission
信号串音比/訊號對串音比 signal to cross-talk ratio
信号带宽/訊號頻寬 signal bandwidth
信号灯/號志燈 signal lamp
信号电路/訊號回路 signal circuit
信号电平/訊號電平,訊號位準 signal level
信号电平分布/訊號電平分布 signal level distribution
信号电压降/訊號電壓降 signal voltage drop
信号对比度/訊號對比 signal contrast
信号发生器/訊號發生器,訊號産生器 signal generator
信号房/訊號房,中央操縱室 cabin

信号放大器/訊號放大器 signal amplifier
信号分类/訊號分類 signal sorting
信号分配放大器/訊號分配放大器 distribution amplifier
信号分析仪/訊號分析儀,訊號分析器 signal analyzer
信号复示器/訊號複示器,訊號中繼器 signal repeater
信号干扰比/訊號干擾比,訊干比 signal to jamming ratio, signal to interference ratio
信号格式/訊號格式 signal format
信号跟踪器/訊號示蹤器,訊號追蹤器 signal tracer
信号还原/解強 de-emphasis
信号环境密度/訊號環境密度 signal environment density
信号记录电报术/訊號記録電報術 signal-recording telegraphy
信号继电器/訊號繼電器 signal relay
信号监视器/圖示監測器 picture monitor
信号检测和估计/訊號偵測與估計 signal detection and estimation
信号间隔/訊號間隔 signal interval
信号交换/交握 handshaking
信号交替反转码/傳號交替反轉碼 alternate mark inversion code
信号空间/訊號空間 signal space
信号理论/訊號論 signal theory
信号量/旗號 semaphore
信号量化噪声比/訊號對量化雜訊比 signal to quantization noise ratio, SQR
信号铃/訊號鈴,呼叫鈴 call bell
信号流程图/訊號流程圖 signal flow diagram
信号流图/訊號流圖 signal flow graph
信号频谱/訊號頻譜 signal spectrum
信号频移/訊號頻移 signal frequency shift
信号平均器/訊號平均器 signal averager
信号器/訊號器,警報器 annunciator
信号强度/訊號強度 signal intensity, signal strength
信号强度计/訊號強度計 signal strength meter
信号情报/訊號情報 signal intelligence
信号栅极/訊柵 signal grid
信号设计/訊號設計 signal design
信号失真比/訊號對失真比 signal-to-distortion ratio
信号识别/訊號識別 signal identification
信号索/訊號索 signal rope
信号调节/訊號調節 signal conditioning
信号调节器/訊號調節器 signal conditioner
信号调理电路/訊號調節電路 signal-conditioning circuit
信号调制器/訊號調制器 signal modulator
信号退化/訊號退化 signal degradation
信号完整性/訊號完整性 signal integrity
信号线/訊號線 signal line
信号选择器/訊號選擇器 signal selector
信号与遮蔽比/訊號對遮蔽比 signal-to-masking ratio
信号预处理/訊號預處理 signal pretreatment
信号元素/訊號元素 signal element
信号源阻抗/原始阻抗 source impedance
信号杂波比/訊號雜波比,訊號對雜波比 signal to clutter ratio, SCR
信号再生/訊號再生 signal regeneration
信号噪声识别/訊號-雜訊鑒別力 signal-noise discrimination
信号指示器/訊號指示器 signal indicator
信号转换器/訊號轉換器 signal converter
信令/訊號發信,號誌 signaling
信令点/信號點 signaling point
信令点编码/信號點編碼 signaling point coding
信令发送速率/發碼率,傳訊率 signaling rate
信令链路/信號鏈路 signaling link
信令路由/信號路由 signaling route
信令网/傳訊網路 signaling network
信令网关/信號閘道 signaling gateway
信令系统/號誌系統 signaling system
信令信道/傳訊通道 signaling channel
信令信息/信號資訊 signaling information
信令虚通道/發信虛擬通道 signaling virtual channel
信令音/信號純音 signaling tone, ST
信令终端/發信終端機 signaling terminal
信令转接点/信號轉接點 signaling transfer point
信念/信念 belief
信念固化/信念固化 belief consolidation
信念扩展/信念擴展 belief expansion
信念逻辑/信念邏輯 doxastic logic
信念融合/信念融合 belief merging
信念收缩/信念收縮 belief contraction
信念修正/信念修正 belief revision
信念-愿望-意图结构/信念-願望-意圖結構 belief-desire-intention architecture, BDI architecture
信念-愿望-意图模型/信念-期望-意圖模型 belief-desire-intention model
信念-愿望-意图智能体/信念-願望-意圖智能體 belief-desire-intention agent
信任/信任 trust
信任链/信任鏈接 trust chain

信任逻辑/信任邏輯 trust logic
信任锚/信任錨 trust anchor
信任密钥/可信賴的金鑰 trusted key
信任模型/信任模型 trust model
信宿/資訊槽,接收點 information sink
信息/資訊 information
信息安全/資訊安全 information security
信息保障/資訊保證 information assurance
信息爆炸/資訊爆炸 information explosion
信息编码/資訊編碼 information coding
信息采集/資訊獲取 information acquisition
信息产业/資訊工業 information industry
信息处理/資訊處理 information processing, information handling, message process
信息处理单元/通道[排]組 channel bank
信息处理机/信號處理機 information processing machine
信息处理器/資訊處理器 information processor
信息处理系统/資訊處理系統 information processing system
信息传递方式/資訊傳遞模式 modes of intelligence transmission
信息存储技术/資訊儲存技術 information storage technology
信息反馈/資訊回饋 information feedback
信息分发系统/訊息分發系統 information distribution system
信息分类/資訊分類 information classify
信息分析/資訊分析 information analysis
信息分组块代码/區塊碼,組碼 block code
信息符号/資訊符號 information symbol
信息高速公路/資訊高速公路 information superhighway
信息工程/資訊工程 information engineering
信息工程设施/資訊工程設施 information engineering facility
信息共享/資訊共享 information sharing
信息估计/資訊估計 information estimation
信息管理/資訊管理 information management
信息过滤/資訊過濾 information filtering
信息过载/資訊超載 information overload
信息基础设施/資訊基礎建設 information infrastructure
信息集成/資訊統合 information integration
信息技术/資訊技術 information technology, IT
信息检索/資訊檢索 information retrieval
信息检索系统/訊息檢復系統 information retrieval system
信息交换/資訊交換 information exchange
信息结构/資訊結構 information structure
信息经济学/資訊經濟學 information economics
信息净荷容量/資訊承載容量 information payload capacity
信息科学/訊息科學 information science
信息可视化/資訊視覺化 information visualization
信息可信度/資訊可信度 information credibility
信息客体/資訊物件 information object
信息空间/異度空間 cyberspace
信息控制/資訊控制 information control
信息库/資訊庫 information base
信息力量网格/資訊力量網格 information power grid
信息量/資訊量 amount of information, information content
信息浏览服务/資訊瀏覽服務 information browsing service
信息流/資訊流 information flow
信息流模型/資訊流模型 information flow model
信息流向控制/資訊流程控制 information flow control
信息率失真函数/訊息率失真函數 rate distortion function
信息率失真理论/訊息率失真理論 rate distortion theory
信息论/資訊理論 information theory
信息码/訊息碼 information code
信息码区段/資訊碼區段 information code sector
信息密度/資訊密度 information density
信息模式/資訊型樣 information pattern
信息模型/資訊模型 information model
信息内容/資訊内容,資訊内涵 information content
信息内容审计/資訊内容審計 information content audit
信息农业/資訊農業 information agriculture
信息取证/資訊取證 information collection evidence
信息容量/資訊容量 information capacity
信息冗余/資訊冗餘 information redundancy
信息冗余检验/資訊冗餘檢查 information redundancy check
信息熵/資訊熵 information entropy
信息时代/資訊時代 information age
信息守恒/訊息守恆 conservation of information
信息搜索语言/資訊搜尋語言 information search language
信息速率/訊息率,資訊率 information rate
信息损失/衰減,消失 fading

信息提供者/資訊提供者 information provider
信息提取/資訊萃取 information extraction
信息完整性/資訊完整性 information integrity
信息网/訊息網 information network
信息网格/資訊網格 information grid
信息网络/訊息網 information network
信息系统/資訊系統 information system
信息系统工程/資訊系統工程 information system engineering
信息系统目标/資訊系統目標 information system purpose
信息系统学科/資訊系統學科 information system discipline
信息系统种类/資訊系統種類 information system type
信息显示/訊息顯示 information display
信息序列/資訊序列,訊息序列 information sequence
信息学/資訊學 informatics
信息压缩/資訊壓縮 information compression
信息隐蔽/資訊隱藏 information hiding
信息隐形性/資訊隱形性 information invisibility
信息优势/資訊優勢 information superiority
信息域/資訊欄 information field
信息源/資訊源 information source
信息载体/資訊載體 information carrier
信息摘要/資訊摘要 information abstract
信息帧/資訊框 information frame
信息中心/資訊中心 information center
信息主管/首席資訊長 chief information officer
信息主体/資訊代理 information agent
信息资源管理/資訊資源管理 information resource management
信息资源整合/資訊資源整合 information resource integration
信息字段/資訊欄 information field
信箱/信箱 mailbox
信用度/可信度 credibility
信用卡欺骗/信用卡欺騙 credit card fraud
信誉/聲譽 reputation
信誉系统/信譽系統 reputation system
信元/儲存單元,儲存格 cell
ATM 信元/ATM 信元 ATM cell
信元差错比/單元錯誤率 cell error ratio, CER
信元差错率/單元錯誤比率 cell error rate, CER
信元传送延迟/單元傳輸延遲 cell transfer delay
信元丢失比/單元損耗比率 cell loss ratio, CLR
信元丢失优先级/單元漏失優先權 cell loss priority, CLP
信元划界/單元劃界 cell delineation
信元交换/單元交換 cell switching
信元时延变化/單元延遲變動 cell delay variation, CDV
信元速率/單元速率 cell rate
信元头/單元表頭 cell header
信元误插率/單元誤插率 cell misinsertion rate, CMR
信元延迟变动量/單元延遲變動量 cell delay variation
信源/資訊源 source, message source
信源编码/源編碼 source coding
信源程序代码/源編碼 source coding
信噪比/訊號雜音比,訊號雜訊比,訊雜比 signal to noise ratio, SNR
兴奋纯度/刺激純度,激發純度 excitation purity
星点板/星狀測試器 star tester
星点检验/星點測試 star test
星河噪声温度/星河雜訊溫度,銀河雜訊溫度 galactic noise temperature
星环网/星狀-環狀網路 star-ring network
星基导航/星基導航 satellite based navigation
星际磁场/星際磁場 interstellar magnetic field
星际激光通信/星際雷射通訊 intersatellite laser communication
星际链路/衛星間連線,衛星間鏈路 inter-satellite link, ISL
星际通信/衛星間通訊 inter-satellite communication
星绞电缆/星絞電纜 start quad cable
星卡焦点射线照相/焦斑星卡照射術 focal spot star radiogram
星历表/星曆表 ephemeris
星裂/星形裂縫 star shake
星轮/星形輪 star wheel
星敏感器/恆星敏感器 star sensor
星内交换/衛星内部交换 intra-satellite switching
星盘/星盤 astrolabe
星群体系结构/星群體系結構 constellations architecture
星-三角起动/星角起動 star delta starting
星上处理/衛星上訊理,飛機上處理 on-board processing
星上交换/星上交換 satellite switch
星上交换多址联接/衛星交換多重進接 satellite switch multiple access, SSMA
星特性/星特性 star-property
星体光度学/星體光度學,星體光度量測術 stellar

photometry
星下点/星下點　substar
星下点轨迹/星下點軌跡,子軌跡　subtrack
星形/星形　star
星形把手/星形把手　star grip knob
星形联结/星形接法,Y形接法　star connection
星形膜片/星形膜片　star diaphragm
星形铁/星形鐵　tumbling stars, jack star, mill star
星形拓扑/星狀拓撲,放射狀拓撲　star topology
星形阻抗与三角形阻抗变换/星形阻抗與三角形阻抗變换　transformation between star connected and delta connected impedances
星形钻头/星形鑽頭　star bit
星型模式/星狀綱目　star schema
星型压缩机/徑向流壓縮機　radial compressor
星载雷达/星載雷達　spaceborne radar
星状环体系结构/星狀環架構　star-ring architecture
星状拓扑/星狀拓撲,放射狀拓撲　star topology
星状网/星狀網路,星形網路　star network
星座/星座　constellation
行波/行[進]波　traveling wave
行波管/行波管　traveling wave tube, TWT
行波示波管/調波示波器　wamoscope
行波示波器/行波示波器　traveling wave oscilloscope
行波速调管/行波速調管,行波調速電子管　twystron
行波天线/行波天線　traveling-wave antenna
行车制动系/行車制動系統　service braking system
行车制动性能/行車制動性能　service braking performance
行程/行程　travel
行程编码/執行編碼　run coding
行程长度/執行長度　run length
行程长度编码/運行長度編碼　run-length encoding
行程长度受限码/行程長度受限碼,遊程長度受限碼　run-length limited code
行程-缸径比/衝程口徑比　stroke-bore ratio
行程节流阀/行程節流閥　stroke throttle valve
行程偏差/行程偏差　deviation of stroke
行程速度变化系数/行程速度變化係數　coefficient of travel speed variation
行管网/行政網路　administrative network
行迹图/行跡圖　trajectory diagram
行进方向角/行進方向角　course angle
行李舱/行李艙　baggage compartment, luggage compartment
行李舱衬里/行李艙襯裡　baggage compartment lining
行李舱地板/行李艙地板　baggage compartment floor
行李舱地毯/行李艙地毯　baggage compartment carpet
行李舱盖/行李艙蓋　baggage compartment lid
行驶机构/行駛機構　traveling mechanism
行驶记录表/轉速記録機　tachograph
行驶监视仪/司機輔助設備　driver aid
行驶面弧度高/行駛面弧度高　curvature height of tread surface
行驶面宽度/行駛面寬度　tread surface width
行驶稳定性/行駛穩定性　stability under transport condition
行驶循环/驅動週期　driving cycle
行驶循环工况百公里燃料消耗量/行駛模式循環每百公里燃料消耗量　travel mode cycle fuel consumption per 100 km
行驶状态全长/行駛狀態全長　overall length in transporting condition
行驶状态全高/行駛狀態全高　overall height in transporting condition
行驶状态全宽/行駛狀態全寬　overall width in transporting condition
行驶阻力/行進阻力　travel resistance
行为测试/行爲測試　behavior test
行为动画/行爲動畫　behavioral animation
行为科学/行爲科學　behavioral science
行为模拟/行爲模擬　behavioral simulation
行为模型/行爲模型　behavioral model
行为图/行爲圖　behavior diagram
行为智能体/行爲代理　behavioral agent
行为主体/行爲代理　behavioral agent
行星齿轮/行星齒輪　planetary gear
行星齿轮变速器/行星式變速箱　planetary gearbox, planetary transmission
行星齿轮传动机构/行星齒輪傳動機構　planetary gear drive mechanism
行星齿轮式双级主减速器/行星齒輪式雙級主減速器　planetary double reduction final drive
行星齿轮系/行星齒輪系　planetary gear train
行星传动耙斗装岩机/行星傳動耙斗裝岩機　scraper rock loader with planetary gear
行星架/行星架　planet carrier
行星伞齿轮系/行星傘齒輪系　planetary bevel gear train
行星式变速箱/行星式變速箱　planetary transmission
行星式波发生器/行星式波發生器　planetary wave

generator
行星式混凝土搅拌机/行星式混凝土攪拌機 planetary concrete mixer
行星式搅拌器/回繞式攪拌器 planet agitator
行星式轧机/行星式軋機 planetary rolling mill
行星式振动器/行星式振動器 planetary vibrator
行星圆柱齿轮式轮边减速器/行星圓柱齒輪式輪邊減速器 planetary wheel reductor
行星轧管机/行星軋管機 planetary tube mill
行星轧制/行星軋製 rolling on planetary mill
行星锥齿轮式轮边减速器/行星錐齒輪式輪邊減速器 bevel epicyclic hub reductor, differential-geared wheel reductor
行政安全/行政管理安全性 administrative security
行走传动系统/運行驅動系統 running driving system
行走机构/行走機構 traveling mechanism
行走控制移动式升降工作平台/行走控制移動式昇降工作平臺 pedestrian controlled mobile elevating work platform
行走式起重机/移動起重機 traveling crane
行走系/運行系統 running gears, undercarriages
行走效率/運轉齒輪組效率 efficiency of running gears, efficiency of undercarriages
V 形边量角器/V 形量角器,V 形分度器 V edge protractor
形变/形變 deformation
形变孪生/次生雙晶, 變形雙晶 deformation twinning
形变马氏体/形變麻田散體 strain induced martensite
形变热/變形熱 deformation heat
形变热处理/熱機[械]處理 thermomechanical treatment
形变时效/應變時效 strain ageing
形变诱导析出/形變誘導沈澱 deformation induce precipitation
形变诱导相变/形變誘導相變 deformation induce transformation
形变织构/變形織構 deformation texture
形参/形式參數 formal parameter
V 形槽 MOS 场效晶体管/V 形槽 MOS 場效電晶體 V-groove MOS field effect transistor, VMOSFET
V 形槽隔离/V 形槽隔離 V-groove isolation
T 形槽螺钉/T 形槽螺釘 T-slot screw
V 形槽盘拉机/V 形槽滑車拉引機 V-groove block drawing machine
形成常数/生成常數 formation constant
Y 形道岔/Y 形道岔 Y-switch
V 形断面/V 形斷面 V-shaped contour
形封闭的凸轮机构/形封閉的凸輪機構 form closed cam mechanism
形封闭运动副/形閉式運動對 form closed pair
T 形钢/T 形鋼 T-shape steel
U 形钢丝芯撑/彈簧心型撐 spring chaplet
S 形钩/S 形鉤 S hook
B 形刮板/B 形刮板 B-type scraper
H 形刮板/H 形刮板 H-type scraper
L 形刮板/L 形刮板 L-type scraper
O 形刮板/O 形刮板 O-type scraper
T 形刮板/T 形刮板 T-type scraper
V 形刮板/V 形刮板 V-type scraper
U 形挂钩/U 形[掛]鈎,馬蹄形鈎 clevis
U 形管/U 形管 U-pipe, U-tube
Y 形管/Y 形管 Y-tube
U 形管比重计/U 形管比重計 U-tube hydrometer
U 形管黏度计/U 形管黏度計 U-tube viscometer
U 形管式加热器/U 形管式加熱器 U-tube type heater
U 形管压力计/U 形管壓力計,U 形管液體氣壓計,U 管[流體]壓力計 U-tube manometer
U 形管液体压力计/U 形管液體壓力計 U-tube liquid manometer
V 形管蒸发器/V 形管蒸發器,人字形蒸發器 herringbone-type evaporator
形核/成核,孕核 nucleation
形核率/成核率 nucleation rate
Y 形[回转]水准仪/Y 型水準儀 Y-level
形迹接收性/形跡接收性 trajectory acceptance
V 形夹角/V 形夾角 V-angle delta
T 形接头/T 形接合,三通接頭 T-joint
T 形抗裂试验/T 型破裂試驗 T-cracking test
T 形连接器/T 形連接器 T-type connector
I 形梁/I 字梁 I-beam
T 形螺栓/T 型螺栓 hammer head bolt, T-head bolt
U 形螺栓/U 形螺栓 stirrup bolt, U-bolt
U 形螺栓垫板/U 型螺栓襯板 U-bolt plate
U 形螺栓垫块/U 型螺栓襯塊 U-bolt block
L 形埋刮板输送机/L 形埋刮板輸送機 L-type en masse conveyor
Z 形埋刮板输送机/Z 形埋刮板輸送機 Z-type en masse conveyor
A 形门架岸边集装箱起重机/A 形岸橋運行起重機 A-portainer
H 形门架岸边集装箱起重机/H 形岸橋運行起重機 H-portainer

形式/形式,格式 form
形式参数/形式參數 formal parameter
形式方法/形式方法 formal method
形式规约/形式規格 formal specification
形式规则/成形規則 formation rule
形式化方法/形式方法 formal method
形式技术评审/正式技術複核 formal technical review
形式描述/形式描述 formal description
形式神经元/形式神經元 formal neuron
形式推理/形式推理 formal reasoning
形式系统/形式系統 formal system
形式演算/形式演算 formal calculus
形式验证/形式驗證 formal verification
形式语言/形式語言 formal language
形式语言理论/形式語言理論 formal language theory
形式语义学/形式語意 formal semantics
形态分析/構詞分析 morphological analysis
形态还原器/形態還原器 lemmatizer
形态学/語源學 morphology
形态学图像处理/形態學影像處理 morphological image processing
V 形天线/V 形天線 V-type antenna, V antenna
H 形外伸支腿/H 形外伸支腿 H-outrigger
W 形外伸支腿/W 形外伸支腿 W-outrigger
X 形外伸支腿/X 形外伸支腿 X-outrigger
Δ 形网络/三角形網路,Δ 形網路 delta network
X 形网络/X 形網路,格子網路 X-network, lattice network
T 形网络/T 形網路 T-network
形心/形心 centroid
形音码/形音碼 calligraphical and phonological code
C 形支腿/C 形支腿 C-leg
L 形支腿/L 形支腿 L-leg
O 形支腿/O 形支腿 O-leg
U 形支腿/U 型支腳 U-leg
J 形转弯试验/J 形轉彎試驗 test of J turn
形状/形狀 shape
形状测定器/測形儀 shapometer
形状测量仪/形狀量測機 form measuring machine
形状磁各向异性/形狀磁異向性 shape magnetic anisotropy
形状分割/形狀分段 shape segmentation
形状公差/形狀公差 form tolerance
形状记忆合金/形狀記憶合金 shape memory alloy
形状记忆效应/形狀記憶效應 shape memory effect
形状描述/形狀描述 shape description
形状曲线/型樣曲線 pattern curve
形状特征/形狀特徵 form feature
形状推理/形狀推理 shape reasoning
形状退磁因子/形狀去磁因子 shape demagnetization factor
形状误差/形狀誤差 form error
形状系数/形狀因子 shape factor
形状仪/測形儀 shapometer
形状因数/形象因數,波形因數 form factor, shape factor
形状因子/形狀因子 shape factor
N 型半导体/N 型半導體 N-type semiconductor
P 型半导体/P 型半導體 P-type semiconductor
I 型半联合法/I 型半聯合法 I-type half combined method
V 型泵/V 型泵 V-type pump
Y 型泵/Y 型泵 Y-type pump
型壁移动/砂模壁移動 mold wall movement
型材/型材 section product
型材辊式矫直机/輥式型材矯直機 roller type profile straightening machine
型材挤压/型材擠壓 profile extrusion
型材紧凑式轧机/型材緊湊式輥軋機 section compact mill
型材轧制/型材輥軋 section rolling
I 型槽/I 型開槽 I slot
T 型槽铣刀/T 形槽銑刀 T-slot cutter
A 型超声扫描/A 型超音波掃描 A-mode ultrasonic scanning
B 型超声扫描/B 型超音波掃描 B-mode ultrasonic scanning
M 型超声扫描/M 型超音波掃描 M-mode ultrasonic scanning
CLJ 型磁流体静力分选机/CLJ 型磁流體靜力分選機 CLJ magneto-hydrostatic separator
P 型电导率/P 型電導率 P-type conductivity
YD 型电选机/YD 型電選機 YD separator
型钉/無頭釘,加強釘 sprig
H 型发动机/H 形發動機,H 型引擎 H-engine
V 型发动机/V 型發動機,V 型引擎 V-engine
X 型发动机/X 型發動機,X 型引擎 X-engine
TankCell 型浮选机/TankCell 型浮選機 TankCell flotation machine
型钢/型鋼 steel section, steel shape
H 型钢/H 型鋼,工字梁 H-shape steel, H-section steel, H beam
型钢矫正压力机/型鋼矯正壓力機 bull press
型钢弯曲机/型鋼彎曲機 section bender

H 型钢轧机/H 型鋼輥軋機　H-beam mill
U 型管换热器/U 形管熱交換器　U-tube heat exchanger
型管拉伸/型管拉製　shaped tube drawing
U 型管压力计/U 形管壓力計　U-tube manometer, U-tube pressure gage
型辊/型輥　contour roll
Z 型辊冷轧机/Z 型輥冷軋機　Z-type roll cold mill
型辊式管棒矫直机/型輥式管棒矯直機　shaped roll-type tube and bar straightener
Ⅱ 型锅炉/Ⅱ 型鍋爐　Ⅱ-type boiler, two-pass boiler
A 型锅炉/A 型鍋爐　A-type boiler
D 型锅炉/D 型鍋爐　D-type boiler
O 型锅炉/O 型鍋爐　O-type boiler
T 型锅炉/T 型鍋爐　T-type boiler
S 型函数/S 型函數　sigmoid function
V 型虎钳/V 型虎鉗　V-type jaw vice
U 型火焰锅炉/U 型火焰鍋爐　U-flame boiler
W 型火焰锅炉/W 形火焰鍋爐　W-flame boiler
U 型火焰炉膛/U 型火焰爐膛　U-flame furnace
W 型火焰炉膛/W 形火焰爐膛　W-flame furnace
P 型晶体管/P 型電晶體　P-type transistor
型壳高温变形试验仪/型殼熱變形試驗儀　invest shell thermal deformation tester
型壳高温膨胀试验仪/型殼熱膨脹計　invest shell thermal dilatometer
型壳高温透气性试验仪/型殼熱透氣性試驗儀　invest shell thermal permeability tester
型裂/模裂　mold crack
T 型临时使用的备用轮胎/T 型暫時用之備用輪胎　T-type temporary-use spare tire
型漏/鑄漏,熔液漏出　bleeding from bottom, run-out from bottom
型面连接/輪廓軸連接　profile shaft connection
型面损失/型面損失　profile loss
型模成型/模壓成形　contour forming
型内球化处理法/模内團化處理法　inmold-process
型内孕育/模内接種,澆道接種法　direct mold inoculation, mold inoculation
V 型喷油泵/V 型燃料噴射泵　V-type fuel injection pump
T 型匹配衰减器/T 型匹配衰減器　matched-tee attenuator
E 型器件/E 型器件　E-type device
M 型器件/M 型器件　M-type device
O 型器件/O-型器件　O-type device
型腔/模穴　mold cavity
型腔块/鑄模附入件　impression block
型腔冷挤压/型腔冷擠壓　cold extrusion of die cavity
DCH 型强磁场磁选机/DCH 型強磁場選礦機　DCH high intensity magnetic separator
型砂/模砂,鑄砂　molding sand, casting sand, molding mixture
型砂高温性能试验仪/模砂高温性質試驗儀　high temperature property tester of mold sand
型砂回火/砂滲配　sand tempering
型砂机械性能试验机/型砂機械性能試驗機　testing machine of mold sand machine property
型砂控制/鑄砂控制　sand control
型砂控制设备/鑄砂控制設備　sand control equipment
型砂流动性/鑄砂流動性　flowability of sand
型砂耐火性/砂心耐火度　core refractoriness
型砂膨胀/鑄砂膨脹　sand expansion
型砂强度/砂結合力　sand bond
型砂强度试验/鑄砂強度試驗　strength test of sand
型砂热压应力试验机/型砂熱壓應力試驗機　hot pressure stress testing machine of mold sand
型砂试验/砂試驗　sand test
型砂试验仪/型砂試驗儀　mold sand testing apparatus
型砂溢出/淺砂　spillage sand
型砂制备/砂準備,砂處理　sand preparation, sand conditioning
SL 型射流离心选矿机/SL 型噴射離心選礦機　SL jet stream centrifugal separator
A 型石墨/A 型石墨　A-type graphtie
B 型石墨/B 型石墨　B-type graphite
型式批准/型式認證　pattern approval
型式批准标记/型式認證印證　type approval mark
型式批准的撤销/型式批準的撤銷　withdrawal of type approval
型式批准的承认/型式認可識别　recognition of type approval
型式批准证书/型式認證證書　type approval certificate
型式评价/型式評價　pattern evaluation, type evaluation
型式评价报告/型式評定報告　type evaluation report
型式认证/型式認可　type approval, TA
C 型弹簧管/C 型彈簧管　C-type elastic tube
型套/套箱　slip jacket
T 型天线/T 型天線　T antenna
0 型系统/零型系統　type-0 system
1 型系统/一型系統　type-1 system

2 型系统/二型系统 type-2 system
A 型显示/A 型顯示 A-display
B 型显示/B 型顯示 B-display
C 型显示/C 型顯示器 C-display
MA 型显示/MA 型顯示 MA-display
型线图/線型平面圖 lines plan
型芯/心型,砂心 core
型芯板/砂心板 core making plate
型芯车床/砂心車床 core turning lathe
型芯撑/心型撐,砂心掌 chaplet
型芯吹砂机/砂心吹製機 core blower
型芯干燥机/模心乾燥機 core dryer
型芯工模/砂心工模 core jig
型芯固定/砂心固定 core fixing
型芯烘干/砂心乾燥 core drying
型芯烘炉/砂心乾燥爐 core drier, core drying oven
型芯机/砂心機 core machine, core molding machine
型芯记号/砂心記號 core mark
型芯胶/砂心膠 core gum
型芯[烤]炉/砂心乾燥爐 core oven
型芯框架/砂心框 core frame
型芯溃散性/砂心崩散性 core collapsibility, core stove
型芯内浇口/砂心式進模口 core gate
型芯黏合剂/砂心黏結劑 core binder, core compound
型芯黏结剂/砂心黏結劑 core compound, core binder
型芯偏移/砂心偏移 core shift
型芯填料/砂心填料 core filler
型芯样板/砂心模板 core template, core templet
型芯座/砂心座 core print
H 型压缩机/H 型壓縮機 H-type compressor
L 型压缩机/L 型壓縮機 L-type compressor
M 型压缩机/M 型壓縮機 M-type compressor
V 型压缩机/V 型壓縮機 V-type compressor
W 型压缩机/W 型壓縮機 W-type compressor
0 型语言/型 0 語言 type-0 language
1 型语言/型 1 語言 type-1 language
2 型语言/型 2 語言 type-2 language
3 型语言/型 3 語言 type-3 language
Y 型轧机/Y 型軋機 Y-mill, Kock three-roll mill
B-A 型真空计/B-A 型真空計,B-A 型真空規 Bayard-Alpert gage
E 型指示器/電子顯示器 E scope
性能/效能 performance
性能保证/效能保證 performance guarantee
性能比/效能比率 performance ratio
性能测量/效能量測,效能測量 performance measurement, measurement of performance
性能测试/效能測試 performance testing
性能估计/效能估計 estimate of performance
性能管理/效能管理 performance management
性能规约/效能說明書 performance specification
性能回馈/效能回饋 performance feedback
性能基准测试/效能基準測試 performance benchmark
性能监控/效能監督 performance monitoring, PM
性能监控器/效能監測器 performance monitor
性能监视/效能監視 performance monitoring
性能评价/效能評估 performance evaluation
性能试验/效能試驗,效能測試 performance test
性能特性/效能特性 performance characteristic
性能需求/效能需求 performance requirement
性能一致性/效能一致性 consistency of performance
性能预测/效能預測 performance prediction
性能指标/效能指標,效能指數 performance index
性态/行爲 behavior
ACID 性质/ACID 性質 ACID properity
兄弟/同級 sibling
兄弟节点/同級節點 brother node
兄弟链接/同級鏈接 brother chain
胸挂式传声器/胸前麥克風 breast plate microphone
胸辊/胸輥 breast roll
胸墙/胸牆 breast wall
休风/停風 delay, blowing down
休风率/停風率 BF downtime percentage
休利特音调发生器/休立特發音器 Hewlett tone generator
休眠/休眠 hibernation
休眠队列/休眠隊列 sleep queue
休眠方式/休眠模式 sleep mode
休眠模式/休眠模式 sleep mode
休眠数据/不活躍數據 dormant data
休眠状态/休眠狀態 sleep state
休止角/静止角,止傾角,安息角 angle of repose
修边压力机/壓邊整緣 press trimming
修补/修補 patch
修补炉衬/補綴,搪補 patch, patching, patchwork
修补炉床炉底/修整爐底 fettling bed
修辞结构理论/修辭結構理論 rhetorical structure theory
修订的麦卡利地震烈度表/改良型梅爾卡利標度 modified Mercalli scale

修复/修復,修補 recondition, repair
修复件/修復件 reconditioned part
修复率/修復率 repair rate
修复时间/修復時間,檢修時間,修理時間 repair time
修复性维修/修復[性]維修,改正性維護 corrective maintenance
修改/修改,修飾 modify
修改检测/修改檢測 modification detection
修改型离散余弦逆变换/修改型離散餘弦反轉換 IMDCT
修根/齒根讓削 root relief
修毂抹刀/修轂抹刀 boss spatula
修光/抹光 sleeking
修光工具/抹鏝 sleeker
修剪/修剪 prune
修角工具/修角刀 corner tool
修井作业车/修井作業車 workover rig
修理/故障檢修,設備保養,修復 corrective maintenance, repair
修理产品/修復物品 repaired item
修理工/修理工,檢修工 repairer
修理实施时间/修理實施時間 active repair time
修理延误时间/修復延遲時間 repair delay time
修理准备时间/修理準備時間 administrative time
修磨表面/修磨表面 surface dressing out
修平滤波器/修平濾波器 roofing filter
修芯/砂心整修 core dressing
修形齿廓/輪廓修改 profile modification
修型/修補 patching
修圆刀尖/修圓刀尖 rounded corner
修缘/齒頂讓削 tip relief
修整/修整,整緣 trimming
修整补偿/修整補償 correcting compensation
修正/修正,校正 correction
修正阿伦标准偏差/修正阿倫標準偏差 modified Allan standard deviation
修正贝塞尔函数/修正貝索函數 modified Bessel function
修正磁带/修正磁帶 amendment tape
修正额定寿命/修正額定壽命 adjusted rating life
修正功率/已校功率 corrected power
修正记录/修正記録 amendment record
修正曲线/修正曲線 correction curve
修正儒略日/約簡儒略日 modified Julian day, MJD
修正文件/修正檔案 amendment file
修正演算/修正演算 revision calculus
修正因数/修正因數,改正因數 correction factor
修正折射率/修正折射率 modified index of refraction
修正正态分布/改良型常態分布 modified normal distribution
修正值/修正值,改正 correction, revised value
袖套校准/袖套校準 alignment of sleeve
袖珍变压器/袖珍變壓器 miniature transformer
袖珍电离腔/袖珍游離腔 pocket ionization chamber
袖珍国际橡胶硬度计/袖珍國際橡膠硬度計 pocket international rubber hardness degree tester
袖珍剂量计/袖珍劑量計 pocket dose meter, pocket dosimeter
袖珍罗盘/袖珍羅盤 pocket compass
袖珍[式]计算器/袖珍式計算器 pocket calculator
袖珍式无线电设备/袖珍式無線電設備,袖珍式收音機 pocket radio
袖珍万用电表/袖珍多用電表 pocket multimeter
锈/銹 rust
锈蚀等级/銹蝕等級 rusting grade
嗅探器/網路流通刺探程式 sniffer
溴化锂吸收式热泵机组/溴化鋰吸收式熱泵機組 lithiumbromide absorption heat pump unit
溴化锂吸收式制冷机/溴化鋰吸收式冷凍機 lithiumbromide absorption refrigerating machine
溴计数器/溴計數器 bromine counter
溴价/溴價 bromine number
溴氰化提金银法/溴氰法 bromocyanide process
溴钨灯/溴鎢燈 tungsten bromine lamp
虚比降/虛擬比降 virtual slope
虚变数/虛變數 dummy variable
虚表/虛擬表 virtual table
虚部/虛部,虛數部分 imaginary part
虚参数/虛擬參數 dummy parameter
虚齿数/虛齒數 formative number of teeth
虚储/虛擬記憶體 virtual memory
虚存策略/虛擬記憶體策略 virtual memory strategy
虚存机制/虛擬記憶體機制 virtual memory mechanism
虚存结构/虛擬記憶體結構 virtual memory structure
虚存系统/虛擬記憶體系統 virtual memory system
虚存页面交换/虛擬記憶體頁調換 virtual memory page swap
虚电路/虛擬電路 virtual circuit, VC
虚电路交换/虛電路交換 virtual circuit switching
虚段/虛擬段 virtual segment
虚段结构/虛擬段結構 virtual segment structure
虚高/虛高 virtual height

虚功/虚功 virtual work
虚功原理/虚功原理 principle of virtual work, the principle of virtual work
虚呼叫设施/虛擬呼叫設施 virtual call facility
虚假功率/無功功率,虚功 fictitious power
虚假扇区/僞扇區 fake sector
虚警/誤警 false alarm
虚警时间/虛警時間 false alarm time
虚跨步/虛擬跨步 virtual cut-through
虚连锁/虛拼接 virtual concatenation, VCAT
虚漏/虛漏,虛擬漏洩 virtual leak
虚拟/虛擬 virtual
虚拟办公室/虛擬辦公室 virtual office
虚拟操作系统/虛擬作業系統 virtual operating system
虚拟成员/虛擬成員 virtual member
虚拟处理器/虛擬處理器 virtual processor
虚拟磁带/虛擬磁帶 virtual tape
虚拟磁盘/虛擬磁碟 virtual disk
虚拟磁盘系统/虛擬磁碟系統 virtual disk system
虚拟存储管理/虛擬記憶體管理 virtual memory management
虚拟存储结构/虛擬記憶體結構 virtual memory structure
虚拟存储器/虛擬記憶體 virtual memory
虚拟存储器地址/虛擬記憶體位址 virtual memory address
虚拟存储栈/虛擬記憶體堆疊 virtual memory stack
虚拟地址/虛擬位址 virtual address
虚拟地址空间/虛擬位址空間 virtual address space
虚拟方式/虛擬模式 virtual mode
虚拟服务器/虛擬伺服器 virtual server
虚拟观测台技术/虛擬觀測臺技術 virtual observation
虚拟呼叫/虛擬呼叫 virtual call
虚拟化/虛擬化 virtualization
虚拟化计算/虛擬化計算 virtualized computing
虚拟环境/虛擬環境 virtual environment
虚拟机/虛擬機器 virtual machine
虚拟计算机/虛擬電腦 virtual computer
虚拟家庭环境/虛擬本地環境 virtual home environment, VHE
虚拟教室/虛擬教室 virtual classroom
虚拟接地/虛擬接地 virtual earth
虚拟局域网/虛擬區域網 virtual local area network
虚拟空间/虛擬空間 virtual space
虚拟控制程序接口/虛擬控制程式介面 virtual control program interface
虚拟控制台/虛擬控制檯 virtual console
虚拟控制台假脱机操作/虛擬控制檯排存 virtual console spooling
虚拟块/虛擬塊 virtual block
虚拟块地址/虛擬塊位址 virtual block address
虚拟路由/虛擬路由 virtual route
虚拟蜜罐/虛擬蜜罐 virtual honey pot
虚拟模式/虛擬模式 virtual mode
虚拟农业/虛擬農業 virtual agriculture
虚拟盘/虛擬磁碟 virtual disk
虚拟盘初始化程序/虛擬磁碟初始化程式 virtual disk initialization program
虚拟企业/虛擬企業 virtual enterprise
虚拟人/虛擬人 virtual human
虚拟软盘/虛擬軟磁碟 virtual floppy disk
虚拟设备驱动程序/虛擬裝置驅動器 virtual device driver
虚拟社会/虛擬社會 virtual society
虚拟社区/虛擬社區 virtual community
虚拟实验室/虛擬實驗室 virtual laboratory
虚拟世界/虛擬世界 virtual world
虚拟手/虛擬手 virtual hand
虚拟手技术/虛擬手技術 virtual hand technique
虚拟输入输出设备/虛擬輸入輸出裝置 virtual input-output device
虚拟数据库/虛擬資料庫 virtual database
虚拟图书馆/虛擬圖書館 virtual library
虚拟文件系统/虛擬檔案系統 virtual file system
虚拟系统/虛擬系統 virtual system
虚拟现场设备/虛擬現場裝置 virtual field device
虚拟现实/虛擬實境 virtual reality
虚拟现实界面/虛擬實境介面 virtual reality interface
虚拟现实系统/虛擬實境系統 virtual reality system
虚拟线圈/虛擬線圈,仿真線圈 dummy coil
虚拟校园/虛擬校園 virtual campus
虚拟信道/虛擬通道 virtual channel, VC
虚拟信道标识符/虛擬通道識別碼 virtual channel identifier, VCI
虚拟信道连接/虛擬通道連接 virtual channel connection, VCC
虚拟寻址/虛擬定址 virtual addressing
虚拟寻址机制/虛擬定址機制 virtual addressing mechanism
虚拟研究环境/虛擬研究環境 virtual research environment
虚拟研究团队/虛擬研究團隊 virtual research teams

虚拟原型/虚擬原型 virtual prototype
虚拟原型制作/虚擬原型設計 virtual prototyping
虚拟轧制技术/虚擬輥軋技術 virtual rolling technology, VRT
虚拟直通/虚擬跨步 virtual cut-through
虚拟制造/虚擬製造 virtual manufacturing
虚拟中断/虚擬中斷 virtual interrupt
虚拟终端/虚擬終端機 virtual terminal, VT
虚拟终端服务/虚擬終端服務 virtual terminal service
虚拟主机技术/虚擬主機技術 server hosting technology
虚拟专用网/虚擬專屬網路,虚擬私有網路 virtual private network, VPN
虚拟专用网业务/虚擬私人網路業務 virtual private network service
虚拟装配/虚擬裝配 virtual assembly
虚拟组织/虚擬組織 virtual organization
虚拟组织管理/虚擬組織管理 virtual organization management
虚拼接/虚拼接 virtual concatenation, VCAT
虚区域/虚擬區域 virtual region
虚容器/虚容器 virtual container, VC
虚设单元/虚設單元 dummy cell
虚设物/仿真體 dummy
虚数/虚數 imaginary number
虚数单位/虚數單位 imaginary unit
虚顺串/虚擬運行 dummy run
虚通道/虚擬通道,虚擬路徑 virtual channel, virtual path, VP
虚通道交换单元/虚擬通道交換單元 VP switch
虚通道连接/虚擬通道連接 virtual channel connection
虚通道链路/虚擬通道鏈結 virtual channel link
虚通路/虚擬路徑 virtual path
虚通路连接/虚通路徑連接 virtual path connection
虚通路链路/虚通路徑鏈結 virtual path link
虚同步/虚同步 false synchronization
虚位移/虚位移 virtual displacement
虚位移原理/虚功原理 principle of virtual displacement
虚线/虚線 dashed line
虚像质谱计/虚擬影像質譜儀 virtual image mass spectrometer
虚信道/虚擬通道 virtual channel, VC
虚信道交换单元/虚通道交換單元 VC switch
虚形变/虚變形 virtual deformation
虚寻址高速缓存/虚擬定址高速緩衝記憶體 virtually addressing cache
虚页/虚擬頁 virtual page
虚页号/虚擬頁碼 virtual page number
虚阴极/虚陰極 virtual cathode
虚约束/多餘拘束 redundant constraint
虚指令/虚指令 false command
虚轴/虚軸 imaginaries axis
需方/獲取者 acquirer
需量表/需量表 demand meter
需求/需求 requirements
需求定义/需求定義 requirements definition
需求分析/需求分析 requirements analysis
需求工程/需求工程 requirements engineering
需求管理/需求管理 requirements management
需求规约/需求説明書 requirements specification
需求规约语言/需求規格語言 requirements specification language
需求函数/需求函數 demand function
需求阶段/需求階段 requirements phase
需求精化/需求精化 requirements refinement
需求可跟踪性/需求可跟蹤性 requirements traceability
需求评审/需求復查 requirements review
需求驱动/需求驅動 demand driven
需求审查/需求檢驗 requirements inspection
需求时间/需求時間 required time
需求弹性/需求彈性 elasticity of demand
需求验证/需求驗證 requirements verification
需求诱导/需求誘導 requirements elicitation
许可/允許 permission
许可灯具/合格照明器具 permissible luminaire
许可权清单/允許日志 permission log
许可证/許可證,特許 license
许可证发放/授權 licensing
许用摩擦功/許用摩擦功 allowable friction work
许用摩擦功率/許用摩擦功率 allowable friction power
许用摩擦面温度/許用摩擦面溫度 allowable frictional surface temperature
许用热载荷值/許用熱載荷值 allowable thermic load value
pcv 许用值/*pcv* 許用值 working *pcv* value
pv 许用值/*pv* 許用值 working *pv* value
旭日式谐振腔系统/旭日式諧振腔系統 rising-sun resonator system
序参数/[有]序參數 order parameter
序贯抽样/序貫取樣,層序取樣,順序抽樣 sequential sampling

序贯检测器/序列檢測器 sequential detector
序贯取样/序貫取樣,層序取樣,順序抽樣 sequential sampling
序贯译码/順序碼 sequential decoding
序贯最小二乘估计/約制最小二乘估計 sequential least squares estimation
序函数依赖/序函數依賴 ordinal functional dependency
序回归/順序迴歸 ordinal regression
序量/序量 ordinal quantity
序量-值标尺/序量值標度 ordinal quantity-value scale
序列/序列,順序 sequence
M序列/M序列 M-sequence
序列分割调制遥测/序列分割調制遥測 sequence division modulation telemetry
序列化/串列化,編序 serialization
序列联配/序列聯配 sequence alignment
序列模式/順序型樣 sequential pattern
序列模式挖掘/序列模式挖掘 sequential pattern mining
序列拼接/序列拼接 sequence assembly
序列数据/順序資料 sequence data
序列数据挖掘/序列資料採擷 sequence data mining
序列图/序列圖 sequence log
序数/序數 sequency
序数尺度/順序標度 ordinal scale
序值标尺/序值標尺 ordinal value scale
叙词表/同義詞典 thesaurus
续流/跟蹤電流,殘餘電流 follow current
续流量热器/連續流熱量計 continuous flow calorimeter
续驶里程/續駛里程 driving range
絮凝器/絮凝器 flocculator
蓄电池/蓄電池 storage battery, secondary battery
蓄电池容量/電池容量 battery capacity
蓄电池组/蓄電池組,原電池組 secondary battery
蓄电池组充电站/蓄電池充電站 battery charging station
蓄冷/冷藏[庫] cold storage
蓄冷器/蓄熱器 regenerator
蓄冷式制冷系统/蓄冷式冷凍系統 refrigerating system with accumulation of cold
蓄冷用制冷机/蓄冷式冷凍機組 refrigerating unit for cold storage
蓄能泵/蓄能泵 storage pump
蓄能泵出口测量断面/蓄能泵出口測量斷面 outlet measuring section of storage pump
蓄能泵的输出功率/蓄能泵的輸出功率 output power of storage pump
蓄能泵的输入功率/蓄能泵的輸入功率 input power of storage pump
蓄能泵的最大瞬态反向转速/蓄能泵的最大瞬態反向轉速 momentary counterrotation speed of storage pump
蓄能泵反向飞逸转速/蓄能泵反向飛逸轉速 reverse runaway speed of storage pump
蓄能泵机械效率/蓄能泵機械效率 mechanical efficiency of storage pump
蓄能泵进口测量断面/蓄能泵進口量測截面 inlet measuring section of storage pump
蓄能泵空化系数/蓄能泵空化係數 cavitation coefficient of storage pump
蓄能泵空化余量/儲存泵淨有效吸水頭 net positive suction head of storage pump
蓄能泵零流量输入功率/無排放輸入功率儲存泵 no-discharge input power of storage pump
蓄能泵零流量扬程/無排放水頭儲存泵 no-discharge head of storage pump
蓄能泵流量/蓄能泵排放量 storage pump discharge
蓄能泵容积效率/蓄能泵容積效率 volumetric efficiency of storage pump
蓄能泵水力效率/蓄能泵水力效率 hydraulic efficiency of storage pump
蓄能泵吸入高度/蓄能泵静態吸取落差 static suction head of storage pump
蓄能泵吸入扬程损失/蓄能泵吸入揚程損失 suction head loss of storage pump
蓄能泵扬程/蓄能泵揚程 storage pump head
蓄能泵最大流量/蓄能泵最大流量 maximum discharge of storage pump
蓄能泵最大输入功率/蓄能泵最大輸入功率 maximum input power of storage pump
蓄能泵最大扬程/蓄能泵最大揚程 maximum head of storage pump
蓄能泵最小流量/蓄能泵最小流量 minimum discharge of storage pump
蓄能泵最小输入功率/蓄能泵最小輸入功率 minimum input power of storage pump
蓄能泵最小扬程/蓄能泵最小揚程 minimum head of storage pump
蓄热炉/蓄熱爐 regenerating furnace
蓄热能力/蓄熱能量 heat-retaining capacity
蓄热器/蓄熱器,複熱器 heat battery, recuperator, thermal storage
蓄热式均热炉/蓄熱式均熱爐 amco soaking pit

蓄热式热风炉/蓄熱式熱風爐 regenerative stove
蓄热室/蓄熱池 regenerative chamber
蓄热体/蓄熱體 thermal matrix
蓄水池/儲水槽 storage tank
蓄压器/貯壓器 pressure reservoir
蓄压式喷射/蓄壓式噴射 accumulator injection
蓄压式喷油泵/蓄壓式噴油泵 accumulator fuel injection pump
蓄意干扰/蓄意干擾 jamming
宣传车/宣傳車 mobile loudspeaker
玄维赛-坎贝尔电桥/黑韋賽-坎貝爾電橋 Heaviside-Campbell bridge
悬臂/懸臂 cantilever, overhanging rail
悬臂刨床/懸臂刨床 open-side planing machine
悬臂长度/懸臂長度 boom length
悬臂冲击试验值/艾氏衝擊值 Izod impact value
悬臂定位钩/懸臂定位鈎 boom latch
悬臂分度头/懸臂分度頭 arm type dividing head
悬臂俯仰机构/懸臂俯仰機構 boom hoisting mechanism
悬臂俯仰时间/懸臂俯仰時間 boom raising time
悬臂拉杆/懸臂拉桿 boom tie
悬臂梁/懸臂梁 cantilever beam
悬臂梁式冲击试验/懸臂梁式衝擊試驗,艾氏衝擊試驗 cantilever-beam impact testing, Izod impact test
悬臂梁式碰撞试验/懸臂梁式衝擊試驗,艾氏衝擊試驗 Izod impact test
悬臂门式起重机/懸臂高架起重機 cantilever gantry crane
悬臂排土机/平碴機 spreader
悬臂起重机/懸臂起重機 cantilever crane
悬臂升降机/旋臂昇降機 arm elevator
悬臂式起重机/旋臂起重機 arm crane
悬臂式铣床/懸臂式銑床 open-side type milling machine
悬臂载荷/懸臂負載 cantilever load
悬边/摇擺邊 dangling edge
悬垂式加速计/擺盪式加速計 pendulous accelerometer
悬吊管/懸吊管 hanging tube
悬吊微音器/吊架微音器 boom microphone
悬吊装置/懸掛裝置 hanging device
悬浮焙烧/懸浮焙燒 fluosolid roasting
悬浮斗离心机/吊桶離心機 suspended bucket centrifuge
悬浮剂/懸浮劑 suspending agent
悬浮颗粒/懸浮微粒 aerosol
悬浮区熔法/浮懸區熔法 floating zone method
悬浮区熔硅/浮懸區熔矽 floating zone grown silicon, FZ-Si
悬浮燃烧/懸浮燃燒 suspension combustion
悬浮式黏度计/懸面黏度計 suspended level viscosimeter, suspended level viscometer
悬浮式显示剂/懸浮式顯示劑 suspension developer
悬浮物/懸浮[固態]物,懸浮固粒 suspended solid matter, suspended solid, suspended matter
悬浮液堆/懸浮式反應器 suspension reactor
悬浮液反应堆/懸浮式反應器 suspension reactor
悬挂单轨系统/懸掛單軌系統 underslung monorail system
悬挂点/連接點 hitch point
悬挂轨道/懸掛軌道 underslung track
悬挂桥式堆垛起重机/懸掛式堆疊起重機 suspended stacking crane
悬挂式起重机/懸掛式起重機 underslung crane
悬挂式清箱装置/懸掛式清箱裝置 pendant shaking equipment
悬挂式砂轮机/懸吊砂輪機 suspended grinder
悬挂式缩进/暫懸內縮 hanging indent
悬挂输送机/懸掛運送機 overhead conveyor
悬挂锁紧机构/懸掛固鎖機構 suspension lock device
悬挂小车/懸掛小車 underslung trolley
悬挂摇床/懸掛搖床 suspensory shaking table
悬挂装置/懸掛裝置 linkage
悬架/懸架 suspension
悬架侧倾刚度/懸架側滾勁度 suspension roll stiffness
悬架垂直刚度/懸架垂向勁度 suspension vertical stiffness
悬架横向刚度/懸架横向勁度 suspension transverse stiffness
悬架几何学/懸吊幾何學 suspension geometry
悬架举升试验/懸架頂舉試驗 jack-up test of suspension
悬架柔性/懸架柔性 compliance in suspension
悬架上的侧倾/懸架側滾 suspension roll
悬架式驾驶座/懸架式座椅 suspension seat
悬架有效刚度/騎乘率 ride rate
悬架纵向刚度/懸吊縱向勁度 suspension longitudinal stiffness
悬链式支架/懸鏈支架 catenary support
悬梁秤/懸梁秤 suspending beam scale
悬料/懸料 bridging charge
悬圈式电流计/懸圈電流計,懸圈式檢流計

suspended coil galvanometer
悬式经纬仪/懸[吊]式經緯儀 suspension theodolite, hanging theodolite
悬式绝缘子/懸垂礙子,懸式絕緣體 suspension insulator
悬式缩放仪/懸式比例畫圖器 suspension pantograph
悬丝式检流计/懸絲式檢流計 filar suspended galvanometer
悬轴/吊軸 hanger
旋棒螺钉/貫頭螺釘 tommy screw
旋杯式油燃烧器/旋轉杯油燃燒器 rotary cup oil burner
旋杯雾化/旋杯霧化 rotary cup atomization
旋杯雾化油燃烧器/旋杯霧化燃油器 rotary cup atomizing oil burner
旋臂吊车/牆裝旋臂吊車 wall jib crane
旋臂起重机/牆裝旋臂吊車 wall jib crane
旋臂钻床/旋臂鑽機 radial drill
旋磁比/旋磁比,回轉磁比率 gyromagnetic ratio
旋磁材料/旋磁材料 gyromagnetic material
旋磁共振/旋磁諧振 gyromagnetic resonance
旋磁共振损耗/旋磁諧振損耗 gyromagnetic resonance loss
旋磁滤波器/旋磁濾波器,回轉磁濾波器 gyromagnetic filter
旋磁媒质/旋磁介質,回轉磁介質 gyromagnetic medium
旋磁频率/回轉磁頻率 gyromagnetic frequency
旋磁器件/旋磁元件,旋磁裝置 gyromagnetic device
旋磁限幅器/旋磁限幅器 gyromagnetic limiter
旋磁效应/旋磁效應,回轉磁效應 gyromagnetic effect
旋磁振荡器/旋磁振盪器,回轉磁振盪器 gyromagnetic oscillator
旋错/向錯 disclination
旋电媒质/回轉電介質 gyroelectric medium
旋刮/旋刮[砂] sweeping
旋刮板/旋刮板 sweeping board
旋刮板臂/旋刮板臂 sweep arm
旋刮板模型/旋刮板模型,搖刮板模型 sweeping pattern, sweeping template pattern
旋刮板砂芯/旋刮板砂心 swept core
旋刮板支架/旋刮板馬架 sweeping molder horse
旋刮砂型/旋刮砂模 sweeping mold
旋管锅/旋管鍋 coil-type pan
旋管冷凝器/螺旋冷凝器,蝸桿冷凝器 worm condenser
旋管真空结晶罐/旋管真空結晶罐 coil vacuum pan
旋光法/旋光法,偏振量測術 polarimetry
旋光计灯/偏光燈 polarization lamp
旋光镜/偏光鏡 polariscope
旋光率/比旋,比旋光度 specific rotation
旋光糖量计/糖量計 saccharometer, saccharimeter
旋光性/旋光性 optical activity
旋光仪/偏振計,偏光計 polarimeter
旋回破碎机/迴轉軋碎機,迴轉壓碎機 gyratory crusher
旋桨泵/螺旋槳泵 propeller pump
旋桨式流速计/螺旋槳型流速計,螺槳式流速計 propeller type current meter
旋接连接器/旋接連接器 twist-on connector
旋紧余量/旋緊裕度 wrenching allowance
旋进流量计/旋進流量計 swirlmeter
旋进频率/進動頻率 precession frequency
旋进相机/進動照相機,旋進照相機 precession camera
旋进旋涡流量计/旋進式渦流流量計 vortex precession flow meter
旋镜/旋轉鏡 rotating mirror
旋链/緊扣鏈 spinning chain
旋量/旋量 screw, spinor
旋流分离器/渦旋分離器,旋風分離機 cyclone separator
旋流离心分离器/離心旋風分離器 centrifugal cyclone
旋流煤粉燃烧器/旋流煤粉燃燒器 swirl pulverized coal burner
旋流器/旋流器 swirler
旋流强度/旋流強度 swirling intensity
旋流式燃烧器/旋風燃燒器 cyclone burner
旋流式调风器/旋流式調風器 swirl air register
旋流式洗涤器/錐渦洗煤機 cyclone washer
旋流细筛/旋流細篩 cyclo-fine screen
旋轮/旋輪 spinning roller, spin roller
旋轮线/擺線 cycloid, cycloidal curve
旋码开关/旋轉編碼開關 rotary coded switch
旋钮/旋鈕 knob
旋盘式圆锥破碎机/旋盤式圓錐碎礦機 gyradisc cone crusher
旋片/輪葉,葉片 blade, vane
旋片真空泵/旋片真空幫浦,滑葉式旋轉真空泵 sliding vane rotary vacuum pump, sliding-vane rotary vacuum pump
旋启多瓣式止回阀/多瓣式擺動止回閥 multi-disk swing check valve

旋启式止回阀/擺動止回閥 swing check valve
旋启双瓣式底阀/雙瓣式旋啟底閥 double-disk swing foot valve
旋绕比/旋繞比 spring index
旋塞阀/塞閥 plug valve
旋挖钻机/旋挖鑽機 rotary drilling rig
旋涡泵/漩渦泵 vortex pump
旋涡鼓风机/再生鼓風機 regenerative blower
旋涡流/渦流 swirling flow
旋涡流动试样/流動性旋渦形試片 fluidity spiral
旋涡流量计/漩渦流量計 swirl flow meter
旋涡炉熔炼/漩渦熔煉 cyclone furnace smelting
旋涡缺陷/漩渦缺陷 swirl defect
旋涡研磨粉/渦旋研磨粉 eddy mill powder
旋涡重介质旋流器/旋渦重介質渦旋機 swirl heavy-medium cyclone
旋压/旋壓成形 spinning
旋压车床/旋壓車床 bulging lathe
旋压轨迹/旋壓軌跡 spinning trace
旋压机/旋壓機 spinning machine, spinning lathe
旋压拉深/旋壓拉伸 spin drawing
旋压模/繞線模 former
旋翼式水表/旋葉式水量計 rotating vane type water meter
旋转/旋轉 rotation
旋转泵/旋轉泵,回轉泵 rotary pump
旋转变换/旋轉變換 rotation transformation
旋转变流器/旋轉變流機 rotary converter
旋转变频机/旋轉變頻機 rotating frequency convertor
旋转变相机/旋轉變相機 rotating phase convertor
旋转变压器/旋轉變壓器 electric resolver, rotary transformer, rotating transformer
旋转变阻器/回轉變阻器 revolving rheostat
旋转布料器/旋轉式灑布機 revolving distributor
旋转采样风矢量/旋轉採樣風向量 rotationally sampled wind velocity
旋转齿轮泵/旋轉齒輪泵 rotary gear pump
旋转冲击式钻机/旋衝式鑽機 rotary-percussive drill
旋转除尘器/旋轉式集塵器 spin dust collector
旋转磁场磁选机/旋轉磁場磁選機 rotating magnetic field magnetic separator
旋转磁铁/旋轉電磁體 rotary magnet
旋转打捞震击器/旋轉打撈活環 rotary fishing jar
旋转单色器/旋轉單色器 rotating monochromator
旋转导向钻头/活動鑽頭 detachable bit
旋转电极雾化/旋轉電極霧化 REP process
旋转电容器/旋轉電容器 rotary condenser
旋转定时器/旋轉定時器 rotating timer
旋转定位手轮座/套筒式定位手輪座 position fixing handle seat with sleeve
旋转度/旋轉度 degree rotation
旋转锻造/旋轉型鍛 rotary swaging
旋转发电机/旋轉發電機 rotating generator
旋转反光镜摄影机/旋轉鏡照相機 rotating mirror camera
旋转方向/旋轉方向,施轉方向 direction of rotation
旋转放大器/旋轉放大器 rotating amplifier
旋转放电器/旋轉放電器 rotary discharger
旋转分配器/旋轉分配器 rotary distributor
旋转风速表/旋轉風速計 rotation anemometer
旋转伏特计/旋轉伏特計 rotary voltmeter
旋转盖/旋轉蓋 swivelling cover
旋转隔板/旋轉膜板 rotating diaphragm
旋转工作台/轉檯 rotary table
旋转鼓风机/旋轉鼓風機 rotary blower
旋转刮板/旋轉刮板 turning strickle
旋转关节/旋轉接頭 rotary joint, rotating joint
旋转滚筒指示器/轉鼓式指示器 rotation-drum indicator
旋转号盘电话机/旋轉號盤電話機 rotary dial telephone set
旋转环/旋轉環 rotating ring
旋转环形天线/旋轉環形天線 rotating-loop antenna
旋转混合机/旋轉摻合器 rotary blender
旋转活塞流量计/旋轉活塞式流量計 rotating piston flow meter
旋转活塞式发动机/萬克發動機,萬克引擎 rotary piston engine, Wankel engine
旋转计数器/轉數表 revolution meter
旋转键离合器/旋轉鍵離合器 rolling key clutch
旋转角/旋轉角 angle of rotation
旋转角动量/自旋角動量 spin angular momentum
旋转接头/旋轉接頭 rotary joint
旋转浸煮器/旋轉蒸煮器 rotary digester
旋转静电计/扭力靜電計 rotational electrometer
旋转开关/旋轉開關,旋轉交換[機]鍵 rotary switch
旋转冷冻/旋轉冷凍 spin-freezing
旋转力矩测量器/轉矩計 torque meter, torquemeter
旋转连续过滤机/旋轉續濾機 rotary continuous filter
旋转流变仪/旋轉流變儀 rotational rheometer
旋转流槽/旋轉流槽 revolving chute
旋转滤网/旋轉篩 rotary sieve
旋转罗盘/回轉羅盤 gyrocompass

旋转螺旋溜槽/旋轉螺旋溜槽 rotating spiral sluice
旋转模/旋轉模 revolving die
旋转模板造模机/旋轉模板造模機 turning plate molding machine
旋转黏度计/旋轉黏度計 rotational viscometer, rotational viscosimeter
旋转扭矩/旋轉扭矩 cranking torque
旋转排量泵/旋轉排量泵 rotary displacement pump
旋转盘/旋轉盤,旋轉器 swirl, rotary disk
旋转喷雾器/旋轉噴霧器 rotary atomizer
旋转频率/回轉頻率,回旋頻率 gyrofrequency
旋转平面/旋轉平面 plane of rotation
旋转起模/反轉起模 draw on turnover
旋转器/旋轉器 revolver
旋转曲面/旋轉面 surface of revolution
旋转熔接/旋轉熔接 rotary splice
旋转砂芯线/放置砂心線 setting line, core setting line
旋转筛/旋轉篩,轉動篩,回轉篩 rotary screen, gyratory screen
旋转筛砂机/旋轉篩砂機 rotary sand screen
旋转失速/旋轉失速 rotating stall
旋转式变容真空泵/旋轉正排量式真空泵 rotary positive displacement vacuum pump
旋转式拨号盘/旋轉式撥號盤 rotary dailer
旋转式翻斗车/旋轉翻車架 rotary tippler
旋转式伏特计/旋轉伏特計 rotary voltmeter
旋转式干燥器/旋轉乾燥器 rotary drier
旋转式集尘器/旋轉式集塵器 spin dust collection
旋转式搅拌机/旋轉式攪拌器 rotary agitator
旋转式空气泵/旋轉空氣泵 rotary air pump
旋转式连接器/旋轉式連接器 coaxial rotating joint
旋转式连铸机/旋轉式連鑄機 rotary caster
旋转式喷粉器/旋轉噴粉器 rotary duster
旋转式喷灌机/旋轉噴灑器 rotary sprinkler
旋转式气体流量计/轉式氣量表 rotary gas meter
旋转式切碎机/旋轉切碎機 rotary chopper
旋转式洒水器/旋轉式灑水器 whirling sprinkler
旋转式湿度计/旋轉濕度計 whirling hygrometer
旋转式水口/旋轉式水口 rotary-type nozzle
旋转式温度表/旋轉溫度計 whirling thermometer
旋转式相位变换器/旋轉換相機 rotary phase converter
旋转式增稠器/旋轉濃縮器 rotary concentrator
旋转式真空干燥器/旋轉真空乾燥器 rotary vacuum dryer
旋转式装置/旋轉器 revolver
旋转速度/轉速 rotation velocity, rotation speed
旋转碎裂机/旋轉碎裂機,旋轉碎礦機,旋轉壓碎機 rotary breaker
旋转体的动态平衡/旋轉體之動態平衡 dynamic balance of rotating body
旋转体静力平衡/旋轉體之静態平衡 static balance of rotating body
旋转天线/旋轉天線 rotary antenna
旋转调谐磁控管/旋轉調諧磁控管 spin tuned magnetron
旋转投射技术/旋轉投射技術 rotational casting technique
旋转脱流/旋轉失速 rotating stall
旋转尾管悬挂器/旋轉式襯管掛 rotating liner hanger
旋转卫星/旋轉衛星 spinning satellite
旋转喂槽/旋轉給料器 swiveling tundish
旋转雾化器/旋轉噴霧器 rotary atomizer
旋转效应/旋轉效應 rotation effect
旋转斜盘/旋轉斜板 swash plate
旋转悬臂/旋轉腕臂 hinged cantilever
旋转延迟/旋轉潛時 rotational latency
旋转阳极 X 射线管/旋轉靶 X 射線管 rotating target X-ray tube
旋转阴极/回轉陰極 revolving cathode
旋转引动器/旋轉致動器 rotary actuator
旋转圆盘法/旋轉盤電極 rotating disk electrode, RDE
旋转运动/自旋運動 spin motion
旋转运动灵敏度/旋轉運動靈敏度 sensitivity for rotational motion
旋转照相机/旋轉[晶體]照相機 rotation camera
旋转真空泵/旋轉真空泵 rotary vacuum pump
旋转真空蒸发器/旋轉真空蒸發器 rotary vacuum evaporator
旋转整流器/旋轉整流器 rotary rectifier
旋转制/旋轉制 rotary system
旋转质量换算系数/旋轉質量換算係數 rotating mass conversion factor
旋转轴/旋轉軸,轉動軸 axis of rotation
旋转柱塞径向泵/旋轉活塞徑向泵 rolling piston radial pump
旋转转矩/運行轉矩 running torque
旋转阻力矩/旋轉阻力矩 cranking resistance torque
旋转阻尼/旋轉阻尼器 rotating damper
旋转钻井/旋轉鑽 drilling by rotation
旋转钻探/旋轉鑽法 rotary boring
旋转钻头/旋轉鑽頭 rotary bit
旋装式机油滤清器/旋裝式潤滑油濾清器 spin-on

cartridge lubricating oil filter
漩风式空气滤清器/旋風空氣清潔器　cyclone air cleaner
漩流混合机/旋渦混合機　whirl mixer
选除废料/選别廢料　selected scrap
选代算法/反復演算法　iterative algorithm
选单选择式/菜單選擇式　menu selection mode
选分结晶/選分結晶　selective crystallization
选件/選項　option
选矿/選礦　mineral dressing, mineral processing, ore beneficiation
选矿比/選礦比　concentration ratio
选矿过程数学模拟/選礦過程數學模擬　mathematical simulation of mineral processing
选矿过程自动控制/選礦過程自動控制　automatic control of mineral processing
选类机/選粒機　classificator
选粒/選粒　granulation
选路/選路　routing
选路策略/選路策略　routing policy
选路协议/選路協定　routing protocol
选码器/選碼器　code selector
选煤机/選煤機　coal picker
选模/模態選擇　mode selection
选模技术/選模技術　mode selection technique
选频电平表/選頻電平表　selective level meter
选频电压表/選頻電壓計　frequency selective voltmeter
选频放大器/選頻放大器　frequency selective amplifier
选频伏特计/選頻電壓計　frequency selective voltmeter
选区衍射/選區繞射　selected-area diffraction
选取/選擇　select
选速器/選速器，速度選擇器　velocity selector
选通/閘控　gating
选通标志/選通標志　strobe marker
选通辐射计/選通輻射計　gated radiometer
选通脉冲/選通脈波　strobe pulse
选通门脉冲发生器/閘波産生器　gate generator
选通信号/選通信號，閘信號　gate signal, strobe signal
选位开关/撥號[盤]式開關　dial switch
选项/選項，任選　option
选择/選擇　selecting
选择掺杂/選擇摻雜　selective doping
选择合并器/選擇并合器　selection combiner
选择开关/選擇開關　selector switch
选择扩散/選擇擴散　selective diffusion
选择滤波器/選擇過濾器　selective filter
选择密文攻击/選擇密文攻擊　chosen-ciphertext attack
选择明文攻击/選擇明文攻擊　chosen-plaintext attack
选择磨矿/擇優磨礦　differential grinding
选择排序/選擇排序　selection sorting
选择器/選擇器，指標器　selector, designator
选择数字发送器/選位發射器　selective digit emitter
选择通道/選擇器通道　selector channel
选择外延/選擇磊晶　selective epitaxy
选择网络/選擇網路　selection network
选择吸附/選擇性吸附　adsorption selective
选择吸收器/選擇吸收器　selective absorber
选择性/選擇性，選擇度　selectivity
选择性焙烧/選擇性焙燒　selective roasting
选择性催化还原装置/選擇性催化還原裝置　selective catalytic reduction device
选择性电离压力计/選擇性游離真空計　selective ionization gage
选择性辐射体/選擇輻射體，選擇輻射器　selective radiator
选择性腐蚀/選擇腐蝕　selective corrosion
选择性还原/選擇性還原　selective reduction
选择性浸出/選擇性浸出　selective leaching
选择性开采法/選擇採礦，選擇採掘　selective mining
选择性联顶短节/選徑短座管　selective landing nipple
选择性衰落/選擇性衰落　selective fading
选择性探测器/選擇偵測器，選擇檢知器　selective detector
选择性吸收/選擇性吸收　selective absorption
选择性絮凝浮选/選擇性凝絮浮選　selective flocculation flotation
选择性氧化/選擇性氧化　selective oxidation
选择性氧化还原法/選擇性氧化還原法　selective oxidative reductive method
选择性转移/選擇性轉移　selective transfer
选择振铃/選擇振鈴　selective ringing
选择注意/選擇注意　selective attention
选择组合秤/選擇組合秤　selective combination weigher
选址/選址　site selection
选址法/選址術　selecting address technique
选组器/選組器，分群器　group selector
炫光/眩光　glare

眩目/眩目 dazzle
旋风涤气器/旋風洗氣器 cyclone scrubber
旋风分离器/旋風分離器,旋風沈降器 cyclone separator, cyclone settler
旋风过滤器/旋風濾器 cyclone filter
旋风集尘器/旋風集塵器,旋風收塵器 cyclone dust collector
旋风净尘器/旋風式集塵器 cyclone scrubber dust collector
旋风排气器/旋風排氣機 cyclone exhauster
旋风气化炉/旋風氣化爐 cyclone gasifier
旋风切削/旋切 whirling
旋风燃烧/旋風燃燒 cyclone firing
旋风洗涤器/旋風洗氣器 cyclone scrubber
旋风蒸发器/旋風蒸發器 cyclone evaporator
削壁充填法/切壁充填採礦法 wall cutting fill stoping
削扁平面节流轴针式喷油嘴/削扁噴嘴 flatted pintle nozzle
削波/截波 clipping
削波放大器/削波放大器 clipping amplifier
削波器/截波器,消波器 wave clipper
削波器补偿放大器/截波穩定放大器 chopper-stabilized amplifier
削峰器/峰值限值器,限幅器 peak clipper
削平型直柄立铣刀/削平型直柄立銑刀 end mill with flatted parallel shank
削窄前面/削窄前面 reduced face
削窄前面宽度/削窄前面寬度 width of reduced face
薛定谔方程/水丁格方程式 Schrodinger equation
穴管状孔隙/洞穴孔隙 cavernous porosity
穴蚀/空洞腐蝕 cavitation corrosion, erosion
学习策略/學習策略 learning strategy
学习程序/學習程式 learning program
学习风范/學習範例 learning paradigm
学习功能/學習功能 learning function
学习简单概念/學習簡單概念 learning simple conception
学习矩阵/學習矩陣 learning matrix
学习理论/學習理論 learning theory
学习模式/學習模式 learning mode
学习平台/學習平臺 learning platform
学习评价/學習評價 evaluation of learning
学习曲线/學習曲線 learning curve
学习系统/學習系統 learning system
学习行为/學習行爲 learning behavior
学习主体/學習代理 learning agent
学习自动机/學習自動機 learning automaton
雪崩倍增/崩潰乘積 avalanche multiplication
雪崩电压/突崩電壓,崩潰電壓 avalanche voltage, breakdown voltage
雪崩多余噪声/崩潰多餘雜訊 avalanche excess noise
雪崩多余噪声因子/崩潰多餘雜訊因數 avalanche excess noise factor
雪崩二极管/崩瀉二極體 avalanche diode
雪崩光电二极管/崩潰光二極體 avalanche photodiode, APD
雪崩光电二极管检光器/崩潰光二極體檢光器 avalanche photodiode optical detector
雪崩击穿/突崩潰,累增崩潰 avalanche breakdown
雪崩晶体管/崩瀉電晶體 avalanche transistor
雪崩式激光器/崩潰式雷射 avalanche laser
雪崩效应/串接,突崩效應 cascade, avalanche effect
雪崩形成时间/崩潰形成時間 avalanche buildup time
雪花冰制冰机/顆粒製冰機 granular ice machine
雪花模式/雪花模式 snowflake schema
雪花衰减/雪花衰減 snow attenuation
雪犁效应/雪犁效應 snow plow effect
雪量器/雪量器 nivometer
雪载/雪荷載 snow load
鳕鱼线圈/線材卷 cod coil
血钙传感器/血鈣感測器 blood calcium ion transducer
血红蛋白/血紅素 haemoglobin
血红蛋白计/紅血球素計,血紅素計 hemoglobinometer
血钾传感器/血鉀感測器 blood potassium ion transducer
血浆运输车/血漿運輸車 plasma transport van
血流传感器/血流感測器 blood flow transducer
血氯传感器/血氯感測器 blood chlorine ion transducer
血钠传感器/血鈉感測器 blood sodium ion transducer
血气传感器/血氣感測器 blood gas transducer
血球计/血球計 hemacytometer, hemocytometer
血容量传感器/血容量感測器 blood-volume transducer
血色素计/血色素計 haemometer
血糖管/血糖試管 blood sugar tube
血细胞计数器/血球計 haemocytometer, hemacytometer
血压表/彈性式血壓計 elastic element sphygmomanometer

血压传感器/血壓感測器 blood pressure transducer
血压计/血壓計,血液動力計 sphygmomanometer, hemadynamometer, hemomanometer
血氧传感器/血氧感測器 blood oxygen transducer
血液 pH 传感器/血液 pH 感測器 blood pH transducer
血液电解质传感器/血液電解質感測器 blood electrolyte transducer
血液二氧化碳传感器/血液二氧化碳感測器 blood carbon dioxide transducer
血液凝聚计/血液凝聚計 blood coagulometer
血液吸液管/血液吸量管 haematological pipete
熏蒸消毒器/熏蒸消毒器 fumigator
寻标器/尋標器 seeker
寻常波/正常波 ordinary wave
寻峰/尋峰 peak searching, peak seeking
寻呼/播叫,呼叫 paging
寻呼机/頁調器,呼叫器 pager, beeper
寻呼信道/尋呼通道 paging channel
寻呼业务/尋呼業務 paging service
寻径函数/選路函數 routing function
寻线/自動尋線 line hunting
寻线方式/尋線狀態,待獵狀態 hunt mode
寻线机/尋線機,尋線器 line finder, call finder
寻线器/尋線器,尋線機 call finder
寻相器/追相器 phase hunter
寻像管/尋像管 view finder tube
寻像透镜/探測器透鏡 finder lens
寻址/尋址,選址 addressing
寻址方式/定址模式 addressing mode
寻址技术/定址技術 addressing technique
寻址空间/定址空間 addressing space
寻址能力/定址能力 addressability
寻址容量/定址容量 addressing capacity
寻址异常/定址異常 addressing exception
巡逻代理/巡邏代理 patrol agent
巡游/巡遊 perambulation
询问/詢問 enquiry
询问模式/詢問模式 interrogation mode
询问器/詢問器 interrogator
询问站/詢問站 inquiry station
循环/循環,回路 cycle, loop
循环氨水/循環氨水 flushing liquor
循环倍率/循環比率 circulation ratio
循环泵/循環泵 recirculating pump
循环比/循環比 recycle ratio
循环变化/週期變化 cyclic change
循环不变式/回路不變量 loop invariant
循环测试/回路測試 loop testing
循环乘积码/循環乘積碼 cyclic product code
循环重构技术/回路重構技術 loop restructuring technique
循环存储器/循環記憶器,循環儲存器 circulating memory, circulating storage, cyclic storage
循环倒流/循環流反轉 circulation flow reversal
循环电流/循環電流,環流 circulating current
循环调度/循環排程 cyclic scheduling
循环反应堆/循環反應器 circulating reactor
循环反应器/循環反應器 recirculation reactor
循环范围/循環範圍 cycle range
循环风流/循環風流 recirculation air flow
循环干燥器/循環式乾燥機 circulating drier
循环锅炉/循環鍋爐 circulation boiler
循环盒式磁带/循環回路匣磁帶 endless loop cartridge tape
循环缓冲/循環緩衝 circular buffering
循环换流器/循環換流器,雙向離子變頻器 cycloconverter
循环回路/循環回路,循環電路 circulation circuit
循环积分器/週期積分器 cyclic integrator
循环计数法/循環計數法 cycle counting method
循环计数器/循環計數器 cycle counter
循环寄存器/循環暫存器 circulating register
循环矫顽力/循環矯頑力 cyclic coercivity
循环接头/循環接頭 circulating sub, circulation joint
循环借位/循環借位,端迴借位 end around borrow
循环进位/端迴進位 end around carry
循环卷积/循環褶積 circular convolution
循环冷却/循環冷却 circulative cooling
循环冷却器/循環冷却器 recirculation cooler
循环链表/循環鏈接串列 circular linked list
循环列数/回路數目 number of circuits
循环流/循環流 circulating flow
循环流化床锅炉/循環式流化床鍋爐 circulating fluidized bed boiler
循环流化床燃烧/循環式流化床燃燒 circulating fluidized bed combustion
循环流量/流體流動量 quantity of fluid flow
循环码/循環碼 cyclic code
循环气油比/循環氧油比 circulation gas-oil rate
循环器/循環器,環行器 circulator
循环球-齿条齿扇式转向器/循環球齒條齒扇式轉向器 recirculating ball rack-and-sector steering gear
循环球滚子直线轴承/循環球滚子線性軸承 recirculating ball roller linear bearing

循环球-曲柄销式转向器/循環球曲柄銷式轉向器 recirculating ball lever-and-peg steering gear
循环球式转向器/循環球轉向齒輪 recirculating ball steering gear
循环群/循環群 cyclic group
循环冗余检验/循環冗餘檢查 cyclic redundancy check, CRC
循环冗余码/循環冗餘碼 cyclic redundancy code, CRC
循环软化/週次軟化 cyclic softening
循环润滑/循環潤滑 circulating lubrication
循环色谱法/循環色譜法 recycle chromatography
循环砂/循環砂 recirculation system sand
循环时间/循環時間 cycle time
循环式反应器/循環反應器 recycle reactor
循环式架空索道/循環式架空索道 circulating ropeway
循环式缆车/循環式纜車 circulating funiculars
循环式真空脱气法/循環式真空脫氣法 Ruhrstahl Heraeus refining process, RH
循环寿命/循環壽命,週期數 cycle life
循环数码/循環數位碼 cyclic digit code
循环水泵/循環水泵 circulating water pump
循环水速/循環水速 circulation velocity
循环算法/循環算法 round robin algorithm
循环损失/循環損失 circulation loss
循环图/循環圖 cycle graph
循环网/再循環網路 recirculating network
循环网络/重現網路 recurrent network
循环小数/循環小數 recurring decimal
循环遥控/循環遥控 cyclic remote control
循环应力-应变曲线/循環應力-應變曲線 cyclic stress-strain curve
循环硬化/反復硬化 cyclic hardening
循环优化/回路最佳化 loop optimization
循环圆/循環圓 circulating circle
循环载荷/循環負載 cyclic loading
循环展开/回路展開 loop unrolling
循环坐标/可省略坐標 cyclic coordinate
循迹点/循跡點 trace point
循迹误差/循跡誤差,追蹤誤差 tracking error
循纹失真/循紋失真 tracking distortion
训练仿真器/訓練模擬器 training simulator
训练集/訓練集 training set
训练模拟器/訓練模擬器 training simulator
讯号倍加光电发像管/信號倍增光電攝像管 signal multiplier iconoscope
讯号能量/訊號能量 signal energy
讯号失真/訊號失真 signal distortion
讯号延迟时间/訊號延遲時間 signal delay time
驯流器/馴流器 flow straightener
殉爆/交感爆轟[作用] sympathetic detonation
殉爆距离/交感爆轟[作用]距離 gap distance of sympathetic detonation

Y

压凹试验/壓凹試驗 cupping test
压板/定模板 platen, squeeze head
压板安装式喷油器/壓板安裝式噴油器 clamp mounted fuel injector
压边浇口/壓邊流道,疊邊進模口,刀形進模口 lip runner, kiss runner
压并高度/壓實高度 solid height
压并应力/固態位置應力 stress at solid position
压并载荷/壓實負載 solid load
压舱泵/壓艙水泵,壓載泵 ballast pump
压差比/壓差比 differential ratio
压差传感器/差壓轉換器 differential pressure transducer
压差传声器/壓差傳聲器,[壓力]梯度麥克風 gradient microphone, pressure gradient microphone
压差传送器/差壓傳送器 differential pressure transmitter
压差密度计/壓力梯度計 gradiomanometer
压差式真空计/壓差式真空計 differential vacuum gage
压差水听器/壓力梯度水聽計 pressure-gradient hydrophone
压差温度计/壓差溫度計 manometric thermometer
压差真空系统/差異泵真空系統 differentially pumped vacuum system
压抽混合式通风/壓抽混合式通風 forcing and exhausting combined ventilation
压出机/擠壓機,擠製機 extruder
压磁材料/壓磁材料 piezomagnetic material
压磁式板形仪/磁彈轉換式壓力計 stress meter with magneto-elastic transducer
压磁效应/壓磁效應,磁彈性效應 piezomagnetic effect, magnetoelastic effect
压带式输送机/夾層帶式運送機 sandwich belt conveyor
压电/壓電[學] piezoelectricity
压电变换器/壓電發送器 piezoelectric sender
压电变送器/壓電發射器 piezoelectric transmitter
压电常量/壓電係數 piezoelectric constant
压电传声器/壓電傳聲器 piezoelectric microphone
压电地震检波器/壓電地震儀 piezoelectric seismometer
压电电阻器/壓電電阻器 piezoresistor
压电电阻效应/壓阻效應 piezoresistance effect
压电加速度计/壓電加速計 piezoelectric accelerometer
压电检测器/壓電檢知器 piezoelectric detector
压电晶体/壓電晶體 piezoelectric crystal
压电晶体管/壓電電晶體 piezotransistor
压电晶体滤波器/壓電石英濾波器 piezoelectric quartz filter
压电晶体式喷油器/壓電晶體式噴油器 piezo crystal fuel injector
压电晶体稳频器/壓電穩定器 piezoelectric stabilizer
压电晶体谐振器/壓電共振器 piezoresonator
压电流量计/壓電流量計 piezoelectric flow meter
压电滤波器/壓電濾波器 piezoelectric filter
压电膜片传声器/膜片壓電麥克風 diaphragm piezo microphone
压电石英检测器/壓電石英檢知器 piezoelectric quartz detector
压电石英稳频器/壓電穩定器 piezoelectric stabilizer
压电拾音器/壓電拾取器,壓電取樣器 piezoelectric pickup
压电示波器/壓電示波器 piezoelectric oscillograph
压电式传感器/壓電式傳感器,壓電式感測器 piezoelectric transducer
压电式打印头/壓電式列印頭 piezoelectric print head
压电式地震仪/壓電地震儀 piezoelectric seismometer
压电式继电器/壓電繼電器 piezoelectric relay
压电式接收器/壓電接收器 piezoelectric receiver
压电式力传感器/壓電式力轉換器 piezoelectric force transducer
压电式敏感器/壓電感測器 piezoelectric sensor
压电式湿度计/壓電式濕度計 piezoelectric hygrometer
压电式压力传感器/壓電式壓力換能器,壓電壓力指示器 piezoelectric pressure transducer, piezoelectric pressure indicator
压电式压力计/壓電式壓力計 piezoelectric

manometer, piezoelectric pressure gage
压电式振动计/壓電式振動計 piezoelectric vibrometer, piezoelectric type vibration gage
压电探针/壓電探針,壓電探頭 piezoelectric probe
压电陶瓷/壓電陶瓷 piezoelectric ceramic
压电陶瓷加速度计/壓電陶瓷加速度計 piezoelectric ceramic accelerometer
压电陶瓷调谐器/壓電陶瓷調諧器 piezoelectric ceramic tuner
压电陶瓷延迟线/壓電陶瓷延遲線 piezoelectric ceramic delay line
压电天平/壓電天平 piezoelectric balance
压电陀螺/壓電陀螺 piezoelectric gyroscope
压电吸附检测器/壓電吸著檢知器 piezoelectric sorption detector
压电效应/壓電效應 piezoelectric effect
压电谐振器/壓電共振器 piezoresonator
压电压力敏感器/壓電式壓力感測器 piezoelectric pressure sensor
压电扬声器/壓電揚聲器 piezoelectric loudspeaker
压电音叉/壓電音叉 piezoelectric tuning fork
压电应变计/壓電應變計 piezoelectric strain gage
压电振荡器/壓電振盪器 piezo-oscillator
压电振动发生器/壓電振動發生器,壓電振動産生器 piezoelectric vibration generator
压电振动器/壓電振動器 piezoelectric vibrator
压电振动台/壓電振動發生器系統 piezoelectric vibration generator system
压电振子/壓電振動器 piezoelectric vibrator
压电整流器/壓電整流器 piezoelectric rectifier
压锭衣机/壓錠衣機 compress coating machine
压阀调节器/壓控閘門調節器 pressure damper regulator
压风机/吹氣式扇風機,鼓風扇 forcing fan, blowing fan
压感纸/壓感紙 action paper
压管风速计/壓管風速儀,壓力風速計 anemobiagraph
压管式风速表/壓力管風速計 pressure tube anemometer
压光辊/研光輥 calender roll
压焊/壓焊 pressure welding, bonding
压焊机/壓焊機 press welder
压痕/壓痕 indentation
压痕测量装置/壓痕量測裝置 indentation measuring device
压痕深度计/壓痕深度計 indentation depth gage
压痕硬度/壓痕硬度 indentation hardness
压痕硬度计/壓痕式硬度試驗計,壓痕硬度試驗機 indentation hardness tester
压痕硬度试验/壓痕試驗 indentation test
压花/浮花壓製法 embossing
压花把手/壓花把手 knurlied knob
压花铝箔/壓花鋁箔 embossed aluminum foil
压花纹机/浮雕器 embosser, embossing press
压火/封火 banking fire
压挤板/壓擠板 squeeze board, squeeze plate
压挤捣砂/壓擠搗砂 squeeze ramming
压挤铸造/壓擠鑄造 squeeze casting
压降特性/下降特性 drooping characteristic
压接接触件/壓接接觸件,壓接接點 crimp contact
压紧螺套/壓蓋螺帽 gland nut
压紧弹簧/壓緊彈簧 pressure spring
压晶体管/壓電晶體 piezoelectric crystal
压控晶体振荡器/電壓控制晶體振盪器 voltage controlled crystal oscillator
压控相移器/電壓控制移相器 voltage controlled phase shifter
压控振荡器/電壓控制振盪器 voltage controlled oscillator, VCO
压块/粉質壓成體,邦迪卷管,砂模壓重 compact, bundy tubing, mold weight
压块机/壓塊機 briquetting machine
压捆机/打包機 baler
压扩/壓擴 companding
压力/壓力 pressure
压力板流量计/壓力板流量計 pressure plate flow meter
压力报警传感器/壓力報警感測器 pressure warning sensor
压力报警器/壓力警報器 pressure alarm
压力泵/壓力泵 pressure pump
压力比/壓[力]比 pressure ratio
压力比控制器/壓力比控制器 pressure ratio controller
压力变送器/壓力傳送器,傳壓器,壓力發送器 pressure transmitter
压力表/壓力表 pressure gage
压力表机芯/壓力表機芯 core of pressure gage
压力表校验器/壓力表校驗器 pressure gage tester
压力不相关型变风量末端装置/壓力不相關型變風量末端裝置 pressure-independent VAV terminal device
压力槽/壓力槽 pressure tank
压力测量/壓力量測 pressure measurement
压力测量仪表/測壓儀表,測量壓力儀表 pressure

measurement instrument
压力测量仪器/壓力量測儀器 pressure measuring instrument
压力测试/壓力測試,應力測試 stress testing
压力穿孔/壓力穿孔 pressure piercing
压力传感器/壓力感測器,壓力換能器 pressure sensor, pressure transducer
压力传感器灵敏度/壓力感測器靈敏度 sensitivity of pressure transducer
压力吹风器/壓力吹風機,壓力鼓風機 pressure blower
压力发生器/壓力産生器 pressure generator
压力阀/壓力閥 pressure valve
压力反馈控制式电液转向系/壓力回饋控制式電液轉向系 electro-hydraulic power steering system in control of reaction pressure
压力分配器/壓力分配器 pressure distributor
压力风缸/貯壓器 pressure reservoir
压力风速表/壓力風速計 pressure anemometer
压力风速计/壓力風速計 pressure anemometer
压力缝合/壓力縫合 pressure joining
压力盖/壓力蓋 pressure cap
压力拱/地壓拱 pressure arch
压力管/壓力管 pressure tube
压力管风速表/壓管式風速計 pressure tube anemometer
压力过滤器/壓濾機,加壓粗濾器 pressure strainer
压力焊/壓力熔接 pressure welding
压力缓冲器/消震器,消除脈動器 pulsation dampener
压力换能器/壓力換能器 pressure transducer
压力机/壓力機 press
压力计/壓力計,壓力表,壓強計 pressure indicator, pressure manometer, pressure gage
压力计接口/壓力分接頭 pressure tap
压力记录器/壓力記録器 manograph, pressure recorder
压力记录仪/壓力記録器 manograph
压力继电器/壓力繼電器,壓力電驛 pressure relay
压力加工/塑性加工 plastic working
压力监测器/壓力監測器 pressure monitor
压力降落试井/降壓試驗 pressure drawdown test
压力角/壓力角 pressure angle
压力矫直机/壓力矯直機 press straightening machine
压力接合密封法/熱壓密封 compression bonded encapsulation
压力均匀化/壓力均等,壓力等化 pressure equalization
压力开关/壓力開關 pressure switch
压力刻度/壓力標度 pressure scale
压力控制阀/壓力控制閥 pressure control valve, pressure-controlled valve
压力控制继电器/壓力控制繼電器 pressure control relay
压力控制器/壓力控制器 pressure controller
压力控制系统/壓力控制系統 pressure control system
压力脉冲/壓力脈波 pressure pulse
压力脉动试验/壓力脈動試驗 pressure fluctuation test
压力冒口/加壓冒口 pressure riser
压力面/壓力面 pressure face
压力敏感器/壓力感測器 pressure sensor
压力敏感元件/壓感元件,壓敏元件 pressure sensitive element
压力模块/壓力模組 pressure module
压力膜盒/壓力膜盒 pressure diaphragm capsule
压力能/壓力能 pressure energy
压力喷雾机/壓力噴霧器 pressure atomizer
压力喷嘴/壓力噴嘴 pressure nozzle
压力平衡阀/壓力均衡閥 pressure balanced valve
压力枪/壓力槍,黄油槍 pressure gun
压力-容积-温度-时间法/壓力-容積-溫度-時間法 pressure-volume-temperature-time technique
压力容器/壓力容器,加壓容器 pressurized container
压力容器钢/壓力容器鋼 pressure vessel steel
压力砂滤池/加壓沙濾器 pressure sand filter
压力上升测试/壓力上昇試驗 pressure rise test
压力深度计/壓力深度計 pressure depth meter
压力式电容器/壓力式電容器 pressure type capacitor
压力式静电加速器/壓力式静電加速器 pressure type electrostatic accelerator
压力式流量计/壓力式流量計 pressure type flowmeter
压力式温度计/壓力式温度計,壓力致動温度計,充壓式温度計 pressure filled thermometer, pressure actuated thermometer
压力试验/壓力試驗 pressure test
压力试验机/壓力試驗機,壓縮試驗機 compression testing machine
压力室法/壓力室添加法 pressure chamber method
压力水头/壓力[水]頭 pressure head
压力损失/壓力損失 pressure loss

压力探头/壓力探針　pressure probe
压力梯段电子枪/壓力梯段電子槍　pressure gradient electron gun
压力天平/壓力天平　pressure balance
压力调节阀/壓力調節閥　pressure regulating valve
压力调节器/壓力調節器,調壓器　pressure regulator, pressure governor
压力位式控制器/壓力位式控制器　pressure step type controller
压力温度计/壓力溫度計　pressure thermometer
压力稳定器/恆壓計　manostat
压力系数/壓力係數　pressure coefficient
压力限制器/壓力限制器　pressure limiter
压力相关型变风量末端装置/壓力相關型變風量末端裝置　pressure dependent VAV terminal device
压力箱/壓力箱　pressure tank
压力行程传感器/壓力行程換能器　pressure to stroke transducer
压力仪表/壓力式儀表　pressure instrument
压力油路调节式液压悬挂系/出口控制式液壓懸掛系統　hydraulic hitch system with outlet control
压力油系统/壓力油系統　actuating oil system
压力真空表/壓力真空表　combined pressure and vacuum gage
压力指示器/壓力指示器　pressure indicator
压力中心/壓力中心　center of pressure
压力注射器/壓力注射筒　pressure syringe
压力铸造/壓力[硬模]鑄造,壓鑄法　die casting, pressure die casting, pressure casting
压力铸造模具/壓力鑄造模具　die casting die
压粒机/壓粒機　pellet press
压裂泵/壓裂泵　fracturing pump
压裂车/壓裂卡車　fracturing truck
压裂管汇车/壓裂管路卡車　fracturing pipeline truck
压裂酸化/液裂酸處理　fracture acidizing
压漏试验/壓漏試驗　leakage test
压路机/壓路機　roller
压滤/壓濾　filter press
压滤机/壓濾機　press filter, pressure filter
压密/壓密　densifying
压敏传感器/壓敏感測器　pressure sensitive sensor
压敏电阻/變壓電阻器,壓電電阻器　piezoresistor, varistor
压敏电阻合金/壓敏電阻合金　pressure sensing resistor alloy
压敏电阻器/壓敏電阻,變阻器　varistor
压敏元件/壓敏元件　pressure sensitive element
压模/擠壓母模　hob
压模机/壓模機,壓擠造模機　molding press, squeeze molding machine
压膜式壳型机/壓膜式殼模機　diaphragm shell molding machine
压膜式造模机/壓膜式造膜機　diaphragm molding machine
压钠器/壓鈉器　sodium press
压黏土机/壓黏土機　clay press
压黏系数/壓黏係數　pressure viscosity coefficient
压盘/壓盤　pressure plate
压配合/壓入配合　press fit
压坯/[粉]壓坯　compact, green compact
压皮机/壓樹皮機　bark press
压平式眼压计/壓平式眼壓計　applanation tonometer
压气沉箱/壓式沈箱　pneumatic caisson
压气机/壓氣機,壓縮機　compressor
压气机车/壓縮空氣機車　compressed air locomotive
压气机喘振/壓氣機喘振　compressor surge
压气机多变效率/壓氣機多變效率　compressor polytropic efficiency
压气机反动度/壓縮機反動度　reaction degree of compressor
压气机级/壓縮級　compressor stage
压气机进气防冰系统/壓氣機進氣防冰系統　compressor intake anti-icing system
压气机壳/壓縮機箱　compressor casing
压气机轮盘/壓氣機輪盤　compressor disk
压气机轮周效率/壓縮機的機輪效率　wheel efficiency of compressor
压气机内效率/壓縮機内效率　internal efficiency of compressor
压气机清洗系统/壓氣機清洗系統　compressor washing system
压气机实际焓增/壓氣機實際焓增　actual enthalpy rise of compressor
压气机输入功率/壓縮機輸入功率　compressor input power
压气机特性图/壓氣機效能圖　compressor performance map
压气机透平/壓縮汽輪機　compressor turbine
压气机叶轮/壓氣機葉輪　compressor wheel
压气机转子/壓縮機轉子　compressor rotor
压气培养皿/壓氣培養皿　anaerobic culture dish
压气培养器/壓氣培養器　anaerobic culture apparatus
压气式气力输送机/壓氣式氣力輸送機　pressure-type pneumatic conveyor

压气引射式通风机/誘風機 air mover
压气装药器/氣動裝藥器 pneumatic loader
压钳口/鉗夾持部 tongs hold
压强/壓力 pressure
压强计/壓力計,測壓計 piezometer
压燃/壓縮點火 compression ignition
压燃式发动机/壓縮點火引擎 compression ignition engine
压热[硫化]锅/熱壓硫化鍋 autoclave press
压入式通风/強制通風 forced ventilation
压[软木]塞器/壓[軟木]塞器 cork presser, cork press
压射缸/注射缸,壓鑄儲筒 injection cylinder, shot sleeve
压射机构/注射機構 injection mechanism
压射室/噴射室 injection chamber
压绳器/護索設施 rope guard
压实/壓實 squeezing ramming
压实机/壓實機 compactor
压实造型机/壓擠造模機,擠壓製模機 squeeze molding machine
压实阻力/壓實阻力 compression resistance
压实[作用]/壓實,夯實 compaction
压水式反应堆/壓水式反應器 pressurized water reactor
压水室/螺旋殼 spiral housing
压缩/壓縮,收縮 compression, compress, constriction
压缩比/壓縮比,壓縮率 compression ratio
压缩变形/壓縮變形 compressive deformation
压缩波/壓[縮]波,應力波 compression wave, compressional wave
压缩玻璃金属封接/壓縮玻璃金屬封接 compression glass-to-metal seal
压缩带/受壓地帶 compression zone
压缩的频繁模式/壓縮的頻繁模式 compressed frequent pattern
压缩高度/壓縮高度 compression height
压缩函数/壓縮函數 compression function
压缩机/壓縮機,壓縮引擎 compressor
压缩机车/氣體壓縮機車 gas compressor vehicle
压缩机排气管道量热器法/壓縮機排氣管道量熱器法 compressor discharge line calorimeter method
压缩计/壓縮計 compression vacuum gage, compressometer
压缩计法/壓縮計法 McLeod-gage method
压缩矫直/壓縮矯直 compression straightening
压缩空气/壓縮空氣 compressed air
压缩空气储罐/壓縮空氣儲罐 compressed air tank
压缩空气电容器/壓縮空氣電容器 compressed air condenser
压缩空气断路器/壓縮空氣斷路器,氣衝斷路器 air blast circuit breaker, compressed air circuit breaker
压缩空气发动机/空氣動力機,氣動馬達 air motor
压缩空气管网/壓縮空氣管網 compressed air pipeline
压缩空气罐/壓縮空氣鋼瓶,壓縮空氣缸 compressed air cylinder
压缩空气搅拌器/壓縮空氣攪拌器 compressed air agitator
压缩空气卷扬机/壓縮空氣卷揚機,氣動吊車,氣壓起重機 air hoist
压缩空气喷砂机/壓縮空氣噴砂機 compressed air sand blaster
压缩空气喷雾机/氣體噴霧器 compressed air sprayer
压缩空气喷雾加湿器/壓縮空氣噴霧加濕器 compressed air spray-type humidifier
压缩空气瓶/壓縮空氣瓶 air bottle
压缩空气起动马达/壓縮空氣起動馬達 compressed air starter motor
压缩空气软管/壓縮空氣軟管 compressed air hose
压缩空气箱/蓄壓器 pressure accumulator
压缩空气制动/壓縮空氣制動 compressed air brake
压缩扩展器/[音符]縮伸器 compandor
压缩力/壓縮力 compressive force, compression force
压缩量/壓縮量 reduction
压缩模/壓縮模 compression mould
压缩模量/壓縮模數 modulus of compression
压缩期/壓縮期 compression period
压缩气锤/空氣錘 compressed air hammer
压缩气体电容器/壓縮氣體電容器 compressed gas condenser
压缩气筒/壓縮氣體鋼瓶 compressed gas cylinder
压缩腔/壓縮室,加壓艙 compression chamber
压缩强度/抗壓強度 compressive strength
压缩热/壓縮熱 heat of compression
压缩式垃圾车/壓縮式垃圾車 compression refuse collector
压缩式冷冻机/蒸氣壓縮冷凍機 vapor compression refrigerator
压缩式橡胶弹簧/壓縮式橡膠彈簧 compression-type rubber spring
压缩式压力计/壓力計 compression manometer
压缩式真空计/壓縮式真空計,壓力計 compression

vacuum gage, compression manometer
压缩式制冷机/蒸氣壓縮冷凍機 vapor compression refrigerator
压缩式制冷系统/壓縮式製冷系统 compression refrigerating system
压缩式制冷循环/壓縮式製冷循環 compression refrigeration cycle
压缩试验机/壓縮試驗器 compression tester
压缩态/壓縮態 squeezed state
压缩特性数/壓縮特性數 compressibility number
压缩天然气/壓縮天然氣 compressed natural gas, CNG
压缩天然气电磁阀/壓縮天然氣電磁閥 compressed natural gas solenoid valve
压缩天然气管路/壓縮天然氣管路 compressed natural gas fuel line
压缩天然气减压器/壓縮天然氣減壓器 compressed natural gas pressure regulator
压缩天然气汽车/壓縮天然氣汽車 compressed natural gas vehicle
压缩-吸收式热泵机组/壓縮-吸收式熱泵機組 compressor absorption heat pump unit
压缩效应/壓縮效應 compression effect
压缩性曲线/壓縮性曲線 compactibility curve
压缩性修正系数/壓縮性修正係數 compressible factor
压缩性指数/壓實指數 compactability index
压缩仪/壓縮計 compressometer
压缩因子/壓縮因子 compressibility factor
压缩真空计/壓縮計 compression gage
压缩蒸气冷冻机/蒸氣壓縮冷凍機 vapor compression refrigerator
压缩锥/壓縮錐 compression cone
压条/撐條 trip, batten
压头/壓[擠]頭 indenter, squeeze head
压头式流量计/落差流量計,壓頭流量計 head flowmeter
压土机/壓土機 compaction plant
压下规程/壓下規程 draft schedule
压下量/壓下量 reduction draft
压下扇形段/壓下扇形段 reduction segment
压下系数/壓下係數,縮減係數 coefficient of draught, reduction coefficient
压陷式眼压计/壓凹式眼壓計 impression tonometer
压型/模型模 pattern die
压型机/壓型機 moulding press
压型金属板/壓型金屬板 roll-profiled metal sheet
压印/壓[模]印 coining
压印模/壓印模 coining die
压印硬度/壓痕硬度 indentation hardness
压余/切除 discard
压载/壓載,壓艙 ballast
压载舱/壓艙 ballast tank
压载箱/壓載箱 ballast container
压渣爆破/壓渣爆破 buffer blasting
压榨/推擠 squeezing
压止/按下 hold down
压纸板/壓製板 pressboard
压制/壓製,壓榨 pressing, compaction, compressing
Q压制/Q壓製,質性壓製 Q-spoil
压制玻璃灯/加壓成形玻璃燈泡 pressed glass lamp
压制熔模/壓製熔模 fusible pattern injection
压制性干扰/壓製性干擾 blanketing jamming
压制阴模[法]/模壓- hubbing
压皱/壓皺 corrosion stress
压铸储井/壓鑄儲井 shot well
压铸法/壓鑄法 die casting process
压铸工艺参数试验仪/壓鑄工藝参數試驗器 die casting technique parameter tester
压铸机/壓鑄機 die casting machine
压铸件/壓鑄件,模鑄件 die casting
压铸模块/壓鑄模組 die cast assembly
压铸锌合金/壓鑄鋅合金 die casting zinc alloy
压铸型/壓力鑄造模具 die casting die
压桩设备/壓樁設備 pile forcing equipment
压装/壓裝 press fitting
压装废料/壓緊廢料 packeted scrap
压阻传感元件/壓阻轉換元件 piezoresistance transduction element
压阻电桥/壓阻計電橋 piezoresistive gage bridge
压阻加速度计/壓阻加速度計 piezoresistive accelerometer
压阻式传感器/壓阻式傳感器,壓阻式感測器 piezoresistive transducer
压阻式压力传感器/壓阻壓力換能器 piezoresistive pressure transducer
压阻式压力计/壓阻壓力計 piezoresistive manometer
压阻式振动计/壓阻式振動計 piezoresistive vibrometer
压阻效应/壓阻效應 piezoresistive effect
鸭嘴装送机/鴨嘴形裝礦機 duckbill loader
牙侧角/螺[紋]腹角 flank angle
牙侧角偏差/螺腹角偏差 deviation of flank angle
牙底圆弧半径/牙底圓弧半徑 radius of rounded root

牙顶高/齒頂高　addendum
牙顶圆弧半径/牙頂圓弧半徑　radius of rounded crest
牙轮打捞器/圓錐形撈具,齒錐打撈器　cone fisher
牙轮钻机/滚齒鑽頭機　roller bit rotary rig
牙轮钻头/滚齒鑽頭,滚動式鑽頭　roller bit
牙嵌离合器/顎夾離合器　jaw clutch
牙嵌式离合器/咬接離合器　dog clutch
牙嵌式连接/牙嵌式連接　castellated coupling
牙嵌式联轴器/牙嵌式聯軸器　jaw and toothed coupling
牙嵌式制动器/爪式制動器　jaw brake
牙嵌式自由轮差速器/自鎖差動咬接離合器　self-locking differential with dog clutch
牙型/螺紋形狀　thread form
牙型半角/半螺紋角　half of thread angle
牙型高度/螺紋高度　thread height
牙型角/螺紋角　thread angle
雅可比函数/捷可比函數　Jacobian function
雅可比矩阵/捷可比矩陣　Jacobian matrix
雅满干涉仪/亞門干涉儀　Jamin interferometer
轧花机/軋棉機　cotton gin
轧棉机/軋棉機　cotton gin
亚尔登绕法/艾頓-佩里繞線　Ayrton-Perry winding
亚高效空气过滤器/亞高效空氣過濾器　sub-high efficiency particulate air filter
亚共晶白口铸铁/亞共晶白口鑄鐵　hypoeutectic white iron
亚共晶合金/亞共晶合金　hypoeutectic alloy
亚共晶体/亞共晶體　hypoeutectic
亚共晶铸铁/亞共晶鑄鐵　hypoeutectic cast iron
亚共析钢/亞共析鋼　hypoeutectoid steel
亚共析合金/亞共析合金　hypoeutectoid alloy
亚共析体/亞共析體　hypoeutectoid
亚毫米/次毫公尺波　submillimeter wave
亚毫米波/次毫米波　submillimeter wave, SMMW
亚毫米波激光器/次毫米波雷射　submilimeter wave laser
亚毫米光子计数器/次毫米光子計數器　submilimeter photon counter
亚甲基蓝试验/甲基藍測試　methylene blue test
亚结构逻辑/亞結構邏輯　substructural logic
亚晶界/亞晶粒邊界,次晶界　subgrain boundary
亚晶粒/亞晶粒,次晶粒　subgrain
亚临界汽轮机/亞臨界壓力渦輪機　subcritical pressure steam turbine
亚临界压力锅炉/亞臨界壓力鍋爐　subcritical pressure boiler
亚硫酸盐碱液/亞硫酸鹽稠漿　sulphite lye
亚马逊简单存储服务/亞馬遜簡單存儲服務　Amazon simple storage service
亚马逊弹性计算云/亞馬遜彈性計算雲　Amazon elastic compute cloud
亚马逊网络服务/亞馬遜網路服務　Amazon web service
亚声频/超低音頻率　infrasonic frequency
亚声速喷管/次音速逸散器　subsonic effuser
亚声速喷嘴/次音速噴嘴　subsonic nozzle
亚铁磁性/亞鐵磁性,鐵氧體磁性,鐵酸鹽磁性　ferrimagnetism
亚铁盐块贝楞/亞鐵鹽塊貝楞,鐵磁心貝楞　ferrite core baluns
亚铁盐调制器/亞鐵鹽調變器　ferrite modulator
亚铁盐心环/亞鐵鹽[心]回路　ferrite loop
亚铁盐心阻抗转换电路/亞鐵鹽心轉換電路　ferrite core transformer
亚温淬火/亞温淬火　intercritical hardening
亚稳奥氏体/過冷沃斯田體　undercooling austenite
亚稳平衡/介穩平衡　metastable equilibrium
亚稳态/亞穩態,介穩[狀]態,準穩態　metastable state
亚稳相/介穩相　metastable phase
亚细胞定位预测/亞細胞定位預測　prediction of subcellular localization
亚显微脱溶物/亞顯微沈澱物　submicroscopic precipitate
亚指数时间/亞指數時間　subexponential time
亚组织/次結構　substructure
氩/氬　argon
氩弧焊/氬弧焊,氬弧熔接　argon shielded arc welding, argon arc welding
氩弧焊机/氬弧焊接機　argon welding machine
氩换热器/氬換熱器　argon heat exchanger
氩激光[器]/氬雷射　argon laser
氩净化器/氬淨化器　argon purifier
氩 β-ray 离子化检测器/氬 β 射線電離偵測器　argon β-ray ionization detector
氩离子激光器/氬離子雷射[器]　argon ion laser
氩馏分/氬餾分　argon fraction
氩气保护/氬氣保護　argon shrouding, Ar shrouding
氩[气]灯/氬[氣]燈　argon lamp
氩气搅拌/氬氣攪拌　argon stirring
氩提取设备/氬提取設備　argon distilling equipment
氩氧脱碳法/氬氧脱碳法　argon oxygen decarburization process, AOD
氩预冷器/氬預冷器　argon precooler

咽喉半径/隘[圓]半徑 gorge radius
咽喉面/隘圓 gorge
咽喉母圆/咽喉母圓 generant circle of gorge
烟尘电阻率/煙塵電阻係數 dust resistivity
烟尘率/煙塵率 dust yield
烟尘探测器/探煙器 smoke detector
烟尘浊度计/煙塵濁度計 umbrascope
烟橱通风罩/煙櫥通風罩 draught hood
烟囱/煙囪,爐胴 chimney, stack
烟囱罩/煙囪罩 hood
烟道/煙道 gas duct, flue, chimney flue
烟道坝/煙道橋 flue bridge
烟道灰尘/煙道灰 flue dust
烟道气体分析器/煙道氣分析儀 flue gas analyzer
烟道渣/煙道灰渣 flue cinder
烟度/煙度 smoke
烟度测量道路试验法/煙度測量道路試驗法 road test method of smoke measurement
烟度测量加载减速法/煙度測量載入減速法 lug-down method, lug-down method of smoke measurement
烟度测量稳定单速法/煙度測量穩定單速法 single steady speed method of smoke measurement
烟度计/煙度計 smokemeter
烟度照相测量/煙度照相測量 photographic smoke measurement
烟管/[測風]煙管 smoke tube
烟黑/煤煙塗料,黑塗料 stove blacking
烟化炉/發煙爐 fuming furnace
烟灰盒/煙灰盒 ash tray
烟煤/煙煤 bituminous coal, soft coal
烟气/煙氣,廢氣 fume, exhaust gas
烟气比例调节挡板/煙氣比例調節擋板 gas proportioning damper
烟气侧沉积物/外部沈積 external deposit
烟气分析/煙道氣分析 flue gas analysis
烟气改质/煙氣調理 gas conditioning
烟气含尘量/煙氣含塵量 particulate in flue gas
烟气净化/煙氣淨化 flue gas cleaning, fume cleaning
烟气露点/煙氣露點 flue gas dewpoint
烟气浓度计/煙濃度指示器 smoke indicator
烟气脱硫/煙氣脱硫 flue gas desulphurization
烟气污染物排放量/煙氣汙染物排放量 pollutants in flue gas
烟气再循环/煙氣再循環 gas recirculation
烟温探针/煙温探針 gas temperature probe
烟雾/煙霧 fume, smog
烟雾倒流/火煙倒流 backing of smoke
烟雾发生器/煙霧産生器 fog generator
烟雾罐/發煙罐 smoke candle
烟雾衰减/煙霧衰減 smoke attenuation
烟雾探测器/探煙器 smoke detector
烟箱/煙箱 smoke box
烟罩/氣罩 gas hood
烟罩氮封/煙罩氮封 nitrogen sealing of hood
淹缸控制/浸水控制 flood control
淹井/淹井 shaft submergence
湮没/互毁湮没,湮没現象,消除 annihilation
湮没辐射/湮没輻射,消除輻射,減弱輻射 annihilation radiation
延长/伸長 extension
延长电缆/延伸纜線 extension cable
延长节距滚子链/延長節距滚子鏈 extended pitch roller chain
延长刻度/延長刻度,擴展刻度 extension scale
延长码/延長碼 lengthened code
延长器/延長器 lengthener
延长三角形联结/延伸 Δ 接線 extended delta connection
延长线/伸長 elongation
延长型导线/延長導線 extension wires
延长作用振荡器/延長作用振盪器 EIO
延迟/延遲,遲延 delay
延迟测量原理/推遲測量原理 deferred measurement principle
延迟电路/延遲電路 delay circuit
延迟电位/延遲位能 retarded potential
延迟断裂/遲緩斷裂 delayed fracture
延迟多普勒耦合/延遲杜卜勒耦合 delay Doppler coupling
延迟呼叫/延遲呼叫 delayed call
延迟计数器/延遲計數器,遲延計數器 delay counter
延迟加载/延遲負載 delayed load
延迟焦/延緩焦 delayed coke
延迟焦化/延緩結焦 delayed coking
延迟角/延遲角,滯後角 delay angle
延迟矿柱回采/礦柱延遲開採 delayed pillar extraction
延迟裂纹/延遲裂紋 delayed crack
延迟任务/延遲任務 delay task
延迟失真/延遲失真 delay distortion
延迟时间/延遲時間 delay time
延迟锁定环/延遲鎖定環 delay locked loop
延迟锁定技术/延遲鎖定技術 delay lock technique
延迟线/延遲線 delay line

延迟线存储器/延遲線記憶體 delay line memory
延迟因素/延遲因子 delay factor
延迟隐藏/潛伏隱藏,等待隱藏 latency hiding
延迟转移/延遲分支 delayed branch
延迟状态/延遲狀態 delayed state
延迟着色/延遲著色 deferred shading
延迟作用/延遲作用,延遲動作 delayed action
延期处理/延緩處理 deferred processing
延期约束/延期約束 deferred constraint
延伸杆/伸長桿 extension rod
延伸公差带/延伸公差帶 projection tolerance zone
延伸渐开线/長幅外擺線 prolate involute
延伸接头/延伸接頭 extension sub
延伸孔型系统/伸長孔型系統 elongation pass system
延伸率/伸長百分率 percentage of elongation
延伸器/延伸器,延展器,伸展機 extender, stretcher
延伸系数/延伸係數,伸長係數 coefficient of elongation, coefficient of extension
延伸线/延伸線 line stretcher
延时/延遲時間 delay time
延时电路/延時電路 time-delay circuit
延时继电器/限時繼電器 time limit relay
延时器/脈衝時差器 chronotron
延时替续器/時滯繼電器 time lag relay
延时遥测/延時遥測 time delay telemetry, delayed telemetry
延时指令/延時指令 time delay command
延时装置/延時裝置,時延裝置 time delay mechanism
延性系数/韌性係數 ductility factor
延续/連續,持續 continuation
延音线储存[器]/延音線儲存[器] acoustical delay line storage
延展器/延展器 extensor
延展性/延性,展性,可鍛性 ductility, malleability
严格源路由/嚴格源路由 strict source route
严重差错秒/嚴重差錯秒 severely errored seconds, SES
严重差错信元块/嚴重錯誤細胞區塊 severely errored cell block, SECB
严重功能性故障/嚴重功能故障,主要功能故障 major function failure
严重故障/嚴重故障 major fault
严重磨损/嚴重磨損 severe wear
严重误码秒/嚴重誤碼秒 severe-errored-seconds
严重性/嚴重性 severity
言语合成/話音合成 speech synthesis
言语行为理论/言語行爲理論 speech act theory
岩爆/岩爆 rock burst
岩溶沟/水溶擴寬節理 grikes
岩石压碎机/碎石機 rock crusher
岩石钻/旋轉式鑽岩機 rotary rock drill
岩相/岩相 lithofacies
岩相显微镜/岩石顯微鏡 petrographic microscope
岩相显微组织/岩相顯微構造 petrographic microstructure
岩相学/岩相學 petrography
岩心钻/岩心鑽機 core drill
沿轨道飞行时间/沿軌道飛行時間 orbit time
沿面放电/沿面放電,潛行放電 creeping discharge
沿面排列/沿面排列 homogeneous alignment
[沿曲线的]坐标/[沿曲線的]坐標 abscissa along a curve
研板/研板 lapping plate
研齿/齒輪研磨 gear lapping
研合性/研合性 wringing
研究反应堆/研究反應器 research reactor
研磨/研磨,研光,嵌入 lapping, bedding in
研磨车间/輪磨間 grinding floor
研磨工具/研磨工具 lapping tool
研磨机/磨床,磨具 grinder, muller
研磨剂/磨料 abradant
研磨角/楔角 wedge angle
研磨面搭接封接/研磨面搭接密封 ground and lapped seal
研磨模/研光具,研磨具 lap
研磨圈/研磨圈 bull ring
研漆机/塗料磨機 paint mill
研套/研套 lapping housing
盐度/鹽度 salinity
盐度计/測鹽計,鹽分指示器 salinity indicator
盐恒温器/鹽恆溫器 salt thermostat
盐量计/鹽分計,鹽度計,鹽液比重計 salinometer
盐模/鹽型樣 salt pattern
盐桥/鹽橋 salt bridge
盐水比重计/鹽水比重計,鹽浮計 salt gage
盐水淬火/鹽水淬火 brine hardening
盐水冷却器/鹽水冷却器 brine cooler
盐水流速法/濁流測流[速] brine flow rate method
盐雾沉降率/鹽霧沈降率 precipitation rate of salt spray
盐雾发生装置/鹽霧産生器 salt spray generator
盐雾法/鹽霧法 saline fog method
盐雾腐蚀试验箱/鹽霧腐蝕試驗箱 salt spray corrosion test chamber

盐雾过滤器/鹽霧過濾器 salt spray filter
盐雾试验/鹽霧試驗 salt atmosphere test, salt spray test
盐液密度计/鹽液密度計 salinimeter
盐浴/鹽浴 salt bath
盐浴淬火/鹽浴淬火 salt bath hardening, salt bath quench
盐浴氮碳共渗剂/鹽浴氮碳共滲劑 salt bath nitrocarburizing medium
盐浴炉/鹽浴爐 salt bath furnace
盐浴渗氮剂/鹽浴滲氮劑 salt bath nitriding medium
盐浴渗碳/鹽浴滲碳,爐浴增炭 salt bath carburizing, bath carburizing
盐浴渗碳剂/鹽浴滲碳劑 salt bath carburizer
盐浴碳氮共渗剂/鹽浴碳氮共滲劑 carbonitriding salt medium
颜料磨/塗料磨機 color mill
颜色/顏色,顏料 color
颜色代码/色標[代]碼 color code
颜色空间/色空間 color space
颜色模型/彩色模型 color model
颜色匹配/配色 color matching
颜色识别试验/顏色識別試驗 color identification test
颜色温度计/色溫度計 color thermometer
颜色系统/彩色系統 color system
颜色直方图/彩色直方圖 color histogram
檐板照明/檐板照明,壁帶照明,檐燈 cornice lighting
衍衬像/繞射反襯影像 diffraction contrast image
衍射/繞射 diffraction
衍射波/繞射波 diffracted wave
衍射测速仪/繞射速度計 diffraction velocimeter
衍射测微器/繞射測微器,繞射測微計 eriometer
衍射分光计/繞射分光計 diffraction spectrometer
衍射光栅/繞射光柵 diffraction grating
衍射光栅仪器/光柵儀器 grating instrument
衍射计/繞射計 diffractometer
衍射损耗/繞射損耗 diffraction loss
衍射损失/繞射損耗 diffraction loss
衍射条纹/繞射條紋 diffraction fringe
衍射透镜/衍射透鏡 diffraction lens
衍射图/繞射圖形 diffraction pattern
掩蔽/遮蔽,遮罩 masking
掩蔽扩散/掩蔽擴散 masked diffusion
掩码/遮罩 mask
掩模/掩模 mask
掩模对准/掩模對準 mask alignment
掩模可编程只读存储器/遮罩可程式唯讀記憶體 mask programmable ROM
掩模图/遮罩原圖 mask artwork
掩模只读存储器/遮罩唯讀記憶體 mask read only memory, mask ROM
掩膜比对/掩模對準 mask alignment
掩膜对齐/掩模對準 mask alignment
眼磁描记术/眼磁描記術 magnetooculography
眼电描记术/眼電描記術 electrooculography
眼电图传感器/眼電圖感測器 electrooculographic transducer
眼镜板/眼形板 eye shaped board
眼脑系统/眼腦系統 eye-brain system
眼屈光计/眼膜曲率計 ophthalmometer
眼图/眼圖 eye pattern, eye diagram
眼图测量/眼圖測量 eye diagram measurement
眼压计/眼壓計 tonometer
眼照明/對目光 eye light
眼罩/護目罩,護眼罩,防護眼鏡 eye shield
眼震电描记术/眼震電描記術 electronystagmography
眼轴/光軸 optic axis
演播室/演播室 studio
演化计算/演化計算 evolutionary computation
演化模型/演化模型 evolutionary model
演化生物学/演化生物學 evolutionary biology
演生点/演生點 describing point
演生圆/演生圓 describing circle
演示程序/示範程式 demonstration program
演算/演算 calculus
λ 演算/λ 演算 λ-calculus
π 演算/π 演算 π-calculus
演绎/演繹 deduce
演绎规则/演繹規則 deduction rule
演绎建模法/演繹模型法 deductive modeling method
演绎模拟/演繹模擬 deductive simulation
演绎树/演繹樹 deduction tree
演绎数据/演繹資料 deductive data
演绎数据库/演繹資料庫 deductive database
演绎数学/演繹數學 deductive mathematics
演绎推理/演繹推理 deductive reasoning
演绎与归纳混合建模法/歸納-演繹并合模型法 deductive inductive hybrid modeling method
演绎综合方法/演繹合成法 deductive synthesis method
厌氧池/厭氧池 anaerobic tank
验磁器/驗磁器,驗磁計 magnetoscope

验电板/驗電板 proof plane
验电器/驗電[流]器,檢流器 electroscope, rheoscope, galvanoscope
验光透镜/驗光透鏡 test lens
验气球管/量氣管 gas pipet
验声器/驗音器,檢聲器 sound detector
验收/驗收 acceptance
验收测试/驗收測試 acceptance testing
验收检查/驗收檢驗 acceptance inspection
验收检验/驗收檢驗 acceptance inspection
验收量规/驗收量規 reception gage, acceptance gage
验收取样/驗收抽樣 acceptance sampling
验收试验/驗收試驗 acceptance test
验收准则/驗收準則 acceptance criteria
验算/檢查計算 checking computation
验温器/驗温器 thermoscope
验压器/驗壓器 baroscope
验音盘/驗音盤 siren disk
验油计/油比重計 oleometer
验震器/驗[地]震器 seismoscope
验证/驗證 verification
验证保护/驗證化保護 verified protection
验证设计/驗證化設計 verified design
验证算法/驗證演算法 verification algorithm
验证系统/驗證系統 verification system
验证与确认/獨立驗證及確認 verification and validation
验证者/驗孔機,驗證器 verifier
PCP 验证者/PCP 驗證者 PCP verifier
堰式流量计/堰式流量計 weir type flowmeter
焰前反应/發焰前反應 pre-flame reaction
焰熔法/焰熔法 Verneuil method, flame fusion method
燕尾形电容器/鳩尾電容器 dovetail condenser
扬程系数/揚程係數 head coefficient
扬煤机/揚煤機 coal hoist
扬声电话机/揚聲電話機 loudspeaking telephone set
扬声器/揚聲器,喇叭 speaker
扬声筒/揚聲筒 trumpet projector
羊角形螺线/羊角形螺線 cornu spiral
阳插接件/陽接頭,公接頭 male connector
阳电荷/正電荷 positive charge
阳电极/正[電]極 positive electrode
阳极/陽極,正極,氧化極 anode, positive plate
阳极板/陽極板 anode plate
阳极棒/陽極棒 anode stud
阳极保护/陽極保護,陽極防蝕 anodic protection
阳极处理/陽極處理,陽極化 anodization, anodic treatment
阳极电池/陽極電池 anode battery
阳极电镀/陽極電鍍,陽極被覆物 anode coating
阳极电解液/陽極液 anolyte
阳极电泳涂装/陽極電泳塗裝 anode electro-coating
阳极防蚀剂/陽極防蝕刻劑 anodic inhibitor
阳极化/陽極處理 anodising
阳极机械加工/陽極機械加工 anode mechanical machining
阳极机械加工机/陽極機械加工機 anode mechanical operating machine
阳极极化/陽極極化 anodic polarization, anode polarization
阳极角/陽極角 anode angle
阳极控制/陽極控制 anode control, anodic control
阳极泥/陽極泥 anode slime
阳极区/陽極區 positive column
阳极特性/屏極特性 plate characteristic
阳极调制/陽極調變 anode modulation
阳极铜/陽極銅 anode copper
阳极效应/陽極效應 anode effect
阳极氧化/陽極氧化 anodic oxidation, anodization, anodizing
阳极氧化法/陽極氧化法 anode oxidation method
阳接触件/陽接觸件,陽接點 male contact
阳离子/陽離子 cation
阳离子膜电池/陽離子膜電池 cationic membrane cell
杨-亥姆霍兹色觉理论/楊-亥姆霍兹色覺理論 Young-Helmholtz theory of color vision
杨氏模量/楊氏模數 Young modulus, elastic modulus
杨氏双缝干涉/楊氏雙狹縫干涉 Young two slit interference
杨氏系数/楊氏模數 Young modulus, elastic modulus
仰焊/仰焊 overhead position welding
仰角/仰角 elevation, elevation angle
仰角传动电动机/仰角驅動電動機 elevation drive motor
仰角缆包/仰角纜包 elevation cable wrap
仰角误差信号/仰角誤差信號 elevation error signal
仰角引导单元/仰角引導單元 elevation guidance unit
仰角轴/仰角軸 elevation axis
仰角追踪/仰角追蹤 elevation tracking
仰视图/底視圖 bottom view

养蜂车/養蜂車　mobile bee keeper
养鱼缸/養魚缸　aquaria
氧差腐蚀/氧差腐蝕　differential aeration corrosion
氧传感器/氧感測器　oxygen sensor
氧弹/氧彈,氧氣鋼瓶　oxygen bomb
氧弹法/氧彈法　bomb method
氧弹式热量计/氧彈式熱量計,氧彈卡計　oxygen bomb calorimeter
氧氮共渗/氧氮共滲　oxynitriding
氧氮碳共渗/氧氮碳共滲　oxynitrocarburizing
氧沸点/氧沸點　oxygen boiling point
氧分析仪/氧分析儀　oxygen analysis instrument
氧合器/充氧器,加氧器　oxygenator
氧化/氧化　oxidation, oxidizing
氧化焙烧/氧化焙燒　oxidizing roasting
氧化层陷阱电荷/氧化層陷阱電荷　oxide trapped charge
氧化带/氧化帶　oxidized zone, zone of oxidation
氧化电位/氧化電位　oxidation potential
氧化反应/氧化作用　oxidizing reaction
氧化腐蚀/氧化腐蝕　oxidation corrosion
氧化感生堆垛层错/氧化感生堆垛層錯　oxidation-induced stacking fault
氧化感生缺陷/氧化感生缺陷　oxidation-induced defect
氧化锆氧分析仪器/氧化鋯氧分析儀器　zirconium dioxide oxygen analyzer
氧化硅粉/矽砂粉　silica flour
氧化硅基砂/氧化矽基砂　silica base sand
氧化还原滴定/氧化還原滴定　redox titration
氧化还原电池/氧化還原電池　redox cell, oxidation reduction cell
氧化还原电极/氧化還原電極　redox electrode
氧化还原电势/氧化還原電勢,氧化還原電位　redox potential
氧化还原电位/氧化還原電位　redox potential, oxidation reduction potential
氧化还原电位测定仪/氧化還原電位計　redox potential meter
氧化还原电位检测器/氧化還原電位檢知器　redox potential detector
氧化还原反应/氧化還原反應　redox reaction
氧化还原指示剂/氧化還原指示劑　oxidation reduction indicator, redox indicator
氧化剂/氧化劑　oxidizer
氧化浸出/氧化浸濾　oxidizing leaching
氧化精炼/氧化精煉　oxidizing refining, refining by oxidation
氧化铝/礬土,鋁氧　alumina
氧化铝瓷/氧化陶瓷　alumina ceramic
氧化铝料箱/礬土料箱,鋁氧料箱　alumina hopper
氧化镁/氧化鎂　magnesia
氧化膜/氧化膜　oxide film
氧化膜破裂/氧化膜破裂　oxide film fracture
氧化磨损/氧化磨耗　oxidative wear
氧化皮/氧化[表]皮,鐵銹屑　mill scale, oxide skin
氧化铍瓷/氧化鈹瓷　beryllia ceramic
氧化期/氧化期　oxidizing period
氧化气孔/氧化氣孔　oxidized blowhole
氧化去胶/氧化去膠　removing of photoresist by oxidation
氧化热/氧化熱　heat of oxidation
氧化溶剂/含氧溶劑　oxygenated solvent
氧化熔炼/氧化熔煉　oxidizing smelting
氧化熔炼法/氧化性熔解　oxidizing melting
氧化损耗/氧化損耗　oxidation loss
氧化铁/氧化鐵　iron oxide
氧化铁型焊条/高氧化鐵型焊條　high iron oxide electrode
氧化铁型药皮/覆蓋氧化鐵　iron oxide covering
氧化铜光生伏打电池/氧化銅光伏打電池　copper oxide photovoltaic cell
氧化铜整流器/氧化銅整流器　copper oxide rectifier
氧化脱磷/氧化脱磷　dephosphorization under oxidizing atmosphere
氧化稳定性/氧化穩定性　oxidation stability
氧化物/氧化物　oxide
氧化物半导体/氧化物半導體　oxide semiconductor
氧化物夹杂/氧化物夾質　oxide inclusion
氧化物氯化法/氧化物氯化法　oxide chlorination process
氧化物型熔渣/氧化熔渣　oxide slag
氧化物阴极/氧化物陰極　oxide coated cathode
氧化型催化剂/氧化型催化劑　oxidation catalyst
氧化型催化转化器/氧化型催化轉化器　oxidation catalyst converter
氧化型催化转化器起燃温度/氧化型催化轉化器點燃溫度　DOC light-off temperature
氧化性气氛/氧化性大氣,氧化環境,氧化性蒙氣　oxidizing atmosphere
氧化亚铜整流器/氧化亞銅整流器　cuprous oxide rectifier
氧化掩模/氧化掩模　oxidation mask
氧化铟锡/氧化銦錫　tin indium oxide
氧化造渣/氧化造渣　oxidation slagging
氧化造渣法回收铟/氧化造渣法回收銦　recovery of

indium by oxidizing slag process
氧化增强扩散/氧化增強擴散 oxidation enhanced diffusion, OED
氧化渣/氧化[性爐]渣 oxidizing slag
氧化值/氧化值,氧化數 oxidation value, oxidation number
氧化转化温度/氧化轉變温度 transition temperature of oxidation
氧化着色/熱蝕[著色]法 heat tinting
氧流量计/氧流量計 oxygen flowmeter
氧硫化铊光电池/鉈氧硫光電管 thalofide cell
氧矛切割/氧吹管截割 oxygen lance cutting
氧平衡/氧平衡 oxygen balance
氧气侧吹转炉炼钢/氧氣側吹轉爐煉鋼 oxygen side blown converter process
氧气底吹炼铜法/氧氣底吹煉銅法 oxygen bottom-blown copper smelting process
氧气底吹转炉炼钢/氧氣底吹轉爐煉鋼 oxygen bottom blown converter process
氧气电池/充氣電池,通氣電池 aeration cell
氧气顶吹熔炼法/氧氣頂吹熔煉法 oxygen top-blown smelting process
氧气顶吹转炉/氧氣頂吹轉爐 top blown oxygen converter
氧气顶吹转炉炼钢/氧氣頂吹轉爐煉鋼 oxygen top blown converter process
氧气发生器/氧氣產生器 oxygen generator
氧气分析器/氧分析儀,氧分析器 oxygen analyzer
氧气炼钢法/氧氣煉鋼法 oxygen steel-making process
氧气面罩/氧氣面具 oxygen mask
氧气囊/呼吸袋 breathing bag
氧气浓度分析器/氧分析儀,氧分析器 oxygen analyzer
氧气瓶/氧氣鋼瓶 oxygen cylinder
氧气转炉炼钢法/氧氣轉爐煉鋼法 BOF steelmaking
氧枪/氧槍,氧吹管,吹氧嘴管 oxygen lance
氧枪点火/氧槍點火 oxygen lance lighting
氧枪喷头/氧槍噴頭 tip of oxygen lance
氧去极化/氧去極化 oxygen depolarization
氧炔焊炬/氧炔燃燒器 oxy-acetylene burner
氧炔切割/氧炔切割,氧氣切割 gas cutting
氧熔剂切割/金屬粉切割 metal powder cutting
氧塔/氧氣塔 oxygen column
氧压力表/氧壓力計 oxygen pressure gage
氧焰切割/氧焰割 oxycut
氧液化器/氧液化器 oxygen liquefier
氧乙炔焊/氧乙炔熔接,氣焊 oxyacetylene welding
氧乙炔焊接/氧乙炔熔接,氣焊 oxyacetylene welding
氧乙炔气割器/氧乙炔割器 oxyacetylene cutter
氧乙炔焰/氧乙炔焰 oxyacetylene flame
氧蒸气压力温度计/氧蒸氣壓温度 oxygen vapor pressure thermometer
氧指数/氧指數 oxygen index
样板/樣板,輪廓規,模樣 template, contour gage
样本/樣本,試樣,樣品 sample
样本长度/樣品長度 sample length
样本大小/樣本 sample
样本分布/樣本分布 sample distribution
样本矩/樣本矩 sample moment
样本均值/樣本均值,樣本平均 sample average, sample mean
样本空间/樣本空間 sample space
样本离差/樣本分散 sample dispersion
样本量/樣本數 sample size
样本区间/樣本區間 sample interval
样本协方差/樣本協方差 sample covariance
样规/樣規 sizing peg
样品/樣品,試樣,樣本 sample, specimen
样品池/試樣管,試樣槽 sample cell
样品瓶/試樣瓶 sample bottle
样品室/試樣室 specimen chamber
样品预处理/試樣預處理 sample pretreatment
样条/樣條,雲規 spline
B样条/B雲規函數 B-spline
T样条/T樣條 T-spline
样条插值/仿樣内插 spline interpolation
样条拟合/樣條配適 spline fitting
样条曲面/樣條曲面 spline surface
B样条曲面/B雲規曲面 B-spline surface
样条曲线/樣條曲線 spline curve
B样条曲线/B雲規曲線 B-spline curve
样值/樣本 sample
腰轮流量计/腰輪流量計,魯氏流量計 Roots flowmeter
腰线/腰線 waist line
腰状杆螺柱/腰狀桿螺栓 waisted stud
姚XOR定理/姚XOR定理 Yao XOR theorem
姚极小极大原理/姚極小極大原理 Yao minmax principle
摇把起动器/摇把起動器 crank handle starter
摇摆板/摇晃板 wobble plate
摇摆筛/擺動篩 oscillating sieve
摇摆式电弧炉/摇擺電弧爐 rocking furnace

摇摆式电解槽/搖擺電解槽 rocking cell
摇摆式挤压头/擺動式擠壓頭 swing head
摇摆式间接电弧炉/間接搖動電弧爐 indirect arc rocking furnace
摇摆式缆索起重机/搖擺式纜索起重機 cable crane with swinging leg
摇摆式砂轮机/擺動砂輪機 swing grinder
摇摆式输送器/擺動輸送機 swing conveyor
摇摆摔砂造模机/擺動摔砂造模機 swing sand slinger
摇包/搖動澆桶 shaking ladle
摇包炉/搖斗爐 shaking ladle furnace
摇包脱硫法/搖斗脫硫法 desulphurization in shaking ladle
摇臂/搖臂,搖桿 oscillating arm, rocker, rocker arm
摇臂变焦距镜头/伸縮鏡頭 zoomar lens
摇臂回转角/搖臂回轉角 angle of arm swivel
摇臂室盖/搖臂室蓋 rocker cover
摇臂行程/搖臂行程 arm travel
摇臂轴/搖臂軸 rocker arm shaft
摇臂轴最大转角/搖臂軸最大轉角 max rotating angle of pitman arm shaft
摇臂钻床/旋臂鑽床 radial drilling machine
摇臂座/搖臂支架 rocker arm bracket
摇表/永磁電機式歐姆計 magneto-ohmmeter
摇床/震盪桌 shaking table
6-s 摇床/6-s 搖床 6-s shaking table
摇床塔/搖床塔 shaking table tall
摇床选矿/搖床選 tabling
摇荡筛/搖篩 swing sieve
摇动筛/搖動篩,簸譔篩,振動篩 jigging sieve, shaking sieve
摇动湿度计/搖轉濕度計 sling hygrometer
摇杆/搖桿,彈性桿 rocker, rocking lever
摇杆滑块机构/搖桿滑塊機構 slider-rocker mechanism
摇杆推料炉/搖桿爐 rocker bar furnace
摇晃板/搖晃板 wobble plate
摇块连杆组/搖塊連桿組 swinging or rocking block linkage
摇筛机/搖篩器 sieve shaker
摇枕弹簧/承梁彈簧 bolster spring
摇振/振動,搖動 shake
遥操作/遙操作 teleoperation
遥测/遙測 telemetering
遥测传感器/遙測傳送器 telemetering transmitter
遥测电压表/遙測電壓計 televoltmeter
遥测伏特计/遙測電壓計 televoltmeter
遥测高温计/遙測高溫計 telepyrometer
遥测功率计/遙測瓦特計 telewattmeter
遥测光度仪/遙測光度計,遠距光度計 telephotometer
遥测和指令/遙測和指令 telemetry and command
遥测及指令天线/遙測及指令天線 telemetry and command antenna
遥测计/遙測計,測遠計 telemeter
遥测记录仪/遙測記錄器 telerecorder
遥测角计/遙測角計 telegoniometer
遥测接收机/遙測接收器 telemetering receiver
遥测模拟器/遙測模擬器 telemetering simulator
遥测拾波器/遙測拾波器 telemetering pick-up
遥测术/遙測術 telemetering
遥测数据/遙測資料 telemetry data
遥测天线/遙測天線 telemetry antenna, telemetering antenna
遥测通信系统/遙測通信系統 telemetering communication system
遥测温度表/遙測溫度計 distant thermometer
遥测温度计/遙測溫度計 telethermometer
遥测温度器/遙測溫度器 telethermoscope
遥测遥控系统/遙測遙控系統 telemetering and remote control system
遥测业务/遙測業務 telemetry service
遥测仪/遠傳量測計 remote transmitting gage
遥测仪器/遙示儀器 remote indicating instrument
遥测仪器仪表/遙測儀器 telemetering instrument
遥测应变仪/遙測應變計 telemetry strainometer
遥测指令/遙測指令 telemetry command
遥测转速表/遙測轉速計,遠距轉速計 teletachometer
遥测转速计/遙測轉速計 distance reading tachometer
遥读压力计/遙讀壓力計 distant-reading manometer
遥感/遙感,遙測 remote sensing
遥感器/遙感器,遠距感測器 remote sensor
遥感温度计/遙感溫度計 remote-sensing thermometer
遥感仪器/遙感儀器 remote sensing instrument
遥控/遙控 remote control, telecontrol
遥控变换器/遙控電話機 remote mate
遥控操纵器/遙控操縱器 remote-control
遥控操作机/遙控操縱器 remote-control manipulator
遥控操作器/遙控操作器 remote manipulator
遥控处理系统/遙傳處理系統 tele-processing

system
遥控电动机/遥控馬達　telemotor
遥控动力学/遥控動力學　remote control dynamics
遥控机器人/遥控操作機,遥控操動器　teleoperator
遥控机械手/遥控機械手　remotely controlled extraman
遥控键/遥測開關　teleswitch
遥控开关/遥測開關　teleswitch
遥控联锁连接器/遥控互鎖連接器　remote interlock connector
遥控起重机/遥端操作起重機　remote operated crane
遥控热图检查法/遥測温度記録法　telethermography
遥控调节器/遥控調節器　distance regulator
遥控温度计/遥示温度計　remote reading thermometer
遥控系统/遥控系統　remote control system
遥控仪器/遥控儀器　distant action instrument
遥控运载器/遥控運載器　remotely controlled vehicle
遥控站/遥控站　remote station, remote control station
遥控照相机/遥控照相機　remote-control camera
遥控指令/遥控指令　remote control command
遥控装置/遥控裝置,遠距監測器　remote control device, remote monitor
遥示器/遥示器,遥控指示器　remote indicator
遥示速率器/遥示速率器　speed tele-indicator
遥示转子流量计/遥示轉子流量計　remote indicating rotameter
遥调/遥調　remote regulating
遥现/遥現　telepresence
遥信业务/遥動服務　teleaction service
咬边/遇熔低陷　undercut
咬接/卷封　lock seaming
咬入/咬入　bite
咬入返回轧制/咬入返回軋製　bite-release reversing rolling
咬入角/咬入角　bite angle
咬死/熔執　seizure
舀出式炉/掏出式熔貯爐　bale-out furnace
药衡盎司/藥衡唡　apothecaries ounce
药衡磅/藥衡磅　apothecaries pound
药剂天平/藥劑天平　prescription balance
药皮/包覆[料]　coating of electrode
药物基因组学/藥物基因組學　pharmacogenomics
药芯焊丝/藥芯焊條　flux cored wire
药芯焊丝电弧焊/藥芯焊絲電弧焊　flux cored wire arc welding
冶金/冶金　metallurgy
冶金厂/冶煉廠　smelter
冶金电化学/冶金電化學　metallurgical electrochemistry
冶金反应工程学/冶金反應工程學　reaction engineering in metallurgy
冶金工业/冶金工業　metallurgical industry
冶金过程/冶金程式　metallurgical process
冶金过程动力学/冶金過程動力學　kinetics of metallurgical processes
冶金过程热力学/冶金過程熱力學　thermodynamics of processes metallurgy
冶金过程数学模型方法/冶金過程數學模型法　mathematical modeling of metallurgical processes
冶金级硅/冶金級矽　metallurgical grade silicon
冶金焦/冶金焦　metallurgical coke
冶金焦炭/高爐焦　furnace coke
冶金矿产原料/冶金礦産原料　metallurgical mineral raw material
冶金流程工程学/冶金過程工程學　metallurgical processes engineering
冶金能源转化功能/冶金能源轉變功能　function of energy conversion in metallurgy
冶金起重机/冶金起重機　metallurgy crane
冶金桥式起重机/冶金廠橋式起重機　overhead crane for metallurgic plants
冶金热力学数据库/冶金熱力學資料庫　thermodynamic databank in metallurgy
冶金熔体/冶金熔體　metallurgical melt
冶金物理化学/冶金物理化學　physical chemistry of process metallurgy
冶金显微镜/冶金顯微鏡　metallurgical microscope
冶金自动化/冶金自動化　metallurgical automation
冶炼/冶煉,熔煉　smelting
冶炼炉/熔煉爐　smelting furnace
冶炼强度/冶煉強度　smelting intensity
冶炼时间/冶煉時間　duration of heat
冶铜炉/冶銅爐　copper furnace
野外电话/野外電話,野戰電話　field telephone
野外摄影机/外景攝影機　field camera
业务点/業務點　point of service, pos
业务电路/業務電路　traffic circuit
业务端口/業務埠　service port
业务负荷/訊務負載,業務負載　traffic load
业务概率/業務機率　service probability
业务管理/業務管理　service management
业务管理点/業務管理點　service management

point, SMP
业务管理接入点/業務管理接入點 service management access point, SMAP
业务过程/商用流程 business process
业务合同/流量合約 traffic contract
业务互通/業務互通 service interworking
业务交换点/業務交換點 service switching point, SSP
业务接入点/服務進接點 service access point, SAP
业务接入复用器/業務接入複用器 service access multiplexer, SAM
业务节点/業務節點 service node, SN
业务节点接口/服務點介面 service node interface, SNI
业务控制点/服務控制點 service control point, SCP
业务连续性/營運持續管理 business continuity
业务量管理/流量管理 traffic management
业务量控制/流量控制 traffic control
业务量描述语/流量描述符 traffic descriptor
业务量自动分配器/話務自動分配器 automatic traffic distributor
业务流程/商用流程 business process
业务轮廓/業務輪廓 service profile
业务逻辑/業務邏輯 service logic, SL
业务容量/話務容量,訊務容量,通話能力 traffic capacity
业务生成环境点/業務生成環境點 service-creation environment point, SCEP
业务属性/業務屬性 service attribute
业务数据点/業務資料點 service data point, SDP
业务特定协调功能/業務特定協調功能 service specific coordination function
业务特征/業務特徵 service feature, SF
业务提供商/服務提供者 service provider, SP
业务透明性/業務透明性 service transparency
业务信道/業務通道,業務波道 service channel
业务转售商/分租業者 resale carrier, reseller
业余波段/業餘頻帶 amateur band
业余电台/業餘電臺 amateur station, AT
业余电台呼号/業餘電臺呼號 amateur station call letter
业余通信卫星/業餘衛星 amateur satellite
业余无线电/業餘無線電 amateur radio
业余无线电台/業餘電臺 amateur station
业余无线电通信/業餘無線電通信,業餘無線電通訊 amateur radio communication
叶柄/葉柄 petiole
叶尔绍夫层谱/葉爾紹夫層譜 Ershov hierarchy
叶根/葉根 blade root
叶冠/一體葉梢側塊 integral tip shroud
叶尖/葉片梢 tip of blade
叶尖速度/葉梢速,翼尖速率 tip speed
叶尖速度比/葉梢速度比 tip speed ratio
叶尖损失/葉尖損失 blade tip loss
叶桨式粉碎转子/葉槳式粉碎轉子 mill rotor with flexible blades
叶节点/葉節點 leaf node
叶宽/螺葉寬度 blade width
叶滤机/葉濾器 leaf filter
叶轮/[動]葉輪 blade disk, blade wheel, impeller
叶轮泵/葉輪泵,輪葉泵 vane pump
叶轮导流部分/葉輪導流片 impeller inducer
叶轮的轴向力/葉輪的軸向力 axial force on blade wheel
叶轮公称直径/葉輪直徑 impeller diameter
叶轮后盖板/葉輪後蓋板 impeller back shroud
叶轮给料机/轉葉給料機 rotary vane feeder
叶轮前盖板/葉輪前蓋板 impeller front shroud
叶轮式粉磨机/葉輪式粉碎機 impeller type pulverizer
叶轮式鼓风机/輪機鼓風機 turbo blower, impeller blower
叶轮式流量计/翼輪式流量計 vane wheel type flowmeter
叶轮式喷砂机/輪機式噴砂機 turbine sand blaster
叶轮式水表/翼輪式水表,轉葉輪流量計 vane-wheel type water meter, rotary vane meter
叶轮输出功率/葉輪輸出功率 output power of impeller
叶轮输入功率/葉輪輸入功率 input power of impeller
叶轮[涡轮]式混合器/渦輪混合器 turbomixer
叶片/葉片,輪葉 blade
叶片安放角/葉片角 blade angle
叶片安装角/葉片安裝角 setting angle of blade
叶片包角/葉片卷角 scroll of blade
叶片背面/葉片背面 vacuum side of blade
叶片泵/葉輪泵,輪葉泵 vane pump
叶片长度/葉片長度 length of blade
叶片出口半径/葉片出口半徑 exit radius of blade
叶片出口边/葉片出口邊 exit edge of blade
叶片出口角/輪葉出口角 blade outlet angle, exit blade angle
叶片高度/輪葉高度 blade height
叶片根梢比/葉片根梢比 ratio of tip section chord to root section chord of blade

叶片共振/葉片共振　blade resonant vibration
叶片骨面/葉片骨面　center surface of blade
叶片骨线/葉片骨線　center line of blade profile
叶片厚度/葉片厚度　thickness of blade
叶片混砂机/葉片混砂機,揉合機　blade mixer, kneader
叶片几何攻角/葉片幾何攻角　angle of attack of blade
叶片角/葉片角　blade angle
叶片进口半径/葉片進口半徑　entrance radius of blade
叶片进口边/葉片進口邊　entrance edge of blade
叶片进口角/輪葉入口角　blade inlet angle, entrance blade angle
叶片进水边/前緣　leading edge
叶片开口/葉片開口　blade opening
叶片扩压器/葉輪擴散器　vane diffuser
叶片离心拉应力/葉片離心拉應力　blade centrifugal tensile stress
叶片连杆/動輪葉片連桿　runner blade link
叶片-轮盘系统振动/葉片-輪盤系統振動　blade disk vibration
叶片扭角/葉片扭角　twist of blade
叶片疲劳/葉片疲勞　blade fatigue
叶片偏心弯应力/葉片離心彎曲應力　blade centrifugal bending stress
叶片汽封/葉片汽封　blade seal
叶片式磁控管/葉片陽極磁控管　vane anode magnetron
叶片式辐射计/葉輪[熱]輻射計　vane radiometer
叶片式功率计/翼片式瓦特計　vane wattmeter
叶片式过滤器/葉濾器　leaf filter
叶片式混砂机/揉砂機　sand kneader
叶片式流速计/斗式流速計　bucket current-meter
叶片式气动马达/葉片式氣動馬達　pneumatic vane motor
叶片式气马达/葉片式氣動馬達　vane air motor
叶片式压缩机/葉輪壓縮機　vane compressor
叶片枢轴/動輪葉樞軸　runner blade trunnion
叶片数/葉片數　number of blade
叶片衰减器/葉片衰減器　flap attenuator
叶片损失/葉片損失　blade loss
叶片调频/葉片調頻　blade tuning
叶片投影面积/葉片投影面積　projected area of blade
叶片展弦比/葉片展弦比　aspect ratio of blade
叶片正面/葉片正面　pressure side of blade
叶片转臂/搖臂　rocker arm, runner blade lever
叶片转角/葉片轉角　blade rotating angle
叶片组合/輪葉組合　blade compounding
叶片最大弦长/葉片最大弦長　maximum chord of blade
叶式衰减/樹葉衰減　foliage attenuation
叶型/葉型　blade profile
叶型厚度/葉型厚度　blade profile thickness
叶型折转角/弧面角　camber angle
叶栅/葉柵　cascade
叶子轮/葉子輪　lobed wheels
页/頁　page
页表/頁表　page table
页表查看/查頁表　page table look at
页表项/頁表項,頁表入口　page table entry
页池/頁[面]池,頁面共用區　page pool
页等待/頁面等待　page wait
页地址/頁面位址　page address
页调出/頁出,出頁面　page-out
页调度/頁模式　page mode
页调入/頁入　page-in
页分段模式/頁分段模式　page nibble mode
页分配表/頁面指定表　page assignment table
页故障/尋頁錯失　page fault
页回收/頁面回收　page reclamation
页控制块/頁面控制塊　page control block
页面/頁面,版面,頁式　page
页面超文本预处理器/頁面超文字前置處理器　page hypertext preprocessor
页面存取时间/頁面存取時間　page access time
页面描述语言/頁描述語言　page description language
页面排序算法/網頁排名演算法　PageRank
页面失效/尋頁錯失　page fault
页面替换/頁面替換　page replacement
页面替换策略/頁面替換策略　page replacement strategy
页模式/頁模式　page mode
页旗/標題　banner
页式存储系统/分頁記憶體系統　paged memory system
页式打印机/頁式列印機　page printer
页帧/頁框　page frame
页帧表/頁框表　page frame table, PFT
曳引机/牽引機械　traction machine
曳引轮/曳引輪　driving sheave
曳引驱动电梯/曳引式昇降梯　traction elevator
曳引绳/曳引繩　hoist rope
曳引绳补偿装置/曳引繩補償裝置　compensating

device for hoist rope
夜间通信频率/夜間通信頻率 night frequency
夜视镜/夜視鏡 snooperscope
夜用望远镜/夜用望遠鏡 night glasses
液槽压力计/液槽壓力計,槽式壓力計 cistern manometer
液氮/液氮 liquefied nitrogen, liquid nitrogen
液氮车/液氮車 liquid nitrogen truck
液氮过冷器/液氮低温冷却器 liquid nitrogen subcooler
液氮冷阱/液態氮冷阱 liquid nitrogen cold trap
液氮汽车/液氮車輛 liquid nitrogen vehicle
液氮速冻装置/液態氮冷凍器 liquid nitrogen freezer
液氮贮存器/液態氮容器 liquid nitrogen container
液滴/微滴 droplet
液滴捕集器/微滴分離器 droplet separator
液动控制/液壓控制 hydraulic control
液动式波发生器/液壓式波發生器 hydraulic wave generator
液动执行机构/液壓致動器,液壓引動器 hydraulic actuator
液泛/滿溢 flooding
液分配色谱仪/液相分配層析儀 liquid partition chromatograph, LPC
液封泵/井底泵 fluid packed pump
液封技术/液封技術 liquid encapsulation technique
液封气量计/液封氣量計 liquid sealed type
液封真空泵/液封真空幫浦 liquid sealed vacuum pump
液封直拉法/液封直拉法 liquid encapsulation Czochralski method, LEC method
液封转筒式气体流量计/液封轉筒式氣體流量計 liquid sealed drum gas flowmeter
液浮陀螺仪/懸浮陀螺儀,浮式陀螺儀 float-type gyroscope
液固比/液固比 liquid-solid ratio
液固色谱法/液固層析法 liquid-solid chromatography
液固色谱仪/液固層析儀 liquid-solid chromatograph, LSC
液固吸附色谱仪/液固吸附層析儀 liquid-solid adsorption chromatograph, LSAC
液氦/液氦 liquid helium
液化/液化 liquefaction
液化气体运输车/液化氣體運輸車 liquefied gas tanker
液化器/液化器 liquefier
液化石油气/液化石油氣 liquefied petroleum gas, LPG
液化石油气泵/液化石油氣泵 liquefied petroleum gas pump
液化石油气电磁阀/液化石油氣電磁閥 liquefied petroleum gas solenoid valve
液化石油气发动机/液化石油氣引擎 liquefied petroleum gas engine
液化石油气管路/LPG 燃料管線 liquefied petroleum gas fuel line
液化石油气管路卸压阀/液化石油氣管路卸壓閥 liquefied petroleum gas tube pressure relief valve
液化石油气加气机/液化石油氣加氣機 liquefied petroleum gas dispenser
液化石油气密度测量仪/液化石油氣密度測量儀 liquefied petroleum gas density testing apparatus
液化石油气内燃机/液化石油氣内燃機 liquified petroleum gas engine
液化石油气汽车/液化石油氣車輛 liquefied petroleum gas vehicle
液化石油气汽车槽车/液化石油氣汽車槽車 vehicle for liquefied petroleum gas
液化天然气/液化天然氣 liquefied natural gas, LNG
液化天然气汽车/液化天然氣車輛 liquefied natural gas vehicle
液环泵/液環泵 liquid ring pump
液环真空泵/液環真空泵,液環真空幫浦 liquid ring vacuum pump
液货计量舱/液貨計量艙 measuring cargo for liquid products
液接界电位/液界電位 liquid junction potential
液浸法/液浸法 immersion testing
液晶光阀/液晶光閥 liquid crystal light valve, LCLV
液晶温度计/液晶溫度計 liquid crystal thermometer
液晶温度显示器/液晶溫度指示器 liquid-crystal temperature indicator
液晶显示/液晶顯示 liquid crystal display, LCD
液晶显示屏/液晶顯示面板,薄膜電晶體顯示器 liquid crystal display panel, TFT display
液晶显示器/液晶顯示器 liquid crystal display, liquid crystal displayer, liquid crystal display device
液晶印刷机/液晶印表機 liquid crystal printer
液阱/液阱 liquid trap
液静压机/液體静壓機 hydrostatic press
液空/液態空氣 liquid air
液空过冷器/液態空氣低温冷却器 liquid air subcooler

液空吸附器/液態空氣吸附器 liquid air adsorber
液空液氮过冷器/液態空氣液態氮低温冷却器 liquid air and nitrogen subcooler
液冷发动机/液冷發動機 liquid-cooled engine
液冷式机油冷却器/液冷式機油冷却器 liquid-cooled oil cooler
液力泵头总成/液力泵頭總成 hydraulic head assembly
液力变矩器/液力變矩器 hydrodynamic torque converter
液力变矩器单向离合器/液力變矩器單向離合器 one-way clutch of hydrodynamic torque converter
液力变速/液動力傳動 hydrodynamic transmission
液力传动/液體動力驅動 hydrodynamic drive
液力传动系/液力傳動系統 hydrodynamic transmission system
液力传动装置/液動力傳動 hydrodynamic transmission
液力端/液壓端 hydraulic end
液力缓速器/液體動力減速器 hydrodynamic retarder
液力机械元件/流體機械裝置 hydromechanical unit
液力减速装置/液體動力減速器 hydrodynamic retarder
液力搅拌器/液壓攪拌器 hydraulic agitator
液力联轴器/液壓聯結器 fluid drive coupling, hydraulic coupling
液力偶合器/液壓聯軸器 fluid coupling
液力起步/流體起動 fluid start
液力输送机/液壓運送機 hydraulic conveyor
液力损失/管道水頭損失 hydraulic losses
液力锁紧/液壓鎖 hydraulic lock, hydrostatic lock
液力效率/水力效率,液壓效率 hydraulic efficiency
液力元件/液力元件 hydrodynamic unit
液量盎斯/啢 fluid ounce, fl. oz
液量打兰/液打蘭 fluid dram
液流/液體流量 liquid flow
液流角/液流角 fluid flow angle
液流目视指示器/目視液流指示器 sight flow indicator
液面/液面 fluid level
液面测量计/液位計 liquidometer
液面传感器/液位感測器 liquid level sensor
液面干涉仪/液面干涉儀 liquid surface interferometer
液面高度/液面高度 level height
液面花纹/液面花紋 play figure
液面花样/液面花紋 break surface pattern
液面计/液位計 liquid level meter
液面控制/液面控制 mould level control
液面声全息术/液面聲全像術 liquid surface acoustic holography
液面信号发生器/液面發送器 tank sender
液面仪/液位指示器 liquid level indicator
液膜萃取/液膜萃取 liquid membrane extraction
液膜式显示剂/液膜式顯影劑 liquid film developer
液膜式蒸发器/液膜蒸發器 film-type evaporator
液氖/液態氖 liquid neon
液-气悬架装置/液-氣吊掛裝置 liquid air suspension device
液态金属腐蚀/液態金屬腐蝕 liquid metal corrosion
液态金属快速增殖反应堆/液態金屬快滋生反應器 liquid-metal fast breeder reactor
液态金属热交换器/液態金屬熱交換器 liquid-metal heat exchanger
液态金属滋生反应器/液態金屬滋生反應器 liquid-metal breeder reactor
液态空气阱/液態空氣阱 liquid air trap
液态空气容器/液態空氣容器 liquid air container
液态沥青运输车/液態瀝青運輸車 bituminous binders dispenser
液态模锻/熔融金屬模鍛,液態金屬鍛造 melted metal squeezing, liquid metal forging
液态排渣锅炉/液態排渣鍋爐 boiler with slagging furnace
液态排渣临界负荷/濕底爐之液態排渣臨界負荷 slag-tapping critical load in wet bottom furnace
液态排渣炉膛/濕底爐 wet-bottom furnace
液态燃料反应堆/液體燃料反應器 liquid fuel reactor
液态收缩/液態收縮 liquid contraction, liquid shrinkage
液态物料定量灌装机/定量灌裝機 quantitative filling machine
液态阴极电解/液態陰極電解 liquid cathode electrolysis
液态源扩散/液態源擴散 liquid source diffusion
液态载荷/液態負載 liquid state load
液体比重测定/液體比重測定 hydrometry
液体比重计/液體比重計,稠液比重瓶 areometer, areopycnometer
液体壁电离室/液壁游離腔 liquid wall ionization chamber
液体抽样器/液體取樣器 liquid sampler
液体氮化/浴池式氮化法 bath nitriding
液体氮碳共渗/鹽浴氮碳共滲 salt bath

nitrocarburizing
液体动力润滑/液體動力潤滑 hydrodynamic lubrication
液体动压轴承/液體動力軸承 hydrodynamic bearing
液体二氧化碳速冻装置/液態二氧化碳冷凍器 liquid carbon dioxide freezer
液体分离器/液體分離器,液阱 liquid separator, liquid trap
液体过滤器/液體過濾器 liquid filter
液体缓冲器/液壓減震器 liquid damper
液体激光器/液體雷射 liquid laser
液体计数管/液體計數器管 liquid counter tube
液体搅拌式低温恒温器/液體攪拌式低温恆温器 liquid stirring type cryostat
液体节温器/液體恆温器 liquid thermostat
液体介质活塞式压力计/液體介質活塞式壓力計 liquid operated piston pressure gage
液体静力润滑/液體静力潤滑 hydrostatic lubrication
液体静力水准仪/兩腳式水平儀 hydrostatic level
液体静压轴承/液體静力軸承,液壓軸承 hydrostatic bearing
液体冷却/液體冷却,液冷,液態冷却 liquid cooling
液体量热计/液體卡路里計 liquid calorimeter
液体流量/液體流量 liquid flow
液体流量标准装置/液體流量標準裝置 liquid flow standard facility
液体流量测量校验装置/液體流量量測校驗設施 liquid flow measurement calibration facility
液体流量计/液體流量計,液體定量計 liquid quantity meter, liquid flowmeter
液体流速计/液體流量計 liquid flowmeter
液体滤器/液體過濾器 liquid filter
液体罗盘/液體羅盤 liquid compass
液体密度传感器/液體密度傳感器 liquid density transducer
液体密度计/液體密度計 liquid densitometer, liquid densimeter, liquid density meter
液体密封式气体流量计/液封氣量計 liquid sealed type gas meter
液体灭火器/液體滅火器 liquid fire extinguisher
液体黏度/液體黏度 liquid viscosity
液体喷射真空泵/液體噴射真空泵 liquid jet vacuum pump
液体喷射蒸发器/液體噴射蒸發器 liquid jet evaporator
液体膨胀温度计/液體膨脹温度計 liquid expansion thermometer
液体品脱/液體品脱 liquid pint
液体燃料发动机/液體燃料發動機 liquid fuel engine
液体燃料供给系统/油燃料供給系統 oil fuel supply system
液体燃料锅炉/液體燃料鍋爐 liquid fuel fired boiler
液体燃料喷嘴/液體燃料噴嘴 liquid fuel nozzle
液体溶气计/液體溶氣計 absorptiometer
液体润滑/液體潤滑 fluid lubrication
液体闪烁活度计/液態閃爍體活度計 liquid scintillating activity meter
液体闪烁计数/液體閃爍計數 liquid scintillation counting
液体闪烁计数器/液體閃爍計數器 liquid scintillation counter
液体闪烁谱仪/液體閃爍分光計 liquid scintillation spectrometer
液体闪烁器/液體閃爍體 liquid scintillator
液体闪烁探测器/液體閃爍檢知器 liquid scintillation detector
液体闪烁体/液體閃爍體 liquid scintillator
液体闪烁体放射性活度测量仪/液體閃爍體放射活性測量儀 liquid scintillator activity meter
液体渗氮/液體滲氮,浴池式氮化法 liquid nitriding, bath nitriding
液体渗硼/液體滲硼 liquid boriding
液体渗碳/爐浴增炭 bath carburizing
液体式压力计/液體壓力計 liquid manometer
液体视膨胀系数/液體視膨脹係數 liquid visual expansion coefficient
液体碳氮共渗/氰化[法] cyaniding
液体温度/液體温度 liquid temperature
液体吸收剂除湿机/液體吸收劑除濕機 liquid absorbent dehumidifier
液体相对密度天平/液體相對密度天平 relative density balance for liquid
液体泄漏/液體洩漏 liquid leakage
液体泄漏率/液體洩漏率 liquid leakage rate
液体循环回流/循環回流 circulating reflux
液体压力计/液體壓力計 liquid pressure gage, liquid manometer
液体异常泄漏/液體異常洩漏 liquid abnormal leakage
液体真空封接/液體真空封接 liquid vacuum seal
液体整流器/液體整流器,電解整流計 liquid rectifier
液体置换法/液體置换法 liquid displacement technique

液体阻尼罗盘/液體阻尼羅盤 liquid damped compass
液位传感器/[能]階感測器,位準感測器 level sensor
液位管/液位管 level pipe
液位计/液位計,液面計,液位指示器 fluid level gage, liquid level indicator
液位记录器/液位記録器 liquid level recorder
液位压力表/液位壓力表 liquid level pressure gage
液位压力计/液位壓力計 liquid level manometer
液位指示计/液位計 liquid level gage
液位指示器/液面計 fluid level gage
液下泵/濕坑泵 wet pit pump
液相/液相 liquid phase
液相点/液相點 liquidus point
液相分配层析仪/液相分配層析儀 liquid partition chromatograph, LPC
液相裂化/液相裂化 liquid phase cracking
液相曲线/液相曲線 liquidus curve
液相色谱法/液體色層譜學 liquid chromatography
液相色谱仪/液相色譜儀,液相層析儀 liquid chromatograph, LC, liquid phase chromatograph
液相色谱-质谱法/液相色譜-質譜法 liquid chromatograph-mass spectrometry
液相色谱-质谱仪/液相層析-質譜儀 liquid chromatograph-mass spectrometer
液相色谱-质谱仪接口/液相色譜-質譜儀接口 liquid chromatograph-mass spectrometer interface
液相烧结/液相燒結 liquid phase sintering
液相外延/液相磊晶 liquid phase epitaxy, LPE
液相线/液相[曲]線 liquidus curve, liquidus line
液芯轻压下/液心輕壓 soft reduction with liquid core
液芯轧制/液心軋製 rolling with liquid core
液性塑料夹具/液性塑膠夾具 liquid plastic fixture
液压泵/液壓泵,水力泵 hydraulic pump
液压变桨机构/液壓螺距控制機構 hydraulic pitch control mechanism
液压波纹管/液壓形成波紋管 hydraulic-formed bellows
液压步进马达/液壓步進馬達 hydraulic step motor
液压操纵耙斗装岩机/液壓操縱耙式裝岩機 hydraulic scraper rock loader
液压操纵装置/液壓操縱裝置 hydraulic manipulator
液压测功器/液壓測力計,液壓功率計 hydraulic dynamometer
液压测力计/液壓測力計,液壓功率計 hydraulic dynamometer
液压测力仪/液壓荷重元 hydraulic force measuring instrument
液压测量仪器/液壓儀器 hydraulic instrument
液压成形/液壓成形,液壓型成 hydraulic forming
液压成型/液壓板金成型法 hydroforming
液压穿孔/液壓穿孔 hydraulic piercing
液压传动/液壓傳動 hydrostatic power transimission, hydrostatic transimission
液压传动式沥青混凝土摊铺机/液壓式瀝青攤鋪機 hydraulic asphalt paver
液压传动系/液壓傳動系統 hydrostatic transmission system
液压传感器/液壓荷重元 hydraulic load cell
液压锤/液壓錘,液力錘 hydraulic hammer
液压伺服机构/液壓伺服機構 hydraulic servo mechanism
液压伺服压电晶体式喷油器/液壓伺服壓電晶體式噴油器 hydraulic servo piezo crystal fuel injector
液压电梯/液壓昇降機 hydraulic elevator
液压顶/液壓千斤頂 hydraulic jack
液压动力转向系/液壓動力轉向系統 hydraulic power steering system
液压动力转向系灵敏度特性/液壓動力轉向系靈敏度特性 hydraulic power steering system response characteristic
液压动力转向系转向力特性/液壓動力轉向系轉向力特性 steering force characteristic of hydraulic power steering system
液压动力转向装置/液壓動力轉向裝置 hydraulic power steering gear
液压放大器/液壓放大器 hydraulic amplifier
液压钢筋切断机/液壓補強桿切斷機 reinforcing bar hydraulic cutting machine
液压缸/液壓缸 hydraulic cylinder
液压工作台/液壓工作檯 hydraulic table
液压过滤器/液壓過濾器 hydraulic filter
液压虎钳/液壓虎鉗 hydraulic vice
液压换向阀/液壓方向閥 hydraulic directional valve
液压机/液壓機,榨油機,油壓機 hydraulic press, hydropress, oil press
液压机构/液壓機構 hydraulic mechanism
液压计/流體壓力計,液壓表 hydromanometer, hydrostatic gage
液压计程仪/皮托管測程儀 Pitot log
液压夹具/液壓夾具 hydraulic fixture
液压减振器/液壓減震器 hydraulic absorber
液压剪板机/液壓剪板機 hydraulic plate shear
液压剪切机/液壓剪切機 hydraulic shear

液压间隙调节器/液壓間隙調節器 hydraulic lash adjuster
液压开口机/液壓開口機 hydraulic taphole opener
液压快换接头/快動液壓耦合器 quick action hydraulic coupler
液压扩孔/液壓擴大 hydraulic expanding
液压拉深/液壓拉深 hydro drawing
液压冷镦机/液壓冷鐓機 hydraulic cold header
液压离合器/液壓離合器 hydraulically controlled clutch
液压离心机/液壓離心機 hydraulic centrifuge
液压马达/液壓馬達,液壓發動機 hydraulic motor
液压内胀离合传动装置/液壓内脹離合器 hydraulic inner expansion clutch
液压喷油器/液壓噴油器 hydraulic fuel injector
液压破碎锤/液壓破碎錘 hydraulic breaking hammer
液压起重机/液壓起重機 hydraulic crane
液压起重器/液壓千斤頂 hydraulic jack
液压卡盘/液形夾頭 hydraulic chuck
液压千斤顶/液壓千斤頂 hydraulic jack
液压桥式起重机/液壓高架起重機 hydraulic overhead crane
液压清砂设备/液壓清砂鑄件設備 hydraulic cleaning equipment
液压伸缩吊具/液壓伸縮吊具 hydraulic telescopic spreader
液压伸缩熨平装置/液壓延伸熨平裝置 hydraulic extension screed unit
液压式操纵机构/液壓式操縱機構 hydraulic operation mechanism
液压式钢筋冷拉机/液壓式冷拉機 hydraulic cold drawing machine
液压式钢筋调直切断机/液壓式鋼筋調直切斷機 hydraulic reinforcing bar straightening and cutting machine
液压式钢筋弯曲机/液壓式鋼筋彎曲機 hydraulic reinforcing bar bender
液压式滑台/液壓式滑檯 hydraulic slide table
液压式混凝土泵/液壓式混凝土泵 hydraulic concrete pump
液压式连续墙抓斗/液壓式連續牆抓斗設備 diaphragm walling equipment using hydraulic grabs and telescopic extension rods
液压式喷油泵/液壓式噴油泵 hydraulic fuel injection pump
液压式喷油提前器/液壓式噴油提前器 hydraulic fuel injection timing advance device
液压式试验机/液壓式試驗機 hydraulic testing machine
液压式调速器/液壓式調速器 hydraulic speed governor
液压式张拉机/液壓拉伸式千斤頂 hydraulic tension jack
液压式张拉设备/液壓式張拉設備 hydraulic tensioning equipment
液压式振动台/液壓式振動檯 hydraulic vibration bench
液压式振动桩锤/液壓式振動打樁設備 hydraulic vibrator for piling equipment
液压试验/水壓試驗 water test
液压输出/外部液壓輸出 external hydraulic service
液压提升器/油壓昇降機 hydraulic lifter
液压替续器/液壓替續器,液壓繼動閥 hydraulic relay
液压调速器/液壓調速器 hydraulic governor
液压挖掘机/液壓挖掘機 hydraulic excavator
液压弯辊/液壓彎輥 hydraulic roll bending
液压系统/液壓系統 hydraulic system
液压-橡皮囊成形/橡皮囊成形 rubber diaphragm forming
液压蓄能器/液壓蓄能器 hydraulic accumulator
液压悬挂系/液壓懸掛系統 hydraulic hitch system
液压扬吸机/衝擊起水機,液壓撞錘 hydraulic ram
液压圆锥破碎机/液壓錐碎機 hydro-cone crusher
液压凿岩机/液力鑿岩機 hydraulic rock drill
液压轧边机/液壓軋邊機 hydraulic edger
液压胀形扩孔/液壓擴大 hydraulic expanding
液压振动发生器/液壓振動發生器,液壓振動產生器,液壓振子 hydraulic vibration generator
液压振动器/液壓振動器 hydraulic vibrator
液压振动台/液壓振動發生系統 hydraulic vibration generator system
液压震击器/液壓敲打器 hydraulic jar
液压支柱/液壓柱 hydraulic prop
液压执行元件/液壓致動元件 hydraulic actuator
液压制动/動力輔助液壓剎車 power assisted hydraulic braking
液压制动阀/液壓制動閥 hydraulic brake valve
液压制动器/液壓制動器 hydraulically controlled brake
液压制动系/液壓制動系統 hydraulic braking system
液压助力转向/動力輔助轉向 power assisted steering
液压助力转向器/液壓動力轉向 hydraulic power

steering
液压助力转向系/液壓助力轉向系統 hydraulic boosting steering system
液压转向/液壓轉向 hydrostatic steering
液压转向器/液壓轉向器 hydrostatic steering unit
液压转速计/液壓轉速計,液壓轉速表,水力轉速計 hydraulic tachometer
液氩/液態氬 liquid argon
液氧/液氧 liquefied oxygen, liquid oxygen
液氧过冷器/液氧低温冷却器 liquid oxygen subcooler
液氧温度/液氧温度 liquid oxygen temperature
液氧吸附器/液氧吸附器 liquid oxygen adsorber
液-液分配色谱仪/液液分配層析儀 liquid-liquid partition chromatograph
液-液色谱法/液液層析法 liquid-liquid chromatography
液-液式热交换器/液液式熱交換器 liquid-to-liquid heat exchanger
液-液相色谱仪/液液層析儀 liquid-liquid chromatograph, LLC
液注指示玻璃管/玻璃管液面計,量液玻璃管 liquid column indicator glass tube
液柱压力计/液柱壓力計 liquid column manometer, liquid column gage
一百万分之一/百萬分之一 part per million, ppm
一班制运行/一班製作業 one shift operation
一般故障/小故障 minor fault
一般均衡理论/一般均衡理論 general equilibrium theory
一般均衡模型/一般均衡模型 general equilibrium model
一般漫射照明/一般漫射照明,一般擴散照明 general diffused lighting
一般系统理论/一般系統理論 general system theory
CIE 1974 一般显色指数/CIE 1974 通用顯色指數 CIE 1974 general color rendering index
一般压力表/一般壓力表 general pressure gage
一般用户/一般使用者 general user
一般照明/一般照明 general lighting
一遍编译器/一遍編譯程式 one-pass compiler
一步法熔融还原/一步熔融還原法 one stage smelting reduction
一次变换器/初級轉換器 primary transducer
一次测量仪表/原級量測儀表 primary meter
一次测量转换器/原級量測換能器 primary measuring transducer
一次成型稳定土搅拌机/一次成型穩定土攪拌機 single-pass soil stabilizer
一次抽样/一次抽樣,單次取樣 single sampling
一次电池/一次電池 primary cell
一次电池[组]/原電池[組] primary battery
一次电流/一次電流,初級電流 primary current
一次电压/一次電壓,初級電壓 primary voltage
一次风鼓风机/主鼓風機 primary blower
一次风机/初級空氣鼓風機 primary air fan
一次风交换旋流燃烧器/一次空氣交換旋流燃燒器 dual register burner with primary air exchange
一次风率/一次風率 primary air ratio
一次风煤粉喷口/一次空氣噴嘴 primary air nozzle
一次干燥/一次乾燥 primary drying
一次固溶体/初生固溶體 primary solid solution
一次光源/一次光源 primary light source
一次继电器/初始繼電器 primary relay
一次空气/一次空氣,主空氣 primary air
一次雷达/一次雷達 primary radar
一次冷凝器/初級冷凝器,原電容器,主電容器 primary condenser
一次冷却回路/一次冷却回路 primary cooling circuit
一次冷却剂回路/主冷却劑回路 primary coolant circuit
一次燃烧区/初次燃燒區 primary zone
一次绕组/一次繞組,初級繞組 primary winding
一次烧结法/一次燒結法 single sinter process
一次渗碳体/一次滲碳體,初生雪明碳體 primary cementite, proeutetic cementite
一次显示/一次顯示 primary display
一次谐波/一次諧波,基波 first harmonic
一次性口令/單次通行碼 one time password
一次仪表/原級儀器 primary instrument
一次指令/一次指令 once command
一单向座一双向座的双座阀/一單向座一雙向座的雙座閥 twin-seat valve with one unidirectional seat and one bidirectional seat
一等品质/頭等品質 top grade quality
一点透视/一點透視 one point perspectiveness
一端口/單埠 one port
一段渗氮/一段滲氮 single stage nitriding
一对一联系/一對一關係 one to one relationship
一贯单位制/一致單位制 coherent system of units
一贯导出单位/一致導出單位 coherent derived unit
一级/一階,一次 first order
一级报警/一級報警 single level alarm
一级标准硬度机/原級標準硬度機 primary

standard hardness machine
一级反应/一級反應 first order reaction
一级光谱/原級光譜,初級光譜 primary spectrum
一级结构/原生組織 primary structure
一级维护/一級維護 elementary maintenance
一级相变/一級相變,一階相變 first order phase transition, first order transformation
一级修正/一階修正 first order correction
一键恢复/一鍵恢復 one key recovery
一阶/一階,一次 first order
一阶保持器/一階保持器 first order hold
一阶参数连续/C1 連續性 C1 continuity
一阶电路/一階電路 first order circuit
一阶几何连续/一階幾何連續 G1 continuity
一阶矩/一階矩 first moment
一阶理论/一階理論 first order theory
一阶逻辑/一階邏輯 first order logic
一阶谓词逻辑/一階述詞邏輯 first order predicate logic
一阶系统/一階系統 first order system
一阶修正/一階修正 first order correction
一类激光产品/一類雷射產品 class 1 laser product
一列式电子枪/一列式電子槍 in-line gun
一束多用/波束分集,多波束重複 beam diversity
一体化点火线圈-火花塞点火控制模块/一體化點火線圈-火花塞點火控制模組 coil-on-plug ignition module
一体式起动发电机/一體式起動發電機 integrated starter generator
一位编码/一位元編碼 one bit coding
一厢式车身/一厢式車身 one box type body
一型控制系统/一型控制系統 type 1 control system
一氧化碳/一氧化碳 carbon monoxide, CO
一氧化碳电池/一氧化碳電池 carbonic oxide cell
一氧化碳电子探测器/一氧化碳電子探測器 electronic carbon monoxide detector
一氧化碳激光器/一氧化碳雷射器 carbon monoxide laser
一氧化碳转化器/一氧化碳轉化器 carbon monoxide converter
一一对应/一對一對應 one-to-one correspondence
一元逻辑/一元邏輯 monadic logic
一站购齐/一次購足 one stop storeping
一致/全等 congruence
一致估计/一致估計 consistent estimation
一致渐近稳定性/均匀漸近穩定性 uniformly asymptotic stability
一致伪跃变算子问题/一致僞躍變運算元問題 uniform pseudo-jump operator problem
一致稳定性/均匀穩定性 uniform stability
一致性/一致性,恆定性 consistency, conformity
一致性测试/符合測試 conformance testing, conformance test
一致性重演/一致性重放 consistent replay
一致性估算/相容估計 consistent estimates
一致性检验/一致檢查 consistency check
一致性强制器/一致性執行器 consistency enforcer
一致性误差/符合度誤差 conformity error
一致性约束/一致性約束 consistency constraint
伊尔格纳系统/依爾格納系統,帶飛輪的直流發電機-電動機變速系統 Ilgner system
伊尔科维奇方程/伊科維克方程式 Ilkovic equation
伊利石黏土/伊萊石黏土 illite clay
伊佐德冲击试验仪/艾氏衝擊試驗器 Izod impact tester
衣帽钩/掛衣鈎 coat hook
医学超声学/醫學超聲學 medical ultrasonics
医学成像/醫學成像 medical imaging
医学电子学/醫學電子學 medical electronics
医学闪烁谱仪/醫用閃爍分光計 medical scintillation spectrometer
医学 X 射线摄影术/醫學放射線攝影術 medical radiography
医药用滴管/藥用滴管 medicine dropper
医用电子直线加速器/醫用電子直線加速器 medical electron linear accelerator
医用回旋加速器/醫用回旋加速器 medical cyclotron
依次反应/逐次反應 consecutive reaction
依次消除误差源/依次消除誤差源 consecutive removal of error sources
依存分析/相依關係剖析 dependency parsing
依存关系/相依 dependency
依存关系合一语法/相依統一文法 dependency unification grammar
依存关系句法分析/相依關係剖析 dependency parsing
依存关系树/相依存關係樹 dependency relation tree
依存结构/相依結構 dependency structure
依存语法/相依文法 dependency grammar
依概率收敛/概率收斂 probability convergence
依赖/相依 dependency
依赖保持/相依保持 dependence preservation
依赖边/相依邊 dependence edge
依赖方/依賴方 relying party
依赖弧/相依弧 dependence arc

依赖集的覆盖/相依集的覆蓋　cover of set of dependencies
依赖集的最小覆盖/最小相依集的覆蓋　minimum cover of set of dependencies
依赖集的最优覆盖/最佳相依集的覆蓋　optimal cover of set of dependencies
依赖图/相依圖　dependency graph
依赖学习/依賴學習　dependent learning
依频编码/依頻編碼法　frequency-dependent coding
铱/銥　iridium
铱锇合金/天然鋨銥合金粒　osmiridium
仪表/[儀]表,計　meter, instrumentation
仪表板/儀表板,儀器板　instrument panel, instrument board, meter board
仪表板照明/儀表板照明　panel lighting
仪表板总成/儀表板組合　instrument panel assembly
仪表常数/儀表常數　meter constant
仪表导降系统滑道/儀器導降系統滑道　instrument landing system glide path
仪表灯/儀表板燈　instrument panel lamp
仪表电机/儀表馬達　instrument motor
仪表读数/讀出表　meter reading
仪表飞行规则/儀表飛行規則　instrument flight rules, IFR
仪表分流器/儀表分流器　instrument shunt
仪表滚动轴承/儀表滾動軸承　instrument rolling bearing
仪表精度/儀器準確度　instrument accuracy
仪表壳体/儀表外殼　instrument housing
仪表刻度盘/指示表頭　indicating head
仪表空气系统/儀表空氣系統　instrument air system
仪表盘/儀表板　instrument panel, meter board
仪表配置图/儀器配置圖　instrument display
仪表示值/儀器數據　instrument indication
仪表误差/儀表誤差　instrumental error, meter error
仪表系统/計量系統　metering system
仪表显示/儀表顯示　meter display
仪表支承/儀表支承　instrument support
仪表指针/量表指針　gage pointer
仪表着陆系统/儀表著陸系統　instrument landing system, ILS
仪表组/儀表組　cluster gage
仪器/儀器,裝置　apparatus
仪器本底/儀器背景　instrumental background
仪器标准化/儀器標準化　instrument standardization
仪器操纵台/儀器檯　instrumentation console
仪器常数/儀器常數　instrument constant
仪器车/儀器車　apparatus van
仪器的测量不确定度/儀器量測不確定度　instrumental measurement uncertainty
仪器读数/儀表記録　instrument reading
仪器分辨力/儀器解析度　instrument resolution
仪器分析/儀器分析　instrumental analysis
仪器光源/儀器光源　light source for instrument
仪器精密轴承/儀表精密軸承　instrument precision bearing
仪器偏移/儀器偏移　instrument bias
仪器漂移/儀器漂移　instrument drift
仪器误差/儀器誤差　instrument error, instrumental error
仪器修正/儀表修正　instrumental correction
仪器仪表/儀表和裝置　instrument and apparatus
仪器仪表材料/儀表材料　instrument material
仪器照明/儀表照明　instrument lighting
仪器装设系统图/儀表圖　instrumentation diagram
仪用自耦互感器/儀用自耦變壓器　instrument auto-transformer
移不变系统/移不變系統　shift invariant system
移测卡规/轉移卡尺　transfer calipers
移测卡钳/移測卡鉗　transfer calliper
移带器/移帶叉　belt shifter
移动/移動　removal
移动 IP/移動 IP　mobile IP
移动板式输送机/移動板式輸送機　mobile slat conveyor
移动标志号码/移動標志號碼　mobile identification number, MIN
移动存储器/移動記憶體　mobile storage device
移动地球站/行動式地面站,移動式地面站　mobile earth station
移动电话/行動電話　mobile telephone, handset
移动电话机/聽筒　handset
移动电话交换局/行動電話交換局　mobile telephone switching office
移动电话网/行動電話網路　mobile telephone network
移动电话系统/行動電話系統　mobile telephone system
移动电视/行動式電視設備,移動式電視設備,可移電視　mobile television
移动电台/行動電臺　mobile station
移动电子商务/移動電子商務　mobile commerce
移动定位中心/移動定位中心　mobile location center
移动对象/移動的物件　moving object
移动对象数据管理/移動物件資料管理　moving

object management
移动多媒体系统和服务/移動多媒體系統和服務 mobile multimedia systems and service
移动发射机/移動式發射機,行動式發射機,可攜式發射機 mobile transmitter
移动感应器/搬運電感器 movable inductor
移动感知/移動感知 mobile awareness
移动号码携带/移動號碼攜帶 mobile number portability, MNP
移动挤压筒挤压/移動筒擠壓 moving container extrusion
移动计算/移動計算 mobile computing
移动计算机/移動式計算機 mobile computer
移动交换中心/移動交換中心,行動交換機 mobile switching center, MSC
移动接收机/輕便接收機,可攜式接收機,行動式接收機 mobile receiver
移动结点/移動節點 mobile node
移动结晶器/移動結晶器 moving mold
移动镜头/平移鏡頭 panning
移动坑线/可移動斜坡線 movable ramp
移动灵敏度/移動靈敏度 motion sensitivity
移动路由器/移動路由器 mobile router
移动埋刮板输送机/移動埋刮板輸送機 mobile en masse conveyor
移动锚点/移動停靠點 mobility anchor point
移动目录号码/移動目録號碼 mobile directory number, MDN
移动配重式测力计/移動配重式測力計 running weight type dynamometer
移动平均过程/移動平均過程 moving average process
移动破碎机/移動破碎機 mobile crushing plant
移动溶液区熔法/移動溶液區熔法 traveling solvent zone method
移动散射通信设备/移動式散射通信設備 mobile scatter communication equipment
移动商务/移動商務 mobile commerce
移动式磁粉探伤机/移動式磁粉探傷機 mobile magnetic particle flaw detector
移动式大型起重机/半龍門起重機 semi-goliath crane
移动式点焊机/移動式點焊機,輕便[型]點焊機 portable spot welding machine, portable spot welder
移动式发射机/移動式發射機,行動式發射機,可攜式發射機 mobile transmitter
移动式反应堆/移動反應器 mobile reactor
移动式锅炉/移動式鍋爐 mobile boiler
移动式衡器/移動式衡器 mobile weighing instrument
移动式混凝土搅拌站/移動式混凝土攪拌站 mobile concrete mixing plant
移动式机器人/可移動[型]機器人 mobile robot
移动式洁净小室/移動式潔淨小室 mobile cleanbooth
移动式可倾前炉/移動式可傾前爐 removable tilting forehearth
移动式沥青混凝土搅拌设备/移動式瀝青混合機 movable asphalt mixer
移动式沥青熔化加热装置/移動式瀝青熔化加熱機組 traveling asphalt melting and heating unit
移动式螺旋输送机/移動式螺旋輸送機 mobile screw conveyor
移动式皮带提升机/移動皮帶昇降機 mobile belt elevator
移动式起重机/移動式起重機 portable crane
移动式气化设备/移動式氣化設備 movable vaporization equipment
移动式砌块成型机/移動式砌塊成型機 movable block machine
移动式燃气轮机/移動式燃氣輪機 mobile gas turbine
移动式 X 射线探伤机/移動式 X 射線探傷機 mobile X-ray detection apparatus
移动式升降工作平台/移動式昇降工作平臺 mobile elevating work platform
移动式衰减器/可動葉片衰減器 movable attenuator
移动式碎砂造模机/移動式摔砂造模機 motive type sand slinger
移动式塔式起重机/移動式塔式起重機 traveling tower crane
移动式桅杆起重机/移動式桅桿起重機 traveling derrick crane
移动式稳定土拌和站/移動式穩定土拌和站 portable soil mix plant
移动式显微镜/移動顯微鏡 traveling microscope
移动式支索器/移動式支索器 movable carrier
移动式贮槽/移動式貯槽 movable tank
移动式装车机/移動式裝車機 mobile car-loader
移动式装船机/移動式裝船機 mobile ship loader
移动数据通信/移動資料通信 mobile data communication
移动丝检测器/移動絲檢知器 moving wire detector
移动丝氢火焰离子化检测器/移動絲氫焰游離檢知器 moving wire hydrogen flame ionization detector

移动搜索/移動搜索 mobile search
移动台/行動電臺,移動式電臺 mobile station, MS
移动探针/移動式探頭 traveling probe
移动通信/移動通信 mobile communication
移动凸轮/平移凸輪 translating cam
移动万维网/行動網站 mobile web
移动网络/移動式網路 mobile network
移动网络代码/移動網路代碼 mobile network code, MNC
移动网增强逻辑的定制应用/移動網增強邏輯的定製應用 customized application for mobile network enhanced logic, CAMEL
移动卫星/行動通訊衛星 mobile satellite
移动卫星通信/移動衛星通訊 mobile satellite communication
移动卫星业务/移動衛星服務 mobile satellite service
移动无线/移動無線 mobile wireless
移动无线电/行動無線電 mobile radio
移动无线电蜂窝电话/行動無線電蜂巢式電話 mobile radio cellular telephone
移动无线电台/移動無線電臺,流動無線電臺 mobile radio unit, MRU
5G 移动系统/5G 移動系統 fifth-generation mobile system, 5G
移动性/機動性,流動性 mobility
移动性管理/移動性管理 mobile management, MM
GPRS 移动性管理/GPRS 移動性管理 GPRS mobility management
GPRS 移动性管理与会晤管理/GPRS 移動性管理與會晤管理 GPRS mobility management and session management
移动虚拟网络运营商/移動虛擬網路運營商 mobile virtual network operator, MVNO
移动虚拟专用网/行動虛擬專用網路 mobile virtual private network, MVPN
移动业务/行動業務,機動業務 mobile service
移动业务卫星通信/行動業務衛星通信 mobile service satellite communication
移动因特网/移動網際網路 mobile Internet
移动阴极/調換陰極 swap cathode
移动银行/行動銀行 mobile banking
移动用户/移動用户 mobile subscriber
移动站/移動站,移動臺 mobile radio station
移动质心平衡原理/移動質心平衡原理 movable center of mass for jib balance
移动智能网/移動智慧網 mobile intelligent network, MIN
移动中间件/移動中介軟體 mobile middleware
移动终端/可移動終端,移動終端機 mobile terminal, MT
移动主体/移動式主體 mobile agent
移动装配/生產線移動裝配 movable assembly on production line
移动自组织网络/移動自組織網路 mobile ad hoc network
移进-归约冲突/移位縮減衝突 shift-reduce conflict
移进-归约算法/移進-歸約演算法 shift-reduce algorithm
移距修形/移距修形 modification of moved distance
移流层传播/平流層傳播 stratospheric propagation
移频编码/頻移編碼 frequency shift coding
移频键控/頻移鍵控,移頻按鍵制 frequency shift keying
移频键控器/頻率鍵控器 frequency shift keyer
移频器/移頻器 frequency shifter
移频式遥测计/移頻遥測計 frequency shift type telemeter
移入/移入 shunting-in
移入规约/移入規約,導入規約 imported specification
移位/移位,轉移 shift
移位缓存器/移位暫存器 shift register
移位寄存码/移位記發碼 shift register code
移位寄存器/移位暫存器 shift register, SR
移位器/移位器 shifter
移位锁定键盘/移鎖鍵盤 shift lock keyboard
移位网络/移位網路 shift network
移位因子/移位因子 shift factor
移位指令/移位指令 shift instruction
移位装置/移位裝置 shifting facility
移线试验/變線測試 lane change test
移相编码/移相編碼 phase shift coding
移相变换器/相移變壓器,移相變壓器 phase shifting transformer
移相变压器/移相變壓器,相移變壓器,相數變換器 phase shifting transformer, phase transformer
移相触发器/移相觸發器 phase shift trigger
移相电路/移相電路 phase shifting circuit
移相键控/相移鍵控 phase shift keying, PSK
移相器/移相器,相移器 phase shifter
移相式振荡器/移相振盪器 phase shift oscillator
移相用自耦变压器/移相自耦變壓器 phase shifting autotransformer
移液管/移液[吸]管 transfer pipet
移液器/定量可調移液器 quantitative adjustable

pipet
移液吸管/容量吸移管 volumetric pipette
移置带式输送机/移置帶式輸送機 movable belt conveyor
移置式带式输送机/移位式帶式運送機 traveling belt conveyor
移装砂芯/移裝砂心 inset core
遗产信息系统/遺産資訊系統 legacy information system
遗传操作/遺傳操作 genetic operation
遗传规划算法/遺傳程式設計演算法 genetic programming algorithm
遗传计算/遺傳計算 genetic computing
遗传耐量/基因劑量 genetic tolerance dose
遗传算法/遺傳演算法 genetic algorithm
遗传性/遺傳性 heredity
遗传学习/遺傳學習 genetic learning
遗传优化算法/遺傳優化演算法 genetic optimization algorithm
遗传有效剂量/基因有效劑量 genetically significant dose
遗留系统/舊有系統 legacy system
遗忘因子/遺忘因子 forgetting factor
疑符/擦失 erasure
疑问/詢問,問題 question
疑义度/疑義度 equivocation
乙醇/乙醇 ethanol
乙醇汽车/乙醇汽車 ethanol vehicle
乙醇汽油/乙醇汽油 ethanol gasoline
乙二醇/乙二醇 glycol
乙类放大器/B類放大器 class B amplifier
乙炔/乙炔 acetylene
乙炔灯/乙炔燈 acetylene burner
乙炔焊/乙炔熔接 acetylene welding
乙炔气瓶/乙炔發生器 acetylene generator
乙炔[炭]黑/乙炔墨 acetylene black, acetylene smoke
乙炔压力表/乙炔壓力表 acetylene pressure gage
乙酸[比重]计/乙酸[比重]計 acetimeter
乙酰化瓶/乙醯化瓶 acetylation flask
乙酰化作用/乙醯化[作用] acetylation
已闭文件/閉合檔案 closed file
已分配业务/[預]分配通信業務 allocated service
已加工面/完工面 finished surface
已校度盘/已校標度 calibrated dial
已校衰减器/已校衰減器 calibrated attenuator
已校弹簧/已校彈簧 calibrated spring
已解调信号/已解調信號,已解調訊號 demodulated signal
已开文件/已開檔案 opened file
已配准图像/已註冊圖像 registered images
已识别液体泄漏/已識別液體洩漏 liquid identified leakage
已调连续波/已調連續波 modulated continuous wave
已调载波/已調載波 modulated carrier
已修改位/壞比,壞位元,已使用位元 dirty bit
已修正的均值/修正平均值 corrected mean
已知明文攻击/已知明文攻擊 known plaintext attack
已知样校准法/外標準法 external standard method
以存储为中心的体系结构/以存儲爲中心的體系結構 storage centric architecture
以服务器为中心的体系结构/以伺服器爲中心的體系結構 server centric architecture
以太网/乙太網路 ethernet
以太网无源光网络/乙太網無源光網路 ethernet passive optical network, EPON
以太网FC协议/乙太網FC協定 FCFC over ethernet protocol
以太网业务/乙太網業務 ethernet service
钇硅铁合金/釔矽鐵合金 yttrium ferrosilicon alloy
钇铝石榴石激光器/釔鋁石榴石雷射 yttrium aluminium garnet laser, YAG laser
钇铝石榴子石/釔鋁石榴石 yttrium aluminium garnet, YAG
蚁群优化/蟻群優化演算法 ant colony optimization
蚁群优化算法/蟻群優化演算法 ant colony optimization algorithm
义项标注/義項標註 word sense tagging
义项排歧/義項排歧 word sense disambiguation
异步/異步,非同步 asynchronization, asynchronous
异步并行算法/非同步平行演算法 asynchronous parallel algorithm
异步并行性/非同步平行性 asynchronous parallelism
异步补偿机/非同步調相機 asynchronous condenser
异步处理/非同步處理 asynchronous processing
异步传递方式/非同步傳遞方式,非同步轉移方式 asychronous transfer mode
异步传输/非同步傳輸 asynchronous transmission, AT
异步传输方式/非同步傳送模 asynchronous transfer mode
异步传送模式/非同步傳送模式 asynchronous transfer mode, ATM

异步的直接序列码分多址系统/非同步直接序列-分碼多重進接系統 asynchronous DS-CDMA system
异步电动机/非同步電動機 asynchronous motor
异步电抗/非同步電抗 asynchronous reactance
异步电阻/非同步電阻 asynchronous resistance
异步发电机/非同步發電機 asynchronous generator
异步复用器/非同步多工器 asynchronous multiplexer
异步复制/非同步複製 asynchronous replication
异步过程调用/非同步程序呼叫 asynchronous procedure call
异步 JavaScript 和 XML 技术/非同步 JavaScript 和 XML 技術 asynchronous JavaScript and XML
异步计算机/非同步計算機 asynchronous computer
异步接口/非同步介面 asynchronous interface
异步介质访问控制协议/非同步介質存取控制協定 asynchronous MAC protocol
异步控制/非同步控制 asynchronous control
异步块传输/非同步塊碼傳輸,非同步區塊傳輸 asynchronous block transmission
异步逻辑系统/非同步邏輯系統 asynchronous logic system
异步密码装置/非同步密碼裝置 asynchronous crypto unit
异步喷射/非同步噴射 asynchronous injection
异步平衡方式/非同步平衡模式 asynchronous balanced mode, ABM
异步起停式电传机/非同步起止式電傳打字機 asynchronous start-stop teletypewriter
异步时分多路复用/非同步時分多工 asynchronous time division multiplexing
异步时分多路复用器/非同步型分時多工器 asynchronous time-division multiplexer, ATDM
异步时分复用/非同步分時多工 asynchronous time-division multiplexing
异步事件/非同步事件 asynchronous event
异步数据传输/非同步資料傳輸 asynchronous data transmission
异步数据交换机/非同步資料交換機 asynchronous data switch
异步刷新/非同步更新 asynchronous refresh
异步算法/非同步演算法 asynchronous algorithm
异步调相机/非同步調相機 asynchronous condenser
异步通信/非同步通訊 asynchronous communication
异步通信接口适配器/非同步通訊介面配接器 asynchronous communication interface adapter
异步通信卫星/非同步通訊衛星 asynchronous communication satellite
异步网络/非同步網路 asynchronous network
异步无连接链路/非同步無連接鏈路 asynchronous connectionless link
异步系统/非同步系統 asynchronous system
异步系统自陷/非同步系統陷阱 asynchronous system trap
异步响应方式/非同步反應模式 asynchronous response mode, ARM
异步信号/非同步訊號 asynchronous signal
异步信令/非同步傳信,非同步傳訊 asynchronous signaling
异步运行/非同步運轉 asynchronous operation
异步轧制/非同步軋製 asnchronous rolling, cross shear rolling
异步整相器/非同步調相機 asynchronous phase modifier
异步直接序列码分多址/非同步 DS-CDMA asynchronous DS-CDMA
异步终端机/非同步終端機 asynchronous terminal
异步转移模式适配层/ATM 調適層 ATM adaptation layer, AAL
异步转移模式网/非同步轉移模式網 asynchronous transfer mode network, ATM network
异步转移模式业务/非同步轉移模式業務 ATM service
异步总线/非同步匯流排 asynchronous bus
异步阻抗/非同步阻抗 asynchronous impedance
异侧齿面/非同側齒面 opposite flanks
异常/異常,例外 exception
异常处理/異常處置 exception handling
异常处理程序/異常處置器 exception handler
异常磁化/不規則磁化 anomalous magnetization
异常错误/異常錯誤 abnormal error
异常调度程序/異常排程程式 exception scheduling program
异常分派程序/異常調度器 exception dispatcher
异常辉光放电/異常輝光放電 abnormal glow discharge
异常检测/異常偵測 anomaly detection
异常色觉/異常色覺 anomalous color vision
异常停止/緊急停止 emergency stop
异常透射法/異常透射法 anomalous transmission method
异常阴极电压降/異常陰極壓降 abnormal cathode fall
异常值检测/異常點檢測,離群值檢測 outlier detection
异常中止/異常中止,打斷,放棄 abort

异常中止连接/異常中止連接 aborted connection
异常中止序列/放棄序列 abort sequence
异常中止语句/異常中止敘述 abort statement
异常终止出口/異常跳出 abend exit
异常终止转储/異常終止傾印 abend dump
异地写/異地寫 out-place write
异分结晶/選分結晶 selective crystallization
异构/異質性,非均質 heterogeneity
异构超级计算/異質超級計算 heterogeneous supercomputing
异构机群/異質叢集 heterogeneous cluster
异构计算/異質計算 heterogeneous computing
异构架构/異構型結構 heterogeneous architecture
异构型多处理机/異質多處理機 heterogeneous multiprocessor
异构型系统/異質系統 heterogeneous system
异构主体/異質代理 heterogeneous agent
异轨双小车桥式起重机/異軌雙小車橋式起重機 overhead crane with double trolley on the different rails
异或门/互斥或閘 exclusive-OR gate
异脚圆规/異腳圓規 caliber compass
异径三通接头/漸縮三通管,漸縮 T 形管 reducing Tee
异类复用/異質多工 heterogeneous multiplex
异联想/異聯想 hetero association
异态/異類 hetero chromous
异体/變體 variant
异响/異響 abnormal knocking
异形导线/成形導線,非圓形導體 shaped conductor
异形钢材轧辊/異形鋼材軋輥 profiled roll
异形管/異形管件 specials
异形螺旋弹簧/特殊螺旋彈簧 special helical spring
异形弹簧/異形彈簧 wire spring
异形轧材/異形材 profiled rolled product
异型材轧机/異型材輥軋機 profiled section mill
异型钢/異型鋼 deformed steel
异型钢管/異型鋼管 steel tubing in different shapes
异型钢丝/異型鋼絲 shaped wire
异型耐火砖/異型耐火磚 complicated shape brick
异型坯/異型坯 shaped semiproduct
异型砖/型磚 shaped brick
异质架构/異質結構 heterostructure
异质接面双极电晶体/異質接面雙極電晶體 heterojunction bipolar transistor
异质结/異質接面 heterojunction
异质结构/異質結構 heterostructure
异质结激光器/異質接面雷射器 hetero junction laser
异质结晶体管/異質接面電晶體 heterojunction transistor
异质结双极晶体管/異質接面雙極性電晶體 heterojunction bipolar transistor, HBT
异质结太阳电池/異質接面太陽電池 heterojunction solar cell
异质实体模型/異質實體模型 heterogeneous solid model
异质双极晶体管/異質雙極電晶體 heterobipolar transistor
异质外延/異質磊晶 heteroepitaxy
抑零点仪表/無零位刻度儀表 instrument with suppressed zero
抑止弧/禁止弧 inhibitor arc
抑止滤光片/抑止濾光片 barrier filter
抑止频率/抑制頻率 blanketing frequency
抑制/抑制,遏止 suppression
抑制电离真空计/抑制電離真空計,抑制游離真空計 suppressor ionization gage
抑制电路/抑制電路 squeech circuit
抑制分组/阻塞封包 choke packet
抑制换档/抑制換檔 inhibited shift
抑制剂/抑制劑,緩蝕劑 inhibitor, depressant
抑制器/抑制器,遏抑器,拒絕器 suppressor, rejector
抑制栅极/抑制閘極極 suppressor grid
抑制栅极调幅/遏止柵極幅調 suppressor grid amplitude modulation
抑制射频干扰电容器/抑制射頻干擾電容 RFI suppression capacitor
抑制物/抑制劑 inhibitor
抑制型电离真空计/抑制型電離真空計 suppressor vacuum gage
抑制型真空计/抑制器線規 suppressor gage
抑制载波/遏止載波 suppressed carrier
役使原理/役使原理,從屬原理 slaving principle
译词选择/字選擇 word selection
译码/解碼 decoding
译码机/譯碼機 translator
译码器/譯碼器,解碼器 decoder, code translator
易拆链/可拆鏈 detachable less chain
易读性/可讀性 readability
易钢种多炉连浇/不同鋼種多爐連澆 sequence casting of unlike grades
易割冒口/易割冒口 knock-off head
易割冒口芯片/縮頸砂心 wafer core
易汞齐化金/易選金 free-milling gold

易滑移面/易滑面 plane of easy slip
易开砂箱/易開砂箱 easy off slip flask
易扩充性/擴充性 expandability
易扩展性/易擴展性,可擴展性 extensibility
易裂变材料/可裂材料 fissile material
易磨性/可磨性 grindability
易切金属/易切金屬 free-cutting metal
易切砂岩/軟砂石 freestone
易切削钢/易[切]削鋼 free-cutting steel, free-machining steel
易切削黄铜/易切黃鋼 free-cutting brass
易燃物/易燃物 inflammable
易燃性/易燃性 flammability
易熔合金/易熔合金 fusible alloy
易熔塞 /易熔封塞 fusible plug
易失性存储器/依電性記憶體 volatile memory
易失性检查点/易失性檢查點,易失性核對點 volatile checkpoint
易损件/易損零件 consumable part
易位误差/轉位誤差 translocation error
易修改性/可修改性 modifiability
易移植性/可攜性 portability
逸出功/逸出功,功函數 work function
逸出气分析/逸出氣體分析 evolved gas analysis
逸出气分析仪/逸出氣分析儀 evolved gas analysis apparatus
逸出气检测/逸出氣檢測 evolved gas detection
逸出气检测仪/逸出氣檢測儀 evolved gas detection apparatus
逸出深度/逸出深度 escaped depth
逸出中子/逸出中子 escaping neutron
逸出轴感测器/逸出軸感測器 yaw sensor
逸出轴控制/逸出軸控制 yaw control
逸出轴误差/逸出軸誤差 yaw error
逸散电子/逸散電子 runaway electron
意识/意識 consciousness
意图/意向 intention
意图复议/意圖覆議 intention reconsideration
意外停机/意外停機 hang up
意向锁/意向鎖 intention lock
意向系统/意向系統 intentional system
意义域/意義域 meaning domain
溢出/溢流,溢位,超限 overflow, spillover
溢出检查/溢位檢查 overflow check
溢出控制程序/溢位控制器 overflow controller
溢出区/溢位區[域] overflow area
溢出桶/溢位桶,溢位位址 overflow bucket
溢出位/溢流數元 overflow bit
溢出指示/溢出指示 overflow indication
溢出指示器/溢流指示器 overflow indicator
溢呼路由/溢流路徑 overflow route
溢流/溢流 overflow
溢流槽/溢流口 overflow well
溢流道/溢流道 flow through
溢流阀/溢流閥 overflow valve, pressure relief valve, spill valve
溢流话务/溢流話務 overflow traffic
溢流口/溢流口,溢放口 flow off, pop off, strain relief
溢流量/洩流率 relief flow rate
溢流润滑/泛溢潤滑 flood lubrication
溢流效率/溢流效率 spillover efficiency
溢流型球磨机/溢流型球磨機 overflow ball mill
溢流罩/溢流罩 overflow cover
翼片式闪光器/葉片式閃爍器 vane type flasher
翼片式衰减器/翼片式衰減器 vane attenuator
翼形螺钉/翼形螺釘 wing screw
翼形螺母/翼形螺帽 wing nut
翼型/翼型 airfoil
翼型测风装置/翼型測風元件 aerofoil flow measuring element
翼型厚度/翼型厚度 thickness of airfoil
翼型厚度函数/翼形厚度函數 thickness function of airfoil
翼型几何弦长/翼型幾何弦長 geometric chord of airfoil
翼型平均几何弦长/翼形平均幾何弦長 mean geometric chord of airfoil
翼型气动弦线/翼型氣動弦線 aerodynamic chord of airfoil
翼型弯度/翼型彎度 airfoil curvature
翼型弯度函数/翼形曲率函數 curvature function of airfoil
翼型相对厚度/翼型相對厚度 relative thickness of airfoil
翼型中弧线/翼型中弧線 airfoil mean line
翼型族/翼型族 airfoil family
翼状钻头/翼狀鑽頭 bit blade
翼子板/翼板 wing
因变量/相依變數 dependent variable
因次法/量綱[分析]法 method of dimensions
因次式/量綱公式 dimensional formula
因果分析系统/因果分析系統 causal analysis system
因果律/因果律 causality
因果逻辑/因果邏輯 causal logic

因果图/因果圖　cause effect graph
因果推理/因果推理　causal reasoning
因果系统/因果系統　causal system
因果消息日志/因果訊息日志　causal message logging
因果性/因果律　causality
因数/因數,因子,約數　factor, sub-multiple
η 因数/η 因數　eta factor
Q 因数/Q 因數,品質因數　Q factor, Q-factor
因特网/網際網路　Internet
因特网编号分配机构/網際網路賦值主管當局　Internet Assigned Numbers Authority
因特网参考模型/網際網路參考模型　Internet reference model
因特网服务清单/網際網路服務清單　Internet services list
因特网服务提供方/虛擬網際網路服務提供者　Internet service provider
因特网工程任务组/網際網路工程任務編組　Internet engineering task force, IETF
因特网控制消息协议/網際網路連結控制信息協定　Internet control message protocol, ICMP
因特网路由登记库/網際網路路由登記庫　Internet Routing Registry
因特网内容提供者/網際網路內容提供者　Internet content provider, ICP
因特网协议/網際網路協定　Internet protocol, IP
因特网业务提供者/網際網路服務提供者　Internet service provider, ISP
因特网中继聊天/網際網路閑聊　Internet relay chat, IRC
因特网主体/網際網路代理　Internet agent
因特网资源/網際網路資源　Internet resource
因瓦合金/因鋼,低脹鋼　Invar alloy
24m 因瓦基线尺/24m 因瓦基線尺　24m Invar wire
24m 因瓦基线尺的长度/24m 因瓦基線尺的長度　length of 24m Invar wire
因瓦效应/因瓦效應　invarable effect
因子/因子,因數　factor
因子分解/因式分解　factorization
因子分解法/因子分解法　factoring method
因子分解问题/因數分解問題　factoring problem
阴电极/負[電]極　negative electrode
阴电性气体/陰電性氣體　electronegative gas
阴极/陰極,負[電]極　cathode, negative electrode
阴极保护/陰極保護,陰極防蝕[法]　cathodic protection
阴极沉积/陰極沈積　cathodic deposition
阴极沉积精炼/陰極沈積精煉　cathode deposition refining
阴极电势/陰極電位　cathode potential
阴极电位/陰極電位　cathode potential
阴极电压降/陰極電壓降,陰極位降　cathode drop
阴极电泳涂装/陰極電泳塗裝　cathode electro-coating
阴极电子射线示波器/陰極射線示波器　cathode ray oscillograph
阴极发光/陰極發光　cathodoluminescence
阴极发光像/陰極發光像　cathode luminescence image
阴极腐蚀/陰極腐蝕　cathodic corrosion
阴极糊/陰極糊　cathode paste
阴极辉光/陰極輝光　cathode glow
阴极极化/陰極極化　cathode polarization, cathodic polarization
阴极记录器/陰極射線照相機　cathodograph
阴极控制/陰極控制　cathode control, cathodic control
阴极耦合多谐振荡器/陰極耦合多諧振動器　cathode coupled multivibrator
阴极疲劳/陰極疲勞　cathode fatigue
阴极射线/陰極射線　cathode rays
阴极射线磁控管/陰極射線磁控管　cathode ray magnetron
阴极射线电视显像管/陰極射線[電視]顯像管　cathode ray picture tube
阴极射线读出幕/陰極射線讀出幕　cathode ray readout screen
阴极射线读出屏/陰極線讀出幕　cathode ray readout screen
阴极射线管/陰極射線管　cathode ray tube, CRT
阴极射线管存储器/陰極射線管儲存器　cathode ray tube storage
阴极射线管光点扫描器/陰極射線管光點掃描器　cathode ray tube spot scanner
阴极射线管控制器/陰極射線管控制器　cathode ray tube controller
阴极射线管内标度/內刻度線　internal scale of cathode ray tube
阴极射线管示波器/布勞恩管示波器　Braun tube oscillograph
阴极射线管显示器/陰極射線管顯示器　cathode ray tube display
阴极射线管终端/陰極射線管終端機　cathode ray tube terminal
阴极射线光谱辐射计/陰極射線光譜輻射計

cathode ray spectroradiometer
阴极射线极谱仪/陰極射線極譜儀 cathode ray polarograph
阴极射线加速器/陰極射線加速器 cathode ray accelerator
阴极射线示波管/陰極射線示波管 cathode ray oscillograph tube
阴极射线示波器/陰極射線示波器 cathode ray oscilloscope
阴极射线指零仪/陰極射線指零儀 cathode ray null indicator
阴极射线指示器/陰極射線指示器 cathode ray type indicator, cathode ray indicator
阴极射线致变色/陰極射線致變色 cathodochromism
阴极射线致发光/陰極射線致發光 cathode luminescence
阴极寿命/陰極壽命 cathode life
阴极输出器/陰極追隨器 cathode follower
阴极炭块/陰極炭塊 cathode carbon block
阴极调制/陰極調變,陰極搏調 cathode modulation, cathode pulse modulation
阴极铜/陰極銅 cathode copper
阴极稳压摄像管/陰極穩壓攝像管 cathode potential stabilized emitron, CPS
阴极有效系数/陰極有效係數 cathode active coefficient
阴极中毒/陰極中毒 poisoning of cathode
阴接触件/陰接觸件,陰接點 female contact
阴离子/陰離子 anion
阴离子交换塔/陰離子交換塔 anion exchange column
阴连接器/陰接頭,母接頭 female connector
阴螺纹/内螺紋 internal thread
阴螺纹接头/母接頭 female connection
阴影/陰影 shadow
阴影屏蔽/陰影屏蔽 shadow shield
阴影体/陰影體 shadow volume
阴影图/陰影圖 shadow map
阴影显微镜/影顯微鏡 shadow microscope
荫罩/蔭罩 shadow mask
荫罩板/格柵式罩板 grillage sheet
荫罩钢带/格柵式罩鋼帶 shadow mask strip
荫罩三色管/蔭蔽三色管 shadow mask tricolor tube
音叉/音叉 tuning fork
音叉接触件/音叉接觸件 tuning fork contact
音叉振荡器/音叉振盪器,調[諧]叉振盪器 tuning fork oscillator
音程/頻率區間 frequency interval
音调测量学/音高量測術,壓力量測術 tonometry
音调控制器/音頻控制器 tone controller
音调信号发生器/音頻產生器,純音產生器 tone generator
音轨/音軌 audio track
音级计/聲音位準計 sound level meter
音级仪/聲音位準計 sound level meter
音节/音節 syllable
音控防鸣器/音控防鳴器 voice operated device anti-singing, VODAS
音控式排气再循环系统/音控式排氣再循環系統 sound control EGR system
音量单位表/音量單位計 volume unit meter
音频/音頻,聲頻 audio frequency, AF
音频变压器/音頻變壓器 audio frequency transformer
音频的/成音,聲頻 audio
音频电压/音頻電壓 audio voltage
音频多路电报术/音頻多路電報術 voice frequency multichannel telegraphy
音频多路系统/音頻多路制 voice frequency multichannel system
音频发生器/聲頻產生器 audio frequency generator
音频放大器/聲頻放大器,擴音器,語音放大器 audio frequency amplifier, AFA, speech amplifier
音频合成/聲頻合成 audio synthesis
音频流/聲頻流 audio stream
音频频谱计/聲頻譜儀 audio frequency spectrometer
音频输出/成音輸出,聲頻輸出 audio output
音频输入/成音輸入,聲頻輸入 audio input
音频数据库/聲頻資料庫 audio database
音频索引/音訊索引 audio indexing
音频系统/成音系統,聲頻系統 audio system
音频响应系统/成音響應系統,聲頻響應系統 audio response system
音频信道/聲音通道 sound channel
音频载波/音頻訊號載波,聲音載波 sound carrier
音频振荡器/音頻振盪器,聲頻振盪器 audio frequency oscillator
音频指示器/音頻指示器 audio indicator
音圈电机/語音線圈馬達 voice coil motor
音速喷嘴/音速噴嘴 sonic nozzle
音损系数/音損係數 sound dissipation coefficient
音箱/音箱 acoustic enclosure
音响报警/音響警報器 audible alarm
音响测距仪/聲波測距儀 sound ranger
音响差拍/可聞差拍 audible beat

音响呼叫/聲響呼叫 audible call
音响试验/音波試驗 sonic testing
音响噪声/聲頻噪聲,可聞聲音 audible noise
音响振铃/聲響振鈴,可聞振鈴 audible ring
音响指示/聲信號指示 audible indication
音效/音效 sound effect
音形结合编码/音形綜合編碼 phonological and calligraphical synthesize coding
音形码/音形碼 phonological and calligraphical code
音准仪/音調計 tonometer
铟/銦 indium
铟箔探测器/銦箔檢知器 indium foil detector
铟钢线尺/銦鋼卷尺 Invar tape
银/銀 silver
银白砂/銀砂 silver sand
银滴定电量计/銀滴定電量計 silver titration coulometer
银滴定库仑计/銀滴定庫侖計 silver titration coulombmeter
银滴定器/銀鹽比重計 argentometer
银电量/銀電量計 silver voltameter
银电量计/銀電量計,銀庫侖計 silver coulombmeter
银汞膏/銀汞膏,銀汞齊 silver amalgam
银行间网络/銀行間網路 interbank network
银河天空噪声/銀河天空雜訊 galactic sky noise
银河噪声/銀河雜訊 galactic noise
银河噪声源/銀河雜訊源 Milky Way noise source
银基硬钎焊合金/銀基硬焊合金 silver base brazing alloy
银接触式电压调节器/接觸式調節器 silverstat regulator
银亮钢丝/光亮鋼絲 bright steel wire
银幕/銀幕,投影屏 projection screen
银色锡锑合金/阿根廷合金 argentine metal
银锡软焊料/含銀軟焊料 plumbsol
银锌渣/銀鋅渣 silver zinc crust
银盐定量计/銀鹽比重計 argentometer
引出板/熔接引出片 runoff weld tab
引出束/出射光束 exit beam
引出线/尾線 pigtail
引导/開機 boot
引导程序/啟動程式 bootstrap
引导口令/啟動密碼 boot password
引导雷达/引導雷達 directing radar
引导扇区/啟動扇區 boot sector
引导式干扰/引導式干擾 directed jamming
引导树/歸航樹 homing tree
引导协议/引導協議 boot strap protocol
引导装入程序/啟動載入程式,自舉載入器,靴帶式載入器 bootstrap loader
引锭/引錠 start casting
引锭操作/引錠操作 dummy bar operation
引锭杆/引錠桿 dummy bar
引锭头/引錠頭 starter head
引风机/抽風扇,抽風機 induced draft fan
引弧/觸發電弧 striking
引弧板/引弧板 starting weld tab
引弧环/消弧環,環形消弧器 arcing ring
引弧装置/引弧裝置 arc initiation device
引火/引火 priming
引火灯/引火燈 pilot light burner
引脚分配/插腳指定 pin assignment
引力/引力,重力 gravitational force
引力势/引力勢,引力位能 gravitational potential
引力质量/重力質量 gravitational mass
引擎/引擎,發動機 engine
引燃/引燃,點火,點燃 ignition
引燃电缆/電爆線 firing cable
引燃电流/引燃電流 ignition current
引燃管/引燃管,點火器,水銀整流管 ignitron
引燃火焰/起火焰 pilot flame
引燃火焰燃烧器/引火焰燈 pilot-flame burner
引燃极/引燃極 ignitor
引燃喷射/前導噴射 pilot injection
引燃喷射式发动机/引燃噴射式發動機 pilot injection engine
引燃喷射式燃气发动机/引燃噴射式燃氣發動機 pilot injection gas engine
引燃时间/引燃時間 ignitor firing time
引燃温度/引燃溫度 ignition temperature
引入/引入 introduce
引入呼叫/呼叫引入[點] call entry
引入线/引入線 drop wire
引射系数/引射係數 suction coefficient
引伸计/伸長計,伸縮計,延伸計 extensometer
引水阀/轉向閥 diversion valve
引线/引線,導線 lead, wire lead
引线电感/引線電感 lead inductance
引线电感效应/接頭電感效應 lead inductance effect
引线电阻/引線電阻 lead resistance
引线键合/引線鍵合 lead bonding
引线接合/絲焊 wire bonding
引线框式键合/引線框式鍵合 lead frame bonding
引向器/傳送器,記發機 sender
引向器单元/導引器元件 director element
引用/引用 quotation

引用计数/参考計數　reference count
引用误差/引用誤差,基準誤差　fiducial error
引址调用/傳參考呼叫　call by reference
饮水机/飲水機　drinking water set
饮水冷却器/飲水冷却器　drinking water cooler
隐蔽法/隱蔽法　concealment method
隐蔽接收/隱蔽接收　lobe on receive only, LORO
隐蔽信道/隱蔽信道　covert channel
隐蔽振荡/隱蔽振盪　hidden oscillation
隐藏面消除/隱藏面移去　hidden surface removal
隐藏文件/隱藏式檔案　hidden file
隐藏线消除/隱藏線移去　hidden line removal
隐藏运动/隱藏運動　concealed motion
隐藏振荡/隱藏振盪　hidden oscillations
隐藏终端/隱藏終端　hidden terminal
隐错/錯誤　bug
隐错撒播/錯誤播種　bug seeding
隐含测量原理/隱含測量原理　principle of implicit measurement
隐含的/隱含　implicit
隐含属性/隱含屬性　hidden attribute
隐面/隱藏面　hidden surface
隐失模式/衰減模態　evanescent mode
隐式标记/隱含型標註　implicit tag
隐式并行性/隱含平行性　implicit parallelism
隐式请求/内顯[型]請求　implicit request
隐式曲面/隱式曲面　implicit surface
隐式曲线/隱式曲線　implicit curve
隐式实体模型/隱含實體模型　implicit solid model
隐式栈/隱藏堆疊　hidden stack
隐丝光测高温计/隱絲式高温計,燈絲高温計　disappearing filament pyrometer
隐丝式光学高温计/隱絲式光學高温計　disappearing filament optical pyrometer
隐私保护/隱私保護　privacy protection
隐显灯光/明暗燈　occulting light
隐线/隱藏線　hidden line
隐形目标/隱形目標　stealth target
隐性知识/内隱的知識　tacit knowledge
隐针马氏体/隱針麻田散體　cryptocrystalline martensite
印痕面积/印痕面積　foot-print area
印模/壓印模,槽模　impression
印刷电路板/印刷電路板　printed circuit board, PCB
印刷电子学/印刷電子學　printable electronics
印刷合金/活字合金,鑄字合金　type metal
印刷计算机/列表計算器　printing calculator
印刷体汉字识别/印刷體漢字識別　printed Chinese character recognition
印制板/印刷板　printed board
印制板布局/印刷電路板布局　PCB layout
印制板布线/印刷電路板布線　PCB routing
印制板测试/印刷電路板測試　PCB testing
印制板连接器/印刷電路板連接器　printed board connector
印制板组装件/印製板組裝件　printed board assembly
印制电路/電路板　printed circuit
印制元件/印刷元件　printed component
印字复打机/印字複打機　printing reperforator, printer perforator
印字键盘穿孔机/印字鍵盤打孔機　printing keyboard perforator
英尺磅/呎磅　foot pound
英寸汞柱/吋汞柱　inch of mercury
英寸水柱/吋水柱　inch of water
英担/英擔　hundredweight, cwt
英吨/英噸,長噸　long ton
英寻/噚　fathom, fa
英制/英制　imperial system
英制加仑/英制加侖　imperial gallon
英制螺纹/英制螺紋　inch screw thread
英制马力/英制馬力　British horsepower
英制热量单位/英熱單位　British thermal unit, Btu
英制药衡/英國藥衡砝碼　apothecaries weight
英制轴承/英制軸承　inch bearing
缨状条纹序次/條紋級序　fringe order
迎风机构/定向機製　orientation mechanism
迎风面积/迎風面積　front projection area
迎头色谱法/正面色譜法　frontal chromatography
荧光/熒光,螢光　fluorescence
荧光板/螢光屏　fluorescent screen
荧光材料/螢光材料,發光材料　fluorescent material, luminescent material
荧光磁粉/螢光磁粉　fluorescent magnetic powder
荧光磁粉检测/螢光磁粉檢測　fluorescent magnetic particle inspection
荧光磁粉探伤/螢光磁粉探傷　fluorescent magnetic particle flaw detection
荧光磁粉探伤机/螢光磁粉探傷機　fluorescent magnetic particle flaw detector
荧光灯/螢光燈[管],日光燈　fluorescent lamp, fluorescent tube
荧光灯泡/螢光燈泡　fluorescent bulb
荧光分光法/光譜螢光量測術　spectrofluorometry
荧光分光光度计/螢光分光光度計

spectrofluorophotometer, fluorescence spectrophotometer
荧光分光计/螢光光譜儀 fluorescence spectrometer
荧光分析/螢光分析 fluorescence analysis
荧光辐射/螢光輻射 fluorescent radiation
荧光管/螢光[燈]管 fluorescent tube
荧光光度计/螢光光度計 fluorometer, fluorophotometer
荧光光谱仪/螢光光譜儀 fluorescence spectroscope
荧光计/螢光計 fluorometer
荧光监测器/螢光監測器 fluorescence monitor
荧光检测器/螢光偵測器,螢光檢知器 fluorescence detector, fluorescent detector, fluorimetric detector
荧光检查器/手提螢光鏡 hand fluoroscope
荧光镜/螢光鏡 fluoroscope
荧光屏/螢光屏 fluorescent screen, phosphor screen
荧光X射线照相机/螢光屏顯像器 photofluoroscope
荧光渗透探伤/螢光滲透檢驗 fluorescent penetrant inspection
荧光渗透液/螢光滲透 fluorescent penetrant
荧光数码管/螢光數位顯示管,螢光字元顯示管 fluorescent character display tube
荧光探伤/螢光探傷,螢光採傷 fluorescent flaw detection, zyglo
荧光透视法/螢光透視法,螢光鏡檢查 fluoroscopy
荧光显微镜/螢光顯微鏡 fluorescence microscope
荧光线宽/螢光線寬 fluorescence linewidth
荧光液渗透探伤/螢光透入劑試驗 fluorescent penetrant test
盈亏功/功增減量 increment or decrement of work
萤光屏/螢光鏡 fluoroscope
萤光探伤/螢光探傷法 fluorescent crack detection
萤石/螢石 fluorite, fluorspar
营救器电台/救生艇電臺 survival craft station
营运矩频特性/操作矩頻特性 running torque frequency characteristic
赢取策略/贏取策略 winning strategy
影碟/影碟 video CD
影片解析/膠片分析 film analysis
影片摄像/影片攝像 film pick up
影片摄影/影片攝影 motion picture pickup
影条式仪表/影條式儀表,陰影指針式儀表,[陰]影條式儀器 shadow column instrument
影显微镜/影顯微鏡 shadow microscope
影响函数/影響函數 influence function
影响量/影響量 influence quantity
影响量引起的变差/影響量引起的變差 variation due to an influence quantity
影响系数/影響係數 influence coefficient
影响系数法/影響係數法 influence coefficient method
影像/影像 image
影像参数/鏡像參數 image parameter
影像阻抗/影像阻抗,對像阻抗 image impedance
影印机/影印機 photocopier
影子互联网/影子網路 shadow internet
影子价格/影子價格 shadow price
应变/應變,變形 strain
应变比较法/應變比較法,霍普金森桿壓縮波法 method by Hopkinson bar compress wave
应变变程/應變範圍 strain range
应变测量/應變量測 strain measurement
应变测量仪器/應變測量儀器 strain measuring instrument
应变电阻合金/應變電阻合金 strain electrical resistance alloy
应变幅/應變幅 strain amplitude
应变过程/偶發事故程序 contingency procedure
应变集中/應變集中 strain concentration
应变计/應變計 strain meter, strain gage
应变计划/應急計劃 contingency plan
应变计式传感器/應變計式感測器 strain gage transducer
应变检流计/應變電流計 strain galvanometer
应变路径/應變路徑 strain path
应变率/應變率 strain rate
应变能/應變能 strain energy
应变疲劳/應變疲勞 strain fatigue
应变片电桥/應變計電橋 strain gage bridge
应变强化规律/應變增強規律 law of strain intensification
应变时效/應變老化 strain aging
应变时效硬化/應變時效硬化 strain age hardening
应变式称重传感器/應變計荷重元 strain gage load cell
应变式加速度计/應變式加速度計 strain gage accelerometer
应变式压力传感器/應變壓力換能器 strain pressure transducer
应变式转矩测量仪/應變式轉矩測量儀 strain gage torque measuring instrument
应变松驰/應變鬆弛 strain relaxation
应变速率/應變率 strain rate
应变退火/應變退火 strain anneal
应变误差/應變誤差 strain error

应变效应/應變效應 strain effect
应变仪/應變計,應變規,變形測定器 deformeter, strain gage
应变仪放大器/應變式放大器 strain-gage amplifier
应变仪时间常数/應變計時間常數 time constant of strain meter
应变仪相移/應變儀相移 phase error of strain meter
应变硬化/應變硬化 strain hardening
应变张量/應變張量 strain tensor
应答/應答,回應,回答 answering, response
应答机/應答機,回答機 responder
应答码/應答電碼 answer back code
应答器/應答器 answer back unit, transponder
应答式干扰/應答式干擾 transponder jamming
应答[指示]灯/回答燈 answer lamp
应急按钮/緊急按鈕 emergency button
应急备用设备/待用設備 on-premise standby equipment
应急锤/緊急錘 emergency hammer
应急管理信息系统/應急執行資訊系統 emergency management information system
应急管路/次級路線 secondary line
应急计划/應急計劃,緊急計劃 emergency plan, contingency planning
应急剂量/緊急劑量 emergency dose
应急密钥/應急金鑰 contingency key
应急调速器/聚急調速器 emergency governor
应急通信/應急通信 emergency communication
应急维修/緊急維護 emergency maintenance
应急系统/緊急系統 emergency system
应急照明/緊急照明 emergency lighting
应急指挥平台/應急指揮平臺 emergency command platform
应急指挥系统/應急指揮系統 emergency command system
应急制动系/二次制動系統 secondary braking system
应急转储/應急傾印 panic dump
应力/應力 stress
应力斑/應力型樣 stress pattern
应力比/應力比 stress ratio
应力变程/應力變化範圍 stress range
应力测定器/壓力檢知器 stress detector
应力测验仪/應變觀察器 strain viewer
应力弛豫/應力鬆弛 stress relaxation
应力幅/應力幅度 stress amplitude
应力腐蚀/應力腐蝕 stress corrosion
应力腐蚀界限强度因子/應力腐蝕界限強度因子 stress corrosion threshold intensity factor
应力腐蚀界限应力/應力腐蝕界限應力 stress corrosion threshold stress
应力腐蚀破裂/應力腐蝕開裂,應力腐蝕龜裂 stress corrosion cracking
应力感生缺陷/應力感生缺陷 stress-induced defect
应力光图/光學應力圖型 optical stress pattern
应力-光学定律/應力光學定律 stress optic law
应力光学系数/應力光學係數 stress optic coefficient
应力集中/應力集中 stress concentration
应力计/應力計 stress gage
应力检流计/壓力電流計 stress galvanometer
应力马氏体/應力形成麻田散體 stress-assisted martensite
应力盘抛光/應力盤拋光 stressed lap polishing, SLP
应力破裂强度/應力破壞強度 stress rupture strength
应力强度干涉模型/應力強度干涉模型 stress strength interference model
应力强度因子/應力強度因數 stress intensity factor
应力强度因子幅度/應力強度因數幅度 stress intensity factor range
应力-寿命曲线/應力-壽命曲線 S-N curve
应力松弛/應力鬆弛 stress relaxation
应力松弛计/弛緩計 relaxometer
应力消除/應力消除 stress relief
应力-应变曲线/應力-應變曲線 stress strain curve
应力-应变特性/應力-應變特性 stress strain characteristics
应力-应变图/應力-應變圖 stresss strain diagram
应力张量/應力張量 stress tensor
应用/應用,應用程式,應用軟體 application
Java 应用/Java 應用程式 Java application
应用本体/應用本體 application ontology
应用层/應用層 application layer
OSI 应用层/OSI 應用層 OSI application layer
应用层恢复/應用層恢復 application recovery
应用层实体/應用層實體 application entity
应用层调优/應用層調優 application level tuning
应用层网关/應用層閘道 application level gateway
应用程序/應用程式 application program
应用程序接口/應用程式介面 application program interface, API
应用重用/應用重用 application reuse
应用代理/應用程式代理 application proxy

应用堆积/應用堆積 application accumulate
应用范围/使用範圍 range of application
应用服务/應用服務 application service
J2EE 应用服务器/J2EE 應用伺服器 J2EE application server
应用服务提供方/應用服務提供者 application service provider
应用服务提供者/應用服務提供者 application service provider, ASP
应用环境/應用環境 application environment
应用级防火墙/應用級防火牆 application level firewall
应用集成/應用軟體整合 application integration
应用进程/應用程式 application process, AP
应用开发工具/應用開發工具 application development tool
应用领域/應用領域 application domain
应用逻辑/應用邏輯 applied logic
应用软件/應用軟體 application software
应用生成器/應用程式產生器 application generator
应用声学/應用聲學 applied acoustics
应用数据库/應用資料庫 application database
应用透明性/應用透明性 application transparency
应用问题/應用問題 application problem
应用向导服务/應用向導服務 application courier service
应用协议/應用協定 application protocol
应用一致性/應用一致性 application consistency
应用原型化方法/應用原型化方法 application prototyping method
应用中间件/應用中介軟體 application middleware
映射/映射,對映,映像 mapping
映射表/對映表 mapping table
映射程序/映射程式 map program
映射地址/對映位址 mapping address
映射方程/測描方程式 mapping equation
映射方式/對映模式 mapping mode
映射干涉仪/投影干涉儀,映射干涉計 projection interferometer
映射规则/對映規則 mapping rule
映射函数/映像函數 mapping function
映射-化简/映射-化簡 map reduce
映射缓存器/映像高速緩衝記憶體 mapping cache
映射系统/映射系統 mapped system
映射语言/映像語言 mapping language
映像编辑器/映像編輯器 map editor
映像存储器/映射記憶體 mapped memory
映像发生器/映射產生器 map generator
映像列表/映像列表 map list
映像码/映像碼,變換碼 map code
映像显示/映像顯示 map display
硬磁材料/強磁性材料 hard magnetic material
硬磁合金/硬磁合金 hard magnetic alloy
硬磁盘/硬磁碟 rigid disk
硬磁铁氧体/硬磁鐵氧體 hard magnetic ferrite
硬磁心/硬磁心 hard core
硬错误/硬體錯誤 hard error
硬点/硬點 hard spot
硬度/[磨具]硬度 grade, hardness
硬度标尺/硬度標度 hardness scale
硬度冲头/史密特硬度錘 hardness hammer
硬度传感器/硬度感測器 hardness transducer
硬度换算表/硬度换算表 hardness conversion table
硬度计/硬度計,硬度試驗器 hardness tester, sclerometer
硬度计压头/壓痕器,壓痕物 indentor
硬度块的均匀度/硬度塊的均勻度 uniformity of hardness block
硬度试验机/硬度試驗機,硬度試驗計 hardness tester
硬度试验块稳定性/硬度試驗塊穩定性 stability of hardness test block
硬度梯度/分級硬度 gradient hardness
硬度压头/硬度壓頭 hardness penetrator
硬度值/硬度值,硬度數 hardness number, hardness value
硬度值的换算/硬度數變換 hardness number conversion
硬辐射/硬輻射 hard radiation
硬复制/硬複製,硬拷貝 hard copy
硬铬镀层/硬鉻 hard chromium
硬故障/硬故障 hard fault
硬管调制器/硬管式調變器 hard-tube modulator
硬焊合金/硬焊合金 brazing metal
硬焊料/硬焊料 hard soldering
硬化/硬化,淬火 hardening, curing
硬化合金/硬化合金 hardening alloy
硬化剂/硬化劑 hardener, stiffener
硬化区破裂/焊接區裂隙 hard zone crack
硬化时间/硬化時間 curing time
硬件/硬體 hardware
硬件安全/硬體安全 hardware security
硬件测试/硬體測試 hardware testing
硬件抽象层/硬體抽象化層 hardware abstraction layer
硬件多线程/硬體多線執行 hardware

multithreading
硬件仿真器/硬體仿真器 hardware emulator
硬件故障/硬體故障 hardware fault
硬件监控器/硬體監視器 hardware monitor
硬件监视器/硬體檢查 hardware check
硬件配置项/硬體組態表項 hardware configuration item
硬件平台/硬體平臺 hardware platform
硬件冗余/硬體冗餘 hardware redundancy
硬件冗余检验/硬體冗餘檢查 hardware redundancy check
硬件设计语言/硬體設計語言 hardware design language, HDL
硬件验证/硬體驗證 hardware verification
硬件资源/硬體資源 hardware resource
硬焦炭/硬質焦炭,硬煤焦 hard coke
硬结砂用油/硬結砂用油 setting oil
硬沥青水泥/硬瀝青水泥 gilsonite cement
硬连线逻辑/硬線邏輯 hard wired logic
硬连线控制/硬線控制 hard wired control
硬链接/硬鏈接 hard link
硬料灯泡/硬質玻璃燈泡 hard glass bulb
硬铝/杜拉鋁,剛鋁 duralumin
硬铝合金/硬鋁合金 hard aluminum alloy
硬锰矿/硬錳礦 psilomelane
硬盘层/硬盤,地下礫層,鐵盤層 hardpan
硬判决/硬式決定,硬式判定 hard decision
硬泡/硬泡 hard bubble
硬钎焊/硬焊 brazing
硬钎料/硬釬料 brazing filler metal
硬铅/硬鉛 hard lead
硬切换/硬切換 hard handoff
硬扇区格式/硬扇區格式 hard sectored format
硬 X 射线/硬 X 射線 hard X-ray
硬实时系统/硬即時系統 hard real time system
硬停机/硬停機 hard stop
硬挺度/剛性,勁度,韌性 stiffness
硬锡/硬錫 hard tin
硬限幅器/硬式限制器 hard limiter
硬橡皮撑轮圈/硬橡皮撐輪圈 hard rubber bead
硬锌/硬鋅 hard zinc
硬型铸造/重力壓鑄法 gravity diecasting
硬性电子管/高度真空管 hard tube
硬影/硬影 hard shadow
硬支承平衡机/硬支承平衡機 hard bearing balancing machine
硬质合金/硬金屬,硬合金 cemented carbide, hard alloy, hard metal
硬质合金工具/碳化物工具 carbide tool
硬质合金刮削滚刀/硬質合金刮削滾刀 carbide skiving hob
硬质合金滚刀/硬質合金滾刀 carbide hob
硬质合金铰刀/硬質合金鉸刀 carbide reamer
硬质合金喷嘴/碳化鎢合金噴嘴 carboloy nozzle
硬质胶胎圈/硬橡皮撐輪圈 hard rubber bead
硬铸件/硬鑄品 hard casting
拥塞/擁塞 congestion
拥塞窗口/擁塞窗口 congestion window
拥塞控制/擁塞控制 congestion control
壅塞作用/閘喉作用 choking
永磁材料/永磁材料,永久磁性材料 permanent magnetic material
永磁磁选机/永久磁選機 permanent magnetic separator
永磁动圈式仪表/永磁動圈式儀表 permanent magnet moving coil instrument
永磁发电机/永磁[發]電機 permanent magnet generator, magneto generator
永磁钢/耐久磁石鋼 permanent magnet steel
永磁合金/永磁合金 permanent magnetic alloy
永磁式安培计/永磁安培計 permanent magnet ammeter
永磁式扬声器/永磁揚聲器 permanent magnet loudspeaker
永磁式仪表/永磁式儀器 permanent magnet instrument
永磁收话器/永磁收話器,永磁收話機 permanent magnet receiver
永磁[体]/永久磁鐵 permanent magnet
永磁铁/永久磁鐵 permanent magnet
永磁同步电动机/永磁同步電動機 permanent magnet synchronous motor
永磁同步曳引机/永磁同步馬達 permanent synchro motor
永磁吸盘/永磁吸盤 permanent magnetic chuck
永磁扬声器/永磁揚聲器 permanent magnet loudspeaker
永磁直流发电机/磁鐵發電機 magneto dynamo
永久/永久 permanent
永久变形/永久變形 permanent deformation
永久磁铁/永久磁鐵 permanent magnet
永久对换文件/永久交換檔案 permanent swap file
永久故障/永久故障 permanent fault
永久荷重/固定負載 permanent load
永久性误差/永久誤差 permanent error
永久性真空封接/永久密封 permanent seal

永久虚电路/永久虛擬電路 permanent virtual circuit, PVC
永久应变/永久應變 permanent set
涌波抑制器/湧波抑制器 surge suppressor
涌浪/湧浪 swell
涌[突]波面记录器/湧波面記録器 surge front recorder
用封泥封/泥封 lute
用户/用户,使用者 user, subscriber
用户标识/使用者識別 user identity
用户标识码/使用者識別碼 user identification code
用户标识专用/用户識別隱私 privacy of user identity
用户标志模块/使用者標志模組 user identify module, UIM
用户部分/用户部 user part
用户长途拨号制/用户長途撥號制 subscriber toll dialing system
用户处所设备/用户端設備 customer premise equipment
用户代理/使用者代理 user agent
用户登录号/使用者賬户 user account
用户电报/用户電報,電傳 telex
用户电报交换/電傳打字交换 telex-exchange
用户电表/用户電表,供電表 supply meter
用户定义消息/使用者定義訊息 user defined message
用户端口/用户埠 user port
用户反馈/用户回饋 user feedback
用户分区/用户分區 user partition
用户分时/用户分時 user time sharing
用户合同管理员/用户合約管理員 user contract administrator
用户环路/用户端回路 subscriber loop
用户环路多路复用/用户環路多工 subscriber loop multiplex, SLM
用户加密/用户加密 user encryption
用户简介/用户簡要,用者概況,用户設定檔 user profile
用户交互/使用者交互作用 user interaction
用户交换机防火墙/用户交换機防火牆 PBX firewall
用户节点/用户節點 user node
用户界面/用户介面,使用者介面 user interface
用户进程/使用者處理 user process
用户进入时间/用户登録時間 user entry time
用户空间/用户空間 user space
用户口令/用户口令,使用者通行碼 user password
用户类别标识符/使用者類别識别符 user class identifier
用户类别重构/用户類别重構 user class restructure
用户流失/攪動器 churn
用户轮廓/用户簡要,用者概況,用户設定檔 user profile
用户密钥/用户關鍵字 user key
用户面/使用者平面 user plane
用户内存/使用者記憶體 user memory
用户配线网/用户配線網 subscriber distribution network
用户区/用户區 user area
用户确认/用户確認 user validation
用户任务/用户任務,使用者任務 user task
用户任务集/用户任務集 user task set
用户日志/用户日志 user journal
用户设备/用户設備 customer equipment, CEQ
用户生成内容/使用者供應内容,使用者自創内容 user generated content
用户 CPU 时间/用户中央處理器時間 user CPU time
用户识别模块/使用者識别模組 SIM card
用户手册/使用者手冊 user manual
用户授权文件/使用者授權檔案 user authorization file
用户属性/用户屬性 user attribute
用户数据报协议/用户數據報協定 user datagram protocol, UDP
用户特定档/用户簡要,用者概況,用户設定檔 user profile
用户特许授权文件/使用者授權檔案 user authorization file
用户网络管理/使用者網路管理 customer network management, CNM
用户网络接口/用户網路介面 user network interface
用户文档/用户文件檔 user documentation
用户文件目录/使用者檔案目録 user file directory
用户线路/用户線路 subscriber line
用户线自动测试设备/用户線自動測試設備 automatic subscriber line testing equipment
用户兴趣/用户興趣 user interest
用户需求/用户需求 user requirements
用户选项/用户任選項 user option
用户引入线/用户引入線 subscriber drop line
用户友好界面/用户親和介面 user friendly interface
用户载波电话系统/用户載波電話系統 subscriber carrier telephone system

用户造词程序/使用者定義造詞程式 user defined word formation program
用户造字程序/使用者定義造字程式 user defined character formation program
用户栈/用户堆疊 user stack
用户栈指针/用户堆疊指標 user stack pointer
用户账号/使用者賬户 user account
用户指定型 DTE 业务/自定 DTE 業務 customized DTE service
用户中央处理器时间/用户中央處理器時間 user CPU time
用户终端业务/電傳服務 teleservice
用户主体/使用者代理 user agent
用户注册/使用者登入 user log-in
用户注销/使用者登出 user log-off
用户驻地设备/使用者駐地設備 customer premises equipment, CPE
用户驻地网/客户辦公室網路 customer premises network, CPN
用户专线接口滤波路/用户專線界面濾波電路 subscriber line interface circuit
用户专线界面滤波路/用户專線界面濾波電路 subscriber line interface circuit
用户状态表/用户狀態表 user state table
用户自定义属性/使用者自定屬性 user defined attribute
用户自定义数据类型/用户自定義資料類型 user defined data type
用户自动小交换机/專用自動交換機 private automatic branch exchange, PABX
用户作业/用户工件 user job
用户坐标/用户坐標 user coordinate
用户坐标系/用户坐標系 user coordinate system
用绝对法测定/用絕對法測定,絕對量測 absolute determination
用例/使用案例 use case
用例模型/用況模型 use case model
用例图/用況圖 use case diagram
用途参数控制/使用參數控制 usage parameter control, UPC
用于道路车辆称重的便携式衡器/衡量道路車輛可攜式衡器 portable instrument for weighing road vehicle
用于低功耗易丢失网络的 IPv6 选路协议/用於低功耗易丢失網路的 IPv6 選路協議 IPv6 Routing Protocol for Low-Power and Lossy Networks
优化/最佳化 optimization
优化编译器/最佳化編譯器 optimizing compiler
优化操作/最佳化操作 optimization operation
优化层/優化層 optimization layer
优化器/最佳化器 optimizer
优尼造型法/優尼造模法 unicast process
优先编码器/優先[序]編碼器 priority encoder
优先队列/優先隊列 priority queue
优先级表/優先表 priority list
优先级调度/優先排程 priority scheduling
优先级反转/優先反向 priority inversion
优先级继承/優先順序繼承 priority inheritance
优先级控制/優先控制 priority control
优先级调整/優先調整 priority adjustment
优先级选择/優先選擇 priority selection
优先级中断/優先中斷 priority interrupt
优先级作业/優先作業 priority job
优先权/優先權 priority
优先权指示符/優先[序]指示器 priority indicator
优先树方法/優先樹方法 priority tree method
优先数/優先數 priority number
优先性/優先權 priority
优先约束/居先約束 precedence constraint
优质钢/優質鋼 quality steel
优质冷轧板/優質冷軋板 quality cold rolled plate
优质因数/優質因數 figure of merit
优质铸铁/高強度鑄鐵 high test cast iron
尤尔-沃克方程式/尤爾-沃克方程式 Yule-Walker equation
邮件传送代理/郵件轉送代理者 mail transfer agent
邮件发送清单/郵件發送清單 mailing list
邮件分发器/郵件分發器 mail exploder
邮件管理员/郵件管理員 postmaster
邮件网关/郵件閘道 mail gateway
邮件炸弹/郵件炸彈 mail bomb, e-mail bomb
邮局协议第 3 版/郵局協議第 3 版 post office protocol version 3
邮政车/郵政車 mobile post office
油斑光度计/油斑光度計 grease-spot photometer
油泵/油泵 oil pump
油比重计/油比重計 oil hydrometer, oleometer
油标尺/量桿 dipstick
油饼粉碎机/豆餅破碎機 cake mill
油饼破碎机/豆餅碎裂機 cake breaker
油槽/油溝 oil groove
油淬火/油淬火 oil quenching
油淬硬钢/油淬火鋼 oil hardening steel
油淬真空电阻炉/油淬真空電阻爐 oil quenching vacuum resistance furnace
油道/油導管 oil duct

油底壳/承油盤　oil pan, oil sump
油电混合动力汽车/油電混合動力車　gasoline electric hybrid vehicle
油垫润滑/油墊潤滑　pad lubrication
油动机/液壓伺服馬達　hydraulic servo-motor
油动机行程指示器/伺服馬達位置指示器　servomotor position indicator
油断路器/油斷路器　oil circuit breaker
油分离器/油[水]分離器,油萃取器　oil separator
油封/油[密]封　oil seal
油封防锈/油封防銹　slushing
油封式旋塞阀/潤滑柱塞閥　lubricated plug valve
油封真空泵/油封真空泵,油封真空幫浦　oil-sealed vacuum pump
油缸/油缸　cylinder
油缸旋转线速度/油缸旋轉線速度　linear speed of cylinder
油缸转速/油缸轉速　turn-speed of cylinder
油隔离泵/油隔離泵　pump handling fluid separated by oil
油管内径/油管內徑　pipe inside diameter
油罐计/油罐計　tankometer
油轨压力调节器/燃料軌壓力調節器　fuel rail pressure regulator
油环/滑油控制環　oil control ring
油环润滑/油環潤滑　oil ring lubrication
油浸变压器/油浸變壓器　oil immersed transformer
油浸电容器/油[介質]電容器　oil condenser
油浸式管/油浸管　oil immersed tube
油浸纸套管/油浸紙套管　oil impregnated paper bushing
油净化器/淨油器　oil purifier
油净化装置/油淨化裝置　oil purification device
油开关/油開關　oil switch
油孔/油孔　oil hole
油孔和螺旋槽计量/油孔和螺旋槽計量　port and helix metering
油扩散泵/油擴散泵,油擴散抽機　oil diffusion pump
油类比重计/油比重計　acrometer
油类黏结剂/油類黏結劑,油質黏結劑　oil based binder, oil binder
油冷变压器/油冷變壓器　oil-cooled transformer
油冷淬火/油淬火,油硬化　oil hardening
油冷发动机/油冷發動機,油冷引擎　oil cooled engine
油冷管/油冷[電子]管　oil cooled valve
油冷式内燃机/油冷發動機,油冷引擎　oil cooled engine
油量表/油量表,油量指示器,油量位準計　fuel meter, fuel level gage, fuel quantity indicator
油量计/油位表　oil level gage
油量热计/油熱量計　oil calorimeter
油量调节齿杆/油量調節齒條　fuel control rack
油量调节机构/流量控制機構　delivery control mechanism
油量调节套/油量調節套　fuel control sleeve
油量指示器/油量指示器　fuel quantity indicator
油炉/油爐　oil furnace
油面控制装置/油面控制裝置　fuel fill level control device
油面指示器/油位指示器　oil level indicator
油膜刚度/油膜剛度　oil film stiffness
油膜光阀/油膜光閥　oil film light valve
油膜台/油膜滑檯　oil film slide table
油膜振荡/油膜振盪　oil whipping, oil whirl
油泥/油泥[砂漿],淤渣　sludge, oil sludge, oil loam
油喷雾器/噴油器　oil sprayer
油漆/油漆,塗料　paint
油漆机械/塗裝機械　painting machinery
油漆刷/扁刷　flat brush
油漆装置/塗裝組　painting unit
油气比指示器/燃[料空]氣比指示器　fuel air ratio indicator
油气分离器/油氣分離器,氣體分離器　fuel and vapor separator, gas separator
油气弹簧悬架/液壓氣動彈簧型懸掛　hydro pneumatic spring type suspension
油腔/油腔　oil recess
油燃烧器/油燃燒器,燃油器　oil burner
油溶性缓蚀剂/油溶性緩蝕劑　oil soluble rust inhibitor
油砂/油砂　oil sand
油砂芯/油砂心[型]　oil sand core, oil core, oil bounded core
油砂铸型/油砂模　oil sand mold
油石/油石　oil stone
油水分离器/油水分離器　oil water separator
油透平/油透平,油渦輪機　oil turbine
油腿/油腿　oil leg
油位表/油量位準計　fuel level gage
油位测量杆/油液位計　oil level gage
油位计/油位指示器,油位表,油液位計　oil level indicator, oil gage, oil level gage
油位指示器/油位指示器　oil level indicator
油雾化器/油霧化器　oil atomizer
油雾器/原子化潤滑器　atomized lubricator

油雾润滑/油霧潤滑 mist lubrication
油箱/油箱 oil tank
油箱加油蒸气通风道/油箱加油蒸氣通氣道 tank refueling vapor vent path
油箱排气装置/油箱排氣裝置 oil tank gas exhauster
油箱正常蒸气通风道/油箱正常蒸氣通氣道 tank normal vapor vent path
油压表/油壓表,油壓計 oil pressure gage
油压机/油壓機,榨油機 oil hydraulic press, oil press
油压千斤顶/油壓千斤項 oil jack
油压指示器/油壓指示器 oil pressure indicator
油用温度计/油用雙溫度計 oil dual thermometer
油浴润滑/浸油潤滑法 bath lubrication
油皂化值/油皂化值 oil saponification value
油制动/油壓刹車 oil brake
油阻尼/油阻尼 oil damping
铀/鈾 uranium
游标/游標[尺] vernier, cursor
游标测角仪/游標測角儀 vernier goniometer
游标测微器/游標測微計 micrometer with vernier, vernier micrometer
游标尺/游標[尺] vernier, vernier calliper
游标齿厚尺/游標齒厚規 vernier gear tooth gage
游标定位/游標定位 cursor positioning
游标分度尺/游標分度器 vernier protractor
游标高度规/游標高度規 vernier height gage
游标规/游標規 vernier gage
游标卡尺/游標卡尺,游標卡鉗 vernier calliper, vernier caliper
游标卡尺的滑尺/游標卡尺的滑尺 callipers square clasp
游标刻度盘/游標刻度盤 vernier dial
游标量具/游標[實體]量具 vernier measuring tool, vernier material measure
游标罗盘仪/游標羅盤儀 vernier compass
游标螺丝/游標螺絲 clip screw
游标千分尺/游標千分尺,游標測微計,游標分厘卡 vernier micrometer
游标水准器/游標水平儀 vernier level
游标显微镜/游標顯微鏡 vernier microscope
游标斜分度规/游標活動量角器 vernier bevel protractor
游标移动/游標移動 cursor remove
游标追踪/游標追蹤 cursor tracking
游程长度/執行長度 run length
游程长度编码/掃描長度編碼 run length coding, RLC
游[动砝]码/游碼 rider
游动时间/游動時間 walk time
游离金/游離金,天然金 native gold
游离硫/游離硫 free sulphur
游离气顶/[游離]氣帽 free gas cap
游离渗碳铁/單體雪明碳鐵 free cementite
游离水/自由水 free water
游离碳/游離碳,自由碳 free carbon
游离铁素体/單體肥粒鐵,游離肥粒鐵 free ferrite
游轮/遊輪 loose sheave
游码/游碼 rider weight, rider
游牧性/游牧 nomadicity
游丝/游絲 hair spring
游戏程序/競賽程式 game program
游戏杆/操縱桿,摇桿 joystick
游戏管理/管理遊戲 game management
游戏口/競賽埠 game port
游戏网格/遊戲網格 game grid
游泳池反应器/水池反應器 swimming pool reactor
友元/朋友關係 friend
有补格/有補絡 complemented lattice
有槽轧制/有槽軋製 rolling with grooved roll
有差调节/轉速同步調節 speed droop governing
有差调节器/定位調節器 static regulator
有衬电渣熔炼/有襯電渣熔煉 electroslag crucible melting
有齿飞轮/附齒飛輪 cogged flywheel
有齿轮曳引机/齒輪牽引機械 geared traction machine
有触点电动执行机构/有觸點電致動器 electric actuator with contact control
有创血压监护仪/侵入式血壓監測儀 invasive blood pressure monitor
有底柱分段崩落法/有底柱次層崩塌式採礦法 sublevel caving method with sill pillar
有毒气体探测器/毒氣偵測器 toxic gases detector
有放回抽样/有放回抽樣 sampling with replacement
有分度衡器/有分度儀器 graduated instrument
有杆泵/吸桿泵 sucker rod pump
有感电阻[器]/有感電阻器 inductive resistor
有感线圈/感應線圈 inductive coil
有隔板过滤器/有隔板折疊介質篩檢程式 folded media type filter with separator
有隔板镁电解槽/鎂電解槽 diaphragm magnesium electrolyzer
有功电流/有效電流,能量電流 active current,

energy current
有功电能表/瓦小時計,電[度]表 active energy meter, watt-hour meter
有功功率/有效電力,有效功率 active power
有故障的/有故障的,不合格的,無用的 faulty
有规则间隔/規定間隔 regular interval
有轨电车/軌道電車 trolley
有轨电车运输方式/有軌電車運輸方式 electric tramway
有害元素/有害元素 harmful element, objectionable element
有害阻力/有害阻抗 detrimental resistance
有会车段往复式缆车/有會車段之往返式電纜車 to-and-fro funicular with criss-cross
有机螯合物液体激光器/有機螯合物液體雷射 organic chelate liquid laser
有机半导体/有機半導體 organic semiconductor
有机半导体气体传感器/有機半導體氣體傳感器,有機半導體氣體感測器 organic semiconductor gas transducer
有机半导体湿度传感器/有機半導體濕度傳感器,有機半導體濕度感測器 organic semiconductor humidity transducer
有机淬灭计数管/有機淬滅計數管 organic quenched counter tube
有机淬灭计数器/有機淬滅計數器 organic quenching counter
有机计数器/有機計數器 organic counter
有机金属化学沉积法/有機金屬化學澱積法 metalorganic chemical vapor deposition, MOCVD
有机黏结剂/有機黏結劑,有機物接合劑 organic binder
有机热载体锅炉/有機熱載體鍋爐 organic heat transfer boiler
有机溶剂脱脂/有機溶劑脱脂 solvent degreasing
有机物碳氢当量/有機物碳氫當量 organic material hydrocarbon equivalent
有机载热体加热装置/有機載熱體加熱器 heat transfer material heater
有机载热体燃煤加热装置/有機載熱體燃煤加熱器 coal fired heat-transfer material heater
有机载热体燃油加热装置/有機載熱體燃油加熱器 oil fired heat-transfer material heater
有级变速/步進變速 step speed changing
有监管会议/仲裁會議 moderated conference
有界错误量子多项式时间/有界錯誤量子多項式時間 bounded error quantum polynomial time
有界上下文/有界上下文 bounded context
有界图灵归约于/有界杜林歸約於 bounded Turing reducible to
有界网/有界網 bounded net
K 有界网/K 有界網 K-bounded net
有界网系统/有界網系統 bounded net system
有界性/有界性 boundedness
有界真值表归约于/有界真值表歸約於 bounded truth-table reducible to
有类别编址/有類別編址 classful addressing
有理逼近/有理近似法 rational approximation
有理单位制/有理單位制 rational system of units
有理几何设计/有理幾何設計 rational geometric design
有理据拆分/原始分解 original disassembly
有理数/有理數 rational number
有理系统函数/有理系統函數 rational system function
有利偏差/有利偏差 useful skew
有漏元件/漏水鑄件,漏箱 leaker
有麻口冷硬层/有麻口冷硬層 chill zone with mottle
有名管道/附名管 named pipe
有内胎轮胎/有内胎輪胎 tube tire
有气涂料喷射机/有氣塗料噴射機 pneumatic paint sprayer
有穷损害优先方法/有窮損害優先方法 finite injury priority method
有穷性问题/有限性問題 finiteness problem
有穷转向下推自动机/有限轉向下推自動機 finite turn PDA
有穷状态系统/有限狀態系統 finite state system
有穷自动机最小化/最小化有限自動機 minimization of finite automaton
有人增音站/有人增音站 attended repeater
有人值守边境站/有人值守邊境站 attended frontier station
有入口的闭合用户群/有進入存取的閉合用户群 closed user group with incoming access
有色玻璃滤光片/有色玻璃濾光片 color glass filter
有色金属/非鐵金屬 non-ferrous metal
有色金属冶金/非鐵金屬冶金 non-ferrous metallurgy
有声语音/有聲語音 voiced speech
有失真图像压缩/有損影像壓縮 lossy image compression
有损耗介电质/有損耗介質 lossy dielectric
有损压缩/有損壓縮 loss compress
有凸轮轴的可变气门机构/有凸輪軸的可變氣門機構 variable valve actuating mechanism with

camshaft
有外壳计数器/有外殼計數器 skirt counter
有限差分法/有限差分法 finite difference method
有限场/有限場 finite field
有限冲激响应/有限脈衝反應 finite impulse response, FIR
有限存储滤波器/有限記憶體過濾器 finite memory filter
有限带宽信道/有限帶寬通道,有限頻寬通道 band-limited channel
有限点集/有限點集 finite point set
有限分割场/有限分割場 finite splitting field
有限分离位置/有限分離位置 finitely separated positions
有限观测时间/有限觀測時間 finite observation time
有限互换附件/有限互換附件 accessory of limited interchangeability
有限几何尺寸块码/有限幾何區塊碼 finite geometry block code
有限控制器/有限控制器 finite controller
有限力矩电[动]机/有限力矩馬達 limited torque motor
有限滤波器长度效应/有限濾波器長度效應 finite filter length effect
有限轮转法调度/有限循環排程器 limited round-robin scheduling
有限目标/有限目標 finite goal
有限拍控制/有限拍控制 deadbeat control
有限群/有限群 finite group
有限时序机/有限時序機 finite automata
有限寿命设计/有限壽命設計 finite life design
有限体积法/有限體積法 finite volume method
有限网/有限網 finite net
有限型式批准/有限型式批準 pattern approval with limited effect
有限叶片修正系数/有限葉片修正係數 finite blade correction coefficient
有限元法/有限元素法 finite element method
有限增量/有限增量 finite increment
有限正比区/有限正比區,有限比例區 region of limited proportionality
有限值/有限值 finite value
有限状态机/有限態機器 finite state machine
有限状态系统/有限狀態系統 finite state system
有限状态向量量化器/有限狀態之向量量化器 finite state vector quantizer, FSVQ
有限状态语法/有限狀態文法 finite state grammar
有限自动机/有限自動機 finite automaton
有限自动机的最小化/最小化有限自動機 minimization of finite automaton
有限总体/有限群體 finite population
有线等效保密/有線等效隱私 wired equivalent privacy
有线电报发报机/有線電報發報機 cable transmitter
有线电视/有線電視 cable television, cable TV, CATV
有线电视电话/有線電視電話 cable telephone
有线电视接收机/電纜接收器 cable receiver
有线电视网/有線電視網 cable television network
有线电视线路/有線電視線路 cable television circuit
有线通信/有線通信 wire communication
有线网络/有線網路 wired networks
有线系统/有線系統 wireline system
有线遥测/有線遥測 wired telemetry
有线遥控/有線遥控 wired remote control
有线遥控起重机/有線遥控起重機 cable remote operated crane
有线载波链路/有線載波鏈路 carrier line link
有箱造型/有箱造模法 flask molding
有向弧/有向弧 directed arc
有向花纹/有向型樣 directional pattern
有向集/有向集合 directed set
有向图/有向圖 directed graph
有效/有效 effective
有效半衰期/有效半衰期,有效半生期 effective half-life
有效倍增系数/有效倍增因數,有效增殖因子 effective multiplication factor
有效并行算法/有效平行演算法 efficient parallel algorithm
有效波长/有效波長 effective wavelength
有效补缩距离/補給口帶 feeding zone
有效测量方法/有效測量方法 validated method of measurement
有效长度/有效長度 effective length
有效尺寸/有效尺寸 effective size
有效齿面/有效齒面 active flank
有效磁导率/有效導磁率 effective permeability
有效带宽/有效頻寬 effective bandwidth
有效地址/有效位址 effective address
有效电话普及率/有效電話普及率 effective penetration
有效电抗/有效電抗 effective reactance
有效电流/有效電流,能量電流 effective current, energy current

有效电压/有效電壓 effective voltage
有效电阻/有效電阻 effective resistance
有效动力/有效功力 effective power
有效发射系数/有效的發射係數 effective emissivity
有效辐射功率/有效輻射功率 effective radiated power
有效负载/有效負載,有效載量 effective load
有效复合速度/有效複合速度 effective recombination velocity
有效感觉噪声级/有效感覺雜訊位準 effective perceived noise level, EPNL
有效高度/有效高度 effective height
有效工作时间/有效工作時間 active working time
有效功率/有效功率,有用功率,可用功率 useful power, available power
有效功率增益/可用功率增益 available power gain
有效光谱范围/有用光譜範圍 useful spectral range
有效过程/有效程序 effective procedure
有效化合价/有效價 active valence
有效活动地址码/活動位址代號,單位位址代號 activity address code
有效基线/虛擬基數 virtual base
有效激振力/有效激振力 effective excitation force
有效剂量/有效劑量 effective dose
有效剂量当量/有效等價劑量 effective dose equivalent
有效加工时间/可用時間 available working time
有效焦点/有效焦點 effective focal spot
有效接触电压/有效接觸電壓 effective touch voltage
有效截面/有效截面 effective cross section
有效介电常数/有效介電常數,有效介質常數 effective dielectric constant
有效空间/有效空間 effective space
有效孔径/有效孔徑 effective virtual aperture, effective aperture
有效孔隙度/有效孔隙率 effective porosity
有效口径/有效孔徑 effective aperture
有效宽度/有效寬度 effective width
有效扩散速度/有效擴散速度 effective diffusion velocity
有效拉力/有效拉力 effective pull
有效力/有效力 effective force
有效励磁率/有效勵磁率 effective field ratio
有效量程/有效量程,有效範圍,有效距離 effective range
有效裂纹尺寸/有效裂紋尺寸 effective crack size
有效螺纹/有用螺紋 useful thread
有效面积/有效面積 effective area
有效面积变化特性/有效面積變化特性 characteristic of effective area variation
有效能量/有效能 effective energy
有效能态密度/有效能態密度 effective density of state
有效黏土含量/有效黏土含量 effective clay content
有效扭矩/制動扭矩 brake torque
有效碰撞理论/有效碰撞理論 effective collision theory
有效频偏/有效頻率偏差,有效頻率偏移 effective frequency deviation
有效品质因数/有效品質因子 effective quality factor
有效起重量/有效負載,酬載 payload
有效迁移率/有效移動率 effective mobility
有效牵引力/有效拉力 effective pull
有效请求/有效請求 valid request
有效圈数/有效線圈數 effective coil number
有效全向辐射功率/有效全向輻射功率 effective isotropic radiated power, EIRP
有效热效率/制動熱效率 brake thermal efficiency
有效扫描行数每帧/每框有效掃描行數 active lines per frame
有效扫描时间/有效掃描間隔時間,活動掃描間隔時間 active scanning interval
有效扫描时间间隔/有效掃描間隔時間,活動掃描間隔時間 active scanning interval
有效渗透率/有效滲透率 effective permeability
有效声压/有效聲壓,有效音壓 effective sound pressure
有效声中心/聲源中心 effective acoustic center
有效时间/有效時間 valid time
有效寿命/有效壽命,使用壽命 useful life
有效输入/有效輸入 valid input
有效数/有效數 effective number
有效 f 数/有效 f 數,有效光圈數 effective f-number
有效数字/有效數位,有效位元 significant digit
有效调幅度/有效調幅深度 effective amplitude modulation depth
有效位/有效位元 significant bit
有效温度/有效溫度 effective temperature
有效系数/有效係數 coefficient of efficiency
有效纤芯/有效芯 effective core
有效线/有效線,實線 active line
有效线差/有效線差 effective line differential
有效线路时间/可用線路時間 available line time
有效响应/有效響應 effective response

有效项/有效項 valid item
有效效率/有效效率 effective efficiency
有效信号期间/有效訊號期間 effective signal duration
有效信令点/主動振鳴點 active singing point
有效信元/有效單元 valid cell
有效行程/有效衝程 effective stroke
有效性/有效度,可用性,可用率 availability, efficiency, effectiveness
有效性检查/確認核對 validity check
有效压力角/有效壓力角 effective pressure angle
有效压缩比/有效壓縮比 effective compression ratio
有效应力集中系数/有效應力集中因數 effective stress concentration factor
有效余量/有效邊限 effective margin
有效余隙容积/有效餘隙容積 effective clearance volume
有效原子序数/有效原子序數 effective atomic number
有效圆周长/有效圓週長 effective circumference
有效载荷/有效負荷,有效載量,有效負載 payload, effective load
有效噪声带宽/有效雜訊頻寬 effective noise bandwidth, ENB
有效折射率/有效折射率 effective refractive index
有效直径/有效直徑 effective diameter
有效值/有效值 effective value
有效制动距离/有效制動距離 active braking distance
有效制动时间/有效制動時間 active braking time
有效质量/有效質量,活性質量 active mass, effective mass
有效状态/有效狀態 valid state
有效字/有效字 significant word
有效字符/有效字元 significant character
有效字数/有效字元數 effective character number
有效阻尼/有效阻尼 effective damping
有芯感应炉/有心感應爐 cored induction furnace
有芯工频感应电炉/槽形感應電爐 channel type induction furnace
有序/有序 order
有序表/實體次序表 ordered list
有序二元决策图/有序二元決定圖 ordered binary decision diagram
有序搜索/有序搜尋 ordered search
有序相/有序相 ordered phase
有焰炉/露焰爐 open flame furnace
有用功率/有用功率,有效功率 useful power
有用射束/有用射束 useful beam
有用信号/有用信號 desired signal, wanted signal
有油真空机组/油真空泵系統 oil vacuum pump system
有源传感器/有源傳感器 active transducer
有源的/有源,有效,主動 active
有源底板/有源底板 active backplane
有源电路/有源電路,主動電路 active circuit
有源干扰/有源干擾 active jamming
有源跟踪/有源跟蹤 active tracking
有源光网络/有源光網路 active optical network, AON
有源换能器/有源換能器,主動式轉能換器 active transducer
有源回波损耗/主動回波損耗 active return loss
有源集线器/現用集線器,主動集線器 active hub
有源矩阵/主動矩陣 active matrix
有源滤波器/主動濾波器 active filter
有源频率标准/主動頻率標準 active frequency standard
有源平衡回波损耗/主動平衡回波損耗 active balance return loss
有源器件/主動元件,主動[式]裝置 active device
有源区/作用區 active region
有源射频识别标签/主動射頻識別標簽 active RFID tag
有源声呐/主動式聲納 active sonar
有源探测/主動探測 active detection
有源天线/主動天線,輻射天線 active antenna
有源通信卫星/主動通訊衛星 active communication satellite
有源网络/主動[式]網路 active network
有源微波遥感/主動微波遥感 active microwave remote sensing
有源卫星/有源衛星,主動衛星 active satellite
有源卫星姿态控制/主動衛星姿態控制 active satellite attitude control
有源系统/主動系統 active system
有源星状拓扑/主動星狀拓撲 active star topology
有源星状网/主動星形[連接]網路 active star network
有源元件/主動[式]元件 active component, active element
有源阵/主動陣列 active array
有源阵列/主動陣列 active array
有源阵列天线/主動[式]陣列天線 active array antenna
有源制导/主動制導 active guidance

有源中继卫星/主動中繼衛星,主動轉發衛星 active repeater satellite
有源中继站/主動[式]中繼臺,主動[式]中繼站 active relay station, ARS
有源阻抗/主動阻抗 active impedance
有源组件/主動元件 active component
有载/有載,加載 on-load
有载品质因数/有載品性因數 loaded quality factor
有载体液膜萃取/支撐式液膜萃取 supported liquid membrane extraction
有载Q值/負載Q值 loaded Q value
有噪声信道/干擾通道,具雜訊之通道 noise channel
有渣法熔炼/有渣法熔煉 reduction smelting with slag operation
有证标准物质/有證參考物質,有證參考材料 certified reference material, CRM
有质动力/有質動力 ponderomotive force
有仲裁的新闻组/有管理人的新聞群組 moderated newsgroup
有贮备的系统/備用冗置系統 stand-by redundancy system
酉变换/單一轉換 unitary transformation
右侧齿面/右齒腹 right flank
右递归规则/右遞回規則 right recursive rule
右焊法/右向焊法 backhand welding
右句型/右句型 right sentential form
右匹配/右匹配 right matching
右视图/右視圖 right view
右手定则/右手定則,右手法則 right hand rule
右手极化/右手極化 right hand polarization
右手螺旋/右手螺旋 right handed screw
右特性/右特性 right characteristic
右线性文法/右線性文法 right linear grammar
右旋/右旋[光] dextrorotation
右旋波/右旋波 right handed wave
右旋齿/右旋齒 right hand teeth
右旋齿锥齿轮/右旋螺線斜齒輪 right hand spiral bevel gear
右旋螺纹/右旋螺旋 right handed thread
右移/右移 shift right
右值/R值 R-value
诱导爆破/次第爆破 propagated blast
诱导流/誘導噴流 induced flow
诱导期/誘導期,感應週期 induction period
诱导器/誘導器 induction unit
诱导通风机/吸取式鼓風機 suction blower
诱导型变风量末端装置/誘導型變風量末端裝置 induction-type VAV terminal device
诱导子图/導出子圖 induced subgraph
诱发电位/誘發電位 evoked potential
诱发故障/導出故障 induced fault
诱发位移/感應位移 induced displacement
迂回/迂回,旁路 by-pass
迂回电路路由/替代線路繞線 alternate circuit route
迂回路由/迂回路由,替代路由,備用路由 alternate route
迂回轮/回端槽輪 return sheave
迂回选路/迂回路由法,交替路由法,更替通路法 alternate routing
迂回选路码/迂回路由碼 alternate routing code
迂回中继/迂回中繼法 alternative trunking
淤泥/泥灰,沈泥 silt
余摆式质谱分析仪/次擺線質量分析儀 trochoidal mass analyzer
余摆线泵/擺線運動泵 trochoid pump
余摆线聚焦质谱仪/次擺線聚焦質譜儀 trochoidal focusing mass spectrometer
余摆线真空泵/次擺線真空幫浦 trochoidal vacuum pump
余摆线质谱仪/次擺線質譜儀 trochoidal mass spectrometer
余磁/殘磁 residual magnetism
余高/焊接加強層 weld reinforcement
余晖等离子体/餘輝電漿 afterglow plasma
余辉/餘輝,殘光 afterglow, persistence, after glow
余料/金屬塊,起熔塊 slug
余码/餘碼 excess code
余3码/加三碼 excess-3 code
余脉冲/餘脈波 after pulse
余偏角/刀具前置角 tool approach angle
余热/廢熱 waste heat
余热锅炉/廢熱鍋爐,熱回收蒸汽産生器 heat recovery steam generator, waste heat boiler
余热退火/自行退火 self annealing
余树/餘樹 cotree
余数定理/餘式定理 residue theorem
余数记数法/超越記法 excess notation
余速/離去速度 leaving velocity
余速利用系数/離去速度利用因數 utilization factor of leaving velocity
余速损失/餘速損失 leaving velocity loss
余误差函数分布/餘誤差函數分布 complementary error function distribution
余隙/餘隙 clearance
余隙极限/間隙極限 clearance limit
余隙螺母/餘隙螺帽 clearance nut

余弦加速度运动轨迹/餘弦加速度運動曲線 cosine acceleration motion curve
余弦凸轮波发生器/餘弦凸輪波發生器 cosine-cam wave generator
余像/殘像 after image, residual image
余阻力/殘餘電阻 residual resistance
鱼骨天线/魚骨天線 fishbone antenna
鱼雷[罐]车/魚雷[罐]車 torpedo car
鱼尾板/魚尾板 fish plate
鱼尾槽/魚尾槽 fish tail
鱼尾式钻头/魚尾型鑽頭 fishtail bit
鱼嘴形闸门/魚嘴柵 fishmouth gate
娱乐机器人/娛樂機器人 entertainment robot
逾渗/滲濾 percolation
逾限传输/傳輸超長 jabber
逾限控制/傳輸超長控制 jabber control
榆树/榆木 elm
与非电路/反及電路 AND-NOT circuit
与非门/NAND 閘 NAND gate
与非型闪存/與非型快閃記憶體 NAND flash
与或堆栈缓存器/且或堆疊暫存器 AND-OR stack register
与或堆栈寄存器/且或堆疊暫存器 AND-OR stack register
与或非门/及或反閘 AND-OR-NOT gate
与或门/AND-OR 閘 AND-OR gate
与或图/與或圖 AND-OR graph
与门/AND 閘 AND gate
与频率无关的天线/與頻率無關之天線,非特定頻率天線 frequency independent antenna
宇田-八木宽带天线/宇田-八夫寬頻天線 Yagi-Uda broadband antenna
宇田-八木行波天线/宇田-八夫行波天線 Yagi-Uda traveling wave antenna
宇宙辐射/宇宙輻射 cosmic radiation
宇宙射线测量计/宇宙射線測量計 cosmic ray meter
宇宙射线粒子计数管/宇宙射線計數器 cosmic ray counter
宇宙射线探测器/宇宙射線探測器 cosmic ray detector
宇宙噪声测量器/游離層輻射吸收計 riometer
羽状断口/人字紋斷口 chevrons
雨滴反射率/雨水反射係數 rain reflectivity
雨滴衰减/雨滴衰減,降雨衰減 rain attenuation
雨滴杂波/雨水雜波 rain clutter
雨滴噪声温度/雨水雜訊溫度 rain noise temperature
雨计/雨量計 ombrometer
雨量表/雨量計 hyetometer
雨量测定/雨量量測學 hyetometry
雨量测量器/雨量器,雨量計 rain gage
雨量计/雨量計,雨量器 pluviograph, rain gage, udometer
雨量器/雨量計 hyetometer, pluvioscope
雨淋环浇口/雨淋式環澆口 pencil ring gate
雨淋浇口/雨淋式進模口 pop gate, pencil gate, shower gate
雨淋进模口/雨淋式進模口 pencil gate
雨流计数法/雨流計數法 rain flow counting method
雨向计/雨向計 vectopluriometer
雨致衰减/下雨造成的[額外]衰減 rain-induced attenuation
俣野面/俣野介面 Matano surface
语法/語法,文法 syntax
语法错误/語法錯誤 syntax error
语法范畴/文法種類 grammatical category
语法分析/文法分析 grammatical analysis
语法分析程序/剖析器 parser
LALR(1)语法分析器/LALR(1)語法分析器 LALR(1) parser
LL(1)语法分析器/LL(1)語法分析器 LL(1) parser
LR 语法分析器/LR 語法分析器 LR parser
LR(1)语法分析器/LR(1)語法分析器 LR(1) parser
语法关系/文法關係 grammatical relation
语法描述语言/文法描述語言 grammar description language
语法属性/文法屬性 grammatical attribute
语境/上下文 context
语境分析/上下文分析 context analysis
语境机制/上下文機制 context mechanism
语句/敘述,陳述 statement
语料库/語料庫 corpus
语料库语言学/語言學語料庫 corpus linguistics
语声信号处理/語聲信號處理 speech signal processing
语素分解/構詞分解 morphological decomposition
语素生成/語素產生 morphemic generation
语言/語言 language
Ada 语言/Ada 程式語言 Ada programming language
ALGOL 语言/ALGOL 語言 Algorithmic language
Alpha 语言/Alpha 程式規劃語言 ALPHA programming language

C 语言/C 語言　C programming language
C++语言/C++語言　C++ programming language
CHILL 语言/CHILL 語言　CCITT high level language, CHILL
CommonLISP 语言/共用 LISP 語言　Common LISP
Delphi 语言/Delphi 語言　Delphi language
Eiffel 语言/Eiffel 語言　Eiffel language
Forth 语言/Forth 語言　Forth language
FORTRAN 语言/FORTRAN 語言　FORTRAN language
Java 语言/Java 程式語言,爪哇程式語言　Java language
Java script 语言/Java script 語言　Java script
Lex 语言/Lex 語言　Lex language
LOGO 语言/LOGO 語言　LOGO language
Modula 语言/Modula 語言　Modula language
Occam 语言/Occam 語言　Occam language
Pascal 语言/Pascal 語言　Pascal language
Simula 语言/Simula 語言　Simula language
SmallTalk 语言/SmallTalk 物件導向語言　SmallTalk language
SQL 语言/SQL 語言,結構查詢語言　structure query language, SQL
TeX 语言/TeX 語言　TeX language
语言标准/語言標準　language standard
语言成员证明系统/語言隸屬證明系統　language membership proof system
语言处理程序/語言處理器　language processor
语言串理论/語言字串理論　linguistic string theory
NP 语言的零知识协议/NP 語言的零知識協定　zero knowledge protocol of NP language
语言的商/語言的商　quotient of language
语言规则/語言規則　language rules
语言获取/語言獲取　language acquisition
语言描述语言/語言描述語言　language-description language
语言模式/語言型樣　language pattern
语言模型/語言模型　language model
语言识别/語言識別　language recognition
语言替换/語言替換　language substitution
语言同态/語言同態　language homomorphism
语言信息/語言資訊　language information
语言学理论/語言學理論　linguistic theory
语言学模型/語言模型　linguistic model
语言元语/語言基元　language primitive
语言知识库/語言知識庫　language knowledge base
语义查询优化/語意查詢最佳化　semantic query optimization
语义场/語意場　semantic field
语义词典/語意詞典　semantic dictionary
语义错误/語意錯誤　semantic error
语义分析/語意分析　semantic analysis
语义分析机/語義分析機　semantic analyzing machine
语义 Web 服务/語義 Web 服務　semantic Web service
语义归结/語意分解　semantic resolution
语义规约/語意規格　semantic specification
语义合一/語意統一　semantic unification
语义集成/語義集成　semantic integration
语义记忆/語意記憶體　semantic memory
语义检查/語意檢查　semantic test
语义检索/語義檢索　semantic retrieval
语义解释/語意解譯　semantic interpretation
语义距离/語意距離　semantic distance
语义角色/語義角色　semantic role
语义角色标记/語義角色標記　semantic role labeling
语义理论/語意理論　semantic theory
语义属性/語意屬性　semantic attribute
语义树/語意樹　semantic tree
语义数据模型/語意資料模型　semantic data model
语义搜索/語義搜索　semantic search
语义图/字形　grapheme
语义完备性/語義完備性　semantic completeness
语义网/語意網站　semantic Web
语义网络/語意網路　semantic network
语义相关性/語義相關性　semantic dependency
语义信息/語意資訊　semantic information
语义学/語意[學]　semantics
语义原子性/語義原子性　semantic atomicity
语音/語音　speech
语音编码/語音編碼　speech coding, voice coding, speech encoding
语音处理/話音處理　voice processing
语音带宽/語音頻寬　speech bandwidth
语音分析/語音分析　voice analysis
语音合成/語音合成,話音合成　voice synthesis, speech synthesis
语音模式/語音模式　voice pattern
语音识别/話音辨識　speech recognition
语音网络/語音網路　speech network
语音系统/語音系統　phonetic system
语音学/語音學　phonetics
语用/語用　pragmatics
语用分析/實用分析　pragmatic analysis

语用学/語用學,實際學 pragmatics
浴炉/浴爐 bath furnace
浴盆曲线/浴缸[形]曲線 bathtub curve
预包装商品/預包裝商品 products in prepackage
预饱和器/預飽和器 presaturator
预报地震/預測地震 predict earthquake
预报观测器/預報觀測器 prediction observer
预报模型/預測模型 forecasting model
预报器/預測器 predictor
预备热处理/預備熱處理 conditioning heat treatment, conditioning treatment
预备退火/預退火 conditioning annealing
预焙烧/預焙燒 preliminary roasting, preroasting
预焙阳极/預焙陽極 prebaked anode
预焙阳极铝电解槽/預焙陽極鋁電解池 prebaked cell
预编码/預編碼 precoding
预编译程序/預編譯器 precompiler
预测编码/預測編碼 predictive coding
预测分析/預測分析 predictive analysis
预测过滤器/預測濾波器 predicting filter
预测控制/預測控制 predicted control, predictive control
预测滤波器/預測濾波器,預測過濾器 prediction filter
预测模型/預測模型 forecasting model
预测算子/預測算子 prediction operator
预测值/預測值 preheat furnace
预称装置/預稱裝置 pre-weighing device
预成形/預成形 preforming
预成形坯/預成形坯 preform
预充电/預充電 precharge
预充电周期/預先充電週期 precharge cycle
预处理/預處理 pretreatment
预处理程序/預處理機 preprocessor
预触发器/預觸發器 pretrigger
预磁器/預磁器 premagnetizer
预淀积扩散/預積擴散 predeposition diffusion
预调度算法/預排程演算法 prescheduled algorithm
预订维修时间/預定維護時間,例行維護時間,定期維護時間 scheduled maintenance time
预定标器/預定標器 prescaler
预定层站/預定層站 predetermined landing
预定故障检测/預定故障檢測 scheduled fault detection
预定维修/預定維修 scheduled maintenance
预定值/預定值 predetermined value
预镀/預鍍 preplating
预锻/預鍛 preforging, blocking
预反应镁铬砖/預反應鎂鉻磚 pre-reacted magnesia-chrome brick
预防性定期检修/時基性維護 time-based maintenance
预防性维护/預防性維護,預防性維修 preventive maintenance
预防性维修/預防性維修,預防性維護 preventive maintenance
预分配/預分配,預分發 preassignment, preallocation
预分配多址/預先指定式的多重進接,預先指配多重接取 preassigned multiple access, PAMA
预分配信道/預先指定通道 preassigned channel
预分页/先行分頁 anticipatory paging
预付费电话卡/預付電話卡 prepaid phone card
预付费电能表/預付費電能表 prepayment meter
预付公用电话/預付公用電話 prepay public telephone
预负荷/預負載 preload
预干燥/預乾燥 preliminary drying
预合金粉/預合金粉 pre-alloyed powder
预烘机/預乾燥器 pre-drier
预还原/預還原 prereduction
预还原球团矿/預還原團礦 prereduced pellet
预混合器/預拌器 premixer
预混合燃烧/預混合燃燒 premixing combustion
预混燃烧/預混燃燒 premixed combustion
预计算攻击/預計算攻擊 pre-computation attack
预加重/預強調 preemphasis
预加重网络/預加重網路 pre-emphasis network
预检波器/預檢波器 predetector
预检查/初步檢驗 preliminary examination
预校正/預校正 precorrection
预警雷达/預警雷達 early warning radar
预均衡/預均衡 pre-equalization
预扩散/預擴散 prediffusion
预拉钢丝/預拉製鋼絲 pretensioned wire
预拉伸铝合金厚板/預拉製鋁合金板 pre-stretched aluminum alloy plate
预冷器/預冷器,前冷却器 precooler
预滤器/初濾機 preliminary filter
预凝器/預冷凝器 precondenser
预喷射/前導噴射 pilot injection
预期误差/預期誤差 expected error
预期值/企望值 desired value
预清洗装置/預清洗裝置 precleaning unit
预取/預取 prefetching

预取技术/預取技術 prefetching technique
预燃腔/預燃腔 preignition chamber
预燃室/預燃室 pre-combustion chamber
预热/預熱 preheating
预热带/預熱帶 preheating zone
预热火焰/預熱火焰 preheat flame
预热空气/預熱空氣 preheated air
预热炉/預熱爐 preheating furnace
预热器/預熱器 preheater
预热时间/預熱時間 warm-up time
预热氧/預熱氧 preheat oxygen
预熔化/預熔金屬 premelt
预润滑轴承/預潤滑軸承 prelubricated bearing
预烧/預燒 calcination, presintering
预烧结/預燒 presintering
预烧密度/預燒密度 presintered density
预生成操作系统/預生作業系統 pregenerated operating system
预探井/探井,野貓井 wildcat
预条件子/預條件子 preconditioner
预调电容器/預調電容 preset capacitor
预调振荡器/預設振盪器 preset oscillator
预涂过滤器/預敷過濾器 precoat filter
预脱硅/預脫矽 predesilication
预脱氧/預去氧 preliminary deoxidation
预先测试/初步試驗 preliminary test
预先计划分配/預先計劃分配 preplanned allocation
预先进位/預看進位 look ahead carry
预先进位加法器/進位預看加法器 carry look ahead adder
预先筛分/預篩分 precedent sieving
预先装置/預置 preset
预先准备业务/預約準備制,提前準備制 advance preparation service
预限开关/預限開關 prelimit switch
预行程调整/預行程調整 pre-stroke adjustment
预选/預選 preconcentration
预选变速器/預選器 preselector
预选机构/預選機構 preselection mechanism
预压/預壓,預裝 prepressing, preloading
预应力钢筋张拉设备/預應力鋼棒拉伸設備 prestressed steel bar tensioning equipment
预应力钢丝/預應力鋼絲 prestressed steel wire
预应力混凝土/預應力混凝土 prestressed concrete
预应力轧机/預應力軋機 prestressed mill, prestressed rolling mill
预约表/預訂表 reservation table
预约电路业务/預約電路業務 reserved circuit service
预约呼叫/定人定時呼叫 booked call, reserved call
预约业务/備用服務 reservation services
预真空/前段真空 forevacuum
预支护/預支架 pre-supporting
预制棒/預形棒 preform
预置安全性/預應式安全 proactive security
预置测量仪/預置量測儀器 presetting measuring instrument
预置计数器/預置計數器,預設計數器 predetermining counter, preset counter
预置皮重装置/預置扣重裝置 preset tare device
预置芯/預置芯 embeded core
域/域 domain
s 域/s 域 s-domain
z 域/z 域 z-domain
域分解/域分解 domain decomposition
域狙击手/網域狙擊兵 domain sniper
域论/領域理論 domain theory
域名非法占用/網域名註冊 cyber squatting
域名服务器/領域名稱伺服器 domain name server
域名管理/功能變數名稱管理 domain-name supervising
域名解析/領域名稱解析 domain name resolution
域名空间/域名空間 domain name space
域名系统/領域名稱系統 domain name system, DNS
域名系统安全扩展/網域名稱系統安全擴展 domain name system security extensions
域演算/域演算 domain calculus
阈/門檻,臨界[值] threshold
阈抽运/臨限激勵 threshold pumping
阈电流密度/臨界電流密度 threshold current density
阈剂量/閾劑量 threshold dose
阈逻辑电路/閾邏輯電路 threshold logic circuit, TLC
阈下信道/閾下通道 subliminal channel
阈译码/門檻碼 threshold decoding
阈值/閾值,閥值 threshold value
阈值波长/閾值波長 threshold wavelength
阈值电流/臨界電流 threshold current
阈值电平/閾級位準,定限位準 threshold level
阈值电压/臨界電壓,臨限電壓 threshold voltage
阈值定理/閾值定理 the threshold theorem
阈值扩展解调器/臨限延展解調器 threshold extension demodulator, TAD
阈值逻辑/定限邏輯 threshold logic

阈值搜索/閾值搜尋 threshold search
阈值探测器/閾探測器,閾偵測器 threshold detector
阈值条件/臨界條件 threshold condition
谕示/諭示,啟示 oracle
谕示带/Oracle 磁帶 oracle tape
谕示构造/諭示構造 oracle construction
谕示机/啟示機 oracle machine
谕示图灵机/啟示杜林機 oracle Turing machine
遇忙呼叫转移/忙線時指定轉接 call forwarding busy
裕度/裕度,限度,邊限 margin
裕度角/裕度角 commutation margin angle
M 元/M 階 M-ary
N 元/N 元 N-ary
元编译程序/元編譯器 metacompiler
元电荷/基本電荷 elementary charge
元对象/元對象 metaobject
n 元关联/n 元關聯 n-ary association
元规则/元規則 meta rule
元件/元件,組件 component, element
元件表/零件表 parts list
元件的能量存储因数/品質因子 quality factor
元件面/元件面 component side
元类/元類別 metaclass
k 元 n 立方体网络/k 元 n 立方體網路 k-ary n-cube network
元逻辑/元邏輯,元論理 metalogic
N 元码/N 元[代]碼 N-ary code
元模型/元模型 metamodel
元模型体系结构/元模型體系結構 metamodel architecture
M 元频移键控/M 階頻移鍵控 M-ary frequency-shift keying, MFSK
元启发式优化算法/元啟發式優化演算法 meta heuristic optimization algorithm
元器件/元件,組件 component
元器件可靠性/元件可靠度 component reliability
元数据/元數據,元資料,解釋用資料 meta data
元数据管理/元資料管理 metadata management
元搜索引擎/元搜尋引擎 meta search engine
元素/元素 element
元素靶/元素靶 element target
元素半导体/元素型半導體 elemental semiconductor
元素定量分析/元素定量分析 quantitative elementary analysis
元素分析/元素分析 elemental analysis
元素分析仪/元素分析儀 elemental analyzer
元素选择性检测器/元素選擇性檢知器 element selective detector
元素有机分析/元素有機分析 elemental organic analysis
元素周期表/元素週期表 periodic table of element
元推理/元推理 metareasoning
元文件/元檔案 metafile
M 元相移键控/M 階相移鍵控 M-ary phase shift keying, MPSK
元信令/元信號 meta signaling
元信令协议实体/前置信號協定實體 meta signaling protocol entity
n 元语法/n 元語法 n-gram
元语法模型/元語法模型 n-gram model
元语言/元語言 metalanguage
元-元模型/元-元模型 meta metamodel
M 元正交调制/M 階正交調變,M-維正交調變 M-ary orthogonal modulation
元知识/元知識 meta knowledge
元综合/元合成 metasynthesis
元组/元組 tuple
元组演算/元組演算 tuple calculus
原材料/原料 raw material
原产硅砂/原[產矽]砂 crude sand
原尺寸/足尺 full size
原地/原地 in-place
原地起步加速时间/原地起步加速時間 standing start accelerating time
原地写/原地寫 in-place write
原点/原點 origin
原点小区/發話單元 cell of origin, COO
原电池/原電池 galvanic cell, galvanic element
原电池腐蚀/電位差腐蝕 galvanic corrosion
原电池组/原電池組 galvanic battery
原电子/原電子 primary electron
原动机/原動機 prime mover
原动力/原動機 prime mover
原发安全性/預應式安全 proactive security
原发性失效/主故障 primary failure
原辐射/原始輻射 primary radiation
原核生物/原核生物 prokaryotes
原级标准/原級標準,主標準,原量器 primary standard
原级标准气压计/原級標準氣壓計 primary standard barometer
原级标准温度计/原級標準溫度計 primary standard thermometer
原级参考测量程序/原級參考量測程序 primary

reference measurement procedure
原级参考程序/原級參考程序 primary reference procedure
原级测量标准/原級量測標準 primary measurement standard
原级光度标准器/一次測光標準 primary photometric standard
原级洛氏硬度标准/原級洛氏硬度標準 primary Rockwell hardness standard
原级温度计/原級溫度計 primary thermometer
原矿/原礦 run of mine, crude ore
原理/原理 principle
原理图/示意圖,簡圖 schematic diagram, schematic drawing
原料/原料 raw material
原料空气/進給空氣 feed air
原料金属/原料金屬,初生金屬 primary metal
原码/符號數值 sign magnitude
原色/原色 primary color
原色三角/彩色三角圖 color triangle
原砂/原砂,基砂 base sand, new sand, raw sand
原砂比表面积试验仪/原砂比表面積試驗儀 specific surface tester of sand
原砂透气度/原砂透氣度 base permeability
原生矿床/原生礦床 primary deposit
原生矿物/原生礦物 primary mineral
原生屈氏体/初生吐粒散鐵 primary troostite
原生水饱和度/共生水飽和率,原生水飽和率 connate water saturation
原生游离气顶/原生氣頂 original free-gas cap
原始场/原始場 prime field
原始带/祖始帶 grandfather tape
原始递归/本原遞回 primitive recursion
原始递归函数/原始遞回函數 primitive recursive function
原始递归集/原始遞回集 primitive recursive set
原始递归谓词/基元遞回述訶 primitive recursive predicate
原始裂纹尺寸/原始裂紋尺寸 original crack size
原始三角形/基本三角形 fundamental triangle
原始数据/原始資料 raw data
原始信息/原始訊息 raw information
原铁水/原料生鐵 base iron
原图/原圖 original drawing
原系统/原始系統 original system
原型/原型 prototype
原型变量/原型變數 prototype variable
原型反应堆/原型反應器,雛型反應器 prototype reactor
原型过程时间/原型過程時間 prototype process time
原型化设计方法/原型設計方法 prototyping method
原型结构/原型構造 prototype construction
原型开发/原型開發 prototype development
原型滤波器/原型濾波器 prototype filter
原型模式/原型模式 prototype pattern
原型模型/原始模型 prototype model
原型设计/原型設計 prototype design
原型速成/快速原型設計 rapid prototyping
原型系统/原型系統 prototype system
原型制作/原型設計 prototyping
原油/原油 crude oil
原油蒸馏釜/原油蒸餾器 crude still
原语/基元,原始 primitive
原装催化转化器/原裝催化轉化器 originally equipped catalytic converter
原子/原子 atom
原子操作/基元操作 atomic operation
原子层外延/原子層磊晶 atomic layer epitaxy, ALE
原子常数/原子常數 atomic constant
原子磁矩/原子磁矩 atomic magnetic moment
原子单位/原子單位 atomic unit
原子反应堆/原子堆 atomic pile
原子反应炉/原子反應器 atomic reactor
原子辐射/原子輻射 atomic radiation
原子公式/基元公式 atomic formula
原子光谱学/原子譜學 atomic spectroscopy
原子广播/基元廣播 atomic broadcasting
原子核/原子核 atomic nucleus
原子核裂变电离室/裂變室 nuclear fission ionization chamber
原子核自旋量子数/核自旋量子數 nuclear spin quantum number
原子击破机/原子擊破機 atom smashing machine
原子基态/原子基態 atomic ground state
原子极化/原子偏振 atomic polarization
原子间力/原子間力 interatomic force
原子力显微镜/原子力顯微鏡 atomic force microscope, AFM
原子量单位/原子量單位 atomic weight unit
原子秒/原子秒 atomic second
原子模型/原子模型 atomic model
原子磨损/原子磨損 atomic wear
原子能/原子能 atomic energy

原子能锅炉/核能蒸汽產生器 nuclear energy steam generator
原子能级/原於能階 atomic energy level
原子炮/原子槍 atomic gun
原子频标/原子頻[率]標準 atomic frequency standard
原子[气体]激光器/原子[氣體]雷射器 atomic gas laser
原子氢弧焊接/原子氫弧熔接 atomic-hydrogen welding
原子燃料/原子燃料 atomic fuel
原子时/原子時 atomic time
原子时标/原子時標 atomic time scale
原子时标准/原子時間標準 atomic time standard
原子时系统/原子時系統 system of atomic time
原子事务/原子事務 atomic transaction
原子束/原子[射]束 atomic beam
原子探针/原子微探 atom probe
原子吸收光谱法/原子吸收光譜法,原子吸收光譜學 atomic absorption spectrometry
原子吸收光谱仪/原子吸收光譜儀 atomic absorption spectrometer
原子吸收系数/原子吸收係數 atomic absorption coefficient
原子性/不可分割性 atomicity
原子序数/原子序 atomic number
原子荧光光谱法/原子螢光光譜法 atomic fluorescence spectrometry
原子跃迁/原子躍遷 atomic transition
原子质量/原子質量 atomic mass
原子质量常数/統一原子質量常數 unified atomic mass constant
原子质量单位/原子質量單位 atomic mass unit, amu
原子钟/原子鐘 atomic clock
原子阻止本领/原子阻止本領 atomic stopping power
圆/圓,環 circle
圆板电枢/盤形電樞 disk armature
圆板阀/圓盤閥 disc valve
圆刨/圓刨 circular plane
圆波数/圓波數 circular wave number
圆锉刀/圓銼刀 circular file
圆带/圓帶 round belt
圆带传动/圓帶驅動 round belt drive
圆的渐伸线/圓漸伸線 involute of a circle
圆底斗/圓底斗 round bottom bucket
圆底烧瓶/圓底燒瓶 round bottom flask
圆地板/圓地板 circular floor
圆点/圓點 circular point
圆点四次曲线/圓點四次曲線 circular quartic
圆顶天线/圓頂天線 dome antenna
圆顶相控阵天线/圓頂相位陣列天線 dome phase array antenna
圆度测量机/[真]圓度量測機 roundness measuring machine
圆度测量仪/[真]圓度量測儀器 roundness measuring instrument
圆度测量装置/[真]圓度量測裝置 roundness measurement device
圆度盘/圓[刻]度盤,分度盤 circular dial, divided circle
圆度仪/圓度量測儀,[真]圓度規 roundness measuring instrument, roundness gage
圆分度/圓分度 circular division
圆分度器/圓分度器 circular protractor
圆分度台/圓分度檯 circular dividing table
圆钢/圓鋼 round steel
圆钢矫直机/圓鋼矯直機 round steel straightener
圆工作台/圓[形工作]檯 circular table
圆拱/全圓拱 circular arch
圆管带式输送机/圓管帶式輸送機 pipe belt conveyor
圆规/圓規 compasses
圆弧插补/圓弧插值,循環内插 circular interpolation
圆弧插值法/循環内插法 circular interpolation
圆弧齿弧齿锥齿轮/圓弧齒形螺旋斜齒輪 spiral bevel gear with circular arc tooth profile
圆弧齿廓/圓弧剖面 circular arc profile
圆弧齿廓锥齿轮/圓弧齒形斜齒輪 bevel gear with circular arc tooth profile
圆弧齿轮/圓弧齒輪 circular arc gear
圆弧斗/圓斗 round bucket
圆弧少齿差齿轮副/具小齒差圓弧齒輪對 circular arc gear pair with small teeth difference
圆弧凸轮/圓弧凸輪 circular arc cam
圆弧形滑坡/圓弧形滑坡 circular-shaped landslide
圆弧样条/圓弧樣條 arc spline
圆弧圆柱蜗杆/空心側翼蝸桿 hollow flank worm
圆弧-直线凸轮/切線凸輪 tangent cam
圆环面/圓環面 toroid
圆环面的母圆/圓環面的母圓 generant of the toroid
圆环面的内圆/環形管的内圓 inner circle of the toroid
圆环面的中间平面/圓環面的中央平面 mid-plane of the toroid

圆环面的中性圆/圓環面的中圓 middle circle of the toroid
圆环筛/圓環篩,環形格篩 Burch grizzly
圆极化/圓極化 circular polarization, round polarization
圆角/圓角 fillet
圆角半径/内圓角半徑 fillet radius
圆角规/内圓角規 fillet gage
圆角铣刀/圓角銑刀 corner rounding cutter
圆径千分尺/圓徑測微計 circular micrometer
圆锯/圓鋸 ring saw
圆锯床/圓鋸床 circular sawing machine
圆锯刃磨机/圓鋸鋭齒機 circular saw sharpener
圆刻线机/圓週分度機 circular dividing machine
圆拉刀/圓拉刀 round broach
圆粒金刚石/黑鑽石,碎鑽石 boart
圆滤瓶/[素燒]圓濾器 balloon filter
圆轮缘手轮/圓盤手輪 disc handwheel
圆螺母/圓螺帽 round nut
圆密耳/圓密耳 circular mil
圆木叉/圓木叉 log fork
圆内旋轮线/内擺線 hypocycloid
圆盘电极/圓盤電極 circular electrode
圆盘阀/圓盤閥 disc valve
圆盘规/圓盤規 disk gage
圆盘给料机/轉盤給料機,盤飼機,盤式進料器 rotary table feeder, table feeder, disk feeder
圆盘计量器/盤式流量計 disk meter
圆盘剪/圓剪機 circular shears
圆盘浇铸机/轉盤澆注機 casting wheel
圆盘刻度/圓盤刻度 circular dial scale
圆盘切料机/圓盤銑刀 circular cutter
圆盘塞/圓板塞 disc plug
圆盘砂轮机/盤式砂輪機 disc grinder
圆盘式波发生器/圓盤式波發生器 disk type wave generator
圆盘式给料器/檯式給料器 table feeder
圆盘式剪切机/回轉剪機 rotary shears
圆盘式热敏电阻/盤式熱阻器 disk type thermistor
圆盘式整流器/盤式整流器 disk type rectifier
圆盘式钻架/導引環式鑽架 ring guide drill rig
圆盘手柄套/圓盤手柄套 disc handle seat
圆盘损失/圓盤摩擦損失 disc friction losses
圆盘形记录仪/圓盤録音機,唱片録音機 disc recorder
圆盘造球机/圓盤造球機,圓盤製粒機 balling disc, pelletizing disc
圆盘真空过滤机/圓盤真空過濾器 disk vaccum filter
圆盘直径/圓盤直徑 disk diameter
圆盘制粒机/圓盤製粒機,圓盤造球機,造粒盤 pelletizing disc
圆盘转换器电桥/圓盤轉换器電橋 dial switch bridge
圆盘装载机/圓盤裝載機 disk loader
圆坯/圓坯,小圓材 round billet, round
圆偏光器/圓偏光儀,圓偏光鏡 circular polariscope
圆偏振/圓偏振 circular polarization
圆偏振波/圓偏振波,圓形極化波 circularly polarized wave
圆偏振光/圓偏振光 circularly polarized light
圆片/晶片,晶圓 wafer
圆片插座/餅形插座 wafer socket
圆片规模集成/晶片積體電路 wafer-scale integration
圆片式气锯/氣動圓鋸 pneumatic circular saw
圆曲线/圓點曲線 circular curve
圆扫描/圓[形]掃描 circular scanning
圆砂/圓形砂 rounded sand
圆砂粒/圓形砂粒 rounded sand grain
圆-双曲线系统/圓-雙曲線系統 circle-hyperbolic system
圆榫/榫釘 dowel
圆套筒/圓套筒 round bush
圆筒/圓柱[體] cylinder
圆筒布料机/圓筒進料機 roll feeder
圆筒储存器/磁鼓儲存器 drum storage
圆筒阀/圓柱形閥 cylindrical valve
圆筒烘燥机/桶式乾燥器 drum drier
圆筒混合机/圓筒混合機,拌和機 cylinder mixer
圆筒混料机/圓筒混料機 rotary mixer
圆筒拉深/圓筒拉深 cup drawing
圆筒筛/圓筒篩,滚動篩,洗選滚筒 trommel, cleaning cylinder, drum screen
圆筒式分级机/圓筒分級機 cylinder sorter
圆筒式炉/圓筒式爐,回轉爐 drum type furnace
圆筒洗矿机/筒形洗滌機 drum washer
圆筒形滚筒/筒形卷筒 cylindrical drum
圆筒形浇斗/筒形盛桶 drum ladle
圆筒形门座/圓筒形門座 portal with cylindrical structure
圆筒形柔轮/圓筒形柔輪 cylindrical tube-shape flexspline
圆[筒形]甑/圓筒甑 cylindrical retort
圆筒造球机/圓筒造球機 balling drum
圆筒真空过滤机/圓筒真空過濾器 drum vaccum

filter
圆筒制粒机/圓筒製粒機 drum pelletizer
圆头槽销/圓頭槽銷 round head grooved pin
圆头带榫螺栓/圓頭帶榫螺栓 cup nib bolt
圆头镘刀/圓頭鏝刀 round nose trowel
圆图/圓線圖 circle diagram
圆图记录仪/圓表記録器 circular-chart recorder
圆心点曲线/圓心點曲線 center-point curve
圆[形]波导/圓形波導 circular waveguide
圆形波导管/圓形波導管 round waveguide
圆形电流计/圓形電流計 circular galvanometer
圆形反射器/圓形反射器 circular reflector
圆形滑动轴承/圓形滑動軸承 circular plain bearing
圆形加工/倒角,去角 rounding
圆形刻度指示器/圓形標[度指]示計 circular scale indicator
圆形立井/圓直井 circular shaft
圆形连接器/圓形連接器 circular connector
圆形喷灌机/環形噴灑器 circle sprinkler
圆形水准器/圓水準器 circular bubble
圆形图/圓形圖表 circular chart
圆形吸盘/圓形吸盤 circular magnetic chuck
圆形型材轧机/圓形材輥軋機 mill for rolling circular shape
圆形油石/圓形油石 round stone
圆形振动台/振動檯 bumping table
圆型跳汰机/圓型選礦機 circular jig
圆英寸/圓吋 circular inch
圆振动/圓振動 circular vibration
圆振动筛/圓振動篩 circle vibrating screen
圆振二向色性/圓振二向色性 circular dichroism
圆周标度/圓標度 circular scale
圆周波长/圓週波長 circumferential wavelength
圆周侧隙/圓週側隙 circumferential backlash
圆周点/圓週點 circle-point
圆周点曲线/圓週點曲線 circle-point curve
圆周分度/圓分度 circular division
圆周分速度/圓週分速度 circumcomponent of velocity
圆周封闭原则/週角封閉原則 principle of perigon error close
圆周规/圓週規 circumference gage
圆周滑动卡尺/圓週滑動卡尺 circumference slide callipers
圆周速度/圓週速度,沿週速率,週邊速度 peripheral speed, peripheral velocity
圆周运动/圓週運動 circular motion
圆柱/圓柱 column
圆柱波导/圓柱波導 cylindrical waveguide
圆柱齿轮/圓柱齒輪 cylindrical gear
圆柱齿轮端面齿轮副/圓柱齒輪端面齒輪副 contrate gear pair
圆柱齿轮副/圓柱齒輪對 cylindrical gear pair
圆柱齿轮式轮边减速器/圓柱齒輪式輪邊減速器 spur-geared wheel reductor
圆柱度/圓柱度 cylindricity
圆柱分度凸轮机构/圓柱分度凸輪機構 cylindrical indexing cam mechanism
圆柱副/圓柱[運動]對 cylindrical pair
圆柱滚子直径/滾子直徑 roller diameter
圆柱滚子轴承/圓柱滾子軸承 cylindrical roller bearing
圆柱滑阀/套閥,筒式閥 sleeving valve
圆柱壳/圓筒殼 cylindrical shell
圆柱螺纹/平行螺紋 parallel screw thread
圆柱螺旋扭转弹簧/圓柱螺旋扭轉彈簧 cylindrical helical torsion spring
圆柱螺旋弹簧/圓柱形螺旋彈簧 cylindrical helical spring
圆柱螺旋线/圓柱螺旋線 circular helix
圆柱螺旋压缩弹簧/圓柱螺旋壓縮彈簧 cylindrical helical compression spring
圆柱磨头/圓柱磨頭 cylindrical mounted point
圆柱塞规/塞規 plug gage
圆柱凸轮/圓柱凸輪 cylindrical cam
圆柱蜗杆/圓柱蝸桿 cylindrical worm
圆柱蜗杆副/圓柱蝸桿對 cylindrical worm gear pair
圆柱销/圓柱銷 cylindrical pin
圆柱形标准试件/標準圓筒試樣 standard cylindrical specimen
圆柱形反射器/圓柱反射器 cylindrical reflector
圆柱形摩擦轮/圓柱形摩擦輪 cylindrical friction wheel
圆柱形球头立铣刀/圓柱形球頭端銑刀 cylindrical ball nosed end milling cutter
圆柱形铣刀/圓柱形銑刀 cylindrical milling cutter
圆柱形蓄电池/圓柱形蓄電池 cylindrical cell
圆柱形贮槽/圓筒形貯槽,筒形罐 cylindrical tank
圆柱轧辊/圓柱軋輥 cylindrical roll
圆柱直齿渐开线花键量规/圓柱直齒漸開線花鍵量規 straight cylindrical involute spline gage
圆柱直角规/圓柱直角規,圓柱矩規 cylindrical square
圆柱坐标型机器人/柱面坐標型機器人,筒狀機器人 cylindrical robot
圆锥长度/圓錐長度 cone length

圆锥齿轮式差速器/傘齒輪差速器 bevel gear differential
圆锥顶距离/圓錐頂距離 vertex distance
圆锥分级机/雙錐分級機 cone classifier
圆锥分选机/圓錐分選機 cone separator
圆锥滚子轴承/滾錐軸承 tapered roller bearing
圆锥号角[天线]/圓錐號角 conical horn
圆锥铰刀/推拔絞刀 taper reamer
圆锥离合器/錐形離合器 cone clutch
圆锥量规/推拔規 taper gage
圆锥螺纹/圓錐螺紋,斜螺紋 taper screw thread, taper thread
圆锥螺旋线/錐形螺線 conical spiral
圆锥内圈组件/圓錐組件 cone assembly
圆锥曲线点曲线/圓錐曲線點曲線 conic section point curve
圆锥塞规/插頭錐規 plug cone gage
圆锥式造球机/錐形製粒機 cone pelletizer
圆锥凸轮/錐形凸輪 conical cam
圆锥外圈角/圓錐外圈角 cup angle
圆锥外圈小内径/圓錐小內徑 cup small inside diameter
圆锥销/圓錐銷 conical pin
圆锥形浓缩机/錐形增稠器 cone thickener
圆锥形[伸缩]风箱/錐形伸縮囊 conical bellows
圆锥型重介质选矿机/圓錐型重介質選礦機 heavy medium cone separator
圆锥阵/圓錐形陣列 conical array
圆锥直径/圓錐直徑 cone diameter
圆锥制动器/錐形軔,錐形剎車 cone brake
圆锥轴承/錐形軸承 conical bearing
源/源 source
源表面发射率/表面發射率 surface emission rate
源-表面距离/射源-表面距離 source-surface distance
源程序/根源程式,原始程式 source program
源代码/原始碼 source code
源到源转换/源到源變換 source to source transformation
源地址/源位址 source address
源点/源 source
源范例库/源案庫 source case base
源路由/源路由 source route
源路由算法/源路由算法 source route algorithm
源皮距/源皮距 radiation source to skin distance
源区段/源範圍 source range
源数据鉴别/原資料鑒別 origin data authentication
源同步时钟/源同步時鐘 source synchronization clocking
源效率/射源效率 source efficiency
源抑制/源頭淬熄 source quench
源语言/原始語言,根源語言 source language
源语言词典/原始語言詞典 source language dictionary
源语言分析/原始語言分析 source language analysis
源阻抗/原始阻抗 source impedance
远场/遠場[區] far field
远场凯氏天线/遠場凱氏天線 far field Cassegrainian antenna
远场区/遠場區 far field region
远场扫描法/遠場掃描法 far field scanning method
远程办公/遠程辦公 telework
远程参考/遠程參考 telereference
远程查询/遠程詢問 remote inquiry
远程抄表仪/遠距讀值儀器 remote-reading instrument
远程导航/無線電遠程導航系統,羅蘭 long range navigation, Loran
远程登录/TELNET 協定,終端機模擬協定 telnet
远程登录协议/遠端登錄協定 telnet protocol
远程访问/遠程存取 remote access
远程访问服务器/遠程存取伺服器 remote access server
远程访问数据处理/遠程存取資料處理 remote access data processing
远程服务/電傳服務 teleservice
远程更换密钥/遠程更換金鑰 remote rekeying
远程供电/遠程供電 remote power-feeding
远程购物/電傳購物 telestoreping
远程过程调用中间件/遠程程序呼叫中介軟體 remote procedure call middleware
远程呼叫系统/遥控呼叫系统 remote calling system
远程会议/遠程會議 teleconference
远程集线/遠距用户集線 remote concentration
远程加电/遠程加電 remote power on
远程监视/遠程監視 remote monitoring
远程教室/遠程教室 teleclass
远程教学/遠程教學 remote instruction
远程教育/遠距教育,電傳教學 distance education
远程接入/遠程存取 remote access
远程镜像/遠程鏡像 remote mirroring
远程控制/遠距離控制,遥控 telecontrol
远程启动器/遠距離起動器 distance starter
远程设定点调整器/遠端設定點調整器 remote set point adjuster
远程身份认证拨号用户服务/遠程鑒别撥入用户服

务 remote authentication dial-in user service
远程数据集中器/遠距資料集訊機 remote data concentrator
远程数据指示器/遠距資料指示器 remote data indicator
远程探测/遠程探測 remote instrumentation
远程通信/遠程通訊 telecommunication
远程维护/遠程維護 remote maintenance
远程信息处理/遠程資訊服務 telematics
远程信息处理信息/電傳資訊 telematic information
远程引导/遠端引導 remote bootstrapping
远程预警/遠程預警 distant early waring, DEW
远程预警线通信系统/遠端預警線通信系統 distant early waring line communication system
远程诊断/遠程診斷 remote diagnosis
远程支持设施/遠程支援設施 remote support facility
远程直接存储器访问/遠程直接記憶存取 remote direct memory access
远程终端/遠程終端,遠端終端機 remote terminal, RT
远程作业处理程序/遠程工件處理器 remote job processor
远程作业输出/遠程工件輸出 remote job output
远程作业输入/遠程工件輸入 remote job input
远传压力表/遠傳壓力表 long distance transmission pressure gage
远地点高度/遠地點高度 altitude of the apogee
远动学/遠動學,遙控機械學,遙控動力學 telemechanics
远端串音/遠端串音,遠端串話 far-end crosstalk, FEST
远端告警/遠端告警 remote alarm
远端告警指示/遠端告警指示 remote alarm indication
远端耦合噪声/遠端耦合噪聲 far-end coupled noise
远端数据站/遠端數據站 remote data station
远端用户模块/遠端使用者模組 remote subscriber module
远端站/遠端站 remote terminal
远光/遠光 high beam
远红外/遠紅外線 far-infrared
远红外辐射器/遠紅外線散熱器 far-infrared radiator
远红外干涉仪/遠紅外干涉儀 far-infrared interferometer
远红外干燥箱/遠紅外線乾燥爐 far-infrared drying oven
远红外激光器/遠紅外線雷射 far-infrared laser
远红外检测器/遠紅外檢知器 far-infrared detector
远红外线加热式沥青储仓/遠紅外線加熱式瀝青儲倉 far infrared heating asphalt storage
远焦光学系统/遠焦光學系統 afocal optical system
远景/遠景 long shot
远距离操纵变速器/遙控齒輪箱,遙控變速器 remote control gearbox
远距离操纵单轨系统/遙控單軌系統 remote-controlled monorail system
远距离操纵桥式起重机/遙控高架起重機 remote-controlled overhead crane
远距离放射治疗/遠隔放射治療 teleradiotherapy
远距离供电系统/遠距離供電系統 remote power system
远距离监察装置/遠距監測器 remote monitor
远距离监视/遠端監視 telemonitoring
远距离控制/遙控 remote control
远距离碰撞/遠距碰撞 distant collision
远距离调节/遠距調節,遙調 teleadjusting
远距离温度计/遙測溫度計 telethermometer
远距离指令/遠距離指令 teleinstruction
远距离指示/遠距指示 remote indication
远距离指示仪器/距離指示儀器 distant-indicating instrument
远区/遠區 far zone
远摄镜头/遠距照相鏡 telephoto lens
远声场/遠音場 far sound field
远视性透镜/遠視型透鏡 farsightedness lens
远心光学系统/遠心光學系統 telecentric optical system
远休止角/遠接點閉角 farthest dwell angle
远中心柔顺/終端對位順從器 remote center compliance
远紫外汞氙灯/遠紫外汞氙燈 far ultraviolet mercury xenon lamp
约旦图/約旦圖 Jordan diagram
约定/約定,規約,慣例 convention
约定真值/約定真值 conventional true value
约定值/約定值 conventional value
约定质量/慣用質量 conventional mass
约翰逊不等式/詹森不等式 Johnson inequality
约翰逊算法/詹森演算法 Johnson algorithm
约翰逊噪声/詹森雜訊,熱雜訊 Johnson noise
约化密度算子/約化密度運算元 reduced density operator
约化应力/等效應力 reduced stress
约化质量/約化質量,折合質量 reduced mass

约瑟夫森电压/約瑟夫森電壓 Josephson voltage
约瑟夫森结/約瑟夫森結 Josephson junction
约瑟夫森器件/約瑟夫森裝置 Josephson device
约瑟夫森隧道逻辑/約瑟夫森隧道邏輯 Josephson tunneling logic
约瑟夫森效应/約瑟夫森效應 Josephson effect
约瑟夫效应/約瑟夫效應 Joseph effect
约束/約束,拘束 constraint
约束变量/約束變數 bound variable
约束长度/限制長度 constraint length
约束程序设计/約束程式設計 constraint programming
约束传播/約束傳播 constraint propagation
约束方程/約束方程式 constraint equation
约束分析/約束分析 constraint analysis
约束关系模型/約束關係模型 constraint relational model
约束规则/約束規則 constraint rule
约束函数/約束函數 constraint function
约束矩阵/約束矩陣 constraint matrix
约束满足/約束滿足 constraint satisfaction
约束满足问题/約束滿足問題 constraint satisfaction problem
约束条件/約束條件 constraint condition
约束调制/約束調變 curbed modulation
约束推理/約束推理 constraint reasoning
约束问题求解/約束問題求解 constraint problem solving
约束系统/約束系統 restraint system
约束语言/約束語言 constraint language
约束运动/拘束運動 constrained motion
约束知识/約束知識 constraint knowledge
约数/約數,分數 sub-multiple
月漂移率/月漂移率 monthly drift rate
月球飞船运载火箭/月球飛船運載火箭 lunar booster
月球轨道标准岁差/月球軌道標準歲差 lunar orbit normal precession
月球通信卫星/月球通信衛星,月球通訊衛星 moon communications satellite
月球在轨卫星/月球軌道衛星 moon orbiting satellite
月球中继设备/月球中繼設備 moon relay equipment
月租费/電話月租費 monthly rental
阅读灯/閱讀燈 reading lamp
阅读任务/[閱]讀任務 reading task
阅览器/觀察器 viewer
跃变算子/跳越運算子 jump operator
跃度/急跳度 jerk
跃迁概率/躍遷機率 transition probability
跃迁频率/躍遷頻率 transition frequency
越界记录/跨區記録 spanned record
越洋电话/越洋電話 overseas call
越野叉车/越野卡車 rough-terrain truck
越野车绞盘/絞盤,絞車 capstan, winch, winch of off-road vehicle
越野乘用车/越野乘用車 off-road passenger car
越野货车/越野貨車 off-road goods vehicle
越野客车/越野客車 off-road bus
越野流动式起重机/越野移動式起重機 rough terrain mobile crane
云安全联盟/雲安全聯盟 cloud security alliance
云备份/雲備份 cloud backup
云操作系统/雲作業系統 cloud operating system
云存储/雲存儲 cloud storage
云计算/雲端計算,雲端運算 cloud computing
云计算中心/雲計算中心 cloud computing center
云际云/雲際雲 intercloud
云量计/雲量計,測霧計 nephelometer
云母/雲母,滑石 mica, talc
云母带/雲母帶 mica tape
云母粉/雲母粉 mica flour, mica powder
云母厚片/塊雲母,雲母塊 block mica
云母铀矿/鈾礦類 uranite
云迁移/雲遷移 cloud migration
云杀毒/雲殺毒 cloud antivirus
云室/雲室,霧室 cloud chamber
云输入法/雲輸入法 cloud input
云数据管理/雲資料管理 cloud data management
云速计/測雲儀,測雲器 nephoscope
云梯消防车/雲梯消防車 aerial ladder fire truck
云雾腔/[雲]霧腔,膨脹腔 cloud chamber, fog chamber
云雾室/雲霧室 cloud chamber
云状夹杂/雲狀夾雜 cloud inclusion
匀场/勻場 shimming
匀速式安全器/恆定安全裝置 constant safety device
匀速运动/等速運動 uniform motion
允收误差/允收誤差,容許誤差 acceptable error, permissible error
允许发送/清除發送 clear to send
允许方法/允許方法 permitting method
允许骨料最大粒径/允許骨料最大粒徑 maximum permitted diameter of aggregate
允许极限/容許限度 allowable limit

允许频率/可用頻率 allowed frequency
允许式保护/允許式保護 permissive protection
允许视角/接受角 acceptance angle
允许误差/允許誤差 permissible error
允许信元速率/允許單元速率 allowed cell rate, ACR
允许中断/中斷賦能 interrupt enable
陨铁/隕鐵 meteoric iron
孕育/接種 inoculation
孕育处理/接種處理 inoculated treatment, inoculation
孕育剂/接種劑 inoculant
孕育铸铁/接種鑄鐵 inoculated cast iron
运兵车/運兵車 soldier carrier
运材车/運材車 pole transport truck
运钞车/現金運輸貨車 cash transport van
运筹学/作業研究 operations research
运筹学模型/作業研究模型 operational research model
运动/運動 motion
运动表示法/運動表示法 kinematic representation
运动补偿/運轉補償 motion compensation
运动补偿编码/移動補償編碼 motion compensated coding
运动捕获和运动重现/運動捕獲和運動重現 motion capture and motion retargeting
运动部件的等效质量/運動部件的等效質量 effective mass of the moving element
运动部件的电谐振频率/運動部件的電諧振頻率 electrical resonance frequency of the moving element
运动部件机械共振频率/運動部件機械共振頻率 mechanical resonance frequency of the moving element
运动部件悬挂的机械共振频率/運動部件懸掛的機械共振頻率 mechanical resonance frequency of the moving element suspension
运动重建/運動重建 restructure from motion
运动传感器/動態感應器 motion sensor
运动方程/運動方程式 equation of motion
运动仿真器/運動模擬器 motion simulator
运动分析/運轉分析 motion analysis
运动分析器/運動分析器 motion analyzer
运动副/運動對 kinematic pair
运动副封闭/運動對之閉合 closure of kinematic pair
运动副元件/成運動對元件 pairing element
运动跟踪器/運動跟蹤器 motion tracker
运动构件/運動連桿 moving link
运动估计/運轉估計 motion estimation
运动规划/運動規劃 motion program
运动极心线/運動極心線,運動瞬心線 moving polode
运动检测/運轉檢測 motion detection
运动简图/運動簡圖 kinematic sketch
运动接头/運動接頭 kinematic joint
运动静力学/動力静力學 kinetostatics
运动控制/運轉控制,傳動控制 motion control
运动控制系统/運動控制系統 motion control system
运动链/運動鏈 kinematic chain
运动链的自由度/運動鏈之自由度 degree of freedom of a kinematic chain
运动链可动度/運動鏈之可動度 mobility of kinematic chain
运动黏度/動黏滯率,動黏度 kinematic viscosity
运动黏度计/動黏度計 kinematic viscosimeter, kinematic viscometer
运动黏性系数/運動黏度係數,動黏度 coefficient of kinematic viscosity, kinematic coefficient of viscosity
运动平面/運動平面 plane of motion
运动式转化/運動學上之倒置 kinematic inversion
运动枢轴/運動樞軸 moving pivot
运动索/運動索 moving rope
运动弹性动力学/運動彈性動力學 kineto-elastodynamics
运动弹性动力学分析/運動彈性動力學分析 kineto-elastodynamic analysis
运动弹性动力学综合/運動彈性動力學綜合 kineto-elastodynamic synthesis
运动图像/運轉影像 motion image
运动物体/運動物 mobile
运动限制器/運動限制器 motion limiter
运动相似/運動相似性 kinematic similarity
运动向量/運轉向量 motion vector
运动型多功能汽车/運動型多功能汽車 sport utility vehicle
运动学/運動學 kinematics
运动学分析/運動分析 kinematic analysis
运动压头/可用静水頭 available static head
运动预测/運轉預測 motion prediction
运动原理改变/運動學上之倒置 kinematic inversion
运动周期/運動週期 period of motion
运动综合/運動合成 kinematic synthesis
运动坐标点速度/運動坐標之點速度 transportation velocity

运动坐标系/移動坐標系 moving axis system
运流电流/對流電流 convection current
运煤机/運煤機 coal conveyer
运棉车/運棉車 cotton transport vehicle
运砂设备/輸砂設備 sand conveyor installation
运输/傳送 transport
运输包装件试验机/運輸包裝件試驗機 transport package testing machine
运输层/運輸層 transport layer
运输车/搬運車 cart, truck
运输高度/運輸高度 transport height
运输机构/運輸機構 conveying mechanism
运输机架尾端摆角/輸送機架尾端擺角 conveyor swing angle
运输角/運輸間距 transport pitch
运输量/運量 traffic
运输试验/運輸試驗 transport test
运输型拖拉机/運送型曳引機 transporting tractor
运送箱/運送箱 tote box
运算/運算 operation
运算放大器/運算放大器 operational amplifier
运算寄存器/算術暫存器 arithmetic register
运算控制器/運算控制裝置,作業控制單元 operation control unit
运算流水线/算術管線 arithmetic pipeline
运算每秒/運算每秒,操作每秒 operations per second
运算器/運算單元,算術單元 arithmetic unit
运算数据/運算資料 operational data
运算速度/算術速率 arithmetic speed
运算速度评价/算術速率評估 arithmetic speed evaluation
运算因子/運算因子 operational factor
运维外包/運維外包 operation and maintenance outsourcing
运行/運行,執行,運轉 run
运行测试/運算測試 operational testing
运行点/運行點 operating point
运行方式/運行模式 run mode
运行、管理与维护中心/運行、管理與維護中心 operation administration and maintenance center, OAMC
运行规程/操作程序 operating procedure
运行轨迹控制装置/軌跡控制裝置 track control device
运行和维护阶段/操作與維護階段 operation and maintenance phase
运行环境温度/運行環境溫度 operating environmental temperature
运行矩频特性/操作矩頻特性 running torque-frequency characteristic
运行可靠性/作業可靠性,工作可靠性 operational reliability
运行可行性/作業可行性 operational feasibility
运行剖面/操作設定檔 operational profile
运行区段/操作範圍,工作範圍 operating range
运行时间/運行時間,執行歷時 running time
运行时间系统/運行時間系統 run time system
运行时间诊断/運行時間診斷 run time diagnosis
运行试验/運轉試驗 running test
运行条件/運行條件,工作條件,工作狀態 operation condition
运行温度/運轉溫度,工作溫度 operating temperature
运行小时数/營運時數 service hours
运行与维护/操作和維護 operation and maintenance
运行支撑系统/作業支援系統 operational support system, OSS
运行终端限速器/運行終端限速器 traveling speed end limiter
运行周期/運轉循環 operating cycle
运行状态/運行狀態 state in service
运油车/油罐車 fuel tanker
运载气体/傳遞氣 carrier gas
运载索/運載索 carrying hauling rope
运转损失/運轉損失 running loss
晕车/動暈症 motion sickness
晕光放电管/暈光放電管 corona discharge tube
韵母/韻母 final
蕴涵/蘊含,隱含式 implication
熨平装置/熨平裝置 screed unit
熨烫器/熨斗 ironer

Z

扎箍机/緊帶機,捆包機 banding machine
匝/匝[線圈],轉 turn
匝比调节器/比率調整器 ratio adjuster
匝间绝缘/匝間絶緣 interturn insulation
匝数比/匝數比 turn ratio
杂波/雜波 clutter
杂波干扰/噪音干擾 clutter interference
杂波间可见度/雜波間可見度 inter clutter visibility
杂波图/雜波圖 clutter map
杂波下可见度/雜波下可見度 subclutter visibility
杂波抑制/雜斑抑制 clutter suppression
杂波噪声/雜波噪音 clutter noise
杂光检查仪/雜光測試設備 stray light testing equipment
杂化频率/雜化頻率 hybridization frequency
杂散磁场/雜散磁場 stray magnetic field
杂散电流/雜散電流 stray current
杂散电流腐蚀/雜散電流腐蝕 stray current corrosion
杂散电容/雜散電容器 stray capacitor
杂散辐射/雜散輻射,散逸輻射 stray radiation
杂散辐射功率比/雜散輻射功率比 stray radiant power ratio
杂散功率测量仪/亂真功率計 spurious power meter
杂散光/雜散光,漫射光 stray light
杂散光滤器/雜散光濾光器 stray light filter
杂散响应/雜散附應 spurious response
杂物电梯/回轉式食品架,送菜昇降機 dumbwaiter
杂物箱/雜物箱 glove box
杂项设备/雜項單位 sundry equipment
杂项危险物品罐式运输车/雜項危險物品罐式運輸車 miscellaneous hazardous material tanker
杂项危险物品厢式运输车/雜項危險物品厢式運輸車 miscellaneous hazardous material van
杂音干扰/干涉雜訊 noise interference
杂质/雜質 impurity
杂质半导体/雜質半導體 impurity semiconductor
杂质泵/液體-固體處理泵 liquid-solid handling pump
杂质带/雜質[能]帶 impurity band
杂质分布/雜質分布 impurity distribution
杂质分布图/雜質[分布]剖面 impurity profile
杂质扩散/雜質擴散 diffusion of impurities
杂质能级/雜質能階 impurity energy level
杂质浓度/雜質濃度 impurity concentration
杂质散播/雜質散播 impurity scattering
杂质梯度/雜質梯度 impurity gradiend
杂质团/雜質團 impurity cluster
杂质污染/雜質汙染 impurity contamination, impurity pollution
杂质吸收/雜質吸收 impurity absorption
杂质效应/雜質影響 impurity effect
砸铁机/砸鐵機 drop breaker
灾备规划/災難復原規劃 disaster recovery planning
灾难防备计划/災變防護計劃 disaster plan
灾难恢复/災難恢復 disaster recovery
灾难恢复计划/災難恢復計劃 disaster recovery plan
灾难性错误/災難性錯誤 catastrophic error
灾难性故障/災難性故障 catastrophic failure
灾难转储/災變傾印 disaster dump
再编址/再編址,再尋址 readdressing
再插发射机/再插發射機 reinsert transmitter
再插入/再插入 reinsertion
再处理/再處理 repreparation
再纯器/再純化器 repurifier
再倒堆/剥土反投露天開採法 overcasting
再定向/重定向 reorientation
再辐射/再輻射 reradiate, reradiation
再干机/再乾機 back drying machine
再工程/再造工程 reengineering
再规一化/再正規化 renormalization
再活化电位/再活化電位 reactivation potential
再激活/重激活,再生 reactivation
再加热/再[加]熱 reheating
再结合镁铬砖/再結合鎂鉻磚 rebonded magnesia-chrome brick
再结晶/再結晶[作用] recrystallization
再结晶图/再結晶圖 recrystallization diagram
再结晶退火/再結晶退火 recrystallization annealing
再结晶温度/再結晶溫度 recrystallization temperature
再结晶织构/再結晶織構 recrystallization texture

再精选/再精選 recleaning
再聚合/再聚合 reintegration
再冷却系统/再冷卻系統 recooling system
再量化/再量化 requantization
再流焊/回焊,錫膏熔焊 reflow welding
再启动/再啟動,重新開始 restart
再燃器/後燃器 afterburner
再热兰金循环的联合循环/再熱蘭金循環的聯合循環 combined cycle with reheat Rankine cycle
再热联合汽阀/再熱聯合汽閥 combined reheat valve
再热炉/再熱爐,重熱爐 reheating furnace
再热汽阀/再熱停止閥 reheat stop valve
再热器/再熱器 reheater
再热燃烧室/再熱燃燒室 reheat combustor
再热式汽轮机/再熱式汽輪機 reheat steam turbine
再热调节汽阀/截斷閥 intercept valve
再热温度/再熱溫度 reheat temperature
再热循环/再熱循環 reheat cycle
再热压力/再熱壓力 reheat pressure
再热蒸汽/再熱蒸汽 reheat steam
再热蒸汽参数/再熱蒸汽條件 reheat steam conditions
再热蒸汽管/再熱蒸汽管 reheat steam pipe
再熔炼炉/再熔爐 remelting furnace
再入控制/再入控制 reentry control
再渗碳/增碳劑 recarburizing agent
再生/再生,復原 regeneration
再生泵/再生泵 regenerative pump
再生触发信号/觸發再生 trigger to regeneration
再生段/再生器區段 regenerator section, RS
再生堆/再生反應器 regenerative reactor
再生反射器/再生反射器 regenerative reflector
再生反应堆/再生反應器 regenerative reactor
再生合金/二次合金 secondary alloy
再生间隔期/再生間隔 regeneration interval
再生接收/再生接收 regenerative reception
再生接收机/再生接收機 regenerative receiver
再生金属/重煉金屬 secondary metal
再生能量/再生能量 regenerated energy
再生排放试验/再生排放試驗 regeneration emission test
再生器/再生器,再活化器 reproducer, regenerator, reactivator
再生燃料电池/再生燃料電池 regenerative fuel cell
再生砂/再生砂 reclamation sand
再生生铁/再生鐵 remelted pig iron
再生失控/再生失控 regeneration runaway
再生石英砂/重整石英砂 replenishment quartz sand
再生式干燥器/再生式乾燥器 regenerative type dryer
再生式接收机/再生接收機 regenerative receiver
再生增音器/再生增音器 regenerative storage
再生制动/再生制動,再生剎車 regenerative braking
再生中继器/再生中繼器,再生轉發器,再生儲存器 regenerative repeater, regenerative storage
再提纯器/再純化器 repurifier
再调节载波接收/再調節載波接收 reconditioned carrier reception
再调整/再調整,重調 readjustment
再调制/再調變 remodulation
再同步/再同步 resynchronization
再现精度/重現準確度 playback accuracy
再现图像/重建之畫面 reconstructed picture
再现性/再現性,復現性,重現性 reproducibility
再现性误差/再現性誤差 reproducibility error
再寻址/再尋址 readdressing
再循环风机/再循環風機 recirculating fan
再循环控制系统/再循環控制系統 recirculating control system
再循环排气/再循環排氣 EGR gas
再循环式蒸发器/再循環式蒸發器 recirculation type evaporator
再压缩/再緊湊法 recompaction
再造发动机/再製引擎 remanufactured engine
再蒸发器/再汽化器 revaporizer
再蒸馏塔/重餾塔 rerun column
再制件/再製件 rebuilt part
再制造铸件/續製鑄件 repetition casting
再铸/重鑄 recasting
在操作/工作中 busy
在轨测试/軌道上測試 in-orbit test
在轨卫星/軌道運行衛星 orbiting satellite
在家购物/家中購物 home storeping
在气体或蒸气中的电弧/電弧放電,弧光放電 electric arc in a gas or in a vapour
在线/線上,連線 online
在线帮助/線上幫助 online assistence
在线备份/線上備份 online backup
在线测量/線上測量 online measurement
在线测量频谱分析/線上測量頻譜分析 online measurement and frequency spectrum method
在线处理/線上處理 online processing
在线带钢生产/線上帶鋼生產 online trip production
在线服务提供者/線上服務提供者 online service provider, OSP

在线故障诊断/線上故障診斷　onboard fault diagnosis
在线加密/連線加密　online encryption
在线检测装置/線上量測裝置　online measuring device
在线快速冷却装置/線上快速冷却裝置　online accelerated
在线炉气分析仪/線上爐氣分析儀　online flue gas analyzer
在线磨辊装置/線上磨輥裝置　online roll grinder
在线切头操作/線上切頭操作　online front end cropping
在线社区/線上社群　online community
在线实时系统/線上即時系統　online real time system
在线系统仿真/即時系統模擬　online system simulation
在线学习/線上學習　online learning
在线学习社区/線上學習社區　online learning community
在用车/在用車　in-use vehicle
载波/載波　carrier, carrier wave
T 载波/T 載波　T-carrier
载波彩色讯号/載波彩色訊號　carrier chrominance
载波传输/載波傳輸　carrier transmission
载波电报/載波電報　carrier telegraph, carrier telegraphy
载波电话/載波電話　carrier telephone
载波电话电路/載波電話電路　carrier telephone circuit
载波电话多路系统/載波電話多工系統　carrier telephone multiplex system
载波电话信道/載波電話通道　carrier telephone channel
载波电话学/載波電話學　carrier telephony
载波电话增音机/載波電話增音機,載波電話中繼器　carrier telephone repeater
载波多径比/載波多通道比　carrier to multipath
载波多路通信/載波多路通信,載波多工通信　carrier multiplex communication
载波发生器/載波産生器　carrier generator
载波放大器/載波放大器,載頻放大器　carrier amplifier
载波干扰比/載波干擾比　carrier to interference ratio
载波功率/載波功率　carrier power
载波恢复/載波恢復　carrier recovery
载波基准白阶/載波基準白階　carrier reference white level
载波监听多路访问/載波感測多重存取　carrier sense multiple access
载波间隔/載波間隔　carrier spacing
载波接出/載波接出　carrier drop out
载波链路/載波鏈路　carrier link
载波频率/載波頻率　carrier frequency, FC
载波频移/載波頻移　carrier frequency shift
T 载波设备/T 載波設備　T-carrier equipment
载波提取/載波提取　carrier extract
载波通信/載波通信　carrier communication
载波通信系统/載波通信系統　carrier communication system
载波同步/載波同步　carrier synchronization
载波线路/載波線路　carrier line
载波线路段/有線載波鏈路段　carrier line section
载波信道/載波通道　carrier channel
载波讯号杂音比/載波信號雜訊比　carrier signal to noise ratio
载波延伸位/載波延伸位　carrier extension bits
载波抑制/載波抑制　carrier suppression
载波与时钟脉冲恢复/載波及時序再生　carrier and clock recovery, CCR
载波源/載波源　carrier source
载波噪声/載波雜訊　carrier noise
载波噪声比/載波對雜訊比　carrier to noise ratio, CNR
载波噪声位准/載波雜音位準　carrier noise level
载波侦听/載波感測　carrier sense
载波侦听多址/載波感應式多重擷取法　carrier sense multiple access, CSMA
载波振幅/載波振幅　carrier amplitude
载管转头/載管轉頭　rotor of carrying tube
载荷/載荷,負載,負荷　load
载荷变形曲线/荷重變形曲線　load deformation curve
载荷传递装置/載荷傳遞裝置　load transmitting device
载荷传感系统/負載感測系統　load sensing system
载荷分布/荷重分布　load distribution
载荷钢球/負載球　load ball
载荷弧高/載荷弧高　camber under load
载荷角/負載角　load angle
载荷能力/裝載能量　loading capacity
载荷谱/負載譜　loading spectrum
载荷升降/載荷昇降　lifting of load
载荷时间历程/負載時間歷程　load time history
载荷试验/載荷試驗,負載試驗,負荷試驗　load test

载荷顺序效应/載荷順序效應 sequence effect of loading
载荷系数/負載因數 load factor
载荷弦长/受荷跨距 span under load
B载荷信道/B通道 B channel
载荷状况/負載狀況 load case
载货电梯/載貨電梯 goods elevator
载货小车/載貨小車 load carrier
载金炭/載金炭 carrying gold carbon
载冷剂/二次冷媒 secondary refrigerant
载流子/載體,載子 charge carrier, carrier
载流子密度/載體密度 carrier density
载漏/載漏 carrier leak
载频纯度/載頻純度 purity of carrier frequency
载频恢复/載頻恢復 carrier recovery
载频同步/載頻同步 carrier frequency synchronization
载热剂/熱傳媒介 heat-transfer agent
载人轨道太空站/載人軌道太空站 manned orbital space station
载熔件/熔體架,熔線架,熔線座 fuse carrier
载体/載體,載子 substrate, carrier
载体浮选/載粒浮選 carrier flotation
载体涂层/載體塗層 washcoat
载液/載液 vehicle
载噪比/載噪比,載波雜訊比 carrier to noise ratio, CNR
载重梁/負載棒 load bar
载重能力/負載容量 load capacity
载重下降法/重錘落卡法 weight dropping method
载子储存时间/載子儲存時間 carrier storage time
载子传渡现象/載子傳渡現象 carrier transport phenomenon
载子浓度/載子濃度 carrier concentration
暂流电池/暫流電池 open circuit cell
暂流电池组/暫流電池組 open circuit battery
暂时防锈/暫時防銹 temporary rust prevention
暂时故障/暫時故障 temporary fault
暂态分析仪/瞬時分析器 transient analyzer
暂态过电压/暫時過電壓 temporary overvoltage
暂态特性曲线/暫態特性曲線 transient process characteristic curve
暂态误差/暫態誤差 transient error
暂停/暫停,暫息,停止 pause
暂停光标位置/暫懸游標位置 hanging cursor position
暂停状态/暫停狀態,掛起狀態,懸置狀態 suspend state
暂误/暫誤 immediate error
暂驻命令/暫駐命令 transient command
脏读/髒讀 dirty read
凿锤/鑿錘 chipping hammer
凿刀/鑿刀 chipping chisel
凿井/直井開鑿,礦井開鑿 shaft sinking
凿平车间/鑿平間 chipping room
凿石器/鑽岩機 rock drill
凿岩/鑽岩 rock drilling
凿岩硐室/鑽岩礦室 drilling chamber
凿岩辅助设备/鑽岩輔助設備 rock drilling auxiliary
凿岩巷道/鑽岩順巷道 drilling drift
凿岩机/鑿岩機,鑽岩機 rock drill
凿岩机器人/鑽岩機器人 rock drilling robot
凿岩机消声器/鑽岩機消聲器 silencer of rock drill
凿岩机械/鑿岩機,鑽岩機 rock drilling machine
凿岩台车/鑽岩車 jumbo
凿岩钻头/岩石鑽頭 rock bit
凿子/鑿子 chisel
早期失效/早期失效,早期故障 early failure
早期失效期/早期失效期,早期故障期 early failure period
早强剂/硬化加速劑 hardening accelerator
皂化烧瓶/皂化燒瓶 saponification flask
皂膜法/皂膜法 soap film technique
皂膜流量计/皂膜流量計 soap film flowmeter
皂膜气量计/皂膜氣量計 soap film gas meter
皂膜气体流量校准/皂膜氣流校正 soap film gas flow calibration
皂膜式气体流量标准装置/皂膜式氣體流量標準裝置 standard soap film burette
皂泡流量计/皂泡流量計 soap bubble flowmeter
造币镍/造幣鎳 coinage nickel
造币青铜/造幣青銅 coinage bronze
造币银/造幣銀 coinage silver
造壁/造壁 wall building
造船钢板/船用鋼板 ship plate
造船门式起重机/造船高架起重機 shipbuilding gantry crane
造船用浮式起重机/造船廠浮動起重機 shipyard floating crane
造孔材料/造孔材料 pore forming material
造块/團聚,製礦球 agglomeration, agglomerate, briquetting
造粒/球結 pelletizing
造粒机/造粒機,製粒機 pelletizer, granulating machine
造粒塔/製粒塔 prilling tower

造锍熔炼/硫化金屬煉製 matte smelting
造模工作台/造模工作檯 molding bench
造球机/造粒機,製粒機 pelletizer, granulating machine
造球盘/圓盤製粒機,圓盤造球機,造粒盤 pelletizing disc
造团机/造粒機,製粒機 pelletizer, granulating machine
造小球混合料/小球塊混合料 micro pelletized mix
造型/造模 molding
造型板/造模板 ramming plate, mold board
造型材料/造模材料 molding material
造型材料测定仪/造型材料測定儀 measuring apparatus of costing mold material
造型材料添加剂/造模材料添加劑 molding material additive
造型粗砂/造模粗砂 molding gravel
造型底板/造模板 molding board
造型钉/造模釘 molding brad, molding pin
造型法/造模法 molding method
F-M 造型法/F-M 造模法,全模法 F-M process, full-mold process
F.S.造型法/F.S.造模法,流砂造模法 F.S. process, fluid sand mixture molding process
造型工具/造模工具 molder tools
造型刮板/平刮板 strickle board
造型混合料/特殊模砂 special molding sand mixture
造型机/造模機,鑄模機,製模機 molding machine
造型机组/造型機組 molding unit
造型黏土/製模黏土 bond clay
造型区/造模區 molding bay
造型设备/造模設備 molding apparatus
造型生产线/造型生產線 molding line
造型余量/造模裕度 molding allowance
造岩矿物/成岩礦物 rock forming mineral
造渣/結渣 scorification, slagging
造渣剂/結渣劑 slagging material, slag forming constituent
造渣期/結渣期 slag forming period
造渣制度/結渣制度 slagging regime
造渣作业/結渣作業 slag practice
噪声/噪音,雜訊 noise
噪声暴露计/雜訊暴露計 noise exposure meter
噪声暴露量/雜訊暴露量 noise exposure flux
噪声比/噪音比,雜訊比 noise ratio
噪声标限/雜訊標限 noise objective
噪声标准/噪音標準 noise standard
噪声表/聲級計,噪音計 sound meter
噪声测量/噪音量測,雜訊量測 noise measurement
噪声传感器/雜訊感測器 noise transducer
噪声带宽/雜訊頻寬,噪音帶寬 noise bandwidth
噪声灯/雜訊燈 noise lamp
噪声灯引燃器/雜訊燈引燃器 noise lamp ignitor
噪声等效带宽/雜訊等效頻寬 noise equivalent bandwidth
噪声等效辐照度/雜訊等效放射照度 noise equivalent irradiance
噪声等效功率/雜訊等效功率 noise equivalent power, NEP
噪声等效输入/噪音等效輸入 noise equivalent input
噪声电流/雜訊電流 noise current
噪声电平/雜訊位準,噪音級 noise level
噪声额定值/噪音額定數 noise rating number
噪声发生器/噪音產生器 noise generator, flatter generator
噪声放大器/雜訊放大器 noise amplifier
噪声分析器/噪音分析器 sonic noise analyzer
噪声分析仪/雜訊分析儀 noise analyzer
噪声负载比/雜訊負荷比 noise loading ratio
噪声干扰/噪音干擾,雜訊干涉 noise jamming, noise interference
噪声功率/噪音功率 noise power
噪声功率比/雜訊功率比 noise power ratio, NPR
噪声功率比较仪/噪音功率比較儀 noise power comparator
噪声管/噪音管 noise tube
噪声和干扰模拟器/噪音和干擾模擬器 noise and interference emulator
噪声级分析仪/雜訊級分析儀 noise level analyzer
噪声计/噪音計,噪音位準表,音頻雜訊計 audio noise meter, noise level meter, noise meter
噪声计加权/雜訊計加權 psophometric weighting
噪声剂量/雜訊劑量 noise dose
噪声剂量计/噪音劑量計,雜訊劑量計 noise dose meter
噪声加权/雜訊加權 noise weighting
噪声尖峰/雜訊尖 noise spike
噪声监测接头/雜訊監測接頭 noise monitor junction
噪声接收机/雜訊接收機 noise receiver
噪声抗扰度/雜訊抗擾性 noise immunity
噪声控制/雜訊減低 noise abatement
噪声雷达/噪聲雷達 noise radar
噪声类型/雜訊型式 noise type
噪声密度/噪音密度 noise density
噪声模型/雜訊模式 noise model

噪声频谱/雜訊譜 noise spectrum
噪声评价数/噪音額定數 noise rating number
噪声清除/雜訊清除 noise cleaning
噪声容限/雜訊容限 noise margin
噪声试验/噪音測試 noise test
噪声衰减/噪音衰減,雜訊衰減 noise attenuation, attenuation of noise
噪声衰减器/噪音消減器 noise muffler
噪声特性/雜訊特性 noise characteristic
噪声调制/噪音調制 noise modulation
噪声统计分析仪/噪音位準統計分析儀 noise level statistical analyzer
噪声突发信号/雜訊猝發信號 noise burst signal
噪声温度/雜訊溫度 noise temperature
噪声温度计/雜訊溫度計 noise thermometer
噪声污染级/噪音汙染水平 noise pollution level
噪声系数/雜訊指數,雜訊因素,雜訊度 noise factor, noise figure
噪声系数测试仪/噪音指數計 noise figure meter
噪声系数分析仪/噪音係數分析儀 noise figure analyzer
噪声限制/雜訊限制 noise limitation
噪声消除/雜訊消除,雜訊抵消 noise cancelling
噪声消除器/雜訊消除器 noise killer
噪声信道模型/噪音通道模型 noisy channel model
噪声信号/雜訊訊號 noise signal
噪声信号比/雜訊訊號比 noise to signal ratio
噪声信号发生器/雜訊訊號產生器 noise signal generator
噪声抑制/噪音抑制,雜訊抑制,抗噪音 noise suppression, noise reduction, noise abatement
噪声抑制电路/雜訊抑制電路 noise suppression circuit
噪声抑制器/雜訊抑制器 noise suppressor
噪声因数/噪音因子,雜訊因子,雜訊因數 noise factor, NF
噪声预算/雜訊預算 noise budget
噪声阈/雜訊臨限 noise threshold
噪声源/雜訊源 noise source
噪声种类/雜訊型式 noise type
噪声自相关/雜訊自相關 autocorrelation of noise
责任性/負責性 accountability
择多解码逻辑/擇多解碼邏輯 majority decoding logic
择多逻辑可解码/擇多邏輯可解碼 majority logic decodable code
择多译码/擇多譯碼,大數判決譯碼 majority decoding
择谱式高温计/擇譜式高溫計 spectrally selective pyrometer
择优取向/擇優取向,優先方位 preferred orientation
泽贝克系数/塞貝克係數 Seebeck coefficient
泽贝克效应/塞貝克效應 Seebeck effect
泽格测温锥/色氏測溫錐 Seger cone
增材制造/增材製造 additive manufacturing
增大管/增大管 augmenter tube
增幅管/增幅管 amplitron
增光屏/增光屏,增感屏 intensifying screen
增广佩特里网/增廣小型網絡 extended Petri net
增广系统/增廣系統 augmented system
增矩器/扭矩放大器,轉矩放大器 torque amplifier
增控系统/控制增益系統 control augmentation system
增量/增量 increment
增量编码器/增量編碼器 incremental encoder
增量编译/遞增編譯 incremental compilation
增量测试/增量測試 incremental testing
增量磁导率/增量磁導率,增分磁導率 incremental permeability
增量磁滞回线/增量磁滯回路,增量遲滯回路 incremental hysteresis loop
增量电感磁导率/增量電感磁導率 incremental inductance permeability
增量感应/增量感應 incremental induction
增量函数/德爾塔函數 delta function
增量积分器/遞增積分器 incremental integrator
增量精化/遞增精化 incremental refinement
增量开发/遞增式發展 incremental development
增量控制/遞增控制 incremental control
增量理论/增量理論 increment strain theory
增量模型/小值增幅型 incremental model
增量衰减/增量衰減 increment attenuation
增量调制/增量調變 delta modulation, DM
增量相移/差分相移 difference phase shift
增量学习/遞增學習 incremental learning
增量运动控制系统/增量運動控制系統 incremental motion control system
增量转储/遞增傾印 incremental dump
增流双工/增流雙工 incremental duplex
增硫/增硫 sulfur pick-up
增密工艺/增密工藝 thickening technology
增黏剂/增黏劑 viscosity builder
增强材料/補強材料 reinforcing material
增强发射机/輔助發射機 booster transmitter
增强反射型安全窗用玻璃材料/增強反射型安全窗用玻璃材料 enhanced reflecting safety glazing

material
增强-耗尽型逻辑/增強-空乏型邏輯 enhancement-depletion mode logic
增强剂/增強器,強化器,亮化器 intensifier
增强模/加強模態 enhancement mode
增强器/增強器,增幅器,倍增器 booster, intensifier
增强现实/增強實境 augment reality
增强型场效晶体管/增強型場效電晶體 enhancement mode field effect transistor
增强型数字无绳电信系统/增強型數位無繩電信系統 digitally enhanced cordless telecommunications system, DECT
增强型消息业务/增強型訊息服務 enhanced message service, EMS
增强型业务/增強型服務 enhanced service
增强业务提供商/增強業務提供商 enhanced service provider, ESP
增强因子/增值因子 enhancement factor
增速/增速,加速 speed-up, speed increase
增速比/增速比 speed increasing ratio
增速齿轮副/增速齒輪對 speed increasing gear pair
增速齿轮系/增速齒輪系 speed increasing gear train
增速机/增速器 speed increaser
增碳/增碳 recarburization
增碳法操作/增碳法操作 carbon pick-up practice
增碳剂/增碳劑 recarburizer, recarburizing agent
增碳焦/增碳焦 recarburization coke
增透膜/防止反射保護膜,抗反射膜 antireflection coating
增消系统/生滅性系統 birth-death system
增信码/擴增碼 augmented code
增压/增壓 pressure charging, super charge
增压泵/增壓泵 booster pump
增压比/增壓比 supercharging ratio
增压变压器/增壓變壓器,昇壓變器 booster transformer
增压表/增壓計 boost gage
增压补偿器/增壓器調整裝置 boost compensator, boost control
增压袋/加壓袋 pressurization bag
增压发动机/增壓引擎 supercharged engine
增压锅炉/增壓鍋爐 supercharged boiler
增压锅炉型联合循环/增壓鍋爐型聯合循環 combined supercharged boiler and gas turbine cycle
增压机/增壓器,昇壓器,昇壓線圈 booster, supercharger
增压机-透平膨胀机/增壓機-透平膨脹機 booster expansion turbine
增压机压力计/增壓器壓力計 supercharger pressure gage
增压机制动/增壓機制動 brake by booster
增压计/增壓計 boost gage
增压空气冷却器/中間冷却器 charge air cooler
增压空气旁通控制系统/增壓空氣旁通控制系統 charge air bypass control system
增压流化床锅炉/增壓流化床鍋爐 pressurized fluidized bed boiler
增压流化床联合循环/增壓流化床複合循環 pressurized fluidized bed combined cycle
增压冒口/增壓冒口,威廉氏冒口 atmospheric feeder, atmospheric riser, William riser
增压冒口芯/增壓砂心 cracker core
增压气化器/增壓氣化器 boosting vaporizer
增压器/增壓機 supercharger
增压砂芯/增壓砂心 penetration core
增压压力/增壓壓力 boost pressure
增压压力传感器/增壓壓力感測器 boost pressure sensor
增压压力的闭环控制/增壓壓力的閉環控制 closed loop control of boost pressure
增压压力控制基本 MAP 图/增壓壓力控制基本 MAP 圖 basic control MAP of boost pressure
增压压力控制式最大油量限制器/增壓壓力控制式最大油量限制器 boost pressure controlled maximum fuel stop
增压压缩机/增壓壓縮機 booster compressor
增压油泵/增壓油泵 booster oil pump
增压站/增壓站,昇壓站 booster station
增压真空泵/增壓真空泵,增壓真空幫浦 booster vacuum pump
增压中冷/增壓中間冷却 supercharging intercooling
增氧燃烧/增氧燃燒 oxygen enhanced combustion
增益/增益,放大 gain
增益饱和/增益飽和 gain saturation
增益边际/增益邊限,增益界限,增益餘裕 gain margin
增益常数/增益常數 gain constant
增益-带宽积/增益-頻寬乘積 gain bandwidth product
增益控制/增益控制 gain control
增益临界点/增益交越點 gain crossover
增益平度/增益平度 gain flatness
增益调节/增益調整 gain adjustment
增益调整/增益調整 gain adjustment
增益稳定性/增益穩定性 gain stability
增益斜率/增益斜率 gain slope

增益裕度/增益邊限,增益界限,增益餘裕　gain margin
增音机/前置放大器,中繼器　preamplifier, repeater
增音机间距/中繼站距離　repeater spacing
增音站/增音機,中繼站,轉發站　repeater station
增银分离法/加銀分金法　inquartation
增长/成長　growth
增值网/加值網路　value added network
增值冶金/附加值冶金　value added metallurgy
增值业务/增強型服務　value added service, enhanced service, VAS
增殖/增殖,倍增,滋生　breeding
增殖比/增殖比,滋生比　breeding ratio
增殖[反应]堆/滋生反應器　breeder reactor
增殖增益/滋生收益,滋生增益　breeding gain
甑碳/蒸餾碳　retort carbon
扎德拉解吸法/札德拉解吸法　Zadra desorbing process
扎缝用糊/錘擊用糊　ramming paste
扎马克锌基压铸合金/薩馬克合金,亞鑄鋅金合　Zamak alloy
渣包/[盛]渣桶　slag ladle, slag pot
渣比/渣比　slag ratio
渣池/渣池　slag bath
渣池透氧率/渣池透氧率　oxygen permeability of slag layer
渣浮选/渣浮選　slag flotation
渣钢乳化现象/渣鋼乳化現象　emulsification of steel droplet into slag
渣沟/熔渣流道　slag runner
渣罐/[盛]渣桶　slag ladle, cinder ladle, slag pot
渣硅酸度/渣矽酸度　silicic-acidity of slag
渣化/渣化,結渣　slagging, scorification
渣化皿/坩碟　scorifier
渣化试金法/坩碟檢定　scorification assay
渣碱度/渣鹼度　slag basicity
渣浆泵/渣漿泵　slag-slurry pump
渣-金属反应/渣-金屬反應　slag-metal reaction
渣壳/澆桶耙　skull
渣孔/渣孔　slag blowhole
渣口/出渣口　cinder notch
渣口冷却套/渣口冷却器　slag tuyere cooler
渣口水套/渣口水套　slag notch cooler
渣量/結渣量　slag volume
渣率/結渣率　slag rate
渣棉/[熔]渣棉　slag wool
渣膜析晶率/渣膜析晶率　crystalline proportion in flux film
渣幕/渣幕　slag screen
渣皮/渣殼　slag crust
渣球含量/渣球含量　shot content
渣铁比/渣比　slag ratio
渣位高度/渣位高　slag level
渣洗/洗渣　slag washing
渣下电弧现象/渣下電弧現象　submerged arc phenomenon
渣线侵蚀/渣線沖蝕　slagline erosion
渣相黏结/渣相黏結　slag bonding
渣型/渣型　slag pattern
渣中含铁量/渣中含鐵量　iron content in slag
渣滓/浮渣　dross
轧槽/軋槽　groove
轧钢/軋鋼　steel rolling
轧钢机/輥軋機　rolling mill, steel rolling
轧钢皮/壓軋氧化層,銹皮　roll scale
轧管机/軋管機　pipe rolling mill, tube rolling mill
轧辊/軋輥,輥子　roller, roll
VC 轧辊/VC 軋輥,可變凸度軋輥　variable crown mill, VC mill
轧辊表面质量/軋輥表面品質　roll surface quality
轧辊车床/軋輥車床　roll lathe
轧辊尺寸/軋輥尺寸　roll dimension
轧辊吊架/軋輥吊架　roll hanger
轧辊分段冷却装置/軋輥分階冷却裝置　roll stage cooling device
轧辊辊身长度/軋輥輥身長度　roll body length
轧辊径向调整/軋輥徑向調整　radial adjustment of roll, roll radial adjusting
轧辊开度/軋輥開度　roll opening
轧辊孔型设计/軋輥孔型設計　roll pass design, roll pass schedule
轧辊名义直径/軋輥標稱直徑　roll nominal diameter
轧辊磨床/軋輥磨床　roll grinder
轧辊挠度/輥撓度　roll deflection
轧辊偏心控制/軋輥偏心控制　roll eccentric control
轧辊偏移量/軋輥偏移量　offset of roll
轧辊平衡装置/軋輥平衡裝置　roll balancing device
轧辊热凸度/軋輥熱凸度　hot crown of roll
轧辊凸度/軋輥凸度　camber of roll, roll crown
轧辊消耗/軋輥消耗　roll consumption
轧辊压上装置/軋輥壓上裝置　roll-serew-up device
轧辊压下装置/軋輥壓下裝置　roll-screw-down device
轧辊原始直径/軋輥初始直徑　roll primary diameter
轧辊中心线/軋輥中心線　roll central line
轧辊中性线/軋輥中性線　roll neutral line

轧辊轴承/軋輥軸承 roll bearing
轧辊轴承座/軋輥軸承座 roll carriage
轧辊轴向调整/軋輥軸向調整 axial adjustment of roll, roll axial adjusting
轧辊轴向移动装置/軋輥軸向移動裝置 roll shift device
轧后厚度/軋後厚度 outgoing gage
轧环机/軋環機 ring rolling mill
轧机/輥軋機 rolling mill
CVC 轧机/連續可變凸度輥軋機,CVC 輥軋機 continuous variable crown mill, CVC mill
HC 轧机/高性能輥型凸度控制輥軋機,HC 輥軋機 high crown mill, HC mill
PC 轧机/PC 輥軋機 PC mill
UPC 轧机/UPC 軋機,通用孔型控制輥軋機 universal profile control mill, UPC mill
轧机刚度/輥軋機剛度 stiffness of rolling mill
轧机刚度系数/輥軋機剛性係數 rigidity coefficient of rolling mill
轧机机架/輥軋機機架 mill housing, rolling housing
轧机机座/輥軋機機座 rolling mill stand
轧机扭转振动/輥軋機扭轉振動 torsional vibration of rolling mill
轧机生产率/輥軋機生産率 productivity of rolling mill
轧机调整/輥軋機調整 adjustment of rolling mill
轧机压下系统/輥軋機壓下系統 mill screwdown system
轧机振动/輥軋機振動 vibration of rolling mill
轧件/軋件 rolled piece, rolling piece
轧件端部变形/軋製件端部變形 deformation of rolled piece end
轧件宽度/軋製件寬度 rolled material width, width of rolled piece
轧膜/軋膜 roll forming
轧片换热器/整體凸片管熱交換器 finned tube heat exchanger with integral rolled fins
轧纹波机/皺縮機 crimping machine
轧制/輥軋 rolling
45°轧制/45°輥軋 45° rolling
轧制变形区/輥軋變形區 deformation zone of rolling
轧制变形区长度/輥軋變形區長度 length of deformation zone
轧制变形区接触面积/輥軋變形區接觸面積 contact area of deformation zone
轧制变形速度/輥軋變形速度 deformation speed of rolling
轧制变形温度/輥軋變形溫度 deformation temperature of rolling
轧制道次/輥軋道次 rolling pass
轧制动态规格变换/輥軋動態規格變換 dynamic gage changing of rolling
轧制方向/輥軋方向 rolling direction
轧制工程学/輥軋工程學 rolling engineering
轧制工艺振动/輥軋工藝振動 rolling vibration induced by technological factor
轧制工艺制度/輥軋工藝規則 technical regulations of rolling
轧制功率/輥軋功率 rolling power
轧制规程/輥軋規程 rolling schedule
轧制过程模化/輥軋過程模式化 modelling of rolling process
轧制过程优化/輥軋過程優化 rolling process optimization
轧制几何变形区/輥軋幾何變形區 geometric deformation zone
轧制计划单元/輥軋規劃單位 planning unit of rolling
轧制力/輥軋力 rolling force
轧制力臂/輥軋力臂 rolling force arm
轧制力矩/輥軋力矩 rolling torque
轧制流变学/輥軋流變學 rhelogy of rolling
轧制面/輥軋面 rolling plane
轧制模型/輥軋模型 rolling model
轧制能耗/輥軋能耗 energy consumption of rolling
轧制能耗曲线/輥軋能耗曲線 energy consumption curve of rolling
轧制线/輥軋線 rolling line
轧制型钢/輥軋型鋼 rolled section steel
轧制 PDCA 循环/輥軋 PDCA 循環 PDCA cycle for rolling
轧制压缩率/輥軋壓縮率 rolling draught
轧制直径/輥軋直徑 roll working diameter
轧制周期/輥軋週期 rolling cycle, rolling period
闸板/閘板 disk, wedge
闸板式隔膜阀/楔形隔膜閥 wedge diaphragm valve
闸波产生器/閘波産生器 gate generator
闸带离合器/閘帶離合器 brake band clutch
闸阀/閘閥,插板閥 gate valve
闸极瓣/閘極瓣 grating lobe
闸块离合器/閘塊離合器 brake shoe clutch
闸流管/閘流管 thyratron
闸流管记录器/閘流管記録器 thyratron recorder
闸流体整流器/矽控整流器 silicon controlled rectifier

闸门放大器/閘門放大器　gate amplifier
闸门式变面积流量计/閘門式變面積流量計　gate type variable area flowmeter
闸门式真空系统/閘門式真空系統　vacuum system with an air-lock
闸门式振动给料器/閘門式振動給料器　gate type feeder
闸室/閘廂　lock chamber
栅栏式折页机/柵欄式折頁機　buckle folding machine
栅障同步/隔離同步　barrier synchronization
炸药混装车/炸藥混合進料車　explosive mix and charge vehicle
炸药消耗比/爆炸比率　explosive ratio
榨油机/榨油機,油壓機　oil press
窄薄板坯/窄板坯,薄板坯　sheet bar, sheet billet
窄波束天线/窄波束天線　narrow beam antenna
窄带/窄頻,窄[頻]帶　narrow band, NB, narrow strip
窄 V 带/窄三角皮帶　narrow V-belt
窄带传输/窄頻帶傳輸　narrow-band transmission
窄带带阻滤波器/窄帶帶阻濾波器　narrow band rejection filter
窄带电路/窄頻帶電路　narrow band circuit
窄带电视/窄頻電視　narrow band television
窄带放大器/窄頻放大器　narrow band amplifier
窄带干扰/窄頻帶干擾　narrow band interference
窄带钢/窄帶鋼　narrow strip steel
窄带接收机/窄頻帶接收機　narrow band receiver
窄带卷/窄帶卷　slit coil, slit form
窄带连续骚扰/窄帶連續騷擾　narrow band continuous disturbance
窄带链路/窄頻帶鏈路,窄頻帶線路　narrow band link
窄带量子计数器/窄帶量子計數器　narrow band quantum counter
窄带滤波器/窄頻濾波器　narrow band filter
窄带三进制/窄頻帶三進制　narrow band ternary
窄带三元码/窄頻帶三進制碼　narrow band ternary code
窄带射频信道/狹帶射頻道　narrow band RF channel
窄带数据链路/窄頻帶資料鏈路　narrow band data link
窄带随机振动/窄頻帶隨機振動　narrow band random vibration
窄带调频/窄頻帶調頻　narrow band frequency modulation, NBFM
窄带通信系统/窄頻帶通信系統　narrow band communication system
窄带隙半导体/窄能帶隙半導體　narrow gap semiconductor
窄带信道/窄頻帶通道　narrow band channel
窄带信号/窄頻帶訊號　narrow band signal
窄带选频电压表/窄帶選擇性伏特計　narrow band selective voltmeter
窄带噪声/窄帶雜訊,窄頻[帶]雜訊　narrow band noise
窄带轧机/窄帶輥軋機　narrow strip mill
窄沟效应/窄通道效應　narrow channel effect
窄轨距/狹軌距　narrow gage
窄辊距/窄輥距　narrow roller spacing
窄间隙焊/窄縫焊法　narrow gap welding
窄面法兰/窄面凸緣　narrow contact face flange
窄面散热/窄面散熱　narrow face heat removal
窄面严重鼓肚/窄面過度鼓脹　excessive narrow face bulging
窄频带有源中继卫星/窄頻帶有源中繼衛星,窄頻帶主動中繼衛星　narrow band active repeater satellite
窄频轴/狹帶軸　narrow band axis
窄水道/窄航道　pass
窄条手锯/鏤鋸　coping saw
沾污/沾染,汙染　contamination
毡滤器/氈濾器　felt filter
粘贴传感器/黏貼換能器　bonded transducer
粘贴式应变计/固定應變計　bonded type strain gage
詹卡硬度/楊氏硬度　Janka hardness
斩波放大器/斬波放大器,斷續放大器　chopper amplifier
斩波控制/脈衝控制　chopper control
斩波器/斬波器,截波器,切碎機　chopper
斩峰器/峰值限幅器　peak chopper
斩光器/減光盤　episcotister
展成法/演生法　generating method
展开槽/展開槽　developing tank
展开处理/伸張式訊號處理　stretch processing
展开面/展開曲面　developed surface
展开图/展開圖　developing drawing
展宽/展開　spreading
展宽系数/展寬係數　coefficient of spread
展宽轧制/展寬輥軋　spread rolling
展弦比/展弦比　aspect ratio
展性热处理铁矿/展性熱處理鐵礦　malleable ore
展性退火/展性退火　malleablising annealing
占空比/占空比,工作比　duty ratio, duty cycle

占空因数/占空因數,工作因數 duty factor
占线/工作中 busy
占线测试/忙線測試 busy test
占线信道/占線通道,占線頻道 active channel
占线信号/占線訊號,忙線訊號 busy signal
占线音/占線音 busy back tone
占用/占用,占有 occupation, seizure
占用带宽/占有頻帶寬 occupied bandwidth
占用空间/空間使用 space usage
占用频段/占用頻帶,占有頻帶 occupied frequency band
占用时间/獲取時間,探測時間 acquisition time
占用线路/占用線路,忙線 busy line
占用信道/占用通道 active channel
栈/堆疊,疊列 stack
栈标记/堆疊標志 stack marker
栈单元/堆疊單元 stack cell
栈底/堆疊底 bottom
栈地址/堆疊位址 stack address
栈分配/堆疊分配 stack allocation
栈机制/堆疊機制 stack mechanism
栈控制/堆疊控制 stack control
栈内容/堆疊内容 stack content
栈桥/馬架 trestle
栈区/堆疊區 stack area
栈容量/堆疊容量 stack capability
栈上托/堆疊爆出 stack pop-up
栈设施/堆疊設施 stack facility
栈算法/堆疊演算法 stack algorithm
栈桶式算法/堆疊桶式演算法 stack bucket algorithm
栈下推/堆疊下推 stack push-down
栈向量/堆疊向量 stack vector
栈寻址/堆疊定址 stack addressing
栈溢出/堆疊溢出 stack overflow
栈溢出中断/堆疊溢出中斷 stack overflow interrupt
栈元素/堆疊元件 stack element
栈指针/堆疊指標 stack pointer
栈自动机/堆疊自動機 stack automaton
栈字母表/堆疊字母表 stack alphabet
栈组合/堆疊組合 stack combination
栈作业处理/堆疊工件處理 stack job processing
战场侦察雷达/戰場偵察雷達 battlefield search radar
战略规划/策略計劃 strategic planning
战略决策支持系统/戰略決策支援系統 strategic decision support system
战略情报/戰略情報 strategic intelligence
战略数据规划/戰略資料規劃 strategic data planning
战略数据规划方法/戰略資料規劃方法 strategic data plan methodology
战术情报/戰術情報 tactical intelligence
战争拨号器/戰爭撥號器 war dialers
战争驱动/戰爭驅動 war driving
站/站,局 station
站点/站點 site
站点保护/站點保護 site protection
站点故障/場地故障 site failure
站点自治/場地自治 site autonomy
站名/站點名 site name
张弛测量器/弛緩計 relaxometer
张弛换流器/弛緩換流器 relaxation inverter
张弛频率/鬆弛頻率 relaxation frequency
张弛时间/鬆弛時間 relaxation time
张弛振动/鬆弛振動 relaxation vibration
张紧带轮/張力皮帶輪 tensioning pulley
张紧滑轨/可動軌條 slide rail
张紧缓冲装置/張力緩衝裝置 tension buffer device
张紧轮/拉緊帶輪,張力輪 tensioning wheel, tension pulley
张紧器/張力器 tensioner
张紧索/張力[繩]索 tension rope
张紧装置/繃緊裝置 tightening device
张开型裂纹/開口型裂紋 opening mode crack
张拉机/液壓拉伸式千斤頂 hydraulic tension jack
张力/張力 tension, tension force
张力臂/鬆緊臂 tension arm
张力测定计/張力測功計,拉力測力儀 tension dynamometer
张力测量法/音高量測術,壓力量測術 tonometry
张力分析器/張力分析器 tension analyzer
张力规/飽和液壓計 tensimeter
张力计/張力計,拉力計 tensimeter, pull tension gage, tension gage
张力减径/張力減徑 tension reducing
张力减径机/張力減徑機 stretch-reducing mill, tension-reducing mill
张力矫直/張力矯直 tension straightening
张力矫直机/張力矯直機 stretcher, stretcher levelet
张力卷取/張力卷取 tension coiling
张力试验机/拉力測驗機 tensile machine
张力仪/張力計 tension gage
张力轧制/張力輥軋 tension rolling
张力指示器/張力指示器,張力計 tension indicator
张量/張量 tensor quantity

张量磁导率/張量磁導率 tensor permeability
张量磁化率/張量磁化率 tensor susceptibility
张量导磁率/張量磁導率 tensor permeability
张丝/拉伸彈簧 tension spring
张丝式检流计/緊懸式電流計 taut suspension galvanometer
张应力/拉[伸]應力 tensile stress
章动/章動 nutation
章动敏感器/章動感測器 nutation sensor
章动圆盘流量计/章動圓盤流量計 nutation disc flowmeter
章动阻尼/章動阻尼 nutation damping
长霉试验/長黴試驗 mould growth test
长霉试验箱/長黴試驗箱 mould growth test chamber
涨落/顫動 fluctuation
掌上计算机/掌上電腦,個人數位助理 palmtop computer, personal digital assistant, PDA
掌纹识别/掌紋識別 palmprint recognition
胀差/脹差 differential expansion
胀管/脹管 tube expanding
胀管器/擴管器 tube expander
胀接/脹接 expanded connecting
胀壳式锚杆/脹殼式錨定螺栓 expansion shell bolt
胀圈/膨脹圈 expansion ring
胀圈离合器/脹圈離合器 expansion ring clutch
胀缩式卷取机/脹縮式卷架 collapsible reel
胀形/船體膨出部,膨脹 bulging
胀形模/撐壓模 bulging die
胀形系数/脹形係數 bulge coefficient
障碍/障礙 obstruction
障碍物/障礙物 obstacle
招标/建議書請求 request for proposal
着火/著火,點火 firing
着火点/著火點,燃點 fire point
着火电压/著火電壓 firing voltage, ignition voltage
着火时间/著火時間 ignition time
着火危险/火災危險 fire hazard
着火性/點火性 ignition quality
着火转速/點火速率 firing speed
爪齿/爪齒 blade tooth
爪型偏向探针/爪型偏向探針 claw type yaw probe
沼气检定器/甲烷指示計 methanometer
沼铁矿/沼鐵礦 bog iron ore
召回/召回,喚回 recall
兆/百萬 mega, M
兆安/百萬安培 megampere
兆巴/百萬巴 megabar
兆比特/百萬位元 megabit
兆吨/百萬噸 megaton
兆乏计/百萬乏計 megavarmeter
兆赫/百萬赫 megahertz, MHz
兆卡/百萬卡 thermie
兆克/百萬克 megagram
兆力线/百萬力線 megaline
兆欧/百萬歐姆 megaohm
兆欧表/高阻計 megohmmeter
兆瓦/百萬瓦 megawatt
兆瓦日/百萬瓦日 megawatt day
兆瓦时/百萬瓦時 megawatt hour
兆瓦天/百萬瓦日 megawatt day
兆位/百萬位元 megabit
兆位存储器/百萬位元記憶體 megabit memory
兆位每秒/每秒百萬位元 megabits per second
兆兆位/萬億位,太位 terabit
兆周期/百萬週 megacycle
兆字节/百萬位元組,百萬拜 megabyte
兆字节每秒/每秒百萬位元組 megabytes per second
赵氏硬度计/趙氏硬度計 Pusey and Jones indentation instrument
照度表/照度計 illuminometer
照度传感器/照度感測器 illuminance transducer
照度计/照度計,亮度計,勒克司計 illumination photometer, luminometer, lux meter
照度均匀度/照度均勻度 uniformity of illumination
照明/照明 lighting, illumination
照明测量/照明量測 illumination measurement
照明场/照明場 illuminated field
照明车/照明車 lighting vehicle
照明电路/照明電路 lighting circuit
照明范围/照明場 illumination field
照明技术/照明技術 lighting technology
照明品质/照明品質 quality of lighting
照明器/照明器 luminary
照明区/照明場 illumination field
照明体/照明體,施照體 illuminant
照明体色度位移/照明體色度值移動,照明體色度漂移 illuminant colorimetric shift
照明系统/照明系統 illuminating system
照明装置/照明器,施照器 illuminator
照片/照片 picture
照片放大器/影像放大器 projection printer
照射/照射,暴露,曝光 exposure
照射递减效率/照射遞減效率 illumination taper efficiency
照射剂量/曝露劑量 exposure dose

照射量率/曝露率,曝光率 exposure rate
照射量率计/照射量率計,曝露率計 exposure ratemeter
照射面积/受照射面積 irradiated area
照射时间/照射時間,曝光時間,暴露時間 exposure time
照射效应/照射效應 illumination effect
照射野/照射野 field of beam
照相分光光度法/攝影分光光度量測術 photographic spectrophotometry
照相分光镜/照相分光鏡 photographic spectroscope
照相光度学/照相光度學 photographic photometry
γ照相机/γ照相機,加馬照相機 gamma camera
照相记录器/照相記録器,攝影記録器 photographic recorder
照相记时仪/照相記時儀,照相計時儀 photochronograph
照相剂量学/光劑量測定術 photodosimetry
照相经纬仪/照相經緯儀 phototheodolite
照相井斜仪/井孔斜度儀 photoclinometer
照相乳胶/感光乳劑 photographic emulsion
照相蚀刻/照相蝕刻術 photo-etching
照相室/照相室 camera chamber
照相透镜/照相透鏡 photographic lens
照相望远镜/照相望遠鏡 phototelescope
照相仪/探像器 photographic finder
照相制版系统/照相製版系統 photocopying system
照准仪/照準儀,游標盤 alidade
罩/套箱 jacket
罩光/上釉 glazing
罩极电动机/蔽極電動機,罩極式電動機 shaded pole motor
罩极线圈/罩極線圈,屏蔽線圈,校正線圈 shading coil
罩壳/外殼 enclosure
罩式炉/罩式爐 bell type furnace, lifting furnace
罩式退火炉/罩式退火爐 hood type annealing
遮蔽阴影/遮蔽效應 masking effect
遮挡/遮擋 occlusion
遮光板/遮光柵 spill shield
遮光器/遮光器,截光器 light chopper, chopper
遮光罩/遮光柵 spill shield
遮弧法熔炼/遮弧法熔煉 shielded arc smelting
遮阶/遮階 blacking level
遮栏/障壁,障礙物 barrier
遮讯/遮訊 blacking signal
遮阳板/遮陽板 sun visor
折臂式塔式起重机/折臂式塔式起重機 goose neck jib tower crane
折边模/折模 folding die
折叠/折疊 jack-knifing
折叠波导电路/折疊波導電路 folded waveguide circuit
折叠机/折疊機 doubling machine
折叠频谱/折疊頻譜 folded spectrum
折叠式布料杆/折摺式下料吊桿 folding placing boom
折叠式打印纸/折疊式報表紙,折疊式記録紙 fan fold paper
折叠式反射镜/折疊式鏡 folding mirror
折叠式激光器/折式雷射 folded laser
折叠式太阳电池阵/折疊式太陽電池陣 fold-out type solar cell array
折叠双极天线方式/折疊雙極天線模態,回紋針形雙極天線模態 antenna mode of folded dipole
折反射望远镜/折反射望遠鏡 catadioptric telescope
折反射物镜/反射折射物鏡 catadioptric objective
折反射系统/反射折射光學系統 catadioptric system
折返曲线/折返曲線 return curve
折返式井底车场/之字線井底車站 switch-back shaft station
折返圆/折返圓 return circle
折拐点频率/折點頻率,拐點頻率 break frequency
折光防冻液密度计/折光防凍液密度計 refraction densimeter for antifreeze
折光糖量计/折光糖量計 refraction metric saccharimeter
折合热量/折合熱量 reduced heat
折合天线/折疊雙極天線 folded dipole antenna
折合误差/減少誤差 reduced error
折合振子/折疊雙極 folded dipole
折合振子天线/折疊雙極天線 folded dipole antenna
折合质量/折合質量,約化質量 reduced mass
折减因数/折合因子,縮小因子 reduction factor
折角反射器/角反射器 angular reflector
折旧/折舊 amortization, depreciation
折旧废钢/折舊廢鋼 depreciated scrap
折旧因子/折舊因子 depreciation factor
折流分离器/折流分離器 deflection separator
折流蒸发器/擋板蒸發器 baffle evaporator
折射/折射 refraction
折射波/折射波 refracted wave
折射层/折射層 refracting layer
折射度/折射率 specific refraction
折射计/折射計,屈光計 refractometer
折射角/折射角 refracted angle, refraction angle

折射近场法/折射近場[方]法 refracted near field method
折射棱镜/折射棱鏡 refracting prism
折射率/折射率,折射指數,折射係數 refractive index
折射率分布/折射率分布,折射率剖面圖 refractive index profile, refractive index distribution
折射率分布参数/折射率分布參數 refractive index profile parameter
折射率分布图/折射率剖面圖 refractive index profile
折射率光孤子/折射率光固子 refractive index soliton
折射率张量/折射率張量 refractive index tensor
折射器/折射器,折射鏡 refractor
折射式湿度传感器/折射式濕度傳感器,折射式濕度感測器 refractive humidity transducer
折射式望远镜/折射望遠鏡 refracting telescope
折射系数/折射係數,折射指數,折射率 index of refraction, refractive index
折射系统/折射系統 dioptric system
折射型透镜/折射型透鏡 refractive lens
折射性/折射性,折射本領,折射率 refractivity
折式偶极[子]反射器/折式偶極反射器 folded dipole reflector
折算电阻/换算電阻,縮小電阻 reduced resistance
折算焦比/折算焦比 conversion coke rate
折算流量/已校流量 corrected flow
折算热效率/基準熱效率,推算熱效率 referred thermal efficiency
折算输出功率/基準輸出,推算輸出 referred output
折算值/簡化值,换算值 reduced value
折算质量/慣用質量 conventional mass
折算转速/基準速率,推算速率 referred speed
折弯机/彎曲機 bending machine
180°折弯试验/180°折彎試驗 doubling over steel
折弯压力机/彎曲壓機 bending press
折线/折線 polyline
折向器/折向器,轉向器 deflector
折腰转向/折腰轉向 articulated steering
折褶式空气过滤器/折疊介質式空氣篩檢程式 folded media type air filter
折轴折射望远镜/折軸折射鏡 elbow refractor
折皱变形/括損 scuffing
锗/鍺 germanium, Ge
锗铋氧化物/鍺鉍氧化物 bismuth germanium oxide, BGO
锗二极管/鍺二極體 germanium diode
锗光电二极管/鍺[檢]光二極體 germanium photodiode
锗检光器/鍺檢光器 germanium optical detector
锗晶体管/鍺電晶體 germanium transistor
锗晶体探针/鍺探針 germanium probe
锗锂探测器/鍺鋰探測器 germanium lithium detector
锗锂氧化物/鍺鋰氧化物 lithium germanium oxide, LGO
锗缺陷/鍺缺陷 germanium defect
锗热电阻温度计/鍺熱電阻溫度計 germanium resistance thermometer
锗酸铋/鍺酸鉍 bismuth germanate
锗酸锂/鍺酸鋰 lithium germanate
锗吸收/鍺吸收 germanium absorption
锗整流器/鍺整流器 germanium rectifier
褶积/褶積 convolution
褶形管/褶形管 creased pipe
针齿壳/針齒殼 pin wheel housing
针齿轮/針齒輪 pin wheel
针齿套/輪滾子 wheel roller
针齿销/銷子輪 pin gear
针齿直径/針齒直徑 gear pin diameter
针齿中心圆/針齒中心圓 center circle of gear pins
针齿中心圆齿距/針齒中心圓齒距 center circle pitch of gear pins
针齿中心圆直径/針齒中心圓直徑 center diameter of gear pins
针齿中心圆柱面/針齒中心圓柱面 center cylinder of gear pins
针刺型肋片换热器/針凸片管熱交換器 needled finned tube heat exchanger
针锉/針銼 pin file
针碲金银矿/針碲金礦 sylvanite
针电极/針電極 needle electrode
针阀/針閥 pin valve
针阀升程/針閥昇程 needle lift
针阀升程传感器/針閥昇程感測器 needle lift sensor
针阀升程调整垫片/針閥昇程調整墊片 needle lift adjusting shim
针阀运动传感器/針閥運動感測器 needle motion sensor
针分配器/針形配量器,針形計量器 needle dispenser
针规/針規 pin gage
针径系数/針徑係數 coefficient of gear pin diameter
针孔/針孔,銷孔 pinhole
针孔焦点射线照相/焦斑針孔照射術 focal spot

pinhole radiogram
针孔透镜/針孔透鏡 pinhole lens
针孔照相机/針孔照相機 pinhole camera
针孔状缩孔/針孔狀縮孔 pinhole porosity
针式打印机/尖筆列印機 stylus printer
针式绝缘子/裝腳絕緣體 pin insulator
针式输纸/針式饋送 pin feed
针束气动除锈器/氣動針束除銹器 pneumatic needle scaler
针形阀/針閥 needle valve
针形喷雾器/針形噴霧器 pintle atomizer
针状粉/針狀粉末 acicular powder
针状焦/針狀焦 needle coke
针状结构铸铁/針狀[結晶]鑄鐵 acicular cast iron
针状铁素体/針狀肥粒鐵 acicular ferrite
针状铁素体钢/針狀肥粒鐵鋼 acicular ferrite steel
针状铸铁/針狀[組織]鑄鐵 acicular cast iron, bainite cast iron
针状组织/針狀組織,針狀結構 acicular structure
侦察卫星/間諜衛星 spy satellite
帧/資訊框 frame
帧定时/框時序 frame timing
帧定位/框定位 frame alignment
帧丢失/框丟失 loss-of-frame
帧封装/框封裝 frame encapsulation
帧格式/框格式 frame format
帧滑动/框滑動 frame slip
帧缓存器/碼框緩衝器 frame buffer
帧间编码/框間編碼 interframe coding
帧间空隙/框間隔 interframe space
帧间时间填充/框間時間填充 interframe time fill
帧间压缩/框間壓縮 interframe compression
帧间预测器/框間預估器,連續畫面預估器 interframe predictor
帧间-帧内混合编码/框内-框間混合編碼 intraframe-interframe hybrid coding
帧检错码/框檢錯碼 frame error-detecting code
帧检验序列/框檢查順序 frame check sequence, FCS
帧接口/框介面 frame interface
帧结构/框結構 frame structure
帧纠错码/框改錯碼 frame error correcting code
帧控制字段/框控制欄位 frame control field
帧率/框速率 frame rate
帧每秒/每秒框數 frames per second
帧面问题/框問題 frame problem
帧内编码/框内編碼 intraframe coding
帧内编码预测器/框内編碼預估器,畫面内視訊預估器 intraframe predictor
帧内压缩/框内壓縮 intraframe compression
帧频/框頻 frame frequency
帧失步/框失步 out of frame, OOF
帧首定界符/開始框架定界符,框起始定界符 frame start delimiter
帧输出变压器/訊框輸出變壓器 frame output transformer
帧速率/框速率 frame rate
帧同步/框同步 frame synchronization
帧头/框標頭 frame header
帧突发/幀突發 frame bursting
帧尾定界符/結束框架定界符,框端定界符 frame end delimiter
帧信号发生器和分析仪/框訊號發生器和分析儀 frame signal generator and analyzer
帧中继/訊框中繼 frame relay
帧中继网/訊框中繼網路 frame relaying network, frame relay network
帧中继业务/框架轉送業務 frame relay service, FRS
帧周期/框週期 frame period
真比重/真比重 true specific gravity
真彩色/實彩色 real color
真点播电视/真實點播電視 real video on demand
真沸点蒸馏/真沸點蒸餾 true boiling-point distillation
真符合/真符合,真重合 true coincidence
真恒星时/真恆星時 true sidereal time
真后缀/真尾碼 proper suffix
真阶段/真階段 true stages
真空/真空 vacuum
真空安全阀/真空洩壓閥,真空釋放閥 vacuum relief valve
真空泵/真空泵,真空幫浦 vacuum pump
真空泵的极限压力/真空泵的極限壓力 ultimate pressure of vacuum pump
真空泵的流量/真空泵的流量 throughput of vacuum pump
真空泵的体积流率/真空泵的容積流量率 volume flow rate of vacuum pump
真空泵压缩比/噴射泵壓縮比 compression ratio of vacuum pump
真空泵油/真空泵油 vacuum pump oil
真空表/真空計 vacuum gage, vacuum meter
真空测辐射热计/真空輻射熱計 vacuum bolometer
真空测热计/真空卡計 vacuum calorimeter
真空成形/真空成形,真空型成 vacuum forming

真空重熔/真空重熔 vacuum remelting
真空重熔精炼/真空重熔精煉 vacuum remelting refinging
真空抽气管线/真空排氣管線 vacuum exhaust line
真空抽气系统/真空抽氣系統 vacuum pumping system
真空除气法/真空除氣法 vacuum degassing process
真空除气器/真空除氣機 vacuum degasser
真空除氧/真空除氣 vacuum deaeration
真空处理/真空處理 vacuum treatment
真空传感器/真空傳感器,真空感測器 vacuum transducer
真空窗/真空窗 vacuum window
真空吹氧脱碳法/真空吹氧脱碳法 vacuum oxygen decarburization
真空磁导率/真空磁導率 permeability of vacuum
真空磁灯/真空通量燈 vacuum flux lamp
真空淬火油/真空淬火油 vacuum quenching oil
真空灯/真空燈 vacuum lamp
真空等离子体熔炼/真空電漿熔化 vacuum plasma melting
真空电弧重熔/真空電弧重熔 vacuum arc remelting
真空电弧离心机/真空電弧離心機 vacuum arc centrifuge
真空电弧熔炼/真空電弧熔煉 vacuum arc melting
真空电离测定器/真空游離檢知器 vacuum ionization detector
真空电容率/真空電容率,真空介電常數 permittivity of vacuum
真空电容器/真空電容器 vacuum capacitor
真空电子器件/真空電子器件 vacuum electron device
真空电子学/真空電子學 vacuum electronics
真空电阻熔炼/真空電阻熔化 vacuum resistance melting
真空淀积/真空沈積 vacuum deposition
真空锭模熔炼/真空鑄錠熔化 vacuum ingot melting
真空杜瓦瓶/迪華瓶 Dewar flask, Dewar bottle
真空度/真空度 vacuum degree, degree of vacuum
真空镀膜/真空澱積,真空鍍覆 vacuum coating, vacuum deposition, vacuum plating
真空镀膜反射器/真空鍍膜反射鏡 vacuum-coated reflector
真空镀膜设备/真空鍍膜設備 vacuum coating plant
真空断路器/真空斷路器 vacuum circuit breaker
真空断续器/真空斷續器 vacuum interrupter
真空发生器/真空產生器 vacuum generator
真空阀/真空閥,真空管 vacuum valve
真空法兰连接/真空法蘭連接 vacuum flange connection
真空法微碳铬铁/真空精煉碳鉻鐵 ferrochromium by vacuum refining
真空分光计/真空分光計 vacuum-path spectrometer
真空浮选/真空浮選 vacuum flotation
真空浮选机/真空浮選機 vacuum flotation machine
真空负荷活塞计/真空負荷活塞計 vacuum load piston meter
真空干涉仪/真空干涉計 vacuum interferometer
真空干燥/真空乾燥 vacuum drying
真空干燥器/真空乾燥器,真空乾燥機 vacuum drier
真空干燥箱/真空乾燥箱,真空乾燥爐 vacuum drying oven
真空坩埚熔炼/真空坩堝熔煉 vacuum crucible melting
真空感应炉/真空感應爐 vacuum induction furnace
真空感应[炉]熔炼/真空感應爐熔煉 vacuum induction furnace melting, VIM
真空钢包除气/真空鋼包除氣 vacuum ladle degassing
真空钢包脱气法/真空鋼包除氣處理 vacuum ladle degassing process
真空高温计/吸入高温計 suction pyrometer
真空管/真空管 vacuum tube
真空管放大器/真空管放大器 vacuum tube amplifier
真空管继电器/真空管繼電器 vacuum tube relay
真空管检波器/真空管檢波器,真空管檢知器 vacuum tube detector
真空管静电计/真空管静電計 vacuum tube electrometer
真空管振荡器/真空管振盪器 vacuum tube oscillator
真空管整流器/真空管整流器 vacuum-tube rectifier
真空光电辐射元件/真空發光器 vacuum photoemissive cell
真空光电管/真空光電管 vacuum phototube
真空规/真空計 vacuum gage
真空规管/真空規管 vacuum gage tube
真空过滤/真空過濾 vacuum filtration
真空过滤机/真空過濾機 vacuum filter
真空过滤器/真空過濾機 vacuum filter
真空盒/真空罩 vacuum enclosure
真空烘箱/真空烘箱 vacuum oven
真空虹吸脱气法/真空虹吸脱氣法 vacuum siphon degassing process
真空回火/真空回火 vacuum tempering

真空击穿/真空擊穿 vacuum breakdown
真空机组/泵系統 pump system
真空挤压/真空擠壓 vacuum extrusion
真空计/真空計,真空規,真空儀 vacuum gage, vacuometer, vacuoscope
B-A 真空计/B-A 型真空計,B-A 型真空規 Bayard-Alpert gage, Bayard-Alpert vacuum gage
真空计检漏仪/真空計檢漏器 vacuum gage leak detector
真空计控制单元/真空計控制單元 gage control unit
真空计指示单元/真空計指示單元 gage indicating unit
真空继电器/真空繼電器 vacuum relay
真空加压烧结/真空壓力燒結 vacuum pressure sintering
真空夹具/真空夾具 vacuum fixture
真空夹套/真空套 vacuum jacket
真空检漏仪/真空偵漏器 vacuum leak detector
真空溅射/真空濺射 vacuum sputtering
真空溅射镀膜设备/真空濺射鍍膜設備 vacuum sputtering coating plant
真空搅拌机/真空混合器 vacuum mixer
真空结晶器/真空結晶器 vacuum crystallizer
真空截止阀/截止閥 break valve
真空介电常数/自由空間介電常數 permittivity of free space
真空浸渍/真空浸漬 vacuum impregnating
真空浸渍设备/真空浸漬設備 vacuum impregnation plant
真空精炼/真空精煉 vacuum refining
真空精馏/真空精餾 rectification under vacuum
真空精密浇注/真空精密鑄造 vacuum precision casting
真空绝对磁导率/真空絕對磁導率 absolute permeability of vacuum
真空绝热挠性输液管/真空絕熱撓性輸液管 flexible delivery pipe with vacuum insulation
真空绝热输液管/真空絕熱輸送管 delivery pipe with vacuum insulation
真空拉单晶/真空拉晶體 vacuum pulling crystal
真空冷壁炉/真空冷壁爐 vacuum cold wall furnace
真空冷冻干燥器/真空冷凍乾燥器 vacuum freeze drier
真空冷冻干燥箱/真空冷凍乾燥箱 vacuum freezing drying oven
真空冷阱/真空冷阱 vacuum cold trap
真空冷凝器/真空冷凝器,蒸汽冷凝裝置 device for condensing vapor, vacuum condenser
真空离子渗氮炉/真空離子滲氮爐 ion nitriding vacuum furnace
真空离子渗碳炉/真空離子滲碳爐 ion carburizing vacuum furnace
真空连续式加热炉/真空連續式加熱爐 vacuum continuity heating furnace
真空炉/真空爐,真空乾燥箱 vacuum furnace, vacuum drying oven
真空密封垫/真空密封墊 vacuum-tight gasket
真空密封盖/真空密封蓋 vacuum and seal cap
真空密封圈/真空密封圈 vacuum ring gasket
真空灭菌烘箱/真空滅菌烘箱 vacuum sterilizing oven
真空膜盒/真空膜囊,無液艙盒 vacuum diaphragm capsule, aneroid chamber
真空凝壳炉/真空凝殼爐 vacuum skull furnace
真空凝壳熔炼/真空凝殼熔煉 vacuum skull melting
真空盘架式干燥机/真空廂乾燥器 vacuum shelf drier
真空盘式干燥机/真空盤乾燥器 vacuum tray drier
真空喷砂清理/離心噴光 airless blast cleaning
真空喷砂清理机/離心噴光機 airless blast cleaner
真空膨胀计/真空膨脹計 vacuum dilatometer
真空膨胀器/真空膨脹器 vacuum expander
真空平密封垫/平密封墊 flat gasket
真空瓶/真空容器,真空燒瓶 vacuum vessel, vacuum flask
真空破坏阀/真空破壞閥 vacuum break valve
真空破坏器/真空斷路器,真空破除器 vacuum breaker
真空钎焊/真空硬焊,真空銅焊 vacuum brazing
真空区域/真空範圍 range of vacuum
真空区域熔炼/真空區域熔化 vacuum zone melting
真空热壁炉/真空熱壁爐 vacuum hot wall furnace
真空热处理/真空熱處理 vacuum heat treatment
真空热电堆/真空熱電堆 vacuum thermopile
真空热压铍/真空熱壓鈹 vacuum hot pressed beryllium
真空容器/真空容器 vacuum container, vacuum vessel
真空熔炼/真空熔煉,真空熔解 vacuum melting, vacuum smelting
真空筛/真空篩 vacuum screen
真空烧结/真空燒結 vacuum sintering
真空摄谱仪/真空攝譜儀 vacuum spectrograph
真空渗碳/真空滲碳 vacuum carburizing
真空试验/真空試驗 vacuum test
真空室/真空室,真空腔 vacuum chamber,

evacuated chamber
真空抬包/真空盛桶 vacuum ladle
真空提前机构/真空提早機構 vacuum advance mechanism
真空天平/真空天平 vacuum balance
真空调节阀/調整閥 regulating valve
真空退火/真空退火 vacuum annealing
真空脱气/真空脫氣 vacuum degassing, VD
真空脱水机/真空脫水器 vacuum dehydrator
真空脱碳/真空脫碳 vacuum decarbonizing
真空脱氧/真空去氧 vacuum deoxidation
真空微电子学/真空微電子學 vacuum microelectronics
真空微量天平/真空微量天平 vacuum microbalance
真空温差电堆/真空熱電堆 vacuum thermopile
真空雾化/真空霧化 vacuum atomization
真空吸尘器/真空吸塵器 vacuum cleaner
真空吸盘/真空吸盤 vacuum chuck
真空吸渣法/真空泵吸渣法 slag suction with vacuum pumping
真空吸铸机/吸取澆注機 suction pouring machine
真空系统/真空系統 vacuum system
真空系统的放气率/真空系統的放氣率 degassing throughput of vacuum system
真空系统的漏气速率/真空系統漏氣速率 leak throughput of vacuum system
真空下降率/真空下降率 vacuum decreasing rate
真空下碳脱氧/真空碳去氧 deoxidation with carbon under vaccum
真空箱/真空容器 vacuum vessel
真空悬浮熔炼/真空懸浮熔煉 vacuum floating melting
真空旋转冷冻/真空旋轉冷凍 vacuum spin freezing
真空循环脱气/真空循環脫氣 vacuum recirculation degassing
真空循环脱气法/真空循環除氣法 vacuum cycle degassing process
真空压力表/真空壓力計 vacuum pressure gage
真空压力计/真空壓力計,壓力真空計 pressure vacuum gage
真空压铸/真空壓鑄 evacuated die casting
真空氧分压计/真空氧氣分壓計 vacuum oxygen partial pressure gage
真空氧化/真空氧化 vacuum oxidation
真空冶金/真空冶金 vacuum metallurgy
真空冶金设备/真空冶金設備 vacuum metallurgy plant
真空仪/真空儀 vacuoscope
真空引入线/引線 feedthrough
真空荧光显示/真空熒光顯示 vacuum fluorescent display, VFD
真空荧光显示器件/真空螢光顯示裝置 vacuum fluorescent display device
真空增压器/真空增壓器 vacuum booster
真空轧机/真空輥軋機 vacuum mill
真空轧制/真空輥軋製 vacuum rolling
真空闸室/真空氣鎖 vacuum air lock
真空罩/真空罩,真空箱 evacuated enclosure
真空蒸镀/真空蒸鍍 vacuum evaporation coating
真空蒸发/真空蒸發 vacuum evaporation
真空蒸发镀膜设备/真空蒸發鍍膜設備 vacuum evaporation coating plant
真空蒸发器/真空蒸發器 vacuum vaporizer, vacuum evaporator
真空蒸馏/真空蒸餾,減壓蒸餾 reduced pressure distillation, vacuum distillation
真空蒸馏釜/真空蒸餾器 vacuum still
真空蒸馏器/真空蒸餾器 vacuum still
真空蒸馏塔/真空蒸餾塔 vacuum column
真空蒸馏甑/真空甑 vacuum retort
真空制动/真空剎車,真空軔,真空制動器 vacuum brake
真空钟罩/真空鐘罩 vacuum bell jar
真空轴密封/軸封 shaft seal
真空铸造/減壓鑄造,吸入鑄造 suction casting
真空铸造法/真空鑄造 vacuum casting
真空转鼓过滤机/真空濾桶 vacuum drum filter
真空紫外全相术/真空紫外全相術 vacuum ultra violet holography
真路径/真路徑 true path
真密度/真密度 true density
真气孔率/真孔隙度 true porosity
真前缀/真首碼 proper prefix
真倾角/真傾斜 true dip
真实变形/真應變 true strain
真实感绘制/真實感繪製 realistic rendering
真实感图形/真實感圖形 photo realism graphics
真实感显示/真實感顯示 realism rendering
真实感渲染/真實感繪製 realistic rendering
真实高度/真實高度 true altitude
真实世界/真實世界 real world
真实系统/真實系統 real system
真实应变/真應變 true strain
真实应力/真應力 true stress
真依赖/真相依 true dependence
真应力/真應力 true stress

真应力-应变曲线/真應力-應變曲線 true stress-strain curve
真值/真值 true value
真值表/真值表 truth table
真值表归约/真值表歸約 truth table reduction
真值表归约于/真值表歸約於 truth table reducible to
真值表可归约性/真值表可歸約性 truth table reducibility
真值维护系统/真實維護系統 truth maintenance system
真值指派/真值指派 truth assignment
真子集/真子集 proper subset
砧/砧 anvil
砧角/砧角,砧嘴 anvil beak
砧台式摇震造模机/砧臺式震實造模機 anvil jolter
砧凿/砧剪 anvil cutter
砧座/砧座,砧板 anvil block
甄别器/鑒別器 discriminator
甄频器/甄頻器,鑒頻器 frequency discriminator
诊断/診斷 diagnosis
诊断测试/診斷測試 diagnosis testing, diagnostic test
诊断程序/診斷程式,偵錯程式 diagnostic program
诊断错误处理/診斷錯誤處理 diagnostic error processing
诊断分辨率/診斷解析度 diagnosis resolution
诊断记录/診斷註銷 diagnostic logout
诊断检验/診斷檢查 diagnostic check
诊断[例行]程序/診斷常規,診斷常式 diagnostic routine
诊断模型/診斷模式 diagnostic model
PMC 诊断模型/PMC 模型 PMC model
诊断屏幕/診斷螢幕 diagnostic screen
诊断软盘/偵錯磁片 diagnostic diskette
诊断试验/診斷測試 diagnostic test
诊断系统/診斷系統 diagnostic system
诊断性试验/保證試驗 proof test
诊断用探针/超音波診斷器 diagnostic sounder
诊视器/金屬鏡,反射鏡 speculum
枕盒天线/藥筒形天線 pillbox antenna
枕木捣固机/砸道機 tie tamper
枕形畸变/枕形畸變 pincushion distortion, pillow distortion
阵单元/陣列單元 array element
阵点/晶格節點組 lattice point group
阵风/陣風 gust
阵风影响/陣風影響 gust influence
阵列/陣列 array
阵列乘法器/陣列乘法器 array multiplier
阵列处理/陣列處理 array processing
阵列带宽/陣列頻寬 array bandwidth
阵列的方向性/陣列的方向性 array directivity
阵列多项式/陣列多項式 array polynomial
阵列合成/陣列合成 array synthesis
阵列机/陣列機 array machine
阵列计算机/陣列計算機,陣列電腦 array computer
阵列控制部件/陣列控制單元 array control unit
阵列馈电网/陣列饋伺網路 array feed network
阵列流水线/陣列管線 array pipeline
阵列天线/陣列天線 array antenna
阵列因数/陣列因數,陣列係數 array factor
阵天线/陣列天線 array antenna
阵因子/陣列因數,陣列係數 array factor
振摆溜槽/振擺式溜洗槽 rocking-shaking sluice
振打清灰/敲振清灰 dust cleaning by knocking
振荡/振盪,振動 oscillation
振荡不稳定性/振盪不穩定性 oscillatory instability
振荡次数/振盪次數 number of oscillations
振荡电路/振盪電路 oscillating circuit
振荡放大器/振盪放大器 monofier
振荡环节/振盪環節 oscillating element
振荡回路/儲能電路 tank circuit
振荡量/振盪量 oscillating quantity
振荡脉冲/振盪脈衝 oscillating pulse
振荡模式/振盪模式 oscillation mode
振荡频率/振盪頻率 oscillation frequency, oscillating frequency
振荡器/振盪器,振動器 oscillator
振荡器电源/信號源,信號振盪器 oscillator supply
振荡器同步/振盪器同步 oscillator synchronization
振荡筛/搖動篩 shaking screen
振荡式中子测定器/堆振盪器 pile oscillator
振荡系统/振盪系統 oscillating system
振荡圆盘式黏度计/振盪盤黏度計 oscillating disk viscometer
振荡圆筒式黏度计/振盪圓柱黏度計 oscillating cylinder viscometer
振荡指示器/檢波器 cymoscope
振荡周期/振盪週期 oscillating period
振底炉/振動底爐 shock bottom furnace
振动/振動,振盪 vibration
振动板/振動板 jolting plate
振动棒/振動頭 vibrating head
振动泵/聲泵 sonic pump
振动参考幅值/振動參考振幅 vibration reference

amplitude
振动参考频率/振動參考頻率 vibration reference frequency
振动冲击夯/振動式撞錘 vibratory rammer
振动舂砂/振動搗砂 vibration ramming, jolt ramming
振动出矿机/振動出礦機 vibrating ore-drawing machine
振动传感器/振動換能器,振動轉換器 vibration transducer
振动磁力仪/振動磁強計 vibration magnetometer
振动磁强计/振動磁強計 vibration magnetometer
振动粗滤器/振動粗濾器 vibrating strainer
振动的比较法校准/振動的比較法校準 vibration calibration by comparison method
振动电流计/振動電流計 vibrating galvanometer
振动电容放大器/振動電容放大器 vibrating capacitor amplifier, vibrating capacitance amplifier
振动电容器/振動電容器 vibrating capacitor
振动发生器/振動產生器 vibration generator
振动翻车机/振動旋轉翻車架 rotary vibrating tippler
振动放矿/振動出礦 vibrating ore drawing
振动放矿闸门/振動出礦閘 vibrating drawing lock
振动沸腾烘砂装置/振動流化床乾燥機 vibrating fluidized drier
振动分配器/振動分配器 vibrating distributor
振动分析仪/振動分析儀,振動分析器 vibration analyzer, vibrating analyzer
振动激发/振動激勵 vibrational excitation
振动挤压拔模造型机/振動壓擠拔模造模機 jolt squeeze stripper molding machine
振动给矿机/振動進料器 vibrating feeder
振动给料机/振動給料機,振盪餵礦機 vibrating feeder, shaker feeder
振动计/振動計 vibrometer
振动记录仪/振動記録器 vibration recorder
振动监视器/振動監視器 vibration monitor
振动检流计/振動檢流計,振動電流計,振動電流表 vibration galvanometer
振动剪/細咬剪 nibbling shear
振动镜/振動鏡 vibrating mirror
振动控制仪/振動控制器 vibration controller
振动力矩/振動力矩 shaking moment
振动烈度/振動烈度 vibration severity
振动烈度测量仪/振動烈度量測儀器 vibration severity measuring instrument
振动灵敏轴/振動靈敏軸 vibration sensitive axis
振动炉排/振動爐排,振動爐篦 vibrating stoker, vibrating grate
振动落砂机/振動清砂機 vibratory shake-out machine
振动模式/振動模態 mode of vibration
振动模态/振動模態 mode of vibration
振动磨/振動磨 vibration milling
振动磨机/振動磨機 vibrating mill
振动黏度计/振動黏度計 vibrating viscometer
振动盘量规/振盪盤真空計 oscillating disk gage
振动盘黏度计/振盪盤黏度計,振動板黏度計 oscillating disc viscometer, oscillating-plate viscometer
振动频率计/振動頻率計 vibration frequency meter
振动平板夯/振動搗緊機 vibratory tamper
振动器/振動器,振動機 vibrator
振动清箱/振動清箱 mechanical knockout by vibration
振动清箱吊架/振動清箱吊架 jointing hanger
振动清箱筛/振動清箱柵 shake-out grid, shake-out screen
振动清箱性能/振動清箱性能 shake-out property
振动筛/振動篩,簸選篩 shaking screen, vibrating screen, vibrating sieve
振动筛分机/振動篩 vibrating screen
振动声/振動聲 vibration sound
振动式电流计/振動檢流計,振動電流計,振動電流表 vibration galvanometer
振动式功率计/振動式功率計 vibration power meter
振动式马达/馬達驅動振動檯 motor driven vibrator
振动式密度计/振動式密度計 vibration type densimeter
振动式黏度计/振盪黏度計 oscillatory viscometer
振动式频率计/共振示頻器 resonance frequency indicator
振动式重力仪/振動重力計 vibration gravimeter
振动式转速计/振動轉速計 vibration tachometer
振动试验/振動試驗 vibration test
振动试验台/振動試驗檯 vibration bench for testing
振动输送机/振動運送機,擺動輸送機 vibrating conveyor, vibratory conveyor
振动台/振動檯,平檯振動器 vibrating table, vibrating platform
振动筒压力传感器/振動活塞缸壓力換能器 vibration cylinder pressure transducer
振动陀螺仪/磁旋管 gyrotron
振动细筛/振動細篩 vibrating fine screen

振动线圈磁强计/振動線圈磁強計 vibrating-coil magnetometer
振动箱清砂机/震箱清砂機 flask shanker
振动旋转模板造型机/震動旋轉模板造模機 jolt molding machine with turnover plate
振动压实造型机/震動壓擠造模機 jolt squeeze molding machine
振动样品磁强计/振動樣本磁強計,振動試品磁強計 vibrating specimen magnetometer, vibrating sample magnetometer
振动仪/振動規 vibration gage
振动造型机/振動造型機 jolt molding machine, jolter, vibratory molding machine
振动指示器/振動指示器 vibration indicator
振动周期/振動週期 vibration period
振动桩锤/打樁設備振動器 vibrator for piling equipment
振动装载机/振動裝載機 vibrating loader
振抖/顫動振盪 fluttering oscillation
振幅/振幅,波幅,振盪幅度 amplitude, oscillation amplitude, magnitude
振幅比较器/振幅比較儀 amplitude comparator
振幅磁导率/振幅磁導率 amplitude permeability
振幅分布/振幅分布 amplitude distribution
振幅共振/振幅諧振 amplitude resonance
振幅级差/振幅級差 amplitude level difference
振幅加强线路/頻率校正線路,音頻強化器 accentuator
振幅检测组件/振幅檢測元件 amplitude detector module
振幅滤波器/振幅濾波器 amplitude filter
振幅偏移/位移幅度 amplitude excursion
振幅频率响应/振幅頻率響應 amplitude frequency response
振幅频率响应曲线/振幅響應曲線 amplitude frequency response curve
振幅频谱/振幅頻譜 amplitude spectrum
振幅起伏/振幅擾動 amplitude fluctuation
振幅区分/振幅分離 amplitude separation
振幅全通滤波器/振幅全通濾波器 magnitude allpass filter
振幅特性/振幅特性 amplitude characteristic
振幅调整范围/振幅調節範圍 oscillation stroke adjustment range
振幅调制/[同步]調幅 amplitude modulation, AM
振幅透射率/振幅透射率 amplitude transmittance
振幅图型天线测绘/天線振幅場型量測 amplitude pattern antenna measurement
振幅稳定性/振幅穩定度 amplitude stability
振幅限制/振幅束縛 amplitude constraint
振幅响应/振幅回應 magnitude response
振幅域多路接入/振幅域多重進接 amplitude domain multiple access
振痕/振盪標記 oscillation mark
振簧电容器/振簧電容器 vibrating reed condenser
振簧静电计/振簧式静電計 vibrating reed electrometer
振簧式频率计/振簧頻率計 vibrating reed frequency meter
振簧式仪器/振簧式儀器 vibrating reed instrument
振簧系仪表/振動簧片儀器,振簧式儀表 vibrating reed instrument
振簧指示器/振簧指示器 vibrating reed indicator
振级/振動能階 vibration level
振铃/振鈴 ringing, ring
振铃电键/振鈴電鍵 ringing key
振铃电路/振鈴呼叫 ringing circuit
振铃呼叫/振鈴呼叫 bell call
振铃码/振鈴電碼,呼叫訊號電碼 ringing code
振铃信号/振鈴信號,振鈴訊號 bell signal
振铃音/振鈴音 ringing tone
振铃转发器/振鈴轉發器 ringing repeater
振鸣边际/振鳴邊限 singing margin
振鸣点/振鳴點 singing point
振鸣抑制器/振鳴遏止器 singing suppressor
振膜真空规/振膜真空計 vibration membrane vacuum gage
振实/振搗 jolt ramming
振实密度/振實密度 tap density
振实造型机/振動造模機 jolt molding machine
振弦式拉力计/振弦式拉力計 vibrating wire drawing force meter
振弦式力传感器/振弦式力傳感器 vibrating wire force transducer
振弦式张力计/振弦式張力計 vibrating wire tensiometer
振弦式转矩测量仪/振弦式扭矩量測儀 vibrating wire torque measuring instrument
振型/振型 mode shape
振型不平衡允差/模態不平衡容差 modal unbalance tolerance
振型平衡/模態平衡 modal balancing
振压造型机/振壓造型機 jolt squeezer
振摇筛/振動篩 vibrating sieve
振子/振子 vibrator
振子强度/振盪器強度 oscillator strength

震测法/測震法 seismic method
震动/震動,搖動 shake, jolt
震动机/震動機 jarring machine
震动加速度/擺盪加速度 oscillatory acceleration
震动器/震動造模機 jolter
震动试验机/衝擊試驗器 shock tester
震击加速器/敲打加速器 jar accelerator
震击器/衝擊器,緩衝器 bumper sub
震裂裂隙/碎裂 shatter crack
震源机制/起源機構 source mechanism
镇定网络/穩定網路 stabilizing network
镇静钢/淨静鋼,全静鋼 killed steel
镇静钢钢锭/淨静鋼鋼錠,全静鋼鋼錠 killed ingot
镇流电阻器/鎮流電阻器 ballast resistor
镇流管/鎮流管 ballast tube
镇流器/穩流器,安定器 ballast, current stabilizer
镇流器流明系数/安定器光流明因數 ballast lumen factor
争用/争用 contention
征兆测试/徵候測試 syndrome testing
筝形连杆组/箏形連桿組 kite linkage
蒸氨废水/去氨塔廢水 waste water from ammonia stripper
蒸氨塔/氨蒸餾器 ammonia still
蒸镀/蒸發 evaporation
蒸发/揮發 volatilization
蒸发泵/蒸發泵 evaporation pump
蒸发表/蒸發計,汽化計 evaporimeter, atmometer
蒸发材料/蒸發材料 evaporation material
蒸发槽/蒸發罐 evaporator tank
蒸发干燥/蒸發乾燥 evaporation drying
蒸发光散射检测器/蒸發光散射偵測器 evaporative light scattering detector
蒸发焓/蒸發焓 enthalpy of evaporation
蒸发计/蒸發計,汽化計 evaporimeter, atmometer
蒸发减压器/蒸發器壓力調整器 vaporizer pressure regulator
蒸发结晶机/蒸發結晶器 evaporative crystallizer
蒸发结晶器/蒸發結晶器 evaporated crystallizer
蒸发冷却/蒸發冷却 evaporative cooling
蒸发冷却器/蒸發式冷却器 evaporative cooler
蒸发离子泵/蒸發離子泵,蒸發離子幫浦 evaporation ion pump
蒸发率/蒸發率,汽化率 evaporation rate
蒸发皿/蒸發皿,蒸發鍋 evaporation pan
蒸发排放物/蒸發排放物 evaporative emission
蒸发排放物控制系统/蒸發排放物控制系統 evaporative emission control system
蒸发排放物清除系统/蒸發排放物清除系統 evaporative purge system
蒸发排放物用炭罐/蒸發排放物用炭罐 carbon canister for evaporative emission
蒸发器/蒸發器 evaporator, vaporizer
蒸发热/蒸發熱,潛熱 heat of evaporation
蒸发式空气冷却机组/蒸發式空氣冷却單元 evaporative air cooling unit
蒸发式冷凝器/蒸發凝結器,蒸發冷凝器 evaporative condenser
蒸发受热面/蒸發受熱面 evaporating heating surface
蒸发速率/蒸發率,汽化率 evaporation rate
蒸发物控制阀/蒸發物控制閥 evaporant control valve
蒸发吸气泵/蒸發結拖泵 evaporator getter pump
蒸发系数/蒸發因數 evaporation factor
蒸发系统泄漏监控器/蒸發系統洩漏監視器 evaporative system leak monitor
蒸干/變乾 dry out
蒸解壶/蒸煮鍋 digesting kettle
蒸解器/蒸煮鍋 digesting kettle
蒸馏釜/蒸餾鍋,鍋餾器 shell still
蒸馏阱/蒸餾阱 distillation trap
蒸馏冷凝器/蒸餾冷凝器 distilling condenser
蒸馏器/蒸餾器,汽化器 distillatory, distiller, vaporizer
蒸馏烧瓶/蒸餾瓶 distilling flask
蒸馏水器/水蒸餾器 water still
蒸馏塔/蒸餾塔,分餾塔,份化塔 distilling column, dephlegmator, fractionating column
蒸馏碳/蒸餾碳 retort carbon
蒸馏柱/蒸餾柱,蒸餾塔 distilling column
蒸气/蒸氣 vapor
蒸气回收加油枪/蒸氣回收噴嘴 vapor recovery nozzle
蒸气计/蒸氣計 vaporimeter
蒸气扩散泵/蒸氣擴散泵 vapor diffusion pump
蒸气灭菌器/蒸氣滅菌器 steam sterilizer
蒸气喷射真空泵/蒸氣噴射真空泵 vapor jet vacuum pump
蒸气炭罐/蒸氣炭罐 vapor canister
蒸气脱蜡/蒸氣脱蠟 autoclave dewaxing
蒸气消毒器/蒸氣滅菌器 steam sterilizer
蒸气蓄力器/蒸氣蓄器 steam accumulator
蒸气压/蒸氣壓 vapor pressure
蒸气压法/蒸氣壓法 vapor pressure method
蒸气压力计/蒸氣計 vaporimeter

蒸气压力温度计/蒸氣壓溫度計 vapor pressure thermometer
蒸气压缩式制冷机/蒸氣壓縮冷凍機 vapor compression refrigerating machine
蒸气压温度计/蒸氣壓溫度計 vapor thermometer
蒸汽泵/蒸汽泵,熱泵 steam pump, donkey pump, heat pump
蒸汽参数/蒸汽參數 steam condition
蒸汽仓/圓頂蒸汽倉 vapor dome
蒸汽处理/蒸汽處理 steam treatment
蒸汽锤/蒸汽[衝擊]錘 steam operated impact hammer
蒸汽灯/蒸汽燈 vapor lamp
蒸汽电力浮式起重机/蒸汽電力浮式起重機 steam electric floating crane
蒸汽发生器/蒸汽發生器,蒸汽産生器,蒸汽鍋爐 steam generator
蒸汽分离器/蒸汽水分離器 steam separator
蒸汽浮式起重机/蒸汽浮式起重機 steam floating crane
蒸汽干燥/蒸汽乾燥 vapor drying, steam drying
蒸汽干燥器/蒸汽乾燥器 steam drier
蒸汽鼓风/蒸汽鼓風 humidified blast, wet blasting
蒸汽锅炉/蒸汽鍋爐 steam boiler
蒸汽过热器/蒸汽過熱器 steam superheater
蒸汽机/蒸汽機 steam engine
蒸汽加热器/蒸汽加熱器,蒸汽暖爐 steam heater
蒸汽加热式沥青储仓/蒸汽加熱式瀝青儲存 steam heating asphalt storage
蒸汽加热式沥青熔化加热装置/蒸汽加熱式瀝青熔化加熱裝置 steam heating asphalt melting and heating unit
蒸汽加湿/蒸汽增濕法 steam humidification
蒸汽净化/蒸汽淨化 steam purification
蒸汽净化装置/蒸汽淨化器 steam purifier
蒸汽静弯应力/水蒸汽静態彎曲應力 steam static bending stress
蒸汽空气比/蒸汽空氣比 steam-air ratio
蒸汽-空气模锻锤/蒸汽-空氣模鍛錘 steam-air die forging hammer
蒸汽-空气自由锻锤/蒸汽-空氣自由鍛錘 steam-air forging hammer
蒸汽冷凝器/蒸汽冷凝器,蒸汽凝結器 steam condenser
蒸汽滤器/濾汽器 steam strainer
蒸汽盘管/蒸汽盤管,蒸汽螺管,蒸汽旋管 steam coil
蒸汽喷射/蒸汽噴洗 vapor blasting
蒸汽喷射泵/噴汽抽氣機,蒸汽抽氣泵 steam jet ejector, steam jet pump
蒸汽喷射器/蒸汽射出器,噴汽抽氣機 steam jet ejector
蒸汽喷射式制冷机/蒸汽噴射式冷凍機 steam jet refrigerating machine
蒸汽喷射式制冷系统/蒸汽噴射式冷凍系統 steam jet refrigerating system
蒸汽喷射式制冷循环/蒸汽噴射式冷凍循環 steam jet refrigeration cycle
蒸汽品质/蒸汽純度 steam purity
蒸汽清洗/蒸汽清洗 steam washing
蒸汽清洗器/蒸汽清潔器 vapor cleaner
蒸汽驱/汽驅法 steam drive
蒸汽热量计/蒸汽卡計 steam calorimeter
蒸汽乳化/蒸汽乳液 steam emulsion
蒸汽乳化值/蒸汽乳化值 steam emulsion number
蒸汽软管/蒸汽軟管 steam hose
蒸汽散热器/蒸汽散熱器 steam radiator
蒸汽室/汽櫃 steam chest
蒸汽疏水阀/留汽除水閘,祛水器,蒸汽阱 steam trap
蒸汽铁路起重机/蒸汽鐵路起重機 steam locomotive crane
蒸汽雾化/蒸汽霧化 steam atomization
蒸汽雾化油燃烧器/蒸汽霧化燃油器 steam atomizing oil burner
蒸汽吸水机脉冲计/蒸汽壓揚水器 pulsometer
蒸汽系统吹洗/蒸汽系統吹洗 scavenging of steam system
蒸汽消毒器/蒸汽消毒器 steam disinfector
蒸汽型吸收式制冷机/蒸汽型吸收式冷凍機 steam-operated absorption refrigerating machine
蒸汽蓄热器/蒸汽蓄熱器 steam heat accumulator
蒸汽压计/蒸汽壓計 vapor tension meter
蒸汽压力表/蒸汽壓表 vapor pressure table
蒸汽压力计/蒸汽壓計 vaporimeter
蒸汽压渗压计/蒸汽壓滲壓計 vapor pressure osmometer
蒸汽氧化/蒸汽氧化 steam oxidation
蒸汽浴/蒸汽浴 steam bath
蒸汽蒸发器/蒸汽汽化器 steam vaporizer
蒸汽蒸馏器/蒸汽蒸餾器 steam still
蒸燃功比/蒸汽-燃氣功率比 steam gas power ratio
蒸水器/水蒸餾器 water still
蒸腾/蒸散 transpiration
蒸腾计/蒸發率計 potometer
蒸煮锅/沸煮鍋 boiling kier

整步/整步,同步 synchronizing
整步继电器/同步繼電器,同步電驛 synchronizing relay
整步转矩/整步轉矩 synchronizing torque
整车整备质量/整車整備質量 complete vehicle curb mass
整定处理/設定,調定,標置 setting
整定范围/設定範圍 setting range
整定时间/設定時間,定置時間 setting time
整定值/設定值,調定值,標置值 setting value
整定转速/設定速率 setting speed
整定转速信号/設定速率信號 setting speed signal
整定准确度/設定準確度 setting accuracy
整锻转子/整體轉子 integral rotor
整合数位网路/綜合數字網 integrated digital network, IDN
整合析出/整合析出 coherent precipitation
整机平衡/整機平衡 assembled machine balancing
整机噪声/離心機總雜訊 total noise of centrifuge
整距绕组/全距繞組 full pitch winding
整块/整體 enblock
整理顺序/校對順序 collating sequence
整粒烧结矿/篩選團礦 size sinter, screened sinter
整流/整流,换向 commutation
整流比/整流比 rectification ratio
整流变压器/整流變壓器 rectifier transformer
整流电动机/整流電動機,整流馬達 commutating motor
整流电源/整流電源 rectifying power supply
整流二极管/整流二極體 rectifier diode
整流阀/整流器 rectifying valve
整流管/整流管 rectifier tube
整流检波器/整流檢波器 rectifying detector
整流器/整流器,换向器,馴流器 rectifier, commutator, flow straightener
整流器供电的直流传动/整流器饋電驅動 rectifier feed electric drive
整流式电动机/整流式電動機,整流式馬達 commutator motor
整流式电压表/整流式伏特計 rectifier type voltmeter
整流式继电器/整流式繼電器 rectifying relay
整流式仪表/整流式儀表,整流器儀表,整流式儀器 rectifier instrument
整流式仪器/整流式儀器 rectifier instrument
整流条/整流條 commutator bar
整流因数/整流因數,整流係數 rectification factor
整流子控制器/整流式控制器 commutator controller
整流子频率变换器/整流式換頻器 commutator frequency changer
整模起重机/吊模起重機 mould handling crane
整平剂/調平劑 leveling agent
整数/整數,總數,整體 integer
整数分解难题/整數分解難題 integer factorization problem
整数规划/整數規劃 integer programming
整数线性规划/整數線性規劃 integer linear programming
整套承包系统/轉鑰系統 turnkey system
整体车架自卸车/剛性車架傾卸車 rigid-frame dumper
整体衬里/整體爐襯,無縫爐襯 monolithic lining
整体传动齿轮系/整體傳動齒輪系 integral drive gearing
整体磁头/單石磁頭 monolithic magnetic head
整体法兰/整體法蘭 integral flange
整体反应模型/整體反應模型 volumetric reaction model
整体分析/大域分析 global analysis
整体化循环物料换热器/整體再循環熱交換器 integrated recycle heat exchanger
整体活塞/整體活塞 one-piece piston
整体接头/整體接頭 integral joint
整体炉衬材料/無縫襯料 monolithic lining material
整体煤气化联合循环/整體氣化複合循環 integrated gasification combined cycle
整体模/整體模型,單件模型 one-piece pattern, solid pattern
整体模型铸模/整體模型鑄模 solid pattern mold
整体旁路系统/整體旁路系統 integral bypass system
整体钎/一體鑽頭鋼 integral drill steel
整体热处理/整體熱處理 bulk heat treatment
整体塞头/整體塞棒 one-piece stopper, monoblock
整体砂/整體砂,單元砂 unit sand
整体失效/總體失效 global failure
整体式柴油机颗粒捕集器/整體式柴油顆粒過濾器 monolithic diesel particulate filter
整体式传动齿轮系/整體式傳動齒輪系 integral gear train
整体式底盘/整體式底盤 integral chassis
整体式动力转向器/整體式動力轉向器 integral power steering gear
整体式滑动轴承/整體軸承 solid bearing
整体式加油排放控制系统/整體再加油排放控制系

統 integrated refueling emission control system
整体式交流发电机/整體式交流發電機 integrate alternator
整体式空气调节机/整體式空氣調節機 packaged air-conditioning unit
整体式空气调节机组/整體式空調機組 self contained air conditioning unit
整体式履带/整體式履帶 entire crawler
整体式模/整體模 solid die
整体式曲轴/整體式曲軸 one-piece crankshaft
整体式凸轮轴/整體式凸輪軸 one-piece camshaft
整体式凸模/整體凸模 solid punch
整体式液压悬挂系/整體液壓懸掛系統 integrated hydraulic hitch system
整体式载体/整體式基板 monolithic substrate
整体台车/整體臺車 entire bogie
整体台车履带行走系/具整體臺車之履帶式曳引機底盤 undercarriages with entire bogie of crawler tractor
整体托圈/整體環 integral ring
整体围带叶片/整體圍帶葉片 integral shroud blade
整体性/完整性 integrity
整形/精壓,壓花,尺度矯正 coining, sizing
整形电路/整形電路 shaping circuit
整形模/修準模 sizing die
整型变量/整數變數 integer variable
整修模/整修模,整緣模具 shaving die, trimming die
整修压边机/壓邊整緣 press trimming
整直器/對準儀 aligner
整字存储/整字存儲 whole character dot storage
正-本-负二极管/PIN 二極體 positive-intrinsic-negative diode, PIN diode
正比电离腔/比例游離腔,正比游離腔 proportional ionization chamber
正比计数管/正比計數管,比例計數管 proportional counter tube
正比计数器/正比計數器,比例計數器,正比計算器 proportional counter
正比计数器光谱计/比例計數譜儀 proportional counter spectrometer
正比 γ 能谱计/正比加馬譜儀 proportional gamma spectrometer
正比区/正比區,比例區 proportional region
正比探测器/比例偵測器,正比檢知器 proportional detector
正闭包/正閉包 positive closure
正边带/正旁帶 erect sideband
正变位/正齒冠變位 positive addendum modification
正铲挖掘机/正向鏟裝機 forward shovel
正铲装置/正鏟裝置 shovel attachment
正常波/正常波 ordinary wave
正常波分量/正常波分量 ordinary wave component
正常磁导率/正常磁導率,正規磁導率,公稱磁導率 normal permeability
正常磁感应/正常感應 normal induction
正常磁化曲线/正常磁化曲線 normal magnetization curve
正常磁滞回线/正規磁滯回路,正常遲滯回路 normal hysteresis loop
正常断层/正斷層,重力斷層 gravity fault
正常负载/正常負載 normal load
正常感应曲线/正常感應曲線 normal induction curve
正常工作制/中型任務,中型能率 normal duty
正常关断器件/正常關閉元件 normally off device
正常辉光放电/正常輝光放電 normal glow discharge
正常开启器件/正常開啟元件 normally on device
正常路径/正常路徑 normal route
正常磨损/正常磨損 normal wear
正常啮合/正常銜接 normal engagement
正常凝固/正常凝固 normal freezing
正[常]偏析/正常偏析 normal segregation
正常起动/正常起動 normal start
正常氢温标/正常氫温標 normal hydrogen scale
正常同位素丰度/正常同位素豐度 normal isotope abundance
正常弯曲试验/正常折曲試驗 normal bend test
正常网点/正常網點 regular mesh point
正常温度/正常温度 normal temperature
正常文法/正規文法 regular grammar
正常响应/正常回應,正規回應 normal response
正常响应方式/正常回應模式 normal response mode
正常颜色视觉/正常色覺 normal color vision
正常阴极电压降/額定陰極電位降 normal cathode fall
正常运行/無故障作業 failure free operation
正常载荷/正常負載 normal load
正常状态/正常狀態,常態,標準狀態 normal condition, normal state
正常锥度齿锥齿轮/正常錐度齒錐齒輪 bevel gear with standard tapered tooth
正车齿面/正車齒面 drive side
正齿轮/正齒輪 spur gear

正等轴测图/正等軸測圖 isometric projection drawing
正电荷/正電荷 positive charge
正电极/正電極 positive electrode, anode
正电压射极耦合逻辑/正電壓射極耦合邏輯 positive voltage ECL
正电子/正電子,陽電子 positron
正电子发射型计算机断层成像/正電子發射型電腦斷層成像 positron emission computerized tomography, PECT
正电子谱仪/正電子譜儀 positron spectroscope
正电子寿命谱仪/正電子壽命譜儀 positron lifetime spectrometer
正电子素/正負電子偶 positronium
正定矩阵/正定矩陣 positive definite matrix
正多面棱体/多邊規 polygon, regular angular polygon
正二测投影/二角投影 dimetric projection
正反馈/正反饋,正回授 positive feedback
正方珩磨油石/正方形搪光石 square honing stone
正方形天线/四邊形天線 quad antenna
正方油石/正方油石 square stone
正浮力/正浮力 positive buoyancy
正浮选/直接浮選 direct flotation
正 α 辐射热计/正 α 輻射熱計 positive α bolometer
正负号函数/正負號函數 signum
正负号核对指示器/正負號核對指示器 sign check indicator
正负交替编码/傳號交替變換 alternate mark inversion, AMI
正割检流计/正割檢流計 secant galvanometer
正公差/正容差,正裕度 positive allowance
正规模态/正模 normal mode
正规旋进/等速進動,等速擺轉 regular precession
正规锥/正規錐,法圓錐 normal cone
正硅酸乙酯/正矽酸乙酯 tetraethoxysilane, TEOS
正火/正常化 normalizing
正火钢/正火鋼 normalized steel
正畸变/正畸變 positive distortion
正激变流器/順向變換器 forward converter
正极/正極,陽極 positive electrode, anode
正极板/正極板,陽極板 positive plate
正极柱/正極終端 positive terminal
正挤压/正向擠製 forward extrusion
正挤压模/正向擠製模 forward extruding die
正交/正交 quadrature
正交变换/正交變換 orthogonal transform
正交波形/正交波形 orthogonal waveform
正交补格/正交補格 orthocomplemented lattice
正交场乘器/正交場乘[法]器 cross field multiplier
正交场放大管/正交場放大管 cross field amplifier, CFA
正交场光谱计/正交場頻譜儀 cross field spectrometer
正交场器件/正交場器件 cross field device, CFD
正交磁场发电机/正交[磁]場發電機 cross field generator
正交的/正交的,直角的,垂直的 orthogonal
正交电位计/正交電位計 quadrature potentiometer
正交电压/正交電壓 quadrature voltage
正交放大器/正交放大器 quadrature amplifier
正交分量/正交分量 quadrature component
正交函数/正交函數 orthonormal function, orthogonal function
正交化/正交化 orthogonalization
正交混合网络/90 度相移岔路接頭 quadrature hybrid
正交极化/正交極化 orthogonal polarization
正交极化板/正交極化板 cross polarizer plate
正交晶系/斜方晶系 rhombic system
正交镜像滤波器/正交鏡像濾波器 quadrature mirror filter
正交矩阵/正交矩陣 orthogonal matrix
正交棱镜/正交稜鏡 cross prisms
正交码/正交碼 orthogonal code
正交模格/正交模格 orthomodular lattice
正交模偏序集/正交模偏序集 orthomodular poset
正交频分复用/正交頻分多工 orthogonal frequency division multiplexing, OFDM
正交平面波法/直交平面波法 orthogonalized plane wave method
正交视像/90 度相移視訊 quadrature video
正交树/正交樹 orthogonal tree
正交速度/正交速度 orthogonal velocity
正交调幅/正交調幅,二維振幅調變 quadrature amplitude modulation, QAM
正交调制/正交振幅調變 quadrature modulation
正交误差/正交誤差 orthogonal error
正交向量/正交向量 orthogonal vector
正交小波变换/正交小波變換 orthogonal wavelet transformation
正交信道/90 度相移通道 quadrature channel
正交信号/正交信號,正交訊號 orthogonal signal
正交性/正交性 orthogonality
正交序列/正交序列 orthogonal sequence
正交移幅键控/二維幅移鍵控 quadrature amplitude

shift keying, QASK
正交锥齿轮/正交錐齒輪 bevel gear with axes at right angle
正交锥齿轮副/正交錐齒輪副 bevel gear pair with axes at right angle
正交子状态/正交子狀態 orthogonal substates
正角/正角 positive angle
正角变位齿轮副/正角變位齒輪對 gear pair with positive modified center distance
正离子波/正離子波 positive ion wave
正例/正例 positive example
正逻辑转换/正邏輯變遷 positive logic-transition
正模耦合器/正模耦合器 orthomode coupler
正模腔/正模腔 orthomode cavity
正目镜/正目鏡 positive eyepiece
正扭齿轮/正扭齒輪 twisted spur gear
正扭矩校正/正扭矩校正 positive torque control
正排量泵/排量式泵 positive displacement pump
正排量计/正排量[流量]計,排量式表 positive displacement meter
正碰/直接碰撞,直接衝擊 direct impact
正偏差轧制/正偏差輥軋 overgage rolling
正偏析/正[常]偏析 positive segregation, normal segregation
正偏压/正偏壓 positive bias
正偏置/正偏壓 positive bias
正切/正切 tangent
正切齿厚规/正切輪齒規 tangent gear tooth gage
正切电流计/正切電流計 tangent galvanometer
正切灵敏度/正切靈敏度 tangential sensitivity
正切模量/正切模數 tangent modulus
正确度/真實度 trueness
正确性/正確性 correctness
正确性证明/正確性證明 correctness proof
正确直线机构/正確直線機構 exact straight line mechanism
正容差/正容差,正裕度 positive allowance
正色滤光片/正色濾光器 orthochromatic filter
正栅压振荡器/正柵振盪器 positive grid oscillator
正射投影仪/正射投影儀 orthoprojector
正摄像管/光電顯像管,光電發像管 image orthicon
正时齿轮室盖/正時齒輪室蓋 timing gear cover
正时链条/正時鏈條 timing chain
正时皮带/正時皮帶 timing belt
正矢冲击脉冲/正矢衝擊脈衝 versine shock pulse, versed sine shock pulse
正式测试/形式測試 formal testing
正铈化合物/鈰化合物 cerous compound
正算子/正算子 positive operator
正算子值测量/正運算元值測量 positive operator valued measure
正态的/常態 normal
正态分布/常態分布 normal distribution
正态分布率/常態分布定律 normal distribution law
正态随机噪声/常態隨機雜訊 normal random noise
正体/標準格式 standardized form
正铁氧体/正鐵氧體 orthoferrite
正投影/正交投影 orthogonal projection, orthographic projection
正投影法/正交投影法 orthogonal projection method
正透镜/正透鏡 positive lens
正外延/正磊晶 regular epitaxy
正弯辊/正彎輥 positive roll bending
正弯月透镜/正彎月透鏡 positive meniscus lens
正温度系数电阻/正溫度係數電阻器 positive temperature coefficient resistor
正温度系数热敏电阻/正溫度係數熱敏電阻,熱變電阻器 sensistor
正文/正文,本文 text
正文结束字符/本文終止字元 end of text character
正文开始字符/正文起始字元,本文起始字元 start of text character
正文库/正文程式館 text library
正误差/正誤差 positive error
正系统/正對稱系 positive system
正弦逼近法/正弦逼近法 sine approximation method
正弦比较法/正弦比較法 sine comparison method
正弦波产生器/正弦波產生器 sine wave generator
正弦波削波器/正弦波削波器 sine wave clipper
正弦波振荡器/正弦波產生器 sine wave generator
正弦电流/正弦電流 sinusoidal current
正弦电流计/正弦電流計 sine galvanometer
正弦电位计/正弦電位計 sine potentiometer
正弦动态压力标准/正弦動態壓力標準 sinusoidal dynamic pressure standard
正弦光栅/正弦光柵 sinusoidal grating
正弦规/正弦規,正弦桿 sine bar
正弦加速度运动轨迹/正弦加速度運動軌跡 sine acceleration motion curve
正弦静电计/正弦静電計 sine electrometer
正弦量/正弦量 sinusoidal quantity
正弦输入/正弦輸入 sinusoidal input
正弦跳汰机/正弦選礦機 sinusoidal jig
正弦压力发生器/正弦壓力發生器 sinusoidal pressure generator

正弦振荡器/正弦波振盪器 sinusoidal oscillator
正弦振动/正弦振動,簡諧振動 sinusoidal vibration, simple harmonic vibration
正弦驻留/正弦駐留 sine remain
正向/正向,順向 forward direction, forward
正向传送信息/正向傳送信息 forward transfer message, FOT
正向电流/正向電流,前向電流,順向電流 forward current
正向电压/正向電壓,順向電壓,前向電壓 forward voltage
正向分词方法/正向分詞方法 sequential word segmentation method
正向功率/正向功率,前向功率 forward power
正向恢复/正向恢復 forward recovery
正向恢复电压/順向回復電壓 forward recovery voltage
正向恢复时间/順向恢復時間 forward recovery time
正向击穿/正向擊穿 forward breakdown
正向挤压/直接擠型,順擠 direct extrusion
正向挤压机/直接擠壓機 direct extrusion press
正向计数/正向計數 forward counting
正向局域网信道/正向區域網路通道 forward LAN channel
正向离散余弦变换/正向離散餘弦轉換 forward discrete cosine transform, FDCT
正向链推理/正向鏈推理 forward chained reasoning
正向门槛电压/正向閾值電壓 forward threshold voltage
正向偏压/順向偏壓 forward bias
正向偏压 P N 结/前向偏壓 P-N 接面 forward biased P-N junction
正向散射/正向散射 forward scattering
正向损耗/正向損耗 forward loss
正向通路/正向路徑,前向路徑 forward path
正向推理/正向推理 forward reasoning
正向相容能力/正向相容能力 forward compatibility
正向斜率电阻/正向斜率電阻 forward slope resistance
正向信道/正向通道 forward channel
正向阈值电压/正向閾值電壓 forward threshold voltage
正向运动学/正向運動學 forward kinematics
正向转折/正向轉折 forward breakover
正像棱镜/正像棱鏡 erecting prism
正像目镜/正像目鏡 erecting eyepiece
正像透镜/正像透鏡 erecting lens
正像望远镜/正像望遠鏡 erect image telescope
正像系统/正像系統 erecting system
正像寻像器/正像檢像器 erect image view finder
正效率/前向效率 forward efficiency
正性光刻胶/正性光刻膠 positive photoresist
正序/正[相]序 positive sequence
正序分量/正序分量 positive sequence component
正序继电器/正[相]序電驛 positive phase sequence relay
正旋压/正向旋壓 forward flow forming
正压/正壓 positive pressure
正压力系数/推力係數 thrust coefficient
正压排气机/增壓排氣機 positive-pressure exhauster
正沿/正邊緣 positive edge
正乙烷当量浓度/正已烷當量濃度 hexane equivalent concentration
正映射/正映射 positive map
正余弦旋转变压器/正餘弦旋轉器 sine-cosine revolver
正跃变/向上變遷 upward transition
正在发射/正在發射 on the air
正在广播/正在廣播,廣播中 on the air
正则表达式/正規表式 regular expression
正则变量/正準變數 canonical variable
正则分布/正則分布,正則分配 canonical distribution
正则化/正則化 regularization
正则集/正規集 regular set
正则路径表达式/正則路徑運算式 regular path expression
正则配分函数/正則配分函數 canonical partition function
正则文法/正規文法 regular grammar
正则系统/正準系統,正準坐標系,正則坐標系 canonical system
正则系综/正則系集 canonical ensemble
正则形式/正準形式 canonical form
正则序/正準次序 canonical order
正则语言/正規語言 regular language
正值/正值 positive value
正指数/正指數 positive exponent
正柱区/陽極區 positive column
正转液力变矩器/直接運行扭矩變速器 direct running torque converter
证据/見證 witness
证据理论/證據理論 evidence theory
证据推理/證據推理 evidential reasoning

证码/明碼 evident code
证明/證明 proof
证明策略/證明策略 proof strategy
证明复杂性/證明複雜性 proof complexity
证明树/證明樹 proof tree
证明者/證明者 prover
证实/證實 authentication, verification
证书/證書 certificate
证书撤销/認證廢除 certificate revocation
证书撤销列表/間接認證註銷表 certificate revocation list
证书代理机构/認證機構 certificate agency, CA
证书废除/認證廢除 certificate revocation
证书复杂性/證書複雜性 certificate complexity
证书更换/憑證更新 certificate renewal
证书鉴别/認證鑒別 certificate authentication
证书链/認證鏈 certificate chain
[证书]认证机构/憑證機構 certification authority
证书序列号/憑證序號 certificate serial number
证书状态机构/認證狀態權限 certificate status authority
证伪/反駁 refutation
政商运电子数据交换标准/行政商業運輸電子資料交換標準 EDI for administration
症兆/徵兆 symptom
支臂/支臂 supporting arm
支臂缸/支臂缸 lift boom cylinder
支撑/支柱,支桿 strut, prop
支撑板/支撐板 support plate
支撑导向段/支撐導向段 support and guiding segment
支撑格栅/支撐格架 support grid
支撑辊/支撐輥 backup roll
支撑剂/液裂支撐料 propping agent
支撑砂层/殘柱砂層 buttress sand
支撑网/支撐網 support network
支撑液膜/支撐液膜 supported liquid membrane, SLM
支撑装置/支撐裝置 supporting device
支承板/承梁板 bolster plate
支承构件/支承構件,支承構造 support construction
支承环/托環,襯墊 back-up ring
支承轮/承載輪 bogie wheel
支承轮廓/支承輪廓 support contour
支承面/支承面 bearing surface
支承面宽度/支承面寬度 width of contact surface
支承面宽度系数/支承面寬度係數 coefficient of contact surface width
支承盘/支承盤 supporting plate
支承桥式堆垛起重机/上走橋式堆疊起重機 top-running stacking crane
支承圈数/端部線圈數 number of end coils
支承式电流互感器/支承式電流互感器,支柱式電流互感器 support type current transformer
支承式起重机/支承式起重機 supported crane
支承套/接續套筒 splicing sleeve
支承-压实轮/支承-壓實輪 bogie tire wheel
支承桩 /支承樁 bearing pile
支持程序/支援程式 support program
支持电极/支援電極 supporting electrode
支持电解质/支援電解質 supporting electrolyte
支持过程/支援過程 supporting process
GPRS 支持节点/GPRS 支援節點 GPRS support node, GSN
支持软件/支援軟體 support software
支持系统/支援系統 support system
支持轴承/[軸]頸軸承 journal bearing
支点刀/支承重刀 supporting knife
支付网关/付款閘道 payment gateway
支杆法/支桿法 prod method
支管/支管 branch pipe, side tube
支管烧瓶/支管燒瓶 side neck flask
支架/支架,搖臺 support, supporting mast, cradle
支架集归结/支架集歸結 resolution with supporting set
支力销/支撐銷 supporting pin
支流三通管/支流三通管 side outlet tee
支路/支路,支流,支線 branch, branch circuit, tributary
支路阻抗/阻抗分路 branch impedance
支索器/承索器 rope carrier
支腿/支腿 leg, leg support
支腿式电动凿岩机/支腿式電動鑿岩機 leg-support electric rock drill
支线/分支,分路,分局 branch, branch line
支站/支流站,受控站 tributary station
支重轮/支承滾子 supporting roller
支座/支座 support
枝晶/枝狀冰晶,枝狀生長晶體 dendritic crystal
枝晶间空间/枝晶間空間 interdendritic space
枝晶间偏析/樹枝狀晶間偏析 interdendritic segregation
枝晶间偏析石墨/樹枝狀晶間石墨 interdendritic graphite
枝晶偏析/樹枝狀偏析 dendritic segregation
枝晶生长/樹枝狀晶生長 dendrite growth

枝状粉末/樹枝狀粉末 dendritic powder
枝状晶/枝晶,樹枝狀晶體,枝蔓體 dendrite
枝状生长晶体/枝狀生長晶體,枝狀冰晶 dendritic crystal
知觉光/知覺光 perceived light
知识/知識 knowledge
知识编辑器/知識編輯器 knowledge editor
知识编译/知識編譯 knowledge compilation
知识表达/知識表示 knowledge representation
知识表示方式/知識表示模式 knowledge representation mode
知识博客/知識博客 klog
知识操作化/知識操作化 knowledge operationalization
知识查询与操作语言/知識查詢處理語言 Knowledge Query and Manipulation Language
知识产业/知識工業 knowledge industry
知识处理/知識處理 knowledge processing
知识单元/知識區塊 blocks of knowledge
知识发现/知識發現 knowledge discovery
知识泛化/知識泛化 knowledge generalization
知识服务/知識服務 knowledge service
知识辅助协议自动化/知識輔助協定自動化 knowledge aided protocol automation
知识复杂性/知識複雜性 knowledge complexity
知识工程/知識工程 knowledge engineering
知识工程师/知識工程師 knowledge engineer
知识共享/知識分享 knowledge sharing
知识管理/知識管理 knowledge management
知识管理员/知識管理員 knowledge manager
知识获取/知識獲取 knowledge acquisition
知识检索/知識檢索 knowledge retrieval
知识建模/知識建模 knowledge modeling
知识交互式证明系统/知識交互式證明系統 knowledge interactive proof system
知识结构/知識結構 knowledge structure
知识界面/知識界面 knowledge interface
知识精化/知識精化 knowledge refinement
知识库机/知識庫機 knowledge base machine
知识库系统/知識庫系統 knowledge base system
知识块/大塊,大量 chunk
知识利用系统/知識利用系統 knowledge utilization system
知识密集型产业/知識密集型產業 knowledge-concentrated industry
知识模式/知識綱目 knowledge schema
知识模型/知識模型 knowledge model
知识冗余/知識冗餘 knowledge redundancy
知识顺应/知識順應 knowledge accomodation
知识提取/知識萃取 knowledge extraction
知识提取器/知識萃取器 knowledge extractor
知识同化/知識同化,知識吸收 knowledge assimilation
知识图像编码/知識影像編碼 knowledge image coding
知识推理/知識推理 knowledge reasoning, knowledge inference
知识网格/知識網格 knowledge grid
知识相容性/知識相容性 consistency of knowledge
知识信息处理/知識資訊處理 knowledge information processing
知识信息处理系统/知識資訊處理系統 knowledge information processing system
知识引导的数据库/知識導向資料庫 knowledge-directed database
知识源/知識源 knowledge source
知识约简/知識約簡 knowledge reduction
知识证明/知識證明 knowledge proof
知识主体/知識代理 knowledge agent
知识子系统/知識子系統 knowledge subsystem
知识组织/知識組織 knowledge organization
织构/纖構 texture
织入/網路迂回 weaving
织物/織品 fabric
织物带式输送机/織物帶式輸送機 solid woven belt conveyor
织物芯带式输送机/織物芯帶式輸送機 fabric belt conveyor
脂油透度计/潤滑脂穿透計 grease penetrometer
执法访问区/執法存取區 law enforcement access area
执行/執行 execution
执行程序/執行程式 executive routine, executive program
执行调度维护/執行排程維護 executive schedule maintenance
执行管理程序/執行監督器 executive supervisor
执行机构/執行機構 actuator
执行机构输出力/執行機構輸出力 actuator stem force
执行机构输出转矩/執行機構輸出轉矩 actuator shaft torque
执行机构行程特性/執行機構行程特性 actuator travel characteristics
执行机构载荷/執行機構載荷 actuator load
执行开销/執行間接費用 executive overhead

执行控制程序/執行控制程式 executive control program
执行例程/執行常式 executive routine
执行流/執行流 executive stream
执行码/執行碼 actuating code
执行器/執行器,引動器,致動器 actuator, final controlling element
执行时间/執行時間 execution time
执行时间理论/執行時間理論 execution time theory
执行体控制程序/執行控制程式 executive control program
执行系统/執行系統 executive system, actuating system
执行裕量/執行邊際 implementation margin
执行栈/執行堆疊器 execution stack
执行支持/執行支援 executive support
执行指令/執行指令,指令執行 execution command, execute instruction
执行主体/執行代理 executive agent
执行装置/執行元件 final controlling element
执行状态/執行者狀態 executive state
执行作业调度/執行作業排程 executive job scheduling
直板/直板 straight panel
直边链板/直邊鏈板 straight sided link plate
直柄超长麻花钻/直柄超長麻花鑽 extra long parallel shank twist drill
直柄铰刀/直柄鉸刀 straight shank reamer
直柄扩孔钻/直柄擴孔鑽 core drill with parallel shank
直柄立铣刀/直柄立銑刀 end mill with parallel shank
直柄麻花钻/直柄螺旋鑽 parallel shank twist drill
直柄式定扭矩气扳机/直柄式定扭矩氣動扳手 straight torque-controlled pneumatic wrench
直柄式气扳机/直柄式氣動扳手 straight pneumatic wrench
直柄式气铲/直柄式氣動鑿錘 straight pneumatic chipping hammer
直柄式气动铆钉机/直柄式氣動鉚釘錘 straight pneumatic riveting hammer
直柄式气动砂轮机/直柄式氣動砂輪機 straight pneumatic grinder
直柄式气钻/直柄式氣鑽 straight pneumatic drill
直柄铣刀/直柄銑刀 milling cutter with parallel shank
直柄 T 型槽铣刀/直柄 T 型槽銑刀 T-slot milling cutter with parallel shank
直拨外线/直接外線撥號 direct outward dialing, DOD
直拨系统/直接撥號系統 direct dialing system, DDS
直播数字卫星/直播數位衛星 direct digital satellite
直播卫星/衛星直播 direct broadcast satellite, DBS
直播卫星系统/直播衛星系統 direct broadcast satellite system
直槽销/直槽銷 straight grooved pin
直尺/直尺 straight edge, ruler
直齿轮/正齒輪 spur gear
直齿轮副/正齒輪對 spur gear pair
直齿条/直齒條 spur rack
直齿锥齿轮/直齒傘齒輪 straight bevel gear
直齿锥齿轮粗切机/直齒斜齒輪粗切機 straight bevel gear rougher
直齿锥齿轮拉齿机/直齒斜齒輪拉齒機 straight bevel gear broaching machine
直齿锥齿轮刨齿机/直齒斜齒輪刨齒機 straight bevel gear planing machine
直齿锥齿轮铣齿机/直齒斜齒輪銑齒機 straight bevel gear milling machine
直齿锥齿轮展成铣刀/圓形互鎖直齒斜齒輪切斷銑刀 circular interlocked cutter for straight bevel gear cutting
直传装置/直通轉換 straight-through transfer
直吹式制粉系统/直吹式製粉系統 direct fired pulverizing system
直达波/直射波,直接波 direct wave
直达路由/最短航路 direct route
直达信道/直達通道 direct channel
直动泵/直動式泵 direct acting pump
直动从动件/平移從動件 translating follower
直读光谱仪/直讀式分光計 direct reading spectrometer
直读计/直讀式表 direct reading meter
直读黏度计/直接指示黏度計 direct indicating viscometer
直读式电阻表/直讀式歐姆表 direct reading ohmmeter
直读式刻度/直讀式刻度 direct reading scale
直读式量规/直讀式量規 direct reading gage
直读式天平/直讀天平,直示天平 direct reading balance
直读式温度计/直讀式溫度計 direct reading thermometer
直读式仪器/直讀式儀器 direct reading instrument
直读天平/直讀天平,直示天平 direct reading

balance
直读仪表/直讀式儀器 direct reading instrument
直方图/直方圖 histogram
直方图均衡/直方圖等化 histogram equalization
直方图修正/直方圖修改 histogram modification
直缝焊/直縫熔接 straight welding
直缝式喷嘴/直縫式噴嘴 slot type tuyere
直观存储管/直觀存儲管 direct viewing storage tube
直观式超声波厚度计/直觀式超音波厚度計 direct viewing type ultrasonic thickness gage
直观塑性法/視格塑性法 visioplasticity method
直观显像管/直視管 direct viewing tube
直管段/直管段 straight length
直管器/管矯直機 pipe straightener
直管式加热器/直管式加熱器 straight-tube-type heater
直管式压力表/直管式壓力計 vertical-tube manometer
直和码/直和碼 direct sum code
直弧形连铸机/直弧形連鑄機 vertical curved caster
直滑电位器/直滑電位器 linear sliding potentiometer
直积码/直積碼 direct product code
直键开关/單向按鈕開關 unidirection push-button switch
直浇道/直澆道,下澆道,豎澆道 sprue, down sprue
直浇道棒/豎澆道棒 sprue bar
直浇道底/豎澆道底 sprue bottom, sprue base
直浇井道/爐井 well
直浇口/直澆口,下澆道,豎澆道 down sprue, down gate, drop gate
直角尺/直角尺 mechanical square, square
直角杠杆/鐘式曲柄桿,雙臂曲柄桿 bell crank lever
直角棱镜/直角稜鏡,矩形稜鏡 rectangular prism, right-angle prism
直角棱柱体/角隅稜鏡,三面直角稜鏡 corner cube prism
直角连接器/直角連接器 right angle connector
直角平面显像管/直角平面映像管 flat squared picture tube
直角钳/直交夾 right angle clamp
直角旋光器/直角轉光器 optical square
直角异径弯管/異徑肘管 angle reducer
直角指示器/直角觀察器 right-angle viewer
直角坐标/直角坐標 rectangular coordinate
直角坐标式电位差计/直角坐標式電位計 rectangular coordinate type potentiometer
直角坐标式钻臂/直角坐標式鑽臂 rectangular coordinate drill boom
直角坐标系/直角坐標系 Cartesian rectangular coordinate system
直角坐标型机器人/直角坐標型機器人 Cartesian rectangular coordinate robot
直接被控系统/直接被控系統 directly controlled system
直接比较/直接比較 direct comparison
直接比较测量法/直接比較測量法,直接比較量測法 direct comparison method of measurement
直接比较称量法/直接比較稱量法 direct comparison weighing
直接比较法/直接比對法 direct comparison method
直接拨号/直接撥號 direct dialing
直接拨号电话系统/直接撥號電話系統 direct dial telephone system
直接拨入/直接撥入分機 direct dialing-in
直接操纵变速器/直接控制齒輪箱 direct control gearbox
直接测定/直接測定 direct determination
直接测量/直接測量,直接量法,直接量測 direct measurement
直接测量法/直接測量法 direct method of measurement
直接插入/直接插入 inlining
直接插入处理/混同處理 in-line processing
直接长途拨号/直接長途撥號 direct distance dialing
直接称量法/直接秤量法 direct weighing
直接成本/成本 prime cost
直接成分语法/直接成分文法 immediate constituent grammar
直接淬火冷却/直接淬火 direct hardening
直接存取/直接存取 direct access
直接带隙半导体/直接能帶隙半導體 direct gap semiconductor
直接电弧炉/直接電弧爐 direct arc furnace
直接电离粒子/直接游離粒子 directly ionizing particle
直接电解沉积/直接電解回收 direct electrowinning
直接吊装式吊具/直接吊裝式吊具 unexchangeable spreader
直接顶/直接頂磐 immediate roof
直接顶板/絕對頂磐 absolute roof
直接动作记录仪/直接動作記録儀 direct acting recorder
直接读数/直接讀值 direct reading
直接法/直接法 direct method

直接反射/直接反射,鏡面反射　direct reflection
直接反射系数/直接反射因子　direct reflection factor
直接辐射表/日射強度計　pyrheliometer
直接附接存储/直接附加儲存　direct attached storage
直接复合/直接能隙複合　direct recombination
直接干式冷却系统/直接乾式冷却系統,直接空冷系統　direct dry cooling system
直接更换件/直接更換件　direct replacement part
直接光化学效应/直接光化學效應　direct actinic effect
直接光照/直接照明　direct illumination
直接广播卫星/直接廣播衛星,直播衛星　direct broadcast satellite, DBS
直接呼叫设施/直接呼叫設施　direct call facility
直接还原/直接還原　direct reduction
直接还原度/直接還原比率　ratio of direct reduction
HYL 直接还原法/HYL 直接還原法　HYL process
直接还原工艺/直接還原煉鐵法　direct reduction process
Midrex 直接还原炼铁法/Midrex 直接還原煉鐵法　Midrex direct reduction ironmaking process
直接火力加热器/直接火加熱爐　direct fired heater
直接记录器/直接記録器　direct recorder
直接记录示波器/直録式示波器　direct writing oscillograph
直接加热喷洒机/直接加熱噴灑機　directly heated spreader
直接甲醇燃料电池/直接甲醇燃料電池　direct methanol fuel cell
直接检波式接收机/直接檢波式接收機　direct detection receiver
直接检测/直接檢測　direct detection
直接检定/直接檢定　direct verification
直接建模/直接建模　direct modeling
直接浇铸/直接澆鑄　direct pouring
直接接触/直接接觸,緊密接觸　direct contact
直接接触式换热器/直接接觸熱交換器　direct contact heat exchanger
直接接触式冷凝器/直接接觸冷凝器　direct contact condenser
直接接触式制动器/直接接觸式制動器　direct contact brake
直接接入能力/直接通話的能力　direct access capability
直接解法/直接法　direct method
直接禁带半导体/直接能帶隙半導體　direct gap semiconductor
直接控制层/直接控制層　direct control layer
直接扩孔/垂直擴鑽　straight reaming
直接冷却/直接冷却　direct cooling
直接联动泵/直聯泵　direct acting pump
直接炼钢法/直接煉鋼法　direct steelmaking
直接耦合/直接耦合　direct coupling
直接耦合触发器/直接耦合正反器　direct coupled flip-flop
直接耦合放大器/直接耦合放大器　direct coupled amplifier
直接耦合晶体管逻辑/直接耦合電晶體邏輯　direct coupled transistor logic, DCTL
直接配线/直接配線　direct distribution
直接喷射/直接噴射　direct injection
直接喷射式柴油机/直接噴射式柴油機　direct-injection diesel engine
直接强度调制/直接強度調變　direct intensity modulation, DIM
直接氢氟化法/直接氫氟化法　direct hydrofluorination method
直接驱动/直接驅動　direct drive
直接驱动压电晶体式喷油器/直接驅動壓電晶體式噴油器　direct-drive piezo crystal fuel injector
直接取样法/直接取樣法　direct sampling method
直接入户/直接到家　direct to home, DTH
直接烧结炉/直接燒結爐　direct sintering furnace
直接式频率合成器/直接式頻率合成器　direct frequency synthesizer
直接式收发转换器/正模轉換器　orthomode transducer, OMT
直接数字控制/直接數位控制　direct digital control, DDC
直接速度响应/直接速度回應　direct mobility
直接太阳辐射/直接日射　direct solar radiation
直接通话/轉話　through call
直接透射/單向透射,直接傳送,規則透射　direct transmission, regular transmission
直接位移响应/直接位移回應　direct receptance
直接熄弧断路器/平斷斷路器　plain-break breaker
直接显示照片/直顯照片　direct print
直接相联高速缓存/直接相聯快取　direct associative cache
直接向内拨入/直接內線撥號　direct inward dialing, DID
直接协调/直接協調　direct coordination
直接泄漏/直接洩漏　direct leakage
直接序列/直接序列　direct sequence

直接序列码分多址/直接序列分碼多重進接,直接序列分碼多重擷取 direct sequence CDMA, DS-CDMA
直接眩光/直接眩光 direct glare
直接液冷/直接液冷 direct liquid cooling
直接应变/正應變 direct strain
直接映射/直接對映 direct mapping
直接载荷式安全阀/直接載荷式安全閥 direct-loaded safety valve
直接轧制/直接輥軋 direct rolling
直接照明/直接照明 direct lighting, direct illumination
直接制冷系统/直接製冷系統 direct refrigeration system
直接铸造/直接澆鑄 direct casting
直接组织/直接組織 direct organization
直接作用控制器/直接作用控制器 direct acting controller
直接作用式减压阀/直接作用式減壓閥 direct acting reducing valve
直接作用仪表/直接作用儀表 direct acting instrument
直结晶器/直結晶器 straight mould
直井排水管/直井排水管 delivery column
直径/直徑 diameter
直径比/直徑比 diameter ratio
直径比率/自然標度 natural scale
直径面/直徑平面 diametral plane
直径系列/直徑系列 diameter series
直径系数/直徑商數 diametral quotient
直径研磨/直徑研磨 diameter grinding
直觉主义逻辑/直觀邏輯 intuitionistic logic
直口杜瓦容器/圓柱形杜瓦瓶 cylindrical Dewar
直廓环面蜗杆/直廓環面蝸桿 toroid enveloping worm with straight line generatrix
直廓环面蜗杆副/直廓環面蝸桿副 double enveloping worm gear pair with straight line generatrix
直拉法/直拉法,丘克拉斯基法 Czochralski method
直立旋板主轴/直立旋板心軸 upright spindle
直立造型/直立造模 vertical molding
直立造型法/直立造模法 mold on end
直立铸模/直立鑄模 vertical mold
直连存储/直接附加儲存 direct attached storage
直联式振动器/剛性振動器 rigid vibrator
直联信令方式/直聯傳訊方式 associated signaling
直列式发动机/直列引擎,單排引擎 in-line engine
直列式喷油泵/直列式噴油泵 in-line fuel injection pump
直流/直流 direct current, DC
直流安培计/直流安培計,直流電流計 direct current ammeter
直流比较式电位差计/直流比較式電位差計 direct current comparison type potentiometer
直流比较仪式电桥/直流比較儀式電橋 direct current comparator type bridge
直流变换器/直流換流機 direct current converter
直流变流器/電子式直流轉換器 electronic direct current convertor
直流波形因数/直流波形因數 direct current form factor
直流伺服电动机/直流伺服電動機 direct current servomotor
直流等离子电弧炉/直流電漿電弧爐 direct current plasma arc furnace
直流电磁连铸/直流電磁連鑄 direct current electromagnetic continuous casting
直流电动发电机/電動發電機 dynamotor
直流电动机/直流電動機,直流馬達 direct current motor
直流电弧炉/直流電弧爐 direct current electric arc furnace
直流电机/直流機 direct current machine
直流电流/直流電 direct current, DC
直流电流比较仪/直流比較儀 direct current comparator
直流电流比较仪式电位差计/直流比較儀電位計 direct current comparator potentiometer
直流电气传动/直流電氣傳動 direct current electric drive
直流电桥/直流電橋 direct current bridge
直流电位差计/直流電位計 direct current potentiometer
直流电位计/直流電位計 direct current potentiometer
直流电压/直流電壓 direct voltage
直流电压表/直流伏特計 direct current voltmeter
直流电压校准器/直流電壓校準器 direct current voltage calibrator
直流电源/直流電源 direct current power supply
直流电阻/直流電阻 direct current resistance
直流断路器/直流斷路器 direct current circuit breaker
直流二极溅射/直流二極濺射 direct current diode sputtering
直流发电机/直流發電機 direct current generator,

dynamo
直流发电机-电动机组传动/直流發電機-電動機組傳動 direct current generator-motor set drive
直流发电机调节器/直流發電機調節器 direct current generator regulator
直流放大器/直流放大器 direct current amplifier
直流放电/直流放電 direct current discharge
直流分量/直流分量,直流部分 direct component
直流辐射计/直流輻射計 direct current radiometer
直流高速断路器/直流高速斷路器 direct current high speed circuit-breaker
直流高阻电桥/直流高阻電橋 direct current bridge for measuring high resistance
直流锅炉/單流鍋爐,單程流通式鍋爐 mono tube boiler, once through boiler
直流弧焊发电机/直流弧焊發電機 direct current arc welding generator
直流继电器/直流繼電器 direct current relay
直流溅射/直流濺射 direct current sputtering
直流阶度/直流階度 direct current level
直流矿热炉/直流礦熱爐 direct current ore smelting electric furnace
直流滤波器/直流濾波器 direct current filter
直流煤粉燃烧器/直流粉煤燃燒器 straight flow pulverized coal burner
直流耦合/直流耦合 direct current coupling
直流配电设备/直流配電設備 direct current distribution equipment
直流扫气/直流驅氣 uniflow scavenging
直流升压机/直流昇壓器 direct current booster
直流石墨化/直流石墨化 direct current graphitization
直流式阀/直流式閥 Y-globe valve
直流式调风器/噴射調風器 jet air register
直流式系统/直流式系統 direct air system
直流输出/直流輸出 direct current output
直流替代法/直流置换法 direct current substitution method
直流约瑟夫森效应/直流約瑟夫森效應 direct current Josephson effect
直流正反器/直流正反器 direct current flip-flop
直流主发电机/直流主發電機 direct current main generator
直流转速表/直流轉速計 direct current tachometer
直漏干扰/直漏干擾 leakage noise
直落砂芯/直落砂心 drop core
直埋电缆/直接埋設纜線 direct burial cable
直埋式开沟机/直埋式開溝機 direct burial plow
直描式记录器/直録記録器 direct writing recorder
直碰/直接碰撞,直接衝擊 direct impact
直驱励磁型风力发电机组/直驅勵磁型風力發電機組 direct drive magnet wind turbine generator set
直驱型风力发电机组/直驅風力輪機發電機組 direct drive wind turbine generator set
直驱永磁型风力发电机组/直驅永磁型風力發電機組 direct drive permanent-magnet wind turbine generator set
直燃式发生器/直燃式發生器 direct fired generator
直燃式溴化锂吸收式制冷机/直燃式溴化鋰吸收式製冷機 direct fired lithiumbromide absorption refrigerating machine
直热式阴极/直熱式陰極 directly heated cathode
直熔锭/直熔錠 dingot
直三角螺纹/鋸齒螺紋,斜方螺條 buttress thread
直射大圆/直射大圓 collineation great circle
直射速调管/直射速調管 straight advancing klystron
直射轴线/直射軸線 collineation axis
直式连接器/直式連接器 straight connector
直视分光镜/直視分光鏡 direct vision spectroscope
直视棱镜/直視稜鏡 direct vision prism
直视棱镜分光镜/直視分光鏡 direct vision spectroscope
直视取景器/景像計 iconometer
直手柄/直柄 straight handle
直探头/直探頭 normal probe
直提砂芯头/直提砂心頭 tail print
直通/不熄弧,不滅弧,貫通導電 conduction through
直通阀/直流閥 straightway valve
直通干燥炉/直通乾燥爐 through feed drying furnace
直通基群/過路群 through group
直通交换机/直通交換機 cut through switch
直通路由选择/直通路由選擇 cut through routing
直通群滤波器/直通群濾波器 through group filter
直通式阀/直通式閥 straight through valve
直通式交换/切貫封包交換 cut through switching
直通中继站/直通中繼站 repeater without drop
直筒型喷嘴/直筒型噴嘴 cylindrical nozzle
直推土铲/正鏟推土機 straight dozer
直推学习/直推學習 transductive learning
直线倍增加速器/線性倍增加速器 linear multiple accelerator
直线标度/線標度 line scale
直线波长式电容器/波長標度正比電容器 SLW condenser

直线插补/線性内插法 linear interpolation
直线齿廓/直線齒廓 straight side profile
直线齿廓锥齿轮/直線齒廓錐齒輪 bevel gear with straight tooth profile
直线磁阻电动机/直線式磁阻電動機 linear reluctance motor
直线电动机/直線電動機,線性電動機,線性馬達 linear motor
直线电动机驱动带式输送机/直線電動機驅動帶式輸送機 belt conveyor driven by linear motor
直线电气传动/直線電驅動 linear motion electric drive
直线度公差/直度公差 straightness tolerance
直线机构/直線機構 straight-line mechanism
直线浇铸机/直線澆鑄機 straight-line casting machine
直线摩擦驱动带式输送机/直線摩擦驅動帶式輸送機 belt conveyor driven by line friction
直线频率式电容器/頻率標度正比電容器 SLF condenser
直线平移/直線平移 rectilinear translation
直线平移凸轮/平移凸輪 translation cam
直线容量电容器/電容標度正比電容器 SLC condenser
直线扫描发生器/線性掃描產生器 linear sweep generator
直线数组扫描/線性陣列掃描 linear array scan
直线算术程序/直線算術程式 straight-line arithmetic program
直线位移变换器/線性位移轉換器 linear displacement transducer
直线位移传感器/線性位移轉換器 linear displacement transducer
直线位移光栅/直線位移光柵 linear displacement grating
n 直线相交法/n 直線相交法 n-intersection model
直线行程电动执行机构/直線電致動器 linear electric actuator
直线行驶稳定性/直線運動穩定性 straight motion stability
直线型砝码/直線型砝碼 line type weights
直线性放大器/線性放大器 linear amplifier
直线性衰减量/線性減縮,線性遞減 linear decrement
直线运动/直線運動 rectilinear motion, linear motion
直线运动机构/直線運動機構 straight-line motion mechanism
直线运动轴承/線性運動軸承 linear motion bearing
直线阵列扫描/線性陣列掃描 linear array scan
直线振动/直線振動 rectilinear vibration
直线振动筛/直線振動篩 linear vibrating screen
直线坐标记录仪/直線坐標記録器 rectilinear coordinate recorder
直行程阀/直行程閥,直線移動閥 linear motion valve
直压热室压铸机/直接氣壓式熱室壓鑄機 direct pressure hot chamber machine
直压式合模/直壓式合模 direct pressure closing
直言命题/直言命題 categorical proposition
直叶片/直葉片,直式刀 straight blade
直轴分量/直軸分量 direct axis component
直轴瞬态电抗/直軸暫態電抗 direct axis transient reactance
值/值 value
ARPU 值/使用者平均營收貢獻值 average revenue per user, ARPU
pH 值/pH 值,氫離子濃度負對數值,離標值 pH value
pH 值比较器/pH 比值器 pH value comparator
值参/價值參數 value parameter
pH 值分析计/pH 計,氫離子計 pH analyzer
pH 值监控器/pH 監測器 pH monitor
值勤泵/輔助泵 service pump
值守转接台/轉接臺 attendant board
n 值信号/n 元訊號 n-ary signal
pH 值指数/氫離子指數 pH index
职业暴露/職業曝露 occupational exposure
职业性噪声暴露/職業噪音曝露 occupational noise exposure
职业照射/職業曝露 occupational exposure
职责分割/職責分散 separation of duties
职责链模式/職責鏈模式 chain of responsibility pattern
植入式电极/植入式電極 implanted electrode
植物生长试验箱/植物生長試驗箱 plant growth test chamber
植物油/植物油 vegetable oil
止摆装置/止擺裝置 anti-oscillation device
止冲器/止衝器,擋車木 buffer stop
止点/死點 dead center
止动环/定位卡環,擋環 locating snap ring, stop ring
止动环槽宽度/止動環槽寬度 snap ring groove width
止动环槽深度/止動環槽深度 snap ring groove

depth
止动环槽直径/止動環槽直徑　snap ring groove diameter
止动销/阻銷　stop pin
止端/終端止擋器　end stop
止规/止規　not go gage
止回阀/止回閥,防逆瓣,單向閥　check valve, non-return valve, back pressure valve
止裂温度/防裂温度　crack arrest temperature
止推垫圈/止推墊圈　thrust washer
止推滑动轴承/止推滑動軸承　plain thrust bearing
止推环/止推環　thrust collar
止推轴承/止推軸承,推力軸承,軸向軸承　thrust bearing, axial bearing
止推座/止推座　thrust cup
只读/唯讀　read-only
只读存储器/唯讀記憶體,僅讀記憶器,僅讀儲存器　read-only memory, read-only storage, ROM
只读属性/唯讀屬性　read-only attribute
只收地球站/只收地面站　receive only earth station
纸/紙　paper
纸板/紙板　board
纸板干电池/紙板乾電池　paper lined dry cell
纸带/紙帶　paper tape
纸带穿孔机/紙帶打孔機　tape puncher, paper-tape punch
纸带穿孔机/紙帶打孔機,打帶機　tape punch
纸带读入机/紙帶閱讀機　tape reader
纸带复凿机/紙帶複鑿機　paper tape reperforator
纸带机/磁帶機　tape unit
纸带记时器/紙帶記時儀　fillet chronograph
纸带键盘凿孔机/紙帶鍵盤鑿孔機　keyboard tape punch
纸带译码器/紙帶解碼器　paper tape decoder
纸带阅读机/紙帶閱讀機　paper tape reader, paper-tape reader
纸电泳/濾紙電泳　paper electrophoresis
纸基摩擦材料/紙基摩擦材料　paper base friction material
纸浆泵/紙漿泵　pulp pump
纸介电容器/紙電容器,紙介質電容器,紙絶緣電容器　paper capacitor, paper condenser
纸介质电容器/紙介質電容器　paper condenser
纸绝缘电缆/紙絶緣電纜　paper insulated cable
纸色谱法/紙色譜法,紙色層譜學　paper chromatography
纸色谱扫描器/紙層析掃描器　paper chromatographic scanner
指标频/指標頻　marker frequency
指标误差/指標誤差　index error
指称/標志　denotation
指称语义/標志語意　denotational semantics
指代/指代　anaphora
指代消解/指代消解　anaphora resolution
指导/指引,導引　directive
指点技术/指點技術　pointing technique
指点信标/指點信標　marker beacon
指定发射码/發射指定碼,命令傳送碼　emission designation code
指定值/設定值　assigned value
指挥车/指揮車,命令車　command van
指挥控制与通信/指揮控制與通信　command, control and communications
指挥控制与通信系统/指揮管制通信系統　command control and communication system
指挥器交换系统/指揮器交換制　director switching system
指挥站/指揮站　director
指零法/零偏法　zero method
指零式电桥/零式電橋　null type bridge
指零仪/指零儀器　null indicating instrument
指令/指令　instruction, command
指令编码/指令編碼　command coding
指令表/指令表　command list, instruction list
指令步进/指令步驟　instruction step
指令操作码/指令操作碼　instruction operation code
指令操作数/指令運算元　instruction operand
指令产生器/指令産生器　command generator
指令长度/指令長度　command length, instruction length
指令常规/指令常規,指令常式　instruction routine
指令重试/指令再試　instruction retry
指令代码/指令代碼　instruction code
指令地址寄存器/指令位址暫存器　instruction address register
指令调度程序/指令排程器　instruction scheduler
指令读取/指令提取　instruction fetch
指令队列/指令隊列　instruction queue
指令发射/指令發射　instruction issue
指令高速缓存/指令高速緩衝記憶體　instruction cache
指令格式/指令格式　command format
指令跟踪/指令追蹤　instruction trace
指令功能/指令功能　command function
指令级语言/指令級語言　instruction level language
指令集/指令集　instruction set

指令计数器/指令計數器 instruction counter
指令寄存器/指令暫存器 instruction register
指令监测/指令監測 command monitoring
指令间隔/指令間隔 command interval
指令控制器/指令控制單元 instruction control unit
指令类型/指令類型 instruction type
指令链/指令鏈 command chain
指令流/指令流 instruction stream
指令流水线/指令管線 instruction pipeline
指令码/指令碼 command code, instruction code, order code
指令码元/指令碼元 command code element
指令脉冲/指令脈波 command pulse
指令每秒/每秒指令 instructions per second
指令容量/指令容量 command capacity
指令时延/指令時延 command time delay
指令式语言/命令式語言 imperative language
指令式指令/命令式指令 imparative instruction
指令停机/指令停機 instruction stop
指令位姿/指令位元姿 command pose
指令误差/指令誤差 command error
指令系统/命令系統,指令集 command system, instruction set
指令相关性/指令相依 instruction dependency
指令遥控/指令遥控 command remote control
指令译码器/指令解碼器 instruction decoder
指令语言式/指令語言式 command language mode
指令预取/指令預取 instruction prefetch
指令栈/指令堆疊 instruction stack
指令执行/指令執行 instruction execution
指令周期/指令週期 instruction cycle
指令字/指令字 instruction word
指派优先级/指定優先 assigned priority
指配频带/指配頻帶 assigned frequency band
指配频率/指配頻率 assigned frequency
指配信道/指配通道 assigned channel
指示表/指標量規 index gage
指示表刻度盘/指示器度盤 indicator dial
指示灯/指示燈,顯示燈 indicator light, display lamp, pilot lamp
指示电池/引示電池 pilot cell
指示电极/指示電極 indicating electrode
指示度盘/指示標度 indicating scale
指示范围/指示範圍 indicating range
指示功/指示功 indicated work
指示功率/指示功率 indicated power
指示管/指示管 indicator tube
指示机构/指示機構 indicating mechanism
指示计/指標量規 index gage
指示卡规/指示卡尺 indicating calipers
指示控制器/指示控制器 indicating controller
指示流量计/指示流量計 indicating flowmeter
指示马力/指示馬力 indicated horsepower
指示器/指示器 indicator
指示器机械时间常数/指示器機械時間常數 mechanical time constant of an indicator instrument
指示热效率/指示熱效率 indicated thermal efficiency
指示熔断器/指示熔斷,指示熔絲 indicating fuse
指示设备/指示裝置,指標裝置 indicating device, pointer device
指示式测量仪器/指示式量測儀器 indicating measuring instrument
指示误差/瞄準誤差,示值誤差 pointing error, indication error
指示仪/指示器 indicator
指示仪表/指示儀器 indicating instrument
指示噪声计/指示噪音計 indicated noise meter
指示值/指示值 indicated value
指示滞后/指示滯後 indication lag
指示装置/指示裝置,指示機構 indicating device, indicating mechanism
F1 指数/F1 指數 F1 measure
指数变迁/指數變遷 exponential transition
指数分布/指數分布 exponential distribution
指数密码体制/指數密碼系統 exponential cryptosystem
指数时间/指數時間 exponential time
指数时间复杂性类/指數時間複雜性類 exponential time complexity class
指数实验/指數實驗 exponential experiment
指数衰减/指數衰減 exponential attenuation
指数线/指數線 exponential line
指数序列/指數序列 exponential sequence
指数运算/取冪 exponentiation
指数装置/指數裝置 exponential assembly
指数阻尼正弦曲线/指數阻尼正弦曲線 exponentially damped sinusoid
指套形电离室/套管游離腔 thimble ionization chamber
指纹/指紋 fingerprint
指纹分析/指紋分析 fingerprint analysis
指纹识别/指紋辨識 fingerprint recognition
指向精度/指向準確度 pointing accuracy
指向速度/指向速度 pointing velocity
指向误差/指向誤差 pointing error

指向性/指向性,方向性,導向性 directivity
指向性特性/方向特性 directional characteristics
指向性图案/方向圖形 directivity pattern
指向性响应图案测试/方向性響應圖案測量 measurement of directional response pattern
指向性因数/指向性因子 directivity factor
指向性指数/定向指數 directivity index
指形齿轮铣刀/齒輪端銑刀 gear cutting end mill
指形电离腔/套管游離腔 thimble ionization chamber
指阴极/指狀陰極 finger cathode
指引元/指標 pointer
指针/指針 needle, pointer
指针表/指針式儀表 pointer gage
指针测微计/指針測微計 minimeter
指针测微器/微量指示器 microindicator
指针地址/指標位址 pointer address
指针发生器/指標發生器 pointer generator, PG
指针偏转仪/指針偏轉式儀器 pointer-deflecting instrument
指针式检流计/指針式檢流計 pointer galvanometer
指针式仪表/指針式儀表,指針式儀器 pointer instrument
指针式指示器/指針式指示器 pointer indicator
指重表/重量指示表 weight indicator
指状进模口/指形進模口 finger gate
指状溜槽/指溜槽嘴 finger chute
指状水侵/指狀水侵 water fingering
酯化值/酯值 ester value
酯系硬化法/酯系硬化法 ester process
CGS 制/CGS 制,厘米-克-秒制,公分-克-秒制 c.g.s. system, centimeter-gram-second system
NTSC 制/NTSC 制 national television system committee system, NTSC system
PAL 制/PAL 制 phase alternation line system, PAL system
SEcam 制/SEcam 制 sequential color and memory system, SEcam system
制版工艺/製版工藝 mask-making technology
制备超速离心机/製備超速離心機 preparative ultracentrifuge
制备离心/製備離心 preparative centrifugation
制备色谱法/製備色譜法 preparative chromatography
制备液相色谱仪/製備液相色譜儀 preparative liquid chromatograph
制冰机/製冰機 ice maker, ice-making machine
制导技术/導引技術 guidance technique
制导雷达/導引雷達 guidance radar
制导系统/導引系統 guidance system
制动/制動 retardation, braking
制动报警装置/制動報警裝置 braking alarm device
制动臂/軔臂,剎車臂 brake arm
制动操纵力/制動操縱力 braking control force
制动测力仪/制動測力計 brake dynamometer
制动颤振/制動顫振 brake chatter
制动衬带/剎車襯 brake lining
制动衬块/剎車襯塊 brake pad
制动衬片/剎車襯 brake lining
制动衬片恢复试验/剎車襯片恢復試驗 brake lining recovery test
制动衬片冷态试验/剎車襯片冷態試驗 cold lining test
制动衬片热态试验/熱襯料試驗 hot lining test
制动衬片衰退试验/剎車襯片衰退試驗 lining fade test
制动衬片总成/剎車襯片總成 brake lining assembly
制动初速度/制動初速度 initial speed of braking
制动传能装置/制動傳能裝置 energy transfer device for braking
制动带/制動帶,剎車帶 brake belt, brake band
制动灯/停車燈 stop lamp
制动底板/制動底板 brake back plate
制动电动机/制動馬達 brake motor
制动反应时间/制動反應時間 braking reacting time
制动附着系数/制動附著係數 braking adhesion coefficient
制动附着性/制動附著 braking adhesion
制动副数/制動副數 number of braking pairs
制动钢带/制動鋼帶 brake steel belt
制动工况/制動條件 damped condition
制动功/制動功 braking work
制动供能装置/制動供能裝置 energy supplying device for braking
制动鼓/剎車鼓 brake drum
制动过载系数/制動超載係數 damped overload ratio
制动滑移附着系数/制動滑移附著係數 slipping braking adhesion coefficient
制动机构/制動機構 braking mechanism
制动减速度/制動減速度 braking deceleration
制动渐近压力/制動漸近壓力 asymptotic pressure of braking
制动距离/停車距離,剎停距離,軔距 braking distance, stopping distance
制动控制装置/制動控制裝置 braking control

device
制动块/制動塊，夾緊牽轉具 brake piece, clamp dog
制动力/制動力，剎車阻力 braking force
制动力比例调节装置/制動力比例調節裝置 braking force proportioning device
制动力分配比/制動力分配比 braking distribution ratio
制动力矩/制動扭矩 braking torque
制动力系数/剎車阻力係數 braking force coefficient
制动力学/制動力學 braking mechanics
制动轮/制動輪 brake wheel
制动马力/制動馬力 brake horsepower
制动能量回收指示器/制動能量回收指示器 braking energy feedback indicator
制动盘/剎車碟，閘盤 brake disk
制动跑偏/制動偏差，剎車偏差 braking deviation
制动喷嘴/制動噴嘴 brake nozzle
制动频率/制動頻率 braking frequency
制动气室/制動氣室 brake chamber
制动器/制動器，剎車，制動裝置 brake, arrester
制动器热衰减系数/制動器熱衰減係數 heat fade coefficient of brake
制动器滞后/制動器滯後 brake hysteresis
制动钳板臂/制動鉗板臂 brake calliper plate yoke
制动强度/制動速率 rate of braking
制动失效/制動失效 braking failure
制动时间/制動時間 arrestment time
制动索/制動索 brake rope
制动踏板/制動踏板 braking pedal
制动踏板装置/制動踏板裝置 braking pedal device
制动特性/制動特性 brake characteristic
制动蹄/軔塊，剎車蹄片，塊式剎車 brake shoe, shoe brake
制动跳动/制動跳動 braking hop
制动拖滞/制動拖滯 brake drag
制动瓦/剎車閘 shoes of brake
制动稳定性试验/制動穩定性試驗 braking stability test
制动误差/制動誤差 arrestment error
制动系/制動系統 braking system
制动系报警装置/制動系報警裝置 braking system alarm device
制动系滞后/制動系滯後 braking system hysteresis
制动油缸/軔缸，剎車缸 brake cylinder
制动噪声/制動雜訊 brake noise
制动爪/制動爪，羈留爪 retaining pawl
制动主缸/剎車主油缸 brake master cylinder
制动转矩/制動扭矩，阻尼力矩 damped torque, retarding torque
制动转速/制動轉速 braking rotational speed
制动装置/制動裝置，鎖緊裝置，掣抓裝置 locking device, arrestment frame, catch gear
制耳/波狀餘邊 earing
制粉电耗/製粉系統電力消耗 power consumption of pulverizing system
制粉系统爆炸/碎煤系統爆炸 explosion of pulverized-coal preparation system
制粉系统冷态风平衡试验/製粉系統冷態風平衡試驗 cold air distributing test of pulverizing system
制管钢板/製管條板 skelp
制弧断路器/製弧斷路器 counter-arc circuit breaker
制块/製塊 clamp dog
制冷/冷凍 refrigeration
制冷工程/冷凍工程 refrigerating engineering
制冷回路/冷凍電路 refrigeration circuit
制冷机/冷凍機 refrigerating machine
制冷剂/冷凍劑，冷媒 refrigerant
制冷剂气体流量计法/冷媒蒸氣流量計法 refrigerant vapor flowmeter method
制冷剂液体流量计法/冷凍劑液體流量計法 refrigerant liquid flowmeter method
制冷量/冷凍量 refrigerating capacity
制冷能效比/冷凍能效比 refrigerating energy efficiency ratio
制冷器/凍凝器 congealer
制冷设备/冷凍設備 refrigerating apparatus
制冷系统/冷凍系統，致冷系統 refrigerating system
制冷循环/冷凍循環 refrigeration cycle
制冷压缩机/冷凍壓縮機 refrigerant compressor
制冷压缩机组/冷凍壓縮機組 refrigerating compressor unit
制冷压缩冷凝机组/冷凍壓縮機冷凝機組 refrigerant compressor condensing unit
制冷与供热热泵/製冷與供熱熱泵 cooling and heating heat pump
制冷装置/冷凍設備 refrigerating plant
制冷综合性能系数/冷凍整體部分負載值 refrigerating integrated part load value
制粒/製粒，造粒 granulation, palletizing, pellet fabrication
制粒机/製粒機，細碎機 granulator
制粒筛/製粒篩 granulating screen
制模金属/模型金屬，模型合金 pattern metal
制坯/製坯 preforming
制坯辊锻/製坯輥鍛 preforming roll forging

制热综合性能系数/加熱整合性能係數 heating integrated part load value
制绳钢丝/製繩鋼絲 rope steel wire
制陶捏和机/揉合機 kneading mill
制铜周期/造銅期 copper making period
制团/製礦球 briquetting
制外测量单位/制外量測單位 off-system measurement unit
制外单位/制外單位 off-system unit
制外计量单位/制外量測單位 off-system measurement unit
制芯/製芯 core making
制芯车床/砂心車床 core turning lathe
制芯工段/砂心工場 core store
制芯机/心型機,砂心機 core making machine
制芯机床/砂心車床 core turning lathe
制芯轴/心骨軸 core spindle
制造故障/製造故障 manufacturing fault
制造规格/製造規格 manufacturing specification
制造失效/製造失效 manufacturing failure
制造特征/製造特徵 manufacturing feature
制造消息服务/生産信息服務 manufacturing message service, MMS
制造业信息化/製造業資訊化 manufacturing informatization
制造执行系统/製造執行系統 manufacturing execution system
制造资源规划/製造資源規劃 manufacturing resource planning
制造自动化协议/製造自動化協定 manufacturing automation protocol, MAP
制止器/制動器,制動裝置 arrester
质点/質點 particle
质点动能/質點之動能 kinetic energy of a particle
质点漂移/質點漂移 particle drift
质点速度/粒子速度 particle velocity
质点位移/聲質點位移 sound particle displacement
质点质量/質點之質量 mass of particle
质荷比/質荷比 mass-to-charge ratio
质径积/質徑積 mass-radius product
质量/①質量,②品質 ①mass, ②quality
质量百分浓度/質量百分濃度 mass percentage concentration
质量保证/品質保證 quality assurance
质量比/質量比 mass ratio
质量差/質量差 mass difference
质量单位/質量單位 mass unit
质量电阻率/質量電阻係數,質量電阻率 mass resistivity
质量定心/定質心 mass centering
质量定心机/定質心機 mass centering machine
质量度量学/品質度量學 quality metrics
质量反馈/品質回饋 quality feedback
质量范围/質量範圍 mass range
质量分辨力/質量解析度 mass resolution
质量分离器/質量分離器 mass separator
质量分离-质量鉴定法/質量分離-質譜鑒定法 mass separation-mass identification spectrometry
质量分配比/質量分配比 mass distribution ratio
质量分数/質量百分比 mass fraction
质量分析离子动能谱/質量分析離子動能譜 mass analyzed ion kinetic energy spectrum
质量分析离子动能谱仪/質量分析離子動能譜儀 mass analysis ion kinetic energy spectrometer
质量分析器/質量分析器 mass analyzer
质量工程/品質工程 quality engineering
质量功率比/質量功率比 mass to power ratio, mass-power ratio
质量管理/品質管理,品質控制 quality management
质量含汽率/品質含汽率 steam quality by mass
质量合格证/合用驗證 certification of fitness
质量和性能测试/品質和效能測試 quality and performance test
质量衡算/質量平衡 mass balance
质量混合比/質量比 ratio of mass
质量检测器/質量檢知器 mass detector
质量控制/品質控制 quality control, QC
质量亏损/質量虧損 mass defect
质量累计检测器/質量累積檢知器 mass integral detector
质量利用系数/質量利用係數 coefficient of mass utilization
质量流量/質量流量,質量流率 mass flowrate, mass flow rate
质量流量计/質量流量計 mass flow meter
质量流量平衡/質能流量平衡 mass-flow equilibrium
质量流率/質量流量 mass flowrate
质量流速/質量速度 mass velocity
质量密度/質量密度 mass density
质量模型/品質模式 quality model
质量摩尔浓度/重量莫耳濃度,克分子溶度 molality
质量能量吸收系数/質能吸收係數 mass energy absorption coefficient
质量浓度/質量濃度 mass concentration
质量排放标准/質量率排放標準 mass rate of

emission standard
质量排放量/質量排放量 mass emission
质量平衡/質量平衡,質量均衡 mass balance, mass equilibrium
质量评价/品質評估 quality evaluation
质量歧视效应/質量鑒别力 mass discrimination
质量迁移/質量輸送 mass transfer, mass transport
质量认证/品質認證 quality authentication, quality certification
质量色谱法/質量色譜法 mass chromatography
质量色散/質量色散,質量分散 mass dispersion
质量式称量装置/品質配料器 quality batcher
质量守恒/質量守恆 conservation of mass
质量守恒定律/質量守恆定律 conservation law of mass
质量输运/質量輸送 mass transportation
质量属性/品質屬性 quality attribute
质量数/質量數 mass number
质量衰减系数/質量衰減係數 mass attenuation coefficient
质量速度/質量速度 mass velocity
质量碎片谱法/質量碎片譜法 mass fragmentography
质量吸能系数/質能吸收係數 mass energy absorption coefficient
质量吸收系数/質量吸收係數 mass absorption coefficient
质量盈余/質量過剩 mass excess
质量指标/品質指數 quality index
质量指示器/質量指示器 mass indicator
质量阻止本领/質量阻止本領 mass stopping power
质量作用定律/質量作用定律 law of mass action
质能方程式/質能方程式 mass-energy equation
质能转移系数/質能轉移係數,質能轉換係數 mass energy transfer coefficient
质谱法/質譜法,質譜術 mass spectrometry
质谱峰高/質譜峰高 peak height of mass spectrometry
质谱峰距/質譜峰距 peak separation of mass spectrometry
质谱峰宽/質譜峰寬 peak width of mass spectrometry
质谱计/質譜儀 mass spectrometer
质谱摄谱仪/質譜法 mass spectrograph
质谱学/質譜學 mass spectroscopy
质谱仪/質譜儀,質譜分光計 mass spectrometer, mass spectrograph
质谱仪器/質譜儀 mass spectrometer
质谱-质谱法/質譜-質譜法 mass spectrometry-mass spectrometry
质谱-质谱法扫描/質譜-質譜法掃描 mass spectrometry-mass spectrometry scans, MS-MS scans
质数/質數 prime number
质心/質[量中]心 center of mass
质心高度/質心高度 height of center of mass
质心高度坐标/質心高度坐標 vertical coordinate of center of mass
质心惯性椭球面/質心慣性橢球面 central ellipsoid of inertia
质心横向坐标/質心横向坐標 lateral coordinate of center of mass
质心加速度矢量/質心加速度向量 acceleration vector of center of mass
质心水平坐标/質心水平坐標 horizontal coordinate of center of mass
质心速度矢量/質心速度向量 velocity vector of center of mass
质心运动定理/質心運動原理 theorem of motion of mass center
质子/質子 proton
质子层析成像/質子斷層掃描 proton tomography
质子磁矩/質子磁矩 proton magnetic moment
质子电子分光仪/質子電子譜儀 proton electron spectrometer
质子电子谱仪/質子電子譜儀 proton electron spectrometer
质子反冲腔/質子反衝腔,質子回跳腔 proton recoil chamber
质子核磁共振波谱法/質子核磁共振波譜法 proton magnetic resonance spectroscopy
质子交换膜燃料电池/質子交换膜燃料電池 proton exchange membrane fuel cell
质子谱仪/質子譜儀 proton spectrometer
质子数/質子數 proton number
质子同步加速器/質子同步加速器,宇宙級加速器 cosmotron
质子显微镜/質子顯微鏡 proton microscope
质子旋磁比/質子回旋磁比 proton gyro magnetic ratio
质子旋进磁力仪/質子進動磁強計 proton precession magnetometer
治疗模型/治療模式 therapy model
致电离本领/游離本領 ionizing power
致电离辐射/游離輻射 ionizing radiation
致电离能力/游離能力 ionizing ability

致动比/致動比 actuating ratio
致动器/致動器,傳動裝置 actuator
致发光/電發光,場發光,電螢光 electroluminescence
致冷压力表/冷媒壓力表 refrigerant pressure gage
致密铬砖/致密鉻磚 high density chrome brick
致密介质/稠密介質 compact medium
致密耐火砖/致密耐火磚 dense firebrick
致命错误/嚴重錯誤 fatal error
致命故障/關鍵故障 critical fault
致命缺陷/致命缺陷 critical defect
致命失效/致命故障,關鍵失效 critical failure
致命状态/臨界狀態 critical state
致偏场/偏轉場 deflecting field
致死剂量/致死劑量 lethal dose
致死浓度/致死濃度 lethal concentration
致死指数/致死指數 lethal index
掷/擲 throw
掷砂机/摔砂造模機 sand slinger
蛭石/蛭石 vermiculite
智暴法/奇想法 brainstorming method
智慧城市/智慧城市 smart city
智慧电表/智慧電表 smart meter
智慧型插线板/智慧型插線板 intelligent patch panel
智力犯罪/智慧犯罪 intellectual crime
智利硝石/智利硝石,鈉硝石 Chile saltpetre
智能/智慧 intelligence
智能材料/智慧材料 intelligent material
智能城市/智慧城市 intelligent city
智能传感器/智慧感測器 intelligent sensor
智能存储系统/智慧存儲系統 intelligent storage system
智能代理/智慧代理 intelligent agent
智能导航/智慧導航 intelligent navigation
智能电网/智慧電網 smart grid
智能调度/智慧調度 intelligent dispatching
智能对象/智慧物件 smart object
智能仿真/智慧型模擬 intelligent simulation
智能放大器/智慧型放大器 intelligence amplifier
智能管理/智慧管理 intelligent management
智能管理系统/智慧管理系統 intelligent management system
智能光网/自動交換光網路 automatic switched optical network, ASON
智能化仿真软件/智慧化模擬軟體 intellectualized simulation software
智能化农业信息技术/智慧化農業資訊技術 agriculture intelligent information technology
智能机器/智慧型機器 intelligent machine
智能机器人/智慧機器人 intelligent robot
智能计算机/智慧型電腦 intelligent computer
智能计算机辅助设计/智慧電腦輔助設計 intelligent computer aided design
智能检索/智慧檢索 intelligent retrieval
智能交通/智慧型運輸 intelligent transportation
智能交通安全系统/智慧交通安全系統 intelligent traffic safety system
智能交通监控系统/智慧交通監控系統 intelligent traffic monitoring system
智能决策系统/智慧決策系統 intelligent decision system
智能决策支持系统/智慧決策支援系統 intelligent decision support system, IDSS
智能卡/精明卡,積體電路卡,IC 卡 intelligent card, IC card
智能科学/智慧科學 intelligence science
智能控制/智慧控制 intelligent control
智能控制系统/智慧控制系統 intelligent control system
智能模糊网络/智慧乏晰網路 intelligent fuzzy network
智能模拟支持系统/智慧模擬支援系統 intelligent simulation support system
智能内存/智慧型記憶體 intelligent memory
智能农业/智慧農業 intelligent agriculture
智能时分复用器/智慧時分複用器 intelligent time division multiplexer
智能输入输出接口/智慧輸入輸出介面 intelligent input-output interface
智能体/代理 agent
智能体程序设计语言/代理程式設計語言 agent programming language
智能体的承诺/代理的承諾 agent commitment
智能体的理性/代理的理性 agent rationality
智能体的信念/代理的信念 agent belief
智能体的义务/代理的義務 agent obligation
智能体的意图/代理的意圖 agent intention
智能体的愿望/代理的願望 agent desire
智能体合作/代理合作 agent cooperation
智能体技术/代理技術 agent technology
智能体建模语言/代理建模語言 agent modeling language, AML
智能体联盟/代理聯盟 agent coalition
智能体拍卖/代理拍賣 agent auction
智能体社会/代理社會 agent society

智能体社会性/代理社會性 agent sociality
智能体体系结构/代理架構 agent architecture
智能体通信语言/代理通信語言 agent communication language
智能体团队/代理團隊 agent team
智能体协商/代理協商 agent negotiation
智能体协调/代理協調 agent coordination
智能体预动性/代理預動性 agent proactivity
智能体自治性/代理自治性 agent autonomy
智能体组织/代理組織 agent organization
智能天线/智慧型天線 smart antenna
智能通信/智慧型通訊 intelligent communication
智能通信终端/智慧通訊終端 intelligent communication terminal
智能推理/智慧推理 intelligent reasoning
智能推理机/智慧推理機 intelligent inference machine
智能外设/智能外設 intelligent peripheral, IP
智能网/智能網 intelligent network, IN
智能系统/智慧型系統 intelligent system
智能系统模型/智慧型系統模型 intelligent system model
智能线/智慧線 smart line
智能信息集成/智慧資訊整合 intelligent information integration
智能遥控系统/智慧型遥控系統 intelligent remote control system
智能仪表/智慧型儀器 intelligent instrument
智能仪器/智慧型儀器 intelligent instrument
智能用户电报/智能用户電報,高級用户電報 teletex
智能终端/智慧終端 intelligent terminal, smart terminal
智能自动机/智慧自動機 intelligent automaton
滞超补偿器/滯後領前補償器 lag lead compensator
滞后/滯後,落後 lag, lagging, hysteresis
滞后补偿/滯後補償 lag compensation
滞后补偿器/滯後補償器 lag compensator
滞后超前补偿/滯後超前補償 lag-lead compensation
滞后电流/停滯電流 lagging current
滞后角/滯後角 angle of retard
滞后控制/滯後控制 lag control
滞后时间/潛伏時間,延遲時間 latent time, retardation time
滞后输出/潛輸出 latent output
滞后网络/滯後網路 lag network
滞后误差/滯後誤差,遲滯性誤差 hysteresis error
滞留时间/滯留時間 residence time
滞留水位/井内常水面 standing water level
滞弹性/彈性遲滯 hysteresis elastic
滞止压力/滯止壓力 stagnation pressure
置标语言/排版語言 markup language
置换比/置換比 replacement ratio
置换测量法/量測替代法 substitution method of measurement
置换沉淀铜/置換沈積銅 cemented copper
置换反应/置換反應 displacement reaction
置换函数/置換函數 permutation function
置换剂/置換器 displacer
置换密码/置換密碼 permutation cipher
置换器/置換器 displacer
置换色谱法/置換色譜法 displacement chromatography
置换型防锈油/置換型防銹油 displacing type rust preventive oil
置换组件/換置組件 replacement unit
置乱/置亂 scrambling
置位-复位触发器/置位-復位正反器 set-reset flip-flop
置位-复位正反器/置位-復位正反器 set-reset flip-flop
置位脉冲/置定脈衝,設定脈波 set pulse
置信测度/可信量度 confidence measure
置信度/置信[程]度,置信水平 confidence level, confidence factor
置信区间/可靠區間,信賴區間 confidence interval
置信系数/信賴係數 confidence coefficient
置信限/可靠極限,信賴極限 confidence limit
中凹形螺旋弹簧/中凹形螺旋彈簧 hourglass-shaped spring
中板/中板 medium plate, light plate
中板轧机/中板輥軋機 medium plate mill
中比特率数字用户线/中位元速率數位用户線路 medium bit rate digital subscriber line, MDSL
中波/中波 medium wave, MW
中波段/中頻帶 MF band
中波发射机/中波發射機 medium wave transmitter
中波广播发射机/中波廣播發射機 medium wave broadcast transmitter
中波天线/中波天線 medium wave antenna
中波通信/中波通訊 medium wave communication
中齿锯片铣刀/中齒金屬開縫鋸 metal slitting saw with medium teeth
中垂线/中垂線 perpendicular bisector
中磁场磁选机/中密度磁場磁選機 middling intensity magnetic separator

中粗锉/粗銼 coarse file
中挡圈/導環 guide ring
中等尺寸/中等尺寸 medium size
中等规模/中等尺寸 medium size
中等温度/中等温度,中温 moderate temperature
中地球轨道/中地球軌道 medium earth orbit
中点锥距/中間圓錐距離 mean cone distance
中度混合动力汽车/中度混合電動汽車 moderate hybrid electric vehicle
中度衰退/中度衰退 moderate fading
中断/中斷,阻斷 interruption, interrupt, breakdown
中断队列/中斷隊列 interrupt queue
中断机制/中斷機制 interrupt mechanism
中断计数/中繼段個數,中繼段總數 hop count
中断寄存器/中斷暫存器 interrupt register
中断禁止/中斷禁止 interrupt inhibit
中断控制/中斷控制 interrupt control
中断例程/中斷常式 interruption routine
中断屏蔽/中斷遮罩 interrupt mask
中断请求/中斷請求 interrupt request
中断驱动/中斷驅動 interrupt drive
中断驱动输入输出/中斷驅動輸入輸出 interrupt driven input-output
中断入口点/中斷入口點 interrupt entry point
中断事件/中斷事件 interrupt event
中断条件/中斷條件 interrupt condition
中断陷阱/中斷陷阱 interrupt trap
中断向量/中斷向量 interrupt vector
中断向量表/中斷向量表 interrupt vector table
中断优先级/中斷優先權 interrupt priority
中断源/中斷源 interrupt source
中断自陷/中斷陷阱 interrupt trap
中分定理/中分定理 bisection theorem
中高度通信卫星/中高度通信衛星 medium altitude communications satellite, MACS
中高度卫星/中高度衛星 medium altitude satellite
中耕拖拉机/行栽作物曳引機,中耕曳引機 row crop tractor
中功率/中功率 medium power
中管提升搅拌器/中央氣昇攪拌器 central lift agitator
中规模集成电路/中型積體電路 medium scale integrated circuit, MSI
中轨道地球卫星/中間地面軌道 middle earth orbit, MEO
中国剩余定理/中國餘數定理 Chinese remainder theorem
中合金钢/中合金鋼 medium alloy steel
中和/中和 neutralizing
中和当量/中和當量 neutralization equivalent
中和滴定/中和滴定 neutralization titration
中和电容器/平衡電容器 neutralizing capacitor
中和料场/摻配料場 blending field, blending yard
中和热/中和熱 heat of neutralization
中和式接收/中和式接收機 neutrodyne receiver
中和因数/中和因數,中和因子 neutralization factor
中红外光纤/中紅外光纖 mid-infrared fiber
中红外激光/中紅外雷射 mid-infrared laser
中厚板轧机/中厚板輥軋機 heavy and medium plate mill
中弧线/弧線 camber line
中级配合/中級配合 medium fit
中继/繼電器 relay
中继传输/中繼傳輸 relay transmission
中继电缆/幹線纜線 trunk cable
中继电路/中繼電路 trunk circuit
中继段/中繼段 hop, repeater section
中继发射机/中繼發射機 link transmitter
中继话务/幹線話務 trunk traffic
中继接收机/中繼接收機 link receiver
中继器/中繼器 repeater, relay repeater
中继网/幹線網路 trunk network
中继卫星/中繼衛星 relay satellite
中继线/中繼線,幹線 trunk
中继线架/中繼線架 bay trunk
中继线全忙/全途全線忙線 all trunks busy
中继线全忙寄存器/長途全線忙線記録器 all trunks busy register
中继线全忙循环重复测试/長途全忙循環重複測試 all trunks busy cyclic retest
中继站/中繼站,接力站,轉播站 relay station, repeater station
中继站间距/中繼站距離 repeater spacing
中继中心/中繼中心,轉播中心,轉報中心 relay center
中间包/餵槽 tundish
中间包车/餵槽車 tundish carriage
中间包车定位/餵槽車定位 tundish positioning
中间包吹氩/餵槽吹氬 argon injection to tundish
中间包挡墙/餵槽控流堰牆 weir and dam in tundish
中间包非等温流动/餵槽非等温流動 non-isothermal flow in tundish bath
中间包覆盖剂/餵槽覆蓋劑 tundish powder
中间包钢水喂线/餵槽鋼水進料線 wire-feeding into steel in tundish

中间包绝热板/餵槽絶熱板 insulating plate for tundish
中间包流动控制/餵槽流量控制 flow control of tundish bath
中间包全混流区/餵槽混流容積分數 mixed flow volume fraction
中间包熔池活塞流区/餵槽活塞流容積分數 plug flow volume fraction
中间包死区/餵槽静容積分數 dead volume fraction
中间包特征数/餵槽特性數 tundish characteristic number
中间包冶金/餵槽冶金 tundish metallurgy
中间臂节/中間臂節 insert jib section
中间槽/中間槽,緩衝料倉 medial launder, buffer bin
中间测量转换器/中間量測換能器 intermediate measuring transducer
中间层/中間層 intermediate layer, intermediate coat
中间成像能谱计/中間成像頻譜計 intermediate image spectrometer
中间处理/中間處理 intermediate treatment
中间存储器/中間記憶體 intermediate memory
中间代码/中間代碼 intermediate code
中间隔板/中間隔板 intermediate bottom
中间功率放大器/中間功率放大器 intermediate power amplifier
中间共巷道/分段巷道 intermediate drivage
中间合金/母合金 master alloy
中间合金粉/母合金粉 master alloyed powder
中间缓冲器/弧面緩衝器 radial buffer
中间继电器/輔助繼電器,輔助電驛 auxiliary relay
中间加工预焙/中間預焙加工 center work prebake
中间加热器/中間加熱器 interheater
中间检查/中間檢查,中檢 middle inspection, intermediate inspection
中间检验/中間檢驗 intermediate inspection
中间件/中間軟體 middleware
中间结点/中間結點,中間節點 intermediate node
中间结果/中間結果 intermediate result
中间金属/中間金屬 intermediate metal
中间局/中間局 intermediate office
中间库防锈/中間儲存防銹 rust prevention in interstore
中间矿仓/中間礦倉 middling product bin
中间框架/中間框架 central frame
中间冷凝器/中間冷凝器 intermediate condenser
中间冷却器/中間冷却器 intercooler
中间冷却循环/中間冷却循環 intercooled cycle
中间流/中間流 intermediate flow
中间流线/中間流線 center line of flow path
中间配线架/中間配線架 intermediate distribution frame
中间平面/中央平面 mid-plane
中间情形/中間情形 intermediate cases
中间人攻击/中間人攻擊 man in the middle attack
中间设备/中間設備 intermediate equipment
中间视觉/中間視覺,昏暗視覺 mesopic vision
中间输出型齿轮齿条式转向器/中間輸出型齒輪齒條轉向器 rack and pinion steering gear with central output
中间套管/中間套管 intermediate casing
中间透镜/中間透鏡 intermediate lens
中间退火/製程退火 process annealing
中间系统/中間系統 intermediate system
中间相/中間相 intermediate phase
中间压盘/中心板 center plate, intermediate disk
中间语言/中間語言 interlingua
中间轴/中間軸,轉動軸,起重器軸 jack shaft, counter shaft
中间轴驱动式自卸车/中間軸驅動式自卸車 center axle drive tipper
中间贮仓乏气送粉系统/中間貯倉乏氣送粉系統 pulverizing system with intermediate bunker and drying agent as primary air
中间贮仓热风送粉系统/中間貯倉熱風送粉系統 pulverizing system with intermediate bunker and hot air as primary air
中间锥面/中錐面 middle cone
中阶梯光栅/中階梯光柵 echelle grating
中介功能/調解功能 mediation function
中介件/中介者 mediator
中介视觉/中介視覺 mesomeric vision
中介者模式/中介者模式 mediator pattern
中介主体/中介代理 mediation agent
中界频率/分離頻率 separating frequency
中径/中徑 pitch diameter
中径线/節線 pitch line
中距离通信/中距離通信 medium-distance communication
中空安全窗用玻璃材料/絶緣安全玻璃材料 insulation safety glazing material
中馈式天线列/中饋式天線列 center-fed array
中链板/中間板 intermediate plate
中磷生铁/中磷生鐵 medium phosphorus pig iron
中能电子衍射/中能電子衍射 medium energy

electron diffraction, MEED
中能中子/中能中子,中速中子 intermediate neutron
中能中子反应堆/中速中子反應器,中能中子反應器 intermediate reactor
中频/中頻,平均頻率 medium frequency, intermediate frequency, IF
中频变压器/中頻變壓器 intermediate frequency transformer
中频参考电平/中頻參考電平 intermediate frequency reference level
中频放大器/中頻放大器 intermediate frequency amplifier
中频感应电炉/中週波感應電爐 intermediate frequency furnace, medium frequency induction furnace
中频广播天线/中頻廣播天線 medium frequency broadcast antenna
中频通信/中頻通信,中波通信 medium frequency communication
中频抑制比/中頻抑制比,中頻排斥比 intermediate frequency rejection ratio
中剖定理/中分定理 bisection theorem
中期调度/中期調度 medium term scheduling
中期规划/中程規劃 medium term planning
中圈/中圈 central washer
中日韩统一汉字/中日韓統一漢字 Chinese Japanese Korean unified ideographs, CJK unified ideographs
中深斗/中深斗 mid-deep bucket
中深孔落矿/中深井採礦 medium length hole breakdown
中枢/基幹 backbone
中水头混流式水轮泵/中水頭混流式水輪泵 mid-head mixed flow water turbine pump
中水头轴流式水轮泵/中水頭軸流式水輪泵 mid-head axial flow water turbine pump
中速泵/中速泵 medium speed pump
中速电梯/中速電梯 medium speed elevator
中速磨煤机/中速磨煤機 medium speed mill
中碎/二級壓碎 secondary crushing
中碳钢/中碳鋼 medium carbon steel
中碳铬铁/中碳鉻鐵 medium carbon ferrochromium
中碳锰铁/中碳錳鐵 medium carbon ferromanganese
中凸形螺旋弹簧/中凸形螺旋彈簧 barrel shaped spring
中微子/中微子,微中子 neutrino
中位寿命/中位壽命 medium life
中位数/中位數 median
中位秩/中位秩 medium rank
中温分离器/中溫分離器 medium temperature separator
中温回火/中溫回火 medium temperature tempering
中温沥青/中溫瀝青 medium pitch
中文编码字符集/中文編碼字元集 Chinese character coded set
中文操作系统/中文作業系統 Chinese operating system
中文电传机/中文電傳印字機,中文電傳打字機 Chinese teleprinter
中文平台/中文平臺 Chinese platform
中文文本校对系统/中文本文校正系統 Chinese text correcting system
中文信息处理/中文資訊處理 Chinese information processing
中文信息处理设备/中文資訊處理設備 Chinese information processing equipment
中文信息检索系统/中文資訊檢索系統 Chinese information retrieval system
中文语料库/中文語料庫 Chinese corpus
中线/中線,平均線 mean line
中线平均高度/中線平均高度 center line average height
中箱/中間砂箱,中間模箱 raising middle flask
中小型型钢/中小型鋼材 medium and light sections
中效空气过滤器/中效過濾器 medium efficiency filter
中斜煤层/陡煤層 pitching seam
中心/中心 center
中心板/中心板 center plate
中心抽头/中心抽頭,中點引線 center tap
中心词驱动短语结构文法/中心詞驅動片語結構文法 head driven phrase structure grammar
中心带宽/中帶寬 midband width
中心导体法/中心導體法 central conductor method
中心点/中心點,圓心點 center point
中心点火器/中心點火器 central igniter
中心动词/中心動詞 head verb
中心供水机构/中心供水機構 central water supply mechanism
中心毂/中心轂 center hub
中心规/中心規 center gage
中心互连/中心互連 hub interconnection
中心环结构/中心環結構 center ring structure
中心回转式抓岩机/中心回轉式抓岩機 center swivel grab loader
中心极限定理/中央極限定理 central limit theorem

中心架/中心[扶]架 center rest
中心监护系统/中心監護系統 central monitoring system
中心局/中心局 central office
中心矩/中央矩 central moment
中心距/中心距 center distance
中心距变动系数/中心距變動係數 center distance modification coefficient
中心孔/中心孔 center hole
中心力/中心力 central force
中心连接器/中心聯接器 center coupler
中心零刻度/中零位標尺 scale with central zero
中心零位电表/中心指零式儀表 zero center meter
中心零位式安培表/正中指零安培計 zero center ammeter
中心零位式仪表/中心零位式儀器 zero center instrument
中心炉底出钢/中心爐底出鋼 centric bottom tapping
中心轮/中心輪 center gear
中心名词/中心名詞 head noun
中心偏析/中心偏析 center segregation
中心频率/中心頻率 center frequency
中心射线/中心射線 central ray
中心投影法/中心投影法 central projection method
中心位置调节/中點控制 centering control
中心线/中心線,線中心 center line, line center
中心线裂纹/中線裂紋 center line crack
中心线收缩/中線收縮 center line shrinkage
中心压实法/中心壓實法 JTS forging
中心阳极光电管/中心陽極光電管 central anode photocell
中心运动/中心運動 central motion
中心轴/中心軸線 central axis
中心轴向载荷/中心軸向載荷 centric axial load
中心钻/中心鑽 center drill
中心钻臂/中心鑽臂 center drill boom
中星仪/中星儀 astronomical transit
中型板式给料机/中型板式給料機 middle duty slat feeder
中型的/中型的 medium duty
中型风力发电机组/中型風力發電機組 medium wind turbine generator set
中型计算机/中型計算機 medium scale computer
中型空气分离设备/中型空氣分離設備 medium scale air separation plant
中型拖拉机/中型曳引機 middle tractor
中型型材轧机/中型材輥軋機 medium section mill
中性长石/安山岩 andesite
中性导体/中性導體 neutral conductor
中性点/中性點 neutral point
中性点绝缘系统/中性點絶緣制,中性點不接地系統 isolated neutral system
中性化/中和,平衡 neutralization
中性阶梯楔/中性步階楔 neutral step wedge
中性浸出/中性浸漬 neutral leaching
中性矿渣/中性熔渣 neutral slag
中性蜡纸/中性蠟紙 neutral waxed paper
中性粒子谱仪/中性譜儀 neutral spectrometer
中性炉渣/中性熔渣 neutral slag
中性滤光片/中性濾光片,中性濾光鏡 neutral filter
中性密度滤光片/中性密度濾光器,全波長濾光鏡 neutral density filter
中性面/中性面 neutral surface
中性耐火材料/中性耐火材料 neutral refractory, neutral refractory material
中性耐火砖/中性磚 neutral brick
中性平衡/中立平衡,隨遇平衡 neutral equilibrium, indifferent equilibrium
中性气氛/中性氣氛 neutral atmosphere
中性区/中性區域 neutral region
中性温度/中性温度 neutral temperature
中性稳定性/中性穩定 neutral stability
中性线/中性線 neutral line
中性线电流/中線電流 neutral current
中性楔/中性消光楔 neutral wedge
中性轴/中性軸 neutral axis
中性转向/中性轉向 neutral steer
中性转向线/中性轉向線 neutral steering line
中序遍历/中序遍歷 inorder traversal
中压泵/中壓泵 medium pressure pump
中压阀门/中壓閥 medium pressure valve
中压缸起动/中壓缸起動 start-up of medium pressure cylinder
中压汞灯/中壓汞燈 middle pressure mercury lamp
中压锅炉/中壓鍋爐 medium pressure boiler
中压沥青喷洒机/中壓瀝青噴灑機 medium pressure binder spreader
中压气动喷射设备/中壓氣動噴射設備 medium pressure pneumatic spraying equipment
中压汽轮机/中壓汽輪機 medium pressure steam turbine
中压绕组/中壓線圈 intermediate voltage winding
中压水加热式沥青储仓/中壓水加熱式瀝青儲藏 medium pressure water heating asphalt storage
中压透平/中壓輪機 intermediate pressure turbine

中压透平膨胀机/中壓膨脹式渦輪機 medium pressure expansion turbine
中压压气机/中壓壓縮器 intermediate pressure compressor
中压压缩机/中壓壓縮機 medium pressure compressor
中央凹/中央凹 fovea
中央摆动气连杆组/中央擺動汽缸連桿組 central oscillating cylinder linkage
中央操纵室/中央操縱室,信號房 cabin
中央处理器/中央處理機,中央處理單元 central processing unit, CPU
中央传动/主驅動,主傳動 main drive
中央电池制/共電制 central battery system
中央队列/中央隊列 central queue
中央滑件曲柄机构/中央滑件曲柄機構 central slider crank
中央加湿器/中央加濕器 central humidifier
中央局干线/交換局幹線 central office trunk
中央控制盘/中心控制檯,中心儀表板 central control board
中央控制器/中央控制單元 central control unit
中央控制台/中央控制檯,中心控制檯,中心儀表板 central console, central control board
中央曲柄滑块机构/中央滑件曲柄機構 central slider-crank mechanism
中央曲柄摇杆/中央曲柄搖桿 central crank
中央曲线/中央曲線 central curve
中央摇块连杆组/中央搖塊連桿組 central swinging block linkage
中硬钢/半硬鋼 medium hard steel
中硬金属/半硬鋼 half-hard steel
中轧/中間輥軋 intermediate rolling
中真空电子束焊接设备/中真空電子束焊接設備 medium vacuum electron beam welding plant
中值/中位數 median
中值额定寿命/中位數額定壽命 median rating life
中值滤波/中值濾波 median filtering
中值滤波器/中值濾波器 median filter
中值寿命/中位數壽命 median life
中值噪声/中值雜訊 median noise
中值振幅/中值振幅 median amplitude
中止/中斷,斷線,意外停機 hang up, break
中止键/中止鍵 abort key
中置轴挂车/中置軸拖車 center axle trailer
中轴/中軸 core
中注管/中注管 central runner fountain
中柱/中柱 center pillar
中转网络/轉接網路 transit network
中缀/中綴 infix
中子/中子 neutron
中子爆发/中子爆發 neutron burst
中子标准/光中子標準 photoneutron standard
中子测谱术/中子能譜術 neutron spectrometry
中子发射率/中子發射率 neutron emission rate
中子发射器/中子發射器 neutron howitzer
中子发生器/中子產生器 neutron generator
中子反射镜/中子反射鏡 neutron reflecting mirror
中子反照率/中子反照率 neutron albedo
中子飞行时间能谱仪/飛行時間中子譜儀 time-of-flight neutron spectrometer
中子分离能/中子分離能 neutron separation energy
中子俘获/中子吸收 neutron capture
中子俘获率/中子捕獲率 neutron capture rate
中子辐照/中子照射 neutron irradiation
中子共振吸收/中子共振吸收 resonance absorption of neutrons
中子过滤器/濾中子器 neutron filter
中子活化/中子活化 neutron activation
中子活化分析/中子活化分析 neutron activation analysis, NAA
中子计数管/中子計數管,中子計數器 neutron counter tube, neutron counter
中子剂量计/中子劑量計 neutron dosimeter
中子监测器/中子監測器,中子檢測器 neutron monitor
中子扩散/中子擴散 neutron diffusion
中子灵敏材料/中子感敏材料 neutron sensitive material
中子流/中子流 neutron current
中子漏泄/中子洩漏 neutron leakage
中子慢化时间/中子減能時間 neutron slowing-down time
中子密度/中子密度 neutron density
中子能谱/中子能譜 neutron energy spectrum
中子能谱测量学/中子能譜術 neutron spectrometry
中子谱仪/中子譜計 neutron spectrometer
中子散射长度/中子散射長度 neutron scattering length
中子闪烁器/中子閃爍器,中子閃爍體 neutron scintillator
中子嬗变掺杂/中子嬗變摻雜 neutron transmutation doping, NTD
中子射线照相术/中子射線照相術 neutron radiography
中子式湿度计/中子水分計 neutron moisture meter

中子束/中子束,中子射柱　neutron beam
中子数/中子數　neutron number
中子速度选择器/中子速度選擇器　neutron velocity selector
中子速率/中子速度　neutron speed
中子探测器/中子探測器,中子偵測器,中子檢知器　neutron detector
中子通量监测器/中子通率監測器　neutron flux monitor
中子通量密度/中子通率密度　neutron flux density
中子通量密度标准/中子通率密度標準　neutron flux density standard
中子通量密度分布/中子通率密度分布　neutron flux density distribution
中子温度/中子溫度　neutron temperature
中子吸收/中子吸收　neutron absorption
中子吸收体/中子吸收劑,中子吸收器　neutron absorber
中子选择器/中子截取器　neutron chopper
中子循环/中子循環　neutron cycle
中子衍射/中子繞射　neutron diffraction
中子衍射器/中子繞射裝置　neutron diffraction apparatus
中子衍射仪/中子繞射儀,中子繞射計　neutron diffractometer
中子衍射照相机/中子繞射照相機　neutron diffraction camera
中子源/中子源　neutron source
中子源强度/中子源強度　neutron source strength
中子增殖/中子增殖　neutron multiplication
中子增殖系数/中子增殖因子　k factor
中子照射/中子照射　neutron irradiation
中子转换器/中子轉換器　neutron converter
中子准直器/中子發射器　neutron howitzer
中子准直仪/中子準直儀　neutron collimator
终测/最終測試　final test
终点地址/目的地位址　destination address
终点监测/終點監測　endpoint monitoring
终点控制/末端控制　endpoint control
终点命中率/末端命中率　endpoint hitting rate
终点误差/終點誤差　endpoint error
终端/終端,終站　terminal, terminal end
50Ω终端/50Ω終端　50 Ω termination
终端参数/終端條件　terminal conditions
终端电压/終端電壓　end voltage, terminal voltage
终端访问控制器/終端存取控制器　terminal access controller
终端访问控制器接入控制系统/終端存取控制器存取控制系統　terminal access controller access control system
终端伏尔/終端伏爾　terminal vor, Tvor
终端负载/終端負載　terminate load
终端盒/出線盒,端線盒,終端箱　terminal box
终端机/終端機　terminal set
终端机轮询/終端機輪詢　terminal polling
终端接入控制器/終端存取控制器　terminal access controller
终端局/終端局　terminal office
终端可携带性/終端設備可攜性　terminal portability
终端控制/終端控制　terminal control
终端控制系统/終端控制系統　terminal control system
终端设备/終端設備,終端機　terminal equipment, terminal device, TE
终端式功率计/終端式功率計　termination type power meter
终端衰减器/終端衰減器　terminal attenuator
终端误差/終端誤差　end errors
终端寻找系统/終極尋找系統　extremal seeking system
终端业务/終端話務　terminating traffic
终端仪表/終端裝置,端部儀器　end instrument
终端用户/終端用户　terminal user
终端止挡器/終端止擋器　end stop
终端装置/終端裝置　terminal device
终端作业/終端工件　terminal job
终端作业标识/終端作業標識　terminal job identification
终锻/最後鍛造　finish-forging
终沸点/終沸點　final boiling point
终还原/終還原　final reduction
终极符/終極符　terminal symbol
终极感测/終極感測　extremal sensing
终极扫描/終極掃描　ultra-scan
终极速度/終極速度　terminal velocity
终接/端接,終端[接頭]　terminating
终接传输线/終止傳輸線　terminated transmission line
终接器/終接機,終止器　final selector, terminator
终接网/終接網　terminating network
终结代数语义/終結代數語義　terminal algebra semantics
终结符/終結符　terminal character, terminal symbol
终结模型/最終模型　final model
终结状态/終態　final state
终冷器/終冷器　final gas cooler

终凝/終凝 final set
终身剂量/終身劑量 lifetime dose
终身学习/終身學習 lifelong learning
终态/終態 final state
终脱氧/終去氧 final deoxidation
终温/最終溫度 final temperature
终轧温度/終軋溫度,完成溫度 end-rolling temperature, finishing temperature
终值/最終值 final value
终值定理/終值定理 final-value theorem
终止/終結 breakout
终止码/終止碼,結束符號 stop code
终止性证明/終止證明 termination proof
钟摆式拉伸试验机/擺式張力試驗機 pendulum-type tension testing machine
钟摆钻具/吊鑽串,擺垂鑽串 pendulum assembly
钟表齿轮/表齒輪 watch gear
钟表黄铜/鐘表黄銅 clock brass
钟表机械/鐘表機構,發條裝置 clockwork
钟表计时器/鐘表計時器 clockwork timer
钟表式转速计/鐘表式轉速計 chronometric tachometer
钟锤杠杆/鐘形曲柄,雙臂曲柄 bell crank
钟式速度计/鐘式速度計 clock type speedometer
钟速/時鐘速率 clock rate
钟铜/響銅 bell metal
钟形玻璃罩/玻璃罩 bell glass
钟形冲击脉冲/高斯分布衝擊脈衝 shock pulse with Gauss distribution
钟形端塞/鐘形塞進器 bell
钟形浮子式疏水阀/倒置桶型蒸汽疏水閥 inverted bucket steam trap
钟形曲柄/鐘形曲柄,雙臂曲柄 bell crank
钟形柔轮/鐘形柔輪 bell-shape flexspline
钟形压力计/鐘式壓力計 bell type manometer
钟形罩/倒置桶型 inverted bucket
钟用青铜/鐘青銅 bell bronze
钟罩/鐘[形]罩 bell jar
钟罩法脱硫/塞罩法 plunging method
钟罩校准器/鐘罩氣體流量標準裝置 bell prover
钟罩式电解槽/鐘罩電解槽 bell jar cell
钟罩式计数器/端窗計數器 end window counter
钟罩式气体流量标准装置/鐘罩式氣體流量標準裝置 standard bell prover
钟罩式退火炉/鍾形退火爐 bell type annealing furnace
钟罩形计数管/端窗計數器 end-window counter
钟罩压力计/鐘式壓力計,浮鐘壓力計 bell manometer
钟罩压入脱硫法/鐘罩插入脱硫法 desulphurization with bell jar inserting
种群/群體 population
种子密钥/種子金鑰 seed key
种子填充算法/種子填充演算法 seed fill algorithm
中毒剂量/中毒劑量 poisonous dose
仲裁/仲裁 arbitration
仲裁单元/仲裁單位 arbitration unit
仲裁环/介面標準 arbitrated loop
仲裁逻辑/仲裁邏輯 arbitration logic
仲裁器/仲裁器 arbitrator
仲裁系统/仲裁系統 arbitration system
仲裁样品/仲裁樣品 umpire sample, referee sample
仲裁员/仲裁者 moderator
仲针铁矿法/準針鐵礦法 para-goethite process
重差计/重差計,比重計,重力計 gravity meter, gravitometer
重掺杂/濃摻 heavy doping
重掺杂半导体/重摻雜半導體 heavily doped semiconductor
重锤式万能试验机/静砝碼試驗機 deadweight testing machine
重锤式张紧装置/重錘式張緊裝置 ballast tightening device
重大阻断/重大阻斷,嚴重當機 major breakdown
重捣砂/重搗砂 hard ramming
重点刀/重點刀 weight knife
重点位置角/重點位置角 weight point angle
重点照明/補強照明 accent lighting
重电洞带/重電洞帶 heavy hole band
重度混合动力汽车/全混合動力車 full hybrid vehicle
重负荷试验/重負荷試驗 heavy-duty test
重轨/重軌 heavy rail
重介质分选/重介質選礦法 dense medium separation, heavy medium separation
重介质旋流器/重介質旋流器 heavy medium cyclone
重介质选矿/重介質選礦 heavy medium concentration, heavy medium separator
重介质选矿工艺/重液選礦法 heavy media process
重介质选矿机/重介質選礦機 heavy medium separator, dense medium separator
重介质振动溜槽/重介質振動溜槽 heavy medium vibratory sluice
重金属/重金屬 heavy metal
重晶石/重晶石 heavy spar

重晶石封压/重晶石封塞 barite plug
重均分子量/重量平均分子量 weight-average molecular weight
重矿物/重礦物 heavy mineral
重力/重力,萬有引力 force of gravity, gravity, gravitation
重力波/重力波 gravity wave
重力测量/重力測量,重力量測 gravity measurement, gravity survey
重力常数/重力常數,引力常數 gravitational constant
重力场/重力場,引力場 gravitational field, gravity field
重力沉降法/比重法,重力法 gravimetric method
重力除尘器/重力集塵器 gravitational precipitator
重力单位制/重力單位制 gravitational unit system
重力电池/重力電池 gravity cell
重力电量计/重量電量計 weight voltameter
重力断层/重力斷層,正斷層 gravity fault
重力分离器/重力分離器 gravitational separator
重力过滤/重力過濾 gravity filtration
重力过滤器/重力過濾器 gravitation filter
重力焊/重力焊 gravity feed welding
重力焊条/重力焊條 gravity electrode
重力混合/重力混合 gravity mixing
重力计/重力計 gravitometer
重力加速度/重力加速度 acceleration of gravity, gravity acceleration
重力浇铸法/重力鑄造法 gravity casting
重力校准/重力校正 gravity calibration
重力勘探/重力測勘 gravitational exploration
重力流动性/重力流動性 slumpability
重力浓缩/重力濃縮 gravity thickening
重力浓缩机/重力增濃器 gravity thickener
重力偏析/重力偏析 gravity segregation
重力坡度仪/梯度計 gradiometer
重力润滑/重力注油 gravity feed lubrication, gravity oiling
重力筛/重力篩 gravity screen
重力式抱索器/重力式抱索器 weight operated grip
重力式过滤器/重力[過]濾器 gravity filter
重力式混凝土搅拌机/重力式混凝土攪拌機 gravitation concrete mixer
重力式平衡机/重力式平衡機 gravitational balancing machine
重力势/引力勢,引力位能 gravitational potential
重力输送机/重力輸送機 gravity conveyor
重力输送式炉/重力輸送式爐 gravity feed furnace
重力梯度/重力梯度 gravity gradient, gradient of gravity
重力梯度力矩/動力梯度扭矩 gravity gradient torque
重力梯度稳定/重力梯度穩定 gravity gradient stabilization
重力网/重力網 gravity network
重力型电量计/重力伏特計 gravity voltameter
重力修正/重力修正 gravity correction
重力选矿/重力富集 gravity concentration
重力仪/重力計,重差計,比重計 gravimeter, gravity meter
重力异常/重力異常 gravitational anomaly
重力制动器/重力制動器 gravity brake
重力制动系/重力制動系統 gravity braking system
重力质量/重力質量 gravitational mass
重粒料铺层/重礦石墊層 ragging
重粒子/重粒子 heavy particle
重量/重量 weight, weights
重量磅/重量計,輸送帶自動磅秤,帶運機稱量計 poidometer
重量比功率/重量比功率 gravimetric specific power
重量比能量/重量比能量 gravimetric specific energy
重量标签秤/重量標簽秤 weigh labeler
重量传感器/稱量感測器,稱量傳感器 weighing transducer
重量读数/稱重讀數 weight readout
重量法湿度计/重量法濕度計 gravimetric hygrometer
重量分数/小質量砝碼,分數砝碼 weight fraction
重量分析/重量分析 gravimetric analysis
重量分析因素/重量分析因子 gravimetric factor
重量环/重量環 weight ring
重量价格标签秤/重量標價秤 weight price labeler
重量库仑计/重量庫侖計 weight coulombmeter
重量流率/重量流速 weight rate of flow
重量枚举器/權數枚舉器 weight enumerator
重量偏差/砝碼未定位 weight misalignment
重量位面计/重量位準計 weighing level gage
重量载波表/砝碼載具 weight carrier table
重量装粉法/重量裝填法 weight filling
重泥浆/重泥漿 heavy mud
重水含量仪/重水含量計 heavy water content meter
重尾分布/重尾分布 heavy tailed distribution
重稀土/重稀土 heavy rare earths
重心/重心 center of gravity
重心铊/重力螺帽 gravity nut
重心坐标/重心坐標 barycentric coordinate

重型板式给料机/重型板式給料機　heavy-duty slat feeder
重型剪切机/重型剪切機　heavy duty shears
重型拖拉机/重型曳引機　heavy tractor
重选/重選　gravity separation, gravity concentration
重压道次/重壓道次　severe pass
重压紧配合/重壓緊配合　heavy force fit
重要度/重要度　importance
重液/重液　gravity solution
重液选矿/重液選礦法　heavy liquid separation
重油/重[燃]油　heavy fuel oil, heavy oil
重载/重載　overloading
重载发动机/重型發動機　heavy duty engine
重载试验/重負荷試驗　heavy duty test
重载天平/重載天平　heavy duty balance
重子波谱学/重子譜學　baryon spectroscopy
周/週,循環　cycle
周边传动浓缩机/週邊傳動濃縮機　peripheral traction thickener
周边井/外圍井　perimeter well
周边孔/週邊孔　periphery hole
周边排矿球磨机/週邊排礦球磨機　peripheral discharge ball mill
周边气流/週邊氣流　gas flow at oeriphery
周波计/週波計　cycle meter
周角/週角　perigon
周节/週節　circular pitch
周界风喷口/週界風噴口　circumferential air nozzle
周期/週期　period, cycling, cycle
周期变化/週期變化　periodic change
周期错调/週期錯調　period staggering
周期定时器/週期定時器　cycle timer
周期断面轧机/週期斷面輥軋機　periodic rolling mill
周期工作的电磁阀/週期電磁閥　cycling solenoid valve
周期工作制/週期工作制,週期性任務　periodic duty
周期函数/週期函數　periodic function
周期计/週期計　period meter
周期检定/週期校正　periodic verification
周期结构/週期結構　periodic structure
周期窃取/週期竊用　cycle stealing
周期式混凝土搅拌机/週期式混凝土攪拌機　periodic concrete mixer
周期式混凝土搅拌站/週期式混凝土攪拌站　periodic concrete mixing plant
周期式轧管机/週期軋管機,皐格軋管機　pilger mill
周期随机激励/週期隨機激振　periodic random excitation
周期图/週期圖　periodogram
周期误差/週期誤差　cyclic error, periodic error
周期信号/週期信號,週期訊號　periodic signal
周期性采样/週期抽樣　periodic sampling
周期性定义/週期性定義　period definition
周期性反向电流电解/週期性反向電流電解　cyclicity reverse current electrolysis
周期性负荷运行/循環運行　cycling operation
周期性扰动/週期擾動　periodic disturbance
周期性速度波动/週期性速率變動　periodic speed fluctuation
周期性误差/週期誤差　periodic error
周期性再生捕集氧化装置/週期性再生捕集氧化裝置　periodically regenerating trap oxidizer
周期性噪声/週期雜訊　periodic noise
周期性制动/週期阻尼　periodic braking
周期性中断/週期性中斷　cyclic interrupt
周期性阻尼/週期阻尼　periodic damping
周期序列/週期序列　periodic sequence
周期运动/週期運動　periodic motion
周期轧制/週期軋製,週期輥軋　periodic rolling
周期帧/週期框　periodic frame
周期振动/週期振動　periodic vibration
周期转向电镀/週期轉向電鍍　periodic reverse plating
周日变化/周日變化　diurnal change
周日运动/周日運動　diurnal motion
周视瞄准镜/廣角瞄準鏡　panoramic sight
周围条件/周圍條件,環境條件　ambient condition
周围温度/環境温度　ambient temperature
周围噪声/周圍雜訊　ambient noise
周向布置式喷油泵/柱狀燃料噴射泵　cylindrical fuel injection pump
周向限制机构/週向限制機構　circumferential restricting mechanism
周缘流量/週邊流率　peripheral flow rate
周知端口/知名埠　well known port
周转齿轮/週轉齒輪,行星齒輪　epicyclic gear
周转行星齿轮系/週轉齒輪系,行星齒輪系　epicyclic gear train
周转值/週轉值　epicyclic value
洲际通信/横貫大陸之通訊　transcontinental communication
轴/軸　axis, shaft
轴测投影/軸測投影,不等角投影　axonometric projection
轴测图/立體正投影圖　axonometric drawing

轴承/軸承 bearing
轴承白合金/白金屬,白合金 white metal
轴承衬/軸承[裹]襯,軸瓦 bearing liner
轴承衬背/軸承襯背 bearing liner backing
轴承衬套/軸承襯面 bearing lining
轴承承载能力/軸承承載能力 bearing load carrying capacity
轴承垫圈/軸承墊圈 bearing washer
轴承钢/軸承鋼 bearing steel
轴承合金/軸承合金 bearing metal
轴承减摩层/軸承減摩層 bearing anti-friction layer
轴承减摩层厚度/軸承減摩層厚度 bearing material layer thickness
轴承间隙/軸承間隙 bearing clearance
轴承径向载荷/軸承徑向載荷 bearing radial load
轴承壳/軸承殼 bearing shell
轴承宽度/軸承寬度 bearing width
轴承力/軸承力 bearing force
轴承连心线/軸承連心線 bearing center line
轴承密封/軸承封 bearing seal
轴承面/支承面 bearing surface
轴承摩擦/軸承摩擦 bearing friction
轴承磨合层/軸承磨合層 bearing running-in layer
轴承内径/軸承内徑 bearing bore diameter
轴承青铜/軸承青銅 bearing bronze
轴承润滑油流量/軸承内油流量 oil flow in bearing
轴承室/軸承箱 bearing housing
轴承套圈/軸承油環 bearing ring
轴承特性数/軸承特性數 bearing characteristic number
轴承休/軸承體 bearing body
轴承投影面积/軸承投影面積 bearing projected area
轴承外径/軸承外徑 bearing outside diameter
轴承系列/軸承系列 bearing series
轴承箱/軸承箱,軸承殼 bearing housing, bearing box
轴承旋转阻转矩/軸承旋轉阻轉矩 bearing torque resistance
轴承压强/軸承壓力 bearing mean specific load
轴承轴向载荷/軸承軸向載荷 bearing axial load
轴承座/軸承座,軸承檯 bearing pedestal
轴端/軸端 shaft end
轴端挡圈/軸端擋圈 lock ring at the end of shaft
轴端功率/軸功率 shaft power
轴端圆/軸鼻圓 nose circle
轴对称波/軸對稱波,索末菲爾德-高寶波 Sommerfeld-Goubau wave
轴封/軸封 shaft gland
轴封抽汽器/管式蒸汽排氣機 gland steam exhauster
轴封冷却器/填函蒸汽凝結器 gland steam condenser
轴封膜片/軸封膜片 shaft seal diaphragm
轴挂电动机/懸軸型電動機 axle hung motor
轴荷/軸載重,軸負荷 axle load
轴荷分配/軸荷分配 axle distribution of mass
轴环/軸環 collar
轴活塞压缩机/軸活塞壓縮機 shaft piston compressor
轴尖合金/軸尖合金 pivot alloy
轴尖式检流计/軸尖式檢流計 pivot galvanometer
轴间动力输出轴/軸間動力輸出軸 inter axis PTO
轴间悬挂装置/軸間懸掛裝置 inter axial mounted linkage
轴肩/軸肩 shoulder
轴肩挡圈/軸肩擋環 ring for shoulder
轴交角/軸交角 shaft angle
轴颈/軸頸 journal
轴颈中心/軸頸中心 journal center
轴颈中心线/軸頸中心線 journal axis
轴距/軸距 wheel base
轴控制/軸控制 axle control
轴领/導軸承筒 guide bearing collar
轴流泵/軸流泵,螺旋槳泵 axial flow pump, propeller pump
轴流定桨式水轮机/旋葉輪機 axial flow fixed blade turbine, propeller turbine, Nagler turbine
轴流式风扇/軸流風扇 axial flow fan
轴流式鼓风机/軸流鼓風機 axial blower
轴流式汽轮机/軸流蒸汽渦輪機 axial flow steam turbine
轴流式水轮泵/軸流式水輪泵 axial flow water turbine pump
轴流式水轮机/軸流式渦輪機 axial flow turbine
轴流式通风机/軸流式風扇,軸流式扇風機 axial flow fan
轴流式透平/軸流式渦輪機 axial flow turbine
轴流式涡轮/軸流式渦輪機 axial flow turbine
轴流式蓄能泵/軸流式蓄能泵 axial storage pump
轴流式压缩机/軸流式壓縮機 axial flow compressor
轴流式转化器/軸流式轉化器 axial flow type converter
轴流调桨式水轮机/半卡普蘭水輪機,半軸流式水輪機 semi Kaplan turbine
轴流叶轮/軸輪 axial wheel
轴流转桨式水轮机/卡普蘭渦輪機 Kaplan turbine

轴面分速度/軸面分速度 axial plane component of velocity
轴平面/軸線平面 axial plane
轴圈/軸墊圈 shaft washer
轴伸/軸伸 shaft extension
轴伸贯流式水轮机/軸伸貫流式水輪機 shaft extension type tubular turbine
轴矢量/軸向量 axial vector
轴输出功率/軸輸出功 shaft output
轴数/軸數 number of spindles
轴套厚度/軸套厚度 half bush wall thickness
轴套式连接/套管式連接 male connection
轴瓦/軸瓦,軸襯,軸承墊片 bearing liner, bearing pad
轴瓦半圆周长/軸承裏襯半圓週長 half peripheral length of bearing liner
轴瓦对口面平行度/軸瓦對口面平行度 inclination of bearing parting face
轴瓦厚度/軸承襯厚度 thickness of bearing liner
轴瓦贴合度/軸瓦貼合度 bedding degree of bearing liner
轴瓦瓦口削薄量/軸瓦瓦口削薄量 bearing bore relief
轴位螺钉/有肩螺釘 shoulder screw
轴系/軸系 shafting
轴系扭振/軸系扭轉振動 torsional vibration of shaft system
轴系稳定性/軸系穩定度 shafting stability
轴系振动/軸系振動 shafting vibration
轴线交点/軸線交點 crossing point of axes
轴向/軸向 axial
轴向泵/軸向泵,軸流泵,軸流幫浦 axial pump
轴向比/軸比 axial ratio
轴向变形/軸向變形 axial deflection
轴向齿距/軸向齒距,軸向節距 axial pitch
轴向齿廓/軸向齒廓 axial profile
轴向传播常数/軸向傳播常數 axial propagation constant
轴向倒角尺寸/軸向倒角尺寸 axial chamfer dimension
轴向极化比/軸向極化比 axial polarization ratio
轴向加速度表/軸向加速度計 axial accelerometer
轴向间隙/軸向間隙,軸向淨空 axial clearance
轴向接触轴承/軸向接觸軸承 axial contact bearing
轴向进给/軸向饋送 axial feed
轴向拉推力/軸向拉力 axial tension
轴向力/軸向力 axial force
轴向量/軸向量 axial vector
轴向模数/軸向模數 axial module
轴向偏焦法/軸向去焦 axial defocusing
轴向色差/縱向色差 chromatic longitudinal aberration
轴[向]色像差/軸向色像差 axial chromatic aberration
轴向式发动机/軸向發動機,軸流發動機,軸流引擎 axial engine
轴向双端面机械密封/軸向雙端面機械密封 axial double mechanical seal
轴向水推力/軸向水推力 axial hydraulic thrust
轴向调整装置/軸向調整裝置 axial adjustment device
轴向通风/軸向通風 axial ventilation
轴向推力/軸向推力 axial thrust
轴向位移保护装置/軸向位移保護裝置 axial displacement limiting device
轴向位移指示器/軸位置指示器 shaft position indicator
轴向压力表/軸向壓力表 pressure gage with back connection
轴向载荷/軸向負載 axial load
轴向载荷的构件/縱載構件 axial load member
轴向载荷系数/軸向載荷係數 axial load factor
轴向柱塞式分配泵/軸向柱塞式分配泵 axial-plunger distributor injection pump
轴心轨迹/軸心軌跡 locus of journal center
轴旋转矩阵/軸旋轉矩陣 axis rotation matrix
轴针式电动喷油器/軸針式電動噴油器 electric pintle fuel injector
轴针式喷油嘴/軸針式噴油嘴,針形噴嘴 pintle nozzle
轴柱/軸柱 jack post
肘板/肘節 toggle
肘杆机构/時節機構 toggle mechanism
肘节夹/肘節夾 toggle clamp
肘节位置/肘節位置 toggle position
肘节效应/肘節效應 toggle effect
肘节装置/肘節裝置 toggle arrangement
肘形阀门/撥鈕閥 toggle valve
肘形望远镜/肘形望遠鏡 elbow telescope
肘形尾水管/肘形尾水管 elbow draft tube
肘形尾水管长度/肘形尾水管長度 length of elbow draft tube
肘形尾水管深度/肘形尾水管深度 depth of elbow draft tube
帚状喇叭天线/帚狀喇叭天線 hoghorn antenna
昼光/晝光 daylight

昼光灯/晝光燈 daylight lamp
昼光进口/採光口 daylight opening
昼光系数的天空分量/晝光因數的天空成分 sky component of daylight factor
昼光系数内反射分量/晝光率屋内反射成分 internally reflected component of daylight factor
昼光系数外反射分量/晝光因子外反射分量 externally reflected component of daylight factor
昼光因数/晝光因數 daylight factor
昼间换气损失/晝間換氣損失 diurnal breathing loss
皱皮/皺皮,象皮皺紋 elephant skin, surface folding
皱折/皺摺 pincher
皱折表面/皺痕面 creasy surface
珠光体/波來體,波來鐵 pearlite
珠光体可锻铸铁/珠光體可鍛鑄鐵,波來鐵展性[可鍛]鑄鐵 pearlitic malleable cast castiron
珠光体耐热钢/波來體耐熱鋼 pearlite heat-resistant steel
珠光体渗碳体/波來體雪明碳體 pearlitic cementite
珠光体相变/波來體相變 pearlite transformation
珠光体铸铁/波來[體]鑄鐵 pearlite cast iron
珠击机/噴珠機 shot peening machine
珠形热电偶/珠形熱電偶 bead thermocouple
珠子绝缘线/珠子絶緣線 beaded insulation line
蛛网模型/蛛網模型 cobweb model
竹叶状液面花纹/竹葉狀液面花紋 bamboo leave pattern
逐步回归/逐步回歸 stepwise regression
逐步截尾试验/逐步截尾試驗 step by step cut off test
逐步精化/步進式精化法 stepwise refinement
逐步求精/步進式精化法 stepwise refinement
逐步[求精]规则/逐漸規則 gradual rule
逐层熔化/分層熔化 layer by layer melting
逐次逼近法/逐次近似 successive approximation
逐次变换/逐次變換 successive transition
逐次代换法/逐次置换 successive substitution
逐次观测值/逐次觀測值 successive values in a series of observations
逐次聚合/逐次聚合 successive polymerization
逐次性/逐次性 succession
逐点比较法/點對點比較法 point to point comparison method
逐点控制/逐點控制,點對點控制 point to point control
逐段路由/逐段路由 hop by hop route
逐段训练/逐段訓練 epochwise training
逐行/非交錯 non-interlaced
逐减计数器/逐減計數器,倒數器 down counter
逐面分类法/分面分類 faceted classification
逐位检测/逐位元檢測,依位元偵測 bit by bit detection
逐位控制/逐位控制 pose to pose control
逐位执行/逐位執行 bit by bit execution
逐帧动画/逐幀動畫 stop motion animation
烛光/燭光 candle power
烛式悬架/滑柱型懸吊 sliding pillar type suspension
烛形灯/燭形燈 candle lamp
主瓣/主瓣 main lobe, major lobe
主瓣依序切换/主瓣依序切換式 lobe switching
主瓣杂波/主瓣雜波 mainlobe clutter
主瓣杂波抑制/主瓣雜波抑制 mainlobe clutter rejection
主保护/主保護 main protection
主泵/主泵,主幫浦 main pump, primary pump
主臂/主臂 main jib
主边带/主邊帶,主旁波帶 main sideband
主变速器/主變速器 basic gearbox
主变压器/主變壓器 main transformer
主标志/坐標標識,方位標識 cardinal mark
主波/主波 principal wave
主波瓣/主波瓣 major lobe, main lobe
主波长/主波長 dominant wavelength
主波束/主波束,主射束 main beam
主菜单/主選項單 master menu
主参数/主參數 main parameter
主操作员命令/主操作員命令 master operator command
主成分分析/主要成分分析 principal component analysis
主尺/主標度 main scale
主齿轮/主齒輪 master gear
主齿轮箱/主齒輪箱 main gearbox
主处理器/主處理機 master processor
主触点/主接點 main contact
主触头/主接點 main contact
主传动/主傳動 final transmission
主传动系/主驅動齒輪 main drive gear
主磁通/主磁通量 main flux
主从触发器/主從正反器 master-slave flip-flop
主从调度/主從調度 master-slave scheduling
主从调度系统/主從排程系統 master-slave scheduling system
主从多道程序/主從多程式 master-slave multiprogramming
主从方式/主從方式,主從系統 master-slave system

主从方式操纵器/主從式機械臂 master-slave manipulator
主从复制/主從複製 leader follower replication
主从机械手/主從機械手,主從操作器 master-slave manipulator
主从计算机/主從計算機 master-slave computer
主从计算机系统/主從計算機系統 master-slave computer system
主从控制/主從控制 master-slave control
主从累加器/主從累加器 master-slave accumulator
主从轮询/主從輪詢 master-slave polling
主从配置/主從配置 master-slave configuration
主从式操作系统/主從式作業系統 master-slave operating system
主从式吊具/主從式吊具 master-slave spreader
主从同步/主從同步 master-slave synchronization
主从正反器/主從正反器 master-slave flip-flop
主存储器/主記憶體 main memory
主存储器分区/主儲存器分區 main storage partition
主存数据库/主記憶體資料庫 main memory database
主存栈/主記憶堆疊 main memory stack
主导极点/主要極點 dominant pole
主导运营商/主導運營商 dominant operator
主灯光/坐標燈光,方位燈光 cardinal light
主低温换热器/主低温熱交換器 main cryogenic heat exchanger
主地球站/主地面站 main earth station
主地址空间/主位址空間 master address space
主电动机/主電動機,主馬達 primary motor
主电极/主電極 main electrode
主电路/主電路,幹線 main circuit
主调度程序/主調度程式,主排程器 master scheduler
主定时部件/主定時單元 master timing unit
主动部件/驅動零件 driving part
主动测量/主動測量 active measurement
主动查询/主動查詢 active query
主动齿轮/主動齒輪 driving gear
主动搭线窃听/主動篡改線路訊息 active wiretapping
主动带轮/主動帶輪 driving pulley
主动导引复位法/主動尋標 active homing
主动对象/現用物件 active object
主动阀配气机构/主動閥配氣機構 compressed-air distributing mechanism of driving valve
主动攻击/主動攻擊 active attack
主动件/主動桿 driving link
主动校准/主動校準 active alignment
主动决策支持系统/主動決策支援系統 active decision support system
主动类/主動類 active class
主动冷轧带肋钢筋成型机/主動冷軋帶肋鋼筋成型機 power driven cold rolling steel wire and bar making machine
主动链轮/主動鏈輪 driving chain wheel
主动路由/主動路由 active routing
主动轮/主動輪 driving wheel, capstan
主动上拉/主動上拉 active pull-up
主动实时防护/主動即時防護 active real time defense
主动视觉/主動視覺 active vision
主动适应/主動補償,主動調整 active accommodation
主动数据库/現用資料庫 active database
主动锁模/主動鎖模 active mode locking
主动土压力/主動土壓 active earth pressure
主动威胁/主動威脅 active threat
主动文档/現用文件,主動文件 active document
主动系统/主動系統 active system
主动显示/主動顯示 active display
主动相关器/主動關聯器 active correlator
主动形状模型/主動形狀模型 active shape models
主动型原子频标/主動式原子頻率標準 active atomic frequency standard
主动悬架/主動懸架 active suspension
主动学习/主動學習 active learning
主动寻的/主動尋標 active homing
主动再生/主動再生 active regeneration
主动智能体/主動代理 active agent
主动轴/主動軸,驅動軸 drive shaft
主动姿态稳定/主動式姿態穩定 active attitude stabilization
主端子/主端子 main terminal
主段/主段 primary segment
主发电机/主發電機 main generator
主阀/主閥 main valve
主反馈/初級反饋,主回饋 primary feedback
主反馈通道/主反饋路徑,主回授路徑 main feedback path
主反射器/主反射器 main reflector
主分接/主分接 principal tapping
主分页设备/主分頁裝置 primary paging device
主风管/鼓風管,主送風管 blast main
主副本/主副本 primary copy

主副连杆/副連桿 articulated connecting rod
主干环/基幹環 backbone ring
主干缆线/主幹纜線,幹線纜線 main cable
主干路由/基幹路線 backbone route
主干路由器/骨幹路由器 backbone router
主干网/基幹網路 backbone network
主干线/基幹 backbone
主干总线/主幹匯流排 backbone bus
主缸活塞/主缸活塞 master cylinder piston
主缸活塞回位弹簧/主缸活塞迴位彈簧 master cylinder piston return spring
主缸推杆/主缸推桿 master cylinder push rod
主钩/主鈎 main hook
主鼓风机/主鼓風機 primary blower
主观概率/主觀機率 subjective probability
主观声学/主觀聲學 subjective acoustics
主观响度/主觀響度 subjective loudness
主观响度标度/主觀響度標度 subjective loudness scale
主观信息/主觀資訊 subjective information
主管部门/主管部門,管理局 administration
主巷道/架欉巷道 gangway
主后面/主要側翼 major flank
主滑轮/頭部轉輪 head pulley
主话务站/主話務站,主通信站 main traffic station
主换热器/主熱交換器 main heat exchanger
主回风道/主回風巷 main return
主回路/主回路,主電路 main circuit, major loop
主回凸轮/主回凸輪 main and return cam
主机/主機 main station, host
主机操作系统/主機作業系統 host operating system
主机传送文件/主機傳送檔案 host transfer file
主机到网络接口层/主機到網路介面層 host to network layer
主机密钥/主機密鑰 host key
主机名/主機名 host name
主机特有的路由/主機特有的路由 host specific route
主极/主磁極 main pole
主记录/主記録 master record
主加热器/主加熱器,核心加熱器 core heater, primary heater
主减速器/主減速器,最後減速齒輪裝置 final drive
主键/主鍵 primary key
主交换子/主交換子 prime commutator
主焦点/正切焦點 tangential focus
主叫/主叫用户,發話人 caller
主叫拨号/呼叫撥號 calling dial
主叫次序/呼叫程式 calling order
主叫电话局/主叫電話局,主叫交換局 calling exchange
主叫吊牌/呼叫取消 calling drop
主叫端/主叫端,呼叫端 calling terminal
主叫方/主叫方 calling party
主叫方付费/主叫方付費 calling party pays, CPP
主叫方号码/主叫號碼 calling party number
主叫号码/發話號碼 calling number
主叫号码显示/發話號碼顯示 calling line identification, caller display
主叫局/呼叫局 calling office
主叫码/呼叫電碼 calling code
主叫显示/發話號碼顯示 calling line identification, caller display
主叫线路/呼叫線路 calling line
主叫线识别显示/發話號碼顯示 calling line identification presentation
主叫线识别限制/發話號碼不顯示 calling line identification restriction
主叫用户/主叫用户,呼叫者 calling subscriber
主接触件/主接點 main contact
主节点控制/主節點控制 master node control
主进风道/主進風巷,總進風巷 main intake
主井/主井 main shaft
主刻度线/主標度標記 main scale mark
主控板/主控板 master control board
主控程序/主控程式 master control program
主控台/主控制臺 primary console
主控系统/控制系統 controlling system
主控站/主控制站 master control station
主控振荡器/主控振盪器,激勵振盪器 master oscillator, driving oscillator
主控制阀/主控閥 main control valve
主控制面板/主控制面板 main control panel
主控制器/主控制器 principal controller
主控制室/主控制室,中心控制室,總控制室 master control room
主控制台/主控制臺,中央控制臺,主調整臺 main control console
主控制中断/主控制中斷 master control interrupt
主口令/主通行碼 master password
主库/主程式館 master library
主矿脉/主礦脈 mother lode
主离合器/主離合器 main clutch, traction clutch
主励磁机/主勵磁機,主激磁機 main exciter
主连杆/主連桿 master connecting-rod

主梁/主梁 main girder
主梁受扭的起重机/扭轉梁起重機 torsion beam crane
主令开关/主控尋線機,主控開關,總開關 master switch
主令控制器/主控制器 master controller
主流向/主流向 main direction of flow
主脉冲/主脈衝,主脈波 master pulse
主密封/主密封 primary seal
主密钥/主鑰,主鍵 master key
主模/主模 dominant mode
主模块/主模組 main module
主模/主模態 dominant mode
主目录/起始目録 home directory
主内存数据库/主記憶體資料庫 main memory database
主配电/總配線架 main distribution
主喷射器/主噴射器 main ejector
主偏角/刀具刃角 tool cutting edge angle
主片/主片 main leaf
主频/主頻率,基本頻率 master frequency, main frequency
主频发生器/主頻産生器 master frequency generator
主频率/主頻率 dominant frequency
主频区/主頻區 primary frequency zone
主平巷/主門巷 mother gate
主平面/主平面 primary flat, principal plane
主起动空气阀/主起動空氣閥 main starting air valve
主汽阀/主停止閥 main stop valve
主腔/主腔 main cavity
主切削平面/刀具主刀刃平面 tool major cutting edge plane
主切削刃/刀具主刀刃 tool major cutting edge
主驱动链保护装置/主驅動鏈保護裝置 main drive-chain guard
主群/主群 master group
主群链路/主群鏈路,主群線路 master group link
主群排/主群排 master group bank
主群调制/主群調變 master group modulation
主群移动/主群轉譯 master group translation
主燃期/主燃期 main combustion period
主绕组/主繞組 main winding
主任务/主任務 main task
主扇/主風扇 main fan
主扇风硐/主扇風隧道 main fan tunnel
主扇扩散塔/主扇擴散器 main fan diffuser
主时间片/主時間片 major time slice
主时钟/主時鐘,主標準鐘 master clock
主时钟频率/主時鐘頻率 master clock frequency
主试验力/主試驗力 main test force
主视区/主視區 primary vision area
主视图/前視圖,正視圖 front view
主属性/主屬性 prime attribute
主数据管理/主資料管理 master data management
主台/主臺 master station
主题检测/主題檢測 topic detection
主题检测与跟踪/主題檢測與跟蹤 topic detection and tracking
主题模型/主題模型 topic model
主题数据库/主題資料庫 subject database
主题探查/主題探查 subject probe
主题提取/主題提取 topic distillation
主体电流/主體電流 body current
主体内浓度/主體内濃度 bulk concentration
主天线/主天線 main antenna
主天线分配系统/主天線分配系統 master antenna distribution system
主铁沟/生鐵流道 sow
主通风机/主風扇,主扇風機 main fan
主同步器/主同步器 master synchronizer
主凸轮/母凸輪 master cam
主脱扣器/主脱扣器 master trip
主文件/主檔案 master file
主文件索引/主檔案索引 master file index
主纹刻度/主刻度 major graduation
主线/主線,幹線 cardinal line, main line
主线圈/主線圈,初級線圈,原線圈 primary coil
主向量/主向量 primary vector
主销/主銷 kingpin
主销后倾角/主銷後傾角 kingpin castor angle
主销内倾/主銷内傾 kingpin inclination
主销内倾角/主銷内傾角 kingpin inclination angle
主销偏移距/主銷偏移距 kingpin offset
主小车/主小車 main crab
主协调/主協調 primal coordination
主斜坡道/主斜坡道 main ramp
主谐振/主諧振 main resonance
主信道/主通道,主用波道 main channel
主信号/主信號,主訊號 main signal, master signal
主型/主模 master mold
主选单/主選項單 master menu
主要部分/主分度 major division
主要测试段/主要測試段 principle test section
主要成分/基幹 backbone

主要时隔/主要時隔 significant interval
主要运动件润滑/主運行機構潤滑 main running gear lubrication
主要组件/主分度 major division
主页/首頁 home page, homepage
主页池/主頁池 main page pool
主应变/主應變 principal strain
主应力/主應力 principal stress
主用频率/主要頻率,第一選用頻率 primary frequency
主油泵/主油泵 main oil pump
主油道/主油道 main oil gallery
主油系/主燃料系統 main fuel system
主运动/切削移動 cutting movement
主载波/主載波 main carrier
主站/主站,控制站 key station, primary station, master station
主真空阀/主真空閥 main vacuum valve
主振荡器/主振盪器 master oscillator, MO
主蒸汽/主蒸汽 main steam
主蒸汽参数/主蒸汽狀態 main steam condition
主蒸汽管/主蒸汽管 main steam pipe
主蒸汽流量/初始蒸汽流量 initial-steam flow rate
主蒸汽压力调节器/主蒸汽壓力調節器 main steam pressure regulator
主轴/主軸,長軸,轉軸 major axis, primary axis
主轴承/主軸承,底軸承 main bearing, base bearing
主轴承盖/主軸承蓋 main bearing cap
主轴定向停止/主軸定向停止 oriented spindle stop
主轴回转速度设定值/主軸回轉速度設定值 setting value of angular velocity of main axis
主轴颈/曲柄軸頸 crank journal
主轴孔径/主軸孔直徑 diameter of spindle through hole
主轴密封/主軸密封 main shaft seal
主轴速度功能/主軸轉速功能 spindle speed function
主轴速度控制单元/轉軸速度控制單元 spindle speed control unit
主轴套筒行程/主軸套筒行程 spindle quill travel
主轴外锥/主軸外推拔 external taper of spindle
主轴线/主軸 primary axis
主轴箱/心軸頭 spindle head
主轴行程/主軸行程 travel of spindle
主轴转速/心軸速率 spindle speed
主轴锥孔/心軸錐孔 taper hole of spindle
主转动惯量/主慣性矩 principal moment of inertia
主状态/主狀態 master state
煮炉/煮煉 boiling-out
助读水银血压计/助讀式汞柱血壓計 reading assistant mercury sphygmomanometer
助记符号/簡字符號 mnemonic
助记忆码/簡字碼 mnemonic code
助力喷射器/爆管噴射器 booster ejector
助力制动系/助力制動系 energy assisted braking system
助滤剂/助濾劑 filter aid, filtration aid
助溶/助熔,熔劑處理 fluxing
助熔剂法/助熔劑法 flux growth method, flux method
助熔剂提拉法/助熔劑提拉法 flux pulling technique
助视器/助視器 visual aids
助听器/助聽器 hearing aid
助听器程序/助聽器程式 audio helper
助行器/助行器 mobility aids
助忆符号/助憶符號,助記符號 mnemonic symbol
助钻杆/加重桿 sinker bar
住宅电话/住宅電話 residence telephone
住宅电梯/住宅電梯 residential elevator
贮藏寿命/貯藏壽命 shelf life
贮藏损耗/貯油損耗 storage loss
贮槽挂车/貯槽拖車 tank trailer
贮存期/貯存期 storage period
贮存容器/儲存容器 storage vessel
贮存寿命/貯存壽命,儲存壽命 storage life
贮料塔/貯料倉 accumulator
贮煤场/貯煤場 coal storage yard
贮气瓶/壓縮空氣瓶 air bottle
贮气箱/貯氣箱 air receiver
贮热式房间电暖器/貯熱式房間電暖器 thermal storage room heater
贮液器/接受器,受液器 receiver, liquid receiver
注册/註冊,登記 registration
注册吨/註冊噸 register ton
注册过程/註冊過程 registration procedure
注册机构/註冊機構 registration authority
注锭/注錠 ingot pouring, ingot teeming
注记/註解,詮釋 annotation
注浆/注漿成型,灌漿,滑鑄 slip-casting, grouting
注浆堵水/注漿堵水 water plugged by grouting
注浆掘井法/注漿掘井法 grouting shaft sinking
注浆速率/射注速率 shot speed
注聚泵/聚合體噴射泵 polymer injection pump
注口砖/堵口磚 nozzle brick
注料口/填入口,澆口 filling port
注流对中控制/注流對中控制 stream alignment

control
注入/注入 injection
注入槽/注入槽 pouring shot
注入电致发光/注入電致發光 injection electroluminescence
注入横截面/注入截[斷]面 injection cross-section
注入井/注入井 injection well
注入率/注入率 injection ratio
注入逻辑/注入邏輯 injection logic
注入容量比较法/填入體積法 filling volumetric method
注入栅极/注入柵極,注頻柵極 injection grid
注入式泵浦/注入式幫浦 injection pumping
注入式激光二极管/注入式雷射二極體 injection laser diode, ILD
注入式激光器/注入式雷射,注入型雷射 injection laser
注入式激光输出频谱/注入式雷射輸出頻譜 injection laser output spectrum
注入锁定/注入鎖定方式 injection locking
注入锁定技术/注入鎖定技術 injection locking technique
注入锁定振荡器/注入鎖定式振盪器 injection-locked oscillator, ILO
注入效率/注入效率 injection efficiency
注入引发/注入引發點 injection priming
注入站/注入站 injection station
注射泵/注射泵 injection pump
注射导引器/注射器導引器 syringe guide
注射管/注射器 injection syringe
注射加热器/注射加熱器 injection heater
注射模/注射模 injection mould
注射器/注射器,射出器 injector, injection syringe
注射器头/注射器噴嘴 syringe nozzle
注射吸量管/注射器吸量管 syringe pipette
注射压力/噴射壓力 injection pressure
注释/詮釋,註解 remark
注释命令/註解命令 note command
注水泵/注水泵 water injection pump
注水泥泵/下水泥泵 cementing pump
注水泥浮箍/水泥浮箍 cementing float collar
注水泥浮鞋/水泥浮鞋 cementing float shoe
注水泥塞/水泥栓塞 cementing plug
注水器/射水器 injector
注水设备/注水設備 water injection equipment
注水装置/噴水器 water injector
注销/註銷,登出 log-out
注压机/噴射成型機 injection molding machine
注液漏斗/注液漏斗 filling funnel
注意力聚焦/注意聚焦 attention focusing
注油器/注油器 oil ejector
注蒸汽/注蒸汽法 steam injection
注蒸汽燃气轮机/蒸汽注射燃氣輪機 steam injection gas turbine
注蒸汽设备/蒸汽注入設備 steam injection equipment
驻波/駐波 standing wave
驻波比/駐波比 standing wave ratio, SWR
驻波比表/駐波比表 standing wave meter
驻波比指示器/駐波比指示器 standing wave ratio indicator
驻波槽/駐波水槽 standing wave flume
驻波产生器/駐波產生器 standing wave producer
驻波电流/駐波電流 standing wave current
驻波计/駐波計 standing wave meter
驻波检测器/駐波偵測器,駐波計 standing wave detector
驻波天线/駐波天線 standing wave antenna
驻波系数/電壓駐波比 voltage standing wave ratio
驻波指示器/駐波指示器 standing wave indicator
驻车制动操纵装置/停車制動控制裝置 parking braking control device
驻车制动系/停車剎車系統 parking braking system
驻车制动性能/停車剎車性能 parking braking performance
驻极体传声器/駐極體傳聲器 electret microphone
驻留轨道/駐留軌道,常駐軌道,停泊軌道 parking orbit
柱/柱 pillar, column
柱层析法/柱型色層譜學 column chromatography
柱架/掛架,路標塔 pylon
柱架式潜孔钻机/支撐臺式下鑽機 support-rig downhole drill
柱架式钻机/柱架風鑽機 column drill
柱径计/柱徑計 cylindrometer
柱面/圓柱面 cylinder
柱面波/柱面波 cylindrical wave
柱面电解刻印机/柱面電解刻印機 cylindrical electrolytic marking machine
柱面透镜/柱面透鏡 cylindrical lens
柱面性/圓柱度 cylindricity
柱面叶片/柱狀葉片 cylindrical blade
柱面阵/圓柱形陣列 cylindrical array
柱切换/管柱切換 column switching
柱塞/柱塞,活塞 plunger
柱塞泵/柱塞泵 plunger pump, ram pump

柱塞冲程/柱塞位移 plunger displacement
柱塞顶隙/頂隙 head clearance
柱塞阀/柱塞閥 plunger valve
柱塞杆/柱塞桿 plunger rod, stopper rod
柱塞回位弹簧/柱塞迴位彈簧 plunger return spring
柱塞计量泵/柱塞計量泵 plunger metering pump
柱塞偶件/柱塞氣缸總成 plunger and barrel assembly
柱塞气举/柱塞氣舉法 plunger lift
柱塞全行程/柱塞行程 plunger stroke
柱塞式低温液体泵/柱塞式低温液體泵 plunger type cryogenic liquid pump
柱塞式给料机/活塞式給料機 piston feeder
柱塞式喷粉机/柱塞噴粉器 plunger duster
柱塞式喷油泵/柱塞式噴油泵 jerk fuel injection pump
柱塞式气马达/柱塞式氣動馬達 piston air motor
柱塞式致动器/活塞致動器 piston actuator
柱塞行程/柱塞行程 plunger stroke
柱塞预行程/柱塞預行程 plunger pre-stroke
柱塞制动器/活塞剎車 plunger brake
柱塞转换开关/插棒式開關 plunger switch
柱色谱法/柱型色層譜學 column chromatography
柱式高压釜/柱式高壓釜 column autoclave
柱式回转支承/柱式回轉支承 central post slewing ring
柱式悬臂起重机/柱式懸臂起重機 pillar jib crane
柱式制动器/柱式制動器 post brake
柱销/定位銷 dowel
柱销孔中心曲面/柱銷孔中心曲面 center surface of pin holes
柱销孔中心圆/柱銷孔中心圓 center circle of pin holes
柱销孔中心圆直径/柱銷孔中心圓直徑 center diameter of pin holes
柱销孔中心圆柱面/柱銷孔中心圓柱面 center cylinder of pin holes
柱效能/柱效能 column efficiency
柱状晶/柱狀結晶 columnar crystal
柱状晶区/柱狀晶區 columnar crystal zone
柱状药包爆破/柱狀藥包爆破 column charge blasting
柱状装药/柱狀裝藥 column charge
柱状组织/柱狀組織,柱狀構造 columnar structure
著作/著作 authoring
著作工具/著作工具 authoring tool
铸包容量/澆桶容量,澆斗容量 ladle capacity
铸床/鐵水澆鑄床 pig bed, casting bed, sand bed
铸疵/鑄疵,鑄造缺陷 defect test, foundry defect
铸道针/分配銷 sprue pin
铸锭/鑄錠 ingot
铸锭浇口砖/鑄錠澆口磚 king brick
铸锭模/鑄錠模 ingot case
铸锭偏析/鑄錠偏析,鑄錠粗晶組織,鑄錠粗鬆組織 ingotism
铸锭型锭模/鑄錠模 ingot mold
铸钢/鑄鋼 cast steel
铸钢井壁/鋼套管 steel casing
铸钢桶挂钩/澆桶掛梁,澆斗掛梁 ladle bail
铸钢显热/鑄鋼顯熱 sensible heat of strand
铸钢轧辊/鑄鋼軋輥 cast steel roll
铸工车间/鑄鐵工場,專業鑄造工場 iron foundry, production foundry
铸管涂层/鑄管塗層 coating of cast pipe
铸后状态/鑄造狀態 as-cast condition
铸机半径/鑄機半徑 caster radius
铸件/鑄件 casting
铸件表面/鑄件表面 casting surface
铸件成品检查仪/鑄件檢查儀 casting analyzer
铸件精整/鑄件精整 fettling, finishing
铸件毛边/鑄件毛邊,鑄件飛邊 casting fin
铸件清理车间/鑄件清理間 dressing store
铸件缺陷/鑄疵 casting defect
铸件设计/鑄件設計,鑄造設計 casting design
铸件凸出块/凸出塊,突耳 casting lug
铸件修整/鑄件修整 finishing of casting
铸件油/鑄砂油 casting oil
铸坑/鑄坑 casting pit, foundry pit
铸模/鑄模 casting mold
铸模布置/鑄模布置 mold layout
铸模孔/豎澆道孔 sprue hole
铸模台架/造模工作檯 molder bench
铸模涂料/黑色塗料 foundry blacking
铸模硬度试验器/砂模硬度計 mold hardness tester
铸坯表面渣膜/保護渣渣膜 flux film on strand shell
铸坯中心疏松/鑄坯中心疏鬆 center porosity
铸皮/鑄件表皮 casting skin
铸皮孔/鑄皮孔 skin holes
铸砂处理/鑄砂處理 foundry sand preparation
铸砂处理车间/鑄砂處理工場 foundry sand preparation plant
铸砂强化/鑄砂強化 strengthen the sand
铸砂烧结/鑄砂燒結 sand burning
铸损/鑄損 foundry losses
铸铁/鑄鐵 cast iron
铸铁厂/鑄鐵工場 iron foundry

铸铁共晶膨胀力测试仪/鑄鐵共晶膨脹力測試儀 eutectic expansion fore tester of cast iron
铸铁构造图/鑄鐵組織圖 structural diagram of cast iron, cast iron diagram
铸铁管/鑄鐵管 cast iron pipe
铸铁管法兰/灰鑄鐵管凸緣 cast iron pipe flange
铸铁锅/鑄鐵鍋 cast iron pan
铸铁锅炉/鑄鐵鍋爐 cast iron boiler
铸铁机/鑄生鐵機 pig casting machine, pig machine
铸铁平尺/鑄鐵平尺 cast iron straightedge
铸铁省煤器/鑄鐵省煤器 cast iron gilled tube economizer
铸铁甑/鑄鐵甑 cast iron retort
铸铁轧辊/晶粒軋棍 grain roll
铸型/模具,鑄模,模製 mold, casting mold
铸型底板/底板 bottom board
铸型紧固夹/鑄模夾具 mold clamp
铸型强度计/鑄型強度計 mold strength tester
铸型输送机/鑄模輸送機 mold conveyer
铸型涂料/塗模料,塗模漿 mold facing, molding wash
铸造/鑄造 foundry, founding
铸造成品率/鑄成率 casting yield
铸造方法/鑄造法 casting process
铸造废料/鑄造廢料 foundry scrap
铸造工艺方案/鑄造計劃 casting plan
铸造合金动态应力测试仪/鑄造合金動態應力測試儀 dynamic stress tester of casting alloy
铸造合金流动性试验器/鑄造合金流動性試驗器 flowmeter of casting alloy
铸造合金热裂倾向测试仪/鑄造合金痕裂傾向測試器 tester for cracked tendency of casting alloy
铸造合金线收缩测试仪/鑄合金線收縮測試儀 linear contraction tester of casting alloy
铸造合金真空流动性测试仪/鑄造合金真空流動性測試儀 vacuum flowability tester of casting alloy
铸造机/鑄造機 casting machine
铸造焦/鑄焦 foundry coke
铸造裂纹/鑄裂 casting crack
铸造铝合金/鑄造鋁合金 cast aluminium alloy
铸造镁合金/鑄造鎂合金 cast magnesium alloy
铸造镍基高温合金/鑄造鎳基超合金 nickel based cast superalloy
铸造起重机/澆桶起重機 ladle crane
铸造缺陷/鑄疵 casting defect
铸造设备/澆鑄設備,鑄造機 foundry equipment, casting machine, foundry facility
铸造设计/鑄造設計,鑄件設計 casting design
铸造生铁/鑄造生鐵 foundry iron
铸造钛合金/鑄造用鈦合金 cast titanium alloy
铸造铜合金/鑄造銅合金 cast copper alloy
铸造锌合金/鑄鋅合金 cast zinc alloy
铸造性能/可鑄性,鑄造性 castability
铸造性能试验/鑄造性試驗 castability test
铸造学/鑄造學 foundry
铸造应变/鑄造應變 casting strain
铸造应力/鑄造應力,鑄件應力 casting stress
铸造用焦炭/鑄焦 foundry coke
铸造用炉/鑄造用爐 casting furnace
铸造用砂/鑄砂 foundry sand
铸造用生铁/鑄造用生鐵 foundry pig iron
铸造用试验筛/鑄造用試驗篩 cast testing sieve
铸造组织/鑄造組織 cast structure
铸轧/鑄壓軋製 casting pressing rolling
ECR 铸轧法/ECR 鑄軋法 ECR process
铸轧机/鑄件輥軋機 casting-rolling mill
铸轧技术/鑄軋技術 casting-rolling technique
铸轧扇形段/鑄軋扇形段 casting-rolling segment
抓瓣/抓瓣 grab claw
抓铲装置/抓鏟裝置 clamshell attachment
抓斗/抓斗 grab
抓斗闭合直径/抓斗閉合直徑 closed diameter of grab unit
抓斗吊车/抓斗吊車 clamshell crane
抓斗浮式起重机/水上抓取式起重機 grabbing floating crane
抓斗横移机构/抓斗横移機構 grab traversal mechanism
抓斗回转机构/抓斗回轉機構 grab slewing mechanism
抓斗料箱起重机/抓斗料箱起重機 box-handling crane with grab
抓斗门式起重机/抓斗門式起重機 bridge grabbing crane
抓斗起重机/抓取起重機 grabbing crane
抓斗气缸/抓斗氣缸 grab unit cylinder
抓斗桥式起重机/抓斗橋式起重機 overhead crane with grab
抓斗张开直径/抓斗張開直徑 diameter of opened grab unit
抓斗装置/抓斗絞車裝置 grabbing gear
抓放机器人/取放[型]機器人 pick-and-place robot
抓煤机/抓煤機 coal grab
抓岩机/抓載機 grab loader
抓岩能力/抓取能力 grabbing productivity
专家系统/專家系統 expert system, ES

专家系统工具/專家系統工具 expert system tool
专家系统外壳/專家系統 expert system shell
专门化机床/專門化機床 specialized machine tool
专线/專線 private line, dedicated line, leased line
专线接入/專屬存取 dedicated access
专线业务/專線業務 private line service
专业词典/專業詞典 terminological dictionary
专业组/專業組 professional group
专用/專用,私用 private
专用安全模式/專屬安全模式 dedicated security mode
专用半挂车/專用半掛車 special semi-trailer
专用编号方案/私有網路編號計劃 private numbering plan
专用玻璃量器/專用玻璃量器 special glassware
专用乘用车/專用客車 special purpose passenger car
专用词/專用詞 special term
专用的网间接口/專用網路對網路介面,專用網間介面 private network-to-network interface, PNNI
专用电动机/專用電動機 definite purpose motor
专用电话网/私用電話網路 private telephone network
专用反应堆/單目標反應器 single purpose reactor
专用环/專用環 private loop
专用机床/專用工具機 special purpose machine tool
专用集成电路/專用積體電路 application specific IC, ASIC
专用计算机/特别用途計算機 special purpose computer
专用夹具/專用夾具 special fixture
专用交换机/專用交換機 private exchange
专用交换机中继线/專用交換機中繼線 private branch exchange trunk
专用客车/專用客車 special bus
专用量仪/專用測量儀器 special purpose measuring instrument
专用流动式起重机/專用移動式起重機 specific purpose mobile crane
专用密度计/專用密度計 hydrometer for special purpose
专用模/專用模 special purpose die
专用平衡机/專用平衡機 special balancing machine
专用平面/專用平面 private use plane
专用汽车/專用汽車 special purpose vehicle
专用牵引杆挂车/專用牽引桿掛車 special drawbar trailer
专用桥式起重机/特殊高架起重機 special overhead crane
专用数据网/專用數據網路,專屬數據網 private data network
专用通风机/專用通風機 special purpose fan
专用通信信道/專用通信通道 private communication channel
专用网/專用網 private network, private line network
专用文件/專屬檔案 dedicated file
专用线路/私用電路,專線 private circuit, private line
专用小交换机/專用小交换機,用户小交换機,私用分支交换 private branch exchange, PBX
专用移动无线电系统/特殊行動廣播系統 specialized mobile radio system
专用移动无线电业务/專用移動無線電業務 specialized mobile radio service, private mobile radio service, PMR
专用自动小交换机/專用自動交换機,私用自動分支交换機 private automatic branch exchange
专用自卸运输汽车/專用自卸運輸汽車 specialized goods tipper
专用自卸作业汽车/專用自卸作業汽車 special goods tipper
专有网络/專用網 private network
砖石支架/圬工支架 masonry support
转变温度/轉變温度,轉移温度 transition temperature, transformation temperature
转变温度范围/變態温度範圍 transformation temperature range
转播/轉播 relay broadcasting
转播车/轉播車 outside broadcast van, OB van
转播权/轉播權 broadcasting right
转差计/轉差計 slip counter
转差率/轉差率 slip
转插头/插頭 patch plug
转储清除/清除,排齊 flushe
转发/轉發 forwarding
转发继电器/轉發繼電器 repeating relay
转发器/轉發器 repeater, transponder
转发式干扰/轉發式干擾 repeater jamming
转化槽/轉换槽 conversion tank
转化处理/轉化處理 conversion treatment
转化炉风箱/轉化爐風箱 converter blast box
转化膜/轉化膜,轉化塗層 conversion coating, conversion film
转化器旁通/轉化器旁通 converter bypass
转化热/轉化熱 heat of conversion
转化试验/轉换試驗 conversion test

转化涂层/轉換護層 conversion coating
转化效率/轉換效率 conversion efficiency
转换/轉换,换向 commutation, conversion, converting
转换比/變換比,轉化比 conversion ratio
转换触点/轉换接點 change over contact
转换电子/轉换電子 conversion electron
转换断层/轉形斷層 transform fault
转换阀/换向閥 changeover valve
转换反应堆/轉化反應器,轉换反應器 converter reactor
转换工艺/轉换過程 conversion process
转换开关/轉换開關,换向開關,换路開關 change over switch, diverter switch
转换例程/轉换常式,轉换常規 alternate routine
转换率/轉换率 transfer ratio
转换器/轉换器,變换器,變頻器 converter, transducer
D-A 转换器/D-A 轉换器,數位類比轉换器 digital to analog converter, D-A converter
转换腔/交换腔 switch room
转换时间/轉换時間間隔,穿流時間 transit time, switching interval
转换式指示仪表/傳遞儀器 transfer instrument
转换速率/轉换速率,變换率,兑换率 conversion rate
转换文法/變换文法 transformation grammar
转换误差/傳遞誤差 transfer error
转换系数/轉换係數,轉化係數,轉移係數 conversion coefficient, transfer coefficient
转换系数误差/轉换係數誤差 error of the conversion coefficient
转换系统/轉换系統 change over system
转换效率/轉换效率 conversion efficiency
转换因子/轉换因數 conversion factor
转换指令/轉换指令 conversion instruction
转接/中轉 transit
转接板/插線板 patch panel
转接连接器/轉接連接器 adaptor connector
转接网/轉接網路 transit network
转接线/插線 patch cord
转接延迟/轉接延遲,通過延遲 transit delay
转接中心/中繼中心,轉播中心,轉報中心 relay center
转录/轉録 transcription
转录起始位点预测/轉録起始位點預測 prediction of transcription initiation site
转录组学/轉録組學 transcriptomics
转路/轉路 alterroute
转码点/轉碼點 commutation point
转码误差/轉碼誤差 commutation error
转锁/扭轉鎖定器 twist lock
转弯半径比/轉彎半徑比 ratio of cornering radius
转弯附着性/轉彎附著性 cornering adhesion
转弯力/轉彎力 cornering force
转弯通道圆/轉彎淨空圓 turning clearance circle
转位/换位 indexing
转向/轉向語句 go to
转向臂/轉向臂 pitman arm
转向操纵机构/轉向控制機構 steering control mechanism
转向操纵力/轉向控制力 steering control force
转向操纵力矩/轉向控制力矩 steering control moment
转向操纵性/轉向操縱性 turnability
转向齿轮/轉向齒輪 steering pinion
转向齿轮助力式电动转向系/轉向齒輪助力式電動轉向系統 electric power steering system assisted by steering pinion
转向齿条/轉向齒條 steering rack
转向齿条助力式电动转向系/轉向齒輪助力式電動轉向系統 electric power steering system assisted by steering rack
转向传动机构/轉向連桿組 steering linkage
转向传动机构角传动比/轉向連桿組角傳動比 steering linkage angle ratio
转向传动轴总成/轉向傳動軸總成 steering transmission shaft assembly
转向动力缸/動力缸 power cylinder
转向阀/轉向閥 diversion valve
转向管柱/轉向柱 steering column
转向横拉杆/轉向拉桿 steering tie rod
转向几何学/轉向幾何學 steering geometry
转向计量泵/轉向計量泵 steering metering pump
转向角/轉向角 steering angle
转向节/轉向節 steering knuckle
转向控制阀/轉向控制閥 steering control valve
转向控制阀灵敏度特性/轉向控制閥靈敏度特性,引導控制閥響應特性 response characteristic of steering control valve
转向控制阀内泄漏量/轉向控制閥内洩漏量 internal leakage of steering control valve
转向控制阀全开隙/轉向控制閥全開隙 totally opened play of steering control valve
转向控制阀压力降/轉向控制閥壓力降 pressure loss in steering control valve

转向控制阀压力降特性/轉向控制閥壓力降特性 pressure loss characteristic of steering control valve
转向控制阀预开隙/轉向控制閥預開隙 pre-opened play of steering control valve
转向离合器/轉向離合器 steering clutch
转向力矩/轉向力矩,操舵力矩 steering moment
转向螺母/轉向螺帽 steering nut
转向敏感性/轉向敏感性,轉向靈敏度 steering sensitivity
转向盘/方向盤,駕駛盤,轉向輪 steering wheel
转向盘反冲/轉向盤反衝 kick-back
转向盘可调式转向操纵机构/轉向輪可調式轉向操控機構 steering control mechanism with adjustable steering wheel
转向盘相对转动量/轉向盤相對轉動量 relative steering wheel displacement
转向盘转角/轉向輪轉角 steering wheel angle
转向盘自由行程/轉向盤自由行程 free play of steering wheel, free running of steering wheel
转向盘总圈数/轉向盤總轉圈數 total turns of steering wheel
转向器传动间隙/轉向齒輪傳動間隙 steering gear clearance
转向器传动间隙特性/轉向齒輪傳動間隙特性 steering gear clearance characteristic
转向器传动效率/轉向齒輪傳動效率 steering gear efficiency
转向器传动效率特性/轉向齒輪傳動效率特性 steering gear efficiency characteristic
转向器反驱动力矩/引導齒輪反轉轉矩 reverse rotating torque of steering gear
转向器角传动比/轉向齒輪角傳動比 steering gear angle ratio
转向器角传动比特性/轉向齒輪角傳動比特性 steering gear angle ratio characteristic
转向器扭转刚度/轉向齒輪抗扭勁度 torsional stiffness of steering gear
转向器线角传动比/轉向齒輪線角傳動比 steering gear linear angle ratio
转向器线角传动比特性/轉向齒輪線角傳動比特性 steering gear linear angle ratio characteristic
转向器转动力矩/轉向齒輪轉矩 rotating torque of steering gear
转向桥/轉向軸梁 steering axle beam
转向轻便性试验/轉向力試驗,操舵力試驗 steering effort test
转向驱动桥/轉向驅動軸 steering drive axle
转向试验/轉向試驗,旋轉試驗 rotation test
转向竖井/轉向直井 turned vertical shaft
转向梯形机构/擊桿連桿組 tie rod linkage
转向蜗杆/轉向蝸桿 steering worm
转向系/轉向系統 steering system
转向系刚度/轉向系統剛度 steering system stiffness
转向系角传动比/轉向系統角傳動比 steering system angle ratio
转向系摩擦力/轉向系統摩擦力 friction of steering system
转向系转动惯量/轉向系統慣性矩 moment of inertia of steering system
转向系阻尼/轉向系阻尼 damping of steering system
转向响应/轉向響應 steering response
转向信号灯/轉向信號燈 turn signal lamp
转向信号灯指示器/轉向信號燈指示器 turn light indicator
转向摇臂最大摆角/轉向搖臂最大擺角 max swing angle of steering pitman arm
转向油泵/動力轉向泵 power steering pump
转向油泵理论排量/動力轉向泵理論位移 theoretical displacement of power steering pump
转向油泵流量特性/轉向油泵流量特性 flow characteristic of power steering pump
转向油罐/儲油器 oil reservoir
转向直拉杆/轉向拉桿 steering drag link
转向轴助力式电动转向系/轉向軸助力式電動轉向系統 electric power steering system assisted by steering shaft
转向阻力矩/轉向阻力矩 steering resisting moment
转像棱镜/反像棱鏡 reversing prism
转续线圈/轉續線圈,轉發線圈 repeating coil
转移/轉移,傳遞,傳輸 transition, transfer
转移导纳/轉移導納 transfer admittance
转移点/分支點 branch point
转移电子器件/轉移電子元件 transferred electron device, TED
转移轨道/轉移軌道 transfer orbit
转移函数/轉移函數,傳遞函數,轉換函數 transfer function
转移矩阵/過渡矩陣 transition matrix
转移历史表/分支歷史表 branch history table
转移目标地址/分支目標位址 branch target address
转移目标缓冲器/分支目標緩衝 branch target buffer
转移特性/傳輸特性 transfer characteristic
转移图/變遷圖 transition diagram

转移网络语法/變遷網路文法 transition network grammar
转移延迟槽/分支延遲插槽 branch delay slot
转移预测/分支預測 branch prediction
转移预测缓冲器/分支預測緩衝器 branch prediction buffer
转移振荡器/傳遞振盪器 transfer oscillator
转移指令/跳越指令,跳位指令 transfer instruction, jump instruction
转义/逸出 escape
转义序列/逸出順序 escape sequence
转义字符/逸出字元 escape character
转运包/傳送澆桶,輸送盛桶 transfer ladle
转运装置/轉運裝置 transfer device
转载半径/轉位半徑 transition radius
转载翻箱装置/轉運翻箱裝置 transfer turnover device
转载盖箱装置/轉運蓋箱裝置 transfer closing device
转载平台/轉運平臺 transfer platform
转折点/轉折點,導通點,反曲點 breakover point, inflection point
转折电流/轉折電流,導通電流 breakover current
转折电压/導通電壓 breakover voltage
转折频率/角頻率 corner frequency
转辙板/轉車鋼板 turnsheet
转振光带/轉振譜帶 band of rotation-vibration
转置/换位 transposition
转置密码/換位密碼法 transposition cipher
转轴/軸,傳動裝置,傳動機構 shaft, actuator
转柱/旋轉柱 rotary column
转柱式回转支承/轉柱式回轉環 slewing ring with rotary column
转柱式塔式起重机/内柱式塔式起重機 tower crane with inner mast
转杯风速表/轉杯風速計,杯式風速計 cup anemometer
转杯式流速计/杯式流速儀 cup-type current meter
转臂起重机/旋臂吊車 jib crane
转底炉/轉底爐 rotary hearth furnace, rotary hearth
转底炉直接还原/轉底爐直接還原 rotary hearth furnace process
转动部件/旋轉構件 rotating component
转动副/旋轉對 revolute pair
转动惯量/轉動慣量,慣性矩,動態慣性矩 moment of inertia, dynamic moment of inertia
转动光栅/旋轉光閘 rotating shutter
转动滑移/回轉滑動 rotational slip
转动加速度/轉動加速度 slew acceleration
转动力/扭轉力 torsional force
转动摩擦/轉動摩擦,樞轉摩擦 pivoting friction, spin friction
转动喷嘴调节/轉動噴嘴調節 control by adjustable nozzle
转动手柄/套筒手柄 handle with sleeve
转动速度/轉動速度 slew velocity
转动套/旋轉套筒 rotation sleeve
转动小手柄/套筒小手柄 small handle with sleeve
转动型式/轉動型式 slew mode
转阀式转向控制阀/旋轉式控制閥 rotary control valve
转缸式发动机/旋缸式引擎 rotary cylinder engine
转鼓/滚筒,轉桶 tumbling barrel, rotary drum
转鼓法耐久试验/轉鼓法耐久試驗 drum-method endurance test
转鼓过滤机/轉桶濾機 rotary drum filter
转鼓强度/滚筒強度 resistance to tumbling
转鼓试验/滚筒試驗 tumbler test
转鼓指数/滚筒指數 tumbling test index
转角标准装置/旋轉角標準裝置 rotating angle standard equipment
转角管塞/角旋塞 angle cock
转角皮带装置/轉角調帶裝置 angular belting
转角修形/轉角修形 modification of rotated angle
转镜式 Q 开关/轉鏡式 Q 開關 rotating mirror Q switching
转矩/轉矩,扭矩 torque
转矩比/扭矩比 torque ratio
转矩变换器/轉矩變換器 torque converter
转矩补偿器/轉矩補償器 torque compensator
转矩传感/扭矩感測 torque sensing
转矩传感器/轉矩感測器,轉矩轉換器 torque sensor, torque transducer
转矩磁强计/轉矩磁力計,磁轉矩計 torque magnetometer
转矩反馈控制/扭矩反饋控制 torque feedback control
转矩负校正/負扭矩控制 negative torque control
转矩管/轉矩管 torque tube
转矩环路/扭矩環路 torque loop
转矩均衡换流器/轉矩均衡換流器 torque balance converter
转矩均衡遥测计/轉矩均衡遥測計 torque balance telemeter
转矩控制器/轉矩控制器 torque controller
转矩流变仪/轉矩流變儀 torque rheometer

转矩式黏度计/轉矩式黏度計 torque type viscosimeter
转矩调节器/轉矩控制器 torque controller
转矩正校正/正扭矩校正 positive torque control
转炉/轉爐 converter, revolver
转炉-薄板坯连铸连轧流程/轉爐-薄板坯連鑄連軋流程 converter-thin slab casting and direct rolling route
转炉尘泥/轉爐塵泥 BOF slurry
转炉动态控制/轉爐動態控制 dynamic control of convertering
转炉废钢比/轉爐廢鋼比 scrap ratio of converter
转炉副枪/轉爐副槍 sublance of converter
转炉钢/轉爐鋼 converter steel
转炉钢比/轉爐鋼比 BOF share
转炉供氧制度/轉爐供氧工作狀態 oxygen supply regime
转炉溅渣护炉/轉爐濺渣爐襯保護 converter lining protection by slag splashing
转炉静态控制/轉爐静態控制 static control of convertering
转炉均衡炉衬/轉爐分區爐襯 zoned lining of vessel
转炉炼钢终点控制/轉爐煉鋼終點控制 end-point control of converter steelmaking
转炉炉衬/轉爐爐襯 converter lining
转炉炉龄/轉爐爐齡 converter campaign, converter life
转炉炉容比/轉爐爐容比 ratio of vessel volume to capacity
转炉炉型/轉爐爐型 profile of vessel
转炉煤气/轉爐煤氣 converter gas
转炉倾动机构/轉爐傾動機構 tilting mechanism of converter
转炉倾动力矩/轉爐傾動力矩 moment of converter tilting
转炉燃烧法除尘/轉爐燃燒法除塵 off-gas cleaning with combustion in hood
转炉双流喷枪/轉爐雙流噴槍 special double flow lance
转炉水冷炉口/轉爐水冷爐口 water cooled nose of converter
转炉提钒/轉爐釩萃取 vanadium extraction by converter blowing
转炉提铌/轉爐鈮萃取 niobium extraction by converter blowing
转炉未燃法除尘/轉爐未燃法除塵 off-gas cleaning with un-burnt recovery
转炉烟尘/轉爐煙塵 converter fume and dust
转炉烟罩/轉爐煙罩 converter hood
转炉音频化渣探测仪/轉爐聲頻化渣檢測儀 audiometer of convertering
转炉预脱磷/轉爐預脱磷 pre-dephosphorization in converter
转炉渣/轉爐渣 converter slag
转炉支承系统/轉爐支承裝置 support device of vessel
转炉终点控制/轉爐終點控制 end point control of convertering
转炉装入制度/轉爐裝入工作狀態 metal charging regime of convertering
转轮/轉輪,動輪 runner
转轮除湿机/回轉式除濕機 rotary dehumidifier
转轮公称直径/轉輪公稱直徑 runner nominal diameter
转轮减压板/動輪減壓板 runner decompression plate
转轮密封装置/動輪密封 runner seal
转轮密码/轉輪密碼 rotor cipher
转轮式热回收器/回轉式熱交换器 rotary heat exchanger
转轮室/動輪室 runner chamber
转轮输出功率/轉輪輸出功率 output power of runner
转轮输入功率/轉輪輸入功率 input power of runner
转轮体/動輪轂 runner hub
转轮叶片接力器/動輪葉伺服馬達 runner blade servomotor
转轮叶片控制机构/動輪葉片控制機構 runner blade control mechanism
转轮止漏环/動輪密封環 runner sealing ring
转盘/轉盤,面板,轉檯 face plate, swing carries, rotary table
转盘混砂机/轉盤混砂機 rotating pan mill
转盘式回转支承/轉盤式回轉支承環 turntable slewing ring
转盘套管/轉盤襯套 rotary table bushing
转球显示器件/旋轉球顯示裝置 rotating ball display device
转筛式成型性试验仪/轉篩成形性試驗器 running sieve formability tester
转数计/速率計數器,轉速計,計速器 speed counter, cyclometer
N转数平均转速/N轉平均轉速 N turn number average rotating velocity
转数指示器/旋轉指示器 revolution indicator

转速/轉速 rotating velocity, revolving speed
转速变换器/變速器 speed changer
转速标准装置/轉速標準裝置 standard equipment of rotating velocity
转速表/轉速表,轉速計,速度計 tachometer, revolution counter
转速波动度/轉速波動度 fluctuation of rotating velocity
转速不等率/轉速調節同步差 speed governing droop
转速超速限制/超速限制 overspeed limitation
转速传感器/輪速感測器,速率感測器,轉速轉換器 speed sensor, revolution speed transducer
转速-功率特性曲线/轉速-功率特性曲線 speed-power characteristic curve
转速回复时间/速率恢復時間 speed recovery time
转速计/轉速計,轉數計 revolution counter
转速计传感器/轉速計産生器 tachometer generator
转速校验台/轉速檢查檯 revolution speed check table
转速控制的喷油延时/轉速控制的噴油延時 retarded injection timing with speed
转速控制系统/調速器,調節器 governor, speed control system
转速频率测量法/轉速頻率測量法 method of rotating velocity for frequency measuring
转速频率周期测量法/轉速頻率週期測量法 method of rotating velocity for periodic measuring
转速调节器/調速器 speed governor
转速调节装置/變速器 speed changer
转速调整率/速率調整 speed regulation
转速稳定度/轉速穩定度 stability of rotating velocity
转速稳定准确度/轉速穩定準確度 speed stability accuracy
转速误差值/速率誤差值 speed error value
转速指示误差/速率計指示誤差 speedometer indication error
转速周期性波动/週期不規則性,週期不規則率 cyclic irregularity
转索器/轉索器 cable rotating device
转塔车床/轉塔車床,六角車床,多角車床 turret lathe
转塔/轉塔 turret
转台/轉檯,轉盤 rotating platform, rotary table
转套阀/轉筒閥 rotary sleeve valve
转筒式拌和机/轉筒混合機 rotary drum mixer
转筒式干燥机/轉桶式乾燥器 rotary drum drier
转筒式结晶器/旋轉結晶器 rotary crystallizer
转筒式炉/轉筒式爐 rotary retort furnace
转筒式真空过滤机/真空轉桶濾機 rotary vacuum drum filter
转头/轉頭 centrifuge rotor
转头公称容量/標稱轉頭能力 nominal rotor capacity
转头过速试验/轉頭過速試驗 rotor over-speed test
转头模型/轉頭模型 rotor model
转头破坏试验/轉頭破裂試驗 rotor bursting test
转头心裂/轉頭飛裂 rotor disintegration
转头座/轉頭座 rotor base
转子/轉子,電樞 rotor, armature
转子磁轭/轉子軛,轉子鐵心 rotor yoke
转子的动平衡/轉子動態平衡 dynamic balance of rotor
转子的静平衡/轉子静平衡 static balance of rotor
转子动平衡/轉子動平衡 rotor dynamic balancing
转子共振转速/轉子共振轉速 rotor vibration resonance speed
转子混砂机/轉子混合機 rotator mixer
转子静平衡/轉子静平衡 rotor static balancing
转子临界转速/轉子臨界轉速 rotor critical speed
转子流量计/轉子流量計,浮子流量計 rotameter
转子挠曲主振型/轉子撓曲主模態 rotor flexural principal mode
转子平衡等级/轉子平衡等級 balance quality grade
转子绕组/轉子繞組,轉子繞圈 rotor winding
转子式除雪机/轉子式除雪機 snow remover with snowblower
转子式混凝土喷射机/轉子式混凝土噴灑機 rotor concrete spraying machine
转子式流量计/轉子流量計 rotary flowmeter
转子式滤清器/旋濾機 rotary filter
转子式喷油泵/回轉噴油泵 rotary fuel injection pump
转子体/轉子體 rotor without blades
转子现场平衡/轉子現場平衡 rotor field balancing
转子支架/星形輪,十字叉 spider
转子轴向推力/轉子軸向推力 rotor axial thrust
桩/短截,存根,柱 stub, post
桩锤/樁錘 pile-driving hammer
桩的导向装置/樁的導向裝置 pile guide
桩基础/樁基礎 piled foundation
桩架/樁架 piling rig
桩帽/樁帽 drive cap, pile cap
桩柱接触件/樁柱接觸件 stake contact
装车机/裝車機 car loader

装船机/装船機 ship loader
装袋或装包用漏斗/装袋漏斗 bagging hopper
装袋料斗/装袋漏斗 bagging hopper
装罐机/装罐機,装罐設備 caging unit
装甲板/甲板板材 deck plate
装架工艺/装架工藝 mounting technology
装焦装置/装焦設備 coke charging equipment
装铠/鎧装 armouring
装矿硐室/礦石裝載室 ore loading chamber
装矿巷道/裝礦平巷 loading drift
装联/裝置,安裝 installation
装料/進料,填料,加料 charge, fill, charging
装料仓/加料漏斗 charging hopper
装料传送机/加料輸送機 feeder conveyor
装料斗/加料漏斗 charging hopper
装料机/裝填機,加料機 filling machine, charger, charging machine
装料口/加料口 charging door, charging hole
装料起重机/加料起重機 charging crane
装料设备/加料設備 charging equipment
装料台/加料臺 charging floor, charging platform
装煤机/裝煤機 coal loader
装配/裝配,總成,組成 assembly, build-up
装配标线/配適線 fitting line
装配单元/組合單元 assembly unit
装配方法/裝配方法 assembly method
装配机器人/組合機器人 assembly robot
装配夹/裝配夾 assembly clamp
装配件/組件 subassembly
装配建模/裝配建模 assembly modeling
装配精度/裝配精度 assembly precision
装配式滚刀/裝配式滾刀 built-up hob
装配式洁净室/裝配式潔淨室 assembly cleanroom
装配式曲轴/裝配式曲軸 assembled crankshaft
装配试验/組合測試 assembly test
装配特征/裝配特徵 assembly feature
装配图/裝配圖,組合圖 assembly drawing
装配位置/組合位置 assembly position
装配误差/裝配誤差 assembly error
装配线/裝配線,合模線 assembly line
装燃料/加裝燃料 bunkering
装入程序/載入器 loader
装入例程/載入器常式 loader routine
装入模块/載入模組 load module
装入映射/載入映像 load map
装饰金/鍍金合金 gilding metal
装饰模式/裝飾模式 decorator pattern
装饰线/裝飾線 decorative rib
装套/封裝 encapsulation
装填槽球轴承/裝填槽球軸承 filling slot ball bearing
装桶机/裝桶機 barrel packing machine
装箱退火/裝箱退火,裝匣退火,封盒退火 pack annealing, box annealing
装箱问题/裝箱問題 bin packing
装卸机械/裝卸機械 loading-unloading machine
装卸桥/卸載機 unloader
装卸台/裝卸臺 landing
装卸用浮式起重机/裝卸用浮式起重機 floating crane for cargo handling
装卸用铁路起重机/裝卸用鐵路起重機 railroad crane for handling use
装岩/裝碴 mucking
装岩机/裝岩機 rock loader
装药车/炸藥運輸車 explosive loading truck
装药密度/裝藥密度 charging density
装药器/裝藥器 explosive charger
装药系数/裝藥因數 charging factor
装运机/裝運機,裝載機 transloader, loader
装运质量/裝運質量,出貨質量 shipping mass
装载点/裝載站 loading point
装载斗/裝載斗 loading bucket
装载斗自动复位装置/裝載斗自動重定裝置 bucket auto-return device
装载斗自动调平装置/裝載斗自動調平裝置 bucket auto-leveling device
装载吨/裝載噸 shipping ton
装载机械/裝載機,裝填機 loader
装载台/地面溜槽 loading ramp
装置/裝置,設備 device
装置瓷/安裝用陶瓷 ceramic for mounting purposes
状态/狀態 state
状态爆炸/狀態爆炸 state explosion
状态变量/狀態變數 state variable
状态变量变换/狀態變數變换 transformation of state variable
状态队列/狀態隊列 state queue
状态反馈/狀態回饋 state feedback
状态反馈控制/狀態回饋控制 state feedback control
状态方程/狀態方程 state equation
状态方程模型/狀態方程模型 state equation model
状态方程式/物態方程式 equation of state
状态估计/狀態估計 state estimation
状态估计器/狀態估計器 state estimator
状态观测器/狀態觀測器 state observer
状态轨迹/狀態軌跡 state trajectory

状态机/狀態機 state machine
状态检修/狀態檢修 condition based maintenance
状态空间/狀態空間 state space
状态空间表示/狀態空間表示 state space representation
状态空间法/狀態空間法 state space method
状态空间和状态向量/狀態空間和狀態向量 state space and state vector
状态空间描述/狀態空間描述 state space description
状态空间搜索/狀態空間搜尋 state space search
状态模式/狀態模式 state pattern
状态图/狀態圖 state diagram
状态向量/狀態向量 state vector
状态约束/狀態約束 state constraint
状态栈/狀態堆疊 state stack
状态转换器/狀態轉換器 state transformer
状态转移矩阵/狀態轉移矩陣 state transition matrix
状态转移模型/狀態轉移模型 state transition model
撞锤/撞錘 ram
撞击滤尘器/衝擊器 impinger
撞击式传声器/撞擊式麥克風 impact microphone
撞击试验机/衝擊試驗機 ram tester
撞击速度/衝擊速度 striking velocity
撞击损害/碰撞損害 impact damage
撞击中心/撞擊中心 center of percussion
追加/附加 append
追逐/追逐,搜尋 hunting
追逐齿/追逐齒 hunting tooth
追踪命令/追蹤命令 trace command
追踪器/追蹤器 tracer
追踪装置/導歸器 homing device
锥板黏度计/錐板黏度計 cone-plate viscometer
锥板式黏度计/錐板式黏度計 cone-and-plate viscometer
锥柄插齿刀/錐形柄刀具 tapered shank cutter
锥柄超长麻花钻/錐柄超長麻花鑽 extra long taper shank twist drill
锥柄铰刀/錐形柄絞刀 taper shank reamer
锥柄扩孔钻/錐柄擴孔鑽 core drill with taper shank
锥柄麻花钻/錐形柄麻花鑽 taper shank twist drill
锥槽销/錐槽銷 taper grooved pin
锥齿轮/錐形齒輪,斜齒輪,傘形齒輪 bevel gear, conical gear, bevel wheel
锥齿轮刨齿机/斜齒輪刨床 bevel gear shaper
锥齿轮差速器/傘齒輪差速器 bevel gear differential
锥齿轮的当量圆柱齿轮/錐齒輪的當量圓柱齒輪 virtual cylindrical gear of bevel gear
锥齿轮的基本齿廓/錐齒輪的基本齒廓 basic tooth profile of bevel gear
锥齿轮副/錐齒輪對 bevel gear pair
锥齿轮加工机床/斜齒輪切齒機 bevel gear cutting machine
锥齿轮检查仪/斜齒輪測試器 bevel gear tester
锥齿轮切齿机床/斜齒輪切齒機 bevel gear cutting machine
锥齿轮铣刀/斜齒輪銑刀 bevel gear cutter
锥齿轮研齿机/斜齒輪研磨床 bevel gear lapping machine
锥齿少齿差齿轮副/錐齒少齒差齒輪對 bevel gear pair with small tooth difference
锥度/錐度,斜度 taper
锥度测量仪/錐度測量儀 taper measuring instrument
锥度量规/錐度量規 cone gage
锥度砂箱/斜度砂箱,滑脱砂箱 slip flask
锥度在线调整/錐度線上調整 online taper adjustment
锥光偏振仪/錐光偏振儀 conoscope
锥角/圓錐角 cone angle
锥铰刀/錐形鉸刀 broach reamer
锥距/錐距 outer cone distance
锥孔管座/凹圓錐 female cone
锥孔轴承/錐孔軸承 tapered bore bearing
锥轮/圓錐輪,錐形滑輪 cone pulley
锥面包络环面蜗杆/錐面包絡環面蝸桿 toroid enveloping worm with cone generatrix
锥面包络圆柱蜗杆/錐面包絡圓柱蝸桿 milled helicoid worm
锥面波导/錐面波導,漸變波導 tapered waveguide
锥面锪钻/錐形埋頭孔 taper countersink
锥盘磨/錐盤磨 conical disc mill
锥塞式流量计/錐塞式流量計 orifice and plug flowmeter
锥扫跟踪/錐掃跟蹤 conical scan tracking
锥塔形平台/錐體平臺 conical tower platform
锥体/錐體,錐形物 cone
锥体针/棱錐形尖針 pyramidal stylus
锥蜗杆/錐蝸桿 spiroid
锥蜗杆副/錐蝸齒輪對 spiroid gear pair
锥蜗轮/錐蝸齒輪 spiroid gear
锥形变薄旋压/剪力旋壓 shear spinning, shear forming
锥形波导/錐面波導,漸變波導 tapered waveguide
锥形波导管/遞變波導器 tapered waveguide

锥形槽宝石轴承/錐形槽寶石軸承 conical jewel bearing
锥形刀具/去角刀具 bevel tool
锥形澄清器/錐形沈降器 conical settler
锥形阀/錐形閥 cone valve
锥形反射器/錐形反射器 conical reflector
锥形粉碎机/錐形磨 cone mill
锥形封隔器/圓錐形填塞器 cone packer
锥形管/錐形管 tapered pipe
锥形滚筒/錐形卷筒 conical drum
锥形混合器/錐形混合器 conical mixer, cone type mixer
锥形混料机/錐形混合機 conical mixer, cone type mixer
锥形锯齿锁紧垫圈/錐形鋸齒鎖緊墊圈 conical serrated external toothed lock washer
锥形量杯/錐形量杯 conical graduate
锥形摩擦轮/錐形摩擦輪,斜摩擦輪 conical friction wheel, bevel friction wheel
锥形磨/錐形磨 cone mill
锥形破碎机/錐形碎礦機 conical breaker
锥形球磨机/錐形球磨機,錐形磨 conical ball mill
锥形燃烧腔/錐形燃燒腔 conical combustor
锥形扫描/錐形掃描 conical scanning
锥形烧杯/錐形燒杯 conical beaker
锥形烧瓶/錐形燒瓶,三角瓶 conical flask
锥形弹性垫圈/錐形彈簧墊圈 conical spring washer
锥形天线/錐形天線 conical antenna
锥形透度计/錐形穿透計 cone penetrometer
锥形外齿锁紧垫圈/錐形外齒鎖緊墊圈 conical external toothed lock washer
锥形尾水管/錐形尾水管 conical draft tube
锥形压头/圓錐壓頭 conical indenter
锥形窑/錐形窯 conical stall
锥形凿岩钻头/鑽頭齒錐 cone rock bit
锥形轧碎机/圓錐碎礦機,錐形壓碎機 cone crusher
锥形轴承/錐形軸承 conical bearing
锥形座阀/斜座閥 bevel seated valve
锥型穿孔机/錐型穿孔機 cone roll piercing mill, cone type piercer
锥柱手柄/錐柱手柄 tapered pattern handle
锥状细胞/錐體 cones
锥阻值/錐阻值 cone resistance value
准备功能/準備功能 preparatory function
准单色光源/準單色光源 quasimonochromatic source
准点播电视/準點播電視 near video on demand
准定常流动/假穩流 quasi steady state flow
准沸腾钢/假未静鋼 pseudo rimmed steel
准费米能级/準費米能階 quasi Fermi level
准分子激光器/準分子雷射器,激生分子雷射 excimer laser
准峰值电压表/準峰伏特計 quasi peak voltmeter
准峰值检波/加權檢波,加權偵測 weighting detection
准峰值检波器/準峰值檢波器 quasi peak detector
准刚性转子/準剛性轉子 quasi rigid rotor
准光学器件/準光學元件 quasi optical device
准计算机/準計算機 semicomputer
准渐开线齿锥齿轮/準漸開線齒錐齒輪 palioid gear
准晶体/準晶體 quasicrystal
准静不平衡/準静態失衡 quasi static unbalance
准静态/準静態 quasi static
准静态条件/準静態條件 quasi-static condition
准距计/準距計 stadimeter
准抛物形反射器/準拋物形反射器,準拋物面反射器 quasi-parabolic reflector
准铅字质量/近字母品質,近鉛字品質 near letter quality
准确测温法/準確測温術 accurate thermometry
准确测压法/精密壓力法 accurate manometry
准确度/準確度,精確度 accuracy
准确度保证/準確度保證 assurance of accuracy
准确度等级/準確度等級 accuracy class
准确度分级/準確度分級 accuracy rating
准确度评估/準確度評估 accuracy appraisal
准确度要求/準確度要求 accuracy requirements
准入控制/連接允許控制 admission control
准双曲面齿轮/戟齒輪 hypoid gear
准双曲面齿轮副/準雙曲面齒輪對 hypoid gear pair
准双曲形反射器/準雙曲面反射器 quasi hyperbolic reflector
准同步的/非同步的 plesiochronous
准同步数字序列/近似同步數位階層 plesiochronous digital hierarchy, PDH
准同步网/準同步網 plesiochronous network
准稳态/準穩態 quasi stable state
准线性放大器/準線性放大器 quasilinear amplifier
准线性特性/準線性特性 quasilinear characteristic
准向位置/準向位置 boresight location
准向移位/準向移位 boresight shift
准许/清除 clearing
准循环码/準循環碼,類循環碼 quasi cyclic code
准沿面排列/準沿面排列 quasi homogeneous alignment
准液相色谱法/準液相層析法 pseudophase liquid

chromatography
准则/準則,規範 criterion
准正弦振动/準正弦振動 quasi sinusoidal vibration
准直/準直 collimation
准直缝/準直狹縫 collimating slit
准直光镜/準直鏡 collimating mirror
准直光束/準直光束 collimated beam
准直联信令/準直聯訊號 quasi associated signaling
准直器/準直儀 collimator
准直透镜/準直透鏡 collimating lens
准直误差/準直誤差 collimation error
准直仪/準直儀,準直光管 collimator, collimation converter
准直仪棱镜/準直儀棱鏡 collimator prism
准周期振动/準週期振動 quasi-periodic vibration
桌面/桌上 desktop
桌面操作系统/桌面作業系統 desktop operating system
桌面出版系统/桌上出版系統 desktop publishing system
桌面会议/桌面會議 desktop conferencing
桌面检查/桌上檢查 desk checking
桌面搜索/桌面搜索 desktop search
桌面文件/桌上文件 desk file
灼热点温度指定器/熱點指示器 hot-spot indicator
灼烧损失/灼失 ignition loss
浊点/濁點 cloud point
浊点试验/濁點試驗 cloud point test
浊度/濁度 turbidity
浊度表/濁度計 turbidimeter
浊度传感器/濁度傳感器,濁度感測器 turbidity transducer
浊度单位/濁度單位 unit of turbidity
浊度法/濁度量測術 nephelometry
浊度计/濁度計,濁度儀 turbidimeter
浊度流量测量/濁度測流法 turbidity flow measurement
浊度系数/濁度係數 turbidity coefficient
浊度指示计/濁度指示器,混濁指示計 turbidity indicator
着陆标准/著陸標準 landing standard
着陆灯/著陸燈,跑道燈 landing light
着陆雷达/著陸雷達 landing radar
着陆指示照明系统/進入燈系統 approach lighting system
着色/著色 coloring
着色槽/著色槽 coloring tank
着色剂/著色劑 colorant
着色佩特里网/著色佩特里網 colored Petri net
着色渗透探伤/著色滲透探傷 dye-penetrant inspection
着色渗透液/著色滲透劑 dye penetrant
着色数/著色數 chromatic number
咨询系统/顧問系統 consultationing system
姿控陀螺/姿態陀螺儀 attitude gyro
姿态/姿態 attitude
姿态捕获/姿態獲取 attitude acquisition
姿态参数/姿態參數 attitude parameter
姿态测量/姿態測量 attitude measurement
姿态重构/姿態重建 attitude reconstruction
姿态传感器/姿態感測器 attitude transducer
姿态动力学/姿態動力學 attitude dynamics
姿态轨道控制电路/姿態軌道控制電路,姿態及軌道控制電子 attitude and orbit control electronics, AOCE
姿态机动/姿態機動 attitude maneuver
姿态角/姿態角 attitude angle
姿态角速度/姿態角速度 attitude angular velocity
姿态控制/姿態控制 attitude control
姿态控制规律/姿態控制律 attitude control law
姿态控制精确度/姿態控制精確度 attitude control accuracy
姿态控制误差/高度控制誤差 attitude control error
姿态敏感器/姿態感測器 attitude sensor
姿态漂移/姿態漂移 attitude drift
姿态确定/姿態判定 attitude determination
姿态扰动/姿態擾動 attitude disturbance
姿态识别/姿勢辨識 posture recognition
姿态稳定/姿態穩定 attitude stabilization
姿态误差/姿態誤差 attitude error
姿态预测/姿態預測 attitude prediction
姿态运动/姿態運動 attitude motion
资费/資費 tariff
资费调整/資費調整 tariff rebalancing
资费政策/價格政策 price policy
资格/資格,合格性,限定 qualification
资料员/程式館管理器 librarian
资用功率/可用功率 available power
资源/資源 resource
资源重复/資源重複 resource replication
资源池/資源集用場 resource pool
资源调度/資源排程 resource scheduling
资源发现/資源發現 resource discovery
资源分配/資源分配,資源配置 resource allocation
资源分配表/資源分配表 resource allocation table
资源共享/資源共享 resource sharing

资源共享分时系统/資源共享分時系統　resource sharing time sharing system
资源共享控制/資源共享控制　resource sharing control
资源管理/資源管理　resource management
资源管理程序/資源管理器　resource manager
资源规划/資源規劃　resource planning
资源记录/資源記録　resource record
资源滥用/資源濫用　resource abuse
资源描述语言/資源描述框架　resource description framework
资源协调/資源整合　resource coordination
资源依赖/資源依賴　resource dependence
资源优化/資源優化　resource optimization
资源预留协议/資源預訂協定　resource reservation protocol, RSVP
资源子网/資源子網　resource subnet
子板/子板　daughter board
子步/子步　substep
子采样/子抽樣　sub sampling
子程序/子程式,子常式,次常式　subroutine, subprogram
子池/子池　subpool
子池队列/子池隊列　subpool queue
子抽样/次取樣　subsampling
子串/子串　substring
子带/副波段,次頻帶　sub-band
子带编码/次頻帶編碼　sub-band coding, SBC
子带混合编码/次頻域編碼混合編碼　SBC hybrid coding
子地址/副址　sub-addressing
子段/子段　subsegment
子队列/子隊列　subqueue
子分配/子分配　suballocation
子分配文件/子分配檔案　suballocation file
子宫电描记术/子宫電描記術　electrohysterography
子基群/子基群　subgroup
子集/子集,支組,分設備　subset
子集覆盖/子集覆蓋　subset cover
子集和问题/子集和問題　subset sum problem
子监控程序/子監視器　submonitor
子进程/子過程　subprocess
子矩阵/次矩陣　submatrix
子句/子句　clause
子句语法/子句語法　clause grammar
子空间/次空間　subspace
子块编码/子塊編碼　subblock coding
子类/子類　subclass
子例程/次常式,副常式　subroutine
子码/子碼　subcode
子模式/子基模　subschema
子目标/子目標　subgoal
子任务/子任務　subtask
子任务处理/子任務處理　subtasking
子孙/下代,後裔　descendants
子体产物/子體產物　daughter product
子图/子圖　subgraph
子网/子網　subnet
子网编址/子網編址　subnet addressing
子网层次/子網階層　hierarchy of subnet
子网度/子網度　degree of subnet
子网门/子網門　door of subnet
子网掩码/子網遮罩　subnet mask
子午加速轴流通风机/子午加速軸流風扇　meridionally accelerated axial fan
子午线/子午線,子午圈　meridian
子午线轮胎/子午線輪胎　radial tire
子午仪/中星儀　astronomical transit
子午仪卫导系统/子午儀衛導系統,海軍衛導系統　transit navigation system
子系统/子系統　subsystem
子序列计数器/次順序計數器　subsequence counter
子样本/子樣本　subsample
子样品/子樣品　subsample
子语言/子語言　sublanguage
子状态/基片　substate
子作业/子作業　subjob
籽晶/籽晶　seed crystal
紫光太阳电池/紫光太陽電池　violet solar cell
紫块/紫塊　purple plaque
紫色边界/純紫邊界,純紫界限　purple boundary
紫色刺激/紫刺激　purple stimulus
紫外分光光度计/紫外線分光光度計,紫外分光計　ultraviolet spectrophotometer
紫外辐射/紫外輻射　ultraviolet radiation
紫外辐射照度计/紫外輻射照度計　ultraviolet irradiance meter
紫外辐照计/紫外線輻射計　ultraviolet radiation meter
紫外固化/紫外線固化　ultraviolet curing
紫外光传感器/紫外線光感測器　ultraviolet light transducer
紫外光电子能谱法/紫外線光電子能譜法　ultraviolet photoelectron spectroscopy
紫外光电子能谱学/紫外光電子能譜學　ultraviolet photoelectron spectroscopy, UPS

紫外光电子能谱仪/紫外線光電子能譜儀 ultraviolet photoelectron spectrometer
紫外光度计/紫外光度計 ultraviolet photometer
紫外光检测器/紫外線檢知器 ultraviolet detector
紫外光谱仪/紫外線光譜儀 ultraviolet spectrometer
紫外激光器/紫外光雷射,紫外線雷射 ultraviolet laser
紫外-可见光比色计/紫外線-可見光比色計 ultraviolet-visible colorimeter
紫外-可见光分光光度计/紫外線-可見光分光光度計 ultraviolet-visible spectrophotometer
紫外-可见光检测器/紫外線-可見光檢知器,紫外線-可見光偵檢器 ultraviolet-visible detector
紫外扫描器/紫外線掃描器 ultraviolet scanner
紫外吸收检测器/紫外線吸收檢知器 ultraviolet absorption detector
紫外显微镜/紫外光顯微鏡 ultraviolet microscope
紫外线/紫外線 ultraviolet ray, UV
紫外线比色计/紫外線比色計 ultraviolet colorimeter
紫外线灯/紫外線燈 ultraviolet lamp
紫外线发生器/紫外線產生器 ultraviolet generator
紫外线光度计/紫外光度計 ultraviolet photometer
紫外线光密度计/紫外密度計 ultraviolet densitometer
紫外线光谱仪/紫外線光譜儀 ultraviolet spectrograph
紫外线剂量计/紫外線劑量計 ultraviolet dosimeter
紫外线加速度计/紫外線加速度計 ultraviolet accelerometer
紫外线区/紫外光區 ultraviolet region
紫外线摄影术/紫外攝影術 ultraviolet photography
紫外线探测器/紫外光檢測器,紫外線檢知器 ultraviolet detector
紫外线探漏器/紫外檢漏器 ultraviolet leak detector
紫外线望远镜/紫外線望遠鏡 ultraviolet telescope
紫外线显微术/紫外線顯微鏡學 ultraviolet microscopy
自饱和/自飽和 self saturation
自保持继电器/自保持繼電器 latching relay
自爆/自發爆炸 spontaneous explosion
自备电池/自持電池 self contained battery
自焙槽/自焙槽 Soderberg cell
自焙电极/自焙電極 self baking electrode
自焙炭衬/自焙碳爐襯 self baking carbon lining
自焙阳极/自焙陽極 self baking anode
自编程/自程式設計,自編程式 self programming
自编译程序/自編譯器 self compiler
自变量/獨立變數 independent variable
自变数/獨立變數 independent variable
自补/自補 self complement
自补偿旋桨/自補償旋槳 self compensating propeller
自操作控制器/自操作控制器 self operated controller
自测试/自測 self testing
自差接收法/自差接收法 autodyne reception
自差接收机/自差接收機,自拍接收器 autodyne receiver
自差式接收/自差接收法 autodyne reception
自掺杂/自摻雜 auto doping
自沉积/自動沈積 auto deposition
自承式缆/自承式纜 self supporting cable
自持放电/自持放電 self maintained discharge
自持式风动凿岩机/有腿仰鑽機 autostoper
自持振荡/持續振盪 sustained oscillation
自持转速/自持轉速 self sustaining speed
自重定位/自再定位 self relocation
自传递系数/自我交換係數 self exchange coefficient
自催化/自催化 autocatalysis
自催化反应器/自催化反應器 autocatalytic reactor
自淬灭计数管/自淬滅計數管 self quenched counter tube
自淬灭计数器/自淬滅計數器 self quenched counter
自淬硬钢/自動硬化鋼 self hardening steel
自底向上/由下而上 bottom-up
自底向上策略/由下而上策略 bottom-up strategy
自底向上方法/由下而上法 bottom-up method
自底向上句法分析/由下而上剖析 bottom-up parsing
自底向上设计/由下而上設計 bottom-up design
自底向上设计方法/由下而上設計方法 bottom-up design method
自底向上搜索/由下而上搜尋 bottom-up search
自底向上推理/由下而上推理 bottom-up reasoning
自底向上语法分析器/由下而上語法分析器 bottom-up parser
自电极/自電極 self electrode
自调度/自排程 self scheduling
自调度算法/自排程演算法 self scheduled algorithm
自顶向下/由上而下 top-down
自顶向下编译器/由上而下編譯器 top-down compiler
自顶向下测试/由上而下測試 top-down testing
自顶向下程序设计/由上而下程式設計 top-down programming

自顶向下方法/由上而下方法 top-down method
自顶向下分析/由上而下分析 top-down analysis
自顶向下分析器/由上而下剖析器 top-down parser
自顶向下句法分析/由上而下剖析 top-down parsing
自顶向下设计/由上而下設計 top-down design
自顶向下设计方法/由頂向下設計方法 top-down design method
自顶向下识别/由上而下辨識 top-down recognition
自顶向下推理/由上而下推理 top-down reasoning
自定标/自校準 self calibration
自定格式/自訂格式 free format
自定时逻辑/自定時邏輯 self timed logic
自定位模/自定位模 selfsetting die
自定心虎钳/自定中心老虎鉗 self centering vice
自定心卡盘/自定中心夾頭 self centering chuck
自动/自動 automatic
自动安平水准仪/補償器水準 compensator level
自动安全监控/自動化安全監控 automated security monitor
自动版图设计系统/自動布局設計系統 layout design automation system, DA system
自动包装机/自動包裝機 automatic packing machine
自动保持/自動保持 automatic holding
自动保护监测/自動保護監測 automatic protection monitoring
自动保密话音通信/自動保密電話通信 automatic secure voice communication
自动报告/自動陳報 automatic reporting
自动报警接收机/自動警報接收機 automatic alarm receiver
自动报警信号键控装置/自動警報訊號鍵控裝置 automatic alarm signal keying device
自动报警装置/自動警報器 automatic alarm
自动报文操作系统/自動訊息處理系統 automatic message handling system
自动报文处理系统/自動訊息處理系統 automatic message processing system
自动报文处理中心/自動訊息處理中心 automatic message processing center
自动报文地址路由系统/自動電文位址路由系統 automatic message address routing system
自动报文分发系统/自動訊息分發系統 automatic message distribution system
自动报文交换网/自動訊息交換網路 automatic message switching network
自动报文交换系统/自動訊息交換系統 automatic message exchange system
自动曝光装置/自動曝光裝置 automatic exposure device
自动本机频率控制/自動本地頻率控制 automatic local frequency control
自动闭塞制/自動閉塞系統 automatic block system
自动编号发射机/自動編號發送機 automatic numbering transmitter
自动编号机/自動編號設備,自動發號設備 automatic numbering machine
自动编号设备/自動編號設備,自動發號設備 automatic numbering equipment
自动编码/自動編碼 automatic code
自动编码机/自動編碼機 automatic code machine
自动编码器/自動編碼器,自動寫碼器 autocoder
自动变流器/自動換流機 auto converter
自动变速/自動變速 automatic speed changing
自动变速器/自動變速器 automatic transmission
自动标引/自動索引 automatic indexing
自动并行化/自動平行化 automatic parallelization
自动拨号/自動撥號 automatic dial
自动补偿/自動補償 automatic compensation
自动补偿装置/自動補償裝置 automatic compensator
自动布局/自動布局 autoplacement
自动布局布线/自動布局布線 automatic placement and routing
自动布图设计系统/自動布局設計系統 layout design automation system, DA system
自动布线/自動選路 autorouting
自动操作/自動操作,自動運算,自動工作 automatic operation
自动测距仪/自動測距儀 automatic range finder
自动测量系统/自動量測系統 automatic measuring system
自动测量装置/自動量測裝置 automatic measuring device
自动测试/自動測試 automatic testing
自动测试设备/自動測試設備 automatic test equipment, ATE
自动测试生成/自動測試生成 automatic test pattern generation
自动测试生成器/自動化測試產生器 automated test generator
自动测试数据生成器/自動化測試資料產生器 automated test data generator
自动测试用例生成器/自動化測試用例產生器 automated test case generator

自动测试用语发射机/自動測試用語發射機 automatic test phrase transmitter
自动测水准仪/自動水準儀 self leveling level
自动测向/自動測向 automatic direction finding, ADF
自动差错校正/自動錯誤更正 automatic error correction
自动差错指示/自動錯誤指示 automatic error indication
自动车辆识别技术/自動車輛識别技術 automaic vehicle idenification
自动车型分类技术/自動車輛分類 automatic vehicle classification
自动称重机/自動衡器 automatic weighting machine
自动称重设备/自動稱重裝置 automatic weighing equipment
自动称重仪/自動稱量計,自動稱重計 automatic weightometer
自动程序设计/自動程式設計,自動程式製作 automatic programming
自动程序中断/自動程式中斷 automatic program interrupt
自动秤/自動秤,自動衡器 automatic scale, automatic weigher, automatic weighing scale
自动尺寸标注/自動標註尺寸 automatic dimensioning
自动尺寸控制/自動尺寸控制 automatic size control
自动重传/自動重傳 automatic retransmission
自动重传机/自動再轉發機 automatic retransmitter
自动重发/自動重發,自動重複 automatic retransmission, automatic repetition
自动重复/自動重複,自動重發 automatic repetition
自动重复请求/自動要求重送,自動請求重發 automatic repeat request, ARQ
自动重复请求差错控制/自動要求重送錯誤控制 automatic repeat request error control
自动重选路由/自動重選路由,自動重編路由 automatic re-routing
自动冲压硬度仪/自動硬度試驗機 auto-punch hardness tester
自动除渣/自行除渣 self-skimming
自动处理系统/自動處理系統 automatic handling system
自动穿孔[机]/自動打孔機 automatic punch
自动传带机/自動帶傳送器 automatic tape transmitter
自动传真/自動傳真 autofax
自动磁场减弱/自動減弱磁場,自動減磁 automatic field weakening
自动催化反应/自催化反應 autocatalytic reaction
自动存储重传设备/自動儲存與重傳設備 automatic storage and retransmission equipment
自动存储设备/自動存儲設備 automatic storage equipment
自动搓丝机/自動搓絲機 automatic flat die thread rolling machine
自动错综编码器/自動錯綜編碼器 automatic plexicoder
自动代码/自動編碼 autocode
自动带宽控制/自動帶寬控制 automatic bandwidth control
自动导航仪/自動導航儀 automatic navigator
自动倒换/自動轉接 automatic switchover
自动低速数据输入/自動低速資料登録 automatic low data rate input
自动低音补偿/自動低音補償 automatic bass compensation
自动滴定/自動滴定 automatic titration
自动滴定管/自動滴定管 automatic buret
自动滴定计/自動滴定計 automatic titrimeter
自动滴定仪/自動滴定器 automatic titrator
自动点键控器/自動點鍵控制 automatic dot keyer
自动电报机/自動電報機 automatic telegraph
自动电焊机/自動熔接機 automatic welder
自动电话/自動電話 automatic telephone
自动电话翻译系统/自動電話翻譯系統 automatic telephone translation system
自动电话机/自動電話機 automatic telephone set
自动电流调节器/自動電流調節器 automatic current regulator
自动电平控制/自動位元準控制 automatic level control, ALC
自动电压调节器/自動電壓調節器 automatic voltage regulator
自动电子交换中心/自動電子交換中心 automatic electronic switching center
自动调度/自動排程 automatic scheduling
自动定长装置/自動固長裝置 automatic length fixing device
自动定理证明/自動定理證明 automated theorem proving
自动定时磁电机/自動定時磁電機 automatic timed magneto
自动定时器/自動定時器,自動計時器 self timer
自动定相阵/自相位陣列 self-phasing array
自动断电器/自動斷流器,自動切斷器 automatic

cutout
自动断路器/自動[電路]斷路器 automatic breaker, automatic circuit breaker
自动锻压机/自動金屬成型機 automatic metal forming machine
自动对准/自準直 autocollimation
自动对准经纬仪/自動對準經緯儀 auto-collimating theodolite
自动镦锻机/自動鍛頭機 automatic header
自动多媒体交换/自動多媒體交換 automatic multimedia exchange
自动多址转报系统/自動多址轉報系統 automatic multiple address relay system
自动二进制数据链路/自動二元資料連結 automatic binary data link
自动发报机/自動發送機 automatic sender
自动发电控制/自動發電控制 automatic generation control
自动发射机/自動發送機 automatic transmitter
自动阀/自動閥 self acting valve
自动翻译/自動翻譯 automatic translation
自动放电器/自動放電器 automatic discharger
自动飞行控制系统/自動飛行控制系統 automatic flight control system
自动分段和控制/自動分段與控制 automatic segmentation and control
自动分流器/自動分流器 automatic shunt
自动分析仪/自動分析儀 autoanalyzer
自动分选机/自動分類機,自動分段收集器 automatic sorting machine, automatic fraction collcctor
自动分页/自動調頁 automatic paging
自动风挡调节器/自動氣閘調節器 automatic damper regulator
自动封罐机/自動封蓋機 automatic seamer
自动扶梯/電扶梯 escalator
自动跟踪/自動追蹤 automatic tracking
自动功率控制/自動功率控制 automatic power control
自动归算快速测距仪/自化測距儀 self reducing tacheometer
自动轨道衡/自動軌道衡 automatic rail weigh bridge
自动滚丝机/自動滚絲機 automatic thread roller
自动国际交换局/自動國際交换局,自動國際交换臺 automatic international exchange
自动国际去话设备/國際自動去話設備 automatic outgoing international equipment
自动国内长途网/自動國内長途網 automatic national trunk network
自动过滤器/自動濾器 automatic filter
自动焊/自動熔接,自動焊接 automatic welding
自动号码辨识/自動號碼識别 automatic number identification
自动号码辨识设备/自動號碼識别裝置 automatic number identification equipment
pH 自动恒定器/恆酸度器 pH-stat
自动恒温器/自動恆温器,自調恆温器 self-acting thermostat, automatic thermostat
自动呼叫分配/自動呼叫分配 automatic call distribution
自动呼叫分配器/自動呼叫分配器 automatic call distributor
自动呼叫模拟装置/自動呼叫類比裝置 automatic call simulator
自动呼叫器/自動呼叫器 automatic call unit
自动呼叫应答设备/自動呼叫應答設備 automatic calling and answering equipment
自动呼叫装置/自動呼叫器 automatic calling unit
自动滑架/自動輸送架 automatic carriage
自动化/自動化 automation
自动化程度/自動化程度 degree of automaticity
自动化孤岛/自動化孤島 island of automation
自动化砂处理装置/自動鑄砂處理設備 automatic sand plant
自动化系统/自動化系統 automatic system
自动化造型/自動造模 automatic molding
自动化造型车间/自動造模工場 automatic molding plant
自动化指挥系统/自動化指揮系統 automated command system
自动换挡/自動换擋 automatic shift
自动换刀装置/自動换刀機構 automatic tool changer
自动换碟机/光學記録庫 optical jukebox
自动换片器/變换器,轉换器 autochanger
自动换向天线走向设备/轉向天線自動定向設備 automatic gimbaled antenna vectoring equipment
自动回归/自回歸 autoregressive, AR
自动回归过程/自回歸過程 autoregressive process
自动汇接联网/自動匯接網路 automatic tandem networking
自动绘图/自動化製圖 automatic plotting, automated drafting
自动活门/自動閥 self-acting valve
自动机/自動機 automaton

自动机床/自動工具機 automatic machine tool
自动激活电池/自動激活電池 automatically activated battery
自动集中[线]器/自動集中器 automatic concentrator
自动给料器/自給器 self-feeder
自动计时风速计/自動定時風速計 self-timing anemometer
自动计时开关/自動定時開關 automatic time switch
自动计时校正器/自動時序校正器 automatic timing corrector
自动计算机/自動計算機 automatic computer
自动记录测微器/自記測微計 self-recording micrometer
自动记录秤/記録天平 recording balance
自动记录分光光度计/自動記録光譜儀 automatic recording spectrophotometer
自动记录式压力计/自記壓力計 self-recording manometer
自动记录控制器/記録控制器 recording controller
自动记录仪/自動記録儀 automatic recording instrument, automatic recorder
自动记录仪器/圖示表 graphic meter
自动记录印刷装置/自動電話記録摘要印刷裝置 automatic docket printing facility
自动记录照相机/照相記録器 photorecorder
自动记忆/自動記憶 automatic memory
自动继电器/自動繼電器,復閉路 recloser
自动加载/自動加載 automatic loading
自动驾驶仪/自動駕駛儀,自動駕駛裝置 automatic pilot, autopilot
自动监测/自動監視 automatic monitoring
自动监测器/自動監視器 automonitor
自动监控/自動監控 automatic supervisory control
自动检测器/自動檢測器 automatic detector
自动检测设备/自動檢查設備 automatic checkout equipment
自动检测系统/自動測試系統 automatic test system
自动检测装置/自動檢測裝置 automatic measuring unit
自动检查/自動檢查 automatic inspection
自动检错/自動檢錯,自動錯誤偵測,自動錯誤檢測 automatic error detection
自动检错与重发/自動偵錯與重傳 automatic error detection and retransmission
自动检验/自動檢查 automatic checking, automatic check
自动键/自動鍵 automatic key
自动交换操作/自動交換操作 automatic exchange operation
自动交换传送网/自動交換傳送網 automatic switched transport network, ASTN
自动交换光网络/自動交換光網路 automatic switched optical network, ASON
自动交换局/自動交換局,自動交換機 automatic exchange
自动交换设备/自動交換設備 automatic switching equipment
自动浇注机/自動澆注機 automatic pouring machine
自动浇铸/自動澆鑄 automatic casting
自动校误机/自動校誤機 automatic error correcting device
自动校验/自動核對 automatic checking
自动进给/自動進給,自饋 automatic feed
自动进料/自動進給 automatic feeding
自动进料器/自動進料器,自動餵料機 automatic feeder
自动进位/自動進位 automatic carry
自动纠错/自動錯誤更正 automatic error correction
自动纠错码/自動錯誤更正碼 automatic error correcting code
自动纠错系统/誤差修正系統,自動錯誤更正系統 auto-error-correcting system, automatic error correction system
自动纠错装置[设备]/自動錯誤更正裝置 automatic error correction device
自动局频控制/自動局頻控制 automatic local frequency control, ALFC
自动卷簧机/自動卷簧機 automatic spring winding machine
自动卷绕式空气过滤器/卷繞式空氣過濾器 roll-type air filter
自动均衡器/自動等化器 automatic equalizer
自动开合丝锥/自動開合絲錐 collapsible tap
自动抗干扰电路/自動抗干擾電路,自動抗干擾線路 automatic antijam circuit
自动空中地面通信系统/自動空中地面通信系統 automatic air-ground communication system
自动控制/自動控制 automatic control
自动控制单轨系统/自動控制單軌系統 automatic dispatched monorail system
自动控制堆垛起重机/自動控制堆垛起重機 automatic controlled stacking crane
自动控制器/自動控制器 automatic controller

自动控制系统/自動控制系統 automatic control system
自动控制装置/自動控制設備 automatic control equipment
自动馈电开关/自饋切換開關 automatic feed switch
自动拦截/自動截收 automatic intercept
自动离合器/自動離合器 automatic clutch
自动连锁装置/自動聯鎖裝置 automatic interlocking device
自动亮度控制/自動亮度控制 automatic brightness control
自动灵敏度控制/自動靈敏度控制 automatic sensitivity control
自动辘轳/自動拉坯盤車 automatic jigger
自动逻辑推理/自動化邏輯推理 automated logic inference
自动密钥密码/自動密鑰密碼 autokey cipher
自动模/傳送模 transfer die
自动模型获取/自動模型獲取 automatic model acquisition
自动摩尔斯电码操作/摩斯電碼自動操作 automatic Morse code operation
自动目标检测/自動目標偵測 automatic target detection
自动耦合器/自動聯結器 automatic coupler
自动拍发器/電碼習聽器 omnigraph
自动排放阀/自動排放閥 automatic blowoff valve
自动配料机/自動配料機 automatic doser
自动喷涂/自動噴塗 automatic spraying
自动喷雾器/自動噴霧器 automatic sprayer
自动偏压控制/自動偏壓控制 automatic bias control
自动撇渣/自行除渣 self skimming
自动频率校正/自動頻率校正 automatic frequency correction
自动频率控制/自動頻率控制 automatic frequency control, AFC
自动频率控制系统/自動頻率控制系統 automatic frequency control system
自动频率调谐器/自動頻率調諧器 automatic frequency tuner
自动频率稳定/自動頻率穩定 automatic frequency stabilization
自动平衡倒相器/自衡倒相器 self balancing phase inverter
自动平衡电桥/自衡電橋 self balancing bridge
自动平衡电位计/自電位計 self balancing potentiometer
自动平衡机/自動平衡機 automatic balancing machine
自动瓶盖/自動瓶蓋 automatic cap
自动启动/自動啟動 autostart
自动起动机/自動起動器 autostarter
自动起动空气阀/自動起動空氣閥 automatic starting air valve
自动起动控制系统/自動起動控制系統 automatic start up control system
自动起动系统/自動起動系統 automatic starting system
自动起动装置/自動啟動裝置,自動起動器 automatic starter, automatic device
自动气体分析器/自動氣體分析器,自動氣體分析儀 automatic gas analyzer
自动气雾剂分配器/自動氣溶膠分配器 automatic aerosol dispenser
自动气压计/記録氣壓計 recording barometer
自动气闸/自動氣刹車 automatic air brake
自动切边机/自動切邊機 automatic trimmer
自动切断调速器/自動切斷調速器 automatic cutoff governor
自动清除键/自動拆線按鍵,報終信號自動鍵 automatic clearing key
自动清除装置/自動拆線裝置 automatic clearing apparatus
自动清洗式机油滤清器/自動清洗式機油濾清器 automatic lubricating oil filter
自动请求系统/自動回詢系統 automatic request system
自动群忙设施/自動群忙設備 automatic group-busying facility
自动燃烧控制/自動燃燒控制 automatic combustion control
自动人行道/乘客運送機 passenger conveyor
自动任务化/自動任務化 autotasking
自动溶解器/自動溶解器 automatic dissolver
自动入侵响应/自動入侵回應 automated intrusion response
自动润滑器/自動潤滑器 self-acting lubricator
自动洒水机/自動噴灑器 automatic sprinkler
自动杀菌机/自動滅菌器 automatic sterilizer
自动杀菌器/自動低温滅菌器 automatic pasteurizer
自动筛分机/自動分類機 automatic sorting machine
自动闪烁扫描仪/自動閃爍掃描器 automatic scintillation scanner
自动上料装置/自動加料設備 automatic charging equipment

自动设计工具/自動化設計工具 automated design tool
自动射线照相术/自動放射線攝影術,放射自顯影 autoradiography
自动摄影机/無快門照相機 strip film camera
自动生产线/轉運機 transfer machine
自动声量扩展器/自動體積膨脹機 automatic volume expander
自动时元补偿器/自動延時補償器 automatic time element compensator
自动式涡流探伤仪/自動式渦流探傷儀 automatic eddy current flaw detector
自动试验机/自動試驗機 automatic testing machine
自动视准望远镜/自準直望遠鏡 autocollimating telescope
自动收发器/自動收發設備,自動收發報機 automatic sender-receiver
自动-手动操作器/自動-手動操作器 automatic manual station
自动-手动开关/自動-手動開關 automatic manual switch
自动数据处理/自動數據處理 automatic data processing
自动数据处理机/自動資料處理機 automatic data processor
自动数据处理系统/自動資料處理系統 automatic data processing system
自动数据处理装置/自動資料處理裝置 automatic data processing equipment
自动数据打印机/自動資料印表機 automatic data printer
自动数据翻译机/自動資料解碼器 automatic data translator
自动数据服务中心/自動資料業務中心 automatic data service center
自动数据互换系统/自動資料互換系統 automatic data interchange system
自动数据简化器/自動資料簡化器 automatic data reducer
自动数据交换系统/自動資料交換系統 automatic data exchange system
自动数据链路/自動資料傳輸鏈路 automatic data link
自动数据速率变换器/自動資料速率變換器 automatic data rate changer
自动数字编码系统/自動數位編碼系統 automatic digital encoding system
自动数字式报文交换机/自動數位電文交換機 automatic digital message switch
自动数字式报文交换中心/自動數位電文交換中心 automatic digital message switching center
自动数字数据获取与记录/自動數位資料獲取與記錄 automatic digital data acquisition and recording
自动数字网络/自動數位網路 automatic digital network
自动司锤装置/自動司錘裝置 hammer automatic operating device
自动送卡穿孔机/自饋打卡機 automatic feed punch
自动送料器/自搖進料器 automatic shaking feeder
自动送纸器/自動表單饋送器 automatic sheet feeder
自动送钻装置 /鑽進自動控制儀 automatic driller
自动搜索服务/自動化搜索服務 automated search service
自动台秤/自動衡器 automatic weighing machine
自动体积压缩机/自動體積壓縮機 automatic volume contractor
自动替代路由/自動交替路由,自動迂回路由 automatic alternate route
自动天平/自動天平,自動平衡 automatic balance
自动天线调谐器/自動天線調諧器 automatic antenna tuner
自动调节/自動調節,主動補償 automatic regulation, active accommodation
自动调节器/自動調節器,自動控制器 automatic controller, automatic regulator
自动调平控制器/自動調平裝置 auto leveling device
自动调平系统/自動調平系統 auto leveling system
自动调温开关/通斷恆溫器 on-off thermostat
自动调谐/自動調諧 autotune
自动调谐短波发射机/自動調諧短波發射機 automatically tuned shortwave transmitter
自动调谐控制/自動調諧控制 automatic tuning control, ATC
自动调整器/自動調節器 automatic regulator
自动停泵控制/自動停泵控制 automatic pump-off control
自动通风器/自動通風器 automative ventilator
自动通信监控器/自動通信監聽器 automatic communication monitor
自动同步/自動同步 autosync
自动同步机/自動同步機,自動同步裝置 automatic synchronizer
自动同步接收机/自動同步接收器 receiving selsyn
自动同步器/自動同步器,自動同步裝置 autosyn
自动同步系统/自動同步系統 automatic

synchronizing system

自动图片传输系统/自動圖像傳輸系統,自動傳真系統 automatic picture transmission system

自动推理/自動化推理 automated reasoning

自动脱落连接器/自動脱落連接器,臍帶連接器 umbilical connector

自动弯曲机/自動彎曲機 automatic stamping and bending machine

自动网络分析仪/自動網路分析儀 automatic network analyzer, ANA

自动微调/自動微調 automatic fine tuning, AFT

自动位置对准/自動追縱 autotracking

自动喂料/自動進給 automatic feeding

自动温度控制/自動温控 automatic temperature control

自动温度控制器/自動温度控制器,自動温度調節器 automatic temperature controller

自动文本分类/自動文件分類 automatic text classification

自动文摘/自動節略文摘 automatic abstract

自动文摘生成/自動文摘生成 automatic summarization

自动稳定装置/自動安定器 automatic stabilizer

自动稳压器/自動電壓安定器 automatic voltage stabilizer

自动无线电测向系统/自動無線電定向系統 automatic radio direction finding system

自动吸管/自動吸管 automatic pipette

自动稀释器/自動稀釋器 automatic diluter

自动细胞计数器/自動血球計數器 automated cell counter

自动显示/自動顯示 automatic indication

自动线路交换机/自動電路交换 automatic circuit exchange

自动线路交换/線路自動交换,線路自動轉接 automatic line switching

自动响应询问/自動回應詢問 automatic response query

自动相位控制/自動相位控制 automatic phase control

自动相位控制系统/自動相位控制系統 automatic phase control system

自动卸料离心机/自排離心機 self discharge centrifuge

自动选路/自動路徑選擇,自動路由法 automatic routing

自动选择器/自動選擇器 auto selector

自动寻线/自動尋線 automatic hunting

自动寻址系统/自動定址系統 automatic addressing system, AAS

自动循环/自動循環 automatic cycle

自动循环卷扬机/自動循環卷揚機 automatic cyclic winding

自动氩弧焊/自動氬弧熔接法 argonaut welding

自动演绎/自動演繹 automatic deduction

自动验证工具/自動化驗證工具 automated verification tool

自动验证系统/自動化驗證系統 automated verification system

自动遥控/自動遥控 automatic remote control

自动液力变速器/自動變速 automatic transmission, AT

自动移液管/自動吸管 automatic pipette

自动译码/自動解碼 automatic code translation

自动音调调整/自動音調校正 automatic tone correction

自动音量控制/自動音量控制 automatic volume control, AVC

自动音频交换系统/自動音頻交换系統 automatic audio switching system, AASS

自动应答器/自動回應器 automatic answer back unit

自动应答中继线/自動回應中繼線 automatic answer trunk

自动应答装置/自動回答器 automatic answering unit

自动硬化/自硬性 self-hardening

自动邮寄/自動郵寄 robopost

自动迂回路由选择/自動尋找迂回路由,自動迂回接續 automatic alternative routing

自动运转方式/自動作業模式 automatic operating mode

自动增益控制/自動增益控制 automatic gain control, AGC

自动增益控制开关/自動增益控制開關 automatic gain control switch

自动增益控制双极放大器/自動增益控制雙極放大器 automatic gain-controlled bipolar amplifier

自动增益稳定/自動增益穩定 automatic gain stabilization

自动轧管机/自動軋管機 automatic plug mill, automatic tube rolling mill

自动张力调整器/自動張力調整器 automatic tension regulator

自动振铃/自動振鈴 automatic ringing

自动直接连接制/自動直接連接制 automatic direct

connection system
自动纸带穿孔发送机/複穿孔傳送機 reperforator transmitter
自动纸带穿孔机/接收打孔機 reperforator
自动纸带穿孔器/自動打帶機 automatic tape punch
自动指令/自動指令 automatic command
自动指示高温计/自動高溫計 automatic pyrometer
自动制动/自動剎車 automatic brake
自动制动阀/自動剎車閥 automatic brake valve
自动制动系/自動剎車系統 automatic braking system
自动中断系统/自動岔斷系統 automatic interrupt system
自动注销/自動註銷 automatic logoff
自动转换开关/自動換向開關 automatic changeover switch
自动转换系统/自動交換系統 automatic switching system
自动转接设备/自動轉換裝置 automatic transfer equipment
自动转盘式造型机/自動轉盤式造模機 automatic turntable molding machine
自动装料翻斗车/自裝式傾卸車 self loading dumper
自动装桶机/裝桶機 barrel packing machine
自动装卸机/自動裝卸機 auto loader
自动装置/自動器,自動機,自動化系統 automaton, automatic system
自动准直分光镜/自準直分光鏡 autocollimating spectroscope
自动着陆/自動著陸 automatic landing
自动着陆系统/自動著陸系統 automatic landing system
自读剂量计/自讀值劑量計 self reading dosimeter
自对准隔离工艺/自對準隔離工藝 self aligned isolation process
自对准 MOS 集成电路/自我對準 MOS 積體電路 self aligned MOS integrated circuit
自多谐振荡器/自發多諧振動器 self running multivibrator
自发磁化/自發磁化 spontaneous magnetization
自发发射/自發發射,自發輻射 spontaneous emission
自发辐射放大/自發輻射放大 amplification of spontaneous emission
自发光物体/自發光物體 self luminous object
自发回火/自發回火 auto tempering
自发裂变/自發分裂,自然分裂 spontaneous fission
自发裂变中子源/自發性分裂中子射源 spontaneous fission neutron source
自发形核/自發成核 spontaneous nucleation
自发跃迁/自發變遷 spontaneous transition
自繁殖系统/自繁殖系統 self reproducing system
自反传递闭包/反身遞移閉包 reflexive and transitive closure
自放电/自放電 self discharge
自复归继电器/自復繼電器 self restoring relay
自复位装置/自動重定裝置 automatic runback device
自干/風乾 air drying
自感/自感,固有電感 self inductance
自感线圈/自感線圈,自感器 self inductor
自感应/自感應 self induction
自感应透明/自感應透明 self induced transparency
自隔离/自隔離 self isolation
自跟踪修正器/自跟蹤修正器 self tracking corrector
自功率谱密度/自身功率頻譜密度 auto power spectral density
自攻螺钉/自攻螺釘 tapping screw
自攻螺纹/自攻螺紋 tapping screw thread
自管理系统/自管理系統,自治系統 self managing systems
自归约/自歸約 self reducibility
自规划/自規劃 self planning
自航浮式起重机/自走式浮動起重機 self propelled floating crane
自耗电极/自耗電極,消耗性電極 consumable electrode
自耗电极熔炼/消耗性電極熔化法 consumable electrode melting
自耗炉/自耗爐 consumable electrode furnace
自耗系数/衰變係數 decay coefficient
自划界块/自劃界塊 self delineating block
自恢复自举驱动电路/自恢復自舉驅動電路 self restoring bootstrapped drive circuit
自回归过程/自回歸過程 autoregression process, AR process
自回归平移平均过程/自回歸平移平均過程 autoregression moving average process
自回归移动平均/自回歸移動平均 autoregression mobile average
自会聚/自會聚 auto convergence
自激多谐振荡器/自激多諧振動器,自發複振器 free running multivibrator
自激激光器/自激雷射 free running laser

自激振荡/自激振盪 self oscillation
自激振荡管/自激振盪管 self oscillating valve
自激振荡器/自激振盪器 self oscillator
自激振动/自激振動 self excited vibration
自给能探测器/自驅動式偵測器 self powered detector
自给能中子探测器/自給能中子探測器 self powered neutron detector
自记电力表/記録瓦特計 recording wattmeter
自记电流表/記録電流計,記録安培計 recording ammeter
自记风速表/風速記録儀,風速曲線 anemograph
自记计/雨量儀 pluviograph
自记录器/自動記録器 self recorder
自记湿度计/自記濕度計 hygroautometer
自记式高温计/自記式高温計 autographic pyrometer
自记式仪表/自動記録器 grapher
自记温度计/自記温度計 self recording hygrometer
自记压力仪/記録壓力計 recording manometer
自记仪表/記録表 recording meter
自加速电子枪/自加速電子槍 self-acceleration electron gun
自夹紧夹具/自夾緊夾具 self clamping fixture
自监测/自監測 self monitoring
自检电路/自檢電路 self checking circuit
自检验/自檢 self checking
自减速试验/減速試驗,制動試驗 retardation test
自建电场/内建電場 built-in field
自校正/自校正 self tuning
自校正控制/自校正控制,自調諧控制 self tuning control
自校准热探测器/自我校正熱檢出器,絶對熱形檢測器 self calibrating thermal detector
自洁式过滤器/自淨粗濾器 self cleaning strainer
自进式支架/自走支架 walking support
自净化扩散泵/自淨化擴散泵 self purifying diffusion pump
自举电路/靴帶式電路 bootstrap circuit
自举电容器/自舉電容器 bootstrap capacitor
自聚焦/自聚焦 self focusing
自聚焦光纤/自聚焦光纖 self focusing optical fiber
自聚焦和自散焦/自聚焦和自散焦 self focusing and self defocusing
自控离合器/自控離合器 auto controlled clutch
自控振荡器/自控振盪器 self controlled oscillator
自扩散/自擴散 self diffusion
自冷淬火/自冷淬火,自淬火硬化 self quench hardening
自冷式变压器/自冷變壓器 self cooled transformer
自冷式电机/自冷式電機 self cooled machine
自力式调节阀/自行式調整器 self operated regulator
自力走行/自力走行 self propelled traveling
自力走行速度/自力走行速度 self propelled traveling speed
自立式高炉/獨立式高爐 free standing BF
自利智能体/自利智能體 self interested agent
自连接/自聯合 self join
自联结/自聯合 self join
自联想/自聯想 autoassociation
自淋混合/自滴液混合 self dripping mixing
自流浇注料/自流動可鑄材料 self flowing castable
自落式混凝土清洗筛分机/自落式混凝土清洗篩分機 gravitation cleaning and sizing machine for concrete
自满滴定管/自滿滴定管 zero buret
自蔓延高温合成/自延伸高温合成 self propagating high temperature synthesis, SHS
自描述/自描述 self description
自描述性/自描述性 self descriptiveness
自模型/自模型 self model
自磨/自體磨礦 autogenous grinding
自磨机/自磨機 autogenous mill
自黏结材料/自黏結材料 self bonding material
自耦变压起动器/自耦變壓起動器 auto transformer starter
自耦变压器/自耦變壓器,分壓箱 auto transformer, volt box
自喷井/自噴井 gushing well
自平衡电桥/自均衡電橋 self balancing bridge
自平衡式电位计/自均電位計 self balancing potentiometer
自平衡仪表/自均衡儀表 self balancing instrument
自平衡应变仪/自均衡應變計 self balancing strain gage
自平衡装置/自平衡裝置 self balancing device
自平水准仪/自動水準儀 self leveling level
自谱密度/自身功率頻譜密度 auto power spectral density
自启动/自啟動 self booting
自起动装置/自動起動裝置 automatic starting device
自嵌入/自嵌入 self embedding
自切螺钉/螺紋切削螺釘 thread cutting screw
自清洗式滤器/自淨粗濾器 self cleaning strainer

自圈/自回路 selfloop
自然铋/天然鉍 native bismuth
自然边坡/天然斜坡 natural slope
自然铂/天然鉑 native platinum
自然对流/自然對流 free convection
自然对流空气冷却器/自然對流空氣冷却器 natural convection air cooler
自然对流冷却式冷凝器/自然對流冷却式冷凝器 natural convection air cooled condenser
自然对数/自然對數 Napierian logarithm
自然二进制代码/普通二進位碼 natural binary code, NBC
自然非序/自然非序 natural disorder
自然腐蚀电位/自然腐蝕電位 free corrosion potential
自然干扰/自然干擾 natural interference
自然共振/自然諧振,固有諧振 natural resonance
自然光化学效应/自然光化效應 natural actinic effect
自然函数发生器/自然函數產生器 natural law function generator
自然环境/自然環境 natural environment
自然金/游離金,天然金 native gold
自然空气冷却/自然空氣冷却 natural air cooling
自然冷却/自然冷却 natural cooling
自然连接/自然結合 natural join
自然频率/自然頻率,固有頻率 free running frequency, natural frequency
自然平衡拱理论/自然平衡穹窿學説 dome theory of natural equilibrium
自然坡度角/静止角,止傾角,安息角 angle of repose
自然取样/自然取樣 natural sampling
自然时效/自然時效,天然時效 natural aging
自然时效处理/自然時效處理 natural ageing treatment
自然数/自然標度 natural scale
自然态/自然模態 natural mode
自然梯度/自然梯度 natural gradient
自然通风/自然通風 natural draft
自然通风冷却塔/空氣冷却塔 atmospheric cooling tower
自然通风湿式冷却塔/自然通風濕式冷却塔 natural draft wet cooling tower
自然铜/天然銅 native copper
自然推理/自然推理 natural inference
自然纹理/自然紋理 natural texture
自然吸气/自然吸氣 natural aspiration
自然线宽/自然線寬 natural linewidth
自然形态/實物模型 natural pattern
自然序/自然次序 natural order
自然循环/自然循環 natural circulation
自然循环锅炉/自然循環鍋爐 natural circulation boiler
自然银/天然銀 native silver
自然语言/自然語言 natural language
自然语言查询/自然語言查詢 natural language queries
自然语言处理/自然語言處理 natural language processing
自然语言概念分析/自然語言概念分析 conceptual analysis of natural language
自然语言理解/自然語言理解 natural language understanding
自然语言生成/自然語言產生 natural language generation
自然语言数据库/自然語言資料庫 database for natural language
自然语言通信/自然語言通信 natural language communication
自然语言语法/自然語言文法 grammar for natural language
自然语义/自然語義 natural semantics
自然噪声/自然雜訊,自然噪音 natural noise
自燃/自燃,自然發火 spontaneous combustion
自燃矿床开采/自燃礦床開採 mining of spontaneous combustion deposit
自热焙烧/自發熱焙燒 autogenous roasting
自热回火/自動回火,自行回火 self tempering
自热焦结炉/自發熱煉焦爐 autogenous coker
自热熔炼/自發熔煉 autogenous smelting
自热式炼钢/自熱煉鋼 autothermic steelmaking
自热误差/自熱誤差 self heating error
自认知逻辑/自認知邏輯 autoepistemic logic
自熔矿/自含熔劑礦 self fluxing ore
自熔性合金粉末/自熔性合金粉末 self fluxing alloyed powder
自熔性球团/自含熔劑礦球 self fluxing pellet
自熔性烧结矿/自含熔劑燒結礦 self fluxing sinter
自润滑涂层材料/自潤滑塗層材料 self lubrication coating material
自润滑轴承/自潤滑軸承 self lubricating bearing
自润滑轴承材料/自潤滑軸承材料 self lubricating bearing material
自上而下测试/自上而下測試 top-down testing
自上而下开发/自上而下發展法 top-down

development
自升式塔式起重机/自昇塔式起重機　self raising tower crane
自生光电效应/自生光電效應　auto photoelectric effect
自生杂斑/自生雜斑　self clutter
自适应/可調適　self adapting
自适应变换编码/適應性轉換編碼　adaptive transform coding, ATC
ATM 自适应层/ATM 調適層　ATM adaptation layer, AAL
自适应差分脉冲编码调制/適應微分脈波碼調變　adaptive differential pulse code modulation
自适应差分脉码调制/自適應差分脈碼調制　adaptive differential pulse code modulation, ADPCM
自适应超级计算/自我調整超級計算　adaptive supercomputing
自适应存储器/自我調整記憶體　adaptive memory
自适应/適應,適應性　adaptive
自适应方法/適應性方法　adaptive method
自适应检测器/適應檢測器　adaptive detector
自适应均衡/適應性等化　adaptive equalization
自适应均衡器/適應性等化器　adaptive equalizer
自适应控制/適應控制　adaptive control
自适应控制系统/適應控制系統　adaptive control system
自适应雷达/適應雷達　adaptive radar
自适应路由选择/適應選路　adaptive routing
自适应软件开发/自我調整軟體發展　adaptive software development, ASD
自适应神经网络/可調適類神經網路　adaptive neural network
自适应天线/適應性天線　adaptive antenna
自适应通信/適應式通信　adaptive communication
自适应系统/適應性系統　adaptive system
自适应性/適應性　adaptability
自适应学习/適應學習　adaptive learning
自适应遥测/適應遥測　adaptive telemetry
自适应遥控/適應遥控　adaptive remote control
自适应用户界面/適應用户介面　adaptive user interface
自适应预测编码/適應性預估編碼　adaptive predictive coding, APC
自适应增量调制/適應增量調變　adaptive delta modulation, ADM
自适应子波/適應子波　adaptive wavelet
自束电浆斑/自束電漿斑　self pinched plasma
自锁/自鎖　self locking
自锁机构/自鎖機構　self locking mechanism
自锁紧连接器/自鎖連接器　self locking connector
自锁模/自鎖模　self mode locking
自锁式差速器/自鎖式差速器　self locking type differential
自锁条件/自鎖條件　condition of self locking
自锁制动器/自鎖制動器　self locking brake
自坍塌/自崩潰　self collapse
自调恒温器/自動恆溫器　self acting thermostat
自调节电弧焊/自動調整電弧熔接　self adjusting arc welding
自调节反应器/自調節反應器　self regulating reactor
自调优数据库系统/自調優資料庫系統　self tuning database system
自调整/自調節　self regulating
自调整汽封/自調整汽封　self adjusting gland
自调制/自調變　self modulation
自调制振荡器/自調振盪器　self modulating oscillator
自通风/自通風　self ventilation
自通风式电动机/自通風電動機　self ventilated motor
自同步/自行同步　self synchronization
自同步流密码/自同步流密碼　self synchronous stream cipher
自同步密码/自同步密碼　self synchronous cipher
自同步时钟/自計時　self-clocking
自同态系统/自同態系統　endomorphic system
自退磁场/自退磁場　self-demagnetizing field
自位滑动轴承/自位滑動軸承　plain self aligning bearing
自温退火/自行退火　self annealing
自我监控学习/學習監控　self monitored learning
自我调节泵/自調節泵　self regulating pump
自吸泵/自吸[式]泵,自引泵　self priming pump, self sucking pump
自吸气机械搅拌式浮选机/自充氣機械攪拌浮選機　self aerarion mechanical agitation flotation machine
自下而上测试/由下而上測試　bottom-up testing
自下而上开发/由下而上開發　bottom-up development
自相关/自相關聯　autocorrelation
自相关函数/自相關函數,自協變函數　autocorrelation function
自相关系数/自相關係數　autocorrelation coefficient
自相交/自相交　self intersection
自相似网络业务/自相似網路流量　self similar

network traffic
自协方差/自協變 autocovariance
自协方差函数/自變異函數 autocovariance function
自卸卡车推行式石屑撒布机/自卸卡車推行式石屑撒布機 chipping spreader pushed by tipper truck
自卸式垃圾车/自卸式垃圾車 garbage dump truck
自信息/自資訊 self information
自行车式起重机/移動起重機 walking crane
自行除渣风口/自除渣風口 self slagging tuyere
自行架设塔式起重机/自行架設塔式起重機 self erecting tower crane
自行式架空索道/自行式架空索道 self propelled ropeway
自行式拉模机/自行式拉模機 self moving mold dragger
自行式沥青混凝土摊铺机/自走式瀝青鋪路機 self propelled asphalt paver
自行式石屑撒布机/自走式石屑撒布機 self propelled chippings spreader
自行式稳定土搅拌机/自行式穩定土攪拌機 self propelled pulvi-mixer
自行式运载工具/自行式運載工具 self powered carrier
自行式支索器/自行式支索器 mobile rope carrier
自行式钻车/自行式鑽車 self propelled jumbo
自行通过最小曲线半径/自行通過最小曲線半徑 negotiable radius for self propelled traveling
自行小车集装箱起重机/具自走式電車貨櫃起重機 container crane with self propelled trolley
自行小车门式起重机/自行小車高架起重機 gantry crane with self propelled trolley
自行小车抓斗卸船机/具自走式搖車船卸載機 ship unloader with self propelled trolley
自行指示衡器/自動指示儀器 self indicating instrument
自形晶/自行結晶 idiomorphic crystal
自省知识/自身知識 self knowledge
自修复/自修復 self repair
自旋/自旋,自轉 spin
自旋反转拉曼激光器/自旋取向拉曼雷射 spin flip Raman laser
自旋交换/自旋交換 spin exchange
自旋角动量量子数/自旋角動量量子數 spin angular momentum quantum number
自旋去耦/自旋去耦 spin decoupling
自旋时间/自旋時間 spin time
自旋体/旋轉器 spinner
自旋稳定/自旋穩定,旋轉穩定 spin stabilization
自旋稳定卫星/自旋轉穩定衛星 spin stabilized satellite
自旋运动/自旋運動 spin motion
自旋轴/螺旋軸,旋轉軸 spin axis
自旋转移力矩随机存取存储器/自旋轉移力矩隨機存取記憶體 spin transfer torque RAM
自学习/自學習 self learning
自学习控制/自學習控制 self learning control
自寻优控制/自行最佳化控制 self optimizing control
自寻优系统/自擇適系統,自行最佳化系統 self optimizing system
自移式支架/自走支架 self advancing support
自引用/自引用,自參考 self reference
自硬黏结剂/自硬黏結劑 no bake binder, self curing binder
自硬砂/自硬砂 self hardening sand
自硬砂造型/自硬砂模造 self hardening sand molding
自硬油/常温自硬油 air setting oil
自泳涂装/自泳塗裝 autophoresis coating
自由半径/自由半徑 free radius
自由变形/自由變形 free form deformation
自由表/自由表 free list
自由表面/自由面 free surface
自由场/自由場 free field
自由场电压灵敏度/自由場電壓靈敏度 free field voltage sensitivity
自由场球面波互易校准/自由場球面波互換校正 free field spherical wave reciprocity calibration
自由场修正曲线/自由場修正曲線 free field correction curve
自由沉降/自由沈澱 free settling
自由词检索/自由詞檢索 free word retrieval
自由电子/自由電子 free electron
自由电子激光器/自由電子雷射 free electron laser, FEL
自由电子密度/自由電子密度 free electron density
自由度/自由度 degree of freedom
自由端连接器/自由端連接器 free connector, free end connector
自由锻/自由[模]鍛 open die forging, free forging
自由锻造液压机/自由鍛造液壓機 free forging hydraulic machine
自由高度/自由高度 free height
自由滚动车轮/自由滾動車輪 free rolling wheel
自由焓/自由焓 free enthalpy
自由弧高/自由弧高 free camber

自由活塞/非固定活塞 free piston
自由活塞发动机/自由活塞發動機 free piston engine
自由活塞发气机/自由活塞燃氣發生器 free piston gas generator
自由活塞发气机组/自由活塞氣體産生器機組 free piston gas generator set
自由活塞燃气轮机/自由活塞燃氣輪機機組 free piston gas turbine
自由活塞式压力计/自由活塞壓力計 free piston gage
自由活塞式压缩机/自由活塞壓縮機 free piston compressor
自由基/自由基 free radical
自由激光振荡/自由雷射振盪 free laser oscillation
自由挤压/自由擠壓 open extrusion
自由角度/自由角度 free angle
自由距离/自由距離 free distance
自由空间/自由空間 free space
自由空间表/自由空間表 free space list
自由空间波长/自由空間波長 free space wavelength
自由空间传输/自由空間傳輸 free space transmission
自由空间电场/自由空間場 free space field
自由空间光束/自由空間光學 free space optics
自由空间光通信/自由空間光通信 free space optical, FSO
自由空间衰减/自由空間衰減 free space attenuation
自由空间损耗/自由空間損耗 free space loss
自由空气电离室/自由空氣電離室,空氣游離腔,自由空氣游離室 free air ionization chamber
自由控制/無操縱 free control
自由宽展/自由寬展 free spread
自由扩散/自由擴散 free diffusion
自由流风速/自由流風速 free stream wind speed
自由落体/自由落體 freely falling body
自由落体加速度/自由落體加速度 free fall acceleration
自由面积/非付費區 free area
自由模式/自由綱目 free schema
自由能/自由能 free energy
Gibbs 自由能/吉布斯自由能 Gibbs free energy
自由能最小法/吉布斯自由能最小化法 Gibbs free energy minimization method
自由扭转浮动量/扭轉自由浮動距離 torsional free-float distance
自由配合/自由轉動配合 free running fit
自由曲面/自由形式曲面 free form surface
自由曲线/自由形式曲線 free form curve
自由软件/自由軟體 free software
自由声场/自由音場 free sound field
自由声场互易校准/自由聲場互易校準 free field reciprocity calibration
自由水/自由水 free water
自由脱扣/自由跳脱 trip free
自由陀螺仪/自由陀螺儀 free gyroscope
自由弦长/自由弦長 free span
自由行波/自由前進波 free progressive wave
自由旋转/自由轉動 free rotation
自由选择网/自由選擇網 free choice net
自由叶片/自由葉片 free standing blade
自由载流子/自由帶電體 free charge carrier
自由载[流]子/自由載子 free carrier
自由振荡/自由振盪 free oscillation
自由振动/自由振動 free vibration
自由主体/自由代理 free agent
自由阻抗/自由阻抗 free impedance
自愈/自行復原 self-healing
自愈电容器/自復電容器 self-healing capacitor
自愈环/自愈環 self-healing ring
自愈网/自愈網 self-healing network
自愿检定/自願性檢定 voluntary verification
自展/自舉 bootstrap
自诊断/自診斷 self diagnosis
自诊断功能/自診斷功能 self diagnosis function
自振频率/振鈴頻率 ringing frequency
自镇流汞灯/安定器内含式水銀燈 self ballasted mercury lamp
自整角变压器/自整角變壓器 synchro transformer
自整角发送机/自整角發送機 synchro transmitter
自整角机/自整角機,自動同步儀 autosyn, selsyn
自整角接收机/自整角接收機,自動同步接收器 selsyn receiver, receiving selsyn
自整角误差/同步器誤差 synchro error
自治/自律 autonomous
自治计算机系统/自律計算機系統 autonomous computer system
自治系统/自治系統,自律系統 autonomous system, AS
自重/自重 service mass
自重辊式输送器/重力滾子輸送機 gravity roller conveyor
自重式输送器/重力輸送機 gravity conveyor
自重应力/重力應力 gravity stress
自主安全/自由選定安全 discretionary security
自主保护/自由選定保護 discretionary protection

自主存取控制/自由選定存取控制 discretionary access control
自主导航/自主導航 self contained navigation, autonomous navigation
自主构件/自主構件 autonomous component
自主计算/自律計算 autonomic computing
自主通道操作/自律通道操作 autonomous channel operation
自主位置保持/自主位置保持 autonomous station keeping
自主系统/自律系統 autonomous system
自助式冷藏陈列柜/自助式冷藏陳列櫃 self service refrigerated display cabinet
自装卸式垃圾车/自裝卸式垃圾車 self loading garbage truck
自装载挂车/自裝載拖車 self loading trailer
自准直/自準直 autocollimation
自准直法/自動視準法 autocollimation method
自准直激光矢量速度计/自準直雷射向量速度計 self-aligning laser vector velocimeter
自准直摄谱仪/自準直光譜儀,自準直分光計 autocollimating spectrometer
自准直望远镜/自準直望遠鏡 autocollimating telescope
自准直仪/自準直儀,自動對準儀 autocollimator
自着色阳极氧化/自著色陽極氧化 self color anodizing
自走底盘/自走底盤 self propelled chassis
自走式雾化器/自推動噴霧器 self propelled atomizer
自足式平台/自足海域工作檯 self contained platform
自阻抗/自阻抗 self impedance
自阻烧结/自阻燒結 resistance sinter
自组织/自組織 self organizing
自组织层/自我組織層 self organization layer
自组织存储网/自組織存儲網 self organized storage network
自组织计算网/自組織計算網 self organized computing network
自组织控制/自組織控制 self organizing control
自组织联网/特別聯網 ad hoc networking
自组织神经网络/自組織類神經網路 self organizing neural network
自组织系统/自組織系統 self organizing system
自组织映射/自組織映射 self organization mapping
自作用/自作用 self acting
自作用控制器/自作用控制器 self acting controller
字标管/顯字管 typotron
字产生器/字產生器,字生成程式 word generator
字长/字長 word length
字处理/文字處理 word processing
字处理能力/文字處理能力 word processing capability
字存储器/字記憶體 word memory
字段/欄位 field
字分隔符/字分隔符 word separator
字符/字符,字元 character
字符笔画/字元筆畫 character stroke
字符边界/字元邊界 character boundary
字符串/字串 character string
字符串匹配/字串匹配 string matching
字符串资源/字串資源 string resource
字符打印机/字元列印機 character printer
字符发生器/字元產生器 character generator
字符集/字元集 character set
字符间距/字元間距 character pitch
字符键/字元鍵 character key
字符码/字母碼 character code
字符切分/字元分段 character segmentation
字符扫描发生器/字元發出器 character emitter
字符识别/字元識別,字元辨識 character recognition
字符式终端/字元模式終端機 character mode terminal
字符输入设备/字元輸入設備 character input device
字符填充/字元填塞 character stuffing
字符同步/字元同步 character synchronization
字符显示/字符顯示 alphanumeric display
字符显示器/字符顯示器 character indicator
字符相关/字元相關 character dependence
字号/字號,字元數 character number
字汇/指令表 repertoire
字计数/字計數 word count
字间距/字間隔,字空間 word space
字键/字鍵 word key
字节/位元組 byte
字节对准/位元組對齊 byte aligned
字节多路转换通道/位元組多工通道 byte multiplexor channel
字节流文件/位元組流檔 bytestream file
字节码/位元組碼解譯器 bytecode
字节每秒/每秒位元組數 bytes per second
字节每英寸/每英吋位元組數 bytes per inch
字节填充插入法/位元組填充,位元組填塞 byte stuffing
字量/字量 character quantity

字码表/字碼表 code list
字每分/每分鐘字數 words per minute
字面常量/文字常數 literal constant
字母/字母 letter, grapheme
字母编码集/字母編碼集 alphabetic coded set
字母表/字母表 alphabet
字母表Σ上的纠错码/字母表Σ上的改錯碼 error correcting codes over alphabet
字母数字/文數 alphanumeric
字母数字字符集/文數字元集 alphanumeric character set
字母字/字母字,字符字 alphabetic word
字母字符/字母字元 alphabetic character
字母字符集/字母字元集 alphabetic character set
字幕/字幕 subtitle
字幕放映机/字幕放映機 animatic projector
8字啮合冠轮/8字冠齒輪 octoid crown gear
8字啮合锥齿轮/8字嚙合錐齒輪 octoid gear
字片/字片 word slice
字频/字頻,字元頻率 character frequency
字切分单位/字分段單位 word segmentation unit
字切分歧义/切分歧義 word segmentation ambiguous
字驱动/字驅動 word drive
字驱动器/字驅動器 word driver
字冗余/字冗餘 word redundancy
字数码/字數碼 alphanumerical code
字搜索指令/字搜尋指令 word search instruction
字索引/字索引 word index
字体/字體,字法,字元式樣 lettering, character style
字位/字位 cell
字位八位/八位元組格 cell octet
字线/字組線 word line
字形/字形,字元表格 character form
字形编码/書寫編碼 calligraphical coding
8字形链板/8字形鏈板 figure eight shaped link plate, waisted plate
字形码/字形碼 calligraphical code
字序/字元順序 character order
字译码器/字解碼器 word decoder
字音/字音 character pronunciation
字组长度/塊大小,塊度 block size
字组多路转换通道/區塊多工器通道 block multiplexor channel
综合百公里燃料消耗量/每百公里綜合燃料消耗量 synthesis fuel consumption per 100 km
综合编辑修改/綜合編輯與更新 synthesized editing and updating
综合操作系统/整合作業系統 integrated operating system
综合测量/綜合測量 composite measurement
综合测试/整合測試 integration testing
综合测试系统/整合測試系統 integrated test system
综合除法/綜合除法 synthetic division
综合电报系统/綜合電報制 omnibus telegraph system
综合反应/綜合響應 synthetical reaction
综合封隔器/兩用填塞器 combination packer
综合服务/整體服務 integrated service
综合焦比/綜合焦比 combined conversion coke rate
综合接入设备/整合存取裝置,整合近取設施 integrated access device, IAD
综合决策支持系统/合成決策支持系統 synthetic decision support system
综合控制/複合控制 composite control
综合利用性/變通性 versatility
综合旁瓣/總旁瓣強度 integrated sidelobes
综合式车架/合成構架 synthesis frame
综合式液力变矩器/扭矩轉換聯軸器 torque converter coupling
综合试验/綜合試驗 combined test
综合试验箱/綜合試驗箱 combined test chamber
综合属性/綜合屬性 synthesized attribute
综合数据库/總體資料庫 global data base
综合数字环路载波/整合數位環路載波 integrated digital loop carrier, IDLC
综合数字网/整合數位網路 integrated digital network, IDN
综合特性/組合特性 composite characteristic
综合卫星系统/綜合衛星系統 hybrid satellite system
综合误差/綜合誤差,合成誤差 combined error, composite error
综合显示/綜合顯示 synthetic display
综合业务数字网/整體服務數位網路,整合服務數位網路 integrated services digital network, ISDN
综合业务网/整體服務網路 integrated services network
综合载荷/綜合加載 combined loading
棕刚玉/棕剛玉 ruby fused alumina
总布置图/總圖 general plan
总成修理/總成修理 assembly repair
总尺寸/總尺寸 overall dimensions
总重合度/全面接觸比 total contact ratio

总带宽/總帶寬,總頻寬 total bandwidth, TWB
总额估计/綜合估計 pooled estimate
总辐射/總體輻射 global radiation
总辐射通量积分仪/總輻射束積分計 total radiant flux integrating meter
总辐射温度/全輻射温度 total radiation temperature
总工作时间/總工作時間 total working time
总光通量/總光束 geometry total luminous flux
总光通量标准灯/總光束標準燈泡 standard lamp for total luminous flux
总含盐量/總溶鹽量 total dissolved salt
总合取样法/總合取樣法 total sampling method
总和电流互感器/總加比流器 summation current transformer
总和感知色位移/總感知色偏移 resultant perceived color shift
总和色度位移/總色漂移 resultant colorimetric shift
总和仪表/總和儀表 summation instrument
总滑距/總滑脱 total slip
总计数法/全計數法 total count method
总剂量/總劑量,累積劑量 accumulated dose
总精密度/總精密度 overall precision
总井深/總深度 total depth
总空燃比/總空燃比 overall air fuel ratio
总宽度/總寬度,全寬 overall width
总离子色谱图/總離子色譜圖 total ion chromatogram
总能系统/總能系統 integrated energy system
总配分函数/總配分函數 grand partition function
总配线架/總配線架,主配線架 main distribution frame
总平均/群體平均數,母平均數 population mean
总平均数/總平均 overall mean
总起重量/總起重量 gross lifting load
总圈数/總圈數 total number of coils
总日射表/日射強度計,天空輻射計 pyranometer
总容积/總容積 total volume
总升程/總昇程,總昇力 total lift
总试验力/總試驗力 total test force
总水头/總水頭,總落差 total head
总损耗/總損失,總消耗 overall loss
总损耗体积密度/總損耗體積密度 total loss volume density
总损耗质量密度/比總損失 specific total loss
总碳氢/總碳氫化合物 total hydrocarbon
总碳氢分析仪/總碳氫分析儀 total hydrocarbon analyzer
总体/總體 population, ensemble
总体模型/總體模型 overall model
总体设计/總體設計 overall design
总体误差/總誤差 overall error
总停/總停 master stop
总图/整套示意圖 complete schematic diagram
总误差/總誤差,毛誤差,綜合誤差 total error, combined error, overall error
总系数/總係數 overall coefficient
总线/匯流排,匯流條 bus bar, bus
总线插座/匯流排插座 bus hub
总线隔离模式/匯流排隔離模式 bus isolation mode
总线寂静信号/匯流排寂静信號 bus quiet signal
总线接口板/匯流排介面板 bus interface board, BIB
总线结构/匯流排結構 bus structure
总线路图/整套示意圖 complete schematic diagram
总线母板/匯流排母板 bus mother board
总线耦合器/匯流排耦合器,母線耦合器 bus coupler
总线驱动器/匯流排驅動器 bus driver
总线鼠标器/匯流排滑鼠 bus mouse
总线-树拓扑/匯流排-樹狀拓撲 bus-tree topology
总线拓扑/匯流排拓撲 bus topology
总线网络/匯流排網路 bus network
总线仲裁/匯流排仲裁 bus arbitration
总线主控/匯流排主控器 bus master
总效率/總效率,毛效率 gross efficiency
总谐波电流/總諧波電流 total harmonic current
总谐波畸变率/總諧波失真 total harmonic distortion, THD
总选择性/總選擇性 overall selectivity
总压测量器/皮托壓力計 Pitot pressure gage
总压力/總壓力 total pressure
总压皮托管/總壓皮托管 total pressure Pitot tube
总扬程/總昇程,總昇力 total lift
总硬度/總硬度 total hardness
总用户话机/總用户話機 main subscriber station
总有机物被萃取成分/總有機物萃取成分 total organic extract fraction
总有机物被提取部分/總有機物萃取成分 total organic extract fraction
总噪声功率/總雜訊功率 total noise power
总制动距离/總刹停距離 total braking distance
总制动力/總制動力,總刹車力 total braking force
总制动时间/總刹停時間 total braking time
总制冷量/總冷凍能量 gross refrigerating capacity
总质量/總質量 total mass
总质量阻止本领/總質量阻擋本領 total mass

stopping power
总重量/毛重,總重 gross weight
总昼光照度/全晝光照度,球面光照度 global illuminance, total daylight illumination
总转换时间/總轉換時間 total conversion time
总装/總組合 general assembly
总准确度/總準確度 overall accuracy
总阻抗/總阻抗 total impedance
总阻力/總阻力,總礦阻 total resistance
总作用弧/總傳動弧 total arc of transmission
总作用角/總傳動角 total angle of transmission
纵波/縱波 longitudinal wave
纵波法/縱波法 longitudinal wave method
纵锅筒锅炉/縱鼓筒式鍋爐 longitudinal drum boiler
纵横比/縱横比 aspect ratio
纵横杆式变换器/縱横制阻抗轉換器 crossbar transformer
纵横交换/縱横制交换 crossbar switching
纵横交换机/縱横交换機 crossbar switch
纵横联合剪切机组/聯合縱剪機組 slitting and cut-to-length line
纵横流动区域精炼炉/交叉流動帶域精煉器 crossflow zone refiner
纵横制系统/縱横制 crossbar system
纵列天线/縱列富氏天線 collinear Franklin antenna
纵模/縱模 longitudinal mode
纵模选择/縱模選擇 longitudinal mode selection
纵剖面/縱向輪廓 longitudinal profile
纵切/縱切,縱剪 slitting, longitudinal cutting
纵倾角速度/縱傾角速度 pitch velocity
纵倾轴/俯仰軸 pitch axis
纵向/縱向 longitudinal
纵向比较仪/縱向比較儀 longitudinal comparator
纵向变形/縱向變形 longitudinal deformation
纵向并联开槽/縱向并聯開槽 longitudinal shunt slot
纵向波导开槽/縱向波導開槽 longitudinal waveguide slot
纵向场/縱向場 longitudinal field
纵向冲击/縱向衝擊 longitudinal impact
纵向重合度/重疊比,重合度 overlap ratio
纵向磁化/縱向磁化 longitudinal magnetization
纵向磁记录/縱向磁記録 longitudinal magnetic recording
纵向磁致伸缩系数/縱向磁致伸縮係數 longitudinal magnetostriction coefficient
纵向放大/縱向放大 longitudinal magnification
纵向分解/縱向分解 vertical decomposition
纵向干扰/縱向干涉 longitudinal interference
纵向刚度/縱向剛度 longitudinal rigidity
纵向焊缝/縱向熔接 longitudinal weld
纵向花纹/縱向型樣 circumferential pattern
纵向滑移角/縱向滑移角 longitudinal sliding angle
纵向奇偶检验/縱向奇偶檢查,垂直奇偶檢查 vertical parity check
纵向极限翻倾角/縱向極限翻傾角 longitudinal overturning angle of slope
纵向加速度表/軸向加速度計 longitudinal accelerometer
纵向检验/垂直檢查 vertical check
纵向力/縱向力 longitudinal force
纵向力波动/縱向力變動 longitudinal force variation
纵向倾斜仪/縱向傾斜儀 longitudinal inclinometer
纵向球差/縱向球面像差 longitudinal spherical aberration
纵向冗余检验/縱向冗餘查核 vertical redundancy check, longitudinal redundancy check, LRC
纵向扫描/縱向掃描 longitudinal scan
纵向速度/縱向速度 longitudinal velocity
纵向通过角/縱向通過角 ramp angle
纵向位移/縱向位移 longitudinal displacement
纵向稳定性/縱向穩定性 longitudinal stability
纵[向]像差/縱向像差 longitudinal aberration
纵向应变/縱向應變 longitudinal strain
纵向应力/縱向應力 longitudinal stress
纵向运动/縱向運動 longitudinal motion
纵向振动/縱向振動 longitudinal vibration
纵向作用弧/重疊弧 overlap arc
纵向作用角/重疊角 overlap angle
纵摇/選投 pitching
纵轧/縱軋,滚轉,滾動 rolling, longitudinal rolling
纵轴/縱軸 longitudinal axis
走步测试/走步測試 walking test
走查/走查 walk-through
走向断层/走向斷層 strike fault
走行挂齿装置/走行掛齒裝置 clutch in traveling system
租用电路业务/租用電路業務 leased circuit service
租用线/租用線路 leased line, LL
Ⅲ-Ⅴ族化合物半导体/三五族化合物半導體 Ⅲ-Ⅴ compound semiconductor
阻变式存储器/阻變式記憶體 resistive random access memory
阻车器/阻車器 car safety dog, car stopper
阻带/阻帶 stop band
阻挡层光电池/障壁層光電池 barrier-layer cell

阻挡层光电管/障層光電管　blocking layer photocell
阻挡阻抗/阻擋阻抗　blocked impedance
阻断/擊穿,故障中斷　breakdown
阻风板/空氣遮斷壁　air dam skirt
阻风门开启器/阻風門開啟器　choke opener
阻封流体/阻封流體　quench fluid
阻化剂灭火法/阻焰劑滅火法　fire extinguishing with resistant agent
阻化油/加有抗氧化劑的變壓器油,抗氧化油　inhibited oil
阻火/阻火　fire retardance
阻抗/阻抗　impedance, electrical impedance
阻抗比/阻抗比　impedance ratio
阻抗变换器/阻抗變壓器,阻抗變量器　impedance transformer
阻抗标准/阻抗標準　standard of impedance, impedance standard
阻抗测量/阻抗量測　impedance measurement
阻抗常数/阻抗常數　impedivity
阻抗磁导率/阻抗磁導率　impedance permeability
阻抗磁强计/阻抗磁強計　impedance magnetometer
阻抗带宽/阻抗頻寬　impedance bandwidth
阻抗电桥/阻抗電橋　impedance bridge
阻抗电压/阻抗電壓　impedance voltage
阻抗分析仪自校准/阻抗分析儀自校準　self calibration of impedance analyzer
阻抗计/阻抗計　impedance meter, impedometer
阻抗继电器/阻抗繼電器,阻抗電驛　impedance relay
阻抗角/阻抗相角　impedance angle
阻抗矩阵/阻抗矩陣　impedance matrix
阻抗模/阻抗模數　modulus of impedance
阻抗模量/阻力模數　modulus of resistance
阻抗耦合放大器/阻抗耦合放大器　impedance coupled amplifier
阻抗匹配/阻抗匹配　impedance matching
阻抗匹配变压器/阻抗匹配變壓器　impedance matching transformer
阻抗平面图/阻抗平面圖　impedance plane diagram
阻抗容积描记术/阻抗容積描記術　impedance plethysmography
阻抗失配/阻抗失配　impedance mismatch
阻抗听力计/阻抗聽力計　impedance audiometer
阻抗头/阻抗頭　impedance head
阻抗心动描记术/阻抗心動描記術　impedance cardiography
阻抗压降/阻抗壓降,阻抗位降　impedance drop
阻抗圆图/阻抗圖　impedance chart
阻力矩式黏度计/拖扭矩式黏度計　drag torque type viscosimeter
阻力控制/拖力控制　draft control
阻力系数/阻力係數,曳力係數　drag coefficient, coefficient of resistance
阻尼/阻尼,減幅　damping
阻尼板/阻尼板　spoiling flap
阻尼比/阻尼比,減幅比,減振比　damping ratio
阻尼常数/阻尼常數　damping constant
阻尼冲击检流计/阻尼衝擊檢流計,阻尼衝擊電流計　damped ballistic galvanometer
阻尼出油阀/回流限制型輸送閥　delivery valve with return flow restriction
阻尼磁体/阻尼磁鐵　damping magnet
阻尼磁铁/阻尼磁鐵　damping magnet
阻尼电阻/抑制式電阻器　suppressor resistor
阻尼电阻器/阻尼電阻　damping resistor
阻尼二极管/阻尼二極體　damping diode
阻尼可调减振器/阻尼可變減震器　damping variable shock absorber
阻尼力/阻尼力　damping force
阻尼力矩/阻尼力矩　damping torque
阻尼容量/制震能,阻尼能力,減震能力　damping capacity
阻尼频率/阻尼頻率　damped frequency
阻尼器/阻尼器,減震器,緩衝器　damper
阻尼绕组/阻尼繞組　amortisseur winding
阻尼特性/阻尼特性　damping characteristics
阻尼天平/阻尼天平　damped balance
阻尼陀螺仪/速率陀螺儀　rate gyroscope
阻尼系数/阻尼係數,減幅係數　damping coefficient, damping factor
阻尼延迟器/阻尼延遲器,緩衝器,緩衝筒　dashpot
阻尼油/阻尼油　damping oil
阻尼振荡/阻尼振盪,減幅振盪　damped oscillation
阻尼振动/阻尼振動　damped vibration
阻尼装置/阻尼裝置,減振裝置　damping device
阻尼作用/阻尼作用　damping action
阻气阀/阻氣閥　choke valve, air choke valve
阻燃钛合金/阻燃鈦合金　burn resistant titanium alloy
阻容滤波器/電容電阻濾波器　capacitance resistance filter
阻容耦合放大器/電阻電容耦合放大器　capacitance resistance coupling amplifier
阻容振荡器/電容電阻振盪器　capacitance resistance oscillator
阻塞点/阻塞點　choke point

阻塞干扰/阻塞干擾 barrage jamming
阻塞极限/抗流極限 choking limit
阻塞接收/阻塞接收 blocking receive
阻塞破碎/阻塞壓碎 choked crushing
阻塞区段/阻塞區段 block section
阻塞网络/阻塞網路 blocking network
阻塞效率/遮蔽效率 blockage efficiency
阻塞信号/阻塞訊號,閉塞訊號 block signal
阻塞信号系统/阻塞訊號設備系統 block signal system
阻塞原语/區塊基元 block primitive
阻塞状态/受阻狀態 blocked state, block state
阻值微调/阻值微調 resistance trimming
阻值允差/電阻值容許公差 resistance tolerance
阻止本地计费/預防本地計費 local charging prevention
阻止本领/阻止本領 stopping power
阻止距离/阻止距離 stopping distance
阻滞/阻滯 retardation
阻滞转矩/掣動力矩,起動轉矩 detent torque
组八位/八位元群組 group-octet
组成部件/基本元件 building block
组成成分/組織成分 constituent
组成模型/組合模型 composite pattern
组成式变速箱/組成式變速箱 compound transmission
组成要素/整體特徵 integral feature
组重复间隔/組重複間隔 group repetition interval, GRI
组分/成分,組成物 element, constituent
组合/組合 composition, built-up
组合安装/堆疊安裝 stack mounting
组合把持器/組合電極夾具 modular electrode holder
组合爆炸/組合展開 combinatorial explosion
组合泵/複合泵 combination pump
组合臂架系统/雙連桿伸臂 double link jib
组合标准/組合標準 collective standard
组合测角器/組合測角器,組合角規 combination angle gage
组合策略/組合策略 combined strategy
组合车床/組合車床 combined lathe
组合齿轮/組合齒輪,複式齒輪 compound gear, combination gear
组合冲模/組合衝模 combined die
组合传声器/組合麥克風 combination microphone
组合[磁]头/組合磁頭 combined head
组合代数/組合代數 combinatory algebra
组合碟簧自由高度/組合碟簧自由高度 height of unloaded spring stack
组合碟形弹簧/碟形彈簧組合 dish shaped spring stack
组合砝码误差/組合砝碼誤差 built-up weight error
组合反射镜/組合反射鏡 faceted mirrors
组合干扰/組合干擾 combination interference
组合滚珠轴承/複式滾珠軸承 compound ball bearing
组合后灯/組合後燈 combination tail lamp
组合滑架/結合負載滑架 linkup load trolley
组合话筒/組合麥克風 combination microphone
组合活齿/組合活齒 compound oscillating tooth
组合活塞/多片式活塞 multi-piece piston
组合机床/組合機床,聯合機床 modular machine tool, building block machine
组合机床夹具/組合機床夾具 fixture for modular machine
组合机床自动线/模組機器傳送線 transfer line of modular machine
组合夹具/組合夾具 modular jig and fixture
组合键码/合成鍵 composite key
组合结构/組合構造 composite construction
组合结构图/組合結構圖 composite structure diagram
组合决策/組合決策 combination decision
组合控制/複合控制 composite control
组合冷库/區段冷室 sectional cold room
组合量规/組合[量]規 combination gage
组合量角规/組合角規,組合測角器 combination angle gage
组合逻辑/組合邏輯 combinatory logic
组合逻辑电路/組合邏輯電路 combinational logic circuit
组合逻辑综合/組合邏輯合成 combinational logic synthesis
组合模/組合模型,對合鑄模 segment die, combination die, split mold
组合模板/組合模板 composite pattern plate
组合模挤压/分塊模擠壓 segment die extrusion
组合模式/組合模型 composite pattern
组合气室/堆疊氣室 stacked cell
组合器/結合器 combiner
组合前灯/組合前燈 combination headlamp
组合曲面/合成曲面 composite surface
组合曲线/合成曲線 composite curve
组合圈闭/組合封閉,綜合封閉 combination trap
组合砂箱/組合砂箱 built-up molding box

组合生产测井仪/綜合生產電測儀 production combination tool, PCT
组合式变速器/組合式變速器 combinatory gearbox
组合式多轴控制/組合式多軸控制 combined multi-axle control
组合式互感器/複合式互感器 combined transformer
组合式降氮氧化物-颗粒物系统/複合式降氮氧化物-顆粒物系統 combined deNOx-particulate filter
组合式结晶器/組合結晶器 built-up mold
组合式空气调节机组/複合式空氣調節機組 combined air conditioning unit
组合式拉削/複合式拉削 combined broaching
组合式履带/複合式履帶 combined crawler
组合式起重臂/組合式起重臂 boom with fly jib
组合式气扳机/組合式氣扳機 combination pneumatic nutrunner
组合式曲轴/組合曲軸 built-up crankshaft
组合式凸轮轴/組合式凸輪軸 assembled camshaft
组合式橡胶弹簧/複合式橡膠彈簧 combined type rubber spring
组合式轧辊/複合輥 composite roll
组合式钻臂/組合式鑽臂 combinational drill boom
组合试验/組合試驗,複合試驗 composite test
组合台阶开采/複合階地開採 composite bench mining
组合弹簧/複合彈簧 combined spring, cluster spring
组合图/組成圖 constitutional diagram
组合网/結合網路 combinational network
组合问题/組合問題 combinatorial problem
组合误差/綜合誤差 combined error
组合铣刀/聯鎖切割機 interlocked cutter
组合芯盒/組合砂心盒 multiple core box
组合行星齿轮系/組合行星齒輪系 compound planetary train
组合型料斗/複合型料斗 combined bucket
组合型切分歧义/組合型切分歧義,分合型切分歧義 part-whole segmentation ambiguous
组合仪表/儀表群集 combination instrument, instrument cluster 、
组合用气扳机/組合用氣扳機,組合用氣動螺帽鎖緊機 pneumatic nutrunner for combination
组合用字符/組合字元 combining character
组合运动轨迹/合并運動曲線 combined motion curve
组合站/組合站 combined station
组合指令/組合指令 combined command
组合轴承/組合軸承 combination bearing
组合装置/組合,裝配 assembly
组合状态/組合狀態 composite state
组件/組件,元件,模組 component, module
Java 组件/Java bean Java bean
组件面/元件面 component side
组开关/組開關 cluster switch
组块/大塊,大量 chunk
组块分析/資料群集 chunking
组配轴承/匹配軸承 matched bearing
组平均值/組平均值 group mean
组筒式冷凝器/多殼式冷凝器 multi-shell condenser
组网技术/組網技術 networking technology
组相联高速缓存/集合相聯快取記憶體 set associative cache
组相联映射/集合相聯對映 set associative mapping
组芯造型/型心組合模造 core assembly molding
组元/成分 component
组元空位/組成空位 constitutional vacancy
组织/組構,結構,構造 structure, fabric
组织等效电离室/組織等值游離腔 tissue equivalent ionization chamber
组织过程/組織過程 organizational process
组织机构图/組織圖,結構圖 organization chart
组织界面/組織介面 organizational interface
组织理论/組織理論 organization theory
组织唯一标识符/組織唯一識別字 organization unique identifier
组织组分/結構組成物 structural constituent
组装锅炉/組裝鍋爐 store assembled boiler
组装技术/封裝技術 packaging technology, assembling technology, mounting technology
组装连接件/組裝連接件 assembly connector
组装密度/封裝密度 packaging density
组装式布料杆/組裝式布料桿 assembled placing boom
钻进突变/鑽速突變 drilling break
钻孔/鑽孔 drill hole
钻孔布置图/鑽孔配置 drilling pattern
钻孔测量/鑽孔測量 borehole surveying
钻孔成桩设备/鑽孔成樁設備 drilling pile forming rig
钻孔工具/搪孔刀具 boring tool
钻孔机/鑽孔機,鑽床 drill machine
钻孔倾斜仪/鑽孔測斜儀 borehole inclinometer
钻孔速度/鑽速 drilling speed
钻孔碎屑/鑽屑 drillings
钻取/鑽取查詢,深度探討查詢 drill down query

钻蚀/鑽蝕 undercutting
钻探管/鑽桿 drill pipe
钻屑/鑽屑 drill cuttings
钻削/鑽鑿 drilling
钻压/鑽頭加壓 bit pressure
钻臂/鑽臂 drill boom
钻臂回转机构/鑽臂回轉機構 drill boom rotation mechanism
钻臂平移机构/鑽臂平移機構 drill boom parallel traveling mechanism
钻臂伸缩缸/鑽臂伸縮缸 drill boom telescopic cylinder
钻场/井場 drilling site
钻车/鑽車 drill wagon, drill jumbo, rig
钻床/鑽床 drilling machine
钻床夹具/鑽床夾具 fixture for drilling machine
钻铤容量/鑽鋌容量 drill collar capacity
钻粉/鑽屑 drillings
钻杆/鑽桿,鑽鋼,搪桿 drill rod, boring bar
钻杆打捞矛/惡狗矛 bull dog spear
钻杆吊卡/鑽桿吊卡 drill pipe elevator
钻杆定向法/鑽桿定向法,地面定向法 drill pipe alignment method
钻杆浮子阀/鑽桿止回閥 drill pipe float valve
钻杆割刀/鑽桿割切器 drill pipe cutter
钻杆公母接头/鑽桿公母接頭 box and pin drill pipe
钻杆刮泥器/鑽桿刮泥器,鑽桿刮泥盤 pipe wiper
钻杆护套/鑽桿護套 drill pipe protector
钻杆卡瓦/鑽桿卡瓦 drill pipe slip
钻杆钳/鑽桿大鉗 drill stem tong
钻管/心骨管 core barrel
钻管体积校正系数/管面積常數 pipe factor
钻机/鑽機 drill
钻机车/鑽機車 mobile drill
钻机穿进速度/鑽進速度 penetration speed
钻机架/風鑽機架 drill mounting
钻夹头/鑽頭夾頭,鑽帽 drill chuck
钻架/鑽架 drill rig
钻井机/重吊鑽具 trepan
钻井泥浆/鑽井泥漿 fluid mud
钻井岩屑/鑽井屑 well cutting
钻井液/鑽井流體,鑽井泥漿 drilling fluid
钻径规/鑽徑規 drill gage
钻具/鑽具 accessories for rotary drilling
钻具打捞器/叉形撈具 boot jack
钻具接头/大接頭 tool joint
钻粒钻机/鋼珠鑽機 chilled shot drill
钻坯/鑽頭坯子 bit blank
钻石尖钻头/尖角鑽頭 diamond point bit
钻套/鑽套,錐柄 bit holder
钻头/鑽頭 drill bit
钻头定程停止器/鑽深觸止器 bit stop
钻头规/鑽頭量規,鑽深量規 bit gage
钻头角度规/鑽頭角度規,鑽頭測針 drill point gage
钻头磨损/鑽頭磨損 bit dull condition, BDC
钻头装卸器/鑽頭裝卸卡 bit breaker
钻眼偏斜/井偏 hole deviation
钻柱/鑽串 drill string
钻柱防喷阀/鑽串防噴器 inside blowout preventer
钻装车/鑽堡裝載機 jumbo-loader
钻锥/鑽錐 burr-drill
最长前缀匹配/最長首碼匹配 longest prefix match
最长主臂/全伸展主臂 full extensional main jib
最初起动电流/起動電流 breakaway starting current
最初起动转矩/起動轉矩 breakaway torque
最大比率组合器/最大比率并合器 maximal ratio combiner
最大变幅距离/最大範圍 maximum range
最大变形/最大變形 maximum deflection
最大变形量系数/最大變形量係數 coefficient of maximum deflection
最大标度值/最大標度值 maximum scale value
最大操纵力/最大操縱力 maximum actuating force required to operate control
最大侧倾力矩/最大側傾力矩 maximum yaw moment
最大铲取力/最大鏟取力 maximum breakout force
最大超调量/最大超調量 maximum overshoot
最大沉降路程/最大沈降路徑 maximum sedimentation path
最大沉陷/最大地陷量 maximum subsidence
最大尺寸/最大尺寸 maximum size
最大冲击响应谱/最大衝擊響應譜 maximum shock response spectrum
最大除皮效果/最大扣重 maximum tare effect
最大传输单元/最大傳輸單位 maximum transmission unit
最大传送率/最大傳送率 maximum transfer rate
最大垂直输送距离/最大垂直輸送距離 maximum vertical delivery distance
最大磁导率/最大磁導率 maximum permeability
最大导磁率/最大磁導率 maximum permeability
最大低阈值输入电压/最大低定限輸入電壓 maximum low threshold input-voltage
最大电流/最大電流 maximum current

最大动力输出轴功率/最大動力輸出軸功率 maximum power take-off power
最大峰值脉冲振幅/峰波振幅 peak pulse amplitude
最大峰值转矩/最大扭矩 peak torque
最大负载/最大負載 maximum load
最大工作平台高度/最大工作平臺高度 maximum platform height
最大工作压力/最大工作壓力 max working pressure
最大功率/最大容量 maximum capability
最大功率传输定理/最大功率轉換定理 maximum power transfer theorem
最大共模电压/最大共模電壓 maximum common mode voltage
最大挂钩牵引力/最大拖桿拉力 maximum drawbar pull
最大光谱发光效能/最大光譜發光效能 maximum spectral luminous efficacy
最大过负荷功率/最大過載能力 maximum overload capability
最大过盈/最大干涉 maximum interference
最大横向加速度/最大横向加速度 maximum lateral acceleration
最大横向力/最大横向力 maximum transverse force
最大后验/最大後驗 maximum a posteriori
最大后验概率/最大後驗機率 maximum a posteriori probability, MAP
最大激励/最大激發 maximum excitation
最大极限尺寸/最大極限尺寸 maximum limit of size
最大极限状态/極限狀態 ultimate limit state
最大加工孔径/最大加工孔徑 maximum machined hole diameter
最大加工直径/最大加工直徑 maximum machinable diameter
最大剪应力准则/最大剪應力準則,最大剪應力基準 maximum shear stress criterion
最大简约法/最大簡約法 maximum parsimony method
最大间隙/最大餘隙 maximum clearance
最大角速度/最大角速度 maximum angular velocity
最大搅拌深度/最大混合深度 maximum mixing depth
最大介电强度/最大介電強度 maximum dielectric strength
最大掘起力/最大掘起力 maximum prying force
最大开路线长度/最大明線長度 maximum open line length
最大可用频率/最高可用頻率 maximum usable frequency, MUF
最大刻度/最大標度 maximum scale
最大空间/最大空間 maximum space
最大离心半径/最大離心半徑 maximum centrifugal radius
最大离心力/最大離心力 maximum centrifugal force
最大力矩系数/最大扭矩係數 maximum torque coefficient
最大利润规划/最大利潤規劃 maximum profit programming
最大连续定额/最大持續額定 maximum continuous rating
最大连续功率/最大連續功率 maximum continuous power
最大模数/最大模數,最大係數 maximum modulus, maximum module
最大啮入深度/最大嚙入深度 maximum depth in engaging
最大扭矩/最大扭矩 maximum torque
最大爬坡度/最大坡度 maximum grade
最大泡压法/最大泡壓法 maximum bubble pressure method
最大配置率/最大配置率 maximum ordonnance rate
最大匹配/最大匹配 maximum matching
最大匹配分词方法/最大匹配分詞方法 maximum match segmentation
最大偏转力矩/最大偏轉力矩 maximum roll moment
最大频率偏差/最大頻率偏差 maximum frequency deviation
最大频移/最大頻率偏移 peak frequency deviation
最大平台幅度/最大平臺幅度 maximum platform range ability
最大期望算法/期望最大演算法 expectation maximization algorithm, EM algorithm
最大牵引力/最大拖桿拉力 maximum drawbar pull
最大前级压力/最大前級壓力 maximum backing pressure
最大倾覆力矩/最大傾覆力矩 maximum pitch moment
最大容量/最大容量 maximum capacity
最大容许电流/最大容許電流 maximum permissible current
最大容许剂量/最大容許劑量 maximum permissible dose
最大容许浓度/最大允許濃度 maximum

permissible concentration

最大容许人体负荷/體內最大允許積存量　maximum permissible body burden

最大熵估计/最大熵估計　maximum entropy estimation

最大熵原理/最大熵原則　maximum entropy principle

最大设计总质量/最大設計總質量　maximum design total mass

最大时间间隔误差/最大時間間隔誤差　maximum time interval error

最大时延/最大潛時　maximum latency

最大实体尺寸/最大實體尺寸,最大材料尺寸　maximum material size

最大实体原则/最大實體原則　principle of maximum material

最大实体状态/最大實體條件,最多留料情況　maximum material condition, MMC

最大使用质量/最大操作質量　maximum operation mass

最大输出/最大輸出　maximum output

最大输入频差/最大輸入頻差　maximum input frequency difference

最大水头/最大水頭,最大落差　maximum head

最大似然法/最大概似　maximum likelihood

最大似然估计/最大概度估計　maximum likelihood estimation

最大似然解码/最大可能解碼法　maximum likelihood decoding

最大随机推力/最大隨機推力　maximum random thrust force

最大摊铺厚度/最大攤鋪厚度　maximum paving thickness

最大摊铺宽度/最大攤鋪寬度　maximum paving width

最大摊铺速度/最大攤鋪速度　maximum paving speed

最大提升力/最大提昇力　maximum force exerted in full range

最大团问题/最大團問題　maximum clique problem

最大误差/最大誤差　maximum error

最大下界/最大下界限　greatest lower bound

最大线长/最大行長度　maximum line length

最大向心加速度/最大向心加速度　maximum centripetal acceleration

最大项/全或項　maxterm

最大相位系统/最大相位系統　maximum phase system

最大卸载高度/最大卸載高度　maximum dumping height

最大需量电能表/最大需量電能表　meter with maximum demand indicator

最大需量计/最大需量計　maximum demand meter

最大旋转能量/最大旋轉能量　maximum rotational energy

最大压力/最大壓力　maximum pressure

最大延迟路径/最大延遲路徑　maximum delay path

最大移位长度/最大移位長度　maximum shift length

最大应变/最大應變　maximum strain

最大应力/最大應力　maximum stress

最大应力强度因子/最大應力強度因數　maximum stress intensity factor

最大油量限制器/最大油量觸止　maximum fuel stop

最大有效增益/最大可達增益　maximum available gain, MAG

最大越沟宽度/最大越溝寬度　maximum width of surmountable trench, maximum width of trench crossing

最大越障高度/最大越障高度　maximum height of surmountable obstacle

最大允许测量误差/最大允許量測誤差　maximum permissible measurement error

最大允许剂量/最大容許劑量　maximum permissible dose

最大允许偏差/最大允許偏差,最大容許偏差　maximum allowed deviation

最大允许误差/最大容許誤差　maximum permissible error

最大允许照射量/最大允許照射量,最大許可暴露量　maximum permissible exposure, MPE

最大载荷/最大負載　maximum load

最大震级/最大數量　maximum magnitude

最大正弦激振力/最大正弦激振力　maximum sine excitation force

最大正弦推力/最大正弦推力　maximum thrust force for sinusoidal vibration

最大值问题/最大值問題　maximization problem

最大指示横向加速度/最大指示橫向加速度　maximum indicated lateral acceleration

最大转矩/最大扭矩　maximum torque

最大转头容量/最大轉子容量　maximum rotor capacity

最大转向角/最大擺動角　maximum swing angle

最大最短距离树/最大的最短距離樹　maximal

shortest distance tree
最大最小测试/最小極大測試　minimax test
最大作业幅度/最大作業幅度　maximum working range ability
最大作业高度/最大作業高度　maximum working height
最大作用力/最大力　maximum force
最低保护/最小保護　minimal protection
最低成本选路算法/最少成本擇路法則　least cost routing algorithm
最低储备/最低準備　minimum reserve
最低负荷运行/最低負荷運作　minimum load operation
最低轨道运行的无人卫星/最低軌道運行的無人衛星　minimum orbital unmanned satellite
最低还原温度/最低還原溫度　minimum temperature of reduction
最低回收率/最低回收率　lowest rate of return
最低可采厚度/最小可採厚度　minimum workable thickness
最低可调空载转速/最低可調空載轉速　lowest adjustable no-load speed
最低可用频率/最低可用頻率　lowest usable frequency, LUF
最低空载转速/最低空載轉速　minimum idling speed
最低控制速度/最小操縱速率　minimum control speed
最低收益率/最低收益率　minimum rate of benefit
最低温度计/最低溫度計　minimum thermometer
最低有效数位/最低有效數字　least significant digit
最低有效位/最低次位元　least significant bit, LSB
最短波长/最小波長　minimum wavelength
最短路径/最短路徑　shortest path
最短路径问题/最短路徑問題　minimal path problem, shortest path problem
最短时间控制/最短時間控制　minimal time control
最短通路优先/最短路徑優先　shortest path first
最高车速/最大車速　maximum speed
最高持续转速/最高連續轉速　maximum continuous speed
最高电压/最高電壓　maximum voltage
最高电阻截止频率/最高電阻截止頻率　maximum resistive cutoff frequencies
最高工作环境温度/最高周圍溫度,最高環境溫度　highest ambient temperature
最高工作频率/最高操作頻率　maximum operating frequency
最高工作温度/最高容許溫度　maximum service temperature
最高键控频率/最高鍵頻　maximum keying frequency
最高结温度/最高接面溫度　maximum junction temperature
最高空载转速/最高空載轉速　maximum idling speed
最高连浇炉数/最大連澆爐數　maximum sequence length
最高连续发火转速/最高連續發火轉速　maximum continued sparking speed
最高连续转速/最高連續轉速　maximum continuous speed
最高录音磁平/最高録音磁平　maximum record magnetic level
最高气缸压力/最高氣缸壓力　maximum cylinder pressure
最高升速/最高昇速　maximum speed rise
最高调制频率/最高調變頻率　maximum modulating frequency
最高温度表/最高溫度計　maximum thermometer
最高温度计/最高溫度計　maximum thermometer
最高效率/最高效率　maximum efficiency
最高优先级/最高優先等級　highest priority
最高优先数/最高優先數　highest priority number
最高有效数位/最高有效數位　most significant digit
最高允许壁温/最高允許金屬溫度　maximum allowable metal temperature
最高允许工作压力/最高允許工作壓力　maximum allowable working pressure
最高允许结温/最高允許結溫　maximum allowable junction temperature
最高允许温度/最高容許溫度　maximum permissible temperature
最高振荡频率/最高振盪頻率　maximum oscillation frequency
最高转速/最大速率　maximum speed
最高最低温度计/最高最低溫度計　maximum-minimum thermometer
最广合一子/最廣合一器　most general unifier
最后产物/最終產物　end product
最后格局/最後格局　final configuration
最后回采率/最大總採收量　ultimate recovery
最后优先级/最後優先等級　last priority
最坏模式测试/最壞型樣測試　worst pattern test
最坏情况分析/最壞情況分析　worst case analysis
最坏情况模式/最壞型樣　worst pattern

最坏情况设计/最壞情況設計 worst case design
最坏情况时间复杂度/最壞情況時間複雜性 worst case time complexity
最坏情况输入逻辑电平/最壞情況輸入邏輯位準 worst case input logic level
最坏条件/最壞情況 worst case condition
最坏状态检查/最壞狀態檢查 worst status check
最佳不等长度编码/霍夫曼編碼法 Huffman coding
最佳程序设计/擇適程式規劃 optimum programming
最佳动力性换挡规律/最佳功率性能換擋模式 optimum power performance shift pattern
最佳工作频率/最適工作頻率 optimum working frequency, OWF
最佳估计/最佳估計 best estimate
最佳化定理/擇適定理 optimization theorem
最佳检测滤波器/最佳偵測濾波器 optimum detecting filter
最佳接收机/最佳接收機 optimum receiver
K 最佳列表/K 最佳列表 K-best list
最佳滤波器/最佳濾波器 optimum filter
最佳频率/最適頻率 optimum frequency
最佳色刺激/最適色刺激 optimal color stimuli
最佳实践/最佳實作規範 best practice
最佳适配法/最適 best fit
最佳速比/最佳速度比 optimum velocity ratio
最佳响应/最適響應 optimum response
最佳优先搜索/最佳優先搜尋 best-first search
最佳值/最佳值 best value
最近距离/最近距離 closest distance
最近邻/最近鄰 nearest-neighbor
最近使用字词优先/最近使用字詞先見 priority of the latest used words
最近最少使用替换算法/最近最少使用的替換演算法 least recently used replacement algorithm
最经济观测理论/最經濟觀測理論 most economic observing theory
最经济控制理论/最經濟控制理論 most economic control theory
最平幅度逼近/最平幅度逼近 maximally flat amplitude approxiation
最平时延逼近/最平時延逼近 maximally flat delay approximation
最热点温度/最熱點溫度 hottest spot temperature
最弱前置条件/最弱前置條件 weakest precondition
最适设计准则/最適設計準則 criterion for optimum design
最适时自主体系/最適時自主體系 time-optimum autonomous system
最先事件错误概率/最先事件錯誤機率 first event error probability
最小包容区域/最小包容區域 minimum coverage area
最小编码单元/最小編碼單元 minimum coded unit, MCU
最小变形原则/最小變形原則 principle of minimum deformation
最小测量容量/最小量測體積 smallest measurable volume
最小成本规划/最小成本規劃 minimum cost programming
最小成本路径/最小成本路徑 minimal cost path
最小成本投入/最小成本投入 least cost input
最小尺寸/最小尺寸 minimum size
最小抵抗线/最小抵抗線 minimum burden
最小电流/最小電流 minimum current
最小定位时间/最小定位時間 minimum positioning time
最小二乘法/最小平方法 least square method
最小二乘法直线/最小平方線 least square line
最小二乘方逼近/最小平方差近似 least square error approximation
最小二乘估计/最小平方估計 least square estimation
最小二乘解/最小平方解 least square solution
最小二乘平差/最小平方平差 least square adjustment
最小二乘调整值/最小平方平差值 least square adjusted value
最小二乘线/最小平方線 least square line
最小二乘准则/最小平方準則 least square criterion
最小范围/最小區域 minimum zone
最小方差估计/最小方差估計,極小方差估計 minimum variance estimate
最小方差控制/最小方差控制 minimum variance control
最小分辨角/限制分解角 limiting resolving angle
最小分度值/最小標度值 minimum scale value
最小风险估计/最小風險估算 minimum risk estimation
最小峰值旁瓣/最小峰值旁瓣,最小峰值邊帶 minimum peak sidelobe
最小负载/最小負載 minimum load
最小高阈值输入电压/最小高定限輸入電壓 minimum high threshold input-voltage
最小工作幅度/最小額定半徑 minimum rated

radius
最小观察时间/最小觀察時間 minimum observation time
最小过盈/最小緊度,最小干涉 minimum interference
最小函数/最小函數 minimum function
最小红斑剂量/最小紅斑照射量 minimum erythema dose
最小回路/最小回路 minimal tour
最小回转圈/底隙圓 clearance circle
最小积分平方误差/最小積分平分誤差 least integral square error
最小吉布斯能原理/最小吉布斯能原理 principle of minimum Gibbs energy
最小极限尺寸/最小極限尺寸 minimum limit of size
最小检测信噪比/最小檢測信噪比 minimum detectable signal to noise ratio
最小检出量/最小可測量 minimum detectable quantity
最小间隙/最小餘隙,最小淨空 minimum clearance
最小静载荷/最小静負載 minimum dead load
最小静载荷输出恢复/最小静載荷輸出恢復 minimum dead load output return
最小均方差/最小均方誤差 minimum mean square error, MMSE
最小可探测温差/最小可探測温差 minimum detectable temperature difference
最小可轧厚度/最小可軋厚度 minimum rolled thickness
最小累计载荷/最小累計載荷 minimum totalized load
最小离地间隙/最小離地間隙 minimum ground clearance
最小离心半径/最小離心半徑 minimum centrifugal radius
最小离心力/最小離心力 minimum centrifugal force
最小灵敏度/最小靈敏度 minimum sensitivity
最小流量装置/最小流量再循環系統 minimum flow recirculating system
最小旅行问题/最小旅行問題 minimum tour problem
最小轮宽/最小輪寬 minimum pulley width
最小配置率/最小配置率 minimum ordonnance rate
最小匹配分词方法/最小匹配分詞方法 minimum match segmentation
最小偏差法/最小離差法 minimum deviation method
最小偏移键控/最小相移鍵控 minimum phase shift keying, MSK
最小平方逼近/最小平方近似 least square approximation
最小平方凑合/最小平方合 least square fit
最小气膜厚度/最小氣膜厚度 minimum gas film thickness
最小取样量/最小取樣量 minimum sample intake
最小容量/最小容量 minimum capacity
最小容许距离/最小容許距離 allowable minimum distance
最小冗余码/最小冗餘碼 minimum redundancy code
最小熵估计/最小熵估計 minimum entropy estimation
最小熵译码/最小熵譯碼 minimum entropy decoding
最小上界/最低上界 least upper bound
最小生成树/最小生成樹 minimal spanning tree
最小时间问题/最小時間問題 minimum-time problem
最小实体尺寸/最小實體尺寸 least material size
最小实体状态/最小實體狀態,最小實體條件 least material condition, LMC
最小实现/最小實現 minimal realization
最小使用质量/最小操作質量 minimum operation mass
最小试验载荷/最小試驗載荷 minimum test load
最小水平通过半径/最小餘隙半徑 minimum clearance radius
最小水头/最小水頭 minimum head
最小特权/最小特權 minimum privilege
最小特权原则/最小特權原則 principle of least privilege
最小条件/最小條件 minimum condition
最小误差/最小誤差 minimum error
最小相位/最小相位 minimum phase
最小相位落后系统/最小相位落後系統 minimum phase lag system
最小相位频移键控/最小相位頻移鍵控 minimum frequency shift keying, MSK
最小相位网络/最小相位網路 minimum phase network
最小相位系统/最小相位系統 minimum phase system
最小相移键控/最小相移鍵控 minimum phase shift keying, MSK
最小相移网路/最小相移網路 minimum phase shift network

最小应变/最小應變 minimum strain
最小应力/最小應力 minimum stress
最小应力强度因子/最小應力強度因數 minimum stress intensity factor
最小油膜厚度/最小油膜厚度 minimum oil film thickness
最小载荷输出温度影响/最小負荷輸出溫度影響 temperature effect on minimum dead load output
最小值问题/最小化問題 minimization problem
最小转弯半径/最小回轉半徑 minimum turning radius
最小转弯直径/最小轉彎直徑 minimum turning circle diameter
最小转弯直径试验/最小轉彎直徑試驗 minimum turning diameter test
最小转向半径/最小回轉半徑 minimum turning radius
最小转向圆半径/最小轉向圓半徑 minimum turning circle radius
最小阻力定律/最小阻力定律 the law of minimum resistance
最优比转速/最佳比速率 optimum specific speed
最优编码/最佳編碼 optimum coding
最优并行算法/最佳平行演算法 optimal parallel algorithm
最优策略/最佳策略 optimal strategy
最优工况/最佳運轉情況 optimum operating condition
最优估计/最佳估計 optimal estimation
最优归并树/最佳合并樹,最佳歸并樹 optimal merge tree
最优轨迹/最佳路徑 optimal trajectory
最优化/最佳化 optimization
最优化技术/最佳化技術 optimization technique
最优化算法/最佳化算法 optimization algorithm
最优解/最佳解 optimal solution
最优决策问题/最佳決策問題 optimal decision problem
最优控制/最佳控制 optimal control
最优控制方法/擇適控制法 optimalizing control method
最优控制理论/最優控制理論,最佳控制理論 optimal control theory
最优控制律/最佳控制律 optimal control law
最优控制系统/最優控制系統 optimal control system
最优凸分解/最佳凸分解 optimal convex decomposition
最优温湿度/最適水分 optimum temper moisture
最优线性滤波/最佳線性率波 optimal linear filtering
最优性/最佳性 optimality
最优性原理/最佳化原則 optimality principle
最优预报/最優預報 optimal prediction
最优圆弧插值/最佳圓弧內插 optimal circular arc interpolation
最优子结构性/最優子結構性 property of optimal substructure
最右派生/最右導出 rightmost derivation
最右推导/最右推導 rightmost derivation
最终边坡角/最終邊坡角 ultimate pit slope angle
最终产物/最終產物 end product
最终加工准确度/表面加工準確度,精細準確度 finish accuracy
最终检验/最終檢驗,終檢 final inspection
最终样品/最終樣品 final sample
最终一致性/最終一致性 eventual consistency
最终用户/最終用户,終端用户 end user
最终用户编程/終端用户程式設計 end user programming
最左派生/最左導出 leftmost derivation
最左树/最左樹 leftmost tree
最左推导/最左導出 leftmost derivation
左侧齿面/左側齒面 left flank
左递归规则/左遞回規則 left recursive rule
左焊法/前傾熔接法,前進焊法 forehand welding
左匹配/左匹配 left matching
左视图/左視圖 left view
左手极化/左手極化 left hand polarization
左特性/左特性 left characteristic
左线性文法/左線性文法 left linear grammar
左旋波/左旋波 left handed wave
左旋齿/左旋齒 left hand teeth
左旋齿锥齿轮/左旋螺線斜齒輪 left hand spiral bevel gear
左旋螺纹/左旋螺紋 left hand thread
左移/左移 shift left
左值/左值 L-value
左转螺旋/左手螺旋 left handed screw
作业/工件 job
作业表/工件表 job table
作业步/工件步驟 job step
作业程序/任務程式 task program
作业重叠/作業重疊 overlap of operation
作业处理/工件處理 job processing
作业调度/工件排程 job scheduling
作业队列/工件隊列 job queue

作业分割处理/分割工件處理 divided job processing
作业分类/工件分類 job classification
作业管理/工件管理 job management
作业级语言/任務層次語言 task level language
作业控制/工件控制 job control
作业控制程序/工件控制器 job controller
作业控制块/工件控制塊 job control block
作业控制语言/工件控制語言 job control language
作业流/工件流[程] job stream
作业录入/工件登録 job entry
作业描述/工件描述 job description
作业名/工件名稱 job name
作业目录/工件目録 job catalog
作业说明/工件描述 job description
作业吞吐量/工件通量 job throughput
作业文件/工件檔案 job file
作业优先级/工件優先 job priority
作业栈/工件堆疊 job stack
作业志/作業志 operating log
作业质量/任務重量 operating weight
作业周期/作業週期,工件週期 operation cycle time, job cycle, task cycle
作业状态/工件狀態 job state
作用/作用,動作 action
作用齿腹/作用齒腹 acting flank
作用角/作用角 angle of action
作用节径/作用節徑 acting pitch diameter
作用节圆/作用節圓 acting pitch circle
作用力/作用力 applied force
作用连线/作用線 action line
作用信号比/致動訊號比 actuating signal ratio
作用压力角/作用壓力角 acting pressure angle
作用域/作用域 scope
作用指引/作用指引 indices of performance
作用中径/虚節徑 virtual pitch diameter
坐标/坐標 coordinate
坐标测量机/坐標量測儀 coordinate measuring machine, CMM
坐标工作台/坐標工作檯 coordinate table
坐标绘图仪/坐標繪圖器 coordinate plotter
坐标量测仪器/坐標量度儀 coordinate measuring instrument
坐标磨床/坐標磨床 jig grinding machine
坐标式电位器/坐標型電位計 coordinate type potentiometer
坐标镗床/坐標搪床 coordinate boring machine
坐标系/坐標系,軸系,軸架構 coordinate system, frame of axes
坐标转换计算机/坐標轉換計算機 coordinate conversion computer
座板/底板 bed plate
座包/爐前澆桶 receiving ladle
座环/座環,支柱環 stay ring
座圈/座圈 housing washer
座式轴承/座式軸承,托架軸承 pedestal bearing
座位移动电动机/座位調整馬達 seat adjustment motor
座椅/座椅 seat
座椅安装点/座椅安裝點 seat mounting point
座椅间距/座椅間距 distance between seats

附录

国际单位制

1. 国际单位制(Le Système International d'Unités)及其国际简称 SI 是在 1960 年第 11 届国际计量大会上通过的。国际单位制单位由基本单位、导出单位(包括辅助单位在内的具有专门名称的导出单位和组合形式的导出单位,组合形式的导出单位本附录不予收录)及其倍数单位构成。

2. 圆括号中的名称,是它前面的名称的同义词。

3. 无方括号的量的名称与单位名称均为全称。方括号中的字,在不致引起混淆、误解的情况下,可以省略。去掉方括号中的字即为其名称的简称。

表 1　基本单位

量的名称	单位名称	单位符号
大陆名/台湾名	**大陆名/台湾名**	
长度/長度	米/公尺	m
质量/質量	千克(公斤)/公斤	kg
时间/時間	秒/秒	s
电流/電流	安[培]/安培	A
热力学温度/熱力學温度	开[尔文]/克耳文	K
物质的量/物[質]量	摩[尔]/莫耳	mol
发光强度/發光強度	坎[德拉]/燭光	cd

表 2　包括辅助单位在内的具有专门名称的导出单位

量的名称	导出单位		
	单位名称	单位符号	换算关系
大陆名/台湾名	**大陆名/台湾名**		
[平面]角/[平面]角	弧度/弧度,徑度	rad	1 rad=1 m/m=1
立体角/立體角	球面度/立徑	sr	1 sr=1 m^2/m^2=1
频率/頻率	赫[兹]/赫	Hz	1 Hz=1 s^{-1}
力/力	牛[顿]/牛頓	N	1 N=1 kg·m/s^2
压力,压强,应力/壓力,壓強,應力	帕[斯卡]/帕斯卡	Pa	1 Pa=1 N/m^2
能[量],功,热量/能[量],功,熱[量]	焦[耳]/焦耳	J	1 J=1 N·m
功率,辐[射能]通量/功率,輻射能通量	瓦[特]/瓦特	W	1 W=1 J/s
电荷[量]/電荷量	库[仑]/庫侖	C	1 C=1 A·s
电压,电动势,电位,(电势)/電壓,電動勢,電位,(電勢)	伏[特]/伏特	V	1 V=1 W/A
电容/電容	法[拉]/法拉	F	1 F=1 C/V
电阻/電阻	欧[姆]/歐姆	Ω	1 Ω=1 V/A
电导/電導	西[门子]/西門	S	1 S=1 $Ω^{-1}$

（续表）

量的名称	导出单位		
	单位名称	单位符号	换算关系
大陆名/台湾名	大陆名/台湾名		
磁通[量]/磁通量	韦[伯]/韋伯	Wb	1 Wb=1 V·s
磁通[量]密度，磁感应强度/磁通[量]密度，磁感應強度	特[斯拉]/特士拉	T	1 T=1 Wb/m^2
电感/電感	亨[利]/亨利	H	1 H=1 Wb/A
摄氏温度/攝氏溫度	摄氏度/攝[氏溫]度	℃	1 ℃=1 K
光通量/光通量	流[明]/流明	lm	1 lm=1 cd·sr
[光]照度/照度	勒[克斯]/勒克斯	lx	1 lx=1 lm/m^2

表 3　由于人类健康安全防护需要而确定的具有专门名称的导出单位

量的名称	导出单位		
	单位名称	单位符号	换算关系
大陆名/台湾名	大陆名/台湾名		
[放射性]活度/放射活性	贝可[勒尔]/貝克	Bq	1 Bq=1 s^{-1}
吸收剂量/吸收劑量 比授[予]能/比授能 比释动能/比釋動能	戈[瑞]/戈雷	Gy	1 Gy=1 J/kg
剂量当量/等價劑量，當量劑量	希[沃特]/西弗	Sv	1 Sv=1 J/kg

表 4　国际单位制词头

因数	词头名称	词头符号
	大陆名/ 台湾名	
10^{24}	尧[它]/ 佑	Y
10^{21}	泽[它]/ 皆	Z
10^{18}	艾[可萨]/ 艾	E
10^{15}	拍[它]/ 拍	P
10^{12}	太[拉]/ 太，兆	T
10^{9}	吉[咖]/ 吉，十億	G
10^{6}	兆/ 百萬	M
10^{3}	千/ 千	k
10^{2}	百/ 百	h
10^{1}	十/ 十	da
10^{-1}	分/ 分	d
10^{-2}	厘/ 厘	c

（续表）

因数	词头名称	词头符号
	大陆名/ 台湾名	
10^{-3}	毫/ 毫	m
10^{-6}	微/ 微	μ
10^{-9}	纳[诺]/ 奈	n
10^{-12}	皮[可]/ 披，微微	p
10^{-15}	飞[母托]/ 飛，毫微微	f
10^{-18}	阿[托]/ 阿，微微微	a
10^{-21}	仄[普托]/ 介	z
10^{-24}	幺[科托]/ 攸	y

注：词头与基本单位、导出单位共同组成一个新单位，即构成倍数单位。词头只用于构成倍数单位，不单独使用。

表5 可与国际单位制单位并用的计量单位

量的名称	单位名称	单位符号	换算关系
大陆名/台湾名	大陆名/台湾名		
时间/時間	分/分	min	1 min=60 s
	[小]时/[小]時	h	1 h=60 min=3 600 s
	日，(天)/日，天	d	1 d=24 h=86 400 s
[平面]角/[平面]角	度/度	°	1°=(π/180) rad
	[角]分/[角]分	′	1′=(1/60)°=(π/10 800) rad
	[角]秒/[角]秒	″	1″=(1/60)′=(π/648 000) rad
体积/體積	升/公升	L，(l)	1 L=1 $dm^3=10^{-3}$ m^3
质量/質量	吨/公噸	t	1 t=10^3 kg
	原子质量单位/原子質量單位	u	1 u≈1.660 540×10^{-27} kg
旋转速度/轉速	转每分/每分鐘轉速	r/min	1 r/min=(1/60) s^{-1}
长度/長度	海里/海里，浬	n mile	1 n mile=1 852 m(只用于航行)
速度/速度	节/節	kn	1 kn=1 n mile/h=(1 852/3 600) m/s (只用于航行)
能/能	电子伏/電子伏[特]	eV	1 eV≈1.602 177×10^{-19} J
级差/位準差	分贝/分貝	dB	
线密度/線密度	特[克斯]/德士	tex	1 tex=10^{-6} kg/m
面积/面積	公顷/公頃	hm^2	1 $hm^2=10^4$ m^2

注：1. 平面角单位度、分、秒的符号，在组合单位中采用(°)、(′)、(″)的形式。例如，不用°/s，而用(°)/s。

2. 升的符号中，小写字母 l 为备用符号。

3. 公顷的国际通用符号为 ha。

希腊字母表

大写	小写	名　称	大写	小写	名　称
Α	α	阿尔法	Ν	ν	纽
Β	β	贝塔	Ξ	ξ	克西
Γ	γ	伽马	Ο	ο	奥米克戎
Δ	δ	德尔塔	Π	π	派
Ε	ε	艾普西隆	Ρ	ρ	柔
Ζ	ζ	泽塔	Σ	σ	西格马
Η	η	伊塔	Τ	τ	陶
Θ	θ	西塔	Υ	υ	宇普西隆
Ι	ι	约(yāo)塔	Φ	φ	斐
Κ	κ	卡帕	Χ	χ	希
Λ	λ	拉姆达	Ψ	ψ	普西
Μ	μ	谬	Ω	ω	奥米伽

地质年代表

宙 Eon	代 Era	纪 Period	世 Epoch	生物发展阶段 Development of Organisms	距今时间(百万年) Time(Ma BP)
显生宙(PH) Phanerozoic	新生代(Kz) Cenozoic	第四纪(Q) Quaternary	全新世(Q_h) Holocene	现代人类出现。	0.0117
			更新世(Q_p) Pleistocene	生物绝大部分与现在类似。智人出现。	2.58
		新近纪(N) Neogene	上新世(N_2) Pliocene	生物面貌与现在接近,哺乳类形体变大。直立人出现。	5.333
			中新世(N_1) Miocene	类人猿出现。	23.03
		古近纪(E) Paleogene	渐新世(E_3) Oligocene	哺乳类迅速发展,被子植物繁盛。	33.9
			始新世(E_2) Eocene		56.0
			古新世(E_1) Paleocene		66.0
	中生代(Mz) Mesozoic	白垩纪(K) Cretaceous		被子植物出现,末期恐龙等大批生物绝灭。	～145.0
		侏罗纪(J) Jurassic		鸟类出现,爬行类及苏铁等裸子植物繁盛。	201.3±0.2
		三叠纪(T) Triassic		哺乳类出现。	251.902±0.024
	古生代(Pz) Paleozoic	二叠纪(P) Permian		无脊椎动物和裸子植物发展。	298.9±0.15
		石炭纪(C) Carboniferous		爬行类出现,蕨类植物繁盛。	358.9±0.4
		泥盆纪(D) Devonian		昆虫、原始鱼类、蕨类和原始裸子植物出现。	419.2±3.2
		志留纪(S) Silurian		原始鱼类、原始陆生植物出现。	443.4±1.5
		奥陶纪(O) Ordovician		无颌类脊椎动物出现,海生藻类发育。	485.4±1.9
		寒武纪(∈) Cambrian		小壳动物出现,藻类、三叶虫开始繁盛。	541.0±1.0
前寒武纪 Precambrian	元古宙(PT) Proterozoic			藻类、细菌繁盛,软体无脊椎动物出现。	2500
	太古宙(AR) Archean				4000
	冥古宙 Hadean				～4600

注:本表各地质时代的距今时间按国际地层委员会2018年8月资料。其中未经全球地质年龄测定的标准方法确定的用近似值表示(数字前加"～")。

元素周期表

原子序数 —— 1　H —— 元素符号
大陆中文名称 —— 氢 / 氫 —— 台湾中文名称
hydrogen —— 元素英文名称
[1.007, 1.009] —— 标准原子量

族 周期	1/IA	2/IIA	3/IIIB	4/IVB	5/VB	6/VIB	7/VIIB	8/VIIIB	9/VIIIB	10/VIIIB	11/IB	12/IIB	13/IIIA	14/IVA	15/VA	16/VIA	17/VIIA	18/VIIIA	电子壳层	层电子数
1	1 H 氢 / 氫 hydrogen [1.007, 1.009]																	2 He 氦 / 氦 helium 4.003	K	2
2	3 Li 锂 / 鋰 lithium [6.938, 6.997]	4 Be 铍 / 鈹 beryllium 9.012											5 B 硼 / 硼 boron [10.80, 10.83]	6 C 碳 / 碳 carbon [12.00, 12.02]	7 N 氮 / 氮 nitrogen [14.00, 14.01]	8 O 氧 / 氧 oxygen [15.99, 16.00]	9 F 氟 / 氟 fluorine 19.00	10 Ne 氖 / 氖 neon 20.18	L K	8 2
3	11 Na 钠 / 鈉 sodium 22.99	12 Mg 镁 / 鎂 magnesium [24.30, 24.31]											13 Al 铝 / 鋁 aluminium 26.98	14 Si 硅 / 矽 silicon [28.08,28.09]	15 P 磷 / 磷 phosphorus 30.97	16 S 硫 / 硫 sulfur [32.05, 32.08]	17 Cl 氯 / 氯 chlorine [35.44, 35.46]	18 Ar 氩 / 氬 argon 39.95	M L K	8 8 2
4	19 K 钾 / 鉀 potassium 39.10	20 Ca 钙 / 鈣 calcium 40.08	21 Sc 钪 / 鈧 scandium 44.96	22 Ti 钛 / 鈦 titanium 47.87	23 V 钒 / 釩 vanadium 50.94	24 Cr 铬 / 鉻 chromium 52.00	25 Mn 锰 / 錳 manganese 54.94	26 Fe 铁 / 鐵 iron 55.85	27 Co 钴 / 鈷 cobalt 58.93	28 Ni 镍 / 鎳 nickel 58.69	29 Cu 铜 / 銅 copper 63.55	30 Zn 锌 / 鋅 zinc 65.38(2)	31 Ga 镓 / 鎵 gallium 69.72	32 Ge 锗 / 鍺 germanium 72.63	33 As 砷 / 砷 arsenic 74.92	34 Se 硒 / 硒 selenium 78.96(3)	35 Br 溴 / 溴 bromine [79.90, 79.91]	36 Kr 氪 / 氪 krypton 83.80	N M L K	8 18 8 2
5	37 Rb 铷 / 銣 rubidium 85.47	38 Sr 锶 / 鍶 strontium 87.62	39 Y 钇 / 釔 yttrium 88.91	40 Zr 锆 / 鋯 zirconium 91.22	41 Nb 铌 / 鈮 niobium 92.91	42 Mo 钼 / 鉬 molybdenum 95.96(2)	43 Tc 锝 / 鎝 technetium	44 Ru 钌 / 釕 ruthenium 101.1	45 Rh 铑 / 銠 rhodium 102.9	46 Pd 钯 / 鈀 palladium 106.4	47 Ag 银 / 銀 silver 107.9	48 Cd 镉 / 鎘 cadmium 112.4	49 In 铟 / 銦 indium 114.8	50 Sn 锡 / 錫 tin 118.7	51 Sb 锑 / 銻 antimony 121.8	52 Te 碲 / 碲 tellurium 127.6	53 I 碘 / 碘 iodine 126.9	54 Xe 氙 / 氙 xenon 131.3	O N M L K	8 18 18 8 2
6	55 Cs 铯 / 銫 caesium 132.9	56 Ba 钡 / 鋇 barium 137.3	57 — 71 镧系元素 / 鑭系元素 lanthanoids	72 Hf 铪 / 鉿 hafnium 178.5	73 Ta 钽 / 鉭 tantalum 180.9	74 W 钨 / 鎢 tungsten 183.8	75 Re 铼 / 錸 rhenium 186.2	76 Os 锇 / 鋨 osmium 190.2	77 Ir 铱 / 銥 iridium 192.2	78 Pt 铂 / 鉑 platinum 195.1	79 Au 金 / 金 gold 197.0	80 Hg 汞 / 汞 mercury 200.6	81 Tl 铊 / 鉈 thallium [204.3, 204.4]	82 Pb 铅 / 鉛 lead 207.2	83 Bi 铋 / 鉍 bismuth 209.0	84 Po 钋 / 釙 polonium	85 At 砹 / 砈 astatine	86 Rn 氡 / 氡 radon	P O N M L K	8 18 32 18 8 2
7	87 Fr 钫 / 鍅 francium	88 Ra 镭 / 鐳 radium	89 — 103 锕系元素 / 錒系元素 actinoids	104 Rf 𬬻 / 鑪 rutherfordium	105 Db 𬭊 / 𨧀 dubnium	106 Sg 𬭳 / 𨭎 seaborgium	107 Bh 𬭛 / 𨨏 bohrium	108 Hs 𬭶 / 𨭆 hassium	109 Mt 鿏 / 䥑 meitnerium	110 Ds 𫟼 / 鐽 darmstadtium	111 Rg 𬬭 / 錀 roentgenium	112 Cn 鿔 / 鎶 copernicium	113 Nh 鿭 / 鉨 nihonium	114 Fl 𫓧 / 鈇 flerovium	115 Mc 镆 / 鏌 moscovium	116 Lv 𫟷 / 鉝 livermorium	117 Ts 鿬 / 鿬 tennessine	118 Og 鿫 / 鿫 oganesson	Q P O N M L K	8 18 32 32 18 8 2

镧系元素	57 La 镧 / 鑭 lanthanum 138.9	58 Ce 铈 / 鈰 cerium 140.1	59 Pr 镨 / 鐠 praseodymium 140.9	60 Nd 钕 / 釹 neodymium 144.2	61 Pm 钷 / 鉕 promethium	62 Sm 钐 / 釤 samarium 150.4	63 Eu 铕 / 銪 europium 152.0	64 Gd 钆 / 釓 gadolinium 157.3	65 Tb 铽 / 鋱 terbium 158.9	66 Dy 镝 / 鏑 dysprosium 162.5	67 Ho 钬 / 鈥 holmium 164.9	68 Er 铒 / 鉺 erbium 167.3	69 Tm 铥 / 銩 thulium 168.9	70 Yb 镱 / 鐿 ytterbium 173.1	71 Lu 镥 / 鎦 lutetium 175.0
锕系元素	89 Ac 锕 / 錒 actinium	90 Th 钍 / 釷 thorium 232.0	91 Pa 镤 / 鏷 protactinium 231.0	92 U 铀 / 鈾 uranium 238.0	93 Np 镎 / 錼 neptunium	94 Pu 钚 / 鈽 plutonium	95 m 镅 / 鋂 americium	96 Cm 锔 / 鋦 curium	97 Bk 锫 / 鉳 berkelium	98 Cf 锎 / 鉲 californium	99 Es 锿 / 鑀 einsteinium	100 Fm 镄 / 鐨 fermium	101 Md 钔 / 鍆 mendelevium	102 No 锘 / 鍩 nobelium	103 Lr 铹 / 鐒 lawrencium

注：1. 标准原子量的数值选自 Pure Appl. Chem. 85, 1047-1078 (2013) 中的表 4（http://dx.doi.org/10.1351/PAC-REP-13-03-02）。
2. 族号 1/IA，前者为国际纯粹与应用化学联合会（IUPAC）推荐标法，后者为中国大陆较为通用的标法。
3. 元素“铝”和“铯”的英文名称“aluminum”和“aluminium”、“cesium”和“caesium”都可使用。